受浙江大学文科高水平学术著作出版基金资助

总主编 黄先海 罗卫东

货币经济学
手册 第3A卷

[美] 本杰明·M.弗里德曼（Benjamin M. Friedman）
[美] 迈克尔·伍德福德（Michael Woodford） / 主编

匡贤明 危文锋 / 译
陈靖尧 / 校

Handbook of
Monetary Economics

ZHEJIANG UNIVERSITY PRESS
浙江大学出版社
·杭州·

图书在版编目（CIP）数据

货币经济学手册. 第 3A 卷／（美）本杰明·M. 弗里德
曼（Benjamin M. Friedman），（美）迈克尔·伍德福德
（Michael Woodford）主编；匡贤明，危文锋译.
杭州：浙江大学出版社，2024. 11. -- ISBN 978-7-308-
25620-9

Ⅰ. F091. 353-62

中国国家版本馆 CIP 数据核字第 202481MU37 号

浙江省版权局著作权合作登记图字号：11-2024-462

This edition of Handbook of Monetary Economics，3A-3B SET，by Benjamin Friedman，
Michael Woodford is published by arrangement with ELSEVIER BV.，of Radarweg 29，
1043NX Amsterdam，Netherlands.

译 者 序

　　翻译并非我的本业。我从事中国改革理论与政策研究20年,在中国(海南)改革发展研究院重点关注和研究中国改革进程中的热点、难点问题,以服务改革政策研究。之所以要花不少时间从事与本职工作"似乎"不相关的翻译,于我而言,有以下几个基本考虑。

　　一是保持与前沿研究更紧密的联系。我在研究生阶段攻读经济思想史专业,当看到经济思想史上惊为天人的思想原创、思想火花时,总是激动不已,有时不禁拍案叫绝。记得当时最受欢迎的一门课程就是学科前沿文献选读。经济思想史的阅读让我对学术前沿有一种天然的兴趣。2017年,我曾把关于挪威养老保险改革的一篇论文翻译成中文,并在《比较》上发表。我所在的单位也非常重视对思想前沿领域的探索。因此,我愿意为翻译纯学术性的成果做出一点努力。

　　二是翻译与研究相互促进。货币经济是现代市场经济的核心。我国过去几十年的发展实现了经济现代化的历史性跨越。下一步,我国若要跨越高质量发展的门槛,必定离不开货币经济的高质量发展。我从事政策研究20年的一点体会是,好的政策既要把握当下突出的矛盾与问题,也要着眼于前沿的研究。我国在加快构建高水平社会主义市场经济体制的过程中所面临的问题与挑战客观上其他先行国家大都经历过、探索过。由此,更加深入地了解这方面的研究前沿,分析其开过的"处方"及最终效果,更有助于政策研究的深化。事实上,翻译过程中的感悟确实对我从事改革政策研究起到了火花般的启示作用。

　　三是做一项公益事业。纯学术翻译在很大程度上是一项公益事业。尤其是当前面对AI带来的翻译便利,投身纯学术翻译需要一种情怀。但越是公益性的事业越需要有人去做。我尤其相信用笔逐字译出的文稿是有自己的灵魂的。

　　于是,当我有幸受邀参与《货币经济学手册(第3A卷)》的翻译工作时,尽管深知自己水平有限且时间紧张,但仍然愿意接受这一艰巨任务。当然,要把这本巨著翻译出来,我深知其中的挑战之大。加之中间经历了约定共同翻译的同事离职等变数,翻译的工作量也因此增加了数倍。尽管如此,在长达几年的翻译过程中,我仍时刻以"驽马十驾,功在不舍"的信念不断激励自己。于是,每日无论本职工作做到多晚,我都会泡上一杯浓茶,伴着半窗浓夜,告诉自己"再干半小时"。半小时内能翻译半页,翻译一段话,甚至只是译通一个句子——无论是哪种情况,都有边际收获,且常令我甘之如饴。

经过几年的努力,现在终于可以将成品奉献给各位读者,希望能对相关研究起到一定作用。在这个过程中,首先要感谢我所在的工作单位中国(海南)改革发展研究院,在这个"思想的前沿"平台上从事我所热爱的研究工作让我不断成长。其次要感谢的是浙江大学出版社,浙江大学出版社的信任、邀请,使我进入一个新的领域。编辑的催稿与服务是鞭策,更是动力。否则,在工作极度紧张的时候,我几乎要放弃这个近乎公益性的翻译工作了。

感谢为翻译做了相关基础工作的同学们。杨晨芳、季婷婷、郭晓璇、王晓威、王亚苹、叶栩、李翔、孙雅丽、刘菲、刘涛、黄慧敏等同学对文本进行了初步翻译并相互交叉校译了一稿,形成最早的初译稿。感谢澳门科技大学的陈靖尧博士对初译稿做了通稿的校改,并且做了许多辅助工作。感谢危文锋同志在初译阶段校改了前言、第一至第四章,并在最后定稿阶段再校了部分章节。十分感谢编校老师纠正了译稿中的一些错误,并让译稿增色不少。

最后要感谢我的父母。父母一直关注我的研究工作,凡是我的研究成果,父亲都会放在案头,时不时戴上老花镜看上几页。在长达数年的翻译过程中,二老一直关心和关注进展。但在书稿整理最关键的时期,他们却相继离去,未能见到终稿的面世。坚持完成这本书的翻译也是为了告慰父母。最后要感谢的是我的夫人钟月玲女士以及两位可爱的儿子,他们是我一往无前的最大动力。

尽管得到了很多支持和帮助,但我深知还有不少地方需要进一步完善。由于译者水平有限,书中难免有错译、漏译等问题,不妥之处还望读者不吝指出。

匡贤明

甲辰仲春于海口西海岸

前　言

读者现在看到的《货币经济学手册(第 3 卷)》分为上下两册,它们是对早前由本杰明·弗里德曼(Benjamin Friedman)和弗兰克·哈恩(Frank Hahn)主编的《货币经济学手册》第一卷和第二卷的补充与更新。第一卷和第二卷是在 20 年前问世的,因此,对货币经济学这个领域的重新思考必须提上议事日程了(其实这项工作可能早就该完成了)。迈克尔·伍德福德(Michael Woodford)和约翰·泰勒(John Taylor)主编的《宏观经济学手册》更新了《货币经济学手册》第一卷与第二卷中讨论过的一些主题,但是那本《宏观经济学手册》也已经出版整整 10 年了。再者,《宏观经济学手册》主要关注更一般的宏观经济学主题,并不能完全取代新的一版《货币经济学手册》。当然,本手册涉及的主题也属于宏观经济学范畴,但是关注的主要是"货币宏观经济学"。

在知识探究的某个领域,出版一本手册通常意味着该领域的研究人员已经取得了很多实质性的进展——这些进展不仅值得加以回顾和评述,而且还值得以概括性的形式整合进关于该领域研究的"规范化表述"中去,以便学生和感兴趣的其他学者查阅与参考。货币宏观经济学领域也是如此,这一点从这一卷全新的《货币经济学手册》所包含的皇皇 25 章就可以看得很清楚了。尽管 1990 年出版的《货币经济学手册》和 2000 年出版的《宏观经济学手册》的许多章节在今天来看仍然不失为我们可以利用的宝贵资源,但这个领域最近的发展速度是如此之快,以至于即便是 10 年前的总结,在许多重要方面也已经开始显得不那么完整了。出版新的一卷《货币经济学手册》的目的就在于填补这一空白。

在一般的学科领域,一本手册的出版也常常意味着该领域已经进入了某个足够成熟的发展阶段,即可以"安全"地对相关的研究进展进行评述,而不必担心新思想的涌现或外部事件的压力又会导致它很快出现重大的新方向。然而,在今天的货币宏观经济学领域,情况可能恰恰相反。2007 年至 2010 年间发生的一系列非同寻常的经济和金融事件似乎极有可能促使研究人员考虑全新的思路,并根据大量在许多关键方面都与以往的证据截然不同的新证据去评估原有的思路。当然,在我们看来,预测这种"重新考虑"的全面后果显然还为时过早。但是,我们有理由相信,"在洪水来临之前"对这个领域的当前状况进行评估无疑是非常有价值的。此外,本手册所包括的许多章节本身就是在 2007—2010 年的经验所"建议"的探索路线上进行的早期尝试。

事实上,甚至早在最近这场危机爆发之前,自《货币经济学手册》的前两卷出版以来,世界经济的发展就已经为经济学家的思考提供了许多全新的素材了——而且在这些素材的激发下,货币宏观经济学已经取得了许多重大的成果。在过去20年里,我们这个地球村上进行了很多个轰动一时且影响深远的货币实验,其中有两个实验是特别值得我们关注的。第一个重要实验是欧洲货币联盟的创立,它不仅引入了一种全新的世界主要货币(欧元)和一个全新的中央银行(欧洲中央银行),而且重新激发了各界对货币联盟和"最优货币区"理论的兴趣,同时也提出了一系列新问题,例如,货币政策在多大程度上独立于财政政策,又在多大程度上可以与金融监管区分开来(在欧元区,金融监管是在一个完全不同于其他国家的"政府级别"上进行的)。第二个重要实验是通货膨胀目标制作为一种实施货币政策的方法在全球范围内得到了广泛的传播——最早采用通货膨胀目标制的主要是经济合作与发展组织的成员国,现在它在新兴市场经济体也越来越受欢迎了,尽管至今仍有一些非常重要的中央银行(其中包括最重要的一家中央银行,即美国联邦储备委员会)还未采用它。通货膨胀目标制的流行不仅使得各界更加强调要将稳定通货膨胀作为政策目标,而且也使得中央银行的政策目标更加明确,同时还推动了定量模型在政策审议过程中发挥更大的作用。它还改变了中央银行与公众就相关问题进行沟通的方式。这两个重要实验现在已经成为许多货币经济学研究的主题——既有理论层面的,也有实证层面的——它们在现在这本《货币经济学手册》的相关章节中也得到了深入的分析。

在过去20年里,货币宏观经济学在方法论上也取得了重要进展。其中最值得关注的是一类实证动态随机一般均衡模型的发展,它们纳入了刻画货币政策传导机制的各种重要因素(尽管仍然非常不完整)。当然,这些模型无疑还处于相当早期的发展阶段,而且现代的动态随机一般均衡模型是否适用于实际货币政策分析仍然是一个面临着激烈争论的话题,但是无论如何,至少在过去10年里,它们一直是经济学家研究的一个重要焦点,特别是在世界各国的中央银行和其他政策机构内部。本手册中有相当多的章节都依赖于这些模型,还有一些章节检验了这些模型的结构和用于估计与求解它们的各种方法,特别强调了利用它们可以作出的对货币政策传导机制的解释。

用来评估特定模型的"经验现实性"的方法论也发生了重要的变化。这个方面的一个重要进展是,经济学家们越来越多地在相对来说比较弱的理论假设下,利用结构向量自回归方法去估计货币政策冲击的影响。《宏观经济学手册》中也有一章是专门讨论这个主题的——即Christiano等(1999)撰写的第七章——那里给出了对于这种方法的详细说明。我们现在这本《货币经济学手册》与这个主题相关的那几章则表明,这种方法现在已经成了货币宏观经济学研究中的常规方法了。实证方法论方面的另一个重要进展是,宏观经济学家开始越来越多地将个人或企业级别的数据集作为宏观经济模型的核心特征的证据来源,即他们不再是简单地依赖于汇总时间序列数据了。这一卷《货币经济学手册》评述的许多研究工作都很好地说明了将微观层面的数据输入到货币宏观经济学模型中的途径和方法。

最后,在货币政策分析方面也出现了重要的方法论创新。在这个时期,对货币政策规则的研究急剧增加,这在很大程度上是受到了以著名的泰勒规则(Taylor,1993)为核心的研究议程的强有力推动的结果。泰勒规则不仅表明一些相当简单的规则可能具有相当理想的性质,同时也指出,中央银行的实际行为的某些方面确实有可能用简单的规则就能够很好地加以描述。在其他值得注意的进展中,有一些文献在过去10年中非常活跃,它们根据用私人目标(如家庭效用)来衡量的货币政策对福利的影响,对各种拟议中的货币政策实施规则进行评估,而且所涉及的私人目标恰恰构成了货币传导机制微观模型中行为关系的基础——究其本质,这其实就是将公共财政理论中业已成为标准的方法应用于对货币政策的分析。在这一卷《货币经济学手册》当中,有许多章节就是旨在解决这些问题的,并且其他一些章节也与之相关。

这一卷《货币经济学手册》出版前几年发生的一系列事件对经济学研究提出了进一步的挑战,也创造了许多重大的机会——对于货币宏观经济学来说,尤其如此。2007年至2010年间的金融危机和经济衰退导致出现了第二次世界大战以来最严重的一场“经济失序”。在许多国家,实际经济成本——用产出下降、失业上升、投资缩水、收入减少和利润损失等来衡量的成本——超过了第二次世界大战之后任何一次经济危机和经济衰退的成本。当然,许多最引人瞩目的事件都发生在了金融部门。重要金融机构的崩溃、资产价值的下降以及随之而来的纸面财富的消灭、信贷流动的中断、企业和信贷机构信心的丧失、对交易对手违约的恐惧,以及最重要的,中央银行和其他政府机构的干预,其严重程度都是前所未有的。

这种大规模、极不寻常的事件的发生当然也会促使我们反思和学习,特别是当它们带来了一些人们不想看到的后果的时候。在1772年苏格兰银行业危机期间,大卫·休谟就住在爱丁堡,他在写给密友亚当·斯密(Adam Smith)的信中描述了那场危机中发生的一系列令人痛苦的事件(Hume,1987)。在叙述了银行倒闭、失业蔓延以及人们对其他工业企业和银行的普遍“怀疑”之后(当时人们甚至对英格兰银行也不再相信了),休谟问了他的朋友这样一个问题:“这些事件对你的理论有任何影响吗?”答案是当然有。在四年后出版的《国富论》(*The Wealth of Nations*)中,斯密在描述银行业与非金融经济活动的相互关系时,充分考虑了1772年苏格兰银行业危机的教训,并提出了一系列政策建议,他希望通过政策干预来阻止未来再发生同样的灾难性事件(或至少减少再度发生的可能性)。

货币宏观经济学这个领域向来特别容易受到世界上发生的这类事件的影响——当然,研究者一直在努力理解这类事件。说到底,就货币宏观经济学作为一个研究领域的起源本身而言,它也反映了现实世界事件的影响。实际上,正是20世纪30年代的大萧条使得货币宏观经济学成了更广泛的经济学学科中一个公认的组成部分——它将价格弹性有限这一明显事实及其后果置于关注的核心,并引入了像总需求这样的新知识结构。然后到了20世纪70年代,由于高通货膨胀率在大多数工业化经济体中普遍长期存在,它的后果以及诸如动态不一致性等更多的新的知识结构再一次深刻地影响了这个领域对货币政策问题的处理方法。20世纪80年代,反通货膨胀的经验使得这个领域再一次改变了方向和重点,因为许多国家与去除通货膨胀相关的成本的结构与前10年的主要分析思路是相互矛盾的,而且很难识别出采用不同政策路径和不同政策制度的国家在反通货膨胀的经验方面的一阶差异。

当然,我们没有任何理由认为2007年至2010年间发生的一系列事件对货币宏观经济学的影响会更小。事实上,在这个领域新近涌现出来的许多研究中,这些事件的其中一个影响早就清晰可见了,而且已经充分反映在了现在这一卷《货币经济学手册》的好几个章节中,那就是对与信贷有关的问题关注的不断强化,即家庭和企业资产负债表上的负债侧,以及银行和其他金融机构资产负债表上的资产侧(与存款或"货币"侧相对)。原因很简单。在经历了2007年至2010年间的严重危机和经济萧条的大多数经济体中,货币数量并没有下降,中央银行向银行体系提供的准备金也没有出现过明显的不足。实际发生的事情恰恰相反,从危机的起源以及对非金融经济活动的影响等方面来看,重要的是信贷的数量、价格和可获得性。

这场危机的另一个方面也激发了新的研究方向(这也反映在了本手册的一些章节中),那就是非银行金融机构的作用。传统的货币经济学强调家庭和企业作为资产来持有的存款的(假想的)核心作用,因此自然而然地把关注重点放在了存款发行机构上。然而,近几十年来,在一些经济体中,非银行机构也开始发行类似于存款的工具,因此它们也开始引起了研究者的兴趣。但是由于所涉及的数量通常很少,而且作为一个知识探究问题,人们很容易把这些机构简单地看作另一种形式的"银行"。相比之下,一旦把关注重点转移到了金融活动的信贷侧,那么让那些与银行截然不同、可能根本不发行任何类似存款的债务的机构发挥关键作用的道路也就打开了。与此同时,更加重要的是要了解现行的各种制度所发挥的作用,包括金融监管以及对商业组织和惯例的更一般的监管制度(例如,有限责任制以及由此导致的对激励的扭曲,非常分散的股权以及随之而来的委托代理冲突等)。在这一卷《货币经济学手册》中,有几章对这个方面的最新研究进行了综述,另有几章介绍了这个方向上的一些全新的研究。

不过,在2007年至2010年的经验所激发出来的研究中,还有许多研究由于采用的研究思路"过于新颖",或者它们的尝试尚未令人满意,又或者其结果带有根本的不确定性,因此将它们纳入本手册中仍然为时尚早。对某些信贷市场工具进行定价的经验——最明显的是针对美国住宅抵押贷款的请求权的信贷市场工具,不过除此之外还有许多其他工具——是不是会引发人们对迄今为止关于资产市场合理性的标准假设的更广泛的质疑?新的理论进步是不是能够使我们将市场理性的程度——在这样或那样的特定情况下——作为经济结果或经济政策制度安排的内生因素?许多国家(在许多经济学家看来)出人意料地采用了相机抉择的反周期财政政策,或者政府财政状况突然急剧恶化,它们是不是会导致人们对财政—货币关系产生新的兴趣,并由此带来新的规范性含义?最具一般性的一个问题是,在经历了60年来最深重、持续时间最长的经济低迷之后,人们是不是会重新思考商业周期本身的一系列问题,包括它的起源以及潜在的政策补救措施?

到2010年为止,没有人知道上面这些问题的答案。不过,从过去的经验来看,似乎可以肯定的是,货币宏观经济学将会继续演变——而且我们相信,它将会继续进步。再过10年或20年,肯定会有更多的手册来填补现在这一卷的空白。但是就目前而言,本手册首次发表的25章已经充分地反映了这个领域的现状——这个领域过去一直是、将来也将继续是经济学学科的中心。我们希望这个领域的所有学生和研究者都能够从这一卷《货币经济学手册》中获益。

新一卷《货币经济学手册》得以出版,我们最需要感谢的是为它撰稿的多位经济学家。他们自己的研究以及他们对他人研究的综述充分证明了他们非凡的学术成就,也意味着他们为这个项目付出了巨大努力,我们在这里对他们每一个人表示最诚挚的谢意。

我们也要感谢其他许多为本手册作出了贡献的人。本手册发表的每一章的初稿都是在2009 年秋季举行的两次会议的其中一次上提交的。第一次会议由美国联邦储备委员会主办,第二次会议则由欧洲中央银行主办。我们感谢美国联邦储备委员会和欧洲中央银行对这个项目的支持与慷慨资助。我们也要感谢这两个机构的经济学家,他们牵头组织了这两个会议:美国联邦储备委员会的克里斯托弗·埃尔采格(Christopher Erceg)、迈克尔·基利(Michael Kiley)和安德鲁·莱文(Andrew Levin),以及欧洲中央银行的弗兰克·施梅茨(Frank Smets)和奥瑞斯特·特里斯坦尼(Oreste Tristani)。为了筹备这两个会议,他们每个人都付出了巨大的努力,我们非常感谢他们的奉献。我们还要感谢美国联邦储备委员会的苏·威廉姆斯(Sue Williams)和欧洲中央银行的艾瑞斯·贝滕豪瑟(Iris Bettenhauser),感谢他们提供了高效的和友好的后勤协助。

每一章的草稿都曾经在这两个会议的其中一个上报告并接受评议,撰写各章的经济学家还提交了对评议人的回应。我们特别感谢参加会议的 20 多位经济学家同行,他们提供了极为深思熟虑的评论意见。事实证明,在大多数情况下,他们的意见都是非常有建设性且极其有益的。尽管各位评议人的评论并没有明确地纳入各章正文,但是他们提出的观点已经在修改时得到了很好的反映。各章的作者都表示,得益于会议上收到的意见和建议,每一章都变得更好了——考虑更加周全了,材料组织更加合理了,行文更加流畅了,对各个相关研究领域的综述也更加全面了。

最后,我们还要感谢《经济学手册》系列丛书的长期主编肯尼斯·阿罗(Kenneth Arrow)和迈克尔·因特里利加托尔(Michael Intriligator),他们一直在敦促我们出版新一版的《货币经济学手册》。如果没有他们的鼓励和支持,我们是不可能完成这项工作的。

本杰明·M. 弗里德曼(Benjamin M. Friedman)

哈佛大学

迈克尔·伍德福德(Michael Woodford)

哥伦比亚大学

2010 年 5 月

参考文献

Christiano, L. J. , Eichenbaum, M. , Evans, C. L. , 1999. Monetary policy shocks: What have we learned and to what end?. In: Taylor, J. B. , Woodford, M. (Eds.), Handbook of macroeconomics, vol. 1A. Elsevier, Amsterdam.

Hume, D. , 1987. Letter to Adam Smith, 3 September 1772. In: Mossner, E. C. , Ross, I. S. (Eds.), Correspondence of Adam Smith. Oxford University Press, Oxford, UK, p. 131.

Taylor, J. B. , 1993. Discretion versus policy rules in practice. Carnegie-Rochester Conference Series in Public Policy 39, 195-214.

贡 献 者

托比亚斯·阿德里安(Tobias Adrian)

纽约联邦储备银行

让·博伊万(Jean Boivin)

加拿大银行

劳伦斯·J. 克里斯蒂亚诺(Lawrence J. Christiano)

西北大学

杰弗里·C. 富勒(Jeffrey C. Fuhrer)

波士顿联邦储备银行

乔迪·加利(Jordi Galí)

庞培法布拉大学

马克·格特勒(Mark Gertler)

纽约大学

迈克尔·T. 凯利(Michael T. Kiley)

美国联邦储备委员会

清泷信宏(Nobuhiro Kiyotaki)

普林斯顿大学

彼德·J. 克莱诺(Peter J. Klenow)

斯坦福大学

本杰明·A. 马林(Benjamin A. Malin)

美国联邦储备委员会

N. 格雷戈里·曼昆(N. Gregory Mankiw)

哈佛大学和哥伦比亚大学

贝内特·T.麦卡勒姆(Bennett T. McCallum)
卡内基梅隆大学

弗雷德里克·米什金(Frederic S. Mishkin)
哥伦比亚大学

爱德华·纳尔逊(Edward Nelson)
美国联邦储备委员会

里卡多·雷斯(Ricardo Reis)
哈佛大学和哥伦比亚大学

克里斯托弗·A.西姆斯(Christopher A. Sims)
普林斯顿大学

申铉松(Hyun Song Shin)
普林斯顿大学

马赛厄斯·特拉班特(Mathias Trabandt)
欧洲中央银行

卡尔·瓦伦丁(Karl Walentin)
瑞典央行

尼尔·华莱士(Neil Wallace)
宾夕法尼亚州立大学

史蒂芬·威廉姆森(Stephen Williamson)
华盛顿大学

兰德尔·赖特(Randall Wright)
威斯康星大学麦迪逊分校

Contents

目 录

第一部分　基础：货币在经济中的角色

第二部分 基础:信息与调整

第四章 理性疏忽与货币经济学 …………………………………… 139

第五章 不完全信息和总供给 …………………………………… 161

第三部分　货币传导机制模型

第四部分　最优货币政策

第五部分 货币政策的各种约束

第六部分　货币政策实践

第一部分

基础:货币在经济中的角色

第一章 货币理论的机制设计方法[①]

尼尔·华莱士（**Neil Wallace**）[*]

[*]:宾夕法尼亚州立大学经济系

目　录

　　本章摘要：要掌握货币理论中的机制设计方法，就需要找到有效情景的设定，即那些需

---

① 感谢艾德·格林（Ed Green）和诸位编辑对本章内容早期版本的有益评论。

要通过货币来实现某些有效配置的情景设定。此处的有效是指通过情景设定能为一些令人困惑的经济现象和政策问题提供见解。我们需要考虑三类摩擦的情景设定:监管不完美、高人际成本和资产不充分识别。因此,运用一个包含这些摩擦的阐述性模型来解释以下现实经济特征最合适不过:通货是一个具有同一性的物品,通常情况下它主导着收益率;一部分交易通过通货实现,而其他交易则通过其他方式实现。

JEL(经济文献杂志)分类代码:E4, E5

关键词:货币;摩擦;内生货币;机制设计;货币及财政政策;外生货币

1. 引言

要掌握货币理论中的机制设计方法,就需要寻找有效情景和环境设定,使其中诸如货币交易等事务在实质上能够实现——或根据 Hahn(1973)的表述,找到那些货币在其中不可或缺的情景设定。有效指的是通过情景设定可以为一些令人困惑的经济现象和政策问题提供新见解。

试图寻找货币不可或缺的情景设定这一探索由来已久。关于解决双重巧合难题的建议,至少可以回溯到第一个千禧年(Moroe, 1966)。然而,从那时候起,尽管人们不断重复尝试,但那些论述仍不尽完善。毕竟,如果那些论述是令人满意的,那么这种探索早就应该结束了,价格理论和货币理论相结合的问题也就不会由此成为贯穿整个 20 世纪经济学领域的一个未解的难题。[①]

如果必须通过货币交易来实现某些有效配置,那就意味着只有通过货币交易才能达成某件事。若要确立这种必要性,就必须证明没有其他方式可以实现这样的有效配置。由此就需要我们考虑所有的方式。机制设计就是我们用于探索其他方式的工具之一。

有人会问,上述必要性是一个值得探索的目标吗?我认为是的。货币交易一直是一个普遍现象。有人认为货币交易只是实现有效配置的诸多等效方法之一,其出现不过是偶然的。而我却认为这一观点很牵强,部分原因在于,在下文描述的情景设定中,货币交易是必要的,而该设定有其内生吸引力。

那么,什么样的情景设定能够有效满足货币交易的机制设计分析所需呢?无须赘述,带有预付现金约束的模型——或者按一般说法,带有特定资产交易成本的模型——以及将实际货币余额作为效用函数和生产函数变量的模型,均不在此类情景设定的考虑之列。排除前者的原因是,我们无法通过模型结构知晓实现配置的其他方式;而排除后者则是因为后者充其量不过是前者的隐式版本。我建议应该研究三种摩擦类型的情景设定:监管不完美、高人际成本以及资产不充分识别。

---

① 例如, Banerjee 和 Maskin(1996)在他们关于货币的论文的开头隐晦地提出:"货币问题对经济理论来说是一种尴尬。"

在这种有摩擦的情景中分析机制设计，最大的好处就是可以绕过货币政策与财政政策存在差异的问题，或者更笼统地说，就是不需要假设何种政策是可行的。摩擦决定了政策是否可行，因此忽视摩擦及其对可行政策选择的影响将导致某些极端结果。例如，Correia 等（2008）指出，最优配置可通过多种方式实现，其中就包括计划配置。在此情景中，特别要注意的是货币并非不可或缺。那么，多种政策均可实现最优配置。这会令人惊讶吗？Wallace（1981）、Sargent 和 Smith（1987）为得到莫迪利亚尼-米勒（Modigliani-Miller）等价的结果，也忽略了摩擦这一因素。在这些模型中，人们可以承诺未来的行动且不涉及私人信息。令人怀疑的是，在存在使货币变得至关重要的摩擦的情况下，这样的结果及其相关结果（例如公开市场操作与通过一次性转移支付实现的货币创造之间的等同性）能否成立。

要忽略摩擦（它赋予货币交易的作用）及其暗含的与可行政策的联系，最好的辩词是基于这样一个观点的，即那些未建模的特征（同样赋予货币交易作用）对可行政策没有影响。这样的观点似乎与前面列举的让货币交易发挥作用的几种摩擦，以及人们通常观察到的情况相悖。想想通货吧，尽管有相反的说法，但它仍是大多数现有模型中货币的最佳类比。因为通货不会产生直接以货币支付利息的外部资产。通货在地下经济中得到广泛使用，因为地下经济活动难以监管，故而难以征税。因此，让通货发挥作用的摩擦以及可行税收之间形成了紧密的联系。[1]

我在本章开头简要讨论了三种摩擦：监管不完美、高人际成本和资产不充分识别。接下来，我将使用一个具体的阐述性模型来分析，我们能够在多大程度上对实际经济的特征作出最优解释。这些特征包括：通货是一个具有同一性的物品；通货通常主导收益率；一部分交易通过通货实现，而其他交易则通过其他方式实现。

2. 三类摩擦

如果货币不可或缺，那么我们就要远离阿罗-德布鲁（Arrow-Debreu）模型及福利经济学第二定理。这不难理解：竞争性交易不是一种机制，阿罗-德布鲁模型假定人们可以承诺在未来采取行动。我假设交易通过一种机制实现，且人们无法承诺在未来采取行动。我们还要抛开"无名氏定理"的结论[2]，它假定有足够的贴现、足够多的经济主体和监管不完美。

2.1　监管不完美

至少在一个关键情境下，关于解决双重巧合难题的传统建议是不全面的。如果其所描

---

[1] 尽管如此，关于通货膨胀的福利成本等问题的应用研究并没有考虑到使用货币与难以监控和征税的经济活动之间的联系。

[2] 译者注："无名氏定理"一词通常表示人们经过讨论且普遍同意，却未曾发布的定理，也被称为一般可行性定理。

述的两个人之间的交易是发生在一些规模较小且相对封闭的集体内,例如基布茨农场、阿米什人社区或一个家庭内,那么上述观点是否仍然适用呢? 看来这两个人似乎得是陌生人才好。Ostroy(1973)是最早提出双方必须是陌生人这一观点的学者之一。他认为货币可以替代对交易之前交易者相关行为的了解,在现代术语中后者被称为监管。完美监管指的是充分了解交易前的行为,否则就是监管不完美。在一个明确的跨期模型中,Townsend(1989)将解决监管不完美问题作为使用货币的动机;Kocherlakota(1998)则把监管不完美与无承诺结合起来。假定交易无承诺,正如我始终坚持认为的那样,本章通篇所讨论的内容有一关键的隐含命题,即监管不完美是货币不可或缺的条件。

我们可以用反证法来证明这一命题。假设一种情景,存在完美监管以及易于实施的配置方式,并使用实质无用的法定货币。完美监管意味着前期行为是公共知识。因此,我们假设某些初始条件(包括货币持有量的配置)和前期行为决定了后续行为的演化与货币持有情况的变化。换言之,存在一个从前期行为到当前行为的复合场景映射。之所以称之为"复合",是因为其中有一个中间阶段,涉及货币持有与货币流通。现在考虑一下从前期行为到当前行为之间不存在货币使用这一情况所蕴含的直接映射。这种观点认为,复合映射隐含的行为可实施性意味着同样使用直接映射的行为也具备可实施性。因此,货币并非必不可少的。

上述简要论证用的是法定货币而不是商品货币。用法定货币比较方便,因为使用直接映射的替代机制可以忽略被视为一文不值的法定货币。而如果用商品货币的话,就不能这样处理了。而且,如果使用商品货币,就不容易区分货币性交易和非货币性交易。实际上,在该论证中使用法定货币的好处与在货币数量论及其中性命题中使用法定货币的好处相似。Hume(1752)和其他学者对此都做过研究,甚至包括实际货币是商品的情况。

货币必要性的观点被期望适用于任何模型,尤其是那些涉及不同类型私人信息且没有贴现假设的模型。无承诺和贴现能够帮助确定(交易)实施的条件,只要是不涉及法定货币的行为,都可以这么讲。

在监管不完美的情况下,货币为什么可以发挥协助交易的作用呢? 假设路人甲在未来某时遇到某人,如果没有直接观察到今天所发生的事情,那么货币将有助于路人甲收集证据以便向后者出示,即今天获得的货币能强化路人甲在未来真实描述今天行为的可信度。如果我们把法定货币看作像通货一样物理存在且耐用的实物,那么,除了伪造的情形外,法定货币确实可以承担通货的角色。如果路人甲试图夸大自己持有的货币量,其他人则可以说:"拿出来瞧瞧。"

货币必要性的观点意味着通向无现金经济的路径是实施越来越完善的监管。但更完善的监管并非通向无现金经济的唯一选择。更通俗地说,这样的观点断言监管不完美是货币交易的必要条件,却对充分条件只字不提。这种观点确实暗示了零监管是实现货币必要性的最佳场景,毕竟对每个人来说,个人的前期行为都是自己的隐私。然而,如果我们希望存在某种形式的信贷,那么零监管的要求就太过极端了。

任何形式的信贷都需要某种监管,这意味着路人甲的借贷过程需要被第三者观察到。

因此,如果希望一个模型同时包含货币交易和信贷,那我们就需要在完美监管和零监管之间找到一个平衡点。正如在其他经济学领域内那样——例如国际贸易理论中的运输成本——描述和分析极端的例子比较容易,而挑战却往往在于指出并分析中间状态。

2.2　高人际成本

双重巧合总是被描绘成(市场中)两个人相遇并交易的情况。这种描述催生了大量文献,它们假设人们在市场中成对出现并进行交易。在任何这一类型的模型中,人际成本都不菲。离散时间的成对交易模型假设每个时间区间只有一组成本为零的成对交易且其他所有类似行为的成本无限大。下文我将使用随机成对交易市场模型的一种,假设自由市场行为也是随机的。任何一种这样的模型都不同于阿罗-德布鲁模型。在后者中,所有人都聚在一起,或至少相互联系。

很明显,成对交易最初被认为是制约商品交换条件或现场交易的一种形式。但是成对交易并非跨期交易发挥作用的必要条件。我们所需要的是引入信贷及抑制信贷作用的摩擦,例如 Levine(1990)的研究中所讨论的。

既然如此,那为什么还要费心研究成对交易市场模型呢?原因之一在于,这些模型中的成对交易能够为不完美监管提供一个逻辑基础。在大型经济体中,如果人们成对见面,并且他们只知自己的过往经历以及所遇之人告诉他们的事,就会出现不完美监管。Kocherlakota(1998)和 Araujo(2004)对这一观点开展了研究。同时,成对交易市场模型为研究货币伪造(Nosal and Wallace,2007)、货币不完全可分(Lee et al.,2005)以及经济波动(Wallace and Zhu,2007)等问题提供了一个非常有利的场景设定。

但是,成对交易市场模型也无法回避某些复杂性。其中之一是如何用广为人知的均衡概念来回答那个老问题:两个见面交易的人会怎么做?在现有文献中,一种方法是采用描述法。例如,买家与卖家交替报价,买家提出接受或放弃的报价,或卖家坚持按商品标价出售。另一种方法是研究所有可能的结果,包括在成对交易中一方违约或双方合作违约[①]的情况。为了与机制设计分析思路相一致,在大多数情况下,我将采用第二种方法。

2.3　不充分识别

可识别性通常被认为是交换媒介的诸多理想属性之一。通常情况下,我们通过以下方式建模来设定不充分识别,即假定当前持有者比潜在购买者更了解交易标的质量。我认为,这种信息不对称是我们偏好统一货币的原因之一。然而,由于我对资产不充分识别的阐述还远不充分,我先从资产的充分识别假设开始。

---

① 译者注:双方协商一致放弃交易,即所谓的合作违约。

3. 充分识别的阐述性模型

英国、美国及其他国家的中央银行是法定纸币的垄断发行人,在其金融系统中还有很多私人银行也发行纸币。前者我称之为外生货币系统,后者我称之为内生或私人货币系统。为了对这两个系统进行建模和对比,Cavalcanti 和 Wallace(1999)构建了一个极端的不完美监管模型:一部分人(私人货币的潜在发行者)受到完美监管,而其余的人则根本不受监管。事实上,其余的人被假设为匿名者。在下一节中,我将在更宽泛的意义上阐述这一模型,并证明该模型中可实现分配的一些简单结果。

3.1 模型

我们在 Shi(1995)、Trejos 和 Wright(1995)的研究基础上进一步阐述模型设置。时间是离散的。有非原子和可度量的永生之人。偏好在时间上是加性可分的,每个人在贴现因子为 $\delta \in (0,1)$ 的情况下努力实现预期贴现效用最大化。期间效用为 $u(x) - c(y)$,其中,$x \in \mathbb{R}_+$ 是消费,$y \in \mathbb{R}_+$ 是生产。函数 u 和 c 严格递增且可微,函数 u 严格凹而 c 严格凸,且有 $c(0) = u(0) = 0$。同时存在 $\tilde{y}>0$,它满足 $c(\tilde{y})=u(\tilde{y})$。此外,不存在跨期技术(产品易耗)。

这群人一开始就永久地分为两组。一组是受监管的(简称为 m 群),比例为 α;另一组不受监管(简称为 n 群),比例为 $1-\alpha$。我们把 α 解释为经济的外生监管能力。m 群中每个个体的历史记录是众所周知的(可以想象为他们每人都戴着一个电脑芯片,这个芯片可以把关于此人的一切信息传输给其他人)。而 n 群中的每个个体的历史记录则属于私人信息,我们所知的仅限于 n 群成员在交易中作为生产者—消费者的身份且他们不是 m 群成员。

为了讨论内生货币问题,假设每人都有一台打印机,可以打印出相同的、可分割且耐用的物品。但是,任何一个人打印出来的物品与其他人打印出来的是有区别的。这是充分识别的假设。

每个日期分成两个阶段。第 1 阶段有随机成对交易:在每个日期内,一个人成为生产者(卖方)的概率是 θ,成为消费者(买方)的概率也是 θ,两种情况都不成立(即未遇到任何人)的概率为 $1-2\theta$,其中 $\theta \leqslant 1/2$。任何生产和消费活动都发生在第 1 阶段,且一个人在同一天中不可能既是生产者又是消费者。[①] 第 2 阶段有集中交易,可实现市场主体间的资金转移。它旨在模拟清算所、联邦基金市场或商业票据市场。因为第 2 阶段没有商品,所以没有单独的偏好。

[①] 众所周知,隐含设定包括一个 K 产品和一个 K 类型,其中每个类型都有相同的衡量标准。一个 K 型的人只消费 K 型产品,且只为 $k \in \{1,2,\cdots,K\}$ 类型的人生产 $(k+1)$ 型商品,$k \in \{1,2,\cdots,K\}$ 中附加了模块 K。如果 $K>2$,那么我们可以得到 $\theta = \dfrac{1}{K}$。

此前模型中的基准配置是,在每一次(单向巧合)交易中,生产(和消费)要满足 $\max_x[u(x)-c(x)]$,这意味着存在 $x^\star$。在指定人们的类型(m 或 n)、初始货币持有量以及过往历史之前,代表性经济主体福利标准把人们都视为相同的个体。符合这一标准的配置即最优配置——仅受成对结构约束的最优配置。

这一设定的便捷之处在于简单描述最优。注意,每个日期内的最佳行为是相同的:在交易中,不管何时,作为生产者便生产 $x^\star$,作为消费者便消费 $x^\star$。可预见的是,困难之处在于如何让生产者生产 $x^\star$。可能会出现仅仅因贴现而带来困难,且即使每个人都属于 m 群,也存在这一困难。但是,如前所述,如果每个人都属于 m 群,那么货币也无济于事。n 群的存在为货币赋予了相应的角色。然而,接下来我们将看到,货币在历史行为的影响下必然会发生变化,这可能导致背离最优情况出现。

3.2　配置类别

尽管可以考虑多种类型的配置,但这里我把配置类型限制在以下三种情况:m 群发行的所有货币(及任何初始货币)没有违约;规划者发行的货币被视为完美的替代品;n 群发行的货币一文不值(简单起见,就假设 n 群不发行货币)。因此,在进入成对交易之前,初始时点 t 的个体状态是公式 $\mathbb{S}_t=(\mathbb{I}\times H^{t-1}\times\mathbb{R}_+)$ 中的一个元素,$\mathbb{I}=\{m,n\}$ 是这个人的类型,H^{t-1} 是初始时点 $t=0$ 到时点 $t-1$ 这段时间内可能出现的历史集合。个体历史记录是他在过去的成对交易中遇到的交易对象及后者的状态。$\mathbb{S}_t$ 可以表示为 $s_t=(i,h^{t-1},z)$,其中 z 是其他人(其他被监管对象或规划者)发行的货币量。如果 $i=m$,那么 s_t 便是公共知识;如果不是,则 (h^{t-1},z) 便是私人信息。特别要指出的是,n 群的某人可以把货币藏起来。除了包括第 1 阶段发生的交易外,一个人在交易之后的状态和交易对象相同。

给定关于人们状态的初始配置,一次配置就是一个活动序列,它描述了第 1 阶段和第 2 阶段交易中所发生的事情,也有记录人们状态的功能。在 t 时点上成对交易的状态是 (s_t^p,s_t^c) $\in\mathbb{S}_t^2$,括号中前后两者分别代表进入市场交易时的生产者和消费者。在成对交易中,市场行为包括生产、消费以及两者状态的转换。在第 2 阶段,唯一的市场行为就是角色转换(没有生产和消费)。在这两个阶段,在给定相同类型交易日期的情况下,生产者和消费者很容易随机转换,那么在第 1 阶段就会有相关行为的配置。

一次配置就是描述经济中发生的事情,如下所述。给定 $\mathbb{S}_0$ 的初始配置,假设交易随机出现,在 0 时点的行动意味着 1 时点的配置 $\mathbb{S}_1$,以此类推。

3.3　激励可行的配置

可行配置面临两种约束条件:自然约束和激励约束。自然约束之一是交易中消费上限受到生产的约束。此外,n 群中两个成员(假设只消费而不能发行货币)之间的交易,在交易结束时其持有的货币总量不能超过交易前。在第 2 阶段允许规划者调控货币总量(发出或收回)。

关于激励约束,我认可两种纳什手段中的任何一种:一种要求配置不受个体违约影响;另一种要求配置既不受个体违约影响,也不受交易双方合作违约影响。[①] 纳什均衡意味着,每个人或交易双方都接受其他人不违约的情况。两种观念都基于以下假定的惩罚:一是 n 群中的成员违约不会对违约者的未来产生哪怕一丝的不良后果,除非当前交易暗示该成员违约会有不良后果。m 群中的成员违约为公共信息,且假定其违约后果是违约者从第 2 阶段开始将被 m 群永久性地驱逐到 n 群中去。

这种驱逐措施似乎收效甚微。惩罚违约的一个替代方案是把整个经济系统转变成自给自足的模式。然而,如果在实施中这种转变仍有小概率出现误差,那这就不是最好的解决办法。而且,即使没有这样的误差,对社会来说在时间上也不存在一致性。如果不施加整个经济系统层面的惩罚,甚至哪怕是积极措施的惩罚,也可以通过以下假设来证明惩罚的合理性,即假设在任何时候某个体都可以从 m 群中自由退出并加入 n 群。即使不考虑这种假设,加大惩罚力度也会变得十分微妙。因为即使明知 m 群中的某个成员是一个违约者,n 群中的成员通常还是会与此人进行交易。

在给定的模型结构中,在当前阶段,违约者通常没有任何交易:在成对交易中,生产和消费均为零,货币持有量也没有变化;在第 2 阶段,不发生货币转移。如果违约者是 n 群中的某个成员,则他不会承担其他后果。如果违约者是 m 群中的某个成员,那么在下一阶段他将(被驱逐)成为 n 群的一员,他持有无效的货币和打印机——之所以无效,是因为假设违约将使其持有的货币变得一文不值。

关于成对交易中出现的合作违约,有三种情况。在 m 群中两位成员的交易(m/m)不存在私人信息。任何合作违约都会使双方在下一个交易阶段成为 n 群中的一员,且双方的货币都将一文不值。因此,在任何一次违约中,他们所持有的货币总额受限于他们进入第 1 阶段时持有的货币总量,且属于 m 群的两位成员均不能通过向对方发行货币而使彼此致富。合作违约可能性隐含的限制在于,他们的违约收益(即当前收益扣除生产者和消费者双方因违约而退出 m 群的价值)要略微超过持有相同货币的 n 群成员间交易的收益。n 群成员和 m 群成员的交易(m/n)存在单方面信息不对称。同样,任何合作违约都会使 m 群成员在下一交易阶段变成 n 群中的一员。要全面分析这类交易以及 n 群两位成员之间的交易,必须引入一些信息不对称的核心观念(当 n 群两位成员之间交易时,仅仅因为生产者和消费者都可以隐藏货币,便会出现双边的信息不对称)。

接下来展示的模拟结果与采取哪种观念无关。尤其是,这些结果将 n 群的交易和收益视为已知。

[①] 在整个过程中,我使用分配的弱可实施性,因为我要求分配是某种均衡的结果。特别是,要考虑这样一个背景,即我所面临的均衡忽略了所有的货币。我所做的不排除这类均衡(Aiyagari and Wallace, 1997; Wallace and Zhu, 2004)。我也不直接明示支持这类结果的博弈论。Zhu(2008)对可实施性有明确的定义,这一定义可用于支持个人违约或合作违约的相关结果;对于合作违约博弈论的应用可参考 Hu 等(2009)的研究。

3.4 结果

关于激励约束,本章设定了三种简单的结果。首先是监管越完美越好。

观点 1:就生产和消费而言,激励约束系列配置中受监管部分呈现弱增长。

证明:考虑两个经济体(1 和 2),除了 α 外都相同,给定 $\alpha_2 > \alpha_1$。配置 A_1、A_2 分别是经济体 1 和 2 的激励约束,且它们具有相同的生产和消费。配置 A_2 由受到额外监管的人组成,这些人的行为与他们所"替代"的 A_1 中不受监管的人的行为一样。换言之,在经济体 2 的 m 群中随机选择比例为 $(\alpha_2 - \alpha_1)/\alpha_2$ 的一群人,给他们贴上标签,赋予他们选定的起始历史,让他们的行为与 A_1 中 n 群的行为一样。让其他所有人的行为与 A_1 中的一样。由于 A_1、A_2 分别是经济体 1 和 2 的激励约束,换言之,让一个 m 群成员表现得像一个 n 群成员始终是一个激励约束,因为(m 群成员)出现任何违约都会变为后者(n 群成员)。

接下来的观点是,我们可以限制配置,只允许那些在第 1 阶段没有货币而仅有打印机的 m 群成员进入。一般来说,在成对交易中,当 m 群为 n 群提供产品时,前者获得货币。因此,这样的配置要求他们在收到货币时立即销毁或在第 2 阶段上交给规划者。[①] 一个结果就是 m 群成员在交易中的任何开销都将涉及这个人的货币发行。该结果的限制在于,我只考虑能作为完美替代品货币的配置,这些货币是所有受监管的非违约者所发行的。

观点 2:如果存在一种配置是激励约束的,那么也会存在另一种激励约束的配置,两者在生产和消费方面是相同的,参与交易的受监管者进入第 1 阶段时没有货币。

证明:考虑一个任意的激励约束配置,在某个日期 m 群的某一成员携带货币参与成对交易。考虑同样设定的另一种情况,不同之处在于此人在前一次交易的第 2 阶段将其持有的货币全部上交,但在下一次交易时,此人通过发行自己的货币而不是使用他人发行的货币以保持支出不变。所有的货币完全可替代,因此交易伙伴不受影响,进而不违约获得的收益也不受影响。那么,违约的收益是多少呢?n 群成员具备隐藏货币的能力,这导致其持有货币的贴现效用增长乏力。这意味着上述第二种情况下的违约收益不会超过给定的任意配置得到的收益。因此,第二种情况也是一种激励约束。

要注意的是,与这一观点相反的观点并不成立。我们从 m 群成员不持有货币的配置情况开始,同时考虑另一种情况,其不同之处仅在于某一日期 m 群的某位成员没有将之前收到的货币上交。上交货币的意愿是否意味着第二种情况是激励约束?事实并非如此。货币在下次交易之前上交(即在下一交易的第 1 阶段开始之前),这是立足于超越第 1 阶段交易实现的和违约实现的预期估值基础上的。但这种暗含的不平等并不意味着在接下来的每个交易的第 1 阶段中都不会发生违约。

如果一个 m 群成员只是上交持有的货币,那么在成对交易中货币为什么会转移到这个人这里呢?如果转移货币者是 n 群的成员,则该转移提供了额外的诱因,促使此人在此之前

[①] 如果货币生产成本过高,则销毁它非常浪费。在这种情况下,第 2 阶段可视作清算阶段,其中,m 群成员上交其他发行人的货币,并收到自己发行的货币作后续使用。

就获得货币。此外,还有一种配置情况是当 m 群成员作为消费者与 n 群成员进行交易时,让 m 群成员发行货币。这样的话,除非前者作为生产者与 n 群成员交易并从后者获得货币,否则后者持有的货币将持续增长。在模型中这必然会产生通货膨胀。

如果转移货币者是 m 群中的另一成员,那么这样的转移就没有任何作用,故可忽略不计。这样,旁观者将观察到在没有货币转移情况下的生产和消费。这就是该模型的信贷交易版本。那么,根据不完美监管的必要性,如果每个人都受到监管,就不需要货币了。同样,m 群成员的任何生产都完全由害怕被驱逐出 m 群这一违约后果在支撑,无论其生产是为了 m 群还是 n 群。

观点 3:如果不是每个人都受到监管,那么最优选择就不会是激励约束。

证明:假设这种情况下最优选择是激励约束,考虑两种互斥的可能性。要么是这种情况:在交易第 1 阶段之前的某个日期,在 n 群成员之间存在货币持有配置,有两种持有情况支撑这种配置,且 $m_1 < m_2$。只有在 m_1 的贴现值超过 m_2 的贴现值的意义上货币才有价值。要么就不是这种情况。

第一种可能性存在非退化分布且货币有价值,这就与最优相矛盾,因为最优意味着每个人在每个日期的成对交易之前都有相同的贴现效用。如果是第二种可能性,那么在每个日期贴现效用都会退化。要么因为存在货币持有退化配置,要么因为支撑这种配置的全部货币持有的贴现价值相等。但是,如果这在某个日期成立,那么就意味着最优行动在下一个日期不成立。尤其是,在成对交易中,生产 $x^\star$ 的 n 群成员必须看到这样做未来的回报可期,否则他们会选择违约从而导致交易失败。但对他们而言,未来的回报只能通过在下一日期交易第 1 阶段前持有更多货币的形式来获得,并附加更高的贴现价值。因此,退化和最优行为不能在每个日期都同时成立。

在继续讨论不充分识别后果之前,我要评价一下前述模型。

首先,假设 n 群成员不发行货币并没有什么问题,因为我允许规划者在第 2 阶段向 n 群正向转移货币。这种转移——或许,随机散布在 n 群成员之间——对于让 n 群成员发行的货币具有可接受性来说,似乎是一种很好的替代。

其次,文中对被广泛研究的货币干预模型只字未提——即通过税收支付货币利息——无论是直接干预还是通过通货紧缩(间接)干预。一个特殊情况是实际利息正好抵消了贴现,这被称为弗里德曼(Friedman)规则。这类方案无须单独考虑,因为它已被包含在上述配置类别中。例如,如果 n 群持币规模随时间推移而减少,就会产生通货紧缩。尽管这不能通过向 n 群直接征税来实现,但可以通过其他方式来实现。一种方式是,在与 n 群交易时,让 m 群作为消费者时发行的货币少于其作为生产者时得到或损毁的货币。另一种方式是,在与 n 群交易时,让 m 群(被转移的)每单位货币的消费少于他们(收到的)每单位货币的生产。

如果不给模型增加额外的结构,就无法断定这些方案存在激励约束并且是最优的。然而,就算在概述这一层面上,任何类似的分析都貌似与通货紧缩的分析或与代表性经济主体模型中支付货币利息的分析迥异。这类方案通过向 m 群征税来筹集资金。这样的税收比较稀少,因为 m 群可以违约,并且好的配置会让 m 群赠送礼物给 n 群,而这些礼物不求回报。

此外，n 群某一成员当下的消费能力依赖于近期实现的交易，这提升了向 n 群转移货币的风险分担作用，即使这些转移不取决于作为私人信息的财富（Deviatov，2006；Green and Zhou，2005；Levine，1990）。

最后，虽然引入了模型以比较内生货币和外生货币，但到目前为止我尚未在这方面进行讨论。外生货币是一种特殊情况，即除了规划者外没有人有权发行货币。没有人有权发行货币的限制是一种激励约束，因为如果发行货币可以违约，那么在下一交易日货币就会变得一文不值，这意味着货币在发行时就没有价值。然而，外生货币是带附加限制的特殊情况，因此在上文的设定中加上它并无助益。

这样的限制会有什么坏处吗？如果不强加附加结构，我就不能证明它有坏处，但是我可以说明为什么这些限制可能有坏处。在外生货币中，m 群的消费与其自身历史有关（n 群亦如此）。然而，引入第 2 阶段在一定程度上消除了这种对其历史的依赖。尤其是，第 2 阶段可用于 m 群间的货币转移（类似于内部借贷，或更准确地说，是内部保险），也可以用于与规划者之间的双向转移货币——所有这些都受限于违约约束。但是，在有外生货币的情况下，这些违约约束会更加严格。因为此时观点 2 中的结果就不再成立，即 m 群进入成对交易时没有货币。依据这一模型，这就是强加外生货币可能有坏处的原因。

4. 不充分识别和统一货币

尽管前述私人货币有其好处，但我们常见的几乎都是统一货币。造成这种情况的原因有很多。其中一个与我们设计的机制框架有关，即许多不同货币的识别问题。此类问题有多种形式，这里我只讨论伪造货币的威胁。

在前述模型中，假设某些 n 群成员拥有成本高昂的货币伪造技术。在任何交易时期的第 2 阶段，他们都能够生产伪币，为此需承担正的固定成本和恒定的边际成本。在交易的第 1 阶段，假设生产者只有在收到货币后才能辨别货币真伪。那么在收到货币后，他们就能够知道自己收到的是真币还是假币。

在这种情况下，有两种可能的配置方式。一种是，伪币被制造出来，并且已知伪币和真币互为完美替代。但即便这种配置可实施，也存在明显缺陷。除了存在伪造成本外，这与没有伪币的情形是一样的，真币和伪币均被当作其他货币的完美替代来对待。在这样的配置中，n 群不从事生产，他们只一期又一期地发行货币，并让他人来承担（货币伪造）成本。

另一种配置情况为，已知伪币价值低于真币。在这里，生产者和消费者的成对交易存在信息不对称：消费者知道自己持有的货币是真币还是伪币，但生产者不知道。此种配置要么是混合配置，要么是分离配置。伪币出现的分离配置实际上难以符合我们对伪币的界定，因为生产者最终会接受已知伪币。因此，大部分分析都集中讨论混合配置。

然而，由于在不对称信息下没有对核心概念的标准定义，因此在此类情况下，现有分析全都采用某种博弈论形式。最常见的是信号博弈框架,即买家出价后,采取接受或放弃的策略。在此类博弈情形下,Nosal 和 Wallace(2007)指出,采取乔-克雷普斯(Cho-Kreps)直观标准可以排除伪币聚集的情况。偏离价值的报价破坏了混合均衡,使持有真币的消费者提供较少的交易量——用较少的货币换取较少的产出——而生产者则可以从这样的报价中推断出消费者持有真币。

如果均衡中不存在伪币,那么均衡存在哪些可能性呢?这取决于非均衡行为的其他方面。Nosal 和 Wallace(2007)的研究隐含地假定,如果均衡中不存在伪币,那么交易第1阶段提供的货币为真币。因此,他们得出结论,在没有伪币威胁的情况下,只有伪造成本高于货币价值时,才会存在真币有价值且没有伪币的均衡。否则唯一的均衡就是自给自足。但是,正如 Li 和 Rocheteau(2009)指出的,存在另一种非均衡的可能。他们考虑了一种均衡,即交易中真币的价值小到让伪造货币无利可图。任何更大金额的非均衡出价都出自货币伪造者,这样的信念支撑了这种均衡。

上述两种分析都认为,伪造货币是非常严重的威胁。因此其共同的启示是,要有足够的执法力度,使伪造货币成为一种高成本行为。貌似合理的情况是,如果我们假定实行单一的统一货币要比实行多种私人货币更容易防止伪造货币的话,那么这两种分析带来的启示就将我们导向了一个方向,即实行单一的统一货币体系。①

5. 统一外生货币的最优值

如上所述,在存在外生货币的情况下,模型中交易的第2阶段变得更加重要。首先,在 m 群内部进行货币转移有一定的吸引力——可以通过货币转移实现内部保险。尤其可能有吸引力且在激励上可行的是,让那些 m 群中最近赚到外生货币的人通过交易转移给最近花掉外生货币的人。其次,控制外生货币的规划者可能会参与货币转移。在存在外生货币的情况下,为了解最优值可能是什么样子,Deviatov 和 Wallace(2009)研究了一个阐述性模型的具体例子,这一模型中存在外生的、以两日为周期的生产过程,且周期明确。

在他们研究的例子中,贴现因子为 0.95,消费效用 $u(x)$ 为 $2x^{1/2}$;产生的负效用为 $c(x)$,当 t 为奇数日时(低产期),$c(x)$ 为 $x/0.8$;当 t 为偶数日时(高产期),$c(x)$ 为 $x/1.2$。因此,0.8^2 是低产期的最优产量,1.2^2 是高产期的最优产量。每个人有 1/3 的概率成为生产者,1/3 的概率成为消费者,被监管者为总人口的 1/4。除贴现因子足够高外,其他参数为任意的。

就这个例子而言,在把代表性经济主体分为受监管的和不受监管的两类之前,以及对初始持有货币进行分配之前(该分配也是规划者多种选择变量中的一种),Deviatov 和 Wallace

---

① 尽管没有伪币似乎与现实观察到的现象不一致,但我们必须使用这一假设。在美国,估计有万分之一的美元为伪币(Judson and Porter,2003)。这非常接近0,在带有一定比例伪币的均衡中,这一概率相当于0,因而我们无须考虑在有一定比例伪币的混合均衡中的偏离报价。

（2009）计算了事前代表性经济主体效用的最大值。他们的约束条件是，交易的两个阶段都有可能出现个体违约，以及在成对交易的第 1 阶段可能出现合作违约。他们对该问题在三个方面做了简化。第一，他们只考察以两日为周期的配置。第二，货币是不可分割的且第 1 阶段之前持有的货币量限于 $\{0,1\}$ 区间。第三，虽然允许碰运气存在（且发挥作用），但不允许其随机化。他们研究对比了这个问题的两个版本：其中一个版本为不干预且货币量为恒定值；而在另一个版本中，货币量和其他参数一样，但假定以两日为周期。

把货币持有量限制在 $\{0,1\}$ 区间是一种极端的假设，但并没有误导性。如前所述，该模型中的经济问题是将当前行为与先前的现实分离开来。尽管把货币持有量限制在 $\{0,1\}$ 会加重这个问题，但不会改变问题的性质。贴现因子的高数值有两个层面上的意义，均与提供简单的基准分配有关。第一，它足够高以至于每个人都受到监管，那么最优配置在每次交易中就可以实现最优产出。第二，贴现因子足够高，以至于最佳配置中有一半的经济主体持有一个单位货币，且 1/4 的交易有最佳产出，而这最佳配置取决于是否把每个人都视为 n 群成员。此外，在该配置中，干预和不干预的版本相同。配置中的事前效用为最佳效用的 1/4，因为在成对交易的市场中，潜在的消费者持有货币，而潜在的生产者不持有货币。

无论是否存在干预，最优值都有几个共同特征。第一，m 群某一成员的贴现效用约为最佳值的 2/3，而在货币分配之前，n 群某一成员的贴现效用约为最佳值的 1/3（因此，相对于所有人都被视为 n 群成员，或相对于同样经济体中没有 m 群的配置而言，每个人都能受益）。第二，没有向 n 群转移货币。[①]第三，所有的 m 群成员都持有一个单位货币进入交易第 1 阶段，且在许多交易中都有生产时不得违约的限制。

因此，m 群的生产完全由"一违约就会被驱逐出群"这一惩罚威慑来支撑，这通常发生于存在内生货币的情况下。如前面所提到的，如果在存在内生货币的情况下惩罚的威慑作用更大，那么在充分识别的情况下就可实现最佳配置。

在该例子中，干预看起来就像在高产期成对交易后的第 2 阶段向 m 群全体成员发放无息贷款，并在下一个低产期的交易第 2 阶段偿还。就产出来说，干预主要出现在 m 群与 n 群之间的交易中。干预使得 m 群与 n 群个体间的货币持有配置与两组之间在每个时段货币交易净值为零的约束分离开来。一个结果就是在那些交易中干预更容易实现产出，这里所说的"更容易"是相对于各自的最佳产出而言的。或许，描述干预作用最简单的方式是：高产期交易第 2 阶段 m 群成员通过贷款恢复其货币持有量，使得他们在高产期与 n 群成员的交易中能够扩大支出。显然，m 群和 n 群之间的区别以及他们之间的互动是这一示例的关键特征。

---

① 这一发现取决于 $\{0,1\}$ 的货币持有量。转移给 n 群的可能性会以有利的方式改变货币持有量的配置（Deviatov，2006），这种可能性需要个人持有更多的货币。

6. 阐述性模型扩展

阐述性模型在很多方面存在极端情况。在这一部分,我讨论了可以被一般化的几个方面。

6.1 资本

由于除货币外不存在其他形式的财富,这使得阐述性模型与现实情况不相符。确实,对于内生货币的情形,如果货币被看作是 m 群的债务,那么净财富为零。我将在模型中引入弹性—黏性资本来解决这一问题。

在此前版本中,成对交易中的生产技术为单一投入,即付出的劳动或者努力。正如其他人所认可的,技术可以进步,这样交易产出可用生产者劳动和资本的函数表达,即 $f(k,l)$,其中, l 为生产者付出的劳动, k 为其持有的资本, f 可假定为标准函数,它是线性齐次并且严格拟凹的。由于模型中没有资本,因此一个人的预期效用为 $u(y) - c(l)$,其中 y 为消费。

关键假设涉及个人资本的运动规律。其中一个特征是,一个人的总投资品和总消费品是同一对象。如果这样,那么某一日期在与某一生产者的交易中,对非负消费和非负总投资的常规弹性限制可成立:两者之和受限于交易中从生产者处获得的产出。资本黏性表现为现有的资本不能转移给其他人。

这种对模型的一般化不会改变任何一个阶段的交易内容。如果模型中只有 n 群,那么除了状态空间会变得更丰富外,模型不会发生变化。现在每个人都具有货币与资本组合的特点,尽管资本无法交易。如果模型中只有 m 群,那就不影响货币不是必需的这一结论。即使同时包含 m 群和 n 群,其唯一的区别就是状态空间更为丰富。无论是内生货币还是外生货币,都需要发挥更大的保险作用。但是, n 群无法更好地参与,而 m 群在这个模型中没有资本,因而在参与问题上也大体面临同样的违约约束。特别是,存在上述类型资本不会扩大任一类型成员共担风险的可能性。

对这个模型的一个合理猜想是,最优值所显示的资本持有分散度在 m 群中要小于 n 群。换言之,资本在 m 群的配置效率要高于 n 群。

6.2 内生监管状态

阐述性模型包含一个受到充分监管的外生部分(m 群)。如果每个人做出的选择都受到一次性的、加性可分的效用成本的约束,且这种效用成本以一种非常特殊的方式在人群中配置,那么外生性假设就可以与一次性自由进入 m 群相协调。令 $F:R_+ \rightarrow [0,1]$,其中 $F(k)$ 是

可成为被永久监管者的比例,其一次性加性可分的效用成本不大于 k。阐述性模型有如下特殊的表现形式 F:

$$F_\alpha(k) = \begin{cases} \alpha, & \text{如果 } k < K \\ 1, & \text{如果 } k \geq K \end{cases} \tag{1.1}$$

其中,K 的值非常大,大到不管面对何种可行激励配置,只要成本达到 K,这个人就永远不会选择成为 m 群成员(值得注意的是 α 那部分人。因为自给自足的收益为零,所以他们成为被监管对象的成本为零)。

为了允许初始日期自由进入 m 群,将初始日期的行动顺序设定如下。事前所有人的情况都完全相同。随后规划者宣布一个配置方案,包括如何根据 m 群和 n 群的状态配置初始货币。根据配置函数 F,每个人私底下都知道成为 m 群成员的成本并选择是否成为 m 群成员。接下来,初始货币配置完毕。如果配置满足激励约束条件,则按照规划者的建议进行交易。这种激励约束包括如下限制,即让成为 m 群成员的效用成本足够低的人选择成为 m 群成员,而其他人则不选择成为 m 群成员。

令 $v_t^j(x)$ 为某人在 t 期开始时持有数量为 x 的货币(唯一资产)的贴现期望效用,此人的类型为 $j \in \{m, n\}$。假设此人可以从 m 群中自由退出,这意味着对所有的 (t, x),规划者面临的约束之一为 $v_t^m(x) \geq v_t^n(x)$。反过来,这也意味着 $v_0^m \geq v_0^n$,其中 $v_0^j = E_x v_0^j(x)$,且 E_x 代表对货币初始配置的期望值。因为之前模型中的 F 由式(1.1)给出,人们要如规划者所期望的那样选择成为 m 群成员,面临的约束无非是 $K \geq v_0^m \geq v_0^n \geq 0$,换言之,无非是在任何时候都可以自由退出 m 群。

然而,如果 F 连续且严格递增,并且一个人从 F 中得到的是私人信息,则要求对初始自由进入施加额外约束。因为对于式(1.1)中的 F,私人信息不起作用。在这样的假设下,最初的货币持有量只能根据个人是否选择被监管来分配,且有 $v_0^m - v_0^n = \hat{k}$,其中 $F(\hat{k})$ 是选择成为 m 群成员的比例。

在该版本中,函数 F 的形状将在决定最佳配置中发挥作用。也就是说,规划者实际上会关注分配如何影响选择被监管的那部分人。我猜测一个平滑的函数 F 会导致 m 群税收的减少。

6.3 其他信息结构和其他金融工具

就模型中的有限金融工具而言,与实际经济相比,阐述性模型存在缺陷。实际上,不管是内生货币还是外生货币,模型中的金融工具似乎只有统一货币。这主要是因为,在极端的监管假设下,类似活期存款、借记卡、信用卡、手机支付货币和汇票这一类的金融工具要么不可行,要么被视为必要的。

所有上述金融工具都要依靠信息化网络。根据假设,n 群成员不能成为任何类似网络的一部分。至于 m 群,他们是一个完美且无成本的网络的一部分,该网络向所有人公开他们的行为,因此不需要其他潜在的传送有关 m 群信息的金融工具。但是,这里有一个警告。我规定在均衡中货币被作为统一对象来对待,无论其是内生货币还是外生货币。

可以想象,通过向 n 群提供具有不同回报率的不同资产,可以丰富可行配置的方案集。根据 Bryant 和 Wallace(1984)的观点,人们将自主选择非线性和递增的储蓄回报。这种非线性可以扩大一系列可实施分配的集合。Kocherlakota(2003)认为,为一部分人提供可以换取商品的资产,并为另一部分人提供可获得更高回报但只能储蓄的资产,这样就可以通过一种有利的方式扩大可实施配置的集合。但上述分析都没有说明,在什么条件下非线性回报是可以实现的。例如,Kocherlakota(2003)只是简单地假设,他那种被称之为债券的高收益资产不能直接通过交易换取产品。Bryant 和 Wallace(1984)认为债券显然不可分割且数额庞大,但并未说明为什么债券不能共享或作为中间品。

在这一方面,阐述性模型可以有所作为。假设规划者在第 2 阶段出售一年期凭票即付的大面额债券,意在让部分 n 群成员购买。大面额限制了这种债券在 n 群成员间的成对交易中使用。然而,如果这些债券决定了相邻日期第 2 阶段的货币收益率,那么就会产生有利可图的套利机会:持有债券资产,并发行一年期见票即付的小额债券。但谁能参与这种中介交易呢?这涉及承诺。在阐述性模型中,只能由 m 群成员作出承诺。但是 m 群成员的行为是公开的。因此,只要规划者想阻止此类中介行为,他就一定能做到。换一种稍有不同的说法,在阐述性模型中,用法律手段限制此类中介行为是很容易的。事实上,出于紧密相关的原因,在实际经济中这种限制也容易做到。①

因此,作为一个例子,阐述性模型中关于信息结构的假设会对可能存在并发挥有益作用的各种金融工具产生影响。

6.4 集中阶段的生产和消费

有相当数量的文献与这一阐述性模型相似,但它们在交易第 2 阶段既有生产也有消费,并且所有人都在场。其中大部分文献遵循 Lagos 和 Wright(2005)的假设,即每个人在第 2 阶段都有相同的拟线性偏好。在第 2 阶段存在生产和消费的一般化模型在性质上与阐述性模型相似,但是在第 2 阶段具有相同和拟线性偏好的版本则不然。

拉各斯-赖特(Lagos-Wright)模型最重要的特点在第 2 阶段具有同质和线性偏好的模型中很容易被看到:第 2 阶段存在易耗品,人们对它的偏好相同、加性可分,且为线性。对该易耗品的"正消费"理解为消费,而对其"负消费"则理解为生产该易耗品。第 2 阶段交易被建模为竞争性的价格接受交易(在一个机制设计模型中,即便允许集体违约,这样的交易也不失一般性,因为它相当于第 2 阶段的静态核心)。拉各斯和赖特认为,通过对该产品的不同消费,这一交易的结果包含了进入交易第 2 阶段个体的所有财富差异。由此,进入第 2 阶段的财富分配并非第 2 阶段结束后的经济状态。Shi(1997)提出的大家族模型也扮演着类似的

---

① Zhu 和 Wallace(2007)探讨了货币与高回报资产共存的不同途径。在仅有 n 群且有可观察的不同投资组合的模型中,他们表明,类似颜色这样的附加属性可用作可实施的配置,这些配置不会受到合作违约的影响,且与不同回报率相一致。

角色。[1] 在所有情况下,经济在每个日期都伴随着一次实质的外生货币分配来重新开启。[2]

　　尽管 Lagos 和 Wright(2005)的分析以及 Shi(1995)的大家族模型有着易处理的巨大好处,但是大家对这些叙述中缺失的部分没有给予足够的关注。换言之,对于通过非常特殊的假设得出的结论是否稳健,人们并没有给予足够的关注。其缺失的内容之一为这样的一个结果,即如果存在 n 群,则最优配置不可实施(Hu et al.,2009)。另一个欠考虑的内容为:交易第 2 阶段 m 群成员货币转移在风险共担方面的角色,以及向 n 群成员正向转移货币在共担风险方面的潜在作用。在 Lagos 和 Wright(2005)的模型中,这种风险共担通过线性产品交易实现;而在 Shi(1995)的大家族模型中,风险共担是在大家族内部实现的。

7. 结论

　　从对货币理论机制设计方法的定义开始,本章讨论一个特定模型。该模型是建立在 Kiyotaki 和 Wright(1989)、Trejos 和 Wright(1995)以及 Shi(1995)关于匹配模型的开创性工作基础之上的。他们率先提出了连续跨期交易模型,在这些模型中人们成对交易并使用货币。这个模型还同时建立在 Ostroy(1973)、Townsend(1989)以及 Kocherlakota(1998)等提出的不完美监管以及货币交易存在关联性的观点基础上。

　　本章讨论的目的在于解释大多数经济体的三个最佳特征:货币统一;货币(通常)主导收益率;部分交易通过使用货币完成,余者则通过其他方式完成。为此,我首先解释了在完全可识别的假设情况下私人货币如何发挥作用及其优势。随后,我引入不充分识别,以伪造货币威胁来说明存在许多不同私人货币的劣势。最后,为了解释为什么货币决定收益率,我在赋予货币作用的模型的主要特征、不完美的监管和可行的税收形式之间建立了联系。我认为,在许多情况下,对税收的隐含限制意味着无法实现弗里德曼规则的回报率。

　　我所描述的模型看起来似乎既特殊又复杂,这是不可避免的。首先,包含不完美监管、高人际成本以及不充分识别等因素的模型不太可能是简单的。其次,货币交易是一个经济体的描述性特征或正面特征,它不会影响我们能想象到的每一种环境。

　　尽管如此,本章研究仍然取得了一些进展。首先,就其本质而言,机制设计方法实现了将货币经济学与其他经济学相结合这一长期以来未曾实现的目标。然而,这种结合并不是一个世纪甚至更久之前学术界要实现的那个目标,也就是说,与当时主流的阿罗-德布鲁模型的结合。这种形式的结合并非正确的目标。相反,目标应当与应对摩擦问题的其他经济学相结合。其次,本章为一些令人费解的现象及政策问题提供了一些新的见解。最新的研究中涉及的问题包括早前关注的私人货币与政府货币的关系、久悬不决的 19 世纪私人货币体

---

① 对于大家族模型,详见 Zhu(2008)的研究。

② 这种配置通常是退化的,但不是在每个模型中都如此。例如 Galenianos 和 Kircher(2008)的研究,他们的模型中存在重新开始的关键属性,但在第 2 阶段结束时存在一个非退化分布。

系盈利性难题(Wallace and Zhu,2007)、货币面额结构(Lee et al.,2005),以及对伪币问题的分析。这些贡献展示了在相关模型的背景下研究货币经济学问题的丰硕成果,而纳入类似于货币交易这样的特性是取得良好结果的最佳方式。

参考文献

Aiyagari, S. R., Wallace, N., 1997. Government transaction policy, the medium of exchange, and welfare. J. Econ. Theory 74, 1-18.

Araujo, L., 2004. Social norms and money. J. Monetary Econ. 51, 241-256.

Banerjee, A., Maskin, E., 1996. A Walrasian theory of money and barter. Quarterly Journal of Economics 111, 955-1005.

Bryant, J., Wallace, N., 1984. A price discrimination analysis of monetary policy. Review of Economic Studies 51, 279-288.

Cavalcanti, R., Wallace, N., 1999. Inside and outside money as alternative media of exchange. J. Money Bank Credit 31 (part 2), 443-457.

Correia, I., Nicolini, J., Teles, P., 2008. Optimal fiscal and monetary policy: Equivalence results. J. Polit. Econ. 168, 141-170.

Deviatov, A., 2006. Money creation in a random matching model. Topics in Macroeconomics 6 (3), Article 5.

Deviatov, A., Wallace, N., 2009. A model in which monetary policy is about money. J. Monetary Econ. 56, 283-288.

Galenianos, M., Kircher, P., 2008. A model of money with multilateral matching. J. Monetary Econ. 55,1054-1066.

Green, E. J., Zhou, R., 2005. Money as a mechanism in a Bewley economy. Int. Econ. Rev. 46, 351-371.

Hahn, F., 1973. On the foundations of monetary theory. In: Parkin, M., Nobay, A. R. (Eds.), Essays in modern economics. Barnes and Noble, New York (Chapter 13).

Hu, T. W., Kennan, J., Wallace, N., 2009. Coalition-proof trade and the Friedman rule in the Lagos-Wright model. J. Polit. Econ. 117, 116-137.

Hume, D., 1752. On money. Reprinted 1970. In: Eugene, R. (Ed.), Writings on economics. University of Wisconsin Press, Madison, pp. 33-46.

Judson, R. A., Porter, R. D., 2003. Estimating the worldwide volume of counterfeit U. S. currency: Data and extrapolation. Federal Reserve Board Finance and Economics Discussion Series 2003-52.

Kiyotaki, N., Wright, R., 1989. On money as a medium of exchange. J. Polit. Econ. 97, 927-954.

Kocherlakota, N. , 1998. Money is memory. J. Econ. Theory 81, 232-251.

Kocherlakota, N. , 2003. Societal benefit of illiquid bonds. J. Econ. Theory 108, 179-193.

Lagos, R. , Wright, R. , 2005. A unified framework for monetary theory and policy analysis. J. Polit. Econ. 113, 463-484.

Lee, M. , Wallace, N. , Zhu, T. , 2005. Modeling denomination structures. Econometrica 73, 949-960.

Levine, D. , 1990. Asset trading mechanisms and expansionary policy. J. Econ. Theory 54, 148-164.

Li, Y. , Rocheteau, G. , 2009. Liquidity constraints. Manuscript. http://www. grocheteau. com/wp. html.

Monroe, A. E. , 1966. Monetary theory before Adam Smith. Kelley, New York.

Nosal, E. , Wallace, N. , 2007. A model of (the threat of) counterfeiting. J. Monetary Econ. 54, 994-1001.

Ostroy, J. , 1973. The informational efficiency of monetary exchange. Am. Econ. Rev. 63, 597-610.

Sargent, T. , Smith, B. , 1987. Irrelevance of open market operations in some economies with government currency being dominated in rate of return. Am. Econ. Rev. 77, 78-92.

Shi, S. , 1995. Money and prices: a model of search and bargaining. J. Econ. Theory 67, 467-498.

Shi, S. , 1997. A divisible search model of money. Econometrica 65, 75-102.

Townsend, R. M. , 1989. Currency and credit in a private information economy. J. Polit. Econ. 97, 1323-1344.

Trejos, A. , Wright, R. , 1995. Search, bargaining, money and prices. J. Polit. Econ. 103, 118-141.

Wallace, N. , 1981. A Modigliani-Miller theorem for open-market operations. Am. Econ. Rev. 71, 267-274.

Wallace, N. , Zhu, T. , 2004. A commodity money refinement in matching models. J. Econ. Theory 117,246-258.

Wallace, N. , Zhu, T. , 2007. Float on a note. J. Monetary Econ. 54, 229-246.

Zhu, T. , 2008. Equilibrium concepts in the large household model. Theor. Econ. 3, 257-281.

Zhu, T. , Wallace, N. , 2007. Pairwise trade and coexistence of money and higher return assets. J. Econ. Theory 133, 524-535.

第二章　新货币主义经济学的模型[①]

史蒂芬·威廉姆森(Stephen Williamson) [*]

兰德尔·赖特(Randall Wright) [**]

[*]:圣路易斯华盛顿大学、里士满及圣路易斯联邦储备银行

[**]:威斯康星大学麦迪逊分校、明尼阿波利斯联邦储备银行

目　录

① 本章为本杰明·弗里德曼(Benjamin Friedman)和迈克尔·伍德福德(Michael Woodford)正在编辑的新版《货币经济学手册》的其中一章。我们感谢编辑,以及巴拉甘·阿鲁巴(Boragan Aruoba)、纪尧姆·罗谢托(Guillaume Rocheteau)、罗伯特·夏默(Robert Shimer)、史江(Jiang Shi)、王亮(Liang Wang)和刘悦(Lucy Liu)等提出的有益评论和意见。我们感谢 NSF(美国国家科学基金会)提供的资金支持。赖特还要感谢威斯康星大学麦迪逊分校商学院授予他雷·泽蒙(Ray Zemon)流动资产讲席教授一职。

本章摘要：本章旨在讨论新货币主义经济学使用的若干模型。新货币主义经济学涵盖了近期有关货币、银行、支付系统、资产市场等范畴的研究。新货币主义的一个关键原则是，坚实的微观基础对于理解货币问题至关重要。我们审视了近期货币理论的相关文献，了解了它们是如何立足于共同基础的。随后，我们设计了一个容易使用的、可以解决各类问题的基准模型，并将其用于分析一些典型的经济问题，如通货膨胀的福利效应、货币与资本积累关系，以及菲利普斯曲线等。我们还用新的方式扩展了这一基准模型的应用，并展示了如何利用这一模型在支付、银行及资本市场等研究中激发新见解。

JEL 分类代码：E0，E1，E4，E5

关键词：货币理论；货币政策；新货币主义

1. 引言

本章旨在介绍货币经济学的一个特定学派正在使用的一些模型及其进展。任何一个学派都需要一个名称，故我们将我们所讨论的学派取名为"新货币主义经济学"。新货币主义的一个核心原则是，在货币经济学研究领域取得进展，需要为促进交易进程的制度夯实微观基础——包括货币、银行、更广泛的金融中介等。这一观点没有得到普遍认可，原因很简单，当前用于分析货币政策的比较时兴、主流的模型中要么忽略了货币（或银行等相关机构），要么即使有货币，也只是采取简单的方式悄悄纳入模型，比如假设存在预付现金约束，或者把货币纳入效用函数或生产函数中（有些模型甚至把政府债券或商业银行存款准备金引入这两类函数）。本章不专门赘述方法论及思想史，但会通过解释本学派名称来进行适当讨论。尽管对传统货币主义很多重要观点并不尽然赞同，但新货币主义者发现传统货币主义学说仍有很多引人入胜之处，特别是在弗里德曼及其追随者的著作中有很多有趣的见解。新货币主义与新旧凯恩斯主义鲜有共同点，这可能源于双方在如何研究货币经济学以及研究像黏性价格这样的微观基础方面有明显差异。对以上观点的延伸讨论已在本章的姊妹篇论文中得到充分说明。[①]

新货币主义覆盖了货币理论和货币政策的系列研究,以及过去几十年来出现的银行、金融中介、支付和资本市场等领域的探索。货币经济学研究者包括使用世代交叠模型的开创者(Lucas,1972),为 Kareken 和 Wallace(1980)编辑的《货币经济模型》一书撰文的一些作者,也包括 Samuelson(1958),尽管在他之前已有其他先行者。近年来,货币理论研究开始采用搜索匹配法,这方面较早的研究者有 Kiyotaki(1989)和 Wright(1993),当然,在他们之前还有其他先行者,比如 Jones(1976)和 Diamond(1982,1984)。有关银行、中介和支付等领域的经济学研究主要以 20 世纪 70 年代出现的信息理论进展为基础,我们想到了 Diamond 和 Dybvig(1983)、Diamond(1984)、Williamson(1986,1987)、Bernanke 和 Gertler(1989)及 Freeman(1996)等的研究。这些研究大多是抽象和理论性的,但近期文献已经转向实证研究和政策分析。

只有明确地对货币进行建模,才能在货币理论和政策分析方面取得进展。这个关键原则首先由 Kareken 和 Wallace(1980)在其著作的导言中提出,Wallace(1998)随后对该原则进行了详细阐述。根据 Lucas(1976)的观点,若要在经济模型中进行政策实验,则该模型必须在结构上对所开展的实验保持固定。对此的解读之一是:如果我们考虑的实验涉及不同货币政策规则下的经济运行特点,那我们就需要这样一个模型,其中经济主体持有货币不是因为它以简化形式进入效用函数或生产函数,而是因为货币润滑了一些根本性的摩擦。当然,货币理论应直面现实问题的思想最早可以追溯到 Hicks(1935)的研究。要注意的是,这里我们讨论的是对交易过程中的摩擦加以明确描述,而非定价过程中的摩擦,例如凯恩斯理论中的名义刚性。在名义刚性中,货币不起任何作用,而这恰恰是问题的根源所在。

我们知道,有多种方式可以明确地对摩擦进行建模。在货币经济学和金融经济学中,有许多重要摩擦需要加以考虑,包括私人信息、有限承诺和空间分离,这是建模潜在的困难所在。在抓住关键摩擦的同时让模型更容易掌握需要一定的技巧。世代交叠模型可以很简单,也可以很复杂(只要有人愿意)。如前所述,近 20 年来,货币理论研究大多使用匹配模型,并建立在搜索理论和博弈论之上。[②] 使用匹配模型可以相当容易地处理货币经济学中的许多问题,尽管最终从该文献中得出的一个关键见解是,空间分离本身并非让货币成为不可或缺的关键摩擦。正如 Kocherlakota(1998)所强调的,货币之所以不可或缺,是因为它解决了有限承诺和记录不完备情况下的双重巧合问题。当然,这一洞见部分归功于 Ostroy 和 Starr(1990)与 Townsend(1987,1989)的早期研究。完备记录意味着没有货币也可以通过保险和

---

① 《新货币主义经济学:方法》(Williamson and Wright,2010)一文阐述了我们所认为的新货币主义统一原则,并指出它与传统货币主义及新旧凯恩斯主义的不同之处和原因。一些人认为新凯恩斯主义共识可以解释当下经济事件的特点,至少对于那些更多地以政策为导向的货币经济学家和宏观经济学家来说是如此。但我们对这样的新凯恩斯主义共识不甚满意。旧凯恩斯主义者与旧货币主义者就相关问题和模型不断地开展辩论。如果对除教条主义的新凯恩斯主义之外的不同观点进行更多的讨论和更深入的理解的话,货币经济学研究的现状会更佳。这也是我们有兴趣撰写此文的原因之一。沿着这些思路的相关讨论原本是要包含在本章里的,但为使本手册内容进一步聚焦,根据编辑建议,我们将这部分内容放在姊妹篇论文中。

② 下面将详细介绍在搜索和匹配研究上作出贡献的学者。在先前版本的《货币经济学手册》中,Ostroy 和 Starr(1990)对早期尝试使用一般均衡理论建立货币微观基础的研究进行了综述,Brock(1990)介绍了世代交叠模型的相关研究。

信贷市场或其他各种机构来实现有效配置。正如我们要讨论的，大量个体之间进行随机双边匹配是产生双重巧合问题和形成不完备记录的一种简单方式，但并非唯一方式。

尽管对上述问题的理解十分重要，但新货币主义并非只涉及交易过程中的货币角色，它还尝试研究一系列相关的金融机构。与传统货币主义的一个重要区别在于，新货币主义重视金融中介的作用及其与中央银行（简称央行）的互动。过去 25 年中金融中介与支付理论的发展对我们理解信贷和银行十分重要。例如，对于交易性存款实施 100％存款准备金这一要求，新旧货币主义者对 Friedman（1960）的评价迥异，这反映了新旧学派对金融中介作用的不同理解。弗里德曼的论点基于如下前提，即央行严格控制货币供应是控制物价的关键。他认为银行的交易性存款也是货币的组成部分，且货币乘数具有随机性。即便可以完美地控制外生货币存量，除非强制实施 100％存款准备金制度，否则内生货币仍将到处流通。因此，传统货币主义者认为 100％的存款准备金制度是可取的。但这种观点忽略了银行承担着将非流动性资产转化为流动性负债这一具有社会效益的功能，而 100％的准备金要求则阻碍了这一功能的发挥。

在 20 世纪 80 年代，银行及金融中介理论取得了重要进展。Diamond 和 Dybvig（1983）的模型为此作出了重要贡献。现在看来，他们的模型为研究银行的流动性转换和保险提供了一种有效方法。不过，要在模型中模拟银行恐慌或银行挤兑等类似情景，的确需要一些辅助假设，详见 Ennis 和 Keister（2008）的研究。其他的一些研究涉及如何通过多样化中介来降低监管成本，这方面的代表研究包括 Diamond（1984）和 Williamson（1986）的研究。在这些模型中，金融中介是一种内生现象，它们或通过某种方式处理信息，或就流动性、期限或其他特征对资产进行转换，由此产生相当多样化的中介机构。金融中介理论不仅有助于我们理解银行和金融体系潜在的不稳定因素（Ennis and Keister，2009a，2009b，2010），也有助于我们理解中介和金融契约结构如何影响整体经济受到的冲击（Bernanke and Gertler，1989；Williamson，1987）。

支付经济学是新货币主义经济学中一个相对年轻的分支。它涉及对支付系统的研究，特别是金融机构之间的支付系统，例如美国联邦储备清算系统。央行在其中能够发挥重要作用。Freeman（1996）是在该领域中有早期贡献的研究者，Nosal 和 Rocheteau（2011）针对近期文献撰写了综述。这些文献的主要观点涉及外生货币和央行信贷在债务清算与对冲中的作用，以及日间信贷可能带来的系统性风险。即使支付系统运转顺畅，这一领域的研究也至关重要。因为这样的系统每天都要处理大量的支付业务，一旦其失灵，风险难以估量。新货币主义经济学不仅会针对这些问题提出意见，而且根据其定义，它几乎是唯一可行的研究路径。如果不对交易过程进行明确建模，人们怎样才能理解支付和结算的运行机制呢？

我们的目的是解释此类研究中所使用的模型。作为概述，我们的做法如下：首先，我们回顾了基于匹配模型微观基础的货币理论文献，以理解那些看上去明显不同的模型是如何建立在共同基础之上的。事实上，它们都可以视为一般模型的特殊情形。其次，我们设计了一个简洁易懂的基准模型版本，它虽简单，却能帮助我们解答一系列的关键问题。我们将介绍如何使用这一基准模型来分析典型的经济问题，如通胀的福利效应、货币与资本积累的关系、短期与长期菲利普斯曲线等。最后,我们用一些新方式扩展了基准模型,并通过一系列应用来展示它是如何在支付、银行和资产市场等研究领域中使用并得出新见解的。

为了深入探讨上述问题,在第2节,我们从一个非常简单的货币经济模型出发。这里假设货币(有时也包括商品)不可分割。我们将尝试解释为什么这些模型是有趣的,以及为什么要按这样的方式来建模——如此抽象和简化的背后究竟有何考量。在第3节,我们转而介绍货币可分割的最新模型。这些模型在解决许多实证和政策问题上更具优势,同时保持了易于使用的特点和分析的精准性。基于Lagos和Wright(2005)的研究,我们构建了一个新货币主义基准模型,并展示如何用它来解决各种问题。同样,我们解析这些假设背后的考虑,并讨论其部分基本特性(例如,货币的中性但非超中性特性;弗里德曼规则通常是理想的,但并非在所有情况下都能达到最佳效果等)。我们还将探讨如何通过引入资本积累、失业和其他现象来扩展这一基准模型。例如,我们生成一条传统菲利普斯曲线(通胀和失业负相关),从长期角度看,其结构稳定。在这个例子中,预期政策可以但不应该利用这种权衡,因为弗里德曼规则的最优性仍然有效。这也强调了深入研究的价值。

第2节和第3节中的很多内容已经囊括在上述文献中,而第4节则介绍其新应用。首先,我们展示了如何使用基准模型,通过使用Lucas(1972)的信号提取方法,把Friedman(1968)关于短期菲利普斯曲线的观点模型化。我们得到的一些结论与弗里德曼和卢卡斯(Lucas)的结论相似,但也有一些不同。其次,我们在模型中引入黏性价格来阐释新凯恩斯主义,得出的政策结论与Clarida等(1999)和Woodford(2003)的结论相似但略有差异。这再次说明了细节的重要性。最后,我们提出了一个包含内生黏性价格的新货币主义模型,但其政策启示迥异。本节中的一些应用在不同的情景中重新推导出了已知结果,它们也清楚地表明其他方法与我们的模型并不矛盾。即便认为黏性价格、不完全信息和相关要素至关重要,人们也不应忽视新货币主义,因为相对来说这些问题比较容易纳入基于微观交易过程的理论中。[①]

第5节讨论银行和支付方面的应用。尽管其中相当一部分问题在先前的研究中已有提及,但这些应用扩展包含更多新颖的建模方法和结果。例如,有的研究整合了与Freeman(1996)的思想相似的支付经济学观点,但采用新货币主义分析法的分析角度有所不同。有的则借鉴了Diamond和Dybvig(1983)的银行学理论,但在细节上有所差异。特别是,这些模型有真实货币的版本,它们看上去与实际相契合或者至少更符合实际,因为货币在现实的银行和支付系统中扮演重要角色。早期尝试建立戴尔蒙德-戴维格(Diamond-Dybvig)货币模型的学者包括Freeman(1988)、Champ等(1996)。在第6节我们将提出模型的另一种应用,即

[①] 本手册编辑们给我们提出的部分要求是,本章重在说明在现代货币理论的背景下,如何重塑其他文献中的标准结果,我们认为有必要讨论诸如货币与资本之间的关系、长期和短期菲利普斯曲线、信号提取和黏性价格等议题。但是我们关于新凯恩斯主义的应用不应被解读为以特定方式来容忍名义刚性的假设,而是要表明,即使我们离不开这种假设,也并不意味着不能严谨地思考货币、银行业务等问题。此外,我们有意使用简单的示例,但人们可以根据自己的意愿进一步加以阐述。例如,与Benabou(1988)和Diamond(1993)一样,Craig和Rocheteau(2008)使用了我们的一个基准模型版本,且包含黏性价格,而Aruoba和Shorfheide(2010)的模型版本与他们评价的经典新凯恩斯主义模型相得益彰。同样,Faig和Li(2009)提出了一个包含信号提取的更复杂的版本,用于数据分析。尽管我们在各种场合讨论了标准模型并报告了量化结果,但这里的主要目的是说明基本的定性效果。

运用新货币主义来分析资产市场。这种分析方法注重流动性,研究易受各种摩擦影响而变得复杂的资产交易市场。

我们认为,这些应用说明了新货币主义研究方法的实用性和灵活性。我们希望读者能够理解,尽管各种模型在细节上可能存在差异,但它们都基于相同的经济学原理并具备许多共同特征。这一观点既适用于最简单的货币交易模型,也适用于整合了银行、信贷安排、支付机制和资产市场等复杂因素的应用扩展。我们认为,新货币主义研究不仅从经济学理论角度来说很有趣,而且从中得到的经验教训还有助于人们更好地理解当前的经济形势,有助于制定未来经济政策。在一定程度上,最近的金融危机的根源与银行、抵押贷款市场和其他信贷安排密切相关,或者与资产市场的信息问题相关。如果相关模型没有充分考虑交易过程,就很难有效地分析和处理这些相关问题。我们并没有断言新货币主义经济学能解决当下所有的经济问题,但我们相信它确实能在很大程度上为相关讨论作出贡献。

2. 基本货币理论

新货币主义经济学中的一个基础模型立足于第一代货币搜索论。它基于 Kiyotaki 和 Wright(1993)的思想,实际上是 Kiyotaki 和 Wright(1989,1991)模型的精简版,并运用了均衡搜索理论的方法(Diamond,1982)。这一模型先是作出一些强假设,而后放宽这些假设。尽管如此,这个模型仍然抓住了货币作为促进交易的工具的本质。造成交易困难的关键在于双重巧合问题,这一问题源于专业化和随机匹配,与有限承诺和不完美记忆相交织。像这样的摩擦,或者至少是对这种摩擦的非正式描述,在经济学中已经被讨论了很长时间。我们甚至可以在亚当·斯密(Adam Smith)的著作中找到双重巧合问题的某个版本,如果有人愿意找的话,还可以追溯到更早。近期理论研究的目标是将这些思想模型化,看看哪些假设条件下的哪些论断成立,并借此在分析过程中得出新的见解。

既然我们从基于搜索的模型开始,那么在深入阐述之前有必要解释为什么这么做。诚然,随机匹配是一种极端假设,但它精准地抓住了这样一个概念,即人们彼此进行交易是十分普遍的,不仅仅是在面临预算约束限制的情况下,在其他情况下也是如此。然而对此提出批评太容易了。正如 Howitt(2005)所言:

> 相较于搜索模型,实际市场经济中的交易往往通过专业交易者组织实现,商人通过提供明确的交易场所来降低搜索成本。于是,人们想买鞋就去鞋店,饿了就去食品杂货店,要找工作时就去找那些要雇人的公司。很少有人会依靠随机匹配来安排自己的经济生活。

基于上述部分批评,包括本节所述模型在内的许多理论,已经被不同学者通过使用定向搜索而非随机搜索进行了重构（Corbae et al. ,2003;Julien et al. ,2008）。尽管结果有所变化，但基本理论的核心不受影响。因此，虽然我们从随机匹配开始，但希望读者明白该理论同样适用于定向搜索的情况。接下来，我们将用偏好和技术冲击来取代搜索。

2.1　最简模型

在模型中，时间离散且永续。假设存在一个在[0,1]区间连续且永存的经济主体集合。为了让交易更令人感兴趣，这些经济主体对不同商品的生产进行专业化分工，并开展双边交易。传统观点认为，专业化与货币交易密切相关，因此我们就把它纳入模型环境中。尽管存在很多设定方式，但这里我们作出如下假设：存在一批商品，它们在当下既不可分割也不可储存。每个经济主体以 $C \geqslant 0$ 的成本生产某一子集中的商品，并且通过消费其他子集中的商品获得效用 $U > C$。这和考虑一个纯交换场景在形式上是对等的，只不过这个模型中的某些应用有助于我们开展讨论。如果每个经济主体在每个时期都被赠予一个商品，他可以消费该商品并获得效用 C；或者他也可能遇到拥有另一种商品的某人，通过交易他可获得效用 U。这样的分析基本上是一致的，只是在这里，C 被认为是机会成本而非生产成本。

α 代表每个时期遇到某人的概率，潜在交易存在不同类型。σ 代表你喜欢交易对象所生产的商品但对方不喜欢你的商品的概率——这种交易被称为单向巧合交易；δ 代表你喜欢交易对象生产的商品并且对方也喜欢你的商品的概率——这种交易被称为双重巧合交易。① 当交易环境呈现出对称性时，对代表性主体而言，有效配置显然会涉及这样一种结构，即在任何时候，某一交易中的一方都喜欢其交易对象生产的商品。

设 V^{C} 为这种合作配置的回报，并用以下递归函数来描述：

$$V^{C} = \alpha\sigma(U + \beta V^{C}) + \alpha\sigma(-C + \beta V^{C}) + \alpha\delta(U - C + \beta V^{C}) + (1 - 2\alpha\sigma - \alpha\delta)\beta V^{C}$$
$$= \beta V^{C} + \alpha(\sigma + \delta)(U - C)$$

如果经济主体可以事前承诺，那么他们都会同意执行有效配置。如果他们不能作出事前承诺，那么我们就不得不考虑事后激励的约束条件问题。

约束条件为：为让经济主体在单向巧合交易中从事生产，我们要求 $-C + \beta V^{C} \geqslant \beta V^{D}$，其中 V^{D} 为偏差收益，其大小取决于我们采用何种惩罚措施。假设我们可以惩罚偏离者，方式之一是仅允许他未来在双重巧合中进行交易。考虑其他惩罚方式当然也很有趣，但就机制设计者所见及所做来说，采取这种惩罚措施有其合理性。出现偏差后我们可能会触发自给自足的状态，但对于能否在双重巧合中强推这一点，我们尚不确定。在双重巧合交易中，这一纯粹的以物易物系统中的交易具有自我执行的特点，并且意味着回报收益为 $V^{B} = \alpha\delta(U - C)/(1 - \beta)$。如果我们让偏差收益通过纯粹的以物易物持续下去，即 $V^{D} = V^{B}$，那么相关的激

① 许多扩展和变化是可能的。例如，在 Kiyotaki 和 Wright（1991）的模型中，经济主体从所有商品中获得效用，但更偏好某些商品，且他们接受的商品是内生确定的。在 Kiyotaki 和 Wright（1989）以及 Aiyagari 和 Wallace（1991,1992）的模型中，有 N 种商品和 N 种类型的经济主体，n 型主体消费 n 型商品并生产 $n+1$ 的商品。在此情况下，$N = 2$ 意味着 $\sigma = 0$，且 $\delta = 1/2$，而 $N \geqslant 3$ 意味着 $\sigma = 1/N$，且 $\delta = 0$。Wicksell（1867）和 Jevons（1875）采用 $N = 3$ 的情形进行研究并取得了良好效果。

励条件可以简化为:

$$[1 - \beta(1 - \alpha\sigma)]C \leq \beta\alpha\sigma U \tag{2.1}$$

如果每个潜在的内生货币交易都包含双重巧合,即 $\sigma = 0$,那么纯粹的以物易物足以保障效率,且不涉及激励问题。但如果 $\sigma > 0$,且存在不完全承诺,那么式(2.1)告诉我们,只有在生产成本不太高(C 值小)、搜索和专业化分工摩擦问题不太严重(α 值和 σ 值大)等情况下,我们才可以实现最优效率。[①] 若式(2.1)成立,如 Sanches 和 Williamson(2009)所提及的,可以把交易理解成一个信贷系统,但其中没有货币的用武之地。Kocherlakota(1998)得出的基本结论是,货币并非必需的。换言之,如果我们能够使用上文描述的触发策略,货币在扩大激励可行的配置集方面就没有作用。显然,这要求偏差可观察且可校正。因此,缺少完全监管或记录,通常被称为不完整记忆,是货币不可或缺的条件。

我们可以用多种方式来对其进行正式化。已知有大量的经济主体随机匹配,假设他们可以观察自身交易但不能观察他人交易。那么,如果有人发生交易偏差,此后他所遇到的人知道此事(即交易偏差)的概率就为 0。这些经济主体被称为匿名者。除 Kocherlakota(1998)的研究外,更多讨论可见 Araujo(2004)、Araujo 等(2001)、Aliprantis 等(2006,2007a,2007b)、Kocherlakota 和 Wallace(1998),以及 Wallace(2001)的研究。此外,需注意的是,我们只需一部分内生货币交易是匿名的。在接下来讨论的应用中,我们假定交易内生货币将受到监管,且这些交易会以一定的概率使用信贷。但目前为简化起见,我们假设所有内生货币交易均为匿名,所以就不存在信贷,也就没有人在单向巧合交易中从事生产。在这种情况下,货币不存在,我们只能直接以物易物。

因此,我们要引入货币。尽管我们很快就对这一点进行了概括,但就目前而言,市场主体可以将 $M \in (0,1)$ 个单位的某物品存储在 $m \in \{0,1\}$ 中。该物品没有任何消费价值,对生产也没有帮助。当我们把它作为交易中介时,根据定义,它就是法定货币(Wallace,1980)。我们也可以假设该物品会产生 $y > 0$ 的流动效用,如股息收益,并将其理解为商品货币。如果 $y < 0$,则我们可将其理解为存储成本。为简化起见,我们当下设定 $y = 0$(详见第 6 节)。虽然 m 可能不具备本科生教材中货币的全部特征,尤其是不具备可分割性,但它确实拥有其他理想属性,如可储存性、便携性及可识别性。我们假设它最初在经济主体之间随机分布,并且此后的匹配过程是这样的:以交易为前提条件,交易伙伴持有货币 $m = 1$ 的概率为 M;持有货币 $m = 0$ 的概率为 $1-M$。

某经济主体持有货币 $m \in \{0,1\}$,令 V_m 为货币持有回报,那么该主体持有货币 $m = 0$ 的价值函数如下:

$$V_0 = \beta V_0 + \alpha\delta(U - C) + \alpha\sigma M \max_{\xi}\xi[-C + \beta(V_1 - V_0)] \tag{2.2}$$

由于该主体仍然可以在双重巧合交易中以物易物,现在他就有另外一种选择:如果他遇到的人持有货币,看上他的商品却不能生产他喜欢的任何东西,那么该主体可以选择现金交易,ξ 是他同意进行现金交易的概率。同样,该主体持有货币 $m = 1$ 的价值函数为:

①　$\sigma = 0$ 意味着式(2.1)无效,我们不应对这一事实感到困惑。诚然,如果没有单向巧合交易,我们就无法在单向巧合交易上维持合作性交易,但这没有关系(即不影响分析)。

$$V_1 = \beta V_1 + \alpha\delta(U - C) + \alpha\sigma(1 - M)\varXi[U + \beta(V_0 - V_1)] \tag{2.3}$$

他仍然可以进行以物易物,并且现在他也可以在单向巧合交易中发出现金交易的要约,这一要约被接受的概率为 $\varXi$。①

最佳响应条件给出了 ξ 的最优选择,其中 $\varXi$ 给定。ξ 处于 $[0,1]$ 区间内,因为 $-C + \beta(V_1 - V_0)$ 为正、负或 0,通过式(2.2)与式(2.3)可以得出 V_1 和 V_0 为 $\varXi$ 的函数。实现的均衡是一个集合 $\{\xi, V_0, V_1\}$,它满足式(2.2)、式(2.3)和最佳响应条件。显然,$\xi = 0$ 时总能达到均衡,当且仅当 $[1 - \beta + \beta\sigma(1 - M)]C \leqslant \beta\alpha\sigma(1 - M)U$ 时,$\xi = 1$ 同样如此。

这里也存在混合策略均衡,但有人会说它们不够稳健,如 Shevchenko 和 Wright(2004)的研究。因此,当且仅当 C 低于上界值时,存在货币均衡 $\xi = 1$。当触发条件具备时,这一界限小于信贷均衡的上界。而且,即使 $\xi = 1$,货币回报仍低于触发回报。因此,当监管不当或记忆缺失时,货币交易要优于以物易物,但比不上完美的信用。换言之,货币可以作为信用的替代物,但并非完美替代物。

这个模型比较粗糙,具有不可分性,但无疑抓住了货币是促进交换的重要工具这一核心概念。这与预付现金模型或黏性价格模型形成鲜明对比。在预付现金模型中,货币是一种阻碍;而在黏性价格模型中,当规定市场主体必须用美元报价且不允许轻易改变价格时,货币没有直接使用价值纯粹是有弊无利。需要注意的是,与标准的资产定价理论相悖,在货币均衡中,本质上没有直接使用价值的物品也具有正价。当然,该物品的价值来源于其交易中介属性或流动性。即使没有达到最佳状态,相对于易货交易,货币均衡仍显示出良好的福利属性。$\xi = 0$ 始终能导致均衡这一事实意味着法定货币的脆弱性。不过,即便我们认为法定货币存在一些劣势,如交易或存储成本,或我们对其征税,只要这些成本或税收不太高,从 $\xi = 1$ 的均衡有效性角度看,货币也是稳健的。因此,上述模型虽然可能比较粗糙,但该模型作出的许多预测很可能是相当准确的。②

2.2 价格

因为每次交易都涉及一对一互换,所以到目前为止价格是固定的。Shi(1995)、Trejos 和 Wright(1995)的论文开启了该领域第二代的研究,他们通过界定 $m \in \{0,1\}$ 将价格内生化,但允许商品分割。尽管我们很快就放宽了 $m \in \{0,1\}$ 的设定,但这种方法的优点在于,在经济主体间货币持有分布保持简单、固定的同时,我们可以讨论价格。同样在这种情况下,在任

---

① 这里的演示与原始搜索模型略有不同。原始搜索模型通常假设持有货币的经济主体无法生产。这里的模型版本可谓更贴近自然,且对于某些问题的处理更为简化。详见 Rupert 等(2001)的扩展讨论。

② 第一代模型的其他应用包括 Kiyotaki 和 Wright(1991)、Kehoe 等(1993)、Kiyotaki 和 Wright(1989),以及 Wright(1995)等的研究。这些应用允许商品存储并讨论了商品货币。Kiyotaki 和 Wright(1991,1993)、Camera 等(2003)以及 Shi(1997a)把专业化生产和消费内生化。Kiyotaki 等(1993)和 Zhou(1997)研究了国际货币经济学问题。Kim(1996)、Li(1995)以及 Williamson 和 Wright(1994)引入了私人信息来展示货币如何改善柠檬市场的选择问题。Li(1994,1995)讨论了在存在搜索外部性的情况下对货币的最优税收。Ritter(1995)首先提出了如何引入法定货币的问题。Green 和 Weber(1996)讨论了伪造货币问题。Cavalcanti 等(1999)、He 等(2005)以及 Lester(2009)研究了银行业务和支付问题。

何时候,每个经济主体持有货币 $m = 1$ 的概率为 M;经济主体持有货币 $m = 0$ 的概率为 $1 - M$。当一个生产者为消费者提供产出 x 时,他们的即时效用为 $U = u(x)$,且 $C = c(x)$,其中,$u' > 0, c' > 0, u'' < 0, c'' \geq 0$,且 $u(0) = c(0) = 0$。代入 x^* 可得 $u'(x^*) = c'(x^*)$,这就容易推导出,当交易对象喜欢生产者的产品时,后者在每次交易中生产 x^* 即可实现有效产出。如果 β 足够大,一个具有完整记忆的信贷系统就可以支持这一点。相反,由于我们要讨论货币均衡问题,如上文所述,我们这里假定记忆不完整。

我们关注这样的场景,其中货币被接受的可能性 $\xi = 1$,为简单起见,我们从 $\delta = 0$ 开始,这样就不存在直接的以物易物了。现在,为了求解货币交易中的 x,我们使用广义纳什议价模型。[①] 这种方法的一个优点是简洁,另一个优点是纳什议价模型的一个广为人知的结论,即该模型可被解释为简单非合作博弈的自然极限(Binmore et al.,1992)。令消费者的议价能力为 θ,并让威胁点由持续价格给定,那么 x 可通过式(2.4)来求解:

$$\max[u(x) + \beta V_0 - \beta V_1]^\theta [-c(x) + \beta V_1 - \beta V_0]^{1-\theta} \tag{2.4}$$

现在我们考虑静态均衡或稳定状态,记作 $\{x, V_0, V_1\}$。给定 V_0、V_1,利用 x 解出式(2.4);给定 x,利用 V_0 和 V_1 解出式(2.2)式(2.3)。

为了更好地说明,我们假设 $\theta = 1$,这意味着买家可以提出接受或放弃的报价,因此 $c(x) = \beta(V_1 - V_0)$。由式(2.2)和式(2.3)可以得出 $V_1 - V_0$,并简化为:

$$c(x) = \frac{\beta \alpha \sigma (1 - M) u(x)}{1 - \beta + \beta \alpha \sigma (1 - M)} \tag{2.5}$$

这个条件在 $x = 0$ 时成立,这是一个非货币均衡状态。在唯一的货币均衡 $x > 0$ 处,容易证明 $\partial x / \partial M < 0$,于是价格 $p = 1/x$ 随着买家数量的增加而提高。当我们放宽 $\delta = 0$ 的约束时,要么出现多重货币均衡,要么没有货币均衡。这种概括直截了当,尽管 $\delta > 0$ 意味着我们只能从以物易物交换中解出 x,这与货币交易中的 x 不同。对于 $\delta > 0$ 的一般结果以及任何议价能力 θ 和威胁点的替代规范,详见 Rupert 等(2001)的研究。

在 Shi(1995)以及 Trejos 和 Wright(1995)的模型中,在 $\theta = 1/2$ 和 $M = 1/2$ 的对称情形之下,任何均衡都有 $x < x^*$。因此,货币交换并不能实现有效配置。但是可以证明,当 $\beta \to 1$ 时,$x \to x^*$。为更好地理解此观点,我们考虑一下这种情形下的阿罗-德布鲁版本,这意味着有相同的偏好与技术,且没有摩擦。在这样的经济中,给定的主体可以通过市场交易将其生产的商品转换为即时消费,因此他们选择 $x = x^*$。但在我们的模型中,主体必须首先将产品转换为货币,且这些货币只能在未来使用。因此,与无摩擦模型相比,只要 $\beta < 1$,经济主体就会减少产量。现在,我们可以通过提高 θ 来增加 x,对足够大的 θ 来说,我们可能得到 $x > x^*$,但该模型仍然显示出 $x < x^*$ 的基本趋势,且模型中的其他因素是对称的。[②]

在继续讨论之前,我们先简要提一下这个简单设定中的不稳定均衡。为便于说明,假设

[①] 我们也可以使用其他概念的解决方案:Curtis 和 Wright(2004)使用标价;Julien 等(2008)在一个模型版本中使用了拍卖,涉及一些多边交易场景;Wallace 和 Zhou(2007a,2007b)采用了机制设计。

[②] 人们或许会争辩说,在此 $x > x^*$ 是货币不可分割的特性,如下所示:如果我们允许存在彩票并在 $m \in \{0,1\}$ 的范围内有用,且存在某种意义上近似可分割的 m,则可以证明 x 不可能大于 x^*(Berentsen et al.,2002;Berentsen and Rocheteau,2002)。我们很快将在有可分割货币的模型中验证这一点。

$\delta = 0$，增加货币持有 $m = 1$ 的流动性效用为 y。如上所述；如果 $y > 0$，那么 m 为商品货币；如果 $y < 0$，那么 m 为仓储成本。同样地，纯粹为了方便起见，我们通过让间隔时间长度（搜索和议价过程）消失而转向连续时间，这意味着：

$$rV_0 = \alpha\sigma M[-c(x) + V_1 - V_0] + \dot{V}_0$$

$$rV_1 = y + \alpha\sigma(1 - M)[u(x) + V_0 - V_1] + \dot{V}_1$$

两式相减可以得到差分方程：

$$\dot{V}_1 - \dot{V}_0 = -y - \alpha\sigma(1 - M)u(x) - \alpha\sigma Mc(x) + (r + \alpha\sigma)(V_1 - V_0) \tag{2.6}$$

为在不失普遍性的情况下减少符号，设 $\alpha\sigma = 1$，让 $c(x) = x$；同样为简单起见，设 $\theta = 1$，我们便可以得到 $V_1 - V_0 = x$，$\dot{V}_1 - \dot{V}_0 = \dot{x}$，以及 $\dot{x} = -y + (r + 1 - M)x - (1 - M)u(x)$。

我们用式（2.6）等号的右边定义 $F(x)$。均衡可被定义为非负时间路径，当 x 满足 $\dot{x} = F(x)$，并满足买家想要交易这一附加条件时，有 $u(x) + V_0 - V_1 \geq 0$（当 $\theta = 1$ 时，卖家希望通过标准化方式开展交易）。当且仅当 $x \leq \bar{x}$，其中 $u(\bar{x}) = \bar{x}$ 时，该附加条件成立。该附加条件告诉我们 x 的均衡路径不能偏离 $[0, \bar{x}]$。将 x 代入 $F(x)$，可以得到如下结果：

第一，当 $y = 0$ 时，意味着法定货币有两种稳定状态，$x = 0$ 和 $x = x^0 \in (0, \bar{x})$，且存在一个连续动态平衡，从任何 $x \in (0, x^0)$ 开始都将收敛到 0。

第二，当 $y > 0$ 时，意味着商品货币 $F(x)$ 曲线下降。只要 y 值不太大，这种特殊均衡就是满足 $x = x^y \in (x^0, \bar{x})$ 的稳定状态，因为没有既属于 $[0, \bar{x}]$ 又同时满足 $\dot{x} = F(x)$ 的其他路径。这证明了一种传统观点，即商品货币可以消除与法定货币相关联的不确定性。但如果 y 值过大，那么 $x^y > \bar{x}$。这意味着持有 $m = 1$ 的货币的经济主体更倾向于存钱而非花钱，这与格雷欣法则相同（至少在我们引入第二种货币时会是这样，而这很容易做到）。

第三，当 $y < 0$ 时，总会出现 $x = 0$ 的稳定均衡状态，其中市场主体可以自由处置货币。如果 $|y|$ 数值大，那这就是唯一均衡。如果 $|y|$ 数值不大，那 $(0, x^0)$ 中就存在 x^1 和 x^2 两种稳定状态，且存在一个连续动态均衡，从 $x \in (0, x^2)$ 中的任何一点开始都将收敛于 x^1。

这些结果告诉我们法定货币和商品货币系统的一些有趣特征，并展示了不同类型的令人感兴趣的动态平衡是如何产生的（当然，这符合大多数货币理论的观点）。这种简单的模型还有很多其他的应用，此处我们不再赘述，现在我们就开始放宽既有限制 $m \in \{0, 1\}$。[①]

[①] 一些应用包括 Shi（1996）引入了双边借贷来研究货币与信用之间的关系。Aiyagari 等（1996）研究了货币和债券之间的相互作用。Coles 和 Wright（1998）、Ennis（2001）以及 Shi（1995）进一步研究了非稳态均衡。Katzman 等（2003）以及 Wallace（1997）研究了通货膨胀与产出的关系。Wallace 和 Zhou（1997）研究了货币短缺问题。Ales 等（2008）、Burdett 等（2001）、Redish 和 Weber（2010）以及 Velde 等（1999）使用该模型分析货币史中的各种问题。Lee 等（2005）研究了货币的面额结构。Williamson（1999）研究了私有货币。Cavalcanti 和 Wallace（1999a，1999b）将银行纳入研究范畴。Trejos（1999）研究了私人信息。Johri 和 Leach（2002）、Li（1999）以及 Schevchenko（2004）研究了中间人。Nosal 和 Wallace（2007）分析了货币伪造行为。

2.3 分配

尽管面临多种选择,但我们主要参考 Molico(2006)的方法,他设定 $m \in [0, \infty]$。[①] 这意味着,我们不得不处理货币在经济主体之间分配的内生问题,即 $F(m)$,而此前这并不重要。现在,在单向巧合交易中,消费者持有货币 m,生产者持有 $\tilde{m}$。令 $x(m, \tilde{m})$ 为产出量,$d(m, \tilde{m})$ 为交易货币量。再次假设 $\delta = 0$,为便于说明,把式(2.2)—式(2.3)概括为:

$$V(m) = \beta V(m) + \alpha\sigma \int \{u[x(m,\tilde{m})] + \beta V[m - d(m,\tilde{m})] - \beta V(m)\} dF(\tilde{m})$$

$$+ \alpha\sigma \int \{-c[x(\tilde{m},m)] + \beta V[m + d(\tilde{m},m)] - \beta V(m)\} dF(\tilde{m})$$
(2.7)

第一项为用 $\tilde{m}$ 美元从生产者那里购买商品的期望效用,第二项是以 $\tilde{m}$ 美元的价格向消费者出售商品的期望效用(注意在两个积分中 m 和 $\tilde{m}$ 的角色是如何转换的)。

在这个模型中,我们可以很容易一次性或逐步地注入新的货币,但当受到 $m \in \{0,1\}$ 约束时就不那么容易了。在使用一次性转账支付时,我们仅在公式右边将 m 改为 $m + \mu M$,其中 M 为货币供应总量,由 $M_{t+1} = (1 + \mu)M_t$ 决定。这在很大程度上扩展了可分析的政策种类。但是,为了阐明基本思路,当下我们仍保持 $M = \int m dF(m)$ 固定不变。那么稳定均衡就是一个函数列表 $\{V(\cdot), x(\cdot), d(\cdot), F(\cdot)\}$。

给定 $x(m,\tilde{m})$、$d(m,\tilde{m})$ 和 $F(m)$,用 $V(m)$ 求解式(2.7);给定 $V(m)$,$x(m,\tilde{m})$ 和 $d(m,\tilde{m})$ 由某个议价方案决定,例如:

$$\max[u(x) + \beta V(m - d) - \beta V(m)]^{\theta}[-c(x) + \beta V(\tilde{m} + d) - \beta V(\tilde{m} + d) - \beta V(\tilde{m})]^{1-\theta}$$
(2.8)

其中最大值要满足 $d \leqslant m$;代入 $x(m,\tilde{m})$ 和 $d(m,\tilde{m})$,求解 $F(m)$ 得出稳定条件。为节约篇幅,该条件予以省略。由此,我们可以考察其他有意思的对象,例如 $p(m,\tilde{m}) = d(m,\tilde{m})/x(m,\tilde{m})$ 的分布。

即便用数值代入方法,该模型也比较复杂。Huggett(1993)以及 Krusell 和 Smith(1998)所分析的那种包含异质经济主体、不完备市场的宏观模型的状态变量也呈现出内生分布。但这些模型中的经济主体不关心这种分布本身,他们只关心价格。虽然价格取决于分布,但我们可以将价格准确地表示为少数时刻的函数。在搜索模型中,经济主体直接关心的是 $F(m)$,因为他们相互交易,且不仅仅根据他们的预算。Molico(2006)还计算出了均衡,并且用该模型探讨通胀效应等问题(Chiu and Molico,2006,2010)。Dressler(2009,2010)采用了另一种方法,他的假设是竞价而非议价(详见第 3 节)。与哈吉特-克鲁塞尔-史密斯(Huggett-Krusell-Smith)模型一样,这让计算变得更为简单,但也丧失了议价模型中一些有趣的要素,

---

[①] 放宽 $m \in \{0,1\}$ 约束的其他方法可参见 Berentsen(2002)、Camera 和 Corbae(1999)、Deviatov 和 Wallace(2001)以及 Zhu(2003,2005)的研究。还有一系列论文跟进 Green 和 Zhou(1998)的研究,此处不一一列举,可参考 Jean 等(2010)的综述。有一些模型假设 $m \in \{0,1\cdots,\bar{m}\}$,其中上界 $\bar{m}$ 可以是有限的,也可以是无限的。式(2.7)中的价值函数在此仍然有效,包括 $\bar{m} = 1$ 的情况。

包括价格的内生分布。

3. 基准模型

一些包含可分割货币的模型所采用的方法可以使我们免于跟踪 $F(m)$,其中两种主要方法尤其有效。[①] 第一种方法源于 Shi(1997b)的研究,即采用大家庭假设来简化分布。在此设定中,每个决策单元由许多成员组成,如同上文提到的模型一样,他们都采取随机搜索的方式。但每轮交易结束时,他们就回家与兄弟姐妹们共享所得的货币。大致来说,根据大数定律,每户人家在下一次交易中持有相同数量的货币 m。 大家庭假设是"劳动者—购买者"这样随机匹配模型的自然延伸,这在预付现金的文献中有所探讨(Lucas,1980)。很多有趣的研究都使用了这样的假设,我们建议读者参考 Shi(2006)的论文,其余的在此不再赘述。与此不同的是,与 Lagos 和 Wright(2005)的方法有所不同,我们更注重分析市场而非家庭。

我们采用拉各斯-赖特模型,因为这种模型不仅易于处理货币分布,还能解决其他各类问题,尽管其中一些应用在原则上也可采用石(Shi)的模型。尤其是,这种模型有助于缩小立足于微观基础的货币理论与标准宏观经济学之间的差距。无论人们如何看待上述模型,它们确实与主流宏观模型存在显著差异。正如 Azariadis(1993)所言:

> 以紧凑且合乎逻辑的方式来洞察持有货币的交易动机是一项极其复杂的任务。诸如 Diamond(1982)以及 Kiyotaki 和 Wright(1989)所提出的逻辑自洽的模型,与新古典增长理论相去甚远,这严重阻碍了将严格的货币理论与其他宏观经济学相结合的努力。

正如 Kiyotaki 和 Moore(2002)所言:"匹配的模型无疑是精巧且完美的。但把它们与宏观经济理论的其他部分整合起来相当困难,这不仅仅是因为它们摒弃了交易和竞争市场的基本工具。"

为了进行类比,拉各斯-赖特模型(Lagos and Wright, 2005)允许人们将竞争市场重新引入其中,如后文所述,这样可以使货币理论更加接近标准的宏观理论。整合竞争市场和搜索市场不仅不会让问题复杂化,反而会让分析更为容易。我们相信,这是理解经济活动的一个现实方式。现实中的经济生活既包含相对集中的部分——交易便捷、信贷可得、价格给定等——这些可以通过竞争市场的概念得到很好的描述,同时也包含相对分散的部分——难以找到交易伙伴、难以获得信贷等,这类则可以通过搜索理论来描述。有多种方法可以用来整合搜索和竞争市场,我们在这里介绍一个我们认为有用的方法。

[①] 近期 Menzio 等(2009)基于定向搜索提出了一种处理分布的新方法。

3.1 环境

现在我们将每一个时期划分为两个子时期。在其中一个子时期中,经济主体在去中心化市场(decentralized market,简称 DM)中互动,此时与前面讨论的搜索模型一样存在摩擦。在另一个子时期中,与标准的一般均衡理论一样,经济主体在无摩擦的集中市场(centralized market,简称 CM)中互动。这种设定可以理解为:去中心化市场在日间开放,而集中市场在夜间开放。白天和晚上的划分并不重要,但是我们有时候会用它来厘清时间。① 虽然让 x 存在许多种类或者将 X 解释为向量比较容易,就像标准的一般均衡理论那样(Rocheteau et al.,2008),但我们在此简化假定,假设 DM 中有一个消费品 x,CM 中有另一个消费品 X。现在生产消费品 x 和 X 所需的劳动分别为 h 和 H,不过后面我们会放宽这一假设。这意味着现在 CM 中的实际工资 $w = 1$。

我们用标准效用函数 $U(x,h,X,H)$ 来描述包含 CM 和 DM 的任一时期的偏好。虽然不是出于理论目的,但一般来说,就易处理性而言,重要的是函数的拟线性:在 X 或 H 中,U 应保持线性。需要明确的是,根据一般偏好,该模型需要用到数值方法(Chiu and Molico,2007b)。通过拟线性,我们可以得到许多结果。其实,正如下文将要讨论的,如果假设与劳动不可分,我们仍然可以使用一些通用工具进行便利的分析。不过,目前我们假设劳动可分并以拟线性为基准。事实上,我们假设:

$$U = u(x) - c(h) + U(X) - H$$

这里假设 U 在 H 中呈线性。后面我们将分析 U 在 (x,h,X) 中不需要可分的情况。

如果关闭 CM,则其与莫利科(Molico)模型中使用的设定偏好相同,因此模型是等价的。当我们规定 $m \in \{0,1\}$ 时,莫利科模型退化为石-特雷霍斯-赖特(Shi-Trejos-Wright)模型;当我们进一步让 x 不可分时,莫利科模型则进一步退化为清泷信宏-赖特(Kiyotaki-Wright)模型。这些不同情景都可以被视为一个通行框架的特例。Faig(2006,2008)进一步认为,Shi(1997a)中的交替市场模型和大家庭模型也可以被纳入更一般化的模型中。我们认同这一观点,但这并非因为我们渴望一个万能工具来解决货币经济学中的每一个问题,而是因为我们不希望人们认为新货币主义经济学是由大量彼此不兼容的模型拼凑而成的。迄今为止我们所评述的模型以及接下来将要展示的包含银行、支付系统和资产市场等在内的模型扩展,

---

① 在不改变基本结果的情况下,我们也可以以不同的方式进行。例如,Williamson(2007)假定两个市场一直同时保持开放,经济主体在两者之间可以随机转移。对于一些问题,研究下面两种情况也很有意思:在两个 CM 之间进行不止一轮的 DM 交易,如 Berentsen 等(2005)和 Ennis(2008)的研究;或者在两个 DM 期间开展多个时期的 CM 交易,如 Telyukova 和 Wright(2008)的研究。Chiu 和 Molico(2006)允许经济主体在任何时候都可以根据他们的偏好,以承担一定成本的方式在不同市场间转换,并将与 Baumol(1952)和 Tobin(1956)的研究中的类似的模型嵌入货币不可或缺的一般均衡中,但这需要引入数值方法。

尽管做了某些特定的假设,但它们都建立在相似的基本模型之上。[①]

在 DM 中,函数 $V(\cdot)$ 的值将由本章 2.3 中的式(2.7)来精确描述。这里有一个例外:无论 $\beta V(\cdot)$ 出现在公式右边的什么地方,我们都将其替换为 $W(\cdot)$,因为在进入下一个 CM 之前,经济主体可以进入 DM,而 $W(\cdot)$ 表示 CM 的收益。具体而言,$W(m) = \max\limits_{X,H,\hat{m}}\{U(X) - H + \beta V(\hat{m})\}$,满足 $X = \phi(m - \hat{m}) + H - T$。其中 ϕ 是 CM 中的货币价值,它相当于名义价格的倒数,T 是一次总付税。假设存在内部解(Lagos and Wright,2005),我们可以去掉 H 并写成:

$$W(m) = \phi m - T + \max\limits_{X}\{U(X) - X\} + \max\limits_{\hat{m}}\{-\phi\hat{m} + \beta V(\hat{m})\}$$

由上式可以得到几个结果:$W(m)$ 与斜率 ϕ 呈线性关系;当 $U'(X^*) = 1$ 时,$X = X^*$,且 m 独立于财富 $\phi m - T$。

基于这一最终结果,我们预计(而且是正确预计)会出现一个退化的 $F(\hat{m})$,不考虑他们带来的 m,每个人都从 CM 中获得相同的 $\hat{m} = M$。[②] 考虑到 $F(\cdot)$ 是退化的,$W'(m) = \phi$,并且 $W(\cdot)$ 代替了 $\beta V(\cdot)$,式(2.7)可被进一步简化成:

$$V(m) = W(m) + \alpha\sigma\{u[x(m,M)] - \phi d(m,M)\} + \alpha\sigma\{-c[x(M,m)] + \phi d(M,m)\}$$

$$(2.9)$$

实际上,这里的 CM 是经济主体重置其流动性头寸的一个结算子时期。如果没有这个特征,分析就会更加困难,因此我们认为需要有一个易于把握的基准模型。以此类推,虽然包含异质经济主体和不完全市场的模型会很有趣,但我们最好还是讨论一个拥有完整市场和同质经济主体的新古典增长模型。然而,由于包含完整市场和同质经济主体的严谨货币理论无法成立,我们需要另寻一个基准模型,以下是我们的建议。

就易处理性而言,分布的退化并非全部。用 $W(\cdot)$ 替换 $\beta V(\cdot)$,且 $W'(m) = \phi$,我们可以把交易解即式(2.8)简化成 $\max[u(x) - \phi d]^{\theta}[-c(x) + \phi d]^{1-\theta}$,并满足 $d \leqslant m$。

任何均衡都有限制条件(Lagos and Wright,2005)。代入 $d = m$,在上述公式中对 x 进行一阶求导并重新排列,我们得到 $\phi m = g(x)$,其中,

$$g(x) \equiv \frac{\theta c(x)u'(x) + (1 - \theta)u(x)c'(x)}{\theta u'(x) + (1 - \theta)c'(x)}$$

$$(2.10)$$

这个公式看起来似乎很复杂,用起来却相当容易,在一些特殊情况下它可以简化。例如,$\theta = 1$ 意味着 $g(x) = c(x)$,表明支付给生产者的实际余额 ϕm 正好能够弥补其成本。更一般地说,它表示 ϕm 由共享规则确定:

---

① CM 中的经济主体只观察价格而不观察其他主体的行为这一假设在模型的早期介绍中没有得到明确阐述,但在 Aliprantis 等(2006,2007a,2007b)的研究中则比较明晰。如果经济主体确实可以观察他人的行为,就有可能引起触发条件,从而使得货币并非必需的。Aliprantis 等(2007b)也描述了无法引起触发条件的环境,在这个环境中,即使经济主体的行为可以在 CM 中观察到,货币也是必不可少的。这在没有 CM 的模型中不是一个问题,原因在于,对于公众的可观察性或交流行为来说,多边交易既非必要的也非充分的。其中仍有一些问题尚未解决。最近的讨论参见 Araujo 等(2010)的研究。

② $\hat{m}$ 独立于 m 的事实并不意味着所有经济主体都会选择相同的 $\hat{m}$。在一个包含多边交易模型和采用拍卖而非讨价还价的模型中,Galenianos 和 Kircher(2008)证明了经济主体对某些集合中的 $\hat{m}$ 漠不关心,且均衡包含非简化分布 $F(\hat{m})$。这在我们的基准模型中不会发生。

$$\phi m = \frac{\theta u'(x)}{\theta x'(x) + (1-\theta)c'(x)}c(x) + \frac{(1-\theta)c'(x)}{\theta u'(x) + (1-\theta)c'(x)}u(x)$$

注意 $\partial x/\partial m = \phi/g'(x) > 0$，所以除非 $\theta = 1$ 且 $c(x) = x$，否则注入更多的货币将会以非线性的方式增加 DM 中的消费。

我们已经设定 $d(m, \tilde{m}) = m, x(m, \tilde{m})$ 取决于 m 而不是 $\tilde{m}$。对式（2.9）进行微分，我们可以得到：

$$V'(m) = (1-\alpha\sigma)\phi + \alpha\sigma\phi u'(x)/g'(x) \tag{2.11}$$

DM 中的货币边际收益是以 $1-\alpha\sigma$ 的概率进入下一个 CM 的价值加上以 $\alpha\sigma$ 的概率将货币花费在 x 上的价值。更新这一周期，并将它与 CM 中的 $\hat{m}$ 的一阶导数结合，我们可以得到：

$$\phi_t = \beta\phi_{t+1}[1 + l(x_{t+1})] \tag{2.12}$$

其中，

$$l(x) \equiv \alpha\sigma\left[\frac{u'(x)}{g'(x)} - 1\right] \tag{2.13}$$

式（2.13）定义的函数是流动性溢价，它给出了花费而不是继续持有一美元的边际价值，乘以花费它的概率 $\alpha\sigma$。使用议价解 $\phi m = g(x)$ 加上市场出清条件 $m = M$，式（2.12）变成：

$$\frac{g(x_t)}{M_t} = \beta\frac{g(x_{t+1})}{M_{t+1}}[1 + l(x_{t+1})] \tag{2.14}$$

均衡在这里可以被定义为一个包括 $V(\cdot)$、$W(\cdot)$、$x(\cdot)$ 等的列表，而且满足显性条件。但给定 M 的路径，式（2.14）将所有这些都简化为一个确定 x 路径的简单差分方程。这里我们关注稳态均衡，其中 x 和 ϕM 是常数，Lagos 和 Wright（2003）对非稳态均衡有所研究，包括太阳黑子、周期性和混沌均衡等问题。为便于说明，我们让 $M_{t+1} = (1+\mu)M_t$，其中 μ 为常数。当然，我们还必须考虑统一的货币—财政预算约束 $G = T + \mu\phi M$，其中 G 是 CM 中的政府消费。但要注意的是，式（2.14）中是否通过改变 T 或 G 来抵消 M 的变化，这无关紧要。在其他条件相同的情况下，个人当然倾向于低税率，但这并不影响他们在拟线性模型中对实际余额或消费的决策。因此，为了描述均衡的 x 和 ϕ，我们不必具体说明货币是如何转移的。在稳态均衡或稳定状态下，式（2.14）可简化为 $1 + \mu = \beta[1 + l(x)]$。

在讨论模型结果之前，我们通过以下操作来展示模型框架的灵活性：在 DM 中用瓦尔拉斯定价替换纳什议价会发生什么。① 我们通过观察经济主体在 DM 中多方内生货币交易而非双方内生货币交易的表现来了解。我们假设，一个人究竟是买家还是卖家取决于偏好和技术冲击，而不取决于他与谁交易。劳动力搜索模型可能对此问题有帮助，例如 Mortensen-Pissarides（1994）的议价模型和 Lucas-Prescott（1974）的受价模型。后者的标准解释是，工人和企业在代表"当地劳动力市场"的各个岛屿上开展劳务交易，每个岛屿上都有足够的工人

---

① 这里承接了 Rocheteau 和 Wright（2005）的模型，他们使用受价而非议价的方式。他们还考虑了定向搜索标价，Faig 和 Huangfu（2007）以及 Dong（2010a）等也是如此。研究者还考虑了其他的机制，包括：Aruoba 等（2007）使用了几种（相对于纳什议价的）替代议价方案；Dutu 等（2009）以及 Galenianos 和 Kircher（2008）使用拍卖；Dong 和 Jiang（2009）、Ennis（2008）、Faig 和 Jerez（2006）以及 Sanches 和 Williamson（2010）研究了通过私人信息定价的情况；Hu 等（2009）使用了纯粹机制设计。如本章 4.3 中详细展示的那样，我们还可以使用随机搜索的标价。

和企业,因此将工资参数化在情理之中。货币模型也是如此。专业分工和匿名性使得货币扮演必要的角色,哪怕经济主体在更大的群体中进行内生货币交易。

假设只有在 CM 关闭后,那些决定了 DM 中的经济主体是生产者还是消费者的冲击才会出现。我们由此得到:

$$V(m) = \gamma V^b(m) + \gamma V^s(m) + (1 - 2\gamma) W(m)$$

其中,γ 是成为买家的概率和成为卖家的概率(两者概率相同,但放宽这一假设也很容易),而 $V^b(m)$ 和 $V^s(m)$ 是收益。求解这些收益:

$$V^b(m) = \max\{u(x) + W(m - \hat{p}x)\}$$
$$\text{s. t. } \hat{p}x \leqslant m$$
$$V^s(m) = \max\{-c(x) + W(m + \hat{p}x)\}$$

其中 $\hat{p}$ 是 DM 中以美元计算的 x 的价格,这与通常情况下 CM 中的价格 $p = 1/\phi$ 明显不同。人们可以看到,就像在议价模型中一样,买家受到约束 $\hat{p}x = m$ 的限制。于是 DM 中的市场出清和优化意味着,要使用瓦尔拉斯定价,只需要用 $c(x)$ 和 γ 代替 $g(x)$ 即可。特别是,只要在 $l(x) = \alpha\sigma\left[\dfrac{u'(x)}{g'(x)} - 1\right]$ 中用 γ 替换 $\alpha\sigma$ 并用 $c'(x)$ 代替 $g'(x)$,与式(2.13)中相同的简单条件 $l(x) = i$ 就决定了唯一的货币静态均衡。其他方面的结果在定性层面与之前是相同的。

3.2　结果

我们已在基准模型中定义了货币均衡,其中货币发挥了令人满意的作用,和它在上一节更为原始的基于搜索的模型中所起的作用一样。我们现在讨论这一均衡的一些特性。为了便于与已有文献比较,我们按以下步骤进行。假设一个人在 CM 的任意两次交易间使用标准方法对实际债券和名义债券进行定价,并假定这些债券不能在 DM 中交易(例如,因为它们仅仅是作为记账条目存在,而这些条目并不能在经济主体间直接转移,尽管我们很清楚这值得更多讨论,但暂时只能以此为分析基础)。在此情景下,实际利率 r 和名义利率 i 满足 $1 + r = 1/\beta$ 和 $1 + i = (1 + \mu)/\beta$,其中后者是标准费雪方程式的一个版本。我们可以将上面导出的稳态条件 $1 + \mu = \beta[1 + l(x)]$ 改写为:

$$l(x) = i \tag{2.15}$$

在该模型的瓦尔拉斯版本中,相同的条件也成立。我们用 γ 和 $c'(x)$ 分别代替 $l(x) = \alpha\sigma[u'(x)/g'(x) - 1]$ 中的 $\alpha\sigma$ 和 $g'(x)$。

要注意的是,式(2.15)把流动性的边际收益定义为成本,这在标准的情景下是由名义利率给出的。接下来我们假设 $i > 0$,尽管我们确实考虑了 $i \to 0$ 的极限情况(均衡中不可能出现 $i < 0$)。只要 $x > 0$,一个稳态货币均衡或稳定状态就几乎是式(2.15)的任何解。之所以说几乎,是因为这个条件实际上只是 CM 中 $\hat{m}$ 的一阶导数,原则上还需要再验证二阶导数以确保存在最大值,当存在多个解时,我们必须确求出最大值。给定标准假设,如 $u'(0) = \infty$,可直接得出 $l(x) = i$ 的解。如果 $l(x)$ 是单调的,那么有 $l'(x) < 0$,这意味着它是唯一的且满

足二阶条件的解。在这种情况下,存在一个唯一的静态货币均衡。然而不幸的是,$l(x)$ 通常并不单调。[①] 尽管如此,如 Wright(2010)所述,即使 $l(x)$ 不是单调的,我们也可以构建一个唯一的稳态货币均衡。这是因为即使式(2.15)有多个局部最大化解,但其中只有一个形成了潜在 CM 问题的全局最大化解。

以上讨论确立了稳态货币均衡的存在性和唯一性。从福利和政策影响的角度看,我们首先可以观察到,政策制定者无论是以货币增长率还是以通货膨胀率为调控目标,效果都一样,因为两者都等于 μ;抑或政策制定者可以把名义利率 i 设为调控目标,该利率通过费雪方程式与 μ 相关联。其次,我们可以很明显地看到,货币初始存量 M_0 与实际分配无关(货币为中性),但并非与增长率 μ 无关(货币不是超中性的)。这些属性是许多货币模型的共有特征,包括典型的世代交叠模型、预付现金模型和效用函数中的货币模型。最后,由于均衡中 $l'(x) < 0$,式(2.14)就意味着 $\partial x/\partial i < 0$。因此,DM 的产出在 i 中明显下降,因为 i 代表货币交换的成本,换言之,因为通货膨胀相当于对 DM 交易活动征税。由于 CM 的产出 $X = X^*$,在此基本设置中 X 与 i 无关,因此总产出在 i 中减少。但是,如果我们允许效用不可分,那 X 通常不会独立于 i(见本章3.5)。

我们还可以证明,x 的议价能力 θ 在逐步提高。对于所有的 $i > 0$,我们都可以证明 $x < x^*$,实际上,当且仅当 $i = 0$ 和 $\theta = 1$ 时,我们有 $x = x^*$。[②] 条件 $i = 0$ 是标准的弗里德曼规则;而 $\theta = 1$ 是霍西奥斯条件(Hosios,1990)的一个版本,该条件描述如何有效地分配剩余。后者与关于议价的货币理论相关。要理解这一点就需要注意,通常来说,货币需求存在要挟问题,这类似于事前投资和事后谈判问题。因此,经济主体在 CM 中获得现金后进行投资,由于 DM 允许他们交易,这些现金是他们在 DM 中通过单向巧合交易得到的回报。但是,如果 $\theta < 1$,即生产者从交易中得到的收益过高,这会导致经济主体对 $\hat{m}$ 的初始投资不足。霍西奥斯条件告诉我们,当投资者的收益与其对总剩余的贡献相当时,投资才是有效的。这种情况意味着 $\theta = 1$,因为是买家(而不是卖家)的货币使得双方交易成为可能。

这不仅在技术细节方面很重要,在定量和政策分析方面也很重要。为了说明这一点,我们首先考虑典型的量化模型,它使用类似预付现金模式这样的工具,且不包含其他明确的摩擦,例如完全可预见的通货膨胀带来的福利成本。按照通行的标准,如果我们用经济主体愿意放弃的消费比例来衡量这一成本,例如从 10% 的通货膨胀率到弗里德曼法则,就会发现上述问题的答案通常很低。这方面有很多研究,我们可以精准地总结它们,即消费者愿意放弃其消费的 0.5% 左右,或者再多一点,但很少超过 1%。相关研究参见 Cooley 和 Hansen(1989)的代表性论文,一定程度上的不同分析可参见 Lucas(2000)的研究,相关综述则可参

[①] 在一些额外假设下,人们可以证明 $l(x)$ 是单调的。假设之一是 $\theta \approx 1$。假设之二是 $c(x)$ 是线性的,且 $u(x)$ 显示出不断下降的绝对风险厌恶。对于一个瓦尔拉斯定价的模型版本来说,如果 $c(x)$ 是凸的并且 $u(x)$ 是凹的,那么它是单调的。

[②] 这个论点看似有一点复杂,但逻辑清晰。首先,式(2.13)意味着 $l(x^*) < 0$,计算 $g(x)$ 并验证 $u'(x^*) < g'(x^*)$,由此得到 $x < x^*$。我们其实还可以进一步阐述。可以证明,求解 $u'(x) = g'(x)$ 得出 $\bar{x}$ 后,有 $x < \bar{x}$;也可以证明,除非 $\theta = 1$,否则 $\bar{x} < x^*$。实际上,$\bar{x}$ 是使买家剩余 $u(x) - \phi\hat{m} = u(x) - g(x)$ 最大化的解。下文会加以讨论。

见 Craig 和 Rocheteau(2008)的研究。由上述分析可知,许多经济学家认为通货膨胀带来的扭曲并不大。

为什么这些模型得出的扭曲如此之小? 这似乎难以消除许多政治家以及普通民众对通货膨胀的厌恶。答案其实很直观。在标准的预付现金模型或其他简化形式的模型中,按照弗里德曼法则我们可以得到最优解。因此,根据包络定理,在弗里德曼规则下,福利对 i 的导数为 0,表明微小的通胀几乎无关紧要。当我们设置 $\theta = 1$ 并使用标准方法校准其他参数时,得到的结果与基准模型的结果是一样的。但是,如果 $\theta < 1$,那么包络定理就不适用,虽然 $i = 0$ 仍然是最优的,但它只是一个角点解(记住,$i < 0$ 是不可行的)。因此,福利对 i 的导数在 $i = 0$ 时并不为 0,而在与 $i = 0$ 存在微小偏差之处则具有一阶效应。在模型的校准版本中,该效应的确切大小取决于参数值,它比简化模型中的成本要高一个数量级。这些结果使新货币主义者重新审视预期通胀无关紧要这一传统观点。

对细节有兴趣的读者可以参考相关文献,在此我们只勾勒出基本方法。假设 $U(X) = \log(X)$,$u(x) = Ax^{1-a}/(1-a)$ 且 $c(x) = x$,然后校准参数列举如下。首先设 $\beta = 1/(1+r)$,其中 r 是数据中的平均实际利率(当然,究竟是哪些数据和哪种实际利率,这是一个值得探讨的问题)。就到达率而言,我们至多可以将其识别为 $\alpha\sigma$,因此可以把 α 标准化为 1。事实上,识别 $\alpha\sigma$ 并不是那么容易,为了简单见,我们把 σ 设置为其最大值,即 $\sigma = 1/2$,尽管这对结果无关紧要。正如下面所讨论的,我们需要对议价能力 θ 加以设定。正如 Cooley 和 Hansen (1989)、Lucas(2000)以及几乎所有其他定量货币模型所做的那样,我们设定剩余参数 A 和 a 以匹配所谓的货币需求观察值,这意味着 i 和货币流通速度的倒数 M/PY 之间存在某种经验关系。

M/PY 与 i 的关系可以被解释为货币需求,若我们假设经济主体的实际余额 M/P 与收入 Y 成正比,比例因子取决于机会成本 i。在 $U(X) = \log(X)$ 的情况下,CM 实际的产出是 $X^* = 1$ (标准化),名义产出是 $PX = 1/\phi$。DM 的名义产出为 $\alpha\sigma M$,因为在每次单向巧合交易中都会有 M 单位的美元易手。因此,总名义产出可定义为 $PY = 1/\phi + \alpha\sigma M$。

令 $\phi M = g(x)$,我们可以得到:

$$\frac{M}{PY} = \frac{g(x)}{1 + \alpha\sigma g(x)} \tag{2.16}$$

因为 x 在 i 中递减,所以 M/PY 也递减。这就是理论所给出的货币需求曲线。[①] 给定 θ,$g(x)$ 取决于偏好,我们可以通过各种方法选择 $u(x)$ 的参数 a 和 A 来拟合式(2.16)的数据(简单起见,假设每个观测值都对应于一个模型的稳态均衡,尽管我们也可以设定得更精细一些)。粗略地说,我们通过 M/PY 的平均值可以识别 A,而通过弹性 i 可以识别 a。

为此,我们必须选择 M 的经验性度量指标,通常是选择 M_1。人们也尝试过其他指标,并且发现确实会导致不同结果(如同在任何货币模型中一样,无论有无微观基础)。人们会认为,更自然的衡量标准是基于对该理论狭义解释的 M_0,但这过于拘泥于字面意思来理解模

[①] 换种形式来看,保持 M 和 P 不变并在 (Y, i) 空间中绘制相同的关系,它就变成了本科生所学的凯恩斯经济学中的 LM 曲线。

型了。无论如何,相关的实证研究项目正在进行中,一些将金融中介和替代性资产纳入基准模型的建模方法(参见第 5 节和第 6 节)有助于推动理论与量化研究的匹配。

这描述了如何量化基准模型。模型中唯一的非标参数就是议价能力 θ,它没有出现在受价理论中,因此我们需要对它多花一些时间进行讨论。校准 θ 的自然目标是通过加价使价格超过边际成本,因为它很直观地反映了买家的议价能力。我们可以用 Aruoba 等(2009)的研究中的标准公式来计算模型隐含的平均加价,并设置 θ 以使该数值与数据匹配。在数据方面,Faig 和 Jerez(2005)用年度零售业调查获得的证据描述了零售商的加价,具体如下:在仓储、超市、汽车销售和加油站等低端市场,加价介于 1.17 和 1.21 之间;而在特色食品、服装、鞋类和家具等高端市场,加价在 1.42 和 1.44 之间。Aruoba 等(2009)把目标值定在 1.3,恰好处于这些数据的中间。Lagos 和 Wright(2005)将其定在了 1.1,这正如其他宏观应用研究中可以看到的那样(Basu and Fernald,1997)。然而,在这个范围内,θ 的确切值不太重要。

现在计算通货膨胀的成本已成惯例。但最终答案是什么呢?很难用一个数字来概括所有研究结果,因为确切答案取决于许多因素,例如样本期、频率(月度、季度或年度)、是否包含资本政策或财政政策等复杂因素。然而,我们可以肯定地说,Lagos 和 Wright(2005)的模型认为经济主体愿意放弃 5% 的消费以抵消 10% 的通货膨胀,这比以前的研究结果要高出一个数量级。在本章 3.4 将要介绍的资本模型中,Aruoba 等(2009)的研究结果接近 3%,这仍然相当高。最近许多研究使用了基准模型的不同版本,也得出了相似的结果(Craig and Rocheteau,2008)。有两个要点可以解释这个结果。第一,通货膨胀的成本可能超过大多数经济学家此前的判断;第二,深入探讨货币理论的细节意味着我们需要考虑搜索和讨价还价,这将给定量和定性工作带来重大影响。

3.3 非预期通货膨胀

截至目前,我们只关注了充分预期的通货膨胀,现在我们介绍一个引入总体冲击的方法。[①] 假设货币供给量由 $M_t = \zeta_t M_{t-1}$ 给出,其中明确包含了时间下标,并且 $\zeta_t = 1 + \mu_t$。假设 ζ_t 独立同分布,且来自某种 G 分布。另外,假设在 DM 开始的每个时期 t,经济主体收到关于 ζ_t 值的完美信号,该信号晚些时候将在 CM 中发挥作用,并通常会影响 ϕ_t。然而,当经济主体在 CM 中的 t 时刻选择 $\hat{m}_t$ 时,他们并不知道 ζ_{t+1}。那么 CM 的问题还是和以前一样,除了我们用 $\beta E_t V_{t+1}(\hat{m}_t)$ 代替 $\beta V(\hat{m}_t)$。进行一阶求导得到:

$$\phi_t = \beta E_t V'_{t+1}(\hat{m}_t) \tag{2.17}$$

在 DM 中的 $t+1$ 时刻,当观察到 ζ_{t+1} 后,买家持有 $\hat{m}_t$ 且不能增持它,如同通货膨胀超过预期时他们所做的一样。在这里,我们必须考虑纳什议价的技术性问题。事实证明,买家的

---

① 虽然有很多方法可以应用这种扩展,但本着将本手册作为教学工具的精神,我们除介绍它之外并没有做太多铺陈。与许多其他小节一样,人们可以跳过这一节并继续阅读本书主要内容而不失连续性。

剩余 $u(x) - \phi\hat{m} = u(x) - g(x)$ 不会一直增长,特别是有一些 $\bar{x}$ 满足 $u'(\bar{x}) = g'(\bar{x})$,使其剩余达到最大化。而且,除非 $\theta = 1$,一般来说 $\bar{x} < x^*$,更多的讨论参见 Aruoba 等(2007)的研究。因此,如果买家对 $\bar{x}$ 有更大的购买需求,那么他宁愿不把所有的需求都带到谈判桌上。这在确定性情况下不是一个问题,因为经济主体从不选择用 $\hat{m}$ 购买多于 $\bar{x}$ 的商品。然而,现在可能成为现实的是,只要实际的 ζ_{t+1} 和 ϕ_{t+1} 足够低,买家就买得起超过 $\bar{x}$ 的商品。在这种情况下,我们假设他们在 DM 中购物前把一些现金"留在家中"。[①] 无论如何,我们假设买家在看到 ζ_{t+1} 后再决定带多少钱去购物,这个实际金额记为 z。设 $\bar{z} = g(\bar{x})$,DM 中的名义支出为:

$$d_{t+1} = \begin{cases} \hat{m}_t, & \text{如果 } \phi_{t+1}\hat{m}_t < \bar{z} \\ \bar{z}/\phi_{t+1}, & \text{如果 } \phi_{t+1}\hat{m}_t \geqslant \bar{z} \end{cases}$$

给定冲击是独立同分布的,我们寻找一个稳态均衡是有意义的,其中实际余额不变,即 $\phi_t M_t = z \,\forall\, t$。这意味着 $\phi_t/\phi_{t+1} = \zeta_{t+1}$ 以及

$$d_{t+1} = \begin{cases} \bar{z}\zeta_{t+1}/\phi_t, & \text{如果 } \zeta_{t+1} < \phi_t\hat{m}_t/\bar{z} \\ \hat{m}_t, & \text{如果 } \zeta_{t+1} \geqslant \phi_t\hat{m}_t/\bar{z} \end{cases}$$

因此我们有:

$$\begin{aligned} E_t V_{t+1}(\hat{m}_t) &= \alpha\sigma \int_0^{\phi_t\hat{m}_t/\bar{z}} \left[u(\bar{x}) + W_{t+1}(\hat{m}_t - \bar{z}\zeta_{t+1}/\phi_t) \right] \mathrm{d}G(\zeta_{t+1}) \\ &\quad + \alpha\sigma \int_{\phi_t\hat{m}_t/\bar{z}}^{\infty} \left[u(x_{t+1}) + W_{t+1}(0) \right] \mathrm{d}G(\zeta_{t+1}) \\ &\quad + \alpha\sigma E_t \left[-c(x_{t+1}^s) + W_{t+1}(\hat{m}_t + d_{t+1}^s) \right] + (1 - 2\alpha\sigma) E_t W_{t+1}(\hat{m}_t) \end{aligned} \tag{2.18}$$

其中 x_{t+1}^s 和 d_{t+1}^s 是出售时的交易条件,如上所述,这不取决于卖家的资金。

事实上,议价解决方案仍然是由以下等式所决定的:$g(x_{t+1}) = \phi_{t+1}\hat{m}_t = z/\zeta_{t+1}$。

利用这一点,我们可以对式(2.18)进行微分,并将 $E_t V'_{t+1}(\hat{m}_t)$ 代入式(2.17),由此得到:

$$1 + r = \alpha\sigma \int_{z/\bar{z}}^{\infty} \left[\frac{u'(x_{t+1})}{g'(x_{t+1})} - 1 \right] \frac{\mathrm{d}G(\zeta_{t+1})}{\zeta_{t+1}} + E_t\left(\frac{1}{\zeta_{t+1}}\right) \tag{2.19}$$

要找到均衡,只需要求解式(2.19)中的 z。事实上,对于我们讨论的随机经济而言,要注意无套利意味着如下版本的费雪方程式:

$$1 + i_t = \frac{1 + r}{E_t(1/\zeta_{t+1})} \tag{2.20}$$

其中 $1 + r = 1/\beta$。由此式(2.19)可以改写为:

$$i_{t+1}\zeta_t E_t\left(\frac{1}{\zeta_{t+1}}\right) = \int_{z/\bar{z}}^{\infty} l(x_{t+1}) \mathrm{d}G(\zeta_{t+1}) \tag{2.21}$$

[①] 这不是什么大问题,我们可以采取不同方式推进,但在这里我们遵循早期模型的思路。在这些模型中,经济主体在前往 DM 时有时会留下一些东西(Geromichalos et al.,2007;Lagos and Rocheteau,2008;Lester et al.,2009)。如果我们设 $\theta = 1$,或者我们使用替代定价机制,就可以避免这一问题,如使用比例定价而非纳什议价或瓦尔拉斯受价。因为在此情况下,买家剩余在全局范围内以 m 的速度增长。

其中 $l(x)$ 是式(2.13)中所定义的流动性的边际收益。在随机模型中,由于我们需要用预期式(2.21)代替式(2.15),经济主体仍然把流动性的边际成本等同于边际收益。

另外,在随机经济中,我们对央行的政策要更加谨慎,因为设定名义利率 i 不等同于为 M 规定一条路径。也就是说,只要平均现金回报 $E_t(1/\zeta_{t+1})$ 满足式(2.20),给定的 i 与货币增长的许多不同的随机过程都是一致的。尽管如此,我们不难验证,对于所有的 t,弗里德曼规则 $i_t = 0$ 都为最优的,并且当且仅当 $\theta = 1$ 时,它仍然实现了最优解。但是对 M_t 来说,可以有许多与它一致的路径,其中所有的 t 都满足 $i_t = 0$。对这些问题的深入分析参见 Lagos(2009)的研究。我们现在回到充分预期通货膨胀的影响上来。

3.4 货币和资本

由于担心该理论被主流宏观经济学"边缘化",我们综述了 Aruoba 等(2009)包含投资和财政政策在内的扩展研究。出于简化的目的,我们忽略了长期技术变革(Waller,2010)的影响。此外,在这个模型版本中,资本 K 作为生产要素不会与作为交换媒介的 M 相竞争。为了确保这一点,我们可以假设 K 不具有便携性,这使得很难直接在 DM 中进行交易。当然,这不能解释为什么资本所有权不能流通。一方面,与 DM 中的经济主体不能交易未来收入所有权的结果相比,这没有什么不同。不能交易是因为受到不完美的承诺和监管的阻碍。另一方面,如果资本在 CM 中进行交易,那么可以想象 K 的受认证的所有权也可在 DM 中流通。我们认为货币理论专家在这个问题上还没有明确的立场,但解决问题的方法之一是引入额外的信息摩擦。例如,我们只需要假设可以无成本地伪造对 K 的所有权声明,且这一声明在 DM 中难以识别,即使它们发生在 CM 中。这种设定足以解释为何经济主体不会在 DM 中接受对 K 的所有权声明,而 M 必须作为交换媒介。[①]

假定 CM 中的产出技术 $f(K,H)$ 可被分配给消费或投资,而 DM 中的技术由成本函数 $c(x,k)$ 表示,它表示经济主体拥有 k 时所产生的负效用 x,其中小写(大写)的 k 表示个体(总)资本。CM 需要求解的是:

$$W(m,k) = \max_{X,H,\hat{m},\hat{k}} \{U(X) - H + \beta V(\hat{m},\hat{k})\}$$

其受约束于:

$$x = \phi(m - \hat{m}) + w(1 - t_h)H + [1 + (\rho - \Delta)(1 - t_k)]k - \hat{k} - T \qquad (2.22)$$

其中,ρ 是租金率,Δ 是折旧率,我们将所得税纳入 CM 中。对 $(X,\hat{m},\hat{k})$ 一阶求导可得:

$$U'(X) = \frac{1}{(1 - t_h)w}$$

---

① 虽然这种方法在逻辑上趋于一致,但并非完美无瑕。Lester 等(2009,2010)试图采用 Williamson 和 Wright(1994)或 Berentsen 和 Rocheteau(2004)等研究的货币和私人信息模型,以及采纳 Freeman(1989)的早期建议来更深入地探讨这一问题,但它带来了技术挑战。Rocheteau(2009)提出了一条有前景的研究路线(Li and Rocheteau,2009,2010)。另外,Lagos 和 Rocheteau(2008)允许 K 和 M 都可用作交换媒介,并且如果 K 的生产力不足或对流动性需求巨大,则表明 M 仍然是必不可少的,尽管在该模型中 K 和 M 必须在均衡时支付相同的回报。

$$\frac{\phi}{w(1+t_h)} = \beta V_1(\hat{m}, \hat{k})$$

$$\frac{1}{w(1-t_h)} = \beta V_2(\hat{m}, \hat{k}) \tag{2.23}$$

归纳我们在基准模型中发现的结果可以看出，$(\hat{m}, \hat{k})$ 独立于 (m, k)，W 与 $W_1(m, k) = \phi/[w(1-t_h)]$ 以及 $W_2(m, k) = [1 + (\rho - \Delta)(1 - t_k)]/[w(1 - t_h)]$ 呈线性关系。

在 DM 中，我们不再假设经济主体根据他们遇到的对象而选择成为消费者或生产者，现在我们根据下面的情况继续进行讨论。如上文所述，在 CM 关闭之后，我们假设经济主体根据偏好和技术冲击来决定他们是否消费或生产，其中 γ 表示成为消费者和生产者的概率。然后 DM 开放，消费者和生产者进行双边匹配。这种安排有助于说明为什么资本不能在 DM 中用于支付：人们可以说它在物理位置上是固定的，消费者不得不在无法携带资本的情况下前往生产者所在地进行交易。因此，生产者可以将其资本作为 DM 中的投入，但消费者不能将其资本用于支付。在引入偏好和技术冲击后，公式看起来与我们进行随机匹配和专业化时完全一样，除了将 $\alpha\sigma$ 替换为 γ。此外，根据这种解释，我们可以轻松地用瓦尔拉斯定价替代纳什议价，从而对套牢问题进行量化分析。

现在使用议价，我们可以再次说明 $d = m$，并且纳什议价的结果取决于消费者的 m 而不是生产者的 M，取决于生产者的 K 而不是消费者的 k。稍微滥用下符号，用 $x = x(m, K)$ 求解 $g(x, K) = \phi m/w(1 - t_h)$，其中，

$$g(x, K) \equiv \frac{\theta c(x, K) u'(x) + (1 - \theta) u(x) c_1(x - K)}{\theta u'(x) + (1 - \theta) c_1(x, K)}$$

展开式（2.10）得到如下版本的式（2.9）：

$$V(m, k) = W(m, k) + \gamma\left\{u[x, (m, K)] - \frac{\phi m}{w(1 - t_h)}\right\} + \gamma\left\{\frac{\phi m}{w(1 - t_h)} - c[x(M, k), k]\right\}$$

对其进行微分，然后把 V_1 和 V_2，市场出清条件 $k = K$ 和 $m = M$，均衡价格 $\phi = w(1 - t_h) g(x, K)/M$，$\rho = f_1(K, H)$ 和 $w = f_2(K, H)$ 都代入一阶条件，可得：

$$U'(X_t) = \frac{1}{(1 - t_h) f_2(K_t, H_t)} \tag{2.24}$$

$$\frac{g(x_t, K_t)}{M_t} = \frac{\beta g(x_{t+1}, K_{t+1})}{M_{t+1}}\left[1 - \gamma + \gamma \frac{u'(x_{t+1})}{g_1(x_{t+1}, K_{t+1})}\right] \tag{2.25}$$

$$U'(X) = \beta U'(X_{t+1})\{1 + [f_1 + (k_{t+1}, H_{t+1}) - \Delta](1 - t_k)\} - \beta\gamma\left[c_2(x, K) - c_1(x, K) \frac{g_2(x, K)}{g_1(x, K)}\right] \tag{2.26}$$

同时，我们考虑以下资源约束条件：

$$X_t + G = f(K_t, H_t) + (1 - \Delta)K_t - K_{t+1} \tag{2.27}$$

给定货币政策和财政政策以及初始条件 K_0，均衡被定义为 $\{x, X, K, H\}$ 满足式（2.24）—式（2.27）的路径（正值，有界）。作为一个特例，在非货币均衡中，我们有 $x = 0$，而 $\{X, K, H\}$ 给出了系统的解，因为我们忽略了式（2.25）并将式（2.26）中的最后一项设为 0。这些条件正

是标准非货币增长模型中 $\{X,K,H\}$ 的均衡条件,正如 Hansen(1985)所述的。[①] 因此,我们把标准的实际经济周期理论作为一个特例。在货币均衡中,我们得到一些更有趣的结果。式(2.26)中的最后一项通常反映了如下观点,即如果一个生产者在 CM 中购买额外单位的资本,对于给定的 x,他在 DM 中的边际成本更低,但 x 作为讨价还价的结果会增加。这是投资套牢问题,与前面讨论的货币需求类似。对于双重套牢问题,θ 的值并不存在什么价值,这会对模型的实证表现和福利预测有影响。

Aruoba 等(2009)通过议价和受价来校准模型,并比较了各种定量预测。有趣的是,尽管议价模型产生了更高的通货膨胀福利成本,但受价模型给投资带来了更大的货币政策效应。直觉上来看,这是因为议价版本中的 K 相对较低,并且套牢因素无法响应 DM 中发生的新情况。也就是说,投资回报主要来自 CM 的交易,因为卖家必须与买家分享 DM 中更多的 K 带来的剩余。这使得 K 对于以通货膨胀形式对 DM 交易征税的反应要相对迟钝。在受价模型中,通货膨胀对 K 的影响要比早期研究认为的大。因为在没有套牢因素的情况下,投资回报受 DM 交易征税的影响。人们可以将此模型应用于许多方面,例如量化这些套牢因素的影响。

我们没有足够篇幅来讨论所有的数值结果,但我们在此确实想强调一个方法论上的观点,即把现代货币理论和主流宏观经济学结合起来并非难事。我们提到的唯一定量结果就是这个。对于 DM 中产出比例多少,很容易得出少于 10% 的答案。为了证明这一点,要注意以下几点:由于 DM 中每个时期都有 γ 个买家,他们每人都花费 M,因此 DM 中总产出为 $\gamma M/PY = \gamma/v$,其中 $v = PY/M$ 代表了货币流通速度。如果 M 由 M_1 来测量,并且由于 $\gamma \leqslant 1/2$,那么 v 的年化数值约为 5——任务就完成了。γ 的实际校准值略低于该上限。当然,如果我们改变频率(例如从年度改到季度),PY 会发生变化,但 γ 的校准值也会发生变化,使得 DM 的产出份额保持大致相同。这在标准预付现金模型中是行不通的,因为经济主体总是在每期花完所有的钱。这一点很重要,它凸显了细节(如随机交易机会,以及两部门结构的重要性),尽管这里的产出有 90% 是在 CM 中发生的,但看上去和标准的新古典增长理论完全一样。

3.5　长期菲利普斯曲线

在没有资本的基准模型中,我们发现 DM 产出因预期通货膨胀而下降,而 CM 产出与预期通货膨胀无关。由于我们假定 K 进入 $c(x,K)$,所以上一节资本模型中 CM 产出与预期通货膨胀无关的结论是不成立的。如果情况并非如此,并且 $c_K(x,K)=0$,则式(2.26)中的最后一项将消失,K 从式(2.25)中退出,系统将分化为两部分:我们可以用式(2.25)独立求解 DM 配置中的 x,也可以用其他三个等式求解 CM 配置中的 (X,K,H)。在这个二分法中,货币政策影响 x,但不影响 (X,K,H)。这就是我们假设 K 进入 $c(x,K)$ 的原因。在本节中,没有资

---

① 至少是在 Hansen(1985)的确定性版本中,但在现阶段增加技术和其他冲击并不困难(Aruoba,2009;Aruoba and Schorfheide,2010;Telyukova and Visschers,2009)。

本,我们用不可分效用来打破这种二分法。事实上,这里我们从字面上理解菲利普斯曲线,并对通货膨胀与失业的关系进行建模。为精准起见,首先,我们在 CM 中引入另一种摩擦以构建失业;其次,我们将 DM 重新定义为一个纯粹交易市场,这样失业就完全由 CM 决定。

我们在此先给出一些相关背景。Friedman(1968)阐述的一条原则是,尽管短期内通货膨胀和失业之间存在菲利普斯曲线的替代关系,但长远来看这一替代关系并不存在。自然失业率被定义为:"由瓦尔拉斯一般均衡方程得出的(失业)水平,前提是这些方程嵌入了劳动市场和产品市场的实际结构特征"。尽管 Lucas(1980)指出,弗里德曼"无法将这样的系统付诸纸面"。Friedman(1968)认为,从长远来看,货币政策不能使失业率偏离自然失业率。然而,弗里德曼的这一立场在 1977 年有所改变,他指出:

> 任何时候都存在一个由实际因素决定的自然失业率。当预期与实际情况大致相符时,往往会观察到这一自然失业率。倘若价格变化影响持有货币余额的实际成本,则相同的实际情况可以与任何绝对价格水平或价格变化率相对应。

在这里,我们严谨地对待这种实际余额效应。

在建立失业模型的各种方法中,本章采用 Rogerson(1988)的不可分劳动模型。[①] 它具有一个显著优势:不需要假设函数是拟线性的。因为在不可分的劳动模型中,经济主体行事就好像效用是拟线性的一样。为了说明这一点,我们回到通过 H 一对一产生 X 的情况,但现在所有个体都有 $H \in \{0,1\}$。另外,我们此前已经提到过,为了获得更清晰的结果,我们使用了一个没有生产的 DM 模型。相反,经济主体有一个禀赋 $\bar{x}$,交易收益由于偏好冲击而上升。因此,DM 效用为 $v^j(x, X, K)$,其中 j 是在 CM 中选择 (X, H) 之后受到的冲击。假设 $j = b$ 或 s 的概率相等,其中 $\partial v^b(\cdot)/\partial x > \partial v^s(\cdot)/\partial x$,于是在 DM 中,抽到 b 的人与抽到 s 的人相匹配。显而易见,符号 b 和 s 表明哪些经济主体将成为匹配的买家和卖家。同时,我们在这里还假定在一个 DM 和下一个 CM 之间存在贴现,但在 CM 和 DM 之间则没有贴现,不过这并不重要。这里有趣的是 $v^j(x, X, H)$ 中的不可分性。

在任何不可分的劳动模型中,市场主体在 CM 中抽取一张彩票 $(l, X_1, X_0, \hat{m}_1, \hat{m}_0)$,其中 l 是工作 $H = 1$ 的概率,而 X_H 和 $\hat{m}_H$ 是 CM 中购买的商品和以 H 为条件的现金。如果个体不喜欢彩票,也可以用纯阿罗-德布鲁或有商品市场来支持这个均衡(Shell and Wright, 1993)。CM 中不直接产生效用,效用是通过 (X, H) 与 DM 中的 x 相结合产生的。因此有:

$$W(m) = \max_{l, X_1, X_0, \hat{m}_1, \hat{m}_0} \{ lV(\hat{m}_1, X_1, 1) + (1 - l)V(\hat{m}_0, X_0, 0) \} \qquad (2.28)$$

且满足

$$0 \leq \phi m - l\phi\hat{m}_1 - (1 - l)\phi\hat{m}_0 + wl - T - lX_1 - (1 - l)X_0$$

众所周知,X 和 $\hat{m}$ 一般取决于 H,但是如果 V 在 X 和 H 之间可分,那么 $X_0 = X_1$。此外,如

---

① 该方法遵循 Dong(2010b)以及 Rocheteau 等(2007)的方法。此外,Berentsen 等(2010)和 Liu(2009)使用了 Mortensen 和 Pissarides(1994)中给出的失业理论。

果 V 在 $\hat{m}$ 和 H 之间是可分的,则 $\hat{m}_1 = \hat{m}_0$。然而,函数 V 是内生的。这是让货币作用更明确的另一个理由,而非将其简单地引入效用函数中:不能简单地假设 V 是可分的(或诸如此类假设),我们必须推导出它的属性,这就需要加强理论和定量研究工作。[①]

设 λ 为预算约束的拉格朗日乘数,推导内部解决的一阶条件为:

$$0 = V_2(\hat{m}_H, X_H, H) - \lambda,\text{对于 } H = 0,1 \tag{2.29}$$

$$0 = V_1(\hat{m}_H, X_H, H) - \lambda\phi,\text{对于 } H = 0,1 \tag{2.30}$$

$$0 = V(\hat{m}_0, X_0, 0) - V(\hat{m}_1, X_1, 1) + \lambda(X_1 - X_0 - 1 + \phi\hat{m}_1 - \phi\hat{m}_0) \tag{2.31}$$

$$0 = l - lX_1 - (1 - l)X_0 + \phi[m + \gamma M - l\hat{m}_1 - (1 - l)\hat{m}_0] \tag{2.32}$$

尽管目标函数通常不是拟凹函数(Rocheteau et al.,2007),但我们可以保证 $l \in (0,1)$,并给出一阶求导特征的唯一解决方案。给定 $V(\cdot)$,式(2.29)—式(2.31)包含了五个方程,它们可以在与 l 和 m 相独立的 $(X_1, X_0, \hat{m}_1, \hat{m}_0, \lambda)$ 的弱正则性条件下求解。然后式(2.32)可以求解出作为期初货币持有量函数 $l = l(m)$ 的个人劳动供给量。注意 $\hat{m}_H$ 取决于 H,但不取决于 m,因此我们在 DM 中最多得到一个两点分布。此外,$W(m)$ 是线性的,且 $W'(M) = \lambda\phi$。这就是我们之前所说的,经济主体行事时就像他们在不可分的劳动和彩票模型中具有拟线性偏好一样。

在 DM 交易中,简单起见,我们假定买家提出了"接受或放弃"的报价,即 $\theta = 1$。此外,虽然让买家的偏好不可分很重要,但我们不需要卖家也这样,所以我们让卖家的偏好可分。和基准模型一样,除了买家的 m 外,DM 中的交易条件不取决于交易中的任何东西:在均衡时,他支付 $d = m$,并选择使卖家愿意接受的 x,这与卖家的 (X, H) 无关。一般来说,在 DM 作为买家并在 CM 中就业或失业的经济主体会得到不同的 x,因为他们有不同的 m。无论如何,我们都可以使用上面的方法来描述 $V(\cdot)$,对其进行微分,并将微分结果代入式(2.29)—式(2.31)中,得到确定 $(x_1, x_0, X_1, X_0, \lambda)$ 的条件。由此我们可以计算总就业人数 $\bar{l} = l(M)$。

观察内生变量如何依赖于政策如今已成惯例。首先,我们很容易验证 $\partial x/\partial i < 0$,因为在任何此类模型中,通货膨胀的一阶效应都是减少 DM 的交易。计算结果表明,失业率的影响取决于买方效用函数的交叉导数,如下所示:

1. 如果 $v^b(x, X, H)$ 在 (X, H) 和 x 之间可分,那么 $\partial\bar{l}/\partial i = 0$。

2. 如果 $v^b(x, X, H)$ 在 (x, X) 和 H 之间可分,那么当且仅当 $v^b_{Xx} < 0$ 时,$\partial\bar{l}/\partial i > 0$。

3. 如果 $v^b(x, X, H)$ 在 (x, H) 和 X 之间可分,那么当且仅当 $v^b_{xH} < 0$ 时,$\partial\bar{l}/\partial i > 0$。

这里的经济直觉很简单。考虑上述情景二。由于通货膨胀降低了 x,如果 x 和 X 是互补的,那么通胀也会减少 X,并因此减少用于生产 X 的 $\bar{l}$;但如果 x 和 X 相互替代,那么通货膨胀会增加 X 和 $\bar{l}$。换言之,当 x 和 X 相互替代时,通货膨胀会导致经济主体从 DM 转向 CM 的产品,从而增加 CM 生产并减少失业。类似的直觉也适用于上述情景三,其取决于 x 是休闲的补充还是休闲的替代。无论哪种情况,我们都可以在简单和自然的条件下获得向下倾斜的菲利普斯曲线,而无须考虑不完全信息或名义刚性等复杂的情况。长远来看,政策制定者

[①] Aruoba 和 Chugh(2008)在最优税收理论中强调了这一点,其中 $V(\cdot)$ 的性质对结果有很大影响。

可以利用下述关系:如果有合宜的交叉导数,那么通过提高预期通货膨胀率来永久降低失业率的办法确实是可行的,就像凯恩斯主义者过去常常(现在仍然?)认为的那样。但这不是最优的,我们可以很容易地证明,弗里德曼方法仍是最佳政策,即令 $i = 0$。

3.6 基准模型的小结

我们认为,这个基准模型提供了很多见解。一个只有 CM 交易的模型难以把握货币的基本作用,这就是为什么人们不得不诉诸例如预付现金或货币效用函数之类的捷径。早期关于只有 DM 交易的微观基础的研究强调了货币的显著作用,但存在严苛的限制,否则就很难进行分析。还有其他一些方法得到了一些类似结果,包括 Shi(1997b)以及 Menzio 等(2009)的研究。我们之所以喜欢这个基准模型,除了因为它易于掌握外,还因为它集成了搜索和竞争市场,缩小了微观基础文献与主流宏观经济学文献之间的差距。虽然交替市场不容易把握,但我们仍需要考虑类似拟线性或不可分性之类的假设。其代价似乎并不大,特别是对于那些使用不可分劳动模型的研究者来说,但是如果我们愿意依靠数值方法,我们也可以放弃这些假设。[①]

然而,在我们转向新的结论之前,我们要提一下 Rocheteau 和 Wright(2005)提出的一个扩展,我们在下文的几个应用中将要用到它。这个扩展考虑了两种永久不同的买家和卖家。前者始终是 DM 中的消费者,而后者始终是 CM 中的生产者。如果没有 CM,DM 中就不可能有永久买家或永久卖家。因为如果他们不能在随后的 DM 中花费其所得,就没有人会在 DM 中生产。在这里,卖家希望可以在每个 DM 中生产,因为他们可以在 CM 中花钱;买家想要在每个 CM 中工作,因为他们要从中赚钱并在 DM 中花掉。货币均衡不再需要退化分布,但所有卖家都选择 $m = 0$,而所有买家都选择相同的 $m > 0$。注意,正如我们在本章 3.5 中所遇到的,两种类型的货币持有量的分布是退化的,仅仅取决于类型,但这仍然易于处理。实际上,就易处理性而言,该模型的关键属性在于 $\hat{m}$ 的选择与历史无关,且并非对所有经济主体都相同。

包含两种类型的模型是有趣的,这有以下几个原因,包括研究者可以引入通用匹配技术,也可以纳入卖家或买家的参与决定。打个比方,Pissarides(2000)的研究包含了两种类型(工人和企业),而 Diamond(1982)的研究只包含一种(交易者),这使得前者可以考虑更一般化的匹配和进入。要注意的是,从某种意义上讲,包含两种类型让该模型与第 2 节中提出的

[①] 该模型有很多应用,包括但不限于:Aruoba 和 Chugh(2008)、Gomis-Porqueras 和 Peralta-Alva(2009)、Martin(2009)以及 Waller(2009)研究了最优货币政策和财政政策;Bencivenga 和 Camera(2008)引入了银行;Berentsen 等(2008)、Chiu 和 Meh(2010)、He 等(2008)、Li(2007)、Berentsen 和 Waller(2009)以及 Boel 和 Camera(2006)研究了货币和债券之间的相互作用;Andolfatto(2010a, 2010b)、Berentsen 和 Monnet(2008)、Hoerova 等(2007)以及 Kahn(2009)讨论了货币政策的实施细节;Guerrieri 和 Lorenzoni(2009)分析了流动性对商业周期的效应;Lagos 和 Rocheteau(2005)、Lui 等(2010)以及 Nosal(2010)研究了货币流通速度(或花钱所需时间)如何取决于通货膨胀。这些最新的应用也是与本章相关的,这是出于如下原因:人们有时会说,任何可以用搜索理论做的事情都可以用预付现金或将货币纳入效用函数的设定来重复。然而,在这些论文中绝不存在这种情况,这些论文主要关注通货膨胀对搜索行为的影响,其对于第一代搜索理论的部分论文也适用,包括 Li(1994, 1995)的研究。

模型类似,其中 $m \in \{0, 1\}$。在许多应用中,包含两种类型看起来更自然。实际上,对于上述这一切,我们并不是真的需要永久不同的类型:只要交易在 CM 关闭之前发生,就相当于每个时期都有确定类型——重要的特征在于经济主体是否可以选择 $\hat{m}$ 的类型。例如,如果我们采用本章 3.1 结尾的模型,用 DM 中的偏好和技术冲击代替随机匹配,或者假设经济主体在选择 $\hat{m}$ 之前这些冲击是已知的,就会出现这种情况。

4. 传统观点的新模型

尽管我们的目标之一是回顾现有模型,但我们也希望提供新的材料。在本节中,我们将提出基于早期货币主义或凯恩斯主义传统思想的一些新模型。这些模型表明用我们的框架也能得到相似的结果,尽管这些结果有时候还存在一些有趣的差异。就像传统货币主义经济学那样,我们首先引入了额外的信息摩擦,用以表明信号提取问题如何导致短期菲利普斯曲线的出现。然后,我们分析不明原因带来的(如凯恩斯主义模型中的)价格黏性会发生什么。接着我们对黏性价格进行新货币主义式的陈述,并介绍一些明显不同的含义。正如我们在引言中讨论的那样,新货币主义经济学的一些论文已经探讨了其中一些问题,并且对理论进行了改进,由此使得人们可以将理论应用于数据分析。尽管我们也讨论了一些现实意义,但这里的目标仍是提出简单的模型来定性说明模型的基本性质。

4.1　传统货币主义菲利普斯曲线

这里我们讨论了传统货币主义经济学中关于定义短期菲利普斯曲线的一些观点,以及我们可预测货币政策的理由。鉴于我们已经在本章 3.5 中讨论了存在失业的模型,为了简单起见,我们现在把菲利普斯曲线表示为货币增长或通货膨胀与产出之间的正向关系。此外,我们使用的模型设定包含买家和卖家这两种明显不同的类型。其特别之处在于,这里的经济主体一半是买家,一半是卖家。第一,首先是 CM 交易,随后是 DM 交易;第二,为了记录时间,我们有时将 CM 和 DM 的子时段表述为昼市场与夜市场;第三,为了得到一个清晰的结果,有时我们使用 $u(x) = \log x$。[1]

我们已经在本章 3.3 中研究了非预期通货膨胀的特定类型,为了按 Lucas(1972)的思路建立一个模型,现在我们引入实际冲击和货币冲击。首先,每个时期都有一部分人口是不活跃的:在 t 时期,一部分买家 ω_t 同时参与 CM 和 DM 两个市场的交易,而剩下的 $1 - \omega_t$ 休息。同样,比例为 ω_t 的一小部分卖家不参与 t 时期的 DM 交易和 $t + 1$ 时期的 CM 交易。假设 ω_t 是一个随机变量,且不能被公开观察到。其次,货币增长率 μ_t 也是随机的且不能被公开观察

---

[1] 出于技术原因,通用研究框架的许多应用假定 $u(0) = 0$。我们无须如此假定,因为我们在下面的议价方案中假设 $\theta = 1$。

到。因此,经济主体没有关于当前市场货币发行的直接信息,只能得到来自价格的间接信息。我们现在添加一些新的参与者,我们称之为政府主体,并假定在每个时期 t 的 CM 中出现一组新的政府主体,他们具备线性效用 $X - H$,并且可以用 H 一对一地生产 X。如果 $\mu_t > 0$,那么央行发行货币并将其提供给这些政府主体,且他们共同消费 $\phi_t M_{t-1} \mu_t$;如果 $\mu_t < 0$,那么他们通过集体生产 $-\phi_t M_{t-1} \mu_t$ 收回货币。他们扮演纯粹的技术性角色,旨在使信号提取变得值得关注。

经济主体在 CM 中了解到上一期货币库存 M_{t-1} 的情况,观察到价格 ϕ_t,但不清楚当前 ω_t 和 μ_t 的总体冲击。对于在 CM 中获得货币的个人买家来说,货币的当前价值可能很高(很低),因为货币需求很高(很低),或者因为货币增长率很低(很高)。为了简化陈述,假设 DM 中买家提出"接受或放弃"的报价 $\theta = 1$,并假设卖家的成本函数为 $c(h) = h$。 这意味着:

$$x_t = \beta m_t E(\phi_{t+1} \mid \phi_t) \tag{2.33}$$

对来自 CM 的活跃买家进行一阶求导,并简化为:

$$-\phi_t + \beta E(\phi_{t+1} \mid \phi_t) u'(x_t) = 0 \tag{2.34}$$

鉴于买家的数量是 1/2,市场出清意味着:

$$\omega_t m_t / 2 = (1 + \mu_t) M_{t-1} \tag{2.35}$$

如果 μ_t 是一个连续随机变量,原则上我们可以像 Lucas(1972)那样得出一个均衡。然而,为了更好地说明,我们采用 Wallace(1992)的方法,使用有限状态空间(Wallace,1980)。假设 μ_t 和 ω_t 是相互独立的,且满足独立同分布,其中 μ_t 为 μ_1,或小于 μ_1 的 μ_2,概率均为 1/2;ω_t 为 ω_1,或小于 ω_1 的 ω_2,概率均为 1/2。然后我们假设:

$$\frac{\omega_1}{1 + \mu_1} = \frac{\omega_2}{1 + \mu_2} \tag{2.36}$$

因此经济主体既无法区分高货币需求和高货币增长率,也无法区分低货币需求和低货币增长率。

联立式(2.33)—式(2.35),我们可以得到价格和数量的闭式解。当 $(\mu_t, \omega_t) = (\mu_i, \omega_j)$ 时,让 $\phi(i, j)$ 和 $q(i, j)$ 分别表示 CM 的价格与 DM 的数量。于是有:

$$\phi(i, j) = \frac{\omega_j}{2(1 + \mu_i) M_{t-1}}, \text{ 其中 } i = 1, 2 \tag{2.37}$$

$$q(i, j) = \frac{\beta(\omega_1 + \omega_2)(2 + \mu_1 + \mu_2)}{4(1 + \mu_1)(1 + \mu_2)\omega_j}, \text{ 其中 } (i, j) = (1, 2), (2, 1) \tag{2.38}$$

$$q(1, 1) = q(2, 2) = \frac{\beta(\omega_1 + \omega_2)^2 (2 + \mu_1 + \mu_2)}{8(1 + \mu_1)(1 + \mu_2)\omega_1 \omega_2} \tag{2.39}$$

令状态 (μ_i, ω_j) 中日间和夜间的总产出分别为 $Q^d(i, j)$ 和 $Q^n(i, j)$。因为式(2.37)中 $i, j = 1, 2$,给定 $\mu_1 > \mu_2 \geq 0$,我们得出:

$$Q^d(i, j) = \phi_t M_t = \omega_j / 2 \tag{2.40}$$

更进一步,从式(2.36)、式(2.38)和式(2.39)中可以得出:

$$Q^n(1, 2) = Q^n(2, 1) = \frac{\beta(\omega_1 + \omega_2)(2 + \mu_1 + \mu_2)}{8(1 + \mu_1)(1 + \mu_2)} \tag{2.41}$$

$$Q^n(1,1) = \frac{\beta(\omega_1 + \omega_2)^2(\mu_1 + \mu_2)}{16\mu_1\mu_2\omega_2} \tag{2.42}$$

$$Q^n(2,2) = \frac{\beta(\omega_1 + \omega_2)^2(2 + \mu_1 + \mu_2)}{16(1 + \mu_1)(1 + \mu_2)\omega_1} \tag{2.43}$$

　　总实际产出为 $Q(i,j) = Q^d(i,j) + Q^n(i,j)$。在式(2.40)中，$Q^d$ 只取决于实际冲击。也就是说，当活跃买家的数量很多(很少)时，货币需求就会很高(很低)，从而导致货币价格变高(很低)。因此，当活跃买家的数量很多(很少)时，活跃买家会在日间集体生产得更多(更少)以获得货币。到了夜间，可以证明 $Q^n(2,2) < Q^n(1,2) = Q^n(2,1) < Q^n(1,1)$。

　　图2.1反映了模型生成的时间序列观测数据，显示了总产出 Q 与货币增长 μ 的散点图。图中四个点代表了四种状态中的每一种状态下的货币和产出，表明 μ 和 Q 之间存在明显的正相关关系。这一结果是经济主体存在的困惑造成的，因为如果他们有关于冲击的完整信息，我们将得到图2.2，此时对于所有的 (i,j)，都有：

$$Q^n(i,j) = \frac{\beta(\omega_1 + \omega_2)(2 + \mu_1 + \mu_2)}{8(1 + \mu_1)(1 + \mu_2)}$$

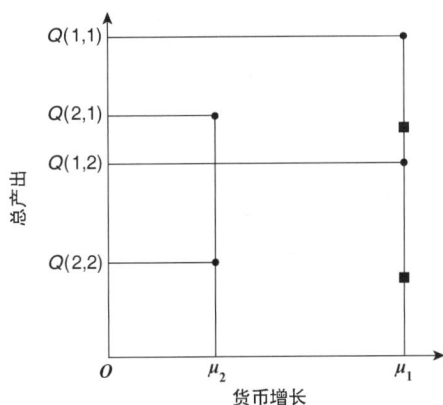

图 2.1　不完全信息　　　　　　　图 2.2　完全信息

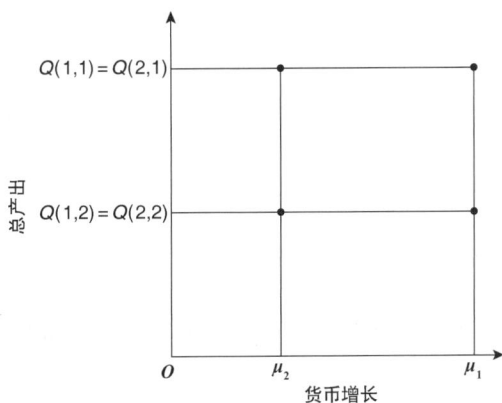

　　经济主体的困惑源于这样一个事实，即如果货币增长和货币需求都高(低)，那么经济主体对 ϕ_{t+1} 的主观预期就会大于(小于)客观预期，因而在 DM 中产出会比有完整信息条件下的更多(少)。除技术细节外，这种货币的非中性在本质上与 Lucas(1972)和 Wallace(1980,1992)的研究一致。

　　与 Friedman(1968)和 Lucas(1972,1976)的观点相关的某种标准叙述是，20世纪60年代和70年代的宏观经济政策是错误的，因为政策制定者根据他们的经验将图2.1中的圆点视为能够反映货币增长与产出之间结构关系的点。政策制定者想当然地认为更多产出是好的，更高的通胀是坏的，并且他们将观察到的相关性作为证据用来说明以下观点：如果央行永久性地提高货币增长率，那将实现永久性的更高产出。虽然我们在本章3.5中看到了在理论上永久性的权衡取舍是一种可能，但需要强调一点，人们观察到的以经验为依据的关系绝不意味着存在实际的权衡取舍。在这个例子中，如果我们将货币增长率永久设置为 μ_1，那将会发生什么？我们得到的数据点将是图2.1中的两个方形点,当货币需求量高(低)时,其产出就高(低)。更高的通货膨胀不会增加产出,反而会减少模型中所有状态下的产出。

那么,何为最佳政策？如果我们可以找到在所有状态下都能实现 $x = x^*$ 的货币政策规则,那它就是最优的。从式(2.34)可以看出,我们需要 $\phi_t = \beta E(\phi_{t+1})$,从中我们可以得到:

$$1 + \mu_{t+1} = \frac{\beta \omega_{t+1}}{\omega_t} \tag{2.44}$$

这就是弗里德曼规则,它规定了货币供应量平均以时间偏好的速度减少,当货币需求相对前一时期较高(低)时,货币增长则更高(低)。看上去货币主管部门很难执行这样的规则,因为这要求他们事先知道冲击 ω_t 。然而,我们所需要的只是 $\phi_{t+1} = \phi_t/\beta$,所以他们不需要观察到冲击,只需要简单设计一个固定的通缩率就可以了。在均衡状态中,价格水平是可预测的,且不包含关于总体状态的信息。价格水平没有必要揭示总体信息,因为效率要求买家在CM中获得相同的实际余额,并在DM中收到相同的数量,而不受冲击的影响。

从某种意义上说,这些结果与Friedman(1968)和Lucas(1972)的主要思想是一致的。货币政策会混淆价格信号,导致出现菲利普斯曲线这种货币非中性的产物。然而,我们从模型中得出的政策"处方"与Friedman(1969)的观点相一致,而非与Friedman(1968)的观点相一致,即最优货币增长率并非恒定的,它应该对总体实际扰动做出反应,以纠正跨期扭曲。该模型的这一特征似乎与20世纪70年代和80年代央行所设定的货币增长目标在实践中失败的那些原因相契合。当然,我们并不希望读者仅从字面上理解本节中的模型。该模型主要是作为一个例子用于再次说明(在我们的基准框架下),存在基于经验相关性而制定出幼稚政策的陷阱,然而它却往往被错误地认为是结构性问题。[①]

4.2 新凯恩斯主义黏性价格

沿着Woodford(2003)和Clarida(1999)等的假设思路,利用新凯恩斯主义经济学的思想,我们现在引入黏性价格修改基准模型。我们首先构建一个像Woodford(2003)那样的无现金的模型版本,其中所有交易都通过信用进行,然后通过修改假设使其涵盖货币交易。新凯恩斯主义模型通常使用垄断竞争,企业通常根据Calvo(1983)的研究中的机制设定价格。在此,为了适用于我们的基准模型,我们假设DM中一些价格是黏性的。我们再次使用具有永久区别的买家和卖家的模型版本,每个集合的质量为1/2,并令 $c(h) = h$ 。

在无现金模型中,尽管个体不持有或不交换货币,但以美元计价。黏性价格的建模者通常不会对此作出任何证明,仅表示这是他们所观察到的。我们在本节中遵循这一传统。与基准模型一样,CM中的货币价格 ϕ_t 是灵活的。在DM中,买卖双方开展信用交易,买家收到货物,作为交换,他承诺在下一个CM中付款。为了支持这些信用交易,我们假设每次交易都有完美记忆或完全记录。也就是说,买家违约会被观察到,并且外部法律制度会对其施加严

---

① Faig和Li(2009)对信号提取和意外通胀成本进行了更一般的定量分析。他们发现,信号提取的福利成本非常低,他们也发现预期通胀的成本相当低。但要注意的是,他们在DM中使用瓦尔拉斯定价而非纳什议价。

厉惩罚。因此,在均衡状态下,所有的借款人都会偿还债务而不会违约。

在 DM 中,假设在个体交易匹配中,买家和卖家之间的交易条件要么是灵活的,要么是固定的,两者的概率均为 1/2。在灵活匹配中,买家提出了一个"接受或放弃"的报价。设 $1/\psi_t$ 为买家愿意购买 DM 中灵活出价的卖方生产的每个单位商品并在随后的 CM 中支付的美元报价,s_t^1 为卖家生产的商品数量。双方讨价还价的结果满足 $s_t^1 = \beta s_t^1 \phi_{t+1}/\psi_t$,所以 $\psi_t = \beta \phi_{t+1}$。现在假设在 DM 中的每一次固定价格交易中,卖家都必须提供一份合同,允许买家购买任意数量的商品,以换取他们在下一个 CM 中按 $1/\psi_{t-1}$ 的单价购买商品。在灵活价格合同中,买家选择 $s_t^1 = x^*$。然而在固定价格合同中,买家选择数量 s_t^2 以使 $u(s_t^2) - s_t^2 \phi_{t+1}/\phi_t$ 最大化,于是有:

$$u'(s_t^2) = \phi_{t+1}/\phi_t \tag{2.45}$$

到目前为止,还不能确定序列 $\{\phi_t\}_{t=0}^{\infty}$。在 Woodford(2003)的研究中,一种解决方案是先确定名义债券价格。在我们的模型中,在 CM 中的 t 时期承诺在 $t+1$ 时期支付一单位货币的价格 z_t,由式(2.46)给出:

$$z_t = \beta \phi_{t+1}/\phi_t \tag{2.46}$$

在伍德福德(Woodford)的思路下,人们会认为,z_t 可以由中央银行以某种方式设定,也许是根据泰勒规则。在给定 z_t 后,我们就可以从式(2.46)中解出 $\{\phi_t\}_{t=0}^{\infty}$。我们可以将它视为由政策制定的外生的价格序列,这似乎与新凯恩斯主义的逻辑一致。重要的是,这相当于说政府为通货膨胀率设定了 $\pi_t = \phi_{t-1}/\phi_t$ 的路径。

既然 $s_t^1 = x^*$,那通货膨胀的路径就与 s_t^1 无关,但从式(2.45)来看,s_t^2 会随 π_{t+1} 的增加而增加。在固定价格交易中,买家签订信用合同,CM 中名义付款价格由上一时期的灵活价格合同确定。当通货膨胀率上升时,固定价格合同中隐含的实际信贷利率下降,买家将购买更多商品。注意,当买家在 t 期进行固定价格交易,在第 $t+1$ 期偿还贷款时,他生产了 $s_t^2/\beta \pi_{t+1}$。一般来说,通货膨胀的影响取决于参数,但如果设定 $u(x) = \log x$ 的话,那么 CM 中的生产对于 π_t 的路径来说就是不变的,并且唯一受通货膨胀影响的那部分总产出是 DM 中以固定价格交易的产出。由式(2.45)可得 $s_t^2 = \pi_{t+1}$,因此存在着短期和长期菲利普斯曲线:暂时的高通货膨胀率会暂时性地增加产出,而永久性的高通货膨胀率会永久性地增加产出。该模型预测的菲利普斯曲线被数据证实且可为政策所用。但政策应该利用这一点吗?答案是否定的。由于价格黏性,均衡一般是低效的,这表现为固定价格合同中的次优产出量。为了提高效率,我们要求 $s_t^2 = x^*$,这意味着从式(2.45)中可以推导出 $\phi_t = \phi$,并意味着零通胀。此外,根据式(2.46),与价格稳定一致的最优名义债券价格为 $z_t = \beta$,即维克塞尔(Wicksellian)自然率。

为了使货币发挥作用,假设在 DM 中有 α 部分交易不受监管。在此情况下,卖家无法查询到买家的历史记录,且交易中发生的任何事情都属于双方私人信息。[①] 此外,假设同一组

[①] 该设定与具有现金商品和信用商品的简化模型(Lucas and Stokey,1987)在表面上有相似性,就像基准模型与简单的预付现金模型相似一样。这是正常的,因为简化模型旨在描述现实。但需要说清楚的是,本章介绍的模型中的一些因素并不在上述模型中。

卖家在所有时刻 t 都参与非监管交易,DM 中剩余的 $1 - \alpha$ 部分受到监管,就像在无现金经济中那样:卖家观察买家的历史,并且他们的互动成为公共信息。买家和卖家继续交易到第二天开始,即 CM 开张之前。因此违约是公开可见的,且我们将继续实施处罚措施以避免违约。存在货币和商品交易的 CM 市场在当天晚些时候开张,在这里只有价格是可观察的(而非个人行为)。与信用交易一样,货币交易有一半是灵活价格,另一半是固定价格。交易类型(受监管或不受监管,灵活价格或固定价格)是随机确定的,但买家在 CM 中知道他将在接下来的 DM 中进行何种类型的交易。

与无现金模型一样,灵活价格和固定价格信用交易中的商品数量分别为 s_t^1 和 s_t^2,其中 $s_t^1 = x^*$,s_t^2 由式(2.45)确定。对于不受监管且需要货币的灵活价格交易而言,买家将 m_t^1 从 CM 带到 DM,并开出"接受或放弃"的报价。这涉及用所有钱来买如下数量的商品:

$$x_t^1 = \beta\phi_{t+1}m_t^1 \tag{2.47}$$

所以以货币计量的隐含弹性价格是 $1/\beta\phi_{t+1}$。在固定价格货币交易中,卖家必须收取与上一期的灵活货币价格相等的价格。因此,在固定价格货币交易中,买家携带 m_t^2 的货币参与交易并全部用于购买 x_t^2 的商品,其中:

$$x_t^2 = \beta\phi_t m_t^2 \tag{2.48}$$

由于买家在日间以最佳方式选择货币余额,对于货币灵活价格和固定价格交易中的买家,我们分别对以下公式进行一阶求导:

$$- \phi_t + \beta\phi_{t+1}u'(x_t^1) = 0 \tag{2.49}$$
$$- \phi_t + \beta\phi_t u'(x_t^2) = 0 \tag{2.50}$$

假设政府在日间通过给卖家一次性转移的方式注入资金,且 M 以 μ 的速度增长。在均衡状态下,所有的货币存量在一天结束时必须由买家持有,他们将在夜间进行货币交易。因此,我们有如下均衡条件:

$$\frac{\alpha}{2}(m_t^1 + m_t^2) = M_t \tag{2.51}$$

现在,考虑如下均衡状态,其中 $1/\phi_t$ 以 μ 的速度增长,并且实际数量在所有时刻 t 是恒定的。根据式(2.45)和式(2.47)—式(2.51)求得的均衡量为:

$$s_t^1 = x^*$$
$$u'(s_t^2) = 1/(1 + \mu)$$
$$u'(x_t^1) = (1 + \mu)/\beta$$
$$u'(x_t^2) = 1/\beta$$

在均衡状态下,货币增长率等于通货膨胀率。相对于灵活价格交易,较高的货币增长率会提升固定价格交易的产出。

从政策的角度来看,对 $i = 1,2$ 来说,我们不支持有效分配 $s_t^i = x_t^i = x^*$,然而,我们可以最大化加权平均福利标准:

$$W(\mu) = \frac{\alpha}{2}[u(x_t^1) - x_t^1 + u(x_t^2) - x_t^2]$$
$$+ \frac{(1 - \alpha)}{2}[u(s_t^1) - s_t^1 + u(s_t^2) - s_t^2]$$

由此可以得出：

$$W'(\mu) = \frac{\alpha}{2\beta u''(x_t^1)}\left(\frac{1+\mu}{\beta} - 1\right) - \frac{(1+\alpha)}{2(1+\mu)^2 u''(s_t^2)}\left(\frac{1}{1+\mu} - 1\right) \qquad (2.52)$$

从式(2.52)可以看出，最优货币增长率介于弗里德曼规则和固定价格水平之间。这反映了两种扭曲之间的权衡取舍：一是通货膨胀扭曲了灵活价格商品与固定价格商品之间的相对价格，这种扭曲通过价格稳定机制来矫正；二是因为用现金购买的灵活价格商品实在太少了，通货膨胀导致了标准的跨期扭曲，这种扭曲可以通过弗里德曼规则来矫正。我们并非首个指出这一点的研究者，Aruoba 和 Schorfheide(2010)提供了相关的参考文献，我们只是用新货币主义模型来重新分析这一权衡取舍。

我们从中学到了什么呢？新货币主义的一个核心原则在于，必须明确证实货币和相关机构角色之间的摩擦。新凯恩斯主义模型没告诉我们而带有显性摩擦的模型告诉我们的是什么呢？Woodford(2003)认为，用无现金模型分析货币政策足矣，用弗里德曼规则修正的跨期货币扭曲只是导致黏性价格的次要因素。此外，他认为可以构建与无现金经济运行本质上相同的货币经济体，因此分析无现金的限度就足够了。如果我们让 $\alpha \to 0$，则可实现此无现金的限度。在此模型中，不同交易类型的交易数量与 α 无关，且改变 α 的影响因素是价格水平和信用交易的比例。同样，随着 $\alpha \to 0, \mu^* \to 0$，最优货币增长率往往会随着 α 下降而上升。

因此，虽然我们可以在模型中明确地构建无现金的限度，但对我们来说，很显然将政策分析局限在无现金经济并非没有弊端。在我们的模型中，均衡的一个关键特征是价格行为与总货币存量相关，这与货币数量论一致。因此，既有现金又有信用的模型使央行可以控制货币数量，而不是直接控制市场利率、价格或通货膨胀率。实际上，央行主要通过将其负债换成其他资产以及向金融机构贷款来进行干预。尽管各国央行会采取这些干预措施以实现利率目标，但准确模拟实现这一目标的手段似乎很重要。例如，对于央行在短期内把短期名义利率或货币存量增长率作为目标，人们如何评价这是否可取？

此外，我们必须强调，重要的是在事前了解哪些是与政策相关的摩擦，对此要保持一种开放的心态，回顾本章的 3.2，新货币主义模型预测通货膨胀的成本在数量上可能会相当高。Aruoba 和 Schorfheide(2010)建立了一个全面的模型，它融合了新凯恩斯主义的刚性和我们的新货币主义框架中的元素，并且使用贝叶斯方法来详细比较上述两个渠道，他们称之为弗里德曼渠道和新凯恩斯主义渠道(黏性价格和垄断竞争导致的无效率)。他们在四种不同情景下评估了模型，涉及 DM 中是否存在纳什议价或瓦尔拉斯定价，也涉及是否试图拟合货币需求的短期或长期货币弹性。在议价模型中，为了适应短期弹性，尽管存在大小适中的新凯恩斯主义摩擦，但终究还是弗里德曼规则被证明为最佳。其他三个版本的最佳通货膨胀率约为−1.5%、−1%和−0.75%。即使考虑到参数的不确定性，他们也从未发现非常接近零的理想通货膨胀率，进而得出这两个渠道大致同等重要的结论。此外，微观基础很重要：在一个类似的模型中，除货币需求是通过将 M 引入效用函数而产生的外，零通胀率接近于最优。

因此，虽然可以在我们的模型中建立名义刚性并验证无现金的限度，但我们完全不相信忽视货币问题或撇开除黏性价格外的所有摩擦是无害的。此外，即使价格变动有明显的成本,我们通常也会对黏性价格模型感到不适。这些菜单成本的来源通常难以解释,而且一旦打开这类调整成本的大门,如果我们真要认真对待的话,似乎就应该在模型中考虑许多其他类型的成本。再一次强调,我们提出新凯恩斯主义黏性价格模型主要是为了表明,如果人们认为模型中引入名义刚性是可取的,那么这与阐明交换过程、货币、相关机构的作用并不矛盾。

4.3 新货币主义黏性价格

不妨暂时抛开如何将黏性价格引入模型的疑虑——我们认为这样做是可行的。原因很简单,黏性似乎是经济现实的一个基本特征。新货币主义者,抑或是传统货币主义者、新古典主义者或其他研究者,怎能忽视这一点? 事实上,对我们而言,很明显这是令研究者成为凯恩斯主义者的主要驱动力之一,如果这不是其唯一驱动力的话。我们认为 Ball 和 Mankiw (1994)的观点相当具有代表性。正如他们所言,"我们认为,价格黏性为货币非中性提供了最自然的解释,因为如此多的价格实际上就是黏性的""基于微观经济的证据,我们认为,迟滞的价格调整正是货币非中性的最佳解释""从逻辑上讲,名义黏性需要一个名义的调整成本"。此为既成事实。

但是健康发展的科学必须有人勇于质疑,并对涉及理论的方方面面加以挑战,甚至是挑战从 Ball 和 Mankiw(1994)传递下来的基本准则。为了展示一个挑战黏性价格问题的方法,我们在这里概述 Head 等(2010)的晚近分析。他们的研究表明,一些自然模型会内生形成名义价格黏性,此为结果,而非假设。这些模型似乎不仅与广泛的观察情况一致,即价格实际上是黏性的,而且还与接下来要讨论的更详细的微观证据相一致。不过,我们很快就会发现,这些模型与凯恩斯主义经济学的政策含义大相径庭。也就是说,这些模型预测黏性价格可以在没有卡尔沃定价(Calvo,1983)、曼昆成本(Mankiw,1985)或其他类似情况下出现,且这些模型与货币中性原则一致。当然,这些预测并不意味着凯恩斯主义的货币政策"处方"是可行的或可取的。[1]

对新货币主义基准模型进行一个调整:我们把纳什议价模型替换为由卖家定价,如同 Burdett 和 Judd(1983)的研究中所描述的。在伯德特-贾德(Burdett-Judd)模型中,每个卖家在考虑其他卖家价格分布的情况下,会标示一个价格 p,例如 $F(p)$,然后买家从 $F(p)$ 的样本中搜索价格。如 Diamond(1970)那样,买家通常从 $F(p)$ 中抽取多个价格样品,以防止价格分布崩溃为单一价格。尽管有很多方法对此进行设定,但我们这里假设代表性买家看到 n 个价格的概率为 α_n。另外,为简化起见,假设他们每人都想购买一个单位的不可分割商品,并且每个卖家可以以 c 的单位成本满足买家任何需求。导致伯德特-贾德定价的原因为:假设所有卖家收取平均价格 $\bar{p}$,那么进行价格抽样的任何一个买家都将随机选择一个卖家,这让

---

[1] 本节介绍这个模型虽然是基于 Head 等(2010)的研究,但在 Head 和 Kumar(2005)以及 Head 等(2008)的研究中已有先例。相关想法显然也与 Caplin 和 Spulber(1987)的早期工作有关,尽管与他们的模型及其含义确实非常不同。

任何一个卖家都有动力把价格降低到 $\bar{p} - \varepsilon$。最终，一定有一个非退化的 $F(p)$ 均衡。显然，卖家标示的 p 越高，赚得越多；而标示的 p 越低，赚得越少，但能在销售数量上得到弥补。因此在均衡状态下，无论价格高低，卖家利润都相同。[①]

考虑到当前给定的价格分布，买家的 DM 价值函数可以写成：

$$V(m) = W(m) + \sum_n \alpha_n \int_{\underline{p}}^m (u - \phi p)\,\mathrm{d}J_n(p) \qquad (2.53)$$

其中，J_n 是 $F(\cdot)$ 抽样中最低 p 的分布，抽样数 $n \geqslant 1$。当买家进行价格抽样时，显然会以最低价格购买，从而产生不同于 $F(p)$ 的交易价格（实际支付价，而非标价）分布 $J(p)$。为了便于表达，从现在开始，我们假设 $\alpha_n = 0$ 且 $n \geqslant 3$。因此交易价格的分布可简化为：

$$J(p) = \frac{\alpha_1 F(p) + \alpha_2 \{1 - [1 - F(p)]^2\}}{\alpha_1 + \alpha_2}$$

人们还可以定义以实际值 $H(z)$ 表示的价格分布以及实际交易价格分布，其中 $z = \phi p$。

出于与前述所有采用货币交易的模型一致的原因，该模型中卖家以美元标示名义价格，因为买家必须用美元进行商品交易。因此，尽管他们也可以用其他货币单位标示，例如在下一个 CM 中购买 X 所需的美元数量，但标示美元名义价格为自然结果。无论如何，标价 p 带来的利润是：

$$\Pi(p) = (\phi p - c)b\{\alpha_1 + 2\alpha_2[1 + F(p)]\} \qquad (2.54)$$

其中 b 是买家—卖家比例。需要注意的是，出售的单位数量是以买家数量衡量的以下两者之和：一是别无选择的买家 $b\alpha_1$，二是有第二个不那么合意的选项的买家 $2b\alpha_2[1 - F(p)]$。两者之和乘以 $\phi p - c$，就是实际利润。设 $\mathcal{F}$ 为价格分布的支集。那么利润最大化意味着：

$$\Pi(p) = \overline{\Pi} \,\forall\, p \in \mathcal{F} \text{ 以及 } \Pi(p) \leqslant \overline{\Pi} \,\forall\, p \notin \mathcal{F} \qquad (2.55)$$

伯德特-贾德模型中的标准情况为，分布没有质点，且 $\mathcal{F} = [\underline{p}, \bar{p}]$ 是一个区间。因为标最高价格的卖家只为别无选择的顾客提供服务，所以上界的利润为：

$$\Pi(\bar{p}) = \overline{\Pi} = (\phi\bar{p} - c)b\alpha_1 \qquad (2.56)$$

结合式（2.56）和式（2.54），我们可以立即求解价格分布的闭式解：

$$F(p) = 1 - \frac{\alpha_1}{2\alpha_2}\left(\frac{\phi\bar{p} - \phi p}{\phi p - c}\right) \qquad (2.57)$$

要获得解的域，只需注意到 $\bar{p} = M$，假设所有买家在 CM 中选择相同的 $\hat{m} = M$（就像在基准模型中一样），并且求解 $F(\underline{p}) = 0$，其中：

$$\underline{p} = \frac{\alpha_1 \phi\bar{p} + 2\alpha_2 c}{(\alpha_1 + 2\alpha_2)\phi}$$

[①] 使用伯德特-贾德模型的一个原因是，即使没有通货膨胀，它也会产生价格差别，因为原始版本是非货币模型。这与我们在通货膨胀率非常低时看到数据中的价格差别这一观察结果相一致（Campbell and Eden, 2007）。这一观察结果对于卡尔沃定价模型来说是一个问题，因为在该模型的基准版本中，出现价格差别的唯一原因是通货膨胀，即所有公司设定名义价格 p，并且只允许对其随机调整。因此，在通货膨胀期间的任何时点，一些最近必须调整价格的公司，其价格必然高于那些没有调整的公司。如果没有通货膨胀，所有卖家都收取相同的价格。当然还有其他方式会产生价格差别。但伯德特-贾德模型似乎是合理、易于处理的，并且可以进行有趣的多维度概括。此外，我们认为类似的搜索类型的摩擦是使货币变得必不可少以及产生价格差别的核心因素。

给定 CM 的价格水平 $1/\phi$, 很容易从中得到真实分布 $H(z)$。

考虑一个稳态平衡,分布在内的所有实际变量都是常数,而所有名义变量都以 M 的速率增长。我们需要满足两个条件。一是给定 $\phi = z/M$,分布与前面的公式中构造的一样;二是给定分布, z 求解了 CM 中的一个基准问题(见下文)。人们还可以扩展该模型,允许买家以一定的参与成本进入 DM。这决定了买卖双方的比例 b,由此我们可以通过标准匹配技术内生地决定到达率 α_n,这很有意思,下文我们将讨论其原因。

这是教科书式的伯德特-贾德模型,只是我们在讨论货币经济,这使得问题稍微有点复杂。由于协调方面的原因,存在法定货币、价格标识和不可分商品的模型中通常存在多重均衡,需要某种细化来进一步确定。[1] 由于任何可能的均衡在性质上都是相同的,就我们的目标而言,我们不想在这里涉及这些细化问题,只选择满足以下均衡的 i,即

$$i = \alpha_1 H'(\bar{z})(u - \bar{z}) \tag{2.58}$$

这似乎是对我们基准模型中唯一的静态货币均衡的自然模拟,因为式(2.58)将持有一美元的边际成本等于其收益,即对实际价格为 $\bar{z}$ 的价格进行抽样的概率乘以盈余 $u - \bar{z}$。我们可以证明,对于任何低于某个阈值的名义利率,都存在这种形式的均衡。

达到均衡时会发生什么? 虽然实际价格 $H(z)$ 的分布是确定的,但单个卖家并不关心他们价格分布的支集在何处,因为所有的 $p \in \mathcal{F}$ 都能获得相同的利润。如上文所言,我们可以很自然地这么想,卖家以美元为单位标示名义价格,不是因为一美元是某种抽象的记账单位,而是因为它是一种交换媒介。那 M 增加时会发生什么呢? 在稳态均衡中, ϕ 下降,由于实际分布 $H(z)$ 是不变的,因此名义分布 $F(p)$ 向右移动。但是对于任何一个卖家来说,在 t 时收取 $p_t \in \mathcal{F}_t$,当 M_t 增加到 M_{t+1} 且 $\mathcal{F}_t$ 移到 $\mathcal{F}_{t+1}$ 时,只要 p_t 仍在 $\mathcal{F}_{t+1}$ 中,他就没有提高价格的动力。当然,每笔销售的利润下降,销售额却在增加。他可以改为其他一些 $p_{t+1} \in \mathcal{F}_{t+1}$,而且一些卖家通常必须改变,因为我们需要每个 p 处的卖家数量保持相同的实际分布(Head et al., 2010)。但是很多标示名义价格的卖家可能在任何时期都不会费心去调整价格。因此,即使我们让卖家可以零成本地随时调整价格,黏性价格也会成为一种均衡结果。

即使总体价格水平上升,许多卖家也不会调整其名义价格,这正是 Ball 和 Mankiw(1994)宣称他们在现实世界中观察到的(尽管他们明显错误地认为这意味着我们需要在模型中引入菜单成本)。上述模型与此一致,并且也与其他许多观察结果一致。考虑一下人们认为值得注意的事实清单[2]:

1. 价格变化缓慢,中位调整频率在 4—7 个月,或 8—10 个月,视具体细节而定。
2. 价格变化的频率因商品而异。
3. 价格变化的幅度因商品而异。
4. 在某个时间点改变价格的所有卖家并不都会调整为相同的价格。
5. 即使在普遍通货膨胀期间,也有大约 1/3 的价格下降。

---

[1] 见 Jean 等(2010)的研究。我们当然可以放松商品不可分的假设,也可以得到合意的结果,但这会增加计算量并带来其他问题,例如卖家是否标价、价格—数量配对、价格—数量表等。所以我们仍保持商品不可分的假设。

[2] 本手册第 6 章中的 Klenow 和 Malin(2010)强调了事实 1、2、4、6、7 和 8。Nakamura 和 Steinsson(2008)涉及了事实 3 和 5。两者还提供了许多其他参考资料。

6. 价格变化的风险率持平或下降,最终达到峰值。

7. 许多价格变化都很小。

8. 价格变动的频率与通货膨胀正相关。

新货币主义的黏性价格模型原则上可以匹配所有的观察结果,尽管只有时间才能证明其效果如何。众所周知,其他更受欢迎的模型表现并不佳,包括基本的卡尔沃定价和菜单成本模型。这种主张的某些部分存在问题是显而易见的,例如标准 (s,S) 模型预测所有卖家在更改价格时应该调整到相同价格这一事实就与上述的第三项相矛盾(尽管我们知道人们可以附加一些"修正")。我们主张的其他部分也许不太明显。考虑第七项,即许多价格变化很小这一事实。正如 Klenow 和 Kryvtsov(2008)所说的,让平均价格大幅变化显得合理需要巨额菜单成本,与此难以相协调。而我们提出的模型在这方面不会有任何问题。① 当然,把这种模型应用于数据方面还有很多工作要做,同样,时间将证明一切。但是,鉴于伯德特-贾德模型的劳动力市场版本(Burdett and Mortensen,1998)在数据匹配上取得了成功,因此有理由认为这一模型值得继续深入研究。

回到货币中性及其政策含义的问题,我们在此使用该模型的扩展版本,其中 DM 中衡量买家的比例 b 由进入条件内生确定。首先,如前所述,对于均衡路径的价格水平而言,实际价格分布不变,尽管通货膨胀率的变化确有实际影响,就像在任何新货币主义模型中一样。此外,M 的一次性意外增加将完全是中性的:$F(p)$ 随总价格水平上移,而包括 $H(z)$、b 等在内的所有实际变量保持不变。这与凯恩斯主义版本的模型迥异。由于卡尔沃给出的原因,该模型版本的价格为黏性。在这样的模型中,当 M 突然增加时,不可能所有的名义价格都进行调整(在菜单成本版本中,这是有可能的,但通常不会发生,原因相似)。名义价格的分布不会改变我们模型预测的方式,而实际价格分布的形状会发生变化。

一般来说,在凯恩斯主义版本的模型中,在 M 突然增加之后,买家会期望更低的实际价格——在这个价位有一些真正的划算交易,因为许多卖家不得不选择低价出售。由于有更多的买卖双方匹配交易成交,这增加了 b,由此也增加了产出。事实上,在短期内,当卡尔沃的研究尚未允许任何卖家进行调整时,M 的增加会降低所有实际价格。这引发了购物狂潮,并意味着随之而来的生产繁荣,因为卖家必须以标示的价格去满足买家需求。我们不考虑央行是否希望制造这样的繁荣,或者他们是否可以随着时间的推移而系统性地开展这样的工作。相反,我们强调以下内容:假设我们承认有些价格是黏性的,我们已经证明这并不意味着货币注入为非中性的,更非意味着特定的凯恩斯主义政策"处方"是可行的或可取的。需要说明的是,新货币主义者的立场并非否认货币非中性,本章包含的许多例子就说明货币很重要(如本章 4.1 中所描述的)。我们的立场是,数据中观察到的价格显示为黏性的并不意味着在逻辑上凯恩斯主义模型及其政策建议是正确的。

---

① 诚然,该模型与其中一些观察没有相悖的原因(至少部分)是它有很多不确定性。尽管如此,我们的主要观点仍是,其他模型做得并不太好。例如,具体而言,将小幅价格变化定义为小于 5%。Klenow 和 Kryvtsov(2008)报告说,大约 39% 的数据变化很小,但他们的模型无法与之匹配。在 Golosov 和 Lucas(2005)意在产生近似货币中性的模型中,不到 10% 的价格变化很小。Midrigan(2007)可以通过一些努力来匹配有问题的观察结果,但随后他就失去了近似中性。而本模型可以很容易地匹配事实,并且与确切的中性一致。

5. 货币、支付和银行

在本节中,我们分析基准模型的扩展,包含与 Freeman(1996)的研究一脉相承的支付安排以及与 Diamond 和 Dybvig(1983)的研究一脉相承的银行业务。本节的目的在于构建一个环境,使得外部资金不仅对完成商品交易很重要,而且对支持信贷安排也很重要。

5.1 支付模型

对于这部分的模型应用,我们分别引入两种类型的买家和两种类型的卖家。为方便起见,我们将日间发生的交易称为 CM,夜间发生的交易称为 DM。一部分(α)买家和一部分(α)卖家为第一类(1 型),他们在夜间不受监管的 DM 中交易。当 1 型买家遇到 1 型卖家时,只有买家有钱时方可进行交易。同样,还有另一部分($1-\alpha$)的 2 型买家和另一部分($1-\alpha$)的 2 型卖家,他们在夜间的交易活动受到监管,在完美执行的情况下开展信用交易。日间有一系列精心安排的经济主体交易,他们有限地参与 CM。这稍微有点复杂,但我们认为这是对包括 Freeman(1996)在内的支付相关文献中的一些模型的改进。

首先,在交易日上午,1 型卖家和 2 型买家在瓦尔拉斯市场见面,并且用货币以价格 ϕ_t^1 开展商品交易,2 型买家可以生产。1 型买家和 2 型卖家不参与这个市场。其次,在中午,前一天晚上已经匹配的 2 型买家和 2 型卖家交易。这本质上是另一种 DM,但买家和卖家都不生产,这个市场只是 2 型买家偿还债务的机会。最后,在下午,1 型买家和 2 型卖家在第二个瓦尔拉斯市场上交易,交易的货币价格为 ϕ_t^2。在这里,1 型买家可以生产。2 型买家和 1 型卖家都不参与第二次 CM。政府可以在白天对瓦尔拉斯市场进行一次性货币转移支付,这样每个时期都有两次干预的机会。我们假设这些干预是对不同卖家等额的一次性转移支付。与基准模型一样,我们有 $\phi_t^i \geq \beta\phi_{t+1}^i$,其中 $i=1,2$。

我们感兴趣的是交易形成了如下均衡。首先,为了在夜间购买商品,1 型买家需要货币,这由他们在下午的瓦尔拉斯市场获得。1 型买家在晚上将所有这些钱换成商品,1 型卖家则带着所有的货币进入次日的市场。在次日上午的瓦尔拉斯市场中,2 型买家生产并用之交换 1 型卖家的货币。然后,在次日中午,2 型买家遇到 2 型卖家,偿还他们前一晚欠下的债务。接着,在次日下午的第二个瓦尔拉斯市场中,2 型卖家用货币购买 1 型买家生产的商品。最后,在次日晚上,1 型买家和 1 型卖家用货币进行交易,而 2 型买家和 2 型卖家之间用借据进行商品交易。为了清楚地说明,我们在图 2.3 中显示了市场主体的交易日程和交易模式。

白天

瓦尔拉斯市场一

货币

1型卖家 → 2型买家

← 商品

偿还债务

货币

2型买家 → 2型卖家

← 借据

瓦尔拉斯市场二

货币

2型卖家 → 1型买家

← 商品

夜间

随机匹配—货币交易

货币

1型买家 → 1型卖家

← 商品

随机匹配—信贷交易

借据

2型买家 → 2型卖家

← 商品

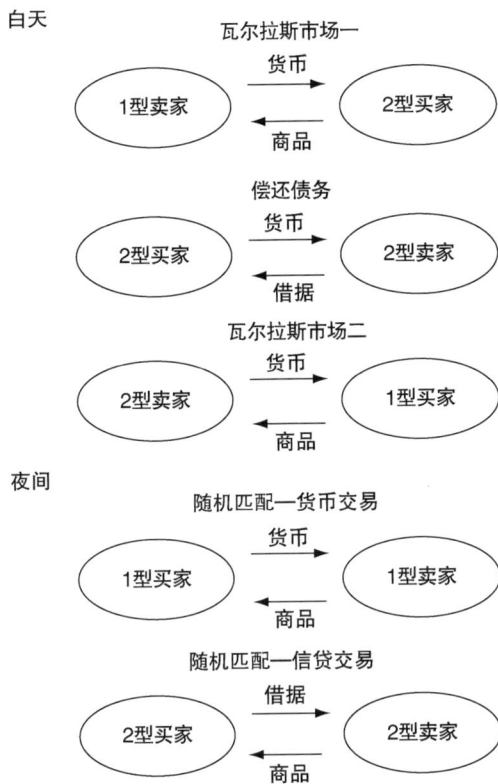

图 2.3 支付系统模型中的互动

在夜间进行的双边交易中,买家报出"接受或放弃"的报价。令 x_t 为 1 型买家在晚上收到的商品数量,则他的货币余额最优选择一阶条件为:

$$- \phi_t^2 + \beta\phi_{t+1}^1 u'(x_t) = 0 \tag{2.59}$$

为了偿还购买 s_t 单位商品的债务,2 型买家必须在瓦尔拉斯市场以 ϕ_{t+1}^1 的价格获得货币,并将其交给 2 型卖家,后者用这些钱在第二个瓦尔拉斯市场以 ϕ_{t+1}^2 的价格购买商品。因此,s_t 满足一阶条件:

$$- \phi_{t+1}^1 + \phi_{t+1}^2 u'(s_t) = 0 \tag{2.60}$$

设 M_t^i 表示日间在第 i 个瓦尔拉斯市场的货币数量供给(转账支付后),其中 $i = 1, 2$。于是瓦尔拉斯市场一和二的市场出清意味着:

$$(1 - \alpha)s_{t-1} = \beta\phi_t^2 M_t^1 \tag{2.61}$$

$$\alpha x_t = \beta\phi_{t+1}^1 M_t^2 \tag{2.62}$$

为了求出均衡解,把式(2.61)和式(2.62)代入式(2.59)和式(2.60)中的价格,得到:

$$- \frac{\alpha x_t}{M_t^2} + \frac{(1 - \alpha) s_t u'(s_t)}{M_{t+1}^1} = 0 \tag{2.63}$$

$$- \frac{(1 - \alpha)s_{t-1}}{\beta M_t^1} + \frac{\alpha q_t u'(x_t)}{M_t^2} = 0 \tag{2.64}$$

给定 $\{M_t^1, M_t^2\}_{t=0}^{\infty}$，我们可以从式(2.63)和式(2.64)中确定 $\{x_t, s_t\}_{t=0}^{\infty}$，然后根据式(2.61)和式(2.62)可以得到 $\{\phi_t^1, \phi_t^2\}_{t=0}^{\infty}$。需要注意，总体而言，对两个瓦尔拉斯市场的干预都很重要。例如，我们假设对于所有 $M_t^1/M_t^2 = 1 + \gamma$ 中的 t，都有 $M_{t+1}^i/M_t^i = 1 + \mu$，其中 $\gamma > -1$ 且 $\mu \geq \beta$。这样的话，两个市场的货币比率在所有 t 时点都是恒定的，并且在单个瓦尔拉斯市场中，货币随着时间推移以固定的速度增长。此外，我们还假设 $\mu(x) = \ln x$。那么，如果在一个均衡中，对于所有的 t，均有 $s_t = s$ 以及 $x_t = x$，由式(2.63)和式(2.64)就可以解出：

$$x = \frac{(1 - \alpha)}{\alpha(1 + \gamma)(1 + \mu)}$$

$$s = \frac{\alpha\beta(1 + \gamma)}{1 - \alpha}$$

按照正常标准，更高的货币增长率 μ 会减少夜间现金交易的商品数量。然而，更高的 γ（第一个瓦尔拉斯市场中相对更多的现金）增加了用信贷购买商品的数量，同时减少了夜间用现金购买商品的数量。一般情况下，何为有效率的？为了使这两种类型交易的总剩余最大化，我们需要 $x_t = s_t = x^*$。借助式(2.63)和式(2.64)，它给出 $\mu = \beta - 1$ 和 $\gamma = [1 - \alpha(1 + \beta)]/\alpha\beta$。在最优情况下，按照弗里德曼规则，货币应该随着时间推移以时间偏好的速度紧缩，但我们还需要在第一个市场中投放货币，投放量随着信贷交易与现金交易比例的提高而增加，以此支撑债务的最优清算和结算。

外部资金在这里扮演着两个角色：在一部分交易中承担货币功能，而在其他需要偿还债务的交易中用于提供信贷。后者类似于央行在银行间支付系统中扮演的角色，如联邦结算系统。在该模型中，相对于下午的瓦尔拉斯市场，央行对上午瓦尔拉斯市场的干预相当于通过日间透支对现实世界的市场干预；对下午瓦尔拉斯市场的干预则类似于现实世界中的央行干预隔夜金融市场。货币政策有着很重要的两个维度。最优政策把当日的名义利率（上午发行并在下午的瓦尔拉斯市场中偿还的债券名义利率）和隔夜利率（下午在瓦尔拉斯市场发行并在第二天上午偿还的债券名义利率）同时设定为零。

我们如果不对交易细节进行详细建模，就难以得出这样似乎很明显的见解。虽然上述例子明显特殊，但它并非不自然的。尽管采取了一种抽象和程式化的方式，但它旨在捕捉实际经济生活中发生的一些事情。这是一个新兴的研究领域，我们认为这类模型可以有很多应用和扩展。Nosal 和 Rocheteau(2011)以及 Chapman 等(2008)的研究及它们涉及的文献都为其他有关支付的研究提供了额外的示例和参考。

5.2 银行

根据 Diamond 和 Dybvig(1983)的模型的思路，现在我们扩展基准模型，将银行业务纳入其中。最初的戴尔蒙德-戴维格模型似乎主要研究银行挤兑和存款保险。随后的研究(Ennis and Keister, 2009a, 2009b, 2010)显示，涉及挤兑的研究需要辅助假设，且尚不明确政府存款保险在这个模型中是否会发挥作用。然而，得到认可的是如下的金融中介模型，这个优良的模型通过流动性资产和非流动性资产的多元化，为流动性需求提供保障。但该模型并没有涵盖银行的所有重要特征,如银行发行与政府货币竞争的债券。而且由于该模型忽视了货币因素,其基本框架不能有效解释历史上的银行恐慌的一些关键特征,如货币短缺和高名义利率(Friedman and Schwartz,1963)。

Champ 等(1996)试图通过将戴尔蒙德-戴维格模型中的银行整合到一个世代交叠模型中来捕捉这些特征,但其模型不完整,且令人遗憾地表明,在最佳情况下,央行应将所有非流动性资产作为中介。在本节中,我们在基准模型框架下以 Champ 等(1996)的研究为基础进行分析。通过例子说明货币理论的最新进展如何使我们超越早期的世代交叠框架。在这里构建的模型中,货币和银行负债都用于交易,一家多元化的银行提供避免浪费的风险分担服务。因此,银行承担戴尔蒙德-戴维格模型中风险分担者的角色,但银行业务也提供了其他效率收益。

我们从没有总体不确定性的模型开始。我们再次把白天作为 CM 交易的第一个子时段,把夜间作为 DM 交易的第二个子时段。比例为 α 的 1 型卖家在夜间进行无监管的货币交易;比例为 $1 - \alpha$ 的 2 型卖家在夜间进行有监管的信贷交易。夜间比例为 α 的 1 型买家匹配 1 型卖家,比例为 $1 - \alpha$ 的 2 型买家匹配 2 型卖家,但买家类型为随机,且只有在前一天生产和投资组合决策作出后才揭晓。假设存在一种跨期存储技术,它能够在当天下午取走买家生产的货物,且在次日上午以每单位投资生产 R 商品,其中 $R > 1/\beta$。所有的买家和 1 型卖家都聚集在当天下午开放的瓦尔拉斯市场中,而当天上午只有 2 型卖家在场。

我们先假设禁止银行业务。为了在夜间与 2 型卖家进行交易,买家在与卖家见面前需要在白天准备好商品。由于交易被监管,卖家能够证明其有存货在仓的声明是属实的。为了在夜间与 1 型卖家交易,买家需要现金,因为在不受监管的交易中,卖家不接受有存货的声明。声称有存货对于 1 型卖家来说无意义,因为他们不参与次日上午交割存货的 CM 交易活动。因此,在交易日下午,买家获得名义货币余额 m_t,储存单位为 k_t 的产品,我们再次假设夜间交易时报出"接受或放弃"的一口价。

我们求解:

$$\max_{m_t,x_t}\{-\phi_t m_t - k_t + \alpha u(\beta\phi_{t+1}m_t) + (1-\alpha)[u(\beta R k_t) + \beta\phi_{t+1}m_t]\}$$

其一阶条件为:

$$-\phi_t + \beta\phi_{t+1}[\alpha u'(x_t) + 1 - \alpha] = 0 \tag{2.65}$$

$$-1 + (1-\alpha)\beta R u'(s_t) = 0 \tag{2.66}$$

其中 x_t 是在夜间非监管交易的商品数量,s_t 是监管交易的商品数量。

假设货币主管部门在交易日下午向买家进行一次性转账。那么弗里德曼规则为最优:货币供应增速为 $\beta - 1$,而且 $\phi_{t+1}/\phi_t = 1/\beta$。式(2.65)意味着在货币交易中 $x_t = x^*$。然而,有存货在仓的声明对于买家来说毫无意义。如果一个买家没有遇到 2 型卖家,那么即使我们采纳弗里德曼规则,他的存货也会浪费。

如果银行接受买家商品形式的存款,并用它来获取资金或存货,那么会发生什么呢? 银行会最大化其储户的预期效用。由于买家具有同质性,因此请考虑所有存款人的存款相同时的均衡:

$$d_t = \phi_t m_t + k_t \tag{2.67}$$

在这里，k_t 和 m_t 分别代表银行获得的存货与货币。如果银行完全多元化，由于其将处于均衡状态，则银行会为希望取款的经济主体提供 $\hat{m}_t = m_t / \alpha$ 美元，并且允许那些没有取款的主体通过声明其有 $\hat{k}_t = k_t / (1 - \alpha)$ 的存货开展交易。由于银行将代表性存款人的预期效用最大化，因此在均衡时，k_t 和 m_t 可以通过下式求解：

$$\max_{m_t, x_t} \left[-\phi_t m_t - k_t + \alpha u\left(\frac{\beta \phi_{t+1} m_t}{\alpha}\right) + (1 - \alpha) u\left(\frac{\beta k_t R}{1 - \alpha}\right) \right]$$

如上所述，令 x_t 为夜间非监管交易中的产出，s_t 为监管交易中的产出。那么，最优一阶条件为：

$$u'(x_t) = \frac{\phi_t}{\beta \phi_{t+1}} \tag{2.68}$$

$$u'(s_t) = \frac{1}{\beta R} \tag{2.69}$$

由此分别得出 x_t 和 s_t。比较式(2.65)、式(2.66)和式(2.68)、式(2.69)。让 μ 表示货币增长率，我们将有 $\phi_t / \phi_{t+1} = 1 + \mu$。因此，如果 $\mu > \beta - 1$，那么相较于有银行的情况，没有银行的均衡中的 x_t 要更小。这是因为，如果没有银行，货币就只能为所有买家所持有，而不能用于监管交易，因为 2 型卖家不接受。当 $\mu = \beta - 1$，$x_t = x^*$ 时，无论是否有银行，个体从当天持有货币到第二天不存在机会成本。要注意，相对于没有银行的情况，有银行情况下的 s_t 总要更大些。这是因为，如果没有银行，那么买家晚上进行无监管交易时可能会浪费其存货。考虑到这一点，可以看出，相较于银行提供隐性保险的情况，买家对存货的投资要少。

因此，银行采取行动增加夜间消费，减少存货浪费，增进福利。与戴尔蒙德-戴维格模型中的情况一样，银行也具有保险功能，因为银行允许经济主体节约货币以投资高收益资产。不过，这里也有不浪费存货的效率收益。有了银行业务，在弗里德曼规则下，在夜间用于交换货币的货物数量 x_t 有效率，这通过式(2.68)给出 $x_t = x^*$。在此模型中我们可以分析的一项政策建议为弗里德曼的 100% 准备金要求。该要求有效地关闭了金融中介，限制买家放弃持有外部资金、开展独立投资，使其不放弃持有由货币和存货支撑的存款。然后，回到没有银行的情况，我们知道其结果相对较差。

人们还可以考虑存在总体不确定性的情况，其中 α_t 是一个随机变量，可以捕捉流动性需求的波动。假设 α_t 可公开观察，但只有在白天结束，即消费和生产决策已经作出之后方可实现。为方便起见，假定 α_t 是独立同分布的。现在，类似于上述优化问题，银行求解下式：

$$\max_{m_t, x_t, \hat{m}_t} \left\{ -\phi_t m_t - k_t + E_t \left[\alpha_t u\left(\frac{\beta \phi_{t+1}(m_t - \hat{m}_t)}{\alpha_t}\right) + \beta \phi_{t+1} \hat{m}_t + (1 - \alpha_t) u\left(\frac{\beta k_t R}{1 - \alpha_t}\right) \right] \right\}$$

其中 $\hat{m}_t$ 是每个存款人在夜间未使用的货币数量。[①] m_t 和 k_t 的一阶条件为：

$$-\phi_t + \beta E_t \left\{ \phi_{t+1} \max\left[1, u'\left(\frac{\beta \phi_{t+1} m_t}{\alpha_t}\right) \right] \right\} = 0 \tag{2.70}$$

---

① 这笔钱是由存款人在第一天结束时取出，还是留在银行直到第二天取出，这一问题无关紧要。

$$- 1 + \beta R E_t u' \left(\frac{\beta R k_t}{1 - \alpha_t} \right) = 0 \tag{2.71}$$

现在,令 M_t 表示每个买家的货币存量,给定 $\{M_t\}_{t=0}^{\infty}$,根据价格 $\{\phi_t\}_{t=0}^{\infty}$ 的随机过程由式 (2.70)得到:

$$- \phi_t + \beta E_t \left\{ \phi_{t+1} \max \left[1, u' \left(\frac{\beta \phi_{t+1} M_t}{\alpha_t} \right) \right] \right\} = 0 \tag{2.72}$$

首先,假设 $M_t = M_0 (1 + \mu) t$,即货币增长是通过白天向买家一次性转账实现的。然后,在一个稳态均衡中,我们有 $\phi_t = \phi_0 (1 + \mu)^{-t}$,且从式(2.72)中我们得出:

$$\frac{1 + \mu}{\beta} = E \left\{ \max \left[1, u' \left(\frac{\beta \phi_0 M_0}{(1 + \mu) \alpha} \right) \right] \right\} \tag{2.73}$$

这解出了 ϕ_0(为了方便起见,下文中删除下标 t)。令 $G(\phi_0)$ 表示式(2.73) 的右边。对于 $\phi_0 \geq x^* (1 + \mu) \bar{\alpha} / \beta M_0$,我们有 $G(0) = \infty$ 和 $G(\phi_0) = 1$,其中 $\bar{\alpha}$ 是 α 分布的支集中的最大值。此外,对于 $0 < \phi_0 < x^* (1 + \mu) \bar{\alpha} / \beta M_0$,$G(\cdot)$ 严格递减且连续。因此,如果 $\mu > \beta - 1$,那么由式(2.73) 可知,ϕ_0 有一个唯一解,而且存在 α_t 可以使得夜间非监管交易的商品数量小于 x^*。

此外,考虑一种名义债券,它可在次日偿还一个单位的外部资金,并在已知 α_t 后的当天结束时进行交换。该债券名义利率由下式给出:

$$r_t = \max \left[1, u' \left(\frac{\beta \phi_0 M_0}{(1 + \mu) \alpha_t} \right) \right] - 1$$

名义利率随 α_t 波动。一般来说,α_t 数值越大表明货币越稀缺、名义利率越高。货币短缺、银行提款需求高的状态与名义利率高相关联,就像历史上银行业恐慌时期的情况一样。

由式(2.73)得出,最优货币政策为 $\mu = \beta$,这遵循标准的弗里德曼规则。对于任何的 $\phi_0 \geq \phi^*$,ϕ_0 是初始日的货币均衡价格,其中:

$$\phi^* = \frac{x^* (1 + \mu) \bar{\alpha}}{\beta M_0}$$

在任何均衡中,所有时期 t 的名义利率为零,且每个买家在夜间非监管交易中消费 x^*。因此,在 $\mu = \beta$ 的情况下,存在一个连续的均衡。在这些均衡中,一些状态下的货币存量中有一部分没有用于夜间交易。

还有其他支持名义利率为零的货币供应规则。假设我们寻求一种货币政策规则,其中名义利率始终为零,且每个时期的所有现金均在夜间消费中支出。根据式(2.72),我们首先要求:

$$\frac{\beta \phi_{t+1} M_t}{\alpha_t} = x^*$$

这样在夜间的所有不受监管的会面会有足够的交易,且所有货币都能支付出去。由此我们得到:

$$\frac{M_t}{M_{t+1}} = \frac{\beta E_t (\alpha_t)}{\alpha_{t-1}}$$

这就是符合我们所寻求的期望特征的最优政策规则。根据该规则,夜间在不受监管的会面中的经济主体将会预见,如果流动性需求高,次日将出现货币紧缩。这将提升非监管交易中货币的价值,从而实现有效交易。此为积极货币规则,其作用是适应流动性需求的波动,与旨在实现同样结果的消极(恒定货币增长)规则相反。

如前所述,这里存在的最优政策规则与Friedman(1968)的"处方"完全不同。特别是,在所有状态下都可以通过实施各种货币政策来实现零名义利率,且无须持续增加货币存量。[1]更广泛地说,我们认为,通过详细模拟银行业务及其与货币政策的互动关系,并将其视为交易过程更大的一般均衡模型的一部分,我们还可以学到很多。这些模型不可避免地存在一定的复杂性,至少与第2节中货币作为交换媒介的最简单例子相比是这样。但正确使用模型得到的回报在于,我们能够更好地理解银行业务和金融中介。在当今这个时代,我们似乎很难把银行业务和金融中介视为不重要或无意义的。

6. 金融

这里介绍的一类模型近期已被用来研究资产市场。因为它允许人们研究市场摩擦和政策如何影响资产的流动性、价格以及交易量,这项工作可能会富有成效。此外,尽管会令那些认为金融市场已经接近零摩擦的人感到有些惊讶,但它也是搜索—议价方法最自然的应用之一。正如Duffie等(2008)曾说过的:

> 许多资产,比如抵押贷款支撑的证券、公司债券、政府债券、美国联邦基金、新兴市场债务、银行贷款、掉期以及许多其他衍生品、私募股权和房地产,都在场外市场进行交易。这些市场的交易者寻找交易对手,产生机会或其他成本。当交易双方相见时,他们的双边关系是策略性的,通过讨价还价确定价格,这一过程反映了投资者在即时交易之外的替代选择。

由于人们用于提炼这些想法的模型与货币理论中使用的模型密切相关,因此我们使用新货币主义模型介绍这些应用。[2]

---

[1] 正如Lagos(2009)所展示的,实施弗里德曼规则的货币供应路径只需满足两个弱属性。粗略地说,货币供给必须在极端情况下变为零,并且其平均增长率应高于时间偏好率的负数。

[2] 我们能想到的货币经济学领域的参考文献包括Ferraris和Watanabe(2010)、Geromichalos等(2010)、Jacquet和Tan(2009)、Lagos(2008)、Lester等(2009)、Ravikumar和Shao(2006)、Rocheteau(2009)的研究。Duffie等(2005,2008)、Lagos和Rocheteau(2009)、Lagos等(2008)、Silveira和Wright(2010)、Weill和Vayanos(2008)以及Weill等(2007,2008)的贡献更多的是在金融学领域。

6.1　资产交易和定价

在金融学领域,Duffie 等(2005)是最早使用搜索—议价方法的研究者之一。他们使用了本章 2.2 中介绍的第二代货币模型的一个版本,尤其是经济主体只能持有 $a \in \{0,1\}$ 单位的资产。即使存在这种限制,他们还是得出了许多有趣的结果,且值得讨论的是他们如何针对目标来适配该模型。不过,我们利用基准模型来给出一个可以得到类似结论的模型,在基准模型中经济主体可以持有任何数量 $a \in \mathbb{R}_+$ 的资产。[①]

根据标准的 Lucas(1978)资产定价模型,人们现在应该将资产看作(对)"树"(的股权或所有权),它在每期以"果实"的方式分红。在该应用中,经济主体会根据收益或股息来评估资产,我们用 y 表示。因此,持有 a 单位资产的经济主体索取 ay 单位的"果实",其中股息在 DM 中产生和消费。令 A 为固定供应资产,ϕ 表示其在 CM 中的价格。由于我们关注稳定状态,因此该价格恒定。于是,在 CM 中的问题可以表述为:

$$W(a) = \max\left[U(X) - H + \beta V(\hat{a}) \right]$$
$$X = H + \phi a - \phi \hat{a}$$

照例,这表示 $U'(X) = 1, \phi = \beta V'(\hat{a})$ 以及 $W'(a) = \phi$。

在 DM 中,经济主体从消费股息中获得效用,这个效用受制于偏好冲击,后者在 CM 关闭之后、DM 开始之前得到实现。令 π_H 和 $\pi_L = 1 - \pi_H$ 分别表示高震荡冲击 H 和低震荡冲击 L 出现的可能性。这意味着对于分别拥有 a 单位资产的经济主体的效用 $u_H(ay)$ 和 $u_L(ay)$,对于所有的 x, 都有 $u'_H(x) > u'_L(x)$。一般来说,分别受到 L 和 H 冲击的两个经济主体间进行交易可产生收益。在相关研究中,L 通常指流动性冲击,它代表经济主体需要出售资产以满足流动性需求。也就是说,虽然该模型表面上意味着经济主体将其对"树"的所有权用来交易,因为他们从"果实"中得到的效用发生了变化,该模型更一般化的意义在于它意味着一个人必须出售资产,有时出于包括满足现金需求在内的多种原因。当然,人们可以说研究者应该更明确地模拟流动性需求,我们赞同这一点,且的确有研究正在这么做。无论如何,DM 中的经济主体都会以双边、随机的方式相遇。设 σ_H 为受到 H 型冲击者遇到受到 L 型冲击者的概率,σ_L 是受到 L 型冲击者遇到受到 H 型冲击者的概率。在受到 L 型冲击者和受到 H 型冲击者的会面中,前者转移 q 个单位的资产给后者以换取付款 p。这可表示为出具借条支付 p 单位的 X 并在下一个 CM 中交付,再次假设交易得到完全执行。[②]

为了减少标记,定义 H 和 L 的交易盈余为:

$$S_H(a) = u_H\left[(a + q)y \right] - u_H(ay) + \phi q - p$$
$$S_L(a) = u_L\left[(a - q)y \right] - u_L(ay) - \phi q + p$$

[①] Lagos 和 Rocheteau(2009)对 Duffie 等(2005)的研究进行了不同的扩展,前者也允许 $a \in \mathbb{R}_+$, 但在此处我们仍主要使用自己的基准模型。

[②] 人们可能会认为这个设定与本章 3.5 中的类似,即没有生产,只是在不同偏好冲击的经济主体之间进行交换。但是,在这个应用中,我们假设存在完美信用。

使用 $W'(a) = \phi$，这允许我们将 DM 的收益写为：

$$V(a) = \pi_H \sigma_H S_H(a) + \pi_L \sigma_L S_L(a) + \pi_L u_L(ay) + \pi_H u_H(ay) + W(a)$$

在议价方面，当拥有 a 的 H 型遇到拥有 A 的 L 型时，求解式为：

$$\max S_H(a)^\theta S_L(A)^{1-\theta}$$

容易看出，这是通过满足下式的 (q, p) 来求解的：

$$u'_H[(a+q)y] = u'_L[(A-q)y]$$

$$p = \phi q + (1-\theta)\{u_H[(a+q)y] - u_H(ay)\} + \theta\{u_L(Ay) - u_L[(A-q)y]\}$$

将这个 p 代入 $S_H(a)$ 和 $S_L(a)$ 中，并将它们代入 $V(a)$ 中，我们得到：

$$\begin{aligned}
V(a) = {} & \pi_H \sigma_H \theta\{u_H[(a+q)y] - u_H(ay) + u_L[(A-q)y] - u_L(A_y)\} \\
& + \pi_L \sigma_L(1-\theta)\{u_H[(A+q)y] - u_H(Ay) + u_L[(a-q)y] - u_L(ay)\} \\
& + \pi_H u_H(ay) + \pi_L u_L(ay) + W(a)
\end{aligned}$$

其中，要注意的是，a 是我们正在考虑其价值函数的个体的资产状况，A 是他遇到的某个体的资产状况。对上式进行微分后我们得到：

$$\begin{aligned}
V'(a) = {} & \pi_H \sigma_H \theta u'_H[(a+q)y]y + \pi_L \sigma_L(1-\theta)u'_L[(a-q)y]y \\
& + \pi_H(1-\sigma_H\theta)u'_H(ay)y + \pi_L[1-\sigma_L(1-\theta)]u'_L(ay)y + \phi
\end{aligned}$$

具体而言，考虑一个让 $\sigma_H = \sigma\pi_L$ 和 $\sigma_L = \sigma\pi_H$ 相匹配的技术，它基本上就是本章 2.1 中介绍的匹配技术。由于 $u'_H[(a+q)y] = u'_L[(a-q)y]$，我们可以把上式写成：

$$\begin{aligned}
V'(a) = {} & \sigma\pi_H\pi_L u'_H[(a+q)y]y + \pi_H(1-\sigma\pi_L\theta)u'_H(ay)y \\
& + \pi_L[1-\sigma\pi_H(1-\theta)]u'_L(ay)y + \phi
\end{aligned}$$

在 CM 中，将上式代入 $\phi = \beta V'(\hat{a})$ 的一阶条件，然后设 $a = A$，$\pi_L = 1 - \pi_H$ 和 $r = (1-\beta)/\beta$，我们就可以得到：

$$\begin{aligned}
r\phi = {} & \sigma\pi_H(1-\pi_H)u'_H[(A+q)y]y + \pi_H(1-\sigma\theta+\sigma\pi_H\theta)u'_H(Ay)y \\
& + (1-\pi_H)(1-\sigma\pi_H+\sigma\pi_H\theta)u'_L(Ay)y
\end{aligned} \tag{2.76}$$

现在我们可以递归地描述均衡：首先找出能解出式(2.74)的 q，然后用 DM 中的资产价格 p 求解式(2.75)，用 CM 中的资产价格 ϕ 求解式(2.76)。事实证明，p 和 ϕ 都是独立于 q 的。

注意在式(2.76)中，每期 CM 中的资产价格 $r\phi$ 是三个项的加权平均值：一是交易时的资产边际价值 $u'_H[(A+q)y]y = u'_L[(A-q)y]y$，这不受冲击的影响；二是不交易但受高冲击时的边际价值 $u'_H(Ay)y$；三是不交易但受低冲击时的边际价值 $u'_L(Ay)y$。若经济主体在 DM 中的风险为中性，即 $u(x) = x$，则有 $r\phi = y$，这意味着资产以其基本价值定价(即股息收益的资本化价值)。如果经济主体厌恶风险，那么资产价格将因为其价值的随机性而调整。即便 $\sigma = 1$，即不存在基本的搜索摩擦，这意味着你总会遇到某人，但如果匹配随机，那你可能会遇到错误类型的人，于是就有了风险。

假如我们设 $\pi_L = \pi_H = 1/2$ 并改变匹配技术，使得每个 H 型经济主体都会遇到一个 L 型经济主体，这意味着经济主体总是有机会重新平衡他们在 DM 中的资产持有量。重复上述分析，不难得出：

$$r\phi = \frac{1}{2}u'_H[(A+q)y]y + \frac{1-\theta}{2}u'_H(Ay)y + \frac{\theta}{2}u'_L(Ay)y \qquad (2.77)$$

由于每个人都可以重新平衡其资产状况，$u'_H[(A+q)y]y = u'_L[(A-q)y]y$，在这种情况下其本身并没有风险。但受制于议价能力，资产的定价可能偏离其基本价值。在这种没有搜索或匹配风险的特殊情况下，我们得到：

$$\frac{\partial r\phi}{\partial \theta} = -\frac{y}{2}[u'_H(Ay) - u'_L(Ay)] < 0$$

因此，增加在 DM 中购买资产的经济主体的议价能力会降低 CM 中的资产价格。

回到有搜索—匹配摩擦的这种更一般的情况，式（2.74）意味着一个相似的结果：

$$\frac{\partial r\phi}{\partial \theta} = \sigma\pi_H(1-\pi_H)[u'_L(A) - u'_H(A)]y < 0$$

就基线到达率而言，我们有：

$$\frac{\partial r\phi}{\partial \sigma} = \pi_H(1-\pi_H)\{\theta[u'_H(A+q) - u'_H(A)] + (1-\theta)[u'_L(A-q) - u'_L(A)]\}y$$

由于 $u'_H(A+q) < u'_H(A)$ 和 $u'_L(A-q) > u'_L(A)$，这对于较大的 θ 为负数，对于较小的 θ 为正数。有一点很重要：在 DM 中的搜索和议价摩擦会影响 CM 中的资产价格。就概率而言，有：

$$\frac{\partial r\phi}{\partial \pi_H} = \sigma(1-2\pi_H)[u'_L(A-q) - u'_L(A)]y + (1-\sigma\theta+2\sigma\theta\pi_H)[u'_A(A) - u'_L(A)]y$$

这一般来说是不明确的，但对 $\pi_H \leq 1/2$ 来说结果绝对为正，因此 DM 中流动性冲击的分布自然就对 CM 中的资产价格很重要了。

虽然在细节上有所不同，但这种设定在思路上与 Duffie 等（2005）的研究相似。像这样的模型已被用于研究一系列问题。其中一个应用是引入中介，例如经销商或者经纪人，中介可以从 L 型经济主体处购买资产并出售给 H 型经济主体。Weill（2007）研究了这些中介行为，其不仅研究了稳定状态，而且研究了危机之后的动态过渡路径。危机被模拟为 π_H 值下降，这意味着很多人想出售资产但很少有人愿意购买。他实际上使用了该模型的第二代版本，其中 $a \in \{0,1\}$。Lagos 等（2009）使用了一个一般化的模型，其中 $a \in \mathbb{R}_+$。一个有趣的问题在于中介是否能提供足够的流动性，使其能够在经济从危机中复苏时购买和持有资产。人们可以使用该模型来研究央行各类干预措施的效果，包括美国联邦储备系统（简称美联储）最近增购某些资产的政策。相关分析及其结果涉及太多细节，但我们至少说明人们可以用这些模型研究各种类型的问题。

6.2　资本市场

现在我们讨论对资产市场进行建模的另一种方法，它与基准货币模型相差不大，只有两处不同。首先，除货币外，我们还可以用资产作为交换媒介；其次，交易收益不是来自为消费者生产商品，而是来自生产者之间重新分配资本。我们再次假设有两种类型，买家和卖家各

占 $1/2$。一个买家的 CM 效用为 $U(X) - H$,而一个卖家的 CM 效用是 $X - H$。在 CM 中,除能够用 H 一比一生产 X 外,经济主体还可以使用资本来从事生产:任何具有 k 个单位资本的人都可以生产 $f(k)$ 个单位的 X,其中 $f' > 0, f'' < 0, f'(0) = \infty, f'(\infty) = 0$ 且 $f(0) = 0$。卖家(而不是买家)也有一种技术可以在 CM 关闭后将 X 一比一地转换为 k。在 t 时期产生的资本在 $t + 1$ 时期的 CM 开始时成为生产性资本,在 CM 之后贬值100%(为了简单起见)。在这个应用中,没有人在 DM 中生产或消费——它只是一个资产交换的市场。

除 k 外,还有第二个资产 a,就像上一节一样,可以视其为卢卡斯"树"中的股份。现在我们将"树"的供给标准化为 $A = 1/2$,并且假定股息 y 在 CM 中以 X 为单位实现。股份在 DM 中可以用作支付手段。当然,货币也可以被认为是股息 $y = 0$ 时的资产(此外,政府可以通过转移支付和税收增加资产数量)。在 DM 中,每个买家以 σ 的概率与一个卖家匹配,卖家亦然。买卖双方在 DM 中都不生产或消费,匹配仅代表资产交易的机会。为了使交易能产生潜在收益,我们假设该技术禁止买家在 CM 关闭时持有资本(比如买家在资本生产发生前就离开了 CM)。因此,DM 中的匹配意味着买家以股份换取资本的机会。

首先,考虑 $\sigma = 0$ 的情况,这意味着我们关闭了 DM。那么 a 将根据基本面定价,对于所有的 t 都有 $\phi_t = \hat{\phi}$,其中 $\hat{\phi} = \beta y/(1 - \beta)$。换言之,股价是未来股息的贴现值,股票回报率等于时间偏好率 r。[①] 因为我们在这里假设 $\sigma = 0$,卖家在 CM 中获得的资本无法交易,所以它们积累的资本只能用于生产。用 k_{t+1} 表示卖家在 t 时期提供的资本,k_{t+1}^s、k_{t+1}^b 分别表示在 $t + 1$ 期 CM 开始时每个卖家和买家持有的资本数量,我们有 $k_{t+1} = k_{t+1}^s = \hat{k}$ 且 $k_t^b = 0$,其中 $f'(\hat{k}) = 1/\beta$。与股份一样,资本回报率也等于时间偏好率[②]。

现在考虑 $\sigma > 0$ 的情况。如果买家有 a 份额的股份,而卖家有 k 个单位的资本,买家可以把其中的 d 份额转让给卖家,以获得 k^b 单位的资本。在 $d \leq a$ 和 $k^b \leq k$ 的约束下,一般化的纳什均衡解为:

$$\max_{d,k^b}[f(k^b) - d(\phi_{t+1} + y)]^\theta[f(k - k^b) + d(\phi_{t+1} + y) - f(k)]^{1-\theta}$$

由于 $f'(0) = \infty$,第二个约束条件并没有约束力。在不失一般性的情况下,我们将考虑如下均衡,即如果买家与卖家相匹配,那么买家总是在 DM 将其所有股份换成资本,并且要么卖家持有部分股份,要么买家在 CM 结束时持有全部股份。也就是说,我们考虑第一个约束条件对买家存在约束的情况,所以 $d = a$,用 k^b 求解 $a = z(k^b, k)$,其中:

$$z(k^b, k) = \left(\frac{1}{\phi_{t+1} + y}\right)\left\{\frac{\phi f'(k^b)[f(k) - f(k - k^b)] + (1 - \theta)f'(k - k^b)f(k^b)}{\theta f'(k^b) + (1 - \theta)f'(k - k^b)}\right\}$$

$$(2.78)$$

那么 CM 中买家的问题可以表述为:

$$\max_{k_{t+1}^b}\{-\phi_t z(k_{t+1}^b, k_{t+1}) + \beta[\sigma f(k_{t+1}^b) + (1 - \sigma)z(k_{t+1}^b, k_{t+1})(\phi_{t+1} + y)]\} \quad (2.79)$$

而 CM 中卖家的问题可以表述为:

---

① 我们用 $1 + r_s = (\phi + y)/\phi$ 来定义股份回报率 r_s。那么,当股票根据基本面定价时,有 $r_s = y/\phi = \beta/(1 - \beta)$。
② 译者注:时间偏好率相当于现在消费与将来消费的边际替代率。

$$\max_{k_{t+1}}\{- k_{t+1} + \beta\sigma[f(k_{t+1} - k_{t+1}^b) + \beta z(k_{t+1}^b, k_{t+1})(\phi_{t+1} + y)] + \beta(1 - \sigma)f(k_{t+1})\}$$

$$(2.80)$$

对这些问题进行一阶求导,得出:

$$\left[\frac{\phi_{t+1} + y}{\phi_t}\right] \left[\frac{\sigma f'(k_{t+1}^b)}{z_1(k_{t+1}^b, k_{t+1})(\phi_{t+1} + y)} + 1 - \sigma\right] = \frac{1}{\beta} \qquad (2.81)$$

$$\sigma[f'(k_{t+1} - k_{t+1}^b) + z_2(k_{t+1}^b, k_{t+1})(\phi_{t+1} + y)] + (1 - \alpha)f'(k_{t+1}) = \frac{1}{\beta} \qquad (2.82)$$

注意,在式(2.81)中,有:

$$l(k_{t+1}^b, k_{t+1}) = \frac{f'(k_{t+1}^b)}{z_1(k_{t+1}^b, k_{t+1})(\phi_{t+1} + y)} \qquad (2.83)$$

它代表股份的流动性溢价,类似于基准模型中的溢价。$l(k_{t+1}^b, k_{t+1})$ 越大,股价偏离其基本价值越远,资产回报 $(\phi_{t+1} + y)/\phi_t$ 越低。当 $l(k_{t+1}^b, k_{t+1}) = 1$ 时,没有流动性溢价。

我们首先寻找一个均衡,其中一些股份在 CM 结束时由卖家持有。这意味着 $\phi_t = \hat{\phi}$,也意味着股份根据基本面定价。在这里,股份没有流动性溢价,因为它们的定价是根据卖家保证金的估值确定的,卖家不在 DM 中交易股份。在这种流动性并不稀缺的均衡中,设 $\bar{k}$ 为每个卖家在 CM 结束时提供的资本数量,$\bar{k}^b$ 为每个买家带入 CM 中的资本数量。那么式(2.83)意味着:

$$f'(\bar{k}^b) = \frac{yz_1(\bar{k}^b, \bar{k})}{1 - \beta} \qquad (2.84)$$

同样,代入式(2.82)中的股份价格,得到:

$$\sigma\left[f'(\bar{k} - \bar{k}^b) + \frac{yz_2(\bar{k}^b, \bar{k})}{1 - \beta}\right] + (1 - \sigma)f'(\bar{k}) = \frac{1}{\beta} \qquad (2.85)$$

我们要求每个卖家带入 DM 的股份数量满足 $a \leqslant 1$,或者

$$z(\bar{k}^b, \bar{k}) \leqslant 1 \qquad (2.86)$$

因此,在没有流动性溢价的情况下,流动性不稀缺,股份以基本价值进行交易,这样的均衡包含的 $\bar{k}$ 和 $\bar{k}^b$ 的数量可以求解式(2.84)和式(2.85),并且满足不等式(2.86)。

现在,考虑流动性稀缺的均衡,即买家出于交易目的,在 CM 结束时持有全部股份,而卖家持有的数量为零。那么,在一个稳定状态中有:

$$z(k^b, k) = 1 \qquad (2.87)$$

并且我们可以使用式(2.81)、式(2.82)和式(2.87)来求解 ϕ、k 和 k^b。

我们考虑一个极端情况,让 $\theta = 1$。然后,从式(2.78)可以得到:

$$z(k^b, k) = \left(\frac{1}{\phi_{t+1} + y}\right)[f(k) - f(k - k^b)] \qquad (2.88)$$

可以把式(2.81)、式(2.82)改写成:

$$\left[\frac{\phi_{t+1} + y}{\phi_t}\right] \left[\frac{\sigma f'(k_{t+1}^b)}{f'(k_{t+1} - k_{t+1}^b)} + 1 - \sigma\right] = \frac{1}{\beta} \qquad (2.89)$$

$$f'(k_{t+1}) = \frac{1}{\beta} \qquad (2.90)$$

根据式(2.90),在任何均衡中,我们都有 $k_{t+1} = \hat{k}$。在资本不能交易的地方,这与 $\sigma = 0$ 均衡中的资本总量相同。我们之所以能得到这个结果,是因为当 $\theta = 1$ 时,卖家并没有从资本交易中获得剩余。

现在,在流动性并不稀缺的均衡中,我们将有 $\phi = \hat{\phi}$,依据式(2.89),我们在稳定状态下有 $k^b = \frac{\hat{k}}{2}$。所以在 DM 交易中,资本在买卖双方之间有效分配。此外,从式(2.86)来看,流动性不稀缺的均衡是可以存在的,当且仅当:

$$f(\hat{k}) - f\left(\frac{\hat{k}}{2}\right) < \frac{y}{1 - \beta} \qquad (2.91)$$

因此,如果 y 足够大,那么当股份处于其基本价值时,股份价格就会足够高,从而 DM 中就会存在有效交易,资本也会得到有效配置。之所以会出现这种有效的配置,是因为在给定 $\theta = 1$ 的情况下,买家不存在套牢问题。然而,卖家却存在套牢问题。相对于有效率的结果而言,卖家常常出现资本积累不足的情况。

现在,考虑流动性稀缺的稳态均衡。在这里,从式(2.88)、式(2.89)和式(2.87),我们得到:

$$\frac{\phi}{\phi + y} = \beta\left[\frac{\sigma f'(k^b)}{f'(\hat{k} - k^b)} + 1 - \sigma\right] \qquad (2.92)$$

$$\phi = f(\hat{k}) - f(\hat{k} - k^b) - y \qquad (2.93)$$

这里可以解出 ϕ 和 k'。很容易证明,当且仅当这个解满足 $\phi \le \hat{\phi}$,或满足以下不等式时,这个解是唯一的:

$$f(\hat{k}) - f\left(\frac{\hat{k}}{2}\right) \ge \frac{y}{1 - \beta}$$

在这个均衡中,我们有 $k^b \le \hat{k}/2$。在流动性不足的情况下,买卖双方之间的资本配置是低效的。此外,从式(2.83)可知,流动性溢价是:

$$l(k^b, k) = \frac{f'(k^b)}{f'(\hat{k} - k^b)}$$

在给定 $\hat{k}$ 的情况下,它随着 k^b 的下降而上升。也就是说,资本配置变得更加低效了。

从式(2.92)和式(2.93)可以直接看出,k^b 随着 σ 和 y 的增加而增加。首先,买卖双方交易频率增加,可以更有效地配置资本,也可以提高每笔交易中资本配置的效率。其次,股息的增加提升了股份的价格,通过增加流动性使资本得到更有效的配置。

现在考虑另一个极端情况,其中 $\theta = 0$ 且卖家具有 DM 中的所有议价能力。在这里,根据式(2.78),我们有:

$$z(k^b, k) = \frac{f(k^b)}{\phi_{t+1} + y}$$

然后,由式(2.81)可知 $\phi = \hat{\phi}$。在这种情况下,由于买家没有获得 DM 的剩余,因此股份总是

以其基本价值进行交易。从式(2.82)来看,卖家的最优解意味着 k 和 k^b 必须满足:

$$\sigma f'(k - k^b) + (1 - \sigma) f'(k) = \frac{1}{\beta} \tag{2.94}$$

然而,在 DM 中交易的买家带入下一个 CM 中的资本数量 k^b 是不确定的。我们得到这个结果是因为买家在 DM 中没有获得任何剩余,在均衡中他们对带入 DM 的股份数量漠不关心。考虑到 $\phi = \hat{\phi}$,卖家对于他们从一个 CM 带入下一个 CM 的股份数量也是漠不关心的。我们只要求 k^b 足够小,以使股份的基本价值足够买入 DM 中的 k^b,也就是说,$k^b \in [0, \bar{k}]$,其中 $\bar{k}$ 可以解出下式:

$$f(\bar{k}) = \frac{y}{1 - \beta}$$

在 $\theta = 0$ 时,DM 中买方的套牢问题非常严重,因此 DM 中资本数量 k 在买卖双方之间通常配置低效。然而,由于 $\theta = 0$ 意味着卖家没有套牢问题,给定 k^b,式(2.94)告诉我们,卖家会有效率地积累资本。给定 k^b,σ 的增加意味着交易频率增加,因此在一般情况下会增加式(2.94)中的资本数量。

这个模型捕捉到一个想法,即资产的潜在价值可能超过它们的简单回报,特别是因为资产价格可以包括流动性溢价。[①] 这在实践中似乎很重要,因为货币并不是唯一的资产,其价值至少部分取决于其在促进交易中的作用。例如,短期国债在金融市场隔夜拆借中扮演重要角色,在这些市场中,它们通常被用作抵押品。其潜在价值在于,这样的模型可以帮助我们验证流动性溢价的决定因素,有助于解释相对资产收益率和资产价格的明显异常行为。有关这样的应用见 Lagos(2008)的研究。

这一应用传递了一个明确的信息,即资产市场对配置和效率来说很重要。如果流动性资产收益率低或者难以交易,那么往往会减少生产性资本的投资,并导致生产者之间资本配置效率低下。此外,资产交易的议价能力对效率和价格来说也很重要。就像在我们的基准货币模型中能看到的,买家的议价能力越大,去中心化的交易效率就越高。在这里,买家更大的议价能力有助于提高资本配置的效率。然而,与基准模型相比,买家更大的议价能力也会降低效率,因为它趋于减少投资。

这样的模型可以用来分析最近的金融危机中的相关现象,因为它捕捉到了一种机制,在这个机制中资产置换和资产价格对投资和配置效率而言十分重要。要直接诊断出危机期间信贷市场问题的症结,还需要包含贷款和抵押品的模型。不过,从这里介绍的模型(流动性资产用于交换)到资产作为信贷合同中抵押品的模型,只是很小的一步。我们的模型在这方面的一个主要特点是,如果流动性资产的预期收益低,且当下人们可能考虑抵押担保证券,这就会减少投资并导致配置效率低下,这两点都会减少总产出。

[①] 在 m 是货币的特例中,$y = 0$,我们可以让政府通过一次性转移支付来增加存量。那么基本均衡就是非货币均衡,其中 $\phi = 0$。还有一个稳态货币均衡,其中 $\phi > 0$ 且 $\phi_t / \phi_{t+1} = 1 + \mu$,货币增长率为 μ。在这种情况下,对于 $\mu > \beta - 1$,总是存在流动性不足的均衡。一般来说,最优策略仍是弗里德曼规则,即 $\mu = \beta - 1$。

7. 结论

新货币主义者致力于采用建模方法,用以明确揭示使货币兑换和相关安排对社会有用的那些摩擦,这捕捉到了信贷、银行和货币交易之间的关系。在理想情况下,为分析和评估货币政策而设计的经济模型应该能够回答有关央行的必要性和角色、央行的某一种操作程序的相对优势、央行放贷额与公开市场操作效果的差异等问题。新货币主义经济学家在多方面取得了进展,包括:理解促成货币交换达到平衡或实现有效安排的基本摩擦;理解政策能够影响分配和福利的机制。然而,仍有许多问题有待深入研究,包括短期非中性的来源及其定量意义,以及央行业务的作用。

本章审视了新货币主义研究方法是如何基于货币理论、金融中介与支付理论的研究进展,为货币经济学的理论和实践构建进一步发展的基础的。我们借用 Hahn(1973)(上一版手册的主编)的观点来总结。他的分析从提出如下建议开始,"货币与交易活动有关,严肃对待这一观点便是一个很自然的起点"。他总结如下:

> 我想用一段辩护来结束。对许多自称为货币经济学家的人来说,我讨论的问题似乎过于抽象并且毫无必要……他们可能会争辩,这种对基础理论的关注能为制定货币政策或预测参数变化的后果带来一丁点帮助吗?难道 IS-LM 曲线还不够吗?……这里使用的方法最终很有可能不会优化我们给英格兰银行的建议。但我确信,这将给我们如何看待去中心化经济的方式带来根本性的影响。

参考文献

Andolfatto, D., 2010a. Essential interest-bearing money. J. Econ. Theory. in press.

Andolfatto, D., 2010b. On the social cost of transparency in monetary economies. Federal Reserve Bank of St. Louis, Working paper 2010-001A.

Aiyagari, R., Wallace, N., 1991. Existence of steady states with positive consumption in the Kiyotaki-Wright model. Review of Economic Studies 58, 901-916.

Aiyagari, R., Wallace, N., 1992. Fiat money in the Kiyotaki-Wright model. Econ. Theory 2, 447-464.

Aiyagari, R., Wallace, N., Wright, R., 1996. Coexistence of money and interest-bearing securities. J. Monetary Econ. 37, 397-420.

Ales, L., Carapella, F., Maziero, P., Weber, W.E., 2008. A model of banknote discounts. J. Econ. Theory 142（1）, 5-27.

Ales, L. , Carapella, F. , Maziero, P. , Weber, E. , 2010. A model of banknote discounts. J. Econ. Theory 142（1）, 5-27.

Aliprantis, C. , Camera, G. , Puzzello, D. , 2006. Matching and anonymity. Econ. Theory 29, 415-432.

Aliprantis, C. , Camera, G. , Puzzello, D. , 2007a. Contagion Equilibria in a Monetary Model. Econometrica 75, 277-282.

Aliprantis, C. , Camera, G. , Puzzello, D. , 2007b. Anonymous markets and monetary trading. J. Monetary Econ. 54, 1905-1928.

Araujo, L. , 2004. Social norms and money. J. Monetary Econ. 51, 241-256.

Araujo, L. , Camargo, B. , Minetti, R. , Puzzello, D. , 2010. The informational role of prices and the essentiality of money in the Lagos-Wright Model. Michigan State University Mimeo.

Aruoba, S. B. , 2009. Money, search and business cycles. University of Maryland, Working Paper.

Aruoba, S. B. , Chugh, S. , 2008. Optimal fiscal and monetary policy when money is essential. J. Econ. Theory in press.

Aruoba, S. B. , Rocheteau, G. , Waller, C. , 2007. Bargaining and the value of money. J. Monetary Econ. 54, 2636-2655.

Aruoba, S. B. , Schorfheide, F. , 2010. Sticky prices vs. monetary frictions: An estimation of policy tradeoffs. American Economic Journal: Macroeconomics, in press.

Aruoba, S. B. , Waller, C. , Wright, R. , 2009. Money and capital: A quantitative analysis. University of Maryland, Working paper.

Azariadis, C. , 1993. Intertemporal macroeconomics. Blackwell, Oxford, England.

Ball, L. , Mankiw, G. , 1994. A sticky price manifesto. Mimeo.

Basu, S. , Fernald, J. , 1997. Returns to scale in U. S. production: Estimates and implications. J. Polit. Econ. 105, 249-283.

Baumol, W. , 1952. The transactions demand for cash: An inventory theoretic approach. Quarterly Journal of Economics 66, 545-556.

Benabou, R. , 1988. Search price-setting, and inflation. Review of Economic Studies 55, 353-376.

Bencivenga, V. , Camera, G. , 2008. Banks, liquidity insurance, and interest on reserves in a matching model of money. Purdue University, Working Paper.

Berentsen, A. , 2002. On the distribution of money holdings in a random-matching model. Int. Econ. Rev. 43, 945-954.

Berentsen, A. , Menzio, G. , Wright, R. , 2008. Inflation and unemployment in the long run. Am. Econ. Rev. （in press）.

Berentsen, A. , Molico, M. , Wright, R. , 2002. Indivisibilities, lotteries, and monetary exchange. J. Econ. Theory 107, 70-94.

Berentsen, A. , Monnet, C. , 2008. Monetary policy in a channel system. University of Basel and Federal Reserve Bank of Philadelphia, Working paper.

Berentsen, A. , Rocheteau, G. , 2002. On the efficiency of monetary exchange: How divisibility of money matters. J. Monetary Econ. 49, 1621-1649.

Berentsen, A. , Rocheteau, G. , 2004. Money and information. Review of Economic Studies 71, 915-944.

Berentsen, A. , Waller, C. , 2009. Outside versus inside bonds: A Modigliani-Miller type result for liquidity constrained economies. University of Basel and Federal Reserve Bank of St. Louis Working paper.

Bernanke, B. , Gertler, M. , 1989. Agency costs, new worth, and business fluctuations. Am. Econ. Rev. 79,14-31.

Binmore, K. , Osborne, M. , Rubinstein, A. , 1992. Noncooperative models of bargaining. In: Aumann, R. , Hart, S. (Eds.), Handbook of Game Theory. North-Holland, Amsterdam.

Boel, P. , Camera, G. , 2006. Efficient monetary allocations and the illiquidity of bonds. J. Monetary Econ. 53, 1693-1715.

Brock, W. , 1990. Overlapping generations models with money and transactions costs. In: Friedman, B. , Hahn, F. (Eds.), Handbook of monetary economics. North-Holland, Amsterdam.

Burdett, K. , Judd, K. , 1983. Equilibrium price dispersion. Econometrica 51, 955-970.

Burdett, K. , Mortensen, D. , 1998. Wage differentials, employer size, and unemployment. Int. Econ. Rev. 39, 257-273.

Burdett, K. , Trejos, A. , Wright, R. , 2001. Cigarette money. J. Econ. Theory 99, 117-142.

Calvo, G. , 1983. Staggered prices in a utility maximizing framework. J. Monetary Econ. 12, 383-398.

Camera, G. , Berentsen, A. , Waller, C. , 2005. The distribution of money balances and the nonneutrality of money. Int. Econ. Rev. 46, 465-487.

Camera, G. , Corbae, D. , 1999. Money and price dispersion. Int. Econ. Rev. 40, 985-1008.

Camera, G. , Reed, R. , Waller, C. , 2003. Jack of all trades or a master of one: Specialization, trade, and money. Int. Econ. Rev. 44, 1275-1294.

Campbell, J. , Eden, B. , 2007. Rigid prices: Evidence from U. S. scanner data. Federal Reserve Bank of Chicago, Working Paper 2005-2008.

Caplin, A. , Spulber, D. , 1987. Menu costs and the neutrality of money. Quarterly Journal of Economics 102, 703-725.

Cavalcanti, R., Erosa, A., Temzelides, T., 1999. Private money and reserve management in a random matching model. J. Polit. Econ. 107, 929-945.

Cavalcanti, R., Wallace, N., 1999a. A model of private banknote issue. Review of Economic Dynamics 2, 104-136.

Cavalcanti, R., Wallace, N., 1999b. Inside and outside money as alternative media of exchange. Journal of Money, Credit, and Banking 31, 443-457.

Champ, B., Smith, B., Williamson, S., 1996. Currency elasticity and banking panics: Theory and evidence. Canadian Journal of Economics 29, 828-864.

Chapman, J., Chiu, J., Molico, M., 2009. A tiered settlement system. Bank of Canada, Working Paper.

Chiu, J., Meh, C., 2010. Banking, liquidity, and inflation. Macroeconomic Dynamics, in press.

Chiu, J., Molico, M., 2010. Liquidity, redistribution, and the welfare cost of inflation. J. Monetary Econ. 57, 428-438.

Chiu, J., Molico, M., 2008. Uncertainty, inflation, and welfare. Bank of Canada, Working Paper.

Clarida, R., Gali, J., Gertler, M., 1999. The science of monetary policy: A New Keynesian perspective. J. Econ. Lit. 37, 1661-1707.

Coles, M., Wright, R., 1998. A dynamic model of search, bargaining, and money. J. Econ. Theory 78, 32-54.

Cooley, T., Hansen, G., 1989. The inflation tax in a real business cycle model. Am. Econ. Rev. 79, 733-748.

Corbae, D., Temzelides, T., Wright, R., 2003. Directed matching and monetary exchange. Econometrica 71, 731-756.

Craig, B., Rocheteau, G., 2008. State-dependent pricing, inflation, and welfare. European Economic Review 52, 441-468.

Curtis, E., Wright, R., 2004. Price setting, price dispersion, and the value of money, or the law of two prices. J. Monetary Econ. 51, 1599-1621.

Deviatov, A., Wallace, N., 2001. Another example in which lump-sum money creation is beneficial. Advances in Macroeconomics 1, article 1.

Diamond, D., 1984. Financial intermediation and delegated monitoring. Review of Economic Studies 51, 393-414.

Diamond, D., Dybvig, P., 1983. Bank runs, deposit insurance, and liquidity. J. Polit. Econ. 91, 401-419.

Diamond, P., 1970. A model of price adjustment. J. Econ. Theory 3, 156-168.

Diamond, P., 1982. Aggregate demand management in search equilibrium. J. Polit. Econ.

90, 881-894.

Diamond, P. , 1984. Money in search equilibrium. Econometrica 52, 1-20.

Diamond, P. , 1993. Search, sticky prices, and inflation. Review of Economic Studies 60, 53-68.

Dong, M. , 2010a. Inflation and variety. Int. Econ. Rev. 51, 401-420.

Dong, M. , 2010b. Inflation and unemployment in competitive search equilibrium. Macroeconomic Dynamics,forthcoming.

Dong, M. , Jiang, J. , 2009. Money and price posting under private information. Bank of Canada Mimeo.

Dressler, S. , 2009. Money holdings, inflation, and welfare in a competitive market. Int. Econ. Rev. in press.

Dressler, S. , 2010. Inflation and welfare dynamics in a competitive market. Mimeo.

Duffie, D. , Gârleanu, N. , Pederson, L. , 2005. Over-the-counter markets. Econometrica 73, 1815-1847.

Duffie, D. , Gârleanu, N. , Pederson, L. , 2008. Valuation in over-the-counter markets. Review of Financial Studies 20, 1865-1900.

Dutu, R. , Julien, B. , King, I. , 2009. Liquidity constrained competing auctions. Working Paper.

Ennis, H. , 2001. Search, monetary equilibria, and sunspots. Macroeconomic Dynamics 5, 132-142.

Ennis, H. , 2008. Search, money, and inflation under private information. J. Econ. Theory 138, 101-131.

Ennis, H. , Keister, T. , 2009a. Bank runs and institutions: The perils of interventions. Am. Econ. Rev. 99, 1588-1607.

Ennis, H. , Keister, T. , 2009b. Run equilibria in the Green-Lin model of financial intermediation. J. Econ. Theory 144, 1996-2020.

Ennis, H. , Keister, T. , 2010. Banking panics and policy responses. J. Monetary Econ. 57, 404-419.

Faig, M. , 2006. Divisible money in an economy with villages. Mimeo.

Faig, M. , 2008. Endogenous buyer-seller choice and divisible money in search equilibrium. J. Econ. Theory 141, 184-199.

Faig, M. , Huangfu, S. , 2007. Competitive search equilibrium in monetary economies. J. Econ. Theory 136, 709-718.

Faig, M. , Jerez, B. , 2005. A theory of commerce. J. Econ. Theory 122, 60-99.

Faig, M. , Jerez, B. , 2006. Inflation, prices, and information in competitive search. Advances in Macroeconomics 6 (1).

Faig, M. , Li, Z. , 2009. The welfare costs of expected and unexpected inflation. J. Monetary Econ. 56,1004-1013.

Ferraris, L. , Watanabe, M. , 2010. Liquidity constraints in a monetary economy. Int. Econ. Rev. forthcoming.

Freeman, S. , 1985. Transaction costs and the optimal quantity of money. J. Polit. Econ. 93, 146-157.

Freeman, S. , 1988. Banking as the provision of liquidity. Journal of Business 61, 45-64.

Freeman, S. , 1996. The payments system, liquidity, and rediscounting. Am. Econ. Rev. 86, 1126-1138.

Friedman, M. , 1960. A program for monetary stability. Fordham University Press, New York.

Friedman, M. , 1968. The role of monetary policy. Am. Econ. Rev. 58, 1-17.

Friedman, M. , 1969. The optimum quantity of money and other essays. Aldine Publishing Company,New York.

Friedman, M. , 1977. Inflation and unemployment. J. Polit. Econ. 85, 451-472.

Friedman, M. , Schwartz, A. , 1963. A monetary history of the United States, 1867-1960. National Bureau of Economic Research, Cambridge, MA.

Galenianos, M. , Kircher, P. , 2008. A model of money with multilateral matching. J. Monetary Econ. 55,1054-1066.

Geromichalos, A. , Licari, J. , Lledo, J. , 2007. Asset prices and monetary policy. Review of Economic Dynamics 10, 761-779.

Geromichalos, A. , Licari, J. , Lledo, J. , 2010. The role of money in a model with frictional investment markets. Mimeo.

Golosov, M. , Lucas, R. , 2005. Menu costs and Phillips curves. J. Polit. Econ. 115, 171-199.

Gomis-Porqueras, P. , Peralta-Alva, A. , 2009. Optimal monetary and fiscal policies in a search theoretic model of monetary exchange. European Economic Review, in press.

Green, E. , Weber, W. , 1996. Will the new $100 bill decrease counterfeiting?. Federal Reserve Bank of Minneapolis Quarterly Review 20 (Summer), 3-10.

Green, E. , Zhou, R. , 1998. A rudimentary random-matching model with divisible money and prices. J. Econ. Theory 81, 252-271.

Guerrieri, V. , Lorenzoni, G. , 2009. Liquidity and trading dynamics. Econometrica 77, 1751-1790.

Hahn, F. H. , 1973. On the foundations of monetary theory. In: Parkin, M. , Nobay, A. R. (Eds.), Essays in modern economics. Barnes & Noble, New York.

Hansen, G. , 1985. Indivisible labor and the business cycle. J. Monetary Econ. 16,

309-337.

He, P. , Huang, L. , Wright, R. , 2005. Money and banking in search equilibrium. Int. Econ. Rev. 46, 637-670.

He, P. , Huang, L. , Wright, R. , 2008. Money, banking, and monetary policy. J. Monetary Econ. 55, 1013-1024.

Head, A. , Kumar, A. , 2005. Price dispersion, inflation, and welfare. Int. Econ. Rev. 46, 533-572.

Head, A. , Kumar, A. , Lapham, B. , 2008. Market power, price adjustment, and inflation. Int. Econ. Rev. in press.

Head, A. , Liu, L. , Menzio, G. , Wright, R. , 2010. Sticky prices. Mimeo.

Hicks, J. R. , 1935. A suggestion for simplifying the theory of money. Economica 2, 1-19.

Hoerova, M. , Monnet, C. , Temzelides, T. , 2007. Public information and monetary policy. Mimeo.

Hosios, A. , 1990. On the efficiency of matching and related models of search and unemployment. Review of Economic Studies 57, 279-298.

Howitt, P. , 2005. Beyond search: fiat money in organized exchange. Int. Econ. Rev. 46, 405-429.

Hu, T. , Kennan, J. , Wallace, W. , 2009. Coalition-proof trade and the Friedman rule in the Lagos-Wright model. J. Polit. Econ. 117, 116-137.

Huggett, M. , 1993. The risk-free rate in heterogeneous-agent incomplete-insurance economies. Journal of Economic Dynamics and Control 17, 953-969.

Jacquet, N. , Tan, S. , 2009. The liquidity effects of monetary policy on asset prices. Singapore Management University and National University of Singapore, Working Paper.

Jean, K. , Stanislav, R. , Wright, R. , 2010. On the multiplicity of monetary equilibria Green-Zhou meets Lagos-Wright. J. Econ. Theory 145, 392-401.

Jevons, W. , 1875. Money and the mechanism of exchange. Appleton, London.

Johri, A. , Leach, J. , 2002. Middlemen and the allocation of heterogeneous goods. Int. Econ. Rev. 43,347-361.

Jones, R. , 1976. The origin and development of media of exchange. J. Polit. Econ. 84, 757-775.

Julien, B. , Kennes, J. , King, I. , 2008. Bidding for money. J. Econ. Theory 142, 196-217.

Kahn, C. , 2009. Collateral policy in a world of round-the-clock payment. University of Illinois at Urbana-Champaign, Working Paper.

Kareken, J. , Wallace, N. , 1980. Models of monetary economies. Federal Reserve Bank of Minneapolis,Minneapolis, MN.

Katzman, B., Kennan, J., Wallace, N., 2003. Output and price level effects of monetary uncertainty in a matching model. J. Econ. Theory 108, 217-255.

Kehoe, T., Kiyotaki, N., Wright, R., 1993. More on money as a medium of exchange. Econ. Theory 3, 297-314.

Kim, Y., 1996. Money, barter, and costly information acquisition. J. Monetary Econ. 37, 119-142.

Kiyotaki, N., Matsui, A., Matsuyama, K., 1993. Towards a theory of international currency. Rev. Econ. Stud. 60, 283-307.

Kiyotaki, N., Moore, J., 2002. Evil is the root of all money. Mimeo.

Kiyotaki, N., Wright, R., 1989. On money as a medium of exchange. J. Polit. Econ. 97, 927-954.

Kiyotaki, N., Wright, R., 1991. A contribution to the pure theory of money. J. Econ. Theory 53, 215-235.

Kiyotaki, N., Wright, R., 1993. A search-theoretic approach to monetary economics. Am. Econ. Rev. 83, 63-77.

Klenow, P., Kryvtsov, O., 2008. State-dependent or time-dependent pricing: Does it matter for recent U.S. inflation?. Quarterly Journal of Economics 123, 863-904.

Klenow, P., Malin, B., 2010. Micro-economic evidence on price-setting. Handbook of monetary economics, in press.

Kocherlakota, N., 1998. Money is memory. J. Econ. Theory 81, 232-251.

Kocherlakota, N., Wallace, N., 1998. Incomplete record-keeping and optimal payment arrangements. J. Econ. Theory 81, 272-281.

Krusell, P., Smith, T., 1998. Income and wealth heterogeneity in the macro-economy. J. Polit. Econ. 106, 867-896.

Lagos, R., 2008. Asset prices and liquidity in an exchange economy. New York University Working paper.

Lagos, R., 2009. Some results on the optimality and implementation of the Friedman rule in the search theory of money. J. Econ. Theory, in press.

Lagos, R., Rocheteau, G., 2005. Inflation, output, and welfare. Int. Econ. Rev. 46, 495-522.

Lagos, R., Rocheteau, G., 2007. Search in asset markets: Market structure, liquidity, and welfare. American Economic Review Papers & Proceedings 97, 198-202.

Lagos, R., Rocheteau, G., 2008. Money and capital as competing media of exchange. J. Econ. Theory 142, 247-258.

Lagos, R., Rocheteau, G., 2009. Liquidity in asset markets with search frictions. Econometrica 77, 403-426.

Lagos, R., Rocheteau, G., Weill, P., 2009. Crises and liquidity in over-the-counter markets. Mimeo.

Lagos, R., Wright, R., 2003. Dynamics, cycles and sunspot equilibria in "genuinely dynamic, fundamentally disaggregative" models of money. J. Econ. Theory 109, 156-171.

Lagos, R., Wright, R., 2005. A unified framework for monetary theory and policy analysis. J. Polit. Econ. 113, 463-484.

Lee, M., Wallace, N., Zhu, T., 2005. Modeling denomination structures. Econometrica 73, 949-960.

Lester, B., 2009. Settlement systems. The B. E. Journal of Economics 9, article 17.

Lester, B., Postlewaite, A., Wright, R., 2009. Information and liquidity. Journal of Money, Credit and Banking, in press.

Lester, B., Postlewaite, A., Wright, R., 2010. Liquidity, information, asset prices and monetary policy. University of Pennsylvania, Working Paper.

Li, V., 1994. Inventory accumulation in a search-based monetary economy. J. Monetary Econ. 34, 511-536.

Li, V., 1995. The optimal taxation of fiat money in search equilibrium. Int. Econ. Rev. 36, 927-942.

Li, Y., 1995. Commodity money under private information. J. Monetary Econ. 36, 573-592.

Li, Y., 1999. Money and middlemen in an economy with private information. Econ. Inq. 37, 1-12.

Li, Y., 2007. Inside money, organized markets, and specialization. Macroeconomic Dynamics 11, 388-404.

Li, Y., Rocheteau, R., 2009. The threat of counterfeiting. Macroeconomic Dynamics, in press.

Li, Y., Rocheteau, R., 2010. Liquidity constraints. Mimeo.

Liu, L., 2009. Inflation and unemployment: The roles of goods and labor market institutions. Mimeo.

Liu, L., Wang, L., Wright, R., 2010. The "hot potato" effect of inflation. Macroeconomic Dynamics, in press.

Lucas, R., 1972. Expectations and the neutrality of money. J. Econ. Theory 4, 103-124.

Lucas, R., 1976. Econometric policy evaluation: A critique. Carnegie-Rochester Conference Series on Public Policy 1, 19-46.

Lucas, R., 1978. Asset prices in an exchange economy. Econometrica 46, 1426-1445.

Lucas, R., 1980. Equilibrium in a pure currency economy. In: Kareken, J., Wallace, N. (Eds.), Models of monetary economies. Federal Reserve Bank of Minneapolis, Minneapolis, MN, Minneapolis, MN, pp. 131-145.

Lucas, R., 2000. Inflation and welfare. Econometrica 68, 247-274.

Lucas, R., Prescott, E., 1974. Equilibrium search and unemployment. J. Econ. Theory 7, 188-209.

Lucas, R., Stokey, N., 1987. Money and interest in a cash-in-advance economy. Econometrica 55, 491-515.

Mankiw, N., 1985. Small menu costs and large business cycles: A macroeconomic model. Quarterly Journal of Economics 100, 529-537.

Menzio, G., Shi, S., Sun, H., 2009. A monetary theory with non-degenerate distributions. Mimeo.

Martin, F., 2009. On the joint determination of fiscal and monetary policy. Simon Fraser University Working Paper.

Midrigan, V., 2007. Menu costs, multi-product firms and aggregate fluctuations. Mimeo.

Molico, M., 2006. The distribution of money and prices in search equilibrium. Int. Econ. Rev. 47, 701-722.

Mortensen, D., Pissarides, C., 1994. Job creation and job destruction in the theory of unemployment. Review of Economic Studies 61, 397-416.

Nakamura, Steinsson, J., 2008. Five facts about prices: A reevaluation of menu cost models. Quarterly Journal of Economics 123, 1415-1464.

Nosal, E., 2010. Search, welfare and the hot potato effect of inflation. Macroeconomic Dynamics, in press.

Nosal, E., Rocheteau, G., 2011. Money, payments, and liquidity. MIT Press, Cambridge, MA.

Nosal, E., Wallace, N., 2007. A model of (the threat of) counterfeiting. J. Monetary Econ. 54, 994-1001.

Ostroy, J., Starr, R., 1990. The transactions role of money. In: Friedman, B., Hahn, F. (Eds.), Handbook of monetary economics. North-Holland, Amsterdam.

Pissarides, C., 2000. Equilibrium unemployment theory. MIT Press, Cambridge, MA.

Ravikumar, B., Shao, E., 2006. Search frictions and asset price volatility. University of Iowa, Working Paper.

Redish, A., Weber, W., 2010. Coin sizes and payments in commodity money systems. Macroeconomic Dynamics, in press.

Ritter, J., 1995. The transition from barter to fiat money. American Economic Review 85, 134-149.

Rocheteau, G., 2009. A monetary approach to asset liquidity. University of California-Irvine, Working Paper.

Rocheteau, G., Rupert, P., Shell, K., Wright, R., 2008. General equilibrium with nonconvexities and money. J. Econ. Theory 142, 294-317.

Rocheteau, G. , Rupert, P. , Wright, R. , 2007. Inflation and unemployment in general equilibrium. Scandinavian Journal of Economics 109, 837-855.

Rocheteau, G. , Wright, R. , 2005. Money in search equilibrium, in competitive equilibrium, and in competitive search equilibrium. Econometrica 73, 175-202.

Rogerson, R. , 1988. Indivisible labor, lotteries, and equilibrium. J. Monetary Econ. 21, 3-16.

Rupert, P. , Schindler, M. , Wright, R. , 2001. A generalized search-theoretic model of monetary exchange. J. Monetary Econ. 48, 605-622.

Samuelson, P. , 1958. An exact consumption-loan model with or without the social contrivance of money. J. Polit. Econ. 66, 467-482.

Sanches, D. , Williamson, S. , 2010. Money and credit with limited commitment and theft. J. Econ. Theory 145 (4), 1525-1549.

Sanches, D. , Williamson, S. , 2010. Adverse selection, segmented markets and the role of monetary policy. Macroeconomic Dynamics, in press.

Schevchenko, A. , 2004. Middlemen. Int. Econ. Rev. 45, 1-24.

Schevchenko, A. , Wright, R. , 2004. A simple search model of money with heterogeneous agents and partial acceptability. Econ. Theory 24, 877-885.

Shell, K. , Wright, R. , 1993. Indivisibilities, lotteries, and sunspot equilibria. Econ. Theory 3, 1-17.

Shi, S. , 1995. Money and prices: A model of search and bargaining. J. Econ. Theory 67, 467-496.

Shi, S. , 1996. Credit and money in a search model with divisible commodities. Review of Economic Studies 63, 627-652.

Shi, S. , 1997a. Money and specialization. Econ. Theory 10, 99-133.

Shi, S. , 1997b. A divisible model of fiat money. Econometrica 65, 75-102.

Shi, S. , 2006. Viewpoint: A micro-foundation of monetary economics. Canadian Journal of Economics 39,643-688.

Silveira, R. , Wright, R. , 2010. Search and the market for ideas. J. Econ. Theory 145 (4), 1550-1573.

Telyukova, I. , Visschers, L. , 2009. Precautionary demand for money in a monetary business cycle model. University of California San Diego and Simon Fraser University, Working Paper.

Telyukova, I. , Wright, R. , 2008. A model of money and credit, with application to the credit card debt puzzle. Review of Economic Studies 75, 629-647.

Tobin, J. , 1956. The interest-elasticity of transactions demand for cash. Rev. Econ. Stat. 38, 241-247.

Townsend, R., 1987. Economic organization with limited communication. Am. Econ. Rev. 77, 954-970.

Townsend, R., 1989. Currency and credit in a private information economy. J. Polit. Econ. 97, 1323-1345.

Trejos, A., 1999. Search, bargaining, money, and prices under private information. Int. Econ. Rev. 3, 679-695.

Trejos, A., Wright, R., 1995. Search, bargaining, money, and prices. J. Polit. Econ. 103, 118-141.

Velde, F., Weber, W., Wright, R., 1999. A model of commodity money, with applications to Gresham's law and the debasement puzzle. Review of Economic Dynamics 2, 291-323.

Wallace, N., 1980. The overlapping generations model of fiat money. In: Kareken, J., Wallace, N. (Eds.), Models of monetary economics. Federal Reserve Bank of Minneapolis, Minneapolis, MN.

Wallace, N., 1992. Lucas's signal extraction model: A finite-state exposition with aggregate real shocks. J. Monetary Econ. 30, 433-447.

Wallace, N., 1997. Short-run and long-run effects of changes in money in a random matching model. J. Polit. Econ. 105, 1293-1307.

Wallace, N., 1998. A dictum for monetary theory. Federal Reserve Bank of Minneapolis Quarterly Review (Winter), 20-26.

Wallace, N., 2001. Whither monetary economics?. Int. Econ. Rev. 42, 847-869.

Wallace, N., Zhou, R., 1997. A model of a currency shortage. J. Monetary Econ. 40, 555-572.

Wallace, N., Zhu, T., 2007a. Pairwise trade and coexistence of money and higher return assets. J. Econ. Theory 133, 524-535.

Wallace, N., Zhu, T., 2007b. Float on a note. J. Monetary Econ. 54, 229-246.

Waller, C., 2009. Dynamic taxation, private information and money. Federal Reserve Bank of St. Louis, Working Paper 2009-035.

Waller, C., 2010. Random matching and money in the neoclassical growth model: Some analytical results. Working Paper, Macroeconomic Dynamics, in press.

Weill, P., 2007. Leaning against the wind. Review of Economic Studies 74, 1329-1354.

Weill, P., 2008. Liquidity premia in dynamic bargaining markets. J. Econ. Theory 140, 66-96.

Weill, P., Vayanos, D., 2008. A search-based theory of the on-the-run phenomenon. Journal of Finance 63, 1351-1389.

Wicksell, K., 1967. Lectures on political economy. Vol. 2. Money. 1911, second ed. Kelley, New York (E. Classen, Trans.).

Williamson, S., 1986. Costly monitoring, financial intermediation and equilibrium credit rationing. J. Monetary Econ. 18, 159-179.

Williamson, S., 1987. Financial intermediation, business failures, and real business cycles. J. Polit. Econ. 95, 1196-1216.

Williamson, S., 1999. Private money. Journal of Money, Credit, and Banking 31, 469-491.

Williamson, S., 2007. Search, limited participation, and monetary policy. Int. Econ. Rev. 47, 107-128.

Williamson, S., Wright, R., 1994. Barter and monetary exchange under private information. Am. Econ. Rev. 84, 104-123.

Williamson, S., Wright, R., 2010. New monetarist economics: Methods. Federal Reserve Bank of St. Louis Review 92 (4), 265-302.

Woodford, M., 2003. Interest and prices. Princeton University Press, Princeton, NJ.

Wright, R., 1995. Search, evolution and money. Journal of Economic Dynamics and Control 19, 181-206.

Wright, R., 2010. A uniqueness proof for monetary steady state. J. Econ. Theory 145, 382-391.

Zhou, R., 1997. Currency exchange in a random search model. Review of Economic Studies 64, 289-310.

Zhu, T., 2003. Existence of a monetary steady state in a matching model: Indivisible money. J. Econ. Theory 112, 307-324.

Zhu, T., 2005. Existence of a monetary steady state in a matching model: Divisible money. J. Econ. Theory 123, 130-160.

第三章　货币和通货膨胀：一些关键问题[①]

贝内特·T. 麦卡勒姆(Bennett T. McCallum) [*]

爱德华·纳尔逊(Edward Nelson) [**]

[*]:卡内基梅隆大学

[**]:美国联邦储备委员会

目　录

① 本书编辑以及杰弗里·富勒(Jeffrey Fuhrer)、斯蒂芬妮·施密特-高仪(Stephanie Schmitt-Grohe)和货币经济学的关键进展会议(美国联邦储备委员会,2009 年 10 月)的其他与会者对本章早期版本的文稿提出了宝贵意见。我们感谢理查德·安德森(Richard Anderson)和法布里齐奥·奥雷戈(Fabrizio Orrego)的有益讨论以及凯瑟琳·伊斯特布鲁克(Kathleen Easterbrook)的研究协助工作。文责完全由作者承担,本章观点不代表美联储及该机构任何其他相关人士的观点。

本章摘要:本章旨在研究货币总量和通货膨胀之间的关系(如果存在的话),以及是否存在实质性的理由来修改当前主流的政策分析模式,后者通常不考虑货币总量。我们首先从货币数量论这一思想体系入手。货币数量论的核心在于预言:长期来看,名义货币存量发生外生增长时,价格水平也会产生相应的反应。得出货币数量论的名义同质性条件与得出货币中性论(制定政策所参考的重要原则)的条件相同。货币数量论表明,在其他条件不变时,通货膨胀与货币增长之间的关系是单一的。对新凯恩斯主义模型的模拟表明,这种关系在时间序列数据中很明显,且无须做大量求均值或过滤的工作。但我们也需要承认,货币增长率和通货膨胀之间的关系存在相位偏移。虽然金融创新会模糊货币增长和通货膨胀之间的关系,但美国的时间序列数据和G7(七国集团)国家的面板数据确实提供了货币增长/通货膨胀关系的证据。各种研究表明,将利率和货币纳入实证分析中有利于我们研究通货膨胀和货币政策。

JEL 分类代码:E31,E50,E52

关键词:货币总量;通货膨胀;利率;货币政策

1. 导言

过去20年来广泛研究和公开发表的货币理论大大降低了货币总量在基本货币理论中(特别是在货币政策分析中)的作用,其中大部分成果已被本手册充分收录。众所周知,如今分析货币政策的主流方法认为,政策规则反映的是短期利率的逐期调整,而不反映货币总量。此外,私营部门的行为模式通常以不涉及任何货币总量的方式来分析,在一个有交换媒介的经济体中,这虽是一种近似,但就政策目的而言足矣。因此,即使所讨论的经济体使用了交换媒介,政策模型也完全不需要考虑货币总量。由于这些模型旨在解释通货膨胀,以及总需求和政策利率的变化,其分析通常忽略了货币与通货膨胀之间的关系。

因此,本章的任务是探讨这些变量之间是否存在某种关系,以及是否有实质性的理由来修改当前主流的政策分析模式。本章结构如下:第2节首先回顾货币数量论的思想体系;第

3 节探讨了相关理论;第 4 节到第 6 节研究关于货币增长和通货膨胀的经验规律;在第 7 节中,我们转向研究交换媒介需求下降的影响;在第 8 节中,我们分析在利率政策规则既定情况下的价格水平决定因素;第 9 节为结论。

2. 货币数量论

探讨货币与通货膨胀之间的关系几乎都必须从备受推崇的货币数量论开始。尽管如此,人们对这一分析体系的含义还是存在很大的分歧。流行论点和一些教科书通常先把货币数量论与交换方程相关联,后者表示为 $MV = PY$, 其中, M、Y、P 分别表示名义的货币供应量、实际交易量或每个时期的实际产出、价格水平,而 V 则表示货币的"流通速度"。作为货币数量论的讨论起点,这一交换方程是可以接受的。但是不能由此认为可以把货币数量论和交换方程互换使用。交换方程是一个恒等式——可能适合被看作是对速度的定义。作为恒等式,交换方程可以与任何关于货币行为的命题相容,但只要方程中的任意一项缺少约束条件,方程就难以描述具体的货币理论。因此,将货币数量论等同于交换方程,将使后者很难具备经济生活中任何经验性或理论性的内容。

通过查阅 Hume(1752)、Wicksell(1915,1935)、Fisher(1913)、Keynes(1936)、Friedman(1956,1987)、Patinkin(1956,1972)、Samuelson(1967)、Niehans(1978)以及 Lucas(1980)的著作,我们可以看出不同学者对货币数量论的理解有所不同。事实上,早期学者讨论的是金属货币数量,而后期的学者已经在考虑法定货币数量了。Hume(1752)既考虑了(金属或纸质)货币增加导致价格成比例逐渐上涨的情况,也考虑了在开放经济中金属货币的增加将导致其外流的情况。尽管如此,对于信用货币来说,目前有一个基础命题能表现货币数量论的特征,即存在一个统一各种定义和应用的共同思路。这个命题是,如果(名义)货币数量的变化是由货币主管部门的外生干预产生的,那么其长期效应将是:所有实际变量的价值不会有任何变化,价格水平(和其他名义变量)与货币存量发生相同幅度的变化。[1] 这个命题适用于长期效应,也就是说,在所有调整完成后,那些被设想将会产生的影响。实际上,在全面调整实现之前,人们的偏好和技术总会变化,因此在现实经济中不可能进行任何此类实验。此外,在大多数实际经济体中,货币主管部门也不会实施货币政策来外生地改变货币存量,所以在现实中,就连近似于这一设想的实验都没有人尝试过。

上文所述是否暗示了关于货币数量论的研究都缺乏经验内容呢? 我们并不这么认为。关键在于,当且仅当模型具有长期"货币中性"的性质时,前述货币数量论的基本命题才能在模型中成立。事实上,"货币中性"的概念被定义为符合所述命题。因此我们认为,货币数量论相当于声称实际经济体暗示了长期的货币中性。Patinkin(1972)和 Friedman(1972a)有一次非常著名的交锋,由于 Friedman(1956,1972a)倾向于将货币数量论视为仅仅关于货币需求

---

① 这一命题与单个假设的外生变化影响有关。

函数的命题,所以前述立场更接近于 Patinkin(1972)而非 Friedman(1972a)的观点。然而,Friedman(1987)的其他论述确实将货币数量论视为区分以下两者的核心。一是名义货币数量,其路径被货币主管部门的政策选择左右;二是实际货币数量,其路径由私营部门的市场选择决定。区分实际货币数量和名义货币数量的模型属性对应了长期货币中性这一属性。因为货币需求函数的价格同质性对长期货币中性来说至关重要,因此,弗里德曼对货币需求函数的强调与货币数量论中的货币中性命题是可调和的。[①]

事实上,长期货币中性取决于私营部门主要行为关系的同质性。私人经济主体的目标函数和技术约束基本上完全根据实际变量来制定——理性的私人经济主体并不关心名义价格水平。[②] 那么隐含的供需等式也将只包括实际变量,它们在名义变量中将是零次齐次的。[③] 因为供求关系可以用计量经济学来估计,所以货币数量论具有结构建模的实证内容。它要求所有的供需等式都具有前述同质属性。这些方程式如果表述得当,就构成了不依赖于现行政策规则的结构性关系。[④] 也就是说,货币政策是否有效与货币主管部门的操作无关。因此,货币数量论在实际操作中与“货币外生性”也无关。尤其是,中央银行是使用利率还是使用货币总量(或者外汇价格)作为其工具变量并不重要。

货币经济学中的任何模型都包含的一个关系是实际货币余额的需求函数。如前所述,货币长期中性占优势的一个条件是,该函数必须将实际余额仅与实际变量联系起来,这些变量通常包括实际收益率差(即持有货币的机会成本[⑤]和实际交易量)。然后,货币需求关系意味着稳态通胀率将等于货币存量的稳态增长率减去与产出增长率或实际交易增长率相关的项。因此,货币存量增长率的外生变化(如果以某种方式发生的话)将导致通胀率发生相同幅度的变化,除非它引起实际交易增长率或实际利差的变化。这两种可能性都很难发生,所以货币数量论本质上意味着稳态通货膨胀率与稳态货币增长率是一一对应的。

乍看之下,就私人经济主体对外生政策的反应而言,货币数量论的早期论述忽略了被广泛认为是货币数量论重要政策含义的内容。许多观察者注意到,货币数量论排除了自发性因素(如食品、能源等特定类型商品的价格上涨)作为价格持续波动的来源。其立场是,通过在特定商品价格上涨时保持货币存量不变,货币主管部门就可以防止总名义支出持续增加,从而防止总价格水平持续上升。Samuelson(1967)在表述货币数量论时强调货币“调节”在决定价格水平中起着至关重要的作用,这被纳入了很多教科书中,例如 Mishkin(2007)的相关文献。事实上,之前给出的货币数量论定义中就包含了这个要点。虽然我们关注政策导致的货币增长,但随着这种增长而来的过程还涉及价格水平的反应,一旦价格与货币的比例关

[①] 此外,Friedman(1956)认为,货币需求函数的无限利率弹性与货币数量论不一致。因为必须排除无限利率弹性才能产生货币中性的结果,这构成了弗里德曼货币数量论概念与此处使用概念的进一步重叠。

[②] 政府税收体制的存在意味着预算约束不能完全按实际情况加以描述。为简单起见,我们将其排除。

[③] 需要注意,在这个(标准)情景中,货币主管部门必须遵循一个依赖于某个名义变量的规则。否则,名义上的不确定性将占上风——模型将无法确定任何名义变量的值。这与最近文献中提到的“不确定性”的类型有很大不同,后者意味着存在多个动态稳定的理性预期解决方案。

[④] 这里我们考虑到了行为关系,例如欧拉方程。

[⑤] 这一差值是货币和生息资产的实际和名义收益率之间的差。为简单起见,我们假设现金和实际货币一样,都不计息。在这种情况下,这一差值等于名义利率。

系得到恢复,价格水平的反应过程即告完成。价格不受货币调节程度限制的模型意味着初始价格上涨可能会引发无穷尽的价格水平螺旋上升。因此,虽然我们从外生政策行为的角度来定义货币数量论,但我们给出的定义对模型行为有所限制,这意味着货币政策对非政策冲击的反应对于确定这些冲击对价格水平行为的影响至关重要。

3. 相关概念

与货币数量论的长期货币中性相关但有所不同的其他概念在此亦需简要述及。首先是货币的超中性。货币数量论表明稳态通胀率随稳态货币增长率的变化而变化,但这并不意味着不同的货币增长率(如通货膨胀率)对实际变量没有持久影响。特别是,它不排除其给产出水平、消费水平、实际利率水平等带来的永久性影响。例如,更高的通货膨胀率通常意味着名义利率上升,因此货币和证券之间的回报率差距也会扩大。这种扩大增加了持有实际货币时所放弃的利息收入,因此理性经济主体会选择减少货币形式资产的比重。在许多情况下,投资组合类型的重新调整会导致稳态资本/劳动力以及资本/产出比等关键实际变量的变化。

如果实际变量不随着稳态通胀率的变化而变化,我们就可以说货币(在经济中)具有超中性。然而,如前所述,在大多数实际经济体中,货币一般承担着为交易提供便利的服务功能,因此我们不应期望其在经济中保持超中性,这一点应该比较清楚。在实践中偏离超中性的幅度似乎会很小,其原因在 McCallum(1990)的相关文献中有过详细讨论。例如,年均稳态通胀率从 0 提升到 5% 可能意味着稳态实际利率仅下降 0.04% 左右。[①] 因此,货币的超中性大致成立。

当存在货币超中性时,对交替上升的通胀率反应不敏感的变量之一是实际利率(例如一年期实际利率)。反之,超中性缺位则意味着稳态通胀率变化可能改变稳态实际利率。值得一提的是,这种变化与所谓的费雪方程式完全一致,其线性化形式可写为 $r_t = R_t - E_t\pi_{t+1}$(其中 π 为净通胀率),后者应被视为恒等式,也就是 r_t 的定义。[②] 可以说,在这个问题上,现有文献存在一些困惑,一些作者把费雪方程式视为将名义变量与实际变量分开的行为方程,并声称如果通胀率的改变导致(稳态)实际利率发生变化,则费雪方程式存在矛盾之处。虽然在西德劳斯基-布洛克(Sidrauski-Brock)模型中,稳态实际利率确实独立于稳态通胀率,但在典型的世代交叠模型中,这一情况并不成立(尽管费雪方程式在以上两个模型中都成立),可参见 McCallum(1990)的研究。

还有一个被广泛使用的涉及长期关系的概念,它本身就拥有一个独特的属性,但有时被误认为是超中性的一部分。那就是由 Friedman(1966,1968)提出,并由 Lucas(1972)进一步

---

① 这种计算涉及函数形式和数量级的具体假设,参见 McCallum(2000a)的研究。
② 实际上,离散时间的严谨表达式为 $(1 + R_t) = (1 + r_t)(1 + E_t\pi_{t+1})$。

发展提炼而成的自然率假说(natural rate hypothesis,简称 NRH)。弗里德曼版本的假设指出,不同的稳态通胀率不会导致产出(或就业)一直偏离(高于或低于)没有名义价格黏性情况下的自然率水平。卢卡斯版本的假设则更进一步指出,没有任何货币政策可以一直使产出(或就业)偏离其自然率的水平,即使是持续增长(或下降)的通胀率也无法做到。要注意这些概念与超中性之间的区别:一个经济体可能不存在超中性,因为不同的持续性通胀会导致不同的稳态资本水平及不同的自然产出水平,但这个经济体仍符合自然率假说。

自然率假说(或在弗里德曼版本中被称为加速论的假说)的有效性从 20 世纪 60 年代后期开始就成为人们激烈争论的话题。Lucas(1972)和 Sargent(1971)指出,最初的检验(例如 1969 年的索洛检验)与理性预期并不一致,但后来的证据支持自然率假说。到 20 世纪 80 年代早期,自然率假说甚至被整合融入凯恩斯主义中(Gordon,1978;Baumol and Blinder,1982)。然而实际上,在过去的 15 年中,由于人们广泛接受 Calvo(1983)的名义价格调整模型,这一共识已被推翻。卡尔沃模型的基础离散时间形式意味着在任何时期内,只有一小部分卖家会进行价格调整,而其他卖家都不得不将其名义价格保持在先前的价格水平上。这个假设导致了如下经济关系:

$$\pi_t = \beta E_t \pi_{t+1} + \kappa(y_t - \bar{y}_t) \tag{3.1}$$

其中 π_t 表示通胀,y_t 是产出的对数,$\bar{y}_t$ 是产出的自然(即弹性价格)水平的对数。$\kappa > 0$,β 是贴现因子,满足 $0 < \beta < 1$。如果我们把这个关系看作通货膨胀水平,那就意味着通货膨胀和(恒定的)产出缺口之间存在稳定的关系。也就是说,$E(\pi_t)$ 的每个值都与其自身的常量值 $y_t - \bar{y}_t$ 相关联。因此,卡尔沃的调整方案甚至不能满足加速论假说,就更不用说满足更强的自然率假说了。正如 Yun(1996)与 Svensson(2003)所做的,改进这种情况最简便的方法是用式(3.2)代替(3.1):

$$\pi_t - \pi = \beta(E_t \pi_{t+1} - \pi) + \kappa(y_t - \bar{y}_t) \tag{3.2}$$

假定存在允许稳态通货膨胀率的规则,那么这里的 π 就代表现行政策规则下的稳态通胀率。(在给定时期内)对于那些没有机会以最佳方式重新定价的卖方,如果其价格按趋势速率上涨(而非保持不变),那么诸如式(3.2)的变量间关系将会占上风。式(3.2)意味着 $y_t - \bar{y}_t$ 的值平均为零,从而满足加速论假说,即弗里德曼自然率假说的弱版本。即便如此,式(3.2)并不意味着更强的卢卡斯版本。与稳态的通货膨胀相比,卢卡斯版本的通货膨胀路径更为一般化。[①]

4. 货币总量的历史表现

图 3.1 展示了美国货币总量的历史变化,该图描绘了自 1959 年以来 M1 和 M2 增长率的

[①] 还有一种更加雄心勃勃的方法,那就是推行如下构想:价格制定者在每个时期选择一个最佳价格和最佳增长率以应对未来不允许进行其他调整的情况。Juillard 等(2008)近期已经对此类情景进行了相关分析。

季度观察值。美联储于 1980 年引入现代的 M1 和 M2 序列(此后有一些小的更新),取代了此前对每个序列较狭隘的官方定义。[①] 尽管新定义的涵盖范围更广,但 1980 年以前 M1 和 M2 的增长率在新旧定义下的表现非常接近。图 3.2 绘制了新旧定义下 M1 年均增长率的对比情况。[②]

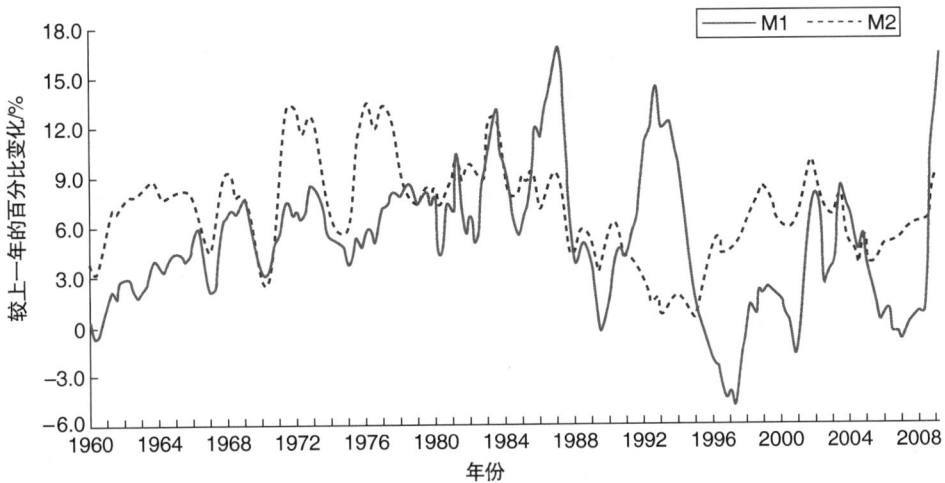

图 3.1 M1 和 M2 增长率

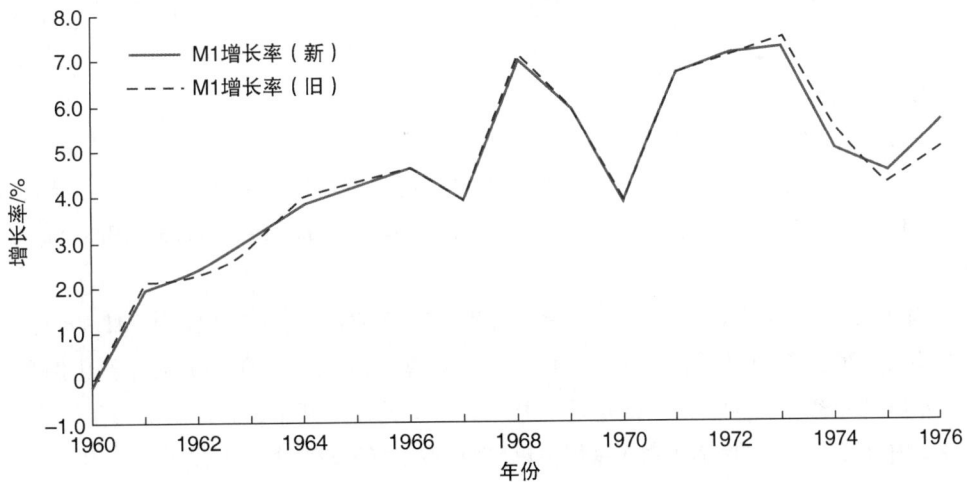

图 3.2 1980 年以前的定义与新定义下的 M1 增长率

关于对 M1 和 M2 定义的选择,Friedman 和 Schwartz(1970)指出:"重要的实质性结论很

[①] 参见 Hafer(1980)对于新旧货币总量定义之间的差异对比,以及 Anderson 和 Kavajecz(1994)关于美国货币存量估算历史的讨论。安德森(Anderson)和卡瓦耶茨(Kavajecz)将 M1 概念的发明归功于 Abbot(1962)的研究。广义的 M2 概念(包括定期存款在内)则至少可以追溯到 Friedman 和 Meiselman(1963)的研究。

[②] 图 3.2 中使用的旧 M1 数据源于 Lothian 等(1983)的研究,列出的 M1 序列的年份与 Lucas(1980)研究中使用的年份相近。

少取决于使用哪种定义……我们试着验证我们的许多结果,看看它们是否高度依赖于所使用的具体定义。答案几乎总是它们没有……"[1]但这个诊断并未被证明能持久适用。在自1970年以来的大部分时间内,M1和M2的走势不同。在20世纪60年代至70年代,人们认为Q条例[2]是导致M1和M2增长差异的一个因素。但是Q条例的废除也没有消除M1和M2增长之间的差异。相反,在20世纪80年代初以来盛行的放松管制的环境中,M1和非M1的M2的存款余额利率差异长期存在,其结果是M1和M2总量的增长率之间的差异在扩大。

在证券利率保持不变的情况下,为货币总量中包含的存款支付的利息发生变化(由此使得货币自有利率上升),这往往会改变该货币总量的实际需求。而这是否会影响名义货币数量的增长率则取决于货币主管部门的操作流程。当美联储使用利率工具时,它必须默认其利率选择对货币增长会产生影响。因此,实践中M1和M2的增长差异往往反映了与这两个总量相关的不同机会成本。

关于金融管制放松和创新对货币总量影响的讨论,通常有这样一种说法,即要为M1存款支付利息极大地改变了M1的特征。[3] 虽然这一论点对分析国际上放松管制的经验很重要[4],但它对美国本土的有效性很有限。美国实际上从未取消关于活期存款利息的禁令。1980年重新定义的M1序列,除包括货币、旅行支票和活期存款外,还包括其他支票存款(other checkable deposits,简称OCDs)类别,即某些可以合法计息的非活期支票存款。在20世纪80年代的大部分时间里,M1中包含的OCDs相对于M1中的活期存款有所上升,这表明OCDs的利息回报率对银行客户有一定的吸引力。但总体而言,对M1存款支付利息未被证明是影响投资组合决策的主要因素。惯例、现行法规、M1提供的交易服务与M2中非M1的部分相比存在的持续差异都意味着即使在放松管制的时代,M1存款的回报率相对其他存款而言也是缺乏吸引力的。

20世纪80年代M1流通速度的下降有时被归因于对M1支付利息。但是直到20世纪80年代后期,M1流通速度的变化可以很好地被市场利率所反映的持币机会成本下降所解释,而不需要诉诸M1自身利率的变化(Hoffman and Rasche, 1991;Lucas, 1988;Stock and Watson,1993)。

因此,一般而言,M1总体上对利率敏感,证券市场利率的上升则促进了M1的流出。相比之下,从20世纪70年代末开始,具有市场利率的M2中的非M1部分的存款比例大幅上升,到1982年初达到60%以上(Gramley,1982)。M2整体的利率敏感性主要源于以下事实,即M2内部几类存款的利率(例如零售存单)在证券市场利率调整上几乎没有延迟。

实践证明,金融创新影响M1的方式更为重要。银行所青睐的创新并未使M1存款更具吸引力,但使得M1存款和M1以外但包含在M2中的计息存款之间的转移更为容易。清扫

---

[1] 同样,Meltzer(1969)指出:"我不知道在任何时期……用这个而非另一个货币定义作为货币政策的指标会有实质性差异。"

[2] 译者注:即存款利率管制条款。

[3] 例如,Lucas(2000)的讨论表明,美国活期存款以前不能生息,但现在可以了。许多类似的陈述还可在其他作者的文献中找到。

[4] 例如,Hendry和Ericsson(1991)提供的英国M1存款利率表显示,英国的交易存款从1984年初的零计息变成了当年年底7.5%的年均利率。

（Sweeps）计划允许银行主动在 M1 存款和非 M1 存款之间进行常规转账。这种安排的雏形在 20 世纪 70 年代以自动转账服务（ATS）的形式发展起来（Hafer，1980），但直到 1994 年 1 月各银行才广泛提供这种账户服务（Anderson，2003）。

由于 M2 中非 M1 存款的回报较高，这种安排对储户有吸引力，并吸引银行将其作为减轻不断加大的 M1 存款准备金要求压力的一个手段。由此产生的投资组合行为在 M1 中产生的变化被认为基本没有宏观经济意义，Anderson（2003）认为"零售存款清扫账户计划只是一种会计变更：它们不会影响银行客户自认为拥有的交易存款金额"。一系列研究试图根据清扫账户行为的影响来修正美国货币总量（Cynamon et al.，2006；Dutkowsky et al.，2005）。图 3.3 描绘了 M1 的增长与调整后的 M1 序列的增长。继 Ireland（2009）之后，这一调整后的序列的存款部分是基于 1993 年启用西奈蒙-达特考斯基-琼斯（Cynamon-Dutkowsky-Jones）的 M1 存款序列替换 M1 存款，前者用清扫计划进行了修正。此外，图 3.3 中所用的调整后的序列减去了美国联邦储备委员会估计的海外持有美元存量（该数据从 1964 年起可用），如资金流量中所体现的。从图 3.3 中可以看出，这些调整导致了 20 世纪 90 年代后期 M1 增速总体上更为温和地下降。

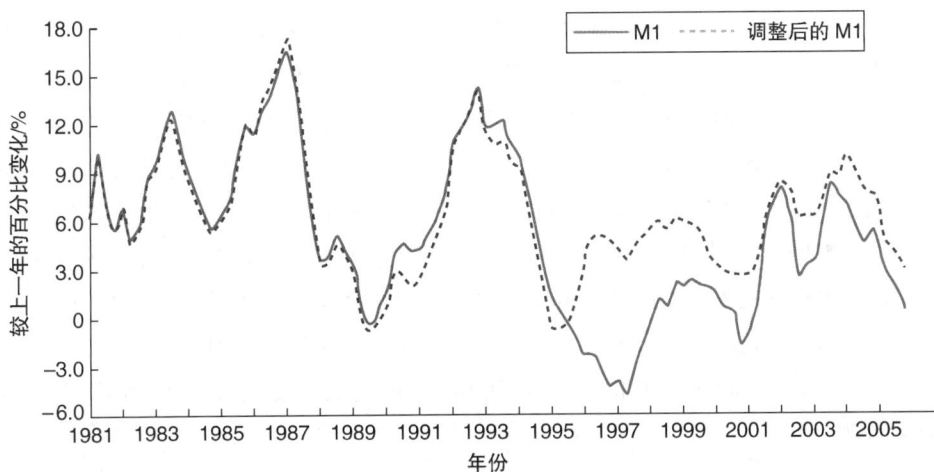

图 3.3　M1 与调整后的 M1 的增长

图 3.4 显示了 M1 和 M2 的增长速度。众所周知，20 世纪 80 年代初以前的趋势组合是 M1 增速持续向上而 M2 增速平稳。同样为人熟知的是，1981 年以后，M1 增速经历了一次重大的突破。但 20 世纪 90 年代后期 M1 速度看似明显恢复向上趋势在很大程度上是虚幻的，只是反映了实施清扫账户计划后的调整效果。图 3.4 以相同比例显示这两个序列，可以看出 M2 增速在整个样本期中非常稳定。但仔细观察，该序列还是出现了几个显著变化——随着 1983 年第一季度货币市场存款账户的引入，M2 增速下降，随后在 20 世纪 90 年代中期大幅度上升①，然后下降，但并未完全逆转。这种情形在 2001—2002 年货币政策宽松和国际动荡

① 20 世纪 90 年代的 M2 需求一直是众多研究的主题，包括 Duca（1995）、Lown 等（1999）以及 Carlson 等（2000）的研究。

期间也出现过。

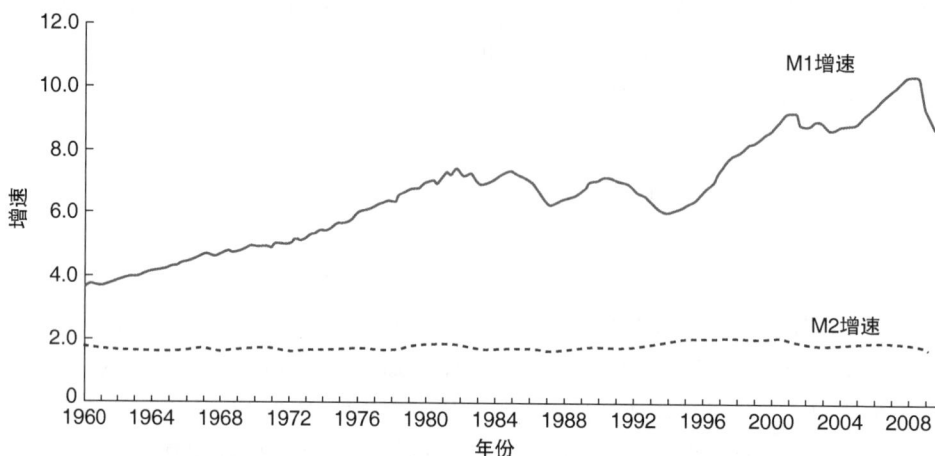

图 3.4　M1 和 M2 增速季度值

M2 增速平稳的一个解释是，清扫账户计划带来的变化在 M1 中产生但在 M2 中被抵消。除上述这种支持 M2 的或有机制基础外，即使从货币需求的标准理论角度看，这可能也是一个更优的定义。尽管 M1 的定义旨在把握交易余额的概念，但 M2 中的一些非 M1 组成部分（例如货币市场存款账户）可能经常用于日常交易。在这种情况下，最好用 M2 来表示货币的交换媒介概念。Dorich（2009）认为 M2 应该被用作交易货币的经验衡量指标，而 Reynard（2004）就这么做了，并剔除了 M2 中的第一类存款（即小额定期存款，近年来约为 M2 的 1/7）。Lucas（2000）认为迪氏（Divisia）程序是构建货币总量指标的最佳方法，而这种方法得出的实证结果在一定程度上反对将 M2 序列作为交易货币的衡量标准，至少对于使用长样本周期的研究而言是这样。迪氏程序生成了一个序列，该序列降低了 M2 中非 M1 部分的权重，并导致 M2 和迪氏 M2 在 20 世纪 70 年代和 80 年代的关键时期表现迥异（Barnett and Chauvet，2008）。

5. 关于货币增长与通货膨胀关系的不完美证据

已得到推广的许多检验程序提供了有关货币增长与通货膨胀之间的数量—理论关系的证据，无论是支持的还是反对的。然而，两个最突出的检验程序在概念上却存在缺陷。这些程序基于：第一，对长期货币需求稳定性的测定；第二，使用跨国平均值进行通货膨胀对货币增长的回归（或序列散点图）。我们将依次讨论它们。

5.1　货币需求稳定性的证据

货币增长和通货膨胀之间的数量—理论关系不取决于估计的货币需求函数中所有参数的恒定性，也不取决于货币需求函数的各组成部分之间的协整。为了看到这一点，让我们先写一个标准的货币需求方程：

$$\log(M/P)_t = c_0 + c_1 \log Y_t - c_2 R_t + c_3 t + e_t \tag{3.3}$$

其中 c_1 和 c_2 是正数。除了我们纳入的 $c_3 t$ 项外，这是通过效用分析得出的典型规范形式（也可以用总消费 C_t 代替总产出 Y_t）（Lucas，1988，2000；McCallum and Goodfriend，1987）。这个线性趋势项旨在把握作为外生因素的支付技术的稳步发展。[①] 如果金融体系的发展允许经济主体随时间推移节约使用其持有的货币，就有 $c_3 < 0$。在单一收入弹性和固定名义利率的情况下，趋势项意味着增速呈现出上升趋势，也就是说，实际余额的增速低于实际收入的增速。

开展货币需求和协整研究的动机通常是这样的，即货币需求的稳定性是货币增长和通货膨胀之间存在数量论关系的一个条件。然而，Lucas（1980）否定了上述货币增长/通胀联系对货币需求稳定性存在依赖性。支持卢卡斯的立场有若干理由。例如，式（3.3）中的货币需求冲击（e_t 中存在单位根）被视为违反了货币需求函数的动态稳定性，这表明没有协整，而根据某些定义，可知货币需求不稳定，但这意味着存在一阶差分关系，即

$$\Delta \log(M/P)_t = c_1 \Delta \log Y_t - c_2 \Delta R_t + c_3 + \Delta e_t \tag{3.4}$$

因此，单一的货币增长/通胀关系取决于其他变量。特别是，如果具有固定的 R_t，则有：

$$E(\Delta \log M_t) = E(\pi_t) + c_3 + c_1 E(\Delta \log Y_t) \tag{3.5}$$

因此，总体而言，根据产出增长调整的货币增长与通货膨胀之间存在一对一的关系。正如 McCallum（1993）所论证的那样，货币量（或者单位产出的货币）与价格水平之间缺乏协整对货币数量论来说并不是一个有问题的结果。

同样，货币需求函数中截距项的变化将永久性地改变货币与价格之间的关系，这是货币增长/通胀关系的基础。但是一旦完成向新截距项的转换，这个变化就会从货币需求函数一阶差分中完全消失。此外，货币需求长期利率半弹性的一次性转变，例如 Ireland（2009）认为近年来在 M1 需求中发生过的情况并不会影响货币增长和通胀之间的长期关系，前提是 ΔR_t 平均为零。综上所述，尽管货币需求函数的价格水平齐次性对于实现货币数量论的关系来说至关重要，但长期货币需求关系其他几个方面的不稳定性并不排除货币增长与通货膨胀之间的紧密关系。

需要进一步明确的是，正如 Lucas（1980）所指出的那样，货币需求稳定性与通货膨胀和货币增长之间存在弱关系这一点相一致。美国 M1 的情况是最好的例子。如前所述，直到 20 世纪 80 年代后期，长期 M1 需求可以通过货币的标准需求函数来解释。但是 20 世纪 80 年代

[①] 有人提出，支付技术在通胀相对较高的时期往往发展得更快，我们认为确实如此。但是，如果这些创新步伐的变化是由政策引起的，那么将这些变化视为"内生的"则更为准确，因此可以将其与趋势项所捕获的变化区别开来。

初 M1 增长/通胀的关系分崩离析了。M1 增速与通货膨胀率之间的差距源于持币机会成本的持续变化。式(3.4)中的 ΔR_t 项的平均值不仅不为零,反而为负,这种持币机会成本的下降推动了货币余额的复苏。可以肯定的是,以二战后的标准来看,ΔR 的非零趋势并非例外。20 世纪 50—70 年代,ΔR_t 的值平均为正。鉴于此,Barro(1982)质疑货币数量论中关于货币增速导致通货膨胀的典型论述。这些论述倾向于把利率上升引发的货币速度增长视为"一次性"因素,影响价格水平但不影响价格走势。Barro(1982)指出,随着 R_t 在实践中趋于上升,用 M1 衡量的货币速度的增长对美国通胀的推动被证明是巨大的。然而,ΔR_t 在这几十年中对货币增速的贡献十分稳定,它并没有弱化通货膨胀与货币增长先前的紧密关联。1981 年后,R_t 的趋势转为下降,但 R_t 的实际下降以及相关增速的下降是突然发生的。例如,1982 年下半年联邦基金利率的下降态势在美联储收紧货币政策的 1983 年和 1984 年大部分时间中几乎完全逆转了,但在 1985 年和 1986 年,利率又降至 20 世纪 70 年代初以来的最低水平。因此,利率下降并没有导致 M1 增长与通货膨胀之间出现大致稳定的差异,而是在特定时期(特别是 1982 年中期至 1983 年中期以及 1985—1986 年)明显影响了 M1 的增长速度。一旦这些特定时期的 M1 被纳入计算范畴,通货膨胀和货币增长的相关性基本上就消失了。

在 20 世纪 90 年代和 21 世纪的前十年,名义利率下降的趋势仍在继续,实际利率和预期通胀率也在下降。金融发展(例如清扫账户)无疑导致了 M1 增长和 M1 需求的扭曲,但即使没有这种扭曲,人们也不应该预期货币增长与通胀之间存在密切的关系,因为持币机会成本发生了不均衡但重大的变化。

货币需求的稳定性与货币增长/通胀的密切关系之间没有紧密的映射,这一事实是本章没有回顾货币需求研究的原因。然而,我们接下来将讨论关于货币需求收入弹性的现有证据,这的确与货币增长/通货膨胀关系以及货币需求的名义齐次性有关。

5.2 国别平均数据的证据

要验证假定的货币数量论关系,一种流行的方法是构建各国货币增长和通货膨胀的平均观察值序列,画出散点图或将通货膨胀对货币增长进行回归分析(可能涉及面板数据)。当某一国家出现两位数的高通胀率时,货币增长和通货膨胀的年平均值的散点图往往会呈现突出的状态(Friedman,1973;Lucas,1980;McCandless and Weber,1995)。对于平均通胀率为个位数的国家,其结果往往会更为混合。例如,Issing 等(2001)的研究显示,对于一组低通胀国家,平均货币增长率和通货膨胀率呈现出离散分布;他们认为货币数量论隐含了单一斜率的关系图,并且未能拒绝这种斜率限制。此外,De Grauwe 和 Polan(2005)发现,低通胀国家的平均货币增长率与通货膨胀率之间的关系很弱;Frain(2004)的一份研究报告中使用了与前者相同的数据,却得出了相关性更强的研究结论。

不管是有利还是不利,把使用跨国数据的结果用作货币数量论的证据是有缺陷的(Nelson,2003)。一个极端情况可以说明这一点:假设有两个国家 A 和 B,这两个国家的实际收入或名义利率并没有随时间的变化而变化，且假设没有货币需求冲击，那么货币需求方程的一阶差分意味着货币增长/通货膨胀相关性在每个国家都是完美的，也就是说，对于 $i = A$，B，有 $\Delta \log M_{ti} = \Delta \log P_{ti} + c_{3i}$。但是，除非在支付技术趋势完全一致的特殊情况下（即 $c_{3A} = c_{3B}$），否则各国非通货膨胀的货币增长率不会相同。基于跨国平均值的货币数量论的实证研究缺陷在于，他们给每个国家都强加了一个恒定的 c_3 值——本质上，这意味着各国货币流通速度有一个共同趋势。

对货币增长和通货膨胀进行跨国别研究的研究者很少认识到这一点，但 Parkin（1980）是一个例外。他正确地指出，六个主要国家的"通货膨胀均值与货币增长之间几乎没有任何关联"，这不是因为国内货币增长/通货膨胀之间没有联系，而是"金融创新引起对 M1 需求的不同趋势变化"导致的。[1] 这一点在研究低通胀国家时至关重要。例如，德国 1962—1979 年的通货膨胀率（消费者价格指数，3.7%）低于美国（4.9%）。但同期德国 M1 平均增速为 8.3%（每单位产出的 M1 增长率为 4.6%），美国相应的数据为 5.3%（每单位产出的 M1 增长率为 1.4%）。专注于跨国平均数据的研究方法表明通货膨胀与货币增长不存在密切的相关性。但是，在每个国家中，1962—1979 年通货膨胀与 M1 增长高度相关，时间序列证据支持近乎单一的关系。跨国研究方法忽略了各国之间不同的货币流通速度趋势，并且无法从时间序列证据中揭示货币增长/通胀关系。[2]

诚然，在通货膨胀率很高的情况下，因支付技术的外生改进而导致的货币流通速度变化往往会被其他因素掩盖：与货币高增长率相关的通货膨胀率相对于外生速度趋势而言很高。[3] 这说明，尽管这类证据存在固有缺陷，但用跨国平均数据计算的货币增长/通胀的相关性往往虚有其表。

6. 时间序列数据中的货币增长和通货膨胀

本节将讨论货币增长和通货膨胀之间的时间序列关系。我们的观点是，虽然货币增长和通货膨胀之间的静态、同期关系很弱，但并不是说只有在长期内这种关系才会变得显著。相反，通货膨胀与前几年的货币增长强相关，尽管并非完全相关。无论是使用标准模型进行定量验证，还是从历史时间序列数据中提取证据，情况都是如此。

在这个意义上，我们正在挑战文献中一个普遍的并且无论是货币政策分析中使用货币的批评者还是支持者都广泛接受的观点。例如，Assenmacher 等（2007）虽然在政策分析中支

---

[1] 花旗银行早期也讨论了这一点（Citibank，1979）。

[2] 对于使用准备金或基础货币作为衡量货币标准的实证研究（Haldane，1997），另一个扭曲各国比较的因素是未能根据不同国家准备金要求的变化进行调整。McCallum 和 Hargraves（1995）阐述了这一因素的历史重要性。

[3] 在恶性通货膨胀环境下，货币流通速度趋势会继续反映金融发展，但将这种发展看作平稳和外生的已不再适宜。随着货币余额持有者更加努力地降低其以货币形式持有的资产比重，货币流通速度会出现陡峭的趋势。这些趋势往往会强化货币增长/通货膨胀的相关性，但也会推动描述其关系的斜率发生偏离；速度增长的引致反应会导致通货膨胀超过对货币增长的一对一反应。

持使用货币,但也用了限定词进行限制(第 535 页),即"货币增长和通货膨胀只在长期看来是紧密相关的"。这一立场可以被视为支持对 Svensson(1999)的批评,后者认为"这种长期相关性与货币政策无关"。

斯文森(Svensson)的这一说法难以令人信服,因为政策制定者的确关注长期的通货膨胀预期。但更为普遍的观点是货币数量论只有在很长的时段里才能成立,这降低了货币数量论与货币政策决策的相关性。若要质疑这个观点,首先考虑在研究货币数量论时采取长期移动平均数据是有益的,而相应地,我们将在本章 6.1 中这样做。然后,我们用定量模型(即本章 6.2 中所描述的模型)和历史数据(即本章 6.3—6.6 讨论的内容)考察货币增长和通货膨胀之间的时间序列关系。最后,我们探究美国关于货币数量论名义齐次性命题的证据(即本章 6.7 中的描述)。

6.1 需要计算长期平均数据吗?

如前所述,货币数量论的一个含义是,一旦考虑到产出增长,稳态货币增长率和稳态通货膨胀率就呈现出一对一的相互关联性。Lucas(1980,1986)认为,在研究特定国家的时间序列数据时,这种稳态关系可以通过货币增长和通货膨胀的长期移动平均数据得出。Lucas(1986)继续说道:"如果没有这种平均法,货币数量论……就无法提出对货币与通货膨胀之间联动的有益解释。"Dewald(2003)等的实证研究也提出,时间序列的长期移动平均数据是揭示货币增长和通货膨胀之间密切关系的一种有效方法。

Sargent 和 Surico(2008)详细研究了一种反对意见,虽然这并不是我们此处关注的重点。在通货膨胀(或其移动平均数)对货币增长移动平均数的回归中,对系数估值的解释取决于过去几个季度的货币增长率(纳入移动平均数的计算)是否代表未来货币增长率的预期。如果是,那么即使在货币数量论有效的环境中,与平均货币增长项相关的系数估计也不会趋于 1。它将是政策规则参数的函数,其原因与自然率假说的文献中所讨论的原因相同。

通过各种模型的模拟,Sargent 和 Surico(2008)研究了移动平均回归中货币增长项的系数。他们构想的一些模型和参数值确实得出了货币增长/通货膨胀不是一对一关系的结论,这可以作为反对移动平均法的一个论据。[①] 但是他们的结果与实践中使用的货币政策模型之间的实际相关性值得商榷。例如,即使在 Sargent 和 Surico(2008)所设想的条件下,长期通货膨胀是一个单位根过程,但平均货币增长系数会趋于 1,而 Smets 等(2008)和 Woodford(2008)的假设就是这样的。此外,如下所述,当我们用标准利率规则模拟标准新凯恩斯主义模型时,即使货币增长和通货膨胀是稳定的,货币增长/通胀关系也是近似单一的。[②]

我们对移动平均法的批评在某种意义上有所不同。平均时间被广泛认为是允许滞后项的一种方法——尤其是对于 McCandless 和 Weber(1995)的研究——但实际上它可能做得并不好。特别是,如果与保留非平均时间的序列数据相比,长期平均法在实践中并未给货币数

---

① 然而,通货膨胀和货币增长的无条件均值之间仍然保持着一对一的关系。
② Benati(2009)提出了其他理由来质疑萨特金-苏里科(Sargent-Surico)的论点是否适用于实际货币增长/通胀组合。

量论的拟合带来更大的改进。

要了解这一点,可考虑 Lucas(1980)在研究美国案例时使用的数据。他使用第二季度的观察数据来分析 1955—1975 年的 M1 增长和 CPI(消费者价格指数)通货膨胀。利用现代年份的 CPI 数据和 Lothian-Cassese-Nowak(1983)旧口径的 M1 数据(与卢卡斯使用的数据接近),并为每个第二季度的观察值取四个季度的对数差异,我们在表 3.1 中展示了三种回归。第一个是通货膨胀对 1955—1975 年货币增长的回归。卢卡斯认为这种关系是松散的,并促使他使用移动平均。第二个回归用(重叠的)五年平均值数据取代年度数据(1956—1960 年的平均值是第一次观测数据,1957—1961 年是第二次观测数据,以此类推,共 16 次观测数据)。第三个和第四个回归式回到年度数据(样本期分别为 1955—1975 年和 1960—1975 年),但它们没有将通货膨胀作为当年货币增长的函数,而是将通货膨胀对两年前的货币增长进行回归。

表 3.1 使用不同时间聚合度的 M1 增长/CPI 通胀关系,美国,1955—1975 年

因变量	解释变量	样本期	货币增长项系数	R^2
年度通胀	年度货币增长	1955—1975 年	0.515(0.236)	0.200
五年期通胀移动平均值	五年期货币增长移动平均值	1960—1975 年	0.832(0.134)	0.732
年度通胀	滞后两年的年度货币增长	1955—1975 年	0.809(0.178)	0.518
年度通胀	滞后两年的年度货币增长	1960—1975 年	0.829(0.214)	0.517

注:这些回归的年度数据是 M1 的四季度增长率和相应年份第二季度的 CPI。

采用移动平均的确可以将货币增长的系数从明显低于 1 提高到与 1 差别不大的 0.80 以上。但是在保留年度数据的同时,用滞后的货币增长取代当前的货币增长也能实现这一结果。很显然,当人们转向高度平均的数据时,货币数量论所表现的改善并不比时间序列计算带来的改善更好,该时间序列计算允许货币增长和通货膨胀之间存在变化间隔。

我们认为这一结果对卢卡斯的例子而言并非特殊情况。相反,货币增长、名义收入增长和通货膨胀之间的时间关系意味着类似的结果很可能会出现在其他样本期和其他国家。我们用同一序列的移动平均数据替代通货膨胀对货币增长进行回归意味着把右侧变量从当前的货币增长率改为此前、当下和未来货币增长的平均值。但货币增长的变化往往导致通货膨胀的变化——这一规律甚至在 Hume(1752)和 Wicksell(1915,1935)关于货币数量论的经典文献中就已经提到,并且在货币主义文献中得以强调,尤其是在 1970 年前被弗里德曼所强调(Friedman,1972b,1987)。这一规律在使用新近数据的研究中仍然成立(Batini and Nelson,2001;Christiano and Fitzgerald,2003;Leeper and Roush,2003;Dotsey and King,2005)。在频谱分析的术语中,货币增长与通货膨胀之间存在相移(phase shift)。

从表面上看,时间平均法在允许这种相移的正确方向发展,因为它将先前货币增长引入右侧货币项。但是,如果通货膨胀率常规地跟随货币增长,这就不再是一种恰当的方法了。一定时期内平均通货膨胀对平均货币增长的回归仍然意味着通货膨胀和货币增长之间的关系是同期的,未来货币增长率进入右边的表达式,其权重与滞后期的增长率相同。

因此,采用时间序列数据的长时间移动平均法并非分析货币增长与通货膨胀关系的合意方法。我们最好继续使用非平均时间序列数据,且明确而非隐含地表明允许存在滞后。

长期平均值有助于消除测量误差,这一论点该如何评价? 我们十分赞成货币衡量存在严重问题这一观点,并注意到这些问题可能会扭曲货币增长与通货膨胀之间的关系。但就我们所见,这并不是一个低频率与高频率数据的问题,期望衡量问题只对周期性关系有影响,而无关乎长期关系,这是不现实的。

6.2 新凯恩斯主义模型中的货币增长/通胀动态

在我们对美国货币增长和通货膨胀时间序列数据的讨论中,考虑货币增长和通胀之间的关系是有指导意义的,这是通过货币政策分析中经常使用的一种结构模型的量化实验得出的,我们采用新凯恩斯主义模型附加一个货币需求函数。除了为 IS 曲线和菲利普斯曲线中出现的期望项提供 $t-1$ 期计算外,这里采用的是标准新凯恩斯主义模型。我们采用 Svensson 和 Woodford(2005)的方法,在支出和定价关系中使用滞后期望,并得出了一个 Rotemberg 和 Woodford(1997)详细阐述的用惯性表示的简化版本。为了代替式(3.2),菲利普斯曲线表现为以下形式:

$$\pi_t = \beta E_{t-1}\pi_{t+1} + \kappa[E_{t-1}(y_t - \bar{y}_t)] \tag{3.6}$$

这个菲利普斯曲线产生于如下环境:那些公司根据上一季度(即 $t-1$ 期)的信息集,在当季(即 t 期)作出改变价格的决策。IS 方程为:

$$y_t = E_{t-1}y_{t+1} - \sigma[E_{t-1}(R - E_{t-1}\pi_{t+1})] + e_{yt} \tag{3.7}$$

其中 $\sigma > 0$,e_{yt} 是一个 IS 冲击。我们保留了货币需求函数式(3.4),所以投资组合的决策基于实际产出和利率。

为了完成这个模型,我们假定货币政策遵循平滑的泰勒规则(Taylor,1993),直到出现白噪声冲击:

$$R_t = \rho_R R_{t-1} + (1 - \rho_R)(\phi_y y_t + \phi_\pi \pi_t) + e_{Rt} \tag{3.8}$$

我们设置参数如下:$\beta = 0.99$,$\kappa = 0.024$,$\sigma = 0.5$,$\rho_R = 0.8$,$\phi_y = 0.125$,$\phi_\pi = 1.5$,$c_1 = 1$,$c_3 = 0$。[1]

货币需求利息的半弹性 c_2 保持为 4,对应于 King 和 Watson(1996)提出的商业周期频率值。我们假设非政策冲击(IS、货币需求和自然产出冲击)是一阶自回归过程,每个过程的自回归参数为 0.95,标准差为 0.5%。如前所述,货币政策冲击被视为白噪声,标准差为 0.2%。

我们求解模型并计算脉冲响应。图 3.5 描绘了货币增长、通货膨胀、名义利率和名义收入增长(Δx,定义为 $\pi + \Delta y$)对单位货币政策冲击的反应。货币政策冲击降低了名义利率,导致货币增速立即提升。由于滞后项存在隐含的延迟,实际支出(未显示)和通货膨胀对利

---

[1] 这里所用的 κ 值是 Woodford(2003)使用的基准值,它又源于 Rotemberg 和 Woodford(1997)的估计值。尽管通过利率平滑来分散,但仍可以看出,政策规则参数意味着对通货膨胀和去趋势产出的反应与 Taylor(1993)的预估相同。平滑参数值 0.8 是标准值。选择 IS 斜率 $\sigma = 0.5$,这与文献中经常使用的值相比是适度的。选择此值是因为该模型缺乏其他特征(例如习惯形成)来缓和总需求对货币政策变化的短期反应。

率的变动具有延迟性反应。因此,尽管引起通货膨胀的因素(即当前和预期未来产出的缺口的总和)完全是前瞻性的,货币增长的确会导致通货膨胀。

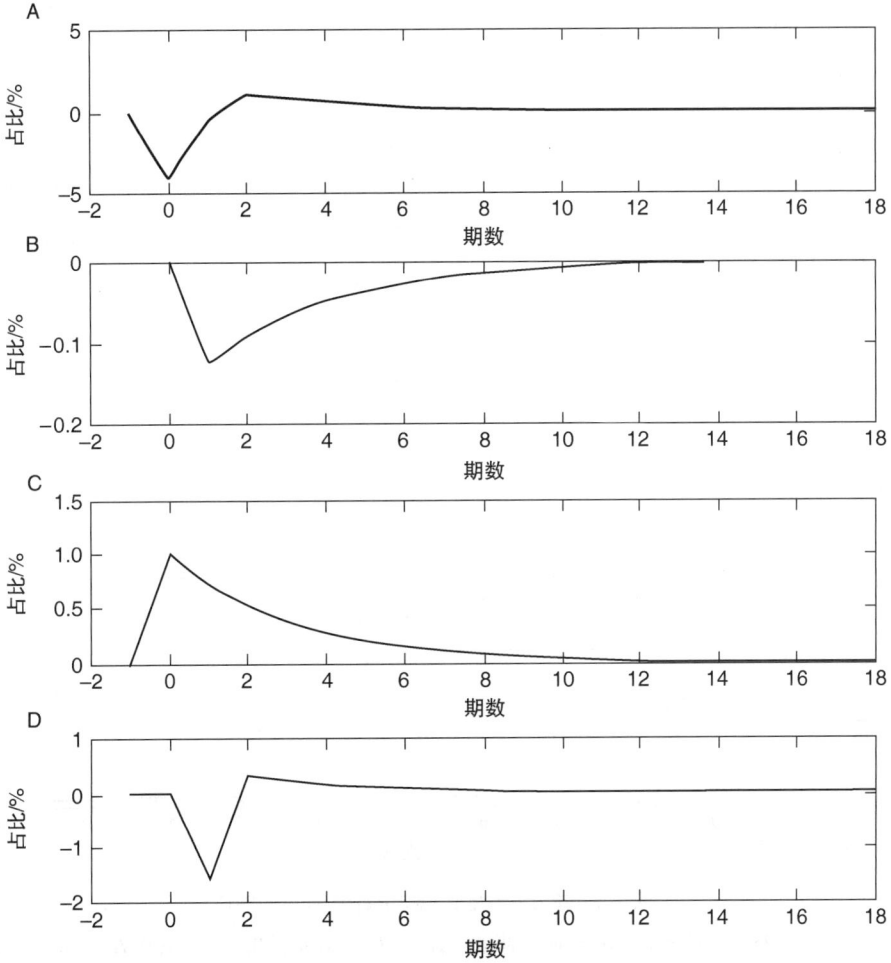

图3.5 新凯恩斯主义模型中对货币政策冲击的响应

注:(A)Δm 对政策冲击的响应,(B)π 对政策冲击的响应,(C)R 对政策冲击的响应,(D)Δx 对政策冲击的响应。

图3.6描述了模型对一个单位的 IS 冲击的响应。同样,货币增长先于通货膨胀做出反应。

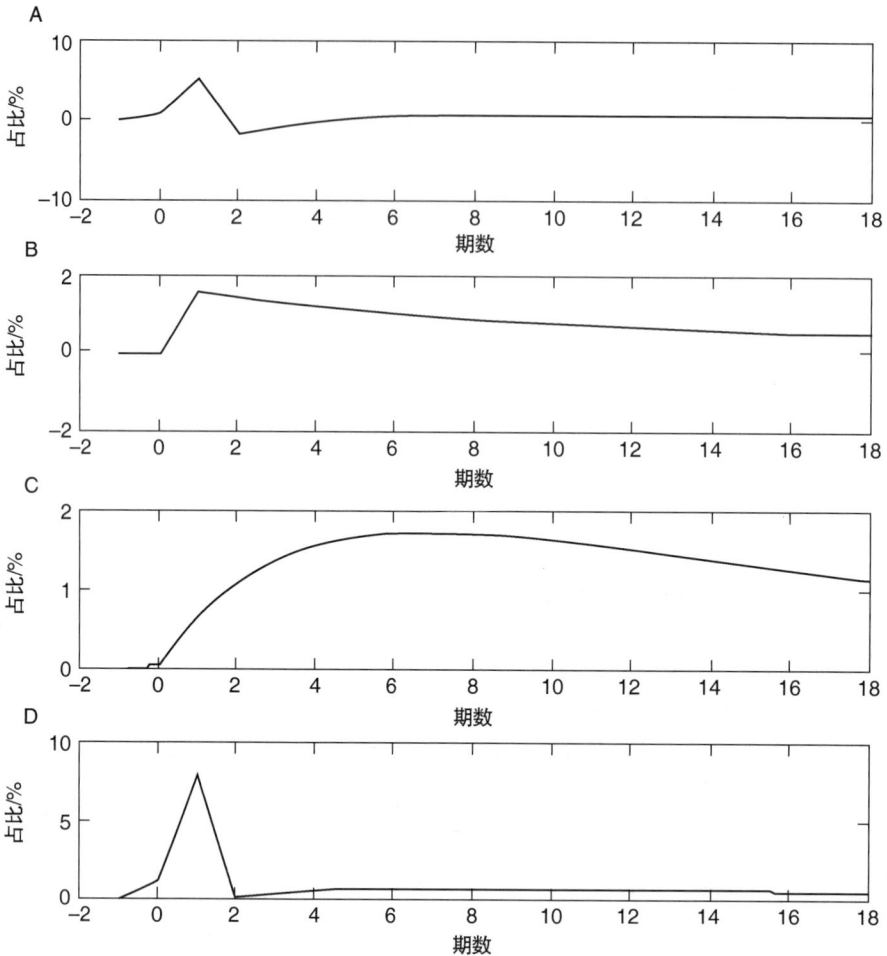

图 3.6　新凯恩斯主义模型中对 IS 冲击的响应

注:(A)Δm 对 IS 冲击的响应,(B)π 对 IS 冲击的响应,(C)R 对 IS 冲击的响应,(D)Δx 对 IS 冲击的响应。

　　图 3.7 描绘了对一个(正的)潜在产出冲击的响应。该冲击在滞后一期后降低了通货膨胀,由此引发的政策宽松则遏制了通胀的下降。在这种情况下,同期的货币增长/通货膨胀关系为负相关,且通货膨胀的下降先于货币增长的下降。这些模式与先前反应中被观察到的货币增长领先于通货膨胀形成了对比。此外,名义收入增长/通胀关系也与前述有所不同,名义收入增长在通货膨胀下降之后才开始下降。这表明与这次冲击相关的一系列反应在实证研究中相对不重要,因为数据中显示的平均趋势是名义收入增长导致通货膨胀,正如我们稍后将讨论的那样。

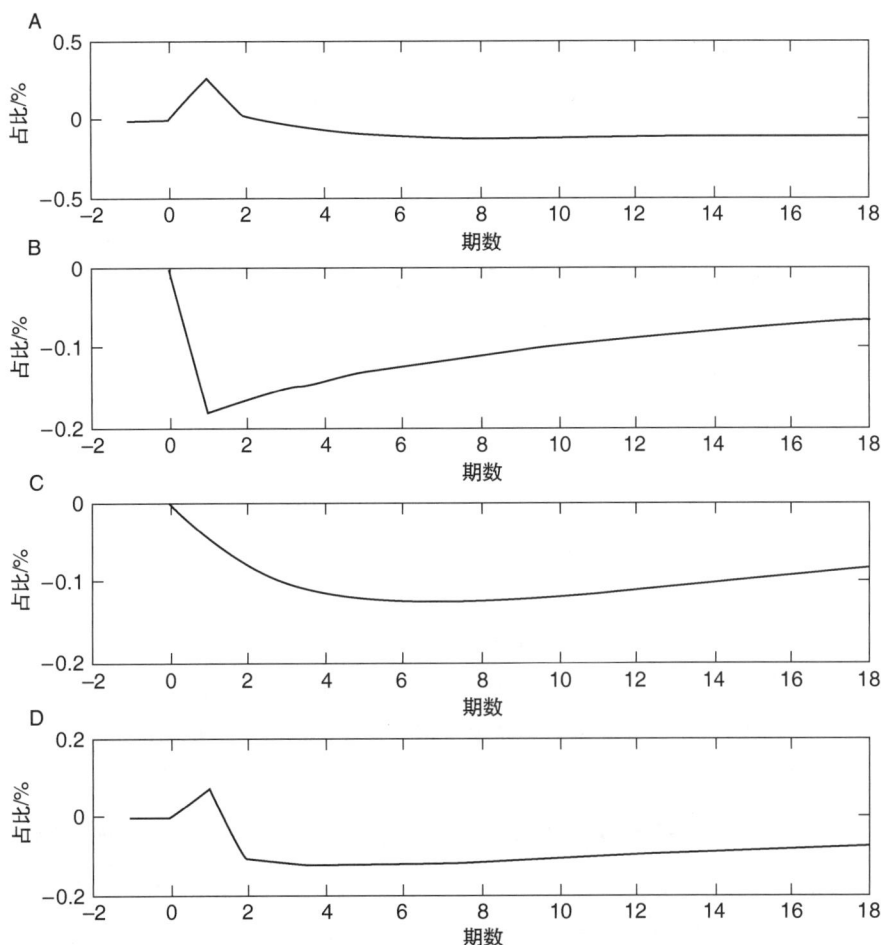

图 3.7　新凯恩斯主义模型中对自然产出冲击的响应

注：(A)Δm 对自然产出冲击的响应，(B)π 对自然产出冲击的响应，(C)R 对自然产出冲击的响应，(D)Δx 对自然产出冲击的响应。

总体结果有四个方面值得关注。

第一，货币增长和通货膨胀密切相关——事实上，它们拥有近乎单一的关系。尽管响应所描述的是动态关系而不是稳态关系，但这一点仍然成立。这种标准的新凯恩斯主义模型表明，货币增长和通货膨胀的关系在很大程度上表现在经济周期的频率上。

第二，在这个模型中，货币增长往往与通货膨胀有着同期的或前者引领后者的关系。Lucas(1980)推导货币数量论的方法可以被认为依赖于通货膨胀关于货币增长率的双边分布（即滞后和领先）。早期的回应表明，在实践中，未来货币项对研究通货膨胀与货币增长之间的关系并不重要。尽管在模型中，以产出缺口表示的通货膨胀具有先行性，但模型中的决策延迟被赋予了货币主导关系。另外请注意，原则上，在出现货币水平的冲击后，货币与价格之间的比例关系虽然可以通过将货币存量恢复到原始水平来恢复，但对于我们所考虑的冲击来说，这并不是恢复比例关系的主要方式。相反，对于 IS 和政策冲击，价格往往会随着货币的变化而变化,从而恢复到其最初的实际余额水平。

第三,该模型的结果与以下观点不一致,即采取稳定措施应对通胀的政策规则会产生消除货币增长/通胀关系的效果。这一观点自20世纪60年代以来便广为传播,但结果看起来并不相关,其原因如下所示:首先是模型中包含的延迟作用阻止了通货膨胀的完全稳定;其次,泰勒规则隐含的通货膨胀响应系数为1.5,这仍然会使通货膨胀有一些温和的变化,而反过来又会导致货币增长的温和变化。

第四,虽然这些响应都没有体现我们在货币数量论定义中提到的实验,即货币存量的外生变化,但它们都具有货币数量论实验常见的几个特征。图3.5至图3.7所设想的冲击会导致名义货币和价格水平发生永久性变化,但产出和利率仅出现了暂时性的变动,并且货币和价格水平很快会恢复到其最初的比例关系。

这些结果强化了人们应该用经济周期数据恢复货币数量论名声的建议;恢复通货膨胀和货币增长之间的关系,主要是通过观察通货膨胀与先前而非未来的货币增长之间的关系;政策制定者遵循固定利率规则的环境往往会以货币和价格的简化形式体现传统的货币数量论模式。

我们通过计算一组二阶矩统计数据来进一步分析这种关系。表3.2显示了通货膨胀与货币增长(当下和过去)之间的相关性,这些相关性是通过对前述模型的模拟得出的。具体而言,表3.2所展示的相关性是来自100个模拟数据序列的200个观测值的平均相关性。结果表明,在模型中,货币增长和通货膨胀正相关,且货币增长领先通货膨胀一个季度。

表 3.2(A)　新凯恩斯主义模型的二阶结果——通货膨胀与货币增长滞后 k 期的相关性

滞后 k 期	$k=0$	$k=1$	$k=2$	$k=3$	$k=4$
相关性	0.419	0.435	0.395	0.361	0.329

表 3.2(B)　新凯恩斯主义模型的二阶结果——通货膨胀对货币增长的回归

回　归	货币增长的滞后系数							总　计	R^2
	0	1	2	3	4	5	6		
静态回归	0.235	—	—	—	—	—	—	0.235	0.167
分布滞后回归	0.166	0.179	0.169	0.149	0.121	0.089	0.062	0.935	0.579

我们进一步展示了模拟数据中通货膨胀对货币增长的(平均)回归所得出的平均系数估计值和 R^2。静态回归得到的货币增长系数仅为0.24。但是,当回归式包括货币增长滞后项时,系数总和上升到0.90以上。因此,在该模型中,这两个序列之间的单一关系——原则上只有在相当长的一段时期才完全可见——几乎完全可以从一个简化形式的分布滞后回归中得出。

我们还考虑了另一种新凯恩斯主义模型,它用基于指数化滞后通胀的曲线代替菲利普斯曲线。式(3.6)被替换为:

$$\pi_t - \gamma\pi_{t-1} = \beta[E_{t-1}(\pi_{t+1} - \gamma\pi_t)] + \kappa[E_{t-1}(y_t - \bar{y}_t)] + e_{\pi t} \tag{3.9}$$

除了将预期时期设为 $t-1$ 期外，该方程遵循了 Giannoni 和 Woodford（2002）的研究思路，考虑到 Christiano 等（2005）提出的动态指数化方案，我们假设部分指数化（即 $\gamma = 0.2$）。指数化特征与稳定政策规则相结合时往往会压缩通货膨胀的变化幅度。作为补偿，我们将产出缺口弹性 κ 提高到 0.15。

表 3.3 给出了二阶矩的结果。当货币增长领先于通货膨胀时，这种相关性再次显示出最高，此外，当货币增长滞后项被包含在通货膨胀的回归中时，货币增长系数急剧上升。这里的系数总和非常接近 1。由此类似情况再次出现，即一旦考虑到滞后因素，简化形式的回归式往往会传达货币数量论所暗含的货币增长和通货膨胀之间的单一关系。

表 3.3（A） 带指数的新凯恩斯主义模型的二阶矩结果——通货膨胀与货币增长滞后 k 期的相关性

滞后 k 期	$k=0$	$k=1$	$k=2$	$k=3$	$k=4$
相关性	0.398	0.420	0.379	0.343	0.307

表 3.3（B） 带指数的新凯恩斯主义模型的二阶矩结果——通货膨胀对货币增长的回归

回 归	货币增长的滞后系数							总 计	R^2
	0	**1**	**2**	**3**	**4**	**5**	**6**		
静态回归	0.318	—	—	—	—	—	—	0.318	0.254
分布滞后回归	0.241	0.205	0.187	0.154	0.117	0.075	0.042	1.022	0.593

注：表格中报告的所有数字是根据 250 个生成数据点的时间序列计算的 100 次随机输出模拟的平均值。

借助这些模型结果，我们现在来看一些证明货币增长与通货膨胀之间存在实证关系的例子。

6.3 名义支出和通货膨胀

我们认为，货币增长与通货膨胀之间的关系存在于商业周期频率中，这一论点并不依赖于货币出现在描述支出和定价决策的 IS 或菲利普斯曲线的结构中。尽管在以这些方程为特征的模型中，货币数量论关系确实占主导地位，但新凯恩斯主义者和货币主义者的分析都没有暗示结构性 IS 曲线和菲利普斯曲线方程中存在货币。时间序列数据中货币增长与通货膨胀之间的关系是由几个方程的相互作用间接产生的。实际上，正如 Lucas（1986）所观察到的，"货币的变化并不会自动导致价格在任何直接意义上等比例变动"，货币政策分析模型的一个重要功能就在于阐明价格和货币之间产生均衡关系的间接过程。这在此前的新凯恩斯主义模型实验中可以看出，该系统中除了货币需求关系外，没有出现任何货币项，但模型动态变化在通货膨胀和货币增长之间产生了一个相关性接近 1 的时间序列关系。

尤其是，货币增长与通货膨胀之间的关系取决于名义支出增长与通货膨胀之间的关系。货币增长与名义 GDP 增长之间关系的松散往往也意味着货币增长/通货膨胀关系的松散。这里存在一个动态复杂情况，由于名义支出增长在经验上往往表现出与其两个组成部分（实际 GDP 增长和通货膨胀)之间的时间关系,在探究货币增长/通胀关系时应该考虑到这些关系。

在考虑它们对货币增长研究的意义之前,我们先陈述两个规律。

第一个规律是名义和实际支出在短期内共同发挥作用。在对美国货币史的研究中,Friedman 和 Schwartz(1963)观察到,"实际收入往往在整个周期内与货币收入变化的方向相同……"这一观察结果适用于弗里德曼和施瓦茨(Schwartz)研究时期之外的美国数据。McCallum(1988)指出,1954—1985 年美国名义和实际 GNP(国民生产总值)季度变化的相关性超过了 0. 8。① 同样,Brown 和 Darby(1985)通过对几个主要国家相同年度数据的研究,得出如下结论:"相比于与价格的关系,货币性收入的走势与实际收入的走势的关系要密切得多。"而 Woodford(2003)指出,"干扰对名义支出的实际影响持续存在"。

第二个规律是通货膨胀往往随名义收入的增长而增长,这与第一个规律一致,但没有隐含于其中。这意味着与同期名义收入的关系相比,通货膨胀率往往与往期名义收入增长的关系更为密切。Nelson(1979)指出,这种现象在美国很突出,"一个重要的结论是,价格水平对名义收入变化的反应非常缓慢"②。表 3. 4 显示了几个主要国家的通货膨胀与当前名义 GDP(国内生产总值)以及与此前名义 GDP 增长的相关性,其中两个通胀序列(分别根据 GDP 平减指数和 CPI 计算)使用选定样本期的年度数据。

表3.4　通货膨胀与名义收入增长的相关性(t 年的通货膨胀, $t-k$ 年的名义收入增长)

国　　家	年　　份	GDP 平减指数通货膨胀		CPI 通货膨胀	
		$k=0$	$k=1$	$k=0$	$k=1$
德国	1987—1998	0. 587	0. 753	0. 209	0. 443
德国	1980—1998	0. 544	0. 767	0. 182	0. 461
日本	1959—2008	0. 837	0. 851	0. 716	0. 770
日本	1980—2008	0. 843	0. 851	0. 716	0. 770
美国	1959—2008	0. 624	0. 708	0. 541	0. 709
美国	1980—2008	0. 574	0. 661	0. 505	0. 662
英国	1957—2008	0. 923	0. 834	0. 893	0. 845
英国	1980—2008	0. 862	0. 902	0. 767	0. 893
英国	1957—1972	0. 785	0. 860	0. 761	0. 808
英国	1977—2008	0. 911	0. 929	0. 841	0. 917

表3.4 记录了一个明显的走势,即名义收入增长与次年通货膨胀之间的相关性要明显高于当年通胀。这种关系的滞后性在平减指数通胀的情况下尤其显著,该序列与名义 GDP 增长具有紧密的同期相关性,因为它们通过恒等式连接在一起。

---

① 同样,美国 1954 年第三季度—2009 年第二季度期间的实际 GDP 季度增长与名义 GDP 季度增长之间的相关性为 0.82。与表 3.1 至表 3.7 一样,该计算方式使用对数差异来衡量百分比变化。
② Gordon(1988)也注意到了这一现象。

在表 3.4 中,英国全样本的相关性结果似乎与名义收入增长导致通货膨胀的判断相矛盾,但实际上并非如此。在 1974 年第一季度的大部分时期,英国政府将限制工作天数作为一项节能措施。因此,1974 年英国名义和实际 GDP 增长率被人为地压低了,直到 1975 年通货膨胀达到高峰,名义 GDP 增长率才达到峰值。如表 3.4 所示,如果忽略 20 世纪 70 年代中期的观察结果,英国的两个指标间的相关性再次证实了名义收入增长相对于通胀的先导性。

6.4 单位产出的货币增长和通货膨胀

这两个规律对货币增长和通货膨胀之间的关系而言意味着什么? 其主要含义是,尽管货币增长与通货膨胀的相关性可以被认为是货币增长与名义支出增长之间关系的副产品,但货币增长与其他两个名义总量存在不同的时序关系。

在单一收入弹性下,货币需求函数将货币与名义收入联系起来。正如我们所看到的,名义收入增长率和价格增长率之间的实证关系很紧密,但名义 GDP 增长往往导致通货膨胀。综上所述,我们可以得出如下结论:当货币增长与通货膨胀密切相关时,它通常也与名义收入增长密切相关。但是在每种情况下都有不同的滞后,在年度数据中,货币增长往往与当年的名义收入增长密切相关,但其与通货膨胀的最大相关性通常是在一年或多年后才出现。因此,为了缓解通胀压力,根据产出增长而调整货币增长的这种操作是有问题的。虽然长期而言这种调整是适当的,但在短期内,与其根据产出增长调整货币增长,还不如直接调整货币增长本身。

再看单位产出的货币增长与通货膨胀之间的相关性,如果实际上只是名义收入增长与货币增长之间关系的衡量标准,那么它们就无法把握货币增长对通货膨胀的先导性。这不仅仅是考察 20 世纪 60 年代和 70 年代美国 M1 增长和通货膨胀的数据所得出的假设性议题(见图 3.8 和图 3.9)。原始 M1 的增长明显领先于通货膨胀走势,但根据产出增长进行的调整只会得出同期的货币增长/通胀关系。

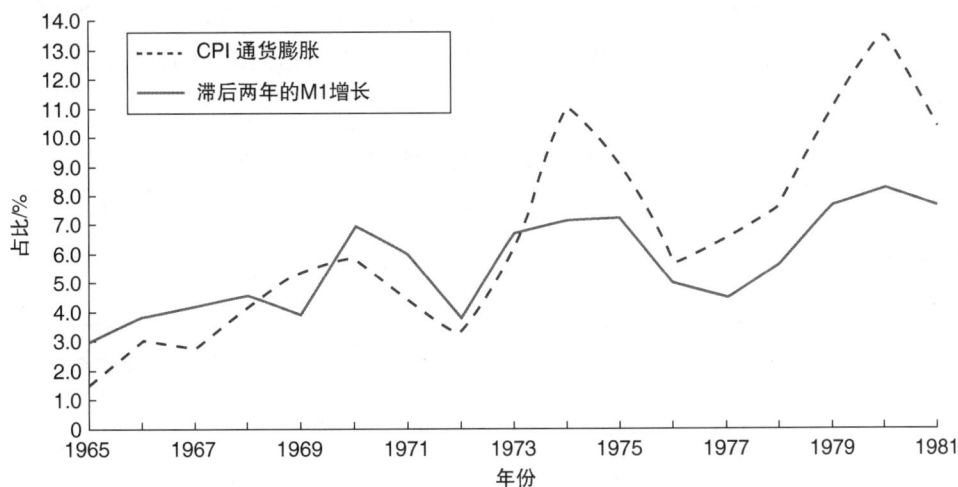

图 3.8　美国 20 世纪 70 年代的 CPI 通货膨胀和滞后两年的 M1 增长

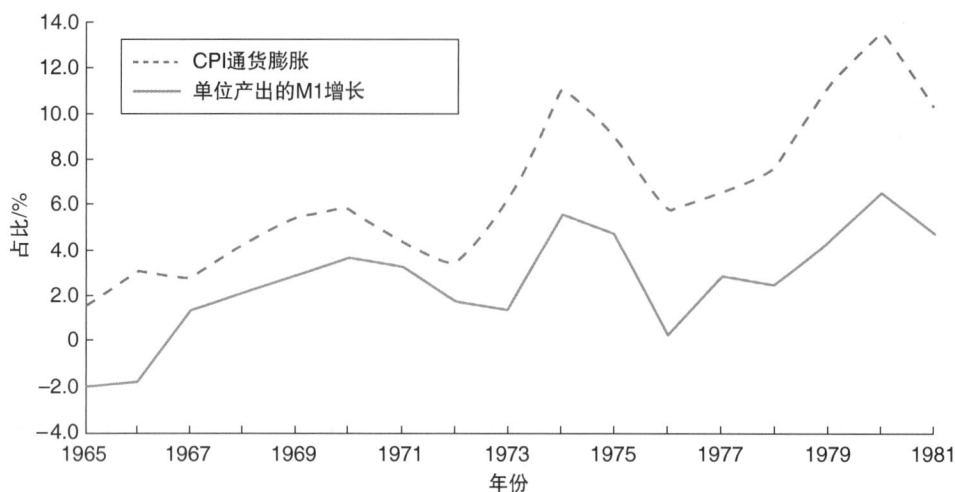

图 3.9　美国 20 世纪 70 年代的 CPI 通货膨胀和单位产出的 M1 增长

将通货膨胀与产出调整后的货币增长进行比较还面临另外一个问题，那就是货币的短期非中性会掩盖给定货币增长率带来的潜在通货膨胀压力。例如，20 世纪 70 年代后期，美国宽松货币政策导致货币和产出都高速增长。强劲的产出掩盖了因生产力放缓而导致的长期增长疲软，并且确实导致一些观察者误以为 1975 年以后的生产力已经恢复到 1973 年以前的增长率水平（Blinder，1979；McNees，1978）。这些年来，用货币增长减去产出增长的结果给人们带来了虚幻的慰藉：由此传达的信息看似表明政策制定并不像实际那样会带来通胀。

6.5　时间序列的证据

在此背景下，让我们转向刻画货币增长与通货膨胀之间关系的简化形式的证据。我们专注于年度数据，因为它提供了一种便利，即允许货币增长和通货膨胀之间的滞后期超过一年。我们首先考虑日本的情况，其货币经验阐释了上述几点。日本 M1 增长和 CPI 通胀数据来自国际金融统计的年度平均数据。表 3.5 列出了使用该数据集得出的通货膨胀对货币增长的回归值。

表 3.5　日本 CPI 通货膨胀回归（样本期：1959—1989 年）

样本期	货币变量	系　数						R^2	SEE	DW
		滞后期				总　计	D74			
		0	1	2	3					
1959—1989 年	M1 增长	0.178 (0.110)	—	—	—	0.178 (0.110)	—	0.082	0.040	0.84
	M1 增长	−0.279 (0.119)	0.214 (0.131)	0.311 (0.131)	0.196 (0.117)	0.441 (0.093)	—	0.582	0.028	1.35

续 表

样本期	货币变量	系 数						R^2	SEE	DW
		滞后期				总 计	D74			
		0	1	2	3					
1959—1989 年	M1 增长	0.067 (0.133)	0.278 (0.108)	0.313 (0.107)	0.166 (0.095)	0.825 (0.126)	0.058 (0.015)	0.735	0.023	1.46
	单位产出 M1 增长	0.413 (0.125)	—	—	—	0.413 (0.125)	—	0.274	0.035	1.06
	单位产出 M1 增长	0.171 (0.120)	0.106 (0.125)	0.217 (0.123)	0.317 (0.118)	0.811 (0.122)	—	0.639	0.026	1.48
1959—2008 年	M1 增长	0.177 (0.081)	—	—	—	0.177 (0.081)	—	0.091	0.038	0.58
	M1 增长	-0.058 (0.100)	0.165 (0.122)	0.120 (0.122)	0.188 (0.101)	0.415 (0.089)	—	0.365	0.033	0.66
	M1 增长	-0.061 (0.116)	0.164 (0.124)	0.119 (0.124)	0.187 (0.103)	0.409 (0.128)	-0.001 (0.015)	0.365	0.034	0.67
	单位产出 M1 增长	0.131 (0.097)	—	—	—	0.131 (0.097)	—	0.037	0.040	0.46
	单位产出 M1 增长	0.074 (0.120)	0.043 (0.135)	0.064 (0.134)	0.128 (0.119)	0.309 (0.135)	—	0.108	0.039	0.45

注:所有等式中都包含常数项。

首先来看 1959—1989 年的样本期。通货膨胀对货币增长的静态回归生成了一个不显著的低系数估值。但这并不是因为时间序列数据中缺少相关性,而是没有考虑到滞后因素。将 M1 滞后 1—3 期,就可以将 R^2 从 0.08 提升到 0.58。然而,货币增长估计系数的总和只有 0.44。1973 年后日本实际经济增长的放缓必然降低了非通胀的货币增长率,这对结果产生了重大影响。1973 年之后,加上一个大小等于 1.0 的截距虚拟变量(D74),就极大地提高了回归的拟合度和可解释性,货币增长的系数总和现在提升到 0.825,与 1 相差无几。虚拟变量的系数表明,给定货币增长(以及潜在增长的相应放缓,假设货币需求的收入弹性为 1)的情况下,通货膨胀率上升到 5.8%。

我们还以每单位产出的货币增长为解释变量给出了结果。对于货币增长的系数总和,考虑到滞后项的结果与使用 M1 增长的结果非常吻合。截距虚拟变量不出现在回归中,因为单位产出项已经针对潜在的增长放缓进行了调整。

1959—2008 年样本期的结果出现恶化。1973 年后的截距虚拟模型不再很好地反映增长放缓。而且,尽管引入货币增长滞后项提高了货币增长的系数总和,但其总和仍然只有 0.4。单位产出货币增长的结果更差。20 世纪 90 年代的十年不是货币政策的非中性效应平均化的十年,在这种情况下根据产出增长调整货币增长会恶化货币增长作为通胀指标的效果。

全样本结果是否反驳了货币数量论,或者表明后者在解释通胀方面缺乏实用性呢? 我们不这么认为。20 世纪 90 年代日本名义利率的崩溃导致了实际货币需求的一系列永久性增长,这扭曲了货币增长/通货膨胀的相关性,就像 20 世纪 80 年代的美国那样。从货币数量论的角度来看,20 世纪 90 年代日本持币机会成本的趋势是预测货币迅猛增长的坚实基础,但货币增长从未带来对应的通胀,特别是对 M1 这样利率弹性很大的指标来说。这一趋势给日本的数据留下了不可磨灭的痕迹,即使采取长期平均数据,它也不会消失。尽管如此,利率趋势并不是人们可以自信地推断出来的。货币数量论表明,一旦经济完全适应利率的永久性下降,货币增长和通货膨胀之间潜在的单一关系就会变得更加明显。

现在让我们考察美国货币增长与通货膨胀之间的简化形式关系。表 3.6 列出了通货膨胀对货币增长的回归数据。首先考虑以 M1 衡量货币的结果。对于 1963—1979 年的样本,M1 增长滞后 0—3 期的系数总和很显著,也非常大。事实上,它超过了 1。考虑到 1973 年以后的增长放缓,通过截距假设,货币增长系数总和接近于 1。但是将样本期限延长到 1989 年就会破坏这个结果,总和转为负数。1963—1989 年的回归结果支持了早期的证据,表明一旦将 20 世纪 80 年代的观测数据纳入估算,美国的双变量 M1/通胀的关系就会失效（Friedman and Kuttner,1992）。如前所述,这种恶化反映了 20 世纪 80 年代美国名义利率的永久性下降导致实际 M1 余额的延时性恢复。

表 3.6　使用 M1 的美国 CPI 通胀回归

货币变量		样本期	系　数						R^2	SEE	DW
			滞后期				总　计	D74			
			0	1	2	3					
M1 增长		1963—1979 年	-0.085 (0.309)	0.624 (0.336)	0.995 (0.348)	0.214 (0.270)	1.748 (0.262)	—	0.831	0.014	1.07
M1 增长		1963—1979 年	-0.103 (0.180)	0.507 (0.198)	0.877 (0.204)	-0.037 (0.166)	1.244 (0.184)	0.026 (0.005)	0.947	0.008	2.20
M1 增长		1963—1989 年	-0.271 (0.287)	0.044 (0.354)	0.003 (0.397)	-0.136 (0.355)	-0.359 (0.435)	0.038 (0.017)	0.278	0.029	0.42
单位产出 M1 增长		1963—2008 年	0.094 (0.169)	0.021 (0.246)	0.127 (0.249)	0.143 (0.169)	0.384 (0.150)	—	0.156	0.025	0.46
单位产出 M1 增长		1963—2008 年	0.097 (0.170)	0.015 (0.247)	0.136 (0.251)	0.120 (0.173)	0.368 (0.151)	0.007 (0.009)	0.169	0.026	0.44
相对于产出的 M1 增长	$\Delta\log(M1/Y)$	1963—1979 年	0.925 (0.264)	0.030 (0.268)	0.065 (0.255)	0.125 (0.230)	1.145 (0.210)	—	0.735	0.018	1.00
	$\Delta\log(M1/Y)$	1963—1989 年	0.398 (0.245)	-0.064 (0.282)	0.225 (0.306)	-0.095 (0.259)	0.464 (0.236)	—	0.184	0.030	0.59
	$\Delta\log(M1/Y)$	1963—2008 年	0.273 (0.139)	-0.087 (0.194)	0.109 (0.195)	0.080 (0.137)	0.376 (0.127)	—	0.188	0.025	0.52
	$\Delta\log(M1/Y^{0.5})$	1963—1979 年	0.925 (0.541)	0.294 (0.548)	0.474 (0.497)	-0.161 (0.445)	1.532 (0.281)	—	0.715	0.018	1.04

续　表

货币变量		样本期	系　数						R^2	SEE	DW
			滞后期				总　计	D74			
			0	1	2	3					
相对于产出的M1增长	$\Delta\log(M1/Y^{0.5})$	1963—1989 年	0.242 (0.353)	-0.025 (0.438)	0.312 (0.516)	-0.062 (0.417)	0.468 (0.290)	—	0.108	0.031	0.50
	$\Delta\log(M1/Y^{0.5})$	1963—2008 年	0.234 (0.175)	-0.095 (0.268)	0.155 (0.271)	0.105 (0.174)	0.399 (0.141)	—	0.167	0.025	0.51

注:所有等式都包含常数项。

将 1990—2008 年的数据纳入样本中提升了 M1 增长的显著性,但系数总和仍远低于 1,导致回归的解释能力较低。

1963 年至 1979 年,每单位产出 M1 的增长率接近单位货币增长率。但前面讨论的原因使得货币增长/通胀关系同时发生。20 世纪 80 年代,这种关系出现了恶化(不像使用 M1 增长时的恶化那么严重,因为 1983 年和 1984 年产出快速增长使得当年的通货膨胀更容易与 M1 的表现相一致[1]),并且随着 1990—2008 年数据的加入,系数总和进一步下降。

在前面的回归分析中,使用单位产出货币隐含了货币需求的单一收入弹性假设,否则在构建"相对产出的货币增长"序列时,对产出增长赋予权重就是不合适的。对于日本而言,实际 M1 需求的单一长期弹性得到实证支持(Rasche,1990),而针对美国实际 M1 需求的许多计量经济学研究也支持单一收入弹性(Hoffman and Rasche,1991;Lucas,1988)。然而,也有证据表明,M1 需求的长期收入弹性在实证上更接近 0.5 而不是 1.0(Ball,2001)。因此,讨论与通货膨胀相关的"货币相对产出之增长"概念应该用 $\Delta\log(M1) - 0.5\Delta\log Y$ 来衡量,而非单位产出货币增长 $\Delta\log(M1) - \Delta\log Y$ 来衡量。

设定替代收入弹性为 0.5 的实证结果显示于表 3.6 的最后三个回归。这些结果与那些在产出增长中使用单位权重的结果非常接近,在不同样本期间具有类似的方程标准误差和可比表现。此外,与以前一样,货币增长在相对产出方面的表现使得当期货币系数成为系数总和中的主导项。

在表 3.7 中,我们展示了 CPI 通货膨胀对 M2 增长的回归。这些结果有助于解释为什么这么多研究人员,例如 Benati(2009),在实证研究中偏好使用货币总量而不是 M1。[2] 在一个有 1973 年后截距项假设的回归模型中,随着样本从 1979 年延展到 2008 年,M2 增长的系数总和变化不大,并且在整个置信区间内始终为 1.0。M2/通胀相关性并非都很好,例如,随着样本的扩展,回归标准误差会增加,并且残差序列相关性很大。但是,最近几年来随着数据的增加,M2 的弹性增强,支持了先前所强调的两点:一是数据过滤并不是建立货币增长和通

---

[1] Siegel(1986)提出了一个相关的发现。

[2] M2 序列对应于图 3.1 绘制的 M2 序列的年平均值,但随着 1983 年货币市场存款账户的引入而进行了调整,如 Batini 和 Nelson(2001)所述,采用 Friedman(1988)研究中的调整方法,这反过来导致与 Small 和 Porter(1989)对效果的估计一致。

货膨胀之间关系的必要条件①;二是尽管货币的度量问题在实践中无疑是重要的,但 M1 增长和通货膨胀之间出现的许多差异,尤其是 1994 年以前的差异,都可归因于余额巨大的 M1 的利率敏感性,而不是 M1 的度量问题。

表 3.7　使用 M2 的美国 CPI 通货膨胀回归

货币变量		样本期	系　数						R^2	SEE	DW
			滞后期				总　计	D74			
			0	1	2	3					
M2 增长		1963—1979 年	0.119 (0.235)	0.193 (0.259)	0.550 (0.269)	0.680 (0.229)	1.543 (0.363)	—	0.714	0.018	0.77
M2 增长		1963—1979 年	-0.050 (2.63)	0.027 (0.281)	0.395 (0.287)	0.333 (0.346)	0.705 (0.731)	0.026 (0.020)	0.753	0.018	0.60
M2 增长		1963—2008 年	0.006 (0.185)	-0.053 (0.241)	0.206 (0.239)	0.522 (0.181)	0.682 (0.152)	—	0.417	0.021	0.48
M2 增长		1963—2008 年	0.060 (0.185)	-0.050 (0.237)	0.240 (0.237)	0.474 (0.181)	0.723 (0.152)	0.012 (0.008)	0.449	0.021	0.51
相对于产出的 M2 增长	$\Delta\log(M2/Y)$	1963—1979 年	0.340 (0.229)	-0.208 (0.240)	0.324 (0.249)	0.651 (0.235)	1.107 (0.263)	—	0.657	0.020	0.98
	$\Delta\log(M2/Y)$	1963—2008 年	0.364 (0.133)	-0.074 (0.153)	0.120 (0.151)	0.309 (0.133)	0.718 (0.148)	—	0.387	0.022	0.74

注:所有等式都包含常数项。

6.6　G7 的面板数据证据

我们现在使用 G7(七国集团)的 CPI 通胀和货币增长的年度观察值来看面板数据证据。为了避免与通货紧缩影响 M1 相关的一些问题,我们使用的货币序列是 M2 的集合。对于 G7 的四个非欧元区成员(美国、英国、加拿大、日本),其样本期为 1958—2008 年;而对于欧元区(法国、意大利和德国)的 G7 成员,则仅分析 1958—1998 年,即它们加入欧元区前的数据

我们在表 3.8 中列出了几个估算的结果。这些都是通货膨胀对货币增长的面板回归,它们在各国都有共同的斜率。当然,我们也考虑了截距在各国之间有所不同的情况。表 3.8 中的第一个回归是采用单一截距的静态回归。它得出的货币增长系数为 0.387,虽然十分显著但远低于 1,且回归本身只具备些许说服力。引入货币增长滞后项将使系数总和提高到大约为 0.50。我们在前面提出面板回归中的截距项在各个国家是恒定的,这不是货币数量论的题中应有之义。在其余的回归中,我们通过转向固定效应来放宽这一限制。这种变化确实会显著减少方程的残差标准误差,但似乎最初会将斜率保持在之前相当低的估计值上。但

① Assenmacher-Wesche 和 Gerlach(2007)用低频过滤处理美国数据,其对 M2 增长的点估计并不比我们在表 3.5 中使用未经过滤的年度数据更接近 1。

是，就像之前的时间序列回归一样，一旦我们允许 1973 年以后的截距项发生变化，以捕捉实际 GDP 增长率的长期下降，固定效应面板回归将显示出比单一截距回归更高的斜率估计值。例如，包括货币增长的滞后 0、1 和 2 期回归以及 1973 年之后截距项的跨国变化，回归产生的系数总和为 0.692，R^2 为 0.614，而单截距情况下对应的值分别为 0.494 和 0.354。

表 3.8 CPI 通胀的 G7 面板回归

指　　标	单一截距		多重截距以及 1974 年插入截距项		多重截距	
	货币增长的滞后期		货币增长的滞后期		货币增长的滞后期	
	0	0—2	0	0—2	0	0—2
货币增长系数	0.614 (0.040)	0.494 (0.039)	0.377 (0.039)	0.509 (0.038)	0.514 (0.043)	0.692 (0.040)
R^2	0.227	0.354	0.314	0.454	0.463	0.614
SEE	0.035	0.032	0.033	0.029	0.029	0.025

注：所有回归的观测值为 327。数据包括 1958—2008 年（法国、意大利和德国为 1958—1998 年）的年度观测资料。报告的估计值是系数和。

我们用新凯恩斯主义模型进行的随机模拟表明，当货币数量论成立时，通货膨胀对货币增长的分布滞后回归往往会产生接近但略低于 1 的货币增长系数，约为 0.90。此外，面板回归实证的系数总和约为 0.70。这也接近我们在使用 M2 估计美国时间序列数据中获得的系数总和。这表明，要找到一个令人满意的货币度量确实存在很多实证性的困难——虽然没有消除数据中货币增长与通货膨胀之间的关系，但其导致这种时间序列回归中的货币增长系数下降约 0.20 或 0.25。

6.7　货币需求的名义同质性

我们对货币数量论的定义并没有将货币数量论与关于货币需求函数的命题紧密联系起来。然而，我们坚持认为，名义变量的零次齐次性是货币数量论所隐含的货币需求的一个属性——需求是对实际余额的需求，且以实际决定因素的形式来表示。[①] 我们现在从上述角度来看看美国的 M1 和 M2 需求。

名义齐次性的限制意味着在下列关系中，$g_1 = 0$：

$$\Delta \log V = g_0 + g_1 \pi_t + g_2 \Delta \mathrm{OPP}_t + u_t$$

其中，V 是速度，被定义为名义 GDP 除以名义货币，OPP_t 是相关总量指标的机会成本。我们用（年平均）联邦基金利率来衡量 M1 的 OPP_t，通过联邦基金利率和 M2 自有利率之间的利差来衡量 M2 的 OPP_t。[②] 如果货币需求函数具有单一的收入弹性，那么这种货币需求关系可以

[①] 在这种情况下，名义利率能衡量持有实际货币余额的实际机会成本，因为它反映了货币和生息资产之间的实际回报率差异。

[②] M2 自有利率（译者注：M2 中包含的计息资产所收取利率的加权平均值）是 20 世纪 80 年代以来所发表的 M2 需求研究的标准变量（Small and Porter，1989）。我们使用圣路易斯联邦储备银行网站可得的序列数据年度平均值。

被转换为速度关系(没有单独的实际收入项)。这是 M2 需求的一个特性,且如前所述,也是 M1 的一个常见特性。需要注意的是,用货币流通速度与利率重塑这种关系意味着解读货币需求利率系数的信号已经变了,货币需求的利率半弹性为负说明货币流通速度的利率半弹性为正。

根据货币流通速度的定义,用于检验名义齐次性约束的自然价格序列是 GDP 平减指数。但为了确保分析的完整性,我们在结果中提供采用居民消费价格指数计算的通胀率。我们用一阶差分而不是单纯的数值来表示这种关系,以容纳永久性货币需求冲击的可能性。货币需求冲击导致货币流通速度不稳定,这表明实际货币需求与实际收入水平之间不存在协整关系(McCallum,1993)。

由于 GDP 平减指数通胀和速度增长之间存在定义上的关联,因此通货膨胀的测量误差会在通货膨胀与速度增长之间产生相关性。这些误差往往会使测试偏向于拒绝名义齐次性。为了避免这种偏差,我们通过工具变量进行估计,把每个序列的两个滞后项作为工具变量(速度增长、通货膨胀和机会成本的一阶差分)。

表 3.9 中的 M1 和表 3.10 中的 M2 列出了使用年度数据的估计值。我们考虑了全样本(M1 增速估计始于 1962 年,M2 增速估计始于一年后)以及 1980 年开始的样本的结果。由于 1993 年后清扫账户对 M1 的重要性上升,我们还提供了使用 1962—1993 年 M1 增速的结果。

表 3.9　M1 需求的名义齐次性测试

因变量:M1 增速的对数差异

样本期	系　　数				SEE	DW
	GDP 平减指数	CPI	ΔOPP	$\Delta\log Y_t$		
1962—2008 年	−0.010 (0.240)	—	0.505 (0.535)	—	0.034	0.76
1962—1993 年	0.301 (0.260)	—	0.520 (0.543)	—	0.032	0.73
1980—2008 年	−0.344 (0.401)	—	1.427 (0.745)	—	0.037	0.77
1962—2008 年	—	0.016 (0.209)	0.595 (0.519)	—	0.034	0.76
1962—1993 年	—	0.199 (0.221)	0.574 (0.536)	—	0.032	0.73
1980—2008 年	—	−0.224 (0.352)	1.339 (0.672)	—	0.037	0.75
1962—2008 年	−0.152 (0.329)	—	0.498 (0.556)	−0.328 (0.475)	0.037	0.82
1962—1993 年	0.497 (0.376)	—	0.306 (0.672)	0.318 (0.462)	0.031	0.70

续　表

样本期	系　数				SEE	DW
	GDP 平减指数	CPI	ΔOPP	$\Delta \log Y_t$		
1962—2008 年	—	−0.162 (0.328)	0.612 (0.576)	−0.386 (0.534)	0.036	0.82
1962—1993 年	—	0.399 (0.381)	0.246 (0.567)	0.361 (0.554)	0.031	0.68

注：表中报告了工具变量估计值。工具变量是一个常数以及每个变量的两期滞后（包括因变量）。"GDP 平减指数"和"CPI"指的是这些变量的对数差异。

表 3.10　M2 需求的名义齐次性测试

因变量：M2 增速的对数差异

样本期	系　数				SEE	DW
	GDP 平减指数	CPI	ΔOPP	$\Delta \log Y_t$		
1963—2008 年	0.130 (0.147)	—	0.634 (0.372)	—	0.021	1.23
1980—2008 年	−0.006 (0.237)	—	1.076 (0.860)	—	0.025	0.96
1963—2008 年	—	0.172 (0.125)	0.732 (0.360)	—	0.020	1.24
1980—2008 年	—	0.036 (0.179)	1.394 (0.653)	—	0.020	0.87
1963—2008 年	0.048 (0.193)	—	0.740 (0.421)	−0.290 (0.290)	0.023	1.39
1963—2008 年	—	0.049 (0.185)	0.802 (0.437)	−0.299 (0.320)	0.022	1.40

注：表中报告了工具变量估计值。工具变量是一个常数以及每个变量的两期滞后（包括因变量）。"GDP 平减指数"和"CPI"指的是这些变量的对数差异。

通过观察 g_1 的点估计和标准误差，我们发现，无论使用的通货膨胀序列、所选择的货币定义和考虑的样本周期是怎样的，货币需求的名义齐次性都不会被拒绝。即使我们放宽货币需求单一收入弹性的假设，情况仍然如此，正如表 3.9 和表 3.10 的最后几行所示。[1] 因此，货币需求的名义齐次性（货币数量论的一个基本面）与美国的数据相符。

7. 货币作用递减的含义

Friedman(1999,2000)认为，金融部门技术进步提高了央行货币实质上被淘汰的可能性。

---

① 在这些估计中，若实际收入增长的系数为正，则意味着货币需求的收入弹性低于 1。

就本章的主题而言,弗里德曼设想的情景与通货膨胀和货币增长之间的持续货币数量论关系是一致的,前提是后者指的是包含存款在内的货币增长。但在这种情况下,存款创造和市场利率将会脱离中央银行的控制,导致中央银行失去对名义支出的控制。① 弗里德曼的论点并不涉及货币的完全消失,而是认为基础货币的作用将减弱到中央银行以可靠方式影响总需求的能力受到威胁的这样一种状态。对这些猜想的回应包括 Goodhart(2000)与 Woodford(2000,2001)的研究。接下来,我们试图勾画争论的主要轮廓,并评估其贡献。

基础货币当然包括现金和银行准备金。Goodhart(2000)令人信服地指出,在可预见的未来,私营部门对现金的需求将会持续下去,部分原因是现金交易的匿名性。原则上,货币需求的利率弹性为中央银行提供了调控利率的空间,而不会偏离其传统政策,即以现行收入和利率为公众提供所需的货币。但这将偏离中央银行将银行间交易作为影响利率的手段的标准做法。

Friedman(2000)的部分论点是,技术进步使得买家可以通过银行或非银行的账户进行支付,而不受准备金要求的限制。这点得到所有争论者的广泛接受。但 Woodford(2000)的观点也令人信服,他指出,这与庞大的准备金规模不相关。毕竟,一些中央银行在制定利率时并不依赖于准备金的要求。这些经济体的隔夜利率的调控通常通过"渠道"进行,包括设置隔夜利率的上限和下限。这些利率适用于金融中介机构在中央银行持有的、用于结算目的的业务准备金余额。与渠道体系一致的安排涉及央行支付的准备金利息(包括超额准备金),Woodford(2000,2001)和 Goodfriend(2002)讨论了这种可能性。在技术先进的金融体系中,这项安排确保了对中央银行资金的正向需求。如果中央银行的结算准备金及隔夜证券是由各银行持有的,则后者的利率将等于为准备金余额支付的利率加上这些余额提供的边际服务收益之和。通过调整准备金利率,央行可以对隔夜利率施加主导影响。美联储于2008年10月开始对准备金支付利息。

我们应该特别小心伍德福德对在一个货币交换媒介微不足道的经济体中的货币政策前景乐观讨论中的一个元素。这部分内容包括他的声明,即"纯粹法定系统中的记账单位是根据中央银行的负债来定义的"(Woodford,2000)。他随后的论述涉及如上定义的记账单位。但在许多分析中,记账单位被定义为大多数交易中的报价单位,参见 Niehans(1978)与 Jevons(1875)的研究。② 现在,对于一个没有交换媒介的经济体来说,在第二种定义下,中央银行的债务无疑是承担记账单位角色的最佳选择,但没有必要由它来主导。在市场经济中,市场参与者将以其认为是最方便的媒介来进行商品报价。如果央行货币供应管理太糟糕(例如恶性通货膨胀),央行在记账媒介的竞争中很有可能会输给竞争对手,正如央行的货币可能被其他备选交易媒介替代一样。就市场交易中实际普遍存在的记账媒介而言,具有宏观经济重要性的是记账单位;实际交易中使用的价格的黏性与影响总需求的实际利率的定义相关。Woodford(2000)理解并明确阐释了这一点。但我们认为,由于他对定义做了选择,他的讨论

---

① King(1999)提出了类似的观点。

② 就术语而言,记账单位是指记账媒介(例如黄金)的某个特定数量(例如0.484盎司)。Wicksell(1915,1935)用"价值尺度"这个术语来指代记账媒介,并提到了记账媒介与交换媒介合一的便利性。

基调(就目前的意义而言)变得更加乐观了。

8. 价格水平分析中的货币与利率

货币作用的减弱提供了一个自然的出发点来讨论价格水平决定因素以及货币政策操作流程的最新分析方法。近年来，专业研究的趋势是将前几十年的两个观察结果放在一起来对比：一个是 Patinkin(1972)的观点，"货币理论的主要任务之一确实是解释工资和价格水平的决定因素"；一个是 Gowland(1991)的观察，"在一个没有货币的模型中讨论'货币政策'不太合适"。最近的文献可以被认为是接受前者而否定后者。货币政策分析仍然关注如何解释价格水平的决定因素，但在这些解释过程中忽略货币总量的做法已经很普遍了。特别是 Woodford(2003)的"无现金"和"新维克塞尔"措施，它们代表了中央银行调控利率的核心框架，该框架中没有交换媒介，但价格水平变化仍然受到实际利率偏离自然利率程度的影响。

8.1 将货币排除在分析之外的条件

在计算通货膨胀时不涉及货币，这种结果对于分析无现金经济来说并不特别。哪怕不出现在 IS 或支出方程、货币政策规则、菲利普斯曲线中，只要货币存量出现在货币需求方程中，这种结果就是成立的。在包含了交易技术或货币的效用函数的新凯恩斯主义模型中，产出缺口不需要考虑货币存量，求解通货膨胀的表达式需要两个主要条件。一是假定的货币政策规则不会针对(实际或名义)货币增长做出反应；二是效用函数或交易成本函数在货币和消费之间是可分的。

相应地，将货币排除在 IS 和菲利普斯曲线之外的做法在新凯恩斯主义的分析中并不特别，事实上，这在先前的货币分析中反倒很典型。在早期分析中，货币政策对支出的影响通常被指定为通过利率来实现，这使得人们在研究利率规则时有可能将不包括货币的系统视为独立的。即货币需求方程单独存在，货币成为"残差"变量。[1]

现代文献中的不同之处在于，由于前述给定的两个条件，货币可被忽略的情况已被形式化，且这两个条件已被作为政策分析和实证研究的现实前提假设。与之前相比有很大的不同，这些文献更多地关注利率或不涉及货币的目标规则。此外，许多研究认为，效用可以被视为在货币和其他变量之间大致可分。[2]

按照我们的表述，没有交换媒介的极限情形事实上是一个非货币经济，这就不存在字面

---

① 例如，考虑分别出现在早前文献中的 IS-LM 和宏观经济计量模型的这些描述。Brown(1965)指出："读者已经注意到，迄今为止没有提到货币市场。这是有意为之，以表明根据资产价格理论，我们可以把货币市场视为残差。"接下来，Ando(1981)也说："货币供应量对(产出和价格)的影响几乎完全通过短期利率实现……MPS 模型可以被认为是区三角……"(译者注：MPS 模型中，M 指麻省理工学院，P 指宾夕法尼亚大学，S 指社会科学研究会)。

② 关于后者，见 Woodford(2003)、McCallum(2001a)以及 Ireland(2004)的研究。

上定义的货币政策。尽管如此，如前所述，价格水平被视为以记账单位表示的一般化价格指数，不同类型的政策措施仍有空间。

如果我们不采用字面上的无现金模型——由此产生了对货币的正向需求——但接受这样的信息，即可分的效用是现实的，那么在货币政策制定中是否为货币预留了有用角色？或者说将利率作为分析的唯一变量是否令人满意？

在回答这些问题时应该注意的是，那些选择忽视或低估货币角色的分析在很大程度上反映了经验判断的变化。在货币总量被用作政策指导的时代，政策制定者们表达了这样一个观点，即尽管货币政策措施确实通过利率对支出产生作用，但货币主管部门通常采取短期名义利率的政策工具来建立货币/通胀关系，这比建立政策利率与随后的通货膨胀变化之间的联系更为直接。例如，新西兰储备银行（the Reserve Bank of New Zealand，1985，第 627 页）指出："利率和通货膨胀之间的实证联系不如货币增长和通货膨胀之间的联系那么确定。"同样，美联储理事沃利克（Wallich，1985）认为，无论是名义利率还是实际利率，给定利率水平对通货膨胀的影响……远不如通货膨胀与先前货币增长之间的关系那么具有可预测性。

这些论述反映了对自然利率实证估计可靠性的怀疑。任何时候都有一个实际的短期利率水平，且该利率存在一个自然值，根据定义，其与稳定价格相一致。[1] 同样，任何时候都有一个可观察到的货币增长率，并且有一个与实际短期利率处于自然水平时货币增长率相对应的非通货膨胀货币增长率。在这种情况下，决策主要依赖货币总量数据，这反映出一种判断，即认为非通胀货币增长率的估值比自然利率的估值更为可靠。与此相反的是近几十年来转向较少依赖于货币总量数据的政策框架的情况。这反映了另一种判断，即认为对自然利率的估计比对非通胀货币增长率的估计更为可靠。

20 世纪 90 年代早期，对维克塞尔式价格水平分析方法的关注在政策层面显示出了复苏的迹象（Kohn，1990）。然而，近年来由于 Woodford（2003）强调自然利率在动态随机一般均衡模型中的作用，对该分析方法的关注暴增。到目前为止，我们还没有对比维克塞尔的理论和货币数量论，这是因为如果存在交换媒介的话，两者是兼容的，正如 Woodford（2003）所言，两者本质上是对同一观察过程的替代性视角。[2] 人们会注意到，尽管也考虑了"纯信贷"经济，Wicksell（1915,1935）更强调银行体系利率变动所隐含的货币存量调整。在一般动态均衡模型中，反映稳态货币增长与通货膨胀关系的货币需求函数同样来自私营部门的最优化行为。伍德福德使用的 IS 和菲利普斯曲线也是从该最优化行为中得出的。

为了便于讨论，考虑第 6 节中的模型的变体。现在 IS 和菲利普斯曲线关系中没有 E_{t-1} 项，但包括菲利普斯曲线冲击项，这样更符合近几年的主流模型：

$$y_t = E_t y_{t+1} + b_0 - b_1(R_t - E_t \pi_{t+1}) + v_t, \quad b_1 > 0 \tag{3.10}$$

$$\pi_t = \beta E_t \pi_{t+1} + \kappa(y_t - \bar{y}_t) + u_t, \qquad 0 < \beta < 1, k > 0 \tag{3.11}$$

$$R_t = \mu_0 + \mu_1 \pi_t + \mu_2(y_t - \bar{y}_t) + e_t, \qquad \mu_1 > 1, \mu_2 \geq 0 \tag{3.12}$$

---

① 这并不意味着倾向于保持实际利率接近自然实际利率以避免产出缺口的政策必然与价格稳定相关。但是从式 (3.2) 来看，防止产出缺口的政策确实有助于防止 π_t 偏离稳态或偏离"目标"通胀率 π。

② 当然，利率和货币工具的政策规则仍然可能具有不同的属性。

在这里,y_t 是产出的对数,π_t 是通货膨胀,$\bar{y}_t$ 是弹性价格(自然率)的 y_t,R_t 是中央银行可以调控的单期利率。[1]

众所周知,与利率政策规则相关的基本观点是:为简单起见,将 $\bar{y}_t$ 视为外生变量,这一系统就是完整的,也就是说,只要确定系统的内生变量 y_t、π_t 和 R_t 的值就足够了。因此,如果经济还包含具有需求函数的货币交易媒介,则可得到:

$$m_t - p_t = c_0 + c_1 y_t - c_2 R_t + e_t \tag{3.13}$$

其中 m_t 是名义货币余额的对数,仅用来描述中央银行需要提供多少(高能)货币以执行其政策规则,即式(3.12)。如果其他结构方程式(3.10)—式(3.12)不变,则式(3.13)的参数变化对关键变量 y_t、π_t 和 R_t 没有影响。诚然,式(3.10)中任何涉及 m_t 项的关键缺失都取决于描述货币促进交易方式的基础函数的可分性假设。但是,如前所述,Woodford(2003)、McCallum(2000a,2001a)与 Ireland(2004)的分析表明,如果把合理程度的不可分性考虑在内,对关键变量行为的影响就可以忽略不计。因此,在标准模型的政策分析中省略货币并不是怀疑包含此类省略的研究有效性的表面理由。[2]

8.2 确定性和可学习性

然而,最近 Cochrane(2007)对当前主流方法的有效性提出了一个重大挑战,他强烈质疑主流方法的基本经济逻辑,认为如下标准假设是不正确的。标准假设认为,理性预期均衡的"确定性"意味着满足泰勒原则就会带来稳定通胀。他的观点是,新凯恩斯主义模型,如式(3.10)—式(3.12)表达的模型,通常与具有恶性通胀率的理性预期路径相一致(除了一条或多条稳定路径外),而这些路径通常并不意味着与横断性条件相关的实际变量的暴涨。因此,通常的逻辑并不意味着没有恶性通货膨胀。(我们认为)这一点是正确的,但(我们主张)它并不能证明科克伦(Cochrane)对新凯恩斯主义分析的负面结论是正确的。正如 McCallum(2009)所述,在逻辑上有一个不同的标准符合当前的目的。为了合理,理性预期解决方案应满足 Evans 和 Honkapohja(2001)研究中所述的最小二乘可学习性的特性。就现有信息而言,采用这一标准相当于对备选均衡的可行性提出了要求,因此对关注实际货币政策的分析师具有吸引力。在科克伦讨论的新凯恩斯主义模型中,可学习性标准将标准新凯恩斯主义解决方案作为唯一可行的均衡。就此而言,它在原则上证明了目前主流货币分析的很大一部分是合理的。[3]

然而,我们现在认为,在某一个方面,货币供给增长规则明显优于利率规则,至少在包含标准货币需求函数的典型线性模型的背景下是这样的。[4] 特别是,对于非积极主义规则来

[1] 同样,v_t、u_t 和 e_t 都是外部冲击。

[2] 更一般地说,Woodford(2003)在几个地方谨慎地证明,对交易媒介货币的认可并不会推翻无现金模型背景下得出的结论。最近他考虑了各种可能的反对意见,并对维克塞尔式分析的实际适用性进行了辩护。参见 Woodford(2008)的研究。

[3] 我们之所以说"原则上",是因为模型的理论连贯性不能保证其经验的有效性。

[4] 这些函数可以通过交易成本或效用函数推理得出,并且其频繁地出现在 Woodford(2003)的研究中。尽管该文强调"无现金"经济。

说,标准参数化的货币增长规则(即恒定货币增长率)会带来一个可学习的独特和稳定的理性预期均衡——在 Evans 和 Honkapohja(2001)广泛研究的最小二乘法意义上——而恒定利率规则不会产生任何可学习的理性预期均衡。后一事实在 Woodford(2003)、Bullard 和 Mitra(2002)等的著作中已经描述得相当详尽了。为了证明良性理性预期均衡可以通过非积极的货币增长规则来学习,我们进行如下操作。

回顾一下式(3.10)—式(3.12)的标准线性化新凯恩斯主义模型。为简单起见,其中存在完全的价格弹性,以使每个时期的产出 y_t 等于它的弹性价格、自然率 $\bar{y}_t$。我们用其与自然率的偏差来衡量所有实际变量,那么对于所有的 t 而言,有 $c_0 = b_0 = \bar{y}_t = 0$。代入恒等式 $\pi_t = p_t - p_{t-1}$,加上货币需求式(3.13),模型可被改写为:

$$0 = 0 - b_1(R_t - E_t p_{t+1} + p_t) + v_t \tag{3.10'}$$

$$m_t = m_{t-1} + \Delta m \tag{3.14}$$

式(3.14)是货币供应规则。然后将式(3.13)代入式(3.10'),得到:

$$0 = b_1[(1/c_2)(m_t - p_t - c_t) + E_t p_{t+1} - p_t] + v_t \tag{3.15}$$

插入式(3.14),即货币供给规则,并重新排列,可以得到:

$$p_t = a[k + E_t p_{t+1} + (1/c_2)m_{t-1} + (1/b_1)v_t] \tag{3.16}$$

其中,k 是一个常数,$a = c_2/(1 + c_2)$ 满足 $0 < a < 1$。这里的 m_{t-1} 和 v_t 都是外生的,因此系统有一个可学习的、不意外的解决方案。[1] 非积极主义的货币增长规则带来表现良好的理性预期均衡,其中通货膨胀率等于货币增长率减去反映技术进步的项(在上例中为零)。[2]

对这个观点,有人会反对说,出于实际目的,它是中央银行可以实际控制的基础货币,但交易媒介总量才是我们模型的货币需求方程中出现的。这是对的,所以我们的分析还应该包括反映两者间半技术关系的随机成分。但我们在分析中忽略了这一区别,这类似于我们对利率的处理,即我们忽略了通常由央行控制的隔夜利率与和总需求相关的较长期限市场利率之间的差异。

8.3 价格水平的财政理论

对当前主流分析以及货币增长/通货膨胀关系的传统观点来说,最激烈的概念挑战并非来自实证研究或前述论点,而是来自一个复杂晦涩且充满争议的理论,即价格水平的财政理论。该学说主要由 Leeper(1991)、Sims(1994)、Woodford(1994,1995)以及 Cochrane(1998)提出。我们不对这个主题进行全面概述,因为 Canzoneri 等(2010)所编写的手册中的第 3B 卷(CCD 模型)中对其有系统的介绍。他们的优秀成果和缜密分析令人钦佩。然而,我们认为,关于价格水平财政理论的最终分歧基本上是由应对理性预期解决方案多重性的不同策略造成的,正如 McCallum(2001b)所建议的那样。[3]

---

[1] 该结论很容易从 Evans 和 Honkapohja(2001)以及 Bullard 和 Mitra(2002)等的研究结果中得出。
[2] 具有少量参数值的数值模拟表明,当弹性价格假设被标准卡尔沃价格调整关系取代时,这些结果仍然有效。
[3] 我们的这一判断并不表示该论文采取的方法令人满意,请参阅 McCallum 和 Nelson(2005)研究中的讨论及参考文献。

处理这种多重性最令人满意的方法还是通过分析各种解决方案的可学习性并遵循 Evans 等(2001)的论文中创立和阐述的程序。迄今为止,对价格水平财政理论技术最广泛的应用研究来自 Evans 等(2007)的文献。McCallum 和 Nelson(2005)已经对这些结果进行了详细讨论,结论是:第一,价格水平财政理论蕴含的一些现象实际上与传统货币主义理论一致[①];第二,相关研究对政策传递的主要信息是"不管财政政策如何,中央银行都可以控制通货膨胀,且有效的宏观经济政策不需要货币与财政当局的详细协调"(2005,第581页)。我们仍然支持第二个结论,但这个结论与 Canzonezi 等(2010)强调的货币财政协调的必要性存在分歧。

8.4　货币作为信息变量

我们在上文已经论证过,从纯理论的角度来看,人们普遍认为,那些假设存在利率工具而忽略货币总量的分析是合理的,前提是交易成本函数中表达货币交易促进作用[②]的可分性,其缺失足够小,以至于其影响可以忽略不计。但这并没有解决如下问题,即利率或货币总量规则在实践中是否会表现得更令人满意? 或者拥有利率工具的中央银行完全忽略货币总量是否可取? 在这方面值得一提的是,Woodford(2008)最近对"可以忽略"的立场进行了相当详细的分析,他认为其他人关于货币总量有用性的几项主张实际上是基于信贷总量(而非货币总量)的表现。

McCallum(2000b)探索了一种新的方法来解决这个问题,即 Stuart(1996)和 Taylor(1999)曾使用过的反事实历史比较。这种类型的分析对比了以下两者:一是重要历史时段内潜在工具变量的实际设置;二是根据现行条件,由特定规则规定的值。然后,作者对研究期间的宏观经济的表现进行事后分析判断,评估规则规定值与实际值之间的差异,由此得出各种规则优缺点的初步结论。特别令人感兴趣的是,我们通过事后分析可以知道,是否可以通过遵从某些备选规则而不是其他规则来避免重大政策失误。[③] 这项研究考虑了利率和基础货币工具规则,并在每种情形下都检测了替代目标变量。纳入研究的国家包括日本、英国和美国,时间跨度为 1962—1998 年(日本是 1972—1998 年)。在重大政策失误时期的选择上,他选择的是:美国为 1965—1979 年,英国为 1970—1979 年和 20 世纪 80 年代中后期,日本为 1989 年以后。总的来说,货币工具规则比利率工具规则表现得更好。然而,分析中最明确的结论是,规则传递的信息更多取决于使用哪种工具而不是瞄准哪个目标。[④] 这是令我们惊讶的结果。McCallum(2000b)认为,这可以被理解为,"这是由于必须指定一个参考值,人们相对于该参考值隐含地比较工具设置,以代表政策的放松或收紧。为了使规则足够简单,这些参考值本身也必须简单,但关于宏观经济行为的不同隐含假设也由此内生于规则中"。我

---

① 在这种情况下,价格水平的财政理论没有提供一个完全不同的,以及因此具有挑战性的价格水平确定方法。
② 这一声明并不能说明该研究采取的方法令人满意。请参阅 Macullum 和 Nelson(2005)的参考文献。
③ 这类研究中涉及"实时数据"的一个重要扩展,并且已经取得了有效进展(Orphanides,2003a,2003b)。
④ 所考虑的目标变量包括:第一,通货膨胀与产出缺口的"混合"线性组合,如泰勒规则;第二,具有与第一个目标变量不同的去趋势过程的变量;第三,名义 GDP 增长率;第四,前一变量的平滑版本;第五,严格通胀目标规则的变量。

们认为对此还需要开展更多的研究工作。

值得进一步探索的是,为什么货币总量给出的信号与利率规则给出的信号不同,并且在某些情况下前者还更准确? 一种可能性是货币增长包含未观察到的关键变量的有价值信息,这个关键变量即自然利率。如果考察标准货币需求函数式(3.12)中的变量,那么货币作为一个变量并不是很有效,因为它的波动会反映自然利率的变化。关于货币需求函数争论的第一个变量是短期利率。如果它对应于政策制定者的政策工具,则它是直接可观察的,政策制定者在跟踪该变量时无须考虑货币。货币需求函数的另一个变量是货币需求冲击,它通常被解释为我们不关心的噪声,其本身并不形成或包含产出和通货膨胀的实际或预期波动的来源。第三个变量是标度变量,即当前的实际收入。Friedman(1975)认为,由于货币数据比GDP数据更及时,而且被修正的可能性更小,实际货币余额的波动可以更有效地传递当前实际GDP波动的信息(Friedman,1990)。尽管最近人们对这一进路凸显的货币潜在信息作用产生了兴趣(Coenen et al.,2005;Dotsey and Hornstein,2003),但这似乎并不可行。实际上,将货币作为当前GDP指标的研究已被各种方法取代。目前美国和其他国家都有非官方但受到广泛关注的"月度实际GDP",它在很大程度上解决了官方GDP延迟发布的问题。这一指标的普遍性和受欢迎程度使人们怀疑为跟踪当前GDP而研究货币的必要性。①

一种更有希望的可能性在于,货币揭示了对未来总需求发展至关重要的波动,并且以超出当前产出和名义利率变化中所包含信息的方式波动。在美国的历史经验中,有事例显示货币增长表现出了这种属性。例如,在1980年信贷管制期间,货币增长和短期利率突然双双下跌。仅从利率角度来看,Bordo等(2007)将这一时期视为极度宽松的货币政策时期之一;同样,利用Smets和Wouters(2007)的一般动态均衡模型(没有估计货币存量数据)对货币政策冲击进行估计,发现在1980年第二季度,美国出现了战后历史上最具扩张性的货币政策冲击。相比之下,根据包含货币(M1)的VAR对货币政策冲击序列的估计,Blanchard和Watson(1986)发现1980年第二季度是美国战后历史上面临最紧缩货币政策冲击的时期之一。因此,两相对比,1980年中期的经济低迷表明,利用货币总量工具对紧缩货币政策(并带来经济衰退)的解读是正确的,而基于标准利率的解读并不可靠。

我们容易得出以下结论:货币增长之所以能准确地反映1980年总需求疲软的严重性,是因为存款和(银行)信贷产品之间存在核算关系。② 如果是这样的话,那么货币总量作为这一时期一个指标的价值,仅仅在于它们只是通过恒等式关系与更基本信贷总量有所联系的副产品。但是,这段时间的货币行为的细节并不支持这种解释。与M2或M3增长相比,信贷管控时期确实与M1增长疲软有关,但与银行信贷有更密切核算联系的是更大范围的货币总量。

对1980年间货币增长中所包含信息的不同解释并不依赖于货币与信贷之间的核算关系。相反,它有赖于货币政策传导过程的自然属性。这个过程涉及通过注入货币以调整各种资产价格的过程。在标准货币政策模型中,例如此前使用的新凯恩斯主义模型,货币注入

---

① Goodhart(1983)很早就质疑把货币作为当前产出指标的研究前景。
② 译者注:即账务上的逻辑勾稽关系。

对这些资产价格的效应可以通过政策利率的反应加以总结。然而，如果其他可供选择的非货币金融资产对货币余额的短期替代率不同，那么货币需求取决于各种机会成本变量的向量，而不是取决于单一的短期利率。这会造成如下情况，即当无风险短期利率以外的重要利率发生波动时，这些波动将被记录在实际货币余额中。货币需求式(3.13)仍将是对长期投资组合行为的有效描述，因为不同的利率往往在较长时期内一起波动。但是，给定当前收入和无风险短期利率，不同利率之间的短期差异会导致实际货币量的波动。这些波动反过来又预示着实际和名义总需求的未来走势。货币主义者关于传导机制的许多文献都强调了这一观点，这与将 M1 价值理解为信贷管制期间的一个指标有关。对 1980 年 M1 需求的研究普遍发现，信贷管制期间与传统货币需求方程的较大估计残差有关(Gordon, 1984; Hafer and Thornton, 1986; Hein, 1982)。这些初步证据表明在同期实际收入或短期利率中无法发现这一时期实际货币余额变化的重要来源。

非货币资产之间存在完美替代意味着像货币需求方程式(3.13)这样的单一利率指标仍是货币政策分析的一个便利假设。但在某些情况下，追踪特定利率并评估相关货币政策选项十分必要。例如，McCallum(2000a)认为，在开放经济中，当政策利率达到零时，中央银行现实可行的政策选项是通过大规模、未对冲的外汇干预来调控名义汇率。这样的选择源于如下理论框架，即在利率的零下限情况下，国库券和基础货币是完美替代品，但货币和外汇不是。

这种由不完美的资产替代环境衍生的货币信息角色可以用自然利率来表示。让总需求取决于实际政策利率以外的实际收益率向量，这些实际收益率的波动将影响实际政策利率的水平，从而保持有利于价格稳定的总需求条件。因此，它们可以被视为影响自然利率的因素。[1] 让货币需求的机会成本由名义收益率向量组成，名义收益率是对总需求至关重要的实际利率的名义对应值。[2] 由于名义收益率和实际收益率在短期内一起变动，除实际政策利率外的实际收益率的变化将被记录在实际需求货币量的波动中。由于这些实际利率波动是自然利率变动的一个来源，所以实际货币波动提供了自然利率变化的信息。以上文提及的 1980 年美国的情况为例，实行信贷管制可以被认为是在给定的实际政策利率水平下加大货币限制力度(即相对于政策利率提高非政策利率)并降低自然利率。1980 年货币增速的下降准确地反映了自然利率的下降。

其他时期也提供了更多明显的例子，货币及其实际发展并没有被政策利率所记录，但正是它们赋予货币以信息能力。例如，20 世纪 90 年代早期，美国的实际和名义联邦基金利率均大幅下降，但通货膨胀压力和总需求疲软并存。与这种进展相一致的是，对自然利率的实证估计显示，在 20 世纪 90 年代前半期，该利率持续下降至低水平(Laubach and Williams, 2003)。一些评论者，例如 King(1993)注意到，在这段时间内，美国和其他国家疲软的货币增长率比低水平政策利率更加准确地预测了经济前景，他们由此认为低货币增长率反映了未观察到的非政策利率的变化。这与上述货币的信息作用相一致。人们再一次倾向于认为这

---

① 具体而言，非政策利率与自然利率呈负相关关系。
② 为简单起见，我们忽略了货币的自有利率。

一时期的货币价值与货币增长和信贷增长的相关性有关。但同样存在反对这种解释的证据。在英国和美国,基础货币增长与私人信贷创造之间的关联性在逐年减弱,但基于基础货币增长的政策立场指标表明,20世纪90年代出现了急剧紧缩的信号(McCallum,2000b)。因此,20世纪90年代初期的政策立场信号与来自短期利率的信号不同,同时也并非货币与信贷之间核算关系的副产品。

9. 结 论

本章研究的是,货币总量与通货膨胀之间是否存在关系(如果有的话是何种关系),以及是否有实质性的理由来修改当前主流的政策分析模式,这种主流模式往往根本不考虑货币总量。正如我们所定义的那样,货币数量论的核心是预测价格将对名义货币存量的外生增长产生长期反应。政策制定者在实践中没有外生地设定货币增长率这一事实并不能剥夺货币数量论的实证内涵。[①] 同样,政策制定者经常只关注眼前而非更长期的价格这一行为也不能剥夺货币数量论的政策意义。相反,得出货币数量论的名义齐次性条件与得出货币中性论(制定政策所参考的重要原则)的条件相同。此外,货币数量论还暗示在其他条件不变的情况下通货膨胀与货币增长之间存在一对一的关系。考虑到可以在模型中加入滞后期,这种一对一关系往往可以通过时间序列检验得出;用数据的长期平均值替换时间序列不是恢复这种关系的必要或特别有价值的步骤。

我们的讨论并没有质疑金融创新会模糊货币增长与通货膨胀之间关系的观点。然而,我们需要的是一种分寸感。我们认为,在面临货币衡量问题时人们过多地放弃了对货币总量的分析,而做得不够的是用更加审慎的努力来改善货币衡量的分析。与货币总量相关的衡量问题与排除货币总量的政策分析中出现的衡量和估算问题有相似之处。例如,将利率作为分析中唯一货币变量的框架必须面对自然利率不可观测这一事实。自然实际利率的任何变化都会改变特定利率政策对通货膨胀的影响。自然利率的这种变化并不意味着我们需要将利率排除在分析之外,而是需要我们在估算自然利率方面做出更大的努力。

此外,利率和导致通胀的货币增长之间的联系因不完善的序列观测数据而变得模糊(特别是利率方面的自然利率和货币方面的金融创新),因此,若将利率和货币同时纳入实证分析之中,我们对通货膨胀和货币政策行为的研究就可以从中受益。

附录 数据来源

本章6.6中的面板回归使用了G7经济体的CPI和M2序列增长率的年平均数据。CPI

---

① 请注意,如果政策制定者设定货币工具以积极应对经济状况,那么无论货币工具是总量还是利率,他们都不会将其设定为外生的。

数据来源于美国圣路易斯联邦储备银行 FRED（美联储经济数据）网站、英格兰银行和英国国家统计局（RPIX 序列可得时使用 RPIX 序列，而其他情况下使用 RPI）[①]、国际金融中心（IFS）。IFS 数据也是表 3.4 中名义 GDP 数据的来源。各国货币数据来源如下所示。

加拿大：M2 的年平均值，1955—1968 年来源于 Lothian 等（1983）的研究构建，1969—2008 年来源于 IFS。

法国：M2 的年平均值，1955—1968 年来源于 Lothian 等（1983）构建的第二个 M2 序列，1969—1998 年来源于 IFS。

德国：M2 的年平均值，1955—1967 年来源于 Lothian 等（1983）的研究，1968—1980 年来源于国际货币基金组织（1983），1981—1998 年来源于 IFS。

意大利：M2 的年平均值，1955—1967 年来源于 Lothian 等（1983）的研究，1968—1975 年来源于国际货币基金组织（1983），1976—1998 年来源于 IFS 关于"国民定义下的 M2"的数据。

日本：M2 的年平均值，1955—2007 年来源于 IFS，2008 年来源于 G10 数据库。

英国：1955—1982 年用 M1 的年平均值，1983 年以后用英格兰银行的"零售 M4"（也称为 M2）年平均值（来源：英格兰银行网站）。其中，对于 M1 数据，1955—1963 年来源于 Capie 和 Webber（1985）的研究，1964—1982 年来源于 Hendry 和 Ericsson（1991）的研究。

美国：1959 年以前的 M2 数据来源于 Lothian 等（1983）列出的美国联邦储备序列的年平均值，经 1983 年第一季度调整后的 M2 年平均值来自 FRED。

欧洲国家：我们将上述构建的货币增长数据与 Benati（2009）构建的数据序列进行对比，发现两者几乎没有差异。我们还绘制了德国的货币增长数据，并与克里斯蒂娜·格贝尔丁（Christina Gerberding）提供的德国央行的 M2 数据进行对比，验证了两者是相似的。

参考文献

Abbot, W. J., 1962. Revision of money supply series. Federal Reserve Bulletin 48, 941-951.

Anderson, R. G., 2003. Retail deposit sweep programs: Issues for measurement, modeling and analysis. Federal Reserve Bank of St. Louis, Working Paper 2003-026A.

Anderson, R. G., Kavajecz, K. A., 1994. A historical perspective on the Federal Reserve's monetary aggregates: Definition, construction and targeting. Federal Reserve Bank of St. Louis Review 76, 1-31.

Ando, A., 1981. On a theoretical and empirical basis of macro-econometric models. In: Kmenta, J., Ramsey, J. B. (Eds.), Large-scale macro-econometric models. North-Holland, Amsterdam, pp. 329-369.

Assenmacher-Wesche, K., Gerlach, S., 2007. Money at low frequencies. Journal of the

---

[①] 译者注：RPIX 是衡量英国通货膨胀的指标，相当于不包括抵押贷款利息支付的所有项目 RPI（零售价格指数）。

European Economic Association 5, 534-542.

Ball, L. M., 2001. Another look at long-run money demand. J. Monetary Econ. 47, 3-44.

Barnett, W. A., Chauvet, M., 2008. International financial aggregation and index number theory: A chronological half-century empirical overview. University of Kansas, Manuscript.

Barro, R. J., 1982. United States inflation and the choice of monetary standard. In: Hall, R. E. (Ed.), Inflation: causes and effects. University of Chicago Press, Chicago, pp. 99-110.

Batini, N., Nelson, E., 2001. The lag from monetary policy actions to inflation: Friedman revisited. International Finance 4, 381-400.

Baumol, W. J., Blinder, A. S., 1982. Economics: principles and policy, second ed. Harcourt Brace Jovanovich, New York.

Benati, L., 2009. Long-run evidence on money growth and inflation. European Central Bank, Working Paper No. 1027.

Blanchard, O. J., Watson, M. W., 1986. Are business cycles all alike?. In: Gordon, R. J. (Ed.), The American business cycle: Continuity and change. University of Chicago Press, Chicago, pp. 123-182.

Blinder, A. S., 1979. Economic policy and the great stagflation. Academic Press, New York.

Bordo, M., Erceg, C., Levin, A., Michaels, R., 2007. Three great American disinflations. Federal Reserve Board, International Finance Discussion Paper No. 2007-898.

Brown, A. J., Darby, J., 1985. World inflation since 1950: An international comparative study. Cambridge University Press, Cambridge, UK.

Brown, C. V., 1965. A theory of interest rates or asset prices?. Scottish Journal of Political Economy 12, 297-308.

Bullard, J. B., Mitra, K., 2002. Learning about monetary policy rules. J. Monetary Econ. 49, 1105-1129.

Calvo, G. A., 1983. Staggered prices in a utility-maximizing framework. J. Monetary Econ. 12, 383-398.

Canzoneri, M. B., Cumby, R. E., Diba, B., 2010. The interactions between monetary and fiscal policy. In: Friedman, B. M., Woodford, M. (Eds.), Handbook of monetary economics IIIB, Elsevier/North-Holland, Amsterdam, Chapter 17 of this volume.

Capie, F., Webber, A., 1985. A monetary history of the United Kingdom, 1870-1982, volume 1: Data, sources, methods. Allen and Unwin, London.

Carlson, J. B., Hoffman, D. L., Keen, B. D., Rasche, R. H., 2000. Results of a study of the stability of cointegrating relations comprised of broad monetary aggregates. J. Monetary Econ. 46, 345-383.

Christiano, L. J., Eichenbaum, M., Evans, C., 2005. Nominal rigidities and the dynamic effects of a shock to monetary policy. J. Polit. Econ. 113, 1-45.

Christiano, L. J. , Fitzgerald, T. J. , 2003. Inflation and monetary policy in the twentieth century. Federal Reserve Bank of Chicago Economic Perspectives 27, 22-45.

Citibank, 1979. The dollar: Why the market can't be conned, Citibank Monthly Economic Letter (February) 75, 12-15.

Cochrane, J. H. , 1998. A frictionless view of U. S. inflation. NBER Macroeconomics Annual 13, 323-384.

Cochrane, J. H. , 2007. Inflation determination with Taylor rules: A critical review. NBER, Working Paper No. 13409.

Coenen, G. , Levin, A. T. , Wieland, V. , 2005. Data uncertainty and the role of money as an information variable for monetary policy. European Economic Review 49, 975-1006.

Cynamon, B. Z. , Dutkowsky, D. H. , Jones, B. E. , 2006. Redefining the monetary aggregates: A clean sweep. Eastern Economic Journal 32, 661-673.

De Grauwe, P. , Polan, M. , 2005. Is inflation always and everywhere a monetary phenomenon?. Scandinavian Journal of Economics 107, 239-259.

Dewald, W. G. , 2003. Bond market inflation expectations and longer-term trends in broad monetary growth and inflation in industrial countries, 1880-2001. European Central Bank, Working Paper No. 253.

Dorich, J. , 2009. Resurrecting the role of real money balance effects. Bank of Canada, Manuscript.

Dotsey, M. , Hornstein, A. , 2003. Should a monetary policymaker look at money?. J. Monetary Econ. 50,547-579.

Dotsey, M. , King, R. G, 2005. Implications of state-dependent pricing for dynamic macroeconomic models. J. Monetary Econ. 52, 213-242.

Duca, J. V. , 1995. Should bond funds be added to M2?. Journal of Banking and Finance 19, 131-152.

Dutkowsky, D. H. , Cynamon, B. Z. , Jones, B. E. , 2006. U. S. narrow money for the twenty-first century. Econ. Inq. 44, 142-152.

Evans, G. W. , Honkapohja, S. , 2001. Learning and expectations in macroeconomics. Princeton University Press, Princeton, N. J.

Evans, G. W. , Honkapohja, S. , 2007. Policy interaction, learning, and the fiscal theory of prices. Macroeconomic Dynamics 11, 665-690.

Fisher, I. , 1913. The purchasing power of money, second ed. Macmillan, New York.

Frain, J. C. , 2004. Inflation and money growth: Evidence from a multi-country data-set. The Economic and Social Review 35, 251-266.

Friedman, B. M, 1975. Targets, instruments, and indicators of monetary policy. J. Monetary Econ. 1,443-473.

Friedman, B. M. , 1990. Targets and instruments of monetary policy. In: Friedman, B. M. , Hahn, F. H. (Eds.) , Handbook of monetary economics Ⅱ, Elsevier/North-Holland, Amsterdam, pp. 1186-1230.

Friedman, B. M. , 1999. The future of monetary policy: The central bank as an army with only a signal corps?. International Finance 2, 321-338.

Friedman, B. M. , 2000. Decoupling at the margin: The threat to monetary policy from the electronic revolution in banking. International Finance 3, 261-272.

Friedman, B. M. , Kuttner, K. I. , 1992. Money, income, prices and interest rates. Am. Econ. Rev. 82, 472-492.

Friedman, M. , 1956. The quantity theory of money: A restatement. In: Friedman, M. (Ed.) , Studies in the quantity theory of money. University of Chicago Press, Chicago, pp. 3-21.

Friedman, M. , 1966. Comments. In: Shultz, G. P. , Aliber, R. Z. (Eds.) , Guidelines: Informal controls and the market place. University of Chicago Press, Chicago, pp. 55-61.

Friedman, M. , 1968. The role of monetary policy. Am. Econ. Rev. 58, 1-17.

Friedman, M. , 1972a. Comments on the critics. J. Polit. Econ. 80, 906-950.

Friedman, M. , 1972b. Have monetary policies failed?. Am. Econ. Rev. 62, 11-18, (Papers and Proceedings).

Friedman, M. , 1973. Money and economic development. Praeger, New York.

Friedman, M. , 1987. Quantity theory of money. In: Eatwell, J. , Milgate, M. , Newman, P. (Eds.) , The new Palgrave: A dictionary of economics 4, Macmillan, London, pp. 3-20.

Friedman, M. , 1988. Money and the stock market. J. Polit. Econ. 96, 221-245.

Friedman, M. , Meiselman, D. , 1963. The relative stability of monetary velocity and the investment multiplier in the United States, 1897-1958. Commission on Money and Credit. In: Stabilization policies. Englewood Cliffs, NJ, Prentice Hall, pp. 165-268.

Friedman, M. , Schwartz, A. J. , 1963. A monetary history of the United States, 1867-1960. Princeton University Press, Princeton.

Friedman, M. , Schwartz, A. J. , 1970. Monetary statistics of the United States. Columbia University Press, New York.

Giannoni, M. P. , Woodford, M. , 2002. Optimal interest-rate rules Ⅱ: Applications. NBER, Working Paper No. 9420.

Goodhart, C. A. E. , 1983. Comment. In: Meek, P. (Ed.) , Central bank views on monetary targeting (New York: Federal Reserve Bank of New York) , pp. 46-50.

Goodfriend, M. , 2002. Interest on reserves and monetary policy. Federal Reserve Bank of New York Economic Policy Review 8, 77-84.

Goodhart, C. A. E. , 2000. Can central banking survive the IT revolution?. International Finance 3,189-209.

Gordon, R. J., 1978. Macroeconomics. Little, Brown and Company, Boston.

Gordon, R. J., 1984. The short-run demand for money: A reconsideration. Journal of Money, Credit and Banking 16, 403-434.

Gordon, R. J., 1988. Postwar developments in business-cycle theory: An unabashedly New-Keynesian perspective. In: Oppenlander, K. H., Poser, G. (Eds.), Contributions of business cycle surveys to empirical economics. Gower Publishing Co., Aldershott, U. K, pp. 21-50.

Gowland, D., 1991. Money, inflation and unemployment, second ed. Prentice Hall, New York.

Gramley, L. E., 1982. Financial innovation and monetary policy. Federal Reserve Bulletin 68, 393-400.

Hafer, R. W., 1980. The new monetary aggregates. Federal Reserve Bank of St. Louis Review 62, 25-32.

Hafer, R. W., Thornton, D. L., 1986. Price expectations and the demand for money: A comment. Rev. Econ. Stat. 68, 539-542.

Haldane, A. G., 1997. Designing inflation targets. In: Lowe, P. (Ed.), Monetary policy and inflation targeting. Reserve Bank of Australia, Sydney, pp. 74-112.

Hein, S. E., 1982. Short-run money growth volatility: Evidence of misbehaving money demand?. Federal Reserve Bank of St. Louis Review 64, 27-36.

Hendry, D. F., Ericsson, N. R., 1991. Modeling the demand for narrow money in the United Kingdom and the United States. European Economic Review 35, 833-886.

Hoffman, D. L., Rasche, R. H., 1991. Long-run income and interest elasticities of money demand in the United States. Rev. Econ. Stat. 73, 665-674.

Hume, D., 1752. Of money. In: Hume, D. (Ed.), Political discourses. Fleming, Edinburgh.

International Monetary Fund, 1983. IFS supplement on money. International Monetary Fund, Washington, DC.

Ireland, P. N., 2004. Money's role in the monetary business cycle. Journal of Money, Credit and Banking 36, 969-983.

Ireland, P. N., 2009. On the welfare cost of inflation and the recent behavior of money demand. Am. Econ. Rev. 99, 1040-1052.

Issing, O., Gaspar, V., Angeloni, I., Tristani, O., 2001. Monetary policy in the euro area. Cambridge University Press, Cambridge, UK.

Jevons, W. S., 1875. Money and the mechanism of exchange. Henry S. King & Co, London.

Jones, B. E., Dutkowsky, D. H, Elger, Thomas, 2005. Sweep programs and optimal monetary aggregation, http://ideas. repec. org/s/eee/jbfina. html Journal of Banking and Finance 29, 483-508.

Juillard, M., Kamenik, O., Kumhof, M., Laxton, D., 2008. Optimal price setting and inflation inertia in a rational expectations model. Journal of Economic Dynamics and Control 32, 2584-2621.

Keynes, J. M., 1936. The general theory of employment, interest and money. Macmillan, London.

King, M. A., 1993. The Bundesbank: A view from the Bank of England. Bank of England Quarterly Bulletin 34, 269-273.

King, M. A., 1999. Challenges for monetary policy: New and old. In: New challenges for monetary policy. Federal Reserve Bank of Kansas City, Kansas City, MO, pp. 11-57.

King, R. G., Watson, M. W., 1996. Money, prices, interest rates and the business cycle. Rev. Econo. Stat. 78, 35-53.

Kohn, D., 1990. Making monetary policy: Adjusting policy to achieve final objectives. In: Norton, W. E., Stebbing, P. (Eds.), Monetary policy and market operations. Reserve Bank of Australia, Sydney, pp. 11-26.

Laubach, T., Williams, J. C., 2003. Measuring the natural rate of interest. Rev. Econ. Stat. 85, 1063-1070.

Leeper, E. M., 1991. Equilibria under "active" and "passive" monetary and fiscal policies. J. Monetary Econ. 27, 129-147.

Leeper, E. M., Roush, J. E., 2003. Putting "M" back in monetary policy. Journal of Money, Credit and Banking 35, 1217-1256.

Lothian, J. R., Cassese, A., Nowak, L., 1983. Data appendix. In: Darby, M. R., Lothian, J. R. (Eds.), The international transmission of inflation. University of Chicago Press, Chicago, pp. 525-718.

Lown, C. S., Peristiani, S., Robinson, K. J., 1999. What was behind the M2 breakdown?. Federal Reserve Bank of New York, Staff Report No. 83.

Lucas Jr., R. E., 1972. Econometric testing of the natural rate hypothesis. In: Eckstein, O. (Ed.), The econometrics of price determination. Board of Governors of the Federal Reserve System, Washington, DC, pp. 50-59.

Lucas Jr., R. E., 1980. Two illustrations of the quantity theory of money. Am. Econ. Rev. 70, 1005-1014.

Lucas Jr., R. E., 1986. Adaptive behavior and economic theory. Journal of Business 59, S401-S426.

Lucas Jr., R. E., 1988. Money demand in the United States: A quantitative review. Carnegie-Rochester Conference Series on Public Policy 29, 137-167.

Lucas Jr., R. E., 2000. Inflation and welfare. Econometrica 68, 247-274.

McCallum, B. T., 1988. Robustness policies of a rule for monetary policy. Carnegie-

Rochester Conference Series on Public Policy 29, 173-204.

McCallum, B. T., 1990. Inflation: Theory and evidence. In: Hahn, F. H., Friedman, B. M. (Eds.), Handbook of monetary economics 2, Elsevier/North-Holland, Amsterdam, pp. 963-1012.

McCallum, B. T., 1993. Unit roots and economic time series: Some critical issues. Federal Reserve Bank of Richmond Economic Quarterly 79, 13-33.

McCallum, B. T., 2000a. Theoretical analysis regarding a zero lower bound on nominal interest rates. Journal of Money, Credit, and Banking 32, 870-904.

McCallum, B. T., 2000b. Alternative monetary policy rules: A comparison with historical settings for the United States, the United Kingdom, and Japan. Federal Reserve Bank of Richmond Economic Quarterly 86, 49-79.

McCallum, B. T., 2001a. Monetary policy analysis in models without money. Federal Reserve Bank of St. Louis Review 83, 145-160.

McCallum, B. T., 2001b. Indeterminacy, bubbles, and the fiscal theory of price level determination. J. Monetary Econ. 47, 19-30.

McCallum, B. T., 2009. Inflation determination with Taylor rules: Is new-Keynesian analysis critically flawed?. J. Monetary Econ. 56, 1101-1108.

McCallum, B. T., Goodfriend, M., 1987. Demand for money: Theoretical studies. In: Eatwell, J., Milgate, M., Newman, P. (Eds.), The new Palgrave: A dictionary of economics 1. Macmillan, London, pp. 775-781.

McCallum, B. T., Hargraves, M., 1995. A monetary impulse measure for medium-term policy analysis. Staff Studies for the World Economic Outlook 52-70, September.

McCallum, B. T., Nelson, E., 2005. Monetary and fiscal theories of the price level: The irreconcilable differences. Oxford Review of Economic Policy 21, 565-583.

McCandless, G. T., Weber, W. E., 1995. Some monetary facts. Federal Reserve Bank of Minneapolis Quarterly Review 19, 2-11.

McNees, S. K., 1978. The current business cycle in historical perspective. New England Economic Review 60, 44-59.

Meltzer, A. H., 1969. Tactics and targets: Discussion. In: Controlling monetary aggregates. Federal Reserve Bank of Boston, Boston, pp. 96-103.

Mishkin, F. S., 2007. The economics of money, banking, and financial markets, eighth ed. AddisonWesley, Boston.

Nelson, C. R., 1979. Recursive structure in U. S. income, prices and output. J. Polit. Econ. 87, 1307-1327.

Nelson, E., 2003. The future of monetary aggregates in monetary policy analysis. J. Monetary Econ. 50, 1029-1059.

Niehans, J., 1978. The theory of money. Johns Hopkins University Press, Baltimore, MD.

Orphanides, A., 2003a. Historical monetary policy analysis and the Taylor rule. J. Monetary Econ. 50,983-1022.

Orphanides, A., 2003b. The quest for prosperity without inflation. J. Monetary Econ. 50, 633-663.

Parkin, M., 1980. Oil push inflation?. Banca Nazionale del Lavoro Quarterly Review 33, 163-185.

Patinkin, D., 1956. Money, interest and prices: An integration of money and value theory. Row, Peterson,Evanston, IL.

Patinkin, D., 1972. Friedman on the quantity theory and Keynesian economics. J. Polit. Econ. 80, 883-905.

Rasche, R. H., 1990. Equilibrium income and interest elasticities of the demand for M1 in Japan. Bank of Japan Monetary and Economic Studies 8, 31-58.

Reserve Bank of New Zealand, 1985. Monetary policy: Some questions and answers. Reserve Bank of New Zealand Bulletin 48 (November), 626-629.

Reynard, S., 2004. Financial market participation and the apparent instability of money demand. J. Monetary Econ. 51, 1297-1317.

Rotemberg, J.J., Woodford, M., 1997. An optimization-based econometric framework for the evaluation of monetary policy. NBER Macroeconomics Annual 12, 297-346.

Samuelson, P.A., 1967. Money, interest rates and economic activity: Their interrelationship in a market economy. American Bankers Association. In: Proceedings of a symposium on money, interest rates and economic activity. American Bankers Association, New York, pp. 40-60.

Sargent, T.J., 1971. A note on the "accelerationist" controversy. Journal of Money, Credit and Banking 3,50-60.

Sargent, T.J., Surico, P., 2008. Monetary policies and low-frequency manifestations of the quantity theory. Bank of England, External MPC Unit Discussion Paper No. 26.

Siegel, D.F., 1986. The relationship of money and income: The breakdowns in the 70s and 80s. Federal Reserve Bank of Chicago Economic Perspectives 10, 3-15.

Sims, C.A., 1994. A simple model for study of the determination of the price level and the interaction of monetary and fiscal policy. Econ. Theory 4, 381-399.

Small, D.H., Porter, R.D., 1989. Understanding the behavior of M2 and V2. Federal Reserve Bulletin 75,244-254.

Smets, F., Wouters, R., 2007. Shocks and frictions in US business cycles: A Bayesian DSGE approach. Am. Econ. Rev. 97, 586-606.

Solow, R.M., 1969. Price expectations and the behavior of the price level. Manchester University Press,Manchester, U.K.

Stock, J. H., Watson, M. W., 1993. A simple estimator of cointegrating vectors in higher order integrated systems. Econometrica 61, 783-820.

Stuart, A., 1996. Simple monetary policy rules. Bank of England Quarterly Bulletin 36, 281-287.

Svensson, L. E. O., 1999. Monetary policy issues for the eurosystem. Carnegie-Rochester Conference Series on Public Policy 51, 79-136.

Svensson, L. E. O., 2003. What is wrong with Taylor rules? Using judgment in monetary policy through targeting rules. Journal of Economic Literature 41, 426-477.

Svensson, L. E. O., Woodford, M., 2005. Implementing optimal policy through inflation-forecast targeting. In: Bernanke, B. S., Woodford, M. (Eds.), The inflation-targeting debate. University of Chicago Press, Chicago, pp. 19-92.

Taylor, J. B., 1993. Discretion versus policy rules in practice. Carnegie-Rochester Conference. Series on Public Policy 39, 195-214.

Taylor, J. B., 1999. An historical analysis of monetary policy rules. In: Taylor, J. B. (Ed.), Monetary policy rules. University of Chicago Press, Chicago, pp. 319-341.

Wallich, H. C., 1985. U. S. monetary policy in an independent world. In: Ethier, W., Marston, R. C. (Eds.), International financial markets and capital movements: A symposium in honor of Arthur I. Bloomfield. International Finance Section, Princeton, N. J, pp. 33-44.

Wicksell, K., 1915. Lectures on political economy 2. Macmillan, London (R. F. Kahn, Trans.) 1935.

Woodford, M., 1994. Monetary policy and price level determinacy in a cash-in-advance economy. Econ. Theory 4, 345-380.

Woodford, M., 1995. Price level determinacy without control of a monetary aggregate. Carnegie-Rochester Conference Series on Public Policy 43, 1-46.

Woodford, M., 2000. Monetary policy in a world without money. International Finance 3, 229-260.

Woodford, M., 2001. Monetary policy in the information economy. Economic policy for the information economy. Federal Reserve Bank of Kansas City, Kansas City.

Woodford, M., 2003. Interest and prices: Foundations of a theory of monetary policy. Princeton University Press, Princeton.

Woodford, M., 2008. How important is money in the conduct of monetary policy?. Journal of Money, Credit and Banking 40, 1561-1598.

Yun, T., 1996. Nominal price rigidity, money supply endogeneity, and business cycles. J. Monetary Econ. 37, 345-370.

第二部分

基础:信息与调整

第四章　理性疏忽与货币经济学

克里斯托弗·A. 西姆斯(Christopher A. Sims) *

* :普林斯顿大学

目　录

本章摘要：在香农(Shannon)和工程信息论的意义上，理性疏忽理论认为人们仅具备有限的信息处理能力。这种理论仍处于发展的早期阶段，但它有望为动态宏观经济学和金融领域中的一些重要摩擦和延迟现象提供一个统一的解释。在本章中，我们将介绍信息论的基本思想，展示如何将其正式引入动态优化问题的研究中，讨论该方法的现有应用，并指出其对宏观经济学建模和货币政策的一些意义。

JEL 分类代码：E10，E31，E50，C50，C61

关键词：信息理论；理性疏忽

1. 动机

每个人都会忽略或不那么及时地、完美地对其"看到"的某些信息做出反应。在很多个早晨，我会翻看《纽约时报(商业版)》，看那些包含大量信息的资产市场的图表。大多数时候，我也会在金融时报网站上看一两次油价、股指和汇率的日间走势图，但我基本上不会根据这些信息采取任何行动。事实上，在我查看报纸或网站半小时后，如果您问我看了哪些数字，通常我最多只能给出一个粗略的定性答案——除非有一些非常不寻常的数据。如果我一直在动态优化，那我可能会根据这些信息去微调我的投资组合、支出计划、账单支付展期等。但我肯定不会那么做——因为这种持续调整的好处太小了，而且我还有其他更重要的事情需要处理。

有一种观点认为，如果我们认识到人们不会使用一些免费的可用信息，那我们就不得不放弃个体行为最优化模型。有人会对这个结论感到满意，但个体行为最优化模型在经济学中的应用效果不错，因此值得研究的是，是否有可能构建与不使用免费信息的行为相一致的个体行为最优化模型？理性疏忽模型引入了这样的观点：人们将外部数据转化为行动的能力囿于有限的香农式处理信息容量。这样的模型解释了为什么人们不使用那些免费的可用信息，或者用得不太完美。

这些模型的另一个吸引力在于，它们隐含了所有类型行为对外部信息迟缓且不稳定的反应。在宏观经济数据中，我们很少看到有变量对其他变量的变化做出迅速的反应。凯恩斯主义模型承认价格惯性，但认为这种惯性能以更简单的形式转化为对政策和其他干扰因素迅速、强烈的量化反应。凯恩斯主义模型的这种情况可以通过引入调整成本来解释，但是这种成本通常是一次建模处理一个变量，且没有直觉或正式理论的支持。理性疏忽的方法则意味着存在普遍的惯性和不稳定的行为，并且意味着不同变量在惯性的程度和性质方面存在联系。

近年来，随着电子收银机的普及，对单个产品交易价格的研究激增。研究表明，单个产品价格往往在较长一段时间内保持不变，而一旦发生变化，则会在几个特定的价位间来回跳跃。这种价格离散分布模式与现有的大多数价格惯性理论不一致。虽然这种模式并不是灵光一现般地产生理性疏忽模型的一部分,但事实证明,在相当广泛的条件下,它就是理性疏忽方法所暗示的。为了让读者对该主题感兴趣,现在我们先讨论信息理论的基础数学问题。

2. 信息理论

2.1　香农对互信息的定义

假设我们正在发送消息"是",并且想要量化这条消息中的信息量,那我们应该怎么做呢? 香农对信息量衡量的认知是消息中的信息量取决于其他可能发送的消息。如果消息的接收者已确定消息将是"是",则消息不会传输任何信息,并且实际上不应该发送任何消息。如果接收者知道该消息为"是"或"否",只是不确定是哪一个,则消息会涉及少量信息,且很容易可靠地将其传递出去。但是,如果接收者事先只知道该信息会是某个英语单词,则该消息将包含更多信息,并且更难可靠地传递。香农的想法是传递的信息量应该用如下方式来衡量,即接收者的不确定性因收到信息而减少的程度。[①]

有两个随机对象,例如 X 和 Y,假设具有联合分布的概率密度函数 $p(x,y)$,香农定义它们之间的互信息[②]为:

$$I(X,Y) = E[\log p(X,Y)] - E[\log(\int p(X,y)\,\mathrm{d}y)] - E[\log(\int p(x,Y)\,\mathrm{d}x)]$$

也就是说,X 和 Y 之间的信息是如下两者之差:一是 X 和 Y 的联合概率密度函数的对数期望值;二是 X 和 Y 的边际概率密度函数的对数期望值之和。该度量具有一些易验证的有吸引力的属性。比如,当 X 和 Y 独立时,$I(X,Y)$ 为零,且始终为非负数。如果我们有一个观察序列,比如对 Y 和 Z 的观察,我们希望看到 Z 然后 Y 得到 X 的信息与看到 Y 然后 Z 得到 X 的信息是一样的。因此我们希望,由 X 和 Y 的联合分布计算得到的 $I(X,Y)$ 加上以 Y 为条件的 X 和 Z 的联合概率密度函数计算的 $I(X,Z|Y)$ 的结果与 $I(X,Z)$ 加上 $I(X,Y|Z)$ 的结果相等。事实证明,这些简单属性已具有足够的限制性,使我们基本上能够得到互信息的香农测量。之所以加上"基本上"的描述,是因为我们没有在定义中指定对数函数的底数,通常底数是 2。在这种情况下,信息单位是比特(bit),而有时使用底数 e 更为方便,此时这个单位被称为奈特(nat)。[③]

除了这些吸引人的直观特性外,香农测量之所以能够脱颖而出,还因为它在通信工程领域的实用性。如今,大多数人都已知晓,有一个可以衡量人们或快或慢地连接互联网的速度的指标(兆比特或兆字节/每秒,1 字节 = 8 比特),并且该衡量标准并不取决于发送的信息内

[①] 这里我们只能勾勒信息论的基本思想。Cover 和 Thomas(1991)与 MacKay(2003)等有更为完整的论述。
[②] 译者注:互信息是两个随机变量间相互依赖性的度量。
[③] 有关单一性的进一步讨论请参见 Bierbrauer(2005)的研究。

容(音乐、文字、图片)或联网的物理细节(光纤、电缆、DSL[1]等)。

我们应当注意到,上面给出的对称定义相当于:

$$I(X,Y) = E\{E[\log(q(X\mid Y))]\} - E[\log(h(X))]$$

此处 $h(X) = \int p(X,y)\mathrm{d}y$ 是 X 的边际概率密度函数,且 $q(X\mid Y) = p(X,Y)/\int(p(x,Y))\mathrm{d}x$ 是 $X\mid Y$ 的条件概率密度函数。$-E[\log(h(X))]$ 的值被称为随机变量 X 的熵,因此这种形式的 $I = (X,Y)$ 定义可以使之成为看到 Y 后 X 熵的期望值减少。第一个定义的对称性清楚地表明,看到 X 后 Y 熵的期望值减少与看到 Y 后 X 熵的期望值减少是相同的。

2.2 信道与容量

香农将信道(channel)定义为对可能输入以及给定输入情况下输出条件分布的描述。例如,一条理想的电报线可以发送一个点或破折号(输入),并在输入为点时在另一端产生一个点,在输入为破折号时在另一端产生一个破折号。一个更庞杂的信道可能是一条嘈杂的电报线,在这条线中,点或破折号的输入在输出时自我复制的概率仅为 0.6,换言之,每次传输出错的概率为 0.4。或者,信道可以发送任意实数 x,该实数从方差不大于 1 的分布中抽取,并在输出中产生 $y \sim N(x,\sigma^2)$。

信道只定义了给定输入 X 情况下输出 Y 的条件分布。输入和输出之间的互信息也取决于输入的分布。如果我们选择输入的分布以实现输入和输出之间的互信息最大化,则信道就会根据其容量传输信息。理想的电报键使给定输出的输入分布退化,所有概率都取决于输入的实际值。一个点上概率为 1 的离散分布的熵为 0——$0\log(0) + 1\log(1)$,为方便起见,约定 $0\log(0) = 0$,即 $a \to 0$ 时,$a\log(a)$ 的极限值。如果点和破折号的输入概率相同,则信息流最大化,在这种情况下,每个时间段是一个比特。若破折号和点在输入时具有同等概率,有噪声的电报键在输入和输出之间也具有最大的互信息,那么信息流速率为每个时间段 0.029 比特。当输入信息分布为 $N(0,1)$ 时,具有高斯噪声的信道具有最大的信息流速率,此时信息流速率为 $-\frac{1}{2}\log_2[\sigma^2/(1 + \sigma^2)]$ 比特/时间段。当噪声与输入一样可变时,例如 $\sigma^2 = 1$,信息流速率则为 0.5 比特/时间段。

2.3 编码

如今众所周知的是,人们可以通过各种形式获取信息并通过连接互联网传输信息。这些连接自然地将"1"和"0"(通常称为比特,虽然这与信息理论对该术语的使用不完全相同)作为输入,而计算机磁盘文件将所有类型的信息都表示为某种模式的比特。众所周知的 ASCⅡ码(美国信息交换标准代码)将每个数字或大小写字母映射成包含七个比特的模式。

---

[1] 译者注:DSL 指数字用户线路。

图片也可以映射为描述像素的比特模式——图片中特定点的颜色强度。这种将不同类型的信息转换成比特的方式就是编码。

但是有很多可能的方法可以将字母、数字或图片描述映射成比特。翻译成 ASCⅡ 码的文本通常不会出现序列不相关的比特模式或相同数量的 0 和 1，因此对于理想的电报键而言，这不是理想的输入。有一些算法可以将这种低效的编码文件转换为更高效的编码文件，例如大多数计算机用户都会用到的 zip（文件格式，用于一般文件）和 jpeg（文件格式，用于图像文件）压缩文件。这些压缩算法会产生更接近独立同分布且均值为 0.5 的 0 和 1 模式，并压缩成更小的文件。这些文件的压缩等同于使它们通过理想的电报键更快地传输。

信息理论的编码定理指出，无论我们希望传输的输入内容的性质如何，它都可以被编码，并以尽可能接近信道容量的传输速率和足够低的错误率发送。为了解释编码是什么以及这个定理的含义，假设我们发送了一些由黑白线组成的简单的位图。该图形已被扫描到 100×100 的像素网格，我们希望发送的文件是 100 行像素，一次一行。0 代表白色，1 代表黑色，文件大部分将为 0。我们的信道是一个完美的电报键。假设文件的 2％ 是 1（即 98％ 是 0）。如果我们只是通过信道发送原始文件，则需要 10000 个时间段，每个像素一个时间段。但是我们可以转换文件，现在 0 表示序列 000，而 1001 表示 001，1010 表示 010，以此类推。（请注意，我们最终没有使用 1000）。由此，$0.98^3 = 0.94$ 的三像素块由输出单个 0 表示，0.06 将由四像素块表示。平均而言，三像素将需要 $0.94×1+0.06×4 = 1.18$ 个时间段来传输，因此整个文件传输需要 $10000×1.18/3 = 3934$ 个时间段。如果我们把该文件看作是从独立同分布序列中提取的，该序列由一连串的 0 和 1 组成且 1 出现的概率为 0.02，那么文件的熵是 $[0.02\log_2(0.02) + 0.98\log_2(0.98)] = 1414$ 比特。[1] 如果使用该编码，那么我们将在每个时间段发送 $1414/3934 = 0.36$ 比特。而正如我们已经提及的，信道容量是每个时间段 1 比特。为了更接近信道容量，我们需要更精细的代码，例如使用 3 个以上的像素块。[2]

这个例子也有助于理解一个重要且令人困惑的事实：即使我们理想的电报线能以有限速率无差错传输，但接收连续分布输入信息的信道不能以同等质量传输，除非它具有无限容量。假设输入 X 可以是任何实数，而输出 Y 简单地等于 X。考虑我们之前的 10000 像素图形的文件，如果我们选取其 0 和 1 的序列，并在前面加上小数点，它就变成了一个以 0 和 1 二进制表示的实数。这样我们就可以在单一时间段内通过我们的信道将其准确发送，每个时间段的速率为 1414 比特。当然，无论文件有多大，这个想法都成立，因为此传输速率没有上限。

编码定理并不十分实用。确定要发送的信道和信息类型并对其进行编码，且要使其能以接近信道容量的方式发送，通常很困难。大量的工程文献都提及了这一点。

编码的例子同时也显示了另一个容易被人忽略的复杂情况：编码带来了延迟。我们展示了如何以信息块形式发送大部分为 0 的文件。但要做到这一点，需要凑够完整的信息块才能开始传输，这就产生了延迟。延迟多少取决于信道和信息的性质，即信道和消息属性超出

---

[1] 如果我们只考虑黑白线稿的图形文件，那么 0 和 1 实际上不会是独立同分布序列（因为这些大多在连续的线上），所以熵会更小，传输可能会更快。

[2] 更长的块编码范例可参考我在 1998 年发表的论文的附录。

信道容量和消息熵的部分。基于以下两个原因,我们忽略了编码延迟:一是我们在研究经济行为时,在目前阶段试图避免将人的生理特性作为信道;二是编码延迟的可能性不大——信道容量与实际传输速率之间的差距至少以 $1/n$ 的比例减少,其中 n 是编码的长度(Cover and Thomas,1991)。

3. 信息论与经济行为

理性疏忽引入了最优化理论假设,即经济主体根据观察到的外部随机信号而开展的行动必须体现出有限的信息流速率,也就是说,经济主体是有限容量的信道。在继续讨论理性疏忽模型之前,我们应该注意到,这一模型并不包含于或声称要取代之前所有的有价信息的经济模型。在统计决策理论中,随机变量的效用值可以通过量化来观察;如果问题包含预算约束,则可以将该值换算成等值金额。这种信息价值适用于需要付出一定实际成本以获取观察结果的情况,例如委托市场调查、钻井测试等。这种信息成本与观察随机变量所获得的信息量大小无关。

确定测试井是否存在石油需要花费数千美元,但回答"是"或"否"只有一个不超过 1 比特的信息。理性疏忽理论没有提供关于钻井测试是不是一个好主意的指导,然而它可以解释以下现象:石油公司的一位高管的办公桌上放了一份测试井报告以及其他日常事务的报告,为什么她可能在看完所有报告之后对测试井的详细报告印象深刻,而对其他报告的内容只有一个模糊的概念呢?因为测试井报告对其工作很重要,而其他的内容则不那么重要,所以就一带而过。

还请注意,在下列示例中,信息流速率低于人们对自己实际香农容量的任何合理猜测。人们很自然地会把抽象的经济主体看成具有容量的影子价值而不是固定的容量界限,因为经济最优化仅是人们信息处理的一小部分。在经济决策是处理信息的唯一原因的模型中,为获取对信息反应的实际延迟和噪声,我们需要假设很低的香农容量,但在很低的容量成本下,我们发现最优化模型很少使用它。这反映了 Akerlof 和 Yellen(1985)所指出的众所周知的事实,即在接近最优的情况下,适度偏离最优选择不会带来很大的影响。人们使用经济信息的频率很低不是因为他们不能准确使用,而是因为使用的好处很小,而且信息处理能力还要用于其他更重要的地方。

3.1 高斯情形

当随机变量都是联合正态分布时,理性疏忽模型最容易处理。k 维 $N(\mu, \Sigma)$ 随机变量的熵是 $\frac{1}{2}\left[\log(2\pi) + \log|\Sigma| + k\right]$。这意味着两个联合正态分布的随机向量 X 和 Y 之间的互

信息为以下两者之差的一半:一是 Y 的无条件协方差矩阵的对数;二是 Y 对 X 的回归的残差协方差矩阵的对数。它仅取决于 X 和 Y 的相关矩阵,而不是方差本身的值。如果 X 和 Y 均为一维的,那么它们的互信息就是 $-\frac{1}{2}\log(1-\rho^2)$,其中 ρ 是 X 与 Y 的相关系数:

$$X,Y \sim N(\mu,\Sigma) \Rightarrow I(X,Y) = \frac{1}{2}\left[-\log|\Sigma| + \log(\text{var}(X))\right] + \log(\text{var}(Y))$$

$$= -\frac{1}{2}\log(1-\rho_{XY}^2)$$

信号 Y 和行为 X 的联合正态性是一个强假设,因为理性疏忽理论自然地把 Y 的分布看作给定的,然后根据损失函数和信息约束推导出 X 和 Y 的联合分布。即使 Y 是正态分布,Y 和 X 的信息约束下的最优联合分布也不是正态分布。令人欣慰的是,损失函数有一种形式,暗含着联合正态性是联合分布的最优形式。

一般静态信息约束的决策问题可以表述如下:

$$\max_{f(\cdot)} E\left[U(X,Y)\right] = \int U(x,y)f(x,y)\,dxdy$$

且满足:

$$\int f(x,y)\,dy = g(y),\text{对于所有的 } y$$

$$f(x,y) \geq 0,\text{对于所有的 } x,y$$

$$I(X,Y) = \int \log(f(x,y))f(x,y)\,dxdy$$

$$-\int \log\left(\int f(x',y)\,dx'\right)f(x,y)\,dydx - \int \log(g(y))g(y)\,dy \leq \kappa$$

其中 X 是选择变量,g 是给定 Y 的边际概率密度函数,κ 是 Y 和 X 之间的最大信息流量。目标函数在选择对象(f)中是线性的,且约束集为凸,因此对于目标函数问题具有唯一的最大值。一个密切相关的公式(它将在我们即将讨论的例子中进行实际应用)假定容量是可变的,但需要付出成本。因此,信息约束的左侧出现在了目标函数中,并乘以成本,而不是单独的约束。

可能会令人费解的是,经济主体被建模为联合分布而不是简单地选择 X。这个问题可以通过经济主体选择观测值 $Z = h(Y,\zeta)$ 来等效表述,其中,ζ 是一个独立于 Y 的随机变量,h 是一个任意的(可测量)函数。信息约束为 $I(Z,Y) \leq \kappa$,经济主体再选择一个函数 $d(\cdot)$,设 $X = d(Z)$。在这里,信息的选择和 X 的设置是分开的,这样可能更容易理解。但是这个方法相当于选择 f 的方法,它的缺点是相同的解 $f(\cdot)$ 通常可以用许多不同的 $d(\cdot)$、$h(\cdot)$ 组合来表征。

X,Y 空间中,在 $f(x,y)>0$ 的点处,最优一阶条件需要满足:

$$U(x,y) = \lambda\log(f(x,y)) - \log\left(\int f(x,y)\,dy\right) - \mu(y) \tag{4.1}$$

其中,λ 是信息约束下的拉格朗日乘数,$\mu(y)$ 是定义 Y 边际分布的约束条件下的拉格朗日乘数。该条件可以改写为:

$$p(y|x) = M(x) \, e^{\frac{1}{\lambda}U(X,Y)} \tag{4.2}$$

如果 $U(\cdot)$ 是二次的,那么 $X|Y$ 的条件分布中所有点 (x,y) 都是正态的,其中 $f(x,y)>0$。假设 f 在任何情况下都是非零的,X 和 Y 的范围不受限,且给定 Y 的边际分布是 $N(\Psi,\Delta)$。式(4.2)的指数部分将与某些条件正态分布成比例,例如 $N(\Phi(x),\Sigma(x))$,其中 Φ 在 x 中是线性的。我们知道,尽管给定 U、$\Sigma(X)$,但归一化常数 $M(x)$ 实际上并不依赖于 x。因此 Y 和 X 之间的互信息流不依赖于条件均值 $\Phi(x)$。现在我们为 X 选择一个正态边际分布,比如 $N(\theta,\Omega)$。为了匹配给定的 Y 的边际分布,我们将不得不选择 $\Omega = \Delta - \Sigma$。Σ 是由 $U(\cdot)$ 确定的与 λ 成比例的因子。信息流约束需要满足 $\log|\Delta| - \log|\Sigma| = 2\kappa$,这个公式把 λ 固定住了。确定性等价要求存在一个线性函数 $d(\cdot)$,当 y 没有不确定性时,定义 $x = d(y)$ 为最优选择,其中 $x = d(\Phi(x))$。

3.2 基于线性二次高斯范例的定性结论

本章末尾的附录介绍了如何求解一般线性二次最优控制问题。在此我们将这些方法应用到一些简单例子中,让读者对理性疏忽的经济含义有所了解。

3.2.1 理性疏忽可以平滑响应并注入信号以处理噪声

假定 P_t 是资产价格,X_t 是经济主体对资产价格做出的反应。假设没有信息约束,并设 X_t 的最佳方案是设置 $X_t = P_t$。如果 P 是一个高斯随机过程,那么除非它是常数,否则有 $P_{t+s} | \{P_s, s<t\}$。给定截至 t 时 P 的历史足迹,P_{t+s} 的分布是一个高斯随机变量。

在没有信息约束条件的情况下,X 的最优选择为 $X_1 = \alpha P_t$,在理性疏忽的情况下不可能实现这一最优选择,因为没有信息约束可以使 X_{t+s} 的知识完全解决 P_{t+s} 连续分布的不确定性。正如我们已经观察到的那样,这就意味着无限的信息流速率,在这种情况下仅仅添加噪声是不够的。假设 $X_t = \theta P_t + \varepsilon_t$,持续交易的资产价格在较短的时间间隔内往往表现得像维纳过程[①]。特别是 $P_{t+\delta} - P_t$ 随着 δ 线性下降,价格变化在非重叠的时间间隔内是独立的。如果 ε_t 也有这个性质,那么随着 δ 的缩小,$X_{t+\delta} - X_t$ 和 $P_{t+\delta} - P_t$ 的相关系数无限趋于零。但这意味着 $P_{t+\delta} - P_t$ 和 $X_{t+\delta} - X_t$ 之间的互信息随着 δ 收缩而趋向于一个常数。因此,给定一个固定的时间间隔,我们可以将其划分为任意短的子间隔,由此在固定的时间间隔内传送任意数量的信息。

人们通常将连续时间的高斯过程用随机微分方程表示,其形式是:

$$dy_t = g(y)\,dt + h(y)\,dW_t \tag{4.3}$$

其中 dW_t 是独立白噪声过程的向量。我们先前的分析表明,如果 y 由两个分量组成,即 $y = (x,z)$,并且如果 $h(y)$ 是满秩矩阵,那么 z 和 x 之间的信息流速率是有限的,$h(y)$ 必须是分块对角,其中块对应于 x 和 z。这意味着在很短的时间间隔内,x 和 z 都有受自身扰动过程支配的变化。例如,与 z 冲击过程相关的 x 的分量必须比与 x 的冲击过程有关的分量"更可微",这样 x 变化的方差就可以由短时间间隔的自身冲击决定。

---

① 译者注:维纳过程是一种连续时间随机过程。

3.2.2　理性疏忽解决方案是带噪声观察的理性预期的特殊案例

关于这个非常简单的动态跟踪问题，我们设置一个目标过程 y_t，它是一阶单变量自回归。我们希望我们的行动 x_t 与它接近，并带有平方损失[①]。在选择 x_t 之前，我们可以通过给每奈特支付 λ 的信息成本来缩小方差 y_t。列式为：

$$\max_{x_t,\sigma_t} \frac{1}{2}E\left\{ \sum_{t=0}^{\infty} \beta^t \left[(y_t - x_t)^2 + \lambda \log\left(\frac{\rho^2 \sigma_{t-1}^2 + v^2}{\sigma^2}\right) \right] \right\} \tag{4.4}$$

且满足：

$$y_t = \rho y_{t-1} + \varepsilon_t \tag{4.5}$$

其中 $v^2 = \mathrm{var}(\varepsilon_t)$，$\sigma_t^2$ 是信息收集后的 t 时的 y_t 的方差，$\rho^2 \sigma_{t-1}^2 + v^2$ 是在 t 时收集信息前 y_t 基于 $t-1$ 时的信息的方差。

很明显，给定 t 的信息，最优方案是令 x_t 作为 y_t 的期望值，因此我们可以将问题简化为唯一选择变量为 σ_t^2 的问题：

$$\max_{\sigma_t} \sum_{t=0}^{\infty} \beta^t \left[\sigma_t^2 + \lambda \log\left(\frac{\rho^2 \sigma_{t+1}^2 + v^2}{\sigma^2}\right) \right] \tag{4.6}$$

这个问题可以用标准方法来解决，在解决方案中，σ_t^2 在某个有限的值上是常数。正如人们所料，当 $\lambda \to 0$ 时，有 $\sigma_t^2 \to 0$。同时，当 $\lambda \to \infty$ 时，有 $\sigma_t^2 \to \infty$。后者表明我们目前忽略了一点要求，即 $\sigma_t^2 \leq \rho^2 \sigma_{t-1}^2 + v^2$。也就是说，不能通过"遗忘"先前已知的 y 的信息来改进目标函数。因此，完整的解决方案是，如果无约束问题的解决方案意味着违反这一"遗忘"约束，则不会收集任何信息，且允许 y 的不确定性增加。如果关于 y 的不确定性的方差增长到超过无约束解中 y 的方差，那么"无遗忘"的约束就不再有效，解的路径开始遵循无约束的解。

作为一个单变量过程，x_t 继承了 y_t 的属性。这是理性疏忽（以及其他噪声观测理性预期）动态优化的一般特征：相对于决策相关信息集，决策变量具有与没有信息处理约束的问题中的决策变量相同的动态结构（这里的无约束解决方案就是 $x_t = y_t$）。很容易看出，用 $\mathcal{I}_t$ 表示决策者在 t 时可用的信息，有 $E(x_t|\mathcal{I}_{t-1}) = E[E(y_t|\mathcal{I}_t)|\mathcal{I}_{t-1}] = \rho x_{t-1}$，所以 x_t 是一个与 y 具有相同参数的自回归过程。但是，即使根据自身历史去预测 x_t 的最佳值是 ρx_{t-1}，这也通常不是来自 y 和 x 的联合历史所预测的 x_t 的最佳值。

在无约束解中，x_t 和 y_t 的联合时间序列行为是什么呢？基于决策者在 $t-1$ 时可获得的信息，y_t 的预期误差是 $y_t - \rho x_{t-1}$。x_t 的选择将基于对这个误差改进的估计。由于一切都是高斯联合分布，我们可以写成：

$$x_t = \rho x_{t-1} + \theta(y_t - \rho x_{t-1}) + \xi_t \tag{4.7}$$

其中 ξ_t 是 t 时的纯信息处理误差，与 $\{y_{t-s}, s \geq 0\}$ 或 $\{x_{t-s}, s \geq 1\}$ 无关。因此我们推导出 (y, x) 的联合自回归为：

$$\begin{bmatrix} y_t \\ x_t \end{bmatrix} = \begin{bmatrix} \rho & 0 \\ \theta\rho & (1-\theta)\rho \end{bmatrix} \begin{bmatrix} y_{t-1} \\ x_{t-1} \end{bmatrix} + \begin{bmatrix} \varepsilon_t \\ \theta\varepsilon_t + \xi_t \end{bmatrix} \tag{4.8}$$

---

① 译者注：平方损失为预测值与实际值差值的平方。

这意味着移动平均可以表示为:

$$\begin{bmatrix} y_t \\ x_t \end{bmatrix} = \sum_{s=0}^{\infty} \begin{bmatrix} \rho^s & 0 \\ \theta\rho^s \sum_{u=0}^{s} (1-\theta)^u & \rho^s(1-\theta)^s \end{bmatrix} \begin{bmatrix} \varepsilon_t \\ \theta\varepsilon_t + \xi_t \end{bmatrix} \qquad (4.9)$$

请注意,如果时间单位非常小,我们会期望 ρ 接近 1,为了与短时间间隔内的少量信息流保持一致,θ 接近于零。然后,式(4.9)中的加权矩阵序列的第二个对角线分量是噪声分量的权重,左下角的非对角分量是与 y 有关的 x 部分的权重。可以看到,正如上面的推导所暗示的那样,x 的系统性部分在最初的冲击中的权重很小,但是随着冲击的滞后时间越来越长,权重开始平稳且几乎线性地上升。噪声分量随即做出响应,其权重迅速下降——它的序列相关性低于 y,而 x 的系统性部分比 y 的序列相关性高得多。

还要注意,如果我们简单地假设优化必须基于在每个 t 处可以观察的每个有噪声的指标变量 $z_t = y_t + \zeta_t$,那么这个解决方案就可行。ζ 的方差将决定之前表达式中 θ 的相应值,$\theta\zeta_t = \xi_t$。从理性疏忽中可以推导出两点:第一,理性疏忽理论预期,如果 v^2(ε_t 的方差)或 λ 改变,θ 和方差 ξ_t 将发生系统性变化;第二,我们可以证明,"测量误差"的正态分布实际上是经济主体用该目标函数进行最优选择的分布。如果将 y 设为多元变量,那么对潜在干扰过程和目标函数信息处理误差之间的关系,我们还要做进一步限制。

我们采取两步解决这个问题。首先我们认识到,不管误差方差如何,设置 $x_t = E(y_t | \mathcal{I}_t)$ 将是最优选择。这使我们能够将问题转换为只涉及误差方差矩阵的选择问题。在线性二次理性疏忽问题中,两步过程是可能的:首先使用确定性等价来求解将控制变量与状态相关联的最优函数,其次使用该解决方案来查找作为单独的误差方差矩阵序列的函数目标值。第一阶段是标准的线性二次控制问题,第二阶段是非线性的,但具有确定性。

最后,我们必须考虑 $\sigma_t^2 \le \rho^2\sigma_{t-1}^2 + v^2$ 约束,这使得解决方案略微有点复杂化。在一个多变量问题中,相应的约束为:t 时观察到的 $t-1$ 时的协方差矩阵减去观测值协方差矩阵后必须是一个半正定矩阵。在必要时实施此约束可能比把这种约束强加在一个单变量问题上要复杂得多。

3.2.3 理性疏忽在初始独立的不确定来源之间产生相关性

在简化为式(4.6)的线性二次动态跟踪问题中假设没有序列相关性,即 $\rho = 0$,那么解决方案显然只有 $\lambda = \sigma^2$。但实际上 $y_t = \sum_i z_{it}$,因此情况更为复杂,其中 $z_{it} \sim N(0, w^2)$ 且独立于 t 和 i。简单反思可以清楚地发现,这其实并不复杂。面对信息处理成本,为了选择最优的 x,重要的是 $y_t \sim N(0, nw^2)$,其中 n 是 z 中的元素个数。但请注意,这意味着即使向量 z 是可自由观察的,最好也只收集关于 $\sum_i z_{it}$ 的信息。不管信息成本参数 λ 有多低,任何与 $\mathbf{1}'z_t$ 不相关的 z_{it} 的线性组合 $c'z_t$ 的方差都不会减少。这意味着当 $\lambda = 0$ 时,$\alpha = 1$,并且当 $\lambda \to nw^2$ 时,$\alpha \to 0$,在进行观察之后,z_t 的条件分布将具有以下形式:

$$\omega^2 \Big[I - \alpha(1/n) \underset{n \times n}{\mathbf{1}} \Big]$$

尽管 z_t 的不确定性在 z_t 向量的各个元素之间最初是不相关的,但在信息处理之后它在 i 之间最优化地成为负相关的。

虽然这一点显而易见,但仍会使分析变得更复杂。为了方便分析,我们假定不确定性被限制在一定范围内以保持 z 的相关结构①在观察前后保持一致。然而,这相当于抛弃了理性疏忽理论的一个重要见解,因而充其量只能作为最后的手段。

3.2.4 理性疏忽主体对缓慢移动的变化反应更慢

在非常程式化的定价行为模型中可能有一个垄断者试图将价格与成本的线性函数相匹配,并产生二次损失。假设成本是两部分的总和,一个是快速移动部分,其滞后系数的单变量自回归被设定为 0.4,另一个是滞后系数为 0.95 的缓慢移动部分。我们假设这两部分的创新方差相互独立,并做出选择使这两个部分的无条件方差相等。我们还假定未来成本按照折现率 β 进行折现,问题将呈现为以下形式:

$$\min_{p,\Sigma} E \left\langle \sum_{t=0}^{\infty} \beta^t \{ \mathbf{1}' \Sigma_t \mathbf{1} + \lambda [\log(| \Omega_{t-1} |) - \log(| \Sigma_t |)] \} \right\rangle \tag{4.10}$$

满足:

$$\Omega_t = \rho \Sigma_t \rho' + v \tag{4.11}$$

$$\Omega_t - \Sigma_t \text{ 为半正定的} \tag{4.12}$$

于是此例的结果为:

$$\rho = \begin{bmatrix} 0.95 & 0 \\ 0 & 0.4 \end{bmatrix}, v = \begin{bmatrix} 0.0975 & 0 \\ 0 & 0.86 \end{bmatrix} \tag{4.13}$$

其中 λ 是信息成本。可以直观清楚地看出,因为最大化者只关心这两部分的总和,所以当信息成本很低时,他将以信息大致相等和负相关为条件选择不同部分的方差。由于缓慢移动部分的创新方差较小,因此无须密切追踪其创新方差,而是允许该部分的不确定性累积,直到它接近快速移动部分的不确定性。当 $\beta = 0.9$ 且 $\lambda = 1$ 时,我们的例子做出如下最佳选择:

$$\Sigma_t = \begin{bmatrix} 0.373 & -0.174 \\ -0.174 & 0.774 \end{bmatrix} \tag{4.14}$$

从上式可以看出,快速移动部分的观察后方差比其创新方差小 8%,而缓慢移动部分的观察后方差则比其创新方差大近 4 倍。当我们通过设置 $\lambda = 0.1$ 来放宽信息约束时,可以发现:

$$\Sigma_t = \begin{bmatrix} 0.318 & -0.300 \\ -0.300 & 0.380 \end{bmatrix} \tag{4.15}$$

快速移动部分的"新闻"被迅速感知,而缓慢移动部分的消息几乎没有获得即时反应。这两部分的不确定性是事后负相关的,反映了垄断者只关心这两部分的总和,并且选择粗略了解总和是如何在各部分间分配的。随着信息约束的放松,它将更多地应用于快速移动部分,而不是缓慢移动部分。

3.2.5 信息处理不完全带来的损失很小,这意味着即使是很小的信息成本也可能暗示着对信号反应相当不精确

在这些例子中,信息处理噪声随着方差线性增加。因此,当信息处理成本在零附近时,

---

① 更准确地说,是 z 的协方差矩阵的特征向量。

信息处理噪声的标准差迅速增加。虽然我们的例子还没有被实际校准,但是当模型被实际校准时(Luo,2008),较小的信息成本会导致较低的最优信息流速率并对动态行为产生重大影响。

3.3 与曼昆-雷斯公式对比

在一篇有影响力的论文中,Mankiw 和 Reis(2002)提出了一种对惯性行为建模的方法,他们称之为黏性信息。本手册的第五章(Mankiw and Reis,2010)将讨论他们的方法贡献。他们的工作受到一些启示,也正是这些启示激发了理性疏忽研究。他们假设经济主体只是定期更新他们的信息,而这些信息要么是固定的,要么是有成本的、可变的(在后续的研究中)。在信息更新时,经济主体会制定并实施计划,直到下一次更新。这意味着人们对市场信号变化的反应将会延迟和不准确,就像理性疏忽一样。

他们的构想更容易被纳入标准的宏观模型中,但是与理性疏忽相比,它的许多含义是完全不同的,而且它使我们在远离临时决策的道路上走得更远。在更新时,经济主体可以看到定义了经济状态的所有随机变量,这些变量通常被认为是连续分布且没有错误的。正如我们所看到的那样,这意味着无限的信息流速率。在理性疏忽中,即使存在滞后,也不会毫无差错地察觉连续分布的随机变化的外部来源。在理性疏忽的情况下,对信息反应的延迟取决于序列相关的体量和对外部变量干扰的大小,当外部变量缓慢移动并且变化不大时,对其做出反应的延迟可能会很长。在黏性信息下,外部变化的性质与对其做出反应的延迟程度之间没有这种联系。

正如我们所看到的,理性疏忽在以下几方面具有丰富的含义,包括:如何感知来自多个来源的信息;不同变量的信息,其相对精度如何取决于损失函数和被跟踪的外部变量的随机结构。黏性信息并不意味着有关不同变量观测的相对精度或延迟的理论。它允许不同变量之间存在差异,这是通过允许不同变量的信息收集率不同来实现的,但是这样的构想通常不太容易处理。

黏性信息意味着对该理论进行微观经济学实证研究需要不同方法。这表明,我们希望审视企业或个人改变行为"计划"的频率,并将这些频率作为信息约束影响的指标。此外,理性疏忽意味着即使在信息效应很强的情况下,行为也可能会持续但不准确地对外部信号做出反应。正如我们将在下面看到的,在线性二次高斯框架之外,理性疏忽可能意味着行为仅在离散的时间间隔内发生变化,但同时也意味着对状态的不精确认识在变化日期和其他日期一样普遍存在。

3.4 超越线性二次

Sims(2006)、Matějka(2008,2009)以及 Matějka 和 Sims(2009)研究了目标函数无须是二次形式且分布支集不一定是无界的模型。这必然会把我们带出确定性等价和高斯分布的领

域。这项工作最有趣的结果是,解决方案通常意味着经济主体行为的离散分布,即使外部不确定性是连续分布的。其结果是大多数论文给出了数值计算的结果,但 Matějka 和 Sims (2009)提供了涵盖相当广泛的模型类型的分析结果。他们的分析表明,如果(i)目标是使 $U(|x-y|)$ 最大化,U 的最大值为零,(ii)U 在整条实数线上是解析的,并且(iii)给定 y 的边际分布具有有界的支集,那么对于 x 和 y 之间互信息的任意成本情况,x 的边际分布最优地集中在一组有限的点上。

这种结果很有趣,因为关于产品价格的微观经济数据不仅表明价格在较长时间段内保持不变,而且变化时它们往往会在有限的一组值之间跳跃(Eichenbaum et al.,2008)。学界有很多模型可以解释为什么价格会偶尔发生变化,但没有一个模型能够解释,为什么价格发生变化是在一组离散值之间跳跃。而理性疏忽提供了一种解释。

如果理性疏忽在决定价格行为中起了部分作用,那么它就会令人质疑微观价格数据的解释。理性疏忽的价格制定者在每次改变价格时都不能完全根据所有接收到的可用信息。因此,价格变化的间隔几乎无关于以下事物,即定价对外部信息(例如货币政策)的反应延迟或不完全的程度。

3.5 一般均衡

到目前为止,我们一直在讨论个人对"外部"信息做出反应的行为模式。在对整个经济乃至市场进行建模时,我们必须考虑经济主体的相互作用。由于标准的市场均衡模型假设价格会随着市场的变化而变化,这就带来了额外的困难。对供应商和购买者来说,在竞争性市场的模型中,价格通常被认为是"外部的",并且假定买卖双方都可以看到价格且可以对其做出反应。这就是市场出清假设。但实际上价格是随机变化的。如果市场双方对市场价格的反应都是理性疏忽的,那么任何一方都不会做出准确而迅速的反应。因此,价格无法发挥其通常的市场出清作用。

学界有一些模型考虑了经济主体理性疏忽的市场。他们通过为经济主体分配各种变量来实现这一点,每个变量都是一种类型经济主体的决策变量,并且是其他类型经济主体的外部信号。例如,Matějka(2009)分析了一个由垄断性卖家选择价格的市场,其价格受到追踪成本的信息约束。在姊妹篇的论文中,Matějka(2008)研究了垄断价格的制定者,这些制定者要面对那些面临追踪价格信息约束的消费者。Matějka 和 Wiederholt(2009a)建立了一个完整的动态随机一般均衡模型,它包含了普遍的理性疏忽,但是他们也将每个变量分配给一个特定类型的经济主体作为选择变量。这种分配显然有些武断,因此他们用不同的分配来检查其模型变量。

这些模型是将理性疏忽引入均衡模型项目的合理起点,但我们还需要进一步研究。在许多市场,例如在买卖双方之间持续交易的情况下,将价格变量分配给某类型经济主体作为选择变量是没有意义的。相反,有意义的是,特殊的机构或市场参与者的类型——零售商、批发商、做市商和存货商等——允许市场能够在没有大多数参与者的无限关注的条件下运作。最近,资产市场上出现了专业高频交易者,他们使用功能强大的电脑来快速处理市场信息。在传统的经济理论中,所有经济主体都在不断利用所有可用的信息进行优化,因此这很难解释专业经济角色和机构的作用。关于这一点,理性疏忽也没有为这些机构和角色提供任何理论解释,但(研究这个问题)有望成为该理论研究的一个起点。

将理性疏忽引入均衡模型的另一个问题是,除了给定决策选择的条件分布,个体行为的理性疏忽模型没有涉及任何信息处理误差。例如,上班途中经常驾车经过几个加油站的人通常不会太在意油价,而会随意地或习惯性地在某个加油站加油。但如果某个加油站大幅降价,那么他们可能会在一两天后注意到这一信息并由此享受低价。至于是哪一天注意到的则是随机的,与开车者无关。他们中的许多人可能会彼此交流,此外当地报纸也可能会刊登关于油价异常的报道。在这种情况下,他们对价格的反应时机虽然依旧"嘈杂",但可能与通勤者高度相关。独立于经济主体的信息噪声将在宏观经济行为中被平均化,而高度相关的信息噪声将成为宏观经济随机性的另一来源。

4. 宏观经济模型的意义

4.1 进一步放松动态的微观基础

理性疏忽模型目前还难以应用,并且如何将其构建为均衡系统仍面临比较严峻的挑战。尽管如此,我们在前几节中所描述的各种定性结果对建模实践仍有几点重要启示。

理性疏忽是对我们在经济行为中看到的大多数惯性的一种潜在解释,然而与那些惯性来源的假设相比,它的含义在很多方面完全不同。这表明,此时仍坚持那些阐释惯性来源的具体微观经济理论并非一个好主意。援引理性预期的微观理论模型来证明模型动态的约束的合理性可能是错误的;利用这些微观经济理论来证明替代政策的福利评估的合理性也可能是一个错误;诉诸那些忽视在动态经济行为中实际观察到的普遍的惯性和噪声的模型则是一个更大的错误。

我们应该认识到,经济行为的许多方面将在最优化理论预测的方向上显示出缓慢而不稳定的调整,而不是坚持让经济主体做出迅速和准确的反应,就像理性预期动态过程所暗示的那样。

在这方面,DelNegro等(2007)的研究是一条有前途之路。他们提出了一种使用理性预期均衡模型来生成结构向量自回归(structural vector autoregression,简称SVAR)的先验分布的方法。SVAR可以自由地匹配实际数据中的动态,只要这些数据包含有关动态的强信息,而这些数据未涉及的模型特征则与均衡模型非常一致。由于数据的长期动态通常比短期动态的信息要弱得多,这就导致他们将重点放在长期均衡模型和短期数据上。他们的方法还可以进一步改进①，但似乎已经朝着正确的方向迈出了一步，并且被广泛应用。

4.2 局部扩张？

经济学中大多数应用理性疏忽的研究都集中在线性二次高斯情形。这符合以下事实：大多数适用于数据的经济均衡模型的应用都需要与局部扩张（通常是线性扩张）相关的确定性稳态。然而需要注意，当初始条件接近稳定状态且扰动变化范围较小时，在合理的正则条件下使用非线性均衡模型的低阶局部扩张是合理的。②但在具有固定信息成本的模型中，如式（4.4）和式（4.5），随着干扰随机变化规模的缩小，在干扰变为零之前，信息收集将趋于零。也就是说，随机变化水平通常非常小，以至于不收集任何信息是最佳的。

但如果用固定的香农容量而不是固定的信息处理成本来表述，那么这种悖论就不会出现。然而，正如我们已经指出的，最好假设人们把他们全部的信息处理能力（基于稳定的影子价格）中的一小部分用于监测经济信号，而不是假设他们这么做是因为受到固定容量限制。

为了最终得到一个很好的近似线性二次的高斯模型，我们须将模型的经济干扰规模视为"较小"，同时将香农容量的影子价格视为"较低"。正如每个理性疏忽的应用所分析的，为了获得对动态的有趣和现实的影响，需要对有关经济变量的信息以每月或每季度几比特的速度进行处理。在这个范围内的处理速度的变化有可能被如实地建模为个体所具有的稳定机会成本。

看起来，正如我们在本章3.4中所讨论的那样，容量有限的经济主体的最优行为通常意味着离散行为会破坏局部线性二次高斯展开的有效性。但这不一定正确。确实，在初始不确定性的截断高斯和二次损失函数的情况下，经济主体的行为将呈现离散分布；当截断点的绝对值相对于初始不确定性的标准差增大时，离散分布中点的个数也会随之增多。离散分布的行为分布在许多点的精细空间网格上，尽管仍然保持离散，但其分布在收敛度上趋近于一个高斯分布。

尽管我们没有拿出任何正式论证来证明这一点，但似乎使用局部线性展开理性疏忽模型并维持高斯随机性假设是合理的。我们应该牢记证明这一点的条件。在经济混乱时期（例如恶性通货膨胀或金融危机），随机干扰很大，人们可能会投入大部分信息处理能力来跟踪经济信号。在某些市场，特别是金融市场，有些人的全职工作就是跟踪价格信号和进行交易。尽管在研究这种市场短期动态性时理性疏忽的含义可能比在大多数宏观经济应用中更重要，但这些人和市场交易的行为可能难以很好地用线性二次高斯理性疏忽模型来模拟。在另一极端上，我们应该记住，最优行为可能意味着忽略了某些经济信号的变化，因为存在关注这些信号的信息成本，而我们根本无法证明这样做会有合理的回报。

---

① 请参阅我在同一期对该论文的评论。
② 参见 Kim 等（2008）提出的一组类似的条件。

5. 对货币政策的影响

5.1 对理性预期政策评估的批判

理性预期理论对政策的一个主要洞见是"对经济政策评估的理性预期批判"。也就是说,随着宏观经济政策的变化,经济所遵循的随机过程也会发生变化,私营部门经济主体的预期规则也会随着经济政策而改变。这意味着,要预测政策变化的长期影响,我们必须计算随机过程中发生的变化,用以解释私营部门预测规则变化这一事实。

但是在一个标准的理性预期模型中,无论经济中的随机波动多么微小或平滑,经济主体都能作出最优预测。无论预测是会剧烈振荡还是几乎不变,经济主体都会以相同的系数对最优预测做出响应。[①] 然而,理性疏忽的经济主体往往会对较小的波动做出更多延迟反应和错误的信息处理,甚至根本就没有反应——因为对他们来说这相对不重要。这意味着从稳定时期估计的理性预期模型将暗含巨大的调整成本,而且当政策或外部冲击变得更加不稳定时,这些模型在跟踪行为方面更不可靠。

换句话说,这就是"对理性预期政策评估的理性疏忽批判"。对计量经济学的政策评估的理性预期批判有时被解释为在政策形成中使用计量模型条件预测是毫无意义或具有误导性的,因为这种做法很少明确地解释预期形成中因政策规则变化而发生的内生变化。正如我在其他地方论证过的那样(Sims, 1987),这是一个错误。大多数实时政策决策都在实施一个几乎没有变化(或根本不变)的政策规则。一个被正确识别的模型可以对政策选择的效果作出有用的有条件预期,而无须单独识别因预期形成规则变化而产生的影响。此外,当考虑政策的重大变化时,我们应该关注理性预期对预测规则可能产生的影响。

这些观点同样适用于理性疏忽。通常,理性疏忽对经济动态的影响呈现出一种稳定形式,因此我们可以在没有明确模型的情况下对政策行为的影响进行预测。但是当政策出现重大转变或外部干扰性质发生重大变化时,我们应该记住,随着人们转移注意力,来自不太动荡时期的历史数据中的明显惯性可能会发生变化。

5.2 货币政策透明度

中央银行人士有时会有这样的印象:金融市场和媒体往往对他们的政策公告进行曲解或过度解读。美国联邦储备委员会在每次定期公开市场委员会会议后都会发表简短的书面

[①] 严格来说,这仅在线性或线性化的理性预期模型中才是正确的,但是当理性预期模型中的冲击变小时,系数不会缩小,而在理性疏忽模型中,随着冲击变小,系数也会缩小,这点仍然是有效的。

政策声明。与前一次会议相比,这些声明的措辞仅略有变化,而措辞的变化是金融市场参与者和媒体密切分析的主题。有时候这被看作央行吝于发布更多信息的一个理由。毕竟,如果少量信息都会导致金融市场的过度反应,那么大量信息岂不是会产生更糟糕的结果吗?而且,如果连老练的金融专家都会曲解信息,那么增加透明度岂不是会导致公众的误解更加严重?

理性疏忽的研究观点认为上述推理有漏洞。金融市场参与者可能会关注中央银行提供的政策信息的每一个细微差别。如果中央银行提供的信息很少,金融专家就会自行揣摩政策声明背后的含义,且不可避免地出现一些错误。普通人可能很少关注,哪怕是简单的政策公告,而且他们会反应迟钝——实际上他们是通过自己的信息处理过滤器来简化政策声明的——不管所提供的信息是密集复杂的还是简单的。这可能表明,单纯地提供关于政策的详细信息并没有什么坏处,初步估计来看,这确实是理性疏忽理论所暗示的。一旦我们认识到复杂的信息将不可避免地以延迟和错误的方式被公众感知,那么就有理由去指导政策信息简化。实际上,通过对详细的政策提供简化摘要,中央银行可以将政策声明"编码"为公众可直接跟踪的形式。

大多数关注通货膨胀目标的银行定期提供被称为通胀报告的政策声明,这些声明往往采取双层格式。开头是政策和经济状况的简短描述,更多细节包含在随后的页面中。这是正确的做法:一个简短、信息量少的内容摘要可以服务那些只会稍微关注这事的人,而详细信息则服务那些需要仔细阅读的人。

一些中央银行(例如新西兰、挪威和瑞典的央行)已经开始提供关于政策利率预期的未来时间路径等信息。一种反对观点是,这种做法可能会损害中央银行的信誉。例如,公众可能会关注一年后的预期利率,而当央行的预测结果不可避免地发生误差时,公众可能会失望。但是,采取这一做法的中央银行是在详细的、定期更新的通胀报告的基础上这么做的,利率预测只是其中一个要素,而且往往不是最具新闻价值的要素。利率预测通常显示为"扇形图",这阻止了读者将它们作为简单数值来解释。由于人们不太可能使用对实际利率预测有微小偏差的损失函数,所以他们不太可能将有限的注意力集中在利率的点预测上,因为这些仅仅是披露的丰富信息中的一小部分。

6. 发展方向

迄今为止,我们已经有了将香农信息理论思想应用于经济学和金融学领域的研究实例。最早的研究之一是 Woodford(2002)做出的,他在模型中援引理性疏忽理论来探索经济主体不精确地观察经济状况的动机。在此后的研究中,Woodford(2009)更正式地使用了信息理论,同时将其与其他惯性来源相结合。Mondria(2005)、van Nieuwerburgh 和 Veldkamp(2004)以及 Peng 和 Xiong(2005)等在金融领域运用了信息理论。我们已经注意到 Luo(2008)、

Matějka(2009,2008)以及 Matějka 和 Sims(2009)的研究成果。罗(Luo)和埃里克·杨(Eric Young)发表了一系列论文,将理性疏忽持久收入框架应用于资产定价和经常账户以及其他方面,最近的一个例子是 Luo 等(2010)的研究。Matějka 和 Wiederholt(2009a,2009b)针对成本变化的不同来源提出了生产者定价的局部均衡模型,后来又提出了一个完整的随机动态一般均衡模型,其中不同类型且相互作用的经济主体面临信息处理方面的约束。

这些论文都是有价值的,但为了使建模问题易于处理,它们都作出了一定的妥协。只有蒙德里亚(Mondria)的论文和我早期的论文(Sims,2003)考虑了具有多状态变量的模型,并且得出本章 3.2.3 中的观点,即理性疏忽会导致初始独立状态变量之间的不确定性的事后相关性。一些人研究一维状态的问题,而其他一些人,如 Peng 和 Xiong(2005)、van Nieuwerburgh 和 Veldkamp(2004)以及 Maćkowiak 和 Wiederholt(2009b)为方便起见,则研究独立状态。Maćkowiak 和 Wiederholt(2009a)认识到了这种方法的局限性,并试图通过相当于状态空间旋转的试验方法来解决这个问题。在一个多变量问题中,事后相关性是由如下事实引起的,即经济主体希望仅收集关于状态变化的某些维度的信息。为了减少这些维度的不确定性,他们引发了其他维度不确定性的相关性。但是,如果状态向量可以通过线性变换而重新定义,使得经济主体不收集信息的部分是不同的"状态变量",那么就不会再出现事后相关性。因此,Matějka 和 Wiederholt(2009a)的方法朝着正确的方向迈出了一步,尽管在他们的框架内无法验证他们是否已经检查了状态向量的所有有意义的旋转。

正如我们已经注意到的,竞争市场中的价格是不受任何一个最优化经济主体控制的均衡现象,这给理性疏忽模型提出了难题。在宏观模型中,假定垄断竞争企业设定价格已经成为常规模式,因而这并不是最直接的问题。但在金融模型中,如果资产价格并没有被实际地视为由垄断者所设定的,这才是一个严重的挑战。最有吸引力的模型将涉及市场参与者,他们只能通过容量有限的信道看到市场价格,但如果所有经济主体都如此受限,那么通常的竞争性市场出清机制就很难发挥作用。试图模拟市场均衡的金融模型,如 Mondria(2005)的研究,倾向于作出内在分裂的妥协,即假设某些外部信号(如市场价格)被正确感知,而另一些则受到容量限制。

近期资产市场的不稳定性及其宏观经济后果已引起了经济学家试图理解流动性的新兴趣。Gorton 和 Metrick(2009)提供了一些启发性证据,表明金融危机前对信息处理需求的减少带来了对某些类型证券的需求,而当这些证券的信息处理需求增加时,它们的流动性丧失成为危机期间出现混乱的一个主要来源。信息理论的见解似乎有助于我们理解这些现象,并且已经有经济学家正朝着这个方向努力,尽管目前还没有形成可援引的研究成果。

特别是在对资产市场进行建模时,超越线性二次高斯框架似乎很重要。即使风险资产的收益率符合高斯分布,在存在风险规避的情况下,最优投资组合问题也不是线性二次的,并且在理性疏忽假设下即使通过数值分析也显然没有得到解决。其结果将不会是关于产出的事后高斯不确定性,而被引发的非高斯性的本质则值得探索。

我自己关于两期储蓄问题的研究(Sims,2005,2006)和上文引用的 Matějka(2008)的文献主要侧重于两期问题研究。马捷卡(Matějka)考虑了一个非常简单的动态问题。Tutino

（2009）研究了一个完全动态储蓄问题。后者没有假设正态性,然而因计算约束只能在相当小的离散概率空间内运算。因此,在这方面我们还有很多工作要做。

7. 结论

理性疏忽已经对许多现有金融和宏观经济模型提出了批判性看法,认为当前标准的理性预期技术工具很容易给出误导性的结论。与此同时,将理性疏忽正式纳入宏观经济和金融模型仍是一项巨大的技术挑战。虽然迄今为止在应对这些技术挑战方面取得的进展可能令人沮丧,但令我们感到欣慰的是:理性预期研究一开始也同样面临巨大的技术挑战,其经历了几十年时间才成为政策建模的常规部分。

附录　具有信息成本的一般线性二次控制

考虑如下问题:

$$\max_{X_t, \hat{Y}_t, \Sigma_t} E\Big[\sum_{t=0}^{\infty} \beta^t \big(Y'_t A Y_t + Y'_t B X_t + X'_t C X_t - \lambda H_t \big) \Big] \tag{4.16}$$

且满足:

$$Y_{t+1} = G_1 Y_t + G_2 X_t + \varepsilon_{t+1} \tag{4.17}$$

$$H_t = \frac{1}{2}(\log |M_t| - \log |\Sigma_t|) \tag{4.18}$$

$$M_{t+1} = \Omega + G_1 \Sigma_t G'_1 \tag{4.19}$$

$$\varepsilon_t \,|\, \{Y_s, X_s, s<t\} \sim N(0, \Omega) \tag{4.20}$$

$$M_t - \Sigma_t \text{为半正定的} \tag{4.21}$$

$$Y_t | \mathcal{I}_t \sim N(\hat{Y}_t, \Sigma_t) \tag{4.22}$$

$$\{X_t, X_{t-1}, \cdots\} \subset \mathcal{I}_t \tag{4.23}$$

通过迭代期望法则,我们将目标函数改写为:

$$E\Big\{ \sum_{t=0}^{\infty} \beta^t (\text{trace}[\Sigma_t A] + \hat{Y}'_t A \hat{Y}_t + \hat{Y}'_t B X_t + X'_t C X_t - \lambda H_t) \Big\} \tag{4.24}$$

这里的 $\hat{Y}_t$ 是 $E(Y_t | \{X_t, X_{t-1}, \cdots\})$。因为 H_t 取决于 Σ_t 和 Σ_{t-1},而不是 X 或 Y 的值,目标函数是两部分的和,一部分仅为 X 和 Y 的函数,另一部分仅依赖于 Σ_t 和 M_0。

我们也可以将动态约束方程式(4.17)改写为 Y 的约束条件:

$$\hat{Y}_{t+1} = G_1 \hat{Y}_t + G_2 X_t + \xi_{t+1} \tag{4.25}$$

且

$$\xi_t = \hat{Y}_t - Y_t + G_1(Y_{t-1} - \hat{Y}_{t-1}) + \varepsilon_t \tag{4.26}$$

这个方程中的误差项 ξ_t 除了原始干扰 ε_t 外还有两个分量,它们与 $\mathcal{I}_{t-1}$ 中的任何元素都不相关。第一个 $\hat{Y}_t - Y_t$ 是基于更大的信息集 I_t 的 Y_t 预测误差的负数，因此与 $\mathcal{I}_{t-1}$ 中的任何元素都不相关。第二个是基于 $\mathcal{I}_{t-1}$ 的 Y_{t-1} 最佳预测误差的线性函数，与 $\mathcal{I}_{t-1}$ 中的任何内容不相关。因此，该问题是具有传统线性二次随机控制问题的一个组成部分：

$$\max_{X_t, \hat{Y}_t} E\left[\sum_{t=0}^{\infty} \beta^t (\hat{Y}'_t A \hat{Y}_t + \hat{Y}'_t B X_t + X'_t C X_t) \right]$$

它须满足式(4.25)。这可以通过使用确定性等价来解出 X_t 和 Y_t 之间的最佳线性关系，因为干扰的方差不会影响所求的解。

虽然内嵌的线性二次控制问题的解决方案不依赖于干扰方差，但总的来说，该问题的价值函数一般都会依赖于它。我们不在这里尝试提供一个通用的解决方法。然而，在本章考虑的例子中，因为它们是"跟踪问题"，所以线性二次问题的价值函数是不重要的。最优确定性等效解决方案使 X 和 Y 完美匹配并且实现零损失。因此，应剔除涉及 $\hat{Y}$ 和 X 的目标函数中的项，留下以下确定性问题：

$$\max_{\Sigma_t} \sum_{t=0}^{\infty} \beta^t [\text{trace}(\Sigma_t A) - \lambda H_t] \tag{4.27}$$

且满足：

$$H_t = \frac{1}{2}(\log |M_t| - \log |\Sigma_t|) \tag{4.28}$$

$$M_t = \Omega + G_1 \Sigma_{t-1} G'_1 \tag{4.29}$$

$$M_t - \Sigma_t \text{是半正定的} \tag{4.30}$$

对于问题的这个 Σ_t 部分，如果忽略正定性约束式(4.30)，则一阶条件是：

$$A = \beta \lambda G_1 M_{t+1}^{-1} G'_1 - \lambda \Sigma_t^{-1} \tag{4.31}$$

如果不束紧正定性，那么在使用式(4.29)消除 M_{t+1} 后，Σ_t 的一个非线性方程可以通过标准方法求解。因此，求解的起点通常是求解这个方程并检查 Σ_t 的解值和初始 M_0 是否满足式(4.30)。如果满足，问题就解决了；如果不满足，那么在单变量情况下，解决方案仍然很简单。因为该模型暗示，即使没有收集到任何信息，X_t 也只是一个常数，所以额外信息的贡献小于其成本。在没有收集到信息的情况下，M_t 可能会增长到超过最优 Σ_t 的水平，之后 Σ_t 恒定在其最佳值。然而，在一般情况下，我们必须将 Σ_t 解释为受约束非线性的确定性动态规划问题。

即使在本章3.2.4的简单二维跟踪问题中，正定性约束也是如此。该问题可以通过以下方式求解：将 $M_t - \Sigma_t$ 的科列斯基分解①作为解参数，使用约束为固定的、小于满秩的科列斯基分解并应用链式法则将关于 Σ 的一阶条件转换为式(4.31)中关于新参数的一阶条件。

注意这种一般处理的含义。在追踪信息以每比特固定成本进入目标函数的问题中，最优解决方案最终将意味着恒定的 Σ_t。也就是说，状态的不确定性不会随着状态变量的大小而变化。另外，当信息成本足够低且初始不确定性足够大时，解决方案将立即转向稳态值。最后，在多变量问题中，$M_t - \Sigma_t$ 可能只是半正定而不是正定的，这意味着信息的最佳收集方式是收集有关状态向量不确定性的某些维度。

① 译者注：科列斯基分解是把一个对称正定的矩阵表示成一个下三角矩阵与其转置的乘积的分解。

参考文献

Akerlof, G. A., Yellen, J. L., 1985. Can small deviations from rationality make significant differences to economic equilibria?. Am. Econ. Rev. 75 (4), 708-720.

Bierbrauer, J., 2005. Introduction to coding theory, discrete mathematics and its applications. Chapman and Hall/CRC, Boca Raton, FL.

Cover, T. M., Thomas, J. A., 1991. Elements of information theory. Wiley-Interscience, Hoboken, NJ.

DelNegro, M., Schorfheide, F., Smets, F., Wouters, R., 2007. On the fit and forecasting performance of New Keynesian models. Journal of Business and Economic Statistics 25 (2), 123-162.

Eichenbaum, M., Jaimovich, N., Rebelo, S., 2008. Reference prices and nominal rigidities. Northwestern University and Stanford University, Discussion paper NBER Working paper 13829.

Gorton, G. B., Metrick, A., 2009. Securitized banking and the run on repo. NBER Working Paper 15223.

Kim, J., Kim, S., Schaumburg, E., Sims, C., 2008. Calculating and using second order accurate solutions of discrete time dynamic equilibrium models. Journal of Economic Dynamics and Control 32 (11), 3397-3414.

Luo, Y., 2008. Consumption dynamics under information processing constraints. Review of Economic Dynamics 11 (2), 366-385.

Luo, Y., Nie, J., Young, E. R., 2010. Robustness, information-processing constraints, and the current account in small open economies. University of Hong Kong. Discussion paper. http://yluo. weebly. com/uploads/3/2/1/4/3214259/carbri2010h. pdf.

MacKay, D. J. C., 2003. Information theory, inference, and learning algorithms. Cambridge University Press, Cambridge, UK.

Maćkowiak, B., Wiederholt, M., 2009a. Business cycle dynamics under rational inattention. European Central Bank and Northwestern University. Discussion Paper. http://faculty. wcas. northwestern. edu/mwi774/RationalInattentionDSGE. pdf.

Maćkowiak, B., Wiederholt, M., 2009b. Optimal sticky prices under rational inattention. Am. Econ. Rev. 99 (3), 769-803.

Mankiw, N. G., Reis, R., 2002. Sticky information versus sticky prices: A proposal to replace the New Keynesian Phillips curve[*]. Quarterly Journal of Economics 117 (4), 1295-1328.

Mankiw, N. G., Reis, R., 2010. Imperfect information and aggregate supply. In: Friedman, B. M., Woodford, M. (Eds.), Handbook of monetary economics. Elsevier/North-Holland,

Amsterdam in press.

Matêjka, F. , 2008. Rationally inattentive seller: Sales and discrete pricing. PACM, Princeton University. Discussion paper http://www. pacm. princeton. edu/publications/Matejka_F_2008-wp. pdf.

Matêjka, F. , 2009. Rigid pricing and rationally inattentive consumer. Princeton University, Discussion paper.

Matêjka, F. , Sims, C. , 2009. Discrete actions in information-constrained tracking problems. Princeton University Discussion Paper.

Mondria, J. , 2005. Financial contagion and attention allocation. Princeton University, Discussion Paper.

Peng, L. , Xiong, W. , 2005. Investor attention, overconfidence and category learning. Princeton University, Discussion Paper.

Sims, C. A. , 1987. A rational expectations framework for short-run policy analysis. In: Barnett, W. A. , Singleton, K. J. (Eds.), New approaches to monetary economics. Cambridge University Press, Cambridge, UK, pp. 293-308.

Sims, C. A. , 2003. Implications of rational inattention. Journal of Monetary Economics 50 (3), 665-690.

Sims, C. A. , 2006. Rational inattention: Beyond the linear-quadratic case. Am. Econ. Rev. 96 (2), 158-163.

Tutino, A. , 2009. The rigidity of choice: Lifetime savings under information-processing constraints. Princeton University. Ph. D. thesis. http://docs. google. com/fileview? id = 0B7CdO9 AORsjcNWYwZmM1MWEtNDZiNi00NzQzLTgzOTItZmNiM2IzOWQ3MDhh&hl = en.

Van Nieuwerburgh, S. , Veldkamp, L. , 2004. Information acquisition and portfolio under-diversification. New York University: Stern School of Business, Discussion Paper.

Woodford, M. , 2002. Imperfect common knowledge and the effects of monetary policy. In: Aghion, P. , Frydman, R. , Stiglitz, J. , Woodford, M. (Eds.), Knowledge, information, and expectations in modern macroeconomics: In honor of Edmund S. Phelps. Princeton University Press, Princeton, NJ. http://www. columbia. edu/mw2230/phelps-web. pdf.

Woodford, M. , 2009. Information-constrained state-dependent pricing. Journal of Monetary Economics 56 (S), 100-124.

第五章　不完全信息和总供给[①]

N. 格雷戈里·曼昆(N. Gregory Mankiw) [*]

里卡多·雷斯(Ricardo Reis) [**]

[*] :哈佛大学

[**] :哥伦比亚大学

目　录

[①] 我们感谢哥伦比亚大学和葡萄牙波尔图大学经济学院的学生参加作为本章内容起源的课程,并感谢史黛西·卡尔森(Stacy Carlson)、本杰明·弗里德曼(Benjamin Friedman)、约翰·莱希(John Leahy)和尼尔·梅赫罗特拉(Neil Mehrotra)的有益评论。

本章摘要:本章综述了近十年来关于总供给不完全信息模型和菲利普斯曲线的研究。这项新的研究强调信息是分散的,并在一群使用信息时会进行策略性互动的行为主体中缓慢传播。我们讨论了总供给模型的基础,以及两类不完全信息模型的微观基础:一类是具有部分信息的模型,其中经济主体观察带有噪声的经济状况;另一类是具有滞后信息的模型,其中经济主体会延迟观察经济情况。我们推导出这两类模型对很多方面都有影响,例如非垂直总供给的存在、货币政策实际影响的持续性、特殊冲击和总体冲击之间的差异、分歧的动力以及对政策透明度的作用。最后,我们介绍了该领域需要深入研究的前沿课题。

JEL 分类:D8,E1,E3

关键词:疏忽;货币政策;菲利普斯曲线

1. 引言

Akerlof(2002)在他的诺贝尔奖获奖演讲中说:"最重要的宏观经济关系可能就是菲利普斯曲线。"在过去半个世纪里,这种关系在许多商业周期理论中发挥了关键作用,在这一点上他无疑是正确的。然而与此同时,菲利普斯曲线始终既充满了争议,又充满了神秘感。

正如 Phillips(1958)最初提出的那样,同名曲线是作为一种经验性规律进入宏观经济学的,它仅仅体现了通货膨胀程度和经济增长之间的相关性。但此后不久,从 Samuelson 和 Solow(1960)的研究开始,它就被用来补充宏观经济理论。它解释了具有黏性价格的凯恩斯主义短期理论是如何在具有弹性价格的古典长期理论中演变的。如今,在主流教科书中,菲利普斯曲线——或者说总供给关系——是把实际变量和名义变量联系起来的关键,它解释了为什么货币政策和更宽泛的总需求会产生实际影响。

一旦经济学家意识到菲利普斯曲线是一种关键关系,他们很快就会开始思考,是什么样的微观经济基础导致了这种宏观经济角度的相关性。Friedman(1968)和 Phelps(1968)认为,不完全信息是关键所在。在短期内,经济中的一些主体不了解某些经济状况,这种知识缺失导致了短期菲利普斯曲线的出现,而从长期来看这条曲线会消失。

这种对不完全信息的强调催生了人们对菲利普斯曲线更为正式的处理,更广泛地说,催生了 20 世纪 70 年代的理性预期革命。Lucas(1972)将这些想法正式化为一个模型。在这个模型中,一些经济主体关注他们所生产商品的价格,但并不同时关注他们所购买商品的价格。由于这种不完全信息,当家庭观察价格时,他们面临着一个信号提取问题,即从总体价格水平的变动中识别出相对价格的变动。于是这种暂时混淆产生了一条短期菲利普斯曲线。

继卢卡斯(Lucas)之后,关于不完全信息模型的文献大量涌现。其中一些是实证性的。例如,Barro(1977)的研究结果表明,货币的预期流动和非预期流动之间的区别对于解释货币的实际影响至关重要。其中一些是理论性的。例如,Townsend(1983)强调,在不完全信息的情景中,人们获得不同的信息,从而产生不同的预期,因此预测他人的预测是经济动态的核心要素。然而,在 20 世纪 90 年代,相关文献陷入了停滞状态。其他理论,包括实际经济周期理论模型和新凯恩斯主义黏性价格模型,占据了经济波动讨论的中心位置。

本章回顾了 2000 年以来的文献,这些文献将不完全信息作为理解总供给和菲利普斯曲线的关键。这些研究在三个重要方面与以往研究有所不同。第一,新的研究认为,信息传播是缓慢的,而不是经过短暂的延迟后就会完全显露出来。过去的文献认为获得完全信息的唯一障碍是数据的不可得,而新的模型则始于这样一种认识,即尽管有聚合数据[①]可用,人们也需要时间和资源来处理这些信息,然后他们才会根据处理后的信息逐步采取行动。第二,新的研究更加强调由信息分散带来的预期异质性。正是不同信息的各主体之间的相互作用产生了新的理论研究问题。第三,过去的文献中有关策略性互动的内容十分有限,但在新的研究中,这一内容居于中心位置。[②]

我们从第 2 节开始提出一个引入不完全信息的总供给一般均衡模型,该模型是特意简化的,但对于一个线性化模型而言,它可以用解析解的形式精确求解。同时,它也是相当普遍的,许多更复杂的模型都具有类似的简化形式。

第 3 节介绍了大多数总供给模型的基础,包括那些依赖于不完全信息的模型,并介绍了菜单成本和实际刚性等基本概念。

第 4 节介绍了我们将用于研究的两种不完全信息模型:部分信息和延迟信息。在部分信息情况下,个人观察到的经济状况会受到噪声的影响;而在延迟信息下,人们观察到的经济

[①] 译者注:聚合数据是指从不同来源收集、整合和分析的数据。

[②] Hellwig(2006)对本章所涉及的一些主题进行了另一个简短的综述,Veldkamp(2009)对不完全信息模型的许多其他近期应用进行了长篇论述。

状况会有所滞后。我们推导出这两种方法对三个现象的共同含义:非垂直总供给曲线的存在、货币政策实际效果的持续性,以及特殊冲击和总冲击之间的差异。我们还将不完全信息与另一种主要的总供给模型(即黏性价格模型)进行了比较。

第5节介绍了这两种模型的两个含义,它们引出了新的问题和数据分析。延迟信息模型对分歧性动态作出了清晰的预测,并引入了对调查数据的使用,而部分信息模型则为政策是否应该透明的争论提供了新的线索。

第6节着眼于这两种方法的微观基础。最近关于理性疏忽的研究(西姆斯在本手册第四章中阐述了相关内容)被用来证明部分信息假设的合理性。反过来,理性疏忽模型为延迟信息模型提供了微观基础。

第7节讨论了最近的研究,即采用新方法从不同角度来研究不完全信息。其中包括将不完全信息与黏性价格相结合来研究最优政策,以及将这些模型与传统的动态随机一般均衡模型相结合。第8节给出了结论。

2. 总供给的基准模型

我们从一般均衡的垄断竞争模型开始,该模型现已成为货币政策研究的标准模型。[①]

2.1 初始要素

为了关注聚合变量的行为,我们假设存在一个完全的保险市场,市场中所有人的风险都可以被分散。只需要前进一小步就可以进一步假设存在一个代表性经济主体,其用简洁的函数形式来求解效用函数的最大化:

$$\max_{\{[C_{it},L_{it}]_0^1,B_t\}_{t=0}^\infty} E\left\{\sum_{t=0}^\infty \beta^t\left[\ln C_t - \int_0^1\left(\frac{L_{it}^{1+1/\psi}}{1+1/\psi}\right)di\right]\right\} \tag{5.1}$$

代表性消费者拥有完全信息,$E(\cdot)$表示统计期望运算,$\beta\in(0,1)$是折现因子。在这个经济体系中,劳动力种类繁多,涉及不同的技能和职业,每种劳动力供给用L_{it}表示,其中i位于单位区间内。ψ是劳动力供给中常见的弗里希(Frisch)弹性。总消费C_t是多种商品消费的迪克西特-斯蒂格利茨(Dixit-Stiglitz)聚合,也由i标识:

$$C_t = \left[\int_0^1 C_{it}^{(\gamma-1)/\gamma}di\right]^{\gamma/(\gamma-1)} \tag{5.2}$$

其中$\gamma>1$决定了不同种类的替代弹性。

每个时期t的预算约束为:

[①] Blanchard 和 Kiyotaki(1987)提出了一个早期的例子。Galí(2008)最近在总供给的背景下对这些模型做了教科书式的介绍。

$$\int_0^1 P_{it}C_{it}\mathrm{d}i + B_t \leqslant \int_0^1 W_{it}L_{it}\mathrm{d}i + B_{t-1}(1 + R_t) - T_t + P_t\int_0^1 X_{it}\mathrm{d}i \tag{5.3}$$

左侧是资金用途。购买各种商品,每种商品的售价为 P_{it} 美元,并在单期债券中存入金额为 B_t 的存款。右侧是资金来源。第一项是劳动收入,其中 W_{it} 是第 i 种劳动力所赚取的美元工资。第二项是储蓄回报,其中 R_t 是名义利率。至于另外两项,T_t 是政府一次总付税,X_{it} 是企业 i 的实际利润。

市场中有一系列企业,其中企业 i 在竞争市场中雇用种类为 i 的劳动力,其工资 W_{it} 被视为已知的。企业是商品 i 的垄断供应商。每个企业的最大化目标是其认为的实际利润,如下所示:

$$X_{it}(\cdot) = \hat{E}_{it}\big[(1 + \tau)\,P_{it}\,Y_{it}/P_t - W_{it}\,H_{it}/P_t\big] \tag{5.4}$$

其中,τ 为销售补贴,Y_{it} 为使用 H_{it} 单位劳动力生产的产出。由于企业是垄断者,因此其销量等于市场需求,即 $Y_{it} = C_{it}$,同时适用如下生产函数:

$$Y_{it} = A_{it}H_{it} \tag{5.5}$$

其中生产力 A_{it} 是随机的,我们用 $A_t = \int A_{it}\mathrm{d}i$ 表示它的总量构成。

请注意,企业的期望值由算子 $\hat{E}_{it}(\cdot)$ 表示,它不必与完全信息统计算子 $E(\cdot)$ 一致。如果企业有完全信息,那么式(5.4)中就不会有期望值。因为当企业在时期 t 做出选择时,所有变量都是已知的。本章的重点是讨论如下情况:由于没有完全信息,企业不得不对当前的价格、工资和生产力作出预期。

关于市场出清的条件,劳动力市场上是 $L_{it} = H_{it}$,债券市场上是 $B_t = 0$。财政政策只是向消费者征税以支付销售补贴:$T_t = \tau\int P_{it}Y_{it}\mathrm{d}i$。货币政策确保以下公式表达的名义收入遵循外生随机过程:

$$N_t = P_tY_t \tag{5.6}$$

我们把对 N_t 的冲击称为需求冲击,而将生产力的变化称为供给冲击。我们没有对货币政策实现 N_t 路径的方式进行建模,这种建模是直接通过货币供应量和消费者问题中的预付现金约束,或通过对 N_t 与 P_tY_t 偏差有敏感反应的名义利率规则来实现的。本手册第3B卷中 Friedman 和 Kuttner(2010)撰写的第二十四章讨论了这些建模及其实现问题。

2.2 消费者问题的求解

因为消费者的效用函数是时间可分的,并且跨品种的聚合是位似的(homothetic),所以求解消费者问题可以分成两个阶段。

在第一阶段,对于给定的总消费 C_t,消费者在式(5.2)的约束下使总支出最小化。该问题的解给出了每种产品的需求函数:

$$C_{it} = C_t(P_{it}/P_t)^{-\gamma} \tag{5.7}$$

以及静态生活成本价格指数的定义:

$$P_t = \left(\int_0^1 P_{it}^{1-\gamma} \, \mathrm{d}i \right)^{1/(1-\gamma)} \tag{5.8}$$

它们具有 $\int P_{it} C_{it} \mathrm{d}i = P_t C_t$ 的属性。

在第二阶段,消费者根据式(5.3)中的预算序列约束,求解总消费和劳动力供给的跨期选择问题,以使式(5.1)最大化。该方案的特征是欧拉方程和每个时间点的连续劳动力供应方程:

$$1 = \beta E_t \left[(1 + R_{t+1}) P_t C_t / (P_{t+1} C_{t+1}) \right] \tag{5.9}$$

$$C_t L_{it}^{1/\psi} = W_{it} / P_t \tag{5.10}$$

这些条件描述了消费者分别在企业拥有完全信息和不完全信息情景下所作出的不同决策。

2.3　完全信息均衡

我们首先在完全信息假设下对模型进行求解。在此特殊情况下,企业期望值 $\hat{E}_{it}(\cdot)$ 与完全信息统计算子 $E(\cdot)$ 相同。这种情况是一个标准的基准模型,我们将根据它来比较不完全信息模型。

我们转向企业的问题,在完全信息的情景下,根据式(5.5)和式(5.7)求式(5.4)的最大值,得到一个简单的解:

$$P_{it} = \left[\frac{\gamma}{(\gamma - 1)(1 + \tau)} \right] \left(\frac{W_{it}}{A_{it}} \right) \tag{5.11}$$

企业 i 设定的价格等于边际成本的固定加价,边际成本为工资率除以劳动生产率。

结合式(5.7)—式(5.11),经过几步代数运算后,在均衡中有:

$$p_{it} = p_t + \mu + \alpha(y_t - a_{it}) \tag{5.12}$$

我们遵循的惯例是,小写字母的变量等于同一变量大写字母的自然对数。这个等式表明,每家企业的价格随着总价格水平的提高而一对一地上涨。$\mu = \ln[\gamma/(\gamma - 1)(1 + \tau)]/(1 + \gamma/\psi)$ 为上式中的常数项,反映了加价水平。如果价格恰好等于边际成本,则常数项为零;一般来说,这取决于商品品种的可替代性和销售补贴的多少。最后,等式中的第三项反映了如下事实:更高的产出和消费会提高工作的边际负效用,降低消费的边际效用,从而提高工资、边际成本和价格;而更高的生产率会降低边际成本,从而降低价格。

企业产品价格相对于产出的弹性为 α,其大小等于 $(\psi + 1)/(\psi + \gamma)$。这个弹性有重要作用,因此让我们稍停一下来看看它有多大。因为 γ 大于1,所以 α 一定小于1;α 随着劳动力供给的弗里希弹性的增大而增大,并随着商品的需求弹性减少而减少。使用微观数据估计劳动力供给弹性 ψ 往往在0.2左右,而宏观估计则更接近1。对商品需求弹性 γ 的微观估计约为4,而宏观估计约为10。[①] 因此,α 介于0.12和0.4之间。我们的基准模型首选值是

[①] 参见 Rogerson 和 Wallenius(2009)以及 Chetty(2009)对劳动力供应的微观弹性和宏观弹性的讨论,以及 Kimball 和 Shapiro(2008)最近的宏观估计。关于商品替代弹性的宏观估计可参见 Hall(1988)以及 Basu 和 Fernald(1997)的研究,而关于其微观估计可参见 Broda 和 Weinstein(2006)的研究。

$\psi = 0.5$ 和 $\gamma = 7$，因此 $\alpha = 0.2$。

式(5.6)中的货币政策规则完全是对数线性的：

$$n_t = p_t + y_t \tag{5.13}$$

但式(5.8)中的价格指数并非如此。在所有价格相同的点附近，它有一个简单的近似对数线性：

$$p_t = \int_0^1 p_{it}\mathrm{d}i \tag{5.14}$$

这是完全信息情景下的唯一近似。

结合式(5.12)—式(5.14)，我们给出了产量和价格的完全信息均衡[①]：

$$y_t^F = a_t - \mu/\alpha \tag{5.15}$$

$$p_t^F = n_t - a_t + \mu/\alpha \tag{5.16}$$

现在可以定义我们的研究对象：总供给曲线。这是 (y,p) 空间内的一个映射，来自需求冲击 n_t 的变化。在完全信息下，总供给是垂直的，因为产出与货币政策无关。[②] 当生产率提高时，它会向右平移；而当利润上涨时，它会向左平移。这种经济中的帕累托最优是产出等于生产率，这是由 $\mu = 0$ 或恒定的补贴 $\tau = 1/(\gamma - 1)$ 所确立的，从现在起我们将假设这种情况（但大多数结论并不依赖于这种简化）。

2.4　不完全信息均衡

现在考虑企业不完全掌握经济信息的情况。消费者最优条件仍然由式(5.9)—式(5.10)给出。不过，对于该企业来说，最优价格现在满足下式：

$$\hat{E}_{it}\left[\left(\frac{P_{it}}{P_t}\right)^{-\gamma}\left(\frac{Y_t}{P_t}\right)\right] = \left[\frac{\gamma}{(\gamma - 1)(1 + \tau)}\right]\hat{E}_{it}\left[\left(\frac{P_{it}}{P_t}\right)^{-\gamma-1}\left(\frac{W_{it}}{A_{it}P_t}\right)\left(\frac{Y_t}{P_t}\right)\right] \tag{5.17}$$

如果企业拥有完全信息，则可简化为式(5.11)。在非随机情况下，利用 $\mu = 0$ 的假设对式(5.17)进行对数线性化处理，得到解：

$$p_{it} = \hat{E}_{it}[p_t + \alpha(y_t - a_{it})] \tag{5.18}$$

预期值中的项是企业名义边际成本。企业必须形成对总价格水平、产出和特殊生产力的预期，因为这是决定边际成本的三个因素。在这个简单的模型中，企业只需要清楚它支付给工人的工资和工人的生产率就可以准确地衡量边际成本，但在更为复杂的现实中，企业发现很难准确地衡量自己的边际成本，它们每年在会计系统和顾问上花费的大笔资金就证明了这一点。[③]

式(5.18)反映了确定性等价的结果，即不完全信息下的价格等于式(5.12)中完全信息

[①] 该模型还具有名义利率、工作时间和不同种类的消费的解，这些均可以使用均衡条件导出。但我们并不关注这些。

[②] 在数学上，总供给曲线的斜率被定义为 $(\partial y_t/\partial n_t)/(\partial p_t/\partial n_t)$。

[③] 更现实的模型还将考虑到，生产和交付滞后意味着企业必须根据未来的边际成本作出许多决策，因此形成预期是不可避免的。

下的预期价格。这是因为最优条件的线性化相当于目标函数的二阶近似。[①] 至少从 Simon (1956)的研究开始,这个属性就被用来解决信息不完的问题,我们经常(但并非总是)依赖它。不完全信息均衡被定义为 γ_t 和 p_t 的值,这些值使式(5.13)、式(5.14)和式(5.18)得以成立。为了完成这个模型,我们唯一需要补充的是对企业如何形成预期的阐述。[②]

3. 不完全信息和总供给模型的基础

如果企业既没有受到理性限制,其处理信息的能力也没有被约束,那么信息肯定是越多越好。企业总是可以自由地处理信息,而且一般来说,企业更准确的预测能力能够使其作出可产生更高预期利润的决策。[③] 因此,要证明人们为什么没有完全信息,需要引入信息成本或理性成本,记为 k。[④] 该成本既可以是实际资源或效用损失,也可以是可变的或固定的,甚至可以以隐含在信息约束中的影子乘数的形式而存在。本章第6节以不完全信息为微观基础,详细研究包含这些成本的模型。在本节中,我们将讨论这些信息成本所带来的选择。

3.1 该如何选择和计划?

在拥有完全信息的情况下,我们认为企业要么选择生产的数量,要么选择设定的价格。选择其中之一便可立即通过需求函数确定另一个。例如,如果企业选择了它的价格,那么利用它关于总产出和价格水平的信息,企业就能准确地知道将要生产的产量。但在信息不完全的情况下,这两种选择就不再是等价的了。如果选择价格的企业不知道总产出和价格水平,那它就不知道在该价格下最终应该生产和销售多少产品。经济主体的决策变量是不完全信息模型的一个重要组成部分。

Reis(2006a)通过让企业事先选择其决策变量将这种选择内生化。如果企业为其收取的价格制订了一个计划,把约束条件代入式(5.4),则其预期利润为:

$$\bar{X}_{it}^P = \max_{P_{it}} \hat{E}_{it} \left[(1 + \tau) P_{it}^{1-\gamma} P_t^{\gamma-1} Y_t - W_{it} A_{it}^{-1} P_t^{\gamma-1} Y_t \right] \tag{5.19}$$

反之,如果一家企业为其产出制订了一个计划,则其预期利润是:

① 如果所有变量都是对数正态分布,这个结果也将完全成立,但这样一来 μ 的表达式就有所不同了。

② 虽然前面的模型非常简单,但它也非常通用。正如 Woodford(2003)所证明的,假设代表性消费者的偏好在每个周期内为 $\mu(C_t) - \int v(L_{it}) \mathrm{d}i$,或者假设生产函数为 $Y_{it} = A_{it} f(H_{it})$,在非随机稳态附近进行对数线性化处理后,两者会得到相同的简化形式。唯一的变化是参数 α 现在取决于这些函数在稳态下的曲率,但合理的校准会导致该参数值与我们将使用的 0.2 相差不大。

③ 然而有可能的是,即使每家企业在各自拥有更多的信息后都能获得更好的收益,但在均衡状态下,所有企业的情况都会变得更糟。Hirshleifer(1971)提出了一个典型的例子,在这个例子中,发明者争先恐后获取信息的私人回报超过了其社会价值。

④ 在直接衡量这种信息成本方面已经有了一些尝试。最值得注意的是 Zbaracki 等(2004)的研究,他们通过对一家大型工业企业开展为期一年的跟踪研究,测算出调整价格的信息成本高达收入的 1%。

$$\bar{X}_{it}^Y = \max_{Y_{it}} \hat{E}_{it} \left[(1 + \tau) Y_{it}^{1-1/\gamma} Y_t - W_{it} A_{it}^{-1} P_t^{-1} Y_{it} \right] \tag{5.20}$$

假设计划价格和计划产出之间不存在成本差异,如果 $\bar{X}_{it}^P \geqslant \bar{X}_{it}^Y$,企业将选择价格计划,反之则选择产出计划。

为了解这一决策的内涵,我们假设所有企业都有完全信息,那么总体均衡就是本章2.2中描述的完全信息均衡,即 $Y_t = A_t$ 且 $P_t = N_t/A_t$,现在考察在价格和产量计划之中选择的边际企业[①] i。三种情形强调了不同的考虑因素。第一,假设不存在供给冲击 ($A_{it} = 1$),只有需求 N_t 是随机的,于是有总产出 $Y_t = 1$。在这种情况下,计算式(5.17)可以得出,产出计划涉及选择 $Y_{it} = 1$,这是完全信息下的最优值。在这种情况下,产出计划是首选,因为冲击的结构使得最优数量与最新信息无关。第二,考虑货币政策以 $N_t = A_t$ 为目标价格的情况,这保证了总体 $P_t = 1$ 和 $Y_t = A_t$。现在,边际企业的最优价格是 $P_{it} = 1$,这可以通过价格计划来实现,因为它不需要了解最新信息。因此,价格计划是首选。第三,考虑 A_{it} 是特殊的,没有总量冲击的情形 ($N_t = A_t = 1$)。通过代数运算可以表明,在这种情况下,企业对选择价格计划还是产出计划是无所谓的。直观地讲,在特殊生产力冲击下,只有企业的特殊边际成本是随机的。其产品的需求是固定的,所以选择一个价格就能确定一个产量,反之亦然,因此两者的预期利润是相同的。

更一般地,考虑需求为任意函数的情况,$Y_{it} = Q(P_{it}, s_{it})$,冲击为 s_{it},而边际成本为常数。[②] 然后,在冲击的非随机均值附近对两种计划下的实际利润进行二阶近似,我们发现在以下情形下,价格计划是首选:

$$Q_s Q_{ps} + \left(-\frac{Q_s}{2Q_p} \right) Q_{pp} \leqslant 0 \tag{5.21}$$

为了理解这个结果,请考虑图5.1中描述的情形:一个垄断者以零边际成本进行生产,面临斜率为1的线性需求和附加冲击。线性需求意味着 Q_{pp} 是零,而附加冲击意味着 Q_{ps} 也是零,所以式(5.21)表明企业在价格计划和产出计划之间应该是无所谓的。从图形上看,如果冲击等于其预期值,则最佳价格和产出是 Q^* 和 P^*,并且根据假设,从 Q^* 到 O 和从 P^* 到 O 的线段长度相同。如果需求受到正向冲击,那么在价格计划下,新的均衡将出现在 A 处;而在产出计划下,它将出现在 B 处。因为 OA 和 OB 具有相同的长度,所以这在数学计算上证实了企业是无所谓的。

现在考虑这样一种情形:冲击影响了需求曲线的斜率,当它外移时会变得更加平坦。在这种情形下,$Q_s Q_{ps} < 0$,这表明价格计划是首选。从图形上看,请注意 OC 比 OB 要长,所以价格计划下的利润更高。最后,假设当需求曲线外移时,其水平错位上的斜率不变 ($Q_{ps} = 0$),但需求曲线现在是凹的 ($Q_{pp} < 0$)。同样地,因为 OC 比 OB 长,所以价格计划是首选。

---

① 译者注:边际企业是指如果价格有任何下降就退出市场的企业。
② 对于一般成本函数的情况,请参见 Reis(2006a)的研究。

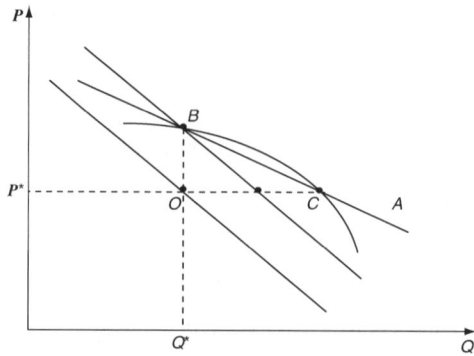

图 5.1 在价格计划和产出计划之间做出选择

总之,对于面临不完全信息的企业来说,无论是价格计划还是产出计划都有可能是最优的。但这种选择的决定因素,如企业需求曲线的形状和冲击对需求的影响,是可以测量的,因此该理论提供了清晰的答案来指导模型构建,并可以用数据来进行检验。

3.2 菜单成本

我们现在考虑以下问题:如果每个人都有充分信息,那么面临信息成本 k 的边际企业是否愿意支付这一成本以获取信息呢? 如果答案是否定的,那么在信息成本下,完全信息的结果就不是一个纳什均衡。

这个问题是 Mankiw(1985)、Akerlof 和 Yellen(1985)所研究的问题的另一种提问方式。图 5.2 使用了第 2 节中的式(5.4)的函数形式以及总需求冲击的额外假设(即只有总需求冲击,而总需求冲击是标准差为 σ 的零均值独立同分布对数正态形式),描绘了在完全信息经济中一个具有不完全信息的边际企业的利润函数。纵轴是不完全信息下的利润相对于完全信息下的利润的比值,横轴是总需求冲击的标准差。

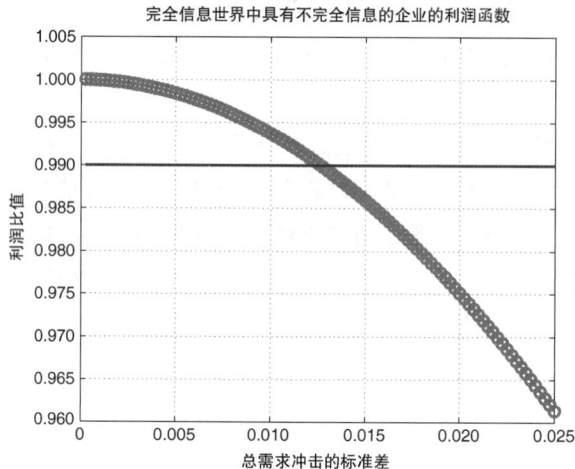

图 5.2 在所有其他企业都具有完全信息情况下理性疏忽的利润

值得注意的是,利润函数在确定性的情形下是平坦的,所以当存在一个小的成本 k 时,即使是存在相对较高的 σ,也意味着企业不想获得信息。从数值上看,在非随机情况下,1% 的利润成本将导致个体最优疏忽率为 $\sigma \leqslant 0.0125$。在战后的美国,名义季度 GDP 增长的标准误差为 0.01,从另一个角度看,这意味着只要 k 超过利润的 0.63%,企业就会希望变得理性疏忽,而完全信息不再是纳什均衡。

这一点可以更一般地用二阶对数近似来表示。在式(5.4)中,企业的利润 $X_{it}(p_{it} - p_t, \cdot)$ 取决于它的价格和其他外生变量。在完全信息的情况下,最佳选择是 $p_{it} = p_t$,而在没有(完全)信息的情况下,最优的 p_{it} 是某个值 p_{it}^*。如果出现以下情况,企业就会选择理性疏忽:

$$X(0, \cdot) - X(p_{it}^* - p_t, \cdot) \leqslant k \tag{5.22}$$

围绕 $p_{it}^* = p_t$ 进行二阶近似,可以得到:

$$- X_p(0, \cdot)(p_{it}^* - p_t) - 0.5 X_{pp}(0, \cdot)(p_{it}^* - p_t)^2 \leqslant k \tag{5.23}$$

与 Mankiw(1985)的研究相似,关键观点是 $X_p(0, \cdot) = 0$,因为这是完全信息价格选择的必要条件。此外,对于小的名义收入冲击,p_{it}^* 接近 p,而且第二个平方项很小。即使 k 是获取更新价格菜单信息的一小部分成本,不等式(5.23)也会成立。这一结果基于包络定理:接近最大值时,利润函数是平坦的,所以小的冲击对利润有二阶影响。因此,小的信息成本足以解释价格制定者为何不会充分了解情况。

3.3 实际刚性

虽然前面的结果表明,完全信息不太可能是纳什均衡,但相反的问题仍然存在,即一个所有人都不知情的均衡也是纳什均衡吗?这个问题的答案与 Ball 和 Romer(1990)所强调的实际刚性的概念密切相关。

如果只关注需求冲击的情况,那么利润函数为 $X(p_{it} - p_t, n_t)$,则 $X(0,0)$ 是没有任何名义收入冲击的利润,$X(0, n_t)$ 是某一企业像经济体中所有其他企业一样疏忽时的利润,$X(p_{it}^*(n_t), n_t)$ 是该企业获得信息时的利润,在这种情形下,$p_{it}^*(n_t)$ 是需求状态函数的最优价格。如果满足以下条件,不完全信息将是一个纳什均衡:

$$X(p_{it}^*(n_t), n_t) - X(0, n_t) \leqslant k \tag{5.24}$$

当 n_t 接近 0 时,对式(5.24)左边的表达式进行二阶近似处理,可得到:

$$0.5 [X_{pp}(0,0)(\partial p_{it}^*/\partial n_t) + 2 X_{pn}(0,0)](\partial p_{it}^*/\partial n_t) n_t^2 \leqslant k \tag{5.25}$$

因为 $p_{it}^*(n_t)$ 是由最优条件 $X_p(p_{it}^*(n_t), n_t) = 0$ 来隐含定义的,根据隐函数定理推出导数:$\partial p_{it}^*/\partial n_t = - X_{pn}(0,0)/X_{pp}(0,0)$。但回到式(5.12)中 $p_{it}^*(n_t)$ 的解,我们要注意这只是参数 α 的定义。在上面的表达式中使用它就可以得到最终条件:

$$- 0.5 \alpha^2 n_t^2 X_{pp}(0,0) \leqslant k \tag{5.26}$$

请注意,如果 α 很小,这个条件就更有可能成立。[①]

Ball 和 Romer(1990)把参数 α 称为实际刚性指数。特别是,较小的 α 意味着更强的实际刚性。请注意, α 是一个实际参数,因为它取决于实际利润函数的属性。Ball 和 Romer(1990)的见解是,这个实际参数会影响经济的名义刚性。他们研究的结果也适用于这个情形:实际刚性越强,对价格的不完全信息就越有可能成为纳什均衡。[②]

3.4 策略互补性

与实际刚性密切相关的一个概念是策略互补性。将期望价格的表达式与名义收入的外生过程结合起来,可以得到:

$$p_{it} = \hat{E}_{it}\left[\,(1 - \alpha)\,p_t + \alpha n_t - \alpha a_{it}\,\right] \tag{5.27}$$

Cooper 和 John(1988)将这个等式解释为企业 i 对其他企业行动的最佳反应,由充分统计量 p 来体现。从这个博弈论的角度来看模型的均衡, $\alpha < 1$ 意味着定价决策是策略互补的。也就是说,如果其他企业提高价格,那么企业 i 也希望提高其价格。

策略互补性很重要,因为在信息异质性的情况下,会有一些企业比其他企业更早获知信息。如果定价决定是策略互补的,那么消息灵通的企业为了与消息不灵通的企业保持一致,仍然不会大幅改变其价格。策略互补性确保了总供给曲线不会过于陡峭,因此存在明显的货币非中性。这种作用的一个例证是,两篇有影响的文献发现总供给曲线非常陡峭(Chari et al.,2000;Golosov and Lucas,2007),而它们都选择了使 α 大于 1 的参数。

尽管概念的出发点不同,但同样的参数 α 和条件 $\alpha < 1$ 对实际刚性和策略互补性都很重要,这并不令人惊讶。因为知道其他不知情的企业不会改变价格,知情的企业 i 在受到冲击后也并不想大幅改变其价格 p_{it} ,那么它从获知信息并改变 p_{it} 这一举动中获得的利润收益就很小。由于这些相似之处,实际刚性和策略互补的概念在这类文献中经常被互换使用,本章也将这样处理。[③]

4. 部分信息和延迟信息模型:常见预测

我们在第 2 节阐述了基本框架,并在第 3 节研究了一些基础性问题,现在考察近年来备受关注的两种不完全信息模型,即部分信息模型和延迟信息模型。

[①] 最优的二阶条件要求 $X_{pp}(0,0)$ 是负的。

[②] 有不同的机制可以带来实际刚性(Romer,2008),与此同时也有一些挑战,如实际刚性会促使企业更频繁地调整以应对特殊冲击(Dotsey and King,2005)。

[③] 如果策略上出现互补性,就有了多重均衡的空间。Ball 和 Romer(1989)用完全信息描述了他们模型中的均衡多重性,Morris 和 Shin(1998,2001)以及 Heineman(2000)用部分信息描述了均衡多重性,Hellwig 和 Veldkamp(2009)用延迟信息描述了均衡多重性。

　　这两个模型都假设人们在不完全信息的情况下形成最优预期。区别在于不完全信息的性质。延迟信息模型假设只有 λ 部分的企业拥有最新的信息,而其余的企业只拥有前段时期的旧信息。部分信息模型则假设企业以相对精确度 τ 观察到噪声信号。这两个模型都只引入了一个新的参数,即 λ 或 τ,我们可以将其作为衡量信息刚性的指标。通过维持在这些新的信息约束下实现最优行为的假设,习惯于理性预期模型的经济学家对于求解这些模型的工具是相当熟悉的。

　　为了阐释这两种方法的本质,考虑我们的基准模型只有随机游走的总需求冲击,所以有 $n_t = n_{t-1} + v_t$,其中 v_t 为正态分布,均值为零,方差为 σ^2。① 结合式(5.13)、式(5.14)和式(5.18),均衡价格的解可以表示为以下形式:

$$p_t = \int_0^1 \hat{E}_{it} \big[\alpha n_t + (1 - \alpha) \, p_t \big] \, \mathrm{d}i \tag{5.28}$$

经济中的总体价格水平是各企业最优价格预期的平均值,而最优价格又是需求水平 n_t 和价格水平 p_t 的加权平均值。

　　通过这个等式,我们可以检验在两个变量中都适用的不完全信息模型的几个特征。首先,我们将展示不完全信息如何在一个简单的模型中产生一条非垂直的总供给曲线。在这个模型中,所有的信息都在一个时期后被披露。其次,我们将介绍信息逐步披露的情形,以理解总需求冲击实际影响的持久性。在简单地比较不完全信息与黏性价格之后,我们最后将分析特殊生产力冲击的影响。

4.1　非垂直总供给

　　我们首先考虑延迟信息模型。在这个模型中,λ 部分的经济主体拥有完全信息,所以他们对总需求和价格水平的同期值的主观预期与这些变量的实际值相吻合。假设剩下的 $1 - \lambda$ 部分的经济主体不能观察到当前的冲击,但他们有前一时期所有变量的完全信息,并在给定这些信息的情况下形成其最优预期。描述均衡价格水平的等式为:

$$p_t = \lambda \big[\alpha n_t + (1 - \alpha) \, p_t \big] + (1 - \lambda) \, E_{t-1} \big[\alpha n_t + (1 - \alpha) \, p_t \big] \tag{5.29}$$

　　求解这类模型的关键工具是方程的"创新表达(innovations representation)",有时也称为沃尔德(Wold)表达。通过重新排列项,我们可以把等式改写为:

$$p_t - E_{t-1}(p_t) = \alpha\lambda \big[n_t - E_{t-1}(n_t) \big] + (1 - \alpha)\lambda \big[p_t - E_{t-1}(p_t) \big] + \alpha E_{t-1}(n_t - p_t)$$
$$\tag{5.30}$$

现在,除了右边的最后一项外,所有其他项都是不相关的创新,因此对前一个时期的期望值为零。对等式两边的 $t-1$ 期取期望值,可以得到 $E_{t-1}(p_t) = E_{t-1}(n_t) = n_{t-1}$,所以最后一项是零。将价格创新作为总需求创新的一个函数进行求解,可以得到:

$$p_t = \left[\frac{\alpha\lambda}{1 - (1 - \alpha)\lambda} \right] (n_t - n_{t-1}) + n_{t-1} \tag{5.31}$$

---

① 除了使代数运算稍微简单一点外,随机游走并没有什么特别之处。下文列出的工具将适用于大多数其他的线性随机过程。

$$y_t = \left[1 - \frac{\alpha\lambda}{1 - (1 - \alpha)\lambda} \right] (n_t - n_{t-1}) \qquad (5.32)$$

总需求预期水平 n_{t-1} 的变化导致价格成比例变化,但对产出没有影响。然而,对总需求的冲击 $n_t - n_{t-1}$ 同时提高了产出和价格:总供给不再是垂直的。[1] 总供给曲线的斜率随着 α 和 λ 的下降而下降;也就是说,信息刚性或实际刚性越强,总供给曲线就越平坦。直观地说,不知情(未获知信息)的企业不会对正的总需求冲击做出价格调整反应,这将导致它们的销售量上升。因此,更多不知情的企业会导致更强的货币非中性。反过来,在 α 值较低的情况下,知情(获知信息)的企业希望将其价格设定得更接近于不知情企业的价格,这也将导致它们的销售额上升,总产出增加更多。

现在考虑部分信息模型。这个模型假设所有企业都有关于总需求状况的噪声信号。它们观察到 $z_{it} = n_t + \varepsilon_{it}$,其中噪声 ε_{it} 在不同企业和时期之间是独立正态分布的,均值为零,方差等于 σ^2/τ。参数 τ 与延迟信息模型中的 λ 所起的作用相同:较高的 τ 意味着较小的信息刚性,因为它意味着 z_{it} 是 n_t 更准确的信号。

部分信息模型的一个关键特征是缺乏公共知识。特别是,由于每个企业的信息都是其私有信息,它无法可靠地将其传递给其他任何人,所以没有人知道经济中的其他人知道什么。[2] 高阶信念的作用是存在的,因为每个企业都必须形成一种信念,即其他企业相信什么,以及其他企业相信本企业相信什么,并以此类推。这样做的结果是,迭代预期法则在总体上不成立:特别是,$\int \hat{E}_{it}\left[\int \hat{E}_{it}(\cdot)\mathrm{d}i \right] \mathrm{d}i \neq \int \hat{E}_{it}(\cdot)\mathrm{d}i$,或者说二阶平均信念不等于一阶信念。依次从代表性企业 i 的角度获取期望值,并对所有的企业取平均值,式(5.28)就变成:

$$p_t = \alpha \sum_{j=1}^{\infty} (1 - \alpha)^{j-1} \bar{E}_t^{(j)}(n_t) \qquad (5.33)$$

我们使用了如下符号表达:$\bar{E}_t(\cdot) \equiv \int \hat{E}_{it}(\cdot)\mathrm{d}i, \bar{E}_t^{(2)}(\cdot) \equiv \int \hat{E}_{it}\left[\int \hat{E}_{it}(\cdot)\mathrm{d}i \right]\mathrm{d}i$,以此类推,并接受平均无限阶信念不会膨胀到无穷大的限制条件(这一点会在之后得到验证)。

解决部分信息问题的关键工具是信号提取等式。这是统计学中的一个标准结果:

$$\hat{E}_{it}(n_t) = E_t(n_t \mid z_{it} = n_t + \varepsilon_{it}) = E_{t-1}(n_t) + \left(\frac{\tau}{1 + \tau} \right)\left[z_{it} - E_{t-1}(n_t) \right] \qquad (5.34)$$

这个等式放弃了一阶信念——对总需求的期望。二阶信念是对其他人关于总需求的预期的期望。这可以通过对所有企业的表达式(5.34)进行平均,然后对所得到的表达式取期望,从而得出:

$$\hat{E}_{it}^{(2)}(n_t) = E_{t-1}(n_t) + \left(\frac{\tau}{1 + \tau} \right)^2\left[z_{it} - E_{t-1}(n_t) \right] \qquad (5.35)$$

在这个等式中,每个企业都在使用它所获得的信息来预测其他企业的信息,从而预测它们对需求的期望。请注意,信息在这个二阶信念中获得的权重比它在一阶信念中的权重更小。更一般地,对这两个步骤进行迭代,可以得到第 j 阶的信念:

---

[1] 我们也可以像 Friedman(1968)那样用附加期望的菲利普斯曲线来描述均衡:$\Delta p_t = E_{t-1}(\Delta p_t) + \left[\alpha\lambda/(1 - \lambda) \right] y_t$。

[2] 相比之下,在延迟信息模型中,有一部分企业(比例为 λ)拥有完全信息,并且确切地知道其他企业知道什么。

$$\bar{E}_t^{(j)}(n_t) = E_{t-1}(n_t) + [\tau/(1+\tau)]^j[n_t - E_{t-1}(n_t)] \tag{5.36}$$

将这个表达式与式(5.33)结合起来,可以得到相应解:

$$p_t = \left(\frac{\alpha\tau}{1+\alpha\tau}\right)(n_t - n_{t-1}) + n_{t-1} \tag{5.37}$$

$$y_t = \left(1 - \frac{\alpha\tau}{1+\alpha\tau}\right)(n_t - n_{t-1}) \tag{5.38}$$

　　将式(5.31)和式(5.32)中的延迟信息模型的解决方案相比较,可以发现这些模型的预测非常相似。特别是,更强的实际和名义刚性再次意味着更平坦的总供给曲线。这个直觉在极限条件下是明确的。如果 $\tau = 0$,则信息是无用的,企业没有关于当前冲击的信息,价格也没有变化,所以总供给曲线是水平的。相反,如果 $\tau \to \infty$,企业就有了完全信息,总供给曲线是垂直的。在两者之间,更充分的信息意味着价格的调整幅度更大,所以曲线也更陡峭。实际刚性的作用是由于 α 越小,企业就越希望制定其他企业所制定的价格,并且每个企业对其他企业的想法赋予的权重也就越大。换句话说,更多的实际刚性赋予更高阶信念以更大的作用。信念的阶数越高,就越接近 $E_{t-1}(n_t)$,对信号的反应也就越小。因此,如同在延迟信息模型中一样,在部分信息模型中,更多的实际刚性意味着更大的货币非中性。

4.2　持续性

　　到目前为止,由于所有的信息都是在一个时期后才为人所知,所以总需求的冲击只影响了一个时期的产出。现在,我们放松这一假设,假设企业持续较长时间拥有不完全信息。

　　在 Mankiw 和 Reis(2002)的研究中,我们提出了一个持续延迟信息模型,我们称之为黏性信息模型。我们假设每个时期都有 λ 部分的企业从总体中抽取出来,并获得全部信息。[①] 在任何一个日期,都会有 $\lambda(1-\lambda)^j$ 个企业在 j 期之前更新它们的信息。有了这个指数分布,现在的均衡价格水平就可以解出这个等式:

$$p_t = \lambda\sum_{j=0}^{\infty}(1-\lambda)^j E_{t-j}[\alpha n_t + (1-\alpha)p_t] \tag{5.39}$$

　　总需求的创新表达是 $n_t = \sum_{k=0}^{\infty} v_{t-k}$,其中 v_{t-k} 是不相关的创新,由于 n_{t-k} 是模型中唯一的冲击,因此可以猜测,价格水平的创新表达将取决于 $p_t = \sum_{k=0}^{\infty}\varphi_k v_{t-k}$。求解模型就是求解未知系数 φ_k。虽然上一节的方法行不通,但我们稍加扩展,只需使用待定系数法,便可迎刃而解。[②] 它有两个前提条件:第一,$E_{t-j}(p_t) = \sum_{k=j}^{\infty}\varphi_k v_{t-k}$,且对 n_t 也是如此;第二,对所有冲击的实现,φ_k 必须是相同的。于是,式(5.39)施加了如下条件:

---

① 针对这个模型的一个比喻是,每家企业都有一个随机闹钟,闹钟在每个时期以 λ 的概率响起,企业于是就"醒来"看看发生了什么。

② 使用待定系数法求解具有理性预期的宏观经济模型这一传统由来已久。有关早期观点请参阅 Taylor(1985)的研究。最近,Mankiw 和 Reis(2007)、Reis(2009b)以及 Meyer Gohde(2010)开发了一个一般算法来解决具有多方程和多变量的黏性信息模型。

$$\varphi_k = \lambda \left[\alpha \sum_{j=0}^{k} (1 - \lambda)^j + (1 - \alpha) \varphi_k \sum_{j=0}^{k} (1 - \lambda)^j \right] \tag{5.40}$$

对于每一个 $k = 0, 1, \cdots$，这些等式得出了模型的解：

$$p_t = \sum_{k=0}^{\infty} \left[\frac{\alpha [1 - (1 - \lambda)^{k+1}]}{1 - (1 - \alpha)[1 - (1 - \lambda)^{k+1}]} \right] v_{t-k} \tag{5.41}$$

$$y_t = \sum_{k=0}^{\infty} \left[\frac{(1 - \lambda)^{k+1}}{1 - (1 - \alpha)[1 - (1 - \lambda)^{k+1}]} \right] v_{t-k} \tag{5.42}$$

受到冲击时，一个正的总需求冲击仍会导致价格和产出的提高，而更强的实际刚性和信息刚性仍会加大产出的反应并削弱价格的反应。图5.3显示了产出和通货膨胀随时间变化的脉冲响应，当 $\lambda = 0.25$ 时，企业平均每年更新一次信息。[1] 当知晓冲击的企业占全部公司的比重达到1时，产出冲击才渐渐接近零，且冲击的半衰期为一年半。通货膨胀的响应也是延迟的，并且呈现出实证文献中强调的两个特性：第一，它是驼峰形的；第二，它的峰值滞后于产出的峰值。[2]

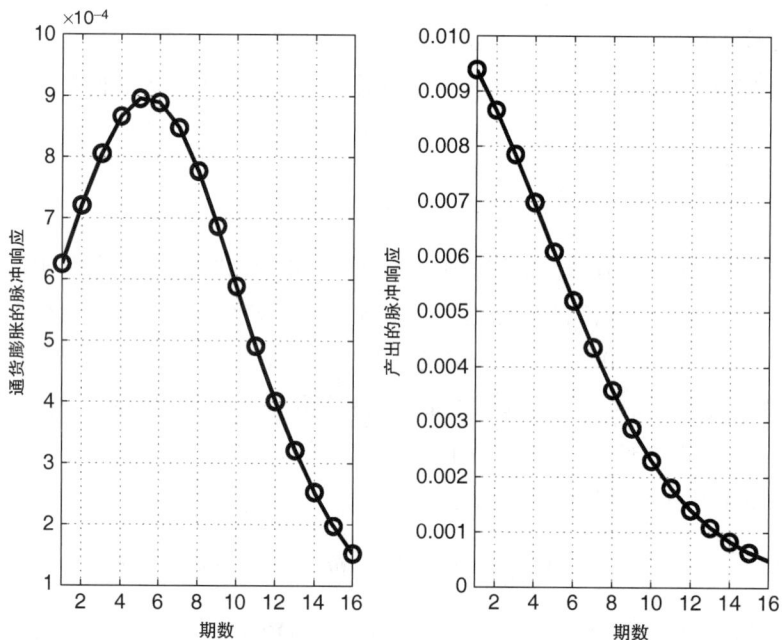

图5.3　通货膨胀和产出对延迟信息的名义需求冲击的脉冲响应

现在让我们转向部分信息模型。它的动态版本归功于 Woodford(2002)的研究，他称之为不完全公共信息模型。这个模型假设每个企业都像以前一样收到私人性的总需求信号 z_{it}，但现在永远无法了解过去的总需求是多少。当收到新的信号时，企业不仅形成了对当前情况的预期，而且还修正了它对过去的看法。因此，就像在黏性信息模型中一样，所有企业最终都会了解今天的冲击值。

---

[1] Khan 和 Zhu(2006)以及 Döpke 等(2008a)对具有黏性信息的菲利普斯曲线进行了计量估计，结果发现，在美国、法国、德国和英国，$\lambda = 0.25$，而在意大利，$\lambda = 0.5$。

[2] Coibion(2006)详细描述了令通货膨胀产生驼峰形的黏性信息模型的特征。

假设在经过很多时期之后冲击成为公共知识,上一节的方法只有在这种情况下才有效。Hellwig(2008)以及 Lorenzoni(2009,2010)采用了这种方法,让时期变得越来越长,从而获得一个近似解。Woodford(2002)则提出了一种使用动态信号提取工具的猜测—验证方法。[①] 猜测的内容是:

$$p_t = (1 - \theta) p_{t-1} + \theta n_t \tag{5.43}$$

将这一猜测连同名义需求的随机游走和信号 z_{it} 写成向量, 我们得到:

$$\binom{n_t}{p_t} = \begin{pmatrix} 1 & 0 \\ \theta & 1 - \theta \end{pmatrix} \binom{n_{t-1}}{p_{t-1}} + \binom{1}{\theta} v_t \Rightarrow s_t = Ms_{t-1} + cv_t \tag{5.44}$$

$$z_{it} = \begin{pmatrix} 1 & 0 \end{pmatrix} \binom{n_t}{p_t} + \varepsilon_{it} \Rightarrow x_{it} = es_t + \varepsilon_{it} \tag{5.45}$$

这里我们定义了新的 s_t、M、c 和 e,把问题改写成一个状态空间系统。本章4.1中的信号提取公式的动态版本在此处是卡尔曼滤波器:

$$E_{it}(s_t) = ME_{i,t-1}(s_{t-1}) + \kappa[z_{it} - eME_{i,t-1}(s_{t-1})] \tag{5.46}$$

其中 $\kappa = (\kappa_1, \kappa_2)'$ 是一个 2×1 的卡尔曼收益向量(Hamilton,1995)。将此表达式整合到所有经济主体上,并使用式(5.44),然后得出:

$$\bar{E}_t(s_t) = \kappa eMs_{t-1} + (M - \kappa eM) \bar{E}_{t-1}(s_{t-1}) + \kappa ecv_t \tag{5.47}$$

接下来,请注意式(5.33)意味着 $p_t = \alpha \bar{E}_t(n_t) + (1 - \alpha) \bar{E}_t(p_t)$。 使用式(5.47)来代替 n_t 和 p_t 的平均期望值,并进行矩阵代数运算,价格水平的等式就变成:

$$p_t = (1 - \theta) p_{t-1} + [\alpha \kappa_1 + (1 - \alpha) \kappa_2] n_t + [\theta - \alpha \kappa_1 - (1 - \alpha) \kappa_2] \bar{E}_{t-1}(n_{t-1}) \tag{5.48}$$

这验证了式(5.43)中的初始猜测,并表明 $\theta = \alpha \kappa_1 + (1 - \alpha) \kappa_2$。虽然卡尔曼收益的表达很杂乱,但我们可以证明 θ 是如下二次方程的正数解:

$$\theta^2 + \alpha \tau \theta - \alpha \tau = 0 \tag{5.49}$$

部分信息模型再次给出类似于延迟信息模型的预测。它仍然有一条向上倾斜的总供给曲线,实际刚性和信息刚性指数越大,名义需求对产出的影响就越大、越持久。图5.4是脉冲响应图,虽然产出的脉冲响应与图5.3相似,但通货膨胀的脉冲响应有一个显著的区别:它不是驼峰形的。[②] 虽然没有驼峰形不是部分信息模型的一般属性(它们与总需求的其他随机过程一起出现),但这种情况表明这两个模型在观测上并不等价。如果有足够好的数据,我们就能够区分它们。

---

① 解决部分信息模型的其他方法可参见 Amato 和 Shin(2006)的研究,他们回溯到某个日期以截断这一问题,Rondina(2008)使用维纳-柯尔莫哥洛夫(Wiener-Kolmogorov)公式进行信号提取,Kasa(2000)在频域攻克这个问题。

② 我们将 τ 值设为 0.005,使产出的脉冲响应与延迟信息模型中的相同。因此,噪声的标准差是需求冲击标准差的14倍。这个赋值是否符合现实很难说;在部分信息模型中找到一个直接的、与经验相对应的信噪比仍是一个长期挑战。

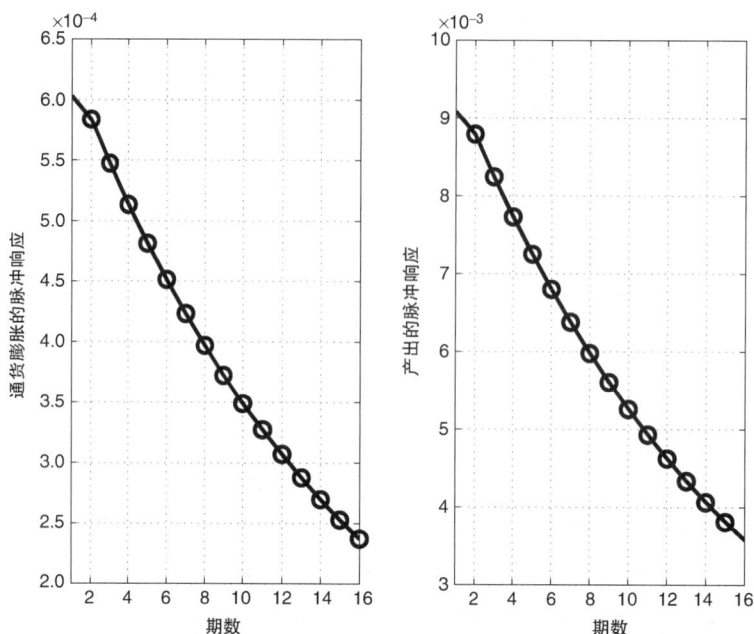

图 5.4 通货膨胀和产出对部分信息的名义需求冲击的脉冲响应

4.3 关于黏性价格的题外话

不完全信息和总供给模型的主要替代方案是黏性价格模型。事实上,在最近的许多经济周期文献中,解释价格调整的标准范式是 Calvo(1983)模型的某个版本。对这些方法的全面比较超出了本章讨论的范围,但由于我们刚刚讨论了冲击持续性,所以值得注意的是某种关于通货膨胀动态的具体比较。不同路径之间的这一特殊差异激发了关于不完全信息的最新研究,至少在其最简单的形式下是如此。

卡尔沃模型可以被看作黏性信息模型的一个特例,在这个模型中,企业为价格制订的计划必须包含针对所有日期的单个数字。因此,当一个企业选择它的计划时,它设定的价格是在计划期间的平均最优的价格。于是,在调整日期设定的最优价格就是未来所有日期的预期最优价格的加权平均数。这就导致了条件前置:预期未来条件的变化会影响今天的价格。这种前置是导致黏性价格模型存在许多实证问题的根源,Mankiw(2001)、Mankiw 和 Reis(2002)以及 Rudd 和 Whelan(2007)等都描述过。

第一个问题来自趋势性通货膨胀。给出最优调整价格的加权平均数,相对于今天的最优价格会过高,但相对于未来的最优价格则会过低。这样,即使有完全的信息,长期的总供给曲线也不会是垂直的。第二个问题是,价格和通货膨胀会随着今天获知的未来情况的信息而做出跳跃式反应。然而,在数据中,估计的通货膨胀对各类冲击的脉冲响应是非常迟缓的,且往往是驼峰形的。Ball(1994)用一种巧妙的方式解决了这个问题:如果货币主管部门今天宣布未来将通货紧缩,卡尔沃价格制定者将立即降低价格,从而带来经济活动的繁荣。

但经济合作与发展组织(简称经合组织)几乎所有的通货紧缩经验都反驳了这一预测。

对于卡尔沃模型存在的问题,人们提出了各种解决方案。比如,企业选择的不是价格,而是价格与趋势或目标价格指数的偏差。再比如,企业自动将其价格与过去的通货膨胀率挂钩。或者干脆说,有一小部分企业在制定价格时仅遵循简单的经验法则。

虽然这些对卡尔沃模型的修改解决了实证上的一些缺陷,但它们本身也有两个问题。第一个问题是,以微观数据中未观察到的方式假设企业向后看,可以发现他们实际上放弃了企业活动的微观基础。企业并没有将其价格指数化,或者这种指数化也不是源于有限的理性行为;如果目标只是符合宏观数据,那么我们不妨从一开始就遵循简化形式研究的良好传统。与此相反,不完全信息是一种具有最优前瞻性行为的理论,它并不意味着条件前置,因此它不需要这些修正以避免其反事实的含义。

Reis(2006a)强调了这些修正面临的第二个问题。黏性信息模型不仅可以解释战后美国的持续通货膨胀,而且可以解释战前的一系列不相关的通货膨胀。原因是不完全知情但追求最优化的经济主体会根据这两个时期的不同货币政策来调整他们的行为。卡尔沃模型的许多混合版本通过设置自动持续性来对抗模型的条件前置行为,但如果它们的关键参数(如自动指数化的程度或利用经验法则的经济主体的比重)确实是结构性的,且这些参数对于政策制度来说是不变的,则它们无法与不同政策制度的数据相拟合。

除卡尔沃模型外,还有另一类具有黏性价格的模型,在这类模型中,企业可以随时根据固定成本来选择是否改变其价格。这些模型有时被称为状态依存模型。这些模型与不完全信息模型的一个重要区别是所谓的选择效应的作用。在状态依存的定价模型中,只有那些当前价格与他们的最优价格相去甚远的企业才会选择调整价格。因此,当企业决定调整时,其调整幅度就会很大。这种选择效应意味着整体价格水平大幅变动的情况与许多企业根本不调整的情况可以共存而不矛盾。结果是总供给曲线非常陡峭,而货币政策的影响却非常有限且短暂。相比之下,在信息不完全的情况下,企业无法确定自己的最优价格是多少。因此,在其他条件相同的情况下,这种选择效应被缓和,总需求冲击会产生更大和更持久的影响。

尽管完全信息模型和黏性价格在拟合总体数据时存在问题,但事实仍然是经济中的大多数价格变化并不频繁。与其将黏性价格和不完全信息进行比较,更有前景的方法是开发一个将这两种方法融合起来的模型。在这一领域已经有了一些令人振奋的研究成果,我们将在第 7 节对此进行回顾。

4.4 冲击的两个来源

不完全信息模型也可以考虑许多信息来源。在这一节中,我们通过重新引入对特殊生产力 A_{it} 的冲击来说明。为了简单起见,我们回到本章 4.1 中的假设,即信息在一个时期后才被人们所共知。按照 Mankiw 和 Reis(2006)的研究路径,处理多重冲击的一种方法是仍然假设只有一个信息源。特别是,在延迟信息模型中,只有一个参数 λ,在企业获得信息后,它们同时观察到总体冲击和特殊冲击。在部分信息模型中,相应的假设是只有一个噪声信号。企业想要设定一个与其名义边际成本成比例的价格,于是它希望它的信息片段成为这个变量的单一信号。如果我们将信号限制为外生变量,那么名义边际成本的组成部分就是 $n_t - a_{it}$,如式(5.18)所示,该企业会选择观察关于它的噪声信号 z_{it}。[①]

按照本章4.1中相同的步骤,产出和价格的计算方法与式(5.31)、式(5.32)、式(5.37)及式(5.38)完全相同。关于特殊冲击的不完全信息会导致不知情的企业在价格设置上出现更多的错误,但这与总需求冲击导致的错误无关。尽管缺乏信息导致利润损失增加,但总供给曲线斜率的预测值不变。[②]

Carroll 和 Slacalek(2007)以及 Mackowiak 和 Wiederholt(2009)的研究路径下的另一种方法是假设有两个信息来源。就延迟信息模型而言,这意味着收到关于总需求信息的企业所占比例(称为 λ^n)与获得关于特殊生产力信息的企业所占比例(称为 λ^a)不同。在部分信息模型中,这两种冲击的信息精度有所不同,分别产生两种不同的信息刚性指数 τ^n 和 τ^a。

在考察这一版本的模型时,我们很容易可以发现,类似的总量均衡仍然是成立的,而正是总信息刚性(λ^n 或 τ^n)会影响总供给曲线。这种扩展的一个优点是有些公司对局部条件非常了解,但对总体条件的了解被误导。此外,由于企业关心那些取决于 $n_t - a_{it}$ 的边际成本,如果特殊冲击比总体冲击的波动性大得多,企业就会试图获得更多关于 a_{it} 而非 n_t 的准确信息。由于获得更多波动更大的特殊冲击信息所得到的好处总是大于获得更多总体冲击信息的好处,因此只要两种信息的成本相同,企业将倾向于获得更多特殊冲击的信息。[③]

允许两种信息来源的优点在于,个体价格会因受到密切监测的特殊生产力冲击而大幅波动,同时总价格会因难以观察的名义需求冲击而表现迟缓。[④] Mackowiak 和 Wiederholt(2009)以及 Nimark(2008)也强调了这一点,这与我们在微观数据中观察到的剧烈而频繁的价格变化相符。Klenow 和 Willis(2007)在微观数据中找到了支持以下观点的事实依据,即价格变化只是缓慢纳入过去的名义需求总体信息。

5. 部分信息和延迟信息模型:新的预测

除解决了有关总供给曲线斜率和经济波动的持续性等长期存在的问题之外,这两类不完全信息模型还有各种新的应用。

[①] 经济主体从内生变量(如价格)接收信号的模型更难求解,迄今为止很少有人对此进行探索,这令人感到遗憾。Angeletos 和 Werning(2006)的研究是一个例外,但他们关注的重点是均衡的唯一性。

[②] 与本章4.1中的模型相比,一个不同之处在于,现在总体冲击和特殊冲击的方差之比将影响总供给的斜率,就像 Lucas(1973)的研究中的那样。

[③] Mackowiak 和 Wiederholt(2009)使用理性疏忽方法对信息成本进行建模,得出了部分信息模型的这一结果。同样的结果也适用于采用理性疏忽微观基础的延迟信息模型,只要企业为提高两种冲击中的每一种信息的准确性而付出的成本相同。

[④] 这些模型忽略的现实特征之一是,某些变量的信息比关于其他变量的信息更容易获取和理解。

5.1 延迟信息和时变分歧

Mankiw 等(2003)强调了黏性信息模型对分歧的预测。在这个模型中,如果没有新消息,那么每个人将获得相同的信息,并对未来作出相同的预测。对于新消息的反应,一些人知晓了新消息并修改他们的预测,而其他人不知情,因此产生了分歧。随着越来越多的人获得消息,并出现了更多的新消息,于是出现了对未来有不同预测的不同群体。所以在延迟信息模型中,分歧就是一个内生变量,它与其他内生变量共同变化以应对冲击。这一预测可以利用关于人们期望的调查数据来进行检验。[①]

关于人们预期的最可靠的大数据集涉及通货膨胀预期。密歇根消费者态度和行为调查问卷(即密歇根调查)每个月向 500—700 名公众开展调查,利文斯顿调查则每年两次收集 48 位专业经济学家的预测,而专业预测者调查每季度对 34 名专业预测者进行调查。这些调查都具有长期序列性(这三项调查分别从 1946 年、1946 年和 1968 年开始),他们付出了相当大的努力,确保受访者就特定的通货膨胀度量方式提供预测。尽管在解释调查结果时需要谨慎,但这些是当前衡量分歧的最佳方法。[②]

在延迟信息模型中,分歧被定义为通胀预期的横截面标准差:

$$D_t = \sqrt{\lambda \sum_{i=0}^{\infty} (1-\lambda)^i \left[E_{t-i}(\Delta p_{t+1}) - \lambda \sum_{j=0}^{\infty} (1-\lambda)^j E_{t-j}(\Delta p_{t+1}) \right]^2} \tag{5.50}$$

取本章 4.2 的式(5.41)中价格水平的解,并再次使用待定系数法,经过几步代数运算后,这个表达式改写为:

$$D_t = \sqrt{\sum_{i=0}^{\infty} \left\{ \lambda (1-\lambda)^i \left[1 - \lambda (1-\lambda)^i \right] \sum_{k=i}^{\infty} (\varphi_k - \varphi_{k-1}) \right\} v_{t-i}^2} \tag{5.51}$$

图 5.5 绘制了分歧对总需求一个标准差冲击的脉冲响应。受到冲击后,分歧增加了将近 0.12%,最高时增加了 0.18%。Mankiw 等(2003)发现,数据显示的分歧确实与最近通货膨胀和产出的变化存在正相关关系。Coibion 和 Gorodnichenko(2008)发现了分歧与油价冲击之间存在正相关关系,但无法从统计上确定分歧和其他冲击之间存在的关系方向。最后,Branch(2007)发现黏性信息模型可以与密歇根调查中通胀预期分布的许多特征相匹配。

---

① 相比之下,虽然部分信息模型也存在分歧,但其分歧总是等于信息的外生方差。
② 强有力的证据表明,调查预期是可靠的,能带来有用的信息。Ang 等(2007)发现,通胀预期的中位数是最好的通货膨胀预测指标,其优于所有计量经济学的替代指标。Inoue 等(2009)发现家庭消费增长会对他们感知到的实际利率产生反应,他们报告的通胀预期证实了这些调查得到家庭行动的支持,而且家庭受教育程度越高,这种反应越强。

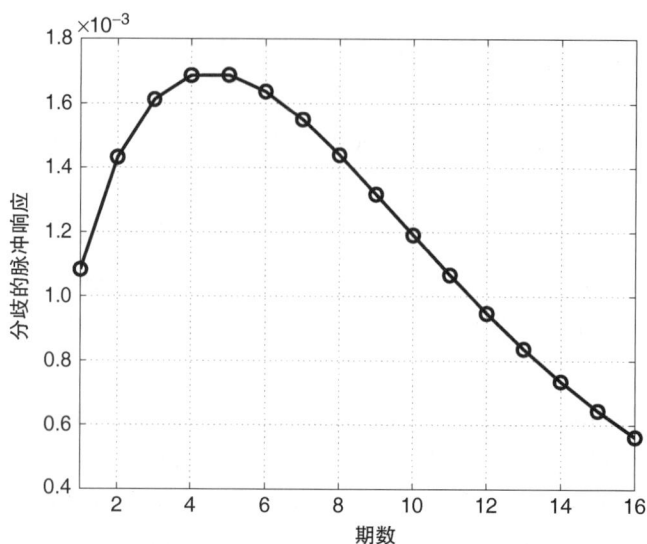

图 5.5 分歧对延迟信息的脉冲响应

Carroll(2003)采取了另一种方法,强调专业预测者(在专业预测者调查中)和普通家庭(在密歇根调查中)之间的区别。他假设专业人士拥有近乎完美的信息,而家庭拥有黏性极强的信息。他发现,正如黏性信息模型所预测的,家庭预期逐渐向专业人士预期收敛。[①]

Mankiw 等(2003)指出,该模型的预测与 20 世纪 80 年代上半叶沃尔克反通货膨胀政策下的美国表现大体一致。随着货币政策收缩、通货膨胀和产出下降,分歧大幅增加。而且,如图 5.6 所示,数据中的分歧与该模型存在惊人的一致性。值得注意的是,在一年多的时间里,通胀预期的分布从通常的钟形分布变为双峰分布,因为一些人似乎已经更新了期望,而另外一些人却没有。[②]

[①] Döpke 等(2008b)证实了该发现在法国、德国、意大利和英国成立。
[②] Dovern 等(2009)发现,在 G7 国家中,中央银行更加独立的国家在通胀和名义变量方面的分歧更少。

沃尔克通货紧缩时期带来的通胀预期
概率分布函数：消费者的预期

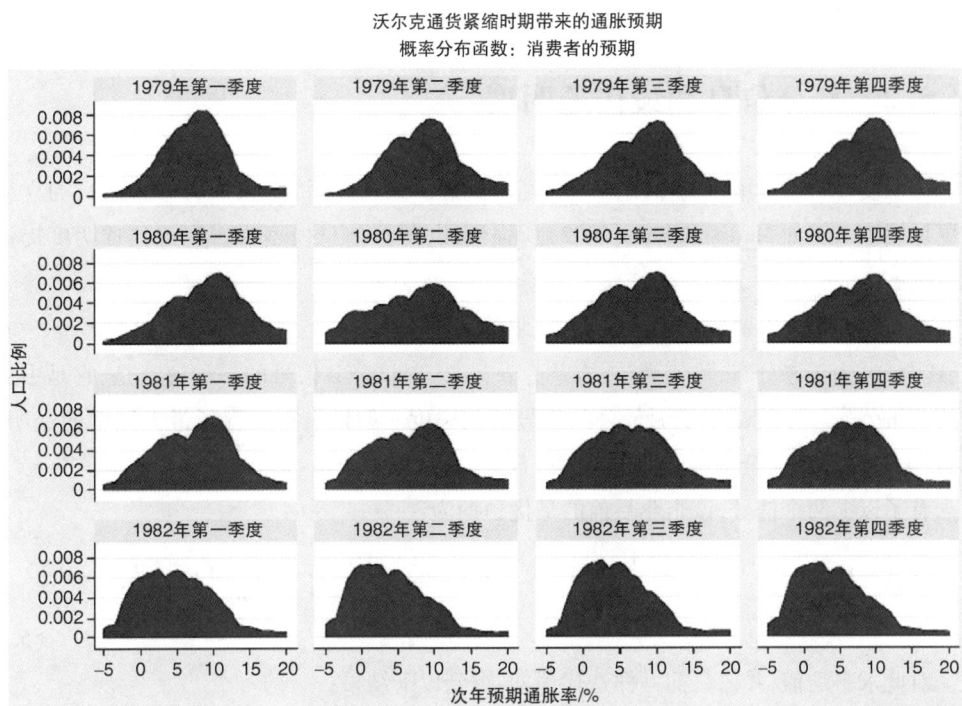

图 5.6　沃尔克时期的分歧量

注：来自 Mankiw 等（2003）的研究，已获得许可。

将 D_t 的无条件期望代入式（5.49）中，我们得到一个平均分歧量的预测值。在我们的基准参数（$\alpha = 0.2, \lambda = 0.25, \sigma = 0.01$）的情况下，预测的分歧值为 0.5%。这个预测值远低于我们在数据中观察到的分歧，这种差异至少有两个原因。首先，式（5.51）中的 D_t 忽略了其他冲击来源，尤其是总生产力冲击。其次，现实世界中存在更广泛的异质性，而不仅仅是模型所强调的信息集的差异。

其他使用调查数据的实证工作通常更普遍地支持不完全信息模型。特别是，Curtin（2009）对密歇根调查提出了新的问题，该调查询问人们对当前通货膨胀的了解程度。他发现，人们对现在的了解和对未来的预测一样不完美——世界的这一特征也许正是不完全信息模型的本质。

进一步看，不完全信息模型会面临如下困难：有时信息结构的微小变化会显著改变它们的预测。Berkelmans（2009）以及 Hellwig 和 Venkateswaran（2009）在部分信息模型中引入了类似于本章 4.2 中模型的多重冲击，并发现通货膨胀对需求冲击的脉冲响应有很大不同，这取决于通胀冲击与其他冲击的组合。另一个例子是理性疏忽的投资者对投资组合选择的不同预测，范·纽维尔伯格（van Nieuwerburgh）和维尔德坎普（Veldkamp）以及蒙德里亚（Mondria）通过可得信号规格的细微差别得出了这一点。解决这一问题的一种方法是使用直接规范信息建模的数据。关于人们期望的大量调查数据，在我们看来，如果用新颖的方式使用这些数据，则有望在将来给不完全信息模型的实证工作带来巨大希望。

此外，前述的大部分研究都试图使用总体变量数据来解释预期数据，而尝试使用预期数据来解释宏观经济变量的研究少之又少。我们预计未来这将是富有成果的研究课题。

5.2 部分信息和最佳透明度

透明度在货币政策中的作用是一个经典问题。通常,经济学家认为中央银行的立场应该更加明确。正如 Morris 和 Shin(2002)所强调的,部分信息模型为研究最佳透明度提供了新的见解。

在本章4.1的单期部分信息模型中,假设除了私人信号 z_{it},还有一个公共信号 $m_t = n_t + v_t$,其中,v_t 为正态分布,均值为零,方差为 σ^2/ω。对该公共信号的一种解释是,它是中央银行的政策公告。参数 ω 用于测量公共信号的精确度。如果央行实现了最大限度的透明,那么 $\omega \to \infty$,反之,完全不透明的央行没有任何公告,相当于 $\omega = 0$。

有了以上两个信号,该企业目前的最优预期为:

$$\hat{E}_{it}(n_t) = E_{t-1}(n_t) + \left(\frac{\tau}{1 + \tau + \omega}\right)\left[z_{it} - E_{t-1}(n_t)\right] + \left(\frac{\omega}{1 + \tau + \omega}\right)\left[m_t - E_{t-1}(n_t)\right] \tag{5.52}$$

对此求平均值,并像之前一样迭代预期,得到以下结果:

$$p_t = \left(\frac{\alpha\tau + \omega}{1 + \alpha\tau + \omega}\right)\left[n_t - E_{t-1}(n_t)\right] + \left(\frac{\omega}{1 + \alpha\tau + \omega}\right)v_t + E_{t-1}(n_t) \tag{5.53}$$

$$y_t = \left(\frac{1}{1 + \alpha\tau + \omega}\right)\left[n_t - E_{t-1}(n_t)\right] - \left(\frac{\omega}{1 + \alpha\tau + \omega}\right)v_t \tag{5.54}$$

与之前一样,当总供给曲线是非垂直的,且越平坦时,实际刚性和信息刚性就越强。公共信息带来两个效果。第一,与私人信息一样,公共信息越精确,总供给曲线越陡峭。第二,这种公共信息的冲击会马上引发价格和产出的波动。尤其是,如果央行的公告误导企业,使它们相信总需求高于实际水平 ($n > 0$),它们就会立马提高价格,导致产出下降。

通过两种渠道,信息不完全造成相对于最优福利的福利损失。首先,由于产出在完全信息情况下是不变的,对于规避风险的消费者来说,任何产出的变化都是代价高昂的。其次,由于所有的企业都是同质的,任何价格差异都反映了资源的错配。使用均衡解,对两者的衡量为:

$$\text{var}_{t-1}(y) \equiv E_{t-1}(y^2) = \frac{(1 + \omega)\ \sigma^2}{(1 + \omega + \alpha\tau)^2} \tag{5.55}$$

$$\text{var}_i(p_{it}) \equiv \int_0^1 (p_{it} - p_t)^2 \mathrm{d}i = \frac{\alpha^2\tau\sigma^2}{(1 + \omega + \alpha\tau)^2} \tag{5.56}$$

最优值可通过最大透明度获得,即 $\omega \to \infty$。在这种情况下,企业拥有完全信息。然而,这种情况的相关性可以说是很有限的,因为中央银行永远无法完全清楚或完全确定市场中的所有经济主体都将完美地处理其提供的信息。

更相关的问题是,透明度的边际提升是好还是坏?透明度的提升(更高的 ω)确定无疑地降低了价格的横截面离散度。随着企业拥有更为精确的公共信息,它们会进行更多的协调。但是更高的透明度对产出波动的影响并不明确。原因在于,有了更精确的公共信息,企业一方面决定减少对私人信息的依赖,从而削弱其披露的信息;另一方面现在企业也有可能因公共信息错误而受到波动的影响。由于策略互补性,每个企业都希望其他企业对其释放的私人信息做出更多的反应,因为这样能够汇总和揭示信息。提高透明度会加剧企业对信息的低效使用,并会潜在地降低福利。

根据决策者目标函数中产出和价格稳定性的相对权重,ω 可能介于 0 和某个正值之间,在这个范围内,提高 ω 实际上是降低了福利。虽然完全透明是全局最优,但如果公共信息的精确度有一个上限,那么透明度低于这一上限才可能是最佳的。通过选择不同的参数,Morris 和 Shin(2002)认为这种情形是有可能的,但 Svensson(2006)则认为不可能。

在我们考虑的特定总供给模型的背景下,Roca(2006)为所有参数值明确赋值。他假设社会福利的一个自然的功利主义衡量方法是 Woodford(2003)对代表性经济主体效用的二阶近似。在这种情况下,价格的横截面离散性相对于产出方差的相对权重等于 γ/α。由于不同类别之间的替代弹性是正的,即 $\gamma > 1$,简单代数运算表明,这个条件足以保证福利随着透明度的提高而增加。

除了这种特定的总供给模型外,Angeletos 和 Pavan(2007)给出了信息使用效率低下的一般特征,也提供了一组可以增加或减少福利的透明度条件。Amador 和 Weill(2008)证实了 Morris 和 Shin(2002)的结论,即假设经济主体必须区分生产力冲击和货币冲击,并使用市场中的价格分布来学习,在这种情况下透明度是有害的。Reis(2010)研究了政策制定者发布信息的最佳时机,探索应该提前多长时间(如果需要提前的话)来宣布政策变化。

从这些文献中我们得出一个看起来稳健的结论:透明度的提高可能会降低人们依赖并由此披露私人信息的动力。然而,这种行为对福利的影响更为模糊,这些影响取决于模型的细节。这些文献已经成功地证明,提高透明度的理由并不像十年前那样明确。希望未来的研究能够利用这些工具和见解更好地理解当局希望如何与公众沟通,这是经济学中的长期问题。

6. 不完全信息的微观基础

到目前为止,我们已经讨论了在不完全信息的假设条件下的两种总供给模型,但我们没有解决一个更为基本的问题:为什么信息是不完全的? 由 Reis(2006a,2006b)提出的疏忽理论已被用来证明延迟信息的存在,而由 Sims(2003)提出的理性疏忽理论已经被用来证明为什么企业只拥有部分信息。

6.1　疏忽

一个企业若要设定一个反映当前经济状况的价格,就至少需要承担三种成本。首先,就获得与信息相关的所有数据而言,获取信息是有成本的;其次,就解释所有这些信息并将其转化为价格决策所需的充分统计数据而言,消化信息是有成本的;最后,从计算充分的统计数据到最优价格行为的映射关系的意义上,处理信息也是有成本的。获取信息的成本很小,并且在这个信息时代已经下降了,但是消化和处理信息的成本很高,甚至可以说比过去高得多。在 Reis(2006a)的研究中,这些不同的成本被建模为一种固定成本,企业要想获得信息并对此专注,就必须支付这种成本。如果不支付这种成本,企业就会依然保持疏忽,按照预定的计划行事,尽管在当前情况下并不是最优的。[①]

计划成本用固定金额 k 表示,价值为 $V(n_t)$ 的企业在 t 期刚刚获得随机游走的需求冲击信息,那么该问题的贝尔曼方程就是:

$$V_i(n_t) = \max_d E_t\left\{ \sum_{s=0}^{d-1} \beta^t \max_{p_{i,t+s}} [X_i(p_{i,t+s}, \cdot)] - \beta^d k + \beta^d V_i(n_{t+d}) \right\} \tag{5.57}$$

其中 d 是信息获取之间的时间段数量。解决方案将是一个函数 $d(n_t)$,因此价格调整依赖于时间,因为它不依赖于调整之日的经济状况,然而它是递归状态依赖的,取决于上一个调整日期的经济状况。[②] 原则上,这个结果应该可以区分疏忽模型和部分信息模型。通过考察是否依赖于今天的新消息而调整计划的企业比例能够检测疏忽模型。但是,由于调整者的比例取决于过去的经济状况,而且大多数相关变量非常持久,因此在实践中这些考察几乎没有什么意义。

这个问题可以用数值来求解,但为了获得解析解,我们做了三重简化。第一,我们使用利润函数的二次对数近似值。这是确定性等价近似,它意味着 $X(p_{i,t+s}) = -\varXi(p_{i,t+s} - p_{i,t+s}^*)^2$,其中 $\varXi$ 是一个标量,且最大化的内部解为 $p_{i,t+s} = E_t(p_{i,t+s}^*)$。第二,我们忽略了 d 必须是整数的事实,继续求导并且求解方程,就好像 d 可以是实数。这个近似值也是合情合理的。使用量子微积分,我们可以省去这个假设并获得相似的结果。第三,我们通过只关注 $\alpha = 1$ 来忽略策略条件。[③]

解决问题的第一步是要认识到使用这些假设意味着:

$$E_t\left\{ \sum_{s=0}^{d-1} \beta^t \max_{p_{i,t+s}} [X_i(p_{i,t+s}, \cdot)] \right\} = \sigma^2 \varXi \left[\frac{1 - d\beta^{d-1} + (d-1)\beta^d}{(1-\beta)^2} \right] \tag{5.58}$$

(在企业制订价格计划时的)预期利润不取决于总需求状况。因此,在这些特殊条件下,价值函数是一个常数,最优疏忽不取决于 n_t。然后从式(5.57)可以得出,最优条件意味着 d^* 最大化:

$$\frac{-\sigma^2 \varXi[1 - d\beta^{d-1} + (d-1)\beta^d] - (1-\beta)^2 \beta^d k}{1 - \beta^d} \tag{5.59}$$

使用隐函数定理很容易证明存在唯一的正的 d^*,阶数为 $\sqrt{k}$,它随着 k 的增加而增加,并

---

① 假设完全疏忽或完全不疏忽都是极端的,但这一假设可以被放宽。例如,该模型可以被扩展为允许企业在疏忽时观察到一些信息。

② 是时间依存还是状态依存这一问题很重要,因为后者具有选择效应,大大降低了名义冲击的实际影响(Caballero and Engel, 2007;Golosov and Lucas, 2007)。

③ Reis(2006a)提供了两种选择方案:一是通过将问题设置为连续时间并假设一个等弹性利润函数,以得到精确的解析解;另一种是使用微扰动理论得到问题的一般近似解。

随着 σ^2 的下降而减少。因此,疏忽是一阶的,计划成本是二阶的。计划成本越高,疏忽程度越高;经济越动荡,疏忽程度越会下降。

黏性信息模型假设信息以泊松过程的形式被获知,这意味着不知情的价格制定者呈指数分布,然而这个假设更难证明。Reis(2006a)提供了其成立的一些条件,但它们相当严格。[1] Carroll(2006)提出了一个替代方案,认为信息在人群中会像病毒一样传播,信息的到达率与病毒感染率有相似之处。然而,这个想法尚未被正式化。

6.2　理性疏忽

在本手册的第四章,西姆斯详细回顾了理性疏忽理论,所以在这里我们只讨论它与总供给的部分信息模型的联系。我们首先简要介绍理性疏忽的两个关键概念。

第一个概念是熵。对于具有概率密度函数 $f(n_t)$ 的实数变量 n_t,其熵是:

$$H(n_t) = -\int f(n_t)\ln(f(n_t))\,\mathrm{d}n_t \tag{5.60}$$

熵类似于方差,因为它衡量不确定性,是非负的;如果 n_t 是确定的,则熵为零。[2] 第二个概念是互信息,定义为:

$$I(n_t; z_{it}) = H(n_t) - H(n_t \| z_{it}) \tag{5.61}$$

因此,信号 z_{it} 关于变量 n_t 的信息是熵的减少,这是由于 n_t 在 z_{it} 上具有条件分布,而不是 n_t 的无条件分布。

定价企业的理性疏忽问题包括在它要处理的信息量的约束下选择信号以实现利润最大化:

$$\max_{f}(n_t \| z_{it})\left[\max_{p_{it}} X(p_{it}, n_t)\right] \text{满足 } I(n_t; z_{it}) \leqslant k \tag{5.62}$$

虽然这看起来像一个标准的约束最大化,但有几个特性使得这一问题变得独特。第一,请注意选择变量是一个条件概率密度函数,而不是标量。换一种说法是,信号是 $z_{it} = n_t + \varepsilon_{it}$,我们选择 ε_{it} 的分布。第二,问题结构中没有任何东西可以保证结果是已知的分布,或者甚至有着平滑的密度。[3] 第三,约束条件是存在一个有限的固定容量 k,因此即使这样做的收益非常大,企业也无法耗费更多的资源(例如更多的经理或顾问)来获得更多的容量。第四,请注意这不是一个跨期问题(与疏忽理论不同),因为它假设企业不能跨期交易容量。在理性疏忽理论中,经济主体只能在每个时期观察市场上的一些信号,而不能选择在某些时候给予

---

[1] Dupor 和 Tsuruga(2005)检验了一个黏性信息模型的预测,在该模型中,所有企业在相同的时间 N 内都是疏忽的,并且它们的调整日期完全错开,因此疏忽分布是均匀的。结果证明,这个模型和更标准的模型之间的比较取决于这两个模型是如何校准的。如果调整时疏忽的平均持续时间对于两个模型来说是相同的($N = 1/\lambda$),那么需求冲击在均匀分布下的持久性比指数分布下的更低。但是,如果相反,在任何时刻,经济体内计划的平均时长都被设定为相同的,即 $0.5(N+1) = 1/\lambda$,那么这两个模型会产生相似的动态。Dixon 和 Kara(2006)认为后者是更好的校准。

[2] 熵有一些吸引人的特性,包括它与信息概念、数据压缩和描述复杂性之间的联系(Cover and Thomas,1991),然而它作为风险的衡量标准也受到了强烈的批评(Aumann and Serrano,2008)。

[3] 事实上,Matejka(2008)发现理性疏忽问题通常具有质点分布的不连续解。

更多的关注。[①]

由于这是一个棘手的问题,相关文献探索了三种方法来解决它。第一种是用数值方法解决问题(Sims,2006)。这项工作仍处于起步阶段,因为它所需的数值工具不在经济学家的标准工具包中。[②]

第二种方法是将一组可接收的信号分布限制为已知分布。特别是,通常假定信号必须是正态分布的,这样就能把函数问题简化为选择单个参数,即噪声方差的问题。[③] 尤其是,利用式(5.60)和式(5.61)中互信息的定义和正态分布的密度,通过几步代数运算就可看出信息约束转变成了对信号精确度的约束:

$$0.5\ln(1 + \tau) \leqslant k \tag{5.63}$$

因为更精确的信号会提高预期利润,所以很明显这个约束总是绑定在最优值上。因此,式(5.63)变为一个等式,作为信息容量 k 的单调函数,它给出了信号 τ 的最优精确度。具有更高信息容量的企业拥有更精确的信号。

第三种方法是求解利润函数在某些特殊情况下的最优分布。一个自然而简单的情况是,当利润函数是二次函数时,即 $X(n_{i+s}) = -\varXi(p_{i,t+s} - p_{i,t+s}^*)^2$,名义收入呈正态分布。在这种情况下,可以证明误差的最优分布函数也是正态分布的。这是唯一可以得出精确解析解的情况。

7. 研究前沿

关于不完全信息对总供给和总需求的影响,还有许多其他最新研究。在本节中,我们将回顾这方面的进展。

7.1 融合不完全信息和黏性价格

当人们观察许多商品的价格路径时,有三个特点尤为突出。[④] 第一,价格一直在变化,平均每3—4个月就会变化一次。第二,这些变化中有许多遵循了简单算法就可推导出的预定模式,实际重新设定价格以反映新信息的调整每年不到一次。[⑤] 第三,在价格随时间变化的图表中,有许多水平线段反映了名义价格不变时的短暂时间间隔。

前两个特征符合不完全信息模型,尤其是黏性信息模型的预测。一些研究人员所称的

---

① Moscarini(2004)的研究是个例外,他在选择观察连续得到信息的离散日期方面阐释了一个理性疏忽问题。
② 关于理性疏忽模型数值解的最新进展,请参见 Matejka(2008)、Lewis(2009)以及 Tutino(2009)的研究。
③ 这是一个初步结果,即信号将是无偏差的,因为均值变化对熵没有影响,而企业也不会从任何此类偏差中受益。
④ 参见本手册第六章(Klenow and Malin,2010),以及 Eichenbaum 等(2008)的最新研究。
⑤ 每年一次的调整与 Blinder 等(1998)的调查反馈相吻合,这表明也许企业经理是对其调整价格计划的频率做出反应,而不是对调整实际价格做出反应。这是合理的,因为许多预先确定的变化看起来像是促销模式。

可预测的"促销"的流行恰恰符合此模型中的价格计划,正如 Klenow 和 Willis(2007)所发现的那样,这些计划只是慢慢整合了可用信息。第三个特征有点令人费解,因为我们不清楚为什么预定计划在一段时间内会包含完全相同的价格。有学者尝试用不完全信息来解释这些价格的普遍性,但更常见的解释是,除了信息成本外还存在改变价格的实物成本,导致黏性价格出现。[①]

Bonomo 和 Carvalho(2004)假设价格计划变动的成本包括信息成本和实物成本。当企业更新它们的信息时,它们被迫选择一个已确定单一价格的计划,这与黏性信息模型中的时变计划不同。在一个稳态环境中,结果就是价格调整的卡尔沃模型,该模型在这里是作为黏性信息的一个特例推导出来的。对卡尔沃模型的这种信息解释的优点在于,它导致了价格调整频率的内生选择,这与本章 6.1 中的疏忽理论类似。

Dupor 等(2010)采用了另一种方法,他们将黏性信息与卡尔沃价格调整模型相结合。假设每个时期、每个企业都有随机更新其信息的机会(如黏性信息模型),而独立的随机事件则决定企业是否可以重置价格(如卡尔沃模型)。他们发现这个模型在实证中优于 Galí 和 Gertler(1999)等提出的混合菲利普斯曲线。其他人则将部分信息模型与卡尔沃模型融合,特别是 Morris 等(2008)以及 Angeletos 和 La'O(2009a)。Nimark(2008)的研究结果与 Dupor 等(2010)的相似,而 Morris 和 Shin(2006)以及 Angeletos 和 La'O(2009a)则侧重于前瞻性预期的惯性和高阶信念的动态。

另一项分支工作如同状态依存型定价(state-dependent pricing,简称 SDP)模型一样,将不完全信息与价格变动固定成本结合起来。Knotek(2006)基于黏性信息模型做了这项研究。他发现,该模型很好地拟合了微观价格数据,同时也保留了黏性信息模型中对总供给的大部分预测。Gorodnichenko(2008)研究了一个包含部分信息的状态依存型定价模型。他强调价格变化带来的正外部性:当一家公司选择调整其价格时,它会将一些私人信息披露给其他企业。

Woodford(2009)提出了整合这些不同模型的另一种方法。他假设企业可以在离散的时间支付固定的信息成本以进行价格回顾。在这么做时企业会获得当时经济状况的完全信息,就像在延迟信息模型中一样。与此同时,他假设在这些调整日期之间,企业像在部分信息模型中那样获得信号。信息更新的成本是固定的,类似于疏忽理论,而信号的信息量如同理性疏忽理论一样由容量有限的信道决定。一个额外的假设是日历日期也是一种成本不菲的信息,因此价格计划必须包含单一数字,Woodford(2009)表明,这个模型将状态依存型定价模型一般化了。在信道容量无限的情况下,该模型与传统的状态依存型定价模型完全相同;而当信道容量为零时,该模型与卡尔沃模型结构相同。对于中间水平,该模型再现了 Caballero 和 Engel(1999)的广义状态空间模型(state space model,即 Ss 模型)。

---

① Matejka(2008)表明,来自特定的理性疏忽问题的信号的最佳分布具有点质量,因此可以选择一组离散的信号和价格。Bergen 等(2008)证明,价格上涨的趋势往往很小,而下跌的趋势往往很大,这在排除其他解释后得出了支持基于信息理论分析的结论。Knotek(2008)发现,在交易必须快速完成的地方,"方便"价格更有可能出现(译者注:"方便"价格是指某些价格特别高或特别低的商品,在制定零售价时有意取一个整数,便于找零。这同时也能起到加深消费者对商品印象的作用或强化商品形象的作用)。

7.2 信息调整频率的异质性

Haltiwanger 和 Waldman(1989)研究了下述模型的均衡特性,其中一些经济主体消息灵通,因此能够对冲击做出反应,而另一些经济主体则不能。他们表明,由于策略互补性很强,无反应者会对均衡产生不成比例的影响。直观地说,知情企业希望它们的价格接近那些没有调整的价格,所以均衡状态最终会模仿信息缺乏的不知情者。这在极限条件中更为清楚:当 $\alpha \to 0$ 时,企业希望它们的价格等于总价格水平,因此即使只有一小部分企业不知道当前冲击的信息,均衡中也不会有企业对冲击做出反应。

Carvalho 和 Schwartzman(2008)提出了一个包含多个行业的黏性信息模型,其中各行业的信息调整频率不尽相同。他们的重要发现是,与平均信息调整频率相同的单一部门经济相比,这种经济中的需求冲击更为持久。由于策略互补性,调整较少的行业对总体动态产生不成比例的影响,因为其他行业希望其价格保持在接近它们的水平。①

7.3 不完全信息的最优政策

Ball 等(2005)研究了简单黏性信息经济中的最优货币政策,并认为价格目标要优于通胀目标。由于企业选择价格计划并希望将预测误差降到最低,所以价格目标主导着通货膨胀目标。也就是说,基准浮动的成本是相当高昂的。最优策略有一个弹性价格标准:价格水平有一个确定的目标,当预期产出偏离其完全信息水平时,中央银行也会偏离这个目标。

Jinnai(2006)以及 Branch 等(2009)研究了政策选择如何影响信息更新的最佳频率。结果表明,相对于产出,如果中央银行更加关注通货膨胀,企业的预测问题就会变得更加容易解决。因此,该政策最终会降低产出的方差以及通货膨胀的方差。这种机制部分解释了"大缓和",它可以利用通胀波动和经济周期的历史变化来测试疏忽模型,并为未来的研究提供一条富有成效的途径。

Reis(2009a)在具有普遍黏性信息的中型模型中描述了最优策略规则。相对于刚性的经济主体行为模型,比如消费者习惯、企业黏性价格、工人黏性工资、投资者调整成本等,黏性信息导致市场主体在更大程度上关注稳定的实体活动。无论从产出相对于通货膨胀的最优方差还是从最优策略规则的系数来看,情况都是如此。

与我们在本章4.2中介绍的模型类似,Adam(2007)研究了一个简单的部分信息经济中的最优货币政策。他表明,为应对持续冲击,政策应着眼于在短期内稳定产出缺口,并重点关注中期价格水平的稳定。Adam(2009)表明,与完全信息模型相比,在部分信息模型中,自由裁量政策的成本要比承诺的成本高得多。他也证实了 Branch 等(2009)早先在部分信息模型中所描述的结果:对价格稳定性的更多关注会降低通货膨胀和产出的方差。Lorenzoni

---

① Carvalho(2006)在卡尔沃黏性价格模型中提出了同样的观点,中村(Nakamura)和斯坦森(Steinsson)讨论了菜单成本模型中异质性和策略互补性之间的相互作用。

（2010）将最优货币政策的分析扩展到所有定价者都能获得关于生产力的共同信号的情况（类似于本章 6.2 中的政策公告）。

最后，Angeletos 和 Pavan（2007，2009）提供了一个更为普遍但也更抽象的效率特征和不完全信息的最优策略。他们关注市场主体使用信息时强加给其他人的外部性。Angeletos 和 La'O（2008）描述了部分信息经济中一个商业周期内的最优财政和货币政策。

7.4　不完全信息的其他选择

不完全信息模型研究的复兴并没有局限于对企业定价决策的研究。与此同时，更多文献涌现出来，它们往往都是来自同一个作者，且包含了非常相似的观点，但适用于经济学中的不同问题。①

Mankiw 和 Reis（2003）以及 Koenig（2004）通过分析工人设定工资的黏性信息来解释失业。Carroll 等（2008）和 Luo（2008）分别关注具有黏性和部分信息的消费选择。Reis（2006b）研究了消费者的疏忽模型，而 Tutino（2009）和 Lewis（2007）将理性疏忽模型扩展到分析消费者的动态决策。Angeletos 和 Pavan（2004）研究了实际投资决策。

一系列成果丰富的研究将疏忽模型应用于投资组合选择。Gabaix 和 Laibson（2001）强调了延迟信息在解释股权溢价方面的可能性。Abel 等（2007）在 Duffie 和 Sun（1990）以及 Reis（2006b）研究的基础上提出了一个具有微观基础的延迟调整的疏忽模型，并揭示了延迟调整对投资组合选择和资产价格的影响。Abel 等（2009）将延迟信息与交易成本结合在一起，得出了一个引人瞩目的结果：消费者的行为会随着时间的推移而趋于以恒定的疏忽间隔进行调整，就像交易成本不存在一样。Huang 和 Liu（2007）研究了理性疏忽下的投资组合选择。

Lorenzoni（2009）的一个重要贡献是将不完全信息的重点从需求转移到供给冲击。他证明了关于生产力的共同信号可以产生类似于由需求冲击引起的经济周期。Angeletos 和 La'O（2009b）研究了包括偏好、生产力和期望利润等冲击的部分信息模型。La'O（2009）将部分信息模型应用于金融合约中。

最后，在开放经济的文献中，Bacchetta 和 van Wincoop（2006）研究了一个简单的货币市场交易者的部分信息模型，并表明这可以解释汇率和经济基本面之间令人困惑的一些脱节。Crucini 等（2008）使用延迟信息模型解释了总体和行业层面的波动与持续的实际汇率波动。Bacchetta 和 van Wincoop（2010）发现，延迟信息模型可以解释远期贴水难题。

7.5　不完全信息的 DSGE 模型

在本手册第七章，克里斯蒂亚诺（Christiano）、特拉班特（Trabandt）以及瓦伦丁（Walentin）对动态随机一般均衡（dynamic stochastic general equilibrium，简称 DSGE）模型进行了研究，其已经成为学术界和中央银行研究人员之间交叉的活跃领域。最近出现了第一个

---

① Veldkamp（2009）综述了在金融领域平行开展的一项活跃研究。

具有不完全信息的 DSGE 模型,它将是未来研究工作的一个重要领域。

在一系列论文中,Mankiw 和 Reis(2006,2007)以及 Reis(2009a,2009b)提出了第一个在所有市场都有黏性信息的 DSGE 模型。[1] 在他们的模型中,企业确定价格时,家庭选择消费时,以及工人确定保留工资时,都会出现疏忽。他们使用欧元区和美国的数据进行估计,结果表明黏性信息普遍存在于所有这些市场中。他们的研究还为解决具有黏性信息的大中型模型和评估似然函数贡献了算法。[2]

Mackowiak 和 Wiederholt(2010)提出了一个带有部分信息的 DSGE 模型。他们表明,疏忽行为的效用和利润损失很小,即使总体动态与完全信息替代方案显著不同。此外,通过允许不同冲击和不同信号,如本章 4.3 中所述,他们发现这些个体损失明显小于标准黏性价格模型中的相应损失。

上述模型仍然需要简化以使信息异质性易于处理。特别是,在卖方和买方都疏忽的市场中,我们通常很难定义均衡。这将成为一个活跃的研究领域。[3]

8. 结论

自经济周期理论诞生以来,经济学家就一直在努力解决一个首要问题:导致经济在短期内偏离充分就业和资源优化配置的不完全市场(如果存在的话)的本质是什么? 或者,从本科水平宏观经济学的角度来更具体、更平淡地提出这个问题:什么样的摩擦会导致短期总供给曲线向上倾斜而不是垂直,从而使总需求在解释经济波动的过程中能够发挥作用? 本章回顾的文献的主题是,我们可以在经济条件的自然不确定性以及人们在获取和处理信息方面固有的局限性中找到答案。

这里描述的模型建立在传统的宏观经济学基础之上。约翰·梅纳德·凯恩斯(John Maynard Keynes)在他 1936 年的经典著作《就业、利息与货币通论》中强调了巨大的不确定性是经济生活的一个关键事实,他著名的"选美比赛"寓言与我们之前描述的公共信息问题密切相关。同样,在 1968 年的美国经济学会主席讲话中,米尔顿·弗里德曼(Milton Friedman)强调,一些行为主体未能正确地认识货币状况,这解释了短期菲利普斯曲线——这个主题贯穿了本章所研究的模型。

这些模型也与宏观经济研究中的最新主题相关联。这里研究的模型都是用经济学家在 20 世纪 70 年代的理性预期革命期间发展出的数学工具来解决的。但是与早期理性预期理

---

[1] 此前,Trabandt(2004)、Andres 等(2005)、Kiley(2007)、Laforte(2007)以及 Korenok 和 Swanson(2005,2007)曾只针对企业方面的黏性信息做过一些尝试。Mankiw 和 Reis(2006)批评了这些研究,并认为黏性信息应该普遍存在于所有市场。这不仅是基于方法论的一致性,更重要的是,这种普遍黏性在实证上有助于拟合美国数据。

[2] Meyer-Gohde(2010)对这些算法做了大幅改进,他的开源程序使得黏性信息模型的求解就像传统的理性预期模型一样容易。

[3] Reis(2009b)讨论了一般均衡中的微观黏性信息这一开放性问题。

论相比,这些模型通常假设经济主体依据更为有限的信息集作出决策。近年来,随着行为经济学的发展,这种强调人类认知不完美的有限信息假设更有说服力。

尽管建立在悠久的传统之上,但关于不完全信息和总供给模型的研究仍处于起步阶段。毫无疑问,近年来已经取得了很大进展,我们希望本章能够让读者对这些研究有所了解,并指明哪里能够了解更多信息。这一方向的研究也提出了许多有关宏观理论、经验和政策的有吸引力的开放性问题。我们预计在未来几年它将是一个富有成果的研究领域。

参考文献

Abel, A. , Eberly, J. , Panageas, S. , 2007. Optimal inattention to the stock market. Am. Econ. Rev. 97 (2),244-249.

Abel, A. , Eberly, J. , Panageas, S. , 2009. Optimal inattention to the stock market with information costs and transactions costs. NBER Working Paper 15010.

Adam, K. , 2007. Optimal monetary policy with imperfect common knowledge. J. Monetary Econ. 54 (2),276-301.

Adam, K. , 2009. Monetary policy and aggregate volatility. J. Monetary Econ. 56 (S1), S1-S18.

Akerlof, G. A. , 2002. Behavioral macroeconomics and macroeconomic behavior. Am. Econ. Rev. 92 (3),411-433.

Akerlof, G. A. , Yellen, J. L. , 1985. A near-rational model of the business cycle, with wage and price inertia. Quarterly Journal of Economics 100 (5), 823-838.

Amador, M. , Weill, P. O. , 2008. Learning from private and public observations of others' actions. Manuscript.

Amato, J. D. , Shin, H. S. , 2006. Imperfect common knowledge and the information value of prices. Econ. Theory 27, 213-241.

Andre's, J. , Nelson, E. , Lo'pez-Salido, D. , 2005. Sticky-price models and the natural rate hypothesis. J. Monetary Econ. 52 (5), 1025-1053.

Ang, A. , Bekaert, G. , Wei, M. , 2007. Do macro variables, asset markets or surveys forecast inflation better?. J. Monetary Econ. 54, 1121-1163.

Angeletos, G. M. , La'O, J. , 2008. Dispersed information over the business cycle: Optimal fiscal and monetary policy. Manuscript.

Angeletos, G. M. , La'O, J. , 2009a. Incomplete information, higher-order beliefs, and price inertia. J. Monetary Econ. 56 (S1), S19-S37.

Angeletos, G. M. , La'O, J. , 2009b. Noisy business cycles. NBER Macroeconomics Annual 24, 319-378.

Angeletos, G. M. , Pavan, A. , 2004. Transparency of information and coordination in economies with investment complementarities. Am. Econ. Rev. 94 (2), 91-98.

Angeletos, G. M., Pavan, A., 2007. Efficient use of information and social value of information. Econometrica 75 (4), 1103-1142.

Angeletos, G. M., Pavan, A., 2009. Policy with dispersed information. Journal of the European Economic Association 7 (1), 11-60.

Angeletos, G. M., Werning, I., 2006. Crises and prices: Information aggregation, multiplicity and volatility. Am. Econ. Rev. 96 (5), 1720-1736.

Aumann, R. J., Serrano, R., 2008. An economic index of riskiness. J. Polit. Econ. 116 (5), 810-836.

Bacchetta, P., van Wincoop, E., 2006. Can information heterogeneity explain the exchange rate determination puzzle?. Am. Econ. Rev. 96 (3), 552-576.

Bacchetta, P., van Wincoop, E., 2010. Infrequent portfolio decisions: A solution to the forward discount puzzle. Am. Econ. Rev. 100 (3), 870-904.

Ball, L., 1994. Credible Disinflation with Staggered Price Setting. Am. Econ. Rev., 84, 282-289.

Ball, L., Mankiw, N. G., Reis, R., 2005. Monetary policy for inattentive economies. J. Monetary Econ. 52(4), 703-725.

Ball, L., Romer, D., 1989. The equilibrium and optimal timing of price changes. Review of Economic Studies 56 (2), 179-198.

Ball, L., Romer, D., 1990. Real rigidities and the non-neutrality of money. Review of Economic Studies 57 (2), 183-203.

Barro, R. J., 1977. Unanticipated money growth and unemployment in the United States. Am. Econ. Rev. 67 (2), 101-115.

Basu, S., Fernald, J. G., 1997. Returns to scale in U. S. production: Estimates and implications. J. Polit. Econ. 105 (2), 249-283.

Bergen, M., Chen, A., Ray, S., Levy, D., 2008. Asymmetric price adjustment in the small. J. Monetary Econ. 55, 728-737.

Berkelmans, L., 2009. Imperfect information and monetary models: Multiple shocks and their consequences. Manuscript.

Blanchard, O., Kiyotaki, N., 1987. Monopolistic competition and the effects of aggregate demand. Am. Econ. Rev. 77 (4), 647-666.

Blinder, A. S., Canetti, E., Lebow, D., Rudd, J., 1998. Asking about prices: A new approach to understanding price stickiness. Russell Sage Foundation, New York.

Bonomo, M., Carvalho, C., 2004. Endogenous time-dependent rules and inflation inertia. Journal of Money, Credit and Banking 36 (6), 1015-1041.

Bonomo, M., Carvalho, C., Imperfectly-credible disinflation under endogenous time-dependent pricing. Journal of Money, Credit and Banking (in press).

Branch, W., 2007. Sticky information and model uncertainty in survey data on inflation expectations. Journal of Economic Dynamics and Control 31 (1), 245-276.

Branch, W. A., Carlson, J., Evans, G., McGough, B., 2009. Monetary policy, endogenous inattention, and the volatility trade-off. Econ. J. 119, 123-157.

Broda, C., Weinstein, D. E., 2006. Globalization and the gains from variety. Quarterly Journal of Economics 121 (4), 541-585.

Caballero, R. J., Engel, E. M. R. A., 1999. Explaining investment dynamics in U. S. manufacturing: A generalized (S,s) approach. Econometrica 67 (4), 783-826.

Caballero, R. J., Engel, E. M. R. A., 2007. Price stickiness in Ss models: New interpretations of old results. J. Monetary Econ. 54 (S1), 100-121.

Calvo, G., 1983. Staggered prices in a utility-maximizing framework. J. Monetary Econ. 12, 383-398.

Carroll, C. D., 2003. Macroeconomic expectations of households and professional forecasters. Quarterly Journal of Economics 118 (1), 269-298.

Carroll, C. D., Slacalek, J., 2007. Sticky expectations and consumption dynamics. Johns Hopkins University Manuscript.

Carroll, C. D., Slacalek, J., Sommer, M., 2008. International evidence on sticky consumption growth. NBER Working Paper 13876.

Carvalho, C. V., 2006. Heterogeneity in price stickiness and the real effects of monetary shocks. B. E. Journals:Frontiers of Macroeconomics 2 (1).

Carvalho, C. V., Schwartzman, F., 2008. Heterogeneous price-setting behavior and aggregate dynamics: Some general results. Manuscript.

Chari, V. V., Kehoe, P. J., McGrattan, E. R., 2000. Sticky price models of the business cycle: Can the contract multiplier solve the persistence problem? Econometrica 68 (5), 1151-1180.

Chetty, R., 2009. Bounds on elasticities with optimization frictions: A synthesis of micro and macro evidence on labor supply. NBER Working Paper 15616.

Christiano, L., Trabandt, M., Walentin, K., 2010. DSGE Models for Monetary Policy Analysis. In: Friedman, B. M., Woodford, M. (Eds.), Handbook of Monetary Economics 3A, Elsevier/North-Holland, Amsterdam (Chapter 7).

Coibion, O., 2006. Inflation inertia in sticky information models. B. E. Journals: Contributions to Macroeconomics 6 (1).

Coibion, O., Gorodnichenko, Y., 2008. What can survey forecasts tell us about informational rigidities. NBER Working Paper 14586.

Cooper, R., John, A., 1988. Coordinating coordination failures in Keynesian Models.

Quarterly Journalof Economics 103 (3), 441-463.

Cover, T., Thomas, J., 1991. Elements of information theory. John Wiley and Sons, New York.

Crucini, M. J., Shintani, M., Tsuruga, T., 2008. Accounting for persistence and volatility of good-level real exchange rates: The role of sticky information. NBER Working Papers 14381.

Curtin, R., 2009. Sticky information and inflation targeting: How people obtain accurate information about inflation. Manuscript.

Dixon, H., Kara, E., 2006. How to compare Taylor and Calvo contracts: A comment on Michael Kiley. Journal of Money, Credit and Banking 38 (4), 1119-1126.

Döpke, J., Dovern, J., Fritsche, U., Slacaleck, J., 2008a. Sticky information Phillips Curves: European evidence. Journal of Money, Credit and Banking 40 (7), 1513-1520.

Döpke, J., Dovern, J., Fritsche, U., Slacalek, J., 2008b. The dynamics of European inflation expectations. B. E. Journals: Topics in Macroeconomics 8 (1).

Dotsey, M., King, R. G., 2005. Implications of state-dependent pricing for dynamic macroeconomic models. J. Monetary Econ. 52 (1), 213-242.

Dovern, J., Fritsche, U., Slacaleck, J., 2009. Disagreement among forecasters in G7 countries. Manuscript.

Dupor, B., Tsuruga, T., 2005. Sticky information: The impact of different information updating decisions. Journal of Money, Credit and Banking 37 (6), 1143-1152.

Dupor, B., Kitamura, T., Tsuruga, T., 2010. Integrating sticky information and sticky prices. Rev. Econ. Stat. 92 (3), 657-669.

Duffie, D., Sun, T. S., 1990. Transaction costs and portfolio choice in a discrete-continuous-time setting. Journal of Economic Dynamics and Control 14 (1), 35-51.

Eichenbaum, M., Jaimovich, N., Rebelo, S. T., 2008. Reference prices and nominal rigidities. NBER Working Paper 13829.

Friedman, B., Kuttner, K., 2010. Implementation of monetary policy: How do central banks set interest rates?. In: Friedman, B. M., Woodford, M. (Eds.), Handbook of monetary economics. 3B, Elsevier/North-Holland, Amsterdam (Chapter 24).

Friedman, M., 1968. The role of monetary policy. Am. Econ. Rev. 58 (1), 1-17.

Gabaix, X., Laibson, D., 2001. The 6D bias and the equity premium puzzle. NBER Macroeconomics Annual 16, 257-312.

Gali, J., 2008. Monetary policy, inflation, and the business cycle: An introduction to the New Keynesian framework. Princeton University Press, Princeton, NJ.

Gali, J., Gertler, M., 1999. Inflation dynamics: A structural econometric analysis. J. Monetary Econ. 44(2), 195-222.

Golosov, M., Lucas, R. E., 2007. Menu costs and Phillips Curves. J. Polit. Econ. 115

（2），171-199.

Gorodnichenko, Y. , 2008. Endogenous information, menu costs and inflation persistence. NBER, Working Paper 14184.

Hall, R. E. , 1988. Intertemporal substitution in consumption. J. Polit. Econ. （2）, 339-357.

Haltiwanger, J. C. , Waldman, M. , 1989. Limited rationality and strategic complements: The implications for macroeconomics. Quarterly Journal of Economics 104 （3）, 463-483.

Hamilton, J. D. , 1995. Time series analysis. Princeton University Press, Princeton, NJ.

Heinemann, F. , 2000. Unique equilibrium in a model of self-fulfilling currency attacks: Comment. Am. Econ. Rev. 90 （1）, 316-318.

Hellwig, C. , 2006. Monetary business cycle models: Imperfect information. In: Durlauf, S. N. , Blume, L. E. （Eds. ）, New Palgrave dictionary of economics. second ed. Palgrave-McMillan, London.

Hellwig, C. , 2008. Heterogeneous information and business cycle fluctuations. Manuscript.

Hellwig, C. , Veldkamp, L. 2009. Knowing what others know: Coordination motives in information acquisition. Review of Economic Studies. 76, 223-251.

Hellwig, C. , Venkateswaran, V. , 2009. Setting the right prices for the wrong reasons. J. Monetary Econ. 56 （S1）, S57-S77.

Hirshleifer, J. , 1971. The private and social value of information and the reward to inventive activity. Am. Econ. Rev. 61 （4）, 561-574.

Huang, L. , Liu, H. , 2007. Rational inattention and portfolio selection. Journal of Finance 62 （4）,1999-2040.

Inoue, A. , Kilian, L. , Kiraz, F. B. , 2009. Do actions speak louder than words? Household expectations of inflation based on micro consumption data. Journal of Money, Credit and Banking 41 （7）, 1331-1363.

Jinnai, R. , 2006. Monetary policy with endogenous inattention. Manuscript.

Kasa, K. , 2000. Forecasting the forecast of others in the frequency domain. Review of Economic Dynamics 3, 726-756.

Khan, H. , Zhu, Z. , 2006. Estimates of the sticky-information Phillips Curve for the United States. Journal of Money, Credit and Banking 38 （1）, 195-207.

Kiley, M. T. , 2007. A quantitative comparison of sticky-price and sticky-information models of price setting. Journal of Money, Credit and Banking 39 （S1）, 101-125.

Kimball, M. S. , Shapiro, M. D. , 2008. Labor supply: Are income and substitution effects both large or both small?. NBER Working Paper 14208.

Klenow, P. J. , Malin, B. A. , 2010. Micro-economic evidence on price-setting. In: Friedman, B. M. , Woodford, M. （Eds. ）, Handbook of monetary economics. 3A, Elsevier/North-

Holland, Amsterdam (Chapter 6).

Klenow, P., Willis, J., 2007. Sticky information and sticky prices. J. Monetary Econ. 54 (S1), 79-99.

Knotek, E. S., 2006. A tale of two rigidities: Sticky prices in a sticky-information environment. FRB, Kansas City, Working Paper 06-15.

Knotek, E. S., 2008. Convenient prices, currency, and nominal rigidity: Theory with evidence from newspaper prices. J. Monetary Econ. 55 (7), 1303-1316.

Koenig, E. F., 2004. Optimal monetary policy in economies with sticky-information wages. Federal Reserve Bank of Dallas, Dallas, TX Working Paper 04-05.

Korenok, O., Swanson, N. R., 2005. The incremental predictive information associated with using theoretical New Keynesian DSGE models vs. simple linear econometric models. Oxford Bull. Econ. Stat. 67 (1), 905-930.

Korenok, O., Swanson, N. R., 2007. How sticky is sticky enough? A distributional and impulse response analysis of New Keynesian DSGE models. Journal of Money, Credit and Banking 39 (6), 1481-1508.

Laforte, J. P., 2007. Pricing models: A Bayesian DSGE approach for the US economy. Journal of Money, Credit and Banking 39 (S1), 127-154.

La'O, J., 2009. Collateral constraints and noisy fluctuations. Manuscript.

Lewis, K. F., 2007. The life-cycle effects of information-processing constraints. Manuscript.

Lewis, K. F., 2009. The two-period rational inattention model: Accelerations and analyses. Comput. Econ. 33 (1), 79-97.

Lorenzoni, G., 2009. A theory of demand shocks. Am. Econ. Rev. 99 (5), 2050-2084.

Lorenzoni, G., 2010. Optimal monetary policy with uncertain fundamentals and dispersed information. Rev. Econ. Stud. 77 (1), 305-338.

Lucas, R. E., 1972. Expectations and the neutrality of money. J. Econ. Theory 4 (2), 103-124.

Lucas, R. E., 1973. Some international evidence on output-inflation trade-offs. Am. Econ. Rev. 63, 326-334.

Luo, Y., 2008. Consumption dynamics under information processing constraints. Review of Economic Dynamics 11, 366-385.

Mackowiak, B., Wiederholt, M., 2009. Optimal sticky prices under rational inattention. Am. Econ. Rev. 99 (3), 769-803.

Mackowiak, B., Wiederholt, M., 2010. Business cycles dynamics under rational inattention. Manuscript.

Mankiw, N. G., 1985. Small menu costs and large business cycles: A macroeconomic model of monopoly. Quarterly Journal of Economics 100 (2), 529-539.

Mankiw, N. G., 2001. The inexorable and mysterious trade-off between inflation and unemployment. Econ. J. 111, C45-C61.

Mankiw, N. G., Reis, R., 2002. Sticky information versus sticky prices: A proposal to replace the New Keynesian Phillips curve. Quarterly Journal of Economics 117 (4), 1295-1328.

Mankiw, N. G., Reis, R., 2003. Sticky information: A model of monetary non-neutrality and structural slumps. In: Aghion, P., Frydman, R., Stiglitz, J., Woodford, M. (Eds.), Knowledge, information, and expectations in modern macroeconomics: In honor of Edmund S. Phelps. Princeton University Press, Princeton, NJ.

Mankiw, N. G., Reis, R., 2006. Pervasive stickiness. Am. Econ. Rev. 96 (2), 164-169.

Mankiw, N. G., Reis, R., 2007. Sticky information in general equilibrium. Journal of the European Economic Association 2 (2-3), 603-613.

Mankiw, N. G., Reis, R., Wolfers, J., 2003. Disagreement about inflation expectations. NBER Macroeconomics Annual 18, 209-248.

Matejka, F., 2008. Rationally inattentive seller: Sales and discrete pricing. Manuscript.

Meyer-Gohde, A., 2010. Linear rational expectations models with lagged expectations: A synthetic method. Journal of Economic Dynamics and Control. 34(5), 984-1002.

Mondria, J., forthcoming. Portfolio choice, attention allocation, and price comovement. J. Econ. Theory(in press).

Morris, S., Shin, H. S., 1998. Unique equilibrium in a model of self-fulfilling currency attacks. Am. Econ. Rev. 88 (3), 587-597.

Morris, S., Shin, H. S., 2001. Rethinking multiple equilibria in macroeconomics. NBER Macroeconomics Annual 15, 139-161.

Morris, S., Shin, H. S., 2002. The social value of public information. Am. Econ. Rev. 92 (5), 1521-1534.

Morris, S., Shin, H. S., 2006. Inertia of forward-looking expectations. Am. Econ. Rev. 96 (2), 152-157.

Moscarini, G., 2004. Limited information capacity as a source of inertia. Journal of Economic Dynamics and Control 28 (10), 2003-2035.

Nakamura, E., Steinsson, J., Monetary non-neutrality in a multi-sector menu cost model. Quarterly Journal of Economics. (in press).

Nimark, K., 2008. Dynamic pricing and imperfect common knowledge. J. Monetary Econ. 55 (2), 365-382.

Phelps, E. S., 1968. Money-wage dynamics and labor market equilibrium. J. Polit. Econ. 76 (4), 678-711.

Phillips, A. W., 1958. The relation between unemployment and the rate of change of money wage rates in the United Kingdom, 1861-1957. Economica 25 (100), 283-299.

Reis, R., 2006a. Inattentive producers. Review of Economic Studies 73 (3), 793-821.

Reis, R., 2006b. Inattentive consumers. J. Monetary Econ. 53 (8), 1761-1800.

Reis, R., 2009a. Optimal monetary policy rules in an estimated sticky-information model. American Economic Journal: Macroeconomics 1 (2), 1-28.

Reis, R., 2009b. A sticky-information general-equilibrium model for policy analysis. In: Schmidt-Heubel, K., Walsh, C. (Eds.), Monetary policy under uncertainty and learning. Central Bank of Chile, Chile.

Reis, R., 2010. When should policymakers make announcements? Manuscript.

Roca, M., 2006. Transparency and monetary policy with imperfect common knowledge. Manuscript.

Romer, D., 2008. Real rigidities. In: Durlauf, S. N., Blume, L. (Eds.), New Palgrave dictionary of economics. second ed. Palgrave-MacMillan, London.

Rondina, G., 2008. Incomplete information and informative pricing. Manuscript.

Rogerson, R., Wallenius, J., 2009. Micro and macro elasticities in a life cycle model with taxes. J. Econ. Theory. 144 (6), 2277-2292.

Rudd, J., Whelan, K., 2007. Modeling inflation dynamics: A critical review of recent research. Journal of Money, Credit and Banking 39 (1), 155-170.

Samuelson, P., Solow, R., 1960. Analytical aspects of anti-inflation policy. Am. Econ. Rev. 50 (2), 177-194.

Simon, H. A., 1956. Dynamic programming under uncertainty with a quadratic criterion function. Econometrica 24 (1), 74-81.

Sims, C. A., 2003. Implications of rational inattention. J. Monetary Econ. 50 (3), 665-690.

Sims, C. A., 2006. Rational inattention: Beyond the linear-quadratic case. Am. Econ. Rev. 96 (2), 158-163.

Sims, C. A., 2010. Rational inattention and monetary economics. In: Friedman, B. M., Woodford, M. (Eds.), Handbook of monetary economics. 3A, Elsevier/North-Holland, Amsterdam (Chapter 4).

Svensson, L. E. O., 2006. Social value of public information: Morris and Shin (2002) is actually pro transparency, not con. Am. Econ. Rev. 96 (1), 448-452.

Taylor, J. B., 1985. New econometric approaches to stabilization policy in stochastic models of macroeconomic fluctuations. In: Griliches, Z., Intriligator, M. (Eds.), Handbook of econometrics. 3, Elsevier/North-Holland, Amsterdam.

Townsend, R., 1983. Forecasting the forecasts of others. J. Polit. Econ. 91 (4), 546-588.

Trabandt, M., 2004. Sticky information vs. sticky prices: A horse race in a DSGE framework. Manuscript.

Tutino, A., 2009. The rigidity of choice: Lifecycle savings with information-processing limits. Manuscript.

van Nieuwerburgh, S., Veldkamp, L., Information acquisition and under-diversification. Review of Economic Studies. (in press).

Veldkamp, L., 2009. Information choice in macroeconomics and finance. Manuscript.

Woodford, M., 2002. Imperfect common knowledge and the effects of monetary policy. In: Aghion, P., Frydman, R., Stiglitz, J., Woodford, M. (Eds.), Knowledge, information, and expectations in modern macroeconomics: In honor of Edmund S. Phelps. Princeton University Press, Princeton, NJ.

Woodford, M., 2003. Interest and prices. Princeton University Press, Princeton, NJ.

Woodford, M., 2009. Information-constrained state-dependent pricing. J. Monetary Econ. 56 (S1), S100-S124.

Zbaracki, M. J., Ritson, M., Levy, D., Dutta, S., Bergen, M., 2004. The managerial and customer costs of price adjustment: Direct evidence from industrial markets. Rev. Econ. Stat. 86 (2), 514-533.

第六章 定价的微观经济证据[①]

彼德·J.克莱诺(Peter J. Klenow)[*]

本杰明·A.马林(Benjamin A. Malin)[**]

[*]:斯坦福大学和 NBER（National Bureau of Economic Research,简称 NBER）

[**]:联邦储备委员会

目　录

① 本章是在不受限制访问美国劳工统计局（Bureau of Labor Statistics,简称 BLS）数据的情况下进行的（译者注:此处疑为笔误。原文为限制访问,结合正文内容,此处应为不受限制。）。罗伯·麦克莱伦（Rob McClelland）在使用 BLS 数据方面为我们提供了宝贵的帮助和指导。我们感谢玛格丽特·雷（Margaret Lay）和克里希纳·拉奥（Krishna Rao）提供的出色的研究协助,感谢路易斯·J. 阿尔瓦雷斯（Luis J. Álvarez）、马克·比尔斯（Mark Bils）、马蒂·艾兴鲍姆（Marty Eichenbaum）、艾蒂安·加格农（Etienne Gagnon）、中村惠美（Emi Nakamura）、马丁·施奈德（Martin Schneider）、弗兰克·施米茨（Frank Smets）、乔·斯泰因松（Jón Steinsson）和迈克尔·伍德福德（Michael Woodford）的有益建议。本章仅代表作者的观点,不代表 BLS 或联邦储备系统的观点。

本章摘要:过去十年来,微观价格研究出现了爆发式增长。不少研究分析了国家层面的消费者价格指数(CPI)和生产者价格指数(PPI),也有研究关注更为细化的零售数据。我们回顾了这些研究成果,并聚焦于定价在经济周期中的作用。我们总结了十个典型事实:价格每年至少变化一次,临时的价格折扣和产品周转通常发挥重要作用。在剔除许多短期价格后,价格变化接近一年一次。然而,不同商品的价格变动频率差别很大,周期性更强的商品往往表现出更大的价格灵活性。不同卖家的价格变化几乎不同步。价格变化的风险(和幅度)不会随价格持续时间的增加而增加。价格变化的横截面分布是肥尾的,但也包含许多小的价格变化。最后,价格变化与工资变化之间存在强关联。

JEL 分级代码:E3,E31,E5

关键词:微观价格数据;名义黏性;时间依存型定价;状态依存型定价;合约乘数

1. 引言

　　近年来,大量丰富的微观价格数据变得可得了。许多研究分析了国家统计机构公布的具有全国代表性的消费者和生产者价格指数的基础数据。一些规模较小的研究则集中在针对特定商店或产品的、更为精细的扫描数据上。美国和西欧国家受到的关注最多,与此同时,有关新兴市场的研究也在迅速增长。

这些微观数据提供了许多关于价格黏性对经济周期重要性的见解。我们将通过回顾相关文献,介绍研究者想了解的关于定价的十个事实。

第一,单个价格每年至少变化一次。在美国,价格变动频率接近一年两次,而在欧元区则是一年一次。因此,我们需要一个合约乘数[①]来解释为什么名义冲击的实际影响会持续数年。

第二,临时价格折扣("打折")和产品周转率对微观价格灵活性非常重要。在美国尤其如此。与欧元区相比,美国的价格灵活性更高。我们提供的证据表明,此类销售价格部分抵消了横截面和时间聚合,但包含宏观因素。

第三,如果剔除一组短期价格(即不仅仅是临时价格折扣),就会出现一个更具黏性的参考价格,在美国大约每年改变一次。这种过滤掩盖了非参考价格中相当大的独特性。这些偏差是对总体冲击的反应,因为它们并没有随总体冲击的消失而消失。尽管如此,参考价格通胀比总体通胀更为持久,这意味着存在某种黏性计划和/或黏性信息。

第四,不同商品的价格变动频率差异很大。一个极端是一些商品(新鲜食品、能源、机票)价格每月至少改变一次,而另一个极端是一些服务的价格变动频率远低于每年一次。这种特殊性使平均价格持续时间比中位数持续时间要长得多。结合策略互补性,这有助于解释合约乘数为何会很高。

第五,周期性强的商品(例如汽车和服装)的价格灵活性比周期性弱的商品(例如医疗护理)更大。总体而言,耐用品价格变化比非耐用品和服务的价格变化更频繁。若包括临时价格变化在内,非耐用品价格变化又比服务价格变化更频繁。这种价格黏性的非随机异质性会降低合约乘数。

第六,平均而言,微观价格变化幅度远大于总体通胀水平,这表明特殊因素(跨期价格歧视、库存清仓等)占主导地位。在状态依存型的定价模型中,可以根据其特殊冲击来选择价格调整的推手,从而加速价格调整并降低合约乘数。这种选择有微观证据,但不如单一菜单成本模型预测那么准确。例如,许多价格变化很小,与时间依存型或信息受限时的定价一样。

第七,相对价格变化是短暂的。特殊冲击显然不会像总体冲击那样持续那么长的时间。卖家会出于临时的、特殊的原因而调整价格,但这些未能纳入宏观冲击中(例如在理性疏忽模型中那样)。

第八,不同产品价格变化的时机几乎不同步。大多数通货膨胀的变动(跨月或跨季度)都是价格变化的程度引起的,而不是价格变化的频率。这是过去几十年美国和欧元区通胀率较稳定的附带结果。在通货膨胀波动较大的国家,如墨西哥,不同产品价格变化的频率显示出更大的区别。相对于宏观定价考虑的重要性,这种缺乏同步性与特殊定价考虑是一致的。如果与策略互补性相结合,交错的价格变动会导致协调失败和更高的合约乘数。这也

[①] 译者注:合约乘数指合约的标准化交易单位的大小。

契合对宏观冲击的理性疏忽。与此相关的是,在最近的美国经济衰退中,消费者价格变化(包括上涨和下跌)显著加剧。

第九,价格变动的风险率[①]在最初几个月里随着价格持续时间的推移而下降(主要是由于打折和恢复正常价格),并且此后基本保持平稳(除了某年中服务价格存在一个峰值外)。这一发现不仅适用于美国和欧元区,也适用于消费者价格和生产者价格。这种模式与卡尔沃和泰勒的时间依存型定价(time-dependent pricing,简称 TDP)的混合相一致,但也可以在状态依存型定价下产生。同时,价格变化的幅度在很大程度上与价格变动的时间间隔无关。这一事实更具歧视性,并且偏向于状态依存型定价而不是时间依存型定价。如果价格周期长度是外生的,那么更长的价格周期应该累积更多的冲击并且形成更大的价格变化。在状态依存型定价中,较长的价格周期反映的是稳定的期望价格,而不是被抑制的价格变动需求。

第十,也是最后一点,价格变化与工资变化有关。劳动密集型企业调整价格的频率较低,这是因为工资调整频率低于其他投入品价格调整的频率。此外,调查证据表明,随着时间推移,工资和价格的调整会同步。因此,除了直接促成更高的合约乘数外,工资黏性还可以通过降低价格变动频率而间接推高合约乘数。

本章的其余结构如下。第 2 节简要概述最近的文献中常用的微观数据来源。第 3 节讨论价格变动频率的证据。第 4 节描述我们对价格变化幅度的认识。第 5 节深入探讨定价的动态过程,例如同步定价以及哪些类型的价格变化会因跨产品和跨时间的聚合而抵消。第 6 节详细回顾了我们方才讨论过的十个典型事实。第 7 节给出结论。

2. 数据来源

最近的文献研究了消费者价格指数和生产者价格指数的基础数据、从零售商处收集的扫描和在线数据,以及从对价格制定者的调查中收集的信息。我们在本节简要介绍这些数据集。

直到最近,关于微观经济层面定价的经验证据仍然有限,它们主要侧重于相对较窄的产品组合的研究(Carlton,1986;Cecchetti,1986;Kashyap,1995)。[②] 随着研究人员可以获得官方 CPI 和 PPI 的基础数据集,这一情况发生了变化。这些由国家统计当局汇编的数据集包含了数年甚至更长时间内在跟进单个项目中积累的大量月度价格。就产品、销售和覆盖的城市而言,这些样本广泛地代表了全国消费者支出(或工业生产)。例如,由美国劳工统计局(Bureau of Labor Statistics,简称 BLS)开发和维护的 CPI 研究数据库(CPI Research Database,简称 CPI-RDB),包含了除住房以外的所有类别的商品和服务的价格,这约占消费者支出的

---

① 译者注:风险率是单位时间内发生的事件数占被试总体的百分比。
② Wolman(2007)对较早的文献进行了全面综述,而 Mackowiak 和 Smets(2008)综述了最近的文献。

70％。该项目始于 1988 年 1 月,每月约包含 85000 个价格(Klenow and Kryvtsov,2008；Nakamura and Steinsson,2008a)。

虽然 CPI 和 PPI 数据集在许多方面是相似的,但 Nakamura 和 Steinsson(2008a)指出,解释 PPI 比解释 CPI 更复杂。[①] 首先,BLS 通过企业调查收集 PPI 数据,而不是通过对"货架上"价格的抽样。其次,PPI 商品的定义旨在涵盖所有"决定价格的变量",其中通常包括商品的买家。中间价格是(显性或隐性)长期合同的一部分,因此观察到的价格也许不会反映买方所面临的实际影子价格(Barros,1977)。相应地,在批发市场中,卖方可以选择改变边际服务质量,如延迟交货,而不是改变价格(Carlton,1986)。Mackowiak 和 Smets(2008)指出,一些零售市场也存在重复互动的影响(例如法律服务)和变动的边际质量(例如选择等待以公布的价格购买商品)。

宏观经济学家在解释价格时面临的一个关键问题是,它们是否符合凯恩斯主义"不限量的看涨期权"的黏性价格范式。[②] 如果"货架上"的消费者价格在库存清单中可获得的话,则它们具有这一特征(Bils,2004)。Gopinath 和 Rigobon(2008)认为,进口价格通常是买方的看涨期权。尽管如此,与消费者价格不同的是,生产资料的新买家是否可以选择以现有买家的现行价格购买商品目前尚不清楚。

表 6.1 和表 6.2 分别列出了使用 CPI 与 PPI 数据的几项研究。其中包括美国、欧元区国家(奥地利、比利时、芬兰、法国、德国、意大利、卢森堡、荷兰、葡萄牙和西班牙)以及少数其他发达国家(丹麦、以色列、日本、挪威、南非)和发展中经济体(巴西、哥伦比亚、智利、匈牙利、墨西哥、塞拉利昂、斯洛伐克)。尽管方法上的差异和覆盖面的差异使跨国比较具有挑战性,但 IPN(一个旨在共同分析通货膨胀持续性和定价机制的网络)组织仍努力协调欧元区的许多研究人员,以更好地进行跨国比较(Dhyne et al.,2006；Vermeulen et al.,2007)。

表 6.1　CPI 价格变动的月平均频率

国家或地区	文　献	样本期	频率/％
奥地利	Baumgartner 等 (2005)	1996 年 1 月—2003 年 12 月	15.1
比利时	Aucremmanne 和 Dhyne (2004)	1989 年 1 月—2001 年 1 月	16.9
巴西	Barros 等(2009)	1996 年 3 月—2008 年 12 月	37.2
巴西	Gouvea (2007)	1996 年 1 月—2006 年 12 月	37.0
智利	Medina 等 (2007)	1999 年 1 月—2005 年 7 月	46.1
丹麦	Hansen 和 Hansen (2006)	1997 年 1 月—2005 年 12 月	17.3
欧元区	Dhyne 等 (2006)	1996 年 1 月—2001 年 1 月	15.1
芬兰	Vilmunen 和 Laakkonen (2005)	1997 年 1 月—2003 年 12 月	16.5
法国	Baudry 等 (2007)	1994 年 7 月—2003 年 2 月	18.9

[①] 这里所描述的挑战是针对美国的 PPI 数据,但欧元区国家的 PPI 数据也显示出类似的特征(Vermeulen et al.,2007)。

[②] 我们感谢罗伯特·豪尔(Robert Hall)的这一表达方式。

续　表

国家或地区	文　献	样本期	频率/%
德国	Hoffmann 和 Kurz-Kim（2006）	1998 年 2 月—2004 年 1 月	11.3
匈牙利	Gabriel 和 Reiff（2008）	2001 年 12 月—2007 年 6 月	15.1
以色列	Baharad 和 Eden（2004）	1991 年 1 月—1992 年 12 月	24.5
意大利	Fabiani 等（2006）	1996 年 1 月—2003 年 12 月	10.0
日本	Saita 等（2006）	1999 年 1 月—2003 年 12 月	23.1
卢森堡	Lünnemann 和 Mathä（2005）	1999 年 1 月—2004 年 12 月	17.0
墨西哥	Gagnon（2009）	1994 年 1 月—2004 年 12 月	29.4
荷兰	Jonker 等（2004）	1998 年 11 月—2003 年 4 月	16.5
挪威	Wulfsberg（2009）	1975 年 1 月—2004 年 12 月	21.3（21.9）
葡萄牙	Dias 等（2004）	1992 年 1 月—2001 年 1 月	22.2
塞拉利昂	Kovanen（2006）	1999 年 1 月—2003 年 4 月	51.5
斯洛伐克	Horvath 和 Coricelli（2006）	1997 年 1 月—2001 年 12 月	34.0
南非	Creamer 和 Rankin（2008）	2001 年 12 月—2006 年 2 月	16.0
西班牙	Álvarez 和 Hernando（2006）	1993 年 1 月—2001 年 12 月	15.0
英国	Bunn 和 Ellis（2009）	1996 年 1 月—2006 年 1 月	15（19）
美国	Bils 和 Klenow（2004）	1995 年 1 月—1997 年 12 月	26.1
	Klenow 和 Kryvtsov（2008）	1988 年 2 月—2005 年 1 月	29.9（36.2）
	Nakamura 和 Steinsson（2008a）	1988 年 1 月—2005 年 12 月	21.1（26.5）

注:资料来源于 Álvarez(2008)和另外三项研究（Barros et al.,2009;Bunn and Ellis,2009;Wulfsberg,2009），以及 Gagnon(2009)的更新版本、Creamer 和 Rankin(2008)、Klenow 和 Kryvtsov(2008)的研究。对于报告常规价格（即非促销价格）和公告价格频率的研究,括号内的数字与公告价格相对应。Nakamura 和 Steinsson(2008a)研究的频率对应于 1998—2005 年的样本期(用于连续观测,不包括替换)。对于德国,频率对应于考虑产品替换和非质量调整数据的样本。西班牙的样本不包括能源产品,这降低了整体频率。

表 6.2　PPI 价格变动的月平均频率

国家或地区	文　献	样本期	频率/%
比利时	Cornille 和 Dossche（2008）	2001 年 1 月—2005 年 1 月	24
哥伦比亚	Julio 和 Zárate（2008）	1999 年 6 月—2006 年 10 月	20.2
欧元区	Vermuelen 等（2007）	各种各样	21
法国	Gautier（2008）	1994 年 1 月—2005 年 6 月	25
德国	Stahl（2006）	1997 年 1 月—2003 年 9 月	22
意大利	Sabbatini 等（2006）	1997 年—2002 年 12 月	15
葡萄牙	Dias 等（2004）	1995 年 1 月—2001 年 1 月	23
南非	Creamer（2008）	2001 年 12 月—2006 年 2 月	19.5
西班牙	Álvarez 等（2008）	1991 年 1 月—1999 年 2 月	21
英国	Bunn 和 Ellis（2009）	2003 年 1 月—2007 年 12 月	26

续　表

国家或地区	文　献	样本期	频率/%
美国	Nakamura-Steinsson（2008a）	1988 年 1 月—2005 年 12 月	24.7
	Goldberg-Hellerstein（2009）	1987 年 1 月—2008 年 10 月	33.3

注:资料来源于 Álvarez(2008)、Bunn 和 Ellis(2009)、Goldberg 和 Hellerstein(2009)的研究,以及 Cornille 和 Dossche(2008)与 Gautier(2008)研究的正式发表版本。Nakamura 和 Steinsson(2008a)研究的频率对应于制成品。意大利的样本不包括能源产品,法国的样本不包括商业服务。

　　一系列研究利用 BLS 收集的微观数据来构建美国的进出口价格指数。其中包括 Gopinath 和 Rigobon(2008)、Gopinath 等(2010)、Gopinath 和 Itskhoki(2010)以及 Nakamura 和 Steinsson(2009)的研究。这些价格是在调查进口企业时收集到的,代表批发市场价格。使用国际数据的一个好处是我们能够分析定价行为如何应对明确的大型冲击(即名义汇率冲击)。

　　关于定价的另一个微观经济证据来自超市、药店和大卖场收集的扫描(即条形码)数据。这些数据涵盖的商品种类虽比价格指数涵盖的要少,但提供了更深层次的信息。扫描数据通常涵盖每个商店丰富的商品,并且通常包含销售数量(有时是批发成本)的信息。这些数据通常每周收集一次,并且或许来自某个特定零售商,例如,可参见 Eichenbaum 等(2009)的研究,或使用多氏超市(Dominick's)数据的研究;或来自多个零售商,例如通过 AC.尼尔森(AC Nielsen)的研究。表 6.3 列出了若干此类研究。

表 6.3　扫描数据集的价格变动频率

数据来源	文　献	样本期	频率/%
多氏超市	Midrigan(2009)	1989—1997 年	45(23)
	Burstein 和 Hellwig(2007)	—	41(26)
大型美国零售商	Eichenbaum 等（2009）	2004—2006 年	43
AC.尼尔森的研究	Campbell 和 Eden(2005)	1985—1987 年	47
数据库	Midrigan(2009)	—	36(25)
AC.尼尔森扫描跟踪	Nakamura(2008)	2004 年	44(19)
AC.尼尔森家庭扫描	Broda 和 Weinstein（2007）	1994—2003 年	—

注:对于大多数研究来说,收集的数据为每周数据,但报告的是每月价格变化的频率。Eichenbaum 等(2009)报告了每周价格变动的频率。频率为公告价格的频率,括号内的数字为常规(即非促销)价格。在使用同一数据集的研究中,由于样本的选择和报告的衡量标准不同,频率会有所不同,例如,对于多氏超市,Midrigan(2009)报告了单一商店的平均频率,而 Burstein 和 Hellwig(2007)考虑了许多商店并报告了中位数产品类别的频率。

　　其他研究者已经开始通过网站从零售商处"抓取"价格以收集价格信息。卡瓦洛(Cavallo)和里戈邦(Rigobon)正在开展的"十亿价格项目"(Cavallo,2009)收集了 50 多个国家/地区的零售商每日价格。该数据集有用的方面包括每日频率、多个国家/地区的可比性以及每种产品的详细信息(包括销售和价格管制指标)。Lünnemann 和 Wintr(2006)提供了另一个例子。

微观经济信息的最终来源是调查公司关于实际定价的调查,而不是收集个别价格的纵向信息。这些调查使研究人员能够问询那些从获取的价格数据集无法观察到的定价信息,例如价格制定者审查价格的频率以及价格黏性的特定理论对解释其定价决策的重要性。Blinder 等(1998)开展了对美国的开拓性研究,随后的调查已在许多国家开展,如表 6.4 所示。这些调查通常要求企业关注其主要产品(或最重要的产品)。

表 6.4 调查数据中每年价格变动不同次数的占比(%)

国家或地区	文　献	<1	1	2—3	≥4	中位数	平均数(月)
奥地利	Kwapil 等(2005)	24	51	15	11	1	12.7
比利时	Aucremanne 和 Druant(2005)	18	55	18	8	1	11.9
加拿大	Amirault 等(2006)	8	27	23	44	2—3	6.8
爱沙尼亚	Dabusinskas 和 Randveer(2006)	14	43	25	18	1	10.0
欧元区	Fabiani 等(2005)	27	39	20	14	1	12.3
法国	Loupias 和 Ricart(2004)	21	46	24	9	1	11.8
德国	Stahl(2005)	44	14	21	21	1	13.5
意大利	Fabiani 等(2007)	20	50	19	11	1	11.9
日本	Nakagawa 等(2000)	23	52	11	14	1	12.5
卢森堡	Lünnemann 和 Mathä(2006)	15	31	27	27	2—3	9.0
墨西哥	Castanon 等(2008)	—	—	—	—	—	5.7
荷兰	Hoeberichts 和 Stokman(2006)	10	60	19	11	1	10.7
葡萄牙	Martins(2005)	24	51	14	12	1	12.7
罗马尼亚	Copaciu 等(2007)	—	—	—	—	—	4.1
西班牙	Álvarez 和 Hernando(2007a)	14	57	15	14	1	11.1
瑞典	Apel 等(2005)	29	43	6	20	1	12.7
土耳其	Sahinoz 和 Saracoglu(2008)	—	—	—	—	—	3.0
英国	Hall 等(2000)	6	37	44	14	2—3	8.2
美国	Blinder 等(1998)	10	39	29	22	1	8.8

注:数据来源于 Álvarez(2008)研究文献中的表 3。从区间分组数据中获得平均隐含持续时间时,我们使用了以下假设,对于宣称"每年价格变动至少四次"的企业,考虑了 8 次价格变动(即平均持续时间为 1.33 个月[1]);对于那些宣称"每年价格变动两到三次"的企业,考虑了 2.5 次价格变动(即平均持续时间为 4.8 个月);对于那些宣称"每年价格变动一次"的持续时间为 12 个月的企业,以及那些宣称"每年价格变动少于一次"的企业,每两年考虑一次价格变动(即平均持续时间为 24 个月)。

---

[1] 译者注:原书如此,疑有误。

3. 价格变动的频率

我们首先观察价格变化的频率,以此回顾文献的大量发现。贯穿本章的一个主题是定价行为中存在大量异质性,因此我们将从多个维度汇报文献结论。相关的讨论包括价格变化之间"平均"持续时间的衡量标准、这些标准在不同样本和商品类型间的差异、临时促销和产品周转的重要性以及价格变动频率的决定因素等。

3.1 平均频率

表 6.1 主要来自 Álvarez(2008)的一项调查,并包含对从全国性 CPI 基础数据集获得的平均价格变动频率进行的估计。[①] 这些研究估计的平均价格变动频率的(未加权)中位数为 19%(每月),因此价格表现出明显的名义黏性。各国的价格黏性差异很大,欧元区的价格变动频率低于美国,而美国的价格变动频率又低于高通胀的发展中国家(巴西、智利、墨西哥、塞拉利昂、斯洛伐克)。在仔细考察单个国家后,我们将回到如何解释跨国差异上来。

我们特别关注美国的多项 CPI 研究(Bils and Klenow,2004;Klenow and Kryvtsov,2008;Nakamura and Steinsson,2008a),以揭示数据的一些特征,并给出不同方法如何影响结果的解释。此外,由于我们可以访问 BLS 的微观数据库,因此我们能够在继续深入研究时得出一些新的结果。我们首先从描述微观数据结构开始。BLS 将商品和服务的消费类别划分为约300 种,即入门级条目(entry level items,简称 ELIs)。在这些类别中,包括特定商店销售的特定产品的价格(我们将其称为报价行)。BLS 每月搜集三个最大的都市圈地区(纽约、洛杉矶和芝加哥)的所有价格,以及所有地区的食品和燃料产品价格,每两月搜集一次其他所有价格。我们报告的来自 Klenow 和 Kryvtsov(2008)及 Nakamura 和 Steinsson(2008a)的研究数据是每月从前三大城市收集的价格数据。[②]

为了构建表 6.1 中报告的平均月频率,Klenow 和 Kryvtsov(2008)首先估计了每个入门级条目类别的频率,然后对不同类别进行加权平均,在 1988 年至 2005 年初得出的结果(公告价格)是 36.2%。当然,这并不是衡量价格变化"平均"频率的唯一方法。价格变动频率的加权中位数为 27.3%。平均数高于中位数是因为(如图 6.1 中的 1988—2009 年数据所示)价格

[①] 对于包含临时促销导致的价格变化信息的研究,我们同时报告了全体价格(括号内)和非促销价格的频率。在许多国家,在促销期间报告的价格是没有折扣的价格(即公布的价格基本上是非促销价格),因此我们在描述各国的研究结果时使用非促销价格。

[②] 这两项研究都是把劳工统计局的入门级条目根据消费者支出中的重要性来加权。Klenow 和 Kryvtsov(2008)也对入门级条目中的项目使用了一些 BLS 加权信息;Nakamura 和 Steinsson(2008a)没有这么做,但不影响统计结果,如整个 ELIs 的价格中位数的持续时间。

变化频率在 ELIs 上的分布是凸的(詹森不等式)。相应地,隐含的平均持续时间(来自 ELIs 频率倒数的平均数)为 6.8 个月,高于 3.7 个月的中位数(中位数频率的倒数)。

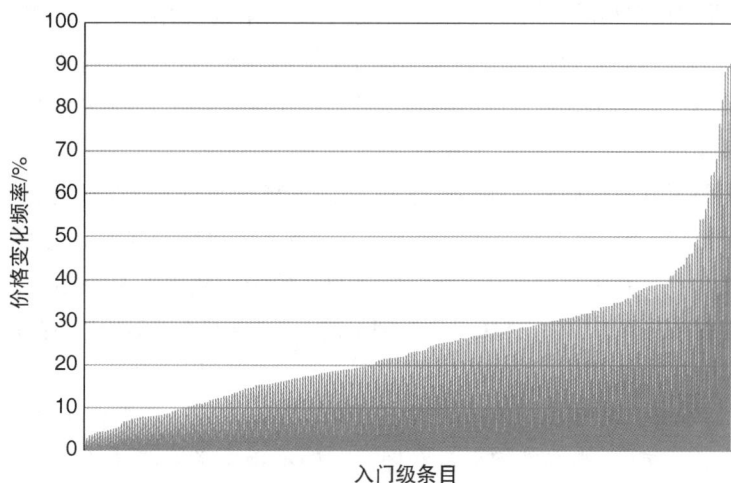

图 6.1　不同产品类别的价格变动频率

资料来源:CPI-RDB。来自 1988 年 1 月至 2009 年 10 月间前三大城市(纽约、洛杉矶和芝加哥)的数据。每个柱对应于一个入门级条目的产品类别(按支出加权),并且价格变动频率是根据入门级条目内各报价的加权平均数计算的。价格包括促销价格和常规价格。

再看生产者价格,表 6.2 中各国平均价格变动频率的中位数为 23%。Nakamura 和 Steinsson(2008a)通过将 CPI 中的 153 个入门级条目类别与 PPI 中的产品代码进行匹配,比较了消费品的价格灵活性。他们发现生产者价格的变动频率与剔除折扣后的消费者价格变动频率相似。然而,Goldberg 和 Hellerstein(2009)报告了一个更高的频率——更接近于包括促销在内的消费者价格——并将其差异归因于使用了 BLS 的企业和行业权重对产品做的加权。他们发现,使用这些权重会带来很大的差异,因为大企业会比小企业更频繁地改变价格。Vermeulen 等(2007)列举了六个欧洲国家的生产者价格设定。他们发现,在不控制 CPI 和 PPI 篮子构成的情况下,生产者价格的变化比 Dhyne 等(2006)报告的消费者价格变化更频繁。即便是他们仅专注于"加工食品"和"非食品非能源消费品"领域的类似产品,这种现象依然存在。

Gopinath 和 Rigobon(2008)发现,以美元表示的美国进出口(批发)价格具有黏性。在 1994—2005 年的样本中,进口(出口)的美元定价的隐含持续时间中位数为 10.6(12.8)个月。[①] 他们继续使用产品类别分析,将国际价格(IPP)类别与生产者价格指数类别进行匹配,以比较跨境交易价格与国内交易价格的持续时间。将样本限制在这些匹配的类别(其中的 69 个)时,他们发现 IPP 的平均持续时间为 10.3 个月,PPI 的平均持续时间为 10.6 个月。

---

① 这些数字与它们的基准特性相对应,其中包括价格跳跃变化和产品更迭,此外价格从未变化的商品的频率用停产概率进行调整。

表 6.3 提供了基于扫描数据的研究的频率。尽管基础数据是每周的,但表格中的数字是价格变化的每月频率,除了 Eichenbaum 等(2009)报告的每周频率外。由于不同的样本选择和测量方法,即使使用相同数据集进行研究,频率的结果也会有所不同。例如,对于多氏超市,Midrigan(2009)报告了单一商店的平均频率,而 Burstein 和 Hellwig(2007)则研究了很多商店并报告了这一类别中位数产品的频率。尽管存在这些差异,但研究结果仍非常相似,公告(非促销)平均价格至少每 3(5)个月调整一次。

表 6.4 提供了有关价格灵活性的信息,这些信息来自询问企业在过去一年中(或近年平均的)改变价格的频率。被调查企业倾向于将其主要产品出售给其他企业,因此调查数据主要涉及生产者价格。在大多数国家,价格变动频率的中位数大约是每年一次,这显示出比 PPI 微观数据更强的价格黏性,虽然出于时期不同、公司样本不同等原因,结果不能进行直接比较。

总之,价格不会连续变化,但至少"平均"每年变化一次。我们使用的是广义上的"平均",因为我们已经看到,微观数据的复杂性使我们很难用单个统计数据(如平均数或中位数)进行总结。我们现在更详细地探讨这种复杂性,首先研究不同类型商品价格变动频率的异质性,然后讨论促销和产品更替的处理方法。

3.2　异质性

图 6.1 显示了入门级条目不同类别之间显著的异质性,因为价格变动频率从"市内公共交通"的 2.7％到"常规无铅汽油"的 91％不等。事实上,尽管所有价格中有一半的持续时间低于 3.4 个月,但有近 1/5 的价格持续时间超过一年。这种异质性也有助于解释这样一个发现,即与最近的微观研究之前的狭义的调查结果相比,"平均"消费者价格调整要更为频繁。例如,Cecchetti(1986)发现美国杂志的报摊价格变化的时间间隔从 1.8 年到 14 年不等,但 Nakamura 和 Steinsson(2008a)发现,在他们的样本中,"单份报纸和杂志"价格的持续时间为 17.2 个月,其价格变动频率低于 84％的非住房消费。

表 6.5 以其他方式阐释了价格变动频率的异质性。表中列出了 1988 年 1 月至 2009 年 10 月间美国 CPI 中的价格持续的隐含加权中位数和平均时间,包括以下类别的公告价格和常规(即非促销)价格:(a)所有项目;(b)耐用品、非耐用品和服务;(c)原材料和加工品;(d)八个主要类群。为简便起见,仅考虑公告价格的平均持续时间。耐用品的平均价格持续时间为 3.0 个月,非耐用品的平均价格持续时间为 5.8 个月,服务的平均价格持续时间为 9.4 个月。原材料(能源和食品)的价格持续约 1.1 个月,而加工产品和服务的价格持续时间则为 6.9 个月。在主要类群中,价格持续时间从服装的 2.9 个月到其他商品和服务的 14.7 个月不等。

表 6.5 美国 CPI 中按类别划分的价格持续时间(月)

类 别	公告价格		常规价格		CPI 占比/%
	中位数	平均数	中位数	平均数	
所有项目	3.4	6.2	6.9	8.0	100.0
耐用品	1.8	3.0	1.8	5.0	21.7
非耐用品	3.4	5.8	7.3	8.3	48.6
服务	7.6	9.4	7.6	9.6	29.7
原材料	1.0	1.1	1.0	1.2	12.0
加工货物	4.4	6.9	7.7	8.9	88.0
衣服	2.8	2.9	9.2	10.1	7.0
教育和通信	5.4	6.2	6.7	6.3	7.3
食物	3.4	6.9	8.5	9.3	22.4
家居用品	1.9	3.5	2.0	5.4	17.0
医疗护理	10.0	14.2	12.6	14.7	7.8
娱乐	6.3	7.5	9.4	9.8	8.5
交通	1.8	3.7	1.8	3.8	24.5
其他商品和服务	8.6	14.7	12.1	16.7	5.5

资料来源:CPI-RDB。这是 1988 年 1 月至 2009 年 10 月间前三大城市(纽约、洛杉矶和芝加哥)的数据。持续时间是来自 ELIs 中加权平均频率的加权中位数或隐含持续时间的平均数。耐用品、非耐用品和服务根据美国国民收入和产品账户分类。原材料包括汽油、机油和冷却剂、燃料油和其他燃料、电力、天然气、肉类、鱼类、鸡蛋、新鲜水果、新鲜蔬菜以及新鲜牛奶和奶油。服装等是 CPI(1998 年以后的定义)中的主要类群。

我们进一步探讨美国消费者价格中的商品耐用性和价格变动频率之间的联系。对于 CPI 的 65 个支出类别中的每一类(比 300＋入门级条目的汇总性更强,但比主要类群的汇总性要弱),我们能够根据 Bils 和 Klenow(1998)的数据估算商品耐用性。为了便于解释,在图 6.2 中我们集合了主要类群。该图绘制了公布的价格变化的平均频率与平均耐用性(以年为单位)的关系,其中每个点与该类群的平均支出权重成正比。交通运输类的突出特点是耐用、灵活和重要。例如,机动车辆具有很高的比重(是非住房样本的 16％)、高耐用性(9 年)和高频率(每月为 38％)。此外,食物则是不耐用、灵活且重要的。

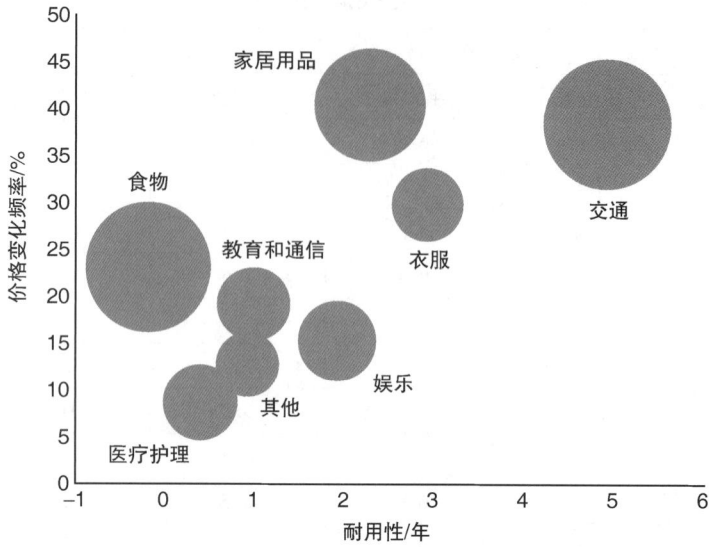

图 6.2 美国 CPI 的频率与耐用性

资料来源:CPI-RDB。这是 1988 年 1 月至 2009 年 10 月间前三大城市(纽约、洛杉矶和芝加哥)的数据。每个圆圈代表 CPI 中的八个主要类群之一(1998 年以后的定义),其面积代表样本中的支出权重。价格包括促销价格和正常价格。频率计算为 ELI 之间的加权平均数(每个 ELI 以该 ELI 内的加权平均报价对自身加以平均)。耐用性来自 Bils 和 Klenow(1998)报告中的估计。

表 6.6 表明,65 个支出类别的(价格调整)频率和耐用性之间没有显著的相关性:加权最小二乘估计值为 0.60 个百分点(标准误差为 0.69)。扣除原材料(新鲜食品和能源)的六个支出类别后(这些产品是非耐用品且价格灵活,通常不纳入商业周期分析数据),这种关系显著为正。对于加工品来说,耐用性每高出一年,其价格变动频率要高出 1.47 个百分点(标准误差为 0.41),因此,一个耐用十年的商品价格变动频率往往会比非耐用品的价格变动频率高出 14 个百分点。加工品之间的常规价格变化的关系也是类似的。

表 6.6 美国 CPI 类别的频率与耐用性和周期性(频率的最小二乘估计值)

类 别		耐用性	周期性
所有项目	公告价格	0.60(0.69)	3.23(1.05)
	正常价格	0.49(0.71)	3.77(1.07)
加工品	公告价格	1.47(0.41)	3.29(0.58)
	正常价格	1.42(0.39)	3.79(0.48)

注:数据来源于 CPI-RDB。这是 1988 年 1 月至 2009 年 10 月间前三大城市(纽约、洛杉矶和芝加哥)的数据。该表使用的是支出类别的加权最小二乘系数,其中权重基于消费者支出的平均份额。回归包括一个常数。括号中为系数标准误差。我们能够匹配所有项目的 65(64)个 BLS 支出类别(1998 年以后的定义)和加工品的 59(58)个耐用性(周期性)估计值。频率计算为 ELI 的加权平均数(每个 ELI 平均数本身都是入门级条目内各报价的加权平均数)。耐用性源自 Bils 和 Klenow(1998)报告的估计。周期性基于每个支出类别的实际每月消费增长对总实际每月消费增长的 OLS 回归系数,使用 1990 年 1 月至 2009 年 5 月间美国国民收入和生产核算中经季度调整的详细支出数据。

耐用性和价格灵活性(至少对于加工品和服务而言)之间的正相关关系会对经济周期产

生重要影响。商品越耐用,支出和生产的周期性就越强。在理论和实践中都是如此(Bils and Klenow,1998)。Barsky 等(2007)提出了一个模型,其中货币非中性与耐用品的价格黏性密切相关,非耐用品的黏性则并不重要。话虽如此,但我们需要重申,如果把原材料类别包含在内,则数据之间的相关性并不显著。

耐用性和周期性并非同义词。因此,我们根据 NIPA(国民收入和生产核算)实际消费支出增长对 NIPA 总实际消费增长的回归系数来直接衡量 BLS 中 64 个支出类别中每一项的周期性。针对每个支出类别,我们对 1990 年 2 月至 2009 年 3 月间的可用 NIPA 样本进行一次 OLS 回归(带常数),这与我们的 CPI-RDB 在 1988—2009 年的月度样本很接近。图 6.3 显示,各主要类别中价格变动频率和周期性明显正相关。例如,在交通运输方面,机动车在价格灵活性(频率为 38%)、周期性(总消费增长率每增加 1%,支出增长 5.7%)和样本权重(非住房样本的 16%)的组合方面表现突出。服装价格也相当灵活(如果包括促销价格,则其频率为 30%),周期性相当强(周期性系数为 1.75)。在表 6.6 中,64 个支出类别的价格频率对周期性的 WLS 回归系数为 3.23 个百分点(标准误差为 1.05)。如果我们只关注加工品的 58 个支出类别,则 WLS 回归系数约为 3.29(更精确估计的标准误差为 0.59)。对于加工品的常规价格变化,相关系数更高,为 3.79(标准误差为 0.48)。[①]

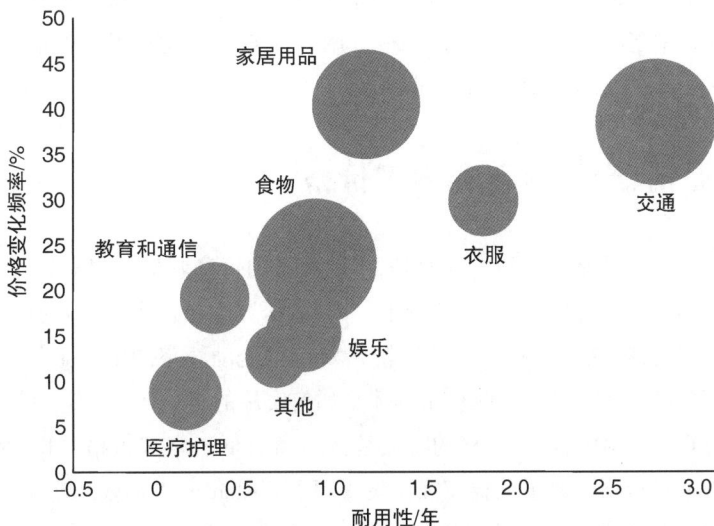

图 6.3 美国 CPI 的频率与周期性

资料来源:CPI-RDB。这是 1988 年 1 月至 2009 年 10 月间前三大城市(纽约、洛杉矶和芝加哥)的数据。每个圆圈是 CPI(1998 年以后的定义)中的八个主要类群之一,其面积代表了样本中的支出权重。价格包括促销价格和正常价格。频率是根据 ELI 的加权平均数计算的(每个 ELI 本身都是入门级条目中各报价的加权平均数)。周期性是基于每个主要类别的实际每月消费增长对总实际每月消费增长的 OLS 回归系数,使用 1990 年 1 月至 2009 年 5 月间美国国民收入和生产核算的季节性调整的详细支出数据。

---

① 即使在控制耐用性的情况下,频率也与各类别的周期正相关。当我们基于 64 个支出类别中加工产品的耐用性、周期性对定期价格的变化频率进行回归时,可以发现耐用性的系数为 0.34(标准误差为 0.05),周期性的系数为 9.24(标准误差为 1.39)。

频率—周期关系出现的原因是周期性会导致价格变化,反之亦然,或者是因为它们的驱动力相同。如果价格灵活性是对周期性冲击做出的反应,那么这种模式表明,与把商品价格变动频率的变化作为外生变量的模型相比,该模型显示出更大的宏观价格灵活性(Carvalho,2006),或者反映了非周期因素的变化(Nakamura and Steinsson,2008b)。从频率到周期性的因果关系可能适用于供给冲击(此时价格弹性会放大实际支出增长的反应),但不适用于需求冲击,因为此时价格弹性会抑制实际支出增长的反应(Bils et al.,2003)。[1]

生产者价格的异质性也很明显。Nakamura 和 Steinsson(2008a)指出,从 1998 年到 2005年,制成品的隐含持续时间中位数为 8.7 个月,中间品为 7.0 个月,原材料为 0.2 个月。在制成品中,价格变动频率的中位数从"木材和木制品"的 1.3% 到"食品"的 87.5% 不等。Vermeulen 等(2007)也记录了不同行业之间的显著异质性并研究了其中的原因。总成本中劳动力成本占比较高的企业的价格变动频率也较低;而能源和非能源中间品成本占比较高的企业的价格变动频率往往较高。此外,竞争程度越高,价格变动频率越高,特别是会出现价格下降。

另一个明显影响价格变动频率的异质性维度是商品销售场所的类型。在欧洲,大型商店(如超市和百货商店)的消费者价格比小型零售店更灵活(Dias et al.,2004;Fabiani et al.,2006;Jonker et al.,2004)。对于美国的生产者价格,Goldberg 和 Hellerstein(2009)发现,大企业调整价格的频率是小企业的 2—3 倍。很多调查性研究也显示了类似的结论(Amirault et al.,2006;Buckle and Carlson,2000;Fabiani et al.,2005)。

3.3 促销、产品周转和参考价格

我们从定价理论研究中得到的经验是,不同类型的价格调整(例如,暂时或永久的,选定或随机的)会带来截然不同的宏观经济影响。因此,研究人员调查了当数据以不同的方式被筛选出来时(比如排除临时折扣和产品周转),对价格变动频率的衡量是如何改变的。事实证明,不同答案有很大的差异,这取决于具体是如何实施的。

在美国的 CPI 数据中,促销价格的特点是:(a)暂时低于常规价格;(b)所有消费者均可获得;(c)通常通过价格标签上的标识或文案来识别。Klenow 和 Kryvtsov(2008)报告称,他们样本中大约 11% 的价格被 BLS 价格搜集者确定为促销价格。另一种方法是使用"促销过滤器",将数据中的 V 形价格形态识别为促销。Nakamura 和 Steinsson(2008a)允许不对称和多周期的 V 形,并报告了各种"促销过滤器"的结果。关于产品周转,当样本中的某种商品在其销售渠道已经停产,而价格搜集者确定在销售渠道中有类似的替代商品时,就会执行强制商品替换以便于进一步定价,其通常采取的形式是产品升级或更换型号。在 BLS 样本中,每月的强制商品替换率约为 3%。[2]

---

[1] 我们不知道加入住房数据后分析结果会发生什么变化。一方面,租金和业主的等价租金具有黏性。另一方面,住房的数量同样具有黏性——这与凯恩斯主义范式中数量相对于价格更灵活的论述相反。住房服务的周期性比住房建设小,而且住房建设价格更加灵活。

[2] 关于 AC. 尼尔森家庭扫描数据中产品周转的重要性,可参见 Broda 和 Weinstein(2007)的研究。

表 6.7 展示了应用各种筛选器后的数据对价格隐含持续时间的影响。我们遵循 Klenow 和 Kryvtsov(2008)的方法,但把使用的美国 CPI 样本延续到了 2009 年 10 月(而非 2005 年 1 月)。根据销售方式的不同,价格持续时间的中位数从 3.4 个月(包括所有价格)到 6.9 个月(不包括 BLS 标记的促销)不等。单周期 V 形筛选器——当一个产品的中间价格低于其同类产品的相邻价格时,它就会被其相邻价格取代——会产生 5.0 个月的中间持续时间,这反映出许多促销(如清仓销售)不是 V 形的。① "相似"价格仅将常规价格与先前的常规价格进行比较,并且将促销价格仅与先前的促销价格进行比较,从而允许即便促销价格没有恢复到以前的常规价格也具有黏性的可能性。这将隐含持续时间的中位数延长至 5.9 个月。"相似"价格比常规价格调整更频繁(每 5.9 个月 vs 每 6.9 个月),这一事实表明,与常规价格和以前的常规价格不同相比,促销价格更有可能与以前的促销价格不同。

表 6.7　排除各种情况后美国 CPI 的持续期

情　形	隐含中位数持续时间/月	隐含平均持续时间/月
公告价格	3.4	6.2
没有 V 形	5.0	7.1
"相似"价格	5.9	7.2
常规价格	6.9	8.0
没有替代	8.3	10.1
相邻价格	9.0	11.2
1988—1997 年公告价格	3.6	6.3
1998—2009 年公告价格	3.4	6.6

注:数据来源于 CPI-RDB。这是 1988 年 1 月至 2009 年 10 月间前三大城市(纽约、洛杉矶和芝加哥)的数据。隐含持续时间是月度频率的倒数。

均值和中位数使用基于 BLS 消费者支出调查的 ELI 权重,以及基于 BLS 购买点调查的每个报价的未公布权重。

没有 V 形:较低的中间价格被同质的相邻价格取代。

"相似"价格:常规(促销)价格仅与之前的常规(促销)价格进行比较。

常规价格:公告价格(不包括促销价格)。

没有替代:仅比较产品更替周期内的常规价格。

相邻价格:仅指在产品更替周期内的连续每月的常规价格。

仅限 1988—1997 年:样本仅限于 1988—1997 年(公告价格)。

仅限 1998—2009 年:样本仅限于 1998—2009 年(公告价格)。

表 6.7 还显示,若把所有强制产品替换从数据中删除,则隐含持续时间的中位数将从 6.9 个月增加到 8.3 个月。Klenow 和 Kryvtsov(2008)认为,商品替换反映了价格变化的约 80%,远高于产品生命周期的平均值。消除与替换相关的价格调整意味着价格的持续时间比产品本身更长:对于服装来说,不包括替换的常规价格大约每 27 个月调整一次,而平均产品仅持续 10 个月。最后,如果仅比较替换周期内连续的每月常规价格,则持续时间将从 8.3 个月增加至 9.0 个月。在商品退回库存、即将上市或促销结束后,价格调整会更加

① Nakamura 和 Steinsson(2008a)发现,除去 BLS 标记的促销会带来比任何 V 形筛选器更久的价格持续时间的估计值。

频繁。

Nakamura 和 Steinsson(2008a)强调,在美国 CPI 中,促销和强制商品替换在某些类别中比其他类别更重要。例如,87％的服装价格变动和 67％的家居用品价格变动是与促销相关的,而公用事业、机动车燃料和服务的价格几乎与促销变化无关。在服装和运输行业,每月强制商品替换率约为 10％,而所有商品的每月替换率约为 3％。促销和替换的这种不均匀分布很重要,这可以解释为什么如果将它们排除在外会对美国消费者价格的隐含持续时间的中位数产生相当大的影响:在某些以促销和替换为集中特性的行业,价格变动频率相对接近于行业的中位数。

随着时间的推移,促销对于美国消费者价格而言越来越重要,但在其他地区仍然不太重要。Nakamura 和 Steinsson(2008a)记录了 1988 年至 2005 年美国促销频率的强劲增长,尤其是在加工食品和服装领域,促销频率翻了一番。来自欧洲国家的现有证据则表明,在导致价格灵活性的来源中,促销并不重要。Wulfsberg(2009)的报告指出,在挪威 CPI 数据中,促销价格仅占价格观察值的 3％,剔除这些促销价格仅使价格的平均持续时间增加 0.3 个月。Dhyne 等(2006)也同样报告说,在法国和奥地利,促销对价格变动频率的影响较小。

正如 Mankiw 和 Reis(2002)、Burstein(2006)以及 Woodford(2009)等所强调的,价格变化也许是黏性计划的一部分,因此无法包含当前的宏观信息。这不仅适用于常规价格和促销价格之间的变动,也适用于常规价格变动。这类计划的一个标志是,在一种产品的全生命周期中只存在几个价格。在美国 CPI 排名前三位的城市中,报价行价格持续时间的加权中位数(平均数)为 50(53)个月。在表 6.8 中,我们报告了报价行"最高"(即最常见)的前四位的价格所代表的报价的累计份额。最常见价格的中位数(平均数)份额为 31％(38％)。在报价行价格典型的 4.3 年持续时间中,排名前四位的价格代表了所有价格的 70％(66％)的中位数(平均数)。表 6.8 还报告了几组主要类群的数字。在报价行价格持续时间较短(服装)或名义价格变动频率较低(医疗护理、娱乐)的情况下,自然倾向于较高的份额。相对于其中度的价格变动频率,食品占最高价格中位数的 42％,占前四个价格中位数的 86％。即使是具有高度周期性且价格变化频繁的交通行业,在最高价格中位数中所占份额也只有 16％,且在前四个价格中位数中所占份额仅为 46％。

表 6.8　每个美国 CPI 报价行中"最高"价格的份额中位数及平均数

单位:％

指　标		最高价格	前两名价格	前三名价格	前四名价格	前五名价格
所有项目		31.4 (37.6)	50.9 (53.2)	62.7 (61.3)	70.1 (66.2)	50 (53.1)
按主要类群	衣服	36.7 (41.2)	58.3 (59.9)	71.4 (70.5)	79.0 (77.0)	38 (41.2)
	教育与通信	29.2 (33.1)	47.4 (50.1)	61.3 (61.7)	73.0 (69.3)	42 (52.3)
	食物	42.4 (47.0)	66.7 (66.7)	79.2 (76.3)	85.5 (81.3)	51 (51.7)
	家居用品	24.0 (30.5)	40.0 (43.5)	50.0 (50.4)	56.9 (54.7)	56 (63.4)
	医疗护理	48.9 (53.3)	72.1 (71.1)	82.8 (79.0)	88.0 (84.1)	50 (49.5)

续　表

指　标		最高价格	前两名价格	前三名价格	前四名价格	前五名价格
按主要类群	娱乐	40.4（46.2）	64.9（65.4）	77.6（75.4）	85.1（81.2）	49（48.9）
	交通	16.3（22.6）	28.6（34.8）	38.0（43.1）	45.9（49.8）	49（53.1）
	其他商品和服务	50.0（54.1）	70.6（68.5）	79.3（74.6）	84.0（78.2）	51（52.6）

注:数据来源于 CPI-RDB。括号内的是平均数。这是 1988 年 1 月至 2009 年 10 月间前三大城市(纽约、洛杉矶和芝加哥)的数据。包括常规价格和促销价格。该表使用的是每个报价行中最高(即最常见)的 n 个价格的报价的加权中位数(平均数),以此作为报价行所有价格的份额。

　　由于名义价格每四个月左右变动一次,每个报价行平均约有 13 种价格。因此,泰勒模型(还有卡尔沃模型)意味着前两位价格的中位数份额不到 20%,而数据中的实际份额超过 50%。[1] 少数几个价格不成比例地占有重要份额,这似乎加剧了下滑风险因素,或导致价格计划黏性过大,或两者兼而有之。[2] 对前者有利的是,2/3 的最高价格周期不受其他价格影响。然而,在剔除不常见的价格之前,我们可以探究生产、销售总量与常规价格、罕见价格的变化之间究竟有什么关系。可以想象,周期性的数量对罕见价格很敏感(如服装清仓销售)。

　　Eichenbaum 等(2009)提出了一种有效方法,可以在新价格寿命较短的情况下测量黏性参考价格。他们使用美国一家大型超市连锁店 2004—2006 年的每周价格数据,将每个通用产品代码(UPC)的参考价格定义为每季度的典型价格。他们发现,这些参考价格占所有每周价格的 62%,并且每周销量中有 50% 的产品是以这个价格售出的。他们的报告中提到了重要的一点,即参考价格每 11.1 个月才变化一次,这比同一家超市每季度变化一次的常规(非促销)价格更具黏性。他们进一步提出了一个简化模型,在该模型中,参考价格变动的频率是导致货币非中性的关键因素,因为偏离参考价格往往反映了特殊因素的影响。

　　那么参考价格黏性是否更广泛地存在于美国居民消费价格指数中呢? CPI 是月频数据,所以我们无法将 Eichenbaum 等(2009)的测算方法原封不动地应用到 CPI 上。于是,我们将每种商品每月的参考价格定义为以当前月份为中心的 13 个月窗口期里最常见的价格。我们突破了仅采用当前价格的束缚。滚动窗口期的一个优势是参考价格每个月都可以发生变化,而传统的方式只允许参考价格每个季度最多改变一次。借助这 13 个月的窗口期,在研究加权报价行之后,我们发现在 78.5% 的时间内,公告价格的平均数和参考价格一致(中位数为 84.2%)。表 6.9 提供了所有项目和主要类群参考价格的统计数据。食品类参考价格的占比略高(中位数为 88.1%)。唯一一个参考价格占比低于 70% 的主要类别是交通运输(中位数为 62.5%);即便考虑到它的周期性,这仍是一个显著的例外。我们发现在 CPI 中各参考价格(ELI)持续时间的加权中位数为 11.0 个月。请注意,参考价格的变动频率低于常规价格(持续时间中位数为 6.9 个月),因此,一些常规价格变动会

---

[1] 最高价格份额的菜单成本模型的预测,将对期望价格中重大特殊变化的分布和时机更为敏感。在 Golosov 和 Lucas (2007)的研究中,每个时期都会呈现高方差冲击,而在 Gertler 和 Leahy(2008)的研究中,它们遵循泊松过程。

[2] 除了搜集和处理信息以及制定和实施新计划存在成本外,一些价格的使用反映了"价格点"效应。Levy 等(2007)发现以 9 结尾的价格是最常见的(无论是美分、美元还是几十美元)。这些价格变化的可能性较小,但一旦发生变化,其变化的幅度也较大。

暂时地偏离参考价格。食品行业的价格持续时间中位数较高,为 13.5 个月,而交通运输业的价格持续时间中位数较低,为 6.1 个月。我们得出结论,Eichenbaum 等(2009)提出的参考价格现象不仅适用于大多数食品类别,而且更广泛地适用于非住房类 CPI 中的大多数商品。

关于美国 CPI 参考价格的研究结果,我们提出以下几点注意事项。第一,我们对参考价格的定义并没有原封不动地沿用 Eichenbaum 等(2009)的定义(两者并不是严格可比的)。根据我们的定义,我们确实观察到参考价格的黏性更多地表现在其高份额占比和长持续时间的同时存在上,而不是单独地表现在高份额占比或者长持续时间上。第二,参考价格的份额在各报价行之间存在相当大的差异(加权标准差为 41%),即使在同一产品类别中也是如此(见表 6.9)。第三,周期性数量既受非参考价格的影响,也受参考价格的影响。第四,还有一点需要注意,参考价格的研究结果会对建模产生影响。尽管参考价格在全部价格数据中占有很大比重并且延续时间很长,但我们的统计数据并未显示出卖家会从一小组价格中选择定价,也不意味着价格之间存在延续性。事实上,在美国 CPI 中,偏离了参考价格之后再次回归该参考价格的商品只占 30%。我们接下来研究的两组数据或许会更直接地揭示这些问题的答案。

表 6.9　每个美国 CPI 报价行中参考价格的份额

指　标		中位数/%	平均数/%	标准差/%	中位数持续时间/月
所有项目		84.2	78.5	41.0	11.0
主要类群	衣服	77.8	77.1	35.1	11.0
	教育与通信	93.1	83.0	57.4	7.3
	食物	88.1	82.2	27.2	13.5
	家居用品	82.1	77.9	46.8	6.9
	医疗护理	100.0	93.7	27.1	18.8
	娱乐	92.3	87.4	36.3	14.6
	交通	62.5	64.2	70.4	6.1
	其他商品和服务	96.3	89.4	36.9	19.3

注:数据来源于 CPI-RDB。这是 1988 年 1 月至 2009 年 10 月间前三大城市(纽约、洛杉矶和芝加哥)的数据。包括常规价格和促销价格。参考价格是 13 个月窗口期中最常见的价格,以每个报价行的当前月份为中心。计算每个报价行参考价格在所有价格中的份额,然后计算各个报价行加权中位数(平均数)和这个百分比的标准差。我们使用最大似然估计法(Klenow and Kryvtsov,2008)计算主要类别的加权中位数持续时间。

第一组数据是价格中被称为新颖价格的比例。在此处,新颖价格指的是同一(报价行)商品在本次出现之前的 12 个月内均未出现过的价格。在美国 CPI 排名前三的城市中,我们发现新颖价格的加权中位数(平均数)占比达 16.1%(25.0%)。这些比例与每 4 至 7 个月出现一次真正的新价格相符。我们认为,这意味着与最常见价格的偏离展示出了相当大的新颖性。表 6.10 按主要类群列出了统计数据。新颖性与价格变动的频率相关。食品类价格变动频率尽管和平均数相似,但其新颖性低于平均数(中位数为 10.3%,而所有类群的中位数为 16.1％；平均数为 13.8％,而总平均数为 25.0％)。因此,我们在从数个百货商店扫描数据组中总结经验时需要留神。价格新颖性在周期性较强的大类(比如交通运输、服装)中更明显。如果周期性数量和新颖价格有关,那么新颖价格就会影响宏观价格的灵活性。

表 6.10　每个美国 CPI 报价行中新颖价格的份额

指　标		中位数/％	平均数/％
所有项目		16.1	25.0
主要类群	衣服	21.2	26.3
	教育与通信	23.3	28.3
	食物	10.3	13.8
	家居用品	23.6	35.9
	医疗护理	6.7	8.2
	娱乐	9.9	12.9
	交通	35.0	38.3
	其他商品和服务	7.1	10.7

注:数据来源于 CPI-RDB。这是 1988 年 1 月至 2009 年 10 月间排名前三的城市(纽约、洛杉矶和芝加哥)的数据。包括常规价格和促销价格。新颖价格是指过去 12 个月内在同一报价行中从未出现过的价格。

我们还计算了价格数据中复归价格的比例。如果相同的价格在过去 12 个月的任何时间出现,且其间至少出现一次不同的价格,那么我们就将当前价格定义为复归价格。举个例子,假设某商品现行价格为 10 美元,在过去的六个月内该价格一直维持在 10 美元,在七个月前为 11 美元,但在八个月前仍为 10 美元,那么现行价格 10 美元就是复归价格。表 6.11 表明在美国 CPI 排名前三的城市中复归价格的加权中位数(平均数)占比为 0.8％(14.0％)。复归价格占比最高的两大类分别是服装和食品,平均占比在 25％左右。然而,在报价行价格中,八大主要类群中有五大类的复归价格占比为 0。

表 6.11　每个美国 CPI 报价行中的复归价格的份额

指　标		中位数/％	平均数/％
所有项目		0.8	14.0
主要类群	衣服	19.5	25.2
	教育与通信	0	4.8
	食物	14.9	24.7
	家居用品	6.3	16.4
	医疗护理	0	3.7
	娱乐	0	11.0
	交通	0	6.2
	其他商品和服务	0	8.8

注:数据来源于 CPI-RDB。这是 1988 年 1 月至 2009 年 10 月间排名前三的城市(纽约、洛杉矶和芝加哥)的数据。包括常规价格和促销价格。复归价格是指过去 12 个月内在同一报价行中发生过且中断过的当前价格。

结果表明,除服装类和食品类外,美国 CPI 月度价格没有多少"记忆"。一个推论是,大部分参考价格并不是复归价格。我们至少可以断定,典型的非参考价格一定是各个连续参考价格之间的短期(过渡)价格。如果有每周甚至每天的数据,我们就会看到,以月度为观察单位的数据很容易忽视许多临时价格变动。对于服装类和食品类来说,这种差异会更明显。在这两大类中,在促销期间或者促销过后复归价格的占比容易偏高(服装类复归价格大约占 3/4,而食品类复归价格大约占 1/2)。但对服务业(比如医疗行业)而言,这种情况就不太可能发生,因为这类行业的月度价格在很大程度上是从一个参考价格变化到另一个参考价格。

3.4 变动频率的决定因素

研究人员也对影响价格变动频率的因素进行了研究。一些研究利用不同维度下频率的显著变化来识别重要的决定因素,而另一些研究则直接要求定价者来评估各种价格黏性理论的重要性。我们列出了一份(非详尽的)决定因素清单,包括:(a)通胀水平及其可变性;(b)成本和需求冲击的频率和强度(广义上的,包括价格歧视);(c)市场竞争的结构和程度(包括对促销折扣的管制);(d)统计机构搜集价格数据的方法(比如他们是否搜集临时促销价格)。

我们先来看表 6.1 中列出的各国数据。根据 Golosov 和 Lucas(2007)以及 Mackowiak 和 Smets(2008)的研究,图 6.4 简单地绘制了这些研究中价格变化的平均频率与平均通货膨胀率的关系。价格变动频率对通胀的 OLS 回归系数为 17.0(标准误差为 6.8)。当然,这种操作有几点需要说明。首先,这些研究在许多细节上都有差异,包括样本构成和价格数据搜集方式的不同。其次,高通胀时期也往往是通胀率波动加大的时期,所以目前尚不清楚图 6.4 中所显示的关系反映的究竟是通胀水平的重要性还是通胀可变性的重要性(抑或两者兼而有之)。尽管如此,这种联系仍然具有启发性。

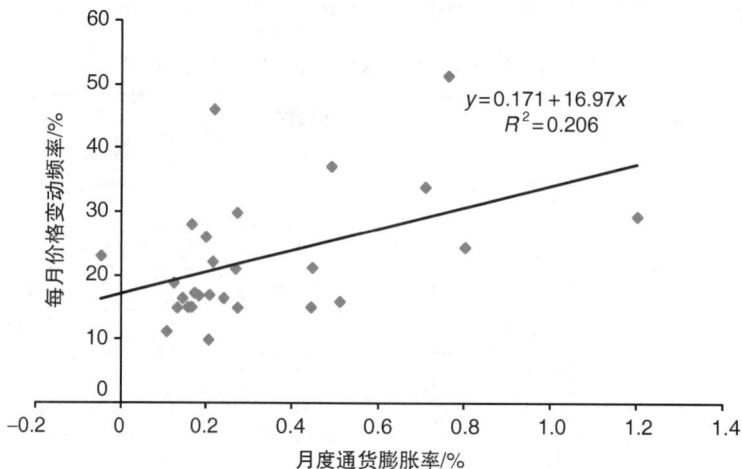

$$y = 0.171 + 16.97x$$
$$R^2 = 0.206$$

图 6.4 不同国家价格变动频率与通货膨胀的关系

注:每个数据点代表表 6.1 中的一项研究,Gouvea(2007)的研究因与 Barros 等(2009)的研究重叠而被排除。每月价格变动的频率如表 6.1 所示,每月的通货膨胀率则基于作者的计算。

Dhyne 等（2006）通过对来自欧洲的数据进行回归分析来研究通胀（及其他因素）对价格变动频率的影响。他们基于产品类别（未加工及加工食品、能源、非能源工业品以及服务）的虚拟变量、国别虚拟变量、产品类别的通胀均值和标准差、促销价格是否出现和是否被报告、价格设定在有吸引力的水平（"价格点"）的占比以及反映是否存在典型价格管制的指标，对 9 个国家 50 多个产品类别的价格变动频率进行回归分析。他们发现，平均通胀率与总体变动频率并没有显著的相关性，但与提高和降低的频率分别相关。在通胀波动性较高的类别里，总体变动频率（及其分别提高和降低）都会明显更高。同时，在另外三种情况下，价格变动频率也会更高：一是把促销和临时降价纳入考虑；二是有吸引力的价格占比不高；三是价格不受监管。

在美国消费者价格方面，Bils 和 Klenow（2004）考虑了不同产品类别的价格变动频率与市场结构衡量指标的相关回归：市场集中度、批发加价以及各类别中不可比较的替代率。控制了商品为原料类或加工品类这一因素后，他们发现前两组衡量指标在统计上没有显著影响，但产品周转率是价格变动频率的一个稳健预测指标。他们阐释了产品周转率和原材料在解释价格变动频率方面的作用，认为它们反映了冲击波动性对商品供需关系的重要性。

Boivin 等（2009）发现行业冲击的波动性与价格变动频率之间存在关系。通过使用分解后的个人消费支出（PCE）通胀序列，他们区分了行业特定条件变化引起的通胀波动与宏观经济因素引起的通胀波动。他们发现，特定冲击较大的行业价格，其变动频率更高。

另一些研究证明了成本冲击的重要性，研究发现投入价格更具黏性的产品的价格变化的频率往往更低。例如，Nakamura 和 Steinsson（2008a）指出了上游（PPI）与下游（CPI）价格变动频率之间的高度相关性，而 Eichenbaum 等（2009）在分析了来自美国某大型零售商的详细成本和价格数据后也发现了相似的情况。Vermeulen 等（2007）分析了欧元区的生产者价格，并注意到工资往往比商品价格更具黏性。他们发现：劳动力成本在总成本中占比越高的商品，其价格变化往往越不频繁；相比之下，使用大量中间品的企业则更频繁地调价。Peneva（2009）将美国消费品的类别与生产这些消费品的制造业进行匹配后同样发现，商品的劳动力密集程度较高与其价格变动频率较低相关。

调查数据还就价格变动的决定因素提供了很多有用的见解。Fabiani 等（2005）指出，欧元区企业不调整价格有四个主要原因：前两个分别是企业与消费者之间的显性契约和隐性契约；第三个是基于成本的定价（即投入成本变化缓慢）；第四个是协商失败（不愿意提高价格，害怕市场被不跟风涨价的竞争对手抢走）。以上原因也被美国（Blinder et al. , 1998）、英国（Hall et al. , 2000）、瑞典（Apel et al. , 2005）和加拿大（Amirault et al. , 2006）的企业列入其不愿改变价格的五大原因之中。此外，物理成本（菜单成本）和高昂的信息成本是企业最不喜欢改变价格的原因之一。最后，更加频繁地调整价格的主要障碍与价格变动本身有关，而不是价格重估；换言之，接受调查的企业反映重估价格的频率要比改变价格的频率高得多。

Álvarez 和 Hernando（2007b）进一步深入分析了基于成本定价的相关数据，尤其是劳动力成本的作用。他们指出，在西班牙劳动力成本较高的行业，大部分企业往往不会频繁调整价格。Druant 等(2009)在对欧元区企业的工资和定价策略进行深入调查之后,揭示了工资水平和价格变化之间的关系。他们发现,40%的企业表示他们的工资和价格调整决策之间存在(正式或非正式的)关系。此外,劳动力成本占比较高的企业的工资和价格变动之间的联系往往也更加紧密,而且价格变动频率也更低(因为工资变动频率低于价格变动频率)。最后,即使考虑到价格和工资变化之间存在或然的同步性,我们也能发现工资变化频率与价格变动频率之间存在统计学意义上的显著关系。

Dhyne 等(2006)试图找出美国价格变动频率比欧元区高的原因。美国的通胀水平和波动性都较高,但(对价格变动)几乎没有影响。两地消费习惯的差异无法解释这一现象,因为在欧元区,CPI 中的灵活支出项占比实际上的更大。销售渠道的多样性是原因之一:价格变动较少的小型零售店在欧元区的市场份额比美国大。临时促销的发生及其取消的差异很重要。例如,在美国,1/5 的价格变动与促销有关;而在法国,促销导致的价格变动占比还不到 1/8。许多其他欧元区国家并未记录促销价格。最后,美国的工资(以及其他要素投入价格)的灵活性更高,不利于竞争的管制更少,这些可能有助于解释为何美国价格变动频率更高。

4. 价格变动的幅度

现在,我们从粗放边际(价格变化的频率)转向集约边际(价格变化的幅度)。由于微观数据中仍然存在着显著的异质性,因此描述价格变动幅度的分布将很有意义。

4.1 平均变动幅度

许多研究都表明价格的平均变动幅度很大。例如,Klenow 和 Kryvtsov(2008)研究指出,在美国 CPI 中,公告价格的平均数(中位数)绝对数值变化为 14%(11.5%),相比之下,常规价格变动较小,但其平均数(中位数)仍然很高,为 11%(10%)。欧元区平均居民消费者价格上升(下降)为 10%(8%)(Dhyne et al.,2006),新兴市场同样也呈现出巨大变化(Barros et al.,2009;Konieczny and Skrzypacz,2005)。Nakamura 和 Steinsson(2008a)分析了美国制成品的生产者价格,结果表明其变化幅度中位数为 7.7%。

鉴于美国和欧洲的总通胀水平低且波动性不大,大部分价格变动并不是简单地追随总体通胀的步伐(即没有被指数化)。很多微观价格调整有其行业或者部门的特殊因素的影响,但这些因素并不包含在整体冲击之内。关于微观价格大幅变动背景下的理性疏忽假设的更多讨论,请参见 Mackowiak 和 Smets(2008)的相关文献。

4.2　提高与降低

变化幅度分布的第二个特点是价格下跌十分普遍。Nakamura 和 Steinsson（2008a）指出，在美国的 CPI 和 PPI 月度价格变化中，大约 40％是下降的，Dhyne 等（2006）报告了欧元区的类似数字。这些事实有助于解释：为什么在平均绝对价格变动如此巨大的情况下，平均价格变动却如此之小——14％相对于 0.8％（Klenow and Kryvtsov，2008），并表明特殊冲击（或者价格歧视）在推动价格变化方面起着十分重要的作用。价格下降的程度也因行业而异，尤其是在服务业，价格下降相对不常见（Dhyne et al.，2006；Nakamura and Steinsson，2008a）。

4.3　变动幅度分布的高阶矩

Midrigan（2009）在研究了扫描数据之后强调，不同于预想中的正态分布，非零价格变动在零附近的分布更为密集，而且存在某种程度的肥尾。正式的表述是，价格变动呈尖峰态分布（即有正的超额峰度）。我们已经在美国 CPI 数据中证实了这一情况，其公告价格变动分布的峰度达 10.0，而常规价格的峰度达 17.4（在正态分布中峰度为 3）。依照米德里根（Midrigan）的观点，肥尾形态表明经济主体的选择能力较弱，而价格变动大，因此是超边际的。由于这个原因，相比价格降低，价格上涨的比例对宏观冲击不太敏感（Gertler and Leahy，2008）。

其他研究更直接地记录了价格小幅变动的普遍性。在美国 CPI 中，约 44％的常规价格变动幅度绝对值小于 5％，25％的常规价格变动幅度绝对值小于 2.5％，12％的常规价格变动幅度绝对值小于 1％（Klenow and Kryvtsov，2008）。请注意，这不仅仅是由于购物卡被频繁使用（如扫描数据显示的包括购物券和会员折扣在内的平均每周价格）。Wulfsberg（2009）指出，在挪威，45％的价格变动幅度小于 5％；而在巴西，虽然价格变动平均幅度的绝对值为 13％，但超过 1/3 的价格变动幅度小于 5％（Barros et al.，2009）。在生产者价格方面，Vermeulen 等（2007）发现，在欧元区，1/4 的价格变动的增幅和降幅均小于 1％，而该地区的价格变动平均幅度却达到 4％。

5. 价格变动的动态特征

除我们一直关注的纯统计数据研究外，一些研究人员还记录了价格随时间变化的若干特征，包括价格变动的同步性、价格变动频率及幅度如何与现有价格持续时间相关联，对被认为会改变企业期望价格的冲击的价格反应等。我们之所以关注这些特征，是因为由于名义黏性的存在(如数据所显示的),定价者面临着动态决策的难题,因此数据的动态特征特别有助于区分各种定价理论。

5.1 同步性

至少从 Taylor(1980)开始,交错定价在模拟货币冲击的实际持续影响方面发挥了重要作用。价格调整的交错性很容易从数据观察中看出:在任意给定的时期,并非所有的价格都在变化。此外,当定价者决定改变价格时,他们通常会参考竞争对手的现行价格(Levy et al.,1998),这一策略奏效的前提是预计(至少有一些)竞争对手的价格将持续一段时间。最近的研究将价格变动频率的因时变化视为衡量定价同步程度(或相反情形,即均衡交错)的指标。这种时间上的变化也可以给我们提供区分某些时间依存型定价模型和状态依存型定价模型的参考。

Klenow 和 Kryvstov(2008)将月度通胀率 π_t 分解为价格变动项目的比例 fr_t 和价格变动平均幅度 sz_t,其中 $\pi_t = fr_t \times sz_t$。在他们的研究样本中(美国,1988—2004 年),他们发现价格变动项目比例相对稳定,且与通货膨胀的相关性不那么强(相关系数为 0.25);价格变动的平均幅度则更不稳定,且和通胀的波动几乎完全一致(相关系数达到 0.99)。另外,他们还将通胀随着时间变化的幅度分解为集约边际 IM 和粗放边际 EM,等式如下:

$$\mathrm{var}(\pi_t) = \underbrace{\mathrm{var}(sz_t) \cdot \overline{fr}^2}_{\mathrm{IM}} + \underbrace{\mathrm{var}(fr_t) \cdot \overline{sz}^2 + 2 \cdot \overline{fr} \cdot \overline{sz} \cdot \mathrm{cov}(fr_t, sz_t)}_{\mathrm{EM}} + O_t$$

这个分解式值得深入研究,因为不同定价模型对该分解式有不同的影响。比如,在交错 TDP 模型中,集约边际 IM 将解释通货膨胀的所有变动,相比之下,价格变动项目比例在某些 SDP 模型中起着重要作用,比如 Dotsey 等(1999)提出的模型。Klenow 和 Kryvstov(2008)发现集约边际 IM 项解释了通货膨胀方差的 86%—113%,这意味着价格变动项目比例在通胀波动中是相对不太重要的因素,至少在他们的样本期间是这样的。值得注意的是,其他一些 SDP 模型(Golosov and Lucas,2007)也适用于这个分解式。关键在于将大的特殊价格变动(实际发生的)包含在内,这样总体冲击对价格变化的频率就会有抵消作用。

Gagnon(2009)首次强调了依据涨价和降价将通胀分解成更多项的作用。在 $fr = fr^+ + fr^-$ 和 $sz = fr^+ sz^+ - fr^- sz^-$ 中,fr^+ 和 fr^-(sz^+ 和 sz^-)分别表示涨价和降价的频率(绝对幅度)。因此,尽管涨价和降价的平均幅度始终保持一致,但由于涨价和降价的频率波动相抵消(这也意味着价格变动的总频率变化不大),价格变动的平均幅度仍会出现显著变化。这是我们在美国观察到的情形。Klenow 和 Kryvtsov(2008)报告称,通货膨胀每上升 1 个百分点,价格上涨(下降)的项目比例就会发生 5.5(−3.1)个百分点的变化,价格上涨(下降)幅度也会发生 0.6(−1)个百分点的变化。当他们进一步将通胀的方差进行分解(协方差项拆分)时,他们就会发现涨价和降价的波动对通胀波动来说同样重要。[①]

在 Klenow 和 Kryvtsov(2008)研究的样本期间,美国的通胀相对较低且稳定,而 Gagnon(2009)注意到 1994—2002 年墨西哥既经历了高通胀时期也经历了低通胀时期。他发现,当每年的通胀率低于 10%—15%时,由于涨价和降价的频率相互抵消,价格变化的平均频率(幅度)与通货膨胀弱相关(强相关)。然而,当通货膨胀率超过 10%—15%时,被观察到的价格下降很少,频率和平均幅度都是通货膨胀的重要决定因素。因此,在整个样本期间,粗放边际解释了通货膨胀变动的一半以上。

Wulfsberg(2009)研究了挪威长达 30 年的消费者价格数据。通货膨胀先是很高且剧烈波动的(1975—1989 年),然后是较低且稳定的(1990—2004 年)。他使用了一种不同的标准来评估 IM 和 EM 的重要性。具体来说,他用特定产品的平均价格变动频率和幅度的加权乘积之和来构建第 t 年的月平均通货膨胀率,即 $\hat{\pi}_t = \sum \omega_{i,t}[fr_{i,t}^+ \cdot sz_{i,t}^+ + fr_{i,t}^- \cdot sz_{i,t}^-]$,其中 $fr_{i,t}^+$ 是指价格上涨的平均频率,以此类推。为了评估 IM 和 EM 的重要性,他计算了条件通胀率,即价格变化的幅度(频率)保持在其平均值不变,而允许价格变化的频率(幅度)变化。他发现 EM 与 CPI 通胀高度相关(0.91),而 IM 则与 CPI 通胀负相关(-0.12),他将此解释为定价决策中存在高度状态依存的证据。在把样本时间限制在通胀率低且稳定的 1990—2004 年时,他发现 IM 和 CPI 通胀的相关性更高,为 0.51 比 0.36。

接下来,我们来研究近期美国经济衰退中价格变动同步性的证据。基于加工品的常规价格,图 6.5 绘制了美国前三大城市价格变动的平均频率。首先,我们计算了从 1988 年 4 月到 2009 年 9 月间每月价格变动频率(ELI 内的加权平均数)。然后,我们找出季度(月度)虚拟变量,并计算其偏差。最后,我们对每个季度的月度偏差进行了平均,再将所有季度的平均数加回去,得到从 1988 年第二季度到 2009 年第三季度的季度数据。自 2007 年底开始,价格变动月度频率增加了几个百分点,从大约 18.5%增加到大约 21%。对于这是否意味着经济意义上的重大变化,我们还没有一个很好的指标来衡量,但这个问题值得进一步研究。例如,周期性商品的频率是否增长得更快? 考虑到经济衰退的严重程度,这一增长是否内在地反映了对经济衰退更多的关注? 我们确信的是,和所有公告价格一样,加工品的公告价格也会上涨。另外,常规加工品的价格涨跌幅度几乎没有变化(如果我们将原料类产品纳入考虑,那么在样本末期能源类产品的价格就会出现异常大的跌幅)。

---

① 然而,Nakamura 和 Steinsson(2008a)发现,涨价的频率,而不是降价的频率,是推动通货膨胀变化的重要因素。他们研究的是不同行业价格变动频率的中位数,而不是不同行业的平均数。

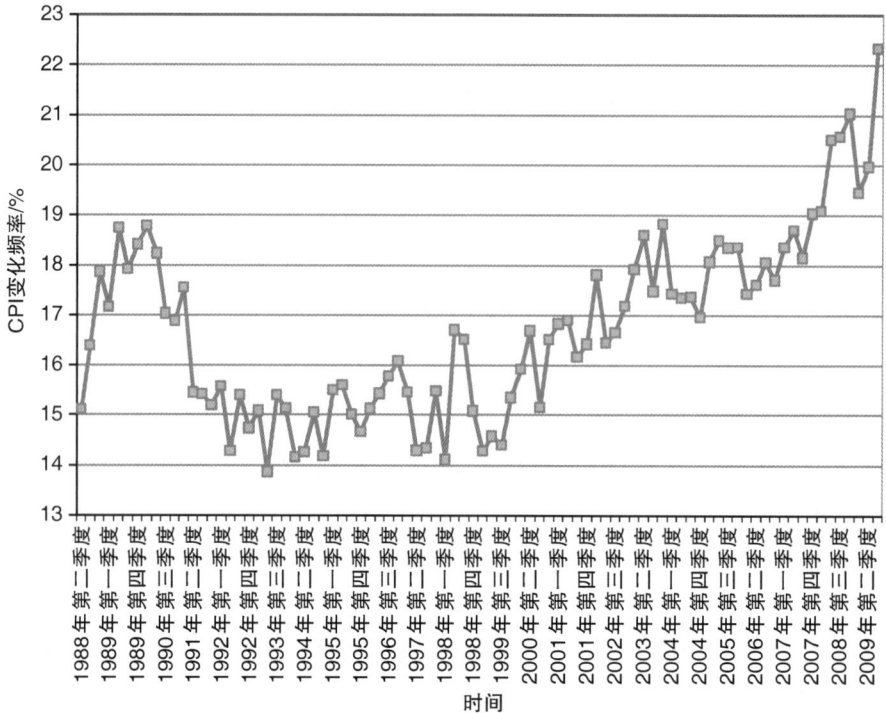

图 6.5　美国月度 CPI 频率的因时变化

资料来源:CPI-RDB。这是来自排名前三的城市(纽约、洛杉矶和芝加哥)的数据,基于加工品的常规价格。我们首先计算了 1988 年 4 月至 2009 年 9 月的每月价格变动频率(ELI 内的加权平均数)。然后,我们找出季度(月度)虚拟变量,并计算它们的偏差。最后,我们对每个季度的月度偏差进行了平均,并将所有季度的平均数加回去,得到了从 1988 年第二季度到 2009 年第三季度的季度数据。

季节性也是同步性的另一种表现形式。Nakamura 和 Steinsson(2008a)发现,(常规)消费者价格变化频率的加权中位数在一年的四个季度中单调递减,局部峰值出现在每个季度的第一个月。生产者价格的季节性模式定性地重现了消费者价格的季节性模式,但前者的规模要大得多,1 月价格变化的频率是一年中剩余时间平均水平的两倍以上。Dhyne 等(2006)则强调,在欧元区,各种商品价格变化更有可能呈现出季节性模式,包括受农产品价格季节性影响的未加工食品、受"季末促销"影响的一些工业产品以及倾向于在年初调整价格而在年底避免调整价格的服务。

对欧元区的消费者价格,Dhyne 等(2006)同样利用 Fisher-Konieczny(2000)的衡量方法来研究产品层面的同步性。在该模式中,价格变化完全同步时就赋值同步率为 1,价格变动均匀交错时就把同步率赋值为 0。他们对共同样本中的 50 个产品类别进行了衡量。总体来说,除能源价格外,其余类别商品的同步率都相当低,不同产品的同步率中位数介于德国的 0.13 和卢森堡的 0.48 之间。与德国相比,卢森堡的同步率更高,这一比率差异可能反映了计算该比率所依据的市场规模的差异以及卢森堡商店数量相对较少。与此相关的是,Dhyne 和 Konieczny(2010)在分析比利时 CPI 数据时发现,不论是在产品方面还是地理空间方面,数据越集中,价格变动的幅度就越大。

其他研究则关注了零售商店层面的价格同步性。Nakamura(2008)借助美国数个零售商店的扫描数据,将单个商品的价格变动分解为全体商店统一调价(16%)、连锁商店统一调价(65%)和少数特定商店调价(17%)。这些发现表明,零售层面的冲击而不是制造商层面的冲击对于理解零售价格的波动相当重要。Midrigan(2009)发现,某一特定商品价格变动的概率取决于店内其他价格变动商品的比例,尤其是那些同属一个产品类别的价格变化的产品。他还发现了一些特定城市内商店之间同步性的其他证据,尽管不太明显。与之相关的,Lach和Tsiddon(1992,1996)分析了以色列零售店中不同肉类商品和酒类的价格。他们发现,当商店调整价格时,他们倾向于同时改变大多数商品的价格,但每个商店调整价格的时间是不同的。

5.2　促销、参考价格及总体通胀

在考虑与销售相关的价格变化时,宏观经济学家面临的一个关键问题是,此类价格变动究竟是受宏观冲击影响而产生的,还是只受个别因素的影响。Midrigan(2009)以及 Nakamura和 Steinsson(2008a)在用先前的常规价格取代促销价格后的实证分析中,都隐含地倾向于后一种观点。Guimares 和 Sheedy(2008)在一个特定模型中对后一种观点做了合理化处理,即将常规黏性价格和促销价格之间的来回振荡作为价格歧视的最优形式。相似地,Eichenbaum等(2009)提出了一个模型,在该模型中,卖家会选择"黏性配对"价格,他们可以自由地在两者间切换,但价格每次变化都会产生相应的菜单成本。Kehoe 和 Midrigan(2008)的观点比较中性,他们的模型显示,与促销相关的价格变化既受到(较小的)菜单成本的影响,也受到宏观和特殊冲击的影响。由于促销价格倾向于回归此前的常规价格(无论是在他们的理论还是在数据中),他们的理论促销价格对宏观价格灵活性的影响要明显小于常规价格变动(持续时间可任意拉长)的影响。

对于与促销相关的价格变化是否有助于提高宏观价格灵活性这个问题,答案最终还是要通过实证研究去寻找。根据 Klenow 和 Kryvtsov(2008)的研究,超过40%的促销价格不会回归之前的常规价格,这使得宏观价格灵活性有可能变大。Klenow 和 Willis(2007)借助所有城市 CPI 的双月数据发现商品价格折扣的幅度的确与该商品从上一次价格变动后的累积通胀相关。还有一种尚未被调查证实的可能性是,清仓促销(服装类和家电类常见,但食品类不常见)是在宏观层面对多余库存积累做出的反应。

为了提供促销价格具有宏观影响的证据,我们分别计算了美国前三大城市 1988 年 2 月到 2009 年 10 月间公告价格和常规价格的通胀。为了消除季节性影响,我们对每个城市设置了月度虚拟变量。表 6.12 汇总了美国 CPI 中公告价格与常规价格通胀的一些结果。就残差而言,因为常规价格通胀的方差相当于公告价格通胀方差的 87.5%,所以促销价格"解释"了总方差的 12.5%。相比之下,促销价格占所有价格变化的 19% 左右(Klenow and Kryvtsov,2008)。然而,当我们将数据以季度为单位进行整合时,却发现促销价格仅为季度公告价格的通胀方差贡献了 7.5%。因此,跨截面聚合无法完全消除促销价格变化的影响,但时间聚合会大幅减少其影响。

表 6.12　美国 CPI 中公告价格通胀与常规价格通胀的比较

指　　标		公告价格 π	常规价格 π	促销相关价格 π
月度	相对于公告价格 π 的方差	1	0.875	0.125
	与公告价格 π 的相关性	1	0.963 (0.005)	0.365 (0.054)
	序列相关	0.394 (0.053)	0.420 (0.051)	−0.076 (0.062)
	一年后累计通胀	1.507 (0.270)	1.480 (0.267)	1.089 (0.168)
季度	相对于公告价格 π 的方差	1	0.925	0.075
	与公告价格 π 的相关性	1	0.979 (0.005)	0.285 (0.100)
	序列相关	0.174 (0.106)	0.142 (0.108)	−0.017 (0.110)

注:数据来源于 CPI-RDB。通货膨胀率数据来自前三大城市(纽约、洛杉矶和芝加哥)。月度数据的时间范围为 1988 年 2 月到 2009 年 10 月,季度数据时间范围为 1988 年第二季度到 2009 年第三季度。公告价格包括促销价格,常规价格将销售价格替换为以前的常规价格。在计算矩之前,将每月(季度)虚拟变量从公告价格通胀和常规价格通胀中分别移除。"与促销相关的通胀"是指由公告价格通货膨胀减去常规价格通货膨胀所得到的序列。"一年后累计通货膨胀"由 $\ln P_{t+12} - \ln P_t$ 对 $\ln P_{t+1} - \ln P_t$ 回归得到。

美国 CPI 中公告价格通胀的序列相关系数(0.394,标准误差为 0.053)和常规价格通胀的序列相关系数(0.420,标准误差为 0.051)相近,这可以参看 Bils 等(2009)的相关文献。同样的情况也出现在季度通胀率上(公告价格通胀序列相关系数为 0.174,常规价格通胀序列相关系数为 0.142)。为了弄清楚价格变动幅度是增加还是减少,我们基于 t 月至 $t+1$ 月的通胀,对 t 月至 $t+12$ 月的累计通胀进行了回归。结果如表 6.12 所示,第一个月的价格增长率为 1%,而 12 个月后常规价格高出了 1.48%(标准误差为 0.27)。与促销相关价格变动的总体部分则惊人的稳定:12 个月后,公告价格和常规价格之间的差异增长了 1.09%(标准误差为 0.17)(在第一个月公告价格和常规价格差异的基础上又增长了 1%)。

表 6.13 提供了总体参考价格通胀的统计数据,该指标仍然由美国 CPI 中前三大城市的每月虚拟变量的残差计算得出。我们之前提到过,按 Eichenbaum 等(2009)的思路,我们将参考价格定义为每个商品在以当月为中心的 13 个月的窗口期中最常见的价格。如前所述,根据此定义,参考价格占 CPI 中所有价格的 80% 左右,且每 11 个月改变一次。相较之下,常规价格占所有价格的 90% 左右,大约每 7 个月变动一次。[①] 因此,参考价格实际上更有力地剔除了短期价格(尽管原则上并非如此,因为我们的定义允许参考价格每月都发生变化)。在美国 CPI 中,总体月度参考价格通胀的变化是公告价格通胀变化的 46%。月度公告价格通胀率与参考价格通胀率的相关性(0.69)和月度公告价格通胀率与参考价格通胀率偏差的相关性(0.73)相近。月度参考价格通胀率的序列相关性(0.46,标准误差为 0.05)比参考价格通胀率差值的序列相关性(0.12,标准误差为 0.06)更强。这种情况不是模型构建带来的,因为对参考价格的偏差本可以表现出更持久的变化。一年之后,参考价格变动增加到 3.07%

---

① 每月常规价格通胀率和参考价格通胀率之间的相关性为 0.69(标准误差为 0.03),而季度常规价格通胀率和参考价格通胀率之间的相关性为 0.79(标准误差为 0.04)。

（标准误差为 0.40），而参考价格偏差却无增无减（系数为 0.91％，标准误差为 0.16）。

表 6.13 美国 CPI 中的公告价格通胀与参考价格通胀比较

指　标		公告价格 π	参考价格 π	非参考价格 π
月度	相对于公告价格 π 的方差	1	0.462	0.538
	与公告价格 π 的相关性	1	0.689（0.033）	0.734（0.029）
	序列相关	0.398（0.054）	0.461（0.050）	0.119（0.063）
	一年后累计通胀	1.569（0.281）	3.067（0.395）	0.906（0.162）
季度	相对于公告价格 π 的方差	1	0.592	0408
	与公告价格 π 的相关性	1	0.822（0.037）	0.642（0.066）
	序列相关	0.175（0.109）	0.441（0.091）	−0.217（0.107）

　　注：数据来源于 CPI-RDB。通货膨胀率数据来自前三大城市（纽约、洛杉矶和芝加哥）。月度数据的时间范围是从 1988 年 8 月到 2009 年 4 月，季度数据的时间范围是从 1988 年第三季度到 2009 年第一季度。参考价格是每个商品以当月为中心的 13 个月窗口期中最常见的价格。在计算矩之前，将每月（季度）虚拟变量从公告价格通胀和参考价格通胀中分别移除。"非参考价格通胀"是指从公告价格通胀中减去参考价格通胀所得到的序列。"一年后的累计通胀"由 $\ln P_{t+12} - \ln P_t$ 对 $\ln P_{t+1} - \ln P_t$ 回归所得。

　　如表 6.13 所示，当数据处理时间单位变成季度的时候，参考价格通胀比公告价格的通胀更加不稳定和持久。参考价格通胀的方差上升到总体季度通胀的 59％ 左右（每月约为 46％）。从季度层面来说，公告价格通胀与参考价格通胀的相关性（0.82）高于与参考价格通胀偏差的相关性（0.64）。参考价格季度通胀的序列相关系数为 0.44（标准误差为 0.09），而参考价格季度通胀的偏差则为 −0.21（标准误差为 0.11）。图 6.6 显示了这一季度数据序列。2008 年底，由于能源价格下跌，两个比率都大幅下降，但该年的两个季度并没有影响任何统计结果。总的来说，参考价格通胀更多地对更为持久的通胀冲击做出反应，而对参考价格通胀的偏差则更多地反映了短期波动。

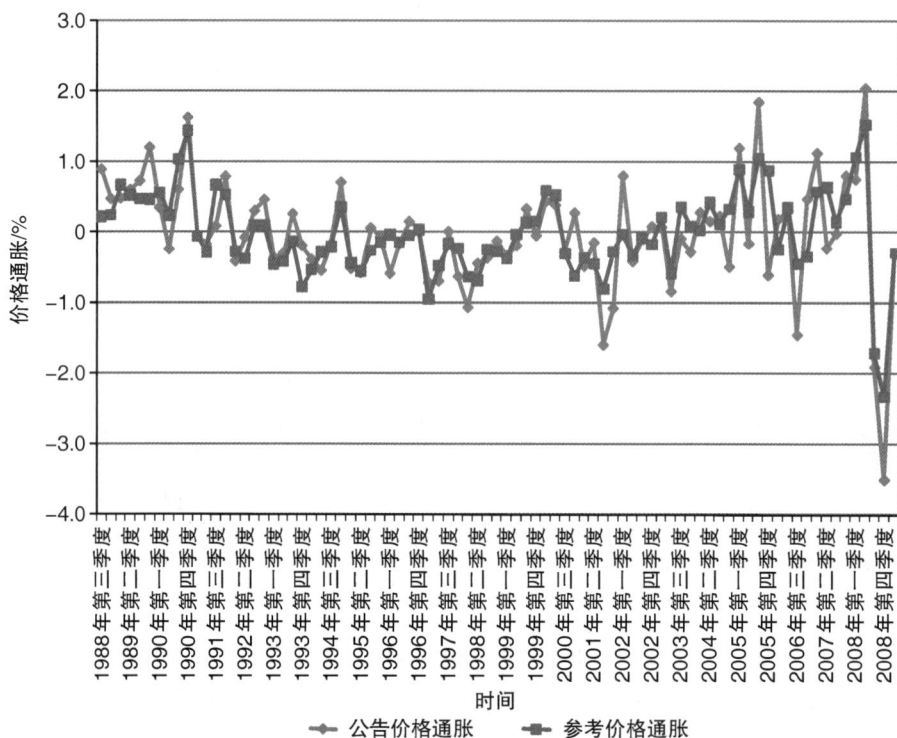

图 6.6　美国 CPI 中公告价格与参考价格通胀的比较

资料来源:CPI-RDB。这是 1988 年 1 月至 2009 年 10 月间排名前三的城市(纽约、洛杉矶和芝加哥)的数据。公告的通胀价格包括促销价格和常规价格。参考价格通胀率是基于用以当前月份为中心的 13 个月窗口期中的模态价格替换当前的公告价格(针对每个微观数据点)。通胀率按月计算,其中每个序列的月度(季度)虚拟变量分别被移除。每月的残差加起来形成了季度数据。

5.3　风险率

另一个在多项研究中被观察到的"动态"特征是价格变动的风险函数的形态,即价格变动的概率如何随价格持续时长而变化。我们之所以关注这个特征,原因之一是定价模型对风险函数的形状作出的预测大都相当简单。原始的 Calvo(1983)的模型认为风险函数是平坦的,而在 Taylor(1980)的模型中,除了在单一时点的风险率为 1 外,价格调整的确定性时间预测其风险为零。菜单成本模型可以产生各种各样的形状,这取决于临时性和永久性冲击对边际成本的相对重要性。随时间而累积的永久性冲击往往会产生向上倾斜的风险函数,而短暂的临时性冲击则很可能会产生一条平坦甚至向下倾斜的风险函数(例如,当一些特别的供给或需求因素导致销售某产品的收入暂时较高时,卖家会更加注意让价格变得合理)。

　　文献的普遍发现是,单个产品的风险率并不是向上倾斜的。[①] Klenow 和 Kryvtsov(2008)发现,如果将所有商品考虑在内,在价格持续时间给定的情况下,(常规)价格变动的频率是向下倾斜的,但必须注意这种情况也有可能是异质性平坦风险和幸存者偏差相结合的结果。一旦剔除十分位数的固定效应(即每 1/10 价格变动的平均频率),他们就会发现风险率是平坦的(而不是 12 个月内有个峰值)。Álvarez(2008)发现欧元区消费者价格数据中也存在相似情况。Nakamura 和 Steinsson(2008a)为每个主要类群估测了单独的风险函数,却发现风险函数在头几个月是向下倾斜的,而往后则是总体平坦的。他们在生产者价格中也发现了相似情形。最后,Cavallo(2009)发现,开在几个拉丁美洲国家的一家大型超市的每日在线价格最初存在向下倾斜的风险。

5.4　幅度与时长

　　Klenow 和 Kryvtsov(2008)对价格变化的幅度(绝对值)进行了一次类比实验。他们发现,价格变动的幅度随价格持续时长的延长而增加,但在控制了商品种类的异质性后,价格变动幅度与给定商品价格持续时长便变得不相关了。同样,Eden(2001)利用来自以色列的数据和几种不同的实验方法,发现幅度和时长之间没有强相关性。Álvarez 和 Hernando(2004)采用了西班牙的数据和赫克曼(Heckman)的样本选择修正法,结果发现价格持续时长对价格变动幅度没有显著影响。

　　与之相反,很多模型预测价格变化幅度和时长之间存在正相关关系。例如,冲击随时间的推移而累积,而改变价格的时机是外生的模型(Calvo,1983);价格调整主要受低菜单成本影响的模型(Dotsey et al.,1999)等均属于这一类。

5.5　暂时性的相对价格变动

　　相对价格变动的持续性可以揭示特殊冲击和总体冲击的相对重要性,也有助于区分不同的定价模型。有关这方面数据的间接证据来自对促销行为的调查。Nakamura 和 Steinsson(2008a)指出:(a)促销时间很短,平均时长为 1.8—2.3 个月;(b)促销价格变动幅度是其他价格变动幅度平均值的两倍;(c)促销过后许多价格会回归其原来的价格。上述事实表明,不论是促销价格还是所有的公告价格,其相对价格变化都是非常短暂的,因为促销在美国 CPI 数据中是十分普遍的,根据 Klenow 和 Kryvtsov(2008)的数据,促销价格变动占比约为 20%。基于扫描数据的研究发现了相似情形。例如,Kehoe 和 Midrigan(2008)发现价格变动是大幅度且分散的,而且大多是"临时性"的,这再次表明相对价格变动是暂时的。

　　然而,相对价格变动的暂时性并非促销的特有现象,因为在过滤掉促销因素之后这种现

[①] Ikeda 和 Nishioka(2007)是一个例外,他们使用了一个有限混合模型(允许价格制定者之间的异质性),并假设价格变化是按照威布尔分布发生的(允许风险增加、持平或减少)。他们估计一些日本产品的风险函数会递增,而其他产品的风险函数则是平坦的或泰勒式峰值型的。

象依然存在。Campbell 和 Eden(2005)记录了食品杂货商的选择,他们会选择并很快撤换极端的相对价格(而不是根据其他卖家的价格调整,缓慢地改变自己的名义固定价格直至达到这些价格)。Midrigan(2009)指出,一家企业的下一次价格变化与当前价格变化具有相同符号的概率相当低(32%到41%之间)。Klenow 和 Willis(2006)将单个价格与行业加权平均价格之比作为相对价格,并指出新的相对价格(即跨月价格变动)与跨行业加权平均数序列相关,其相关系数为 0.32。

为了衡量这些相对价格变化到底有多短暂,在结构模型中研究它们对冲击持续性的影响就非常有必要。总体的研究发现,短暂、特殊的冲击是一个重要的信息,它使结构模型能复制数据中的定价模式。Klenow 和 Willis(2006)在他们的模型中估计,为了与新的相对价格形成序列相关,特殊技术冲击的月度持续性为 0.7。在 Midrigan(2009)的研究中,触发价格变动的冲击也同样是暂时的,而且很可能会被逆转。Nakamura 和 Steinsson(2008a)校准得出菜单成本的变化幅度和特殊冲击的持续性以及波动性,以匹配(常规)价格变动的频率、价格变动的增长部分以及变化幅度。特殊冲击较大并且序列相关系数达到 0.66。还有其他一些模型会产生暂时的相对价格变动,比如,在 Burstein 和 Hellwig(2007)的模型中,除边际成本冲击外还纳入了暂时性需求冲击;Kehoe 和 Midrigan(2008)在他们的模型中给企业提供了在较低菜单成本条件下可以"单期降价"的选项,而不必每次都进行永久价格变动;在 Eichenbaum 等(2009)的模型中,有黏性计划的企业可以零成本地在一小组价格之间切换。

5.6　对冲击的反应

关于价格对已确定冲击反应的证据,对于分析企业定价决策的性质尤其有用,因为大部分(如果不是所有的)定价理论都假定(预期)价格与潜在成本和企业所面临的需求之间存在紧密联系。在数据中准确地识别冲击并非易事,但近年来一些研究利用若干新的数据组合实现了这一目标。在这些研究中,有些是针对进出口价格或边境两侧价格对汇率冲击反应的研究,有些是针对重大事件(如欧元转换或增值税税率提高)前后价格制定的证据,有的则关注含有批发成本和零售价格的扫描数据。

研究人员已经利用明确且显著的汇率波动来评估价格如何对冲击做出反应。Gopinath 和 Rigobon(2008)监测了中期汇率转嫁情况,将其作为某价格对自上次变价以来的累积汇率变化的反应,结果发现贸易加权汇率对美国进口价格的转嫁幅度很小,仅为 22%。Gopinath 等(2010)观察到,非美元定价商品表现出比美元定价商品更高的中期转嫁率。他们提出了一个黏性价格模型,在该模型中,企业可以在一段价格不变的时期内基于自己平均预期的转嫁率自行选择货币。因此,无论是受各种涨价、进口输入还是生产上规模报酬递减等因素的影响,不完全预期转嫁率都是美国大多数进口货物选择以美元定价的原因。Gopinath 和 Itskhoki(2010)发现,还有其他现象与各种可变的涨价或边际成本相关,这表现为价格调整的频率与长期转嫁率之间正相关,长期转嫁率即某商品全生命周期的价格变动(相对于美国的通胀)基于同期(实际)汇率的变化。Fitzgerald 和 Haller(2009)利用了爱尔兰生产商给内销和出口商品定价的微观数据,对出产于同一工厂但在不同市场销售的相同产品的价格曲线进行匹配,由此控制了汇率变化之外的边际成本变化。他们发现了有力的证据,即对于那些以销售目的地本币计算出口价格的产品来说,价格是按市场制定的——根据两边市场上的价格变动情况,相对价格紧跟汇率的变化而变化(即汇率变化转嫁率为0)。

还有一些研究证明边境线可以有效细分市场。Burstein 和 Jaimovich(2009)以及 Gopinath 等(2009)研究了来自一家大型零售企业的扫描数据,该企业在美国和加拿大有多处销售点。Gopinath 等(2009)发现,边境线两侧相邻的商店的零售价格和批发成本存在很大的不连续性,并且注意到边境线两侧的差距会随着名义汇率的变化而变化,且几乎一步不差。Burstein 和 Jaimovich(2009)观察到贸易品中存在显著的由市场主导的定价。Boivin 等(2009)研究了由来自美国和加拿大的一些零售商的线上图书价格(及一些销量信息)组成的数据集,其结论是市场细分是他们的样本缺乏汇率转嫁率的原因。

税率或者国家货币变动也属于可以识别的总体冲击范畴。Dhyne 等(2005)总结了一些欧洲的研究后发现,增值税税率的变化会导致 CPI 价格变动频率暂时提高。在 2002 年 1 月许多欧洲国家转为使用欧元之后,价格变动频率显著提高了(Dhyne et al.,2005)。尽管总体通胀对于引入欧元的反应算不上十分强烈,但 Hobijn 等(2006)强调欧元区的餐馆价格涨幅惊人,他们用菜单成本模型解释了这种增长,在该模型中,经营者可以决定何时接受新货币。

Eichenbaum 等(2009)在研究中提供了应对(被潜在分解的)冲击时的价格反应信息。他们利用来自美国一家大型零售企业的扫描数据研究了价格与成本之间的关系。多数情况下价格不会在成本未发生改变时发生变化,但成本的变化并不足以引发价格变化。这使得加价(包括实际价格和参考价格)呈现出明显变化。当零售商决定改变其参考价格时,它几乎总是在参考成本之上无条件地加价。这就意味着零售商会把自上次参考价格变动以来的这段时间内累积的参考成本变动 100% 地转嫁到价格上。

Nakamura 和 Zerom(2010)发现,咖啡产业的(可观察到的)大宗商品成本冲击和批发/零售价格之间存在延迟和不完全的转嫁。他们估计,相对于常数替代弹性基准,本地成本(六个季度之后)会将长期转嫁率降低 59%,而加价调整又会让长期转嫁率额外减少 33%。就价格对成本的延迟反应来说,价格调整的障碍十分重要,但在不完全长期转嫁中的作用可以忽略不计。

Bils 等(2009)并未以被确认的冲击为条件展开研究,相反,他们致力于研究重置价格如何随着时间的推移而调整,以应对简化形式的脉冲冲击。对于单个企业来说,重置价格就是在当前时间段内该企业实施价格变动时选择的价格,包含显著的策略互补性的模型估计,冲击对重置价格的影响将随着时间的推移而加强,因为定价者会等待(新的)平均价格做出反应。然而,在美国 CPI 数据中,重置价格却超过了预期,其在短期内的影响比在长期时的更大。与此同时,Klenow 和 Willis(2007)发现一些证据,证明微观价格会受"旧"通胀(即上次商品价格变动之前)的影响,这与黏性信息模型中所显示的一样。

5.7 价格变动高阶矩与总体通胀

许多学者都研究了价格变动分布的高阶矩与通胀(即一阶矩)的关系。正如菜单成本模型或不完全信息模型所预测的那样,相对价格的波动性与通胀正相关。Lach 和 Tsiddon (1992)指出,菜单成本模型显示波动性受预期通胀影响,而不完全信息模型则显示波动性与意料之外的通胀(非预期通胀)有关。他们在研究以色列一个食品类的样本时发现,预期通胀比非预期通胀对波动性的影响更大。Konieczny 和 Skrzypacz(2005)在分析了波兰 1990 年至 1996 年间 52 种商品的数据后也得出了类似的结论。

Ball 和 Mankiw(1995)关注了三阶矩,他们在美国的四位数 PPI 数据中发现 1949 年到 1989 年间通胀的变化与相关价格变动的偏度正相关。可以确定的是,通胀与偏度的关系比通胀与方差的关系更强。他们的这些发现和某种菜单成本模型一致。在该模型中,当价格调整成本较高时,企业受大型冲击影响时调价,但不会受小型冲击影响,因此大型冲击对价格水平有着超出预期的影响。他们还探讨了非对称相对价格变化代表总供给冲击的观点。

Domberger 和 Fiebig(1993)分析了英国 80 个分类行业商品个体的价格变动。他们发现平均价格增长(降低)和向右(向左)的偏度相关,但同时也注意到,当通胀(通缩)强度的绝对值变大时,商品个体价格变动的分布偏度更小。他们指出,价格变动分布的偏度越大,价格变动时的交错性就更强(即同步性更小)。

我们按月计算了 1988 年到 2009 年间美国 CPI 排名前三的城市的价格变动分布的高阶矩,以完善这些研究。接下来,我们尝试建立(非零)价格变动的方差、偏度和峰度与通胀的相关关系,但没有发现稳健的显著关系。对于公告价格(相关系数为 -0.16,标准误差为 0.06)和常规价格(相关系数为 -0.29,标准误差为 0.06),方差与通胀负相关。然而,这些实验结果并不可靠,因为它们受到 2008 年底几个月通缩的严重影响。在剔除样本中最后 15 个月(2008 年 8 月至 2009 年 10 月)的数据之后,通胀与方差的相关性对于常规价格(-0.15,标准误差为 0.06)有统计显著性,但对于公告价格(-0.07,标准误差为 0.06)没有显著性。另外,偏度和通胀之间的相关性也变得更显著:在常规价格上相关性表现为 0.15(标准误差为 0.06),在公告价格上相关性表现为 0.17(标准误差为 0.06)。这说明,2008 年底在通胀大幅下降的同时,价格变动的方差出现了一个高峰,但偏度没有下降。我们发现,偏度与通胀绝对值(公告价格和常规价格均为 0.15,标准误差为 0.06)之间的相关性(保守来说)更稳健。

因此,我们有必要对通胀和高阶矩之间的关系进行更多的研究。例如,Ball 和 Mankiw (1995)认为偏度代表了一种总供应冲击。这表示,与简单的相关性相比,通胀和偏度之间的关系似乎更为微妙。他们指出,在 1975 年和 1982 年的经济衰退中,当通胀下降时,并没有出现不对称现象,这可以视为支持他们的假说的有利证据,因为这意味着通胀和偏度并不存在因果关系。

6. 有关宏观模型的十个事实及启示

现在,我们用十个典型事实及它们对模型的潜在启示来总结一下针对单个价格数据的实证研究成果。这涉及两大主题:一是微观价格变动的频率和性质(例如时间依存型定价和状态依存型定价)。二是合约乘数的潜在规模和来源,即相对于单个价格的持续时间,价格黏性的宏观影响在受到永久性冲击后需要多长时间才能消退。

6.1　事实一:价格至少一年变动一次

在美国 CPI 中,价格每四个月左右变动一次。美国 PPI 的价格黏性表现得更大(中位数约为 6—8 个月),而在欧元区的价格黏性甚至更大(中位数约为一年)。但新兴市场的价格持续时间的中位数(如实际家庭支出情况所示,其食品类消费占比更大)普遍更接近于美国而不是欧元区。

相较之下,许多研究都认为永久性货币冲击的实际效应可以持续数年。[①] 因此,名义冲击的实际效应是个别价格影响的三至五倍。名义黏性不足以解释为什么总体价格对货币政策冲击的反应如此迟缓。因此,名义价格黏性通常会与合约乘数相结合(来解释现象),具体可参见 Taylor(1980)的研究。

Ball 和 Romer(1990)以及 Kimball(1995)较早地做了这方面的研究,而 Christiano 等(2005)则贡献了近年来比较重要的研究成果。大的合约乘数来源于策略互补、反周期涨价、黏性计划和黏性信息,后者包括理性疏忽(Mackowiak and Wiederholt,2008)。

价格也不是一直处于变化之中。在具有适度通货膨胀率的所有国家的年度数据中,名义黏性是一个普遍的特征。不考虑任何名义黏性情况下的关于总体价格持久性的模型,例如通过指数化(Christiano et al.,2005)或价格调整的凸成本函数(Rotemberg,1982),这些都与名义黏性这一事实不符。

6.2　事实二:促销和产品周转对微观价格的灵活性十分重要

在美国,大幅度的价格折扣和产品周转解释了消费者价格总体变动的 1/3。对于某些商品(食品与服装)来说促销更加常见,并且常常会在促销后回归之前的常规价格(在食品类中表现得更多,而服装类则相对少见)。促销在美国比在欧元区更为常见。在美国,促销在消费者价格中比在生产者价格中更为普遍。产品周转会引发名义价格变动,且比起食品类或

---

① Christiano 等(1999)、Romer 和 Romer(2004)以及 Bernanke 等(2005)的研究是基于美国数据的几个实例。
　Peersman 和 Smets(2003)报告了与欧元区相似的结论。

服务类,它更常见于耐用消费品类(及服装类)。促销和产品周转都表现出了明显的季节性特征,这意味着存在时间依存型定价。

考虑到促销的临时性和季节性,与其相关的价格变动对微观价格弹性的影响比对宏观价格弹性的影响更大。换言之,在与促销和产品周转有关的价格变动中,合约乘数更大。这就意味着,在美国,与促销和产品周转相关的价格变动并不会因总量增加而被抵消,这与宏观的内涵一致。但此类价格是否会对总体冲击有所反应仍是一个悬而未决的问题。

与促销和替代品的宏观经济重要性相关的实证研究很有意义,除此之外,我们还需要进行更多的理论研究,以更好地理解此类价格变动对货币传导机制的影响。有些数据中的一些价格变动被过滤掉了,因此将菜单成本模型简单地套用于此类数据是不合理的。许多文献已经采取了替代的办法。Kehoe 和 Midrigan(2008)利用单期价格折扣建模,因为这样涉及的菜单成本较低。他们发现,与促销相关的价格变化有助于提升宏观价格的灵活性,但不如常规价格变化那么大。在 Guimaraes 和 Sheedy(2008)的模型中,企业面对的是对价格敏感度各不相同的消费者,因此企业选择了时高时低的定价策略。尽管"促销"决策在微观层面上是完全灵活的,但这种灵活性会因促销只是战略替代品而无法转化为宏观层面上的弹性。换言之,如果竞争对手也在促销的话,那么该企业的促销不会有多少收益。因此,不同的促销模式对总体灵活性有着不同的影响。实证研究能帮助区分并完善这些理论。

6.3 事实三:参考价格比常规价格更具黏性和持久性

Eichenbaum 等(2009)记录了美国一家大型百货连锁店常规价格的许多临时性变化。我们在大多数美国 CPI 商品中也发现了类似的黏性参考价格模式。公告价格每四个月变化一次,常规价格每七个月变化一次,而参考价格则每 10—11 个月变化一次。

参考价格的偏差并不会因跨品类而消失,因此其对总体通胀也产生了影响。参考价格通胀具有比公告价格通胀或者常规价格通胀更强的持续性,这或许在意料之中。参考价格的变动会随时间推移而增加,而其他价格变动的持续时间则更为短暂。参考定价行为而不是每次价格变化的菜单成本意味着某种形式的黏性计划和/或黏性信息,因此可以解释相当大的合约乘数。也就是说,对于某既定产品来说,新颖价格(即过去 12 个月从未出现过的价格)往往每六个月左右出现一次。此外,绝大多数价格都不属于回归价格,即前 12 个月内曾出现过的价格。

一个相关事实是,美国 CPI 的报价行的价格延续普遍会超过四年,而其只是由少数几种价格主导的。单是最高价格就占据了所有价格的 1/3,而最高的前两个价格占了一半以上。鉴于 2/3 的最高价格是在没有受到其他价格干扰的情况下出现的,这一事实反映的是价格的向下倾斜的风险,而不是黏性信息或计划。

未来的研究可以探讨这种参考价格现象是否存在于美国的生产者价格之中,其他国家的价格是否会出现这种现象等。与美国最近几十年的情况相比,通货膨胀持续性更强的国家和时间框架内的参考价格的变动更频繁。另外,还有一个重要问题亟待解答——参考价格和非参考价格是如何受总体冲击影响的?

6.4 事实四:不同商品的价格变动频率存在很大的异质性

迄今为止,每个微观数据集都显示了不同类型的商品在价格变动频率上的巨大且持久的异质性。普遍而言,服务价格会比商品价格更具黏性。在商品中,原料类商品(能源、生鲜食品)比加工类商品(中间品价值占比低且劳动价值占比高的商品)更具有灵活性。

Carvalho(2006)以及 Nakamura 和 Steinsson(2008b)曾强调,这种异质性可以和策略互补性有力地结合,从而放大合约乘数。但微观价格数据中的策略互补性证据好坏参半。从支持证据来看,Gopinath(2010)与合作者一同发现汇率变化最终会转嫁到进口价格上。从否定性证据来看,Klenow 和 Willis(2006)强调卖家会习惯性地根据近似替代品价格的变化而调整商品价格(例如不会与竞争性品牌同步进行相似产品的临时促销),并且认为相对价格的大幅调整与强劲的"微观"实际刚性不一致。使用产品级别的价格和市场占有率数据,Burstein 和 Hellwig(2007)也得出如下结论,"微观"定价互补性不足以产生大的总体实际效应。Kryvtsov 和 Midrigan(2009)注意到,"宏观"定价互补性强意味着利润增幅稳定,这难以与反周期的库存—促销比相一致。Bils 等(2009)发现消费者价格更容易调整过度,而不是如缓慢转嫁所预测的调整不足。

6.5 事实五:周期性更强的商品价格变动更为频繁

在美国 CPI 中,价格变动更频繁的是实际消费周期性更强的类别,尤其是交通运输类(车辆、机票)和服装类。鉴于上游和下游价格变动频率的高度相关性,这种情况或许在美国生产者价格中也会出现(Nakamura and Steinsson,2008a)。在其他国家,我们还注意到耐用品价格变动的频率明显高于服务价格。

此种价格变动异质性会因异质性的不同来源而带来截然不同的影响(例如大小不等的菜单成本或者特定冲击);换言之,周期性商品中的高频价格变动会降低合约乘数,具体可参见 Barsky 等(2007)的研究。关于这些话题,自然还有些内容值得研究,比如这类关系的来源(是周期性导致了灵活性还是灵活性造成了周期性?),以及在不同模型中对合约乘数的重要性进行量化。

6.6 事实六:平均价格变动幅度很大,但仍有很多小幅变动

在美国和欧元区,微观价格变动的数量级比与总体通胀保持一致所需的数量级要大一级。因此,有其他特殊力量主导着宏观冲击。Golosov 和 Lucas(2007)发现前者可以限制合约乘数。在他们的 SDP 模型中,正的总体货币冲击会导致更多的特殊价格增长(以及更少的特殊价格降低),从而加剧总体价格水平的反应。Bils 等(2009)发现"重置价格通胀"看起来

受到此类选择的强烈影响。

许多价格变动太过微小,这导致从存在单一的、较大的菜单成本的 SDP 模型中得出的价格变动分布会有大量的"中值缺失"。但当菜单成本可变时,这种说法就不一定正确了(Dotsey et al.,1999);同样,在菜单成本较小且冲击较少的情况下,这种说法也不一定正确(Gertler and Leahy,2008)。

与此同时,Midrigan(2009)认为时间依存型定价模型可以很容易地拟合整体分布。他认为状态依存型定价模型中的"中值缺失"是过度选择的副产品。另外,他的包含产品多样性企业的状态依存型定价模型得出的小幅价格变动反映了弱化的选择,这与货币中性理论十分不同,反而更加接近时间依存型定价模型。Woodford(2009)构建了一个模型,在该模型中,信息的局限性也可以导致小幅价格变动(成本较高的信息更新有时会导致事后几乎没有变化,虽然平均来说并非如此)。信息局限性导致的结果是,时间依存型定价模型得到的合约乘数比状态依存型定价模型更大。

6.7 事实七:相对价格变动都是暂时性的

较大的特殊价格变动的必然结果是较大的相对价格波动。即便局限于 CPI 的某些特定类别(支出类、ELIs)和美国百货扫描数据,这些相对价格变化也很大。此类相对价格的变动一般会随着时间推移而逐渐消失——它们远不如随机变动那么持久。不仅在不同连锁商店是如此,就连在同一个连锁店内的不同竞争性品牌之间也是如此。即使是常规价格也是如此,也就是说,不包括(通常是暂时的)促销价格折扣。这一事实是以下现象的必然结果,即许多常规价格的变动在名义上是暂时的。

相对价格的延续性对宏观经济问题来说事关重大。第一,在菜单成本模型中,当企业销售量增加时,未调整的空间状态(state-space,简称 Ss)区间更窄,而当销量减少时 Ss 区间则更宽。因此,宏观冲击的选择效应会随着特定冲击的持续而发生变化。第二,相对价格的大幅暂时性波动要么要求微观互补性很弱,要么要求较大的特殊冲击。较弱的互补性意味着应对货币冲击反应的合约乘数较小。第三,暂时性变动反映出在黏性宏观计划/信息中存在微观灵活性(即企业常常会在计划中对巨大的临时性特殊冲击做出反应,但鉴于持续的宏观冲击较小,所以改变宏观计划/信息的频率较低)。

6.8 事实八:价格变动通常不与经济周期同步

如果卖家为应对正态货币冲击而加快价格增长,或者为应对负面货币冲击而延迟价格增长,那么合约乘数会更小。在温和通胀时期,比如美国过去的 20 年,卖家不会让调价时间与通胀变化保持同步。这和时间依存型定价模型相一致,但并没有完全消除状态依存型定价的筛选效应。根据状态依存型定价模型和时间依存型定价模型的预测,价格增减的构成与通胀的变动正相关。但缺乏同步性可能意味着选择作用较弱,或者甚至可以说是对特殊冲击而不是总体冲击的关注(比如理性疏忽)。

策略互补性是如何产生巨大的合约乘数的？交错的名义价格黏性至关重要。同步的价格变动并不是因为大量的协调失败。同步价格变化越小,减缓价格调整的卖家就越多,看上去好像他们在等待其他人(竞争对手和原料供应商)的价格调整。尽管如此,关于策略互补性的证据仍喜忧参半。即使在竞争激烈的品牌之间也缺乏同步性,如果微观刚性很强的话,那这就难以理解了。

宏观波动更大的时期往往会显示出更强的同步性。在墨西哥,近几十年来,价格变动的频率随着总体通胀的变化而上下波动。在近年来的美国经济危机中,消费者价格变动频率飙升。有趣的是,涨价和降价都变得更加频繁,或许这是因为黏性计划或黏性信息的更新更加频繁。

6.9　事实九:在价格持续期内变动频率和幅度都不会加大

不论是在美国还是在欧元区,无论是消费者价格还是生产者价格,价格变动的风险率在头几个月会下降,而在之后的时间里则会趋于平稳。唯一的例外是服务价格的变动频率会出现峰值,这意味着黏性最强的一类商品在进行年度价格调整。如果查看常规价格的变动情况(即排除了与促销相关的价格变动),就会发现下降趋势不那么明显;如果幸存者偏差能够完全控制,那么趋势可能变得平缓。

在状态依存型定价模型中,直觉会认为,随着冲击的积累,价格变化的风险会随着价格变化后的时间延长而增加,因为冲击的积累和预期价格离当前的价格越来越远。这种力量可以被肥尾或泊松冲击削弱,也可以被较宽或较窄的 Ss 区间周期削弱(这造成了某种跨期的幸存者偏差)。通过研究扫描数据可以发现,在距离平均加价较远的地方,风险率上升,这是状态依存型定价的清晰证明。同样,状态依存型定价的合约乘数要比时间依存型定价的小。

在时间依存型定价模型中,类似的直觉会认为,在黏性持续期内,价格变动的幅度会增加,因为冲击累积越多,两次价格变动的间隔就越长。关于这个问题的研究证据在某种程度上是有限的,但价格变动的幅度和价格周期的持续时间之间几乎没有联系。这种情况与状态依存型定价模型相一致,在这个模型中,周期的持续时间和累积的冲击是内生的。周期很长且没有价格变动意味着预期价格没有发生太大变化,所以当周期结束时,预期价格也不会变动过大。当然,关于这一问题的研究可以在美国和世界其他地方更多地开展。

6.10　事实十:价格变动与工资变动有关

近年来的许多研究揭示了价格刚性和工资刚性之间存在显著的联系。从跨部门角度来看,劳动力成本占总成本比重较大的企业(或者商品类别)进行价格调整的频率较低。这是因为,比起其他要素投入价格,工资调整频率较低。研究证据还显示,工资调整和价格调整在时间上存在同步性,工资弹性和价格弹性之间也存在着横截面的相关性。

工资黏性可以直接导致较高的合约乘数。但根据上述证据,通过减少价格变动频率,工资黏性也发挥了间接作用。产业的劳动密集型程度越高,这种联系就越紧密。另外,工资调整也在很大程度上显示出了时间依存型调整的特性。企业倾向于在某个特定月份进行工资调整,在大多数欧洲国家主要是 1 月(Druant et al.,2009)。这种时间依存型调整的特性会在一定程度上影响定价,从而进一步推高合约乘数。

6.11　小结:模型特征及事实

表 6.14 提供了关于宏观定价模型中一些共同特征与微观定价典型事实之间是否相互协调的简明总结。基于上文的讨论,表格中的大部分内容应该是不言自明的,但有几点值得详细阐释。举例来说,许多消费者价格变动是会反转的(即有时价格表现出了"记忆性",典型例子是美国食品和服装类商品在促销后的情形)。这种模式与卖家在一段时期内选择一些价格组成"黏性集合"并来回切换的现象是一致的,Eichenbaum 等(2009)认为这也是黏性计划的一种形式。Guimaraes 和 Sheedy(2008)认为这属于价格歧视范畴,并给出了更全面的解释。

表 6.14　模型特征及事实

事　实	一致的特征	不一致的特征
一半商品的价格一年只变化几次	菜单成本;黏性投入价格	价格指数化;凸调整成本
临时价格变动很常见	黏性集合;价格歧视	具有灵活边际成本的菜单成本
不同商品的价格变动频率持续存在差异	菜单成本;黏性信息	价格变动的外生频率
平均来看价格变化大	菜单成本大;理性疏忽	具有强互补性的小规模特殊冲击
许多价格变化都很小	黏性信息;黏性路径	更改单个价格的菜单成本大
相对价格变化是暂时的	短暂的特殊冲击	微观互补性强
价格变化不完全同步	巨大的特殊冲击	具有强互补性的小规模特殊冲击
旧价格不会发生较大变化	菜单成本;整体冲击	具有持续冲击的时间依存型定价

纵观所有微观定价研究,最无可辩驳的事实或许就是,各种商品价格变动的频率始终存在差异。这种差异显然不是随机的,因为无论在哪个国家,原材料(生鲜产品、能源)价格都比服务价格变动得更频繁。因此,价格灵活性会受经济基本面影响(例如行业冲击的平均强度以及通胀趋势)。此外,至少在美国,周期性更强的产品类别表现出了更大的消费者价格灵活性。

另外一个相互印证的研究发现则是绝大多数微观价格变动幅度都比抵消平均通胀影响所需的幅度大得多。该事实是巨大且特殊的冲击和大量菜单成本结合的产物,但除了两者,理性疏忽也会发挥作用。与此同时,数据中小幅价格变动的数量并不罕见。这或许是因为较小的菜单成本结合了黏性信息(在周期性信息更新后,卖家有时会发现价格只需稍微改变)或黏性计划,如卖家定期更新价格的路径(Burstein,2006)。

7. 总结

我们回顾了近年来关于微观商品价格数据的实证文献并总结了宏观模型中十个典型事实。尽管价格灵活性在很大程度上与本质上只是临时性的价格变动有关,但价格变动仍算得上是相当频繁的。然而,即便将所有短期价格排除在外,得出的名义黏性仍不足以解释总体价格的缓慢变动。这些发现表明,要想弥合微观价格灵活性和宏观价格黏性之间的差距,我们需要引入一个巨大的合约乘数。

其他微观价格事实也为产生一个大的合约乘数的各种机制的合理性提供了证据。价格变动时机缺乏同步性为策略互补性提供了空间,这放大了名义黏性的实际影响。尽管周期性较强的商品有着更强的价格灵活性这一事实会产生截然不同的影响,但不同商品价格变动在平均频率上存在很强异质性的现象仍能增强前述联系。许多大幅且短暂的价格变动会让人质疑个别商品类别实际刚性的意义,但这些价格变动的存在和宏观刚性相一致。换言之,因为理性疏忽,卖家只会对极大的特殊冲击而不是较小的总体冲击做出反应,由此让此类价格变动的存在变得合理。最后,价格变动的幅度不会随价格持续时间的增长而扩大,该事实证明了状态依存型定价和由此而来的价格选择确实存在。虽说许多小幅价格变动的出现表明选择效应或许被抵消了,但"选择作用越强,合约乘数越小"的观点仍然成立。

一系列开放性的实证问题(以及相关的理论问题)仍有待进一步探究。临时价格变动(与促销、产品周转或非参考价格相关的变动)如何对总体冲击做出反应?这些临时价格变动应该如何建模?它们对合约乘数有何影响?是什么影响了商品的周期性和价格变动频率之间的关系?与之相关的,在宏观模型中,定价的微观异质性在哪些方面最重要?最后,哪些证据可以用来区分合约乘数的不同来源,例如理性疏忽、黏性计划或策略互补?

参考文献

Álvarez, L. J., 2008. What do micro price data tell us on the validity of the New Keynesian Phillips curve? Economics: The Open-Access, Open-Assessment E-Journal 2 (19), 1-36.

Álvarez, L. J., Burriel, P., Hernando, I., 2008. Price setting behaviour in Spain: Evidence from micro PPI data. Managerial and Decision Economics in press.

Álvarez, L. J., Hernando, I., 2004. Price setting behaviour in Spain: Stylized facts using consumer pricemicro-data. Banco de España, Spain Working Paper 0422.

Álvarez, L. J., Hernando, I., 2006. Price setting behaviour in Spain. Evidence from consumer price microdata. Economic Modelling 23, 699-716.

Álvarez, L. J., Hernando, I., 2007a. The price setting behaviour of Spanish firms: Evidence from survey data. In: Fabiani, S., Loupias, C., Martins, F., Sabbatini, R. (Eds.), Pricing decisions in the Euro Area: How firms set prices and why. Oxford University Press, Oxford, UK.

Álvarez, L. J., Hernando, I., 2007b. Competition and price adjustment in the Euro Area. In: Fabiani, S., Loupias, C., Martins, F., Sabbatini, R. (Eds.), Pricing decisions in the Euro Area: How firms set prices and why. Oxford University Press, Oxford, UK.

Amirault, D., Kwan, C., Wilkinson, G., 2006. Survey of price-setting behaviour of Canadian companies. Bank of Canada, Canada Working Paper 2006-35.

Apel, M., Friberg, R., Hallsten, K., 2005. Microfoundations of macroeconomic price adjustment: Survey evidence from Swedish firms. Journal of Money, Credit and Banking 37 (April), 313-338.

Aucremanne, L., Dhyne, E., 2004. How frequently do prices change? Evidence based on the micro data underlying the Belgian CPI. ECB Working Paper 331.

Aucremanne, L., Druant, M., 2005. Price-setting behaviour in Belgium: What can be learned from an ad hoc survey. ECB Working Paper 448.

Baharad, E., Eden, B., 2004. Price rigidity and price dispersion: Evidence from micro data. Review of Economic Dynamics 7 (July), 613-641.

Ball, L., Mankiw, N. G., 1995. Relative-price changes as aggregate supply shocks. Quarterly Journal of Economics 110 (February), 161-193.

Ball, L., Romer, D., 1990. Real rigidities and the non-neutrality of money. Review of Economic Studies 57 (April), 183-203.

Barro, R. J., 1977. Long-term contracting, sticky prices and monetary policy. J. Monetary Econ. 3 (July), 305-316.

Barros, R., Bonomo, M., Carvalho, C., Matos, S., 2009. Price setting in a variable macroeconomic environment: Evidence from Brazilian CPI. Getulio Vargas Foundation and Federal Reserve Bank of New York Unpublished Paper.

Barsky, R., House, C. L., Kimball, M., 2007. Sticky-price models and durable goods. Am. Econ. Rev. 97 (June), 984-998.

Baudry, L., Le Bihan, H., Sevestre, P., Tarrieu, S., 2007. What do thirteen million price records have to say about consumer price rigidity? Oxford Bull. Econ. Stat. 69 (2), 139-183.

Baumgartner, J., Glatzer, E., Rumler, F., Stiglbauer, A., 2005. How frequently do consumer prices change in Austria? Evidence from micro CPI Data. ECB Working Paper 523.

Bernanke, B. S., Boivin, J., Eliasz, P., 2005. Measuring the effects of monetary policy: A factor-augmented vector autoregressive (FAVAR) approach. Quarterly Journal of Economics 120 (February), 387-422.

Bils, M., 2004. Studying price markups from stock-out behavior. University of Rochester, New York Unpublished paper (December).

Bils, M. , Klenow, P. J. , 1998. Using consumer theory to test competing business cycle models. J. Polit. Econ. 103 (April) , 233-261.

Bils, M. , Klenow, P. J. , 2004. Some evidence on the importance of sticky prices. J. Polit. Econ. 112 (October) ,947-985.

Bils, M. , Klenow, P. J. , Kryvtsov, O. , 2003. Sticky prices and monetary policy shocks. Federal Reserve Bank of Minneapolis Quarterly Review (Winter) , 2-9.

Bils, M. , Klenow, P. J. , Malin, B. A. , 2009. Reset price inflation and the impact of monetary policy shocks. NBER Working Paper 14787.

Blinder, A. S. , Canetti, E. , Lebow, D. , Rudd, J. , 1998. Asking about prices: A new approach to understanding price stickiness. Russell Sage Foundation, New York.

Boivin, J. , Clark, R. , Vincent, N. , 2009. Virtual borders: Online nominal rigidities and international market segmentation. HEC Montreal Unpublished Paper.

Boivin, J. , Giannoni, M. , Mihov, I. , 2009. Sticky prices and monetary policy: Evidence from disaggregated U. S. data. Am. Econ. Rev. 99 (March) , 350-384.

Broda, C. , Weinstein, D. , 2007. Product creation and destruction: Evidence and price implications. NBER Working Paper 13041.

Buckle, R. A. , Carlson, J. A. , 2000. Menu costs, firm size and price rigidities. Economics Letters 66 (January) ,59-63.

Bunn, P. , Ellis, C. , 2009. Price-setting behaviour in the United Kingdom: A microdata approach. Bank of England Quarterly Bulletin 2009 Q1.

Burstein, A. , 2006. Inflation and output dynamics with state dependent pricing decisions. J. Monetary Econ. 53 (7/October) , 1235-1257.

Burstein, A. , Hellwig, C. , 2007. Prices and market shares in a menu cost model. UCLA, California Unpublished paper.

Burstein, A. , Jaimovich, N. , 2009. Understanding movements in aggregate and product-level real exchange rates. UCLA and Stanford University, California Unpublished paper.

Calvo, G. A. , 1983. Staggered prices in a utility-maximizing framework. J. Monetary Econ. 12 (September) ,383-398.

Campbell, J. R. , Eden, B. , 2005. Rigid prices: Evidence from U. S. scanner data. Federal Reserve Bank of Chicago and Vanderbilt University Unpublished paper.

Carlton, D. W. , 1986. The rigidity of prices. Am. Econ. Rev. 76 (September) , 637-658.

Carvalho, C. , 2006. Heterogeneity in price stickiness and the real effects of monetary shocks. Frontiers of Macroeconomics 2 (1) Article 1.

Castanon, V. , Murillo, J. A. , Salas, J. , 2008. Formacion de precios en la industria manufacturer de Mexico. El Trimestre Economico 75 (1) , 143-181.

Cavallo, A. , 2009. Scraped online data and sticky prices: Frequency, hazards and synchronization. Harvard University Unpublished Paper.

Cecchetti, S. G. , 1986. The frequency of price adjustment: A study of newsstand prices of magazines. Journal of Econometrics 31 (April), 255-274.

Christiano, L. J. , Eichenbaum, M. , Evans, C. , 1999. Monetary policy shocks: What have we learned and to what end?. In: Taylor, J. B. , Woodford, M. (Eds.), Handbook of macroeconomics. 1A, Elsevier, New York.

Christiano, L. J. , Eichenbaum, M. , Evans, C. , 2005. Nominal rigidities and the dynamic effects of shocks to monetary policy. J. Polit. Econ. 113 (February), 1-45.

Copaciu, M. , Florian, N. , Horia, B. E. , 2007. Survey evidence on price setting patterns of Romanian firms. National Bank of Romania Unpublished paper.

Cornille, D. , Dossche, M. , 2008. Some evidence on the adjustment of producer prices. Scandinavian J. Econ. 110 (September), 489-518.

Creamer, K. , 2008. Price setting behaviour in South Africa Stylised facts using producer price microdata. University of the Witwatersrand Unpublished paper.

Creamer, K. , Rankin, N. A. , 2008. Price setting in South Africa 2001-2007 — stylised facts using consumer price micro data. Journal of Development Perspectives 1 (4), 93-118.

Dabusinskas, A. , Randveer, M. , 2006. Comparison of pricing behaviour of firms in the Euro Area and Estonia. Bank of Estonia Working Paper 2006-08.

Dhyne, E. , Álvarez, L. J. , Le Bihan, H. , Veronese, G. , Dias, D. , Hoffmann, J. , et al. , 2005. Price setting in the Euro Area: Some stylized facts from individual consumer price data. ECB Working Paper 524.

Dhyne, E. , Alvarez, L. J. , Le Bihan, H. , Veronese, G. , Dias, D. , Hoffmann, J. , et al. , 2006. Price changes in the Euro Area and the United States: Some facts from individual consumer price data. J. Econ. Perspect. 20 (Spring), 171-192.

Dhyne, E. , Konieczny, J. , 2010. Aggregation and the staggering of price changes. Wilfrid Laurier University Unpublished Paper.

Dias, M. , Dias, D. , Neves, P. D. , 2004. Stylised features of price setting behaviour in Portugal: 19922001. ECB Working Paper 332.

Domberger, S. , Fiebig, D. G. , 1993. The distribution of price changes in oligopoly. The Journal of Industrial Economics 41 (September), 295-313.

Dotsey, M. , King, R. , Wolman, A. , 1999. State-dependent pricing and the general equilibrium dynamics of money and output. Quarterly Journal of Economics 114 (May), 655-690.

Druant, M. , Fabiani, S. , Kezdi, G. , Lamo, A. , Martins, F. , Sabbatini, R. , 2009. How are firms' wages and prices linked: Survey evidence in Europe?. ECB Working Paper 1084 (August).

Eden, B. , 2001. Inflation and price adjustment: An analysis of microdata. Review of

Economic Dynamics 4 (October), 607-636.

Eichenbaum, M., Jaimovich, N., Rebelo, S., 2009. Reference prices and nominal rigidities. Northwestern University and Stanford University Unpublished paper.

Fabiani, S., Druant, M., Hernando, I., Kwapil, C., Landau, B., Loupias, C., et al., 2005. The pricing behavior of firms in the Euro Area: New survey evidence. ECB Working Paper 535.

Fabiani, S., Gatulli, A., Sabbatini, R., 2007. The pricing behavior of Italian firms. New survey evidence on price stickiness. In: Fabiani, S., Loupias, C., Martins, F., Sabbatini, R. (Eds.), Pricing decisions in the Euro Area: How firms set prices and why. Oxford University Press, Oxford, UK.

Fabiani, S., Gattulli, A., Sabbatini, R., Veronese, G., 2006. Consumer price setting in Italy. Giornale degli Economisti e Annali di Economia 65 (1), 31-74.

Fisher, T. C. G., Koniezcny, J. D., 2000. Synchronization of price changes by multiproduct firms: Evidence from Canadian newspaper prices. Economics Letters 68, 271-277.

Fitzgerald, D., Haller, S., 2009. Pricing-to-market: Evidence from producer prices. Unpublished Paper.

Gabriel, P., Reiff, A., 2008. Price setting in Hungary — A store-level analysis. Magyar Nemzeti Bank, Hungary Unpublished paper.

Gagnon, E., 2009. Price setting during low and high inflation: Evidence from Mexico. Quarterly Journal of Economics 124 (August), 1221-1263.

Gautier, E., 2008. The behaviour of producer prices: Some evidence from the French PPI micro data. Empirical Economics 35 (September), 301-332.

Gertler, M., Leahy, J., 2008. A Phillips curve with an Ss foundation. J. Polit. Econ. 116 (June), 533-572.

Goldberg, P. K., Hellerstein, R., 2009. How rigid are producer prices. FRBNY Staff Report 407.

Golosov, M., Lucas, R. E., 2007. Menu costs and Phillips curves. J. Polit. Econ. 115 (April), 171-199.

Gopinath, G., Gourinchas, P. O., Hsieh, C. T., Li, N., 2009. Estimating the border effect: Some new evidence. Harvard University, University of California at Berkeley, and University of Chicago Unpublished Paper.

Gopinath, G., Itskhoki, O, 2010. Frequency of price-adjustment and pass-through. Q. J. Econ. 125 (May), 675-727.

Gopinath, G., Itskhoki, O., Rigobon, R, 2010. Currency choice and exchange rate pass-through. Am. Econ. Rev. 100 (March), 304-336.

Gopinath, G., Rigobon, R., 2008. Sticky borders. Quarterly Journal of Economics 123

(May), 531-575.

Gouvea, S., 2007. Price rigidity in Brazil: Evidence from CPI micro data. Central Bank of Brazil, Brazil Working Paper 143.

Guimaraes, B., Sheedy, K. D., 2008. Sales and monetary policy. CEPR Discussion Paper 6940.

Hall, S., Walsh, M., Yates, A., 2000. Are UK companies' prices sticky?. Oxford Economic Papers 52 (3),425-446.

Hansen, B. W., Hansen, N. L., 2006. Price setting behavior in Denmark: A study of CPI micro data 1997-2005. Danmarks Nationalbank, Denmark Working Paper 39.

Hobijn, B., Ravenna, F., Tambalotti, A., 2006. Menu costs at work: Restaurant prices and the introduction of the Euro. Quarterly Journal of Economics 121 (August), 1103-1131.

Hoeberichts, M., Stokman, A., 2006. Pricing behaviour of Dutch companies: Results of a survey. ECP Working Paper 607.

Hoffmann, J., Kurz-Kim, J. R., 2006. Consumer price adjustment under the microscope: Germany in a period of low inflation. ECB Working Paper 652.

Horvath, R., Coricelli, F., 2006. Price setting behaviour: Micro evidence on Slovakia. CEPR Discussion Papers 5445.

Ikeda, D., Nishioka, S., 2007. Price setting behavior and hazard functions: Evidence from Japanese CPI micro data. Bank of Japan, Japan Working Paper 07-E-19.

Jonker, N., Folkertsma, K., Blijenberg, H., 2004. Empirical analysis of price setting behaviour in the Netherlands in the period 1998-2003 using micro data. ECB Working Paper 413.

Julio, J. M., Za'rate, H. M., 2008. The price setting behaviour in Colombia: Evidence from PPI micro data. Banco de la República, Colombia Borradores de Economía.

Kashyap, A. K., 1995. Sticky prices: New evidence from retail catalogues. Quarterly Journal of Economics 110 (February), 245-274.

Kehoe, P. J., Midrigan, V., 2008. Temporary price changes and the real effects of monetary policy. Federal Reserve Bank of Minneapolis Research Department Staff Report 413 (September).

Kimball, M. S., 1995. The quantitative analytics of the basic neomonetarist model. Journal of Money, Credit and Banking 27 (November), 1241-1277.

Klenow, P. J., Kryvtsov, O., 2008. State-dependent or time-dependent pricing: Does it matter for recent U. S. inflation? Quarterly Journal of Economics 123 (August), 863-904.

Klenow, P. J., Willis, J. L., 2006. Real rigidities and nominal price changes. Stanford University and Federal Reserve Bank of Kansas City Unpublished paper.

Klenow, P. J., Willis, J. L., 2007. Sticky information and sticky prices. J. Monetary Econ. 54 (September),79-99.

Konieczny, J. D., Skrzypacz, A., 2005. Inflation and price setting in a natural experiment.

J. Monetary Econ. 52 (April), 621-632.

Kovanen, A., 2006. Why do prices in Sierra Leone change so often? A case study using micro-level price data. International Monetary Fund Working Paper 06/53.

Kryvtsov, O., Midrigan, V., 2009. Inventories, markups, and real rigidities in menu cost models. Bank of Canada Unpublished paper.

Kwapil, C., Baumgartner, J., Scharler, J., 2005. The price-setting behaviour of Austrian Firms: Some survey evidence. ECB Working Paper 464.

Lach, S., Tsiddon, D., 1992. The behavior of prices and inflation: An empirical analysis of disaggregated price data. J. Polit. Econ. 100 (April), 349-389.

Lach, S., Tsiddon, D., 1996. Staggering and synchronization in price-setting: Evidence from multiproduct firms. Am. Econ. Rev. 86 (December), 1175-1196.

Levy, D., Dutta, S., Bergen, M., Venable, R., 1998. Price adjustment and multiproduct retailers. Managerial and Decision Economics 19, 81-120.

Levy, D., Lee, D., Chen, A., Kauffman, R. J., Bergen, M., 2007. Price points and price rigidity. The Rimini Center for Economic Analysis Working Paper 04-07.

Loupias, C., Ricart, R., 2004. Price setting in France: New evidence from survey data. ECB Working Paper 423.

Lunnemann, P., Mathä, T. Y., 2005. Consumer price behaviour in Luxembourg: Evidence from micro CPI Data. ECB Working Paper 541.

Lunnemann, P., Mathä, T. Y., 2006. New survey evidence on the pricing behavior of Luxembourg firms. ECB Working Paper 617.

Lunnemann, P., Wintr, L., 2006. Are Internet prices sticky?. ECB Working Paper 645.

Mackowiak, B., Smets, F., 2008. Implications of micro price data for macroeconomic models. CEPR Discussion Paper 6961.

Mackowiak, B., Wiederholt, M., 2008. Business cycle dynamics under rational inattention. European Central Bank and Northwestern University Unpublished paper.

Mankiw, N. G., Reis, R., 2002. Sticky information versus sticky prices: A proposal to replace the New Keynesian Phillips curve. Quarterly Journal of Economics 117 (November), 1295-1328.

Martins, F., 2005. The price setting behavior of Portuguese Firms. Evidence from survey data. ECP Working Paper 562.

Medina, J. P., Rappoport, D., Soto, C., 2007. Dynamics of price adjustment: Evidence from micro level data for Chile. Central Bank of Chile, Chile Working Paper 432.

Midrigan, V., 2009. Menu costs, multiproduct firms, and aggregate fluctuations. New York University Unpublished Paper.

Nakagawa, S., Hattori, R., Takagawa, I., 2000. Price setting behavior of Japanese companies. Bank of Japan Research Paper.

Nakamura, E. , 2008. Pass-through in retail and wholesale. Am. Econ. Rev. 98 (May) , 430-437.

Nakamura, E. , Steinsson, J. , 2008a. Five facts about prices: A reevaluation of menu cost models. Q. J. Econ. 123 (November) , 1415-1464.

Nakamura, E. , Steinsson, J. , 2008b. Monetary non-neutrality in a multi-sector menu cost model. NBER Working Paper 14001 (May).

Nakamura, E. , Steinsson, J. , 2009. Lost in transit: Product replacement bias and pricing to market. Columbia University Unpublished paper.

Nakamura, E. , Zerom, D. , 2010. Accounting for incomplete pass-through. Rev. Econ. Stud. 77 (July) ,1192-1230.

Peersman, G. , Smets, F. , 2003. The monetary transmission mechanism in the Euro Area: More evidence from VAR analysis. In: Angeloni, I. , Kashyap, A. , Mojon, B. (Eds.) , Monetary policy transmission in the Euro Area. University Press, Cambridge, UK.

Peneva, E. , 2009. Factor intensity and price rigidity: Evidence and theory. FEDS Working Paper No. 2009-07 (January).

Romer, D. H. , Romer, C. D. , 2004. A new measure of monetary shocks: Derivation and implications. Am. Econ. Rev. 94 (September) , 1055-1084.

Rotemberg, J. J. , 1982. Monopolistic price adjustment and aggregate output. Review of Economic Studies 49 (October) , 517-531.

Sabbatini, R. , Fabiani, S. , Gatulli, A. , Veronese, G. , 2006. Producer price behaviour in Italy: Evidence from micro PPI data. Banca d'Italia, Italy Unpublished paper.

Sahinoz, S. , Saracoglu, B. , 2008. Price setting behaviour in Turkish industries: Evidence from survey data. Turkish Economic Association Discussion Paper 2008/3.

Saita, Y. , Takagawa, I. , Nishizaki, K. , Higo, M. , 2006. Price setting in Japan: Evidence from individual retail price data. Bank of Japan Working Paper Series, No. 06-J-02 (in Japanese).

Stahl, H. , 2005. Price setting in German manufacturing: New evidence from new survey data. Deutsche Bundesbank, Germany Discussion Paper 43/2005.

Stahl, H. , 2006. Producer price adjustment at the micro level: Evidence from individual price records underlying the German PPI. Deutsche Bundesbank, Germany Unpublished paper.

Taylor, J. B. , 1980. Aggregated dynamics and staggered contracts. J. Polit. Econ. 88 (February) , 1-24.

Vermeulen, P. , Dias, D. , Dossche, M. , Gautier, E. , Hernando, I. , Sabbatini, R. , et al. , 2007. Price setting in the Euro Area: Some stylized facts from individual producer price data. ECB Working Paper 727.

Vilmunen, J. , Laakkonen, H. , 2005. How often do prices change in Finland? Micro-level evidence from the CPI. Bank of Finland Unpublished Paper.

Wolman, A. , 2007. The frequency and costs of individual price adjustment. Managerial and Decision Economics 28 (6) , 531-552.

Woodford, M. , 2009. Information-constrained state-dependent pricing. J. Monetary Econ. 56 (October) , S100-S124.

Wulfsberg, F. , 2009. Price adjustments and inflation: Evidence from consumer price data in Norway 1975-2004. Norges Bank WP 2009/11.

第三部分

货币传导机制模型

第七章　货币政策分析的 DSGE 模型[①]

劳伦斯·J. 克里斯蒂亚诺(Lawrence J. Christiano) [*]

马赛厄斯·特拉班特(Mathias Trabandt) [**]

卡尔·瓦伦丁(Karl Walentin) [***]

[*]:东北大学经济学系

[**]:德国,欧央行,瑞典央行

[***]:瑞典央行研究部

目　录

① 感谢迈克尔·伍德福德(Michael Woodford)的建议和沃尔克·魏兰(Volker Wieland)的评论。本章观点由作者负全责,且不应被理解为欧洲中央银行(简称欧央行)或瑞典央行的观点。我们也感谢池田大辅(Daisuke Ikeda)和马蒂亚斯·凯里格(Matthias Kehrig)的帮助。

本章摘要:货币 DSGE 模型之所以应用广泛,一方面得益于这些模型能很好地用于数据处理,另一方面则是因为它们有助于解决重要的货币政策问题。我们将选择性地回顾这方面的研究进展。利用 DSGE 模型进行政策分析需要使用数据为模型参数赋值。为此,本章介绍并应用了贝叶斯矩匹配和脉冲响应匹配的相关程序。

JEL 分类代码:E2,E3,E5,J6

关键词:弗里希劳动力供给弹性;HP 滤波;脉冲响应函数;有限信息贝叶斯估计;原材料投入;新凯恩斯 DSGE 模型;产出缺口;潜在产出;泰勒规则;失业;向量自回归;流动资金渠道

1. 引言

近年来,用于分析货币政策的动态随机一般均衡(dynamic stochastic general equilibrium,简称 DSGE)模型有了长足进展。这些模型可以通过传统计量经济学方法很好地应用于总量数据分析。例如,它们在研究中可以比单纯的非理论统计学模型更好地预测样本之外的数据。在某种程度上,正是由于上述这些成功经验,我们就一种特定的模型结构——新凯恩斯主义模型——达成了共识。

本章的目的是选择性回顾这些进展。我们利用若干例子来说明这些模型如何帮助解决一些政策问题。我们还想向读者展示这些模型与数据的契合程度。在所有例子中,只要能达到目标,我们会尽可能将讨论控制在最简单的形式上。因此,我们会用到多个模型而不会只建构单一模型。

我们首先展示标准新凯恩斯主义模型的详细推导,该模型考虑定价摩擦因素,但不包括资本和其他复杂因素。接着,我们利用这个简单模型的不同版本来分析几个重要政策问题。例如,过去几十年来,学界逐渐达成一种共识,货币政策应该对实际或预期通胀变化做出主动反应。这种货币政策"处方"被称作泰勒规则：这个简单模型的标准版本曾被用来解释此"处方"的合理性。然而，该模型的其他版本却识别出泰勒规则的潜在缺陷。特别是，由政策调整引发的名义利率上涨会反常地直接刺激通胀，从而破坏经济稳定。如果修改标准模型，将所谓的流动资金渠道纳入考量，那这种情况就很有可能会出现。这与企业必须借钱为其可变投入进行融资的假设相符。

接下来，我们转向一个老生常谈的问题，即货币政策和资产价格以及其他宏观经济变量波动之间的相互影响。我们解释了过分使用泰勒规则是如何不经意间引发产出和资产价格的低效繁荣的。

最后，我们讨论了如何使用 DSGE 模型来解决一个关键的政策问题：（实际）经济活动水平与政策可以达到的最佳水平之间的差距有多大？对产出缺口的估计不仅反映了资源使用效率，而且在新凯恩斯主义框架中，产出缺口也是反映通胀压力的信号。通俗地说，人们认为可以通过失业率直接观察资源配置效率。例如，有能力且有意愿工作但仍处于失业中的人数如果大幅增加，那么至少在某种层面上表明资源浪费和产出缺口存在。DSGE 模型可以帮助评估这些非正式预测并将其具体化。我们利用 Christiano 等（2010a）提出的思路（Christiano，Trabandt and Walentin，简称 CTW），将失业率引入标准新凯恩斯主义模型来进行评估。我们用该模型来描述我们所期望的环境，在这种环境中失业率数据可以提供关于产出缺口的有用信息。我们也发现了一些证据，它们表明美国的数据满足上述条件。

作为 HP 滤波法的发明者，Hodrick 和 Prescott（1997）的本意并不是将该方法用于估计新凯恩斯主义产出缺口，但该方法如今常用作此途。我们指出，HP 滤波法能否很好地估算缺口，这敏感地取决于基础模型经济的细节。这个讨论也包括仔细回顾新凯恩斯主义模型对冲击的直接响应。有趣的是，适合美国数据的新凯恩斯主义模型表明，HP 滤波法满足其成为估算产出缺口的条件。在讨论中，我们指出，在得出 HP 滤波法是估算产出缺口的好方法这一结论前，必须考虑几点注意事项。

使用 DSGE 模型进行政策分析要求对模型各参数赋值，即便上文总结过的最简单的分析也是如此。近年来，采用贝叶斯方法的计量经济学已成为实现这一目标的主流方法。在常规应用中，贝叶斯方法是所谓的全信息过程，因为分析者将所有可得的观察结果的联合似然性全部精确到细节。这样做的结果便是，近年来宏观经济学上许多应用于有限信息的工具被忽视了，包括将模型与数据二阶矩进行匹配的办法，以及将模型与经验脉冲响应函数进行匹配的办法。追随着 Chernozhukov 和 Hong（2003）、Kim（2002）、Kwan（1999）以及其他学者的研究，我们展示了如何在有限信息环境下应用贝叶斯方法。我们在本章 3.3.3 中提出了贝叶斯矩匹配法，在 5.2 中提出了贝叶斯脉冲响应函数匹配法。

新的货币 DSGE 模型之所以令人感兴趣，不单单是因为它们成了分析重要货币政策问题的实验室。更重要的是，它们可以解决关于货币政策影响的一个经典的实证难题。长久以来，人们一向认为，如果不对价格摩擦作出全然难以置信的假设，就几乎不可能解释通货膨胀对货币扰动存在非常缓慢的响应这一现象（Mankiw，2000）。然而，事实证明，现代 DSGE 模型在没有借助看似不合理的参数值的情况下给出了对通胀惯性的解释以及对实际变量对货币政策冲击强烈反应的解释。另外,这些模型同时还解释了经济活动对其他冲击的动态反应。我们综述了这些重要发现,详细解释了这个中等规模的新凯恩斯主义模型的每个共识性特点对实现这一结果的贡献。这部分讨论紧紧跟随了 Christiano 等(2005)的模型(Christiano, Eichenbaum, and Evans,简称 CEE)分析以及 Altig 等(2005)的模型(Altig, Christiano, Eichenbaum, and Lindé,简称 ACEL)分析。

有一种经济计量技术特别适合上一段提及的基于冲击的分析。这种方法利用向量自回归(VARs)估算出脉冲响应函数,并将其与模型中相应的目标相匹配。使用美国的宏观经济数据,我们展示了如何用脉冲响应匹配程序来估算共识性 DSGE 模型的各个参数。这种计量经济学方法的优势就在于它直观且专注。其直观性得益于这种估算策略是通过简明的图形表示的,并且能将经济学家有着深刻直觉的研究对象——脉冲响应函数——纳入其中;其专注性则是因为它可以研究特定模型的经验特性,而不必详述一整套冲击。如前所述,我们会展示如何利用贝叶斯方法来分析脉冲响应匹配策略。特别是,我们在脉冲响应函数匹配任务中使用了所有先验和后验机制以及用作模型拟合度量的边际似然估计方法。

本章结构如下。第2节描述不包括资本的简单新凯恩斯主义模型。第3节讨论该模型的一些政策含义。第4节主要介绍了该模型的中型版本,旨在从计量经济学角度处理一组丰富的宏观经济数据。第5节回顾了贝叶斯脉冲响应匹配策略。第6节回顾了相关结果。第7节进行了总结。我们将许多代数推导放在独立的技术附录中。[1]

2. 简单模型

本节分析了不考虑资本情况下的标准卡尔沃黏性价格新凯恩斯主义模型的各种版本。在实践中,标准新凯恩斯主义模型的分析通常从三个常见的方程开始:线性化菲利普斯曲线、IS 曲线和货币政策规则。在此我们不会简单地从这三个方程开始,因为我们同时还要研究标准模型的变体。为此,我们必须从其基础开始推导出均衡条件。

本节研究的新凯恩斯主义模型的版本是 Clarida 等(1999)以及 Woodford(2003)研究过的,本节的版本在两个方面进行了优化。首先,我们引入了 CEE 模型及 Barth 和 Ramey(2002)强调的流动资金渠道。[2] 引入流动资金渠道是用于假设企业的可变投入必须由短期贷款融资来解决。依此假设,利率变动影响经济的路径除了通过通常的支出机制外,还可以通过改变企业的可变生产成本实现。流动资金渠道值得我们认真考虑有如下几点原因。Barth 和 Ramey(2002)研究了美国资金流量数据,认为企业可变投入成本中有很大一部分是提前借入的。Christiano 等(1996)提供了 VAR(向量自回归)证据,表明流动资金渠道确实是

---

[1] 本章的技术附录可在以下网址下载,即 http://www.faculty.econ.northwestern.edu/faculty/christiano/research/Handbook/technical_appendix.pdf。

[2] 我们所知的第一个包含流动资金渠道的货币 DSGE 模型是由 Fuerst(1992)提出的。早期的其他例子还包括 Christiano(1991)以及 Christiano 和 Eichenbaum(1992b)的研究。

存在的。Chowdhury 等(2006)以及 Ravenna 和 Walsh(2006)基于对适当优化的菲利普斯曲线的工具变量估计,提出了更多关于流动资金渠道存在的证据。最后,第 4 节会说明将流动资金渠道纳入该模型有助于解释在 VAR 文献中常见的价格之谜,并且就 Ball(1994)对黏性价格模型"去通胀型繁荣"的批评做出回应。

其次,我们对新凯恩斯主义模型做的第二个优化是,将 Basu(1995)提出的关于原材料投入的假设纳入考量范围。巴苏(Basu)认为一个企业的产出中有很大一部分——甚至一半的产出——都会被用作其他企业的投入。流动资金渠道将利率引入成本中,而原材料假设则使这些成本变得相当大。在下一节,我们会展示这两个因素对货币政策潜在的深远影响。

本节结构如下:在 2.1 中,我们从介绍私营经济部门开始,推导与最优和市场出清有关的均衡条件。在 2.2 中,我们细化了货币政策规则,并定义了泰勒规则均衡。在 2.3 中,我们讨论效用函数中关键参数的内涵。在我们的模型经济中,该参数可以控制劳动力投入随实际工资变化而调整的弹性。传统上,该参数被视为受到弗里希劳动力供给弹性的微观经济证据的限制。我们总结了近年来由 Rogerson(1988)和 Hansen(1985)的开创性研究所激发的各种观点。根据这些观点,该参数不受弗里希弹性有关证据的限制。

2.1 私营经济

2.1.1 家庭

我们假设有大量同质家庭。代表性家庭要解决如下问题:

$$\max_{\{C_t, H_t, B_{t+1}\}} E_0 \sum_{t=0}^{\infty} \beta^t \left(\log C_t - \frac{H_t^{1+\phi}}{1+\phi} \right), \ 0 < \beta < 1, \ \phi \geqslant 0 \tag{7.1}$$

其约束条件为:

$$P_t C_t + B_{t+1} \leqslant B_t R_{t-1} + W_t H_t + \text{转移支付和利润}_t \tag{7.2}$$

其中, C_t 和 H_t 分别代表了家庭消费与市场工作。在式(7.2)中, B_{t+1} 代表了该家庭在 t 期购买的普通债券数量,而 R_t 代表了在 t 期购买债券的一年期名义利率。最后, W_t 代表了由竞争决定的名义工资率。我们将在 2.3 中讨论参数 ϕ 。

对代表性家庭来说,工作的边际成本(以消费单位计算)要与边际收益(即实际工资)相等,即

$$C_t H_t^{\phi} = \frac{W_t}{P_t} \tag{7.3}$$

代表性家庭还将购买债券时放弃消费的效用损失与相应的收益等同起来,即

$$\frac{1}{C_t} = \beta E_t \frac{1}{C_{t+1}} \frac{R_t}{\pi_{t+1}} \tag{7.4}$$

其中, π_{t+1} 代表了从 t 期到 $t+1$ 期的总通胀率。

2.1.2 企业

存在定价摩擦的假设是新凯恩斯主义模型的一个关键特点。引入这些摩擦是为了更好

地解释总通胀中的惯性现象。显然,定价摩擦的存在是以企业有定价权为前提条件的,而企业有定价权又是以其拥有一定的垄断权为前提条件的。因此,挑战在于既要建立一个存在垄断的模型环境,又要让该模型不与现实产生矛盾,因为众所周知,在实际经济中存在着大量企业。迪克西特-斯蒂格利茨生产框架很好地解决了这个难题,因为该框架内存在着大量垄断定价的企业。具体来说,总产出是由一家具有竞争性的代表性企业使用以下技术生产得来的:

$$Y_t = \left(\int_0^1 Y_{i,t}^{\frac{1}{\lambda_f}} \, \mathrm{d}i \right)^{\lambda_f}, \ \lambda_f > 1 \tag{7.5}$$

其中,λ_f 控制了不同要素投入的替代性。代表性企业把总产出价格 P_t 和中间品投入价格 $P_{i,t}$ 视为给定的。企业实现利润最大化就要求满足式(7.6)的一阶条件:

$$Y_{i,t} = Y_t \left(\frac{P_{i,t}}{P_t} \right)^{-\frac{\lambda_f}{\lambda_f - 1}} \tag{7.6}$$

将式(7.6)代入式(7.5),得出总价格水平和中间品价格之间的关系:

$$P_t = \left(\int_0^1 P_{i,t}^{-\frac{1}{\lambda_f - 1}} \, \mathrm{d}i \right)^{-(\lambda_f - 1)} \tag{7.7}$$

第 i 个中间品由单个垄断者生产,该垄断者将式(7.6)作为其需求曲线。λ_f 的值决定了生产 i 的厂商究竟有多大的垄断权。如果 λ_f 很大,那么不同的中间品将很难相互替代,商品 i 的生产商就拥有很大的市场垄断力量。与之相一致,对于 $Y_{i,t}$ 的需求则缺乏价格弹性,如式(7.6)所示。如果 λ_f 接近于 1,每个 $Y_{i,t}$ 都是 $Y_{j,t}$ 的完全替代品($j \neq i$),那么 i 厂商面临一条几乎是完全弹性的需求曲线。在这种情况下,该企业事实上就没有市场垄断力量。

i 垄断者的生产函数为:

$$Y_{i,t} = z_t H_{i,t}^{\gamma} I_{i,t}^{1-\gamma}, \ 0 < \gamma \leqslant 1 \tag{7.8}$$

其中,z_t 为技术冲击,其随机特性将在下文详细介绍。在上式中,$H_{i,t}$ 代表第 i 个垄断者的雇佣水平。我们遵循 Basu(1995)的假设,设定第 i 个垄断者利用一定量的原材料 $I_{i,t}$ 作为生产投入。这些原材料是由式(7.5)中的 Y_t 一对一转换过来的。当 $\gamma < 1$ 时,每个中间品生产商都用所有其他中间品的产出作为投入。当 $\gamma = 1$ 时,原材料不用于生产。

中间品生产商的名义边际成本是其两种投入品价格的柯布-道格拉斯函数:

$$边际成本_t = \left(\frac{\overline{P}_t}{1-\gamma} \right)^{1-\gamma} \left(\frac{\overline{W}_t}{\gamma} \right)^{\gamma} \frac{1}{z_t}$$

其中,$\overline{W}$ 和 $\overline{P}$ 分别是 $H_{i,t}$ 与 $I_{i,t}$ 的有效价格:

$$\overline{W}_t = (1 - v_t)(1 - \psi + \psi R_t) W_t$$
$$\overline{P}_t = (1 - v_t)(1 - \psi + \psi R_t) P_t \tag{7.9}$$

在这个公式中,v_t 代表对中间品生产商的补助,并且和利率有关,这反映了某种流动资金渠道的存在。例如,当生产周期开始时,如果所有劳动力成本和原材料成本都是通过融资取得的,则 $\psi = 1$;而 $\psi = 0$ 则意味着不需要提前融资。该模型中,名义边际成本与总产出价格的比率 P_t 是一个关键变量:

$$s_t = (1 - v_t) \left(\frac{1}{1 - \gamma} \right)^{1 - \gamma} \left(\frac{\bar{w}_t}{\gamma} \right)^{\gamma} (1 - \psi + \psi R_t) \tag{7.10}$$

其中 $\bar{w}_t$ 表示实际工资率：

$$\bar{w}_t \equiv \frac{W_t}{z_t^{\frac{1}{\gamma}} P_t} \tag{7.11}$$

如果中间品生产商不受定价摩擦的影响，那么他们将以对名义边际成本的固定加价来进行定价：

$$\lambda_f P_t s_t \tag{7.12}$$

事实上，我们根据 Calvo（1983）的思路，假设了定价摩擦的存在。一个中间品厂商以 $1 - \xi_p$ 的概率来设定其最优价格，而以 ξ_p 的概率保持其价格相对于前一时期的价格来说不变，即 $P_{i,t} = P_{i,t-1}$。

假设 t 期 $1 - \xi_p$ 比例的中间品生产商能够实现最优定价。中间品生产商不存在状态变量，所有企业都面临相同的需求曲线。结果是，所有在 t 期都能最优化价格的厂商会选择同样的价格，该价格用 $\tilde{P}_t$ 表示。可以明确的是，进行最优化的厂商不会把价格 $\tilde{P}_t$ 设定为等于式（7.12）。让 $\tilde{P}_t$ 等于式（7.12）虽说在当期来看是最优的，但它没有考虑到该企业在未来被 $\tilde{P}_t$ 困住的可能性。相反，有机会在当期再次最优化价格的中间品厂商会根据需求曲线，即式（7.6），以及边际成本定义，即式（7.10），去求解以下公式：

$$\max_{\tilde{P}_t} E_t \sum_{j=0}^{\infty} (\xi_p \beta)^j v_{t+j} (\tilde{P}_t Y_{i,t+j} - P_{t+j} s_{t+j} Y_{i,t+j}) \tag{7.13}$$

在式（7.13）中，$\beta^j v_{t+j}$ 是家庭在 $t+j$ 名义时期预算约束的乘数。因为家庭是中间品生产商的拥有者，所以它们也是企业利润的受益者。如此一来，企业应该用 $\beta^j v_{t+j}$ 来对不同日期和状态下的利润进行加权。中间品生产商把 v_{t+j} 视为给定的。家庭偏好的性质，即式（7.1）意味着：

$$v_{t+j} = \frac{1}{P_{t+j} C_{t+j}}$$

在式（7.13）中，ξ_p 的出现表明中间品生产商只关心未来的情况。在这个情况下，他们无法再次最优化在 t 期所确定的价格。

与式（7.13）相关的一阶条件为：

$$\tilde{p}_t = \frac{E_t \sum_{j=0}^{\infty} (\beta \xi_p)^j (X_{t,j})^{-\frac{\lambda_f}{\lambda_f - 1}} \lambda_f s_{t+j}}{E_t \sum_{j=0}^{\infty} (\beta \xi_p)^j (X_{i,j})^{-\frac{1}{\lambda_f - 1}}} = \frac{K_t^f}{F_t^f} \tag{7.14}$$

其中 K_t^f 和 F_t^f 分别表示这个等式分数的分子与分母。同时也有：

$$\tilde{p}_t \equiv \frac{\tilde{P}_t}{P_t}, \quad X_{t,j} \equiv \begin{cases} \dfrac{1}{\pi_{t+j} \cdots \pi_{t+j}}, & j > 0 \\ 1, & j = 0 \end{cases}$$

毫不奇怪，式（7.14）说明，当 $\xi_p = 0$ 时，$\tilde{P}_t$ 由式（7.12）决定。当 $\xi_p > 0$ 时，最优化企业在

定价中会使式(7.12)在平均意义上得到满足。将式(7.14)的分子和分母以递归形式表达出来会很有用。因此有：

$$K_t^f = \lambda_f s_t + \beta \xi_p E_t \pi_{t+1}^{\frac{\lambda_f}{\lambda_f-1}} K_{t+1}^f \tag{7.15}$$

$$F_t^f = 1 + \beta \xi_p E_t \pi_{t+1}^{\frac{1}{\lambda_f-1}} F_{t+1}^f \tag{7.16}$$

考虑以下两点后，式(7.7)就会更加简洁：(i)可以重新定价的中间品生产商(比例为 $1 - \xi_p$)在追求最优定价时都会将价格设为 $\tilde{P}_t$ ；(ii)无法重新定价的企业(比例为 ξ_p)从所有企业中随机选出。于是有：

$$\tilde{p}_t = \left(\frac{1 - \xi_p \pi_t^{\frac{1}{\lambda_f-1}}}{1 - \xi_p} \right)^{-(\lambda_f-1)} \tag{7.17}$$

使用式(7.17)可以方便地消除式(7.14)中的 $\tilde{p}_t$ ，由此得到：

$$K_t^f = F_t^f \left(\frac{1 - \xi_p \pi_t^{\frac{1}{\lambda_f-1}}}{1 - \xi_p} \right)^{-(\lambda_f-1)} \tag{7.18}$$

当 $\gamma < 1$ 时，中间品生产商 i 的成本最小化意味着劳动力和原材料投入的相对价格等于对应的相对边际生产力：

$$\frac{\overline{W}_t}{\overline{P}_t} = \frac{W_t}{P_t} = \frac{\gamma}{1-\gamma} \frac{I_{i,t}}{H_{i,t}} = \frac{\gamma}{1-\gamma} \frac{I_t}{H_t} \tag{7.19}$$

显然，无论其产出价格 $P_{i,t}$ 如何，每个企业都会使用同样的投入比。

2.1.3 资源总量和私有部门均衡条件

新凯恩斯主义模型的一个显著特点是没有总生产函数。也就是说，给定总投入和技术的信息，我们无法得出总产出 Y_t 。这是因为 Y_t 还取决于投入在各个中间品生产商之间的分配情况。给定总投入，将其平均地分配给每个生产商可以使 Y_t 最大化。而投入的不均匀分配则会导致 Y_t 水平下降。在含有卡尔沃价格摩擦的新凯恩斯主义模型中，当且仅当 $P_{i,t}$ 在不同行业 i 中不同时，资源在中间品生产商之间的分配是不均等的。模型中的价格离散是由通胀和定价摩擦相互影响造成的。由于价格离散，价格机制便无法有效分配资源，结果是低价企业生产过多而高价企业则生产太少。Yun(1996)推导了一个十分简单的公式，该公式将产量损失归因于价格离散。从我们的设定出发，我们重新推导了与 Yun(1996)的研究中的相似的公式。

我们用 Y_t^* 代表各中间品生产商未加权的总产出：

$$Y_t^* \equiv \int_0^1 Y_{i,t} \mathrm{d}i = \int_0^1 z_t \left(\frac{H_{i,t}}{I_{i,t}} \right)^\gamma I_{i,t} \mathrm{d}i = z_t \left(\frac{H_t}{I_t} \right)^\gamma I_t = z_t H_t^\gamma I_t^{1-\gamma}$$

在这里，我们利用了生产函数的线性齐次性，以及式(7.19)的结果——所有中间品生产商都使用同样的劳动力—原材料比。Y_t^* 的另一种表达式借助了需求曲线，即式(7.20)：

$$Y_t^* = Y_t \int_0^1 \left(\frac{P_{i,t}}{P_t} \right)^{-\frac{\lambda_f}{\lambda_f-1}} \mathrm{d}i = Y_t P_t^{\frac{\lambda_f}{\lambda_f-1}} \int_0^1 (P_{i,t})^{-\frac{\lambda_f}{\lambda_f-1}} \mathrm{d}i = Y_t P_t^{\frac{\lambda_f}{\lambda_f-1}} (P_t^*)^{-\frac{\lambda_f}{\lambda_f-1}} \tag{7.20}$$

因此有：

$$Y_t = p_t^* z_t H_t^\gamma I_t^{1-\gamma}$$

其中

$$p_t^* \equiv \left(\frac{P_t^*}{P_t}\right)^{\frac{\lambda_f}{\lambda_f - 1}} \qquad (7.21)$$

在这里，$P_t^* \leqslant 1$ 代表了 Yun(1996)对价格离散导致的产量损失的测量。由式(7.20)可得如下结果：

$$P_t^* = \left[\int_0^1 (P_{i,t})^{-\frac{\lambda_f}{\lambda_f - 1}} \mathrm{d}i\right]^{-\frac{\lambda_f - 1}{\lambda_f}} \qquad (7.22)$$

根据式(7.21)，P_t^* 是中间品价格的两个不同加权平均数比率的单调函数。只有当所有价格都相同时，这两种加权平均数的比率才能达到最大。[①]

根据式(7.16)，将上文的（ⅰ）和（ⅱ）纳入考察，在除以 P_t 并将其代入式(7.21)后，式(7.22)可以简化为：

$$p_t^* = \left[(1 - \xi_p)\left(\frac{1 - \xi_p \pi_t^{\frac{1}{\lambda_f - 1}}}{1 - \xi_p}\right)^{\lambda_f} + \xi_p \frac{\pi_t^{\frac{\lambda_f}{\lambda_f - 1}}}{p_{t-1}^*}\right]^{-1} \qquad (7.23)$$

根据式(7.23)，如果前一期存在价格离散并且/或者当期受到价格离散冲击，则当期就会出现价格离散。这类冲击必须通过总通胀率来发挥作用。

我们得出的结论是，总投入和总产出之间的关系是由下式给出的：

$$C_t + I_t = p_t^* z_t H_t^\gamma I_t^{1-\gamma} \qquad (7.24)$$

在这里，$C_t + I_t$ 代表总产出，而 C_t 则表示增加值。

该模型中私有部门的均衡条件为联立式(7.3)、式(7.4)、式(7.10)、式(7.15)、式(7.16)、式(7.18)、式(7.19)、式(7.23)及式(7.24)。这意味着以下 11 个未知数构成的九个公式：

$$C_t, H_t, I_t, R_t, \pi_t, p_t^*, K_t^f, F_t^f, \frac{W_t}{P_t}, s_t, v_t \qquad (7.25)$$

就目前而言，这个系统尚未完全确定。这并不让人感到意外，因为我们还没有来得及讨论货币政策或者 v_t 是如何确定的。我们将在下一节讨论这些。

2.2 泰勒规则的对数线性化均衡

我们对模型关于非随机稳态的均衡条件进行对数线性化处理。假设货币政策受泰勒规则支配，该规则对实际通胀和零通胀目标之间的偏差做出反应。因此，通胀在非随机稳态下

[①] p_t^* 的失真本身就很有趣。它是 Prescott(1998)所说的那种"内生索洛残差"。考虑到数据中实际的价格离散，p_t^* 的波动幅度在体量上是否重要值得探讨。在这种探讨中必须克服的一个困难是，我们要确定数据中价格的基准有效离散程度。在本节的模型中，我们假设所有价格完全相同当然是有效的，但这显然只是一种出于方便的标准化。

为零。另外,我们假设中间品补贴 v_t 为一个恒定值,这个值使得稳态的商品价格与社会边际生产成本相等。若要了解这对 v_t 意味着什么,请回想一下,在稳态下,企业将其价格设定为基于边际成本的加价 λ_f。也就是说,它们将式(7.12)的目标对象等同于 P_t,于是有 $\lambda_f s = 1$。

用式(7.10)替代 s 的稳态值,后者的表达式可简化为:

$$\lambda_t(1-v)(1-\psi+\psi R)\left[\left(\frac{1}{1-\gamma}\right)^{1-\gamma}\left(\frac{\bar{w}}{\gamma}\right)^{\gamma}\right] = 1$$

因为我们假设劳动力市场是竞争性的,故方括号中的部分就是社会边际成本与价格的比率。因此,当该式等于 1 时,便实现了社会有效性。这需要在稳定状态下通过设置 v 来满足下式:

$$1 - v = \frac{1}{\lambda_f(1-\psi+\psi R)} \tag{7.26}$$

我们对政策的处理表明,在我们的模型中稳态配置是有效的,因为它与针对特定规划问题的解决方案不谋而合。我们采取以下变量代换对解决该规划问题来说会更加方便:

$$c_t \equiv \frac{C_t}{z_t^{1/\gamma}}, \quad i_t \equiv \frac{I_t}{z_t^{1/\gamma}} \tag{7.27}$$

规划问题是:

$$\max_{\{c_t, H_t, i_t\}} E_0 \sum_{t=0}^{\infty} \beta^t\left(\log c_t - \frac{H_t^{1+\phi}}{1+\phi}\right), \text{且满足 } c_t + i_t = H_t^{\gamma} i_t^{1-\gamma} \tag{7.28}$$

式(7.28)是规划者问题,规划者可以在中间品之间有效配置资源,且不允许因垄断而扭曲市场。因为该问题中不存在状态变量,所以很显然,式(7.28)的选择变量是恒定的。这意味着可以解决该规划问题的 C_t 和 I_t 一直都是 $z_t^{1/\gamma}$ 里固定份额的一部分。我们还发现,解决了式(7.28)的配置问题同样也解决了式(7.1)的拉姆齐最优问题,其中式(7.25)中的 11 个变量受到式(7.25)之前列出的九个公式的限制。[①]

通胀 π_t 在均衡中会有波动,因此式(7.23)显示 p_t^* 也会有波动。然而,结果却是 p_t^* 是一阶近似的常数。请注意,在稳态下,没有通货膨胀也保证了没有价格离散,因为 p_t^* 处于其统一的最大值,可参见式(7.23)。当 p_t^* 达到其稳态的最大值时,小的扰动对 p_t^* 的一阶影响为零。这一点可以通过注意到式(7.23)关于 $p_t^* = 1$ 的对数线性展开中没有 π_t 而看出:

$$\hat{p}_t^* = \xi_p \hat{p}_{t-1}^* \tag{7.29}$$

在这里,变量上的"帽子"表示:

$$\hat{Q}_t = \frac{\mathrm{d}Q_t}{Q}$$

其中,Q 表示变量 Q_t 的稳定状态,而 $\mathrm{d}Q_t = Q_t - Q$ 则表示从稳态开始的对 Q_t 的小扰动。我们假设在初始时有 $\hat{p}_{-1}^* = 0$。因此,从一阶近似来看,对所有时期 t,都有 $\hat{p}_t^* = 0$。

对式(7.15)、式(7.16)和式(7.18)进行对数线性化处理,我们得到了菲利普斯曲线的常

---

① 本章中的陈述仅在价格的初始扭曲为零的情况下是严格成立的,即 $\hat{p}_{-1}^* = 1$。如果这个条件不成立,那么该陈述仍然渐进成立,甚至在少数几个周期后仍作为近似值成立。

规表达：

$$\hat{\pi}_t = \frac{(1 - \beta\xi_p)(1 - \xi_p)}{\xi_p}\hat{s}_t + \beta E_t\hat{\pi}_{t+1} \tag{7.30}$$

将式(7.3)与式(7.10)联立,并考虑式(7.27)以及式(7.26)中的 v 的设定,可得到如下实际边际成本：

$$s_t = \frac{1}{\lambda_f}\frac{1 - \psi + \psi R_t}{1 - \psi + \psi R}\left(\frac{1}{1 - \gamma}\right)^{1-\gamma}\left(\frac{c_t H_t^{\phi}}{\gamma}\right)^{\gamma}$$

然后,

$$\hat{s}_t = \gamma(\phi\hat{H}_t + \hat{c}_t) + \frac{\psi}{(1 - \psi)\beta + \psi}\hat{R}_t \tag{7.31}$$

利用式(7.3)替换式(7.19)中的实际工资,并应用式(7.27),可以得到：

$$H_t^{\phi+1}c_t = \frac{\gamma}{1 - \gamma}i_t \tag{7.32}$$

相似地,对式(7.24)进行换算处理,得到：

$$c_t + i_t = H_t^{\gamma}i_t^{1-\gamma}$$

用式(7.32)替代上式中的 i_t ,可得：

$$c_t + \frac{1 - \gamma}{\gamma}H_t^{\phi+1}c_t = H_t^{\gamma}\left(\frac{1 - \gamma}{\gamma}H_t^{\phi+1}c_t\right)^{1-\gamma}$$

将该公式以稳态为中心进行对数线性化处理,在一系列代数运算之后,结果表明：

$$\hat{c}_t = \hat{H}_t \tag{7.33}$$

将后者代入式(7.31),可得：

$$\hat{s}_t = \gamma(1 + \phi)\,\hat{c}_t + \frac{\psi}{(1 - \psi)\beta + \psi}\hat{R}_t \tag{7.34}$$

在式(7.34)中, $\hat{c}_t$ 是 c_t 偏离其稳态值的百分比。在每个时期 t ,由于该稳态值与求解式(7.28)的常数 c_t 一致,因此 $\hat{c}_t$ 也对应于产出缺口。我们用 x_t 来代表产出缺口,并替换菲利普斯曲线中的 $\hat{s}_t$,可以得到：

$$\hat{\pi}_t = \kappa_p\left[\gamma(1 + \phi)\,x_t + \frac{\psi}{(1 - \psi)\beta + \psi}\hat{R}_t\right] + \beta E_t\hat{\pi}_{t+1} \tag{7.35}$$

其中

$$\kappa_p \equiv \frac{(1 - \beta\xi_p)(1 - \xi_p)}{\xi_p}$$

当 $\gamma = 1$ 且 $\psi = 0$ 时,式(7.35)可简化为经典的新凯恩斯主义模型中的菲利普斯曲线。当原材料是重要生产要素时, γ 值很小,那么产出缺口 x_t 变化对通胀的影响就会很小。原因在于,在这种情况下,总价格指数是中间品生产商投入成本的一部分。对给定产出缺口的小幅价格反应是一种均衡,因为个体中间品生产商并没有提价的动机。当 $\psi > 0$ 时,式(7.35)

表明利率跃升会抬高价格。这是因为在有活跃的流动资金渠道时,利率上涨会推高边际成本。[①]

现在来考察跨期欧拉方程。用换算后的变量来重新表述式(7.4),可以得到:

$$1 = E_t \frac{\beta c_t}{c_{t+1}\mu_{z,t+1}^{\frac{1}{\gamma}}} \frac{R_t}{\pi_{t+1}}, \quad \mu_{z,t+1} \equiv \frac{z_{t+1}}{z_t}$$

对稳态进行对数线性化扩展,并回顾一下 $\hat{c}_t$ 对应于产出缺口,可得到:

$$0 = E_t \left(x_t - x_{t+1} - \frac{1}{\gamma}\hat{\mu}_{z,t+1} + \hat{R}_t - \hat{\pi}_{t+1} \right)$$

或者

$$x_t = E_t [x_{t+1} - (\hat{R}_t - \hat{\pi}_{t+1} - \hat{R}_t^*)] \tag{7.36}$$

其中

$$\hat{R}_t^* \equiv \frac{1}{\gamma}E_t\hat{\mu}_{z,t+1} \tag{7.37}$$

我们假设当稳态被线性化时,货币政策具有下列泰勒规则的特征:

$$\hat{R}_t = r_\pi E_t\hat{\pi}_{t+1} + r_x x_t \tag{7.38}$$

对数线性化扩展经济的均衡由式(7.35)至式(7.38)给出。

2.3 弗里希劳动力供给弹性

家庭效用函数中参数 ϕ 的大小对于后面的分析来说十分重要。这个参数一直是宏观经济学中争论的焦点。我们注意到,式(7.3)中,在 C_t 不变的情况下,H_t 相对于实际工资的弹性为 $1/\phi$。"保持 C_t 不变"的条件意味着,该弹性是指 H_t 对实际工资变化的反应,这个反应持续时间是如此之短,以至于家庭财富(因而消费)未受影响。或者说,这种弹性指的是 H_t 对一种特定的实际工资变动的反应,这种变动与旨在保持财富不变的一次性转移支付抵消有关。关于 ϕ 的争论集中在对 H_t 的解释上。有一种观点认为,H_t 代表了劳动力市场中代表性工人的工作时长。根据这种解释,可知 $1/\phi$ 就是弗里希劳动力供给弹性。[②] 鉴于我们认为经济是由同质家庭组成的,而 H_t 则是典型家庭的劳动能力,上述对 $1/\phi$ 的解释是最直接的。还有一种观点则认为 H_t 代表了劳动人口数量,$1/\phi$ 衡量的是随工资变化的边际就业/不就业的弹性。根据这种解释,$1/\phi$ 无须对应任何特定个体的劳动力供给弹性。这两种关于 H_t 的不同解读引发了如何利用数据限制 ϕ 值的诸多迥异观点。

一些很有影响力的劳动力市场文献使用家庭层面的数据来估计弗里希劳动力供给弹性。这些研究发现,尽管在不同类型人群中弗里希弹性有所不同,但总体来说,弹性很小。有些人将此解释为,这意味着只有较大的 ϕ 值(比如大于1)才能和这些数据保持一致。起

[①] 式(7.35)类似于 Ravenna 和 Walsh(2006)研究中的式(13),不同之处在于我们还允许原材料投入,即 $\gamma < 1$。

[②] 弗里希劳动力供给弹性是指与工资率变化相关的替代效应。它是在保持消费的边际效用不变的情况下,一个人的劳动力供给相对于实际工资变化的百分比变化。在本章中,我们假设效用在消费和闲暇中是加性可分的,因此消费边际效用的恒定性就转化为消费的恒定性。

初,这一解释被宏观经济学家广泛接受。然而(这一解释)却给经济周期的均衡模型带来了一个难题。纵观整个经济周期,就业波动幅度远大于实际工资波动幅度。从均衡模型的角度来看,总体数据显示了人们对工资变化做出有弹性的反应。但是这和微观经济学的证据不符,微观经济学观察到的个别劳动力供给弹性实际上是很小的。时至今日,一种新的共识正在形成——微观和宏观数据中乍看矛盾的地方其实根本没有冲突。微观数据中的弗里希弹性和宏观数据中的劳动力供给弹性之所以不矛盾,是因为它们最多也只是代表了相关性很小的不同对象。

众所周知,大部分就业的周期性波动反映了工作人数的变化,而不是典型家庭的工作小时数变动。至少从 Rogerson(1988)和 Hansen(1985)的研究开始,有人就争论道,即使个体的劳动力供给弹性在大多数工资值上为零,总就业仍然可以对工资的微小变化做出高弹性的反应。当大量人口处于既可以选择去市场上工作,又可以选择将时间投入其他活动的临界点时,这种情况便有可能发生。举个例子,一个在家里从事生产性工作的丈夫/妻子,会被市场工资的小幅上涨诱惑进而进入市场工作。再举个例子,即将毕业的青少年既可以选择继续深造,也可以选择去工作。如果工资小幅上涨,那么他便有可能转而工作。最后一个例子,老年人也可能因为市场薪资小涨而选择延迟退休。这些例子表明,除了能促使人们选择进入或退出劳动力市场的那个临界值外,总就业会随着实际工资的微小变化而大幅波动,即使单个家庭劳动力供给的弗里希弹性在所有工资值上都为零。[1]

前面几段中的观点可以在我们的模型中加以说明。我们采用技术上方便的假设,家庭拥有大量成员,对于以 0 和 1 为界的每个点都有一个成员。[2] 此外,我们假设一个家庭成员只有两种选择,要么全职工作,要么不工作。对于几乎所有的工资值,家庭成员的弗里希劳动力供给弹性为零。$l(l \in [0,1])$代表家庭中特定成员的排序。这个成员如果被雇用(工作),则可以获得以下效用:

$$\log C_t - l^\phi, \ \phi > 0$$

如果不工作,则可以获得$\log C_t$的效用。根据对工作的厌恶程度,我们对家庭成员进行排序。l值高的人(例如小孩、老人或慢性病人)对工作厌恶感很高,而那些l值接近于零的人则几乎不厌恶工作。我们假设家庭决策建立在功利主义基础上,其方式是对所有家庭成员的效用进行等权重积分并使之最大化。在这种情况下,无论是否就业,效率决定了所有成员都能享受同样水平的消费。此外,如果要雇用H_t个成员,那么$0 \le l \le H_t$的人应该工作,而$l > H_t$的人不工作。在对所有的$l \in [0,1]$积分之后,对于一个有消费C_t和就业H_t的家庭来说,其效用为:

$$\log C_t - \frac{H_t^{1+\phi}}{1+\phi} \tag{7.39}$$

这与式(7.1)中的期间效用函数一致。在对效用函数的这种解释下,式(7.3)仍然是劳

---

① 进一步的讨论和分析可参见 Rogerson 和 Wallenius(2009)的论述。

② 我们的方法与 Galí(2010a)的方法最为相似,尽管也类似于 Mulligan(2001)以及 Krusell 等(2008)最近的研究中所使用的方法。

动力的一阶条件。在这种情况下，给定工资 W_t/P_t，家庭会让一些成员 H_t 去工作，直到边际工人的效用损失 H_t^ϕ 等于家庭获得的相应效用收益 $(W_t/P_t)/C_t$。

请注意，根据效用函数的这种解释，H_t 表示劳动者数量，ϕ 表示不同家庭成员为应对冲击而就业或离开就业的弹性。ϕ 较大的情况对应于家庭成员对工作的厌恶程度差异较大的情况。在这种情况下，没有多少成员的工作负效用接近边际工人。因此，工资的变化只会导致就业的微小变化。如果 ϕ 非常小，那么大量的家庭成员会认为工作和不工作近乎无差别，但实际工资的微小变化会引起较大的劳动力供应变化。

鉴于劳动力投入中的大部分周期性波动都体现为就业人数的变化，我们认为对 H_t 最合理的解释是它衡量了工作人数。因此，$1/\phi$ 不应被解释为弗里希弹性，我们假设其为零。

3. 简单模型：对货币政策的影响

货币 DSGE 模型已被用来深入分析货币政策中的很多重要问题。我们用上一节中推导出的简单模型的变体来讨论其中的一些问题。该模型的一个关键特征是它很灵活，可以根据不同的问题和观点进行调整。经典的新凯恩斯主义模型，即没有流动资金渠道和原材料投入（也即 $\gamma = 1, \psi = 0$），可以用来阐明泰勒规则的基本原理。但新凯恩斯主义框架的变体也可以用来回应对这一法则的挑战。下面的 3.1 和 3.2 描述了其中的两个挑战。新凯恩斯主义框架可以包容各种重要的政策观点，这是一个重要的优势。这是因为该框架有助于澄清争论，并激发各种计量经济分析，进而使人们可以用数据分析来解决这些争论。[1]

接下来的 3.3 和 3.4 解决了产出缺口的估算问题。产出缺口是政策分析的一个重要变量，它是经济资源配置效率的衡量指标。此外，新凯恩斯主义模型暗示产出缺口是通货膨胀的一个重要的决定因素，也是货币政策制定者需要特别关注的一个变量。我们将产出缺口定义为实际产出与潜在产出之间偏差的百分比，其中潜在产出是指拉姆齐最优均衡中的产出。[2]

我们运用经典的新凯恩斯主义模型提出了三种方法来估算产出缺口。第一种方法使用简单的新凯恩斯主义模型的结构来估计作为潜在变量的产出缺口。第二种方法修正了新凯恩斯主义模型，将失业率纳入 CTW 模型中。该模型的优化使我们能够研究失业率对产出缺

---

[1] 例如，上一节中引用的 Chowdhury 等（2006）以及 Ravenna 和 Walsh（2006）的论文展示了如何使用新凯恩斯主义模型的假设来分析流动资金渠道的重要性。

[2] 在我们的模型中，拉姆齐均衡被证明是"最优均衡"，即不受垄断或不灵活价格扭曲的均衡。

口究竟意味着什么。此外,将失业问题纳入模型中也显示了新凯恩斯主义框架的多功能性。[1] 本章 3.4 中的第三种方法用 HP 滤波器估算产出缺口。在分析过程中,我们举例说明了引言中提到的贝叶斯有限信息矩匹配过程。

3.1 泰勒规则

货币政策的主要目标之一是保持较低且稳定的通胀。由 $\gamma = 1$ 和 $\psi = 0$ 定义的经典新凯恩斯主义模型可以用来解释以下风险,即除非货币主管部门采用适当的货币政策,否则通胀预期有可能会自我实现。该经典模型也可以用来解释一个广泛共识,即适当的货币政策意味着内嵌泰勒规则的货币政策:通货膨胀率每上升 1%,需要名义利率上升 1% 以上才能应对。本小节将解释经典新凯恩斯主义模型是如何合理应用泰勒规则的。然而,当我们将流动资金渠道的假设纳入其中时——特别是当总产出中的原材料份额与数据中的份额一样高时——泰勒规则就成为经济不稳定的一个根源。这也许并不奇怪。当流动资金渠道通畅时,货币主管部门为了应对通胀预期上升而提高利率,由此带来的成本上升会使人们产生更高的通胀预期。[2]

我们的模型的线性化方程组可总结如下:

$$\hat{R}_t^* = E_t \frac{1}{\gamma} \hat{\mu}_{z,t+1} \tag{7.40}$$

$$\hat{\pi}_t = \kappa_p [\gamma(1 + \phi) x_t + \alpha_\psi \hat{R}_t] + \beta E_t \hat{\pi}_{t+1} \tag{7.41}$$

$$x_t = E_t [x_{t+1} - (\hat{R}_t - \hat{\pi}_{t+1} - \hat{R}_t^*)] \tag{7.42}$$

$$\hat{R}_t = r_\pi E_t \hat{\pi}_{t+1} + r_x x_t \tag{7.43}$$

其中

$$\alpha_\psi = \frac{\psi}{(1 - \psi)\beta + \psi}$$

当我们阐明外生冲击的运动定律时,对模型的说明就完成了。我们在后续小节中根据需要执行此操作。我们首先用经典新凯恩斯主义模型来回顾泰勒规则,其中,$\gamma = 1, \psi = 0$。我们使用该模型的确定性版本来讨论争议的核心问题,其中 $\hat{R}_t^* \equiv 0$。此外,为方便起见,我

---

[1] 最近出现了将失业引入 DSGE 模型的另一种方法,请参见 Galí(2010a)的研究。加利(Galí)证明,通过对变量的适度重新解释,下一节所总结的带有黏性工资的标准 DSGE 模型可以包含失业理论。在那里使用的劳动力市场模型(Erceg,2000)中,工资是由垄断工会设定的。结果,工资率高于劳动力的边际成本。在这种情况下,可以将失业人数定义为实际工作人数与边际工作成本等于工资率时工作人数之间的差额。Galí(2010b)展示了如何使用失业数据来估算产出缺口,就像我们在这里所做的那样。CTW 模型和加利的失业模型完全不同。例如,在本章中,我们分析了 CTW 模型的一个版本,即劳动力市场是完全竞争的。因此加利所说的就业"垄断力量"在该模型中为零。此外,在我们这里使用的项中,有效失业水平在加利的定义下为零,但在我们的定义中为正。这是因为在我们的模型中,失业是寻找工作过程中不可避免的副产物。有关我们的模型与加利的模型之间差异的广泛讨论,请参阅 CTW 模型技术附录中的 F 部分,具体信息可在以下网址获得,即 http://faculty.wcas.northwestern.edu/lchrist/research/Riksbank/technicalappendix.pdf。

[2] Bruckner 和 Schabert(2003)提出了与我们类似的论点。不同之处在于,他们没有考虑原材料投入的影响,而我们认为这一点很重要。

们假设货币政策的特点是 $r_x = 0$。自始至终,我们假定唯一有效的均衡是收敛于稳态的 $\hat{\pi}_t$、$\hat{R}_t$ 和 x_t 路径,即稳态均衡为 0。[①] 在这种情况下,式(7.41)和式(7.42)可以进一步被求解,如下所示:

$$\hat{\pi}_t = \kappa_p \gamma (1 + \phi) x_t + \beta \kappa_p \gamma (1 + \phi) x_{t+1} + \beta^2 \kappa_p \gamma (1 + \phi) x_{t+2} + \cdots \qquad (7.44)$$

并且

$$x_t = - (\hat{R}_t - \hat{\pi}_{t+1}) - (\hat{R}_{t+1} - \hat{\pi}_{t+2}) - (\hat{R}_{t+2} - \hat{\pi}_{t+3}) - \cdots \qquad (7.45)$$

在式(7.45)中我们使用了这样一个事实,即在我们的设定中,当且仅当它收敛得足够快,从而可以很好地定义像式(7.45)那样的和时,路径才会收敛到零。[②] 式(7.44)表明通胀是当前和未来产出缺口的函数。式(7.45)表明当前的产出缺口是长期实际利率的函数,即式(7.45)等号右边的总和。

根据泰勒规则,经典新凯恩斯主义模型意味着通胀预期的上升会引发一系列后果,最终导致实际通胀放缓。看到实际通胀放缓后,人们较高的通胀预期很快就会消散,从而避免了成为经济不稳定的根源。其传导方式是,实际利率的上升减少了开支,导致产出缺口缩小,如式(7.45)所示。实际通胀率下降的原因是,产出下降减少了资源压力,并降低了生产的边际成本,如式(7.41)所示。严格来说,我们刚刚描述了基于学习的泰勒规则的基本原理,正式讨论参见 McCallum(2009)的研究。在理性预期下,如果政策遵循泰勒规则,就不会出现假定的通胀预期上升先行发生的情况。

类似的论点表明,如果货币主管部门不遵循泰勒规则,即 $r_\pi < 1$,那么通胀预期的上升就可以自我实现。这并不奇怪,因为在这种情况下,预期通胀的上升与实际利率的下降有关。根据式(7.45),这会导致产出缺口的扩大。通过提高边际成本,菲利普斯曲线,即式(7.44)意味着实际通货膨胀率上升。当看到更高的实际通胀水平时,人们更高的通胀预期能够得到证实。通过这种方式,当 $r_\pi < 1$ 时,通胀预期的上升通过推动产出的扩张和实际通胀的上升而得到自我实现。很容易看出,当 $r_\pi < 1$ 时,许多均衡都有可能出现。通胀预期下降导致产出和通胀率下降。通胀预期可能是随机的,这导致经济在繁荣和衰退之间随机波动。[③]

[①] 尽管我们的假设是标准化的,但证明它的合理性要比人们想象的困难得多。例如,Benhabib 等(2002)提出了一些例子,其线性化均衡条件的一些扩展路径是线性近似下实际经济完全合理均衡的表征。在这些情况下,如果我们将货币政策想象成带有特定例外条款的泰勒规则,那么关注线性经济的非扩展性路径就是有效的。例外条款规定,如果经济面临通胀威胁,货币主管部门将承诺转向以货币增长率为目标的货币政策。存在一些货币模型的例子,其中带例外条款的货币政策证实了我们在本章中采用的均衡选择类型(Benhabib et al. , 2002;Christiano and Rostagno, 2001)。关于本章采用的均衡选择有效性的最新争论,可参阅 McCallum(2009)和 Cochrane(2009)相应的参考文献。

[②] 其原因可以在下文看到,我们证明这个等式的解是 $a\lambda^t$ 类似项的线性组合。当且仅当它是可求和的时,这样的等式会收敛到零。

[③] Clarida 等(1999;Clarida, Gali, and Gertler,简称 CGG)认为,20 世纪 70 年代许多国家的高通胀可以解释为反映了 20 世纪 70 年代初期它们未能遵守泰勒规则的后果。Christiano 和 Gust(2000)批评了这一论点,理由是人们并没有观察到 20 世纪 70 年代的就业繁荣。克里斯蒂亚诺和古斯特(Gust)认为,即使人们认为 20 世纪 70 年代是一个糟糕的技术冲击时期(当时燃料成本和商品价格飙升),CGG 分析预测了就业率会蓬勃上升。克里斯蒂亚诺和古斯特提出了另一种模型,即"有限参与"模型,它对泰勒规则的理解与 CGG 模型相同。然而,克里斯蒂亚诺和古斯特模型对自我实现的通胀时期对实际分配情况的影响有着截然不同的含义。由于存在重要的流动资金渠道,自我实现的通胀时期与产出和就业衰退有关。因此,克里斯蒂亚诺和古斯特得出结论,20 世纪 70 年代很好地反映了不实施泰勒规则的后果,但前提是其分析使用了与 CGG 不同的模型。

通过这种方式,经典新凯恩斯主义模型可以被用来阐明泰勒规则能促进稳定的观点,而泰勒规则的缺失使经济易受自我实现的预期波动的影响。

在理性预期假设下,上述结果的正式确立特别容易。我们继续保持简化假设,即 $r_x = 0$。我们将模型简化为通胀的单个二阶差分方程。用式(7.43)替代式(7.41)和式(7.42)中的 $\hat{R}_t$,然后求解式(7.41)中的 x_t 并用它代替式(7.42)中的 x_t。这些运算得出 $\hat{\pi}_t$ 的二阶差分方程如下:

$$\hat{\pi}_t + [\kappa_p \gamma (1 + \phi)(r_\pi - 1) - (\kappa_p \alpha_\psi r_\pi + \beta) - 1]\hat{\pi}_{t+1} + (\kappa_p \alpha_\psi r_\pi + \beta)\hat{\pi}_{t+2} = 0$$

这个差分方程的一般解集可写成如下形式:

$$\hat{\pi}_t = a_0 \lambda_1^t + a_1 \lambda_2^t$$

对于任意的 a_0、a_1,此处的 $\lambda_i (i = 1, 2)$ 是下列二阶多项式的根:

$$1 + [\kappa_p \gamma (1 + \phi)(r_\pi - 1) - (\kappa_p \alpha_\psi r_\pi + \beta + 1)]\lambda + (\kappa_p \alpha_\psi r_\pi + \beta)\lambda^2 = 0$$

因此,均衡条件下存在一个解的二维空间(对应于 a_0 和 a_1 每个可能的值)。继续应用我们的假设,即在这些解集中,只有变量收敛于零(即稳态)才能对应均衡。因此,均衡的唯一性要求 λ_1 和 λ_2 两者的绝对值都大于 1。在这种情况下,唯一的均衡是与 $a_0 = a_1 = 0$ 相关的解集。如果 $\lambda_i (i = 1, 2)$ 中的一个或两个的绝对值小于 1,那么满足条件的均衡就存在很多解。我们可以将这些均衡看作对应于不同的自我实现期望。

对于经典的新凯恩斯主义模型,利用 $\gamma = 1$ 和 $\psi = 0$,我们可以得出以下结果:当且仅当 $r_\pi > 1$ 时,模型才具有唯一均衡(Bullard and Mitra,2002)。这与上述泰勒规则的直觉一致。

我们现在重新审视存在流动资金渠道时泰勒规则的情况。泰勒规则之所以在经典新凯恩斯主义模型中起作用,是因为利率上升通过减少总支出进而导致通货膨胀率下降。但是,在存在流动资金渠道的情况下(即 $\psi > 0$),利率上升会带来第二个影响。通过提高边际成本,即式(7.41),利率上升对通胀产生上行压力。如果流动资金渠道足够强大,那么当通货膨胀预期上升时,$r_\pi > 1$ 的货币政策就会"火上浇油"。随着通货膨胀预期的上升,名义利率大幅上升,这实际上会导致人们预期的通胀变成现实。这样一来,泰勒规则反而会破坏稳定。当然,要出现这种情形,就要求流动资金渠道必须足够强大。如果流动资金渠道足够小(即 ψ 足够小),实施泰勒规则仍然会使经济免受通胀预期波动的影响。

于是,流动资金渠道的存在是否会颠覆泰勒规则就转变成为一个数值问题。我们必须为模型的参数赋值,并研究 λ_1 和 λ_2 的其中一个或两个的绝对值是否小于 1。如果确实如此,那么实施泰勒规则并不能稳定通胀预期。在整个研究过程中,我们设定 $\beta = 0.99$,$\xi_p = 0.75$,$r_\pi = 1.5$,年化贴现率为 4%,ξ_p 的值意味着一年中价格重新最优化的平均时间。此外,货币政策的特点是对泰勒规则的坚定承诺。我们考虑对应产出缺口的两个不同利率,$r_x = 0$ 和 $r_x = 0.1$。为了确保稳健性,我们还考虑了式(7.43)的一个版本,其中货币主管部门会对当前的通胀做出反应。

关于控制劳动力负效用的参数 ϕ,我们没有进行强先验假设(见本章的 2.3),所以考虑两个值,$\phi = 1$ 和 $\phi = 0.1$。为了得出合适的 γ 值,我们采用 Basu(1995)的方法。他利用制造业的数据进行研究,认为原材料在总产量中的份额约为 1/2。回想一下,我们模型的稳态与

式(7.28)的解相一致,于是有:

$$\frac{i}{c+i} = 1 - \gamma$$

因此,巴苏(Basu)的经验结果意味着 γ 值接近 $1/2$。[①] Ravenna 和 Walsh(2006)的工具变量研究结果表明,流动资金份额 ψ 的值在 1 附近与数据相符。

图 7.1 显示了我们的结果。上排图形展示了式(7.43)中的结果,其中政策当局会对未来一个季度的通货膨胀预期做出反应,即 $E_t\hat{\pi}_{t+1}$。下排图形对应于政策制定者对当前通胀的反应情况,即 $\hat{\pi}_t$。水平轴和垂直轴分别表示 γ 和 ψ 的值的范围。灰色区域对应于 $\lambda_i(i=1, 2)$ 的参数值,其中一个或两个 λ_i 的绝对值小于 1。从技术上讲,对于灰色区域的参数化,经济的稳态均衡在直观上被认为是不确定的。直觉上,灰色区域对应于泰勒规则不能稳定通胀预期的经济参数。图中的白色区域则对应于泰勒规则能成功稳定通胀预期的经济参数。

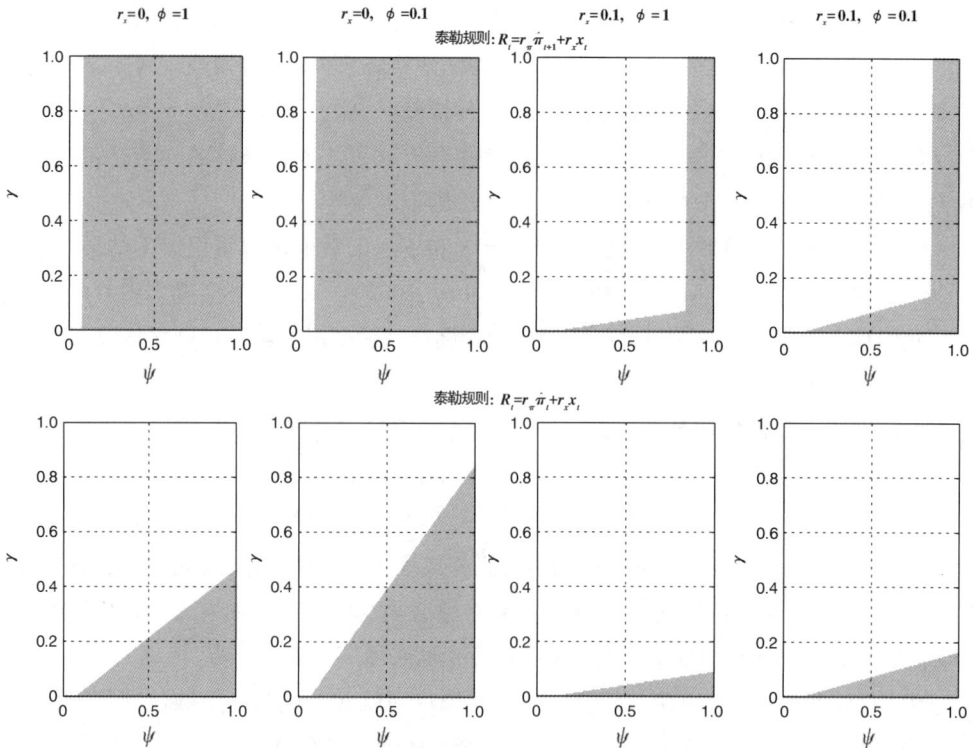

图7.1 带有流动资金渠道和原材料投入的模型的不确定性区域

注:灰色区域是不确定性区域,白色区域是确定性区域。

首先考虑图 7.1 中第一行的第一张和第二张图,请注意,在每种情况下,$\psi=0$ 和 $\gamma=1$ 都是白色区域的点,这与上文的讨论一致。但是 ψ 的小幅增长会使模型进入灰色区域。进一步看,不管 γ 值是多少,都是如此。对于这种参数化,利率对更高通胀预期的积极响应会使人

[①] 实际上,这是对 γ 的保守估计。如果不用 v 来消除稳态中的垄断力量,我们对 γ 的估计会更低。有关这一点的更多讨论请参见 Basu(1995)的研究。

们产生更高的预期通胀。我们可以在第一行的第三张和第四张图中看到,$r_x > 0$ 大大减少了灰色区域的范围。尽管如此,当 $\gamma = 0.5$ 和 ψ 接近 1 时,该模型处于灰色区域,实施泰勒规则会适得其反。

现在来看看图 7.1 的第二行。请注意,如果 $\gamma = 1$,那么模型总是处于确定性区域。也就是说,要想让经济容易受到自我实现的预期的影响,不仅必须有一个强大的流动资金渠道,而且必须保证原材料在总产出中占相当大的比例。第二行的第二张图显示,当 $\gamma = 0.5$,$\phi = 0.1$ 并且 ψ 大约为 0.6 以上时,该模型处于灰色区域。当 ϕ 更高时,左起第一个图显示的灰色区域较小。请注意,根据最后两张图,可知当 $r_x > 0$ 时,灰色区域几乎缩小为零。

我们从这个分析中得出结论:当存在流动资金渠道时,为了应对较高的通货膨胀而大幅提高利率会适得其反。尤其是原材料投入占总产出的份额很高时,这一情况更有可能发生。当出现这种情况时,不能仅仅依靠泰勒规则来确保稳定的通胀和产出。在这个例子中,对产出缺口做出强烈反应(或者说实际的而非预期的通胀)有助于恢复稳定性。然而,在实践中,产出缺口很难衡量。[①] 政策当局充其量可以对与产出缺口相关的变量做出反应。研究对这些变量做出反应的确定性影响将是一个有趣的话题,但超出了本章的范围。尽管如此,本章的讨论还是说明了 DSGE 模型如何有助于我们思考重要的货币政策问题。

3.2 货币政策与低效繁荣

近年来,人们对货币政策与经济波动的相互作用,特别是与资产价格波动的相互作用等问题进行了广泛的讨论。在最近的金融风暴之前[②],人们已经形成了一个共识,即货币政策不应该去积极寻求资产价格的稳定。有人认为,无论如何,对通货膨胀目标的严格承诺——实施泰勒规则的目标——将自动稳定资产市场。[③] 这个观点认为,资产价格繁荣基本上是一种需求繁荣,是由对未来的乐观主义情绪驱动的,而不是主要由目前实际发展情况驱动的。根据传统观点,由需求驱动的繁荣会提高生产成本,从而提高通货膨胀率。对通货膨胀做出积极反应的货币主管部门会自动提高利率,从而有助于稳定资产价格。

若用经典新凯恩斯主义模型来评估这种情形,我们会发现繁荣并不一定与价格上涨有关。事实上,如果对未来的乐观看法来自对节省成本的新技术应用的预期,那么前瞻性的价格制定者在实践中有可能还会降低其价格。这是 Christiano 等(2008,2010)的研究发现,我们在此简要总结如下。

为了把握对未来乐观的想法,我们假设技术的对数水平时间序列为:

$$\log z_t = \rho_z \log z_{t-1} + u_t, \quad u_t = \varepsilon_t + \xi_{t-1} \tag{7.46}$$

因此 z_t 的稳态是 1。在式(7.46)中,u_t 是一种独立同分布的冲击,与过去 z_t 的对数无关。技术增长的创新 u_t 是两个正交过程的总和,即 ε_t 和 ξ_{t-1}。这两个变量的时间下标表示被私营部

---

① 关于这一点的进一步讨论,请参见本章的 3.3 和 3.4。
② 译者注:2008 年次贷危机以及随后的国际金融危机。
③ 参见 Bernanke 和 Gertler(2000)的研究。

门主体察觉的时期。在第 $t-1$ 期,市场主体会注意到 u_t 的一个组成部分,即 ξ_{t-1}。在第 t 期,他们意识到其余的部分 ε_t。例如,关于 u_t 最初的"消息",即 ξ_{t-1} 原则上可能是完全错误的,就像 $\varepsilon_t = -\xi_{t-1}$ 时的情况一样。

将式(7.46)代入式(7.40):

$$\hat{R}_t^* = E_t(\log z_{t+1} - \log z_t) = (\rho_z - 1)\log z_t + \xi_t \tag{7.47}$$

因为我们现在考虑的是经典新凯恩斯主义模型,所以 $\gamma=1$。[1] 系统实现的均衡条件是利用式(7.41)、式(7.42)和式(7.43)来解式(7.47)。设 $\psi=0$(即无流动资金渠道)和 $r_x=0$,我们采用以下参数值:

$$\beta = 0.99, \ \phi = 1, \ r_x = 0, \ r_\pi = 1.5, \ \rho_z = 0.9, \ \xi_p = 0.75$$

我们进行一个模拟,其中消息在 t 期到达,技术将在 $t+1$ 期内跃升 1%,即 $\xi_t = 0.01$,ε_t 的值被设置为零。我们发现在 t 期工作时间增长了 1%。这种增长是完全低效的,因为在最佳均衡时段内,它根本不会对技术冲击做出任何响应,无论该冲击来自当前还是可预计的未来,参见式(7.28)。有趣的是,通胀在 t 期以每年 10 个基点的速度降低。[2] 目前的边际成本确实上升了,如式(7.34)所示,但由于预期未来边际成本会下降,因此当前的通胀仍然在下降。

根据式(7.47),有效货币政策设定 $\hat{R}_t = \hat{R}_t^*$ 意味着,当经济出现积极信号时,利率应该会上升。在这个例子中,为了应对 ξ_t,泰勒规则会将政策转向完全错误的方向。对通货膨胀下降做出反应时,政策不仅没有如它应该做的那样提高利率,实际上反而还降低了利率。在出现有关未来的积极信号时,降低利率的政策会过度刺激经济,从而引发过度的波动。

因此,经典新凯恩斯斯主义模型可以用来挑战传统的观点,即反通胀的中央银行会自动调节经济波动。这只是一个没有任何现实相关性的抽象例子吗? 事实上,典型的繁荣—萧条时期的特点是通胀率低或下降(Adalid and Detken,2007)。例如,在 20 世纪 20 年代、80 年代和 90 年代的美国经济繁荣期间,通胀率很低。这一事实颠覆了传统观点,并得出了一个与我们的例子相符的结论:反通胀的中央银行拉长了繁荣—萧条时期。

对本小节中的观点进行全面评估还需要更精细的模型,最好是包括诸如股票市场等在内的金融变量的模型。通过这种方式,人们可以评估繁荣—萧条时期中更多变量的影响。除此之外,人们还可以评估货币主管部门会纳入考虑的其他变量,这些考虑旨在避免本例中描述的波动类型。我们认为,简单认为货币主管部门应该设定 $\hat{R}_t = \hat{R}_t^*$ 这样的论断是没有帮助的。因为在实践中,这需要比实际可得的信息更多的信息。一种富有成效的方法是找到与 $\hat{R}_t^*$ 相关的变量,这些变量可以包含在货币政策规则中。关于这些问题的进一步讨论,请参阅 Christiano 等(2008)的研究。

---

[1] 我们之所以将式(7.40)中的 $\hat{\mu}_{z,t+1}$ 替换为 $\log z_{t+1} - \log z_t$,是因为在稳态中有 $\mu_z \equiv z_t/z_{t-1} = 1/1 = 1$,首先请注意

$\hat{\mu}_{z,t} = \dfrac{\mu_{z,t} - \mu_z}{\mu_z} = \mu_{z,t} - 1$。于是,$1 + \hat{\mu}_{z,t} = \mu_{z,t}$。两边取对数并记为 $\log \mu_{z,t} = \log(1 + \hat{\mu}_{z,t}) \simeq \hat{\mu}_{z,t}$。然而,$\log \mu_{z,t} = \log z_t - \log z_{t-1}$。

[2] 因为稳定状态下通货膨胀为零,所以 $\hat{\pi}_t = \pi_t - 1$。这里通过乘以 40000 将其转换为年化基点。

3.3　用失业率估计产出缺口

现在,我们研究使用 DSGE 模型来估计作为潜在变量的产出缺口。我们探讨在研究中纳入失业率的有用性。本章的 3.3.1 描述了一个标量变量,用于表征对应于产出缺口的失业率信息内容,本章的 3.3.2 描述了分析中使用的模型。如上一小节所述,我们使用经典新凯恩斯主义模型的一个版本。特别是,我们假设中间品生产商没有使用原材料投入或流动资金。[①] 我们按照 CTW 模型的方法将失业率引入模型中。本章的 3.3.3 描述了我们如何使用数据为模型参数赋值。这部分内容具有独立的意义,因为它展示了如何用贝叶斯方法重新实现 Christiano 和 Eichenbaum(1992a)提出的矩匹配过程。本章的 3.3.4 介绍了我们的实质性成果。根据简单的失业率估计模型,我们发现在美国经济中,考虑失业因素对产出缺口的估计有重大影响。3.3.4 的末尾总结了我们的发现,其中也指出了有关分析的若干注意事项。

3.3.1　失业信息内容的衡量

作为基准,我们根据当前、未来和过去对产出增长的观察来计算对产出缺口的预测:

$$x_t = \sum_{j=-\infty}^{\infty} h_j \Delta y_{t-j} + \varepsilon_t^y \tag{7.48}$$

其中,h_j 是每个 j 的标量,对于所有的 s 来说,每个 ε_t^y 都与 Δy_{t-s} 无关。[②] 包含失业的预测可以表示为下式:

$$x_t = \sum_{j=-\infty}^{\infty} h_j \Delta y_{t-j} + \sum_{j=-\infty}^{\infty} h_j^u u_{t-j} + \varepsilon_t^{y,u}$$

在这里,h_j^u 是每个 j 的标量,并且对于所有的 s 来说,每个 $\varepsilon_t^{y,u}$ 都与 Δy_{t-s}、u_{t-s} 无关。我们用如下比率来定义产出缺口的失业信息含量:

$$r^{双边} \equiv \frac{E(\varepsilon_t^{y,u})^2}{E(\varepsilon_t^y)^2}$$

该比率越低,产出缺口包含的失业信息就越多。我们还计算了类似的方差比率,对应于仅涉及变量当前和过去观察的单边预测。[③] 对于实时工作的决策者来说,单边预测与评估失业的信息内容有关。我们的信息度量不包含参数中的抽样不确定性。用于构建 $r^{双边}$ 和 $r^{单边}$ 的方差假设参数是确定的,唯一的不确定性来自不能利用计量经济学家可得的数据来模拟缺口。

3.3.2　CTW 失业模型

我们通过添加一个等式,将新凯恩斯主义模型常用的三个等式的对数线性表现形式转

[①] 也就是说,我们设置 $\gamma = 1$ 和 $\psi = 0$。

[②] 实际上,只有有限数量的数据可用。因此,预测涉及有限数量的滞后,其中滞后数量随 t 而变化。在这种情况下,卡尔曼平滑器(Kalman smoother)解决了预测问题。

[③] 在下面的分析中,我们用两种方式计算产出缺口的预测。当我们将滤波器应用于数据以提取 x_t 的时间序列时,我们使用卡尔曼平滑器。为了计算无限预测问题中的权重,我们使用如 Sargent(1979)的文献中所描述的标准谱方法。谱权重也可以通过卡尔曼平滑器的输出相对于输入数据的数值微分来计算。我们的结果表明,只要观察的数量很大且 t 位于数据集的中间,这两种方法就会产生相同的结果。

换为失业模型。这种简化的对数线性系统来源于 CTW 模型中明确的微观基础。相关论文还展示了如何将失业模型整合到中型 DSGE 模型中(如本章第 4 节中的模型)。

在 CTW 模型中,找一份工作需要付出努力。并不是每个找工作的人都能找到工作,但只有努力才能提升找到工作的概率。失业者是那些去找但没有找到工作的人。失业率是失业人数占劳动力人数的比率。在官方定义中,劳动力人数是就业人数加上失业人数。

由于努力是不可观察的且具有较高的私人成本,不可能针对特定劳动力市场的结果提供完美保险。因此,失业者的处境比就业者要差。通过这种方式,该模型抓住了政策制定者关注失业的一个关键原因:失业率上升会给相关家庭带来直接的福利损失。就此而言,我们的模型不同于将失业纳入货币 DSGE 模型中的其他研究。[1] 在那些模型中,个人在劳动力市场中有完美保险。

我们现在描述该模型的冲击和线性化均衡条件。在本章的前几节中,工作时间的有效水平是常数,所以产出缺口可以简单地表示为工作人数与该常数的偏差,如式(7.33)所示。在本节中,劳动人员的有效数量是随机的。我们用 h_t^* 来表示这个数量与稳态的偏差。我们继续假设经济稳态是有效率的,因此 $\hat{H}_t$ 和 h_t^* 代表了对相同稳态值的百分比偏差。于是,现在的产出缺口是 $x_t = \hat{H}_t - h_t^*$。

h_t^* 是由以下干扰所驱动的,一是对工作负效用的干扰,二是对将家庭努力转化为有可能找到工作的技术的干扰。这些对有效就业水平的各种干扰无法通过使用我们所假设的计量经济学家可得的数据求解。我们把 h_t^* 称为劳动力供给冲击,希望这个标签不会引起混淆。在我们的语境下,这种冲击概括了一系列更为广泛的干扰,而不仅仅是改变劳动力负效应的干扰。我们采用以下时间序列来分析劳动力供给冲击:

$$h_t^* = \lambda h_{t-1}^* + \varepsilon_t^{h^*} \tag{7.49}$$

在这里,$\varepsilon_t^{h^*}$ 是零均值,独立同分布且与 h_{t-s}^* 无关,其中 $s > 0$ 且 $E(\varepsilon_t^{h^*})^2 = \sigma_{h^*}^2$。在此处的 CTW 模型版本中,$h_t^*$ 与所有其他冲击是正交的。

我们假设技术冲击是一种对数随机游走的状态:

$$\Delta \log z_t = \varepsilon_t^z \tag{7.50}$$

其中,Δ 表示一阶差分算子。ε_t^z 是一个均值为零的独立同分布干扰,与 z_{t-s} 的对数不相关(其中 $s > 0$)。我们用 $E(\varepsilon_t^z)^2 = \sigma_z^2$ 来表示它的方差。随机游走假设的基本原理将在本章 4.1 中讨论。[2]

根据 CTW 模型,最优均衡的利率由下式给出:

$$\hat{R}_t^* = E_t(\Delta \log z_{t+1} + h_{t+1}^* - h_t^*) \tag{7.51}$$

在最优均衡中,消费的对数(除常数项外)是 $\log z_t$ 与 h_t^* 之和。因此,根据式(7.51),$\hat{R}_t^*$

---

① 可参阅 CTW 的大量相关参考文献。
② 评估随机游走假设经验基础的另一种方法是利用简单模型的含义,即可以使用劳动生产率来衡量技术冲击。衡量劳动生产率的一种方法是美国实际 GDP 与总劳动时间的比率。该变量在 1951 年第一季度—2008 年第四季度的季度对数增长率的一阶自相关系数为 -0.02。当使用非农部门的每小时产出进行计算时,一阶自相关系数为 0.02。这些结果与我们的随机游走假设研究一致。

与(对数)消费的预期增长率是相符的。这反映了 CTW 模型的假设,即效用在消费中是加性可分和对数的。我们还假设存在一个扰动 μ_t,把它引入菲利普斯曲线后可表示如下:

$$\hat{\pi}_t = \kappa^p x_t + \beta E_t \hat{\pi}_{t+1} + \mu_t \tag{7.52}$$

其中,$\kappa^p > 0$。κ^p 表示菲利普斯曲线对产出缺口的斜率。不要将这个变量与式(7.41)和式(7.35)中的 κ_p 混淆,后者是菲利普斯曲线对边际成本的斜率。菲利普斯曲线冲击可由下式表示:

$$\mu_t = \chi \mu_{t-1} + \varepsilon_t^\mu \tag{7.53}$$

其中 $E(\varepsilon_t^\mu)^2 = \sigma_\mu^2$。跨期等式(7.42)与以前相比没有变化。最后,我们假设存在一个独立同分布的干扰 M_t,它以如下方式进入货币政策规则中:

$$\hat{R}_t = \rho_R \hat{R}_{t-1} + (1 - \rho_R)(r_\pi E_t \hat{\pi}_{t+1} + r_x x_t) + M_t \tag{7.54}$$

其中 $E(\varepsilon_t^M)^2 = \sigma_M^2$。模型中的四个外生冲击在所有提前和滞后项上都相互正交。

我们用 μ_t^g 表示失业缺口,即实际失业和有效失业之间的偏差,两者都以其偏离(共同的)非随机稳态的百分比来表示。因此,CTW 模型意味着:

$$u_t^g = -\kappa^g x_t, \quad \kappa^g > 0 \tag{7.55}$$

其中 κ^g 是基础结构参数的函数。前面的表达式类似于奥肯定律。如果实际失业率比有效水平高 1 个百分点,则产出比有效水平低 $1/\kappa^g$ 个百分点。奥肯定律的讨论通常假定 $1/\kappa^g$ 在 2—3 的范围内(Abel and Bernanke,2005)。有效均衡中的失业率 u_t^* 由下式表示:

$$u_t^* = -\omega h_t^*, \quad \omega > 0$$

在 CTW 模型中,导致劳动力供给增长的因素同时也会导致求职努力强度的提升,这就是有效均衡下失业率下降的原因。人们越努力地去找工作,就有可能越快找到工作。根据前面两个公式,实际失业率 u_t 满足下式:

$$u_t = -(\kappa^g x_t + \omega h_t^*) \tag{7.56}$$

如果没有劳动力供给冲击,那么有效失业率将保持不变,实际失业率将直接反映产出缺口。

总之,CTW 模型的对数线性化方程组由标准新凯恩斯主义模型常用的三个等式组成,即式(7.42)、式(7.52)和式(7.54),同时加上表示失业特征的式(7.56)。另外,还有若干等式描述了外生冲击和有效利率的运动规律。

3.3.3 有限信息贝叶斯推断

为了研究该模型的定量含义,我们必须为其参数赋值。我们设定模型的经济参数值,即 $\kappa^p, \omega, \kappa^g, r_\pi, r_x, \rho_R, \beta$,如表 7.1a 所示,设 θ 由控制随机过程的参数组成:

$$\theta = (\lambda, \chi, \sigma_z, \sigma_{h^*}, \sigma_M, \sigma_\mu)' \tag{7.57}$$

表 7.1a 简单模型中的非估计参数

参　数	数　值	描　述
β	0.99	贴现因子
r_π	1.5	泰勒规则:通货膨胀系数

续 表

参 数	数 值	描 述
r_x	0.2	泰勒规则:产出缺口系数
ρ_R	0.8	泰勒规则:利率平滑系数
κ^p	0.11	菲利普斯曲线斜率
κ^g	0.4	奥肯定律系数
ω	1.0	有效失业率 u^* 相对有效劳动时间 h^* 的弹性

我们使用产出增长和失业数据来选择 θ 值。[1] 我们使用 Kim(2002)和本章5.2 中描述的有限信息贝叶斯过程的一个版本来实现这一点。[2] γ 由产出增长和失业的 j $(j=0,1,2)$ 阶自协方差矩阵组成。用 $\hat{\gamma}$ 表示基于 1951 年第一季度—2008 年第四季度的季度观测值($T=232$)的相应样本估计值。Hansen(1982)采用广义矩估计(简称 GMM)分析认为,对于足够大的 T,$\hat{\gamma}$ 是正态分布的,其均值等于二阶矩的实际值 γ^0,方差为 V/T。当我们用一致的样本估计 $\hat{V}$ 来代替 V 时,结果也是成立的。[3] 该模型提供了一个从 θ 到 γ 的映射,我们用 $\gamma(\theta)$ 来表示。汉森(Hansen)的研究结果表明,对于足够大的 T,以 θ 和 $\hat{V}$ 为条件的 $\hat{\gamma}$ 的似然估计由以下多元正态分布给出[4]:

---

[1] 16 岁及以上人群的季节性调整失业率数据来自美国劳工统计局,助记符为 LNS14000000。我们使用标准的实际人均 GDP 数据,可参见以下网址的文件中技术附录的 A 部分,即 http://www. faculty. econ. northwestern. edu/faculty/christiano/research/Handbook/technical_appendix. pdf。

[2] 该过程是对 Christiano 和 Eichenbaum(1992a)的研究中描述的矩匹配估计过程的贝叶斯模拟。

[3] 我们用如下方法计算 $\hat{V}$。令 θ^0 表示模型参数真实但未知的值。$h(\gamma,w_t)$ 具有属性 $Eh(\gamma^0,w_t) = 0$,其中 $w_t = (\Delta y_t u_t)'$。令 $g_T(\gamma) \equiv (1/T) \sum_t h(\gamma,w_t)$,并通过 $g_T(\hat{\gamma}) = 0$ 定义 $\hat{\gamma}$。然后,随着 $T \to \infty$,$\sqrt{T}(\hat{\gamma} - \gamma^0)$ 在分布中收敛到 $N(0,V)$。在这里,$V = (D')^{-1}SD^{-1}$,其中 S 表示 $h(\gamma^0,w_t)$ 频率为零的谱密度,并且 $D' = \lim_{T\to\infty} \partial g_T(\gamma)/\partial \gamma'$,其导数是在 $\gamma = \hat{\gamma}$ 处衡量的,有关 GMM 这些收敛结果的讨论请参见 Hamilton(1994)的研究。V 的估值由 $\hat{V} = (\hat{D}')^{-1}\hat{S}\hat{D}^{-1}$ 给出。我们通过 $\hat{\Gamma}_0 + (1 - 1/3)(\hat{\Gamma}_1 + \hat{\Gamma}'_1) + (1 - 2/3)(\hat{\Gamma}_2 + \hat{\Gamma}'_2)$ 来估计 $\hat{S}$,其中 $\hat{\Gamma}_j = [\sum_t h(\hat{\gamma},w_t) h(\hat{\gamma},w_{t-j})']/(T-j)$,$j = 0,1,2$。此外,$\hat{D}$ 是由一致估计取代的未知的实际参数 D。有限信息贝叶斯策略的一个替代版本(我们没有探究)与 $V(\theta)$ 一并运行,当其参数值设置为 θ 时,后者是由模型隐含的 D 和 S 矩阵所构造的 V 矩阵。

[4] 我们进行一个小型蒙特卡罗实验以研究汉森的渐进结果是不是样本量 $T = 232$ 的良好近似值。实验结果让我们谨慎乐观。我们的蒙特卡罗研究使用了没有失业的经典新凯恩斯主义模型,即式(7.42)、式(7.50)和式(7.51),其中 $h_t^* \equiv 0$,以及式(7.52)—式(7.54)。除了一个例外,我们设置的相关经济参数如表 7.1a 所示。该例外是 ρ_R,我们将其设为零。此外,θ 中的参数设置一致于表 7.1b 中部分信息过程的后验模式。通过这种参数化,模型意味着(在四舍五入后)$\sigma_y = 0.021$,$\rho_1 = \rho_2 = -0.039$。在这里,有 $\sigma_y = [E(\Delta y_t)^2]^{1/2}$,$\rho_i = \dfrac{E(\Delta y_t \Delta y_{t-i})}{\sigma_y^2}$,$i = 1,2$。然后我们模拟了 10000 个数据集,每个数据集都有 $T = 232$ 个产出增长 Δy_t 的人工观察结果。模拟样本中 σ_y、ρ_1、ρ_2 估计值的平均值分别为 0.021、-0.039 和-0.033。这一结果与我们的二阶矩估计量基本无偏的结论一致。为了研究汉森正态结果的准确性,我们检查了以通常方式计算的 80% 置信区间的覆盖范围(点估计值加减按照前面脚注中指定方式计算的相应样本标准差的 1.28 倍)。就 σ_y、ρ_1、ρ_2 而言,80% 的置信区间分别排除了参数 22.35%、21.87% 和 21.39%的实际值。我们发现这些与渐近理论中 20%的建议相当接近。与此相关的是,我们发现样本标准差的估计量几乎无偏。特别是,在 10000 个样本中,σ_y、ρ_1、ρ_2 的估计量实际标准差分别为 0.00098、0.064 和 0.065。相应样本估计量的平均值分别为 0.00095、0.062 和 0.064。显然,抽样标准差的估计量是无偏的。

$$p\left(\hat{\gamma}\;\middle|\;\theta;\frac{\hat{V}}{T}\right) = \frac{1}{(2\pi)^{6/2}}\left|\frac{\hat{V}}{T}\right|^{-\frac{1}{2}}\exp\left\{-\frac{T}{2}\left[\hat{\gamma}-\gamma(\theta)\right]'\hat{V}^{-1}\left[\hat{\gamma}-\gamma(\theta)\right]\right\} \qquad (7.58)$$

给定 θ 的一组先验条件 $p(\theta)$,对于足够大的 T 来说,以 $\hat{\gamma}$ 和 $\hat{V}$ 为条件的 θ 的后验分布则为:

$$p\left(\theta\;\middle|\;\hat{\gamma};\frac{\hat{V}}{T}\right) = \frac{p\left(\hat{\gamma}\;\middle|\;\theta;\dfrac{\hat{V}}{T}\right)p(\theta)}{p\left(\hat{\gamma}\;;\dfrac{\hat{V}}{T}\right)}。$$

边际密度 $p(\hat{\gamma};\hat{V}/T)$ 以及 θ 的各个元素的边际后验分布都可以使用标准随机游走梅特罗波利斯算法或拉普拉斯近似来计算。[①] 在本节的应用中,我们使用拉普拉斯近似。

我们的矩匹配贝叶斯方法有几个吸引人的特征。第一,因为专注于数据的少量特征,它具有清晰度的优势。第二,它不需要假设基础数据是正态分布的,正如传统贝叶斯分析中的情况。[②] 式(7.58)的正态性取决于中心极限定理的有效性,而不取决于基础数据的正态性。第三,该方法具有计算速度快的优点。式(7.58)中的矩阵求逆和对数行列式只需要计算一次。此外,估计像式(7.58)中的二次型在计算上非常有效率。当研究后验分布的模式时,这些计算上的优势就很重要。进一步看,当使用标准随机游走梅特罗波利斯算法计算整个后验分布时,这些优势就极为重要。在这种情况下,必须对式(7.58)进行数十万次的估计。

因为我们的计量经济学方法具有独立意义,所以我们将使用它得到的结果与基于传统完整信息贝叶斯方法得出的结果进行比较。特别是,我们用 Y 表示失业率和产出增长的数据,将其用于计算有限信息贝叶斯过程中的 $\hat{\gamma}$。在这种情况下,给定 Y 的 θ 的后验分布是:

$$p(\theta\mid Y) = \frac{p(Y\mid\theta)p(\theta)}{p(Y)}$$

其中,$p(Y\mid\theta)$ 是正态似然函数,$p(Y)$ 是数据的边际密度。在两种计量经济学过程中,先验 $p(\theta)$ 是相同的,它们在表 7.1b 中列出。

表 7.1b　简单模型的先验参数和后验参数

外生过程参数		先　验		后　验	
		分布(区间)	均值,标准差 [5%,95%]	标准差[a]	
				有限信息[b]	完整信息[c]
自相关,劳动力供给冲击	λ	Beta[0,1]	0.75,0.15 [0.47,0.95]	0.71 [0.16]	0.83 [0.08]
自相关,菲利普斯曲线冲击	χ	Beta[0,1]	0.75,0.15 [0.47,0.95]	0.92 [0.01]	0.93 [0.02]
标准差,技术冲击/%	σ_z	Inv. gamma[0,∞]	0.50,0.40 [0.18,1.04]	0.62 [0.04]	0.63 [0.04]

---

① 有关拉普拉斯近似的更多讨论请参见本章 5.4 的论述。
② Christiano(2007)讨论了总体宏观经济数据的正态性失效。

续 表

外生过程参数		先 验		后 验	
		分布(区间)	均值,标准差 [5%,95%]	标准差[a]	
				有限信息[b]	完整信息[c]
标准差,劳动力供给 冲击/%	σ_{h^*}	Inv. gamma[0,∞]	0.50,0.40 [0.18,1.04]	0.24 [0.06]	0.19 [0.03]
标准差,货币政策 冲击/%	σ_M	Inv. gamma[0,∞]	0.50,0.40 [0.18,1.04]	0.13 [0.01]	0.11 [0.01]
标准差,菲利普斯曲线 冲击/%	σ_μ	Inv. gamma[0,∞]	0.50,0.40 [0.18,1.04]	0.24 [0.03]	0.25 [0.03]

注:[a] 表示基于拉普拉斯近似。[b] 表示有限信息是指我们的贝叶斯矩匹配过程。[c] 表示完整信息是指基于数据的全似然度的标准完整信息贝叶斯推理。

表 7.1b 报告了参数 θ 的后验模式和后验标准差。请注意完整信息方法和有限信息方法之间的结果有多么相似。它们的一个差异与 λ 有关,即劳动力供给冲击的自回归参数。从某种程度上来说,该参数的后验模式对使用哪种计量经济学方法有些敏感。λ 的后验模式的标准差对所使用的方法更敏感。除了一个例外,数据中关于参数的大量信息可以通过从先验到后验的标准差降低来衡量。λ 是例外。在有限信息程序下,有关此参数的数据信息很少。

我们在 θ 的后验模式下分析了该模型的属性。表 7.1b 的结果在有限信息方法和完整信息方法两种情形中非常相似,表明它们对应的模型属性也基本相同。因此,我们只报告基于有限信息程序所隐含的后验模式的属性。

表 7.1c 报告了 $\hat{\gamma}$,即有限信息估计量的经验二阶矩,并报告了该模型隐含的相应二阶矩。经验矩和模型矩相当接近。表 7.1d 显示了模型隐含的方差分解。产出的大部分变化是技术冲击和菲利普斯曲线的扰动造成的。请注意,技术冲击对任何其他变量都没有影响。这反映出根据我们的政策规则,经济增长对随机游走技术冲击的反应是有效的,并且不涉及利率、通胀或任何劳动力市场变量的反应。这个结果的经济含义将在本章的3.4中进一步讨论。就失业而言,对菲利普斯曲线的干扰是波动的主要来源。劳动力供给冲击作为波动的来源相对不重要。我们在下一节中将会讨论后者的发现对我们结论的影响。

表 7.1c 简单模型(有限信息后验模式)和数据的属性[a]

协方差(×100)	模 型	数 据	协方差(×100)	模 型	数 据
cov. $(\Delta y_t, \Delta y_t)$	0.0099	0.0090	cov. $(\Delta y_t, \Delta y_{t-2})$	0.0010	0.0017
cov. (u_t, u_t)	0.0190	0.0220	cov. $(\Delta y_t, u_{t-2})$	0.0021	0.0033
cov. $(\Delta y_t, u_t)$	−0.0013	−0.0002	cov. $(u_t, \Delta y_{t-2})$	−0.0025	−0.0038
			cov. (u_t, u_{t-2})	0.0174	0.0201
cov. $(\Delta y_t, \Delta y_{t-1})$	0.0021	0.0030			
cov. $(\Delta y_t, u_{t-1})$	0.0012	0.0022			

续　表

协方差(×100)	模　型	数　据	协方差(×100)	模　型	数　据
cov. $(u_t, \Delta y_{t-1})$	−0.0021	−0.0023			
cov. (u_t, u_{t-1})	0.0184	0.0215			

注:ª 表示样本期间为 1951 年第一季度—2008 年第四季度。Δy 表示实际人均 GDP 增长,u 表示失业率。

表 7.1d　简单模型的方差分解(有限信息后验模式)

单位:%

模　型	产出增长	失业率	名义利率	通胀率	产出缺口
技术冲击	38.7	0	0	0	0
货币政策冲击	17.7	1.8	0.7	0.5	1.9
劳动力供给冲击	0.7	3.9	0.1	0	0.3
菲利普斯曲线冲击	42.9	94.3	99.2	99.5	97.8

3.3.4　用 CTW 模型估算产出缺口

我们的模型中有关失业率的产出缺口的信息如表 7.1e 所示。被称为后验模式的一行报告了:

$$r^{双边} = 0.11, \quad r^{单边} = 0.09$$

表 7.1e　失业率中的产出缺口信息(u),简单模型

参　数		双边预测			单边预测		
		预测误差/%		$r^{双边}$	预测误差/%		$r^{单边}$
		标准差×100			标准差×100		
		观测到 u	未观测到 u		观测到 u	未观测到 u	
	后验模式	0.74	2.26	0.11	0.79	2.66	0.09
替代参数值	$\lambda = 0.99999$, $100\sigma_{h^*} = 0.0015$	0.68	2.24	0.09	0.68	2.64	0.07
	$\omega = 0.001$	0.00081	2.26	0.00	0.00084	2.65	0.00
	$100\sigma_{h^*} = 0.001$	0.0036	2.24	0.00	0.0036	2.64	0.00
	$100\sigma_{h^*} = 1$	1.80	2.53	0.51	2.12	2.84	0.56

注:(i) $r^{双边}$ 是观察到 u 时的双边预测误差方差与未观察到时的值之比。$r^{单边}$ 是单边预测情况下的类似对象,详见正文。(ii)参数的后验模式基于有限信息的贝叶斯过程。

因此,就双边预测而言,当估算产出缺口的数据包括失业率时,产出缺口中预测误差的方差减少了 89%。当估计值仅基于产出增长数据时,在 95% 的置信区间内,产出缺口是点估计值的 ±4.4%。随着 ±1.5% 的失业率的引入,浮动区间缩小了 60% 以上。[①] 图 7.2 显示了

---

① 这些观察基于以下计算:1.5 = 0.0074 × 1.96 × 100 和 4.4 = 0.0226 × 1.96 × 100,我们使用了表 7.1e 中的信息。在这里,1.96 是标准正态分布 2.5% 的临界值。

我们模型 1000 个观测值中的第 475 个至第 525 个。该图显示了实际缺口以及基于估计的信息集,其中仅包括产出增长和产出增长加失业。此外,该图还显示了与这两个信息集相对应的 95% 的置信区间。[①] 请注意,仅基于产出增长的估计区间比其他区间宽得多。

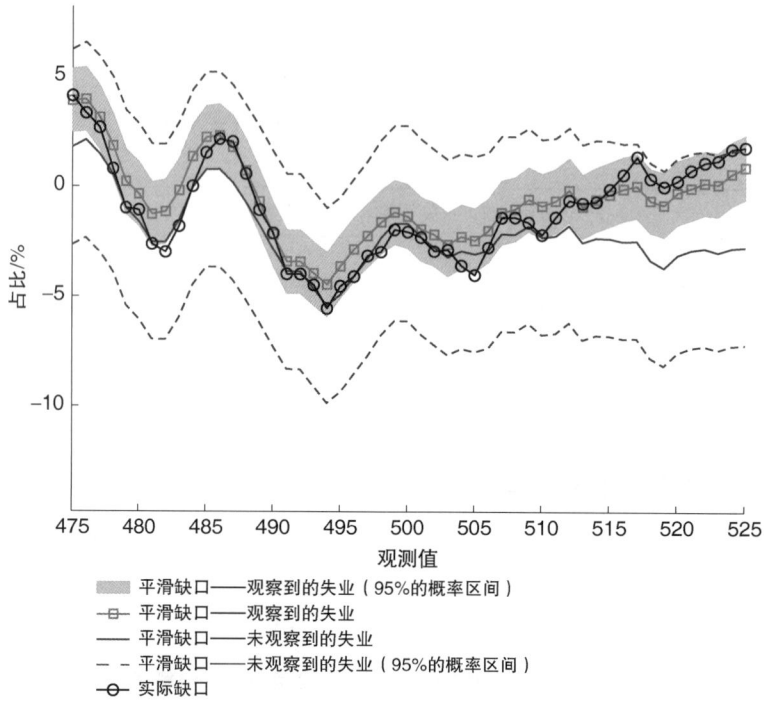

图 7.2 实际与平滑的产出缺口,人工模拟数据

我们将仅基于产出增长的产出缺口的最优线性估算值,如式(7.48)所示,与作为缺口估计器的 HP 滤波器进行直接比较。[②] 后者也仅基于产出数据。图 7.3 中的信息使我们可以比较这两个滤波器。其中的小图 a 显示了使用产出水平 y_t 时的滤波器权重。[③] 请注意,虽然权重模式各不相同,但它们非常相似。已知 HP 滤波器权重是完全对称的,这不是最佳权重的属性。但是图 7.3 中的小图 a 显示最佳滤波器权重非常接近对称。因此,虽然 HP 滤波器的相位角严格为零,但我们的模型隐含的最佳滤波器的相位角几乎为零。图 7.3 中的小图 b 比较了包含商业周期频率的某频率子集上两个滤波器的增益,其边界在图中用星号表示。显然,两者都近似为高通滤波器。然而,最佳滤波器可以通过产出数据的较低频率分量,并且还可以稍微使较高频率分量衰减。小图 c 分别显示了实际产出缺口与 HP 和最佳滤波器之间的相互关系。这是在我们模型模拟输出的 1000 个人工观测样本中完成的(使用卡尔曼平

[①] 置信区间是通过加减预测误差标准差的 1.96 倍来构建的。这个标准差来自卡尔曼平滑器对产出缺口的平滑估计。由于基础模拟中的扰动来自正态分布过程,因此乘以 1.96 所隐含的正态性假设是合理的。

[②] 我们将 HP 滤波器中的平滑参数设置为 1600。

[③] 我们通过在频域中表示滤波器并应用傅里叶逆变换来计算 HP 滤波器和式(7.48)的滤波器权重。就式(7.48)而言,我们用 $x_t = \sum_{j=-\infty}^{\infty} h_j \Delta y_{t-j} + \varepsilon_t^y = \sum_{j=-\infty}^{\infty} \bar{h}_j y_{t-j} + \varepsilon_t^y$ 来计算 $\bar{h}_j's$。我们使用 King 和 Rebelo(1993)的研究中的结果来表示频域中的 HP 滤波器。

滑器可以获得有限数据样本中的最佳滤波器）。请注意，这两个估计值都与实际缺口正相关。当然，与 HP 滤波器估计值相比，产出缺口与其最优估计值更高度相关。图 7.3 中的小图 d 显示了我们人工数据的一个子样本。我们可以直接看到两个滤波器有多么相似。但是，请注意，实际缺口中存在大量低频分量，且最佳滤波器可以更好地跟踪此低频分量。这与小图 b 中的结果一致，这表明最佳滤波器允许产出的低频分量通过。

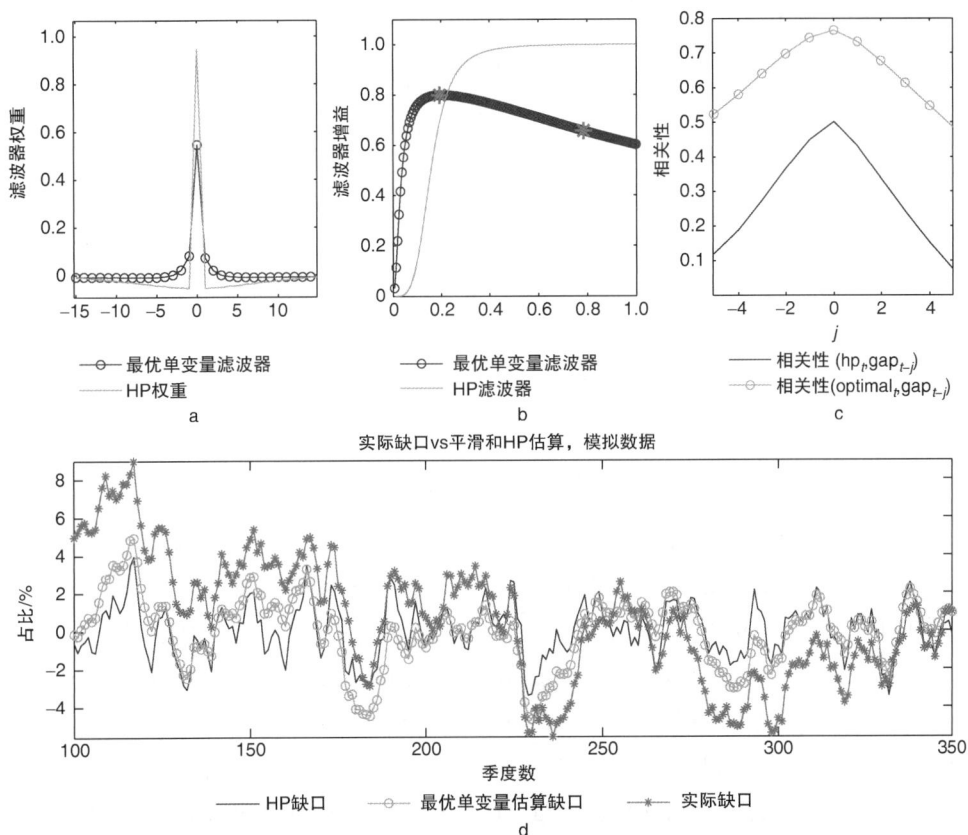

图 7.3 用于估计产出缺口的 HP 滤波器和最优单变量滤波器

注：小图 b 中的星号表示对应于两年和八年的商业周期频率。

接下来，我们将相同的统计过程应用于美国数据。我们用它来估计模拟数据中的产出缺口。结果如图 7.4 所示，其中显示了 HP 滤波器对产出缺口的双边预测，包括对数、实际、人均的国内生产总值（GDP），以及在预测所使用的数据集内包含或者不包含失业数据的情景。① 我们没有设置置信区间，以免使图表显得更混乱。此外，根据美国国家经济研究局（NBER）的数据，图中的灰色区域显示了衰退开始和结束的时间。

---

① 我们对图 7.4 的计算基于卡尔曼平滑器。

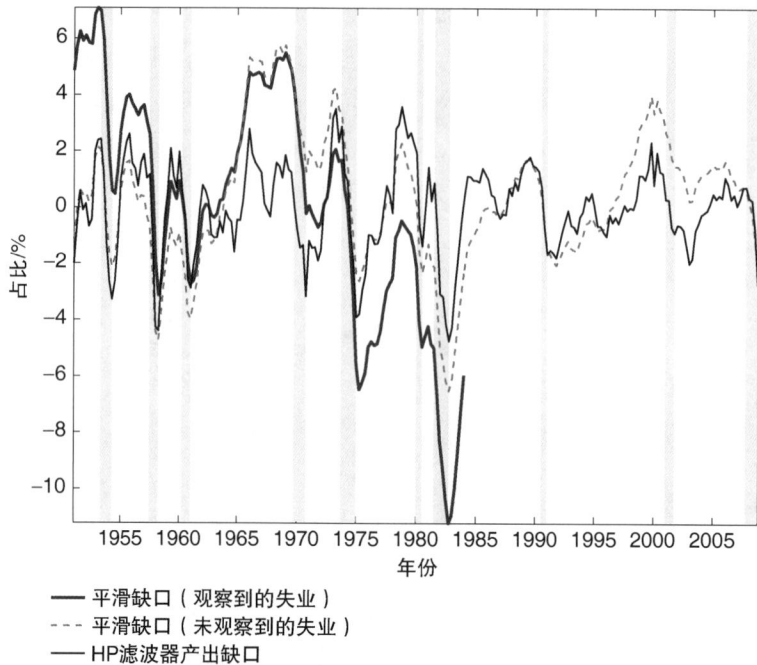

平滑缺口（观察到的失业）
- - - 平滑缺口（未观察到的失业）
—— HP滤波器产出缺口

图 7.4 美国数据显示的产出缺口

关于图 7.4 的结果,有几个值得注意的地方。第一,在 NBER 衰退区附近,我们估计的产出缺口总是相对较低。第二,在 NBER 衰退发生之前,缺口呈现出开始下降的趋势。这是可以预料的。因为 NBER 通常将经济衰退的开始日期定义在经济连续两个季度负增长的第一个季度。鉴于美国经济平均增长率为正,NBER 衰退开始的日期发生在经济活动已经放缓至少几个季度之后。这也解释了为什么 HP 滤波器估计的缺口通常在 NBER 衰退之前 1—2 个季度就开始下降。第三,与上一段的结果一致,基于 HP 滤波器缺口估计和仅基于产出数据的估计,两者得出的结果非常相似。第四,将失业数据纳入估计产出缺口的数据对结果的影响在定量意义上是巨大的。在使用失业数据时,估计的缺口更不稳定,并且比 HP 滤波器的缺口要大。给定参数的后验模式,将失业纳入其中会产生重大影响并不奇怪,因为后验模式意味着劳动力供给冲击相对不重要。因此,有效失业率 u_t^* 的波动不是很大,实际失业率是衡量产出缺口的一个很好的指标,可以参考式(7.55)。

通过检查对潜在产出的隐含估计,可以进一步了解我们对缺口的衡量。图 7.5 显示了这些结果,其中显示了实际产出,以及我们基于仅使用产出与同时使用产出和失业对潜在产出的衡量。毫不奇怪,鉴于图 7.4 的结果,使用失业率的潜在产出估计是这两种方法中更平滑的那一个。我们的结果与 Justiniano 和 Primiceri(2008)得出的结果相似,他们也认为潜在产出是平滑的。[1]

---

[1] 尽管 Sala 等(2008)没有具体展示其模型暗含的潜在产出,但从他们对产出缺口的估计可以推断出,他们的计算中隐含的潜在产出衡量也是平滑的,就像 Justiniano 和 Primiceri(2008)提出的那样。除了这两篇论文,其他文献的潜在 GDP 估计值通常比我们的更不稳定。例如,可参见 Walsh(2005)对 Levin 等(2005)的研究的讨论。另见 Kiley(2010)的研究及其引用的资料。

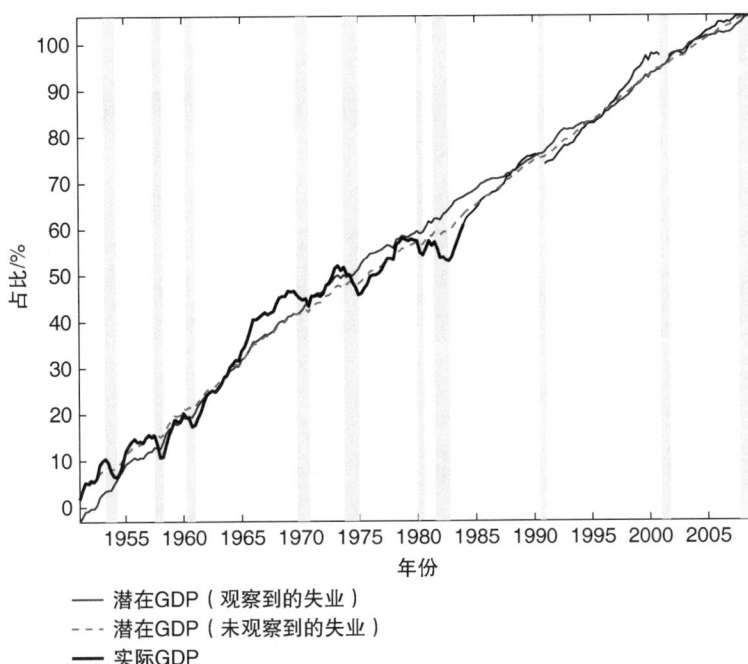

图 7.5 实际产出和对潜在产出的两种衡量，美国数据

我们的模型非常适合阐明如下问题：在什么情况下人们可以期望失业率包含有关产出缺口的有用信息？一般的答案是，如果有效失业水平是恒定的，那么实际失业率就包含很大的信息量。因为在这种情况下，它代表了对产出缺口的直接观察。这在表 7.1e 中以三种方式被记录。

首先，我们考虑劳动力供给冲击的总方差 h_t^* 保持不变但被重新赋予非常低的频率的情况。其动因是 Christiano(1988) 发现的，即需要引入低频劳动力供给冲击来适应工作总时数的表现。我们设置 $\lambda = 0.99999$ 并对 $\sigma_{h^*}^2$ 进行调整，使得 h_t^* 的方差等于模型在后验模式下的隐含值。在这种情况下，有效就业水平是一个随时间推移而缓慢变化的变量。[1] 结果是，有效失业率本身是缓慢移动的，因此实际失业率的大部分短期波动对应于失业缺口 μ_t^g 的变动以及产出缺口的变化，回想一下式(7.55)。与这个直觉一致的是，表 7.1e 表明 λ 的增加导致 $r^{双边}$ 和 $r^{单边}$ 分别下降到 0.09 和 0.07。同样，表 7.1e 还表明，如果我们减少 ω 的大小或劳动力供给冲击本身的方差，那么使用失业数据就基本上消除了产出缺口所有的不确定性。最后，表 7.1e 还显示，当我们提升劳动力供给冲击的重要性时会发生什么。具体来看，我们将 h_t^* 的新息方差提升了约 4 倍，从 0.24% 增加到 1.0%。这个变化的结果是劳动力供给冲击现在占产出增长方差的 10% 和失业方差的 41%。随着有效失业率水平的更大波动，我们可以推测用于估算产出缺口的失业率会降低。有趣的是，根据表 7.1e，失业率仍然为产出缺口提供了大量信息。尽管劳动力供给冲击波动幅度相对较高，但失业率仍将产出缺口的预测误差的方差减少了 44%—49%。

---

[1] 这里捕捉到这样的观点，即 h_t^* 的演化体现了人口和其他缓慢变化的因素。

　　总之,上面报告的结果表明,失业率对估计产出缺口非常有用。我们发现,如果失业率的有效水平随着时间的推移而缓慢变化,那么这种情况就很可能是事实。另外,我们在估计模型中发现,HP 滤波器对缺口的估计非常类似于我们的模型在最佳条件下的缺口估计。所有这些观察结果充其量只能被视为启发性的。因为我们这里的目标之一是服务于教学,所以相关观察是在一个非常简单的环境中进行的。在更复杂的环境中,当有更多的数据可供计量经济学家使用时,研究它们是否仍成立将是一件有趣的事情。本章的 3.4 表明,得出产出缺口的最佳滤波器对底层模型的细节非常敏感。因此,本节中发现的 HP 滤波器和最佳滤波器之间的相似性应仅被视为启发性的。对两种滤波器关系的最终评估需要来自多种模型的额外经验研究。

3.4　用 HP 滤波产出来估计产出缺口

　　本章的 3.3.4 展示了一个模型环境,其中,作为估算产出缺口的工具,HP 滤波器几乎是最佳的。本节表明,得出产出缺口的 HP 滤波器的准确性对底层模型的细节非常敏感。我们将在经典新凯恩斯主义模型(即 $\gamma = 1, \psi = 0$)的简单版本中证明这一点,这个简单版本只有技术冲击这一个冲击。我们发现,HP 滤波器与实际产出缺口正相关或负相关,这取决于冲击的时间序列的特性。当冲击触发强劲的财富效应时,相对于有效均衡而言,产出会对冲击做出过度反应。在这种情况下,HP 滤波器的缺口估算与实际的产出缺口正相关。如果冲击仅触发较弱的财富效应,则其相关性为负。

　　我们的分析需要仔细回顾就业和产出如何对技术冲击做出反应的经济学分析。这是一个具有独立意义的话题,并引起了广泛的关注,主要是为了回应 Galí(1999)那篇具有争议的论文。

　　该模型的线性化均衡条件由式(7.40)—式(7.43)给出,其中,$\psi = 0, \gamma = 1$。我们考虑以下两个技术的运动定律:

　　增长率的一阶自回归 AR(1) 为 $\Delta \log z_t = \rho_z \Delta \log z_{t-1} + \varepsilon_t^z$

　　技术水平的一阶自回归 AR(1) 为 $\log z_t = \rho_z \log z_{t-1} + \varepsilon_t^z$

　　在 ε_t^z 为正的时期,这两个运动定律对发生在 z_t 上的事情具有相同的含义。但是关于对 z_t 的冲击的最终影响,它们的含义则差别明显。在增长率的 AR(1) 中,ε_t^z 出现 0.01 的冲击会推动 z_t 上升 1%,但预期 z_t 最终将会上涨 $1/(1 - \rho_z)$ 个百分点。在技术水平的 AR(1) 中,z_t 的跃升与 z_t 将在后期下降的预期有关。我们采用以下参数化处理:

$$\beta = 0.99, \ \rho_z = 0.5, \ \rho_R = 0, \ r_x = 0.2, \ r_\pi = 1.5, \ \phi = 0.2, \ \xi_p = 0.75$$

　　在增长率 AR(1) 的情况下,技术冲击 1% 会伴随额外的增长,技术最终会稳定在永久高于 2% 的水平(参见图 7.6 中的小图 d)。有效消费水平的反应伴随着技术冲击的反应。在这个经济体中,家庭在受到冲击时财富会大幅增长。平滑跨期消费的动机使家庭想立即将其消费水平设定在永久性的更高水平。有效均衡利率的上升则旨在抑制这种潜在的消费激增。这就是为什么在有效均衡中,产出(参见图 7.6 中的小图 e)与技术冲击的上涨幅度相同,而就业率保持不变。现在考虑实际均衡。根据图 7.6 中的小图 c,利率规则导致其小幅低效上升。因此,货币政策未能完全控制由这一冲击引发的消费需求的激增。就业增加,由此带来的产出增长超过了技术冲击。就业增加导致了成本增加,从而导致通货膨胀。产出缺口对冲击做出了积极反应,因此潜在产出(即有效产出水平)比实际水平的波动要小。我们可以预期由 HP 滤波器估计的产出缺口至少会与实际的产出缺口正相关,因为 HP 滤波器通过平滑实际产出来估计潜在产出。

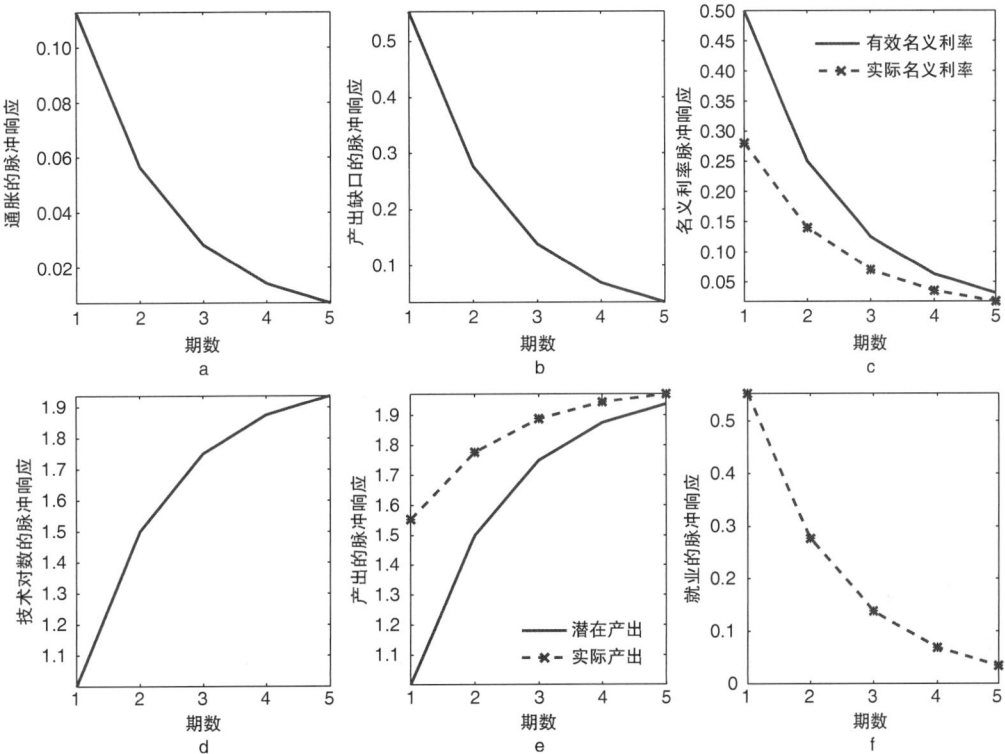

图7.6 没有资本的简单模型对1%技术冲击的动态响应,增长率的 AR(1)

我们使用模型模拟了大量的人工观测,然后对产出数据进行了 HP 滤波处理。① 图 7.7A 显示了实际的、潜在的和 HP 滤波器平滑的三种产出数据。我们可以看到,HP 滤波器明显过度平滑了数据。然而,与 HP 滤波器隐含的假设一致,实际产出水平比相应的有效水平(有点)更不稳定。图 7.7B 显示了实际缺口和 HP 滤波器估计的产出缺口。请注意,它们是正相关的,尽管 HP 滤波后的缺口过于不稳定。

---

① 对于季度数据,我们使用通常的平滑参数值,即 1600。

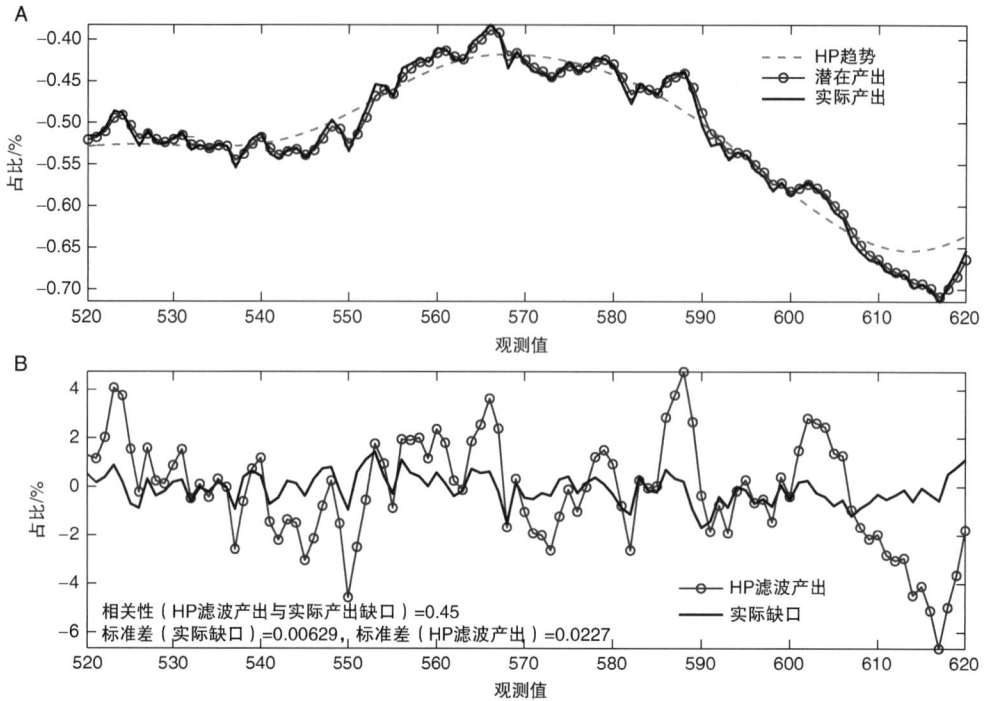

图 7.7 (A)基于实际产出(模拟数据)的潜在产出、实际产出和 HP 趋势;
(B)HP 滤波器估计的产出缺口与实际缺口(模拟数据)。增长率的 AR(1)

现在考虑技术水平中的 AR(1)。图 7.8 的小图 d 中显示了技术对 ε_t^z 的 1%干扰的动态响应。与后期的预期水平相比,在冲击期间,技术水平很高。与以前一样,有效消费水平反映了技术冲击的时间路径。在有效均衡中,经济主体预期未来的消费会降低,因此跨期平滑促使他们削减相对于其有效水平的当前消费。有效均衡中利率的下降是为了抵消消费的相对疲软(见 7.8 的小图 c)。换句话说,利率需要大幅下降,以确保在技术进步的情况下需求扩张到足以保持就业不变。在实际均衡中,货币政策规则降低利率的力度要小于有效均衡。力度较小的利率下降不足以扭转需求疲软的局面。结果是,产出的反应相对较弱,就业下降。就业下降又与边际生产成本下降有关,这就解释了为什么通胀因技术冲击而下降。图 7.9A 显示了技术水平的 AR(1)在 HP 滤波器下的含义,后者是估算产出缺口的一种方法。请注意,潜在产出的波动比实际产出的波动更大。作为潜在产出的估算方法,HP 滤波器恰恰通过平滑化而进入了错误的方向。图 7.9B 将 HP 滤波器估计的产出缺口与相应的实际缺口进行了比较。注意两者现在是如何负相关的。

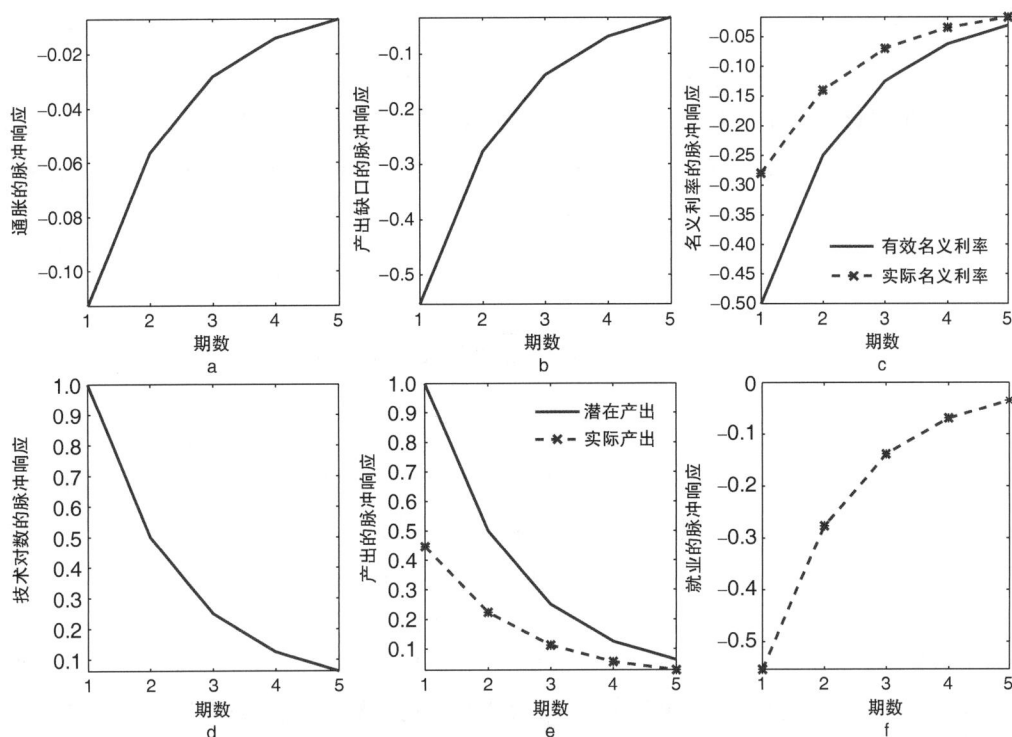

图 7.8　没有资本的简单模型对 1% 的技术冲击的动态响应,技术水平的 AR(1)

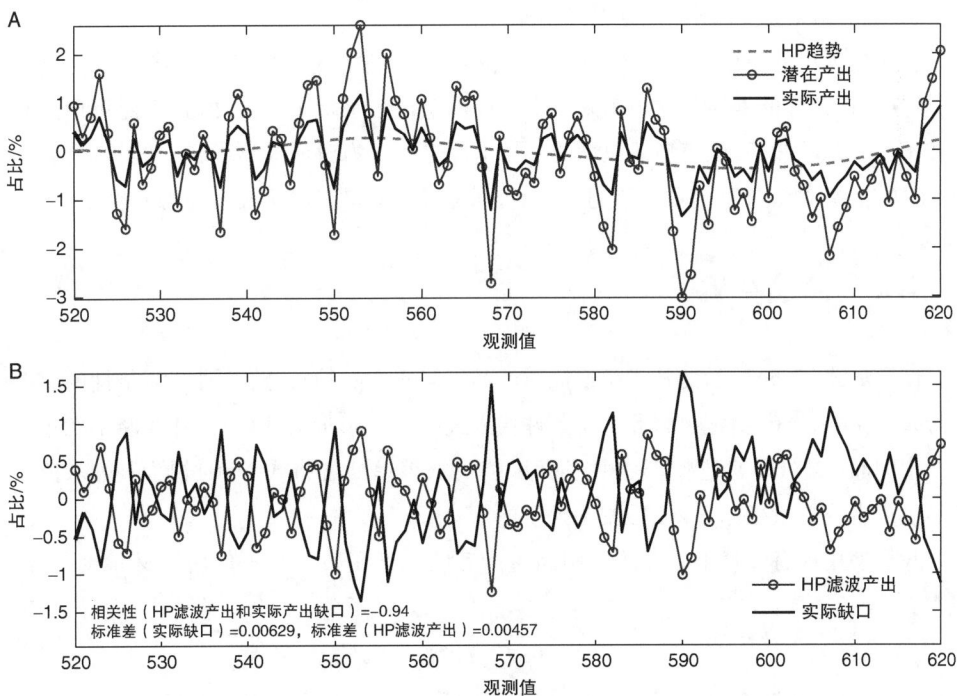

图 7.9　(A) 基于实际产出(模拟数据)的潜在产出、实际产出和 HP 趋势;

(B) HP 滤波器估计的产出缺口与实际缺口(模拟数据)。技术水平的 AR(1)

前面的讨论带来的一个副产品是,经典新凯恩斯主义模型中的工作时间对技术冲击反应的经济学探索。在这种模式下,工作时间的变化是对技术冲击的反应。如果技术冲击带来巨大的财富效应,则工作时间增加;如果技术冲击带来的财富效应较弱,则工作时间缩短。当技术冲击引发巨大的财富效应时,工作时间的反应更大,这一原则在更复杂的新凯恩斯主义模型(如下一节将讨论的模型)中仍然成立。

4. 中型 DSGE 模型

经济学中的一个经典问题是:为什么价格需要如此长的时间才会对货币扰动做出反应?为什么实际变量反应又会如此强烈呢? 曼昆(Mankiw)在 2000 年写道,至少从大卫·休谟(David Hume)于 1752 年写下《论货币》以来,对货币非中性的成功实证解释一直让经济学家感到困扰。此外,在曼昆写下这些话的时候,这个问题似乎在相当长的时间内都没有答案。货币 DSGE 模型在过去十年之所以如此成功,一个原因在于它们结合了适度的价格黏性和工资黏性以及各种"实际摩擦",大致重现了货币非中性的证据,而这种证据过去很难与非中性相匹配。本节和接下来两节的目的是详细阐释此观察的基础。我们要做到这一点,不可避免地需要一个比前几节的不同版本的简单模型更复杂的模型。本节在描述模型时,将解释该模型与简单模型各个不同之处的基本原理。

这里发展出的模型是 CEE 模型的一个版本。我们描述了模型中经济主体的目标和约束,并将均衡条件的推导放在技术附录中。该模型包含了货币政策冲击,因此可用来解决货币非中性问题。此外,该模型还包含两个技术冲击。作为对该模型的进一步检验,我们遵循 ACEL 方法,评估该模型的如下能力,即能否匹配经济变量对两次技术冲击的预计动态响应。

4.1 商品生产

使用如式(7.5)所示的技术生产同质产品。同质产品的具有代表性、竞争性的生产者的一阶条件由式(7.6)给定。将此一阶条件代入式(7.5),形成对式(7.7)中价格的约束。对于每个中间品,$i \in (0,1)$,它们都是由垄断者生产的,该垄断者将式(7.6)视为其需求曲线。中间品生产者将总量指标 P_t 和 Y_t 视为外生的。

我们使用现有文献中标准的中间品生产者的生产函数。它不使用原材料投入,但使用资本 $K_{i,t}$:

$$Y_{i,t} = (z_t H_{i,t})^{1-\alpha} K_{i,t}^{\alpha} - z_t^{+} \varphi \qquad (7.59)$$

在这里,z_t 是技术冲击,其对数的一阶差分具有正的均值,φ 表示固定生产成本。经济增长有两个来源:$\log z_t$ 的正向漂移和 $\log \Psi_t$ 的正向漂移,其中 Ψ_t 是稍后将要讨论的特定于投资的技术冲击的状态。式(7.59)中的 z_t^{+} 的定义如下:

$$z_t^+ = \Psi_t^{\frac{\alpha}{1-\alpha}} z_t$$

沿着非随机稳态增长路径,Y_t/z_t^+ 和 $Y_{i,t}/z_t^+$ 收敛于一个常数。

z_t 和 Ψ_t 这两个冲击被规定为单位根过程,这样可以与我们在 VAR 分析中使用的假设一致。我们用 VAR 来分析经济对中性技术冲击和特定于投资的技术冲击的动态响应。我们采用以下时间序列表示来分析冲击:

$$\Delta \log z_t = \mu_z + \varepsilon_t^z, \quad E(\varepsilon_t^z)^2 = \sigma_z^2 \tag{7.60}$$

$$\Delta \log \Psi_t = (1 - \rho_\Psi) \mu_\Psi + \rho_\Psi \Delta \log \Psi_{t-1} + \varepsilon_t^\Psi, \quad E(\varepsilon_t^\Psi)^2 = \sigma_\Psi^2 \tag{7.61}$$

假设中性技术冲击遵循带漂移项的随机游走,这与 Smets 和 Wouters(2007)的研究结果非常吻合,他们估计的 $\log z_t$ 是高度自相关的。Prescott(1986)的实证分析也支持 $\log z_t$ 是带漂移项的随机游走的观点。最后,Fernald(2009)估计了商业部门全要素生产率的增长。1947年第二季度—2009 年第三季度的季度观测值的一阶自相关系数为 0.0034,这与随机游走的结果一致。

假设中间品生产商没有进入或退出。如果企业享有丰厚且持久的利润,那么"没有进入"的假设就难以令人相信。式(7.59)中引入了固定成本,意在使新的生产商的进入动机降到最低。我们设置 φ 使中间品生产商的利润在稳态下为零。这就要求固定成本的增长率与产出的增长率相同,这就是为什么式(7.59)中 φ 要乘以 z_t^+。引入固定生产成本的一个潜在的经验优势在于,通过引入规模报酬递增,该模型原则上可以解释劳动生产率受到正向货币政策冲击后的提高。

在式(7.59)中,$H_{i,t}$ 表示第 i 个中间品生产商雇用的同质劳动力服务。生产商借钱发工资。我们遵从 CEE 的规则,假设生产商借入全部工资,即式(7.9)中 $\psi = 1$ 且 $v_t = 0$。因此,单位劳动力的成本可以表示为:

$$W_t R_t \tag{7.62}$$

在这里,W_t 表示总工资率,R_t 表示流动资金贷款的名义利率。CEE 引入了企业需要流动资金的假设,将其作为货币政策扩张性冲击后抑制通胀上升的一种方式。货币政策的扩张性冲击会导致 R_t 下降,在其他因素相同的情况下,这将降低企业的边际成本。通胀受到抑制,因为边际成本是企业定价决策的关键因素。与流动资金假设一致的间接证据包括常见的基于 VAR 的结果,这表明通胀在正向货币政策冲击之后会下降一段时间。虽然估计的响应有可能反映了计量经济学方面的某种误差,但我们很难想出能替代流动资金假设来解释这一证据的其他方法。[1]

把利率视为生产成本一部分的另一个动机与 Ball(1994)的"去通胀型繁荣"批判模型有关,该模型不包括利率成本。鲍尔(Ball)的批评集中在式(7.30)中的菲利普斯曲线上,为方便起见,我们直接复制如下:

$$\hat{\pi}_t = \beta E_t \hat{\pi}_{t+1} + \kappa_p \hat{s}_t$$

---

[1] 这种可能性由 Sims(1992)提出,并在 Christiano 等(1999)的研究中得到了进一步的探讨。另见 Bernanke 等(2005)的研究。

$\hat{\pi}_t$ 和 $\hat{s}_t$ 分别表示通货膨胀与边际成本。此外，$\kappa_p > 0$ 是一个简化形式的参数，β 略小于 1。根据菲利普斯曲线，如果货币主管部门宣布它将通过(合理地)降低未来通胀而不是当前通胀来抵御通胀，那么 $\hat{s}_t$ 一定会跃升。在简单模型中，$\hat{s}_t$ 与产出直接相关，可参见式(7.34)。

要得到更高的产出，需要更密集地使用稀缺资源，由此导致资源价格上涨，并推动边际成本 $\hat{s}_t$ 上升。Ball(1994)批评了没有把利率包括在边际成本中的理论，理由是在通货紧缩开始时，人们并没有观察到繁荣景象。将利率纳入边际成本能够潜在地避免鲍尔的批评，因为高 $\hat{s}_t$ 仅仅反映了与反通货膨胀政策相对应的高利率，而不是更高的产出。

我们采用价格摩擦的卡尔沃模型。中间品生产商无法重新最优化其价格的概率为 ξ_p。在这种情况下，假设生产商按照以下规则设定价格①：

$$P_{i,t} = \pi P_{i,t-1} \tag{7.63}$$

请注意，在稳态下，未最优化价格的厂商会按一般的通胀率提高价格。而那些在稳态增长路径上最优化价格的生产商则将其价格提高相同的幅度。这就是稳态下没有出现价格离散的原因。根据式(7.29)前后的讨论，我们分析了 DSGE 模型在稳态附近的一阶近似，这一事实意味着我们可以进行 $p_t^* = 1$ 的类比。

中间品生产商重新最优化其价格的概率为 $1 - \xi_p$。除固定成本外，第 i 个中间品生产商的利润与式(7.13)类似：

$$E_t \sum_{j=0}^{\infty} \beta^j \upsilon_{t+j} (P_{i,t+j} Y_{i,t+j} - s_{t+j} P_{t+j} Y_{i,t+j})$$

其中 s_t 表示生产的边际成本，以同质商品为单位。s_t 仅仅是资本和劳动力成本的函数，我们在技术附录的 C 部分中对其进行描述。由于式(7.59)右边的第一个表达项的线性均质性，边际成本与 $Y_{i,t}$ 的水平无关。与该优化问题相关的一阶必要条件可参见技术附录的 E 部分。

根据商品市场出清的规定，同质商品在替代用途间的分配如下所示：

$$Y_t = G_t + C_t + \tilde{I}_t \tag{7.64}$$

其中，C_t 表示家庭消费，G_t 表示外生的政府消费，$\tilde{I}_t$ 是同质投资品，其定义如下：

$$\tilde{I}_t = \frac{1}{\Psi_t} [I_t + a(u_t) \bar{K}_t] \tag{7.65}$$

投资品 I_t 被家庭用来增加实物资本存量 $\bar{K}_t$。② 其余的投资品用于支付因使用资本 u_t 而产生的维护成本 $a(u_t)\bar{K}_t$。成本函数 $\alpha(\cdot)$ 是递增且凸的，在稳态下，$u_t = 1$ 且 $a(1) = 0$。资本利用率 u_t、资本服务 K_t 与实际资本存量 $\bar{K}_t$ 之间的关系如下：

$$K_t = u_t \bar{K}_t$$

本章的 4.2 将讨论投资和资本使用决策。资本使用成本的函数形式见本章的 4.4。最后，式(7.65)中的 Ψ_t 表示式(7.61)中定义的特定于投资的技术冲击的单位根。

---

① 式(7.63)排除了企业与过去通胀挂钩的可能性。我们将在本章的 6.2.2 中讨论其原因。
② 此处使用的符号 I_t 不应与第 2 节中的原材料投入相混淆。中型 DSGE 模型不包括原材料投入。

4.2 家庭

在该模型中,家庭提供劳动力和资本等生产要素。该模型结合了 Erceg 等(2000)所阐述的卡尔沃工资设定摩擦。由于工资是成本的重要组成部分,工资摩擦有助于减缓通货膨胀对货币政策冲击的反应。就价格而言,工资摩擦要求市场力量的存在。为了确保这种市场力量遍布在整个市场而不是仅集中在工会手中,我们采用货币 DSGE 模型中标准化的框架。特别是,我们采用了 Erceg 等(2000)的模型变体,通过使用迪克西特-斯蒂格利茨框架来模拟定价摩擦。价格由厂商设定的假设在此以如下形式出现:对于 $j \in (0,1)$,有许多不同的专业劳动力投入 $h_{j,t}$。一个垄断者为每种类型的劳动力 j 设定工资。但是,垄断者的市场力量受其他劳动服务 $j'(j' \neq j)$ 的严重限制,这些劳动服务可替代 $h_{j,t}$。

我们使用 2.3 中讨论过的 Erceg 等(2000)的模型变体,假设劳动是不可分的:人们要么全职工作,要么不工作。[①] 这就是说,$h_{j,t}$ 代表的是劳动力人数,而不是代表劳动力的工作时间。

本节的结构如下:4.2.1 讨论家庭和劳动力市场的相互作用;4.2.2 讨论模型中的垄断性工资设定问题;4.2.3 讨论代表性家庭的资本积累决策;4.2.4 阐述了代表性家庭的最优化问题。

4.2.1 家庭和劳动力市场

由产品生产部门的厂商雇用的劳动力被解释为由劳务承包商提供的同质生产要素 H_t。劳务承包商使用以下线性齐次技术,通过结合一系列不同的劳动力投入 $h_{j,t}$ 来生产 H_t:

$$H_t = \left[\int_0^1 (h_{t,j})^{\frac{1}{\lambda_w}} dj \right]^{\lambda_w}, \quad \lambda_w > 1$$

劳务承包商是完全竞争的,并将 H_t 的工资率 W_t 视为给定的。他们还将第 j 种劳动力的工资率 $W_{t,j}$ 视为给定的。劳务承包商选择如下投入和产出以实现利润最大化:

$$W_t H_t - \int_0^1 W_{t,j} h_{t,j} dj$$

最优化的一阶必要条件由下式给出:

$$h_{t,j} = \left(\frac{W_t}{W_{t,j}} \right)^{\frac{\lambda_w}{\lambda_w - 1}} H_t \tag{7.66}$$

将后者代回劳动聚合函数并重新整理,可以得到:

$$W_t = \left(\int_0^1 W_{t,j}^{\frac{1}{1-\lambda_w}} dj \right)^{1-\lambda_w} \tag{7.67}$$

差别化的劳动力由大量同质家庭提供。代表性家庭有许多成员,他们对应于每一种类型的劳动力 j。每种类型为 j 的工人都有一个指标 l,后者表明工人对工作的厌恶程度,l 在 $[0,1]$ 区间内均匀分布。如果被雇用,则具有 l 指标的 j 类型工人的效用为:

[①] 我们遵循了 Galí(2010a)的方法。

$$\log(c_t^e - bC_{t-1}) - l^\phi, \ \phi > 0$$

如果没有被雇用,则其效用为:

$$\log(c_t^{ne} - bC_{t-1})$$

当 $b>0$ 时,工人当期消费的边际效用是前一时期家庭消费的增函数。考虑到消费和就业在效用上的加性可分性,家庭内就业劳动力消费的有效配置意味着[1]:

$$c_t^e = c_t^{ne} = C_t$$

由代表性家庭提供的第 j 类劳动力的数量取决于式(7.66)。假设这个家庭派遣 $0 \leq l \leq h_{t,j}$ 的劳动力去工作,并让那些 $l > h_{t,j}$ 的人不工作。对于所有的 $l \in [0,1]$,就业者效用的等权重积分是:

$$\log(C_t - bC_{t-1}) - A\frac{h_{t,j}^{1+\phi}}{1+\phi}$$

家庭总效用中对 j 型工人的单位效用度量的积分是:

$$\log(C_t - bC_{t-1}) - A\int_0^1 \frac{h_{t,j}^{1+\phi}}{1+\phi}\mathrm{d}j \tag{7.68}$$

接下来我们解释如何确定 $h_{t,j}$,以及家庭如何选择 C_t。

第 j 类劳动力工资率 $W_{t,j}$ 由代表性家庭之外的垄断工会确定,这个工会代表所有家庭中的全部 j 型工人。本章的4.2.2将讨论工会的问题。

式(7.68)中 $b > 0$ 的存在是由类似于 VAR 的证据(如下文第6节所示)所驱动的,这表明扩张性货币政策冲击会触发两个结果:(i)消费的驼峰形反应;(ii)实际利率持续下降。[2] 由于 $b = 0$ 和效用函数在劳动与消费中可分,正如式(7.68)所显示的那样,(i)和(ii)难以调和。引发预期未来消费增长的扩张性货币政策冲击将与实际利率上升而不是下降有关。或者说,实际利率的下降会导致人们跨期重新安排消费,这使得消费在货币冲击之后先是相对较高,然后是相对较低(驼峰形反应)。直观上说,我们可以通过假设消费的边际效用不是与消费水平成反比,而是与其导数成反比,来调和(i)和(ii)。为理解这一点,可以回顾家庭最优化所隐含的我们熟悉的跨期欧拉公式,例如可以参见式(7.4):

$$\beta E_t \frac{u_{c,t+1}}{u_{c,t}} \frac{R_t}{\pi_{t+1}} = 1$$

在这里,$u_{c,t}$ 表示 t 期消费的边际效用。从这个表达式中我们可以看到,一个低的 R_t/π_{t+1} 往往会产生一个高的 $u_{c,t+1}/u_{c,t}$,也就是消费边际效用的上升轨道。这说明,当 $u_{c,t}$ 与 C_t 成反比时模型的含义存在问题,如式(7.68)中的 $b = 0$ 所示。为解决这一问题,我们需要调整该模型,使提升 $u_{c,t}$ 的路径意味着驼峰形消费。驼峰形消费路径对应于消费路径斜率下降的情形,这表明,如果 $u_{c,t}$ 与消费路径斜率成比例,则(i)和(ii)可以调和。边际效用与消费路径斜

---

[1] 对于完全保险无法实现的环境,请参阅 CTW 的相关文献。

[2] $b > 0$ 有助于解释我们所关注的(i)和(ii),这一观点最早出现于 Fuhrer(2000)的相关文献中。

率成反比的思路与 $b > 0$ 大致相当。① （i）和（ii）可以与习惯持久性假设相协调，这一事实特别有趣，因为其他来源的证据也支持习惯持久性的假设，例如在有关资产定价（Boldrin et al.，2001；Constantinides，1990）和增长（Carroll et al.，1997，2000）的相关研究中。此外，这种特定的偏好也许有坚实的心理学基础。②

　　与之前的跨期欧拉公式相关的逻辑表明，还有其他方法至少可以部分地协调（i）和（ii）。例如，Guerron-Quintana（2008）表明，式（7.68）中消费和劳动之间的不可分性可以帮助协调（i）和（ii）。他指出，如果消费的边际效用是劳动力的增函数，且该模型预测就业增长在扩张性货币冲击后呈驼峰形，那么消费就有可能出现驼峰形上升。

4.2.2　工资、就业和垄断工会

　　我们现在讨论确定 j 型工人工资的垄断工会。在各个时期，垄断工会都必须满足其需求曲线，如式（7.66）所示，且它在确定 $W_{t,j}$ 时面临卡尔沃摩擦。工会可以最优化工资的概率为 $1 - \xi_w$，不能最优化的概率为 ξ_w。在后一种情况下，我们假设名义工资率设定如下：

$$W_{j,t+1} = \widetilde{\pi}_{w,t+1} W_{j,t} \tag{7.69}$$

$$\widetilde{\pi}_{w,t+1} = \pi_t^{\kappa_w} \pi^{1-\kappa_w} \mu_{z^+} \tag{7.70}$$

其中 $\kappa_w \in (0,1)$。在这个设定中，每种类型 j 的劳动力工资在稳定状态下是相同的。由于工会没有状态变量，因此所有那些有机会在当前重新最优化（工资）的工会都面临同样的问题。特别地，这样的工会选择工资的当前值 $\widetilde{W}_t$ 使下式最大化：

$$E_t \sum_{i=0}^{\infty} (\beta \xi_w)^i \left[\upsilon_{t+i} \widetilde{W}_{t+i}^t h_{t+i}^t - A_L \frac{(h_{t+i}^t)^{1+\phi}}{1+\phi} \right] \tag{7.71}$$

在这里，h_{t+i}^t 和 $\widetilde{W}_{t+i}^t$ 表示在 $t+i$ 期的工人数量及其工资率，工会有机会在 t 期重新优化工资，但不会在 $t+1,\cdots,t+i$ 期重新最优化。此外，υ_{t+i} 表示代表性家庭赋值给工资的边际值。③ 工会将 υ_t 视为外生变量。在式（7.71）中，ξ_w 出现在贴现中，因为工会在 t 期的决策只会影响未来之事，而在未来，工会无法重新最优化其工资。当变量是对非随机稳态的线性化时，所有工会的最优化会导致一个简单的均衡条件。④ 这个条件是：

---

① 特别地，首先假设式（7.68）中的滞后消费代表整体经济范围内的消费，并且 $b > 0$。这对应于所谓的外部习惯的情况，此时进入效用的是其他人的滞后消费。在这种情况下，家庭 C_t 的边际效用为 $1/(C_t - bC_{t-1})$，这对应于消费路径斜率的倒数（至少在 b 足够大的情况下是这样）。在我们的模型中，我们认为 C_{t-1} 对应于家庭自身的滞后消费（这就是为什么我们对当前消费和滞后消费使用相同的标记符号），即所谓的内部习惯的情况。在这种情况下，除了从 $t-1$ 期到 t 期的消费路径斜率的倒数，C_t 的边际效用还包含了未来项。正文中描述的直觉隐含地假定了外部习惯，同时也大致适用于我们考虑到的内部习惯情况。

② 任何游过泳的人都有过习惯持久性的经历。一开始跳进游泳池通常很难，因为它看起来很冷。经过长时间拖延后跳入（或被推入）水中的游泳者最初会因温度突然下降而受到巨大冲击。然而，仅仅几分钟后，他们就会适应新的较低温度。通过这种方式，滞后温度会影响一个人对当前温度的体验，就像习惯持久性假设一样。

③ 在对该问题的拉格朗日表达式中，υ_t 是家庭预算约束的乘数。

④ 推导细节的进一步解释可参见技术附录的 G 部分。

$$\Delta_{\kappa_w}\hat{\pi}_{w,t} = \frac{\kappa}{1 + \phi\dfrac{\lambda_w}{\lambda_w - 1}}\left(\overbrace{-\hat{\psi}_{z^+,t} + \phi\hat{H}_t}^{\text{缩放后的边际劳动力成本}} - \overbrace{\hat{\bar{w}}_t}^{\text{缩放后的实际工资}} \right)$$

$$+ \beta\Delta_{\kappa_w}\hat{\pi}_{w,t+1} \tag{7.72}$$

其中

$$\kappa = \frac{(1 - \xi_w)(1 - \beta\xi_w)}{\xi_w}$$

在式(7.72)中，$\hat{\pi}_{w,t}$ 是名义工资率的总增长率，以其偏离稳态的百分比来表示。此外，$\hat{\psi}_{z^+,t}$ 表示缩放乘数 $\psi_{z^+,t}$ 与其稳态值的百分比偏差。缩放乘数定义如下：

$$\psi_{z^+,t} \equiv \upsilon_t P_t z_t^+$$

其中 υ_t 是家庭预算约束的乘数。式(7.72)中括号内的前两项对应于劳动力的边际成本，第三项 $\hat{\bar{w}}_t$ 对应于实际工资。劳动力的边际成本和实际工资都由 z_t^+ 来缩放。我们对式(7.72)有一个简单的解释。括号中的第一项与边际工人的工作成本有关。当这种(缩放后的)成本超过(缩放后的)实际工资 $\hat{\bar{w}}_t$ 时，设定工资的垄断工会就会对工资膨胀施加上行压力。与括号中的项相乘的系数也很有趣。如果工资和价格的黏性程度相同，也就是说，$\xi_w = \xi_p$，那么 κ 与 κ_p 具有相同的值，κ_p 是式(7.35)中价格菲利普斯曲线中 κ 的模拟值。在这种情况下，价格菲利普斯曲线的边际成本斜率大于式(7.72)中的工资菲利普斯曲线的斜率。这反映在工资菲利普斯曲线的斜率中，即 κ 除以下式：

$$1 + \phi\frac{\lambda_w}{\lambda_w - 1} > 1$$

根据这个表达式，如果劳动力需求的弹性 $\lambda_w/(\lambda_w - 1)$ 很大且/或工作的边际成本 MRS 在工作中急剧上升(即 ϕ 很大)，那么工资菲利普斯曲线的斜率就较小。其直觉如下：假设第 j 个垄断工会会考虑名义工资的特定上升，无论出于何种原因。给定劳动力需求曲线的斜率，工资的上涨意味着劳动力需求的减少。边际成本曲线越陡，边际成本的隐含降幅就越大。现在考虑给定边际成本斜率。第 j 类劳动力需求曲线的斜率越平缓，对应于工资预期增长的劳动力需求的降幅就越大。鉴于边际成本曲线向上倾斜，意味着边际成本大幅下降，因此，如果需求曲线具有弹性和/或边际成本曲线陡峭，那么考虑让工资率上升的垄断工会预计边际成本会有更大的下降。然而，在其他条件相同的情况下，较低的边际成本降低了垄断者提价的动机(即这种情形中的工资)。式(7.35)中的价格菲利普斯曲线没有上述这些考量，因为其边际成本是不变的(即 ϕ 的模拟值为零)。[1]

4.2.3 资本积累

家庭拥有经济中的实物资本存量，可以决定资本利用率，并在竞争性市场中出租资本服

---

[1] 这种工资菲利普斯曲线的斜率在有弹性的劳动力需求和/或边际成本陡峭的情况下更为平坦的直觉与企业特定资本使价格菲利普斯曲线变平坦的直觉相同，可参见 ACEL 模型，以及 Christiano(2004)、de Walque 等(2006)、Sveen 和 Weinke(2005)、Woodford(2004)的研究。

务。家庭使用以下技术积累资本：

$$\bar{K}_{t+1} = (1 - \delta)\,\bar{K}_t + F(I_t, I_{t-1}) + \Delta_t \tag{7.73}$$

其中 Δ_t 表示家庭在竞争性市场中从其他家庭购买的实物资本。由于所有家庭在资本积累决策方面都是相同的，因此均衡时有 $\Delta_t = 0$。尽管如此，我们还是把 Δ_t 包括在内，以便给已使用的资本确定一个价格。在式（7.73）中，$\delta \in [0, 1]$，我们使用 CEE 提出的模型形式：

$$F(I_t, I_{t-1}) = \left[\,1 - S\!\left(\frac{I_t}{I_{t-1}}\right)\,\right] I_t \tag{7.74}$$

其中，我们使用的函数形式 S 将在本章的 4.4 中描述。在式（7.74）中，$S = S' = 0$ 和 $S'' > 0$ 遵循非随机稳态增长路径。这里的 S' 和 S'' 分别表示 S 的一阶与二阶导数。

令 $P_t P_{k',t}$ 表示 Δ_t 的名义市场价格。对于在 t 期获得的每个单位 $\bar{K}_{t+1}$，家庭在 $t + 1$ 期内收到净现金支付 X_{t+1}^k：

$$X_{t+1}^k = u_{t+1} P_{t+1} r_{t+1}^k - \frac{P_{t+1}}{\Psi_{t+1}} a(u_{t+1}) \tag{7.75}$$

第一项是 $t + 1$ 期内一个单位 $\bar{K}_{t+1}$ 的名义总租金收入。第二项代表资本使用成本 $a(u_{t+1})$ P_{t+1}/Ψ_{t+1}。在这里，P_{t+1}/Ψ_{t+1} 是资本使用中所吸收的投资品的名义价格。P_{t+1}/Ψ_{t+1} 是投资品的均衡市场价格，它取决于式（7.64）和式（7.65）规定的技术，以及投资品是由竞争性厂商生产的同质产品的假设。

我们引入可变资本的目的是希望解释通货膨胀对货币政策冲击的缓慢响应。在任何模型中，价格都受到成本的严重影响。反过来，成本又受到生产要素弹性的影响。如果要素供给能够随成本小幅上升而迅速扩大，那么在货币政策冲击发生之后，通胀不会大幅上升。允许使用可变资本是使资本服务具有弹性的一种方法。如果 a 函数的曲率很小，家庭就能够在不增加太多成本的情况下扩大资本服务。

式（7.73）中引入投资调整成本是为了重现基于 VAR 的证据，即投资对货币政策冲击具有驼峰形的响应。备选的模型规定还包括 $F \equiv I_t$ 和

$$F = I_t - \frac{S''}{2}\left(\frac{I_t}{\bar{K}_t} - \delta\right)^2 \bar{K}_t \tag{7.76}$$

式（7.76）在宏观经济学中有着悠久的历史，至少从 Lucas 和 Prescott（1971）以来学界就一直在使用它。为了理解为什么 DSGE 模型通常使用式（7.74）中的调整成本而不是式（7.76）的，我们进一步定义如下的投资回报率：

$$R_{t+1}^k = \frac{x_{t+1}^k + \left[\,1 - \delta + S''\!\left(\frac{I_{t+1}}{\bar{K}_{t+1}} - \delta\right)\frac{I_{t+1}}{\bar{K}_{t+1}} - \frac{S''}{2}\left(\frac{I_{t+1}}{\bar{K}_{t+1}} - \delta\right)^2\,\right] P_{k',t+1}}{P_{k',t}} \tag{7.77}$$

其中，分子是一个额外单位 $\bar{K}_{t+1}$ 的单期收益，分母是其相应的成本，两者均以消费单位表示。在式（7.77）中，$x_{t+1}^k \equiv X_{t+1}^k / P_{t+1}$ 表示扣除成本的净收益。方括号中的项是额外一个单位 $\bar{K}_{t+1}$ 的资本所产生的额外的 $\bar{K}_{t+2}$ 数量。这包括 $t + 1$ 期生产后剩余的 $\bar{K}_{t+1}$ 的未折旧部分，以及 $\bar{K}_{t+1}$ 通过调整成本对 $\bar{K}_{t+2}$ 的影响。方括号中的内容通过 $P_{k',t+1}$ 转换为消费单位，$P_{k',t+1}$ 是以消费品

计价的 $\bar{K}_{t+2}$ 的市场价格。最后，分母是额外一个单位 $\bar{K}_{t+1}$ 的价格。

竞争市场中额外资本的价格对应于生产的边际成本，因此，

$$P_{k',t} = -\frac{\mathrm{d}C_t}{\mathrm{d}\bar{K}_{t+1}} = -\frac{\mathrm{d}C_t}{\mathrm{d}I_t} \times \frac{\mathrm{d}I_t}{\mathrm{d}\bar{K}_{t+1}} = \frac{1}{\dfrac{\mathrm{d}\bar{K}_{t+1}}{\mathrm{d}I_t}}$$

$$= \begin{cases} 1, & \text{当 } F \text{ 为 } I \text{ 时} \\ \dfrac{1}{1 - S'' \times \left(\dfrac{I_t}{\bar{K}_t} - \delta\right)}, & \text{当 } F \text{ 同式(7.76)中的一样时} \end{cases} \tag{7.78}$$

现在忽略 Ψ_t 不计（$\Psi_t \equiv 1$）。第一行中的导数对应于边际技术转化率。消费和投资之间的边际技术转化率隐含在式(7.64)和式(7.65)中，I_t 和 $\bar{K}_{t+1}$ 之间的边际技术转化率由资本积累等式给定。式(7.78)的第二行的关系被称为托宾 q 关系，托宾 q 在这里对应于 $P_{k',t}$。这是资本的市场价值（即假设具有市场竞争力的资本边际成本）除以投资品的价格。在这里，由于存在投资调整成本，q 与 1 有所不同。

我们现在能够解释为什么 DSGE 模型通常放弃式(7.76)中的模型规定而选择式(7.73)。其关键的原因与基于 VAR 的证据有关（见下文第 6 节），后者表明在受到正向货币政策冲击之后，实际利率持续下降，而投资会呈驼峰形。任何能够产生这种响应的模型都具有这样的性质，即资本的实际回报，如式(7.77)所示——出于套利的原因——在扩张性货币政策冲击后也会下降。我们首先假设 $S'' = 0$，因此根本没有调整成本，且 $P_{k',t} = 1$。在这种情况下，R_t^k 中唯一能够下降的部分是 x_{t+1}^k，它是由资本的边际产出所支配的。也就是说，资本回报率大约是：

$$(1-\alpha) K_{t+1}^{\alpha-1} H_{t+1}^{1-\alpha} + 1 - \delta$$

在稳态下，这个回报率等于 $1/\beta$（忽略增长），其年化率约为 1.03。与此同时，$1-\delta$ 的年化率约为 0.9，所以资本回报率的内生部分是其很小的一部分。因此，任何给定的资本回报率的下降，都需要内生部分 $K_{t+1}^{\alpha-1} H_{t+1}^{1-\alpha}$ 的大幅下降。投资的扩张可以带来这种下降，但它必须是大幅扩张。要理解为什么投资扩张必须如此之大，首先要注意的是回报率的内生部分不仅很小，而且资本存量在该式中的权重远远低于 1。其次，一个模型若成功地再现了基于 VAR 的证据，即在正向货币政策冲击之后就业率上升，它就暗含了工作时间的增加。这推高了回报率的内生组成部分，增加了资本存量，降低了投资回报率的负担。由于这些原因，没有调整成本的模型通常意味着，在货币政策受到正向冲击之后，投资出现了与事实相反的强劲增长。

当 $S'' > 0$ 时，资本回报率的内生部分要大得多。然而，在采用调整成本模型设定的实际模型中，式(7.76)通常意味着最大的投资响应发生在冲击期间，而不是冲击之后。为了直观地理解为什么会这样，我们假设一个相反的情景：这种投资在投资中确实表现出了驼峰形。

式(7.78)意味着与资本价格 $P_{k',t}$ 类似的驼峰形,这是因为 $P_{k',t}$ 主要由同时期的投资流量决定。[1] 因此,在我们关于投资响应的假设下,正向货币政策冲击至少会在未来几个时期内引发 $P_{k',t+1}/P_{k',t}$ 的上涨。根据式(7.77),预期未来资本收益会产生立即投资的动机。因此,家庭将被诱导替换掉驼峰形的响应,并转向即时响应更强烈的形式。在实践中,这意味着在均衡状态下,投资的最大响应发生在冲击期间,随后响应会趋于零。

式(7.74)中的调整成本确实意味着投资以驼峰形的方式进行响应。根据式(7.74),超越以前水平的快速增长的投资的成本是高昂的。还有其他一些原因需要我们认真对待式(7.74)中的模型规定。Lucca(2006)和 Matsuyama(1984)描述了将式(7.74)变为简化形式的有趣理论基础。例如,在松山(Matsuyama)的论述中,消费品和资本品之间的生产转换需要一个"干中学"的过程,这使得任何一个方向的快速转换成本都很高昂。此外,松山解释了为什么拒绝式(7.76)的大量经验证据可能与式(7.74)一致。Topel 和 Rosen(1988)的研究与式(7.74)相一致,他们认为,如果不使用包含住宅建设流量变化的成本函数,我们就不能理解住宅建设数据。

4.2.4 家庭最优化问题

家庭在 t 期的预算约束如下:

$$P_t\left(C_t + \frac{1}{\Psi_t}I_t\right) + B_{t+1} + P_t P_{k',t}\Delta_t \leqslant \int_0^1 W_{t,j}h_{t,j}\mathrm{d}j + X_t^k\bar{K}_t + R_{t-1}B_t \qquad (7.79)$$

其中,$W_{t,j}$ 代表家庭所赚的工资,B_{t+1} 代表家庭购买的无风险债券的数量,R_t 代表在 $t-1$ 期购买的债券的名义利率,这些债券在 t 期得到清偿。家庭面临的问题是选择序列 $\{C_t, I_t, \Delta_t, B_{t+1}, \bar{K}_{t+1}\}$,以使式(7.68)最大化。式(7.68)受约束于垄断工会选定的工资确定过程,即式(7.73)、式(7.75)和式(7.79)。

4.3 财政和货币主管部门及均衡

假设货币政策遵循如下形式的泰勒规则:

$$\log\left(\frac{R_t}{R}\right) = \rho_R\log\left(\frac{R_{t-1}}{R}\right) + (1-\rho_R)\left[r_\pi\log\left(\frac{\pi_{t+1}}{\pi}\right) + r_y\log\left(\frac{\mathrm{gdp}_t}{\mathrm{gdp}}\right)\right] + \varepsilon_{R,t} \qquad (7.80)$$

其中,$\varepsilon_{R,t}$ 表示对货币政策的独立同分布冲击。正如 CEE 和 ACEL 所描述的,我们假设在 t 期实现的 $\varepsilon_{R,t}$ 不包括在模型中经济主体的 t 期信息集之中。这确保了该模型满足 VAR 分析中用于识别货币政策冲击的约束。在式(7.80)中,gdp_t 表示缩放后的实际 GDP,其定义如下:

$$\mathrm{gdp}_t = \frac{G_t + C_t + \dfrac{I_t}{\Psi_t}}{z_t^+} \qquad (7.81)$$

---

[1] 从式(7.78)可以看出,随着投资上升到高于其稳态水平,资本价格会上涨,这就是刚好满足资本存量折旧所需的水平。我们认为,在受到正向货币政策冲击之后,资本价格与投资遵循相同的驼峰形式,这反映了我们隐含的假设,即当经济处于稳态时发生了冲击。这总体上是对的,但并非在每个日期都是如此。

我们采用 Christiano 和 Eichenbaum(1992a)给出的如下政府消费模型:

$$G_t = g z_t^+$$

尽管我们在本章中只关注货币政策和技术冲击,但 g 在原则上可以是一个随机变量。所以,我们设定 g 为常数。我们假设一次性转移支付是为了平衡政府预算。

均衡是一个价格和数量的随机过程,其中家庭和企业的问题得到解决,商品市场和劳动力市场得到出清。

4.4 成本调整函数

我们采用以下函数形式。产出的使用成本函数是:

$$a(u) = 0.5 b \sigma_a u^2 + b(1 - \sigma_a) u + b\left[\left(\frac{\sigma_a}{2}\right) - 1\right] \tag{7.82}$$

其中,我们选择 b,使稳态的 $a(1) = a'(1) = 0$,并且 σ_a 是控制成本函数曲率的参数。σ_a 越接近于零,曲率越小,资本改变用途就越容易。投资成本调整函数采取以下形式:

$$S(x_t) = \frac{1}{2}\{\exp[\sqrt{S^n}(x_t - \mu_{z^+}\mu_\Psi)] + \exp[-\sqrt{S''}(x_t - \mu_{z^+}\mu_\Psi)] - 2\}$$
$$= 0, \quad x = \mu_z + \mu_\Psi \tag{7.83}$$

其中,$x_t = I_t / I_{t-1}$ 和 $\mu_{z^+}\mu_\Psi$ 是稳态下的投资增长率。利用这个成本调整函数,我们有 $S(\mu_{z^+}\mu_\Psi) = S'(\mu_{z^+}\mu_\Psi) = 0$。此外,$S'' = 0$ 是一个参数,它是在 $x_t = \mu_{z^+}\mu_\Psi$ 处计算的 $S(x_t)$ 的二阶导数。由于上述成本调整函数的性质,曲率参数对模型的稳态没有影响。

5. 估算策略

我们的估算策略是由 Rotemberg 和 Woodford(1997)以及 CEE 使用的两步脉冲响应匹配方法的一个贝叶斯版本。我们首先讨论这两个步骤。之后,我们讨论如何计算分析中使用的特定权重矩阵。

5.1 VAR 步骤

我们使用标准 VAR 方法估计一组总体变量对三种冲击的动态响应。这三种冲击分别是:货币政策的冲击;应对永久性技术创新的冲击 z_t;应对特定投资技术创新的冲击 Ψ_t。N 个宏观经济变量($N=9$)的每一个对三种冲击的同期和 14 个滞后期的响应的估计叠放在一个向量 $\hat{\psi}$ 中。这些宏观经济变量是出现在 VAR 中的变量的子集。VAR 中的其他变量与劳动力市场有关。我们使用这个扩展的 VAR 与那些将劳动力市场摩擦整合到货币 DSGE 模型

中的其他研究进行比较。[①] 我们用 Y_t 表示 VAR 中变量构成的向量,其中[②]:

$$
\underset{14\times 1}{Y_t} = \begin{pmatrix}
\Delta\ln(\text{relative price of investment}_t) \\
\Delta\ln(\text{real GDP}_t/\text{hours}_t) \\
\Delta\ln(\text{GDP deflator}_t) \\
\text{unemployment rate}_t \\
\text{capacity utilization}_t \\
\ln(\text{hours}_t) \\
\ln(\text{real GDP}_t/\text{hours}_t) - \ln(W_t/P_t) \\
\ln(\text{nominal } C_t/\text{nominal GDP}_t) \\
\ln(\text{nominal } I_t/\text{nominal GDP}_t) \\
\text{vacancies}_t \\
\text{job separation rate}_t \\
\text{job finding rate}_t \\
\log(\text{hours}_t/\text{labor force}_t) \\
\text{Federal Funds Rate}_t
\end{pmatrix} \tag{7.84}
$$

Christiano 等(1999)对 VAR 中的识别问题进行了全面综述。我们在 ACEL 中报告了计算施加冲击识别的脉冲响应函数的具体技术细节。[③] 我们使用调整的季度数据估算了一个滞后两期的 VAR,时间跨度涵盖 1951 年第一季度—2008 年第四季度。我们的识别假设如下:货币政策冲击同期影响的唯一变量是联邦基金利率。我们作出以下两种假设来确定对技术冲击的动态响应:(i)长期内影响劳动生产率的唯一冲击是两种技术冲击;(ii)影响投资相对于消费价格的唯一冲击是对特定投资冲击的创新。所有这些识别假设都在我们的模型中得到满足。

我们的数据集的时间跨度很广,然而我们只估计了一组脉冲响应函数和模型参数。实际上,我们假设在这段较长的时间内参数不会中断。参数是否会中断是一个有争议的问题。例如,有人认为货币政策规则的参数在这段时间内并非一成不变。我们在这里不去回顾这些争论,但隐含地认为支持参数会中断的证据不足。Sims 和 Zha(2006)认为,证据显示,货币政策规则参数在样本中一直没有变化。Christiano 等(1999)认为,这一证据与货币政策冲击的动态影响在该样本期间没有变化的判断是一致的。标准滞后期选择准则使我们使用两期滞后的 VAR。[④]

---

① 参见 Christiano 等(2010b)的研究。GDP、工作时间、C、I 和劳动力等变量均以人均值表示。

② 有关数据的详细信息,请参见技术附录的 A 部分。

③ 货币政策冲击的识别假设本身对 VAR 参数没有任何限制。同样,Fisher(2006)表明,只要不同时应用货币冲击的识别假设,应用技术冲击识别假设也不会对 VAR 参数有任何限制。然而,ACEL 表明,当同时施加所有识别假设时,VAR 参数存在限制。我们发现,对 VAR 的过度识别限制检验未能拒绝零假设,零假设为这些限制在 5% 的临界水平上得到满足。

④ 我们考虑了滞后期长度为 1,2,…,12 的 VAR 模型设定。施瓦茨和汉南-奎因(Hannan-Quinn)准则表明,在 VAR 中纳入单期滞后就足够了。而赤池(Akaike)准则有 12 期滞后,但我们忽略了其结果。

$\hat{\psi}$ 中的元素数量对应于估计的脉冲数量。由于我们考虑了脉冲中的同期和 14 个滞后期响应,因此,$\hat{\psi}$ 原则上有 3(冲击的次数)乘以 9(变量数)乘以 15(响应量)共计 405 个元素。然而,我们没有将货币政策识别假设要求为零的 8 个同期响应包括在 $\hat{\psi}$ 中。考虑到这一点,向量 $\hat{\psi}$ 有 397 个元素。

根据标准的经典渐近抽样理论,当观测样本 T 很大时,我们有:

$$\sqrt{T}[\hat{\psi} - \psi(\theta_0)] \overset{a}{\sim} N(0, W(\theta_0, \xi_0))$$

其中 θ_0 表示我们估计的参数的实际值。ζ_0 表示模型中冲击参数的实际值,但我们没有正式将其纳入分析。我们发现,用下面的形式表示 $\hat{\psi}$ 的渐近分布更为方便:

$$\hat{\psi} \overset{a}{\sim} N(\psi(\theta_0), V(\theta_0, \zeta_0, T)) \tag{7.85}$$

其中

$$V(\theta_0, \zeta_0, T) \equiv \frac{W(\theta_0, \zeta_0)}{T}$$

5.2 脉冲响应匹配步骤

在分析的第二步中,我们将把 $\hat{\psi}$ 视为"数据",并选择 θ 的一个值使 $\psi(\theta)$ 尽可能接近 $\hat{\psi}$。正如本章的 3.3.3 和 Kim(2002)所讨论的那样,我们将此策略称为有限信息贝叶斯方法。这种阐释使用式(7.85)将数据 $\hat{\psi}$ 的近似似然性定义为 θ 的函数:

$$f(\hat{\psi} \mid \theta) = \left(\frac{1}{2\pi}\right)^{\frac{N}{2}} \mid V(\theta_0, \zeta_0, T) \mid^{-\frac{1}{2}}$$
$$\times \exp\left\{-\frac{1}{2}[\hat{\psi} - \psi(\theta)]' V(\theta_0, \zeta_0, T)^{-1}[\hat{\psi} - \psi(\theta)]\right\} \tag{7.86}$$

在式(7.86)中,T 表示 $\hat{\psi}$ 中的元素数量。接下来,我们把 $V(\theta_0, \zeta_0, T)$ 的值视为已知。在这种情况下,使上述函数最大化的 θ 的值代表了 θ 的近似最大似然估计量。它之所以是近似的,主要有两个原因:(i)支撑式(7.85)的中心极限定理仅在 $T \to \infty$ 时完全成立;(ii)我们使用的 $V(\theta_0, \zeta_0, T)$ 的值仅对 $T \to \infty$ 是保证成立的。

将函数 f 处理为 $\hat{\psi}$ 的似然表示,它所遵循的 θ 对 $\hat{\psi}$ 和 $V(\theta_0, \zeta_0, T)$ 的贝叶斯后验条件是:

$$f(\theta \mid \hat{\psi}) = \frac{f(\hat{\psi} \mid \theta) p(\theta)}{f(\hat{\psi})} \tag{7.87}$$

其中,$p(\theta)$ 表示先验的 θ,$f(\hat{\psi})$ 表示 $\hat{\psi}$ 的边际密度:

$$f(\hat{\psi}) = \int f(\hat{\psi} \mid \theta) p(\theta) \mathrm{d}\theta$$

像往常一样,θ 的后验分布模式可以简单地通过将式(7.87)中分子的值最大化来计算。因为分母不是 θ 的函数,当我们想要对模型的拟合度进行整体测量时,以及当我们想要报告 θ 中各个因素的后验边际分布形态时,我们需要 $\hat{\psi}$ 的边际密度。为了计算边际似然,我们可以使用标准随机游走梅特罗波利斯算法或拉普拉斯近似。我们将在本章的 5.4 中解释后者。

报告的结果是基于标准随机游走梅特罗波利斯算法,得到一个长度为 600000 的单一蒙特卡罗马尔可夫链。前 10 万次抽取被放弃,链中平均接受率为 27％。我们确认该链条足够长,因此我们报告的所有的统计数据都已收敛。本章的 6.3 将比较基于梅特罗波利斯算法的结果与基于拉普拉斯近似的结果。

5.3 V 的计算

在我们的实证方法中,一个关键因素是矩阵 $V(\theta_0, \zeta_0, T)$。我们所用方法的逻辑要求至少有一个近似一致的 $V(\theta_0, \zeta_0, T)$ 的估计值。这里有多种估计方法,我们在此使用自助(bootstrap)法。使用我们估计的 VAR 及其拟合扰动,我们为脉冲响应生成一组 M 次抽样。我们用 $\psi_i(i = 1, \cdots, M)$ 来表示这些抽样,其中 ψ_i 表示脉冲响应的 397 × 1 向量中的第 i 个实现值。[①] 考虑下式:

$$\bar{V} = \frac{1}{M} \sum_{i=1}^{M} (\psi_i - \bar{\psi})(\psi_i - \bar{\psi})' \tag{7.88}$$

其中 $\bar{\psi}$ 是 $\psi_i(i = 1, \cdots, M)$ 的均值。我们设 $M = 10000$。$\bar{V}$ 是一个 397 × 397 的矩阵,我们假设估计 $V(\theta_0, \zeta_0, T)$ 的这种方法(或任何其他方法)的小样本(在 T 的意义上)性质很差。为了提高小样本的效率,我们采用类似于估计零频率谱密度的策略(Newey and West, 1987)。特别是,我们不是使用原始的方差—协方差矩阵 $\bar{V}$,而是使用 $\hat{V}$:

$$\hat{V} = f(\bar{V}, T)$$

f 变换式有收敛到恒等变换的特性($T \to \infty$)。特别是,$\hat{V}$ 会抑制 $\bar{V}$ 中的一些元素,且随着样本变大,抑制因子会被移除。矩阵 $\hat{V}$ 在其对角线上具有 $\bar{V}$ 的对角线元素。$\hat{V}$ 的条目与经过和以下表达式相乘处理后的 $\bar{V}$ 的条目一样多,其中前者对应于给定冲击下的给定变量的第 i 个滞后响应和第 j 个滞后响应之间的相关性。

$$\left(1 - \frac{|l - j|}{n}\right)^{\theta_{1,T}}, \ l, j = 0, 1, \cdots, n$$

在这里,n 表示估计的脉冲响应滞后的数量。现在考虑 $\bar{V}$ 的分量,它对应于不同脉冲响应函数的分量之间的相关性,这种相关性要么是因为涉及不同的变量,要么是因为涉及不同的冲击,要么是两者兼而有之。我们通过增加 τ 的方式来抑制这些条目,τ 是两个脉冲之间的时间间隔。特别是,我们对这些条目采取以下抑制因子:

$$\beta_T \left(1 - \frac{|\tau|}{n}\right)^{\theta_{2,T}}, \ \tau = 0, 1, \cdots, n$$

[①] 为了计算给定的自助程序 ψ_i,我们首先模拟一个人工数据集 $Y_1, \cdots, Y_T$。为实现这一点,我们模拟我们所估计的 VAR 对一组独立同分布的 14 × 1 冲击向量序列的响应。这些冲击向量随机抽取,并在拟合冲击集合中被替换。随后,我们使用与处理实际数据相同的程序将两期滞后的 VAR 拟合到人工数据集中。我们再用得到的 VAR 估计来计算脉冲响应,并将其叠放到 397 × 1 的向量 ψ_i 中。

假设

$$当\ T \rightarrow \infty\ ,\ i = 1,2\ 时\ ,\beta_T \rightarrow 1,\theta_{i,T} \rightarrow 0$$

其中,收敛速度被规定为确保 $\hat{V}$ 一致性所需要的速度。这些条件使我们在样本中使用的 β_T、$\theta_{1,T}$、$\theta_{2,T}$ 的值完全开放。在一个极端上,我们有:

$$\beta_T = 0,\ \theta_{1,T} = \infty$$

并且 $\theta_{2,T}$ 不受限制。这对应于 CEE 和 ACEL 研究中的方法,其中 $\hat{V}$ 只是由 $\bar{V}$ 的对角线分量组成的对角矩阵。在另一个极端,我们可以把 β_T、$\theta_{1,T}$、$\theta_{2,T}$ 设为趋于正无穷($T \rightarrow \infty$)的值,在那里有 $\hat{V} = \bar{V}$。在此处,我们采用 CEE 和 ACEL 的方法,其具有透明度的重要优势。它对应于选择 θ,以便模型隐含的脉冲响应位于围绕估计脉冲的置信区间内。当 $\bar{V}$ 中的非对角项也被使用时,估计量不仅旨在将模型脉冲置于点估计值的置信区间内,而且涉及不同脉冲响应之间的差异模式。准确地说,要直观地理解 $\bar{V}$ 的非对角线的分量究竟如何引发了对交叉脉冲响应模式差异的关注几乎是不可能的。这既是因为 $\bar{V}$ 是一个巨大的矩阵,也是因为能满足我们标准的不是 $\bar{V}$,而是它的逆矩阵。

5.4 后验分布的拉普拉斯近似

用于计算后验分布的梅特罗波利斯算法需要耗费大量时间,因此至少在研究项目的中间阶段使用拉普拉斯近似来代替它也许是有益的。在本章的 6.3 中,我们将展示这两种方法在我们的应用中所产生的类似结果,尽管一般来说不能指望这始终成立。

为推导 $f(\theta|\hat{\psi})$ 的拉普拉斯近似,我们定义:

$$g(\theta) \equiv \log f(\hat{\psi}\mid\theta) + \log p(\theta)$$

令 θ^* 表示后验分布的模式并定义以下黑森(Hessian)矩阵:

$$g_{\theta\theta} = \frac{\partial^2 g(\theta)}{\partial\theta\partial\theta'}\bigg|_{\theta=\theta^*}$$

请注意,矩阵 $g_{\theta\theta}$ 是计算 θ^* 的标准梯度法自动产生的一种副产品。当 $\theta = \theta^*$ 时,g 的二阶泰勒级数展开式为:

$$g(\theta) = g(\theta^*) - \frac{1}{2}(\theta - \theta^*)g_{\theta\theta}(\theta - \theta^*)$$

如果 θ^* 是我们假设的内部最优值,则斜率项为零。那么,

$$f(\hat{\psi}\mid\theta)p(\theta) \approx f(\hat{\psi}\mid\theta^*)p(\theta^*)\exp\left[-\frac{1}{2}(\theta - \theta^*)\ g_{\theta\theta}(\theta - \theta^*)\right]$$

请注意:

$$\frac{1}{(2\pi)^{\frac{m}{2}}}\mid g_{\theta\theta}\mid^{\frac{1}{2}}\exp\left[-\frac{1}{2}(\theta - \theta^*)'g_{\theta\theta}(\theta - \theta^*)\right]$$

其中 m 表示 θ 中元素的数量。最后一个表达式是 θ 中 m 个随机变量的 m 元正态分布,θ 具有均值 θ^* 和方差—协方差矩阵 $g_{\theta\theta}^{-1}$。根据密度函数的标准性质,有:

$$\int \frac{1}{(2\pi)^{\frac{m}{2}}} \mid g_{\theta\theta} \mid^{\frac{1}{2}} \exp\left[-\frac{1}{2}(\theta-\theta^*)'g_{\theta\theta}(\theta-\theta^*)\right] d\theta = 1 \qquad (7.89)$$

汇总之前的结果,我们可以得到:

$$f(\hat\psi) = \int f(\hat\psi \mid \theta)p(\theta)d\theta$$

$$\approx \int f(\hat\psi \mid \theta^*)p(\theta^*)\exp\left[-\frac{1}{2}(\theta-\theta^*)'g_{\theta\theta}(\theta-\theta^*)\right]d\theta$$

$$= (2\pi)^{\frac{m}{2}} \mid g_{\theta\theta} \mid^{-\frac{1}{2}} f(\hat\psi \mid \theta^*)p(\theta^*)$$

我们现在有了 $\hat\psi$ 的边际分布,可以用它来比较不同模型对 $\hat\psi$ 的拟合。此外,对任意元素 θ,例如 θ_i,我们都有一个近似的边际后验分布:

$$\theta_i \sim N\left(\theta_i^*, (g_{\theta\theta}^{-1})_{ii}\right)$$

其中 $(g_{\theta\theta}^{-1})_{ii}$ 表示 $g_{\theta\theta}^{-1}$ 矩阵的第 i 个对角元素。

6. 中型 DSGE 模型的结果

我们首先描述 VAR 结果,然后转向对 DSGE 模型的估计,最后研究 DSGE 模型再现基于 VAR 的估计的能力,该估计涉及经济对三种冲击的动态响应。

6.1 VAR 结果

我们简要描述 VAR 隐含的脉冲响应函数。图 7.10—图 7.12 中的实线表示冲击响应函数的点估计值,而灰色区域显示相应的 95% 的概率区间。[①] 通货膨胀率和利率按年化百分比表示,而其他变量则用百分比表示。当我们回顾 DSGE 模型估计结果时,将讨论带有正方形的实线和虚线。

---

① 概率区间由脉冲响应的点估计值定义,并加减式(7.88)中报告的 $\bar{V}$ 对角线上相关项的平方根的 1.96 倍。

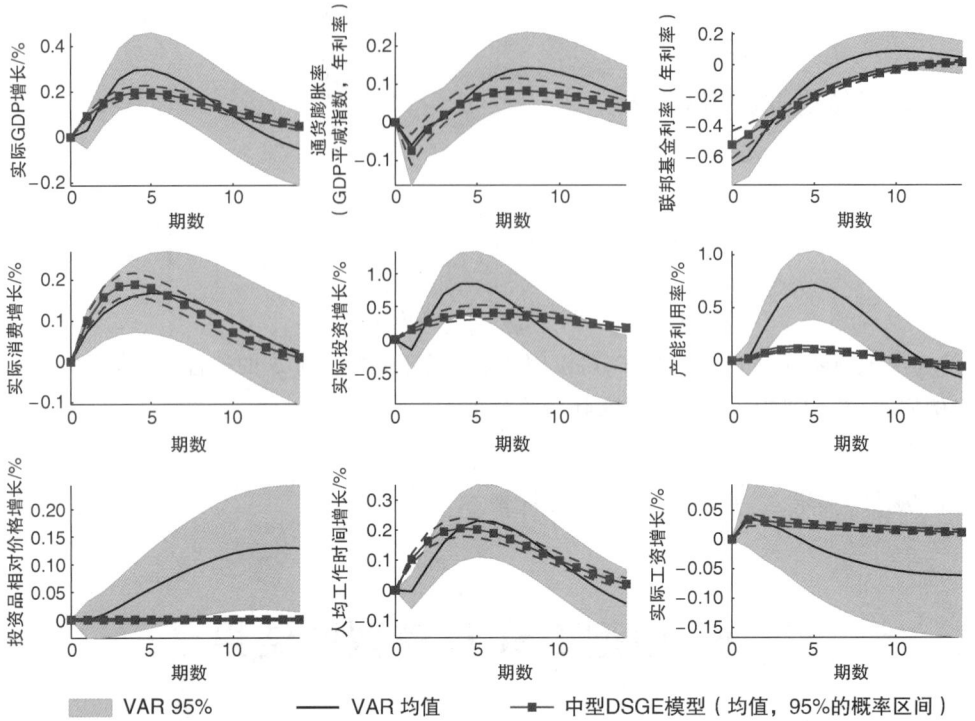

图 7.10 变量对货币政策冲击的动态响应

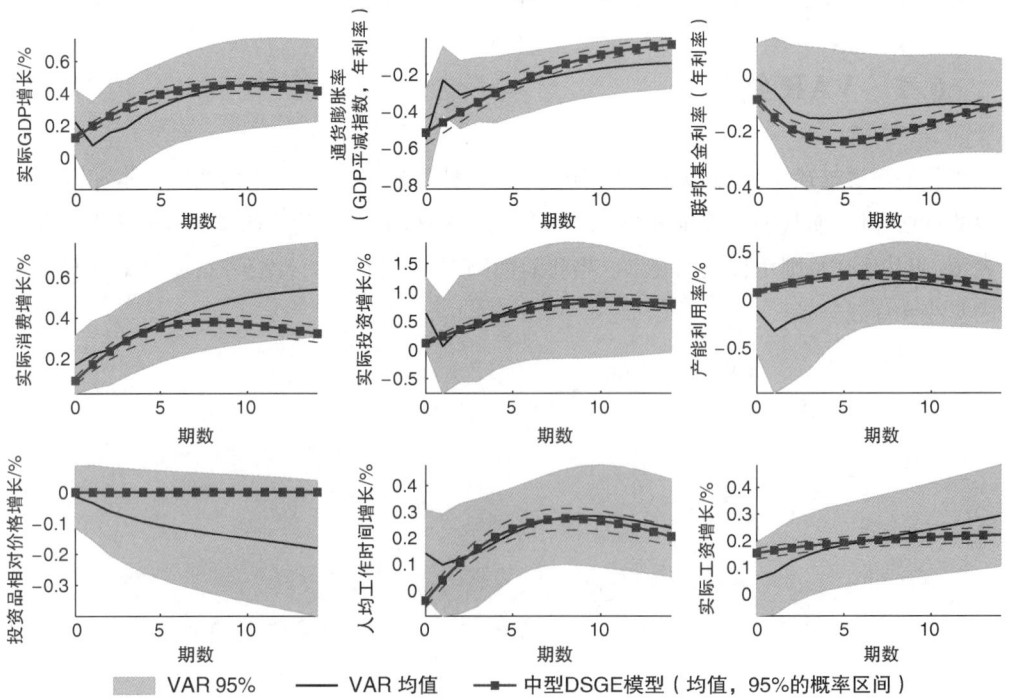

图 7.11 变量对中性技术冲击的动态响应

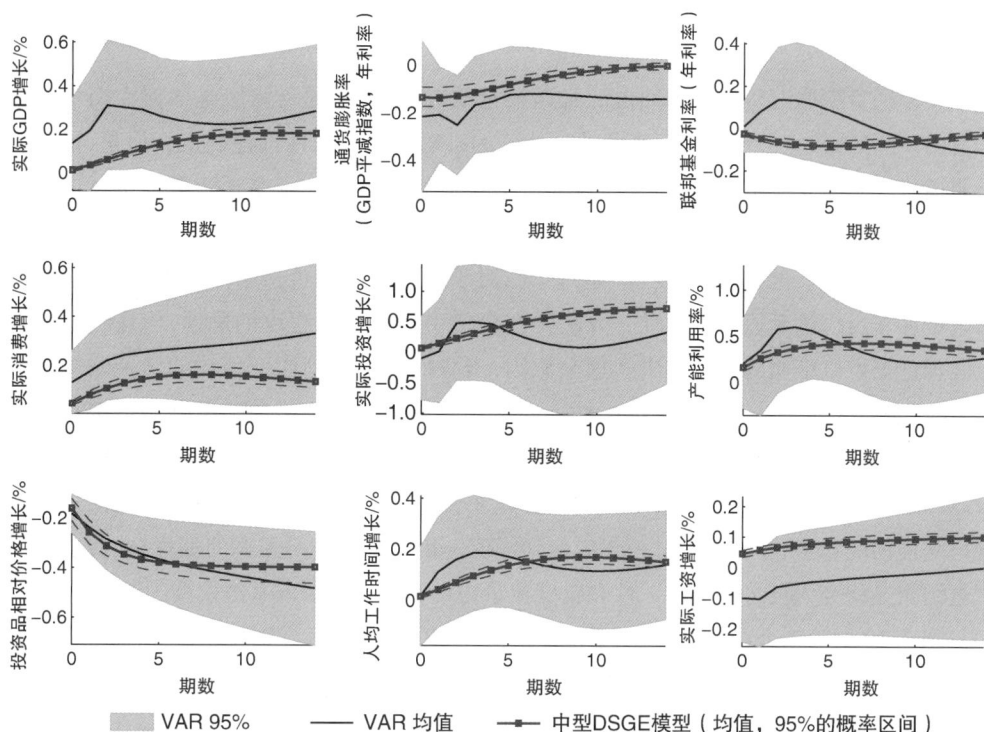

图 7.12 变量对特定投资技术冲击的动态响应

图例: ▨ VAR 95% ── VAR 均值 ■── 中型DSGE模型（均值，95%的概率区间）

6.1.1　货币政策冲击

我们就货币政策受到约 50 个基点冲击时的估计动态响应得出了五个观察值,如图 7.10 所示。首先考虑通货膨胀的反应。这里需要注意的两个重要问题分别是价格之谜和通货膨胀的延迟渐进反应。[①] 点估计表明,在短期内,通胀在应对扩张性货币政策冲击时朝着看起来反常的方向移动。通胀在货币政策冲击后立即出现短暂下降的这一现象已被广泛讨论并被称为价格之谜。Christiano 等(1999)回顾了如下观点并且发现了与这种观点相一致的证据。该观点认为,这个谜题是 Sims(1992)提出的计量经济学中的错误设定的产物。在这里,我们遵循 ACEL 和 CEE 的立场,即不存在所谓的计量经济学设定错误。虽然在我们的 VAR 估算中,价格之谜在统计上并不显著,但它仍值得关注,因为它具有巨大的潜在经济意义。例如,数据中存在的价格之谜使得将高利率作为抗通胀策略的政治问题变得更为复杂。高利率和随之而来的经济增长放缓在政治上是痛苦的。如果公众认为高利率策略在短期

[①] 在这里,我们借用了 Mankiw(2000)提出的延迟渐进来描述通货膨胀对货币政策冲击的反应性质。尽管曼昆是在十年前写的文章并且引用了大量证据,但曼昆关于通货膨胀如何应对货币政策冲击的结论与我们的 VAR 证据非常相似。曼昆认为,通胀响应不会在九个季度内达到顶峰,因而它对货币政策冲击的响应是渐进的。

内会产生更高的通胀率,那么对该策略的社会支持就会消失,除非价格之谜能得到合理的解释。①

关于通货膨胀对货币政策冲击的延迟渐进反应,请注意通货膨胀是如何在两年后达到峰值的。当然,较宽的置信区间表明达到峰值的准确时间并未精准地确定。但是,证据确实表明通货膨胀的反应是迟缓的。这与其他方法得出的关于通胀对货币政策冲击反应缓慢的观点是一致的。正如在第4节导言中指出的,人们认为对通货膨胀的反应缓慢是宏观经济学的一个主要难题。例如,Mankiw(2000)认为,对于这里使用的价格摩擦类型,解释通胀对货币政策冲击反应的延迟渐进的唯一方法是在价格中引入一定程度的黏性,但该程度远远超过微观证据可以证明的程度。出于这个原因,当我们研究模型匹配估计的脉冲响应函数的能力时,我们必须警惕以下几种可能性。一是这只是通过使价格和工资具有不符合实际的黏性来实现的。二是计量经济方法对其他特征(例如可变资本利用率)的过度依赖。

图7.10的第二个观察结果是,产出、消费、投资和工作时间对货币政策冲击的反应都表现出缓慢的驼峰形,在冲击超过一年后达到峰值。正如第4节所强调的那样,这些驼峰形的观察结果是研究人员将习惯持久性和投资流量中的调整成本引入基准模型的原因。

图7.10的第三个观察结果是,货币冲击对利率的影响大致在两年后消失,而经济在此之后继续做出反应。这表明,要理解货币政策冲击的动态效应,必须有一个模型来阐释大规模的内部传导来源。

图7.10的第四个观察结果涉及产能利用率的反应。回顾第4节的讨论,这个变量的经验响应幅度代表了分析中的一个重要准则。实际上,这些数据限制了我们能在多大程度上依赖可变资本利用率来解释通胀对货币政策冲击的缓慢反应。图7.10中的证据表明,产能利用率对正向的货币政策冲击响应非常强烈。例如,按百分比计,产能利用率的提高是就业率提高的三倍。在解释这一发现时,我们必须记住,我们所用的资本利用率数据是针对制造业的。如果这些数据受到制造业中耐用品部分的影响,它们就有可能夸大了经济中一般产能利用率的波动性。

图7.10的第五个观察结果与投资品价格有关。在我们的模型中,除对将同质产出转化为投资品的技术的冲击外,该价格不受其他冲击的影响。图7.10表明,与我们的模型相反,投资品价格上涨是为了应对扩张性货币政策的冲击。这表明,有必要对生产投资品的技术进行修改,使消费和投资之间的权衡是非线性的。② 在这种情况下,因扩张性货币政策冲击而出现的投资消费比的上升将与投资品价格的上涨相协调。

---

① 这个政治问题有一个重要的历史案例。在20世纪70年代初期,美国大通胀刚开始时,亚瑟·伯恩斯(Arthur Burns)担任美联储主席,赖特·帕特曼(Wright Patman)担任美国众议院银行和货币委员会主席。帕特曼认为,高利率会通过提高生产成本加剧通货膨胀。帕特曼的想法具有巨大的意义,因为当时他在制定工资和价格管制立法方面具有广泛影响力。帕特曼威胁伯恩斯说,如果伯恩斯试图提高利率以对抗通胀,那他会盯住利率,使它受到工资价格管制委员会的干预(参见《主题A的持久多重麻烦》,《时代》杂志,1973年4月9日,星期一)。

② 例如,我们可以不指定资源约束中包含 $C_t + I_t$,而采取让 C_t 和 I_t 出现在CES函数中的约束,即 $(a_1 C_t^{1/\rho} + a_2 I_t^{1/\rho})^\rho$。标准线性规范是这个的一种特例,其中 $a_1 = a_2 = \rho = 1$。

6.1.2　技术冲击

图 7.11 和图 7.12 分别显示了对中性和特定投资技术冲击的各种响应。总的来说,置信区间很宽。考虑到所讨论问题的性质,这些置信区间如此之宽应该不会令人感到意外。VAR 被告知数据中有两个冲击对劳动生产率有长期影响,并被要求确定这些冲击对数据的动态影响。为了理解这个问题带来的挑战,想象一下,你凝视着一幅数据图,思考如何通过视觉来检测技术冲击。毫无疑问,在很多情况下,VAR 的反应是"我不知道这个变量是如何响应的"。这就是宽置信区间告诉我们的。例如,关于产能利用率对中性技术冲击的反应,VAR 几乎没有什么可报告的。

虽然置信区间通常很宽,但图中也显示了一些显著的响应。例如,在对中性冲击的响应中,消费、产出和工作时间显著增加。图 7.11 中特别引人注目的一个结果是,在对中性技术施加正面冲击后,通胀率立即下降。这导致一些研究者推测,通胀对技术冲击的快速反应给黏性价格/黏性工资模型带来了麻烦。我们将在下文进一步研究这个推测。

6.2　模型结果

6.2.1　参数

表 7.2 中列出了数值被先验设置的参数。我们发现,当我们估计参数 κ_w 和 λ_w 时,估计量会将它们推到各自的边界。为此,我们简单地设定 λ_w 接近于 1,并设定 $\kappa_w = 1$。通胀的稳态值(货币政策规则以及价格和工资更新等式中的参数),稳态政府消费—产出比率以及特定投资技术的稳态增长率被设定为与我们数据集相应样本的平均值一致。[①] 中性技术的增长率被选定为,给定特定投资技术增长率的条件,模型中的稳态产出增长率与数据中对应样本的平均值相吻合。我们设定 $\xi_w = 0.75$,这意味着工资平均每年重新优化一次。我们没有估计这个参数,因为我们发现很难单独识别 ξ_w 的值和家庭劳动力负效用的曲率参数 ϕ。

表 7.2　中型 DSGE 模型中的非估计参数

参　数	数　值	描　述
α	0.25	资本份额
δ	0.025	折旧率
β	0.999	折现因子
π	1.0083	总通货膨胀率
η_g	0.2	政府消费占 GDP 的比例
$P_{k'}$	1	资本相对价格
κ_w	1	π_{t-1} 的工资指数化
λ_w	1.01	工资加成

① 在我们的模型中,投资品的相对价格代表了对生产投资品的技术冲击的直接观察。

续 表

参 数	数 值	描 述
ξ_w	0.75	工资黏性
μ_z	1.0041	总中性技术增长
μ_ψ	1.0018	总投资品技术增长

表 7.3 列出了我们报告的先验参数和后验参数。首先请注意,价格黏性程度 ξ_p 是适度的。这个参数的后验均值暗示的价格重新最优化的时间间隔略小于三个季度。关于 ξ_p 值的似然性,式(7.86)中包含的信息量很大。后验标准差大约是先验标准差的 1/3,后验 95% 的概率区间是先验概率区间宽度的 1/4。一般来说,在这个意义上,所有参数的似然信息总量都很大。这种模式的一个例外是泰勒规则中的通胀系数 r_π。关于这个参数的似然信息相对较少。请注意,ϕ 被估计得非常小,这意味着家庭的消费——补偿劳动力供给弹性约为 8。如果这种高弹性被解释为代表性经济主体的工作时间供给弹性,那么从经验上讲,这种高弹性会被认为是不可信的。但是,正如本章的 2.3 中所讨论的那样,这不是我们的解释。表 7.4 报告了以参数的后验平均值评估的模型稳态性质。

表 7.3　中型 DSGE 模型的先验参数和后验参数

参 数		变 量	先 验		后 验[α]
			分布(边界)	平均值,标准差 [5%,95%]	平均值,标准差 [5%,95%]
价格设定参数	价格黏性	ξ_p	Beta [0,0.8]	0.50,0.15 [0.23,0.72]	0.62,0.04 [0.56,0.68]
	价格加成	λ_f	Gamma [1.01, ∞]	1.20,0.15 [1.04,1.50]	1.20,0.08 [1.06,1.32]
货币主管部门参数	泰勒规则:利率平滑化	ρ_R	Beta [0,1]	0.80,0.10 [0.62,0.94]	0.87,0.02 [0.85,0.90]
	泰勒规则:通货膨胀系数	r_π	Gamma [1.01,4]	1.60,0.15 [1.38,1.87]	1.43,0.11 [1.25,1.59]
	泰勒规则:GDP 系数	r_y	Gamma [0,2]	0.20,0.15 [0.03,0.49]	0.07,0.03 [0.02,0.11]
家庭部门参数	消费习惯	b	Beta [0,1]	0.75,0.15 [0.47,0.95]	0.77,0.02 [0.74,0.80]
	劳动力供给逆弹性	ϕ	Gamma [0, ∞]	0.30,0.20 [0.06,0.69]	0.12,0.03 [0.08,0.16]
	产能调整成本曲率	σ_a	Gamma [0, ∞]	1.00,0.75 [0.15,2.46]	0.30,0.08 [0.16,0.44]
	投资调整成本曲率	S''	Gamma [0, ∞]	12.00,8.00 [2.45,27.43]	14.30,2.92 [9.65,18.8]

续 表

参　数		变　量	先　验		后　验[α]	
			分布(边界)	平均值,标准差 [5%,95%]	平均值,标准差 [5%,95%]	
冲击	自相关,投资技术	ρ_Ψ	Unifom [0,1]	0.50,0.29 [0.05,0.95]	0.60,0.08 [0.48,0.72]	
	标准差,中性技术冲击/%	σ_z	Gammna [0,∞]	0.20,0.10 [0.10,0.37]	0.22,0.02 [0.19,0.25]	
	标准差,投资技术冲击/%	σ_Ψ	Inv. Gamma [0,∞]	0.20,0.10 [0.10,0.37]	0.16,0.02 [0.12,0.20]	
	标准差,货币冲击(年利率)	σ_R	Inv. Gamma [0,∞]	0.40,0.20 [0.21,0.74]	0.51,0.05 [0.44,0.58]	

注:[α] 表示基于标准随机游走梅特罗波利斯算法。60 万次抽样,10 万次烧机测试,接受率为 27%。

表 7.4　中型 DSGE 模型在后验参数平均值处的稳态

变　量	标准模型	描　述
k/y	7.73	资本占 GDP 的比例(季度)
c/y	0.56	消费占 GDP 的比例
i/y	0.24	投资占 GDP 的比例
H	0.63	稳态劳动力投入
R	1.014	名义总体利率(季度)
R^{real}	1.006	实际总体利率(季度)
r^k	0.033	资本租金率(季度)
A_L	2.22	斜率,劳动负效用

6.2.2　脉冲响应

我们现在分析图 7.10—图 7.12 中显示的 DSGE 模型脉冲响应。图中带有实心正方形的线显示了我们的模型在后验参数平均值处的脉冲响应。虚线显示了参数的后验分布所暗含的脉冲响应的 95% 的概率区间。这些区间在所有情况下都相当紧凑,反映了参数紧凑的后验分布以及模型的自然限制。

我们的估计策略实际上选择了如下的模型参数化,其中模型参数使模型隐含的脉冲响应函数尽可能靠近灰色区域的中心,同时不会受到来自先验参数的太多惩罚。在灰色区域最宽的地方,估计标准不太关心再现基于 VAR 的脉冲响应函数。

现在来观察图 7.10,它显示了标准宏观经济变量对货币政策冲击的反应。请注意,该模型很好地捕捉到了通货膨胀的延迟渐进反应。在该模型中,经历货币政策冲击后,通胀需要两年才能达到峰值。重要的是,该模型甚至捕捉到了价格之谜现象,即通货膨胀最初在"错误"的方向上移动。通货膨胀的这种明显反常的初始反应被该模型解释为名义利率下降导致了劳动力成本的降低。这里值得注意的结果是,通货膨胀对货币政策冲击的缓慢反应可以用适度的工资和定价摩擦来解释。此外,通货膨胀的延迟渐进反应并不是由于资本使用率的过度或反事实的上升。事实上,该模型大大低估了资本利用率的上升。虽然这是模型的失败之处,但较低的利用率响应这一事实确实引起了人们的如下关注:该模型能够轻松捕捉到通货膨胀对货币冲击的惯性响应。

该模型还相当出色地捕捉到了产出和消费对货币政策冲击的响应。然而,尽管模型响应位于灰色区域内,但该模型显然没有足够的灵活性来捕捉投资响应的相对急剧下降和上升。投资调整成本函数 S'' 中相对较大的曲率估计表明,如果允许投资对货币政策冲击做出更大的响应,将会导致该模型对投资的预测在前几个季度超出灰色区域。这些货币政策冲击的结果与 CEE 和 ACEL 报告的结果大致相似。

图 7.11 显示了标准宏观经济变量对中性技术冲击的响应。请注意,该模型在重现经验估计的响应方面相当成功。根据 ACEL 报告的估算结果,通货膨胀的动态响应尤其显著。这些结果表明,对于中性技术冲击而言,通货膨胀剧烈且被精确估计到的下降很难在我们这样的模型中重现。在通过他们的模型描述这个问题时,ACEL 担心这种失败反映了黏性价格模型存在更深层次的问题。[1] 他们认为,也许人们强调价格和工资设定面临的摩擦(主要是由通货膨胀对货币冲击的惯性响应所引起的)是被来源于通货膨胀对技术冲击的迅速响应的证据误导了。[2] 我们的研究结果显示了更为普遍的可能性。

我们的模型和 ACEL 模型有两个关键的区别,这使得我们的模型能够准确重现通胀对技术冲击的反应,而不会妨碍这一模型解释通货膨胀为何对货币政策冲击反应缓慢的能力。首先,在我们的模型中,没有根据滞后通胀将价格指数化,如式(7.63)所示。ACEL 遵循 CEE 的假设,即当企业无法最优化其价格时,它们会将其完全指数化为滞后的总通胀。我们对价格指数化模型的立场是我们能够解释中性技术冲击后通胀迅速下降的关键原因,没有采取这一点也是 ACEL 无法解释这一点的原因。我们认为,从微观经济数据的角度来看,我们对指数化的处理方式是朝正确方向迈出的一步。微观观测数据表明,单个价格在长时间内不会改变。我们的模型与 ACEL 模型之间的第二个区别在于,我们将中性技术冲击指定为随机游走的,如式(7.60)所示;而在 ACEL 模型中,被估计的技术冲击的增长率是高度自相关的。在 ACEL 模型中,技术冲击会引发强烈的财富效应,刺激需求激增,从而给边际成本和通货膨胀带来上行压力。

图 7.12 显示了宏观经济变量对特定投资冲击的动态响应。尽管置信区间很大,但 DSGE 模型仍很好地拟合了 VAR 所隐含的动态。

---

① 有关这一点的另一讨论,请参见 Paciello(2009)的研究。
② 一种基于信息不完善和最小价格/工资设定摩擦的替代方法很自然地解释了通胀对货币政策冲击响应缓慢和对技术冲击响应迅速同时存在的难题。以上事实加剧了这里的担忧,可参见 Maćkowiak 和 Wiederholt(2009)、Mendes(2009)以及 Paciello(2009)的研究。Dupor 等(2009)建议对模型结构进行更多的适度优化以应对通胀难题。

6.3 评估拉普拉斯近似的 VAR 稳健性和准确性

众所周知,当 VAR 的开始日期或滞后期数改变时,被估计的脉冲响应函数也会发生改变。在实践中,人们希望分析中报告的概率区间宽度是对非稳健性程度的合理经验衡量法则。在图 7.13—图 7.15 中,当应用一系列不同的开始日期和滞后期数时,其显示了来自我们的 VAR 中的所有脉冲响应函数估计。我们在估计过程中使用的 VAR 点估计值以带实心正方形的实线的形式显示在图 7.13—图 7.15 中。用虚线表示我们的估计过程中使用的与脉冲响应函数相关的 95% 的概率区间。从图中可以看出,不同样本以及滞后长度的变化程度大致对应于概率区间的宽度。尽管其结果在受干扰的 VARs 中确实发生了变化,但变化的幅度大致与经验法则预测的一样。从这个意义上讲,VAR 中的非稳健性程度并不高。

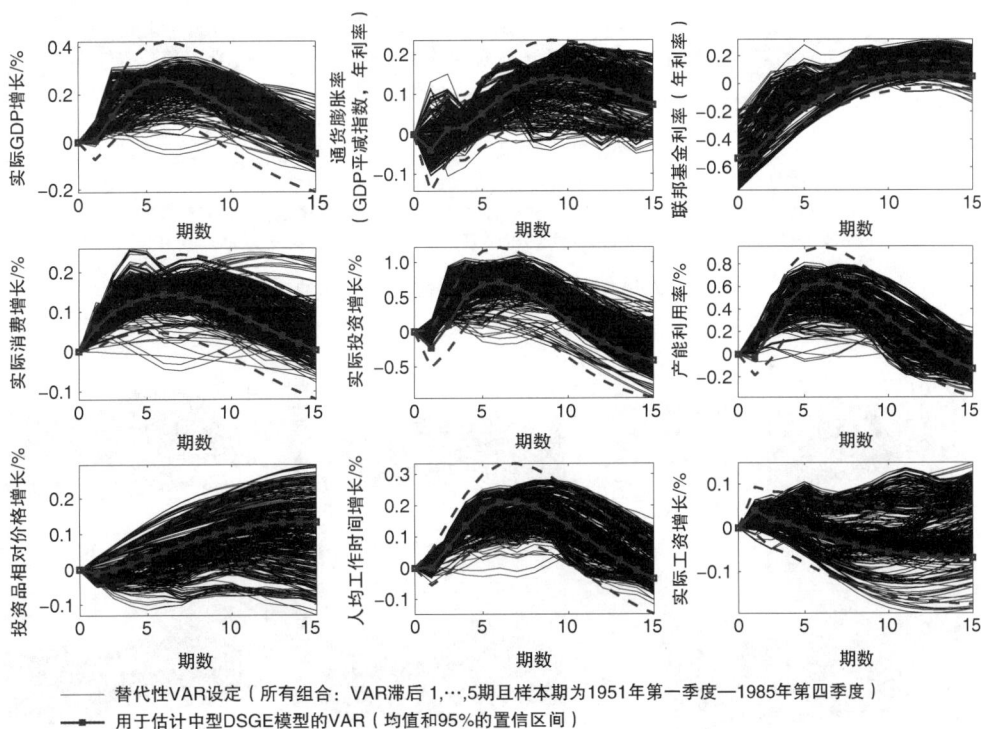

—— 替代性VAR设定（所有组合：VAR滞后 1,…,5期且样本期为1951年第一季度—1985年第四季度）
—■— 用于估计中型DSGE模型的VAR（均值和95%的置信区间）

图 7.13　VAR 模型的敏感性:对货币政策冲击的响应

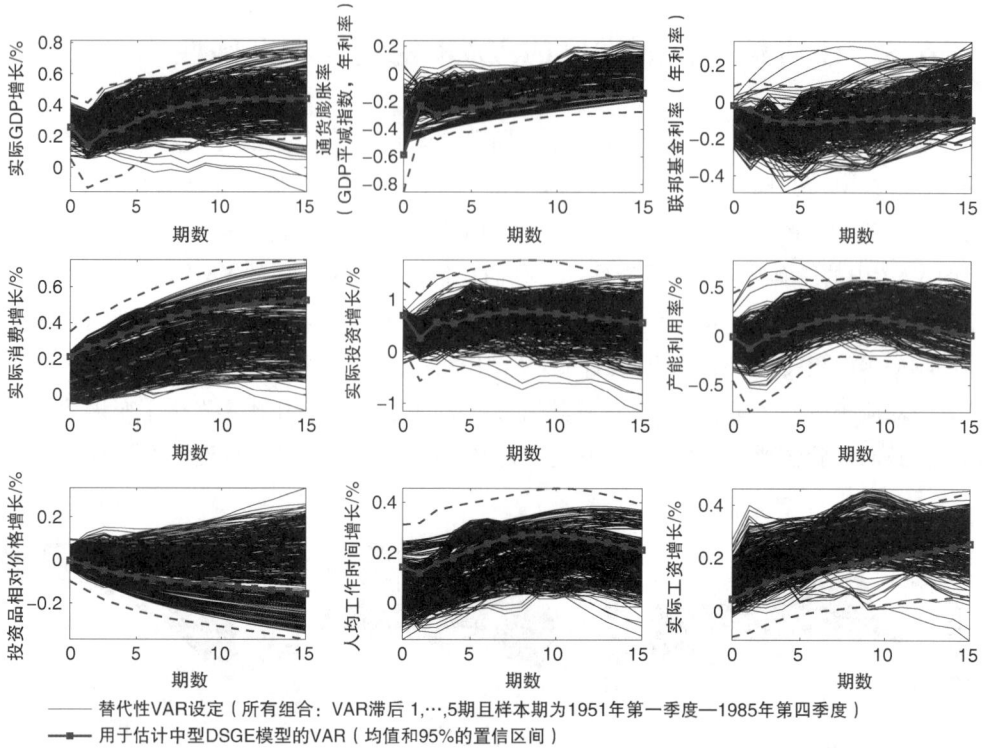

图 7.14 VAR 模型的敏感性:中性技术冲击

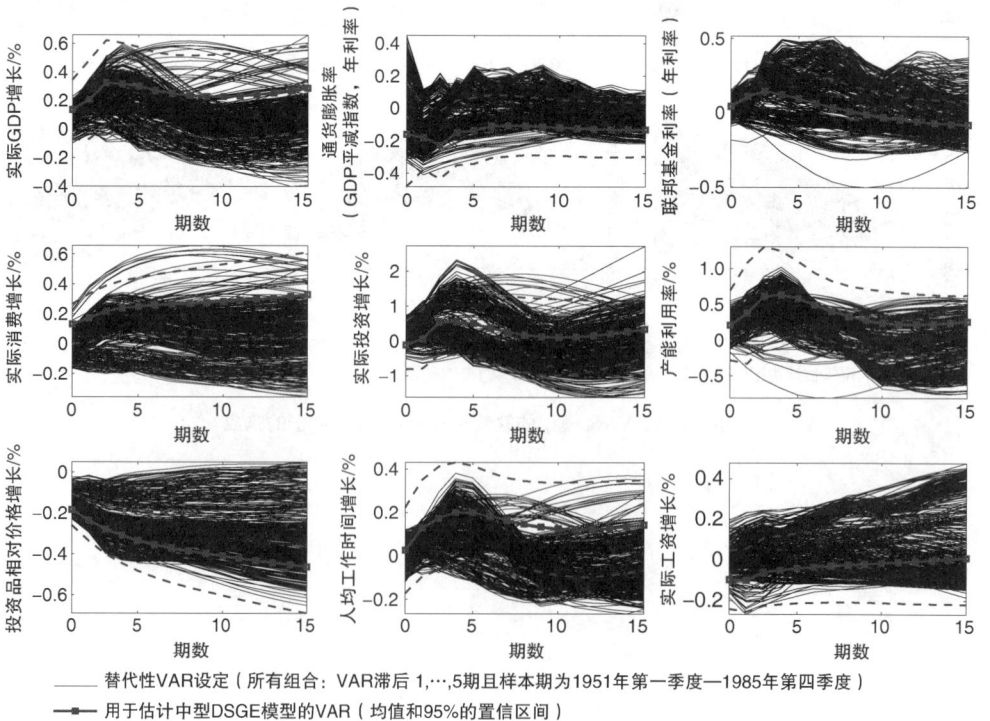

图 7.15 VAR 模型的敏感性:特定投资技术的冲击

最后,图 7.16 显示了模型的先验参数和后验参数。后验参数是通过两种方法计算的:随机游走梅特罗波利斯算法和本章 5.4 中描述的拉普拉斯近似。有趣的是,两种算法的结果非常相似。这表明,在研究项目的早期和中期阶段,通过计算拉普拉斯近似值可以节省大量时间。在项目结束时,即当要形成终稿时,则可以开展相当耗时的随机游走梅特罗波利斯计算。

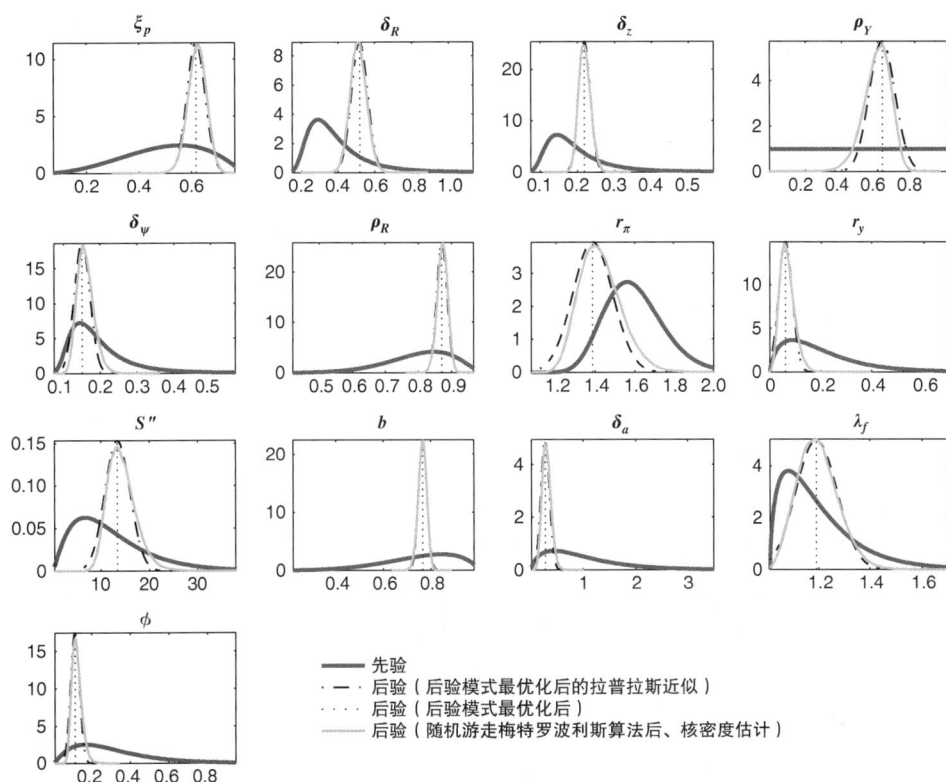

图 7.16　中型 DSGE 模型的先验估计参数和后验估计参数

7. 结论

关于货币政策 DSGE 模型的文献太多,在本章中难以全面回顾,因而我们只能专注于其中的一部分。相对而言,我们关于货币 DSGE 模型局限性的讨论很少。一个关键的挑战是,一些著名的研究在统计上拒绝了处于 DSGE 模型核心的跨期欧拉公式(Hansen and Singleton,1983)。就新凯恩斯主义模型而言,对 IS 公式的拒绝挑战了该模型对于冲击在整个经济中传播方式的描述。与此同时,我们应用的贝叶斯冲击响应匹配技术表明,新凯恩斯主义模型能够捕捉三种重要冲击传导的基本特征。[①] 但如何解决这些明显的信息冲突仍是一个悬而未决的问题。

此外,我们在回顾货币 DSGE 模型的新近前沿方面做得很少。最近的金融危机使人们提高了将更丰富的金融部门引入新凯恩斯主义模型中的努力程度。经过这种补充,该模型能够解决本章描述的模型所无法解决的一些重要政策问题。货币政策应该如何应对利差扩大?我们应该如何看待最近的"非常规货币政策"——货币主管部门购买私人发行的债务,如抵押贷款和商业票据?本章介绍的模型对这些问题没有提及。然而,大量文献已经开始引入解决这些问题所需要的模型修订,这里我们无法详述。[②] 劳动力市场是新近模型发展的另一个前沿。我们已经对 CTW 中的方法进行了简单介绍,但将劳动力市场研究与货币 DSGE 模型相结合的优秀文献太多,我们也无法在此详细综述。[③] 然而,这些新的发展确保了在可预见的未来,货币 DSGE 模型仍是一个活跃和令人兴奋的研究领域。

参考文献

Abel, A. B. , Bernanke, B. , 2005. Macroeconomics, fifth ed. Pearson Addison Wesley, Upper Saddle River, NJ.

Adalid, R. , Detken, C. , 2007. European Central Bank, Working Paper No. 732, Liquidity shocks and asset price boom/bust cycles. (February).

Altig, D. , Christiano, L. J. , Eichenbaum, M. , Lindé, J. , 2005. Firm-specific capital, nominal rigidities and the business cycle. NBER, Working Paper 11034.

Ball, L. , 1994. Credible disinflation with staggered price setting. Am. Econ. Rev. 84 (March), 282-289.

Barth III, M. J. , Ramey, V. A. , 2002. The cost channel of monetary transmission. In: Bernanke, B. , Rogoff, K. S. (Eds.), NBER chapters, NBER macroeconomics annual 2001. 16, MIT Press, Cambridge, MA, pp. 199-256.

Basu, S. , 1995. Intermediate goods and business cycles: Implications for productivity and welfare. Am. Econ. Rev. 85 (3), 512-531.

Benhabib, J. , Schmitt-Grohé, S. , Uribe, M. , 2002. Chaotic interest-rate rules. Am. Econ. Rev. 92 (2), 72-78.

Bernanke, B. , Boivin, J. , Eliasz, P. S. , 2005. Measuring the effects of monetary policy: A factor-augmented vector autoregressive (FAVAR) approach. Q. J. Econ. 120 (1), 387-422.

[①] 在我们的实证分析中,我们并没有报告 VAR 对三种冲击重要性的影响。然而,ACEL 分析表明,这些冲击加起来将占产出、投资和就业等宏观经济时间序列变化的 50% 以上。

[②] 对于小样本研究,请参见 Bernanke 等(1999)、Christiano 等(2003,2009)、Cúrdia 和 Woodford(2009)以及 Gertler 和 Kiyotaki(2010)的研究。

[③] Christiano 等(2010c)通过利用完全信息贝叶斯方法估计,提出了一个包含金融市场和劳动力市场摩擦的小型开放经济模型。将失业和其他劳动力市场摩擦纳入货币 DSGE 模型的其他重要研究包括 Galí(2010a)、Gertler 等(2008)以及 Thomas(2009)的相关文献。

Bernanke, B., Gertler, M., 2000. Monetary policy and asset price volatility. NBER, Working Paper No. 7559.

Bernanke, B., Gertler, M., Gilchrist, S., 1999. The financial accelerator in a quantitative business cycle framework. In: Taylor, J. B., Woodford, M. (Eds.), Handbook of macroeconomics. Elsevier Science, North-Holland, Amsterdam, pp. 1341-1393.

Boldrin, M., Christiano, L. J., Fisher, J. D. M., 2001. Habit persistence, asset returns, and the business cycle. Am. Econ. Rev. 91 (1), 149-166.

Bruckner, M., Schabert, A., 2003. Supply-side effects of monetary policy and equilibrium multiplicity. Econ. Lett. 79 (2), 205-211.

Bullard, J., Mitra, K., 2002. Learning about Monetary policy rules. J. Monetary Econ. 49, 1105-1129.

Calvo, G. A., 1983. Staggered prices in a utility-maximizing framework. J. Monetary Econ. 12 (3), 383-398.

Carroll, C. D., Overland, J., Weil, D. N., 1997. Comparison utility in a growth model. J. Econ. Growth 2 (4), 339-367.

Carroll, C. D., Overland, J., Weil, D. N., 2000. Saving and growth with habit formation. Am. Econ. Rev. 90 (3), 341-355.

Chernozhukov, V., Hong, H., 2003. An MCMC approach to classical estimation. J. Econom. 115 (2), 293-346.

Chowdhury, I., Hoffmann, M., Schabert, A., 2006. Inflation dynamics and the cost channel of monetary transmission. Eur. Econ. Rev. 50 (4), 995-1016.

Christiano, L. J., 1988. Why does inventory investment fluctuate so much?. J. Monetary Econ. 21, 247-280.

Christiano, L. J., 1991. Modeling the liquidity effect of a money shocks. Federal Reserve Bank of Minneapolis Quarterly Review 15 (1), 1-34.

Christiano, L. J., 2004. Firm-specific capital and aggregate inflation dynamics in Woodford's model. Manuscript.

Christiano, L. J., 2007. Discussion of Del Negro, Schorfheide, Smets and Wouters. J. Bus. Econ. Stat. 25 (2), 143-151.

Christiano, L. J., Eichenbaum, M., 1992a. Current real business cycle theories and aggregate labor market fluctuations. Am. Econ. Rev. 82 (3), 430-450.

Christiano, L. J., Eichenbaum, M., 1992b. Liquidity effects and the monetary transmission mechanism. American Economic Review, Papers and Proceedings 82, 346-353.

Christiano, L. J., Eichenbaum, M., Evans, C. L., 1996. The effects of monetary policy shocks: Evidence from the flow of funds. The Review of Economics and Statistics, Vol. 78, No. 1 (February), pp. 16-34.

Christiano, L. J., Eichenbaum, M., Evans, C. L., 1999. Monetary policy shocks: What have we learned and to what end?. In: Taylor, J. B., Woodford, M. (Eds.), Handbook of macroeconomics. Elsevier Science, North-Holland, Amsterdam, pp. 65-148.

Christiano, L. J., Eichenbaum, M., Evans, C. L., 2005. Nominal rigidities and the dynamic effects of a shock to monetary policy. J. Polit. Econ. 113 (1), 1-45.

Christiano, L. J., Gust, C., 2000. The expectations trap hypothesis. Federal Reserve Bank of Chicago Economic Perspectives 24, 21-39.

Christiano, L. J., Ilut, C., Motto, R., Rostagno, M., 2008. Monetary policy and stock market boom bust cycles. European Central Bank working paper number 955.

Christiano, L. J., Ilut, C., Motto, R., Rostagno, M., 2010. Monetary Policy and Stock Market Booms, paper presented to conference sponsored by Federal Reserve Bank of Kansas City, "Macroeconomic Challenges: the Decade Ahead," at Jackson Hole, Wyoming, August 26-28.

Christiano, L. J., Motto, R., Rostagno, M., 2003. The great depression and the Friedman-Schwartz hypothesis. J. Money Credit Bank. 35 (6) December, Part 2, 1119-1197.

Christiano, L. J., Motto, R., Rostagno, M., 2009. Financial factors in business cycles. Manuscript.

Christiano, L. J., Rostagno, M., 2001. Money growth monitoring and the Taylor rule. NBER, Working Paper, No. 8539.

Christiano, L. J., Trabandt, M., Walentin, K., 2010a. Involuntary unemployment and the business cycle. NBER, Working Paper No. 15801.

Christiano, L. J., Trabandt, M., Walentin, K., 2010b. A monetary business cycle model with labor market frictions. Northwestern University Manuscript.

Christiano, L. J., Trabandt, M., Walentin, K., 2010c. Introducing financial frictions and unemployment into a small open economy model. Sveriges Riksbank, Working Paper No. 214.

Clarida, R., Galí, J., Gertler, M., 1999. The science of monetary policy: A New Keynesian perspective. J. Econ. Lit. 37, 1661-1707.

Cochrane, J. H., 2009. Can learnability save New-Keynesian models?. J. Monetary Econ. 56, 1109-1113.

Constantinides, G. M., 1990. Habit formation: A resolution of the equity premium puzzle. J. Polit. Econ. 98 (3), 519-543.

Cu'rdia, V., Woodford, M., 2009. Credit spreads and monetary policy. NBER, Working Paper No. 15289.

de Walque, G., Smets, F., Wouters, R., 2006. Firm-specific production factors in a DSGE model with Taylor price setting. International Journal of Central Banking 2 (3), 107-154.

Dupor, B., Han, J., Tsai, Y. C., 2009. What do technology shocks tell us about the New Keynesian paradigm?. J. Monetary Econ. 56 (4), 560-569.

Erceg, C. J. , Henderson, D. W. , Levin, A. T. , 2000. Optimal monetary policy with staggered wage and price contracts. J. Monetary Econ. 46, 281-313.

Fernald, J. , 2009. A quarterly, utilization-adjusted series on total factor productivity. Federal Reserve Bank of San Francisco Manuscript.

Fisher, J. , 2006. The dynamic effects of neutral and investment-specific technology shocks. J. Polit. Econ. 114 (3), 413-451.

Fuerst, T. S. , 1992. Liquidity, loanable funds, and real activity. J. Monetary Econ. 29 (1), 3-24.

Fuhrer, J. C. , 2000. Habit formation in consumption and its implications for monetary policy models. Am. Econ. Rev. 90 (3), 367-390.

Galí, J. , 1999. Technology, employment, and the business cycle: Do technology shocks explain aggregate fluctuations?. Am. Econ. Rev. 89 (1), 249-271.

Galí, J. , 2010a. The return of the wage Phillips curve. CREI Manuscript.

Galí, J. , 2010b. Unemployment fluctuations and stabilization policies: A New Keynesian perspective. Department of Economics, University of Copenhagen Zeuthen lectures delivered March 19-20 to Zeuthen Workshop on Macroeconomics.

Gertler, M. , Kiyotaki, N. , 2010. Financial intermediation and credit policy in business cycle analysis. Manuscript.

Gertler, M. , Sala, L. , Trigari, A. , 2008. An estimated monetary DSGE model with unemployment and staggered nominal wage bargaining. J. Money Credit Bank. 40 (8), 1713-1764.

Guerron-Quintana, P. , 2008. Refinements on macroeconomic modeling: The role of non-separability and heterogeneous labor supply. J. Econ. Dyn. Control 32, 3613-3630.

Hamilton, J. , 1994. Time series analysis. Princeton University Press, Princeton, NJ.

Hansen, L. P. , 1982. Large sample properties of generalized method of moments estimators. Econometrica 50, 1029-1054.

Hansen, L. P. , Singleton, K. J. , 1983. Stochastic consumption, risk aversion, and the temporal behavior of asset returns. J. Polit. Econ. 91 (2), 249-265.

Hansen, G. D. , 1985. Indivisible labor and the business cycle. J. Monetary Econ. 16 (3), 309-327.

Hodrick, R. J. , Prescott, E. C. , 1997. Postwar U. S. business cycles: An empirical investigation. J. Money Credit Bank. 29 (1), 1-16(February).

Justiniano, A. , Primiceri, G. , 2008. Potential and natural output. Northwestern University Manuscript.

Kiley, M. T. , 2010. Output gaps. Federal Reserve Board of Governors Finance and Economics Discussion Series, Working Paper 2010-27.

Kim, J. Y., 2002. Limited information likelihood and Bayesian analysis. J. Econom. 107, 175-193.

King, R. G., Rebelo, S., 1993. Low frequency filtering and real business cycles. J. Econ. Dyn. Control 17(1-2), 207-231.

Krusell, P., Mukoyama, T., Rogerson, R., Sahin, A., 2008. Aggregate implications of indivisible labor, incomplete markets and labor market frictions. NBER, Working Paper No. 13871.

Kwan, Y. K., 1999. Asymptotic Bayesian analysis based on a limited information estimator. J. Econom. 88,99-121.

Levin, A. T., Onatski, A., Williams, J. C., Williams, N., 2005. Monetary policy under uncertainty in micro-founded macroeconometric models. NBER Macroeconomics Annual 20, 229-287.

Lucas Jr., R. E., Prescott, E. C., 1971. Investment under uncertainty. Econometrica 39 (5), 659-681.

Lucca, D. O., 2006. Essays in investment and macroeconomics. Northwestern University, Department of Economics, Ph. D. dissertation.

Mac'kowiak, B., Wiederholt, M., 2009. Optimal sticky prices under rational inattention. Am. Econ. Rev. 99 (3), 769-803.

Mankiw, N. G., 2000. The inexorable and mysterious tradeoff between inflation and unemployment. NBER, Working Paper 7884.

Matsuyama, K., 1984. A learning effect model of investment: An alternative interpretation of Tobin's q. Northwestern University, Manuscript.

McCallum, B. T., 2009. Inflation determination with Taylor rules: Is New-Keynesian analysis critically flawed?. J. Monetary Econ. 56, 1101-1108.

Mendes, R., 2009. Information, expectations, and the business cycle. Research Department, Bank of Canada Manuscript.

Mulligan, C. B., 2001. Aggregate implications of indivisible labor. Advances in Macroeconomics 1 (1) Article 4, Berkeley Electronic Press, pp. 1-33.

Newey, W. K., West, K. D., 1987. A simple, positive semi-definite heteroskedasticity and autocorrelation consistent covariance matrix. Econometrica 55 (3), 703-708.

Paciello, L., 2009. Does inflation adjust faster to aggregate technology shocks than to monetary policy shocks?. Einaudi Institute for Economics and Finance, Working Paper.

Prescott, E. C., 1986. Theory ahead of business-cycle measurement. Carnegie-Rochester Conference Series on Public Policy 25 (1), 11-44.

Prescott, E. C., 1998. Needed: A theory of total factor productivity. Int. Econ. Rev. 39 (3), 525-551.

Ravenna, F. , Walsh, C. E. , 2006. Optimal monetary policy with the cost channel. J. Monetary Econ. 53, 199-216.

Rogerson, R. , 1988. Indivisible labor, lotteries and equilibrium. J. Monetary Econ. 21 (1), 3-16.

Rogerson, R. , Wallenius, J. , 2009. Micro and macro elasticities in a life cycle model with taxes. J. Econ. Theory 144, 2277-2292.

Rotemberg, J. , Woodford, M. , 1997. An optimization-based econometric framework for the evaluation of monetary policy. In: Bernanke, B. , Rotemberg, J. (Eds.), NBER macroeconomics annual. MIT Press, Cambridge, MA.

Sala, L. , Söderström, U. , Trigari, A. , 2008. Monetary policy under uncertainty in an estimated model with labor market frictions. J. Monetary Econ. 55 (5), 983-1006.

Sargent, T. , 1979. Macroeconomic theory. Academic Press, New York.

Sims, C. A. , 1992. Interpreting the macroeconomic time series facts: The effects of monetary policy. Eur. Econ. Rev. 36 (5), 975-1000.

Sims, C. A. , Zha, T. , 2006. Were there regime switches in U. S. monetary policy?. Am. Econ. Rev. 96 (1),54-81.

Smets, F. , Wouters, R. , 2007. Shocks and frictions in US business cycles. Am. Econ. Rev. 97 (3),586-606.

Sveen, T. , Weinke, L. , 2005. New perspectives on capital, sticky prices, and the Taylor principle. J. Econ. Theory 123 (1), 21-39.

Thomas, C. , 2009. Search frictions, real rigidities and inflation dynamics. Bank of Spain Manuscript.

Topel, R. , Rosen, S. , 1988. Housing investment in the United States. J. Polit. Econ. 96 (4), 718-740.

Walsh, C. , 2005. Discussion of Levin, Onatski, Williams and Williams. 20, MIT Press, Cambridge, MA NBER macroeconomics annual.

Woodford, M. , 2003. Interest and prices: Foundations of a theory of monetary policy. Princeton University Press, Princeton, NJ.

Woodford, M. , 2004. Inflation and output dynamics with firm-specific investment. Manuscript.

Yun, T. , 1996. Nominal price rigidity, money supply endogeneity, and business cycles. J. Monetary Econ. 37 (2), 345-370.

第八章　货币传导机制如何随时间演变?[①]

让·博伊万(Jean Boivin)[*]

迈克尔·T. 凯利(Michael T. Kiley)[**]

弗雷德里克·S. 米什金(Frederic S. Mishkin)[***]

[*]:加拿大央行,加拿大蒙特利尔高等商学院,国民经济研究局

[**]:联邦储备系统理事会

[***]:哥伦比亚大学商学院,国民经济研究局

目　录

① 感谢达利博尔·斯蒂万诺维奇(Dalibor Stevanovic)和戴恩·弗拉巴克(Dane Vrabac)出色的研究协助。我们的分析得益于雷·菲尔(Ray Fair)、本·弗里德曼(Ben Friedman)以及 2009 年 10 月美联储召开的货币经济学的关键进展会议中多位参与者的重要评论。让·博伊万(Jean Boivin)对国家科学基金会(SES-0518770)和加拿大社会科学与人文科学研究委员会提供的资助表示感谢。本章内容仅代表作者观点,不代表所在机构。

    本章摘要：我们讨论了货币政策传导机制的宏观经济思想演变，并提出相关的实证证据。从早期的政策导向模型（例如 Penn-MIT-SSRC 模型，简称 MPS 模型）到现代的动态随机一般均衡模型，政策传导的核心渠道——短期政策利率与长期利率、股票价格和汇率等其他资产价格之间的新古典主义联系，以及由此对家庭和企业需求产生的影响——都保持着稳定。相比之下，非新古典主义渠道，如信贷渠道，依然被排除在核心模型之外。随着理论和模型的发展，政策发生了显著变化（政策更注重价格稳定），同时，在美国，政策利率与经济活动之间的关联度也有所降低。监管对信贷供应的影响也发生了重大变化。因此，我们回顾了货币政策对实际经济活动和通货膨胀的影响发生变化的实证证据，并使用相对不受限制的因子增广向量自回归（factor-augmented vector autoregression，简称 FAVAR）和 DSGE 模型提出新的证据。两种方法得出了相似的结果，与 1980 年之前相比，近几十年来，货币政策创新对实际经济活动和通胀的影响更为微弱。我们的分析表明，这些变化是由政策变化以及这些变化对预期的影响造成的，而私营部门行为的变化（与货币政策变化相关的外部变化）几乎没有影响。

    JEL 分类代码：E5，E4，E2，E3

    关键词：货币政策；货币传导；稳定性

1. 引言

    货币传导机制是货币经济学中被研究最多的领域之一，原因有二。第一，了解货币政策如何影响经济对于评估货币政策在特定时间点的立场至关重要。即使中央银行的政策工具的作用很小（例如美国的联邦基金利率），由于货币政策对其他资产价格和数量的影响，货币政策也可能受到限制。第二，为了确定如何使用政策工具，货币政策制定者必须准确评估其政策的选择时机和影响。为此，他们需要了解货币政策对实际经济活动和通货膨胀的影响机制。

    在过去的 30 年里，金融市场运作方式发生了巨大变化，货币政策的实施方式也发生了巨大变化，更加注重价格稳定。货币经济学研究激发了对货币政策如何影响经济的新思考，使我们对货币传导机制的认识得到进一步深化。所有这些都表明货币传导机制很有可能发生了变化。

初看这些数据便可发现,美国总体经济活动或私人支出的各个组成部分与短期名义政策利率之间的关联关系在近几十年里出现了显著的差异。这一结论是基于对沃尔克反通货膨胀之前几十年的相关性以及20世纪70年代末和80年代初发生的众多监管变革的观察。图8.1描绘了产出(实际GDP)增长率、私人支出的四个组成部分(非耐用品和服务消费、耐用消费品、住宅投资和非住宅投资)以及名义联邦基金利率(均为滞后/领先四个季度)在1962年第一季度—1979年第三季度(深色条)和1984年第一季度—2008年第四季度(浅色条)之间的相关性。在这两个时期内,相关性发生了显著变化:在前一个时期,总体经济活动和支出的增长与名义联邦基金利率负相关,特别是与滞后的名义联邦基金利率负相关;在后一个时期,总体经济活动和支出增长与名义联邦基金利率正相关,尤其是与名义联邦基金利率正相关。

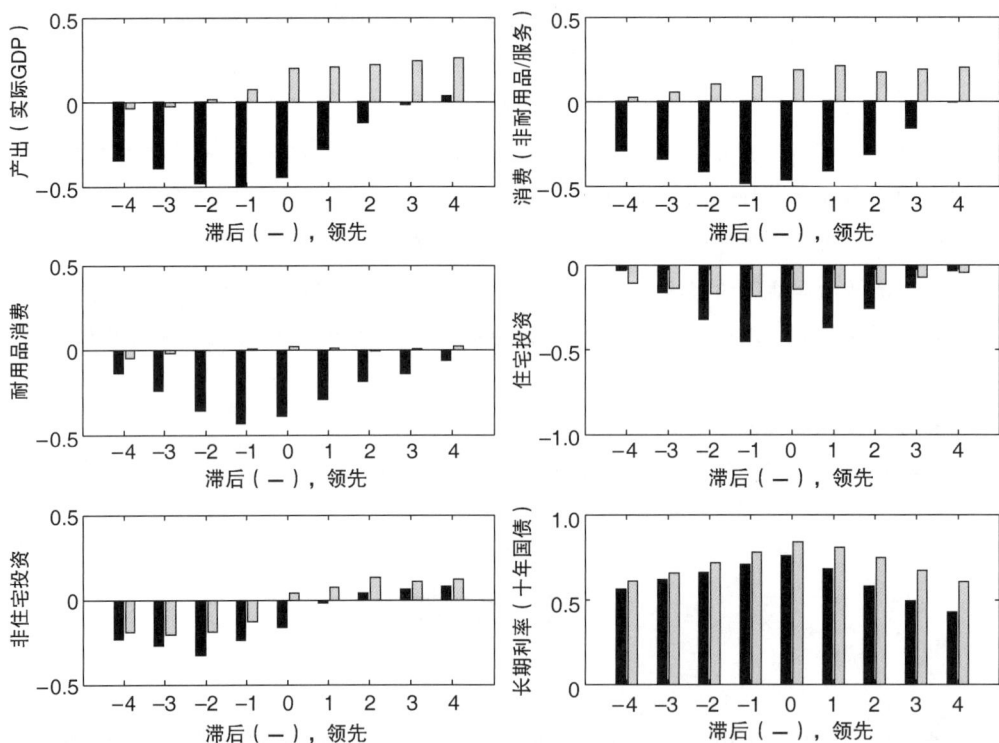

图8.1 经济活动量和需求(对数差)、长期利率与名义联邦基金利率间的相关性

注:深色条表示名义联邦基金利率(滞后/领先)与1962年第一季度—1979年第三季度样本期间数据序列的相关性;浅色条表示1984年第一季度—2008年第四季度样本期间数据序列的相关性。

这些变化可能意味着利率变动对需求的影响发生了变化。的确,如果不深入了解,仅看近几十年的产出增长和名义利率之间的正相关关系,观察者可能会天真地以为,货币主管部门若要努力实现更强劲的经济增长,就应该提高短期利率而非相反。或者,这些变化可能也反映了政策制定者行为的变化——例如,一种更系统的方法侧重于通胀和经济活动的稳定性,这意味着由于政策制定者倾向于抑制需求增长,政策利率与经济增长之间呈现出正相关关系。

首先,我们回顾货币政策的各种传导渠道以及我们对这些渠道的理解是如何变化的,并以此为起点展开分析。然后,我们讨论金融市场发展和货币政策实施如何导致这些传导机制发生变化。随后,我们对货币传导机制的演变的实证研究进行总结和独立分析,其中我们重点关注三个方面的结构性解释,分别是与替代识别策略相关的潜在缺陷、看似最稳健的统计关系变化,以及短期利率变动与实际活动之间联系的变化。

我们的分析采用两种方法。第一种方法基于向量自回归(vector autoregression,简称VAR)。在这一部分,我们以 Christiano 等(1999)的调查为基础,扩展了他们的分析,将FAVAR 方法(Bernanke et al.,2005)囊括在内,从而可以将更多信息集合考虑在内。这种方法可以分析更大范围的经济变量。我们特别关注的是通胀预期,这是因为基于全面的分析,我们认为,预期管理的变化可能是货币政策与整体经济活动之间关系最重要的变化之一。与早期文献相比,我们更强调货币政策冲击影响及其变化或消失。[1] 在此之后,我们使用DSGE 模型开展结构分析。这种分析使我们能够考虑货币政策效果的变化及其对货币政策变化的影响,以确保简化形式的相关性变化不仅仅与 Lucas(1976)指出的政策变化有关。我们也会通过这个角度考虑一些看似合理的结构变化。我们在这方面的分析建立在例如Smets 和 Wouters(2007)的研究以及中央银行越来越多地使用这种结构模型的基础之上(Christoffel et al.,2008;Edge et al.,2007,2008,2010)。

VAR 和 DSGE 这两种方法涵盖了从相对非结构化到高度结构化的范围。例如,Akhtar 和Harris(1987)、Friedman(1989)、Mauskopf(1990)以及 Fair(2004)采用了折衷的方法,运用来自经济理论中关于可能的决定因素集和"考尔斯委员会(Cowles Commission)"计量经济学信息,指出了各种支出类型的等式。这些文献在很大程度上得出了这样的结论,即货币政策传导机制变化的证据是有限的,我们的结果在多个方面与这些文献所得到的结果相似。尽管如此,我们认为我们的分析在以下几个方面迈出了实质性的一大步,包括利用大量信息并仅施加有限的识别假设(如 FAVAR 方法)来进行研究,以及转向另一极端去试图解决卢卡斯批判并考虑 Woodford(2003)所强调的预期管理问题。

我们从回顾和分析中得到几个重要的结果。首先,宏观经济水平的变化很难被察觉:使用宏观经济数据中相对不受限制的方法(比如 VAR)会受到维度的限制,而且关于不同时间货币政策与宏观经济活动之间联系的重要性的结论并不相同;结构方法受到的限制越多,就越具有争议性。尽管如此,这些数据确实表明了对于货币传导来说的一些非常重要的变化。总体而言,自 1984 年以来,实际活动和价格指标的反应变得更小也更持久。其次,在美国,与住房融资相关的政府监管和金融创新的变化改变了住宅投资对货币政策变化的反应,这与前几年有所不同(一系列国别研究表明,世界各地的此类变化非常重要)。美国的数据则更清楚地表明,货币政策已经转变为锚定通货膨胀预期,并显著改变了其他冲击对经济活动和

---

[1] 话虽如此,Christiano 等(1999)确实研究了货币政策冲击效应的变化,并且从有限的证据中发现,这种变化取决于政策冲击的大小。我们将得到与之类似的结论。和我们想象的一样,这些作者在最近的样本中确实发现了更小的冲击。

通货膨胀的传导。最后，非新古典或信用型货币政策渠道的重要性仍然难以用宏观经济数据和模型来进行实证评估，因为这类宏观经济实证研究的理论指导是有限的。在未来几年，这可能是一个非常活跃且有望多产的研究领域。我们将用自己的分析来讨论金融危机之后货币政策研究的走向。

2. 货币传导渠道

货币传导可以分为两种基本类型：一种是新古典主义渠道，其中金融市场是完美的；另一种是非新古典主义渠道，涉及金融市场不完善，通常被称为信贷观点。

在接下来的讨论中，我们假设至少在正常情况下，货币主管部门的政策工具是直接控制短期利率的（例如美国的联邦基金利率）。我们也假设，名义工资和价格刚性意味着名义政策利率的变化直接影响实际利率。因此，我们讨论政策制定对实际经济活动的影响，集中在短期名义政策利率变化如何影响实际利率和其他资产价格从而影响支出上。表 8.1 总结了我们所讨论的传导渠道。[1]

表 8.1　货币政策传导渠道

渠　道		描　述	纳入的政策模型
新古典主义渠道	利率/资金成本/托宾 q	短期政策利率变化会影响消费者和企业投资的资本使用者成本	标准大型模型，如 MPS 模型或 FRB/US 模型（Fair，2004），以及 SGE 模型
	财富效应	短期利率变化影响贴现值和/或各种类型资产的托宾 q，而这些资产市值的变化会引起消费变化	标准大型模型，如 MPS 模型或 FRB/US 模型（Fair，2004）。标准 DSGE 模型，但没有与跨期替代效应分开
	跨期替代	短期利率变化会影响消费曲线的斜率	未纳入传统的大规模模型。标准 DSGE 模型，但未与财富效应分开
	汇率效应	短期政策利率变化通过无抛补利率平价和/或资产组合平衡效应引起汇率的变化	标准大型模型。纳入国际 DSGE 模型（Erceg et al.，2006）
非新古典主义渠道	由管理引起的信贷效应	对金融机构的限制（例如存款利率上限、信贷限制）影响消费	在相关时期实证性地纳入大型模型中（如 MPS 模型）
	基于银行的渠道	银行在处理信息不对称问题时能够发挥特殊作用。因此，银行贷款能力下降会影响消费	没有明确纳入大多数大型模型或 DSGE 模型中
	资产负债表渠道	与货币行为的资产价格效应相关的资产净值变化会影响企业和家庭的外部融资溢价	未明确纳入大多数大型模型。越来越多地融入 DSGE 模型，通常遵循 Bernanke 等（1999）提出的建议

---

[1] Mishkin（1995）讨论了类似的范畴，Taylor（1995）强调了新古典主义渠道，Bernanke 和 Gertler（1995）强调了信贷渠道。

我们讨论的诸多传导机制的一个重要特征是,实际利率(而不是名义利率)会影响(许多)传导渠道中的其他资产价格和支出。此外,不仅是当前的利率水平,其整体预期路径也会影响资产价格和消费。这两个因素使得预期在货币政策中发挥重要作用,因为政策策略既能影响名义利率的预期走向,也会影响通货膨胀的前景,进而影响实际利率。[①] 的确,Woodford(2003)认为,预期管理是货币主管部门的主要责任。我们在多个方面讨论了预期的重要作用,此外,我们还突出强调了名义利率的渠道相较于实际利率的渠道的独特作用。

2.1　新古典主义渠道

传统货币政策传导渠道是建立在 20 世纪中叶发展起来的投资、消费和国际贸易行为的核心模型上的:Jorgeson(1963)和 Tobin(1969)的新古典投资模型;Brumberg 和 Modigliani(1954)、Ando 和 Modigliani(1963)以及 Friedman(1957)的消费生命周期/永久收入消费模型;Mundell(1963)和 Fleming(1962)的国际 IS/LM 模型。我们用这个框架对这些主要渠道进行分类,从而识别出那些影响投资、消费和国际贸易的直接渠道。就投资而言,主要包括通过资金成本的直接利率渠道以及与托宾 q 密切相关的渠道;就消费而言,主要是通过财富效应和间接替代效应实现的渠道;就贸易而言,是通过汇率实现的直接渠道。我们将对此逐项进行研究。

2.2　基于投资的渠道

2.2.1　直接利率渠道

在宏观经济模型中,最传统的货币传导渠道是利率影响资金成本,从而影响企业和家庭投资支出(如住宅和耐用消费品投资)。标准的新古典投资模型表明,无论是投资品、住宅还是耐用消费品,资金使用成本都是决定资本需求的关键因素。[②] 资金使用成本 u_c 可表示为:

$$u_c = p_c [(1 - \tau) i - \pi_c^e + \delta]$$

其中,p_c 是新资本的相对价格,i 是名义利率,π_c^e 是长期资本的预期价格升值率,δ 是降价率。资金使用成本公式还允许通过边际税率 τ 调整名义利率来降低利率(在美国,按揭利息可以扣除,这尤其重要)。重组各项,资金使用成本可以用税后实际利率 $(\tau - 1) i - \pi^e$ 以及长期资本的预期实际升值率 $\pi_c^e - \pi^e$ 来改写,其中 π^e 是预期通货膨胀率。

$$u_c = p_c \{ [(1 - \tau) i - \pi^e] - (\pi_c^e - \pi^e) \}$$

---

① 是实际利率而不是名义利率影响支出,这为货币政策应当如何刺激经济提供了一个重要的机制,即便名义利率达到零利率的下限(即出现在持续的通货紧缩中,正如最近在全球发生的一样)。在名义利率为零的情况下,对未来扩张性货币政策的承诺可以降低长期利率,提高预期通货膨胀,降低实际利率,刺激支出(Eggertsson and Woodford,2003)。例如,自 2009 年以来的美联储声明已经表明,联邦基金利率将在很长一段时间内保持在非常低的水平。

② 经典文献可参考 Jorgenson(1963)的研究。

在分析这些直接的资金使用成本渠道对货币政策的影响时,有几个因素十分重要。首先是关于利率影响支出的范围。由于资本是长期存在的,并且这些存量的调整涉及成本(规划、采购、安装等),当把利率变化纳入其投资决策的考虑范围时,企业和家庭会从长计议。因此,影响支出的资本资产实际利率和预期实际升值率通常与资产预期使用寿命有关,而该寿命通常很长。

在传统的计量经济模型中,这种联系通常通过在资金使用成本公式中直接引入长期利率而不是短期利率来确定。在最新一代的微观模型(通常被称为 DSGE 模型)中,这种联系通常是通过投资的动态跨期最优条件来确定的,该条件使得支出取决于对未来短期利率的预期(我们将在下文中介绍)。

由于货币政策工具是短期利率,这一讨论清楚地表明,货币传导机制通过某种版本的期限结构预期假设建立起短期和长期利率之间的联系。当货币政策提高短期利率时,长期利率也倾向于上升,因为长期利率与未来的短期利率挂钩。这会导致资金使用成本上升并且长期资本的需求下降,进而导致对这些资产的投资支出降低,总支出和总需求由此下降。

2.2.2 托宾 q

Tobin(1969)的框架也考虑了企业和家庭的投资决策。对于企业投资,Tobin(1969)将 q 定义为企业市场价值除以资本重置成本。当 q 值较高时,企业的市场价格相对于重置成本较高,而新的厂房和设备资本相对于企业的市场价值较便宜。企业可以发行股票,并且股票价格比他们购买设备的成本要高。因为企业只需发行少量股票就可以购买大量新的投资品,所以投资支出将增加。理论上,类似推理也可以适用于家庭投资决策。

托宾 q 理论可以与资金使用成本相联系,如 Hayashi(1982)的研究所示。事实上,q 公式之所以主导了有微观基础的建模研究和前述 DSGE 文献,很大程度上是因为 Hayashi(1982)的动态调整成本法中的 q 理论和资金使用成本法之间的正式联系允许在此类模型中使用便捷的分析表达式。另外,q 公式确实提升了研究的丰富性,因为它强调了股票价格和投资支出之间的直接联系。在实践中,托宾 q 理论引出了另一个货币传导渠道:当货币政策宽松、利率下降时,股票需求增加,股价上涨,导致投资支出和总需求增加。

2.2.3 基于投资渠道的实证文献

前面描述的资金使用成本渠道是美国用于预测和分析政策的大规模宏观经济计量模型的标准特征,例如 20 世纪 70 年代开发的 MPS 模型(Brayton and Mauskopf,1985)和最近美联储使用的 FRB/US 模型(Reifschneider et al.,1999)。它也是其他国家中央银行大规模宏观经济计量模型的一个标准特征,包括欧洲中央银行的区域模型(Fagan et al.,2005)和英格兰银行的季度模型(Harrison et al.,2005)。该渠道的 q 模型是中央银行使用 DSGE 模型时投资决策的基准模型,例如美联储的 EDO 模型(Edge et al.,2007,2008,2010;Kiley,2010)、欧洲中央银行的新区域模型(Christoffel et al.,2008)和加拿大银行的 ToTEM(一种通用时间序列分析方法)模型(Murchison and Rennison,2006)。

投资支出对短期内政策利率变化有较快反应,这一货币政策传导渠道在这些模型中很重要。长期以来,这一结论在中央银行采用的模式中早已成立,参见 Smets(1995)比较不同中央银行模型的研究报告。然而,投资对资本成本变化的长期敏感性是有争议的。在美国和其他国家的数据中,短期弹性估计相当低,这些研究结果导致一些学者(Bernanke and Gertler,1995)质疑这个渠道的主要地位。例如,使用美国的住宅数据,长期弹性的波动范围是从 -0.2 到 -1.0(Case,1986;Hanushek and Quigley,1980;Henderson and Ioannnides,1986;McCarthy and Peach,2002;Reifschneider et al.,1999);短期弹性对货币政策问题更为重要,而它是温和的(尤其是把 20 世纪 80 年代初期之前美国管制引发的信贷市场效应剥离之后)。对于商业投资,弹性的估计范围也相当大。Chirinko(1993)总结了美国的证据,并指出"投资对价格变量的反应,相对于其对数量变量的反应来说,往往很小且不重要";Fagan 等(2005)对欧元区的弹性进行了研究,结果显示该弹性在一年后小于 0.1%。对耐用消费品的估计很少,但相关弹性在短期内往往也很小,例如 Taylor(1993)认为,耐用消费品投资的短期半弹性几近于零。

资本使用成本的第二项,即长期资本的预期实际升值率 $\pi_c^e - \pi^e$,为货币政策影响企业和家庭投资支出提供了一种新的途径。这些预期的变化会对资金使用成本产生重要影响,进而影响支出。Case 和 Shiller(2003)在房地产市场上特别强调了这一点。当货币政策收紧、利率上升时,通过前述的成本传递机制,住房需求会下降,房价就会走低。因此,对未来货币政策收紧的预期会降低预期的实际房价升值率,提高当前资金使用成本,导致住房和住宅建设需求下降。

2.3　基于消费的渠道

2.3.1　财富效应

Brumberg 和 Modigliani(1954)首次提出了储蓄与消费生命周期假说的标准应用,Ando 和 Modigliani(1963)进一步扩展完善了该理论。他们提出,消费支出是由消费者的终身资源决定的,终身资源包括来自股票、房地产或者其他资产的财富。以降低短期利率为形式的扩张性货币政策将刺激股票和住房等资产的需求,推高其价格,或者说,较低的利率会降低与股票、住房和其他资产相关的收入及服务的贴现率,从而推高其价格。由此造成财富总量增长,进而刺激家庭消费和总需求。因此,通过资产价格发挥作用的标准生命周期财富效应是货币传导机制的一个重要渠道。

2.3.2　跨期替代效应

第二个基于消费的渠道反映了跨期替代效应。的确,该渠道是前面提到的 DSGE 传统模型的核心内容。在这一渠道中,短期利率的变化改变了消费曲线的斜率,较低的利率会导致当期更高的消费。在 DSGE 模型中,该渠道是使用标准消费欧拉方程的自然结果,这一方程将当前消费和未来消费之间的边际替代率与实际利率联系起来。

2.3.3　基于消费渠道的实证文献

财富效应在宏观经济模型中发挥着重要作用,比如可以用于美联储的政策分析。这个观点根植于美联储及其他机构使用的宏观计量经济模型中,这些模型估算出美国当前住房财富和股市财富的长期边际消费倾向为3—4美分/美元。Fair(2004)的报告得出了类似大小的美国财富效应。①② Catte等(2004)对经合组织成员的研究发现,金融财富的长期边际消费倾向从意大利的0.01到日本的0.07不等;他们估计它在经合组织的平均值约为0.035,而美国的估计值是0.03。这意味着短期财富效应甚至更小,而货币政策只能影响短期财富。因此,虽然财富效应在建模工作中发挥了重要作用,但在大多数建模工作中,财富效应对投资的直接利率渠道仅起到了次要作用,见Smets(1995)对中央银行模型的总结。③

在短期内,跨期替代渠道作用通常也是微弱的——因为消费曲线的斜率对短期利率的敏感度估计通常很小,其主要原因是习惯的持久性(Christoffel et al.,2008;Edge et al.,2007;Smets and Wouters,2007)。这一发现与大量实证文献相契合:Hall(1988)及其后续的研究倾向于跨期替代比较微弱的判断。出于这个原因,此前所讨论的计量经济模型通常不强调这个渠道就不奇怪了。比如,这一货币传导渠道并未成为美联储的MPS模型或FRB/US模型中的一个要素,也未被纳入欧洲中央银行的区域模型中(Fagan et al.,2005)。

2.4 基于国际贸易的渠道

2.4.1 汇率通道

当中央银行降低利率时,国内资产回报率相对于国外资产下降。这导致国内资产价值相对于其他货币资产出现下降,从而引发本币贬值。本币贬值使得国内商品比国外商品便宜,由此导致支出调整和净出口增长。净出口的增加直接增加了总需求,所以汇率渠道在货币政策影响经济的过程中发挥着重要作用。在这方面,有两个因素很重要。首先,汇率对利率变动的敏感性很重要。例如,在早期的计量经济学模型中,估计出的敏感度较小(意味着渠道较小)的情况并不少见;而引入未覆盖利率平价的模型往往会发现该渠道发挥了更大的作用。其次,更小、更开放的经济体往往会通过这个渠道实现更大的影响。④⑤

2.5 非新古典主义渠道:信贷观点

除了与名义工资和价格刚性相关的渠道外,我们将因市场不完善而产生的渠道作为非

---

① 生命周期理论认为,所有类型财富的财富效应都是一样的,但这点是有争议的。一些研究表明,住房财富对消费的影响要大于非住房财富的影响,而其他研究结果则相反。要了解这方面的文献,请参阅Mishkin(2007)的研究。

② Reifschneider等(1999)对FRB/US模型中的货币传导机制进行了概述。美联储工作人员估计的财富效应随时间的推移发生了重大变化。正如Brayton和Mauskopf(1985)所讨论的,在MPS模型(FRB/US模型的前身)中,房地产财富的消费倾向的范围为从20世纪70年代的2.9美分/美元到20世纪80年代的8.4美分/美元。这种变动的根源在于房地产财富与总收入的比率一直以来没有变化。相比之下,股市财富的历史波动足以让我们更加准确地估计其对消费的倾向。美联储工作人员对这种倾向的估计值在过去40年里一直保持在3—4美分/美元的狭窄范围内。

③ Lettau和Ludvigson(2004)强调了财富的长短期变动与消费变动之间的区别,尽管这不在货币传导机制本身的范围内。

④ 例如,可参见Bryant等(1993)、Smets(1995)以及Taylor(1993)的研究。

⑤ 译者注:应该还有2.4.2、2.4.3等,但原文如此。疑似原文遗漏了部分内容。

新古典主义传导机制。这些渠道可能来自政府对市场的干预,也可能源于私人市场的不完善,例如信息不对称或市场分割等问题导致金融市场无法有效运作。一般来说,这些涉及信贷市场的不完善的非新古典主义传导机制统称为信贷观点。我们在这里讨论三种基本的非新古典主义渠道:政府干预信贷市场对信贷供应的影响、基于银行的渠道(通过贷款和银行资本)以及资产负债表渠道(影响了企业和家庭)。

2.5.1 政府干预信贷市场对信贷供应的影响

为了实现某些政策目标,政府经常干预信贷市场的自由运作,如重新分配信贷资源或鼓励特定类型投资。在美国,为了鼓励居民拥有房屋,政府对住房金融的干预尤为明显。

到 20 世纪 80 年代,美国政府建立了一个住房抵押贷款体系,其中储蓄机构,特别是储蓄和贷款协会,成为住房抵押贷款的主要发行者。受监管限制,这些机构主要依赖于当地定期存款提供的资金,并发放长期固定利率的抵押贷款(McCarthy and Peach,2002)。政府监管旨在帮助这些储蓄机构吸收存款资金,使它们能够发放更多的按揭贷款,方法是规定 Q 条例所允许的存款利率的上限,并允许储蓄机构支付比商业银行高出 25 个基点(0.25 个百分点)的存款利息。

储蓄机构发行长期抵押贷款以及 Q 条例上限利率的监管要求形成了涉及信贷供应的重要货币传导渠道。美联储通过提高利率收紧货币政策会从两个方面带来抵押贷款市场信贷供应减少的效应。

一方面,短期利率的上升将提高储蓄机构的资金成本,而固定利率抵押贷款的收入变动缓慢,致使储蓄机构的净利息收入减少,这会导致储蓄机构资产负债表的恶化,其发放抵押贷款的意愿下降,从而带来信贷供应的收缩。

另一方面,更重要的是,较高的短期利率往往会导致利率高于存款利率上限,使得储户把资金从储蓄机构和商业银行中提取出来转而投向高收益证券。银行系统的存款损失,即所谓的“脱媒”过程,限制了银行和储蓄机构可以用于放贷的资金量,导致抵押贷款大幅度减少,由此影响住宅建设活动。

这里描述的信贷配给渠道在 1980 年以前的宏观经济模型中确实很重要(Brayton and Mauskopf,1985),尽管它们的影响是通过货币政策影响支出时机而非支出总体幅度来实现的。从 20 世纪 80 年代初开始,Q 条例的存款利率上限逐渐消除,到 1986 年完全取消,因此政府对信贷市场干预导致的“脱媒”已不再是货币传导的重要渠道。

2.5.2 基于银行的渠道

有两个不同的银行传导渠道,其中银行都发挥着重要作用,因为银行贷款无法完全替代其他融资来源。

首先是传统的银行贷款渠道。根据这个观点,银行在金融体系中之所以扮演着特殊角色,是因为银行能够有效解决信贷市场中信息不对称的问题。由于银行的特殊作用,某些借款人如果不通过银行借款,就无法进入信贷市场。只要零售银行存款与其他资金来源不存在完全的替代性,银行贷款渠道的运作方式就可以大致描述如下:扩张性货币政策会增加银行准备金和银行存款,从而扩大银行可提供的贷款规模。由于很多借款人都依赖银行贷款来为业务融资,贷款增加将促进投资和消费支出的增长。[1]

银行贷款渠道的一个重要意义在于,货币政策对更加依赖银行贷款的小公司产生的影响要大于大公司。因为大公司可以通过股票和债券市场(而不仅仅通过银行)直接获得资金。虽然银行贷款渠道的作用得到了实证研究的支持(Gertler and Gilchrist,1993,1994; Kashyap and Stein,1995;Peek and Rosengren,1995a,1995b,1997),但其他一些研究对银行贷款渠道的影响提出了疑问(Ramey,1993;Romer and Romer,1989)。Lown 和 Morgan(2002)的研究结果表明,银行贷款在宏观经济波动中可能发挥了重要作用,但同时也发现,银行贷款渠道对货币政策变化的影响可能相当小。Iacoviello 和 Minetti(2008)的研究结果表明,在按揭贷款更加依赖银行的国家中,家庭也会受银行贷款渠道的影响。总的来说,关于银行贷款渠道的文献主要集中于证明其潜在重要性方面,但对这个渠道的宏观经济重要性的全面评估则几乎没有,更不用说关注某些类型的公司/银行/特定事件的重要性。

一个独立的银行渠道被称为银行资本渠道。在这个渠道中,银行和其他金融中介机构的资产负债表状况对贷款具有重要影响。资产价格下跌可能导致银行贷款组合的损失;另外,由于借款人还贷能力或意愿减弱,信用质量下降也可能降低银行资产的价值。这种情况下,银行资产损失会导致银行资本金的减少,正如最近金融危机期间所发生的那样。因为银行的外部融资成本高昂,尤其在资产价格下跌期间,银行资本金的减少会导致银行信贷供应减少。这意味着银行要提高资本金与资产比率,最划算的方法是通过减少贷款来缩小其资产规模。这种去杠杆化意味着依赖银行的借款人现在无法继续获得信贷,借款人将被迫削减支出,从而导致总需求下降。[2]

扩张性货币政策可以通过两种方式改善银行的资产负债表。首先,较低的短期利率往往会增加银行净利差,提升银行利润,从而随着时间的推移改善银行资产负债表。其次,扩张性货币政策可以提高资产价格并使银行资本规模立竿见影地增长。在银行资本渠道中,扩张性的货币政策通过促使依赖银行的借款人扩大支出来增加银行资本、贷款和总需求。

银行贷款和银行资本渠道通常不被纳入政策分析的大规模宏观经济计量模型或 DSGE 模型分析中。尽管如此,在货币政策实施过程中,对银行贷款和银行资本渠道的认识近年来显得越来越重要。在 20 世纪 90 年代早期,情况确实如此,当时格林斯潘(Greenspan)曾谈到了银行资产负债表恶化可能带来的经济"逆风"效应(Mauskopf,1990;Reifschneider et al.,1997)。虽然有关政策过程的研究仍然是未来的主题,但在最近的金融危机中,政策制定者和大众都强调了这些渠道的重要性(Mishkin,2008;Wessel,2009)。而且,在政策分析方面,现在研究的重点明确地放在将这些渠道纳入主流模型中(Angeloni and Faia,2010;Gerali et al.,2009;Gertler and Kiyotaki,2010;Meh and Moran,2008)。

2.5.3 资产负债表渠道

与银行贷款渠道一样,资产负债表渠道也来源于信贷市场中的信息不对称问题。当经济主体的净资产减少时,信贷市场的逆向选择和道德风险问题就会增多。低净值意味着经

---

[1] 对银行贷款渠道的研究,请参阅 Bernanke 和 Gertler(1995)以及 Peek 和 Rosengren(1995b)的相关文献。

[2] 参见 Van den Heuvel(2002)与 Peek 和 Rosengren(2010)的论述。

济主体的抵押品减少,这增加了逆向选择并助长了冒险动机,从而加剧了道德风险问题。结果是贷款人将更不愿意放贷(要么要求更高的风险溢价,要么会限制放贷的规模),由此导致支出和总需求下降。在这种情况下,一个特别方便且被广泛采用的模型是 Bernanke 和 Gertler(1989)、Bernanke 等(1999)的金融加速器框架,其中,资产净值下降加剧了债务融资中的信息不对称问题,进而提高了外部融资溢价。

　　货币政策会以多种方式影响企业的资产负债表。正如我们所看到的,紧缩性货币政策导致资产价格下跌,尤其是股票价格下跌,从而降低企业的净值。在这种情况下,逆向选择和道德风险问题加剧,导致贷款、支出和总需求下降。货币政策影响企业资产负债表的另一种方式是通过现金流量,即现金收入和现金支出的净差额。紧缩性货币政策提高利率,导致企业付息增加,现金流量下降。现金流量越少,公司内部资金就越少,也就越必须对外筹集资金。外部资金受到信息不对称的影响,就会存在外部融资溢价,因此对外部资金的更大的依赖会提高资金成本,导致公司减少贷款、投资和经济活动。现金流渠道的一个有趣的特征是名义利率影响企业的现金流,这与新古典主义渠道所强调的实际利率的作用形成了鲜明对比。此外,短期利率在这种传导机制中起着特殊的作用,因为短期(而非长期)债务的利息支付通常对公司现金流的影响最大。最近,在研究存在信用摩擦的最优货币政策时,人们考虑了资产负债表渠道的不同变体,例如 Curdia 和 Woodford(2009)以及 Carlstrom 等(2009)的研究。

　　这些类型的资产负债表渠道也会影响家庭。例如,房价上涨会为家庭带来更多的潜在抵押品,从而提高这些家庭可获得的信贷额度和信贷期限。换句话说,更高的房价可以降低外部融资溢价或放松家庭可贷规模的限制。原则上,影响家庭净资产的其他资产价值同样会影响外部资金成本或家庭可得信贷规模。许多实证研究表明,住房价值的变化对家庭获得信贷和支出都有重要影响(Benito et al. ,2006;Hatzius,2005)。一些建模工作和相关实证工作也支持了与住房和家庭支出有关的金融加速器机制(Iacoviello,2005;Iacoviello and Neri,2010)。房价上涨对放宽信贷约束和刺激消费支出的重要性显然取决于收回住宅资产的成本和抵押贷款市场的效率,这一市场能够让房东克服信贷约束。在抵押市场发达的国家,消费者支出对房价上涨更为敏感。[①] 事实上,Calza 等(2007)发现,在抵押贷款融资更为成熟的经济体中,消费增长与房价变化的相关性更高;Iacoviello 和 Minetti(2008)提供的论据表明,

---

① 不同发达工业国家的抵押贷款市场存在巨大差异(Calza et al. ,2007)。美国的抵押贷款市场被认为是最发达的市场之一,而在其他一些国家,抵押贷款受到相对薄弱的破产法和难以获取抵押品的阻碍。比如在意大利,收回抵押品的程序冗长且昂贵,抵押贷款平均贷款额度与抵押品价值的比率相对较低(意大利仅为50%,而美国达到了70%),抵押贷款债务与 GDP 的比率也同样较低(意大利为15%,而美国达到70%)。

在抵押贷款系统欠发达的国家,影响家庭的资产负债表渠道更强。[①]

3. 为什么货币传导机制发生变化

对不同的货币传导渠道的研究指出了货币传导机制可能随着时间而改变的两个主要原因:一是经济的结构性变化,尤其是信贷市场的变化;二是货币政策变化与预期形成方式之间的相互作用。[②]

3.1 信贷市场的制度变迁

信贷市场制度结构的变化有可能改变货币传导机制,特别是通过影响作为非新古典主义渠道来源的市场不完善性。

信贷市场的一个重大变化是,在 20 世纪 80 年代,许多限制性的规定被取消,这些规定限制了储蓄机构发放长期固定利率抵押贷款,并且限制金融机构支付存款利率的上限。这种金融自由化的结果是,利率上升导致储蓄机构抵押贷款供给减少的"脱媒"过程已不再有效。由于利率提高限制了抵押贷款发行机构获得资金的能力,抵押贷款市场信贷供应大幅波动由此不再是经济的一个特征。这个货币政策传导渠道在 1980 年以前很重要,而目前该渠道的缺失则削弱了货币政策对住宅建设的影响。

另外,抵押贷款市场证券化的发展也削弱了其信贷供应效应,并进一步强化了市场利率和住房抵押贷款利率之间的联系。如表 8.2 所示,银行在 1966—1970 年发放的住房抵押贷款最多;但是在接下来的 20 年中,政府支持企业(GSEs)(和资产证券化)变得越来越重要,1986—1990 年,其为住房抵押贷款提供资金的份额几乎等同于银行借款;在 2004—2008 年,GSEs 开始主导此类信贷供应,其他来源所占份额则与银行接近。

[①] 另一种研究资产负债表渠道影响消费者支出的方法是研究流动性对耐用消费品和住房开支的影响,这被认为是大萧条时期影响总需求的一个重要因素(Mishkin,1978)。在流动性效应的视角下,资产负债表通过影响消费者的消费欲望而不是贷款人的放贷意愿来起作用。由于资产质量的信息不对称,耐用消费品和住房是非常缺乏流动性的资产(Mishkin,1976)。由于收入缩减的冲击,消费者如果需要通过出售其耐用消费品或住房来筹集资金的话,那么他们预计会遭受巨大损失,因为他们无法在困境中获得这些资产的全部价值。这是 Akerlof(1970)所描述的"柠檬"问题。相反,如果消费者预期其陷入财务危机的可能性在提高,那么他们会持有更少的非流动的耐用消费品或住房资产,并持有更多流动性的金融资产。当消费者拥有(相对其债务来说)大量的金融资产时,他们预期陷入财务困境的可能性较低,于是就更愿意购买耐用消费品或住房。扩张性货币政策提高了金融资产的价值,消费者的耐用消费品支出和住房购买量也会随之上升,这是因为消费者拥有更安全的财务状况,且预期陷入财务困境的可能性更低。流动性效应因此形成了家庭资产负债表的另一个货币传导渠道。

[②] 影响货币传导的一个潜在重要因素来自全球化进程的加快以及随之而来的美国和其他经济体开放程度的提高。随着货物贸易日益成为经济的重要组成部分,汇率波动有可能对总支出产生更大的影响。因此,随着时间的推移,货币传导的汇率渠道变得更为重要。对于小型经济体来说,这种变化更为重要。但是,尽管贸易的重要性日益增长,但这对美国来说并不重要,因为在货币政策调整之后国际贸易对总需求的净效应接近于零,由汇率引发的出口变动往往被随之而来的与国内需求变动有关的进口变化抵消。出于这个原因,我们在随后的实证研究中不再过多地关注这个渠道。

表 8.2　美国住房抵押贷款各资金来源所占份额

时间区间	GSEs	银 行	其 他
1966—1970 年	0.04	0.71	0.25
1986—1990 年	0.39	0.45	0.16
2004—2008 年	0.43	0.31	0.26

资料来源：联邦储备委员会资金流量账户。银行包括银行、储蓄和贷款以及信用社数据；GSEs 包括 GSEs、代理机构以及 GSE 支持的抵押贷款池数据。数据来自美联储编制的资金流量账户。

在 20 世纪 80 年代以前，因货币政策收紧，住宅建设迅速减少，但抵押贷款利率只是缓慢地做出反应。相比之下，20 世纪 80 年代以后，抵押贷款利率对货币政策变化的反应更为迅速和持久。结果是货币政策现在主要通过定价渠道来影响住房市场，而不是像 1980 年以前那样主要通过信贷供应限制来实现（Mauskopf，1990；McCarthy and Peach，2002）。这意味着住宅建设的反应要比之前更为迟缓且在初期也更小。然而，这些变化只是在短期反应时间内的显著转变。

信贷市场的第二个重大变化是，信息技术进步提高了信贷市场的效率，允许更多机构参与信贷扩张。尤其值得一提的是资产证券化的发展，它将原本缺乏流动性的金融资产（如住房抵押贷款、汽车贷款、小企业贷款和信用卡应收账款）转化为有价证券，而这些资产曾经是银行的"面包和黄油"。资产证券化导致了所谓的影子银行体系的大规模扩张，银行贷款逐步被证券市场贷款取而代之。影子银行体系的发展带来了两个巨大的影响。首先，它使借款人能够绕过银行获得信贷。其结果是银行信贷的份额不断缩小。其次，至少在最近的金融危机之前，影子银行体系使更大比例的人口能够更广泛地获得信贷，这被称为"信贷民主化"。

第一个影响表明银行体系在信贷市场中的作用正在减弱，银行贷款和银行资本渠道不如以前那么重要。但这些渠道的相对强度（至少在特定时期）一直是争议的主题（如前所述），因此几乎没有证据表明该渠道的重要性随时间而变化，例如，Miron 等（1994）研究了美国的长跨度历史，发现几乎没有证据能证明金融市场性质的变化影响了银行贷款渠道的重要性，部分原因是他们找到的证据非常有限。但是，受金融危机影响，影子银行体系最近大幅萎缩，银行贷款和银行资本渠道变得比前几年更重要当然也是有可能的。

第二个影响是"信贷民主化"使信贷获取更为便捷。例如，在美国，首付要求与再融资成本一直下降，信用评分的使用扩大了获得住房和其他贷款的渠道（Edelberg，2006）。这些发展或许增强了家庭资产负债表渠道的作用，强化了消费者支出对房价变化的反应（Aoki et al.，2002）。但是，信贷渠道增长的其他影响可能抵消了资产负债表渠道的扩大。例如，更好的家庭信贷途径可以降低消费者支出对暂时性收入冲击的敏感度。Dynan 等（2006）指出，自 20 世纪 80 年代中期以来，美国消费对短期收入冲击的敏感性有所下降。支持这种观点的微观经济学证据还表明，家庭会使用抵押再融资来缓冲受到收入冲击影响的支出（Hurst and Stafford，2004），并且由于抵押贷款市场的结构性变化，例如信用评分的发展，抵押贷款再融资的倾向有所提升（Bennett et al.，2001）。暂时性收入冲击敏感度的降低会通过改变收入的消费影响,间接降低支出对货币政策变化的反应。

3.2 预期形成方式的改变

虽然迄今为止我们的研究只是提及预期,但在货币政策实践中最重要且会传导到经济活动和通胀的变化之一是预期管理已经成为全球各国货币主管部门的一种重要工具。货币主管部门行为的变化会对传导机制产生重要影响。这些影响有两种形式,且两者在定量上都很重要。首先,支出直接取决于政策利率的预期途径,因为该途径影响资产价格。例如,如果预计政策利率上升会更加持久,那么根据期限结构的预期假设,这一上升对长期利率的影响会比预期政策利率上升是暂时性的时要大。其次,政策规则的性质通过影响预期支出和通货膨胀可以带来重要的反馈效应。例如,对潜在产出的偏差和预期通胀的偏差做出强烈反应的政策将导致收入和通货膨胀预期更加稳定,从而使实际支出和通货膨胀更加稳定。事实上,一些研究强调了这种政策变化对货币政策总体影响的潜在重要性(Boivin and Giannoni,2006)。我们将在第5节详细探讨这种变化的潜在证据。

虽然预期渠道的潜在重要性很明显,尤其在简单的新凯恩斯主义模型(Woodford,2003)和其DSGE派生模型中,但其潜在的大规模效应并不局限于这类模型。例如,Taylor(1993)使用的方法强调了预期渠道,尽管该研究与特定的微观经济优化问题联系并不紧密,但也允许潜在的强大影响。在最常见的FRB/US模型(基于形成预期的小型VAR系统)中,采用简化形式的预期方法也能产生巨大的影响力;的确,Reifschneider等(1999)报告说,在联邦基金利率变化的第一年,货币政策对经济活动的影响超过一半是通过预期渠道,而不是通过直接的利率、财富或汇率渠道。

4. 货币政策对经济的影响发生了变化吗？综合证据

正如上一节所讨论的,有许多潜在的走势意味着货币政策传导到经济的方式发生了改变。但在调查原因之前,首先要分析的问题是货币政策对经济的影响——尤其是对实际活动、价格及其关键组成部分的影响——是否随着时间发生显著变化,以及如何变化。在本节中,我们将回顾这个问题现有的研究并提供一些新的证据来进行探讨。

4.1 对货币传导机制建模

衡量货币政策对利息变量影响的一种简单而粗略的方法是将该变量对货币政策工具变量以及其他的控制变量进行回归。政策工具变量的估计系数被解释为该变量对货币政策的敏感性,而这种敏感性的变化则表明货币政策的传导机制发生了变化。但是,在这种回归的背景下,政策变化的外生来源并没有被明确分离出来,因果关系并不是很确定,因此这不是唯一的解释。例如,估计系数也许会捕捉到货币政策对这些变量的响应,而不是如预期的相反。事实上,我们在第1节介绍早期相关性的变化时就强调了,对这种简化形式的相关性进行推断时有可能会存在缺陷。①

为了超越这种简化形式的证据并建立因果关系,相关文献中使用的主要方法包括使用被认为是货币政策工具的外生变量,以及追踪其对经济行为关键变量的影响。这通常是在一个方程组的背景下实现的,其中施加了足够的限制来确定货币政策变化的外生来源。但除此之外,它不受对经济结构的先验假设的影响。这种方法的优点在于它们与大量线性结构模型相一致,能够对货币政策的影响作出稳健的估计。不过这也意味着,尽管这些模型有助于反映货币政策对经济的影响,但它们在确定变化原因方面的应用则较为有限。我们将在下一节讨论这个问题。

相关文献中所考虑的这一类实证模型,以及我们稍后要讨论的模型,都可以看作一般的FAVAR模型的特例。② 因此,我们首先介绍这种一般化的实证模型。在一般形式中,FAVAR可以由以下空间状态方程表示:

$$X_t = \Lambda F + e_t \tag{8.1}$$

$$F_t = A(L)\ F_{t-1} + u_t \tag{8.2}$$

其中,X_t 表示观察到的利率这一宏观经济指标的潜在长期向量,F_t 是控制可观察的宏观经济变量组合后潜在未观察变量的向量,e_t 是变量观测误差,u_t 是作为结构性宏观经济冲击的线性组合的新息,其中之一就是货币政策冲击。式(8.1)说明可观察的宏观经济指标是潜在宏观经济力量的不完善度量。式(8.2)说明宏观经济指标之间的联动变化受到一系列共同因素的制约,这些共同因素遵循VAR。

这种实证设定很有吸引力,因为它与一大类线性理性预期结构模型一致,并且可以适应关于经济主体、货币主管部门或经济学家可用信息集的各种假设。③ 迄今为止,在我们所综述的文献中,最常用的方法是假定一系列相关的基本宏观经济概念(如实际活动、通货膨胀和利率)能够被经济学家完美地观察到。在这种情况下,式(8.1)可归结为一组可观察到的恒等式,式(8.1)—式(8.2)可坍缩为式(8.2),就可观测的宏观经济指标而言,它是一个标准VAR。因此,所有用于研究货币政策效果的VAR都可以视为式(8.1)—式(8.2)的一个特例。它们的不同之处在于选择纳入的宏观经济指标不同。

① 这种简化形式方法的一个变体研究了按支出分类的货币传导机制的演变。这些研究通常涉及短期利息支出类别对短期政策利率或其他利率的回归,并使用辅助简化形式的公式将这些利率与其他短期政策利率联系起来,而且通常发现住宅投资的利率敏感度在降低(Dynan et al.,2006;Friedman,1989;Mauskopf,1990)。这些研究将这种转变一致归因于金融管制放松和金融创新。其他支出类别的结果并不明确。对于消费,Friedman(1989)报告了较低的利息敏感度,而 Akhtar 和 Harris(1987)与 Mauskopf(1990)的报告则称无变化。对于非住宅投资,Mauskopf(1990)的报告认为利率敏感度较低,Akhtar 和 Harris(1987)的报告则认为没有变化,而 Friedman(1989)的报告认为敏感度有所提升。总体而言,鉴于这些研究的简化形式,我们不愿意过分强调这些研究。尽管如此,我们认为这些研究和其他研究报告虽然有些模棱两可,但有适度的证据表明利率敏感度总体在下降,这很有可能反映了对抵押贷款融资的监管和其他变化,这些变化使20世纪80年代之前利率上升后与"脱媒"有关的信贷限制得到消除。

② 见 Bernanke 等(2005)的研究。

③ 见 Boivin 和 Giannoni(2008)的阐述。

在这个实证框架内揭示货币传导机制还需要施加限制，以确定与货币政策外生变化相对应的结构性冲击。在 VARs 的特殊情况下，这些限制在实践中往往相当于限制变量同时反应。给定一种识别方案，货币政策对标准 VAR 中变量的影响就包含了通过评估模型计算那些已识别到的货币政策冲击的动态影响。这可以对 VAR 中包含的任何变量进行计算。

标准 VAR 方法假定宏观经济的动态可以通过少数可观察的宏观经济指标有效刻画。这是不切实际的，原因之一在于真正值得关注的概念（比如实际活动和通货膨胀）无法用任何可观察的宏观经济指标完美地衡量。在这种情况下，错误地断言特定措施对应于特定理论概念会导致对货币政策效果的估计产生偏差。正确的估计需要承认这种观测误差的存在。一旦认识到这一点，一套潜在的宏观经济指标体系就会包含有关经济真实状况的有用信息。这就是 Bernanke 等（2005）提出更通用的、以式（8.1）和式（8.2）为特征的 FAVAR 框架的原因。

在保留 VAR 风格的同时，FAVAR 通用框架允许放宽假设，即值得关注的理论概念被计量经济学家熟知且能够得到完美的观察。相反，它将可观测变量视为实际但不可观测的经济状况的"有噪声"的指标。在标准 VAR 框架中使用的（通常是递归的）识别方案同样可适用于 FAVAR。此外，通过扩大规模，我们可以利用大量潜在的有用信息，并且可以指出货币政策对这些指标的动态影响。

4.2　现有证据

货币政策传导的变化意味着系统式（8.1）—式（8.2）的一些参数随着时间推移发生了变化，从简化形式的角度来看，这可以通过政策工具和利率变量的相关性表现出来。为了评估该传导机制变化的存在性和重要性，现有研究使用了以下三种策略之一：第一，估计不同子样本的实证模型；第二，估计一个实证模型，把参数（一些子集）作为随时间变化的潜在过程（通常假设根据随机游走演化）；第三，估计一个实证模型的区制转换版本，其中参数（某些子集）可以在区制依存型的不同值之间随机切换。

Boivin 和 Giannoni（2002，2006）估计了对应于沃尔克时期前后（1979 年 4 月前后）两个样本的 VAR，并使用递归识别方法确定货币政策冲击。他们发现，货币政策的外生变化对后沃尔克时期的影响较小。例如，根据他们的报告，1979 年 4 月后产出的总体反应程度约为此前的 1/4。Primiceri（2005）、Galí 和 Gambetti（2009）以及 Canova 和 Gambetti（2009）使用带有随机游走系数的时变 VAR，允许货币政策传导变化更为多样。Galí 和 Gambetti（2009）也发现，需求冲击对实际活动和通货膨胀的影响会随着时间的推移而下降，尽管他们没有将政策冲击本身的影响分开。此外，Primiceri（2005）基于递归识别 VAR，认为近 50 年来货币政策传导几乎没有变化。Ganova 和 Gambetti（2009）使用类似的策略也得出了类似的结论，只不过研究中的货币政策冲击是通过符号限制来识别的。但是他们也发现，在过去的十年中，实际经济活动对货币政策冲击的即时反应更加灵敏了。

仔细研究所采用的策略与所得结果之间的关系可以发现一些有助于厘清这些看似相互

矛盾的证据的线索。例如,Canova 和 Gambetti(2009)研究表明,实际经济活动对 1990 年后的货币政策冲击变得更加敏感,这与 Boivin 和 Giannoni(2002,2006)的结论形成鲜明对比,他们发现 1980 年后的情况正好相反。部分原因是货币政策传导的演变比只纳入一个中断日期的样本拆分估计策略所能得到的结果要复杂得多,后者正是 Boivin 和 Giannoni(2002,2006)所假设的。

显然,货币政策冲击的识别方式也起到了一定的作用。例如,Canova 和 Gambetti(2009)发现货币政策效应的主要变化发生在受冲击时,但这种影响效应在 Boivin 和 Giannoni(2002,2006)的识别方案下被限制为零。然而,值得注意的是,Canova 和 Gambetti(2009)以仅获得部分识别为代价,得出了对实际活动影响的效应。也就是说,由于他们使用的符号限制只能产生集合标识,他们所报告的脉冲响应函数不是针对纯粹政策冲击,而是针对包括政策冲击在内的结构性冲击的某些组合。最后,这些研究使用基于少数宏观经济变量的实证模型。原则上,省略的信息可以解释为什么这些结论对于时间变化的建模方式或政策冲击的识别方式不够稳健。

但是,我们将重点介绍一些研究,这些研究有助于阐明这些问题并与我们的发现有关——包括 Galí 等(2003)、Galí 和 Gambetti(2009)的研究。后者的研究采用结构 VAR 方法,发现需求冲击对 1980 年后的经济活动的影响较小,这与 Boivin 和 Giannoni(2002,2006)对政策冲击的研究结果相似。这两项研究还发现,生产力创新对产出(以及工时)的影响更大,创新越大意味着工时减少越小。我们将在我们的 DSGE 结构方法中得出非常类似的结果,并且我们的研究结果是完全由货币政策的变化以及这种变化对经济活动(如通货膨胀)冲击传导的影响所驱动的。

4.3 新证据

鉴于现有文献对货币政策向经济活动传导机制的变化的重要性仍是模棱两可的,因此我们有必要在 FAVAR 框架背景下用实证的方式重新审视这一问题。

4.3.1 基于 FAVAR 的新证据

如前所述,基于 VAR 论据的一个潜在担忧是,由于分析中遗漏了一些重要的变量,其稳健性可能受到破坏。只是简单地将更多的变量添加到 VAR 中的解决方案不切实际,尤其是当我们正在寻找最近的历史中的变化时,需要用到短时间序列。解决这些问题的一种方法是在更广泛的 FAVAR 框架内确定货币政策的影响,其中利用了来自几百个宏观经济指标的信息。据我们所知,目前尚未有人通过这样的视角对货币传导机制的演变进行系统研究。

我们的 FAVAR 模型基于一个数据集,该数据集由 181 个宏观经济指标和 182 个变量组成,包括季度变量(58 个)、月度变量(58 个)、频率变量(123 个)——其中一个子集是之前 VAR 分析中使用的季度变量(124 个)。它们主要包括实际活动、价格和利率,还包括汇率、股票价格和信贷总量。分析按月进行。在我们使用的基准规范中,有 5 个因子和 3 个滞后。货币政策的识别是先前 VAR 分析中使用的递归识别的 FAVAR 等价物;也就是说,货币政策被假定为同时响应实际 GDP、PCE(个人消费支出)平减指数和失业率,但是这些变量在这段时间内都不能对货币政策做出响应。[①] 所有其他变量的同期响应不受限制。我们用两个子样本时期估计模型:1962 年 1 月—1979 年 9 月和 1984 年 1 月—2008 年 12 月。

图 8.2 显示了实际 GDP、PCE 平减指数和联邦基金利率对货币政策冲击的脉冲响应,同时还有 1984 年后脉冲响应函数估计的置信区间。结果表明,1979 年第三季度前实际 GDP 的响应幅度大于 1984 年第一季度,但后者的响应更为迟缓和持久。就 PCE 平减指数的响应而言,与前一时期相比,1984 年第一季度后已经大大减少。

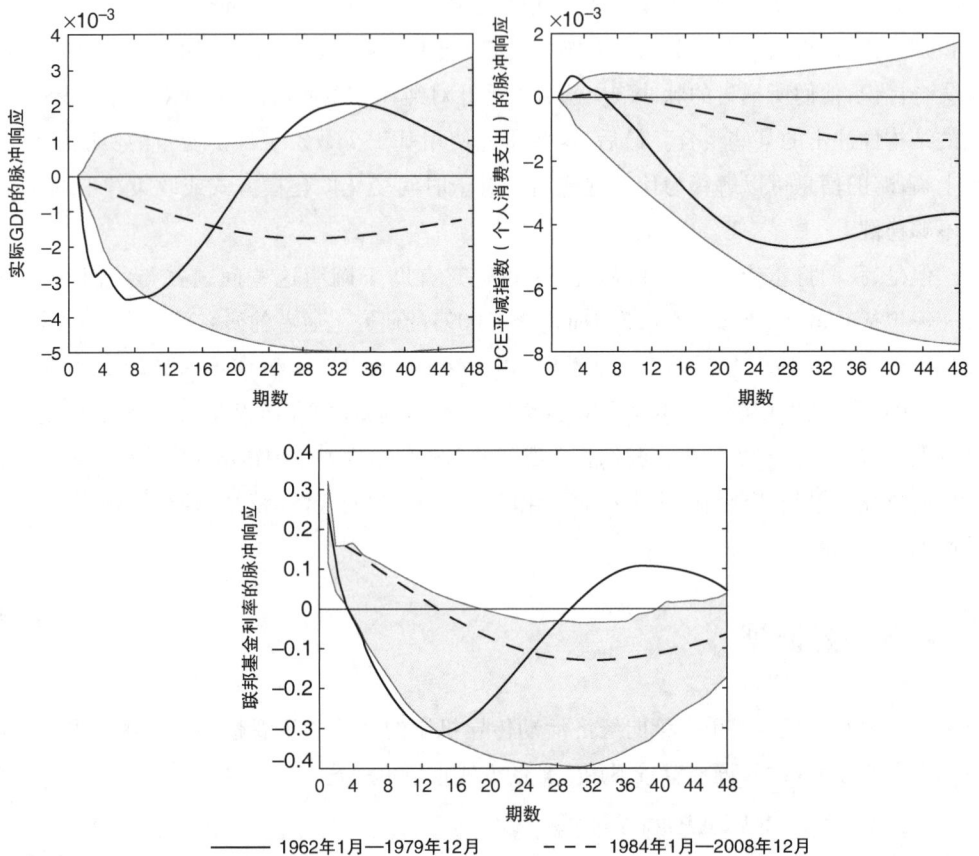

—— 1962年1月—1979年12月   - - - 1984年1月—2008年12月

图 8.2 货币政策综合效应的 FAVAR 证据

注:根据正文中描述的 FAVAR 模型估计联邦基金利率意外加息 25 个基点的脉冲响应函数。阴影区域代表 1984 年后估计的 95% 的置信区间。

4.3.2 与 VAR 方法的比较

鉴于现有文献已经在 VARs 的背景下研究了这些类型的问题,在这个阶段将利用价格和实际活动测量的 FAVAR 结果与从 VAR 获得的结果进行比较是十分有趣的。基于初步分析,我们发现,在不同时期,VAR 结果对设定十分敏感,且价格之谜在不同时期普遍存在——所

---

① 见 Stock 和 Watson(2005)关于在 FAVAR 环境下替代识别策略及其实施的完整讨论。

谓的价格之谜是指货币政策收紧后价格反而上涨。将商品价格指数纳入 VAR 内并没有解决这一价格之谜,但是将预期通货膨胀纳入 VAR 中就消除了 1984 年 1 月以后的价格之谜。向 VAR 添加更多信息(通过纳入预期通货膨胀指标)有助于消除后面样本中的价格之谜,且 FAVAR 没有显示出这个价格之谜,这使我们相信价格之谜确实是简单的 VAR 设定导致的反常现象,而不是经济的真正特征。

我们的基准 VAR 设定是基于之前 FAVAR 分析中使用的宏观经济指标的一个子集,包含实际 GDP、个人消费支出平减指数、商品价格指数、预期通货膨胀率、联邦基金利率等季度数据。[①] 我们使用最新的联邦基金利率递归地识别货币政策冲击,其中 VAR 等价于 FAVAR 中使用的识别策略。实际 GDP、PCE 平减指数和联邦基金利率对货币政策冲击的脉冲响应如图 8.3 所示。

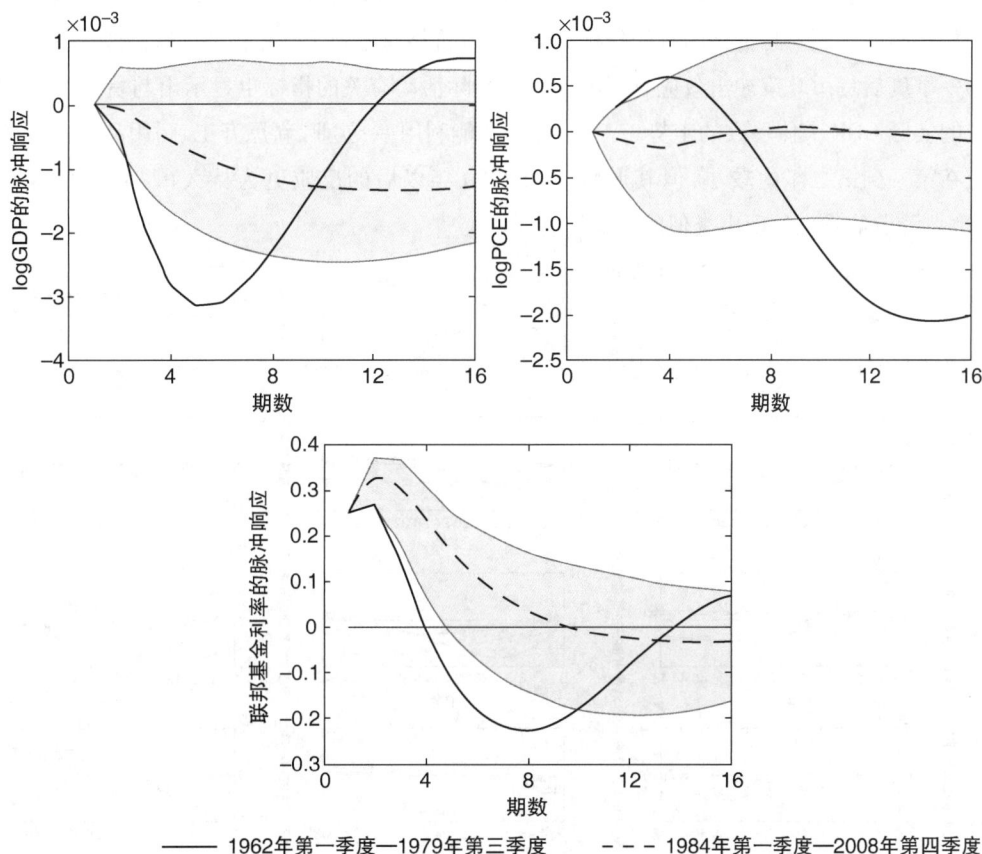

—— 1962年第一季度—1979年第三季度　　　－ － － 1984年第一季度—2008年第四季度

图 8.3　基于 VAR 的货币政策综合效应的证据

注:根据基准 VAR 估算的联邦基金利率意外加息 25 个基点的脉冲响应函数。阴影区域代表 1984 年后估计的 95% 的置信区间。

VAR 对总体实际活动测量的结果与基于 FAVAR 的结果非常相似。这点特别值得注意,

---

① 我们使用从利率期限结构中提取的提前三年的预期通胀指标(有关该指标的详细信息请参见第 5 节)。除了联邦基金利率和预期通胀取水平值,VAR 中的变量都取对数。

因为 FAVAR 是按月频估计的,且使用了一组完全不同的信息。然而,总价格的响应却明显不同。虽然 VAR 也表明 1979 年第三季度前的总价格的响应幅度比 1984 年第一季度后的时期大,但与 FAVAR 的结果不同,早期响应显示了一个重要的价格之谜。这个结果与以下事实是一致的,即 VAR 忽略了一些重要信息,而 FAVAR 则成功地将这些信息从大量指标中提取出来。

4.3.3 货币政策的多维效应

FAVAR 框架还使我们能够记录货币对各种宏观经济指标变化的影响。这提供了一种有趣的方法,以此来检查我们得出的结论是否也适用于实际活动和价格的分类组成部分或替代指标。

图 8.4 显示了这些结果。这些结果突出了一个事实,即迄今为止发现的一般模式与一系列相关指标相同。总价格的替代指标,如消费者价格指数(CPI)和核心 CPI,显示出 1984 年第一季度后货币政策冲击效应有所减弱。与实际活动有关的指标也显示出与货币政策相对应的实际 GDP 大体一致的走势。工业生产、产能利用率、就业、新屋开工、耐用品订单等的反应在第一到第二年内较小,但其形状表明 1980 年以后的反应更为持久(尽管置信区间很大)。消费信贷也呈现出类似的模式。

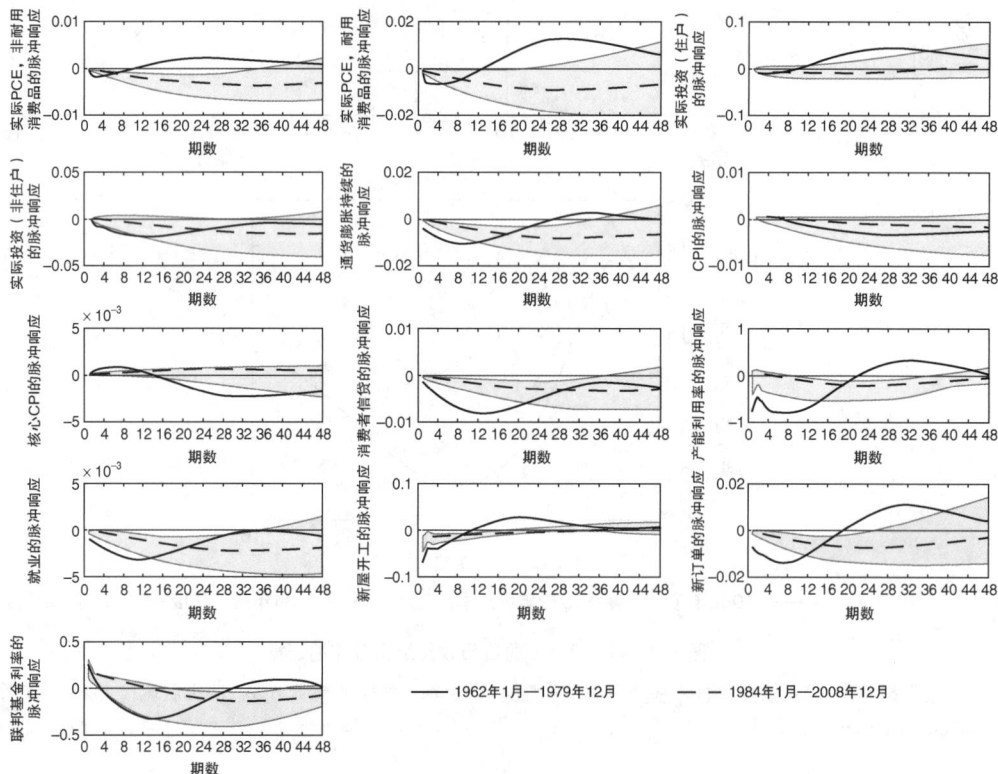

图 8.4　货币政策的多维效应

注:根据正文中描述的 FAVAR 模型估计联邦基金利率意外加息 25 个基点的脉冲响应函数。阴影区域代表 1984 年后估计的 95% 的置信区间。

总的来说，我们对新证据的解读如下。有一些证据表明，在规模与时机方面，价格和支出类别对货币政策的反应都发生了变化。与早期相比，货币政策对总体实际活动的影响在 1984 年以后比之前的时期更小但更持久（尽管后一时期由于置信区间更大而很难评估）。

5. 导致货币传导机制变化的原因是什么？

此前的研究结果表明，货币政策对实际活动或其某些组成部分以及通货膨胀的影响正在发生变化。但如果要了解这些变化的政策含义，我们还需要进一步了解这些变化背后的原因以及涉及哪些特定的渠道。

为了分离货币政策演变的根源以及可能涉及的渠道，我们考虑采用两种宽泛的方法。首先，某些特定变量对货币政策变化的反应会提供某些特定渠道性质变化的信息。特别是，随着时间的推移，通胀预期对同一政策冲击的不同反应会提供有关预期渠道不同强度的信息。或者，外部融资溢价对政策冲击反应的变化，以及这种变化与影子银行发展的关系，都暗示着借贷渠道影响大小的变化。其次，考虑有关货币传导机制演变的经验教训，这可以从结构模型中获得。

5.1　基于 FAVAR 的证据

5.1.1　预期渠道

正如第 2 节所讨论的，货币政策对经济活动产生影响的一个渠道是它对私营部门的预期产生影响。

研究预期渠道可能变化的一种方法是记录不同时期预期通货膨胀对货币政策冲击的反应。我们一共考虑了四个预期通货膨胀的替代指标。第一个根据名义利率的期限结构建立。正如 Canova 和 Gambetti（2010）所述，他们是根据给定范围内已实现的 PCE 通胀对常数和相应的远期名义利率的回归得出的预测值。我们对第 1、3、5 和 10 期的数据这么做。这些措施背后的逻辑很简单——远期利率的变化主要反映通货膨胀的变化，因为实际利率会收敛到远期的某个"正常"值（Gürkaynak et al.，2005）。第二个是基于调查的指标，包括密歇根通胀预期调查（对未来 12 个月的预期），这个指标自 1978 年以来每月发布一次。另外两个是专业预测者调查报告中的 CPI 通胀和 GDP 隐性平减指数（也是对未来12 个月的预期），两者分别自 1981 年和 1970 年起每季度发布一次。

图 8.5 报告了基于 FAVAR 预期通胀的替代指标对货币政策冲击反应的估计。结果表明，基于期限结构或密歇根调查的指标，货币政策冲击对预期通货膨胀的影响显著减少。由于可得性问题，专业预测者调查报告中的预期通胀反应的估计在早些时候无法获

得。但是,与其他指标相一致的是,它们对 1979 年第四季度之后货币政策的冲击反应甚微。总之,我们得出的结论是,在沃尔克反通货膨胀之后的一段时期内,通胀预期得到了更好的锚定。

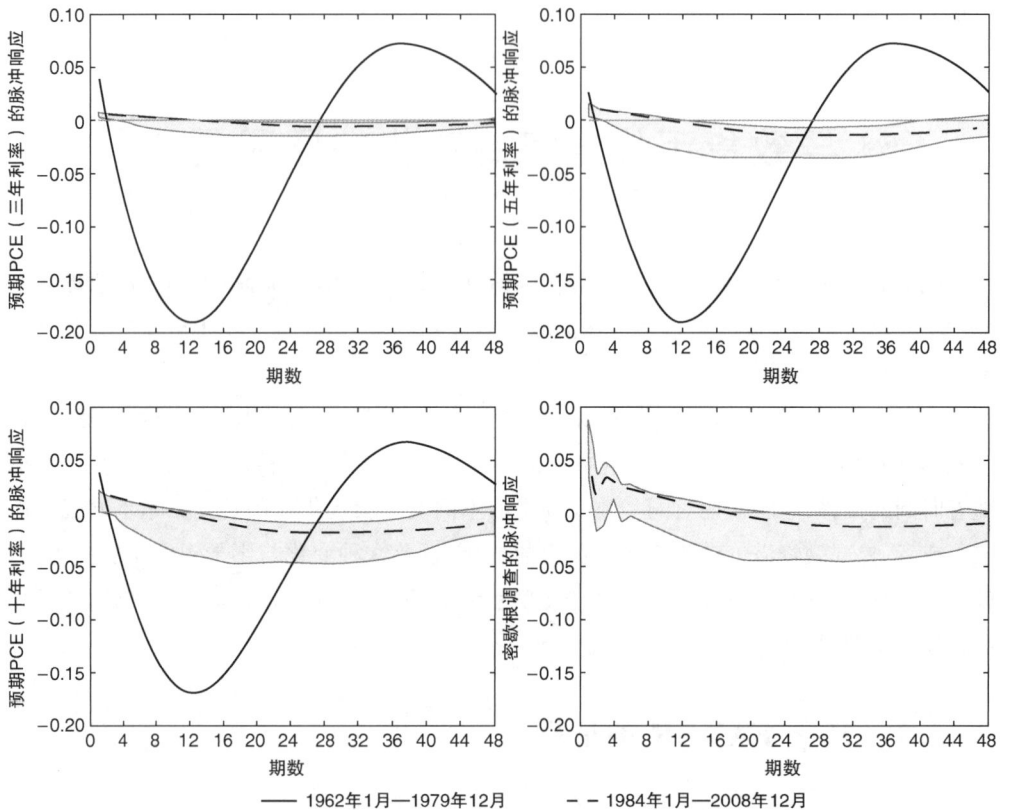

图 8.5　货币政策对预期通货膨胀影响的基于 FAVAR 的证据

注:根据正文中描述的 FAVAR 模型估算联邦基金利率意外加息 25 个基点的脉冲响应函数。请注意,专业预测者调查报告中的预期通胀并非月度数据(它是季度数据)。阴影区域代表 1984 年后估计的 95% 的置信区间。

5.1.2　资产负债表渠道

货币政策的资产负债表渠道表明,货币政策可以通过影响企业和消费者的资产负债表进而影响其获得信贷的机会,以此影响经济活动。上述 FAVAR 结果已经注意到政策调整后信贷响应幅度的减弱,尽管这一发现并没有区分信贷供应和信贷需求的响应。

为了实证研究资产负债表渠道的强度如何随着时间演变,我们考察了外部融资溢价的替代指标对不同时期货币政策冲击的反应。我们考虑期限为一年、三年、五年和十年的 AAA 或 BAA 公司债券与相应的美国国债之间的利差,同时也考虑 Gilchrist 等(2009)的外部融资溢价指标。① 所有这些指标都包括在用于估计 FAVAR 的数据集 X_t 中。

----

① Gilchrist 等(2009)构建了他们的衡量指标,这是根据大量非金融公司发行的高级无担保债券形成的价格组合。

结果在图 8.6 中呈现。我们得出的总体结论是，公司利差的响应幅度在最近时期的第一年稍微小一些，但在此期间更为持久。不幸的是，由于数据可得性的限制，我们无法对 1979 年 9 月以前的外部融资溢价的响应指标（Gilchrist et al., 2009）进行估计，但是它在 1984 年 1 月以后的响应与其他指标一致。

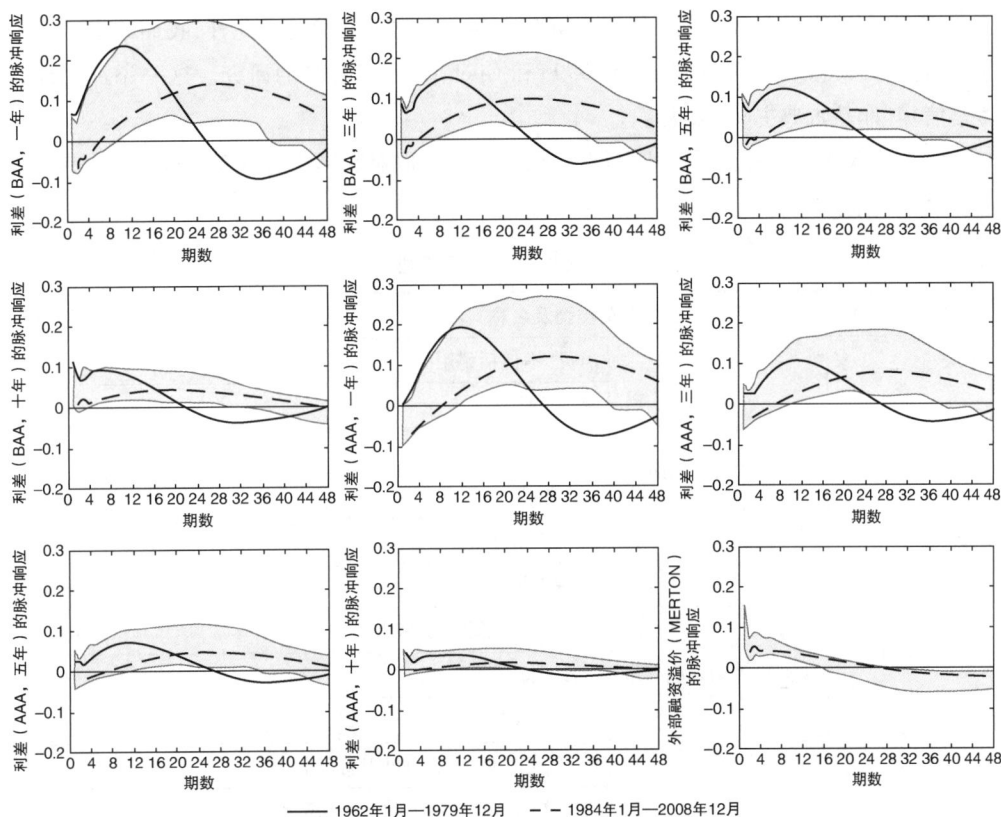

图 8.6　货币政策对外部融资溢价影响的基于 FAVAR 的证据

注：根据文中描述的 FAVAR 模型估算联邦基金利率意外加息 25 个基点的脉冲响应函数。请注意，专业预测者调查报告中的预期通胀并非月度数据（它是季度数据）。阴影区域代表 1984 年后估计的 95% 的置信区间。

5.2　来自完全指定的结构模型的证据

现在我们转而讨论传导过程如何在结构模型中演变。我们采用相对标准的新凯恩斯主义 DSGE 模型。该框架有三个关键特征使我们能够建立基于 FAVAR 的分析：第一，框架允许讨论结构特征，包括货币政策；第二，正如新凯恩斯主义文献所强调的那样，该框架强调了预期管理在影响货币传导方面的潜在作用；第三，如前所述，它是一个广泛应用于研究和政策环境的框架。

5.2.1 模型

我们模型设定的起点是 Smets 和 Wouters(2007)的模型。我们沿着两个维度对其进行扩展。首先,我们将投资支出分解为耐用消费品支出、住宅投资和商业投资,如美联储的 EDO-DSGE 模型(Edge et al.,2007,2008,2010),这种分解使得我们的分析能够与之前总结的大量文献联系起来,这些文献研究了货币政策对这些支出类别的影响。此外,我们添加了一个金融加速器,其灵感来自 Bernanke 等(1999)和 Gilchrist 等(2009)的研究。这一添加允许我们考察信贷(非新古典主义)渠道。

由于基本框架严格遵循这些早期文献,因此我们以对数形式简要介绍该模型。表 8.3 列出了模型变量。

表 8.3 DSGE 模型

变量类型及名称			符 号
DSGE 模型的内生变量	支出构成和 GDP	消费(不包括耐用品)	$c(t)$
		耐用消费品	$d(t)$
		住宅投资	$h(t)$
		商业投资	$i(t)$
		GDP(产出)	$y(t)$
		居民需求	$g(t)$
	生产投入和家庭存量	商业、住宅和耐用品资本	$k_i(t)$
		工作时间	$l(t)$
		资本利用率	$z(t)$
	金融市场变量	托宾 q(商业、住宅和耐用品资本)	$q_i(t)$
		边际产品(商业、住宅和耐用品资本)	$\mathrm{mpk}_i(t)$
		商业、住宅和耐用品资本回报率	$\mathrm{rk}_i(t)$
		政策利率	$r(t)$
		长期利率	$r_l(t)$
		商业、住宅和耐用品资本的长期预期回报	$\mathrm{rk}_{l,i}(t)$
		商业、住宅和耐用品资本融资净值	$n_i(t)$
	通货膨胀和工资	通货膨胀	$\pi(t)$
		实际工资	$w(t)$
	生产潜力	生产率	$a(t)$
	金融市场	经济范围风险溢价	$b(t)$
		商业、住宅和耐用品的利差	$\mathrm{spread}(t)$
		期限溢价	$\mathrm{tp}(t)$

变量类型及名称		续　表
		符　号
	支出构成和GDP　居民需求量	$e_g(t)$
	生产潜力和加价　生产率	$e_a(t)$
	加价	$e_\pi(t)$
DSGE 模型的冲击	金融市场　货币政策	$e_r(t)$
	经济范围风险溢价	$e_b(t)$
	商业、住宅和耐用品的利差	$e_{\mathrm{spread}}(t)$
	期限溢价	$e_{\mathrm{tp}}(t)$
	投资冲击（商业、住宅和耐用消费品）	$e_i(t)$

该模型的 IS 模块由控制消费 $c(t)$ 和投资决策的最优条件组成，投资包括耐用品 $d(t)$ 、住宅投资 $h(t)$ 和非住宅投资 $i(t)$ 。

$$c(t) - \frac{\zeta}{1+\zeta}c(t-1) - \frac{\zeta}{1+\zeta}E_c(t+1) = \frac{1-\zeta}{1+\zeta}[r(t) - E\pi(t+1) + b(t)] \quad (8.3)$$

$$\varXi(t) = \frac{1}{1+B}\varXi(t-1) + \frac{B}{1+B}E\varXi(t+1) + \frac{1}{1+B}\frac{1}{\varPhi_\varXi}q_\varXi(t) + \varepsilon_\varXi(t), \varXi = d,h,i$$

$$(8.4)$$

$$E\mathrm{rk}_\varXi(t+1) = (1-\varepsilon_\varXi)E\mathrm{mpk}_\varXi(t+1) + \varepsilon_\varXi Eq_\varXi(t+1) - q_\varXi(t), \varXi = d,h,i \quad (8.5)$$

$$\mathrm{mpk}_\varXi(t) = -k_\varXi(t-1) + \frac{1}{1+\zeta}[c(t) - \zeta c(t-1)], \varXi = d,h \quad (8.6)$$

$$\mathrm{mpk}_i(t) = -k_i(t-1) - z(t) + I(t) + w(t) \quad (8.7)$$

这些都是标准公式。消费取决于未来和过去的消费（习惯的持续性使后者包含在内）、政策利率 $r(t)$ 减去预期通货膨胀 $\pi(t+1)$ 和风险溢价冲击 $b(t)$ ；每个类别的投资都取决于相关资本类型 $q(t)$ 以及对 q/投资关系 $\varepsilon_\varXi(t)$ 的独立同分布冲击（耐用品、住宅投资和非住宅投资）；q 是相关资本类型的风险溢价调整短期利率 $\mathrm{rk}(t)$ 和边际产出 $\mathrm{mpk}(t)$ 的函数。这些边际产出由三个因素决定：经济主体的商业资本生产函数，包括可变利用率 $z(t)$ 、家庭耐用消费品偏好、住宅资本偏好。特别令人感兴趣的是资本调整成本参数 $\varPhi$ ，因为这些参数决定了投资支出对 q 的短期弹性，所以它们（部分）决定了此类支出对货币政策的反应。

金融模块由确定内生风险溢价和经济主体净资产变化的公式组成。这些经济主体提供投资项目的融资服务。根据 Bernanke 等（1999）的金融加速器框架，这些溢价取决于经济主体的净资产 $n(t)$ 和融资的资本支出金额（即杠杆）。我们武断地假定每种类型项目是由不同类别的企业家提供资金，这意味着风险溢价只对特定的投资类型有影响。一个更自然的框架会有一套影响所有家庭支出的融资约束，如同 Iacoviello（2005）的模型所描述的那样。

$$E\mathrm{rk}_\varXi(t+1) - [r(t) - E\pi(t+1) + b(t)] = \nu_\varXi[q_\varXi(t) + k_\varXi(t) - n_\varXi(t)] + \mathrm{spread}_\varXi(t),$$

$$\varXi = d,h,i \quad (8.8)$$

$$n_\varXi(t) = \frac{K_\varXi}{N_\varXi}\mathrm{rk}_\varXi(t) - \left(1 - \frac{K_\varXi}{N_\varXi}\right)E_{t-1}\mathrm{rk}_\varXi(t) + \theta n_\varXi(t), \varXi = d,h,i \quad (8.9)$$

利差代表了与融资投资相关的风险溢价的外生变动。在这些公式中,参数 v 决定了外部融资溢价对与每种类型投资相关的杠杆变化的敏感性($q + k - n$),并提供了该模型中唯一的非新古典主义渠道。因此,纯粹的信贷渠道是缺失的,我们将着重讨论这种缺失对我们实证结果和后续研究的影响。

供给模块由资源约束以及决定价格和工资通胀的菲利普斯曲线组成。资源约束包括GDP 恒等式,取决于商业资本、工作时间和资本利用率的生产函数,资本利用的最优条件和资本积累方程。

$$y(t) = c_y c(t) + d_y d(t) + h_y h(t) + i_y i(t) + g_y g(t) \tag{8.10}$$

$$y(t) = a[k(t-1) + z(t)] + (1-a)l(t) + a(t) \tag{8.11}$$

$$z(t) = \frac{1-\Psi}{\Psi} \mathrm{mpk}_i(t) \tag{8.12}$$

$$k_{\Xi}(t) = (1 - \delta_{\Xi}) k_{\Xi}(t-1) + \delta_{\Xi} \Xi(t), \ \Xi = d, h, i \tag{8.13}$$

$$\pi(t) = \frac{1}{1+B}\pi(t-1) + \frac{B}{1+B}E\pi(t+1) - \frac{1}{1+B}K[y(t) - l(t) - \omega(t)] \tag{8.14}$$

$$\omega(t) - \pi(t) = \frac{1}{1+B}\left\{\omega(t-1) + \pi(t-1) + \frac{B}{1+B}E[\omega(t+1) + \pi(t+1)]\right\}$$
$$+ \frac{1}{1+B}\kappa\left\{\frac{1}{1+\zeta}[c(t) - \zeta c(t-1)] + l(t) - \omega(t)\right\} \tag{8.15}$$

名义利率由货币主管部门根据包括价格通胀和传统产出缺口的简单政策规则确定。其中,传统的产出缺口被定义为与长期劳动力投入和利用率相一致的实际产出水平的偏差。

$$r(t) = \rho_r r(t-1) + (1-\rho_r)\{r_y[y(t) - a(t) - ak(t-1)] + r_\pi \pi(t)\} + \varepsilon_r(t) \tag{8.16}$$

最后,我们基于预期假设和外生期限溢价 $\mathrm{tp}(t)$,引入了一个长期利率方程 $r_l(t)$ 。基于预期假设,由于我们将要使用的利差数据是基于长期债务的,我们还考虑了与企业家投融资相关的长期债券的方程:

$$r_l(t) = B_r E_{r_l}(t+1) + (1-B_r)r(t) + \mathrm{tp}(t) \tag{8.17}$$

$$Erk_{\Xi,1}(t+1) = B_r Erk_{\Xi}(t+1) + (1-B_r)Erk_{\Xi,1}(t+2) \tag{8.18}$$

我们测算了1962 年第一季度—1979 年第三季度和1984 年第一季度—2008 年第四季度这两个时期的模型,这是我们在 VAR 分析中所强调的两个时期。我们使用了12 个数据序列:GDP 增长率(实际值)、非耐用品和服务消费、耐用品消费、住宅投资、非住宅投资、去趋势化的人均小时数、GDP 价格通胀、名义联邦基金利率、十年期国债名义收益率、外部融资溢价(即 BBB 公司债券与十年期国债的利差)、抵押贷款利率与五年期国债的利差、汽车贷款利率与五年期国债的利差。

表8.4 给出了校准参数。我们选择常规值:非耐用消费品和耐用消费品的支出份额约占2/3,住宅投资和商业投资的份额分别约占4%与12%,剩余需求(例如政府)的支出份额为18%;季度折扣率为1%;耐用消费品折旧率是商业投资的2 倍,是住宅投资的4 倍;金融加

速器的杠杆率为 2；菲利普斯曲线的斜率略低于 0.1；生产中的资本份额为 35%；其他参数（管理利用率和资本回报率）与 Gilchrist 等（2009）估计的值相似。表 8.5 列出了对货币政策影响最关键的估计参数的先验分布和每个样本的后验模式估计值及其标准差。这些参数包括决定投资支出对基本面敏感性（即 q）的调整成本参数、决定风险溢价对杠杆敏感性的参数、货币政策规则中的参数（关于我们的估算方法和结果的更完整的描述可见本章附录）。

表 8.4　DSGE 模型的校准参数

变　量	校准参数
c_y	0.59
d_y	0.075
h_y	0.04
i_y	0.115
g_y	0.18
K/N（对于 d,h,i）	2
B	0.99
α	0.35
δ_i	0.025
δ_h	0.05
δ_d	0.0125
κ	0.08
$\mathrm{rk}_x,\ x=d,h,i$	$1/B-(1-\delta_x)$
$\varepsilon_x,\ x=d,h,i$	$\mathrm{rk}_x/(\mathrm{rk}_x+1-\delta_x)$
θ	0.95
ψ	0.5

表 8.5　DSGE 模型的估计参数

变　量	先验分布	平均值	标准差	后验分布（1966 年第一季度—1979 年第三季度）		后验分布（1984 年第一季度—2008 年第四季度）	
				众　数	标准差	众　数	标准差
ζ	Beta	0.75	0.20	0.79	0.10	0.35	0.12
Φ_i	Normal	2.00	0.50	2.14	0.52	0.57	0.40
Φ_d	Normal	2.00	0.50	3.08	0.39	2.71	0.41
Φ_h	Normal	2.00	0.50	2.95	0.53	0.83	0.25
v_i	Beta	0.05	0.01	0.05	0.10	0.05	0.01
v_d	Beta	0.05	0.01	0.06	0.03	0.05	0.01
v_h	Beta	0.05	0.01	0.04	0.02	0.04	0.01
ρ_r	Beta	0.75	0.10	0.72	0.00	0.72	0.05

续 表

变 量	先验分布	平均值	标准差	后验分布(1966 年第一季度—1979 年第三季度)		后验分布(1984 年第一季度—2008 年第四季度)	
				众 数	标准差	众 数	标准差
r_π	Normal	1.50	0.25	1.00	0.00	1.71	0.23
r_y	Normal	0.50	0.25	0.01	0.00	0.20	0.03
σ_r	Invg	0.01	2.00	0.20	0.01	0.08	0.02

这些估算结果表明三点含义。第一,在 1984 年第一季度—2008 年第四季度的样本中,货币政策规则参数对通货膨胀 r_π 和产出 r_y 反应更强。第二,在 1984 年第一季度—2008 年第四季度样本中,外生冲击过程的标准差在几种情况下都较低,包括货币政策规则 σ_r。这两个结果都显示了政策行为的优化,并呼应了其他研究结果,尤其是 Clarida 等(2000)的研究。第三,控制投资需求计划 Φ_{Ξ} 形状的参数和风险溢价对经济条件 v 的反应的参数在样本之间仅略有不同。综合这些结果,最显著的变化是货币政策,而不是私营部门参数。我们现在转向研究这些结果对货币传导演变的影响。

5.2.2　货币传导的变化

我们的 FAVAR 分析得出三个结论:第一,在最近的样本中,货币政策对产出的影响在 1—2 年的时间内较小,但是在更长的时间范围内对产出的反应并不低且更为持久,尽管在这样的范围下标准误差会很大;第二,在近期的样本中,通货膨胀对货币政策的反应较少;第三,在短期内,信贷和风险利差对近期样本中的政策行动的响应较小,尽管在 FAVAR 中的估计响应在最近的样本中呈现出更长的轨迹。

图 8.7 显示了两个样本期间联邦基金利率(年利率)意外提高 100 个基点(即每季度提高 25 个基点)之后基于 DSGE 的脉冲响应,以及 1984 年第一季度—2008 年第四季度样本周期响应周围的 90% 的置信集(黑色虚线)。脉冲响应包括联邦基金利率、通货膨胀、产出以及与商业投资相关的信用利差(其中可比数据是图 8.6 中十年期 BBB 公司债券利差)。结果与 FAVAR 的结果非常接近:与 1962 年第一季度—1979 年第三季度样本(灰色实线)的响应相比,近期样本(黑色实线)中的通货膨胀对政策调整的响应要小得多;在 1984 年第一季度—2008 年第四季度样本(黑色实线)中,产出对联邦基金利率冲击的响应比之前的样本(灰色实线)低,特别是在 1—2 年的时间范围内;在最近的样本中风险利差的响应也比较温和。但应该强调的是,这一结果与来自 FAVAR 的响应存在重要差异——最明显的是,政策调整之后的通货膨胀和产出迅速上涨,而 FAVAR 响应的识别假设排除了这种可能性。

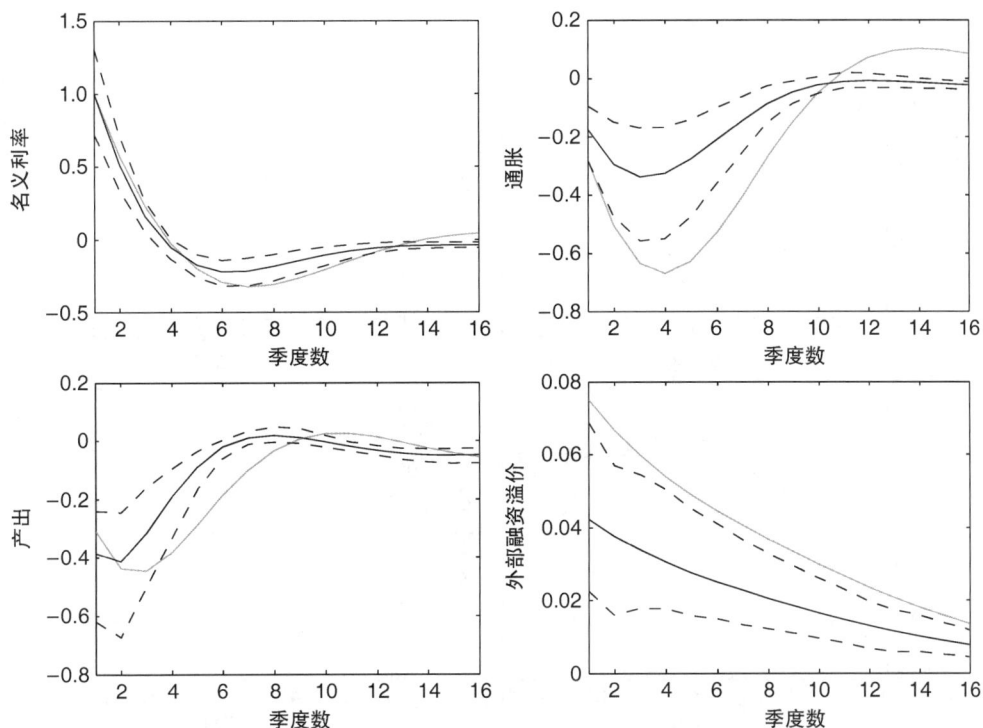

图 8.7 货币政策影响在两个样本期间的基于 DSGE 模型的证据

注:图中描述的是 DSGE 模型中的联邦基金利率意外加息 100 个基点的脉冲响应函数。灰色实线是 1962 年第一季度—1979 年第三季度样本期间参数估计的响应;黑色实线是 1984 年第一季度—2008 年第四季度样本期间的响应;黑色虚线是围绕这些估计值的 90% 的置信集。

由于模型中的所有变化都源于某些结构参数的变化,因此每个样本的估计值都可以用于识别政策传导变化的来源。第一个候选因素是货币政策参数的变化。图 8.8 显示了 1984 年第一季度—2008 年第四季度样本的响应,也显示了使用 1984 年第一季度—2008 年第一季度政策参数、所有其他结构参数按早期样本估计值得出的响应。可以清楚地看出,政策参数的变化使得这些反应趋于一致,这表明货币政策的变化可以解释通胀、产出和风险利差等反应的变化。

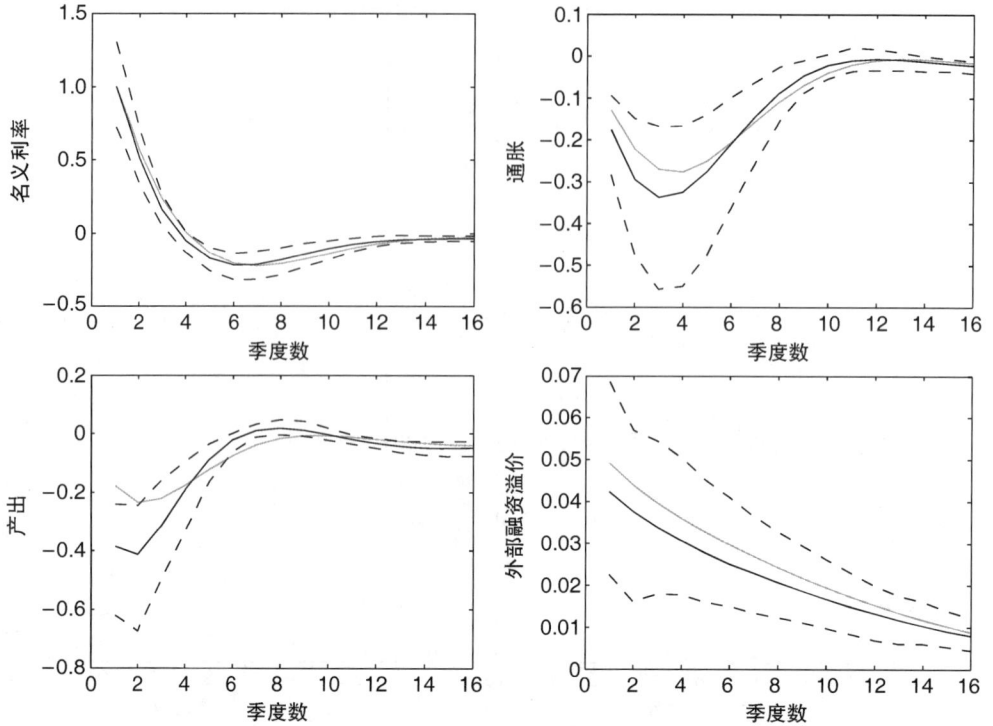

图 8.8 基于 DSGE 模型的两个样本期间货币政策影响的证据,政策参数变化

注:图中描述的是 DSGE 模型中的联邦基金利率意外加息 100 个基点的脉冲响应函数。灰色实线是 1962年第一季度—1979 年第三季度样本期间参数估计的响应,货币政策参数设置为 1984 年第一季度—2008 年第四季度样本期间的估计值;黑色实线是 1984 年第一季度—2008 年第四季度样本期间的响应;黑色虚线是围绕这些估计值的 90% 的置信集。

事实上,其他参数的变化意味着通货膨胀、经济活动和风险利差对政策调整的响应几乎没有变化。例如,图 8.9 显示了 1984 年第一季度—2008 年第四季度的响应和置信集,也显示了使用 1984 年第一季度—2008 年第一季度控制风险利差的敏感度参数 v 以及所有其他结构参数用早期样本估计值时可能出现的响应;图 8.10 显示了 1984 年第一季度—2008 年第四季度的响应和置信集,也显示了使用 1984 年第一季度—2008 年第一季度控制投资需求计划斜率的参数 Φ_{Ξ},以及所有其他结构参数用较早时期样本估计值时的响应。在这几种情况下,两个样本的脉冲响应差异都保持不变,这意味着经济活动、通货膨胀或风险利差的响应性变化很少来自私营部门。

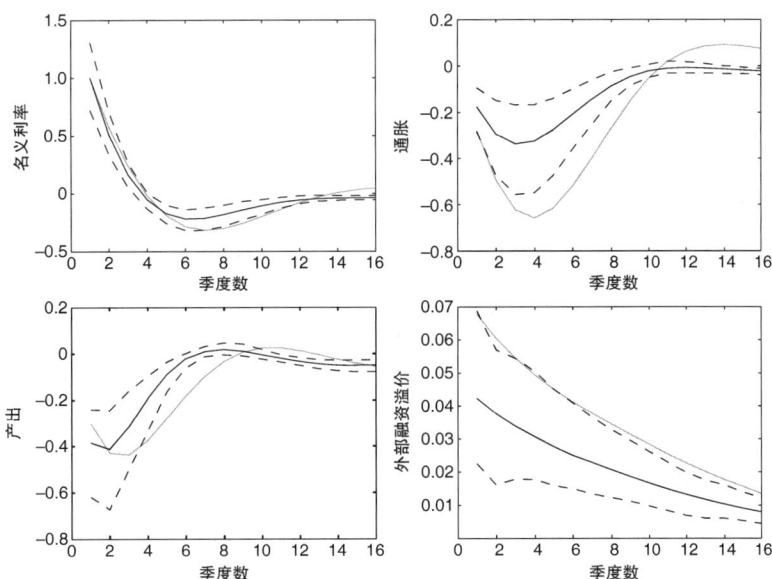

图 8.9　基于 DSGE 模型的两个样本期间货币政策影响的证据,风险溢价(金融加速器)参数的变化

注:图中描述的是 DSGE 模型中联邦基金利率意外加息 100 个基点的脉冲响应函数。灰色实线是 1962 年第一季度—1979 年第三季度样本期间参数估计值的响应,风险溢价/金融加速器参数设置为 1984 年第一季度—2008 年第四季度样本期间的估计值;黑色实线是 1984 年第一季度—2008 年第四季度样本期间的响应;黑色虚线是围绕这些估计值的 90％的置信集。

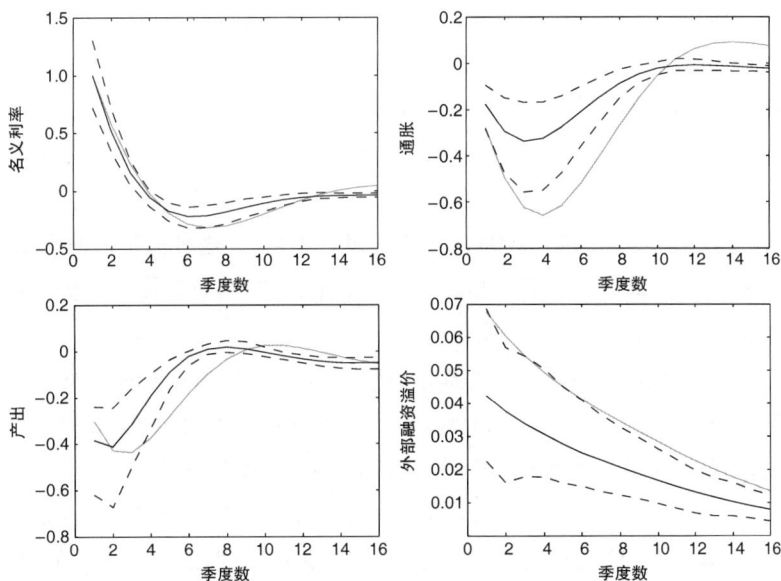

图 8.10　基于 DSGE 模型的两个样本期间货币政策影响的证据,投资需求计划(调整成本)参数的变化

注:图中描述的是 DSGE 模型中联邦基金利率意外加息 100 个基点的脉冲响应函数。灰色实线是 1962 年第一季度—1979 年第三季度样本期间参数估计值的响应,调整成本参数设置为 1984 年第一季度—2008 年第四季度样本期间的估计值;黑色实线是 1984 年第一季度—2008 年第四季度样本期间的响应;黑色虚线是围绕这些估计值的 90％的置信集。

最后应该强调,我们发现的货币政策变化与许多其他研究的结果相似(Boivin and Giannoni,2006)。话虽如此,这一结论也引起了一些争议,例如,Sims 和 Zha(2006)采取了比我们的研究结构化程度更低的方法,他们的研究表明,在某些假设下,除了冲击的变化外,货币政策行为变化并不总是很清楚的。此外,Smets 和 Wouters(2007)采用与我们的 DSGE 方法类似的方法进行研究,发现货币政策行为没有变化。在某种程度上,这种差异反映了他们对货币政策规则的设定(货币政策规则响应的是产出与弹性价格产出的偏差,而不是我们选择的产出缺口)和其他方面的设定的差异。事实上,任何具有结构模型的分析都将受到模型假设的影响。这就是说,其他基于 DSGE 的分析对于货币政策也可以得出相似的结论(Arestis et al.,2010)。一般而言,我们的发现与政策规则文献中的结果一致,尤其是 Taylor(1999)和 Clarida 等(2000)的研究,这让我们对我们的定性结论充满信心。

5.2.3 信贷状况变化的迹象

对这些结果的直接解读表明,随着时间的推移,非新古典主义渠道的重要性没有发生重大变化,这是因为在我们的 DSGE 模型中,金融加速器的参数没有发生显著变化,从而不会影响经济对货币政策变化的反应。但是我们将我们的估计结果解释为,量化宏观经济模型中最广泛采用的渠道版本,即 Bernanke 等(1999)的金融加速器机制,并没有提供关于此类变化太多的信息。其中一个原因是金融加速器机制的影响是非线性的,这在我们的线性框架中没有得到体现。[1] 另一种可能性是金融加速器框架在很大程度上是通过与外部融资溢价相关的放大机制起作用的,因而忽略了信贷供应的其他方面。

事实上,我们的 DSGE 分析结果支持这一观点。具体而言,与住宅投资相关的经济重大变化体现在对式(8.4)冲击项的标准差变化(如附录所示,从略高于 2 下降到接近 0 的极小值),这意味着最近的样本期中住宅投资的主要波动代表了沿着这条曲线的移动,而不是偏离模型所隐含的关系。当然,这个模型不包括由监管或其他非价格传导渠道引起的定量配给,因此这种类型的模型不会对我们考察的样本期间的此类渠道的变化提供特别的信息。尽管如此,在 1984 年第一季度—2008 年第四季度样本期间,这种关系的冲击项方差较小,这与 McCarthy 和 Peach(2002)的研究发现一致,他们报告称,该时期住宅市场变量与利率以及其他新古典基础指标有着更密切的关联。

事实上,我们甚至可以提供更多的提示,例如,Brayton 和 Mauskopf(1985)识别了在 1962 年第一季度—1979 年第三季度储蓄和贷款协会存款下降导致的"脱媒"现象,与此相关的信贷配给发生在 1966 年第三季度—第四季度、1969 年第三季度—1970 年第三季度和 1974 年第一季度—1957 年第一季度。在这些时期,住宅投资的平均"偏离均衡"的变化(即冲击)幅度约为-3%(t 值为-4.3);相比之下,在没有信贷约束的时期,此类冲击的平均值为 0.7%(t 值为 2.3)。[2] 换言之,这些冲击与信贷状况密切相关,信贷配给对住宅投资尤其重要。此外,在 1984 年第一季度—2008 年第四季度样本期间这类冲击的重要性下降也说明信贷本身的

---

[1] Gilchrist 等(2009)在他们估计的 DSGE 模型中发现,货币政策调整的加速器效应非常小,这表明金融冲击的重要性很大程度上源于金融部门的外生冲击,而不是通过内生传导机制。

[2] 这个冲击过程是估计出来的,意味着平均值约为零(0.1,整个样本的 t 值为 0.4)。

重要性在下降。

5.2.4　货币政策和其他冲击的传导

我们的分析强调了货币政策在货币冲击传导演变中的核心作用。

货币政策的内生性对于其他冲击后的经济行为和通货膨胀至关重要，这意味着货币政策制定者的行为变化会通过影响除政策冲击以外的基本面效应给经济波动带来更大的影响。我们考虑政策利率、产出和通货膨胀对生产率与对经济风险溢价的一个标准差冲击的反应。在我们的模型和其他类似的 DSGE 模型中，这些冲击是对产出波动而言最重要的冲击。类似的模型可参见 Smets 和 Wouters（2007）等的研究，特别是可以参见 Kiley（2010）和 Christoffel（2008）等描述的美联储与欧洲中央银行的政策模型。此外，这两个冲击说明了政策制定者面临政策权衡的性质：一方面，生产率的提高会增加产量并降低通胀，政策制定者希望适应产出的提高并稳定通胀以应对这种冲击；另一方面，相比之下，风险溢价的增加将抑制产出和通胀，政策制定者将致力于抵消这些影响，稳定产出和通胀。在我们的比较中，我们通过使用 1984 年第一季度—2008 年第四季度的参数估计值来比较脉冲响应，并将政策参数更改为替代方案中的早期参数。

图 8.11 显示了生产力冲击后的脉冲响应。政策变化带来的差异是巨大的——产出对生产力创新的响应更大，而通胀对其响应更小。图 8.12 显示了风险溢价冲击的结果。在这种情况下，近期样本期间对通胀更积极的政策反应有助于稳定经济活动和通货膨胀。这些数字表明，货币政策最重要的是改变了其他冲击传导到通货膨胀和经济活动的方式。我们研究的结果——自 20 世纪 80 年代初以来，货币政策已经转向适应生产力创新并熨平需求波动——与文献中的其他结论一致，最明显的是 Galí 和 Gambetti（2009）的研究，他们基于 VAR 但使用结构性较低的方法研究了类似的问题。

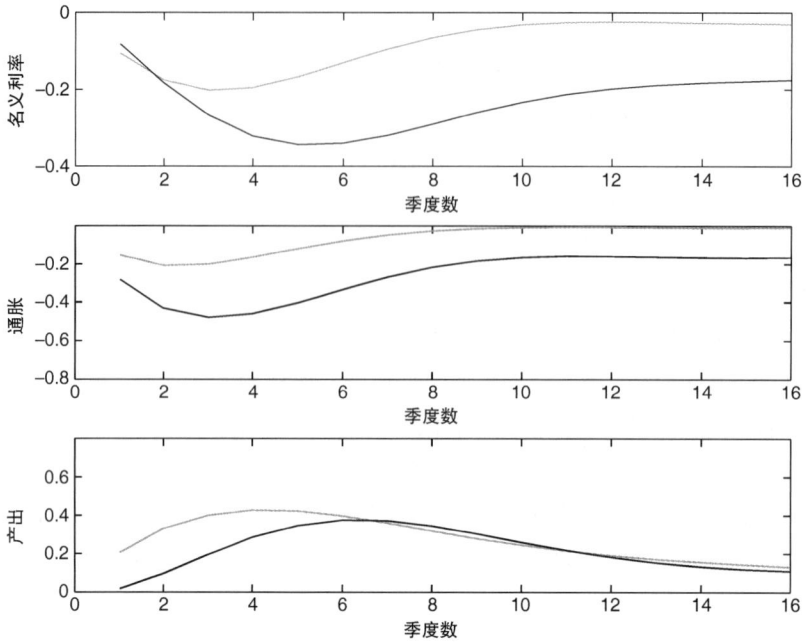

图 8.11　基于 DSGE 模型的货币政策影响的证据:政策规则参数变化和生产率冲击

注:生产率意外提高一个标准差的脉冲响应函数。灰色实线是 1984 年第一季度—2008 年第四季度样本期间参数估计值的响应,黑色实线是货币政策规则参数设置为 1962 年第一季度—1979 年第三季度样本期间估计值的响应。

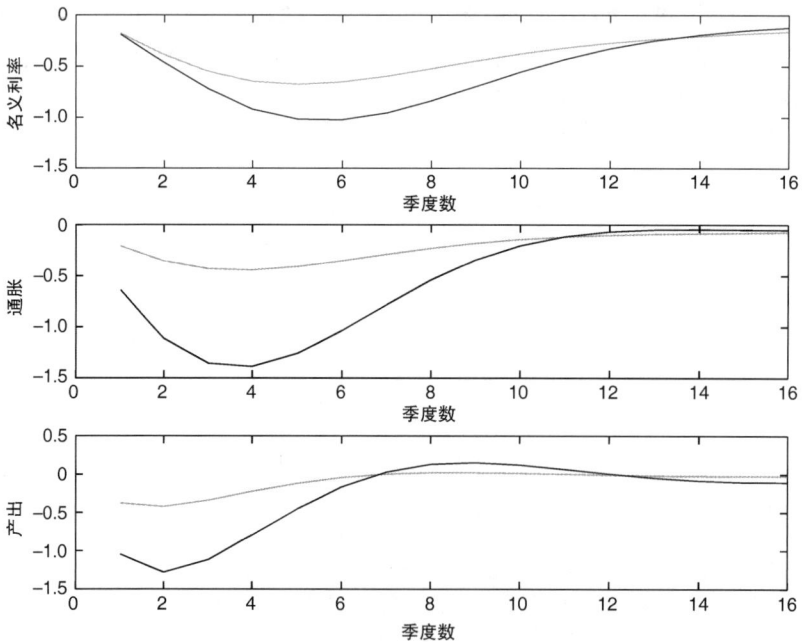

图 8.12　基于 DSGE 模型的货币政策影响的证据:政策规则参数变化和风险溢价冲击

注:经济整体风险溢价意外提高一个标准差的脉冲响应函数。灰色实线是 1984 年第一季度—2008 年第四季度样本期间参数估计值的响应,黑色实线是货币政策规则的参数设置为 1962 年第一季度—1979 年第三季度样本期间估计值的响应。

在这两种情况下,应对冲击的反应都朝着更理想的经济结果的方向发展。同样,在这两种情况下,政策规则变化的巨大影响都是由预期驱动的。通过观察名义利率的反应可以看出,在这两种情况下,更加积极政策下的名义利率的响应其实更小,因为对高度反应性政策的承诺稳定了预期,从而稳定了实际产出,因而不会在名义利率中产生额外的实际波动。

这些结果说明了以下两点,这对经济学家理解货币传导机制的演变至关重要。

第一,政策的系统性成分及其对宏观经济应对各种冲击的影响是货币政策影响通货膨胀和经济活动的主要机制。这一传导渠道是现代货币政策效应研究的焦点,这带来了研究政策规则对经济绩效影响的大量文献(Taylor and Williams,2010),Woodford(2003)强调通过系统行为来管理预期。这个变化意义重大,因为过去有关传导机制的政策讨论主要聚焦在模型分析或模拟上,这些模型分析或模拟侧重于分析政策的外生路径,最多只关注政策的系统性、预期形成和政策行动的传导。不强调预期的例子包括:Akhtar 和 Harris(1987)的方程组方法;Friedman(1989)的研究;使用美联储 MPS 模型分析的研究;Mauskopf(1990)的研究;还有 Smets(1995)所介绍的代表了一大批 20 世纪 90 年代早期至中期使用的央行政策比较的模型。

第二,更加强调稳定通胀会导致通胀更加稳定,但不一定会导致产出更加稳定。因为对价格稳定的关注将适应于反映生产力进步的产出增长,并抵消因风险溢价或其他需求因素而导致的产出波动。后一点表明,以下研究未能找到强有力的证据,这类研究试图从总产出稳定性的角度来确定与政策相关的传导机制变化的重要性。这有助于部分解释该领域研究结论的多样性(Boivin and Giannoni,2006;Canova and Gambetti,2009)。总产出稳定性和在有效水平附近的产出稳定性之间有细微差异。也就是说,政策制定者应该设计政策在适应生产力的变化的同时避免因风险溢价而导致的低效变动。对于如何利用货币传导机制以促进价格稳定,这一理念也代表了理解方式上的一个重要的演变。

6. 对未来货币政策的启示

回顾我们对相关文献的概述,可以发现四个明显的结论。

第一,新古典主义渠道——利率对投资支出、财富的直接影响,消费跨期替代以及通过汇率产生的贸易影响——仍然是宏观经济模型的核心渠道。有关这些渠道作用强度随时间变化的文献并未表明,随着时间的推移,其结论会有很大的变化。

第二,一般均衡模型中关于非新古典主义渠道的宏观经济学文献相对较少。例如,大多数基于银行渠道潜在重要性的分析都集中在不同类别的借款人或贷款方的异质效应上,这些分析揭示了这些渠道的潜在作用,而没有深入探讨其宏观经济后果。纳入这类渠道的宏观经济模型,尤其是 Bernanke 等(1999)的资产负债表渠道,只发现了这些因素对货币传导的影响较小,正如我们在 DSGE 模型研究中所发现的。事实上,在这样的实证模型中,外部融资溢价的变化作为引发波动的冲击源比其作为内生传导机制更重要。

第三,美国和其他国家的监管结构发生了重大变化,这些变化对货币政策向住宅投资的传导产生了重要影响。尤其是住宅投资现在更依赖利率而不是信贷可得性。这些转变能够在我们的宏观分析中得到明确显示。例如,在我们的 FAVAR 分析中(见图 8.5),信贷在1982 年以后对政策转变的反应更慢且幅度更小;同样,在我们的 DSGE 模型中,对住宅投资均衡的冲击与 1980 年以前的信贷配给期密切相关,但在后一个样本期中其重要性则微乎其微。话虽如此,这些结果只是暗示了信贷本身在不同时期的作用,并未说明金融摩擦在经济波动中如何发挥作用这一更为全球性的问题。

第四,货币政策更多地集中于稳定通胀,这一转变对通胀的波动性以及产出对非货币干扰的反应产生了重要影响。事实上,货币政策的系统性组成部分是经济波动中最重要的货币因素。如何通过系统性地关注价格稳定来利用货币传导机制,对这一问题理解的变化是过去 25 年里政策和宏观经济建模的核心转变之一。这些结果已在我们的结构模型分析中非常清楚地呈现出来,并与一些较少考虑结构因素的研究结果相呼应。

这个总结留下了两个非常重要且悬而未决的研究问题。一个是非新古典主义渠道在理解经济波动和货币政策中的作用。这一领域的文献仍然很少,这反映了在具体说明相关机制和寻找支持性的实证证据方面有一定困难。虽然过去我们只能偶尔暗示非新古典主义渠道的重要性,但这一领域现在已非常活跃,并且在未来无疑将产生深刻洞见(Angeloni et al.,2009;Gertler and Kiyotaki,2010;Meh and Moran,2008)。事实上,2007 年年中爆发的全球金融危机表明,银行、金融和宏观经济三者的交汇与以往一样重要。

另一个问题是危机后的政策实施进一步凸显了理解货币传导机制的重要性,特别是考虑到美国、欧洲和日本的政策利率已接近零。在这种环境下,预期管理的重要性愈发突出。世界各国的央行都在进行量化宽松或大规模资产购买,以期增强增长动力。但与此类行动相关的实证和理论研究(Bernanke et al.,2004;Clouse et al.,2000)仍远未达到理想水平。此外,应对危机的一些政策建议,例如实施宏观审慎管理等,也将对未来货币传导机制的演变产生重要影响。

附录

DSGE(动态随机一般均衡)模型的估计

正文中的 DSGE 模型是使用贝叶斯法估计的,使用了正文中提到的可观测变量。包括:GDP 实际增长率;非耐用品和服务消费(不包括住房服务);住宅投资;非住宅固定投资;GDP 平减指数的百分比变化;非农部门工作时长(除以工作人口,并使用 HP 滤波器去除趋势);名义联邦基金利率;十年期国债名义收益率;企业债券、汽车贷款利率以及固定抵押贷款利率的风险利差。参数估计是通过最大化对数后验函数得到的,该函数将参数的先验信息与数据的似然性结合起来。除了名义基金利率和名义国债收益率外,所有可观测数据都存在少量的测量误差(测量误差程度见附录)。

每个外生过程都遵循自回归过程，即 AR(1)。基于正文中两个子样本的所有冲击过程的 AR(1)系数和标准差如表 8. A1 所示。[①]

表 8. A1　DSGE 模型的附加估计参数

变　量	先验分布	平均值	标准差	后验分布(1962 年第一季度—1979 年第三季度)		后验分布(1984 年第一季度—2008 年第四季度)	
				众　数	标准差	众　数	标准差
ρ_a	Beta	0.50	0.20	0.89	0.13	0.91	0.02
ρ_{tp}	Beta	0.50	0.20	0.46	0	0.84	0.03
ρ_b	Beta	0.50	0.20	0.65	0.41	0.88	0.03
ρ_g	Beta	0.50	0.20	0.45	0.37	0.50	0.25
ρ_{fi}	Beta	0.50	0.10	0.65	1.52	0.53	0.09
ρ_{fd}	Beta	0.50	0.10	0.56	0.10	0.57	0.09
ρ_{fh}	Beta	0.50	0.10	0.49	0.61	0.75	0.09
σ_a	Invg	0.10	2.00	0.73	0.19	0.36	0.08
σ_π	Invg	0.10	2.00	0.23	0.04	0.18	0.03
σ_b	Invg	0.10	2.00	0.87	1.77	0.16	0.04
σ_g	Invg	0.10	2.00	0.78	0.88	0.05	0.02
σ_{fi}	Invg	0.10	2.00	0.53	1.44	0.05	0.02
σ_{fd}	Invg	0.10	2.00	0.06	0.06	0.57	0.19
σ_{fh}	Invg	0.10	2.00	0.37	2.52	0.19	0.07
σ_i	Invg	0.10	2.00	3.70	0.39	2.27	0.27
σ_d	Invg	0.10	2.00	1.47	0.32	1.49	0.19
σ_h	Invg	0.10	2.00	2.28	0.19	0.05	0.02
σ_{tp}	Invg	0.10	2.00	0.05	0	0.02	0

表 8. A2　DSGE 模型可观测量的测量误差

变　量	测量误差	变　量	测量误差
$\sigma_{\Delta y}$	0.36	σ_l	0.70
$\sigma_{\Delta c}$	0.18	σ_{fd}	0.13
$\sigma_{\Delta i}$	1.00	σ_{fh}	0.13
$\sigma_{\Delta d}$	1.00	σ_{fi}	0.13
$\sigma_{\Delta h}$	1.00	$\sigma_{\Delta p}$	0.18

① 1984 年第一季度—2008 年第四季度样本以 1983 年第一季度—1983 年第四季度的观测值为条件(以确定卡尔曼滤波的初始值)，这些观测值不用于计算似然性。第一年的观测值设定了 1962 年第一季度—1979 年第三季度样本的滤波器，数据的可得性不允许根据该情况下的更早期的数据进行调节。

参考文献

Akerlof, G., 1970. The market for "lemons": Quality, uncertainty and the market mechanism. Q. J. Econ. 84, 488-500.

Akhtar, M. A., Harris, E., 1987. Monetary policy influence on the economy — an empirical analysis. Federal Reserve Bank of New York, Quarterly Review (Winter), 19-34.

Ando, A., Modigliani, F., 1963. The "life cycle" hypothesis of saving: Aggregate implications and tests. Am. Econ. Rev. 53 (1), 55-84, Part 1 (Mar., 1963).

Angeloni, I., Faia, E., 2009. Tale of two policies: Prudential regulation and monetary policy with fragile banks. Mimeo, October 29.

Aoki, K., Proudman, J., Vlieghe, G., 2002. Houses as collateral: Has the link between house prices and consumption in the U. K. changed?. Federal Reserve Bank of New York Economic Policy Review 8 (1), 163-177.

Arestis, P., Chortareas, G., Tsoukalas, J. D., 2010. Money and information in a new neoclassical synthesis framework. Econ. J. 120, 101-128 (February).

Benito, A., Thompson, J. N. R., Waldron, M., Wood, R., 2006. House prices and consumer spending. Bank of England Quarterly Bulletin, Summer (2006), 142-152.

Bennett, P., Peach, R., Peristiani, S., 2001. Structural change in the mortgage market and the propensity to refinance. J. Money Credit Bank. 33 (4), 954-976 (November).

Bernanke, B. S., Boivin, J., Eliasz, P., 2005. Measuring the effects of monetary policy: A factor-augmented vector autoregressive (FAVAR) approach. Q. J. Econ. 120 (1), 387-422.

Bernanke, B. S., Gertler, M., 1989. Agency costs, net worth, and business fluctuations. Am. Econ. Rev. 79 (1), 14-31.

Bernanke, B. S., Gertler, M., 1995. Inside the black box: The credit channel of monetary policy transmission. J. Econ. Perspect. 9 (4), 27-48.

Bernanke, B. S., Gertler, M., Gilchrist, S., 1999. The financial accelerator in a quantitative business cycle framework. In: Taylor, J. B., Woodford, M. (Eds.), Handbook of macroeconomics. 1, Elsevier, Amsterdam, pp. 1341-1393 (Part 3).

Bernanke, B. S., Reinhart, V. R., Sack, B. P., 2004. Monetary policy alternatives at the zero bound: An empirical assessment. Brookings Pap. Econ. Act. 35, 1-100 (2004-2).

Boivin, J., Giannoni, M., 2002. Assessing changes in the monetary transmission mechanism: A VAR approach. Federal Reserve Bank of New York Economic Policy Review 8 (1), 97-111.

Boivin, J., Giannoni, M. P., 2006. Has monetary policy become more effective?. Rev. Econ. Stat. 88 (3), 445-462.

Boivin, J., Giannoni, M., 2008. Global forces and monetary policy effectiveness. NBER Working Papers 13736, National Bureau of Economic Research, Inc.

Brayton, F., Mauskopf, M., 1985. The Federal Reserve Board-MPS Quarterly econometric model of the U. S. economy. Econ. Model. 2, 170-292 (July).

Brumberg, R. E., Modigliani, F., 1954. Utility analysis and the consumption function: An interpretation of cross-section data. In: Kurihara, K. (Ed.), Post-Keynesian economics. Rutgers University Press, New Brunswick, NJ.

Bryant, R. C., Hooper, P., Mann, C. L. (Eds.), 1993. Evaluating policy regimes: New research in empirical macroeconomics. The Brookings Institution, Washington, D. C.

Calza, A., Monacelli, T., Stracca, L., 2007. Mortgage markets, collateral constraints, and monetary policy: Do institutional factors matter?. CEPR Discussion Papers 6231.

Canova, F., Gambetti, L., 2009. Structural changes in the US economy: Is there a role for monetary policy?. J. Econ. Dyn. Control 33, 477-490.

Canova, F., Gambetti, L, 2010. Do expectations matter? The Great Moderation revisited. Am. Econ. J. Macroeconomics 183-205.

Carlstrom, C., Fuerst, T., Paustian, M., 2009. Optimal monetary policy in a model with agency costs. Paper presented at the Financial Markets and Monetary Policy Conference, sponsored by the Federal Reserve Board, and the Journal of Money, Credit and Banking, June 45.

Case, K. E., 1986. The market for single-family homes in the Boston area. New England Economic Review, 38-48 (May).

Case, K. E., Shiller, R. J., 2003. Is there a bubble in the housing market?. Brookings Pap. Econ. Act. 2003(2), 299-342.

Catte, P., Girouard, N., Price, R., Andre, C., 2004. Housing markets, wealth and the business cycle. OECD Economics Department Working Papers.

Chirinko, R. S., 1993. Business fixed investment spending: Modeling strategies, empirical results, and policy implications. J. Econ. Lit. 31 (4), 1875-1911.

Christiano, L., Eichenbaum, M., Evans, C., 1999. Monetary policy shocks: What have we learned and to what end?. In: Woodford, M., Taylor, J. (Eds.), Handbook of macroeconomics. Elsevier/North-Holland, Amsterdam.

Christoffel, K., Coenen, G., Warne, A., 2008. The new area-wide model of the Euro Area: A microfounded open-economy model for forecasting and policy analysis. European Central Bank, Working Paper Series 944.

Clarida, R., Galí, J., Gertler, M., 2000. Monetary policy rules and macroeconomic stability: Evidence and some theory. Q. J. Econ. 115(1), 147-180.

Clouse, J., Henderson, D., Orphanides, A., Small, D., Tinsley, P., 2000. Monetary policy when the nominal short-term interest rate is zero. Federal Reserve Board Finance and

Economics Discussion Series No. 2000-51.

Curdia, V. , Woodford, M. , 2009. Credit spreads and monetary policy. Paper presented at the Financial Markets and Monetary Policy Conference, sponsored by the Federal Reserve Board, and the Journal of Money, Credit and Banking, June 45.

Dynan, K. , Elmendorf, D. W. , Sichel, D. E. , 2006. Can financial innovation help to explain the reduced volatility of economic activity?. J. Monetary Econ. 53, 123-150 (January).

Edelberg, W. , 2006. Risk-based pricing of interest rates for consumer loans. J. Monetary Econ. 53,2283-2298 (November).

Edge, R. M. , Kiley, M. T. , Laforte, J. P. , 2007. Documentation of the Research and Statistics Division's estimated DSGE model of the U. S. economy: 2006 version. Board of Governors of the Federal Reserve System (U. S.) Finance and Economics Discussion Series 2007-53.

Edge, R. , Kiley, M. T. , Laforte, J. P. , 2008. Natural rate measures in an estimated DSGE model of the U. S. economy. J. Econ. Dyn. Control 32, 2512-2535.

Edge, R. M. , Kiley, M. T. , Laforte, J. P. , 2010. A comparison of forecast performance between Federal Reserve staff forecasts, simple reduced-form models, and a DSGE model. Journal of Applied Econometrics. John Wiley & Sons, Ltd. , 25 (4), 720-754.

Eggertsson, G. B. , Woodford, M. , 2003. The zero bound on interest rates and optimal monetary policy. Brookings Papers on Economic Activity, Economic Studies Program, The Brookings Institution34 (1), 139-235.

Erceg, C. J. , Guerrieri, L. , Gust, C. , 2006. SIGMA: A new open economy model for policy analysis. International Journal of Central Banking 2 (1), March.

Fagan, G. , Henry, J. , Mestre, R. , 2005. An area-wide model for the Euro Area. Econ. Model. 22 (1),39-59.

Fair, R. C. , 2004. Estimating how the macro-economy works. Harvard University Press, Cambridge, MA.

Fleming, J. M. , 1962. Domestic financial policies under fixed and under floating exchange rates (Politiques finacierieures interieures avec un systeme de taux de change fixe et avec un systeme de taux de change fluctuant) (Politica financiera interna bajo sistemas de tipos de cambio fijos o de tipos de cambio fluctuantes). Staff Papers — International Monetary Fund 9 (3), 369- 380 (Nov.).

Friedman, B. M. , 1989. Changing effects of monetary policy on real economic activity. Monetary Policy Issues in 1990's. Federal Reserve Bank of Kansas City Symposium Proceedings.

Friedman, M. , 1957. A theory of the consumption function. Princeton University Press, Princeton, NJ.

Galí, J. , Gambetti, L. , 2009. On the sources of the Great Moderation. Economics Working Papers 1041. Department of Economics and Business, Universitat Pompeu Fabra, Revised

Jun 2007.

Galí, J. , Lopez-Salido, D. , Valles, J. , 2003. Technology shocks and monetary policy: Assessing the Fed's performance. J. Monetary Econ. 50, 723-743 (May).

Gerali, A. , Neri, S. , Sessa, L. , Signoretti, F. , 2009. Credit and banking in a DSGE model of the Euro Area (493 KB). Paper presented at the Financial Markets and Monetary Policy Conference, sponsored by the Federal Reserve Board, and the Journal of Money, Credit and Banking, June 45.

Gertler, M. , Gilchrist, S. , 1993. The role of credit market imperfections in the monetary transmission mechanism: Arguments and evidence. Scand. J. Econ. 95 (1), 43-64.

Gertler, M. , Gilchrist, S. , 1994. Monetary policy, business cycles, and the behavior of small manufacturing firms. Q. J. Econ. 109 (2), 309-340.

Gertler, M. , Kiyotaki, N. , 2010. Financial intermediation and credit policy in business cycle analysis. In: Friedman, B. M. , Woodford, M. (Eds.), Handbook of monetary economics. 3A, Elsevier/North-Holland, Amsterdam (Chapter 11).

Gilchrist, S. , Oriz, A. , Zakrajsek, E. , 2009. Credit risk and the macroeconomy: Evidence from an estimated DSGE model. Paper presented at the Financial Markets and Monetary Policy Conference, sponsored by the Federal Reserve Board, and the Journal of Money, Credit and Banking, June 45.

Gürkaynak, R. S. , Sack, B. , Swanson, E. , 2005. The sensitivity of long-term interest rates to economic news: Evidence and implications for macroeconomic models. Am. Econ. Rev. 95 (1), 425-436.

Hall, R. E. , 1988. Intertemporal substitution in consumption. J. Polit. Econ. 96 (2), 339-357 (Apr.).

Hanushek, E. A. , Quigley, J. M. , 1980. What is the price elasticity of housing demand?. Rev. Econ. Stat. 62(3), 449-454 (Aug.).

Harrison, R. , Nikolov, K. , Quinn, M. , Ramsay, G. , Thomas, R. , Scott, A. , 2005. The Bank of England quarterly model. Bank of England.

Hatzius, J. , 2005. Housing holds the key to Fed policy. Goldman Sachs, New York Goldman Sachs Global Economics Paper No. 137.

Hayashi, F. , 1982. Tobin's marginal q and average q: A neoclassical interpretation. Econometrica 50 (1),213-224 (Jan.).

Henderson, J. V. , Ioannides, Y. M. , 1986. Tenure choice and the demand for housing. Economica, New Series 53 (210), 231-246 (May).

Hurst, E. , Stafford, F. , 2004. Home is where the equity is: Mortgage refinancing and household consumption. J. Money Credit Bank. 36 (6), 985-1014 (Dec.).

Iacoviello, M. , 2005. House prices, borrowing constraints, and monetary policy in the business cycle. Am. Econ. Rev. 95 (3), 739-764.

Iacoviello, M., Minetti, R., 2008. The credit channel of monetary policy: Evidence from the housing market. J. Macroecon. 30 (1), 69-96.

Iacoviello, M., Neri, S., 2010. Housing market spillovers: Evidence from an estimated DSGE model. Am. Econ. J. Macroeconomics. 2 (2), 125-164.

Jorgenson, D., 1963. Am. Econ. Rev. 53 (2), 247-259. Papers and Proceedings of the Seventy-Fifth Annual Meeting of the American Economic Association (May).

Kashyap, A. K., Stein, J. C., 1995. The impact of monetary policy on bank balance sheets. Carnegie-Rochester Conference Series on Public Policy 42 (1), 151-195.

Kiley, M. T., 2010. Output gaps. Federal Reserve Board Finance and Economics Discussion Series.

Lettau, M., Ludvigson, S. C., 2004. Understanding trend and cycle in asset values: Reevaluating the wealth effect on consumption. Am. Econ. Rev. 94 (1), 276-299.

Lown, C. S., Morgan, D. P., 2002. Credit effects in the monetary mechanism. Econ. Policy Rev. 8(1), 217-235(May).

Lucas, R., 1976. Econometric policy evaluation: A critique. Carnegie-Rochester Conference Series on Public Policy 1, 19-46.

Mauskopf, E., 1990. The transmission channels of monetary policy: How have they changed?. Federal Reserve Bulletin 76 (12), 985.

McCarthy, J., Peach, R. W., 2002. Monetary policy transmission to residential investment. Federal Reserve Bank of New York Economic Policy Review 8 (1), 139-158.

Meh, C., Moran, K., 2008. The role of bank capital in the propagation of shocks. Bank of Canada, Working Papers 08-36.

Miron, J. A., Romer, C. D., Weil, D. N., 1994. Historical perspectives on the monetary transmission mechanism. In: Mankiw, N. G. (Ed.), Monetary policy. National Bureau of Economic Research, Inc, pp. 263-306.

Mishkin, F. S., 1976. Illiquidity, consumer durable expenditure, and monetary policy. Am. Econ. Rev. 66(4), 642-654 (September).

Mishkin, F. S., 1978. The household balance-sheet and the Great Depression. J. Econ. Hist. 38(4), 918-937(December).

Mishkin, F. S., 1995. Symposium on the monetary transmission mechanism. J. Econ. Perspect. 9 (4), 3-10.

Mishkin, F. S., 2007. Housing and the monetary transmission mechanism. In: Housing, housing finance, and monetary policy, 2007 Jackson Hole Symposium. Federal Reserve Bank of Kansas City, Kansas City, MO, pp. 359-413.

Mishkin, F. S., 2008. Global financial turmoil and the world economy. Speech given at the

Caesarea Forum of the Israel Democracy Institute, Eliat, Israel, July 2, 2008. http://www. federalreserve. gov/newsevents/speech/mishkin20080702a. htm.

Mundell, R. A. , 1963. Capital mobility and stabilization policy under fixed and flexible exchange rates. Can. J. Econ. 29(4), 475-485.

Murchison, S. , Rennison, A. , 2006. ToTEM: The Bank of Canada's new quarterly projection model. Bank of Canada, Technical Reports 97.

Peek, J. , Rosengren, E. , 1995a. The capital crunch: Neither a borrower nor a lender be source. J. Money Credit Bank. 27 (3), 625-638 (Aug.).

Peek, J. , Rosengren, E. S. , 1995b. Is bank lending important for the transmission of monetary policy? An overview. New England Economic Review, 3-11 (Nov.).

Peek, J. , Rosengren, E. S. , 1997. The international transmission of financial shocks: The case of Japan. Am. Econ. Rev. 87 (4), 495-505 (Sept.).

Peek, J. , Rosengren, E. S. , 2010. The role of banks in the transmission of monetary policy. In: Berger, A. , Molyneux, P. , Wilson, J. (Eds.), The Oxford handbook of banking. Oxford University Press, Oxford, UK.

Primiceri, G. , 2005. Why inflation rose and fell: Policymakers' beliefs and US postwar stabilization policy. National Bureau of Economic Research, Inc. , NBER Working Papers 11147.

Ramey, V. A. , 1993. How important is the credit channel in the transmission of monetary policy?. National Bureau of Economic Research, Inc. , NBER Working Papers 4285.

Reifschneider, D. , Stockton, D. J. , Wilcox, D. W. , 1997. Econometric models and the monetary policy process. Carnegie-Rochester Conference Series on Public Policy 47 (Dec.), 1-37.

Reifschneider, D. , Tetlow, R. , Williams, J. , 1999. Aggregate disturbances, monetary policy, and the macroeconomy: The FRB/US perspective. Federal Reserve Bulletin 85, 1-19 (Jan.).

Romer, C. D. , Romer, D. H. , 1989. Does monetary policy matter? A new test in the spirit of Friedman and Schwartz. NBER Macroeconomics Annual 4, 121-184. National Bureau of Economic Research, Inc.

Sims, C. A. , Zha, T. , 2006. Were there regime switches in U. S. monetary policy?. Am. Econ. Rev. 96 (1),54-81.

Smets, F. , 1995. Central bank macro-econometric models and the monetary policy transmission mechanism. BIS (1995). In: Financial structure and the monetary policy transmission mechanism. Central Bank, p. 394 (March).

Smets, F. , Wouters, R. , 2007. Shocks and frictions in US business cycles: A Bayesian DSGE approach. Am. Econ. Rev. 97 (3), 586-606.

Stock, J. H. , Watson, M. W. , 2005. Implications of dynamic factor models for VAR analysis. National Bureau of Economic Research, Inc. , NBER Working Papers 11467.

Taylor, J. B., 1993. Macroeconomic policy in a world economy: From econometric design to practical operation. W. W. Norton, New York.

Taylor, J. B., 1995. The monetary transmission mechanism: An empirical framework. J. Econ. Perspec. 9(4), 11-26.

Taylor, J. B., 1999. A historical analysis of monetary policy rules. In: Taylor, J. B. (Ed.), Monetary policy rules. National Bureau of Economic Research, Inc, pp. 319-348.

Taylor, J. B., Williams, J. C., 2010. Simple and robust rules for monetary policy. In: Friedman, B. M., Woodford, M. (Eds.), Handbook of monetary economics. 3B, Elsevier/North-Holland, Amsterdam (Chapter 15).

Tobin, J., 1969. A general equilibrium approach to monetary theory. J. Money Credit Bank. 1 (1), 15-29(Feb.).

Van Den Heuvel, S., 2002. Does bank capital matter for monetary transmission? Econ. Policy Rev. May(Updated and reprinted in The Evolving Financial System and Public Policy, Bank of Canada, December 2004).

Wessel, D., 2009. In Fed we trust: Ben Bernanke's war on the great panic. Crown Business, New York.

Woodford, M., 2003. Interest and prices. University Press, Princeton, NJ.

第九章 通货膨胀持续性[①]

杰弗里·C.富勒(Jeffrey C. Fuhrer) [*]

*:波士顿联邦储备银行

目　录

① 感谢法菲亚(Fabia)、贡鲍-布里萨(Gumbau-Brisa)、丹尼·李(Denny Lie)、乔瓦尼·奥利维(Giovanni Olivei)、斯科特·舒(Scott Schuh)、奥兹·夏伊(Oz Shy)以及拉夫·沃特斯(Raf Wouters)等编辑,以及波士顿联邦储备银行的午餐研讨会的与会者,感谢欧央行 2009 年 10 月召开的手册会议的诸位与会者的有益建议,感谢蒂莫西·科格利(Timothy Cogley)提供的数据。

本章摘要:本章研究宏观经济理论中通货膨胀持续性的概念。我们首先定义了持续性,强调了简化型和结构型持续性之间的区别。考虑到持续性随时间推移而变化的可能性,本章研究了一些简化型持续性的实证测量方法,随后研究了持续性的理论来源,区分了内在型和继承型持续性,得出了一些关于持续性的分析结果,并强调了货币政策制度的影响。本章从有关不完全信息模型、学习模型以及趋势通胀模型的文献中总结了持续性的含义,并得出一些较新的结论。本章最后总结了许多关于分类价格数据持续性的研究成果。

    JEL 分类代码:E31, E52

    关键词:自相关;通货膨胀持续性;菲利普斯曲线

1. 导言

    何为持续性? 为何持续性对宏观经济学家和政策制定者来说很重要? 广义而言,持续性相当于物理学中的惯性。惯性可被定义为物体对改变其速度(方向和速率)的抵抗,除非受到外力的作用。其规律通常释义为"一切静止的物体在没有受到力的作用时,总保持静止状态",这是该规律的一个面向。牛顿第二运动定律($F = ma$ 或 $a = F/m$)则以代数形式对这一概念进行了解释:给定速度变化(加速度),要实现这一变化所需的力的大小与物体的质量成正比。物体质量越大,加速它所需的力就越大。从这个意义上讲,一个物体的质量决定其惯性或持续性。

    虽然没有哪种类比是完全贴切的,但把持续性比作惯性仍有一定合理性。在其他条件不变时,一个经济变量通常保持在其最近的位置附近(除非受到某些经济因素影响而发生改变),在这种情况下该经济变量被认为是具有持续性的。而在通货膨胀问题中,在没有经济"力量"推动其从当前水平改变的情况下,价格变化率往往保持不变(通货膨胀倾向于有一定的持续性)。此处仅以惯性为类比,帮助我们直观地把握持续性的概念,本章将在随后的论述中对通货膨胀的持续性给出更精准的定义。

1.1 早期通货膨胀模型与滞后通货膨胀的实证必要性

数十年来,经济学家都认为通货膨胀是一种具有惯性或持续性的经济变量。牺牲率的概念——为降低通货膨胀率一个百分点而增加的失业率的百分点——意味着通货膨胀不会自动移动,要降低其水平,需要付出失业率提升或产出损失等形式的经济代价。[①] 早期的加速主义菲利普斯曲线模型,以纳入通货膨胀的滞后来模拟通货膨胀的明显惯性。在这些模型中,以戈登(Gordon)的通货膨胀三角模型最为典型,其简化形式如下(Gordon,1982)[②]:

$$\pi_t = \sum_{i=1}^{k} a_i \pi_{t-i} - b(U_t - \bar{U}) + c x_t + \varepsilon_t \tag{9.1}$$

通货膨胀 π_t 取决于其自身的滞后期(为体现弗里德曼-菲尔普斯加速主义原则,通常将其和限定为1),实际活动测度(此处的失业偏差 U_t 根据非加速通货膨胀失业率得出)和供给移动因素,如关键相对价格的变化,(这些因素都由 x_t 来度量)。在这样一个模型中,通货膨胀会随着实际活动和供应冲击而逐渐变化,其变化部分地取决于其最近的历史。由于这些变量具有持续性,通货膨胀便因此继承了其持续性。而问题的关键是,除了从 U_t 和 x_t(如果是序列相关的,则也有可能从 ε_t)继承的持续性,通货膨胀是否(或者为何)本身就具有内在的持续性。如果通货膨胀表现出内在的持续性,那么通货膨胀模型需要用到式(9.1)中的滞后项。

在这篇早期文献中,将通货膨胀滞后项纳入模型的理论依据是将其作为预期通货膨胀、订立契约和其他定价摩擦的代理变量。从实证角度看,滞后项有助于模型拟合数据。这一点可参考表9.1,表中分别给出了戈登式菲利普斯曲线在有无通货膨胀滞后参与时 R^2 的估值。具体公式如下所示:

$$\pi_t = \sum_{i=1}^{4} \alpha_i \pi_{t-1} + \sum_{j=1}^{2} \beta_j U_{t-j} + \sum_{k=1}^{2} \gamma_k \Delta \mathrm{rp}_{t-k}^{o} + C$$

其中,π_t 是核心 CPI 的季度百分比的变化,U 是失业率,rp^o 是石油的相对价格。在某些估计值中,α_i 的总和被限定为1。[③]

表 9.1 戈登式菲利普斯曲线的 R^2

模　型		R^2
核心 CPI,1966 年第一季度—1984 年第四季度	有滞后,$\sum \alpha_i = 1$	0.74
	有滞后,$\sum \alpha_i \neq 1$	0.74
	没有滞后	0.24

---

① 见 Gordon 等(1982)的研究。他们首次使用"牺牲率"一词。他们的研究延续了 Okun(1977)的研究。

② 见 Friedman(1968)和 Phelps(1968)最早对加速主义菲利普斯曲线的解读。

③ 请注意,此约束在回归中并不具有统计显著性,如表9.1所示,R^2 的值在有无限定的情况下都是相同的,且这些约束检验的 p 值在两个样本中都超过了0.8。

续　表

模　型		R^2
核心 CPI,1985 年第一季度—2008 年第四季度	有滞后, $\sum \alpha_i = 1$	0.79
	有滞后, $\sum \alpha_i \neq 1$	0.79
	没有滞后	0.09
核心 PCE,1966 年第一季度—1984 年第四季度	有滞后, $\sum \alpha_i = 1$	0.76
	有滞后, $\sum \alpha_i \neq 1$	0.77
	没有滞后	0.39
核心 PCE,1985 年第一季度—2008 年第四季度	有滞后, $\sum \alpha_i = 1$	0.72
	有滞后, $\sum \alpha_i \neq 1$	0.72
	没有滞后	0.16

该表的要点是:第一,通货膨胀的滞后具有实证上的重要性,无论它们在结构性意义上代表什么;第二,了解这些滞后在结构上代表什么至关重要。

1.2　理性预期与通胀持续性:对一些问题的介绍

宏观经济学引入 Muth(1961)的理性预期理论及随之对期望值建立清晰模型的要求给价格和通胀的建模带来巨大挑战。在 Lucas(1972)、Sargent 和 Wallace(1975)等最早提出的理性预期模型中,价格水平是一个纯粹前瞻性或基于期望的变量,就像资产价格一样。[①] 在这些模型中,价格是有弹性的,并且可以跳跃式地变化以应对冲击。最初,要使消费者价格指数这些平稳、连续变化的总价格指数与这些早期理性预期模型中的灵活价格相协调还相当困难。图 9.1 显示了二战后的消费者价格指数。

---

① 表 9.1 中的结果完全不受滞后性通货膨胀滞后期长度的影响。对于长达 24 年的滞后期,我们得到的 R^2 的值几乎一致,并且有无绑定条件下的结果都相同。但若使用开始于 1997 年的后一个样本,则结果会发生巨大变化。对滞后系数之和的限定现在具有约束力, R^2 的值降到 0.25 或更低,Williams(2006)强调了这一结果。关于简化型持续性的这一明显转变,我们将在后面进行更详细的讨论。

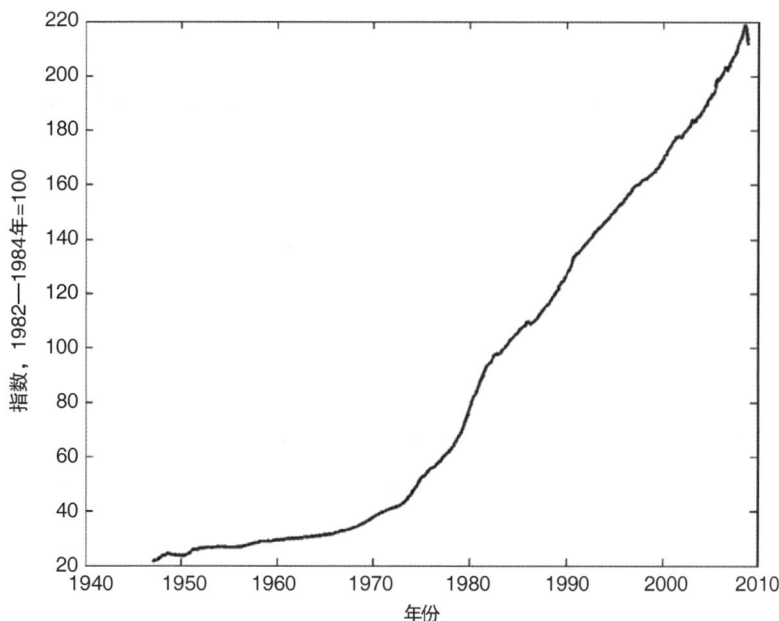

图 9.1 消费者价格指数

许多经济学家认识到,价格数据的明显持续性与这些早期理性预期模型所暗示的缺乏持续性之间存在矛盾。Fischer(1977)、Gray(1977)、Taylor(1980)、Calvo(1983)以及 Rotemberg(1982,1983)等开发了一系列基于名义价格契约的模型,试图在理性预期模型中赋予价格水平与数据一致的惯性。泰勒、卡尔沃/罗腾伯格(Rotemberg)提出的合同重叠假说成功做到了这一点。所谓合同重叠,即允许在 t 期谈判的合同受相邻期订立的合同的影响,也就是说后者在 t 期合同的期限内仍然有效。[①] 正是由于他们巧妙地将理性预期与宏观经济序列中的惯性(或持续性)协调起来,随后的宏观经济研究才能基于这些开创性贡献成果而展开。

然而在 20 世纪 90 年代早期,许多研究者发现,这些理性预期公式并不能很好地反映价格水平的变化,即通货膨胀率。Ball(1994)论证了这些模型意味着与事实相反的"去通胀型繁荣"——央行可以设计出一种通缩刺激产出增加而不是减少。Buiter 和 Jewitt(1981)以及 Fuhrer 和 Moore(1992,1995)等证明,泰勒的合同模型中隐含的通货膨胀持续性程度远低于二战后通货膨胀数据所显示的程度。为便于直观理解,我们将式(9.1)与卡尔沃-泰勒型的通货膨胀公式进行比较。[②]

$$\pi_t = E_t\pi_{t+1} + \gamma\tilde{y}_t + \varepsilon_t \tag{9.2}$$

此处表明,通货膨胀 π_t 是未来预期产出缺口 $\tilde{y}_t$ 的函数(假设 $E_t\varepsilon_{t+i}=0$,$\forall i>0$,或等价地,ε_t 非自相关)。[③] 通货膨胀确实会继承产出的持续性,但仅此而已。在戈登的三角模型中,滞后消失了。通货膨胀具有完全的前瞻性:在产出受到冲击之后,通货膨胀会立即跳跃

---

① 例如,在 t 期谈判的第 4 期合同受前 3 期谈判的合同以及预计将在随后 3 期内谈判的合同的影响。
② 参见 Roberts(1997)的推导,该推导显示了这些公式的近似等价性。
③ 这一点将在式(9.18)中得到明确说明,但也可以通过将未来通货膨胀代入式(9.2)来进行检验,以得出结果。

以作回应。如果产出未表现出持续性(即没有实际刚性),那么通货膨胀也不会表现出持续性。相反,式(9.1)暗示通货膨胀取决于过去所有的产出缺口和冲击。在前瞻性模型中,通货膨胀继承了产出的持续性,但滞后的通货膨胀项意味着通货膨胀不能在对产出冲击的响应中出现跳跃——通货膨胀表现出额外的持续性(或惯性),即在应对冲击时,通货膨胀倾向于保持在其最近值附近。

为了探索这个前瞻性设定的动态含义,我们将式(9.2)嵌入宏观模型框架中。我们引入一个基本的 IS 曲线和一个简化的政策规则来构建这个模型,即

$$\tilde{y}_t = \rho \tilde{y}_{t-1} - a(r_t - E_t \pi_{t+1})$$

$$r_t = b(\pi_t - \bar{\pi}) \tag{9.3}$$

其中, r_t 是由央行控制的短期政策利率,通胀目标标记为 $\bar{\pi}$,为方便起见,实际均衡利率被取消。[①] 我们还将考虑不存在与存在产出持续性的两种情况,即 $\rho = 0$ 或 $\rho \neq 0$ 。政策对通货膨胀缺口的响应由参数 b 来校准,它始终被设置为 1.5。

首先考虑产出非持续的情况,此时通货膨胀处于目标值,产出缺口为零。为了比较那些尝试衡量经济活动对货币政策冲击反应的大量文献,我们考虑对政策利率 r_t 施加一个单位的临时正向冲击。在产出和通货膨胀都没有惯性的情况下,两者都在一段时间内被干扰至低于其稳定状态的水平。在第二阶段,两者则都会恢复到稳定状态。图 9.2 中的实线显示的就是这项相当乏味的试验的结果。

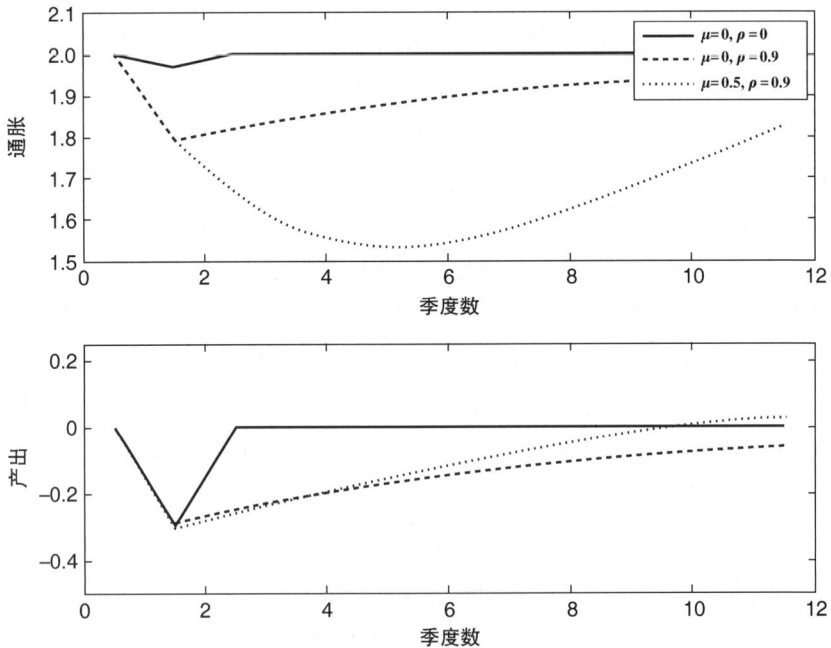

图9.2 简单卡尔沃模型中通胀对货币政策冲击的响应

[①] 请注意,式(9.2)的卡尔沃-菲利普斯曲线的推导假定了零通胀率,而式(9.3)允许存在非零稳态通胀率的可能性。Cogley 和 Sbordone(2008)针对央行以零通胀率为目标的情况,推导出了对应的菲利普斯曲线。就其研究任务而言,近似值的误差可能会很小。

当产出是持续性的时(此时 $\rho = 0.9$),其动态变化的情况会更加复杂。从同一稳态开始,对政策利率施加一个单位的正向冲击。这个模拟的结果在同一图中以短线虚线表示。产出在第一阶段低于其稳态水平,并且由于自身的持续性,在一段时间内会保持低于稳态的水平。要使式(9.2)成立,当产出缺口为负时,预期通胀率就必须高于当前的实际通胀。因为产出是持续性的,所以只要产出缺口保持为负,预期通胀就必须为正。但最终通货膨胀将不得不恢复到原来的稳态。因此,通货膨胀必须先立即下降到低于稳态水平,然后再从稳态下方回升到稳态水平。本模型中的通胀的动态让人联想到著名的 Dornbusch(1976)的超调模型中的汇率动态变化。[1]

为便于比较,图9.2中用点虚线显示了包括通货膨胀滞后因子在内的通货膨胀方程式的结果。此处的方程是一个混合方程,混合了前瞻性和后顾性元素,其形式如下:

$$\pi_t = \mu\pi_{t-1} + (1 - \mu) E_t\pi_{t+1} + \gamma\bar{y}_t + \varepsilon_t \tag{9.4}$$

图9.2中的 $\mu = 0.5$。现在,为应对货币政策冲击,产出表现与此前相差不大,但通货膨胀在几个季度内逐渐下降,表现出货币向量自回归文献中典型的驼峰形响应。[2] 只要产出缺口为负,预期通胀就不再要求必须超过当前通胀水平。

尽管许多经济学家对通货膨胀持续性的直觉大部分来自对已确定货币政策冲击的响应,但正如上面的模拟所描绘的,经济学家的兴趣点也集中在通货膨胀对央行反通胀措施的响应上。Ball(1994)、Fuhrer 和 Moore(1992)等都在研究中突出通货膨胀方面的动态因素。在完全可置信的反通货膨胀行动中,不同设定的通胀行为的差异与上文所述的应对货币政策冲击的反应一样显著。在图9.3的实线和短线虚线中,通货膨胀是前瞻性的($\mu = 0$)。在时间点1的位置,央行宣布了一个永久且完全可置信的下调方案,将目标通胀率从2%降至0。如图9.3所示,无论产出的持续性如何,通胀率在此方案宣布后的一段时间内都会跃升至新的平衡,且不会给产出带来干扰,因此图中的实线和短线虚线重合。[3] 与此形成鲜明对比的是,当通货膨胀方程式中出现滞后性通胀时,通货膨胀率逐渐下降至新的长期均衡,而在这段过渡期内,产出也随之下降。

① Fuhrer 和 Moore(1995)以及 Estrella 和 Fuhrer(2002)研究了这种超调性质。
② 相关代表性研究可参见 Christiano 等(2005)的论文。请注意,产出响应与短线虚线略有不同,因为通胀(以及导致的短期实际利率)的路径不同。
③ 如果通胀目标是预先宣布的,那么通胀率将在第一阶段跃升到新目标,但同样不会影响产出。

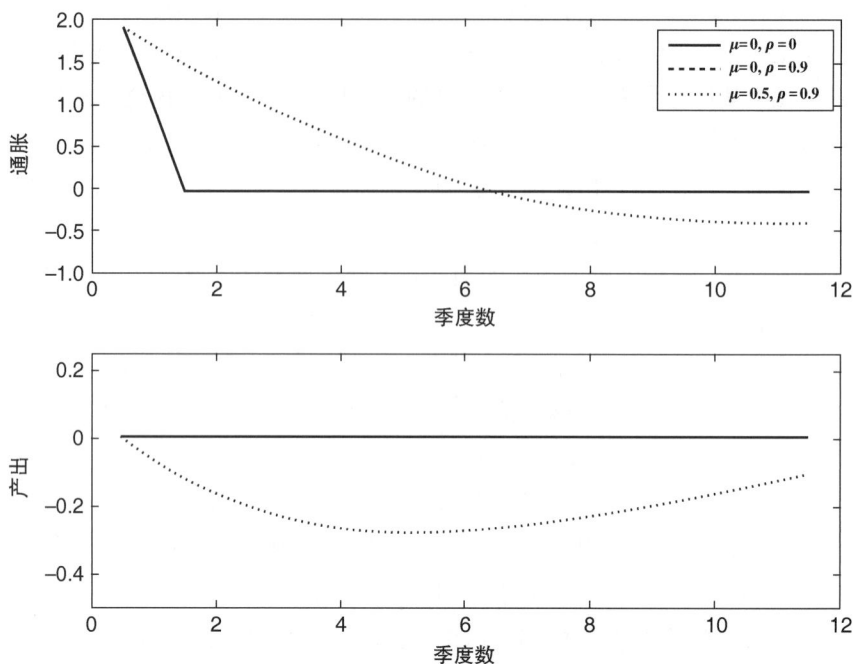

图9.3 简单卡尔沃模型中可置信的通货紧缩

　　许多人会认为纯前瞻性指标的动态变化明显有违实际。[①] 但不管怎样,人们都需要明确通货膨胀的动态因素以便采取适当的货币政策。但仅了解通货膨胀的简化形式是不够的。央行需要了解通货膨胀持续性的根源——在这些例子中,无论这个根源是产出持续性(持续性产出源于货币政策制定者的行为),还是价格形成过程本身所固有的持续性。第三个持续性的关键来源是央行行为,这在上述实践中没有得到研究,但接下来将详细探讨。无论是其对通货膨胀偏离当前目标的系统性反应(或反应不足),还是其对通胀目标的低频调整,央行行为都会对通胀持续性产生重大影响。[②] 相关的模拟将清楚地说明,研究持续性问题并非宏观经济学家和政策制定者的一时兴起。

　　当然,理解通货膨胀为何以及何时具有持续性远比这些简单示例说明要复杂得多。例如,所举的例子并没有考虑通胀对于不完全可信的货币主管部门的那些通货紧缩政策做出不同反应的可能性;这些例子也没有考虑到会导致私人主体"干中学"的不完善的经济知识。所有这些情况都会改变简单示例的动态含义。以下论述将考虑这些因素。

---

① Estrella 和 Fuhrer(2002)研究了此类模型的反事实含义。
② 央行通胀目标的因时而变是研究的焦点,Ireland(2007)以及 Cogley 和 Sbordone(2008)等均对此做了研究。

2. 简化型通胀持续性的定义和度量

之前的讨论表明,将简化型通胀持续性与结构型通胀持续性区分开来是有用的。简化型持续性指所观察的通货膨胀措施的经验属性,但无实际的经济意义。结构型持续性则指由可识别的经济来源所产生的持续性。近来通货膨胀研究的一个关键目标是将所观察的简化型持续性映射到产生这一持续性的基本经济结构中。在很大程度上,我认为这一挑战仍然存在。

2.1　简化型持续性的定义

简化型持续性尚无明确的衡量标准。正如以下内容所讨论的那样,研究人员采用了各种测量方法来验证通货膨胀是否如其所想的那样对冲击做出渐进反应或停留于其近期水平附近。[1] 由于多数对通胀持续性的测量都来自通货膨胀的自相关函数,因此在这里对通胀自相关函数进行定义是有用的。平稳变量 x_t 的第 i 个自相关系数 ρ_i ——这个变量与其自身第 i 个滞后变量 x_{t-i} 的相关性——可以表述为[2]:

$$\rho_i = \frac{E(x_t x_{t-i})}{V(x_t)} \tag{9.5}$$

其中 $V(x)$ 是 x 的方差。两者之间的相关性介于−1 到 1 之间。变量的自相关函数相应地被定义为当期变量 x 与其滞后变量 x_{t-i} 的相关性向量,而变量 x 的滞后变量 x_{t-i} 中的 i 的取值范围为 1 到 k:

$$A = [\rho_1, \cdots, \rho_k] \tag{9.6}$$

如果时间序列与其过去的相关性衰减较慢,则可以说时间序列是相对持续的。通过绘制变量的自相关函数就能得到一系列简化型持续性的图形描述。在图 9.4 中,持续性序列 P_t 与其自身滞后变量的相关性在 12 期内从 0.9 逐渐下降到 0.3。相比之下,持续性较短的时间序列 N_t 的走势显示出自相关函数在大约 8 个周期内从 0.5 快速下降到 0。很大程度上,本章 2.2 中的调查的持续性替代测度标准为量化通货膨胀自相关函数的衰减率提供了替代方法。

---

[1] 这个定义隐含地假设通胀与其自身滞后之间存在正相关关系,这一假设在二战后的大部分时间里都成立。更一般地,如果时间序列自相关的绝对值很高,则可以认为时间序列是持续性的,因此一个明显负自相关的序列也会被认为具有持续性。

[2] 为方便起见,此定义假设 x_t 是一个均值为 0 的序列。

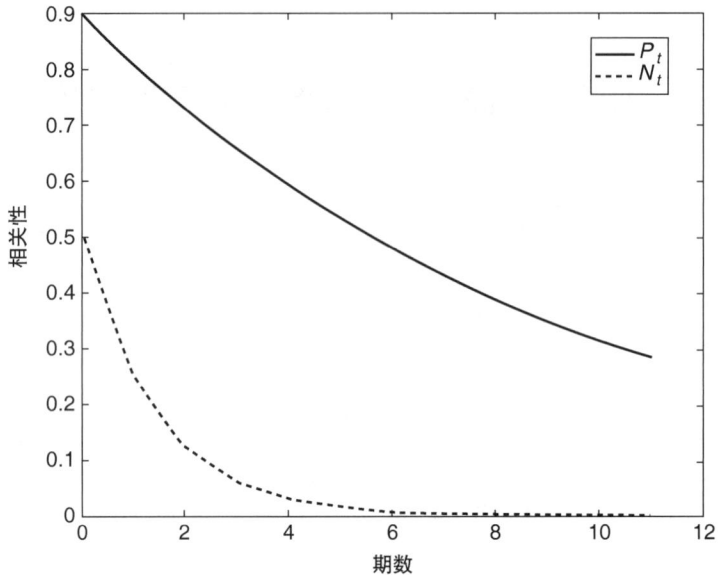

图9.4 假设的自相关函数

本讨论中的自相关函数解析表达式也很有用。例如,如果变量 x_t 被定义为一阶自回归过程:

$$x_t = ax_{t-1} + \varepsilon_t \tag{9.7}$$

其中 $-1 < a < 1$,那么其自相关函数就是:

$$A = [a, a^2, \cdots, a^k] \tag{9.8}$$

从式(9.8)可以清楚地看出, x_t 的自相关函数按照自回归参数 a 确定的速率以几何级数的形式衰减。接下来,我们在纳入理性预期的更复杂的结构模型中推导通货膨胀自相关系数的分析表达式。

一些研究人员将持续性定义为过去发生的冲击对当前通货膨胀的影响,例如 Cogley 等(2010)的研究。这种概念与自相关函数有关。通胀与其遥远的过去越相关,在遥远的过去扰动通胀的冲击就会越多地反映在当前的通胀中。更正式一点地说,式(9.7)中采用的简单的一阶通货膨胀自回归模型可以向后迭代,以获得通货膨胀的移动平均公式,如下所示:

$$\begin{aligned} \pi_t &= \varepsilon_t + a(a\pi_{t-2} + \varepsilon_{t-1}) \\ &= \varepsilon_t + a\varepsilon_{t-1} + a^2\varepsilon_{t-2} + a^3\varepsilon_{t-3} + \cdots \end{aligned} \tag{9.9}$$

上式表明, a 越大,通胀的自相关衰减越慢,过去的冲击对当前通胀的影响就越大——同时,冲击对通胀的影响也更持久。[1]

---

[1] 这种代数形式为这一论点提供了一个更严谨的理由,即类似式(9.1)中的旧式菲利普斯曲线增加了通胀持续性,这种增加超出了从产出继承的持续性——通胀滞后意味着存在过去的冲击对当前通胀的持续影响。

2.2　简化型通胀持续性的测量

由于现有文献中对如何测量持续性几乎没有达成共识,在此我们对一组尝试捕捉通胀中的持续性的衡量方式进行检验,包括:

● 常规单位根检验。

● 通货膨胀序列的自相关函数,如式(9.6)所示。

● 通货膨胀序列的一阶自相关。

● 单变量自回归通货膨胀过程的主导根(稍后定义)。

● 通货膨胀下单变量自回归的系数和。

● 未观察到的通货膨胀成分分解,估计通货膨胀的"永久性"和"暂时性"成分的相对贡献,如 IMA(1,1)(IMA 的全称为 integrated moving-average,即综合移动平均线)以及 Stock 和 Watson(2007)的相关模型。

由于自相关函数涵盖了时间序列中的大部分信息,所以它是度量持续性的最佳综合指标。但是研究人员常常想用一个单一数字来捕捉自相关函数所隐含的整体持续性,由此激发出上文所列举的诸多度量指标。这些检验的结果虽然有重叠的部分,但是它们既不一致也不明确。我们将始终通过多个子样本检验了这些衡量持续性的指标,提供了关于持续性是否随时间而变化的启示性证据。[1]

2.2.1　相关数据

本章将重点讨论三个主要的通货膨胀指标。每个值都将被定义为对应价格指数对数变化的 400 倍。这三个指标是 GDP 平减指数、消费者价格指数(consumer price index,简称 CPI)和个人消费支出链式价格指数(personal consumption expenditures,简称 PCE)。在某些情况下,我们需要研究 CPI 和 PCE 的所谓的"核心"版本,即不包括食品和能源价格的价格指数。在本章中,我们将这些序列称为 CPI-X 和 PCE-X。这些序列把食品和能源价格序列波动带来的高频噪声过滤掉了。[2]

图 9.5 的第一个图中显示了三个整体序列,第二个图中显示了相应的核心序列。表 9.2 提供了三个通货膨胀序列在几个样本时期的统计数据汇总。图 9.5 清晰地显示出:20 世纪 80 年代初以来,通货膨胀所有度量指标的水平都有所下降(见表 9.2 的均值部分);通货膨胀所有度量指标的方差下降,这与所谓的"大缓和"(见表 9.2 中的方差部分)一致;三个序列之间高度相关(见表 9.2 的相关矩阵);核心序列的波动较小。虽然在图 9.5 中不太明显,但是表 9.2(b)显示所有序列之间的相关性下降。特别是,虽然 CPI 和 PCE 仍高度相关,但核心指标和整体指标之间的相关性已经下降,GDP 平减指数与消费者价格指数之间的相关性也有所下降。尽管这些序列之间的相关性相对较高,但下面的持续性度量则显示出序列之间

---

[1]　由于本章的目的并非提供关于持续性发生变化的精确时间的确切证据,我们不会对每种指标进行完整的未知连续断点检验。但本章的 2.3.1 提供了一个未知断点检验的结果,检验对象为通货膨胀单变量自回归。

[2]　如图 9.5 所示,核心价格序列直到 20 世纪 50 年代后期才开始使用。

的一些显著差异。

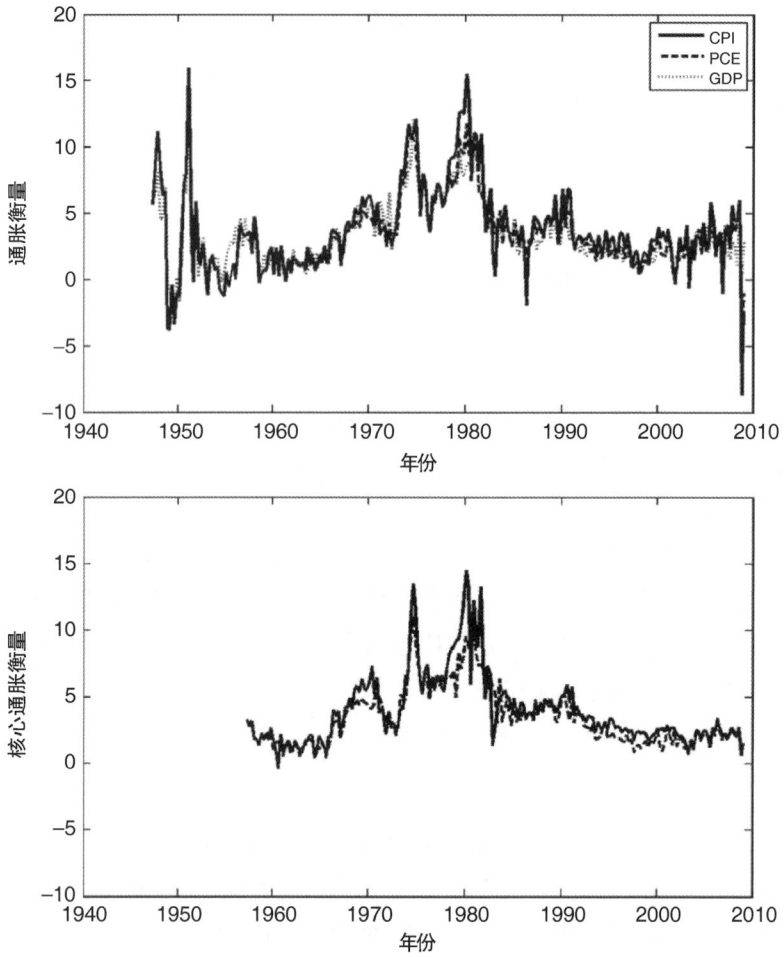

图 9.5　通货膨胀数据

表 9.2(a)　通货膨胀度量单位的统计数据汇总

指　标		1959—2008 年	1959—1984 年	1985—2008 年	1995—2008 年
均值	CPI	4.0	5.0	3.0	2.5
	PCE	3.6	4.5	2.6	2.1
	GDP	3.6	4.6	2.5	2.2
	CPI-X	4.0	4.9	3.0	2.3
	PCE-X	3.5	4.4	2.5	1.8
方差	CPI	9.4	12.7	3.7	4.3
	PCE	6.4	8.6	2.2	2.2
	GDP	5.7	7.8	0.95	0.83
	CPI-X	7.2	10.9	1.2	0.31
	PCE-X	4.7	6.4	1.2	0.25

表 9.2(b)　通货膨胀度量单位的统计数据汇总

指　　标		CPI	PCE	GDP	CPI-X	PCE-X
相关矩阵，1959—2008 年	CPI	1.00				
	PCE	0.96	1.00			
	GDP	0.86	0.92	1.00		
	CPI-X	0.86	0.85	0.86	1.00	
	PCE-X	0.81	0.90	0.92	0.91	1.00
相关矩阵，1985—2008 年	CPI	1.00				
	PCE	0.94	1.00			
	GDP	0.57	0.70	1.00		
	CPI-X	0.48	0.56	0.53	1.00	
	PCE-X	0.40	0.62	0.65	0.87	1.00

2.2.2　单位根检验

首先用单位根来检验持续性。如果通货膨胀包含一个单位根，那么其持续性无疑会很强(或无限)，并且其方差是无界的。[①] 许多研究都检验过通货膨胀的单位根(Ball and Cecchetti,1990；Barsky,1987)，20 世纪 90 年代之前的检验结果都倾向于表明通货膨胀有单位根。最近几年的研究人员则不太愿意拒绝平稳性。大多数货币模型表明，近几十年来，各国央行对通胀更为积极的关注是造成这种变化的原因。此外，近年来各国央行的通胀目标相对有限的变化也减少了通胀的单位根成分(Cogley and Sbordone,2008；Stock and Watson,2007)。

表 9.3 提供了对包含单位根的通胀序列中的长样本(1966—2008 年)和"大缓和"样本(1985—2008 年)的单变量零假设检验。表中的结果有些模棱两可。近几十年来，人们通常会强烈拒绝单位根的零假设，尽管这会随着通货膨胀序列和所使用的检验方法的不同而有所不同。对于时间较长的样本，菲利普斯-泊松检验拒绝零假设，尽管并不总是非常强烈。ADF 检验未能拒绝所有三个通胀序列。

表 9.3　1966—2008 年通货膨胀度量的单位根检验(p 值为零，序列数具有单位根)

指　　标		ADF 检验	菲利普斯-泊松检验
1966—2008 年	CPI	0.14	0.0069
	PCE	0.37	0.045
	GDP	0.33	0.025

---

① 一个带有单位根的序列具有无限"记忆"，即 t 期的冲击会影响之后所有的时期($t+k,k>0$)。更正式地说就是，如果 $x_t = x_{t-1} + \varepsilon_t$ ，那么 $x_t = \sum_{i=0}^{\infty} \varepsilon_{t-i}$ 。因此，对单位根序列的任何冲击都将一直存在。

续 表

指 标		ADF 检验	菲利普斯-泊松检验
1985—2008 年	CPI	0	0
	PCE	0.07	0
	GDP	0.31	0

这些检验能看出什么呢？在过去的25年里,美联储看上去好像有一个明确的、相对稳定的低通胀目标,尽管到目前为止它都选择秘而不宣。如果美联储确实有这样一个目标,那么理论上说,美国的通货膨胀率将不会有单位根——或者说,如果它的确有单位根,那么通货膨胀关于该组成部分的方差就会非常小。[①] 这一推论,加上近几十年来研究者更频繁地拒绝单位根的零假设,表明人们可以放心地假设通货膨胀不包含显著的单位根,至少在现行的货币政策下是不包含的。

2.2.3 一阶自相关系数

本章第2节建议将序列的一阶自相关系数作为持续性的度量,例如 Pivetta 和 Reis (2007)使用的度量方法。图9.6是图9.2的进一步延伸,给出了三种总体通胀测量的一阶自相关系数的滚动样本估计。[②] 图9.6表明,所有三种通货膨胀度量在其自相关序列中显示出相似的时间变化。它们在20世纪70年代上升到0.8或更高,并一直保持到20世纪90年代中期,此时相关性下降到0.5或0.6。第三次下降是在21世纪第一个十年的中期,一阶自相关系数确实下降到非常低的水平,介于0—0.4。一阶自相关的相对较近的下降使得我们很难判断持续性下降究竟是反映了通货膨胀的持续性特征,还是反映了小样本现象。小样本现象是短时期内以通货膨胀受到小冲击为特征的结果。第4节将展示蒙特卡罗方法如何解决这个问题。

---

① 尽管其方差相对较小,但目标通胀率的缓慢下降可能表现为通胀的单位根成分,因此这种说法有些太过强硬。Stock 和 Watson(2007)曾提出一个通胀模型并对此进行了推理,可供参考。此外,Cogley 和 Sbordone(2008)也提出了一个模型,检验了趋势通胀并构成因素的重要性,这可能解释了20世纪70年代通货膨胀接近单位根的原因。他们将这一因素与美联储的隐含通胀目标的时间变化联系起来,发现它解释了通胀的大部分低频率变化。相关细节见本章3.5和3.6中的论述。

② 与皮维塔(Pivetta)和雷斯(Reis)的研究相同,这里的滚动样本估计采用了14年的窗口。

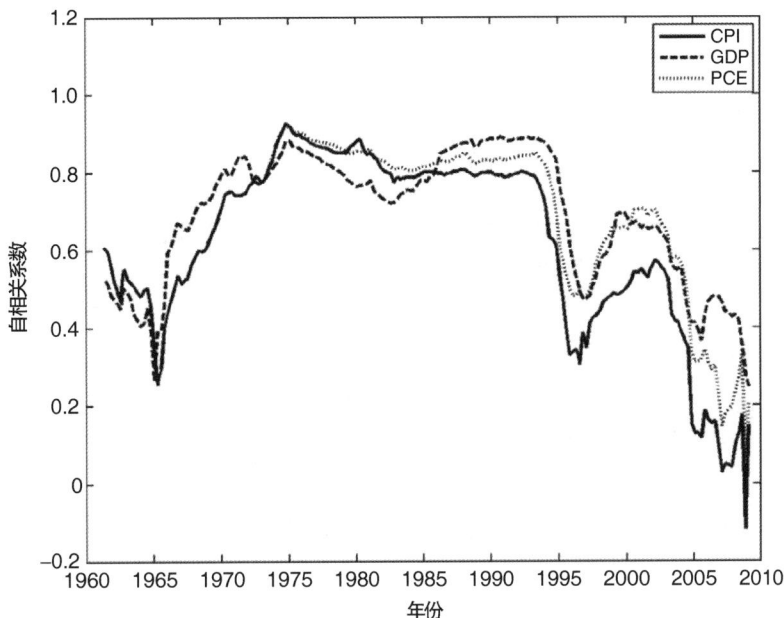

图 9.6　一阶自相关系数的滚动样本估计

　　总的来说,这些简单的测量支持了如下结论:通货膨胀在当前并没有很好地表现为具有单位根特征的过程,尽管在过去几十年里,它表现出的走势似乎与单位根过程存在一致性。自相关亦表明简化型通胀持续性存在相当大的时变性。

2.2.4　自相关函数

　　本节将继续对上一节的结果进行延伸。图 9.7 显示了两个样本周期(1966 年第一季度—1984 年第四季度和 1985 年第一季度—2008 年第四季度)内五个关键通胀指标(CPI-X、PCE-X、CPI、PCE 和 GDP 平减指数)的样本自相关函数。[①] 如图 9.7 所示,根据所有衡量指标,在过去 43 年的前半段时期,通货膨胀在简化形式上表现出相当强的持续性。20 世纪 80 年代中期以来(大致对应着"大缓和"的开始),通货膨胀持续性在一些(而非全部)指标上有所降低。在最近的样本中,核心通胀的两个衡量指标几乎没有显示持续性的下降,这一特征将在下一节的主导根中得到验证。[②] 这些结果的模糊性和下降的根源将在本章的 2.4 中详细讨论。

---

① 本章在此同时使用核心和总体两种指标,因为正如在下一小节中将要讨论的,关键相对价格对样本后半部分通胀的简化形式持续性有着显著的影响。选择早期样本是为了与联邦基金利率作为美联储政策工具首次使用的时间相吻合。将样本追溯到 1959 年第二季度,即使用 PCE 价格序列的最早时期,得出的结果在性质上是相似的。

② 参见 Benati(2008)对不断变化的通胀持续性的实证调查。

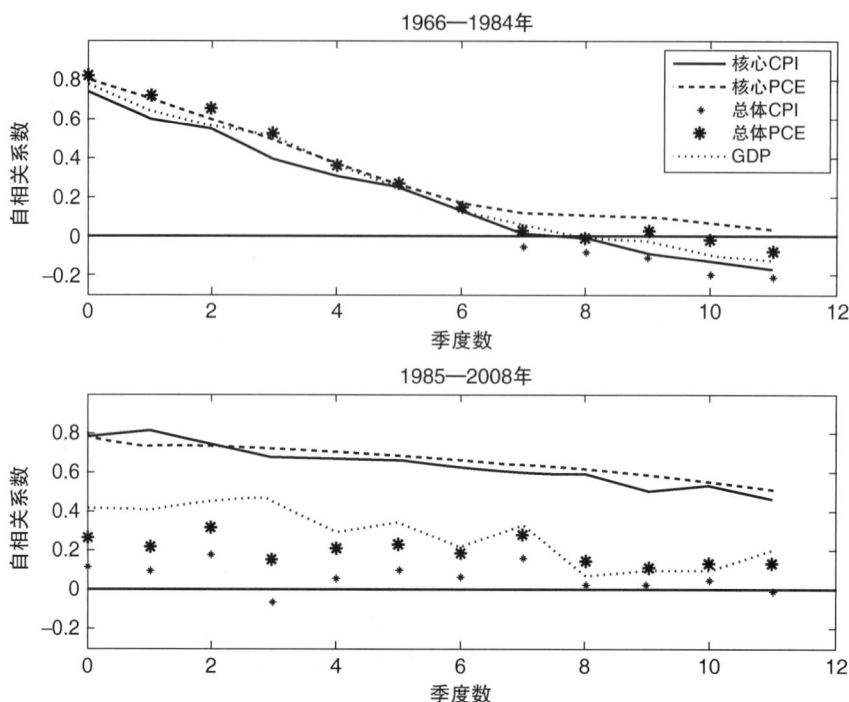

图9.7 各种通货膨胀数据的自相关系数度量和样本

2.2.5 单变量时间连续过程的主导根

另一种衡量通货膨胀持续性的指标是通货膨胀单变量自回归过程中所隐含的主导根。特别是,如果通胀的自回归表示具有滞后长度 k,则有:

$$\pi_t = c_1 \pi_{t-1} + \cdots + c_k \pi_{t-k} + \varepsilon_t \tag{9.10}$$

那么 π_t 的状态空间表达式的伴随矩阵为[1]:

$$C \equiv \begin{bmatrix} c_1 \cdots & & c_k \\ I_{k-1 \times k-1} & & 0_{k-1 \times 1} \end{bmatrix} \tag{9.11}$$

C 的最大量值根是我们关注的(主导)根。

表9.4总结了各种样本的三种通胀指标测量结果。[2] 它表明,在过去的25年里通胀具有高度的持续性。剔除较早几十年的样本,一些指标的持续性会轻微下降。就整体情况而言,后期样本的估计精度会下降,在大多数情况下,估计的标准误差会增加三到四倍。这些

---

[1] 众所周知,这些自回归参数的最小二乘估计是有偏的(Andrews,1993a)。在安德鲁斯(Andrews)的一阶自回归结果中,对低于150个观测值的样本量,即使自回归参数的估计值相当高,偏差也相对较小。对于估计系数高达0.95的估计值,偏差约为0.02(Andrews,1993a)。估计四阶单变量自回归的主导根的蒙特卡罗运算发现,对于下面使用的样本量,根据AR参数的最小二乘估计来估计根的(向下)偏差在0.001到0.05之间。蒙特卡罗运算中的实际系数根据本章使用的CPI、PCE、GDP、CPI-X和PCE-X数据的估计值进行校准。在这些情况下,"真正"的主导根通常在0.75到0.95之间,最大偏差出现在CPI-X的测度上,最小偏差出现在CPI指数上,并且几乎为零。这表明,在此应用中最小二乘偏差是不太重要的。需要注意的是,表9.4中估计根的标准误差通常比偏差大很多。尽管如此,根据蒙特卡罗运算估计的偏差调整还是要被用来得出表9.4中的估计根以及系数和。

[2] 偏差调整被用于估计主导根,见上一个脚注。

结果在一定程度上取决于通胀衡量指标,关注 GDP 平减指数的研究(Pivetta and Reis,2007)发现了少许简化型持续性下降的证据。CPI 和 PCE 指标都显示出显著的持续性下降,尤其是在 1995 年后的子样本中。在许多情况下,标准误差使得我们难以拒绝这些样本中存在稳定持续性的假设。①

另一种被广泛使用的衡量简化型持续性的方法是自回归系数的和,它近似于对单位冲击的长期脉冲响应 $c(1) \equiv \sum_{i=1}^{k} c_i$。这一指标值见表 9.4 最右边一列。如表 9.4 所示,从 c_i 的总和到主导根的映射是不一致的,特别是当系数意味着一对复数的主导根(用 * 表示)时,后一个子样本中的 CPI 和 PCE 就是这种情况。在这种情况下,虽然自回归系数的总和很小,但复数根所隐含的振荡状态只会慢慢消失意味着显著的持续性。因此,若要从自回归系数的总和中推断出持续性,就需要谨慎行事。

由于持续的相对价格变化会影响整体通胀指标的持续性,尤其是在期限较短的样本中,因此表 9.4 的下半部分显示了关于核心 CPI 和 PCE 通胀指数的同样的结果。由于这些序列噪声不大,所以估计主导根的标准差几乎全部小于表 9.4 上半部分的总体通胀衡量的标准差。

表 9.4　通货膨胀自回归过程的主导根

指　标	样本期	主导根ᵅ (标准差)	自回归系数总和 $c(1)$ (标准差)
CPI	1966—2008 年	0.94(0.032)	0.91(0.055)
	1966—1984 年	0.92(0.034)	0.92(0.068)
	1985—2008 年	0.70(0.12)	0.41(0.18)
	1995—2008 年	0.64*(0.11)	−0.039(0.32)
PCE	1966—2008 年	0.96(0.029)	0.94(0.046)
	1966—1984 年	0.91(0.034)	0.92(0.065)
	1985—2008 年	0.82(0.094)	0.61(0.14)
	1995—2008 年	0.68*(0.11)	0.22(0.26)
GDP	1966—2008 年	0.97(0.027)	0.95(0.039)
	1966—1984 年	0.91(0.033)	0.90(0.075)
	1985—2008 年	0.90(0.074)	0.72(0.11)
	1995—2008 年	0.79(0.12)	0.64(0.17)
CPI-X	1966—2008 年	0.98(0.027)	0.92(0.042)
	1966—1984 年	0.92(0.041)	0.85(0.081)
	1985—2008 年	0.99(0.039)	0.96(0.054)
	1995—2008 年	0.75(0.0641)	0.62(0.16)

---

① 标准误差是根据蒙特卡罗模拟计算得出的,该模拟对每个通胀指数和样本都进行了 10 万次残差估计,为每个残差序列创建一个新的通胀序列,给出了原始的估计自回归系数,并重新估计每个序列的自回归和主导根。

续 表

指 标	样本期	主导根α (标准差)	自回归系数总和 c(1) (标准差)
PCE-X	1966—2008 年	0.96(0.023)	0.98(0.033)
	1966—1984 年	0.91(0.032)	0.90(0.066)
	1985—2008 年	0.99(0.044)	0.97(0.061)
	1995—2008 年	0.72(0.097)	0.49(0.18)

注:α 表示偏差调整,* 表示复数根。

这些核心指标并未带来解释近年来通胀持续性下降的有力证据。无论是 CPI 还是 PCE 的通胀指标都显示,在过去的 25 年里,主导根值和自回归系数总和都没有下降。自 1995 年以来,主导根估计值略有下降,但这一估计值的标准误差相应地变大。对于较近期和相对较短的子样本而言,这些结果表明,关键相对价格的大幅变动会扭曲潜在通胀持续性的变化程度,尤其是持续性在相对较短的样本上进行衡量的情况下。

2.3 简化型持续性的美国证据

许多研究者认识到通货膨胀简化型持续性的性质,并寻找证据来证明,是通货膨胀潜在决定因素的变化导致了简化型持续性的改变。通货膨胀变化的主要原因被认为是来自中央银行行为的改变。为了说明简化型持续性变化的潜在来源,我们考虑下面这个典型的后顾性通货膨胀模型。

$$\pi_t = \pi_{t-1} + ax_t$$
$$x_t = -bf_t$$
$$f_t = c\pi_t \tag{9.12}$$

第一个方程是基本的菲利普斯曲线,其中通胀的变化与变量 x_t 正相关,我们在此将 x_t 视为产出缺口。产出缺口反过来又与短期政策利率 f_t(联邦基金利率)负相关,政策利率是通胀的正函数(其中隐含目标通胀率为 0),通货膨胀的解是:

$$\pi_t = \alpha\pi_{t-1}$$
$$\alpha \equiv \frac{1}{1+abc} \tag{9.13}$$

通货膨胀的解是一个一阶自回归,其持续性表现将变弱——系数 α 会更小——如果政策对通货膨胀的响应 c 越大,产出缺口对政策利率的响应 b 就越大,通货膨胀对产出缺口的响应 a 也就越敏感。在这个简单框架中,在将通胀推向目标时表现得更积极的央行将比不那么积极的央行更能降低通胀的持续性。对通胀完全不做出反应的中央银行将导致通胀率不稳定:在这种情况下,$\alpha = 1$,通胀遵循随机游走,经济失去其名义锚。这个基本模型的直觉含义可以推广到许多更复杂的模型,包括纳入理性预期和对上述关键元素有着更为详细的描述的模型。[①]

2.3.1 单变量自回归的未知断点检验

上述几个检验都是基于通货膨胀的单变量自回归,使用预定的断点来获得不同子样本通货膨胀持续性的定性含义。关于通货膨胀时间序列性质变化的更正式的检验则采用 Andrews(1993b)、Bai 和 Perron(1998)的未知断点检验法。为了将通货膨胀对其均值附近冲击动态响应的变化与通货膨胀均值的变化隔离开来,我们从该序列中剔除一个非常缓慢地移动的 HP 滤波趋势,进而从通胀中除去了随时间变化的均值。这种简单的办法非常接近 Cogley 和 Sbordone(2008)的"通胀缺口"方法。核心 CPI 的原始序列和 HP 滤波派生的趋势如图 9.8 所示。经 HP 过滤的序列均呈现出零均值,且没有趋势证据。[②]

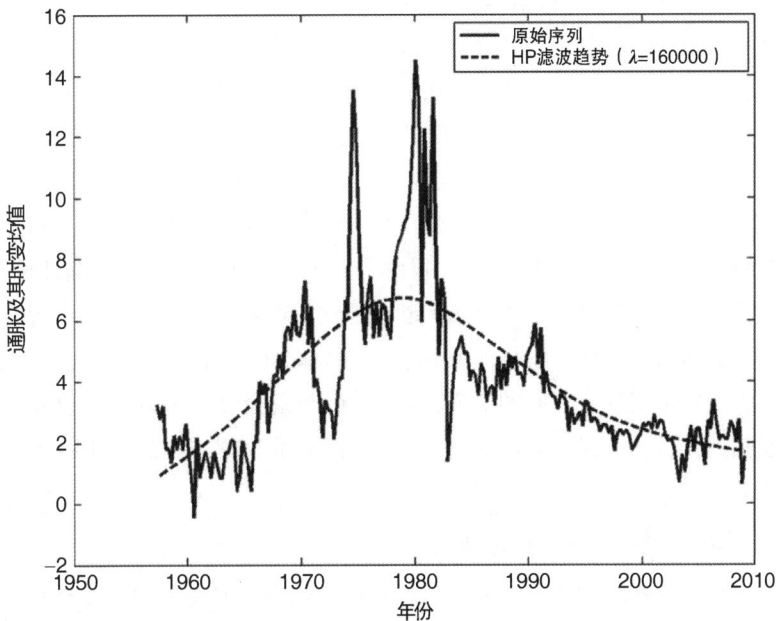

图 9.8　通胀及其时变均值估计(核心 CPI)

未知断点检验的结果如表 9.5 所示。测试回归是被指示变量的四个季度时长的自回归,包括一个截距。所有通货膨胀序列都剔除了 HP 滤波的趋势。如表 9.5 所示,通货膨胀序列自回归动态中的断点证据较为混杂。核心 CPI 和核心 PCE 指数在 20 世纪 70 年代中期至后期出现了一个明显的断点,而 GDP 指标没有任何断点,总体 CPI 和 PCE 指标在最后十年的某个期间内出现了一个断点。尽管这对通胀动态变化的测试来说过于严格,但总体证实了此前的结果,并建议人们谨慎接受以下调查结果:随着所谓的货币政策的优化,通货膨胀发生了巨大变化。第 4 节将讨论在短期样本中推断通货膨胀动态变化的潜在风险,例如在此类

---

① 另一项研究考察了一个随时间变化的通胀目标对通胀持续性指标的贡献。相关细节讨论见本章 3.5 中的论述。

② HP 滤波参数设置为 160000。较大或较小量级的滤波参数不会定性地影响结果。在 1966 年第一季度—2008 年第四季度样本上用去趋势序列对常数、时间趋势和趋势平方进行的简单回归中,所有序列的均值和趋势项估计与 0 的差异均不显著,且修正后的 R^2 通常为负值。

未知断点检验中,1999 年后的样本被识别为总体 CPI 和 PCE 测量的可能断点。[①]

表 9.5　单变量通胀过程中的未知断点检验

测　度	断点数量	时　期
CPI	1	1999 年第一季度
PCE	1	1999 年第一季度
GDP	0	—
CPI-X	1	1980 年第二季度
PCE-X	1	1976 年第二季度

2.3.2　金本位制下的战前通货膨胀持续性

如果货币制度变化会导致持续性的改变,那自然就需要对经济史上不同货币制度下的通胀持续性做一个比较。美国二战后的法定货币体系和一战前的金本位制之间的对比提供了这样一个自然实验。Barsky(1987)发现,虽然美国的通货膨胀持续性在 1960 年到 1979 年间非常高,但一战前几乎不存在——事实上,巴尔斯基(Barsky)用后一段时间的通货膨胀数据建立的 ARIMA(自回归综合移动平均线)模型表明,通货膨胀为白噪声。虽然巴尔斯基的分析结果存在一些需要注意的事项,但它提供了一个更具普遍性观点的绝佳例子,即通货膨胀的持续性(更一般地说,其动态特性)一定会受到货币制度性质的影响。旨在稳定价格水平的金本位制必然与旨在稳定价格水平增长的法定货币制具有不同的含义。反过来,金本位制必然与法定货币制具有不同的含义,即金本位制不会强制采取行动以稳定围绕任何特定目标的通胀。在本章中,我们将以多种方式强化货币政策与通货膨胀行为之间的这一关键联系。[②]

2.3.3　简化型持续性的参数描述

Stock 和 Watson(2007)提出了一个相对简单的通胀时间序列模型,该模型涵盖了到目前为止讨论的简化型持续性的多种特征。该模型可以表示为一个一阶综合移动平均过程或 IMA(1,1)。

$$\Delta\pi_t = a_t - \Theta a_{t-1} \tag{9.14}$$

或等价地表示为一个具有随机趋势和静态部分的未观测成分模型。[③]

$$\pi_t = \tau_t + \eta_t \tag{9.15}$$

$$\tau_t = \tau_{t-1} + \varepsilon_t \tag{9.16}$$

---

① 就是否接受 n 而言,该测试使用了 5% 的临界值来拒绝 n + 1 个断点。样本两端各 15% 的值都被剔除在一组潜在断点之外。所得结果对任何一个假设都不敏感。

② Barsky(1987)使用一战前批发价格数据进行研究。如果此类数据反映的是商品价格波动,而非消费品和服务价格波动,这一结果就会被商品价格和最终消费价格之间的内在差异混淆,而不是反映货币制度上的持续性差异。请注意,Barsky(1987)还在持续性和可预测性之间建立了联系,Cogley 等(2010)的研究利用了这一联系。相关讨论见本章的 2.3.4。

③ 等价性可由将 $\tau_t = \dfrac{\varepsilon_t}{1-L}$ 的定义替换进通胀公式 $\pi_t(1 - L) = \varepsilon_t + \eta_t(1 - L)$ 中获得。这一公式经变换可得到式(9.14)的类似物,其通胀是一个带有移动平均误差项的协整过程。

其中，η_t 与 ε_t 互不相关，两者分别与零均值、变量 σ_η^2 和 σ_ε^2 的序列不相关。τ_t 可被视为反映通胀的"永久性"或趋势成分，η_t 为对静态成分的捕捉。

有趣的是，Stock 和 Watson（2007）发现，近几十年来通货膨胀方差下降在很大程度上是由静态成分方差显著下降所导致的，即 σ_ε^2 减少。不过在其方法中，仍然不能拒绝通货膨胀中单位根的零假设，但是驱动 τ_t 的冲击的方差目前处于历史最低水平。

2.3.4　简化型通胀持续性的多变量证据

迄今为止所讨论的持续性指标在大多数情况下均为单变量指标，即只使用通胀时间序列中的信息来推断其持续性。然而，一些研究者认为，可以使用多元方法来得出更准确的推论。在某种程度上，这种直觉与本章 3.5 中所讨论的趋势通胀模型有关。在这些模型中，通胀的缓慢移动或趋势性部分是导致通货膨胀持续性的主要原因。反过来看，这一趋势通常与央行的目标通胀率有关。因此，考虑反映央行通胀目标（例如短期政策利率）的变量有助于识别趋势通胀及其持续性，进而确定通胀的持续性。

Cogley 等（2010）使用了时变 VAR 来估计通货膨胀的趋势部分，他们将其与央行的通胀目标联系起来，发现了通胀持续性，但认为其与趋势通胀密切相关。这意味着，虽然科格利（Cogley）等估计该部分的方差已减少，但美联储的隐含通胀目标仍然具有单位根（或接近单位根），这与 Stock 和 Watson（2007）的发现一致。近年来，"通胀缺口"（实际通胀与趋势通胀之间的差异）的持续性有所下降。

在方法论上，Cogley 等（2010）提出了一种新的持续性度量方法，这种方法与受到关注的变量近期变化的可预测性有关。正式来说，持续性由对变量的 j 步预测的 R^2 校准。R^2 越高，j 步预测就越容易实现，持续性也就越长，因为过去的冲击对未来的通货膨胀有持续影响。Cogley 等（2010）对提前一、四、八个季度预测值的 R^2 做了检验。[①]

他们发现，从经济意义和统计意义上来看，1960 年到 2006 年间提前 j 期预测的通货膨胀缺口的 R^2 都发生了显著变化；提前一个季度的 R^2 在 20 世纪 70 年代和 80 年代早期达到超过 90％的峰值，从 20 世纪 80 年代中期直到样本期结束，会下降到 50％左右。在大通胀期间，提前四个季度的 R^2 峰值的范围为 50％—75％，而近期则下降到 15％左右；在同一时期，提前八个季度的 R^2 的峰值达到了 20％—35％，而近期则下降到 10％。根据 R^2 在早期和后期的联合后验分布来判断，所有这些变化在统计上都相当显著。

2.4　简化型持续性变化的国际证据

一些研究者基于发达国家样本为简化型持续通胀变化提供了实证证据。Benati（2008）利用长期样本获得了来自大量发达国家的证据。他的实证研究侧重于在不同货币制度下估算持续性的差异，其主要假设是，明确锚定通货膨胀（或价格水平，如金本位）的制度会导致通货膨胀率持续性降低。Benati（2008）分析了一些欧洲国家在欧洲货币联盟成立前后的情

---

① 这种测量持续性方法的直觉类似于式（9.9）中对冲击持续性的简单推导。

况,英国、加拿大和澳大利亚在通胀目标设立前后的情况以及美国在实施沃尔克反通货膨胀措施前后的情况。

表 9.6 总结了 Benati(2008)论文中的一个重要发现,即近年来所有上述采取通货膨胀目标制的国家的通货膨胀简化型持续性均有所下降,而且这种较低的持续性在统计上与通胀目标设立前所表现出来的持续性有很大的不同。[①] 贝纳蒂(Benati)的结论是,采用正式通胀目标制度的国家的通胀持续性会下降。美国和日本(未出现在表 9.6 中)的情形最能说明情况,而且它们都是没有采用正式通货膨胀目标制的国家。Benati(2008)使用结构性新凯恩斯主义经济模型中的"指数化"程度进行研究,也报告了类似的结果,即 μ 在式(9.23)中的估计值。[②]

表 9.6　简化型通胀持续性的估计值

国　家	早期样本	后期样本	差异检验
英国 (RPI)	布雷顿森林体系至通胀目标期 0.95	通胀目标期 −0.07	0.00
加拿大 (CPI)	1971 年至通胀目标期 0.90	通胀目标期 −0.33	0.00
欧元区 (GDP 平减指数)	布雷顿森林体系至欧洲货币联盟时期 1.01	欧洲货币联盟时期 0.35	0.00
美国 (CPI) (PCE)	大通胀时期 0.77 0.74	沃尔克后期 0.49 0.81	0.046 0.59

注:经许可转载自 Benati(2008)的相关文献。

Levin 和 Piger(2004)也研究了多个国家的通货膨胀持续性,重点关注近年来简化型通胀持续性变化的可能性,并且认为这种变化是由央行通货膨胀目标的变化所引发的。经典以及传统贝叶斯研究中都采取了未知断点方法,结果表明,仅考虑到通胀平均值的变化会降低对其样本中许多国家的简化型持续性的估计值。其他国际证据给关于不断变化的通货膨胀持续性的研究带来了不同的结论。Ravenna(2000)记录了 1990 年后加拿大通货膨胀持续性的大幅下降。O'Reilly 和 Whelan(2005)采用了与 Levin 和 Piger(2004)非常相似的方法,但发现对于欧元区的价格指数(与后一项研究中的个别国家价格指数相比)来说,通货膨胀持续性没有明显变化。[③]

[①] 见 Benati(2008)的研究中的表 Ⅰ—表 Ⅲ。

[②] Benati(2009)研究了反映发达国家内在持续性的参数的稳定性。总的来说,他发现这些参数总体上(无论是显性还是隐性)在货币制度的变化中都是不稳定的。

[③] 请注意,他们的样本只持续到 2002 年第四季度。在与卢卡·贝纳蒂(Luca Benati)的交流中,他指出,如果其样本截止时间为 2002 年第四季度,其研究结果将显示出同样稳定的持续性。因此,欧元区通胀持续性下降的证据主要来自 2003 年及以后的年份。

2.5 简化型证据的结论

从理论和实证两方面来看,近几十年来,单位根部分对通货膨胀的贡献显著减少。在大多数宏观经济模型中,在以下几种情况下,通货膨胀将包含一个重要的单位根(就方差贡献而言):如果央行不采取行动维持稳定的低通货膨胀率并使之与隐性或明确的通胀目标一致;或者如果央行的目标随着时间推移而发生重大变化,那么通货膨胀就增加了一个重要的趋势通胀成分,此处意味着单位根。

从实践的角度来看,这就表明宏观经济学家现在可以将通货膨胀视为一个平稳序列,它将(在正常情况下)在适度的时期内回到央行的通胀目标上。这个央行的通胀目标虽然不是亘古不变的(目前在美国或其他地方),但也不会随时间变化而发生重大改变。通胀目标随着时间的微小变化会给通胀增加一个小的单位根分量,但它对通胀变化的贡献不大。

关于平稳通货膨胀率的特定自相关特性,情况就更加模糊了。所有研究者都认为,在美国和其他许多发达国家,通货膨胀在 20 世纪 60 年代到 80 年代中期表现出了相当大的持续性。而在那之后,统计证据就喜忧参半了。对美国和其他国家来说,关于简化型通胀持续性降低的可能性,其研究结果分列两个阵营。

在方法论上,对美国而言,所谓核心指标持续性变化的证据与所谓的总体通胀指标的证据存在巨大差异。常规来讲,由核心指标带来的持续性改变的证据不如从总体指标中得到的证据那样有说服力。

在权衡所有证据后,有理由得出,近年来通货膨胀的持续性有所下降。但对于持续性下降了多少以及其在极端情况下是不是一个非持续性的序列等问题,仍有待深入研究。在撰写本章时,我们正处于这样一个特殊的经济环境中,其特点是相对价格大幅波动,且产出缺口和边际成本的预测值发生重大变化,而这些因素被认为会影响通货膨胀。在这种环境下获得的数据可以帮助经济学家检验通胀变化的多个面向,自然也包括其持续性。

3. 持续性的结构来源

3.1 继承型持续性和内在型持续性

虽然确定通货膨胀的简化型持续性程度是重要的第一步,但是除非政策制定者能够理解其潜在来源,否则关于这种持续性的相关知识能带来的作用就很有限。当政策制定者考虑潜在的政策行为时,他必须能够确定这种持续性是结构性的,由此可将其作为经济现象的稳定特征,或者作为他自己的行为和经济结构(变化)的简化结果。为了了解这一点,政策制定者可以将持续性分为三类加以解析:第一,由经济驱动过程产生的持续性,即通过产出缺口或边际成本产生的持续性;第二,作为通货膨胀过程一部分的持续性,即通货膨胀的"内在因素"(如独立于驱动过程而归于通货膨胀的持续性);第三,由政策制定者自身行为引起的持续性,这种持续性通常会反映在驱动过程的行为中,但更普遍地包含在继承型持续性的概念中。关于最后一个来源,Benati(2008)的研究表明,如果一个国家央行的通胀目标更加明确,并按照承诺采取行动,其经济体通货膨胀持续性会更小。

在相对短的总时间序列中分解出通胀持续性的不同来源非常困难。本章稍后还将回到这个问题。首先,重要的是从理论上区分通胀持续性的潜在来源。理论模型的显著差异意味着分析通胀持续性的不同方法。从本章的3.3开始,我们使用最广为应用的价格设定模型。

3.2 持续性的另一种分解:反通货膨胀和供给冲击

一些经济学家认为,考虑到通货膨胀在战后的发展,将通货膨胀持续性分解为内在型和继承型持续性无法自然地映射到特定的宏观经济事件中——比如20世纪80年代的反通货膨胀和20世纪70年代的供给冲击。因此,持续性的另一种分解方法集中于:第一,与一个继承水平(或是之前的目标水平)相关的简化型通货膨胀的持续性,如之前讨论的牺牲率;第二,与通货膨胀对冲击的反应有关的持续性,这种冲击使通货膨胀暂时远离其继承或期望的水平;第三,除了对暂时冲击的应对外,继承或期望水平的持续性。这三个概念很好地对应了上一小节的继承型/内在型分类法,它们也很好地映射到了本章3.6所讨论的宏观经济模型中。

源自继承的且与有意的反通胀相关的通胀持续性的大小取决于几个因素。如果通胀表现出内在的持续性,那么与通胀不表现出内在持续性相比,希望抑制通胀的央行就必须采取更加强有力的政策(更大动作的政策手段),以此来抵消通胀的内在惯性。当然,央行越积极地推行其反通胀政策,通胀持续性就会越弱。这种效力程度将反映在政策工具更大的变动中,相应地在产出和成本方面带来更大的变动,从而使通货膨胀率更快地下降。由于央行对通货膨胀的影响是通过产出和成本发挥作用的,因此这种影响是早期分类中通胀持续性的一部分。最后,央行反通胀的意愿越可信,预期未来通胀率下降的速度就越快,通胀下降到新水平后的持续时间也就越短。

至于第二个问题,当出现使通胀远离其继承水平的临时冲击时,通胀对这一冲击的反应也将取决于几个因素。首先,如果通货膨胀表现出内在持续性(由于定价者将当前价格指数与过去的通胀水平挂钩),那么对通货膨胀的一次性短暂冲击将表现为通胀与其继承水平的持续偏离。式(9.9)展示了具有更高内在持续性的序列如何将暂时性冲击进一步传导到未来。在简化情况下,这一序列仅仅意味着一个更大的自回归系数。但在一个更完整的模型中,货币政策对暂时性冲击的反应也会影响通胀在应对此类冲击时的持续性。如下所示,如果央行不对通胀与其预期水平的偏差做出至少是一对一的反应,那么通货膨胀就会因为暂时的冲击而无限期地徘徊——它将包含一个对通货膨胀方差有重要影响的单位根,因此通货膨胀将极端的持久。总而言之,央行对通胀冲击的反应和通胀的内在持续性共同决定了此类暂时性冲击发生后的通货膨胀的持续性。

最后,从 Cogley 和 Sbordone(2008)开始,通货膨胀继承型或趋势型的持续性被认为与央行通胀目标的长期变动相对应,从而成为许多研究所关注的焦点。这一主题将在本章的 3.5 和 3.6 中得到更为详细的讨论。在大多数情况下,这种持续性的来源可以被视为另一种继承型持续性,因为它从根本上源于央行的行为,而不是来自企业的定价行为。

接下来,本章主要遵循第一种分解,因为内在型和继承型持续性能被巧妙地映射到标准化并被广泛使用的模型结构中,所以其显然具有可检验的意义(例如特定参数将被预期为大或小)。第二种分解虽然直观上很吸引人,但只能显示通胀对特定经济条件的反应,因而对特定通胀模型的实证意义并不太清楚。

3.3 卡尔沃/罗腾伯格模型的持续性

近代许多通货膨胀模型源自 Calvo(1983)和 Rotemberg(1982,1983)的开创性贡献,且通常以通货膨胀 π_t 的欧拉方程的形式出现:

$$\pi_t = \beta E_t \pi_{t+1} + \gamma x_t + \varepsilon_t \tag{9.17}$$

E_t 表示 t 期内可用信息的数学期望,β 为贴现率,变量 x_t 表示对产出缺口或边际成本的衡量,具体取决于模型的详细信息。冲击的作用用 ε_t 表示,稍后将详细讨论。参数 γ 是关于价格调整的潜在频率和折现率的函数。[①]

通过向前迭代预期并假设未来冲击在 t 期的期望 $\varepsilon_{t+i} = 0$,式(9.17)可表示为:

$$\pi_t = \gamma \sum_{i=0}^{\infty} \beta^i E_t x_{t+i} + \varepsilon_t \tag{9.18}$$

如上所示,通货膨胀是两个组成部分的总和,即预期边际成本的贴现总和与独立同分布假设下的冲击。后者原则上可以是序列相关的。这个公式阐明了这种通货膨胀设定的动机。在卡尔沃式经济中,价格在一段时间内预期固定不变,可重置价格的定价者将价格设定为高于边际成本的贴现平均值,这一平均值预计将在合同价格的期限内占主导地位。

3.4 通胀持续性分析:继承型和内在型

式(9.18)提供了通货膨胀持续性来源的一种自然分类法。首先,式(9.18)意味着通货膨胀率直接继承变量 x_t 中的持续性。如果产出缺口为第 2 节中定义的持续性,那么在其他条件相同的情况下,通货膨胀将继承其中的一些持续性。为什么存在产出缺口或边际成本的持续性,也就是所谓的实际刚性,这是许多研究的主题。这方面可参考 Blanchard 和 Galí

[①] Galí 和 Gertler(1999)已证明 $\gamma = \dfrac{(1-\theta)(1-\beta\theta)}{\theta}$。价格调整越频繁,$\theta$ 越大,驱动过程的系数就越小。

(2007)的研究,他们关注那些意味着边际成本持续性的实际工资刚性;还有 Fuhere(2000)的研究,他关注由习惯形成的消费者支出刚性,这意味着产出缺口的持续性。本章的3.4.6针对广泛使用的驱动过程中的持续性,用典型通货膨胀模型得到了一些实证结果。

3.4.1 基线情况分析

在最简单的情况中,通货膨胀由式(9.17)给出,x_t 的过程是具有自回归参数 ρ 的单变量的一阶自回归:

$$\pi_t = \beta E_t \pi_{t+1} + \gamma x_t$$
$$x_t = \rho x_{t-1} + u_t$$
$$var(u_t) = \sigma_u \tag{9.19}$$

为简单起见,假设没有冲击来干扰通胀欧拉方程,通货膨胀自相关函数为[1]:

$$A_i = \rho^i$$

也就是说,通胀完全继承了描述 x_t 一阶自回归过程的自相关。在这个模型的简化版本中,货币政策的影响、消费实际刚性或实际工资——也就是由经济的任何实际变动引起的通货膨胀——都必须通过对 x_t 的影响来发挥作用。[2]

3.4.2 复杂情况分析

当以下某一种情况发生时,通胀自相关性将趋于复杂化:

● 欧拉方程受到非零冲击($\varepsilon_t \neq 0$)。

● 给定非零冲击,γ 的大小变化。

● 通货膨胀存在某种"后顾式"的因素,见 Buiter 和 Jewitt(1981)、Fuhrer 和 Moore(1995)以及 Christiano 等(2005)的相关研究。

无论在理论还是实证上,这些增加的复杂性使得识别持续性的潜在来源变得更为复杂。以下小节将给出这些案例的分析结果。

3.4.3 欧拉方程所受的冲击

将一个独立同分布的冲击加入欧拉方程将极大地改变对通货膨胀持续性的解释,但许多以此为主题的研究文献并没有充分意识到这个问题。修改式(9.19),使其将这个干扰因素包括在内,这会在通货膨胀自相关函数中产生一个细微但重要的区别。

$$\pi_t = \beta E_t \pi_{t+1} + \gamma x_t + \varepsilon_t$$
$$x_t = \rho x_{t-1} + u_t$$
$$var(e_t, u_t) = \sum \equiv \begin{bmatrix} \sigma_e^2 & 0 \\ 0 & \sigma_u^2 \end{bmatrix} \tag{9.20}$$

独立同分布冲击 ε_t 的存在使得通货膨胀混合了当前和未来预期 x_t 中的继承型持续性

---

[1] 见 Fuhrer(2006)的推导过程。

[2] 价格变化的模型是状态依存型定价模型,而不是时间依存型定价模型,并允许继承型持续性存在。Dotsey 等(1999)以及 Burstein(2006)研究了一些案例,其中货币冲击的规模和持续时间的变化或多或少地会导致通胀的持续反应。

（其权重为 γ），以及非持续性冲击过程（其隐含权重为 1）。冲击过程的方差越大，通货膨胀就越像无持续性的白噪声。在确定通货膨胀的自相关性时，γ 越小，x_t 的重要性就越小。

为方便起见，将 x_t 过程的冲击方差标准化为 1，由此可以将这种情况下的通胀自相关函数表示为：

$$A_i = \frac{\rho^i \gamma^2}{a\sigma_e^2 + \gamma^2}$$

$$a = (1 - \rho^2)(1 - \rho\beta)^2 \tag{9.21}$$

请注意，式（9.21）表示自相关以 ρ 的速率衰减（表达式预先乘以 ρ^i，这是唯一随 i 变化的项）。更一般地说，此表达式表明，以下情况中的通货膨胀将更具自相关性：

● 速率 ρ 越大，即驱动变量 x_t 的持续性越强。

● γ 系数越大，即驱动变量 x_t 的系数越大，因此 x_t 的持续性被通货膨胀继承的就越多。

● 冲击 ε_t 的方差越小，就越会干扰欧拉方程中的通胀。[1]

表 9.7 给出了简单通货膨胀模型中关键参数各种值的一阶自相关系数。[2] 相对于研究文献中估计的 γ 值（一般在 0.1 以下），ε_t 的相对方差较小，这意味着一阶自相关系数非常小。例如，如果 γ 的估计值是 0.05，且两个冲击的方差一样，那么一阶自相关系数是 0.44。当驱动过程的自相关性接近 1 时，驱动过程的持续性就开始主导误差项的白噪声，如表 9.7 的底部所示。因此，即使在这个非常简单的模型中，很明显，持续驱动过程并不需要赋予通胀任何持续性，而是取决于 γ 和 σ_e 的大小。

表 9.7 选择值 σ_e^2 与 γ 的 A_1 值

ρ 值	σ_e^2	γ				
		0.01	**0.03**	**0.05**	**0.10**	**0.20**
$\rho = 0.9$	0	0.90	0.90	0.90	0.90	0.90
	0.1	0.25	0.70	0.81	0.88	0.89
	0.3	0.10	0.48	0.68	0.83	0.88
	0.5	0.06	0.36	0.59	0.79	0.87
	1.0	0.03	0.23	0.44	0.71	0.84
	3.0	0.01	0.09	0.22	0.50	0.75
	5.0	0.01	0.06	0.14	0.39	0.68
$\rho = 0.95$	0.5	0.29	0.76	0.87	0.93	0.94
	3.0	0.06	0.37	0.61	0.83	0.92
$\rho = 0.99$	0.5	0.91	0.98	0.99	0.99	0.99
	3.0	0.65	0.93	0.97	0.98	0.99

---

[1] 由于 σ_u 被标准化为 1，此处应解释为相对于 σ_u 来说，σ_e 比较小。

[2] Fuhrer(2006)提供了表 9.7 中结果的完整推导。

3.4.4 x_t 的系数的关键作用

如上一小节的分析结果所示,x_t 对通货膨胀的影响——参数 γ 的大小——无论是对于解释通胀持续性的来源,还是将式(9.20)确定为菲利普斯曲线或总供给关系,都是至关重要的。如果 $\gamma = 0$,那么有:第一,欧拉方程不能再解释为菲利普斯曲线;第二,通货膨胀与边际成本或产出缺口脱钩,因而与货币政策脱钩;第三,在大多数模型中,这种脱钩将导致通货膨胀的不确定性,因为货币政策不能再决定通货膨胀的稳态值;第四,通货膨胀不再从 x_t 继承任何持续性。[①]

鉴于参数 γ 的关键性,有必要确定该参数在数据中的识别程度。答案因研究而异,但简单的实证有助于阐明潜在的问题。我们用广义矩估计方法估计一个欧拉方程,这个方程遵循 Galí 和 Gertler(1999)的研究,允许在卡尔沃定价者之外存在一个经验法则定价者:

$$\pi_t = \lambda_b \pi_{t-1} + \lambda_f E_t \pi_{t+1} + \gamma x_t + \varepsilon_t \tag{9.22}$$

参数 λ_b 和 λ_f 校准了影响通货膨胀后顾性和前瞻性定价行为的数量。根据 Galí 和 Gertler(1999)的研究,我们使用了一个工具集,这个工具集由通货膨胀、实际边际成本、产出缺口、工资通胀、十年期国债固定到期利率与联邦基金利率的差值以及石油价格的各自的四个滞后项组成。表 9.8 汇总了相关结果。

表 9.8 式(9.22)中参数的估计样本周期

估计类型		λ_b	λ_f	γ
权重矩阵的项数	ma = 4	—	0.99	−0.00067
		—	(0.012)	(0.0060)
		0.34	0.65	0.0042
		(0.044)	(0.045)	(0.0042)
	ma = 12	—	0.99	0.0020
		—	(0.0088)	(0.0046)
		−0.36	0.63	0.0065*
		(0.024)	(0.025)	(0.0033)
最大似然估计 (括号内为 BHHH 标准误差)		0.51	0.48	0.0047
		(0.027)	(0.031)	(0.0028)
贝叶斯估计(后验最大值, 括号中估计的是后验标准差)		0.51	0.48	0.0184
		(0.044)	(0.044)	(0.014)

注:样本期为 1960—1997 年的 GMM 估计值(括号内为 HAC 标准误差),* 表示显著性水平。

只有在加权矩阵中允许 12 阶相关性时,边际成本系数才会符号正确且在 5% 的显著性水平上显著。这些结果表明了识别 γ 的困难程度,它们大致符合 Galí 和 Gertler(1999)以及 Rudd 和 Whelan(2006)汇总的结果。[②]

为了进行比较,表 9.8 的下半部分提供了同一模型的最大似然估计和贝叶斯估计值,用

[①] 要了解第三点,请考虑式(9.12)中的简化模型及它在式(9.13)中的解。当菲利普斯的参数 $a \to 0$ 时,π_t 的解变为 $\pi_t = \pi_{t-1}$。通胀为随机游走,不能收敛到任何特定值。这种逻辑可以应用于带有明确期望值的更复杂的设定。

[②] 见 Mavroeidis(2005)的研究,他对识别新凯恩斯主义菲利普斯曲线的困难进行了仔细的处理。

VAR 方程扩充了式(9.22)中用作上述工具的变量。①

从相同样本的普通最小二乘估计值中提取 VAR 系数作为固定值,并在表中给出 λ(混合模型中滞后通胀和预期通胀的权重)的最大似然估计值,与 γ 以及 BHHH(一种算法)标准误差一起呈现在表中。同样,γ 的估计值很小,接近于 0。请注意,后顾性成分的最大似然估计值相比 GMM 估计值要大一些,而且精确度高。对 λ_b 和 λ_f 限制于 GMM 值(γ 自由估计)的似然比检验的 p 值为 0.0000。正如我们将在趋势通胀模型部分(参考本章 3.5 中的论述)看到的那样,一种模式正在出现,其中受到严格约束的模型提供了对内在通胀持续性的更大估计值。

结论是,对新凯恩斯主义菲利普斯曲线中斜率参数的识别是一个重要的计量经济学挑战。尽管如此,它显然是通货膨胀理论的核心问题。若是没有该参数,欧拉方程将毫无意义,而且从某种意义上说,γ 的值对货币政策的传导和通货膨胀的持续性有着重要影响。

3.4.5 混合模式的通货膨胀和内在型持续性:包括滞后通货膨胀

关于式(9.17)所总结的基本设定,其实证是否成功的相关争论仍在继续,争论的一个重要焦点在于这种规范是否可以复制通货膨胀的简化型持续性。一些研究者提出了在总供给关系中存在滞后的通货膨胀项(又称内在型持续性)的理由。主要包括:价格合约的指数化(Christiano et al.,2005);经验法则行为(Galí and Gertler,1999);替代合同假设(Fuhrer and Moore,1995);对卡尔沃框架的修改,假设重置价格的能力可以上升,而不是恒定不变(Mash,2004;Sheedy,2007);或理性预期的替代方案(Orphanides and Williams,2004;Roberts,1997)。Woodford(2007)则对通货膨胀内在型持续性的建模工作做了非常有用的总结。②

扩充后的菲利普斯曲线考虑了滞后通货膨胀的影响,式(9.20)详述了其余设定。

$$\pi_t = \mu\pi_{t-1} + (\beta - \mu) E_t\pi_{t+1} + \gamma x_t + \varepsilon_t \tag{9.23}$$

从某种意义上说,这是本章的核心内容,滞后通货膨胀的存在为所谓的内在型通货膨胀持续性提供了一个补充渠道。也就是说,通胀没有从驱动过程 x_t 中继承持续性。在更简单的式(9.20)中,独立同分布的冲击 ε_t 提供了一个内在型持续性次要的来源;根据冲击的相对方差和 x_t 的系数,x_t 中固有的持续性或多或少会被通货膨胀继承。

在式(9.23)中加入通胀滞后性后,欧拉方程所受的任何冲击都会持续更长时间,且在其他条件相同的情况下与驱动变量的变化无关。对通货膨胀的冲击将成为通货膨胀历史的一部分,这与对 x_t 的冲击无关。此外,该模型的前瞻性部分包含了对历史的直接依赖,由此增加了对持续性的直接影响。我们可以将此模型视为既包含依据经验法则的定价者,也包含精明的前瞻性定价者。前瞻性定价者在形成未来通胀的预期时,必须考虑依据经验法则的定价者的行为,后者根据滞后的通货膨胀设定当前的价格。因此,精明定价者的行为强化了

---

① 三个参数的贝叶斯先验按惯例带有 λ 的广义 β 密度和 γ 的伽马密度,三个参数的先验分布分别以[0.5,0.5,0.05]为中心,标准差分别为[0.2,0.2,0.02]。后验分布是使用马可夫链蒙特卡罗算法估计的,并给出了四个模拟区块,每个区块有 20 万次抽样。

② 分解的价格数据为这些内在型持续性理论提供的支撑作用有限。例如,在 Bils 和 Klenow(2004)以及 Nakamura 和 Steinsson(2008)研究的数据中,几乎没有证据表明,在重要的价格重置之前,价格会以一个大致不变的速度上升,这是厂商遵循经验或指数化行事的结果。

依据经验法则的定价者的行为。

若要以代数和图形的方式查看这一点,可以考虑使用带有滞后项的模型自相关性的解析表达式:

$$A_1 = \frac{a}{b\sigma_e^2 - c\rho\mu}d + \lambda_s \qquad (9.24)$$

其中 $[a,b,c,d]$ 是稳定根 λ_s(依次为 β 和 μ 的函数)和模型其他基础结构参数的函数。Fuhrer(2006)的研究表明,λ_s 的补充项主导了 A_1,并且 λ_s(相应的 A_1)与 μ 一同单调上升。图 9.9 描绘了作为 μ 的函数的通货膨胀稳定根和一阶自相关。[1] 在生成图 9.9 的过程中,我们令 $\beta = 0.98$,$\gamma = 0.05$,$\rho = 0.9$ 以及 $\sigma_e^2 = 1$。图 9.9 表明,随着 μ 从 0 上升到 0.6,一阶自相关系数从大约 0.4 迅速上升到 0.9,这进一步突出了前瞻性行为的作用,即在模型中增加了滞后通货膨胀的直接效应。

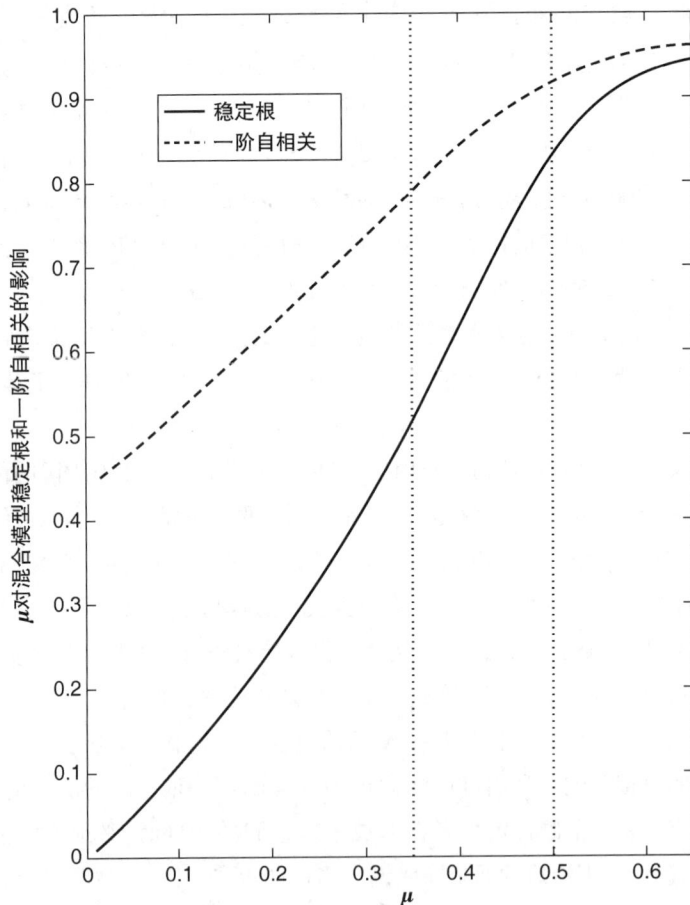

图 9.9 稳定根和一阶自相关对 μ 的依赖性

---

[1] 图 9.2 来自 Fuhrer(2006)的研究。请注意,虽然本例中的代数符号有些许繁杂,但也可以证明自相关以速度 ρ 在衰减,因此 ρ 和一阶自相关对于自相关函数来说是充分的统计量。

表 9.9 提供了该模型在各种参数设置下的一阶自相关。特别是,μ 的大小在 0.1 到 0.9 之间变化,ε 的相对方差在 0 到 5 之间变化。此外,表 9.9 显示了 A_1 对 ρ 值的敏感性。

表 9.9 A_1 的估值(基于选定的 σ_e^2 及 μ,$\gamma = 0.05$,$\beta = 0.98$)

ρ 值	σ_e^2	μ 值					
		0	**0.1**	**0.3**	**0.5**	**0.7**	**0.9**
	0	0.90	0.92	0.96	0.99	1.00	1.00
	0.3	0.68	0.74	0.86	0.96	0.98	0.99
	0.5	0.59	0.66	0.82	0.94	0.97	0.98
$\rho = 0.9$	1.0	0.44	0.53	0.74	0.92	0.97	0.98
	2.0	0.29	0.39	0.64	0.89	0.96	0.98
	3.0	0.22	0.32	0.59	0.88	0.96	0.98
	5.0	0.14	0.25	0.54	0.86	0.96	0.98
	0	0.5	0.58	0.76	0.94	0.99	0.99
	0.3	0.02	0.13	0.44	0.84	0.96	0.98
	0.5	0.012	0.12	0.43	0.84	0.96	0.98
$\rho = 0.5$	1.0	0.0063	0.12	0.43	0.84	0.96	0.98
	2.0	0.0032	0.11	0.42	0.83	0.96	0.98
	3.0	0.0021	0.11	0.42	0.83	0.96	0.98
	5.0	0.0013	0.11	0.42	0.83	0.96	0.98

表 9.9 中的 $\rho = 0.9$ 的部分显示,相对较高的 σ_e^2 值显著降低了第一个纯粹前瞻性模型中的自相关性(表 9.9 中的第一列,即 $\mu = 0$),适度滞后的系数则显著提高了通货膨胀的持续性。表 9.9 下半部分显示,即使继承型持续性非常小($\mu = 0.5$),适度的 μ 值也意味着较强的通货膨胀持续性。表 9.9 的一个重要意义是,如果不在通货膨胀过程中引入一些结构性因素,就很难区分通货膨胀持续性的来源。因为继承了高度持续性驱动过程的通胀过程的简化形式的含义几乎与继承了很少持续性但具有适度内在型持续性的通胀过程的含义相同。

3.4.6 驱动过程的持续性

大多数研究者都认同观察到的通货膨胀持续性至少在一定程度上是由驱动过程的继承型持续性所决定的。因此,在考虑简化型持续性变化的潜在结构性因素时,一个自然(但至今基本上未被探索)的问题是,驱动过程的持续性在多大程度上发生了变化。[1] 本节采用了许多与此前测量通胀持续性相同的方法。我们考虑了驱动过程的三个候选项:一个是实际边际成本的衡量标准,以非农商业部门的劳动力份额(或等价的实际单位劳动力成本)为代表;另外两个是产出缺口指标,其中一个为 HP 去趋势化的对数 GDP 缺口,一个为实际 GDP 和美国国会预算办公室估计的潜在 GDP 之间的对数偏差。我们考察了几个子样本,其中每

---

[1] 如前所述,驱动过程系数的变化或通胀冲击相对方差的变化以及驱动过程的冲击也影响通胀的持续性。

个驱动过程和每个子样本都显示了一阶自相关系数、自回归系数之和,以及自回归过程的主导根,其结果如表9.10所示。

表9.10 驱动变量的预估持续性

驱动变量		1966—2008 年	1966—1983 年	1984—2008 年	1995—2008 年
一阶自相关	实际边际成本	0.92	0.80	0.92	0.90
	HP 缺口	0.85	0.86	0.84	0.80
	CBO 缺口	0.92	0.91	0.92	0.90
自回归系数之和[a]	实际边际成本	0.97	0.78	0.99	0.99
	HP 缺口	0.79	0.79	0.82	0.84
	CBO 缺口	0.92	0.92	0.97	0.99
自回归过程的主导根[a]	实际边际成本	0.98	0.69	0.99	0.99
	HP 缺口	0.81	0.82	0.79	0.79
	CBO 缺口	0.78	0.78	0.82	0.87

注:[a] 表示偏差调整。

如表9.10所示,在驱动过程的所有三个指标和所有三个持续性测量中,跨子样本的持续性测量均具有显著的稳定性。几乎没有证据表明通货膨胀最常见的驱动变量的持续性发生了变化。对于许多测量和通货膨胀变量而言,在最近的样本中持续性有所增强。[1] 这个结果表明,很难证明通货膨胀失去了所有自相关这一强假设是成立的。在这一假设下,通胀是一个独立同分布的时间序列。除非驱动过程完全与通胀脱钩,否则通胀必然继承其部分持续性。如果通货膨胀与产出或边际成本完全脱钩,我们就需要跳出菲利普斯、戈登、卡尔沃以及罗腾伯格等的传统理论,构建一个全新的通胀理论。[2]

简化型通胀持续性下降的证据(仍然不明确)与相对稳定和持续的驱动过程之间的这种脱钩有助于指导寻找那些可能不断变化的通货膨胀持续性的结构性解释。一种简单的解释是,简化型持续性变化证据说服力不足,而驱动变量的稳定、高持续性则与该观察结果一致。另一个原因是,虽然在驱动过程中继承型持续性变化不大,但菲利普斯曲线中滞后通货膨胀项的重要性已经减弱,这也导致在继承型持续性不变的情况下,内在型持续性减弱。也有可能是菲利普斯曲线的斜率参数和相对误差的方差发生了变化,由此影响到驱动过程中不变的持续性在多大程度上被通货膨胀继承。下一节我们将从标准动态随机一般均衡模型的角度研究这些可能性。最后一点是,通货膨胀趋势成分的持续性下降导致通货膨胀持续性改变(Cogley and Sbordone,2008)。这一假设的证据将在本章的3.5中讨论。

---

① 当然,有一些研究者认为,实际边际成本的这个标准代理变量并不完美,其他一些人则推导出了基于模型的产出缺口的度量方法,但与此处使用的简单测量有很大不同。以上结果只是启示性的,仍需深入研究。

② 这个逻辑同样适用于"通胀缺口"模型下的通货膨胀,参见 Cogley 和 Sbordone(2008)以及 Cogley 等(2010)的研究。在这种情况下,通胀与趋势通胀的偏差仍然取决于边际成本的预期值和滞后值。因此,在这些模型中,通胀将继承驱动过程的持续性。

3.5 趋势通胀模型中的持续性

Cogley(2010)、Cogley 和 Sbordone(2008)等的一系列论文均强调在通货膨胀建模中认识到通货膨胀缓慢变化这一点十分重要。这一变化被称为趋势通胀。科格利-斯博尔多内(Cogley-Sbordone)的论文引入了两项创新。首先,由于长期通货膨胀不是一个常数,典型的简化不再适用,而这一简化产生了式(9.17)的对数线性化卡尔沃模型。标准的对数线性化取决于通货膨胀长期值的稳定性。[1] 当通货膨胀的长期值出现一个趋势时,科格利和斯博尔多内推导出的对数线性近似是恰当的。在下一个方程中,"戴帽子"的变量表示与稳态值的偏差。对通货膨胀而言,这意味着通胀与其趋势的偏差。

$$
\hat{\pi}_t = \rho_t^\pi (\hat{\pi}_{t-1} - \hat{g}_t^{\bar{\pi}}) + \zeta_t \hat{mc}_t + b_{1t} \tilde{E}_t \hat{\pi}_{t+1} + b_{2t} \tilde{E}_t \sum_{j=2}^{\infty} \varphi_{1t}^{j-1} \hat{\pi}_{t+j}
$$
$$
+ b_{3t} \tilde{E}_t \sum_{j=0}^{\infty} \varphi_{1t}^j (\hat{Q}_{t+j,t+j+1} + \hat{g}_{t+j+1}^y) + u_t \tag{9.25}
$$

其中, $\hat{g}_t^{\bar{\pi}}$ 和 $\hat{g}^y$ 分别为趋势通胀与实际产出增长率的新息, $\hat{mc}$ 是实际边际成本与其稳态的偏差, $\hat{Q}_{t+j,t+j+1}$ 是时期 $t+j$ 和 $t+j+1$ 内的单周期贴现因子,这一设定的一个关键参数是 ρ_t^π ——一旦考虑到趋势通货膨胀,它就会校准滞后通货膨胀项与通货膨胀的自回归属性相匹配的程度。无论 ρ^π 的估计值如何,它对于希望允许通货膨胀的稳态值随时间的变化而变化的研究人员来说,都是有用的。这种趋势变化最有可能来源于央行通胀目标的变化。

其次,科格利和斯博尔多内发现, ρ_t^π 的点估计(本规范中滞后通胀的系数)是以 0 为中心的。也就是说,一旦模型解释了趋势通货膨胀的缓慢变化,就无须用通货膨胀的滞后因素来解释简化型通胀持续性。虽然这一实证发现尚有争议,但两位研究者提出与央行的时变通胀目标相联系的趋势通胀概念是对通胀研究的重要贡献。

3.5.1 科格利和斯博尔多内对趋势通胀的度量

表 9.11 显示了实际和去趋势的通货膨胀的一阶自相关度量,这一度量使用了科格利和斯博尔多内的趋势通胀度量指标,并以其研究文献中的表 1 为子样本。[2] 表 9.11 显示,与原始通胀数据相比,去趋势通胀的自相关系数略低。然而,与 Cogley 和 Sbordone(2008)的文献中的表格相比,前两个样本的差异很小。对于最近的样本,去趋势序列和原始序列中的自相关系数都下降了。去趋势数据自相关系数的大部分下降可以用原始数据的相应下降来解释。这表明,在解释通货膨胀持续性问题和解释持续性随时间变化时,还有其他同样重要的因素在起作用。

---

[1] 可参考 Woodford(2003)的推导过程。

[2] 正如 Cogley 和 Sbordone(2008)所指出的,通胀率被度量为 GDP 平减指数对数变化的 4 倍。作者慷慨地提供了对趋势通胀的度量,并允许复制其文中图 1 的相关内容。

表 9.11　通胀的一阶自相关

样本区间	去趋势的 π	原始数据
1960 年第三季度—2003 年第四季度	0.81	0.89
1960 年第三季度—1983 年第四季度	0.83	0.88
1984 年第一季度—2003 年第四季度	0.36	0.56

虽然 Cogley 和 Sbordone(2008)的研究中并未涉及这部分内容,但研究他们的模型对通货膨胀一阶自相关的影响是有意义的。使用如他们论文中的图 4 所示的中位估计值的关键参数,即 $\rho_t^\pi \approx 0, \zeta_t = 0.003, b_1 = 0.9, b_2 = 0.02$ 和 $b_3 = 0$,并假设一个对角协方差矩阵(在样本期内,用 VAR 估计其方差),我们得到的通胀一阶自相关系数为 0.22。[①] 这个估值与他们从 1960—2003 年同一个样本中所获得的通货膨胀一阶自相关数据存在巨大差异。从数据中匹配通货膨胀的自相关需要一组明显不同的参数,例如,将 ρ^π 设置为接近 1,一阶自相关系数就会提高到 0.8 左右。

Barnes 等(2009)近期发表的论文考察了去趋势的通胀模型意味着 ρ_t^π 为 0 的稳健性。科格利和斯博尔多内的估计程序细节对估计结果产生了重大影响。Barnes(2009)等表明,简单地改变欧拉方程(隐含地强加模型所暗示的额外约束)就可以完全颠覆有关 ρ_t^π 的发现。他们精确估计了关键数值的内在型持续性参数(约为 0.8)。这个发现表明,在用趋势通胀模型解释通胀持续性的显著影响时,要谨慎为先。[②]

3.6　用 DSGE 模型解释持续性的结构来源

式(9.20)和式(9.23)中归纳的框架模型为通胀持续性的一些结构来源提供了重要的见解。然而,该模型既隐含了实际产出的决定,也隐含了货币政策在影响产出与通胀中的作用。从理论上说,货币政策的系统性组成部分和通过实际变量传导的政策的性质都会对通胀的动态特征产生显著影响。在本节中,我们探讨了一个链式 DSGE 模型对通胀的定量影响。

这个模型相对比较简单。它包括先前讨论过的混合型通胀模型,并扩展到允许存在趋势通胀的混合型通胀模型,详见 Cogley 和 Sbordone(2008)的研究以及本章 3.5 中的讨论。通货膨胀欧拉方程出现序列相关的加价冲击是由以下三种情况导致的。一是对灵活价格部门的商品(如能源或其他进口商品)的持续冲击(de Walque et al.,2005);二是一条将实际产出与预期短期实际利率联系起来的最优化的 IS 曲线,允许实际刚性以滞后产出项的形式出现,

---

① 请注意,如 Cogley 和 Sbordone(2008)论文中的图 4 所示,将 b_1 值设为 1.05 意味着有多种解决策略。我将 b_1 的值减少到 0.9,这既能使数值尽可能高,又能得到该模型的唯一解。操作中运用的 VAR 包括四个滞后项,分别是 GDP 平减指数的通胀率、在科格利-斯博尔多内的论文中定义的实际边际成本、联邦基金利率、产出缺口(被定义为实际 GDP 和 HP 滤波后实际 GDP 的对数差)。边际成本、联邦基金利率和产出缺口的 VAR 方程式与式(9.25)联立,被用于计算稳定性条件,并根据估计的冲击协方差矩阵计算自相关。

② 译者注:疑似有 3.5.2 等,但原文缺失相关内容。

而该滞后项可以由消费者效用函数中存在的习惯来激发[①]；三是一个经典政策或 Taylor（1993）的规则，它使短期政策利率成为通胀和产出与其预期水平偏差的函数。最后一种可能性还允许各种利率平滑化。

该模型可以概括为以下一组方程[②]：

$$\pi_t - \overline{\pi}_t = \rho_\pi \left[\pi_{t-1} - \overline{\pi}_{t-1} - (\overline{\pi}_t - \overline{\pi}_{t-1}) + b_1 E_t (\pi_{t+1} - \overline{\pi}_{t+1}) \right] + \gamma \tilde{y}_t + \varepsilon_t$$

$$\overline{\pi}_t = \overline{\pi}_{t-1} + \zeta_t$$

$$\varepsilon_t = \rho_m \varepsilon_{t-1} + m_t$$

$$\tilde{y}_t = \mu_y \tilde{y}_{t-1} + (1 - \mu_y) E_t \tilde{y}_{t+1} - y_\rho (r_t - E_t \pi_{t+1}) + u_t$$

$$r_t = \rho r_{t-1} + (1 - \rho)(a_\pi \pi_t + a_y \tilde{y}_t) \tag{9.26}$$

第一个方程式扩展了式（9.25）的偏差符号。和在式（9.25）中一样，$\overline{\pi}_t$ 是趋势通胀的 t 期值，我们假设该值遵循带有 ζ_t 冲击和 σ_ζ^2 方差的随机游走。假设加价冲击 ε_t 遵循具有 AR（1）参数 ρ_m 和方差 σ_m^2 的冲击 m_t 的一阶自回归过程。再假设系统的三个冲击 ζ_t、m_t 和 u_t 是独立的，且具有对角协方差矩阵的独立同分布特征。即

$$\begin{bmatrix} \sigma_\zeta^2 & 0 & 0 \\ 0 & \sigma_m^2 & 0 \\ 0 & 0 & \sigma_u^2 \end{bmatrix}$$

模型的基线参数显示在表 9.12 的第二列中。趋势通胀方差的基线值取自 Cogley 和 Sbordone（2008）估计的趋势通胀序列。我们为序列估计一个单变量过程，用条件方差来估计 σ_ζ^2。[③]

表 9.12　DSGE 模型基线和可选参数集

参　数	基线值	备选值
ρ_π	0.6	(0.85,0)
b_1	0.39	(0.1,1.05)
π_y	0.1	0.025
ρ_m	0	0.9
μ_y	0.50000	0
y_ρ	0.1	
ρ	0.8	
a_π	1.5	3
a_y	0.5	

---

① 相关例子请参见 Fuhrer（2000）的论述。
② 与使用式（9.20）和式（9.23）的模型相比，虽然该模型提供了对通货膨胀持续性更具结构性的分解，但它仍然抽象掉了对通胀动态的一些潜在的重要影响。此模型使用的是产出缺口而非较为普遍的边际成本方法，因而能够把工资和生产力在通货膨胀过程中的作用抽象掉。
③ 与式（9.26）中的模型一致，滞后趋势通胀序列的系数取值在统计上无法与 1 区分。

续　表

参　数	基线值	备选值
σ_ς^2	0.05	0
σ_m^2	0.5	
σ_u^2	0.5	

我们改变模型中关键参数的值,以衡量货币政策系统变化、趋势通胀冲击的方差,以及价格设定和产出部门变化等对通胀自相关的影响,以此来确定通胀持续性——无论是固定的还是因时变化的——在多大程度上可以合理地归因于特定的潜在结构特征或这些特征的变化。图 9.10 和图 9.11 展示了各种参数配置的通胀自相关函数。对应的表 9.12 中基线参数的自相关函数在两图中均以实线显示。它反映了图 9.7 中显示的自相关函数的特征:自相关性在前几个季度很高,随后逐渐衰减到 0,并在此后几个季度变为负值。

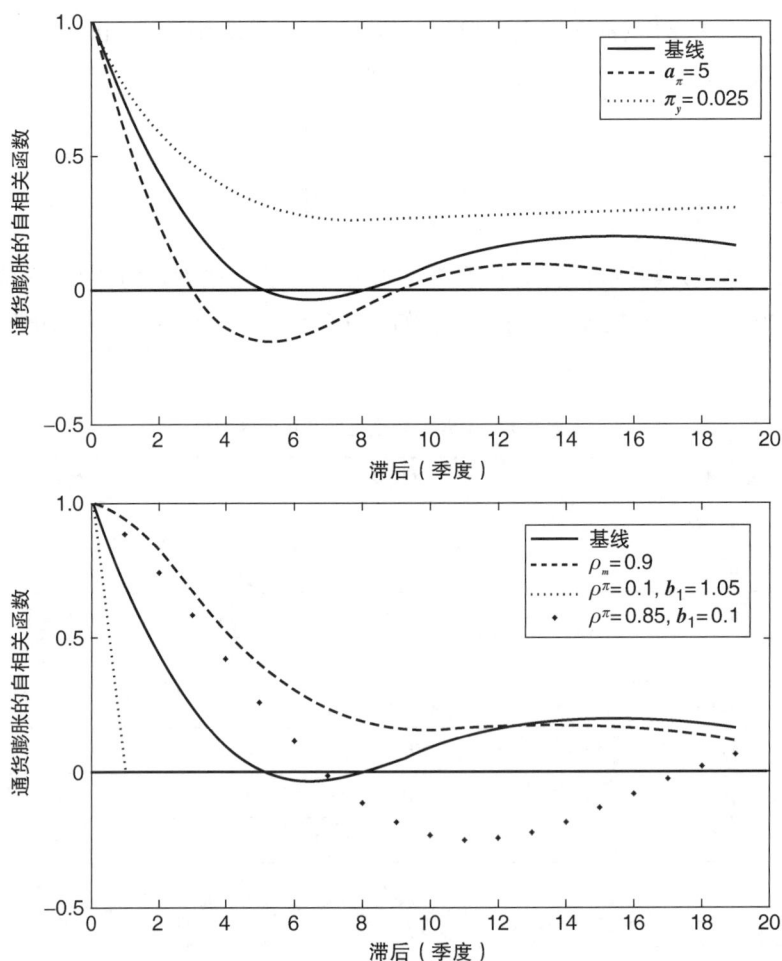

图 9.10　关键结构参数对通货膨胀持续性的影响,DSGE 模型

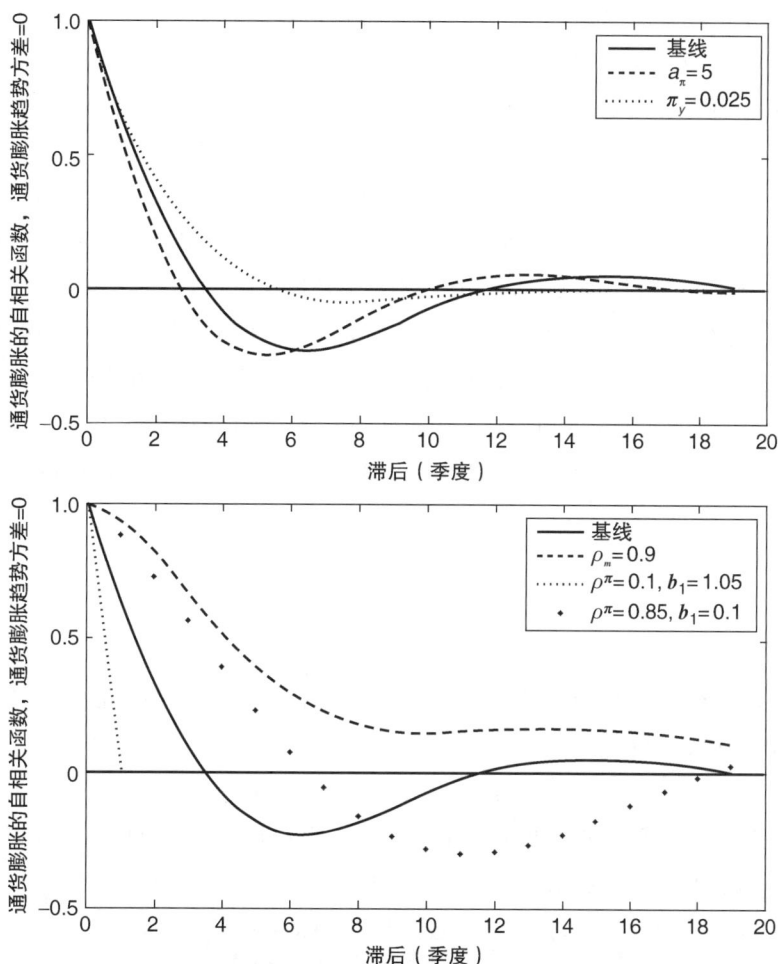

图 9.11　关键结构参数对通货膨胀持续性的影响,DSGE 模型

图 9.10 显示了当趋势通胀方差位于基线值时的自相关函数。上方的图显示了当控制中央银行行为以及通胀对现实的反应的参数发生变化时,通胀自相关函数如何变化。对通胀的重视程度的显著变化, a_π 从常规值 1.5 上涨至 3.0,显著降低了通胀的自相关性(如图 9.10 中的粗虚线所示)。① 通胀一阶自相关系数从 0.69 下降到 0.57,随后更快速地下降到 0。但是更积极的反通胀政策所产生的差异并不大,尤其是考虑到对通胀的政策反应翻了一番。因此,尽管货币政策在实现其通胀目标方面的积极性发生巨大变化——这一变化是通胀简化型持续性下降的部分原因——但人们不应夸大通胀持续性变化的这种结构来源。

通过减少通胀对产出缺口的响应($\pi_y = 0.025$),即图 9.10 中顶部的浅色虚线,也会引起类似的适度变化。现在,自相关系数逐步衰减到 0。通胀一阶自相关系数为 0.75,略高于基线情况。这表明最近的一些实证估计(Fuhrer et al. ,2009)得出的较小的菲利普斯曲线的斜

――――――――――

① 在政策规则中强调产出的重大转变也得到了类似的结果,只是未呈现出来。

率提升了近几年通胀的持续性。当然,这是局部均衡效应。如果中央银行认识到其传导渠道强度的降低,那么它可以改变其政策以抵消这种对持续性影响的降低效应。

图9.10的第二张图显示了当模型经济的其他关键方面从基线发生变化时的通胀自相关性。这种变化十分明显。如图中浅虚线所示,最显著的变化发生在通胀方程后顾性成分减少时。对于主要是前瞻性的通胀方程($b_1 = 1.05, \rho^\pi = 0.1$),通胀自相关性系数迅速跌至0(使人联想到本章1.2的反通胀模拟),并在此后的所有时期中都固定为0。类似地,如图中虚线所示,提高欧拉方程中滞后性通胀的权重会显著增加通胀持续性。正如本章3.5中所强调的,这些主要参数值十分重要,但仍面临巨大争议。在确定通胀持续性方面,同样重要的是由参数 ρ_m 校准的加价冲击所引起的持续性。下方的图中的粗虚线表明,非常持续的加价冲击明显提升了通胀的自相关性。这与简单回归模型中滞后因变量和序列相关性冲击的早期结果相呼应。我们考虑一个具有序列相关性冲击的简单回归模型,如下所示:

$$y_t = \beta x_t + u_t$$
$$u_t = \rho u_{t-1} + \varepsilon_t$$
$$= \frac{\varepsilon_t}{1 - \rho L}$$

这里的 L 是滞后算子。序列相关误差表明回归方程可以改写为准差分形式,将上述方程两边同时预乘 $1 - \rho L$ 就能得到:

$$y_t = \rho y_{t-1} + \beta(x_t - \rho x_{t-1}) + \varepsilon_t$$

根据通货膨胀欧拉方程,高度相关的加价冲击很难与显著指数化区分开来。两者都可以被解释为暗示了滞后性通胀的重要作用。[1]

图9.11重复了这些计算,其中趋势通胀方差 σ_ζ^2 设为0,同时通胀目标保持不变。这个计算结果的简单结论是,趋势通胀方差不为0。更为积极的货币政策和更小的菲利普斯曲线斜率的影响并不明显。与基线运算一样,对持续性最大的影响来自欧拉方程中的前瞻性和后顾性成分的改变,以及加价冲击中自相关程度的变化。因此,对于这种校准,特别是对于科格利和斯博尔多内估计的趋势通胀变量的方差,在确定通胀持续性时,趋势通胀是否存在并不是最重要的。这个结果与Cogley和Sbordone(2008)以及Cogley等(2010)的研究结果形成了鲜明对比。

总之,这些模拟表明,虽然DSGE模型分析的所有经济指标都有助于通胀持续性的存在,但最有效的影响有两大来源:一是通胀欧拉方程中指数化和预期的相对重要性,二是加价冲击的自相关。更具通胀敏感性的货币政策具有一定的效果,菲利普斯曲线斜率 π_y 亦是如此,但是这些影响要明显小于消除菲利普斯曲线内在持续性的影响。[2] 虽然这些结论会因DSGE设定的细节而有所不同,但结果表明,将大量的持续性(或持续性的较大变化)归因于货币政策(包括通货膨胀目标的时间变化)是不准确的。从这一分析中可以得出结论,总供给方程

---

[1] 请注意,在序列相关的加价冲击情况下,包括准差分 y_t 和 x_t 变量的共同因素限制有助于识别工作。关于泰勒规则(Taylor,1993)在区分序列相关性误差和滞后因变量之间区别中的应用,请参见Rudebusch(2006)的研究。
[2] 请参见Rudebusch(2005)的研究中一组相关的结果。

的关键参数对通胀持续性具有主导影响。

3.7　状态依存型通胀模型的持续性

本章中大部分模型都采用时间依存型定价惯例,也就是说,一个厂商调整其价格的概率只是时间的函数,而不是经济状况的函数。一个重要且具有吸引力的替代方案是,价格调整的时机是厂商根据经济状况内生选择的。通常而言,关于状态依存型定价的文献很少关注通胀持续性问题。虽然 Caplin 和 Leahy(1991)以及 Dotsey 等(1999)的早期模型专注于寻找持续性机制,但这种关注主要集中于以下困难,即针对一次性货币冲击做出非零且持续的产出反应的困难。这些困难背后的直觉是直截了当的。在由价格变化的固定成本驱动的 SDP 的经典空间状态模型,即 (S,s) 模型中,较大的货币冲击会将所有公司推向其 (S,s) 边界,结果是所有价格都会根据货币量进行一对一的调整,于是货币是中性的。对于小型货币冲击,一小部分厂商会调整价格,货币有较小的总量效应。因此,在这类模型中难以避免货币中性。货币冲击对价格和通胀的持续影响甚至很难捕捉到。

Burstein(2006)提出了 SDP 范式的一个变体,厂商在达到他们的 (S,s) 边界时会选择价格路径而非一个固定价格水平。同样地,厂商面临着调整其价格路径的固定成本而不是调整价格水平的固定成本。[①] 因此,迫使公司达到其边界的货币冲击会导致公司设定一系列价格变化,这反过来意味着通胀和产出对货币冲击的持续反应。伯斯坦(Burstein)的模型能够捕捉到货币增长率变化引发的通货膨胀反应,这一反应表现为 VAR 文献中典型的驼峰形。[②]

Bakhshi 等(2007)近期的论文基于多西(Dotsey)等的 SDP 框架给出了一条菲利普斯曲线,并研究了通胀的动态变化。有趣的是,菲利普斯曲线包括的滞后性通胀项反映了如下事实,即 t 期设定的最优价格取决于先前年份设定的最优相对价格,参考式(9.9)—式(9.11)。他们发现,基于 SDP 的菲利普斯曲线所隐含的通胀持续性明显低于时间依存型定价的新凯恩斯主义菲利普斯曲线中所隐含的通胀持续性。这主要是因为基于 SDP 的菲利普斯曲线中滞后通胀所引发的持续性被冲击后重置的价格制定者数量变化抵消。

尽管最近 SDP 模型的理论发展很有希望,例如 Burstein(2006)和巴赫希(Bakhshi)等的理论,但相关实证研究仍相当滞后。因此,能够与本章中简化型和结构型概念相匹配的通胀持续性的实证结果很少。总之,可以得出一个合理的结论:理论分析表明,与时间依存型定价模型的混合版本相比,SDP 模型对简化型持续性提供的结构性解释并不那么令人信服。

[①] Calvo 等(2002)开发了一个相关的时间依存型定价模型。在该模型中,当厂商被允许重设价格时,他们也会选择价格路径。

[②] 对伯斯坦的设定进行更全面的实证检验将会十分有意思。一个关键问题是,如何允许通过重置厂商的价格路径来应对不同的冲击,如加价冲击、对央行通胀目标的冲击等。在 Calvo 等(2002)的模型中,如果不对价格路径何时能够和不能响应冲击作出不同的假设,就很难得到对所有冲击数据一致的脉冲响应。有关此问题的更多信息可参阅 Fuhrer(2008)的研究。

3.8 黏性信息模型的持续性

Mankiw 和 Reis(2002)提出了一个信息黏性而非价格黏性的模型。这种模型实质上是将卡尔沃机制应用于更新信息而不是更新价格。在 Mankiw 和 Reis(2002)的模型中,一小部分价格制定者可以在每个时期以类似于卡尔沃模型的方式更新他们的信息。因此,价格制定者信息集的年龄或年份可以用几何分布来描述,就像卡尔沃设定中的价格合同期限一样。[①]

该模型表明,一条菲利普斯曲线可以将通胀与产出,以及通胀与产出的滞后期望的加权平均数联系起来(Mankiw and Reis,2002):

$$\pi_t = \left(\frac{\alpha\lambda}{1-\lambda}\right) y_t + \lambda \sum_{j=0}^{\infty} (1-\lambda)^j E_{t-1-j}(\pi_t + \alpha\Delta y_t) \tag{9.27}$$

正如作者所强调的,在这条菲利普斯曲线中,决定通胀的是过去对当前状况的预期,而不是当前对未来状态的期望。因此,曼昆-雷斯(Mankiw-Reis)式的菲利普斯曲线与 Fischer(1977)和 Koenig(1996)的菲利普斯曲线关系密切。曼昆-雷斯的论文记录了其模型中许多理想的特征,这些特征是基于对需求水平的永久性变化、需求增长率(典型的反通胀)和需求增长率预期下降的反应等的模拟。

在这个模型中,通过观察(作者也验证了)可以看到通胀继承了产出过程的持续性。作者在三个假设下计算了通胀的自相关性。一是简单的货币数量方程成立;二是将货币与产出简单地联系起来;三是货币增长遵循自回归过程。

$$m_t = p_t + y_t$$
$$\Delta m_t = 0.5\Delta m_{t-1} + \varepsilon_t \tag{9.28}$$

基于这些假设,通胀的自相关性确实十分强。图9.12呈现了曼昆和雷斯论文中的表 I 中的自相关关系(实线)。图中的虚线显示了加入供应冲击(对菲利普斯曲线的冲击)后的自相关关系。如本章3.4.3中所述,存在供给冲击时的自相关取决于供给相对于驱动过程冲击的方差。在这里,我们将供给冲击与货币增长冲击的比率设为0.25。如图9.12所示,方差相对较小的供给冲击极大地改变了该模型的通胀自相关,这与卡尔沃/罗腾伯格模型的结果一致。

[①] 本手册第五章概述了不完全信息模型中出现的一些问题。

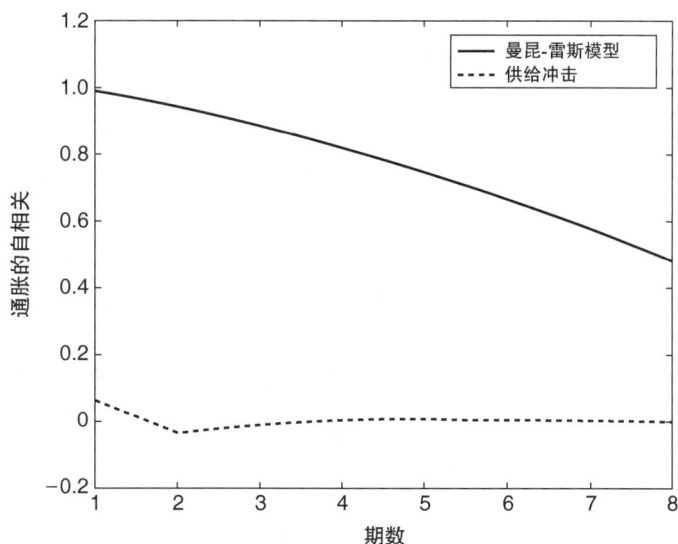

图 9.12 通胀的自相关,曼昆-雷斯模型

3.9 学习模型的持续性

当前面讨论的模型中的经济主体知道模型的结构和参数时,他们就可以利用该知识,通过获取目标变量的数学期望来形成期望。这就是理性预期的本质,到目前为止,本章的结构模型都假设了理性预期——尽管上一节讨论了不完全信息,但也是在理性预期的环境下。尽管如此,人们会将有关不完全信息的文献视为提供了考虑新一类模型的动机,在这类模型中的经济主体了解其经济环境。[①]

当经济主体缺乏完全的信息时,就必须去了解他们所处的环境,这种研究宏观经济变量动态的传统至少可以追溯到 Bray(1982)以及 Marcet 和 Sargent(1989)的研究。Orphanides 和 Williams(2004)、Williams(2006)、Adam(2005)以及 Slobodyan 和 Wouters(2007)探索了一种货币经济,其中经济主体必须了解其经济环境。学习可以显著改变本该是标准宏观经济模型的动态。考虑一种简单情况,其中通胀由包含两个方程的模型控制,该模型包括一个卡尔沃式的菲利普斯曲线和一个简化的产出方程,类似于 3.4.1 中的式(9.19):

$$\pi_t = F_{t-1}\pi_{t+1} + \gamma x_t \tag{9.29}$$

$$x_t = \rho x_{t-1} + \mu_t \tag{9.30}$$

关键的区别在于通胀预期不是由 E_t 运算符表示的数学期望,而是 $t-1$ 期经济主体在可用信息范围内的合理预期,这里用 F_{t-1} 来表示。Williams(2006)提出一种将学习形式化的可行方法,即让经济主体使用自适应估计规则来估计模型的简化形式。该模型在理性预期下的唯一且稳定的简化解由下式给出:

[①] 本手册的第四章、第五章考虑了这类模型中出现的各种问题。在这些模型中,经济主体必须了解其经济环境的各个方面。

$$\begin{bmatrix} \pi_t \\ x_t \end{bmatrix} = \begin{bmatrix} 0 & \rho & \dfrac{\gamma}{1-\rho} \\ 0 & & \rho \end{bmatrix} \begin{bmatrix} \pi_{t-1} \\ x_{t-1} \end{bmatrix} \tag{9.31}$$

如前所述,该模型不依赖滞后通胀,尽管通胀确实会表现出与 x_t 一样的持续性。但是,如果经济主体不具备理性预期下的关于系数解的知识,那么他们会试图估计通胀和 x_t 的简化型方程式,例如:

$$\begin{bmatrix} \pi_t \\ x_t \end{bmatrix} = \hat{A}_t \begin{bmatrix} \pi_{t-1} \\ x_{t-1} \end{bmatrix} + e_t \tag{9.32}$$

如果他们对 $\hat{A}_t$ 的初始估计与式(9.31)的解一致,那么模型将表现为理性预期。但总的来说,该模型将表现出不同的动态,部分取决于式(9.32)中经济主体对 $\hat{A}_t$ 的当前估计。如果 e_t 从 t 期起变得不可预测,那么式(9.32)表明:

$$F_{t-1}\pi_{t+1} \equiv e_\pi \hat{A}^2 \begin{bmatrix} \pi_{t-1} \\ x_{t-1} \end{bmatrix} \tag{9.33}$$

其中 e_π 选择与简化型通胀方程式相对应的 $\hat{A}$ 的那一行。在式(9.29)中代入这个通胀预期,我们可以得到[1]:

$$\pi_t = \hat{a}_{11}\pi_{t-1} + \hat{a}_{12}x_{t-1} + \gamma x_t \tag{9.34}$$

根据 $\hat{a}_{ij}$ 当前的估计值,通胀现在会表现出一些内在型持续性,并且根据 $\hat{a}_{12}$ 的值,还将会或多或少地继承 x_t 的持续性。[2]

这个非常典型的例子清楚地说明学习可以为通胀持续性增添另一种动力。如果经济主体使用不同于理性预期解的预测规则,那么他们可以将内在型持续性添加到一个本来不包括这种持续性的前瞻性模型中。

4. 关于小样本持续性的推论:
锚定预期及其对通胀持续性的影响

无论是 Benati(2008)的分析还是 Williams(2006)的论文,都明确指出,中央银行对通胀目标的明确承诺很好地锚定了通胀预期,但这也改变了通胀的持续性,或者更普遍地说,改变了通胀的整体动态。从理论上讲,这在一定程度上是真实的。再次考虑如式(9.12)所示的简单模型,对此稍作修改以明确中央银行的通胀目标:

$$\pi_t = \pi_{t-1} + ax_t$$

---

[1] 为方便起见,我们删除了 $\hat{A}_t$ 的时间下标。

[2] 原则上,当存在经济主体对 $\hat{a}_{ij}$ 估计的因时变化时,需要添加额外的动态。这具体取决于假设的估计规则,但对此问题的深入研究超出了本章的范围。

$$x_t = -b(f_t - \overline{\pi})$$
$$f_t = \overline{\pi} + c(\pi_t - \overline{\pi}) \tag{9.35}$$

只要 $c \neq 0$，该模型的稳定状态就可以由式(9.36)给出[①]：

$$\pi_t = \overline{\pi}$$
$$x_t = 0$$
$$f_t = \overline{\pi} \tag{9.36}$$

但当 $c = 0$ 时，即央行不采取任何措施将通货膨胀推向特定目标，通胀稳定状态将变得不确定，于是通胀的解就成为：

$$\pi_t = \pi_{t-1} \tag{9.37}$$

相比于式(9.13)的稳定自回归过程，这个情况下的通胀率是随机游走的。这个简单模型证明了央行系统地追求通胀目标在这类模型中的重要性。当央行这样做时，通胀就会稳定，反之亦然。众所周知，对于大部分有明确预期的模型，类似的命题都成立。具有理性预期的模型的直觉相对简单。考虑一个基于 Calvo(1983)所研究的通胀的简单模型：

$$\pi_t = \beta E_t \pi_{t+1} + \gamma x_t$$
$$x_t = -a(r_t - E_t \pi_{t+1})$$
$$r_t = \overline{\pi} + b(\pi_t - \overline{\pi}) \tag{9.38}$$

正如式(9.18)所示，π_t 的解是未来 x_t 的加权总和，而后者又取决于未来短期实际利率，即 $r_t - E_t \pi_{t+1}$。中央银行设定短期名义利率 r_t。央行要想"良好锚定"通胀预期，需要满足两个条件：首先，中央银行必须公开一个为所有经济主体所周知的通胀目标；其次，中央银行必须调整其政策利率以系统性地将通胀率推向该目标。换句话说，泰勒规则(Taylor, 1999)在这个模型中得到实施：当通胀高于其目标时，只要中央银行调整政策利率并超过通胀率，它就会提升短期实际利率(反之亦然)，那么在任意初始条件下，x_t 的预期路径将与通胀回归其目标的路径一致。从这个意义上讲，通胀预期将得到很好的锚定，同时通胀将有一个确定的解并且是稳定的。正如引言和稍后更详细的讨论所描述的那样，在这样一个纯粹的前瞻性模型中，良好锚定的预期不仅意味着确定性和稳定性，还意味着通胀率遵循白噪声过程。[②]

Williams(2006)认为，近年来，预期已经被强锚定了，以至于通胀可以很好地表征为围绕一个常数的随机偏差：

$$\pi_t = c + \varepsilon_t$$

如图 9.13 所示，作为对数据的描述，这个简单模型近年来表现不错。该图显示了一个预测了四个季度价格对数变化的模型，其误差等于其样本平均值，而不是将预测设置为等于前四个季度的变化。[③] Atkeson 和 Ohanian(2001)提出了一个随机游走模型的版本以替代表现不佳的菲利普斯曲线。对于基于常数的预测，威廉姆斯(Williams)样本的误差较小，其均方

[①] 为方便起见，将均衡实际利率设为 0。
[②] 这一含义还有赖于干扰上述方程的所有冲击都遵循独立同分布的假设。
[③] 当然，样本均值预测时使用了预测者无法实时获得的信息。

根误差为0.29,而随机游走模型的误差为0.37。[1]

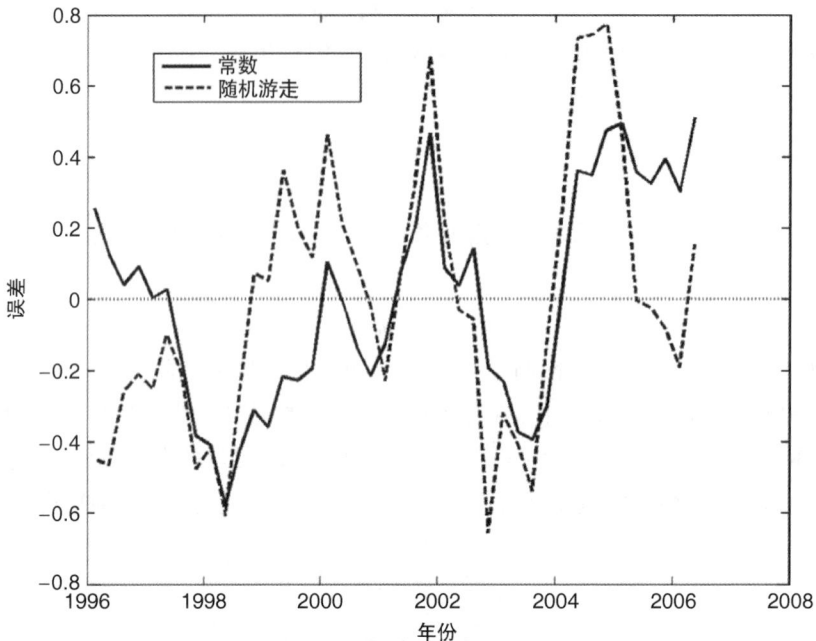

图 9.13　Williams(2006)的模型和近年来随机游走通胀模型的误差

前面几个小节中提出的关于简化型通胀持续性的多样性结果表明,在得出过去10年或20年间通胀持续性发生变化这一结论时,需要谨慎行事。我们研究了简单的蒙特卡罗运算,以强调推断通货膨胀动态变化的困难及其对相对较短样本中持续性的含义。

运算中的通胀由三个简单公式得出:一是后顾性菲利普斯曲线,其滞后系数和为1;二是产出方程式,其使产出成为自身滞后和实际利率的函数;三是简单的政策规则,其中政策利率只对通胀与其目标之间的差距做出反应。

$$\pi_t = \sum_{i=1}^{4} a_i \pi_{t-i} + b\tilde{y}_t + \varepsilon_t$$
$$\tilde{y}_t = c\tilde{y}_{t-1} - d(r_{t-1} - \pi_t) + u_t$$
$$r_t = er_{t-1} + (1 - e)[f(\pi_t - \bar{\pi})] \tag{9.39}$$

两次冲击的方差是根据1966—2006年估计的VAR方程式校准的,或者在1984年进行拆分,以考虑所谓的"大缓和"导致的估计方差的变化。[2] b 和 d 的基线值均为0.1, c 为0.8, e 为0.8, f 为1.5。通胀目标设为2.0。假设单个冲击是根据 ε 和 u 的估计方差缩放的随机正态抽取,使用通胀与产出方程的冲击创建了5万个长达40个季度的样本。每次抽取的初

---

[1] 将过去三年加入样本之中会降低基于常数的模型的优势。在扩展样本中,基于常数和随机游走模型的均方根误差分别为0.32与0.35。基于常数的模型的估计平均约为1.8,在样本期间的最后三年里一直低估了通货膨胀率。

[2] 这些方程估算了一个HP滤波实际GDP中双变量VAR和主要消费价格指数的年化通胀率。三个样本分别为1966年第一季度—2006年第四季度、1966年第一季度—1984年第四季度以及1985年第一季度—2006年第四季度。

始条件都是随机的,而不是使用"磨合"期的。①

我们基于每个模拟样本,估算以下简单回归模型。第一个被设计为一个简单测试,即通胀没有持续性。因为通胀预期很好地锚定在中央银行的目标上,所以通胀预期可以模拟成常数 c 的白噪声。如果这个模型的空值 $\alpha = 0$,那么将重现 Williams(2006)的研究结果。第二个是允许产出影响的存在。两者显然都是错误设定的,但我们关心的问题是,在样本相对较短的情况下,人们是否会被误导,认为通胀性质已经发生变化,而事实上潜在通货膨胀过程仍然表现出持续性且仍与产出相关。

$$\pi_t = \alpha \pi_{t-1} + c \tag{9.40}$$

$$\pi_t = \alpha \pi_{t-1} + b y_{t-1} + c \tag{9.41}$$

得到的回归估算结果显示在下面的汇总表和图 9.14 所呈现的柱状图中。对于第一个模型,图 9.14 和表 9.13 表明,估算滞后系数的标准误差很大,对于 $\alpha = 0$ 的假设,中位数 t 统计量的 p 值高于 0.05。c 的估算表明 π_t 的平均值几乎完全为 2。② 基于这些估算,人们可以不被指摘地推断,通胀几乎没有或根本没有什么持续性,且很好地锚定在央行的通胀目标附近。③

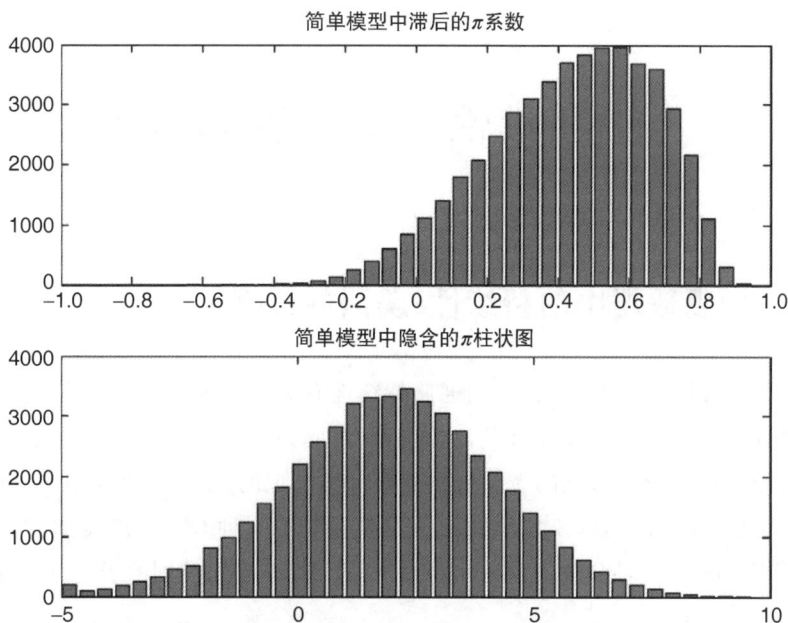

图 9.14 估计系数的分布

---

① 对估算参数分布的收敛性测试表明,5 万个样本足以保证此次运算的收敛性。

② 截距的标准误差为 0.16,这可以说是相当小。通胀均值的分布符合 α 和 c 的非线性函数 $\bar{\pi} = \dfrac{\alpha}{1-c}$,这意味着对于 2.3 这个平均值来说标准误差相对较大。

③ 与数据生成过程中的滞后相比,在图 9.14 中明显向下的估计偏差很大一部分来自通胀滞后的截断。但是在大样本中,回归应该检索单个自回归系数中的基础自回归系数的总和。随着上一次运算样本量从 10 年增加到 25 年乃至 50 年,模型 1 中 α 的中位数估计值相应地从 0.47 增加到 0.70 乃至 0.84。

表 9. 13 　估计系数的分布

模 型	系 数	中位数	标准差
模型 1	α	0. 47	0. 24
	c	1. 06	0. 16
模型 2	α	0. 41	0. 25
	b	0. 069	0. 33
	c	1. 2	0. 17

　　表 9. 13 的底部显示的第二个回归模型的估计表明,当一个人在小样本的错误设定模型中测试是否存在菲利普斯式的关系时,情况会变得更糟糕。现在,α 的中位数估算值甚至更小,估计不精确($\alpha = 0$ 检验的中位数 p 值超过 0. 10),并且产出影响向下倾斜。再次,估算的通胀目标平均值与实际值完全精准匹配。一个人会从简单回归中得到结论,通胀没有或几乎没有持续性,且不存在菲利普斯相关性。这些小样本使人们可以寻回这一时期的通胀平均值,但其余的通货膨胀动态很难估计。

5. 持续性的微观经济证据

5.1 微观数据中的持续性:美国的证据

　　到目前为止,我们一直关注的是与通胀持续性有关的宏观经济总量证据。但是既有文献中的主导模型旨在基于单个企业的定价决策,由此为通货膨胀提供微观经济基础。令人惊讶的是,研究微观价格数据的大量文献是最近才出现的,主要代表作包括 Bils 和 Klenow(2004)的文献。他们使用的未发表的数据集包含约 350 种 CPI 支出类别,占消费支出的 70％。在研究通胀持续性和波动性时,他们使用了 123 个支出类别的子集,这些类别占支出的 63％。

　　对于他们检测的每个 CPI 成分 p_i,他们估算了一个简单的 AR(1)过程以评价其通胀率 dp_i 的持续性和波动的程度(其中 dp_i 是价格序列 p_i 的对数变化)。

$$dp_{it} = \rho dp_{i,t-1} + \varepsilon_{it} \qquad (9.42)$$

他们发现,通胀持续性平均数(他们称之为 p_i 的算术平均数)在较短时间的样本(1995—2006 年)中略为负(-0. 05),而在较长时间的样本(1959—2000 年)中,该值也只是略为正(0. 26)。有趣的是,对于较短的样本,他们发现不同价格类别的持续程度与价格变化的频率正相关。这明显与卡尔沃/罗腾伯格和泰勒模型的预测相反。在较长的样本期中,相关性是正的,但在统计上与 0 没有差异。

　　两位作者估计,根据临时促销进行调整只会对他们关于持续性的估计产生很小的影响。

这个所谓的临时促销是指明显的暂时性降价,但在几天或几周内又恢复到原价,这可能会导致低估非促销价格持续性。当然,临时促销这一经常发生的事实也使人们对时间依存型定价模型的基本假设产生怀疑。在这种模型中,价格在长时期内是固定的。它还提出了一个问题,即价格衡量是否应排除或包括临时促销。Nakamura 和 Steinsson(2008)详细讨论过这个问题,他们使用了一套数据集,以便在更细分的层面上研究价格。他们发现,与比尔斯和克莱诺的数据相比,临时促销对价格变动频率的影响更大。如果排除临时促销,价格变化的频率将降低一半。但他们的论文没有估计临时促销对通胀持续性的影响。

从这些开创性论文中得出的结果表明,微观数据呈现出的行为与普遍流行的时间依存型定价模型对基本定价行为的描述不一致。Nakamura 和 Steinsson(2008)的论文表明,其几个关键特征也与菜单成本模型不一致。但微观数据是否与总体数据估计的持续性一致尚不清楚,原因有以下两点:首先,总体价格序列会表现出完全不同于单个价格序列的特征;其次,人们观察到的单个价格变化反映了公司和行业的特定冲击以及宏观冲击的双重影响。这两点是相关的,两者的相对重要性是一个实证问题,但如果单个价格对宏观冲击与微观冲击的反应不同,那么在评估微观数据证据与总体通胀持续性的相关性时,厘清这些影响就非常重要。

本章的 5.3 中将讨论与第一点相关的一些近期的论文。Boivin 等(2009)提供了与第二点有关的研究结果。他们从大量宏观经济变量中估计出少数共同因素(主成分)。然后,他们将单个价格变化与这些共同因素联系起来,将个体通胀率分解为特定行业波动和宏观经济波动。用 C_t 表示共同因素的矩阵,用 dp_{it} 表示单个价格序列 p_{it} 的对数变化。他们估计以下回归:

$$dp_{it} = \lambda_i C_t + \varepsilon_{it} \tag{9.43}$$

每个回归的 R^2 表示可归因于共同宏观经济因素的单个价格变化的比例;$1 - R^2$ 表示可归因于特定行业来源变化的比例。他们的基线结果表明,单个价格变化中约 85% 的差异可以归因于特定行业的冲击。

Boivin 等(2009)使用分解后的个体通胀序列,对每个序列及其两个组成部门进行简单自回归测算,并通过自回归系数总和来测量持续性。[1] 他们发现,个体通胀序列表现出相当小的持续性,这个结果与 Bils 和 Klenow(2004)的研究结果相似。单个通胀序列的特殊成分 ε_{it} 基本上没有持续性,而共同成分 $(\lambda_i C_t)$ 的持续性呈现出多样变化,从某些序列的负值到卫生保健成分和租户食宿的 0.95 以上不等。这些结果表明,在数据中非常具有持续性的总体通胀指标继承了单个价格序列的共同宏观经济成分中的持续性,特别是那些具有最高持续性的成分。不具有持续性的特殊成分在聚合过程中基本被洗刷掉了。

5.2 微观数据中的持续性:欧元区的证据

Altissimo 等(2006)估算了总体数据和分类数据,以研究欧元区通胀的特征。他们对总

---

[1] Boivin 等(2009)的研究中的数据是按照每月的频率观察的,他们用 13 期滞后来估算自回归。

体数据的分析结论与其他人的相差无几——通胀一直都是持续性的;近年来,由于简化型持续性有所下降,因此通胀现在表现为适度的持续性——尽管如何才是适度的取决于它的估计方式;通胀持续性的下降可以归因于稳定且重点明确的货币制度,该制度锚定了长期通胀预期。他们的行业分类数据表明,单个价格序列的平均持续性要小于其对应的总体数据中得出的持续性。

Angeloni 等(2006)以及 Alvarez 等(2006)研究发现,微观层面的价格变化很小。前者估计,虽然各部门存在显著异质性,但总体平均价格相当有黏性,持续时间为四至六个季度。从卡尔沃模型的角度分析,这些估算表明衡量价格变动频率的卡尔沃参数很大,这意味着边际成本对通胀的影响很小。从式(9.21)可知,边际成本对通胀的影响越小,通胀所继承的边际成本中的持续性就越小。

这两项研究都没有考察分类价格序列的持续性,也没有探讨将具有异质动态的分类数据序列聚合的复杂性。但是,考虑到他们发现价格变化相对不频繁,如果人们觉得可以将这些发现映射到卡尔沃参数集合中,那么这些研究意味着继承型持续性会永久性降低,其他结论不变。

5.3　聚合与持续性的更多信息

Bils 和 Klenow(2004)发现,基于单个价格序列的通胀持续性与其支出份额加权的总体通胀指标之间存在很大差异。对于较长的样本,他们估算的自回归系数为 0.63,标准误差为 0.03。而单个价格序列的自回归系数平均值要小得多。Boivin 等(2009)发现,分类通胀序列低持续性、特殊性成分在总体通胀指标中被洗刷掉,留下持续存在的共同宏观经济成分主导总体通胀的持续性。这些观察表明,价格序列的聚合在决定总体通胀持续程度方面发挥了重要作用。[①]

近期的一些论文研究了聚合在通胀持续性中扮演的角色。Mumtaz 等(2009)采用的方法主要借鉴了 Boivin 等(2009)研究英国分类价格数据的方法。他们还发现,相对于基础价格序列的持续性,总体通胀指标的持续性是向上倾斜的,这种偏差是由这些序列的宏观成分所驱动的。Altissimo 等(2009)利用时间序列聚合的现有结果,更深入地研究了聚合过程,例如参数的结果(Granger,1980)和非参数的结果(Zaffaroni,2004),后者与 Altissimo 等(2009)的研究成果更密切相关。和 Boivin 等(2009)的研究一样,他们假设单个价格序列可以用一个未观察到的成分模型来表征,此模型使每个价格变化序列 dp_{it} 成为其自身特有的持续性、共同冲击 u_t 和特有冲击 ε_{it} 的函数:

$$dp_{it} = \alpha_i dp_{i,t-1} + u_t + \varepsilon_{it} \tag{9.44}$$

如 Granger(1980)所述,通过假设持续性参数 $f(\alpha)$ 的特定分布形式,我们可以推导出单个价格变化的简单聚合的持续性结果,即 $dP_t = (1/n) \sum_{i=1}^{n} dp_{it}$。共同和特殊冲击的相对贡献

---

① 与理论相对应,Carvalho(2006)开发了一个价格黏性具有异质性的卡尔沃模型的多部门版本,其总体通胀率的持续性要低于标准卡尔沃模型。

对于理解单个价格与总体价格之间的关系很重要,而共同冲击在单个价格中传播方式的差异也很重要,也就是 α_i 的差异。与具有较小的 α_i 的价格序列相比,通过较大的 α_i 使共同冲击持续化的价格序列对总体持续性产生的影响更大。

Altissimo 等(2009)发现,分类价格变化的持续性明显低于总体价格变化的持续性,且单个价格序列的方差主要由特殊波动性来解释,这与上述所有研究是一致的。与 Boivin 等(2009)的研究一样,他们发现单个价格序列的单一主成分在解释单个价格低频变化方面占主导地位。因此,这个因素可以解释分类序列间的普遍持续性。此外,对式(9.44)等模型的估计表明,单个序列中共同冲击的传播方式确实相当多样化。服务价格中共同冲击的持续存在,再加上服务业在总价格指数中所占的比重相对较高,这是导致总体通胀持续性存在的主要原因。

6. 结论

关于通胀持续性的结构来源,或这些来源在多大程度上发生变化并表现为简化型通胀持续性变化,现在要得出明确结论还为时过早。在第一种情况下,对于微观数据或简化形式的聚合数据与我们的结构模型之间适当的映射,迄今尚未达成广泛共识。在第二种情况下,我们有一个相当短的样本,可以从中推断出潜在的变化(详见第 4 节)。

尽管如此,迄今为止的研究仍然可以得出一些结论。

第一,对简化型持续性的变化而言,政策制定者需要清楚变化的来源。本章讨论了导致通胀持续性发生变化的许多结构性渠道。它表明可以将通胀持续性的结构来源分解为两个部分:内在型持续性(实质上是结构菲利普斯曲线的滞后通胀的影响)和继承型持续性(即持续性从通胀驱动过程继承而来)。在传统的通胀理论中,继承型持续性发生改变主要有三个原因:要么驱动过程的持续性发生了变化,要么驱动过程的系数发生了变化,要么对通胀的冲击和驱动过程的相对方差发生了变化。

本章分析表明,持续性的变化不太可能由驱动过程的持续性变化引起,因为驱动过程在整个期间一直非常稳定。另外,基于 DSGE 模型的分析表明,虽然货币政策系统组成的变化会导致通胀持续性降低,但造成通胀持续性最大变化的影响因素在于所谓的通胀持续性的内在结构发生了变化——无论这些变化是来自指数化、依赖于经验法则的价格制定者还是价格重置风险上升。最后,偏离标准卡尔沃框架的模型表明,影响通胀持续性的其他经济面向是导致通胀持续性发生变化的原因。这些变化包括趋势通胀较小或不太频繁的变化,或者随着中央银行目标透明度的提高,学习的作用变得更小了。

第二,我们现在已经积累了大量关于分类层面的价格(和工资)制定方面令人印象深刻且不断增长的证据。这些证据有力地表明,从微观数据中得出的关于价格变动频率以及通胀持续程度的一些推论主要与价格对行业或厂商特定冲击的反应有关。普遍存在于单个价格序列中的共有成分对总冲击的反应特征不同于个体厂商对特殊冲击的反应。沿着理性疏忽的思路(Gorodnichenko,2008;Maćkowiak and Wiederholt,2009;Sims,2003),将这些证据整合到我们的结构模型中似乎是一个很有前途的研究途径。

第三,我们目前正在收集其他证据,使我们能够对简化型持续性是否已经发生变化这个问题采取更加坚定的立场,并辨别任何此类变化的结构来源。2007—2009 年的金融危机和经济衰退造成的动荡,以及随之而来的失业率长期上升和边际成本下降的前景,表明在接下来的十年中我们仍需要继续积累证据,使我们能够更加全面地检验简化型通胀持续性降低这一假设,以及验证将持续性归因于结构来源的相互竞争的理论。

参考文献

Adam, K., 2005. Learning to forecast and cyclical behavior of output and inflation. Macroecon. Dyn. 9,1-27.

Altissimo, F., Ehrmann, M., Smets, F., 2006. Inflation persistence and price-setting behaviour in the Euro Area: A summary of the IPN evidence. National Bank of Belgium Working Papers No. 95 October.

Altissimo, F., Mojon, B., Zaffaroni, P., 2009. Can aggregation explain the persistence of inflation?. J. Monetary Econ. 56, 231-241.

Alvarez, L., Dhyne, E., Hoeberichts, M., Kwapil, C., Le Bihan, H., Lunnemann, P., et al., 2006. Sticky prices in the Euro Area: A summary of new micro-evidence. J. Eur. Econ. Assoc. 4, 575-584.

Andrews, D., 1993a. Exactly median-unbiased estimation of first-order auto-regressive/unit-root models. Econometrica 61, 139-165.

Andrews, D., 1993b. Testing for structural instability and structural change with unknown change point. Econometrica 61, 821-856.

Angeloni, I., Aucremanne, L., Ehrmann, M., Galí, J., Levin, A., Smets, F., 2006. New evidence on inflation persistence and price stickiness in the Euro Area: Implications for macro modeling. J. Eur. Econ. Assoc. 4, 562-574.

Atkeson, A., Ohanian, L., 2001. Are Phillips curves useful for forecasting inflation?. Federal Reserve Bank of Minneapolis Quarterly Review 25 (1), 2-11 (Winter).

Bai, J., Perron, P., 1998. Estimating and testing for multiple structural changes in linear models. Econometrica 66, 47-78.

Bakhshi, H., Khan, H., Rudolf, B., 2007. The Phillips curve under state-dependent pricing. J. Monetary Econ. 54, 2321-2345.

Ball, L., 1994. Credible disinflation with staggered price-setting. Am. Econ. Rev. 84 (1), 282-289.

Ball, L., Cecchetti, S. G., 1990. Inflation and uncertainty at short and long horizons. Brookings Pap. Econ. Act. 21, 215-254.

Barnes, M., Gumbau-Brisa, F., Lie, D., Olivei, G., 2009. Closed-form estimates of the New Keynesian Phillips curve with time-varying trend inflation. Federal Reserve Bank of Boston, Working Paper.

Barsky, R. B., 1987. The Fisher hypothesis and the forecastibility and persistence of inflation. J. Monetary Econ. 19, 3-24.

Benati, L., 2008. Investigating inflation persistence across monetary regimes. Q. J. Econ. 123 (3),1005-1060.

Benati, L., 2009. Are intrinsic inflation persistence models structural in the sense of Lucas (1976)?. March European Central Bank, Working Paper Series No. 1038.

Bils, M., Klenow, P., 2004. Some evidence on the importance of sticky prices. J. Polit. Econ. 112 (5),947-985.

Blanchard, O., Galí, J., 2007. Real wage rigidities and the new Keynesian model. J. Money Credit Bank. 39 (1), 35-65.

Boivin, J. P., Giannoni, M., Mihov, I., 2009. Sticky prices and monetary policy: Evidence from disaggregated U. S. data. Am. Econ. Rev. 99 (1), 350-384.

Bray, M., 1982. Learning, estimation, and the stability of rational expectations. J. Econ. Theory 26,318-339.

Buiter, W., Jewitt,, I., 1981. Staggered wage setting with real wage rigidities: Variations on a theme of Taylor. The Manchester School 49, 211-228.

Burstein, A. T., 2006. Inflation and output dynamics with state-dependent pricing decisions. J. Monetary Econ. 53, 1235-1257.

Calvo, G. A., 1983. Staggered prices in a utility-maximizing framework. J. Monetary Econ. 12 (3),383-398.

Calvo, G. A., Celasun, O., Kumhoff, M., 2002. A theory of rational inflationary inertia. In: Aghion, P., Frydman, R., Stiglitz, J., Woodford, M. (Eds.), Knowledge, information and expectations in modern macroeconomics: In honor of Edmund S. Phelps. Princeton University Press, Princeton, NJ.

Caplin, A., Leahy, J., 1991. State-dependent pricing and the dynamics of money and output. Q. J. Econ. 106 (3), 683-708.

Carvalho, C., 2006. Heterogeneity in price stickiness and the real effects of monetary shocks. Frontiers of Macroeconomics 2 (1) Article 1.

Christiano, L., Eichenbaum, M., Evans, C., 2005. Nominal rigidities and the dynamic effects of a shock to monetary policy. J. Polit. Econ. 113 (1), 1-45.

Cogley, T., Sbordone, A., 2008. Trend inflation, indexation, and inflation persistence in the New Keynesian Philips curve. Am. Econ. Rev. 98 (5), 2102-2126.

Cogley, T., Primiceri, G. E., Sargent, T. J., 2010. Inflation-gap persistence in the U. S. American Economic Journal: Macroeconomics 2 (1), 43-69.

De Walque, G., Smets, F., Wouters, R., 2005. Price setting in general equilibrium: Alternative specifications. Computing in Economics and Finance 370.

Dornbusch, R., 1976. Expectations and exchange rate dynamics. J. Polit. Econ. 84 (6), 1161-1176.

Dotsey, M., King, R., Wolman, A., 1999. State-dependent pricing and the general equilibrium dynamics of money and output. Q. J. Econ. 114, 655-690.

Estrella, A., Fuhrer, J., 2002. Dynamic inconsistencies: Counterfactual implications of a class of rational expectations models. Am. Econ. Rev. 92 (4), 1013-1028.

Fischer, S., 1977. Long-term contracts, rational expectations, and the optimal money supply rule. J. Polit. Econ. 85 (1), 191-205.

Friedman, M., 1968. The role of monetary policy. Am. Econ. Rev. 58 (1), 1-17.

Fuhrer, J., 2000. Habit formation in consumption and its implications for monetary-policy models. Am. Econ. Rev. 90 (3), 367-390.

Fuhrer, J., 2006. Intrinsic and inherited inflation persistence. International Journal of Central Banking 2 (3), 49-86.

Fuhrer, J., 2008. Special issue comment on optimal price setting and inflation inertia in a rational expectations model. J. Econ. Dyn. Control 32, 2536-2542.

Fuhrer, J., Moore, G., 1992. Monetary policy rules and the indicator properties of asset prices. J. Monet. Econ. 29, 303-336.

Fuhrer, J., Moore, G., 1995. Inflation persistence. Q. J. Econ. 110 (1), 127-159.

Fuhrer, J., Olivei, G., Tootell, G. M. B., 2009. Empirical estimates of changing inflation dynamics. Federal Reserve Bank of Boston, Working Paper.

Galí, J., Gertler, M., 1999. Inflation dynamics: A structural econometric analysis. J. Monet. Econ. 44, 195-222.

Gordon, R. J., 1982. Price inertia and policy ineffectiveness in the United States, 1890-1980. J. Polit. Econ. 90 (6), 1087-1117.

Gordon, R. J., King, S. R., Modigliani, F., 1982. The output cost of disinflation in traditional and vector autoregressive models. Brookings Pap. Econ. Act. 1982 (1), 205-244.

Gorodnichenko, Y., 2008. Endogenous information, menu costs and inflation persistence. NBER Working Paper 14183.

Granger, C., 1980. Long memory relationships and the aggregation of dynamic models. J. Econom. 14, 227-238.

Gray, J., 1977. Wage indexation: A macroeconomic approach. J. Monet. Econ. 2 (2),

221-235.

Ireland, P., 2007. Changes in the Federal Reserve's inflation target: Causes and consequences. J. Money Credit Bank. 39 (8), 1851-1882.

Koenig, E., 1996. Aggregate price adjustment: The Fischerian alternative. Federal Reserve Bank of Dallas, Working Paper No. 9615.

Levin, A., Piger, J., 2004. Is inflation persistence intrinsic in industrial economies?. European Central Bank, Working paper No. 334.

Lucas Jr., R. E., 1972. Expectations and the neutrality of money. J. Econ. Theory 4, 103-124.

Mackowiak, B., Wiederholt, M., 2009. Optimal sticky prices under rational inattention. Am. Econ. Rev. 99 (3), 769-803.

Mankiw, N. G., Reis, R., 2002. Sticky information versus sticky prices: A proposal to replace the New Keynesian Phillips curve. Q. J. Econ. 117 (4), 1295-1328.

Marcet, A., Sargent, T. J., 1989. Convergence of least-squares learning in environments with hidden state variables and private information. J. Polit. Econ. 97 (6), 1306-1322, December.

Mash, R., 2004. Optimizing micro-foundations for inflation persistence. Oxford University, Oxford, UK Oxford University Department of Economics, Discussion Paper No. 183.

Mavroeidis, S., 2005. Identification issues in forward-looking models estimated by GMM, with an application to the Phillips curve. J. Money Credit Bank. 37 (3), 421-448.

Mumtaz, H., Zabczyk, P., Ellis, C., 2009. What lies beneath: What can disaggregated data tell us about the behaviour of prices?. Bank of England, Working Paper No. 364.

Muth, J., 1961. Rational expectations and the theory of price movements. Econometrica 29 (3), 315-335.

Nakamura, E., Steinsson, J., 2008. Five facts about prices: A reevaluation of menu cost models. Q. J. Econ. 112, 1415-1464.

Okun, A. M., 1977. Efficient disinflationary policies. Am. Econ. Rev. 68, 348-352; (May 1978, Papers and Proceedings 1977).

O'Reilly, G., Whelan, K., 2005. Has Euro-area inflation persistence changed over time?. Rev. Econ. Stat. 87 (4), 709-720.

Orphanides, A., Williams, J. C., 2004. Imperfect knowledge, inflation expectations, and monetary policy. In: Bernanke, B., Woodford, M. (Eds.), The inflation targeting debate, University of Chicago Press.

Phelps, E. S., 1968. Money-wage dynamics and labor-market equilibrium. J. Polit. Econ. 76 (4), 678-711 Part 2.

Pivetta, F., Reis, R., 2007. The persistence of inflation in the United States. J. Econ.

Dyn. Control 31,1326-1358.

Ravenna, F. , 2000. The impact of inflation targeting in Canada: A structural analysis. New York University; Manuscript.

Roberts, J. , 1997. Is inflation sticky?. J. Monet. Econ. 39 (2), 173-196.

Roberts, J. , 2006. Monetary policy and inflation dynamics. International Journal of Central Banking 2,(3), September.

Rotemberg, J. J. , 1982. Sticky prices in the United States. J. Polit. Econ. 90 (6), 1187-1211.

Rotemberg, J. J. , 1983. Aggregate consequences of fixed costs of price adjustment. Am. Econ. Rev. 73 (3),433-436.

Rudd, J. , Whelan, K. , 2006. Can rational expectations sticky-price models explain inflation dynamics?. Am. Econ. Rev. 96 (1), 303-320.

Rudebusch, G. , 2005. Assessing the Lucas Critique in monetary policy models. J. Money Credit Bank. 37(2), 245-272.

Rudebusch, G. , 2006. Monetary policy inertia: Fact or fiction?. International Journal of Central Banking 2 (4), 85-135.

Sargent, T. J. , Wallace, N. , 1975. "Rational" expectations, the optimal monetary instrument, and the optimal money supply rule. J. Polit. Econ. 83 (2), 241-254.

Sheedy, K. D. , 2007. Intrinsic inflation persistence. Centre for Economic Performance Discussion Paper No. 837.

Sims, C. A. , 2003. Implications of rational inattention. J. Monet. Econ. 50, 665-690.

Slobodyan, S. , Wouters, R. , 2007. Learning in an estimated medium scale DSGE model. National Bank of Belgium, Working paper.

Stock, J. H. , Watson, M. , 2007. Has inflation become harder to forecast?. J. Money Credit Bank. 39, 3-34.

Taylor, J. , 1980. Aggregate dynamics and staggered contracts. J. Polit. Econ. 88 (1), 1-23.

Taylor, J. , 1993. Discretion versus policy rules in practice. Carnegie-Rochester Conference Series on Public Policy 39, 195-214.

Taylor, J. , 1999. A historical analysis of monetary policy rules. In: Taylor, J. B. (Ed.), Monetary policy rules. University of Chicago Press, Chicago, pp. 319-341.

Williams, J. , 2006. The Phillips curve in an era of well-anchored inflation expectations. Federal Reserve Bank of San Francisco, Unpublished Working Paper.

Woodford, M. , 2003. Interest and prices: Foundations of a theory of monetary policy. Princeton University Press, Princeton, NJ.

Woodford, M. , 2007. Interpreting inflation persistence: Comments on the conference on

Quantitative Evidence on Price Determination. J. Money Credit Bank. 39 （1）, 203-210, Supplement to.

Zaffaroni, P., 2004. Contemporaneous aggregation of linear dynamic models in large economies. J. Econom. 120, 75-102.

第十章　货币政策与失业[①]

乔迪·加利(Jordi Galí) *

*:庞培法布拉大学,巴塞罗那经济研究院

目　录

---

① 本章中的诸多见解都是基于与奥利维尔·布兰查德(Olivier Blanchard)早期合作的成果,他激发了我对这个主题的兴趣。我还要感谢编辑简·埃克豪特(Jan Eeckhout)、克里斯·皮萨里德斯(Chris Pissarides)、卡洛斯·托马斯(Carlos Thomas)以及国际经济研究中心教师午餐会的参与者和"货币经济学的关键进展"会议的参会者,感谢他们在该项目不同阶段提出的有益意见。托马斯·凯纳(Tomaz Cajner)和连·劳雷斯(Lien Laureys)提供了出色的研究协助。我在此也感谢欧洲研究委员会、科学与创新部以及加泰罗尼亚政府给予的资助。

本章摘要:近年来很多研究都集中于对新凯恩斯主义框架扩展的开发和分析,该框架清晰地模拟了劳动力市场的摩擦和失业。本章介绍了这些模型的一些核心成分和特征,以及它们对货币政策的意义。

JEL 分类代码: E32

关键词:名义刚性;劳动力市场摩擦;工资刚性

1. 概况

非自愿失业的存在一直被视为现代工业化经济的主要弊端之一。失业率的上升总是伴随着经济的衰退,这大概是造成周期性波动通常被认为不可取的主要原因之一。

尽管失业在政策辩论中发挥着核心作用,但至少直到近期,这一变量在新一代模型中仍然明显缺失。这些新一代模型已成为分析货币政策、通胀和经济周期的主力,并通常被称为新凯恩斯主义模型。[①] 这种缺失是有原因的,因为解释失业及其变化从来不是文献关注的重点,因此也没有必要明确地对这一现象建模。但是这也可以理解为,作为通货膨胀(或其他宏观变量)的决定因素或作为中央银行应该关注甚至以系统方式做出反应的变量,失业不是单独地发挥作用,这与对产出或就业的衡量不同。换言之,根据前面的观点,失业及其背后

[①] 读者可以在 Walsh(2003a)、Woodford(2003)以及 Galí(2008)的研究中找到新凯恩斯主义模型的教科书式阐述。关于基准新凯恩斯主义模型的早期版本和分析,可参见 Yun(1996)的研究,他利用 Calvo(1983)首创的离散时间版本的交错定价模型进行研究。King 和 Wolman(1996)对模型的稳定状态与动态特征进行了详细分析。Goodfriend 和 King(1997)、Rotemberg 和 Woodford(1999)以及 Clarida 等(1999)是最早利用该框架进行规范性政策分析的人。

的摩擦既不是理解名义或实际变量波动所必不可少的,也不是制定货币政策的关键因素。①

此外,了解失业的决定因素及其波动的特征一直是另一类文献的重点,这些文献建立在戴蒙德-莫滕森-皮萨里德斯(Diamond-Mortensen-Pissarides)传统的搜索与匹配模型的基础上。② Hall(2005)和 Shimer(2005)的有影响力的研究指出,这种模型的校准版本很难解释观察到的失业和其他劳动力市场变量波动,因此该类文献转向了量化研究,并引发了主流宏观经济学家的兴趣。然而到近期为止,文献中所使用的模型都是纯粹"真实"的,它们对货币政策的作用只字未提,无论货币政策是作为失业波动的一个来源还是作为稳定这些波动的工具。③

然而,在过去几年里,越来越多的研究人员将其注意力转向开发和分析同时具备上述两种传统元素的框架。这些文献的典型框架将以下两者结合起来,一是新凯恩斯主义的名义刚性和随之而来的货币非中性;二是以搜索和匹配为特点的劳动力市场的实际摩擦。据我所知,Chéron 和 Langot(2000)首次将名义刚性和劳动力市场摩擦结合起来。他们也展示了在技术冲击与货币冲击下,所得到的框架如何生成贝弗里奇曲线(一种用于表示职位空缺和失业之间负相关关系的曲线)和菲利普斯曲线(一种用于表示通胀和失业之间负相关关系的曲线)。此后,Walsh(2003b,2005)和 Trigari(2009)将劳动力市场摩擦嵌入具有价格黏性但工资灵活的新凯恩斯主义基础模型中,并且重点关注和分析货币政策冲击的规模与持续性。

最近的研究成果从两个方面扩展了这项工作。一方面,它们放宽了弹性工资的假设,引入了不同形式的名义和实际工资刚性。Trigari(2006)以及 Christoffel 和 Linzert(2005)的研究可以归为这一类。另一方面,分析的重点逐步转向规范性问题,更具体地说,就是转向劳动力市场摩擦和失业对货币政策制定的影响。因此,Blanchard 和 Galí(2010)的研究成果(实际工资刚性模型)以及 Thomas(2008a)的研究成果(名义工资刚性模型)等都在具有劳动力市场摩擦的简单新凯恩斯主义模型背景下对最优货币政策进行了详细分析。④ 正如稍后将讨论的,这两个扩展并非毫不相关:工资刚性的存在不仅对遭受不同冲击的宏观经济效应有着重要影响,而且对替代政策的相对可取性也有着重要影响。

尽管仍处于起步阶段,但上述文献已经提出了一些有趣的见解,并为目前用于政策分析的 DSGE 模型的"演变"奠定了基础。该模型的最初版本是由 Christiano 等(2005)以及 Smets 和 Wouters(2003,2007)开发的,其明确将劳动力市场摩擦和失业引入成熟的货币模型中。Gertler 等(2008)以及 Christiano 等(2010)最近的成果很好地综述了这个方向研究所取得的进展。

---

① "失业"一词并没有出现在 Walsh(2003a)和 Woodford(2003)的索引中,尽管这两本教科书提供了货币经济学的现代处理方法。在 Galí(2008)的研究中,我在结论部分简要提到了失业,但也仅是提及本章讨论的新凯恩斯主义模型的最新扩展。

② 当前搜索和匹配模型的早期贡献者包括 Diamond(1982a,1982b)、Mortensen(1982a,1982b)以及 Pissarides(1984)。有关搜索和匹配方法的全面说明,可参见 Pissarides(2000)的研究。

③ 顺便说一下,有必要指出,标准实际经济周期模型同时具有两种范式的缺点:它们既不能解释非自愿失业,也不能对货币政策产生任何作用。

④ 另见 Arseneau 和 Chugh(2008)在一个具有弹性价格和名义成本调整的二次成本模型中的分析。

本章有双重目标:一是描述能够结合劳动力市场摩擦与名义刚性的模型的核心成分;二是说明如何用这个模型来解决劳动力市场摩擦与名义刚性之间相互作用这一有意思的问题。下面的分析强调了两类广泛的问题:

- 在影响经济对总体冲击的反应方面,劳动力市场摩擦发挥了什么作用?

- 这些摩擦对制定货币政策有什么影响? 尤其是当央行设定利率时,是否应当考虑失业率等因素?

为了解决上述问题,我进一步发展了新凯恩斯主义模型,这一模型同时引入劳动力市场摩擦和失业。此模型结合了现有文献中的元素,是高度程式化的模型,但抽象掉了就目前的研究目的而言并不重要的一些因素。

相对于既有文献,这里开发的框架的主要新颖之处在于引入了可变劳动力市场参与度。这一特征旨在克服新凯恩斯主义文献中关于以下两者的惊人反差:一是对劳动力供给弹性的重视(例如将其作为货币政策冲击影响持续性的决定因素);二是关于劳动力市场摩擦的现有模型无一例外地都假设劳动力市场完全缺乏弹性。在后者中,失业率的变化与就业的变化一一对应(符号相反),因此失业测量中的所有信息都是通过观察就业情况来获得的。在分析的过程中我们也总结出了一些经验,下面罗列了相关要点。

- 从定量上看,现实的劳动力市场摩擦本身对经济动态均衡的影响有限。相反,它们的主要作用是为工资刚性"腾出空间",后者会导致对冲击的低效反应和货币政策的重大权衡。

- 当与现实的泰勒规则相结合时,在具有劳动力市场摩擦的模型中引入价格刚性的影响有限,这是针对经济面对实际冲击的均衡反应而言的(尽管这足以产生货币非中性)。

- 如果假设了保证稳定状态效率的条件,则弹性工资(即受逐期纳什谈判约束的工资)下最优政策是严格的通胀目标制,这要求价格水平始终保持稳定。反之,如果名义工资很少进行讨价还价且不经常调整,则最优政策会适度偏离价格稳定,并且可以通过一个简单的利率规则来很好地近似,该规则以大约为 1.5 的系数响应价格通胀。

- 失业率偏离其有效水平通常是福利损失的一个来源,这个损失超过了产出缺口或就业缺口波动引起的福利损失。一个优化的简单利率规则要求对失业率的低效波动做出系统的(尽管相对薄弱)稳定的政策反应。

本章结构如下:第 2 节介绍劳动力市场变量和通胀的周期性行为,并为其波动提供了一个简单的结构性解释。第 3 节开发了一个带有劳动力市场摩擦和价格刚性的基准模型。该模型考虑了两个可供选择的工资设定环境(弹性工资和黏性工资)。第 4 节探讨模型校准版本的特性,重点关注对货币和技术冲击的隐性反应。第 5 节介绍了有效稳定状态假设下的模型和福利标准,并讨论了在最优货币政策和最优简单规则下福利标准对货币和技术冲击的反应。第 6 节讨论模型扩展。第 7 节为总结。

2. 劳动力市场变量的周期性和通胀关系的证据

本节将概述二战后美国经济中的就业、劳动力、失业率、实际工资和通胀的周期性特征。我使用的是与1948年第一季度—2008年第四季度样本周期相对应的且从HAVER数据库得到的季度数据。GDP被视为基准的周期性指标。至于工资,我用非农商业部门使用的小时工资。GDP平减指数是用于计算通胀和实际工资的价格水平。就业、劳动力和GDP按工作年龄人口进行标准化,并与实际工资一起以自然对数表示。我们使用带通滤波器①对所有的变量进行去趋势化处理,旨在保持6至32个季度之间的周期性波动。

表10.1的第一大列报告了每一个变量周期性成分的两个关键的无条件二阶矩:其相对于GDP的标准差以及其与GDP的相关性。表中的大部分事实都是众所周知的,在此对其进行总结以供大家回顾。请注意,就业比劳动力更不稳定,失业率则介于两者之间。实际工资波动也比GDP波动小得多。谈及与GDP的相关性,我们可以看到就业和劳动力是顺周期的,尽管后者只是适度的顺周期(各自的相关性分别为0.83和0.30)。失业率呈现出高度的逆周期性,其与GDP的相关性接近−0.9。通货膨胀呈现出微弱的周期性,但实际工资实质上呈现出非周期性。

表 10.1 周期性属性

指　　标	无条件		需　　求		技　　术	
	$\dfrac{\sigma(x)}{\sigma(y)}$	$\rho(x,y)$	$\dfrac{\sigma(x)}{\sigma(y)}$	$\rho(x,y)$	$\dfrac{\sigma(x)}{\sigma(y)}$	$\rho(x,y)$
就业	0.60	0.83	0.59	0.92	0.90	0.51
劳动力	0.20	0.30	0.20	0.31	0.39	0.02
失业率	0.49	−0.90	0.50	−0.93	0.62	−0.76
实际工资	0.44	0.07	0.32	−0.78	0.27	0.27
通货膨胀	0.19	0.27	0.18	0.37	0.27	0.60

除了刚刚总结的无条件统计数据外,表10.1还报告了将每个变量分解为技术驱动和需求驱动成分的条件统计数据。该分解基于具有五个变量的部分识别VAR:(对数)劳动生产率、(对数)就业率、失业率、通货膨胀和平均价格加成。后者则被计算为(对数)劳动生产率和(对数)实际工资之间的差值。② 按照Galí(1999)提出的策略,我认为技术冲击是劳动生产率单位根的唯一来源。结构VAR包含四个未被识别的额外冲击,它们可笼统地称为需求冲

---

① 译者注:带通滤波器只允许特定频段的波通过并且会屏蔽其他频段的波。

② 接下来讨论的基准结果基于VAR规范,其中(对数)就业为一阶差分,失业率使用时间的二阶多项式进行去趋势化处理。对于就业在对数水平上去趋势化的替代设定而言,主要研究结果也是稳健的。

击。我将每个感兴趣变量的需求部分定义为这四个冲击中每一个相关的组成部分的总和。[①]

表 10.1 的第二和第三大列报告了一些变量的需求驱动和技术驱动部分有趣的统计数据,这些统计数据是使用先前应用于原始数据的带通滤波器对估计的组成部分去趋势化后计算得出的。请注意,与需求驱动部分相关的条件二阶矩和无条件二阶矩非常像。但一旦人们意识到非技术冲击占了所有变量周期性波动的大部分时(这里没有显示统计数据),这就不足为奇了。唯一的例外是在需求冲击的条件下,实际工资与 GDP 之间存在强负相关关系,这与相同变量之间几乎为零的无条件相关性形成了鲜明对比。

图 10.1 显示了对有利的技术冲击的响应估计。所谓有利的技术冲击,是一种被证明可以永久性地提高产出和劳动生产率的技术冲击。需要注意,产出很难在短期内发生变化,但随着时间的推移,其响应会逐步增强。此外,就业在受冲击时会出现下降以作应对,其后会逐步回归到其最初水平。同样的结果也出现在 Galí(1999)、Basu 等(2006)、Francis 和 Ramey(2005)以及 Galí 和 Rabanal(2004)的研究中,其中有些人使用替代 VAR 设定(并且关注时间而不是就业)。[②] 先前研究者一直争论的是,这种对技术冲击的预计响应与标准校准的实际经济周期模型的预测不一致,后一模型要求同时向上调整产出和就业以应对技术进步冲击。短期需求约束的存在被认为是对这一证据的解释,这一约束是由于名义刚性和不完全适应的货币政策相互作用而形成的。

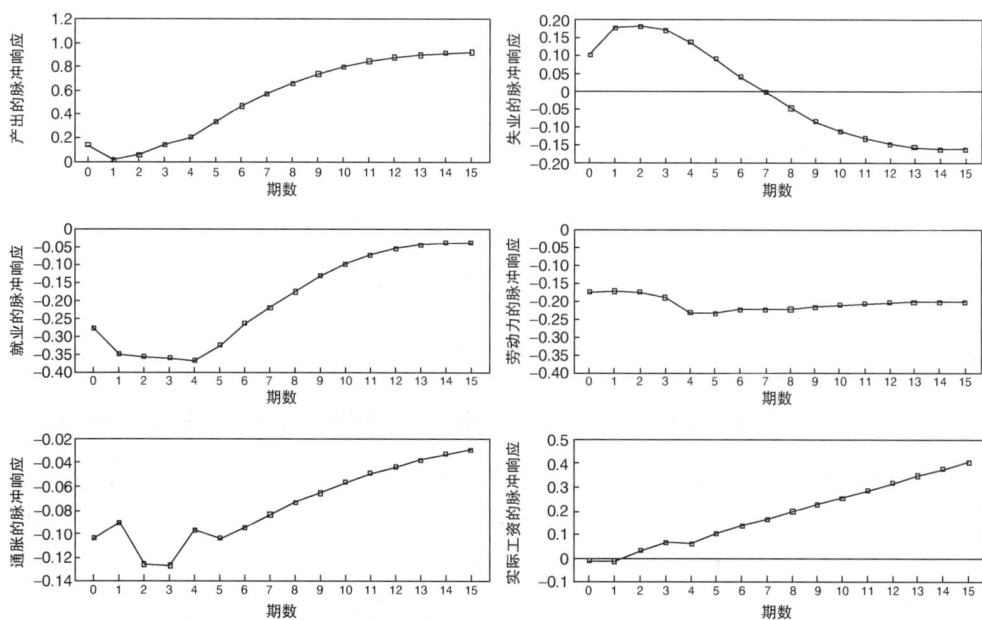

图 10.1　技术冲击的效应预测

表 10.1 的第三大列呈现的是与技术驱动相关的条件统计数据。需要注意的是,此时的

---

① 读者可以参考 Galí(1999)的研究中对计量经济学方法的详细描述。
② 先前的证据并非没有争议。关于该证据的批判性观点,可以参见 Christiano 等(2003)以及 Chari 等(2008)的研究。

劳动力基本上是非周期性的,而实际工资为适度顺周期性的,两者都与相对应的无条件统计数据形成对比。另外,通过与 GDP 相应的相关性来衡量,虽然就业率和失业率的技术组成部分显示出顺周期性和逆周期性,但看一看这些变量对技术冲击的估计动态回应,就会发现一个更复杂的模式。

图 10.1 还提供了产出和就业以外的变量对正向技术冲击响应的证据。特别是,我们看到在那次冲击后,劳动力呈现轻微但永久性的下降。劳动力的下降只能部分抵消就业的大幅下降,从而导致失业率持续上升,失业率直到六个季度后才恢复原有水平。同样地,在 Blanchard 和 Quah(1989)以及最近的 Barnichon(2008)的研究中也可以找到类似的证据,表明失业在短期内因供给冲击而上升。巴尔尼雄(Barnichon)认为,这一证据意味着对标准搜索和匹配模型的核心预测的拒绝,尽管只要该模型被扩展至允许名义刚性和适当的货币政策规则存在就可以解释这一点。

接下来,我将分析一个结合了名义刚性和劳动力市场摩擦的模型,看它是否可以用来解释刚才所描述的证据的不同方面。

3. 带有名义刚性和劳动力市场摩擦的模型

3.1 家庭

本章假设有大量同质家庭。每个家庭由用一个单位区间表示的一系列成员组成。假设每个家庭内部完全分担消费风险。[1] 家庭追求以下目标函数最大化:

$$E_0 \sum_{t=0}^{\infty} \beta^t U(C_t, L_t) \tag{10.1}$$

其中,$\beta \in [0,1]$ 为贴现系数, $C_t \equiv \left[\int_0^1 C_t(i)^{1-\frac{1}{\epsilon}} \, di \right]^{\frac{\epsilon}{\epsilon-1}}$ 为不同种类最终产品的消费量指数,L_t 是家庭成员配置给劳动力市场的付出或时间的一个衡量指标。更确切地说,我将 L_t 定义为:

$$L_t = N_t + \psi U_t \tag{10.2}$$

在这里, N_t 和 U_t 分别表示就业、失业(和正在找工作)的家庭成员比例。[2] 参数 $\psi \in [0,1]$ 表示失业成员相对于就业成员的边际负效用。不参与劳动力市场则不会对家庭产生负效用。请注意,劳动力(或参与率)由 $N_t + U_t \equiv F_t$ 得出。在任何时期 t,都满足约束条件 $C_t(i) \geq 0$,其中,$i \in [0,1]$,$0 \leq N_t + U_t \leq 1$,$U_t \geq 0$ 且 $N_t \geq 0$。假设家庭在 t 期的效用用下式表达:

---

① Merz(1995)首次在搜索模型的背景下假设具有传统效用函数的代表性"大"家庭。

② 我关注外延边际上劳动力投入的变化,并随着时间的推移概括出每个工人工作的小时数(或每个工人的努力)可能产生的变化。尽管后者在数据中显示出不平常的周期性变动,但是就介绍下面提出的基本观点来说,似乎没必要介绍它。参见 Trigari(2009)和 Thomas(2008)等的相关模型,这些模型允许每个工人(产生负效用的)工作时间的变化。

$$U(C_t, L_t) \equiv \log C_t - \frac{\chi}{1+\varphi} L_t^{1+\varphi} \tag{10.3}$$

其中参与劳动力市场活动带来的负效用可以解释为对休闲的放弃和/或对家庭生产的商品消费的放弃。请注意,通过设置 $\psi = 0$ 所得到的效用函数就是经济周期货币模型中常用的一种效用函数。该设定与均衡增长路径是一致的,并涉及弗里希劳动力供给弹性的直接参数化,由 $1/\varphi$ 给出。此外,假设 $\varphi = 0$,我们就可以把 $\chi N_t + \chi \psi U_t$ 解释为所有家庭成员的劳动力市场活动的负效用总和,工作和失业分别产生 χ 与 $\chi \psi$ 的个体负效用(不参与劳动力市场则不产生负效用)。[1] 还要注意,所选择的设定与搜索和匹配文献中通常使用的设定不同,后者假设替代率是不变的,因此意味着工资一旦超过某个阈值,劳动力供应将完全没有弹性。

随着时间推移,就业根据以下公式演变:

$$N_t = (1-\delta) N_{t-1} + x_t U_t^0 \tag{10.4}$$

其中,δ 是一个恒定的离职率,x_t 是求职率,U_t^0 是家庭成员在时期 i 开始时未就业(失业和找工作)的比例。注意 $U_t = (1-x_t) U_t^0$。[2]

家庭面临的一系列预算约束由下列公式得出:

$$\int_0^1 P_t(i) C_t(i) \, di + Q_t B_t \leq B_{t-1} + \int_0^1 W_t(j) N_t(j) \, dj + \Pi_t$$

$P_t(i)$ 在此表示商品 i 的价格,$W_t(j)$ 为 j 公司支付的名义工资,B_t 代表以 Q_t 的价格购买的一期债券,Π_t 为收入中的一次性收入部分(这些项目中包括来自公司股权的股息或一次总付税返还)。上述一系列预算约束的补充条件是偿付能力,可以防止家庭陷入庞氏骗局。

每个商品的最佳需求都以相似的形式出现:

$$C_t(i) = \left[\frac{P_t(i)}{P_t}\right]^{-\epsilon} C_t \tag{10.5}$$

这里的 $P_t \equiv \left[\int_0^1 P_t(i)^{1-\epsilon} di\right]^{\frac{1}{1-\epsilon}}$ 表示最终商品的价格指数。请注意,式(10.5)表示的总消费支出可以写为 $\int_0^1 P_t(i) C_t(i) \, di = P_t C_t$。

跨期最优化条件由下式给出:

$$Q_t = \beta E_t \left(\frac{C_t}{C_{t+1}} \frac{P_t}{P_{t+1}}\right) \tag{10.6}$$

在没有摩擦且是完全竞争的劳动力市场模型中,给定(单一的)市场工资,家庭将决定提供多少劳动力。在这个市场中,工资可以灵活调整,以使所有的劳动力都被雇用,这就意味着没有非自愿失业。因此,对于所有的时期 t,我们都有 $L_t = N_t$。在假定的偏好下,一个时期内的最优条件将成立,即实际工资等于边际替代率,$W_t/P_t = \chi C_t N_t^\varphi$,这间接地决定了劳动力的供应量。当前模型在一个重要方面偏离了瓦尔拉斯基准条件:工资不会自动调整以确保

---

① 参见 Shimer(2009)的研究。
② 请注意,式(10.4)表示在同一时期当前的雇员更高产。这是 Blanchard 和 Galí(2010)的研究中假设的时期,且与大部分经济周期文献一致,即假设就业为非预设变量。相比之下,大多数搜索和匹配模型假设新聘人员需要经过一段时间才能创造效益,从而预先确定就业变量,并防止其对冲击做出同期反应。

所有劳动力都得到雇用。相反,工资是由工人和企业双边谈判决定的,以分享现有雇佣关系所产生的盈余。给定工资协议,就业是公司雇佣决策聚合的结果。换言之,就业是由需求决定的,家庭参与(劳动力市场)的决策仅通过其对工资和雇佣成本的影响间接影响就业。

3.2 公司

与大多数关于名义刚性和劳动力市场摩擦的文献一样,我假设了一个两部门结构的模型。一方面,最终产品部门的公司不使用劳动力作为投入,但受制于名义刚性,即其定价决策频率受到限制。另一方面,中间产品部门的公司将其生产的商品的价格视为给定的,把劳动力作为投入(取决于雇佣成本),并与工人进行工资谈判。这个最初由 Walsh(2005)提出的建模策略的优势在于避免了定价决策和工资谈判集中在同一家公司带来的相关困难。[1]

3.2.1 最终产品

本章假设了一个以 $i \in [0,1]$ 为表征的垄断竞争企业的连续统,每个企业生产不同的最终产品,但所有企业都使用相同的技术,即 $Y_t(i) = X_t(i)$。这里的 $X_t(i)$ 是 i 公司用作投入的(单一)中间产品的数量。

在弹性价格下,在不同周期中每个公司都会根据固定价格弹性 ϵ 下的需求表,为其产品设定最佳价格。[2] 因此,利润最大化意味着如下常用的价格设定条件:

$$P_t(i) = M^p(1 - \tau) \, P_t^I$$

P_t^I 表示中间产品的价格, $M^p \equiv \dfrac{\epsilon}{\epsilon - 1}$ 是最优或理想的(总)加成, τ 是对购买中间产品的补贴。请注意, $(1 - \tau) P_t^I$ 是生产最终产品公司的名义边际成本。由于所有公司都选择相同的价格,因此,对于所有的 t,有:

$$P_t = M^p(1 - \tau) \, P_t^I$$

与弹性价格不同,我假设在 Calvo(1983)所描述的定价环境下,各个公司只能在每个周期内以 $1 - \theta_p$ 的概率调整其价格。这个概率在各个公司之间是独立的且与上次价格调整后的时间无关。因此,参数 $\theta_p \in [0,1]$ 也代表在任何特定时期内价格保持不变的企业的比例,由此也可以解释为价格刚性指数。

由于面临同样的问题,在任何特定时期,调整价格的公司都会选择相同的价格,我们用 P_t^* 表示。这个环境下(对数线性化的)最优价格设定条件由下式给出[3]:

$$P_t^* = \mu^p + (1 - \beta\theta_p) \sum_{k=0}^{\infty} (\beta\theta_p)^k \left[E_t(p_{t+k}^I) - \tau \right] \tag{10.7}$$

其中,小写字母表示原始变量的对数,且 $\mu^p \equiv \log M^p$。因此,在任何给定时期调整价格的公司会选择一个(对数)价格,该价格等于当前和(预期)未来(对数)边际成本的加权平均值的期

---

[1] 详见 Kuester(2007)和 Thomas(2008b)对价格制定者受劳动力市场摩擦影响的一个模型版本的分析。

[2] 正如后面所讨论的,这就要求中间产品厂商的最终产品需求(为了支付他们的雇佣成本)具有与来自家庭的需求相同的价格弹性。

[3] 有关推导的详细信息,请参见 Galí(2008)的研究。

望(对数)加成,权重为贴现系数 β 和卡尔沃参数 θ_p 的函数。

通过将式(10.7)与总价格水平的(对数线性化)运动规律结合起来,我们可以推导出通胀方程。总价格水平由下式给出[①]:

$$p_t = \theta_p p_{t-1} + (1 - \theta_p) p_t^* \qquad (10.8)$$

推导出的通胀方程为:

$$\pi_t^p = \beta E_t \pi_{t+1}^p - \lambda_p \hat{\mu}_t^p \qquad (10.9)$$

其中, $\pi_t^p \equiv p_t - p_{t-1}$ 为价格涨幅, $\hat{\mu}_t^p \equiv \mu_t^p - \mu^p = p_t - (p_t^l - \tau) - \mu^p$ 表示(对数)平均价格加成

与其期望(和稳定状态)的偏差,且 $\lambda_p \equiv \dfrac{(1 - \theta_p)(1 - \beta\theta_p)}{\theta_p}$ 。式(10.9)清楚地表明,无论劳

动力市场摩擦和工资设定方法对价格上涨的动态影响如何,都必须通过其对企业的加成行为的影响来实现。因为通胀的变化是当前价格加成与期望价格加成之间不一致的结果。

3.2.2 中间产品

中间产品由一系列同质且完全竞争的公司生产,公司由单位区间 $j \in [0,1]$ 表示。所有这些公司都使用如下生产函数:

$$Y_t^l(j) = A_t N_t(j)^{1-\alpha}$$

变量 A_t 代表技术的状态,假定它是这些公司的共同技术,且技术随着时间的推移而发生外生变化。更准确地说,我假设 $a_t \equiv \log A_t$ 遵循有自回归系数 ρ_a 和方差 σ_a^2 的一阶自回归过程。

据此, j 公司的雇佣情况为:

$$N_t(j) = (1 - \delta) N_{t-1}(j) + H_t(j) \qquad (10.10)$$

其中, $\delta \in (0,1)$ 是外生离职率, $H_t(j)$ 代表了 j 公司在 t 期雇用员工的数量。请注意,新员工在被雇用时就开始工作。该时间假设遵循 Blanchard 和 Galí(2010)的假设,即偏离了搜索和匹配文献中的标准假设(在新雇用的工人形成生产力之前有一段时间的滞后),但与传统的经济周期模型一致,即就业不是一个预先确定的变量。

3.2.2.1 劳动力市场摩擦

依据 Blanchard 和 Galí(2010)的研究,我采用单次雇佣成本的形式引入劳动力市场摩擦,用 G_t 表示,且根据最终产品束定义。假设该成本对每个公司来说都是外生的。

对每个公司来说,虽然 G_t 被认为是给定的,但也可以认为它取决于综合因素。其中一个自然的决定因素是劳动力市场的紧张程度,这可以用求职率 $x_t \equiv H_t / U_t^0$ 来近似估算;也就是

期初时的失业人数 U_t^0 与总雇佣人数 $H_t \equiv \int_0^1 H_t(j) \, \mathrm{d}j$ 的比例。更具体地说,我假设下式代表

与匹配函数的关系。[②]

---

① 式(10.8)可以通过以下方法推导出来:对零通胀稳定状态附近的总价格水平 P_t 的表达式进行对数线性化,并且利用以下事实,即 $1 - \theta_p$ 比例的公司设定相同价格 P_t^* ,保持价格不变的其他公司的价格指数为 P_{t-1} 。之所以有这一事实,是因为数据是从大量公司中随机抽取的。

② 与之相反,Blanchard 和 Galí(2010)假设了形式上的 $A_t \Gamma x_t^\gamma$ 的雇佣成本。该公式以丧失部分现实性为代价,优点在于保持了效率条件与技术冲击 A_t 的同质性,从而形成衡定就业的有效约束配置,这是一个方便的基准做法。

$$G_t = G(x_t)$$

$$= \Gamma x_t^{\gamma}$$

上述公式相当于搜索文献采用的匹配函数方法。一方面,就后者而言,企业和工人按照 $M(V_t, U_t^0)$ 进行匹配,这里的 V_t 代表总空缺职位数量,企业可以以单位成本 Γ 发布空缺职位。在匹配函数一阶齐次假设下,此期间内填补的空缺职位比例由下式得出:$M(V_t, U_t^0)/V_t \equiv q(V_t/U_t^0)$,其中 $q' < 0$。另一方面,求职率由下式得出:$x_t = M(V_t, U_t^0)/U_t^0 \equiv p(V_t/U_t^0)$,其中 $p' > 0$。由此断定,公开的空缺职位的一部分 $q[p^{-1}(x_t)]$ 由 $G_t = \Gamma/q[p^{-1}(x_t)]$ 给出的单次雇佣成本所填补,它随 x_t 不断增长。特别是,对于 $\gamma \equiv \dfrac{1-\varsigma}{\varsigma}$,按照柯布-道格拉斯匹配函数的假设 $M(V_t, U_t^0) = V_t^{\varsigma}(U_t^0)^{1-\varsigma}$,我们可以得到 $G_t = \Gamma x_t^{\frac{1-\varsigma}{\varsigma}}$,这与上面的成本函数的假定一致。

在存在劳动力市场摩擦的情况下,工资(以及由此带来的就业)因企业而异,因为工人从低工资企业转向高工资企业很难自动套利。为了使之更明白易懂,我用分指数 j 来指代工资和其他与特定企业有关的变量。给定一个工资 $W_t(j)$,企业 j 的最优雇佣策略由以下条件表示:

$$\mathrm{MRPN}_t(j) = \frac{W_t(j)}{P_t} + G_t - (1-\delta)E_t(\Lambda_{t,t+1}G_{t+1}) \tag{10.11}$$

其中,$\mathrm{MRPN}_t(j) \equiv (P_t^I/P_t)(1-\alpha)A_t N_t(j)^{-\alpha}$ 为劳动(以最终产品的形式表示)的边际收益产品,$\Lambda_{t,t+k} \equiv \beta^k(C_t/C_{t+k})$ 是提前 k 期的(实际)收益的随机贴现因子。[1] 换言之,企业在每个时期都会雇用工人,直到劳动边际收益产品等于边际工人成本。后者用式(10.11)的右侧表示,它有三个组成部分:第一,实际工资 $W_t(j)/P_t$;第二,招聘成本 G_t;第三,因下一期不得不雇用更少的 $(1-\delta)$ 工人而节省的未来雇佣成本的贴现。进一步分解式(10.11),我们可以得到:

$$G_t = E_t\left\{ \sum_{k=0}^{\infty} \Lambda_{t,t+k}(1-\delta)^k \left[\mathrm{MRPN}_{t+k}(j) - \frac{W_{t+k}(j)}{P_{t+k}} \right] \right\}$$

也就是说,雇佣成本必须等于(边际)工人所产生的(期望)盈余。[2]

为方便符号表示,有必要将净招聘成本定义为:

$$B_t \equiv G_t - (1-\delta)E_t(\Lambda_{t,t+1}G_{t+1})$$

因而可以将式(10.11)简化为:

$$\mathrm{MRPN}_t(j) = \frac{W_t(j)}{P_t} + B_t \tag{10.12}$$

先前的最优性条件可以用来推导最终产品部门(对数)平均价格加成表达式,该加成先前被证明是通货膨胀的驱动力。分别使用 $n_t \simeq \int_0^1 n_t(j)\,\mathrm{d}j$ 和 $w_t \simeq \int_0^1 w_t(j)\,\mathrm{d}j$ 作为(对数)总就

---

① 请注意,中间产品厂商是完全竞争的,因此价格 P_t^I 被视为给定的。

② 隐含地假设公司总是在积极招聘。如果外生离职率足够大而且冲击足够小,就会出现这种情况。

业和(对数)平均名义工资在对称稳态下的近似度量,对式(10.12)进行对数线性化处理并对所有公司进行整合,得出最终产品部门加成,其表达式如下[1]:

$$\hat{\mu}_t^p = (a_t - \alpha\hat{n}_t) - [(1 - \Phi)\hat{\omega}_t + \Phi\hat{b}_t] \tag{10.13}$$

其中,$\omega_t \equiv w_t - p_t$ 为平均(对数)实际工资,$\Phi \equiv \dfrac{B}{(W/P) + B}$ 用于测度相对于工资而言的(非工资性)雇佣成本的重要性。而且,请注意下式,以供后面参考:

$$\hat{b}_t = \frac{1}{1 - \beta(1 - \delta)}\hat{g}_t - \frac{\beta(1 - \delta)}{1 - \beta(1 - \delta)}[E_t(\hat{g}_{t+1}) - \hat{r}_t] \tag{10.14}$$

其中 $\hat{g}_t = \gamma\hat{x}_t$ 和 r_t 表示一年期无风险债券的实际收益。[2]

最后,注意到式(10.12)还意味着:

$$\alpha[n_t(j) - n_t] = -(1 - \Phi)[\omega_t(j) - \omega_t] \tag{10.15}$$

也就是说,给定任何一个企业,劳动力的相对需求完全取决于其相对工资,相应的弹性则由 $-(1 - \Phi)/\alpha$ 给出。请注意,这是因为雇佣成本对所有公司都是相同的,且不依赖于每个公司的雇佣水平和就业水平。[3]

3.2.3 一个简短的回顾:劳动力市场摩擦和通胀动态

新凯恩斯主义模型定价模块的实证求解往往集中在通货膨胀式(10.9)上,并且利用这样一个事实,即在没有劳动力市场摩擦的情况下,平均价格加成(或等价地,符号相反的实际边际成本)由下列方程式给出:

$$\hat{\mu}_t^p = (a_t - \alpha\hat{n}_t) - \hat{\omega}_t$$
$$= -\hat{s}_t^n$$

其中 $\hat{s}_t^n \equiv \hat{\omega}_t - (\hat{y}_t - \hat{n}_t)$ 为(对数)劳动收入份额,表示与其平均值的偏差。后一个变量在大多数工业化国家很容易获得,因此可以用来构建对平均加成的度量,这又反过来可以作为实证求解式(10.9)的基础。[4]

上面的分析表明,在存在劳动力市场摩擦的情况下,有:

$$\hat{\mu}_t^p = (a_t - \alpha\hat{n}_t) - [(1 - \Phi)\hat{\omega}_t + \Phi\hat{b}_t]$$
$$= -\hat{s}_t^n - \Phi(\hat{b}_t - \hat{\omega}_t)$$

因此,所得的经验通胀方程式可以写成:

$$\pi_t^p = \beta E_t(\pi_{t+1}^p) + \lambda_p[\hat{s}_t^n + \Theta(\hat{b}_t - \hat{\omega}_t)] \tag{10.16}$$

---

[1] 按照 $\frac{P^i}{P}$、N、$\frac{W/P}{A}$ 和 $\frac{B}{A}$ 有定义明确的稳态的假设,前面的方程也将在对数水平上成立(加上一个常数项),从而将与非稳态技术保持一致。

[2] 一年期无风险债券的实际价格由 $\exp(-r_t) = E_t(\Lambda_{t,t+1})$ 给出。围绕稳态进行对数线性化,我们有 $\hat{r}_t \equiv r_t - \rho \cong -E_t(\hat{\lambda}_{t,t+1})$,其中 $\rho = -\log\beta$ 并且 $\lambda_{t,t+1} \equiv \log\Lambda_{t,t+1}$。

[3] 考虑到价格接受行为的假设(否则只有工资最低的公司才不会被市场排除在外),为了使企业间的工资差异与均衡一致,就需要采用收益递减技术的假设。作为一种替代方案,Thomas(2008a)假设了一个固定回报技术,但将其以管理效用损失的形式与特定企业凸的空缺发布成本的假设相结合。

[4] 参见 Galí 和 Gertler(1999)、Galí 等(2001)以及 Sbordone(2002)对该方法的早期应用。

给定式(10.11)和 $\hat{g}_t = \gamma \hat{x}_t$ 的事实,在存在劳动力市场摩擦的情况下,平均加成幅度的衡量采用修正劳动收入份额的形式,其中修正涉及当前和未来就业率的信息。

Krause 等(2008)使用类似于式(10.16)的算式重新审视了通货膨胀动态的实证证据,并结合求职率数据构建了一个改进的加成序列。他们得出的结论是劳动力市场摩擦对通胀变量的影响相当有限。在某种程度上,这是可以预料到的。正如稍后讨论的那样,在雇佣成本的实际校准下,有 $\dfrac{B}{W/P} = 0.045[1 - \beta(1 - \delta)] \simeq 0.006$,这表明系数 $\varPhi$ 太小,以至于无法在加成度量中产生显著差异,至少在净雇佣成本没有出现相对工资而言令人难以置信的大幅波动的情况下是如此。

3.3 货币政策

根据该模型的基准设定,假设货币政策由简单的泰勒型利率规则来描述。该规则可以表示为:

$$i_t = \rho + \phi_\pi \pi_t^p + \phi_y \hat{y}_t + \nu_t \tag{10.17}$$

其中, $i_t \equiv -\log Q_t$ 为一年期名义无风险债券的收益, $\rho \equiv -\log\beta$ 是家庭的贴现率, ν_t 是外生的政策变动者,假设其遵循具有自回归系数 ρ_ν 和方差 σ_ν^2 的一阶自回归过程。

跟随 Taylor(1993,1999b)的研究,我将先前规则的适当校准版本作为美国实际货币政策的大致近似。最近关于名义刚性和劳动力市场摩擦的许多文献也采用了类似于式(10.17)的利率规则,尽管一些细节因论文而异。[1] 即使式(10.17)被用作了货币政策的基准设定,但是当我分析本章第6节的设定时,我也考虑了政策规则的替代设定。

接下来我将阐述如何确定工资。

3.4 劳动力市场摩擦和工资决定

我在此引入工资设定的两个假设:弹性工资和黏性工资。在弹性工资下,所有工资都会在每个时期重新谈判和(潜在地)调整;在黏性工资下,只有一小部分企业会在任何给定时期内调整名义工资。在这两种情况下,工资都是根据纳什谈判协议确定的,与现有雇佣关系相关的总盈余将分别归属劳动力(或其家庭)和企业。

与现有劳动力市场摩擦的货币模型相比,下面的框架包括了一个明确的(尽管是程式化的)参与决策模型。这可以通过在劳动力市场引入(效用)成本来实现,家庭必须权衡此成本与被雇用的可能性和收益。[2]

---

[1] 因此,Walsh(2005)、Faia(2008)以及 Trigari(2009)将滞后的名义利率作为导致惯性的来源之一,但他们声称冲击是序列不相关的。另外,Walsh(2005)还假设对产出没有做出系统反应,而 Faia(2008)也把失业作为该规则的一个论据。Chéron 和 Langot(2000)以及 Walsh(2003b)的研究是一个例外,他们假设货币供给是一个外生过程。从现实来看,这是一个不太吸引人的设定。

[2] 我的方法概括了 Shimer(2010)在实际搜索和匹配模型中使用的方法。

接下来我将展示在弹性和黏性的工资环境下,作为工资函数的盈余如何在家庭和企业之间配置。在所有情况下,假设劳动力的行为方式与式(10.1)和式(10.3)中规定的家庭效用最大化(而不是其假设的个人效用最大化)一致。

3.4.1 弹性工资的情况

在弹性工资的情况下,各个公司会在每个时期与其员工就个人薪酬进行谈判。在 j 公司工作的雇员给代表性家庭带来的价值,以最终产品的形式表示,是由下式给定的:

$$V_t^N(j) = \frac{W_t(j)}{P_t} - \text{MRS}_t + E_t\{\Lambda_{t,t+1}[(1-\delta)\,V_{t+1}^N(j) + \delta V_{t+1}^U]\}$$

$\text{MRS}_t \equiv \chi C_t L_t^\varphi$ 是家庭在消费和劳动力市场活动之间的边际替代率(或者相当于劳动力市场活动的边际负效用,这用最终产品组合来表示),而 V_t^U 表示在 t 期初始时就失业的人员的价值。[1] 后者用以下公式表示:

$$V_t^U = x_t \int_0^1 \frac{H_t(z)}{H_t} V_t^N(z)\,\mathrm{d}z + (1-x_t)[-\psi \text{MRS}_t + E_t(\Lambda_{t,t+1} V_{t+1}^U)]$$

其中与不参与有关的价值被标准化为零。

假设内部配置是主动不参与的[2],那么多一个或少一个成员进入劳动力市场对这个家庭是没有影响的。因此对于 t 时期有 $V_t^U = 0$。后一种情况反过来又意味着:

$$\psi \text{MRS}_t = \frac{x_t}{1-x_t} \int_0^1 \frac{H_t(z)}{H_t} S_t^H(z)\,\mathrm{d}z \tag{10.18}$$

其中 $S_t^H(j) \equiv V_t^N(j) - V_t^U(j) = V_t^N(j)$ 表示家庭成员与 j 公司的雇佣关系给家庭带来的盈余。[3] 于是我们有:

$$S_t^H(j) = \frac{W_t(j)}{P_t} - \text{MRS}_t + (1-\delta)E_t[\Lambda_{t,t+1}S_{t+1}^H(j)] \tag{10.19}$$

此外,这一雇佣关系给 j 公司带来的盈余由下式给出:

$$S_t^F(j) = \text{MRPN}_t(j) - \frac{W_t(j)}{P_t} + (1-\delta)E_t[\Lambda_{t,t+1}S_{t+1}^F(j)] \tag{10.20}$$

请注意,在企业利润最大化的假设下,从式(10.11)和式(10.20)可以得出,对 $j \in [0,1]$ 和所有的时期 t,都有 $S_t^F(j) = G_t$。换言之,利润最大化的公司从现有的雇佣关系中获得的盈余等于雇佣成本。这一成本也是企业用新员工替换现有员工从而"节约"维持现有雇佣关系的成本。

j 公司雇员的保留工资[4]是与非负盈余相一致的最低工资。它由以下公式给出:

---

[1] 请注意,在定义相对于期初失业者价值的盈余时,我隐含地假设,如果没有达成工资协议,劳动者总是有可能加入失业大军,并在同一时期寻找工作。

[2] 译者注:内部配置可分为四种情况,分别是主动参与、被动参与、主动不参与、被动不参与。

[3] 请注意,假设 $\psi = 0$,那么就没有与保持失业相关的成本,因此,如果就业盈余 $S_t^H(j)$ 为正,就会有全面的参与。此时对所有的时期 t,都有 $U_t = 1 - N_t$。

[4] 译者注:保留工资是工人愿意从事特定类型工作的最低工资率,这是一个主观工资率,与政府规定的最低工资率不同。

$$\Omega_t^H(j) = \mathrm{MRS}_t - (1 - \delta) E_t [\Lambda_{t,t+1} S_{t+1}^H(j)]$$

企业相应地保留工资,即与企业非负盈余相一致的工资如下:

$$\Omega_t^F(j) = \mathrm{MRPN}_t + (1 - \delta) E_t [\Lambda_{t,t+1} S_{t+1}^F(j)]$$

j 公司在 t 期间的谈判集由企业和工人的非负盈余的工资范围所定义,因此对应于区间 $[\Omega_t^H(j), \Omega_t^F(j)]$。请注意,谈判集的大小由下式给出:

$$\Omega_t^F(j) - \Omega_t^H(j) = S_t^F(j) + S_t^H(j) \geq G_t$$

换言之,以雇佣成本形式存在的劳动力市场摩擦保证了在均衡状态下存在一个重要的讨价还价机制,从而保证了企业和工人存在讨价还价的空间。正如 Hall(2005)所强调的那样,谈判集内的任何工资都与有效的雇佣关系相一致。也就是说,工人和企业都没有终止雇佣关系的动力。

在 Hall(2005)和 Shimer(2005)的研究之前,搜索和匹配文献通常依赖于工人与企业之间逐期纳什谈判的假设,并以此作为确定当前工资的"选择规则"。在没有工资刚性假设的情况下,近期的黏性价格模型也是这样(Walsh,2003b,2005;Trigari,2009)。接下来,我仍用逐期纳什谈判作为定义弹性工资经济体的假设,并在下一小节讨论替代方案。

逐期纳什谈判意味着企业和工人通过求解受限于式(10.19)、式(10.20)的下式来确定 t 期的工资:

$$\max_{W_t(j)} S_t^H(j)^{1-\xi} S_t^F(j)^{\xi}$$

其中 $\xi \in (0,1)$ 表示企业相对于工人的相对谈判能力。

这个问题的解意味着以下恒定份额规则:

$$\xi S_t^H(j) = (1 - \xi) S_t^F(j)$$

相关的(纳什)工资由下式给出:

$$\frac{W_t(j)}{P_t} = \xi \Omega_t^H(j) + (1 - \xi) \Omega_t^F(j) \tag{10.21}$$

$$= \xi \mathrm{MRS}_t + (1 - \xi) \mathrm{MRPN}_t(j)$$

用式(10.12)代替 $\mathrm{MRPN}_t(j)$,我们可以确定工资对所有的企业都相同,就业率、雇佣率和边际收益产品也是如此。因此,我们往后可以省略 j,并将纳什工资改写为:

$$\frac{W_t}{P_t} = \xi \mathrm{MRS}_t + (1 - \xi) \mathrm{MRPN}_t \tag{10.22}$$

结合式(10.11)(在对称平衡下求解)意味着:

$$G_t - (1 - \delta) E_t (\Lambda_{t,t+1} G_{t+1}) = \xi(\mathrm{MRPN}_t - \mathrm{MRS}_t) \tag{10.23}$$

最后,请注意,在纳什谈判中,参与条件式(10.18)可以重写为[①]:

$$\xi \psi \mathrm{MRS}_t = (1 - \xi) \frac{x_t}{1 - x_t} G_t \tag{10.24}$$

3.4.2 黏性工资的情况

上一节所述的逐期纳什谈判假设所隐含的弹性工资与经验证据相矛盾。更具体地说,

---

① 像此前一样,当且仅当 $\psi > 0$ 时才需要式(10.24),此时 $N_t \neq L_t$。

式(10.22)意味着所有工人的名义工资应该不断调整,以适应价格、消费、就业、生产率和其他影响边际替代率或者企业边际收益等变量的变化。基于个人工资的观察结果却显示,名义工资的刚性很大。Taylor(1999a)通过调查得出结论,工资变动的平均频率大约是一年。类似的名义工资刚性(甚至更强)的证据可以在最近使用的美国微观数据(Barattieri et al.,2009)以及许多欧洲国家的微观数据和调查(European Central Bank,2009)中找到。

受以上调查结果以及校准的搜索和匹配模型的激励,许多研究者在具有劳动力市场摩擦的模型中引入了不同形式的工资刚性。校准的搜索和匹配模型中虽然有弹性工资,但难以解释观察到的失业波动或实际工资相对于劳动生产率和GDP的"过度平滑"。正如Hall(2005)所论证的那样,这些摩擦为这种刚性工资"腾出空间",因为它们意味着与私人有效雇佣关系相一致的非零的工资谈判集。用霍尔(Hall)的话来说,该属性"……为Barro(1977)对黏性工资模型的批评提供了完整的答案,而该模型引发了一种聪明的参与者可以轻松避免的低效率"。

考虑到谈判集存在固有的不确定性以及文献对工资刚性建模的建议范围很广,这种情况也就并不奇怪了。因此,有些作者通过假设一个"临时"实际工资时间表来引入实际工资刚性(无论是实际模型还是货币模型),这意味着(潜在的)所有工资会不断调整,尽管这比逐期纳什谈判调整更更平滑(Hall,2005;Blanchard and Galí,2007,2010;Christoffel and Linzert,2005)。对工资刚性进行建模还有一种方法,即假定工资是交错设定的,在任何特定时期内,只有一小部分工人被允许谈判并调整其工资。在这种情况下,每个人的工资在几个时期内都会保持不变,无论是从实际工资看(Gertler and Trigari,2009),还是更现实地从名义工资看,都是如此(Bodart et al.,2006;Gertler et al.,2008;Thomas,2008a)。

在这里,我遵循最后一组研究者的观点,并以卡尔沃的交错名义工资形式来引入工资刚性。更具体地说,我假定一个给定的公司支付给其员工的名义工资可以以 $1 - \theta_w$ 的概率重新谈判(并且重新设定)。重新谈判的时期与该公司上次调整以来经过的时长无关。新设定的工资是通过每个员工与公司的纳什谈判所确定的。一旦名义工资确定下来,它就会保持不变,直到出现重设工资的新机会。因此,在任何特定的时期,工资(包括实际工资和名义工资)通常会偏离上一小节所得出的弹性纳什工资。但是如果冲击不是太大,工资将保持在相关的谈判集范围内,从而暗中有效维持相应的雇佣关系。

最重要的是,我假设在重新谈判期间雇佣工人的工资是现行平均工资水平。因此,平均工资将会影响公司的雇用和就业水平。然而,我认为工人数量足够大,以至于公司和工人的工资谈判并不会对平均工资产生影响。在一个对称均衡中,所有的工人都会得到相同的工资,而这个工资将等于事后的平均水平。[①] 要注意,前面的假设并不合理,这一点很重要。如果新雇员在被雇用时可以就其工资进行自由谈判,那么在职员工名义工资的长期不变就不会对雇佣决策产生直接的影响,从而也不会影响产出和就业,就像Pissarides(2009)所强调的那样。关于新员工工资黏性相关性的经验证据仍然存在争议。一些研究者提供的证据表明新员工具有更高的工资弹性(Haefke et al.,2008;Pissarides,2009),而其他人则不认为新员工

---

① 这一假设大大简化了后续分析。

与在职员工存在任何显著差异(Gertler and Trigari,2009;Galuscak et al.,2008)。[1]

这一交错工资假设的直接后果是,不同公司的工资水平普遍不同,由此导致就业和产出也会有所不同。从社会角度来看,在其他方面完全相同的公司之间,结合回报递减假设,工人配置的分散性是低效的。[2] 这一点将在下文模型的规范分析中进一步讨论。

接下来,我会推导描述现有雇佣关系中家庭和公司盈余产生的基本方程,作为分析纳什谈判结果的工资决定的初始步骤。

一方面,用 $V_{t+k|t}^N$ 表示一个家庭自 t 期公司最后一次重新调整员工工资后,在 $t + k$ 期从其成员的就业获得的价值。在之前的假设下,我们有:

$$
\begin{aligned}
V_{t+k|t}^N = {} & \frac{W_t^*}{P_{t+k}} - \mathrm{MRS}_{t+k} \\
& + E_{t+k}\langle \Lambda_{t+k,t+k+1}\{(1-\delta)[\theta_w V_{t+k+1|t}^N + (1-\theta_\omega)V_{t+k+1|t+1}^N] \\
& + \delta V_{t+k+1}^U\}\rangle
\end{aligned}
\tag{10.25}
$$

其中,$k = 0,1,2,3,\cdots$,W_t^* 表示在 t 期新设定的名义工资。[3] 请注意,式(10.25)右边的最后一项反映了如下事实,即持续价值取决于下一期工资是否调整。

另一方面,在 t 期开始时,一个家庭的失业成员(但仍为劳动力的一部分)获得的价值由下式给出:

$$
V_t^U = x_t \int_0^1 \frac{H_t(z)}{H_t} V_t^N(z)\,\mathrm{d}z + (1-x_t)\left[-\psi \mathrm{MRS}_t + E_t(\Lambda_{t,t+1}V_{t+1}^U)\right]
$$

同样,对于所有的 t,最优参与意味着 $V_t^U = 0$。其结果是:

$$
\begin{aligned}
S_{t+k|t}^H = {} & \frac{W_t^*}{P_{t+k}} - \mathrm{MRS}_{t+k} \\
& + (1-\delta)E_{t+k}\{\Lambda_{t+k,t+k+1}[\theta_w S_{t+k+1|t}^H + (1-\theta_w)S_{t+k+1|t+1}^H]\}
\end{aligned}
\tag{10.26}
$$

以及

$$
\psi \mathrm{MRS}_t = \frac{x_t}{1-x_t}\int_0^1 \frac{H_t(z)}{H_t}S_t^H(z)\,\mathrm{d}z
\tag{10.27}
$$

一方面,我们向前迭代式(10.26)并在 $k = 0$ 的情况下推导和求解结果表达式,可以根据当前正在重新调整工资的公司的雇佣关系来确定家庭盈余,即

$$
\begin{aligned}
S_{t|t}^H = {} & E_t\left\{\sum_{k=0}^{\infty}[(1-\delta)\theta_w]^k \Lambda_{t,t+k}\left(\frac{W_t^*}{P_{t+k}} - \mathrm{MRS}_{t+k}\right)\right\} \\
& + (1-\theta_w)(1-\delta)E_t\left\{\sum_{k=0}^{\infty}[(1-\delta)\theta_w]^k \Lambda_{t,t+k+1}S_{t+k+1|t+1}^H\right\}
\end{aligned}
\tag{10.28}
$$

---

[1] 有关对 Bodart 等(2006)的扩展的简要讨论,请参见第6节。这一扩展允许在职员工和新员工之间有不同的工资弹性。

[2] 在没有劳动力市场摩擦的模型的背景下,Erceg 等(2000)已经强调了由交错名义工资设定所导致的低效率。由于每个公司层面的职位空缺发布成本的凸性,Thomas(2008a)的研究中的工资交错导致总体效率的低下。这里的低效率是劳动报酬递减导致的。

[3] 请注意,虽然新设定的工资原则上在员工和公司之间有所不同,但在任何给定时期内设定的所有个人工资事后都是相同的。这证明在 W_t^* 中省略公司或员工的标记是合理的。

另一方面,由于边际雇佣关系,对于在 t 期最后一次重新进行工资谈判的公司,其在 $t + k$ 期的盈余由下式给出:

$$
\begin{aligned}
S^F_{t+k|t} = {} & \mathrm{MRPN}_{t+k|t} - \frac{W^*_t}{P_{t+k}} \\
& + (1 - \delta) E_{t+k} \left\{ \Lambda_{t+k,t+k+1} \left[\theta_w S^F_{t+k+1|t} + (1 - \theta_w) S^F_{t+k+1|t+k+1} \right] \right\}
\end{aligned} \tag{10.29}
$$

其中,$k = 0, 1, 2, 3, \cdots$,$\mathrm{MRPN}_{t+k|t} \equiv \dfrac{P^I_{t+k}}{P_{t+k}} (1 - \alpha) A_{t+k} N^{-\alpha}_{t+k|t}$ 代表公司的劳动边际收益产品,$N_{t+k|t}$ 代表其就业水平。

请注意,为了给下文讨论提供参考,当与企业在每个时点的最优雇佣选择相结合时,如式(10.11)所述,式(10.29)就意味着:

$$
S^F_{t+k|t} = G_{t+k}
$$

这对所有的 t 和 k 都适用。换句话说,公司的盈余总是等于当前的雇佣成本,这与工资保持不变的时间长度无关。

向前迭代式(10.29)并计算 $k = 0$ 时的结果表达式,得到:

$$
\begin{aligned}
S^F_{t|t} = {} & E_t \left\{ \sum^{\infty}_{k=0} \left[(1 - \delta) \theta_w \right]^k \Lambda_{t,t+k} \left(\mathrm{MRPN}_{t+k|t} - \frac{W^*_t}{P_{t+k}} \right) \right\} \\
& + (1 - \theta_w)(1 - \delta) E_t \left\{ \sum^{\infty}_{k=0} \left[(1 - \delta) \theta_w \right]^k \Lambda_{t,t+k+1} S^F_{t+k+1|t+k+1} \right\}
\end{aligned} \tag{10.30}
$$

在目前的环境中,根据式(10.28)和式(10.30),重新设定 t 期名义工资的企业的纳什谈判工资由下式给出:

$$
\max_{W^*_t} (S^H_{t|t})^{1-\xi} (S^F_{t|t})^{\xi}
$$

隐含的分享规则由下式给出:

$$
\xi S^H_{t|t} = (1 - \xi) S^F_{t|t} \tag{10.31}
$$

结合式(10.28)和式(10.30),上式要求 t 期重设的名义工资满足以下条件:

$$
E_t \left\{ \sum^{\infty}_{k=0} \left[(1 - \delta) \theta_w \right]^k \Lambda_{t,t+k} \left(\frac{W^*_t}{P_{t+k}} - \Omega^{\mathrm{tar}}_{t+k|t} \right) \right\} = 0 \tag{10.32}
$$

其中

$$
\Omega^{\mathrm{tar}}_{t+k|t} \equiv \xi \mathrm{MRS}_{t+k} + (1 - \xi) \mathrm{MRPN}_{t+k|t} \tag{10.33}
$$

式(10.33)可以解释为 k 期前的目标实际工资。请注意,后者的表达式对应于弹性工资下的纳什工资表达式,如上一小节所推导的,参见式(10.21)。在零通货膨胀稳态下,对工资设定规则进行对数线性化处理,即对式(10.32)进行处理,我们可以得到:

$$
w^*_t = \left[1 - \beta(1 - \delta) \theta_w \right] E_t \sum^{\infty}_{k=0} \left[\beta(1 - \delta) \theta_w \right]^k E_t (\omega^{\mathrm{tar}}_{t+k|t} + p_{t+k}) \tag{10.34}
$$

其中 $\omega^{\mathrm{tar}}_{t+k|t} \equiv \log \Omega^{\mathrm{tar}}_{t+k|t}$。换言之,通过纳什谈判设定的名义工资对应于重置工资的公司当前和预期未来名义目标工资的加权平均值。由于这两个因素决定了新设工资的预期持续时间,所以权重随着时间推移呈现几何下降趋势,下降速度是工资黏性程度和离职率的函数。

接下来,我根据平均目标工资重写上述表达式。在对称稳态附近,对式(10.33)进行对数线性化处理可以得到:

$$\hat{\omega}_{t+k|t}^{\text{tar}} = Y(\hat{c}_{t+k} + \varphi \hat{l}_{t+k}) + (1 - Y)(- \hat{\mu}_{t+k}^p + a_{t+k} - \alpha \hat{n}_{t+k|t}) \tag{10.35}$$

其中 $Y \equiv \dfrac{\xi \text{MRS}}{W/P}$。让 ω_t^{tar} 表示(对数)平均目标工资,它被定义为一个(假设)公司的雇佣与平均就业相匹配时的目标工资。

正式的表达式如下所示:

$$\hat{\omega}_t^{\text{tar}} \equiv Y(\hat{c}_t + \varphi \hat{l}_t) + (1 - Y)(- \hat{\mu}_t^p + a_t - \alpha \hat{n}_t) \tag{10.36}$$

请注意,人们可以把 ω_t^{tar} 解释为在弹性工资环境中可观察到的纳什谈判工资,它取决于黏性工资下均衡配置所产生的消费水平和(平均)边际收益产品。把式(10.35)、式(10.36)与式(10.15)结合起来,得到:

$$\hat{\omega}_{t+k|t}^{\text{tar}} = \hat{\omega}_{t+k}^{\text{tar}} + (1 - Y)(1 - \Phi)(w_t^* - w_{t+k}) \tag{10.37}$$

把式(10.37)代入式(10.34),并进行几步代数运算,我们可以推导出差分方程:

$$w_t^* = \beta(1 - \delta)\theta_w E_t(w_{t+k}^*) - \frac{1 - \beta(1 - \delta)\theta_w}{1 - (1 - Y)(1 - \phi)}(\hat{w}_t - \hat{w}_t^{\text{tar}}) + [1 - \beta(1 - \delta)\theta_w]w_t \tag{10.38}$$

(对数)平均工资 $w_t \equiv \displaystyle\int_0^1 w_t(j)\,\mathrm{d}j$ 的运动规律如下:

$$w_t = \theta_w w_{t-1} + (1 - \theta_w)w_t^* \tag{10.39}$$

结合式(10.38)和式(10.39),可以推导出以下工资通胀公式:

$$\pi_t^w = \beta(1 - \delta)E_t(\pi_{t+1}^w) \lambda_w(\hat{\omega}_t - \hat{\omega}_t^{\text{tar}}) \tag{10.40}$$

其中 $\lambda_w \equiv \dfrac{[1 - \beta(1 - \delta)\theta_w](1 - \theta_w)}{\theta_w[1 - (1 - Y)(1 - \Phi)]}$。请注意,工资通胀波动背后的驱动变量是工资差距 $\omega_t - \omega_t^{\text{tar}}$,它被定义为平均工资与平均目标工资之间的偏离。[①]

最后,如本章附录4所示,最优参与条件,即式(10.27),可以在零通胀稳态附近近似描述如下:

$$\hat{c}_t + \varphi \hat{l}_t = \frac{1}{1 - x}\hat{x}_t + \hat{g}_t - \varXi \pi_t^w \tag{10.41}$$

其中 $\varXi \equiv \dfrac{\xi(W/P)}{(1 - \xi)G} \dfrac{\theta_w}{(1 - \theta_w)[1 - \beta(1 - \delta)\theta_w]}$。请注意,灵活工资 $\theta_w = 0$ 意味着 $\varXi = 0$。

式(10.41)的左侧衡量劳动力市场参与的成本(通过在期初时加入失业人群来衡量),而右侧是参与者的预期回报,两者都表示为其稳态值的对数偏差。这一回报随着求职率和当前雇佣成本的增长而增长(因为新设定工资的工人将产生与该变量成比例的盈余),并会随着工资通胀的下降而增长(因为后者与新设定工资和平均工资之间的差距正相关,而平均工资又与参与决策有关)。

[①] Thomas(2008a)在一个略有不同的模型中得出了工资上涨的类似表示,该模型具有有效工作时间选择——凸的空缺职位发布成本和固定回报。

3.4.2.1　固定工资的持续性

只要各自的盈余是正的,企业和工人就都会发现保持现有的雇佣关系是有效的。因此,对于在 t 期最后一次重置工资的企业和工人,只要名义工资 W_t^* 保持在由企业和工人的保留工资所限定的谈判集之内,就会出现这种情况。正式地,我们需要:

$$W_t^* \in [\underline{W}_{t+k|t}, \overline{W}_{t+k|t}]$$

其中

$$\underline{W}_{t+k|t} \equiv P_{t+k} \langle \mathrm{MRS}_{t+k} - (1-\delta) E_{t+k} \{ \Lambda_{t+k,t+k+1} [\theta_w S_{t+k+1|t}^H + (1-\theta_w) S_{t+k+1|t+k+1}^H] \} \rangle$$

以及

$$\overline{W}_{t+k|t} \equiv P_{t+k} [\mathrm{MRPN}_{t+k|t} + (1-\delta) E_{t+k} (\Lambda_{t+k,t+k+1} G_{t+k+1})]$$

请注意,在零通胀稳定状态下我们有 $W^* = P[\xi\underline{W} + (1-\xi)\overline{W}]$,以使新设定的工资位于谈判集内。因此,价格、消费、就业、失业和技术(MRS_t 和 $\mathrm{MRPN}_{t+k|t}$ 代表的变量)越稳定,任何企业的工资保持在稳定状态以内的概率就越大。反过来,如果冲击足够小,情况也会如此,我在下文中仍保持这一假设。然而,请注意,给定卡尔沃结构,这意味着有一些工资在任意长的时间内保持不变,因此不可避免有一小部分企业会在有限的时间内违反该条件(这将要求终止雇佣关系,或更合理地说,违反了工资调整时间的外生卡尔沃约束)。Gertler 和 Trigari(2009)以及 Thomas(2008a)对相关模型进行了模拟,其结论是,对于工资刚性参数的合理校准以及经验上合理规模的冲击,典型工资在重新调整之前超出之前的谈判集范围的概率非常小。基于这些理由以及文献结论,我在分析中忽略了这种可能性,假设没有工资会触及谈判集的边界。[1][2]

3.4.3　与新凯恩斯主义工资通胀方程的关系

式(10.40)的结构类似于新凯恩斯主义模型中出现的工资通胀方程,这种结构模型最初主要是由 Erceg 等(2000)研究提出的(Erceg, Henderson, and Levin,简称 EHL 模型)。该模型交错设置了名义工资。在后者中,每个家庭提供差别化的劳动服务,其需求具有不变的弹性 ε_w。在任何给定的时期内,它允许家庭以一个恒定概率 $1 - \theta_w$ 单方面重新设定相应的名义工资。EHL 模型中隐含的(对数线性化的)最优工资设定规则采取以下形式:

$$w_t^* = \mu^w + (1 - \beta\theta_w) E_t \sum_{k=0}^{\infty} (\beta\theta_w)^k E_t (\mathrm{mrs}_{t+k|t} + p_{t+k}) \tag{10.42}$$

其中 $\mu^w \equiv \log \dfrac{\epsilon_w}{\epsilon_w - 1}$ 为实际工资相对于边际替代率的期望(对数)工资加成(即在没有工资刚性的情况下的普遍涨幅)。可以把先前的最优工资设定规则与式(10.34)进行比较,式(10.34)是在纳什谈判的交错工资设定下的常见规则。把对数线性化最优工资制定规则式(10.42)和平均工资式(10.39)的运动规律结合起来的工资通胀方程可以写成:

$$\pi_t^w = \beta E_t (\pi_{t+1}^w) - \lambda_{\mathrm{ehl}} (\hat{\omega} - \hat{\mathrm{mrs}}_t) \tag{10.43}$$

---

[1] 见 Galí 和 van Rens(2009)的一个模型,其中工资仅在达到谈判集边界时才进行调整。

[2] 译者注:逻辑上应该有 3.4.2.2 等,但原文如此,疑为遗失部分内容。

其中,mrs_t 为消费和劳动小时的平均(对数)边际替代率,λ_{ehl} 是与工资黏性程度 θ_w 成反比的系数。特别是,根据上面模型中使用的偏好规则($\psi = 0$),我们可以得到 $\hat{mrs} = \hat{c}_t + \varphi\hat{n}_t$ 和 $\lambda_{ehl} \equiv (1 - \beta\theta_w)(1 - \theta_w)/[\theta_w(1 + \epsilon_w\varphi)]$。[1]

关于式(10.40),有三个主要区别值得指出来。

首先,在有摩擦的模型中,"有效"贴现因子较小,因为它包含了每种关系(因此也包括相关工资)终止的概率;而在 EHL 模型中,工资在整个期间适用于同一组工人,而不适用于将会终止的特定关系。

其次,EHL 模型中的隐性目标工资是由平均边际替代率(加上恒定的期望工资加成)给出的;而在有摩擦的模型中,目标工资也是劳动边际收益产品的函数,因为这个变量也影响了通过工资谈判来分配的总盈余。

最后,这两个公式之间工资差距系数的差异反映了以平均变量表示工资通胀方程所需的不同调整:EHL 模型中的平均边际替代率,以及有摩擦的模型中的劳动平均边际收益产品。请注意,在特殊参数设定($\delta = 0$ 和 $\xi = 1$)下,有摩擦的模型中的工资通胀方程的形式与 EHL 模型的形式完全一致。

3.5 总需求和产出

假设雇佣成本用一系列最终商品束的形式表现,此商品束由与定义消费指数相同的 CES 函数给出,每个最终产品用 $Y_t(i) = \left[\dfrac{P_t(i)}{P_t}\right]^{-\epsilon}(C_t + G_tH_t)$ 表示,$H_t \equiv \displaystyle\int_0^1 H_t(j)\,dj$ 表示总雇佣量。因此,需求价格弹性隐含的恒定性证明了前面假设恒定的期望加成 $M^p \equiv \dfrac{\epsilon}{\epsilon - 1}$ 是合理的。

总产出由 $Y_t \equiv \left[\displaystyle\int_0^1 Y_t(i)^{1 - \frac{1}{\epsilon}}\,di\right]^{\frac{\epsilon}{\epsilon - 1}}$ 给出,很容易证明,产品市场的出清条件可以写成:

$$Y_t = C_t + G_tH_t \tag{10.44}$$

因此,总需求有两个组成部分。第一个是消费,根据欧拉方程式(10.6)演变而来;第二个源自企业雇佣活动中的最终产品需求。

转向供给方面,我们可以推导出最终产品和中间投入之间的总体关系,如下所示:

$$
\begin{aligned}
X_t &\equiv \int_0^1 X_t(i)\,di \\
&= Y_t\int_0^1\left[\frac{P_t(i)}{P_t}\right]^{-\epsilon}di
\end{aligned}
\tag{10.45}
$$

其中,$D_t^p \equiv \displaystyle\int_0^1\left[\dfrac{P_t(i)}{P_t}\right]^{-\epsilon}di \geq 1$ 反映了不同最终产品的生产量和消费量的分散带来的低效

---

[1] 见 Galí(2010)关于新凯恩斯主义工资通胀方程与原始菲利普斯曲线之间关系的讨论。

率,这是交错定价导致的价格分散的结果。

中间产品的总供给量则由下式给出:

$$X_t = \int_0^1 Y_t^i(j) \, \mathrm{d}j$$

$$= A_t N_t^{1-\alpha} \int_0^1 \left[\frac{N_t(j)}{N_t} \right]^{1-\alpha} \mathrm{d}j \tag{10.46}$$

其中 $D_t^w \equiv 1 / \int_0^1 \left[\dfrac{N_t(j)}{N_t} \right]^{1-\alpha} \mathrm{d}j \geqslant 1$ 反映了工资交错以及收益递减假设($\alpha > 0$)导致不同企业间劳动力分散配置而带来的低效率。

如本章附录 1 所示,在零通胀稳态附近,我们由一阶近似值得到 $D_t^p \simeq 1$ 和 $D_t^w \simeq 1$。因此,结合式(10.45)和式(10.46),我们得到近似的总产出关系:

$$Y_t = A_t N_t^{1-\alpha} \tag{10.47}$$

为了方便起见,附录 3 收录了前面几节所述的所有模型的(对数)线性化均衡条件。接下来,我将使用这些均衡条件来描述我的模型的一个校准版本。

4. 动态平衡:货币政策和技术冲击的效应

本节介绍了几个受关注的变量对模型外生冲击(货币政策和技术)的均衡响应,并讨论了这些响应如何受名义工资刚性和劳动力市场摩擦的影响。作为初始步骤,我讨论了模型的稳态,这在一定程度上是校准的基础。

4.1 稳态和校准

该模型的稳态与价格、工资的刚性程度及货币政策规则无关。删繁就简,我假定一个零通胀率且没有长期增长的稳态。我将稳态下的技术水平标准化为 $A = 1$。请注意,稳态下没有相对价格的扭曲,所以 $D^p = D^w = 1$,因此,在稳态下求解的商品市场出清条件可以写为:

$$N^{1-\alpha} = C + \delta N \Gamma x^\gamma \tag{10.48}$$

在稳态下求解方程式(10.23),我们得到:

$$[1 - \beta(1-\delta)] \Gamma x^\gamma = \xi \left[\frac{1-\alpha}{M^p(1-\tau)} N^{-\alpha} - \chi C L^\varphi \right] \tag{10.49}$$

最后,稳态参与条件要求:

$$(1-x)\xi\psi\chi C L^\varphi = (1-\xi)\Gamma x^{1+\gamma} \tag{10.50}$$

剩余的稳态条件包括:

$$xU = (1-x)\delta N \tag{10.51}$$

$$L = N + \psi U \tag{10.52}$$

为了校准模型,我采用了以下策略。首先,我使用从战后美国经济中观测到的平均值来确定稳态就业率、参与率和(实际)就业率。由此得出 $N = 0.59$ 和 $F = N + U = 0.62$,这反过来又意味着 $U = 0.03$。请注意,作为劳动力一部分的隐含失业率(基于传统定义)接近5%(即 $0.03/0.62 = 0.048$)。根据 Blanchard 和 Galí(2010)的研究,我将(季度)求职率 x 的稳态值设为 0.7。因此,隐含的离职率为 $\delta = [x/(1-x)]U/N = 0.12$。按照惯例,我设定 $\alpha = 1/3$ 和 $\beta = 0.99$。参数 φ 是弗里希劳动力供给弹性的倒数,由于微观证据和宏观证据之间存在冲突,这是一个较有争议的参数。我在基准校准中设定 $\varphi = 5$,这与 0.2 的弗里希弹性相对应。

决定价格黏性程度和工资黏性程度的参数基准值被设置为 $\theta_p = 0.75$ 以及 $\theta_w = 0.75$,意味着在两种情况下平均持续时间都为一年,这与工资和价格制定的微观经济证据大体一致。[1]

使用先前讨论过的匹配函数方法的等价性并使用后面的估计,我设定 $\gamma = 1$。我还假设 $M^p(1-\tau) = 1$,因此补贴完全抵消了最终产品市场公司力量的扭曲效应,这是有效稳态的条件之一。按照 Hagedorn 和 Manovskii(2008)以及 Shimer(2009)的研究,后者是基于 Silva 和 Toledo(2009)的研究提出的证据,我把雇佣员工的平均成本设为季度工资的 4.5%,即 $G = 0.045(W/P)$。因此,雇佣成本占 GDP 的份额为 $\Theta = \delta NG/Y = 0.045\delta S^n$,其中 S^n 是劳动收入份额。把后者设定为 2/3,我们得到 $\Theta = 0.0014$,即稍高于 GDP 的千分之一,由此得出 $\Gamma = G/x^\gamma = \Theta/(N^\alpha x^\gamma \delta) = 0.02$。

这给我留下了三个未定的(虽然是相关的)参数,即公司在纳什谈判中的份额 ξ、失业在劳动力市场的负效用中的权重 ψ,以及缩放负效用的参数 χ。给定其中一个参数的值,就可以通过联立式(10.48)、式(10.49)和式(10.50)来确定其他两个参数。鉴于之前选择的 $\gamma = 1$,ξ 的自然基准设定是 0.5,如下所示,这将是与有效稳态相一致的值,并且文献中也经常作此假设。然而,这种配置意味着 $\psi = 0.041$,如果既考虑失业者配置给求职活动的时间,又考虑失业的心理成本,那么失业的权重可谓小到不切实际。[2]

因此,作为替代参数设定,我选择 $\xi = 0.05$,该值使 $\psi = 0.82$,这是一个更为合理的值。正如下面所讨论的那样,在该范围内选择一个值,对于经济对货币政策冲击的反应有着显著不同且更为合理的含义。对应于两个校准的 χ 隐含设置分别为 15.5 和 12.3。

最后,我用与 Taylor(1993)的设定相一致的方式来校准利率规则中的系数,也就是说,我设定 $\phi_\pi = 1.5$ 和 $\phi_y = 0.5/4 = 0.0125$(泰勒通过对比年化通胀率与季度通胀率证明了后一种调整是合理的)。这种校准通常被认为是对美国货币政策的合理近似,至少在过去的 30 年里是这样的。

---

[1] 例如,参见 Nakamura 和 Steinsson(2008)以及 Basu 和 Gottschalk(2009)的研究,他们分别研究了美国最近的价格刚性和工资刚性的微观数据。

[2] 因此,如果失业者(相对于非参与人员)的负效用完全来自配置给求职活动的时间,并且将就业者的标准工作时间定为每周 40 小时,那么这种校准将是失业者每周花 1.6 个小时开展求职活动。正如 Krueger 和 Mueller(2008)所讨论的那样,它略低于使用调查中观察到的每周 2.5 小时的求职时间。后一篇文章还提供了基于调查的主观幸福感证据,表明美国失业者的生活满意度远低于就业者。按照模型字面解释,证据要求表示幸福感的值高于 1。

4.2 货币政策和技术冲击的效应

图 10.2A 展示了六个宏观变量(产出、失业率、就业、劳动力、通胀和实际工资)对外生货币政策冲击的动态响应,以假设与有效稳态一致的 $\xi = 0.5$ 为基准。更具体地说,假设利率规则中的扰动 ν_t 上升了 25 个基点,并根据自回归系数 $\rho_\nu = 0.5$ 的一阶自回归过程逐渐消失。请注意,在规则中没有内生成分的情况下,这一实验将与(年化)利率上升一个百分点相联系。

尽管第 2 节中讨论的估算 VAR 模型并没有专门识别货币冲击,但如果这些冲击和其他需求冲击在所考虑的变量中产生类似的模式,那么在评估模型对货币政策冲击的响应时,我们可以使用与需求冲击相关的估算条件矩作为粗略的基准。

图 10.2A 显示,产出和就业均因紧缩性货币政策而出现下降,这是由于加息导致消费紧缩(未显示)。还要注意的是,劳动力增长了近 5%,使失业率提高了约 5 个百分点。根据第 2 节提出的证据,这两种反应大得惊人,而且就劳动力而言,它朝着错误的方向发展。另请注意,一方面,物价上涨与证据一致,是顺周期的;另一方面,实际工资的顺周期反应不同于需求冲击条件下得到的负相关估计。

图 10.2B 显示了同样的六个宏观变量对技术冲击的相应响应。该冲击采取 a_t 增加 1% 的形式,根据自回归系数为 0.9 的一阶自回归过程,冲击会逐步消失。请注意,与图 10.1 所示的脉冲响应估计一致,产出增加而通胀率下降正是人们对正向技术冲击所预期的。还要注意,实际工资在短期内会逐渐上升,这是名义工资刚性存在的自然结果。此外,与标准的搜索和匹配模型相比,面对同样的正向技术冲击,就业率会下降而失业率会上升。这与第 2 节提到的文献中提供的证据相一致。然而,与货币冲击的情况一样,失业率上升的主要原因是劳动力的增加,劳动力的波动远大于就业波动,并且与后者呈负相关关系。这与劳动力和就业之间的 0.85 的估计相关系数(以需求冲击为条件)形成对比。

图 10.2A 和图 10.2B 中显示,劳动力与失业率出现不切实际的大幅度波动的一个原因是与这些数字校准相关的参数值 ψ 较低(约为 0.04)。考虑到就业情况,如此低的值意味着,在遭遇冲击后,这些变量因波动而受到的惩罚很小。图 10.3A 和图 10.3B 呈现了在 $\psi = 0.82$ 和 $\xi = 0.05$ 的替代校准之下,模型对货币和技术冲击产生的潜在反应。图中清楚地表明,现在劳动力的变化要小得多,而且与就业正相关。就业变化是失业率变化背后的主导力量,这与证据是一致的。其余变量的反应没有受到质的影响。因此,唯一一个响应与第 2 节中的证据不一致的变量是实际工资,它对模型中货币冲击的反应是顺周期的,同时与在数据中需求冲击条件下的产出负相关。然而,这种差异是由技术冲击或货币冲击以外的冲击带来的(例如财政政策或劳动力供给冲击),这些冲击是第 2 节中讨论的部分识别的 VAR 呈现负相关性的原因。鉴于此前的研究,除非另有说明,我在本章其余部分仍将坚持这种替代性校准。

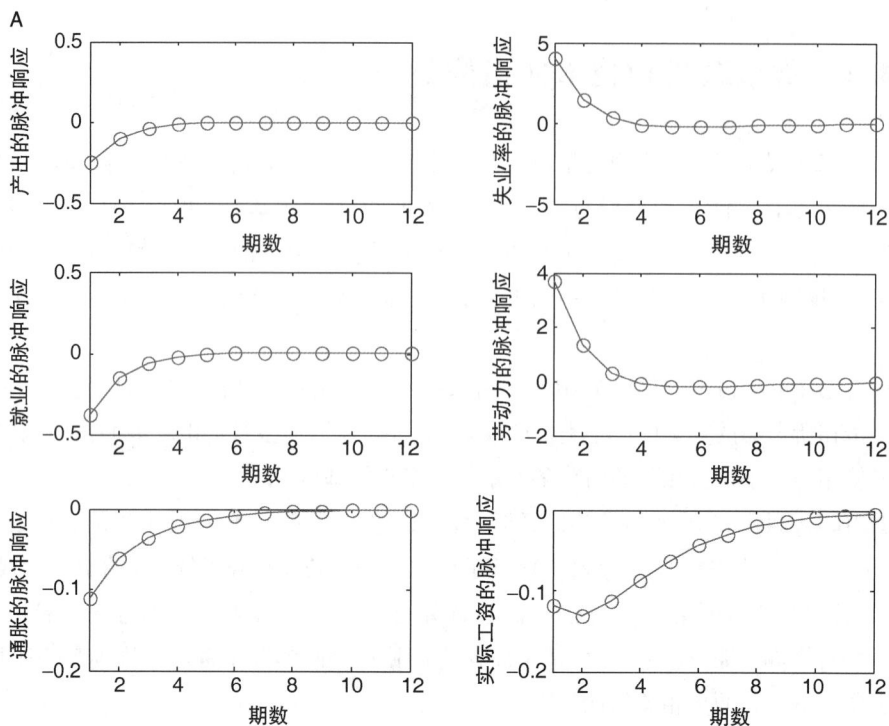

图 10.2A 货币政策冲击的影响:黏性工资($\xi=0.5$)

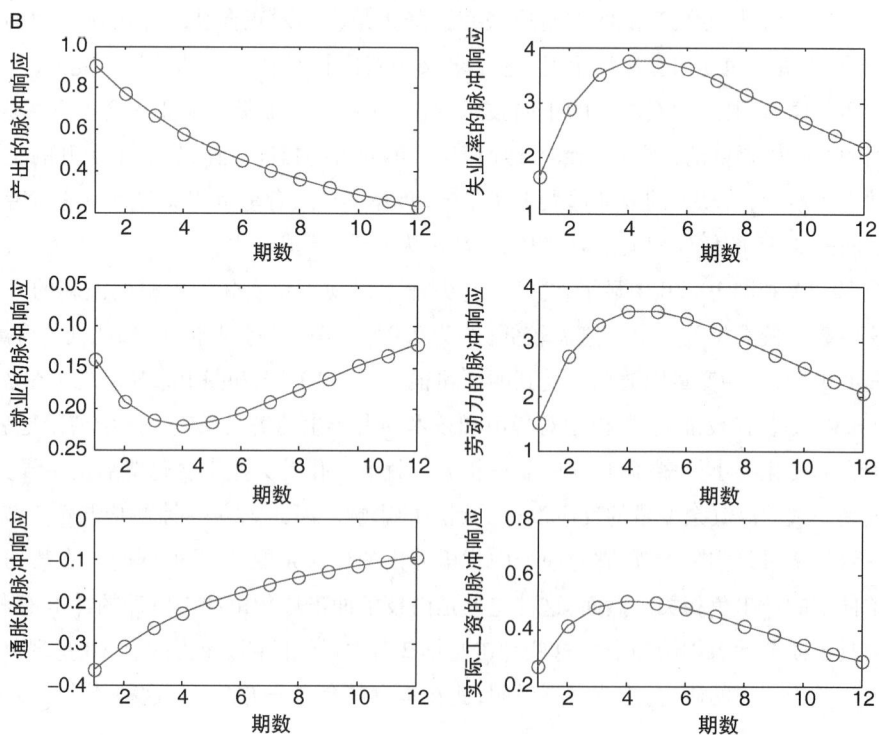

图 10.2B 技术冲击的影响:黏性工资($\xi=0.5$)

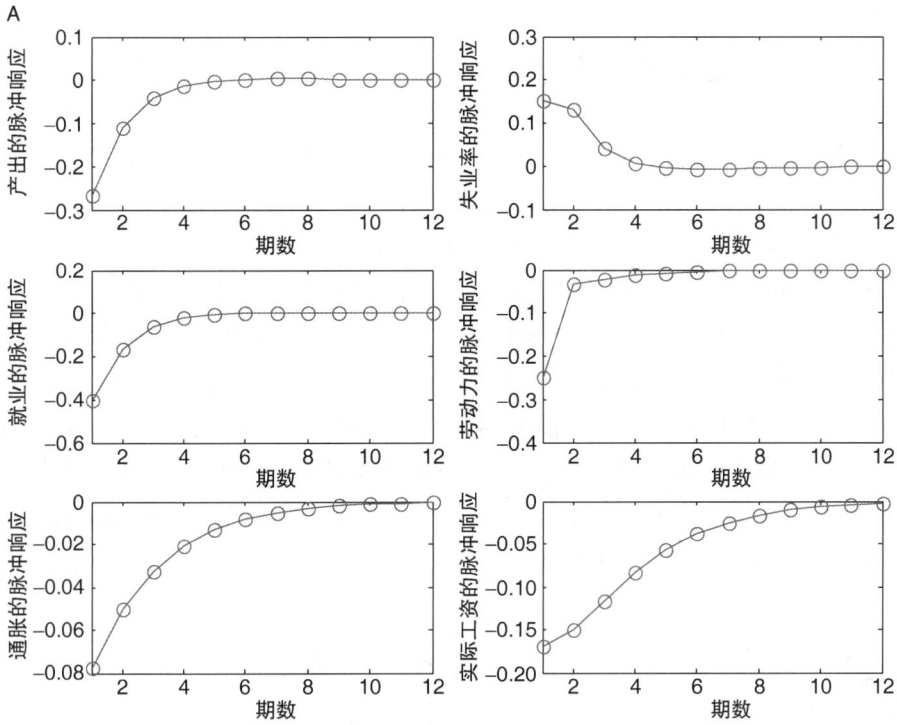

图 10.3A　货币政策冲击的影响:黏性工资($\xi = 0.05$)

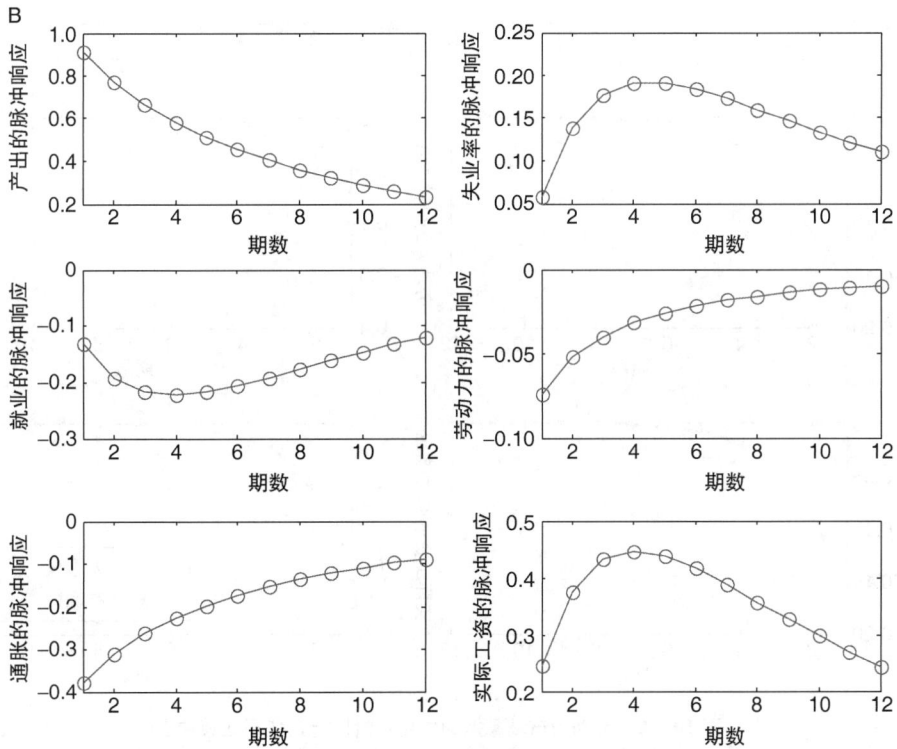

图 10.3B　技术冲击的影响:黏性工资($\xi = 0.05$)

4.3 劳动力市场摩擦的作用

为弄清劳动力市场摩擦在影响经济对不同冲击的反应中所起的作用,我比较了模型在存在与不存在此类摩擦的情况下对这些冲击的潜在反应。在没有摩擦的情况下,假设劳动力市场完全竞争。在这两种情况下,我都继续假设弹性工资。

图10.4A和图10.4B分别显示了经济对货币政策与技术冲击的反应。请注意,在大多数情况下,存在摩擦与不存在摩擦的定量差异非常小。定性来看,唯一显著的差异是:当存在摩擦时,失业率对任一冲击的反应为非零值;而在没有摩擦的情况下,完全竞争的劳动力市场可以保证没有失业,这意味着图10.4A和图10.4B中劳动力市场对冲击的反应为零。然而,对于这两种冲击而言,因引入摩擦而产生的失业率变化非常小。这个结果让人想起所谓的夏默之谜(Shimer puzzle),也就是说,带有弹性工资的校准(实际)搜索和匹配框架所暗含的并由技术冲击驱动的失业率的波动性太小(Shimer,2005)。

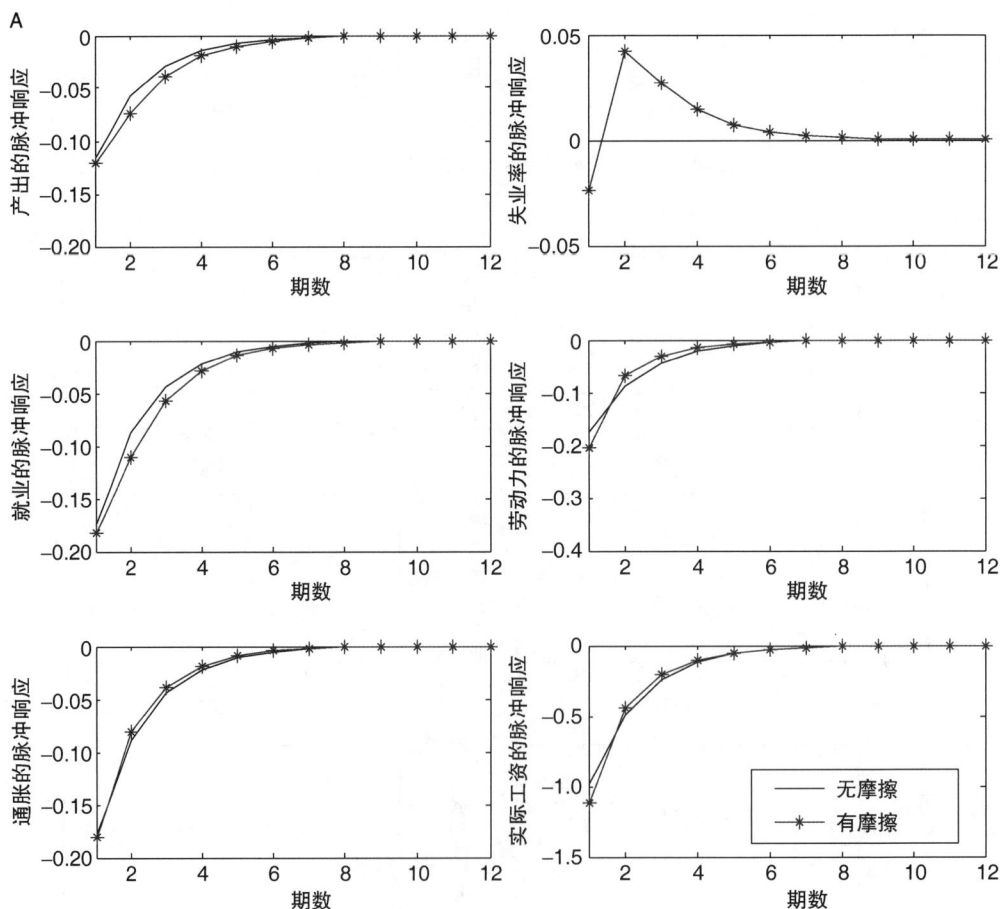

图10.4A 劳动力市场摩擦的作用:弹性工资、货币政策冲击

B

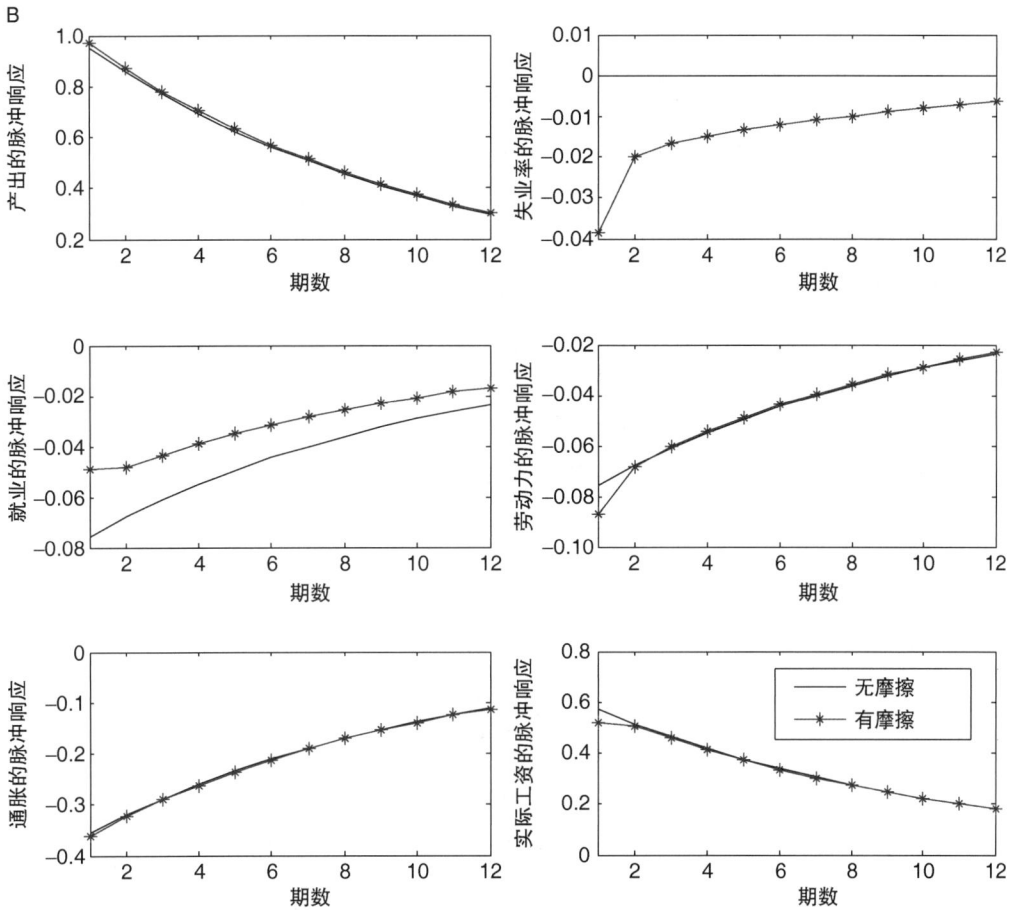

图 10.4B 劳动力市场摩擦的作用:弹性工资、技术冲击

　　劳动力市场摩擦在货币政策冲击响应中的作用很小,这一发现与 Walsh(2005)的相关分析得出的结论有些不同。更确切地说,沃尔什(Walsh)表明,劳动力市场摩擦的引入会对产出和通胀响应货币政策冲击的模式产生影响。这大致相当于在具有瓦尔拉斯劳动力市场的其他标准新凯恩斯主义模型中,价格刚性程度大幅增长。[①] 实际上,它导致通货膨胀的响应明显更为迟滞,而产出响应却更大、更持久。对于沃尔什的结果和本章结果的差异,一个解释是沃尔什的劳动力市场摩擦模型假定了工作的边际负效用不变,而他的新凯恩斯主义模型引入了(没有给出明显的理由)一个不同的效用函数,其中工作的边际负效用不断增加。后一个特征通常会使工资和边际成本对经济活动的变化更加敏感,从而导致短期内价格反应更大,而产出响应更迟滞。[②]

[①] 对应于卡尔沃参数从 0.5 增加到 0.85,这相当于将价格的平均持续期从两个季度提高到超过六个季度。

[②] 在比较搜索模型和新凯恩斯主义模型对货币政策冲击的反应时,Trigari(2009)的研究也发现了类似的差异。在特里加里(Trigari)的搜索模型中,劳动力的边际调整是根据每个工人的工作时间和就业总量进行的,而在她的新凯恩斯主义模型中,只允许每个工人的工作时间变化。正如特里加里自己所说的,这种差异使新凯恩斯主义模型中的产出的边际成本弹性更大,这也解释了后一种情况下的较弱的产出和不太持久的响应。

4.4 价格黏性的作用

黏性价格的引入如何定性和定量地影响失业与其他变量对总体冲击的响应？为了解决这个问题,我分析了早期发展的两种模型经济对货币和技术冲击的响应,两者的唯一区别是最终产品部门是否存在交错定价。在这两种情况下,我都假设工资具有完全弹性。

图10.5A和图10.5B显示了相应的脉冲响应函数。首先,并不奇怪的是,我们看到价格黏性的引入对于经济对货币政策冲击的反应有重大影响(见图10.5A)。因此,在弹性价格下,冲击并没有影响到实际变量,只有通胀会随政策收紧而出现下降。相反,一旦考虑到合乎现实的价格黏性,该模型就表明产出、就业和劳动力将出现下降,而失业率出现上升(经过一段时间的小幅下降之后)。通胀和实际工资也如预期的那样下降了。

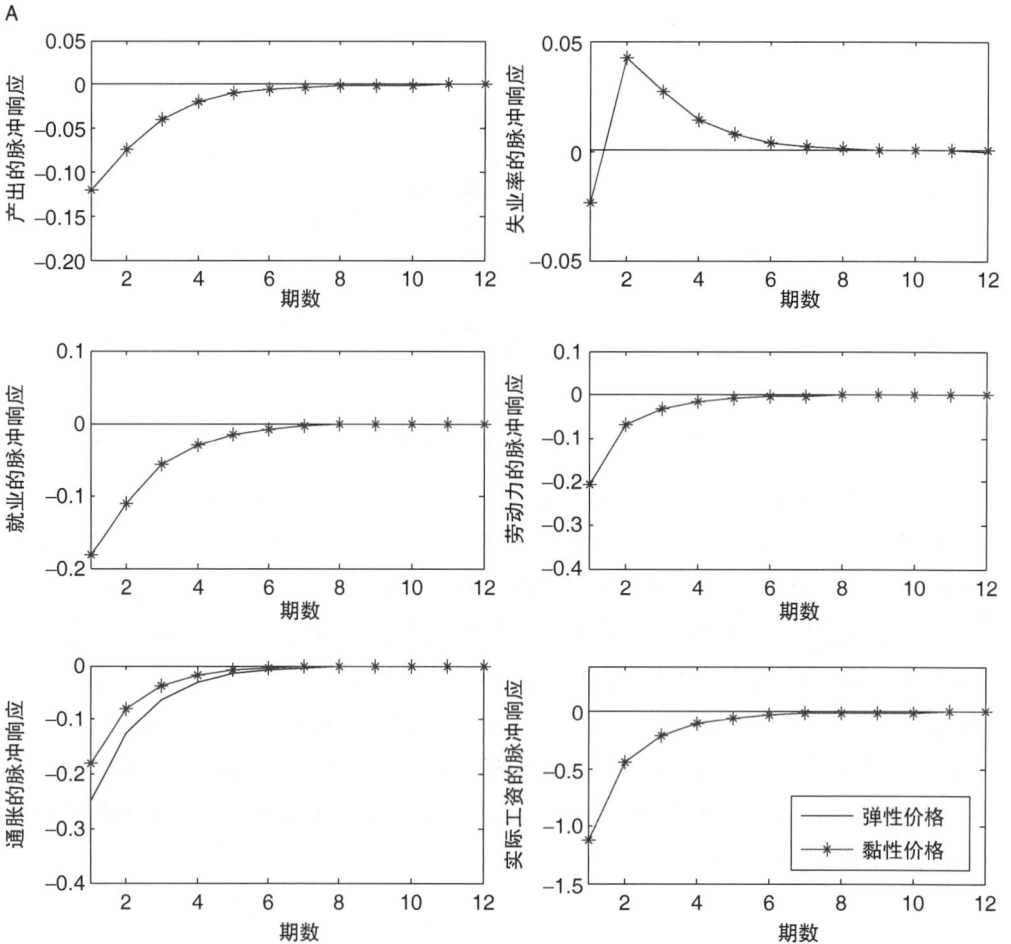

图10.5A 价格黏性的作用:弹性工资、货币政策冲击

B

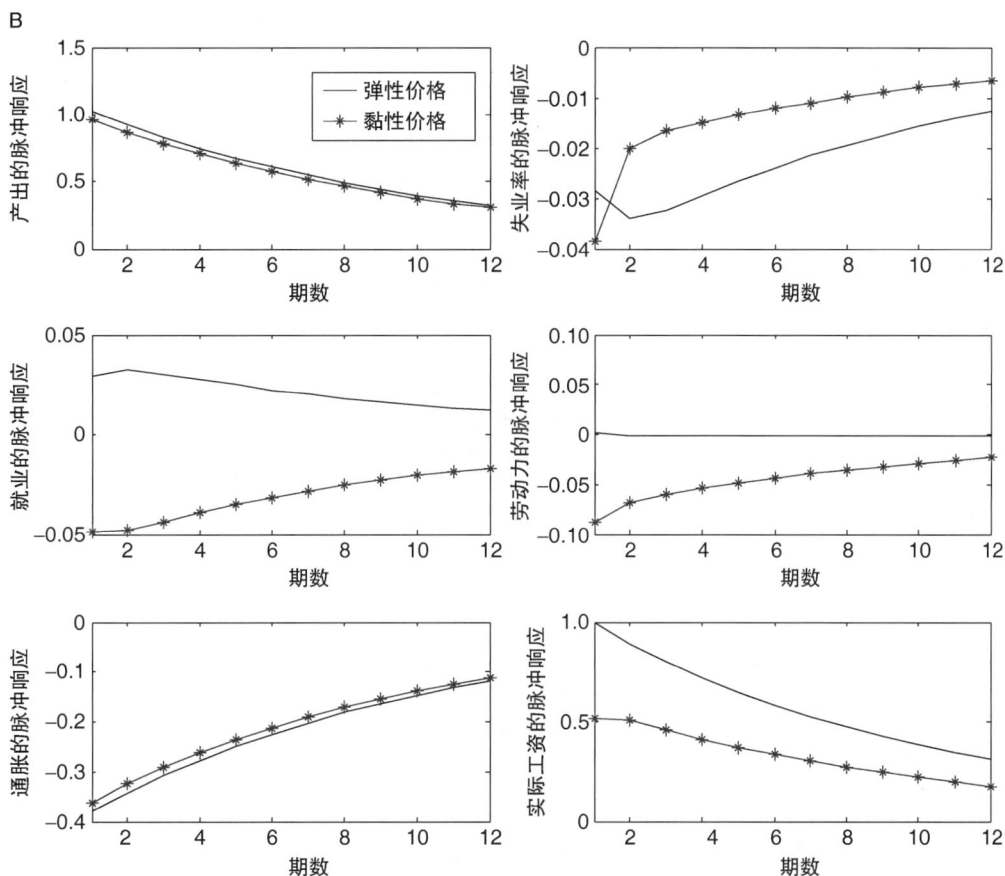

图 10.5B　价格黏性的作用:弹性工资、技术冲击

　　价格黏性对正向技术冲击响应的影响(见图 10.5B)更为有限。特别是,对产出响应规模的影响——黏性价格之下更为温和——几乎难以察觉。然而,这一差异足以解释就业响应的符号为何会出现从正到负的反转,尽管这两种情况下就业调整在定量上是非常小的。结合劳动力响应的微弱影响(同一方向),价格黏性对于失业对技术冲击响应的影响几乎可以忽略不计。[①] 价格黏性的唯一显著影响是对实际工资响应的影响,由于最终产品企业没有降低价格以匹配中间产品价格的下降,最终产品企业的价格加成将大幅上升,导致实际工资大幅下降。这反映在中间产品生产商的边际收益产品的温和增长以及由此带来的工资的增长上。

[①] 参见 Andrés 等(2006)的研究,他们在具有内生资本积累、价格指数化和内生性工作匹配与破坏的模型中进行了类似的推演。其研究结果表明,在解释相对于失业率的职位空缺的波动性方面,价格刚性的作用更大,但价格刚性对失业率波动的影响并不大——当假设价格刚性更强时,失业波动幅度仅略有下降。

4.5 工资黏性的作用

最后,我转向研究工资黏性在塑造经济对货币和技术冲击的响应时所起的作用,这一作用通过劳动力市场摩擦来实现。图 10.6A 和图 10.6B 分别显示了对这些冲击的模拟响应。对于每种类型的冲击,都会显示两种替代校准下的响应。实线对应的是弹性价格 ($\theta_w = 0$) 的经济,而带星号的线对应的是 $\theta_w = 0.75$,这意味着平均工资持续期限为一年。这两种情况都假设价格是黏性的。

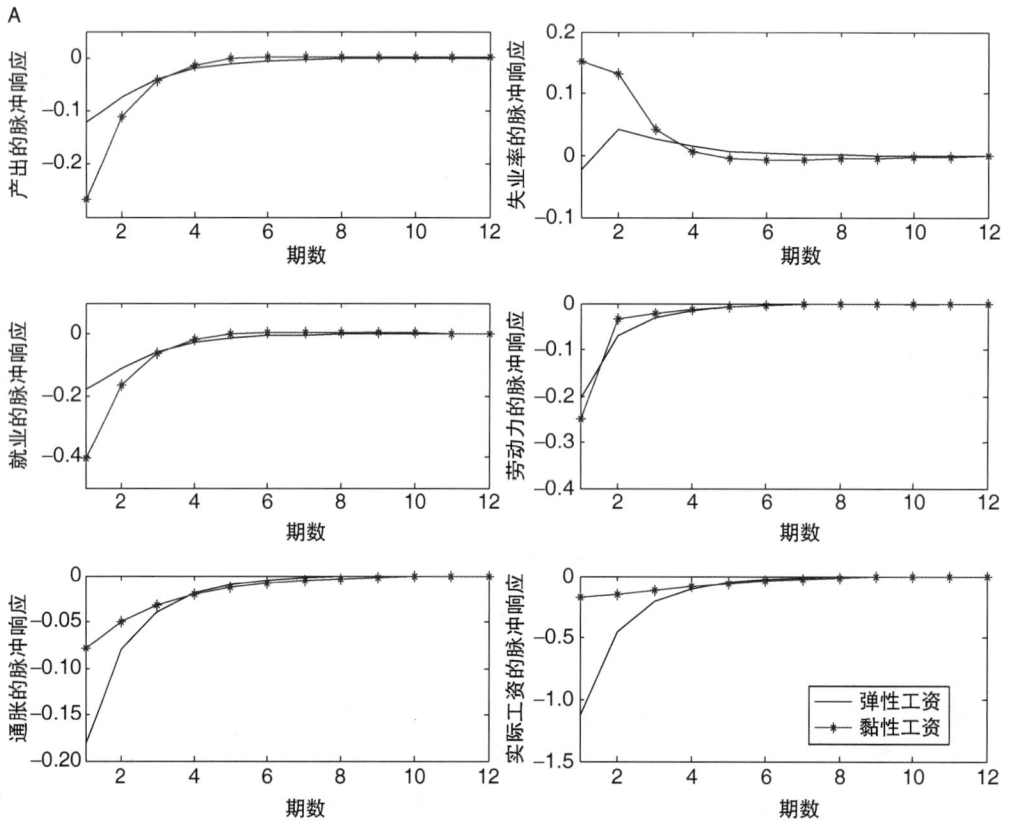

图 10.6A 工资黏性的作用:黏性价格、货币政策冲击

B

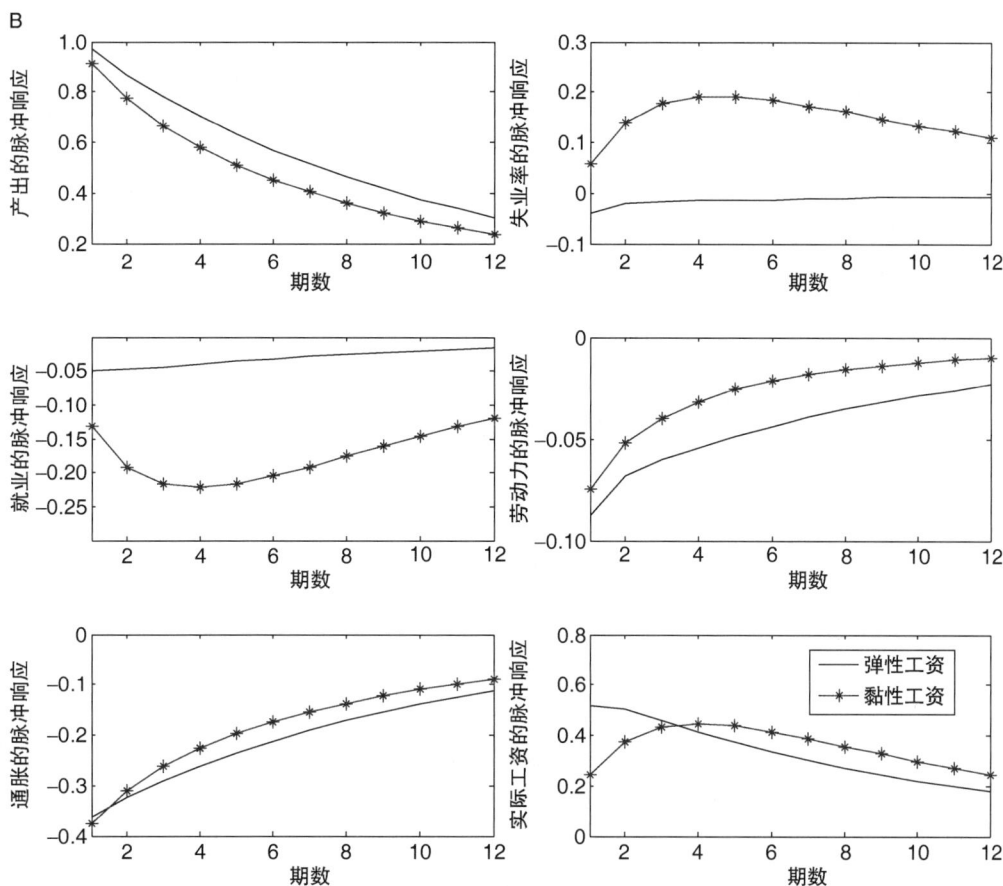

图 10.6B　工资黏性的作用：黏性价格、技术冲击

如图 10.6A 所示，黏性工资的存在使货币政策冲击对经济活动的影响大大加强。特别是产出和就业的下降幅度大致是弹性工资情景中的两倍。由于劳动力的反应几乎不受影响，因此失业率的增加幅度也要大得多。

此外，平均实际工资的响应在交错合约情况下表现得更平稳，这使得边际成本下降的压力更小，因而通胀率下降幅度更小。当我们看到这一结果时，无须感到惊奇。

如图 10.6B 所示，工资黏性对技术冲击响应的影响也很大。特别是就业的负面响应更大，而劳动力的响应则（略）小。这足以使失业率的响应符号发生转变，从而因正向技术冲击而出现上升。再一次，这种结果虽与有劳动力市场摩擦的实际模型的预测相悖（Shimer，2005），却与本章第 2 节的证据一致。

还请注意，黏性工资的引入在短期内会进一步抑制实际工资的响应，从而更接近于第 2 节中通过经验证据揭示的接近于零的短期响应。

如前所述，劳动力市场摩擦对于经济对冲击的响应没有太大影响。然而，因为它证明了均衡状态下黏性工资的存在，所以其间接影响更大。

分析完该模型在不同假设下的一些预测之后，我接下来将讨论其规范性含义。

5. 劳动力市场摩擦、名义刚性及货币政策设计

我在这一节首先描述约束的有效配置,然后将注意力转向存在劳动力市场摩擦和名义刚性的货币政策优化设计。最终,本节分析的目的是阐明失业和工资刚性的存在如何影响货币政策的实施。

5.1 社会规划者的问题

社会规划者要让代表性家庭的效用在资源约束下实现最大化,就要满足下式:

$$E_0 \sum_{t=0}^{\infty} \beta^t \left(\log C_t - \frac{\chi}{1+\varphi} L_t^{1+\varphi} \right)$$

该式满足如下资源约束:

$$C_t + \Gamma x_t^\gamma H_t = A_t N_t^{1-\alpha}$$

并定义:

$$L_t = N_t + \psi U_t$$

$$H_t = N_t - (1-\delta) N_{t-1}$$

$$x_t = \frac{H_t}{U_t/(1-x_t)}$$

与企业和家庭不同,社会规划者可以将其雇佣和参与决策对求职率 x_t 的影响内生化,从而内生化其雇佣成本。描述所得到的受约束的有效配置[①]的最优性条件由下式给出:

$$\mathrm{MRS}_t = \mathrm{MPN}_t - (1+\gamma) \left[G_t - (1-\delta) E_t (\Lambda_{t,t+1} G_{t+1}) \right] \qquad (10.53)$$

以及

$$\psi \mathrm{MRS}_t = \gamma \frac{x_t}{1-x_t} G_t \qquad (10.54)$$

其中,$\mathrm{MPN}_t \equiv (1-\alpha) A_t N_t^{-\alpha}$ 为劳动力的边际产出,如上所述,$\mathrm{MRS}_t \equiv \chi C_t L_t^\varphi$ 是劳动力市场活动的边际负效用,用最终消费束表示。

5.1.1 有效稳态

在稳态下求解,前两种效率条件采取以下形式:

$$(1+\gamma) \left[1 - \beta(1-\delta) \right] \Gamma x^\gamma = (1-\alpha) N^{-\alpha} - \chi C L^\varphi \qquad (10.55)$$

$$(1-x) \psi \chi C L^\varphi = \gamma \Gamma x^{1+\gamma} \qquad (10.56)$$

将式(10.55)和式(10.56)与去中心化经济式(10.49)和式(10.50)相应的稳态条件进行比较,很容易看出,去中心化经济的稳态在符合以下条件时是有效的:

---

① 译者注:受约束的有效配置即福利最大化的配置。

$$M^p(1 - \tau) \tag{10.57}$$

以及

$$\xi(1 + \gamma) = 1 \tag{10.58}$$

换句话说,条件式(10.57)要求购买中间产品的补贴正好抵消企业市场力量的影响,正如期望的总加成 M^p 所反映的那样。式(10.58)是霍西奥斯(Hosios)条件的一个版本,类似于 Blanchard 和 Galí(2010)的研究中推导的条件。这涉及企业的相对议价能力 ξ 与雇佣成本弹性 γ 之间的反比关系。这种反比关系反映了企业雇佣决策造成的负外部性(以更高雇佣成本的形式体现),以及更高的参与率(以降低雇佣成本的形式体现)所带来的正外部性。这些外部因素越强(更大的 γ),企业的相对议价能力就越小(ξ 越小),这与有效配置相一致,因为隐含的更高工资会导致更少的雇佣和更多的参与。

5.2 最优货币政策

简单起见,在本节中,我保留了约束有效稳态的假设,即假定条件式(10.57)和式(10.58)成立。在有关最优货币政策的文献中经常假设有效稳态,因为在这种情况下,文献专注于抵消(或至少减轻)由冲击导致的低效波动的后果。[1] 与此前的分析一样,我依次考虑弹性工资和黏性工资两种情况。

5.2.1 弹性工资情景

根据本章4.1中分析的逐期纳什谈判工资的假设,很容易检验最优货币政策是否符合严格的通货膨胀目标策略,即物价水平完全稳定。为了论证这一点,请注意式(10.9),在该政策下,最终产品企业的加成将保持不变并等于所需水平,也就是说,对于所有的时期 t,有 $P_t/P_t^I = M^p(1 - \tau)$。结合条件式(10.57)可以得出,对于所有的时期 t,都有 $\mathrm{MRPN}_t = \mathrm{MPN}_t = (1 - \alpha) A_t N_t^{-\alpha}$。因此,结合式(10.58)可以很容易地检验出均衡条件式(10.23)和式(10.24)是否与效率条件式(10.53)和式(10.54)相匹配。换言之,由此产生的均衡配置是有效的。

直观地说,基于条件式(10.57)和式(10.58),价格和(纳什谈判)工资在有弹性的经济均衡中均包含一个受约束的有效配置。在弹性工资下,完全成功地稳定价格水平的货币政策复制了自然配置,因此是最优的。

通过选择一个任意大的系数 φ_π,这个政策可以使用假定利率规则来实施。因此,这种环境被 Blanchard 和 Galí(2007)描述为"神圣的巧合",即实现通胀稳定与实现有效配置之间不存在权衡关系——实现一个就意味着实现另一个。

以前的研究结论取决于由条件式(10.57)和式(10.58)保证的灵活价格均衡配置的效率。Faia(2009)分析了相关模型中的最优政策(即具有劳动力市场摩擦、黏性价格和弹性工资),同时放宽了弹性价格配置效率的假设。她的研究结果表明,在这种情况下,中央银行偏离严格的通货膨胀目标是最优的,尽管其校准模型所暗示的偏离度在量上很小。

---

[1] 参见 Woodford(2003)和 Galí(2008)在无摩擦的新凯恩斯主义模型背景下对这些问题的讨论。

5.2.2 黏性工资情景

从 Erceg 等(2000)和其他人的分析中可以看出,当价格和工资都存在黏性时,中央银行通常无法复制受约束的有效均衡配置。根据条件式(10.57)和式(10.58),这种均衡配置对应于如前所述的没有名义刚性的均衡配置(自然配置)。

这个结果背后的直觉很简单:为了应对实际冲击,实际工资通常会在弹性价格和弹性工资的均衡中进行调整,而这种调整对于支撑由此产生的(受约束的有效)配置是必要的。

对实际工资的任何调整都需要价格水平或名义工资发生一些变化。但在存在黏性价格和黏性工资的情况下,这种变化只会发生在平均价格加成和/或平均实际工资偏离其自然值的情况下,如式(10.9)和式(10.40)所示,由此得出自然(根据我的假设,也是有效的)配置是不可能实现的。

为了确定这种情况下的最优政策,我首先推导了代表性家庭的效用损失的二阶近似值,该损失是因名义刚性的存在使其偏离受约束的有效配置而造成的。在这种情况下,我把自己限制在围绕有效稳态周围小幅波动的情况下。如附录4所推导的,损失函数采取以下形式(以作为 GDP 的一部分的消费等价损失表示):

$$\mathbb{L} \equiv \frac{1}{2}E_0\sum_{t=0}^{\infty}\beta^t\left\{\frac{\epsilon}{\lambda_p}(\pi_t^p)^2 + \frac{(1+\Phi)^2(1-\alpha)}{\alpha\lambda_w^*}(\pi_t^w)^2\right.$$
$$\left. + \frac{(1+\varphi)(1-\Omega)N}{(1-\alpha)L}\left[\tilde{y}_t + \frac{(1-\alpha)\psi\bar{U}}{N}\tilde{u}_t\right]^2\right\} \tag{10.59}$$

$\tilde{y}_t \equiv y_t - y_t^n$ 和 $\tilde{u}_t \equiv u_t - u_t^n$ 分别表示产出与失业相对于其自然值的缺口(自然值被定义为在弹性价格和弹性工资下的均衡值);$\lambda_w^* \equiv (1-\theta_w)(1-\beta\theta_w)/\theta_w$ 与工资刚性程度 θ_w 成反比;$1-\Omega \equiv \dfrac{\text{MRS}}{\text{MPN}} = 1 - \dfrac{B(1+\gamma)}{\text{MPN}}$ 表示的是劳动力市场摩擦导致的边际替代率与劳动边际产品之间的稳态缺口。请注意,在无劳动力市场摩擦以及弹性工资的情况下,即 $\lambda_w^* \to \infty$,$\Omega = 0$,$U = 0$,此前的损失函数就会变成基本的新凯恩斯主义模型中常见的函数。[1]

劳动力市场摩擦的存在对福利标准有两个方面的影响。第一,如果设定交错的名义工资,那么工资通胀的波动将会产生福利损失,这是工资的离散以及企业间低效的劳动力配置造成的损失。[2] 请注意,偏离工资稳定性造成的福利损失来自:一是 $1-\Phi$ 的增加,即衡量雇用新工人的总成本中工资的权重增加;二是劳动报酬递减的程度 α 降低,劳动报酬递减抑制了任何给定水平的工资离散所造成的就业离散程度;三是工资黏性程度 θ_w 的增加,θ_w 决定了由给定的零工资通胀偏差所引起的工资离散程度。第二,在 $\psi > 0$ 的情况下,上述福利标准指出了作为福利损失来源的失业率波动的特定作用,这一作用超出了与产出缺口变化(或者就业缺口,其与产出缺口成正比)有关的作用。这个作用与以下事实有关:失业是有效的劳动力市场活动的一个组成部分,而后者的波动(相对于其有效基准)会产生负效用。因此,

---

① 请参阅 Galí(2008,第81页)的研究中的表达式,其中 $\alpha = 1$。

② 相比之下,在 Erceg 等(2000)的垄断联盟模型中,工资上涨造成的福利损失是劳动力在每个企业内的不同劳动类型之间就业配置扭曲的结果,这是交错工资设定导致的工资离散所造成的。

失业波动在 ψ 和 U 中的重要性正在上升,这决定了失业给劳动力市场活动带来的总体负效应的权重。

最优货币政策下的均衡配置可以根据附录 2 中列出的对数线性化均衡条件(排除了泰勒规则),通过最小化式(10.59)来确定。图 10.7 显示了在最优策略下,先前考虑的相同变量对技术冲击做出的均衡响应。为了比较,图 10.7 还显示了此前使用的泰勒规则下的相应响应。该模拟基于价格和工资都具有黏性的校准。请注意,最佳响应意味着价格稳定性存在一些偏差。特别是它需要通胀出现暂时下降,这使得实际工资有可能向上调整,而名义工资上调幅度较小。[①] 它也可以更好地适应生产率的提高,这反映在更大的正的产出响应上。相应地,就业率可以上升,失业率可以下降。另请注意,与泰勒规则相比,最优策略与通胀的小幅下降有关。尽管价格更稳定,但在最优政策下,实际工资的累积响应更强烈,这就需要正的工资通货膨胀(图中未显示),但这也与泰勒规则下的均衡有关的工资通缩形成了鲜明对比。

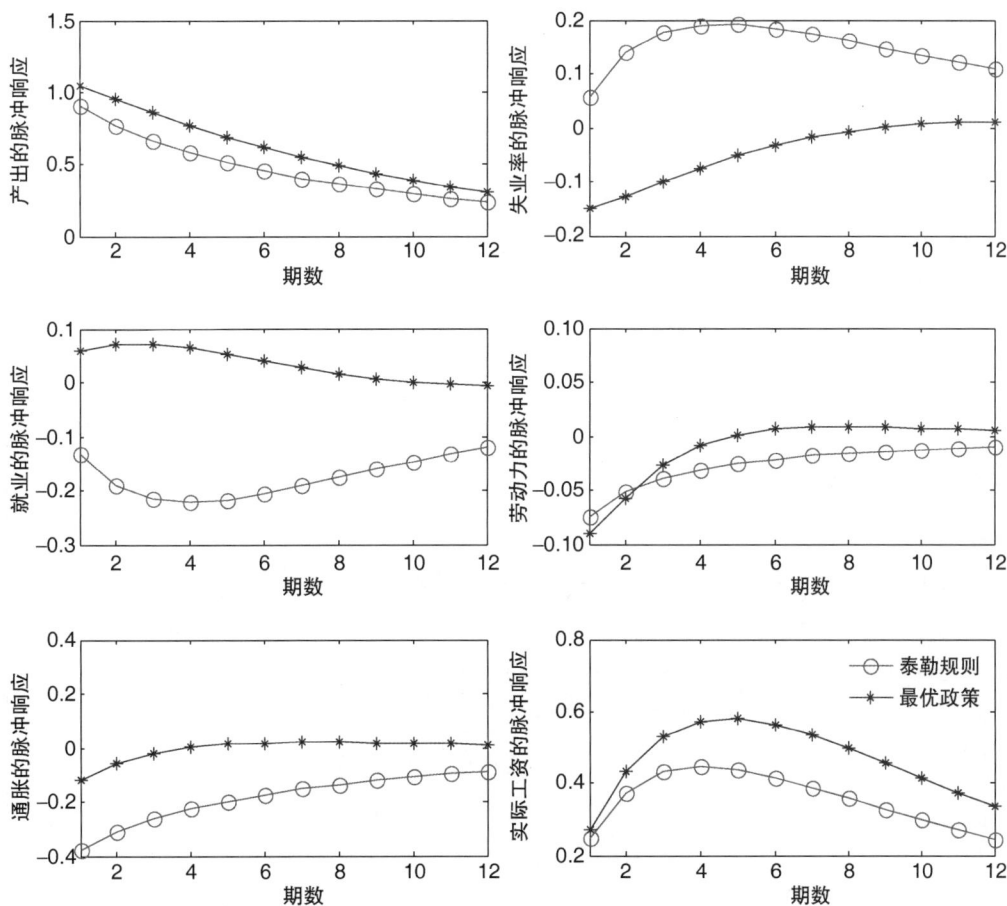

图 10.7 货币政策设计(最优政策与泰勒规则):黏性价格和黏性工资,技术冲击

中央银行是否可以通过遵循一个简单的利率规则来改进假设的泰勒规则?为了回答这

---

① 有关类似模型背景下的相关结果,请参见 Thomas(2008a)的研究。

个问题,我计算了以下形式的利率规则中的最优规则:

$$i_t = \rho + \phi_p \pi_t^p + \phi_y \hat{y}_t + \phi_w \pi_t^w + \phi_u u_t$$

其中,相对于传统的泰勒规则而言,我把工资通胀率和失业率作为参数。使家庭福利损失最小化的系数,即 $\phi_p = 1.51, \phi_y = -0.10, \phi_w = 0.01$ 和 $\phi_u = -0.025$,由迭代所有可能的配置决定。图 10.8 总结了该最优简单规则下的经济动态响应,并将其与完全最优策略下的相应响应进行了比较,结果清楚地表明两者之间的差异几乎可以忽略不计。请注意,相对于标准泰勒规则,最优化的简单规则要求进一步适应供应驱动的产出变化,并在一定程度上重视失业率的稳定。有趣的是,物价上涨的最佳系数非常接近 1.5,这是泰勒规则的标准校准中通常假设的值(Taylor,1993)。更令人惊讶的是,工资通胀的权重接近于零。这与 Erceg 等(2000)的研究结果形成了鲜明对比。该文从福利的角度出发,认为稳定工资通胀是一项非常可取的政策。[①] 此外,以系统性政策应对失业波动的可取性与 Blanchard 和 Galí(2010)以及 Faia(2009)关于最优简单规则的研究发现是一致的。

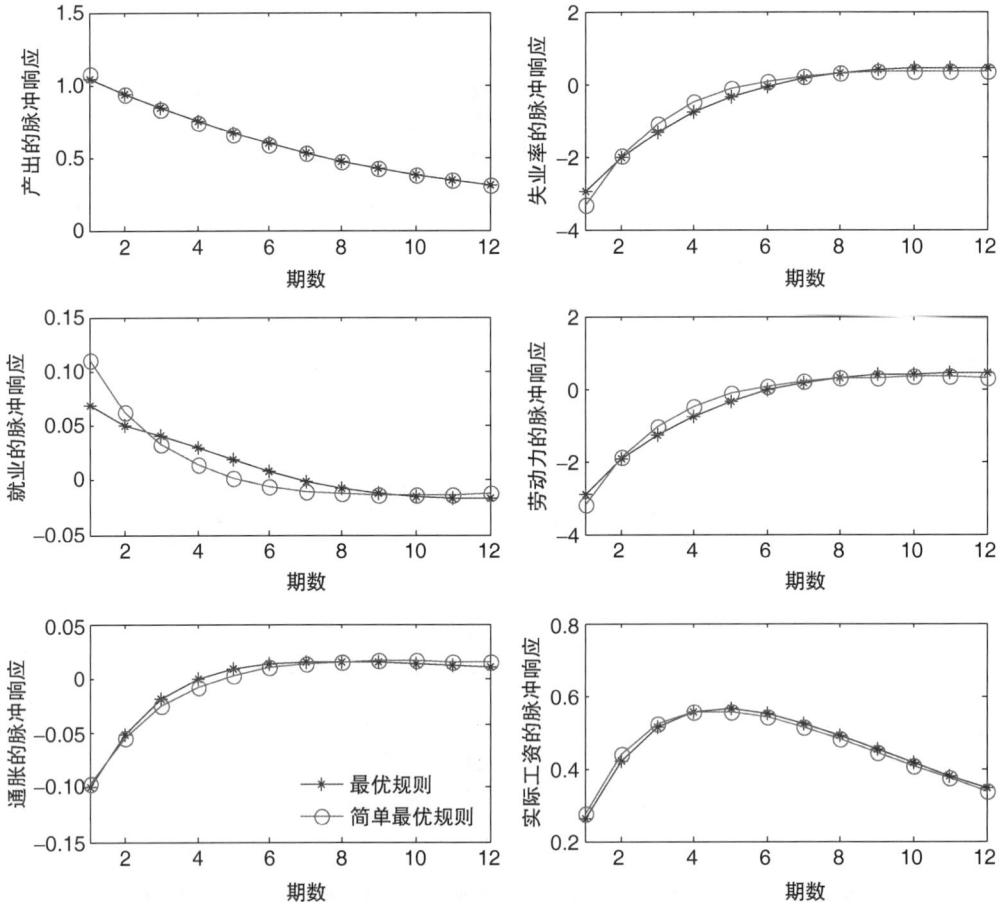

图 10.8　货币政策设计(最优规则与最优简单规则):黏性价格和黏性工资,技术冲击

---

① 当前模型的结构以及工资离散导致的相关效率低下使得损失函数中工资波动系数约为物价上涨系数的 1/3。Erceg 等(2000)的模型的标准校准与该排序是颠倒的。

鉴于最优利率规则中除物价上涨外的变量的系数值相对较小，$i_t = \rho + 1.5\pi_t^p$ 形式的规则导致的技术冲击响应（图中未显示）与最优利率规则下产生的技术冲击响应相似。这一规则可以解释为抓住了灵活通胀目标的概念，即各国央行只寻求逐步实现预先设定的通胀目标（用欧央行的话来说就是"中期"），而不是严格的通胀目标。然而，在价格黏性是唯一名义扭曲的环境中，严格的通胀目标是最佳的。

尽管建模的细节存在差异，但至少在定性上，先前的研究结果与现有关于劳动力市场摩擦和工资刚性环境中最优货币政策的文献是一致的，尤其是后者包括 Blanchard 和 Galí（2010）的研究中具有实际工资刚性的模型和 Thomas（2008）的研究中所描述的具有交错名义工资设定的模型。

6. 可能的扩展

正如引言所指出的，本章本意并非对现有的货币政策和失业模型进行详尽的分析。相反，我发展和分析了一个相对精简的模型，在我看来，这个模型包含了能够说明名义刚性和劳动力市场摩擦并存后果的关键要素。然而，该模型足够灵活，能够适应既有文献中已经存在的许多扩展。下面我将列出一些扩展方向，并对它们进行简要的介绍，但不做进一步分析。

6.1 实际工资刚性和工资指数化

正如 Blanchard 和 Galí（2007,2010）所强调的，实际工资刚性的存在会影响货币政策的最优设计，这种设计不同于仅具有名义工资刚性的模型（如本章所强调的模型）所产生的影响。除此之外，在存在实际工资刚性的情况下，政策制定者不能用物价上涨来调整实际工资。引入实际工资刚性的一个简单方法是允许（也可能是部分的）工资指数化，以适应工资重新谈判期的工资通胀。正式地说，可以假设：

$$W_{t+k \| t} = W_{t+k-1|t}(P_{t+k}/P_{t+k-1})^{\zeta}$$

其中 $k = 1, 2, 3, \cdots$ 和 $W_{t|t} = W_t^*$，并且 $W_{t+k \| t}$ 为雇佣关系在 $t + k$ 期的名义工资，这一工资为在 t 期最后一次重新谈判的工资。请注意，参数 $\zeta \in [0,1]$ 用来衡量工资指数化程度。另一种设定是对过去的通胀进行指数化，它在新凯恩斯主义文献（Smets and Wouters, 2007）中经常被使用，并被 Gertler 等（2008）采用。正式地，有：

$$W_{t+k \| t} = W_{t+k-1|t}(P_{t+k-1}/P_{t+k-2})^{\zeta}$$

其中 $k = 1, 2, 3, \cdots$。在后一种情况下，即使完全指数化，但由于指数化的滞后，物价上涨仍然可以用来加快实际工资调整，以应对需要进行调整的冲击。

6.2 新雇员更大的工资弹性

如前所述,许多研究者(Carneiro et al.,2008;Haefke et al.,2008;Pissarides,2009)认为,虽然在职员工的工资表现出一些明显的刚性,但这不会产生配置效果(在一定程度上它们仍然在谈判集内)。因为决定雇佣决策的工资是新员工的工资,而根据一些证据,可以看出这部分工资更为灵活。尽管这些证据仍然存在争议,并且在某些方面一直备受质疑(参见本段前面的参考文献),但尝试如何在模型中引入这种不同的灵活性并探讨其实证和规范意义,这可能很有趣。Bodart 等(2006)提出了一种易于处理且灵活的方法用于引入该特征,这一方法涉及企业支付给新员工的平均工资(概率为 η)或自由谈判工资(概率为 $1-\eta$)的假设。因此,参数 η 是新雇员相对工资弹性程度的指标。这个假设需要改变描述失业价值的方程,因为在被雇用时对工资进行谈判的概率现在为 $1-\theta_w\eta$,而不是 $1-\theta_w$。随后,我们便可以量化对冲击的响应程度和最优政策随 η 变化的程度。

6.3 更小的财富效应

早期的分析依赖于具有劳动力供给财富效应的设定,这些效应大得惊人,这可以解释在此前讨论过的一些校准下,劳动力异常且不切实际的表现。解决这个问题的一种方法是假设效用函数的下列替代设定[①],这一方法最初由 Galí(2010)提出。

$$U(C_t,L_t) \equiv \Theta_t \log C_t - \frac{\chi}{1+\varphi}L_t^{1+\varphi}$$

其中,$\Theta_t \equiv \overline{C}_t/Z_t$,$\overline{C}_t$ 为总消费(由每个家庭给定),且有 $Z_t = Z_{t-1}^\vartheta \overline{C}_t^{1-\vartheta}$ 和 $\vartheta \in [0,1]$。

在这种情况下,消费和市场活动之间的边际替代率(以对数表示)由下式给出:

$$\mathrm{mrs}_t = z_t + \varphi l_t$$

其中 $z_t = (1-\vartheta)c_t + \vartheta z_{t-1}$。因此,如果 ϕ 接近于1,消费变化对市场短期供给的影响就会非常小。考虑到 z_t 和 c_t 之间的差距是平稳的(即使 c_t 显示出线性趋势或单位根),此前的效用设定仍然与均衡增长路径一致。

6.4 其他需求冲击

上述关于最优货币政策的分析假设了经济只面临技术冲击(为了聚焦于分析目的,忽视货币政策的冲击是自然而然的)。一旦引入除技术以外的其他冲击,政策影响会如何变化,这值得研究。特别是,在这种情况下,最优政策可能会更加重视产出稳定。[②]

---

① 详见 Jaimovich 和 Rebelo(2009)的研究,他们以同样的想法寻找效用的替代设定。
② Sven 和 Weinke(2008)有力地证明了需求冲击对劳动力市场动态的重要性。

7. 总结

过去几年来,越来越多的研究者把注意力转向对明确为失业建模的新凯恩斯主义框架的开发和分析。本章描述了这些模型的一些基本要素、属性及其对货币政策的影响。

对这里开发的模型的一个校准版本的分析表明,在存在名义刚性和由简单泰勒规则描述的货币政策的经济中,劳动力市场摩擦不太可能——无论是通过它们自己还是通过它们与黏性价格的互动——对冲击的均衡产生重大影响。就此而言,这些摩擦最重要的贡献在于它们能够把工资刚性和有效的雇佣关系协调起来。此外,名义工资刚性的存在对于经济如何响应冲击以及对货币政策的最优设计产生了重要影响。因此,在上文开发的模型中,最优政策允许严重偏离价格稳定的目标,以便于将实际工资调整为实际冲击。此外,该政策的效果可以通过一个简单的利率规则来近似,该利率规则同时对价格上涨和失业率变化做出响应。

附录1　引理证明

从价格指数的定义来看,有:

$$1 = \int_0^1 \left[\frac{P_t(i)}{P_t}\right]^{1-\epsilon} di$$

$$= \int_0^1 \exp\{(1-\epsilon)[p_t(i)-p_t]\} di$$

$$\simeq 1 + (1-\epsilon)\int_0^1 [p_t(i)-p_t]di + \frac{(1-\epsilon)^2}{2}\int_0^1 [p_t(i)-p_t]^2 di$$

其中的近似值来自零通胀稳态附近的二阶泰勒展开。因此,当达到二阶时,我们可以得到:

$$p_t \simeq E_i[p_t(i)] + \frac{1-\epsilon}{2}\int_0^1 [p_t(i)-p_t]^2 di$$

此时 $E_i[p_t(i)] \equiv \int_0^1 p_t(i)di$ 为(对数)价格的截面平均值。另外,

$$\int_0^1 \left[\frac{P_t(i)}{P_t}\right]^{-\epsilon} di = \int_0^1 \exp\{-\epsilon[p_t(i)-p_t]\} di$$

$$\simeq 1 - \epsilon\int_0^1 [p_t(i)-p_t]di + \frac{\epsilon^2}{2}\int_0^1 [p_t(i)-p_t]^2 di$$

$$\simeq 1 + \frac{\epsilon}{2}\int_0^1 [p_t(i)-p_t]^2 di$$

$$\simeq 1 + \frac{\epsilon}{2}\mathrm{var}_i[p_t(i)] \geq 1$$

其中最后一个等式利用了二阶近似,通过观察得到:

$$\int_0^1 [p_t(i) - p_t]^2 \, \mathrm{d}i \simeq \int_0^1 \{p_t(i) - E_i[p_t(i)]\}^2 \mathrm{d}i \equiv \mathrm{var}_i[p_t(i)]$$

最后,用 d_t^p 的定义,我们得到:

$$d_t^p \simeq \frac{\epsilon}{2} \mathrm{var}_i[p_t(i)] \geqslant 0$$

此外,

$$\int_0^1 \left[\frac{N_t(j)}{N_t}\right]^{1-\alpha} \mathrm{d}j = \int_0^1 \exp\{(1-\alpha)[n_t(j) - n_t]\} \mathrm{d}j$$

$$\simeq 1 + (1-\alpha) \int_0^1 [n_t(j) - n_t] \mathrm{d}j + \frac{(1-\alpha)^2}{2} \int_0^1 [n_t(j) - n_t]^2 \mathrm{d}j$$

$$\simeq 1 - \frac{\alpha(1-\alpha)}{2} \int_0^1 [n_t(j) - n_t]^2 \mathrm{d}j \leqslant 1$$

其中,第三个等式源于以下事实:$\int_0^1 [n_t(j) - n_t] \mathrm{d}j \simeq -1/2 \int_0^1 [n_t(j) - n_t]^2 \mathrm{d}j$,利用恒等式 $1 \equiv \int_0^1 \frac{N_t(j)}{N_t} \mathrm{d}j$ 的二阶近似得到。

围绕对称均衡,对最优雇佣条件式(10.11)进行对数线性化处理,我们可以得到:

$$n_t(j) - n_t \simeq -\frac{1-\Phi}{\alpha}[w_t(j) - w_t]$$

因此,

$$\int_0^1 \left[\frac{N_t(j)}{N_t}\right]^{1-\alpha} \mathrm{d}j \simeq 1 - \frac{(1-\Phi)^2(1-\alpha)}{2\alpha} \int_0^1 [w_t(j) - w_t]^2 \mathrm{d}j$$

这表明:

$$d_t^w \equiv -\log \int_0^1 \left[\frac{N_t(j)}{N_t}\right]^{1-\alpha} \mathrm{d}j \simeq \frac{(1-\Phi)^2(1-\alpha)}{2\alpha} \mathrm{var}_j[w_t(j)] \geqslant 0$$

附录2　参与条件的线性化

引理:定义 $Q_t \equiv \int_0^1 \left[\frac{H_t(z)}{H_t}\right] S_t^H(z) \mathrm{d}z$。于是围绕零通胀的确定性稳态,我们可以得到:

$$\hat{q}_t \simeq \hat{g}_t - \varXi \pi_t^w$$

其中 $\varXi \equiv \dfrac{\xi(W/P)}{(1-\xi)G} \dfrac{\theta_w}{(1-\theta_w)[1-\beta(1-\delta)\theta_w]}$。

引理证明:

$$Q_t \simeq \int_0^1 S_t^H(z) \mathrm{d}z$$

$$= (1-\theta_w) \sum_{q=0}^{\infty} \theta_w^q S_{t|t-q}^H$$

$$= (1-\theta_w) \sum_{q=0}^{\infty} \theta_w^q (S_{t|t}^H + S_{t|t-q}^H - S_{t|t}^H)$$

此时,第一个等式在对称稳态的附近保持一阶近似。

利用纳什谈判条件式(10.31),我们得到:

$$\xi Q_t = (1 - \xi) G_t + \xi (1 - \theta_w) \sum_{q=0}^{\infty} \theta_w^q (S_{t|t-q}^H - S_{t|t}^H)$$

但是,需要注意:

$$S_{t|t-q}^H - S_{t|t}^H = E_t \left\{ \sum_{k=0}^{\infty} [(1 - \delta) \theta_w]^k \Lambda_{t,t+k} \left(\frac{W_{t-q}^*}{P_{t+k}} - \frac{W_t^*}{P_{t+k}} \right) \right\}$$

$$= \left(\frac{W_{t-q}^* - W_t^*}{P_t} \right) E_t \left\{ \sum_{k=0}^{\infty} [(1 - \delta) \theta_w]^k \Lambda_{t,t+k} \left(\frac{P_t}{P_{t+k}} \right) \right\}$$

利用总工资的运动规律,即

$$(1 - \theta_w) \sum_{q=0}^{\infty} \theta_w^q (S_{t|t-q}^H - S_{t|t}^H) = \left(\frac{W_t - W_t^*}{P_t} \right) E_t \left\{ \sum_{k=0}^{\infty} [(1 - \delta) \theta_w]^k \Lambda_{t,t+k} \left(\frac{P_t}{P_{t+k}} \right) \right\}$$

$$= -\pi_t^w \left(\frac{\theta_w}{1 - \theta_w} \right) \frac{W_{t-1}}{P_t} E_t \left\{ \sum_{k=0}^{\infty} [(1 - \delta) \theta_w]^k \Lambda_{t,t+k} \left(\frac{P_t}{P_{t+k}} \right) \right\}$$

$$\simeq -\pi_t^w \left\{ \frac{\theta_w}{(1 - \theta_w)[1 - \beta(1 - \delta)\theta_w]} \right\} \left(\frac{W}{P} \right)$$

其中,近似值在零通胀稳态附近成立。它遵循:

$$\xi Q_t \simeq (1 - \xi) G_t - \xi \left\{ \frac{\theta_w}{(1 - \theta_w)[1 - \beta(1 - \delta)\theta_w]} \right\} \left(\frac{W}{P} \right) \pi_t^w$$

或者,等价地,其与稳态的(对数)偏离为:

$$\hat{q}_t \simeq \hat{g}_t - \Xi \pi_t^w$$

其中 $\Xi \equiv \dfrac{\xi(W/P)}{(1 - \xi) G} \dfrac{\theta_w}{(1 - \theta_w)[1 - \beta(1 - \delta)\theta_w]}$。

附录3　对数线性化的均衡条件

技术、资源约束和其他特征

产品市场出清可表达为式(10.44):

$$\hat{y}_t = (1 - \Theta) \hat{c}_t + \Theta (\hat{g}_t + \hat{h}_t)$$

其中 $\Theta \equiv \dfrac{\delta NG}{Y}$。

总生产函数为:

$$\hat{y}_t = \hat{a}_t + (1 - \alpha) \hat{n}_t$$

总雇佣和就业为:

$$\delta \hat{h}_t = \hat{n}_t - (1 - \delta) \hat{n}_{t-1}$$

雇佣成本为:

$$\hat{g}_t = \gamma \hat{x}_t$$

就业率为:

$$\hat{x}_t = \hat{h}_t - \hat{u}_t^o$$

有效的市场活动:

$$\hat{l}_t = \frac{N}{L}\hat{n}_t + \frac{\psi U}{L}\hat{u}_t$$

劳动力为:

$$\hat{f}_t = \frac{N}{F}\hat{n}_t + \frac{U}{F}\hat{u}_t$$

失业为:

$$\hat{u}_t = \hat{u}_t^o - \frac{x}{1-x}\hat{x}_t$$

失业率为:

$$\widehat{ur}_t = \hat{f}_t - \hat{n}_t$$

去中心化经济的其他均衡条件

欧拉方程:

$$\hat{c}_t = E_t(\hat{c}_{t+1}) - \hat{r}_t$$

费雪主义(Fisherian)方程:

$$\hat{r}_t = \hat{i}_t - E_t(\pi_{t+1})$$

通胀方程:

$$\pi_t = \beta E_t(\pi_{t+1}) - \lambda_p\hat{\mu}_t^p$$

最优雇佣条件:

$$\alpha\hat{n}_t = a_t - [(1-\Phi)\hat{\omega}_t + \Phi\hat{b}_t] - \hat{\mu}_t^p$$

$$\hat{b}_t = \frac{1}{1-\beta(1-\delta)}\hat{g}_t - \frac{\beta(1-\delta)}{1-\beta(1-\delta)}[E_t(\hat{g}_{t+1}) - \hat{r}_t]$$

最优参与条件(当且仅当 $\psi > 0$ 时):

$$\hat{c}_t + \varphi\hat{l}_t = \frac{1}{1-x}\hat{x}_t + \hat{g}_t - \varXi\pi_t^w$$

其中 $\varXi \equiv \dfrac{\xi(W/P)}{(1-\xi)G}\dfrac{\theta_w}{(1-\theta_w)[1-\beta(1-\delta)\theta_w]}$ (请注意,弹性工资下有 $\varXi = 0$)。当 $\psi = 0$ 时,

有 $\hat{l}_t = \hat{n}_t$ 且 $\hat{f}_t = 0$。

利率规则:

$$\hat{i}_t = \phi_\pi\pi_t + \phi_y\hat{y}_t + \upsilon_t$$

工资设定模块:弹性工资

纳什工资方程:

$$\hat{\omega}_t = (1-\varUpsilon)(\hat{c}_t + \varphi\hat{l}_t) + \varUpsilon(-\hat{\mu}_t^p + a_t - \alpha\hat{n}_t)$$

在这里 $\varUpsilon \equiv \dfrac{(1-\xi)\text{MRPN}}{W/P}$。

工资设定模块：黏性工资

$$\hat{\omega}_t = \hat{\omega}_{t-1} + \pi_t^w - \pi_t^p$$

$$\pi_t^w = \beta(1 - \delta)\, E_t(\pi_{t+1}^w) - \lambda_w(\hat{\omega}_t - \hat{\omega}_t^{\mathrm{tar}})$$

$$\hat{\omega}_t^{\mathrm{tar}} = (1 - Y)(\hat{c}_t + \varphi \hat{l}_t) + Y(-\hat{\mu}_t^p + a_t - \alpha \hat{n}_t)$$

社会规划者的问题：效率条件

$$a_t - \alpha \hat{n}_t = (1 - \Omega)(\hat{c}_t + \varphi \hat{l}_t) + \Omega \hat{b}_t$$

$$\hat{c}_t + \varphi \hat{l}_t = \frac{1}{1 - x}\hat{x}_t + \hat{g}_t$$

其中 $\Omega = \dfrac{(1 + \gamma)B}{\mathrm{MPN}}$。

附录4　损失函数推导概述

将代表性家庭效用的二阶展开和有效配置收益的资源约束结合起来，有：

$$E_0 \sum_{t=0}^{\infty} \beta^t \widetilde{U}_t \simeq - E_0 \sum_{t=0}^{\infty} \beta^t \left[\frac{1}{1 - \Theta}(d_t^p + d_t^w) + \frac{1}{2}(1 + \varphi)\chi L^{1+\varphi}\hat{l}_t^2 \right]$$

如附录中给出的 $d_t^p \simeq \dfrac{\epsilon}{2}\mathrm{var}_i[p_t(i)]$ 和 $d_t^w \simeq \dfrac{(1 - \Phi)^2(1 - \alpha)}{2\alpha}\mathrm{var}_j[w_t(j)]$ 所示。我利用卡尔沃价格和工资设定环境的以下特征。

引理：

$$\sum_{t=0}^{\infty} \beta^t \mathrm{var}_i[p_t(i)] = \frac{\theta_p}{(1 - \theta_p)(1 - \beta\theta_p)} \sum_{t=0}^{\infty} \beta^t (\pi_t^p)^2$$

$$\sum_{t=0}^{\infty} \beta^t \mathrm{var}_j[w_t(j)] = \frac{\theta_w}{(1 - \theta_w)(1 - \beta\theta_w)} \sum_{t=0}^{\infty} \beta^t (\pi_t^w)^2$$

论证：见 Woodford（2003）的研究。

结合先前的结果，用 $\mathbb{L} \equiv - E_0 \sum_{t=0}^{\infty} \beta^t \widetilde{U}_t(C/Y)$ 代表效用损失（表示为稳态 GDP 的一部分）。我们可以得到：

$$\mathbb{L} \equiv \frac{1}{2} E_0 \sum_{t=0}^{\infty} \beta^t \left[\frac{\epsilon}{\lambda_p}(\pi_t^p)^2 + \frac{(1 + \Phi)^2(1 - \alpha)}{\alpha\lambda_w^*}(\pi_t^w)^2 + (1 + \varphi)(\chi CL^{1+\varphi}/Y)\tilde{l}_t^2 \right]$$

此时 $\lambda_w^* \equiv (1 - \theta_w)(1 - \beta\theta_w)/\theta_w$。

接下来要注意，根据一阶求解：

$$\tilde{l}_t = \frac{N}{L(1 - \alpha)}\tilde{y}_t + \frac{\psi U}{L}\tilde{u}_t$$

$$= \frac{N}{L(1 - \alpha)}\left[\tilde{y}_t + \frac{(1 - \alpha)\psi U}{N}\tilde{u}_t \right]$$

因此，我们可以得到：

$$\mathbb{L} \equiv \frac{1}{2}E_0 \sum_{t=0}^{\infty} \beta^t \left\{ \frac{\epsilon}{\lambda_p}(\pi_t^p)^2 + \frac{(1+\varPhi)^2(1-\alpha)}{\alpha\lambda_w^*}(\pi_t^w)^2 + \frac{(1+\varphi)(1-\varOmega)N}{(1-\alpha)L}\left[\tilde{y_t} + \frac{(1-\alpha)\psi U}{N}\tilde{u_t}\right]^2 \right\}$$

其中 $1-\varOmega \equiv \dfrac{\text{MRS}}{\text{MPN}} = 1 - \dfrac{B(1+\gamma)}{\text{MPN}}$,这是劳动力市场摩擦的存在而导致的边际替代率与劳动边际产品之间的稳态差距。

参考文献

Andre's, J., Domenech, R., Ferri, J., 2006. Price rigidity and the volatility of vacancies and unemployment. Universidad de Valencia, Mimeo.

Arseneau, D. M., Chugh, S. K., 2008. Optimal fiscal and monetary policy with costly wage bargaining. J. Monet. Econ. 55 (8), 1401-1414.

Barattieri, A., Basu, S., Gottschalk, P., 2009. Some evidence on the importance of sticky wages. Boston College, Mimeo.

Barnichon, R., 2008. Productivity, aggregate demand and unemployment fluctuations. Finance and Economics Discussion Series 2008-47. Federal Reserve Board.

Barro, R. J., 1977. Long term contracting, sticky prices and monetary policy. J. Monet. Econ. 3 (3),305-316.

Basu, S., Fernald, J., Kimball, M., 2006. Are technology improvements contractionary?. Am. Econ. Rev. 96 (5), 1418-1448.

Blanchard, O. J., Galí, J., 2007. Real wage rigidities and the New Keynesian model. J. Money Credit Bank. 39 (1), 35-66 supplement to volume.

Blanchard, O. J., Galí, J., 2010. Labor markets and monetary policy: A New Keynesian model with unemployment. Am. Econ. J: Macroeconomics. 2 (2), 1-3.

Blanchard, O. J., Quah, D., 1989. The dynamic effects of aggregate demand and supply disturbances. Am. Econ. Rev. 79 (4), 655-673.

Bodart, V., de Walque, G., Pierrard, O., Sneessens, H., Wouters, R., 2006. Nominal wage rigidities in a New Keynesian model with frictional unemployment. Mimeo. Unpublished Manuscript.

Calvo, G., 1983. Staggered prices in a utility maximizing framework. J. Monet. Econ. 12, 383-398.

Carneiro, A., Guimaraes, P., Portugal, P., 2008. Real wages and the business cycle: Accounting for worker and firm heterogeneity. Mimeo. Unpublished Manuscript.

Chari, V. V., Kehoe, P. J., McGrattan, E., 2008. Are structural VARs with long-run restrictions useful in developing business cycle theory?. J. Monet. Econ. 55 (8), 1337-1352.

Chéron, A., Langot, F., 2000. The Phillips and Beveridge curves revisited. Econ. Lett. 69, 371-376.

Christiano, L. J., Eichenbaum, M., Vigfusson, R., 2003. What happens after a technology shock?. NBER WP# 9819.

Christiano, L. J., Eichenbaum, M., Evans, C. L., 2005. Nominal rigidities and the dynamic effects of a shock to monetary policy. J. Pol. Econ. 113 (1), 1-45.

Christiano, L. J., Trabandt, M., Walentin, K., 2010. Involuntary unemployment and the business cycle. Unpublished Manuscript.

Christoffel, K., Linzert, T., 2005. The role of real wage rigidities and labor market frictions for unemployment and inflation dynamics. European Central Bank. Discussion Paper 556.

Clarida, R., Galí, J., Gertler, M., 1999. The science of monetary policy: A New Keynesian perspective. J. Econ. Lit. 37, 1661-1707.

Diamond, P. A., 1982a. Aggregate demand management in search equilibrium. J. Polit. Econ. 90, 881-894.

Diamond, P. A., 1982b. Wage determination and efficiency in search equilibrium. Rev. Econ. Stud. 49,217-227.

Erceg, C. J., Henderson, D. W., Levin, A. T., 2000. Optimal monetary policy with staggered wage and price contracts. J. Monet. Econ. 46 (2), 281-314.

European Central Bank, 2009. Wage dynamics in Europe: Final report of the wage dynamics network. http://www. ecb. int/home/html/researcher_wdn. en. html.

Faia, E., 2008. Optimal monetary policy rules in a model with labor market frictions. J. Econ. Dyn. Control 32 (5), 1600-1621.

Faia, E., 2009. Ramsey monetary policy with labor market frictions. J. Monet. Econ. 56, 570-581.

Francis, N., Ramey, V., 2005. Is the technology-driven real business cycle hypothesis dead? Shocks and aggregate fluctuations revisited. J. Monet. Econ. 52 (8), 1379-1399.

Galí, J., 1999. Technology, employment, and the business cycle: Do technology shocks explain aggregate fluctuations?. Am. Econ. Rev. 89 (1), 249-271.

Galí, J., 2008. Monetary policy, inflation, and the business cycle. An introduction to the New Keynesian framework. Princeton University Press, Princeton, NJ.

Galí, J., 2010. The return of the wage Phillips curve. Unpublished Manuscript.

Galí, J., Gertler, M., 1999. Inflation dynamics: A structural econometric analysis. J. Monet. Econ. 44 (2),195-222.

Galí, J., Gertler, M., López-Salido, D., 2001. European inflation dynamics. Eur. Econ. Rev. 45 (7),1237-1270.

Galí, J., Rabanal, P., 2004. Technology shocks and aggregate fluctuations: How well does the RBC model fit postwar U. S. data?. NBER Macroeconomics Annual 2004, 225-288.

Galí, J. , van Rens, T. , 2009. The vanishing procyclicality of labor productivity. Unpublished Manuscript.

Galuscak, K. , Murphy, A. , Nicolitsas, D. , Smets, F. , Strzelecki, P. , Vodopivec, M. , et al. , 2008. The determination of wages of newly hired workers: Survey evidence on internal vs external factors. Unpublished Manuscript.

Gertler, M. , Sala, L. , Trigari, A. , 2008. An estimated monetary DSGE model with unemployment and staggered nominal wage setting. J. Money Credit Bank. 40 (8), 1713-1764.

Gertler, M. , Trigari, A. , 2009. Unemployment fluctuations with staggered Nash wage bargaining. J. Polit. Econ. 117 (1), 38-86.

Goodfriend, M. , King, R. G. , 1997. The new neoclassical synthesis and the role of monetary policy. NBER Macroeconomics Annual 231-282.

Haefke, C. , Sonntag, M. , van Rens, T. , 2008. Wage rigidity and job creation. Unpublished Manuscript.

Hagedorn, M. , Manovskii, I. , 2008. The cyclical behavior of equilibrium unemployment and vacancies revisited. Am. Econ. Rev. 98 (4), 1692-1706.

Hall, R. , 2005. Employment fluctuations with equilibrium wage stickiness. Am. Econ. Rev. 95 (1),50-64.

Jaimovich, N. , Rebelo, S. , 2009. Can news about the future drive the business cycle?. Am. Econ. Rev. 99 (4),1097-1118.

King, R. G. , Wolman, A. L. , 1996. Inflation targeting in a St. Louis model of the 21st Century, Federal Reserve Bank of St. Louis Review, 78 (3).

Krause, M. , Lo'pez-Salido, D. , Lubik, T. A. , 2008. Inflation dynamics with search frictions: A structural econometric analysis. J. Monet. Econ. 55 (5), 892-916.

Krueger, A. B. , Mueller, A. , 2008. The lot of the unemployed: A time use perspective. IZA Discussion Paper no. 3490.

Kuester, K. , 2007. Real price and wage rigidities in a model with matching frictions. European Central Bank. Working Paper Series no. 720.

Merz, M. , 1995. Search in the labor market and the real business cycle. J. Monet. Econ. 36, 269-300.

Mortensen, D. T. , 1982a. The matching process as a noncooperative/bargaining game. In: McCall, J. (Ed.), The economics of information and uncertainty. University of Chicago Press, Chicago, pp. 233-254.

Mortensen, D. T. , 1982b. Property rights and efficiency in mating, racing and related games. Am. Econ. Rev. 72, 968-979.

Nakamura, E. , Steinsson, J. , 2008. Five facts about prices: A reevaluation of menu cost models. Q. J. Econ. 123 (4), 1415-1464.

Pissarides, C., 1984. Search intensity, job advertising and efficiency. J. Labor Econ. 2, 128-143.

Pissarides, C., 2000. Equilibrium unemployment theory. MIT Press, Cambridge, MA.

Pissarides, C., 2009. The unemployment volatility puzzle: Is wage stickiness the answer?. Econometrica 77(5), 1339-1369.

Rotemberg, J., Woodford, M., 1999. Interest rate rules in an estimated sticky price model. In: Taylor, J. B. (Ed.), Monetary policy rules. University of Chicago Press, Chicago.

Sbordone, A., 2002. Prices and unit labor costs: Testing models of pricing behavior. J. Monet. Econ. 45(2), 265-292.

Smets, F., Wouters, R., 2003. An estimated dynamic stochastic general equilibrium model of the Euro Area. J. Europ. Eco. Assoc. 1 (5), 1123-1175.

Smets, F., Wouters, R., 2007. Shocks and frictions in US business cycles: A Bayesian DSGE approach. Am. Econ. Rev. 97 (3), 586-606.

Shimer, R., 2005. The cyclical behavior of equilibrium unemployment and vacancies. Am. Econ. Rev. 95(1), 25-49.

Shimer, R., 2010. Labor markets and business cycles. Princeton University Press, Princeton, NJ. in press.

Silva, J., Toledo, M., 2009. Labor turnover costs and the cyclical behavior of vacancies and unemployment. Macroecon. Dyn. 13 (Suppl. 1), 76-96.

Sveen, T., Weinke, L., 2008. New Keynesian perspectives on labor market dynamics. J. Monet. Econ. 55(5), 921-930.

Taylor, J. B., 1993. Discretion versus policy rules in practice. Carnegie-Rochester Series on Public Policy 39, 195-214.

Taylor, J. B., 1999a. Staggered price and wage setting in macroeconomics. In: Taylor, J. B., Woodford, M. (Eds.), Handbook of macroeconomics. Elsevier, New York, pp. 1341-1397 (Chapter 15).

Taylor, J. B., 1999b. An historical analysis of monetary policy rules. In: Taylor, J. B. (Ed.), Monetary policy rules. University of Chicago Press, Chicago.

Thomas, C., 2008a. Search and matching frictions and optimal monetary policy. J. Monet. Econ. 55 (5),936-956.

Thomas, C., 2008b. Search frictions, real rigidities and inflation dynamics. Banco de España. Working Paper 2008-06.

Trigari, A., 2006. The role of search frictions and bargaining in inflation dynamics. Unpublished Manuscript, Boconni University.

Trigari, A., 2009. Equilibrium unemployment, job flows, and inflation dynamics. J. Money

Credit Bank. 41 (1), 1-33.

Walsh, C., 2003a. Monetary theory and policy. MIT Press, Cambridge, MA.

Walsh, C., 2003b. Labor market search and monetary shocks. In: Altug, S., Chadha, J., Nolan, C. (Eds.), Elements of dynamic macroeconomic analysis. Cambridge University Press, Cambridge, UK, pp. 451-486.

Walsh, C., 2005. Labor market search, sticky prices, and interest rate rules. Rev. Econ. Dyn. 8, 829-849.

Woodford, M., 2003. Interest and prices: Foundations of a theory of monetary policy. Princeton University Press, Princeton, NJ.

Yun, T., 1996. Nominal price rigidity, money supply endogeneity, and business cycles. J. Monet. Econ. 37, 345-370.

第十一章　经济周期分析中的金融中介和信贷政策[①]

马克·格特勒(Mark Gertler) [*]

清泷信宏(Nobuhiro Kiyotaki) [**]

[*]:纽约大学

[**]:普林斯顿大学

目　录

① 感谢迈克尔·伍德福德(Michael Woodford)、大卫·安道法托(David Andolfatto)、拉里·克里斯蒂亚诺(Larry Christiano)、哈里斯·德拉斯(Harris Dellas)、伊恩·杜贝克尔(Ian Dew-Becker)、乔瓦尼·迪·巴尔托洛梅奥(Giovanni Di Bartolomeo)、克里斯·埃尔采格(Chris Erceg)、西蒙·吉尔克里斯特(Simon Gilchrist)、阿尔温德·克里希那穆蒂(Arvind Krishnamurthy)、拉蒙·马里蒙(Ramon Marimon)和西山浩一(Shinichi Nishiyama)提出的有益评论;感谢阿尔伯特·奎拉尔托·奥利弗(Albert Queralto Olive)的研究协助。

本章摘要: 为了研究当前危机环境中的信贷市场摩擦及宏观经济活动,我们建立了一个标准框架,以解决两大问题。第一,金融中介的失灵是如何诱发危机,进而影响实体活动的;第二,由中央银行和财政部实施的多种信贷市场干预措施是如何缓解危机的。我们利用早期文献来发展我们的框架,并描述最近的文献如何整合危机的经验教训。

JEL 分类代码: E30,E44,E50

关键词: 资产价格;信贷政策;金融中介;净值;利润

1. 引言

　　过去,为了激发人们对考察经济波动中金融因素的相关文献的兴趣,研究者有必要引用大萧条或许多新兴市场经济体的经验。但现在已没有这个必要了。过去几年,美国和许多工业化国家经历了二战以来最严重的金融危机,随之而来的全球经济衰退也是二战以来最为严重的。尽管有迹象表明金融业已渐趋稳定,实体经济和生产活动也已开始恢复,然而全面复兴之路仍有着诸多不确定因素。

　　近期的危机事件给编写本手册中关于信贷市场摩擦和总体经济活动的章节带来了诸多挑战。过去几十年来,该领域确有一部强有力的文献。Bernanke 等(1999;Bernanke, Gertler, and Gilchrist,简称 BGG)十年前的《宏观经济学手册》回顾了大量早期研究。自此,文献数量持续增加。尽管该成果中很多内容都和时下情形紧密相连,但它显然没有预料到当前危机中出现的关键的经验性现象。基于早期文献的新文献由此应运而生,以期解决这些问题。其中大部分文献以工作论文的形式发表。

　　在本章中,我们将回顾历史,展望未来。一方面,我们展望未来。针对当前危机背景下的信贷市场摩擦和宏观经济活动,我们期望提出一个标准框架以供分析。该框架不会全面展示近期的各种现象,而旨在初步总结各核心领域的特点,陈述问题,并为后续研究做准备。另一方面,我们回顾历史。利用早期文献,我们提出特定的框架来回顾过去。在此过程中,我们讨论了这些文献如何与新问题相关。此外,我们还尽可能描述最新文献如何囊括关于危机的相关见解。

我们认为,有关经济周期中的金融因素的研究并没有充分反映危机的两大方面。[1] 第一,无论从哪方面看,危机都对金融中介造成了严重破坏。早期有很多关于金融摩擦的宏观经济学文献强调信贷市场对非金融借款方的约束力,并对中介机构遮遮掩掩(可参见 BGG)。第二,为了应对危机,包括美国在内的许多国家的财政和货币主管部门都出台了非常规的举措,包括在信贷市场上进行各种形式的直接放贷。

从美联储的角度看,这些信贷政策是对传统的重大突破。战后,美联储一直对私营企业的信贷风险保持谨慎。然而,在当前的危机中,央行却向金融机构提供不完全担保的贷款以及直接向优质的、非金融机构借款人提供贷款,以此来解决金融中介失效的问题。此外,财政当局和央行联手购买主要银行的股权以改善其信贷流动。尽管这些举措引发了巨大争议,但很多研究者认为这些干预措施的确有助于稳定金融市场,进而缓解实际经济的衰退。鉴于这些举措是刚刚出台的,很多最新的文献尚未提及它们。

考虑到上述背景,下一节我们将引入一个基准模型,将金融中介纳入一个无摩擦的经济周期框架中。我们有两个目的:第一,说明金融中介的失灵是如何诱发危机,进而影响实体经济的;第二,剖析我们最近看到的央行和财政部所实施的信贷市场干预措施是如何缓解危机的。

与 Bernanke 和 Gertler(1989)、Kiyotaki 和 Moore(1997)等的研究一样,我们在债务人和债权人之间引入代理问题,将金融市场摩擦内生化。[2] 代理问题会在外部融资成本和内部融资机会成本之间插入一个楔子,从而增加借款人面临的总体信贷成本。外部融资利率的大小取决于债务人的资产负债表状况。简略地说,随着借款人在投资项目产出中所持股份的提升,其偏离贷款人利益的动机就会下降[3],外部融资溢价因此下降。

一般均衡中有"金融加速器"理论。随着经济状况的好转,资产负债表得到改善,外部融资问题减少,这有助于增加债务人的支出,最终促进经济繁荣。金融业和实体经济部门之间存在相互反馈的关系。在该框架中,危机来自债务人一方的资产负债表急剧恶化,这有可能源于资产价格的不断恶化,从而导致外部融资利率飙升。金融危机提升了信贷成本压力,进而抑制了实体经济活动。[4]

Bernanke 和 Gertler(1989)、Kiyotaki 和 Moore(1997)等都关注非金融机构借款人所面临的信贷约束。[5] 然而,正如我们此前提到的,有证据显示:不管是当下的危机还是以往的危机,其主要特征都是金融中介失灵。因此,我们将注意力聚焦于金融中介。

---

[1] 关于当前经济衰退期间金融中介被扰乱的描述,请参见 Brunnermeier(2009)、Gorton(2010)和 Bernanke(2009)的研究。有关几百年来金融危机的更具一般性的描述,请参见 Reinhart 和 Rogoff(2009)的研究。

[2] 带有这种金融摩擦因素的其他宏观模型还包括 Williamson(1987)、Kehoe 和 Levine(1993)、Holmstrom 和 Tirole(1998)、Carlstrom 和 Fuerst(1997)、Caballero 和 Krishnamurthy(2001)、Krishnamurthy(2003)、Christiano 等(2005)、Lorenzoni(2008)、Fostel 和 Geanakoplos(2008)以及 Brunnermeier 和 Sannikov(2009)等的研究。

[3] 译者注:即减少贷款或者贷款违约。

[4] 大多数模型聚焦在研究信贷约束对生产者耐用消费品支出的影响上。请参见 Monacelli(2009)和 Iacoviello(2005)对耐用消费品和住房的扩展研究。Jermann 和 Quadrini(2009)等关注信贷约束对就业的影响。

[5] Holmstrom 和 Tirole(1997)的研究是个例外。最近的研究成果包括 He 和 Kristhnamurthy(2009)以及 Angeloni 和 Faia(2009)的研究。

首先,我们假设金融中介擅长评估和监管债务人,贷款可以通过金融中介从贷款人流向非金融机构借款人。特别是,我们还假设家庭将资金存入金融中介,金融中介又将资金转借给非金融公司。其次,我们引入了一个代理问题,这个问题会限制金融中介从储户那里获得资金的能力。当制约因素起限制作用(或有可能限制)时,金融中介的资产负债表就限制了其自身获得存款的能力。由此,该约束实际上在贷款利率和存款利率之间插入了一个楔子。在危机期间,贷款利率和存款利率之间的利差会显著加大,进而提高了非金融机构借款人的信贷成本。

近况表明,危机期间,金融机构不仅很难从金融零售市场获得存款,也很难从批发或银行同业拆借市场中获取资金。事实上,危机的最初信号往往是银行间市场的紧张。特定的流动性冲击能影响金融机构的资金盈余和资金赤字,为说明以上现象,我们模拟了金融机构遭受这种特定的流动性冲击的情形。如果银行同业拆借市场运行良好,资金将顺利地从资金过剩的金融机构流向有资金需求的金融机构。这样一来,所有金融机构的贷款利率就都是相等的。该情况下的聚合行为①类似于同质金融中介的情形。

然而,如果中介问题限制了金融中介从存款人那里融资的能力,那这同样会限制它从其他金融机构融资的能力,而且非金融公司只能向有限的金融中介融资,银行同业拆借市场的紊乱会影响实体经济活动。在这种情况下,资金短缺的金融中介向非金融公司收取的贷款利率要高于资金盈余的金融中介。危机期间,两者的利差会扩大。金融市场实际上变得更为割裂和僵化。如我们所展示的,金融中介资金的低效配置会进一步抑制实体经济活动。

在第3节,我们将信贷政策纳入正式框架中。在实践中,央行采用三大类政策。第一类是在危机初期引入的,即允许向以私人信用为担保的银行提供贴现窗口贷款;第二类是在雷曼兄弟(Lehman Brothers)破产后引入的,即直接在相对较高等级的信贷市场放贷,包括商业票据、机构债务以及抵押贷款支持证券;第三类(也是最有争议的)是向大型金融机构提供直接援助,包括不良资产救助计划中的股本注入、债权担保以及提供给摩根大通(接管贝尔斯登投资银行)和美国国际集团的紧急贷款。

需要强调的是,在该框架中,这些信贷市场干预措施的净收益随着危机严重程度的提升而增加,由此解释了为什么只有在危机下实施以上三种政策才有意义。

在第4节,我们使用该模型对当前具有显著特征的危机进行数值模拟。在没有信贷摩擦的情况下,引发危机的干扰只会造成经济的轻微衰退。但如果出现了信贷摩擦(特别是在银行同业拆借市场中),金融中介的内生紊乱将加剧经济下行。随后,我们研究了哪些信贷政策能有效缓解这种衰退情况。

我们的基准模型相当简洁,旨在解释核心问题。在第5节,我们讨论了许多问题以及可能的扩展。我们讨论了某些问题的相关文献,并强调了这些文献对未来的影响。

---

① 译者注:许多无组织的人或机构集结在一起所发生的共同行为。

2. 金融中介和经济波动的典型模型

总体而言,我们的特定经济周期模型是以下两类框架的混合:一是 Gertler 和 Karadi (2009)的包含金融中介的框架,二是 Kiyotaki 和 Moore(2008)的包含流动性风险的框架。我们将保持核心宏观模型的简洁性,以清楚地显示金融中介和流动性的作用。此外,我们还考虑了传统定量宏观模型(Christiano et al. ,2005;Smets and Wouters,2007)中普遍存在的一些特征,以大致展现我们引入因素的重要性。[①]

为简单起见,我们聚焦纯粹的实际模型和信贷政策,而不是传统的货币模型。将名义刚性引进来以扩展该模型是很简单的(Gertler and Karadi,2009),并且可以研究传统及非常规货币政策。然而,关于信贷市场摩擦如何影响实际经济活动以及各种信贷政策如何发挥作用,这方面的大部分见解都可以通过研究纯粹的实际模型而获得,因此,我们把名义摩擦抽象掉了。[②]

2.1 具体设定

在用金融摩擦描述我们的经济之前,我们先介绍(模型的)自然环境。

在连续统的岛屿上有一系列连续统的公司。每个公司都将资本和劳动力作为投入来生产产品,这个产品可用相同的固定规模收益柯布-道格拉斯生产函数来计算。在各公司和各岛之间,资本不可以自由流动,但劳动力是完全流动的。鉴于劳动力的流动性,我们将总产量 Y_t 表示为总资本 K_t 和总劳动时数 L_t 的函数,即

$$Y_t = A_t K_t^\alpha L_t^{1-\alpha}, \ 0 < \alpha < 1 \tag{11.1}$$

其中 A_t 是遵循马尔可夫过程的总生产率。

每一期的投资机会都会随机地配置给部分岛屿,比例为 π^i;另一部分比例为 $\pi^n = 1 - \pi^i$ 的岛屿则没有投资机会。只有岛上拥有投资机会的公司才能获得新资本。投资机会在时间和岛屿上始终是独立同分布的。这种特殊的风险结构为引入企业流动性需求提供了一种简单的方法(Kiyotaki and Moore,2008)。令 I_t 表示总投资,δ 表示实物折旧率,ψ_{t+1} 表示对资本质量的冲击。那么,资本运动规律可由下式描述:

$$K_{t+1} = \psi_{t+1} \left[I_t + \pi^i (1 - \delta) K_t \right] + \psi_{t+1} \pi^n (1 - \delta) K_t = \psi_{t+1} \left[I_t + (1 - \delta) K_t \right] \tag{11.2}$$

右边第一项表示公司在投资岛屿上积累的资金,第二项则是折旧后留在非投资岛屿上的资

[①] 最近引入金融因素的货币 DSGE 模型包括 Christiano(2003,2010)以及 Gilchrist 等(2009)的研究。

[②] 货币模型引申出两点思考。第一,如果名义利率的零下限具有约束力,那么金融市场的动荡将产生更大影响。这是因为中央银行不能自由地进一步降低名义利率以抵消危机。第二,在名义价格和/或工资刚性导致逆周期加价的情况下,信贷市场混乱和总体活动的影响会被放大。请参考 Gertler 和 Karadi(2009)以及 Del Negro 等(2010)对上述两点的说明。

金。若排除干扰项 ψ_{t+1} 的存在（我们称其为资本质量冲击），跨岛屿求和可以推导出传统的资本发展总量关系。根据金融学文献（Merton，1973），我们将资本质量冲击作为引入资本价值变化的外生来源的简单方法。之后，我们发现在该框架体系下资本的市场价格是内生的。在此情况下，资本质量冲击将是资产价格动态变化的外生触发因素。随机变量 ψ_{t+1} 在这里最适宜被认为体现了某种过时的经济形态，而不是物理折旧。① 假设资产质量冲击也遵循马尔可夫过程。②

投资岛屿上的公司从全国市场的资本品生产商那里融资。资本品生产商的投资总变化率存在凸的调整成本。总产出分解为家庭消费 C_t、投资支出以及政府消费 G_t。即

$$Y_t = C_t + \left[1 + f\left(\frac{I_t}{I_{t-1}} \right) \right] I_t + G_t \tag{11.3}$$

其中，$f\left(\dfrac{I_t}{I_{t-1}} \right) I_t$ 表示实际调整成本，且有 $f(1) = f'(1) = 0$ 和 $f''(I_t/I_{t-1}) > 0$。因此，资本品生产商的总生产函数在短期内规模报酬递减，在长期内规模报酬不变。现在，让我们转向偏好：

$$E_t \sum_{i=0}^{\infty} \beta^i \left(\ln C_{t+i} - \gamma C_{t+i-1} - \frac{\chi}{1+\varepsilon} L_{t+i}^{1+\varepsilon} \right) \tag{11.4}$$

其中 E_t 是以时期 t 的信息和 $\gamma \in (0,1)$ 为条件的期望因子。我们把传统 DSGE 框架体系中的许多摩擦抽象掉（如名义价格和工资刚性、可变资本利用率等）。然而，根据 DSGE 文献，消费习惯变化、投资成本调整等不仅有助于定量分析，而且它们能以最小的额外复杂性为代价保留在模型中，所以我们将两者纳入模型中。

如果没有金融摩擦，则竞争均衡将对应于规划者问题的解决方案，这一问题涉及如何选择总量（$Y_t, L_t, C_t, I_t, K_{t+1}$）作为总状态（$C_{t-1}, I_{t-1}, K_t, A_t, \psi_t$）的函数，以期将资源约束下代表性家庭预期贴现效用最大化。这种无摩擦经济（标准的实际经济周期模型）将成为我们分析金融摩擦影响的基准。

接下来，我们将引入在零售金融市场上可以在家庭和非金融公司之间进行资金中介活动的银行。此外，我们将考虑一个银行同业拆借市场，让在非投资岛屿上资金盈余的银行可以向投资岛屿上资金短缺的银行提供贷款。我们还将引入可能阻碍金融零售市场和批发市场信贷流动的金融摩擦，并研究其对实体经济活动的影响。

2.2 家庭

在存在信贷摩擦的经济中，家庭通过金融中介向非金融公司放贷。根据 Gertler 和 Karadi（2009）的研究，我们用如下方式构建家庭部门，以保持代表性中介的易处理性。

---

① 激发这种干扰的一种方法是假设最终产出是由连续的中间产品组成的 CES（不变替代弹性）组合。而这些产品又是使用资本和劳动并通过柯布-道格拉斯生产技术来生产的。假设一旦资本到位，资本就是针对特定产品的，并且每个时期都有随机部分的产品因过时而被新的产品取代。那些生产过时产品的资本现在一文不值，而用于生产新产品的资本也没有完全上线。于是，总的资本存量将根据式（11.2）发生变化。

② 最近讨论这种干扰的其他文献还包括 Gertler 和 Karadi（2009）、Brunnermeier 和 Sannikov（2009）以及 Gourio（2009）的研究。

特别是,代表性家庭有连续统度量的成员。家庭中有 $1 - f$ 个工人,f 个银行家。工人提供劳动力并将工资拿回家;每位银行家都管理一家金融中介(我们将其称为银行)并将非负股息支付给受资金流动约束的家庭。家庭内有完善的消费保险。

家庭不直接持有资金,而是将其存入银行(最好将其视为把资金存入银行而不是自己拥有)。在我们的模型中,银行存款是无风险的单期证券。家庭也可持有无风险的单期政府债券,这是银行存款的完美替代物。

令 W_t 代表工资,T_t 表示一次总付税,R_t 表示从 $t - 1$ 时点到 t 时点的无风险债券的总回报,D_{ht} 表示无风险债券数量,Π_t 表示来自银行和非金融公司所有权的净分配。然后家庭选择消费、劳动力供给、无风险债券 $(C_t, L_t, D_{h,t+1})$,从而将资金流动约束下的预期贴现效用最大化,如式(11.4)所示。

$$C_t = W_t L_t + \Pi_t - T_t + R_t D_{ht} - D_{h,t+1} \tag{11.5}$$

令 u_{C_t} 表示消费的边际效用,$\Lambda_{t,t+1}$ 表示家庭的随机贴现因子。下式给出了家庭劳动力供给、消费/储蓄的一阶条件:

$$E_t u_{C_t} W_t = \chi L_t^{\varepsilon} \tag{11.6}$$

$$E_t \Lambda_{t,t+1} R_{t+1} = 1 \tag{11.7}$$

且有:

$$u_{C_t} \equiv (C_t - \gamma C_{t-1})^{-1} - \beta \gamma (C_{t+1} - \gamma C_t)^{-1} \text{ 和 } \Lambda_{t,t+1} \equiv \beta \frac{u_{C_{t+1}}}{u_{C_t}}$$

鉴于银行在财务上受到限制,银行家将通过留存收益来积累资产。如果没有支付股息的动机,那么他们会一直积累,直到一个最优点,在这点上,其面临的财务约束不再具有约束力。为了限制银行家为克服财务约束而储蓄的能力,我们允许银行家与工人相互转化。特别是,我们假设银行家以 $1 - \sigma$ 的独立同分布的概率在下一阶段退出(即其平均生存时间为 $\frac{1}{1-\sigma}$)。银行家退出后,将留存收益转移给家庭并变成了工人。请注意,预期生存时间非常长(在我们的基准设定中长达十年)。但关键是预期的时间跨度是有限的,以便在财务约束仍然有效时可以刺激支出。

每个时期有 $(1-\sigma)f$ 个工人随机成为银行家,这两个职业的总从业人数保持不变。最后,在均衡状态下,银行家在没有任何财务资源的情况下无法开展运营,因此每位新银行家都会从家庭中获得一笔"启动"转移资金作为企业家总资产的固定份额的一小部分。由此可知,Π_t 是转移到家庭的净资金,即从现有银行家处转移得到的资金减去转移给新银行家的资金(资本生产者的微薄利润除外)。

我们的方法是设定一个由工人和银行家组成的统一家庭①,另一种替代方案是将这两个群体作为不同的代理人且两个群体都没有任何消费保险。然而,本章的核心结果不太可能(因方案不同而)发生质的变化。通过保留完全的消费保险,我们能够在平衡借贷的同时保持代表性家庭这一方法的易处理性。

---

① 译者注:即代表性家庭。

2.3 银行

为了给各个时期的贷款融资,银行在全国金融市场上筹集资金。全国金融市场有一个零售市场(银行从家庭获取存款)和一个批发市场(银行同业拆借市场)。

在期初,每家银行在零售金融市场以 R_{t+1} 的存款利率从家庭吸收存款。零售金融市场关闭后,非金融公司的投资机会随机分布在不同岛屿上。银行只能给位于同一个岛屿上的非金融公司发放贷款。如前所述,对于一小部分岛屿 π^i,新的投资及现有项目可以获得融资。相反,对于 $\pi^n = 1 - \pi^i$ 的岛屿,没有融资可用于新的投资,只有存量投资才能得到融资。在银行同业拆借市场上,位于有新贷款机会岛屿的银行将向位于没有新项目岛屿的银行进行资金拆借。[①]

金融摩擦通过影响银行可用资金进而影响我们框架中的实体经济活动。然而,为简单起见,我们假设在同一个岛屿上的银行和非金融公司之间资金转移没有障碍。特别是,我们假设银行在评估和监督同一岛屿的非金融公司方面是很有效的,同时在履行与这些贷款人的合同义务方面也是很有效的。我们假设银行开展这些活动(评估、监督、履行)的成本可以忽略不计。因此,给定其可得资金的供应,银行能顺畅(无摩擦)地向同一岛屿的非金融公司提供贷款,使后者随后能产生利润。就此而言,公司能够向银行提供完全与状态相关的债务。此处把银行对非金融公司的债权视为股权,这是一种最简单的方法。

在了解其贷款机会后,银行决定向非金融公司提供 s_t^h 的贷款量,向银行间市场拆借 b_t^h 的资金量,其中上标 $h = i, n$ 表示在此期间银行所处的岛屿类型(i 表示投资, n 表示非投资)。令 Q_t^h 为贷款(或资产)的价格,即期末银行对非金融公司一个单位资本未来收益索取的市场价格。我们用 h 来标记资产,由于暂时的市场分割, Q_t^h 取决于银行面临的机会数量。

对于一家银行来说,资金流的约束意味着在特定时期内的贷款价值 $Q_t^h s_t^h$ 必须等于银行净资产 n_t^h 、银行同业拆借市场借款 b_t^h 和存款 d_t 之和,即

$$Q_t^h s_t^h = n_t^h + b_t^h + d_t \tag{11.8}$$

请注意, d_t 并不取决于贷款机会的数量,贷款机会在获得存款时并不会(自动)实现。

设 R_{bt} 为 $t-1$ 期至 t 期银行同业拆借市场的利率。那么银行在 t 期的净资产就是 $t-1$ 期融资资产的总收益扣除借贷成本后的值,如下所示:

$$n_t^h = [Z_t + (1 - \delta) Q_t^h] \psi_t s_{t-1} - R_{bt} b_{t-1} - R_t d_{t-1} \tag{11.9}$$

其中 Z_t 是银行支付的 $t-1$ 期融资的股息(回顾一下, ψ_t 是对资本质量的外生冲击)。观察到资产的总回报率取决于特定地点的资产价格 Q_t^h ,这就是 n_t^h 取决于在 t 时期特定地点出现质量冲击的原因。[②]

[①] 因此,根据 Allen 和 Gale(1994,2007)等的想法,可知我们的模型出现流动性问题的部分原因是市场参与有限。因为在我们的框架内,一是只有同一岛屿的银行可以向非金融公司提供贷款,二是投资岛屿上的银行在得知其客户有投资机会后,不能在零售金融市场上筹集额外的资金。

[②] 译者注:直译为具体冲击,但结合上下文可知,作者意指质量冲击。

鉴于银行只有在退出市场时才能支付股息(发生的概率是固定的),在 t 期结束时,银行的目标是未来股息的预期现值,如式(11.10)所示:

$$V_t = E_t \sum_{i=1}^{\infty} (1 - \sigma) \sigma^{i-1} \Lambda_{t,t+i} n_{t+i}^h \tag{11.10}$$

其中,$\Lambda_{t,t+i}$ 是随机贴现因子,是代表性家庭消费在 $t + i$ 期对 t 期的边际替代率。

为了便于处理,我们假设不必跟踪各个岛屿净资产的分布情况。

特别是,我们在每个阶段开始时(在投资机会到来前)允许进行套利,从而保证各个岛屿上金融中介的事先预期回报率相等。尤其是,我们假设位于预期收益率较低的岛屿上的银行可以迁移到位于预期收益率较高的岛屿。在迁移之前,它们将现有的对非金融公司的贷款出售给岛上其他银行,以换取后者持有的银行同业拆借资金。这些交易将现有的每笔贷款都留给岛上的非金融公司。与此同时,它们允许事前套利以平衡各个市场上的收益。

下文中可以看得很清楚,各个岛屿的事先预期回报趋于均等化,这要求每个岛屿上的金融中介的总净值与总资本的比例在每个时期开始时都是一样的。[①] 因此,鉴于这种套利活动以及流动性冲击是独立同分布的,我们不必跟踪各个岛屿净值的期初分布。

为了形成银行在零售或批发金融市场获得资金能力的内生约束,我们引入了以下简单的代理问题。我们假设银行获取资金后,管理银行的银行家将一部分可转移资产 θ 转移给他自己或其家庭。可转移资产包括总资产 $Q_t^h s_t^h$ 减去银行同业拆借资金 b_t^h 的 ω 部分。如果一家银行为了个人利益而转移资产,它就会拖欠债务并最终破产关门。债权人可以收回剩余 $1 - \theta$ 部分的资金。因债权人识别出银行转移资金的动机,所以他们将限制其放贷额。由此就出现了信贷约束。

除了存款人,其他银行也能约束某一家银行的融资能力,尽管不同市场约束程度各不相同。参数 ω(反向)反映了银行同业拆借市场的相对摩擦程度。

当 $\omega = 1$ 时,银行不能转移通过向其他银行贷款融资形成的资产,债权人银行能完全收回作为贷款基础的资产。在这种情况下,银行间市场运行无摩擦,且银行同业拆借不受限制,但是他们从储户那里融资则受到限制。

相反,当 $\omega = 0$ 时,在从借款银行收回资产这方面,债权银行和存款人一样无效。这时,制约银行从银行间市场获得资金的阻力与零售金融市场上的阻力是一样的。一般来说,我们允许借贷银行的参数 ω 不同。但是,保持对称性可以在不影响主要结果的情况下简化分析。

我们假设银行家必须在有限时间内作出是否转移资金的决定,这个有限时间是指在确定其类型的特殊不确定性实现之后及在下一时期的总体不确定性实现之前。这里的想法是,如果银行家要转移资金,那就需要时间来安置资产,而且这必须在两个时期之间(例如在夜间)完成。设 $V_t(s_t^h, b_t^h, d_t)$ 为 V_t 的最大值,在 t 期结束时,给定一个资产和负债配置 (s_t^h, b_t^h, d_t)。于是,为确保银行不挪用资金,每种类型的银行都必须满足以下激励约束条件:

---

① 反过来,这需要净资产从低回报的岛屿向高回报的岛屿转移,其总量等于前一时期获得的银行同业拆借资金。文中所描述的搬走银行和停留银行之间的资产交换实现了这种套利。

$$V_t(s_t^h, b_t^h, d_t) \geqslant \theta(Q_t^h s_t^h - \omega b_t^h) \tag{11.11}$$

通常情况下,在 $t-1$ 期末,银行价值满足贝尔曼方程:

$$
\begin{aligned}
&V_{t-1}(s_{t-1}, b_{t-1}, d_{t-1}) \\
&= E_{t-1} \Lambda_{t-1,t} \sum_{h=i,n} \pi^h \{(1-\sigma) n_t^h + \sigma \max_{d_t} [\max_{s_t^h, b_t^h} V_t(s_t^h, b_t^h, d_t)]\}
\end{aligned}
\tag{11.12}
$$

请注意,贷款和银行同业拆借是在贷款机会受到冲击之后选择的,而存款则是在贷款机会受到冲击之前选择的。

为解决这个决策问题,我们假设价值函数是线性的(稍后将验证这个假设):

$$V_t(s_t^h, b_t^h, d_t) = \mathcal{V}_{st} s_t^h - \mathcal{V}_{bt} b_t^h - \mathcal{V}_t d_t \tag{11.13}$$

其中 $\mathcal{V}_{st}$、$\mathcal{V}_{bt}$ 和 $\mathcal{V}_t$ 都是时变参数。请注意,$\mathcal{V}_{st}$ 是 t 期末的资产边际价值,$\mathcal{V}_{bt}$ 是银行间债务的边际成本,$\mathcal{V}_t$ 则是存款的边际成本。[①]

设 λ_t^h 为如式(11.11)所示的 h 型银行所面临的激励约束的拉格朗日乘数,$\bar{\lambda}_t \equiv \sum_{h=i,n} \pi^h \lambda_t^h$ 为各状态下乘数的平均值。于是,给定价值函数的假定形式,我们可以将 d_t、s_t^h 和 λ_t^h 的一阶条件表达为:

$$(\mathcal{V}_{bt} - \mathcal{V}_t)(1 + \bar{\lambda}_t) = \theta \omega \bar{\lambda}_t \tag{11.14}$$

$$\left(\frac{\mathcal{V}_{st}}{Q_t^h} - \mathcal{V}_{bt}\right)(1 + \lambda_t^h) = \lambda_t^h \theta(1 - \omega) \tag{11.15}$$

$$\left[\theta - \left(\frac{\mathcal{V}_{st}}{Q_t^h} - \mathcal{V}_t\right)\right] Q_t^h s_t^h - [\theta \omega - (\mathcal{V}_{bt} - \mathcal{V}_t)] b_t^h \leqslant \mathcal{V}_t n_t^h \tag{11.16}$$

根据式(11.14),当且仅当激励约束因素在某些状态下起约束作用($\bar{\lambda}_t^h > 0$),且银行同业拆借市场比零售存款市场更高效时,银行间借款的边际成本超过存款的边际成本(即 $\omega > 0$),这意味着通过银行同业拆借资金形成的资产比通过存款融资形成的资产更难转移。式(11.15)表明,在激励约束($\lambda_t^h > 0$)有效力且银行同业拆借市场存在摩擦($\omega < 1$)的情况下,以商品 $\frac{\mathcal{V}_{st}}{Q_t^h}$ 表示的资产边际价值超过了 h 型岛屿上银行同业拆借的边际成本。

最后,式(11.16)是激励约束因素。它要求银行的净资产(或股本)$\mathcal{V}_t n_t^h$ 的价值至少与加权资产 $Q_t^h s_t^h$ 减去银行持有的银行同业拆借融资 b_t^h 后的余额一样大。这样,代理问题就为银行引入了内生的资产负债表约束。

包含 $0 \leqslant \omega \leqslant 1$ 的一般性模型解起来稍微有点麻烦。然而,有两个有趣的特殊情形有助于解释模型的运行原理。在情形 1 中,当 $\omega = 1$ 时,有一个理想的银行同业拆借市场。在情形 2 中,当 $\omega = 0$ 时,银行间市场中的摩擦和零售金融市场中的摩擦一样。接下来,我们描述每一个情形。本章的附录为 $\omega < 1$ 时的银行间市场摩擦的一般情形提供了解决方案。

2.3.1 情景 1:无摩擦的批发金融市场($\omega=1$)

如果银行不能转移由银行同业借贷融资形成的资产($\omega = 1$),那么银行同业拆借就是无

[①] 假设下的价值函数中的参数与单个银行的类型无关,因为价值函数是在银行完成当期的交易后估量的,而且对贷款机会的冲击是跨期且独立同分布的。

摩擦的。如式(11.15)所示,银行间市场的完美套利均衡使每个市场的资产影子价值相等,

这就意味着 $\dfrac{\mathcal{V}_{st}}{Q_t^b} = \dfrac{\mathcal{V}_{st}}{Q_t^l}$,这反过来又意味着 $Q_t^b = Q_t^l = Q_t$ 。完善的银行同业拆借市场进一步表明

商品的资产边际价值 $\dfrac{\mathcal{V}_{st}}{Q_t}$ 必须等于银行同业拆借市场上的信贷边际成本 $\mathcal{V}_{bt}$,即

$$\frac{\mathcal{V}_{st}}{Q_t} = \mathcal{V}_{bt} \tag{11.17}$$

由于资产价格在不同类型的岛屿上是相同的,所以在这种情况下我们可以放弃上标 h 。

令 μ_t 表示单位资产相对于存款的超额价值,即持有资产的边际价值 $\dfrac{\mathcal{V}_{st}}{Q_t}$ 减去存款的边际成本

$\mathcal{V}_t$ 。鉴于银行在零售存款市场受到限制,式(11.14)和式(11.15)意味着:

$$\mu_t \equiv \frac{\mathcal{V}_{st}}{Q_t} - \mathcal{V}_t > 0 \tag{11.18}$$

在这种情况下,激励约束条件式(11.16)可以表示为:

$$Q_t s_t - b_t = \phi_t n_t \tag{11.19}$$

且有:

$$\phi_t = \frac{\mathcal{V}_t}{\theta - \mu_t} \tag{11.20}$$

请注意,由于银行同业拆借是无摩擦的,所以该约束因子适用于金融中介资产减去同业
借贷。约束因子的约束力与银行可转移的净资产正相关,与 μ_t 提供的银行资产超额价值负
相关。超额价值越高,银行的特许经营权价值就越大,其转移资产的可能性也就越小。

设 Ω_{t+1} 为 $t+1$ 期净资产的边际价值,令 $R_{k,t+1}$ 为银行资产的总回报率。然后将假定的价
值函数和贝尔曼方程结合起来,我们就可以验证,如果 μ_t 和 $\mathcal{V}_t$ 满足下式,则 (s_t^h, b_t^h, d_t) 给出
的价值函数是线性的:

$$\mathcal{V}_t = E_t \Lambda_{t,t+1} \Omega_{t+1} R_{t+1} \tag{11.21}$$

$$\mu_t = E_t \Lambda_{t,t+1} \Omega_{t+1} (R_{k,t+1} - R_{t+1}) \tag{11.22}$$

其中

$$\Omega_{t+1} = 1 - \sigma + \sigma(\mathcal{V}_{t+1} + \phi_{t+1} \mu_{t+1})$$

且有:

$$R_{k,t+1} = \psi_{t+1} \frac{Z_{t+1} + (1-\delta) Q_{t+1}}{Q_t}$$

我们把增广随机贴现因子定义为随机贴现因子 $\Lambda_{t,t+1}$,它由净值 Ω_{t+1} 的(随机)边际价值
加权而得。净资产的边际价值是退出银行和存续银行的边际价值的加权平均值,如果一家
存续银行拥有额外的净资产,那么它可以节省存款成本,并且可以以 ϕ_{t+1} 的杠杆率来扩大其
资产,其每单位资产超额价值等于 μ_{t+1} 。根据式(11.21),银行吸取存款的单位成本 $\mathcal{V}_t$ 是增
广随机贴现因子和存款利率 R_{t+1} 的期望乘积。同样根据式(11.22),每单位资产的超额价值
μ_t 是增广随机贴现因子和超额收益 $R_{k,t+1} - R_{t+1}$ 的期望乘积。

由于同业拆借的净杠杆率 ϕ_t 与银行类型和岛屿等特定因素无关,因此我们可以对各个银行进行加总,从而得到总的银行资产需求 $Q_t s_t$ 与总净值 N_t 的函数关系,如下所示:

$$Q_t s_t = \phi_t N_t \qquad (11.23)$$

式(11.20)已经给出 ϕ_t 。总的来说,拥有完善的同业拆借环境与银行没有面对特殊流动性风险的环境是同构的。银行总贷款只受银行总资本的限制。

如果银行的资产负债表约束在零售金融市场上有约束力,那么资产收益将超过存款收益。然而,一个完善的银行同业拆借市场导致跨市场的资产收益套利活动如下所示:

$$E_t \Lambda_{t,t+1} \Omega_{t+1} R_{k,t+1} = E_t \Lambda_{t,t+1} \Omega_{t+1} R_{b,t+1} > E_t \Lambda_{t,t+1} \Omega_{t+1} R_{t+1} \qquad (11.24)$$

下文将证明,在这种情况下,经济危机与各银行资产超额收益的增加有关。

2.3.2 情景2:批发和零售金融市场的对称摩擦 ($\omega = 0$)

在这种情况下,银行转移资产的能力与资金是在零售金融市场还是在批发金融市场获得的无关,两个信贷市场上银行面对的约束是一样的。因此,银行间存贷款成为资金来源的完美替代。因此,式(11.14)意味着同业拆借的边际成本等于存款的边际成本,即

$$\mathcal{V}_{bt} = \mathcal{V}_t \qquad (11.25)$$

在这里,投资岛屿上的银行在资金上受到限制,但非投资岛屿上的银行可能会也可能不会受到限制。大致来说,如果银行同业借贷的约束因子的约束性很强,非投资岛屿的银行就会更愿意将资金用于现有项目的再融资,而不是拆借给投资岛屿上的银行。这就使得非投资岛屿上的银行资产获得超额回报为零的可能性提高了。

由于投资岛屿的银行净值的单位资产供给量大于非投资岛屿,因此其资产价格较低,即 $Q_t^i < Q_t^n$ 。直观地说,鉴于杠杆率这一约束因素限制了银行收购资产的能力,因此在投资岛屿上,每单位银行净值的供应量更大,并以较低的价格出清。在之前理想的银行间市场的情景中,资金从非投资岛屿流向投资岛屿,以平衡资产价格。在这里,银行间市场的摩擦限制了套利的程度,使得 Q_t^i 一直低于 Q_t^n 。

投资岛屿上较低的资产价格意味着较高的预期回报。设 $\mu_t^h \equiv \dfrac{\mathcal{V}_{st}}{Q_t^h} - \mathcal{V}_t$ 是 h 岛上资产的超额价值。于是我们得出:

$$\mu_t^i > \mu_t^n \geq 0 \qquad (11.26)$$

正的超额回报表明投资岛屿的银行受到财务约束。因此,每种类型岛屿上的银行的杠杆率由以下方程给出:

$$\frac{Q_t^i s_t^i}{n_t^i} = \phi_t^i = \frac{\mathcal{V}_t}{\theta - \mu_t^i} \qquad (11.27)$$

$$\frac{Q_t^n s_t^n}{n_t^n} \leq \phi_t^n = \frac{\mathcal{V}_t}{\theta - \mu_t^n}$$

以及

$$\left(\frac{Q_t^n s_t^n}{n_t^n} - \phi_t^n \right) \mu_t^n = 0 \qquad (11.28)$$

在这种情况下,由待定系数法可得:

$$\mathcal{V}_t = E_t\Lambda_{t,t+1}\sum_{h'=i,n}\pi^{h'}\Omega_{t+1}^{h'}R_{t+1} = E_t\Lambda_{t,t+1}\Omega_{t+1}^{h'}R_{t+1} \tag{11.29}$$

$$\mu_t^h = E_t\Lambda_{t,t+1}\Omega_{t+1}^{h'}(R_{k,t+1}^{hh'} - R_{t+1}) \tag{11.30}$$

其中

$$\Omega_{t+1}^{h'} = 1 - \sigma - \sigma(\mathcal{V}_{t+1} + \phi_{t+1}^{h'}\mu_{t+1}^{h'})$$

且有:

$$R_{k,t+1}^{hh'} = \psi_{t+1}\frac{Z_{t+1} + (1-\delta)Q_{t+1}^{h'}}{Q_t^h}$$

在不完善的银行同业拆借市场中,净资产的边际价值 $\Omega_{t+1}^{h'}$ 和资产收益率 $R_{k,t+1}^{hh'}$ 都取决于银行在下一阶段选择的岛屿类型。因此,我们用 h' 对每个岛屿进行标记,并以 t 期信息为条件,将 h' 的预期表示为 E_t。

由于各岛的杠杆率不同,我们分别对不同银行类型进行汇总以获得聚合关系:

$$Q_t^i s_t^i = \phi_t^i N_t^i \tag{11.31}$$

$$Q_t^n s_t^n \leqslant \phi_t^n N_t^n$$

以及

$$(Q_t^n s_t^n - \phi_t^n N_t^n)\mu_t^n = 0 \tag{11.32}$$

其中,式(11.27)、式(11.28)已经给出了 ϕ_t^i 和 ϕ_t^n。如我们所见,在一般均衡中,投资取决于投资岛屿上的资产价格 Q_t^i。因此,式(11.31)给出的投资岛屿上银行资产需求的总资产负债表约束对金融条件和产出之间的相互作用就变得至关重要了。

接下来,根据式(11.25)、式(11.26)、式(11.29)和式(11.30),可知收益遵循下式:

$$E_t\Lambda_{t,t+1}\Omega_{t+1}^{h'}R_{k,t+1}^{ih'} > E_t\Lambda_{t,t+1}\Omega_{t+1}^{h'}R_{k,t+1}^{nh'}$$

$$\geqslant E_t\Lambda_{t,t+1}\Omega_{t+1}^{h'}R_{b,t+1} = E_t\Lambda_{t,t+1}\Omega_{t+1}^{h'}R_{t+1} \tag{11.33}$$

当且仅当 $\mu_t^n > 0$ 时,严格的不等号成立;当且仅当 $\mu_t^n = 0$ 时,等号成立。在同业市场不完善的情况下,危机与投资岛屿上的银行超额回报率的上升以及岛屿类型之间回报率的离散性提升有关。

正如本章附录所示,在银行间市场不完善但运行摩擦比零售存款市场更少(即 $0 < \omega < 1$)的情况下,银行同业拆借利率将介于贷款回报率和存款利率之间。直观地说,因为一美元的银行同业拆借将通过不足一美元的存款来收紧激励约束(因为贷款银行能够回收的债权资产比例比存款者更大),因此银行同业拆借利率超过了存款利率。然而,由于贷款银行无法完全收回资产($\omega < 1$),所以仍然存在不完美套利行为,使得银行同业拆借期望利率低于期望贷款贴现率。

2.4 银行净值的变化

令 h 型银行总净值 N_t^h 等于现有银行家 N_{ot}^h(用 o 表示"旧")和新进入银行家 N_{yt}^h(用 y 表

示"新")的净资产总和：

$$N_t^h = N_{ot}^h + N_{yt}^h \qquad (11.34)$$

现有银行家的净资产等于前一阶段资产收益减去债务偿还的净收益乘以截至当期还能继续存在的比例 σ：

$$N_{ot}^h = \sigma \pi^h \{ [Z_t + (1 - \delta) Q_t^h] \psi_t s_{t-1} - R_t D_{t-1} \} \qquad (11.35)$$

由于投资机会在不同时期是独立的，所以银行同业拆借在此处合计为净额。我们假设家庭给每个新银行家转移的资金是退出银行家总资产价值的 $\xi/(1 - \delta)$，这意味着：

$$N_{yt}^h = \xi \pi^h [Z_t + (1 - \delta) Q_t^h] \psi_t s_{t-1} \qquad (11.36)$$

最后，在整个银行业的资产负债表中，存款等于总资产和银行净值之差，如下所示：

$$D_t = \sum_{h=i,n} (Q_t^h s_t^h - N_t^h) \qquad (11.37)$$

可以观察到，净资产的变化取决于资产回报率的波动。此外，银行杠杆率越高，回报率波动对净资产的影响就越大。还要注意，资本质量恶化直接降低了净值（ψ_t 下降）。正如我们将要展示的，净资产下降将引发资产低价出售，压低资产价格，从而进一步压低银行净值，由此诱发次生效应。

2.5　非金融公司

假设有两种类型的非金融公司：商品生产企业和资本生产公司。

2.5.1　商品生产企业

在不同岛屿上的竞争性商品生产企业投入资本和劳动力，即通过式(11.1)给定的方式，使用规模收益不变的技术。由于劳动力在岛屿间是完全流动的，所以企业按下式确定劳动力规模：

$$W_t = (1 - \alpha) \frac{Y_t}{L_t} \qquad (11.38)$$

因此，我们将每单位资本的毛利润 Z_t 表示为：

$$Z_t = \frac{Y_t - W_t L_t}{K_t} = \alpha A_t \left(\frac{L_t}{K_t} \right)^{1-\alpha} \qquad (11.39)$$

正如此前提到的，在从银行获得资金的条件下，商品生产企业不会面临任何进一步的金融摩擦，且可以承诺将所有预期总利润偿还给债权银行。有投资机会的商品生产企业通过 Q_t^i 的价格发行新的状态依存型证券（股票），并从金融中介处获得资金。之后该生产企业用这些资金从资本生产公司那里购买新的资本品。每一单位权益是对单位投资未来回报的状态依存型债权：

$$\psi_{t+1} Z_{t+1}, (1 - \delta) \psi_{t+1} \psi_{t+2} Z_{t+2}, (1 - \delta)^2 \psi_{t+1} \psi_{t+2} \psi_{t+3} Z_{t+3}, \cdots$$

通过充分竞争，新资本的价格等于 Q_t^i，各岛商品生产企业赚取零利润。

请注意，如果收益固定不变且劳动力充分自由流动，那么我们就不必在意资本在岛屿间的分配情况。与具有固定回报的标准竞争模型一样，企业的分布规模是不确定的。

2.5.2 资本生产公司

资本生产公司在全国市场运营。它们使用最终产出作为投入来创造新的资本,并按照本章2.1中所述的调整成本进行调整。它们以 Q_t^i 的价格向投资岛屿上的企业出售新资本。鉴于家庭拥有资本生产公司,资本生产公司的目的就是选择 I_t 以实现下式最大化:

$$\max E_t \sum_{\tau=1}^{\infty} \Lambda_{t\tau} \left\{ Q_\tau^i I_\tau - \left[1 + f\left(\frac{I_\tau}{I_{\tau-1}}\right) \right] I_\tau \right\}$$

从利润最大化的角度来看,资本品的价格等于生产投资的边际成本,如下所示:

$$Q_t^i = 1 + f\left(\frac{I_t}{I_{t-1}}\right) + \frac{I_t}{I_{t-1}} f'\left(\frac{I_t}{I_{t-1}}\right) - E_t \Lambda_{t,t+1} \left(\frac{I_{t+1}}{I_t}\right)^2 f'\left(\frac{I_{t+1}}{I_t}\right) \tag{11.40}$$

那些仅在稳态以外出现的利润将被一次性地重新分配给家庭。

2.6 均衡

考虑没有政府政策干预的情形,为求解该模型,我们让证券市场和劳动力市场同时出清。在投资岛屿和非投资岛屿上发行的证券总额对应于不同类型获得的总资本,如式(11.41)所示:

$$S_t^i = I_t + (1 - \delta) \pi_i K_t$$
$$S_t^n = (1 - \delta) \pi^n K_t \tag{11.41}$$

请注意,在银行间市场无摩擦的情况下,银行对证券的需求由式(11.23)给出,而在银行间市场不完善的情况下则由式(11.31)和式(11.32)给出。首先要观察的是,每个类型岛屿的资本市场价格通常取决于相关银行的财务状况。其次,在银行同业拆借市场不完善的情景下,投资岛屿上的资产价格通常会低于其他地方(相当于银行提供的状态依存型贷款利率通常会更高)。[①]

最后,劳动力需求等于劳动力供给这一条件要求满足下式:

$$(1 - \alpha) \frac{Y_t}{L_t} E_t u_{C_t} = \chi L_t^\varepsilon \tag{11.42}$$

根据瓦尔拉斯定理,一旦商品市场、劳动力市场、证券市场和银行同业拆借市场出清,无风险债务市场也将自动出清:

$$D_{ht} = D_t + D_{gt}$$

其中 D_{gt} 是政府债务的供应量。模型描述就此结束。

在没有信贷市场摩擦的情况下,该模型会简化为一个实际经济周期框架,该框架通过习惯形成和流量投资调整成本进行修改。但是由于信贷市场有摩擦阻力,零售市场和批发市场上的银行融资能力都会受到资产负债表的约束,这就限制了实际投资支出,从而影响实际经济活动总量。正如我们将要展示的那样,如果银行的资产负债表恶化,将严重影响信贷流

---

① 这验证了2.3.2中的猜想。关于不完善的银行同业拆借市场的更一般的情况可参见附录1。

动,抑制实体经济活动,进而诱发危机。

正如我们已经讨论的,一个可能导致银行资产负债表恶化的因素是基础资本质量的恶化。负向的质量冲击直接降低了银行净资产价值,迫使银行减少资产持有量。资产低价出售降低了资本的市场价格,这就给银行净值带来了第二轮冲击。此外,资产价值下降对银行股权的整体影响与银行的杠杆率成正比。银行的杠杆率越高,银行股权下降的幅度就越大,从而导致对信贷流动的严重干扰(进而触发危机)。我们将在第4节详细阐述这一点。

3. 信贷政策

在危机期间,包括美联储在内的各国央行都充分利用"最后贷款人"权力来促进信贷流动。为了证明该举措的合理性,美联储援引了《联邦储备法案》的第13.3条,该条款允许美联储在"特殊和紧急情况下"向私营部门提供贷款,前提是该贷款被评估为高评级的。该法规明确规定,在正常情况下,美联储不得承担私人信用风险。然而,在危机中,它可以履行作为"最后贷款人"的责任,只要它不承担不必要的风险。

在实践中,美联储通常采取三种类型的信贷政策。第一,早期它扩大贴现窗口操作,允许(金融机构)将高评级私人证券作为抵押品进行贷款,并且将窗口扩大到非银行金融机构。第二,美联储在高评级信贷市场上直接放贷以注入流动性,包括商业票据、机构债务和抵押贷款支持证券等。第三,财政部与美联储共同向银行系统注入股本,同时(与联邦存款保险公司携手)提供银行债务担保。

有证据表明,这些政策在稳定金融系统方面是有效的。流动性的扩大有效地促进金融机构间的资金流动,有效地抑制了银行同业拆借利率和国库券利率之间因动荡而导致的利差扩大。然而,雷曼兄弟破产后金融危机恶化的事实也表明仅靠流动性工具难以应对这样的危机。此时,美联储制定了直接向商业票据市场放贷的举措,并在数周后逐步实施了购买机构债务和抵押贷款支持证券的计划。随后这些市场上的信贷利差均有所下降。

雷曼兄弟破产后,股本注入的方式也开始使用。尽管仍有争议,但股本注入确实减轻了银行市场的压力。在2008年10月中旬首次注入股本后,主要银行的信用违约掉期利率大幅下降。时至今日,被注入股本的银行已经偿还了相当一部分资金。尽管风险依然存在,但政府在其中许多项目上已经获得了不菲收益。

在接下来的内容中,我们首先使用基准模型来分析这些政策的运行原理。[1] 正如我们在上一节介绍过的,在该模型中,金融市场的摩擦会导致资产超额回报异常高。因为资产负债表受限,私人金融中介无法立即对这些回报进行套利。人们可以看到,美联储各种信贷计划在危机时期推动了这些套利的实现。这些政策各不相同,稍后我们将对此进行论述。

---

[1] 对信贷政策进行建模的相关尝试,请参见 Curdia 和 Woodford(2009a,2009b)、Reis(2009)以及 Sargent 和 Wallace (1983)的研究。

在继续讨论之前,我们需要强调,根据《联邦储备法案》,这些干预措施只能在危机期间使用,在正常时期不能使用。事实上,根据该模型的逻辑,以资本超额回报率衡量的信贷政策净收益随着危机引发的信贷市场的扭曲程度加大而增加。

3.1 贷款工具(直接贷款)

我们将贷款工具广义地概括为美联储为直接收购高质量私人证券而设立的工具。

贷款工具的工作原理如下:相对于私人贷款方,央行既有优势也有劣势。优势在于,中央银行不像私人金融中介机构那样受资产负债表的限制(至少不会以同样的方式受限),不用担心中央银行违约。央行发行的债务是政府债务,它可以切实履行偿还该债务的承诺(通货膨胀抛开不说)。因此,在私人金融中介机构无法获得额外资金的困难时期,央行可以获得资金,然后将其注入超额收益异常的市场中。[①]

在当前危机中,美联储通过发行政府债券(从财政部借入)为其贷款计划的初期扩张提供资金,此后又动用存款准备金。后者实际上是政府债务。随着联邦基金利率到达下限,存款准备金确实下降到零,这使得这些准备金看起来像货币。但是,一旦美联储将基金利率调高至零以上,它也将提高准备金率。

就此而言,美联储的非常规政策应被视为扩大央行中介功能,而非扩大货币供给。就贷款机构属性来说,央行的一个关键优势就是其获得资金的能力不受限制,不像私人金融中介机构在面对金融危机时会受限。另一个同样重要的优势是美联储可以在许多市场上提供贷款。相比之下,私人银行面临着有限市场参与的约束,也就是说,他们只能借给同一个岛屿上的非金融公司。

与此同时,我们假设中央银行在中介资金方面的效率较低。它面临着单位效率成本 τ,这可以被认为是评估和监督贷款人的成本,该成本要高于私人金融中介因熟悉特定市场而支付的较低成本。[②]

为了获得资金,中央银行向私营部门发行政府债务(这是银行存款的完美替代品)并支付无风险的实际利率 R_{t+1}。央行在 h 市场上以私人贷款利率 $R_{k,t+1}^{hh'}$ 提供贷款,这一利率取决于下一个时期 h' 的状态。请注意,央行并不是以利率补贴的形式发放贷款。然而,通过扩大市场上的资金供应,央行有效地降低了贷款的均衡利率。

假设 S_t^h 是 h 类金融中介的证券总额,S_{pt}^h 是私人金融中介的 h 类证券总额,S_{gt}^h 是中央银行的 h 类证券总额。那么,h 类金融中介的资产总量由下式给出:

$$Q_t^h S_t^h = Q_t^h (S_{pt}^h + S_{gt}^h) \tag{11.43}$$

[①] 其他一些研究也强调了政府负债的这种特殊性如何使政府金融中介机构发挥有效作用。例如,请参见 Sargent 和 Wallace(1983)、Kiyotaki 和 Moore(2008)、Gertler 和 Karadi(2009)以及 Shleifer 和 Vishny(2010)的研究。正如 Wallace(1981)最初指出的那样,除非政府负债有什么特别之处,(否则)米勒-莫迪利亚尼定理(Miller-Modigliani theorem)也适用于政府财政。

[②] 其他潜在的成本包括信贷流动的政治化。虽然我们认为它解释了为什么信贷政策在危机时期使用比在正常时期更合适,但是我们在本章中把它抽象掉了。

我们假设中央银行在 h 市场中投放总信贷中的 φ_t^h 部分：

$$S_{gt}^h = \varphi_t^h S_t^h \tag{11.44}$$

其中 φ_t^h 可被视为中央银行信贷政策的一个工具。

假设银行的投资区域受到批发和零售金融市场对称摩擦的约束（$\omega = 0$），贷款工具扩大了市场上的金融中介的资产总量。结合式(11.31)、式(11.43)和式(11.44)，可得：

$$Q_t^i S_t^i = \frac{1}{1 - \varphi_t^h} \phi_t^i N_t^i \tag{11.45}$$

贷款工具对非投资地区的资产需求的影响取决于这些地区的银行是否受到资产负债表的约束（即取决于超额收益 μ_t^n 是否为正）。如果为正，那么贷款工具对资产需求的影响与投资地区类似，只是式(11.45)中的上标 i 被 n 替换。反之，如果非投资地区的银行不受限制（即 $\mu_t^n = 0$），那么中央银行的信贷只是取代了私人信贷，而该部门的总资产需求不受影响。令 S_t^{n*} 为与非投资岛屿在均衡状态下的资产超额收益为零相一致的总资产需求。则有：

$$Q_t^n S_t^{n*} = Q_t^n S_{pt}^n + \varphi_t^n Q_t^n S_t^{n*}，当且仅当 \mu_t^n = 0 \tag{11.46}$$

在这里，央行信贷供应的增加会完全（一对一地）挤出私人金融中介的信贷。因此，只有在私人金融中介机构受到资金约束时，央行才会扩大信贷总供应。

3.2 流动性工具(贴现窗口贷款)

借助流动性工具，中央银行利用贴现窗口将资金借给银行，银行又把它们借给非金融机构借款人。通常情况下，流动性工具被用来稳定被扰乱的银行间市场。目前的危机情况就是如此。

流动性工具的另一个显著特点是中央银行的贷款通常会收取惩罚性利率。该惯例可追溯到 Bagehot(1873)的文献。该文的思路是：流动性危机期间，短期资金市场的崩溃导致许多借款人的信贷渠道有限，而不是因为个别借款人缺乏信用。由于危机期间借款人超额收益异常高，因此他们更愿意以惩罚性利率借钱。以惩罚性利率提供资金还可以进一步减少私营部门对央行信贷的低效使用。

在本节中，我们用模型阐明贴现窗口贷款是如何在危机期间促进银行同业拆借的贷款流动的。为此，我们仅关注 $\omega = 0$ 的情况，这时银行间市场的借款人在批发和零售两个市场面临对称约束。此时，有资金盈余的银行面临与存款人一样的风险，即借款银行会为了自己的目的而转移一部分资产。

假设中央银行在银行间市场上以确定利率 $R_{m,t+1}$ 向在银行间市场借款的银行提供贴现信贷。央行通过发行完全替代家庭存款的政府债券来为这一举措提供融资。然而，如果要通过贴现窗口贷款扩大银行间市场上的资金供给，中央银行在提供资金给借款银行方面就必须比私人银行更有优势，否则贴现窗口贷款就只是简单地取代私人银行的同业拆借。

在这里，我们假设央行比私人贷款者更有能力强制还款。特别是对于提供的任何贴现窗口贷款,借款银行只能转移 $\theta(1-\omega_g)$ 部分的资产,其中 $0<\omega_g\leqslant 1$。回想一下,对于私人放贷机构提供的信贷,借款银行可转移 θ 部分的资金,而 $\theta>\theta(1-\omega_g)$。这里的想法是政府拥有追回资产的额外手段(包括税务局记录、获得信用记录、法律惩罚等)。然而,我们还假设在贴现窗口贷款达到一定程度后,央行比私营部门更有效地获取资产的能力就消失了。我们认为这反映了央行有效处理由私人信贷担保的贴现窗口贷款的能力受到了一些限制。[1]

设 m_t^h 为 h 型银行的贴现窗口贷款。它的资金流面临如下约束:

$$Q_t^h s_t^h = n_t^h + b_t^h + m_t^h + d_t \tag{11.47}$$

其中 $m_t^h \geqslant 0$。

设 $V_t(s_t^h, b_t^h, m_t^h, d_t)$ 为在 t 期结束时,持有资产和负债 $(s_t^h, b_t^h, m_t^h, d_t)$ 的银行的市场价值。考虑到央行在收回资产方面的优势,为使银行继续运营,这一价值不得低于转移资产的收益。因此,在这种情况下,激励约束为:

$$V_t(s_t^h, b_t^h, m_t^h, d_t) \geqslant \theta(Q_t^h s_t^h - \omega_g m_t^h) \tag{11.48}$$

我们在本章末尾的附录中将讨论本情形中银行决策问题的细节。在此,设 μ_{mt} 为相对于存款的贴现窗口贷款的银行超额成本。

$$\mu_{mt} = E_t \Lambda_{t,t+1} \Omega_{t+1}^{h'}(R_{m,t+1} - R_{t+1}) \tag{11.49}$$

接下来请注意,由于我们把注意力限制在私人银行之间和零售金融市场的对称摩擦的情况 $(\omega = 0)$ 下,因此银行同业拆借利率等于存款利率,即 $R_{b,t+1} = R_{t+1}$。于是从一阶条件中我们得知,为了同时积极利用私人银行同业借贷和贴现窗口,需要满足:

$$\mu_{mt} = \omega_g \mu_t^i \tag{11.50}$$

根据式(11.30),可知 μ_t^i 是投资岛屿上资产的超额价值。

根据式(11.50),为使贴现窗口和边际私人信贷对借款人来说是无差别的,央行应设置利率 $R_{m,t+1}$,使贴现窗口贷款的超额成本等于资产超额价值的 ω_g 部分。直观上看,相对于私人银行间的贷款,贴现窗口贷款允许借款银行获得更多的贷款以扩充资产,因此借款银行愿意为贴现窗口贷款支付更高的成本。通过这种方式,该模型为贴现窗口贷款生成了一个内生确定的惩罚性利率。

令 M_t 为提供给市场的贴现窗口贷款总供给,可以证明对外提供资金(投资)的银行对资金的市场需求由以下方程给出:

$$Q_t^i S_{pt}^i = \phi_t^i N_t^i + \omega_g M_t \tag{11.51}$$

因此,只要 $\omega_g > 0$,贴现窗口贷款就可以扩大银行在投资地区的金融中介资产总规模。

由于非投资岛屿上的银行资产超额价值低于投资岛屿,即 $\mu_t^n < \mu_t^i$,非投资岛屿上的银行不会选择通过贴现窗口获得贷款。鉴于贴现率被设定为满足式(11.50),对于没有新投资项目的银行来说,贴现窗口贷款的价格太贵了。

---

[1] 此外,如果存在资产异质性,则这种约束反映了对适合贴现窗口贷款的银行资产种类的限制。例如,信息密集型的商业和工业贷款不是贴现窗口贷款的良好抵押品,因为它们需要监测和评估的专业知识。相反,机构债务或高评级证券化抵押贷款是合适的,但在银行的投资组合中可能只是有限的一部分。

于是以下问题出现了:为什么央行不简单地扩大贴现贷款规模以推动资产超额价值降到零呢?原因正如之前提到的,我们合理地假设央行充分监督银行资产管理的能力是有限的(尽管没有正式将其纳入我们的模型中)。由于贴现窗口贷款(由私人信贷担保)的能力限制,央行需要在超额收益回报相当高的危机期间使用其他工具,例如直接贷款或股本注入。虽然流动性工具有助于改善银行间市场的资金流动,但在重大危机中仍然需要其他干预措施来稳定金融市场。

3.3 股本注入

通过股本注入,财政当局与货币主管部门合作获得银行所有权的头寸。就像央行直接贷款一样,我们假设政府收购股权存在效率成本,每获得一单位股权需要支付 τ_e 的成本。然而,在金融危机期间,股本注入的净收益是正的且相当显著。

股本注入的效果取决于三个因素:一是政府购买股权的支付规则;二是相对于市场价格,政府获得股权的价格;三是相对于私人债权人,政府在解决与银行的代理问题时具有的优势大小。

在银行了解其客户是否有投资机会之前,政府向保持活跃(而非退出)的银行注入股本,这不同于央行在投资机会到来后才进行直接贷款和贴现窗口贷款。通过这种时间差异,我们捕捉到股本注入要比直接贷款和贴现窗口贷款更慢的特征。简单起见,我们将注意力集中在完美的银行间市场。在该市场上,银行不能转移通过同业拆借融来的资产(一般化的情形请参见附录)。此外,在有着不同投资机会的地区,资本的价格是相等的。

我们假设一个单位的政府股权与一个单位的私人股权的收益相等。政府可以持有股权直到银行退出,然后得到其资产的清算价值,这个清算价值等于每个单位资本的价值 $Z_\tau + (1-\delta) Q_\tau$ 乘以资本单位数量。或者说,假设危机过去后,在银行退出之前,政府也能以该价格出售其持有的资产。

因此,我们可以将银行在 t 时点的股份总数有效地分为私有股份 s_{pt} 和政府股份 s_{get}:

$$s_t = s_{pt} + s_{get} \tag{11.52}$$

令 n_{gt} 为政府股权的市场价值,那么银行的资产负债表特征就意味着:

$$Q_t s_t = n_t + b_t + d_t + n_{gt} \tag{11.53}$$

其中,政府持有的每一种证券都是按市场价格 Q_t 来估值的,表示为:

$$n_{gt} = Q_t s_{get} \tag{11.54}$$

为获得股权,政府可以支付一个高于 Q_{gt} 的价格 Q_t。政府支付溢价的理由是,由于金融危机,股权的市场价格已经低于其正常价格。例如,政府可以选择 Q_{gt},使政府持有股权的超额收益 μ_{gt} 等于零,如式(11.55)所示:

$$\mu_{gt} = E_t \Lambda_{t,t+1} \Omega_{t+1} (R_{gkt+1} - R_{t+1}) \tag{11.55}$$

其中 R_{gkt+1} 是在 t 时点注入的一个单位的政府股本的总回报,即

$$R_{gkt+1} = \psi_{t+1} \frac{Z_{t+1} + (1-\delta) Q_{t+1}}{Q_{gt}} \tag{11.56}$$

由于私人股权的超额收益是正的,如式(11.22)所示,所以 $Q_{gt} > Q_t$。

政府为股权支付的溢价实质上是对银行的转移,其净值如下:

$$n_t = [Z_t + (1 - \delta)Q_t]\psi_t s_{p,t-1} - R_{bt}b_{t-1}$$
$$- R_t d_{t-1} + (Q_{gt} - Q_t)[s_{get} - (1 - \delta)\psi_t s_{get-1}] \tag{11.57}$$

其中 $(Q_{gt} - Q_t)[s_{get} - (1 - \delta)\psi_t s_{get-1}]$ 是政府通过新的股权购买并赠送给银行的"礼物"。

我们假设银行不能转移政府股权融资形成的资产。与贴现窗口贷款一样,政府在收回资产方面比私人债权人更具优势。因此,激励约束变成:

$$V_t(s_t - s_{get}, b_t, d_t) \geqslant \theta[Q_t(s_t - s_{get}) - b_t]$$

其中 b_t 是和上文一样的银行同业拆借($\omega = 1$)。

设 N_{gt} 为政府在银行系统中的股权总额, S_{get} 为政府股权的总持有量。然后,我们可以进行汇总,得到以下总资产需求和净资产变化的表达式:

$$Q_t S_t = \phi_t N_t + N_{gt} \tag{11.58}$$

$$N_t = (\sigma + \xi)[Z_t + (1 - \delta)Q_t]\psi_t S_{p,t-1} - \sigma R_t D_{t-1} + (Q_{gt} - Q_t)[S_{get} - (1 - \delta)\psi_t S_{get-1}]$$

$$\tag{11.59}$$

其中, ϕ_t 是完美的银行间市场中私人金融中介资产的杠杆率,如式(11.20)所示,并且 $N_{gt} = Q_t S_{get}$。这样一来,股本注入就一对一地扩大了金融中介资产的价值,如式(11.58)所示。此外,政府购买价格超过市场价格(由于金融危机而低迷),股本注入也提升了私人银行的净值,如式(11.59)所示。这反过来又扩大了银行的资产需求,其倍数相当于杠杆率 ϕ_t。

政府股本注入的另一个重要效应是减少了资产价值的意外变化对私人银行股权的影响。例如,在没有政府股本的情况下,银行只能自己完全承担资产价值意外下降的损失,因为它对外界的债务都是非或有债务(即确定债务)。然而,随着政府股本的注入,政府也将按股权比例承担相应的损失。

现在的关键问题在于哪些因素决定信贷政策干预资源在直接贷款、贴现窗口贷款和股本注入之间的分配。我们之前指出,在我们的模型中,引入私人信贷担保的贴现窗口贷款的能力限制是很自然的。一方面,只要央行直接贷款的效率成本不高,普遍使用直接贷款就是合理的。对于高评级工具,如商业票据、机构债务和抵押贷款支持证券等,可以合理地假设中央银行的中介成本并不高。这解释了在当前危机中央行直接贷款涉及这些资产的原因。另一方面,不难想象其他形式的银行贷款,如涉及广泛评估和监督的商业贷款与工业贷款,中央银行的中介成本是相当高昂的。在这种情况下,危机时期以增强私人银行提供此类贷款能力为目标的股本注入则是可取的(如果政府股本注入的效率成本不是太大的话)。在我们的上述模型中,资本是同质的。因此,为解决这个问题,就需要扩展我们的框架以引入资产的异质性。

3.4 政府支出和预算约束

这里的政府消费 G_t 包括"正常的"政府支出 $\bar{G}$ 和金融中介支出。[①] 令 S_{gt}^h 为 $h = i, n$ 型的通过中央银行的直接贷款获得的证券总额,而 S_{get} 证券是通过股本注入获得的。那么 G_t 由下式给出:

$$G_t = \bar{G} + \tau_e S_{get} + \tau \sum_{h=i,n} S_{gt}^h \tag{11.60}$$

结合财政当局和货币当局,政府支出来自一次总付税 T_t 与信贷市场干预的净收益之和,即

$$G_t + Q_{gt} \left[S_{get} - (1 - \delta) \psi_t S_{get-1} \right] + \sum_{h=i,n} Q_t^h \left[S_{gt}^h - (1 - \delta) \psi_t S_{g,t-1}^h \right]$$
$$= T_t + Z_t \psi_t (S_{g,t-1} + S_{get-1}) + R_{mt} M_{t-1} - M_t + D_{gt} - R_t D_{g,t-1} \tag{11.61}$$

其中, M_t 为贴现窗口贷款总额, D_{gt} 为政府债券。正如我们之前讨论的,政府购买股权的价格 Q_{gt} 可能会超过市场价格。

请注意,在危机期间,政府的投资组合将获得额外回报,因为市场上超额的私人回报是正的,但是私人金融中介机构因受到限制而无法利用这一点。此外,政府也可能因投资组合而遭受损失。在这里,我们假设政府用一次总付税调整来弥补亏损。通过引入扭曲性税收来更好地理解实施这些政策所需要付出的代价是很有意思的。

4. 危机模拟和政策实验

在本节中,我们将开展定量实验,以说明该模型如何刻画金融危机的一些关键特征以及信贷政策如何缓解危机。该分析仅仅是提示性的。我们的目的是说明金融体系的脆弱性如何扩大对资产价值和总生产的干扰的影响。若非如此,这些影响有可能只对经济产生相对温和的影响。除了识别资产负债表对金融中介机构影响的重要性外,我们还识别出了不完善的银行间市场在危机中的重要性。

我们从校准开始,然后转向危机模拟。在研究了没有任何政策应对措施的情况下危机如何发展之后,我们分析了如何运用信贷政策以缓解危机。我们专注于直接贷款,因为该政策最简单。虽然我们在这里没有报告相应的分析结果,但其他政策最终也以类似的方式影响经济。

4.1 校准

这里有 11 个需要我们赋值的参数,其中 7 个是标准偏好和技术参数。这些因素包括贴

---

① 译者注:即购买银行股权的支出。

现因子 β、习惯参数 γ、劳动的效用权重 χ、劳动力供给弗里希弹性的倒数 ε、资本比重参数 α、折旧率 δ 以及投资的资本价格弹性 η。对于这些参数,我们使用合理的常规值,如表 11.1 所示。一个例外是劳动力供给弹性,为了部分弥补劳动力市场摩擦缺失,我们把弗里希劳动力供给弹性定为 10,这远高于经济类文献中的通常范围(1—3)。我们强调这种弥补只是部分的,如果我们把定量 DSGE 模型中各种关键变量纳入其中,包括可变资本利用率、名义价格和工资刚性等,那么即使是在传统劳动力供给弹性下,我们框架中的就业波动也会变得更大。

表 11.1 基准模型的参数值

部 门	变 量	参数值	变量含义
家庭	β	0.990	贴现率
	γ	0.500	习惯参数
	χ	5.584	劳动力的相对效用权重
	ε	0.100	弗里希劳动力供给弹性的倒数
金融中介机构	π^i	0.250	新投资机会出现的概率
	θ	0.383	可转移资产的比例:完善的银行间市场
		0.129	可转移资产的比例:不完善的银行间市场
	ξ	0.003	转移到银行家:完善的银行间市场
		0.002	转移到银行家:不完善的银行间市场
	σ	0.975	银行家的生存率
中间品生产公司	α	0.330	有效资本份额
	δ	0.025	稳态折旧率
资本品生产公司	If''/f'	1.500	净投资对资本价格弹性的倒数
政府	$\dfrac{G}{Y}$	0.200	政府支出的稳态比重

另外 4 个附加参数是我们的模型所特有的。第一个是投资机会出现的概率 π^i。剩下的三个是金融部门参数,分别是银行家季度生存率 σ、新银行家的转移参数 ξ,以及银行家可转移资产的比例 θ。我们将 π^i 设定为 0.250,这意味着一个岛屿上平均每年出现一次新的投资机会。我们设定 $\sigma = 0.975$,这意味着银行家平均可以存活十年。

最后,我们选择 ξ 和 θ 来实现以下两个目标:每年平均信用利差为 100 个基点;整个经济体的杠杆率为 4。将杠杆率设定为 4 反映了对截然不同的行业的金融结构进行平均的粗略尝试。例如,在危机开始之前,大多数住房融资是由杠杆率在 20(商业银行)到 30(投资银行)之间的金融机构来提供中介服务的。但是,住房存量仅为总资本存量的 1/3 左右。其他经济部门的杠杆率明显较小。基于 2007 年之前的利差,我们大致将以下利差的平均值作为利差的稳态目标:抵押贷款利率 vs 政府债券利率、BAA 公司债券利率 vs 政府债券利率、商业票据利率 vs 国库券利率。

我们既考虑完善的银行间市场($\omega=1$)的情况,也考虑不完善的银行间市场($\omega=0$)的情况。正如我们之前提到的,在完善的银行间市场中,经济表现得就好像银行是同质的一样,且没有特殊的贷款机会。在我们的校准下,在稳态的局部区域内,所有的银行都受到对称约束,也就是说,其资产的超额收益都相同。

在银行间市场不完善的情况下,根据我们的校准,只有投资岛屿上的银行会受限(在稳定状态的局部区域内)。那些非投资岛屿上的人拥有足够的资金来提供贷款机会,且可以将资产价格竞价到存款的超额回报为零的程度。他们向投资地区的银行提供盈余资金。根据校准的合理变化,可知银行在非投资地区仍然不受限制,而在投资地区仍然受到限制。

最后,我们假设资本的质量冲击遵循一阶自回归过程。

4.2 危机实验

4.2.1 无政策响应

现在我们回到危机实验。大体而言,触发近期金融危机的正是房地产价值下跌,它导致金融中介机构持有的抵押贷款证券出现了一波损失。我们的模型不足以精确地刻画这一现象,特别是因为它不包括住房在内,但是我们可以捕捉到当前危机的初始特征正是金融中介投资组合价值的恶化。

特别是,我们认为初始扰动来自资本质量的外生下降。[①] 我们试图以简单的方式捕捉这种导致了金融中介的资产价值出现下降的外生力量。在本模型的经济中,最初的外生性下降会以两种方式被放大。第一,由于银行是有杠杆的,资产价值的下降对银行净值的影响会因杠杆率等因素而被放大。第二,资产净值的下降收紧了银行的借贷约束,从而触发了资产的抛售,进一步压低了资产价值。资产价值的下降导致投资下降,危机随后蔓延到实体经济中。

初始扰动是资本质量(价格)意外下跌5%,自回归系数为0.66。我们确定冲击的大小只是为了模拟类似于2008—2009年金融危机中观察到的衰退程度。

我们首先从一个完善的银行间市场的情况开始,分析没有信贷政策响应的经济表现。图11.1显示了主要经济变量对资本质量负面冲击的脉冲响应。虚线是无金融摩擦的模型,实线是具有完善的银行间市场的基准模型。

[①] 对于我们的危机实验至关重要的是,引发的干扰会导致金融中介资产市场价格的下降。另一种引发资产价值下降的干扰是关于资本未来回报的不利"新闻冲击",如 Gilchirst 和 Leahy(2002)、Christiano 等(2010)以及 Gourio(2009)的论述。还有一种可能性是引入"噪声"冲击,如 La'O(2010)的做法。

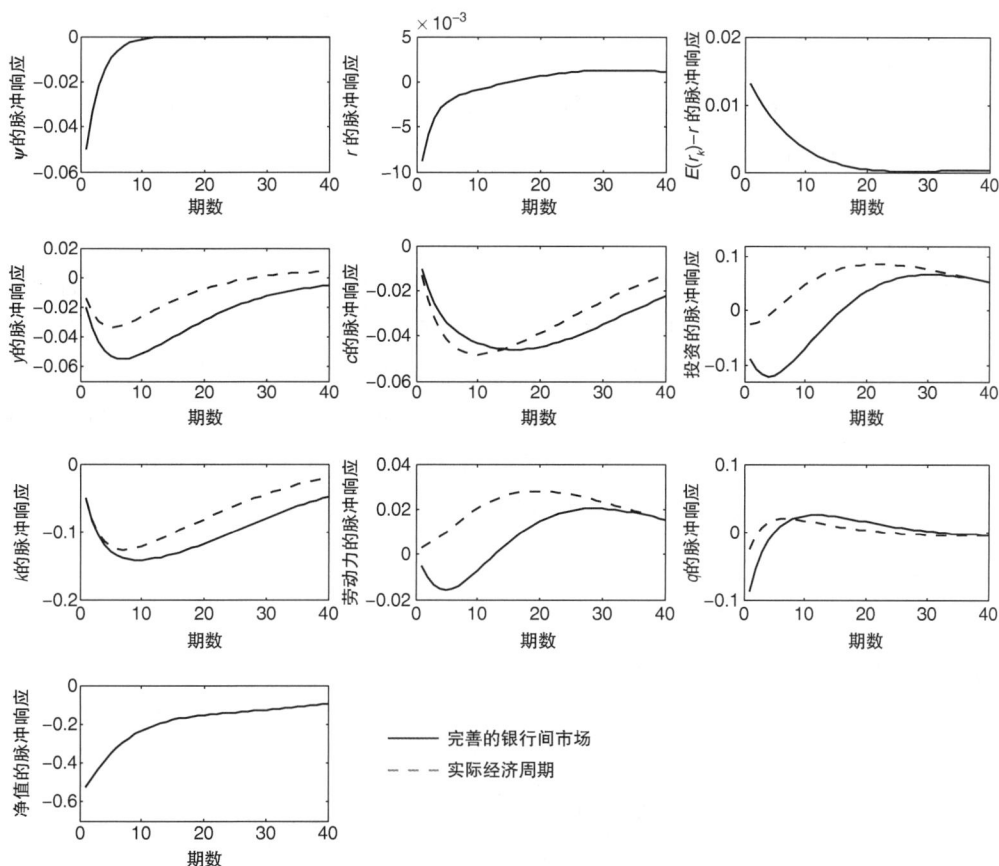

图 11.1　危机实验：完善的银行间市场

首先请注意，这种负面的扰动在无摩擦模型中只会导致适度的经济低迷。资本流失最初会导致产出和消费的下降。然而，高资本回报率会促进投资和就业增加。因此，如果没有金融摩擦，经济就会平稳地收敛到像卡斯-库普曼斯（Cass-Koopmans）最优增长模型那样的正常状态，只是稳态下的资本存量会大于初始资本存量。

在存在金融摩擦的情况下，处于凹点时的产出下降幅度大约是无摩擦情况下的两倍。此外，产出下降的时间也明显更为持久。资本质量下降 5％ 将导致银行净值下降大约 50％。其原因在于，银行信贷硬约束导致资产抛售，进而诱发资本市场价格下降，再加上银行杠杆的因素，最终导致降幅不断扩大。资产价格的下降导致投资下降，下降幅度几乎是产出的两倍。在存在金融摩擦的情况下，投资的下降是造成产出大幅下降的最终原因。最后，就业下降的幅度虽比无摩擦的情况下高出几个百分点，但相对来说比较温和。这个结果仅仅反映了各种能放大响应的标准劳动力市场摩擦的缺失。

金融因素在危机期间发挥的作用反映在预期资本回报率和无风险利率的利差上。在无摩擦模型中，这种利差不会移动（按一阶条件）。在存在金融摩擦的情况下，作为银行净值下降的后果，利差会随着危机影响扩大而上升。资本成本的上升是导致投资和产出进一步下降的原因。

　　金融因素也导致了恢复趋势缓慢。为缩小预期资本回报率和无风险利率之间的利差,必须增加银行净资产。但是这个过程需要时间,如图 11.1 所示。只要利差高于趋势,金融因素就会拖累实体经济。请注意,在整个收敛过程中,银行正在有效地去杠杆化,因为它们正在增加相对于债务的股本。该模型揭示了去杠杆化过程是如何减缓复苏的。

　　接下来我们转向图 11.2 显示的不完善的银行间市场的情况。可以看到,银行同业拆借市场的摩擦放大了整体下跌。相对于完善的银行间市场的情景来说,投资整体的下降幅度差不多扩大了 1/3,产量的下降幅度则扩大了 20%,而就业的下降幅度几乎翻了一番。直观地说,在这种情况下,一旦危机来临,投资银行在银行同业拆借市场获得资金的能力就会受到限制。另外,由于投资岛屿上的资产价格较低,投资岛屿上的银行比非投资岛屿上的银行具有更高的杠杆率。因此,投资岛屿上的资产价格下降幅度比其他地方更大,导致整体投资下降幅度也更大。不完善银行同业拆借市场的标志是资本回报率和无风险利率之间的利差急剧上升,远高于 5%,而完善的银行同业拆借市场仅为 1%。

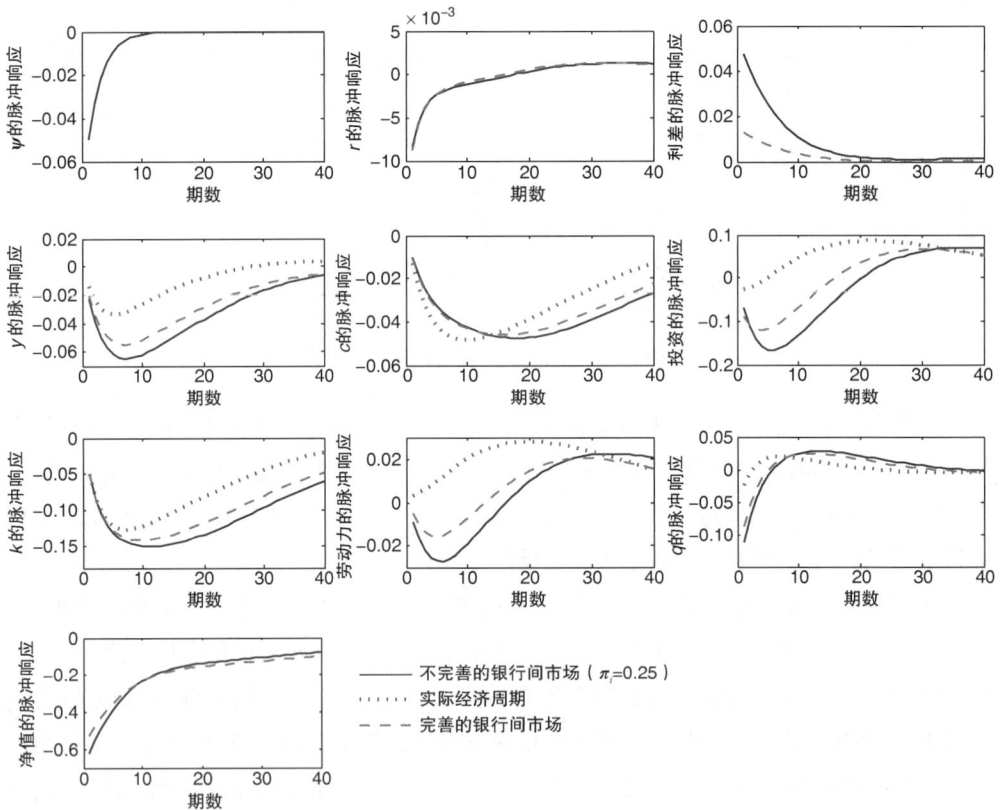

图 11. 2　危机实验:不完善的银行间市场

4. 2. 2　信贷政策响应

　　现在,我们分析央行以直接贷款为缓解危机手段的效应。在模拟的危机中,金融困境的症状表现为投资岛屿上的预期资本回报率和无风险利率之间的利差大幅上升。实际上,正是各个市场出现了异常大的信贷利差,才导致美联储实施信贷政策出手干预。相应地,我们假设美联储将其中介资源用于私人信贷的比重,根据投资岛屿利差($E_tR^{ih'}_{k,t+1} - R_{t+1}$)与其稳态值($ER^{ih'}_k - R$)之间的差值加以调整,如式(11.62)所示:

$$\varphi_t = v_g\left[\left(E_tR^{ih'}_{k,t+1} - R_{t+1}\right) - \left(ER^{ih'}_k - R\right)\right] \tag{11.62}$$

需要明确的是,这个规则仅适用于危机期间,也就是说,适用于"不寻常和紧急"的情况。

我们从一个完善的银行间市场开始。在这种情况下,资产回报在各个岛屿之间是均等的。中央银行向哪个岛屿提供信贷并不重要。如果它在非投资岛屿上投放资金,那这些地方的银行会将所有的过剩资金拆借给投资岛屿上的银行,直到资产回报在不同地区间实现均等化。

我们将政策参数 v_g 设为100。图11.3展示了这种情况下的脉冲响应。政策干预使总产出下降幅度减少了近1/3。中央银行信贷的增加显著抑制了利差的扩大,进而缓解了总投资的下降。在峰值上,央行信贷会增长至略高于资本存量的10%的水平。

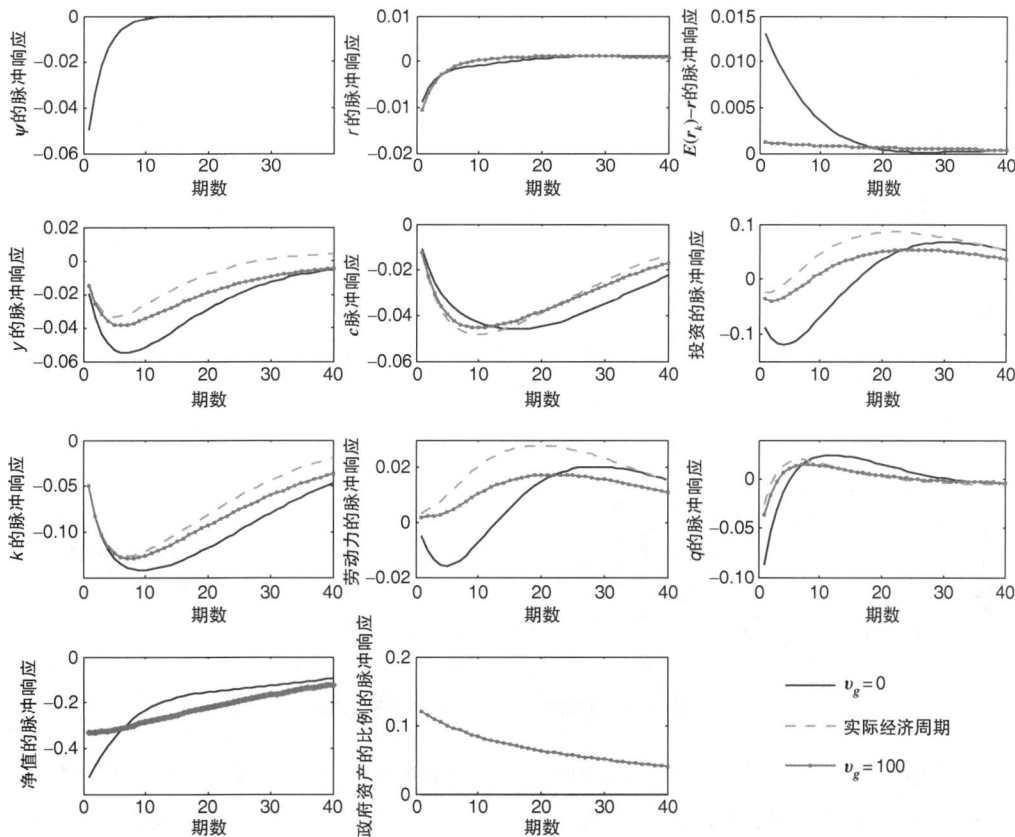

图11.3 借贷工具:完善的银行间市场

在不完善的银行间市场的情况下,央行在投资岛屿上收购资产。我们在这里想到的是,央行瞄准的是高回报资产,即因相关市场中的金融中介资本短缺而出现融资不足的资产。请注意,通过向这些地区的借款人收取市场利率,该政策筛除了非投资岛屿上收益较低的借款人。

图 11.4 展示了这种情形的结果。信贷政策同样通过抑制利差的扩大来减少产出的下降幅度。有趣的是,在这种情形下,该政策在遏制危机方面更为有效。重要的是投资地区的银行信贷的杠杆约束,而不是整个经济的杠杆约束。通过直接促进投资地区的信贷流动,中央银行一定规模的信贷资源可以更有效地缓解金融约束。请注意,在这种情况下,中央银行信贷中介在峰值也只占金融中介总资产的 5% 左右,不及它在无摩擦银行间市场经济中的一半。然而,它大约占投资地区金融中介资产的 20%。在陷入困境的地区,央行中介资产的高比重是该政策能够产生效果的原因。即使中央银行的中介规模比完善的银行间市场小,也会出现这种情况。

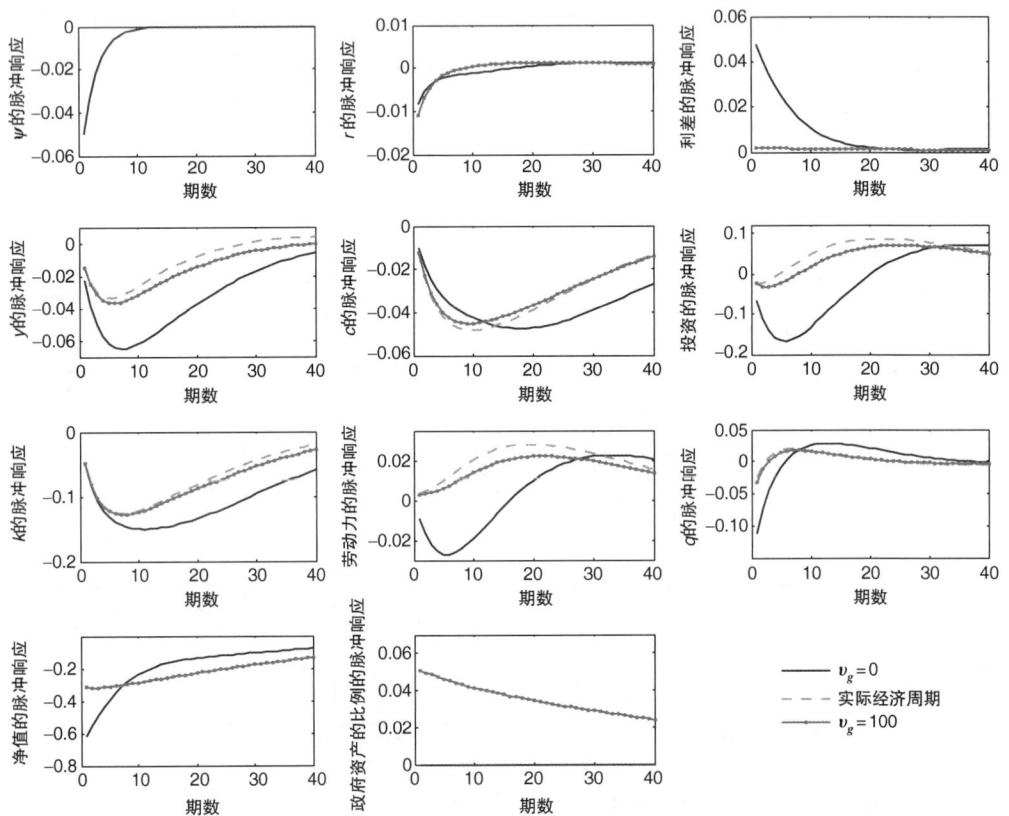

图 11.4 借贷工具:不完善的银行间市场

正如之前提到的,贴现窗口贷款和股本注入都以相似的方式来缓解危机。把我们的框架扩展到允许资产异质性等特征,使我们能更清楚地看到信贷市场干预措施如何在三种方法之间分配,这是很有意思的。

最后,虽然我们不在这里推演,但可以评估一下信贷政策干预带来的净福利。遵循 Gertler 和 Karadi(2009)的研究,这个评估假设中央银行直接贷款的效率成本不同。然而,正如这些研究者所展示的那样,在对这些成本进行合理假设的情况下,干预的净收益很大,几乎等于总收益,并且随着危机的严重程度增加而增加。

5. 问题与扩展

现在我们讨论文献中的一些关键问题,我们的基准模型中没有将它们考虑在内。我们也会描述如何扩展我们的框架来解决这些问题。

5.1 收紧保证金

在我们的基准模型中,财务困境是金融中介机构资产负债表恶化的产物:因为委托—代理问题对杠杆率有限制,金融中介资产净值的下降迫使其持有的资产价值下降。

金融危机传递给实体经济的另一种方式是收紧杠杆率。这正是 Adrian 和 Shin(2009)、Brunnermeier 和 Pederson(2009)、Kiyotaki 和 Moore(2008)、Jermann 和 Quadrini(2009)、Fostel 和 Geanakoplos(2008)以及 Kurlat(2009)等的研究所强调的。

在我们的模型中,任何可能降低贷款方在出现违约时可收回的资产份额的因素都会导致保证金率下降。回顾一下,存款人可以收回的资产的比例是 $1 - \theta$,而同业拆借的银行可以收回的部分为 $1 - \theta(1 - \omega)$,其中 $0 < \omega < 1$ 。假设现在 θ 和 ω 发生变化,决定最大杠杆率的激励约束条件就变成:

$$V_t(s_t^h, b_t^h, d_t) \geqslant \theta_t(Q_t^h s_t^h - \omega_t b_t^h) \tag{11.63}$$

其中 θ_t 和 ω_t 的下标 t 表明允许随时间发生变化。

θ_t 的增加和/或 ω_t 的减少会明显强化激励约束。我们可以证明这导致了保证金率约束的收紧,因为放贷人在任何特定的净资产水平上都会减少借贷规模。Kiyotaki 和 Moore(2008)、Del Negro 等(2010)以及 Jermann 和 Quadrini(2009)基本上都使用这种机制来(模拟如何)引入金融市场混乱。直观地说, θ_t 与存款市场的效率反向相关,产出 $\theta_t(1 - \omega_t)$ 与银行间市场的效率有关。在其他条件相同的情况下,在这两个市场中,贷款人能够从借款人那里收回的资金越少,金融市场的效率就越低。

在我们的模型中,人们可以想象那些导致 θ_t 和 ω_t 内生变动的力量。例如,整体资产质量的恶化使贷款方更难收回资产(特别是质量下降使得资产对借款人来说更具有特定性),从而导致 θ_t 提高。如果资产回收问题集中在银行间市场,则资产质量恶化会导致银行间市场的收缩。无论哪种情况, θ_t 和 ω_t 的内生反应都会放大危机。

一些研究尝试直接模拟保证金率约束的收紧。例如,在 Eisfeldt(2004)和 Kurlat(2009)的框架中,逆向选择问题是逆周期的。经济衰退期的逆向选择程度越高,二级金融市场的保证金率就越高(这与 ω_t 的减少相似)。Williamson(1987)早先的一篇论文提出了类似于一级金融市场 θ_t 增长的动机。在这个框架中,金融市场摩擦的中介问题是基于 Townsend(1979)的高成本状态验证(costly state verification,简称 CSV)模型而提出的。在 CSV 模型中,代理成本是预期违约成本,随着对借款人收益分配的特殊冲击的扩散,这种违约成本不断增加。正如威廉姆森所表明的那样,如果特殊风险是逆周期的,那么代理成本也会变成逆周期的,这会导致经济下行期的保证金率变得更高。Curdia(2007)、Christiano 等(2010)以及 Gilchrist 等(2009)在最新量化宏观经济框架中引入了类似的机制。最后,Fostel 和 Geanakoplos(2008)也呼吁提高保证金来应对不确定性的增长,但仅在存在不同理念和分歧的情况下才这么做。

另一种允许提高保证金的方法是对资产持有采取预防措施。在我们的框架内,给定金融中介层面的恒定回报,杠杆率始终具有约束力:各银行始终保持各自净资产所允许的最高资产水平。Aiyagari 和 Gertler(1999)以及 Mendoza(2009)放宽了这个假设。正如他们所展示的那样,即使杠杆率(或保证金)约束目前没有约束力,未来它具有约束力的可能性的上升(可能是因为不确定性在上升)也会导致保证金率的提升。Brunnermeier 和 Sannikov(2009)以及 He 和 Krishnamurthy(2008)也提出了一个预防效应导致保证金率提升的框架。重要的是,在这些框架内,银行净资产仍然会影响资产持有量。[①] 在其他条件不变的情况下,更大的净资产头寸会降低保证金约束收紧的可能性,这鼓励金融中介机构扩大其资产持有量。

5.2 监管套利和贷款证券化

由于我们旨在捕捉到银行业和宏观经济状况之间的互动关系,所以我们对金融中介部门的描述相当简单。现在我们将注意力集中在金融中介的特征上,在我们看来,这些特征对于描述这种互动作用是绝对必要的。同时,我们的框架涵盖了文献中所强调的银行的三个基本面向。[②] 第一,银行充当委托监督者。由于对借款人进行评估和监督需要专业知识,因此我们模型中的金融中介机构充当着将资金从家庭转移到企业的渠道。第二,银行进行资金的期限转化。他们发行短期债券并持有长期资产。第三,银行有助于提供流动性。在我们的框架内,银行同业拆借市场(运作良好时)保证着有着不同需要的借款人都能得到贷款。

我们模型中的银行最好被看成金融中介机构的综合代表,包括商业银行和投资银行。就此而言,我们的基准框架并没有捕捉到当前金融危机中一些值得关注的细节。特别是,当前危机的一个显著后果是投资银行的解体,这些投资银行持有由商业银行发起和出售的证券化资产。然而,我们可以通过扩展我们的模型来捕捉该现象的一个特征。[③]

尤其是,假设银行家经营的商业银行面临具有约束力的资本监管要求。针对这一监管要求,银行家设立了一个不受资本监管要求约束的特殊目的工具(special purpose vehicle,简称 SPV)。银行家将由商业银行发起和证券化的资产放入 SPV。他为 SPV 提供资金的方式一部分是将自己的部分净资产配置给该实体,而另一部分则通过发行短期债券,这些债券是银行存款的完美替代品。

[①] 这些模型在金融中介层面也有持续回报。然而,它们并没有把注意力限制在模型的对数线性近似上,而是允许不确定性对决策有更高阶的影响。

[②] 参见 Diamond(1984)、Diamond 和 Dybvig(1983)、Holmstrom 和 Tirole(1997)以及 Allen 等(2009)对讨论银行业基本面向的文献的调查。

[③] Shleifer 和 Vishny(2009)也强调了证券化贷款在危机中的作用。

我们可以把银行家经营的统一实体看成是一家综合银行,其中商业银行和 SPV 是分离的实体。由于 SPV 在商业银行的资产负债表之外运作并持有证券化资产,因此它也被视为一家投资银行。

要点在于,在这种情况下综合银行的行为将与我们基准情景中的金融中介完全一样。特别是,从综合银行债权人的视角来看,重要的是商业银行和 SPV 合并资产负债表,而不是分列两者的资产和负债。因此,银行家与其债权人之间的代理问题为综合银行引入了一个最大化的杠杆率。为简单起见,我们把流动性风险抽象掉(即 $\pi^i = 1$),使资产价格在各地区之间保持均衡。然后可以直接证明综合银行的最大杠杆率是 ϕ_t,如式(11.20)所示。

现在假设商业银行的受监管的最大杠杆率 ϕ^b 低于其自行决定的杠杆率 ϕ_t。此外,假设 SPV 能够以超过 ϕ_t 的杠杆率 ϕ_t^{spv} 来运作,即 $\phi^b < \phi_t < \phi_t^{\mathrm{spv}}$,其中,上标 b 表示商业银行,上标 spv 表示 SPV。那么综合银行总能找到一个商业银行和 SPV 的资产与净值的划分比例,这一比例既满足了商业银行的资本要求,也满足了综合银行自行决定的杠杆约束。

$$Q_t s_t^b \leqslant \phi^b n_t^b$$
$$Q_t s_t^{\mathrm{spv}} \leqslant \phi_t^{\mathrm{spv}} n_t^{\mathrm{spv}}$$
$$Q_t(s_t^b + s_t^{\mathrm{spv}}) = \phi_t(n_t^b + n_t^{\mathrm{spv}}) \tag{11.64}$$

在这里,综合银行采用 SPV 和证券化来规避(监管部门)对商业银行的监管。[①] 唯一具有约束力的杠杆约束是综合杠杆约束,如式(11.64)所示,它是由综合银行的激励约束带来的。虽然该模型现在包含了证券化贷款和商业银行资产负债表的表外资产,但宏观经济均衡与我们的基准框架相同。因此,乍看之下,这些特征的增加并不会改变模型对金融和实体部门之间反馈的预测,而这种反馈会加剧危机。我们扩展的模型预测,在危机期间,投资银行、证券化贷款和商业银行业务都将受到干扰,正如实际中发生的那样。

在此处,我们做了一个强假设,即商业银行和 SPV 拥有单一所有权。放宽该假设将非常有趣。同时,在危机期间,商业银行和 SPV 并不是完全独立的。在许多情况下,随着危机的深化,商业银行回购了它们最初出售给其他机构的证券化资产。把握商业银行和 SPV 之间的这种隐性关系将会很有意义。

5.3　外部股权、外部性和道德风险

我们的基准假定是,银行为了筹集资金可发行的唯一一种类型的负债是短期、非或有债券。现在我们研究以下这种可能性,银行可以发行状态依存型债券,或等价地发行外部股权。正如我们所展示的,发行外部股权是可取的,因为它为银行应对其净值波动风险提供了一种对冲。与此同时,我们也考虑了代理问题如何限制银行使用外部股权融资。模型还表明,外部性和对政府干预信贷市场的预判会导致银行对外部股权的依赖过少,并对监管资本要求产生影响。

---

① 在现实中,影响持有证券化资产的投资银行扩张的一个关键因素是 20 世纪 80 年代银行危机后对商业银行的资本要求逐步提高。

现在允许银行家发行外部股权。我们假设,外部股权的持有人有权获得与银行资产相同的股息。设 q_t 为一个单位银行外部股权的市场价格,e_t 为发行数量。我们仅考虑完善的银行间市场的情形(即 $\omega = 1$),请读者参阅本章附录以了解更一般性的处理方式。银行的资产负债表由下式给出:

$$Q_t s_t = n_t + b_t + d_t + q_t e_t \tag{11.65}$$

于是,银行的资金流约束变成了:

$$n_t = [Z_t + (1 - \delta) Q_t] \psi_{t} s_{t-1} - [Z_t + (1 - \delta) q_t] \psi_{t} e_{t-1} - R_{bt} b_{t-1} - R_t d_{t-1} \tag{11.66}$$

通过发行外部股权,银行能够让其外部股东[①]分担贷款组合的部分风险。例如,负的资本质量冲击(ψ_t 的下降)不是完全由银行承担,银行的外部股东也会承担一部分。换句话说,通过发行外部股权,银行降低了杠杆率,从而降低其净值的波动性。

考虑到外部股权提供的对冲价值,在其他条件相同的情况下,银行更愿意用状态依存型股权来完全取代其非或有债务。因此,在其他条件相同的情况下,银行通过降低其净值波动性来获利。这就引出了一个问题,即银行为什么不以股权或者状态依存型债务为资产进行融资。Calomiris 和 Kahn(1991)提出的经典论据是,短期债务给银行行为施加了一种约束。满足持续的非或有债务(偿付)需求降低了银行以任何方式损害其债权人的利益从而有利于其所有者的程度。在我们的模型背景下,论证 Calomiris 和 Kahn(1991)论点的方法如下:假设相较于存款资产,银行家更容易转移股权资产,外部股东需要花费一些时间来评估中止或减少股息支付的行为是否反映了银行资产的真实状况或银行家的一些渎职行为。此外,由于存款需要立即支付,银行家很难快速转移资金。

具体来说,假设银行可以转移由股权出资的资产部分 $\theta(1 - \omega_e)$,其中 $\omega_e < 0$,但由短期债务融资的部分只转移了 θ(因为 $\omega = 1$,所以银行家不能转移银行同业拆借资金)。现在我们可以将激励约束表达为:

$$V_t(s_t, b_t, d_t, e_t) \geqslant \theta(Q_t s_t - \omega_e q_t e_t - b_t) \tag{11.67}$$

其中 $V_t(s_t, b_t, d_t, e_t)$ 是银行在通过外部股权和债务筹集资金的条件下的持续价值。右边的第二项则反映了银行更容易转移由股权融资的资产这一事实(因为 $\omega_e < 0$)。

设 $R_{e,t+1}$ 为银行股权的回报率,则有:

$$R_{e,t+1} = \psi_{t+1} \frac{Z_{t+1} + (1 - \delta) q_{t+1}}{q_t}$$

如附录所示,银行投资组合结构问题的一阶条件如下:

$$E_t \Lambda_{t,t+1} \Omega_{t+1} (R_{t+1} - R_{e,t+1}) = (-\omega_e) \cdot E_t \Lambda_{t,t+1} \Omega_{t+1} (R_{k,t+1} - R_{t+1}) \tag{11.68}$$

如果激励约束是有约束力的,那么按照第 2 节的推论,银行资产存在超额回报,即银行资产的预期贴现收益 $E_t \Lambda_{t,t+1} \Omega_{t+1} R_{k,t+1}$ 超过了银行存款的预期贴现成本 $E_t \Lambda_{t,t+1} \Omega_{t+1} R_{t+1}$。这使得方程的右侧为正数。而左侧则意味着,对于同时吸收存款和发行外部股权的银行,外部股权的贴现成本 $E_t \Lambda_{t,t+1} \Omega_{t+1} R_{e,t+1}$ 必须小于存款的贴现成本。直观地说,把融资组合从吸收存款改为发行外部股权会强化激励约束。为了使不同融资来源的效果对银行来说无差异,外部

---

① 译者注:原文为债权人,但结合上下文,此处应为外部股东。

股权的成本必须低于存款成本。

家庭的投资组合决策在存款利率和银行股权之间引入了以下套利关系。

$$E_t \Lambda_{t,t+1} R_{t+1} = E_t \Lambda_{t,t+1} R_{e,t+1} \tag{11.69}$$

我们发现,家庭用随机因子 $\Lambda_{t,t+1}$ 对股票收益 $R_{e,t+1}$ 进行贴现,而银行家则使用由净资产 Ω_{t+1} 的影子价值增强的贴现因子,该因子逆周期变化。净效应是银行家发行股权的预期贴现成本低于家庭持有股权的预期贴现回报。不同之处在于,外部股权为银行提供了一个应对净资产波动的对冲,净资产是由银行而非家庭直接估价的。

要想了解对银行债务结构的影响,首先考虑 $\omega_e = 0$ 的情况。也就是说,从存款融资转向外部股权并不会加大监管量。从式(11.68)可知,银行使用的两种融资方式对银行家来说成本必须相等,否则他将只使用成本较低的选项。鉴于家庭的套利条件决定了存款利率与银行股本回报之间的关系,可以很直观地表明,由于其对冲价值,外部股权为银行提供了成本较低的融资选择。在这种情况下,银行会选择仅通过外部股权,或等价地,通过完全状态依存型债券进行融资。

然而,如果外部股权放大了激励问题,情况就会发生变化。如果 ω_e 足够负(指外部股权比存款更容易受到代理问题的影响),银行就无法提供与存款回报相比更具竞争力的股权回报。在这种情况下,银行只能完全依赖存款融资。

因此,人们可以诉诸代理问题来分析银行为何主要依靠非或有存款而不是外部股权。但这里重要的是要认识到私营部门财务结构决策中存在外部性的问题。尤其是第 2 节明确指出,银行收益的波动以及经济波动性取决于金融中介部门的总资产负债表,而不是某一家金融中介的资产负债表。也就是说,是整个行业的杠杆率使得金融体系容易受到干扰。

单个银行无须考虑自身负债结构对总量的影响。但在整个银行业层面,这种扭曲导致了有利于债务融资而不利于使用外部股权的决定。因此,总资产负债表的杠杆作用比社会规划者所希望的更大。这就增加了以下可能性,即某种形式的资本要求是最优的。Korinek(2009)和 Lorenzoni(2008)给出了类似的论证。

引入内生性的股权选择也会引发预期政策干预的道德风险问题。我们之前描述的信贷政策旨在稳定银行净资产影子价值的波动。但是这样做会抑制银行利用外部股权融资的动力。这反过来又提高了金融中介部门的总杠杆率,加大了需要政府干预的另一场危机的可能性。追踪这些道德风险的后果是未来研究的一个重要方向。最近一些与我们研究背景不同的研究也涉及这些问题,包括 Diamond 和 Rajan(2009)、Farhi 和 Tirole(2009)以及 Chari 和 Kehoe(2010)的研究。我们认为研究和把握道德风险的定量含义对于政策评估来说尤为重要。

6. 总结性评论

抛开其他不谈,我们至少希望本章有助于消除人们对宏观经济学家不重视金融部门的观念。正如我们所看到的,在过去的 20 年里,将金融摩擦纳入宏观经济分析的研究层出不穷。最近的危机促使这项研究的步伐加快,并提出了许多有待研究的新课题。

与之前相比,过去十年的研究的特点是强调开发适当的定量分析框架。我们认为这是一个可喜的进展,因为许多问题最终都将涉及定量分析,这些问题包括金融因素在经济周期中的作用以及对信贷和监管政策的影响。我们希冀下一卷手册在撰写有关该主题的内容时,作者能够回顾带有金融部门的宏观经济模型——这些模型从实证角度看是可信的,并为公共政策提供了深刻的见解。

附录1 带有银行间摩擦的一般模型

在此,我们提出包括不完善的银行同业拆借市场的总体框架($\omega < 1$)。我们抽象掉外部股权和政府干预(附录 2 将呈现包括外部股权和政府干预的框架)。对于银行发放贷款、吸收存款和进行银行同业拆借的均衡,银行选择 (s_t^h, d_t) 的一阶条件是式(11.14)和式(11.15)。激励约束式(11.16)可以改写为:

$$\{[\theta(1 - \omega) + \mathcal{V}_{bt}]Q_t^h - \mathcal{V}_{st}\}s_t^h \leq (\mathcal{V}_{bt} - \theta\omega)n_t^h - (\theta\omega + \mathcal{V}_t - \mathcal{V}_{bt})d_t \quad (11.70)$$

其中,如果 $\lambda_t^h > 0$,则式(11.70)的等号成立;而严格不等式的成立意味着 $\lambda_t^h = 0$。对于 $\omega < 1$ 的一般情况,我们从式(11.15)中可以得到:

$$\lambda_t^h = \frac{\dfrac{\mathcal{V}_{st}}{Q_t^h} - \mathcal{V}_{bt}}{\theta(1 - \omega) - \left(\dfrac{\mathcal{V}_{st}}{Q_t^h} - \mathcal{V}_{bt}\right)} \quad (11.71)$$

分子表示 h 型岛屿银行的价值随着银行同业借贷融资证券的额外一单位美元价值购入而增加的幅度($ds_t^h = 1/Q_t^h, db_t^h = 1$)。分母表示随着购买证券的美元价值增加,激励约束被收紧的程度,即式(11.11)的等号右边项减去左边项差值的增长。如正文所示,我们猜想,由于供应更为充足,投资地区的证券价格低于非投资地区,即 $Q_t^i < Q_t^n$。那么根据式(11.71),我们得到:

$$\lambda_t^i > \lambda_t^n \geq 0 \quad (11.72)$$

从式(11.14),我们得到:

$$\mathcal{V}_{bt} - \mathcal{V}_t = \frac{\theta\omega\bar{\lambda}_t}{1 + \bar{\lambda}_t} > 0 \quad (11.73)$$

由此我们得知,银行同业拆借的边际成本超过了存款的边际成本,即 $\mathcal{V}_{bt} > \mathcal{V}_t$。利用这些一阶条件,式(11.70)可以改写为:

$$Q_t^h s_t^h \leq \frac{1}{\theta(1 - \omega) - \left(\dfrac{\mathcal{V}_{st}}{Q_t^h} - \mathcal{V}_{bt}\right)}\left[(\mathcal{V}_{bt} - \theta\omega)n_t^h - \frac{\theta\omega}{1 + \bar{\lambda}_t}d_t\right] \quad (11.74)$$

将一阶条件和激励约束式(11.74)代入价值函数式(11.13),我们得到:

$$V_t(s_t^h, b_t^h, d_t) = \left[\mathcal{V}_{bt} + \lambda_t^h (\mathcal{V}_{bt} - \theta\omega) \right] n_t^h + \theta\omega \frac{\bar{\lambda}_t - \lambda_t^h}{1 + \bar{\lambda}_t} d_t$$

其中 $\mathcal{V}_{bt} + \lambda_t^h (\mathcal{V}_{bt} - \theta\omega)$ 是净资产对活跃银行家的边际价值：每增加一个单位的净资产，银行家可以减少一个单位的银行同业拆借（这节省了 $\mathcal{V}_{bt}$ 的成本），并放松了激励约束 $\mathcal{V}_{bt} - \theta\omega$（这使银行的价值增加 λ_t^h 倍）。将 $t+1$ 时期的表达式代入贝尔曼方程式（11.12），可得：

$$
\begin{aligned}
V_t(s_t^h, b_t^h, d_t) &= \mathcal{V}_{st} s_{pt} - \mathcal{V}_{bt} b_t - \mathcal{V}_t d_t \\
&= E_t \Lambda_{t,t+1} \Omega_{t+1}^{h'} n_{t+1}^{h'}
\end{aligned}
\tag{11.75}
$$

其中

$$\Omega_t^h = 1 - \sigma + \sigma \left[\mathcal{V}_{bt} + \lambda_t^h (\mathcal{V}_{bt} - \theta\omega) \right] \tag{11.76}$$

式（11.76）是银行家净资产的边际价值，他退出的概率是 $1 - \sigma$，保持活跃的概率是 σ。将待定系数法应用于式（11.75）可得：

$$\mathcal{V}_{bt} = R_{b,t+1} E_t \Lambda_{t,t+1} \Omega_{t+1}^{h'} \tag{11.77}$$

$$\mathcal{V}_t = R_{t+1} E_t \Lambda_{t,t+1} \Omega_{t+1}^{h'} = \frac{R_{t+1}}{R_{b,t+1}} \mathcal{V}_{bt} \tag{11.78}$$

$$\mathcal{V}_{st} = E_t \Lambda_{t,t+1} \Omega_{t+1}^{h'} \left[Z_{t+1} + (1 - \delta) Q_{t+1}^{h'} \right] \psi_{t+1} \tag{11.79}$$

令 D_t 为各银行的存款总值。根据式（11.72）和式（11.74），可得：

$$Q_t^i s_t^i = \frac{1}{\theta(1-\omega) - \left(\frac{\mathcal{V}_{st}}{Q_t^i} - \mathcal{V}_{bt} \right)} \left[(\mathcal{V}_{bt} - \theta\omega) N_t^i - \frac{\theta\omega}{1 + \bar{\lambda}_t} \pi^i D_t \right] \tag{11.80}$$

$$Q_t^n s_t^n \leqslant \frac{1}{\theta(1-\omega) - \left(\frac{\mathcal{V}_{st}}{Q_t^n} - \mathcal{V}_{bt} \right)} \left[(\mathcal{V}_{bt} - \theta\omega) N_t^n - \frac{\theta\omega}{1 + \bar{\lambda}_t} \pi^n D_t \right] \tag{11.81}$$

如果 $\lambda_t^n > 0$，则式（11.81）的等号成立；而严格不等式则意味着 $\lambda_t^n > 0$。相对于净资产而言，购买资产的边际倾向是：

$$\varphi_t^h = \frac{\mathcal{V}_{bt} - \theta\omega}{\theta(1-\omega) - \left(\frac{\mathcal{V}_{st}}{Q_t^h} - \mathcal{V}_{bt} \right)}$$

这就是在不完善的银行间市场的一般情况下的杠杆率表达式。请注意，如果 $\omega = 0$，这个表达式就变成了式（11.27）和式（11.28）。

框架的其余部分与正文中的模型相同。根据式（11.34）—式（11.36），银行在投资岛屿和非投资岛屿的总净值满足以下条件：

$$N_t^h = \pi^h \left\{ [Z_t + (1 - \delta) Q_t^h] \psi_t (\sigma - \xi) s_{t-1} - \sigma R_t D_{t-1} \right\} \tag{11.82}$$

(A_t, ψ_t) 遵循外生随机过程。于是 4 个价格变量 $(Q_t^i, Q_t^n, R_{t+1}, R_{b,t+1})$ 和 11 个数量变量 $(Y_t, C_t, L_t, I_t, K_{t+1}, Z_t, D_t, N_t^i, N_t^n, S_t^i, S_t^n)$ 以及 5 个影子价格变量 $(\mathcal{V}_t, \mathcal{V}_{bt}, \mathcal{V}_{st}, \lambda_t^i, \lambda_t^n)$ 通过 20 个方程序列被确定为状态变量 $(K_t, C_{t-1}, I_{t-1}, A_t, \psi_t, R_t D_{t-1})$ 的函数。这 20 个方程是：家庭和非金融公司的最优化条件，即式（11.1）、式（11.2）、式（11.7）、式（11.39）、式（11.40）；银行的

最优化条件,即式(11.71)、式(11.73)、式(11.77)—式(11.81)、式(11.82);产品市场、银行间市场资金、证券和劳动力的市场出清条件,即式(11.3)、式(11.37)、式(11.41)、式(11.42)。

稳定状态

在稳定状态下,我们得到:

$$I = \delta K \tag{11.83}$$

$$c = \left[A\left(\frac{L}{K}\right)^{1-\alpha} - \delta \right] K \tag{11.84}$$

$$\chi L^e = (1 - \alpha) A\left(\frac{K}{L}\right)^{\alpha} \frac{1 - \beta\gamma}{1 - \gamma} \frac{1}{C} \tag{11.85}$$

$$Z = \alpha A\left(\frac{L}{K}\right)^{1-\alpha} \tag{11.86}$$

$$R = \frac{1}{\beta} \tag{11.87}$$

$$Q^i = 1 \tag{11.88}$$

同时得到:

$$N^i = \pi^i \left[(\sigma + \xi)(Z + 1 - \delta) K - \frac{\sigma}{\beta} D \right] \tag{11.89}$$

$$N^n = \pi^n \left\{ (\sigma + \xi)\left[Z + (1 + \delta) Q^n \right] K - \frac{\sigma}{\beta} D \right\} \tag{11.90}$$

$$N^i + N^n + D = K + \pi^n (Q^n - 1)(1 - \delta) K \tag{11.91}$$

证券市场达到均衡意味着:

$$\left[\delta + \pi^i(1 - \delta) \right] K = \frac{1}{\theta(1 - \omega) + \mathcal{V}_b - \mathcal{V}_{st}} \left[(\mathcal{V}_b - \theta\omega) N^i + \frac{\pi^i \theta\omega}{1 + \bar{\lambda}} D \right] \tag{11.92}$$

$$Q^n \pi^n (1 - \delta) K \leqslant \frac{1}{\theta(1 - \omega) + \mathcal{V}_b - \dfrac{\mathcal{V}_{st}}{Q^n}} \left[(\mathcal{V}_b - \theta\omega) N^n + \frac{\pi^n \theta\omega}{1 + \bar{\lambda}} D \right] \tag{11.93}$$

其中,如果 $\lambda^n > 0$,则等式成立,而严格不等式意味着 $\lambda^n = 0$。关于银行的最优化问题,我们有:

$$\lambda^i = \frac{\mathcal{V}_s - \mathcal{V}_b}{\theta(1 - \omega) - (\mathcal{V}_s - \mathcal{V}_b)} \tag{11.94}$$

$$\lambda^n = \frac{\dfrac{\mathcal{V}_s}{Q^n} - \mathcal{V}_b}{\theta(1 - \omega) - \left(\dfrac{\mathcal{V}_s}{Q^n} - \mathcal{V}_b \right)} \tag{11.95}$$

$$\mathcal{V}_b = \beta R_b \left[1 - \sigma + \sigma\mathcal{V}_b + \sigma\bar{\lambda}(\mathcal{V}_b - \theta\omega) \right] \tag{11.96}$$

$$\mathcal{V}_b - \mathcal{V} = \left(1 - \frac{1}{\beta R_b} \right) \mathcal{V}_b = \frac{\theta\omega\bar{\lambda}}{1 + \bar{\lambda}} \tag{11.97}$$

$$
\begin{aligned}
\mathcal{V}_s = {} & \beta\pi^i(Z + 1 - \delta)\big[1 - \sigma + \sigma\mathcal{V}_b + \sigma\lambda^i(\mathcal{V}_b - \theta\omega)\big] \\
& + \beta\pi^n\big[Z + Q^n(1 - \delta)\big]\big[1 - \sigma + \sigma\mathcal{V}_b + \sigma\lambda^n(\mathcal{V}_b - \theta\omega)\big]
\end{aligned} \tag{11.98}
$$

稳态均衡是递归的:11 个价格和比值变量 $\left(R_b, Q^n, Z, \lambda^i, \lambda^n, \mathcal{V}_b, \mathcal{V}, \mathcal{V}_s, \dfrac{N^i}{K}, \dfrac{N^n}{K}, \dfrac{D}{K}\right)$ 的值由式(11.89)—式(11.98)这 11 个方程决定,其中式(11.97)有两个方程。然后,数量变量 (K、I、C、L) 由式(11.83)—式(11.86)决定。

附录 2 外部股权和政府干预的一般模型

在这里,我们提出一个具有不完善的银行间市场($\omega < 1$)以及外部股权和信贷政策的一般框架。在每个时期的开始(在非金融公司的投资机会到来之前),每家银行都要判断在这个时期结束时是退出还是继续运营。活跃银行通过吸收存款 d_t 和以 q_t 的价格发行外部股权 e_t 从家庭筹集资金。政府也可以以 Q_{gt} 的价格从运营银行购买额外的股权 $s_{get} - (1 - \delta)\psi_t s_{get}$。家庭和政府持有的外部股权与非金融公司发行的证券享有相同的股息。在这一时期(在非金融公司的投资机会到来之后),活跃银行可以通过在银行同业拆借市场 b_t^h 和贴现窗口 m_t^h 借款来筹集资金,为贷款(购买非金融公司的证券)提供部分融资。h 型岛屿上的活跃银行的资金流约束为:

$$
Q_t^h s_{pt}^h = n_t^h + b_t^h + m_t^h + q_t e_t + d_t \tag{11.99}
$$

其中 $s_{pt}^h = s_t^h - s_{get}$ 是私人持有的证券。活跃银行的净资产与式(11.57)类似,定义为:

$$
\begin{aligned}
n_t^h = {} & \big[Z_t + (1 - \delta)Q_t^h\big]\psi_t s_{p,t-1} - \big[Z_t + (1 - \delta)q_t\big]\psi_t e_{t-1} - R_{bt}b_{t-1} \\
& - R_{mt}m_{t-1} - R_t d_{t-1} + (Q_{gt} - Q_t^h)\big[s_{get} - (1 - \delta)\psi_t s_{get-1}\big]
\end{aligned} \tag{11.100}
$$

最后一项是政府通过股本注入提供给每个银行家的"礼物"。因为假设政府将"礼物"一次性送给银行家(包括新进入者),所以我们有 $s_{get} = s_{get}/f$。这个时期结束时银行的价值等于未来股息的预期现值(等于退出时的净资产)。

$$
V_t = E_t \sum_{i=1}^{\infty} (1 - \sigma)\sigma^{i-1}\Lambda_{t,t+1}\tilde{n}_{t+i}^h
$$

其中退出银行的净资产不包括"礼物":

$$
\tilde{n}_t^h = \big[Z_t + (1 - \delta)Q_t^h\big]\psi_t s_{p,t-1} - \big[Z_t + (1 - \delta)q_t\big]\psi_t e_{t-1} - R_{bt}b_{t-1} - R_{mt}m_{t-1} - R_t d_{t-1}
$$

激励约束意味着活跃银行的价值必须至少和可转移资产的价值一样大:

$$
V_t(s_{pt}^h, b_t^h, m_t^h, e_t, d_t) \geq \theta(Q_t^h s_t^h - \omega b_t^h - \omega_g m_t^h - \omega_e q_t e_t) \tag{11.101}
$$

如正文中所述,我们假设银行不能转移由政府注资而获得的资产。此外,银行转移由外部股权融资的资产比转移存款容易,也就是说,$\omega_e < 0$。

假设论证的价值函数是线性的,我们得到:

$$
\begin{aligned}
V_t^h = {} & V_t(s_t^h, b_t^h, m_t^h, e_t, d_t) \\
= {} & \mathcal{V}_{st}s_{pt} - \mathcal{V}_{bt}b_t - \mathcal{V}_{mt}m_t - \mathcal{V}_{et}e_t - \mathcal{V}_t d_t + \mathcal{V}_{get}
\end{aligned} \tag{11.102}
$$

令 λ_t^h 为 h 型岛屿银行激励约束的拉格朗日乘数。然后使用式(11.99),拉格朗日方程可

写为:

$$\mathcal{L} = V_t^h + \lambda_t^h [V_t^h - \theta (Q_t^h s_{pt}^h - \omega b_t^h - \omega_g m_t^h - \omega_e q_t et)]$$

$$= (1 + \lambda_t^h) [(\mathcal{V}_{st} - \mathcal{V}_{bt} Q_t^h) s_{pt}^h + (\mathcal{V}_{bt} - \mathcal{V}_{mt}) m_t^h + (\mathcal{V}_{bt} - \mathcal{V}_t) d_t + (\mathcal{V}_{bt} q_t - \mathcal{V}_{et}) e_t + \mathcal{V}_{bt} n_t + \mathcal{V}_{get}]$$

$$- \lambda_t^h \theta [(1 - \omega) Q_t^h s_{pt}^h + (\omega - \omega_g) m_t^h + (\omega - \omega_e) q_t e_t + \omega (n_t^h + d_t)]$$

我们关注的是银行发放贷款、吸收存款、进行银行同业拆借的均衡状态,其中银行可能会也可能不会发行外部股权或使用贴现窗口。于是银行选择 (s_t^h, m_t^h, e_t, d_t) 的一阶条件由正文中的式(11.14)和式(11.15)给出,并且:

$$(1 + \lambda_t^h) (\mathcal{V}_{bt} - \mathcal{V}_{mt}) \leqslant \theta (\omega - \omega_g) \lambda_t^h, \text{当 } n_t^h > 0 \text{ 时等号成立} \tag{11.103}$$

$$(1 + \bar{\lambda}_t) (\mathcal{V}_{bt} q_t - \mathcal{V}_{et}) \leqslant \theta (\omega - \omega_e) \bar{\lambda}_t q_t, \text{当 } e_t > 0 \text{ 时等号成立} \tag{11.104}$$

激励约束式(11.101)可以改写为:

$$\{ [\theta (1 - \omega) + \mathcal{V}_{bt}] Q_t^h - \mathcal{V}_{st} \} s_t^h \leqslant (\mathcal{V}_{bt} - \theta \omega) n_t^h - (\theta \omega + \mathcal{V}_t - \mathcal{V}_{bt}) d_t$$

$$- [\theta (\omega - \omega_g) + \mathcal{V}_{mt} - \mathcal{V}_{bt}] m_t^h - [\theta (\omega - \omega_e) q_t + \mathcal{V}_{et} - \mathcal{V}_{bt} q_t] e_t + \mathcal{V}_{get} \tag{11.105}$$

其中,如果 $\lambda_t^h > 0$,则式(11.105)的等号成立,而严格不等式意味着 $\lambda_t^h = 0$。

由式(11.103)可得:

$$\mathcal{V}_{mt} - \mathcal{V}_{bt} \geqslant \frac{\theta (\omega_g - \omega) \lambda_t^i}{1 + \lambda_t^i} > \frac{\theta (\omega_g - \omega) \lambda_t^n}{1 + \lambda_t^n} \tag{11.106}$$

因此,非投资岛屿的银行不使用贴现窗口来借款,而投资岛屿的银行只有在第一个弱不等式成立的情况下才使用贴现窗口来借款。从式(11.106)中我们还可以了解到,当两种工具都使用时,贴现窗口的边际成本必须大于银行同业拆借的边际成本($\mathcal{V}_{mt} > \mathcal{V}_{bt}$)。我们有:

$$\mathcal{V}_{bt} q_t - \mathcal{V}_{et} \leqslant \frac{\theta (\omega - \omega_e) \bar{\lambda}_t}{1 + \bar{\lambda}_t} q_t, \text{当 } e_t > 0 \text{ 时等号成立} \tag{11.107}$$

因此,对于银行向家庭发行外部股权,其节约的银行同业拆借成本的边际收益必须大于外部股权的边际成本(即 $\mathcal{V}_{bt} q_t > \mathcal{V}_{et}$),银行在用外部股权融资时比银行同业拆借更容易转移资产(即 $\omega > \omega_e$)。利用这些一阶条件,式(11.105)可改写为:

$$\left[\theta (1 - \omega) - \left(\frac{\mathcal{V}_{st}}{Q_t^h} - \mathcal{V}_{bt} \right) \right] Q_t^h s_t^h \leqslant (\mathcal{V}_{bt} - \theta \omega) n_t^h + \frac{\theta (\omega_g - \omega)}{1 + \lambda_t^h} m_t^h$$

$$- \frac{\theta}{1 + \bar{\lambda}_t} [\omega d_t + (\omega - \omega_e) q_t e_t] + \mathcal{V}_{get} \tag{11.108}$$

将一阶条件和激励约束式(11.108)代入价值函数式(11.102),我们可得:

$$V_t^h = [\mathcal{V}_{bt} + \lambda_t^h (\mathcal{V}_{bt} - \theta \omega)] n_t^h$$

$$+ \theta \frac{\bar{\lambda}_t - \lambda_t^h}{1 + \bar{\lambda}_t} [\omega d_t + (\omega - \omega_e) q_t e_t] + (1 + \lambda_t^h) \mathcal{V}_{get}$$

将时期 $t+1$ 的这个表达式代入贝尔曼方程式(11.102),我们得到:

$$V_t = \mathcal{V}_{st} s_{pt} - \mathcal{V}_{bt} b_t - \mathcal{V}_{mt} m_t - \mathcal{V}_{et} e_t - \mathcal{V}_t d_t + \mathcal{V}_{get}$$

$$= E_t \Lambda_{t,t+1} [\Omega_{t+1}^{h'} n_{t+1}^{h'} + \sigma (1 + \lambda_{t+1}^{h'}) \mathcal{V}_{get+1}] \tag{11.109}$$

其中 Ω_t^h 由式(11.76)给出。对式(11.109)应用待定系数法,我们可以得到式(11.77)—式(11.79)和

$$\mathcal{V}_{mt} = R_{m,t+1} \underset{h'}{E_t} \Lambda_{t,t+1} \Omega_{t+1}^{h'} = \frac{R_{m,t+1}}{R_{b,t+1}} \mathcal{V}_{bt} \tag{11.110}$$

$$\mathcal{V}_{et} = \underset{h'}{E_t} \Lambda_{t,t+1} \Omega_{t+1}^{h'} [Z_{t+1} + (1-\delta) q_{t+1}] \psi_{t+1} \tag{11.111}$$

$$\mathcal{V}_{get} = \underset{h'}{E_t} \Lambda_{t,t+1} \sigma \{(1 + \lambda_{t+1}^{h'}) \mathcal{V}_{get+1} + \sigma [\mathcal{V}_{b,t+1} + \lambda_{t+1}^{h'} (\mathcal{V}_{b,t+1} - \theta\omega)]$$
$$\cdot (Q_{g,t+1} - Q_{t+1}^{h'}) [s_{get+1} - (1-\delta) \psi_t s_{get}]\} \tag{11.112}$$

令 M_t、$\bar{E}_t$ 和 D_t 分别为银行贴现窗口借款总值、外部股权总值与吸收存款总值。根据式(11.108),我们可以得到:

$$S_{pt}^i = \frac{1}{[\theta(1-\omega) + \mathcal{V}_{bt}] Q_t^i - \mathcal{V}_{st}} \cdot \left\{ (\mathcal{V}_{bt} - \theta\omega) N_t^i + \frac{\theta(\omega_g - \omega)}{1 + \lambda_t^h} M_t \right.$$
$$\left. - \frac{\pi^i \theta}{1 + \bar{\lambda}_t} [\omega D_t + (\omega - \omega_e) q_t \bar{E}_t] + \pi^i f \mathcal{V}_{get} \right\} \tag{11.113}$$

$$S_{pt}^n \leqslant \frac{1}{[\theta(1-\omega) + \mathcal{V}_{st}] Q_t^n - \mathcal{V}_{st}} \cdot \left\{ (\mathcal{V}_{bt} - \theta\omega) N_t^n \right.$$
$$\left. - \frac{\pi^n \theta}{1 + \bar{\lambda}_t} [\omega D_t + (\omega - \omega_e) q_t \bar{E}_t] + \pi^n f \mathcal{V}_{get} \right\} \tag{11.114}$$

其中,如果 $\lambda_t^n > 0$,则式(11.114)的等号成立,而严格不等式成立则意味着 $\lambda_t^n = 0$。投资岛屿和非投资岛屿的银行总净值与式(11.59)相似,为:

$$N_t^h = \pi^h \{[Z_t + (1-\delta) Q_t^h] \psi_t (\sigma + \xi) S_{p,t-1} - \sigma [Z_t + (1-\delta) q_t] \psi_t \bar{E}_{t-1}$$
$$- \sigma R_{mt} M_{t-1} - \sigma R_t D_{t-1} + \sigma (Q_{gt} - Q_t^h) [S_{get} - (1-\delta) \psi_t S_{get-1}]\} \tag{11.115}$$

证券市场达到均衡意味着:

$$I_t + \pi^i (1-\delta) K_t = S_{pt}^i + S_{gt}^i + \pi^i S_{get} \tag{11.116}$$

$$\pi^n (1-\delta) K_t = S_{pt}^n + S_{gt}^n + \pi^n S_{get} \tag{11.117}$$

整个银行部门的资金流约束(这意味着银行同业拆借市场的出清)为:

$$Q_t^i S_{pt}^i + Q_t^n S_{pt}^n = N_t^i + N_t^n + M_t + D_t + q_t \bar{E}_t \tag{11.118}$$

框架的其余部分与正文中的模型相同,只是家庭的预算约束式(11.5)包括了外部股权的购买,即

$$C_t = W_t L_t + \Pi_t - T_t + R_t (D_t + D_{gt}) - (D_{t+1} + D_{g,t+1})$$
$$+ [Z_t + (1-\delta) q_t] \psi_t \bar{E}_{t-1} - q_t \bar{E}_t$$

因此,外部股权购买的一阶条件是:

$$q_t = E_t \{\Lambda_{t,t+1} [Z_{t+1} + (1-\delta) q_{t+1}] \psi_{t+1}\} \tag{11.119}$$

比较家庭对股权估值的表达式和银行家的估值的表达式(11.111),我们可知,家庭的贴现因子是消费的边际替代率 $\Lambda_{t,t+1}$,而银行家的贴现因子是边际替代率乘以净资产的边际价值,即 $\Lambda_{t,t+1} \Omega_{t+1}^{h'}$。在经济周期中,银行家的贴现因子比家庭的更不稳定。

政府选择政策规则来确定$(G_t, T_t, S_{gt}^h, S_{get}, Q_{gt}, D_{gt}, R_{m,t+1})$。$(A_t, \psi_t)$遵循外生随机过程。因此,状态变量$(K_t, C_{t-1}, I_{t-1}, A_t, \psi_t, R_t D_{t-1}, R_t D_{g,t-1}, R_{mt} M_{t-1}, \bar{E}_{t-1}, S_{g,t-1}, S_{get-1})$的函数确定了 5 个价格变量$(Q_t^i, Q_t^n, q_t, R_{t+1}, R_{b,t+1})$和 13 个数量变量$(Y_t, C_t, L_t, I_t, K_{t+1}, Z_t, M_t, \bar{E}_t, D_t, N_t^i, N_t^n, S_{pt}^i, S_{pt}^n)$以及 8 个影子价格变量$(\mathcal{V}_t, \mathcal{V}_{bt}, \mathcal{V}_{mt}, \mathcal{V}_{st}, \mathcal{V}_{et}, \mathcal{V}_{get}, \lambda_t^i, \lambda_t^n)$。这里计算的 26 个方程序列包括:家庭和非金融公司的最优化条件,即式(11.1)、式(11.2)、式(11.7)、式(11.39)、式(11.40);银行的最优化条件,即式(11.71)、式(11.73)、式(11.77)—式(11.79)、式(11.106)、式(11.107)、式(11.110)—式(11.114)、式(11.116);产品、劳动力、证券和银行同业拆借市场的市场出清条件,即式(11.3)、式(11.42)、式(11.116)、式(11.117)、式(11.118)。

参考文献

Adrian, T., Shin, H., 2009. Money, liquidity and monetary policy. Federal Reserve Bank of New York and Princeton University, Mimeo.

Aiyagari, R., Gertler, M., 1999. Overreaction of asset prices in general equilibrium. Rev. Econ. Dyn. 2,3-35.

Allen, F., Babus, A., Carletti, E., 2009. Financial crises: Theory and evidence. University of Pennsylvania, Mimeo.

Allen, F., Gale, D., 1994. Limited market participation and volatility of asset prices. Am. Econ. Rev. 84,933-955.

Allen, F., Gale, D., 2007. Understanding financial crises. Oxford University Press, Oxford, UK.

Angeloni, I., Faia, E., 2009. A tale of two policies: Prudential regulation and monetary policy with fragile banks. European Central Bank, Mimeo.

Bagehot, W., 1873. Lombard Street: A description of the money market. H. S. King, London, UK.

Bernanke, B., 2009. The crisis and the policy response. Jan. 13 Speech.

Bernanke, B., Gertler, M., 1989. Agency costs, net worth and business fluctuations. Am. Econ. Rev. 79,14-31.

Bernanke, B., Gertler, M., Gilchrist, S., 1999. The financial accelerator in a quantitative business cycle framework. In: Taylor, J., Woodford, M. (Eds.), Handbook of macroeconomics. Vol. 1. Elsevier, Amsterdam, Netherlands, pp. 1341-1393.

Brunnermeier, M., 2009. Deciphering the liquidity and credit crunch 2007-2008. J. Econ. Lit. 23,77-100.

Brunnermeier, M., Pederson, L., 2009. Market liquidity and funding liquidity. Rev. Financ. Stud. 22,2201-2238.

Brunnermeier, M., Sannikov, Y., 2009. A macroeconomic model with a financial sector. Princeton University, Mimeo.

Caballero, R., Krishnamurthy, A., 2001. International and domestic collateral constraints in a model of emerging market crises. J. Monet. Econ. 48, 513-548.

Calomiris, C., Kahn, C., 1991. The role of demandable debt in structuring banking arrangements. Am. Econ. Rev. 81, 497-513.

Carlstrom, C., Fuerst, T., 1997. Agency costs, net worth and business fluctuations: A computable general equilibrium analysis. Am. Econ. Rev. 97, 893-910.

Chari, V. V., Kehoe, P., 2010. Bailouts, time consistency and optimal regulation. University of Minnesota, Mimeo.

Christiano, L., Eichenbaum, M., Evans, C., 2005. Nominal rigidities and the dynamics effects of a shock to monetary policy. J. Polit. Econ. 113, 1-45.

Christiano, L., Motto, R., Rostagno, M., 2005. The Great Depression and the Friedman Schwartz hypothesis. J. Money Credit Bank 35, 1119-1198.

Christiano, L., Motto, R., Rostagno, M., 2010. Financial factors in business fluctuations. Northwestern University, Mimeo.

Curdia, V., 2007. Monetary policy under sudden stops. Federal Reserve Bank of New York, Mimeo.

Curdia, V., Woodford, M., 2009a. Credit spreads and monetary policy. Federal Reserve Bank of New York and Columbia University, Mimeo.

Curdia, V., Woodford, M., 2009b. Conventional and unconventional monetary policy. Federal Reserve Bank of New York and Columbia University, Mimeo.

Del Negro, M., Eggertsson, G., Ferrero, A., Kiyotaki, N., 2010. The great escape?. Federal Reserve Bank of New York and Princeton University, Mimeo.

Diamond, D., 1984. Financial intermediation and delegated monitoring. Rev. Econ. Stud. 51, 393-414.

Diamond, D., Dybvig, P., 1983. Bank runs, deposit insurance and liquidity. J. Polit. Econ. 91 (3), 401-419.

Diamond, D., Rajan, R., 2009. Illiquidity and interest rate policy. Mimeo.

Eisfeldt, A., 2004. Endogenous liquidity in asset markets. J. Finance 59 (1), 1-30.

Faia, E., Monacelli, T., 2007. Optimal interest rate rules, asset prices and credit frictions. J. Econ. Dyn. Control 31, 3228-3254.

Farhi, E., Tirole, J., 2009. Collective moral hazard, systematic risk and bailouts. Harvard University and University of Toulouse, Mimeo.

Fostel, A., Geanakoplos, J., 2008. Leverage cycles and the anxious economy. Am. Econ. Rev. 98, 1211-1244.

Gertler, M. , Gilchrist, S. , Natalucci, F. , 2007. External constraint on monetary policy and the financial accelerator. J. Money Credit and Bank 39, 295-330.

Gertler, M. , Karadi, P. , 2009. A model of unconventional. monetary policy. New York University, Mimeo.

Gilchrist, S. , Leahy, J. , 2002. Monetary policy and asset prices. J. Monet. Econ 49, 75-97.

Gilchrist, S. , Yankov, V. , Zakrasjek, E. , 2009. Credit market shocks and economic fluctuations: Evidence from corporate bond and stock markets. Boston University, Mimeo.

Goodfriend, M. , McCallum, B. , 2007. Banking and interest rates in monetary policy analysis. J. Monet. Econ. 54, 1480-1507.

Gorton, G. , 2010. Slapped in the face by the invisible hand: The panic of 2007. Oxford University Press, Oxford, UK.

Gourio, F. , 2009. Disaster risk and business cycles. Boston University, Mimeo.

He, Z. , Krishnamurthy, A. , 2009. Intermediary asset pricing. Northwestern University, Mimeo.

Holmstrom, B. , Tirole, J. , 1997. Financial intermediation, loanable funds and the real sector. Q. J. Econ. 112, 663-691.

Holmstrom, B. , Tirole, J. , 1998. Private and public supply of liquidity. J. Polit. Econ. 106, 1-40.

Iacoviello, M. , 2005. House prices, borrowing constraints and monetary policy in the business cycle. Am. Econ. Rev. 95, 739-764.

Jermann, U. , Quadrini, V. , 2009. The macroeconomic effects of financial shocks. University of Pennsylvania and USC, Mimeo.

Justiniano, A. , Primiceri, G. , Tambalotti, A. , 2009. Investment shocks and business cycles. Northwestern University, Mimeo.

Kehoe, T. , Levine, D. , 1993. Debt-constrained asset markets. Rev. Econ. Stud. 60, 865-888.

Kiyotaki, N. , Moore, J. , 1997. Credit cycles. J. Polit. Econ. 105, 211-248.

Kiyotaki, N. , Moore, J. , 2008. Liquidity, business cycles and monetary policy. Princeton University and LSE, Mimeo.

Korinek, A. , 2009. Systematic risk-taking amplification effects, externalities and regulatory responses. University of Maryland, Mimeo.

Krishnamurthy, A. , 2003. Collateral constraints and the amplification mechanism. J. Econ. Theory 111,277-292.

Kurlat, P. , 2009. Lemons, market shutdowns and learning. MIT, Mimeo.

La'O, J. , 2010. Collateral constraints and noisy fluctuations. MIT, Mimeo.

Lorenzoni, G. , 2008. Inefficient credit booms. Rev. Econ. Stud. 75, 809-833.

Mendoza, E. , 2009. Sudden stops, financial crises and leverage: A Fisherian deflation of Tobin's q. University of Maryland, Mimeo.

Merton, R. , 1973. An intertemporal capital asset pricing model. Econometrica 41, 867-887.

Monacelli, T. , 2009. New Keynesian models, durable goods and collateral constraints. J. Monet. Econ. 56,242-254.

Reinhart, C. M. , Rogoff, K. , 2009. This time is different: Eight centuries of financial folly. Princeton University Press, Princeton, NJ.

Reis, R. , 2009. Where should liquidity be injected during a financial crisis?. Columbia University, Mimeo.

Sargent, T. J. , Wallace, N. , 1983. The real bills doctrine versus the quantity theory of money. J. Polit. Econ. 90, 1212-1236.

Shleifer, A. , Vishny, R. , 2009. Unstable banking. Harvard University, Mimeo.

Shleifer, A. , Vishny, R. , 2010. Asset fire sales and credit easing. Harvard University, Mimeo.

Smets, F. , Wouters, R. , 2007. Shocks and frictions in U. S. business cycles: A Bayesian DSGE approach. Am. Econ. Rev. 97, 586-606.

Townsend, R. , 1979. Costly state verification. J. Econ. Theory 21, 265-293.

Wallace, N. , 1981. A Modigliani-Miller theorem for open market operations. Am. Econ. Rev. 71,267-274.

Williamson, S. , 1987. Financial intermediation, business failures and real business cycles. J. Polit. Econ. 95,1196-1216.

第十二章　金融中介和货币经济学①

托比亚斯·阿德里安(Tobias Adrian)[*]

申铉松(Hyun Song Shin)[**]

[*]:纽约联邦储备银行

[**]:普林斯顿大学

目　录

---

① 本章所表达的观点仅代表作者观点,不代表纽约联邦储备银行或联邦储备系统的观点。我们非常感谢编辑本杰明·弗里德曼(Benjamin Friedman)和迈克尔·伍德福德(Michael Woodford)在手稿付梓过程中提出的宝贵意见,并感谢泽维尔·弗雷克萨斯(Xavier Freixas)在讨论中提出的富有启发性的建议。

本章摘要：我们重新考察了金融中介在货币经济学中的作用，并探讨金融中介通过风险的价格波动成为驱动金融周期的引擎的假说。在此框架中，资产负债表规模成为风险偏好的关键指标，因此也是货币政策风险承担渠道的关键指标。我们有证据表明，金融中介的资产负债表为货币政策通过资本市场传导提供了一个窗口。短期利率在影响金融中介资产负债表规模方面很重要。我们的研究表明，在货币政策实施过程中，对货币存量的传统关注有更现代的对应物，并表明追踪资产负债表规模的重要性。

JEL 分类代码：E44，E52，E53，G01，G18，G2，G24

关键词：货币经济学；金融中介；风险承担渠道；银行贷款通道

1. 简介

在中央银行常用的传统货币经济学模型中，银行部门并没有发挥什么突出作用。这些模型中的主要摩擦是商品和服务的价格黏性。除了被中央银行作为实施货币政策的被动参与者外，金融中介机构几乎不起作用。

然而，金融中介却一直处于 2007 年爆发的国际金融危机的中心。尽管证券化的目的是将信贷风险分散给更能承担损失的投资者，但是金融中介分担了次级抵押贷款证券化造成的很大一部分信贷损失。在对随后陷入衰退的实体经济活动的评论中，关于信贷损失和相关财务困境的评论占据了显著位置。最近的事件表明，金融中介值得单独研究，因为只有这样才能确定其在经济波动中的作用。

本章旨在重新考虑金融中介在货币经济学中的作用。在讨论宏观经济学金融因素问题时，我们回顾了近期的一系列研究，它们试图将金融部门纳入新凯恩斯主义 DSGE 模型（动态随机一般均衡模型）。Curdia 和 Woodford（2009）以及 Gertler 和 Karadi（2009）的研究是最近的例子。然而，我们并不着力于金融摩擦如何影响实体经济，而是重点关注金融中介。我们提出的假说是：金融中介远非被动承受，相反，它是推动繁荣—萧条周期的引擎。为了验证这个假说，我们提出一个研究框架以解决以下两个问题：金融中介通过什么渠道影响实体经济（如果存在的话）？它对货币政策有什么影响？

银行和其他金融中介为了放贷而借款。由于银行发放贷款的期限往往比为这些贷款提供资金的负债期限更长，因此期限利差表明了中介机构资产负债表上每新增一美元贷款的边际盈利能力。银行的净息差（net interest margin，简称 NIM）是资产负债表上资产端的利息收入与负债端的利息支出之间的差额。期限利差表示进入资产负债表的边际贷款的盈利能力，而 NIM 则是一个平均概念，适用于资产负债表上所有贷款和负债的存量。

净息差决定银行贷款的盈利能力，并且提高了银行收入的现值，增强了对银行资本的前瞻性衡量。银行资本的增加提升了银行扩大贷款的能力,这意味着那些在银行资本增加之前没有发放的边际贷款现在由于银行有了更大的风险承担能力转而变得可以发放了。随着银行扩大其资产负债表,风险的市场价格下降。

在此框架下,金融中介通过影响风险定价来影响金融周期。因其在反映银行部门风险承担能力进而反映获得资金的边际真实项目方面能发挥重要作用,数量变量——特别是金融中介资产负债表的组成部分——成为重要的经济指标。因此,银行部门在决定真实活动水平方面至关重要。具有讽刺意味的是,我们的研究发现与货币经济学古老的主题有一些联系,即在货币经济学家不再关注货币存量的当下,我们却在跟踪货币存量。[①] 我们的框架与此前文献之间的共同主题是,货币存量反映了金融部门的资产负债表规模。我们的方法表明,更广泛的资产负债表指标,如总资产和杠杆率,可以作为有意义的金融中介变量纳入宏观经济分析中。

当我们检视衡量资本市场基本融资条件的资产负债表指标时,我们发现,适当的资产负债表规模来自按市值计算资产负债表的机构。因此,影子银行和券商资产的波动能比商业银行资产的波动提供更多信息。然而,随着商业银行将更多的资产负债表项目与市场挂钩,其资产负债表的变量很可能成为研究传导机制的更重要的变量。

我们的研究结果对货币政策的实施具有重要意义。根据这里概述的观点,信贷供应的波动源于银行风险承担与市场风险溢价之间的相互作用。市场化中介机构的杠杆成本取决于两个主要变量——风险和风险承担能力。中介机构的预期利润率由期限利差和各种信贷利差等来衡量。政策目标的变化决定了短期利率,并直接影响中介机构的盈利能力。基于上述原因,短期利率将直接影响货币政策。

2008 年国际金融危机后,保持低政策利率展示的效果再次表明它可以提高银行的盈利能力,并且在银行系统盈利处于危险的低水平时对其进行资本重组。回顾 2009 年初关于美国银行体系注资必要性(或必然性)的辩论,美国银行业资本水平的转向值得关注。

根据经验,(对美国而言)联邦基金目标利率的四个季度变化与期限利差的四个季度变化之间存在近乎完美的一对一的负相关关系。这里的期限利差定义为十年期国债与三个月国债的期限利差(图 12.1 使用了 1987 年第一季度—2008 年第三季度的数据)。因此,政策利率的变化直接转化为收益率曲线斜率的变化。由于期限利差影响银行的边际贷款和未来净息差(盈利能力),短期利率预示着银行业未来的风险承担能力。通过这种方式,目标利率的变化会影响实际经济活动,因为它们会改变金融中介的风险承担能力,从而改变市场风险溢价和信贷供应。Borio 和 Zhu(2008)创造了货币政策的风险承担渠道这一说法,以描述因金融中介的风险偏好而产生的一系列效应。

[①] 有关货币总量在美国宏观经济波动中的作用的概述,请参见 Friedman(1988)的研究。

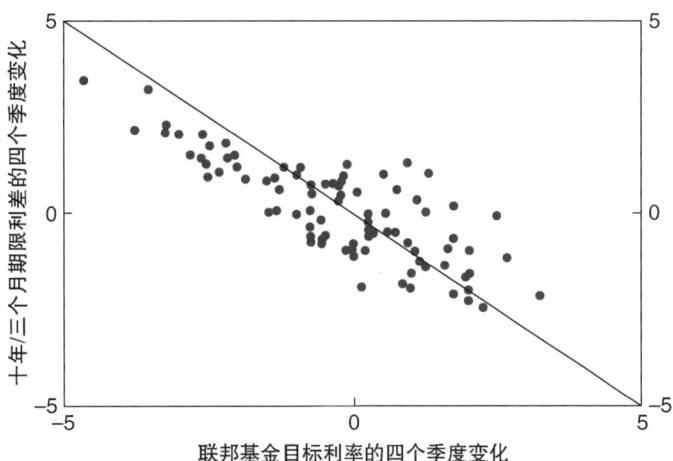

图 12.1　期限利差和联邦基金目标利率

　　这种将短期利率作为价格重要变量的观点与当前的货币思维形成了鲜明对比。在当前的货币思维中,短期利率只影响长期利率,而长期利率则被视为未来短期利率经风险调整后的期望值。目前,中央银行使用的货币经济学模型强调管理市场预期的重要性。通过绘制未来短期利率的路径并将其明确地传向市场,中央银行可以影响长期利率,然后影响抵押贷款利率、企业贷款利率,以及影响消费和投资的其他价格。Bernanke(2004)、Svensson(2004)和 Woodford(2003,2005)解释了这种预期渠道,这一渠道已成为货币政策的重要考量因素。Blinder(1998)在其关于中央银行的书中(第 70 页)特别明确地表达了这一主张。

　　然而,我们的研究结果表明,短期利率本身就很重要,因为它们在很大程度上决定了期限利差,而期限利差又决定了银行部门的净息差和前瞻性资本。短期利率持续走低意味着在一段时间内收益率曲线将变得更陡峭,未来净息差将上升,银行业的风险承担能力随之提升。相反,较高的短期利率意味着未来净息差较低,银行业承担风险的能力下降。特别是,收益率曲线倒挂标志着(银行)风险承担能力下降,并会延伸到实际经济活动的减少。

　　货币政策的风险承担渠道得到实证的支持。我们发现,影子银行资产负债表和券商资产负债表的增长有助于解释未来的经济活动。然而,我们也发现,影子银行和券商资产负债表规模的波动似乎比大型商业银行的波动更能预示未来经济活动的变化。因此,我们实证分析得到的一个结论是:不同类别的金融中介机构之间存在重要区别。事实上,影子银行资产和券商资产的变化具有明显不同于商业银行的时间特征。我们的研究结果指出了传统意义上的银行业与以市场为基础的银行体系之间的主要区别,后者在引导经济事件前进方向上越来越有影响力。

　　在确定了金融中介资产负债表对预示未来经济活动的重要性后,我们继续研究资产负债表增长的决定因素。我们发现,短期利率很重要。事实上,联邦基金目标利率是一个关键变量:降低短期利率有助于扩大资产负债表。此外,更陡峭的收益率曲线、更大的信贷利差以及更低的金融市场波动性都有助于扩大资产负债表。特别是,收益率曲线倒挂是资产负债表增长放缓的先兆,并在经验上预示着经济衰退。联邦基金目标利率决定了其他相关的短期利率,如通过货币市场套利的回购利率和银行同业拆借利率。因此,我们预计联邦基金目标利率将在决定短期利率方面发挥关键作用。

这些发现反映了金融中介的经济学原理,因为银行业务就是借短贷长。对于资产负债表外的工具,如通过发行商业票据为持有的抵押贷款资产提供融资的渠道或结构性投资工具(structured investment vehicle,简称 SIV)等来说,融资成本 0.25% 或 0.5% 的微小差异都会导致盈利项目和亏损项目之间的巨大差异。这是因为,和大多数金融中介一样,渠道或结构性投资工具既是债权人又是债务人——它借钱就是为了放贷。

在本章中,我们从一个简单的均衡模型开始研究。在此模型中,金融中介是决定经济中的风险价格的主要引擎。然后,我们给出了关于影子银行和券商资产负债表变化的实际影响以及短期利率在确定资产负债表变动中的作用的实证结果。最后,我们总结出货币政策的一些经验。

2. 金融中介和风险价格

为了开启对金融中介以及它们如何决定风险价格的研究,我们从单期资产市场中的典型模型开始分析。[1] 接下来介绍的一般均衡模型有两个值得强调的特征。

首先,该模型不存在违约。该模型中的债务是无风险的。然而,正如我们将要看到的,金融周期存在放大现象。Geanakoplos(2009)强调了无风险债务仍然可以通过杠杆率波动和风险定价产生强大的溢出效应。该模型还结合了 Shleifer 和 Vishny(1997)的见解,他们证明即使套利者是风险中性的,金融约束(或融资限制)也会导致风险溢价的波动。[2] Adrian 和 Shin(2007)展示了与金融中介资产负债表的风险定价波动有关的经验证据。

其次,在这个模型中,金融中介之间不存在借贷关系,所以我们在模型中看到的任何影响都不能归因于系统性风险的多米诺骨牌效应,即系统性风险通过金融中介的连锁违约蔓延到整个金融体系。[3] 这并不是否认连锁债权的重要性。然而,基准模型旨在表明违约链对于风险的价格波动并非必要。

我们从简单模型预测出金融中介的总资本、风险价格和流向实际项目的可用资金量存在一对一的关系。金融中介资本总额越大,风险价格越低,(实际项目)信贷就越容易获得。

2.1 模型

假设今天是第 0 天,我们进行了一个风险证券交易,预期它在下一个阶段(第 1 天)实现

---

① Shin(2009)也提过类似的模型。

② Shleifer 和 Vishny(2009)提出过一个与我们的模型密切相关的不稳定银行理论。

③ 关于为什么多米诺骨牌模型不适合用于理解 2007—2009 年危机的讨论,请参见 Adrian 和 Shin(2008b)的研究。

收益。风险证券的收益在第 1 天是已知的。但从第 0 天看,风险证券的收益是一个随机变量 $\tilde{w}$,其期望值 $q > 0$。风险证券收益的不确定性表现为一种特别简单的形式,随机变量 $\tilde{w}$ 在区间 $[q - z, q + z]$ 内均匀分布。$\tilde{w}$ 的均值和方差由下式给出:

$$E(\tilde{w}) = q$$

$$\sigma^2 = \frac{z^2}{3}$$

还有一种无风险证券,我们称之为“现金”,其利率为 i。令 p 表示风险证券的价格。对于持有 y 单位风险证券且权益为 e 的投资者,这一投资组合的收益是一个随机变量:

$$W \equiv \tilde{w}y + (1 + i)(e - py) \tag{12.1}$$

$$= \underbrace{[w - (1 - i)p]}_{\text{风险超额收益}}y + \underbrace{(1 + i)e}_{\text{无风险净资产收益}} \tag{12.2}$$

有两组投资者:被动投资者和主动投资者。被动投资者可以被认为是非杠杆投资者,如家庭、养老基金和共同基金;而主动投资者则可以被看作杠杆机构,例如积极管理其资产负债表的银行和证券公司。风险证券可被理解为发放给最终借款人的贷款,或由借款人发行的证券,但存在借款人无法全额偿还的风险。图 12.2 描述了这些关系。因此,风险证券的市场价值可被认为是发放给最终借款人的贷款市值。被动投资者持有的风险证券可被解释为家庭部门直接发放的信贷(如持有公司债券),而主动投资者持有风险证券可解释为中介融资,其中主动投资者是向家庭借款并贷款给最终借款人的银行。

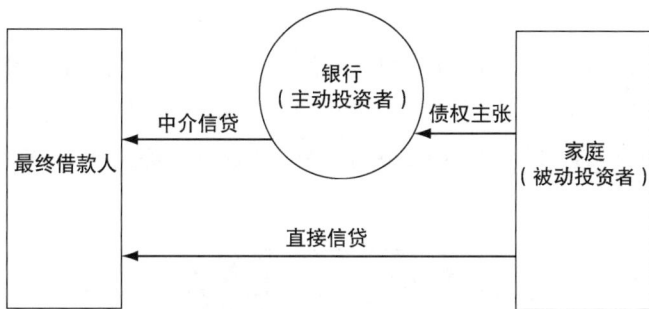

图 12.2　中介和直接信贷

我们假设被动投资者对投资组合的收益具有均值方差偏好。他们的目标是使下式最大化:

$$U = E(W) - \frac{1}{2\tau}\sigma_W^2 \tag{12.3}$$

其中 $\tau > 0$,这是一个常数,被称为投资者的风险承担能力,σ_W^2 是 W 的方差。就决策变量 y 而言,被动投资者的目标函数可写为:

$$U(y) = \underbrace{[q/p - (1 + i)]}_{\text{预期超额收益}}py + (1 + i)e - \frac{1}{6\tau}y^2z^2 \tag{12.4}$$

风险证券最优持有量满足一阶条件:

$$[q - (1 + i)p] - \frac{1}{3\tau}yz^2 = 0$$

价格必须低于风险厌恶型投资者持有任何风险证券的预期收益。被动投资者的风险证券最优持有量(用 y_P 表示)由下式给出:

$$y_P = \begin{cases} \dfrac{3\tau}{z^2}[q-(1+i)p], & \text{如果 } q > p(1+i) \\ \\ 0, & \text{其他情形} \end{cases} \tag{12.5}$$

我们把这些线性需求相加得出总需求。如果 τ_i 表示第 i 个投资者的风险承担能力,且 $\tau = \sum\limits_i \tau_i$,那么式(12.5)就给出了被动投资者部门的总需求。

现在转向主动(杠杆)投资者[①]的投资组合决策。主动投资者面临的风险是中性的,但会面临风险价值(Value-at-Risk,简称 VaR)的约束,这对银行和其他杠杆机构来说很常见。[②] 一般的风险价值约束应确保资本缓冲足够大[③],以使违约率保持在某个基准水平以下。考虑基准水平为 0 的特殊情况,这是为简化模型而做的极端假设。通过将 VaR 约束条件设定为不允许银行违约,我们可以将银行负债看作现金的完美替代品。还可以考虑采用较宽松的 VaR 约束条件,允许银行可能出现违约,但建模必须考虑银行风险债务的责任,并相应地进行定价。然而,该模型的关键定性特征不会受到影响。因此,在下文中,我们将采用严格版本的 VaR 约束,即银行持有足够的资本来应对最坏情况下的损失,并且银行的负债是无风险的。

由 VaR 表示杠杆投资者的风险价值。约束条件是投资者权益(股权)e 足够大,可以覆盖此 VaR。主动投资者的最优化问题是:

$$\max_y E(W) \text{ 受约束于 VaR} \leqslant e \tag{12.6}$$

如果价格太高,即 $p > q/(1+i)$,以至于价格超过贴现的预期收益,那么投资者不会持有风险证券。当 $p < q/(1+i)$ 时,$E(W)$ 在 y 中严格递增,所以 VaR 约束条件成立。风险证券的最优持有量可以通过求解 VaR $= e$ 获得。为了求解这个等式,可以将杠杆投资者的资产负债表写成:

资　产	负　债
证券 py	股权 e 债务 $py - e$

每个单位的风险证券的最小回报为 $q - z$。因此,最坏情况下的损失是 $[p(1+i)-(q-z)]y$。为了让银行有足够的净资产来弥补最坏情况下的损失,我们要求以下不等式成立:

$$[p(1+i)-(q-z)]y \leqslant e \tag{12.7}$$

式(12.7)的左边是 VaR 最坏情况下的或有损失,它必须由股权缓冲 e 来覆盖。由于该约束条件具有约束力,杠杆投资者的风险证券最优持有量为:

$$y = \frac{e}{p(1+i)-(q-z)} \tag{12.8}$$

① 译者注:本章中有关主动投资者与杠杆投资者的两种说法将不加区别地使用。

② VaR 约束的微观基础由 Adrian 和 Shin(2008a)给出。

③ 译者注:资本缓冲是指对银行而言超过资本充足水平的、用于应付有可能出现的亏损的资本。

因此,银行对风险资产的需求正向取决于银行对风险资产的预期超额收益 $q - (1 + i)p$,并且正向取决于银行拥有的股本数量 e 。

由于式(12.8)对 e 来说是线性的,当 e 是整个杠杆部门的总资本时,杠杆部门的总需求与式(12.8)的形式相同。

用债务 $py - e$ 替代约束条件式(12.8),我们可以将新的资产负债表写成:

资　产	负　债
证券 py	股权 e 债务 $\dfrac{q - z}{1 + i}y$

(12.9)

债务 $\dfrac{q - z}{1 + i}y$ 是通过将 $e = -\{[q/p - (1 + i)]p - z\}y$ 代入 $py - e$ 来构建的。我们假设 $q > z$,这一点确保了风险证券的收益是非负的。银行杠杆率是总资产与权益的比率,可以写为:

$$\text{杠杆率} = \frac{py}{e} = \frac{p}{p(1 + i) - (q - z)} \tag{12.10}$$

y 表示主动投资者持有的风险证券, y_P 表示被动投资者持有的风险证券,市场出清条件为:

$$y + y_P = S \tag{12.11}$$

其中 S 是风险证券的总赋值。图12.3表明了总资本固定值 e 的均衡情况。对于被动投资者来说,他们的需求是线性的,截距项为 $q/(1 + i)$ 。杠杆部门的需求可以从式(12.8)中看出。其解完全取决于 e 的函数。在动态模型中, e 可被视为状态变量(Danielsson et al. ,2009)。

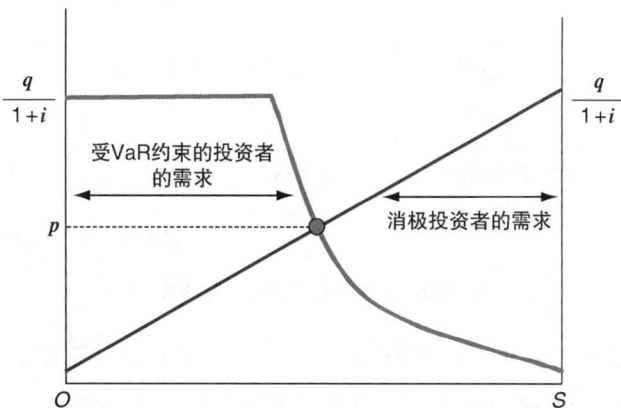

图 12.3　市场出清价格

现在考虑一种情况,随着风险证券基本面的改善,其预期收益从 q 上升到 q' 。在我们对该模型的基于银行业的解释中,预期收益的改善应被视为银行资产按市值计价的价值提升。目前,我们只将 q 的增加视为外生冲击。图12.4解释了这种情况。如图12.4所示,风险证券基本面的改善推高了被动和主动投资者的需求曲线。然而,由于资产负债表上有按市值计算的收益,杠杆投资者的反应被放大了。

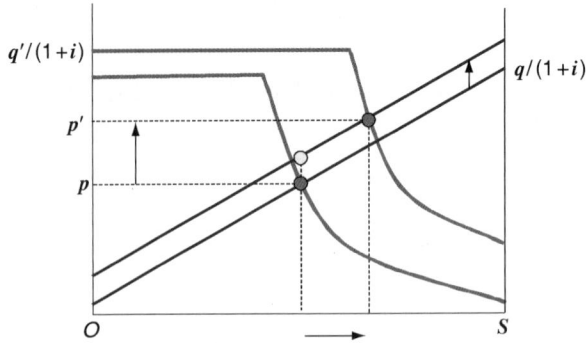

图 12.4 对基本面 q 改善的放大反应

根据式(12.9),以 e' 表示杠杆投资者的新权益水平,其中包含了价格上涨到 p' 时的资本收益。初始债务额是 $\dfrac{q-z}{1+i}y$。由于新的资产价值是 $p'y$,所以新的权益水平 e' 是:

$$e' = [p'(1+i) - (q-z)]y \tag{12.12}$$

图 12.5 展示了资产负债表扩张的步骤。初始资产负债表位于左侧,总资产值为 py。中间的资产负债表显示了 q 的增加带来基本面的改善,但这是在对风险证券持有量进行任何调整之前的。由于债务已是无风险的,证券价值有所增加,而债务价值没有任何变化,因此,资产价值的增长完全是通过股权的增加来实现的。式(12.12)展示了图 12.5 中资产负债表所显示的股权的新值 e'。

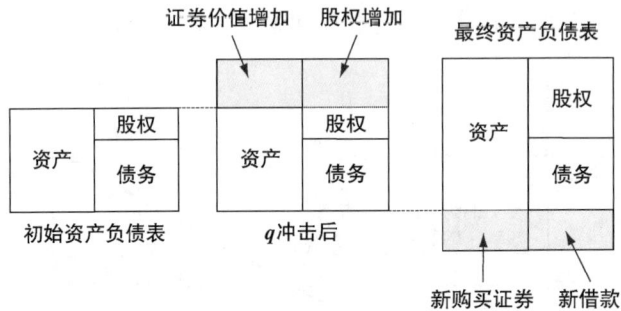

图 12.5 q 冲击导致的资产负债表扩张

股权的增加放宽了 VaR 约束,杠杆部门可以增持风险证券。新的持有量 y' 更大,具有更高的基本面价值 q',足以使 VaR 约束在更高的股权水平上束紧,即

$$e' = [p'(1+i) - (q'-z)]y' \tag{12.13}$$

在受到 q 冲击后,投资者的资产负债表有所加强,资本增加了,而债务价值没有任何变化。杠杆作用被减弱,导致资产负债表有闲置资产,因为现在的资本已经超过了覆盖 VaR 的需求。为了利用闲置的资产,投资者会购买额外的风险证券,并为此承担额外的债务。风险证券的需求不断上升。现在新的证券持有量是 y',总资产价值是 $p'y'$。在图 12.5 右侧的资产负债表中,式(12.13)用较高的持有量 y' 表示新的股权价值 e'。根据式(12.12)和式(12.13),我们可以将新的风险证券持有量写为:

$$y' = y\left[1 + \frac{q' - q}{p'(1 + i) - q' + z}\right] \tag{12.14}$$

将被动投资者的需求式(12.5)和市场出清条件 $(1 + i)p' - q' = \frac{z^2}{3\tau}(y' - S)$ 代入式(12.14)中,得到:

$$y' = y\left[1 + \frac{q' - q}{\frac{z^2}{3\tau}(y' - S) + z}\right] \tag{12.15}$$

这定义了关于 y' 的二次方程。式(12.15)的右侧与45度线相切之处就是方程的解。如果 $y' - y$ 和 $q' - q$ 符号相同,那么杠杆部门会放大繁荣和萧条。于是,基本面的任何变化都会被杠杆部门的投资组合决策放大。放大的前提是式(12.15)右边第二项的分母是正数。这一条件可以通过式(12.14)和 $p' > \frac{q' - z}{1 + i}$(即风险证券的价格高于其最坏情况下可得到的贴现收益)来确保。

另外请注意,当基本面风险较小时,放大的程度会增大,这一点可以从 z 值较小时 $y' - y$ 值较大的事实看出。回想一下,z 是基本面风险。当 z 很小时,相关风险价值 VaR 也很小,因此允许杠杆部门保持高杠杆。杠杆率越高,按市值计价的资本收益和损失也就越大。当杠杆部门相对于整体经济规模较大时,放大率就会很高。最后请注意,当被动投资者的风险承受能力 τ 很高时,放大的可能性会更大。

2.2 风险定价

现在我们探讨模型中风险定价的波动。模型中的风险溢价是风险证券的超额预期收益,可以用风险证券的贴现预期收益与其价格的比率来表示,即

$$风险溢价 = \frac{q}{p(i + 1)} - 1 \tag{12.16}$$

事实证明,与其直接使用风险溢价,不如使用风险溢价的单调变换,定义为:

$$\pi \equiv 1 - \frac{p(1 + i)}{q} \tag{12.17}$$

在这里,π 代表溢价,是风险溢价的单调转换,其值从零(风险溢价为零)到1(风险溢价为无限大)。

风险证券的市场出清条件是 $y + y_P = S$,可写成:

$$\frac{e}{z - q\pi} + \frac{3\tau}{z^2}q\pi = S \tag{12.18}$$

我们主要关注总权益 e 和风险溢价 π 之间的关系。e 可以解释为银行部门的总资本,即其承担风险的能力。在模型中,银行部门总贷款和总资本 e 有着非常简单的关系,因为主动投资者(银行)持有的风险证券是 $e/(z - q\pi)$。我们设定了一个限制条件,即主动投资者的风险证券总持有量严格为正,或等价地,被动投资者的持有量必须小于总量 S。根据式

(12.15),限制条件可写成:

$$q\pi < \frac{z^2}{3\tau}S \tag{12.19}$$

通过如下定义 $F(e,\pi)$,我们可以将市场出清条件写成:

$$F(e,\pi) \equiv e + \frac{3\tau}{z^2}q\pi(z - q\pi) - S(z - q\pi) = 0 \tag{12.20}$$

由此得出:

$$\frac{\partial F}{\partial \pi} = q\left[\underbrace{\frac{3\tau}{z^2}(z - q\pi)}_{A} + \underbrace{S - \frac{3\tau}{z^2}q\pi}_{B}\right] \tag{12.21}$$

上式中的 A 和 B 都是正的。A 是正的,由于活跃部门对风险证券的持有量是 $e/(z - q\pi)$,因此 $z - q\pi > 0$,以使活跃的投资者对风险证券有正的持有量。看待这种情况的另一种方法是,注意风险证券的市场价格不能低于风险资产的最低回报,所以有:

$$p > \frac{q - z}{1 + i} \tag{12.22}$$

也可以写成 $(1 + i)p - (q - z) = z - g\pi > 0$。条件式(12.21)的大括号内的第二项($B$ 项)是正的,其是由限制条件式(12.19)给出的,因此被动投资者不会拥有全部供应。由于 $\frac{\partial F}{\partial e} = 1$,我们有:

$$\frac{\mathrm{d}\pi}{\mathrm{d}e} = -\frac{\partial F/\partial e}{\partial F/\partial \pi} < 0 \tag{12.23}$$

换言之,市场风险溢价随银行业总股本 e 的上升而下降。如前所述,我们认为 e 是银行部门的风险承担能力。任何增加银行部门资本缓冲的冲击都会降低其风险溢价。因此,我们提出以下经验假设。

经验假设 1:银行体系的股本增加时风险溢价下降。

这一经验假设是我们讨论短期利率对银行部门风险承担能力影响的关键,它通过收益率曲线的斜率发挥作用,从而提高银行放贷的盈利能力。我们很快会再次谈到这一问题。

2.3 银行资本的影子价值

经济中风险溢价的另一窗口是通过与银行的约束优化问题相关的拉格朗日乘数,即在 VaR 约束下使投资组合预期收益 $E(W)$ 最大化。拉格朗日乘数是目标函数在约束条件放宽时的增长率,因此可以解释为银行资本的影子价值。用 γ 来表示拉格朗日乘数,我们有:

$$\lambda = \frac{\mathrm{d}E(W)}{\mathrm{d}e} = \frac{\partial E(W)}{\partial y}\frac{\partial y}{\partial e} = \frac{q - (1 + i)p}{z - [q - (1 + i)p]} \tag{12.24}$$

我们从式(12.1)得到了 $\mathrm{d}E(W)/\mathrm{d}y$,从式(12.8)得到 $\mathrm{d}y/\mathrm{d}e$,它给出了杠杆投资者的最佳组合决策。利用 π 的表达式,可以将式(12.24)重新写成:

$$\lambda = \frac{q\pi}{z - q\pi} \tag{12.25}$$

从式(12.25)中,我们发现,随着风险溢价 π 降低,拉格朗日乘数 γ 也在下降。这意味着对杠杆投资者来说,一美元新资本的边际增长带来的预期回报变少了。随着风险溢价 π 归零,拉格朗日乘数也归零,这意味着一美元的资本回报率降为零。

进一步地,银行资本的影子价值可写成:

$$\lambda = \frac{z(S - y)}{3\tau - z(S - y)} \tag{12.26}$$

在 y 给定的情况下,银行资本的影子价值随着杠杆行业规模增长而下降。此外,由于 γ 与风险溢价 π 存在一对一的关系,我们也可以得出结论:金融中介机构规模扩大时,市场风险溢价下降。

经验假设 2:随着银行业规模的扩大,风险溢价将下降。

3. 金融中介性质的变化

在准备实证研究前,我们简单回顾一下美国的金融中介结构,尤其强调市场化的金融中介机构和影子银行体系日益增长的重要性。

3.1 影子银行体系和证券经纪商

20世纪80年代初期,传统银行还是主要的金融中介机构。然而,在随后几年内,它们很快被市场化金融中介机构取代。图12.6显示了1985年以来美国不同类型金融中介的规模。我们看到,市场化金融中介,如证券经纪商和资产支持证券(asset-backed securities,简称ABS)发行商,已成为金融中介的重要组成部分。ABS发行商、金融公司和基金公司等被统称为影子银行。

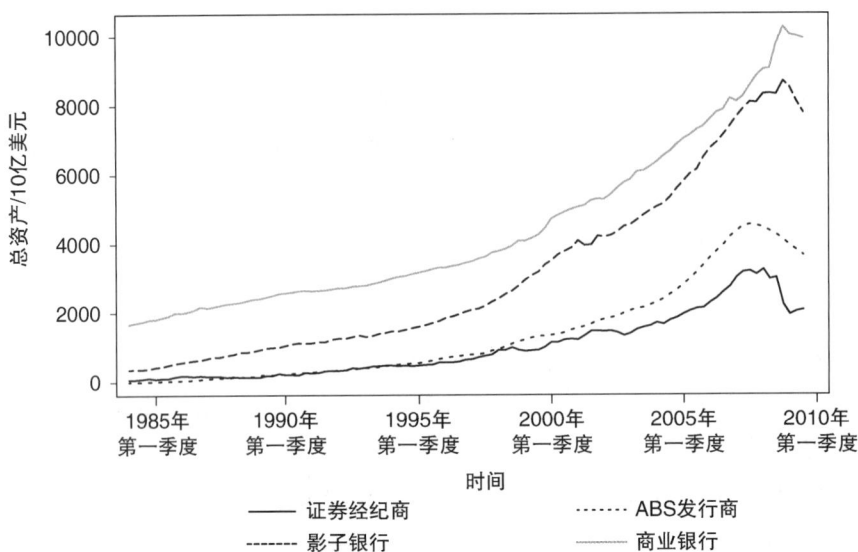

图 12.6　商业银行、影子银行和经纪商的总资产

　　1985年,影子银行还只是商业银行部门的一小部分,但是在危机前夕其规模已经赶上了商业银行部门。市场化银行体系的重要性还反映在经纪商数量的增长方面。过去,这些经纪商在证券市场中只是扮演做市和承销的角色。然而近年来,随着证券化的发展和金融体系向以资本市场为基础转变,它们在信贷供应方面的作用愈发重要。现在的金融体系已不再囿于银行的传统角色——充当存款人和借款人的中介机构。尽管经纪商部门的总资产小于商业银行部门的总资产,但我们的研究结果表明,经纪商可以更好地反映经济中的融资状况,以及整体资本市场状况。这方面最重要的是美国住房金融的性质变化。美国的住房抵押贷款现在主要由市场化的金融机构持有,而不再主要由传统的银行所持有。经纪商的资产负债表为我们及时了解现状提供了一个窗口。

　　以市场为基础的金融中介的增长也反映在资产负债表的负债总量上。图12.7显示了M1存量的相对规模以及一级交易商的回购存量。这些银行在美国国债拍卖会上出价,由于它们对美联储有报告义务,所以可以很容易地获得它们的数据。我们还注意到,作为金融中介融资工具的金融商业票据发展迅速。

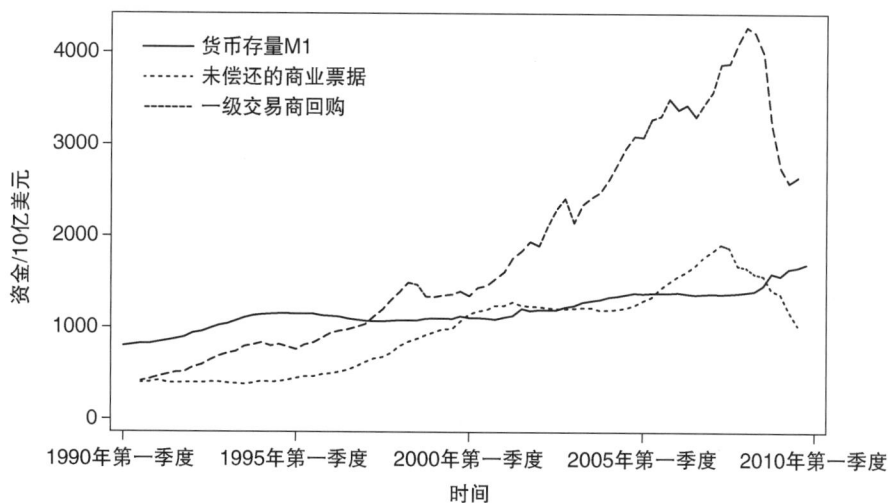

图 12.7　金融机构的流动资金：货币存量（M1）、一级交易商回购、商业票据

图 12.8 显示了 M2（银行存款+货币市场基金余额）的规模，并与一级交易商回购和未偿还的商业票据总和进行对比。在 20 世纪 90 年代，M2 存量要比回购和商业票据的存量大很多倍。然而在危机前夕，这一差距已大大缩小，M2 存量仅比回购和商业票据存量多 25％左右。但随着近期危机的爆发，这一差距再次拉大。

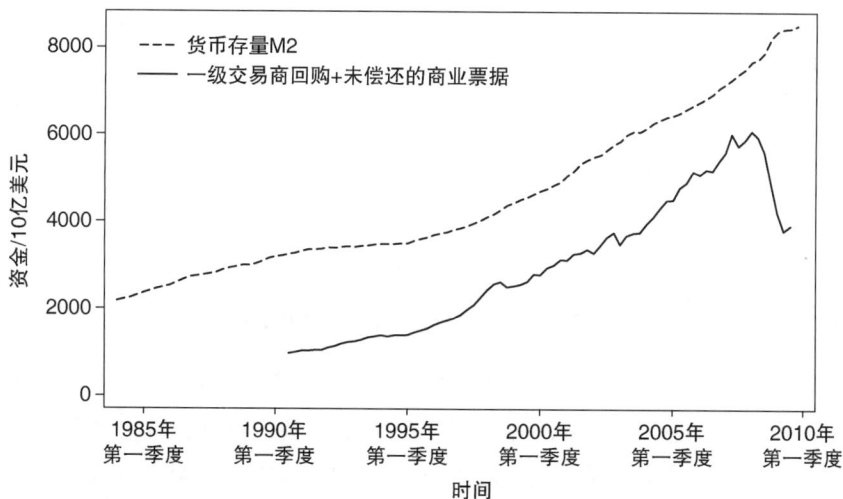

图 12.8　短期资金：M2 vs 商业票据+一级交易商回购

市场化的金融中介机构在金融危机爆发前增长最快，但在危机期间的回调也是最剧烈的。图 12.9 显示了商业银行总资产和影子银行总资产的增长率比较情况，而图 12.10 则显示了商业票据总资产相对于影子银行总资产的增长情况。

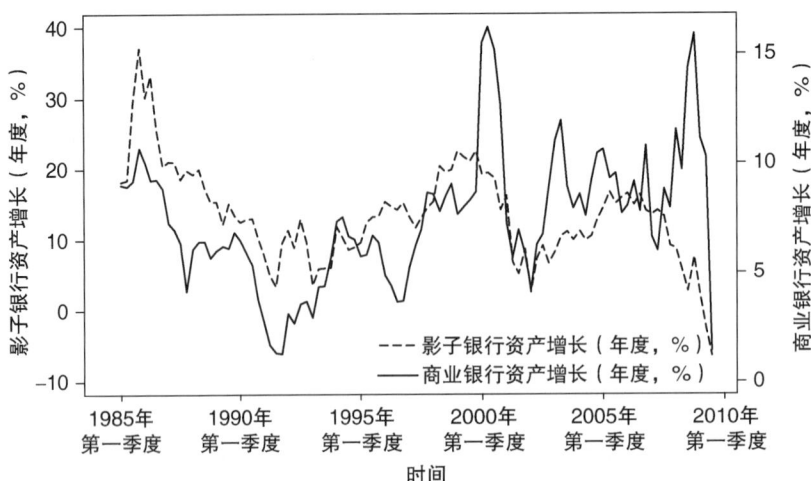

图 12.9　影子银行和商业银行总资产的增长

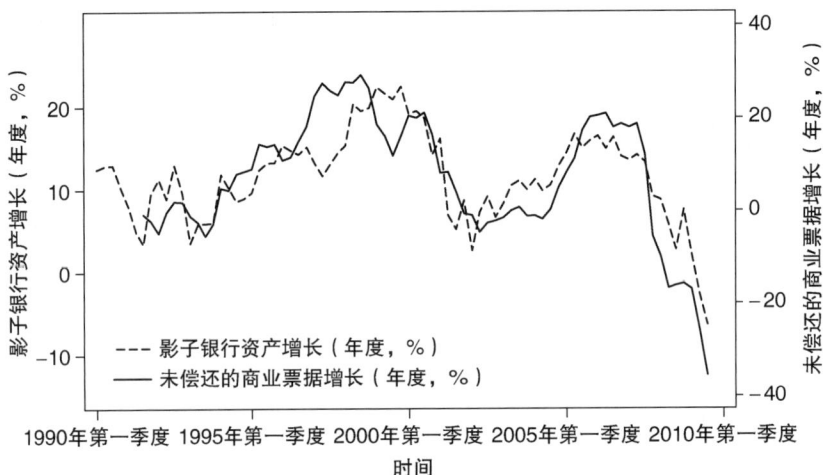

图 12.10　影子银行的边际资金是商业票据

　　我们发现,在危机期间,尽管商业银行扩大了资产负债表规模,但影子银行的规模在大幅收缩。传统上,银行扮演着缓冲资本市场波动的角色,我们可以看到它在当前危机中继续发挥作用。因此,仅仅关注商业银行贷款总额会让人对金融中介的状况估计过于乐观。

　　图 12.11 显示,经济体系中经纪商部门的收缩和一级交易商回购的收缩同步,这就反映了经纪商行业对整体资本市场状况的敏感度。因此,在金融中介行为的实证研究中,必须牢记商业银行和市场中介机构(如经纪商)之间的区别。通过商业票据或回购协议等短期借贷为自己融资的市场中介机构将十分敏感地受到资本市场状况的影响。但对于一家商业银行来说,其庞大的资产负债表掩盖了(资本市场)边际变化的影响。此外,商业银行通过信贷额度提供关系型贷款。相比之下,经纪商给出的边际融资条件更为纯粹,因为它们的资产负债表几乎完全由短期市场借款组成,且不受关系型贷款的限制。

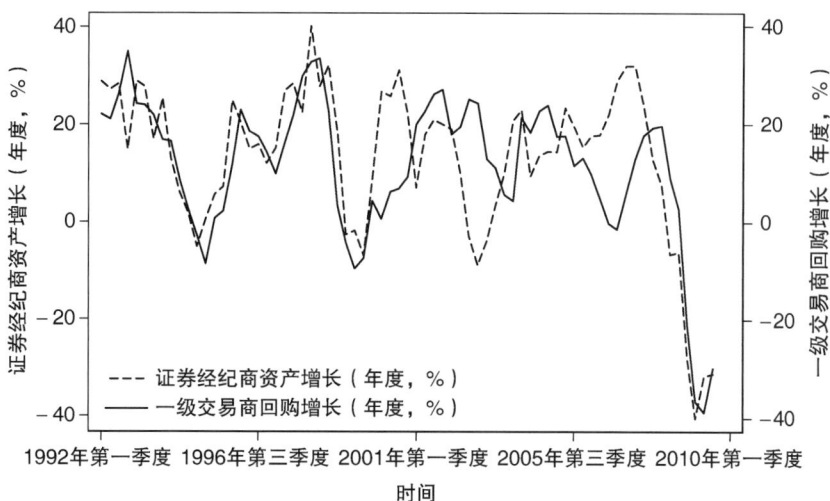

图 12.11 证券经纪商的边际资金是回购

3.2 估值折扣和 VaR

第 2 节模型的放大机制的核心是 VaR 约束,其特征是基于市场的金融中介机构,如证券经纪商和影子银行。Adrian 和 Shin(2007)研究了市场金融机构主动的资产负债表管理,表明投资银行会表现出"顺周期杠杆"的特征。也就是说,资产负债表规模的增加和杠杆率提升有关。相比之下,商业银行的资产负债表行为与杠杆目标一致:对于商业银行而言,杠杆提升与资产负债表规模的增长无关。

关于这个问题,一个有用的视角是,考虑回购等抵押贷款交易中允许的隐性最大杠杆。回购是基于市场的金融机构的主要资金来源,同时也为传统银行提供了边际资金来源。在回购协议中,借款人以低于当前市场价格的价格出售证券,前提是在将来按预先约定的价格赎回。证券当前的市场价格与出售价格之间的差额在回购中称为估值折扣,它随市场波动而波动。估值折扣波动在很大程度上决定了杠杆机构可获得的融资程度,因为借款人可实现的最大杠杆率由估值折扣决定。如果估值折扣为 2%,那么借款人可以用价值 100 美元的证券作为抵押借入 98 美元。那么,为了持有价值 100 美元的证券,借款人必须拿出 2 美元的股权。因此,如果回购估值折扣为 2%,则最大杠杆率(资产与股权的比率)可以达到 50。

假设借款人的杠杆达到了允许的最高水平,这样借款人的资产负债表就有了 50 倍的高杠杆率。如果此时金融体系受到冲击导致市场估值折扣上升,那么借款人将面临困境。假设折扣上升到 4%,允许的杠杆率就会从 50 减半到 25,此时借款人将面临艰难的选择:要么筹集新股本,使其股权翻倍,要么出售一半的资产,或者两者兼用。但是这样处理资产会带来溢出效应,加剧其他机构的困境。Brunnermeier 和 Pedersen(2009)描述的"保证金螺旋"就模拟了这种现象。

有关回购估值折扣的思考表明,衡量风险在决定杠杆率方面发挥着关键作用。Adrian 和 Shin(2008a)提出了一个收缩模型,将这一结果作为核心预测,并给出了与预测一致的经验证据。Adrian 和 Shin(2008a)还发现,从每日股票收益的时间序列中计算的 VaR 指标可以解释总资产、杠杆率和资产负债表中负债方的关键组成部分的变化,如回购存量。

在损失呈指数分布的基准情况下,Adrian 和 Shin(2008a)的收缩模型得出了被广泛使用的 VaR 规则。该规则规定,风险敞口需要不断调整,使股权与总 VaR 完全匹配。风险敞口不断调整的目的是保持违约概率不变,即处于给定的风险阈值水平下。鉴于私营部门金融机构和监管机构普遍适用 VaR 规则,VaR 概念的微观基础为进一步研究奠定了基础。

可以肯定的是,从经济效率的角度来看,尽管风险价值规则是收缩模型的结果,但并不表明普遍采用这种做法是可取的。事实上,有力的论据表明,风险管理工具(如 VaR)会给其他金融机构带来溢出效应,从而损害整体效率。例如,从雷曼兄弟的角度看,虽然溢出效应是双边安排的收缩的自然结果,但债权人谨慎减少对雷曼兄弟的风险敞口对雷曼兄弟来说是一种挤兑。风险管理工具并没有考虑到整个金融体系中不止一个环节会出现溢出效应。

3.3　金融部门的相对规模

以市场为基础的金融中介的快速增长掩盖了将各个机构资产负债表加总时涉及重复计算的问题。因此,在下一步讨论之前,我们想谈一谈账户关系,这有助于我们思考重复计算的程度。

设 a_i 为 i 银行的总资产,x_i 为 i 银行的总债务(即总负债减去净资产),银行业的总规模可以写成所有银行的资产总和,定义为 $\sum_{i=1}^{n} a_i$。相应地,还可以定义所有银行的债务总和,为 $\sum_{i=1}^{n} x_i$。

将杠杆率 λ_i 设为 i 银行总资产对股权的比例:

$$\lambda_i = \frac{a_i}{a_i - x_i} \tag{12.27}$$

然后求解 x_i,并令 $\delta_i = 1 - \dfrac{1}{\lambda_i}$,可以得到:

$$x_i = \delta_i \left(y_i + \sum_j x_j \pi_{ji} \right) = \delta_i y_i + [x_1 \cdots x_n] \begin{bmatrix} \delta_i \pi_{1i} \\ \vdots \\ \delta_i \pi_{ni} \end{bmatrix} \tag{12.28}$$

设 $x = [x_1 \cdots x_n]$,$y = [y_1 \cdots y_n]$,并且设对角矩阵 Δ 为:

$$\Delta = \begin{bmatrix} \delta_1 & & \\ & \ddots & \\ & & \delta_n \end{bmatrix} \tag{12.29}$$

我们可以将式(12.28)的向量形式写为:

$$x = y\Delta + x\Pi\Delta$$

求解 x，有：

$$
\begin{aligned}
x &= y\Delta(I - \Pi\Delta)^{-1} \\
&= y\Delta[I + \Pi\Delta + (\Pi\Delta)^2 + (\Pi\Delta)^3 + \cdots]
\end{aligned}
\tag{12.30}
$$

矩阵 $\Pi\Delta$ 由以下等式给出：

$$
\Pi\Delta = \begin{bmatrix}
0 & \delta_2\pi_{12} & \cdots & \delta_n\pi_{1n} \\
\delta_1\pi_{21} & 0 & \cdots & \delta_n\pi_{2n} \\
\vdots & \vdots & \ddots & \vdots \\
\delta_1\pi_{n1} & \delta_2\pi_{n2} & \cdots & 0
\end{bmatrix}
\tag{12.31}
$$

式（12.30）中的无穷级数收敛，因为 $\Pi\Delta$ 的各行之和要严格小于 1，所以逆矩阵 $(I - \Pi\Delta)^{-1}$ 的定义很明确。

式（12.30）表明了在衡量最终借款人的重复计算程度时应该注意的要点，即借款人大量使用了从其他金融中介机构筹集的资金。需要对比的是 y（经济中最终借款人的贷款概况）和 x（所有银行的债务价值概况，它提供了资产负债表规模的总体衡量）。将两者联系起来的因素就是以下矩阵：

$$\Delta[I + \Pi\Delta + (\Pi\Delta)^2 + (\Pi\Delta)^3 + \cdots]$$

这个矩阵的范数是有限的，因为无穷级数 $I + \Pi\Delta + (\Pi\Delta)^2 + (\Pi\Delta)^3 + \cdots$ 会收敛于 $(I - \Pi\Delta)^{-1}$。然而，对于一个高杠杆率的金融系统以及银行之间的高关联度而言，这一范数可以无限增大。因为当杠杆率变大时，$\delta_i \to 1$，所以 Δ 趋向于单位矩阵。此外，当银行间的关联程度加大时，矩阵 Π 的范数会收敛于 1，因为该矩阵的每行总和都会收敛于 1。在极限时，由于 $\Delta \to 1$ 和 $\|\Pi\| \to 1$，矩阵 $\Delta[I + \Pi\Delta + (\Pi\Delta)^2 + (\Pi\Delta)^3 + \cdots]$ 的范数就会无限增大。

因此，相对于经济规模而言，金融中介的规模在整个金融周期中会发生巨大变化。我们在图 12.12 和图 12.13 中说明了这一现象，它们显示了自 1954 年以来美国四个部门的增长。这四个部门依次是非金融公司、家庭、商业银行和证券经纪商。这些数据来自美联储的资金流动账户。该序列通过将 1954 年第一季度的规模设为 1 通过已实现标准化。

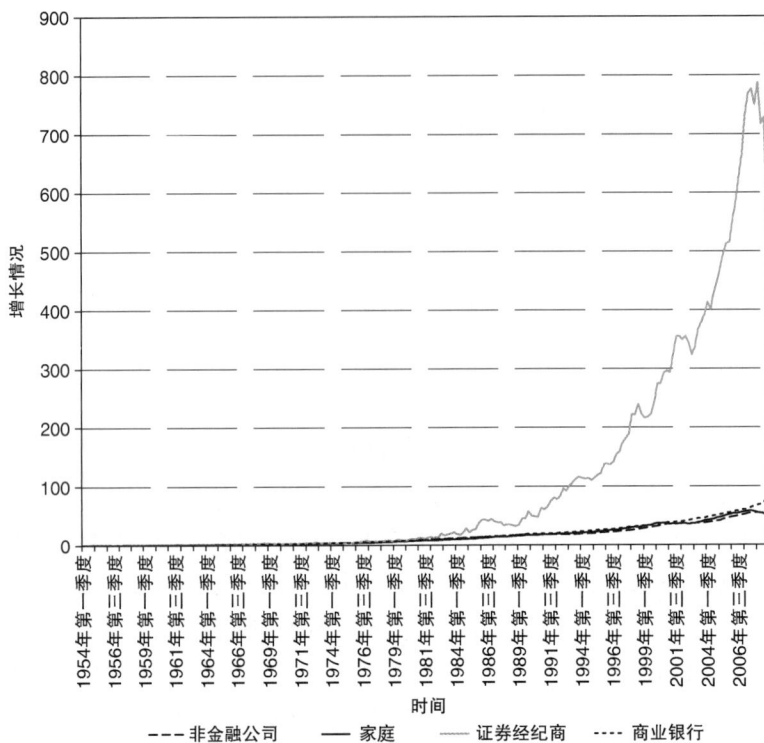

图 12.12 美国四个部门的增长(1954 年第一季度＝1)

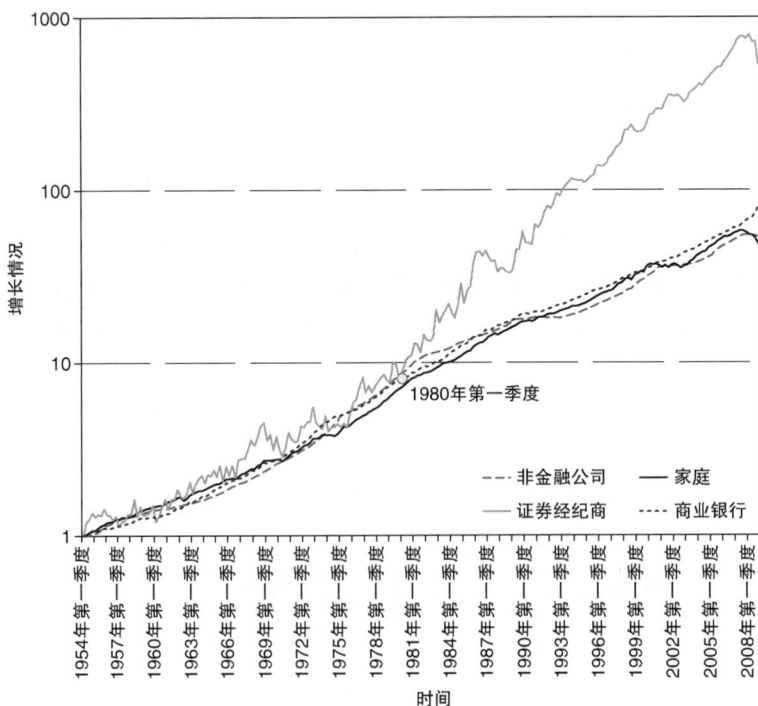

图 12.13 美国四个部门的增长(1954 年第一季度＝1)(按对数尺度)

截至 2009 年底,这四个部门中有三个的规模已增长至 1954 年的 80 倍左右。然而,这些趋势与证券经纪商部门的发展趋势相比仍相形见绌。证券经纪商部门在经济繁荣的高峰期增长到 1954 年的 800 倍左右,而此后在危机中崩盘。图 12.13 是图 12.12 的同一图表,但是采用对数尺度以提供更多细节。它揭示了证券经纪商部门在 1980 年之前一直与经济中的其他部门保持同步,但之后开始突增并超过其他部门。在危机前夕,证券经纪商部门的规模大约是其他经济部门的 10 倍。

4. 金融中介资产负债表的实证相关性

迄今为止的讨论表明,由于其对金融状况有重要影响,金融中介机构是一个值得在货币经济模型中进行独立研究的课题。资产价格受到金融中介资产负债表约束宽松程度的影响。本节我们将实证检验金融中介对金融市场的影响是否会影响实体经济。这一分析遵循 Adrian 和 Shin(2008c)以及 Adrian 等(2009)的研究。

按照 Adrian 等(2009,2010)以及 Adrian 等(2009)的提法,我们将资产负债表约束的宽松程度称为风险偏好。风险偏好指的是第 2 节模型中(杠杆)中介部门资本的影子价值。资本的影子价值表明了银行部门拥有一美元额外的银行资本获得的额外收益。资本约束越宽松,拉格朗日乘数越低,风险偏好就越高。

"风险偏好"这一术语旨在强调银行部门偏好的表面变化。由于风险偏好波动是银行面临的限制而非它们的偏好导致的,所以我们说偏好表面变化。然而,对于外部观察者来说,风险偏好波动包含了投资者风险偏好波动的外在迹象。

Adrian 等(2009)估计了金融中介机构对宏观风险溢价的风险偏好。风险溢价衡量经济中融资项目的最低回报率,反映了信贷条件的宽松程度,这与第 2 节中模型的风险溢价相对应。宏观风险溢价是根据固定收益证券的收益率差来估计的,特别是,它被估计为密切跟踪 GDP 增长的利差的线性组合。由此,我们允许国债收益率曲线的期限利差和信用利差都进入模型中。期限利差和信用利差都是衡量最低回报率的指标——较长期限或风险较高债券的额外收益率,可促使市场投资者为额外投资或消费提供资金。

为了估计宏观风险溢价,Adrian 等(2009)让 GDP 增长同时对各种国债和信贷利差进行回归。然后,他们使用美国联邦储备委员会公布的 H.15 版七种固定期限收益率计算相对于联邦基金目标利率的利差,并计算了标准普尔公司的信用等级为 AAA、AA、A、BBB、BB 和 B 的信贷相对于十年固定期限国债收益率的公司债券利差。Adrian 等(2009)的分析始于 1985 年第一季度,到 2009 年第四季度结束。

宏观风险溢价的估计是通过 GDP 增长对这些企业与国债利差进行线性回归拟合得到的。因此,宏观风险溢价在实证角度上是利差的加权平均值,其权重由回归系数给出。权重可以理解为跟随 GDP 增长(而确定)的投资组合权重。从概念上讲,这个宏观风险溢价代表了对第2节中讨论的风险溢价项 π 的模拟。估计的宏观风险溢价和GDP增长一同被绘制在图12.14中。为了便于解释,我们使用仿射变换旋转宏观风险溢价,以匹配AA级信用利差的平均水平和波动。图12.14显示了宏观风险溢价与GDP增长之间很强的负相关性。

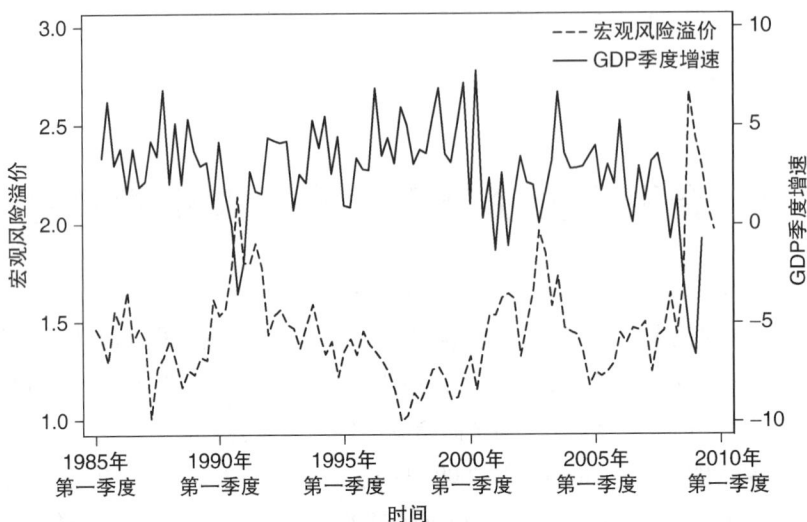

图 12.14 宏观风险溢价和 GDP 增长

现在我们转向讨论对金融中介资本约束宽松程度的衡量,即风险偏好。如第2节所述,银行的贷款意愿与资产负债表的规模正相关。第2节中概述的场景说明了金融机构在选择其投资组合的规模和构成时是如何通过VaR约束来主动管理其资产负债表的。

直观地说,宏观风险溢价、金融中介资产负债表和实际经济活动之间的关系如下。当金融中介有充足的资产负债表管理能力时,即有较高的资本时,他们的资产负债表约束较为宽松,风险溢价被压缩,信贷供应充足。这反过来会降低(经济中)实际项目的最低回报率,从而促进GDP增长。有效风险规避越低,实际增长率就越高。反之,当金融中介的融资条件恶化时,他们的风险偏好会下降,从而导致实际增长下滑。

宏观风险溢价措施可以理解为国债和公司债券收益率的组合,其中组合权重的选择是为了使其与实际GDP增长的同期关联性最大化。类似地,我们利用一年期滞后的资产负债表变量的线性组合来准确预测宏观风险溢价的(负)一年变化,从而得到对金融中介风险偏好的衡量。近似地,负变化反映了宏观风险溢价的回报。我们不能先验地知道哪些金融中介在确定不同资产类别的风险溢价时最重要。因此,在Adrian等(2010)的相关工作基础上,我们在大量潜在的解释性资产负债表的代理变量中利用子集选择方法来识别不同资产类别超额收益的最佳预测指标。

Adrian等(2010)指出,证券经纪商和交易商的年度杠杆率提升是预测股票与公司债券投资组合超额收益的有力指标,而影子银行的季度资产增长是预测公司和国债超额收益的有力指标。因此,Adrian等(2009)将回归右侧变量限制在这两类机构中,辅之以商业银行,以强调基于市场的金融中介机构的资产负债表对传统银行的不同影响。对于这三种类型的机构,一年期滞后的资产增长和净值增长都被列为潜在变量。Adrian 等(2009)用金融中介总资产的相对规模对资产和净资产的增长率进行加权,以反映不同机构管理资产的趋势。

我们通过如下方法估计风险偏好,即将一年期宏观风险溢价的(负)变化对证券经纪商、影子银行和商业银行的资产负债表指标进行回归分析。

这些负变化反映了风险溢价的收益。当风险溢价的负变化为正时,今天的价格会上涨,导致预期收益降低。风险偏好的估计被构建为(宏观风险溢价的负变化)对中介资产负债表变量回归的拟合值。图 12.15 反映了风险偏好与宏观风险溢价变化的高度负相关。较高的风险偏好导致资产负债表扩张,这与资产价格上升相关,从而导致利差下降。因此,风险偏好的变化与宏观风险溢价呈现出高度负相关性。

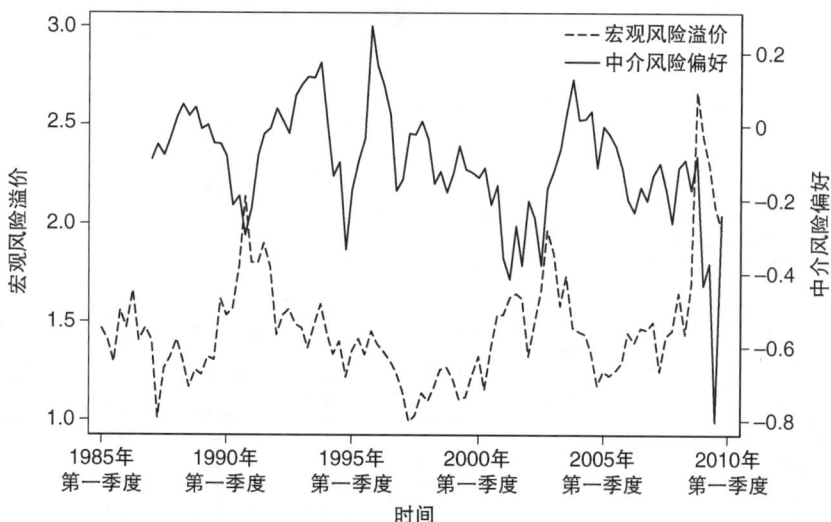

图 12.15 宏观风险溢价和金融中介风险偏好

我们可以将金融中介资产负债表与 GDP 增长直接联系起来,以研究金融中介资产负债表对宏观经济活动的重要性。相对于商业银行而言,证券经纪商和影子银行的资产负债表包含了更多的基本财务状况信息,因为它们是信贷边际可得性的信号。在边际上,所有金融中介(包括商业银行)都必须在资本市场上借款(例如通过商业票据或回购)。然而,对于商业银行来说,它们庞大的资产负债表掩盖了边际(变化)的影响。相比之下,证券经纪商或影子银行提供了一个更为纯粹的边际融资条件信号,因为他们的负债是短期的,并且他们的资产负债表更接近完全的市场计价。

此外,经纪商发起并充当证券化产品的做市商,其可得性决定了消费者和非金融公司的信贷供应(例如抵押贷款、汽车贷款、学生贷款等)。经纪商之所以是重要的变量,不仅因为他们是信贷的边际供应商,还因为他们的资产负债表反映了以市场为基础的金融体系的融资约束。

就资产负债表动态影响信贷供应的程度而言,它们有可能影响实际经济变量。为了实证检验这一假设,我们估计了宏观经济预测的回归。在表 12.1 中,我们报告了这些结果。另外,我们还加入了证券经纪商总资产和市场资产的滞后增长率。通过增加额外金融变量(股票市场回报率、股票市场波动率、期限价差、信用利差)的滞后值,我们抵消了纯粹由价格效应而引发的资产负债表变动。通过添加滞后的宏观经济变量,我们控制了因过去宏观经济条件变化而导致的资产负债表变动。在表 12.1(和所有后续表格)中,* 表示在 10% 的显著性水平上的统计显著性,** 表示在 5% 的显著性水平上的统计显著性,*** 表示在 1% 的显著性水平上的统计显著性。我们所有的实证分析都使用 1986 年第一季度—2009 年第二季度的季度数据。本章末的数据附录给出了变量定义。图 12.16 显示了 GDP 增长对影子银行资产增长冲击的脉冲响应。

表 12.1　证券经纪商资产负债表对 GDP 的影响

因　素	(1) 季度 GDP 增长	(2) 季度 GDP 增长	(3) 季度 GDP 增长
经纪商资产增长(滞后)	0.03*		
经纪商股本增长(滞后)	0.18		
影子银行资产增长(滞后)		0.21***	
影子银行股本增长(滞后)		0.71***	
商业银行资产增长(滞后)			0.02
商业银行股本增长(滞后)			-0.12
GDP 增长(滞后)	0.03	-0.18	0.09
PCE 通胀(滞后)	-1.01**	-1.00**	1.16***
VIX(滞后)	0.01	-0.03	-0.02
信用利差(滞后)	-1.37*	-1.81**	-1.01
期限利差(滞后)	0.75**	1.18***	0.75*
联邦基金(滞后)	0.40	0.19	0.49*
常数项	4.67***	4.94***	4.44**
观测量	93	93	93
R^2	0.288	0.409	0.263

　　注:本表报告了 1986 年第一季度—2009 年第二季度的季度 GDP 增长对经纪商、影子银行和商业银行的总资产与股本增长的回归情况。*** 表示在 1% 的显著性水平上显著,** 表示在 5% 的显著性水平上显著,* 表示在 10% 的显著性水平上显著。显著性是根据稳健标准误差计算出来的。

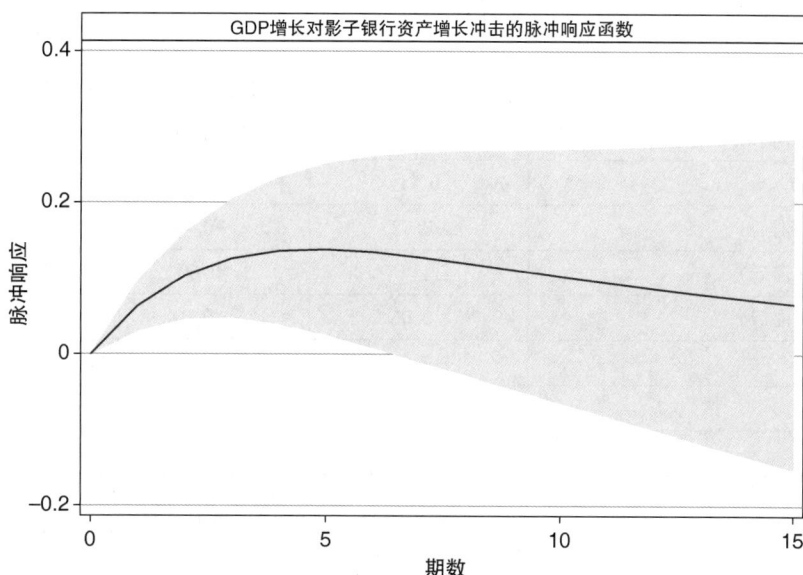

图 12.16　GDP 增长对影子银行总资产增长冲击的脉冲响应

注：脉冲响应根据向量自回归（即 VAR）估算出来，其中 GDP 增长、PCE 通胀、影子银行资产增长、信贷利差、波动率指数（volatility index，简称 VIX）、期限利差和联邦基金目标利率都是变量，并使用乔列斯基分解（Cholesky decomposition）①按该排序来产生脉冲响应函数，时间跨度为 1986 年第一季度—2009 年第一季度。

　　经纪商总资产的增长率对未来住房投资的增长率来说意义重大，但对总的 GDP 增长来说意义不大（表 12.1 和表 12.2，第 1 列）。我们认为，决定经纪商的流动性和杠杆率的机制会影响信贷供应，进而影响投资和消费。影子银行的总资产和总股本对 GDP 增长有很强的预测能力，反映了它们在美国经济总信贷供应中的作用在提高。此外，商业银行无法预测 GDP 增长，并且还错误地预测了住房增长。Adrian 等（2010）系统地调查了所有美国金融中介对资金流动的预测能力，并证实了经纪商和影子银行的确能预测实体经济活动。

表 12.2　证券经纪商资产负债表对住房投资的影响②

因　素	(1) 季度 GDP 增长	(2) 季度 GDP 增长	(3) 季度 GDP 增长
经纪商资产增长（滞后）	0.09***		
经纪商股本增长（滞后）	0.10		
影子银行资产增长（滞后）		−0.00	
影子银行股本增长（滞后）		0.14	
商业银行资产增长（滞后）			−0.44*
商业银行股本增长（滞后）			0.23
住房增长（滞后）	0.89***	0.94***	0.096***

① 译者注：把一个对称正定的矩阵表示成一个下三角矩阵和其转置的乘积的分解。
② 译者注：表中的−0.00 是四舍五入的结果，其不为 0。

续 表

因 素	(1) 季度 GDP 增长	(2) 季度 GDP 增长	(3) 季度 GDP 增长
PCE 通胀(滞后)	−0.30	−0.11	−0.09
VIX(滞后)	0.11	0.01	0.03
信用利差(滞后)	−0.92	−0.49	0.01
期限利差(滞后)	1.11 **	0.60	−0.07
联邦基金(滞后)	−0.06	−0.04	−0.27
常数项	−2.53	0.13	3.76
观测量	93	93	93
R^2	0.902	0.881	0.888

注:本表报告了 1986 年第一季度—2009 年第二季度的季度住宅投资增长对经纪商、影子银行和商业银行的总资产与股本增长的回归情况。*** 表示在 1％的显著性水平上显著,** 表示在 5％的显著性水平上显著,* 表示在 10％的显著性水平上显著。显著性是根据稳健标准误差计算出来的。

图 12.17 显示了证券经纪商资产对住房投资的预测能力。脉冲响应函数由一阶向量自回归计算而来,包括表 12.1 第 1 列的所有变量。该图表明住房投资对经纪商资产增长正向冲击的响应是正向、巨大且持久的。

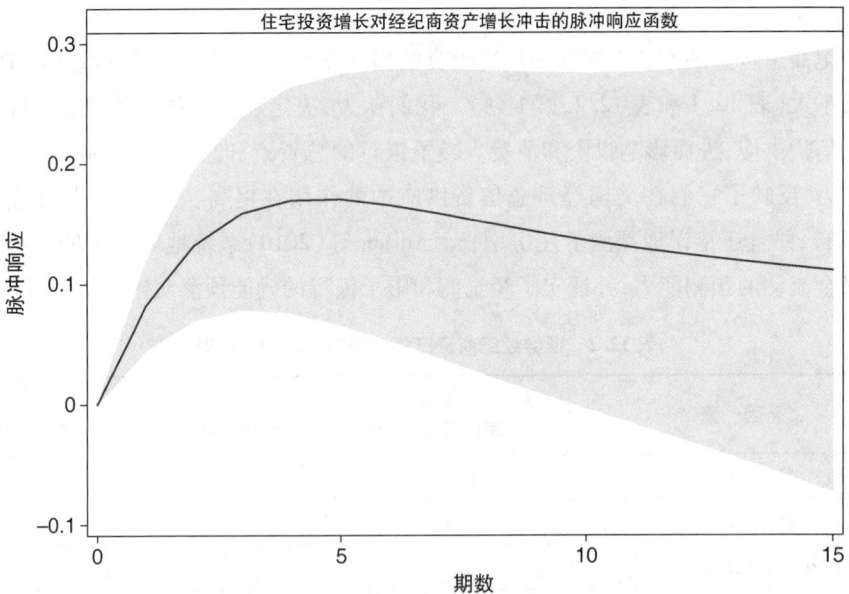

图 12.17 住宅投资增长对经纪商总资产增长冲击的脉冲响应

注:脉冲响应是由一个 VAR 估算出来的,其中住宅投资增长、PCE 通胀、经纪商资产增长、信贷利差、VIX、期限利差和联邦基金目标利率都是变量,并使用乔列斯基分解法按照这一排序产生脉冲响应函数。时间跨度为 1986 年第一季度—2009 年第一季度。

表 12.1 第 3 列进一步强调了基于市场的金融中介以及商业银行两者与宏观经济总量的相互作用之间的差异。我们可以看到,商业银行的资产和股权作为预测变量的表现不如影

子银行或证券经纪商。对此,我们认为,商业银行资产负债表的信息要比经纪商资产负债表的少,因为在我们的回归分析中,前者没有把资产负债表按市场价计值。

另外,在表 12.2 中,我们发现,商业银行总资产的增长先于住房投资的下降,这是因为商业银行提供的信贷额度往往在危机时才会提取。事实上,在图 12.9 中,我们发现商业银行总资产在最近的金融危机爆发时有所增长,因为它们再次将结构性信贷纳入商业银行的资产负债表中。商业银行资产不能预测未来的实际经济增长这一结论与 Bernanke 和 Lown (1991)的观点一致。他们用截面研究方法表明,20 世纪 80 年代末至 90 年代初的信贷损失并未严重影响各州的实际经济增长。关于 20 世纪 90 年代初的经济衰退中是否存在信贷紧缩的争论,可参见 Kashyap 和 Stein(1994)的综述。

同样,Ashcraft(2006)在使用基于会计准则的贷款数据时发现,商业银行贷款的变化对实体经济活动的影响很小。然而,Ashcraft(2005)在使用联邦存款保险公司(Federal Deposit Insurance Corporation,简称 FDIC)引起的倒闭作为工具变量时,发现商业银行倒闭对实际产出会有巨大而持久的影响。Lown 和 Morgan(2006)指出,高级信贷员调查为实际经济活动提供了重要的解释力——其变量更有可能反映潜在的信贷供应条件,且不是基于会计数据。

到目前为止我们所勾勒的信贷供应渠道与 Bernanke 和 Gertler(1989)以及 Kiyotaki 和 Moore(1997,2005)的金融放大机制有所不同。这些论文关注的是借款部门的融资摩擦导致的放大作用,而我们关注的是放贷部门的融资摩擦导致的放大作用。我们将在下文中对这些文献进行更全面的回顾。

5. 中央银行作为"最后贷款人"

中央银行扮演"最后贷款人"的经典角色是为了化解恐慌,这些恐慌是针对有偿付能力但缺乏流动性的银行的。简单来说,当存款人在多重均衡的情况下无法实现协调时,就会出现银行挤兑。例如,Bryant(1980)以及 Diamond 和 Dybvig(1983)均指出,储户如果因担心其他人挤兑而去挤兑,就不会给那些不挤兑的人留下任何资产。

然而,在 2007—2009 年的金融危机中,信贷撤离并不局限于一个机构甚至一个分支机构。相反,整个市场部门都会成为挤兑目标。图 12.18 显示了测量日之前的三个月内新发行的 ABS,并清楚地显示了信贷的普遍收缩。如果因协调失败而造成挤兑,那么金融系统中的所有机构都会同时被挤兑。尽管如此,每个机构受到挤兑的程度取决于其特定的脆弱性。在第 2 节概述的模型中,衡量出的风险与银行风险承担能力之间的相互作用决定了整体贷款。当风险约束变得更紧时(即当与约束相关的拉格朗日乘数提升时),依赖 VaR 的金融机构就会削减放贷。从单个银行的角度来看,债权人对风险敞口的这种审慎削减非常类似于挤兑。从这个意义上说,对北岩银行(Northern Rock)、贝尔斯登(Bear Stearns)和雷曼兄弟(Lehman Brothers)的挤兑可以视为对这些银行的债权人的约束收紧,而不是他们之间的协调失败。

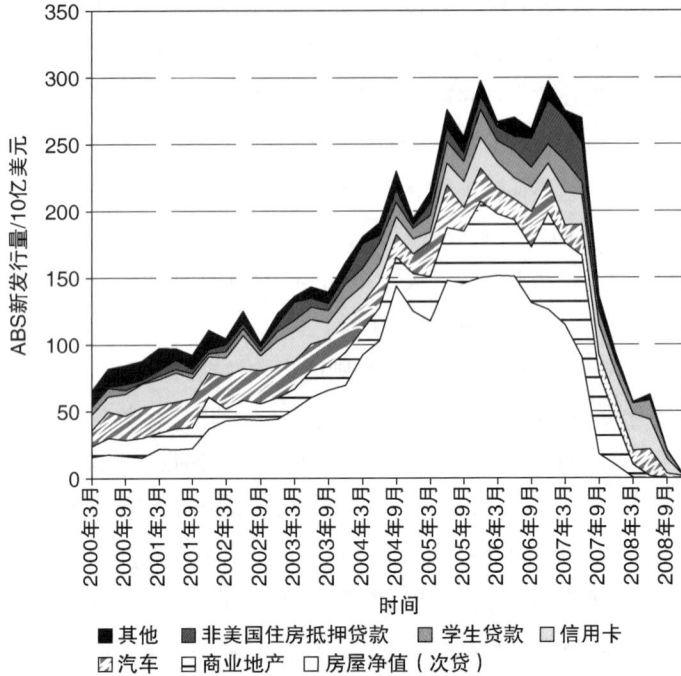

图 12.18 前三个月 ABS 的新发行量

我们不应该把银行挤兑的协调观点和杠杆约束观点分得太细。如果银行有很多债权人的话,协调(或者缺乏协调)显然会加剧挤兑的严重程度。问题是,系统中出现的挤兑不仅仅是协调失败导致的。例如,在解释贝尔斯登或雷曼兄弟的挤兑时,应该提及市场因素以及这些公司及其债权人的特殊性。这是一般准则的又一范例,即在现代市场金融体系下,不能孤立地看待银行和资本市场状况。

如果将信贷紧缩看作金融中介部门资产负债表能力崩溃的结果,那么我们可以将中央银行的政策解释为央行试图通过直接向市场发放贷款来恢复这一能力。在这种情况下,美联储一直是最积极的央行之一,它将自己的资产负债表有效地插入银行部门和最终借款人之间。美联储从银行部门吸收存款(通过增加准备金),然后将借入款贷给最终借款人。央行通过以下途径开展上述操作:持有证券(国债、抵押贷款支持证券、商业票据和其他私人部门债务),以及与外国央行的货币互换。图 12.19 显示,美联储资产负债表急剧扩张的一个迹象是,美国商业银行持有的现金急剧增加。现金持有量的增加反映了美联储持有的储备金大幅增加,后者是美联储对商业银行的负债。

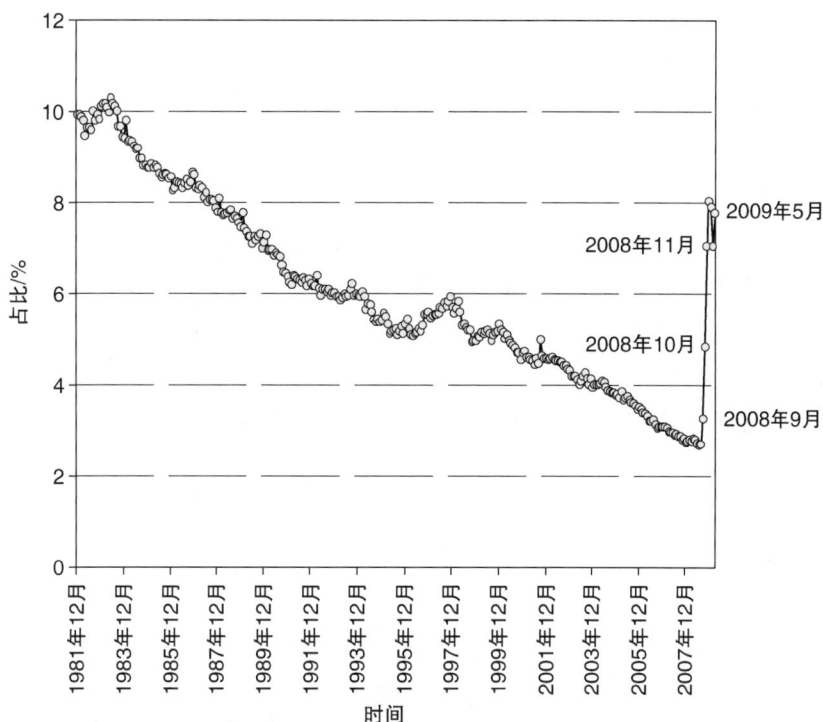

图 12.19　现金占美国商业银行资产的比例

注:数据来源于美联储,H8 数据库。

　　这样,中央银行的流动性工具就可以有效应对金融中介资产负债表的萎缩,并成为政策的关键支柱,特别是短期利率接近零区间后。2008 年 10 月 1 日引入准备金利息有效地将资产负债表规模管理与联邦基金利率管理分开,从而促进了对不断扩大的美联储资产负债表的管理,请参考 Keister 和 McAndrews(2009)关于美联储资产负债表管理中准备金利息支付的讨论。

　　美联储还实施了其他的"最后贷款人"(lender of last resort,简称 LOLR)计划,以缓解资产负债表的压力,并缩小信贷市场上各种异常大的利差。流动性工具已面向回购市场(定期证券借贷工具和一级交易商信贷工具)、商业票据市场(商业票据融资工具和资产支持商业票据市场基金流动性工具)和 ABS 市场(定期资产支持证券贷款)等实施。此外,美联储还直接购买了国债和机构证券,并在外汇期货市场提供美元流动性(外汇掉期)。这些政策共同的动机是试图通过代入央行自己的资产负债表来缓解金融中介资产负债表收缩带来的相关压力。这些政策的本质不同于传统的货币政策,它们旨在防止私营部门资产负债表管理能力的崩溃。由于金融中介资产负债表的去杠杆化与风险溢价扩大相关,资产负债表政策的有效性可通过各个金融市场的风险溢价水平来判断。在实践中,风险溢价与金融中介资产负债表的扩张和收缩的关联程度是衡量金融部门风险偏好的重要指标,反过来它又影响了信贷供应和实体经济活动。Adrian 等(2010)利用这一见解,将几类资产的风险溢价分解为不同的组成部分,其中包括与金融中介风险偏好相关的部分。

美联储流动性工具的一个例子可以在图12.20中看到(Adrian et al.,2010)。[1] 该图显示了未偿还的商业票据总额以及美联储在商业票据融资工具(CPFF)中的商业票据净持有量。2008年9月,雷曼兄弟破产后,商业票据的未偿还金额开始急剧下降,这可以从浅灰色阴影区域的急剧下降中看出。2008年10月,随着CPFF的建立,美联储在CPFF中持有的商业票据开始迅速增加,如图12.20中的深灰色区域所示,可以看出美联储持有的债券几乎可以等量地弥补商业票据未偿还金额的下降。就此而言,美联储的资产负债表被用来直接取代能力下降的金融中介资产负债。商业票据融资工具的一个重要特点是,由于该工具只是一个临时性的流动性支持方案,随着市场条件趋于正常化,该工具的吸引力会逐步减少。因此,图12.20中的粗黑线表明,虽然美联储持有的未偿还的商业票据在危机最严重的时候高达20%,但随着市场情况的改善,其CPFF的持有量稳步下降。

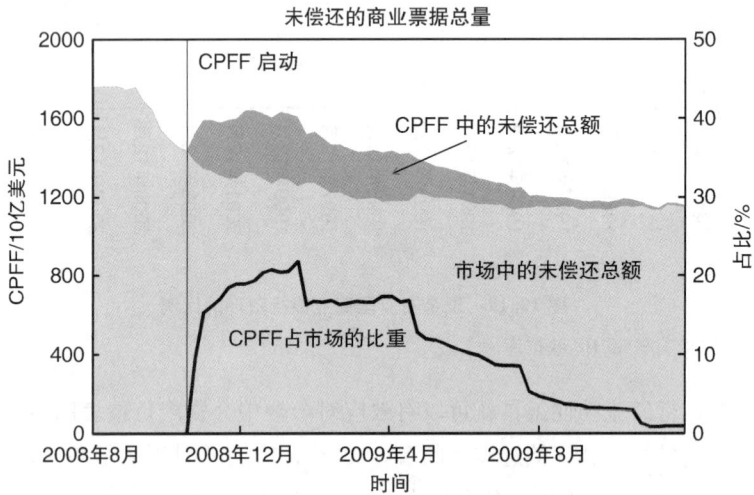

图12.20　美联储的商业票据融资工具(CPFF)

再举一个例子,图12.18已经说明了2008年底前ABS的新发行量是如何崩溃的。为此,美联储设立了定期资产支持证券贷款工具(Term Asset-Backed Securities Loan Facility,简称TALF),为新的AAA级ABS提供担保贷款,并向私营部门的投资者提供较低的估值折扣。TALF是为了重振ABS市场而设计的,图12.21衡量了其有效性,显示了TALF出台前后ABS的新发行量的变化。右边的浅色条显示,最近发行的大部分ABS都通过TALF进行融资,而TALF支持的发行量使标准债券发行量相形见绌。

---

[1] 有关CPFF的详细说明请参见Adrian等(2010)的研究。

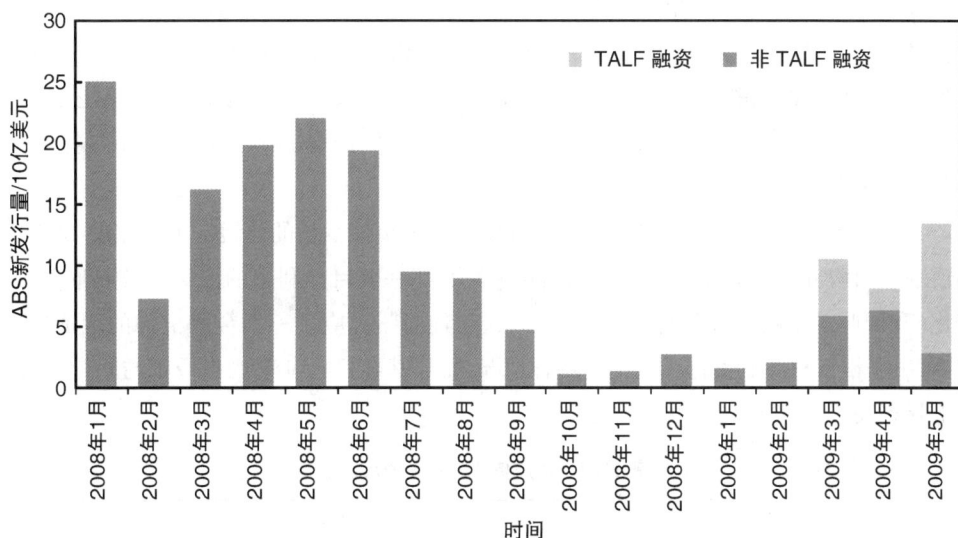

图 12. 21　TALF 融资下的 ABS 新发行量

注:ABS 包括汽车、信用卡、学生贷款、SBA、设备、经纪商融资方案和车队租赁。

为应对 2007—2009 年的金融危机,美联储对资产负债表进行扩表,使货币政策争议再次聚焦于货币政策传导机制中量化的作用。这场危机有力地证明了金融中介资产负债表管理能力的崩溃会给实体经济带来相当大的负面影响,因此,央行作为 LOLR 的传统作用已相应地发生了影响深远的革新。

6. 短期利率的作用

经纪商和影子银行资产负债表的扩张会促进实体经济活动,在确定这点后我们现在研究资产负债表扩张的决定因素。经纪商、影子银行和商业银行都通过短期债务融资。经纪商的资金主要来自回购市场(图 12.11);影子银行主要通过商业票据市场融资(图 12.10);大多数商业银行的短期资金通过货币(即支票和储蓄存款)提供。就经纪商而言,部分回购资金以反向回购的形式直接转移给其他杠杆机构,如对冲基金;另一部分则投资于期限较长、流动性较差的证券。影子银行则往往直接为 ABS 和 MBS 的持有提供资金。商业银行主要持有非交易贷款。

由于金融机构的大部分负债来自短期借款,其借贷成本与短期利率密切相关,如联邦基金目标利率。经纪商和影子银行持有长期资产,其预期收益是利差(特别是期限利差),这反映了金融机构的期限转换。这些金融中介的杠杆受到风险的制约:在波动性更大的市场中,杠杆风险更大,利润率和估值折扣更高,信贷供应往往会受到更多限制。我们在第 2 节看到了 VaR 是如何决定资产负债表的规模、风险溢价和信贷供应的。

大部分资产负债表的调整都很频繁。虽然本章前面的回归中使用的总资产只以季度为单位,但在资产负债表的负债方面,我们有未偿还回购、未偿还商业票据和货币总量的周度数据。我们使用的回购数据是由纽约联邦储备银行为一级交易商搜集的。未偿还的商业票据由存管信托公司(DTC)收集,并由联邦储备委员会每周公布一次。广义货币指标M2也由联邦储备委员会提供。

我们发现,联邦基金目标利率的提高通常和短期负债增长的放缓有关。在表12.3中,我们展示了回购、回购+商业票据、M2的增长率对联邦基金目标利率的变化以及其他资产价格变化(和回归式左侧的滞后变量)的回归。这三种回归对应于三大金融机构的融资情况:经纪商、影子银行和商业银行。无论是哪种情况,联邦基金目标利率的提升都与短期资金负债的下降有关。

表 12.3 资产负债表扩张的决定因素

因　素	(1) 回购协议(每周增长)	(2) 回购+商业票据增长 (每周增长)	(3) M2 增长(每周增长)
联邦基金(一周变化)	-0.630^{***}	-0.355^{***}	-0.054^{***}
股本回报(一周)	-0.022^{*}	-0.013^{*}	0.001^{**}
VIX(一周变化)	-0.052	-0.027	0.001
国债利差(一周变化)	0.703	0.291	0.151^{**}
信用利差(一周变化)	0.311	0.031	0.337^{**}
回购增长(滞后一周)	-0.134^{***}	-0.075^{***}	-0.001
商业票据增长(滞后一周)	0.022	0.028	-0.020
M2 增长(滞后一周)	0.515	0.063	-0.016
常数项	0.136^{*}	0.105^{**}	0.050^{***}
观测量	990	990	989
R^2	0.042	0.032	0.121

注:本表报告了回购+商业票据增长、M2增长对它们自己的滞后变量以及资产价格变量的回归。数据是1990年10月3日至2010年2月3日间每周发布的,变化指一周的变化,滞后也是指一周的滞后期。*** 表示在1%的显著性水平上显著,** 表示在5%的显著性水平上显著,* 表示在10%的显著性水平上显著。显著性是根据稳健标准误差计算出来的。

以芝加哥期权交易波动指数衡量的金融市场波动与证券回购增长和回购+商业票据增长负相关。由于较高的波动性与更高的估值折扣和更严格的资本约束相关,因此后两者都会导致对交易商杠杆更严格的约束(第1列和第2列)。对于M2,我们发现较高的VIX与较快的货币增长有关,并将其解释为安全投资转移:危机期间,家庭和非金融公司倾向于将短期储蓄重新配置到商业银行(Gatev et al.,2009)。

期限利差的增长与回购的增长有关,这一发现符合金融中介用短期债务为自己融资并借出长期债务的特征。因此,较高的期限利差扩大了资产和负债之间的套利,并带来扩张的资产负债表。

6.1 货币政策的风险承担渠道

当前的货币经济学模型强调了管理市场预期的重要性。通过为未来的短期利率制定路径并向市场明确传达,央行可以影响长期利率、抵押贷款利率、企业贷款利率和其他影响消费与投资的价格。然而我们的研究结果指出,短期利率本身就是重要的价格变量。从经验上看,联邦基金利率是解释资产负债表扩张的重要变量。我们的模型表明,银行资本的增加提升了银行体系的风险承担能力,这反过来又导致较低的均衡风险溢价,并通过降低项目融资的最低回报率来增加信贷供应。

银行和其他金融中介机构为了放贷而借入。因为银行提供的贷款往往比为这些贷款提供资金的负债期限要长,所以期限利差指中介机构资产负债表上额外一美元贷款的边际利润率。银行的净息差是其资产负债表中资产端的利息收入与负债端的利息支出之间的差额。术语"期限利差"表示新增到资产负债表中的边际贷款的盈利能力,而净息差则是平均值的概念,适用于资产负债表上所有贷款和负债的存量。

净息差决定了银行贷款的盈利能力,提高了银行收入的现值,改善了银行资本的前瞻性衡量。银行资本的提升可以提高银行增放贷款的能力。银行资本增加之前不能发放的边际贷款现在由于银行的风险承担能力提高而变得可行了。随着银行扩大其资产负债表,风险的市场价格随之下降。

图 12.22 展示了银根放松的情况。联邦基金目标利率的下降导致资产价格上涨,进而导致金融机构的净资产增加。作为回应,金融机构利用增加的杠杆来扩大其资产。因此,金融机构的资产负债表管理放大了短期利率的变化。

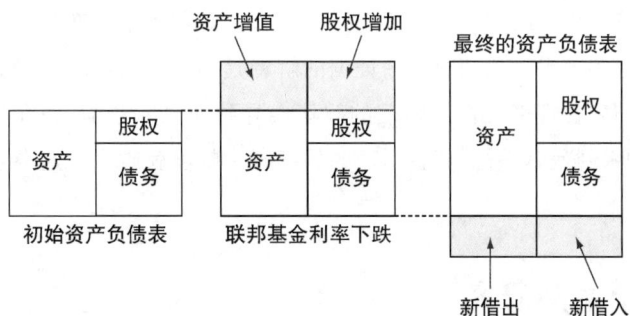

图 12. 22 联邦基金利率下降对金融中介资产负债表的影响

要想得到这一论证,必须通过一个关键的假设,即期限利差在很大程度上是由短期利率决定的。这一点是有证据支持的。图 12.1 说明了一个惊人的事实,即联邦基金目标利率的四个季度变化与期限利差的四个季度变化(该图使用 1987 年第一季度—2008 年第三季度的数据)存在着几近完美的一比一的负相关关系。也就是说,目标利率的变化与收益率曲线的斜率一一对应。由于期限利差领先于净息差,短期利率的变动会影响实体经济活动,因为它们改变了金融中介的盈利能力,从而改变了信贷供应。

Adrian 等(2010)最近研究了美国金融中介资产负债表管理、收益率曲线的斜率和实际经济活动之间的关系,还对以下变量之间的关系进行了向量自回归分析:作为实际经济活动衡量标准的季度 GDP 增长、十年期与三个月期的国债利差、大型商业银行 Y-9C 档案中的净息差、影子银行的季度资产增长、衡量短期利率指标的三个月期国债收益率,以及衡量风险指标的 VIX 季度变化。金融中介的资产负债表规模是影子银行的总资产,定义为 ABS、金融公司和基金公司总资产之和(每个组成部分都是从美联储的资金流动账户中提取的)。如贝叶斯信息准则所建议的,VAR 包括每个变量的一个滞后期,并在 1990 年第三季度—2008 年第三季度间进行估计,其中起始日期由 VIX 数据的可得性决定。

Adrian 等(2010)得出了符合以下逻辑的实证结果。期限利差的上升会增加净息差。这一过程是相当机械的,因为期限利差直接影响净息差,其新发放的贷款通过较短期限的负债进行融资。较高的净息差(金融中介利润的主要来源)导致金融中介总资产增加:随着贷款变得更有利可图,信贷供应扩大,金融中介的资产负债表也在扩张。反过来,金融中介资产的大幅增长预示着更高的 GDP 增长,我们认为这是因为信贷供应曲线的移动。由于 VAR 仅包括每个变量的一个滞后期,所以可以以将系数的显著性水平解释为一组格兰杰因果关系检验。这些检验符合我们对因果链的假设,即从期限利差到净息差,再到贷款额度,最后到实体经济增长。

Adrian 等(2010)还进行了脉冲响应研究,以验证上述主要内容。脉冲响应研究发现,对期限利差的正向冲击会导致净息差在相当长的时间内显著增加。如前所述,这些响应的变化也与平均净息差趋于跟踪期限利差边际变化这一事实相一致。此外,对净息差的正向冲击往往会增加影子银行部门的贷款。最后,影子银行资产增长的冲击会对实体经济增长产生快速且明显的影响。

这一证据支持了货币政策风险承担渠道的存在。短期利率的变化通过影响收益率曲线斜率来影响实际经济结果。我们对这一证据的解释是,它是一种经济机制,通过借短贷长的金融中介资产负债表管理来运作。紧缩的政策会导致净息差紧缩、中介机构减少贷款。紧缩周期结束时,期限利差越平稳,贷款活动的后续减少幅度就越大。这会直接影响实体经济的信贷供应。

6.2 两个案例研究

近期的两篇实证论文更加明确地阐述了货币政策渠道,这一渠道通过改变现有贷款的市场价值来发挥作用。Jimenez 等(2008)利用贷款登记册中的详细信息分析了一个大型的欧洲贷款数据库,结果显示,较低的短期利率降低了现有贷款的违约风险率。此外,他们还指出,在短期利率下调后,新增贷款违约风险率会上升。

现有贷款风险下降的原因在于借款人利息负担下降。如前所述,资产信用质量的提高将提升贷款的盈利能力,从而形成更大的贷款能力。然而,第二个发现更有说服力。新增贷款违约风险的上升表明新增贷款质量较低,贷款的最低回报率下降。更大的贷款能力和贷款标准的降低相结合,与货币政策的风险承担渠道是一致的。

Ioannidou 等(2009)还观察到了相同的组合:现有贷款违约风险率降低和新增贷款违约风险率上升。在这项研究中,作者研究了美国联邦基金利率的变动对玻利维亚银行贷款质量的影响,该国的银行系统接近美元化。由于美国联邦基金利率不受玻利维亚国内事务的影响,作者将短期利率变化的影响看作是准自然实验,研究短期利率变化对银行资产质量的影响。与 Jimenez 等(2008)的论文一致,其对玻利维亚的研究也显示出了同样的关系,即美国联邦基金利率的下调提高了现有资产的质量,但新资产质量较低。Paravisini(2008)使用工具变量法估计了银行资金约束对银行信贷供应的影响。Khwaja 和 Mian(2008)估计了银行资金冲击对新兴市场的影响。Freixas(2009)对 2007—2009 年全球金融危机背景下的货币传导文献进行了概述。

现有贷款和新增贷款的综合结果表明,风险承担渠道是值得进一步研究的富有潜在的价值的研究对象。本章第 2 节的模型提供的一些概念背景有助于理解这些结果。

6.3　相关文献

为了强调我们认为的货币政策风险承担渠道的具体贡献,有必要说明我们的方法与货币经济学和公司金融领域现有文献之间的联系点。讨论可以从多个维度展开,其中一个有用的分类方法是区分强调借款人资产负债表(和信贷需求)的论文与强调贷款人资产负债表(和信贷供应)的论文。

Bernanke 和 Gertler(1989)是基于借款人资产负债表进行解释的典型例子。Bernanke(1983)认同在大萧条期间借款人资产负债表的重要性。继其早期工作之后,伯南克(Bernanke)和格特勒(Gertler)的模型侧重于因非金融公司借款人与金融市场之间的信息不对称而引发的代理问题。

在借款人和贷款人之间存在信息不对称的情况下,最优合同的低效体现在无谓成本上,特别是内部资金成本和外部资金成本之间的差额上。无谓成本的大小是借款人净资产的函数,即借款人的"利益绑定"。此外,Bernanke 和 Gertler(1989)认为,借款人的净资产是顺周期的,所以内部和外部资金的利差应该是逆周期的。

另一个强调借款人资产负债表的方法是 Kiyotaki 和 Moore(1997,2005)关于信贷周期的研究,他们研究了信贷约束的动态放大。清泷信宏(Kiyotaki)和摩尔(Moore)假设存在抵押品限制——借款人可获得的贷款规模取决于可抵押给贷款人的抵押品的当前市场价格。在这一假设下,借款人资产负债表的规模可以正向取决于资产的市场价格——换句话说,借款人的需求反应是向上倾斜的。当资产价格上涨时,借款人的融资能力增加,从而推动资产负债表扩张。当资产需求增加时,推高资产价格会出现放大的效应,即资产价格的上涨会促进未来的投资和总体活动,从而进一步提高资产价格。

Bernanke 和 Gertler(1989)以及 Kiyotaki 和 Moore(1997,2005)的研究的共同点是都关注借款人的资产负债表及其信用的波动。贷款的供应由整个市场决定,而不是由银行部门单独决定。

然而,Bernanke 和 Gertler(1989)的模型中的借款人还可以是银行,该模型可以根据银行业的代理问题进行调整。Holmström 和 Tirole(1997)的"双层"道德风险模型可以更好地说明,在这个模型中,银行部门作为借款人进入,并受到了其贷方的借款约束。在 Holmström 和 Tirole(1997)的模型中,代理问题有两个层次。首先,存在道德风险问题,这一问题存在于需要资金开展项目的非金融借款人和提供资金的银行之间。解决道德风险问题需要一个最优合同,其中激励约束条件规定,借款人在项目中拥有足够的股权,从而可以采取更好的行动,而不会产生出于私人利益的低效行为。借款人净资产或"利益绑定"的重要性是 Holmström 和 Tirole(1997)以及 Bernanke 和 Gertler(1989)共同关注的主题。其次,Holmström 和 Tirole(1997)的创新之处在于揭示了代理问题还有第二层,即银行(贷款人)面临道德风险问题,所以对银行的最低资本有一个约束。在这方面,银行的最低资本要求是代理问题的一个内生特征,因为银行必须从储户和其他资金提供者那里筹集资金。

通过调整代理问题的方向,将重点放在银行(作为借款人)和金融市场(作为贷款人)上,可以把伯南克、格特勒、清泷信宏以及摩尔早期的研究成果应用到银行危机和银行贷款的背景下。Gertler 和 Kiyotaki(2009,本书第十一章)最近发表的论文就是这种重新调整的一个很好的例子。银行与金融市场贷款人之间的代理关系属于道德风险问题,因为银行可能侵占项目成果的某些部分,所以银行在任何时候都必须保持最低的净资产。银行必须保持最低限度的"利益绑定"意味着银行必须保持最低的资本充足率。当因信贷损失或资产价格下降而耗尽银行资本时,激励约束就会产生约束力,导致银行停止放贷。

Adrian 和 Shin(2008a)对银行的约束性激励约束进行了类似的研究,其中代理问题以风险转移问题的形式出现。在此种情况下,当风险较低的资产可以提升整个投资组合的价值时,银行会选择风险较大的资产。由市场确定的银行最低资本要求源于银行(借款人)需要在银行总资产负债表的收益中保持足够的股份。由于代理问题表现为风险转移问题,Adrian 和 Shin(2008a)讨论了如何实施二次激励的问题,以及 VaR 约束如何作为最优合同问题的结果出现。

Brunnermeier 和 Sannikov(2009)将道德风险问题嵌入动态、连续的时间合约环境中,将道德风险主题进一步扩展。在这个更为丰富的框架中,Brunnermeier 和 Sannikov(2009)研究了两个独立的激励约束条件。第一个约束是众所周知的,即借款人需要保持充足的"利益绑定",且由市场设定最低资本比率要求。第二个是 VaR 约束,这使债务瞬间变得无风险。为了适应这两类约束的作用,Brunnermeier 和 Sannikov(2009)结合了两种类型的股权可以发挥重要作用的创新特征。第一,带有控制权的股权。这种就是属于控制方的股权。第二,可以承担损失但不带有控制权的股权。这就是对冲基金中被动投资者的股权类型,对冲基金的控股投资者可以退还其股权。这两类股权之间的相互作用是 Brunnermeier 和 Sannikov(2009)的模型的一个鲜明特征,也是动态合约框架的特征,它使模型更丰富且更复杂。Van den Heuvel(2002)研究了监管资本对贷款的影响,股权作为缓冲的作用与该文的研究结论有相似之处。

到目前为止,我们已经介绍了一系列论文,它们的出发点是借款人和贷款人之间的代理问题。然而,还有另一类货币经济学的文献关注商业银行业的制度特征,特别是美国的商业银行业。

一个值得关注的例子是 Bernanke 和 Blinder(1988)的研究,他们提出了一个简单的银行信贷供应模型,强调了银行准备金要求的约束。这种约束并没有更深的微观基础;相反,关于准备金要求的制度是既定的。准备金要求规定:对于银行使用的一定数额的存款,必须在美联储存入最低金额作为银行的现金资产。这一约束连接了资产负债表的借贷双方,并假设这种约束始终存在。

在最近的金融危机中,美国商业银行在其资产负债表上持有近 1 万亿美元的超额准备金(但这也未能避免危机),导致准备金要求始终具有约束力的观点遭受严重打击。金融危机之后,超额准备金成为世界其他地区的共同特点。然而直到最近,有约束力的准备金要求的假设仍是有关银行业的学术文献的一个重要特征。

基于 Bernanke 和 Blinder(1988)最初的短文,他们的后续论文(Bernanke and Blinder, 1992)对货币传导机制进行了深入的实证研究,特别是关注联邦基金利率如何通过金融体系来影响实际经济活动。本章的关键部分(第 4 节)强调了联邦基金利率在影响银行未来贷款供应方面的重要作用。特别是,Bernanke 和 Blinder(1992)的研究表明,联邦基金利率的上升会导致银行贷款最终出现放缓,类似于联邦基金利率对失业的影响。Bernanke 和 Blinder(1992)还指出,联邦基金利率最初上涨时,银行往往会通过快速调整其投资组合来应对,此时其证券持有量会先下跌,然后缓慢回归。

Bernanke 和 Blinder(1992)将这些发现解释为:联邦基金利率通过银行的资产组合直接影响银行贷款的供应。尤其重要的是,当联邦基金利率上调时,银行的存款资金受到挤压,给资产负债表的资产端带来收缩压力。由于贷款是长期合同安排,银行贷款最初的调整很缓慢,且所有的短期调整都是通过持有证券进行的。随着时间的推移,证券持有量增加,银行的贷款组合也会缓慢调整至新的(较低的)最优值。这样一来,较高的联邦基金利率就会挤压银行的存款资金,影响银行贷款,最终导致银行贷款减少。

Bernanke 和 Blinder(1992)研究的银行贷款通道与本章提出的货币政策的风险承担渠道有密切的联系。这两项研究都认为联邦基金利率会直接影响信贷供应。但是两者也存在明显差异。在 Bernanke 和 Blinder(1992)的论文中,将联邦基金利率与银行贷款供应联系起来的机制是商业银行有约束力的准备金要求。但最近的危机对此带来了两个挑战。首先,危机过后准备金要求没有约束力。其次,Bernanke 和 Blinder(1992)的论述集中在商业银行部门,因为该部门有准备金要求。但是正如之前所详述的那样,近期金融危机中的信贷紧缩源于影子银行体系和为之服务的市场金融中介,而不是传统的商业银行。事实上,在 2009 年夏天之前,商业银行的资产负债表一直在扩张(而没有衰退)。

尽管如此,Bernanke 和 Blinder(1992)的研究仍是货币政策与银行体系关系文献的一个里程碑。他们在最初的短文中提出的猜想在 Kashyap 和 Stein(2000)的一项详细的横向实证研究中得到了证实。后者使用美国银行的大量数据来验证投资组合对货币政策变化的反应;后者还研究了 Bernanke 和 Blinder(1992)的猜想,即由于货币紧缩,资产负债表流动性较差的银行(即证券较少而贷款较多)的贷款会受到更大的下行冲击。他们发现的强有力的证据表明,流动性较差的银行确实会因银根紧缩而遭受更大的贷款收缩冲击。尤其是小型银行的表现推动了这一结果,它们占据了样本的大部分。

相对于之前的研究文献,本章提出的货币政策风险承担渠道具有鲜明的特征。首先,与 Bernanke 和 Blinder(1989)以及其他强调信贷需求和非金融借款人资产负债表的方法不同,风险承担渠道强调金融中介的信贷供应的作用。在这方面,风险承担渠道类似于强调信贷供应和约束贷款人的方式。然而,风险承担渠道的显著特征是风险价格和市场风险溢价的作用。信贷供应由市场风险溢价的阈值决定。在本章所描述的模型中,银行的资产选择决策取决于潜在的风险管理问题,其中银行受 VaR 约束。在这里,我们没有构建进一步的微观基础,从而没有对这一约束做进一步的分析。然而,这样的探索自然会与强调市场作为整体约束借款人的代理问题文献交汇。Adrian 和 Shin(2008a)的研究就是这样一个例子。

7. 结束语

最后总结一下我们的研究结果对货币政策实施的含义。我们强调金融中介资产负债表规模的作用,这就导致政策"处方"与货币经济学中的传统在表面上相似,这一传统强调货币存量是货币政策中的关键变量。传统货币主义强调货币存量,因为通过个人消费者的投资组合调整,货币存量和实际支出之间存在直接联系,这是因为消费者会重新平衡由货币和实际商品组成的投资组合。货币总量在货币政策的实施中已然"失宠",主要是因为人们对传统货币主义路线的强烈反对(Friedman,1988)。

在本章中,我们主要关注金融中介的资产负债表规模,但其基本原理与较早的货币主义文献截然不同。我们的做法是强调金融中介资产负债表的作用,强调其作为经济中风险偏好的决定因素,以及强调货币政策如何影响金融中介资产负债表的扩张。尽管我们看待资产负债表的基本原理与传统货币主义文献不同,但我们的讨论仍然表明,有理由恢复资产负债表规模在货币政策制定中的某些作用。通过影响金融中介资产负债表的增长率,货币主管部门可以根据经济中的风险定价来影响实际决策。对金融状况敏感的实际决策,如住宅投资,特别容易受到风险价格变化的影响。

就货币政策决策通过金融体系冲击实体经济而言,我们的讨论也强调了跟踪金融体系制度基础的重要性。在关于货币需求函数的不稳定性破坏了传统货币主义的分析中,货币总量的实际用途与市场主导型金融体系的出现密切相关。尽管有这些结构性的变化,但并非所有的资产负债表规模都适用。货币存量是衡量吸储银行负债的一个指标,它在基于市场的金融体系出现之前是有用的。但是在美国这样的金融体系中,货币存量这一指标的用处不大。更有用的是抵押贷款的衡量,例如一级交易商的每周回购序列数据。本章提出的模型表明,金融中介的资产负债表规模与风险溢价、信贷供应两者密切相关;反过来,又使它们有助于分析决定信贷供应的金融状况。Adrian 等(2010)给出了一项实证性分析,该分析使用大量金融中介的资产负债表规模来衡量金融状况。

最后,我们的结果突出了货币政策和金融稳定政策之间的联系。当整个金融体系持有来自短期负债融资支持的长期、非流动性资产时,任何因杠杆大幅回落而产生的紧张局面都会在该体系的某个地方显现出来。即使有些机构可以灵活调整其资产负债表,也仍有一些机构无法做到这一点。这里的关键点是那些杠杆率较高但持有以短期债务融资的长期非流动资产的机构。当短期资金耗尽后,它们将面临流动性危机。传统的最后贷款工具(如贴现窗口)以及最近的流动性供应创新都是缓解资产负债表严重收缩的工具。然而,事实一再表明,缓解总融资约束的最有力的工具是降低目标利率。在过去的金融危机时期,如 1998 年的危机,为了使实体经济免受金融部门的冲击,美联储降低了目标利率。我们的研究结果表明,在实施货币政策时,应以前瞻性的方式明确考虑金融部门陷入困境的可能性。

附录 数据来源

图 12.1:十年期和三个月期的美国国债固定收益率以及有效的联邦基金利率数据都来自美联储发布的 H.15 数据库。

图 12.6—图 12.11:图 12.6、图 12.9、图 12.10 和图 12.11 使用的证券交易商、资产支持证券(ABS)发行商、影子银行(ABS 发行商、金融公司、基金公司的总和)和全国性特许商业银行的总资产数据来自联邦储备委员会发布的资金流量表。在图 12.7 和图 12.8 中,货币存量衡量的是 M1 和 M2。图 12.7、图 12.8 和图 12.10 中使用的未偿还的商业票据总额数据来自美联储。图 12.7、图 12.8 和图 12.11 中的一级交易商回购数据来自纽约联邦储备银行。

图 12.12 和图 12.13:数据来自联邦储备委员会资金流量表中的金融总资产。

图 12.14 和图 12.15:相关数据是基于 Adrian 等(2009)的计算而得到的。宏观风险溢价是实际 GDP 增长对固定期限国债收益利差和企业债券利差进行回归的预测部分。风险偏好变量是通过将宏观风险溢价的(负)变化与交易商、影子银行和商业银行的滞后资产负债表变量进行回归得到的。

表 12.1 和表 12.2:这些表格报告了 1986 年第一季度—2009 年第二季度 GDP 和住宅投资增长对经纪商、影子银行和商业银行总资产增长的回归情况。滞后期为一个季度,增长率为年度数据。总资产来自联邦储备委员会的资金流量表。影子银行包括 ABS 发行商、基金公司和金融公司。GDP 和住宅投资数据来自经济分析局(Bureau of Economic Analysis,简称BEA)。PCE 通胀是 BEA 所报告的不包括食品和能源的个人消费支出平减指数。股权收益为标准普尔 500 指数一个季度的收益。VIX 是芝加哥期权交易所的隐含波动率指数(1986—1989 年为 VXO,1990 年以后为 VIX)。期限利差是美国十年期固定期限国债收益率与三个月期的国债收益率之间的差额,两者的数据均来自美联储。信用利差是穆迪(Moody)Baa 利差与十年期国债利率之间的差额,两者的数据均来自美联储。

表 12.3:这个表格报告了回购增长、回购+商业票据增长、M2 增长对其自身滞后和资产价格变量的回归。数据为从 1990 年 10 月 3 日到 2010 年 2 月 3 日的周频数据。变化指的是一周的变化,滞后期为一周。联邦基金利率表示联邦储备委员会报告的联邦基金目标利率。股权收益是标准普尔 500 指数的周收益。VIX 是芝加哥期权交易所编制的针对标准普尔 500 指数的隐含波动率指数。期限利差是十年期固定期限国债收益率与三个月期国债收益率之间的差额,两者的数据均来自美联储。信用利差是穆迪 Baa 利差与十年期国债利率之间的差额。商业票据增长是美联储报告的未偿还的商业票据的周增长率。回购增长是纽约联邦储备银行一级交易商回购的周增长率。M2 增长是美联储报告的 M2 的周增长率。

参考文献

Adrian, T. , Shin, H. S. , 2007. Liquidity and leverage. Journal of Financial Intermediation. 19 (3), 418-437,2010. Available as Federal Reserve Bank of New York Staff Reports, 328.

Adrian, T. , Shin, H. S. , 2008a. Financial intermediary leverage and value at risk. In: Federal Reserve Bank of New York Staff Reports, 338.

Adrian, T. , Shin, H. S. , 2008b. Liquidity and financial contagion. Banque de France Financial Stability Review February.

Adrian, T. , Shin, H. S. , 2008c. Financial intermediaries, financial stability, and monetary policy. In: Federal Reserve Bank of Kansas City 2008 Jackson Hole Economic Symposium Proceedings.

Adrian, T. , Etula, E. , Shin, H. S. , 2009. Risk appetite and exchange rates. In: Federal Reserve Bank of New York Staff Report, 361.

Adrian, T. , Moench, E. , Shin, H. S. , 2009. Macro risk premium and intermediary balance sheet quantities. In: Federal Reserve Bank of New York Staff Report, 428.

Adrian, T. , Estrella, A. , Shin, H. S. , 2010. Monetary cycles, financial cycles, and the business cycle. In:Federal Reserve Bank of New York Staff Report, 421.

Adrian, T. , Marchioni, D. , Kimbrough, K. , 2010. The Federal Reserve's Commercial Paper Funding Facility. In: Federal Reserve Bank of New York Staff Reports, 423.

Adrian, T. , Moench, E. , Shin, H. S. , 2010. Financial intermediation, asset prices, and macroeconomic dynamics. In: Federal Reserve Bank of New York Staff Report, 422.

Ashcraft, A. , 2005. Are banks really special? New evidence from the FDIC-induced failure of healthy banks. Am. Econ. Rev. 95, 1712-1730.

Ashcraft, A. , 2006. New evidence on the lending channel. J. Money Credit Bank. 38, 751-7763

Bernanke, B. , 1983. Nonmonetary aspects of the financial crisis in the propagation of the Great Depression. Am. Econ. Rev. 73, 257-2576.

Bernanke, B. , 2004. The logic of monetary policy. Remarks before the National Economists

Club,December 2, 2004. www.federalreserve. gov/boarddocs/speeches/2004/20041202/default. htm.

Bernanke, B. , Blinder, A. , 1988. Credit, money and aggregate demand. Am. Econ. Rev. 78, 435-439.

Bernanke, B. , Blinder, A. , 1992. The federal funds rate and the channel of monetary transmission. Am. Econ. Rev. 82, 901-921.

Bernanke, B. , Gertler, M. , 1989. Agency costs, net worth, and business fluctuations. Am. Econ. Rev. 79,14-31.

Bernanke, B. , Lown, C. , 1991. The credit crunch. Brookings Pap. Econ. Act. 2, 205-247.

Blinder, A. , 1998. Central banking in theory and practice. MIT Press, Cambridge, MA.

Borio, C. , Zhu, H. , 2008. Capital regulation, risk-taking and monetary policy: A missing link in the transmission mechanism?. Bank for International Settlements Working Paper 268.

Brunnermeier, M. , Pedersen, L. , 2009. Market liquidity and funding liqidity. Rev. Fiananc. Stud. 22,2201-2238.

Brunnermeier, M. , Sannikov, Y. , 2009. A macroeconomic model with a financial sector. Princeton University. Unpublished Working Paper.

Bryant, J. , 1980. A model of reserves bank runs and deposit insurance. Journal of Banking and Finance 4, 335-344.

Curdia, V. , Woodford, M. , 2009. Credit spreads and optimal monetary policy. In: Federal Reserve Bank of New York Staff Reports, 385.

Danielsson, J. , Shin, H. S. , Zigrand, J. P. , 2009. Risk appetite and endogenous risk. London School of Economics and Princeton University. Unpublished Working Paper.

Diamond, D. , Dybvig, P. , 1983. Bank runs, deposit insurance, and liquidity. J. Polit. Econ. 91,401-419.

Freixas, X. , 2009. Monetary policy in a systemic crisis. University Pompeu Fabra, Spain. Unpublished Working Paper.

Friedman, B. , 1988. Monetary policy without quantity variables. Am. Econ. Rev. 78, 440-445.

Gatev, E. , Schuermann, T. , Strahan, P. , 2009. Managing bank liquidity risk: How deposit-loan synergies vary with market conditions. Rev. Financ. Stud. 22 (3), 995-1020.

Geanakoplos, J. , 2009. The leverage cycle. In: Acemoglu, D. , Rogoff, K. , Woodford, M. (Eds.), 2009 NBER macroeconomics annual 24, University of Chicago Press, Chicago, IL.

Gertler, M. , Karadi, P. , 2009. A model of unconventional monetary policy. New York University,Unpublished Working Paper.

Gertler, M. , Kiyotaki, N. , 2009. Financial intermediation and credit policy in business cycle analysis. New York University and Princeton, University Working Paper, forthcoming in the Handbook of monetary economics.

Holmström, B. , Tirole, J. , 1997. Financial intermediation, loanable funds, and the real sector. Q. J. Econ. 112, 663-692.

Ioannidou, V. , Ongena, S. , Peydro, J. L. , 2009. Monetary policy, risk-taking and pricing: Evidence from a quasi-natural experiment. ECB Unpublished Working Paper.

Jimenez, G. , Ongena, S. , Peydro, J. L. , Saurina, J. , 2008. Hazardous times for monetary policy: What do 23 million bank loans say about the effects of monetary policy on credit risk?. ECB and Bank of Spain Unpublished working paper.

Kashyap, A. , Stein, J. , 1994. Monetary policy and bank lending. In: Mankiw, N. G. (Ed.), Monetary policy. University of Chicago Press, Chicago, IL.

Kashyap, A. , Stein, J. , 2000. What do a million observations on banks say about the transmission of monetary policy?. Am. Econ. Rev. 90, 407-428.

Keister, T. , McAndrews, J. , 2009. Why are banks holding so many excess reserves?. Federal Reserve Bank of New York Staff Report, 380. http://www. ny. frb. org/research/staffreports/sr380. html.

Khwaja, A. I. , Mian, A. , 2008. Tracing the impact of bank liquidity shocks. Am. Econ. Rev. 98,1413-1442.

Kiyotaki, N. , Moore, J. , 1997. Credit cycles. J. Polit. Econ. 105, 211-248.

Kiyotaki, N. , Moore, J. , 2005. Liquidity and asset prices. Int. Econ. Rev. (Philadelphia) 46, 317-349.

Lown, C. , Morgan, D. , 2006. The credit cycle and the business cycle: New findings using the loan officer opinion survey. J. Money Credit Bank. 38, 1575-1597.

Paravisini, D. , 2008. Local bank financial constraints and firm access to external finance. J. Finance 63,2161-2193.

Shin, H. S. , 2009. Risk and liquidity. Oxford University Press, Oxford, UK 2008 Clarendon Lectures in Finance.

Shleifer, A. , Vishny, R. , 1997. The limits of arbitrage. J. Finance 52 (1), 35-55.

Shleifer, A. , Vishny, R. , 2009. Unstable banking. J. Financ. Econ. in press.

Svensson, L. , 2004. Challenges for monetary policy. Paper for the Bellagio Group Meeting at the National Bank of Belgium, January 2004. www. princeton. edu/svensson.

Van den Heuvel, S. , 2002. The bank capital channel of monetary policy. Wharton School, University of Pennsylvania. Working paper.

Woodford, M. , 2003. Interest and prices: Foundations of a theory of monetary policy. Princeton University Press, Princeton, NJ.

Woodford, M. , 2005. Central bank communication and policy effectiveness. In: Proceedings of the Federal Reserve Bank of Kansas City Economic Symposium at Jackson Hole, 2005. http://www. kc. frb. org/publicat/sympos/2005/sym05prg. htm.

受浙江大学文科高水平学术著作出版基金资助

总主编 黄先海 罗卫东

Volume 3B

货币经济学
手册 第3B卷

[美] 本杰明·M.弗里德曼（Benjamin M. Friedman）

[美] 迈克尔·伍德福德（Michael Woodford） / 主编

贾拥民 / 译

Handbook of
Monetary Economics

ZHEJIANG UNIVERSITY PRESS
浙江大学出版社
·杭州·

图书在版编目（CIP）数据

货币经济学手册. 第3B卷／（美）本杰明·M.弗里德
曼（Benjamin M. Friedman），（美）迈克尔·伍德福德
（Michael Woodford）主编；贾拥民译. -- 杭州：浙江
大学出版社，2024. 11. -- ISBN 978-7-308-25620-9

Ⅰ. F091. 353-62

中国国家版本馆 CIP 数据核字第 2024CE1235 号

浙江省版权局著作权合作登记图字号：11-2024-462

This edition of Handbook of Monetary Economics，3A-3B SET，by Benjamin Friedman，
Michael Woodford is published by arrangement with ELSEVIER BV.，of Radarweg 29，
1043NX Amsterdam，Netherlands.

货币经济学手册

[美]本杰明·M.弗里德曼（Benjamin M. Friedman）
[美]迈克尔·伍德福德（Michael Woodford）　主编

第3A卷　匡贤明　危文锋 译
　　　　　陈靖尧 校
第3B卷　贾拥民 译

责任编辑　陈思佳（chensijia_ruc@ 163. com）
文字编辑　谢艳琴
责任校对　汪　潇
封面设计　雷建军
出版发行　浙江大学出版社
　　　　　（杭州市天目山路 148 号　邮政编码 310007）
　　　　　（网址：http://www. zjupress. com）
排　　版　杭州朝曦图文设计有限公司
印　　刷　杭州捷派印务有限公司
开　　本　787mm×1092mm　1/16
印　　张　87. 5
字　　数　2008 千
版 印 次　2024 年 11 月第 1 版　2024 年 11 月第 1 次印刷
书　　号　ISBN 978-7-308-25620-9
定　　价　498. 00 元(全两册)

译者序

　　爱思唯尔出版社出版的《经济学手册》系列丛书是经济学界最重要的工具书之一。每一本手册都由所属领域的权威经济学家主编，他们邀请在该领域中对各个重要主题素有研究的经济学家对相关文献和最新研究成果进行综述并介绍自己的新思路与新发现。经济学家都把收到这种邀请视为对自己学术成就的一种极大的肯定。

　　翻译手册是一项极其艰巨的任务，我当然有自知之明，这个工作其实也许是我力有未逮的。前些年，我承担过《新帕尔格雷夫经济学大辞典》（第二版，共八卷）和《行为经济学分析基础》（共八册）的翻译与校对工作，当时那种战战兢兢、如履薄冰的感觉，这一次又回来了，而且更加清晰。当年，我的老师汪丁丁教授就曾经对我说过："你做这个事情风险极大。"确实如此，在未来，我很可能要面对无数的批评。但是话说回来，事实上，真的能完全胜任这个工作的人本来就不会很多（当然，还有一个可能是，胜任的人不愿意承担这个工作）。而且这个事实本身也意味着，它是一项需要勇气和付出的工作。我也许胜任，也许不胜任，但是无论如何，我愿意冒这个险，并乐意接受专家和读者的批评。

　　从根本上说，经济学是一门致力于探究个人生活和社会秩序的定律或"法则"的学科，无论是想追求个人理想的实现，还是试图增进社会福利，前提都是绝不能背离经济学原理，在这个意义上，经济学是所有人都需要学习和掌握的。有一种说法是，学习经济学会使人变成一个"精致的利己主义者"。这种说法失之偏颇，经济学不能背这个锅，或者说，应该归咎的是那种不"健全"的经济学。

　　因此，为学生以及更广泛的愿意学习经济学的人提供更全面、更适当的工具，帮助他们理解经济学方法、经济学发现和经济学思想的发展，无疑是非常有意义的。而要做到这一点，翻译出版国外的优秀著作应该是一个比较快捷的途径。

　　回顾自己十多年来完成的经济学方面的译著，从《现代经济学主要流派》《贝克尔经济学讲义》，到《实验经济学手册》《神经经济学分析基础》，再到《经济学理论和认知科学》《复杂经济学》，再到我深度参与的《新帕尔格雷夫经济学大辞典》和《行为经济学分析基础》，然后再到现在这个《经济学手册》系列，我似乎真的（也许是不自觉地）在做着这样一件事情。

　　学术翻译的价值曾经受到过不少人的质疑，理由是普通读者不会去读学术性很强的译著,而专业研究者则应该直接去读原著。但是如前所述,这种质疑对于经济学领域的学术翻译并不适用。至少,译者能够为经济学的学习者和研究者节省时间,这一点应该没有疑问。

翻译向来被称为"戴着镣铐跳舞",学术翻译更是众所周知的苦差事,而且在当前的评价体系下,翻译作品甚至不算科研成果。有人曾问我,你为什么要去做翻译这种"痛苦"的事情呢?首先请允许我自我标榜一下,基于前面谈到的理由,这确实是因为我有一种使命感和奉献精神,我觉得这件事情有价值,值得我为它付出。另一个原因是翻译(特别是研究型翻译)本身是一个很好的学习过程,可以带来知识得到充实的快乐。我的很多知识就是在翻译过程中学到的。

回首《宏观经济学手册(第2卷)》和《货币经济学手册(第3B卷)》的翻译过程,个中甘苦实在一言难尽。由于工作量很大,因此我制订了严苛的翻译计划。每天早晨四点起床开始翻译工作,七点之后再着手安排一天的其他事务,保证每天早上至少有三个小时的翻译时间,在此基础上利用一切可以利用的时间。一年中我至少有350天保持这种状态,无论是在家中,还是在外地,从不例外。不必讳言,由于整个翻译过程相当漫长,我的状态难免有所起伏,同时囿于有限的学识,译文中难免会存在疏漏,因此我也特别感谢编辑和审校老师。

当然,这么多年来,如果没有家人、老师和朋友的支持与帮助,我是无法坚持下来的,借此机会,请允许我对他们表达谢意。

首先要感谢的是我的家人。太太傅瑞蓉一直是我翻译工作的第一合作者,我无比感激她为我、为我们家庭的付出。感谢小儿贾岚晴,他以他的方式激励并推动着我,令我自豪的是,当他只是一个初中生时就可以在数学推导方面给我提供帮助,而且能够与我在不少问题上进行严肃的讨论。到本书付印时,他应该已经上大学了。感谢岳父傅美峰、岳母蒋仁娟在贾岚晴幼年时对他的精心照料。

感谢汪丁丁老师,他对我的翻译工作多次给予了高度肯定。同时感谢叶航、罗卫东、韦森等老师的鼓励和帮助。

感谢与我合作过的出版机构和编辑的支持与信任,特别是浙江大学出版社。还有许多同学、好友,囿于有限的篇幅,非常遗憾他们的名字无法在这里一一列出,但是无法否认,他们也给了我很大的帮助,在此一并致谢。

贾拥民

2022 年写于杭州嵩谷阁

前　言

读者现在看到的《货币经济学手册(第 3 卷)》分为上下两册,它们是对早前由本杰明·弗里德曼(Benjamin Friedman)和弗兰克·哈恩(Frank Hahn)主编的《货币经济学手册》第一卷和第二卷的补充与更新。第一卷和第二卷是在 20 年前问世的,因此,对货币经济学这个领域的重新思考必须提上议事日程了(其实这项工作可能早就该完成了)。迈克尔·伍德福德(Michael Woodford)和约翰·泰勒(John Taylor)主编的《宏观经济学手册》更新了《货币经济学手册》第一卷与第二卷中讨论过的一些主题,但是那本《宏观经济学手册》也已经出版整整 10 年了。再者,《宏观经济学手册》主要关注更一般的宏观经济学主题,并不能完全取代新的一版《货币经济学手册》。当然,本手册涉及的主题也属于宏观经济学范畴,但是关注的主要是"货币宏观经济学"。

在知识探究的某个领域,出版一本手册通常意味着该领域的研究人员已经取得了很多实质性的进展——这些进展不仅值得加以回顾和评述,而且还值得以概括性的形式整合进关于该领域研究的"规范化表述"中去,以便学生和感兴趣的其他学者查阅与参考。货币宏观经济学领域也是如此,这一点从这一卷全新的《货币经济学手册》所包含的皇皇 25 章就可以看得很清楚了。尽管 1990 年出版的《货币经济学手册》和 2000 年出版的《宏观经济学手册》的许多章节在今天来看仍然不失为我们可以利用的宝贵资源,但这个领域最近的发展速度是如此之快,以至于即便是 10 年前的总结,在许多重要方面也已经开始显得不那么完整了。出版新的一卷《货币经济学手册》的目的就在于填补这一空白。

在一般的学科领域,一本手册的出版也常常意味着该领域已经进入了某个足够成熟的发展阶段,即可以"安全"地对相关的研究进展进行评述,而不必担心新思想的涌现或外部事件的压力又会导致它很快出现重大的新方向。然而,在今天的货币宏观经济学领域,情况可能恰恰相反。2007 年至 2010 年间发生的一系列非同寻常的经济和金融事件似乎极有可能促使研究人员考虑全新的思路,并根据大量在许多关键方面都与以往的证据截然不同的新证据去评估原有的思路。当然,在我们看来,预测这种"重新考虑"的全面后果显然还为时过早。但是,我们有理由相信,"在洪水来临之前"对这个领域的当前状况进行评估无疑是非常有价值的。此外,本手册所包括的许多章节本身就是在 2007—2010 年的经验所"建议"的探索路线上进行的早期尝试。

事实上,其至早在最近这场危机爆发之前,自《货币经济学手册》的前两卷出版以来,世界经济的发展就已经为经济学家的思考提供了许多全新的素材了——而且在这些素材的激发下,货币宏观经济学已经取得了许多重大的成果。在过去 20 年里,我们这个地球村上进行了很多个轰动一时且影响深远的货币实验,其中有两个实验是特别值得我们关注的。第一个重要实验是欧洲货币联盟的创立,它不仅引入了一种全新的世界主要货币(欧元)和一个全新的中央银行(欧洲中央银行),而且重新激发了各界对货币联盟和"最优货币区"理论的兴趣,同时也提出了一系列新问题,例如,货币政策在多大程度上独立于财政政策,又在多大程度上可以与金融监管区分开来(在欧元区,金融监管是在一个完全不同于其他国家的"政府级别"上进行的)。第二个重要实验是通货膨胀目标制作为一种实施货币政策的方法在全球范围内得到了广泛的传播——最早采用通货膨胀目标制的主要是经济合作与发展组织的成员国,现在它在新兴市场经济体也越来越受欢迎了,尽管至今仍有一些非常重要的中央银行(其中包括最重要的一家中央银行,即美国联邦储备委员会)还未采用它。通货膨胀目标制的流行不仅使得各界更加强调要将稳定通货膨胀作为政策目标,而且也使得中央银行的政策目标更加明确,同时还推动了定量模型在政策审议过程中发挥更大的作用。它还改变了中央银行与公众就相关问题进行沟通的方式。这两个重要实验现在已经成为许多货币经济学研究的主题——既有理论层面的,也有实证层面的——它们在现在这本《货币经济学手册》的相关章节中也得到了深入的分析。

在过去 20 年里,货币宏观经济学在方法论上也取得了重要进展。其中最值得关注的是一类实证动态随机一般均衡模型的发展,它们纳入了刻画货币政策传导机制的各种重要因素(尽管仍然非常不完整)。当然,这些模型无疑还处于相当早期的发展阶段,而且现代的动态随机一般均衡模型是否适用于实际货币政策分析仍然是一个面临着激烈争论的话题,但是无论如何,至少在过去 10 年里,它们一直是经济学家研究的一个重要焦点,特别是在世界各国的中央银行和其他政策机构内部。本手册中有相当多的章节都依赖于这些模型,还有一些章节检验了这些模型的结构和用于估计与求解它们的各种方法,特别强调了利用它们可以作出的对货币政策传导机制的解释。

用来评估特定模型的"经验现实性"的方法论也发生了重要的变化。这个方面的一个重要进展是,经济学家们越来越多地在相对来说比较弱的理论假设下,利用结构向量自回归方法去估计货币政策冲击的影响。《宏观经济学手册》中也有一章是专门讨论这个主题的——即 Christiano 等(1999)撰写的第七章——那里给出了对于这种方法的详细说明。我们现在这本《货币经济学手册》与这个主题相关的那几章则表明,这种方法现在已经成了货币宏观经济学研究中的常规方法了。实证方法论方面的另一个重要进展是,宏观经济学家开始越来越多地将个人或企业级别的数据集作为宏观经济模型的核心特征的证据来源,即他们不再是简单地依赖于汇总时间序列数据了。这一卷《货币经济学手册》评述的许多研究工作都很好地说明了将微观层面的数据输入到货币宏观经济学模型中的途径和方法。

最后,在货币政策分析方面也出现了重要的方法论创新。在这个时期,对货币政策规则的研究急剧增加,这在很大程度上是受到了以著名的泰勒规则(Taylor,1993)为核心的研究议程的强有力推动的结果。泰勒规则不仅表明一些相当简单的规则可能具有相当理想的性质,同时也指出,中央银行的实际行为的某些方面确实有可能用简单的规则就能够很好地加以描述。在其他值得注意的进展中,有一些文献在过去10年中非常活跃,它们根据用私人目标(如家庭效用)来衡量的货币政策对福利的影响,对各种拟议中的货币政策实施规则进行评估,而且所涉及的私人目标恰恰构成了货币传导机制微观模型中行为关系的基础——究其本质,这其实就是将公共财政理论中业已成为标准的方法应用于对货币政策的分析。在这一卷《货币经济学手册》当中,有许多章节就是旨在解决这些问题的,并且其他一些章节也与之相关。

这一卷《货币经济学手册》出版前几年发生的一系列事件对经济学研究提出了进一步的挑战,也创造了许多重大的机会——对于货币宏观经济学来说,尤其如此。2007年至2010年间的金融危机和经济衰退导致出现了第二次世界大战以来最严重的一场"经济失序"。在许多国家,实际经济成本——用产出下降、失业上升、投资缩水、收入减少和利润损失等来衡量的成本——超过了第二次世界大战之后任何一次经济危机和经济衰退的成本。当然,许多最引人瞩目的事件都发生在了金融部门。重要金融机构的崩溃、资产价值的下降以及随之而来的纸面财富的消灭、信贷流动的中断、企业和信贷机构信心的丧失、对交易对手违约的恐惧,以及最重要的,中央银行和其他政府机构的干预,其严重程度都是前所未有的。

这种大规模、极不寻常的事件的发生当然也会促使我们反思和学习,特别是当它们带来了一些人们不想看到的后果的时候。在1772年苏格兰银行业危机期间,大卫·休谟就住在爱丁堡,他在写给密友亚当·斯密(Adam Smith)的信中描述了那场危机中发生的一系列令人痛苦的事件(Hume,1987)。在叙述了银行倒闭、失业蔓延以及人们对其他工业企业和银行的普遍"怀疑"之后(当时人们甚至对英格兰银行也不再相信了),休谟问了他的朋友这样一个问题:"这些事件对你的理论有任何影响吗?"答案是当然有。在四年后出版的《国富论》(*The Wealth of Nations*)中,斯密在描述银行业与非金融经济活动的相互关系时,充分考虑了1772年苏格兰银行业危机的教训,并提出了一系列政策建议,他希望通过政策干预来阻止未来再发生同样的灾难性事件(或至少减少再度发生的可能性)。

货币宏观经济学这个领域向来特别容易受到世界上发生的这类事件的影响——当然,研究者一直在努力理解这类事件。说到底,就货币宏观经济学作为一个研究领域的起源本身而言,它也反映了现实世界事件的影响。实际上,正是20世纪30年代的大萧条使得货币宏观经济学成了更广泛的经济学学科中一个公认的组成部分——它将价格弹性有限这一明显事实及其后果置于关注的核心,并引入了像总需求这样的新知识结构。然后到了20世纪70年代,由于高通货膨胀率在大多数工业化经济体中普遍长期存在,它的后果以及诸如动态不一致性等更多的新的知识结构再一次深刻地影响了这个领域对货币政策问题的处理方法。20世纪80年代,反通货膨胀的经验使得这个领域再一次改变了方向和重点,因为许多国家与去除通货膨胀相关的成本的结构与前10年的主要分析思路是相互矛盾的,而且很难识别出采用不同政策路径和不同政策制度的国家在反通货膨胀的经验方面的一阶差异。

当然,我们没有任何理由认为2007年至2010年间发生的一系列事件对货币宏观经济学的影响会更小。事实上,在这个领域新近涌现出来的许多研究中,这些事件的其中一个影响早就清晰可见了,而且已经充分反映在了现在这一卷《货币经济学手册》的好几个章节中,那就是对与信贷有关的问题关注的不断强化,即家庭和企业资产负债表上的负债侧,以及银行和其他金融机构资产负债表上的资产侧(与存款或"货币"侧相对)。原因很简单。在经历了2007年至2010年间的严重危机和经济萧条的大多数经济体中,货币数量并没有下降,中央银行向银行体系提供的准备金也没有出现过明显的不足。实际发生的事情恰恰相反,从危机的起源以及对非金融经济活动的影响等方面来看,重要的是信贷的数量、价格和可获得性。

这场危机的另一个方面也激发了新的研究方向(这也反映在了本手册的一些章节中),那就是非银行金融机构的作用。传统的货币经济学强调家庭和企业作为资产来持有的存款的(假想的)核心作用,因此自然而然地把关注重点放在了存款发行机构上。然而,近几十年来,在一些经济体中,非银行机构也开始发行类似于存款的工具,因此它们也开始引起了研究者的兴趣。但是由于所涉及的数量通常很少,而且作为一个知识探究问题,人们很容易把这些机构简单地看作另一种形式的"银行"。相比之下,一旦把关注重点转移到了金融活动的信贷侧,那么让那些与银行截然不同、可能根本不发行任何类似存款的债务的机构发挥关键作用的道路也就打开了。与此同时,更加重要的是要了解现行的各种制度所发挥的作用,包括金融监管以及对商业组织和惯例的更一般的监管制度(例如,有限责任制以及由此导致的对激励的扭曲,非常分散的股权以及随之而来的委托代理冲突等)。在这一卷《货币经济学手册》中,有几章对这个方面的最新研究进行了综述,另有几章介绍了这个方向上的一些全新的研究。

不过,在2007年至2010年的经验所激发出来的研究中,还有许多研究由于采用的研究思路"过于新颖",或者它们的尝试尚未令人满意,又或者其结果带有根本的不确定性,因此将它们纳入本手册中仍然为时尚早。对某些信贷市场工具进行定价的经验——最明显的是针对美国住宅抵押贷款的请求权的信贷市场工具,不过除此之外还有许多其他工具——是不是会引发人们对迄今为止关于资产市场合理性的标准假设的更广泛的质疑?新的理论进步是不是能够使我们将市场理性的程度——在这样或那样的特定情况下——作为经济结果或经济政策制度安排的内生因素?许多国家(在许多经济学家看来)出人意料地采用了相机抉择的反周期财政政策,或者政府财政状况突然急剧恶化,它们是不是会导致人们对财政—货币关系产生新的兴趣,并由此带来新的规范性含义?最具一般性的一个问题是,在经历了60年来最深重、持续时间最长的经济低迷之后,人们是不是会重新思考商业周期本身的一系列问题,包括它的起源以及潜在的政策补救措施?

到2010年为止,没有人知道上面这些问题的答案。不过,从过去的经验来看,似乎可以肯定的是,货币宏观经济学将会继续演变——而且我们相信,它将会继续进步。再过10年或20年,肯定会有更多的手册来填补现在这一卷的空白。但是就目前而言,本手册首次发表的25章已经充分地反映了这个领域的现状——这个领域过去一直是、将来也将继续是经济学学科的中心。我们希望这个领域的所有学生和研究者都能够从这一卷《货币经济学手册》中获益。

新一卷《货币经济学手册》得以出版,我们最需要感谢的是为它撰稿的多位经济学家。他们自己的研究以及他们对他人研究的综述充分证明了他们非凡的学术成就,也意味着他们为这个项目付出了巨大努力,我们在这里对他们每一个人表示最诚挚的谢意。

我们也要感谢其他许多为本手册作出了贡献的人。本手册发表的每一章的初稿都是在2009年秋季举行的两次会议的其中一次上提交的。第一次会议由美国联邦储备委员会主办,第二次会议则由欧洲中央银行主办。我们感谢美国联邦储备委员会和欧洲中央银行对这个项目的支持与慷慨资助。我们也要感谢这两个机构的经济学家,他们牵头组织了这两个会议:美国联邦储备委员会的克里斯托弗·埃尔采格(Christopher Erceg)、迈克尔·基利(Michael Kiley)和安德鲁·莱文(Andrew Levin),以及欧洲中央银行的弗兰克·施梅茨(Frank Smets)和奥瑞斯特·特里斯坦尼(Oreste Tristani)。为了筹备这两个会议,他们每个人都付出了巨大的努力,我们非常感谢他们的奉献。我们还要感谢美国联邦储备委员会的苏·威廉姆斯(Sue Williams)和欧洲中央银行的艾瑞斯·贝滕豪瑟(Iris Bettenhauser),感谢他们提供了高效的和友好的后勤协助。

每一章的草稿都曾经在这两个会议的其中一个上报告并接受评议,撰写各章的经济学家还提交了对评议人的回应。我们特别感谢参加会议的20多位经济学家同行,他们提供了极为深思熟虑的评论意见。事实证明,在大多数情况下,他们的意见都是非常有建设性且极其有益的。尽管各位评议人的评论并没有明确地纳入各章正文,但是他们提出的观点已经在修改时得到了很好的反映。各章的作者都表示,得益于会议上收到的意见和建议,每一章都变得更好了——考虑更加周全了,材料组织更加合理了,行文更加流畅了,对各个相关研究领域的综述也更加全面了。

最后,我们还要感谢《经济学手册》系列丛书的长期主编肯尼斯·阿罗(Kenneth Arrow)和迈克尔·因特里利加托尔(Michael Intriligator),他们一直在敦促我们出版新一版的《货币经济学手册》。如果没有他们的鼓励和支持,我们是不可能完成这项工作的。

本杰明·M.弗里德曼(Benjamin M. Friedman)
哈佛大学
迈克尔·伍德福德(Michael Woodford)
哥伦比亚大学
2010 年 5 月

参考文献

Christiano, L. J. , Eichenbaum, M. , Evans, C. L. , 1999. Monetary policy shocks: What have we learned and to what end?. In: Taylor, J. B. , Woodford, M. (Eds.), Handbook of macroeconomics, vol. 1A. Elsevier, Amsterdam.

Hume, D. , 1987. Letter to Adam Smith, 3 September 1772. In: Mossner, E. C. , Ross, I. S. (Eds.), Correspondence of Adam Smith. Oxford University Press, Oxford, UK, p. 131.

Taylor, J. B. , 1993. Discretion versus policy rules in practice. Carnegie-Rochester Conference Series in Public Policy 39, 195-214.

贡 献 者

阿尔贝托·阿莱西纳(Alberto Alesina)

哈佛大学

劳伦斯·鲍尔(Laurence Ball)

约翰霍普金斯大学

卢卡·贝纳蒂(Luca Benati)

欧洲中央银行

马修·坎佐内里(Matthew Canzoneri)

乔治敦大学

吉安卡洛·科塞蒂(Giancarlo Corsetti)

剑桥大学

罗伯特·坎比(Robert Cumby)

乔治敦大学

卢卡·德多拉(Luca Dedola)

欧洲中央银行

贝扎德·迪巴(Behzad Diba)

乔治敦大学

杰弗里·弗兰克尔(Jeffrey Frankel)

哈佛大学

本杰明·M.弗里德曼(Benjamin M. Friedman)

哈佛大学

维托·加斯帕(Vitor Gaspar)

葡萄牙中央银行

查尔斯·古德哈特（Charles Goodhart）

伦敦经济学院

金融市场小组（Financial Markets Group）

拉尔斯·彼得·汉森（Lars Peter Hansen）

芝加哥大学

肯尼斯·N.库特纳（Kenneth N. Kuttner）

威廉姆斯学院

西尔万·勒杜克（Sylvain Leduc）

旧金山联邦储备银行

托马斯·J.萨金特（Thomas J. Sargent）

纽约大学

斯蒂芬妮·施密特-格罗厄（Stephanie Schmitt-Grohé）

哥伦比亚大学

弗兰克·施梅茨（Frank Smets）

欧洲中央银行

安德里亚·斯特拉（Andrea Stella）

哈佛大学

拉尔斯·E.O.斯文森（Lars E. O. Svensson）

瑞典中央银行

约翰·B.泰勒（John B. Taylor）

斯坦福大学

马丁·乌里韦（Martín Uribe）

哥伦比亚大学

大卫·韦斯汀（David Vestin）

瑞典中央银行

约翰·C.威廉姆斯（John C. Williams）

旧金山联邦储备银行

迈克尔·伍德福德（Michael Woodford）

哥伦比亚大学

目　录

第一部分　基础:货币在经济中的角色

第二部分　基础：信息与调整

第三部分　货币传导机制模型

第四部分 最优货币政策

第五部分　货币政策的各种约束

第六部分　货币政策实践

第四部分

最优货币政策

第十三章　最优通货膨胀率[①]

斯蒂芬妮·施密特-格罗厄（Stephanie Schmitt-Grohé）[*]

马丁·乌里韦（Martín Uribe）[**]

[*]:哥伦比亚大学,美国经济政策研究中心和美国国家经济研究局

[**]:哥伦比亚大学和美国国家经济研究局

目　录

① 我们感谢乔迪·加利(Jordi Galı)、佩德罗·泰尔斯(Pedro Teles)的评论。

本章摘要:我们观察到,各工业化国家的通货膨胀目标全都集中在了每年2%这个水平上。本章要研究的是,观察到的通货膨胀目标的大小与各个主要的货币中性理论所预测的最优通货膨胀率在多大程度上是一致的。我们发现这些理论一致表明,最优通货膨胀率的范围介于负的实际通货膨胀率到不显著高于零的实际通货膨胀率水平之间。此外,我们认为名义利率的零下限约束也不构成将通货膨胀目标设定在接近或低于零的水平上的障碍。最后我们发现,只有当特征价格或享乐价格比非质量调整价格更具黏性时,中央银行才应该上调通货膨胀目标——上调的幅度应等于测得的衡量通货膨胀率中的质量偏差。

    JEL分类代码:E31,E4,E5

    关键词:向下的名义刚性;国外货币需求;弗里德曼规则;质量偏差;拉姆齐政策;黏性价格;零下限

1. 引言

全球几乎所有国家的中央银行的通货膨胀目标都明显高于零。例如,那些自称以通货膨胀为货币政策目标的工业化国家的货币当局都将通货膨胀目标集中在了每年2%的水平上下(见表13.1)。这个通货膨胀目标水平比同样以通货膨胀为目标的新兴国家平均要低大约一个百分点。本章的核心目的是研究观察到的通货膨胀目标的水平在多大程度上与主要的货币非中性理论所预测的最优通货膨胀率一致。我们发现,这些理论一致表明,最优通货膨胀率的范围是从实际通货膨胀率为负到不显著高于零。我们的研究结果表明,通货膨胀目标的大小的经验规律性与现有理论预测的最优长期通货膨胀率并不一致。从这个意义上说,观察到的各国中央银行的通货膨胀目标提出了一个需要我们通过发展货币理论来解释的难题。

表 13.1　世界各国的通货膨胀目标

国　　家		通货膨胀目标/％
工业化国家	新西兰	1—3
	加拿大	1—3
	英国	2
	澳大利亚	2—3
	瑞典	2±1
	瑞士	<2
	冰岛	2.5
	挪威	2.5
新兴国家	以色列	1—3
	捷克共和国	3±1
	韩国	2.5—3.5
	波兰	2.5±1
	巴西	4.5±2.5
	智利	2—4
	哥伦比亚	5±1.5
	南非	3—6
	泰国	0—3.5
	墨西哥	3±1
	匈牙利	3.5±1
	秘鲁	2.5±1
	菲律宾	5—6

资料来源:《世界经济展望》(*World Economic Outlook*),2005 年。表 4.1。

在现有文献中,主流观点认为货币非中性的两个主要来源支配了最优长期通货膨胀率的决定。一个来源是因对存在法定货币的需求而出现的名义上的摩擦。另一个来源则在于价格黏性的假设。

在那些只存在唯一的一种名义摩擦,而且该名义摩擦以对法定货币的交易需求的形式出现的货币模型中,最优货币政策的要求是通过将名义利率设定为零来最小化持有货币的机会成本。

这一政策通常也被称为弗里德曼规则,意味着最优通货膨胀率是负数,其绝对值等于实际利率。如果长期实际利率介于2％到4％之间,那么这类模型预测的最优通货膨胀率也应该介于-2％到-4％之间。但是,这个预测显然与观察到的通货膨胀目标不一致。这类模型得出的第二个重要结论是,无论政府是通过一次总付税还是通过扭曲性所得税来为预算融资,弗里德曼规则都是最优的。这个结果在文献中得到了相当多的关注,因为它与传统观点相悖,即在一个次优的世界中,所有商品,包括货币资产,都应征税。

在这类模型中,诱使最优政策偏离弗里德曼规则的一种方法是假设税收制度是不完全的。我们研究了税收不完全性的三个来源,它们会导致最优通货膨胀率高于弗里德曼规则所要求的通货膨胀率:产品市场中由于规模收益递减(因为完全竞争)而产生的未被征税的利润,产品市场中由于垄断竞争而产生的未被征税的利润,以及因逃税、漏税而产生的未被征税的收入。这三个来源有一个共同点,那就是货币当局认为,用通货膨胀这种工具来对纯租金间接征税是最优的,因为不然的话,纯租金将不会被征税。我们分别在解析和定量的层面上评估了与这三个来源相对应的合理化偏离弗里德曼规则的"最优偏差"的三种方法。结果我们发现,在这三种情况下,要证明大约2％的最优通货膨胀率(与观察到的通货膨胀目标相符)的合理性,所需要的未纳税收入所占份额都达到了不合理的程度(超过了30％)。因此,我们得出的结论是,用税收不完全性来解释实际通货膨胀目标的大小不太可能。

本国货币被外国广泛使用的那些国家本身就可能存在偏离弗里德曼规则的动机,那就是利用它来从外国居民那里获取资源。例如,对于大部分货币在国外流通的美国来说,设定一个正的通货膨胀目标的理由可能是相当充分的。在这些观察结果的激发下,我们构造了一个模型,用来刻画这样一个经济体的最优通货膨胀率:对它的货币存在着外国需求;而在对它的货币的外国需求不存在的情况下,弗里德曼规则将会是最优的。我们对这个模型的分析表明,一旦将外国对本国货币的需求考虑进去,弗里德曼规则就不再是拉姆齐最优的。这个模型的一个校准版(符合对于外国对美元的需求的大小的经验估计范围),可以产生每年2％到10％的拉姆齐最优通货膨胀率。然而,在现实世界中,加拿大、新西兰和澳大利亚等多个发达国家的本国货币在国外几乎没有什么需求,但是它们设定的通货膨胀目标却都与美国的预期目标相似。这个事实表明,尽管美国确实存在着利用通货膨胀对持有美元的外国"征税"的动机,但是它绝对未曾真的根据这样一个动机行事。那么,为什么美国没有利用这个"获利空间"呢? 这是一个值得进一步研究的问题。

总而言之,在对那些货币交易需求是名义摩擦的唯一来源的模型进行了全面研究之后,我们得出的结论是,这类模型并不能为观察到的通货膨胀目标的大小提供一个令人信服的解释。

文献中得到了深入研究的货币非中性的第二个主要来源是以价格调整迟缓的形式出现的名义刚性。将这种摩擦作为货币非中性的唯一来源的那些模型的预测是,最优通货膨胀率为零。黏性价格模型的这种预测是稳健的,因为它假设名义价格部分地与过去的通货膨胀率挂钩。价格稳定具有最优性的原因是它消除了价格调整成本的存在所带来的无效率。很显然,与货币需求摩擦相比,黏性价格摩擦可以使最优通货膨胀率更接近于观察到的通货膨胀目标。然而,黏性价格模型对最优通货膨胀率的预测仍然低于各发达经济体普遍采用的 2% 的通货膨胀目标,当然也低于各发展中经济体普遍采用的 3% 的通货膨胀目标。

有人还可能会认为,解释观察到的通货膨胀目标这个问题的难度其实比用黏性价格模型预测所表明的还要高得多。任何一个比较符合现实的货币传导机制模型都必须包括货币非中性的这两个主要来源,即价格黏性和对法定货币的交易性需求。实际上,在这样一个模型中,最优通货膨胀率确实介于货币需求摩擦模型所要求的水平(实际利率的通货紧缩)与黏性价格摩擦模型所要求的水平(零通货膨胀)之间。这个结果背后的直觉很直观。仁慈的政府要面临最小化价格调整成本和最小化持有货币的机会成本之间的权衡。然而,对于这种权衡的定量分析表明,在合理的模型参数化条件下,它的解将会是有利于价格稳定的。

到现在为止,我们在考虑了各种理论理由后预测的最优通货膨胀目标至少比实践中的通货膨胀目标低两个百分点左右。因此,我们还需要考虑另外三种可能可以解释这一差距的理论理由:名义利率的零下限、要素价格向下的名义刚性,以及衡量通货膨胀时的质量偏差。

在货币政策圈子中,一个经常被提起的观点是,在零通货膨胀率或负通货膨胀率下,名义利率达到零利率下限的风险会严重限制中央银行实施成功的稳定政策的能力。然而,这个论点的有效性在很大程度上取决于最优货币政策制度下名义利率的预期波动率。为了分析对正通货膨胀目标的这种解释的合理性,我们在一个中等规模的宏观经济模型的背景下刻画了最优货币政策,该模型的估计能够很好地拟合第二次世界大战后的美国的各个经济周期。结果我们发现,在最优货币政策下,通货膨胀率的平均值为 -0.4%。更加重要的是,最优名义利率的平均值为 4.4%、标准差则为 0.9%。这个发现意味着,要达到零利率下限,均衡名义利率的下降幅度将超过四个标准差。我们认为这是一个极不可能发生的事件。当然,读者不应该把这个结论误解为:给定 -0.4% 的通货膨胀目标,在任何货币政策下,经济体达到零利率下限的可能性都是微不足道的。正确的解释其实要狭隘得多,那就是:在最优的货币政策下,这种情况是不可能发生的。

我们要以正通货膨胀目标为研究焦点的第二个理由是向下的名义刚性的存在。在名义价格存在向下的刚性的时候,任何相对价格的变化都必定会与名义价格水平的提高相联系。由此可见,如果在经济周期中相对价格的变化是有效的,那么旨在适应这种变化的正通货膨胀率可能会改善福利。或许,名义工资就是向下的价格刚性的一个最突出的例子。因此,一个自然而然的问题是,需要多高的通货膨胀率,才能真正"润滑劳动力市场的车轮"。答案是,似乎并不需要多高。一篇早期的文献使用了具有向下的刚性名义工资的估计的宏观经济模型,结果发现最优通货膨胀率其实不到 50 个基点。

我们要考虑的将通货膨胀目标设为明显高于零的最后一个理由其实只是一个众所周知的事实:由于消费品质量的改进通常是很难测量的,所以消费者价格指数通常夸大了真实的通货膨胀率。例如,一个由参议院任命的、由多名著名经济学家组成的委员会在研究后认定,在美国,1995 年至 1996 年间用消费者价格指数衡量的通货膨胀率中的质量偏差达到了大约每年 0.6%。因此,我们需要分析这样一个问题:在考虑测得的通货膨胀水平中存在系统性的向上偏差之后,中央银行是否应该调整其通货膨胀目标。我们证明,这个问题的答案在很大程度上取决于假设哪些价格是具有黏性的。具体地说，如果假设非质量调整的价格是具有黏性的，那么通货膨胀目标就不应该加以修正。另外，如果假设质量调整的价格（或享乐价格）是具有黏性的，那么通货膨胀目标就应该根据偏差的大小相应地调高。到底是假设非质量调整价格更具黏性还是假设享乐价格更具黏性，最终是一个操作性的问题，然而到目前为止的关于价格刚性的实证文献尚未解决这个问题。

在本章中，我们将始终将最优通货膨胀率假设为能够使代表性消费者的福利最大化的通货膨胀率。同时，我们还将我们的注意力集中在了拉姆齐最优上；也就是说，我们假设政府能够履行他们承诺的政策声明。最后，在我们考虑的所有模型中，都把家庭和企业假设为具有理性预期能力的、能够进行最优化的经济行为主体。

2. 货币需求和最优通货膨胀率

如果经济中的核心名义摩擦只产生于经济主体使用货币进行交易的需要，那么在相当一般的条件下，最优货币政策要求持有货币的机会成本为零。这个结果就是通常所称的弗里德曼规则。在法定货币经济中，用于交易目的的资产是不能赚到利息的，所以持有货币的机会成本等于名义利率。因此，在货币需求是核心名义摩擦的这类模型中，最优货币政策要求无风险的名义利率——例如，联邦基金的回报率——在任何时候都应设定为零。因为从长期来看，通货膨胀预期与名义利率和实际利率之间的差距有关，所以弗里德曼规则最终会导致（通货膨胀率等于实际利率的）通货紧缩。

货币需求摩擦可以通过多种方式"激发"出来，包括现金先行约束（Lucas，1982）、在效用函数中纳入货币因素（Sidrauski，1967）、引入（节省）购物时间的技术（Kimbrough，1986）或（节省）交易成本的技术（Feenstra，1986）。为什么弗里德曼规则是最优的？当唯一的名义摩擦来源就是货币需求时，不管货币需求是如何引入的，背后的直觉都是非常清晰的：实际货币余额能够为家庭和企业的交易提供有价值的服务。与此同时，印刷钞票的成本是可以忽略不计的。因此，将持有货币的机会成本（由名义利率给定）设定为尽可能低的数值是有效的。弗里德曼规则之所以是最优的还有另一个原因，那就是正利率会扭曲资源的有效配置。例如，在存在着现金商品和信用商品的现金先行模型中，正利率会扭曲私人支出在这两种商品上的分配。在货币可以减少交易成本或减少购物时间的模型中，正利率则会在消费—休闲决策中引入一个楔子。

下面通过例子来说明弗里德曼规则的最优性。考虑一个引入了交易成本的新古典主义模型。这种交易成本的特别之处是，随着实际货币持有量的增多而上升，同时随着消费支出的提高而下降。更具体地说，我们考虑的是一个由大量同质化家庭组成的经济体，每一个家庭的偏好都是用消费和闲暇的序列来定义的，并且可以用如下效用函数来描述：

$$\sum_{t=0}^{\infty} \beta^t U(c_t, h_t) \tag{13.1}$$

其中，c_t 表示消费，h_t 表示劳动努力，$\beta \in (0,1)$ 表示主观贴现因子。假设这个单期效用函数 U 随着消费的增多而增加、随着劳动努力的增多而减少，并且是严格凹的。

然后，在模型中引入对实际货币余额的需求，方法是假设持有名义货币能够使得购买消费品更加方便（名义货币持有量用 M_t 表示）。更具体地说，假设家庭购买消费品的行为会受一个比例性的交易成本 $s(v_t)$ 的影响，该交易成本随着家庭的货币—消费比率（或者用消费衡量的货币流通速度）的增大而递减，即

$$v_t = \frac{P_t c_t}{M_t} \tag{13.2}$$

其中，P_t 表示第 t 期中消费品的名义价格。交易成本函数 $s(v)$ 满足以下假设：

（a）函数 $s(v)$ 是非负的，且是二次连续可微的；

（b）存在某个货币流通速度 $\underline{v}>0$——我们称之为货币饱和水平——使得 $s(\underline{v}) = s'(\underline{v}) = 0$；

（c）对于所有的 $v \neq \underline{v}$，都有 $(v-\underline{v})s'(v)>0$；

（d）对于所有的 $v>\underline{v}$，都有 $2\,s'(v)+vs''(v)>0$。[①]

假设（b）确保了弗里德曼规则，即零名义利率，不会导致对货币的无限需求，而这也就意味着当名义利率为零时，交易成本以及它所导致的扭曲都会消失。假设（c）保证了在均衡状态下，货币流通速度总是大于或等于饱和水平。假设（d）确保了货币需求是名义利率的递减函数。

这个模型还假设家庭可以获得一年期名义债券，我们用 B_t 来表示，当从第 t 期持有到第 $t+1$ 期时，该债券的毛名义利率为 R_t。家庭以实际工资率 w_t 向竞争性劳动力市场提供劳动力服务。此外，家庭还可以因为自己的企业所有权而获得 Π_t 的利润收入。因此，家庭在第 t 期的预算约束可以表示为：

$$P_t c_t [1 + s(v_t)] + P_t \tau_t + M_t + B_t = M_{t-1} + R_{t-1} B_{t-1} + P_t(w_t h_t + \Pi_t) \tag{13.3}$$

其中，τ_t 表示家庭在第 t 期实际缴纳的税款。此外，还要假设该家庭的借款是有上限的，这是为了防止它陷入庞氏骗局：

$$\lim_{j \to \infty} \frac{M_{t+j} + R_{t+j} B_{t+j}}{\prod_{s=0}^{j} R_{t+s}} \geqslant 0 \tag{13.4}$$

这个限制条件意味着在长期中，该家庭的名义净负债的增长速度必须小于名义利率。比如说，它排除了这个家庭采用永远滚动自己的净债务的计划的可能性。

于是，这个家庭要作出的决策是，选择序列 $\{c_t, h_t, v_t, M_t, B_t\}_{t=0}^{\infty}$，以便在满足方程式（13.2）—式（13.4）所表示的约束条件下，最大化方程式（13.1）。在这个优化问题中，序列 $\{P_t, \tau_t, R_t, w_t, \Pi_t\}_{t=0}^{\infty}$ 是给定的，初始条件为 $M_{-1} + R_{-1}B_{-1}$。与这个家庭的最大化问题相关的一阶条件包括式（13.2）—式（13.4）都取等号，同时以下各方程均成立：

$$v_t^2 s'(v_t) = \frac{R_t - 1}{R_t} \tag{13.5}$$

[①] 此处的"$2s'(v)+vs''(v)>0$"，原文为"$2\,s'(v)+vs'';(v)>0$"，疑有误，已改——译者注。

$$-\frac{U_h(c_t,h_t)}{U_c(c_t,h_t)} = \frac{w_t}{1+s(v_t)+v_ts'(v_t)} \tag{13.6}$$

$$\frac{U_c(c_t,h_t)}{1+s(v_t)+v_ts'(v_t)} = \beta\frac{R_t}{\pi_{t+1}}\frac{U_c(c_{t+1},h_{t+1})}{1+s(v_{t+1})+v_{t+1}s'(v_{t+1})} \tag{13.7}$$

其中,$\pi_t \equiv p_t/p_{t-1}$ 表示第 t 期的总通货膨胀率。最优性条件式(13.5)可以解释为货币需求或流动性偏好函数。给定我们关于交易技术 $s(v_t)$ 的假设,那么隐含的货币需求函数对于总名义利率 R_t 将会是递减的。此外,我们的假设还意味着随着利率的"消失",或者说随着 R_t 趋近于 1,货币需求将接近于一个由 $C_t/\underline{v}$ 给出的有限的最大水平。在这一货币需求水平下,家庭能够无成本地进行交易,因为交易成本 $s(v_t)$ 到那时已经变成零了。最优性条件式(13.6)表明,高于饱和水平 $\underline{v}$ 的货币流通水平,或者等价地,高于零的利率水平,会在消费对闲暇的边际替代率与实际工资率之间引入一个"楔子",其大小由 $1+s(v_t)+v_t s'(v_t)$ 给出。这个"楔子"会导致家庭转向一种低效的资源配置方式,即休闲过多、消费过少。而且这个"楔子"会随名义利率的增加而递增,这意味着名义利率越高,消费—闲暇决策的扭曲程度就越大。最优性条件式(13.7)是一个费雪方程,它说明名义利率必定等于预期通货膨胀率和实际利率之和。从该费雪方程式可以非常清楚地看出,名义利率的跨期变动会造成家庭可以感知到的实际利率的扭曲。

最终产品是由竞争性市场中的企业使用技术 $F(h_t)$ 生产出来的——这种技术是以劳动力为唯一的投入要求的。我们假设生产函数 F 是一个递增的凹函数。企业选择适当的劳动力投入以实现利润最大化,如式(13.8)所示。

$$\Pi_t = F(h_t) - w_t h_t \tag{13.8}$$

从企业的利润最大化问题的一阶条件可以推导出,对劳动力的需求为:

$$F'(h_t) = w_t$$

政府印制钞票、发行只存续一期的名义债券,并通过征税来为外生的公共消费流(用 g_t 表示)和未偿还的公共债务付息融资。因此,政府的时序预算约束为:

$$B_t + M_t + P_t\tau_t = R_{t-1}B_{t-1} + M_{t-1} + P_t g_t$$

在本节中,我们假设政府必须遵循如下的财政政策:税收只能是一次总付性的,同时政府支出和公共债务的总额在所有时候都为零。此外,还要假设未清偿公共债务的初始金额 B_{-1} 也为零。这些假设意味着政府的预算约束可以简化为:

$$P_t\tau_t^L + M_t - M_{t-1} = 0$$

其中,τ_t^L 为实际一次总付税。根据这个表达式,政府将所有铸币收入以一次总付的方式返还给了家庭。

这样一来,给定某种特定的货币政策,竞争均衡就是同时满足式(13.5)和如下各式的序列集 $\{c_t,h_t,v_t\}$。

$$-\frac{U_h(c_t,h_t)}{U_c(c_t,h_t)} = \frac{F'(h_t)}{1+s(v_t)+v_ts'(v_t)} \tag{13.9}$$

$$[1+s(v_t)]c_t = F(h_t) \tag{13.10}$$

$$R_t \geqslant 1 \tag{13.11}$$

$$\lim_{j \to \infty} \beta^j \frac{U_c(c_{t+j}, h_{t+j})}{1 + s(v_{t+j}) + v_{t+j} s'(v_{t+j})} \frac{c_{t+j}}{v_{t+j}} = 0 \tag{13.12}$$

均衡条件式(13.9)指出,货币摩擦会在劳动力供给和劳动力需求之间形成一个"楔子"。均衡条件式(13.10)表明,一个正的利率会导致资源损失,其数额为 $s(v_t)c_t$,而且这种资源损失会随着利率的上升而增加,只有当名义利率等于零时才会消失。均衡条件式(13.11)对名义利率施加了一个零下限。这样一个限制是为了防止出现通过对名义债券做空,同时对名义法定货币做多而创造出无限套利利润的可能性,而那将会导致家庭对消费品的需求无法明确定义。均衡条件式(13.12)则是将取等号时的无庞氏骗局约束条件式(13.4)与式(13.2)和式(13.7)组合起来的结果。

2.1　税收制度为一次总付税时的弗里德曼规则的最优性

我们希望刻画的是,假设政府有能力信守承诺、履行自己宣布的政策情况下的最优货币政策。这种政策最优性概念就是众所周知的拉姆齐最优性。在上一节给出的模型的背景下,拉姆齐最优货币政策问题就在于如何选出能够为家庭带来最高福利水平的竞争均衡所要求的名义利率路径。从形式上看,这个拉姆齐问题可以表述为:在满足式(13.5)和式(13.9)—式(13.12)的前提下,选择序列 R_t、c_t、h_t 和 v_t,使得式(13.1)中的家庭的效用函数最大化。

不过,作为一个必要的准备步骤,在讨论弗里德曼规则的最优性之前,我们还得先来分析一下弗里德曼规则——即 $R_t = 1$, $\forall t$——是不是可以视为一个竞争均衡结果。这项任务也就相当于能不能找到序列 c_t、h_t 和 v_t,与 $R_t = 1$ 一起满足均衡条件式(13.5)和式(13.9)—式(13.12)。显然,序列 $R_t = 1$ 是满足式(13.11)的。式(13.5)和关于交易成本函数 $s(v_t)$ 的假设表明,当 R_t 等于 1 时,货币流通速度达到了饱和水平,即

$$v_t = \underline{v}$$

这个结果意味着,当弗里德曼规则成立时,交易成本 $s(v_t)$ 消失了。这样一来,式(13.9)和式(13.10)就简化成了如下两个静态方程①:

$$-\frac{U_h(c_t, h_t)}{U_c(c_t, h_t)} = F'(h_t)$$

以及

$$c_t = F(h_t)$$

它们共同决定了消费和工作时数的恒定均衡水平。最后,由于货币流通速度、消费和工作时数的水平都不会随着时间的流逝而变化,同时由于主观贴现因子小于1,所以如式(13.12)所示的横截性条件也得到了满足。因此,我们已经证明存在一个竞争均衡,在这个均衡中,弗

---

① 这两个方程有唯一的正解的充分条件(但不是必要条件)是 $U_h(c,h)/U_c(c,h)$ 是正的,并且随着 c 和 h 的增加而递增,同时 $F(h)$ 是正的,且严格递增,并且满足稻田条件。

里德曼规则始终成立。

接下来,我们再来证明这个竞争均衡确实是拉姆齐最优的。为了证明这一点,考虑下面这个社会规划者问题的解:

$$\max_{\{c_t, h_t, v_t\}} \sum_{t=0}^{\infty} \beta^t U(c_t, h_t)$$

它需要满足可行性约束式(13.10)。为了方便起见,我们将它重新写在这里:

$$[1 + s(v_t)]c_t = F(h_t)$$

这个社会规划者的问题之所以与对弗里德曼规则的最优性的证明相关,是因为它的解必定可以带来与拉姆齐最优配置的福利水平相同的福利水平。原因在于,这个社会规划者问题和拉姆齐的目标函数均为式(13.1),并且可行性约束均为式(13.10)。不过,拉姆齐问题还有另外四个约束,即式(13.5)、式(13.9)、式(13.11)和式(13.12)。首先考虑社会规划者对货币流通速度 v_t 的选择。货币流通速度只进入了可行性约束,而没有进入社会规划者的目标函数。交易成本函数 $s(v)$ 在 $\underline{v}$ 处具有全局最小值,因此社会规划者会设定 $v_t = \underline{v}$。在货币流通速度的饱和水平 $\underline{v}$ 上,交易成本消失了,从而可行性约束可以简化为 $c_t = F(h_t)$。这样一来,通过求解 $c_t = F(h_t)$ 和 $-U_h(c_t, h_t)/U_c(c_t, h_t) = F'(h_t)$,就可以得出对 (c_t, h_t) 的最优选择。但是这个实际配置恰恰就是与竞争均衡相关的那一个,而在竞争均衡中,弗里德曼规则始终适用。至此,我们就证明了弗里德曼规则是拉姆齐最优的。

在当前这个模型的背景下,最优货币政策的一个重要含义是预计价格会随着时间的推移而下降。实际上,根据式(13.7),并考虑到拉姆齐均衡消费和闲暇都不会随时间流逝而变化,马上就可以得出:对于所有的 $t>0$,预期通货膨胀率均为 $\pi_{t+1} = \beta < 1$。现有的关于经济周期的宏观经济学模型通常假设主观贴现因子的值为每年 0.96 左右。在这种校准下,当前这个模型表明平均最优通货膨胀率为每年 -4%。

这里还有很重要的一点必须强调一下:弗里德曼规则会对财政产生影响,并要求货币当局和财政当局之间进行协调。实际上,弗里德曼规则的其中一个含义就在于,名义货币余额与价格以相同的速度收缩。财政当局通过在每个时期对家庭征收一次总付税,为货币供应的这种持续收缩"提供"资金。在当前这个模型中,为弥补因实施弗里德曼规则而造成的铸币税损失所必需征收的税收数额是由 $\tau_t^L = (1/\beta - 1)(M_t/P_t)$ 给出的。[1] 例如,在实际利率水平为 $4\%(1/\beta - 1) = 0.04$,实际余额水平为 GDP 的 20% 的情况下,所需的税收水平大约为 GDP 的 0.8%。每一年,财政当局都必须将这一数额的资源转移给中央银行,以便后者能够吸收必要的名义货币余额,从而将货币供应保持在想要的水平上。假设财政当局不愿意以这种方式补贴中央银行,那么最优货币政策问题还是会像到目前为止讨论的那样,只是需要增加一个约束,那就是名义货币供应量的增长率不能为负,即 $M_t \geqslant M_{t-1}$。但是这个限制将迫使中

---

[1] 在一个不断增长的经济体中,只要实际利率为正,弗里德曼规则就与通货紧缩有关(就像在非增长经济体中一样),而且只要实际利率高于增长率,弗里德曼规则就与铸币损失有关,这也是我们最感兴趣的情况。例如,在常相对风险厌恶型偏好下,实际总利率 r 等于 g^{σ}/β,通货膨胀率等于 $1/r$,铸币损失等于 $[r/g - 1](M_t/P_t)$,其中,g 为产出增长率,σ 为跨期替代弹性的倒数。这里的"$\tau_t^L = (1/\beta - 1)(M_t/P_t)$",原文为"$\frac{tL}{\tau} = (1/\beta - 1)(M_t/P_t)$",疑有误,已改——译者注。

央银行偏离弗里德曼规则——而且偏离的幅度可能会很大。例如,如果在到目前为止一直讨论的确定性模型中只限于考虑这样一些均衡——名义利率为常数,且偏好与消费和闲暇之间呈对数线性关系,那么这种受限的拉姆齐政策将要求价格稳定(即 $P_t = P_{t-1}$),以及利率为正且等于实际利率(即 $R_t = 1/\beta$)。

通货膨胀率接近于实际利率的负通货膨胀目标的最优性对采用本节开头部分讨论的任何其他持有货币的动机都有很高的稳健性。而且它对各种形式的不确定性的引入也有很高的稳健性,包括全要素生产率的随机变化、偏好冲击和政府支出冲击等。然而,可观的平均通货紧缩尽管有其可取之处,但是几乎与所有中央银行的通货膨胀目标都是不一致的。由此可见,货币需求摩擦必定不会是政策制定者形成对最优通货膨胀水平的看法时的主要决定因素。也正是出于这个原因,我们接下来就转而分析关于价格上涨(通货膨胀)的成本和收益的其他理论。

3. 货币需求、财政政策和最优通货膨胀率

到目前为止,我们研究的一直是财政当局可以征收一次总付税的经济体。在本节中,我们放弃了税收是一次总付税的假设,取而代之的是一个可能与现实更加接近的假设:税收是具有扭曲性的所得税。在这种情况下,政策制定者可能会在为公共支出融资时面临使用常规税收手段还是印钞之间的权衡。Phelps(1973)在一篇极具启发性的论文中提出,当政府无法征收一次总付税而只能使用具有扭曲性的税收工具时,那么就应该把通货膨胀税也作为最优税收制度的一部分来加以运用。然而,本节综述的一系列研究的核心结论恰恰与菲尔普斯的猜测相反,负通货膨胀的最优性并没有因公共支出和扭曲性的所得税的引入而发生改变。

在最优财政和货币政策问题的背景下,弗里德曼规则(以及由此导致的负通货膨胀率)的最优性已经得到了深入研究。Kimbrough(1986)、Guidotti 和 Végh(1993),以及 Correia 和 Teles(1996,1999)分别在"购物时间"经济中推导出了这种最优性;Chari 等(1991)在一个有现金先行约束的模型中也推导出了同样的最优性;Chari 等(1996)在一个将货币纳入了效用函数的模型中也得到了类似的结果。此外,Stephanie Schmitt-Grohé 和 Uribe(2004b)在一个引入了基于消费的交易成本技术的模型中也推导出了这种最优性。这个模型就是我们在这里要考虑的模型。

本节的模型设置在以下三个方面都与上文中考虑的模型不同。首先,政府无法征收一次总付税。相反,我们假设税收额是与劳动收入成比例的。更正式地,政府收取的税收为:

$$\tau_t = \tau_t^h w_t h_t$$

其中,τ_t^h 为劳动收入适用的所得税率。在存在这种扭曲性的税收的情况下,劳动力供给方程式(13.6)就变成了:

$$-\frac{U_h(c_t, h_t)}{U_c(c_t, h_t)} = \frac{(1 - \tau_t^h) w_t}{1 + s(v_t) + v_t s'(v_t)} \tag{13.13}$$

根据这个表达式,劳动所得税率和货币流通速度的增加会以同样的方式扭曲家庭的劳动供给决策,即诱导他们追求更多的休闲和更少的消费。

本节的模型与上一节提出的模型的第二个不同之处是政府的购买为正。具体地说,我们假设政府面临外生的公共支出序列 $\{g_t\}_{t=0}^\infty$。这样一来,总资源约束就变成了:

$$[1 + s(v_t)] c_t + g_t = F(h_t) \tag{13.14}$$

这一设定所隐含的假设是,政府的消费交易不受货币摩擦的影响(但是货币摩擦却会强加于私人对商品的购买之上)。与上一节的模型的最后一个不同之处是,我们现在假设公共债务在任何时候都不必限定为零。这样一来,政府的时序预算约束将取如下形式:

$$M_t + B_t = M_{t-1} + R_{t-1} B_{t-1} + P_t g_t - P_t \tau_t^h w_t h_t \tag{13.15}$$

在这个模型中,竞争均衡就是在给定政策 $\{R_t, \tau_t^h\}_{t=0}^\infty$、外生的过程 $\{g_t\}_{t=0}^\infty$,以及初始条件 $M_{-1} + R_{-1}B_{-1}$ 的前提下,同时满足以下所有条件的序列集 $\{v_t, c_t, M_t, B_t, P_t\}_{t=0}^\infty$:式(13.2);取等号时的式(13.4);式(13.5)、式(13.7)、式(13.8) 和式(13.11);以及式(13.13)— 式(13.15)。

同时,与上一节一样,我们在本节中的主要目标仍然是刻画拉姆齐最优的通货膨胀率。为此,我们首先要推导出竞争均衡的原始形式,然后再将拉姆齐问题表述出来,最后才能着手刻画最优财政和货币政策的特征。

3.1 竞争均衡的原始形式

遵循长期以来的公共财政文献的传统,我们在研究最优政策的时候使用的是原始形式的表示竞争均衡的方法。而要找到原始形式,就需要从均衡条件中消去所有价格和税率,推导出只涉及实际变量的简化表达式。在我们的模型所描述的经济中,以原始形式出现的实际变量是消费、工作小时数和货币流通速度。均衡条件的原始形式表示由两个方程组成。一个方程是可行性约束,由前述资源约束式(13.14)给出,它必须在每个日期都成立。另一个方程是单一的现值约束,通常称为可实施性约束。可实施性约束保证了在每一个可能的竞争均衡的价格和数量上,一个财政巩固的政府的盈余的贴现值必定等于该政府的初始负债总额。

更正式地说,给定 $M_{-1} + R_{-1}B_{-1}$ 和 P_0,序列 $\{c_t, h_t, v_t\}_{t=0}^\infty$ 必须满足可行性条件式(13.14) 和可实施性约束。为了方便起见,我们先把可行性条件复制到这里,即

$$[1 + s(v_t)] c_t + g_t = F(h_t) \tag{13.14}$$

序列 $\{c_t, h_t, v_t\}_{t=0}^\infty$ 还必须同时满足如下可实施性约束:

$$\sum_{t=0}^\infty \beta^t \left\{ U_c(c_t, h_t) c_t + U_h(c_t, h_t) h_t + \frac{U_c(c_t, h_t)[F'(h_t) h_t - F(h_t)]}{1 + s(v_t) + v_t s'(v_t)} \right\}$$

$$= \frac{U_c(c_0, h_0)}{1 + s(v_0) + v_0 s'(v_0)} \frac{R_{-1}B_{-1} + M_{-1}}{P_0}$$

$$v_t \geqslant \underline{v} \text{ 和 } v_t^2 s'(v_t) < 1 \tag{13.16}$$

满足这两个约束条件的序列集与满足如下均衡条件的序列集是相同的:式(13.2);取等号时的式(13.4);式(13.5)、式(13.7)、式(13.8)和式(13.11),以及式(13.13)—式(13.15)。在本章末尾的附录的第 1 节中,我们给出了这个命题的证明。

3.2 存在扭曲性的税收时的弗里德曼规则的最优性

本节的拉姆齐问题可以表述为:在给定 $M_{-1}+R_{-1}B_{-1}>0$ 和 P_0 的前提下,选取一个严格为正的序列集 $\{c_t, h_t, v_t\}_{t=0}^{\infty}$ 来最大化函数式(13.1),同时必须满足如下约束条件:式(13.14)和式(13.16),$v_t \geqslant \underline{v}$,以及 $v_t^2 s'(v_t) < 1$。[①] 我们可以任意地确定初始价格水平,只要能够防止拉姆齐规划者制造出一个非常严重的、意想不到的初始通货膨胀就可以了(这种做法的目的是降低政府原先承担的名义负债的实际价值)。这也是关于最优货币和财政政策的文献中通常都会给出的一个假设。

接下来,我们将证明,在假设生产技术是工作小时数的线性函数——即 $F'(h_t) = Ah_t$,其中 $A>0$ 是一个参数——的前提下,弗里德曼规则是最优的(因此最优通货膨胀率为负)。在这种情况下,工资支付将会耗尽产出,企业利润则保持为零。这也正是相关文献中讨论的典型情况——例如 Chari 等(1991)的研究。在这种线性生产函数条件下,对于所有的 $t>0$,可实施性约束式(13.16)都将变得与货币流通速度 v_t 无关。我们所采用的描述最优货币政策的策略是,先暂且忽略 $v_t^2 s'(v_t) < 1$ 这个要求,得出一个约束较少的替代问题的解,然后验证所得到的解确实能够满足这个要求。为此,我们用 ψ_t 表示可行性约束式(13.14)中的拉格朗日乘数,这样一来,不难列出上述(较少约束的)拉姆齐问题的相对于 v_t 的一阶条件为:对于任意的 $t>0$,有

$$\psi_t c_t s'(v_t)(v_t - \underline{v}) = 0; \quad v_t \geqslant \underline{v}; \quad \psi_t c_t s'(v_t) \geqslant 0 \tag{13.17}$$

首先,请读者回顾一下,根据我们关于交易成本的技术形式的假设,$s'(v_t)$ 在 $v=\underline{v}$ 时消失,由此马上可以推出,$v_t=\underline{v}$ 就是这个最优性条件的解。前面暂且略去的约束 $v_t^2 s'(v_t) < 1$ 在 $v_t=\underline{v}$ 处也明显是可以满足的。因此,$s'(\underline{v})=0$。

其次,根据流动性偏好函数式(13.5),就可以得出在所有日期 $t>0$ 时,都有 $R_t=1$。

最后,因为拉姆齐最优性条件是静态的,而且我们这个经济是确定性的,所以消费和工作小时数的拉姆齐最优序列是恒定的。因此,从费雪方程式(13.7)可以推导出,对于所有的 $t>1$,通货膨胀率 $\tau_t - 1$ 均为负,而且其值等于 $\beta - 1$。

在此基础上,我们在这一节中还要接着研究如下这个问题:负通货膨胀的最优性对于引入以通货膨胀手段来融资的财政动机的稳健性如何?我们是通过假设政府必须用扭曲性的税收为外生的政府支出提供资金来源来引入这种财政动机的。这一节的主要结果是——与菲尔普斯的猜想相反——即便是在除铸币税外,政府唯一的收入来源就是扭曲性的所得税

[①] 这里的"$v_t \geqslant \underline{v}$",原文为"$v_t \geqslant v$",疑有误,已改——译者注。

的情况下,负通货膨胀率也仍然是最优的。这里特别引人注目的是,弗里德曼规则的最优性是独立于政府的融资需要的,而且恰恰体现在了政府支出的规模 g_t,以及政府的初始负债上,后者为 $(R_{-1}B_{-1}+M_{-1})/P_0$。

我们在这里研究的经济环境的一个关键特征可以用来解释通货膨胀税不是最优的(而是次优的)这个结果,那就是不存在未征税的收入。在目前的模型框架下,生产函数是线性的,市场是完全竞争的,所以征收劳动所得税就相当于对整个 GDP 征税。不过在下一节中,我们将通过三个例子说明,当所得税不完全时(即不能统一适用于所有收入来源时),作为部分恢复完全税收的一个途径,正通货膨胀可能是最优的。

4. 因存在未征税的收入而导致弗里德曼规则失效的情况:三个例子

当政府无法以最优方式对所有收入来源征税时,正通货膨胀可能是一种相当理想的工具——可以用来对被次优地征税的那部分收入征税。原因在于,在某种程度上,所有类型的私人收入都是用于消费的,而正通货膨胀就像对消费征税,因此正的名义利率就代表了对所有收入来源征税的一种间接方式。我们接下来用三个例子来说明这个原理。在前两个例子中,企业都获得了纯利润,不过具体来源不同。在第一个例子中,纯利润的出现是由于生产中规模收益递减所致。在第二个例子中,纯利润是产品市场不完全竞争的结果。在这两种情况下,都存在不完全征税,因为政府不能以最优税率对利润征税。而在第三个例子中,未纳税的收入来源于逃税、漏税行为。在这种情况下,偏离弗里德曼规则就成了最优选择,因为不同于常规税收,通货膨胀税是无法逃避的。

4.1 规模收益递减的例子

在到目前为止分析的所有模型中,我们一直假设生产技术 $F(h)$ 是规模收益递减的,也就是说,我们假设 $F''(h) < 0$。而在本例中,对于任意的 $t > 0$,拉姆齐问题中相对于 v_t 的一阶条件为:

$$\mu_t(v_t - \underline{v}) = 0; \quad v_t \geq \underline{v}; \quad \mu_t \geq 0; \quad \xi_t[1 - v_t^2 s'(v_t)] = 0; \quad v_t^2 s'(v_t) < 1; \quad \xi_t \geq 0$$

其中

$$\mu_t \equiv \psi_t c_s s'(v_t) + \lambda U_c(c_t, h_t)[F'(h_t)h_t - F(h_t)]\frac{2s'(v_t) + v_t s''(v_t)}{[1 + s(v_t) + v_t s'(v_t)]^2}$$

$$+ \xi_t[2v_t s'(v_t) + v_t^2 s''(v_t)]$$

如前所述,ψ_t 表示与可行性约束式(13.14)相关的拉格朗日乘数,$\lambda > 0$ 表示与可实施性约束式(13.16)相关的拉格朗日乘数,ξ_t 则表示与约束 $v_t^2 s'(v_t) < 1$ 相关的拉格朗日乘数。饱

和水平的货币流通速度 $\underline{v}$ 并不是这个最优性条件的一个解。原因在于,在 $v_t = \underline{v}$ 处,变量 μ_t 是负的,违背了 $\mu_t \geq 0$ 这个最优性条件。要想证明这一点,只需注意到 μ_t 是三个项之和。第一项 $\psi_t\, c_t^2 s'(v_t)$ 在 $v_t = \underline{v}$ 处为零,因为 $s'(\underline{v}) = 0$。[①]同样地,第三项 $\xi_t[\,2\,v_t\,s'(v_t) + v_t^2 s''(v_t)\,]$ 也为零,原因是 ξ_t 等于零——因为约束 $1 - v_t^2 s'(v_t)$ 并不是紧固于 $\underline{v}$ 处的。[②]最后,就只剩下了 μ_t 的第二项 $\lambda U_c(c_t, h_t)\,[\,F'(h_t)h_t - F(h_t)\,]\,\dfrac{2s'(v_t) + v_t s''(v_t)}{[\,1 + s(v_t) + v_t s'(v_t)\,]^2}$,它是负的。这是因为在规模收益递减的情况下,$F'(h_t)h_t - F(h_t)$ 肯定是负的,同时,在关于交易技术的形式的现有假设下,$s''(v)$ 在 $\underline{v}$ 处严格为正。[③]因此,在这里,弗里德曼规则不是拉姆齐最优的,而且拉姆齐均衡的特征为名义利率为正,同时通货膨胀率超过 β。

因子 $F(h) - F'(h)h$ 部分地导致了弗里德曼规则的失败。这个因子代表的是企业的所有者可以获得的纯利润。在现在这个模型所假设的劳动所得税制度下,这些利润是不会被征税的。我们可以将拉姆齐最优政策下持有货币的正的机会成本解释为政府对利润征税的一种间接方式。不难证明,如果政府能够以与对劳动收入征税时相同的税率或100％的税率——这个税率其实是拉姆齐最优税率——对利润征税,那么弗里德曼规则将再一次作为最优货币政策出现,请参见 Schmitt-Grohé 和 Uribe(2004b)的论文。类似地,如果假设除劳动所得税外,政府还可以征收消费税,那么弗里德曼规则也将是最优的,请参见 Correia 等(2008)的论文。

为了说明规模收益递减的假设所引入的通货膨胀偏差,我们用数值方法解出了上述模型的一个参数化的校准版本中的拉姆齐配置。具体地说,我们采用的是 Schmitt-Grohé 和 Uribe(2004b)提出的数值解法,这种方法可以给出拉姆齐问题的精确的数值解。期间效用函数、生产函数和交易成本技术分别采用以下形式:

$$U(c, h) = \ln(c) + \theta \ln(1 - h); \quad \theta > 0 \tag{13.18}$$

$$F(h) = h^\alpha; \quad \alpha \in (0, 1] \tag{13.19}$$

以及

$$s(v) = Av + B/v - 2\sqrt{AB} \tag{13.20}$$

模型假设的交易成本函数的形式意味着饱和水平的货币流通速度是 $\underline{v} = \sqrt{B/A}$,同时,对货币需求的函数形式为:

$$\frac{M_t}{P_t} = \frac{c_t}{\sqrt{\dfrac{B}{A} + \dfrac{1}{A}\dfrac{R_t - 1}{R_t}}}$$

在校准中,我们令 $\beta = 1/1.04$,$\theta = 2.90$,$A = 0.0111$,$B = 0.07524$。对于所有的 t,取 $g_t = $

---

① 这里的"$\psi_t\, c_t^2 s'(v_t)$",原文为"$\mu_t, \psi_t\, c_t^2 s'(v_t)$",疑有误,已改——译者注。

② 这里的"$\xi_t[\,2\,v_t\,s'(v_t) + v_t^2 s''(v_t)\,]$",原文为"$\mu_t, \mu_t, \xi_t[\,2\,v_t\,s'(v_t) + v_t^2 s''(v_t)\,]$",疑有误,已改——译者注。

③ 我们或许可以说,对于所有的 $v > \underline{v}$,都有 $2s'(v) + vs''(v) > 0$ 这个假设的限制性太强了。因为它意味着,对于所有的 $v > \underline{v}$,名义利率都是 v 严格的增函数;特别是,它还意味着,在名义利率为零的地方,流动性偏好函数的弹性是有限的。如果放松现在这个假设,即通过假设只是对于 $v > \underline{v}$ 成立,而在 $v = \underline{v}$ 则不成立,那样的话,这个拉姆齐问题相对于 v_t 的一阶条件的一个可能的解就是 $v = \underline{v}$——只要 $s''(v) = 0$。

0.04,这个数值意味着在采用拉姆齐政策之前,政府支出的份额大约为 20%。再令(M_{-1} + $R_{-1}B_{-1}$)/ P_0 =0.13,这大约相当于采用拉姆齐政策前的 GDP 的 62%。有关我们使用的校准策略的更多细节,请参见 Schmitt-Grohé 和 Uribe(2004b)的论文。

表 13.2 显示的是当 α 的值在 0.7 至 1 之间变动时,拉姆齐最优的通货膨胀水平和劳动所得税率。当 α 的值等于 1 时,生产函数呈现出了规模报酬不变的特点,于是全部产出都按税率 τ^h 征税。这也是文献中研究最多的情况。表 13.2 表明,在这种情况下,弗里德曼规则是最优的,它意味着 3.85% 的通货紧缩。随着生产函数曲率的增大,由 1- α 给出的 GDP 的未征税部分也会增加,从而导致拉姆齐规划者利用通货膨胀来对这部分产出以间接的方式征税。该表显示,当未征税的产出所占的比例从 0 (α =1)增加到 30% (α =0.7)时,拉姆齐最优通货膨胀率将从-3.85%提高到-2.6%。

表 13.2 规模收益递减、不完全竞争、逃税,以及对弗里德曼规则的偏离

收益递减的劳动份额			垄断竞争价格加成			逃税的地下经济世界		
α	π /%	τ^h	$\dfrac{\eta}{1+\eta}$	π /%	τ^h	份额, $\dfrac{\bar{u}}{y}$	π /%	τ^h
1.00	-3.85	17.99	1.00	-3.85	17.99	0.00	-3.85	17.99
0.99	-3.82	18.08	1.05	-3.65	19.74	0.06	-3.65	19.21
0.95	-3.70	18.42	1.10	-3.32	21.55	0.12	-3.37	20.62
0.90	-3.53	18.87	1.15	2.83	23.42	0.18	-2.94	22.28
0.85	-3.33	19.34	1.20	2.12	25.36	0.24	-2.20	24.29
0.80	-3.11	19.84	1.25	1.11	27.35	0.31	-0.71	26.74
0.75	-2.86	20.36	1.30	0.40	29.38	0.38	-3.31	29.60
0.70	-2.58	20.91	1.35	2.71	31.41	0.46	20.02	31.38

注: π 和 R 分别表示每年的净通货膨胀率与利率(以百分比表示)。

如果认为发达国家的 GDP 中最多有 10% 是未被征税的,那么 α 的值(对于本章所分析的问题来说是合理的)大约是 0.9。这样一个 α 值意味着大约 30 个基点的通货膨胀偏差。对于这个发现,我们的解释是,在规模收益递减的模型中,由于未征税产出的存在而引入的通货膨胀偏差最多只能对世界各国中央银行采用的 2% 或更高的实际通货膨胀目标给出一个糟糕的解释。

4.2 不完全竞争的例子

即便企业可用的生产技术表现出规模收益不变的特征,在均衡时纯利润也仍然可以产生——只要产品市场是不完全竞争的。此外,如果政府不能对纯垄断利润充分征税,或者不能按对劳动收入征税的相同税率对纯垄断利润征税,那么偏离弗里德曼规则就可能是可取的。Schmitt-Grohé 和 Uribe(2004b)对这种情况进行了分析。

为了引入不完全竞争,我们对 4.1 中研究的模型进行了修改——假设消费的是一种由连续的差异化中间产品制成的复合商品,所用的工具是迪克西特-斯蒂格利茨聚合器。每一种中间产品都是由一家具有线性技术 $F(h)=h$ 的垄断竞争企业生产的,而且该企业面对的需求函数有不变价格弹性 $\eta<1$①,我们不难证明,相对于本节前面给出的模型,唯一改变的均衡条件是劳动需求函数式(13.8),它现在变成了:

$$F'(h_t) = \frac{\eta}{1+\eta}w_t \qquad (13.21)$$

其中,$\eta/(1+\eta)>1$ 表示高于边际成本的价格总加成。

在这个不完全竞争经济中,竞争均衡就是在给定政策 $\{R_t, \tau_t^h\}_{t=0}^\infty$、外生的过程 $\{g_t\}_{t=0}^\infty$,以及初始条件 $M_{-1}+R_{-1}B_{-1}$ 和 P_0 的前提下,同时满足以下所有条件的序列集 $\{v_t, c_t, h_t, M_t, B_t, P_t\}_{t=0}^\infty$:式(13.2);取等号时的式(13.4);式(13.5)、式(13.7)、式(13.11)、式(13.13)— 式(13.15),以及式(13.21)。②

竞争均衡的原始形式表示与3.1中给出的相同,不过其中的可实施性约束式(13.16)要用下式取而代之:

$$\sum_{t=0}^\infty \beta^t \left[U_c(c_t, h_t)\, c_t + U_h(c_t, h_t)\, h_t + \frac{U_c(c_t, h_t)}{1+s(v_t)+v_t s'(v_t)} \frac{h_t}{\eta} \right]$$
$$= \frac{U_c(c_0, h_0)}{1+s(v_0)+v_0 s'(v_0)} \frac{R_{-1}B_{-1}+M_{-1}}{P_0} \qquad (13.22)$$

当然,这个可实施性约束与规模收益递减情况下的可实施性约束之间有密切的联系。事实上,因子 $h_t/(-\eta)$ 也出现在了前面的表达式中,而在现在这个经济中则代表垄断者获得的纯利润。在收益递减的经济中,利润也同样以 $F(h_t)-F'(h_t)$ 的形式出现在了可实施性约束中。因此,在不完全竞争的情况下,拉姆齐规划者有很强的动机将通货膨胀率提高到弗里德曼规则所要求的水平以上(这是对纯利润征收一种间接税的方法),也就不足为奇了。为了帮助读者更好地理解这一点,我们在这里给出了拉姆齐问题相对于货币流通速度的一阶条件,其形式如下:

对于任何的 $t>0$,

$$\mu_t(v_t - \underline{v}) = 0; \quad v_t \geqslant \underline{v}; \quad \mu_t \geqslant 0; \quad \xi_t[1-v_t^2 s'(v_t)] = 0; \quad v_t^2 s'(v_t) < 1; \quad \xi_t \geqslant 0$$

$$\mu_t \equiv \psi_t c_t s'(v_t) + \lambda \frac{U_c(c_t, h_t)}{\eta} \frac{2s'(v_t)+v_t s''(v_t)}{[1+s(v_t)+v_t s'(v_t)]^2} + \xi_t[2v_t s'(v_t)+v_t^2 s''(v_t)]$$

不难注意到 $\eta<0$,因此只需采用与规模收益递减的情况下相同的推导方法,就可以得出如下结论:饱和水平的货币流通速度 $\underline{v}$ 并不是这个一阶条件的解。因而弗里德曼规则不是拉姆齐最优的,而且最优通货膨胀率将会超过 β。

表13.2中位于中间的那个板块给出了不完全竞争模型中,对于高于边际成本的价格加成——$\eta/(1+\eta)$——的不同取值,作为拉姆齐最优政策的对通货膨胀水平和劳动税率的选择。所有其他结构性参数的值都与之前的模型中的相同。完全竞争情形对应着倍数为1的

---

① 这里的"不变价格弹性 $\eta<1$",原文为"不变价格弹性 $\eta\eta<1$",疑有误,已改——译者注。
② 这里的"外生的过程 $\{g_t\}$",原文为"外生的过程 $\{g\}$",疑有误,已改——译者注。

价格加成。在这种情况下,弗里德曼规则是最优的,相对应的通货膨胀率则为-3.85%。对于正的价格加成,最优利率会随着最优通货膨胀水平的提高而上涨。大量实证研究——例如 Basu 和 Fernald(1997)的研究——表明,从第二次世界大战后美国收集的数据来看,增值型加成率最多为25%,而根据表13.2,这种加成对应的最优通货膨胀率仅为-1.11%。很显然,这个通货膨胀率水平远远低于各国中央银行致力于维持的2%或更高的通货膨胀目标。在我们的校准模型中,要想得到与观察到的中央银行的通货膨胀目标相一致的最优通货膨胀率,就需要进行高于30%的价格加成,但是那就超出了经验估计值的上限了。

在这个模型中,高价格加成之所以会导致高的最优通货膨胀率的原因在于,高价格加成会带来高额利润,导致拉姆齐规划者以通货膨胀税的形式间接征税。例如,35%的价格加成会导致利润在 GDP 中所占的份额达到25%。这个数字似乎高得完全不切实际。任何会减少利润在 GDP 中的占比(如固定生产成本)或减少分配给家庭的利润的数量(如利润税)的机制都会导致较低的最优通货膨胀率。例如,如果对利润以100%的税率征税,或者将利润税率设定为与劳动所得税率相等(即整个税收系统全都按照所得税率收税),那么弗里德曼规则将再次成为拉姆齐最优的,具体请参见 Schmitt-Grohé 和 Uribe(2004b)的讨论。

4.3 逃税的例子

我们要举的第三个例子是关于在税收制度不完善的情况下,弗里德曼规则是如何崩溃的——因此,它或许恰恰构成了对这个原则最直接的说明。在这个例子中,存在一种地下经济,企业在这个地下经济世界里可以逃掉所得税。Nicolini(1998)在一个带有消费税的现金先行模型的背景下研究了逃税导致的弗里德曼规则的失败。为了与我们之前的分析保持连贯性,我们在前面给出的有所得税的交易成本模型中嵌入了一个地下经济部门。更具体地说,我们修改了第3节的模型,假设企业可以向税务机关隐瞒一部分产出,而这就意味着只能对 $F(h_t) - u_t$ 这部分产出征收所得税(因此,变量 u_t 是对地下经济规模的衡量)。企业的最大化问题由下式给出:

$$F(h_t) - w_t h_t - \tau_t [F(h_t) - u_t]$$

我们允许地下经济的规模随着经济活动的总体水平的变化而变化,即假设 u_t 是 h_t 的函数,其形式为:

$$u_t = u(h_t)$$

企业的利润最大化问题的一阶条件为:

$$F'(h_t) = w_t + \tau_t [F'(h_t) - u'(h_t)]$$

这个表达式说明,由于存在着地下经济,使得劳动力这种投入要素在边际上便宜了 $\tau_t u'(h_t)$。

我们假设这个经济的所有其他方面都与第3节所描述的那个经济相同(只不过在家庭一级不征收所得税)。为了简便起见,我们将把注意力集中在生产技术为线性齐次形式的,即 $F(h) = h$ 这种情况上面。不难推出,当地下经济的规模为零时(即对于所有的 t,都有 $u_t =$

0），这个经济将"塌陷"为第 3 节所描述的那个经济，因而最优通货膨胀率就是弗里德曼规则所要求的通货膨胀率。

当地下经济的规模不为零时，我们可以证明，要求解的拉姆齐问题就是在给定初始条件 $R_{-1}B_{-1}+M_{-1}$ 和 P_0 满足如下可行性约束、可实施性约束与对于货币流通速度的限制的前提下，最大化终身效用函数式（13.1）。其中，可行性约束为：

$$[1+s(v_t)]c_t+g_t=h_t$$

可实施性约束为：

$$\sum_{t=0}^{\infty}\beta^t\left\{U_c(c_t,h_t)\,c_t+U_h(c_t,h_t)\,h_t-\frac{u(h_t)-u'(h_t)\,h_t}{1-v'(h_t)}\left[\frac{U_c(c_t,h_t)}{1+s(v_t)+v_ts'(v_t)}+U_h(c_t,h_t)\right]\right\}$$

$$=\frac{U_c(c_0,h_0)}{1+s(v_0)+v_0s'(v_0)}\frac{R_{-1}B_{-1}+M_{-1}}{P_0}$$

还有我们熟悉的对于货币流通速度的如下限制：

$$v_t\geqslant\underline{v},\text{ 以及 }v_t^2s'(v_t)<1$$

我们用 $\psi_t>0$ 表示可行性约束的拉格朗日乘数，$\lambda>0$ 表示可实施性约束的拉格朗日乘数，μ_t 表示约束 $v_t\geqslant\underline{v}$ 的拉格朗日乘数，那么这个拉姆齐问题相对于 v_t 的一阶条件就可以表示为：

$$\mu_t=\psi_ts'(v_t)\,c_t-\lambda\frac{u(h_t)-u'(h_t)\,h_t}{1-u'(h_t)}\frac{U_c(c_t,h_t)}{[1+s(v_t)+v_ts'(v_t)]^2}[2s'(v_t)+v_ts''(v_t)]$$

$$(13.23)$$

其中，μ_t 要满足：

$$\mu_t\geqslant0,\text{ 且 }\mu_t(v_t-\underline{v})=0.$$

因为在推导这些条件时，我们没有将约束 $v_t^2s'(v_t)<1$ 纳入拉格朗日乘数，所以还必须单独验证它是否得到了满足。[①]

接下来考虑函数 u（该函数将经济活动总体水平和地下经济规模联系起来）的两种极端的情况。第一种极端情况是假设 u 是齐次的。在这种情况下，我们有 $u(h)-u'(h)h=0$，于是上述最优性条件就"塌陷"为：

$$\psi_ts'(v_t)c_t(v_t-\underline{v})=0,\quad v_t\geqslant\underline{v},\quad \psi_tc_ts'(v_t)\geqslant0$$

这个表达式与最优性条件式（13.17）相同。我们已经证明，给定我们关于交易成本技术的形式的假设，最优性条件式（13.17）只有在 v_t 等于 $\underline{v}$ 时才能得到满足。这也就是说，这个拉姆齐问题的唯一解就是弗里德曼规则。这个结果背后的直觉是，当地下经济与地上经济成比例时，对地上产出征收的比例税率也是对总产出征收的比例税率。因此，纯粹从财政的角度来看，就好像不存在未征税收入一样。

第二种极端情况是，假设地下经济的规模独立于总体经济活动水平，即 $u(h_t)=\bar{u}$，其中 $\bar{u}>0$ 是一个参数。在这种情况下，当 v_t 等于 $\underline{v}$ 时，从最优性条件式（13.23）就可以推导出

---

① 这里的"$v_t^2s'(v_t)<1$"，原文是"$v_ts'(v_t)<1$"，疑有误，已改——译者注。

$\mu_t = -\lambda \bar{u} U_c(c_t, h_t) \underline{v} s''(\underline{v}) < 0$,但是这违反了最优性条件式(13.24)。由此可见,弗里德曼规则不再是拉姆齐最优的了。这个结果背后的直觉是,在这种情况下,在地下经济中运营的那些企业享受着相当于它们所逃税款的纯租金。而且被逃的"税基"对于税率和通货膨胀都是完全无弹性的 —— 直接由 $\bar{u}$ 给出。政府试图通过对消费征收通货膨胀税来间接对这些纯租金征税。

在存在地下经济的情况下弗里德曼规则会归于失败,这个结论在更一般的意义上也是成立的。例如,当函数 u 是 Φ 次齐次的时候(Φ 为任一小于 1 的数字),也可以得到同样的结果。要看清楚这一点,只需要注意到在这种情况下,当 v_t 等于 $\underline{v}$ 时,式(13.23)就变成了

$$\mu_t = -\lambda \frac{u(h_t)(1-\phi)}{1-\phi u(h_t)/h_t} U_c(c_t, h_t) \underline{v} s''(\underline{v}) < 0。$$ 但是反过来,μ_t 为负是与最优性条件式(13.24)相矛盾的。因此,v_t 必定大于 $\underline{v}$,于是弗里德曼规则就不再成立了。

表 13.2 中,右边那个板块给出了拉姆齐最优通货膨胀率和劳动所得税率作为地下部门在总产出中的份额的函数时的结果。在这些计算中,我们假设地下经济的规模对产出的变化完全不敏感,即 $u'(h) = 0$。所有其他函数形式和参数值均与 4.1 中所设定的一样。Nicolini(1998)估计,美国地下经济的规模最多为经济总体的 10%。表 13.2 表明,对于这种规模的地下经济份额,最优通货膨胀率仅比弗里德曼规则所要求的通货膨胀率高 50 个基点。这也就意味着,在现在这个模型的背景下,逃税几乎完全不会激励货币当局采用通货膨胀政策。

从对这三个例子的分析中,我们得出的结论是,要想通过这样一个模型(通货膨胀政策的激励源于对修补一个考虑不周的税收系统的渴望)去解释作为最优的货币和财政政策的结果所观察到的通货膨胀目标无疑是非常困难的(如果不说不可能的话)。

在下一节中,我们将给出另一个例子,在那个例子中,拉姆齐规划者具有纯粹货币性质的通货膨胀动机,而与财政政策考虑无关。

5. 外国对本国货币的需求与最优通货膨胀率

在发行的全部美元中,超过一半都是在国外流通的。根据 Porter 和 Judson(1996)的估计,1995 年底,在银行体系之外流通的 3750 亿美元当中,有 2000 亿—2500 亿美元是由外国人持有的。海外对美元的需求一直保持着非常强劲的势头。在 Porter 和 Judson(1996)发表了他们的估计结果十年之后,2006 年美国财政部、联邦储备委员会和美国特勤局联合发布的关于美元在国外使用情况的报告估计,截至 2005 年 12 月,在 7600 亿流通的美元纸币中,大约有 4500 亿美元都是由其他国家的有关机构和个人持有的。

上述关于国外对美元的需求的规模的估计结果表明,美国大部分铸币税收入都是在美国境外产生的。因此,一个很自然的问题是,一个国家(比如说美国)的最优通货膨胀率是否

会受到外国对其货币需求的影响。在本节中,我们将在一个动态拉姆齐问题的框架下讨论这个问题。我们将证明,在合理的参数设置下,只要外国对本国货币的需求存在,就会导致对弗里德曼规则所要求的通货膨胀率相当大的偏差出现。这个发现背后的基本直觉是,坚持弗里德曼规则所要求的负通货膨胀率代表着本国的实际经济资源向其他国家的转移,因为由外国持有的名义货币余额实际是以通货紧缩的速度增长的,这种情况会导致福利的减少。一个仁慈的政府会对这种代价与通过保持更低的货币持有机会成本来降低经济行为主体的交易成本的好处进行权衡。我们的分析结果显示,这种权衡最后会向有利于偏离弗里德曼规则的方向倾斜。事实上,我们的定量分析表明,在合理的校准方法下,最优通货膨胀率是正的。Schmitt-Grohé 和 Uribe(2009a)研究了外国对本国货币的需求是如何影响最优通货膨胀率的问题。在本节中,我们基本上沿用了这篇论文的思路。

5.1 模型

我们在这里考虑的是在第 3 节中讨论的那个模型的一个变体,即在原来的规模收益不变、完全竞争的货币经济当中加入外国对本国货币的需求。具体地说,假设外国对实际本国货币的需求 —— 用 M_t^f/P_t 表示 —— 外国总体经济活动水平(用 y_t^f 表示)和本国名义利率的函数。更正式地,外国对本国货币的需求隐式地由下式给出:

$$(v_t^f)^2 \tilde{s}'(v_t^f) = \frac{R_t - 1}{R_t} \tag{13.25}$$

其中,v_t^f 的定义为:

$$v_t^f = \frac{P_t y_t^f}{M_t^f} \tag{13.26}$$

我们假设交易成本技术 $\tilde{s}$ 满足与国内交易成本函数 s 相同的性质。

与前几节中一样,我们假设政府印制钞票、发行只存续一期的名义债券,并通过征税来为外生的公共消费流(用 g_t 表示)和未偿还的公共债务付息融资。因此,政府的时序预算约束为:

$$M_t + M_t^f + B_t = M_{t-1} + M_{t-1}^f + R_{t-1} B_{t-1} + P_t g_t - P_t \tau_t^h w_t h_t \tag{13.27}$$

其中 M_t 表示本国持有的货币存量。将这个表达式与家庭的时序预算约束结合起来 —— 其表达式为 $p_t c_t [1 + s(v_t)] + M_t + B_t = M_{t-1} + R_{t-1} B_{t-1} + P_t(1 - \tau_t^h) w_t h_t$ —— 就可以得出如下的总资源约束:

$$[1 + s(v_t)] c_t + g_t = F(h_t) + \frac{M_t^f - M_{t-1}^f}{P_t} \tag{13.28}$$

在这里,我们利用了如下事实:产品市场是完全竞争的,同时生产函数是规模收益不变的,即 $w_t h_t = F(h_t)$。从这个资源限制可以非常明显地看出,无论何时,只要外国人持有的名义货币余额增加了,即只要 $M_t^f > M_{t-1}^f$,国内经济就可以向外国人收取铸币税。在一个通货膨胀环境中,其特征是外国对国内实际余额的需求一直保持不变。反过来的情况则是,无论何时，只要外国对本国货币的需求减少了，即只要 $M_t^f < M_{t-1}^f$，国内经济就会将实际资源转移到其他地区，在一个外国对国内实际余额的需求一直保持不变的通货紧缩经济中就会出现这种情况。

在这个模型中，竞争均衡就是在给定政策 $\{R_t, \tau_t^h\}_{t=0}^{\infty}$、外生的过程 $\{g_t, y_t^f\}_{t=0}^{\infty}$，以及初始条件 $M_{-1} + R_{-1}B_{-1}$ 和 M_{-1}^f 的前提下，同时满足以下所有条件的序列集 $\{v_t, c_t, h_t, M_t, B_t, P_t\}_{t=0}^{\infty}$：式(13.2)；取等号时的式(13.4)；式(13.5)、式(13.7)、式(13.8)、式(13.11)、式(13.13)，以及式(13.25)—式(13.28)。

为了刻画最优通货膨胀率的特征，比较方便的做法是先推导出竞争均衡的原始形式。给定初始条件 $M_{-1} + R_{-1}B_{-1}$ 和 M_{-1}^f 以及初始价格水平 P_0，序列 $\{c_t, h_t, v_t\}$ 满足第 0 期的可行性条件：

$$[1 + s(v_0)]c_0 + g_0 = F(h_0) + \frac{y_0^f}{\chi(v_0)} - \frac{M_{-1}^f}{P_0} \tag{13.29}$$

和所有其他各期(对于所有的 $t>0$)的可行性条件：

$$[1 + s(v_t)]c_t + g_t = F(h_t) + \frac{y_t^f}{\chi(v_t)} - \frac{y_{t-1}^f}{\chi(v_{t-1})}[1 - v_{t-1}^2 s'(v_{t-1})]\frac{U_c(c_{t-1}, h_{t-1})}{\gamma(v_{t-1})}\frac{\gamma(v_t)}{\beta U_c(c_t, h_t)} \tag{13.30}$$

可实施性约束：

$$\sum_{t=0}^{\infty} \beta^t [U_c(c_t, h_t)c_t + U_h(c_t, h_t)h_t] = \frac{U_c(c_0, h_0)}{1 + s(v_0) + v_0 s'(v_0)}\frac{R_{-1}B_{-1} + M_{-1}}{P_0} \tag{13.31}$$

和

$$v_t \geq \underline{v}，以及 v_t^2 s'(v_t) < 1$$

当且仅当它们也满足均衡条件集式(13.2)；取等号时的式(13.4)；式(13.5)、式(13.7)、式(13.8)、式(13.11)、式(13.13)，以及式(13.25)—式(13.28)。其中函数

$$v_t^f = \chi(v_t) \tag{13.32}$$

的定义由 $v^2 s'(v) - (v^f)^2 s'(v^f) = 0$ 隐式地给出。本章附录的第 2 节提出了关于这个原始形式表示的竞争均衡的证明。

5.2 弗里德曼规则何以失效

在这个模型中，我们假设政府对国内居民是仁慈的。这个假设意味着，政府的福利函数与国内经济行为主体的终身效用是互相吻合的，不过与外国居民的效用水平无关。因此，这里的拉姆齐问题就可以表述为，给定初始条件 $M_{-1} + R_{-1}B_{-1}$ 和 M_{-1}^f 以及初始价格水平 P_0，在满足式(13.29)—式(13.31)、$v_t \geq \underline{v}$，以及 $v_t^2 s'(v_t) < 1$ 的前提下，选择一个严格为正的序列集 $\{c_t, h_t, v_t\}_{t=0}^{\infty}$，使得效用函数式(13.1) 最大化。

为了简化符号，我们将可行性约束式(13.30) 表示为 $H(c_t, c_{t-1}, h_t, h_{t-1}, v_t, v_{t-1}) = 0$，并将可实施性约束式(13.31) 表示为 $\sum_{t=0}^{\infty} \beta^t K(c_t, h_t) = A(c_0, h_0, v_0)$。再将可行性约束式(13.30)

的拉格朗日乘数用 $\psi_t > 0$ 表示,将可实施性约束式(13.31)的拉格朗日乘数用 λ 表示,并用 μ_t 表示约束 $v_t \geqslant \underline{v}$ 的拉格朗日乘数,这样一来,对于任何的 $t > 0$,这个拉姆齐问题的一阶条件就可以表示为:

$$U_c(c_t, h_t) + \lambda K_c(c_t, h_t) + \psi_t H_1(c_t, c_{t-1}, h_t, h_{t-1}, v_t, v_{t-1})$$
$$+ \beta\psi_{t+1}H_2(c_{t+1}, c_t, h_{t+1}, h_t, v_{t+1}, v_t) = 0 \tag{13.33}$$

$$U_h(c_t, h_t) + \lambda K_h(c_t, h_t) + \psi_t H_3(c_t, c_{t-1}, h_t, h_{t-1}, v_t, v_{t-1})$$
$$+ \beta\psi_{t+1}H_4(c_{t+1}, c_t, h_{t+1}, h_t, v_{t+1}, v_t) = 0 \tag{13.34}$$

$$\psi_t H_5(c_t, c_{t-1}, h_t, h_{t-1}, v_t, v_{t-1}) + \beta\psi_{t+1}H_6(c_{t+1}, c_t, h_{t+1}, h_t, v_{t+1}, v_t) + \mu_t = 0 \tag{13.35}$$

$$(v_t - \underline{v})\mu_t = 0; \quad \mu_t \geqslant 0; \quad v_t \geqslant \underline{v} \tag{13.36}$$

因为在推导时,各个拉格朗日量中都不包含约束 $v_t^2 s'(v_t) < 1$,所以还必须验证上述方程组的解是否也满足这个约束条件。

因为当外国对本国货币的需求为零时(即当 $y_t^f = 0$ 时),这个经济体就会"塌陷"为第3节所研究的状态,所以我们立即可以推导出,在这种情况下的弗里德曼规则是拉姆齐最优的。接下来,我们先以解析方式证明,当存在着外国对本国货币的需求的时候,即当 $y_t^f > 0$ 时,弗里德曼规则就不再是拉姆齐最优的了。为了便于叙述,与前几节一样,我们还是将注意力集中在拉姆齐均衡的稳态上。换句话说,我们将只关注式(13.30)和式(13.33)—式(13.36)的解,在这些式子中,如果给定外生变量 g_t 和 y_t^f 的常数水平,那么内生变量 c_t、h_t、v_t、ψ_t 和 μ_t 都将是常数。此外,由于无法得到关于外国对本国货币的需求的估计值,所以在本节中,我们假设 $\chi(v) = v$,这个假设意味着在本国和外国经济中,名义利率与国内货币周转率之间的关系是相同的。为了证明弗里德曼规则在 $y_t^f > 0$ 时失效,我们只需证明 v_t 等于 $\underline{v}$ 的拉姆齐均衡是不可能的即可。在稳态中,最优性条件式(13.35)在 $v_t = \underline{v}$ 处会变为:

$$\psi \frac{y^f}{\chi(\underline{v})} s''(\underline{v})\underline{v}\left(1 - \frac{1}{\beta} + \underline{v}\right) + \mu = 0$$

由于第3节中给出的那些原因,这里的拉格朗日乘数 ψ 必定是正的。同时,根据我们关于交易成本技术的假设,可知 $s''(v)$ 也是正的。于是,在合理的校准下,等于稳态实际利率的常数 $1/\beta - 1$ 要小于饱和水平的货币流通速度 $\underline{v}$。因此,上面的和式中的第一项是正的。而这就意味着乘数 μ 必须是负的。但是这违反了最优性条件式(13.36)。这样一来,我们得出的结论是,当存在着外国对本国货币的需求的时候,如果存在一个拉姆齐均衡,那么它必定是偏离弗里德曼规则的。

这个结果背后的直觉是,一方面,外国对本国货币的需求的存在会使财政当局产生利用通货膨胀去从其他国家和地区攫取资源(以铸币税的形式)的动机,因为其他国家和地区的福利是不会进入本国规划者的目标函数的。事实上,在任何负通货膨胀率下(尤其是在与弗里德曼规则相符的通货膨胀水平上),本国实际上从其他国家获得的是负铸币税收入,因为随着价格水平的下降,外国持有的本国货币的实际价值增加了。另一方面,对外国持有本国货币征收通货膨胀税的代价是对国内持有的本国货币也要征税。反过来,国内通货膨胀税带来了福利损失,因为国内家庭必须支付更高的交易成本,他们被迫在实际余额上节约开支。因此,作为拉姆齐规划者,政府面临着对持有本国货币的外国人征税与导致国内居民交易成本上升之间的权衡。我们已经以解析方式证明,这个权衡问题的解将导致通货膨胀率高于弗里德曼规则所要求的水平。现在,我们来讨论这样一个问题:在对我们的模型进行合理校准之后,最优通货膨胀率对弗里德曼规则的偏差到底有多大。

5.3 定量分析对于弗里德曼规则的最优偏差

为了衡量外国对本国货币的需求对最优通货膨胀率的定量影响,我们对模型进行了参数化,并以数值方法求出了拉姆齐均衡的稳态解。我们的单期效用函数采用了如式(13.18)所示的函数形式,交易成本的技术则采用如式(13.20)所示的函数形式。与在第3节中一样,我们设定的参数值为:$\beta = 1/1.04$, $\theta = 2.90$, $B = 0.07524$,并且对于所有的 t,都令 $g_t = 0.04$。我们还设定 $y^f = 0.06$, $A = 0.0056$,这是为了与如下经验规律相匹配:大约50%的美国货币(或者说 M1 中大约有26%)都是由美国之外的外国人所持有的,而且 M1 与消费之比大约为29%。最后,为了使不存在外国对本国货币的需求时的拉姆齐稳态近似于第3节中考虑的其中一个经济,我们将拉姆齐稳态下的债务水平设定为相当于 GDP 的20%。这样一个债务水平意味着在"拉姆齐改革"之前,在没有外国对本国货币需求的经济中,在"改革"前通货膨胀率为4.2%的情况下,债务—总产出比率大约为44%。拉姆齐稳态下的债务水平远低于"拉姆齐改革"前的水平,原因是"改革"会导致大约8%的预期通货膨胀降幅,而这又会导致从政府债务转向实际货币余额的大规模资产替代。政府负债的总体水平(货币加债券)相对不受"拉姆齐改革"的影响。

我们提出了一种数值算法,它能够给出稳态拉姆齐均衡的精确解。算法的具体机制描述如下:

步骤一,对 λ 取一个正值。

步骤二,给定 λ 的这个值,求出非线性方程组式(13.30)和式(13.33)—式(13.36)中的 c、h、v、ψ 和 μ。

步骤三,从式(13.8)中计算出 w,从式(13.13)中计算出 τ^h,从式(13.5)中计算出 R,从式(13.7)中计算出 π,从式(13.32)中计算出 v^f,从式(13.2)中计算出 M_t/P_t,从式(13.26)中计算出 M_t^f/P_t。

步骤四,根据式(13.27)计算出稳态下的债务—产出比率,我们用 $s_d \equiv B_t/(P_t y_t)$ 来表示它——考虑到 $y = h$。

步骤五,如果 s_d 大于校准值0.2,那么就要减小 λ 的取值。如果 s_d 小于校准值0.2,那么就要增大 λ 的取值。

步骤六,重复步骤一至五,直到 s_d 收敛到其校准值为止。

表13.3给出了我们的数值结果。表格的第一行(除表头外的第一行,下文中的行数计算也均不计表头行)表明,当外国对本国货币的需求为零时(我们通过将 y^f 的值设为零来刻画这一点),那么正如我们在第3节中的分析所显示的,弗里德曼规则是拉姆齐最优的。这

也就是说,在拉姆齐均衡的稳态下,名义利率为零。通货膨胀率为-3.85%,所得税率则大约为18%。在这种情况下,由于外国对本国货币的需求为零,本国政府没有动机征收通货膨胀税,因为那样做不能从其他国家获取收入,而只会提高本国居民持有货币的机会成本,从而损害本国居民的利益。表格的第二行考虑了外国对本国货币的需求为正的情况。具体地说,当我们设定 $y^f = 0.06$ 时,得到的结果是,在拉姆齐稳态下,外国人持有的货币在总货币中所占的比例为22%,同时总货币持有量与消费的比率则为26%。这两个数字与美国经济的观察结果基本一致。由表13.3可知——与前面的解析结果一致——拉姆齐最优利率是正的,这就是说弗里德曼规则不再是最优的了。然而,更令人感兴趣的是偏离弗里德曼规则的程度。表13.3表明,拉姆齐最优通货膨胀率为每年2.10%,比不存在外国对本国货币需求的情况下得到的相应值高出了大约6个百分点,同时现在最优利率为6.2%。当我们通过假设外国经济活动的价值更大(取 $y^f = 0.1$)来增加外国对本国货币的需求时,外国持有的本国货币占总货币的比例将增加10%至32%,同时拉姆齐最优通货膨胀率将超过每年10%。在这一校准中,对外国持有的货币征收通货膨胀税所能带来的好处似乎在很大程度上超过了这种高通货膨胀税强加给国内经济行为主体的成本(后者可用更加扭曲的消费—闲暇选择和更高的交易成本来衡量)。源于更高的通货膨胀税的收入放松了政府的预算约束,从而允许拉姆齐最优税率下降大约1.5个百分点。

表13.3　存在外国对本国货币的需求时的拉姆齐政策

类　型	$\dfrac{M^f}{M^f + M}$	$\dfrac{M^f + M}{P_c}$	$\pi / \%$	$R / \%$	$\tau^h / \%$
不存在外国对本国货币的需求: $y^f = 0$	0.00	0.27	-3.85	0.00	17.56
基线校准: $y^f = 0.06$	0.22	0.26	2.10	6.18	16.15
外国对本国货币的需求高: $y^f = 0.1$	0.32	0.24	10.52	14.94	14.64
本国的货币需求低: $A = 0.0014$	0.22	0.13	2.11	6.19	16.33
高利率弹性: $B = 0.00376$	0.22	0.37	-0.96	3.00	16.95
高债务—总产出比率: $\dfrac{B}{P_y} = 0.50$	0.22	0.26	2.21	6.30	17.50
一次总付税	0.20	0.27	0.85	4.88	0.00
一次总付税,并且 $g_t = 0$	0.19	0.27	0.59	4.62	—

注:基线校准值为 $A = 0.0056$, $B = 0.07524$, $\dfrac{B}{P_y} = 0.2$, $y^f = 0.06$。利率 R 和通货膨胀率 π 用每年的百分比增幅表示,所得税率 τ^h 用百分数表示。

表13.3的第四行考虑了一个意味着国内和国外对货币的需求都很疲软的校准。具体地说,我们将交易成本函数中的系数 A 减少了400%。因为对货币的需求与 A 的平方根成正比,这个参数的这种变化意味着货币与消费之间的比率减少了200%。在拉姆齐稳态中,货币—消费比率从26%下降到了13%。外国对货币需求的相对重要性没有改变,它仍然占到了总货币需求的22%。最优通货膨胀率也基本上与基准情况相同。在这种情况下,通货膨

胀税几乎没有任何变化的原因是 A 的减少导致国内和国外对本国货币的需求出现了成比例的下降。外国对本国货币的需求的下降等价于 y^f 的下降,从而诱使拉姆齐规划者降低了通货膨胀率。与此同时,国内货币需求的下降则降低了国内经济行为主体的通货膨胀成本,导致拉姆齐规划者提高通货膨胀率。在我们进行的参数化过程中,这两种相反的效应恰好相互抵消。

表13.3的第五行则是用来分析我们的结果对提高货币需求的利率弹性的敏感性——刻画这种敏感性的方法是看一看将交易成本函数中的参数 B 减少到其基线值的一半将会发生些什么。在较高的利率弹性下,拉姆齐最优利率和通货膨胀率均低于基线情况。名义利率从6%下降到了3%,通货膨胀率则从2%下降到了-1%。在这种情况下,尽管拉姆齐政策偏离了弗里德曼规则,但是偏差并不大,不足以使正通货膨胀成为拉姆齐最优的。表13.3的最后一行表明,当我们提高了稳态下的债务水平时,我们的结果变化微乎其微。我们从表13.3所显示的结果中得出的结论是,拉姆齐规划者所要进行的权衡——是从持有本国货币的外国人那里收取铸币税,还是保持国内经济行为主体较低的持有货币机会成本——最终结果将有利于从持有本国货币的外国人那里收取铸币税收入。

5.4　一次总付税

仁慈的政府之所以认为,在外国对本国货币有需求的情况下,偏离弗里德曼规则是可取的,其原因并不在于它需要用从外国居民那里获取的铸币税收入来为自己的预算提供全部资金。相反,这种仁慈的政府只是试图通过对外国居民征收通货膨胀税来增加国内居民可用于消费的资源总量。为了证明这确实是对于我们的结果的正确解释,我们现在考虑上述模型的一个变体——假设政府可以对国内居民征收一次总付税。具体地说,我们假设劳动所得税率 τ_t^h 在所有时候均为零,不过政府要向居民征收一次总付税,以确保财政偿付能力。在这样一个存在一次总付税的经济中,给定利率序列 $\{R_t\}_{t=0}^{\infty}$ 和外生序列 $\{y_t^f, g_t\}_{t=0}^{\infty}$,竞争均衡由满足式(13.2)、式(13.5)、式(13.6)、式(13.7)、式(13.8)、式(13.11)、式(13.25)、式(13.26)和式(13.28)的序列 $\{v_t, v_t^f, c_t, h_t, M_t, M_t^f, P_t, w_t\}_{t=0}^{\infty}$ 给出。

我们不难证明,给定初始条件 M_{-1}^f 和初始价格水平 P_0,当且仅当序列 $\{c_t, h_t, v_t\}_{t=0}^{\infty}$ 同时也满足均衡条件,即式(13.2)、式(13.5)、式(13.6)、式(13.7)、式(13.8)、式(13.11)、式(13.25)、式(13.26)和式(13.28)时,它才满足可行性条件式(13.29)和式(13.30)与劳动力供给方程:

$$-\frac{U_h(c_t, h_t)}{U_c(c_t, h_t)} = \frac{1}{1 + s(v_t) + v_t s'(v_t)} \tag{13.37}$$

以及

$$v_t \geq \underline{v} \text{ 且 } v_t^2 s'(v_t) < 1$$

这种原始形式表示的均衡条件与具有扭曲性税收和政府支出的经济的均衡条件基本上相同,只是用方程式取代了原来的实施性约束——这个式子表明,在均衡状态下劳动力需求必须等于劳动力供给。不难注意到,式(13.37)同时出现在了竞争均衡的标准形式和原始形式中,由此可知上述命题的证明就是附录第2节中所描述的证明的简化版本。因此,这个拉姆齐问题可以表述为:给定初始条件 P_0 和 M_{-1}^f,在满足可行性约束式(13.29)和式(13.30)、劳动力市场条件式(13.37),以及限制条件 $v_t \geq \underline{v}$ 和 $v_t^2 s'(v_t) < 1$ 的前提下,最大化效用函数式(13.1)。

表13.3的第七行显示了在有一次总付税的经济中拉姆齐均衡的稳态结果。这个模型的所有参数的校准都与存在着扭曲性税收的那个经济中的一样。由表中数据可知,最优通货膨胀率为每年0.85%。这个结果意味着,由于外国对本国货币的需求的存在,产生了比弗里德曼规则所要求的通货膨胀水平高出了大约5个百分点的最优通货膨胀偏差。即便政府可以通过征收一次总付税来为自己的预算筹集资金,这种通货膨胀倾向也仍然存在。最优的通货膨胀偏差之所以比存在扭曲性税收的情况下要小,是因为通过对就业和产出的抑制作用,扭曲性税收降低了征收外国铸币税之前的消费水平,提高了财富的边际效用,从而为从其他国家和地区攫取实际资源提供了更大的激励。

表13.3的最后一行显示的是政府消费在所有时候都等于零(即 $g_t = 0$)的情况下的拉姆齐均衡的稳态结果。在这种情况下,国内经济可以获得的资源的数量比政府消费为正时更大,而所有其他方面都一样,因此政府从其他国家和地区收取铸币税收入的激励就更小了。这一点反映在了较小的最优通货膨胀率上(即0.59%)。然而,这里值得注意的突出之处在于,即便是在不存在扭曲性税收和公共支出的情况下,政府也仍然会发现偏离弗里德曼规则是最优的。在不存在外国对本国货币的需求时,这个经济体与第2节分析的那个经济体是相同的,因此可以推出,在不存在外国对本国货币的需求的情况下,弗里德曼规则将是拉姆齐最优的,且最优通货膨胀率将是-3.8%。当把外国对本国货币的需求引入这个简单模型中后,最优通货膨胀率确实是正的,这个发现清楚地表明,财政政策在决定正的最优通货膨胀率方面没有发挥任何作用。在存在外国对本国货币需求的情况下,实行正利率的最终目的是从其他国家和地区攫取实际资源用于私人国内消费。

本节的数值结果表明,基于对外国持有本国货币征税这个激励来推理,每年2%左右的通货膨胀目标可能是合理的。从原则上看,在美国和欧元区各国等本国货币在境外广泛流通的国家观察到的通货膨胀目标都可以用这一点来解释。然而问题在于,澳大利亚、加拿大和新西兰等一系列发达国家,虽然它们的货币没有在本国的地理边界之外流通,但是它们也都将通货膨胀目标维持在了每年2%左右的水平。这个事实表明,发达国家设定如此之高的通货膨胀目标的原因可能并非源于从外国人那里榨取铸币税收入的愿望。

到目前为止,我们分析过的所有模型都有两个共同特征:一是对货币的交易需求是货币非中性的唯一来源,二是名义价格有充分的弹性。我们已经通过一些例子证明,在这两个理论特征所限定的范围内,很难解释为什么大多数发达国家的中央银行明确地或隐含地将本国的通货膨胀目标设为远远高于零的水平。因此,我们接下来转而讨论另一类货币模型。在这类模型中,由于价格调整迟缓,通货膨胀的额外成本就会增加。正如我们很快就会看到的,与目前为止讨论过的那些模型相比,在这类模型中对最优通货膨胀率的选择将面临另一种很不相同的权衡。

6. 黏性价格与最优通货膨胀率

现代货币非中性模型的核心是新凯恩斯主义菲利普斯曲线,它定义了动态一般均衡模型所描述的经济中通货膨胀与边际成本之间的动态权衡——这种经济由追求效用最大化的家庭和致力于实现利润最大化的企业组成,同时名义产品价格的调整是带有一定刚性的。新凯恩斯主义菲利普斯曲线的基础是由 Calvo(1983)和 Rotemberg(1982)奠定的。Woodford(1996,2003)和 Yun(1996)通过引入面对卡尔沃式的动态名义刚性的企业的最优化行为,发展了新凯恩斯主义菲利普斯曲线的分析方法。

新凯恩斯主义菲利普斯曲线模型最重要的政策含义是价格稳定的最优性。Goodfriend 和 King(1997)提供了关于这方面的结果的一个较早的综述。这种政策含义与前几节讨论的弹性价格模型截然不同。在弹性价格模型中,最优货币政策并不倾向于价格稳定,而是倾向于价格的(通货膨胀率等于实际利率的)通货紧缩。

我们将从一个简单的框架开始分析。在这个框架内,价格稳定的结果可以利用解析方法得到。为此,我们对第 2 节的模型进行了修改——消去了货币需求摩擦,并以引入调整名义产品价格的成本来取而代之。在修正后的这个模型中,黏性价格代表了名义摩擦的唯一来源。这个模型还纳入了资本积累和不确定性,这既是为了强调价格稳定结果的普遍性,也是因为这两个特征在本章后面的论述中会用到。

6.1 一个存在着资本积累的黏性价格模型

考虑一个由大量家庭组成的经济体,每个家庭的偏好可用如下效用函数描述:

$$E_0 \sum_{t=0}^{\infty} \beta^t U(c_t, h_t) \tag{13.38}$$

其中,E_t 表示以在 t 时刻的可用信息为条件的期望算子。其他变量和符号的定义都与前面相同。家庭的收入源于向市场提供的劳动力服务和资本服务,以及拥有的企业所有权。劳动收入由 $w_t h_t$ 给出,来自出租资本服务的收入则用 $r_t^k k_t$ 表示,其中 r_t^k 和 k_t 分别代表着资本租金率和股本存量。家庭可以进入多个完全的"或有索取权"市场。具体地说,在每一个时期 t,家庭都可以购买各种各样的状态依存的名义资产。第 t 期随机支付的价格由 $E_t r_{t,t+1} D_{t+1}$ 给出,其中 $r_{t,s}$ 是一个名义随机贴现因子,它可以使得发生在第 s 期的状态依存的支付 D_s 在第 t 期的价值为 $E_t r_{ts} D_s$。家庭的分期预算约束如下式所示:

$$c_t + i_t + E_t r_{t,t+1} \frac{D_{t+1}}{P_t} = \frac{D_t}{P_t} + (1 + \tau_t^D)(w_t h_t + r_t^k k_t) + \phi_t - \tau_t^L \tag{13.39}$$

在这个表达式中,i_t 表示家庭的总投资,ϕ_t 表示家庭从企业所有权中获得的利润,τ_t^D 表示所得税税率，τ_t^L 则表示一次总付税。再假设资本存量以恒定的速度 δ 贬值。这样一来，资本的演化过程就可以用下式刻画：

$$k_{t+1} = (1 - \delta)k_t + i_t \tag{13.40}$$

为了防止家庭卷入庞氏骗局，同时假设家庭必须服从一个借款上限，其形式为 $\lim_{s\to\infty} E_t r_{ts} D_s \geq 0$。

因此，家庭要解决的问题可以表达为，在满足式（13.39）和式（13.40），以及保证不会卷入庞氏骗局的借款上限的前提下，最大化效用函数式（13.38）。相应的一阶条件为：

$$-\frac{U_h(c_t, h_t)}{U_c(c_t, h_t)} = (1 - \tau_t^D)w_t$$

$$U_c(c_t, h_t) = \beta E_t U_c(c_{t+1}, h_{t+1})\left[(1 - \tau_{t+1}^D)r_{t+1}^k + (1 - \delta)\right] \tag{13.41}$$

$$U_c(c_t, h_t)r_{t,t+1} = \beta \frac{U_c(c_{t+1}, h_{t+1})}{\pi_{t+1}}$$

假设最终商品（记为 $a_t \equiv c_t + i_t$）是由连续的差异化中间产品制成的复合商品，并将中间产品记为 $a_{it}, i \in [0,1]$。最终商品是利用如下聚合函数"生产"出来的：

$$a_t = \left(\int_0^1 a_{it}^{1-1/\eta}\mathrm{d}i\right)^{1/(1-1/\eta)}$$

其中，参数 $\eta > 1$ 表示同一时期不同种类的中间商品之间的期内替代弹性。由此可知，对中间产品的需求的函数形式为：

$$a_{it} = \left(\frac{P_{it}}{P_t}\right)^{-\eta} a_t$$

其中，P_t 是一个名义价格指数，其定义为：

$$P_t = \left(\int_0^1 P_{it}^{1-\eta}\mathrm{d}i\right)^{\frac{1}{1-\eta}} \tag{13.42}$$

每一种商品的 $i \in [0,1]$ 都是在垄断竞争环境中由某个单一的企业独家生产的。同时，每个企业 i 都是以资本服务 k_{it} 和劳动力服务 h_{it} 作为要素投入来进行生产的，而且这两种服务都是由家庭以完全竞争的方式提供的。生产技术取如下函数形式：

$$z_t F(k_{it}, h_{it}) - \chi$$

在这里，我们假设函数 F 是一次齐次和凹的，并且对两个参数都是严格递增的。变量 z_t 表示一个外生的总生产率冲击。参数 χ 表示生产的固定成本。再假设企业按公布的标价去满足需求，这也就是说：

$$z_t F(k_{it}, h_{it}) - \chi \geq \left(\frac{P_{it}}{P_t}\right)^{-\eta} a_t \tag{13.43}$$

于是企业 i 在日期 t 的利润由下式给出：

$$\frac{P_{it}}{P_t}a_{it} - r_t^k k_{it} - w_t h_{it}$$

因此，企业的目标可以表述为，在服从式（13.43）所示的约束的前提下，制定状态依存的关于 P_{it}、h_{it} 和 k_{it} 的计划，以最大化如下式所示的利润的现值：

$$E_t \sum_{s=t}^{\infty} r_{ts} P_s\left(\frac{P_{is}}{P_s}a_{is} - r_s^k k_{is} - w_s h_{is}\right)$$

然后,令 mc_{is} 为表示约束式(13.43)对应的拉格朗日乘数,那么企业关于劳动力和资本服务的最大化问题的一阶条件分别为[①]:

$$\mathrm{mc}_{it}\, z_t\, F_h(k_{it}, h_{it}) = w_t$$

和

$$\mathrm{mc}_{it}\, z_t\, F_k(k_{it}, h_{it}) = r_t^k$$

从这些表达式很容易看出,拉格朗日乘数 mc_{it} 反映的是在日期 t 生产特定的产品 i 的边际生产成本。请注意,因为所有企业所要面对的要素价格都是相同的,而且它们都可以得到同样的一次齐次的生产技术 F,所以资本——劳动比率 k_{it}/h_{it} 和边际成本 mc_{it} 对于各个企业来说都是相同的。因此,我们可以把 mc_{it} 中的下标 i 去掉。

我们追随 Calvo(1983)、Woodford(1996)和 Yun(1996)的做法,假设价格是有黏性的。具体地说,在每一个时期都有随机挑选出来的一部分企业——它们在全部企业中所占的比例为 $\alpha \in [0,1]$——不能改变自己生产出来的商品的名义价格;或者换句话说,在每一个时期,都有 α 比例的企业必须采用与前一个时期相同的价格。剩下的 $(1-\alpha)$ 比例的企业则各自选择自己的最优价格。假设企业 i 在第 t 期中有机会制定自己产品的价格,并令 $\tilde{P}_{it}$ 表示该企业选定的价格,那么它制定这个价格是为了实现当期的利润预期贴现值最大化。这也就是说,它选择的 $\tilde{P}_{it}$ 可以令下式最大化:

$$E_t \sum_{s=t}^{\infty} r_{ts} P_s \alpha^{s-t} \left\{ \left[\left(\frac{\tilde{P}_{it}}{P_s}\right)^{1-\eta} a_s - r_s^k k_{is} - w_s h_{is} \right] + \mathrm{mc}_s \left[z_s F(k_{is}, h_{is}) - \chi - \left(\frac{\tilde{P}_{it}}{P_s}\right)^{-\eta} a_s \right] \right\}$$

这个最大化问题的一阶条件是:

$$E_t \sum_{s=t}^{\infty} r_{ts} \alpha^{s-t} \left(\frac{\tilde{P}_{it}}{P_s}\right)^{-1-\eta} a_s \left(\mathrm{mc}_s - \frac{\eta-1}{\eta} \frac{\tilde{P}_{it}}{P_s} \right) = 0$$

从这个表达式可以看出,可以在当期自由调整价格的企业所选中的价格水平应该能够使得边际成本与边际收入之间的当前和未来预期差异的加权平均值等于零。此外,从这个最优性条件还可以非常清楚地看出,所有能够在第 t 期重新优化自己产品价格的企业所选择的价格 $\tilde{P}_{it}$ 都是相同的。因此,我们可以去掉 $\tilde{P}_{it}$ 的下标 i。然后,我们还要将价格总水平 P_t 与能够在第 t 期重新优化自己产品的价格的 $(1-\alpha)$ 比例的企业所选择的价格水平联系起来。为了达到这个目的,我们将式(13.42)中包含的总价格水平用下式来定义:

$$P_t^{1-\eta} = \alpha P_{t-1}^{1-\eta} + (1-\alpha) \tilde{P}_t^{1-\eta}$$

令 $\tilde{p}_t \equiv \dfrac{\tilde{P}_t}{P_t}$ 表示在第 t 期重新优化自己产品的价格的那些企业生产的产品的相对价格,再令 $\pi \equiv P_t/P_{t-1}$ 表示第 t 期的总体通货膨胀率,于是前面那个表达式就可以重写为:

$$1 = \alpha \pi_t^{\eta-1} + (1-\alpha) \tilde{p}_t^{1-\eta}$$

然后,通过在中间产品层面上要求市场出清,我们就可以推导出这个经济的总资源约束。具体地说,中间产品 i 的市场出清条件为:

[①] 这里的"mc_{is}",原文是"$r_{ts} P_s \,\mathrm{mc}_{is}$",疑有误,已改——译者注。

$$z_t F(k_{it}, h_{it}) - \chi = a_{it}$$

考虑到 $a_{it} = a_t \left(\dfrac{P_{it}}{P_t} \right)^{-\eta}$,同时资本—劳动比率 k_{it}/h_{it} 是独立于 i 的,而且函数 F 是一次齐次的,所以我们可以对所有中间产品的市场出清条件进行积分运算,从而得到:

$$h_t z_t F\left(\frac{k_t}{h_t}, 1 \right) - \chi = s_t a_t$$

其中,$h_t \equiv \int_0^1 h_{it} \mathrm{d}i$ 和 $k_t \equiv \int_0^1 k_{it} \mathrm{d}i$ 分别指第 t 期劳动服务和资本服务的总水平,而 $s_t \equiv \int_0^1 \left(\dfrac{P_{it}}{P_t} \right)^{-\eta} \mathrm{d}i$ 则是对价格离散度的一个度量。为了完成模型的聚合,我们将变量 s_t 用以下递归形式来表示:

$$
\begin{aligned}
s_t &= \int_0^1 \left(\frac{P_{it}}{P_t} \right)^{-\eta} \mathrm{d}i \\
&= \int_{1-\alpha} \left(\frac{\tilde{P}_t}{P_t} \right)^{-\eta} \mathrm{d}i + \int_\alpha \left(\frac{P_{i,t-1}}{P_t} \right)^{-\eta} \mathrm{d}i \\
&= (1-\alpha) \tilde{p}_t^{-\eta} + \left(\frac{P_{t-1}}{P_t} \right)^{-\eta} \int_\alpha \left(\frac{P_{i,t-1}}{P_{t-1}} \right)^{-\eta} \mathrm{d}i \\
&= (1-\alpha) \tilde{p}_t^{-\eta} + \alpha \pi_t^\eta s_{t-1}
\end{aligned}
$$

状态变量 s_t 是对资源成本的度量。在卡尔沃-伍德福德-云模型中,这种成本源于无效率的价格离散化,因此 s_t 是一个分散性测度指标。对于这个测度指标,马上可以给出两个观察结果。第一,s_t 是有界的(以 1 为上界)。第二,在非随机通货膨胀水平为零的经济体中,也就是说,当 $\pi = 1$ 时,长期中不存在价格离散的情况。所以,在确定性稳态下,$s = 1$。这样就完成了模型的聚合。

财政当局可以征收一次总付税(或发放一次总付的补贴)τ_t^L,或者征收扭曲性的所得税(或发放扭曲性的补贴)τ_t^D。我们假设财政政策是被动的——在政府的跨期预算约束满足独立于价格水平这个意义上。

在这个模型中,给定政策过程 τ_t^D 和 π_t,外生的过程 z_t,以及初始条件 k_0 和 s_{-1}(我们假设 $s_{-1} = 1$),竞争均衡就是满足下列各个条件的一组过程 c_t、h_t、mc_t、k_{t+1} 和 $\tilde{p}_t$:

$$-\frac{U_h(c_t, h_t)}{U_c(c_t, h_t)} = (1 - \tau_t^D) \mathrm{mc}_t z_t F_h(k_t, h_t) \tag{13.44}$$

$$U_c(c_t, h_t) = \beta E_t U_c(c_{t+1}, h_{t+1}) \left[(1 - \tau_{t+1}^D) \mathrm{mc}_{t+1} z_{t+1} F_k(k_{t+1}, h_{t+1}) + (1-\delta) \right] \tag{13.45}$$

$$k_{t+1} = (1-\delta) k_t - i_t \tag{13.46}$$

$$\frac{1}{s_t} [z_t F(k_t, h_t) - \chi] = c_t + i_t \tag{13.47}$$

$$s_t = (1-\alpha) \tilde{p}_t^{-\eta} + \alpha \pi_t^\eta s_{t-1} \tag{13.48}$$

$$1 = \alpha \pi_t^{\eta-1} + (1-\alpha) \tilde{p}_t^{1-\eta} \tag{13.49}$$

以及

$$E_t \sum_{s=t}^{\infty} (\alpha\beta)^s \frac{U_c(c_s, h_s)}{U_c(c_t, h_t)} \Big(\prod_{k=t+1}^{s} \pi_k^{-1}\Big)^{-\eta} (c_s + i_s) \left[\mathrm{mc}_s - \Big(\frac{\eta - 1}{\eta}\Big) \Big(\tilde{p}_t \prod_{k=t+1}^{s} \pi_k^{-1}\Big) \right] = 0$$

$$(13.50)$$

6.2 有生产补贴时零通货膨胀的最优性

我们现在来证明,最优的货币政策要求在任何时候都保持价格稳定。要看清楚这一点,我们先设定对于所有的 $t \geq 0$,都有 $\pi_t = 1$ 和 $\tau_t^D = -\dfrac{1}{\eta - 1}$。从均衡条件式(13.49)可知,在任何时候,都有 $\tilde{p}_t = 1$;从式(13.48)可知,对于所有的 $t \geq 0$,都有 $s_t = 1$。现在考虑如下猜想:对于所有的 $t \geq 0$,都有 $\mathrm{mc}_t = (\eta - 1)/\eta$。如果这个猜想成立,那么对于所有的 t,均衡条件式(13.50)都可以得到满足。这样一来,剩余的均衡条件,即式(13.44)—式(13.47)就可以简化为:

$$-\frac{U_h(c_t, h_t)}{U_c(c_t, h_t)} = z_t F_h(k_t, h_t)$$

$$U_c(c_t, h_t) = \beta E_t U_c(c_{t+1}, h_{t+1}) [z_{t+1} F_k(k_{t+1}, h_{t+1}) + (1 - \delta)]$$

$$z_t F(k_t, h_t) - \chi = c_t + k_{t+1} - (1 - \delta)k_t$$

这是一个有三个未知的变量、三个方程的方程组。三个未知的变量分别是 c_t、h_t 和 k_{t+1}。不难观察到,这些方程与如下社会规划者问题的最优性条件是完全相同的:

$$\max E_0 \sum_{t=0}^{\infty} \beta^t U(c_t, h_t)$$

而要服从的条件是

$$z_t F(k_t, h_t) - \chi = c_t + k_{t+1} - (1 - \delta)k_t.$$

至此,我们已经证明,政策 $\pi_t = 1$ 和 $1 - \tau_t^D = \eta/(\eta - 1)$ 所导致的竞争均衡实际配置是与该社会规划者问题最优的实际配置完全相同的。因此,这些政策不仅是拉姆齐最优的,也是帕累托最优的。

这里特别引人注目的是,尽管这种经济是随机的,但是最优政策区制要求总价格水平 P_t 和所得税率 τ_t^D 的路径是确定性的。在这个模型的背景下,零通货膨胀是最优的货币政策,因为它消除了当企业以交错进行的方式改变价格时所导致的相对价格离散。模型建议的这种政策能够创造出一种特别的环境——在这种环境中,企业永远也不会希望(即便存在不确定性)改变他们所销售的商品的名义价格。而且我们注意到,在最优政策下,τ_t^D 是时不变的,而且是负的(请回想一下 $\eta > 1$)。

τ_t^D 为负这个结果告诉我们,拉姆齐式政府可以通过补贴来增加对资本服务和劳动服务的使用,从而使产量超出不完全竞争均衡水平,达到完全竞争均衡水平——因为每一个生产中间产品的企业都可以获得相当于它的沉没成本 χ 的一次总付的补偿。

当然,这需要假设政府可以补贴要素投入,并通过一次总付税来为这种补贴融资。这种假设也许称不上是一个非常令人信服的假设。因此,当假设政府不能提供这种补贴时,零通货膨胀的最优性是否仍然成立就是一个很值得关注的问题了。我们将在下一小节中考虑这种情况。

6.3 没有生产补贴时零通货膨胀的最优性

在本小节中,我们研究零通货膨胀的最优性在假设政府不能提供生产补贴 τ_t^p 这种情况下的稳健性。我们可以通过解析方法来证明,在拉姆齐稳态下,通货膨胀率为零。这也就是说,拉姆齐规划者没有利用通货膨胀来纠正垄断竞争造成的扭曲。虽然对这个结果的证明似乎有点乏味,但我们还是在这里给出了它,因为据我们所知,迄今为止其他文献都没有给出过这个证明。

第一步,先以递归形式将一阶条件式(13.50)加以重写。为此,我们引入两个辅助变量 x_t^1 和 x_t^2,分别用来表示边际收入和边际成本的用产出加权的当期的贴现值。在形式上,我们可以将式(13.50)写成:

$$x_t^1 = x_t^2 \tag{13.51}$$

其中

$$x_t^1 \equiv E_t \sum_{s=t}^{\infty} (\alpha\beta)^{s-t} \frac{U_c(c_s, h_s)}{U_c(c_t, h_t)} \tilde{p}_t^{1-\eta} \left(\frac{P_t}{P_s}\right)^{1-\eta} (c_s + i_s) \left(\frac{\eta-1}{\eta}\right)$$

以及

$$x_t^2 \equiv E_t \sum_{s=t}^{\infty} (\alpha\beta)^{s-t} \frac{U_c(c_s, h_s)}{U_c(c_t, h_t)} \tilde{p}_t^{-\eta} \left(\frac{P_t}{P_s}\right)^{-\eta} (c_s + i_s)\, \mathrm{mc}_s$$

辅助变量 x_t^1 和 x_t^2 都可以写成递归的形式,即

$$x_t^1 = \tilde{p}_t^{1-\eta}(c_t + i_t)\left(\frac{\eta-1}{\eta}\right) + \alpha\beta E_t \left(\frac{\tilde{p}_t}{\tilde{p}_{t+1}}\right)^{1-\eta} \pi_{t+1}^{\eta-1} \frac{U_c(c_{t+1}, h_{t+1})}{U_c(c_t, h_t)} x_{t+1}^1 \tag{13.52}$$

以及

$$x_t^2 = \tilde{p}_t^{-\eta}(c_t + i_t)\, \mathrm{mc}_t + \alpha\beta E_t \frac{U_c(c_{t+1}, h_{t+1})}{U_c(c_t, h_t)} \left(\frac{\tilde{p}_t}{\tilde{p}_{t+1}}\right)^{-\eta} \pi_{t+1}^{\eta} x_{t+1}^2 \tag{13.53}$$

第二步,给定外生过程 z_t 和初始条件 k_0 及 s_{-1},拉姆齐规划者选择 c_t、h_t、mc_t、k_{t+1}、i_t、s_t、π_t、x_t^1、x_t^2 和 $\bar{P}_t$,以最大化式(13.1),需要服从的约束条件包括式(13.40)、式(13.44)、式(13.45)、式(13.47)、式(13.48)、式(13.49)、式(13.51)、式(13.52)以及式(13.53),而且在所有时候,均有 $\tau_t^p = 0$。[①]

在这里,我们特别感兴趣的是这个拉姆齐问题关于 π_t、$\tilde{P}_t$ 和 x_t^1 的一阶条件的推导。令 λ_t^1 表示式(13.52)的拉格朗日乘数,λ_t^2 表示式(13.53)的拉格朗日乘数,λ_t^3 表示式(13.49)的

---

① 这里的“c_t、h_t、mc_t、k_{t+1}、i_t、s_t、π_t、x_t^1、x_t^2 和”,原文是“c_t、h_t、mc_t、k_{t+1}、i_t、s_t、π_t、c_t、h_t、mc_t、k_{t+1}、i_t、s_t、π_t、x_t^1、x_t^2 和”,疑有误,已改 ——译者注。

拉格朗日乘数,λ_t^4 表示式(13.48)的拉格朗日乘数,于是这个拉姆齐问题中与我们的目的有关的那部分拉格朗日表达式为(即包含了 π_t、$\tilde{P}_t$ 和 x_t^1 的那一部分):

$$L = \sum_{t=0}^{\infty} \beta^t \left\{ \cdots + \lambda_t^1 \left[\tilde{p}_t^{1-\eta}(c_t + i_t)\left(\frac{\eta-1}{\eta}\right) + \alpha\beta E_t \left(\frac{\tilde{p}_t}{\tilde{p}_{t+1}}\right)^{1-\eta} \pi_{t+1}^{\eta-1} \frac{U_c(c_{t+1}, h_{t+1})}{U_c(c_t, h_t)} x_{t+1}^1 - x_t^1 \right] \right.$$

$$+ \lambda_t^2 \left[\tilde{p}_t^{-\eta}(c_t + i_t)mc_t + \alpha\beta E_t \frac{U_c(c_{t+1}, h_{t+1})}{U_c(c_t, h_t)}\left(\frac{\tilde{p}_t}{\tilde{p}_{t+1}}\right)^{-\eta} \pi_{t+1}^\eta x_{t+1}^1 - x_t^1 \right]$$

$$\left. + \lambda_t^3 \left[\alpha\pi_t^{\eta-1} + (1+\alpha)\tilde{p}_t^{1-\eta} - 1 \right] + \lambda_t^4 \left[(1-\alpha)\tilde{p}_t^{-\eta} + \alpha\pi_t^\eta s_{t-1} - s_t \right] + \cdots \right\}$$

在这里,我们已经用 x_t^1 代替了 x_t^2。从而,相对于 π_t、$\tilde{P}_t$ 和 x_t^1 的一阶条件为:

$$\lambda_{t-1}^1 \left[\alpha\left(\frac{\tilde{p}_{t-1}}{\tilde{p}_t}\right)^{1-\eta} \pi_t^{\eta-2}(\eta-1) \frac{U_c(c_t, h_t)}{U_c(c_{t-1}, h_{t-1})} x_t^1 \right] + \lambda_{t-1}^2 \left[\eta\alpha \frac{U_c(c_t, h_t)}{U_c(c_{t-1}, h_{t-1})}\left(\frac{\tilde{p}_{t-1}}{\tilde{p}_t}\right)^{-\eta} \pi_t^{\eta-1} x_t^1 \right]$$

$$+ \lambda_t^3 \left[(\eta-1)\alpha\pi_t^{\eta-2} \right] + \lambda_t^4 \left(\eta\alpha\pi_t^{\eta-1} s_{t-1} \right) = 0$$

$$\lambda_t^1 (1-\eta)\tilde{p}_t^{-\eta}(c_t + i_t)\left(\frac{\eta-1}{\eta}\right) + \lambda_{t-1}^1 \alpha(\eta-1)(1/\tilde{p}_t)\left(\frac{\tilde{p}_t}{\tilde{p}_t}\right)^{1-\eta} \pi_t^{\eta-1} \frac{U_c(c_t, h_t)}{U_c(c_{t-1}, h_{t-1})} x_t^1$$

$$+ \lambda_t^1 \left[\alpha\beta(1-\eta)(1/\tilde{p}_t)\left(\frac{\tilde{p}_t}{\tilde{p}_{t+1}}\right)^{1-\eta} \pi_{t+1}^{\eta-1} \frac{U_c(c_{t+1}, h_{t+1})}{U_c(c_t, h_t)} x_{t+1}^1 \right] \lambda_t^2 (-\eta)\tilde{p}_t^{-\eta-1}(c_t + i_t)mc_t$$

$$+ \lambda_{t-1}^2 \alpha(\eta)(1/\tilde{p}_t)\left(\frac{\tilde{p}_{t-1}}{\tilde{p}_t}\right)^{-\eta} \pi_t^\eta \frac{U_c(c_{t+1}, h_{t+1})}{U_c(c_t, h_t)} x_{t+1}^1 + \lambda_t^2 \left[\alpha\beta(-\eta)(1/\tilde{p}_t)\left(\frac{\tilde{p}_t}{\tilde{p}_{t+1}}\right)^{-\eta} \pi_{t+1}^\eta \frac{U_c(c_{t+1}, h_{t+1})}{U_c(c_t, h_t)} x_{t+1}^1 \right]$$

$$+ \lambda_t^3 (1-\alpha)(1-\eta)\tilde{p}_t^{-\eta} + \lambda_t^4 (1-\alpha)(-\eta)\tilde{p}_t^{-\eta-1} = 0$$

$$-\lambda_t^1 + \lambda_{t-1}^1 \alpha\left(\frac{\tilde{p}_{t-1}}{\tilde{p}_t}\right)^{1-\eta} \pi_t^{\eta-1} \frac{U_c(c_t, h_t)}{U_c(c_{t-1}, h_{t-1})} - \lambda_t^2 + \lambda_{t-1}^2 \alpha\left(\frac{\tilde{p}_{t-1}}{\tilde{p}_t}\right)^{-\eta} \pi_t^\eta \frac{U_c(c_t, h_t)}{U_c(c_{t-1}, h_{t-1})} = 0$$

我们关注的只是拉姆齐稳态,因此可以把所有下标都去掉。我们想验证 $\pi = 1$ 的拉姆齐稳态是不是存在。给定 π 的值,我们可以从竞争均衡条件式(13.40)、式(13.44)、式(13.45)、式(13.47)、式(13.48)、式(13.49)、式(13.51)、式(13.52)和式(13.53)中求出 $\tilde{p}$、k、c、h、i、x^1、s 与 mc,然后令 $\tau_t^p = 0$ 就可以进行验证了。更具体地说,当 $\pi = 1$ 时,从均衡条件式(13.49)可以得以求得 $\tilde{p} = 1$[①],从均衡条件式(13.48)可以求得 $s = 1$,从均衡条件式(13.51)、式(13.52)和式(13.53)可以求得 $\eta/(\eta-1) = mc$。这样一来,我们就可以把前面给出的三个一阶条件重写为如下的稳态版了:

$$\lambda^1 \left[\alpha(\eta-1)x^1 \right] + \lambda^2 (\eta\alpha x^1) + \lambda^3 (\eta-1)\alpha + \lambda^4 \eta\alpha = 0 \tag{13.54}$$

$$\lambda^1 \left[(1-\eta)(1-\alpha)x^1 - \eta\lambda^2(1-\alpha)x^1 + \lambda^3(1-\alpha)(1-\eta) + \lambda^4(1-\alpha)(-\eta) = 0 \right. \tag{13.54}$$

以及[②]

$$\lambda^1 + \lambda^2 = 0$$

---

① 这里的"$\tilde{p} = 1$",原文是"$\tilde{p}1$",疑有误,已改——译者注。

② 这里的"$\lambda^1 + \lambda^2 = 0$",原文是"$\lambda^1 = \lambda^2 = 0$",疑有误,已改——译者注。

将式中的 λ^2 用 $-\lambda^1$ 代替,然后合并同类项并整理,式(13.54)和式(13.55)将变成相同的表达式,即

$$- \lambda^1 x^1 + \lambda^3 (\eta - 1) + \lambda^4 \eta = 0$$

至此,在所考虑的 $\pi = 1$ 下,我们已经得到了 π、$\tilde{p}$、s、mc、x^1、k、i、c、h 的稳态值,而且手头上还有关于拉格朗日乘数的两个限制条件,即 $\lambda^2 = -\lambda^1$ 以及 $\lambda^1 = [\eta \lambda^4 + (\eta - 1)\lambda^3] / x^1$。其余的六个拉格朗日乘数,即从 λ^3 到 λ^8,则有待确定。不过,我们还没有使用到关于 s_t、mc_t、k_{t+1}、i_t、c_t 和 h_t 的一阶条件,它们是其余的六个拉格朗日乘数中的六个线性方程。因此,我们就证明了 $\pi = 1$ 是稳态时的拉姆齐问题的一阶条件的解。这个证明的关键步骤是证明当 $\pi = 1$ 时,一阶条件式(13.54)和式(13.55)不是两个独立的方程。

在不存在生产补贴的情况下,零通货膨胀的最优性还可以推广到存在不确定性的情况。在 Schmitt-Grohé 和 Uribe(2007a)的文章中,我们已经用数值方法证明,在具有资本积累的生产经济环境下,即便是在稳定状态之外,通货膨胀率实际上在任何时候也都是等于零的。更具体地说,Schmitt-Grohé 和 Uribe(2007a)发现,对于合理的校准,通货膨胀的拉姆齐最优标准差仅为每年 3 个基点。

6.4　指数化

到目前为止,我们一直假设在任何一个给定时期不能重新优化自己产品的价格的那些企业只能简单地维持前一个时期的价格。我们现在就来分析,如果企业在定价行为中遵循了某种指数化方案,那么是否会影响最优通货膨胀率。经济学家经常研究的一种指数化方案是这样的:未能重新优化的那些企业的产品价格以与整个经济的(滞后一期的)通货膨胀率成一定比例的方式机械地提高。从形式上看,在这种指数化机制下,任何一个不能在第 t 期对自己产品的价格进行重新优化的企业 i 都将把价格定为 $P_{it} = P_{i,t-1}\pi_{t-1}^l$,其中 $l \in [0,1]$,是衡量指数化程度的一个参数。当 l 等于 0 时,意味着经济没有表现出指数化倾向,那也正是我们到目前为止研究的情况;当 l 等于 1 时,价格完全与过去的通货膨胀挂钩;而在 l 严格处于 0 和 1 之间的中间情况下,经济的特征是部分价格指数化。

现在考虑本章 6.1 中研究的有生产补贴的、存在黏性价格的经济,并引入前一段描述的指数化方案。这个指数化的经济的均衡条件集与 6.1 中描述的经济相同,只不过其中的式(13.48)—式(13.50)必须用如下式子替代:

$$s_t = (1 - \alpha)\tilde{p}_t^{-\eta} + \alpha \left(\frac{\pi_t}{\pi_{t-1}^l}\right)^\eta s_{t-1} \tag{13.56}$$

$$1 = \alpha \left(\frac{\pi_t}{\pi_{t-1}^l}\right)^{\eta-1} + (1 - \alpha)\tilde{p}_t^{1-\eta} \tag{13.57}$$

以及

$$E_t \sum_{s=t}^{\infty} (\alpha\beta)^s \frac{U_c(c_s, h_s)}{U_c(c_t, h_t)} (c_s + i_s) \left(\prod_{k=t+1}^{s} \frac{\pi_k}{\pi_{k-1}^l}\right)^\eta \left[\mathrm{mc}_s - \left(\frac{\eta-1}{\eta}\right)\left(\tilde{p}_t \prod_{k=t+1}^{s} \frac{\pi_{k-1}^l}{\pi_k}\right)\right] = 0 \tag{13.58}$$

我们仍然假设 $s_{-1} = 1$。不难注意到,当 $l = 0$ 时,上面这三个表达式就会变成式(13.48)—式(13.50),而这就意味着,没有指数化的模型只是这个指数化的模型的一种特殊情况。对于任意的 $l \in [0,1]$,拉姆齐最优政策是对所有的 $t \geq 0$,均设定 $\pi_t = \pi_{t-1}^l$。要理解这一点,只需要注意到,在这种政策下,对所有的 $t \geq 0$,前述三个均衡条件的解都由 $\tilde{p} = 1$、$s_t = 1$ 和 $mc_t = \eta/(\eta - 1)$ 给出。然后回想一下,我们还假设在任何时候都存在一个等于 $-1/(\eta - 1)$ 的生产补贴 τ_t^p,同时,根据与 6.2 中所运用的相同逻辑,由式(13.44)—式(13.47)给出的模型的剩余均衡条件都会"塌陷"为有完全竞争和弹性价格的经济的最优性条件。由此可见,这个政策不仅是拉姆齐最优的,而且是帕累托有效的。这个结果背后的直觉很简单:通过诱使那些能够重新优化价格的企业自愿模仿不能重新优化的企业的价格调整策略,政策制定者就可以确保企业之间价格离散的情况不会出现。

在部分指数化的情况下,即当 $l < 1$ 时,拉姆齐最优通货膨胀率收敛于零。因此,在部分指数化的情况下,就像前几节研究的不存在指数化时的情况一样,拉姆齐稳态的特征是零通货膨胀。当"继承"下来的通货膨胀率不等于零时(即 $\pi_{-1} \neq 1$),在最优政策下,通货膨胀率也是逐渐地趋近于零的。而向价格稳定的方向收敛的速度则由最优政策的参数 l 所决定。在政府监管体系给经济强加了一个外生的价格指数化机制的那些国家里(比如说在 20 世纪 70 年代的智利,以及在 20 世纪 80 年代的巴西),最优政策的这个特征对稳定通货膨胀的政策的设计有着非常重要的含义。我们在这里给出的结果表明,在外生的指数化经济中,采用"突然彻底停止"的方法来稳定通货膨胀是不可取的。相反,在这种类型的经济体中,政策制定者最好采取循序渐进的方法来稳定通货膨胀,或者在推进激进的反通货膨胀政策之前,必须先废除内在的指数化机制。需要强调的是,当指数化机制是内生的,而不是由政府监管体系强加的时候,就会出现不同的情况。在经历高通货膨胀或恶性通货膨胀的经济体中,内生性的指数化自然会出现。在这种情况下,在反通货膨胀时采取"突然彻底停止"的方法是可行的,因为随着通货膨胀预期的下降,经济行为主体也将放弃他们的指数化方案。

现在考虑完全指数化(即 $l = 1$)的极端情况。在这种情况下,拉姆齐最优和帕累托有效的货币政策是令 π_t 始终等于 π_{-1}。 这也就是说,在完全指数化的情况下,短期和长期的最优货币政策都是由所在国家的通货膨胀历史决定的。然而,对美国价格指数化程度的实证研究并不支持完全指数化的假说。例如,Cogley 和 Sbordone(2008)以及 Levin 等(2006)在卡尔沃-云式的交错定价模型的背景下,对价格指数化程度进行的计量经济学分析所得到的估计值都集中在了零附近。因此,我们可以得出结论:对于卡尔沃-云黏性价格模型的合理参数化而言,稳态拉姆齐最优通货膨胀率为零。

7. 弗里德曼规则与价格稳定的权衡

到目前为止,我们已经证明了,在一个唯一的名义摩擦源于对法定货币的需求的经济体中,(通货膨胀率等于)实际利率的通货紧缩(弗里德曼规则)是最优的。我们还证明了,当唯一的名义摩擦源于名义价格调整成本时,零通货膨胀是拉姆齐最优货币政策。然而,一个现实的经济模型应该同时考虑货币需求和价格黏性这两个因素。在这样的模型中,拉姆齐规划者面临着最大限度地减少持有货币的机会成本与最大限度地减少价格调整成本之间的矛盾。因此,一个非常自然的预测是,当货币需求和黏性价格这两类摩擦同时存在时,最优通货膨胀率会落在零通货膨胀与弗里德曼规则所要求的通货膨胀率之间。但是,我们真正关心的问题是,在这个区间内,最优通货膨胀率究竟是什么。能够解决这个权衡问题的解析方法仍然付之阙如,因此,我们在这里给出对这个问题的数值分析。Khan 等(2003),以及 Schmitt-Grohé 和 Uribe(2004a,2007b)都对弗里德曼规则与价格稳定这个权衡的求解方法进行过研究。

为了分析弗里德曼规则与价格稳定之间的权衡关系,我们在第 6 节的黏性价格模型中加入了第 2 节中讨论过的那类货币需求。也就是说,在上一节的模型的基础上,我们现在假设消费者的每单位消费都要付出一定的交易成本 $s(v_t)$,其中 $v_t \equiv c_t P_t / M_t$ 表示基于消费的货币流通速度。在这个同时具有黏性价格和货币需求的经济中,给定政策过程 τ_t^D 和 R_t、外生的过程 z_t,以及初始条件 k_0 和 s_{-1},竞争均衡就是满足下列各个条件的一组过程 c_t、v_t、h_t、mc_t、k_{t+1}、i_t、s_t、$\tilde{P}_t$ 和 π_t:

$$-\frac{U_h(c_t, h_t)}{U_c(c_t, h_t)} = \frac{(1 - \tau_t^D)\mathrm{mc}_t z_t F_h(k_t, h_t)}{1 + s(v_t) + v_t s'(v_t)}$$

$$\frac{U_c(c_t, h_t)}{1 + s(v_t) + v_t s'(v_t)}$$

$$= \beta E_t \frac{U_c(c_{t+1}, h_{t+1})}{1 + s(v_{t+1}) + v_{t+1} s'(v_{t+1})} [(1 - \tau_{t+1}^D)\mathrm{mc}_{t+1} z_{t+1} F_k(k_{t+1}, h_{t+1}) + 1 - \delta(1 - \tau_{t+1}^D)]$$

$$(13.59)$$

$$k_{t+1} = (1 - \delta)k_t + i_t \tag{13.60}$$

$$\frac{1}{s_t}[z_t F(k_t, h_t) - \chi] = c_t[1 + s(v_t)] + i_t \tag{13.61}$$

$$s_t = (1 - \alpha)\tilde{p}_t^{-\eta} + \alpha \pi_t^\eta s_{t-1} \tag{13.62}$$

$$1 = \alpha \pi_t^{\eta-1} + (1 - \alpha)\tilde{p}_t^{1-\eta} \tag{13.63}$$

$$E_t \sum_{s=t}^\infty (\alpha\beta)^s \frac{U_c(c_s, h_s)}{U_c(c_t, h_t)} \left(\prod_{k=t+1}^s \pi_k^{-1}\right)^{-\eta} \{c_s[1 + s(v_s)] = i_s\} \left[\mathrm{mc}_s - \left(\frac{\eta-1}{\eta}\right)\left(\tilde{p}_t \prod_{k=t+1}^s \pi_k^{-1}\right)\right] = 0$$

$$(13.64)$$

$$v_t^2 s'(v_t) = \frac{R_t - 1}{R_t}$$

以及

$$\frac{U_c(c_t, h_t)}{1 + s(v_t) + v_t s'(v_t)} = \beta R_t E_t \frac{U_c(c_{t+1}, h_{t+1})}{1 + s(v_{t+1}) + v_{t+1} s'(v_{t+1})} \frac{1}{\pi_{t+1}}$$

我们首先考虑政府能够征收一次总付税的情况。在这种情况下,我们设定对于所有的 t, τ_t^D 均等于零。我们假设效用函数如式(13.18)所示,生产技术的形式则为 $F(k,h)=k^\omega h^{1-\omega}$,其中 $\omega \in (0,1)$。交易成本的技术则取如式(13.20)所示的形式。我们假设时间单位为一个季度,并将模型的结构参数校准为:$A=0.22, B=0.13, \theta=1.1, \omega=0.36, \delta=0.025, \beta=0.9926, \eta=6, \chi=0.287, \alpha=0.8$。我们设定的参数的 χ 值是使得利润为零的修正。A 和 B 的校准值意味着,在名义利率为每年 5.5% 的情况下——这正是 1966 年第一季度到 2006 年第四季度之间美国三个月国债的平均年利率——隐含的货币—消费比率为每年 31%,这与同期在美国观察到的平均 M1—消费比率是一致的。α 校准后的值为 0.8,这意味着价格的平均持续时间为五个季度。与前面一样,我们关注的是拉姆齐最优竞争均衡的稳态。

读者需要注意的是,拉姆齐稳态通常并不等同于能够在竞争均衡稳态下最大化福利的分配或政策。我们应用了 Schmitt-Grohé 和 Uribe(2006)提出的数值算法,计算了拉姆齐稳态的精确值。结果发现,最优通货膨胀率为每年 −0.57%。正如预期的那样,拉姆齐最优通货膨胀率介于弗里德曼规则(在我们的校准下为每年 −2.91%)与唯一名义摩擦为价格黏性时的最优通货膨胀率(其通货膨胀率为 0)之间。然而,我们的计算表明,此时的最优通货膨胀率更接近于具有黏性价格的无现金经济中的最优通货膨胀率,而不是接近于具有弹性价格的货币经济中的最优通货膨胀率。这个结果表明,对于"弗里德曼规则 vs 黏性价格"这个权衡,最终的解决方法是偏向于价格稳定的方向的。我们接下来要研究的是这个结果对模型的三个关键结构参数变化的敏感性。第一个参数是 α,它决定了价格黏性的程度;第二个参数是 B,它与交易成本技术有关,决定了货币需求的利率弹性;第三个参数是 A,它也属于交易成本函数,支配着货币在产出中所占的份额。

7.1 最优通货膨胀率对价格黏性程度的敏感性

Schmitt-Grohé 和 Uribe(2007b)发现,最优货币体制有一个非常令人震惊的特点,那就是能够最大化福利的通货膨胀率对参数 α 的敏感度非常高。参数 α 支配着价格黏性的程度,这个参数值的范围有很重要的经验意义。

具体地说,参数 α 所要衡量的是一家企业在某个特定的季度内不能最优地设定自己产品的价格的概率。前后两次(最优)价格调整之间的平均期数由 $1/(1-\alpha)$ 给出。现在已有的、利用宏观经济数据得出的对价格刚性程度(不进行价格调整的季度数)的经验估计一般是从 2 到 6.5 个季度不等,或 $\alpha \in [0.5, 0.85]$。例如,Christiano 等(2005)对 α 值的估计为 0.6。相比之下,Altig 等(2005)利用菲利普斯曲线中估计出来的边际成本差距系数则与大约为 0.6 的 α 值相对应。另外,Christiano 等(2005)以及 Altig 等(2005)都曾经使用过脉冲响应匹配技术来估计价格黏性参数 α。最后,对于该参数的贝叶斯估计,Del Negro 等(2004)、Levin 等(2006)以及 Smets 和 Wouters(2007)报告的后验均值分别为 0.67、0.83 和 0.66,同时 90% 后验概率区间分别为(0.51, 0.83)、(0.81, 0.86)和(0.56, 0.74)。

最近的实证研究利用作为构建美国消费者价格指数的基础的微观数据,估计了价格变化的频率。不过,不同的研究在所考虑的样本期间、价格数据的分解方法以及对销售和缺货的处理等方面有所不同。Bils 和 Klenow(2004)报告的价格变动频率中值为 4—5 个月,Klenow 和 Kryvtsov(2005)报告的价格变动频率中值为 4—7 个月,Nakamura 和 Steinsson(2007)报告的价格变动频率中值则为 8—11 个月。然而,在卡尔沃式的交错定价模型中,这些频率估计并不是直接转化为支配价格黏性程度的参数的。例如考虑存在指数化的模型。在指数化的情况下,即便企业在每一个时期都改变价格——这意味着价格变化的最高频率——价格本身也仍然可能是高度黏性的,因为它们可能只是以低得多的频率被重新优化。

在图 13.1 中,实线显示的是价格黏性程度 α 与我们研究的模型所隐含的以每年百分比表示的最优通货膨胀率 π 之间的关系。当 α 的值等于 0.5 时(这基本上是用宏观数据得到的可用经验估计值的下限了),最优通货膨胀率为 -2.9%,这也正是弗里德曼规则所要求的通货膨胀水平。当 α 的值等于 0.85 时(这接近于用宏观数据得到的可用经验估计值的上限),最优通货膨胀率就提高为 -0.3%,接近价格稳定水平。

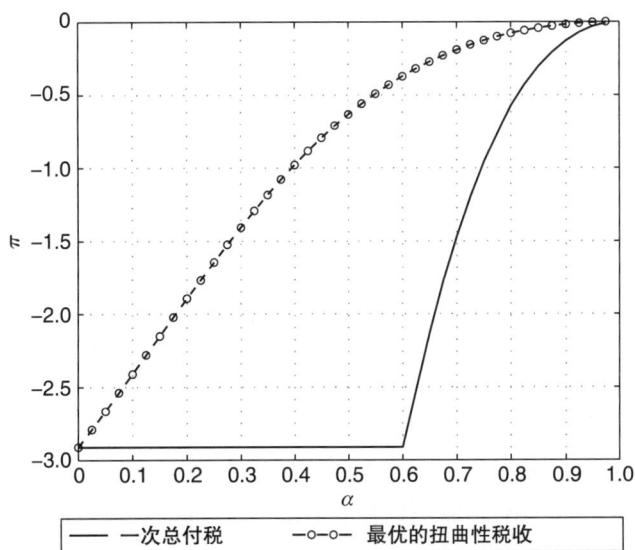

图 13.1　价格黏性、财政政策与最优通货膨胀率

这个发现表明,关于仁慈的中央银行应该设定什么样的目标通货膨胀水平,考虑到对于价格黏性程度的经验估计值的不确定性,我们这里讨论的新古典凯恩斯主义模型并不能给出一个明确的建议。这种困难与价格黏性程度和最优通货膨胀水平之间关系的形状有关。从图 13.1 中可以看得非常清楚,问题就在于,恰恰是在 α 的值从经验上看最有说服力的那个范围内,这种关系变得非常陡峭了。

事实证明,决定最优通货膨胀水平与价格黏性程度之间的函数关系的形状的一个重要因素是深层的财政政策制度。Schmitt-Grohé 和 Uribe(2007b)证明,财政政策层面的考虑从根本上改变了价格稳定与弗里德曼规则之间的长期权衡。为了更好地理解这一点,我们现在考虑一个政府不征收一次总付税的经济。相反,财政当局必须通过某种比例的所得税为预算筹集资金。用更正式的语言来说,在这个模型的设定中,拉姆齐规划者不仅要最优地设置

货币政策工具 R_t,而且还要最优地设置财政政策工具 τ_t^D。在图 13.1 中,虚线显示的就是在这样一个选择了最优财政政策和货币政策的经济体中,价格黏性程度 α 与最优通货膨胀率 π 之间的关系。与征收一次总付税的情况形成鲜明对比的是,在最优扭曲性所得税下,刻画 π 与 α 之间的关系的函数是非常平坦的,并且在基于宏观数据的经验上可信的 α 的整个取值范围内,即在 0.5 到 0.85 之间,函数值都接近于零。或者换句话说,当税收是扭曲性的并且是以最优的方式确定的时,可以预测价格稳定将会出现,而且这种预测对于目前存在的关于价格黏性的确切程度的不确定性来说是有很高的稳健性的。

为什么价格稳定会作为一个强稳健的政策建议出现在具有最优的扭曲性税收的经济中? 对于这个问题,我们基于直觉的回答如下。先考虑征收一次总付税的经济。(通过提高通货膨胀率)偏离弗里德曼规则可以降低价格调整成本。再考虑最优地选择了的所得税且不存在一次总付税的经济。在这种经济中,偏离弗里德曼规则仍然能够带来降低价格调整成本的好处。然而,在这种经济中,不断推高通货膨胀率还有增加铸币税收入的额外好处,从而使得社会规划者可以降低扭曲性的所得税的税率。因此,弗里德曼规则与价格稳定之间的权衡往往会偏向于价格稳定。

在这一直觉的基础上还可以进一步推导出,在"诱导"价格稳定的最优性这一点上,最重要的是财政当局在边际上用通货膨胀税"交换"了常规税收。事实上,我们可以证明,如果扭曲性税收的税率是固定的,那么即便它们是固定在一个不存在一次总付税的世界中的最优水平上的,而且财政当局可以征收一次总付税,最优通货膨胀率也会更加接近于弗里德曼规则而不是更接近于零。在这种情况下,不断上升的通货膨胀不再具有降低扭曲性税收的好处了。因此,拉姆齐规划者推动通货膨胀的激励将会变得更弱——见 Schmitt-Grohé 和 Uribe (2007b) 的论文。

另外一点也非常引人注目,那就是,在价格有充分弹性的货币经济中,最优通货膨胀率对政府是否能够获得扭曲性税收完全不敏感。实际上,正如我们已经看到的,在一个存在着货币需求的弹性价格经济中,将通货膨胀率设定在弗里德曼规则所要求的水平上总是最优的。确实,弹性价格模型中最优政策的这个特征已经导致 20 世纪 90 年代的所有文献都众口一词地驳斥了 Phelps(1973) 的猜想,即扭曲性税收的存在应该会导致对弗里德曼规则的偏离。然而,当在具有价格刚性的模型中对它进行评估时,菲尔普斯的猜想又马上恢复了有效性。从我们对图 13.1 的讨论可以非常清楚地看出,在具有价格黏性的货币经济中,最优通货膨胀率对政府可用的财政工具的类型是高度敏感的。

7.2 最优通货膨胀率对货币需求的规模和弹性的敏感性

图 13.2 显示的是,在具有一次总付税的模型中,稳态拉姆齐最优通货膨胀率作为货币在产出中所占份额的函数的图形。在图 13.2 中,横轴上的货币—产出比率的范围是通过将交易成本函数中的参数 A 从 0 变到 0.3 而生成的。无现金经济的特殊情况对应于图 13.2 中货币在产出中的份额为零的那一点(即 $A=0$ 处)。如图 13.2 所示,在这一点上,拉姆齐最优通

货膨胀率为零。这个结果表明,当名义摩擦的唯一来源是黏滞的价格调整时,即便不存在旨在消除产品市场的不完全竞争所导致的无效率的生产补贴(请读者回想一下,我们假设 $\tau_t^D = 0$),最优通货膨胀率也为零。这个结果用数值的方式说明了我们在 6.3 中通过解析方法得到的结果。

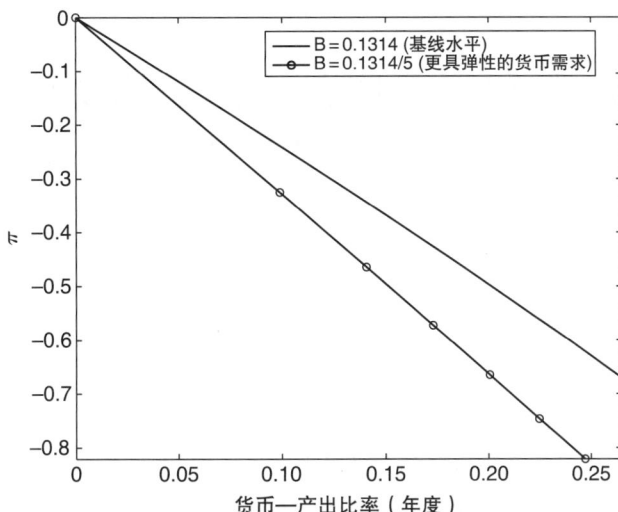

图 13.2　在黏性价格模型中作为货币产出份额函数的最优通货膨胀率

图 13.2 表明,随着参数 A 的值增大,货币—产出比率随之变大,而拉姆齐最优通货膨胀率则随之下降。这是因为当货币需求不为零时,社会规划者必须在价格稳定(这能使生产中间产品的各企业的名义价格离散带来的成本最小化)与(通货膨胀率等于)实际利率的通货紧缩(这能使持有货币的机会成本最小化)之间进行调和。这幅图显示,即便是在货币—产出比率高达 25% 的情况下,最优通货膨胀率也远高于弗里德曼规则(两者分别为−0.65% 和−2.9%)。

在我们的基线校准下,隐含的货币需求弹性是很低的。当名义利率为 0 时,货币—消费比率仅比名义利率为 5.5% 时高 2 个百分点。正是出于这个原因,我们还进行了另一种校准——将交易成本函数中的参数 B 减小至基线水平的 1/5,然后对参数 A 进行调整,使货币需求继续保持在相当于消费的 31% 的水平上(年利率为 5.5%)。在这种替代校准下,当利率从美国的平均利率 5.5% 下降到 0 时,货币需求从 31% 上升到了 40%。在货币需求的利率弹性很高的经济中,货币在产出中所占的份额与最优通货膨胀率之间的关系如图 13.2 所示。结果表明,即便利率弹性比基线情况高出了五倍,最优通货膨胀率也仍然接近零。更具体地说,最优通货膨胀率的最大降幅出现在了所考虑的货币—产出比率的高端,且仅为 15 个基点。因此,我们的结论是,对于合理的校准,价格黏性摩擦主导了长期通货膨胀的最优选择。

注意:在基线情况下,将交易成本函数的参数 A 从 0 变为 0.3,并保持模型的其他参数不变,就得到了货币—产出比率的取值范围。

在即将结束这一节时,我们提请读者注意这样一个事实:最优通货膨胀目标最高为零,这与价格黏性的程度或货币需求的规模和弹性无关。鉴于这是一个稳健性很高的结果,因此我们仍然很难解释为什么那些自诩追求一定的通货膨胀目标的国家会设定一个正通货膨胀目标。人们经常用来为正通货膨胀目标辩护的一个论点是负通货膨胀目标意味着名义利率非常危险地接近于名义利率的零下限,因此很可能会削弱中央银行实施稳定型政策的能力。我们将在下一节中评估这个论点的优缺点。

8. 零利率下限是否为正通货膨胀目标提供了合理理由?

一个反对设定零通货膨胀或负通货膨胀目标的流行观点是,在零或负通货膨胀水平下,名义利率触及零下限的风险将严重限制中央银行成功地实施稳定政策的能力。例如,Summers(1991)就旗帜鲜明地宣扬过这种观点。而要评估这种观点,关键在于评估在最优政策下触及零下限的频率。因此,这个问题的答案主要取决于经济所承受的外部冲击的规模,以及控制这种冲击传播的实际摩擦和名义摩擦。鉴于此,我们认为,这个观点最好放到一个符合经验现实的定量经济周期模型的背景下去评估。在 Schmitt-Grohé 和 Uribe(2007b)的一篇论文中,我们在一个估计的中等规模的宏观经济模型中研究了拉姆齐最优货币政策。那篇论文中采用的理论框架强调了在解释宏观经济冲击的传播时将名义刚性和实际刚性结合起来考虑的重要性。更具体地说,这个模型包含了四个名义摩擦,即黏性价格、黏性工资、家庭对货币的交易需求、企业工资账单的现金先行约束;还纳入了四个实际刚性来源,即投资调整成本、可变产能利用率、习惯的形成,以及产品和要素市场的不完全竞争。总体波动则是由三种冲击驱动的:一是永久性的、中性的劳动扩增型技术冲击;二是永久性的特定于投资的技术冲击;三是政府支出的临时性变化。Altig 等(2005)和 Christiano 等(2005)在研究中使用了有限信息计量经济学方法,他们认为,经济学家用来设计最优货币政策的模型经济确实可以解释在第二次世界大战后的美国观察到的通货膨胀、实际工资、名义利率、货币增长、产出、投资、消费、劳动生产率、实际利润对中性的和特定于投资的生产率冲击与货币冲击的影响的反应。Smets 和 Wouters(2003,2007)也在完全信息贝叶斯计量估计的基础上得出结论:中等规模的新古典凯恩斯主义模型能够为理解第二次世界大战后美国和欧洲的经济周期提供足够好的框架。

在本节报告的模拟中,我们对上述三种结构性冲击进行了如下校准。为此,我们构建了一个关于美国的投资的相对价格的时间序列,覆盖的时期是从 1955 年第一季度到 2006 年第四季度。然后,我们使用这个时间序列估计了投资相对价格增长率的一阶自回归 AR(1)过程。估计出来的序列相关性为 0.45,同时该过程的新息的标准差则为 0.0037。这两个数字表明,投资价格增长率的无条件标准差为 0.0042。Ravn(2005)在一个类似于我们正在研究的模型的背景下,估计了去除趋势的政府购买水平的一阶自回归过程,结果发现序列相关性为 0.9,同时该一阶自回归过程的新息的标准差则为 0.008。最后,我们假设永久性的、中性的劳动扩增型技术冲击服从带漂移的随机游走。我们将这个过程的新息的标准差设为 0.0188，以匹配在美国 1955 年第一季度到 2006 年第四季度期间观察到的每季度人均产出增长率 0.91％的波动。为了校准这个标准差，我们假设货币政策的形式遵循了泰勒型利率反馈规则，其通货膨胀系数为 1.5，产出系数为 0.125。我们还注意到，在我们的模型中，利率反馈规则中 0.125 的产出系数对应于 Taylor（1993）估计的 0.5 的产出系数。这是因为泰勒在估计利率反馈规则时，使用的是年化的利率和通货膨胀率，而在我们的模型中，两者都是按季度表示的。模型的所有其他参数均按 Schmitt-Grohé 和 Uribe（2007b）的方法进行校准，其中，主观贴现率设定为每年 3％，人均产出平均增长率设定为每年 1.8％。这意味着在确定性稳态中，实际利率等于 4.8％，设置这种利率水平在经济周期研究中是很常见的。在完成了模型的校准后，我们放弃了货币当局遵循利率反馈规则的假设，并忽略了零下限所隐含的偶尔有约束力的约束，然后继续刻画拉姆齐最优货币政策。

拉姆齐最优政策意味着每年的平均通货膨胀率为-0.4％。这个略微为负的通货膨胀目标与我们在第 7 节中使用一个更简单的货币传导机制模型得出的定量结果相一致。然而，对我们的目的来说，更重要的是模型对于拉姆齐最优水平和名义利率的波动率的预测。在拉姆齐最优货币政策下，名义利率的年化标准差仅为 0.9 个百分点。同时，名义利率的拉姆齐最优水平的均值为 4.4％。这两个数字合到一起意味着，名义利率若要突破零利率界限，就必须低于目标水平 4 个标准差以上。这个发现的含义是，在这里分析的模型的背景下，拉姆齐最优名义利率突破零下限的概率实际上等于零。而且这个结果对于确定性实际利率的降低而言也有很好的稳健性。将每年的主观贴现因子从其基线值 3％调低至 1％可以得到一个拉姆齐最优名义利率过程，该过程的均值为每年 2.4％，标准差则为每年 0.9％。这意味着在这种校准下，要突破零下限，名义利率仍必须比其均值低上差不多 3 个标准差。然而有些人认为，主观贴现因子的实际值可能会更高——至少不会低于我们的基线校准中使用的 3％。这种看法通常来自将贴现因子设置为与非线性随机环境下的平均无风险利率相匹配的那些研究，而不是简单地将它设置为与确定性稳态实际利率相匹配的研究——例如，请参见 Campbell 和 Cochrane（1999）的论文。

值得强调的是，我们的分析是从偶尔有约束力的、由零下限强加的约束中抽象出来的。然而在拉姆齐均衡中，零下限几乎永远不会被突破这个事实不禁让我们猜想，在这个模型的一个扩增版本中，如果明确规定零下限约束，那么最优通货膨胀目标的值将接近于每年-0.4％，而在当前模型中，这是最优的。这个猜想得到了 Adam 和 Billi（2006）的研究的支持。这两位经济学家用本节中讨论的新凯恩斯主义模型的一个简化版本得出了最优货币政策。

他们所用的方法有一个优点，那就是在计算最优政策制度时都明确地考虑到了零下限限制。他们发现，最优的货币政策并不意味着平均来说是正的通货膨胀，而且零下限约束也不是通常都是有约束力的。此外，考虑到他们的模型没有纳入对货币的需求，他们关于平均最优通货膨胀率不为正的发现无疑是很有意义的。根据本节报告的其他结果，我们推测，如果将货币需求纳入他们的框架中，那么平均最优通货膨胀率确实将会是负的。

Reifschneider 和 Williams（2000）也考虑了名义利率存在零下限约束时的最优通货膨胀率

问题。他们的分析是在美国联邦储备委员会的大规模的 FRB/US 模型的背景下进行的。在他们的研究中,中央银行的目标函数是使通货膨胀和产出偏离目标的方差之和最小化。结果他们发现,在优化的单一利率反馈规则下——这种规则也采取了泰勒规则的形式,只是要根据过去的政策约束加以修正,或者说,所采用的泰勒规则要对通货膨胀对目标的累积偏差做出反应——零下限约束对中央银行稳定经济的能力的影响平均来说可以忽略不计。此外,这两位经济学家还发现,在经过优化的规则下,即便是在通货膨胀率为零的低目标下,也很少出现有零下限约束真的有约束力的情况。

9. 向下的名义刚性

　　追求正通货膨胀目标的一个理由是各种名义因素(或产品价格刚性)中都存在着不对称性。这种理由在学术和政策辩论中经常可以听到。例如,有足够多的证据表明名义工资的向下刚性比向上的刚性更强——比如说,请参见 Akerlof 等(1996)、Card 和 Hyslop(1997)以及 McLaughlin(1994)的论文。

　　因为存在向下的名义价格刚性,所以正通货膨胀目标是可取的,这种观点至少可以追溯到 Olivera(1964)的研究,他将这种现象称为结构性通货膨胀。奥利维拉(Olivera)分析的出发点是这样一个模型,它的均衡相对价格会被外生冲击所改变。在这种情况下,假设货币当局被动地适应所需的相对价格变化,奥利维拉解释了名义价格下行刚性引发通货膨胀的机制。他这样写道[①]:

　　　　一个确凿无误的例子是当货币价格只会对正或负的过度需求做出反应时的情况(单向灵活性)。每一次相对价格调整都会引起价格水平的变化——如果货币价格存在向下的刚性,那么就上行;如果货币价格存在向上的刚性,那么就下行。因此,当存在着货币价格向下的刚性这种媒介时,任何价格比率的调整都会引起货币价格水平的上升(Olivera,1964,第 323 页)。

　　那么,当存在向下的刚性时,通货膨胀是不是理想的呢? 对此,Olivera(1964)则这样写道:

　　　　至于货币供给……可以把充分就业目标解释为要求对金融基础进行调整,使之与价格水平的上升相适应……(第 326 页)

[①] 正如 Olivera(1964)指出的,本章所描述的模型基本上与 1959 年 10 月 8 日他在阿根廷政治经济协会的主席演讲中提出的模型相同——该模型后来在奥利维拉的一篇论文中出现了(Olivera,1960)。

很显然,奥利维拉所说的结构性通货膨胀的概念基本上等同于"通货膨胀是市场车轮的润滑剂"的比喻。在更晚近的一些研究中,人们还在利用这个比喻来阐述向下的名义刚性的实际影响。Tobin(1972)也同样认为,当名义工资存在着向下的刚性时,正通货膨胀率可能是避免失业的必要条件。

Kim 和 Ruge-Murcia(2009)量化了向下的名义工资刚性对最优通货膨胀率的影响。他们将向下的名义刚性嵌入了一个有价格黏性但没有资本积累的新古典凯恩斯主义动态随机模型。然后,他们遵循 Rotemberg(1982)的方法对价格和工资黏性进行了建模。金(Kim)和鲁格-穆尔西亚(Ruge-Murcia)的分析的新颖之处在于,工资调整成本是非对称的。更具体地说,他们假设差异化的劳动要素的供给者的行为会受到工资调整成本——$\Phi(W_t^j/W_{t-1}^j)$的影响。这种工资调整成本是工资通货膨胀的一个线性函数:

$$\Phi\left(\frac{W_t^j}{W_{t-1}^j}\right) \equiv \phi\left[\frac{\exp(-\psi(W_t^j/W_{t-1}^j - 1)) + \psi(W_t^j/W_{t-1}^j - 1) - 1}{\psi^2}\right]$$

其中,W_t^j 表示供给者 j 在第 t 期收取的名义工资,φ 和 ψ 是两个正参数。工资调整成本函数 $\Phi(\cdot)$ 是一个非负的、严格凸的函数,并且在工资通货膨胀为零($W_t^j = W_{t-1}^j$)时取最小值 0。[①] 更加重要的是,这个函数不是以零工资通货膨胀为中心而对称的。该函数的斜率的绝对值在负工资通货膨胀率区间要大于在正工资通货膨胀率区间。这种函数形状很好地刻画了名义工资向下刚性比向上刚性更强的概念。当参数 ψ 趋于无穷大时,这个函数会变成 L 形,对应于向下完全无弹性和向上完全弹性的极限情况。当 ψ 趋于零时,这个调整成本函数就会变为一个二次函数,对应于对称工资调整成本的标准情况。Kim 和 Ruge-Murcia(2009)在得出了这个模型的二阶精确近似后,利用矩量模拟法估计了该模型的结构参数。他们发现非对称参数 ψ 的点估计值为 3844.4,而标准误差则为 1186.7。

Kim 和 Ruge-Murcia(2009)报告的核心结果是,在拉姆齐最优货币政策下,通货膨胀率的无条件均值为每年 0.35%。这个数字太小了,无法解释各工业化国家 2% 上下的通货膨胀目标。而且由于以下两个原因,这个数字还可能是向下的工资名义刚性所导致的通货膨胀偏差的上限。首先,他们的模型抽象掉了货币需求摩擦。如果将这种摩擦也纳入他们的模型,最优通货膨胀率将比现在报告的水平还要低 35 个基点,因为政策制定者会发现,根据弗里德曼规则,这种摩擦是要付出代价的。其次,Kim 和 Ruge-Murcia(2009)的分析还抽象掉了实际工资的长期增长。正如这两位经济学家自己承认的,在一个仅有总体扰动一种驱动力的模型中,经济的平均增长率越大,实际工资在经济周期中出现下降的可能性就越小,因此也就越需要通货膨胀来促成劳动力实际价格的有效调整。

---

① 这里的"非负的",原文是"正的(positive)",从上下文看,应该是"非负的"更合适,已改——译者注。

10. 质量偏差与最优通货膨胀率

1995 年 6 月，美国参议院财政委员会任命了一个由五位著名经济学家——迈克尔·博斯金（Michael Boskin）、艾伦·杜尔伯格（Ellen Dulberger）、罗伯特·戈登（Robert Gordon）、兹维·格里利奇斯（Zvi Griliches）和戴尔·乔根森（Dale Jorgenson）——组成的咨询委员会，研究消费者价格指数（consumer price index，简称 CPI）中所包含的测量误差的大小。最后这个咨询委员会得出的结论是，在 1995 年至 1996 年间，美国的消费者价格指数中包含了每年 1.1％ 的向上偏差。在这 1.1％ 的总偏差中，0.6％ 可以归因于未测定的质量改进。为了说明质量偏差的性质，不妨以个人电脑为例。假设在 1995 年至 1996 年间，一台个人电脑的名义价格上涨了 2％。假设在同一个时期内，个人电脑的质量（以内存、处理速度和视频功能等属性来衡量）得到了显著提高。如果负责制定消费者价格指数的统计部门没有针对这种质量的提高而调整价格指数，那么它将报告称个人电脑的通货膨胀率为 2％。但是 1996 年生产的个人电脑能够提供的服务显著多于 1995 年生产的个人电脑，因此个人电脑经质量调整的通货膨胀率应低于 2％。报告的通货膨胀率与经质量调整的通货膨胀率之间的差异就称为测定通货膨胀率的质量偏差。

一方面，正质量偏差的存在导致一些经济学家主张，如果中央银行的最终目标是价格稳定，那么与质量偏差大小相等的通货膨胀目标就应该是合适的。在本节中，我们将批判性地对这个观点进行评估。更具体地说，我们研究了中央银行是否应该调整其通货膨胀目标，以考虑因消费品质量的改进而导致的存在于测定通货膨胀率中的系统性向上偏差。我们认为，这个问题的答案取决于哪些价格被认为是黏性的。如果未经质量调整的价格是具有黏性的，那么通货膨胀目标就不应加以修正。另一方面，如果经质量调整的价格（或称享乐价格）是黏性的，那么通货膨胀目标就必须提高与偏差的大小一样的幅度。我们在本节中的分析，基本上完全遵循了 Schmitt-Grohé 和 Uribe（2009b）的思路。

10.1 一个简单的质量偏差模型

在这里，我们将在本章 6.1 给出的没有资本积累的新古典凯恩斯主义模型的背景下，分析测定的通货膨胀率中的质量偏差与最优通货膨胀率之间的关系。在本部分的分析中，我们对这个没有资本积累的新凯恩斯主义模型进行的最关键的修改是，假定消费品的质量会随着时间的推移而提高。如果负责构建 CPI 的统计机构没有将质量改进考虑在内，那么这种修正就会导致通货膨胀偏差。我们在这里要考虑的核心问题是，通货膨胀目标是否应根据这种偏差加以调整。

这个经济由大量家庭组成，它们的偏好是在一个由连续的商品构成的连续统上定义的，该连续统的测度为 1，各种商品用 $i \in [0,1]$ 来索引。每单位商品 i 在第 t 期以 P_{it} 的价格售出。商品 i 的数量用 x_{it} 表示，并假设它外生地发生变化且满足 $x_{it} > x_{i,t-1}$。而家庭所关心的复合商品则由下式给出：

$$\left[\int_0^1 (x_{it} c_{it})^{1-1/\eta} \mathrm{d}i \right]^{1/(1-1/\eta)}$$

其中 $\eta > 1$ 表示各种不同商品之间的替代弹性。这里需要注意的是，家庭的效用会随着每一种商品的"质量含量"的增加而提高。令 a_t 表示家庭在第 t 期所希望消费的复合商品的数量。这样一来，对第 i 种商品的需求就是如下成本最小化问题的解：

$$\min_{\{c_{it}\}} \int_0^1 P_{it} C_{it} \mathrm{d}i$$

需要服从的约束条件为：

$$\left[\int_0^1 (x_{it} C_{it})^{1-1/\eta} \mathrm{d}i \right]^{1/(1-1/\eta)} \geqslant a_t$$

于是，对第 i 种商品的需求就由下式给出：

$$C_{it} = \left(\frac{Q_{it}}{Q_t} \right)^{-\eta} \frac{a_t}{x_{it}}$$

此时

$$Q_{it} = P_{it}/x_{it}$$

其中，Q_{it} 表示第 i 种商品经质量调整后的价格（或享乐价格），而 Q_t 则是经质量调整后的价格（或享乐价格）的指数，它由下式给出：

$$Q_t = \left(\int_0^1 Q_{it}^{1-\eta} \mathrm{d}i \right)^{1/(1-\eta)}$$

价格指数 Q_t 有一个很好的性质，即 a_t 个单位的复合商品的总成本由 $Q_t a_t$ —— $\int_0^1 p_{it} C_{it} \mathrm{d}i$ = $Q_t a_t$ ——给出。因为 a_t 才是真正能够给家庭带来效用的东西，因此从这个性质可以推出 Q_t，即 a_t 的单位价格代表了生活成本的一个合适的度量。

家庭以名义工资率 W_t 向市场提供劳动力。假设家庭能够获得各种各样的金融资产。于是家庭的预算约束为：

$$Q_t a_t + E_t r_{t,t+1} D_{t+1} + T_t = D_t W_t h_t + \Phi_t$$

其中，$r_{t,t+j}$ 是一个贴现因子，它使得第 $t+j$ 期的任一随机名义支付 D_{t+j} 在第 t 期的美元价格总是由 $E_t r_{t,t+j} D_{t+j}$ 给出。变量 Φ_t 表示家庭从自己拥有的企业所有权中获得的名义利润，变量 T_t 表示家庭缴纳的一次总付税税款。

代表性家庭的终身效用函数为：

$$E_0 \sum_{t=0}^{\infty} \beta^t U(a_t, h_t)$$

其中，期间效用函数 U 被假定为严格递增且严格凹的，同时 $\beta \in (0,1)$。该代表性家庭要选择过程 $\{a_t, h_t, D_{t+1}\}$，以最大化效用函数，需要满足的约束条件包括前述时序预算约束，以及无庞氏骗局约束——后者的形式为 $\lim_{j \to \infty} E_t r_{t,t+j} D_{t+j} \geqslant 0$。因此，代表性家庭的这个最大化问题的最优性条件包括时序预算约束、取等号时的无庞氏骗局约束，还有：

$$\frac{U_2(a_t,h_t)}{U_1(a_t,h_t)} = \frac{W_t}{Q_t}$$

以及

$$\frac{U_1(a_t,h_t)}{Q_t} r_{t,t+1} = \beta \frac{U_1(a_{t+1},h_{t+1})}{Q_{t+1}}$$

每一种中间消费品 $i \in [0,1]$ 都是由一个垄断竞争企业利用线性生产函数 $z_t h_{it}$ 生产出来的，其中的 h_{it} 表示用于生产商品 i 的劳动力投入，而 z_t 则是一个总生产率冲击。由此可见，生产商品 i 的企业第 t 期的利润由下式给出：

$$P_{it} C_{it} - W_t h_{it}(1-\tau)$$

其中，τ 表示每单位劳动力从政府获得的补贴。引入这种补贴之后，垄断企业就能够在有弹性的价格之下生产出有竞争力的产品了。这样一来，模型中仍然存在的唯一扭曲就是价格调整迟缓了。虽然这种在新古典凯恩斯主义模型文献中常见的假设能够给经济学家对最优货币政策的描述带来极大的便利，但是它对于本节的主要结果来说并不重要。

企业必须以标定的价格满足需求。更正式地说，这个要求产生了如下限制：

$$z_t h_{it} \geq C_{it}$$

在这个式子中，如上文所推导的，c_{it} 是由 $c_{it} = \left(\dfrac{Q_{it}}{Q_t}\right)^{-\eta} \dfrac{a_t}{x_{it}}$ 给出的。用 MC_{it} 表示上述约束的拉格朗日乘数。这样一来，该企业的最大化问题相对于劳动的最优性条件由下式给出：

$$(1-\tau)W_t = \mathrm{MC}_{it} z_t$$

从这个一阶条件可以非常清楚地看出，各企业的 MC_{it} 必定是相同的。因此，我们可以去掉这个变量的下标 i。

现在考虑垄断竞争企业的定价问题。确定最优通货膨胀目标的关键是要精确地确定哪些价格的调整是成本高昂的。我们要区分两种情况：在第一种情况下，我们假设未经质量调整的价格 P_{it} 是黏性的；在第二种情况下，我们假设质量调整价格（或享乐价格）Q_{it} 是黏性的。我们仍然以个人电脑为例，未经质量调整的价格是黏性的这种情况对应于个人电脑价格调整成本高昂的情况，而质量调整价格是黏性的这种情况则对应于按每单位质量计的计算机价格具有黏性时的情况——在我们这个例子中，质量将通过一个能够刻画内存大小、处理速度快慢、视频功能强弱等属性的指数来衡量。下面我们先考虑黏性发生在未经质量调整的价格中的情况。

10.2 当未经质量调整的价格具有黏性时

假设企业 $i \in [0,1]$ 在给定的时期内无法重新优化自己的产品价格 P_{it} 的概率为 α。考虑一个有机会在第 t 期重新优化自己产品价格的企业的定价问题。我们用 $\tilde{P}_{it}$ 表示该企业选择的价格。这个企业的优化问题中与对确定 $\tilde{P}_{it}$ 这个目的有关的那部分拉格朗日表达式为：

$$\mathcal{L} = E_t \sum_{j=0}^{\infty} r_{t,t+j}\alpha^j \left[\left(\frac{\eta-1}{\eta}\right)\tilde{P}_{it} - \mathrm{MC}_{t+j}\right]\left(\frac{\tilde{P}_{it}}{x_{i,t+j}Q_{t+j}}\right)^{-\eta} \frac{a_{t+j}}{x_{i,t+j}} = 0$$

关于 $\tilde{P}_{it}$ 的一阶条件则由下式给出：

$$E_t \sum_{j=0}^{\infty} r_{t,t+j} \alpha^j \left[\left(\frac{\eta - 1}{\eta} \right) \tilde{P}_{it} - \mathrm{MC}_{t+j} \right] \left(\frac{\tilde{P}_{it}}{P_{t+j}} \right)^{-\eta} c_{t+j} = 0$$

虽然我们认为，从经验的角度来看，假设存在质量不同的商品也许是最好的，但是要维持这样一个假设会使模型的加总复杂化，因为它增加了另一个异质性来源——除了我们已经熟悉的源于卡尔沃-云式交错定价的价格离散。因此，为了便于加总，我们假设所有商品的质量都相同。这也就是说，我们假设对于所有的 i，都有 $x_{it} = x_t$。为了简化推导过程，我们进一步假设 x_t 以恒定的速度 $\kappa > 0$ 提升，即

$$x_t = (1 + \kappa) x_{t-1}$$

在这种情况下，上面给出的一阶条件就可以化简为：

$$E_t \sum_{j=0}^{\infty} r_{t,t+j} \alpha^j \left[\left(\frac{\eta - 1}{\eta} \right) \tilde{P}_{it} - \mathrm{MC}_{t+j} \right] \left(\frac{\tilde{P}_{it}}{P_{t+j}} \right)^{-\eta} c_{t+j} = 0$$

其中

$$C_t \equiv \left(\int_0^1 C_{it}^{1-1/\eta} \mathrm{d}i \right)^{1/(1-1/\eta)}$$

以及

$$P_t \equiv \left(\int P_{it}^{1-\eta} \mathrm{d}i \right)^{1/(1-\eta)}$$

很明显，根据这些表达式可以推导出，有机会在某个时期重新优化自己产品的价格的所有企业都一定会选择同样的价格。这就是说，我们可以去掉变量 $\tilde{P}_{it}$ 的下标 i。我们还注意到，P_t 和 c_t 的定义本身就意味着 $P_t C_t = \int_0^1 p_{it} C_{it} \mathrm{d}i$。因此，我们可以将 P_t 解释为未对质量改进加以调整的消费者价格指数。

于是，总价格水平 P_t 通过我们在卡尔沃-云框架下已经很熟悉的如下表达式与重新优化的价格 $\tilde{P}_t$ 联系了起来：

$$P_t^{1-\eta} = \alpha P_{t-1}^{1-\eta} + (1 - \alpha) \tilde{P}_t^{1-\eta}$$

要让商品 i 市场出清，就要求：

$$z_t h_{it} = \left(\frac{P_{it}}{P_t} \right)^{-\eta} C_t$$

对 $i \in [0, 1]$ 积分，得到：

$$z_t h_t = C_t \int_0^1 \left(\frac{P_{it}}{P_t} \right)^{-\eta} \mathrm{d}i$$

其中 $h_t = \int_0^1 h_{it} \mathrm{d}i$。令 $s_t \equiv \int_0^1 \left(\frac{P_{it}}{P_t} \right)^{-\eta} \mathrm{d}i$，然后我们就可以将总资源约束重写为：

$$z_t h_t = s_t c_t$$

其中，如前面第 6 节中所阐述的，s_t 度量的是经济中价格离散的程度，并遵循如下运动定律：

$$s_t = (1 - \alpha) \tilde{p}_t^{-\eta} + \alpha \pi_t^{\eta} s_{t-1}$$

其中,$\tilde{p}_t \equiv \tilde{P}_t/P_t$ 表示价格在第 t 期被重新优化的商品的相对价格,$\pi_t \equiv P_t/P_{t-1}$ 表示未对质量改进加以调整的第 t 期的总通货膨胀率。

给定外生的过程 z_t 和 x_t 以及政策 π_t,竞争均衡是满足如下所有条件一组过程 c_t, h_t, mc_t, s_t 和 $\tilde{p}$:

$$-\frac{U_2(x_tc_t,h_t)}{U_1(x_tc_t,h_t)} = \frac{mc_tz_tx_t}{1-\tau}$$

$$z_th_t = s_tc_t$$

$$s_t = (1-\alpha)\tilde{P}_t^{-\eta} + \alpha\pi_t^{\eta}s_{t-1}$$

$$1 = \alpha\pi_t^{\eta-1} + (1-\alpha)\tilde{p}_t^{1-\eta}$$

以及

$$E_t\sum_{s=t}^{\infty}(\alpha\beta)^s\frac{U_1(x_sc_sh_s)}{U_1(x_tc_th_t)}\left(\prod_{k=t+1}^{s}\pi_k^{-1}\right)^{-\eta}x_sc_s\left[mc_s - \left(\frac{\eta-1}{\eta}\right)\tilde{p}_t\left(\prod_{k=t+1}^{s}\pi_k^{-1}\right)\right] = 0$$

其中变量 $mc_t = MC_t/P_t$ 指的是用复合商品表示的边际生产成本。

我们现在再来证明,当未经质量调整的价格具有黏性时,拉姆齐最优货币政策要求在通货膨胀目标中不考虑质量偏差。这也就是说,最优货币政策必定包含不变的未经质量调整的价格。为此,如前几节所述,我们假设 $s_{-1}=1$,以保证在第 0 期不存在"继承而来"的价格离散性。再设对于所有的 t,都有 $\pi_t=1$ 和 $1-\tau=(\eta-1)/\eta$。采取与本章 6.2 中相同的推导方法,我们可以证明上述均衡条件与如下最大化问题的最优性条件完全相同:$E_0\sum_{t=0}^{\infty}\beta^tU(x_tc_t, h_t)$,约束条件为 $z_th_t=c_t$。因此,我们就证明了设定 π_t 等于 1 的政策不仅仅是拉姆齐最优的,而且是帕累托有效的。

这里有一点很重要,那就是 π_t 是在不对质量改进加以调整的情况下衡量价格时的通货膨胀率。考虑到商品质量改进之后的通货膨胀率是由 Q_t/Q_{t-1} 给出的,它等于 $\pi_t/(1+\kappa)$,并且小于 π_t(因为我们一直假设随着时间的推移,质量以 $\kappa>0$ 的速率提高)。因此,尽管在衡量通货膨胀时存在质量偏差(由质量改进速度 κ 给出),但是中央银行不应以正的通货膨胀率为目标。

这个结果与通常的观点相反。在这个问题上,传统观点是,在价格总体水平存在着质量偏差的情况下,中央银行应根据质量偏差的大小向上调整其通货膨胀目标。例如,假设与博斯金委员会的调查结果一致,通货膨胀率包含的质量偏差为 0.6%(或者说 $\kappa=0.006$),那么传统观点将会认为,在本节所分析的经济中,中央银行的目标通货膨胀率应该为 0.6% 左右。然而,正如我们已经证明的,这种政策不是最优的。相反,最优政策要求的是零通货膨胀目标。理解这个结果的关键在于准确识别哪些价格具有黏性。这是因为,最优政策的目标是使黏性商品的价格随时间推移保持不变,以避免低效的价格离散。在这里,我们假设黏性来源于未经质量调整的价格。因此,最优政策就是在一段时间内保持这些价格不变。与此同时,由于质量调整价格(或享乐价格)是有弹性的,货币当局可以让它们以 κ 的速度下降,而不会造成扭曲。

现在假设,负责构建消费者价格指数的统计机构决定修正该指数,以反映质量的提高。例如,作为对博斯金委员会发表的报告的回应,美国劳工统计局增加在构建 CPI 时对享乐价格的使用。在消除了消费者价格中包含的所有质量偏差的理想情况下,统计机构将以 Q_t 而不是 P_t 发布数据。那么,中央银行应该如何调整自己的通货膨胀目标以应对这种方法上的进步? 我们认为,中央银行的目标仍然是完全稳定未经质量调整的价格 P_t,因为那才是有黏性的价格。而为了实现这个目标,公布的价格指数 P_t 必须以质量改进的速度 κ 下降。而这就意味着中央银行必须设定一个通货紧缩率为 κ 的目标。

我们来总结一下:当未经质量调整的价格具有黏性时,中央银行的最优通货膨胀目标是零(当统计机构公布的价格指数未对质量改进加以调整时),或者为负的质量改进速度(当统计机构公布的价格指数对质量改进加以调整时,见表 13.4)。

表 13.4　质量偏差下的最优通货膨胀率

具有黏性的价格情形	官方统计机构公布的通货膨胀率纠正了质量偏差	
	否	是
未经质量调整的价格	0	$-\kappa$
经质量调整的价格(或享乐价格)	κ	0

注:参数 $\kappa > 0$ 表示质量改进速度。

10.3　当质量调整价格具有黏性时

现在,我们假设质量调整价格(或享乐价格)Q_{it} 的调整需要付出高昂的成本。考虑一个企业 i 的定价问题,它有机会在第 t 期重新优化 Q_{it}。令 $\tilde{Q}_{it}$ 表示这个企业选择的质量调整价格,这样一来,该企业的利润最大化问题的拉格朗日表达式中与 $\tilde{Q}_{it}$ 的最优水平的确定相关的部分为:

$$\mathcal{L} = E_t \sum_{j=0}^{\infty} r_{t,t+j} \alpha^j \left[\tilde{Q}_{it} x_{t+j} - \mathrm{MC}_{t+j} \right] \left(\frac{\tilde{Q}_{it}}{Q_{t+j}} \right)^{-\eta} c_{t+j}$$

相对于 $\tilde{Q}_{it}$ 的一阶条件由下式给出:

$$E_t \sum_{j=0}^{\infty} r_{t,t+j} \alpha^j \left[\left(\frac{\eta-1}{\eta} \right) \tilde{Q}_{it} x_{t+j} - \mathrm{MC}_{t+j} \right] \left(\frac{\tilde{Q}_{it}}{Q_{t+j}} \right)^{-\eta} c_{t+j} = 0$$

于是在这个质量调整价格具有黏性的经济中,给定外生的过程 z_t 和 x_t 以及政策 π_t,竞争均衡是满足如下所有条件的一组过程 $c_t, h_t, \mathrm{mc}_t, s_t$ 和 $\tilde{p}$:

$$-\frac{U_2(x_t c_t, h_t)}{U_1(x_t c_t, h_t)} = \frac{\mathrm{mc}_t z_t x_t}{1-\tau}$$

$$z_t h_t = s_t c_t$$

$$s_t = (1-\alpha)(\tilde{p}_t)^{-\eta} + \alpha \left(\pi_t \frac{x_{t-1}}{x_t} \right)^{\eta} s_{t-1}$$

$$1 = \alpha \pi_t^{\eta-1} \left(\frac{x_t}{x_{t-1}} \right)^{1-\eta} + (1-\alpha)(\tilde{p}_t)^{1-\eta}$$

以及

$$E_t \sum_{s=t}^{\infty} (\alpha\beta)^s \frac{U_1(x_s c_s, h_s)}{U_1(x_t c_t, h_t)} \left(\prod_{k=t+1}^{s} \pi_k^{-1} \right)^{-\eta} x_s c_s \left[mc_s - \left(\frac{\eta-1}{\eta} \right) \tilde{p}_t \left(\prod_{k=t+1}^{s} \pi_k^{-1} \right) \frac{x_s}{x_t} \right] = 0$$

我们希望证明的是,当质量调整价格具有黏性时,最优通货膨胀率是正的,而且等于质量改进速度 κ。为此,再一次,我们假设不存在初始的相对价格离散性,即令 $s_{-1} = 1$。然后再令 $\pi_t = x_t/x_{t-1}$,从而可以推出在竞争均衡中,对于所有的 t,都有 $\bar{P}_t = 1$ 以及 $s_t = 1$。进一步假设财政当局设置 $1 - \tau = (\eta-1)/\eta$,我们可以证明这组竞争均衡条件与社会规划者如下最大化问题的最优性条件是完全相同的:

$$E_0 \sum_{t=0}^{\infty} \beta^t U(x_t c_t, h_t) , \text{ s. t. } z_t h_t = c_t$$

至此,我们已经证明当质量调整价格具有黏性时,等于质量改进速度($\pi_t = 1 + \kappa$)的正通货膨胀目标是拉姆齐最优和帕累托有效的。当然,在这种情况下,通货膨胀目标的最优调整是符合传统智慧的——通货膨胀测量中的质量偏差本身就证明了将通货膨胀目标向上修正与偏差大小相等的幅度的合理性。这个结果背后的直觉是,为了避免相对价格的离散性,货币当局必须设计出一种政策,使得企业没有动机去改变黏性价格。而在我们这里考虑的情况下,黏性价格恰好是经过质量调整的价格。与此同时,未经质量调整的价格则是具有完全弹性的,因此在最优政策下,它们被允许以 κ 的速度增长,而且不会导致无效率的结果。

最后,假定负责编制消费者价格指数的统计机构决定修正价格指数中的质量偏差。那么在这种情况下,中央银行应该将其通货膨胀目标下调至零,以实现(黏性)质量调整价格下的价格稳定目标。表13.4总结了这一节的结果。

我们将本节推导得到的结果解释为,如果在经验上相关性更高的是未经质量调整的价格中的黏性(例如我们一直在引用的例子中的个人电脑的价格),那么认为质量偏差证明了通货膨胀目标向上调整的合理性的传统观点是错误的。若将这个结论应用于美国的情况,那么它就意味着,联邦储备委员会政策中隐含的2%的通货膨胀目标中没有任何一部分是可以用美国消费者价格指数中所包含的质量偏差来提供其合理性基础的。此外,美国劳工统计局采取的修正措施(作为对博斯金委员会的研究结果的回应),包括为电视机、个人电脑制订的享乐价格以及经过改进的基于治疗方法来衡量的医疗价格,则恰恰证明了设定负通货膨胀目标的合理性。另外,如果在经验上相关性最高的是质量调整价格(享乐价格)中的黏性,那么最优通货膨胀目标应根据质量偏差的大小进行向上调整的传统观点确实与我们模型的预测相一致。因此,本节中的理论分析带给我们的一个核心实证问题是,更具有黏性的到底是常规的价格还是享乐价格?现有的关于名义价格刚性的实证文献尚未解决这一问题。

11. 结论

在这一章中,我们讨论的问题是,在世界范围内观察到的通货膨胀目标——从发达国家的2%到发展中国家的3.5%——的合理性是否可以在福利经济学理论分析的基础上得到证明? 在关于货币传导机制的现代模型中,同时考虑货币非中性的两个主要来源——货币需求和迟缓的价格调整——的情况下预测的最优通货膨胀目标是每年最多为0。

在解释现实世界中观察到的实际通货膨胀目标的可取性时,经济学家们经常会提出其他一些理由,包括不完全征税、名义利率的零下限、名义工资的向下刚性,以及测定通货膨胀率中所包含的质量偏差,但是我们的分析结果表明,它们所能导致的最优通货膨胀率全都不显著高于零。

我们的分析还没有涉及理论上可能与最优通货膨胀率相关的另外三个因素。第一个因素是不同经济行为主体的收入差异。在货币需求的收入弹性小于1的情况下,收入较低的经济行为主体持有的货币占他们收入的比例会比收入较高的经济行为主体更高。因此,在这种情况下,通货膨胀率会起到一种类似于累退税的作用。由此而导致的一个结果是,只要政策制定者的目标函数是倾向于平等主义的,那么这个渠道就可能会对最优通货膨胀率施加下行压力。

我们的分析中遗漏的第二个理论因素是货币联盟内部各国(地区)消费增长率的异质性。由于欧元区中央银行非常关注如何避免通货紧缩(可能是因为存在向下的名义刚性),它将在增长最快的地区推行与价格稳定相一致的货币政策。而这种政策就意味着欧元区内部所有其他地区将会出现通货膨胀,直到消费增长率的差异消失为止。据我们所知,这个观点尚未在一个估计的动态货币联盟模型的背景下进行评估。但是,或许更加重要的是,这个渠道仍然无法解释为什么新西兰、瑞典或瑞士等相对单一的小国,也选择了与我们在美国或欧元区等较大的、不那么单一的货币区所观察到的通货膨胀目标相似的通货膨胀目标。对于这个结论,有人可能会反对说,小国是追随者,大国是领导者,小国只是追随了大国这个"榜样"而已。但是在现实世界中情况则恰恰相反,率先设定2%通货膨胀目标的国家其实是像新西兰、加拿大和瑞典这样的规模相对较小的国家。

我们的分析中遗漏的第三个理论渠道是货币政策当局的时间不一致性。在我们的分析中,我们假设政策制定者能够信守承诺,确保自己宣布的所有政策都能得到履行。我们之所以决定将注意力限制在政府有可信承诺的情况下,主要是考虑到了两个方面的原因:首先,政府有可信承诺的情况提供了最优的通货膨胀目标,这是一个重要的基准。其次,我们相信工业化国家的政治和经济制度已经发展到了相当成熟的水平,各国中央银行行长应该会发现,履行过去的承诺符合他们自己的利益。换句话说,我们认为,将中央银行行长建模为拥有可信承诺技术的人是符合现实的,或者正如Blinder(1999)观察到的那样,"(中央银行行长们)开明的相机抉择已经成了规则"。

附录

1. 对第 3 节给出的有货币需求的财政政策模型的原始形式的推导

我们先来证明,方案 $\{c_t, h_t, v_t\}$ 若满足均衡条件式(13.2)、取等号时的式(13.4)、式(13.5)、式(13.7)、式(13.8)、式(13.11) 和式(13.13)— 式(13.15),那么也会满足式(13.14)、式(13.16),以及 $v_t \geqslant \underline{v}$ 和 $v_t^2 s'(v_t) < 1$。令 $\gamma_t \equiv 1 + s(u_t) + u_t s'(u_t)$。不难注意到,式(13.5)、式(13.11),再加上我们关于 $s(v_t)$ 的假设,本身就意味着 $v_t \geqslant \underline{v}$ 和 $v_t^2 s'(v_t) < 1$ 了。再令 $W_t = R_t B_t + M_t$,并利用这个式子将式(13.15)中的 B_t 消去,然后乘以 $q_t \equiv \prod_{s=0}^{t-1} R_s^{-1}$,就得到了以下表达式:

$$q_t M_t (1 - R_t^{-1}) + q_{t+1} W_{t+1} - q_t W_t = q_t (P_t g_t - \tau_t^h P_t w_t h_t)$$

对上式在 $t = 0$ 至 $t = T$ 间求和,可以得到:

$$\sum_{t=0}^{T} \left[q_t M_t (1 - R_t^{-1}) - q_t (P_t g_t - \tau_t^h P_t w_t h_t) \right] = q_{T+1} W_{T+1} + W_0$$

为了写出这个表达式,我们定义 $q_0 = 1$。

取 $T \to \infty$ 的极限。由取等号时的式(13.4)可知,右边的极限是有定义的,且等于 W_0。因此,左边的极限也是存在的。于是我们得到:

$$\sum_{t=0}^{\infty} \left[q_t M_t (1 - R_t^{-1}) - q_t (P_t g_t - \tau_t^h P_t w_t h_t) \right] = W_0$$

根据式(13.7),我们可以推出 $P_t q_t = \beta^t U_c(c_t, h_t) / \gamma(u_t) P_0 / U_c(c_0, h_0) / \gamma(v_0)$。[①]用这个表达式将上述式子中的 $P_t q_t$ 消去。再利用式(13.2)消去 M_t / P_t,我们就可以得到:

$$\sum_{t=0}^{\infty} \beta^t \frac{U_c(c_t, h_t)}{\gamma(v_t)} \left[\frac{c_t}{v_t} (1 - R_t^{-1}) - (g_t - \tau_t^h w_t h_t) \right] - \frac{W_0}{P_0} \frac{U_c(c_0, h_0)}{\gamma(v_0)}$$

从式(13.13)中解出 τ_t^h,并从式(13.8)中解出 w_t,然后我们就可以得到 $\tau_t^h w_t h_t = F'(h_t) h_t + \gamma(v_t) / U_c(c_t, h_t) U_h(c_t, h_t) h_t$,利用这个表达式从上式中消去 $\tau_t^h w_t h_t$。然后利用式(13.5) 将 $(1 - R_t^{-1}) / v_t$ 用 $v_t s'(v_t)$ 替代,并用式(13.14) 替代 g_t,这样可以得到:

$$\sum_{t=0}^{\infty} \beta^t \left\{ U_c(c_t, h_t) c_t + U_h(c_t, h_t) h_t + \frac{U_c(c_t, h_t)}{\gamma(v_t)} [F'(h_t) h_t - F(h_t)] \right\} = \frac{W_0}{P_0} \frac{U_c(c_0, h_0)}{\gamma(v_0)}$$

最后利用 $W_1 = R_{-1} B_{-1} + M_{-1}$ 就可以得到:

$$\sum_{t=0}^{\infty} \beta^t \left\{ U_c(c_t, h_t) c_t + U_h(c_t, h_t) h_t + [F'(h_t) h_t - F(h_t)] \frac{U_c(c_t, h_t)}{\gamma(v_t)} \right\}$$

$$= \left(\frac{R_{-1} B_{-1} + M_{-1}}{P_0} \right) \left[\frac{U_c(c_0, h_0)}{\gamma(v_0)} \right]$$

---

① 这里的"$P_t q_t = \beta^t U_c(c_t, h_t) / \gamma(u_t) P_0 / U_c(c_0, h_0) / \gamma(v_0)$",原文如此,疑有误,应该是"$P_t q_t = \beta^t U_c(c_t, h_t) / \gamma(v_t) P_0 / U_c(c_0, h_0) / \gamma(v_0)$",而且"$\beta^t$"之后的部分写成竖式会更清晰——译者注。

也就是式(13.16)。

现在,我们再来证明,方案 $\{c_t, h_t, v_t\}$ 若满足均衡条件 $v_t \geqslant \underline{v}$、$v_t^2 s'(v_t) < 1$、式(13.14) 和式(13.16),那么也会满足式(13.2)、取等号时的式(13.4)、式(13.5)、式(13.7)、式(13.8)、式(13.11) 和式(13.13)—式(13.15)。

给定一个方案 $\{c_t, h_t, v_t\}$,按以下步骤进行推导。先利用式(13.5) 构造 R_t 为 $1/[1 - v_t^2 s'(v_t)]$。不难注意到,根据我们关于 $s(v)$ 的一贯假设,约束 $v_t \geqslant \underline{v}$ 和 $v_t^2 s'(v_t) < 1$ 可以确保 $R_t \geqslant 1$。令 w_t 由式(13.8) 给出,τ_t^h 由式(13.13) 给出。对于 $t \geqslant 0$,为了构造关于 M_t、P_{t+1} 和 B_t 的方案,要利用如下迭代过程:(a) 设定 $t=0$;(b) 利用式(13.2) 构造 M_t(可以在 $t=0$ 时这么做是因为 P_0 是给定的);(c) 设定 B_t,以满足式(13.15);(d) 设定 P_{t+1},以满足式(13.7);(e) 将 t 加 1,然后重复步骤(b) 至步骤(e)。这个过程可以生成关于 P_t 的方案,进而得出总通货膨胀率 $\pi_t \equiv P_t/P_{t-1}$。接下来仍然有待证明的是式(13.4) 的等号成立。对式(13.15) 在 $t=0$ 至 $t=\infty$ 间求和,如前所示,可以得到:

$$\sum_{t=0}^{T} \beta^t \left\{ U_c(c_t, h_t) c_t + U_h(c_t, h_t) h_t + \left[F'(h_t) h_t - F(h_t) \right] \frac{U_c(c_t, h_t)}{\gamma(v_t)} \right\}$$
$$= \left(\frac{-q_{T+1} W_{T+1} + R_{-1} B_{-1} + M_{-1}}{P_0} \right) \frac{U_c(c_0, h_0)}{\gamma(v_0)}$$

根据式(13.16),这个表达式等号左边在 $T \to \infty$ 时的极限是存在的,且等于 $\dfrac{R_{-1} B_{-1} + M_{-1}}{P_0}$ $\dfrac{U_c(c_0, h_0)}{\gamma(v_0)}$。因此右边的极限也存在,于是我们得到:

$$\lim_{T \to \infty} q_{T+1} W_{T+1} = 0$$

这就是式(13.4)。证明完毕。

2. 对第 5 节给出的存在国外对本国货币需求的模型中的原始形式的推导

我们先来证明,方案 $\{c_t, h_t, v_t\}$ 若满足均衡条件式(13.2)、取等号时的式(13.4)、式(13.5)、式(13.7)、式(13.8)、式(13.11)、式(13.13) 和式(13.25)—式(13.28),那么也会满足式(13.29)、式(13.30)、式(13.31) 的 $v_t \geqslant \underline{v}$,以及 $v_t^2 s'(v_t) < 1$。不难注意到,与在没有外国对本国货币需求的情况下一样,将式(13.5)、式(13.11) 以及我们关于 $s(v)$ 的一贯假设放到一起就意味着 $v_t \geqslant \underline{v}$ 和 $v_t^2 s'(v_t) < 1$。

令 $W_{t+1} = R_t B_t + M_t + M_t^f$,并利用这个表达式消去式(13.27) 中的 B_t,然后再乘以 $q_t \equiv \prod_{s=0}^{t-1} R_s^{-1}$,这样就可以得到:

$$q_t(M_t + M_t^f)(1 - R_t^{-1}) + q_{t+1} W_{t+1} - q_t W_t = q_t [P_t g_t - \tau_t^h P_t F(h_t)]$$

对上式在 $t=0$ 至 $t=T$ 上求和,可以得到:

$$\sum_{t=0}^{T} \left\{ q_t(M_t + M_t^f)(1 - R_t^{-1}) - q_t [P_t g_t - \tau_t^h P_t F(h_t)] \right\} = -q_{T+1} W_{T+1} + W_0$$

为了写出这个表达式,我们定义 $q_0 = 1$。从式(13.13)中解出 τ_t^h,并从式(13.8)中解出 w_t,然

后利用 $F(h)=h$ 得到 $\tau_t^h F(h_t) = h_t + \dfrac{U_h(c_t,h_t)}{U_c(c_t,h_t)}\gamma(v_t)h_t$。再利用这个表达式在上面的式子中

消去 $\tau_t^h F(h_t)$,从而得到:

$$\sum_{t=0}^{T}\left\langle q_t(M_t+M_t^f)(1-R^{-1}) - q_t P_t\left\{g_t - \left[h_t + \frac{U_h(c_t,h_t)}{U_c(c_t,h_t)}\gamma(v_t)h_t\right]\right\}\right\rangle$$

$$= -q_{T+1}W_{T+1} + W_0$$

利用可行性约束式(13.28),将 h_t-g_t 替换为 $[1+s(v_t)]c_t - \dfrac{M_t^f - M_{t-1}^f}{P_t}$,于是我们有:

$$\sum_{t=0}^{T} q_t P_t\left\{\frac{M_t+M_t^f}{P_t}(1-R^{-1}) + [1+s(v_t)]c_t - \frac{M_t^f - M_{t-1}^f}{P_t} + \frac{U_h(c_t,h_t)}{U_c(c_t,h_t)}\gamma(v_t)h_t\right\}$$

$$= -q_{T+1}W_{T+1} + W_0$$

再利用式(13.2)和式(13.5)将 $\dfrac{M_t}{P_t}(1-R_t^{-1})$ 替换为 $v_t s'(v_t)c_t$,可以得到:

$$\sum_{t=0}^{T} q_t P_t\left\{v_t s'(v_t)c_t - \frac{M_t^f}{P_t R_t} + [1+s(v_t)]c_t + \frac{M_{t-1}^f}{P_t} + \frac{U_h(c_t,h_t)}{U_c(c_t,h_t)}\gamma(v_t)h_t\right\}$$

$$= -q_{T+1}w_{T+1} + W_0$$

将包含 c_t 的各项合并,将 $1+s(v_t)+v_t s'(v_t)$ 替换为 $\gamma(v_t)$ 并整理。

请注意,根据定义,$q_t/R_t = q_{t+1}$,因此可以将上面这个表达式重写为:

$$\sum_{t=0}^{T} q_t P_t\left[\gamma(v_t)c_t + \frac{U_h(c_t,h_t)}{U_c(c_t,h_t)}\gamma(v_t)h_t - \frac{M_t^f}{P_t R_t} + \frac{M_{t-1}^f}{P_t}\right] = -q_{T+1}W_{T+1} + W_0$$

观察等号左侧的第二个和式,根据定义 $q_0=1$,可以得到:

$$\sum_{t=0}^{T} q_t P_t\left[\gamma(v_t)c_t + \frac{U_h(c_t,h_t)}{U_c(c_t,h_t)}\gamma(v_t)h_t\right] + M_{-1}^f - M_T^f q_{T+1}$$

$$= -q_{T+1}W_{T+1} + W_0$$

利用 W_t 的定义,我们可以将上面这个表达式重写为:

$$\sum_{t=0}^{T} q_t P_t\left[\gamma(v_t)c_t + \frac{U_h(c_t,h_t)}{U_c(c_t,h_t)}\gamma(v_t)h_t\right] \tag{13.65}$$

$$= -q_{T+1}(R_T B_T + M_T) + R_{-1}B_{-1} + M_{-1}$$

取 $T\to\infty$ 时的极限,然后根据取等号时的式(13.4)成立这个事实可知,这个表达式右边的极限有明确的定义且等于 $R_{-1}B_{-1}+M_{-1}$,因此左边的极限也是存在的,从而可以得到:

$$\sum_{t=0}^{\infty} q_t P_t\left[\gamma(v_t)c_t + \frac{U_h(c_t,h_t)}{U_h(c_t,h_t)}\gamma(v_t)h_t\right] = R_{-1}B_{-1} + M_{-1}$$

根据式(13.7),我们可以推出 $P_t q_t = \beta^t U_c(c_t,h_t)/\gamma(v_t)P_0/U_c(c_0,h_0)/\gamma(v_0)$。利用这个表达式从上式中消去 $P_t q_t$,就可以得到:

$$\sum_{t=0}^{\infty}\beta^t[U_c(c_t,h_t)c_t + U_h(c_t,h_t)h_t] = \frac{U_c(c_0,h_0)}{\gamma(v_0)}\left(\frac{R_{-1}B_{-1}+M_{-1}}{P_0}\right)$$

这就是式(13.31)。

接下来,我们证明竞争均衡条件蕴含了式(13.29)和式(13.30)。根据式(13.26)和式(13.32)中对$W(v_t)$的定义可以直接推导出式(13.29)。对于$t>0$,利用式(13.26)消去M_t^f,并利用式(13.18)消去M_{t-1}^f,就可以得到:

$$[1+s(v_t)]c_t+g_t=F(h_t)+\frac{\gamma_t^f}{v_t^f}-\frac{\gamma_{t-1}^f}{v_{t-1}^f}\frac{1}{\pi_t}$$

接下来,再利用式(13.7)消去π_t,于是得到:

$$[1+s(v_t)]c_t+g_t=F(h_t)+\frac{\gamma_t^f}{\chi(v_t)}-\frac{\gamma_{t-1}^f}{\chi(v_{t-1})}\frac{U_c(c_{t-1},h_{t-1})}{R_{t-1}\gamma(v_{t-1})}\frac{\gamma(v_t)}{\beta U_c(c_t,h_t)}$$

用式(13.5)替换掉R_{t-1},就得到了式(13.30)。这就完成了对竞争均衡条件蕴含着原始形式的条件的证明。

下面我们来证明,方案$\{c_t,h_t,v_t\}$若满足式(13.29)、式(13.30)、式(13.31)、$v_t\geq\underline{v}$和$v_t^2s'(v_t)<1$,那么也会满足均衡条件式(13.2)、取等号时的式(13.4)、式(13.5)、式(13.7)、式(13.8)、式(13.11)、式(13.13)、式(13.25)—式(13.28)。给定一个方案$\{c_t,h_t,v_t\}$,按以下步骤进行推导。先利用式(13.5)构造R_t,并利用式(13.25)构造u_t^f。不难注意到,根据关于$s(v)$的一贯假设,约束$v_t\geq\underline{v}$和$v_t^2s'(v_t)<1$就可以确保$R_t\geq1$。令w_t由式(13.8)给出,τ_t^h由式(13.13)给出。

对于$t\geq0$,为了构造关于M_t、M_t^f、P_{t+1}和B_t的方案,要利用如下的迭代过程:(a)设定$t=0$;(b)利用式(13.2)构造M_t,利用式(13.26)构造M_t^f(请回忆一下,P_0是给定的);(c)设定B_t,以满足式(13.27);(d)设定P_{t+1},以满足式(13.7);(e)将t加1,重复步骤(b)至步骤(e)。接下来我们还需要证明式(13.28)成立。首先,我们要证明它在$t=0$时成立。结合式(13.26)、式(13.32)和式(13.29),明显可以看出,当$t=0$时,式(13.28)成立。为了证明它在$t>0$时也成立,将式(13.26)、式(13.32)和式(13.30)合并,可以得到:

$$[1+s(v_t)]c_t=g_t$$
$$=F(h_t)+\frac{M_t^f}{P_t}-\frac{M_{t-1}^f}{P_{t-1}}[1-v_{t-1}^2s'(v_{t-1})]\frac{U_c(c_{t-1},h_{t-1})}{\gamma(v_{t-1})}\frac{\gamma(v_t)}{\beta U_c(c_t,h_t)}$$

然后,利用式(13.5),将这个表达式重写为:

$$[1+s(v_t)]c_t=g_t=F(h_t)+\frac{M_t^f}{P_t}-\frac{M_{t-1}^f}{P_{t-1}}(1/R_{t-1})\frac{U_c(c_{t-1},h_{t-1})}{\gamma(v_{t-1})}\frac{\gamma(v_t)}{\beta U_c(c_t,h_t)}$$

最后,将上面这个表达式与式(13.7)合并,就可以得到式(13.28)了。

现在还有待证明的是,式(13.4)取等号时是成立的。按照上述步骤推导可以得到式(13.65)。不难注意到,这些步骤其实只是利用了我们已经证明的原始形式所蕴含的均衡条件。现在利用式(13.7)(我们已经证明它是成立的)将P_tq_t替换为$\beta^tU_c(c_t,h_t)/\gamma(v_t)P_0/U_c(c_0,h_0)/\gamma(v_0)$,就可以得到:

$$\sum_{t=0}^T\beta^t[U_c(c_t,h_t)c_t+U_h(c_t,h_t)h_t]$$
$$=-q_{T+1}(R_TB_T+M_T)\frac{U_c(c_0,h_0)}{P_0\gamma(v_0)}+\frac{U_c(c_0,h_0)}{\gamma(v_0)}\left(\frac{R_{-1}B_{-1}+M_{-1}}{P_0}\right)$$

取 $T \to \infty$ 时的极限,然后根据 q_t 的定义,并使用式(13.31),就可以证明式(13.4)取等号时成立。证明完毕。

参考文献

Adam, K., Billi, R. M., 2006. Optimal monetary policy under commitment with a zero bound on nominal interest rates. J. Money Credit Bank. 38, 1877-1905.

Akerlof, G. A., Dickens, W. T., Perry, G. L., 1996. The macroeconomics of low inflation. Brookings Pap. Econ. Act., 1-76.

Altig, D., Christiano, L. J., Eichenbaum, M., Lindé, J., 2005. Firm-specific capital, nominal rigidities, and the business cycle. NBER Working Paper 11034.

Basu, S., Fernald, J. G., 1997. Returns to scale in U. S. production: Estimates and implications. J. Polit. Econ. 105, 249-283.

Benigno, P., Woodford, M., 2005. Inflation stabilization and welfare: The case of a distorted steady state. J. Eur. Econ. Assoc. 3, 1185-1236.

Bils, M., Klenow, P., 2004. Some evidence on the importance of sticky prices. J. Polit. Econ. 112, 947-985.

Blinder, A., 1999. Central banking in theory and practice. MIT Press, Cambridge, MA.

Calvo, G., 1983. Staggered prices in a utility-maximizing framework. J. Monet. Econ. 12, 383-398.

Campbell, J. Y., Cochrane, J. H., 1999. By force of habit: A consumption-based explanation of aggregate stock market behavior. J. Polit. Econ. 107, 205-251.

Card, D., Hyslop, D., 1997. Does inflation "grease the wheels of the labor market"?. In: Romer, C., Romer, D. (Eds.), Reducing inflation: Motivation and strategy. University of Chicago Press, Chicago, pp. 71-122.

Chari, V. V., Christiano, L., Kehoe, P., 1991. Optimal fiscal and monetary policy: Some recent results. J. Money Credit Bank. 23, 519-539.

Chari, V. V., Christiano, L., Kehoe, P., 1996. Optimality of the Friedman rule in economics with distorting taxes. J. Monet. Econ. 37, 203-223.

Christiano, L. J., Eichenbaum, M., Evans, C. L., 2005. Nominal rigidities and the dynamic effects of a shock to monetary policy. J. Polit. Econ. 113, 1-45.

Cogley, T., Sbordone, A. M., 2008. Trend inflation, indexation, and inflation persistence in the New Keynesian Phillips curve. Am. Econ. Rev. 98, 2101-2126.

Correia, I., Teles, P., 1996. Is the Friedman rule optimal when money is an intermediate good?. J. Monet. Econ. 38, 223-244.

Correia, I., Teles, P., 1999. The optimal inflation tax. Rev. Econ. Dyn. 2, 325-346.

Correia, I., Nicolini, J. P., Teles, P., 2008. Optimal fiscal and monetary policy: Equivalence results. J. Polit. Econ. 168, 141-170.

Del Negro, M., Schorfheide, F., Smets, F., Wouters, R., 2004. On the fit and forecasting performance of New-Keynesian models. Manuscript.

Feenstra, R. C., 1986. Functional equivalence between liquidity costs and the utility of money. J. Monet. Econ. 17, 271-291.

Goodfriend, M., King, R. G., 1997. The new neoclassical synthesis and the role of monetary policy. In: Bernanke, B., Rotemberg, J. J. (Eds.), NBER macroeconomics annual 1997. MIT Press, Cambridge MA, pp. 231-283.

Guidotti, P. E., Végh, C. A., 1993. The optimal inflation tax when money reduces transactions costs: A reconsideration. J. Monet. Econ. 31, 189-205.

Khan, A., King, R. G., Wolman, A., 2003. Optimal monetary policy. Rev. Econ. Stud. 70, 825-860.

Kim, J., Ruge-Murcia, F. J., 2009. How much inflation is necessary to grease the wheels?. J. Monet. Econ. 56, 365-377.

Kimbrough, K. P., 1986. The optimum quantity of money rule in the theory of public finance. J. Monet. Econ. 18, 277-284.

King, R. G., Wolman, A. L., 1999. What should the monetary authority do when prices are sticky?. In: Taylor, J. B. (Ed.), Monetary policy rules. University of Chicago Press, Chicago, pp. 349-398.

Klenow, P., Kryvtsov, O., 2005. State-dependent or time-dependent pricing: Does it matter for recent U. S. inflation?. Stanford University, Mimeo.

Levin, A., Onatski, A., Williams, J., Williams, N., 2006. Monetary policy under uncertainty in microfounded macroeconometric models. In: Mark, G., Rogoff, K. (Eds.), NBER macroeconomics annual, 2005, 20, MIT Press, Cambridge.

Lucas, R. E., 1982. Interest rates and currency prices in a two-country world. J. Monet. Econ. 10, 335-360.

McLaughlin, K. J., 1994. Rigid wages?. J. Monet. Econ. 34, 383-414.

Nakamura, E., Steinsson, J., 2007. Five facts about prices: A reevaluation of menu cost models. Harvard University, Mimeo.

Nicolini, J. P., 1998. Tax evasion and the optimal inflation tax. J. Dev. Econ. 55, 215-232.

Olivera, J. H. G., 1960. La teoría no monetaria de la inflatión. Trimest. Econ. 27, 616-628.

Olivera, J. H. G., 1964. On structural inflation and Latin-American "structuralism". Oxf. Econ. Pap. 16, 321-332.

Phelps, E. S., 1973. Inflation in the theory of public finance. The Swedish Journal of

Economics 75, 67-82.

Porter, R. D., Judson, R. A., 1996. The location of U. S. currency: How much is abroad?. Federal Reserve Bulletin 82, 883-903.

Ravn, M., 2005. Labor market matching, labor market participation and aggregate business cycles: Theory and structural evidence for the United States. Manuscript European University Institute.

Reifschneider, D., Williams, J. C., 2000. Three lessons for monetary policy in a low-inflation era. J. Money Credit Bank. 32, 936-966.

Rotemberg, J. J., 1982. Sticky prices in the United States. J. Polit. Econ. 90, 1187-1211.

Schmitt-Grohé, S., Uribe, M., 2004a. Optimal fiscal and monetary policy under sticky prices. J. Econ. Theory 114, 198-230.

Schmitt-Grohé, S., Uribe, M., 2004b. Optimal fiscal and monetary policy under imperfect competition. J. Macroecon. 26, 183-209.

Schmitt-Grohé, S., Uribe, M., 2006. Optimal fiscal and monetary policy in a medium-scale macroeconomic model. In: Gertler, M., Rogoff, K. (Eds.), NBER macroeconomics annual 2005. MIT Press, Cambridge and London, pp. 383-425.

Schmitt-Grohé, S., Uribe, M., 2007a. Optimal simple and implementable monetary and fiscal rules. J. Monet. Econ. 54, 1702-1725.

Schmitt-Grohé, S., Uribe, M., 2007b. Optimal inflation stabilization in a medium-scale macroeconomic model. In: Schmidt-Hebbel, K., Mishkin, R. (Eds.), Monetary policy under inflation targeting. Central Bank of Chile, Santiago, Chile, pp. 125-186.

Schmitt-Grohé, S., Uribe, M., 2009a. Foreign demand for domestic currency and the optimal rate of inflation. NBER Working Paper 15494.

Schmitt-Grohé, S., Uribe, M., 2009b. On quality bias and inflation targets. NBER Working Paper 15505.

Sidrauski, M., 1967. Rational choice and patterns of growth in a monetary economy. American Economic Review, Papers and Proceedings 57, 534-544.

Smets, F., Wouters, R., 2003. An estimated dynamic stochastic general equilibrium model of the Euro Area. J. Eur. Econ. Assoc. 1, 1123-1175.

Smets, F., Wouters, R., 2007. Shocks and frictions in U. S. business cycles: A Bayesian DSGE approach. Am. Econ. Rev. 97, 586-606.

Summers, L., 1991. How should long-term monetary policy be determined?. J. Money Credit Bank. 23, 625-631.

Taylor, J. B., 1993. Discretion versus policy rules in practice. Carnegie Rochester Conference Series on Public Policy 39, 195-214.

Tobin, J., 1972. Inflation and unemployment. Am. Econ. Rev. 62, 1-18.

Woodford, M., 1996. Control of the public debt: A requirement for price stability?. NBER Working Paper 5684.

Woodford, M., 2003. Interest and prices. Princeton University Press, Princeton, NJ.

World Economic Outlook, 2005. International Monetary Fund. April 2005.

Yun, T., 1996. Nominal price rigidity, money supply endogeneity, and business cycles. J. Monet. Econ. 37, 345-370.

Yun, T., 2005. Optimal monetary policy with relative price distortions. Am. Econ. Rev. 95, 89-109.

第十四章　最优货币稳定政策[①]

迈克尔·伍德福德 (Michael Woodford) [*]

[*]:哥伦比亚大学

目　录

① 作者要对奥兹格·阿金奇 (Ozge Akinci)、瑞恩·查鲁尔 (Ryan Chahrour)、V. V. 查里 (V. V. Chari)、马克·詹诺尼 (Marc Giannoni) 和伊万·韦宁 (Ivan Werning) 的评论表示感谢。同时还要感谢我的研究助理卢米妮塔·史蒂文斯 (Luminita Stevens) 的出色工作。感谢国家科学基金会对本研究的支持 (项目编号为 SES-0820438)。

　　本章摘要：本章在新凯恩斯主义模型的框架内综述了最优货币稳定政策理论，特别强调了自 Woodford（2003）对这个课题的研究以来的相关发展。本章关注的重点有两个。第一个重点是在这个领域中哪些分析方法是有用的。我们不那么关注关于何为理想的政策的最终结论（那显然是依赖于所采用的具体模型的，因而也是依赖于研究者在许多仍然聚讼纷纭的问题上所采取的具体立场的）。第二个重点是在各种各样的可能的模型设定下都已证明确实很重要的若干一般性主题。① 关于这个领域的方法论，本章讨论的中心主题包括拉姆齐政策分析方法在最优货币政策执行问题中的应用，以及效用最大化方法与论及中央银行的相关文献经常考虑的线性二次政策问题之间的联系。关于货币政策审议的理想决策框架的结构，本章讨论的中心主题包括承诺对更好的稳定结果的实验的重要性，以及更一般地说，提前发出与未来政策行为有关的信号的重要性、历史依赖型政策相对于纯粹前瞻性的政策方法的优势，以及作为刻画中央银行政策承诺的特征的一种方法的目标准则的有用性。

　　JEL 分类代码：E52，E61，E63

　　关键词：拉姆齐政策；永恒的视角；承诺；相机抉择；损失函数；线性二次近似；预报定标；目标准则；通货膨胀目标（制）；价格水平目标（制）；零下限（约束）

1. 引言

　　在本章中，我对货币稳定政策问题（货币稳定政策是指货币政策对一个经济可能受到的各种类型的扰动做出适当的反应）与最优长期通货膨胀目标问题进行的区分在某种程度上是人为的——因为后者是本手册第十三章的主题（Schmitt-Grohé and Uribe，2010）。然而，采纳这种人为的区分并不意味着（除了本章第 2 节）要直接把在"别的什么地方"确定的围绕长期目标的稳定通货膨胀政策的可取性视为给定的前提；第 2 节中阐述的基于效用的最优政策分析不仅对研究对于各种扰动的最优反应很有意义，而且对探讨最优长期通货膨胀率也很有价值，尽管对扰动的反应这个问题才是本章讨论的重点（而且最优长期通货膨胀目标这个问题也并非完全与人们预期的应对冲击的政策方式无关）。尽管如此，对于最优政策的这两个方面，只要经济结构中对一个问题的答案而言最重要的因素与对另一个问题而言最重要的因素并不完全相同，就有理由分别在两章中独立地讨论这两个方面。例如，通货膨胀对人们通过采用不那么方便的方式进行交易来节省现金余额的激励及其后果一直是关于最优长

---

① 本手册中由 Taylor 和 Williams（2010）撰写的第十五章，以及由 Svensson（2010）撰写的第二十二章详细介绍了关于货币稳定政策的现代文献所提供的实践经验。

期通货膨胀目标的学术文献的中心问题,因此必须放在由 Schmitt-Grohé 和 Uribe(2010)撰写的那一章中详细讨论。不过,在关于最优货币稳定政策的分析中,这种特殊类型的摩擦不会发挥核心作用,因而在本章的讨论中就被完全抽象掉了。①

在本章中,货币稳定政策也是在这样一个假设的前提下分析的(在第 3 节引入的基于福利的分析中,会对这个假设加以明确地阐述):由于存在着非扭曲性的政府收入来源,所以对于货币稳定政策,可以在抽象的层面上,即脱离具体的政府预算状态和财政政策选择来加以讨论。这也是对本章所讨论的范围加以刻意限制的一个方面,最优货币稳定政策与最优状态依存的税收政策之间的相互作用问题在本手册由 Canzoneri 等(2010)所撰写的第十七章中将会讨论到。虽然政府可以征收一次总付税的这种"特殊"情况在现实世界中似乎没有什么实际意义,但我还是认为,在本章所考虑的简单背景下理解最优货币稳定政策的原则为理解Canzoneri 等(2010)回顾的那些文献中所考虑的更加复杂的问题提供了一个非常重要的起点。②

本章的安排如下。在第 2 节中,我将引入一系列核心方法论问题,同时介绍最优稳定政策理论的核心主题。为了便于读者理解,我将在一个人们熟悉的范例背景下来讨论,那就是在满足某些对数线性结构方程(这些方程有时也称为新凯恩斯主义基本模型)所隐含的各种约束的前提下,假设中央银行的目标是对一个传统的二次目标进行最小化(有时也称为有弹性的钉住通货膨胀目标制或弹性通货膨胀目标)。在第 3 节中,我将接着探讨这种分析与新凯恩斯主义模型中具有明确微观基础的期望效用最大化的政策之间的联系。我在第 3 节中以一个相对简单的模型为背景,对在分析拉姆齐型政策和描述有微观基础的模型中的最优政策承诺方面很有用的各种方法进行了说明,而且用这个模型得出的政策建议与第 2 节中获得的结论密切相关。因此,我们可以认为第 3 节的结果为第 2 节中更传统的分析提供了福利经济学理论的基础。然而一旦将这些结果与有关特定的经济模型的非常具体的假设联系起来,一个明显的问题就会浮出水面,那就是在其他假设下,在何种程度上也可以得出类似的结论。第 4 节说明了如何使用类似的方法在几种替代模型中进行基于福利的最优政策分析,这些模型引入了关于货币传导机制的实证动态随机一般均衡模型中经常会出现的各种复杂情况。第 5 节以对其他重要的研究方向的一个更加简短的讨论结束,对最优货币稳定政策的分析可以或者说应该在这些方向上得到扩展。

---

① 这样说并不意味着导致货币需求的交易摩擦对最优稳定政策没有影响,请参阅 Woodford(2003,第六章,4.1)或 Khan 等(2003)对这个问题的处理。这也是本章所介绍的基础分析的许多可能的扩展方向之一,但是由于篇幅的限制,本章不打算讨论这些扩展。

② 当然,从实践的角度来看,不仅要理解在一个只存在扭曲性的政府收入来源且税收可以最优地加以调整的经济中的最优货币政策,而且要像本手册中由坎佐内里、坎比和迪巴撰写的那一章(Canzoneri et al.,2010)回顾的那些文献中所描述的那样,理解当财政政策由于实际操作方面和/或政治方面的限制而处于不是最优的时候的情况。Benigno 和 Woodford(2007)对这个人们较少探讨的主题进行了初步分析。

2. 经典新凯恩斯主义模型中的最优政策

在本节中,我将通过一个简单但极具影响力的例子来阐述文献中关于货币政策最优行为的一些基本性的洞见。更具体地说,本节试图说明的是,如何分析货币政策的效果依赖于对未来政策行为预期的方式——它会影响政策设计本身。对于与私人部门的前瞻性行为的后果有关的一系列更一般的问题,都可以在如下这个简单模型的背景下进行分析:在给定的中央银行的政策下,决定通货膨胀和产出的各种结构性关系都与关于未来的通货膨胀和产出预期相关。不过,对于这样做的理由,我们将会在第3节中给出。这里我只是直接把模型结构关系的形式和稳定政策的假定目标视为已知,以此来说明作为前瞻性行为的结果的各种复杂问题,(在本节中)特别是要说明总供给权衡在某个时间点上对预期通货膨胀率的依赖性。而在这个过程中,我将对在这个例子的分析过程中出现的各种问题在多大程度上也会出现在更一般的稳定政策问题中作出评论。对于从这个简单的例子中得出的具体结论可以在多大程度上在一个有明确的微观基础的模型中再一次得到这个问题,我将在第3节中讨论。

2.1　问题的提出

首先,我将概述 Clarida 等(1999)以及其他一些研究者考虑过的线性二次问题背景下的最优政策分析理论。[①] 在一个有时被称为基本新凯恩斯主义模型的对数线性版本中,通货膨胀率 π_t 和(对数)产出 y_t 是由总供给关系(通常也被称为新凯恩斯主义菲利普斯曲线)和总需求关系(有时被称为期间 IS 关系)决定的。总供给关系为:

$$\pi_t = \kappa(y_t - y_t^n) + \beta E_t \pi_{t+1} + u_t \tag{14.1}$$

总需求关系则为:

$$y_t = E_t y_{t+1} - \sigma(i_t - E_t \pi_{t+1} - \rho_t) \tag{14.2}$$

在这里,i_t 是指短期名义利率;y_t^n、u_t、ρ_t 分别指某种外生的扰动;结构关系的系数 κ、σ 和 β 满足 κ、$\sigma > 0$ 和 $0 < \beta < 1$。有人可能会觉得有点奇怪,为什么在总供给关系中会有两个不同的外生扰动项呢? 即为什么除了要考虑自然产出率变化的冲击 y_t^n,还要考虑成本推动的冲击 u_t 呢? 答案是在通货膨胀 — 产出权衡中这两个可能的变化来源之间的区别对金融当局的假定稳定目标很重要,正如在式(14.6)中所设定的。

如果我们假设名义利率是在中央银行的直接控制之下的,那么将进行的最优政策分析会是最简单的一种。在这种情况下,仅凭式(14.1)和式(14.2)就足以指出通过各种可能的利率政策可以实现的通货膨胀和产出的路径。然而,如果我们认为中央银行的政策工具是

---

① 这里使用的符号采用了 Woodford(2003)讨论该模型时所用的符号。

针对货币供应量的(也许是针对基础货币的数量的),而利率则由市场决定(在给定中央银行对货币供应量的控制的前提下),那么就需要加入一个额外的均衡关系:

$$m_t - p_t = \eta_y y_t - \eta_i i_t + \epsilon_t^m \tag{14.3}$$

其中,m_t 为货币供应量(或基础货币的数量)的对数,p_t 为价格水平的对数,ϵ_t^m 为外生的货币需求扰动,$\eta_y > 0$ 为货币需求的收入弹性,$\eta_i > 0$ 为货币需求的利率半弹性。将这个方程式与恒等式 $\pi_t \equiv p_t - p_{t-1}$ 结合起来,就可以得到一个由四个方程式组成的方程组,给定中央银行控制的货币供应路径,这个方程组可以决定每一期四个内生变量 $\{y_t, p_t, \pi_t, i_t\}$ 的演化。

事实上,基础货币的数量与其他变量之间的均衡关系式(14.3)的更准确的表达式是如下两个不等式:

$$m_t - p_t \geq \eta_y y_t - \eta_i i_t + \epsilon_t^m \tag{14.4}$$

$$i_t \geq 0 \tag{14.5}$$

再加上互补松弛条件,即在这两个不等式中,至少有一个在任何时间点上都必须取等号。这样可能会存在一个均衡,在这个均衡中 $i_t = 0$(从而货币不再受回报率的支配[1])。

而且在均衡中,当(对数)真实货币余额超过了 $\eta_y y_t + \epsilon_t^m$——私人部门对所持货币余额感到满意所需的数量——家庭或企业应该很乐意自主持有额外的现金余额(只要他们这样做的机会成本为零)。

我们注意到,除了式(14.1)和式(14.2)所反映的约束,式(14.5)代表了对 $\{\eta_t, y_t, i_t\}$ 的可能路径的另一个约束。然而,如果假设约束式(14.5)在最优政策问题中从来都不是有约束力的——就像 Clarida 等(1999)在他们的研究中所做的那样[2]——那么就必须将式(14.4)和式(14.5)这对不等式替换成一个简单的等式(14.3)才能处理。事实上,研究者甚至可以选择在描述最优政策时完全忽视整个方程组,而直接分析符合约束条件式(14.1)—式(14.2)的 $\{\pi_t, y_t, i_t\}$ 的路径集。而且,实际上还可以更进一步,我们甚至可以不利用约束条件式(14.2),而直接分析与条件式(14.1)一致的 $\{\pi_t, y_t\}$ 的路径集。假设政策目标只与这些变量的路径有关,就如式(14.6)中所假设的那样,那么这样的分析就足以确定通货膨胀率和产出的状态依存的最优演化路径了。给定变量 $\{\pi_t, y_t\}$ 的合意演化路径解,利用式(14.2)和式(14.3)就可以确定为了使货币政策与通货膨胀和产出的合意路径相一致,所需的变量 $\{i_t, m_t\}$ 的状态依存的演化路径是什么了。

我们假设政策的目标是实现贴现损失函数的最小化。该损失函数的形式为:

$$E_{t_0} \sum_{t=t_0}^{\infty} \beta^{t-t_0} \left[\pi_t^2 + \lambda (x_t - x^*)^2 \right]$$

其中,$x_t \equiv y_t - y_t^n$ 是产出缺口,x^* 是产出缺口的目标水平(在现实相关性比较大的各种情况下,该目标水平均为正),$\lambda > 0$ 衡量了赋予产出缺口稳定性相对于通货膨胀稳定性而言的相

---

[1] 为了简单起见,我假设货币的名义回报为零。然而,这个理论可以扩展到基础货币也可以赚取利息的情况,请参阅 Woodford(2003,第二章和第四章)。不过,对这个理论的进一步阐述对本节讨论的问题没有任何影响,它只会使对中央银行执行特定利率政策可能采取的行动的描述变得更加复杂。

[2] 在第 3 节处理有微观基础的政策问题中也是如此(在那种情况下,所有的随机扰动的振幅都足够小)。请参阅本章的 2.6,在那里我们将现在这个分析扩展到零下限可能临时性成为一个有约束力的约束的情况。

对重要性。在本节中,我们直接假设式(14.6)是传统的中央银行目标的一种简单表示,但是在第3节中,我们将会给出这种形式目标的福利经济学理论基础。读者需要注意的是,式(14.6)中的贴现因子 β 与式(14.1)中的通货膨胀预期项的系数是相同的。当然,这不是偶然的,我们在第3节中为总供给权衡和稳定目标提供微观基础时将证明,同一个因子 β(表示代表性家庭的时间偏好率)确实会同时出现在两种表示形式中。[①]

给定式(14.6)给出的目标,用出现在政策制定者的目标函数中的那两个变量(通货膨胀率和产出缺口)来重写模型结构关系将会带来很大的便利。为此,我们将式(14.1)式(14.2)改写为:

$$\pi_t = \kappa x_t + \beta E_t \pi_{t+1} + u_t \tag{14.7}$$

$$x_t = E_t x_{t+1} - \sigma(i_t - E_t \pi_{t+1} - r_t^n) \tag{14.8}$$

其中,r_t^n 是自然利率,表达式可写为:

$$r_t^n \equiv \rho_t + \sigma^{-1}(E_t y_{t+1}^n - y_t^n)$$

自然利率是指每一期为了保持产出增长率与所有时期的自然增长率相等所要求的实际利率。[②] 于是我们要解决的问题就可以表述为:确定变量 $\{\pi_t, y_t, i_t\}$ 与结构关系式(14.7)一式(14.8)相一致的状态依存的演化路径,以最小化损失函数式(14.6)。

假设中央银行拥有不受限制地对短期利率 r_t 进行必要的调整使之达到自然利率 r_t^n 的能力,那么 $\{\pi_t, x_t\}$ 的最优路径就是使得式(14.6)在约束条件式(14.7)下最小化的路径。从这个问题的表述形式本身可以推导出一些重要的结论。通货膨胀率和产出缺口的最优状态依存路径的解只取决于一个外部扰动过程 $\{u_t\}$ 的演化,而不取决于其他扰动 $\{y_t^n\}$、$\{\rho_t\}$ 和 $\{\epsilon_t^m\}$ 的演化——只要后面这几种类型的扰动对 $\{u_t\}$ 的路径没有影响。[③] 对于后面这三种类型的冲击,还可以进一步加以区分,对 $\{y_t^n\}$ 的路径的扰动应该会影响产出的路径(尽管不会影响产出缺口的路径),而对 $\{\rho_t\}$ 的路径的扰动——只要这些扰动都是独立于 $\{y_t^n, u_t\}$ 的预期路径的——则应该不会影响通货膨胀率或产出的路径,而只能影响(名义的和实际的)利率和货币供给的路径。对 $\{\epsilon_t^m\}$ 的路径的扰动(如果对其他扰动项都不会造成什么后果的话)也应该不会影响通货膨胀率、产出或利率的路径,而应该只会影响货币供给的路径(货币供给应该会得到调整,以完全适应这些冲击)。至于 $\{y_t^n\}$ 的路径所受到的扰动对 $\{y_t\}$ 的路径的影响,在最优政策下也应该有一个特别简单的形式:实际产出对于产出的自然率的变化的反应应该是——一对应的,因此这种变化对产出缺口的路径没有影响。

2.2 最优均衡动力学

从上文的分析可知,最优均衡动力学的刻画在只有两种类型的扰动——$\{y_t^n, \rho_t\}$——会

---

① 如果有人认为式(14.6)只是代表了中央银行的偏好(或者代表了中央银行经立法授权的权力),那么其就不一定要与代表性家庭的利益相一致了,同时式(14.6)中的贴现因子也不一定与式(14.1)中的系数相同了。Kirsanova等(2009)分析了在这两个地方分别假设不同的贴现因子时的结果。

② 关于这个概念的进一步讨论请参阅 Woodford(2003,第四章)的论述。

③ 这里的"$\{y_t^n\}$、$\{\rho_t\}$ 和 $\{\epsilon_t^m\}$",原文是"$\{y_t^n, \rho_t, \epsilon_t^m\}$",根据上下文来看,可能不能很好地表达原意,因此进行了修改——译者注。

发生的情况下是很简单的。然而,成本推动型冲击 u_t 的存在却会使通货膨胀目标与稳定产出目标之间出现紧张关系[1],在这种情况下,问题就不再是那么"小儿科"的了,因为最优政策必须平衡这两个目标,对其中任何一个都不能给予绝对优先的地位。这是一种特别有意思的情况,因为它还引入了动态因素,即对已承诺的最优政策与相机抉择的优化结果之间的差异、历史依赖的政策相对于纯粹前瞻性的政策的优越性等方面的考量,实际上,在私人部门行为具有前瞻性的环境中,这种情况是相当普遍的,而且导致它们发生的可能原因与成本推动型冲击无关,尽管在当前这个(非常简单的)模型中,它们只是在我们假设 $\{u_t\}$ 这一项的方差为非零的时候才会出现。

正如我在上文的讨论中所指出的,只需要考虑能够在满足约束条件式(14.7)的前提下最大化式(14.6)的状态依存路径 $\{\pi_t, x_t\}$ (对于每一个 $t \geq t_0$)就足够了。我们很容易就可以写出这个问题的拉格朗日表达式:

$$\mathcal{L}_{t_0} = E_{t_0} \sum_{t=t_0}^{\infty} \beta^{t-t_0} \left\{ \frac{1}{2} \left[\pi_t^2 + \lambda (x_t - x^*)^2 \right] + \varphi_t (\pi_t - \kappa x_t - \beta E_t \pi_{t+1}) \right\}$$

$$= E_{t_0} \sum_{t=t_0}^{\infty} \beta^{t-t_0} \left\{ \frac{1}{2} \left[\pi_t^2 + \lambda (x_t - x^*)^2 \right] + \varphi_t (\pi_t - \kappa x_t - \beta \pi_{t+1}) \right\}$$

其中, φ_t 是与约束式(14.7)相联系的拉格朗日乘数,因此也是第 t 期的世界状态的函数(因为在那个时期,对于每一种可能的世界状态,都有这种形式的独特约束)。上式中的第二行已使用迭代预期法则进行了简化,因为我们可以观察到:

$$E_{t_0} \varphi_t E_t (\pi_{t+1}) = E_{t_0} E_t (\varphi_t \pi_{t+1}) = E_{t_0} (\varphi_t \pi_{t+1})$$

对上述拉格朗日表达式求微分,就可以得到如下的一阶条件:

$$\pi_t + \varphi_t - \varphi_{t-1} = 0 \tag{14.9}$$

$$\lambda (x_t - x^*) - \kappa \varphi_t = 0 \tag{14.10}$$

对于每一个 $t \geq t_0$,式(14.9)中为 $t = t_0$,我们可以代入下值:

$$\varphi_{t_0 - 1} = 0 \tag{14.11}$$

因为实际上,与第 $t_0 - 1$ 期的总供给关系保持一致性并不要求任何约束(只要货币当局是在第 $t_0 - 1$ 期的私人决策已经作出之后才选择政策的)。

用式(14.9)和式(14.10)分别替换掉式(14.7)中的 π_t 与 x_t,我们就可以得出关于各个乘数的演化的随机差分方程:

$$E_t \left[\beta \varphi_{t+1} - \left(1 + \beta + \frac{\kappa^2}{\lambda} \right) \varphi_t + \varphi_{t-1} \right] = \kappa x^* + u_t \tag{14.12}$$

该差分方程必定在满足初始条件式(14.11)的情况下,对所有的 $t \geq t_0$ 都成立。

以下特征方程:

$$\beta \mu^2 - \left(1 + \beta + \frac{\kappa^2}{\lambda} \right) \mu + 1 = 0 \tag{14.13}$$

---

[1] 对总供给关系式(14.7)中这一残差的经济解释将在第3节中进一步讨论。

有如下两个实根：

$$0 < \mu_1 < 1 < \mu_2$$

因此，对于扰动 $\{u_t\}$ 的任何有界过程，式（14.12）都具有唯一的有界解。只需要将式（14.12）改写为如下的另一种形式：

$$E_t[\beta(1 - \mu_1 L)(1 - \mu_2 L)\varphi_{t+1}] = \kappa x^* + \mu_t$$

然后利用标准方法就很容易证明唯一有界解的形式如下：

$$(1 - \mu_1 L)\varphi_t = -\beta^{-1}\mu_2^{-1} E_t[(1 - \mu_2^{-1}L^{-1})^{-1}(\kappa x^* + u_t)]$$

或者也可以写为另一种形式：

$$\varphi_t = \mu\varphi_{t-1} - \mu \sum_{j=0}^{\infty} \beta^j \mu^j (\kappa x^* + E_t u_{t+j}) \tag{14.14}$$

在这个式子中，我直接将 μ 用较小的那个根 μ_1 来表示，并利用 $\mu_2 = \beta^{-1}\mu_1^{-1}$ 这个事实从该方程中消去 μ_2。

这是一个在每一期都可以对 φ_t 求解的方程，只要给定前一期的乘数值和当期对于当前与未来的成本推动项的预期即可。从初始条件式（14.11）出发，给定一个能够让我们计算出条件期望的 $\{u_t\}$ 的运动定律，可以用迭代方法从式（14.14）中解出乘数的状态依存的完整的演化路径。将这个解代入式（14.9）—式（14.10）就可以解出隐含的通货膨胀率和产出的状态依存的演化路径。再将这些解代入式（14.8）就可以得到名义利率的隐含演化路径。将所有解代入式（14.3）就可以解出货币供应量的隐含演化路径。

每个变量的最优路径的解都可以分解成两个部分。第一个部分是确定性部分，即用来表示变量的期望路径的那个部分，这种预期是在获悉关于扰动 $\{u_t\}$ 的实现结果的任何信息（包括关于 u_{t_0} 的信息）之前形成的。第二个部分是用来表示源于从第 t_0 期到第 t 期之间的每一期中出现的冲击对任何一期内的变量值的扰动的各附加项之和。在这里，相关的冲击囊括了会改变扰动 $\{u_t\}$ 的预期路径的所有事件，包括发生在时期 t 或更早时期的"新闻冲击"（它们只传递关于时期 t 之后的成本推动项的信息），但是不包括虽会改变我们关于变量 $\{y_t^n, \rho_t, \epsilon_t^m\}$ 的传递信息值，却不会对 $\{u_t\}$ 的预期路径产生任何影响的事件。

如果我们假设每个成本推动项的无条件（或事前）期望值均为零，那么 $\{\varphi_t\}$ 的解的确定性部分为：对于所有的 $t \geq t_0$，都有

$$\overline{\varphi_t} = -\frac{\lambda}{k}x^*(1 - \mu^{t-t_0+1})$$

它所隐含的通货膨胀路径的解的确定性部分则为：对于所有的 $t \geq t_0$，都有

$$\overline{\pi_t} = (1 - \mu)\frac{\lambda}{\kappa}x^*\mu^{t-t_0} \tag{14.15}$$

这个解有一个非常有意思的特征，那就是无论 x^* 的大小和赋予产出缺口稳定性的相对权重 λ 的大小如何，最优长期平均通货膨胀率都应该为零。对于任何一个人来说，如果 $x^* = 0$，则最优平均通货膨胀率为零，平均通货膨胀率为零意味着平均来说 $x_t = x^*$ 这个结果应该不会让他觉得惊讶。但人们本来可能会预期的是当平均通货膨胀率为零意味着平均来说当 $x_t < x^*$ 时，永远高于零的平均通货膨胀率应该是更可取的。当然，事实证明并非如此，尽管新凯

恩斯主义菲利普斯曲线式(14.7)确实表明,更高的平均通货膨胀率确实永远会导致至少略高一点的平均产出。原因在于,针对(并被预期到)某个时期 $t>t_0$ 的通货膨胀率的上升,除了会增加第 t 期的平均产出,还会减少第 $t-1$ 期的平均产出,这是第 $t-1$ 期更高的通货膨胀预期对菲利普斯曲线权衡产生了影响的结果所致。而且,尽管式(14.7)中的因子 β 暗示了第 $t-1$ 期平均产出的减少并不像第 t 期平均产出的增加那么大(这就是持续高平均通货膨胀意味着持续高平均产出的原因),目标函数式(14.6)中的贴现因子也仍然意味着政策制定者的目标因第 $t-1$ 期的产出减少而受到的损害(的一阶项),是与因第 t 期的产出增加所得到的收益相同的。因此,对于目标的一阶效应完全抵消掉了,而二阶效应则会使对式(14.15)所规定的路径的偏离情况变得更糟糕。

我们得到的最优状态依存通货膨胀路径解的另一个很有意思的特征是价格水平 p_t 应该是平稳的。虽然允许成本推动型冲击影响最优政策下的通货膨胀率,但是作为某个成本推动型冲击的结果的价格水平上升随后必定又会被"取消掉"(冲击过后的通货膨胀率会低于平均通货膨胀率),因此预期长期价格水平不会因为冲击的出现而受到什么影响。这一点很容易理解,因为我们观察到式(14.9)也可以写成如下形式:

$$p_t + \varphi_t = p_{t-1} + \varphi_{t-1} \tag{14.16}$$

这个方程式意味着(对数)价格水平在任何范围内的累积变化都必定是拉格朗日乘数在同一期间上的累积变化的可加性逆。式(14.14)意味着遥远未来的拉格朗日乘数的期望值永远不会改变(假设 $\{u_t\}$ 是一个平稳的过程,从而也是一个均值回归的过程),因此我们可以推出:遥远未来的预期价格水平也永远不会改变。这就表明,钉住价格水平的政策可能是实现政策制定者所希望的那种通货膨胀动态的一个便利的方法,对于这一点,我们将在本章的2.4中进一步讨论。

举个具体的例子。假设 u_t 是一个独立同分布且均值为零的随机变量,它的值只有在时期 t 才能知悉。在这种情况下,式(14.14)可以化简为:

$$\tilde{\varphi}_t = \mu \tilde{\varphi}_{t-1} - \mu u_t$$

其中,$\tilde{\varphi}_t \equiv \varphi_t - \bar{\varphi}_t$ 是乘数路径的非确定性组成部分。因此,在某个日期发生的一个正的成本推动型冲击只能短暂地使 φ_t 变负,之后该乘数就会(以指数衰减的速度)回到之前预期的路径上。该乘数对冲击的脉冲响应也蕴含了对通货膨胀率、产出(以及类似的产出缺口)和如图14.1①所示的对数价格水平的脉冲响应(在这张图中,每个子图中的实线都表示最优政策承诺下的脉冲响应)。请注意,在没有冲击的情况下,产出和对数价格水平都会以与乘数相同的指数衰减速率回到预期的路径上。

---

① 这张图复制了 Woodford(2003)的论文中的图7.3,那里还讨论了所使用的参数值。本章下一节将讨论另一种假设——相机抉择型政策——下的情况。

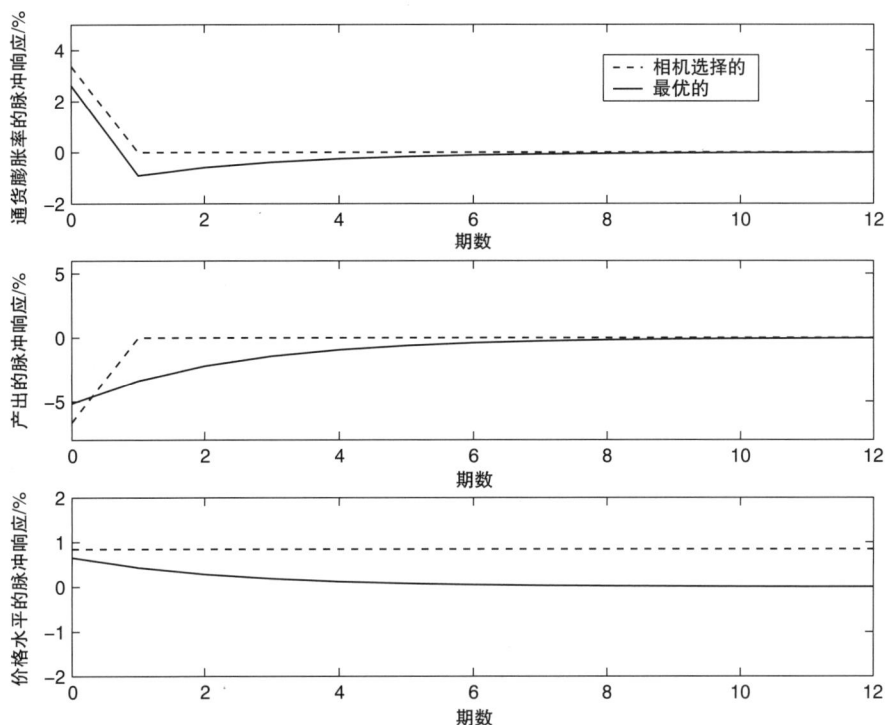

图 14.1 最优政策承诺以及有相机抉择的政策的马尔可夫完美均衡下,对短暂的成本推动型冲击的脉冲响应

2.3 承诺的价值

对于最优均衡动力学特征的一个重要的一般性观察结论是:一家致力于最优化的中央银行如果在每个时期只选择政策而不对未来的政策决策作出任何承诺,那么就不可能符合均衡结果。那种类型的序贯决策并不等价于对一劳永逸的最优方案的实施,即便每一个序贯决策都是为了实现相同的政策目标也是如此,就像式(14.6)所表示的那样。原因在于,在人们通常所称的相机抉择的政策下①,当一个政策制定者在一个特定的时间点上做决策时,并没有理由将人们在当前时间预测到会有不同决策的能力对他(她)在较早时间成功实现目标的影响也考虑进去。然而,如果政策所能取得的结果依赖于当前的政策决定以及对未来政策的预期,那么在通常的情况下,结果是可以改善的(至少在某种程度上是这样),方法是通过策略性地修改意图中的后续行动,而且这种工具的使用正是为了在更早的时期诱导出不同的预期。基于这个原因,实施一项最优政策需要对政策决定预先作出承诺,因为人们不可能认为每次必须在备选行动方案中做出选择时都应该重新进行最优化。因此必须采取一

---

① 值得指出的是,这里对相机抉择型政策的批评与这个术语通常的含义无关——该术语的通常含义是利用自己对某种特定情况的性质的判断来作出决策,而且这种判断不能轻易地简化为一个由少量可客观度量的数量构成的机械的函数。如果可以获得更多的信息,政策往往可以得到改进,包括不容易量化或取得共识的信息。如果有人认为这类信息只能由每个时期进行重新最优化的政策制定者使用,那么这两个相机抉择权概念之间就可能有密切的联系,但这显然不是事实。关于判断在实施最优政策中的作用请参阅 Svensson(2003,2005)的讨论。

定的程序将政策中各种可预测的模式对预期的影响内在化。至于在实践中可能采取的程序包括哪些类型这个问题将在本章的2.4中进一步讨论。

通过比较上文描述的最优动态与同一模型当政策通过一系列相机抉择的(序贯的)最优化过程制定时的均衡动态,就可以很好地说明适当形式的承诺所能带来的不同。在本节中,我的假设是,在相机抉择的情况下,结果代表了相继登场的政策制定者之间的非合作博弈的一个马尔可夫完美均衡。[1] 这也就意味着我将假设任何日期的均衡行动都只是与决定政策制定者从该日期往后是否能成功实现其目标相关的状态的一个函数。[2]

我们用符号 s_t 表示一个状态向量,它包括了在时期 t 上可以得到的关于路径 $\{u_{t+j}\}$ $(j \geq 0)$ 的所有信息。[3] 这样一来,政策制定者的目标从时期 t 开始往后只取决于通货膨胀和产出缺口的结果,而且独立于时期 t 之前的结果,这是由于损失函数式(14.6)附加的可分离性所致;此外,从时期 t 开始往后的通货膨胀率和产出的可能的理性预期均衡演化都只会依赖于成本推动型冲击,而且独立于时期 t 之前的经济历史,这是由于在总供给关系式(14.7)中不存在任何滞后变量。综上所述,在一个马尔可夫完美均衡中,π_t 和 x_t 都应该只依赖于当期的状态向量 s_t。此外,政策制定者和公众都应该明白,在任何时候,通货膨胀率和产出缺口都是完全由独立于以往的货币政策的因素所决定的,那么政策制定者在时期 t 就不应该认为自己在第 t 期的决策对晚于时期 t 的各个时期的通货膨胀率和产出缺口的概率分布会有任何影响,同时私人部门关于晚于时期 t 的各个时期的通货膨胀率和产出缺口的预期也应该不受第 t 期的任何决策的影响。

由此可以推导出,第 t 期相机抉择的政策制定者将预期自己的决策只会影响损失函数式(14.6)中的如下各项:

$$\pi_t^2 + \lambda(x_t - x^*)^2 \tag{14.17}$$

至于损失函数中的所有其他项,要么是在作出决策时就已经给定的,要么是预期将由当期决策不会改变的因素所决定的。通货膨胀预期 $E_t\pi_{t+1}$ 将由一个数量 π_t^e 给出,该数量取决于第 t 期的经济的状态,但是政策制定者可以认为它是给定的。因此,相机抉择的政策制定者能够(非常正确地)理解,自己面对的是可能会受到当期政策影响的两个变量的可实现值之间的一个权衡,其形式如下:

$$\pi_t = \kappa x_t + \beta \pi_t^e + u_t \tag{14.18}$$

因此,在第 t 期,政策制定者要求解的问题很简单:选择 (π_t, x_t) 的适当值,以使得式(14.17)在约束条件式(14.18)下最小化(而为了实现这个结果,所需要做出的对 i_t 或 m_t 的选择都已经蕴含在模型的其他方程中了)。我们很容易就可以看出,这个问题的解是:

---

[1] 在没有承诺的最优化的情况下,可以等价地假设不存在一个单一的政策制定者,而是存在一系列政策制定者,且每个政策制定者只选择一个时期的政策。这样也就非常清楚地表明了即便每一个决策都是最优化的结果,单个决策的制定也仍然很可能不会考虑该决策对其他政策制定者的成功会产生的影响。

[2] 这个博弈还可能存在其他的均衡,只是我不打算在这里刻画它们。除了诉诸纳什均衡必须加以精炼这一点,我还认为,即便相机抉择型最优化会产生坏均衡的这种可能性,其也是应该努力设计排除这种结果的程序的一个很好的理由,我们甚至没有必要辩称这种特殊的均衡是不可避免的结果。

[3] 在前面考虑的独立同分布的成本推动型冲击中,s_t 仅仅包括 u_t 的当前值。但是,如果 u_t 服从一个 k 阶自回归 AR(k)过程,那么 s_t 就会由$(u_t, u_{t-1}, \cdots, u_{t-k+1})$等构成。

$$\pi_t = \frac{\lambda}{\kappa^2 + \lambda}(\kappa x^* + \beta \pi_t^e + u_t) \tag{14.19}$$

于是(马尔可夫完美)理性预期均衡就是一对函数 $\pi(s_t)$ 和 $\pi^e(s_t)$,它们使得:第一,如果将 $\pi(s_t) = \pi^e(s_t)$ 代入的话,$\pi(s_t)$ 就是式(14.19)的一个解;第二,给定外生的状态 $\{s_t\}$ 的运动定律,$\pi^e(s_t) = E[\pi(s_{t+1})|s_t]$。很容易可以看出其解为:

$$\pi_t = \pi(s_t) \equiv \tilde{\mu} \sum_{j=0}^{\infty} \beta^j \tilde{\mu}^j (kx^* + E_t u_{t+j}) \tag{14.20}$$

其中

$$\tilde{\mu} \equiv \frac{\lambda}{\kappa^2 + \lambda}$$

我们很容易证明,$\mu < \tilde{\mu} < 1$,其中 μ 是出现在最优政策方程式(14.14)中的系数。

相机抉择的政策制定者所选择的通货膨胀的演变,与上文所描述的最优承诺之间有许多重要的区别。式(14.20)的确定性部分是一个恒定的正通货膨胀率(在 $x^* > 0$ 的情况下)。它不仅明显高于式(14.15)所隐含的长期平均通货膨胀率(其为零),而且还可以证明,它甚至比在最优承诺下最初选择的通货膨胀率还要高(图14.2用一个数值例子说明了这两种政策下通货膨胀的确定性部分的时间路径之间的不同[1])。这就是学界经常讨论的相机抉择的货币政策的通货膨胀偏差。

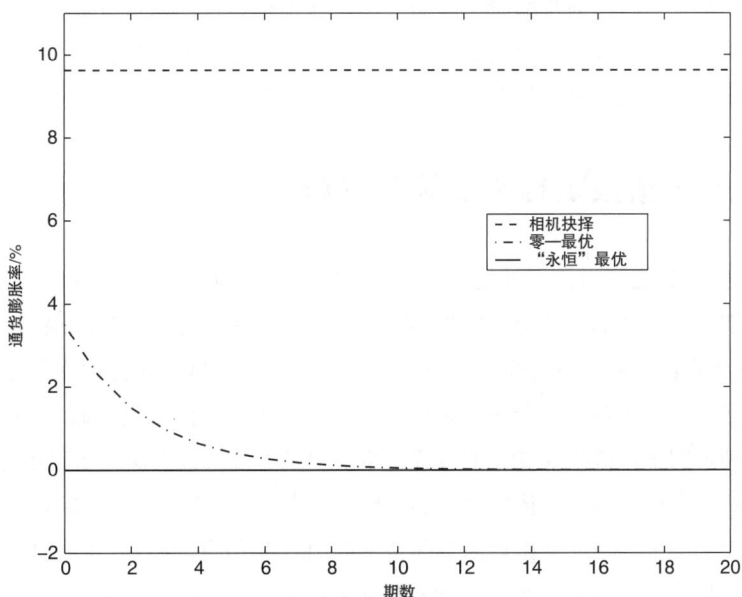

图 14.2 相机抉择政策、无约束拉姆齐政策("时间—零—最优"政策)和
"从永恒的视角来看是最优的"政策下的通货膨胀路径

在应对成本推动型冲击方面,相机抉择最优化政策的结果也不同于最优政策,而且这第

---

[1] 这张图复制了 Woodford(2003)的图 7.1,那里还讨论了数值假设。原来的图还显示了第三种可选政策下的通货膨胀路径,即我们将在本章的 2.5 中讨论的永恒的视角下的最优政策。

二个区别与 x^* 的具体取值无关。由式(14.20)可知,在任意时期 t 的通货膨胀率只取决于那个时期和预期的未来成本推动型冲击。而这就意味着没有就以往的冲击对价格水平的影响进行修正,任何时间点上的通货膨胀率都独立于过去的冲击历史(除非它们可能反映在当期的或预期的未来成本推动型冲击项中),由此导致的结果是,在价格水平的路径上会有一个单位根。例如,在成本推动型冲击为独立同分布的情况下,式(14.20)可以化简为:

$$\pi_t = \bar{\pi} + \tilde{\mu}u_t$$

在这里,平均通货膨胀率为 $\bar{\pi} = \tilde{\mu}\kappa x^*/(1 - \beta\tilde{\mu}) > 0$。在这种情况下,一个暂时的成本推动型冲击立即使对数价格水平上升,而且上升的幅度会超过最优承诺(即升幅为 $\tilde{\mu}u$,而不仅仅是 μu_t),同时,这种价格水平的上升是永久性的,而不是随后就会消失的(利用数值示例进行的对相机抉择政策下的响应与最优政策下的响应的对比如图 14.1 所示,图中的虚线表示相机抉择政策下的响应)。

所有这些差异都源于一个单一的原则:相机抉择型政策制定者不会考虑在当期(可预见地)选择更高的通货膨胀率对前一个时期的预期通货膨胀的影响,因而也不会考虑菲利普斯曲线权衡的位置。因为在 $x^* > 0$ 的情况下(从而政策制定者会希望只要有可能,就向下平移菲利普斯曲线),这种被忽视的更高的通货膨胀率对前一个时期的预期通货膨胀的影响是反向的,所以忽视了这种效应,而这就会导致政策制定者在任何时候都会选择一个比在最优承诺下所选择的水平更高的通货膨胀率。而且由于这种被忽视的效应在正的成本推动型冲击发生之后会特别强烈,所以在相机抉择政策下选择的通货膨胀率与在最优政策下选择的通货膨胀率之间的差距在这种时候甚至会比平均水平还要大。

2.4 通过预报定标来实施最优政策

到目前为止,我已经讨论了最优政策承诺,就好像制定政策的当局应该解决的是以前在某个初始日期就已经考虑好的那种问题,在当时就确定各种内生变量的最优状态依存演变路径,然后承诺自己之后永远遵循这些指示:在以后的任何时期,无论世界处于什么状态,都只是直接去把计算好的最优数量找出来用。这个思想实验有助于阐明政策当局为什么会希望能够以一种不同于相机抉择优化的方式行事。但是这种政策方法在实践中并不可行。

实际的政策审议是按时序依次进行的,而不可能是一劳永逸的,原因很简单:政策制定者虽然拥有大量关于某个已经出现的具体情况的"精细"信息(只要这种具体情况一出现,他们就可以拥有相应的信息),但是却不拥有任何相应的能力能够提前很多时间就列出所有可能出现的情况。因此,我们希望能够通过一个只要求经济的当前状态(包括以该状态已实现为条件的相关扰动的预期未来路径)一旦出现就能够将它识别出来的程序来实现最优政策,因为只要做到了这一点,就可以根据相关的信息作出关于当前行动的正确决策。此外,还可以根据当前的信息,对政策的预期未来路径进行展望,一般来说,这是决定当前的正确行动的必要条件,但是这并不需要事先就对将来可能会出现的所有意外的事态发展形成某种明确的意图。与此同时,如果要实施最优政策,所用的序贯程序就一定不可以是我们前面称之为相机抉择政策的那种依次优化。

这种序贯程序的一个适当的例子类似于许多中央银行都在执行的预报定标方法。在这种方法中，只要对一个或若干个经济变量的定量预测（以预期政策为条件）符合目标准则，就可以判断政策所预期的未来路径是正确的。[①] 作为例子，我们来看一看本章2.2中计算出来的最优政策是否符合这里所说的目标准则。我们很容易就可以看出，条件式（14.9）—式（14.11）暗示了通货膨胀和产出缺口的联合演化必定满足：对于所有的 $t>t_0$，都有

$$\pi_t + \phi(x_t - x_{t-1}) = 0 \qquad (14.21)$$

以及在第 t_0 期，有

$$\pi_{t_0} + \phi(x_{t_0} - x^*) = 0 \qquad (14.22)$$

其中，$\phi \equiv \lambda/k > 0$。反过来，在任何路径 $\{\pi_t, x_t\}$ 满足式（14.21）—式（14.22）的情况下，必定存在一个拉格朗日乘数过程 $\{\varphi_t\}$（如果通货膨胀和产出缺口过程是适当有界的），使得在所有时期一阶条件式（14.9）—式（14.11）都能够得到满足。因此，要验证一个特定的预期状态依存的通货膨胀和产出从第 t_0 期之后的演化始终满足目标准则式（14.21）—式（14.22），除了在任何时候都要满足一定的边界并与结构关系式（14.7）保持一致（也因此代表了经济的一个可行的均衡路径），还要确保所讨论的演化是最优的。

进一步，目标准则还可以成为政策审议的序贯程序的基础。假设在每一个必须采取另一个政策行动的时期 t，政策决策当局都要验证当时的经济状态（在手头这个例子中，这就意味着要评估状态 s_t，它决定了通货膨胀和产出缺口的可行未来路径集，还要求出 x_{t-1} 的值，这是评估第 t 期的目标准则所需要的），同时还要试图确定通货膨胀和产出的未来路径，即对于所有的 $j>0$，求出条件期望 $\{E_t\pi_{t+j}, E_t x_{t+j}\}$ 中哪些路径是可行的，并且在所有期间上都满足目标准则。假设 $t>t_0$，后一个要求就意味着，在所有 $j \geqslant 0$ 的期间，都有：

$$E_t\pi_{t+j} + \phi(E_t x_{t+j} - E_t x_{t+j-1}) = 0$$

我们很容易就可以证明，对于任意初始条件 x_{t-1} 和成本推动型扰动的任意有界正向路径 $\{E_t u_{t+j}\}$，符合这些要求的通货膨胀和产出缺口的未来路径必定存在唯一有界解。[②] 这个结果也就意味着，围绕寻找符合目标准则的未来路径组织政策审议作为一种承诺不仅是可行的，而且已经足以确定未来路径，进而确定适当的当前行动（与通货膨胀和产出缺口的唯一的未来路径联系在一起，名义利率和货币供应量也存在唯一的未来路径，因此无论将哪个变量认定为政策工具，都可以确定适当的政策行动）。

以这种方式继续推导下去。政策当局在每一个日期的行动都将与2.2中计算出来的最优均衡动态完全相同。不过在实际操作中，除计算经济的最优未来路径的条件期望外，没有必要计算其他任何东西，即只需从某一特定时刻已经实现的特定状态出发，对未来路径进行展望即可。除此之外，目标准则还提供了一个有用的途径，让政策当局的内部人士之间、政策当局与公众之间对政策承诺进行沟通，因为它可以用一种不需要涉及适用该规则时的经

[①] 例如，请参见 Svensson（1997,2005）、Svensson 和 Woodford（2005），以及 Woodford（2007）的研究。

[②] 证明这个结论所需的计算与2.2中在证明符合一阶条件的拉格朗日乘数的唯一有界演化路径时所使用的计算完全相同。将该目标准则与结构方程式（14.7）联立起来，就可得到与式（14.12）在形式上完全相同的产出缺口演化随机差分方程。

济状况的任何参考指标的方式来表述——它只是说明了政策当局希望在两个内生变量的路径之间保持的一种关系,无论可能影响经济的扰动是什么,这两个变量之间的这种关系的形式都将保持不变。最优目标准则对过去已经影响过经济或预计将在未来影响经济的各种扰动的不同观点的高稳健性正是以这种方法来描述政策承诺的突出优势所在。[①]

根据满足目标准则的程度来描述最优政策,这种做法并不是前面讨论的那种简单的例子所特有的。Giannoni 和 Woodford(2010)证明了这种做法在一类非常一般的最优稳定政策问题上的可行性,其中既包括后向约束条件,也包括前向约束条件。他们给出的目标准则——就像我们在这里所给出的一样,也是一小部分目标变量之间的一种线性关系,这种关系预计应该在所有未来的期间中都成立,且具有以下性质:第一,存在一个满足目标准则的唯一未来路径,它是从任何一个初始条件出发(或者对于非线性模型而言,至少是从任何一个足够接近经济的稳态的初始条件出发)对未来的展望;第二,以这种方式决定的状态依存的演化路径与某个最优政策承诺一致(或者说,在非线性模型的情况下,至少在某种线性近似上与某个最优政策承诺一致)。当政策目标由式(14.6)给出时,无论关于通货膨胀和产出决定的结构模型的复杂性多么高,最优目标准则始终只涉及通货膨胀和产出缺口的预计路径。[②] 而当模型的约束是纯粹前瞻性的时候——我在这里用纯粹前瞻性这个说法要表达的意思是,对于在政策制定者的目标函数中有重要意义的各个变量的可能未来路径集,以往的状态不会造成任何后果,就像现在考虑的这种情况中一样——最优目标准则必定是纯粹后顾性的,即目标变量的当前值和过去值之间是一种线性关系,如式(14.21)所示。相反,如果滞后变量进入了结构方程(那是更一般的情况),那么最优目标准则也要包括对未来有限时期的预测(在另一种相对来说不那么重要的情况下,模型的约束是纯粹后顾性的,即它们不涉及预期,那么最优目标准则将会是纯粹前瞻性的,因为它只涉及目标变量在当前和未来各时期的预计路径)。本章后面的部分以及 Giannoni 和 Woodford(2005)都讨论了更加复杂模型中的最优目标准则示例。

我们可以把前面描述的定标程序视为弹性通货膨胀目标制的一种形式。[③] 之所以说它是通货膨胀目标制的一种形式,是因为政策当局承诺的目标准则(它将用来规范所有的政策审议)意味着预计通货膨胀率在足够久远的未来期间里肯定不会偏离一个特定的数值(即零)。这一点显然可以从以下要求中推导出来:只要预计产出缺口在未来足够久远的所有时期内都保持不变,那么就可以预计式(14.21)将在所有的期间内都保持不变。然而,它又是一种有弹性的通货膨胀目标制,因为并不要求长期通货膨胀目标必须在所有时间内都保持不变,它甚至也不要求中央银行必须尽其所能把通货膨胀率维持在尽可能接近长期目标的水平,恰恰相反,通货膨胀率暂时偏离长期目标是可以容忍的——只要产出缺口的预计短期变化能够为这种偏离提供合理的理由。当然,这里提倡的有弹性的通货膨胀目标的概念与

---

① 关于这种制定政策规则的方式与其他可能的方式的进一步比较见 Woodford(2007)的研究。

② 更一般地说,如果政策目标是一个二次损失函数,那么最优目标准则就只涉及损失函数中出现的目标变量的路径。Giannoni 和 Woodford(2010)的研究结果也适用于政策目标不是由二次损失函数给出的其他问题,例如,它可能对应于预期家庭效用,就像第3节中处理的那些问题一样。

③ 关于有弹性的通货膨胀目标制的一般概念,请参见 Svensson(2010)的讨论。

某些中央银行所信奉的流行观点之间还是有很大不同的——根据那种流行观点,只需要指定长期通货膨胀目标应该实现的一个特定的未来期限,而不需要指定什么类型的短期预计路径对于经济来说是可以接受的。我们在这里推导出来的最优目标准则要求必须验证对近期的规划和对更长远的未来的规划之间特定的线性关系。只有在通货膨胀规划与产出缺口规划之间的线性关系的要求得到了满足之后,才能确定通货膨胀规划会以多快的速度趋近于长期通货膨胀目标。最优的收敛速度将会随成本推动型扰动性质的不同而不同。因此,一般来说,对某个通货膨胀目标的固定期限承诺既过于模糊,即无法唯一地确定适当的未来路径(尤其是无法确定适当的当前行动),同时又过于具体,以至于无法与最优政策保持一致。

尽管在式(14.21)和式(14.22)中,最优目标准则表示为一种有弹性的通货膨胀目标的形式,但是它也可以表示为价格水平目标的形式。不难注意到,式(14.21)也可以改写为$\tilde{p}_t = \tilde{p}_{t-1}$,其中,$\tilde{p}_t \equiv p_t + \phi x_t$是一个"产出缺口调整价格水平"。很容易看出,对于所有的$t \geq t_0$,式(14.21)和式(14.22)的联立方程组成立,当且仅当:

$$\tilde{p}_t = p^* \tag{14.23}$$

其中$p^* \equiv p_{t_0-1} + \phi x^*$。这正是Hall(1984)所称的弹性价格标准的政策规则的一个例子。这种形式的目标准则清晰地表明,在这种政策区制下,对价格水平的理性长期预测永远不会改变(即它总是等于p^*)。

那么,哪一种表示最优目标准则的方法更好呢? 对如式(14.21)和式(14.22)所示的准则的承诺,与对如式(14.23)所示的准则的承诺是完全等价的,只不过有一个前提,那就是中央银行能够确保自己的目标准则在任何时候都能精确地实现。但是由于种种原因,这在实践中肯定是做不到的。而在做不到这一点的情况下,中央银行每次重复决策过程时寻找实现的准则的不同就很重要了。例如,对于"目标脱靶",式(14.23)所谓的准则包含了有错必纠的承诺——如果超过了目标,那么就以较低的产出缺口调整价格水平增长率为目标;而如果未达到目标,那么就以较高的增长率为目标。这样一来,就能够保证在较长时间内,哪怕目标未能达到,但是累积增长率仍然恰好等于目标增长率。相比之下,如式(14.21)所示的准则却允许"目标脱靶"永久性地改变价格的绝对水平。

从对于实时政策判断中可能出现错误的稳健性这个角度来看,有错必纠的承诺具有重要的优势。例如,Gorodnichenko和Shapiro(2006)指出,对价格水平目标的承诺可以减少中央银行对生产率(以及自然产出率)的糟糕的实时估计所造成的损害。又比如,如果私人部门预期通货膨胀率高于中央银行希望达到的水平(例如,由于对自然产出率的过度乐观的估计,而未能认识清楚刺激政策的实际效果),那么将导致中央银行之后将目标定为较低的通货膨胀率,从而会在政策过度刺激期间抑制工资和物价的上涨。因此,有错必纠的承诺不仅能确保中央银行不会连续多年以同样的方式超过自己的长期通货膨胀目标,而且在式(14.7)所蕴含的那种前瞻性总供给权衡的情况下,这种承诺也保证了因对自然产出率的任何给定幅度的错误估计而导致的过度通货膨胀的水平在一开始时就会更低一些。①

类似地,Aoki 和 Nikolov(2005)也证明,货币政策的价格水平规则对于中央银行的经济模型中可能出现的错误有更高的稳健性。他们假设中央银行试图实施的一个目标准则——如式(14.21)或式(14.23)所示——因此利用一个定量模型来确定能够导致通货膨胀和产出的增长满足该目标准则的短期名义利率水平。并且他们发现,当中央银行在它们用来计算政策路径的定量模型中在一开始时就使用了不正确的系数估计值时,价格水平目标准则会导向更好的结果,这同样是因为价格水平目标准则隐含了有错必纠的承诺,从而使价格制定者的行为方式能够减轻中央银行在利率选择上的错误带来的后果。

Eggertsson 和 Woodford(2003)也在名义利率下限有时会阻碍中央银行实现其目标的情况下得出了类似的结论(如将在 2.6 中进一步加以讨论的)。他们发现,中央银行承诺只要有可能就尽力满足如式(14.21)所示的目标准则——如果未达到目标,就努力保持尽可能低的利率,哪怕利率已经触及了下限——与承诺尽可能满足如式(14.23)所示的目标准则之间所产生的后果会有很大的不同。假设在某个时期,利率下限要求中央银行维持低于目标的通货膨胀率从而导致了通货紧缩和负产出缺口,那么在这个时期过后,继续遵循式(14.23)的准则将会要求出现一个通货再膨胀时期——在这个时期里,政策规定的通货膨胀率将高于平均水平,直到产出缺口调整价格的绝对水平重新赶上目标水平。而继续遵循式(14.21)的准则实际上就等于要求在紧随这个下限不再有约束力的时期之后的那个时期,政策必须体现出比通常时期更强的通货紧缩性,这是流动性陷阱时期遗留下来的负的滞后产出缺口所导致的。对通货再膨胀的承诺实际上是非常可取的,而且这种承诺如果可信的话,应该对减轻有约束力的下限的影响大有帮助。因此,虽然式(14.21)和式(14.23)在下限有时有约束力而有时又没有约束力的情况下都不是完全最优的规则,但是后者在这种情况下仍然能够提供更接近于最优政策的方法。

2.5 从永恒的视角看最优性

在上文中,我描述了这样一个序贯程序:在假设中央银行有能力成功地实施政策,使目标准则得到完全满足,同时私人部门的经济行为主体拥有理性预期能力的前提下,这个序贯程序可以为经济带来最优的状态依存演化路径。很显然,这个序贯程序绝不等同于相机抉择方法——在采用相机抉择方法时,政策委员会在每一期都要确定经济的未来路径,以最小化式(14.6)。尽管作为政府讨论的焦点的目标准则如果放在我们建议的这个序贯程序下看,可以视为政策的最优性的一阶条件,这样一来,探寻与目标准则相一致的未来路径就相当于求解一个优化问题,但是它与我们在 2.3 中讨论相机抉择政策时所假设的那个优化问题根本不是同一个问题。恰恰相反,在每一个时期内都必须得到满足的目标准则式(14.21)在

---

① 在本章的 2.7 中,我将描述关于当前经济状态在信息不完全的情况下(包括关于当前的自然产出率的不确定性)的最优政策,并证明最优政策确实应该包括有错必纠的承诺——事实上,这种有错必纠的形式甚至比简单的价格水平目标所隐含的更加强烈。

任何一个时期 $t > t_0$ 的决策过程中可以视为一阶条件的一个序列,它刻画的是这样一个问题的解:在第 t 期,已经对该问题进行了修改,从而将发生在时期 t 的政策决策的系统性质对时期 t 之前的预期的影响内在化了。

对这个优化问题进行修改的目的是使第 t 期的优化问题的解与在第 t_0 期选中的最优状态依存计划的延续部分相一致(假设在第 t_0 期时就已经对在那之后直到永远的经济的状态依存演化路径作出了一劳永逸的决策)。其中一种修改方法是增加一个如下形式的额外约束:

$$\pi_t = \bar{\pi}(x_{t-1}; s_t) \tag{14.24}$$

其中

$$\bar{\pi}(x_{t-1}; s_t) \equiv (1-\mu)\frac{\lambda}{\kappa}(x_{t-1} - x^*) + \mu\sum_{j=0}^{\infty}\beta^j\mu^j(\kappa x^* + E_t u_{t+j})$$

需要注意的是,式(14.24)是在每一个时期 $t > t_0$ 的最优状态依存的演化(如前所述)下都成立的条件。[①] 如果在时期 t 求解能够最小化式(14.6)的自时期 t 起往后的通货膨胀和产出路径,约束条件是只能考虑与初始预先承诺式(14.24)相一致的路径,那么这个问题的解将恰恰是符合自时期 t 起往后的目标准则式(14.21)的未来路径。它也将与状态依存演化自时期 t 起往后的延续部分相一致,而该状态依存的演化正是在时期 t_0 被选中作为无约束拉姆齐政策问题的解的。

我在其他地方(Woodford,1999)曾经指出过,对于这类从某个时期往后最优的修正优化问题,用来解决它们的政策是从永恒的视角来看最优的,而不是从政策实际被选中的那个特定时间的角度来看是最优的。这种说法背后的基本思想是:这样一个政策即便不是政策当局在时期 t 进行重新优化时将会选择的,也至少代表了它自己本来应该愿意从时期 t 开始承诺遵循的政策——只要选择是在过去的某一时刻做出的,而且该选择已经将政策对时期 t 之前的预期的影响内在化了。要证明哪些政策拥有这个性质,可以不用真的去求解某个更早的时期的最优承诺,而只需要找到一个服从具备自洽性的初始预先承诺的政策就可以了。在这里,我用"自洽性"一词要表达的意思是,所讨论的条件就是政策制定者每一期都会在约束最优的政策下选择遵守的条件。式(14.24)就是具备自洽性的初始预先承诺的一个例子,因为在上述约束优化问题的解中,从时期 t 开始的每一个时期的通货膨胀率都满足式(14.24)。[②]

这种在"修正"意义上最优的政策是非常值得研究的。原因有好几个。尽管无约束的拉姆齐政策(如本章2.2中所刻画的)最初涉及的行为与政策当局后来承诺遵循的规则不同,这一点从第 t_0 期的目标准则式(14.22)与此后各期($t > t_0$)的目标准则式(14.21)之间的差异可以看得很清楚,从永恒的角度来看,最优政策对应一个时不变的政策规则。在每一个时期,目标准则式(14.21)都得到了满足。而这就意味着,从永恒的视角来看,最优的政策更容

[①] 这个条件可以从式(14.9)中推导出来,用式(14.14)替换 φ_t,然后再用第 $t-1$ 期的式(14.10)替换 φ_{t-1}。

[②] 对于这个问题的进一步讨论,请参阅 Woodford(2003 年,第七章)的讨论,那里还给出了更多的例子。

易描述。①

对于第3节中考虑的那种非线性结构模型,这种最优政策描述在简单性方面的改进尤其显著。同样是在一个精确的非线性模型中,如果每个扰动项都取其无条件均值,那么无约束拉姆齐政策的演化就会如图14.2所示的那样:初始通货膨胀率将高于其长期水平,这样才能利用菲利普斯曲线(假定时期 t_0 之前的通货膨胀预期不受所选择的政策的影响),同时还能从承诺在以后的各个时期保持低通货膨胀中获得好处(当然那时也必须考虑预期通货膨胀可能带来的后果)。但是这就意味着,即便是在对通货膨胀和产出的随机扰动的最优响应的局部线性近似下,线性近似也不是围绕某个确定性稳态的,而是围绕某条时变的路径的,因此,提供线性近似系数的导数在每个时期都略有不同。相比之下,在初始预先承诺自洽的优化情况下,当外生扰动永远取其平均值时,最优政策将只涉及所有内生变量的常数值,于是我们可以通过对这个确定性稳态的邻域进行摄动分析来计算出最优政策的局部线性逼近。这种方法大大简化了描述最优政策所需要完成的计算,尽管现在这种刻画方法只是描述了在最初选择最优承诺的初始时期之后足够长的时间内无约束拉姆齐政策的渐进性质。正是因为考虑到这种巨大的计算优势,我在本章的第3节中采用了这种方法,就像在其他关于利用有微观基础的模型来研究最优政策的文献中一样,如 Khan 等(2003)的研究。

从永恒的视角考虑最优政策还为最优稳定政策理论中的一个有重要意义的难题提供了一个解决方案。如果本章2.3中所描述的承诺的好处的实现要求政策当局在初始时期 t_0 对无限的未来中的某个特定的状态依存政策作出承诺,那么假设政策当局在以后的某个日子里发现,它在初始时期 t_0 赖以计算最优政策承诺的经济模型不再准确(如果它确实曾经是准确的话),那么又会发生什么?毫无疑问,如果认为承诺可能是因为政策当局本来就应该对经济的真实模型拥有完全知识,而且这个"真理"永远不会改变,那么肯定是非常荒谬的。

然而,如果反过来认为一个承诺本来就应该是只适用于政策当局的经济模型没有发生变化的情况下,即当政策当局采用了一个新模型之后,就要对最优承诺进行重新选择(作为无约束拉姆齐问题的解),那么也是无法令人认同的。因为尽管不能预先准确预测人们对"真理"的看法将会如何变化,但是他们的看法肯定会发生变化这一点是完全可以预测到的——即便是在一个没有结构性变化的世界里,仅仅是更多数据的出现就足以让我们更精确地估计未知的结构参数了。如果已经知道这种再优化会周期性地发生,并且每次发生时都会选择一个初始的"通货膨胀爆发"——因为在这种发生于在某个时期 t 的"新"优化中,时期 t 之前的通货膨胀预期被认为是已知的——那么紧随重新优化之后出现的初始通货膨胀实际上就不再是完全出乎意料的了。因此,承诺低通货膨胀的好处就不能完全实现,在计算最初的拉姆齐政策时作出的假设也不再是正确的了(类似地,承诺随后扭转成本推动型冲击的价格水平效应的好处也不能完全实现,因为人们会认识到,如果中央银行重新考虑自己的模型,这个承诺的后续行动就会被截断)。如果人们认识到政策当局可以持续不断地接收

---

① 例如,我们在图14.2中考虑的确定性情况中,当且仅当 $\bar{\pi}=0$,$\pi_0=\bar{\pi}$ 这种形式的初始预先承诺才可能是自洽的。在这种情况下,约束最优的政策很简单,就是对于所有的 $t \geqslant t_0$,均有 $\pi_t=0$,就像14.2所显示的那样。

关于模型参数的新信息,那么这个问题就会特别严重。如果授权中央银行只要自己的模型发生了变化就可以进行重新优化,那么在没有承诺不进行重新优化的情况下,其就会有很强的动机在每个时期重新优化(以模型参数发生的一些细小变化作为理由)。但这种模型依存的承诺实际上是无法与相机抉择区分的。

如果中央银行在每次修正自己的经济模型时都承诺选择一种从永恒的视角来看是最优的新政策,那么这个问题就可以得到解决。在这个原则之下,即便中央银行在每个时期都宣布要对自己的模型进行一次不重要的"修正"也没有关系:一方面,假设中央银行的经济模型没有发生实质性的变化,那么根据该模型选择一个从永恒的视角来看是最优的规则就能够引导中央银行在每个时期都选择同一个政策承诺的延续部分,因此结果仍然会(人们也应该能够预测到结果将会)与只在初始日期作出政策承诺且不允许在以后重新考虑的情况下一样。另一方面,如果中央银行的经济模型发生了实质性的变化,那么就可以采用适合新模型的政策规则(即新的目标准则)。对于这种实质性的变化可能会不时发生的预期,若想使其不破坏在原始模型下选定的政策承诺试图创造的预期,只需假定人们没有理由预期新的政策规则会在任何特定的方向上不同于原来的模型不发生变化的情况下本应遵循的规则。

这个建议还会使我们对一个新的问题产生兴趣,那就是怎样找到在任何给定的经济模型中,从永恒的视角来看都是最优的时不变的政策。然而,一些经济学家反对根据这个标准选择政策规则,他们的理由是即便人们希望选择某个恒定不变的政策规则(不像无约束的拉姆齐政策那样),当那个政策规则真的被选中时,在所蕴含的损失函数式(14.6)的期望值较低这个意义上,也可能存在优于该政策规则的其他时不变政策规则。举例来说,对于有 x^* =0 的损失函数,Blake(2001)以及 McCallum 和 Jensen(2002)认为,即便人们的注意力被限制在了可以表示 π_t、x_t 和 x_{t-1} 之间关系的时不变的线性目标准则描述的政策上,只要要求在每一期都得到满足的不是式(14.21),而是式(14.25),那么也可以得到一个更低的式(14.6)的期望值。[1]

$$\pi_t + \phi(x_t - \beta x_{t-1}) = 0 \qquad\qquad (14.25)$$

在这里,与式(14.21)一样,有 $\phi \equiv \lambda / k$。只要与要求式(14.21)在每一个时期 $t \geq t_0$ 都成立的政策比较一下,就可以发现这个替代政策不要求在最开始时的通货膨胀率和产出缺口远离它们在第 t_0 期的最优值,原因很简单——最开始时的滞后产出缺口 x_{t_0-1} 恰好是非零的(请读者回想一下,在无约束拉姆齐政策下,x_{t_0-1} 的值对从时期 t_0 开始往后的政策没有任何影响)。在 $t>0$ 的各个时期应用目标准则式(14.25)而不是式(14.21)会增加预期损失,这也正是为什么在拉姆齐政策下,式(14.21)对所有 $t>0$ 的时期都成立的原因所在,但是考虑到在所有时期都必须对 x_{t-1} 施加相同的系数这个约束,尽管有上述事实,我们也仍然可以通过使用一个略小于式(14.21)中的那个系数的系数来减少总的贴现值损失。

而且这个结果与我们之前的分析也是不矛盾的。要求式(14.21)在所有时期都成立的政策从永恒的视角来看是最优的,这个论断仅仅意味着在同样符合附加约束式(14.24)的那

---

[1] 根据这些经济学家提出的目标准则,在 $x^*>0$ 的情况下,人们可能还会选择一个略高于零的长期通货膨胀目标。但是我在这里暂且只考虑 $x^*=0$ 的情况。

一类政策中,它是能够使式(14.6)最小化的一个,或者等价地,它能够最小化一个修正的损失函数(所做的修正是加入一个附加条件,对违反这个初始预先承诺的行为施加惩罚),而不是意味着在不满足初始预先承诺的那一类政策当中,它必定能够最小化式(14.6)。但是Blake(2011)以及Jensen和McCallum(2002)提出的建议是不是代表了一个更有吸引力的解决如何使得可取的政策规则的延续部分保持时间一致性这个问题的方法呢?因为在经济模型没有发生任何变化的情况下,以后某个时期的重新复议似乎应该会引导政策当局准确地选中同样的规则。

然而事实并非如此。假设人们认为在任何一个时期 t_0,政策当局都有可能重新考虑政策规则,并从如式(14.26)所示的一般性的条件族中选择一个新的目标准则。

$$\pi_t + \phi_1 x_t - \phi_2 x_{t-1} = 0 \qquad (14.26)$$

并将其应用到所有 $t \geq t_0$ 的时期上去,期待从那个时期起都可以最小化式(14.6),再假设如果对于每一个候选的规则,都以(x_{t_0-1}, u_{t_0})的当前值为基础计算式(14.6)[1],那么作为这个问题的解的系数 ϕ_1 和 ϕ_2 的值将取决于(x_{t_0-1}, u_{t_0})的值。因为正如前面解释过的,这里存在着一个权衡:是选择使得时期 $t>t_0$ 中的政策更接近拉姆齐政策的值,还是选择使得第 t_0 期中的政策更接近拉姆齐政策的值。但是给定的系数使得第 t_0 期的政策不同于拉姆齐政策的程度则取决于 x_{t_0-1} 的值,所以为了使式(14.6)最小化而需要达到的最优均衡也取决于这个值。这就意味着如果在某一个日期选择了某一个政策(基于那个特定的时间上的滞后产出缺口),然后在那之后的某个时期重新考虑政策(那时的滞后产出缺口肯定是不同的,因为政策规则不能完全稳定产出缺口),那么第二次的系数不会与第一次的系数相同。这也就是说,政策当局将不会选择继续遵循在较早的那个时期选中的政策规则。

与此相反,Blake(2011)以及Jensen和McCallum(2002)则提出了一个相反的主张:采用一个特定的线性目标准则式(14.25),它的系数独立于初始条件,因为求解式(14.6)不必以政策选择做出的那个时候的实际初始条件为条件。相反,他们建议,对于每一个候选政策规则,式(14.6)的无条件期望都应该求出来——对所有可能的初始条件($x_{t_0-1}=0$)利用遍历性分布和正在考虑的政策规则所隐含的稳态理性预期均衡求积分。这样一种准则能够保证对某个特定的政策规则的选择仅仅基于政策当局的经济模型(包括外部扰动的随机过程),而独立于做出选择时的世界的实际状态。但是请注意,一个非依时的结果只有在作出了如下规定时才能实现:每一次要重新考虑政策时,对式(14.6)的求解都必须在虚构的初始条件下——这是Rawls(1971)所说的"无知之幕"的一种——而不是在重新考虑政策那个时候的实际条件下进行。如果有人非要认为对候选政策应该从虚构的初始条件出发进行评估,那么式(14.21)的选择的合理性也可以这样证明:如果在虚构的初始条件 $x_{t_0-1}=0$ 下评估这个规则(相对于其他可能性的优越性)[2],那么对于所有的 $t \geq t_0$,我们都会选择符合目标准则式(14.21)的要求,而不管 x_{t_0-1} 的实际值可能是什么。需要注意的是,如果 $x_{t_0-1}=0$,那么拉姆

---

[1] 在这里,我遵循了Blake(2011)以及Jensen和McCallum(2002)的做法,假设 $\{u_t\}$ 是一个马尔可夫过程,因此 u_{t_0} 的值包含了到时期 t_0 为止的关于成本推动型扰动的未来演化的所有可用信息。

[2] 更一般地,如果 $x^* \neq 0$,那么所需的虚拟初始条件将变为 $x_{t_0-1}=x^*$。

齐政策就会使(14.21)在所有的 $t \geqslant t_0$ 的条件下都成立。

因此,Blake(2011)以及 Jensen 和 McCallum(2002)对备选规则式(14.25)的偏好其实取决于他们对在其他备选(但同时也是虚构的)初始条件下的求解损失函数的偏好。虽然他们可能认为对遍历分布的选择是一个合理的选择,但是它也有很不吸引人的一面,特别是假设的初始条件的概率分布在每一个要评估的候选规则下都是不同的,因为它们意味着不同的遍历分布 (x_{t-1}, u_t),以至于会出现这样的情况:某个给定的规则之所以被判定为最优的,仅仅是因为在评估该规则时假定了对它更有利的初始条件。[①]

此外,Blake(2011)以及 Jensen 和 McCallum(2002)提出的准则表明,只有在贴现因子 β 明显不等于 1 的情况下,政府当局才会选择与从永恒的视角(如之前定义的)来看是具有最优性的规则不一样的规则。请注意,当 $\beta \rightarrow 1$ 时,准则式(14.21)和式(14.25)就变得完全相同了。由于 β 的经验现实值必会是非常接近 1 的,这种另类准则是不是肯定会导致在定量意义上相差很大的政策?这个问题的答案并不明显。

2.6 利率下限带来的后果

在前面对最优政策的描述中,我们一直"理所当然"地假设之前计算的通货膨胀和产出的共同演化与均衡关系式(14.8)一致所需的名义利率的演化在任何时候都包含了一个非负的名义利率,并进而假设基础货币(以及以基础货币支付的利率)存在着一条可以实现所需的短期名义利率的路径。但是新凯恩斯主义模型的逻辑决定没有理由认为如下这种扰动不可能存在:在这种扰动下,先前刻画为最优的承诺要求名义利率为负。不妨举一个简单的例子,假设不存在成本推动型扰动 $\{u_t\}$,但是自然利率 r_t^n 在某些时期是负的。[②] 我们知道,在不存在成本推动型冲击的情况下,最优政策的前述特征要求始终保持零通货膨胀(和零产出缺口)。但是这也将要求实际利率始终等于自然利率,因此实际利率有时需要是负的。此外,它还要求预期通货膨胀率在任何时候都为零,因此只有在名义利率为负的情况下,实际利率才有可能为负。而在任何一个人们可以选择持有名义回报为零的货币的经济体中,都不可能存在名义利率可以为负的货币政策,因此,在这种情况下,先前描述的最优政策将是不可行的。

为了解决这个问题,有必要在变量 $\{p_t, x_t, i_t\}$ 的可行状态依存的演化的约束集合中加入零下限约束式(14.5)。在这种情况下,约束式(14.8)也会成为一个相关的约束(即有的时候会有约束力的约束)。这个最优政策问题更一般的表述是,在式(14.5)、式(14.7)和式(14.8)在所有时期都得到满足的约束条件下,如何找到状态依存演化的变量 $\{p_t, x_t, i_t\}$ 使式

[①] 对于如何在一些"简单"政策规则中选择最优政策规则这个问题,Benigno 和 Woodford(2008)提出了一个解决方案,即用相同的初始条件概率分布去评估候选规则族中的所有规则。

[②] 我们之前的假设蕴含了这样一种情况:在稳定状态下,自然利率是正的,所以这个问题只有在扰动足够大的情况下才会出现。Christiano(2004)讨论了足够大的扰动的经济合理性。在实践中,中央银行发现,只有在发生严重的金融危机之后,比如说 20 世纪 90 年代末开始的日本经济大萧条,以及当前这场经济大衰退,中央银行才会受到零利率下限的限制。Cúrdia 和 Woodford(2009b)讨论了足够大的金融扰动如何使零利率下限成为一种有约束力的约束。

(14.6)最小化。这个问题也可用另一种方法表述:选择$\{\pi_t, x_t\}$的一个状态依存演化路径,在第一期能够满足如式(14.7)和式(14.27)所示的约束条件下,使式(14.6)最小化。

$$x_t \leq E_t x_{t+1} + \sigma(E_t \pi_{t+1} + r_t^n) \tag{14.27}$$

不难注意到,有了式(14.27),每一个时期就都有可能找到满足式(14.8)的非负的i_t的值了。

Eggertsson 和 Woodford(2003)对这个问题进行了分析。[①] 再一次,我们可以构造一个拉格朗日量,并推导出如下形式的一阶条件,对于每一个时期$t \geq t_0$,有:

$$\pi_t + \varphi_{1t} - \varphi_{1,t-1} - \beta^{-1}\sigma\varphi_{2,t-1} = 0 \tag{14.28}$$

$$\lambda(x_t - x^*) + \varphi_{2t} - \beta^{-1}\varphi_{2,t-1} - \kappa\varphi_{1t} = 0 \tag{14.29}$$

$$\varphi_{2t} \geq 0 \tag{14.30}$$

此外,还要加上互补松弛条件:在每一个时间点上,式(14.27)和式(14.30)至少有一个的等号必须成立。在这里,φ_{1t}是与约束式(14.7)相关联的拉格朗日乘数,早些时候我们简单地称之为φ_t。φ_{2t}是与约束式(14.27)相关联的拉格朗日乘数,除了这个约束有约束力的时候,它相应的值必定等于零。而在拉姆齐政策的情况下(即在没有初始预先承诺的最优政策的情况下),可以用初始值$\varphi_{1,t_0-1} = \varphi_{2,t_0-1} = 0$直接代入。这样一来,最优政策就可以刻画为:对于所有的$t \geq t_0$,满足式(14.7)、式(14.27)、式(14.28)—式(14.30)以及互补松弛条件的变量$\{\pi_t, x_t, \varphi_{1t}, \varphi_{2t}\}$的状态依存的演化。

从这些不等式约束和互补松弛条件可以看出,它们都是非线性的,不能将通货膨胀和产出的演化作为扰动的线性函数来求解(像本章的2.2中那样)。[②] 不过尽管如此,我们还是可以推导出一些关于最优政策的性质的一般性观察结论的。其中之一就是最优政策通常是依赖于历史的,因此不可能通过任何只以一种纯粹前瞻性的方式去考虑通货膨胀、产出和名义利率的预计未来路径的程序来实施。特别是在相机抉择的政策方法下,与马尔可夫完美均衡相关联的结果将会是次优的,因为那正是纯粹前瞻性的程序的一个例子。与之相反的是最优结果要求作出承诺。最优政策的这些特征可以直接归结到滞后拉格朗日乘数的存在上,这些乘数与必要的一阶条件式(14.28)—式(14.30)中的前瞻性约束相关。乘数不总是为零这个事实意味着承诺是必要的;乘数不是恒定的,而必定依赖于经济的过去状态而非当前状态,这个事实意味着最优政策必然是历史依赖的。与本章2.2中讨论的相比,零下限在有的时候是有约束力的,这个事实在一阶条件中引入了一个额外的非零滞后拉格朗日乘数,因此,还有另一个原因使得承诺和历史依赖对于最优政策而言至关重要。

事实上,零利率下限确实可以使承诺和历史依赖变得重要起来,即便它们本来并不重要。这可以通过 Eggertsson 和 Woodford(2003)分析过的一个简单案例来有效地加以说明。假设不存在成本推动型冲击(即假设在所有时期都有$u_t = 0$),并假设自然率$\{r_t^n\}$的演化服从一个双态马尔可夫过程。更具体地说,假设r_t^n总是取两个可能值之一,第一个是自然率的正

---

① 这篇论文的处理进一步发展了 Woodford(1999)关于一个有约束力的零下限如何改变新凯恩斯主义基本模型中最优政策分析的讨论。

② 关于这些方程的数值解,请参阅 Jung 等(2005)、Eggertsson 和 Woodford(2003)、Sugo 和 Teranishi(2005),以及 Adam 和 Billi(2006)的研究。

常水平 $\underline{r}>0$，第二个是危机水平 $\underline{r}<0$。[①] 进一步假设当经济处于正常状态时，转变为危机状态的概率会逐渐变小；此外，当经济处于危机状态时，每一个时期都只有 $0<\rho<1$ 的概率在接下来的那个时期继续保持该状态。最后假设中央银行的目标由式（14.6）给出，但是 $x^*=0$。之所以考虑 $x^*=0$ 的这种情况，是因为在这种情况下，只要自然率的演化服从如下过程，相机抉择政策和最优承诺政策下的结果就是没有区别的——因此政策也就没有必要非是历史依赖的不可了——r_t^n 总是非负的，以至于在最优政策下，零下限是没有约束力的。即便是在这种情况下，我们也会看到，只要存在零下限有约束力的状态，那么相机抉择政策就是次优的，而最优政策则是依赖于历史的。

接下来，让我们先考虑相机抉择政策下的马尔可夫完美均衡。当经济处于正常状态时，人们一般会预期它从那时起将以（基本上等于）1 的概率继续保持在正常状态，因此相机抉择的政策决策会导致一种政策：通货膨胀率为零，并且预计从那时起将继续等于零（以基本上等于 1 的概率）。在均衡中，产出缺口为零，每个时期的名义利率则为 $\underline{r}>0$，从而使得这种状态下的零下限没有约束力。现在，让我们考虑相机抉择的政策制定者在危机状态下的选择（假设这种状态发生了，尽管之前人们认为这种情况不太可能发生），假定一旦恢复到正常状态，那么政策将仍然按照刚才描述的方式执行，即立即恢复到最优（零通货膨胀）的稳定状态。从经济处于危机状态中的某个时期 r 开始展望。令序列 $\{\pi_t^j, x_t^j, i_t^j\}$ 表示对未来每个时期变量（即 π_{t+1}、x_{t+1}、i_{t+1}）的预期值——条件是在该时期经济仍然处于危机状态。这样一来，危机期间任何可行的、与理性预期和我们之前关于回归正常状态的相机抉择政策的假设相一致的政策都对应于满足如下条件的序列，即对于所有的 $j\geqslant0$，有：

$$\pi_j^c = k x_j^c + \beta\rho\pi_{j+1}^c \tag{14.31}$$

$$x_j^c = \rho x_{j+1}^c - \sigma(i_j^c - \rho\pi_{j+1}^c - \underline{r}) \tag{14.32}$$

$$i_j^c \geqslant 0 \tag{14.33}$$

对于 $\{\pi_j^c, x_j^c\}$，差分方程组式（14.31）—式（14.32）存在一个对应于由有界序列 $\{i_j^c\}$ 所指定的政策的预计未来路径的确定解（即唯一的有界解），当且仅当模型的参数满足如下不等式：

$$\frac{\rho}{(1-\rho)(1-\beta\rho)} < \kappa^{-1}\sigma^{-1} \tag{14.34}$$

这个不等式意味着人们预期危机状态没有太大的持续性。在这里，我们假定不等式（14.34）在随后的讨论中都成立，因此危机期间任何给定的政策利率路径都存在一个相关联的确定解，特别是在只要危机依然继续，那么政策利率就仍然固定在零下限处的这个假设下。

这样一来，与"对于所有的 j，都有 $i_j^c=0$"这个预期相关联的唯一有界结果将是对于所有的 j，有 $\pi_j^c=\pi^c, x_j^c=x^c$，其中 π^c 和 x^c 这两个常数的值由下式给出：

$$\pi^c = \left[\frac{(1-\beta\rho)(1-\rho)}{\kappa\sigma} - \rho\right]^{-1}\underline{r} < 0$$

$$x^c = \frac{1-\beta\rho}{\kappa}\pi^c < 0$$

<hr>

① Cúrdia 和 Woodford（2009b）讨论了信贷市场的暂时中断导致该状态变量暂时为负值的方式。

这里给出的符号遵循了假设式（14.34）的设定。此外，我们还可以证明，在假设式（14.34）的条件下，任何未来路径$\{i_j^c\}$（其中，对于某个j，有$i_j^c>0$）都必定会涉及比这个解中更高的通货紧缩率和更大的负产出缺口。因此，在所采用的政策目标下，给定经济回归正常状态后立即恢复零通货膨胀稳定状态的假设，这个结果将是最优的可行结果。事实上，既然解路径$\{\pi_j^c,$ $x_j^c\}$是所采用的政策路径$\{i_j^c\}$上的每一个元素的单调函数，那我们马上就可以推导出，在任何关于$j>k$的时期的政策假设下，在$j\leq k$时的最优政策选择都将是$i_j^c=0$（对任何$j\leq k$的时期）。因此在我们给出的关于回归正常状态后的相机抉择政策的马尔可夫双态过程假设下，危机状态下的相机抉择政策（即便没有马尔可夫政策这个限制）存在一个唯一的解，那就是只要经济仍然处于危机状态，政策利率就等于零。

在这个模型中，只要危机状态持续，相机抉择的政策就会持续导致通货紧缩和负产出缺口。而且，即便r的负值是相当适中的，也完全有可能找到会使预测的产出崩溃和通货紧缩变得相当严重的参数值。[1] 事实上，当ρ趋近于式（14.34）所定义的上界时，对于r和其他模型参数的固定值，π^c和x^c的预测值都将接近于1。[2] 这一点可能会使有的人认为，马尔可夫完美的相机抉择结果并不是适当的货币政策（在理性预期下）可能实现的最优结果。然而，前面的讨论已经非常清楚地表明，要取得任何更好的结果，都必须在经济永久性地恢复正常状态后，预期会采取不同的政策方法。在刚才考虑的那种情况下，对历史依赖的政策作出这样的承诺，尤其可以提高福利，因为在零利率下限处，中央银行通过改变当前政策所能实现的目标受到了严重的限制。

这种能够增进福利的承诺（如果同时也是可信的承诺的话）意味着可以允许通货膨胀临时性地高于长期目标，同时也意味着在经济回归正常状态后的一段时间内可以通过货币政策创造出临时性的产出繁荣。回归常态后更高的预期通货膨胀率和更高的预期产出水平（这也意味着回归常态后更低的收入边际效用）在经济依然处于危机状态时会减少人们储蓄的激励，从而导致更高的产能利用率和更少的降低价格的激励。由此，在危机状态持续的情况下，对于通货紧缩和产出崩溃的程度，人们不会那么悲观，这将会成为一个良性循环中通货紧缩和产出崩溃的风险进一步缓解的一个原因。如果有了可信的承诺，经济状况在危机期间也有可能实现实质性的改善，而当经济回归正常基本面之后，甚至有机会出现适度的繁荣和一段时间的通货再膨胀，这一点在图14.3中可以看得非常清楚——该图引用自Eggertsson和Woodford（2003）的一篇论文。[3]

在图14.3中，我们比较了最优政策承诺下的均衡结果，如图中的实线所示，表示带互补松弛条件的方程式（14.28）—式（14.30）的解与马尔可夫完美相机抉择政策下的均衡结果（见图14.3中的虚线，它所对应的通货膨胀目标制可以等价地描述为一种以零通货膨胀率为目标的前瞻性通货膨胀目标制）。图中描绘的是在随机实现的、持续时间为15个季度的

---

① Denes和Eggertsson（2009）讨论了与这个例子相似的一个双态模型的参数值，他们的模型可以预测出美国在大萧条时期所观察到的产出减少和价格下跌的程度。在他们的模型的参数值下，r值仅为每年-4%。

② 当然，在达到这个极限之前，本节的新凯恩斯主义模型中假设的对数线性近似肯定会变得高度不准确。因此，根据本节报告的计算结果，我们不能确切地说在这个极限下，均衡时会发生什么。

③ 这个计算中所假定的参数值已在本节中讨论过了。

危机期间的结果(不过,我们假设私人部门或中央银行事先并不知道这一点)。在最优承诺下,政策利率还将继续保持在零水平一年之久,不过在第 15 个季度有可能立即回到零通货膨胀稳定状态,就像相机抉择政策下所发生的那样。这会导致通货膨胀在短期内高于其长期水平,而产出会超过其自然增长率,不过,通货膨胀在相当短的时间内就稳定在零水平上了。

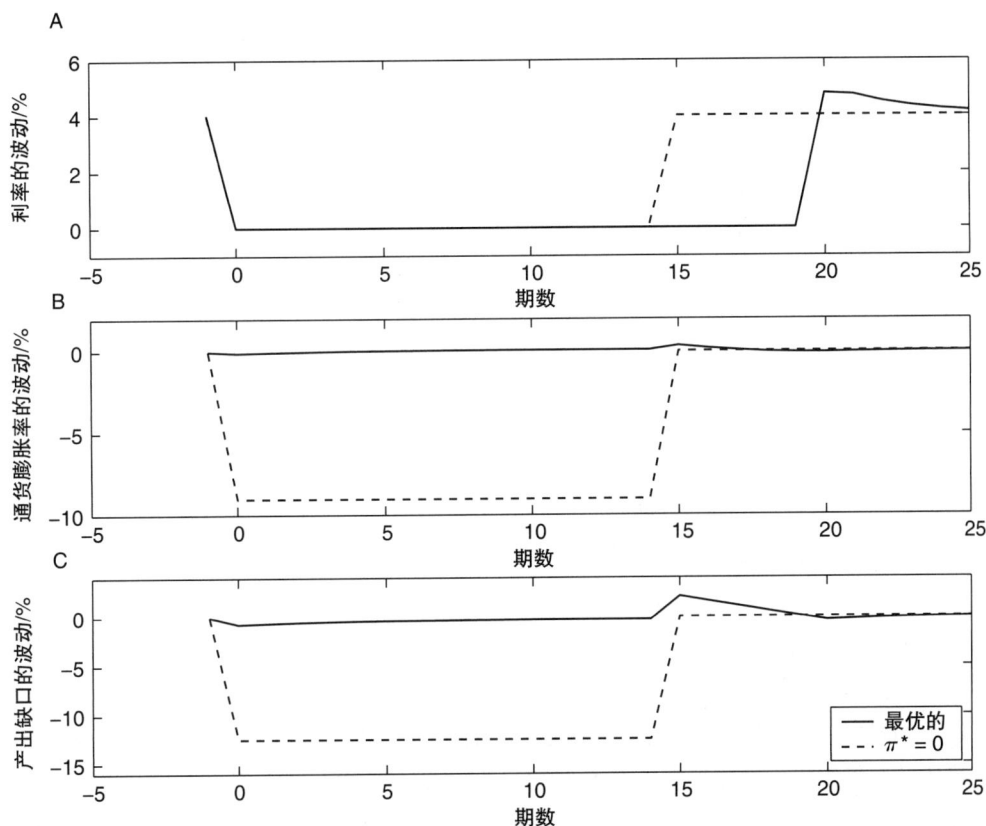

图 14.3 在扰动恰好持续了 15 个季度的情况下,最优政策承诺下的动态与相机抉择政策(或某个严格的通货膨胀目标承诺 $\pi^* = 0$)下的均衡结果之间的对比

注:本图摘自 Eggertsson 和 Woodford(2003)的研究。

尽管如此,不会在一旦可能时就回到零通货膨胀稳定状态的承诺极大地降低了危机期间价格和产出下降的程度。当然,图 14.3 给出的这种颇具戏剧性的结果取决于参数值的设定,特别是它们依赖于对危机状态的持续时间不超过式(14.34)所规定的上限的假设。但是无论如何,值得强调的是,根据上述分析,这种对通货再膨胀政策的承诺的效力恰恰在发生严重危机的、风险最大的情况下才会是最大的,换句话说即便只是 r_t^n 非常温和地下降,也会引发严重的产出崩溃和通货紧缩。

同样,最优政策承诺可以用目标准则来有效地表述。Eggertsson 和 Woodford(2003)证明,在关于外生的扰动过程 $\{r_t^n, \bar{u}_t\}$ 相当一般的假设下,而且不限于像前面所讨论的那种非常具体的例子,最优政策承诺都可以用以下方法来表示。中央银行承诺利用手中的利率工具,在每一个时期都要让产出缺口调整价格水平 $\tilde{p}_t$ 达到目标 p_t^*,这里的产出缺口调整价格水平的定义仍然如式(14.23)所示。目标根据前一期(第 $t-1$ 期)的结果来确定,并可以提前宣布,前提是它必须是一个可以实现的非负的政策利率水平。如果零利率下限使得目标的实现不可行,那么任何水平的利率都应设置为零利率。然后根据本期价格水平目标实现的程度,对下一期的价格水平目标进行调整,所用的调整方式如下式所示:

$$p_{t+1}^{*} = p_t^{*} + \beta^{-1}(1+\kappa\sigma)\Delta_t - \beta^{-1}\Delta_{t-1} \tag{14.35}$$

其中, $\Delta_t \equiv p_t^{*} - \tilde{p}_t$,是第 t 期的目标缺口(绝对值)。如果中央银行在每个时期都这样做,那么很容易证明存在拉格朗日乘数 $\{\varphi_{1,t}, \varphi_{2,t}\}$,使得一阶条件式(14.28)—式(14.30)以及互补松弛条件在所有时期都能得到满足。在这一规则下,当零利率下限在某段时间内阻止了目标的达成时,会导致价格水平目标(以及经济的长期价格水平)被逐步抬升到一个永久性的更高水平,而且在某种程度上,目标差距越大、目标差距持续的时间越长,抬升的幅度就越大。但是在零利率下限没有约束力的时期内,这个目标不会被调整。特别是,如果零下限永远都是没有约束力——如 2.2 中所假设的——那么最优目标准则会再一次降低到如式(14.23)所示的简单要求(前面已经推导出了这个结果)。

我在 2.4 中已经指出,在零下限永远没有约束力的情况下,基本新凯恩斯主义模型中的最优政策承诺既可以等价地表示为一个有弹性的通货膨胀目标,如式(14.21)所示,也可以等价地表示为一个价格水平目标,如式(14.23)所示。如果上述目标总是能够实现,那么这两种承诺的影响是相同的。但是,如果零利率下限有时要求结果低于目标,那么这两种承诺就不是等价的——事实上,在这种情况下,它们的福利后果是完全不同的。当然,在更一般的情况下,两者都不是最优的。但是,在有可能达成目标时就追求如式(14.21)所示的那种形式的通货膨胀目标而不对过去未达成目标的错误进行修正的政策与在有可能达成目标时就追求如式(14.23)所示的固定的价格水平目标并且同样也不对过去未达成目标的错误进行修正的政策相比要糟糕得多。在前面讨论的双态马尔可夫链的例子中,简单的通货膨胀目标政策甚至比刚才讨论的相机抉择政策还要糟糕(后者相当于追求一个严格的通货膨胀目标,而不根据产出缺口的变化进行调整),因为在回归正常状态时,这种政策的要求将比如图 14.3 所示的" $\pi^{*}=0$ "的政策还要严格——在危机期间,产出缺口为负这个事实要求中央银行在回归正常状态之后,必须将政策目标对准负通货膨胀率和/或负产出缺口。这种对于"渐进主义"的承诺,恰恰导致了那种会使危机进一步恶化的期望的产生。①

相反,虽然简单的价格水平目标准则式(14.23)在本节所考虑的更一般的情况下并不总是最优的,但是它确实代表了对相机抉择政策的极大改进,因为它包含了我们所希望的那种历史依赖型政策:作出补偿任何低于零下限要求的目标的承诺,方法是通过随后追求比将缺口调整后的价格水平恢复到之前的目标水平所需的通货膨胀率还要高的通货膨胀率。在理想情况下,价格水平目标甚至可能会由于未达到目标反而略有提高,但最重要的是,它不

---

① 在本章 2.4 中所讨论的情况下,满足目标准则式(14.21)的承诺是最优的,因为只有在受到了最近一段时期内的不利成本推动型冲击的情况下,过去的负产出缺口才会在均衡状态下出现。在这种情况下,让人们预期随后的支出增长将会受到抑制是有益的,因为这是为了减少产出收缩以抑制通货膨胀的程度。但是,如果过去出现负产出缺口是零下限约束所要求的目标缺口,那么人们对于他们希望政策当局为减轻扭曲而创设的后续政策的期望就会完全相反。

再可能仅仅因为过去未能达到目标而降低了。对过去的目标缺口的那种"通融"会导致一种非常不好的预期类型——会使得零利率下限造成的扭曲变得更加严重。至少在 Eggertsson 和 Woodford(2003)给出的数值例子中,一个形如式(14.23)的简单价格水平目标就几乎完全实现了政策承诺下原则上可能实现的所有福利收益。[①] 因此,在本节所考虑的更一般的情况下,虽然说最优政策下的长期价格水平是不变的是不正确的,但是"从前瞻性通货膨胀目标向价格水平目标的转变引入了一种非常可取的历史依赖性"这种说法仍然是正确的。的确,在零利率下限偶尔会变得有约束力这种可能性会带来严重问题的情况下,价格水平目标的优势就特别大了。

2.7　不完全信息下的最优政策

在上文给出的对最优政策的描述中,我一直假设中央银行每次作出政策决策时都对经济状况有完全的了解。这种假设大大简化了分析,因为假定中央银行拥有调整政策工具所需要的所有必要信息,从而可以实现任何给定的均衡,这使得我们只需要在所有可能的理性预期均衡中选出最优的那个均衡就可以了。在实践中,尽管中央银行确实投入了大量资源去获得关于当前经济状态的精确信息,但是我们仍然不能假设它们完全掌握了与最优政策理论相关的所有状态变量的值。例如,在选择理想的政策实施方法时,不仅某个给定的扰动会使总供给曲线移动多少是一个重要的考虑因素,而且人们预期这种移动会持续多久也是。此外,政策当局还必须评估在确定状态变量的正确的值之后就作出政策决策的必要性。尽管如此,我在前面说明的方法确实可以直接扩展应用到不完全信息的情况,只是要以更高的复杂性为代价。

在本节中,我将在不同的关于信息的假设下,重新考虑本章 2.2 中的政策问题,以此说明对中央银行信息集的假设会如何影响最优政策规则。首先,让我们假设所有私人经济行为主体共享一个公共信息集,我们将认为该信息集就代表了完整信息,因为在每一个时间点上,中央银行的信息集都是这个私人信息集的子集。因此,对于任意随机变量 z_t,我们用 $E_t z_t$ 表示该变量在第 t 期相对于上述私人信息集的条件期望。然后,让我们进一步假设,中央银行必须对 i_t(它在第 t 期的政策工具)选定某个值——在它的信息集的基础上,其中包括它对第 $t-1$ 期的经济状态的全部认识。但是,关于各种在第 t 期中实现的随机冲击,中央银行中只拥有部分信息(如果拥有的话)。我们令 $z_{\tau|t}$ 表示中央银行在选择 i_t 的值时变量 z_t 相对于中央银行的信息集的条件期望。因此,如果用 I_t 表示第 t 期中的私人部门的信息集、用 I_t^{cb} 表示中央银行设定 i_t 时的信息集,那么在由这些信息集组成的序列当中,就存在如下严格的嵌套关系:

---

① Levin 等(2009)考虑了另一种参数化方法,特别是对扰动过程进行测算的另一种参数化方法,在这种参数化方法下,不是让一个简单的价格水平目标接近于完全最优政策的。不过不难注意到,在他们的参数化方法下,承诺一个历史依赖政策仍然可以带来实质性的福利收益。他们需要的是这样一种承诺:在零下限对政策造成了限制的危机时期之后采取一个临时性的通货再膨胀政策。但是在他们的例子中,为了补偿较早的目标缺口,最优政策必须永久性地提高价格水平,而且其程度要比图 14.3 中所示的情况更大。

$$\cdots \subset I_{t-1}^{cb} \subset I_{t-1} \subset I_t^{cb} \subset I_t \subset I_{t+1}^{cb} \subset I_{t+1} \subset \cdots$$

而这种嵌套性就蕴含了 $[E_\tau z_\tau]_{|t} = z_{\tau|t}, E_\tau [z_{\tau|t+1}]_{|t} = E_\tau z_\tau, \cdots$ 以此类推。

接下来,我们就来考虑这个问题:假设通货膨胀和产出的路径由结构关系式(14.7)—式(14.8)决定,中央银行如何在它的部分信息的基础上①调整政策路径 $\{i_t\}$,以最小化目标式(14.6)。② 正如 Svensson 和 Woodford(2003,2004)在讨论同一类型但更具一般性的问题时所做的那样,我们可以使用如下形式的拉格朗日表达式来计算最优政策的一阶条件。

$$\mathcal{L}_{t_0} = E \sum_{t=t_0}^{\infty} \beta^{t-t_0} \left\{ \frac{1}{2} \left[\pi_t^2 + \lambda (x_t - x^*)^2 \right] + \varphi_{1t} (\pi_t - kx_t - \beta\pi_{t+1}) \right.$$
$$\left. + \varphi_{2t} [x_t - x_{t+1} + \sigma(i_t - \pi_{t+1})] \mid I_{t_0}^{cb} \right\}$$

不过,现在这个式子中的 φ_{1t} 和 φ_{2t} 分别为与上文描述的两个约束条件相关联的拉格朗日乘数。

同样地,一阶条件(通过对上述拉格朗日表达式分别相对于 π_t 和 x_t 求微分得到)仍然取式(14.28)—式(14.29)的形式,不过要将式(14.30)用下式替换掉:

$$\varphi_{2t|t} = 0 \tag{14.36}$$

在这里,式(14.36)只需要中央银行在第 t 期的信息集的条件下成立即可,因为中央银行只能在能够利用该信息集进行区分的状态之间调整 i_t 的值。注意,如果中央银行拥有完整的信息,那么式(14.36)会变成最简单的 $\varphi_{2t} = 0$,从而可以将一阶条件化简为本章 2.2 中给出的方程组式(14.9)—式(14.10)。但是,在不完全信息的情况下,乘数 φ_{2t} 一般不等于零,因为这种约束是与跨期的 IS 关系相关联的——由于中央银行像在完全信息条件下那么灵活地调整政策工具的能力受到了限制。

给定关于外生扰动过程的某种设定,以及中央银行观察到的取决于经济状态的指标变量(也可能包括在当期的内生变量和外生变量上的噪声),通过求解在每一个时期都满足式(14.7)—式(14.8)、式(14.28)—式(14.29)和式(14.36)的过程 $\{\pi_t, x_t, i_t, \varphi_{1t}, \varphi_{2t}\}$,就可以确定各个内生变量(包括中央银行的政策工具)的状态依存的演化,前提是 $\{\pi_t, x_t, i_t, \varphi_{1t}, \varphi_{2t}\}$ 只依赖于 I_t,同时 i_t 则只依赖于 I_t^c。Svensson 和 Woodford(2004)提出了一种可以用来计算这种均衡的一般方法:如果中央银行的指标变量是状态变量的线性函数再加上高斯式的测量误差,那么就可以利用卡尔曼滤波将中央银行的条件预期作为指标变量的线性函数来进行计算。Aoki(2006)通过举例说明了这种方法在本节所描述的模型中的应用(在关于中央银行的信息集的特定假设下)。③

不过在这里,我不打算进一步深入讨论这些计算方法,而只是直接给出一些观察结果:

---

① 与我们在完全信息情况下得到的结论相反,我们对中央银行政策工具是什么的假设现在变得很重要了。一般来说,如果中央银行必须以自己的信息集为基础来设定名义利率,那么与它必须以自己的信息集为基础来设定货币供应量时相比,经济的最优均衡演化路径是不会相同的。

② 人们在这个时候肯定明白了对目标的预期取决于中央银行在选择政策承诺时所拥有的信息集。

③ 在 Aoki(2006)的模型中,中央银行在选择 i_t 的值的时候的信息集包含了对第 $t-1$ 期的经济状态的完全知识,然后再加上对 π_t 和 x_t 的噪声的观察值。他假设中央银行不能直接观察到第 t 期的任何外生扰动(哪怕是不精确的观察也做不到)。

在这种情况下用目标准则描述最优政策是可能的；最优目标准则的形式不依赖于对扰动过程的规范。在这种情况下，最优目标准则也独立于对中央银行信息集的设定。现在，钉住目标的规则可以用以下方式来表述：在任何一个时期 t，中央银行都应该选择一个能够确保式（14.37）成立的 i_t 的值（依赖于它自己的期望）。

$$\tilde{p}_{t|t} = p_t^* \tag{14.37}$$

这里的 $\tilde{p}_t$ 表示产出缺口调整价格水平，这与式（14.23）中所表示的是一样的。目标 p_t^* 是一个只依赖于第 $t-1$ 期的经济状态的函数，而且它的演化遵循与上文给出的式（14.35）相同的运动定律——再一次，其中的 Δ_t 表示第 t 期的目标缺口（$p_t^* - p_t$），它是中央银行在第 $t+1$ 期选择 i_{t+1} 的值的时候观察到的。如果变量 $\{\tilde{p}_t, \tilde{p}_{t|t}, \tilde{p}_t^*\}$ 以与式（14.35）和式（14.37）一致的方式随时间演化，那么我们可以定义乘数 $\{\varphi_{1t}, \varphi_{2t}\}$ 能够使得一阶条件式（14.28）—式（14.29）和式（14.36）在每一个时期都得到满足。因此这种符合目标准则的非爆炸动态过程必然对应于最优均衡。

值得注意的是，中央银行通常会因为它关于当前状态的信息的不完全性而无法精确地实现自己确定的产出缺口调整价格水平目标，这个事实并不是中央银行选择一个前瞻性的通货膨胀目标（并且决定"让过去的事过去"）而不选择价格水平目标的理由。事实上，对这个问题的最佳答案是中央银行不仅要承诺随后就会纠正过去的目标落空的情况（通过继续坚持与以前相同的价格水平目标），而且还要对它们进行过度修正：一方面，由于允许产出缺口调整价格水平超过目标而永久性地降低其价格水平目标；另一方面，由于允许产出缺口调整价格水平低于目标而永久性地提高其价格水平目标。

这里特别有意思的是，当中央银行由于不完全信息而未能达成目标时，它的最优目标准则的形式与由于零下限而未能达成目标时的形式完全相同。因此，我们就有了一个在这两种情况下都是最优的单一目标准则，并且它还可以——在完全信息、冲击足够小、零下限永远不会成为问题的时候——进一步简化为本章2.4中所讨论的更简单的目标准则。因此，根据目标准则来描述政策，就可以做到在所有这些情况下对最优政策进行统一的描述。在第4节中，我们还将证明在更广泛的情况下，同样的目标准则仍然是最优的。

3. 稳定与福利

在上一节中，我简单地假设了一个稳定政策的二次目标。这个目标已经包含了中央银行的许多政策讨论所关注的前沿问题的核心因素。在本节中，我转而考虑这样一个问题：如果将目标定为家庭平均预期效用的最大化，那么货币稳定的规范理论又应该怎样表述和发展。这个目标，也就是在推导决定各种不同的货币政策的效果的行为关系时需要假定的私人目标。现代公共财政理论所假设的就是这样一个目标。这种讨论需要更加明确地处理新凯恩斯主义基本模型的微观基础。当然，这种微观基础也为对最优政策问题的福利经济学讨论提供了基础。

3.1 新凯恩斯主义基本模型的微观基础

我将从推导新凯恩斯主义基本模型的精确结构关系入手。如接下来的部分所讨论的,第2节中假设的结构关系代表了这些关系围绕零通货膨胀稳定状态的对数线性化结果,但是单靠对数线性化方程并不足以对各种备选稳定政策进行福利分析,因为这种分析至少需要二阶近似。这里的论述遵循了 Benigno 和 Woodford(2005a)的思路。他们以递归的形式(在每一个时期,对均衡的决定有影响的只有前一个时期的有限数量的充分统计量的期望)写出了精确的结构关系,从而极大地便利了从永恒的视角定义最优政策和对刻画最优政策的方程组的摄动分析。[①]

经济是由相同的、拥有无限"寿命"的家庭组成的。每一个家庭都试图最大化自己的效用函数:

$$U_{t_0} \equiv E_{t_0} \sum_{t=t_0}^{\infty} \beta^{t-t_0} \left\{ \tilde{u}(C_t;\xi_t) - \int_0^1 \tilde{v}[H_t(j);\xi_t] \mathrm{d}j \right\} \tag{14.38}$$

其中,C_t 是一个用迪克西特-斯蒂格利茨聚合器对每一种差异化的商品的连续统进行加总得到的消费总和:

$$C_t \equiv \left[\int_0^1 c_t(i)^{\frac{\theta-1}{\theta}} \mathrm{d}i \right]^{\frac{\theta}{\theta-1}} \tag{14.39}$$

其中,θ 为各种商品之间的替代弹性($\theta > 1$),$H_t(j)$ 是第j种类型的劳动的供给量,ξ_t 是外生扰动的向量,它可能包括了函数 $\tilde{u}$ 或 $\tilde{v}$ 的任意的随机变化。

每一种差异化的商品都是由单一的垄断竞争生产者提供的。假设在无限多个产业中的每一个行业当中都有许多种商品,而且每一个行业的商品都是用特定于该行业的某种类型的劳动生产出来的。再假设同一个行业的供给者都在同一时间改变它们的价格。[②] 代表性家庭提供各种类型的劳动力并消费各种商品。为了简化结果的代数形式,假设存在如下所示的弹性函数形式。[③]

$$\tilde{u}(C_t;\xi_t) \equiv \frac{C_t^{1-\tilde{\sigma}^{-1}} \bar{C}_t^{\tilde{\sigma}^{-1}}}{1-\tilde{\sigma}^{-1}} \tag{14.40}$$

$$\tilde{v}(H_t;\xi_t) \equiv \frac{\lambda}{1+v} H_t^{1+v} \bar{H}_t^{-v} \tag{14.41}$$

其中,$\tilde{\sigma}$、$v > 0$,同时 $\{\bar{C}_t,\bar{H}_t\}$ 表示有界的外生扰动过程。在这里,$\bar{C}_t$ 和 $\bar{H}_t$ 都是包含在向量 ξ_t 中的外生扰动。

---

① 本节给出的模型是最早由 Yun(1996)提出的一个货币动态随机一般均衡模型的一个变体。Goodfriend 和 King (1997)在这个模型背景下关于最优政策的较早期的讨论也很重要。

② 对于这里得到的结果来说,假设不同行业的要素市场是相互分割的并不必要,但是那将允许对模型进行数值校准,其结果意味着一般价格水平的调整速度更符合加总的时间序列证据。这方面的进一步的讨论见 Woodford (2003,第三章)的研究。

③ Benigno 和 Woodford(2004)将本节的结果扩展到了更一般的偏好和生产技术的情况下。

接下来假设存在一种用于生产所有商品的通用技术。在这种技术中,(特定行业的)劳动是唯一的投入变量。

$$y_t(i) = A_t f[h_t(i)] = A_t h_t(i)^{1/\phi} \tag{14.42}$$

其中,A_t 是外生的不断变化的技术因子,同时 $\phi > 1$。迪克西特-斯蒂格利茨偏好式(14.39)[1]意味着对每一种商品 i 的需求量将等于:

$$y_t(i) = Y_t \left[\frac{p_t(i)}{P_t} \right]^{-\theta} \tag{14.43}$$

其中,Y_t 是对式(14.39)定义的复合商品的总需求,$P_t(i)$ 是第 i 种商品的(货币)价格,P_t 则为价格指数:

$$P_t \equiv \left[\int_0^1 p_t(i)^{1-\theta} di \right]^{\frac{1}{1-\theta}} \tag{14.44}$$

它对应于在第 t 期购买一个单位的复合商品的最小成本。这样一来,总需求由下式给出:

$$Y_t = C_t + G_t \tag{14.45}$$

其中,G_t 为政府购买的复合商品的数量,此处将之视为一个外生的扰动过程。

每一个行业的生产者都会在某个长度随机的时间区间内将自己的商品价格固定在若干个货币单位上,它们采用的定价方式符合 Calvo(2003)引入的交错定价模型。设 $0 \leq \alpha < 1$ 是在任何一个时期保持不变的价格所占的比例。在第 t 期改变价格的那些供给者要选择一个新的价格 $P_t(i)$ 来最大化下式:

$$E_t \sum_{T=t}^{\infty} \alpha^{T-t} Q_{tT} \Pi[p_t(i), p_T^j, P_T; Y_T, \xi_T] \tag{14.46}$$

其中,Q_{tT} 是一个随机的贴现因子,金融市场在第 T 期用它来对随机名义收入贴现,以确定对上述收入的索取权的名义价值;α^{T-t} 是某个在第 t 期被选中的价格不会在第 T 期被改变的概率。在均衡中,这个贴现因子由下式给出:

$$Q_{tT} = \beta^{T-t} \frac{\tilde{u}_c(C_T; \xi_T)}{\tilde{u}_c(C_t; \xi_t)} \frac{P_t}{P_T} \tag{14.47}$$

利润等于税后销售收入减去工资,而销售收入由需求函数式(14.43)决定,因此(名义)税后销售收入等于 $(1 - \tau_t) p_t(i) Y_t \left[\frac{p_t(i)}{P_t} \right]^{-\theta}$。

在这里,τ_t 是第 t 期对销售收入征收的比例税;我们将 $\{\tau_t\}$ 视为一个外生的扰动过程,在货币政策制定者眼中它是给定的。[2] 我先假设 τ_t 在某个非零稳态水平 $\bar{\tau}$ 上下的一个小区间内波动,再假设第 j 种类型的劳动者要求的实际工资由下式给出:

$$w_t(j) = \mu_t^w \frac{\tilde{v}_h[H_t(j); \xi_t]}{\tilde{u}_c(C_t; \xi_t)} \tag{14.48}$$

---

[1] 除假设家庭效用只取决于获得的复合商品的数量 C_t 外,我还假设政府也只关心获得的复合商品的数量——定义见式(14.39)——并努力寻找以最低成本购买单个产品来进行组合。

[2] 在 Benigno 和 Woodford(2003)的研究中,税率也被最优地选择以应对其他冲击的情况。也请参阅 Canzoneri 等(2010)的研究。

其中,μ_t^w 是劳动力市场中的一个外生的价格加成因子(允许它随时间变化,但是假设它对所有的劳动力市场都是相同的)。[①] 企业则被假设为工资接受者。我允许税率和工资加成发生外生变化,目的是将"纯粹的成本推动型冲击"发生的可能性也包括进来,这种冲击会影响均衡定价行为,但是这并不意味着资源的有效配置发生了变化。[②]

代入我们假设的偏好和技术的函数形式,就得到了如下函数:

$$\Pi(p,p^j,P;Y,\xi) \equiv (1-\tau)pY(p/P)^{-\theta}$$
$$- \lambda\mu^w P\left(\frac{p^j}{P}\right)^{-\theta(1+\omega)}\left(\frac{p}{p^j}\right)^{-\theta\phi}\bar{H}^{-\nu}\left(\frac{Y}{A}\right)^{1+\omega}\left(\frac{Y-G}{\bar{C}}\right)^{\tilde{\sigma}^{-1}} \quad (14.49)$$

这个函数描述了供给者的名义税后利润——价格为 p,所在行业的共同价格为 p^j,总体价格指数等于 P,而总需求则等于 Y。在这里,$\omega \equiv \phi(1+\nu)>0$ 是某个行业中相对于行业产出的实际边际成本弹性。外生扰动的向量 ξ_t 中除了偏好冲击,还包括 A_t、G_t、τ_t 和 μ_t^w。

每一个在第 t 期要调整自己的商品价格的供给者都会选择相同的新价格 $p_t^{*'}$,它能够使式(14.46)最大化。这里需要注意的是,供给者 i 的利润是销售数量 $y_t(i)$ 的凹函数,因为收入与 $y_t(i)^{\frac{\theta-1}{\theta}}$ 成正比,因此其是 $y_t(i)$ 的凹函数,而成本则是 $y_t(i)$ 的凸函数。此外,因为 $y_t(i)$ 与 $p_t(i)^{-\theta}$ 成正比,所以利润函数也是 $y_t(i)$ 的凹函数。这样一来,对价格 $p_t(i)$ 的最优选择的一阶条件就与对 $p_t(i)^{-\theta}$ 的一阶条件相同了,从而相对于 $p_t(i)$ 的一阶条件 $E_t\sum_{T=t}^{\infty}\alpha^{T-t}Q_{tT}\Pi_1[p_t(i),p_T^j,P_T;Y_T,\xi_T]=0$ 既是达到最优状态的必要条件,也是充分条件。均衡选择 p_t^*(它对于第 j 个行业中的每一个企业来说都是一样的)则是对于所有的 $T \geq t$,将 $p_t(i)=p_t^*$ 和 $p_T^j=p_t^*$ 代入上述一阶条件后得到的方程的解。

在如上假定的等弹性函数形式下,最优选择有一个如式(14.50)所示的封闭解。

$$\frac{p_t^*}{P_t} = \left(\frac{K_t}{F_t}\right)^{\frac{1}{1+\omega\theta}} \quad (14.50)$$

其中,F_t 和 K_t 是当前的总产出 Y_t、当前的外生状态 ξ_t 与通货膨胀、产出和扰动的预期未来演化的函数,可分别定义为:

$$F_t \equiv E_t\sum_{T=t}^{\infty}(\alpha\beta)^{T-t}f(Y_T;\xi_T)\left(\frac{P_T}{P_t}\right)^{\theta-1} \quad (14.51)$$

$$K_t \equiv E_t\sum_{T=t}^{\infty}(\alpha\beta)^{T-t}k(Y_T;\xi_T)\left(\frac{P_T}{P_t}\right)^{\theta(1+\omega)} \quad (14.52)$$

其中,相关的表达式[③]为:

---

① 在我们所假设的在所有时候都有 $\mu_t^w=1$ 的情况下,我们模型中的家庭和企业都是工资接受者,或者说,两者之间存在有效的契约。这里需要注意的是,除了价格加成因子,式(14.48)的右边代表了代表家庭的第 j 种类型的劳动与复合商品消费之间的边际替代率。

② 但是本章后面的讨论将表明,一般来说,这两种扰动并不是总供给关系中成本推动项式(14.7)存在的唯一原因。

③ 请注意,在这里对函数 $f(Y;\xi)$ 的定义与 Benigno 和 Woodford(2005a)的定义不同。这里所称的 $f(Y;\xi)$ 的函数的写法是 $(1-\tau)f(Y;\xi)$,所用的记号则与 Benigno 和 Woodford(2003)的研究中的相同。不过,在他们那里,税率 τ_t 是一个政策选择,而不是一个外生扰动。而在这里,τ_t 则是包含在向量 τ_t 中的。

$$f(Y;\xi) \equiv (1-\tau)\bar{C}^{\tilde{\sigma}^{-1}}(Y-G)^{-\tilde{\sigma}^{-1}}Y \tag{14.53}$$

$$k(Y;\xi) \equiv \frac{\theta}{\theta-1}\lambda\phi\frac{\mu^w}{A^{1+\omega}\bar{H}^v}Y^{1+\omega} \tag{14.54}$$

关系式(14.51)—式(14.52)也可以写成如下递归形式。

$$F_t = f(Y_t;\xi_t) + \alpha\beta E_t(\Pi_{t+1}^{\theta-1}F_{t+1}) \tag{14.55}$$

$$K_t = k(Y_t;\xi_t) + \alpha\beta E_t[\Pi_{t+1}^{\theta(1+\omega)}K_{t+1}] \tag{14.56}$$

其中 $\Pi_t \equiv p_t/p_{t-1}$。很明显,式(14.51)蕴含了式(14.55)。我们还可以证明,每一个时期都满足式(14.55)以及一定上下界的过程必定也满足式(14.51)。由于我们只对有界均衡的刻画感兴趣,所以我们可以略去式(14.51)和式(14.52)等号右边那些中规中矩的表达式所隐含的关于上下界的陈述,而直接把式(14.55)—式(14.56)作为过程 $\{F_t,K_t\}$ 度量最优定价的相关边际条件的必要条件和充分条件。

价格指数按如下运动规律演变:

$$P_t = [(1-\alpha)p_t^{*1-\theta} + \alpha P_{t-1}^{1-\theta}]^{\frac{1}{1-\theta}} \tag{14.57}$$

这是从式(14.44)推导出来的一个结果。将式(14.50)代入式(14.57)就可以看出任意一个时期的均衡通货膨胀率由下式给出:

$$\frac{1-\alpha\Pi_t^{\theta-1}}{1-\alpha} = \left(\frac{F_t}{K_t}\right)^{\frac{\theta-1}{1+w\theta}} \tag{14.58}$$

其中 $\Pi_t \equiv p_t/p_{t-1}$。这个式子定义了通货膨胀和产出之间的短期总供给关系——给定当前的扰动,以及对未来的通货膨胀、产出和扰动的预期。条件式(14.58)与式(14.55)—式(14.56)一起,代表着第2节给出的对数线性化的新凯恩斯主义模型中的关系式(14.1)的非线性版本。事实上,在对数线性化后,它确实可以简化为式(14.1),对此接下来还将进行深入讨论。

至此,仍需解释货币政策与私人部门的决策之间的关系。在这里,我将抽象掉任何可能的货币摩擦(它们可以解释对赚取低于标准的回报率的中央银行负债的需求),但是我仍然假设中央银行可以控制无风险的短期名义利率 i_t[①],它反过来又可以通过如下套利关系与其他金融资产价格联系起来。

$$1+i_t = (E_t Q_{t,t+1})^{-1} \tag{14.59}$$

只要将式(14.47)代入上面这个式子中的随机贴现因子,就可以得出 i_t 与代表性家庭的支出路径之间的均衡关系。再将式(14.45)代入 C_t,我们就可以得出一个将 i_t、Y_t、预期未来产出、预期通货膨胀,以及外生扰动联系起来的关系,它是第2节给出的对数线性化的新凯恩斯主义模型所假定的跨期 IS 关系式(14.2)的非线性版本——事实上,在对数线性化后,它就精确地简化为了式(14.2)。

我将假设零名义利率下限在本节所考虑的政策问题中从来都是没有约束力的[②],这样一来,我们就不需要引入任何对产出和价格的可能路径的附加限制了——不然就要让选中的

---

① 关于如何在这里假设的无现金经济中实现这一点,请参见伍德福德的讨论(Woodford,2003,第二章)。

② 这一点可以在扰动足够小的情况下证明是正确的,只要名义利率等于在无扰动的最优政策下的 $\bar{r}=\beta^{-1}-1>0$。

价格的演变与一个非负名义利率保持一致。在这种情况下,最优状态依存通货膨胀和实际经济活动的演变就可以直接确定,而不必引用 IS 关系式所隐含的约束,也不必明确地求解它所隐含的利率路径了(在本章第 2 节处理最优政策时就必须这么做)。一旦我们解出了通货膨胀和产出的最优状态依存路径,就可以把这些解代入式(14.59),以便确定它们所隐含的政策的状态依存演化。其他资产价格的隐含均衡路径也可以用类似的方法求解。

最后,我还要假设存在一次总付性政府收入来源(除以固定的税率 τ 征税外),并假设财政当局拥有确保政府的跨期偿付能力(无论货币当局可能选择什么样的货币政策)。[①] 这些假设使得我们可以在考虑最优货币稳定政策时,将不同货币政策的财政后果抽象掉。这也是许多关于货币政策规则的文献都含而不露地采用的一种做法——Clarida 等(1999)在他们的研究中就是如此。Benigno 和 Woodford(2003)将分析扩展到了只存在扭曲性税收的情况。

3.2 福利与最优政策问题

假设政策的目标是实现代表性家庭的期望效用水平最大化——效用函数由式(14.38)给出。将生产函数式(14.42)反过来,即将对每种劳动的需求改写为各种差异化商品的产量的函数,同时用恒等式(14.45)代替 C_t,并把式中的 G_t 视为外生的,这样就可以将代表性家庭的效用写成预期生产计划 $\{y_t(i)\}$ 的函数。由此得到方程式:

$$U_{t_0} \equiv E_{t_0} \sum_{t=t_0}^{\infty} \beta^{t-t_0} \left[u(Y_t; \xi_t) - \int_0^1 v(y_t^j; \xi_t) \, dj \right] \tag{14.60}$$

其中

$$u(Y_t; \xi_t) \equiv u(Y_t - G_t; \xi_t)$$

$$v(y_t^j; \xi_t) \equiv \tilde{v}[f^{-1}(y_t^j / A_t); \xi_t]$$

在最后这个表达式中,我利用了这样一个事实:在第 j 个行业中,每种商品的产量都是相同的,因此可以将它表示为 y_t^j;而且这些企业雇用的劳动力数量也将是相同的,因此对第 j 个类型的劳动的总需求与这些企业的需求成正比。

我们还可以进一步利用式(14.43)将每一个时期对差异化商品的相对需求量作为相对价格的函数写出来。这样一来,我们就可以把代表性家庭的效用写成如下形式:

$$U(Y_t, \Delta_t; \xi_t) \equiv u(Y_t; \xi_t) - v(Y_t; \xi_t) \Delta_t$$

其中

$$\Delta_t \equiv \int_0^1 \left[\frac{p_t(i)}{P_t} \right]^{-\theta(1+\omega)} di \geqslant 1 \tag{14.61}$$

式(14.61)是对时期 t 的价格离散程度的度量,向量 ξ_t 现在包括外生扰动 G_t 和 A_t 以及偏好冲击。因此,我们可以将目标式(14.60)改写成下式:

[①] 因此,我假设财政政策是李嘉图式的——用 Woodford(2001)文中的术语来说。一项非李嘉图式的财政政策意味着那些可以通过货币政策实现的均衡集还存在着额外的约束。Benigno 和 Woodford(2007)讨论了这种约束对最优货币政策的特征的影响。

$$U_{t_0} = E_{t_0} \sum_{t=t_0}^{\infty} \beta^{t-t_0} U(Y_t, \Delta_t; \xi_t) \tag{14.62}$$

在这里,对于给定的 Δ 和 ξ,$U(Y,\Delta;\xi)$ 是 Y 的严格凹的函数;而对于给定的 Y 和 ξ,$U(Y,\Delta;\xi)$ 则是 Δ 的单调递减函数。

因为在第 t 期中价格不变的行业的相对价格保持不变,于是我们可以利用式(14.57)推导出式(14.61)定义的价格离散程度的度量的运动定律的形式为:

$$\Delta_t = h(\Delta_{t-1}, \Pi_t) \tag{14.63}$$

其中

$$h(\Delta, \Pi) \equiv \alpha \Delta \Pi^{\theta(1+\omega)} + (1-\alpha)\left(\frac{1-\alpha\Pi^{\theta-1}}{1-\alpha}\right)^{\frac{\theta(1+\omega)}{\theta-1}}$$

这就是通货膨胀或通货紧缩福利损失的来源。

在这个模型中,与货币当局同时稳定通货膨胀和产出的能力仅有的相关约束是由式(14.58)定义的总供给关系,以及式(14.51)—式(14.54)给出的各个定义。[①] 中央银行在每一期对 i_t 的控制能力给了它每一期(在世界的每一种可能状态下)决定均衡结果的一个自由度。由于作为对通货膨胀和产出的共同演变的必要约束的总供给关系式(14.58)的存在,每一期为了从一组可能的理性预期均衡当中确定一个特定的随机过程 $\{\Pi_t, Y_t\}$ 所需要确定的正好是一个自由度,因此在这里,我将假设货币当局可以从构成理性期望均衡的可能过程 $\{\Pi_t, Y_t\}$ 中进行选择,并考虑哪一个均衡是最优的、需要通过政策实现的。至于货币当局是如何通过控制短期名义利率来实施政策的,这方面的细节实际上不会影响我们的计算。

因此,这里的拉姆齐政策问题可以定义为:对于时期 $t \geq t_0$,在给定初始条件 Δ_{t_0-1} 的情况下,选择能够满足式(14.55)—式(14.56)、式(14.58)和式(14.63)所述的条件的过程 $\{Y_t, \Pi_t, F_t, K_t, \Delta_t\}$ 来最大化式(14.62)。然而,由于条件式(14.55)—式(14.56)是前瞻性的,因此,即便在外生变量中没有任何随机变化的情况下,这个问题的解也不会包含任何初始价格离散值 Δ_{t_0-1} 的内生变量的常量值(即稳态)。即便我们满足于在(小的)扰动下的线性近似解,这一点也会阻止我们在稳态解的周围进行线性化,从而获得关于最优稳定政策的、可以用时不变的系数来描述的解。不过,如果我们关注的是当(在较早的时间选择的)最优承诺收敛到了一个稳定状态的邻域时最优政策的渐进特性,那么我们就可以在稳定状态的邻域内使用局部分析,并获得具有时不变形式的政策"处方"了。正如我在第2节中所阐明的,这相当于分析一个特殊的约束条件下的最优化问题,即从时期 t_0 到此后所选择的政策都要受一系列初始预先承诺的约束,以使得在服从这些约束条件的、从时期 t_0 开始之后的政策都对应于在更早的时期所选择的最优承诺的延续。

将式(14.58)代入式(14.55)—式(14.56)和式(14.63)中的变量 Π_t,然后化简,就可以得出表述这个拉姆齐问题所需要的状态空间。我们由此得到的是如下所示形式的一组均衡关系,即对于每一个 $t \geq t_0$ 的时期,有:

$$F_t = f(Y_t; \xi_t) + \alpha\beta E_t \phi_F(K_{t+1}, F_{t+1}) \tag{14.64}$$

① 正如前面所讨论的那样,这个结论需要假设对名义利率的零利率限制永远没有约束力。

$$K_t = k(Y_t;\xi_t) + \alpha\beta E_t\phi_K(K_{t+1},F_{t+1}) \tag{14.65}$$

$$\Delta_t = \tilde{h}(\Delta_{t-1},K_t/F_t) \tag{14.66}$$

其中,函数 ϕ_F、ϕ_K 分别为 K 和 F 的一次齐次函数。这些约束只涉及变量 $\{Y_t,F_t,K_t,\Delta_t\}$,既然目标的声明也只涉及这些变量,因此我们只需要利用这些变量的演化路径就可以表达这个最优政策问题了。利用式(14.58)从这些变量的路径的解中即可得出通货膨胀的解。

要构造一个存在时不变的解的修正的问题,所要求的初始预先承诺是如下形式的:

$$\phi_F(K_{t_0},F_{t_0}) = \bar{\phi}_F, \quad \phi_K(K_{t_0},F_{t_0}) = \bar{\phi}_K \tag{14.67}$$

其中,对于 $\bar{\phi}_F$ 和 $\bar{\phi}_K$ 的值,是将它们作为经济的初始状态的函数以一种自洽的方式来选择的,也就是说,是根据所有后续的时期在受约束的最优均衡中都成立的那些方程式来选择的。[1] 或者说,必须存在对于特定的 $\bar{\phi}_F$ 和 $\bar{\phi}_K$ 的值的预先承诺。

在每一个时期都满足约束条件式(14.64)—式(14.66)和初始预先承诺条件式(14.67)的前提下,式(14.62)的最大化问题的拉格朗日表达式如下式所示:

$$\mathcal{L}_{t_0} = E_{t_0}\sum_{t=t_0}^{\infty}\beta^{t-t_0}L(Y_t,Z_t,\Delta_t,\Delta_{t-1};\theta_t,\Theta_t,\Theta_{t-1};\xi_t) \tag{14.68}$$

其中,对于每一个 $t\geq t_0$ 的时期,θ_t 是与后顾性的约束式(14.66)相对应的拉格朗日乘数。Θ_t 是一个向量,包括两个分别与两个前瞻性的约束式(14.64)—式(14.65)相对应的拉格朗日乘数。相应地,Θ_{t_0-1} 则是两个分别与两个初始预先承诺式(14.67)和式(14.69)对应的拉格朗日乘数的向量。

$$L(Y,Z,\Delta,\Delta_-;\theta,\Theta,\Theta_-;\xi) \equiv U(Y,\Delta;\xi) + \theta[\tilde{h}(\Delta_-,K/F) - \Delta] \\ + \Theta'[z(Y;\xi) - Z] + \alpha\Theta'_-\Phi(Z) \tag{14.69}$$

在上式中,我所使用的简写符号的含义分别为:

$$Z_t \equiv \begin{bmatrix} F_t \\ K_t \end{bmatrix}, \quad z(Y;\xi) \equiv \begin{bmatrix} f(Y;\xi) \\ k(Y;\xi) \end{bmatrix}, \quad \Phi(Z) \equiv \begin{bmatrix} \phi_F(K,F) \\ \phi_K(K,F) \end{bmatrix}$$

不难注意到,将初始预先承诺包括在内,使得每一个 $t\geq t_0$ 的时期的拉格朗日表达式都成为相同形式的各个项之和,这样我们就得到了一个时不变的一阶条件方程组。

这个拉格朗日表达式与如下修正目标最大化问题相同。

$$U_{t_0} + \alpha\Theta'_{t_0-1}\Phi(Z_{t_0}) \tag{14.70}$$

其约束条件仅为在每一个 $t\geq t_0$ 的时期都满足约束式(14.64)—式(14.66)。在这个式子中,初始乘数向量 Θ_{t_0-1} 本身就是问题的定义的一部分,如果以自洽的方式将这些作为经济初始状态的函数的乘数选择出来,那么就可以把这个问题的解表示为先前最优承诺的延续。这与"从永恒的视角来看某项政策是最优的"这种表述是等价的。[2]

---

[1] 见 Benigno 和 Woodford(2005a,2008)或者 Giannoni 和 Woodford(2010)对这种情况的更加精确的描述。

[2] 这也正是 Khan 等(2003)在一个相关的新凯恩斯主义动态随机一般模型中对最优政策进行数值分析时使用的方法。

3.3 最优动态的局部特征的刻画

在拉格朗日表达式(14.68)中,分别对四个内生变量的每一个取微分,就可以得到一个由如下四个式子组成的非线性最优一阶条件方程组。

$$U_Y(Y_t, \Delta_t; \xi_t) + \Theta'_t z_Y(Y_t \xi_t) = 0 \tag{14.71}$$

$$-\theta_t \bar{h}_2(\Delta_{t-1}, K_t/F_t) \frac{K_t}{F_t^2} - \Theta_{1t} + \alpha \Theta'_{t-1} D_1(K_t/F_t) = 0 \tag{14.72}$$

$$\theta_t \bar{h}_2(\Delta_{t-1}, K_t/F_t) \frac{1}{F_t} - \Theta_{2t} + \alpha \Theta'_{t-1} D_2(K_t/F_t) = 0 \tag{14.73}$$

$$U_\Delta(Y_t, \Delta_t; \xi_t) - \theta_t + \beta E_t[\theta_{t+1} \bar{h}_1(\Delta_t, K_{t+1}/F_{t+1})] = 0 \tag{14.74}$$

每一个条件必须在所有 $t \geq t_0$ 的时期都成立。在上式中,$\bar{h}_i(\Delta, K/F)$ 表示 $\bar{h}(\Delta, K/F)$ 相对于第 i 个参数的偏导数。$D_i(K/F)$ 是如下矩阵的第 i 列:

$$D(Z) \equiv \begin{bmatrix} \partial_F \phi_F(Z) & \partial_K \phi_F(Z) \\ \partial_F \phi_K(Z) & \partial_K \phi_K(Z) \end{bmatrix}$$

这里需要注意的是,因为 $\Phi(Z)$ 的元素都是 Z 的一次齐次函数,所以 $D(Z)$ 的元素都是 Z 的零次齐次函数,从而只是 K/F 的函数,因此,我们也可以将它写成 $D_i(K/F)$。函数 U_Y、U_Δ 和 z_Y 分别表示对应的函数相对于用下标表示的参数的偏导数。因而给定初始值 Δ_{t_0-1} 和 Θ_{t_0-1},一个最优政策就是在所有 $t \geq t_0$ 的时期都满足结构方程式(14.64)—式(14.66)和一阶条件式(14.71)—式(14.74)的变量$\{Y_t, Z_t, \Delta_t, \theta_t, \Theta_t\}$ 的过程。或者我们也可以要求满足附加条件式(14.67)并将 Θ_{t_0-1} 的元素作为附加的内生变量来求解。

在这里,我将只考虑包含了在确定性稳态周围的小波动的最优均衡。当然,这要求外部扰动足够小,并且初始条件足够接近最优稳态。最优稳态是一组常数值 $(\bar{Y}, \bar{Z}, \bar{\Delta}, \bar{\theta}, \bar{\Theta})$,它们是假设在所有时间都有 $\xi_t = \bar{\xi}$ 并且初始条件与稳态一致的情况下求解刚才列出的所有七个方程。我们不难证明——见 Benigno 和 Woodford(2005a)、Giannoni 和 Woodford(2010)的研究——存在一个最优稳态,其中通货膨胀率为零(即 $\bar{\Pi} = 1$),而那也就意味着 $\bar{F} = \bar{K}$ 和 $\bar{\Delta} = 1$(即在稳定状态下,价格离散度为零)。

简而言之,只要 $\bar{Y}$ 是由 $f(\bar{Y}; \bar{\xi}) = k(\bar{Y}; \bar{\xi})$ 和 $\bar{F} = \bar{K} = (1-\alpha\beta)^{-1} k(\bar{Y}; \bar{\xi})$ 隐含地定义的产出水平,那么式(14.64)—式(14.66)就可以全部得到满足。因为 $\bar{h}_2(1,1) = 0$,如式(14.96)所示,小的非零通货膨胀率对价格离散度的影响是二阶的,所以在稳定状态下,式(14.72)—式(14.73)可以化简为如下特征向量:

$$\bar{\Theta}' = \alpha \bar{\Theta}' D(1) \tag{14.75}$$

此外,既然在点 $F=K$ 处求解时,有:

$$\frac{\partial \log(\phi_K/\phi_F)}{\partial \log K} = -\frac{\partial \log(\phi_K/\phi_F)}{\partial \log F} = \frac{1}{\alpha}$$

所以我们不难观察到 $D(1)$ 有一个左特征向量 $[1, -1]$,其特征值为 $1/\alpha$。因此当且仅当 $\bar{\Theta}_2 =$

$-\overline{\Theta}_1$ 时,式(14.75)可以得到满足。式(14.71)提供了一个附加条件来确定 $\overline{\Theta}$ 的元素的大小,式(14.74)则提供了一个条件来确定 $\overline{\theta}$ 的值。通过这种方式,我们就可以计算出一阶条件的稳态解。[①]

接下来要计算的是均衡时的最优动态的局部线性近似值——在均衡时,所有变量都保持在这些稳态值附近。这可以通过以下方法来得到:先在所有变量的稳态值周围将结构关系式(14.64)—式(14.66)和一阶条件式(14.71)—式(14.74)线性化,然后在由此得到的线性方程组中找到有界解。[②] 让我们从对结构关系进行线性化的影响开始讨论。

在稳态值 $\overline{\Delta} = 1$ 和 $\overline{K}/\overline{F} = 1$ 的附近对式(14.66)加以对数线性化,可以得到:

$$\hat{\Delta}_t = \alpha \hat{\Delta}_{t-1} \tag{14.76}$$

其中,$\hat{\Delta}_t \equiv \log \Delta_t$。 因此,无论货币政策是怎样的,(一阶)价格离散度的演变都是确定性的,并且会渐进地收敛到零。

对式(14.64)—式(14.65)加以对数线性化,可以得到:

$$\hat{F}_t = (1 - \alpha\beta)(f_y \hat{Y}_t + f'_\xi \tilde{\xi}_t) + \alpha\beta E_t[(\theta - 1)\pi_{t+1} + \hat{F}_{t+1}]$$

$$\hat{K}_t = (1 - \alpha\beta)(k_y \hat{Y}_t + k'_\xi \tilde{\xi}_t) + \alpha\beta E_t[\theta(1 + \omega)\pi_{t+1} + \hat{K}_{t+1}]$$

这里使用的记号的定义是:

$$\hat{F}_t \equiv \log(F_t/\overline{F}) , \quad f_y \equiv \frac{\partial \log f}{\partial \log Y} , \quad f'_\xi \equiv \frac{\partial \log f}{\partial \xi}$$

此外还有用 K 代替 F 时的相应的定义,以及用 $\tilde{\xi}_t$ 代替 $\xi_t - \overline{\xi}$、用 $\pi_t \equiv \log \Pi_t$ 代替通货膨胀率时的相应的定义。用第一个方程减去第二个方程,就可以得到一个只包含变量 $\hat{K}_t - \hat{F}_t$、π_t、$\hat{Y}_t$ 和扰动向量 ξ_t 的方程。对式(14.58)加以对数线性化可以得到:

$$\pi_t = \frac{1 - \alpha}{\alpha} \frac{1}{1 + \omega\theta}(\hat{K}_t - \hat{F}_t) \tag{14.77}$$

使用这个式子代替刚才提到的关系式中的 $\hat{K}_t - \hat{F}_t$ 可以得到:

$$\pi_t = \kappa(\hat{Y}_t + u'_\xi \tilde{\xi}_t) + \beta E_t \pi_{t+1} \tag{14.78}$$

它表明了对数线性化的结构方程的含义,其中

$$\kappa \equiv \frac{(1 - \alpha)(1 - \alpha\beta)}{\alpha} \frac{\omega + \sigma^{-1}}{1 + \omega\theta} > 0, \quad \sigma \equiv \tilde{\sigma} \frac{\overline{C}}{\overline{Y}} > 0 \tag{14.79}$$

以及

$$u'_\xi \equiv \frac{k'_\xi - f'_\xi}{k_y - f_y}$$

这最后一个表达式的定义是明确的,因为 $k_y - f_y = \omega + \sigma^{-1} > 0$。

式(14.78)对所有的 $t \geqslant t_0$ 时期都必须成立,它是对货币政策所能实现的通货膨胀和产

---

① 在本章的 3.5 中,我们已经讨论过用稳态表示拉格朗日量的局部极大值而不是其他类型的临界点所必须满足的二阶条件。Benigno 和 Woodford(2005a)证明,只要模型参数满足下一节讨论的某个特定的不等式,这些条件就都是可以得到满足的。

② 本质上,这相当于使用隐函数定理来计算由一阶条件和结构关系隐含定义的解的局部线性近似值。关于这个问题的进一步讨论请参阅 Woodford(2003,附录 A.3)的论述。

出的联合路径的一个重要限制。需要注意的是,它与第 2 节中所假设的总供给关系的形式完全相同。复合外生扰动项 $u'_\xi \xi_t$ 既包括式(14.1)中的成本推动项所表示的扰动,也包括式(14.1)中的产出水平 y_t^n(指自然产出或潜在产出的水平,产出缺口就是相对于自然产出来衡量的)的时间变化,不过目前还没有必要考虑如何将这一项分解为这两个部分。只有当纳入了最优稳定的条件之后,这一项的两部分之间的区分才有意义。不难注意到,式(14.78)是一个适当的货币政策可以实现的通货膨胀和总产出的有界路径上的唯一约束。[①] 因为对于任一有界过程 $\{\pi_t, \hat{Y}_t\}$,前面给出的对数线性化方程都可以对与模型的结构方程相一致的有界过程 $\{\hat{F}_t, \hat{K}_t\}$ 求解。类似地,我们也可以用这种方法求解名义利率的隐含演变路径等。

接下来,我们在稳态值附近对一阶条件式(14.71)—式(14.74)进行对数线性化。将式(14.72)和式(14.73)对数线性化后,得到如下向量方程:

$$-\frac{\bar{\theta}}{\bar{K}}\frac{1-\alpha}{\alpha}\frac{\theta(1+\omega)}{1+\omega\theta}\big[(\hat{K}_t-\hat{F}_t)+\alpha\hat{\Delta}_{t-1}\big]\begin{bmatrix}1\\-1\end{bmatrix}-\widetilde{\Theta}_t+\alpha D(1)'\widetilde{\Theta}_{t-1}+\alpha M\dot{Z}_t=0$$

$$(14.80)$$

其中,$\widetilde{\Theta}_t \equiv \Theta_t - \bar{\Theta}$,$\dot{Z}_t' \equiv [\hat{F}_t \hat{K}_t]'$,而 M 则为 $\bar{K}$ 乘以这个函数的二阶偏导数的海森矩阵 $\Phi(Z) \equiv \Theta'\Phi(Z)$。$\bar{\Phi}(Z)$ 是一次齐次的事实意味着它的导数是零次齐次的,因此只是 K/F 的函数。由此可知,矩阵 M 的形式为:

$$M = m\begin{bmatrix}1 & -1\\-1 & 1\end{bmatrix}\qquad(14.81)$$

其中,m 是一个标量。类似地,$\Phi(Z)$ 的每个元素都是一次齐次的,这个事实意味着:

$$D(1) = e$$

其中,$e' \equiv [1\ 1]$。

因此,将式(14.80)与 e' 预乘,就可以得到,对于所有的 $t \geq t_0$,有:

$$e'\widetilde{\Theta}_t = \alpha e'\widetilde{\Theta}_{t-1}\qquad(14.82)$$

这个式子意味着 $e'\widetilde{\Theta}_t$ 以 1 的概率收敛到零,而不管扰动的实现情况如何。因此,在最优动态中,内生变量的渐进波动在所有的时候均可以使得:

$$\widetilde{\Theta}_{2t} = -\widetilde{\Theta}_{1t}\qquad(14.83)$$

如果我们假设在 $t = t_0 - 1$ 时,初始拉格朗日乘数满足(或者说,存在具有这种含义的初始预先承诺),那么对于所有的 $t \geq t_0$,式(14.83)都成立。事实上,我确实假设存在这类初始预先承诺。请注意,这是选择初始预先承诺的自洽原则的一个例子,因为在约束最优政策下,式(14.83)在以后的所有时期确实都是成立的。[②] 因此,最优动态始终满足式(14.83)。

此外,必定还存在一个向量 v,使得 $v_2 \neq v_1$ 且 $D(1)v = \alpha^{-1}v$,因为我们已经观察到了,$1/\alpha$ 是矩阵的特征值之一。向量 v 也不能是 e 的倍数,因为 e 是另一个特征值为 1 的特征向量。

---

① 很重要的一点是我只考虑了诸如 Π_t 和 Y_t 等变量的稳态值的足够小的邻域内的波动。因此,与名义利率下限为零相关的约束不会带来问题。

② 同样值得注意的是,如果在过去的某个时期 t_{orig},政策制定者承诺了一个无约束的拉姆齐政策,那么在最初这个日期,滞后的拉格朗日乘数是可以满足式(14.83)的,因为 $\Theta t_{\text{orig}-1}$ 的这两个组成元素都等于零。

将式(14.80)与 v' 预乘,我们可以得到[1]:

$$-\frac{\bar{\theta}}{\bar{K}}\frac{1-\alpha}{\alpha}\frac{\theta(1+\omega)}{1+\omega\theta}[(\hat{K}_t - \hat{F}_t) + \alpha\hat{\Delta}_{t-1}] - \widetilde{\Theta}_{1t} + \widetilde{\Theta}_{1,t-1} - \alpha m(\hat{K}_t - \hat{F}_t) = 0 \quad (14.84)$$

在这里,公因数 $v_1 - v_2 \neq 0$ 已经从所有各项中约去了,同时还利用式(14.83)消去了 $\widetilde{\Theta}_{2t}$。不难注意到,式(14.82)和式(14.84)已经穷尽了式(14.80)的含义,因而也就穷尽了式(14.72)—式(14.73)的含义。我们可以再一次利用式(14.77)来替换掉式(14.84)中的 $\hat{K}_t - \hat{F}_t$,以便通过它对最优通货膨胀动态的影响来重新表示该条件。由此,我们可以得到如下形式的关系式:

$$\xi_\pi \pi_t + \xi_\Delta \hat{\Delta}_{t-1} = \widetilde{\Theta}_{1t} - \widetilde{\Theta}_{1,t-1} \quad (14.85)$$

类似地,式(14.71)同样可以直接对数线性化,从而得到:

$$\bar{Y}(U_{YY} + \bar{\Theta}' z_{YY})\hat{Y}_t + (U'_{Y\xi} + \bar{\Theta}' z_{Y\xi})\hat{\xi}_t + U_{Y\Delta}\hat{\Delta}_t - \frac{\bar{K}}{\bar{Y}}(k_y - f_y)\widetilde{\Theta}_{1t} = 0$$

在这里,我们再一次利用式(14.83)消去了 $\widetilde{\Theta}_{2t}$。我们还可以将它等价地写成:

$$\bar{Y}(U_{YY} + \bar{\Theta}' z_{YY})(\hat{Y}_t - \hat{Y}_t^*) + U_{Y\Delta}\hat{\Delta}_t - \frac{\bar{K}}{\bar{Y}}(k_y - f_y)\widetilde{\Theta}_{1t} = 0 \quad (14.86)$$

其中,$\hat{Y}_t^* \equiv \log(Y_t^*/\bar{Y})$,而 Y_t^* 则是外生扰动的函数,由下列方程隐式地定义:

$$U_Y(Y_t^*, 1; \xi_t) + \bar{\Theta}' z_Y(Y_t^*; \xi_t) = 0 \quad (14.87)$$

这个目标产出水平是由 Benigno 和 Woodford(2005a)最早引入的——与有效率的产出水平 Y_t^e 有关,但是两者并不完全相同(有效率的产出水平是指生产出来的每一种商品的数量都最大化了期望效用,并且只受技术水平的限制)。其定义由下列方式隐式地给出:

$$U_Y(Y_t^e, 1, \xi_t) = 0 \quad (14.88)$$

我们观察到,零通货膨胀稳定状态下的产出水平 $\bar{Y}$(它也是弹性价格下的稳态产出水平)是有效率的(在所有时候都有 $\xi_t = \bar{\xi}$ 的情况下),因此 $U_Y(\bar{Y}, 1; \bar{\xi}) = 0$,于是我们可以推得 $\bar{\Theta} = 0$,而且 Y_t^* 与 Y_t^e 将会重合。更一般地说,当 $\bar{\Theta} \neq 0$ 时,目标产出水平 Y_t^* 与 Y_t^e 之间的不同之处在于它的平均值(一级近似)等于 $\bar{Y}$,而 $\bar{Y}$ 则不等于 Y_t^e 的平均水平。在实践中常见的利率水平下,Y_t^* 平均来说要低于 Y_t^e,因为将 Y_t^* 保持在与 Y_t^e 相当的水平上,与稳定的价格(即便是平均水平)并不一致。Y_t^* 对冲击的反应方式也可能与 Y_t^e 不同,这也是为了降低产出变化对价格不稳定性的要求。

从式(14.86)中解出 $\hat{\Theta}_{1t}$,并用它代替式(14.85)中的 $\widetilde{\Theta}_{1t}$,我们就可以得到如下形式的关系:

$$\xi_\pi \pi_t + \lambda_x(x_t - x_{t-1}) + \lambda_\Delta(\hat{\Delta}_t - \hat{\Delta}_{t-1}) + \xi_\Delta \hat{\Delta}_{t-1} = 0 \quad (14.89)$$

它必定对所有的 $t > t_0$ 都成立(其中的产出缺口为 $x_t \equiv \hat{Y}_t - \hat{Y}_t^*$)。如果我们选择 $\widetilde{\Theta}_{1,t_0-1}$ 作为式

---

[1] 这一段中,原文的字母都不是斜体,应该是斜体更好一些,已改——译者注。

(14.86)在 $t = t_0 - 1$ 时也成立的值[①]，那么式(14.89)在 $t = t_0$ 时也必定成立。式(14.89)表示对内生变量的路径的限制，这是与一阶条件保持一致性所必需的。此外，它也是与一阶条件保持一致所需的唯一限制。对于在所有 $t \geqslant t_0$ 的时期都与式(14.89)一致的任何过程 $\{\pi_t, \hat{Y}_t, \hat{\Delta}_t\}$，我们都可以利用式(14.86)构造一个隐式的过程 $\{\tilde{\Theta}_t\}$ 并解出 $\hat{\Theta}_{1t}$，再利用式(14.83)解出 Θ_{2t}。式(14.74)在用某个特定的线性函数 $g(\cdot)$ 线性化后，取如下形式：

$$\tilde{\theta}_t = \alpha\beta E_t \tilde{\theta}_{t+1} + E_t\big[g(\hat{Y}_t, \hat{\Delta}_t, \pi_{t+1}) \big]$$

对它可以直接求解，以得到一个有界过程 $\{\tilde{\theta}\}$。这样一来，我们就可以构造出满足每个线性化一阶条件的拉格朗日乘数的有界过程。

至此，我们可以得出这样的结论：经济的状态依存演化永远保持在足够接近于最优稳态的位置不仅是可行的，而且还是一个最优方案（在选择了前面所述的初始拉格朗日乘数的情况下），当且仅当对于所有的 $t \geqslant t_0$，有界过程 $\{\pi_t, \hat{Y}_t, \hat{\Delta}_t\}$ 均满足式(14.76)、式(14.78)和式(14.89)。我们很容易看出，给定初始条件 $(\hat{Y}_{t_0-1}, \hat{\Delta}_{t_0-1})$ 和外生扰动 $\{\tilde{\xi}_t\}$ 的有界过程，这些方程决定了这些变量的唯一有界过程。我们可以用变量 $\{\pi_t, x_t, \hat{\Delta}_t\}$ 表示这三个方程，只要我们将式(14.78)改写为[②]：

$$\pi_t = \kappa x_t + \beta E_t \pi_{t+1} + u_t \tag{14.90}$$

其中

$$u_t \equiv \kappa(\hat{Y}_t^* + u'_\xi \tilde{\xi}_t) \tag{14.91}$$

在给定初始条件下，式(14.76)显然存在 $\{\hat{\Delta}_t\}$ 的唯一有界解。如果将序列 $\{\hat{\Delta}_t\}$ 视为外生给定的，那么每一个时期仍然有两个随机差分方程可以用来确定两个内生的变量 $\{\pi_t, x_t\}$。此外，式(14.89)和式(14.90)的形式与第2节给出的模型中的式(14.7)和式(14.21)完全相同——除了式(14.89)中包含额外的（有界的）外生性扰动项。这些额外的扰动项的存在并不影响解的确定性条件，因此我们使用与第2节相同的方法就可以证明对于任何给定的初始条件都存在唯一的有界解。

这个结果使得我们能够（以线性近似的形式）描述在最优政策下所有内生变量的均衡动态。在初始条件为 $\hat{\Delta}_{t_0-1} = 0$（一阶）的情况下，如 Benigno 和 Woodford(2005a)所证明的，最优均衡动态与第2节中计算的那种类型完全相同，只不过在这里，有微观基础的模型还对两个重要问题给出了具体的答案：第一，它解释了各种类型的基本面上的经济扰动（技术、偏好或财政政策的变化）在多大程度上改变了产出的目标水平（并进而改变人们对产出缺口的度量），从而促进成本推动项 u_t，或两者兼而有之；第二，它给出了最优目标准则式(14.21)中的系数 ϕ 的具体取值，使之作为基础模型参数的函数，而不是成为政策制定者目标中的任意权重 λ 的函数。对于这些问题，我们将在本章的 3.4 和 3.6 中进一步讨论。

基于福利的分析还产生了我们在第2节中未能得到的另一个结果。它解释了通货膨胀

[①] 需要注意的是，这就是选择初始拉格朗日乘数的自洽原则，因为在这个修正后问题的最优方案下，式(14.86)确实在所有 $t \geqslant t_0$ 的时期都成立。

[②] 这里的"κ"，原文为"k"，可能是错的，已改——译者注。

和产出的最优动态是如何受价格离散度的初始水平的影响的。当然,在最优政策下,政策制定者最终不会面对现有价格离散度过大的情况,但是当最近的实际政策的结果相当糟糕时,人们可能会考虑在新选中的最优政策承诺下应该选择的转型动力学机制。式(14.89)表明,中央银行关于产出缺口调整后的价格水平的增长目标应该随承继而来的价格离散程度而有所不同。更大的初始价格离散度会降低缺口调整价格水平下的最优目标增长率,就像 Yun(2005)在一个存在解析解的特殊情况下所证明的那样。

我们还发现,最优政策可以通过某个实施的目标准则来描述,而这个目标准则又可以描述为一个有弹性的通货膨胀目标。再一次,如果最初的价格离散程度是零到一阶的,那么最优目标准则与我们在第 2 节中推导出来的式(14.21)的形式也是完全一样的(在最优政策下也将仍然如此——事实上,在任何通货膨胀对零的偏离只是一阶的政策下都是如此)。此外,具有微观基础的模型中的最优政策可以用这种一般形式的目标准则来表示这个结果,并不依赖于本例中所做的大量特殊假设。Giannoni 和 Woodford(2010)证明,对于一类非常普遍的稳定政策问题,完全有可能找到一个线性目标准则,该准则的实现对于政策与最优政策承诺相一致(或者至少是线性近似)既是必要的,也是充分的。在这类问题中,福利是用内生变量向量的某个函数的期望贴现值来衡量的,而且这些变量与均衡一致的路径(在某些适当选择的政策下)可以由一个非线性随机差分方程组来定义,该方程组既包括了后顾性的元素,比如式(14.66)对 Δ_{t-1} 的依赖,也包括前瞻性的元素,比如方程式(14.64)—式(14.65)对关于第 $t+1$ 期的变量的预期的依赖。

当然,目标准则所涉及的特定内生变量取决于模型的结构。然而,在非常多的具有某些与刚才分析的模型相同的基本特征的模型中,一定的通货膨胀指标和产出缺口指标又再一次成了最优目标准则中的关键变量。只要进一步深入讨论为什么在刚才处理的例子中最优目标准则可以用这两个变量来表示,这一点就会更加清晰。[①]

3.4 基于福利的二次目标

有人觉得最惊奇的是,在具有微观基础的模型中表征最优政策的一阶条件最终等价于我们在第 2 节中讨论的线性二次政策问题中相同形式的目标准则。如上文所示,对具有微观基础的模型的结构方程的对数线性近似本身就意味着对通货膨胀和产出的联合路径的限制与第 2 节中假设的新凯恩斯主义菲利普斯曲线完全相同。然而即便如此,基于福利的分析中假设的政策目标——预期效用的最大化依赖于消费和劳动,而不是依赖于产出和通货膨胀——似乎与之前的分析有很大的不同。本节旨在提供关于这些结果的来源的洞见,方法是证明我们可以写出一个关于之前假设的期望效用目标的二阶近似——这种程度的近似用来推导对最优动态的线性近似已经足够了(对于上文讨论的那种类型)——它的形式与第 2 节假设的式(14.6)的形式完全相同,前提是该目标中的产出缺口有适当的定义,以及分配给产出缺口稳定目标的相对权重 λ 有适当的设定。我在这里的分析遵循了 Woodford(2003)以

---

① 我们在第 4 节中给出了对本节所假设的模型加以一般化的最优目标准则的例子。

及 Benigno 和 Woodford(2005)的思路。

在前面的模型中,我已经证明了可以将代表性家庭的效用写成两个内生变量 $\{Y_t,\Delta_t\}$ 的演化的函数。现在让我们考虑这样一个扰动过程:在所有的时期 t,ξ_t 一直保持在 $\bar{z}$ 的一个有界邻域内,政策方案 Y_t 一直保持在 $\bar{Y}$ 的一个有界邻域内,Δ_t 则一直保持在 1 的一个有界邻域内。[①] 然后我们计算式(14.62)对 $\hat{Y}_t$ 和 $\hat{\Delta}_t$ 的二阶泰勒级数展开。关于它们在任何时期对效用的贡献,我们有:

$$U(Y_t,\Delta_t;\xi_t) = \bar{Y}U_Y\hat{Y}_t + U_\Delta\hat{\Delta}_t + \frac{1}{2}(\bar{Y}U_Y + \bar{Y}^2 U_{YY})\hat{Y}_t^2 \qquad (14.92)$$
$$+ \bar{Y}U_{Y\Delta}\hat{Y}_t\hat{\Delta}_t + \bar{Y}U'_{Y\xi}\tilde{\xi}_t\hat{Y}_t + \text{t.i.p.} + \mathcal{O}(\|\xi\|^3)$$

其中,所有导数都是在稳态下求值的。上式中的"t.i.p"是指存在一个独立于政策的取值的那几项(即不涉及内生变量的那几项),它们也是对备选政策进行福利排序时可以忽略掉的一些项;$\|\xi\|$ 是各种外生扰动(即 $\tilde{\xi}_t$ 的各个元素)的振幅的界。我在这里假设只考虑 $\hat{Y}_t$ 和 $\hat{\Delta}_t$,也是 $\mathcal{O}(\|\xi\|)$ 阶的那类政策。这样一来,与 $\hat{Y}_t^2\tilde{\xi}_t$ 成比例的项必定是 $\mathcal{O}(\|\xi\|^3)$ 阶的。此外,我还利用如下事实——因为式(14.76)的存在,$\hat{\Delta}_t$ 的演化一阶独立于政策,即可以容纳 $\mathcal{O}(\|\xi\|^2)$ 阶残差——证明与 $\hat{Y}_t^2\tilde{\xi}_t$ 或 $\mathcal{O}(\|\xi\|^3)$ 成正比的各项是二阶独立于政策的,即可以容纳 $\mathcal{O}(\|\xi\|^3)$ 阶残差,这就允许我们将这些项包括进最后那两个"全能"的项中。

虽然只要将式(14.92)代入式(14.62)就可以得到一个贴现二次政策目标,但是以下说法并不正确(尽管在第 2 节讨论的情况下是正确的)。利用这个二次目标以及对模型的结构方程的对数线性近似,就可以得到一个对于最优政策的动态的、准确的对数线性近似。要在规则之间进行正确的福利比较,即便只要精确到这个程度,也取决于对每一个不同的预期政策下的目标的二阶评价。而像 $\bar{Y}U_Y\hat{Y}_t$ 这样的项,要想在二阶精度上求解,(通常)不能用在给定政策下计算 $\bar{Y}$ 的近似解的方法来求解,因为那只有一阶精度。[②] 这个问题可以用很多种方法来处理,只是有一些方法比其他方法更适用。

3.4.1　有效稳态的情形

如果我们假设在 $\xi_t=\bar{\xi}$ 的情况下,稳定状态下的产出水平 $\bar{Y}$ 是最优的,那么分析就可以得到极大的简化。这里说的简化不仅仅是指货币政策的可实现的结果(如前所述),而且还指所有在技术上可能的(即能够使得 $Y_t^e=\bar{Y}$ 的)分配。当且仅当对稳态下的无效率的度量 $\Psi=0$ 时,这个论断才可能是正确的。我们用下式来定义 Ψ,有:

$$1 - \Psi \equiv \frac{1-\bar{\tau}}{\bar{\mu}^p\bar{\mu}^w} = \frac{1-\bar{\tau}}{\bar{\mu}^w}\frac{\theta-1}{\theta} > 0$$

因为我们假设 $\theta>1$(θ 指相对于边际成本 $\mu^p>1$ 的理想的价格),且 $\mu^w \geqslant 1$,这就要求 $\bar{\tau}<0$。

---

① 从本质上说,这就要求我们把注意力限制在那些通货膨胀率永远不会偏离零太远的政策上。
② 关于这个问题的进一步讨论请参见 Woodford(2003,第六章)、Kim 和 Kim(2003)以及 Benigno 和 Woodford(2008)的研究。

因此，至少要对生产和/或销售进行适度补贴，以抵消企业的市场力量造成的扭曲。[①]

在这种情况下，$U_Y = 0$（在有效稳态下求得的），从而可以消去式（14.92）中的其中两项。现在对于我们的讨论来说，最关键的一点是 $\hat{Y}_t$ 中不再有线性项了，而根据刚才讨论的原因来看，这会带来一些问题。在这种情况下，与 $\tilde{\xi}_t \hat{Y}_t$ 成比例的项也可以给出一个简单的解释。请读者回想一下，有效率的产出率 Y_t^e 是由式（14.88）隐式地定义的。通过求这个方程的全微分，可以得到：

$$\bar{Y} U_{YY} \hat{Y}_t^e + U'_{Y\xi} \tilde{\xi}_t = 0 \tag{14.93}$$

其中，$\hat{Y}_t^e \equiv Y_t^e / \bar{Y}$，将它替换式（14.92）中的因子 $U'_{Y\xi} \tilde{\xi}_t$，然后配方，便可以得到：

$$U(Y_t, \Delta_t; \xi_t) = \frac{1}{2} \bar{Y}^2 U_{YY} (\hat{Y}_t - \hat{Y}_t^e)^2 + U_\Delta \hat{\Delta}_t + \bar{Y} U_{Y\Delta} \hat{Y}_t \hat{\Delta}_t \tag{14.94}$$
$$+ \text{t. i. p.} + \mathcal{O}(\|\xi\|^3)$$

如果我们进一步假设在初始条件下有 $\hat{\Delta}_{t_0-1} = \mathcal{O}(\|\xi\|^2)$（在我们正在考虑的任何接近稳定的政策下，这个条件都能成立——至少是渐进地成立），那么从式（14.76）可以得出，对于所有的 t，都有 $\hat{\Delta}_t = \mathcal{O}(\|\xi\|^2)$。[②] 这样一来，我们就可以将与 $\hat{Y}_t \hat{\Delta}_t$ 成比例的项包含在 $\mathcal{O}(\|\xi\|^3)$ 阶的各项当中了，然后可以写出下式：

$$U(Y_t, \Delta_t; \xi_t) = \frac{1}{2} \bar{Y}^2 U_{YY} (\hat{Y}_t - \hat{Y}_t^e)^2 - \bar{v} \hat{\Delta}_t \tag{14.95}$$
$$+ \text{t. i. p.} + \mathcal{O}(\|\xi\|^3)$$

其中 $\bar{v} \equiv v(\bar{Y}; \bar{\xi}) > 0$。

然而，这仍然不是一个只使用内生变量 $\{\hat{Y}_t, \hat{\Delta}_t\}$ 的路径的一阶解就可以求出二阶目标的问题，因为 $\hat{\Delta}_t$ 中还存在着一个线性项。然而这个问题可以通过在式（14.63）的二阶近似中将 $\hat{\Delta}_t$ 替换为纯二次项来解决。对 $h(\Delta, \Pi)$ 进行泰勒展开可以得到：

$$\hat{\Delta}_t = \alpha \hat{\Delta}_{t-1} + \frac{1}{2} h_{\pi\pi} \pi_t^2 + \mathcal{O}(\|\xi\|^3) \tag{14.96}$$

其中

$$h_{\pi\pi} = \frac{\alpha}{1-\alpha} \theta (1+\omega)(1+\omega\theta) > 0$$

再一次，我在这里只考虑 $\hat{\Delta}_t$ 为 $\mathcal{O}(\|\xi\|^2)$ 阶的情况。在这种情况下，我们可以得到：

$$\sum_{t=t_0}^\infty \beta^{t-t_0} \hat{\Delta}_t = \frac{1}{2} \frac{h_{\pi\pi}}{1-\alpha\beta} \sum_{t=t_0}^\infty \beta^{t-t_0} \pi_t^2 + \text{t. i. p.} + \mathcal{O}(\|\xi\|^3) \tag{14.97}$$

[①] 这显然是一个特例，而且也是反事实的，但是我们在这里确实有很多理由考虑它。其中一个理由是，它提供了关于美元稳态中扭曲不太大（即 Ψ 很小）的经济体也会（至少是近似地）得到类似的结果的洞见，并具有可以让计算变得更简单的优点。另一个可能的理由是，正如 Rotemberg 和 Woodford（1997）所指出的那样，由于应该把纠正使稳态水平的经济活动效率低下的结构性扭曲视为其他方面的政策的任务，因此人们可能会希望为这种问题已通过其他途径得到解决的经济环境设计货币政策，而不是假设货币政策规则应根据其减轻平均产出水平的扭曲的能力来判断。

[②] 回想一下，式（14.76）是一个可以容纳 $\mathcal{O}(\|\xi\|^2)$ 阶残差的方程，它的一个二阶近似由式（14.96）给出。

其中,与 $\hat{\Delta}_{t_0-1}$ 成正比的各项都已经包括进了 t.i.p. 项中。将近似式(14.95)代入式(14.62),并用式(14.97)代替 $\hat{\Delta}_t$ 项之和,我们就可以得到:

$$U_{t_0} = \frac{1}{2} E_{t_0} \sum_{t=t_0}^{\infty} \beta^{t-t_0} \big[\bar{Y}^2 U_{YY} (\hat{Y}_t - \hat{Y}_t^e)^2 - (1 - \alpha\beta)^{-1} \bar{v} h_{\pi\pi} \pi_t^2 \big] + \text{t.i.p.} + \mathcal{O}(\|\xi\|^3)$$

$$(14.98)$$

这等于一个负常数乘以一个形如式(14.6)所示的损失函数的贴现值,其中与福利相关的产出缺口的定义是 $x_t \equiv \hat{Y}_t - \hat{Y}_t^e$, $x^* = 0$,同时产量缺口稳定目标的相对权重为:

$$\lambda = -\frac{(1 - \alpha\beta) \bar{Y}^2 U_{YY}}{\bar{v} h_{\pi\pi}} = \frac{\kappa}{\theta} > 0 \qquad (14.99)$$

其中,系数 κ 与式(14.78)中的系数是同一个。

对总供给关系式(14.78)进行对数线性化后,也可以将它写成像第 2 节中给出的式(14.7)一样的形式,其中的 x_t 是刚刚定义的与福利相关的产出缺口(在对成本推动项 u_t 给出了适当的定义的前提下)。不难注意到,既然有①:

$$\kappa(Y; \xi) = \mu^p \mu^w v_y(Y; \xi), \quad f(Y; \xi) = (1 - \tau) u_y(Y; \xi) Y$$

于是我们就可以得到:

$$(k'_\xi - f'_\xi) \tilde{\xi}_t = u_y^{-1} (v'_{y\xi} - u'_{y\xi}) \tilde{\xi}_t + \hat{\mu}_t^w + \hat{\tau}_t$$

其中, $\hat{\mu}_t^w \equiv \log(\mu_t^w / \bar{\mu}^w)$, $\hat{\tau}_t \equiv -\log(1 - \tau_t / 1 - \bar{\tau})$ 。

从上面这个式子,我们可以得到:

$$u'_\xi \tilde{\xi}_t = -\hat{Y}_t^e + (\omega + \sigma^{-1})^{-1} (\hat{\mu}_t^w + \hat{\tau}_t) \qquad (14.100)$$

将它代入式(14.78),我们就得到了一个与式(14.7)有相同形式的总供给关系,其中的 $x_t \equiv \hat{Y}_t - \hat{Y}_t^e$,而 u_t 则是 $\hat{\mu}_t^w + \hat{\tau}_t$ 的一个正倍数。②

因此在这种情况下,我们可以得到一个线性二次政策问题,其形式与我们在第 2 节中讨论的问题完全相同——只不过,由于在这里是从明确的微观基础出发的,这就为产出缺口 x_t 提供了一个精确的解释并为政策目标 x^* 提供了一个精确的值(该值等于零,因为稳定状态是有效率的),还为作为模型结构参数的损失函数式(14.6)中的相对权重 λ 提供了精确的取值,以及对成本推动项 u_t 给出了精确的解释。上述说明的含义归结到一起就是最优目标准则式(14.21)现在需要一个更加具体的形式:

$$\pi_t + \theta^{-1} (x_t - x_{t-1}) = 0 \qquad (14.101)$$

而且与在第 2 节中一样,目标准则同样可以等价地表示为式(14.23)的形式,只是其中的产出缺口调整价格水平现在的定义变成了:

$$\tilde{p}_t \equiv p_t + \theta^{-1} x_t \qquad (14.102)$$

其中, $p_t \equiv \log P_t$ 。

当然,这些结果是在许多简化假设下得到的。如果我们不假设价格的初始离散度很小

---

① 这里的"$\kappa(Y; \xi)$",原文为"$k(Y; \xi)$",疑有误,已改——译者注。

② 这里的"u_t",原文不是斜体的,疑有误,已改——译者注。

(因此 $\hat{\Delta}_{t_{n}-1}$ 是一阶非零的),那么在推导式(14.98)的过程中省略掉的好几项都必须恢复过来。然而,只要 $\hat{\Delta}_{t_0-1} = \mathcal{O}(\|\xi\|)$,我们就可以得到:

$$\hat{\Delta}_t \pi_t = \bar{\Delta}_t \pi_t + \mathcal{O}(\|\xi\|^3)$$

$$\hat{\Delta}_t \hat{Y}_t = \bar{\Delta}_t \hat{Y}_t + \mathcal{O}(\|\xi\|^3)$$

$$\hat{\Delta}_t^2 = \bar{\Delta}_t^2 + \mathcal{O}(\|\xi\|^3)$$

其中, $\bar{\Delta}_t = \hat{\Delta}_{t_0-1} \alpha^{t-t_0+1}$ 是一个确定性序列(即仅取决于初始条件)。在这里我再一次利用了式(14.76)可以容纳 $\mathcal{O}(\|\xi\|^2)$ 阶残差的事实。

在代入了这些之后,式(14.98)就变成了如下更一般的形式:

$$U_{t_0} = \frac{1}{2} E_{t_0} \sum_{t=t_0}^{\infty} \beta^{t-t_0} \left[\bar{Y}^2 U_{YY} (\hat{Y}_t - \hat{Y}_t^e)^2 - (1-\alpha\beta)^{-1} v h_{\pi\pi} \pi_t^2 + 2\bar{Y} U_{Y\Delta} \bar{\Delta}_t (\hat{Y}_t - \hat{Y}_t^n) \right.$$
$$\left. - 2(1-\alpha\beta)^{-1} v h_{\pi\Delta} \bar{\Delta}_t \pi_t \right] + \text{t.i.p.} + \mathcal{O}(\|\xi\|^3) \tag{14.103}$$

这等于一个贴现二次损失函数的一个负倍数。该贴现二次损失函数的形式为:

$$E_{t_0} \sum_{t=t_0}^{\infty} \beta^{t-t_0} (\pi_t^2 + \lambda x_t^2 + \gamma_\pi \bar{\Delta}_t \pi_t + \gamma_x \bar{\Delta}_t x_t) \tag{14.104}$$

其中, x_t 和 λ 在式(14.99)及其前面的正文中定义。其他符号的定义为:

$$\gamma_\pi \equiv \frac{2(1-\alpha)}{1+\omega\theta} > 0$$

$$\gamma_x \equiv \frac{2(1-\alpha)(1-\alpha\beta)}{\alpha} \frac{1}{\theta(1+\omega\theta)} > 0$$

在损失函数中加入这几项带来的一个结果是最优目标准则,即一般化后的式(14.21),包含了与 $\bar{\Delta}_t$ 和 $\bar{\Delta}_{t-1}$ 成比例的新增项,或者说(在线性近似的意义上)等价于 $\bar{\Delta}_t$ 和 $\bar{\Delta}_{t-1}$ 的新增项,如3.3中所论述的那样。

因为 $\bar{\Delta}_t$ 随 t 呈指数下降,新增的这几项也可以组合成单一的与 $\bar{\Delta}_t$、$\bar{\Delta}_{t-1}$ 或 $\bar{\Delta}_t - \bar{\Delta}_{t-1}$ 成比例的一个项。类似地,由于式(14.76)是一阶的,目标准则中这些新增项也可以简化为单一的与 $\bar{\Delta}_t$、$\bar{\Delta}_{t-1}$ 或 $\bar{\Delta}_t - \bar{\Delta}_{t-1}$ 成比例的一个项。于是,在最后的表达形式中,修正后的目标准则的形式就变成了:

$$\pi_t + \theta^{-1}(x_t - x_{t-1}) + \gamma \log(\Delta_t/\Delta_{t-1}) = 0$$

这也就相当于要求对于某个常数 p^*,有:

$$p_t + \gamma \log \Delta_t + \theta^{-1} x_t = p^*$$

最后得到的这个目标准则也是一个产出缺口调整价格水平目标。它与式(14.23)的区别在于所使用的价格指数不是 p_t,而是 $p_t + \gamma \log \Delta_t$。当然,这后一个量也只是另一个价格指数而已(即个别价格的另一个一次齐次函数的对数)。①

----

① 在 $\hat{\Delta}_{t_0-1} = \mathcal{O}(\|\xi\|^2)$ 的情况下,所有价格指数在一阶时都是一样的,因而在目标准则中使用哪一种并不重要。一般来说,当存在并非微不足道的相对价格差异时,以哪种价格指数为目标就很重要了。这个问题将在本章的4.2中进一步讨论。

本部分分析的另一个特殊的方面体现在零通货膨胀稳态是有效率的假设。接下来，我们就来考虑放松这一假设的后果。

3.4.2　稳态中扭曲较小的情形

对于 Ψ 不等于零的情形（Ψ 是对稳态产出水平的无效率性的度量），如果 Ψ 是 $\mathcal{O}(\|\xi\xi\|)$ 阶的——就像 Woodford（2003，第六章）所假设的那样[①]——那么上文的分析就只需要进行一个很小的修改。在这种情况下计算一个精确到一阶的解就意味着对于某个变量，比如说 π_t，有最优均衡动态：

$$\pi_t = \pi(\xi_t, \ldots; \Psi)$$

在任何给定的 Ψ 的值足够小的情况下，都可以用一个线性函数 $\pi_t = \alpha_\Psi \Psi + \alpha'_{\xi0} \tilde{\xi}_t + \cdots$ 来近似，可容纳的误差则是 $\mathcal{O}(\|\xi\|^2)$ 阶的。

在这个线性函数中，系数 $\alpha_{\xi0}$ 代表的是函数 $\pi(\cdot)$ 相对于元素 ξ_t 的偏导数，对于所有的 t 和 $\Psi = 0$，都能在 $\xi_t = \bar{\xi}$ 的稳态中求得。而系数 α_Ψ 则代表了该函数相对于 Ψ 的在相同的稳定状态下求得的偏导数。由此可见，系数 $\alpha_{\xi0}$ 与在假设 $\Psi = 0$ 的情况下进行计算时所能得到的是相同的。因此这里进行的扩展不用考虑扭曲的稳态对冲击的最优响应的后果（这将取决于高于一阶的项），而只需要考虑扭曲对相关变量（如通货膨胀）的平均值的影响。后一个问题是值得关注的，例如在考虑零通货膨胀稳态的无效率是不是最优稳态通货膨胀率不为零的原因的时候。

在这种情况下，$U_Y = \Psi_{u_Y} = \mathcal{O}(\|\xi\|)$，因此，式（14.92）中的 $\bar{Y}U_Y\hat{Y}_t$ 这一项仍然可以通过 $\hat{Y}_t$ 的解（该解只有一阶精度）进行精确到二阶的计算。[②] 再一次，前述用来替换 $U_\Delta\hat{\Delta}_t$ 项的方法就足以让我们得到二次福利目标了——只需要利用对数线性化的结构关系求解内生变量的路径，就可以求出二阶精度的福利目标。在这里，我们不能再忽略式（14.92）中的 $\bar{Y}U_Y\hat{Y}_t$ 项了，不过 $\bar{Y}U_Y\hat{Y}_t^2$ 项仍然可以忽略，因为它是 $\mathcal{O}(\|\xi\|^3)$ 阶的。最后在替换式（14.92）中的 $\bar{Y}U'_{Y\xi}\tilde{\xi}_t\hat{Y}_t$ 项时，重要的是要注意到式（14.93）现在需要取如下更一般的形式：

$$\bar{Y}U_{YY}\hat{Y}_t^e + U'_{Y\xi}\tilde{\xi}_t = -U_Y = -\Psi u_Y \tag{14.105}$$

在完成了这些替换之后，我们就再一次得到了式（14.94），尽管这里的 $U_Y \neq 0$。再一次，如果我们只关注满足 $\hat{\Delta}_{t_0-1} = \mathcal{O}(\|\xi\|^2)$ 的初始条件，那么还可以进一步化简，从而再一次得到近似的二次损失函数式（14.98）。

然而，如果我们希望产出缺口这个变量在零通货膨胀的稳定状态下等于零——Clarida 等（1999）所分析的情况就是如此——那么将产出缺口定义为 $\hat{Y}_t - \hat{Y}_t^e$ 就不再合适了。在 τ_t 和 μ_t^w 取它们各自的稳态值，但是所有其他扰动则均取由向量 ξ_t 定义的（时变的）值的情况下，

[①] 从技术的角度来说，这意味着为了确保我们对最优动态的近似描述的一定程度的准确性，除了要让外部扰动的振幅足够小，还必须使 Ψ 的值足够小。

[②] 这里有一点很重要，需要注意：在本节讨论的所有泰勒展开式中，展开都是围绕零通货膨胀稳态进行的，而不是围绕有效稳态分配进行的；$\hat{Y}$ 代表的是零通货膨胀稳态产出水平，而不是有效稳态产出水平。因而 $\hat{Y}_t$ 和 $\hat{Y}_t^e$ 等变量都是相对于 $\hat{Y}$ 来定义的，而不是相对于 Y_t^e 的稳态值来定义的。不过，当 $\Psi = 0$ 时，就没有必要对产出的稳态水平的这两种可能定义加以区分了。

如果我们将自然产出率 Y_t^n 视为有弹性的价格均衡下的产出水平[1](即每种商品的生产数量都是共同均衡水平),那么 Y_t^n 的定义隐式地由下式给出:

$$(1 - \bar{\tau}) u_y(Y_t^n; \xi_t) = \mu^p \bar{\mu}^w v_y(Y_t^n; \xi_t) \tag{14.106}$$

我们观察到,在零通货膨胀稳定状态下,$Y_t^n = \bar{Y}$,因此产出缺口的定义如下:

$$x_t \equiv \hat{Y}_t - \hat{Y}_t^n \tag{14.107}$$

其正好拥有我们想要的性质。此外,求式(14.106)的全微分,然后与式(14.105)比较,可以证明:

$$\hat{Y}_t^e = \hat{Y}_t^n + (- \bar{Y} U_{YY})^{-1} \Psi u_y + \mathcal{O}(\| \xi \|^2)$$

因此我们可以得到:

$$\hat{Y}_t - \hat{Y}_t^e = x_t - x^*$$

它可以容纳 $\mathcal{O}(\| \xi \|^2)$ 阶误差,其中有:

$$x^* \equiv - \frac{U_Y}{\bar{Y} U_{YY}} = \frac{\Psi}{\omega + \sigma^{-1}} + \mathcal{O}(\| \xi \|^2) \tag{14.108}$$

利用上面这个式子替代式(14.98)中的 $\hat{Y}_t - \hat{Y}_t^e$,我们就可以得到一个二次目标,它是一个形如式(14.6)的损失函数的一个负乘。现在 x_t 由式(14.107)定义,而 x^* 则由式(14.108)定义。不难注意到,x^* 的符号与 Ψ 相同(在那些有实际经验意义的情况下,符号为正),而且 x^* 随 Ψ 的增大而增大。此外,重复前面描述的推导式(14.100)的过程,我们可以发现,当 $\Psi = \mathcal{O}$ 时,式(14.100)仍然成立,只不过要用 $\hat{Y}_t^e$ 替代 $\hat{Y}_t^n$。由此,式(14.78)再一次简化成了一个形式与式(14.7)一样的总供给关系,不过现在,其中的产出缺口要用式(14.107)来定义,而成本推动项的定义仍一如3.4.1中的定义。

在这种情况下,如我们在第2节所阐明的,最优长期通货膨胀率为零,最优政策则再一次可以用像式(14.21)那种形式的目标准则来刻画,其系数不依赖于 x^*。因此,无论 Ψ 的(较小)值如何,最优目标准则可以再一次用式(14.101)给出。从第2节的结果可以看出,平均通货膨胀偏差(一阶)与 Ψ 成正比,且与 Ψ 同号。

3.4.3 稳态中扭曲较大的情形

如果与上文分析的情况相反,零通货膨胀的稳态产出水平的无效率程度(用 Ψ 衡量)是实质性的,那么就不能继续使用同样的方法了。为了得到一个能够利用内生变量的解在二阶精度上求解的二次目标(而用于内生变量的解只需精确到一阶),就必须通过对模型的一个或多个结构关系的二阶近似,用内生变量的纯二次函数替换形式为 $\bar{Y} U_Y \hat{Y}_t$ 的项,再加上一个可能包括独立于政策的项和/或 $\mathcal{O}(\| \xi \|^3)$ 阶项的残差。这要在消去形式为 $U_\Delta \hat{\Delta}_t$ 的线性项之前完成。通过计算如式(14.68)所示的拉格朗日量的二阶泰勒展开,而不是代表性家庭的期望效用函数的二阶泰勒展开,就可以做到这一点,不仅在当前的模型中如此,而且在相当普遍的情况下也是如此——正如 Benigno 和 Woodford(2008)所阐明的。更具体地说,对于

---

[1] 详见 Woodford(2003,第六章)的内容,在那里有进一步的讨论。

内生变量 $\{Y_t, Z_t, \Delta_t\}$ 的某个任意指定的演化路径,只要这些变量永远足够接近其稳态值,我们就只需要在各拉格朗日乘数在任何时候都等于其稳态值 $(\bar{\theta}, \bar{\Theta})$ 的假设下,计算出对式 (14.68)的二阶近似。

不难注意到,在任何与结构关系一致的内生变量的演化路径上,拉格朗日量都等于期望效用。因此,对拉格朗日量的二阶近似就代表了内生变量的这样一个二次函数:在任何可行的政策中,它都等于预期效用,只是容纳了一个 $\mathcal{O}(\|\xi\|^3)$ 阶的误差。因此,它是一个同样合适的二次目标,就像之前从期望效用目标的泰勒展开式中得到的一样,而且它还有一个很大的优点,即不存在非零线性项,这正是因为(如前所述)零通货膨胀稳态满足了通过对式 (14.68)取微分而得到的稳态版本的一阶条件。这种方法同时还解决了 $U_\Delta \hat{\Delta}_t$ 项的问题(以一种与以前使用的方法相同的方式)和 $\bar{Y}U_Y \hat{Y}_t$ 项的问题。

在这种方法下,我们寻求的二次目标是各二次项的期望贴现和其在每一个时期的贡献都由如下函数的二阶泰勒级数展开式中的二次项给出:

$$L(Y_t, Z_t, \Delta_t, \Delta_{t-1}; \bar{\theta}, \bar{\Theta}, \bar{\Theta}; \xi_t)$$

此外,在我们假设 $\hat{\Delta}_{t_0-1} = \mathcal{O}(\|\xi\|^2)$ 的情况下,所有涉及 $\hat{\Delta}_t$ 或 $\hat{\Delta}_{t-1}$ 的二次项都是 $\mathcal{O}(\|\xi\|^3)$ 阶的,因此是可以忽略的。在这种情况下,只需计算如下函数的泰勒级数展开式中的二次项就足够了。

$$\hat{L}(Y_t, Z_t; \xi_t) \equiv L(Y_t, Z_t, 1, 1; \bar{\theta}, \bar{\Theta}, \bar{\Theta}; \xi_t)$$

上式中的 $L(\cdot)$ 是式(14.69)中定义的函数,同时 $(\bar{\theta}, \bar{\Theta})$ 则为本章 3.3 中描述的稳态乘数。

不难注意到,我们可以将上式重写为:

$$\hat{L}(Y, Z; \xi) = \hat{L}_1(Y; \xi) + \hat{L}_2(Z)$$

其中

$$\hat{L}_1(Y; \xi) \equiv U(Y, 1; \xi) + \bar{\Theta}'z(Y; \xi)$$

$$\hat{L}_2(Z) \equiv \bar{\theta}[\bar{h}(1, K/F) - 1] - \bar{\Theta}'Z + \alpha\bar{\Theta}'\Phi(Z)$$

从我们之前的定义式(14.87)可以得出,对于任何扰动向量 ξ_t,函数 $\hat{L}_1(Y; \xi_t)$ 都在 $Y = Y_t^*$ 处有一个临界点。因此 $\hat{L}_1(Y; \xi_t)$ 的泰勒展开式中的二次项等于 $\frac{1}{2}\bar{Y}^2(U_{YY} + \bar{\Theta}'z_{YY})(\hat{Y}_t - \hat{Y}_t^*)^2$。

而 $\hat{L}_2(Z_t)$ 的泰勒展开式的二次项则由下式给出:

$$\frac{1}{2}\bar{\theta}\bar{h}_{22}(\hat{K}_t - \hat{F}_t)^2 + \frac{\alpha}{2\bar{K}}\hat{Z}_t'M\hat{Z}_t$$

$$= \frac{1}{2}\bar{\theta}\bar{h}_{22}(\hat{K}_t - \hat{F}_t)^2 + \frac{\alpha m}{2\bar{K}}(\hat{K}_t - \hat{F}_t)^2$$

其中, $\bar{h}_{22}$ 是 $\bar{h}$ 对其第二个参数的二阶偏导数——在稳态值(1,1)处求得——M 则是与式 (14.80)中的矩阵相同的一个矩阵,不过其中的第二行使用了式(14.81)。利用式(14.77),可以将前面的表达式改写为 π_t^2 的一个负倍数,最高可容纳一个 $\mathcal{O}(\|\xi\|^3)$ 阶的误差。[1] 将

---

[1] 见 Benigno 和 Woodford(2005a)的研究,他们在研究中证明该系数为负。

$\dot{L}_1(Y_t;\xi_t)$ 和 $\dot{L}_2(Z_t)$ 的泰勒展开式的结果结合起来,我们就可以得到一个等于式(14.6)的负倍数的二次目标,不过其中的产出缺口现在定义为 $x_t \equiv \hat{Y}_t - \hat{Y}_t^*$,且 $x^* = 0$。[①]

Benigno 和 Woodford(2005a)证明,对产出缺口稳定目标的相对权重由下式给出:

$$\lambda \equiv \frac{\kappa}{\theta}\left\{1 - \frac{\Psi\sigma^{-1}s_G/(1-s_G)}{(\omega+\sigma^{-1})[\omega+\sigma^{-1}+\Psi(1-\sigma^{-1})]}\right\} \qquad (14.109)$$

其中,$s_G \equiv \bar{G}/\bar{Y}$ 是政府消费在稳态产出中所占的份额。不难注意到,无论是在 $\Psi = 0$(稳定状态的产出水平是有效率)的时候,还是在 $s_G = 0$(稳定状态下不存在政府购买)的情况下,它都会简化为以前发现的如式(14.99)所示的同样的值。同样地,在 $\Psi = \mathcal{O}(\parallel\xi\parallel)$ 的情况下,根据我们在 3.4.2 中所得到的结论,λ 等于式(14.99)中给出的一阶精确的值(那也是与精确到二阶的均衡福利排序有关的全部东西)。

根据这个产出缺口的定义,式(14.78)再一次取了式(14.90)的形式,其中成本推动项 u_t 的定义如式(14.91)所示。因此,二次损失函数和对数线性总供给关系均采用了第 2 节中所假设的形式。由此可知,最优政策具有如式(14.21)所示形式的目标准则,其中 $x_t \equiv \hat{Y}_t - \hat{Y}_t^*$,而且 $\phi = \lambda/\kappa$,κ 的定义在式(14.79)中给出,λ 的定义在式(14.109)中给出。这也是本章 3.3 中描述的最优政策的目标准则的形式。这里需要注意的是,如 3.4.1 中所述,只有在 $\Psi = 0$(如前面所假设的)或 $s_G = 0$ 的情况下,才有 $\phi = \theta^{-1}$。如果 $0 < \Psi < 1$ 且 $0 < s_G < 1$,那么由式(14.109)可知,最优目标准则中有 $\phi < \theta^{-1}$,它甚至有可能是负数(如下文将要讨论到的),尽管这需要参数取一些不太现实的值。

3.5 最优性的二阶条件

在前面的分析中,我们一直假设一阶条件的一个解对应于经济的一个最优演化路径。为了表示最优解,必须使拉格朗日量最大化,而这就要求拉格朗日量是局部凹的,或者更准确地说,它必须在与结构方程相一致的内生变量的路径集上是局部凹的(尽管在这个集合之外不一定必须是凹的)。这一点可以用拉格朗日量的二阶泰勒级数展开来验证,而且这种二阶泰勒级数展开恰恰包含了与在我们对一阶条件的线性近似中已经出现过的系数完全相同的系数。[②]

Benigno 和 Woodford(2005a)证明,对于这里考虑的模型,如式(14.68)所示的拉格朗日量(在与模型结构关系相一致的路径集上)靠近最优稳态时是局部凹的,当且仅当模型参数能够使得下式成立时:

[①] 人们可能想知道,为什么即便产出的稳态水平是无效率的,也会有 $x^* = 0$? 这是因为既然在零通货膨胀稳定状态下有 $Y_t^* = \hat{Y}$,如果保持了平均为零的通货膨胀率,即用一个常数去获得一个平均为零的产出缺口,就像我们对 Ψ 值很小的情况的处理那样,那么就没有必要去修改产出缺口的定义了。因为 Y_t^* 所最大化的是拉格朗日量(对于给定的向量 ξ_t),而不是效用函数,所以平均而言,产出的目标水平要低于产出的有效率水平 Y_t^e。

[②] 请参阅 Benigno 和 Woodford(2008)以及 Giannoni 和 Woodford(2010)的研究,他们给出了一类更一般的最优政策问题的拉格朗日量局部凹性的代数条件。

$$\lambda > - \frac{\kappa^2}{(1+\beta^{1/2})^2} \qquad (14.110)$$

其中,λ 在式(14.109)中定义。在 $\lambda>0$ 的情况下,上文导出的拉格朗日量的二次近似很显然是凹的(它可以是一个常数;它是一个凸函数的负倍数,而这个凸函数之所以是凸的,是因为它是一个平方和)。即便 $\lambda<0$,这个拉格朗日量也仍然是凹的,只要 λ 不是一个太大的负数。这是因为不可能在改变产出缺口路径的同时不改变通货膨胀路径(如果我们只考虑与总供给关系一致的路径的话)。如果 λ 只是温和的负增长,那么损失函数式(14.6)在通货膨胀中的凸性就足以确保整个函数在与总供给关系相一致的路径集上是凸的(这样就可以使得对拉格朗日量的二阶近似是凹的,而拉格朗日量本身是局部凹的)。

式(14.109)意味着,除非 Ψ 和 s_G 都是相当大的(小于 1 的)分数,否则 λ 必定是正的,而且除非 λ 是足够大的负数,否则二阶条件式(14.110)就不会被违反,因此拉格朗日量至少是局部凹的(除了参数的取值相当极端的情况)。例如只要 $s_G<1/2$,我们就可以证明 $\lambda>0$,其他参数取任何值都没有影响。因此,在对这个特定模型的有实证上的现实意义的校准下,二阶条件不能满足的情况不太可能出现。然而值得注意的是,尽管如此,这种失败还是可能发生在与我们一般假设相一致的参数值下。[①]

当式(14.110)未能得到满足时,一阶条件的解实际上也不是最优均衡演化。例如,即便在不存在随机扰动的情况下,这时的稳态也不是最优均衡。只使用纯局部方法是不可能说明什么是最优均衡的,但是局部分析也足以表明,例如产出和通货膨胀路径的某种(幅度足够小的)随机化可以以一种增加预期效用的方式引进来,正如 Dupor(2003)在一个更简单的新凯恩斯主义模型中最早证明的那样。之所以如此,是因为在某些特定的情况下,当对自己的产品需求不确定的时候,企业可能会倾向于设定一个较低的价格(相对于它们为消费者提供产品的预期边际成本而言),即比它们的产品销量更可预测时要低一些[②],而这反过来又会导致均衡时产出的平均水平更高。因此,在稳态产出水平的无效率程度足够高(即 Ψ 足够大)的情况下,提高平均产出水平对福利的影响可能会大于更可变的产出和更大的价格离散程度所造成的损失。尽管如此,虽然从技术上看是可能的,但是这个例子似乎不太可能具有实际意义。

3.6　什么时候价格稳定是最优的?

一般来说,第 2 节提出的模型意味着在稳定通货膨胀和稳定产出缺口之间存在着一种权衡,因此最优政策不会是一味以稳定通货膨胀率为目标的。相反,为了提高产出缺口的稳定

[①] 固定 α、β、ω、σ、θ 的值,以及任何满足 $0<\Psi<1$ 的值,我们可以证明任何足够接近于 1 的 s_G 值都意味着 λ 是一个足够大的负值,从而违反了式(14.110)。

[②] 这就要求企业在低需求状态下更关心自己的销量是不是太少了(他们当然用不着在高需求时关心销量是不是太多了)。如果 s_G 的值足够接近 1,那么这种结果就会出现。因为在这种情况下,相对于总需求 Y_t 的变化,私人消费 $G_t - Y_t$ 的弹性将会非常大,这是由代表性家庭的收入的边际效用相对于总需求的变化的高弹性带来的结果。在需求最低的状态下,企业股东对额外收入的重视程度是非常高的,这个事实会促使企业谨慎行事,不设定相对于工资以及经济中的其他价格来说过高的价格。

性,应该接受通货膨胀率适度的(和相对短暂的)变化。然而,现实世界中实际的经济扰动究竟会在多大程度上导致稳定通货膨胀目标与稳定产出缺口目标之间的紧张关系取决于扰动的具体性质。在第 2 节使用的表示法中——那个追随了 Clarida 等(1999)的方法——只有当一个外生扰动确实属于用式(14.7)中的 u_t 项表示的那种成本推动型扰动的范围的时候,才能允许它影响通货膨胀率。因此,对真实的扰动应该在何种程度上影响这一项的值进行理论分析具有相当重要的意义。

在分析假设产出的稳态水平是有效率的情况下能够得到一个很强的结论:式(14.7)中的 u_t 项是 $\hat{\mu}_t^w + \hat{\tau}_t$ 的正倍数。而在工资加成或税率中不存在波动的情况下,零通货膨胀率是最优的,因为一个能够在所有时间内都实现零通货膨胀的政策必定也能在所有时间内都实现 $\hat{Y}_t = \hat{Y}_t^e$,从而在所有时间内都实现零产出缺口(在与福利有关的意义上)。然而,只有在假设 $\Psi = 0$ 的前提下,这才是完全正确的。在更符合现实的情况下,正如 Benigno 和 Woodford(2005a)所证明的,我们必须假设 $\Psi > 0$,这时大多数真实的扰动都会带来某种非零成本的推动效应。

而且,即便在 $\Psi > 0$ 时,也存在着一个特殊情况,即完全价格稳定仍然是最优的。假设不存在政府采购(即 $\bar{G} = 0$,再加上政府采购没有任何变化),而且扭曲系数 μ_t^w 和 τ_t 永远保持在它们的稳态值水平上,那么在这种情况下[1],我们可以得到:

$$f_Y(Y;\xi) = (1 - \sigma^{-1})(1 - \bar{\tau})u_y(Y;\xi), \quad k_Y(Y;\xi) = (1 + \omega)\mu^p\bar{\mu}^w v_y(Y;\xi)$$

而且式(14.87)可以化简为:

$$[1 + \bar{\Theta}_1(1 - \sigma^{-1})(1 - \bar{\tau})]u_y(Y_t^*;\xi_t) = [1 + \bar{\Theta}_1(1 + \omega)\mu^p\bar{\mu}^\omega]v_y(Y_t^*;\xi_t) \quad (14.111)$$

这样一来,既然

$$\bar{\Theta}_1 = \frac{\Psi}{(\sigma^{-1} + \omega)(1 - \bar{\tau})} = -\bar{\Theta}_2$$

那么定义 Y_t^w 的条件就可以化简为:

$$(1 - \Psi)u_c(Y_t^*;\xi_t) = v_Y(Y_t^*;\xi_t) \quad (14.112)$$

将式(14.112)与式(14.106)进行比较,就可以得出 $Y_t^* = Y_t^n$ 的结论。因为 Y_t^* 和 Y_t^n 的变化都与 Y_t^e 的变化严格成正比,而且两者都比 Y_t^e 小相同的百分比。由此可知,$u_t = 0$ 而且完全价格稳定将是最优的。这就解释了 Khan 等(2003)的数值结果——根据他们的数值结果,使用货币政策来防止技术冲击对价格水平的路径产生任何影响是最优的。[2]

然而,一旦我们允许非零的政府购买存在,$f_Y(Y;\xi)$ 就不再是 $u_y(Y;\xi)$ 的一个常数倍数了。我们必须把式(14.87)改写为:

$$u_y(Y_t^*;\xi_t) + \bar{\Theta}_1 f_Y(Y_t^*;\xi_t) = [1 + \bar{\Theta}_1(1 + \omega)\mu^p\bar{\mu}^\omega]v_y(Y_t^*;\xi_t) \quad (14.113)$$

---

[1] 需要注意的是,这个推导依赖于对效用函数和生产函数的形式都是等弹性的这个特殊的函数形式假设。更一般地说,当 $\Psi > 0$ 时,即便在所有时间都有 $G_t = 0$,Y_t^w 与 Y_t^n 之间的等价性也将不再成立,并且所有真实的扰动都会产生成本推动效应,从而导致严格的价格稳定次优。

[2] 这里给出的结果是在卡尔沃式交错价格调整假设下推导出来的,但是我们可以证明,同样的结论在更一般的关于价格重新评估的概率随自上一次评估以来的时间而变化的方式的假设下也成立。请参阅 Benigno 和 Woodford(2004)以及 Khan 等(2003)的研究。关于放宽卡尔沃假设时的最优政策的讨论,请参见本章的 4.1.1。

它不能再简化为式（14.111），于是只能化简为式（14.112）。G_t 的外生增长使 f_Y 增长的幅度要小于使 u_y 增长的幅度。因此，Y_t^* 随政府购买而增长的幅度要小于 Y_t^n 随政府购买而增长的幅度，而且 $u_t \equiv \kappa(\hat{Y}_t^* - \hat{Y}_t^n)$ 在政府购买增加时会下降。在这种情况下，政府购买具有负面的（有利的）成本推动效应，因此最优做法是，作为对冲击的反应，略微降低通货膨胀率以抑制产出的扩张——即使产出的减少与价格稳定一致的政策下的一样多。这就再一次解释了 Khan 等（2003）的那项研究中的数值结果。

如果我们从 $\bar{G} > 0$ 的稳态着手进行分析（当然这更符合现实的情况），那么其他真实的扰动也会产生成本推动效应。如果 $\bar{G} > 0$，那么 Y_t 的增加并不会使 u_y 的下降与 f_Y 的减少成比例。因此，式（14.113）作为 Y 的减函数，并不会像式（14.111）的左侧那样急剧下降。由此可知，在发生了生产率扰动 A_t 的情况下 —— 这种扰动会改变 $v_y(Y)$，但是不会影响 $u_y(Y)$ 或 $f_Y(Y)$ —— 式（14.113）的解（也就是说 Y_t^*）的变化将会超过式（14.111）的解（如前所述，它就是 Y_t^n）的变化。因此，正向的技术冲击使 Y_t^* 增加的幅度要大于使 Y_t^n 增加的幅度。也就是说，这种冲击具有正向的成本推动效应，从而使得以暂时提高通货膨胀率来应对冲击是可取的。对于偏好因素 $\bar{H}_t$ 或 $\bar{C}_t$ 的冲击，我们也可以得出类似的结论。当然，所有这些效应都只有在政府购买占据了产出的很大一部分的时候（因而 f_Y 和 u_y 的弹性相差很大），而且稳态中的扭曲也很大的时候，才有可能是实质性的并且在定量上有意义。因此 $\bar{\Theta}_1$ 显著不等于零，从而式（14.111）与式（14.113）之间的差异不再是微不足道的。

还有许多其他原因可以解释为什么维持总体价格指数的完全稳定不太可能代表着一个最优政策。不过，在本节讨论的模型中，这些因素都被抽象掉了。特别是，一旦我们允许工资也像价格一样具有黏性，或者允许不同部门之间存在不对称性，那么对一个只涉及价格（而不涉及工资）并且平等地衡量所有部门的价格指数的完全稳定政策就不太可能是最优的。所有这些都会导致问题变得更加复杂，我们将在接下来的第 4 节中讨论它们带来的一些后果。

4. 基本模型的推广

上一节中所使用的新凯恩斯主义基本模型有许多特殊性质，它们是用来说明一些基本的分析方法以及引入一些具有更广泛的重要意义的主题的。本节要讨论的是，从基本模型中得到的这些特定结果能够在多大程度上扩展到更一般的模型类型。

4.1 价格调整的各种模型

第 3 节所处理的模型的一个特殊性质体现在，它使用了交错价格调整的卡尔沃-云框架。对于这个模型，可以考虑从两个方面进行扩展。首先，它假设企业在任何时期重新考虑其定价政策的概率与上次对商品定价进行评估以来的时间长短无关。其次,它假设每个供给者在可以重新评估定价政策的时候都会选择某个固定的名义价格,而不会选择某种根据市场情况定期修订价格的、更加复杂的政策(比如说非恒定的价格变化路径或者采用价格指数化规则)。因此在本节中,我回顾了现有研究中放松这两个假设后得到的一些结果。

我将集中讨论基于福利的最优政策分析是如何随着对价格调整机制的不同设定而改变的,并继续假设政策的目标是最大化代表性家庭的预期效用,而不是假设存在某个像式(14.7)那样的特别专设的稳定目标——当菲利普斯曲线权衡的模型发生变化时,式(14.7)所指的政策保持不变。[1] 选择这个话题的其中一个原因恰恰就是要证明第 3 节中为形如式(14.6)的损失函数给出的基于福利的理论理由并不能原封不动地扩展到从实证角度来看可能更加现实的各种总供给设定。但本节还有另一个重要的主题,那就是关于最优政策的特征的一些结论对于价格调整动态的设定的变化有很高的稳健性。在下文讨论的多个案例中,最优目标准则的形式——包括所涉及的精确数值系数以及产出缺口的相关定义——在价格调整模型参数化的变化下保持不变。这个事实进一步证明了根据目标准则来制定中央银行的政策承诺的可取性(而不是根据其他可能的对未来政策规划的描述来制定)。

在本节中,为了简化分析,我将只考虑如下情形:产出的稳态水平是有效率的(如 3.4.1 中所述),而且 $\hat{\Delta}_{t_0-1} = \mathcal{O}(\parallel\xi\parallel^2)$,从而使得式(14.95)成立。如果我们进一步假设每个(对数)相对价格 $\log[p_t(i)/P_t]$ 都是 $\mathcal{O}(\parallel\xi\parallel)$ 阶的[2],那么我们就可以利用如下近似:

$$\hat{\Delta}_t = \frac{1}{2}\theta(1+\omega)(1+\omega\theta)\,\mathrm{var}_i\log p_t(i) + \mathcal{O}(\parallel\xi\parallel^3)$$

来证明:

$$U(Y_t,\Delta_t;\xi_t) = \frac{1}{2}(1+\omega\theta)\bar{Y}u_y[\zeta x_t^2 + \theta\,\mathrm{var}_i\log p_t(i)] + \mathrm{t.\,i.\,p.} + \mathcal{O}(\parallel\xi\parallel^3)$$

其中 $x_t \equiv \hat{Y}_t - \hat{Y}_t^e$,且

$$\zeta \equiv \frac{\sigma^{-1}+\omega}{1+\omega\theta} > 0$$

是实际刚性程度的一个度量。请注意,价格 p_t^{opt} 是由如下关系式隐式地定义的[3]:

$$\Pi_1(p_t^{\mathrm{opt}},p_t^{\mathrm{opt}},P_t;Y_t,\xi_t) = 0$$

或者表示为:

$$\frac{p_t^{\mathrm{opt}}}{P_t} = \left[\frac{k(Y_t;\xi_t)}{f(Y_t;\xi_t)}\right]^{\frac{1}{1+\omega\theta}}$$

---

[1] 后一种做法是相当常见的,特别是在政策机构的研究中。但是这些研究并没有提出新的方法论问题,因此我在这里不会试图评述从对目标和约束的多种可能设定的不同组合中可能获得的各种结果。

[2] 如果我们只考虑对于所有 t,政策都是 $\pi_t = \mathcal{O}(\parallel\xi\parallel)$ 的情况,那么假定我们从这样一个初始条件出发,对于所有的 t,相对价格确实都将会是 $\mathcal{O}(\parallel\xi\parallel)$ 阶的。在下个部分考虑的每一个例子中,最优稳态通货膨胀率均保持为零,所以在最优政策下,对于所有的 t,都有 $\pi_t = \mathcal{O}(\parallel\xi\parallel)$。

[3] 这个关系定义了在时间 t 上(想象的)拥有完全价格弹性的部门的产业均衡价格。参见 Woodford(2003,第三章)对参数 ζ 的解释和重要意义的进一步讨论。请注意,它是经济的一个特征,独立于关于名义刚性的程度或性质的任何假设。

因此该价格可以用下式一阶逼近：

$$\log p_t^{opt} = p_t + \zeta x_t + \hat{\mu}_t \tag{14.114}$$

其中

$$\hat{\mu}_t \equiv (1 + \omega\theta)^{-1}(\hat{\mu}_t^w + \hat{\tau}_t)$$

是组合扭曲因子。这也就解释了系数 ζ 的重要性。

由此可见，只要最小化了以下形式的损失函数，就实现了福利的（二阶近似）最大化：

$$E_{t_0}\sum_{t=t_0}^{\infty}\beta^{t-t_0}\left[\zeta x_t^2 + \theta\mathrm{var}_i\log p_t(i)\right] \tag{14.115}$$

在卡尔沃定价的情况下，这个损失函数与式（14.6）成正比，但是在关于价格调整动态的其他假设下，价格离散程度与通货膨胀之间有着不同的联系，因此基于福利的损失函数依赖通货膨胀的方式也会有所不同。

4.1.1 结构性通货膨胀惯性

价格调整的卡尔沃-云模型使得第 3 节中讨论的模型动态具有高度可处理性，但是它也有一些不那么有吸引力的含义。特别是它产生了一个纯前瞻性的对数线性总供给关系式（14.78），其意味着过去的通货膨胀和过去的实际经济活动对存在于某一特定时间点的通货膨胀—产出权衡没有任何影响。然而，在现实世界中，经验上的总供给关系往往涉及某种程度的结构性通货膨胀惯性，也就是说，最近一段时间较高的通货膨胀水平会使从今往后与实际经济活动的给定路径相关的通货膨胀率更高。[①]

事实上，正如 Wolman(1999)、Dotsey(2002) 和 Sheedy(2007) 等的研究所表明的那样，如果放弃卡尔沃模型关于重定价格的概率与原价持续时间无关的假设，那么先前所考虑的那种最优价格设定模型就可能意味着通货膨胀惯性。相反，如果假设价格越"老"越有可能被重新评估（这个假设似乎更有道理[②]），那么当最近的通货膨胀率高于平均水平，"老"价格相对于平均价格来说会特别低，因此调整之后的价格的平均增幅将会更大。当过去的通货膨胀率较高时，这种机制会使总体通货膨胀更高，而不管根据何种给定的假设来确定新修订的价格相对于当前价格的平均水平应该怎么定（当前价格取决于实际边际成本，进而依赖于产出缺口，以及对从现在开始的通货膨胀预期）。

以下这个例子取自 Sheedy(2007) 的研究，它在描述总量动力学时所需的状态空间相对较小。考虑卡尔沃模型的一个扩展版本，在每个时间点上，在第 j 个时期之前定价并将原价持续用至当前时期的那些价格在所有价格中所占的比例 θ_j 由式（14.116）给出。对于任意整数 $j \geq 0$，有：

$$\theta_j = \frac{(1-\alpha_1)(1-\alpha_2)}{\alpha_1 - \alpha_2}(\alpha_1^{j+1} - \alpha_2^{j+1}) \tag{14.116}$$

其中

$$0 \leqslant \alpha_2 < \min(\alpha_1; 1-\alpha_1) < 1$$

---

① 见 Fuhrer(2010) 关于这个问题的文献综述。
② Wolman(1999) 认为，这种模型可以说是对 Dotsey 等(1999) 分析的状态依赖定价模型所隐含的动态的一种近似。

在某个价格已经持续了 j 个时期的前提条件下,它将继续沿用另一个时期的概率 θ_j/θ_{j-1} 必定小于 1,而且不会随 j 的增加而递增。卡尔沃模型只是一个从属于此类模型的特例——在卡尔沃模型中有 $\alpha_2 = 0$,每个时期不重新定价的概率是 $\theta_j/\theta_{j-1} = \alpha_1$,它独立于 j。与此相反,当 $\alpha_2 > 0$ 时,每个时期重新定价的概率就会是 j 的一个增函数。这与第 3 节中给出的模型类似,让我们假设某种商品的价格将会一直沿用下去,直到在某个随机的时期该商品需要重新定价为止。

如果我们继续保持第 3 节中给出的所有其他假设——在每个时期 t 评估自己产品的价格的企业都面临着同样的优化问题,并且会选择相同的价格 p_t^*,那么最优选择将再一次由式(14.50)给出,只不过,我们现在要定义:

$$F_t \equiv E_t \sum_{T=t}^{\infty} \beta^{T-t} \theta_{T-t} f(Y_T;\xi_T) \left(\frac{P_T}{P_t}\right)^{\theta-1}$$

$$K_t \equiv E_t \sum_{T=t}^{\infty} \beta^{T-t} \theta_{T-t} k(Y_T;\xi_T) \left(\frac{P_T}{P_t}\right)^{\theta(1+\omega)}$$

来扩展以前的式(14.51)—式(14.52)。对这个关系式围绕其零通货膨胀稳态进行对数线性化(无论 α_1 和 α_2 的值是什么,零通货膨胀仍然是最优稳定状态),我们就可以得到:

$$\log p_t^* = \sum_{j=0}^{\infty} \omega_j E_t(\log p_{t+j}^{\text{opt}}) \tag{14.117}$$

其中,对于每一个 $j \geq 0$,都有:

$$\omega_j \equiv \frac{\beta^j \theta_j}{\sum_{i=0}^{\infty} \beta^i \theta_i}$$

迪克西特-斯蒂格利茨价格指数的对数则由下式给出:

$$p_t = \sum_{j=0}^{\infty} \theta_j \log p_{t-j}^* \tag{14.118}$$

当序列 $\{\theta_j\}$ 由式(14.116)给出时,式(14.118)意味着价格指数必定满足如下形式的差分方程:

$$(1 - \alpha_1 L)(1 - \alpha_2 L) p_t = (1 - \alpha_1)(1 - \alpha_2) \log p_t^* \tag{14.119}$$

同时式(14.117)则意味着 $\{p_t^*\}$ 必定满足如下期望差方程:

$$E_t \left[(1 - \alpha_1 \beta L^{-1})(1 - \alpha_2 \beta L^{-1}) \right] \log p_t^* = (1 - \alpha_1 \beta)(1 - \alpha_2 \beta) \log p_t^{\text{opt}} \tag{14.120}$$

在式(14.120)中,用式(14.119)替换 $\log p_t^*$,用式(14.114)代替 $\log p_t^{\text{opt}}$,就可以证明,通货膨胀率必定满足以下形式的总供给关系:

$$\pi_t - \gamma_{-1} \pi_{t-1} = \kappa x_t + \gamma_1 E_t \pi_{t+1} + \gamma_2 E_t \pi_{t+2} + u_t \tag{14.121}$$

其中,外生扰动 u_t 是 $\hat{\mu}$ 的一个正倍数,同时与第 3 节中的模型一样,各系数满足 $\kappa > 0$,$\gamma_{-1} + \gamma_1 + \gamma_2 = \beta$,只不过现在 γ_{-1} 的定义为:

$$\gamma_{-1} = \frac{\alpha_1 \alpha_2}{(1 + \alpha_1 \alpha_2 \beta)(\alpha_1 + \alpha_2) - \alpha_1 \alpha_2} \geq 0$$

如果 $\alpha_2 > 0$(因此价格调整的可能性会随原价持续时间的增加而增加),那么 γ_{-1} 是一个正的系数(说明存在结构性通货膨胀惯性)。[①]

现在让我们考虑一下这种扩展对最优政策的影响。对价格调整模型的这种修正意味着基于福利的稳定目标也会发生变化,因为要将目标改写成总体价格指数的演变的函数,而不是单个价格的离散度的函数。对指数价格离散度的二阶近似 $\delta_t \equiv \mathrm{var}_i \log p_t(i)$ 的演变服从如下运动定律:

$$(1 - \alpha_1 L)(1 - \alpha_2 L)\delta_t = (1 - \alpha_1)(1 - \alpha_2)(\log p_t^*)^2 - (1 - \alpha_1 L)(1 - \alpha_2 L)p_t^2$$

这是由于我们对不同的原价持续时间修订价格的概率的假设所致。

乘以 β^{t-t_0} 并求和,我们就可以得到:

$$\sum_{t=t_0}^{\infty} \beta^{t-t_0} \delta_t = \Gamma \sum_{t=t_0}^{\infty} \beta^{t-t_0}(\log p_t^*)^2 - \sum_{t=t_0}^{\infty} \beta^{t-t_0} p_t^2 + \mathrm{t.i.p.} + \mathcal{O}(\|\xi\|^3) \qquad (14.122)$$

其中

$$\Gamma \equiv \frac{(1 - \alpha_1)(1 - \alpha_2)}{(1 - \alpha_1 \beta)(1 - \alpha_1 \beta)}$$

注意 $0 < \Gamma < 1$。用这个结果替换式(14.115)中 δ_t 项的贴现和,就可以得到如下形式的二次目标:

$$E_{t_0} \sum_{t=t_0}^{\infty} \beta^{t-t_0} \left[\zeta x_t^2 + \theta \Gamma (\log p_t^*)^2 - \theta p_t^2 \right] \qquad (14.123)$$

它只涉及变量 $\{x_t, p_t^*, p_t\}$ 的路径。此外,因为式(14.114)和式(14.117),$\{p_t^*\}$ 的演化完全依赖于变量 $\{x_t, p_t\}$ 和外生扰动的路径。因此稳定目标可以表示为变量 $\{x_t, p_t\}$ 的路径的二次函数,而不用涉及其他内生变量。

对于在式(14.119)和式(14.120)的约束下最小化式(14.123)这个问题,如果写出它的拉格朗日表达式,那么我们就可以得到如下一阶条件方程组:

$$x_t - (1 - \alpha_1 \beta)(1 - \alpha_2 \beta)\varphi_t = 0 \qquad (14.124)$$

$$\theta p_t + (1 - \alpha_1 \beta)(1 - \alpha_2 \beta)\varphi_t + E_t[\gamma(\beta L^{-1})\Psi_t] = 0 \qquad (14.125)$$

$$\theta \Gamma \log p_t^* + (1 - \alpha_1)(1 - \alpha_2)\Psi_t + \gamma(L)\varphi_t = 0 \qquad (14.126)$$

其中,Ψ_t 是与约束式(14.119)相关联的拉格朗日乘数,φ_t 是与约束式(14.120)相关联的拉格朗日乘数,同时

$$\gamma(L) \equiv (1 - \alpha_1 L)(1 - \alpha_2 L)$$

如式(14.124)—式(14.126)所示的每一个约束必定对每一个 $t \geq t_0$ 都成立,如果我们连接这个方程组与如下初始条件:

$$\varphi_{t_0-1} = \varphi_{t_0-2} = 0 \qquad (14.127)$$

并用式(14.126)求解 Ψ_t,以及用式(14.120)替换式中的 p_t^*,就可以得到:

$$\psi_t = -\frac{\theta \gamma(L)}{\gamma(1)\gamma(\beta)} \hat{p}_t$$

[①] Sheedy(2007)发现,使用美国数据估计的模型会产生一个有显著意义的正系数。

其中

$$\grave{p}_t \equiv p_t - \theta^{-1}\gamma(1)\varphi_t$$

用它替换式(14.125)中的 Ψ_t,我们就可以得到:

$$E_t[A(L)\grave{p}_{t+2}] = 0 \qquad (14.128)$$

式中的 $A(L)$ 是一个四次多项式。因为 $A(L)$ 的各个因子的形式为:

$$A(L) = (1-L)(1-\beta^{-1}L)(1-\lambda_1 L)(1-\lambda_2 L)$$

其中,$0<\lambda_1<1<\lambda_2$,所以可以推导出,在任何非爆炸性的解中(例如在任何通货膨胀率和产出缺口永远有界的解中)必定有,对于每一个 $t \geq t_0$,$(1-\lambda_1 L)(1-L)\grave{p}_t = 0$。

因为这个方程是纯后顾性的,所以路径 $\{\grave{p}_t\}$ 是由初始条件 (p_{t_0-1}, p_{t_0-2}) 和式(14.127)唯一地决定的。需要注意的是,$\{\grave{p}_t\}$ 是一个渐近收敛于某个常数值 p^* 的确定性序列,即 (p_{t_0-1}, p_{t_0-2}) 的一次齐次函数。

最后,根据式(14.124)可知,对于所有的 $t \geq t_0$,都有 $\tilde{p}_t = \grave{p}_t$,这里的 $\tilde{p}_t$ 是式(14.102)中定义的产出调整价格水平。这样一来,我们也就解出了拥有刚才所讨论的那些性质的唯一确定的最优路径 $\{\tilde{p}_t\}$。因此,就像在新凯恩斯主义基本模型中一样,只要验证 $\{x_t\}$ 和 $\{p_t\}$ 的规划路径是否满足一定的线性关系,就可以验证整个经济的规划演化是否与最优均衡一致了。此外,最优政策要求产出缺口调整后的价格水平的路径完全不受从时期 t_0 之后发生的任何随机冲击的影响。作为一个例子,图 14.4 显示了在最优政策承诺下,通货膨胀率、产出和价格水平对暂时性的正向成本推动型冲击的脉冲响应。该图再次使用了图 14.1 的格式。图 14.1 所对应的参数化是 $\alpha_1 = 0.66$ 和 $\alpha_2 = 0$,而现在在图 14.4 中则假设 $\alpha_1 = \alpha_2 = 0.5$。[①] 由此得到的结果是 $\gamma_{-1} = 0.251$,并且存在结构性通货膨胀惯性。即便冲击只在第 0 期有成本推动效应,最优政策现在也允许价格水平在第 1 期继续提高(一个较小的幅度),这正是因为存在结构性通货膨胀惯性,突然降低通货膨胀率的代价太大。然而,在最优政策承诺下,价格水平的脉冲响应是产出缺口的脉冲响应的镜像,就像图 14.1 所显示的那样。不同之处在于,当存在通货膨胀惯性的时候,价格水平和产出缺口对其长期值的偏差必定会有更高的持续性。

---

① 与图 14.1 中的一样,这个冲击是发生在 $\hat{\mu}_0$ 上一个幅度为 5.61 的单期增长上的(在图 14.1 中使用的参数化对应于一个成本推动型冲击,它能够在产出缺口或预期通货膨胀率没有任何变化的情况下使价格水平提高 1 个百分点)。与图 14.1 中一样,在这里假设 $\beta = 0.99, \zeta = 0.134$。这里使用的 θ 值是 6,比图 14.1 中使用的值略小,那里的值取自 Rotemberg 和 Woodford(1997)的研究。这是因为较低的 θ 能够提高结构性通货膨胀惯性的强度,从而可以使两张图之间的对比更加明显。

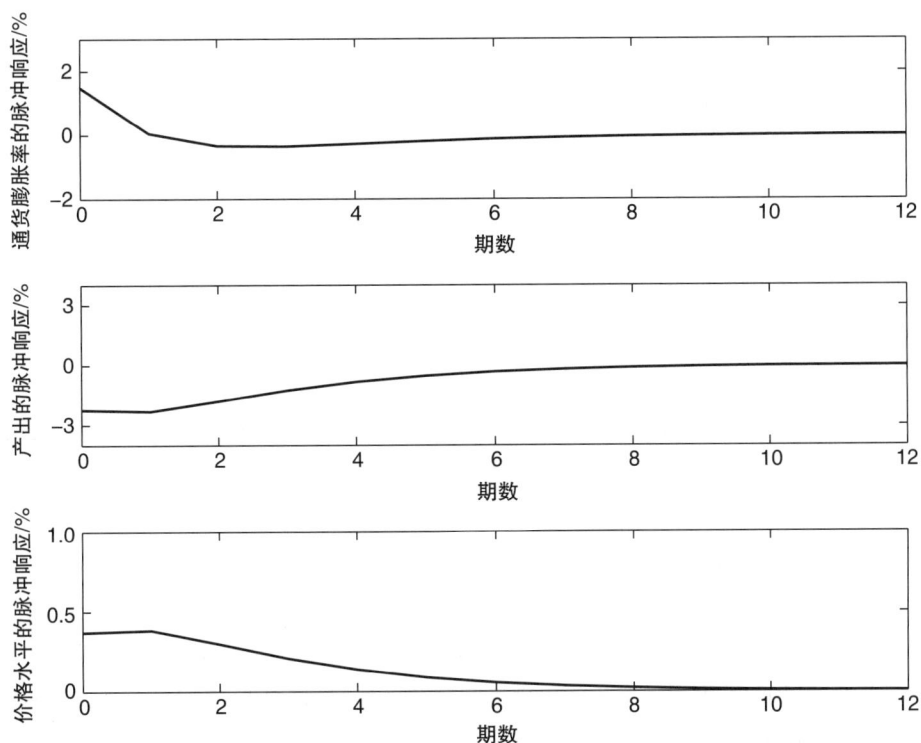

图 14.4 在存在结构性通货膨胀惯性的情况下,最优政策承诺下对暂时性成本推动型冲击的脉冲响应

与本章前面所得到的结果不同的一个结果是,在基本的新凯恩斯主义模型中,最优政策要求对 $\tilde{p}_t$ 的目标必须在所有 $t \geqslant t_0$ 的时期都是相同的,虽然在现在这个更一般的情况下,对 $\tilde{p}_t$ 的目标也构成了一个确定性序列,但只是渐进地等于常数 p^*。当 $\alpha_2 > 0$ 时,如果 $\pi_{t_0-1} > 0$,那么最优序列 $\{\tilde{p}_t\}$ 就是单调递增的;如果 $\pi_{t_0-1} < 0$,那么最优序列 $\{\tilde{p}_t\}$ 就是单调递减的,而且 $\tilde{p}_t$ 的初始增长率以及 $\tilde{p}_t$ 的长期累积增长率都应该与初始通货膨胀 π_{t_0-1} 成正比。因此,在存在结构性通货膨胀惯性的情况下,经济从正的通货膨胀率出发这一事实会影响在采取了最优政策之后最初应该确定的通货膨胀率。然而,绝不允许在采用了最优政策承诺之后发生的冲击改变产出缺口调整价格水平的目标路径,无论经济最近可能受到何种扰动,它最终都应该保持不变。

Sheedy(2008)证明,这个结果不仅对于式(14.116)所定义的序列 $\{\theta_j\}$ 的那个特定的参数族是成立的,而且对于任何与任意(有限)阶线性差分方程的解相对应的序列 $\{\theta_j\}$ 也都是成立的。在此类情况下,只要有了最优政策承诺,产出缺口调整后的价格水平的路径必会确定性地演化,并渐近收敛于一个常数。此外,对于某个时期 T 之后的所有的 t,它必定满足一个形式为下式的时不变的目标准则:

$$\delta(L)\tilde{p}_t = p^* \tag{14.129}$$

其中,$\delta(L)$ 是一个有限阶的滞后多项式,它的根都位于单位圆之外(从而序列 $\{\tilde{p}_t\}$ 必定是收敛的)。[1] 因此,最优政策要求中央银行目标钉住一个确定性的产出缺口调整价格水平路径这个结果,是独立于对依赖原价持续时间的价格重新评估概率的假设的,而且在这个目标准则中的产出缺口调整价格水平的定义也与这些细节无关。这就提供了一个进一步的例子,它说明了按照必须满足的目标准则来描述的最优政策对于不同的模型参数化的稳健性为什么会比其他层面的描述更高,尽管在特定的定量设定的情境下它们可能是等价的。

4.1.2 黏性信息

另一种价格调整模型则假设价格根据当前市场条件进行的调整之所以会延迟,是因为定价者对信息的更新不够频繁与及时,而不是由于价格调整到定价者当前所认为的最优价格的过程出现了延迟(改变原来的价格的成本所致)。在 Mankiw 和 Reis(2002)提出的黏性信息模型中,定价者仅在某些特定的时期更新他们的信息集,尽管他们每次获得新信息时都能获得关于当前世界状态的全部信息。同时,他们会根据得到的最新信息不断调整他们的产品的要价,以反映他们所认为的当前最优价格。

追随 Mankiw 和 Reis(2002)的思路,假设一个企业(单一的差异化产品的垄断生产者)更新其信息的概率是它自上一次更新信息以来的时间的函数。[2] 对于任意整数 $j \geq 0$,设 θ_j 为在 j 时期之前的任何时期最后一次更新自己的信息的那些企业在全部企业中所占的比例,同时如上一节所述,用 $\{\theta_j\}$ 表示一个非负数量的非递增序列,其和为 1。在 Mankiw 和 Reis(2002)以及 Ball 等(2005)的研究中,研究者们假设更新的概率独立于企业上一次更新信息以来的时间,从而对于特定的 $0 < \alpha < 1$,有 $\theta_j = (1-\alpha)\alpha^j$。但是在这里,我将考虑一种更一般的、依赖于时间的情况。因此,令 J 表示能够使得 $\theta_j > 0$ 的最大的整数 j,它可能是无限的,就像 Mankiw 和 Reis(2002)所假设的情况一样。但是我的假设同时也可以容纳信息更新时期之间存在一个有限的最大持续时间的可能性,例如 Koenig(2004)的研究中所描述的那样。

在任何时期 t,在第 $t-j$ 期最后一次更新信息的一个企业选择价格 p 来最大化 $E_{t-j}\Pi(p, p_t^j, P_t; Y_t, \xi_t)$。我用 $p_{t,t-j}^*$ 来表示这个问题的解,在对数线性近似中,它由下式给出:

$$\log p_{t,t-j}^* = E_{t-j}\log p_t^{opt} \qquad (14.130)$$

其中,p_t^{opt} 再一次由式(14.114)给出(其为一个对数线性近似)。另一个类似的对数线性近似,对数一般物价指数 p_t 则由下式给出:

$$p_t = \sum_{j=0}^{\infty} \theta_j \log p_{t,t-j}^* \qquad (14.131)$$

把所有这些方程结合起来,我们就可以发现这个模型意味着一个形式如下的总供给关系:

$$\sum_{j=0}^{\infty} \theta_j (p_t - E_{t-j}p_t) = \sum_{j=0}^{\infty} \theta_j E_{t-j}(\zeta x_t + \hat{\mu}_t)$$

这正是附加预期的菲利普斯曲线的一种形式,它为明显的通货膨胀惯性(即便它不是真正的结构性通货膨胀惯性)提供了一个可能的解释。如果在过去某个时期人们预期通货膨胀率

---

① 在式(14.116)定义的那类例子中有 $\delta(L) \equiv 1-\lambda_1 L$,而且式(14.129)必定对所有的 $t \geq t_0$ 都成立。

② 正如 Mankiw 和 Reis(2002)的论文中所指出的,这里的概率是外生给定的,并且对所有企业都是相同的。相反,Reis(2006)则考虑了两次信息获取之间的时间间隔是内生决定的情形。不过,这种内生性对最优政策的影响尚未得到很好的解决。

高于正常水平,那么与给定的产出缺口相关的通货膨胀率就会高于正常水平。在过去某个时期的实际通货膨胀率高于正常水平时往往会出现这种情况。

类似地,这样一种定价模型还意味着:

$$\text{var}_i \log p_t(i) = \sum_{j=0}^{\infty} \theta_j (\log p_{t,t-j}^*)^2 - \left(\sum_{j=0}^{\infty} \theta_j \log p_{t,t-j}^* \right)^2 \tag{14.132}$$

$$= \sum_{j=0}^{\infty} \theta_j (\log p_{t,t-j}^*)^2 - p_t^2$$

因此,我们的问题就变成了如何找到一个状态依存变量 $\{p_t, x_t, p_{t,t-j}^*\}$,使得对于所有的 $t \geq t_0$(注意对于每一个 t,都有 $0 \leq j \leq t-t_0$),都能够实现式(14.115)的最小化,其中我们用式(14.132)替换掉了价格离散项,要满足的约束条件是式(14.130)对于每一个 $(t, t-j)$ 都成立并且式(14.131)对每一个 t 都成立。

我们不难写出这个问题的如下形式的拉格朗日表达式:

$$\mathcal{L}_{t_0} = E_{t_0} \sum_{t=t_0}^{\infty} \beta^{t-t_0} \left\{ \frac{\zeta}{2} x_t^2 + \frac{\theta}{2} \left[\sum_{j=0}^{\infty} \theta_j (\log p_{t,t-j}^*)^2 - p_t^2 \right] \right.$$

$$+ \sum_{j=0}^{t-t_0} \psi_{t,t-j} [\log p_{t,t-j}^* - p_t - \zeta x_t - \hat{\mu}_t] \tag{14.133}$$

$$\left. + \varphi_t \left[p_t - \sum_{j=0}^{\infty} \theta_j \log p_{t,t-j}^* \right] \right\}$$

在式(14.133)中,$\Psi_{t,t-j}$ 为与约束式(14.130)相关联的拉格朗日乘数,φ_t 为与约束式(14.131)相关联的拉格朗日乘数。对式(14.133)取微分就可以得到如下的一阶条件,即对于每一个 $0 \leq j \leq t-t_0$ 和 $t \geq t_0$,有:

$$\theta_j \theta \log p_{t,t-j}^* + \psi_{t,t-j} - \theta_j \varphi_t = 0 \tag{14.134}$$

以及对于每一个 $t \geq t_0$,有:

$$\theta p_t + \sum_{j=0}^{t-t_0} \psi_{t,t-j} - \varphi_t = 0 \tag{14.135}$$

$$\zeta x_t - \zeta \sum_{j=0}^{t-t_0} \psi_{t,t-j} = 0 \tag{14.136}$$

由于 $\Psi_{t,t-j}$ 相对于第 $t-j$ 期的信息必定是可度量的。不难注意到,在时期 $t-j$,对于每一种可能的世界状态只存在一个约束式(14.130),而且不存在对于在时期 t 可能实现的每一种状态的单独约束。式(14.134)意味着 φ_t 相对于第 $t-j$ 期的信息必定是可度量的,由此可知,对于所有能够使得 $\theta_j > 0$ 的 j,也就是说,对于所有的 $j \leq \min(J, t-t_0)$,都有:

$$\varphi_t = E_{t-j} \varphi_t \tag{14.137}$$

在式(14.134)中解出 $\Psi_{t,t-j}$,然后以之替换式(14.135)和式(14.136)中的相应乘数,就可以得到:

$$\sigma_{t-t_0} \varphi_t = \theta \hat{p}_{t,t_0-1} \tag{14.138}$$

$$x_t = (1 - \sigma_{t-t_0}) \varphi_t + \theta(\hat{p}_{t,t_0-1} - p_t) \tag{14.139}$$

其中

$$\sigma_j \equiv \sum_{i>j} \theta_i$$

表示一家企业拥有比 j 期更久远的信息的概率。同时,

$$\tilde{p}_{t,t_0-1} \equiv \sum_{i=1}^{\infty} \theta_{t-t_0+i} \log p_{t,t_0-i}^*$$

则为那些基于时期 t_0 之前的信息设定的价格对 p_t 的贡献。

在任何 $t<t_0+J$ 的情况下,我们都可以得到 $\sigma_{t-t_0} > 0$,而且用式(14.138)可以解出 φ_t。将解出的值代入式(14.139),我们就会发现,一阶条件要求对于所有的 $t<t_0+J$,有:

$$\tilde{p}_t = \sigma_{t-t_0}^{-1} \tilde{p}_{t,t_0-1} \tag{14.140}$$

如果 $J=\infty$,那么与 Mankiw 和 Reis(2002)以及 Ball 等(2005)所假设的情况一样,我们会再一次发现最优政策要求产量缺口调整的价格水平对于所有的 $t\geqslant t_0$ 来说都遵循一条确定性路径。然而,即便是从长期来看,这条路径也不是一成不变的。举例来说,如果在时期 t_0 之前,公众已经预期价格会长期以每年 2% 的速度稳定增长,那么根据拉姆齐最优政策,从时期 t_0 开始往后,$\tilde{p}_t$ 在长期中每年都应该增长 2%。

这一结果与 Ball 等(2005)的研究结果不同,那是因为他们假设货币政策必须以经济在上一个时期的状态而不是以当前的状态为基础来决定。在中央银行所受到的这种信息约束的限制下,他们发现最优政策要求 $E_{t-1}\tilde{p}_t$ 必定会按照一个确定性路径演化,尽管在第 t 期发生的冲击仍然会导致 $\tilde{p}_t$ 发生出人意料的变化(相对于前一个时期的预期而言)。从某种意义上说,这个结果为价格水平目标提供了更有力的论据。虽然完整信息情况下的最优目标准则也同样可以解释为要求 $\tilde{\pi}_t \equiv \pi_t + \theta^{-1}(x_t - x_{t-1})$ 遵循确定性路径,但是如果中央银行必须提前一个时期作出政策决策,那么让 $E_{t-1}\tilde{\pi}_t$ 以确定性的方式演变就不是最优的。相反,它应该依赖于在第 $t-2$ 期预测 $\tilde{\pi}_{t-1}$ 时出现的误差。

回过头来讨论中央银行拥有完全信息的情况,我们应该可以将我们的结果推广到 $J<\infty$ 的模型设定下。在这种情况下,对于任意的 $t\geqslant t_0+J$,式(14.138)不会对 φ_t 施加任何限制。不过在这种情况下,式(14.129)则意味着 $\tilde{p}_t = \varphi_t$。因此,从式(14.137)可以推出,对于所有的 $t\geqslant t_0+J$,都有:[①]

$$\tilde{p}_t = E_{t-J}\tilde{p}_t$$

因此,更一般的结果是,在最优政策下,在采用了最后政策之后的前 J 个时期,$\{\tilde{p}_t\}$ 必定遵循一个确定性路径,而且它必定是提前 J 个时期就可完全预测的。然而,对于所有的 $t\geqslant t_0+J$,$\{E_{t-J}\tilde{p}_t\}$ 的路径则是完全任意的,而且可以以任意方式依赖于发生在第 t_0 期与第 $t-J$ 期之间的冲击。因此,尽管一个能够确保 $\{\tilde{p}_t\}$ 遵循确定性目标路径的政策即使在 J 是有限时期的时候仍属于最优政策,但是这个很强的要求对于最优性而言不再是必要的。

令式(14.102)定义的产出缺口调整价格水平遵循一个确定性目标路径的政策,其在现

---

① 请参考 Koenig(2004)的研究,他在一个基于黏性信息设定名义工资的模型中也得到了类似的结果。

在这类一般性的黏性信息模型中与在上一节描述的一般性的黏性价格模型中一样都是最优的,这个发现表明,我们的结果在关于价格调整的时机选择以及调整价格时所依据的信息的假设相当弱的情况下仍然成立。事实上,Kitamura(2008)在分析了价格黏性与信息黏性相结合的价格调整模型中的最优政策之后,也发现让产出缺口调整价格水平确定性演化的政策仍然是最优的,无论给定的参数值反映的是价格黏性程度还是信息黏性程度。

当然,我们不能马上据此得出结论称,最优政策要求式(14.102)中定义的产出缺口调整价格水平确定性地演化是一个放之四海而皆准的真理。虽然我们在对价格调整的多种不同假设下都得到了这个结果,但是我们考虑过的每个模型之间存在着大量的共同特征——我们在每一种情况下都对模型的需求方面进行了相同的假设,我们还假设其具有相同的生产成本结构,并假设中央银行拥有完全信息。改变这些假设可能会改变最优目标准则的形式。尽管如此,从目标准则的角度来描述最优政策的稳健性似乎比从其他层次上来描述的更高。

4.2 要稳定哪个价格指数?

在第3节讨论的基本新凯恩斯主义模型中(以及本章4.1考虑的对该模型的推广中),差异化商品以完全对称的方式进入模型,而我们只考虑了以相同的方式影响每一种商品的供给和需求的总扰动。在这类模型中,有一种显而易见的方法可以用来衡量价格的总体水平,即每个商品价格以相同的权重计入价格指数。在前面,我们就是根据模型结构方程对这种对称性的价格指数的演变路径的含义来构建这些方程的,然后在此基础上推导出了包含通货膨胀路径的最优目标准则。该目标准则也是以这种价格指数的对数变化来衡量的。

然而在现实世界的实际经济中,除了前面已经考虑过的价格重新评估时间上的差异以及定价者信息集的差异,还有非常多的原因会导致不同商品的价格变化不完全一致。对于货币政策理论来说,中央银行应该以哪种衡量通货膨胀(或价格水平)的指标为定标的对象是一个非常重要的实际问题。如果说我们在此之前阐述的理论意味着应该在目标准则中使用一个所有商品等权重的价格指数(或者换种说法,所有商品都按照自己在长期平均支出中的份额来加权)是不正确的,那么我们前几节中所考虑的那些模型就都是不同的价格指数之间的差异不重要的模型。对于任何价格指数,只要是对数量足够大的不同价格取平均值,以实现抽样误差最小化,即假设选择纳入价格指数的各种价格的标准与重新评估价格的时机的决定或特定商品的供给者更新信息集时出现的任何系统性差异没有关系,就都会以本质上相同的方式演变,以应对总体的扰动。

因此,重要的是要扩展前几节发展的理论,以处理决定价格的因素在不同的经济部门之间是不同的这种情况。也就是说,重要的是要考虑会对经济的不同部门产生不对称影响的扰动的后果,同时还要允许不同的部门拥有不同的结构参数。为此,在下文的分析中,我将特别关注价格的黏性程度在不同经济部门之间的异质性。[①] 尽管我在这里概述的模型仍然

---

① 关于美国经济中各个部门的异质性程度以及这种异质性会在何种程度上影响对总量动态的定量预测,相关证据请参见 Carvalho(2006)以及 Nakamura 和 Steinsson(2010)的研究。

只是一个高度程式化的模型——只有两个部门,并且只考虑了少数几种类型的异质性——但是它不仅能够说明如何将前面几节介绍的方法应用于多部门模型,而且还可以提供一些新的洞见,帮助我们了解在基本新凯恩斯主义模型中得到的各个结论中,哪些更有可能适用于更一般的模型设定。

4.2.1　部门异质性与不对称扰动

让我们考虑 Aoki(2001)最早提出的一个更一般的两部门模型。[①] 在这个模型中,我们不再假设进入代表性家庭的效用函数的消费指数 C_t 是式(14.39)定义的那种常替代弹性的指数,而是假设它是一个包括了两个分指数的常替代弹性的聚合指数,其形式为:

$$C_t \equiv \left[(n_1 \varphi_{1t})^{\frac{1}{\eta}} C_{1t}^{\frac{\eta-1}{\eta}} + (n_2 \varphi_{2t})^{\frac{1}{\eta}} C_{2t}^{\frac{\eta-1}{\eta}} \right]^{\frac{\eta}{\eta-1}} \tag{14.141}$$

其中 $\eta > 0$ 为特定的替代弹性。这两个分指数又分别表示购买自两个部门的差异化商品连续统的常替代弹性的数量的总和,即

$$C_{jt} \equiv \left[\int_{N_j} c_t(i)^{\frac{\theta-1}{\theta}} \mathrm{d}i \right]^{\frac{\theta}{\theta-1}}$$

其中 $j=1,2$。分属不同部门的两个商品区间分别为 $N_1 \equiv [0, n_1]$ 和 $N_2 \equiv (n_1, 1]$。上式中的 $\theta > 1$。[②] 在聚合算子式(14.141)中,n_j 表示的是每种类型的商品的数量(不难看出 $n_2 \equiv 1 - n_1$)。随机系数 φ_{jt} 在所有时间均为正,而且满足恒等式 $n_1 \varphi_{1t} + n_2 \varphi_{2t} = 1$。因此,$\varphi_{jt}$ 的变化代表了每个时期的一个单一的扰动,即对两个部门产品的相对需求的变化。

根据对偏好的这种设定可知,获得某一部门复合商品 C_{jt} 的最低成本是由部门价格指数 P_{jt} 给出的,后者的定义为:

$$P_{jt} \equiv \left[\int_{N_j} p_t(i)^{1-\theta} \mathrm{d}i \right]^{\frac{1}{1-\theta}} \tag{14.142}$$

其中 $j=1,2$。因而获得一个单位 C_t 的最小成本将相应地由整体价格指数给出,后者的定义为:

$$P_t \equiv \left(n_1 \varphi_{1t} P_{1t}^{1-\eta} + n_2 \varphi_{2t} P_{2t}^{1-\eta} \right)^{\frac{1}{1-\eta}}$$

假设家庭和政府都只关心如何以最小的成本获得尽可能多的单位的总体复合商品,那么对部门 j 中的任何一种单个商品 i 的需求函数的形式为:

$$y_t(i) = Y_{jt} [p_t(i)/P_{jt}]^{-\theta}$$

其中,Y_{jt} 为对部门 j 的复合商品的需求函数的形式为,对于每一个部门 j,有:

$$Y_{jt} = n_j \varphi_{jt} Y_t (P_{jt}/P_t)^{-\eta}$$

请注意,随机因子 φ_{jt} 在部门需求函数中表现为一个乘性扰动,这是我们希望考虑的一种不对称扰动的形式。

再一次假设对于每一种商品,生产者仍然采用了形如式(14.42)所示的共同的生产技

---

① 这里给出的这个两部门模型也非常类似于 Benigno(2004)研究两国货币联盟时构建的模型。

② 我们不需要假设 $\eta>1$,因为垄断竞争下的两部门模型也可以达到一个性质不错的均衡。事实上,研究者通常会假设 $\eta \to 1$ 的极限情况,并假设聚合算子式(14.141)是科布-道格拉斯形式的。请参见 Benigno(2004)的研究。

术,只不过现在允许乘性的生产率因子 A_t 可以是特定于部门的(或者说,生产率因子是随部门而异的,即对于部门1中的每一家企业,都有一个外生的生产率因子 A_{1t};同时对于部门2中的每一家企业,则都有另一个外生的生产率因子 A_{2t})。之所以允许这种特定于部门的生产率变化,是因为它是我们希望考虑的非对称扰动的另一种形式。与前面给出的模型中的一样,每种劳动类型的劳动函数都有一个共同的负效用,只不过现在的偏好冲击 $\bar{H}_t$ 也可以是随部门而异的。因此,现在这个模型允许三种不对称扰动的存在:对两个部门生产的商品的相对需求的变化、两个部门中劳动的相对生产率的变化,以及家庭向两个部门提供劳动的相对意愿的变化。这三种不对称扰动的每一种都会导致两个部门中商品的相对供给量的变化,以及两个部门中商品的相对价格的变化——即便存在完全价格弹性(且有充分的信息)也是如此。如果我们在模型中引入工资价格加成 μ_t^w 的时间变化或销售收入的比例税率,那么这些因素也都可以是随部门而异的。后一种类型的不对称扰动不会导致资源有效配置的不对称,但是在弹性价格均衡中,它们将会再一次成为价格和数量不对称的来源。

与在基本的新凯恩斯主义模型中一样,我将假设每个企业都采用了卡尔沃定价机制,但是现在进一步假设,一个企业在某个给定时期内未能重新考虑自己的产品价格的概率 α 是可以随部门而异的。再一次在零通货膨胀的长期稳定状态附近推导出模型动态的对数线性近似值对分析很有用。如果我假设在这个稳态下,所有特定于部门的扰动在这两个部门中都有共同的值,那么计算将会相当简单,如 $\bar{\varphi}_1 = \bar{\varphi}_2$,$\bar{A}_1 = \bar{A}_2$ 等。在这种情况下,所有商品的价格在稳态下都是相同的(这与前面一样),资源的稳态配置也与单部门模型相同。然而,我将引入对于对称的稳态的(很小的)不对称偏离。

利用与第3节中相同的方法,我们可以证明,就对数线性近似而言,这两个部门价格指数的动态可以用一对特定于部门的菲利普斯曲线给出[1]:

$$\pi_{jt} = \kappa_j(\bar{Y}_t - \bar{Y}_t^n) + \gamma_j(p_{Rt} - p_{Rt}^n) + \beta E_t \pi_{j,t+1} + u_{jt} \qquad (14.143)$$

其中 $j = 1, 2$。在式(14.143)中,$\pi_{jt} \equiv \Delta\log P_{jt}$ 是部门 j 的通货膨胀率;与以前一样,$\hat{Y}_t^n$ 是总体复合产品(不是部门复合产品)的产量对其稳态水平的偏差百分比;与3.4.2中一样,$\hat{Y}_t^n$ 是指当工资加成率和税率固定在它们的(共同)稳态水平上时,总体复合产品在弹性价格均衡中的产出水平;$p_{Rt} \equiv \log(P_{2t}/P_{1t})$ 是对两种部门复合商品的相对价格的度量;p_{Rt}^n 是弹性价格均衡中的相对价格(是工资加成率和税率固定在它们的稳态水平上时的相对价格);u_{jt} 是一种特定于部门的成本推动型扰动,它仅取决于 u_{jt}^w 和 τ_{jt} 对它们的稳态水平的偏差。对于这个对数线性近似,$\hat{Y}_t^n$ 只取决于总体扰动,其定义为 $a_t \equiv \sum_j n_j a_{jt}$(其中 $a_{jt} \equiv \log A_{jt}$,对于 $j = 1, 2$),其余依此类推。而且,$\hat{Y}_t^n$ 作为这些扰动的函数,形式也与单部门模型中的相同。[2] 不过,$\hat{p}_{Rt}^n$ 只取决于"相对"扰动,其定义为 $a_{Rt} \equiv a_{2t} - a_{1t}$ 等。

式(14.143)的系数由下面各式给出,对于 $j = 1, 2$,有:

$$\kappa_j \equiv \frac{(1 - \alpha_j)(1 - \alpha_j\beta)}{\alpha_j} \frac{\omega + \sigma^{-1}}{1 + \omega\theta} > 0$$

---

[1] 计算过程详见 Woodford(2003,第三章,2.5)的讨论。
[2] 这是对于围绕对称稳态进行的对数线性化的结果的一个简化。

以及

$$\gamma_1 \equiv n_2 \frac{(1-\alpha_1)(1-\alpha_1\beta)}{\alpha_1}\frac{1+\omega\eta}{1+\omega\theta} > 0, \quad \gamma_2 \equiv n_1 \frac{(1-\alpha_2)(1-\alpha_2\beta)}{\alpha_2}\frac{1+\omega\eta}{1+\omega\theta} < 0$$

其中，$0<\eta_j<1$ 表示部门 j 中的商品的数量。因为在这个模型中唯一的"结构性"不对称是价格黏性的异质性程度，所以斜率系数 κ_j 在两个部门之间是不同的，当且仅当 α_j 是不同的，而且，当且仅当 $\alpha_2<\alpha\gamma_1$ 时有 $\kappa_2<\kappa_1$；与此相反，由于每个部门的价格指数进入 p_{Rt} 的定义的方式是不对称的，所以系数 γ_j 有相反的符号。

如果我们像 3.4.2 中的那样，只限于讨论"稳态中扭曲较小的情形"，那么要用本章 3.4 中阐述的线性二次逼近方法来刻画最优政策就是非常容易的。在这种情况下，我们可以证明，代表性的家庭的预期效用(在二阶近似的层面上)的变动是与如下形式的贴现损失函数成反比例的[1]：

$$E_{t_0}\sum_{t=t_0}^{\infty}\beta^{t-t_0}\left[\sum_j w_j\pi_{jt}^2 + \lambda_x(x_t-x^*)^2 + \lambda_R(p_{Rt}-p_{Rt}^n)^2\right] \tag{14.144}$$

其中，$x_t \equiv \hat{Y}_t - \hat{Y}_t^n$ 表示产出缺口，同时两个通货膨胀目标(它们归一化后的和等于1)之间的相对权重 w_j 则由下式给出：

$$w_j \equiv \frac{n_j\kappa}{\kappa_j} > 0$$

在这个式子中，"平均"菲利普斯曲线的斜率定义为：

$$\kappa \equiv (n_1\kappa_1^{-1}+n_2\kappa_2^{-1})^{-1} > 0$$

而另外两个相对权重 λ_x 和 λ_R 的值分别为：

$$\lambda_x \equiv \frac{\kappa}{\theta} > 0, \quad \lambda_R \equiv n_1 n_2\frac{\eta(1+\omega\eta)}{\omega+\sigma^{-1}}\lambda_x > 0$$

产出缺口的最优水平 x^* 则仍然与单部门模型中的一样，是稳定状态下的扭曲程度的一个函数。

式(14.144)中的每一项都有自己的含义，在此不妨略述一二。通常，总产出对有效水平(考虑到总技术和偏好冲击)的偏离——或者等价地，产出缺口对最优产出缺口水平 x^* 的偏离——会降低福利。但是，即便给定了总体复合产品的有效产出水平，一个非零的相对价格差距 $p_{Rt} - p_{Rt}^n$ 也意味着那两个部门的复合产品生产水平是无效率的，因此相对价格差距的变化也会降低福利。最后，任何一个部门价格水平的不稳定都会导致该部门内部的相对价格扭曲，从而造成部门产出的构成的低效率，即便部门复合商品的供应量是有效率的也是一样。要消除资源均衡配置中所有这些低效率的来源，就需要同时稳定式(14.144)中单独出现的二次项中的所有四个变量。但是一般来说，只要自然相对价格 p_{Rt}^n 出现了外生变化——如果存在对技术和/或偏好的不对称扰动，这种情况的出现就几乎是不可避免的——那么任何货币政策都无法同时稳定所有这四个变量，即便是在各个成本推动项没有发生变化的情况下也是如此。而这就意味着，在一个多部门经济中，要想让完全价格稳定成为完全最优

---

[1] 有关计算的细节请参见 Woodford(2003,第六章,4.3)的讨论。

的,所要求的条件就要更加严格(也更加不合理)。①

一如本章 3.4.2 中所述,只要找到能够使式(14.144)在约束条件式(14.143)的情况下最小化的变量 $\{P_{1t}, P_{2t}, Y_t\}$ 的状态依存路径,就可以得到这些内生变量的最优演化的对数线性近似。这个问题的一阶条件方程组为:

$$\omega_j \pi_{jt} + \varphi_{jt} - \varphi_{j,t-1} + (-1)^{j-1} \psi_t = 0 \tag{14.145}$$

$$\lambda_x (x_t - x^*) - \sum_j \kappa_j \varphi_{jt} = 0 \tag{14.146}$$

$$\lambda_R (p_{Rt} - p_{Rt}^n) - \sum_j \gamma_j \varphi_{jt} + \psi_t - \beta E_t \psi_{t+1} = 0 \tag{14.147}$$

其中,式(14.145)必须对 $j=1,2$ 成立。在这个方程组中, φ_t 是与约束式(14.143)相关联的拉格朗日乘数(对于 $j=1,2$),而 Ψ_t 则是与如下恒等式相关联的拉格朗日乘数:

$$p_{Rt} = p_{R,t-1} + \pi_{2t} - \pi_{1t}$$

这样一来,给定复合外生扰动 $\{p_{Rt}^n, u_t\}$ 的随机过程,只需要在每一期求解关于 $\{\pi_{jt}, p_{Rt}, x_t, \varphi_{jt}, \Psi_t\}$ 这七个内生变量的路径的四个一阶条件式(14.145)—式(14.147)和三个结构方程——式(14.143)所表示的一对方程和上述恒等式——就可以得到最优状态依存动态。

图 14.5 用一个数值例子说明了这些方程所隐含的解的类型。在这个例子中,我假设两个部门的规模相等(即 $n_1 = n_2 = 0.5$),此外,还假设部门 2 的价格的弹性更高。更具体地说,在假设整体价格变动的频率与图 14.1 中的例子一样的同时(即假设对于所有企业,都有 $\alpha = 0.66$),现在这个模型的参数设置是,部门 1 调整价格的频繁程度大体上相当于部门 2 的两倍(即 $\alpha_1 = 0.77, \alpha_2 = 0.55$)。在其他方面,这个模型的参数化均与图 14.1 中的例子一样。② 我们假设,扰动会立即使价格更具弹性的那个部门的(对数)自然相对价格 p_{Rt}^n 永久性地提高一个百分点。需要注意的是,对于本图所报告的计算来说,自然相对价格的这种变动到底是相对需求的变化所致还是相对生产成本的变化所致并不重要。

---

① 然而我们不难证明,即便存在对技术和偏好的不对称扰动,如果两个部门的价格黏性程度相同(即 $\alpha_1 = \alpha_2$),且不存在成本推动型扰动,那么让同等权重的价格指数完全稳定的政策是最优的,就像在单部门模型中一样,这种政策将完全稳定产出缺口。请参见 Woodford(2003,第六章,4.3)的研究。然而,如果 α_1 不等于 α_2,那么这个结果就不成立了。

② 这个例子中假设的参数 β、ζ、ω 和 θ 的值以及价格调整的平均频率均取自 Woodford(2003)的论文中的表 5.1。此外,我还假设 $\eta = 1$,从而使得两个部门的支出份额不会随时间的推移而改变,尽管相对价格 p_{Rt} 已经发生了永久性的变化。

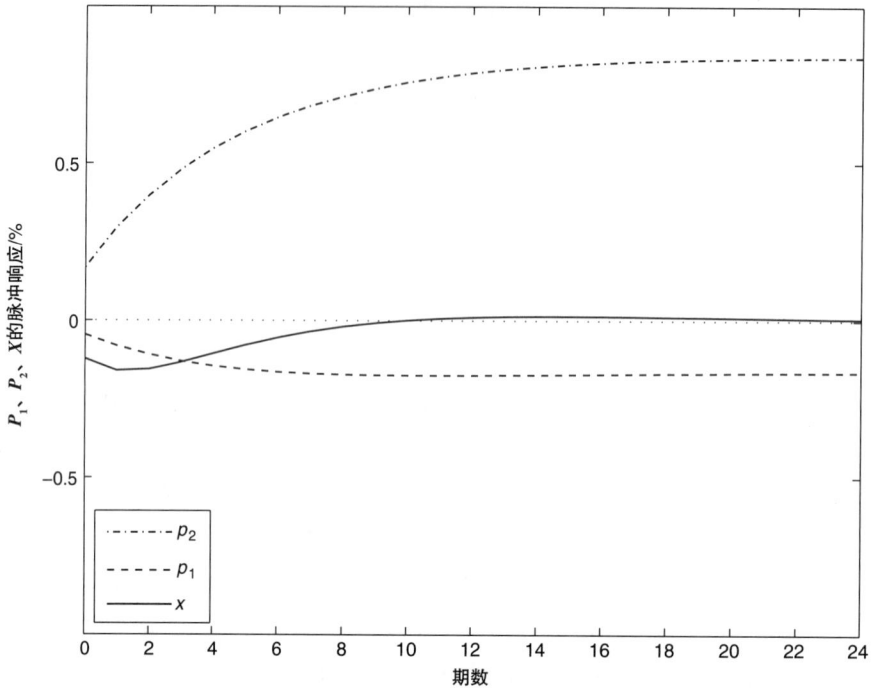

图14.5 当不对称的真实扰动永久性地提高了部门2的商品的自然相对价格时,产出缺口和两个部门的对数价格指数在最优政策承诺下的脉冲响应

纵轴上的所有数量都以百分比表示。从图14.5中可以清楚地看到,在最优政策下,部门2的商品的相对价格的长期上升是由于该部门的价格指数上升了大约84个基点,同时部门1的价格指数下降了大约16个基点。虽然这意味着同等权重的(或用支出加权的)价格指数会因受到冲击而上升,但是我们不难注意到,在价格调整期间,产出缺口会暂时缩小。因此这种类型的扰动产生的这类现象是单部门模型中的成本推动型冲击所刻画的,这与两部门模型中的部门2中发生的情况一样,虽然在目前这个例子中并不需要市场力量的大小或税收扭曲程度的变化来造成这种效应(而且 u_{jt} 项在这个例子中都等于零)。

虽然在两部门模型中的最优动态通常要比单部门模型中更加复杂,但是我们在第2节和第3节分析中得出的如下重要结论仍然有效:在最优政策下,不应允许任何扰动永久性地改变某个(适当定义的)衡量总体价格水平的指标。在外生过程 $\{p_{Rt}^n\}$ 是一个平稳过程的情况下(因此自然相对价格不会发生永久性的变化),这个结论自然是正确的,无论用来衡量总体价格水平的价格指数是什么。相反,如果我们假设外生过程 $\{p_{Rt}^n\}$ 有一个单位根,那么自然相对价格的永久性变化就会发生,从而也就不存在通过货币政策来稳定所有价格的可能性了,而且我们最多只能让某几个特定的价格指数的长期水平保持不变。但是这种情况下仍然存在一个价格指数,对于它来说,不变的长期价格水平目标仍然是最优的。这个价格指数(对数线性近似)的定义由下式给出:

$$\bar{p}_t \equiv \sum_j w_j \log P_{jt}$$

我们注意到,在图 14.5 的数值例子中,$w_1 = 0.84$,$w_2 = 0.16$,因此图中显示的脉冲响应意味着 $\bar{p}_t$ 没有长期变化。

让 $\bar{p}_t$ 维持某个恒定的长期期望值,这种政策的最优性可以用一阶条件来证明。让我们假设成本推动型扰动 $\{u_{jt}\}$ 是一个均值为零的平稳过程。同时假设 $\{p_{Rt}^n\}$ 可能有一个单位根,它的一阶差分 Δp_{Rt}^n 则是一个均值为零的平稳过程,这样一来,在每一个时间点上都存在一个对自然相对价格的有明确定义的长期期望值 $p_{R,t}^{n\infty} \equiv \lim_{j\to\infty} E_t p_{R,t+j}^n$。我们可以证明,一阶条件与结构方程联立的方程组存在一个解,其中每一个内生变量 $\{\pi_{jt}, p_{Rt}, x_t, \varphi_{jt}, \Psi_t\}$ 也都是差分平稳的(即便不是实际平稳的),因此在任何时候都存在一个有明确定义的长期期望值,这就是最优均衡所对应的解。在这里,我只需指出一点:在任何差分平稳解中,$\bar{p}_t$ 必定是一个平稳变量,因此它的长期期望值是某个常数 p^*。

从一阶条件式(14.145)可以得知,在任何时候,那两个部门的通货膨胀率的长期预期值必定满足:

$$w_1 \pi_{1t}^\infty = -\psi_t^\infty, \quad w_2 \pi_{2t}^\infty = \psi_t^\infty$$

但是,为了让 p_{Rt} 有一个明确定义的长期期望值,两个部门的通货膨胀率的长期期望值必须相同。据此可以推知,只有当 $\pi_{jt}^\infty = 0$(对于 $j = 1, 2$)时,一阶条件才能得到满足,而且此时也有 $\psi_t^\infty = 0$。因此,正如在单部门模型中一样,我们会发现最优长期平均通货膨胀率为零,而且这一点在两个部门中是一样的。由此可知,无论用来衡量总体通货膨胀率的价格指数是什么,这个结论都是正确的。

然后,从部门菲利普斯曲线式(14.143)可知,为了让这两个部门的长期预期通货膨胀率均为零,产出缺口的长期预期值和相对价格差距的长期预期值必须满足如下条件,对于 $j = 1$,2,在任何时候都有:

$$\kappa_j x_t^\infty + \gamma_j(p_{Rt}^\infty - p_{Rt}^{n\infty}) = 0 \tag{14.148}$$

但是,式(14.148)不可能同时满足这两个 j,除非在任何时候,都有:

$$x_t^\infty = 0, \quad p_{RT}^\infty = p_{RT}^{n\infty}$$

如果这些条件始终成立,则一阶条件式(14.146)—式(14.147)分别要求在任何时候,都有:

$$\sum_j \kappa_j \varphi_{jt}^\infty = \lambda_x x^*, \quad \sum_j \gamma_j \varphi_{jt}^\infty = 0$$

但是,除非 φ_{jt}^∞ 在所有时候都取一定的常数值 φ_j^*,否则这些条件是不可能同时满足的。

最后,将如式(14.143)所示的两个一阶条件相加,可以得到:

$$\sum_j w_j \pi_{jt} + \sum_j \varphi_{jt} - \sum_j \varphi_{j,t-1} = 0$$

它也可以写成如下形式:

$$\Delta \bar{p}_t + \sum_j \varphi_{jt} - \sum_j \varphi_{j,t-1} = 0$$

而这个式子就意味着 $\bar{p}_t + \sum_j \varphi_{jt}$ 的数量必定是保持不变的(不管会有什么扰动影响经济)。如果我们用 p^* 来表示这个量的恒定均衡值超过 $\sum_j \varphi_j^*$ 的数量,那么就可以得到:在任何时候,均有 $\lim_{j\to\infty} E_t \bar{p}_{t+j} = p^*$。因此,如前所述,最优政策要求对数价格指数 $\bar{p}_t$ 的长期预期值完全稳定。

人们通常认为,既然确实会发生能够永久性地改变均衡相对价格的真实扰动,那么就有了一个重要的反对价格水平目标的可取性的理由。这些人经常强调,通过总体价格水平的一次性(永久)变动来应对这种冲击是适当的,尽管不应该允许这种变动导致对持续通货膨胀的预期。因此,为通货膨胀设定一个固定的长期目标是合适的,但是为价格水平设定一个固定的长期目标则不然。我已经在这个模型中证明,虽然在最优政策下,所有衡量通货膨胀率的指标的长期期望值应该保持不变,而且绝大多数衡量总体价格水平的措施的长期期望值不应该保持不变,但是在自然相对价格受到冲击的情况下,仍然有一个特定的价格指数,其长期值应该保持不变,即便在发生了这种真实扰动的情况下也是如此。再者,以长期价格水平目标来描述最优政策,要比仅以长期通货膨胀目标(哪怕是每一个部门通货膨胀率的长期目标)来描述最优政策更合适,因为仅凭长期通货膨胀目标,我们无法告诉公众在新的长期相对价格调整到位之前的那个期间内这两个部门中的每一个部门的累计价格会上涨多少。相反,对 $\bar{p}_t$ 的某个固定的长期值的承诺则足以说明在给定当前对长期相对价格的预期的情况下,人们在任何时间点上应该预期到的每个部门的价格指数的长期值是什么。因此,这种政策承诺能够准确地说明部门 2 的商品的相对价格的特定增长在何种程度上是由部门 2 的通货膨胀而引起的,而不是部门 1 的通货紧缩导致的。[1]

我们从 w_j 这个系数的定义中可以看出,对于这两个部门中的任何给定的价格黏性程度,系数 w_j 都与每个部门的规模 n_j(或支出份额)成正比。我们还可以观察到,对于任何给定的两个部门之间的相对大小,如果固定另一个部门的价格弹性程度(在 $0<\alpha_{-j}<1$ 之间取某个固定的值),那么 w_j 就会成为 α_j 的一个单调递增函数,其值从 $\alpha_j=0$ 时(即当部门 j 的价格是有完全弹性的时候)的等于零,到当 α_j 与 α_{-j} 相等时的恰好等于比例值 n_j,再到当 α_j 趋近于 1 时的极限值 1。因此,只有在两个部门的价格黏性程度完全相同的情况下,才应该在确定长期价格水平目标时以某个通过支出来加权的价格指数为依据。[2]

如 Aoki(2001)已经证明的,在价格只是在某一个部门是黏性的,而在另一个部门则是完全弹性的情况下,价格水平目标应该完全根据价格有黏性的那个部门的价格指数来确定。这就为钉住某个"核心"价格指数来设定长期目标的政策提供了理论依据。这种"核心"价格指数会忽略食品和能源等极具弹性的价格。但是一般来说,最理想的价格水平目标应该涉及这样一个指数,它对不同部门的价格赋予适当的权重——这些部门的价格与其支出份额不同(即便是对那些没有被排除在指数之外的价格也一样看待)。在现在这个模型中,如果

---

[1] 有时候,也有人认为,为了应对相对价格冲击以及确保任何一个部门都不会出现通货紧缩而提高总体价格水平的政策是可取的。但是要避免通货紧缩的原因就在于,当预期所有价格都会下跌时,很容易导致名义利率零下限成为一个有约束力的约束。若只有一个部门出现了通货紧缩,而其他部门的通货膨胀率都高于平均水平,则预期的总体通货膨胀率不会下降,这种情况并不意味着需要异常低的名义利率才能实现期望的价格路径。因此,没有理由认为暂时性的部门通货紧缩会带来特别大的问题。

[2] 这与 Benigno(2004)在讨论货币联盟的通货膨胀目标时得出的关于区域通货膨胀率的最优权重的结论一致。然而,贝尼尼奥假设某些价格指数在任何时候都是稳定的,而不仅仅是在长期中是稳定的。他是在这类受限制的政策之间进行优化的。

两个部门均有 $0<\alpha_j<1$,那么最优价格指数会对每个部门的价格赋予一定的权重,但是部门相对权重一般不会等于相对支出份额。特别是,就像在图 14.5 所考虑的那个例子一样,当且仅当 $\alpha_1>\alpha_2$ 时,$w_1/w_2>n_1/n_2$。与它在总支出中所占的份额相比,价格更具弹性的那个部门所占的权重应该更低。

尽管价格指数 $\bar{p}_t$ 应该有一个恒定的长期水平,但是在多部门模型中,这个恒定的长期水平通常不是最优的,即便用来衡量这个价格水平的指标在所有时间都保持不变也是一样。而且(与第 2 节和第 3 节给出的单部门模型中的结果相反),即便不存在成本推动型扰动 $\{u_{jt}\}$,这个结果也仍然成立。[1] 尽管如此,我们还是可以利用时不变的目标准则全面地刻画出最优政策(哪怕是对于短期内的最优政策也是如此)。不难证明,存在某些拉格朗日乘数能够使得所有一阶条件式(14.145)—式(14.147)在每一个时期都得到满足,当且仅当如下目标准则在每一个时期都得到了满足:

$$\Delta\tilde{p}_t - \beta E_t \Delta\tilde{p}_{t+1} = -\Gamma[(\bar{p}_t - p^*) + \phi_x x_t + \phi_R(p_{Rt} - p_{Rt}^n)] \qquad (14.149)$$

其中,p^* 表示的是长期价格水平目标(如前面所讨论的);$\tilde{p}_t$ 是式(14.102)中定义的产量缺口调整价格水平。再一次,我们用 p_t 表示 $\log P_t$。[2] 式(14.149)中的各个系数分别由下面各式给出:

$$\Gamma \equiv \frac{\kappa_1 \kappa_2}{\kappa} \frac{1+\omega\eta}{\omega+\sigma^{-1}} > 0, \quad \phi_x \equiv \theta^{-1}, \quad \phi_R \equiv n_1 n_2 \frac{\eta}{\theta}(\kappa_1^{-1} - \kappa_2^{-1})\kappa$$

请注意,当且仅当部门 2 的价格比部门 1 的价格更具弹性时(即当且仅当 $\alpha_1>\alpha_2$ 时),φ_R 才是正的。因此,式(14.149)中在方括号内的那一项的值为正,而且价格指数 $\bar{p}_t$ 的值超出其长期目标越多并且产出超过其自然率越多,又或者更具弹性的商品的相对价格超出其自然价值越多,它的值就越大。

因为式(14.149)中除价格水平差距项 $(\bar{p}_t - p^*)$ 外的每一项都必定是平稳的(根据存在差分平稳解的既定假设),所以我们可以推知,符合这个目标准则的政策必定能使价格水平也成为一个平稳过程。这个结果就意味着长期平均通货膨胀率为零,正如前面解释的那样,这就要求产出缺口和相对价格差距的长期平均值也为零。因此,除了价格水平差距项,式(14.149)中的每一项的长期平均值都为零。由此可以得出,价格水平差距的长期平均值也必定为零,因此符合目标准则式(14.149)意味着 $\bar{p}_t$ 的长期平均值将等于 p^*。因此,这个目标准则确实能够保证与长期价格水平目标的一致性。与此同时,它还明确地指出了最优政策下短期价格调整的准确幅度。

图 14.6 说明了为什么如图 14.5 所示的永久性相对价格冲击的最优响应是符合这个目

---

[1] 价格指数 $\bar{p}_t$ 的完全稳定在两种特殊情况下是最优的。第一种情况是,如果不存在成本推动型扰动,并且其中一个部门的价格具有完全弹性;第二种情况是,如果不存在成本推动型扰动,并且两个部门的价格具有相同的弹性。在第一种情况下,如 Aoki(2001)所证明的,使黏性价格的那个部门的价格指数完全稳定是最优的,因为这能够实现资源按有弹性的价格来配置的目标。在第二种情况下,如 Woodford(2003,第六章,4.3)所证明的,完全稳定消费支出加权价格指数是最优的。在第二种情况下,相对价格 p_{Rt} 的演变独立于货币政策,所以类似于单部门模型的分析仍然适用。

[2] 在从一阶条件推导出式(14.149)时,我利用了如下事实:对于一个对数线性近似,有 $p_t = \sum_j n_j \log p_{jt}$。

标准则的。图 14.6 绘制出了变量 $\bar{p}_t$、x_t 和 p_{Rt} 在最优政策下的响应 —— 其投影出现在了式(14.149)的右侧。这里需要注意的是,$\{\bar{p}_t\}$ 的路径渐近收敛于不存在这种冲击时的同一水平,即纵轴上的 0 处,而相对价格则渐近收敛于自然相对价格,产出则渐近收敛于自然产出水平。这张图中显示的产出缺口路径与图 14.5 中的相同。图中标记为"目标"的曲线绘制的是出现在式(14.149)右侧方括号内的复合目标变量(即前面提到的三个变量的线性组合)的响应。标记为"调整"的曲线则等于 Γ^{-1} 乘以式(14.149)左侧的价格调整项。"调整"响应和"目标"反应互为镜像的事实表明,目标准则式(14.149)在所有的时间期界内都得到了满足。

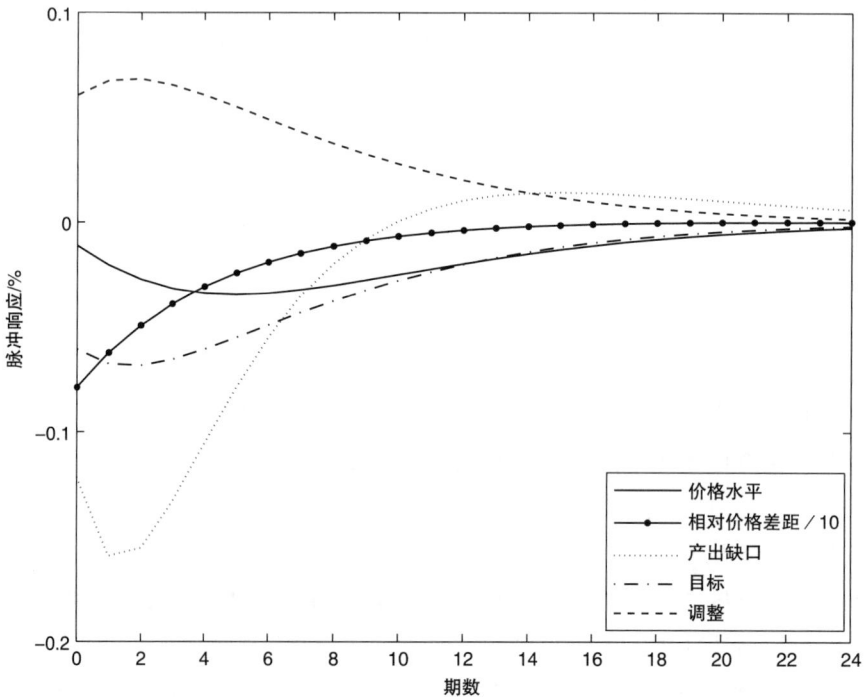

图 14.6 在与图 14.5 相同的数值示例中,目标准则式(14.149)中各变量的脉冲响应

注:这里的"价格水平"指的是不对称加权的价格指数 $\bar{p}_t$。

在时间上向前求积分,最优目标准则可以写成如下形式:

$$\Delta \bar{p}_t = -\Gamma \sum_{j=0}^{\infty} \beta^j E_t g_{t+j} \qquad (14.150)$$

其中, g_t 为图 14.6 中绘制的复合目标变量。这个版本的目标准则本身就意味着一种通过预测—定标程序来实施最优政策的方法。在每一个决策时间点上,中央银行都要在政策的预计未来路径和产出缺口调整价格水平的预测路径的基础上计算出价格水平差距、产出缺口和相对价格差距的未来路径的规划值。然后,中央银行再来判断政策的预计路径是否适当的方法是,检验产出缺口调整价格水平的增长是否符合式(14.150)所规定的三个差距/缺口变量的预测水平(具体来说,就是要看这几个水平的前瞻性移动平均数)。

在这里,我们还可以提出一个更简单的目标准则。它虽然一般不是精确最优的,但是它确实抓住了最优政策的主要特征。我们建议的这个目标准则确实非常简单:政策要用来确保复合缺口 g_t 遵循一个确定性路径,并渐进地收敛于零。由于以下原因,这个简单的目标准则近似于最优政策。一方面,如果两个部门的价格弹性程度是相当不对称的,那么 Γ 就会是一个很大的正值,从而式(14.149)在本质上就要求 g_t 的值始终接近于零。另一方面,如果两个部门的价格弹性程度几乎相同,那么 Ψ_R 就接近于零,而且 $\bar{p}_t$ 将会是一个与 p_t 几乎完全相同的价格指数,因而 g_t 近似等于 $\bar{p}_t - p^*$。① 因此,目标准则式(14.149)可以用以下目标准则来逼近:

$$E_t[A(L)g_{t+1}] = 0 \tag{14.151}$$

其中,$A(L) \equiv \beta - (1 + \beta + \Gamma)L + L^2$。再将 $A(L)$ 因子化为 $\beta(1 - \mu L)(1 - \beta^{-1}\mu^{-1}L)$,其中 $0 < \mu < 1$,那么我们可以证明,式(14.149)只有在满足如下条件时成立:

$$(1 - \mu L)g_t = 0 \tag{14.152}$$

在 $\alpha_1 = \alpha_2$ 的情况下,式(14.152)是等价于式(14.149)的;而在 α_1 和 α_2 不是非常相近的情况下,式(14.152)则与式(14.149)有类似的含义。而且,在 $\alpha_j = 0$ 的情况下(只有一个部门可以如此,不可以两个部门都如此),式(14.152)也等价于式(14.149)。请注意,在这种情况下,$\mu = 0$ 且式(14.152)可以直接化简为对 $g_t = 0$ 的要求。无论在何种情况下,只要某一个部门的 α_j 足够小,式(14.152)的含义也与式(14.149)的含义大致相同。总而言之,在我们假设的两个部门的价格黏性的相对程度的全部可能范围内,式(14.152)的含义都在一定意义上与式(14.149)的含义相近。② 而式(14.152)意味着 $\{g_t\}$ 的演变路径必定是确定性的,而且渐进地收敛于零。不难注意到,这个近似目标准则与我们在各种单部门模型中已经证明的最优标准非常接近。同样我们可以认为它所陈述的无非是产出缺口调整价格水平必定是确定性地演变的,并且渐进于恒定。唯一的区别是现在的价格水平不一定仍然是一个消费支出加权的价格指数,而且缺口调整还包括了对相对价格差距的调整。

4.2.2 黏性工资以及黏性价格

如果我们假设不仅产品价格是黏性的,而且工资也是黏性的,那么也会出现类似的复杂情况。在前面考虑的那个模型中,我们假定工资是具有完全弹性的(或者等价地,假设劳动力市场中的契约是有效率的)。这种假设使得稳定总体价格水平的政策有可能消除名义刚性造成的所有扭曲(或者说,至少在单部门模型中是这样)。如果工资也具有黏性,那么就不会出现这种情况了。此外,如果工资和价格都是黏性的,就不可能存在能够消除所有由名义刚性造成的扭曲的货币政策。自然实际工资,即能够在工资和价格具有完全弹性时导致均衡的实际工资,只要各种扭曲因素都保持在其稳定状态值上的随机变动存在,就要求对工资、价格或两者同时进行调整。如果工资和价格的调整是错开的而不是同步的,那就必然会由于在不同时间设定的工资或价格失调而造成效率低下。

---

① 在 $\alpha_1 = \alpha_2$ 的情况下,这两个量完全相等。

② 在如图 14.5 和图 14.6 所示的例子中,并不属于 g_t 在对冲击做出响应时精确地保持恒定是最优的那种情况,而且 g_t 的路径的最优变化并不大,且相当平滑。

Erceg 等(2000)以一种与卡尔沃价格调整模型非常相似的方式引入了工资黏性。[①] 他们假设每个企业都雇用了大量不同类型的劳动(者),而且企业所用的生产技术可以使产出成为不同类型的劳动的常替代弹性加总值的递增凹函数。在这种假设下,每种类型的劳动力的需求曲线都是向下倾斜的,而且其位置独立于该类型劳动力的供给者的工资需求。再假设每一种类型劳动的工资都是由这种劳动的供给者的单一(垄断竞争的)代表设定的,这位代表会努力保障这一类劳动者的共同利益,并且会将在随机的时间区间内以货币的形式固定工资。进一步假设某种类型的劳动工资在任何给定时期重新评估的概率独立于上次重新评估工资以来的时间,也独立于当前工资与当前市场条件之间的任何关系。

在这些假设下,工资和价格调整的联合动力学(以对数线性近似表示)满足下面这对耦合方程[②]:

$$\pi_t = \kappa_P(\hat{Y}_t - \hat{Y}_t^n) + \xi_P(w_t - w_t^n) + \beta E_t \pi_{t+1} + u_{pt} \qquad (14.153)$$

$$\pi_{wt} = \kappa_w(\hat{Y}_t - \hat{Y}_t^n) - \xi_w(w_t - w_t^n) + \beta E_t \pi_{w,t+1} + u_{wt} \qquad (14.154)$$

其中,$\pi_{wt} \equiv \Delta \log W_t$ 是工资通货膨胀率(即迪克西-斯蒂格利茨工资指数 W_t 的变化率);$w_t (\equiv \Delta \log W_t / P_t)$ 表示对数实际工资;w_t^n(自然实际工资)是外生扰动的函数,表示弹性工资和弹性价格条件下的均衡实际工资(在所有扭曲因子都固定为其稳态值的情况下);u_{pt} 是给定工资下的价格动态的外生的成本推动因素(反映了企业支付的增值税或工资税的税率的变化,或反映了各种商品的供给者的市场力量);u_{wt} 是给定价格的工资动态的外生的成本推动因素(反映了除黏性商品价格外,消费者支付的工资所得税率或销售税率的变化,或各种类型的劳动力的供给者的市场力量)。系数 ξ_p 是一个值为正的因子,价格调整越频繁,其值就越大;相对应地,系数 ξ_w 也是一个值为正的因子,工资调整越频繁,其值就越大。产出缺口响应系数也有两个,即 κ_p 和 κ_w,它们的定义分别为:

$$\kappa_p \equiv \xi_p \epsilon_{mc,p} > 0, \quad \kappa_w \equiv \xi_w \epsilon_{mc,w} > 0$$

在上面的定义中,平均实际边际成本相对于总产出增加的弹性,$\epsilon_{mc} \equiv \omega + \sigma^{-1}$,已经分解为如下两部分之和:由产出增加时平均实际工资增加所导致的部分 $\epsilon_{mc,w}$,以及由实际边际成本相对于实际工资增加所导致的部分(这是因为劳动报酬递减)。

就像3.4.2中一样,如果我们只考虑仅有极小扭曲的稳态,那么最优政策的分析将会大为简化。[③] 在这种情况下,我们可以证明代表性家庭的期望效用的变化(二阶近似地)与如下形式的贴现损失函数成反比[④]:

[①] 他们给出的更加复杂的工资和价格调整模型版本正是当前最应景的实证动态随机一般均衡模型的核心部分,例如 Christiano 等(2005)以及 Smets 和 Wouters(2007)的模型。

[②] 详见 Erceg 等(2000)或 Woodford(2003,第三章,4.1)给出的论述。这里使用的符号遵循 Woodford(2003)的规定,不过包含成本推动项的概率的那些项除外。

[③] Benigno 和 Woodford(2005b)使用了我在3.4.3中阐明的那种方法,将分析推广到了稳态中扭曲较大的情况。对于这种更一般的情况,他们推导出了与式(14.155)有相同形式的二次损失函数,只不过产出缺口必须定义为相对于外生扰动而言更复杂的函数,系数 λ_w、λ_p 和 λ_x 变成了具有更加复杂的模型参数的函数——涉及产出稳态水平的无效率程度。

[④] 更多计算的细节见 Woodford(2003,第六章,4.4)的论述。

$$E_{t_0} \sum_{t=t_0}^{\infty} \beta^{t-t_0} \left[\lambda_p \pi_t^2 + \lambda_w \pi_{wt}^2 + \lambda_x (x_t - x^*)^2 \right] \tag{14.155}$$

其中，$x_t \equiv \hat{Y}_t - \hat{Y}_t^n$ 仍然表示产出缺口，两个通货膨胀指标的权重是两个正系数（它们归一化后和为 1），其相对值为：

$$\frac{\lambda_w}{\lambda_p} = \frac{\theta_w}{\theta_p \phi} \frac{\xi_p}{\xi_w}$$

其中，θ_w 和 θ_p 分别为不同劳动类型之间、不同商品之间的替代弹性。而赋予产出缺口目标的相对权重 λ_x 则为：

$$\lambda_x \equiv \frac{\epsilon_{mc}}{\theta_p \xi_p^{-1} + \theta_w \phi^{-1} \xi_w^{-1}} > 0$$

因此，在工资和价格都具有黏性的时候，工资或价格通货膨胀的可变性会扭曲资源配置并减少福利。在二次损失函数中，工资的黏性越大（或者价格的弹性越大），不同类型的劳动力之间的可替代性越大（或者不同商品之间的可替代性越小），工资通货膨胀的相对权重就越大。

不难观察到，对于现在这种形式的线性二次政策问题，我们可以将它与本章 4.1 中考虑的那个问题进行相当精确的类比——只需要将这里所说的商品价格通货膨胀和工资通货膨胀分别与那里所说的"部门 1 的通货膨胀"和"部门 2 的通货膨胀"相对应，并将这里所说的实际工资与那里所说的部门 2 的相对价格相对应就可以了。

唯一的区别是，在埃尔采格（Erieg）等的模型的情况下，二次损失函数中没有一个与相对价格差距的平方成正比的项。这个模型对应于先前考虑的模型在 $\lambda_R = 0$ 时的这种特殊情况。因此本章 4.1 中所讨论的计算方法可以直接用于这个模型。

由此不难得出如下结论：在最优政策下，存在一个价格指数 $\bar{p}_t$，其长期价值不应该受扰动的影响，哪怕这些扰动对产出或实际工资有永久性的影响。在这个方面，现在这个模型与前面讨论的模型之间的唯一区别是，这里讨论的价格指数是商品价格和工资的指数，更具体地说，其形式为：

$$\bar{p}_t \equiv \lambda_p \log P_t + \lambda_w \log W_t$$

当然，由这个结论可以得出，如果存在会永久性地改变自然实际工资 w_t^n 的扰动，那么在最优政策下就不存在本身就平稳的商品价格指数，但是保持价格水平的长期稳定是可取的这一原则仍然有效，当然，一定要明白这里的价格稳定的准确含义应该指的是 $\bar{p}_t$ 的稳定。[①]

同样地，通过与上文所描述的相同的论证过程可知，最优政策可以用以下形式的目标准则来表示：

$$\Delta(\hat{p}_t + \hat{\theta}^{-1} x_t) = -\Gamma \sum_{i=0}^{\infty} \beta^j E_t \left[(\bar{p}_{t+j} - p^*) + \bar{\theta}^{-1} x_{t+j} \right] \tag{14.156}$$

其中，$\hat{p}_t$ 是价格和工资的另一个（加权不同的）指数，其形式为：

$$\hat{p}_t \equiv \frac{\kappa_p \lambda_p \log P_t + \kappa_w \lambda_w \log W_t}{\kappa_p \lambda_p + \kappa_w \lambda_w}$$

① 如果自然实际工资是一个平稳的随机变量，那么刚才提到的结果就意味着 $\log P_t$ 的长期期望值也应该是常数。然而，如果生产率有一个单位根（通常的假设就是如此），那么自然实际工资也应该有一个单位根。

系数 $\bar{\theta}$ 和 $\hat{\theta}$ 是关于 θ_p 与 $\varphi^{-1}\theta_w$ 的两个不同的加权平均值,其形式分别为:

$$\bar{\theta} \equiv \frac{\xi_p^{-1}\theta_p + \xi_w^{-1}\phi^{-1}\theta_w}{\xi_p^{-1} + \xi_w^{-1}}$$

$$\hat{\theta} \equiv \frac{\epsilon_{\mathrm{mc},p}\theta_p + \epsilon_{\mathrm{mc},w}\phi^{-1}\theta_w}{\epsilon_{\mathrm{mc}}}$$

以及

$$\Gamma \equiv \frac{\xi_p\xi_w\epsilon_{\mathrm{mc}}}{\kappa_P\lambda_P + \kappa_W\lambda_W} > 0$$

由此可知,最优政策可以通过一个预测—定标程序来实施,它要求在每一个决策时点上都要计算出未来的总体价格水平、总体工资水平和产出缺口的规划路径,以便验证式(14.156)在预想中的政策的前进道路上是不是能够得到满足。

5. 未来的研究议程

本章展示了如何用类似于现代公共财政理论中常用的那种技术来分析货币稳定政策,特别是拉姆齐动态最优税收理论。本章的讨论过程涉及的各种方法和一系列极具特性的问题都是利用关于货币传导机制的一类相对简单的模型来说明的。尽管如此,本章中一再浮现出来的几个关键主题可能对更复杂(和更现实)的模型具有广泛的适用性,其中包括适当选择的政策承诺(假设承诺是可能的,并且对公众是可信的)相对于相机抉择的结果来说有很大的优势,以及通过目标准则来构建可取的政策承诺有很大的便利性(这一目标准则是中央银行应该通过调整它的政策工具来实现的)。

其他更具体的结果在多大程度上适用于更现实的情况则是一个非常值得进一步深入研究的课题。在一系列不同的模型中,我已经证明最优政策需要一个有明确定义的长期通货膨胀率,它要在面对经济动荡时保持不变,还要有一个定义明确的、不受冲击影响的长期价格水平(如果价格水平是用一个适当定义的包含了多种不同商品的价格指数来衡量的话)。我还通过一些例子说明(在本章的2.6和2.7中),关于价格水平的长期预测应在所有冲击下保持不变的传统观点并不完全正确,即便是在这种情况下,最优政策仍然可以用"有错必纠"来刻画——"有错必纠"的含义是,当某个扰动使产出缺口调整价格水平偏离了(在没有这个扰动的情况下)人们本来预期的路径时,就应该用政策将随后的产出缺口调整价格水平拉回到原来的路径上来,甚至在某种程度上还要超过它。这种过度调整就是价格水平在最优承诺下实际上不会是静止的原因。因此,在这里所考虑的情况下,中央银行承诺根据价格水平目标所隐含的要求修正误差是非常可取的。

另一个反复出现的主题是,在短期内,可取的是让产出缺口调整价格水平,而不是让衡量价格水平本身的某种指标保持确定性路径。在本章讨论的一系列模型中,这个非常简单的目标准则代表着一个最优承诺,同时在许多情况下,对产出缺口赋予适当的相对权重亦然(例如让产出缺口的相对权重等于差异化的商品之间的替代弹性的倒数)。[1] 在本章 4.2 中给出的一系列更加复杂的模型中,最优目标准则一般不再这么简单,但它仍然会是这样的:对(适当定义的)价格水平的长期目标的临时性偏离应该是与衡量临时性的实际扭曲的某种度量成比例的,而且总产出水平和某个随时间变化的自然比率之间的缺口至少是实际扭曲的一个重要方面——正是这种扭曲的存在证明了价格水平的这种临时性变化是合理的。

虽然我们在一系列模型设定下取得了完全一致的结果——这些模型(至少以某种比较简单的方法)纳入了关于货币传导机制的实证模型中的很多关键因素——但我们还是必须承认本章所考虑的所有模型在很多共同的方面都是相当简单的。它们不仅都是基于代表性家庭的模型,而且假设所有的商品都是用作为唯一可变生产要素的劳动生产出来的最终产品,同时还认为一切私人支出都与非耐用品上的消费支出无法区分(即没有考虑到生产能力增长率的内生变化)。[2] 此外,它们还都是封闭的经济体,而且我在整个分析过程中一直默认一次总付税是存在的,并可以期待财政当局会对税收进行适当的调整,以确保政府的跨期偿付能力,而不管中央银行选择的货币政策是什么(因此,我们可以在不考虑政府预算的影响的情况下考虑其他货币政策)。[3] 最后,本章中的所有模型都抽象掉了劳动力市场中的各种摩擦,尽管这些摩擦不仅在真实的失业动态模型中很重要,而且在一些更近时期的动态随机一般均衡货币模型中也很重要。[4] 在这些方面更加复杂的环境中分析最优政策承诺的形式是一个非常可取的做法,因为这些因素的讨论代表了这类文献进一步发展的一个重要方向。而且从原则上看,在这个方向上取得进展显然是可能的,因为正如 Benigno 和 Woodford(2008)以及 Giannoni 和 Woodford(2010)已经证明的,本章中用于描述最优政策承诺的一般方法适用于状态空间的规模任意大(但有限)的情况下的一般非线性政策问题。

在本章所考虑的模型忽略的实际经济的复杂因素中,有一个因素是我们完全忽视了金融中介在货币传导机制中的作用。这种忽略意味着本章前面各节对最优政策的分析完全抽象掉了一个在最近的过去(最显著的是在 2008 年以后)的货币政策讨论中发挥了非常重要的作用的因素,那就是货币政策应该在多大程度上考虑金融条件的变化,比如不同借款人支付的利率之间的息差的变化。对货币稳定政策理论进行扩展以应对这类问题在当前的经济社会中尤为重要。

尽管在我着手撰写本书的时候,这个方向上的研究仍然处于相当初步的阶段,但是我们

---

[1] Giannoni 和 Woodford(2005)证明,在另外一种情况下也可以得到同样的结果,即在构建模型时将习惯形成纳入私人支出,正如研究者在许多实证新凯恩斯主义动态随机一般均衡模型中所做的一样。

[2] 有一类文献在特定的定量模型背景下评估简单政策规则的特定参数族,它们经常会考虑更复杂的技术和内生资本积累,例如 Schmitt-Grohé 和 Uribe(2004,2007)的研究。本手册由 Taylor 和 Williams(2010)撰写的第十五章综述了这类文献,所以我不打算在本章中讨论。这类研究通常会发现,最优简单规则与在没有内生资本积累的更简单的模型中本来应该是最优的规则(同一参数族)非常相似。但是这些结果在多大程度上依赖于福利比较的模型的其他限制性设定现在仍然不清楚,例如关于曾经发生过的仅有的扰动就只是少数几种简单类型的扰动的假设。

[3] 为了解决后两个问题,研究者对最优货币稳定政策理论进行的扩展已经相当完善了,但是我在这里略去这方面的讨论,因为这是本手册另外两章的主题。开放经济问题见 Corsetti 等(2010)撰写的那一章,货币政策和财政政策之间的相互作用问题见 Canzoneri 等(2010)撰写的那一章。

[4] 例如,请参见本手册第三卷中由 Gali(2010)撰写的那一章,以及由 Christiano 等(2010)撰写的那一章。

应该还是有可能将本章阐述的一般方法应用到那些纳入了金融中介的重要性和扰动对私人中介的有效性的影响的模型中去的。至于如何做到这一点,Cúrdia 和 Woodford(2009a)提供了一个很好的例子。在他们所考虑的模型中,拥有无限寿命的不同家庭之间在生产性支出机会上存在着差异(这里所说的生产性指的是能够产生效用,因为这个模型仍然抽象掉了私人支出对生产能力的影响),因此金融中介的存在可以改善资源的配置。在他们的模型中,均衡时允许中介机构向借款人提供贷款的利率与他们从储户那里获得融资的利率之间存在正的息差。之所以存在这种息差,有两方面的原因:一方面,贷款的发放(创造)可能需要消耗实际资源,而且这种消耗还会随着银行经营规模的扩大而增加;另一方面,银行可能无法将可以要求其偿还债务的借款人与真的有能力逃避偿还债务的借款人区分开来,所以只能向所有的借款人收取高于银行的资金成本的利率,以覆盖预期的坏账损失。这类借贷"技术"的任意一个方面的随机变化都可能导致均衡信贷息差由于源自金融部门的某种原因而发生变化。Cúrdia 和 Woodford(2009a)还考虑了信贷息差的内生性变化,这是由于贷款数量会因偏好、技术或财政政策的扰动而发生变化。

如果我们以不同类型的家庭的平均期望效用(每一种类型的家庭的效用按其人口比例加权)作为政策目标,那么就可以用类似于前面所阐述的方法来表示最优政策承诺。Cúrdia 和 Woodford(2009a)推导出了满足如下假设的在特殊情况下的最优利率政策的一个特别简单的描述:第一,中介机构不会消耗资源;第二,不良贷款的比例是一个外生变化的数量,独立于中介机构的经营规模;第三,稳态下不存在扭曲——就像本章3.4.1中所描述的模型一样。在这种特殊情况下(中介仍然是必不可少的,由于家庭异质性,以及非零的借贷息差的存在——这是不良贷款比例受到了冲击的结果),最优政策承诺的线性近似只要承诺在所有时间都满足如式(14.21)所示的目标准则——或者等价地,满足如式(14.23)所示的目标准则即可。[1]

因此,在这种情况下,仍然有可能完全通过预计的通货膨胀(或价格水平)和产出缺口的演变路径来刻画最优政策的特征。金融状况与中央银行的决策有关,但这是因为中央银行必须对金融状况进行监控,以确定为了实现与目标准则一致的价格水平和产出缺口所需的政策利率路径,而不是(至少在这种特殊情况下不是)因为它们能够影响目标准则本身的形式。只有在相当特殊的情况下这个结果才能作为一个精确的解析解得到,但是,Cúrdia 和 Woodford(2009a)还发现,在为了更接近实际情况而进行的各种模型校准中,对有弹性的通货膨胀目标制的承诺依然能够提供一个相当好的对于最优利率政策的近似,即便它不再完全是最优政策。[2]

本章讨论了各种相当简单的模型中的完全最优政策的特征。这些模型都可以得到最优

---

① 基于第2节所讨论的原因,可以看出,后一种形式的最优目标准则是更具稳健性的。特别是,由于均衡信贷息差的大小的扰动,更有可能出现政策利率的零下限约束有时有约束力的问题。

② 除了传统的旨在影响货币市场利率水平的政策工具,引入信贷摩擦还可以让中央银行的政策工具有更多的维度——至少在原则上是这样。现在的问题是,中央银行是只购买国债以平衡资产负债表,还是以各种形式向私人部门提供信贷。如 Cúrdia 和 Woodford(2009b)所述,与前面讨论过的方法类似的方法也可用于沿着这些额外维度对最优政策进行分析。

均衡动力学的解析解,以及可以用来实现这些均衡的目标准则。虽然本章说明的方法可以广泛地应用于更一般的情形,但是由此产生的最优政策结果可能会马上变得更加复杂(正如第4节的讨论中所指出的那样)。特别是,即便是在一个规模相当小的宏观经济模型的情况下(它必定已经抽象掉了可用经济数据的大量具体性),最优目标准则也仍然可能因太过复杂而无法成为中央银行的政策承诺的公开表述——这样的政策承诺原本就是为了让公众了解它所预期的未来政策是什么样子而作出的。因此,对于一个实际操作问题来说,重要的是为相对简单的目标准则的制定提供一些建议,它们尽管可能不是完全最优的,但是在合理的程度上仍是近似的最优政策。

对简单的政策规则的性质的分析——在特定的关于简单规则的参数族下,计算出最优规则,以及分析特定的规则对各种可选的模型设定的稳健性——相关文献已经有不少了,特别是对于简单的利率反应函数,比如对泰勒规则的分析。[①] 我们还需要对具有一定实证和现实意义的定量模型中的简单目标准则的表现进行类似的分析,这是未来研究的一个重要领域。尽管任何目标准则都必须通过调整政策工具来实现(根据当前的制度安排,对大多数中央银行来说,往往要以隔夜利率,如联邦基金利率为操作目标),用利率反应函数来描述中央银行的政策承诺远比用中央银行寻求实现的目标准则来在"更高层次"上描述政策承诺更可取,只是这一点远非显而易见。[②] 特别是,虽然到目前为止已经有大量的文献评估了简单反应函数对各种替代模型设定的稳健性,但在该层面上指定的政策规则比同样简单的目标准则有更高的稳健性这一点远非显而易见。本章的结果表明,在一些结构方程很简单但是可能会受到许多不同类型的随机扰动(因而也存在着潜在的复杂动力学机制)的模型中,我们将会发现,简单的目标准则对关于随机扰动过程中多种多样的设定而言都是完全最优的,尽管在这些例子中,并没有给出任何一个对其他扰动过程具有同等程度的稳健性的利率规则。虽然这只是中央银行必须关注的多种稳健性中的一种,虽然 Giannoni 和 Woodford(2010)证明相当普遍地存在的那种稳健且最优的目标准则只有在具有简单的结构方程的模型中才是真正简单的,但是这些结果已经充分表明,进一步探索简单目标准则的稳健性是一个非常值得跟进的方向。

此外,虽然本章的结果只适用于简单模型中的完全最优目标准则,但我认为,最优目标准则理论在为更复杂的经济体设计简单的(且仅近似最优的)目标准则方面肯定是非常有用的。相信事实很快就可以证明这一点。从理论上充分搞清楚哪一类目标准则更好——至少在那些简单的、可以充分理解的情况下——将会提供有益的指导,帮助我们确定哪一类简单标准在更一般的情况下可能是近似最优的候选标准。前面讨论过的 Cúrdia 和 Woodford(2009a)给出的结果已经说明了这一点,根据他们的研究,在更简单的情况下是最优的目标准则在一个更复杂的模型的一系列备选参数下仍然是近似最优的。而且,对我们关心的模型中的完全最优目标准则的形式加以充分探析——哪怕该标准过于复杂,无法作为实际的政策承诺而提出——应该有助于我们提出关于更简单的目标准则的建议,以继续刻画最优

---

① Taylor 和 Williams(2010)在本手册第十五章中对这些文献进行了综述。
② 关于这个问题的进一步讨论请参见 Svensson(2003)和 Woodford(2007)的研究。

标准的关键特征,从而可能为最优政策提供有用的近似。这一点在上文的 4.2.1 中对最优目标准则的简化版本的讨论中已经得到了说明。

本章对最优政策的所有分析还有另一个重要的局限,那就是假设政策当局采用的政策规则对于私人部门是完全可信的,而且实现的结果也将是一个与中央银行的政策承诺一致的理性预期均衡。在给定本章讨论的每一个目标准则都确定了一个独特的非爆炸性的均衡的前提下,我们假定中央银行能够"自信"地预测到其政策承诺所隐含的均衡,因此我们就可以将对某个政策承诺的选择等同于在有关模型中所有可能的理性期望均衡中最优的那一个选择。但在实践中,一个重要的问题恰恰是:中央银行能不能假定自己非常严肃地作出的政策承诺必定会得到私人部门的充分信任,或得到私人部门的正确理解?而且,即便中央银行的政策承诺得到了私人部门的理解和信任,也还面临着另一个重要的问题:私人部门的决策者是不是真的能够理解为什么经济会按照理性预期均衡所要求的方式演化,以及是不是一定会形成实际发生的那种经济演变所要求的预期?只要我们不清楚实际实现的结果是否恰好是理性预期均衡分析所预测的那个结果,那么一个在那种情况下本应是最优的政策承诺是不是应该被认为是可取的也就不清楚了。举例来说,一个规则在理性预期假设下可能不是最优的,但它仍有可能是更加可取的,因为在这个规则下经济在合理地偏离理性预期均衡时受损的程度不会像在理性预期假设下更好的其他规则那么严重。

当然,这也是政策规则的稳健性这个更一般的问题的又一个方面。我们应该关注,如果可以预测某个规则在某个特定的经济模型下可能会导致非常好的结果,那么假设正确的经济模型与这个特定的经济模型有所不同是不是也会导致相当好的结果?同样地,我们也应该关注,如果可以预测某个规则在理性预期假设下会导致非常好的结果,那么该规则是不是也能在预期不完全符合这种假设的情况下导致相当好的结果?要解决这个问题,一种可行的方法是根据从观察到的数据中学习到的某种明确的统计模式来对预期建模,并让模型随着继续观察到的新数据的出现而不断演化。

我们可以在某种特定形式的自适应学习模型下分析政策的最优行为(假设政策制定者能够理解这种模型),而且还可以分析特定政策建议对关于学习过程的不同模型设定的稳健性。当然还有其他一些问题需要考虑,例如,我们可以考虑在与理性预期没有太大区别的学习过程中,理性预期下是最优的政策建议在何种程度上仍然能导致至少是接近最优的结果,因为学习算法本身就意味着只要得到了足够多的观察数据,预测最终应该会收敛于理性预期的预测,或者至少在大多数时间里都围绕着理性预期的预测上下波动,而不会偏离它们太远。虽然致力于解决这类问题的文献在现在看来仍然是相当新的,但是已经涌现出了一些很有启发性的成果,对此,Evans 和 Honkapohja(2009)以及 Gaspar 等(2010)都给出了很好的综述。现有的结果表明,当假设改为自适应学习时,关于理性预期下最优政策的文献中有很多重要的主题仍然适用。例如,一些研究发现,在应对成本推动型扰动时,奉行缴存稳定通货膨胀预期的政策比奉行将通货膨胀预期视为独立于政策的相机抉择政策更加可取。如果严格地遵循自适应学习的机械模型,那么预期的稳定性就必须完全通过限制观察到的通货膨胀率的可变性来维持,而不应该通过任何公开宣布的政策目标或承诺来维系。

Woodford(2010)阐述了另一种解决政策偏离理性预期的稳健性问题的方法。它没有假设每位政策制定者都了解预期形成模型,相反,它假设私人部门的预期可能会以任意的方式不同于代表理性预期的预测(根据中央银行的模型),同时它又假设私人部门的预期不会偏离正确值太远,而私人部门的预期与中央银行认为正确的预期之间的差距则是用相对熵标准来衡量的。[①] 由此可知,我们应该寻找这样一个政策,它能够确保当私人部门的预测对正确的预期(根据中央银行的模型)的偏离不超过一定数量的时候,最优的可能结果就会出现。在本章第2节考虑的基准政策问题中,我们把稳健且最优的政策描述为对所设想的理性预期的可能偏离大小的函数。虽然稳健且最优的政策与第2节中描述的最优政策承诺并不完全相同(除非设想的偏离的大小为零),但是它仍然具有这种政策的许多定性特征,例如,与相机抉择相比,政策承诺可以实现最坏情况下的最好结果(假设 $x^* > 0$ 或成本推动型冲击有正的方差),即便 $x^* > 0$,稳健性高的最优长期通货膨胀目标也为零。稳健且最优的最优承诺允许通货膨胀对成本推动型冲击的反应低于在相机抉择政策下的反应。稳健且最优的最优承诺还意味着在成本推动型冲击导致价格上涨之后,中央银行应计划在一段时间内将通货膨胀保持在低于其长期价值的水平,以抵消价格水平的上涨。稳健且最优的政策的这些特性可取的原因基本上与第2节中讨论的相同。

在允许合理地偏离理性预期的情况下,对最优的(和稳健的)政策设计的进一步研究成为当务之急。这种研究的目标不应该仅仅限于澄清适当的货币政策目标,还应该致力于合理地解释中央银行对观察到的与自己的预测不同的私人部门预期做出反应的方式。后一个问题对中央银行的银行家们有重大的现实意义,但是显然不能在一个简单的假设理性预期的框架内进行分析。[②] 虽然对于这种分析的结果,我们无法在真正取得结果之前就准确地预测到,但是无论如何,在正确理解的前提下,对最优政策的清晰理解可能是分析因多样化的观点而引发的更微妙问题的非常有益的起点。

参考文献

Adam, K., Billi, R., 2006. Optimal monetary policy under commitment with a zero bound on nominal interest rates. J. Money Credit Bank. 38, 1877-1905.

Aoki, K., 2001. Optimal monetary policy responses to relative price changes. J. Monet. Econ. 48, 55-80.

Aoki, K., 2006. Optimal commitment policy under noisy information. J. Econ. Dyn. Control 30, 81-109.

[①] 正如 Hansen 和 Sargent(2010)所讨论的,类似的标准已经被广泛应用于对模型错误设定有稳健性的政策设计的文献。

[②] 最有力的政策手段不太可能使中央银行对私人部门预测偏离自身预测的任何证据视而不见。请参见 Evans 和 Honkapohja(2006)、Preston(2008)的研究,他们分析了自适应学习动态下的政策。作为在自适应学习动态下对观察到的私人部门的预测的反应的政策,对于不同的学习动态模型设定的稳健性要比忽略了私人部门的预测的政策(尽管它们在理性预期下是最优的)更高。

Aoki, K., Nikolov, K., 2005. Rule-based monetary policy under central bank learning. CEPR Discussion Paper, 5056.

Ball, L. N., Mankiw, G., Reis, R., 2005. Monetary policy for inattentive economies. Q. J. Econ. 52, 703-725.

Benigno, P., 2004. Optimal monetary policy in a currency area. J. Int. Econ. 63, 293-320.

Benigno, P., Woodford, M., 2003. Optimal monetary and fiscal policy: A linear-quadratic approach. In: Gertler, M., Rogoff, K. (Eds.), NBER macroeconomics annual 2003. MIT Press, Cambridge, MA.

Benigno, P., Woodford, M., 2004. Inflation stabilization and welfare: The case of a distorted steady state. New York University. Unpublished Draft.

Benigno, P., Woodford, M., 2005a. Inflation stabilization and welfare: The case of a distorted steady state. J. Eur. Econ. Assoc. 3, 1185-1236.

Benigno, P., Woodford, M., 2005b. Optimal monetary policy when wages and prices are sticky: The case of a distorted steady state. In: Faust, J., Orphanides, A., Reifschneider, D. (Eds.), Models and monetary policy. Federal Reserve Board, Washington, D. C.

Benigno, P., Woodford, M., 2007. Optimal inflation targeting under alternative fiscal regimes. In: Mishkin, F. S., Schmidt-Hebbel, K. (Eds.), Monetary policy under inflation targeting. Central Bank of Chile, Santiago, Chile.

Benigno, P., Woodford, M., 2008. Linear-quadratic approximation of optimal policy problems. NBER Working Paper, 12672, Revised.

Blake, A. P., 2001. A "timeless perspective" on optimality in forward-looking rational expectations models. National Institute of Economic and Social Research NIESR Discussion Papers, 188.

Calvo, G., 2003. Staggered prices in a utility maximizing framework. J. Monet. Econ. 12, 383-398.

Canzoneri, M., Cumby, R., Diba, B., 2010. The interaction between monetary and fiscal policy. In: Friedman, B. M., Woodford, M. (Eds.), Handbook of monetary economics. 3B, North-Holland, Amsterdam. Chapter. 17.

Carvalho, C., 2006. Heterogeneity in price stickiness and the real effects of monetary shocks. The BE Journal of Macroeconomics 2 (1: Frontiers).

Christiano, L. J., 2004. The zero bound, zero inflation targeting, and output collapse. Northwestern University. Unpublished.

Christiano, L. J., Eichenbaum, M., Evans, C. L., 2005. Nominal rigidities and the dynamic effects of a shock to monetary policy. J. Polit. Econ. 113, 1-45.

Christiano, L. J., Trabandt, M., Walentin, K., 2010. DSGE models for monetary policy. In: Friedman, B. M., Woodford, M. (Eds.), Handbook of monetary economics. 3A, North-

Holland, Amsterdam. Chapter 7.

Clarida, R., Gali, J., Gertler, M., 1999. The science of monetary policy: A new Keynesian perspective. J. Econ. Lit. 37, 1661-1707.

Corsetti, G., Dedola, S., LeDuc, 2010. Optimal monetary policy in open economies. In: Friedman, B. M., Woodford, M. (Eds.), Handbook of monetary economics. 3B, North-Holland, Amsterdam. Chapter 16.

Cúrdia, V., Woodford, M., 2009a. Credit frictions and optimal monetary policy. Federal Reserve Bank of New York. Unpublished.

Cúrdia, V., Woodford, M., 2009b. Conventional and unconventional monetary policy. CEPR Discussion Paper No. 7514.

Denes, M., Eggertsson, G. B., 2009. A Bayesian approach to estimating tax and spending multipliers. Federal Reserve Bank of New York Staff Report No. 403.

Dotsey, M., 2002. Pitfalls in interpreting tests of backward-looking pricing in new Keynesian models. Federal Reserve Bank of Richmond Economic Quarterly 88 (1), 37-50.

Dotsey, M., King, R. G., Wolman, A. L., 1999. State-dependent pricing and the general-equilibrium dynamics of money and output. Q. J. Econ. 114, 655-690.

Dupor, W., 2003. Optimal random monetary policy with nominal rigidity. J. Econ. Theory 112, 66-78.

Eggertsson, G. B., Woodford, M., 2003. Zero bound on interest rates and optimal monetary policy. Brookings Pap. Econ. Act. 2003 (1), 139-211.

Erceg, C. J., Henderson, D. W., Levin, A. T., 2000. Optimal monetary policy with staggered wage and price contracts. J. Monet. Econ. 46, 281-313.

Evans, G. W., Honkapohja, S., 2006. Monetary policy, expectations and commitment. Scand. J. Econ. 108, 15-38.

Evans, G. W., Honkapohja, S., 2009. Expectations, learning and monetary policy: An overview of recent research. In: Schmitt-Hebbel, K., Walsh, C. E. (Eds.), Monetary policy under uncertainty and learning. Central Bank of Chile, Santiago, Chile.

Fuhrer, J. C., 2010. Inflation persistence. In: Friedman, B. M., Woodford, M. (Eds.), Handbook of monetary economics. 3A, North-Holland, Amsterdam Chapter 9.

Gali, J., 2010. Monetary policy and unemployment. In: Friedman, B. M., Woodford, M. (Eds.), Handbook of monetary economics. 3A, North-Holland, Amsterdam.

Gaspar, V., Smets, F. R., Vestin, D., 2010. Inflation expectations, adaptive learning, and optimal monetary policy. In: Friedman, B. M., Woodford, M. (Eds.), Handbook of monetary economics. 3B, North-Holland, Amsterdam.

Giannoni, M. P., Woodford, M., 2005. Optimal inflation targeting rules. In: Bernanke, B. S., Woodford, M. (Eds.), The inflation targeting debate. University of Chicago Press, Chicago.

Giannoni, M. P. , Woodford, M. , 2010. Optimal target criteria for stabilization policy. NBER Working Paper No. 15757.

Goodfriend, M. , King, R. G. , 1997. The new neoclassical synthesis and the role of monetary policy. NBER Macroeconomics Annual 12, 231-283.

Gorodnichenko, Y. , Shapiro, M. D. , 2006. Monetary policy when potential output is uncertain: Understanding the growth gamble of the 1990s. NBER Working Paper No. 12268.

Hall, R. E. , 1984. Monetary policy with an elastic price standard. Price stability and public policy. Federal Reserve Bank of Kansas City, Kansas City.

Hansen, L. P. , Sargent, T. J. , 2010. Wanting robustness in macroeconomics. In: Friedman, B. M. , Woodford, M. (Eds.), Handbook of monetary economics. 3B, North-Holland, Amsterdam.

Jensen, C. , McCallum, B. C. , 2002. The non-optimality of proposed monetary policy rules under timelessperspective commitment. Econ. Lett. 77 (2), 163-168.

Jung, T. , Teranishi, Y. , Watanabe, T. , 2005. Optimal monetary policy at the zero-interest-rate bound. J. Money Credit Bank. 37, 813-835.

Khan, A. , King, R. G. , Wolman, A. L. , 2003. Optimal monetary policy. Rev. Econ. Stud. 70, 825-860.

Kim, J. , Kim, S. , 2003. Spurious welfare reversal in international business cycle models. J. Int. Econ. 60, 471-500.

Kirsanova, T. , Vines, D. , Wren-Lewis, S. , 2009. Inflation bias with dynamic Phillips curves and impatient policy makers. The B. E. Journal of Macroeconomics 9 (1: Topics) Article 32.

Kitamura, T. , 2008. Optimal monetary policy under sticky prices and sticky information. Ohio State University. Unpublished.

Koenig, E. , 2004. Optimal monetary policy in economies with "sticky-information" wages. Federal Reserve Bank of Dallas Research Department Working Paper No. 0405.

Levin, A. , Lopez-Salido, D. , Yun, T. , 2009. Limitations on the effectiveness of forward guidance at the zero lower bound. Federal Reserve Board. Unpublished.

Mankiw, N. G. , Reis, R. , 2002. Sticky information versus sticky prices: A proposal to replace the new Keynesian Phillips curve. Q. J. Econ. 117, 1295-1328.

Nakamura, E. , Steinsson, J. , 2010. Monetary non-neutrality in a multi-sector menu cost model. Q. J. Econ. 125, 961-1013.

Preston, B. , 2008. Adaptive learning and the use of forecasts in monetary policy. J. Econ. Dyn. Control 32, 3661-3681.

Rawls, J. , 1971. A theory of justice. Harvard University Press, Cambridge, MA.

Reis, R. , 2006. Inattentive producers. Rev. Econ. Stud. 73, 793-821.

Rotemberg, J. J., Woodford, M., 1997. An optimization-based econometric framework for the evaluation of monetary policy. NBER Macroeconomics Annual 12, 297-346.

Schmitt-Grohe, S., Uribe, M., 2004. Optimal operational monetary policy in the Christiano-Eichenbaum-Evans model of the U. S. business cycle. Duke University. Unpublished.

Schmitt-Grohe, S., Uribe, M., 2007. Optimal inflation stabilization in a medium-scale macroeconomic model. In: Mishkin, F. S., Schmidt-Hebbel, K. (Eds.), Monetary policy under inflation targeting. Central Bank of Chile, Santiago, Chile.

Schmitt-Grohe, S., Uribe, M., 2010. The optimal rate of inflation. In: Friedman, B. M., Woodford, M. (Eds.), Handbook of monetary economics. 3B, North-Holland, Amsterdam.

Sheedy, K. D., 2007. Intrinsic inflation persistence. London School of Economics, Centre for Economic Performance Discussion Paper No. 837.

Sheedy, K. D., 2008. Robustly optimal monetary policy. London School of Economics. Unpublished.

Smets, F., Wouters, R., 2007. Shocks and frictions in U. S. business cycles. Am. Econ. Rev. 97, 586-606.

Sugo, T., Teranishi, Y., 2005. Optimal Monetary policy rule under the non-negativity constraint on nominal interest rates. Econ. Lett. 89, 95-100.

Svensson, L. E. O., 1997. Inflation forecast targeting: Implementing and monitoring inflation targeting. Eur. Econ. Rev. 41, 1111-1146.

Svensson, L. E. O., 2003. What is wrong with Taylor rules? Using judgment in monetary policy through targeting rules. J. Econ. Lit. 41, 426-477.

Svensson, L. E. O., 2005. Monetary policy with judgment: Forecast targeting. International Journal of Central Banking 1, 1-54.

Svensson, L. E. O., 2010. Inflation targeting. In: Friedman, B. M., Woodford, M. (Eds.), Handbook of monetary economics. 3B, North-Holland, Amsterdam.

Svensson, L. E. O., Woodford, M., 2003. Optimal policy with partial information in a forward-looking model: Certainty-equivalence redux. NBER Working Paper No. 9430.

Svensson, L. E. O., Woodford, M., 2004. Indicator variables for optimal policy under asymmetric information. J. Econ. Dyn. Control 28, 661-690.

Svensson, L. E. O., Woodford, M., 2005. Implementing optimal policy through inflation-forecast targeting. In: Bernanke, B. S., Woodford, M. (Eds.), The inflation targeting debate. University of Chicago Press, Chicago.

Taylor, J. B., Williams, J. C., 2010. Monetary policy rules. In: Friedman, B. M., Woodford, M. (Eds.), Handbook of monetary economics. 3B, North-Holland, Amsterdam.

Wolman, A. L., 1999. Sticky prices, marginal cost, and the behavior of inflation. Federal Reserve Bank of Richmond Economic Quarterly 85 (4), 29-48.

Woodford, M., 1999. Commentary: How should monetary policy be conducted in an era of price stability? New challenges for monetary policy. Federal Reserve Bank of Kansas City, Kansas City.

Woodford, M., 2001. Fiscal requirements for price stability. J. Money Credit Bank. 33, 669-728.

Woodford, M., 2003. Interest and prices: Foundations of a theory of monetary policy. Princeton University Press, Princeton, NJ.

Woodford, M., 2007. Forecast targeting as a monetary policy strategy: Policy rules in practice. NBER Working Paper No. 13716.

Woodford, M., 2010. Robustly optimal monetary policy under near-rational expectations. Am. Econ. Rev. 100, 274-303.

Yun, T., 1996. Nominal price rigidity, money supply endogeneity, and business cycles. J. Monet. Econ. 37, 345-370.

Yun, T., 2005. Optimal monetary policy with relative price distortions. Am. Econ. Rev. 95, 89-109.

第十五章 简单但稳健的货币政策规则[①]

约翰·B. 泰勒(John B. Taylor)[*]

约翰·C. 威廉姆斯(John C. Williams)[**]

[*]:斯坦福大学

[**]:旧金山联邦储备银行

目　录

本章摘要:本章关注的焦点是中央银行在制定货币政策时用来指导自己的利率决策的各种简单的规范性规则。这些规则最早来源于利用 20 世纪七八十年代提出的具有理性预期

[①] 我们感谢安迪·莱文(Andy Levin)、迈克·伍德福德(Mike Woodford)和《货币经济学手册》会议的其他与会者提供的非常有益的意见和建议。我们也感谢贾斯汀·魏德纳(Justin Weidner)作为一名研究助理的出色工作。当然,本章所表达的观点仅代表作者本人的观点,而非旧金山联邦储备银行或美国联邦储备委员会的观点。

和黏性价格的实证货币模型进行的一系列研究。过去的 20 年里,在证明这类规则的稳健性方面已经取得了许多重大进展。它们在面对各种更新的、更严格的模型和政策评估方法时都有良好的表现。简单规则通常也比完全最优规则更具稳健性。我们在理解如何调整简单规则以应对测量误差和预期方面也取得了重要进展。此外,历史经验还表明,简单规则在现实世界中也能很好地发挥作用,因为当中央银行的决策可以用这类规则描述时,宏观经济的表现会更好。最近的金融危机并没有改变这些结论,而只是进一步激发了关于政策规则应如何应对资产泡沫和零利率下限的重要研究。展望未来,这场金融危机已经让人们注意到了对国际货币问题以及对背离政策规则的相机抉择权的影响进行研究的重要性。

JEL 分类代码:E0,E1,E4,E5
关键词:货币政策;货币理论;新货币主义

1. 引言

几乎从经济学诞生的第一天开始,经济学家就一直对货币政策规则很感兴趣。在本章中,我们将集中讨论这个领域最新的发展,但是我们要先从一个简短的历史回顾入手,引出本章的主题和研究目的。我们描述了研究政策规则的现代方法的发展,并利用"大缓和"时期之前、期间和之后的经验事实来评估这种方法。我们将这种政策规则方法与最优控制方法和相机抉择方法进行了细致的对比。我们考虑了几个关键的政策问题(包括零利率下限),并从政策规则的视角讨论了产出缺口的测量问题。

2. 历史背景

亚当·斯密(Adam Smith)在他的《国富论》中率先深入研究了货币政策规则,他认为,与纯粹的商品标准相比,"一种处于良好的监管之下的纸币"在促进经济增长和稳定方面具有显著的优势。到了 19 世纪初,亨利·桑顿(Henry Thornton)和大卫·李嘉图(David Ricardo)在目睹了与拿破仑战争相关的因货币问题而引发的金融危机之后,开始强调有规则引导的货币政策的重要性。20 世纪初期,欧文·费雪(Irving Fisher)和克努特·维克塞尔(Knut Wicksell)再一次建议,要强化货币政策规则,以避免出现第一次世界大战后的恶性通货膨胀或大萧条时期的货币过剩。后来,米尔顿·弗里德曼(Milton Friedman)在研究了大萧条时期严重的货币政策错误后,提出了著名的恒定货币增长率规则,目的是避免同类错误的重演。最后,现代的货币政策规则,如泰勒规则(Taylor,1993a),是为了结束 20 世纪 60 年代末和 70 年代的"大通胀"时期严重的价格和产出不稳定而创立的——更多的细节请参见 Asso 等

（2007）的综述。

正如经济思想史所表明的那样，这些改革建议的目标是共同的，它们都指向了一个简单、稳定的货币政策——既可以避免货币创造冲击，又可以缓冲其他扰动，从而减少衰退、萧条、危机、通货紧缩、通货膨胀和恶性通货膨胀等问题发生的可能性。这个方向上的研究还有一个共同的假设，那就是这样一个简单的规则可以通过避免货币过剩来改善政策——无论货币过剩是与赤字融资、大宗商品的新发现、黄金外流有关，还是与中央银行官员目标过多导致的错误有关。在这种历史背景下，如何在让货币供应量随机跳跃的货币标准与让货币和信贷平稳增长的简单政策规则之间做出选择似乎是一个显而易见的问题。这个选择比规则与相机抉择权之间的选择更宽泛也更简单，因为这是在规则与混乱的货币政策之间的选择，不管混乱是由相机抉择还是不可预测的外生事件（如黄金发现或短缺）所引起的。

20世纪70年代，随着一种新型的宏观经济模型的出现，经济学家对简单货币政策规则的探索方式发生了重大变化。这种新的模型是动态的、随机的和基于实证估计的。更加重要的是，这些实证模型还结合了理性预期和黏性价格，这使得它们足够复杂，可以作为检验货币政策规则在实践中如何发挥作用的虚拟实验室。经济学家用这些模型去寻找新的政策规则（如泰勒规则），将新的规则与早期的恒定增长率规则或实际政策进行比较，并检查各种规则的稳健性。具有理性预期和黏性价格的实证模型中的一些例子包括 Taylor（1979）提出的简单三方程美国计量经济模型，Bryant 等（1993）提出的用于比较研究的多方程国际经济模型，以及 Levin 等（1993）提出的用于稳健性分析的计量经济模型等。与此同时，实际经验也在不断地证实模型模拟的结果，因为随着20世纪70年代高度不稳定的"大通胀"时代逐渐让位于"大缓和"时期，实际的货币政策开始变得像有些经济学家所建议的那种简单政策规则了。

虽然纳入黏性价格的新的理性预期模型进一步支持了需要运用简单政策规则的观点——这与卢卡斯批判（Lucas，1976）以及基德兰德和普雷斯科特的时间不一致性理论（Kydland and Prescott，1977）的基本思想是一致的——但是关于如下这个问题，它们并没有给出根本性的反对理由，即同样这些模型为什么就不能用于研究更复杂的货币政策行动呢？这些政策行动远远超出了简单的规则所要求的，并使用了最优控制理论。事实上，不久之后，最优控制理论就被应用到了这些新的模型当中，并通过特定的微观基础得到了精炼，这方面的例子包括 Rotemberg 和 Woodford（1997）、Woodford（2003）等的研究。这些研究的结果表明，这样的政策工具的运动路径非常复杂，在表面上以"微调"为特征，不同于简单的政策规则。

就这样，在不受简单规则约束的情况下实时执行的最优政策的效果可能比简单规则更好，这样的想法自然而然地出现在了采用现代建模方法的环境中。Mishkin（2007）和 Walsh（2009）在不久之前召开的杰克逊·霍尔会议（Jackson Hole Conferences）上报告的论文就很能说明这种倾向。Mishkin（2007）利用最优控制方法计算了联邦基金利率的路径，并将结果与简单政策规则下的结果进行了对比，结果表明，在最优相机抉择的政策中，"联邦基金利率的下调幅度比泰勒规则下……大得多，下调速度也快得多。这种差异是我们早就预料到的，因为货币当局不会等到产出下降之后才做出反应。"这个结论所隐含的建议是简单的政策规则对于现实世界中的政策制定来说是不足够的,因此政策制定者在真正需要的时候应该主动偏离它们。

这些方法之间的差异是巨大的,而且具有重要的政策含义。在杰克逊·霍尔会议上,Mishkin(2007)强调了最优控制方法相对于简单政策规则的优势,Taylor(2007)则报告了他的发现——对历史政策规则的偏离助长了房地产泡沫,最终导致了严重的金融危机和深度衰退,甚至可能会终结"大缓和"时期。出于这些原因,我们在本章中将非常关注这两种方法之间的差异。与之前的经济学家关于货币政策规则的所有研究一样,我们的目标是找到避免前面提到的各种经济弊病的方法。

在下一节中,我们将评述使用定量模型的最优简单货币政策规则的发展,然后利用比较模型仿真探讨不同政策规则的稳健性,并证明简单规则比完全最优规则更具有稳健性。在《经济学手册》系列中,关于货币政策规则的比较新的一篇综述是,发表在泰勒和伍德福德主编的《宏观经济学手册》(Taylor and Woodford,1999)中 McCallum(1999)撰写的那一章。它非常全面,而且得到了广泛的引用。我们这一章与麦卡勒姆的综述在涉及范围上有相似之处,即都关注为规范性目的而设计的政策规则,而不是为了实证性或描述性目的而估计的政策反应函数。换句话说,我们研究的规则源于经济理论或经济学模型,提出它们的目标是希望它们能够带来良好的经济表现,而不是试图在统计意义上去拟合中央银行的决策。当然,如果中央银行的决策遵循了这些规则的建议(它们在许多情况下确实都是这样做的),那么这些规范性政策规则也可以体现出描述性的一面。明确以描述性为特征的那些研究更多地关注如何估计中央银行的反应函数,关于那些研究的文献最早可以追溯到 Dewald 和 Johnson(1963)、Fair(1978),以及 McNees(1986)等的工作,而最近的研究则包括了 Meyer(2009)旨在估计联邦储备委员会的政策规则的研究等。

麦卡勒姆在他为《宏观经济学手册》撰写的那一章中强调了政策规则稳健性的重要性,并利用时间不一致原理探讨了规则和相机抉择之间的区别。他的综述还澄清了一些重要的理论问题,如唯一性和确定性。此外,他也回顾了关于其他货币政策目标和工具的研究,包括货币供应量和利率工具。与麦卡勒姆一样,我们也关注政策规则的稳健性。不过,我们主要关注的是那些以利率而不是货币供应量为政策工具的政策规则,同时我们把重点放在了对麦卡勒姆那一章发表以来的 12 年间政策规则的历史表现的分析上。我们还研究了自那时以来学术界和政策圈的其他一些重要的研究主题,包括政策惯性、学习和测量误差。我们也深入研究了在最近的金融危机中浮现出来的一些问题,包括零利率下限和资产价格泡沫问题。因此,这一章也是对麦卡勒姆为《宏观经济学手册》撰写的关于货币政策规则的非常有用的那一章的延续和补充。

3. 利用模型评估简单的政策规则

我们接下来综述的关于货币政策规则的这类文献,肇始于 20 世纪 70 年代中期,然后在 20 世纪 80 年代和 90 年代正式起飞,并且到今天仍然在继续扩展。如前所述,这种研究在概念上不同于以往经济学家的工作,因为它基于定量的宏观经济模型,纳入了理性预期和摩擦/刚性(通常是在工资和价格的设定方面)。

我们之所以要关注基于这类模型的研究,是因为它似乎已经引起了对政策规则的研究兴趣的"大爆炸"——无论是在实践的层面还是在学术的层面。Patinkin(1956)的《货币、利息和价格》就是一个很好的证据,它是 20 世纪 70 年代早期许多研究生院的货币理论教科书。但是它几乎没有提到过货币政策规则。相比之下,更现代的教科书《利息与价格》(Woodford,2003)则对货币政策规则进行了大量讨论。与此同时,自 20 世纪 70 年代中期以来,讨论货币政策规则的论文已经有数千篇之多了。世界各地中央银行的工作人员在他们的研究和政策评估中也经常使用政策规则——例如 Orphanides(2008),金融市场的从业人员也是如此。

这种模型最初也是为了回答有关政策规则的问题而设计的。理性预期假设让人们注意到了长期一致性和可预测性的重要性,无论是在通货膨胀方面还是政策规则反应方面,以及在其他一系列政策问题上,包括如何影响长期利率和如何应对资产泡沫。价格和工资刚性的假设也在货币政策中有一席之地,那在没有价格或工资刚性的纯理性预期模型中并不明显。即使每个人都知道它是什么,货币政策规则在这些模型中依旧很重要。

这种类型的模型现在已经太多了,我们不可能在本章中将它们一一列出,甚至无法对它们进行汇总,更不用说逐个讨论了,不过,在 Bryant 等(1993)、Taylor(1999a)、Woodford(2003)等的论著中,以及在沃尔克·维兰德(Volker Wieland)维护的模型数据库中(Taylor and Wieland,2009),读者可以了解它们的全貌。这些模型中的许多模型都被称为新凯恩斯主义模型或新新古典综合模型,有时也被称为动态随机一般均衡模型。其中有些是估计的,也有些是校准的;有些是建立在明确的效用最大化的基础上的,而有些则是建立在某种特设的假设的基础上的;有些只是说明性的三方程模型(由 IS 方程或欧拉方程、交错定价方程和货币政策规则组成),但是有些模型却可能包括 100 多个方程,如期限结构方程、关于汇率和其他资产价格的方程等。

3.1　对简单政策规则的动态随机模拟

最初在这些模型中进行政策规则研究的一般方法是用不同的政策规则来做实验,即让各种政策规则在模型经济体中运行,观察它们会怎样影响经济表现。衡量经济表现的标准通常是通货膨胀率或实际 GDP，又或者是失业率对特定的目标值或自然值偏离的大小。在最基本的层面上，一个货币政策规则就是一项应急计划，阐明了应该如何作出货币政策决定。为了用模型进行研究，规则必须用数学方法表示出来。政策研究人员将尝试使用不同的函数形式、不同的数学工具和不同的变量来表示政策规则。然后，他们会努力寻找在引入一系列真实冲击时能使随机模拟模型表现较好的政策规则。而为了找到更好的规则，研究人员需要探索一系列可能的函数形式或参数，寻找能够提高经济表现的政策规则。在比较简单的模型中，比如说在 Taylor(1979) 的模型中，还可以使用优化方法来辅助搜索。

20 世纪 80 年代，由拉尔夫·布莱恩特（Ralph Bryant）等组织的布鲁金斯学会模型比较项目就是对各种可选政策规则进行模拟实验这种研究方法的运用的一个很典型的例子。在模型比较项目实施了几年之后，一些参与者就已经认定，在这些模型中尝试货币政策规则也非常有益。Bryant 等(1993) 主编的那本重要论著就是模型比较项目中政策规则小组的一个成果。它汇集了许多理性预期模型，其中就包括后来 Taylor(1993b) 发表的多国模型。

不过，在这个研究项目中并没有产生任何明确的最优政策规则，事实上，为布莱恩特等人主编的那本论著撰稿的所有经济学家都没有推荐任何单一的政策规则。读者可以阅读一下 Henderson 和 McKibbin(1993) 对那本论著所包括的各种规则的评析。事实上，正如经济学研究中经常出现的情况一样，有不少批评者都抱怨，该书的作者在最优货币政策规则方面存在着明显的分歧。然而，如果仔细观察不同模型的模拟结果，就可以发现较好的政策规则都具有三个一般性的特征：第一，利率工具要比货币供应量工具更好；第二，对通货膨胀和实际产出都会做出反应的利率规则比只关注其中一个方面的利率规则更好；第三，会对汇率做出反应的利率规则不如那些不会对汇率做出反应的利率规则。

在这些使用货币模型进行模拟实验的研究中得出的一个具体规则是泰勒规则。它的含义是短期利率 i_t 应该按照如下公式来设定：

$$i_t = r^* + \pi_t + 0.5(\pi_t - \pi^*) + 0.5\gamma_t \tag{15.1}$$

其中，r^* 为均衡实际利率；π_t 为第 t 期的通货膨胀率；π^* 表示理想的长期通货膨胀率，或者说目标通货膨胀率；γ_t 表示产出缺口（实际 GDP 与它的潜在水平的百分比偏差）。Taylor (1993a) 将均衡利率 r^* 设定为 2，并将目标通货膨胀率 π^* 也设定为 2。根据泰勒规则对式 (15.1) 中的各项重新整理一下就可以得到，短期利率应该等于 1.5 倍的通货膨胀率加上 0.5 倍的产出缺口再加上 1。泰勒关注的是季度观察值，并建议对于通货膨胀率应该用四个季度的通货膨胀率的移动平均值来衡量。模拟结果表明，对通货膨胀率和产出缺口的响应系数在 1/2 左右是有效率的。这样就得出了一个值得注意的结论：当经济处于稳定状态时，通货膨胀率等于目标通货膨胀率，产出缺口等于零，实际利率（名义利率减去预期通货膨胀率）等于均衡实际利率。

这个规则很好地体现了在模型模拟中，货币政策规则在稳定通货膨胀和产出缺口方面的两个重要特征。第一，它规定，对于通货膨胀率的变化，名义利率要做出不止一比一的反应。伍德福德后来将这个特征命名为泰勒原理（Woodford, 2001）。在大多数现有的宏观经济模型中，必须满足这个条件（或者它的一些很接近的变体），才有可能存在一个唯一的稳定理性预期——更完整的讨论见 Woodford(2003)的研究。这个原理背后的基本逻辑是非常清楚的:当通货膨胀率上升时,货币政策必须提高实际利率,以减缓经济增长速度,减轻通货膨胀压力。第二,其重要特征是货币政策要"逆风而行"。这也就是说:当实际 GDP 高于潜在 GDP 时,货币政策要将利率提高一定幅度;而当实际 GDP 低于潜在 GDP 时,则要让利率降低同样的幅度。通过这种方式,货币政策可以加快经济回归目标通货膨胀率和潜在产出水平的过程。

3.2　最优简单规则

最近很多关于货币政策规则的研究仍然倾向于遵循类似的方法,只不过所依据的模型已经纳入了更加明确的微观基础,同时采用的定量评估方法则更集中于各种与简单的政策规则(如泰勒规则)的最优设定和参数化方案相关的具体问题。为了方便评述这些研究,请读者考虑如下二次形式的中央银行的损失函数:

$$L = E\big[(\pi - \pi^*)^2 + \lambda \gamma^2 + \upsilon (i - i^*)^2 \big] \tag{15.2}$$

其中,E 表示数学上的无条件期望,λ、$\upsilon > 0$ 是描述中央银行的偏好的参数。上式中的前两项表示因名义和实际波动偏离了希望达到的水平而产生的福利成本。第三项则表示与利率大幅波动(可能还有其他资产价格的大幅波动)相关的福利成本。上式中的各个二次项,特别是其中涉及通货膨胀和产出的各项,代表了一种常识性的观点,即经济的周期性波动和较高且可变性大的通货膨胀率和利率都是不可取的,不过它们可以作为代表性经济行为主体的福利函数的近似值推导出来。事实上,在很多研究中,研究者都以明确的形式对这些成本进行了建模。[①]

中央银行要解决的问题是,在满足模型和货币政策工具(在近期的研究中,通常指短期利率工具)施加的约束条件的前提下,遵循政策规则的要求,选择政策规则的各个参数,以实现中央银行预期损失的最小化。Williams(2003)描述了用于计算从模型中产生的无条件矩和线性理性预期模型背景下政策规则的优化参数值的数值方法。早期的研究——例如Taylor(1999a)和 Fuhrer(1997)的研究——通常集中讨论原始的泰勒规则的下面这种扩展形式[②]:

$$i_t = E_t\big[(1-\rho)(r^* + \pi_{t+j}) + \rho i_{t-1} + \alpha(\pi_{t+j} - \pi^*) + \beta y_{t+k} \big] \tag{15.3}$$

这个规则通过一个其值为正的参数 ρ 纳入了利率行为的惯性。它还允许政策对通货膨胀和产出缺口的预期未来值(或滞后值)做出反应。

说明政策规则的各种可选设定所能带来的宏观经济效果的一种很有用的方法是给出政策边界。政策边界描述了在一类政策规则中可以获得的目标变量的具有可变性的最优可实

---

① 关于中央银行的损失函数与家庭的福利函数之间的关系的讨论,见 Woodford(2003)的研究。关于中央银行的损失函数中的利率可变性这个问题的分析,见 Rudebusch(2006)的论述。在政策评估文献中,损失往往是用利率一阶差分的平方来表示的,而不是用利率与自然利率的平方差来表示的。

② Fair 和 Howrey(1996)采用了另一种方法,他们没有使用无条件矩来评估政策,而是基于对战后美国经济的反事实模拟来得出最优政策设置。

现组合。就 Taylor(1979)最早研究的通货膨胀和产出缺口这两个政策目标而言,它们可以通过绘制出这些变量的无条件方差(或标准差)的二维曲线来表示。在有三个目标变量的情况下,政策边界是一个三维的表面,在印刷成书的页面上很难看得清楚。在图 15.1 中,实线绘制的是政策规则的一个特定的政策边界的横截面,对应于利率的某个固定方差。①

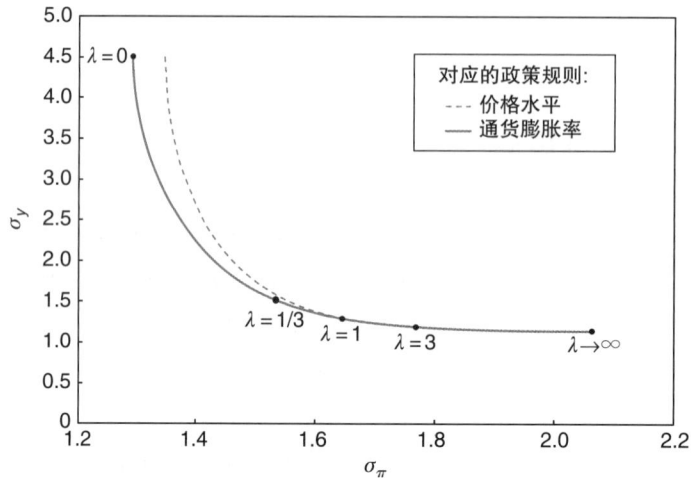

图 15.1　FRB/US 模型中的政策边界

作为这些边界的基础的政策规则的最优参数取决于中央银行的损失函数中赋予变量稳定性的相对权重。这张图绘制的结果是利用美国联邦储备委员会的 FRB/US 大规模理性预期模型(Williams,2003)得出的。

对于简单的政策规则来说,一个关键问题是要在规则中包含对通货膨胀的适当度量。在许多模型中(Levin et al.,1999,2003),即便目标就是稳定季度通货膨胀率,对已平滑处理的通货膨胀率(如年度通货膨胀率)做出反应的简单规则的表现也要比对季度通货膨胀率做出反应的规则更好。在 FRB/US 模型中,对三年平均通货膨胀率做出反应的规则的表现是最好的,本章报告的 FRB/US 结果所使用的就是这个设定。很明显,出现这种结果的原因是对已平滑的通货膨胀指标做出反应的规则能够避免因通货膨胀率的短暂波动而导致的利率的大幅波动。

事实上,对价格水平与某种具有确定性的价格趋势之间的百分比差异做出反应的简单政策规则的表现几乎与那些对通货膨胀率与目标利率之间的百分比差异做出反应的简单政策规则一样好,关于这个主题的进一步讨论请参阅 Svensson(1999)的研究。在将目标锚定价格水平的情况下,政策规则可以设定为:

$$i_t = E_t \left[(1-\rho)(r^* + \pi_{t+j}) + \rho i_{t-1} + \alpha(p_t - p^*) + \beta y_{t+k} \right] \tag{15.4}$$

在这里,p_t 是价格水平的对数,p^* 则是目标价格水平的对数,我们假定后者以某个确定性的速度增长。这种以价格水平为目标的政策规则的政策边界如图 15.1 所示。稍后我们还会回

---

① 本章报告的 FRB/US 模型的结果的短期利率的方差设定为 16。需要请读者注意的是,在这个模型中,在利率的多变性不会受到惩罚的最优简单规则下产生的利率方差远远超过 16 了。

到对价格水平和通货膨胀做出反应的简单规则这个问题上来。

关于简单规则的设定,第二个关键问题是它们应该在多大程度上对关于未来的通货膨胀和产出缺口的预期做出反应。Batini 和 Haldane(1999)认为,货币传导机制中存在滞后这个事实说明政策应该具有前瞻性。但是,Rudebusch 和 Svensson(1999)、Levin 等(2003)以及 Orphanides 和 Williams(2007)在研究了不同模型中的最优政策规则的主要结构之后发现,对超过一年的预期通货膨胀或超出了当前季度的预期产出缺口做出反应并不会带来显著的收益。事实上,Levin 等(2003)甚至证明了在理性预期模型中,对较久远的未来通货膨胀预测做出反应的政策规则反而容易产生不确定性。

第三个关键问题是政策惯性或者说利率平滑。在像 FRB/ US 这样的前瞻性模型中,显著的惯性有助于改进规则的表现。图 15.2 比较了优化的三参数规则与不存在惯性(即 $\rho =$ 0)的水平规则的政策边界。

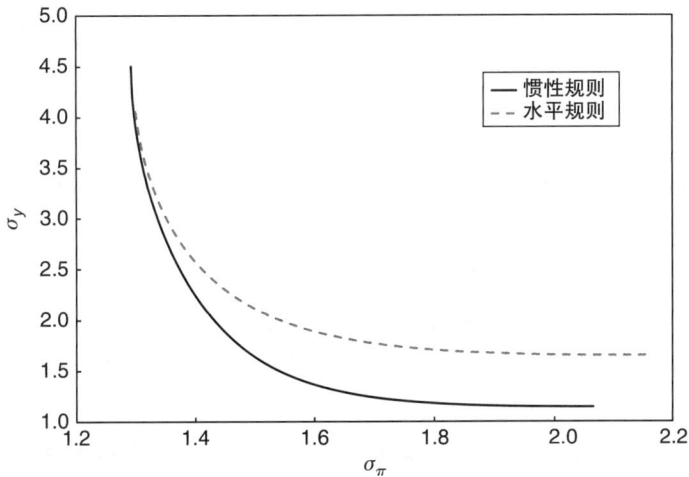

图 15.2　在 FRB/US 模型中水平规则与惯性规则的对比

在这张图中可以看得很清楚,除了损失将所有权重都赋予通货膨胀稳定的这种情况,惯性规则都优于水平规则。事实上,在这种类型的模型中,ρ 的最优值通常都趋向于 1,并且在某些模型中甚至可以大大超过 1(如本章的第 4 节中将会讨论到的)。正如 Levin 等(1999)和 Woodford 等(1999,2003)所指出的,惯性规则能够利用对未来政策和经济发展的预期来影响结果。例如,在许多前瞻性的通货膨胀模型中,持续产生很小的负产出缺口的政策规则对当前的通货膨胀率的影响与在短期内产生很大的负产出缺口的政策规则一样大。但是前一种政策只需通过产出缺口一个相当小的平方和就可以实现这个目标。然而,正如本章的第 4 节中将会讨论到的,在完全后顾性的模型中,这种渠道是完全缺失的,因此高惯性的政策表现很差。

到目前为止,对最优简单规则的分析是在抽象掉了现实世界中的货币政策实践的几个重要限制的前提下进行的。第一个问题是政策规则中变量的度量问题,尤其是对产出缺口的度量。第二个问题是由于日本自 20 世纪 90 年代以来的经验和其他几个主要经济体从 2008 年开始的经验,名义利率零下限的存在受到了越来越多的关注。第三个问题是政策规则中其他变量(包括资产价格)的潜在作用如何。下面,我们就来依次解决这些问题。

3.3 度量问题与产出缺口

影响货币政策执行的一个实际问题是应该如何度量各种利率变量,如通货膨胀率和产出缺口(Orphanides,2001)。许多宏观经济数据系列,如 GDP 和价格平减指数,都会出现测量误差,需要不时修正。此外,均衡实际利率和均衡产出缺口都是不能直接观察的变量。衡量均衡实际利率和均衡产出缺口时的潜在误差来自对潜在变量的估计以及确定它们的过程中的不确定性,例如 Edge 等(2010)、Laubach 和 Williams(2003)、Orphanides 和 van Norden(2002)的研究。其他相关指标的估计也受类似的问题困扰,如失业缺口(定义为失业率和自然失业率之间的差异)和产能利用率缺口等。我们可以说,20 世纪 60 年代末和 70 年代是一个在衡量产出缺口和失业缺口时误差尤其严重的时期,而且衡量缺口的这种困难一直延续到了今天(Orphanides,2002;Orphanides and Williams,2010)。

从 Orphanides(1998)、Smets(1999)、Orphanides 等(2000)、McCallum(2001)和 Rudebusch(2001)开始,许多经济学家都研究过对产出缺口(或失业缺口)的测量误差对货币政策规则的影响。这类文献的一个共同发现是:在对产出缺口的测量存在误差时,政策规则中最优的产出缺口系数就会下降。这个结果背后的逻辑很简单,对产出缺口测量误差的反应会给政策的设置带来不必要的噪声,而对于这些噪声,可以通过降低规则中的缺口系数来减少。因此,对通货膨胀的最优反应可能会上升或下降,这取决于模型和目标函数中的权重。

除了产出缺口的测量问题,均衡实际利率也不是一个已知的量,可能会随时间的推移而变化(Laubach and Williams,2003)。Orphanides 和 Williams(2002)还研究了不可观察的失业缺口和均衡实际利率的组合导致的问题。在他们的模型中,失业缺口成了对经济活动的目标函数和政策规则的一种度量。

他们考虑的是如式(15.5)所示的更一般的政策规则的形式:

$$i_t = E_t[(1-\rho)(\hat{r}_t^* + \pi_t) + \rho i_{t-1} + \alpha(\pi_t - \pi^*) + \gamma \hat{u}_t + \delta \Delta u_t] \quad (15.5)$$

在式(15.5)中,$\hat{r}_t^*(\hat{u}_t)$ 表示中央银行在第 t 期对均衡实际利率(失业缺口)的实时估计,而 Δu_t 则表示失业率的一阶差分。

衡量自然利率和自然失业率时的测量误差会使得最优政策趋向于更大的惯性。图 15.3 显示的是,给定中央银行的损失函数的某种设定,当均衡实际利率和自然失业率的可变性程度上升时,如式(15.5)所示的政策规则的最优系数的演变。横轴上的零值表示的是这些变量是常量且被中央银行所知晓的特殊情况。在这种情况下,最优政策的特征是政策惯性程度适中。而这些潜在变量具有中等程度的可变性的情况(与可变性估计范围的下限一致)则用横轴上的数值 1 来表示。2 以及更高的数值则对应这些潜在变量可变性较大的情况(与可变性估计值的上限一致)。

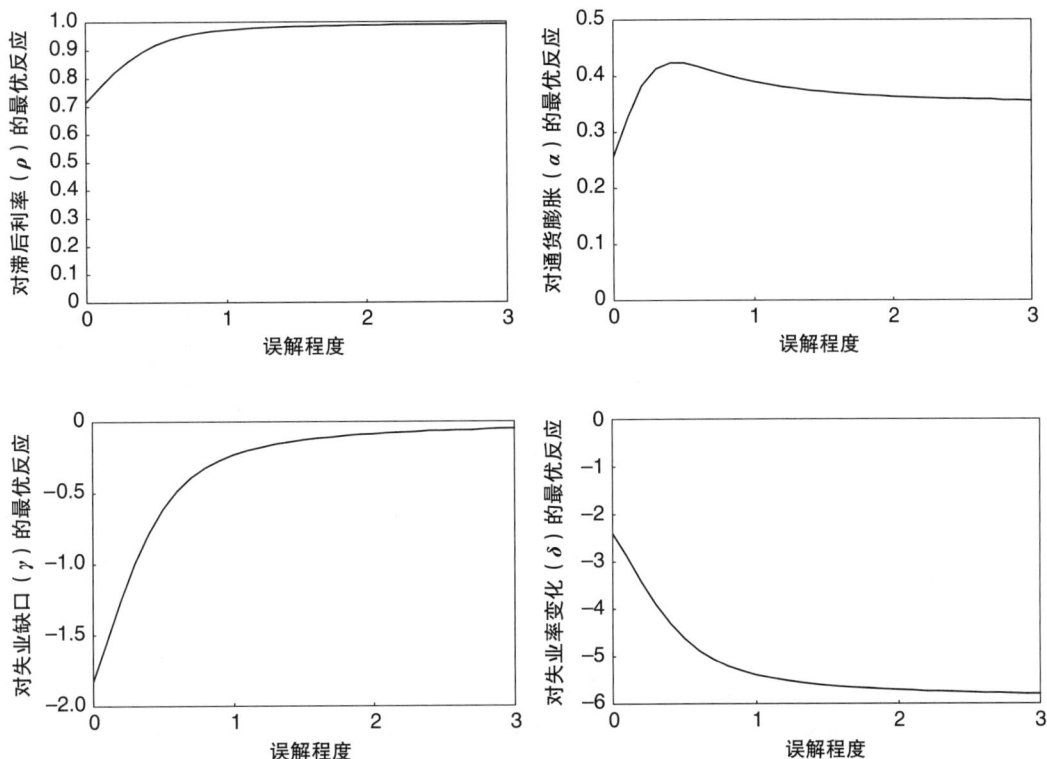

图 15.3 对滞后利率的最优反应、对通货膨胀的最优反应、对失业缺口的最优反应，
以及对失业率变化的最优反应

在这些情况下，中央银行对均衡实际利率和自然失业率的估计是不精确的，于是 ρ 的最优值会上升到接近于 1。类似地，在这些情况下，均衡实际利率——它在政策规则中要乘以 $1-\rho$——在政策制定中几乎没有任何作用。

这两种错误测量的组合意味着最优政策规则对感知到的失业缺口的反应最多只能算得上温和，但是对失业率的变化的反应会相对强烈（如图 15.3 中下方的两个板块所示）。这些对失业率变化反应更大的政策规则显然利用了如下事实：在模型模拟中，失业率变化的方向通常比缺口的绝对水平更不容易出现错误测量。如果测量问题足够严重，最好的办法可能是用对缺口的变化的反应来完全替代对产出缺口的反应。在 ρ 的值等于 1 的情况下，这样一个规则与以价格水平为目标的规则密切相关，这一点通过按水平对式（15.5）进行积分就可以看得很清楚。参见 McCallum（2001）、Rudebusch（2002）以及 Orphanides 和 Williams（2007b）对缺口与缺口的一阶差分在政策规则的相对优点的进一步分析。

3.4 零利率下限

到目前为止，对货币政策规则的讨论都是在抽象掉了对名义利率的零下限约束的前提下进行的。因为现金这种资产支付的利率为零，所以短期名义利率不可能下降到显著低于零的水平。① 在现实世界中,已经出现过好几个真实的例子——包括美国的大萧条时期、日本在20世纪90年代和2000年至2006年间,以及一些国家在从2007年底开始的经济衰退期间——零利率下限约束限制了中央银行通过降低利率应对经济疲软和过低的通货膨胀率的能力。有一些经济学家和业界人士担心,如果无法将利率降至零以下,则可能会削弱货币政策稳定产出和通货膨胀的有效性——例如,请参见 Coenen 等(2004)、Eggertsson 和 Woodford (2003)、Fuhrer 和 Madigan(1997)、Reifschneider 和 Williams(2000)、Williams(2010)以及本章所附的一些参考文献。

到目前为止的研究已经识别出了零利率下限对货币政策规则的四个重要影响。第一,如式(15.3)所示的货币政策规则必须加以修改,以便纳入零利率下限约束,即

$$i_t = \max\{0, E_t[(1-\rho)(r^* + \pi_t) + \rho \tilde{i}_{t-1} + \alpha(\pi_t - \pi^*) + \beta y_t]\} \tag{15.6}$$

其中,$\tilde{i}_{t-1}$ 表示在前一个时期的利率的首选设置,它发生在没有零利率下限的情况下。这种实际滞后利率与无约束利率之间的区别对零利率下限惯性规则的表现至关重要。如果规则中出现了滞后利率,则对无约束政策的偏离就会延续到未来,从而加剧零利率下限的影响(Reifschneider and Williams,2000;Williams,2006)。

第二,零利率下限可能意味着存在多个稳态的可能性(Benhabib et al.,2001; Reifschneider and Williams,2000)。在很多宏观经济模型中,唯一的稳定状态都是用通货膨胀率等于均衡实际利率的负值、零产出缺口、零名义利率来刻画的。如果目标通货膨胀率超过了均衡实际利率的负值,那么就意味着存在第二个稳定状态,它是用通货膨胀率等于中央银行的目标通货膨胀率、零产出缺口、名义利率等于均衡实际利率加上目标通货膨胀率来刻画的。在标准模型中,与目标通货膨胀率相关联的稳定状态只是局部稳定的,因为经济在经过一个小扰动后还会回到这个稳定状态上来。由于零利率下限的存在,如果经济受到了一个巨大的紧缩性冲击的打击,那么货币政策就可能不足以使通货膨胀率回到目标通货膨胀率上来。与之相反,依赖于模型经济的动力学性质,通货膨胀率要么收敛到通货紧缩的稳定状态,要么发散到无限负的通货膨胀率。财政政策可以用来消除通货紧缩的稳定状态,并确保经济回到理想的稳定通货膨胀率(Evans et al.,2008)。②

第三,零利率下限对货币政策规则的具体设定和参数化也有许多重要的含义。例如,Reifschneider 和 Williams(2002)发现,增大对产出缺口的反应有助于减少零利率下限的影响。对产出缺口做出积极反应的政策要求在零利率下限对政策产生限制作用的前后时期要进行力度更大的货币刺激,这有助于减轻零利率下限对政策的限制所带来的影响。然而,这种方法也有局限性。一是它通常会增大通胀和利率的可变性,因此这种结果可能是不可取的。二是正如 Williams(2010)所证明的,对产出缺口反应过大可能会产生反效果。在零利率下限的约束下,要求政策对正产出缺口做出强烈响应并对负产出缺口做出截断

---

① 由于现金并不是银行准备金的完美替代品,隔夜利率在原则上可以略低于零,但只要现金支付的是零利率,那么名义负利率就会有一个限度。

② 也请参见 Eggertsson 和 Woodford(2006)的研究。除了财政政策,经济学家还研究了使用其他货币政策工具的可能性,如储备金数量、汇率和长期利率等。对这些主题的讨论请参见 McCallum(2000)、Svensson(2001)以及 Bernanke 和 Reinhart(2004)的研究。

式反应,这就带来了不对称性,从而增大了总体产出缺口的可变性。

鉴于简单地对产出缺口做出更强烈反应的这种方法的局限性,Reifschneider 和 Williams(2000,2002)主张对政策规则的设定进行一定的修正。他们考虑了简单政策规则的两种可选设定。第一种设定是将政策规则修改为在零利率下限附近区间比原来更激进地降低利率。具体地说,他们考虑的是这样一个规则,即如果无约束利率低于 1%,就马上将利率降为零。这个不对称规则所隐含的原则是在零利率下限附近尽可能多地加大货币刺激,以抵消零利率下限变得有约束力后货币刺激将束手束脚的影响。第二种修改规则是当零利率下限已经成了政策的约束条件时,将利率保持在名义利率以下,或者更具体地说,将利率保持为零,直到实际利率与名义利率之间的负偏差的累积和的绝对值与零利率下限对政策有限制作用的整个期间发生的值相等为止。这种方法意味着该规则能够弥补零利率下限变得有约束力之后失去的所有货币刺激。

当假定公众知道修改后的政策规则的所有特征时,这两种方法在模型模拟中都能很好地缓解零利率下限的影响。然而,这两种方法都依赖于中央银行在零利率下限附近采取的不同寻常的政策行动,这可能会令私人部门的经济行为主体迷惑不解,从而导致意外的和潜在的不良后果。为此,Eggertsson 和 Woodford(2003)提出了另一种方法,那就是采用一个明确的价格水平目标,而不是一个通货膨胀目标。Reifschneider 和 Williams(2000)以及 Williams(2006,2010)也发现只要公众能够理解政策规则,那么这种价格水平目标规则对于降低零利率下限的成本是有效的。这种方法之所以能够奏效,是因为与之前讨论的第二个修改后的政策规则一样,它承诺在未来会比标准的通货膨胀目标政策规则提供更多的货币刺激,并且会有更高的通货膨胀率。当经济处于零利率下限的约束之下时,这种对未来的货币刺激的预期能够激活经济活动和推动通货膨胀,从而减轻零利率下限的影响。在未来政策预期对当前产出和通货膨胀有重要影响的模型中,这是一个非常有效的渠道。但是,正如 Walsh(2009)所指出的,中央银行一直不愿在实践中采用这种方法。

第四,零利率下限为更高的目标通货膨胀率提供了一个理由。零利率下限在定量意义上的重要性取决于人们预期零利率下限有约束力的频率和程度,其中一个关键决定因素正是目标通货膨胀率。如果目标通货膨胀率足够高,那么零利率下限就很少会影响货币政策和宏观经济。正如 Williams(2010)所指出的,基于过去几十年冲击经济的各种扰动的历史模式,关于零利率下限的文献的一致共识是只要 2% 的通货膨胀目标就足以避免宏观经济稳定方面的重大成本了。这个数字与目前许多中央银行所遵循的通货膨胀目标非常接近——无论这种目标是明示的还是未曾明示的(Kuttner,2004)。

3.5 对其他变量的反应

对于简单的货币政策规则,一个经常会被提起的批评是,它们忽视了很多关于经济的宝贵信息。换句话说,它们对于现实世界来说过于简单了(Mishkin,2007;Svensson,2003)。但事实上,正如 Williams(2003)所证明的,即便是在像 FRB/US 这样的大规模宏观计量经济模型中(它在前面讨论的三参数规则的基础上添加了一大堆额外的通货膨胀或产出缺口的滞后/领先变量),也只能在宏观经济稳定方面产生微不足道的收益。其他实证宏观模型也是如此(Levin and Williams,2003;Levin et al.,1999;Rudebusch and Svensson,1999)。在有微观基础的动态随机一般均衡模型中(中央银行的目标是最大化家庭的福利),也得到了类似的结果(Levin et al.,2005;Edge et al.,2010)。

在这方面有一个具体问题吸引了许多经济学家的关注,那就是如何将各种资产价格(如汇率或股票价格)纳入政策规则——相关的讨论和参考文献可以参阅 Bernanke 和 Gertler(1999)、Clarida 等(2001)以及 Woodford(2003)的研究。大量研究表明,在现有的估计模型中,对资产价格做出反应所能带来的好处通常微乎其微。例如,FRB/US 模型中就包括了多种可能偏离基本面的资产价格。然而尽管如此,在这个模型中,将资产价格的变动(或者更准确地说,资产价格的非基本面的变化)纳入简单的政策规则,在宏观经济稳定方面产生的好处完全可以忽略不计。出现这种结果的一个原因是,与基本面无关的资产价格的变动会导致模型中的产出和通货膨胀的变动,而简单的政策规则会对通货膨胀和产出缺口的这种变动做出反应并抵消它们。[①] 此外,在实际操作中,很难准确地衡量资产价格的非基本面变动,这也是没有必要对这些有噪声的变量做出反应的一个理由。

4. 政策规则的稳健性

早期的许多研究都集中讨论简单政策规则在理想环境下的表现,在这种环境下,中央银行对经济状况了如指掌,并且所有人的预期都是理性的。但其实人们早就认识到了这些假设在现实世界的政策应用中是不可能成立的,政策“处方”需要对不确定性保持稳健性(McCallum,1988;Taylor,1993b)。因此现在的研究重点是设计在各种各样的经济环境下都表现良好的且具备高稳健性的政策规则(Brock et al.,2007;Brock et al.,2003,2007;Levin and Williams,2003;Levin et al.,1999,2003;Orphanides and Williams,2002,2006,2007b,2008;Taylor and Wieland,2009;Tetlow,2006)。

在各种不同的模型中评估政策规则有一个很大的优点,那就是有助于将那些对错误的模型设定有很高的稳健性的政策规则从不具备这种稳健性的政策规则中识别出来。在评估稳健性的早期研究中采取的方法是构建一组模型来评估候选政策规则,并根据宏观经济表现来对它们加以比较。后来,这种方法被形式化地表示为不确定性下的决策问题。

稳健性评估的一个很好的例子是 Taylor(1999b)所报告的一个项目——在好几个研究者的共同努力下,完成了对不同模型中政策规则的影响的比较。在这个项目中,研究者对五个不同的候选政策规则进行了考察,以确保其在各种模型中的稳健性。这些政策规则的形式均如式(15.3)所示,所用的参数则如表15.1所示。这里需要注意的是,在规则 I 和规则 II

---

① 如果政策目标包括稳定资产价格,那么最优简单规则就需要包含资产价格和其他目标变量。

中,政策利率对滞后利率的反应系数为1,规则 I 赋予通货膨胀的权重高于产出,规则 II 赋予通货膨胀的权重低于产出。因此,用前面引入的术语来说,这两个规则都具有相当大的"惯性"。规则 III 就是泰勒规则。规则 IV 对实际产出的反应系数是 1.0,而不是由 Brayton 等(1997)提出的 0.5。规则 V 是由 Rotemberg 和 Woodford(1999)提出的规则,它赋予实际产出的权重非常小,而滞后的利率则包含了一个大于 1 的系数。

表 15.1　各政策规则的系数

规　　则	α	β	ρ
规则 I	3.0	0.8	1.0
规则 II	1.2	1.0	1.0
规则 III	0.5	0.5	0.0
规则 IV	0.5	1.0	0.0
规则 V	1.5	0.06	1.3

在这个研究项目中,泰勒等经济学家一共考虑了九个模型(Taylor,1999b)。对于每一个模型,都计算出了通货膨胀率、实际产出和利率的标准差。Taylor(1999b)报告说,三个规则的秩的和表明,如果将通货膨胀率的波动性作为衡量规则表现的唯一标准,那么规则 I 的多样性是最高的。在通货膨胀率的波动性方面,规则 I 在所有模型中都排在了第一位(除了一个本来就有明确的排序的模型)。对于产出,规则 II 的秩的和最高,这反映了它对产出的反应相对较高的事实。然而,无论目标函数的权重如何,规则 V 在这三个政策规则的秩的和当中都是最差的,就产出而言,它只在一个模型(罗腾伯格-伍德福德模型)中排名第一。将规则 I、II、III 与规则 III、IV 进行一番比较后可以发现,与不考虑滞后利率的规则相比,考虑了滞后利率的规则并不占优势。事实上,对于许多模型来说,考虑了滞后利率的规则反而是不稳定的,换言之,有非常大的方差。

这种类型的演练已经扩展到了其他多种类型的模型,并已经正式用于搜索(在一组模型上评估的)最优的简单规则。这类文献面临的一个问题是如何表示不确定性下的最优政策问题。经济学家尝试了多种不同的方法,包括贝叶斯法、极小化极大法和极小化极大遗憾法等。读者可以参考 Brock 等(2003)以及 Kuester 和 Wieland(2010)在这方面的深入讨论。

贝叶斯方法假设,对于 n 个模型中的每一个模型 j,都存在有明确定义的概率 L_j,因此要在不确定性下选出最优的规则,也就是选择能够使这组模型中预期损失最小化的规则参数。更具体地说,如果将模型 j 中产生的中央银行的损失记为 L_j,那么贝叶斯方法下中央银行的预期损失 L^B 由下式给出:

$$L^B = \sum_{j=1}^{n} L_j p_j \tag{15.7}$$

这个公式将各个模型的概率假设为常数。参见 Brock 等(2003)对动态背景下的预期损失的描述,在他们的研究中,每一个时期的概率都要更新。

Levin 和 Williams(2003)将这种方法应用于 Woodford(2003)、Fuhrer(2000)以及 Rudebusch 和 Svensson(1999)分别提出的三个模型中,并让这三个模型所用的概率都相等。

结果他们发现,贝叶斯最优简单三参数规则具有中等程度的政策惯性——ρ 不大于 0.7。在两个前瞻性模型中,对滞后利率的最优反应远高于 0.7。相比之下,在后顾性的鲁德布施-斯文森模型中,最优政策的特征恰恰是惯性很小。事实上,在鲁德布施-斯文森模型中,高度惯性的政策会导致爆炸性的行为。

简单规则对不同可选参数的稳健性可以用容错的概念来说明,详见 Levin 和 Williams (2003)的研究。图 15.4 绘制的是在莱文和威廉姆斯研究的那三个模型中,随着政策规则的三个参数的变化,中央银行损失相对于完全最优政策的偏差。这张图只显示了 $\lambda = 0$ 的情况下的结果。图中有三个板块,上面那个板块显示了在这三个模型中,中央银行的损失在 ρ 的取值范围为 0—1.5 时的变化情况(注意,在构造图中的那些曲线时,政策规则的其他两个参数保持在各自的最优值上不变)。中间和下部的板块则分别显示了通货膨胀系数与产出缺口分别发生变化时的结果。如果图中的曲线相对平坦,那么就把相应的政策称为可以容错的政策,这意味着相对于可以实现的目标,模型的错误设定不会导致损失的大幅增加。相反,如果曲线很陡峭,那么就认为相应的政策是不能容错的。具备高稳健性的政策必定是那些位于所考虑的模型集的容错区域内的政策。

如图 15.4 所示,在鲁德布施-斯文森模型中,惯性政策会导致中央银行的损失大幅增加。ρ 的值大于 1 的高惯性政策在富勒模型中也具有很强的破坏性。鲁德布施-斯文森模型之所以会得出这样一个结果,是因为货币政策的影响会随着时间的推移而缓慢增长,但是政策的这种未来影响没有反馈到当前的经济中。在那些改变政策立场、放大波动并可能导致爆炸性的震荡的曲线的背后都有惯性政策的身影。相比之下,在前瞻性模型中,预期到的未来政策行动有助于稳定当前的经济,从而减少了大幅度地改变利率的需要。然而,在具有很强的实际和名义摩擦的前瞻性模型中(如富勒模型和 FRB/US 模型),$\rho>1$ 这种过渡政策惯性也是不受欢迎的。

如果从跨模型的稳健性的视角来看,而不是仅仅从单一模型下的最优性的角度来看,那么对通货膨胀和产出缺口的反应的选择可能会有很大的不同。例如,在这里给出的例子中,当对通货膨胀的反应过大时,富勒模型中的宏观经济表现就会受到影响。对产出的最优反应则说明了最优的政策与稳健的政策之间的确存在着紧张关系。在刚才提到的两个模型中,最优反应都接近于零。然而,在第三个模型(鲁德布施-斯文森模型)中,这种反应却是代价高昂的。类似地,鲁德布施-斯文森模型所要求的对产出缺口的相对较大的反应在其他两个模型中却表现不佳。因此,高稳健性政策与各个模型下的最优政策之间的显著不同之处就在于高稳健性政策对产出缺口的适度反应在每个模型中都只是次优的,但是在任何模型中都不是代价高昂的。

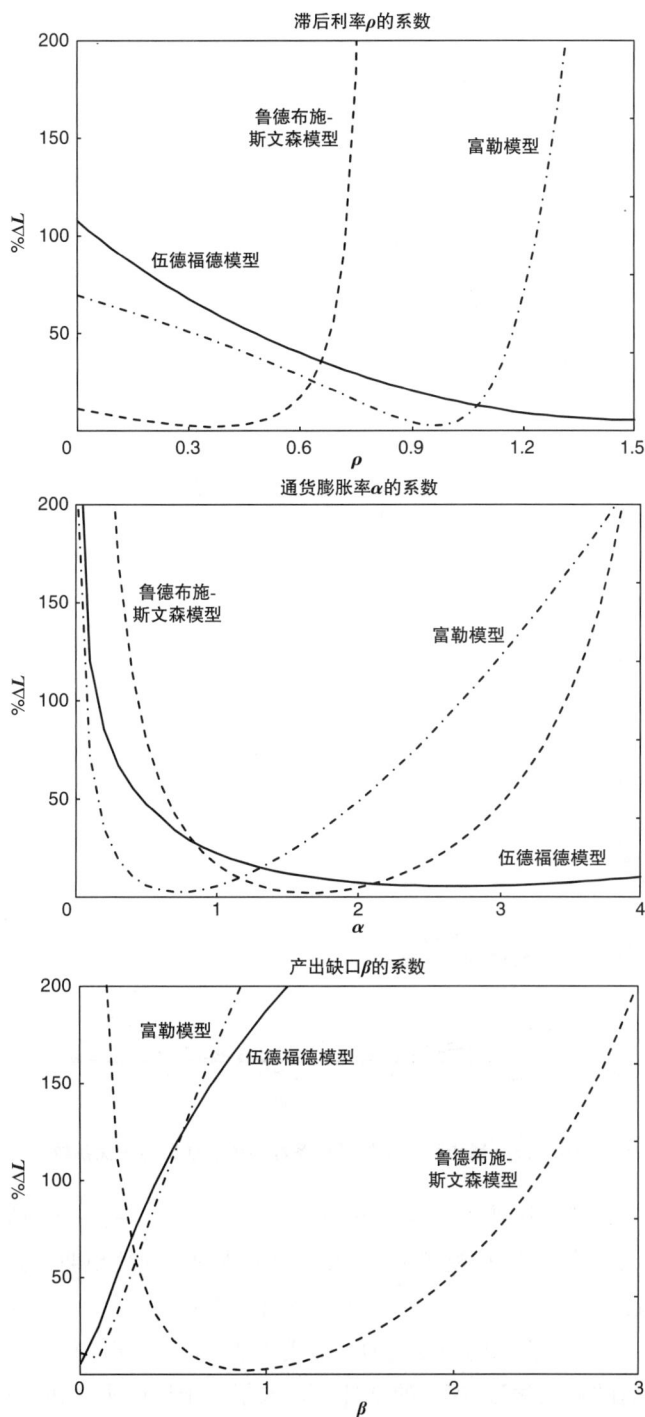

图 15.4 滞后利率的系数、通货膨胀率的系数和产出缺口的系数

在 Orphanides 和 Williams(2006)进行的稳健性分析中,不确定性体现在经济行为主体形成预期的方式,以及均衡实际利率和自然失业率的波动幅度上。图 15.5 描绘出了他们所研究的三个模型的容错性。在他们的这项研究中,滞后利率的系数一律假设为零。

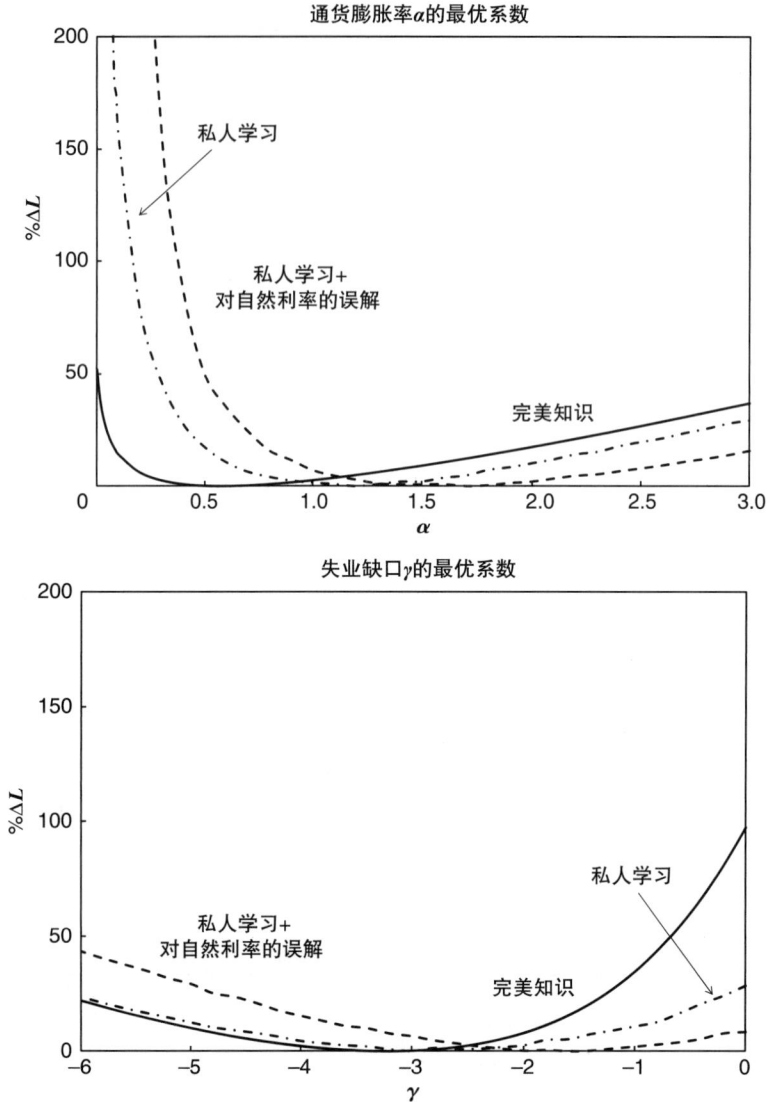

图 15.5　通货膨胀率的最优系数和失业缺口的最优系数

　　他们所用的三个模型分别是"完美知识"模型、"私人学习"模型和"私人学习+对自然利率的误解"模型。在"完美知识"模型中,私人行为主体拥有理性预期,同时均衡实际利率和自然失业率都是已知的常数。在"私人学习"模型中,理性预期的假设用如下假设取代:私人行为主体会利用一个估计得到的预测模型来形成自己的预期。而"私人学习+对自然利率的误解"模型则只是在"私人学习"模型的基础上加入了关于均衡实际利率和自然失业率的不确定性。

　　"完美知识"模型中的最优政策在"私人学习"模型和"私人学习+对自然利率的误解"模型中表现不佳。具体地说,正如我们在图 15.5 中所看到的,"完美知识"模型在政策规则中规定了对通货膨胀的适度反应。这种政策在其他具有学习能力的模型中却存在很大的问题,因为它允许通货膨胀预期随时间推移而变化。具有学习能力的模型中的最优政策对通货膨胀的反应更强烈,并且对通货膨胀预期的控制更严格。这些政策在"完美知识"模型中也只会产生相对较小的成本,因此代表了这一组模型当中的高稳健性政策。

如前所述,在模型不确定性下进行政策规则评估的贝叶斯方法需要指定各种模型的概率。在实践中,这可能很难做到或者根本不可能做到。那么在这种情况下,可供选择的方法是极小化极大法和极小化极大遗憾法。极小化极大准则 L^M 由下式给出:

$$L^M = \max\{L_1, L_2, \cdots, L_n\} \tag{15.8}$$

Levin 和 Williams(2003)以及 Kuester 和 Wieland(2010)都分析过极小化极大简单规则的性质。但是这种方法有一个问题,那就是它可能对离群值模型非常敏感。Kuester 和 Wieland(2010)提出的混合方法,以及 Brock 等(2003)描述的模糊厌恶法,可以使贝叶斯方法增加对最坏情况模型的稳健性。不过,这是一种不太正式的做法,在检验备选政策的表现时,不仅要根据跨模型的平均表现,而且要根据每一个单独的模型中的表现。

相关文献中一个反复出现的结果是,在几乎所有的模型中,与最优政策相比,最优贝叶斯政策规则都只需要相对较小的稳定成本(Levin and Williams,2003;Levin et al. ,1999,2003;Orphanides and Williams,2002,2008)。这也就是说,保证对模型不确定性的稳健性的成本相对较小,而收益却可能非常大。然而问题是现有的分析通常只是在一个相对较小的模型组内检验不确定性。实际上,一些稳健性检验得出的结论与使用不同模型的类似检验相矛盾。考虑到关于模型设定和参数的大量不确定性,以及这里讨论的其他问题,我们认为,在这种稳健性检验中纳入一组更广泛的模型应该是一个很有前途的研究方向。建立模型数据库应该有助于推进这类研究(Taylor and Wieland,2009)。

5. 最优政策 vs 简单规则

一种替代简单货币政策规则的方法是使用最优政策(Giannoni and Woodford,2005;Svensson,2010;Woodford,2010)。最优政策方法将货币政策问题视为一个标准的跨期优化问题,然后通过一阶条件和拉格朗日乘数生成最优性条件。正如 Giannoni 和 Woodford(2005)所指出的,最优政策可以表示为一个单一的方程,它包含了各目标变量(通货膨胀率、产出缺口等)的领先变量和滞后变量。最优政策方法的一个关键理论优势是与简单的货币政策规则不同,它考虑了货币政策的所有相关信息。

然而在模型模拟中,研究者们发现这种信息优势的价值小得惊人,即便假设中央银行对模型了如指掌也是如此。当然,在足够小的模型中,最优政策可能等同于一个简单的政策规则——如 Ball(1999)所述。但是在更大的模型中,情况就不一样了。Williams(2003)利用大规模的联邦储备委员会 FRB/US 模型发现,一个简单的三参数货币政策规则所产生的通货膨胀率和产出缺口的加权方差和的结果与完全最优政策下的结果非常接近。我们把这个结果绘制在了图 15.6 中,它显示了 FRB/US 模型中完全最优政策与三参数规则之间的政策边界。

对于同样关心通货膨胀和产出缺口($\lambda = 0$时)的政策制定者来说,通货膨胀率和产出缺口的标准差在两个边界之间都小于0.1个百分点。

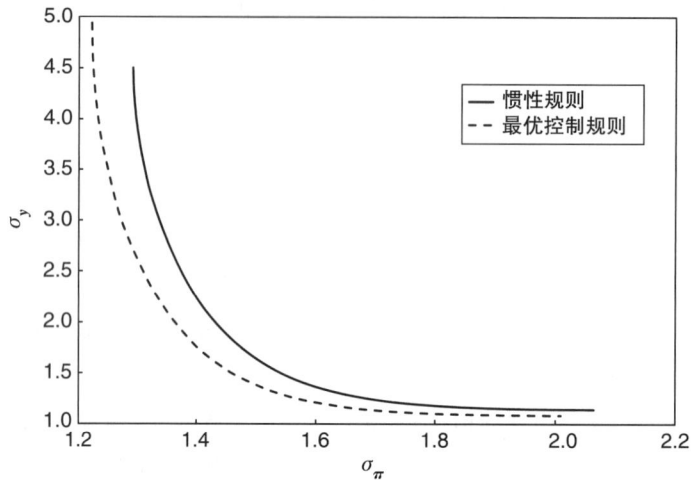

图15.6　FRB/US模型中的简单规则 vs 最优政策

　　在各种各样的其他宏观经济模型中也都得到了类似的结果(Edge et al.,2010;Levin et al.,2005;Levin and Williams,2003;Rudebusch and Svensson,1999;Schmitt-Grohé and Uribe,2007)。为什么简单的规则能够表现得如此出色? Giannoni 和 Woodford(2005)提供了理论基础,他们证明完全最优政策可以描述为损失函数中变量的领先值与滞后值之间的关系。很显然,文献中研究的简单规则抓住了目标变量之间的这种关系的关键方面。

　　最优控制方法的一个潜在缺点是它忽略了模型设定的不确定性(McCallum and Nelson,2005)。虽然从原则上说,可以将各种类型的不确定性纳入最优政策的分析中去,但是在实践中,计算的可行性限制了我们所能做的事情的范围。因此,现有的最优控制政策分析通常只使用一个单一的参考模型,并假定它是正确的。

　　Levin 和 Williams(2003)以及 Orphanides 和 Williams(2008)发现,如果中央银行的参考模型出现了设定错误,那么最优政策的表现就会非常糟糕,而简单且高稳健性的规则却在各种模型中都有很好的表现(正如前面所讨论的那样)。这项研究提供了一些例子,说明最优政策可能会被过度微调,以便迎合模型的特定假设。如果这些假设被证明是正确的,那么一切都好。但是如果这些假设被证明是错误的,那么代价就可能会非常高。相比之下,简单的货币政策规则只需要考虑货币政策最基本的原则,即对着通货膨胀和产出变动的方向"逆风而行"。正因为这种简单规则没有刻意去迎合特定的假设,所以它们对模型错误设定的稳健性更高。图15.7很好地说明了这一点,它复制自 Orphanides 和 Williams(2008)的论文。实际预期为理性的模型中,根据理性预期假设下推导出来的最优控制政策的表现略好于两个简单规则。但是在其他可选模型中——经济行为主体利用估计出来的预测模型(用学习参数 κ 来标记)形成预期——最优控制政策的表现急剧恶化,而简单规则的表现仍然保持良好。

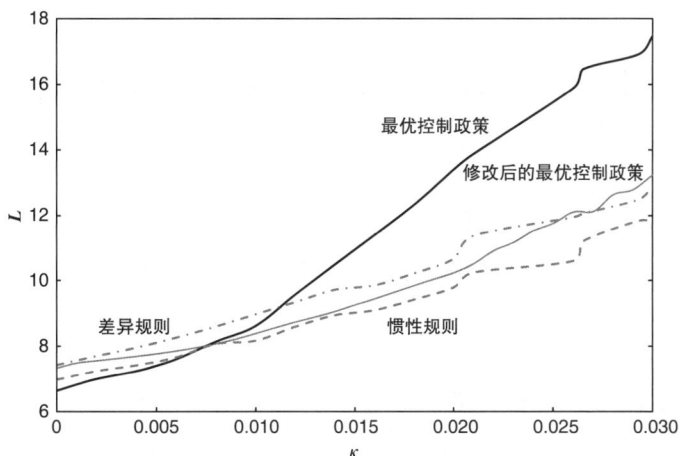

图 15.7 对学习的稳健性

对于这种缺乏稳健性的问题,一个可能的解决方案是设计最优控制规则,使之对模型的错误设定更具有稳健性。其中一种方法是使用稳健控制技术(Hansen and Sargent,2007)。另一种方法是偏置目标函数,以便使最优控制政策对模型的不确定性具有更强的稳健性。这种修正后的最优政策的结果如图 15.7 所示。在这个例子中,进行这种修正的目的是在计算最优政策时,减少目标函数中赋予稳定失业和利率的权重(Orphanides and Williams,2008)。有意思的是,尽管这种修正后的政策比标准最优政策更具稳健性,但是总体上来说它仍然不如最优的简单惯性规则,如图 15.7 所示。

关于最优政策,我们在这里要指出的最后一个问题是,相对于简单规则,它们往往非常复杂,因此很难向公众解释清楚。正如 Orphanides 和 Williams(2008)所阐述的那样,在公众对政策缺乏很好的理解的环境中,这种复杂性可能会使私人行为主体更难学习,从而造成混乱和预期错误。

这些稳健性研究用最优反馈规则来描述最优政策——最优反馈规则是一种将政策工具与滞后政策工具以及其他可观察变量联系起来的函数,而且要使得目标函数对于某种特定的模型能够实现最大化。然后,通过在不同模型中模拟最优反馈规则,将该最优反馈规则与简单(非完全最优)规则进行比较。除了这种最优反馈规则,还有很多方法可以用来描述最优政策。例如,正如前面提到过的 Giannoni 和 Woodford(2005)的研究所讨论的,政策工具可能依赖于对未来变量的预测。一般来说,有无数种方法可以表示给定模型中的最优政策。在模拟最优政策如何在不同的模型中工作时,结果可能取决于最优政策采取的到底是哪一种表示形式。因此,一个悬而未决的问题是,对最优政策的某种刻画是不是可能比到目前为止已经研究过的那些刻画有更高的稳健性呢?

6. 从"大缓和"时期之前、期间和之后的经验中学习

　　另一种了解简单政策规则的有用性的方法是在实际运行的政策接近于(或不接近于)这些规则的情况下,观察宏观经济的实际表现。"大缓和"时期的经验对我们实现这个目的非常有利,因为这个时期的经济表现异乎寻常的好——无论是与之前的时期相比,还是与之后的时期相比(至少到目前为止)。

　　所有记录都表明,美国的"大缓和"时期始于20世纪80年代初。更具体地说,我们有很好的理由将"大缓和"的开始日期确定为1981—1982年的衰退结束后的第一个月(即1982年11月),并将其结束日期确定为2007—2009年的衰退开始的时候(即2007年12月)。与20世纪70年代相比,在"大缓和"时期,不仅通货膨胀率和利率(以及它们的波动性)都下降了,而且实际GDP的波动性下降到了前所未有的低点。经济扩张变得更持续、更强劲,而衰退变得更短暂、更轻微。无论用什么指标来度量——实际GDP增长率的方差、实际GDP缺口的方差、经济扩张期的平均长度、经济衰退的发生频率,又或者经济衰退的持续时间——经济表现都实现了巨大的提升。总体价格水平的稳定性也明显改善了,通货膨胀率比20世纪60年代末到80年代初的那个时期低得多,波动性也低得多。同样类型的宏观经济表现的改善也会发生在其他发达国家和大多数发展中国家(Cecchetti et al.,2006)。

　　那么,是否有证据表明"大缓和"时期的政策与简单的政策规则更加相符?答案是是的。事实上,有大量证据表明,在调整政策利率时,不仅仅是联邦储备委员会,很多其他国家的中央银行也都在以明显更加灵敏、更加系统化的反应去适应经济发展。在计量经济学意义上,这是一种政策区制的变化:人们可以通过估计不同时期的中央银行政策规则的系数来观察它——政策规则描述了中央银行如何对通货膨胀和实际GDP做出反应、设定利率。

　　许多经济学家都使用这种技术来检测是否发生了区制转换,其中一些例子包括Judd和Rudebusch(1998)、Clarida等(2000)、Woodford(2003)、Stock和Watson(2002)的研究。这些研究表明,在20世纪80年代之前,联邦储备委员会的利率变动对通货膨胀和实际GDP的变化反应较弱。而在20世纪80年代中期以后,反应系数显著增大了,对通货膨胀的反应系数几乎翻了一番。据估计,利率对通货膨胀上升1个百分点的反应从大约3/4个百分点上升到了大约1.5个百分点。对实际产出的反应系数也有所上升。总的来说,20世纪80年代中期以后的系数比以前更接近政策规则(如泰勒规则)的参数。在美国,在较长的样本周期内也发现了类似的结果。在第二次世界大战前高度动荡的那个时期,隐含的反应系数也非常低(Romer and Romer,2002)。

　　Cecchetti等(2007)和其他一些人的研究已经表明,这种类型的区制转换在其他国家也发生了。他们精确地指出,就是在20世纪80年代早期,很多国家都发生了区制转换,实际政策对泰勒规则的偏离也是从那个时候开始减少的。虽然这些研究证实了"大缓和"和政策规

则的改变确实是在大约相同的时间开始的,但是并不能证明它们之间确实存在着因果联系。更正式的统计技术或宏观经济模型模拟可以帮助评估因果关系。Stock 和 Watson(2002)使用了一种统计学上的时间序列分解技术来评估因果关系,结果发现,货币政策的变化对经济表现有影响。他们还发现,其他因素,主要是对经济的其他来源的冲击(库存因素、供给侧因素等)的减少,是波动性减少的主要原因。此外,他们证明了货币政策规则的转变使得产出—通货膨胀方差权衡得以在更有效率的点上进行。Cecchetti 等(2006)也得到了类似的结果,他们使用的是一个更具结构性的模型,并对许多不同的国家进行了实证研究。结果发现,在 21 个国家中,有 20 个国家的通货膨胀和产出变化都出现了缓和,而且更好的货币政策可以解释这种缓和的 80% 以上。

此外还有更多的证据,它们来自对政策规则的研究与政策制定者的决策之间的联系的证明。Asso 等(2007)发现,在 20 世纪 90 年代的联邦公开市场委员会的会议记录中附有大量关于政策规则和相关问题的参考文献。Meyer(2004)则明确指出,从这些考虑来看,政策背后是有一个理论框架的。不过,如果比较一下 Meyer(2004)的叙述与 Maisel(1973)的叙述,就会发现两者在政策框架上有非常明显的不同。

到目前为止,我们已经考虑了很多支持"大缓和"时期政策规则发生了转变以及经济表现得到了改善的证据。那么,"大缓和"时期的结束是否也有可能是由于另一个货币政策的转变所导致的? 在思考这个问题时,重要的是一定要记住,在经济学家开始注意"大缓和"、记录"大缓和"、识别"大缓和"的开始日期,并试图确定"大缓和"是不是由货币政策所引起的之前,"大缓和"就已经持续了差不多 15 年了。要得出关于"大缓和"终结的明确结论也可能需要同样长的时间。毕竟,我们非常希望"大缓和Ⅱ"很快就会开始。无论如何,Taylor(2007)提供的证据表明,从 2003 年到 2005 年,政策就已经偏离了在"大缓和"时期运行良好的那些政策规则了。

6.1　作为衡量可问责性的指标的规则

我们在对货币政策的历史表现进行回顾时,区分出了政策接近于政策规则的时期和不接近于政策规则的时期。或者换句话说,我们关注是否存在对政策规则的偏离。从某种意义上说,对政策规则的这种偏离——至少是持续的大幅偏离——还可以作为衡量货币政策制定者的责任的标准。国会或议会委员会在质询中央银行行长时确实会使用这种指标,同时,关于货币政策决策的公开辩论也往往是围绕政策是否偏离了政策规则而展开的。[①]

有一点非常重要,需要在这里指出,以这种方式来利用政策规则虽然显得很自然,但是在许多关于利率规则的原始建议中并没有得到强调,例如 Taylor(1993a)提出的建议。相反,政策建议是,应该把这种规则作为一种辅助工具,用来帮助政策制定者以一种更可预测的、类似于规则的方式作出决定。据此,联邦储备委员会工作人员应该向联邦公开市场委员会

---

① 在过去,联邦公开市场委员会会在它每年发布两次的汉弗莱-霍金斯报告中公布对货币总量和信贷增长的预测,这样一来,我们就可以将这些预测与政策规则给出的"处方"进行比较了。

展示,在泰勒规则和其他政策规则下联邦基金利率的演变路径,然后联邦公开市场委员会再利用这些信息来决定是否改变利率。因此,政策规则将为政策决策提供信息,它可以作为决策的一个粗略基准,但不能成为决策的机械公式。正如 Kohn(2007) 在他对 2002 年至 2004 年间的经济状况进行分析并对 Taylor(2007) 的文章做出回应时所描述的那样,这也正是联邦公开市场委员会利用政策规则的方式。

因此,将偏离政策规则的程度视为可问责性的指标的理由是后来的事情了,这是在过去 20 年来的历史和国际经验的基础上总结出来的。历史研究表明,在经济表现不太令人满意的时候,对政策规则的偏离通常会很大。然而这里还有一个问题,那就是,未来的政策规则是否会更经常地成为一种具体的衡量可问责性的标准,而不仅仅是作为政策决策的指导或援助? 如果规则被更广泛地用于问责,那么政策制定者将不得不解释偏离规则的原因,并可能会被追究责任(Levin and Taylor,2009)。

7. 结论

过去 20 年来,对货币政策规则的研究在理解简单政策规则的性质及其对模型错误设定的稳健性方面取得了重要进展。指导中央银行作出利率决策的简单规范规则最早出现于 20 世纪 70 年代和 80 年代对具有理性预期和黏性价格的实证货币模型的模拟研究。这种研究是建立在斯密、李嘉图、费雪、维克塞尔和弗里德曼的研究的基础上的——他们的研究目标是找到一种既能缓冲经济冲击又不会让自己造成冲击的货币政策。

在过去的 20 年里,对政策规则的研究表明,与完全最优规则或更复杂的规则相比,简单规则具有重要的稳健性优势,因为它们在各种模型中都能很好地运行。历史经验表明,简单的规则在现实世界中也很有效。在理解如何调整简单规则以应对测量误差、预期、学习和零利率下限等方面的研究也取得了重大进展。尽管如此,对更好、稳健性更高的政策规则的探索远未完成。在未来的进一步的研究中,我们需要将更多、更广泛的模型与经济环境结合起来考虑,特别是那些纳入了货币政策与经济在国际层面上的联系的模型。此外,现在大多数关于规则的稳健性的研究都只着眼于少数几个模型,而没有考虑所有其他潜在模型。一个值得我们追求的目标是在一项研究中包含大量的可选模型。未来研究的另一个目标应该是更好地理解由于相机抉择政策行动而出现的对政策规则的偏离的含义。

参考文献

Asso, F., Kahn, G., Leeson, R., 2007. Monetary policy rules: From Adam Smith to John Taylor. Presented at Federal Reserve Bank of Dallas Conference, October 2007. http://dallasfed. org/news/research/2007/07taylor_leeson. pdf.

Ball, L., 1999. Efficient rules for monetary policy. International Finance 2 (1), 63-83.

Batini, N., Haldane, A., 1999. Forward-looking rules for monetary policy. In: Taylor, J. B. (Ed.), Monetary policy rules. University of Chicago Press, Chicago, IL, pp. 57-92.

Benhabib, J., Schmitt-Grohe, S., Uribe, M., 2001. The perils of Taylor rules. J. Econ. Theory 96 (1-2), 40-69.

Bernanke, B., Gertler, M., 1999. Monetary policy and asset price volatility. Federal Reserve Bank of Kansas City Economic Review, Fourth Quarter, 18-51.

Bernanke, B. S., Reinhart, V. R., 2004. Conducting monetary policy at very low short-term interest rates. American Economic Review, Papers and Proceedings 94 (2), 85-90.

Brayton, F., Levin, A., Tryon, R., Williams, J. C., 1997. The evolution of macro models at the Federal Reserve Board. Carnegie-Rochester Conference Series on Public Policy 47, 43-81.

Brock, W. A., Durlauf, S. N., Nason, J., Rondina, G., 2007. Simple versus optimal rules as guides to policy. J. Monet. Econ. 54 (5), 1372-1396.

Brock, W. A., Durlauf, S. N., West, K. D., 2003. Policy analysis in uncertain economic environments. Brookings Pap. Econ. Act. 1, 235-322.

Brock, W. A., Durlauf, S. D., West, K. D., 2007. Model uncertainty and policy evaluation: Some theory and empirics. J. Econom. 136 (2), 629-664.

Bryant, R., Hooper, P., Mann, C., 1993. Evaluating policy regimes: New empirical research in empirical macroeconomics. Brookings Institution, Washington, D. C.

Cecchetti, S. G., Flores-Lagunes, A., Krause, S., 2006. Has monetary policy become more efficient? A cross-country analysis. Econ. J. 116 (115), 408-433.

Cecchetti, S. G., Hooper, P., Kasman, B. C., Schoenholtz, K. L., Watson, M. W., 2007. Understanding the evolving inflation process. Presented at the U. S. Monetary Policy Forum, 2007.

Clarida, R., Gali, J., Gertler, M., 2000. Monetary policy rules and macroeconomic stability: Evidence and some theory. Q. J. Econ. 115 (1), 147-180.

Clarida, R., Gali, J., Gertler, M., 2001. Optimal monetary policy in open versus closed economics: An integrated approach. American Economic Review, Papers and Proceedings 91, 248-252.

Coenen, G., Orphanides, A., Wieland, V., 2004. Price stability and monetary policy effectiveness when nominal interest rates are bounded at zero. Advances in Macroeconomics 4 (1), 20121001.

Dewald, W. G., Johnson, H. G., 1963. An objective analysis of the objectives of American monetary policy, 1952-1961. In: Carson, D. (Ed.), Banking and monetary studies. Richard D. Irvin, Homewood, IL, pp. 171-189.

Edge, R. M., Laubach, T., Williams, J. C., 2010. Welfare-maximizing monetary policy under parameter uncertainty. Journal of Applied Econometrics 25, 129-143.

Eggertsson, G. B., Woodford, M., 2003. The zero interest-rate bound and optimal monetary policy. Brookings Pap. Econ. Act. 1, 139-211.

Eggertsson, G. B., Woodford, M., 2006. Optimal monetary and fiscal policy in a liquidity trap. In: Clarida, R. H., Frankel, J., Giavazzi, F., West, K. D. (Eds.), NBER international seminar on macroeconomics, 2004. MIT Press, Cambridge, MA, pp. 75-131.

Evans, G. W., Guse, E., Honkapohja, S., 2008. Liquidity traps, learning and stagnation. Eur. Econ. Rev. 52, 1438-1463.

Fair, R. C., 1978. The sensitivity of fiscal policy effects to assumptions about the behavior of the Federal Reserve. Econometrica 46, 1165-1179.

Fair, R. C., Howrey, E. P., 1996. Evaluating Monetary Policy Rules. J. Monet. Econ. 38 (2), 173-193.

Fuhrer, J. C., 1997. Inflation/output variance trade-offs and optimal monetary policy. J. Money Credit Bank. 29 (2), 214-234.

Fuhrer, J. C., 2000. Habit formation in consumption and its implications for monetary-policy models. Am. Econ. Rev. 90 (3), 367-390.

Fuhrer, J. C., Madigan, B., 1997. Monetary policy when interest rates are bounded at zero. Rev. Econ. Stat. 79, 573-585.

Giannoni, M. P., Woodford, M., 2005. Optimal inflation targeting rules. In: Bernanke, B. S., Woodford, M. (Eds.), The inflation targeting debate. University of Chicago Press, Chicago, IL, pp. 93-162.

Hansen, L. P., Sargent, T. J., 2007. Robustness. Princeton University Press, Princeton, NJ.

Henderson, D. W., McKibbin, W. J., 1993. An assessment of some basic monetary policy regime pairs: Analytical and simulation results from simple multi-region macroeconomic models. In: Bryant, R., Hooper, P., Mann, C. (Eds.), Evaluating policy regimes: New research in empirical macroeconomics. Brookings Institution, Washington, D. C., pp. 45-218.

Judd, J., Rudebusch, G. D., 1998. Taylor's rule and the Fed: 1970-1997. Federal Reserve Bank of San Francisco Economic Review 3, 1-16.

Kohn, D., 2007. John Taylor rules. Paper presented at a conference at the Federal Reserve Bank of Dallas, 2007.

Kuester, K., Wieland, V., 2010. Insurance policies for monetary policy in the Euro Area. J. Eur. Econ. Assoc 8 (4), 872-912.

Kuttner, K. N., 2004. A snapshot of inflation targeting in its adolescence. In: Kent, C., Guttmann, S. (Eds.), The future of inflation targeting. Reserve Bank of Australia, Sydney, Australia, pp. 6-42.

Kydland, F. E., Prescott, E. C., 1977. Rules rather than discretion: The inconsistency of optimal plans. J. Polit. Econ. 85 (3), 473-491.

Laubach, T., Williams, J. C., 2003. Measuring the natural rate of interest. Rev. Econ. Stat. 85 (4), 1063-1070.

Levin, A. T., Onatski, A., Williams, J. C., Williams, N., 2005. Monetary policy under uncertainty in micro-founded macroeconometric models. NBER Macroeconomics Annual 20, 229-289.

Levin, A. T., Taylor, J. B., 2009. Falling behind the curve: A positive analysis of stop-start monetary policies and the great inflation. NBER Working Paper.

Levin, A. T., Wieland, V., Williams, J. C., 1999. Robustness of simple monetary policy rules under model uncertainty. In: Taylor, J. B. (Ed.), Monetary policy rules. Chicago University Press, Chicago, IL, pp. 263-299.

Levin, A. T., Wieland, V., Williams, J. C., 2003. The performance of forecast-based monetary policy rules under model uncertainty. Am. Econ. Rev. 93 (3), 622-645.

Levin, A. T., Williams, J. C., 2003. Robust monetary policy with competing reference models. J. Monet. Econ. 50, 945-975.

Lucas Jr, R. E., 1976. Econometric policy evaluation: A critique. Carnegie Rochester Conference Series on Public Policy 1, 19-46.

Maisel, S. J., 1973. Managing the dollar. W. W. Norton, New York.

McCallum, B. T., 1988. Robustness properties of a rule for monetary policy. Carnegie-Rochester Conference Series on Public Policy 29, 173-203.

McCallum, B. T., 1999. Issues in the design of monetary policy rules. In: Taylor, J. B., Woodford, M. (Eds.), Handbook of macroeconomics. North-Holland, Amsterdam.

McCallum, B. T., 2000. Theoretical analysis regarding a zero lower bound on nominal interest rates. J. Money Credit Bank. 32 (4), 870-904.

McCallum, B. T., 2001. Should monetary policy respond strongly to output gaps?. American Economic Review, Papers and Proceedings 91 (2), 258-262.

McCallum, B. T., Nelson, E., 2005. Targeting versus instrument rules for monetary policy. Federal Reserve Bank of St. Louis Review 87 (5), 597-611.

McNees, S. K., 1986. Modeling the Fed: A forward-looking monetary policy reaction function. New England Economic Review November, 3-8.

Meyer, L., 2004. A term at the Fed: An insider's view. HarperCollins, New York.

Meyer, L., 2009. Dueling Taylor rules. Unpublished paper.

Mishkin, F., 2007. Housing and the monetary policy transmission mechanism. Federal Reserve Bank of Kansas City, Jackson Hole Conference.

Orphanides, A., 1998. Monetary policy evaluation with noisy information. Board of Governors of the Federal Reserve System FEDS 1998-50.

Orphanides, A. , 2001. Monetary policy rules based on real-time data. Am. Econ. Rev. 91 (4), 964-985.

Orphanides, A. , 2002. Monetary policy rules and the great inflation. American Economic Review, Papers and Proceedings 92 (2), 115-120.

Orphanides, A. , 2008. Taylor rules. In: Durlauf, S. N. , Blume, L. E. (Eds.), The new palgrave. second ed. Palgrave Macmillian, New York.

Orphanides, A. , Porter, R. D. , Reifschneider, D. , Tetlow, R. , Finan, F. , 2000. Errors in the measurement of the output gap and the design of monetary policy. J. Econ. Bus. 52 (1-2), 117-141.

Orphanides, A. , van Norden, S. , 2002. The unreliability of output gap estimates in real time. Rev. Econ. Stat. 84 (4), 569-583.

Orphanides, A. , Williams, J. C. , 2002. Robust monetary policy rules with unknown natural rates. Brookings Pap. Econ. Act. 2, 63-118.

Orphanides, A. , Williams, J. C. , 2006. Monetary policy with imperfect knowledge. J. Eur. Econ. Assoc. 4 (2-3), 366-375.

Orphanides, A. , Williams, J. C. , 2007a. Inflation targeting under imperfect knowledge. In: Mishkin, F. , Schmidt-Hebbel, K. (Eds.), Monetary policy under inflation targeting. Central Bank of Chile, Santiago, Chile.

Orphanides, A. , Williams, J. C. , 2007b. Robust monetary policy with imperfect knowledge. J. Monet. Econ. 54, 1406-1435.

Orphanides, A. , Williams, J. C. , 2008. Learning, expectations formation, and the pitfalls of optimal control monetary policy. J. Monet. Econ. 55, S80-S96.

Orphanides, A. , Williams, J. C. , 2010. Monetary policy mistakes and the evolution of inflation expectations. Federal Reserve Bank of San Francisco Working Paper.

Patinkin, D. , 1956. Money, interest and prices: An integration of monetary and value theory. Row, Peterson, Evanston, IL.

Reifschneider, D. L. , Williams, J. C. , 2000. Three lessons for monetary policy in a low inflation era. J. Money Credit Bank. 32 (4), 936-966.

Reifschneider, D. L. , Williams, J. C. , 2002. FOMC Briefing. Board of Governors of the Federal Reserve System.

Romer, C. D. , Romer, D. H. , 2002. A rehabilitation of monetary policy in the 1950's. Am. Econ. Rev. 92 (2), 121-127.

Rotemberg, J. , Woodford, M. , 1997. An optimization-based econometric framework for the evaluation of monetary policy. In: Bernanke, B. S. , Rotemberg, J. (Eds.), NBER macroeconomics annual, MIT Press, Cambridge.

Rotemberg, J. , Woodford, M. , 1999. Interest-rate rules in an estimated sticky price model.

In: Taylor, J. B. (Ed.), Monetary policy rules. University of Chicago Press, Chicago, IL, pp. 57-119.

Rudebusch, G. D., 2001. Is the Fed too timid? Monetary policy in an uncertain world. Rev. Econ. Stat. 83, 203-217.

Rudebusch, G. D., 2002. Assessing nominal income rules for monetary policy with model and data uncertainty. Econ. J. 112, 402-432.

Rudebusch, G. D., 2006. Monetary policy inertia: Fact or fiction?. International Journal of Central Banking 2 (4), 85-135.

Rudebusch, G. D., Svensson, L. E. O., 1999. Policy rules for inflation targeting. In: Taylor, J. B. (Ed.), Monetary policy rules. University of Chicago Press, Chicago, IL, pp. 203-253.

Schmitt-Grohe, S., Uribe, M., 2007. Optimal simple and implementable monetary and fiscal rules. J. Monet. Econ. 54 (6), 1702-1725.

Smets, F., 1999. Output gap uncertainty: Does it matter for the Taylor rule?. In: Hunt, B., Orr, A. (Eds.), Monetary policy under uncertainty. Reserve Bank of New Zealand, Wellington, New Zealand, pp. 10-29.

Stock, J., Watson, M., 2002. Has the business cycle changed?. In: Monetary Policy and Uncertainty: Adapting to a Changing Economy. Federal Reserve Bank of Kansas City, pp. 9-56. Jackson Hole Conference.

Svensson, L. E. O., 1999. Price-level targeting vs. inflation targeting: A free lunch?. J. Money Credit Bank. 31, 277-295.

Svensson, L. E. O., 2001. The zero bound in an open economy: A foolproof way of escaping from a liquidity trap. Monet. Econ. Stud. 19 (S-1), 277-312.

Svensson, L. E. O., 2003. What is wrong with Taylor rules? Using judgment in monetary policy through targeting rules. J. Econ. Lit. 41, 426-477.

Svensson, L. E. O., 2010. Inflation targeting. In: Friedman, B. M., Woodford, M. (Eds.), Handbook of monetary economics. North-Holland, Amsterdam.

Taylor, J. B, 1979. Estimation and control of a macroeconomic model with rational expectations. Econometrica 47, 1267-1286.

Taylor, J. B., 1993a. Discretion versus policy rules in practice. Carnegie Rochester Conference Series on Public Policy 39, 195-214.

Taylor, J. B., 1993b. Macroeconomic policy in a world economy: From econometric design to practical operation. W. W. Norton, New York.

Taylor, J. B. (Ed.), 1999a. Monetary policy rules. University of Chicago Press, Chicago, IL.

Taylor, J. B., 1999b. The robustness and efficiency of monetary policy rules as guidelines for interest rate setting by the European Central Bank. J. Monet. Econ. 43 (3), 655-679.

Taylor, J. B. , 2007. Housing and monetary policy. Housing, Housing Finance, and Monetary Policy. Federal Reserve Bank of Kansas City, Kansas City, MO, pp. 463-476.

Taylor, J. B. , Wieland, V. , 2009. Surprising comparative properties of monetary models: Results from a new data base. NBER Working Papers 14849.

Taylor, J. B. , Woodford, M. (Eds.), 1999. Handbook of macroeconomics. North-Holland, Amsterdam.

Tetlow, R. J. , 2006. Real-time model uncertainty in the United States: "Robust" policies put to the test. Federal Reserve Board, Mimeo.

Walsh, C. E. , 2009. Using monetary policy to stabilize economic activity. Federal Reserve Bank of Kansas City, Jackson Hole Conference.

Williams, J. C. , 2003. Simple rules for monetary policy. Federal Reserve Bank of San Francisco Economic Review, 1-12.

Williams, J. C. , 2006. Monetary policy in a low inflation economy with learning. In: Monetary policy in an environment of low inflation. Bank of Korea, Seoul, pp. 199-228. Proceedings of the Bank of Korea International Conference 2006.

Williams, J. C. , 2009. Heeding Daedalus: Optimal inflation and the zero lower bound. Brookings Pap. Econ. Act. 2009(2), 1-37.

Woodford, M. , 1999. Optimal monetary policy inertia. Manchester School 67, 1-35 Supplement.

Woodford, M. , 2001. The Taylor Rule and optimal monetary policy. American Economic Review, Papers and Proceedings 91 (2), 232-237.

Woodford, M. , 2003. Interest and prices. Princeton University Press, Princeton, NJ.

Woodford, M. , 2010. Optimal monetary stabilization policy. In: Friedman, B. M. , Woodford, M. (Eds.), Handbook of monetary economics. North-Holland, Elsevier, Amsterdam.

第十六章　开放经济中的最优货币政策[①]

吉安卡洛·科塞蒂(Giancarlo Corsetti) [*]

卢卡·德多拉(Luca Dedola) [**]

西尔万·勒杜克(Sylvain Leduc) [†]

[*]:剑桥大学、罗马第三大学和美国经济与政策研究中心

[**]:欧洲中央银行和美国经济与政策研究中心

[†]:旧金山联邦储备银行

目　录

① 我们在撰写本章的过程中与很多专家学者讨论过有关内容,在此我们对他们提出的有益意见表示感谢。这些专家学者包括皮尔保罗·贝尼尼奥(Pierpaolo Benigno)、查尔斯·恩格尔(Charles Engel)、乔迪·加利(Jordi Galí)、卡特琳·拉比奇(Katrin Rabitsch)、阿萨夫·拉辛(Assaf Razin)、优素福·索尔·巴斯卡亚(Yusuf Soner Baskaya)、迈克尔·伍德福德(Michael Woodford),以及2009年10月29至30日在法兰克福举行的欧洲中央银行货币经济学的关键进展会议和纽约联邦储备银行举办的同名会议的与会者。我们还要感谢两位研究助理艾达·玛丽亚·希奥尔索(Ida Maria Hjiortso)和弗朗西丝卡·维亚尼(Francesca Viani)的出色工作。感谢欧洲大学研究所罗伯特·舒曼中心(Robert Schuman Centre of the European University Institute)皮埃尔·维尔纳主席项目(the Pierre Werner Chair Programme)的财政支持。本章所表达的观点并非欧洲中央银行或美国联邦储备系统的观点。

　　本章摘要:本章在梳理现有文献的基础上提出了一个统一的分析框架,然后用这个分析框架研究了相互依赖的开放经济体的最优货币稳定政策。在这个模型中,完全的汇率传递(生产者货币定价)与确保有效风险分担的无摩擦资产市场的结合导致了开放经济的一种"神圣的巧合":与基准新凯恩斯主义模型给出的"处方"一致,合作情形下的最优货币政策的特点就是,可以用关于国内产出缺口和国内生产总值平减指数通货膨胀的完全"内向型"的目标规则来描述。接下来,我们分析了偏离这种基准的情况——发生于存在着跨国策略性政策互动、不完全汇率传递(本国货币定价)和不完美的资产市场时的情况。或者换种说法,由于未能将国际货币溢出效应内部化,就会出现试图通过操纵国际相对价格以提高本国福利的行为,从而导致无效率的实际汇率波动。本国货币定价和不完全资产市场(它妨碍了有效的风险分担)将货币稳定的重点转向了纠正国内与外部扭曲:刻画最优政策的"定标"规则不仅有关于国内产出缺口和通货膨胀的内容,还有关于贸易条件和实际汇率的错位,以及跨国需求失衡的内容。

　　JEL 分类代码:E44,E52,E61,F41,F42

　　关键词:货币错位;需求失衡;(汇率)传递;资产市场和风险分担;最优目标规则;国际政策合作

1. 引言和概述

对于最优货币政策的国际维度的研究一直受到了一组非常引人入胜的问题的启发,它们影响了至少两个时代关于商品、要素和资产市场的渐进跨境融合的政策辩论——首先是第一次世界大战之后的一段时间,然后是从布雷顿森林体系解体到今天。更具体地说,这些问题包括:除了应该对国内产出缺口和通货膨胀发挥影响,货币政策是否还应该对汇率、全球经济周期状况或全球失衡等国际变量做出反应? 汇率变动是否具有某种可预期的稳定和分配特性? 或者恰恰相反,政策制定者是否应该遏制汇率波动,关注并试图纠正汇率失调? 加强跨境货币合作能给国际社会带来什么好处?

在本章中,我们试图重新回答上述经典问题。我们的方法是在选择理论货币经济学文献的基础上,融合进新凯恩斯主义学派(Rotemberg and Woodford,1997)和新古典主义综合学派(Goodfriend and King,1997)的研究议程,特别是新开放经济宏观经济学(Svenssonand and Wijnbergen,1989;Obstfeld and Rogoff,1995)。而且,在这样做的过程中,我们很自然地利用了稳定理论中业已成熟的一整套一般原则,当然这些原则的运用并不限于开放经济问题的范畴。不过,我们分析的主要目的是阐明货币政策权衡,而这与从事跨境商品和资产贸易的开放经济体有着内在的联系。

开放经济体的货币政策分析有一个与封闭经济体的货币政策分析截然不同的特点。开放经济体的政策分析需要明确地解释在国际环境中自然会出现的各种形式的异质性——从不同国家之间的事前异质性(如产品专业化和在技术、偏好、货币价格计价、金融市场发展程度、资产持有状况等方面的差异),到事后的异质性(如冲击的不对称性质,以及各国之间在应对冲击时内生的财富再分配)。虽然这些形式多样的异质性扩大了与分析相关的潜在政策权衡的排列组合,但是在全球均衡中,解决货币政策问题需要使用的政策工具也仍然与模型经济中存在货币当局时一样多,只不过沿着这一维度,在政策目标和政策策略方面也可能存在异质性。

以开放经济模型为基础(这种模型一直是很多文献所依赖的主力模型)——以两个国家为例,每个国家都专门生产一种不同于外国的商品——我们采用 Woodford(2003)提出的线性二次方法①,在关于名义刚性和资产市场结构的多种假设下研究了最优货币政策,并得到了一系列重要的结果。

第一个重要的结果是推导出了开放经济的新凯恩斯主义菲利普斯曲线的一般表达式,从而将当前的通货膨胀与预期通货膨胀和边际成本的变化之间建立起了联系。在一个开放

---

① 与 Chari 等(2002)的研究类似,该模型可以看作是与 Backus 等(1994)的研究之后的国际实际经济周期文献相对应的货币文献的产物。对于其他的包括非贸易商品在内的版本,请参见 Stockman 和 Tesar(1995)的研究。关于汇率的货币模型的最新证据,请参见 Engel 等(2007)的研究。

的经济中,后者(边际成本)是产出缺口加上两个附加项的函数,一个附加项用于解释国际相对价格的失调,另一个附加项则用于解释各国之间总需求的无效率波动。与产出缺口的定义类似,我们用国际相对价格对其最优水平的偏离来衡量错位。① 解释总需求无效率波动的那一项则反过来衡量了消费需求中相对价格和偏好调整后的差距,在金融市场存在缺陷时,这种差距通常为零。

将驱动菲利普斯曲线的因素分为三类,即产出缺口、国际相对价格差距和跨国需求失衡,这也为我们的政策分析提供了关键的构建模块。事实上,我们得到的第二个重要结果就是,与通货膨胀率一起,上面列出的这三个因素也构成了根据我们的主力模型的不同设定可以推导出来的二次损失函数的核心参数。当然,这些参数进入损失函数的具体方式因模型设定而异,反映了不同的名义和实际扭曲。

货币理论的一个众所周知的结论是,稳定政策应将通货膨胀维持在稳定的低水平上,这可以作为一种能够使得因名义价格交错调整而导致的资源错配逐渐修正的方法。在只有一个部门和一个代表性行为主体的基线模型中,这种错配表现为在偏好和技术上都对称的商品价格的离散性。在这种模型中,最优货币政策可以用一个有弹性的通货膨胀目标来刻画,在面对像价格加成冲击这样的无效率的冲击时(当然,社会规划者不会容忍这类冲击),它要在国内生产总值平减指数的波动与产出缺口之间进行权衡。与此相反,最优目标则致力于保证国内生产总值平减指数和产出缺口的完全稳定——在面对像生产率和口味的变动这样的有效率的冲击时(当然,社会规划者能够容忍这类冲击)。关于这方面的进一步讨论请参考 Galí(2008)、Woodford(2003)的研究。

作为我们研究的第一步,我们先考虑了一个主力模型设定。在这个模型中,指导最优货币政策的"处方"与前面提到的基准经济的"处方"相同,即最优政策与基准封闭经济模型中的最优政策是"同构的"(Clarida et al.,2002;Benigno and Benigno,2006)。对于这种情况,至关重要的是汇率的内生变化能不能修正国内外商品之间的相对价格的潜在错位,以应对宏观经济冲击。这符合经典的国际传导机制理论,如 Friedman(1953)在其研究中正式建模分析的。

在前述经典观点的基础上,还有两个关键的假设。第一个假设是存在无摩擦的资产市场,可以为所有可能的跨境意外事件提供保险。第二个假设是生产者价格以本国货币标价时是具有黏性的,因此产品的外币价格会与汇率一对一地变动——在相关文献中,通常将后者称为生产者货币定价(producer currency pricing,简写为 PCP)。凭借完美的风险保险和具有高度的汇率传递性的进口价格——如 Corsetti 和 Pesenti(2005)以及 Devereux 和 Engel(2003)所强调的那样——同类商品内部的价格离散性得到了有效防范,从而自动纠正了任何可能的国内外商品的相对价格的偏差,实现了 Blanchard 和 Galí(2007)所称的"神圣的巧

---

① 我们要强调一点,从概念上讲,有效汇率不一定会(一般来说也不会)与传统上由国际机构和公共机构作为政策制定指南而加以分析的均衡汇率相同。均衡汇率这个概念通常是指长期外部平衡,用来作为评估货币价值的短期变动的对照标准(Chinn,2010)。相反,有效汇率在理论上和概念上都是可以在任何时间范围内定义的,对应于一个所有价格都是有弹性的、市场是完全的假想经济,这个概念与有重要福利含义的产出缺口概念是严格类似的。无论如何,在国内层面和国际层面对有效价格与数量进行评估对于研究人员来说无疑是一项艰巨的挑战。

合"。

　　我们在这个基线模型设定的基础上进行的其余分析则需请读者关注开放经济中存在的种种扭曲,它们会打破刚才定义的"神圣的巧合",从而激发出明确纳入开放经济变量的最优目标规则。当然,在封闭经济的背景下,这种"神圣的巧合"也会被打破。一种情况是在包括了价格和工资刚性或只包括了价格刚性的多部门封闭经济模型中,此时要进行的权衡在于如何稳定同类商品和服务或跨类别商品和服务的相对价格(Erceg et al. , 2000);另一种情况是引入行为主体的异质性来打破这种"神圣的巧合",此时就会因不完美的风险保险而需要进行政策权衡(Curdia and Woodford, 2009)。很自然地,类似的权衡在开放经济体也肯定要发生,其表现形式包括贸易条件的错位(贸易条件指进口商品相对于出口商品的相对价格)或实际汇率的失衡(实际汇率相当于消费品的国际相对价格),以及跨境总需求失衡。然而,错位和失衡所引发的政策问题的核心在于汇率同时在商品市场和资产市场中扮演着相对价格的角色,而在封闭的经济环境中,不存在可以与汇率相对应的事物。此外,如果某些国家的货币当局没有将跨境货币溢出效应内在化,也就是说,如果这些国家在确定国内货币政策立场时不合作的话,就会导致无效率,需要进行国际层面特有的权衡。除非在非常特殊的情况下,所有这些因素都排除了封闭经济的政策"处方"与开放经济的政策"处方"的同构性/相似性。

　　本章的安排如下:在本章的第一部分中,我们在保持完全市场假设的前提下,描述了存在扭曲情况时的最优货币政策,这种扭曲要么是由于名义刚性导致同一商品在不同市场上以不同价格进行交易,或者是因为国家的政策制定者未能将国际货币溢出效应内部化。在本章的第二部分,我们转而重新考虑不完全市场框架下的最优政策,重点关注名义扭曲和金融扭曲之间的相互作用。① 我们将会再三强调本章的主要结论。

1.1　对经典观点的怀疑:进口商品的本币价格稳定性

　　与传统观点相反,最近的研究的主要结论都强调,有大量证据证明了进口价格的本国货币稳定性,而且这种稳定性的很大一部分可以归因于名义刚性。从这方面的数据来看,汇率变动似乎只在进口商品的价格中得到了非常微弱的反映。对此,已经有了大量的研究,包括Goldberg 和 Knetter(1997)的综述所评价的那些研究,以及最近基于个别商品数据的其他一些研究,例如 Gopinath 和 Rigobon(2008)的研究。

　　在假设进口价格以本国货币计价时具有黏性的情况下——这种假设在文献中通常被称为本国货币定价假设(local currency pricing,简写为 LCP)——货币政策的传导与经典观点相比有根本性的不同。在本国货币定价假设下,汇率变动对消费者所要面对的进口商品价格的影响非常有限,因为汇率的传递通道是不完整的。相反,汇率的变动只是造成了对单一价格定律的普遍的无效率的偏离,即同一商品在全国市场上会以不同价格(用同一货币表示)

① 国际层面的关于货币政策的全面分析,包括应对石油冲击的宏观经济稳定问题和全球化世界经济中的货币控制问题,请参阅由 Galí 和 Gertler(2010)主编的论文集,这本论文集非常优秀。

交易。汇率无法将国际和国内相对价格调整到有效水平。我们完全可以说,在过去几年里,关于生产者货币定价与本国货币定价下的国际传导机制的争论和相关的政策分析已经成了早期新开放经济宏观经济学文献讨论的焦点。关于这方面的讨论,读者可以参阅 Obstfeld 和 Rogoff(2000)、Betts 和 Devereux(2000)以及 Engle(2002)的论著。

在本国货币定价的情况下,就没有什么"神圣的巧合"可言了,因为跨国产出缺口稳定不再能转化为相对价格稳定。例如,为了应对生产率冲击,稳定国内生产者的边际成本并不等同于稳定所有市场上的价格加成,而且重新调整国际价格也不足以做到这一点。因此,正如 Engle(2009)所证明的,最优政策将不得不在实现国内目标(产出缺口和通货膨胀目标)与修正国际错位和失调之间进行权衡。更具体地说,与生产者货币定价的情况下类似,在本国货币定价模式下,合作型政策制定者既不喜欢国内产出缺口和通货膨胀,也不喜欢跨国产出差异(只要这种差异会导致国际相对价格失调)。然而,与生产者货币定价的情况不同的是,在本国货币定价下,国内商品和进口商品的通货膨胀率对于政策制定者来说有不同的重要性。通货膨胀中包含的各项是如下这个事实的反映:在本国货币定价中,政策制定者关注的是由国内市场和出口目的地市场的价格离散所导致的每种商品的供给的无效率。此外,政策损失函数还包含了一个新增的项,它表示对单一价格定律的偏离会引发相对价格水平的错位,并导致全球消费需求的构成和水平的无效率。这一点是那些假设单期预设价格的文献所特别强调的(Devereux and Engel,2003;Corsetti and Pesenti,2005)。

在本国货币定价下,表示最优政策的目标规则通常都是相当复杂的,包括了国内变量(如产出缺口、生产者价格和消费者价格)的当前值和预期值,与外部变量(如实际汇率缺口)的组合。尽管如此,它们在两种情况下可以得到极大的简化:一种情况是劳动的负效用是线性的,另一种情况是在最优时购买力平价保持不变。新开放经济宏观经济学的早期文献不仅强调了前者,对后者也有很多讨论,就像我们在克拉里达、加利和格特勒的论文以及贝尼尼奥和贝尼尼奥的论文中所看到的。我们将证明,这两种情况中的任何一个都可以导致相同且清晰明了的最优政策"处方":在面对有效冲击时,政策制定者应该完全稳定 CPI、全球产出缺口和实际汇率差距,即便需要以贸易条件错位、相对产出缺口不稳定为代价也在所不惜。而这就意味着,消费在其有效水平附近完全稳定,而且只有当购买力平价保持不变时,名义汇率才有可能完全稳定。考虑到文献中对购买力平价和劳动线性负效用的关注与分析的可溯性,这两种特殊情况值得关注。然而,从对它们的分析中得出的政策"处方"过强,因此不应加以一般化。

事实上,关于本国货币定价的这类文献告诉我们的恰恰就是政策制定者应注意国际相对价格错位,因为不能指望汇率能够像经典观点所说的那样去纠正这种错位;同时还应关注消费者价格通货膨胀,因为在存在部门间的差异的情况下,供给和需求两方面都会有扭曲。然而,一般来说,这类文献既不支持完全稳定 CPI 指数(因为即便是在有效冲击之下,稳定 CPI 通货膨胀的不同分量的最优权衡也不一定与 CPI 权重一致),也不支持全面抑制汇率波动。相反,在本国货币定价下,最优政策中的汇率和贸易条件的波动性都可以保持在相当高的水平上。

1.2 竞争性贬值和策略性互动

当政策制定者之间进行策略性互动时,具有国际维度的政策权衡也会因数量和价格上的跨境溢出效应而产生,这是开放经济体中传统的政策分析的主要主题之一(Canzoneri and Henderson,1991;Persson and Tabellini,1995)。本章在一个现代框架下回顾了关于竞争性贬值的传统忧虑,并提供了一个在仁慈的国家货币当局之间进行的博弈实例——每个货币当局都试图利用本国在贸易条件上的垄断权力来提高本国的福利。

在借鉴以往文献的基础上,我们以一个在假设了完全市场和生产者货币定价的条件下的纳什均衡为焦点展开讨论。国内政策制定者有激励去改善或压低本国的贸易条件(根据商品对于偏好来说是互补的还是互替的),代价是一定程度上的通货膨胀。这些结果似乎支持了如下这种观点,即对贸易条件的策略性操纵会导致对国内产出缺口稳定性的偏离,并进而转化为(相对于政策合作的有效基准而言的)汇率波动不足或过度(Benigno and Benigno,2006;De Paoli,2009;等等)。然而,在一个全球模型中,这类国家政策的大部分潜在收益都会被国外的货币当局的反应抵消。非合作配置对所有国家来说都是次优分配。尽管存在着对贸易条件的策略性操纵,但是与合作配置的偏差实际上是相当小的。[①]

事实上,在我们所考虑的这类模型中,相对于纳什均衡,国际政策协调的收益可能都是很小的。在排除了与政策制定相关的跨国溢出效应的参数设置下,它们实际上等于零(Corsetti and Pesenti,2005),他们将这个极限状态下的结果扩展到了本国货币定价经济体)。最近的文献还指出,这些福利结果已经成了怀疑国际政策合作的一个原因(Canzoneri et al.,2005;Obstfeld and Rogoff,2002)。而且,衡量合作带来的收益实际上是一个远未解决的问题,特别是在存在可能会导致各国中央银行不合作的各种各样的实际不完美性和金融不完美性的情况下。

1.3 货币错位与国际需求失衡

本章最后一部分强调了货币政策分析的新方向。在这些方向上推进,可以将我们的研究范围扩大到与名义刚性无关的各种无效率情形。这种无效率的出现可能源于更深层的或者更严重的扭曲。我们研究了资产市场扭曲阻碍了市场配置的全球效率的开放经济体模型。更具体地说,由于市场不完全造成的扭曲的存在,即便汇率只是根据当前和预期的基本面因素来发挥"减震器"的作用,它的调整也不一定有助于实现我们想要得到的配置。相反,它可能会加剧全球消费与就业的错配——对应于国家之间的各种次优事后异质性。

为此,我们首先证明,相对于完全市场的情况,菲利普斯曲线和损失函数通常要纳入一个与福利相关的关于跨国需求失衡的度量,那就是边际效用差距和相对消费价格之间的差

---

① 一个悬而未决的问题是在制定货币政策时考虑贸易条件的经验相关性。在有关最优关税参数的相关性的相关贸易文献中也讨论了一个类似的问题。

距,我们称之为"相对需求"缺口。在有效配置中,这种(理论上一致的)需求失衡的度量应该恒等于零。存在正的缺口就意味着在当前实际汇率(即当前相对消费价格)下,本国消费需求(相对于有效配置)过高了。通过国际借贷,这种需求失衡反映在了无效率的贸易和经常账户赤字上。

然后我们证明,在不完全市场下,最优货币政策具有一个与本国货币定价情况下相类似的国际维度:要在国内目标(产出缺口和通货膨胀)与外部变量(如贸易条件和需求缺口)的稳定之间进行权衡。然而,对这两种情况的比较分析凸显了它们之间对于外部变量的政策权衡中隐含的扭曲的性质和规模的差异,进而表明了在何种条件下,金融不完美性对货币政策的实施更有影响(与进口部门的名义价格刚性相比)。

我们推导出来的用以确定目标的规则(即目标规则)表明,最优政策通常需要以一定的通货膨胀为代价来纠正需求失衡(包括外部赤字的规模)和/或纠正国际相对价格(这要依赖于汇率高估)。随后,我们将这些目标规则放在金融自给自足的经济体下进行分析。在这些经济体中,正如 Helpman 和 Razin(1978)、Cole 和 Obstfeld(1991)以及 Corsetti 和 Pesenti(2001)所强调的那样,风险分担机制是通过影响一国产出估值的相对价格调整来实现的。然而,我们证明了在存在生产率和偏好冲击的情况下,能自动支持在没有资产贸易的情况下进行有效配置的均衡贸易条件的参数配置并不存在。金融自给自足与完全市场之间的等价性只有在这些冲击都是完全孤立的时候才有可能存在。

最后我们讨论了自己的一项相关研究的结果(Corsetti et al.,2009b),并以此结束本章。在这项研究所建模的经济中,家庭可以交易国际债券,它的结果表明,我们在金融自给自足情况下的分析中得到的结论是一个很好的指南,可以帮助我们解释更一般的模型设定下的不完全市场经济的最优政策。

本章的结构如下:在第一部分中,我们在完全市场的假设下分别分析了合作条件下和纳什均衡条件下的生产者货币定价经济和本国货币定价经济的最优策略。在第二部分中,我们纳入了金融的不完美性,并讨论了当金融市场无法支持有效配置时的新的政策权衡。①

本章第一部分:无摩擦资产市场下的最优稳定政策和国际相对价格

在本章的第一部分,我们将在国际经济学领域一系列经典问题的背景下研究开放经济体的最优货币政策,例如,汇率变动可以在多大程度上纠正由名义扭曲和货币扭曲所造成的国际调整机制的无效率,并促进可取的跨境相对价格的调整。为了严格地集中关注这个问题,我们遵循了大量关于这个主题的文献传统,即在假设资产市场完全无摩擦的情况下进行分析。然后,我们在这个假设下对比与两种主要观点相一致的不同最优政策"处方"。

---

① 见 http://www.econ.cam.ac.uk/faculty/corsetti。

一个重要的,同时也是经典的观点是,汇率变动是应对(宏观经济)冲击的有效的缓冲器,可以促进用来应对总体冲击的国内和国外商品之间的相对价格调整。举例来说,为了应对特定于国家的正向供给冲击,国内产品的国际价格可以通过名义和实际贬值有效地下调,从而降低国内出口商品以外币标价的价格,并同时提高进口商品的以本币标价的价格。与这个观点一致,进口价格对汇率的高度敏感性,即输入型通货膨胀,也是应对宏观扰动的实际价格调整的一种可取的表现形式。

然而,从数据来看,汇率变动在进口价格中似乎只有非常微弱的反映,不仅在零售价格水平上如此,在边界价格水平上也是如此。另一种观点则强调,以本国货币计价的进口商品价格的高度稳定性对经典观点所假定的机制本身提出了疑问。只要低汇率传递通道反映了名义刚性——这也就是说,只要出口商品用目的地市场的货币表示的价格是有黏性的——名义贬值就不会降低世界范围内的最终买家真正要面对的这些商品的相对价格,因此也就不会"重定向"对它们的需求。

关于汇率在商品市场的国际相对价格调整中所发挥作用的经典辩论的另一个方面则涉及各国对贸易条件进行策略性操纵的可能性——例如竞争性贬值论的逻辑就是如此。在这种情况下,由于政策制定者未能将跨境货币溢出效应内部化,市场配置将不再是有效的。相反,他们会有意识地推出一些能够利用本国在贸易条件和/或影响相对价格方面的垄断能力的货币政策。由此导致的一个结果是,相对于有效配置,价格可能会出现错位。

第一部分的安排如下:第2节给出了我们的分析框架,第3节和第4节描述了在前面简要讨论过的关于汇率稳定特性的两种截然不同的观点下的最优稳定政策,第5节分析了在缺乏国际政策合作的情况下的世界均衡。

2. 宏观经济相互依赖的基线货币模型

2.1 新凯恩斯主义开放经济分析中的实际和名义扭曲

我们的分析是建立在一个包含两个国家和两种商品的开放经济模型上的。这个模型由于在分析时有极高的可操作性,现在已经成为国际经济货币分析的标准参照——至少从Obstfeld 和 Rogoff(1995)开始,他们的这篇论文开创了经济学界通常所称的新开放经济宏观经济学(Svensson and van Wijnbergen,1989)。在这个模型中,每个经济体都只专业化生产一种类型的商品(不过它可以有很多不同的品种),所有商品都进行跨境贸易。因为各国消费者的偏好不一定是相同的,所以消费一篮子商品的种类及其价格一般会在国与国之间有所不同。即便每一类商品都遵循单一价格定律,相对消费价格(即实际汇率)也会因受到冲击而波动,那时购买力平价就会失效。此外不难设想,名义刚性也可以在单个商品品种的层面上导致对单一价格定律的偏离。在这种情况下,进口和出口商品的相对价格就会与贸易条件不一致。

在这个主力模型中,名义刚性会与其他三种扭曲来源相互作用。第一种扭曲是生产中的垄断力量,就像在(封闭经济)新凯恩斯主义模型中那样。另外两种是专门针对国际分析的:一是偏离全球最优政策的各种激励,它们源于国家对本国的贸易条件拥有垄断力量的假设;二是国际金融市场的不完美性。在本章的第一部分,我们将继续在这样的假设下进行分析,即金融市场是完全的,因此唯一的政策权衡是由与名义刚性相关的扭曲引起的,并且当我们研究非合作政策时,一个国家对本国的贸易条件拥有垄断力量。至于金融市场不完美性的政策影响,我们将在本章的第二部分进行分析。

在本节中,我们将给出这个模型的一般形式,包括我们将在继续分析的过程中抽象掉的某些特征,因为这些特征可能有助于探索如何将我们的结果一般化。首先,在我们这个一般性的模型设置下,我们在假设流动性服务提供效用的前提下对货币余额需求进行了建模。然而,为了与大量新凯恩斯主义文献的结果相比较,我们也将在"好像"我们的经济实际上是无现金(即忽略效用分量)的情况下继续对最优政策进行分析。其次,我们的总体模型设置考虑了不同的开放程度(需求不对称的本国偏好)和国家规模(不同的人口)。然而,为了使我们的论述尽可能简洁,我们将在这两个维度上施加对称性约束,再来推导菲利普斯曲线和最优策略。最后,虽然下面描述的模型设置明确说明了政府预算约束,但在本章的其余部分,我们将把财政支出抽象掉,即假设 $\bar{G}=0$。

2.2 模型设置

世界经济由两个国家组成,分别假设为 H 国(本国)和 F 国(外国)。假设世界总人口可以表示为1个单位的行为主体连续统,其中 $[0,n)$ 区间上的人口属于 H 国,而 $(n,1]$ 区间上的人口则属于 F 国。每个国家都只专业化生产一种类型的可贸易商品,这种商品有若干个品种或品牌,其数量与人口规模相等。①

2.2.1 偏好与家庭决策

H 国的消费者 j 的效用函数为:

$$V^j = E_0 \left\{ \sum_{t=0}^{\infty} \beta^t \left[U(C_t^j, \zeta_{C,t}) + L\left(\frac{M_{t+1}^j}{P_t}, \zeta_{M,t}\right) - \frac{1}{n} \int_0^n V(y_t(h), \zeta_{Y,t}) \, dh \right] \right\} \quad (16.1)$$

这也就是说,家庭可以从消费和持有货币带来的流动性服务中获得效用,同时它们因为要为所有本国商品 y_t 的生产付出劳动而承受负效用(负效用是可分离的)。变量 $\zeta_{C,t}$、$\zeta_{M,t}$ 和 $\zeta_{Y,t}$ 分别表示特定于国家的对消费、真实货币余额和生产的偏好冲击。风险是内部集中的——在行为主体参与所有商品的生产并获得同等份额的生产收入的范围内。我们假设了以下函数形式(它们是在文献中被广泛使用的),利用它们可以很方便地得出解析表达式(Benigno

---

① 在 Bilbiie 等(2007)的研究的基础上,可以构建出一个允许企业进入的主力模型。

and Benigno, 2006; Clarida et al., 2002)[①]:

$$U(C_t^j, \zeta_{C,t}) = \zeta_{C,t} \frac{(C_t^j)^{1-\sigma} - 1}{1 - \sigma} \tag{16.2}$$

$$L\left(\frac{M_{t+1}^j}{P_t}, \zeta_{M,t}\right) = \zeta_{M,t} \frac{\left(\frac{M_{t+1}^j}{P_t}\right)^{1-\rho} - 1}{1 - \rho}$$

$$V[y_t(h), \zeta_{Y,t}] = \frac{\zeta_{Y,t}^{-\eta} y_t(h)^{1+\eta}}{1 + \eta}$$

家庭同时消费自己购入的两种类型的商品,也就是说,我们用 $C_t(h,j)$ 和 $C_t(f,j)$ 分别表示同一行为主体对本国品牌 h 和外国品牌 f 的消费。对于每一种商品,我们假设其中有一个品牌是所有其他品牌的不完全替代品,且具有恒定的替代弹性 $\theta > 1$。于是,本国行为主体 j 对本国商品和外国商品的消费可以分别定义为:

$$C_{H,t}(j) \equiv \left[\left(\frac{1}{n}\right)^{1/\theta} \int_0^n C_t(h,j)^{\frac{\theta-1}{\theta}} dh\right]^{\frac{\theta}{\theta-1}} \tag{16.3}$$

$$C_{F,t}(j) \equiv \left[\left(\frac{1}{1-n}\right)^{1/\theta} \int_0^n C_t(f,j)^{\frac{\theta-1}{\theta}} dh\right]^{\frac{\theta}{\theta-1}}$$

每一个国家的完整消费篮子 C_t 可以用以下常替代弹性聚合器来定义:

$$C = \left(a_H^{1/\phi} C_H^{\frac{\phi-1}{\phi}} + a_F^{1/\phi} C_F^{\frac{\phi-1}{\phi}}\right)^{\frac{\phi}{\phi-1}}, \phi > 0 \tag{16.4}$$

其中,α_H 和 α_F 分别是对本国商品与外国商品的消费的权重(归一化为它们的和等于1),ϕ 是 α_H 和 α_F 之间的恒定的替代弹性。这里要注意的是,如果 $\alpha_H > 1/2$,那么这种设定就会产生本国偏向。此外,与生产专业化假设一致,同一个国家内生产的商品品牌之间的替代弹性要高于不同国家生产的不同类型的商品之间的替代弹性,即 $\theta > \phi$。

从而基于效用的消费者价格指数为:

$$P_t = \left[a_H P_{H,t}^{1-\phi} + (1 - a_H) P_{F,t}^{1-\phi}\right]^{\frac{1}{1-\phi}} \tag{16.5}$$

其中,$P_{H,t}$ 为本国生产的商品的价格分类指数,$P_{F,t}$ 为外国生产的商品的价格分类指数,两者均用本国货币表示:

$$P_{H,t} \equiv \left[\frac{1}{n} \int_0^n P_t(h)^{1-\theta} dh\right]^{\frac{1}{1-\theta}}, \quad P_{F,t} \equiv \left[\frac{1}{1-n} \int_0^n P_t(f)^{1-\theta} df\right]^{\frac{1}{1-\theta}} \tag{16.6}$$

外国价格(像所有外国变量一样,以加星号的形式来表示),也可以类似地加以定义。从而外国的消费者价格指数为:

$$P_t^* = \left[(1 - a_F^*) P_{H,t}^{*\,1-\phi} + a_F^* P_{F,t}^{*\,1-\phi}\right]^{\frac{1}{1-\phi}} \tag{16.7}$$

再令 Q_t 表示实际汇率,并将它定义为消费的相对价格,即 $Q_t = \frac{\varepsilon_t P_t^*}{P_t}$。即便单一价格定律对

[①] 我们对劳动负效用的函数形式的设置追随了 Benigno 和 Benigno(2006) 的研究。

每种商品都成立,即 $P_t(h) = \varepsilon_t P_t^*(h)$,家庭选择的最优消费篮子之间的差异也仍然意味着消费价格的相等性并不是跨越国界的。换句话说,在不同的偏好下,购买力平价(即 $Q_t = 1$)是不成立的。除了实际汇率,我们关注的另一个国际相对价格是贸易条件,即进口价格与出口价格的比值。对于本国,贸易条件可以写成 $T_t = \dfrac{P_{F,t}}{\varepsilon_t P_{H,t}^*}$。

从消费者偏好中,我们可以推导出家庭对本国生产的一般商品 h 的需求,以及对外国生产的一般商品 f 的需求:

$$C_t(h,j) = a_H \left[\frac{P_t(h)}{P_{H,t}}\right]^{-\theta} \left(\frac{P_{H,t}}{P_t}\right)^{-\phi} C_t^j$$

$$C_t(f,j) = (1 - a_H) \left[\frac{P_t(f)}{P_{F,t}}\right]^{-\theta} \left(\frac{P_{F,t}}{P_t}\right)^{-\phi} C_t^j \tag{16.8}$$

假设单一价格定律成立,那么对商品总需求 h 和 f 的总需求就可以写成如下形式:

$$y_t^d(h) = \left[\frac{P_t(h)}{P_{H,t}}\right]^{-\theta} \left[\left(\frac{P_{H,t}}{P_t}\right)^{-\phi} \left(a_H C_t + a_H^* \frac{1-n}{n} Q_t^\phi C_t^*\right) + G_t\right] \tag{16.9}$$

$$y_t^d(f) = \left[\frac{P_t(f)}{P_{F,t}}\right]^{-\theta} \left[\left(\frac{P_{F,t}}{P_t}\right)^{-\phi} \left((1 - a_H)\frac{n}{1-n} C_t + Q_t^\phi (1 - a_H^*) C_t^*\right) + G_t^*\right] \tag{16.10}$$

其中,G_t 和 G_t^* 是特定于国家的政府支出冲击——假设本国(外国)经济中的公共部门只消费本国(外国)商品,并且对差异化商品的偏好类似于私人部门的偏好。

2.2.2 预算约束和欧拉方程

本国的代表性行为主体的个人流量预算约束可以写为如下一般形式[①]:

$$M_t + B_{H,t+1} + \int q_{H,t}(s_{t+1}) \mathcal{B}_{H,t}(s_{t+1}) \mathrm{d}s_{t+1} \leqslant M_{t-1} + (1 + i_t) B_{H,t} + \mathcal{B}_{H,t}$$

$$+ (1 - \tau_t) \frac{\int P_t(h) y_t(h) \mathrm{d}h}{n} - P_{H,t} T_t - P_{H,t} C_{H,t} - P_{F,t} C_{F,t}$$

其中,$\mathcal{B}_{H,t}$ 是状态依存的债权的持有数量,其标价为 $q_{H,t}$,存在对应的世界状态 t,使得 s_t 在第 t 期实现,其支付为一个单位的本国货币;i_t 是本国名义债券 $B_{H,t}$ 的收益,在第 t 期初支付,但是相关信息在第 $t-1$ 期就可知悉。根据这个预算约束推导出来的一阶条件,可以得出如下我们熟悉的欧拉方程:

$$\frac{U_C(C_t, \zeta_{C,t})}{P_t} = (1 + i_t) E_t \left[\beta \frac{U_C(C_{t+1}, \zeta_{C,t+1})}{P_{t+1}}\right] \tag{16.11}$$

它决定了消费和储蓄的跨期组合。采取同样的方法,我们可以推导出外国家庭的欧拉方程:

$$\frac{U_C(C_t^*, \zeta_{C,t}^*)}{P_t^*} = (1 + i_t^*) E_t \left[\beta \frac{U_C(C_{t+1}^*, \zeta_{C,t+1}^*)}{P_{t+1}^*}\right] \tag{16.12}$$

---

① $B_{H,t}$ 表示本国行为主体在第 $t-1$ 期积累下来并结转到了第 t 期的债券。

此时,同样可以推导出本国经济和外国经济中的政府预算约束分别为:

$$\tau_t \int P_t(h) y_t(h) \, dh = P_{H,t}\left(nG_t + \int T_t^j\right) + \int (M_t^j - M_{t-1}) \tag{16.13}$$

$$\tau_t^* \int P_t^*(f) y_t^*(f) \, df = P_{F,t}^*\left[(1-n)G_t^* + \int T_t^{j*}\right] + \int (M_t^j - M_{t-1}) \tag{16.14}$$

比例税税收收入 $\tau_t(\tau_t^*)$ 的波动或政府支出 $G_t(G_t^*)$ 的波动都是外生的,而且完全通过一次总付性的转移支付 $T_t(T_t^*)$ 融资,并以本国商品(外国商品)来支付。

2.2.3　定价决策

定价决策遵循了卡尔沃-云部分调整规则。差异化产品的生产者知道他们的单个需求函数的形式,并在给定整体市场价格和产出的情况下最大化自己的利润。在每一个时期,都有一定比例的 $\alpha \in [0,1)$ 的随机选中的生产者不得改变自己生产的产品的名义价格。剩下的那一部分企业(所占的比例为 $1-\alpha$)则通过最大化利润的期望贴现值来选择最优价格。而当它们这样做的时候,这些企业同时面临着国内和国外的需求。从原则上说,如果不存在跨国套利,那么企业可能会发现为不同的国家确定不同的价格是最优的。[①] 此外,它们可以以本国货币或外币预设价格。

2.2.3.1　生产者货币定价下的价格设置

继 Obstfeld 和 Rogoff(1995)之后的新开放经济宏观经济学文献都假设价格对于生产者的货币而言是刚性的:企业以本国货币设定出口价格,让自己产品的外币价格随汇率变化。这种假说被称为生产者货币定价。令 $\mathcal{P}_t(h)$ 表示企业 h 在第 t 期的国内市场选定的最优价格。为了保证分析时所用的符号尽可能简单,再令 $\{\varepsilon_t \mathcal{P}_t^*(h)\}$ 表示企业 h 在第 t 期的外国市场上选定的、用本国货币表示的最优价格。当汇率对进口价格的传递通道是完全的时候,在生产者货币定价下, ε_t 和 $\mathcal{P}_t^*(h)$ 的变动是成比例的。

这样一来,本国企业的定价问题就可以写为:

$$Max_{p_t(h),\varepsilon_t p_t^*} E_t \sum_{s=0}^{\infty} \left\langle (\alpha\beta)^s \frac{U_{C,t+s}}{P_{t+s}} (1-\tau_{t+s}) \cdot \left\{ p_t(h) \left[\frac{p_t(h)}{p_{H,t+s}}\right]^{-\theta} \left(\frac{P_{H,t+s}}{P_{t+s}}\right)^{-\phi} (\alpha H C_{t+s} + G_{t+s}) \right. \right.$$

$$\left. \left. + \varepsilon_t p_t^*(h) \left(\frac{\varepsilon_t p_t^*}{\varepsilon_{t+s} P_{H,t+s}^*}\right)^{-\theta} \left(\frac{P_{H,t+s}^*}{P_{t+s}^*}\right)^{-\theta} \left(a_H^* \frac{1-n}{n} C_{t+s}^*\right) \right\} - V(Y_{t+s}(h), \zeta_{Y,t+s}) \right\rangle \tag{16.15}$$

其中,收入和成本都是用效用单位来表示的,星号上标表示以外币来标示的价格。令 $\gamma_{t+s}^d(h)$ 表示当价格决策是在第 t 期完成的,并且 $\mathcal{P}_t(h)$ 和 $\varepsilon_t \mathcal{P}_t^*(h)$ 在时间 $t+s$ 上仍然成立的情况下,在时间 $t+s$ 上的商品总需求量。这个问题的一阶条件为:

$$E_t \sum_{s=0}^{\infty} (\alpha\beta)^s \left\langle \left[\frac{U_{C,t+s}}{P_{t+s}} \mathcal{P}_t(h) - \frac{\theta}{(1-\tau_{t+s})(\theta-1)} V_y(y_{t+s}^d(h), \zeta_{Y,t+s})\right] \right.$$

$$\left. \cdot \left\{ \left[\frac{\mathcal{P}_t(h)}{P_{H,t+s}}\right]^{-\theta} \left(\frac{P_{H,t+s}}{P_{t+s}}\right)^{-\theta} (a_H C_t + G_t) \right\} \right\rangle = 0$$

$$E_t \sum_{s=0}^{\infty} (\alpha\beta)^s \left\langle \left[\frac{U_{C,t+s}}{P_{t+s}} \varepsilon_t \mathcal{P}_t^*(h) - \frac{\theta}{(1-\tau_{t+s})(\theta-1)} V_y(y_{t+s}^d(h), \zeta_{Y,t+s})\right] \right.$$

---

① 参见 Corsetti 和 Dedola(2005)对无套利约束下的最优定价行为的分析。

$$\cdot\left\{\left[\frac{\varepsilon_t \mathcal{P}_t^*(h)}{\varepsilon_{t+1} P_{H,t+s}^*}\right]^{-\theta}\left(\frac{P_{H,t+s}}{P_{t+s}^*}\right)^{-\theta}\left(a_H^* \frac{1-n}{n} C_t^*\right)\right\}\right\rangle = 0$$

不难注意到,在上面两个式子中,左侧的最后一项在每个条件下表示的都是在第 t 期选择的价格下,本国市场和外国市场对商品 h 的需求。这两项加到一起事实上等于 $\gamma^d(h)$。令 μ_t 表示企业收取的价格加成,则可得:

$$\mu_t \equiv \frac{\theta}{(\theta-1)(1-\tau_{t+s})}$$

我们假设该价格加成会受到对生产者征收的随时间而变化的税收的冲击 τ_{t+s}。于是这个企业的问题可以通过下式求解:

$$E_t \sum_{s=0}^{\infty}(\alpha\beta)^s\left[\frac{U_{C,t+s}}{P_{t,t+s}}\mathcal{P}_t(h) - \mu_t V_y(y_{t+s}^d(h), \zeta_{Y,t+s})\right] y_{t+s}^d = 0$$

$$\varepsilon_t \mathcal{P}_t^*(h) = \mathcal{P}_t(h), \text{ 对于所有的 } h \qquad (16.16)$$

由于需求弹性的恒常性和对称性都是跨越国界的,所以企业在国内市场和出口市场上选择相同的价格是最优的,这就是说,单一价格定律仍然成立,不受商品市场一体化的障碍的影响。因此,之前的解也就意味着:

$$\varepsilon_t P_{H,t}^* = P_{H,t} \text{ ,以及 } P_{F,t} = \varepsilon_t P_{F,t}^*$$

所以,在生产者货币定价下,我们很容易就能看出,贸易条件是与汇率一对一地变化的,与国内消费者所面对的进口商品的相对价格也是一对一地变化的,即 $T_t = P_{F,t}/\varepsilon_t P_{H,t}^* = \varepsilon_t P_{F,t}^*/P_{H,t} = P_{F,t}/P_{H,t}$。

由于所有能够选择价格的生产者都将价格设定为相同的值,于是我们就可以得出描述 $P_{H,t}$ 和 $P_{F,t}$ 的动态演化路径的两个方程:

$$P_{H,t}^{1-\theta} = \alpha^* P_{H,t-1}^{1-\theta} + (1-\alpha)\mathcal{P}_t(h)^{1-\theta}$$
$$P_{F,t}^{*1-\theta} = \alpha^* P_{F,t-1}^{*1-\theta} + (1-\alpha^*)\mathcal{P}_t^*(f)^{1-\theta} \qquad (16.17)$$

其中 α^* 表示外国生产企业不会在当期重新优化价格的概率。

2.2.3.2 本国货币定价下的价格设置

生产者货币定价的假设受到了 Betts 和 Devereux(2000)撰写的一篇非常重要的文献的质疑。这篇文献支持另一种观点,即企业会针对国内市场预设本币价格,而为出口目的地市场预设外币价格。这就是通常所称的本国货币定价。在这个假设下,企业选择的是 $\mathcal{P}_t^*(h)$ 而不是 $\varepsilon_t \mathcal{P}_t^*(h)$,同时该价格的一阶条件为:

$$E_t \sum_{s=0}^{\infty}(\alpha\beta)^s\left\langle\left[\frac{U_{C,t+s}}{P_{t+s}}\varepsilon_{t+s}\mathcal{P}_t^*(h) - \mu_t V_y(y_{t+s}^d(h), \zeta_{Y,t+s})\right]\right.$$

$$\left.\cdot\left\{\left[\frac{\mathcal{P}_t^*(h)}{P_{H,t+s}^*}\right]^{-\theta}\left(\frac{P_{H,t+s}^*}{P_{t+s}^i}\right)^{-\phi}\left(a_H^* \frac{1-n}{n}C_t^*\right)\right\}\right\rangle = 0$$

我们假设,当一家企业有机会重新优化价格时,它可以在国内市场和出口市场上都这样做。在本国货币定价下,对于不对自己的产品价格进行重新优化的企业来说,汇率的传递为零。

令 Δ_t 表示对单一价格定律的偏离量:对于本国,我们可以写出 $\Delta_{H,t} = \varepsilon_t P_{H,t}^*/P_{H,t}$。由于

$P_{H,t}^*$ 和 $P_{H,t}$ 都是具有黏性的,所以汇率的任何变动都会导致对单一价格定律的违背。更具体地说,名义贬值倾向于增加国内企业源于向外国销售产品相对于在本国市场销售产品的本币收入,这是因为名义贬值会提高 $\Delta_{H,t}$。由于偏离了单一价格定律,本国的贸易条件 $T_t = P_{F,t}/\varepsilon_t P_{H,t}^*$ 一般来说会与进口商品的国内相对价格不同,即 $P_{F,t}/P_{H,t}$。因此,价格指数 $P_{H,t}$、$P_{H,t}^*$、$P_{F,t}$ 和 $P_{F,t}^*$ 的动态演化现在将由类似于方程组(16.17)中的几个方程来描述。[①]

2.2.4　国际资产市场与汇率的决定

汇率的决定方式随资产市场的结构而有极大的不同。接下来,我们对比了完全市场和不完全市场的情况,后者包括金融自给自足的经济体,以及跨境交易资产数量有限的经济体。

2.2.4.1　完全市场

在完全市场下,以本国货币计价的状态依存的债权 $\mathcal{B}_{H,t}$ 的价格均衡意味着以下均衡风险分担条件成立:

$$\beta \frac{U_C(C_{t+1},\zeta_{C,t+1})}{U_C(C_t,\zeta_{C,t})} \frac{P_t}{P_{t+1}} = \beta \frac{U_C(C_{t+1}^*,\zeta_{C,t+1}^*)}{U_C(C_t^*,\zeta_{C,t}^*)} \frac{\varepsilon_t P_t^*}{\varepsilon_{t+1} P_{t+1}^*} \tag{16.18}$$

结合初始外国净资产为零的假设,上面这个方程式可以改写为如下众所周知的形式:

$$\frac{C_t^{-\sigma}\zeta_{C,t}}{P_t} = \frac{(C_t^*)^{-\sigma}\zeta_{c,t}^*}{\varepsilon_t P_t^*} \tag{16.19}$$

给定本国和外国的货币政策,这个方程式就完全决定了名义和实际汇率。完全市场配置的一个关键特征是在偏好不变的情况下,只有当实际汇率贬值时,本国人均消费才能提高(相对于外国人均消费)。

2.2.4.2　不完全市场经济:金融自给自足

另一种模型设置是金融自给自足的不完全市场经济。在这种情况下,经济无法获得国际借贷。由于只有国内居民持有本国货币 M_t,所以本国的代表性行为主体 j 的个人流量预算约束为:

$$M_t \leqslant M_{t-1} - P_{H,t}T_t + (1-\tau_t)\frac{\int P_t(h)_{y_t}(h)\,\mathrm{d}h}{n} - P_{H,t}C_{H,t} - P_{F,t}C_{F,t} \tag{16.20}$$

既然隔绝了国际资产交易,那么在金融自给自足的情况下,国内生产总值必定与名义公共和私人消费水平相等。对私人和公共预算约束进行加总,我们就可以得到:

$$P_t C_t = \int P_t(h)_{y_t}(h)\,\mathrm{d}h - P_{H,i}G_t \tag{16.21}$$

[①] 尽管我们在这里只集中分析对称经济,但是不对称定价模式也有其合理性。一个特别有意思的假设是将所有出口价格都用同一种货币来预设,即所谓的美元定价。利用我们的模型,可以假设一个国家的企业按生产者货币定价,同时另一个国家的企业按本国货币定价,将两者结合起来对美元定价进行建模。Devereux 等(2005)以及 Corsetti 和 Pesenti(2008)都对美元定价的最优策略进行了分析。另见 Goldberg 和 Tille(2008)提供的证据。

出于同样的原因,由于无法与世界其他国家进行跨期贸易,进口价值必定与出口价值相等,即

$$nP_{F,t}C_{F,t} = (1-n)\varepsilon_t P_{H,t}^* C_{H,t}^* \qquad (16.22)$$

利用贸易条件 T_t 和实际汇率 Q_t 的定义,我们可以从总消费的角度将贸易平衡条件重写为:

$$n(1-a_H)T_t^{1-\phi}C_t = (1-n)a_H^* Q_t^\phi C_t^* \qquad (16.23)$$

给定两个国家的货币政策,就是这个平衡贸易决定了汇率。

2.2.4.3 不完全市场经济:部分资产可交易

金融市场的中间情况介于上述两种极端情况之间,对于这种情况,我们可以通过允许有限数量资产发生跨境交易来建模。本国和外国的行为主体持有一种国际债券 B_H,它要用本国货币来支付,而且净供给量为零。此外,他们还可能持有其他证券,数量为 $\alpha_{i,t}$,能够产生以本国货币计的事后回报 $R_{i,t}$。因此,本国的代表性行为主体的个人流量预算约束就变成了[1]:

$$M_t + B_{H,t+1} + \sum_i \alpha_{i,t+1} \leqslant M_{t-1} + (1+i_t)B_{H,t} + \sum_i \alpha_{i,t}R_{i,t}$$

$$+ (1-\tau_t)\frac{\int P_t(h)_{y_t}(h)\,\mathrm{d}h}{n} - P_{H,t}T_t - P_{H,t}C_{H,t} - P_{F,t}C_{F,t} \qquad (16.24)$$

在这种情况下,国际交易资产价格均衡就意味着如下修正的风险分担条件:

$$E_t\left[\beta\frac{U_C(C_{t+1},\varsigma_{C,t+1})}{U_C(C_t,\varsigma_{C,t})}\frac{P_t}{P_{t+1}}R_{i,t+1}\right] = E_t\left[\beta\frac{U_C(C_{t+1}^*,\varsigma_{C,t+1}^*)}{U_C(C_t^*,\varsigma_{C,t}^*)}\frac{\varepsilon_{t+1}P_{t+1}^*}{\varepsilon_t P_t^*}R_{i,t+1}\right] \qquad (16.25)$$

对于每一种资产(或资产组合),上式都必定成立。只要在上式中令 $\alpha_{i,t}=0$,就可得出只有一种债券参与国际交易这种情况下的结果。

我们在这里简要强调完全市场经济和不完全市场经济之间的两个显著差异。首先,尽管汇率在两个经济体中都只反映了对基本面的冲击(因此起到了减震器的作用),但是当市场不完全时,由于这种资产市场摩擦,它们的均衡值将不同于有效值(无论名义刚性如何)。

完全市场和不完全市场的均衡配置的第二个重要差异是国际风险分担通常会变成不完美的,从而导致各国之间的总需求的无效率波动,就好像冲击在国家财富中间打入了一个楔子一样。令 $\mathcal{D}_t$ 表示对与福利相关的跨国需求不平衡的度量——定义为如下用购买力平价调整的跨国需求差距:

$$\mathcal{D}_t = \left(\frac{C_t}{C_t^*}\right)^\sigma\left(\frac{1}{Q_t}\frac{\zeta_{C,t}^*}{\zeta_{C,t}}\right) \qquad (16.26)$$

根据式(16.19)可知,在完全市场下,无论经济受到何种冲击,$\mathcal{D}_t$ 都恒等于 1。而在不完全市场下,$\mathcal{D}_t$ 通常会因受到冲击而无效率地波动。[2] 由于存在无效率的相对价格和跨国需求波动,我们接下来将看到,最优货币政策将因国际资产市场结构的不同而不同。

---

[1] $B_{H,t}$ 和 $\alpha_{i,t}$ 表示本国行为主体在第 $t-1$ 期积累下来并结转到了第 t 期的资产。

[2] Viani(2010)提供了关于 $\mathcal{D}_t$ 的理论和实证分析。

2.3　自然的、有效的配置（基线弹性价格配置）

弹性价格下的配置为黏性价格下不同均衡的比较提供了一个自然的基准。在不存在名义刚性的情况下，定价决策就可以简化为：

$$U_C(C_t, \zeta_{C,t}) \frac{P_{H,t}}{P_t} = \frac{\theta}{(\theta-1)(1-\tau_t)} V_y \left[\left(\frac{P_{H,t}}{P_t} \right)^{-\phi} \left(a_H C_t + a_H^* \frac{1-n}{n} Q_t^\phi C_t^* \right) + G_t \zeta_{Y,t} \right]$$

$$\zeta_{C,t} C_t^{-\sigma} \frac{P_{H,t}}{P_t} = \frac{\theta}{(\theta-1)(1-\tau_t)} \left[\frac{\left(\frac{P_{H,t}}{P_t} \right)^{-\phi} \left(a_H C_t + a_H^* \frac{1-n}{n} Q_t^\phi C_t^* \right) + G_t}{\zeta_{Y,t}} \right]^\eta \tag{16.27}$$

$$U_C(C_t^*, \zeta_{C,t}) \frac{P_{F,t}^*}{P_t^*} = \frac{\theta}{(\theta-1)(1-\tau_t^*)} V_y \left(\frac{P_{F,t}}{P_t} \right)^{-\phi} \left[(1-a_H) \frac{n}{1-n} C_t + Q_t^\phi (1-a_H^*) C_t^* \right]$$

$$+ G_t^* \zeta_Y^* \zeta_{C,t}^* (C_t^*)^{-\sigma} \frac{P_{F,t}^*}{P_t^*} = \frac{\theta}{(\theta-1)(1-\tau_t^*)} \left\{ \frac{\left(\frac{P_{F,t}^*}{P_t^*} \right)^{-\phi} \left[(1-a_H) \frac{n}{1-n} Q_t^\phi C_t + (1-a_H^*) C_t^* \right] + G_t^*}{\zeta_{Y,t}^*} \right\}^\eta \tag{16.28}$$

然而，在单一价格定律成立时，贸易条件和实际汇率可以改写为：

$$T_t = \frac{P_{F,t}}{P_{H,t}}$$

$$Q_t^{1-\phi} = \frac{a_H^* P_{H,t}^{1-\phi} + (1-a_H^*) P_{F,t}^{1-\phi}}{a_H P_{H,t}^{1-\phi} + (1-a_H) P_{F,t}^{1-\phi}}$$

$$= \frac{a_H^* + (1-a_H^*) T_t^{1-\phi}}{a_H + (1-a_H) T_t^{1-\phi}}$$

在本章中，模型的均衡条件和约束条件自始至终都以对稳态的对数偏差来表示（假设在稳态下，净外国资产头寸为零）。我们用上横线符号来表示稳态值，然后用 $\hat{x}_t = \ln x_t / \bar{x}$ 表示黏性价格下的偏差，用 $\tilde{x}_t = \ln x_t / \bar{x}$ 表示弹性价格下的偏差。回想一下，μ 表示均衡价格加成，即 $\mu_t = \theta / [(\theta-1)(1-\tau_t)]$，因此，利用围绕上述方程的稳态的对数线性近似就可以得到：

$$\tilde{Q}_t = (a^* + a - 1) \tilde{T}_t \tag{16.29}$$

$$\widehat{\zeta}_{C,t} - \sigma \tilde{C}_t - (1-a^*) \tilde{T}_t$$

$$= \eta \left\{ \left[\widehat{G}_t - \frac{\bar{Y} - \bar{G}}{\bar{Y}} \left(\widehat{\xi}_{Y,t} - \frac{\widehat{u}_t}{\eta} \right) \right] + \phi(1-a) \frac{\bar{Y} - \bar{G}}{\bar{Y}} \tilde{T}_t \right.$$

$$\left. + \left[a_H + (1-a_H) \bar{T}^{1-\phi} \right]^{\frac{\phi}{1-\phi}} \left[a_H \frac{\bar{C}}{\bar{Y}} \tilde{C}_t + a_H^* \frac{\bar{C}^* \bar{Q}^\phi}{\bar{Y}} \frac{1-n}{n} (\tilde{C}_t^* + \phi \tilde{Q}_t) \right] \right\}$$

$$\widehat{\zeta}^*_{C,t} - \sigma \tilde{C}^* + (1 - a^*)\,\tilde{T}_t$$

$$= \eta \left\{ \left[\widehat{G}^* - \frac{\bar{Y}^* - \bar{G}^*}{\bar{Y}^*}\left(\widehat{\zeta}^*_{y,t} - \frac{\widehat{\mu}^*_t}{\eta}\right) \right] - \phi(1 - a^*)\frac{\bar{Y}^* - \bar{G}^*}{\bar{Y}^*}\tilde{T}_t + \right.$$

$$\left. \left[a^*_H \tilde{T}^{\phi-1}_t + (1 - a^*_H) \right]^{\frac{\phi}{1-\phi}} \left[(1 - a_H)\frac{\bar{C}\bar{Q}^{-\phi}}{\bar{Y}^*}\frac{n}{1-n}(\tilde{C}_t - \phi\tilde{Q}_t) + (1 - a^*_H)\frac{\bar{C}^*}{\bar{Y}^*}\tilde{C}^*_t \right] \right\}$$

其中,α、α^*、$\bar{Y}$、$\bar{Y}^*$、$\bar{G}$ 和 $\bar{G}^*$ 的定义如下:

$$1 - a = \frac{(1 - a_H)\bar{T}^{1-\phi}}{a_H + (1 - a_H)\bar{T}^{1-\phi}}, \quad 1 - a^* = \frac{a^*_H}{a^*_H + (1 - a^*_H)\bar{T}^{1-\phi}}$$

$$\bar{Y} = \left[a_H + (1 - a_H)\bar{T}^{1-\phi} \right]^{\frac{\phi}{1-\phi}}\left[\left(a_H\bar{C} + \frac{1-n}{n}a^*_H\bar{C}^*\bar{Q}^\phi \right) + \bar{G} \right]$$

$$\bar{Y}^* = \left[a^*_H\bar{T}^{\phi-1} + (1 - a^*_H) \right]^{\frac{\phi}{1-\phi}}\left\{ \left[\frac{n}{1-n}(1 - a_H)\bar{Q}^{-\phi}\bar{C} + (1 - a^*_H)\bar{C}^* \right] + \bar{G}^* \right\}$$

$$\hat{G}_t = \frac{G_t - \bar{G}}{\bar{Y}}, \quad \hat{G}^*_t = \frac{G^*_t - \bar{G}^*}{\bar{Y}^*}$$

要想解出世界竞争(均衡)配置,我们还需要一个描述汇率如何决定的方程。如前所述,均衡将因国际金融市场的结构而有极大的不同。对于完全市场,相关的方程如式(16.19)所示,其对数线性化后的形式为:

$$\tilde{Q}_t = (\dot{\zeta}^*_{C,t} - \dot{\zeta}_{C,t}) + \sigma(\tilde{C}_t - \tilde{C}^*_t) \tag{16.30}$$

相反,在金融自给自足的情况下,相关的方程则为式(16.23),它在对数线性化后的形式为:

$$\tilde{Q}_t = \frac{a^* + a - 1}{\phi(a^* + a) - 1}(\tilde{C}_t - \tilde{C}^*_t) \tag{16.31}$$

我们不难观察到,相对于完全市场的假设,如式(16.19)所示,实际汇率仍然与各国之间的消费比率成正比。然而,在金融自给自足的情况下,该比例系数并不是等于跨期弹性(的倒数)σ 的,而是交易弹性 ϕ 和消费的本国偏向的程度 a_H 的函数。再者,对边际效用的冲击也不会直接影响这种关系。在这两个观察结论的基础上,我们确实很容易就可以看出,如果不存在偏好冲击,那么这两个条件是重合的,并且 $\sigma = \dfrac{a^* + a - 1}{\phi(a^* + a) - 1}$,此时国际价格在应对冲击时的均衡变化能够完全保障各国的家庭免受特定于国家的宏观风险的影响。在本章的最后一节,我们还会回过头来讨论这一点。

对于完全资产市场或国际金融自给自足的全球均衡中宏观经济的相互依赖性,由式(16.29)和式(16.30)或式(16.31)构成的方程组提供了一个综合性的表示,它将所有冲击都映射到了四个内生变量中(即 $\tilde{Q}_t$、$\tilde{C}_t$、$\tilde{C}^*_t$ 和 $\tilde{T}_t$)。

遵循货币经济学文献的传统,我们将自然利率配置定义为所有价格是有弹性时的非中心化的市场配置(如前面所推导的)。经济学家感兴趣的第二种配置是仁慈的社会规划者会选择的配置。在我们的模型中,根据福利经济学第一定理,这种有效配置等价于具有弹性价格和完全市场时的非中心化均衡,在这种均衡中,任何水平的价格加成和波动都可以通过适当的补贴来中和(于是有 $\mu_t = 0$),从而使得 $U_C(\cdot)\dfrac{P_{H,t}}{P_t} = V_y(\cdot)$ 和 $U_C^*(\cdot)\dfrac{P_{F,t}^*}{P_t^*} = V_y^*(\cdot)$ 。在下一节中,我们将用上标 fb 来表示有效配置——它对应于完全市场、弹性价格和生产补贴,能够使得 $\mu_t = 0$ 。

一般而言,冲击的国际传播应该会受到一系列经济结构特征的影响,从金融市场发展水平和一体化程度到生产商与零售商之间的垂直性互动,但是我们的主力模型没有考虑这些。事实上,我们在本节中设定的主力模型的一个优点恰恰在于,在完全市场和弹性价格的假设下,它产生了一个虽然特殊,但是非常直观和简洁的关于国际传播的基准刻画,并强调了产出的关联。

在每一个国家,自然率产出水平(在弹性价格下定义的)和有效产出水平(在完全市场情况下与没有价格加成冲击时的自然率产出水平一致)都是另一个国家的产出的函数。要最清楚地看到这一点,我们可以施加对称性约束($n = 1-n$ 且 $a_H = 1-a_H^*$),然后推导出将贸易条件和基本冲击与产出联系起来的表达式。对于最优配置,我们有:

$$(\eta + \sigma)\tilde{Y}_{H,t}^{fb} = \left[2a_H(1 - a_H)(\sigma\phi - 1)\right](\tilde{T}_t^{fb}) - (1 - a_H)(\dot{\zeta}_{C,t} - \dot{\zeta}_{C,t}^*) + \dot{\zeta}_{C,t} + \eta\dot{\zeta}_{Y,t}$$

$$(\eta + \sigma)\tilde{Y}_{F,t}^{fb} = \left[2a_H(1 - a_H)(\sigma\phi - 1)\right](-\tilde{T}_t^{fb}) + (1 - a_H)(\dot{\zeta}_{C,t} - \dot{\zeta}_{C,t}^*) + \dot{\zeta}_{C,t}^* + \eta\dot{\zeta}_{Y,t}^*$$

$$(16.32)$$

而其中的贸易条件反过来又可以写成相对产出和偏好冲击的一个函数:

$$\left[4(1 - a_H)a_H\phi\sigma + (2a_H - 1)^2\right]\tilde{T}_t^{fb} = \sigma(\tilde{Y}_{H,t}^{fb} - \tilde{Y}_{F,t}^{fb}) - (2a_H - 1)(\dot{\zeta}_{C,t} - \dot{\zeta}_{C,t}^*)$$

$$(16.33)$$

在前述三个方程的基础上,文献强调了通过贸易条件进行的国际传播:来自外国的冲击,比如说生产率的提高 $\dot{\zeta}_{Y,t}^*$,将通过贸易条件这个渠道,即通过相对价格的变动影响本国的经济活动水平 $\tilde{Y}_{H,t}^{fb}$ 。由此很容易可以看出,这个通道将使本国和外国的产出沿着相同或相反的方向移动,具体取决于 $\sigma\phi < 1$ 还是 $\sigma\phi > 1$ 。

在这个主力模型的参数设置中,众所周知,当期内弹性 ϕ 高于跨期弹性 $1/\sigma$ 时,本国和外国的两种商品就是在帕累托-埃奇沃思意义上互替的,即如果 $\phi\sigma > 1$,那么消费本国商品的边际效用就会随着对外国商品的消费的增加而减少。如果 $\phi\sigma < 1$,则恰恰相反,因为这时两种商品是互补的。这个事实的一个关键的含义是本国贸易条件的恶化会增大(在替代性情况下)或减少(在互补性的情况下)世界对本国商品的需求[1],从而导致产出的负(正)向共变。[2]

但是我们还应该注意,单是 $\sigma\phi$ 的值并不能完全刻画这种跨境产出溢出效应。要看清楚这一点,我们只需在式(16.33)中设置 $\sigma = \phi = 1$ 即可。虽然最优产出水平不受贸易条件变化的影响,但是不同国家的产出之间仍然是相互依赖的,因为它们对外国的偏好冲击的反应独

---

[1] 根据这一观察结论,我们可以将蒙代尔-弗莱明模型中控制边际进口倾向的参数解释为强调本国商品与外国商品之间的互补性的参数。

[2] 从社会规划者的角度来看,互补性意味着一种商品供给的增加会使另一种商品更具社会价值,从而为产出的正向共变提供福利经济学的理论依据。

立于贸易条件渠道。反过来,贸易条件现在不仅是与产出差距一对一地变化的,也是与不受产出变动影响的偏好冲击差距成比例变化的:

$$\sigma = \phi = 1 \geqslant \tilde{T}_t^{fb} = (\bar{Y}_{H,t}^{fb} - \bar{Y}_{F,t}^{fb}) - (2a_H - 1)(\dot{\zeta}_{C,t} - \dot{\zeta}_{C,t}^*)$$

不难注意到,类似的推理也适用于自然率配置,只不过前面的方程中的 $\bar{Y}_{H,t}^{fb}$ 要用 $\tilde{Y}_{H,t}$ 代替,即

$$\tilde{Y}_{H,t} = \tilde{Y}_{H,t}^{fb} + \frac{\hat{\mu}_t}{\eta - \sigma} \tag{16.34}$$

正如在本节开头就已经提到过的,为了便于得到解析解,我们在本章的其余部分都将关注这样一个版本的模型:两个国家的开放程度和人口都是对称的,而且把财政政策完全抽象掉了(即设定 $G = 0$)。此外,我们还将忽略流动性服务的效用。

2.4 开放经济的菲利普斯曲线

接下来,我们通过推导这个开放经济模型中与新凯恩斯主义菲利普斯曲线对应的曲线来刻画存在名义刚性时的配置,实现的方法就是对数线性化定价决策方程和描述价格指数的演变的方程——包括生产者货币定价下的定价决策方程式(16.16)以及与之相对应的本国货币定价下的定价决策方程、生产者货币定价方程下的价格指数方程组(16.17)。尽管新凯恩斯主义菲利普斯曲线的具体形式会随着定价决策的模型设置以及国际资产市场的不同而不同,但是提出一个能够包含各种不同情况的通用表达式仍然是非常有用的。

我们先将本国生产的商品的国内通货膨胀写成预期通货膨胀和当前边际成本的函数(对应于下式的方括号中的表达式):

$$\pi_{H,t} = \beta E_t \pi_{H,t+1}$$
$$+ \frac{(1 - \sigma\beta)(1 - \alpha)}{\alpha(1 + \theta\eta)} \left[\sigma\hat{C}_t - \dot{\zeta}_{C,t} + \eta(\hat{Y}_{H,t} - \dot{\zeta}_{Y,t}) + \hat{\mu}_t + (1 - a_H)(\dot{T}_t + \dot{\Delta}_{H,t}) \right]$$

事实上,上式中的边际成本的表达式本身已经在很大程度上揭示了宏观经济的相互依赖性是怎样影响国内价格的动态变化的了:给定开放程度 $1 - a_H$,只要外国的经济活动水平会影响本国的消费和国际相对价格——在这里表现为贸易条件的变化和本国商品对单一价格定律的偏离 $\dot{T}_t + \dot{\Delta}_{H,t}$——也就必定会影响边际成本。

现在,国内产品的总需求方程式(16.9)的对数线性化后的形式为:

$$\hat{Y}_{H,t} = \hat{C}_t + (1 - a_H) \left[\phi(\dot{T}_t + \dot{Q}_t) - (\hat{C}_t - \hat{C}_t^*) \right] \tag{16.35}$$

根据 $\mathcal{D}_t$ 的定义,即式(16.26),我们可以用

$$\hat{\mathcal{D}}_t = \sigma(\hat{C}_t - \hat{C}_t^*) - \hat{Q}_t - (\dot{\zeta}_{C,t} - \dot{\zeta}_{C,t}^*) \tag{16.36}$$

来代替消费差异,这样一来就可以把本国总需求方程改写为如下形式:

$$\sigma\hat{C}_t = \sigma\hat{Y}_{H,t} - (1 - a_H) \left[\sigma\phi\dot{T}_t + (\sigma\phi - 1)\hat{Q}_t - \hat{\mathcal{D}}_t - (\dot{\zeta}_{C,t} - \dot{\zeta}_{C,t}^*) \right]$$

最后将它与关于最优产出 $\bar{Y}_{H,t}^{Ab}$ 的式(16.32)联立,我们就可以推导出开放经济的新凯恩斯主义菲利普斯曲线的如下一般形式了:

$$
\pi_{H,t} = \beta E_t \pi_{H,t+1} + \frac{(1-\alpha\beta)(1-\alpha)}{\alpha(1+\theta\eta)}
$$

$$
\{(\eta+\sigma)(\hat{Y}_{H,t} - \tilde{Y}_{H,t}^{fb}) + \hat{\mu}_t
$$

$$
- (1-a_H)[(\sigma\phi-1)(\hat{T}_t - \tilde{T}_t^{fb} + \hat{Q}_t - \tilde{Q}_t^{fb}) - \hat{\Delta}_{H,t} - \hat{D}_t]\}
$$

(16.37)

在与我们这个模型(即 $a_H=1$)相对应的封闭经济中,上面这个表达式就变得与单部门新凯恩斯主义基线模型中的菲利普斯曲线完全重合了,此时通货膨胀水平是预期通货膨胀率、产出与它的有效水平之间的差距(即通常所称的与福利相关的产出缺口),以及价格加成冲击的函数。

然而,在开放经济体(即 $a_H<1$)中,通货膨胀还会对其他因素有反应。首先,商品的国际相对价格 $\hat{T}_t + \hat{\Delta}_{H,t}$ 中存在着跨国错位,同时消费相对价格 $\hat{Q}_t$ 中也存在着跨国错位——两者是相对于各自的有效水平 $\tilde{T}_t^{fb}$ 和 $\tilde{Q}_t^{tb}$ 衡量的。为了便于与下文进行对照,这里需要请读者注意,在 $\sigma\phi=1$ 这种特定的情况下,新凯恩斯主义菲利普斯曲线中已经舍弃了相对价格项。其次,还存在着一个与福利相关的对跨国需求的度量 $\hat{D}_t$。由于在具有完美风险分担的有效配置中, $\hat{D}_t=0$,所以我们可以将 $\hat{D}_t$ 称为相对需求失衡量。正如下一节将要讨论的,这两个没有出现在封闭经济菲利普斯曲线中的额外因素在开放经济中却成了货币稳定的不同目标之间的基本权衡对象。

值得指出的是,这些权衡在封闭经济模型中也可以有一个明显的对应物——那种封闭经济模型包括两个部门,其中的参数 a_H 反映的是这个部门生产的商品在消费中的权重。对于代表性行为主体来说,部门通货膨胀的菲利普斯曲线(Woodford,2003,第三章)也是两种商品之间的相对价格的有效差距的函数(用我们的符号来表示,那就是 $\hat{T}_t - \tilde{T}_t^{fb}$)。尽管如此,这两个模型之间还是存在着不少差异,因为在典型的封闭经济模型中,有一个代表性的行为主体向两个部门提供劳动投入,而在开放经济模型中,则有多个行为主体提供特定于商品的劳动投入(这些行为主体通常具有不同的偏好)。所以,在封闭经济分析中,除了产出缺口通常被称为总产出,用来与相对价格相乘的系数则是劳动弹性的函数,也就是说,系数是 $\eta\phi+1$,而不是 $1-\sigma\phi$。此外,价格歧视和偏离单一价格定律只有在异质性行为主体经济中才能想象得到。此外,价格歧视和对单一价格定律的偏离 $\hat{\Delta}_{H,t}$ 也都只有在存在着异质性行为主体的经济中才是可以设想的。在比较这两种模型设置时,最后一个重要的问题是讨论将多个行为主体聚合为全世界的代表性行为主体是否有可能,如下面几节将要讨论的,要做到这一点,要么需要假设国内和国际都存在完全市场,要么对偏好和冲击施加某些限制。

3. 经典观点:开放经济体中的"神圣的巧合"

3.1 汇率和有效的国际相对价格调整

在本节中,我们在维持市场是完全的、价格在生产者货币定价下是有黏性的这两个假设的前提下描述最优稳定政策。在这种假设下,在外国市场中,出口商品的本国货币价格在每一个时期都会随汇率的变动而变化。这样就确保了相同的产品在不同市场上以相同的价格销售,从而排除了偏离单一价格定律的情况(用我们的符号来表示,那就是 $\hat{\Delta}_{H,t} = \hat{\Delta}_{F,t} = 0$)。

在完全传递的情况下,货币扩张会导致名义贬值,从而提高以本币计价的进口商品价格,降低以外币计价的出口商品价格,从而使得本国产品在世界范围内更加便宜,并且会使得 $P_{F,t}/P_{H,t}$ 及其外国对应量上升。每个市场内的相对价格的这些变动又会转化为本国更加不利的贸易条件:因为 $P_{F,t}^*$ 和 $P_{H,t}$ 都是黏性的,所以 $T_t = \varepsilon_t P_{F,t}^*/P_{H,t}$,并且 T_t 和 ε_t 会朝着相同的方向变化。名义汇率的变动具有支出转换效应,因为本国的折旧会使国内和国外的需求转向本国的商品。

名义贬值会导致贸易品的国际相对价格下降,这种观点与经典的国际货币传导模型吻合,即将汇率变动视为产品价格弹性的替代品,认为它可以促进在宏观经济冲击发生时的国际相对价格的调整。然而,正如经典观点所隐含的那样,通过汇率进行的相对价格调整要想成为有效率的,仅仅对进口价格的高传递性是不够的。还需要完善的风险分担。要理解这个观察结论,只需将对每个国家生产的产品的需求的对数线性化方程——即式(16.35)以及它所对应的对外国商品的需求的方程——相减,就可以得到:

$$\hat{Y}_{H,t} - \hat{Y}_{F,t} = 4a_H(1 - a_H)\phi\hat{T}_t + (2a_H - 1)(\hat{C}_t - \hat{C}_t^*)$$

$$= 4a_H(1 - a_H)\phi\hat{T}_t + \left(\frac{2a_H - 1}{\sigma}\right)\left[\hat{D}_t + \hat{Q}_t + (\hat{\zeta}_{C,t} - \hat{\zeta}_{C,t}^*)\right]$$

不过,我们在这里施加了与生产者货币定价假设一致的单一价格定律约束,同时在第二行,我们利用了式(16.36)的结果。利用之前的表达式,我们可以很容易验证,只要完美风险分担条件 $\hat{D}_t = 0$ 成立,那么贸易条件与相对产出之间的均衡关系就一定等同于在最终配置式(16.33)下推导出来的均衡关系:

$$\left[4a_H(1 - a_H)\sigma\phi + (2a_H - 1)^2\right]\hat{T}_t = \sigma(\hat{Y}_{H,t} - \hat{Y}_{F,t}) - (2a_H - 1)(\hat{\zeta}_{C,t} - \hat{\zeta}_{C,t}^*)$$

$$(16.38)$$

由此可见,一旦货币政策消除了产出缺口,国际价格也就会随之与其有效水平相一致。然而,一般来说,现实不会是这样的——如果生产者货币定价假设没有得到完全市场假设的补充(因此 $\hat{D}_t \neq 0$)的话。

在生产者货币定价及完全市场下,国际传导机制对通货膨胀的动态演变的影响可以用如下两条菲利普斯曲线来总结。一条菲利普斯曲线追踪本国生产的商品以本国货币计价的通货膨胀动态,而另一条则追踪外国生产的商品以外国货币计算的通货膨胀动态:

$$\pi_{H,t} - \beta E_t \pi_{H,t+1} = \frac{(1 - \alpha\beta)(1 - \alpha)}{\alpha(1 + \theta\eta)}\left[(\eta + \sigma)(\hat{Y}_{H,t} - \tilde{Y}_{H,t}^{fb})\right.$$

$$\left. + \hat{\mu}_t - (1 - a_H)2a_H(\sigma\phi - 1)(\hat{T}_t - \tilde{T}_t^{fb})\right]$$

$$\pi_{F,t}^* - \beta E_t \pi_{F,t+1}^* = \frac{(1 - \alpha^*\beta)(1 - \alpha^*)}{\alpha^*(1 + \theta\eta)}\left[(\eta + \sigma)(\hat{Y}_{F,t} - \tilde{Y}_{F,t}^{fb})\right.$$

$$\left. + \hat{\mu}_t^* + (1 - a_H)2a_H(\sigma\phi - 1)(\hat{T}_t - \tilde{T}_t^{fb})\right]$$

通过改善本国的贸易条件,外国产出的增加可以增加或减少本国的边际成本(方括号中的那项),进而改变本国的通货膨胀,具体的方向则取决于 $\sigma\phi$ 是高于还是低于1。这个结果背后的直觉是,正如 Clarida 等(2002)所指出的那样,贸易条件的改善意味着进口价格的下降,在其他条件相同的情况下,这会降低本国的工资。然而与此同时,在完美风险分担的情况下,给定相对价格,更高的外国产出会转化为更高的本国消费,这会增加边际成本,因为它提高了消费和闲暇之间的边际替代率。如果两种商品是相互替代的,那么第二种效应就会占优势:更高的外国产出会提高本国的边际成本。

给定生产者货币定价,在完全市场和名义刚性的情况下,简单地利用式(16.34),从有效缺口中简单地减去价格加成冲击,就可以得到如下形式的自然产出缺口了:

$$\hat{Y}_{H,t} - \tilde{Y}_{H,t} = \hat{Y}_{H,t} - \left[\tilde{Y}_{H,t}^{fb} + \hat{\mu}_t/(\eta + \sigma) \right] \tag{16.39}$$

然后就可以直接用自然产出缺口(和国际价格差距)重写之前的菲利普斯曲线,而不必再用那些与福利相关的缺口(差距)来重写了。这样一来就非常明显了:两国在所有时间都将自然差距完全缩小为零的政策显然可以支持有弹性的价格配置。这是因为随着货币政策的扩张——以应对正面的生产率冲击或负面的价格加成冲击(它们以对称的形式影响一个国家的所有企业)——汇率将会贬值,而且贬值的幅度恰恰是将本国产品的国际相对价格调整为弹性价格水平所需要的,如式(16.38)所示。这与 Friedman(1995)的著名论著中所设想的经典调整机制几乎完全一致。

无论如何,我们要强调的是如下两个观察结果。首先,要想用汇率稳定物价,不可能以独立于货币政策的执行方式,更具体地说,只有当货币政策倾向于(自然)产出缺口时,国际相对价格才会调整到弹性价格配置的水平。其次,在价格加成冲击存在的情况下,浮动价格均衡并不一定是有效率的。我们将在下一节中更加详细地探讨这些问题。

3.2 最优政策

我们通过分析在承诺条件下的合作福利最大化政策来刻画最优货币政策。为了便于分析,我们采取了一种永恒的视角,然后集中分析生产中的垄断扭曲能够通过适当选择的补贴来抵消的情况。而这就意味着,在合作解中,稳态是有效率的,并且我们可以推导合作问题的目标函数的二次近似,而不必使用竞争均衡条件的二阶逼近(Benigno and Woodford,2008)。

在完全市场和生产者货币定价的情况下,损失函数的参数包括产出对有效率的基准水平的偏离(即与福利相关的产出缺口)和两国的通货膨胀,再加上相对价格差距(衡量国际价格对其有效率的水平的偏离)。最后一个项可以用贸易条件或实际汇率来表示,甚至可以用从联立式(16.38)和式(16.39)得出的产出缺口之差来表示,这一点将在下一节中进一步讨论。

为了简单起见,我们假设对称性仍然存在,于是纯二次流量损失 ℓ_t^{CM-PCP} 与如下表达式成正比,即

$$\ell_t^{CM-PCP} \mid \times -\frac{1}{2}\left\{(\sigma+\eta)(\tilde{Y}_{H,t}^{fb}-\hat{Y}_{H,t})^2+(\sigma+\eta)(\tilde{Y}_{F,t}^{fb}-\hat{Y}_{F,t})^2\right.$$

$$+\frac{\theta\alpha(1+\theta\eta)}{(1-\alpha\beta)(1-\alpha)}\pi_{H,t}^2+\frac{\theta_\alpha^*(1+\theta\eta)}{(1-\alpha^*\beta)(1-\alpha^*)}\pi_{F,t}^2$$

$$\left.-2a_H(1-a_H)\frac{(\sigma\phi-1)}{\sigma}[4(1-a_H)a_H\phi\sigma+(2a_H-1)^2](\tilde{T}_t^{fb}-\hat{T}_t)^2\right\}$$

$$(16.40)$$

这些式子中的所有的差距都是相对于弹性价格基准水平计算出来的,不过都忽略了价格加成冲击(因为社会规划者不会容忍这种冲击)。损失函数中表示通货膨胀的各项反映了这样一个事实,即仁慈的政策制定者关心的是由本国市场和出口目的地市场的价格离散性导致的商品供给的无效率,这与封闭经济情况下类似。这里需要注意的是,当与购买力平价没有任何偏差时,即当 $a_H=1/2$ 时,上述损失与 Benigno 和 Benigno(2006)在研究中所得到的损失函数是一致的,因为贸易条件偏差项前面的系数可以化简为 $\frac{\sigma\phi-1}{2}\phi$ 。[①]

最优政策可以用有承诺的优化问题的相对于通货膨胀和产出的一阶条件来刻画。相对于通货膨胀的一阶条件为:

$$\pi_{H,t}:0=-\theta\frac{\alpha(1+\theta\eta)}{(1-\alpha\beta)(1-\alpha)}\pi_{H,t}-\gamma_{H,t}+\gamma_{H,t-1}$$

$$\pi_{F,t}^*:0=-\theta\frac{\alpha^*(1+\theta\eta)}{(1-\alpha^*\beta)(1-\alpha^*)}\pi_{F,t}^*-\gamma_{F,t}^*+\gamma_{F,t-1}^*$$

$$(16.41)$$

其中, $\gamma_{H,t}$ 和 $\gamma_{F,t}$ 是与菲利普斯曲线相关联的乘数,它们的滞后量反映了对承诺的假设。

相对于产出的一阶条件为:

$$\hat{Y}_{H,t}:0=[(\sigma+\eta)(\tilde{Y}_{H,t}^{fb}-\hat{Y}_{H,t})-2a_H(1-a_H)(\sigma\phi-1)(\tilde{T}_t^{fb}-\hat{T}_t)]$$

$$+\left[\eta+\sigma-\frac{2a_H(1-a_H)(\sigma\phi-1)\sigma}{4(1-a_H)a_H\phi\sigma+(2a_H-1)^2}\right]\left[\frac{(1-\alpha\beta)(1-\alpha)}{\alpha(1+\theta\eta)}\right]\gamma_{H,t}$$

$$+\frac{2a_H(1-a_H)(\sigma\phi-1)\sigma}{4(1-a_H)a_H\phi\sigma+(2a_H-1)^2}\frac{(1-\alpha^*\beta)(1-\alpha^*)}{\alpha^*(1+\theta\eta)}\gamma_{F,t}^*$$

$$(16.42)$$

$$\hat{Y}_{F,t}:0=[2a_H(1-a_H)(\sigma\phi-1)(\tilde{T}_t^{fb}-\hat{T}_t)+(\sigma+\eta)(\tilde{Y}_{F,t}^{fb}-\hat{Y}_{F,t})]$$

$$+\left[\eta+\sigma-\frac{2a_H(1-a_H)(\sigma\phi-1)\sigma}{4(1-a_H)a_H\phi\sigma+(2a_H-1)^2}\right]\frac{(1-\alpha^*\beta)(1-\alpha^*)}{\alpha^*(1+\theta\eta)}\gamma_{F,t}^*$$

$$+\left[\frac{2a_H(1-a_H)(\sigma\phi-1)\sigma}{4(1-a_H)a_H\phi\sigma+(2a_H-1)^2}\right]\left[\frac{(1-\alpha\beta)(1-\alpha)}{\alpha(1+\theta\eta)}\right]\gamma_{H,t}$$

在这里,我们利用了贸易条件与相对产出之间的均衡关系式(16.38),并施加了与我们采取的永恒的视角相一致的适当的初始条件(Woodford,2003)。

将上述一阶条件相加再相减,然后将一阶条件中相对于产出的拉格朗日乘数用代入法

[①] 对于小型开放经济的这种分析,请参考 Galí 和 Monacelli(2005)以及 Faia 和 Monacelli(2008)的研究。

消去,那么用目标规则来表示最优策略就非常方便了。遵循开放宏观经济学文献的传统,我们很自然地选择用跨国之和及跨国之差来表示目标规则。跨国之和为:

$$
\begin{aligned}
0 = & \left[(\hat{Y}_{H,t} - \tilde{Y}_{H,t}^{fb}) - (\hat{Y}_{H,t-1} - \tilde{Y}_{H,t-1}^{fb}) \right] \\
& + \left[(\hat{Y}_{F,t} - \tilde{Y}_{F,t}^{fb}) - (\hat{Y}_{F,t-1} - \tilde{Y}_{F,t-1}^{fb}) \right] \\
& + \theta (\pi_{H,t} + \pi_{F,t}^{*})
\end{aligned}
\tag{16.43}
$$

跨国之差为:

$$
\begin{aligned}
0 = & (\sigma + \eta) \Big\{ \left[(\hat{Y}_{H,t} - \tilde{Y}_{H,t}^{fb}) - (\hat{Y}_{H,t-1} - \tilde{Y}_{H,t-1}^{fb}) \right] \\
& - \left[(\hat{Y}_{F,t} - \tilde{Y}_{F,t}^{fb}) - (\hat{Y}_{F,t-1} - \tilde{Y}_{F,t-1}^{fb}) \right] \Big\} \\
& + 4 a_H (1 - a_H) (\sigma \phi - 1) \\
& \cdot \left\{ \frac{4(1 - a_H) a_H \phi \sigma + (2 a_H - 1)^2}{\sigma} \left[(\hat{T}_t - \tilde{T}_t^{fb}) - (\hat{T}_{t-1} - \tilde{T}_{t-1}^{fb}) \right] + \theta (\pi_{H,t} - \pi_{F,t}^{*}) \right\}
\end{aligned}
\tag{16.44}
$$

在合作时,最优货币政策要面对的权衡既包括了在稳定世界产出缺口变化与稳定世界生产者通货膨胀(由于生产者货币定价,这也对应于世界消费者价格指数通货膨胀)之间的全球权衡,也包括了在稳定国家一级的产出缺口和通货膨胀与稳定相对通货膨胀和国际相对价格使之保持在有效水平上两者之间的跨境权衡。

不过,从式(16.38)和式(16.33)可以推导出,在完全市场和生产者货币定价下,贸易条件差距和产出缺口是线性相关的,即

$$
\frac{4(1 - a_H) a_H \phi \sigma + (2 a_H - 1^2)}{\sigma} (\hat{T}_t - \hat{T}_t^{fb}) = (\hat{Y}_{H,t} - \tilde{Y}_{H,t}^{fb}) - (\hat{Y}_{F,t} - \tilde{Y}_{F,t}^{fb})
$$

这种相关性意味着在稳定国际相对价格和稳定国家之间的产出差距两者之间并不存在权衡。因此,我们就得到了一个重要的开放经济实例,它表明潜在对立的目标之间存在着"神圣的巧合"。事实上,将上述各式联立起来就可以推导出,我们可以将最优合作政策按照只需用国内目标表达的两种目标规则来分解:

$$
(\hat{Y}_{H,t} - \tilde{Y}_{H,t}^{fb}) - (\hat{Y}_{H,t-1} - \tilde{Y}_{H,t-1}^{fb}) + \theta \pi_{H,t} = 0
\tag{16.45}
$$

$$
(\hat{Y}_{F,t} - \tilde{Y}_{F,t}^{fb}) - (\hat{Y}_{F,t-1} - \tilde{Y}_{F,t-1}^{fb}) + \theta \pi_{F,t}^{*} = 0
$$

再结合菲利普斯曲线,这些规则表明了一个关键的结果:在这个生产者货币定价且拥有完全市场的基准开放经济模型中的最优政策"处方",与具有弹性工资的基准封闭经济单部门模型的最优政策"处方"完全相同(见本手册第十四章)。[1] 当然,需要注意的是,在这种情况下,国外冲击只有在它们会影响国内产出缺口和通货膨胀的范围内才是与国内的政策制定有关的。最优政策"处方"对有效率冲击和无效率冲击进行的区分非常关键。[2]

---

[1] 在封闭经济模型框架下,要在产出缺口和通货膨胀稳定之间进行权衡的原因有两个:一是由于存在多个部门(Aoki,2001);二是成本渠道的存在(Ravenna and Walsh,2006)。

[2] 虽然最优目标准则在这里都是用有弹性的通货膨胀目标来表示的,但它们也可以用产出缺口调整后的价格水平目标来表示,如本手册第十四章所示。这种形式的目标标准可以明确地表明,在这种区制下,对价格水平的理性长期预测不会发生变化,从而强调了最优货币政策作为管理和引导预期的"名义锚"的作用。

在应对有效率冲击的时候,如生产率冲击和偏好冲击,弹性价格配置是有效的:政策制定者通过将国内生产总值平减指数通货膨胀率设为完全等于零来保持(与福利相关的)产出缺口始终处于关闭状态,从而使损失最小化。在最优政策下,名义汇率和实际汇率都会随着这些冲击而波动,并使国际相对价格得到调整而不用进行任何政策取舍,因为贸易条件一直处于其(有效率的)弹性价格水平上。例如,在最优政策,一个国家趋势平稳的生产率增长是与国内货币政策的扩张相匹配的,不仅能够稳定国内价格,还可以导致名义和实际贬值,这样该国的贸易条件就像在价格有弹性的情况下一样会减弱。在最优政策下,世界经济应对这些冲击的行为完全可以用第2节描述的基准配置来刻画。

相反,在应对无效率冲击(如价格加成冲击)时,最优政策要反映产出缺口、通货膨胀和相对价格稳定之间的基本权衡。正如新凯恩斯主义文献一贯强调的那样,价格加成冲击在有效产出和自然产出之间形成了一个楔子。在与我们的模型相对应的封闭经济中,最优政策要求表现出部分容忍性,在短期内暂时允许产出下降、通货膨胀上升,同时承诺在未来实行持续的紧缩政策(Galí,2008;Woodford,2003)。开放经济体也是如此。

尽管最优目标规则与基准的新凯恩斯封闭经济模型相同,但是在相互依赖的经济体中,产出缺口和通货膨胀对基本面上的冲击的反应通常会受到跨境溢出效应的影响。这些溢出效应反过来又会影响最优政策的实施(具体影响视其符号和规模而定)。例如,考虑对价格加成冲击的最优反应。将目标规则与菲利普斯曲线结合起来,可以得出对两国最优产出路径的如下刻画:

$$
\begin{aligned}
\hat{Y}_{H,t+1} - \hat{Y}_{H,t} &= \left[\beta^{-1} + \theta \frac{(1-\alpha\beta)(1-\alpha)}{\alpha(1+\theta\eta)} (\eta + \sigma) \right] (\hat{Y}_{H,t} - \hat{Y}_{H,t-1}) \\
&\quad + \theta \frac{(1-\alpha\beta)(1-\alpha)}{\alpha(1+\theta\eta)} \left[\hat{\mu}_t - (1-a_H)2a_H \frac{(\sigma\phi-1)(\hat{Y}_{H,t} - \hat{Y}_{F,t})}{4(1-a_H)a_H\phi\sigma + (2a_H-1)^2} \right] \\
\hat{Y}_{F,t+1} - \hat{Y}_{F,t} &= \left[\beta^{-1} + \theta \frac{(1-\alpha^*\beta)(1-\alpha^*)}{\alpha^*(1+\theta\eta)} (\eta + \sigma) \right] (\hat{Y}_{F,t} - \hat{Y}_{F,t-1}) \\
&\quad + \theta \frac{(1-\alpha^*\beta)(1-\alpha^*)}{\alpha^*(1+\theta\eta)} \left[\hat{\mu}_t^* + (1-a_H)2a_H \frac{(\sigma\phi-1)(\hat{Y}_{H,t} - \hat{Y}_{F,t})}{4(1-a_H)a_H\phi\sigma + (2a_H-1)^2} \right]
\end{aligned}
\tag{16.46}
$$

由此很明显可以看出,跨国产出溢出依赖于 $\sigma\phi$。现在假设本国经济出现了一个有利的价格加成冲击,即 $\hat{\mu}_t < 0$。那么根据式(16.46)中的第一个方程,通过部分容忍这种冲击,本国政策制定者让国内产出增加(本国国内生产总值平减指数的通货膨胀率下降),从而导致外国的贸易条件恶化。于是国内的事态发展影响到了外国的经济。如果商品是互替的,即 $\sigma\phi > 1$,那么国内产出增加导致的本国贸易条件下降就会提高外国生产者的边际成本。根据方程组(16.46)中的第二个方程式,本国的扩张实际上等价于外国的不利的成本推动型冲击——外国的产出将下降,从而负的产出缺口将打开,同时外国生产者价格上升。在最优政策下,外国的货币当局会想办法去反制通货膨胀的上升,其结果是进一步推动了本国贸易条件的上升。[①] 因此各国的产出缺口、通货膨胀与货币政策立场之间的联动性是负向的。

这些结果显示在了图 16.1 的最右侧一列。从图中可以看出，在生产者货币定价和完全市场的假设下，本国和外国对于一个有利的价格加成冲击，产出、国内生产总值平减指数的通货膨胀以及贸易条件(它正比于实际汇率)会有什么样的反应。前面讨论过的可替代性($\sigma\phi>1$)与互补性($\sigma\phi<1$)之间的差异是非常明显的，如图 16.1 左边一列的图所示。在存在互补性的时候，一个有利的价格加成冲击 $\hat{\mu}_t<0$ 会导致全球产出缺口上升，通货膨胀下降(两者之间的联动性为正向的)。这是因为外国的边际成本和价格会随着本国产出的扩大而下降，或者换句话说，这使外国经济经历了有利的成本推动型冲击。因为外国货币当局能够通过扩张来对这种冲击做出最优调整，所以也就部分抵消了最初的贸易条件的变化。在其他一切相同的情况下，$\sigma\phi<1$ 时的本国贸易条件的下降要比 $\sigma\phi>1$ 时略显温和。

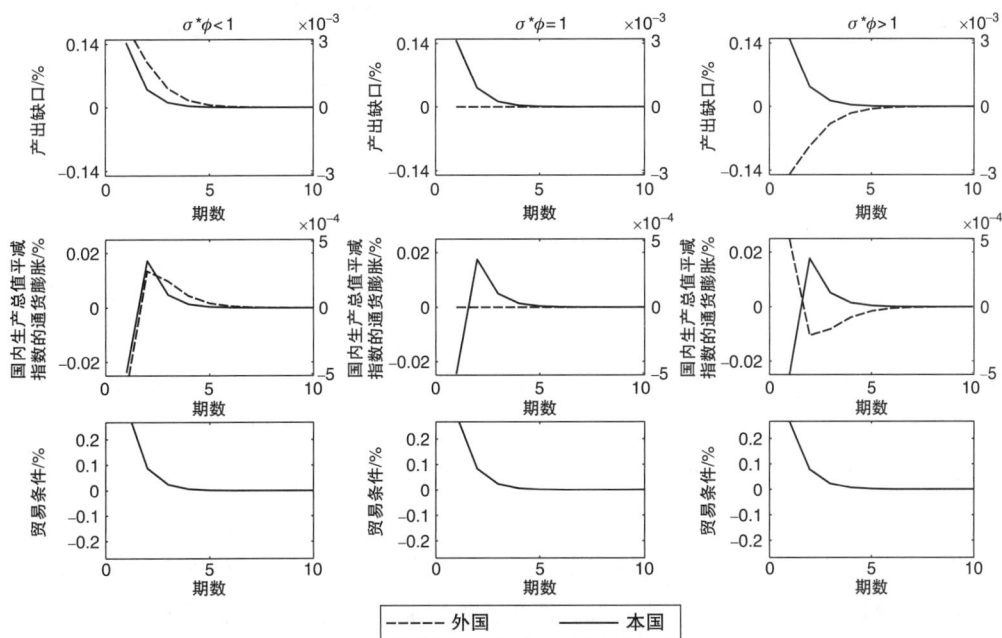

图 16.1　在生产者货币定价和完全市场时的最优政策下，本国的价格加成的外生性下降的国际传导

注：在本图中，$\sigma=2$，与基准校准中一样。在第一列的各小图中，我们设 $\phi=0.3$；而在第三列中，我们设 $\phi=0.7$。

在文献中，有一些研究以完全市场模型为基准，对经济的开放会如何影响 IS 曲线和菲利普斯曲线的斜率进行了评估。例如，Clarida 等(2009)指出，当产出溢出为负时(即当商品为替代品时)，开放会提高总需求相对于利率的"半弹性"。这是因为中央银行可以从对利率的每一个基点的改变中获得更大的"爆炸效应"。相反，当溢出效应为正时(即当商品为互补品时)的情况则更接近于传统框架的预测，例如蒙代尔-弗莱明模型，在该模型中，开放会导致总需求"泄漏"，从而有利于外国产出和就业，因此中央银行通过改变利率而产生的对总需求的影响较小。

[①] 我们不难观察到，在均衡状态下，外国产出下降对本国产出的反馈类似于有利的价格加成冲击(见第一个方程式)，因此与最初的成本推动型冲击对通货膨胀的影响的方向相同。然而，这些影响是微乎其微的。

类似地,在完全市场下,本国产出的变化对边际成本的影响较小,因为本国消费指数(以及相应的边际效用)不会与本国产出一对一地变动,而且其成本会随着贸易条件而变化。当商品是替代品时,前一种效应(收入效应)支配了后者,从而导致出现了一条较平坦的菲利普斯曲线。当商品互为补充时,开放性会使菲利普斯曲线更加陡峭。[1]

然而,这些在完全市场和生产者货币定价下得出的结果虽然既直观又鲜明,但是并不能详尽地描述实物市场和金融市场的开放与全球化是如何影响 IS 曲线和新凯恩斯主义菲利普斯曲线的斜率的。更全面的模型设定可以得到更具一般意义的结果,这是一个非常有前景的研究领域。[2]

4. 对经典观点的质疑:本国货币定价下的稳定价格政策

4.1 货币传导和对单一价格定律的偏离

在上文中,我们假定进口价格会随着汇率一对一地变动(无论是在跨境贸易层次上,还是在零售层次上,这都是一种简化),但是这似乎与实证研究的发现不一致,因为实证研究表明,以本国货币计算的进口价格一直是相当稳定的。虽然观察到的进口产品以本国货币计价的价格稳定性在很大程度上反映了当地成本(特别是在消费者的层次上),以及特定于目的地的价格加成调整(即各种实际因素),但是许多经济学家还是认为,价格黏性在解释这些证据方面可以发挥重要作用。在本节中,我们将在假设进口价格会受到按目的地市场货币计价的多种名义定价扭曲的影响的前提下(经济学家通常将这种假说称为本国货币定价)讨论国际传导机制和最优政策设计。为了简单起见,我们只考虑在一个极端的假设下的情况,即名义扭曲是解释进口价格稳定性的唯一因素,从而将所有实际决定因素抽象掉。同样,为了简单起见,我们设置的参数值都是完全对称的,包括企业重新制定价格的概率(即 $\alpha = \alpha^*$),这样一来,在一级逼近下,对单一价格定律的偏离在不同国家之间也将保持对称性,即 $\hat{\Delta}_{H,t} = \hat{\Delta}_{E,t} = \hat{\Delta}_t$。

在本国货币定价下,单一价格定律通常不成立,因为当以本国货币计价的出口价格具有黏性时,汇率波动会使出口商品的本币价格偏离企业在本国市场收取的价格。本国货币的名义贬值不是提高了进口商品的以本国货币表示的价格,而是提高了本国企业在国外市场上销售一单位商品相对于在本国市场上销售一单位同样的商品的收入——对应于 $\Delta_{H,t} =$

---

① 这里的"一条较平坦的菲利普斯曲线"中的"较平坦",原文为"latter",从上下文的文义来看,似为"flatter"之误,已改——译者注。

② 关于全球化对通货膨胀过程的影响也是一个聚讼纷纭的主题,相关的讨论请参见 Ball(2006)、Bean(2007)、Rogoff(2003)以及 Sbordone 等(2009)的研究,此外也请参见自 Romer(1993)的早期贡献之后的相关实证文献。

$\varepsilon_t P_{H,t}^*/P_{H,t}$ 的提升。因此,对于任何给定的以外币表示的销售额,本国货币的贬值会增加出口企业相对应的本币收入。因为全国消费者所要面对的进口商品的相对价格 $P_{F,t}/P_{H,t}$ 和 $P_{F,t}^*/P_{H,t}^*$ 都不会对汇率变动有多少反应,所以名义贬值只会改善,而不是恶化一个国家的贸易条件,毕竟这种贬值会增加本国居民的购买力(无论在何种经济活动水平上)。

一般来说,汇率传递远不是完全的:对于在当期重新优化价格的那些企业来说,传递量是正的,因为这些企业能够最优地将边际成本变动传递到本国价格上,从而补偿了汇率的变动;对于其他企业所要求的价格而言,传递量则为零,因为它们在此期间没有重新优化其价格。对第一类企业来说,名义汇率贬值降低了它们的产品相对于外国产品的价格(在其他条件相同的情况下),从而导致本国的贸易条件恶化。而对其他企业来说,名义贬值反而提高了它们以不变价格向外国销售商品的本币收入,这有利于改善该国的贸易条件。至于哪种效应会胜出,则取决于价格黏性的程度(Corsetti et al.,2008b)。因此,虽然名义贬值总是与实际贬值之间有所联系,但是它既可以削弱,也可以改善一个国家整体的贸易条件。与经典观点不同的是,我们不能指望名义汇率的变动会产生支出转换效应。名义贬值并不一定会让一个国家生产的商品在世界范围内变得更加便宜,从而将需求按有利于这些商品的方式重新配置。

实际汇率和贸易条件不再直接成正比地变动了,因为名义贬值也会导致偏离单一价格定律,即

$$\hat{Q}_t = (2a_H - 1)\hat{T}_t + a_H(\hat{\Delta}_{H,t} + \hat{\Delta}_{F,t}) = (2a_H - 1)\hat{T}_t + 2a_H\hat{\Delta}_t \qquad (16.47)$$

其中,因为概率的对称性,即 $\alpha = \alpha^*$ 和 $\hat{\Delta}_{H,t} = \hat{\Delta}_{F,t} = \hat{\Delta}_t$,所以本国货币定价对于传输机制具有非常重要的意义。具体地说,即便市场是完全的,相对产出与国际价格之间的均衡关系也不再与最优政策等同了,因为其偏离了单一价格定律:

$$[4a_H(1 - a_H)\sigma\phi + (2a_H - 1)^2](\hat{T}_t - \hat{T}_t^{fb}) =$$

$$\sigma[(\hat{Y}_{H,t} - \tilde{Y}_{H,t}^{fb}) - (\hat{Y}_{F,t} - \tilde{Y}_{F,t}^{fb})] - [4a_H(1 - a_H)\sigma\phi + 2\alpha_H(2a_H - 1)]\hat{\Delta}_t$$

举例来说,如果本国采取了宽松的货币政策以应对正向生产率冲击以及关闭产出缺口,那么随之而来的本国货币的名义贬值将导致对单一价格定律的偏离,从而阻止本国贸易条件调整到其有效(弹性价格)水平上。

跨境货币溢出也将与生产者货币定价的情况下截然不同。在本国货币定价下,对总需求方程重新进行整理,我们可以得到:

$$\hat{C}_t = \hat{Y}_{H,t} - \frac{1 - a_H}{\sigma}[2a_H\phi\sigma(\hat{T}_t + \hat{\Delta}_t) - \hat{Q}_t - (\hat{\zeta}_{C,t} - \hat{\zeta}_{C,t})] \qquad (16.48)$$

首先,名义升值现在会抬高实际汇率,同时往往会削弱贸易条件,而对消费则会产生相反的影响。消费溢出效应也不如生产者货币定价情况下那样明显为正。其次,消费会对国际相对价格做出反应,即便是在 $\sigma\phi = 1$ 的情况下也是如此。换句话说,货币溢出在塑造宏观经济相互依赖性方面发挥了重要作用,这种作用独立于商品互补性和替代性之间的区分,尽管这种区分是理解生产者货币定价的经济中溢出效应的核心。

现在,有四条相关的新凯恩斯主义菲利普斯曲线:产品(H 或 F)和目的地市场(有或没

有 * 标)的组合各对应着一条。现在由这四条菲利普斯曲线给出了以本国货币计价的消费者价格通货膨胀水平的演变轨迹:

$$\pi_{H,t} - \beta E_t \pi_{H,t+1} = \frac{(1-\alpha\beta)(1-\alpha)}{\alpha(1+\theta\eta)} \{ (\sigma+\eta)(\dot{Y}_{H,t} - \bar{Y}_{H,t}^{fb}) + \hat{\mu}_t - (1-a_H)$$

$$[2a_H(\sigma\phi-1)(\dot{T}_t - \bar{T}_t^{fb} + \hat{\Delta}_t)] \} = \pi_{H,t}^* - \beta E_t \pi_{H,t+1}^* - \frac{(1-\alpha\beta)(1-\alpha)}{\alpha(1+\theta\eta)} \hat{\Delta}_t$$

$$\pi_{F,t}^* - \beta E_t \pi_{F,t+1}^* = \frac{(1-\alpha\beta)(1-\alpha)}{\alpha(1+\theta\eta)} \{ (\sigma+\eta)(\dot{Y}_{F,t} - \dot{Y}_{F,t}^{fb}) + \hat{\mu}_t^* + (1-a_H)$$

$$[2a_H(\sigma\phi-1)(\dot{T}_t - \bar{T}_t^{fb} + \hat{\Delta}_t) - \hat{\Delta}_t] \} = \pi_{F,t} - \beta E_t \pi_{H,t+1} + \frac{(1-\alpha\beta)(1-\alpha)}{\alpha(1+\theta\eta)} \hat{\Delta}_t$$

而本国生产的商品与进口商品之间的通货膨胀差距与贸易条件的变化和对单一价格定律的偏离量的变化之间的关系则可以用下面这个恒等式表示:

$$\pi_{F,t} - \pi_{H,t} = \hat{T}_t - \hat{T}_{t-1} + \hat{\Delta}_t - \hat{\Delta}_{t-1} \tag{16.49}$$

之后,在我们求解政策问题时,将把这个恒等式作为一个附加约束包括在内。

为了更好地理解本国货币定价情况与生产者货币定价情况之间的差异,不妨假设货币当局将政策目标设定为本国生产的商品的通货膨胀率为零,即 $\pi_{H,t} = 0$,而这就要求在任何意外情况发生时,生产者的边际成本都不发生变化。上面给出的菲利普斯曲线以及相对产出与国际价格之间的关系表明,缩小产出缺口是无助于实现这一目标的。相反,追求零通货膨胀的目标只能以牺牲所有商品类别的产出缺口可变性、无效率的价格错位和价格离散性(包括对单一价格定律的偏离)为代价。

此外,在本国货币定价下,本国货币贬值对以本币和外币计价的本国产品的价格动态的影响是非对称的。本国货币贬值也会使外国消费品价格的通货膨胀(π_H^* 和 π_F^*)程度大于本国的通货膨胀(π_H 和 π_F)。

4.2 最优政策:在本国的通货膨胀与国际相对价格错位之间的权衡

在本国货币定价下,如 Engel(2009)所证明的,在合作情况下的流量损失函数与下式成正比,即

$$\ell_t^{CM\text{-}LCP} \mid \times$$

$$-\frac{1}{2} \Big\{ (\sigma+\eta)(\tilde{Y}_{H,t}^{fb} - \hat{Y}_{H,t})^2 + (\sigma+\eta)(\tilde{Y}_{F,t}^{fb} - \hat{Y}_{F,t})^2$$

$$+ \frac{\theta\alpha(1+\theta\eta)}{(1+\alpha\beta)(1-\alpha)} [a_H \pi_{H,t}^2 + (1-a_H)\pi_{H,t}^{*2} + a_H \pi_{F,t}^{*2} + (1-a_H)\pi_{F,t}^2] \tag{16.50}$$

$$- \frac{2a_H(1-a_H)(\sigma\phi-1)\sigma}{4a_H(1-a_H)\phi\sigma + (2a_H-1)^2} [(\tilde{Y}_{H,t}^{fb} - \hat{Y}_{H,t}) - (\tilde{Y}_{F,t}^{fb} - \hat{Y}_{F,t})]^2$$

$$+ \frac{2a_H(1-a_H)\phi}{4a_H(1-a_H)\phi\sigma + (2a_H-1)^2} \hat{\Delta}_t^2 \Big\}$$

将它与生产者货币定价下的损失函数——即式(16.40)——对比一下就可以发现，合作性政策制定者在这种情况下仍然不喜欢本国产出缺口和通货膨胀，以及产出缺口上的跨国差异——只要这些缺口和差异导致国际相对价格的错位。然而，相对于生产者货币定价的情况，现在相关的通货膨胀率是在消费者的层面上衡量的，因此会区分本国商品和进口商品。此外，式中还出现了一个新的项，它反映了对单一价格定律的偏离情况。

损失函数中通货膨胀的那四个不同的项所反映的是在本国货币定价下，决策者关注的是由国内市场价格与出口目的地市场价格之间的离散性所导致的每种商品供给的无效率。另外还请注意，在我们的对称性模型设置下，二次通货膨胀项是根据在消费篮子中相应的份额来进行加权的。①

此外，由于出现了 Δ_t 存在的那一项，相对价格错误所导致的损失也会出现——即便产出能够达到其有效水平也是如此。偏离单一价格定律会导致全球消费需求的水平和构成的无效率，这一点在那些假设了一期预设价格的本国货币定价文献中得到了特别的强调（Devereux and Engel，2003；Corsetti and Pesenti，2003）。

至此，我们知道了最优通货膨胀政策可以用关于通货膨胀、产出以及对单一价格定律的一阶条件来刻画。关于通货膨胀的一阶条件为：

$$\pi_{H,t}:0 = -\theta\frac{\alpha(1+\theta\eta)}{(1+\alpha\beta)(1-\alpha)}a_H\pi_{H,t} - \gamma_{H,t} + \gamma_{H,t-1} - \gamma_t$$

$$\pi_{H,t}^*:0 = -\theta\frac{\alpha(1+\theta\eta)}{(1-\alpha\beta)(1-\alpha)}(1-a_H)\pi_{H,t}^* - \gamma_{H,t}^* + \gamma_{H,t-1}^*$$

$$\pi_{F,t}:0 = -\theta\frac{\alpha(1+\theta\eta)}{(1-\alpha\beta)(1-\alpha)}(1-a_H)\pi_{F,t} - \gamma_{F,t} + \gamma_{F,t-1} + \gamma_t \tag{16.51}$$

$$\pi_{F,t}^*:0 = -\theta\frac{\alpha(1+\theta\eta)}{(1-\alpha\beta)(1-\alpha)}a_H\pi_{F,t}^* - \gamma_{F,t}^* + \gamma_{F,t-1}^*$$

关于产出的一阶条件为：

$$\hat{Y}_{H,t}:0 = (\sigma+\eta)(\tilde{Y}_{H,t}^{fb} - \hat{Y}_{H,t})$$
$$- \frac{2a_H(1-a_H)(\sigma\phi-1)\sigma}{4a_H(1-a_H)\phi\sigma+(2a_H-1)^2}\left[(\tilde{Y}_{H,t}^{fb} - \hat{Y}_{H,t}) - (\tilde{Y}_{F,t}^{fb} - \hat{Y}_{F,t})\right]$$
$$+ (\sigma+\eta)(\gamma_{H,t} + \gamma_{H,t}^*)$$
$$- \frac{2a_H(1-a_H)(\sigma\phi-1)\sigma}{4a_H(1-a_H)\phi\sigma+(2a_H-1)^2}\frac{(1-\alpha\beta)(1-\alpha)}{\alpha(1+\theta\eta)}\left[(\gamma_{H,t} + \gamma_{H,t}^*) - (\gamma_{F,t} + \gamma_{F,t}^*)\right]$$
$$+ \frac{\sigma(\beta E_t\gamma_{t+1} - \gamma_t)}{4a_H(1-a_H)\phi\sigma+(2a_H-1)^2} \tag{16.52}$$

---

① 在名义刚性和菲利普斯曲线参数存在非对称性的更一般的模型设定下，是不可能仅仅根据 CPI 权重来加总各国的 CPI 通货膨胀的各个构成的。

$$\dot{Y}_{F,t}:0 = (\sigma + \eta)(\tilde{Y}_{F,t}^{fb} - \dot{Y}_{F,t})$$

$$+ \frac{2a_H(1 - a_H)(\sigma\phi - 1)\sigma}{4a_H(1 - a_H)\phi\sigma + (2a_H - 1)^2}[(\tilde{Y}_{H,t}^{fb} - \dot{Y}_{H,t}) - (\tilde{Y}_{F,t}^{fb} - \dot{Y}_{F,t})]$$

$$+ (\sigma + \eta)(\gamma_{F,t} + \gamma_{F,t}^*)$$

$$+ \frac{2a_H(1 - a_H)(\sigma\phi - 1)\sigma(1 - \alpha\beta)(1 - \alpha)}{4a_H(1 - a_H)\phi\sigma + (2a_H - 1)^2\alpha(1 + \theta\eta)}[(\gamma_{H,t} + \gamma_{H,t}^*) - (\gamma_{F,t} + \gamma_{F,t}^*)]$$

$$- \frac{\sigma(\beta E_t\gamma_{t+1} - \gamma_t)}{4a_H(1 - a_H)\phi\sigma + (2a_H - 1)^2}$$

关于对单一价格定律的偏离的一阶条件为:

$$\hat{\Delta}_t:0 = - \frac{2a_H(1 - a_H)\phi}{4a_H(1 - a_H)\phi\sigma + (2a_H - 1)^2}\hat{\Delta}_t$$

$$+ \frac{(1 - \alpha\beta)(1 - \alpha)}{\alpha(1 + \theta\eta)}\frac{1}{4a_H(1 - a_H)\phi\sigma + (2a_H - 1)^2}$$

$$\cdot \frac{1}{2}\{[4(1 - a_H)a_H\phi\sigma + (2a_H - 1)^2][\gamma_{H,t} + \gamma_{F,t} - (\gamma_{F,t}^* + \gamma_{H,t}^*)] \qquad (16.53)$$

$$- (2a_H - 1)(\gamma_{H,t} + \gamma_{H,t}^* - \gamma_{F,t} - \gamma_{F,t}^*)\}$$

$$- \frac{2a_H - 1}{4(1 - a_H)a_H\phi\sigma + (2a_H - 1)^2}(\beta E_t\gamma_{t+1} - \gamma_t)$$

其中,$\gamma_{H,t}$ 和 $\gamma_{H,t}^*$($\gamma_{F,t}$ 和 $\gamma_{F,t}^*$)是与本国(外国)的菲利普斯曲线相关联的乘数,它们的滞后量反映了关于承诺的假设。而 γ_t 则是与本国货币定价式(16.49)所假设的附加约束相关的乘数。

与前面讨论的情况一样,我们也可以通过导出两个目标规则来总结这些一阶条件。一个用全球目标表示,而另一个则用相对目标表示。只需要对关于产出和通货膨胀的一阶条件进行求和,就可以得出第一个目标规则:

$$0 = [(\dot{Y}_{H,t} - \tilde{Y}_{H,t}^{fb}) - (\dot{Y}_{H,t-1} - \tilde{Y}_{H,t-1}^{fb}) + (\dot{Y}_{F,t} - \tilde{Y}_{F,t}^{fb}) - (\dot{Y}_{F,t-1} - \tilde{Y}_{F,t-1}^{fb})]$$

$$+ \theta[a_H\pi_{H,t} + (1 - a_H)\pi_{F,t} + (1 - a_H)\pi_{H,t}^* + a_H\pi_{F,t}^*] \qquad (16.54)$$

与在生产者货币定价的经济中类似,政策制定者现在要寻求能够稳定世界产出缺口的变化和世界价格通货膨胀的变化的某个线性组合的政策。然而,在本国货币定价下,世界通货膨胀的变化只能用消费者价格来定义(相反,在生产者货币定价下,世界通货膨胀可以用消费者价格或生产者价格来表示)。

要推导出本国货币定价下的第二个目标规则要困难一些。一种写出这个目标规则的有用的方法是,将一个利用 $\dot{Y}_{H,t}$、$\dot{Y}_{F,t}$ 和 $\hat{\Delta}_t$ 的一阶条件得到的关于乘数 γ_t 的差分方程与通货膨胀联立起来,消去其他的乘数:

$$- 2(2a_H - 1)\eta\frac{(1 - \alpha\beta)(1 - \alpha)}{\alpha(1 + \theta\eta)}(\beta E_t\gamma_{t+1} - \gamma_t) =$$

$$\frac{(1 - \alpha\beta)(1 - \alpha)}{\alpha(1 + \theta\eta)}\left[1 + \frac{4a_H(1 - a_H)\phi\sigma + (2a_H - 1)^2}{\sigma}\eta\right]$$

$$
\langle (2a_H - 1)(\dot{T}_t - \tilde{T}_t^{fb}) + 2a_H \dot{\Delta}_t \\
+ \sigma\theta\{[a_H \dot{p}_{H,t} + (1 - a_H)\dot{p}_{F,t}] - [(1 - a_H)\dot{p}_{H,t}^* + a_H \dot{p}_{F,t}^*]\}\rangle
$$

而该乘数的解则由下式给出：

$$
\begin{aligned}
&- 2(2a_H - 1)\eta \frac{(1 - \alpha\beta)(1 - \alpha)}{\alpha(1 + \theta\eta)}\gamma_t = \\
&(2a_H - 1)\eta\langle\theta\{[a_H \pi_{H,t} + (1 - a_H)\pi_{H,t}^*] - [(1 - a_H)\pi_{F,t} + a_H \pi_{F,t}^*]\} \\
&+ [(\dot{Y}_{H,t} - \tilde{Y}_{H,t}^{fb}) - (\dot{Y}_{H,t-1} - \tilde{Y}_{H,t-1}^{fb})] - [(\dot{Y}_{F,t} - \tilde{Y}_{F,t}^{fb}) - (\dot{Y}_{F,t-1} - \tilde{Y}_{F,t-1}^{fb})]\rangle \\
&+ (2a_H - 1)[(\dot{T}_t - \tilde{T}_t^{fb}) - (\dot{T}_{t-1} - \tilde{T}_{t-1}^{fb})] + 2a_H(\dot{\Delta}_t - \dot{\Delta}_{t-1}) \\
&+ \sigma\theta\{[a_H \pi_{H,t} + (1 - a_H)\pi_{F,t}] - [(1 - a_H)\pi_{H,t}^* + a_H \pi_{F,t}^*]\}
\end{aligned} \tag{16.55}
$$

这里需要注意的是，不难观察到，与生产者货币定价的情况相反，这种用相对目标表示的准则通常要将有弹性的通货膨胀目标与用消费者价格表示的价格水平目标结合起来，而且这些目标也要根据相对价格错位量而不是产出缺口进行调整。此外，除了各国的 CPI 平减指数的通货膨胀差距 $[a_H \pi_{H,t} + (1-a_H)\pi_{H,t}^*] - [(1-a_H)\pi_{F,t} + a_H \pi_{F,t}^*]$，这种目标规则通常还要包括各国的 GDP 平减指数的通货膨胀之间的差距 $[a_H \pi_{H,t} + (1-a_H)\pi_{F,t}] - [(1-a_H)\pi_{H,t}^* + a_H \pi_{F,t}^*]$。

在本国货币定价下，特定于商品的通货膨胀的跨国差异要与产出缺口和相对价格错位（包括对单一价格定律的偏离）的跨国差异进行最优权衡。因此，虽然最优政策仍然要追求全球 CPI 通货膨胀目标和世界产出缺口稳定（根据全球准则），但是全球稳定通常要以各国的 CPI 通货膨胀和产出缺口以及国际价格的稳定为代价。[①]

虽然相对目标规则的表达式不是非常直观的，但是它在两个备选假设下可以得到极大的简化：第一，劳动力的线性负效用（即 $\eta = 0$），对于这种情况，Engel（2009）进行过详细分析；第二，最优是购买力平价成立，这反映了对各种商品的相同的偏好（即 $a_H = 1/2$），这也是新开放经济宏观经济学领域许多较早期的文献，如 Clarida 等（2002）以及 Benigno 和 Benigno（2006）讨论过的一种情况。在这两种情况下，乘数 γ 不再出现在目标规则中，从而大大简化了最优政策的解析特征（例如不需要在稳定 GDP 通货膨胀差距与稳定 CPI 通货膨胀差距之间进行权衡了）。更具体地说，利用式（16.47），相对目标性标准可以只表示为 CPI 通货膨胀差距和实际汇率差距的函数，即

$$
\begin{aligned}
0 = &\sigma^{-1}[(\dot{Q}_t - \tilde{Q}_t^{fb}) - (\dot{Q}_{t-1} - \tilde{Q}_{t-1}^{fb})] \\
&+ \theta\{a_H \pi_{H,t} + (1 - a_H)\pi_{F,t} - [(1 - a_H)\pi_{H,t}^* + a_H \pi_{F,t}^*]\}
\end{aligned} \tag{16.56}
$$

在 $\eta = 0$ 或 $a_H = 1/2$ 这两种情况下，前述两个目标规则（一个是关于总量的，另一个是关于差异的）都可以引出明确的政策"处方"。正如 Engel（2009）所强调的，在应对有效率的冲击时，最优政策将稳定全球与福利相关的产出缺口，以及各国的 CPI 通货膨胀。反过来，在

[①] 将之前的表达式与多部门模型或同时具有价格和工资刚性的模型（Giannoni and Woodford, 2009）中的最优目标准则进行比较是非常有启发意义的。它们的一个共同特征是货币当局追求的目标都涉及当前和预期的产出缺口与通货膨胀的变化的线性组合。

CPI 通货膨胀为零的情况下,满足相对标准也就等于纠正实际汇率的错位。①

后一个结果,即最优实际汇率的稳定,有助于阐明文献中经常出现的一个主张,那就是在本国货币定价下,政策制定者应该注意稳定消费对其有效水平的偏差。从前面讨论的目标规则可以很清楚地看到这一点,而且就像在完全市场中一样,我们可以使用完美的风险分担条件来将相对消费的实际汇率替换掉。事实上,相对目标规则其实强调了最小化通货膨胀率差异与遏制各国消费配置不当之间的最佳权衡。作为对有效率的冲击的反应,(各国)稳定 CPI 通货膨胀的政策意味着跨国消费差异也要加以稳定(Corsetti and Pesenti,2005)。

利用各种国际相对价格——包括实际汇率、贸易条件,以及对单一价格定律的偏离程度——与相对产出之间的如下均衡关系式:

$$
\begin{aligned}
\sigma^{-1} & [(2a_H - 1)(\dot{T}_t - \tilde{T}_t^{fb}) + 2a_H \dot{\Delta}_t] - [(\dot{Y}_{H,t} - \tilde{Y}_{H,t}^{fb}) - (\dot{Y}_{F,t} - \tilde{Y}_{F,t}^{fb})] \\
& = \sigma^{-1} \{ 2(1 - a_H)(2a_H - 1)(\dot{T}_t - \tilde{T}_t^{fb}) \\
& \quad + 2(1 - a_H)2a_H \dot{\Delta}_t - 4a_H(1 - a_H)\phi\sigma [(\dot{T}_t - \tilde{T}_t^{fb}) + \dot{\Delta}_t] \}
\end{aligned} \tag{16.57}
$$

就可以把相对目标规则也写成一种更类似于生产者货币定价经济中的对应目标规则——式(16.44)——的形式:

$$
\begin{aligned}
0 = & \{ [(\dot{Y}_{H,t} - \tilde{Y}_{H,t}^{fb}) - (\dot{Y}_{H,t-1} - \tilde{Y}_{H,t-1}^{fb})] - [(\dot{Y}_{F,t} - \tilde{Y}_{F,t}^{fb}) - (\dot{Y}_{F,t-1} - \tilde{Y}_{F,t-1}^{fb})] \} \\
& + \theta \{ [a_H \pi_{H,t} + (1 - a_H)\pi_{F,t}] - [(1 - a_H)\pi_{H,t}^* + a_H \pi_{F,t}^*] \} \\
& - 2(1 - a_H)\sigma^{-1} \{ (\dot{T}_t - \tilde{T}_t^{fb}) - (\dot{T}_{t-1} - \tilde{T}_{t-1}^{fb}) \} \\
& + 2a_H(\phi\sigma - 1) [(\dot{T}_t - \tilde{T}_t^{fb}) - (\dot{T}_{t-1} - \tilde{T}_{t-1}^{fb}) + (\dot{\Delta}_t - \dot{\Delta}_{t-1})] \}
\end{aligned} \tag{16.58}
$$

与生产者货币定价经济的情况一样,政策现在也需要在稳定内部目标(产出缺口和通货膨胀目标)与稳定国际相对价格之间进行权衡取舍。然而,如前所述,在本国货币定价下,跨国产出缺口稳定不再转化为贸易条件稳定。例如,为了应对生产率冲击,对国内生产者的边际成本的稳定既不与对它们在所有市场的价格加成冲击的稳定相重合,也不足以重新将国际产品价格调整一致。因此显然本国货币定价打破了开放经济中"神圣的巧合"。

此外,我们应该还会注意到,在消费偏好中不存在本国偏向(即 $a_H = 1/2$)的情况下,有效实际汇率显然是恒定的,购买力平价也将在弹性价格下保持不变。当购买力平价有效时,实际汇率稳定意味着不变的名义汇率。事实上,根据第二个目标规则式(16.56),保持名义汇率恒定不变可以纠正实际汇率错位——在购买力平价的环境中,这是导致偏离单一价格定律的唯一原因——同时还排除了消费中的跨国不当配置。在这种情况下,固定汇率确实隐含着应对有效率的冲击的最优政策,尽管不是应对价格加成冲击的最优政策。然而,除非购买力平价是有效的,否则本国货币定价下的最优政策并不意味着保持名义汇率恒定不变(Duarte and Obstfeld,2008;Corsetti,2006;Sutherland,2005)。

值得强调的是,严格的 CPI 通货膨胀目标和完全稳定实际汇率失衡的明确"处方"——

---

① 要想看清楚这一点,只需将菲利普斯曲线重新整理为全球 CPI 通货膨胀和跨国 CPI 通货膨胀的差距。在有效率的冲击下,当全球产出缺口消失时,全球 CPI 通货膨胀总是为零。当实际汇率差距缩小时,无论是在购买力平价还是在劳动的线性负效用下,相对 CPI 通货膨胀也总是为零。

这是特定于购买力平价有效或 $\eta=0$ 的经济体的——并不意味着整体有效配置,这一点从式(16.58)中就可以很明显地看出来。在本国货币定价下,全球稳定通常是以跨国和本国的无效率为代价的,也就是说,是以无效率的跨国产出差距、贸易条件错位和对单一价格定律的偏离为代价的。

对于这个模型的更一般的设定($\eta>0$ 和对购买力平价的有效偏离),最优政策"处方"就不那么明确了,这个事实反映了跨国目标规则式(16.58)所要求的相互竞争的目标之间的权衡的复杂性。然而,我们还是可以把最优政策分析的主要教益总结如下:本国货币定价的存在意味着政策制定者应该更多地关注消费者价格通货膨胀的各构成部分(本国商品和进口商品通货膨胀),而不是 GDP 平减指数通货膨胀,以及国际相对价格错位。然而尽管如此,这既不会成为本国 CPI 完全稳定的动机,也不会构成遏制实际汇率波动性的政策的理由。

为了进一步了解本国货币定价下的最优策略,我们给出了在消费中存在本国偏向且 $\eta>0$ 的更一般的情况下对不同冲击的脉冲响应。我们首先在图 16.2 中再现了与图 16.1 相同的对价格加成冲击的最优稳定操作。这两张图之间有一个非常突出的差异,那就是在本国货币定价的情况下,$\sigma\phi$ 的不同的值与跨境溢出的方向的关联性要小得多。由于进口价格在以本国货币计价时具有黏性,所以本国为了应对有利的价格加成冲击而进行的国内扩张会导致独立于 $\sigma\phi$ 的符号的积极产出溢出效应。在图 16.2 中,产出的联动性指数总是为正,而 CPI 通货膨胀的联动性指数(以及 GDP 平减指数)则总是为负。

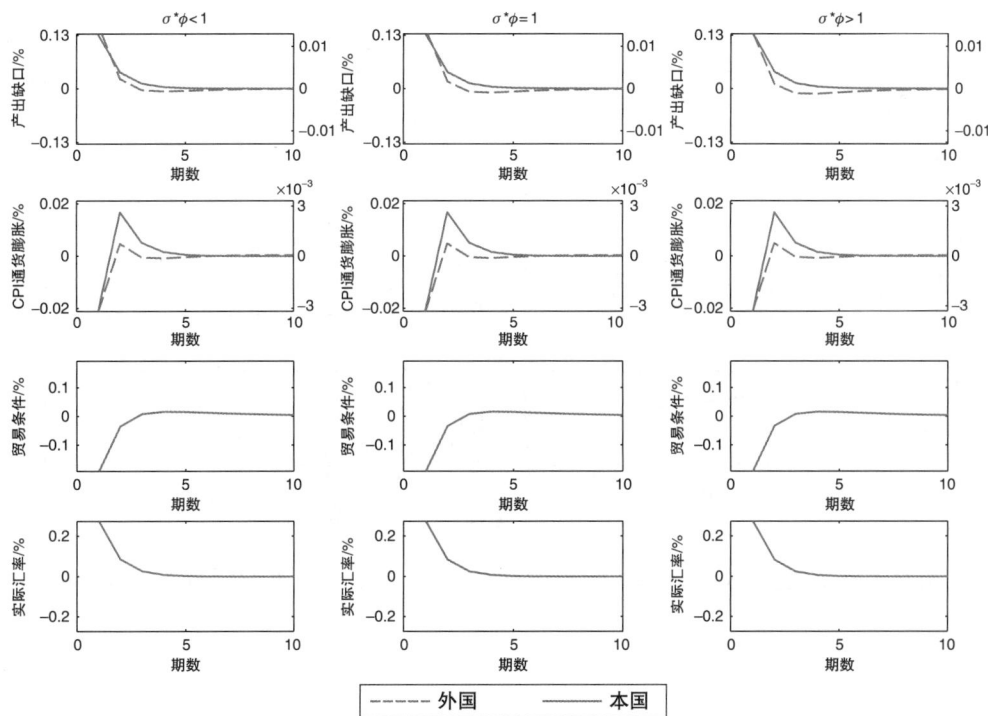

图 16.2 在本国货币定价和完全市场时的最优政策下,本国价格加成的外生性下降的国际传导

注:在本图中,$\sigma=2$。在第一列的各小图中,我们设 $\phi=0.3$;而在第三列中,我们设 $\phi=0.7$。

然而,$\sigma\phi$ 的大小仍然决定了边际成本对贸易条件变化的反应和对单一价格定律的偏离,从而决定了最优货币政策立场。如果 $\sigma\phi>1$,与生产者货币定价下的互补性情况相比,本国货币定价下的国际价格变动仍略大。相对于生产者货币定价经济,国际相对价格的变动方向则相反:当本国实际汇率贬值时,贸易条件就会增强。

图 16.3 描绘了对如表 16.1 所示的基准校准中的生产率冲击和偏好(需求)冲击的最优政策下的脉冲响应。即便这些冲击是有效率的,在本国货币定价下,最优策略也不能完全稳定它们。在本国经济中,一个正的生产率冲击(图 16.3 左侧的图)会打开一个负的产出缺口,并转化为本国经济中负的 GDP 平减通货膨胀。而外国的配置则再一次由货币溢出决定,而不是由弹性参数决定(假定 $\sigma\phi>1$)。作为对本国生产率冲击的反应的本国扩张会提高国内需求,导致实际和名义汇率贬值,但同时又能改善贸易条件(使之超过其有效水平)。

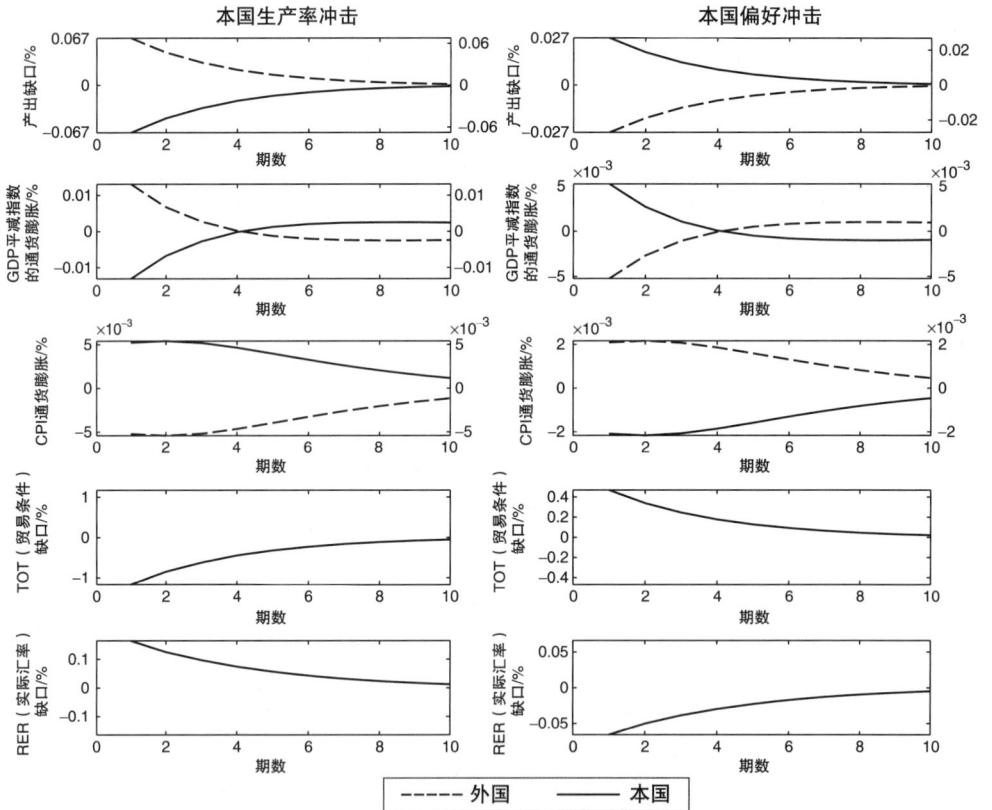

图 16.3 在本国货币定价和完全市场时的最优政策下,本国的生产率冲击和偏好冲击的国际传导

表 16.1　基准参数值

基准模型		参　数
偏好与技术	风险厌恶倾向	$\sigma = 2$
	重新定价的概率	$1 - \alpha = 0.25$
	弗里希式劳动弹性（倒数）	$\eta = 1.5$
	替代弹性　本国与外国的贸易商品之间的替代弹性	$\phi = 1$
	本国的贸易商品之间的替代弹性	$\theta = 6$
	本国的贸易商品所占的比例	$a_H = 0.90$
冲击	生产率	$\rho_z = 0.95, \sigma_z = 0.001$
	偏好	$\rho_\zeta = 0.95, \sigma_\zeta = 0.001$
	价格加成	$\sigma_\xi = 0.001$

由此，本国扩张就转化为对外国商品的过度需求，使得外国产出缺口变为正值，外国 GDP 平减指数也变为正值。不难观察到，以本国货币计价的外国商品价格的上涨足以引发本国总体 CPI 通货膨胀（尽管本国生产总值平减指数会有所下降）。然而，CPI 通货膨胀的稳定程度远远大于 GDP 平减指数。

这种脉冲响应模式与本国发生了正向偏好冲击时的情况正好相反。如图 16.3 右侧的图所示，在发生正向偏好冲击时，本国货币当局为了对本国因需求增加而引发的通货膨胀后果做出反应，会收缩货币，从而令本币升值。然而，在本国货币定价中，尽管对本国产品的需求更强劲了，但是本币升值会导致贸易条件恶化。这样外国产出就会下降。因此，进口价格对 CPI 的影响方向与对 GDP 平减指数的影响方向相反，与本国经济的负通货膨胀相对应。这里需要注意的是，对于任何一种冲击，最优政策都会导致跨境产出和 CPI 通货膨胀呈现出负相关性。

4.3　讨论

4.3.1　最优稳定与宏观波动

为了补充我们对生产者货币定价和本国货币定价下最优策略的解析刻画，我们还进行了数值模拟实验，以便揭示追求最优策略对我们关注的各个宏观变量的波动性的影响。表 16.1 给出了我们模拟所用的参数。结果则如表 16.2 所示，我们报告了 CPI 和 GDP 平减指数的通货膨胀率的标准差、产出缺口、价格加成和国际价格（相对于产出）。表 16.2 对完全市场下的生产者货币定价和本国货币定价经济进行了对比（假设了两种场景：一是只存在有效率的冲击，二是有效率的冲击和无效率的冲击同时存在）。

表16.2 (具有完全市场的经济中)最优政策下的波动性

统计量		在生产者货币定价下(PCP)		在本国货币定价下(LCP)	
		生产率冲击和偏好冲击	再加上价格加成冲击	生产率冲击和偏好冲击	再加上价格加成冲击
标准差/%	CPI通货膨胀	0.11	0.12	0.02	0.03
	GDP平减指数通货膨胀	0.00	0.03	0.03	0.04
	产出缺口	0.00	0.16	0.14	0.19
	价格加成	0.00	0.52	0.14	0.53
标准差(相对于产出)/%	实际汇率	2.71	2.75	2.99	2.59
	贸易条件	3.39	3.43	2.56	1.60

在一个有效的稳定状态下,如果只存在生产率冲击和偏好冲击,那么生产者货币定价下的最优政策就会重现弹性价格下的有效配置:价格加成、产出缺口和GDP平减指数通货膨胀都是完全稳定的。货币当局会呈现出"内向型"的特征,它们只在意本国,并且将只关注稳定以本国货币计价的本国产品的价格,因为在实行了最优政策的情况下,进口价格随汇率波动,有效地调整了相对价格。因此,货币当局永远不应该对所谓的"输入性通货膨胀"做出反应。此时,在最优状态下,CPI通货膨胀仍然是相当不稳定的。然而,在价格加成冲击也存在的情况下,货币当局将最优地在稳定价格加成冲击与稳定通货膨胀之间进行权衡,同时稳定产出缺口。

下面将生产者货币定价下的结果与本国货币定价经济中的结果进行比较。很明显,相对于生产者货币定价情况,无论冲击是不是有效率的,最优政策都不再能够完全稳定本国产出缺口了。CPI通货膨胀的波动性则低于GDP平减指数通货膨胀的波动性。这是由于最优政策试图稳定本国和外国商品的价格加成冲击的加权平均数的事实所致。与生产者货币定价情况相比,最优政策降低了贸易条件的波动性,但是没有降低实际汇率的波动性,实际汇率在本国货币定价中可能比在生产者货币定价经济中更不稳定。

后面这个结果值得进一步讨论。如图16.3所示的脉冲响应表明,在最优政策下,市场实际汇率与有效实际汇率之间的差距要比相对应的贸易条件差距更加稳定。换句话说,政策制定者相对来说更关心稳定实际汇率,而不是贸易条件。同时,从表16.2中可以明显看出,在均衡状态下,前者的波动性要大于后者。这两个观察结果显然是一致的。它们合在一起再一次强调了,对于政策制定者来说,重要的是与福利相关的差距,而不是变量的水平。更具体地说,贸易条件波动性较低的原因在于,本国货币定价导致市场贸易条件水平与贸易条件的有效水平之间出现了一个负的协方差,而这种协方差对于实际汇率来说却是正的。[1]

4.3.2 进口商品本币价格稳定性的来源

将生产者货币定价与本国货币定价下的最优政策对照起来进行分析,给我们带来了这样一个问题:对于进口商品的本币价格的稳定性而言,是不是应该将它认为是名义摩擦的证

---

[1] 关于有弹性的通货膨胀目标制及其对小型开放经济背景下汇率波动性的影响,请参见Svensson(2000)的分析。

据(这是本国货币定价假说的观点),而不是对企业所进行的最优化价格加成调整的反映(Atkeston and Burstein,2008;Bergin and Feenstra,2000;Dornbusch,1987;Krugman,1987;Ravn et al.,2007),抑或只是本国成本的发生在最终价格中的体现(Burstein et al.,2005)。[1] 如果根源在于实际因素,那么这种本币价格稳定性并不一定与将支出转换效应归因于汇率变动的经典观点不相容,Obstfeld(2002)强调了这一点。

本国货币价格稳定性的不同来源还可以相互作用,共同决定汇率传递的程度。在之前的一些研究中(Corsetti and Dedola,2005;Corsetti et al.,2009a),我们已经证明了本国成本和分销性交易是如何影响口岸出口商所要面对的需求弹性[2]并使之变成特定于市场的(因此也就创造了跨境价格歧视的激励),因而推动了口岸价格的上涨(从而导致独立于名义刚性的不完全的汇率传递)。[3] 根据这个模型,即便是在名义摩擦不存在的情况下,出口商也只会将由汇率变动引起的以本国货币计的边际成本的一小部分变化传递给本国价格。

反过来,允许在同一模型中同时存在影响生产者和零售商的名义刚性并不一定会降低汇率传递。零售层次上的名义刚性实际上反而会增加生产者提高本地价格以应对汇率冲击的激励。由此,实际刚性和(多层)名义刚性反过来创造了价格稳定与相对价格调整之间的权衡,而这正是需要通过最优稳定政策来解决的。[4]

4.3.3　本国货币定价的内生性与货币政策的作用

有一类数量较少但是很重要的文献强调,必须将出口商品的货币计价视为企业的利润最大化的内生选择,例如 Bacchetta 和 Van Wincoop(2005)、Devereux 等(2004)、Friberg(1998)等的研究。在他们提出的模型中,企业可以选择用本国货币或外国货币来给出口产品定价,他们也知道价格的更新会受到摩擦的影响。许多因素,从出口商的市场份额到分销的需要和对冲工具的可用性,都可能在这种选择中发挥关键的影响,相关内容可以参考 Engel(2006)的全面的总结性综述。

Taylor(2000)以及 Corsetti 和 Pesenti(2005)则专门讨论了货币政策在这种决策中的作用,Taylor(2000)将低汇率传递性与低通货膨胀环境联系了起来。还可参考 Campa 和 Goldberg(2005)给出的其他证据。Corsetti 和 Pesenti(2005)则强调了货币政策稳定对出口商的边际成本和外国市场收入协方差的系统性影响,他们的核心论点可以直观地解释如下:假设一家企业是在一个货币政策相对比较"嘈杂"的国家进行生产的,也就是说,在这个国家

---

[1] 一些实证和理论研究阐明了实际因素在抑制由汇率驱动的价格相对于边际成本波动的调整方面的重要性,例如 Goldberg 和 Hellerstein(2007)、Goldberg 和 Verboven(2001)、Nakamura 和 Zerom(2009)的研究。

[2] 众所周知,即便汇率传递是完全的,本国当地成本的发生也会降低进口价格在零售层次上的弹性。正如 Burstein 等(2007)所强调的那样,即便假设口岸进口价格是与汇率一对一地变动的(即假设正确定义的汇率传递是完全的),零售价格中也有 50% 要归于分销利润,它们大部分用于覆盖当地成本。因此,货币贬值 1% 只会对进口商品的最终价格产生 0.5% 的影响。

[3] 在我们的研究中,我们对以下情景进行了建模:上游垄断者向下游企业销售它们的可交易商品,而下游企业则在将这些商品销售给消费者之前将它们与当地的投入要素结合起来。尽管如此,同样的原理也可以应用于使用当地的投入要素将进口的中间产品组装起来的模型。

[4] 关于小型开放经济的分析,可参考 Monacelli(2005)的研究。

里,频繁的名义冲击往往会同时使名义工资提高、汇率贬值。在这种环境下,通过选择本国货币定价,这家企业可以保证当意想不到的货币扩张政策导致名义工资上升并因此导致边际成本上升时,它用本国货币计价的出口收入也会相应地增加,因为名义贬值对企业价格加成有明显的稳定作用。对于向这个国家出口的某家外国企业来说,情况则恰好相反——通过选择生产者货币定价,这家外国企业可以将自己的收入以及价格加成冲击与货币噪声隔离开来。

正如我们之前已经看到的,仁慈的政策制定者会根据汇率传递性的不同(生产者货币定价 vs 本国货币定价),选择不同的最优政策。反过来,企业在选择最优传递性的时候也会考虑货币政策。因此,货币政策与企业的定价策略是相互依赖的,这就增加了一般均衡中存在许多很有意思的相互作用的可能性。[①]

4.3.4 价格指数

本国货币定价文献提出的一个重要问题涉及政策制定者所瞄准的价格指数。本国货币定价提供的论据支持使用一个更接近于 CPI 的指数,而不是更接近于 GDP 平减指数的指数,这不仅取决于进口商品在消费篮子中的权重,也取决于本国和进口部门名义扭曲程度的差异(Smets and Wouters,2002)。[②]

类似的考虑也适用于既生产贸易商品又生产非贸易商品的生产者货币定价的经济体,这些商品的价格受名义刚性约束,因此无法实现 GDP 平减指数的完全稳定。不过,在生产者货币定价的经济体中,只要是在最优政策下,它们在其中一个关键方面的表现就会与本国货币定价的经济体非常相似,那就是价格加成和产出缺口在应对有效率的冲击时并不是完全稳定的。在部门性冲击的标准校准下,实际汇率波动实际上可能出现低于本国货币定价的情况。然而,最优价格目标仍然是只用 GDP 平减指数(现在是一个组合指数)来定义的。

还有一个相对来说人们较少探索的研究方向是,允许在价格刚性之上加入(交错)工资合同。在这种情况下,由于存在着输入型通货膨胀对最优工资设定的反馈,黏性工资可能会偏离 GDP 平减指数目标,甚至即使是在生产者货币定价下也在某种程度上为稳定进口价格的政策提供了支持。

5. 对合作性政策的偏离与对竞争性贬值的担忧

5.1 策略性操纵贸易条件的收益和成本

国际货币政策领域的一个经典问题与合作性政策可以带来的收益有关,它反映了跨境

---

① Chang 和 Velasco(2006)重新考虑了 Corsetti 和 Pesenti(2005)的研究中的机制,用它来解释货币政策如何影响债务的名义货币决策。

② 关于货币联盟中类似问题的分析,请参见 Benigno(2004)以及 Lombardo(2006)的研究。Adao 等(2009)将分析扩展到了最优货币和财政政策。

货币溢出和实际溢出效应的规模,以及独立的政策制定者之间的策略性互动的模式。在本节中,我们将在保持完全市场假设的前提下研究这个问题,关注的焦点是 Benigno 和 Benigno (2006)分析过的那类模型中的纳什均衡,他们以 GDP 平减指数的通货膨胀率作为政策工具。对于政策制定者采取合作的情况,我们再一次刻画了有承诺的最优政策,并假设适当选择的补贴能够确保稳定状态下的效率。

正如大量文献中已经充分讨论过的,国际政策合作下的配置与纳什配置并不一定是不同的,它们会在某些特殊但非常值得注意的情况下"不谋而合"。Obstfeld 和 Rogoff(2002)以及 Corsetti 和 Pesenti(2005)都讨论了这样一个特例,在他们设定的模型中,存在一个对于消费的对称的柯布-道格拉斯聚合器和对数型偏好,且只有生产率冲击,不存在政府支出。[①] 更一般地说,这个列表中的柯布-道格拉斯偏好和对数效用可以用条件 $\sigma\phi=1$ 代替,如前所述,这一条件意味着在生产者货币定价及完全市场条件下,不存在因贸易条件的变化对边际成本的影响而产生的跨境供给溢出。[②]

基于蒙代尔-弗莱明模型的一类文献则提出了另一个特例(Canzoneri and Henderson,1991;Persson and Tabellini,1995)。这些研究关注的是当冲击是全球的和各国对称的时候,合作可以带来的收益。结果发现,在主力模型中,这些收益只有在一些非常特殊的情况下为零,也就是说,只有在政府支出为零的情况下,全球冲击才会影响生产率。一般来说(例如当存在价格加成冲击时),即便是对称的扰动也会产生跨国溢出效应,这也就意味着存在通过合作政策改善福利的空间。

除了少数特殊情况,合作政策一般都是能够增进福利的。从合作中获得收益的一个具体来源是消除对贸易条件的策略性操纵。在传统文献中,支持合作的一个关键论点就是防止竞争性贬值。所谓竞争性贬值,指的是某个国家企图通过操纵贸易条件从外国竞争对手那里窃取市场,从而有利于本国就业和产出。近些年来,现代文献已经彻底地重新审视了同样的论点,不过使用福利标准是代表性消费者的期望效用。

现代分析与传统分析有一个很大的不同之处。通过分析政策制定者操纵国际价格的福利激励,现代文献清楚地表明,这些激励可以指向任意方向,而具体则取决于宏观经济的相互依赖性。也就是说,政策制定者们不只是会让本国产品更便宜。对于如何从操纵贸易条件中获益,直观说明如下。假设我们的基线模型处于稳定状态,同时由于存在适当的补贴,价格加成的效应为零。现在考虑一下本国商品生产收缩的影响(它会改善一个国家的贸易条件)。当各国商品是替代品时,本国产出的下降会减少劳动的负效用,同时对消费的效用则不会有多大影响。这是因为在更好的贸易条件下,本国家庭现在可以获得更多单位的外国商品了(它们是本国商品的很好的替代品)。这种论述遵循了贸易理论中最优关税分析的相同逻辑。当各国商品是互补品时,情况则正好相反。在这种情况下,效用会随着本国产出的边际增加而增加(即便本国的贸易条件恶化也是如此)。随着额外的产品用于交换外国商

[①] 也请参见 Benigno 和 Benigno(2003)以及 Corsetti(2006)的研究。

[②] 正如 Benigno 和 Benigno(2006)所指出的,不存在跨境供给溢出本身并不排除合作带来的收益。事实上,由于消费效用的相互依赖性,这些收益在价格加成冲击存在时才会具体体现出来。

品,进口商品消费的增加会提高本国产品消费的边际效用。需要注意的是,当各国商品相互独立时,即 $\sigma\phi=1$ 时,这些影响就消失了。[①]

从对国家有利的角度来说,对于策略性地操纵贸易条件可能带来的宏观经济优势,只要分析一下一个面临着向下倾斜的对本国产品的需求曲线的小型开放经济体,就可以看得很清楚了。因为在这样一个经济体中,分析时可以把该国与其他国家的策略性互动因素抽象掉(De Paoli,2009a)。但是一般情况与此相反。在对称的纳什均衡中,一个国家操纵贸易条件的企图在很大程度上只是自欺欺人,因为这种尝试必定会引起其他国家的政策反应:在非合作的均衡中,所有博弈参与人的最终境况都会比合作时更糟糕。一般来说,在均衡状态下,产出缺口不会消失——要么是生产过剩,要么是生产不足。[②]

5.2 全球纳什均衡中的最优稳定政策

现代跨期分析方法强调,要想刻画非合作政策的特征,就需要构建完全设定的动态博弈模型。而要做到这一点,无论是在均衡的定义上(例如,是开环的还是闭环的,是相机抉择的还是有承诺的),还是在政策工具上(通货膨胀、价格水平、产出缺口等),以及解析解的可行性(完全市场和不完全市场、扭曲的稳定状态等),抑或是在实施问题上(利率还是货币量),研究都面临着一系列重要的挑战。几乎每一篇论文都指出了虽然困难但很有前途的研究方向。[③] 在下一节中,我们将关注的焦点放在了文献中已经充分讨论过的少数几个特殊情况中的其中一个上面。具体来说,这种情况是这样的:有两个国家,生产者货币定价下存在一个以 GDP 平减指数通货膨胀率为政策工具的开环纳什均衡。对于购买力平价适用的经济体的分析,见 Benigno 和 Benigno(2006)的研究。我们重新探讨了这个特殊情况,并进行了数值实验,提供了关于实际汇率行为的新结果。

从各国自身利益的角度出发,对纳什政策的刻画是这样的出发,在有政策承诺的情况下,可以假定通过适当的补贴实现一个有效的稳定状态。所用的校准方法与表 16.1 相同,结果则如图 16.4 所示。这张图显示了在合作情况和纳什均衡之间,对本国的正生产力冲击的

[①] 货币政策对一个国家的实际国际价格的影响对相机抉择的政策制定者的激励有很重要的意义。虽然本章重点讨论的是完全承诺的情况,但是也可以简略地讨论一下这些激励。在封闭经济的新凯恩斯主义模型中,经济学家的共识是生产中的垄断性扭曲为相机抉择的政策制定者创造了一种激励,促使他们出人意料地实施货币扩张政策,以便让产出提高,从而更接近于有效水平。然而,在开放经济中,国家作为一个整体,对它自己的贸易条件也拥有垄断权力。出人意料的货币扩张虽然会导致货币贬值,但是同时也会恶化本国产出的国际价格。出于这个原因,正如 Corsetti 和 Pesenti(2001)以及 Tille(2001)讨论过的,相机抉择的政策制定者需要权衡产出和本国贸易条件中的垄断扭曲。根据这些扭曲的相对大小,相机抉择的政策制定者可能会有动机策划一场出人意料的贬值(尽管幅度小于使经济达到有效产出水平所需的幅度),或者甚至有动机策划一场事后升值。

[②] 正如 Corsetti 和 Pesenti(2001,2005)以及 Obstfeld 和 Rogoff(2002)所阐明的,各国的国家政策制定者是可以借影响企业设定的价格的平均水平操纵本国的贸易条件的——通过他们的货币规则对边际成本和收入的统计分布的影响,可参考 Broda(2006)提供的证据。

[③] Sims(2009)认为,即便是目前最前沿的研究,如 Coenen 等(2009)的工作,他们也只提供了对策略性货币政策互动的原型分析,这有以下一些原因:第一,所研究的纳什均衡的特征严重依赖于博弈的多个方面,特别是每个参与者在选择自己的行动时将哪些变量视为给定的条件;第二,过于依赖同样不符合实际的开环策略(即将其他国家的中央银行的全部过去的和未来的工具都视为给定的)或临时特设(闭环)策略,比如说简单规则;第三,缺乏不完全市场的估值效应等关键特征。

脉冲响应的差异。图中的左右两列分别报告了在本国商品与外国商品之间的两种替代性水平下得到的结果：对两列都假设偏好是偏向于本国的，即假定 $\sigma = 2$，左列对应于 $\phi = 0.3$（因此 $\phi\sigma < 1$）时的互替性情况，右列则对应于 $\phi = 0.7$（因此 $\phi\sigma > 1$）时的互替性情况。如前所述，当商品相互独立时，两者的配置是重合的。

相对于合作配置中的有效贸易条件/实际汇率贬值，非合作政策在应对冲击时既可能导致更多的贬值，也可能导致更少的贬值，具体取决于 $\phi\sigma$ 的大小。这就表明在策略性相互作用的情况下，互替时的汇率波动较小，而互补时的汇率波动则较大。[①] 在互补性情况下（即当 $\sigma\phi < 1$ 时），我们可以观察到过度贬值（竞争性贬值）的现象。而在互替性情况下（即当 $\sigma\phi > 1$ 时），本国可以享受到实际升值的好处（相对于合作政策基准）。相对应地，在纳什政策下，在任何一个国家中，实际利率相对于有效配置的变动方向而言是相反的。

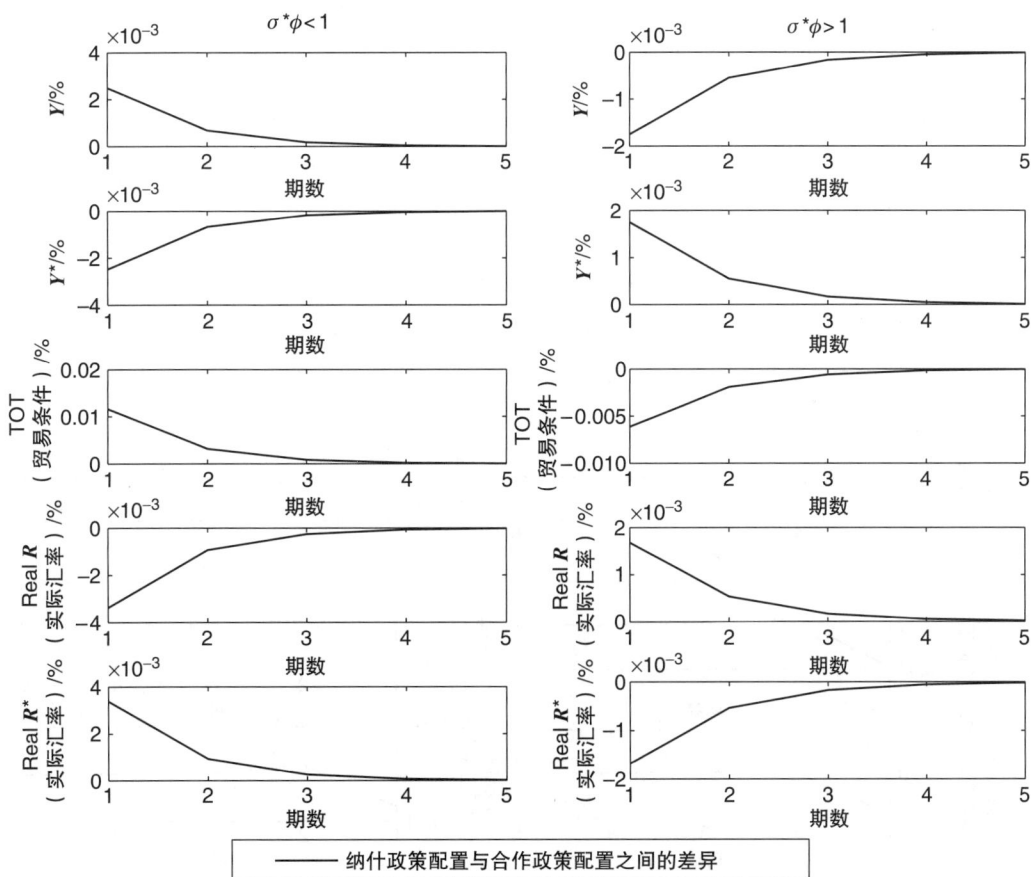

图 16.4　在本国受到一个生产率冲击之后的纳什缺口[②]

注：在本图中，$\sigma = 2$。在第一列的各小图中，我们设 $\phi = 0.3$，而在第二列中，我们设 $\phi = 0.7$。

[①] 这里有意思的是，De Paoli（2009b）指出，在非合作均衡中，相对于汇率有一定程度的弹性的区制，采用固定汇率制度的小国更有可能增进福利。这是支持足够大的替代弹性的一个理由。

[②] 这里的"在第一列的各小图中，我们设 $\phi = 0.3$，而在第二列中，我们设 $\phi = 0.7$"，原文为"在第一列各小图中，我们设 $\varphi = 0.3$，而在第三列中，我们设 $\varphi = 0.7$"，疑有误，已改——译者注。

在 $\sigma\phi<1$ 的情况下,对应于过度贬值,本国产出将超出其弹性价格水平,因此本国产出缺口在应对生产率冲击时会在特定的时机处于不稳定状态。而在 $\sigma\phi>1$ 的情况下则相反,本国产出缺口处于过度稳定的状态。通过将产出保持在低于弹性价格水平的水平上,本国可以节省劳动,并通过以更优越的贸易条件获得外国商品(它们是本国商品的良好替代品)来提高消费效用。在这两种情况下,产出缺口都不为零。由于相关联的价格离散和相关联的价格错位,纳什配置显然是一种以价格稳定压倒了福利的配置。

类似的模式也可以用来描述在纳什政策下对本国经济中有利的价格加成冲击的最优反应,如图 16.5 所示。面对这种冲击,本国和外国的货币政策立场都是无效率的扩张,其程度则随参数配置而异。在存在商品互替性的情况下,本国贸易条件恶化会导致外国产出下降。而在存在商品互补性的情况下,即便本国贸易条件相对于有效配置的偏差更小(因此恶化更多),更强劲的全球需求也会推高外国的产出。在后一种情况下,国际价格的波动性也会更高(波动幅度随价格加成冲击而定)。

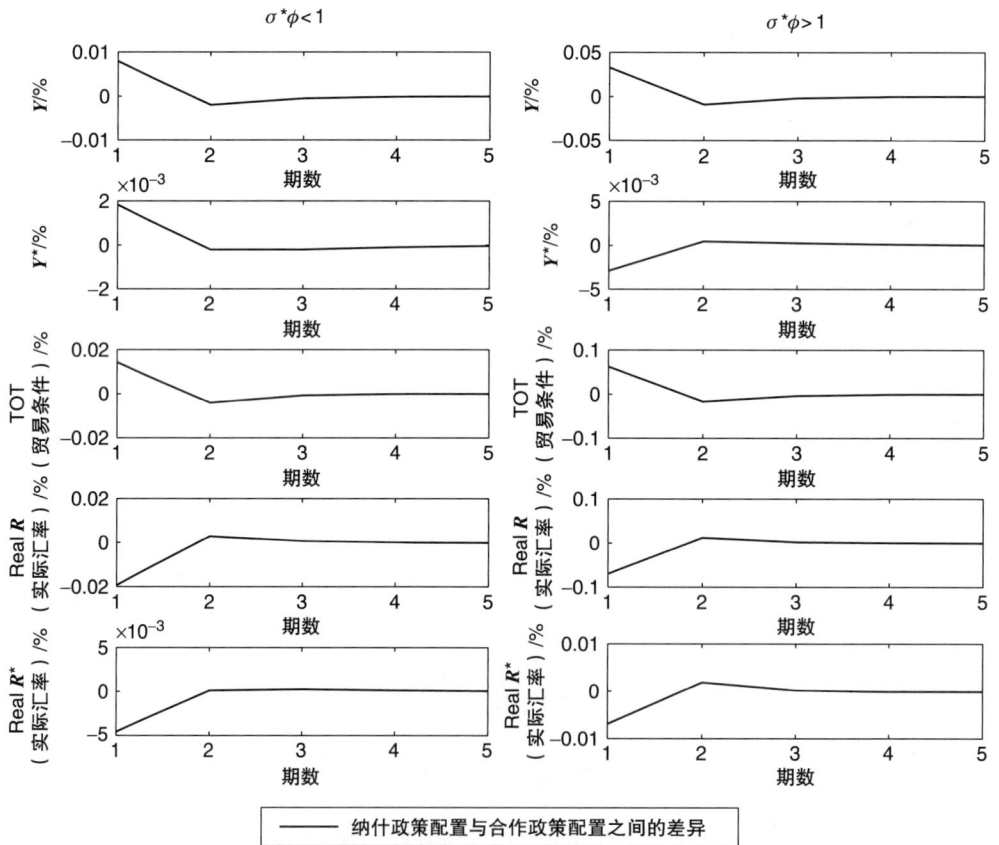

图 16.5 在本国价格加成外生性下降之后的纳什缺口①

注:在本图中,与基准校准中一样,$\sigma=2$。在第一列的各小图中,我们设 $\phi=0.3$,而在第二列中,我们设 $\phi=0.7$。

---

① 这里的"在第一列的各小图中,我们设 $\phi=0.3$,而在第二列中,我们设 $\phi=0.7$",原文为"在第一列的各小图中,我们设 $\varphi=0.3$,而在第三列中,我们设 $\varphi=0.7$",疑有误,已改——译者注。

在图 16.4 或图 16.5 中,我们可以看到这两种配置之间的差异非常小。从福利的角度来看,合作带来的收益实际上接近于零。[①] 事实上,现有文献已经对完全市场下的基准模型进行了数值评估,结果表明,与(会对贸易条件进行策略性操纵的)政策制定者独立进行决策时所采用的最优稳定政策相比,对政策加以协调并不能产生数量可观的福利收益。

这方面一个重要的例子是 Obstfeld 和 Rogoff(2002)的研究,他们令人信服地强调了福利收益的规模有限性,这是一个新颖而独到的观点,也助长了学界对国际政策合作和协调的"美德"的怀疑。此外,它支持把"各人自扫门前雪,莫管他人瓦上霜"这个原则作为一个有效的全球经济秩序的基础。

然而,关于政策协调的收益的争论还远未结束。在不存在承诺(Cooley and Quadrini,2003)或无效率冲击及真实扭曲的情况下,全球政策协调的收益可能是显著的,因为那种情况下出现的与政策相关的权衡可能会扩大政策冲突的范围(即超出对贸易条件的策略性操纵的范围)[②],并放大策略性互动的无效率性(Canzoneri et al.,2005;Pappa,2004)。

本章第二部分:货币错位与跨国需求失衡

在本章的第一部分,我们分析了拥有完全市场的经济的最优货币政策,在面对有效率的冲击时,通过实施弹性价格配置,它们能够纠正本国的名义扭曲,并且在这样做的过程中还能够纠正在资产和商品价格中扮演了双重角色的汇率的错位。[③] 现在,我们放宽完全市场假设,转而研究这样一类经济体:弹性价格配置会导致全球和本国消费与就业的无效率水平,并导致实际货币错位(即便是在汇率只反映基本面情况的时候也是如此)。面对这些无效率,政策制定者需要进行一系列重要的权衡,他们还引出了应该在多大程度上针对货币错位和全球需求失衡制定货币政策的问题。

在接下来的几节中,我们首先关注金融自给自足这种在分析时比较方便的情况,并推导出描述均衡配置、政策损失函数和最优目标规则的封闭形式的表达式。然后根据这一直觉结论,我们将展开对于行为主体可以在国际上进行借贷的经济体的深入的数值分析。

[①] 在我们的校准中,用稳态消费水平来衡量,从合作中获得的收益在生产率、口味和价格加成冲击等方面基本上等于零。与其他两个冲击相比,价格加成冲击发生后的合作收益要大一个数量级,但是仍然非常小。举例来说,在 $\phi=1$ 且不存在本国偏向的情况下,它们仅相当于稳定状态下消费的 0.000263%。

[②] 诚然,相关文献(仍然)未能证明贸易条件操纵作为驱动货币政策的一个原则是否具有经验上的相关性。在某种程度上,这场辩论呼应了贸易理论文献中关于最优关税的经验相关性的相应辩论。

[③] 例如 Devereux 和 Engel(2007)的讨论,他们的研究发展了 Beaudry 和 Portier(2006)提出的一个存在新闻冲击的模型。

6. 不完美的资产市场下的宏观经济的相互依赖性

6.1 金融自给自足下的自然配置

资产市场不完美性和货币政策摩擦的关键后果是弹性价格配置通常与最优配置不一致。在举例说明这一点的时候,我们可以把重点放在金融自给自足这种特殊情况上,因为对于这种情况,可以通过解析方法得到一些结果。在这种情况下,家庭和企业既无法获得国际借贷,也无法签订任何其他类型的跨境金融合同,因此,它们也就没有机会通过资产多样化来跨越国界分担风险。与在完全市场下一样,我们仍然假设财富在各行为主体之间的分布在最开始时是对称的。

因为不存在国际资产贸易,所以本国生产总值必定与名义上的公共和私人消费水平相等。出于同样的原因,因为无法与其他国家进行跨期贸易,所以总进口值应等于总出口值。利用贸易条件 T_t 和实际汇率 Q_t 的定义,我们可以把用总消费和实际汇率表示的贸易平衡条件重写为类似于式(16.31)的对数线性化形式:

$$(2a_H\phi - 1)\tilde{Q}_t = (2a_H - 1)(\bar{C}_t - \bar{C}_t^*) \tag{16.59}$$

通过与第2节所述相同的推导过程,我们可以证明在弹性价格下,本国和外国的产出都将服从以下关系:

$$(\eta + \sigma)\tilde{Y}_{H,t} = (\sigma - 1)(1 - a_H)\tilde{T}_t + \eta\hat{\zeta}_{Y,t} + \hat{\zeta}_{C,t} + \hat{\mu}_t \tag{16.60}$$

$$(\eta + \sigma)\tilde{Y}_{F,t} = (\sigma - 1)(1 - a_H)(-\tilde{T}_t) + \eta\hat{\zeta}_{Y,t}^* + \hat{\zeta}_{C,t}^* + \hat{\mu}_t^* \tag{16.61}$$

同时,贸易条件反过来也可以写成相对产出的函数:

$$[1 - 2a_H(1 - \phi)]\tilde{T}_t = \tilde{Y}_{H,t} - \tilde{Y}_{F,t} \tag{16.62}$$

将这几个表达式与它们在最优时的对应表达式(16.32)和式(16.33)比较一下,就可以非常清楚地看到,在金融自给自足的情况下,冲击的传递通常会有很大的不同,具体则取决于像 σ 和 ϕ 这样的偏好参数的取值。例如,由于不完美的风险分担,即便是对于足够低的贸易弹性——也就是说,对于 $\phi < \dfrac{2a_H - 1}{2a_H}$ ——提高本国相对产出的冲击在金融自给自足的情况下也会提高贸易条件。[①] 而如果市场是完全的,那么这种提高是不可能的——请回过头去看一下式(16.33)。

---

① 如 Corsetti 和 Dedola(2005)以及 Corsetti 等(2008a)所讨论的,对于足够低的 ϕ,存在出现多重均衡的可能性。

6.2　金融不完美性对本国和全球的影响

如上文所述,在生产者货币定价和完全市场下,价格加成冲击总是会使经济偏离有效配置,导致在产出与价格稳定之间与福利相关的权衡。在金融自给自足的情况下,情况显然也是如此。然而,在金融自给自足的情况下,经济在应对有效率的冲击时,通常也会远离其最优配置。

现有的文献已经注意到了一些特殊但包含了丰富信息的例外情况,那就是尽管资本市场不完美,弹性价格配置仍旧等于最优配置。根据 Helpman 和 Razin(1978)、Cole 和 Obstfeld(1991)讨论的机制,这种等价性确实是可能的。在特定的参数配置下,应对冲击的贸易条件的变动会使得本国产出对外国产出的相对值保持不变,从而即便是在资产贸易不存在的情况下,也自动提供了风险保险。[①]

当且仅当满足以下条件时,金融自给自足下的弹性价格配置才是有效的:

$$\tilde{\mathcal{D}}_t = \left[\sigma(\tilde{C}_t - \tilde{C}_t^*) - \tilde{Q}_t\right] - (\dot{\zeta}_{C,t} - \dot{\zeta}_{C,t}^*) = 0 \tag{16.63}$$

用相对产出来表示内生变量:

$$\tilde{Q}_t = (2a_H - 1)\tilde{T}_t = \frac{2a_H - 1}{1 - 2a_H(1 - \phi)}(\tilde{Y}_{H,t} - \tilde{Y}_{F,t}) \tag{16.64}$$

$$(\tilde{C}_t - \tilde{C}_t^*) = (2a_H\phi - 1)\tilde{T}_t = \frac{2a_H\phi - 1}{1 - 2a_H(1 - \phi)}(\tilde{Y}_{H,t} - \tilde{Y}_{F,t}) \tag{16.65}$$

并重新排列,则式(16.63)可以重写为:

$$\frac{\sigma(2a_H\phi - 1) - (2a_H - 1)}{1 - 2a_H(1 - \phi)}(\tilde{Y}_{H,t} - \tilde{Y}_{F,t}) - (\dot{\zeta}_{C,t} - \dot{\zeta}_{C,t}^*) = 0 \tag{16.66}$$

因此很显然,当偏好冲击与技术冲击互不相关时,这个条件是无法满足的。一般来说,即便是在所有的冲击都是有效率的情况下,也没有任何一种参数配置可以让金融自给自足下的弹性价格配置与最优配置相一致。

相反,在每一个单独出现的有效冲击下,有效配置和金融自给自足配置是有可能重合的。现在假设仅存在技术冲击,当参数满足以下条件时,就将出现这种结果:

$$\sigma\phi = 1 + \frac{1 + \phi}{2a_H\phi - 1} \tag{16.67}$$

不难注意到,对于 $\phi = 1$ 的情况——本国和外国商品的科布-道格拉斯聚合器——有效性要求消费的效用是对数的(即 $\sigma = 1$),就像宏观经济独立的情况($\sigma\phi = 1$)一样。在 Corsetti 和 Pesenti(2001)描述了这种参数配置之后,开放经济货币政策文献对它进行了充分的分析。

在式(16.67)被违背的情况下,作为应对基本面技术冲击的反应,贸易条件和实际汇

---

① 然而,从经验上看,贸易条件的波动性往往大于相对产出的波动性。关于贸易条件的商业周期特征,参见 Mendoza(1995)提供的早期证据。

率相对于有效配置将出现错位(即便在弹性价格下也是如此),而消费在各国之间的配置也将是次优的。从如下这个事实还可以推导出一个有用的结果:当 $\sigma \geqslant 1$ 时,对式(16.67)的偏离的符号可以表明,相对于有效基准,作为对某个国家的生产率增长的反应,本国的总需求是过高还是过低。在面对本国经济中的正向技术冲击的时候,对于 $\sigma \geqslant 1$,本国总需求将会过高,从而导致跨国需求失衡和本国经济过热——在我们现在讨论的问题的背景下,"过热"这个术语可以定义为相对于有效均衡的过高的需求和经济活动水平。而对于 $1 > \phi > \dfrac{2a_H - 1}{2a_H}$,本国总需求将会过低。相应地,实际汇率错位也将分别以高估或低估的形式呈现出来。

而当存在着非常大的本国消费偏向的时候,$\phi < \dfrac{2a_H - 1}{2a_H}$ 这种情况也会变得与我们的分析相关。Corsetti 等(2008a)对这种情况进行了深入、细致的分析,他们将之称为由一个国家的实际汇率升值所带来的"负传递"——在出现了这种情况和实际汇率升值的国家,正向的技术冲击与过度相对总需求相关。

而在偏好冲击的情况下,弹性价格配置与最优配置相一致的条件则有所不同。将式(16.66)写为只包括这种冲击的形式,我们可以得到:

$$
[\sigma(2a_H\phi - 1) - (2a_H - 1)]\{(\sigma + \eta)[1 - 2a_H(1 - \phi)] - 2(1 - a_H)(\sigma - 1)\} = 1
$$
(16.68)

不难注意到,式(16.68)要成立的一个必要条件是:

$$
\sigma\phi \neq 1 + \frac{1 - \phi}{2a_H\phi - 1}
$$

这个条件意味着,偏好冲击下的有效性与技术冲击下的有效性是不相容的,如式(16.67)所示。一般来说,对于技术冲击的情况,偏离前一个等式的符号表明了,相对于有效基准,其中一个国家的相对总需求是过高还是过低,从而导致在严格的重现弹性价格配置的价格稳定政策下,出现跨国需求不平衡和本国过热。

6.3 最优政策:在需求失衡和错位与通货膨胀之间的权衡

接下来,我们继续描述具有不完全市场和名义刚性的经济体的最优货币政策,同时把讨论的焦点放在生产者货币定价的情况上。在金融自给自足和生产者货币定价下,本国和外国 GDP 平减指数通货膨胀的新凯恩斯主义菲利普斯曲线分别为:

$$
\pi_{H,t} = \beta E_t \pi_{H,t+1} + \frac{(1 - \alpha\beta)(1 - \alpha)}{\alpha(1 + \theta\eta)} \{ (\eta + \sigma)(\hat{Y}_{H,t} - \tilde{Y}_{H,t}^{fb}) + \hat{\mu}_t
$$
$$
- (1 - a_H) \cdot [2a_H(\sigma\phi - 1)(\hat{T}_t - \tilde{T}_t^{fb}) - \hat{\mathcal{D}}_t] \}
$$
(16.69)

$$
\pi_{F,t}^* = \beta E_t \pi_{F,t+1}^* + \frac{(1 - \alpha\beta)(1 - \alpha)}{\alpha(1 + \theta\eta)} \{ (\eta + \sigma)(\hat{Y}_{F,t} - \tilde{Y}_{F,t}^{fb}) + \hat{\mu}_t^*
$$
$$
- (1 - a_H) \cdot [2a_H(\sigma\phi - 1)(\hat{T}_t - \tilde{T}_t^{fb}) - \hat{\mathcal{D}}_t] \}
$$

在不完全市场下,上式中的最后一项 $\dot{\mathcal{D}}_t$ 一般不会是零(它对应于基本面冲击)。

与金融自给自足和生产者货币定价相关联的货币政策权衡可以用如下流量损失函数来总结(该函数是在合作的标准假设和一个有效的非随机稳态下推导出来的):

$$
\begin{aligned}
\mathcal{L}^{\text{FA-PCP}} \mid \times -\frac{1}{2} \Big\langle & (\sigma + \eta)(\tilde{Y}_{H,t}^{fb} - \hat{Y}_{H,t})^2 + (\sigma + \eta)(\tilde{Y}_{F,t}^{fb} - \hat{Y}_{F,t})^2 \\
& + \frac{\theta\alpha(1 + \theta\eta)}{(1 - \alpha\beta)(1 - \alpha)}\pi_{H,t}^2 + \frac{\theta\alpha^*(1 + \theta\eta)}{(1 - \alpha^*\beta)(1 - \alpha^*)}\pi_{F,t}^{*2} \\
& - 2a_H(1 - a_H)(\sigma\phi - 1)[1 - 2a_H(1 - \phi)](\tilde{T}_t^{fb} - \hat{T}_t)^2 \\
& + \frac{2a_H(1 - a_H)(\phi - 1)}{\sigma(2a_H\phi - 1) - (2a_H - 1)} \\
& \cdot \underbrace{\Big\{[\sigma(2a_H\phi - 1) - (2a_H - 1)]\hat{T}_t - (\dot{\zeta}_{C,t} - \dot{\zeta}_{C,t}^*)\Big\}^2}_{\dot{\mathcal{D}}_t} \Big\rangle
\end{aligned}
\tag{16.70}
$$

金融自给自足下损失函数与对应的完全市场下的损失函数,即式(16.40),在两个方面存在着不同。首先,贸易条件差距的系数多了一个附加项,这是因为相对产出与国际相对价格之间的均衡关系不同,现在由贸易平衡的要求所支配。其次,除了依赖于对本国产出和贸易条件的有效水平的偏离,损失函数还依赖于对总需求的有效跨国配置的偏离 $\dot{\mathcal{D}}_t$。因此,一般而言,目标函数包括了在明确界定的政策目标之间的权衡,这些政策目标是特定于异质性行为主体经济体的:严格地以通货膨胀为目标不会是最优的,即便是在应对有效率的冲击时也是如此。

与前几节类似,如果取永恒的视角,那么最优合作政策可以用关于通货膨胀和产出的一阶条件来刻画。关于通货膨胀的一阶条件为:

$$
\begin{aligned}
\pi_{H,t}: 0 &= -\theta\frac{\alpha(1 + \theta\eta)}{(1 - \alpha\beta)(1 - \alpha)}\pi_{H,t} - \gamma_{H,t} + \gamma_{H,t-1} \\
\pi_{F,t}^*: 0 &= -\theta\frac{\alpha^*(1 + \theta\eta)}{(1 - \alpha^*\beta)(1 - \alpha^*)}\pi_{F,t}^* - \gamma_{F,t}^* + \gamma_{F,t-1}^*
\end{aligned}
\tag{16.71}
$$

其中 $\gamma_{H,t}$ 和 $\gamma_{H,t}^*$ 是菲利普斯曲线的乘数(其滞后反映了承诺假设)。关于产出的一阶条件为:

$$
\begin{aligned}
\hat{Y}_{H,t}: 0 = & (\sigma + \eta)(\tilde{Y}_{H,t}^{fb} - \hat{Y}_{H,t}) - 2a_H(1 - a_H)(\sigma\phi - 1)(\tilde{T}_t^{fb} - \hat{T}_t) \\
& - \frac{2a_H(1 - a_H)(\phi - 1)}{1 - 2a_H(1 - \phi)}\dot{\mathcal{D}}_t \\
& - \frac{(1 - \alpha\beta)(1 - \alpha)}{\alpha(1 + \theta\eta)}\left[\sigma + \eta - \frac{(1 - a_H)(\sigma - 1)}{1 - 2a_H(1 - \phi)}\right]\gamma_{H,t} \\
& + \frac{(1 - \alpha^*\beta)(1 - \alpha^*)}{\alpha^*(1 + \theta\eta)}\frac{(1 - a_H)(\sigma - 1)}{1 - 2a_H(1 - \phi)}\gamma_{F,t}^*
\end{aligned}
\tag{16.72}
$$

$$\dot{Y}_{F,t}:0 = (\sigma + \eta)(\tilde{Y}^{fb}_{F,t} - \dot{Y}_{F,t}) - 2a_H(1 - a_H)(\sigma\phi - 1)(\tilde{T}^{fb}_t - \dot{T}_t)$$

$$+ \frac{2a_H(1 - a_H)(\phi - 1)}{1 - 2a_H(1 - \phi)}\dot{\mathcal{D}}_t$$

$$- \frac{(1 - \alpha\beta)(1 - \alpha)}{\alpha(1 + \theta\eta)}\frac{(1 - a_H)(\sigma - 1)}{1 - 2a_H(1 - \phi)}\gamma_{H,t}$$

$$+ \frac{(1 - \alpha^*\beta)(1 - \alpha^*)}{\alpha^*(1 + \theta\eta)}\left[\sigma + \eta - \frac{(1 - a_H)(\sigma - 1)}{1 - 2a_H(1 - \phi)}\right]\gamma^*_{F,t}$$

在这里,我们利用了贸易条件 $\dot{T}_t$ 和 $\dot{\mathcal{D}}_t$ 都是相对产出的线性函数的事实。

将上述一阶条件相加,并取其差分,那么最优政策可以隐式表示为一个全球目标规则,它在形式上与完全市场和生产者货币定价下导出的全球目标规则式(16.43)完全相同:

$$0 = [(\dot{Y}_{H,t} - \tilde{Y}^{fb}_{H,t}) - (\dot{Y}_{H,t-1} - \tilde{Y}^{fb}_{H,t-1})]$$

$$+ [(\dot{Y}_{F,t} - \tilde{Y}^{fb}_{F,t}) - (\dot{Y}_{F,t-1} - \tilde{Y}^{fb}_{F,t-1})] \qquad (16.73)$$

$$+ \theta(\pi_{H,t} + \pi^*_{F,t})$$

同时还可以得到如下跨国规则:

$$0 = (\sigma + \eta)\left\{[(\dot{Y}_{H,t} - \tilde{Y}^{fb}_{H,t}) - (\dot{Y}_{H,t-1} - \tilde{Y}^{fb}_{H,t-1})]\right.$$

$$- [(\dot{Y}_{F,t} - \tilde{Y}^{fb}_{F,t}) - (\dot{Y}_{F,t-1} - \tilde{Y}^{fb}_{F,t-1})] + \theta(\pi_{H,t} - \pi^*_{F,t})\right\}$$

$$+ 4a_H(1 - a_H)(\sigma\phi - 1)\left\{[(\dot{T}_t - \tilde{T}^{fb}_t) - (\dot{T}_{t-1} - \tilde{T}^{fb}_{t-1})]\right. \qquad (16.74)$$

$$- \frac{(\sigma - 1)}{2a_H(\sigma\phi - 1)}\frac{\theta}{1 - 2a_H(1 - \phi)}(\pi_{H,t} - \pi^*_{F,t})\right\}$$

$$+ \frac{4a_H(a - a_H)(\phi - 1)}{1 - 2a_H(1 - \phi)}(\dot{\mathcal{D}}_t - \dot{\mathcal{D}}_{t-1})$$

将这个表达式与在完全市场下推导出来的目标规则式(16.44)对比一下,马上就可以观察到,只有产出缺口和通货膨胀差距的前两项是相同的。根据我们在讨论损失函数时已经指出过的差异,不完全市场下的规则取决于 $\dot{\mathcal{D}}_t$ 中的一个附加项,同时相对价格和通货膨胀差距的这一项的系数反映了可以归因于平衡贸易的错位。由于这些错位的存在,即便是在隐含着跨国需求不存在错配的特殊条件下(即 $\dot{\mathcal{D}}_t = 0$),当面对需求冲击或供给冲击,即式(16.67)或(16.68)的时候,相对通货膨胀与相对价格之间的权衡通常也不会同相对产出缺口与相对通货膨胀之间的权衡成正比。

关于货币政策权衡的国际维度,通过对前面在不完全市场和生产者货币定价下得到的目标规则与在完全市场和本国货币定价下得到的目标规则进行比较,就可以得到许多很有用的结果。这也正是那些讨论因各种与开放性有关的扭曲(或者说进口部门的名义刚性)导致对"神圣的巧合"的偏离的文献所强调的。为了便于处理,我们在这里进行比较时,采用了简化假设 $\eta = 0$。

首先,我们用实际汇率取代贸易条件,将先前给出的去中心化目标规则式(16.74)重写为如下形式:

$$0 = \left\{ \left[(\hat{Y}_{H,t} - \tilde{Y}_{H,t}^{fb}) - (\hat{Y}_{H,t-1} - \tilde{Y}_{H,t-1}^{fb}) \right] - \left[(\hat{Y}_{F,t} - \tilde{Y}_{F,t}^{fb}) - (\hat{Y}_{F,t-1} - \tilde{Y}_{F,t-1}^{fb}) \right] \right.$$

$$\left. + \frac{\theta}{\sigma} \frac{1}{1 - 2a_H(1-\phi)} [2a_H(\sigma\phi - 1) - (\sigma - 2)] (\pi_{H,t} - \pi_{F,t}^*) \right\}$$

$$+ \frac{4a_H(1 - a_H)}{2a_H - 1} (\frac{\sigma\phi - 1}{\sigma}) [(\dot{Q}_t - \dot{Q}_t^{fb}) - (\dot{Q}_{t-1} - \dot{Q}_{t-1}^{fb})]$$

$$+ \frac{4a_H(1 - a_H)(\phi - 1)}{\sigma[1 - 2a_H(1-\phi)]} (\dot{\mathcal{D}}_t - \dot{\mathcal{D}}_{t-1}) \tag{16.75}$$

这样一来,它就与在本国货币定价和完全市场下得到的类似目标规则式(16.58)直接可比了。[①] 只要观察一下这两个表达式就可以看出,很明显,在任何一种情况下,最优货币政策都包括了一个国际维度:国内目标(通货膨胀和产出缺口)要与外部变量的稳定进行权衡。这些外部变量包括实际汇率,以及——对于金融自给自足的经济体来说的——需求缺口。然而,这两个表达式之间至少存在着两个突出的不同之处。第一个差异体现在相似项的系数上。在具有完全市场和本国货币定价的经济中,通货膨胀项和实际汇率差距项的系数分别为 $\theta > 0$ 和 $\sigma > 0$。而在本节分析的经济中,相应的系数同时还依赖于本国偏向程度 a_H 以及弹性 σ 和 ϕ,并且符号既可以为正,也可以为负。这就证实了这样一种观点:当市场不完全时,开放性和弹性很可能在开放经济体的政策权衡中发挥着关键作用。

第二个差异则涉及了新增加的 $\dot{\mathcal{D}}_t$ 这一项的含义。这一项是用来刻画需求失衡状况的——回顾一下, $\tilde{\mathcal{D}}_t = 0$ ——它可以分解为两个分量,即如下式所示的实际汇率错位项和跨国消费差距项:

$$\dot{\mathcal{D}}_t - \tilde{\mathcal{D}}_t^{fb} = \sigma [(\hat{C}_t - \tilde{C}_t^{fb}) - (\hat{C}_t^* - \tilde{C}_t^{*fb})] - (\hat{Q}_t - \tilde{Q}_t^{fb})$$

在我们前面对本国货币定价和具有完全市场的经济进行分析时,我们已经看到了,如果 $\eta = 0$,我们就既可以用跨国消费差距来写相对(CPI)通货膨胀的权衡的表达式,也可以用实际汇率错位来写,因为它们是成正比的。但是在不完全市场下则不会出现类似的结果,因为在这种情况下,实际汇率错位既取决于跨国消费差距,也取决于产出缺口,如下式所示:

$$4(1 - a_H)a_H\phi\sigma(\hat{Q}_t - \tilde{Q}_t^{fb}) = (2a_H - 1)\sigma \{ (\hat{Y}_{H,t} - \tilde{Y}_{H,t}^{fb}) - (\hat{Y}_{F,t} - \tilde{Y}_{F,t}^{fb}) $$

$$- (2a_H - 1)[(\hat{C}_t - \tilde{C}_t^{fb}) - (\hat{C}_t^* - \tilde{C}_t^{*fb})] \}$$

因此,目标规则式(16.76)中的那些非通货膨胀项肯定是需求缺口的这两个分量的函数。这种差异背后的直觉很简单:与完全市场的情况相比,在金融自给自足的情况下即便消除了实际汇率错位,也不能自动地纠正相对消费差距,因此需要权衡最优货币政策。

结合目标规则来考虑,即将它们重新写为特定于每个国家的非集中化的目标规则,可以获得更加深入的见解(再一次假设 $\eta = 0$)。不妨先以本国为研究对象,在不完全市场的情况下,生产者货币定价的经济中的非集中化的目标规则为:

---

① 这里的"目标规则式(16.58)",原文为"目标规则(??)",明显有错,现已根据上下文修改——译者注。

$$0 = \theta \pi_{H,t} + \left[(\hat{Y}_{H,t} - \tilde{Y}_{H,t}^{fb}) - (\hat{Y}_{H,t-1} - \tilde{Y}_{H,t-1}^{fb}) \right]$$

$$+ \frac{1/2}{2(1-a_H) - \sigma(1-2a_H\phi)} \langle 4a_H(1-a_H)(\sigma\phi - 1)[1 - 2a_H(1-\phi)]$$

$$+ [4(1-a_H)a_H\phi\sigma + (2a_H - 1)^2]\{2a_H[2 - \phi(1+\sigma)] + (\sigma - 1)\}\rangle$$

$$\cdot \sigma^{-1} \left[(\hat{T}_t - \tilde{T}_t^{fb}) - (\hat{T}_{t-1} - \tilde{T}_{t-1}^{fb}) \right]$$

$$+ \frac{1/2}{2(1-a_H) - \sigma(1-2a_H\phi)} \langle 4a_H(1-a_H)(\phi - 1)$$

$$+ (2a_H - 1)\{2a_H[2 - \phi(1+\sigma)] + (\sigma - 1)\}\rangle \sigma^{-1}(\hat{\mathcal{D}}_t - \hat{\mathcal{D}}_{t-1})$$

再写出完全市场和本国货币定价下的相应的目标规则，这对我们的分析很有用：

$$0 = \theta[a_H\pi_{H,t} + (1-a_H)\pi_{F,t}] + \left[(\hat{Y}_{H,t} - \tilde{Y}_{H,t}^{fb}) - (\hat{Y}_{H,t-1} - \tilde{Y}_{H,t-1}^{fb}) \right]$$

$$- (1-a_H)2a_H(\sigma - 1)\sigma^{-1}(\hat{\Delta}_t - \hat{\Delta}_{t-1})$$

$$- (1-a_H)[2a_H(\sigma - 1) + 1]\sigma^{-1} \left[(\hat{T}_t - \tilde{T}_t^{fb}) - (\hat{T}_{t-1} - \tilde{T}_{t-1}^{fb}) \right]$$

只要比较一下上面这两个表达式就可以看出，很明显，最优货币政策要对产出缺口和通货膨胀与贸易条件的稳定性以及对单一价格定律的偏离（在本国货币定价和完全市场的经济中）或需求缺口（在金融自给自足和生产者货币定价的经济中）进行权衡。然而，这里有意思的一点是，这些权衡是受不同的参数影响的，特别是与那些和外部变量目标相乘的系数有关。在金融自给自足的经济中，这些系数可能是相当大的，尤其是在使得 $\sigma(1-2a_H\phi)$ 的值与 $2(1-a_H)$ 的值相当接近的参数设置中。这个结果表明，与涉及多重名义扭曲的外部变量的权衡相比，对于涉及不完全市场扭曲的外部变量的权衡的意义更加重大，这一点我们已经在相关的研究中进行了深入的探讨（Corsetti et al. ，2009b）。

最后，在结束本部分的分析之前，我们还要讨论一下这个模型的一个特殊参数配置下的最优政策：假设对数效用和科布-道格拉斯消费聚合器，即 $\sigma = \phi = 1$。在 Corsetti 和 Pesenti（2005）率先对这种特殊情况进行了研究之后，相关文献中不断出现类似的研究。利用我们的分析结果很容易验证，在生产者货币定价下，金融自给自足和完全市场下的目标规则的表达式是一致的，但是并不意味着相同的配置结果。出现这种配置差异的原因是，虽然这两种目标规则在形式上是相同的，但是与福利相关的产出缺口在两种市场结构下的表现并不相同。如前所述，在金融自给自足的情况下，弹性价格配置只在应对生产率冲击时是有效率的，而在应对偏好冲击时是无效率的。

要证明这一点非常简单。因为只要利用菲利普斯曲线就可以很容易地验证以下事实。如果 $\sigma = \phi = 1$，那么通过将通货膨胀率保持在零的水平上来应对偏好冲击就意味着无效率的产出缺口：

$$(1 + \eta)(\hat{Y}_{H,t} - \tilde{Y}_{H,t}^{fb}) = (1 - a_H)(\hat{\zeta}_{C,t} - \hat{\zeta}_{C,t}^*)$$

$$(1 + \eta)(\hat{Y}_{F,t} - \tilde{Y}_{F,t}^{fb}) = (1 - a_H)(\hat{\zeta}_{C,t} - \hat{\zeta}_{C,t}^*) \tag{16.76}$$

而由式（16.66）可知，在相关的参数化下，$\hat{\mathcal{D}}_t$ 就等于负的偏好冲击差距 $\hat{\zeta}_{C,t} - \hat{\zeta}_{C,t}^*$，因此是独立于政策的。这种无效率的产出缺口反过来会转化为贸易条件和实际汇率的错位。在金融自给自足的情况下,式(16.62)意味着一个正的本国产出缺口,无论其来源是什么,它都只会削弱本国的贸易条件。反之,在最优配置下,本国偏好冲击所导致的正的产出缺口则与更强的本国贸易条件有关,因为贸易条件也会直接对这样一个冲击做出反应:

$$\tilde{T}_t^{fb} = (\tilde{Y}_{H,t}^{fb} - \tilde{Y}_{F,t}^{fb}) - (2a_H - 1)\dot{\zeta}_{C,t} = -\frac{\eta}{1+\eta}(2a_H - 1)\dot{\zeta}_{C,t}$$

至此,我们马上可以推导出出现的错位与偏好冲击具有相同的符号:

$$\dot{T}_t - \tilde{T}_t^{fb} = \frac{1}{1+\eta}[1 + \eta(2a_H - 1)]\dot{\zeta}_{C,t}$$

正如 Devereux(2003)所强调的,即便汇率会对基本面冲击做出反应,并起到"减震器"的作用,它也不会促进有效配置。

因此,与完全市场一样,对所有的有效率的冲击都实施弹性价格配置的货币政策立场不可能是最优的。相反,最优政策对偏好冲击的反应类似于对价格加成冲击的反应,即应根据经济的开放程度来决定决策应该在什么范围内容纳它们。①

6.4 国际借贷

在金融自给自足的情况下得出的上述解析结果为研究具有特定类型的资产贸易的经济体提供了一个有效的解释性工具。图16.6显示了最优策略下对偏好冲击的脉冲响应。这张图将上面描述的生产者货币定价下的金融自给自足的经济的特征与家庭可以在国际上交易以本国货币计价的非状态依存型债券的经济的特征进行了对比。

---

① 不难注意到,在相关的参数化下,损失函数中可以去掉贸易条件项,即货币当局只需在产出缺口与稳定通货膨胀之间进行权衡就行了。然而尽管如此,最优政策确实纠正了(至少是部分纠正了)相对价格的错位。正如前面已经解释过的,根据式(16.62),在金融自给自足的情况下,国际价格错位是由贸易条件只对产出差距做出反应这个事实导致的。由于国内和国外做出的最优政策选择都是为了缩小本国产出缺口(两国的货币政策立场具有相反的符号),这种联合行动往往倾向于抑制产出差距,从而抑制次优的实际贬值。

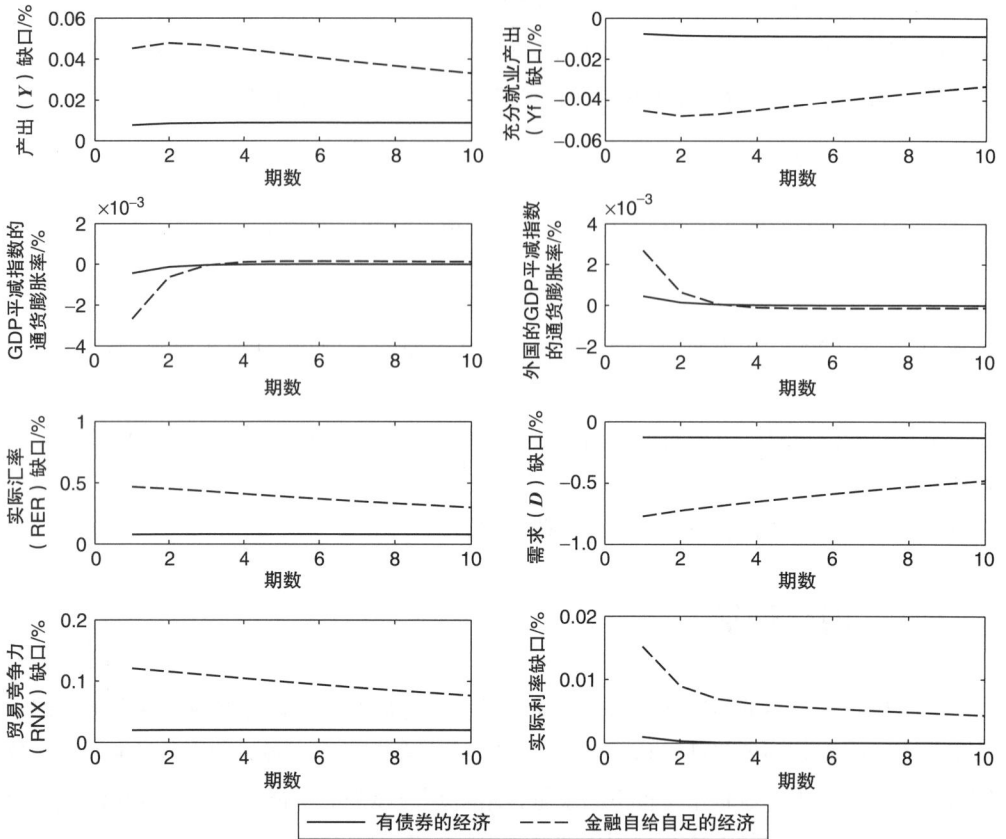

图 16.6　不同金融结构下的本国偏好冲击与最优政策

　　首先考虑对当前消费的本国偏好的正向冲击的反应。在最优配置中,这种冲击往往会增加本国和外国的产出(具体幅度与开放性有关),并对国际价格产生直接影响,从而导致本国货币的实际升值。这里不存在需求失衡。从图 16.6 中可以很明显地看出市场不完全的经济中无效率的程度。无论国际借贷是否可行,最优政策都必须在相互竞争的国内和国外目标之间进行权衡。因此,产出缺口在本国为正,而在外国则为负。各国之间过大的产出差距导致了国际价格的错位。实际汇率和因此而导致的弱化的贸易条件均是无效率的。需求缺口总体上是负的,以当前的实际汇率来计算,相对于本国消费出现了负的失衡。无效率的高水平实际净出口也反过来印证了这一点。这里需要注意的是,通过追求更紧缩的本国货币立场(相对于与有效配置一致的立场而言),本国货币当局对错位和负需求失衡做出了反应。最优政策的目标是抑制产出缺口的差异和提高本国实际汇率,从而减少相对需求缺口,代价是一定程度上的负的 GDP 平减指数通货膨胀(而在外国则是正的)。

　　本图中的定性反应在不同的市场结构中都是相同的,特别是在货币政策立场方面。引入借贷不会改变最优政策纠正经济无效率的根本传导渠道。但是需要强调的是,这些渠道都是通过调整相对价格来影响产出的基本价值,而不是通过通货膨胀和贬值来系统性地操纵名义债券的事后价值,进而使回报取决于经济状况。[1]

　　然而,在有债券的经济中,偏离最优配置的规模要小得多。这个结果反映了这样一个事实,那就是在所采用的参数化方法下,国际债券交易使得各个家庭有能力在受到临时性的冲击时保护自己,从而限制了价格有弹性但市场不完全的经济对最优的偏离程度。[2] 然而,即便是在这种经济中,最优政策仍然可以在政策权衡时以通货膨胀和产出缺口的一定程度的变化为代价,换取汇率错位和需求缺口的较小变动,以此来实现改善福利的配置。

6.5　讨论

　　在本节中,我们论述了不完全的资产市场创造了新的、有很高的潜在重要性的政策权衡,这个结论与下述观点是一致的:错位可以而且很有可能独立于名义扭曲和货币扭曲而产生,同时金融市场中的摩擦会导致跨国需求失衡。[3] 在前面讨论的经济体中,最优政策包括了对冲击做出反应,以便对本国和外国的消费与就业纠偏——通常是解决汇率的过度升值和过度贬值问题。

　　在不完全市场的开放经济模型中,最优货币政策是一类虽然比较小但是很重要的文献的主题。在这类文献中,我们已经提到过 Devereux(2004)的贡献,他构建了一个金融自给自足的经济体受到需求冲击的模型,在他给出的例子中,即便汇率可以作为基本面冲击的一个"减震器",完全防止汇率调整也可能是更好的选择。[4] 原因与前面所讨论过的一样:在不完全的国际金融市场下,弹性价格配置是无效率的。在生产者货币定价下,Benigno(2009)发现,由于一国持有的净外国资产为正,与假设非随机稳态是非对称的经济体中的弹性价格配置相比,合作政策可以获得较大的收益。[5] 与本章的分析类似,Benigno(2001)的工作论文描述了在不完全市场但没有稳定状态不对称性的经济体中,合作政策和弹性价格配置之间的福利差异。然而,Benigno(2001,2009)假设了购买力平价,因此抽象掉了错位现象,而在最近的研究中,错位恰恰起着核心的作用。[6]

　　Devereux 和 Sutherland(2008)讨论了有限的国际资产交易的福利成本。他们提出了一个模型,在弹性价格和货币政策中不存在随机因素的情况下,市场是有效和完全的。在他们的分析中,在面对技术冲击的时候,严格的通货膨胀目标也能够使错位消失并实现有效配置,这与本章第一部分给出的结果一致。在 Corsetti 等(2009b)的研究中,我们重新考虑了不完

---

[1] Gourinchas 和 Rey(2007)以及 Lane 和 Milesi-Ferretti(2004)等经济学家分析了估值效应在国际调整中的经验作用。在不完全市场框架和内生投资组合决策下,这些效应与货币政策之间的相互作用如何,是未来研究的一个重要课题。

[2] 关于国际债券交易在临时和永久冲击下的风险保险特征的讨论,可参考 Baxter 和 Crucini(1995)的研究。

[3] Lahiri 等(2007)研究了弹性价格下分段资产市场的最优汇率制度模型。

[4] 长期以来有一个观点认为,汇率也有可能是由非基本面因素驱动的(Jeanne and Rose, 2002; Bacchetta and Van Wincoop, 2006)。

[5] 关于这个主题的早期研究,请参考 Dellas(1988)的论文。

[6] 还有其他一些研究探讨了小型开放经济、不完全市场框架下的最优政策(De Paoli, 2009b)。另一类相关的文献关注的则是优化的简单规则。例如,在 Kollmann(2002)的研究中,汇率波动是由对无抛补利率平价(uncovered interest parity,简写为 UIP)关系的外部冲击驱动的。消除这些冲击的完全货币稳定政策对于非常开放的经济体是最理想的,但对于我们所研究的相对来说较不开放的经济体则不然。

全市场的标准开放宏观模型中的同一个问题,指出像严格的通货膨胀目标这样的"内向型"货币政策很可能导致(而不是纠正)汇率错位。我们刻画了在不完全市场经济中出现的货币政策权衡,确定了在何种条件下最优货币政策可以改变这些无效率状况,实现显著的福利收益。在开放的经济体中,影响政策权衡的相对需求差距的大小及符号和国际价格都会随着偏好参数(例如 σ 和 ϕ)的取值、开放的程度、冲击的性质和持久性,特别是金融市场的结构而显著地变化。

7. 结论

本章探讨了在相互依存的开放经济体中如何实施最优货币政策的问题。我们提出了一个统一的分析框架,对现有文献进行了系统的评述,然后指出了新的研究方向。

根据经济学界普遍接受的观点,我们问题的答案是,宏观经济相互依赖性仅在影响本国产出缺口和通货膨胀的范围内才是与最优货币行为相关的。因此,最优的政策"处方"与从开放经济中抽象出来的基线货币模型中得出的"处方"相同,并且可以很容易地通过等价的目标规则的形式应用于产出缺口和 GDP 平减指数的通货膨胀。然而,正如本章所阐明的,只有在两个关键的特殊条件得到满足的情况下,这样一个答案才能对政策制定起到很好的指导作用:一是进口价格对汇率的反应的高度灵敏性,二是无摩擦的国际金融市场支持了弹性价格配置的有效性。在一般情况下,最优政策确实需要政策制定者在国内缺口与国外缺口之间进行权衡,这也就是说,需要纠正国际相对价格错位与跨国需求失衡。

有非常多的文献都强调了那些会让人们质疑进口价格对汇率的高反应性的经验证据,然后探讨了以本币计价的进口价格黏性的政策含义。在这种情况下,在产出缺口和由多种名义扭曲引起的本国与国际相对价格失调之间存在一种最优权衡。政策制定者关注的焦点也很自然地从 GDP 平减指数通货膨胀转向了 CPI 通货膨胀,然后又转向了稳定实际汇率,以限制对单一价格定律的偏离。

类似地,当决策者没有将国际货币溢出效应内部化并参与跨国策略性互动时,就需要在产出缺口与贸易条件之间进行权衡。在反映了竞争性贬值的传统模型的同时,现代范式强调了在缺乏国际政策协调的情况下,国家决策者操纵贸易条件以提高国家福利的激励。

除了文献中已经广泛讨论过的这两个来源,具有国际维度的政策权衡的第三个重要来源是金融不完美性。从资产市场不支持有效配置的模型中可以学到货币政策分析的关键一课,这一点也是与如下观点一致的:错位的出现可以独立于名义扭曲和货币扭曲的发生,同时我们实际上可以预期金融市场上发生的每一个重大扭曲都会带来错位。

我们在本章中的分析集中在标准的开放经济模型上。在这类模型中,对跨境资产交易的限制导致了国家内部消费和就业的严重错配,与之相关联的还有国际需求失衡和汇率错位。尽管汇率会对基本面做出反应,起到"减震器"的作用,但是货币错位会在全球和本国的有效结果与市场结果之间嵌入一个楔子并造成裂痕。因此,最优货币政策应将目标对准产出缺口和通货膨胀等"内向型"变量与货币错位和跨国需求错配的组合,"逆"汇率错位和国际失衡之风"而行"。

因此,我们的分析指向了一个在很大程度上未曾被探索过的研究领域,它的重点是在一个存在明确的金融扭曲的模型中设计货币政策(这些扭曲可能可以补充,也可能替代我们在本章中分析过的各种扭曲)。从开放经济的角度来看,研究目标是增进对金融扭曲与错位、财富和需求失衡之间的内在联系的理解,它们扭曲了国家内部和国家之间的市场结果,从而对货币政策的最佳设计具有潜在的重要影响。

参考文献

Adao, B., Correia, I., Teles, P., 2009. On the relevance of exchange rate regimes for stabilization policy. J. Econ. Theory 144 (4), 1468-1488.

Aoki, K., 2001. Optimal monetary policy response to relative price changes. J. Monet. Econ. 48, 55-80.

Atkeson, A., Burstein, A., 2008. Pricing to market, trade costs, and international relative prices. Am. Econ. Rev. 98 (5), 1998-2031.

Bacchetta, P., Van Wincoop, E., 2005. A theory of the currency denomination of international trade. J. Int. Econ. 67 (2), 295-319.

Bacchetta, P., Van Wincoop, E., 2006. Can information heterogeneity explain the exchange rate determination puzzle?. Am. Econ. Rev. 96 (3), 552-576.

Backus, D. K., Kehoe, P. J., Kydland, F. E., 1994. Dynamics of the trade balance and the terms of trade: The. J curve?. Am. Econ. Rev. 84 (1), 864-888.

Ball, L., 2006. Has globalization changed inflation?. NBER Working Paper No. 12687.

Baxter, M., Crucini, M. J., 1995. Business cycles and the asset structure of foreign trade. Int. Econ. Rev. 36 (4), 821-854.

Bean, C., 2007. Globalisation and inflation. World Economics 8 (1), 57-73.

Beaudry, P., Portier, F., 2006. Stock prices, news, and economic fluctuations. Am. Econ. Rev. 96 (4), 1293-1307.

Benigno, G., Benigno, P., 2003. Price stability in open economies. Rev. Econ. Stud. 70, 743-764.

Benigno, G., Benigno, P., 2006. Designing targeting rules for international monetary policy cooperation. J. Monet. Econ. 53 (4), 473-506.

Benigno, P., 2001. Price stability with imperfect financial integration. CEPR Discussion Paper No. 2854.

Benigno, P., 2004. Optimal monetary policy in a currency area. J. Int. Econ. 63 (2), 293-

320.

Benigno, P., 2009. Price stability with imperfect financial integration. J. Money Credit Bank. 41,121-149.

Benigno, P., Woodford, M., 2008. Linear-quadratic approximation of optimal policy problems. NBER Working Paper No. 12672. Revised.

Bergin, P. R., Feenstra, R. C., 2000. Staggered price setting, translog preferences, and endogenous persistence. J. Monet. Econ. 45 (3), 657-680.

Betts, C., Devereux, M. B., 2000. Exchange rate dynamics in a model of pricing-to-market. J. Int. Econ. 50 (1), 215-244.

Bilbiie, F., Ghironi, F., Melitz, M. J., 2007. Monetary policy and business cycles with endogenous entry and product variety. NBER Macroeconomics Annual 22, 299-353.

Blanchard, O., Galí, J., 2007. Real wage rigidities and the new Keynesian model. J. Money Credit Bank. 39 (1), 35-65.

Broda, C., 2006. Exchange rate regimes and national price levels. J. Int. Econ. 70 (1), 52-81.

Burstein, A., Eichenbaum, M. S., Rebelo, S., 2005. Large devaluations and the real exchange rate. J. Polit. Econ. 113 (4), 742-784.

Burstein, A., Eichenbaum, M. S., Rebelo, S., 2007. Modeling exchange rate pass through after large devaluations. J. Monet. Econ. 54 (2), 346-368.

Campa, J. M., Goldberg, L., 2005. Exchange rate pass through into import prices. Rev. Econ. Stat. 87 (4), 679-690.

Canzoneri, M. B., Cumby, R., Diba, B., 2005. The need for international policy coordination: What's old, what's new, what's yet to come?. J. Int. Econ. 66, 363-384.

Canzoneri, M. B., Henderson, D. W., 1991. Monetary policy in interdependent economies. MIT Press, Cambridge, MA.

Chang, R., Velasco, A., 2006. Monetary policy and the currency denomination of debt: A tale of two equilibria. J. Int. Econ. 69, 150-175.

Chari, V. V., Kehoe, P. J., McGrattan, E., 2002. Can sticky prices generate volatile and persistent real exchange rates?. Rev. Econ. Stud. 69, 633-663.

Chinn, M. D., 2010. Empirical exchange rate economics: Estimation and implications. Cambridge University Press, Cambridge (in press).

Clarida, R., 2009. Reflections on monetary policy in the open economy. In: Frankel, J., Pissarides, C. (Eds.), NBER international seminar on macroeconomics 2008. National Bureau of Economic Research.

Clarida, R., Galí, J., Gertler, M., 2002. A simple framework for international policy analysis. J. Monet. Econ. 49, 879-904.

Coenen, G., Lombardo, G., Smets, F., Straub, R., 2009. International transmission and monetary policy cooperation. In: Galí, J., Gertler, M. (Eds.), International dimensions of monetary policy. University of Chicago Press, Chicago, IL.

Cole, H. L., Obstfeld, M., 1991. Commodity trade and international risk sharing: How much do financial markets matter?. J. Monet. Econ. 28, 3-24.

Cooley, T. F., Quadrini, F., 2003. Common currencies vs. monetary independence. Rev. Econ. Stud. 70(4), 785-806.

Corsetti, G., 2006. Openness and the case for flexible exchange rates. Research in Economics 60, 1-21.

Corsetti, G., Dedola, L., 2005. Macroeconomics of international price discrimination. J. Int. Econ. 67,129-156.

Corsetti, G., Dedola, L., Leduc, S., 2008a. International risk-sharing and the transmission of productivity shocks. Rev. Econ. Stud. 75, 443-473.

Corsetti, G., Dedola, L., Leduc, S., 2008b. High exchange rate volatility and low pass-through. J. Monet. Econ. 55, 1113-1128.

Corsetti, G., Dedola, L., Leduc, S., 2009a. Optimal monetary policy and sources of local currency price stability. In: Galí, J., Gertler, M. (Eds.), International dimensions of monetary policy. University of Chicago Press, Chicago, IL.

Corsetti, G., Dedola, L., Leduc, S., 2009b. Demand imbalances, real exchange rate misalignments and monetary policy. European University Institute. Unpublished Draft.

Corsetti, G., Pesenti, P., 2001. Welfare and macroeconomic interdependence. Q. J. Econ. 116 (2),421-446.

Corsetti, G., Pesenti, P., 2005. International dimensions of optimal monetary policy. J. Monet. Econ. 52,281-305.

Corsetti, G., Pesenti, P., 2008. The simple geometry of transmission and stabilization in closed and open economy. In: NBER International Seminar on Macroeconomics 2007. National Bureau of Economic Research.

Curdia, V., Woodford, M., 2009. Credit frictions and optimal monetary policy. Federal Reserve Bank of New York. Unpublished Draft.

De Paoli, B., 2009a. Monetary policy under alternative asset market structures: The case of a small open economy. J. Money Credit Bank. 41 (7), 1301-1330.

De Paoli, B., 2009b. Monetary policy and welfare in a small open economy. J. Int. Econ. 77, 11-22.

Dellas, H., 1988. The implications of international asset trade for monetary policy. J. Int. Econ. 25 (3-4),365-372.

Devereux, M. B., 2004. Should the exchange rate be a shock absorber?. J. Int. Econ. 62

(2), 359-377.

Devereux, M. B., Engel, C., 2003. Monetary policy in the open economy revisited: Price setting and exchange rate flexibility. Rev. Econ. Stud. 70, 765-783.

Devereux, M. B., Engel, C., 2007. Expectations, monetary policy, and the misalignment of traded goods prices. NBER International Seminar on Macroeconomics 2006.

Devereux, M. B., Engel, C., Storgaard, P. E., 2004. Endogenous exchange rate pass-through when nominal prices are set in advance. J. Int. Econ. 63, 263-291.

Devereux, M. B., Shi, K., Xu, J., 2005. Global monetary policy under a dollar standard. J. Int. Econ. 71(1), 113-132.

Devereux, M. B., Sutherland, A., 2008. Financial globalization and monetary policy. J. Monet. Econ. 55,1363-1375.

Dornbusch, R., 1987. Exchange rates and prices. Am. Econ. Rev. 77, 93-106.

Duarte, M., Obstfeld, M., 2008. Monetary policy in the open economy revisited: The case for exchange rate flexibility restored. J. Int. Money Finance 27, 949-957.

Engel, C., 2002. Expenditure switching and exchange rate policy. In: Bernanke, B., Rogoff, K. (Eds.),NBER macroeconomics annual 2002. MIT Press, Cambridge, MA.

Engel, C., 2006. Equivalence results for optimal pass-through, optimal indexing to exchange rates, and optimal choice of currency for export pricing. J. Eur. Econ. Assoc. 4 (6), 1249-1260.

Engel, C., 2009. Currency misalignments and optimal monetary policy: A reexamination. NBER Working Paper No. 14829.

Engel, C., Mark, N. C., West, K. D., 2007. Exchange rate models are not as bad as you think. In: Acemoglu, D., Rogoff, K., Woodford, M. (Eds.), NBER macroeconomics annual 2007. MIT Press, Cambridge, MA.

Erceg, C., Henderson, D. W., Levin, A. T., 2000. Optimal monetary policy with staggered wage and price contracts. J. Monet. Econ. 46 (2), 281-313.

Faia, E., Monacelli, T., 2008. Optimal monetary policy in a small open economy with home bias. J. Money Credit Bank. 40, 721-750.

Friberg, R., 1998. In which currency should exporters set their prices?. J. Int. Econ. 45, 59-76.

Friedman, M., 1953. The case for flexible exchange rates. Essays in positive economics. University of Chicago Press, Chicago, IL.

Galí, J., 2008. Monetary policy, inflation and the business cycle. Princeton University Press, Princeton, NJ.

Galí, J., Gertler, M. (Eds.), 2010. International dimensions of monetary policy. University of Chicago Press, Chicago, IL.

Galí, J., Monacelli, T., 2005. Monetary policy and exchange rate volatility in a small open economy. Rev. Econ. Stud. 72, 707-734.

Giannoni, M. P., Woodford, M., 2009. Optimal target criteria for stabilization policy. Columbia University. Unpublished Draft.

Goldberg, L., Tille, C., 2008. Vehicle currency use in international trade. J. Int. Econ. 76 (2), 177-192.

Goldberg, P. K., Hellerstein, R., 2007. A framework for identifying the sources of local-currency price stability with an empirical application. NBER Working Paper No. 13183.

Goldberg, P. K., Knetter, M. M., 1997. Goods prices and exchange rates: What have we learned?. J. Econ. Lit. 35, 1243-1272.

Goldberg, P. K., Verboven, F., 2001. The evolution of price dispersion in the European car market. Rev. Econ. Stud. 68, 811-848.

Goodfriend, M., King, R., 1997. The new neoclassical synthesis and the role of monetary policy. In: NBER Macroeconomics Annual 1997. National Bureau of Economic Research.

Gopinath, G., Rigobon, R., 2008. Sticky borders. Q. J. Econ. 123 (2), 531-575.

Gourinchas, P. O., Rey, H., 2007. International financial adjustment. J. Polit. Econ. 115 (4), 665-703.

Helpman, E., Razin, A., 1978. A theory of international trade under uncertainty. Academic Press, San Francisco, CA.

Jeanne, O., Rose, A., 2002. Noise trading and exchange rate regimes. Q. J. Econ. 117 (2), 537-569.

Kollmann, R., 2002. Monetary policy rules in the open economy: Effects on welfare and business cycles. J. Monet. Econ. 49, 989-1015.

Krugman, P., 1987. Pricing to market when the exchange rate changes. In: Arndt, S. W., Richardson, J. D. (Eds.), Real-financial linkages among open economies. MIT Press, Cambridge, MA.

Lahiri, A., Singh, R., Vegh, C., 2007. Segmented asset markets and optimal exchange rate regimes. J. Int. Econ. 72 (1), 1-21.

Lane, P. R., Milesi-Ferretti, G. M., 2004. The transfer problem revisited: Net foreign assets and real exchange rates. Rev. Econ. Stat. 86 (4), 841-857.

Lombardo, G., 2006. Targeting rules and welfare in an asymmetric currency area. J. Int. Econ. 68 (2), 424-442.

Mendoza, E., 1995. The terms of trade, the real exchange rate and economic fluctuations. Int. Econ. Rev. 36, 101-137.

Monacelli, T., 2005. Monetary policy in a low pass-through environment. J. Money Credit Bank. 37 (6), 1047-1066.

Nakamura, E., Zerom, D., 2010. Accounting for incomplete pass-through. Rev. Econ.

Stud. 77,1192-1230.

Obstfeld, M., 2002. Inflation-targeting, exchange rate pass-through, and volatility. Am. Econ. Rev. 92,102-107.

Obstfeld, M., Rogoff, K., 1995. Exchange rate dynamics redux. J. Polit. Econ. 103, 624-660.

Obstfeld, M., Rogoff, K., 2000. New directions for stochastic open economy models. J. Int. Econ. 50 (1),117-153.

Obstfeld, M., Rogoff, K., 2002. Global implications of self-oriented national monetary rules. Q. J. Econ. 117, 503-536.

Pappa, E., 2004. Do the ECB and the Fed really need to cooperate? Optimal monetary policy in a two-country world. J. Monet. Econ. 51, 753-779.

Persson, T., Tabellini, G., 1995. Double-edged incentives: Institutions and policy coordination. In: Grossman, G., Rogoff, K. (Eds.), Handbook of development economics. North-Holland, Amsterdam.

Ravenna, F., Walsh, C., 2006. Optimal monetary policy with the cost channel. J. Monet. Econ. 53 (2), 199-216.

Ravn, M., Schmitt-Grohe, S., Uribe, M., 2007. Pricing to habits and the law of one price. Am. Econ. Rev. 97 (2), 232-238.

Rogoff, K., 2003. Globalization and global disinflation. Federal Reserve Bank of Kansas Economic Review, Fourth Quarter, 45-78.

Romer, D., 1993. Openness and inflation: Theory and evidence. Q. J. Econ. 108, 869-903.

Rotemberg, J., Woodford, M., 1997. An optimization-based econometric model for the evaluation of monetary policy. NBER Macroeconomics Annual 12, 297-346.

Sbordone, A., 2009. Globalization and inflation dynamics: The impact of increasing competition. In: Gall, J., Gertler, M. (Eds.), International dimensions of monetary policy. University of Chicago Press, Chicago, IL.

Sims, C., 2009. Comments on Coenen G. et al. International transmission and monetary policy cooperation. In: Galí, J., Gertler, M. (Eds.), International dimensions of monetary policy. University of Chicago Press, Chicago, IL, pp. 192-195.

Smets, F., Wouters, R., 2002. Openness, imperfect exchange rate pass-through and monetary policy. J. Monet. Econ. 49, 947-981.

Stockman, A., Tesar, L., 1995. Tastes and technology in a two-country model of the business cycle: Explaining international co-movements. Am. Econ. Rev. 85 (1), 168-185.

Sutherland, A., 2005. Incomplete pass-through and the welfare effects of exchange rate variability. J. Int. Econ. 65, 375-399.

Svensson, L. E. O. , 2000. Open-economy inflation targeting. J. Int. Econ. 50 (1), 155-183.

Svensson, L. E. O. , van Wijnbergen, S. , 1989. Excess capacity, monopolistic competition, and international transmission of monetary disturbances. Econ. J. XCIX, 785-805.

Taylor, J. B. , 2000. Low inflation, pass-through, and the pricing power of firms. Eur. Econ. Rev. 44 (7), 1389-1408.

Tille, C. , 2001. The role of consumption substitutability in the international transmission of shocks. J. Int. Econ. 53, 421-444.

Viani, F. , 2010. International financial flows and real exchange rates. European University Institute. Unpublished Draft.

Woodford, M. , 2003. Interest and prices: Foundation of a theory of monetary policy. Princeton University Press, Princeton, NJ.

第五部分

货币政策的各种约束

第十七章　货币政策与财政政策的相互作用[①]

马修·坎佐内里（Matthew Canzoneri）[*]

罗伯特·坎比（Robert Cumby）[*]

贝扎德·迪巴（Behzad Diba）[*]

[*]:乔治敦大学,经济系

目　录

[①] 我们要感谢斯蒂芬妮娅·阿尔巴内西(Stefania Albanesi)、皮尔保罗·贝尼尼奥(Pierpaolo Benigno)、V. V. 查里(V. V. Chari)、本杰明·弗里德曼(Benjamin Friedman)、戴尔·亨德森(Dale Henderson)、埃里克·利珀(Eric Leeper)、贝内特·麦卡勒姆(Bennett McCallum)、德克·尼佩尔特(Dirk Niepelt)、莫里斯·奥布斯特菲尔德(Maurice Obstfeld)、佩德罗·泰尔斯(Pedro Teles)和迈克尔·伍德福德(Michael Woodford)的有益评论。通常的免责声明适用。

本章摘要:在这一章中,我们回顾了货币政策与财政政策的相互作用中的实证和规范问题,而关注的重点则是学界和实务界在过去25年里对政策协调的看法发生了怎样的变化。从实证方面来看,政府和中央银行之间的非合作博弈已经让位给了对货币政策和财政政策的要求的审查,目的是提供一个稳定的名义锚。从规范方面来看,合作解已经让位给了拉姆齐配置。贯穿本章始终的中心主题是价格稳定的最优性程度以及为了实现这个目标所必需的货币政策和财政政策的协调。

JEL 分类代码:E42,E52,E58,E62,E63

关键词:协调;财政政策;货币政策

1. 引言

是什么在货币经济中提供了名义锚? 价格稳定应该是中央银行的首要目标和唯一责任吗? 对第一个问题的传统答案是中央银行的货币供给目标设定了名义锚。对第二个问题的传统答案则更加复杂。在 20 世纪 70 年代的高通货膨胀之后,经济合作与发展组织(简称经合组织)各成员国普遍主张赋予中央银行在政治上的独立性,并要求它们维持价格稳定。但是在学术文献中,经济学家们关注的是更一般的宏观经济表现,而不仅仅是价格稳定。货币政策与财政政策之间的相互作用则通常被建模为中央银行和政府之间的非合作博弈——在通货膨胀、产出等方面,每一方都有自己的优先事项。政策协调的目标是制定出一套能够带来帕累托改进的政策。

不过,过去的 25 年给这些问题带来了一种截然不同的思考方式——至少在学术界肯定是这样。部分是因为中央银行倾向于选择利率作为货币政策工具,稳定价格路径的唯一性再次成了一个需要讨论的议题,而财政政策现在被认为在价格的决定和控制中发挥了更基本的作用。因此,一系列关于货币政策与财政政策的相互作用的新观点浮出了水面。按照这种观点,真正的问题在于:如果要提供一个稳定的名义锚,那么货币政策和财政政策需要进行怎样的协调? 在规范的层面上,一种关于什么才是最优货币政策和财政政策的新观点也出现了。根据这种观点,拉姆齐规划者取代了非合作博弈成为焦点,家庭效用最大化则取代了货币政策和财政政策制定者的临时特设性的优先事项。正如我们将会看到的,价格稳定通常是一个拉姆齐解的标志,但是关于价格决定和控制的新观点却表明,中央银行的法定独立性可能不足以实现这一目标。中央银行只有在适当的财政政策支持下,才有可能实现价格稳定。

在本章中,我们回顾了最近的文献给出的关于价格决定和控制的新观点,以及实现这个目标所需的货币政策和财政政策协调。我们在第 2 节讨论了货币政策和财政政策相互作用的实证方面,在第 3 节讨论了规范方面。

在第 2 节中,我们从 Sargent 和 Wallace(1981)的"货币主义算术"着手,然后迅速转向讨论价格水平财政决定理论(fiscal theory of the price level,简写为 FTPL)。价格水平财政决定理论不仅为萨金特和华莱士提出的"胆小鬼博弈"提供了一个解,也为众所周知的价格决定之谜提供了一个解。更加根本的是,价格水平财政决定理论表明汇总政府现值预算约束是一个最优条件,而不是对政府行为的约束,同时它还表明了关于财富效应的李嘉图式观念以及非李嘉图式观念如何在价格决定和家庭消费中发挥作用。在第 2 节中,我们还讨论了对价格水平财政决定理论的检验所涉及的一个基本识别问题,以及文献中出现的一种不太正式的"检验"。

在第 3 节中,我们考察了关于最优货币政策和财政政策的规范文献。这类文献遵循了 Friedman(1969)的传统,考虑了通货膨胀对货币扭曲的影响,同时也遵循了 Phelps(1973)的传统,将通货膨胀视为可用于为政府支出融资的几种扭曲性的税收中的一种。这类文献表明,在弹性价格的情况下,实质性偏离价格稳定也可能是最优的。在此类文献中,绝大部分的弗里德曼的零名义利率规则都是最优的。通货紧缩(而非零通货膨胀)将使货币扭曲最小化。此外,意料之外的通货膨胀可以成为一种非扭曲的税收或补贴。最优政策还可能意味着,波动性极高的通货膨胀可以作为一种吸收财政冲击的手段,同时保持扭曲性税收的税率稳定。在本章的 3.2 中,我们转而讨论 Correia 等(2008)的研究的结果,他们的研究结果表明,当财政当局可用的税收"菜单"足够丰富时,黏性价格与最优货币政策无关。然而,我们证明了他们在黏性价格下得到的最优税收政策仍然具有某些潜在的令人不安的特征。因此,我们在本章的 3.3 中考虑了具有黏性价格和有限的税收"菜单"的最优货币政策与财政政策,并恢复了支持价格稳定的理由:趋势性通货膨胀和通货膨胀波动性都最优地接近于零。

2.　价格稳定的实证理论

价格决定一直是货币经济学的核心问题。然而事实上,关于价格决定的传统经济学观点似乎认为财政政策只在价格决定中发挥了极其有限的作用或者根本没有发挥任何作用。例如,Friedman 和 Schwartz(1963)的著名论断是:"通货膨胀无论如何都是一个货币现象。"在最基本(也是最肤浅)的层面上,货币主义的所有理论主张都可以归结为人们熟悉的一个公式,即 $MV=Py$。如果货币流通速度 V 是恒定的,且产出 y 是外生给定的,那么价格水平就完全由货币供应量决定,因此维持价格稳定显然是中央银行的责任。就维持价格稳定这个目标而言,似乎没有必要考虑如何对货币政策和财政政策加以协调的问题。然而,在过去的 25 年里,这种关于价格决定和如何控制价格的观点受到了根本性的挑战,新观点认为财政政策甚至可能在某些情况下发挥主导作用。在机制层面上,很多文献都围绕着如何满足汇总政府预算约束来展开。

但是在更基本的层面上,"货币主义算术"以及随后的大量文献都将货币政策和财政政策之间的相互作用描述为政府与它的中央银行之间的非合作博弈——为了实现能够带来帕累托改进的结果,需要协调货币政策和财政政策。相比之下,价格水平财政决定理论和相关研究试图解决的协调问题则是选择正确的政策组合,以提供一个稳定的名义锚。在现实世界中,许多中央银行都使用利率而不是货币供应量来实施货币政策,这个事实也为这些研究工作提供了动力。此外还有人断言,有些利率政策(似乎是已经被实际使用过的政策)并没有提供一个名义锚,反而只是导致了太阳黑子均衡或爆炸性的价格轨迹。

用来研究货币政策和财政政策的模型的范围大得惊人。有些模型很简单,因为它们只是用来说明理论观点的,而其他一些模型则要复杂得多,它们是用来获得定量结果的。我们非常清楚,没有任何一个模型能够公正地对待整个文献,所以在本章中,我们试图在一个共同的框架内说明一些更加重要的结果。我们的基准模型实际上与 Correia 等(2008)研究的现金和信用商品模型相同。我们将在第 3 节中引入完整的模型。在这里,先给出它的一个精简版就足够了。特别是,我们可以去掉信用商品,并且可以用一次总付税取代扭曲性税收(不过铸币税除外)。此外,我们还将以禀赋经济取代生产经济。然而,在我们给出数值结果的时候,比如说脉冲响应函数,我们将使用完整的、带有卡尔沃定价机制的现金和信用商品模型。

2.1 一个简单的现金先行模型

我们对本节中使用的模型的描述可以很简短,因为大多数读者都已经熟悉它了。代表性家庭的效用为[1]:

$$U_t = E_t \sum_{j=t}^{\infty} \beta^{j-t} u(c_j) \tag{17.1}$$

其中,c_t 为消费。在每一个时期,都可以区分出两个交易阶段:一是金融交易,二是商品交换。先是金融交易,家庭获得禀赋、交纳税款、交易资产。在随后的商品交易中,家庭必须支付货币购买用来消费的商品,这就导致了常见的现金先行约束,即

$$M_t \geq P_t c_t \tag{17.2}$$

其中,M_t 为货币,P_t 为价格水平。家庭进行金融交易时的预算约束为:

$$\left[M_{t-1} - P_{t-1} c_{t-1} \right] + I_{t-1} B_{t-1} + P_t y = M_t + B_t + P_t \tau_t \tag{17.3}$$

其中,B_t 是名义政府债券,I_t 为总名义利率,y 是固定的家庭禀赋,τ_t 为一次总付税。

这个家庭的优化条件是如下的消费欧拉方程和我们稍后再指定的横截性条件[2]:

$$1/I_t = \beta E_t \left[u'(c_{t+1})/u'(c_t) \right] (P_t/P_{t+1}) \tag{17.4}$$

如果 $I_t > 1$,那么家庭的现金先行约束就是有约束力的。政府也面临着现金先行约束。所以在均衡中,我们有:

---

① 在这一章中,公式的体例与其他各章不一致,例如没有用斜体。已对本章公式进行统一处理 —— 译者注。
② 这里的"P_t/P_{t+1}",原文为"$P_t/P_t + 1$",疑有误,已改 —— 译者注。

$$M_t = P_t(c_t + g) = Py \tag{17.5}$$

其中,g 为政府支出(为了使分析更简单,我们让政府支出保持恒定,不随时间变化)。这个模型有相当强的货币主义色彩,它将货币流通速度设定为1。因为政府支出是常数,并且消费也是常数(这是因为 $c_t = P - g$),所以上述欧拉方程可以简化为:

$$1/\beta = I_t E_t(P_t/P_{t+1}) \equiv R_t \tag{17.6}$$

总实际利率 R_t 是与贴现因子绑定的。

汇总政府预算约束为:

$$I_{t-1}B_{t-1} = S_t + B_t + (M_t - M_{t-1}) \tag{17.7}$$

其中,$S_t \equiv P_t(\tau_t - g)$ 为基本盈余。我们允许一次总付税 τ_t 随机波动,这也是我们这个简单的现金先行模型中唯一的随机元素。

2.2 "货币主义算术"视角下的价格稳定性(或不稳定性)

萨金特和华莱士的"货币主义算术"自提出以来,已经被许多经济学家以各种方式重新提出和解释过了。[①] 在这里,我们只讨论我们所认为的"货币主义算术"的最重要的含义,而且为了简单起见,我们将暂且先抽象掉不确定性。

在萨金特和华莱士看来,价格稳定性问题必定与政府机构——财政部或中央银行——必须确保汇总政府现值预算约束(present value budget constraint,简写为PVBC)最终得到满足有关。为了推导出现值预算约束,我们要先将流量预算约束改写为实际价值形式,然后再用小写字母表示资产的实际价值,于是式(17.7)就变成了:

$$(1/\beta)b_{t-1} = s_t + b_t + [m_t - m_{t-1}(1 - \pi_t)] \tag{17.8}$$

其中,$\pi_t \equiv (P_t - P_{t-1})/P_t$,而 $1/\beta$ 则为实际利率(下面用此称呼)。[②]括号中的那一项表示铸币税,因为 $m_t = y$,所以它可以化简为 $y\pi_t$。向前迭代这个方程并应用横截性条件,现值预算约束就变成了以下形式:

$$d_t \equiv (1/\beta)b_{t-1} = K_{cb,t} + K_{gov,t} \tag{17.9}$$

其中,$K_{cb,t} \equiv y\sum_{j=t}^{\infty}\beta^{j-t}\pi_j$,$K_{gov,t} \equiv \sum_{j=t}^{\infty}\beta^{j-t}s_j$。萨金特和华莱士假设政府债券是用实际价值表示的。因此,继承下来的政府债务 d 的实际价值在第 t 期一开始时是固定的,而且它必须由中央银行收取的铸币税 $K_{cb,t}$ 和 / 或政府收取的税收 $K_{gov,t}$ 提供资金。这里的问题在于,式(17.9)是一个汇总预算约束,无论是财政部还是中央银行,都不会将它视为对自身行为的约束。

Sargent 和 Wallace(1981)从博弈论和领导关系(或者说,哪一方先采取行动)的角度刻画了货币政策与财政政策之间的相互作用。如果中央银行先采取行动,并自行选择通货膨胀

---

① 参见 Sargent 和 Wallace(1981)以及 Sargent(1986,1987)的研究。"货币主义算术"已经有了许多扩展、限定和批评。其中一些很有意思的阐释包括(但不限于)Liviatan(1984)、King(1995)、Woodford(1996)、McCallum(1999)、Carlstrom 和 Fuerst(2000)以及 Christiano 和 Fitzgerald(2000)的研究。

② 在以后的章节中,我们将使用更常用的通货膨胀定义,即 $\pi_t \equiv (P_t - P_{t-1})/P_{t-1}$。

路径 $\{\pi_j\}$,那么也就确定了 $K_{cb,t}$,然后政府必须设定基本盈余的路径 $\{s_j\}$,以使得 $K_{gov,t} = 1 - K_{cb,t}$。在这种情况下,货币主义者对价格的决定和控制的解释是准确的。中央银行为通货膨胀选择了一个目标路径,而且通货膨胀率将等于货币的增长率。

现在,"货币主义算术"中的新元素是,政府也有可能先采取行动。这就是说,政府已经设定了 $K_{gov,t}$,然后中央银行必须(或迟或早)交付铸币税,以使得 $K_{cb,t} = 1 - K_{gov,t}$。在这种情况下,中央银行在选择通货膨胀路径方面的可选项就非常有限了,尽管货币数量方程 —— $M_t = P_t y$ —— 在每一个时期都成立。

那么,究竟有哪些可选项呢?中央银行当然可以选择稳定通货膨胀率,也就是说,它可以设定 $\pi_t = \pi$。但其实是随后的财政政策决定了通货膨胀目标,因为 π 必须满足以下条件:

$$\pi[y/(1-\beta)] = d_t - K_{gov,t} \tag{17.10}$$

或者,中央银行可以选择通过推迟收取铸币税来降低今天的通货膨胀。但是如果它这么做,就会引发通货膨胀(使通货膨胀率与实际利率一起上升)。举例来说,如果中央银行在第 t 期降低通货膨胀率,并在第 $t + T$ 期进行补偿,那么就有:

$$\Delta\pi_{t+T} = (1/\beta)^T(-\Delta\pi_t) \tag{17.11}$$

当中央银行今天未能收取铸币税时,政府将不得不通过借款来弥补损失的收入;而当中央银行最终收取了更多的铸币税时,政府却必须支付新债务的本金和利息。中央银行主张通货膨胀的鹰派在自己的任期内可以取得看上去不错的业绩,但那其实是以牺牲其继任者的成功机会为代价的。

对于 Sargent 和 Wallace(1981)提出的这种"货币主义算术",有很多经济学家都做出了回应。例如,King(1995)和 Woodford(1996)都提出了疑问:铸币税在发达国家的政府总收入中只占很小的一部分,"货币主义算术"对这些国家真的有意义吗? Carlstrom 和 Fuerst(2000)则指出,在我们描述的这种模型中,财政政策只能造成通货膨胀,因为中央银行将被迫增加货币供给,弗里德曼的格言——通货膨胀无论如何都是一种货币现象——在这里似乎也仍然适用。[1]

但是,人们对这种"货币主义算术"的反应大多与它对于政策协调的含义有关。Sargent(1987)将政策协调问题描述为一个"胆小鬼博弈":就看谁会先认怂了,是政府,还是中央银行? 一个公认的观点似乎是如果中央银行一直坚持立场,那么最终肯定是政府先动摇。[2] 例如,McCallum(1999)这样写道,财政当局"……并不具备执行它所计划的行动所需的购买力……因此,一个有坚定决心和真正独立的货币当局总是可以按自己的想法行事"。

但是我们认为,骤然下这样的判断似乎有些过早了。诚然,我们刚刚证明了中央银行主张通货膨胀的鹰派可以在很长一段时间内抑制通货膨胀,但是这本身并不能证明政府已经做出了让步,也不能证明通货膨胀的巨大力量已经被彻底遏制了。

更加重要的是,在我们所知的范围内,还没有人正式地对萨金特和华莱士所说的"消耗

---

[1] 然而,Sargent 和 Wallace(1981)确实已经证明了,当货币需求对利率敏感时,价格水平和货币供给不一定会向同一方向移动。

[2] 参见 King(1995)、Wooodford(1996)、McCallum(1999)以及 Christiano 和 Fitzgerald(2000)的研究。

战"进行过模型模拟。金融市场会做出什么样的反应?它们会像麦卡勒姆所设想的那样限制政府的购买力吗?它们会对政府债务施加风险溢价,还是会对所有名义资产施加通货膨胀溢价?到底谁会先让步?

总而言之,关于"货币主义算术"的文献并没有正式解决萨金特和华莱士通过他们的"胆小鬼博弈"提出的政策协调问题,其结果仍然是一个谜。价格水平的财政决定理论——我们现在转而讨论的这个理论——提供了一个绕过这个困境的方法,但是正如我们将会看到的,这个博弈其实又回来了,只是这一次披着不同的外衣。

2.3 通过政策协调提供名义锚和维持价格稳定性

20 世纪 70 年代末的高通货膨胀和围绕欧洲货币联盟展开的辩论都使得学界和政策当局对中央银行独立性的兴趣迅速增大。在"货币主义计算"之后,大量且仍在继续增长的文献将政策协调问题视为政府(对于欧洲来说,则是多个国家的政府)与中央银行之间的一个博弈。不过,这类文献超出了我们这一章的讨论范围。[①] 因此在这里,我们转而讨论关于政策协调问题的另一个观点,它也是货币理论的核心所在。特别是,我们试图回答的问题是,如果要提供名义锚和维持价格稳定,那么需要怎样的货币政策和财政政策协调。

价格水平财政决定理论主要是由 Leeper(1991)、Woodford(1994,1995,1996,1998)、Sims(1994,1997)和 Cochrane(1998,2001,2005)提出和发展起来的。[②] 价格水平财政决定理论的一个基本原则是仅仅凭借货币政策本身并不能为经济提供名义锚。相反,是特定的货币政策与特定的财政政策的组合决定了价格水平的路径。货币政策与财政政策的某些"配对"能够带来稳定的价格,而另一些"配对"则会产生爆炸性的(或内爆型的)价格路径,还有一些则会导致太阳黑子均衡。要决定和控制价格,协调良好的货币政策和财政政策是必不可少的。

价格水平财政决定理论为萨金特和华莱士的"胆小鬼博弈"提供了一个解决方法,并为两个众所周知的价格决定谜题提供了化解思路。导致这两个谜题出现的原因在于,中央银行越来越倾向于选择利率而不是货币供应量作为货币政策工具。第一个受到质疑的利率政策是钉住利率政策,Woodford(2001)认为,这种政策很好地描述了 20 世纪 40 年代美国联邦储备委员会对债券价格的支持。长期以来,相关文献一直认为,在钉住利率政策下是不能固定价格的。第二个受到质疑的利率政策是美国联邦储备委员会在 1980 年之前对通货膨胀的软弱反应,传统观点认为这样的政策不能控制价格水平。正如我们将看到的,价格水平财政决定理论为这些谜题提供了解决方案,但是在这个过程中,它提出了一个新的货币政策和财

---

① 在这个领域,早期贡献包括 Blinder(1982)、Alesina 和 Tabellini(1987)以及 Dobelle 和 Fischer(1994)等的研究。更晚近一些的例子包括 Adam 和 Billi(2004)以及 Lambertini(2006)等的研究。最近在货币联盟背景下的讨论则包括 Dixit 和 Lambertini(2003)、Pappa(2004)、Lombardo 和 Sutherland(2004)、Kirsanova 等(2007)以及 Beetsma 和 Jensen(2005)的研究。此外,也请参见 Pogorelec(2006)的研究。

② Woodford(2001)的演讲回顾了早期文献,并附加了更多的参考文献。其中提到的这个领域的先行者包括 Begg 和 Haque(1984)以及 Auernheimer 和 Contreras(1990)的研究。提出了批评的学者则包括 McCallum(1999,2001)、Buiter(2002)、Bassetto(2002,2005)、Niepelt(2004)以及 McCallum 和 Nelson(2005)。Bai 和 Schwarz(2006)将这个理论扩展到包括异质性行为主体和不完全金融市场。

政政策协调问题。我们将在不同版本的价格水平财政决定理论下,以及在 Canzoneri 和 Diba (2005)提出的解决价格决定谜题的替代方法下,探讨协调问题的严重性。

伍德福德对价格水平财政决定理论的描述在他所称的李嘉图式财政政策与非李嘉图式财政政策之间划出了一道明显的界线。而事实上,我们确实可以说价格决定谜题本质上是李嘉图式的。理解它们的"李嘉图基础"可以让我们更加深入地了解应该如何解决这些谜题。

2.3.1 基本的价格水平财政决定理论与萨金特和华莱士的"胆小鬼博弈"

与"货币主义算术"相反,价格水平财政决定理论假设政府债券是名义债券。假设上的这个不同的意义可能比人们想象的更大。现在,由于货币和债券都是名义资产,于是用不同的方式来表示现值预算约束就变得很方便了。在金融交易开始时,政府总债务的名义价值为 $A_t \equiv M_{t-1} + I_{t-1}B_{t-1}$,同时预算约束式(17.7)可以改写为:

$$a_t = \beta a_{t+1} + \left[(i_t/I_t)m_t + s_t \right] \tag{17.12}$$

其中,$a_t \equiv A_t/P_t$,$s_t \equiv S_t/P_t$,同时 $(i_t/I_t)m_t$ 是实际铸币税,它由中央银行收取并转移到了财政部。向前迭代,我们就可以得到金融交易的现值预算约束:

$$a_t \equiv (M_{t-1} + I_{t-1}B_{t-1})/P_t = \sum_{j=t}^{\infty} \beta^{j-t}\left[s_j + (i_j/I_j)m_j \right] \Leftrightarrow \lim_{T\to\infty}(\beta^T a_{t+T}) = 0 \tag{17.13}$$

对于价格水平财政决定理论,有几点是我们应该从一开始就加以强调的。首先,政府的现有负债的实际价值并不是在第 t 期开始时就预先确定的,相反,它会随着在第 t 期产生的价格水平而波动。在该时期发生的各种事件,无论是计划好的还是意料之外的,都会影响政府继承下来的债务的实际价值。正是由于这个原因,Cochrane(2005)和 Sims(1999a)将现值预算约束视为一个估值等式。其次,价格水平财政决定理论的支持者强调现值预算约束等价于家庭的横截性条件,这也就是说,当且仅当这个最优性条件成立时,现值预算约束中的和才会收敛。因此,不能把现值预算约束视为一个政府有可能违背的行为方程,而是应该对它进行检验。相反,我们要把式(17.13)看作均衡的定义方程中的一个。例如,Davig 和 Leeper(2009)就将现值预算约束称为跨期均衡条件。我们将在本章的 2.3.6 中讨论这些问题。

为了便于继续讨论萨金特和华莱士的"胆小鬼博弈",我们可以再一次将铸币税与其他税收分开,从而现值预算约束就变成了如下形式:

$$(M_{t-1} + I_{t-1}B_{t-1})/P_t \equiv a_t = K_{cb,t} + K_{gov,t} \tag{17.14}$$

其中,$K_{cb,t} \equiv \sum_{j=t}^{\infty} \beta^{j-t}(i_j/I_j)y$,同时 $K_{gov,t} \equiv \sum_{j=t}^{\infty} \beta^{j-t}s_j$。再一次,我们假设 $K_{cb,t}$ 和 $K_{gov,t}$ 是分别由中央银行与政府独立地设定的,它们无须考虑是否满足现值预算约束。在这里,均衡价格水平 P_t 将会直接"跳跃",以满足现值预算约束,这样就为萨金特和华莱士的"胆小鬼博弈"提供了一个解。从更根本的层面上说,价格水平财政决定理论似乎已经消除了继续用"胆小鬼博弈"来建模的必要性了:即便中央银行和政府发生了"争执",也仍然存在一个有明确定义的均衡。

而要让价格水平财政决定理论发挥作用,名义政府资产的供给就必须为正。而且,正因为财政政策决定了名义政府资产的供给 $M_t + B_t$，所以它就可以在价格决定中发挥主要作用了——有时甚至是主导作用。[①]

2.3.2　钉住利率解

Woodford(2001)对价格水平财政决定理论的发展，侧重于我们这里所说的钉住利率政策（pegged interest rate，简写为 PIR）的解决方案。在本部分的分析中，我们将假设一次总付税 τ_t 是随机的，并且模型的方程也已经进行了适当的修改。如果中央银行选择钉住利率（即 $I_t = I$），那么从欧拉方程式(17.6)就可以得出 $E_t(P_t/P_{t+1}) = 1/\beta$。因而尽管关于基本盈余的新息可能会导致价格水平的意外波动，但是中央银行的利率政策控制了预期通货膨胀。那么，这到底是一个关于价格水平的财政理论，还是一个关于通货膨胀的货币理论呢？答案是它不是一个货币理论。这是因为中央银行在控制预期通货膨胀时，是必须通过政府总负债 $M_t + I_t B_t$ 和现值预算约束来实施的。特别是，流量预算约束式(17.7)意味着 $A_{t+1}/A_t = [1 - (\bar{s}_t/a_t)]I$，其中 $\bar{s}_t \equiv (i/I)m_t + s_t$ 正是包含了铸币税在内的盈余。给定财政政策的立场和现有负债的实际价值，中央银行的利率才能决定名义政府负债的增长率并（通过现值预算约束）决定预期通货膨胀率。

现值预算约束式(17.13)在均衡时必定成立。在我们这个简单的模型中，由于产出和利率都是固定的，基本盈余方面的新息必定会完全体现在价格水平的跃升中。因此是财政政策提供了名义锚，这是关于价格水平决定的财政理论的一个没有任何装饰的例子。如果是在一个更加复杂的模型中，比如说具有垄断竞争和卡尔沃式定价机制的模型，实际利率和产出的变化可以作为式(17.13)中的调整过程的一部分。而从另一方面来看，即便对当前和未来基本盈余的预期没有改变，由模型的其他部分产生的预期贴现因子的变化也会影响价格水平。[②]

对于像钉住利率政策解这类均衡的反应通常是负面的。Carlstrom 和 Fuerst(2000)指出，物价可以在不改变货币政策的情况下波动。Christiano 和 Fitzgerald(2000)则将价格水平财政决定理论称为"伍德福德的非常令人不快的'算术'"。即便是意志最坚定的中央银行行长也无法控制价格水平。

对于上面最后这个评论，一种解释是在这个框架下，中央银行将不得不通过铸币税来稳定价格。例如，如果中央银行想要保证基本盈余的波动不会影响价格稳定，那么它可以尝试改变利率以使得 $\Delta(s_t/y_t) + \Delta[(i_t/I_t)(m_t/y_t)] = 0$。然而问题在于，在经合组织国家，铸币税收入在总收入中只占了极小的一部分，或者等价地说，铸币税的税基 m_t/y_t 非常小。这样一来，利率需要出现非常大的变动才能抵消 s_t/y_t 通常的波动。因此，在这种均衡状态下，让中央银行对价格稳定性负责可能是不合理的，无论它的宪章中有多少关于它自身地位的独立性或价格稳定的优先性的规定。中央银行可以控制对通货膨胀的预期，但是不能控制实际

[①] 为了简单起见，我们将继续假设所有政府债券都是一年期债务。对于长期债务，债券价格将显示在现值预算约束的左侧，它们的波动也将是调整过程的一部分。关于价格水平财政决定理论的这个方面，见 Woodford(1998)和 Cochrane(2001)的讨论。

[②] 价格水平财政决定理论的一个简单例子与货币主义方程——$MV = PY$——类似：假设速度是常数，产出是外生给定的，那么价格水平完全由货币政策决定。

的价格波动。

此外,Woodford(2001)认为,钉住利率政策解很好地刻画了美国联邦储备委员会从1942年到1951年《财政部—美联储协议》签订后的那个时期所采取的支持债券价格的政策。此外,他还断言:"中央银行与财政部之间的这种关系在战争期间……和(其他)人们认为财政政策受到了严重约束的情况下,都不罕见。"

2.3.3 非李嘉图式财政政策与政府负债的作用

前述钉住利率政策解提出了关于价格水平财政决定理论的两个非常深刻的问题:第一,如果根据李嘉图等价定理,一次总付税的波动不会对价格或其他任何重要的东西产生影响,那么为什么钉住利率政策解中的价格水平会出现波动?第二,会不会就像Sargent和Wallace(1975)所指出的那样,认为钉住利率政策会导致价格不确定性的传统观点是正确的?对于这两个问题,我们的答案是李嘉图等价定理与Sargent和Wallace(1975)的分析假设了非常不同的财政政策。我们将在本部分讨论第一个问题,并在下个部分讨论第二个问题。

考虑一下削减一次总付税的影响。李嘉图等价定理认为,家庭会假定它们的纳税义务的现值不会变化,因此它们的净财富也不会改变。他们不会将因减税而获得的钱花掉,相反,他们直接把钱存了起来,因为他们预计以后还是会被征税——政府为了给减税筹集资金而发行的债券的本金和利息终究是要偿付的。除了征税的时间点,原先的均衡没有发生任何变化。因此价格水平应该不会像钉住利率政策解中那样跃升。

李嘉图等价定理的内在逻辑是假设家庭预期政府会实施一种被Woodford(1995)称为"李嘉图式财政政策"的政策。"李嘉图式财政政策"通过调整基本盈余的路径来保证在任何可能的价格路径下,当前和未来的盈余的现值都等于继承下来的政府债务的实际价值。而我们在钉住利率政策解中假设的财政政策则被Woodford(1995)称为"李嘉图式财政政策"——家庭预料减税不会被未来的增税所抵消,他们认为他们的纳税义务的现值减少了,同时他们的净财富增加了。因此,家庭消费需求会上升,直到价格跃升到足以消除a_t与基本盈余现值之间的差距的水平上为止。请注意,根据这种推理,政府债务对家庭来说是净财富,在这个意义上,模型也是非李嘉图式的。

在下个部分,我们将看到李嘉图式政策通常会导致常规的结果。非李嘉图式政策是较新的,同时价格水平财政决定理论——尽管它也承认李嘉图式区制的存在——通常与非李嘉图式区制相关联。

2.3.4 两个关于价格决定的老谜题的"李嘉图性"

我们现在讨论上文中提出的第二个问题:传统观点不是认为钉住利率政策会导致价格不确定性或太阳黑子均衡吗,那么为什么价格水平在钉住利率政策解中就会固定下来呢?答案是传统的分析假设了李嘉图式财政政策。在这里,我们考虑一个比钉住利率政策更一般的情况。令$\Pi_t \equiv P_t/P_{t-1}$表示总通货膨胀率,$\pi_t \equiv \log\Pi_t$表示净通货膨胀率,再用星号表示中央银行的通货膨胀目标。我们考虑前述模型的非随机版本。传统观点认为,如果要唯一地决定通货膨胀路径,那么如下式所示的利率规则必定服从泰勒原理($\theta > 1$):

$$I_t = (\Pi^*/\beta)(\Pi_t/\Pi^*)^{\theta} \tag{17.15}$$

对这个结果的一种常见的解释是,中央银行必须通过提高实际利率以及降低总需求来应对通货膨胀的上升。但是我们很快就会看到,这种解释完全不得要领。

将式(17.15)与消费欧拉方程结合起来,并取其对数,那么通货膨胀的过程就变成了:

$$\pi_{t+1} = \pi^* + \theta(\pi_t - \pi^*) \tag{17.16}$$

这个差分方程的相图如图 17.1 所示。① 在第一幅相图中,政策规则遵循了泰勒原理。对于任何一个不等于 π^* 初始值 π_0,通货膨胀都会表现出爆炸性行为,因此 $\pi_t = \pi^*$ 是唯一稳定的解。现在,我们在传统观点的背后再加上两个(有时是隐含的)假设:第一,财政政策是李嘉图式的;第二,我们应该专注于稳定解。由于财政政策是李嘉图式的,那么对于任何初始的 π_0,现值预算约束(或等价地,家庭的横截性条件)都可以得到满足,我们没必要担心。由于我们只关注稳定解,那么泰勒原理似乎就是决定通货膨胀的充分必要条件了。

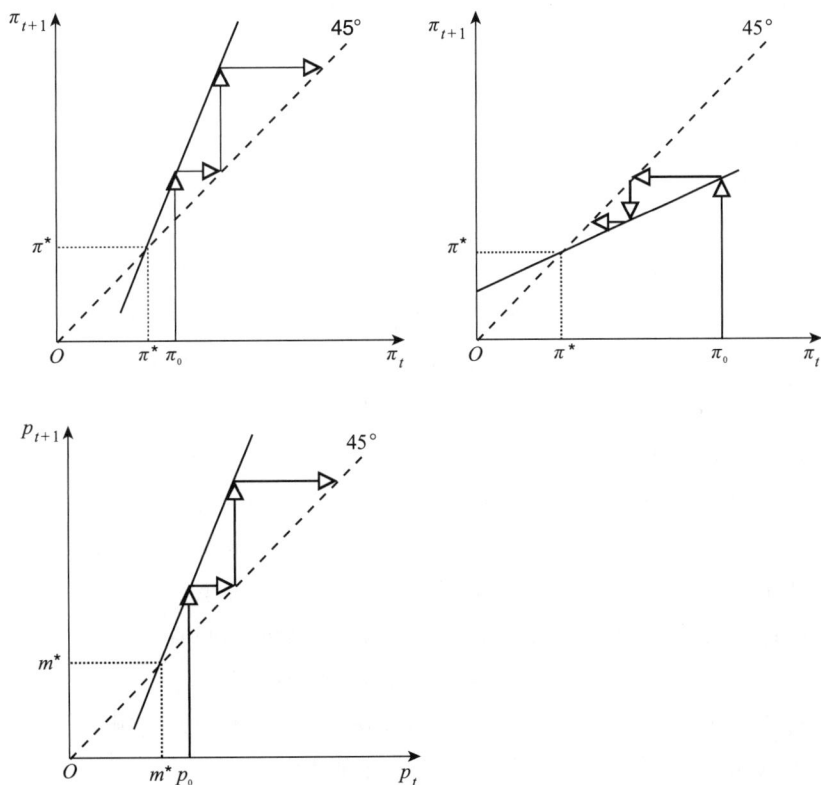

图 17.1　相图

但是,Cochrane(2007)从两个方面对传统观点提出了挑战。第一个挑战是泰勒原理并不能通过抑制总需求来发挥作用,科克伦将这种思路称为"老"凯恩斯主义思想。相反,泰勒原理的工作原理是让中央银行发出威胁说,如果最初的通货膨胀率没有跃升到某个水平上,就会引发恶性通货膨胀(或通货紧缩),但是这种威胁的可信度可能会受到质疑。但更根本的是第二个挑战。Cochrane(2007)认为爆炸性的解本身并没有什么错,至少在我们这个弹性价

① 模型是线性的,但我们还是在这里给出了相图,因为直观的图形肯定会对我们的理解有所帮助。

格的禀赋经济中是这样。家庭的横截性条件已经得到了满足。爆炸性行为只存在于名义变量中,事实上,我们感兴趣的实际变量在所有这些解中都是相同的。① 这种经济体中的家庭并不在乎中央银行是否制造了恶性通货膨胀,因此,这种政策的可信度对他们来说不应成为问题。

为了挽救传统智慧(及李嘉图式财政政策的辅助假设),似乎有必要先解释一下为什么我们应该关注通货膨胀的唯一稳定路径。McCallum(2009)给出了一个理由。他证明了爆炸性解不是最小二乘可学习的——而稳定解又是最小二乘可学习的。② Atkeson 等(2010)又采取了一个不同的方法。他们没有去寻找一种均衡选择机制,而是描述了一种可以让中央银行避免爆炸性解的可信方式。具体地说,他们设计了一套"老辣的"政策,详细规定了一旦发现私人行为主体开始走上一条爆炸性的路径,中央银行就必须采取什么样的行动,这些政策保证了行为主体选择稳定解是符合个人理性的。在任何情况下,当有多个解可供选择时,局部稳定性就成了一个标准的选择准则。③

在图 17.1 的第二张相图中,利率规则违背了泰勒原理($\theta<1$)。钉住利率政策($\theta=0$)只是这样的政策中的一种,此外还有很多其他的政策也是一样。任何初始的 π_0 都会产生一个稳定解,所以初始价格水平不能被固定在稳定性的基础上。

这就是价格决定之谜:许多人认为泰勒原理在美国历史上的多个不同时期都被违反了。如前所述,Woodford(2001)认为,在 1942 年至 1951 年之间,美国联邦储备委员会支持债券价格的政策以及它在《财政部—美联储协议》签订后采取的行动,最好都描述为钉住利率政策。但是,Clarida 等(2000)、Lubik 和 Schorfheide(2004)以及其他一些研究者都提供了 1980 年前后美国货币政策出现了结构性中断的经验证据:1980 年之前的时期泰勒原理被违反了,但是在那之后得到了满足。④ 那么,又是什么决定了美国历史上这几个时期的价格水平呢?

刚才说明的不确定性有时也被称为"名义"不确定性,因为消费、实际货币需求和实际利率都是已经决定了的。然而,Canzoneri 和 Diba(2005)认为,这其实是一种用词不当:当价格水平没有固定下来时,实际债券的供给也就没有固定下来。要想看清楚这一点,只需用政府的流量预算约束式(17.7)除以 P_t,然后稍作整理,我们就可以得到:

$$m_t+b_t+s_t=(M_{t-1}+I_{t-1}B_{t-1})/P_t \tag{17.17}$$

其中 $b_t \equiv B_t/P_t$。不难注意到,$m_t(=y)$ 是在时期 t 决定的,式(17.17)右侧的分子也是在时期 t 决定的。所以,如果 P_t 未能固定下来,那么 b_t 也不能固定下来。

这个观察结论可谓是一个至关重要的洞见,它揭示了一些可能解决价格决定谜题的途径。如果可以引入一个非李嘉图式的元素来让债券发挥其作用,即将 b_t 固定下来,那么 P_t 也许就可以确定了。价格水平财政决定理论提供了实现这个想法的一个方法。

---

① 我们稍后会指出,政府债务的实际路径并没有确定下来,但是由于这个模型是李嘉图式的,所以这一点对家庭并不重要。

② 关于可学习性的概念,请参见 Evans 和 Honkapohja(2001)的讨论。

③ Loisel(2009)以及 Adao 等(2007)没有讨论如何选择均衡,而是提出了货币政策的反馈规则,利用它们能实现唯一的稳定解,而且没有不稳定解。

④ 这些结果并没有得到普遍接受。Orphanides(2004)认为,如果使用实时数据,那么这个时期的估计利率规则确实遵循了泰勒原理。

如前所述,传统观点假设了一个李嘉图式的财政政策,因此对于由式(17.16)确定的任何的 π_0,现值预算约束都是可以得到满足的。现在反过来,假设财政政策是非李嘉图式的。现值预算约束可以将 P_0 固定下来,从而也就将 π_0 固定下来,这样一来,对于不遵循泰勒原理的货币政策,也就可以确定唯一的稳定解了(见图17.1的第二张相图)。

因此,价格水平财政决定理论提供了解决价格决定难题的方法。但是在这个过程中,货币政策和财政政策又出现了新的协调问题,而且问题相当严重。满足泰勒原理的货币政策必须与李嘉图式财政政策相结合,而违反泰勒原理的货币政策必须与非李嘉图式政策相结合。错误的配对会造成价格水平的过度确定性或不确定性。例如,如果某个非李嘉图式财政政策决定了图17.1的第一张相图中的 π_0,并且该 π_0 也不碰巧等于 π^*,那么就会导致恶性通货膨胀(或通货紧缩)。如果某个李嘉图式财政政策在图17.1的第二张相图中没有将某个 π_0 固定下来,那么价格水平就是不确定的,结果就会出现太阳黑子均衡。

2.3.5　伍德福德提出的政策协调问题

新的协调问题可以表述为:中央银行和政府怎样才能实现稳定的政策配对? 当美国联邦储备委员会前主席沃尔克(Volcker)在1980年前后决定转向遵循泰勒原理的货币政策时,美国前总统里根是怎么知道必须转向李嘉图式财政政策的呢? 当美国联邦储备委员会在《美联储—财政部协议》签订之后开始支持债券价格时,美国政府又是怎么知道应该实施非李嘉图式财政政策的呢? 这些联合政策的转变似乎不太可能完全依赖于偶然的运气。

事实上,Loyo(1999)的研究表明,在现实世界中,要实现这种政策协调可能是非常困难的。在20世纪70年代后期,巴西的通货膨胀率很高,但是也很稳定。然后从20世纪80年代初开始,通货膨胀率逐渐爬升,并在1985年之后加速,最后进入了恶性通货膨胀。洛约(Loyo)认为,巴西中央银行在1985年转而采取了一种遵循泰勒原理的货币政策,试图降低通货膨胀,但是公众同时预期非李嘉图式的财政政策将会继续下去。这些预期决定了 $\pi_0 > \pi^*$(见图17.1的第二个相图),然后恶性通货膨胀就随之而来了。对于我们在这里的目的来说,洛约举的这个例子很好地说明了,价格水平财政决定理论并未能在真正意义上解决萨金特和华莱士的"胆小鬼博弈"——这个博弈以不同的面目重新回来了。

总之,在伍德福德版的价格水平财政决定理论中,协调问题似乎是相当严重的:货币政策和财政政策必须做到完全步调一致才可能实现价格稳定。此外,Leeper(1991)、Canzoneri等(2008,2010)、Davig 和 Leeper(2006,2009)则以不同的方式探讨了价格决定问题,我们将会看到他们对协调问题的描述没有那么严重。但是无论如何,首先确定无疑的一点是价格水平财政决定理论一直备受争议。下面我们来看一看它的批评者是怎样说的。

2.3.6　对价格水平财政决定理论的批评,以及关于非李嘉图式政策的有待回答的若干问题

Buiter(2002)、Bassetto(2002,2005)和 Niepelt(2004)对价格水平财政决定理论所"建议"的均衡的性质提出了疑问。Buiter(2002)指出,价格水平财政决定理论的标准模型中隐含了将债务货币化的承诺,不过,如果中央银行遵循的是货币供应量规则而不是利率规则,就不存在这样的承诺了,此外,它关于非李嘉图式区制的理论似乎是不完整的,至少在没有对违

约进行建模之前是这样。McCallum(1999,2001,2003a,2003b)也质疑价格水平财政决定理论提出的一些解的可行性。Kocherlakota和Phelan(1999)以及McCallum和Nelson(2005)则在货币主义学说的背景下讨论了价格水平财政决定理论。

在这里,我们将从价格水平财政决定理论的均衡的本质这个最基本的问题入手,然后转向对货币供应量规则的讨论。最后,我们将考虑价格水平财政决定理论的一个非常自然的扩展,即扩展到包含多个财政当局的情形(例如在一个货币联盟中)。我们之所以要在这里讨论这个扩展,是因为非李嘉图式区制的理论在一些非常有意思的情况下似乎是不完整的(即便中央银行遵循利率规则时也是这样)。

2.3.6.1 价格水平财政决定理论得出的均衡的性质

Buiter(2002)认为,无论是在均衡路径还是在非均衡路径上,现值预算约束都是对政府行为的真实约束。政府必须像家庭一样遵守自己的预算约束,否则任何均衡都是无效的。对此,Woodford(2001)的回应是,政府知道它能够(而且应该)改变均衡价格和利率。对于非李嘉图式财政政策,可以在动态随机一般均衡模型中从"零时刻的交易"的角度进行建模,这也就是说,可以将财政政策视为在时刻为零的时候,一劳永逸地为未来的盈余设定了一条状态依存的路径。然后它与货币政策一起决定了均衡价格的序列。实际上,我们在下文中讨论的拉姆齐最优政策就是以这种方式制定的。

现值预算约束确实对允许的非李嘉图式政策设置了一些限制。例如,在名义负债为正的基准的情况下,盈余序列必须具有正的现值。[1] 但是这个正值既可能较大,也可能较小,这具体取决于盈余的现值和继承下来的名义负债。关键在于,公共部门负债都是名义上的,而且它们的实际价值是作为对盈余现值的剩余索取权在均衡中确定的。这就是Cochrane(2005)和Sims(1999a)认为现值预算约束是一个资产估值方程的原因。

然而,不难注意到,我们到目前为止的讨论都直接假设在时刻为零的时候存在着未偿还的名义政府债务。Niepelt(2004)认为,一个完整的理论还应该能够解释债务最初是怎样引入的,以及债券持有人在引入时预期能够得到的回报。假设在零时刻不存在名义负债。在这种情况下,没有初始资金或债券持有人作为剩余索取人,同时政府的约束是必须使盈余(包括铸币税)的预期现值为零。[2] 此外,式(17.13)并不能确定时刻为零时的价格水平。[3] 名义债券和货币可能会在零时刻发行(以填补赤字),但是它们的均衡价值并没有被模型确定下来。

虽然这种情况会导致名义变量的不确定性,但是财政政策的性质将会对不确定性的这个维度产生影响。Daniel(2007)指出,我们仍然可以设想一个非李嘉图式的财政当局,它在第0日发行名义债券,并从第1日起设定一个外生的(状态依存的)实际盈余序列。这样就

---

[1] Woodford(2001)阐述了对政策的限制,即对于所有的 t,都要保持名义负债和式(17.13)中的右侧为正。这样也就解决了Buiter(2002)在关于价格水平财政决定理论可能意味着负价格水平的批评中提出的问题。

[2] 这个推理也表明,财政理论无法解决萨金特和华莱士提出的协调问题,这个问题是建立在初始债务是实际债务的假设基础上的。

[3] Niepelt(2004)提出了一个替代模型,其中一些财政流量变量(如转移支付)以名义形式来设置,这样也就固定了价格水平。

可以确定状态依存的通货膨胀率。相反,如果财政政策是李嘉图式的,那么状态依存的通货膨胀率也将是不确定的,同时由中央银行设定的名义利率(和费雪方程)也只能确定通货膨胀率的期望值,或者更准确地说,式(17.4)右侧的值。

而在更深的层次上,Bassetto(2002,2005)则质疑用一般均衡平衡理论来解决时刻为零时的财政承诺的可信度问题是否具有足够的充分性。Bassetto(2002)在一个博弈论的框架中重新考察了价格水平财政决定理论,他对家庭和政府所能够采取的行动进行了显式界定。巴塞托的结论是,在零时刻一劳永逸地对未来盈余设定序列的财政政策不是一个有效的策略。一个有很好定义的策略还必须明确,如果消费者偏离了均衡路径,那么政府要怎么做才能满足其预算约束。当然,这种批评并不只局限于财政政策或价格水平财政决定理论。Atkeson等(2009)则在货币政策的背景下讨论了这个问题,他们所提出的"老辣的"政策也试图为货币政策和(可能的)财政政策提供定义明确的战略。

2.3.6.2　货币供应量规则

到目前为止,我们假设中央银行使用利率作为货币政策工具。根据经合组织中大多数国家中央银行最近的做法,大多数价格水平财政决定理论文献都作出了这一假设。可以确定的是,当然没有必要这样做,实际上,关于货币政策的传统讨论往往也没有必要这样做。在本部分,我们考虑货币供给规则。

2.3.6.2.1　是否应默认价格水平财政决定理论模型?　例一:货币供应量规则

正如Buiter(2002)所指出的,当中央银行遵循利率规则时,它其实是在承诺将政府债务的价格固定在其利率目标所隐含的水平上。如果非李嘉图式财政政策要求发行新债,那么中央银行就会通过公开市场操作,以隐含的债券价格将发售的债券吸纳进来。在这种情况下,如前所述,价格水平是可以由现值预算约束式(17.13)决定的。因此非李嘉图式财政政策可以得到均衡的支持。

相反,如果中央银行保持货币供应量固定不变,那么也就没有承诺会将任何新债务货币化。在这种情况下,中央银行其实是反过来承诺坚守自己的货币供应量目标的,因此是现金先行约束决定了价格水平。此时,价格水平不能自由调整以满足现值预算约束,而且一般来说,非李嘉图式财政政策不能在均衡中得到支持。由于缺乏一个关于政府违约可能性的明确模型,当财政政策是非李嘉图式的时候,我们似乎还没有一个关于价格决定的完整理论。

由于我们的现金先行约束(以及我们对禀赋经济的假设),刚才给出的例子就显得特别突出。如果货币需求对利率有很大的弹性,那么所涉及的争论就更加微妙了。Woodford(1995)利用一个效用函数包含了一种货币的模型证明,即便货币供应量固定,非李嘉图式政策也可能在均衡状态下得以维持,但是价格路径将会是爆炸性的。这个解没有违反横截性条件,并且它是模型的唯一的解,在这个意义上,它是一个有效解。在这里,显然不需要我们找到某种均衡选择机制——就像McCallum(2003a,2003b)所说的可学习性准则——多重解。然而,许多人都认为这种爆炸性的解根本没有什么吸引力。而如果加入政府违约的可能性,就有可能会产生其他均衡。

2.3.6.2.2 价格水平财政决定理论与货币主义的兼容性

在这个部分,我们用卡根(Cagan)的货币需求函数代替货币先行约束:

$$m_t - p_t = -(1/\kappa)(p_{t+1} - p_t) \qquad (17.18)$$

在本部分,m_t 和 p_t 是名义货币供给与价格水平的对数,而 κ 是一个正参数。为了简单起见,我们仍然继续假设模型是非随机的。令名义货币供给固定为 m^*,从式(17.18)可以推导出:

$$p_{t+1} = (1 + \kappa)p_t - \kappa m^* \qquad (17.19)$$

图 17.1 中最后一幅相图描述的就是这里的价格动态变化,它与第一幅相图之间的对称性是显而易见的。Sargent 和 Wallace(1973)认为,如果基本面因素是稳定的(在这里就是指 $m_t = m^*$),那么一般来说,我们应该选择一个有稳定的价格水平的解,也就是说,我们应该排除"投机性泡沫",除非那种解恰恰就是我们感兴趣的具体对象。在一项更晚近的研究中,Kocherlakota 和 Phelan(1999)将这种方法称为"货币主义选择装置"。[1]

在我们的例子中,p_t 总是等于 m^*。如果货币供应量出现了意外的、永久性的增加,那么价格水平也将按比例跃升。从上文的讨论中可以清楚地看出,Sargent 和 Wallace(1973)隐含地假设了李嘉图式财政政策,即无论给 p_0 输入什么值,初始盈余都满足式(17.13)。如果财政政策是非李嘉图式的,同时现值预算约束决定了 $p_0 \neq m^*$,那么就会出现恶性通货膨胀(或通货紧缩)。这一点我们在上文中已经进行了重申。

然而,Kocherlakota 和 Phelan(1999)却对图 17.1 中的第三个相图给出了不同的解释。他们将非李嘉图式财政政策视为一个"均衡否决装置"——它拒绝了除图中所示的爆炸性路径外的所有价格路径。相比之下,李嘉图式政策则意味着货币主义的"均衡选择装置":排除了"投机性泡沫",并使得 $p_t = m^*$。Kocherlakota 和 Phelan(1999)断言,价格水平财政决定理论等价于赋予政府在均衡中进行选择的能力。毫无疑问,认为政府通过政策(财政政策和货币政策)选择适当的均衡,这是对前面描述的协调问题的一种截然不同的观点。因为 Kocherlakota 和 Phelan(1999)怀疑政府会有意地选择相图中的爆炸性的价格路径,所以他们得出了这样的结论:"一个人不能同时'相信'财政理论工具和货币主义工具。我们选择相信后者。"

McCallum 和 Nelson(2005)从另一个不同的角度讨论了价格水平财政决定理论,他们想从价格水平财政决定理论的新内容中区分出与传统货币主义思想一致的内容。毫无疑问,这并不总是对应于区分李嘉图式和非李嘉图式财政政策。他们认为,一些非李嘉图式政策与货币主义学说并不矛盾。例如,Woodford(2001)可能认为钉住利率政策解是价格水平财政决定理论的典型例子,但是 McCallum 和 Nelson(2005)则认为钉住利率政策解其实完全符合货币主义学说。钉住利率政策是通过费雪方程决定预期通货膨胀率的。但是,给定货币数量方程(这是钉住利率政策解所假设的),中央银行必须将货币供应量的预期增长率设定为

---

[1] Sargent 和 Wallace(1973)的"处方"相当于一个均衡选择论证。Obstfeld 和 Rogoff(1983)以及其他一些研究者则指出,在货币供应量规则下,标准货币模型会表现出全局不确定性。Nakajima 和 Polemarchakis(2005)通过将无限期模型视为有限期经济序列的极限,讨论了现金和信用商品模型中的不确定性维度。他们证明了无论货币政策工具(利率或货币供应量)是什么,以及对价格的假设如何(弹性的或刚性的),不确定性的维度都是相同的。

等于该预期通货膨胀率,以便制定利率政策。他们或许会争辩说,这真的不算什么新东西啊,价格趋势本来就是跟随货币趋势的嘛。然而,我们应该记住,这里确实有一些新的东西:传统观点认为,价格水平不是为了钉住利率而决定的,而价格水平财政决定理论为这个问题提供了一个解。

相比之下,McCallum 和 Nelson(2005)认为,非李嘉图式财政政策与固定货币供应量政策的配对,如图 17.1 中的第三幅相图所描述的,是不符合货币主义学说的。价格的上升趋势与固定的货币供应量完全不一致。此外,在这个解中,名义债券供给量必定会随价格的上涨而呈现出上升趋势。引用麦卡勒姆早前的一篇论文中的话,McCallum 和 Nelson(2005)这样写道:

> "……有人认为,财政理论的显著特征是它对价格水平路径的预测,这些路径受债券存量的行为支配,与名义货币存量的路径非常不同。"

他们很可能会辩称,这正是价格水平财政决定理论的一个真正意义上的例子。

2.3.6.2.3 是否应默认价格水平财政决定理论模型? 例二:存在多个财政当局的情形[1]
价格水平财政决定理论的一个非常自然的扩展是考虑了多个财政当局的情形。[2] 大多数国家都有一个中央财政当局和若干个地方财政当局,而且对于陷入困境的地方财政当局,中央政府可能会提供显性的或隐性的救助担保。货币联盟——例如欧洲货币联盟——也包括了若干个主权国家的财政当局,但是纾困的可能性一般不太确定。这些都会引发一些很有意思的问题。

作为一个具体例子,我们将考虑一个关于货币联盟的模型。现在将我们一直使用的模型扩展到 N 个国家,每一个国家都有自己的财政政策。假设这些国家规模相同,政府支出过程也相同(不过税收过程可能有所不同),同时假设存在完全的国际市场能够平滑消费。有了这些假设,我们就可以将这 N 个国家的消费者聚合成一个适用于整个地区的代表性消费者了。

中央银行遵循利率规则,国家财政政策则既可以是李嘉图式的,也可以是非李嘉图式的。传统的观点由如下政策组合代表:中央银行的利率规则遵循泰勒原理,同时国家的所有财政政策都是李嘉图式的。整个联盟的价格水平由现金先行约束决定。

但是,如果出现了一项或多项非李嘉图式的财政政策又会怎么样呢? 这就是说,设 n($0 < n < N$)项政策是非李嘉图式的,而其余的政策则都是李嘉图式的。在这种情况下,价格水平财政决定理论告诉我们,这里存在好几个似乎很值得研究的可能性。

像 Canzoneri 等(2001a)所做的研究一样,一种可能性是假设存在一个分享铸币税收入的规则,同时一个国家不会去为另一个国家的债务提供担保。在这种情况下,每个国家都要服

---

① 这里的"2.3.6.2.3",原文是"2.3.6.3",联系上下文来看,可能错了,已改——译者注。
② 在这里,我们没有足够的篇幅回顾关于货币联盟的货币政策和财政政策的大量文献。与价格水平财政决定理论特别相关的论文包括 Woodford(1996)、Sims(1999b)、Bergin(2000)以及 Canzoneri 等(2001a)的研究。

从一个类似于式(17.13)的现值预算约束。假设中央银行采取钉住利率政策(与前面的讨论一致)。只要 $n=1$,价格水平就是可以唯一地确定的。采用非李嘉图式政策的那个国家的现值预算约束决定了整个联盟的价格水平,同时其他国家的李嘉图式政策也可以满足他们自己的现值预算约束。那些执行李嘉图式政策的国家可能会对执行非李嘉图式政策的那个国家的财政政策所导致的价格波动感到不满。这可能不是一个可持续的结果。

如果 $n>1$,那么结果会更加复杂。整个联盟范围的价格水平的变动一般来说不能满足一个以上的现值预算约束。在这里,价格水平被过度决定了。或者说,正如我们在对货币供给规则进行讨论时看到的,关于非李嘉图式区制的理论似乎是不完整的,缺乏一个明确的破产模型。

也许,继续假设中央银行的政策遵循泰勒原理会更有意思一些。在这种情况下,非李嘉图式政策似乎会导致过度确定性或爆炸性均衡。然而,Bergin(2000)和 Woodford(1996)提出了另一种可能性。如果执行李嘉图式政策的国家愿意担保执行非李嘉图式政策的国家的债务,那么我们就可以将这 N 个单独的现值预算约束聚合为一个约束。于是价格水平就可按2.3.4中所描述的途径决定了,而运行李嘉图式财政政策的那些国家也可以满足总现值预算约束。

然而,这个结果并不像最初看上去那样那么乐观。执行李嘉图式政策的那些国家可能被迫购买那些不执行李嘉图式政策的国家的债务,实际上,它们这样做就是在救助那些执行非李嘉图式政策的国家。而这在政治上或经济上可能会被认为是不可接受的。事实上,这个例子很好地代表了对欧元区正在发生的事件的一种解释。希腊正面临着长期的严重财政赤字①,工会正在组织街头示威,反对政府的紧缩计划(政府对那些紧缩计划其实也只是半心半意)。金融媒体上充斥着关于希腊从其他欧元区国家获得救助的可能性的各种各样的猜测,同时也有政治迹象表明相反的可能性也存在。在这种不确定性中,欧元正在贬值。本手册的读者未来将见证欧元区的形势如何进一步演变。

2.3.7　利珀对协调问题的刻画

Leeper(1991)试图找到这样一种均衡:在这种均衡中,货币政策和财政政策有一套明确的反馈规则,它们产生了一个唯一的、局部稳定的通货膨胀和政府债务解。我们不难注意到,利珀(Leeper)其实是在寻找伍德福德所考虑的均衡集的一个子集:Leeper(1991)要求政府负债的路径是稳定的,而伍德福德只要求负债的路径满足现值预算约束。

伍德福德的要求是合理的,因为现值预算约束等价于家庭横截性条件,那是一个均衡时必须成立的最优条件。利珀提出的额外稳定性要求对于某些类型的分析似乎也是合理的,而且正如前面已经提到过的,他的观点在文献中已经得到了广泛的接受,没有任何关于他的观点可能的局限性的讨论。到目前为止,我们一直都在使用一个非常简单的模型。利珀的方法的一个主要优点恰恰在于,它可以将数值方法应用于内容更丰富的模型,以及刻画通货膨胀与债务动态之间的复杂互动的模型。当然,这也是要付出代价的:Leeper(1991)不得不为货币政策和财政政策设定一些非常具体的反馈规则。在这里,我们只考

---

① 西班牙、意大利和葡萄牙也可能会被列入这个名单。

虑简单的规则：

$$i_t = \rho_m i_{t-1} + (1 - \rho_m)\left[(\Pi^*/\beta) + \theta_m(\pi_t - \pi^*)\right] + \varepsilon_{i,t} \tag{17.20}$$

以及

$$\tau_t = \bar{\tau} + \theta_f(b_{t-1} - \bar{b}) + \varepsilon_{\tau,t} \tag{17.21}$$

其中，变量上方的短"拔"线表示稳态值，$\rho_m > 0$，$\varepsilon_{i,t}$ 和 $\varepsilon_{\tau,t}$ 表示政策冲击。利珀要求解的协调问题是，找到参数对 (θ_m, θ_f) 的集合 S，它能够导致唯一的局部稳定解。利用数值解法，这可以通过对模型加以线性化然后计算特征值来求解，详情见 Blanchard 和 Kahn(1980) 的研究。

S 中包含的参数依赖于所分析的特定模型，模型结构中任何会影响其特征值的变化都会改变 S。在泛泛而谈的层面上，关于利珀的这个协调问题我们可以说的其实不多。不过，对于 θ_m 和 θ_f 的某些参考值，却是非常值得我们注意的。如果 $\theta_m > 1$，那么利率规则就满足泰勒原理。用利珀本人的话来说，这些规则是主动的，而违反泰勒原理的规则则是被动的。如果 $\theta_f > \bar{r}$（$\bar{r}$ 为稳态实际利率），那么财政政策就可以稳定债务动态。利珀将这种情况下的规则称为被动规则，而将 $\theta_f < \bar{r}$ 的规则称为主动规则。如果 $\theta_f = 0$，那么财政规则是非李嘉图式的。但是 Bohn(1998)（在一个未发表的附录中）证明了如果 $0 < \theta_f$，那么财政规则是李嘉图式的。博恩的结果背后的直觉很直接：财政政策只需为债务支付少量利息就能满足现值预算约束的要求了。

Leeper(1991) 用一个具有弹性价格的模型说明了他的方法，他的模型中通货膨胀和债务动态都相当简单（正如我们一直在考虑的模型下的情况一样）。为了用我们的模型说明他得到的结果，只需注意到通货膨胀和债务动态是由式(17.16)和式(17.12)给出的这一点即可。

把不确定性抽象掉，令式(17.20)中的 $\rho_m = 0$，并将式(17.21)替换为 $\tilde{S}_t - \bar{s} = \theta_f(a_t - \bar{a})$（其中 $\bar{S}$ 和 $\bar{a}$ 均为稳态值），再利用 $\bar{r} = \beta^{-1} - 1$，于是通货膨胀和债务的动态就变成了：

$$\pi_{t+1} = \pi^* + \theta_m(\pi_t - \pi^*) \tag{17.22}$$

$$a_{t+1} = (\bar{r} + 1)(a_t - \tilde{s}_t) = \left[1 + (\bar{r} - \theta_f) - \bar{r}\theta_f\right]a_t + \text{一个常数} \tag{17.23}$$

其中 $\tilde{s}_t \equiv (i_t/I_t)m_t + s_t$ 为包含铸币税在内的盈余。忽略二阶项 $\bar{r}\theta_f$，我们很容易可以看出，当财政政策为被动时，债务方程中的反馈系数小于1，而当财政政策为主动时，反馈系数则大于1。

传统政策的特点可以描述为主动的货币政策和被动的财政政策。在常规情况下，货币政策提供了名义锚：P_t 由式(17.22)决定——如2.3.5中所述，并可用图17.1的第一张相图来说明。在 P_t 固定下来之后，a_t 也就确定了，而且式(17.23)是一个稳定的（后顾性的）差分方程。我们有一个唯一的稳定解。通常与价格水平财政决定理论相关联的政策的特点是主动的财政政策和被动的货币政策。在这种情况下，一切都翻转过来了。财政政策提供了名义锚：式(17.23)现在成了一个不稳定的方程，而且 P_t 必须跃升才能让 a_t 跃升至唯一的稳定解。当 P_t 固定下来之后，π_t 也就确定了，式(17.22)成了一个稳定的差分方程。

现在，我们应该可以明白利珀对于我们所要考虑的均衡的额外要求（即 a_t 的路径也必须是稳定的）的重要性了。考虑一个财政政策，其中 $0 < \theta_f < \bar{r}$。对于利珀的政策而言，式(17.23)是一个不稳定的差分方程。但是这个策略在伍德福德所说的意义上是李嘉图式的，

所以存在着一个满足现值预算约束的 a_t 的路径连续统。这些路径中只有一条是稳定的,而利珀的要求是必须选中那条唯一的路径。[1]

利珀的稳定性要求是相当吸引人的。不稳定的债务路径意味着不断增加的利息支付。个人收入(包括利息支付)随着债务的增长而增长,应该足以支付不断增加的税收负担。如果政府能够获得一次总付税,那么这些不稳定的均衡就将是可持续的;而如果政府不得不使用某种扭曲的税收来支付不断增加的利息,那么这种不稳定的均衡就很有可能无法持续下去。

在我们所考虑的模型中,通货膨胀和债务动态都非常简单,不过我们应该再一次提醒读者,稳定集 S 的边界取决于所分析的特定模型。然而,主动的货币政策往往可以与被动的财政政策相结合,而被动的货币政策往往可以与主动的财政政策相结合。

至于什么是、什么不是常规的政策,反正稳定集 S 中的任何一对 (θ_m, θ_f) 都会产生一个稳定的均衡。但是政策新息对李嘉图式和非李嘉图式财政政策,或者更一般地说,对主动的财政政策和被动的财政政策的影响是非常不同的。追随 Kim(2003)的做法,我们用脉冲响应函数来说明这些不同之处。[2] 在这里,我们使用第3节中概述的采用卡尔沃定价机制的完全现金和信用商品模型。在李嘉图式财政政策(即被动的财政政策)的例子中,我们令 $\theta_m = 1.5$ 且 $\theta_f = 0.012$,这要比 $\bar{r}$ 更大($\bar{r}$ 为按季度计算的稳态实际利率)。对于非李嘉图式财政政策的例子,我们令 θ_m 和 θ_f 都等于零——这是一种钉住利率政策。在每一种情况下,我们均令 $\rho_m = 0.8$,因此利率冲击是具有持续性的。在每一种情况下,卡尔沃参数都设置为 0.75,这意味着四个季度的平均价格"合约"时间长度。

图 17.2 显示了对正向的利率冲击和政府支出冲击的脉冲响应。图 17.2(A)显示的是李嘉图式政策示例中的脉冲响应函数(impulse response functions,简写为 IRFs)。它们所"讲述"的是一个传统的故事。政府支出的提高增加了家庭的税收负担,家庭则相应地提高了工作努力程度并削减了他们的支出。于是消费下降了,而产出和通货膨胀则上升了。政策利率的提高则抬高了实际利率,并降低了家庭支出、产出和通货膨胀。

图 17.2(B)显示了非李嘉图式政策示例中的脉冲响应函数。它们"讲述"了一个完全不同的故事。具有非李嘉图式预期的家庭并不认为政府支出的提高会增加他们的税收负担。恰恰相反,他们认为盈余的现值已经下降了,在最初的价格水平上,他们持有的政府债务超过了现值,而这代表着正的财富效应。于是,家庭增加了支出,直到价格水平上升到足以消除这种差异为止。由于价格是具有黏性的,所以调整需要一些时间。我们还注意到,在黏性价格下,实际利率是内生的,因此,当前的贴现因子和预期的未来的贴现因子的变化有助于使价格水平与现值预算约束保持平衡。无论怎么样,消费都会上升,这与李嘉图式政策示例中的情况形成了鲜明的对比。产出的增长是四倍,同时通货膨胀的增长则是十倍。

---

[1] Woodford(2001)阐述了在这种情况下选择 Leeper(1991)的均衡的聚点均衡理由,并将利珀的主动财政政策称为局部非李嘉图式财政政策。

[2] Kim(2003)是用一个货币效用模型进行类似的模型模拟的,而且他所得到的结果与我们的结果非常相似。

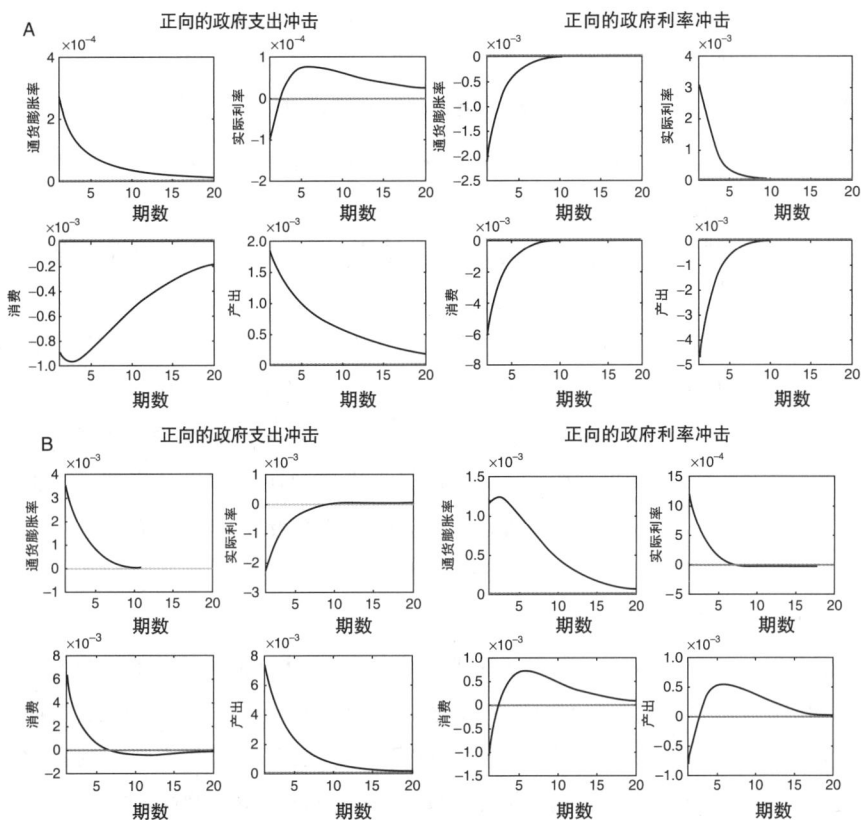

图 17.2 （A）现金和信用商品模型，$\theta_m = 1.5$ 且 $\theta_f = 0.012(>\bar{r}$，李嘉图式或被动规则）；

（B）现金和信用商品模型，$\theta_m = 0.0$（钉住利率政策）且 $\theta_f = 0.0$（非李嘉图式）①

提高政策利率可能会产生更令人惊讶的结果：通货膨胀率上升而不是下降，同时消费也提高了，并且产出也会增加（只不过略微有所延迟）。再一次，这个结果背后又有一个非李嘉图式的故事可讲。利率的持续上升意味着基本赤字的外生路径的融资成本将变得更加昂贵，同时政府将不得不发行更多的债券。但是随后，在最初的价格路径上，期初负债将大于盈余的现值。与之前一样，这产生了正的财富效应。家庭将增加支出，直到价格上涨使得这种差异消失为止，而在存在黏性价格的情况下，这需要一段时间。

在我们的模型中尝试了不同的 θ_f 值，可以从数值上证明，如果 $\theta_m = 0$，那么几乎所有小于 $\bar{r}$ 的 θ_f 都将进入 S，同时几乎所有大于 $\bar{r}$ 的 θ_f 都将被排除出 S。类似地，如果 $\theta_m = 1.5$，那么几乎所有被动的 θ_f 都将进入 S，同时几乎所有主动的 θ_f 都将被排除出 S。而且，当中央银行从主动规则转为被动规则时，财政政策也必须从被动规则转为主动规则，反之亦然。财政政策必须以协调一致的方式转变，但是不会转变为非李嘉图式政策。因此，利珀的协调问题没有伍德福德的问题那么严重。

最后值得一提的是，我们不难注意到利珀的货币被动/财政主动政策组合所产生的非常

---

① 这里的"$>\bar{r}$，李嘉图式或被动规则"，原文为"$> r$，李嘉图式或被动规则"，疑有误，已改 —— 译者注。

规脉冲响应函数,与图17.2(B)中所示的非李嘉图式政策示例相同。确实,与价格水平财政决定理论相关联的政策组合往往会产生看起来像是非李嘉图式政策的结果。

2.3.8 更晚近的对协调问题的刻画——不那么严重

Davig 和 Leeper(2006,2009)以及 Canzoneri 等(2008,2010)对协调问题给出了最新的刻画。他们的研究表明,这个问题并不像以前人们描述的那么严重。事实上,当货币政策从遵循泰勒原理的政策转变为不遵循泰勒原理的政策时(反之亦然),财政政策可能根本不需要作出任何改变。

Davig 和 Leeper(2006,2009)通过允许货币政策和财政政策在主动与被动之间随机切换,扩展了价格水平财政决定理论。虽然他们并没有得出一个普遍的理论结果,但是他们确实发现一个估计的马尔可夫切换过程中产生的唯一的解。在 Canzoneri 等(2010)的研究中,考察重点放在了被动财政政策上,从而摆脱了价格水平财政决定理论的限制。遵循 Canzoneri 和 Diba(2005)的思路,我们假设政府债券能够提供流动性服务,结果发现,在许多情况下,积极和不积极的货币政策都可以与同一个消极的财政政策相匹配。

2.3.8.1 随机切换政策区制

Davig 和 Leeper(2006,2009)假设了类似于式(17.20)和式(17.21)的货币政策与财政政策规则,并在此基础上加入了若干额外的变量:利率规则包含了一个产出缺口,同时税收规则包含了政府支出和产出缺口。他们的研究的新颖之处在于,这些规则中的系数都是用马尔可夫链来建模的。使用战后美国的数据,Davig 和 Leeper(2006,2009)估计了马尔可夫切换规则,并阐明每一个规则是如何在主动和被动之间来回切换的。在给定的任何一个时期,政策组合可能是货币主动/财政被动(这是传统的政策配对),又可能是货币被动/财政主动(这是与价格水平财政决定理论相关联的配对),也可能是货币被动/财政被动(这是太阳黑子均衡情形),还可能是货币主动/财政主动(这是不稳定的情形)。

Davig 和 Leeper(2006,2009)对滞后债务系数的估计对于他们的积极的财政政策规则而言是负的,我们认为这一点很难解释。[①] 无论财政规则是李嘉图式的还是非李嘉图式的,我们都期望得到一个正的估计系数。如前所述,对债务做出积极反应的规则是李嘉图式的。而在非李嘉图式区制中,现值预算约束意味着债务本身就可以很好地预测未来的盈余。实际上,一个非正的估计值通过李嘉图式区制来解释可能会更容易一些。正如我们将在下个部分看到的,盈余只需要非常偶然地对债务做出(积极的)反应就可以使政策成为李嘉图式的,事实上,盈余不一定会在任何有限的数据集中做出反应。

下面要说的可能虽然稍微有点离题,但是值得我们注意的是,其实很容易就能够找到回归系数实际上应该大于实际利率的主动财政政策规则(一般会错误地认为该规则是被动的)。我们知道盈余在数据中是序列相关的,因此不妨考虑如下形式的积极政策规则:

$$\bar{s}_t - \bar{s} = \rho(\bar{s}_{t-1} - \bar{s}) + \varepsilon_t \tag{17.24}$$

其中,$0 < \rho < 1$,$\bar{s}$ 是稳态值,是一个随机项。从现值预算约束与式(17.24)可以推导出:

---

① 埃里克·利珀(Eric Leeper)在与我们的私人通信中指出,将这个系数设为零不会改变他的结果。

$$\bar{s}_t = \rho(1 - \rho\beta)a_{t-1} + \varepsilon_t + \text{一个常数} \tag{17.25}$$

对介于 0.5 至 1 之间的 ρ，有 $\rho(1 - \rho\beta) > \beta^{-1} - 1$（实际利率）。这个例子说明了一个我们将在下个部分中深入探讨的识别问题：找到一个大于实际利率的回归系数并不必然意味着该政策就是李嘉图式的。

　　Davig 和 Leeper（2006，2009）对转移概率的估计表明，这种政策配对是持续性的。他们的估计结果显示，在 20 世纪 50 年代初，美国联邦储备委员会在支持债券价格时采用的是货币被动/财政被动的政策区制。这与 Woodford（2001）关于钉住利率政策最能描述这个时期的货币政策的判断相符，但是与他关于财政政策是非李嘉图式的（或被动的）的断言不一致。戴维格和利珀的估计还表明，20 世纪 60 年代末和 70 年代的大部分时间里，美国采用的是同样的政策区制，这与对这个时期的利率规则的估计一致。他们的估计也表明，从 20 世纪 80 年代中期到 90 年代，美国采用的是货币主动/财政被动的政策区制，这与这个时期的利率规则的估计是一致的。有意思的是，Davig 和 Leeper（2009）的估计表明，到了 21 世纪，美国又向货币被动/财政主动的政策区制回归了。

　　Davig 和 Leeper（2006）将他们估计的区制切换过程与（带有卡尔沃定价机制的）标准的动态随机一般均衡模型结合起来，得到了一个均衡解。他们证明，尽管存在着货币被动/财政被动与货币主动/财政主动混合的时期（人们可能认为这种混合会导致太阳黑子均衡或爆炸性行为），但是对未来稳定的政策组合的预期还是会导致一个确定的解。

　　这个结果表明，政策协调在实践中并不会成为一个问题。货币政策和财政政策可能会随机地从主动转向被动，然后再翻转回来，而不会造成太阳黑子均衡或爆炸性行为。然而，这些数值性结果是在对以往的切换概率的估计的基础上得出的，我们在理论上并不能保证对未来的区制转换的预期肯定能得到如此乐观的结果。

　　Davig 和 Leeper（2006）指出，在他们的模型中，价格水平财政决定理论总是有效的，即便当前的区制是传统的货币主动/财政被动政策组合也是如此。这是因为人们总是预期未来会出台积极的财政政策。为了说明这个事实，Davig 和 Leeper（2006）分析了一次总付税增加时的脉冲响应函数。这种冲击在永久性的货币主动/财政被动的政策区制中不会产生影响，但是人们对一个货币被动/财政主动政策区制的预期会导致这种税收冲击具有前面所描述的非李嘉图式财富效应。

2.3.8.2　通过债券提供流动性服务

Canzoneri 等（2008，2010）探索了另一种让债券发挥作用的方法，以此来解决价格决定难题。正如我们将会看到的，政策协调在我们的框架中要比伍德福德或 Leeper（1991）的框架中的要求低得多：当货币政策从主动转向被动时，财政政策甚至可以不改变。

　　我们的方法是承认政府债券能够提供流动性服务，而且强调它们只是货币的不完美替代品。[①] 在 Canzoneri 和 Diba（2005）的研究中，我们允许通过持有债券来缓解现金先行约束。

---

① 当然，我们不是最早进行这种尝试的研究者。早在 Patinkin（1965）那个时代，建模者就把货币和债券都纳入了家庭效用函数当中。这方面更晚近一些的论文包括 Bansal 和 Coleman（1996）、Lahiri 和 Vegh（2003）、Schabert（2004）以及 Linnemann 和 Schabert（2009，2010）等的研究。

而在 Canzoneri 等(2008)的研究中,我们假设银行同时使用货币和债券来管理其活期存款的流动性。另外,在 Canzoneri 等(2010)的研究中,我们假设家庭需要面对如 Schmitt-Grohé 和 Uribe(2004a)所描述的交易成本,但是货币余额则用常替代弹性的货币和债券加总代替。在这个框架中,财政政策决定了流动资产的总供给量 $M_t + B_t$[①],而中央银行的公开市场操作则决定了流动资产的构成——构成也是很重要的,因为货币和债券是不完美的替代品。

图 17.3 显示了 Canzoneri 等(2010)的模型中的两个不同的参数化的稳定集 S。上面的那张图是根据 1980 年以前的美国数据校准的模型绘出的,而下面的那张图则是用 1980 年之后的数据校准的。[②] 图中白色的区域代表稳定集 S,深色的区域则代表不确定的区域(或太阳黑子均衡),另外颜色较浅的阴影区域则代表超确定性区域(或爆炸性均衡区域)。这些图中的垂直线处于 $\bar{\tau}$ 的位置。这条垂直线右侧的 θ_f 为被动的财政政策,1.0 水平线以上的 θ_m 为主动的货币政策。[③]

图 17.3 中的这两幅图显示了稳定集 S 是如何随时间而变化的(哪怕是在相同的基本模型中)。我们可以利用这两幅图来讨论美国联邦储备委员会政策的变化——据信,在 1980 年前后的两个时期里,美国联邦储备委员会的政策是不同的。如前所述,Lubik 和 Schorfheide(2004)估计前一个时期的 θ_m 值为 0.8,还有许多估计认为后一个时期的 θ_m 值介于 1.5 到 2.0 之间。

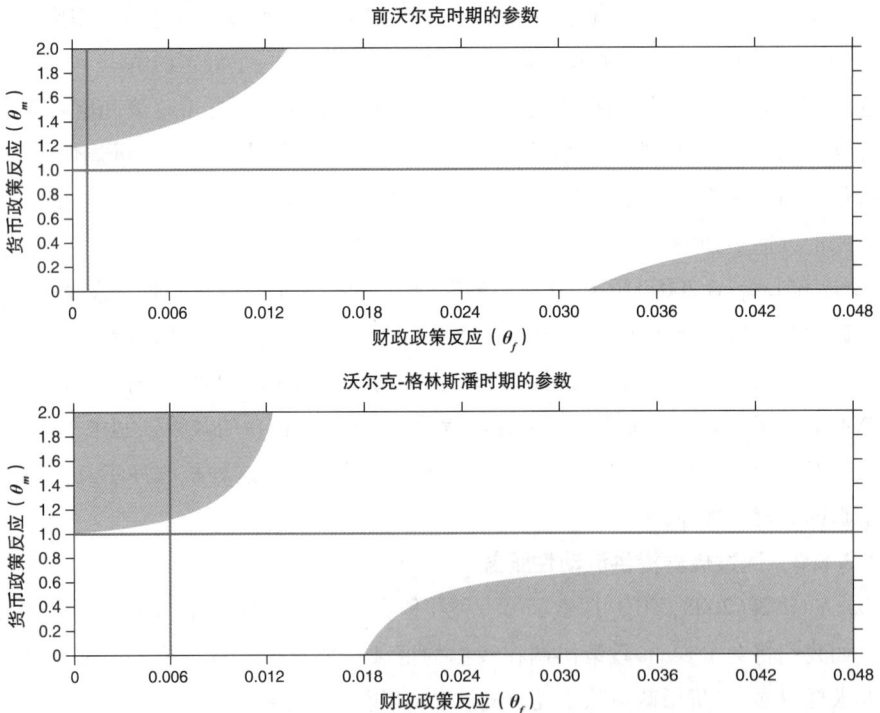

图 17.3 Canzoneri 等(2010)所描述的模型中的稳定集 S

---

① 对流量预算约束式(17.6)重新排列,我们就可以得到 $M_t + B_t = (I_{t-1} B_{t-1} + M_{t-1}) - S_t$。

② 在 Canzoneri 等(2010)的研究中,我们没有对利率平滑进行建模,这也就是说 $\rho_m = 0$。

③ 在 Leeper(1991)给出的具有弹性价格的简单模型中,集合 S 由全部东北象限和西南象限组成。

在不改变财政政策的情况下,这种货币政策的转换能够实现吗? 只要看一下图 17.3 中的任意一张图就马上可以知道,只要原先存在的 θ_f 大于 0.01,那么答案就是肯定的。如果财政政策对债务的反应足够强,就根本不会出现协调问题。

图 17.4(A) 和图 17.4(B) 分别显示了 Canzoneri 等(2010)的模型中的两个校准的脉冲响应函数。将它们与对应于现金和信用商品模型的图 17.2(A) 与图 17.2(B) 进行比较是很有意义的:两者的脉冲响应函数看起来非常相似。特别是,图 17.4(B) 显示了与图 17.2(B) 相同的非常规结果,尽管其财政政策是被动的。[①] 不同之处在于,在 Canzoneri 等(2010)的模型中,我们可以对两个校准保持相同的被动的财政政策($\theta_f = 0.12$)。而在现金和信用商品模型中,则必须从被动的财政政策转换为主动的财政政策。

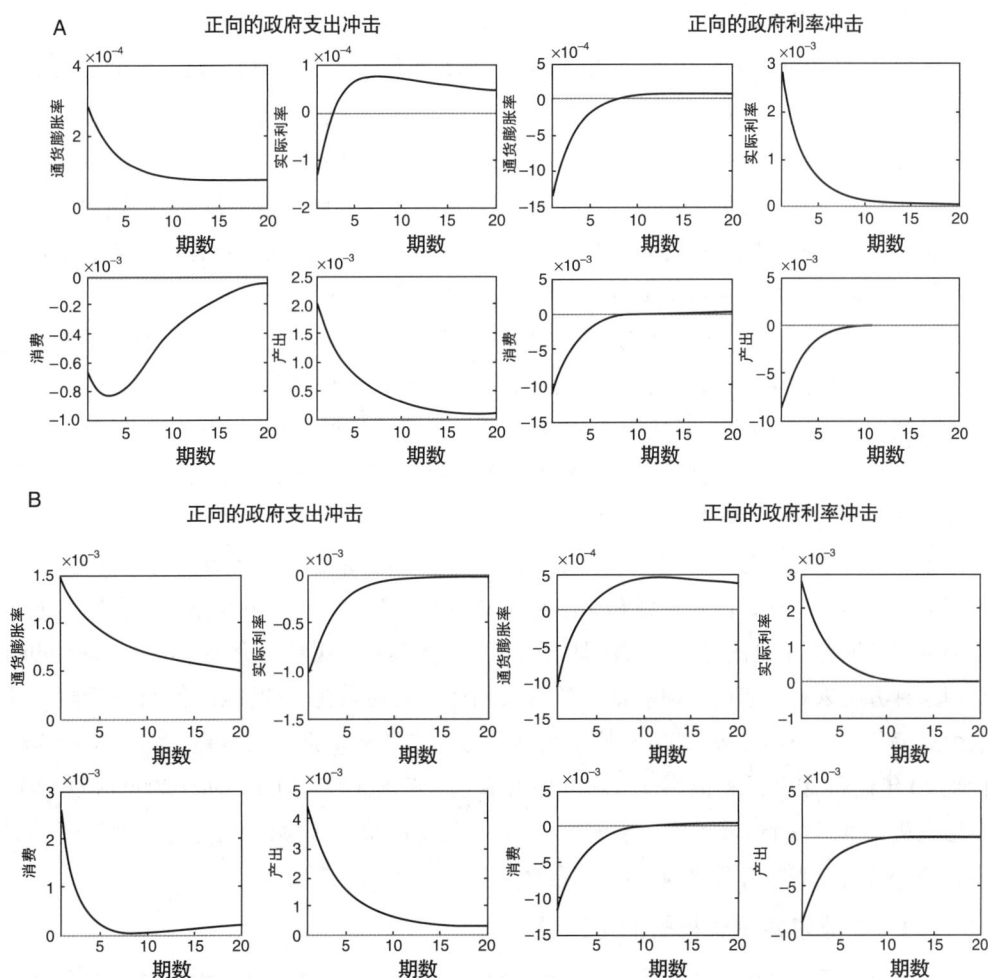

图 17.4　(A) Canzoneri 等(2010)的模型(20 世纪 80 年代的参数):$\theta_m = 1.5$ 且 $\theta_f = 0.012$;
(B) Canzoneri 等(2010)的模型(20 世纪 70 年代的参数):$\theta_m = 0.8$ 且 $\theta_f = 0.012$

---

① 两者之间主要的区别在于,在图 17.4(B) 中,通货膨胀率需要几个季度才会上升。

2.4　财政政策是李嘉图式的还是非李嘉图式的?

许多人希望对价格水平财政决定理论进行标准的统计检验(当然,这种愿望是再自然不过的了),即从数据中推断,在给定的时间段内,财政政策是李嘉图式的还是非李嘉图式的,是主动的还是被动的。然而,这也许是不可能的,因为存在着一个看上去似乎非常棘手的识别问题。这种识别困难给一些经济学家带来了很大的挫折感:我们为什么要对那些不能用通常的统计推断来证伪的概念或断言感兴趣呢? 我们先讨论这个识别问题,然后给出可以代替统计检验的其他方法。

2.4.1　一个重要的识别问题

如前所述,Bohn(1998)证明,如果 θ_f 为正,那么类似于式(17.21)的财政规则就是李嘉图式的。因此,尝试一下债务对盈余的回归似乎是一个很自然的想法。博恩和其他一些研究者已经证明,两者之间存在显著的正相关关系。然而,这里的问题在于,非李嘉图式政策也意味着正相关关系。现值预算约束本身表明,政府负债的实际价值的波动与当前和/或未来盈余正相关(即便这些盈余的路径是外生的)。一个有效的检验方法是看一看盈余是否会对非均衡价格路径上的债务做出反应,但是我们无法构造这样一个检验。

这也就把我们带到了这个识别问题的核心。正如 Cochrane(1998)所指出的,价格水平财政决定理论使用完全相同的等式——当然,除了描述基本盈余演变的政策规则——去解释任何可能的均衡(或者在实证研究中,去解释任何给定的数据集)。换句话说,对于任何可能的均衡,或任何历史事件,都可以有一种李嘉图式解释和一种非李嘉图式解释。用标准的检验方法来区分这两种解释似乎是不可能的。

也正因为如此,相关文献在一个不同的方向上发展起来了。对于数据的任何特定方面,都可能同时存在着李嘉图式解释和非李嘉图式解释,但是其中某些解释可能会比其他解释更加可信。因此,检验的另一种方法是追问哪一种解释看上去更加合理。Cochrane(1998)就是用这种方法来解释战后美国数据中的盈余和债务的动态变动的,他的目的是"推荐"非李嘉图式解释。Canzoneri 等(2001b)则采用这种方法来支持李嘉图式解释。Sims(2008)对20世纪70年代和80年代初的高通货膨胀提出了非李嘉图式解释,Cochrane(2009)则对当前的金融危机提供了一个非李嘉图式解释。当然,与传统的统计检验相比,这种新方法还不尽如人意——最终在观察者看来,它也许只能体现一种朦胧之"美"。

2.4.2　非李嘉图式检验的合理性

作为这种新方法的应用的一个例子,我们不妨分析一下对于两个历史时期的政策的李嘉图式解释和非李嘉图式解释。这两个历史时期是我们前面已经讨论过的:一是20世纪40年代,当时采取的是支持债券价格的政策(对此最好用钉住利率政策来描述);二是1980年之前那个采用被动的货币政策的时期。对于这两个时期的价格确定性,我们利用非李嘉图式政策或积极的财政规则就很容易解释。我们将与这些解释相关的脉冲响应函数描述为非常规的,如图17.2(B)所示。然而,对于政府支出冲击,消费的正向反应和产出的巨大反应是与 Perotti(2004)给出的向量自回归证据一致的。佩罗蒂(Perotti)发现,对许多经合组织国家来说,消费和产出的乘数在 1980 年之前要更大一些。相比之下,传统的李嘉图式解释(被动货币政策和被动财政政策)可能是更难接受的,因为它意味着这些时期会出现太阳黑子均衡。

在这种新方法的应用的一个雄心勃勃的例子中,Cochrane(1998)提供了对战后美国通货膨胀历史的非李嘉图式解释。科克伦首先声称,李嘉图式解释是不可信的。他把李嘉图式解释与对价格决定的货币数量理论式的解释等同起来,而后者依赖于货币的交易需求。科克伦认为,由于金融创新,货币交易需求正在消失。

还是用科克伦自己的话来说吧,即"如果我们有了一个在现实中和经验上都很成功的货币理论……那么我们对财政理论的大部分兴趣都会消失"。当科克伦将李嘉图式解释与交易摩擦等同起来时,人们或许可以指责他只是摆出了一个稻草人。正如我们已经看到的,李嘉图式财政政策确实可以与遵循泰勒原理的利率规则相配对,在这种情况下甚至没有必要再去讨论货币的供给和需求。但是不管怎样,科克伦接着提出了一个不依赖于交易摩擦的非李嘉图式解释。

但是,Cochrane(1998,2005)对非李嘉图式区制的描述存在着一个奇怪的扭曲。在前面的 2.2.1 中,我们已经指出,中央银行的利率政策控制了预期通货膨胀(通过费雪方程),同时盈余方面的新息则会造成价格水平的意外波动。科克伦实际上"废除"了中央银行。他假设财政当局可以设定实际盈余和名义债券的面值,以控制(在均衡状态下的)价格水平、名义利率和预期通货膨胀。因此,在科克伦的描述中,我们有一个关于价格水平和通货膨胀的整合的财政理论。考虑到各经济合作与发展组织国家中央银行的机构独立性日益增强的趋势,这种想法似乎有点奇怪。

科克伦总结道:"(非李嘉图式解释的)一个重要组成部分是,在衰退期间,额外的名义债券发售必定伴随着增加随后盈余的隐性承诺。"我们将在下个部分讨论这种相关性,以及科克伦对它的解释。

在更晚近发表的一篇论文中,Sims(2008)对 20 世纪 70 年代中期和 80 年代早期的高通货膨胀给出了一个非李嘉图式解释,他使用了我们提出的一些证据。西姆斯指出,在 1975年,赤字与国内生产总值之比出现了急剧上升,此外,他还质疑那些有前瞻能力的人是不是真的认为,未来的税收能够为巨额的债券发行提供完全支持。否则,价格将不得不上涨,以便使政府负债的实际价值与盈余的较低预期现值保持一致。他还指出,20 世纪 80 年代早期的利率很高导致债的利息支付飙升。这种现象意味着名义政府债务的增长率会更高,在非李嘉图式解释中,这还会引发通货膨胀。

2.4.3　非李嘉图式区制的合理性

在 Canzoneri 等(2001b)的研究中,我们认为李嘉图式政策在理论上是可信的,而且对于美国盈余和债务动态的李嘉图式解释比非李嘉图式解释更加简单明了。我们从李嘉图式财政政策的理论合理性着手进行讨论。

在采用均衡的递归定义的情况下,将公共债务视为一个能够将政府随着时间的推移的政策选择联系起来的状态变量似乎是很自然的。而且这还促使研究者将财政政策设定为一种反馈规则,它将盈余与政府继承下来的债务联系起来。Bohn(1998)和 Canzoneri 等(2001b)认为,一旦我们考虑这样的反馈规则,李嘉图政策就似乎更可信了。

关于价格水平财政决定理论的文献通常集中在关注非李嘉图式策略上,因为它们在这里是更"新"的。但是这种做法可能会给人一种印象,即它们才是需要考虑的"自然"政策,而李嘉图式政策在某种意义上只是一种特殊情况。我们将尝试通过证明李嘉图式政策既可以相当苛刻也可以非常宽松来消除这种印象。反周期政策、政治惯性或政治噪声都有相当大的空间。

我们将用一个简单的例子来说明上述基本思想。考虑我们前面给出的模型的非随机版本,并将流量预算约束式(17.12)重写为:

$$a_t = \beta a_{t+1} + \tilde{s}_t \tag{17.26}$$

其中 $\tilde{s}_t \equiv (i_t/I_t)m_t + s_t$ 表示包含了铸币税的盈余。于是现值预算约束就变成了:

$$a_t = (M_{t-1} + I_{t-1} B_{t-1})/P_t = \sum_{j=t}^{\infty} \beta^{j-t}\tilde{s}_j \Leftrightarrow \lim_{T\to\infty} \beta^T a_{t+T} = 0 \tag{17.27}$$

如果对于任何的 P_t,或者等价地,对于任何的 a_t,某项财政政策满足式(17.27),那么它就是李嘉图式的。在 Canzoneri 等(2001b)的研究中,我们发现只考虑有限的期限会很方便。

考虑如下形式的财政政策规则:

$$\tilde{s}_j = f_j a_j + x \tag{17.28}$$

其中,$\{f_j\}$ 是反馈系数的确定性序列,x 则为一个常数。将式(17.28)代入式(17.26),并继续向前迭代,我们可以得到:

$$a_{t+T} = \left[\beta^T \prod_{j=t}^{t+T-1}(1-f_j)\right]a_t + F \tag{17.29}$$

其中 F 是同样涉及反馈系数的另一项。把这个结果代入横截性条件,我们就可以得到:

$$\lim_{T\to\infty} \beta^T a_{t+T} = \left[\prod_{j=t}^{t+T-1}(1-f_j)\right]a_t + G \tag{17.30}$$

这里的 G 也是一个涉及反馈系数的项。如果对于任何的 a_t,这个极限都趋近于零,那么这个策略就是李嘉图式的。于是问题就变成了:我们要对序列 $\{f_j\}$ 施加什么样的限制才能使这个极限趋于零? 在 Canzoneri 等(2001b)的研究中,我们证明了对于下面考虑的任何限制,G_t 都趋于零。我们在这里提出的目的是让读者理解与任意给定的 a_t 的值相关联的那一项的直观含义。

如果政府在每个时期都对债务做出反应,那么这个政策肯定是李嘉图式的。为了理解这一点,设 f^* 为一个任意接近于零的正数,如果对于所有的 j,都有 $f^* \leqslant f_j < 1$,那么上述极限趋于零。然而,这是一个非常强的假设,而且似乎不太现实,因为政府似乎都不太关心长期债务问题。

但是这种限制已经远远超过了必要的程度。要理解这一点,不妨假设要么无限多次 $f^* \leqslant f_j$,要么 $f_j = 0$。在这一假设下,上述极限同样趋于 0。从理论上说,政府只需要每十年、每世纪,或者甚至每千年对债务做出一次反应也就行了。此外,政府也不需要对任何有限数据集中的债务做出反应——这也正是"检验"困难的另一个例子。因此,李嘉图式政策可以是非常"宽松"的。

在 Canzoneri 等(2001b)的研究中,我们将这个结果扩展到了随机的模型设置下。不仅贴现因子是随机的,而且规则式(17.28)也带有一个随机项 ε_t。这个 ε_t 可以用来反映反周期政策或者与经济表现无关的某些政治因素。此外,正如 Bohn(1998)所指出的,财政政策只有在债务足够大时才需要对债务做出反应。因此,在理论上,李嘉图式区制绝对不仅仅只是一种特殊情况,它们看起来是非常可信的。在更根本的层面上,私人部门必定都确信政府最终一定要对债务做出反应,而且会一再如此。一项看起来每世纪只会对债务做出一次反应的政策有多可信? 理性预期模型通常不会去解决这类问题。

Bohn(1998)和 Canzoneri 等(2001b)的理论阐述集中在了伍德福德所定义的均衡与政策区制上,也就是说,他们关注的是能够满足横截性条件并确保李嘉图式区制的财政政策。正如我们前面已经提到过的,盈余对债务反应很弱的李嘉图式政策可能会导致债务爆炸性增长的均衡,我们当然希望排除这种均衡。在更一般的层面上,Bohn(1998)和 Canzoneri 等(2001b)的观察结果表明,财政政策的简单反馈规则——例如用常数系数或用外生变化的系数表示,就像 Davig 和 Leeper(2006,2009)的研究中那样——可能无法充分刻画财政政策选择的内在本质或对未来财政政策的预期。[①] 财政政策也许不会立即对不断增长的债务做出反应,但是当财政可持续性使得这种反应成了一项政治议题时,或当某种偶然情况使得财政调整变得不那么"痛苦"时,未来的政策制定者就可能会选择稳定债务。

Bohn(1998)和 Canzoneri 等(2001b)的研究结果只要稍加修改,就可以得出对稳定债务与 GDP 比率的财政政策的要求。例如,随着债务与 GDP 比率的提高,可能需要更强有力的财政应对措施。但是这些应对措施可能只有未来才会出现,而且不常见。

根据 Canzoneri 等(2001b)的研究,我们还指出,对美国盈余和债务的动态变化,李嘉图式解释比非李嘉图式解释更加可信。图 17.5 绘制出了用政府盈余和政府总负债的年度数据进行向量自回归所得到的脉冲响应函数,两者都按与 GDP 的比例列示。这些脉冲响应函数显示了对盈余冲击的反应。在上面这个板块中,盈余在排序中排在了前面,这在非李嘉图式解释中是有道理的。而在下面这个板块中,顺序颠倒过来了,它在李嘉图式解释中可能更有意义。然而,无论采用哪种排序方式,正的盈余新息都会使负债在几年内持续下降,而且十年内的反应仍然显著为负。

---

① 具有常数系数或外生变化系数的反馈规则可能也不足以解释过去的政策。Bohn(1998)指出,在相当长的一个时期内,美国 GDP 增长率持续超过了美国政府债务利率,导致债务占 GDP 的比例不断下降。常数系数的反馈规则将要求政策当局用一个被动的财政政策来削减盈余与 GDP 之比,以稳定债务与 GDP 之比,而且仅凭回归就足以刻画一个无法做到这一点的主动政策。然而,在现实世界中,一个关注财政可持续性的政府如果奉行被动的财政政策,就可能会将这样一个阶段视为减轻债务负担的适当时机。

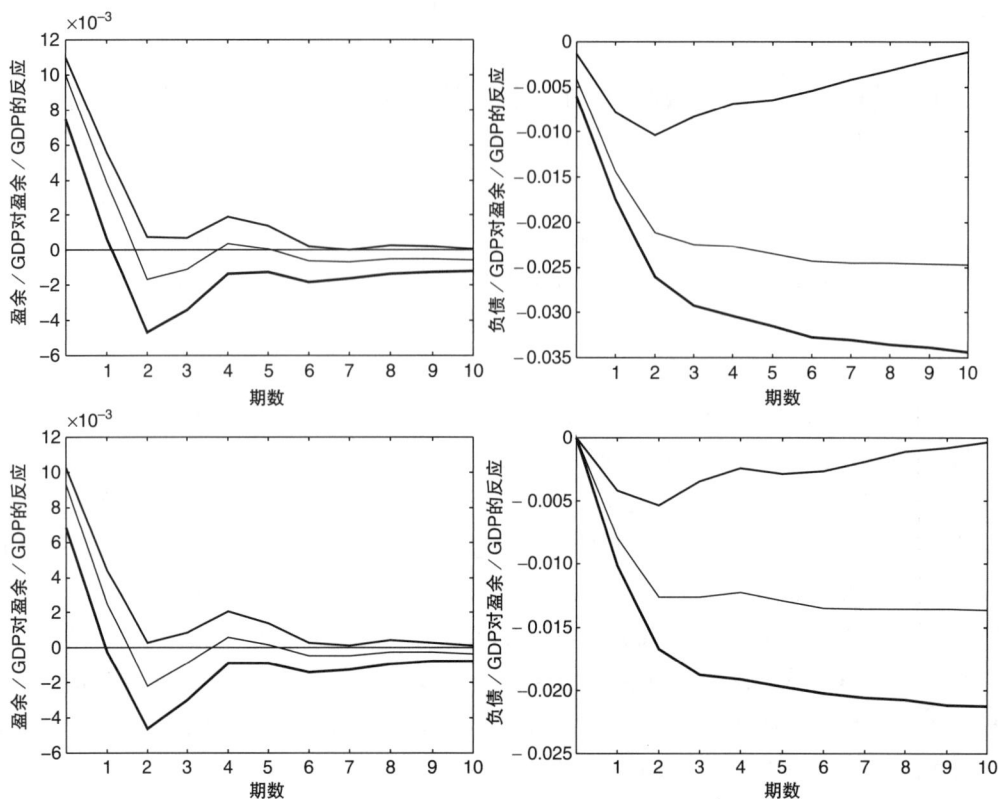

图 17.5　美国的盈余—债务动态

注:本图取自 Canzoneri 等(2001b)的研究。

对于这种盈余—债务动态的李嘉图式解释是直接明了的。盈余方面的新息可以抵消部分债务,因此负债下降了。而且,由于盈余过程是序列相关的,下一个时期的盈余可以偿还更多的债务,于是负债再次下降。对于这样的统计结果,还存在一种非李嘉图式解释,但是它要更加复杂一些。

图 17.6 说明了为什么非李嘉图式解释不可能很简单。本图绘制的是我们现金和信用商品模型中的脉冲响应函数。我们使用了政策规则式(17.20)和式(17.21),不过我们在税收规则中增加了税收平滑(它类似于利率平滑)。盈余冲击是一次总付税的增加,脉冲响应函数反映了基本盈余(即税收)和政府总负债的反应。

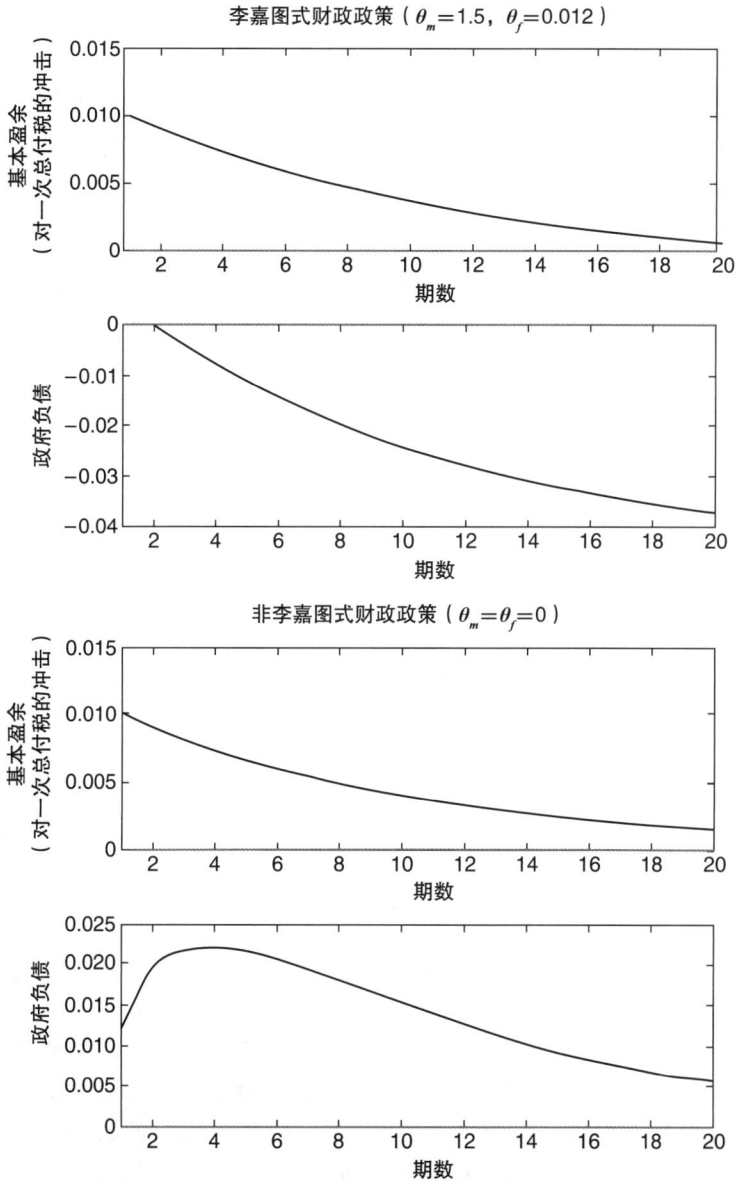

图 17.6　现金和信用商品模型中对盈余新息的反应

在图 17.6 上面这个板块中,财政政策是李嘉图式的($\theta_m = 1.5$ 且 $\theta_f = 0.012$),我们可以看到的脉冲响应函数与利用向量自回归得到的脉冲响应函数相近。[①] 这些脉冲响应函数的李嘉图式解释已经在上文中给出了。在下面这个板块中,我们假设了与前面讨论的相同的非李嘉图式政策($\theta_m = \theta_f = 0$)。在这里,盈余的增加会提高(而不是降低)政府债务的价值。对此,有一种我们现在已经很熟悉了的非李嘉图式解释:盈余的增加会导致盈余的贴现值上升,因而作为反应,政府债务的实际价值必定不得不相应地上升。

---

① 请记住,现金和信用商品模型是根据季度数据而不是年度数据进行校准的。

非李嘉图式政策是否必须"做些什么"才能解释数据中发现的盈余—债务动态? 要让政府债务的价值下降,唯一的方法是制定一项政策,使未来盈余的贴现值下降。[①] 当前盈余的增加必定意味着预期未来盈余下降到了足以降低当前的现值的程度。我们在表 17.1 中给出了美国盈余占 GDP 的比例的自相关关系,在十年里,所有相关系数都是正的。因此,这些盈余的预期减少必定发生在非常遥远的未来,而且它们必须足够大,以克服贴现计算并使现值下降。

表 17.1 盈余/GDP 的自相关性

滞后期数	自相关系数	Q-统计量	P 值
1	0.452	9.8084	0.0020
2	0.173	11.274	0.0040
3	0.221	13.74	0.0030
4	0.252	17.022	0.0020
5	0.301	21.797	0.0010
6	0.231	24.698	0.0000
7	0.265	28.611	0.0000
8	0.266	32.652	0.0000
9	0.332	39.132	0.0000
10	0.114	39.914	0.0000
11	-0.068	40.203	0.0000
12	-0.035	40.284	0.0000
13	0.018	40.306	0.0000
14	0.024	40.344	0.0000
15	0.027	40.396	0.0000

因此,确实存在一种非李嘉图式政策,它可以解释数据中观察到的脉冲响应函数,但是它究竟有多可信呢? 有没有一种政治理论能在当前的盈余和遥远的未来盈余之间产生一种负相关关系呢? 答案不可能是下面这个样子的:第一,政治家(或选民)每十年"醒过来"一次,然后对不断增长的债务水平做出反应;第二,政治家(与贫困、其他国家或其他政治家)进行长期战争,之后再偿还债务。我们知道这些都是李嘉图式政策。对于那种负相关关系的解释必须源于一个与债务无关的政治理论。

Cochrane(1998)也认识到了,对于当前盈余与遥远未来的盈余之间的这种负相关关系,必须给出解释。在一项设计相当巧妙的研究中,他选择了一个二元统计模型中的参数来产生如图 17.5 所示的脉冲响应函数。

在他的模型中,盈余是两个分量的总和:一个分量是周期性的,另一个分量是长期的(反

[①] 在任何一种政策区制下都必然如此,因为无论如何,现值预算约束在下一个时期都必须成立。在李嘉图式区制中,未来盈余对债务的反应——如式(17.24)所示,而且可能发生在非常遥远的未来——是减少未来盈余的贴现值。

映了税率和支出政策的变化)。科克伦指出,结构性分量比周期性分量更具持续性,而且这两个分量的新息之间高度负相关(-0.95)。

给定这些假设,周期性盈余中的正向新息会导致长期盈余中的负向新息。长期分量更高的持续性则最终会导致未来盈余需要减少。

盈余的周期性分量与长期分量的新息之间的负相关性在这里至关重要,而且它有一个有问题的政策含义:政客们为了应对衰退造成的赤字,应该提高税率或削减开支,不过,Cochrane(1998)为这种顺周期的财政政策提供了一些理论上的依据,它假设财政当局在每一个时期都需要通过选择盈余的长期分量(而非周期性分量)来使通货膨胀的方差最小。因此,到最后,只能由在对美国盈余和债务动态的两种解释中做出选择。

最后一点,在评估非李嘉图式政策的合理性时,我们还应该注意到它的另一个困难:这类政策的影响可能取决于我们对债务期限的假设。例如,在图 17.2(B)中,正向的利率冲击的脉冲响应函数表明通货膨胀率和产出都提高了,但是这与货币冲击的大量经验证据相矛盾。原因在于我们理论上的脉冲响应函数只适用于一个只有一个时期的债务的模型。Woodford(2001)在一个具有长期债务(以及非李嘉图式财政政策)的模型中证明,加息可以降低通货膨胀。Cochrane(2001)则认为有长期债务的模型可以产生 Canzoneri 等(2001b)所报告的盈余—债务动态。

2.5 我们现在进展到哪一步了?

那么,我们该如何理解学界和政策当局在过去 30 年来对价格决定与控制所需的政策协调的思考呢? 我们从价格水平财政决定理论中学到了什么? 哪种政策组合最适合用于价格的确定和控制? 当前的政策组合是什么? 它是否已经足够了? 遗憾的是,对于这些问题的答案,即便是价格水平财政决定理论的最初支持者也没有达成很好的共识。

例如,Woodford(2001)指出,美国联邦储备委员会在 1980 年前后转向了反通货膨胀政策,且该政策遵循了泰勒原理,然后他问为什么这种政策转变没有导致像巴西那样的通货膨胀螺旋。他说,一个可能的答案是:

> 在美国,这类货币政策伴随着一种不同类型的财政预期。从 20 世纪 80 年代中期开始,对公共债务规模的关注导致了对限制政府预算的呼吁,例如在 1985 年的格拉姆-拉德曼-霍林斯法案中就包含很多这方面的内容……至少自 1990 年预算以来,这种关注(它暗示从公共债务规模到基本盈余规模的反馈)就一直是美国联邦预算演变的主要决定因素。

但是,伍德福德也警告说,价格水平财政决定理论的教益和巴西的历史经验应该会让那些高通货膨胀国相信,中央银行采取的强有力的反通货膨胀政策不是万灵妙药。货币改革必须伴随着对李嘉图式财政政策的预期,而后者则可能需要财政改革。

Woodford(2001)还讨论了通过管理非李嘉图式区制下的财政预期来控制价格的可能性。例如,可以将名义利率固定下来(就像 20 世纪 50 年代早期支持债券价格时的做法),可以宣布基本盈余的未来变化路径,以便通过现值预算约束实现价格稳定。他也承认,控制预期是非常困难的,特别是对遥远未来的预期。最后,他这样总结道:"通过利率规则控制通货膨胀……代表了一个更符合实际的选择……"在此基础上他接着讨论了如何确保相应的财政政策是李嘉图式的。因此,在伍德福德看来,价格水平财政决定理论包含了不少重要的教益和警告,但是他对价格水平财政决定理论的核心——非李嘉图式区制——的兴趣似乎已经减弱了。

科克伦的观点却截然不同,他强烈支持价格水平财政决定理论。科克伦研究了多种形式的价格决定理论,结果发现这种理论正是我们所需要的。在 2007 年的一篇论文中,科克伦这样写道:"目前只有一种可用的经济理论可以决定现代经济体的价格水平,那就是财政理论。"利珀、西姆斯和其他一些经济学家也在继续撰写关于价格水平财政决定理论的论文。

对于价格水平财政决定理论,除了前述支持者,还有不少著名的批评者,我们已经评述过他们的一些论点。事实上,价格水平财政决定理论确实一直备受争议,有些经济学家甚至似乎对它做出了情绪化的反应。而且,公平地说,这种侧重于非李嘉图式机制的理论在各国中央银行一直不太受欢迎。

基于我们自己关于价格水平财政决定理论的研究和思考,我们同意在本节开始时提到的伍德福德的观点。但是我们认为,价格水平财政决定理论的最大"遗产"将会是它深刻地改变了我们对所谓的货币理论所包含的各种问题的思考方式。在价格水平财政决定理论出现之前,我们对价格决定的理解是不完全的。特别是,我们对于货币政策和财政政策是如何通过相互作用导致了各种不同的价格路径——唯一的价格水平、太阳黑子均衡或爆炸性价格路径——的理解是不完整的。现在,我们对决定和控制价格所需要的政策协调有了更好的理解。在价格水平财政决定理论出现之前,我们倾向于将现值预算约束视为对政府行为的限制——政府在我们考虑的均衡中可能会因忍受不住某种诱惑而违反这种限制。我们可以把现值预算约束视为一个在均衡时必须成立的最优条件。这就从根本上改变了我们对货币政策和财政政策向经济其他领域传导的机制的看法——现值预算约束是货币政策和财政政策变化影响价格与利率的均衡条件之一。最后,在价格水平财政决定理论出现之前,我们倾向于把货币供应量看作唯一对价格决定有影响的名义货币总量。我们倾向于认为,如果中央银行用利率规则而不是货币供应量规则来执行其政策,那么所有的货币总量都可以被"安全地"忽略掉。现在,我们明白,即便中央银行承诺执行利率规则,政府总负债 $M_t + I_t B_t$ 也可能在价格决定中发挥重要作用。因此,价格水平财政决定理论恢复了我们对货币总量的兴趣,同时又把我们关注的焦点从狭义的货币上转移开了。

3. 价格稳定的规范理论：价格稳定是最优的吗？

有关货币政策的文献往往要么假设（或许是隐含地）价格稳定应该是货币当局的目标，要么忽略了价格稳定程度本身的最优性。在本节中，我们将评述关于价格稳定的最优性以及货币政策和财政政策在决定价格稳定的最优程度方面的相互作用的文献，而不是简单地假设价格稳定就应该是政策当局的目标。

我们先从对文献的一个简要的概述开始，并在这个过程中提出本节要解决的问题。接下来，我们讨论了 Correia 等（2008）以及 Chari 等（1991）和其他一些研究者使用过的现金和信用商品模型。在评述了 Correia 等（2008）的核心研究结果之后，我们用该模型的一个校准版说明了文献中的其他一些结果，并强调了黏性价格对最优货币政策和财政政策的影响——当财政当局可以选择的税收种类比 Correia 等（2008）所考虑的更少时。然后，我们考虑如何实施拉姆齐政策。我们想回答的问题是，可不可以利用简单的政策规则来实施最优政策，或者说，得到类似于拉姆齐配置的结果。最后，我们简要地分析了最优政策的动态一致性。

3.1　概述

Friedman（1969）在他的著名论文《最优货币数量》中指出，货币当局应该决定创造（或"毁灭"）法定货币的速度，以保证现金余额的边际价值与创造更多法定货币的边际社会成本相等（后者实际上等于零）。或者换一种表述，货币当局应该使得名义利率为零。因此，稳定的通货紧缩（而不是价格稳定）是最优的，而且通货紧缩率应该等于实际利率。[①] 很显然，弗里德曼关注的是竞争性的经济中的长期问题。

Phelps（1973）坚定不移地将价格稳定性的最优性问题放在一个公共财政的环境中考虑，他把最优通货膨胀率的选择视为一个一般均衡问题，政策当局要选出最优的通货膨胀税的税率和其他税的税率。菲尔普斯指出，如果没有一次总付税，那么要想较少地使用通货膨胀税，就需要更多地使用其他扭曲性的税收。弗里德曼的局部均衡分析忽略了这种潜在的权衡。[②] 菲尔普斯把货币纳入了他的代表性消费者的效用函数中，然后推导出了（拉姆齐）最优通货膨胀和工资税——他假设后者是政府收入的唯一其他来源。在加入了不存在交叉价格效应（即工作时数不会对通货膨胀做出反应，同时货币余额也不会对工资税率做出反应）的假设的前提下，菲尔普斯证明，当且仅当工资税率为正时，名义利率才会是正的。因此，一个需要增加财政收入的政府应该同时对流动性（通过通货膨胀税）和工资征税。

---

① Woodford（1990）称，弗里德曼的"学说是……现代货币理论中最著名的命题之一……"（第 1068 页）。
② 对此，Phelps（1973）生动形象地指出："弗里德曼用局部均衡框架教我们演了一出没有主角的好戏。"

    菲尔普斯的不朽贡献是,他把最优通货膨胀率问题放在一般均衡环境下研究,使得通货膨胀(税)能够与其他扭曲性税收一起让政策当局最优地选择。他认识到,他所得出的通货膨胀应该高于弗里德曼规则的结论是特定于模型的,尤其依赖于他对替代性税收和交叉价格效应的假设。在总结时,他指出:"当然,这个结论并不意味着对于流动性'应该像对其他一切东西那样'征税,因为不难想象到,其他一些税收可能已经支配了对流动性的通货膨胀税。"然而,饶具讽刺意味的是,在后人的记忆中,却经常误以为菲尔普斯的贡献是他强调了应该通过通货膨胀来使流动性也像其他所有东西一样被征税。

    有很多文献分析了确定性模型中的弗里德曼规则的最优性,结果发现,最优性取决于模型设定的细节和功能形式的选择。[1] 后来,Chari 等(1991)摆脱了以前的文献的限制,在随机模型中求解最优货币政策和财政政策的拉姆齐问题,这使得他们能够表征最优平均通货膨胀率和税率以及它们的波动性。查里(Chari)等所用的是 Lucas 和 Stokey(1983)的现金和信用商品模型的一个变体,在他们的模型中,正的名义利率意味着现金商品有着比信用商品更高的税率。他们假设效用与闲暇是可分离的,并且在现金商品和信用商品中是同位相似的,然后证明了弗里德曼规则在他们的模型中的最优性。[2]

    Lucas 和 Stokey(1983)考虑的是状态依存的实际债务,与此不同,Chari 等(1991)假设政府只发行非状态依存的名义债务。这个假设对他们模型中的货币政策有重要意义。尽管名义利率在所有日期和所有状态下都是零——这使得预期通货膨胀等于负实际利率(除去风险溢价)——但是意料之外的通货膨胀仍然可以视为对名义资产的一次性征税。或者换句话说,意料之外的通货膨胀可以用来使名义债务变成在实际价值上是状态依存的。通过在收入出乎意料的低(由于不利的生产冲击)或政府购买出乎意料的高(由于正向的支出冲击)的时候实施通货膨胀政策以及在收入出乎意料的高时实施通货紧缩政策,政策当局就能够利用这种意料之外的通货膨胀来充当财政冲击"减震器",从而稳定扭曲性税收。

    Chari 等(1991)在他们的模型校准中发现,劳动收入的税率是相对稳定的,而通货膨胀是高度波动的。在他们的基准校准中,每年的通货膨胀的标准差为 20%。虽然弗里德曼规则——它决定了低通货紧缩率——也意味着对价格稳定性的相对较小的偏离,但是他们使用意外通货膨胀作为名义资产税的结果非常明显地偏离了价格稳定的目标。考虑到弗里德曼长期坚持不懈地倡导货币供给的稳定增长,人们可能会想知道(这种想法是完全合乎情理

---

[1] Woodford(1990)对 1990 年以前的文献进行了综述。施密特-格罗和乌里韦为本手册撰写的那一章(Schmitt-Grohé and Uribe,2010)中则提出了这样一个问题:中央银行普遍采用的通货膨胀目标能否与货币非中性理论所隐含的最优稳定通货膨胀率一致。因为他们那一章已经全面讨论了关于稳态通货膨胀率的最优性的问题,所以我们在这里将主要关注通货膨胀在稳态值周围的最优波动性。这样做需要我们先解出最优稳态通货膨胀率,不过我们通常只会在连续性和清晰度所允许的范围内这么做。

[2] Lucas 和 Stokey(1983)证明了拉姆齐政策将会满足弗里德曼规则,除非效用函数提供了一个对现金商品征收比信用商品更高税率的理由。由于同位相似性,这两种商品应按相同的税率征税(Atkinson and Stiglitz,1972)。对劳动收入征税暗示着以相同的税率对这两种商品征税,因此最优政策只需对劳动收入征税,并将名义利率设为零。

的），把这种模型中的拉姆齐政策也称为服从了弗里德曼规则，他又会作何感想？①

Calvo 和 Guidotti（1993）则考虑了布罗克-西德劳斯基模型。在这个模型中，政府必须通过对劳动收入征税或通货膨胀来为转移支付（其水平是外生决定的）提供资金。对于最优通货膨胀可变性，他们也得到了相似的结果。高度可变的通货膨胀能够将名义政府债务转换为状态依存的实际债务，因此政策当局可以最优地将它当成财政冲击"减震器"来使用。由于意料之外的通货膨胀没有替代效应，所有最优政策可以保持其他税收不变，并利用这种意料之外的通货膨胀来吸收政府预算中的所有意料之外的变化。

Schmitt-Grohé 和 Uribe（2004a，2005）注意到，在 Chari 等（1991）的模型中，拉姆齐最优政策所隐含的通货膨胀波动率与讨论存在不完全竞争和黏性价格时的最优货币政策的文献所强调的价格稳定性形成了鲜明的对比。② 他们还指出，除了考虑到了黏性价格和不完全竞争，相关文献中所考虑的模型对财政政策的处理一般都很粗略。人们假定财政当局（或许是隐含地）可以获得一次总付性的税收收入来平衡预算和补贴，以消除企业的垄断权力的扭曲效应。因此，在这些模型中，没有必要将通货膨胀视为对名义资产持有的一次性征税来处理。

Benigno 和 Woodford（2003）以及 Schmitt-Grohé 和 Uribe（2004a，2005，2007）在具有黏性价格和垄断扭曲的模型中计算出了拉姆齐解（在这些模型中，垄断的扭曲效应不能通过补贴消除）。财政当局通过对消费征税（Benigno and Woodford，2003）或对利润和劳动收入征税（Schmitt-Grohé and Uribe，2004a，2005，2007）来增加收入。此外，与 Chari 等（1991）的研究中的一样，政府只发行非状态依存的名义债券。最优政策问题涉及一种权衡。使用意想不到的通货膨胀作为对名义资产的一次总付性的征税/补贴可以使财政当局避免与扭曲性税收的可变性相关的成本，就像 Chari 等（1991）的模型中那样。但是通货膨胀的可变性增加了由于黏性价格而产生的扭曲和相应的成本。这些研究者证明，即便价格黏性很小，这种权衡最终也会有利于价格稳定。引入价格黏性意味着平均通货膨胀及其波动性都非常接近于零。③不过，更低的通货膨胀波动性是以较高的收入税率波动性为代价的，因为财政当局不能再利用出人意料的通货膨胀来消化预算冲击带来的后果了。小小的价格黏性就足以克服与更大的扭曲性税率可变性相关的成本和货币扭曲的影响，否则将使弗里德曼规则成为最优的。Schmitt-Grohé 和 Uribe（2004a）对为什么会发生这种情况提供了一些简单的直觉性解释。由

---

① Friedman（1969）以题为"一个精神分裂式的最后注记"的一节结束了他的那篇论文。在这一节中，他指出了那篇论文的结论与他长期以来所倡导的货币供给应一直以 4% 或 5% 的速度增长的规则之间的差异。他指出，他之前没有对那篇论文给出的那些结论进行过分析，并且只是"理所当然地认为，稳定的价格水平是一个理想的政策目标，因为那符合长期的传统和业内近乎一致的共识"。他接着指出，他自己"一直强调，货币数量按已知的增长率稳定地增长要比增长率的具体数值更加重要"。

② 例如，Goodfriend 和 King（1997，2001）、King 和 Wolman（1999）、Rotemberg 和 Woodford（1997）以及 Khan 等（2003）考虑了一个购物时间模型。该模型具有货币扭曲和价格刚性，但没有扭曲性税收。他们发现，最优通货膨胀率是负的，但是非常接近于零。Erceg 等（2000）也证明，当工资和价格具有黏性时，价格稳定性不是最优的，但是在他们校准的模型中，最优通货膨胀的波动性接近于零。Collard 和 Dellas（2005）发现，引入扭曲性税收并不会改变价格稳定性的理由——在他们的模型中，当引入扭曲性税收时，通货膨胀波动率仍然最优地保持在了较低水平上。

③ Benigno 和 Woodford（2003）没有将货币扭曲包括进来，因此没有解决弗里德曼规则的最优性问题——在他们的模型中，稳态最优通货膨胀率为零。

于出人意料的通货膨胀不会影响政府的平均收入水平,它也不能用来降低扭曲性税收的平均水平。因此,它只能消除工资税扭曲,这是一种二阶效应,会被价格调整的一阶成本所抵消。

Correia 等(2008)得出了一个惊人的结论,即在税收种类足够丰富的情况下,黏性价格与货币政策的最优行为无关!① 他们考虑了一个包含现金商品和信用商品、垄断竞争的企业和非状态依存的名义债务的模型。财政当局分别最优地设定对劳动收入、股利和消费征税的税率。他们证明,具有黏性价格和垄断扭曲的经济体的拉姆齐配置与具有弹性价格和完全竞争的经济体是相同的。因此,在他们的模型中,即便价格具有黏性,弗里德曼规则也是最优的。

3.2 现金和信用商品模型

在每一个时期 t 中,都会发生有限数量的事件 s_t。将一直到第 t 期为止的事件的历史 $(s_0, s_1, \cdots, s_t)$ 记为 s^t,初始的事件 s_0 是给定的。我们将状态 s^t 发生的概率记为 $\rho(s^t)$。垄断竞争企业(它们构成了一个连续体)运用一种与劳动呈线性关系的技术生产中间产品,技术会受到总生产率冲击 $z(s^t)$。这样一来,企业 i 的产出为 $y_i(s^t) = z(s^t) n_i(s^t)$。相互竞争的零售商购入中间商品,并使用一种常替代弹性的聚合器(具有弹性 η)将它们组装成最终商品 y_t。最终商品以现金商品或信用商品的形式出售给家庭或政府: $y(s^t) = c_x(s^t) + c_c(s^t) + g(s^t)$,其中, c_x 为现金商品的消费, c_c 为信用商品的消费。政府购买 $g(s^t)$ 则假定为外生的,并且可以视为一种信用商品。

在我们这个模型中,代表性家庭的效用函数为:

$$U = E \sum_{t=0}^{\infty} \beta^c u(c_{x,t}, c_{c,t}, n_t) = \sum_{t=0}^{\infty} \sum_{s^t} \beta^c \rho(s^t) u[c_x(s^t), c_c(s^t), n(s^t)] \qquad (17.31)$$

同时,在阐述我们的主要观点时,我们还要假设期间效用函数为 $\varphi \log[c_x(s^t)] + (1 - \varphi) \log[c_c(s^t)] - (1 + \chi)^{-1} n(s^t)^{1+\chi}$。② 如式(17.31)中的符号所示,在方便的时候,我们可以压缩状态 s^t 的记法,例如将 $c_x(s^t)$ 简单地写为 $c_{x,t}$。

家庭是带着名义资产 $A(s^t)$ 进入第 t 期的。家庭要在金融交易中获得货币余额 $M(s^t)$、名义政府债券 $B(s^t)$,以及一个状态依存的名义证券组合 $B^*(s^{t+1})$,其净供给为零。在状态 s^{t+1},要为这个名义证券组合支付 1 美元,同时它的成本则为 $Q(s^{t+1} \mid s^t)$。这些资产购买行为必须满足:

$$M(s^t) + B(s^t) + \sum_{s^{t+1} \mid s^t} Q(s^{t+1} \mid s^t) B^*(s^{t+1}) \leq A(s^t)$$

在随后进行的商品交易中,家庭购买信用商品和现金商品,后者需满足如下的现金先行

---

① Buiter(2004)在具有一次总付税的模型中得出了类似的结论。Corriea 等(2008)的研究的显著特征是,他们是在一个只有扭曲性的税收可供财政当局使用的拉姆齐模型中推导出他们的结果的。

② 我们假设每个家庭在所有的企业工作;在对称均衡中,家庭将是完全同质的,因此我们不需要对家庭进行编号。

约束：

$$M_t \geqslant (1 + \tau_{c,t}) P_t c_{x,t} \tag{17.32}$$

其中，$\tau_{c,t}$ 是消费税，P_t 是最终产品的生产者价格——现金商品和信用商品以相同的价格出售，唯一的区别是付款的时间。或者，我们也可以将现金先行约束写成 $M_t \geqslant P_t^c c_{x,t}$，其中，$P_t^c$ 为消费者价格。家庭获得劳动收入 $W_t n_t$ 和股息 Γ_t，并且在下一个时期的金融交易中才需要为信用商品付款。因此，名义资产的演变可以描述为：

$$A(s^{t+1}) = I(s^t) B(s^t) + B^*(s^{t+1}) + [M(s^t) - P^c(s^t) c_x(s^t)]$$
$$- P^c(s^t) c_c(s^t) + (1 - \tau_{n,t}) W(s^t) n(s^t) + (1 + \tau_{\Gamma,t}) \Gamma(s^t) \tag{17.33}$$

其中，$\tau_{\Gamma,t}$ 是对股息征税的税率，$\tau_{n,t}$ 是对劳动收入征税的税率。

家庭的一阶条件意味着：

$$u_{x,t} = \frac{1}{I_t} u_{c,t} \tag{17.34}$$

因为现金商品与信用商品之间的边际转换率为 1，所以正的名义利率会扭曲家庭的消费决策。为了将信用商品转化为现金商品，住户必须持有现金以满足现金先行约束。因此，当 $I_t > 1$ 时，就构成了对现金商品征收的铸币税。

家庭的一阶条件也意味着：

$$\frac{(1 - \tau_{n,t}) W_t}{(1 + \tau_{c,t}) P_t} u_{c,t} = -u_{n,t} = \frac{1}{I_t} \frac{(1 - \tau_{n,t}) W_t}{(1 + \tau_{c,t}) P_t} u_{x,t} \tag{17.35}$$

劳动收入税和消费税扭曲了劳动—闲暇决策。在现金商品的情况下，铸币税也是扭曲性的。

状态依存的证券的价格可以从一阶条件推导出来：

$$Q(s^{t+1} \mid s^t) = \beta \rho(s^{t+1} \mid s^t) \frac{u_x(s^{t+1}) P^c(s^t)}{u_x(s^t) P^c(s^{t+1})} \tag{17.36}$$

其中，$\rho(s^{t+1} \mid s^t)$ 为给定状态 s^t，状态 s^{t+1} 出现的条件概率。对每一个状态 s^{t+1} 求和，可以得到名义上无风险的债券的价格（即在每个状态下都需为之支付 1 美元的债券）：

$$\frac{1}{I(s^t)} = \sum_{s^{t+1} \mid s^t} Q(s^{t+1} \mid s^t) \tag{17.37}$$

不难看出，从式（17.36）和式（17.37）就可以推导出欧拉方程：

$$\frac{1}{I_t} = \beta E_t \left[\frac{P_t (1 + \tau_{c,t}) u_{x,t+1}}{P_{t+1} (1 + \tau_{c,t+1}) u_{x,t}} \right] = \beta E_t \left(\frac{P_t^c u_{x,t+1}}{P_{t+1}^c u_{x,t}} \right) \tag{17.38}$$

假设家庭需要服从无庞氏骗局约束（或者说，家庭的借贷行为必须服从一定债务上限），那么如下横截性条件也是最优的一个必要条件：

$$\lim_{T \to \infty} \sum_{s^{t+1} \mid s^t} Q(s^{t+1} \mid s^t) [M(s^{t+1}) + B(s^{t+1})] = 0 \tag{17.39}$$

劳动力市场是竞争性的，工资也不存在任何刚性。不过，中间产品的生产者在定价时采取的是卡尔沃式定价机制。在每一个时期，每个生产者都有机会重新给自己的产品定价，其概率为 $1 - \alpha$，否则就保持上一个时期的价格不变。我们不进行对滞后通货膨胀或稳态通货膨胀的指数化——Levin 等（2005）以及 Cogley 和 Sbordone（2008）的实证研究都没有发现美国总体数据中存在价格指数化的证据。引入黏性价格为价格稳定目标创造了一个理由。所有中间产品生产商的边际成本都是相同的,因此,当 $\alpha>0$ 时,中间商品价格的离散性会扭曲家庭消费模式和劳动的有效利用。在稳态生产者价格的通货膨胀率不等于零且价格没有完全指数化的情况下,稳定状态下也会出现价格离散性,这会使得价格稳定的理由更有说服力。当 $\alpha=0$ 时,价格是完全弹性的,不存在价格离散性,此时生产效率低下的唯一来源是垄断性的价格加成 $\eta/(1-\eta)$。

在这个模型中,存在着四个扭曲来源。第一个来源是垄断导致的扭曲,第二个来源是利率为正时产生的货币扭曲。从式(17.4)可以看出,正的名义利率($I_t > 1$)会扭曲现金商品和信用商品之间的消费差额。第三个来源是税收。在这个模型中,政策当局可以使用三种税收。对劳动收入和消费征收的税只是以比率$(1-\tau_{n,t})/(1+\tau_{c,t})$的形式进入了消费者的一阶条件。从式(17.35)可以看出,这个税率比率扭曲了闲暇与对信用商品的消费之间的差额,同时该比率与$1/I_t$的乘积则扭曲了对现金商品的消费与闲暇之间的差额。对利润征税不具有扭曲性,因为在这个模型中利润是纯粹的租金。扭曲的第四个来源是通货膨胀,由于我们假设了卡尔沃定价机制,所以通货膨胀会导致价格离散化,进而导致企业之间的劳动要素错配。由于我们假设价格是未经指数化的,所以非零的稳态通货膨胀也将导致稳态下的劳动要素错配。此外,预期通货膨胀还会影响名义利率。

这个模型中的最优政策所设定的税率和通货膨胀率在使得这些扭曲对福利的影响最小化的同时,还要为政府购买(其水平是外生给定的)提供资金。最优政策的其中一些部分是明确的。因为利润税不是扭曲性的,所以要对利润充分征税,这样其他税收可以收得尽可能的低。由于有了弹性价格和完全征税的利润,所以弗里德曼规则将会是最优的。正如我们接下来将会看到的,政策当局没有激励利用通货膨胀税去减少消费税或工资税。否则,最优政策就需要进行权衡。在卡尔沃定价下,将名义利率降低至零能够使现金商品与信用商品之间的边际替代率等于边际转换率式(17.1),但是由此而产生的通货紧缩将会导致稳态之内及之外的价格离散化。类似地,在税率和通货膨胀的波动性方面,也存在着权衡——将意想不到的通货膨胀作为对名义资产的非扭曲性税收使用可以降低其他税收的波动性,减少与税率变化相关的福利成本,但是也会提高价格离散度,并增加与企业之间劳动要素错配相关的成本。

3.3　现金和信用商品模型中的最优货币与财政政策

如前所述,Correia 等(2008)已经证明了,在财政当局可以征收的税收种类足够丰富的情况下,黏性价格与最优货币政策无关。也就是说,他们证明了具有黏性价格和垄断扭曲的经济体的拉姆齐配置与具有弹性价格和完全竞争的经济体的拉姆齐配置是相同的。[①] 之所以会得出这样一个结论,是因为税收的"菜单"足够丰富,以至于状态依存的税收能够保持生产者价格不变,并允许货币当局忽视价格黏性所导致的扭曲。这样一来,就可以预期消费者价

---

① 可实现的配置的集合与 Lucas 和 Stokey(1983)以及 Chari 等(1991)的研究中的相同。

格会下降,从而满足弗里德曼规则。意料之外的通货膨胀则可以作为对名义资产的一次总付性的征税来稳定其他税收。

由于 Correia 等(2008)已经证明了价格刚性不影响最优配置,所以我们可以通过考虑具有弹性价格的拉姆齐配置来说明他们的主要结果。最优政策是对利润完全征税,然后用利润税收入补贴劳动,从而消除垄断带来的扭曲。[①] 这样得到的均衡与竞争性经济的均衡是相同的。我们将会看到,$\tau_{c,t}$ 不是唯一确定的,因此可以使用多种不同的政策来实现拉姆齐配置。其中之一是把 $\tau_{c,t}$ 设定在能够保持生产者价格 P_t 不变的水平上。该种政策可以用来在黏性价格下获得与具有弹性价格的拉姆齐配置相同的配置。

具有弹性价格的竞争经济中的拉姆齐问题通过以下方法得出。向前迭代消费者的预算约束并利用一阶条件消去价格和税率,就可以得到如下可实施性条件:

$$E_0 \sum_{t=0}^{\infty} \beta^t [u_x(s^t)c_x(s^t) + u_c(s^t)c_c(s^t) + u_n(s^t)n(s^t)] = 0 \tag{17.40}$$

根据我们对函数形式的假设,上式可以化简为:

$$E_0 \sum_{t=0}^{\infty} \beta^t [1 - n(s^t)^{\pi}] = 0 \tag{17.40'}$$

还有第二个可实施性条件,它要求名义利率非负且

$$u_x(s^t) \geq u_c(s^t) \tag{17.41}$$

拉姆齐配置还必须满足如下可行性条件:

$$c_x(s^t) + c_c(s^t) + g(s^t) = z(s^t)n(s^t) \tag{17.42}$$

拉姆齐规划者要在式(17.40)—式(17.42)的条件下,最大化效用式(17.31)。这个问题的拉格朗日表达式为[②]:

$$\Im = \sum_{t=0}^{\infty} \sum_{s^t} \beta^t \rho(s^t) \left\{ \phi \log(c_x(s^t)) + (1-\phi)\log(c_c(s^t)) - \frac{1}{1+\chi}n(s^t)^{1+\chi} \right.$$
$$\left. + \lambda [1 - n(s^t)^{1+\chi}] + \mu(s^t)[z(s^t)n(s^t) - c_x(s^t) - c_c(s^t) - g(s^t)] \right\}$$

相对应的一阶条件为:

$$\beta^t \rho(s^t) \left[\frac{\phi}{c_x(s^t)} - \mu(s^t) \right] = 0$$

$$\beta^t \rho(s^t) \left[\frac{1+\phi}{c_c(s^t)} - \mu(s^t) \right] = 0 \tag{17.43}$$

$$\beta^t \rho(s^t) [-n(s^t)^{\chi} - \lambda(1+\chi)n(s^t)^{\chi} + \mu(s^t)z(s^t)] = 0$$

将式(17.43)中的第一个方程和第二个方程结合起来,就可以得到[③]:

$$\frac{\phi}{c_x(s^t)} = \frac{1-\phi}{c_c(s^t)}$$

将它与消费者的一阶条件式(17.34)结合起来,就可以证实式(17.41),同时可以证明拉

---

① 更准确地说,对劳动征税所得到的税收将比不这样做的时候要低。
② 我们将要验证拉格朗日问题的解也满足如式(17.41)所示的第二个可实施性约束。
③ 这里的"式(17.43)中的第一个和第二个方程",原文为"式(43a)和式(43b)",与上下文对不上,已改——译者注。

姆齐配置隐含了在任何状态下名义利率均为零的弗里德曼规则。接着,将式(17.43)中的第二个和第三个方程结合起来,就可以得到[①]:

$$z(s^t) = \frac{[1 + \lambda(1 + \chi)]n(s^t)^{\chi}c_c(s^t)}{1 + \phi} \tag{17.44}$$

若要将这个配置作为一个竞争均衡来实施,则实际工资必须等于劳动的边际产品(请回想一下,对利润的征税是完全的,而且所得到的利润税全部用于消除垄断扭曲),即 $z(s^t) = W(s^t)/P(s^t)$。

因此,消费者的最优条件式(17.35)——它使劳动与信用商品的消费之间的边际替代率等于实际产品工资——可以重写为:

$$\frac{1 - \tau_n(s^t)}{1 + \tau_c(s^t)} \frac{W(s^t)}{P(s^t)} \frac{1 - \phi}{c_c(s^t)} = n(s^t)^{\chi} \tag{17.35'}$$

消费—闲暇差额,如式(17.45)中的税收比率项,是恒定的,不会随状态和时间的改变而改变。[②] 因此,对于 $c_x(s^t)$、$c_c(s^t)$ 和 $n(s^t)$ 的拉姆齐配置,是通过利率 $I(s^t)$、实际产品工资 $W(s^t)/P(s^t)$ 和比率 $[1-\tau_n(s^t)]/[1+\tau_c(s^t)]$ 的唯一路径来实施的。对于具有弹性价格的经济,单个税率 τ_n 和 τ_c 不是唯一由拉姆齐配置决定的,因此多种财政政策都可以实施这种配置,其中一个财政政策是设定能够令生产者价格 $P(s^t)$ 保持不变的 $\tau_c(s^t)$。

Correia 等(2008)研究得到的上述主要结果背后的直觉是弹性价格经济的拉姆齐配置可以在生产者价格不变的情况下实施,因此价格黏性的程度和类型都是不相关的,从而具有弹性价格的经济体的拉姆齐配置与具有黏性价格的经济体相同。无论是在黏性价格还是在弹性价格下,弗里德曼规则都是最优的。然而,尽管生产者价格保持不变,我们还是会看到最优消费者价格的波动性很大。

具有黏性价格经济体中的拉姆齐配置有两个潜在的令人不安的性质表明它与我们观察到的财政政策存在重大差异。第一性质可以通过考虑消费者的欧拉方程式(17.38)看出,在我们关于效用函数形式的假设下,该方程可以写为:

$$\frac{1}{I_t} = \beta E_t \frac{P_t(1 + \tau_{c,t})u_{x,t+1}}{P_{t+1}(1 + \tau_{c,t+1})u_{x,t}} = \beta E_t \frac{P_t(1 + \tau_{c,t})c_{x,t}}{P_{t+1}(1 + \tau_{c,t+1})c_{x,t+1}} \tag{17.38'}$$

由于 $I_t = 1$,而且生产者价格为常数,我们可以得到:

$$\frac{1}{\beta} = E_t \frac{(1 + \tau_{c,t})c_{x,t}}{(1 + \tau_{c,t+1})c_{x,t+1}}$$

因此可以预期 $1 + \tau_{c,t}$ 必定随着时间的推移以平均速度 β 下降。[③]于是假设税率也将随着时间的推移而不断下降,直至为 -1(并且随着时间的推移,消费得到了完全补贴)。因为 $[1 - \tau_n(s^t)]/[1 + \tau_c(s^t)]$ 是恒定的,所以劳动税必定会随着时间的推移而不断上升,直至为

---

② 拉格朗日乘数 λ 不是状态依赖的,因为可实施性约束式(17.40)与式(17.40')是现值约束。
③ 从式(17.43)中的各个方程可以清楚地看出,这两种商品的消费趋势下降意味着劳动力供给有增加的趋势,而这将违反资源约束。这里的"从式(17.43)中的各个方程",原文为"式(43a)—式(43c)",与上下文对不上,已改——译者注。

1(劳动收入逐渐被完全征税)。

具有黏性价格的拉姆齐配置的第二个潜在的令人不安的特征是税率极高的波动性。因为 $P_t^e = 1 + (1 + \tau_{c,t})P_t$，而且生产者价格是固定不变的，所以 $\log P_t^e$ 和 $\tau_{c,t}$ 具有相同的波动性。Chari 等(1991)校准了一个类似的现金商品/信用商品模型，结果发现，在拉姆齐政策下，年通货膨胀波动率大约为 20%。由于在 Chari 等(1991)考虑的弹性价格、完全竞争经济和 Correia 等(2008)考虑的黏性价格、不完全竞争经济中，拉姆齐配置是相同的，因此消费税的年波动率也为 20%。这样一来，式(17.45)就意味着劳动收入税率的年波动率也必定在 20% 左右。

这个配置中税率的这两个特征——它们的趋势(消费税率趋向于-1，劳动税率趋向于1)和它们的高波动性——都与观察到的财政政策有实质性的不同。更符合现实的财政政策可能需要模拟政治决策过程中的摩擦。为了避免具有黏性价格的拉姆齐解的这些含义，我们接下来转而讨论另一个版本的模型。在那个模型中，财政政策的"菜单"是受限的——更具体地说，我们要将消费税从财政当局的税收"菜单"中删除。

3.4　消费税不存在时的最优政策

在本小节中，我们考虑在一个校准的现金和信用商品模型中的拉姆齐最优货币政策和财政政策。这个模型本质上是没有消费税情况下的 Correia 等(2008)的模型。在这个模型中，存在两个外生的不确定性来源：生产率和政府购买。我们假设它们都遵循某个自回归过程，并用参数 Ψ_z 代表生产率，Ψ_g 代表政府购买。模型的参数值汇总在表 17.2 中，不难看出这是一个相当标准的参数设置。时间偏好率为每季度 1% 上下，价格加成则大约为 16%，劳动供给的弗里希弹性(即 $1/\chi$)为 1.0。在我们的基准设定中，企业在任何一个季度不重新定价的概率是 0.75，这就意味着价格平均每年要重定一次。模型的两个自回归参数的值设置为 0.9，这与美国数据的大部分估计结果基本一致。政府购买和公众持有的政府债券占 GDP 的比例(在这个模型中是政府购买和消费的总和所占的比例)也设置为与美国的数据一致。最后一个参数，即现金商品在总消费中所占的份额，设置为 0.4，这是我们从 Chari 等(1991)的论文中推断出来的。

表 17.2　校准现金和信用商品模型中的基准参数值

变　量	β	σ	χ	α	$\Psi_g = \Psi_z$	$g/(c+g)$	$b/(c+g)$	φ
基准参数值	0.99	7	1	0.75	0.9	0.25	2.0	0.4

财政当局可以对工资收入和利润(股息)分别征税。在这个模型中，利润是纯粹的租金，所以最优政策是对它们征税。因此，我们将初始利润税率设定为1，并在此基础上计算拉姆齐最优通货膨胀率和工资税率。[①] 然后，我们再假设对利润的税收低于完全征税，探讨较低

[①] 根据 Corriea 等(2008)的研究，我们认为利润税率为1是一种极限情形。

的利润税率对最优通货膨胀和工资税的影响。[①]

我们关注的焦点是利率、通货膨胀率、工资或收入税率的变化。我们根据模型模拟的结果计算出了这些变量的平均值和标准差,并报告了包含 200 个季度观测值的 1000 个样本的平均值。我们研究了具有弹性价格($\alpha = 0$)和不同程度的黏性价格(α 的值介于 0.01 到 0.90 之间)的最优政策。

三个因素决定了具有我们设置的税收"菜单"的现金和信用商品模型的最优通货膨胀率。第一个因素是货币扭曲,它将最优通货膨胀拉向弗里德曼规则。第二个因素是价格黏性,它将最优通货膨胀拉向零。在没有消费税和工资税可供财政当局使用的情况下,货币当局在制定最优政策时就不能忽视价格稳定性。消费税不存在意味着消费者价格和生产者价格是相同的,因此最优政策必须在弗里德曼规则和卡尔沃的迫切需要之物之间进行权衡。与前两个因素不同,第三个因素对最优通货膨胀的"拉动"在前面的讨论中并不明显。通过对名义资产的持有征税,通货膨胀可以对原本不征税的收入征收间接税。当垄断利润低于完全征税时,我们将会看到第三个因素对通货膨胀的"拉动"作用。[②]

这三个"拉动"通货膨胀的因素的影响在我们的模型模拟中各不相同,但我们还是可以得出如下三个结论。第一,正如上面的讨论中已经明确的那样,最优货币政策在很大程度上取决于财政当局可用的工具。第二,价格黏性对最优货币政策具有很强的影响。正如Benigno 和 Woodford(2003)以及 Schmitt-Grohé 和 Uribe(2004a,2005)所发现的,即便是相对较低的价格黏性也能恢复价格稳定,使得平均通货膨胀(或通货紧缩)水平和通货膨胀可变度都最优地接近于零。第三,由于对利润征税不具有扭曲性,当 τ_r(利润税率)小于 1 时,利用通货膨胀来对利润间接征税的动机会出人意料的强烈。

我们给出这些结论的目的是说明最优政策背后的因素、货币政策和财政政策之间的相互作用,以及文献中的关键结果。我们不希望强调某些特定的定量结果,因为这三个拉动因素的最终平衡取决于模型设定和辅助假设的细节。例如,在这里使用的现金和信用商品模型中,扭曲的源头在于非零利率,我们假设两种商品之间的替代弹性为 1,采用的是没有指数化的卡尔沃定价机制,我们的模型中不包括资本,因此利润是纯粹的租金。[③] 在所有这些选择中,没有一个是完全"无害"的——每一个都可能影响我们的定量结果。[④] 我们给出的一些结论似乎是有很高的稳健性的——最重要的是上面提到的结论中的前两个。但是其他结论

---

① Schmitt-Grohé 和 Uribe(2004a)证明,对于黏性价格,拉姆齐问题不能用单一的跨期可实施性条件来表述。相反,对这个问题,需要给出一个跨期可实施性条件的序列,每一个日期和每一个状态都要有一个条件。因此,我们在以数值方式求解这个模型时,使用的是 Levin 和 Lopez-Salido(2004)以及 Levin 等(2005)提出的"解拉姆齐问题程序"。

② 在这里,正如 Schmitt-Grohé 和 Uribe(2004a,2004b)所指出的,第三个"拉动"因素来自拉姆齐规划者利用通货膨胀对垄断利润征税的激励,这些利润是纯粹的租金,否则就不对之征税。在 Schmitt-Grohé 和 Uribe(2005)的研究中,利用通货膨胀来进行税收转移(对家庭来说是一种租金)的激励也起到了类似的作用。另外,在 Schmitt-Grohé 和 Uribe(2010)的研究中,外国持有的国内货币余额也为通货膨胀税提供了另一个目标。

③ Schmitt-Grohé 和 Uribe(2005)在他们的模型中纳入了资本,并假设利润和工资收入按相同的税率征税。

④ 例如,Burstein 和 Hellwig(2008)认为,采用卡尔沃定价机制的模型"夸大了"价格离散的福利成本。根据他们对"菜单"成本模型的校准,当他们量化通货膨胀的福利影响时,会发现相对价格扭曲(与持有货币的机会成本相比)对福利成本的贡献并不大。

则不然。[①] 另外,只有通过使用相同的模型,我们才能进行一致的比较,不然这种比较就是不可能的,因为现有的文献使用了各种各样的模型。

我们不怎么强调特定的定量结果还有另一个原因,那就是我们对非随机稳态的模型使用了线性近似。Chari 等(1991)提供了这样做可能会导致的精度不足的例子。Albanesi(2003)指出,由于关键变量对冲击的响应中的单位根或接近单位根,我们现在使用的这种方法的问题可能更加严重。另外,Benigno 和 Woodford(2006)以及 Schmitt-Grohé 和 Uribe(2004a)发现,他们的对数线性近似不会遇到精度问题。Benigno 和 Woodford(2006)检验了 Chari 等(1995)考虑的模型,结果发现,他们使用线性二次法获得的数值结果与 Chari 等(1995)报告的基于需要更多计算的投影法所得到的结果非常接近,但是 Chari 等(1995)基于对数线性化的结果有着实质性的不同。Schmitt-Grohé 和 Uribe(2004a)则通过比较他们的弹性价格模型的精确解的矩与通过对数线性近似计算出来的矩来解决精度问题。他们发现差异很小(除了近似解产生的通货膨胀波动率要低大约一个百分点)。当价格具有黏性时,他们无法计算出模型的精确解,但他们还是会将从模型的一阶近似中计算出来的矩与从一个有 100 年数据的样本的二阶近似中计算出来的矩进行比较。他们强调,如果单位根真的构成了一个严重的问题,同时那些有 100 年数据的变量对模型逼近时所围绕的点的偏离非常远,那么从二阶近似中计算出来的矩的误差可能会相当大。但是他们发现,一阶近似和二阶近似的结果实际上非常接近。我们之所以要报告用 200 个季度观测值的模拟样本计算出来的矩,是因为我们希望能够减少这些问题。

我们首先考虑利润完全征税时对通货膨胀水平和工资收入税率的最优选择。表 17.3、图 17.7(A)、图 17.7(B)总结了最优通货膨胀和利率的含义。毫不奇怪,当价格有弹性时,弗里德曼规则是最优的。此时名义利率在每个时期都是零,所以平均利率及其波动性也都是零。平均通货膨胀率大约为每季度−1%,大体上相当于实际利率的−1 倍(非随机稳态下的总通货膨胀率等于 β)。当价格有弹性时,政策当局会主动将出乎意料的通货膨胀作为对名义资产的征税(如前所述,货币当局会将意想不到的通货膨胀作为一种一次性的、状态依存的税收,以应对不利的财政冲击)。通货膨胀波动率大约为每季度 2%(相当于每年大约 8%,因为通货膨胀基本上是序列不相关的)。[②]

表 17.3 校准现金和信用商品模型中各政策变量的矩

设定情况		通货膨胀率	名义利率	劳动收入税率	债务/GDP
A. 基准设定	稳态	−0.002%	1.003%	14.83%	2.000
	波动性	0.0014%	0.361%	0.28%	0.071

[①] 例如,利用通货膨胀对利润征税的激励是具有稳健性的,但是稳定状态下的通货膨胀的幅度不是这样的。我们发现,当对利润的征税不是完全征税时,正的通货膨胀是最优的。Schmitt-Grohé 和 Uribe(2004b)发现,名义利率为正再加上通货紧缩(尽管通货紧缩程度低于弗里德曼规则)是最优的,除非中间产品之间的替代弹性低于我们的基准值。当我们考虑一个与他们的研究相似的模型时,我们复制出了他们的结果。

[②] 这种波动性与 Schmitt-Grohé 和 Uribe(2004b)的研究结果一致,但是明显小于 Chari 等(1991)计算出来的 20% 的波动率。Schmitt-Grohé 和 Uribe(2004b)将这种情况的出现归因于不同的求解方法。模型设定和校准方面的其他差异也可能导致这种差异。

续 表

设定情况		通货膨胀率	名义利率	劳动收入税率	债务/GDP
B. 弹性价格设定	稳态	−1.005%	0	15.183%	2.000
	波动性	1.976%	0	0	0.071

注:通货膨胀率和名义利率以每季度为单位。波动率为标准差。

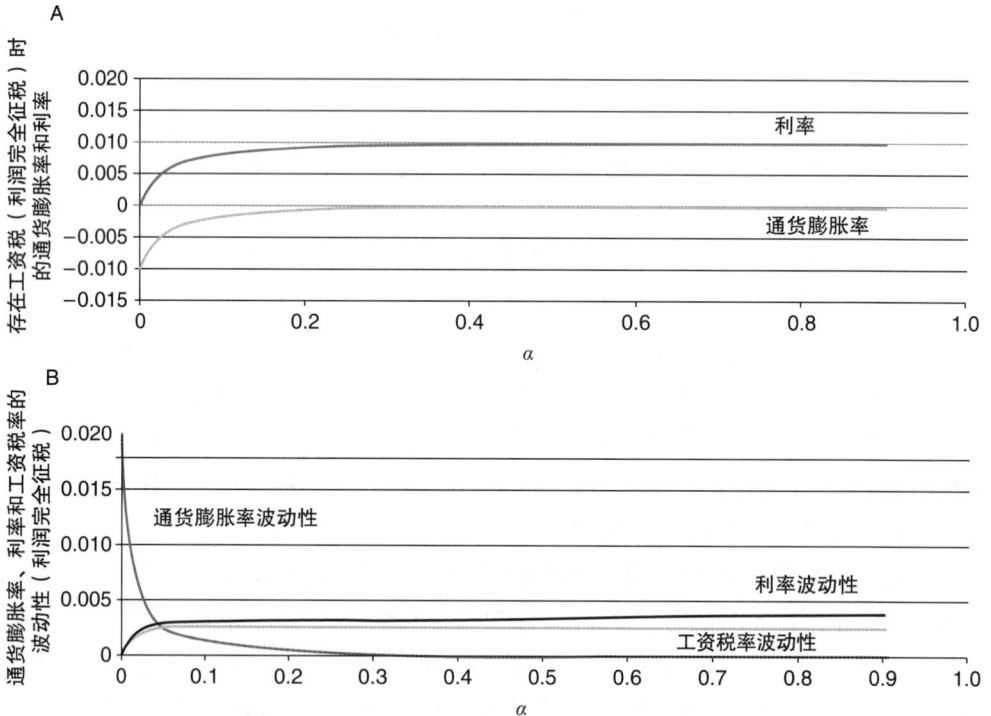

图 17.7 (A)现金和信用商品模型中的最优通货膨胀率和利率;
(B)现金和信用商品模型中的最优通货膨胀率和利率的波动性

当价格具有黏性时,弗里德曼规则就不再是最优的了。通货紧缩则仍然是最优的,但是引入价格黏性会使得平均通货膨胀率和利率都高于弗里德曼规则下的值。正如 Benigno 和 Woodford(2003)以及 Schmitt-Grohé 和 Uribe(2004a,2005)所指出的那样,价格黏性对价格稳定的"拉动"是相当强劲的——很小程度的价格黏性就足以使平均通货膨胀率及其波动性都接近于零。例如,当 α 为 0.2 时,即两次改变价格之间的平均间隔时间为 1/0.8 = 1.25 个季度时,年平均通货膨胀率及其波动率就基本下降为零了。[1]

价格黏性也会影响对劳动收入征税的最优税率。随着价格黏性程度的提高,平均工资税率(图 17.7 中未显示)轻微地下降。这种影响毫不令人惊奇且微不足道。当通货膨胀率

---

[1] Chugh(2006)考虑了一个类似的模型,他在我们的现金和信用商品模型中加入了工资黏性,结果发现,当只有工资具有黏性时,最优价格通货膨胀波动性与只有价格具有黏性时相似。当工资具有黏性时,价格波动会导致实际工资波动,其福利成本超过了使用出人意料的通货膨胀作为财政"减震器"带来的好处。之后,最优政策还试图使实际工资接近其均衡值。

上升时,通货膨胀税的使用就会增多,而对工资税的依赖就会变小,但是对工资征税的最优税率的变化幅度很小,因为铸币税的变化也很小。这里更引人注目的是 α 对 τ_w 的波动性的影响。当价格有弹性时,最优财政政策会保持利率和工资税率不变。这样,当 α 增大时,最优政策会随着通货膨胀率波动性的降低而增加这两种税的波动性。

这些结果很好地说明了(前面讨论过的)使用意料之外的通货膨胀作为财政冲击"减震器"与价格稳定之间的权衡,前者允许政策当局稳定(扭曲性的)对劳动收入征税的税率,而后者则允许政策当局降低与黏性价格相关的通货膨胀成本。这些结果还表明,即便 α 的值很小,这种权衡也明显有利于价格稳定。[①]

当对利润的征税不完全时,通货紧缩就不再是最优的了。[②] 此时,利用通货膨胀对利润征税的动机压倒了利率扭曲向着弗里德曼规则的拉动因素。

图 17.8 显示了三个不同的 τ_r 值下价格黏性对最优通货膨胀率的影响的大小。当价格有弹性且利润免税时,平均通货膨胀率极高(大约为每季度 30%)。对利润部分征税可以显著地降低弹性价格下的最优通货膨胀率,但是最优通货膨胀率仍然是相当高的。即便 τ_r 达到了 90%,当价格有弹性时,最优年通货膨胀率仍然大约为 10%。引入价格黏性能够降低最优通货膨胀率。随着 α 的增大,价格稳定再一次成了最优货币政策的明确目标。即便只有相当温和的价格黏性,最优通货膨胀率也会非常低(尽管仍然为正),而且其波动性也接近于零。[③]

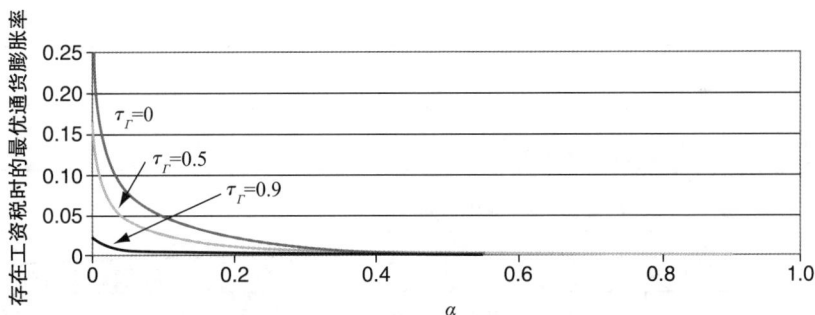

图 17.8 当利润征税不完全时,现金和信用商品模型中的最优通货膨胀率

当我们考虑替代弹性 σ 的各种可选值时,对利润征税的动机对最优通货膨胀的影响就会非常明显。当我们增大 σ(减少基于边际成本的加成)时,利润会减少,最优通货膨胀率则会下降。例如,当价格是有弹性的且 $\sigma=100$ 时,最优年通货膨胀率仅略高于 1%。

我们还考虑了财政政策受到的另一个约束,那就是财政当局必须对所有收入来源按相

[①] 这些结果与 Schmitt-Grohé 和 Uribe(2004a,2007)的研究结果一致。

[②] 改变利润税率会改变平均通货膨胀率,但是对后者的波动性基本没有影响。无论税率如何,只要引入轻微的价格黏性,最优通货膨胀的波动率很快就会变得可以忽略不计。最优工资税率的波动性也基本上不受利润税率变化的影响,当引入价格黏性时,最优工资税率的波动性会从每季度为零迅速上升到大约为 0.3%。

[③] Schmitt-Grohé 和 Uribe(2004b)也讨论了弹性价格下的这种效应。在他们的结果中,最优通货膨胀率超过了弗里德曼规则下的水平,但通货紧缩或通货膨胀都有可能是最优的,具体取决于价格加成的取值。Schmitt-Grohé 和 Uribe(2005)在研究过程中也发现了类似的效应,他们将通货膨胀用作转移支付的间接税,同时在他们的模型中,转移支付是纯粹的租金。

同的税率征税,这样可以消除财政当局利用通货膨胀将税收负担从劳动收入转移到利润的动机。因为利润和工资都是在每个时期的期末收到的,所以通货膨胀是对两者都征税。因此,通货膨胀税和所得税有相同的税基。然而,依赖通货膨胀税也会扭曲现金和信用商品之间的差额。从图 17.9(A)和图 17.9(B)可以看出,当价格有弹性时,如果存在所得税,那么弗里德曼规则是最优的。[①] 与存在工资税时一样,引入哪怕是微乎其微的价格黏性,也会使最优通货膨胀率接近于零。同样,与对工资和利润按不同税率征税时一样,一旦引入价格黏性,价格稳定就成了最优政策的明确目标。引入价格黏性后,最优通货膨胀的波动率也会随之急剧下降。[②]

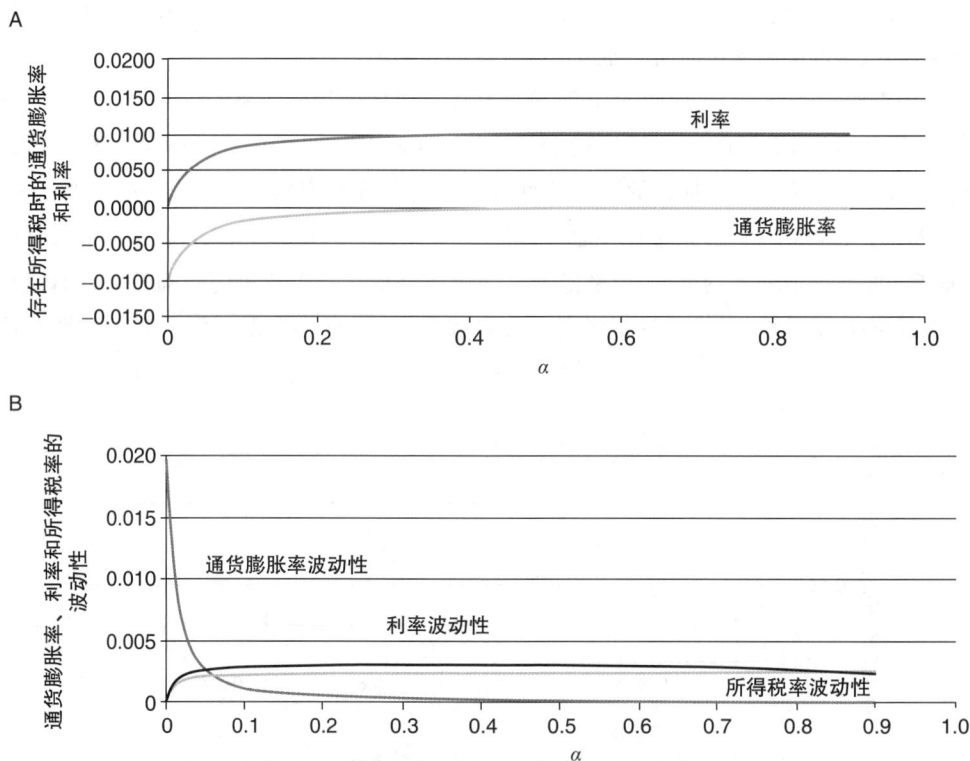

图 17.9 (A)现金和信用商品模型中的最优通货膨胀率和利率;
(B)现金和信用商品模型中的最优通货膨胀率和利率的波动性

3.5 最优货币与财政政策的实施

最优政策问题的拉姆齐解通常并不能提供一个关于最优政策的简单的刻画。在我们考

[①] Schmitt-Grohé 和 Uribe(2004b)注意到,在不完全竞争和弹性价格的模型中,当财政当局必须以相同的税率对利润和工资征税时,弗里德曼规则是最优的。

[②] 所得税的税率的波动性与对工资和利润按不同税率征税时的情况非常相似。

虑的这些模型中,对劳动收入的最优税率和最优利率是模型的所有状态变量的函数。[1] 而且其中有些状态函数,例如与约束相关的拉格朗日乘数的滞后值,是不可观察的。因此,这些解并不能为政策制定者提供关于制定什么政策的具体建议,也没有回答最优财政政策是李嘉图式的还是非李嘉图式的等问题。

Schmitt-Grohé 和 Uribe(2007)在一个具有垄断竞争、黏性价格和资本积累的模型中优化了简单的政策规则。他们是通过对家庭和企业的工资总额的货币先行约束将货币引入模型的。另外,他们既考虑了存在一次总付税的经济,也考虑了财政当局对劳动收入和资本收入征收扭曲性的税收的经济。他们考察的简单货币政策和财政政策规则不同于式(17.20)与式(17.21),因为他们在税率规则中纳入了产出对其稳态值的偏离,即

$$i_t = \rho_m i_{t-1} + (1 - \rho_m)\left[(\Pi^*/\beta) + \theta_m(\pi_t - \pi^*) + \theta_y(y_t - \bar{y}) \right] \qquad (17.20')$$

$$\tau_1 = \bar{\tau} + \theta_f(a_{t-1} - \bar{a}) \qquad (17.21')$$

其中,$a_t = (M_t + I_t B_t)/P_t$ 是名义政府债务的实际价值,τ_t 是税收收入。他们计算出了拉姆齐解,并以之为基准,去求取选中的 ρ_m、θ_m、θ_y 和 θ_f 能够最大化福利时模型的解。

最终,他们得出了下面这几个明确的结论:

第一,优化的规则下的福利与拉姆齐解下的福利基本上是相同的。

第二,最优财政政策是被动的。

第三,利率应该对通货膨胀做出强烈的反应——θ_m 的最优值位于他们所搜索的区间的上限。但是,只要 θ_m 已经足够大并且能够保证确定性,那么福利对 θ_m 就相对不那么敏感了。

第四,利率不应对产出做出反应——θ_y 的最优值要么为零,要么非常接近于零。福利对 θ_y 极其敏感,对产出缺口的强烈反应与显著的福利损失相关。

第四个结论背后的直觉是非常清楚的。在 Schmitt-Grohé 和 Uribe(2007)所考虑的模型中,产出的波动在很大程度上是由生产率冲击驱动的。在他们的模型中,另一个不确定性的来源是对政府购买的冲击,不过那往往只能解释产出波动相对来说极小的一部分。[2] Rotemberg 和 Woodford(1997)以及其他一些研究者证明,当生产率冲击驱动产出波动时,试图减少产出对其稳态值的偏离只会适得其反。

为什么当财政当局可以获得一次总付税时,最优的财政政策应该是被动的? 对于这个问题,Schmitt-Grohé 和 Uribe(2007)提供了非常有用的直觉。在被动财政政策下,财政当局通过调整一次总付税来保证财政偿付能力。而在主动的财政规则下,财政偿付能力是通过价格水平的出人意料的变化来保证的(这种变化是作为对名义资产持有的一次总付税/补贴来使用的)。在黏性价格下,这些价格水平的变动会导致扭曲,从而降低福利。由于一次总付税的变化不会导致福利成本的变化,所以最优财政政策是被动的。

相比之下,对于扭曲性税收的直觉就不那么清楚了。最优政策要在因所得税变化而引起的扭曲与因价格水平变化而引起的扭曲之间进行权衡。我们在本章 2.3 中讨论的结果表

---

[1] 在我们有弹性价格和对利润完全征税的模型中,最优政策的核心部分可以简单地表述为:在所有日期和所有状态下保持零名义利率和不变的劳动税率。但是这种简单的描述并不是对最优政策的完整描述。

[2] 参见 Canzoneri 等(2007)的研究。

明,这一权衡的解决是有利于价格稳定的,因此即便是在税收有扭曲性的情况下,最优的财政政策也是被动的。

Schmitt-Grohé 和 Uribe(2005)构建了一个有更多摩擦的更大的模型,他们通过将有规则的模型产生的脉冲响应与有拉姆齐策略的模型产生的脉冲响应之间的距离最小化来计算最优规则。他们这项工作的结果在几个方面与 Schmitt-Grohé 和 Uribe(2007)的研究结果不同。值得注意的是,货币政策是被动的。然而,研究结果有一些让我们感到不安的特征。第一,货币政策是通过降低利率来应对工资通货膨胀的。第二,θ_f 的值为 -0.06,于是当负债超过其稳态值时,税收就会减少。正如我们在本章第 2 节中所指出的,很难理解为什么政策制定者会主动地尝试破坏债务稳定。他们的财政规则还包括了一个滞后的税收项,该项的系数接近 2.0。第三,虽然内生变量对有最优规则的模型生成的生产率冲击的脉冲响应与拉姆齐政策模型产生的脉冲响应的匹配相当理想,但是对其他冲击的脉冲响应就明显不同了。

Benigno 和 Woodford(2003)采用了另外一种方法来确定政策当局的最优政策和最优目标规则。他们没有尝试寻找一种工具性规则(其结果接近于拉姆齐政策),而是直接考虑了拉姆齐解的一个对数线性近似。他们首先推导出了一个二次损失函数,该函数能够逼近代表性家庭的预期效用。然后,他们在一组线性约束条件下令损失函数最小化,从而得到了解析解而不是数值结果。此外,他们还利用这些解析解推导出了最优目标规则,当政策当局遵循这些规则时,就会对冲击做出最优反应。这些规则是目标变量之间的关系,不依赖于特定的冲击。Benigno 和 Woodford(2003)推导出来的目标规则为:

$$\pi_t - a\pi_{t-1} + b(y_t - y_{t-1}) = 0$$
$$E_t\pi_{t+1} = 0 \tag{17.46}$$

其中,a 和 b 是模型参数的函数,但是不依赖于对扰动的设定。当然,这一对目标规则并不直接意味着向决策者分配具体的职责。Benigno 和 Woodford(2003)提出了一种方法,利用它可以向货币当局和财政当局分配独立的责任,从而使这两个规则得到满足。职责分配需要加以协调,但各个时期政策行动的协调本身是无须再去协调的。[1]

3.6 拉姆齐最优政策能不能实施?

我们到目前为止所讨论的文献中的模型以及我们用来计算的模型,全都假设货币当局和财政当局能够承诺采取最优政策。[2] 然而,自 Lucas 和 Stokey(1983)的研究发表以来,许多研究者都提出了这样一个问题:当假定当局不能可信地对未来的政策行动作出承诺时,最优政策还能不能实施? Lucas 和 Stokey(1983)在一个既没有资本也没有货币,但是有状态依存的长期实际政府债务的经济中考虑了这个问题。他们这个模型存在动态一致性问题,因为

---

[1] Benigno 和 Woodford(2007)推导出了最优货币政策规则,这些规则对关于财政政策区制的各种不同假设有很高的稳健性。

[2] Benigno 和 Woodford(2003)是一个明显的例外。他们的方法只需要有限的承诺——政策当局只需要在一个时期之前对影响预期的政策作出承诺就可以实施拉姆齐政策了。

政府具有事后通过实际利率变化来操纵现有债务的价值的动机。卢卡斯(Lucas)和斯托基(Stokey)证明,政府是可以消除继任者偏离之前拉姆齐最优政策的动机的,方法是进行债务重组,以留给继任者有适当的期限结构的债务。但是,Lucas 和 Stokey(1983)同时又表示怀疑,动态一致性问题在有货币的经济体中是不是真的可以避免。政策当局有动机利用通货膨胀对现有的名义资产征税,并避免扭曲性的对劳动收入的征税。

Persson 等(1987,2006)扩展了 Lucas 和 Stokey(1983)的分析,为非零初始政府负债的动态一致性问题提供了一个解。他们的解要求政府持有的名义资产等于货币基础,从而使得政府的净名义负债为零。这个解背后的直觉是意料之外的通货膨胀的净收益为零,这就消除了偏离之前最优的拉姆齐政策的动机。

然而,Calvo 和 Obstfeld(1990)指出,政府名义净负债为零并不足以使有承诺的最优政策在政策当局相机抉择时保持动态一致。他们证明,政府可以将出人意料的利率变化(改变名义资产和负债的余额)和出人意料的价格水平的变化结合起来,以减少扭曲性税收并提高福利。

Alvarez 等(2004)以及 Persson 等(2006)又提供了两个备选方案,以解决 Calvo 和 Obstfeld(1990)提出的问题。Alvarez 等(2004)的方法是限制效用函数,以使得弗里德曼规则最优。当名义利率在每个状态和每个时期都为零时,政策当局利用意料之外的利率变化的动机也就消失了。Persson 等(1987)的想法是用名义政府资产抵消名义政府负债,以解决动态一致性问题。Persson 等(2006)通过假设效用取决于期初而不是期末的实际余额,引入了意料之外的通货膨胀的直接成本,不过他们没有为了使得弗里德曼规则最优而对偏好加以限制。最终他们证明,引入这种成本可以产生一个最优结果,其中减少的实际余额的边际成本正好等于产生的收入给政府带来的边际效益。这样一来,每个政府都可以选择一种债务结构,使其继任者有动力去制造与之前的拉姆齐最优政策相一致的出人意料的通货膨胀。然而,这里所需的负债结构要比把政府净名义负债设为零的简单规则复杂得多。

Albanesi(2005)也引入了通货膨胀的直接成本。她在现金和信用商品模型中引入了异质性的理性行为主体——在她的模型中,收入潜力较低的行为主体持有的现金占支出的比例比收入潜力较高的行为主体更大。通货膨胀对这两种类型的行为主体征收不同的税。她利用这个模型证明,拉姆齐政策会背离有承诺的弗里德曼规则,除非对两类行为主体的效用赋以特定的权重。在她的模型中,即便名义债务不为零,也可以保持最优政策的动态一致性,但是每个政府都需要给其继任者留下适当的名义债务分布和正确的债务期限结构。

3.7 我们现在到了哪里? 又将去向何方?

自 Friedman(1969)的著名论文《最优货币数量》问世以来,40 年间已经涌现出了大量在最优税收框架下研究货币政策的文献。由于 Phelps(1973)的贡献,即对最优货币政策的刻画,自他之后,这就开始被视为一个次优问题了——要将通货膨胀率与其他扭曲性税收放到一起考虑,做出最优选择,为政府支出提供资金并解决经济中的其他扭曲现象,包括出现因持有货币余额而造成的扭曲。最优货币政策,即最优通货膨胀路径的选择,与财政政策密不可分。政策当局可用的财政工具以及经济中的扭曲决定了最优的货币政策。

Chari 等(1991)利用 Lucas 和 Stokey(1983)提出的现金和信用商品模型(这个模型在文献中已经成为主力模型)证明,当政府只发行名义债务且价格有弹性时,弗里德曼规则(预期通货紧缩和零名义利率)是最优的。此外,意料之外的通货膨胀最适合用于吸收财政冲击,从而稳定其他税收的税率。在他们的模型的校准版本中,他们证明最优通货膨胀率是极其不稳定的。

Correia 等(2008)证明,当财政当局可用的税收"菜单"足够丰富时,在现金和信用商品模型中引入黏性价格不会影响货币政策的可实施性。通过操纵消费税率,财政当局能够保持生产者价格不变(消除价格变动的任何成本),同时消费者价格的变化将与具有价格弹性时一样,并呈现出弗里德曼规则所要求的下降趋势。然而,税收却表现出了两个很成问题的特征:消费税和工资税的生产率波动性极大,而且渐进地,工资趋于完全征税,消费则趋于完全补贴。税率的趋势需要适应生产者价格的零趋势和消费者价格的负趋势。

拉姆齐政策的特点是,当价格有弹性或财政当局可用的税收"菜单"足够丰富时,就会出现波动性极高的通货膨胀,因为假设是政府无法发行状态依存债券,而只能发行名义债券。然后,政策当局会利用出乎意料的通货膨胀来抵消这种市场不完全性——通过让名义债券在实际价值上是状态依存的。政府不能发行状态依存债券的假设是合理的,因为很难完全确定各种或有事项——我们不会观察状态依存的或有政府债务也就不足为奇了。但是与此同时,有人可能会问,假设政府可以使税率和通货膨胀也变成状态依存的,这是否合理?既然政府不能订立状态依存的债务合同,那为什么它们却能够设定状态依存的税率和通货膨胀率呢?政治摩擦是不是会导致拉姆齐政策所特有的那种高度灵活的财政工具的运用变得不可行?如果真的是这样,那么把这些摩擦都考虑进来的话,最优政策将会是什么样子?我们在本章中的讨论是根据那些集中关注有限的税收工具"菜单"的文献展开的。但是这样做就回避了一个问题:为什么政策当局不同时利用消费税和劳动收入税呢?加入政治摩擦会不会提供某种途径,允许政策当局在使用更广泛的税收工具的同时避免前面讨论的那些没有吸引力的特征?将政治摩擦纳入最优税收问题中可能会产生截然不同的最优政策。

当财政当局可用税收工具不那么完整时,最优政策问题就主要涉及在价格具有黏性的情况下进行权衡取舍。将人们意想不到的通货膨胀作为对名义资产的一次总付税/补贴工具来使用,可以使财政当局避免与扭曲性的劳动收入税的可变性相关的各种成本。但是通货膨胀的可变性会增加由于黏性价格而产生的扭曲以及相应的成本。这种权衡的最终解决必定有利于价格稳定(即便只有很小程度的价格黏性时也是如此)。引入价格黏性意味着平均通货膨胀率及其波动性都非常接近于零。将价格稳定作为货币政策的首要目标似乎对模型的各种变体来说都是稳健的。

参考文献

Adam, K., Billi, R., 2004. Monetary and fiscal policy interactions without commitment. Mimeo.

Adao, B., Correia, I., Teles, P., 2007. Unique monetary equilibria with interest rate rules. Bank of Portugal Working Paper.

Albanesi, S., 2003. Comments on "Optimal monetary and fiscal policy: A linear-quadratic approach" by Benigno, P., Woodford, M. In: Gertler, M., Rogoff, K. (Eds.), NBER macroeconomics annual. MIT Press, Cambridge.

Albanesi, S., 2005. Optimal and time consistent monetary and fiscal policy with heterogeneous agents. Working Paper.

Alesina, A., Tabellini, G., 1987. Rules and discretion with non-coordinated monetary and fiscal policies. Econ. Inq. 25 (4), 619-630.

Alvarez, F., Kehoe, P. J., Neumeyer, P. A., 2004. The time consistency of optimal monetary and fiscal policies. Econometrica 72, 541-567.

Atkeson, A., Chari, V. V., Kehoe, P., 2010. Sophisticated monetary policies. Q. J. Econ. 125, 47-89.

Atkinson, A. B., Stiglitz, J. E., 1972. The structure of indirect taxation and economic efficiency. J. Public Econ. 1, 97-119.

Auernheimer, L., Contreras, B., 1990. Control of the interest rate with a government budget constraint: Determinacy of the price level and other results. Texas A&M University. Manuscript.

Bai, J. H., Schwarz, I., 2006. Monetary equilibria in a cash-in-advance economy with incomplete financial markets. J. Math. Econ. 42, 422-451.

Bansal, R., Coleman, W. J., 1996. A monetary explanation of the equity premium, term premium, and risk-free rate puzzle. J. Polit. Econ. 104, 1135-1171.

Bassetto, M., 2002. A game-theoretic view of the fiscal theory of the price level. Econometrica 70 (6), 2167-2195.

Bassetto, M., 2005. Equilibrium and government commitment. J. Econ. Theory 124 (1), 79-105.

Beetsma, R., Jensen, H., 2005. Monetary and fiscal policy interactions in a micro-founded model of a monetary union. J. Int. Econ. 67 (2), 320-352.

Begg, D. K. H., Haque, B., 1984. A nominal interest rate rule and price level indeterminacy reconsidered. Greek Economic Review 6 (1), 31-46.

Benigno, P., Woodford, M., 2003. Optimal monetary and fiscal policy: A linear-quadratic approach. In: Gertler, M., Rogoff, K. (Eds.), NBER Macroeconomics Annual, pp. 271-333.

Benigno, P. , Woodford, M. , 2006. Optimal taxation in an RBC model: A linear-quadratic approach. J. Econ. Dyn. Control 30, 1445-1489.

Benigno, P. , Woodford, M. , 2007. Optimal inflation targeting under alternative fiscal regimes. In: Mishkin, F. , Schmidt-Hebbel, K. (Eds.), Monetary policy under inflation targeting. Central Bank of Chile, Santigo.

Bergin, P. , 2000. Fiscal solvency and price level determination in a monetary union. J. Monet. Econ. 45 (1), 37-55.

Blanchard, O. , Khan, C. , 1980. The solution of linear difference models under rational expectations. Econometrica 48, 1305-1310.

Blinder, A. , 1982. Issues in the coordination of monetary and fiscal policy. In: Proceedings of a Conference on Monetary Policy Issues in the 1980s. Federal Reserve Bank of Kansas City, August 9-10. pp. 3-34.

Bohn, H. , 1998. The behavior of U. S. public debt and deficits. Q. J. Econ. 113, 949-964.

Bohn, H. , 2008. The sustainability of fiscal policy in the United States. In: Neck, R. , Sturm, J. (Eds.), Sustainability of public debt. MIT Press, Cambridge, MA, pp. 15-49.

Buiter, W. , 2002. The fiscal theory of the price level: A critique. Econ. J. 112 (481), 459-480.

Buiter, W. , 2004. The elusive welfare economics of price stability as a monetary policy objective: Should new Keynesian central bankers pursue price stability?. NBER Working Paper 10848.

Burstein, A. , Hellwig, C. , 2008. Welfare costs of inflation in a menu cost model. Am. Econ. Rev. 98 (2), 438-443.

Calvo, G. A. , Guidotti, P. E. , 1993. On the flexibility of monetary policy: The case of the optimal inflation tax. Rev. Econ. Stud. 60 (2), 667-687.

Calvo, G. A. , Obstfeld, M. , 1990. Time consistency of optimal policy in a monetary economy. Econometrica 46, 1245-1247.

Canzoneri, M. , Cumby, R. , Diba, B. , 2001a. Fiscal discipline and exchange rate regimes. Econ. J. 111 (474), 667-690.

Canzoneri, M. , Cumby, R. , Diba, B. , 2001b. Is the price level determined by the needs of fiscal solvency?. Am. Econ. Rev. 91 (5), 1221-1238.

Canzoneri, M. , Cumby, R. , Diba, B. , 2007. The costs of nominal rigidity in NNS models. J. Money Credit Bank. 39 (7), 1563-1588.

Canzoneri, M. , Cumby, R. , Diba, B. , Lopez-Salido, D. , 2008. Monetary aggregates and liquidity in a neo-Wicksellian framework. J. Money Credit Bank. 40 (8), 1667-1698.

Canzoneri, M. , Cumby, R. , Diba, B. , Lopez-Salido, D. , 2010. The role of liquid bonds in the great transformation of American monetary policy. Mimeo.

Canzoneri, M. , Diba, B. , 2005. Interest rate rules and price determinacy: The role of transactions services of bonds. J. Monet. Econ. 52 (2), 329-343.

Carlstrom, C. , Fuerst, T. , 2000. The fiscal theory of the price level. Federal Reserve Bank of Cleveland Economic Review 36 (1), 22-32.

Chari, V. , Christiano, L. , Kehoe, P. , 1991. Optimal fiscal and monetary policy: Some recent results. J. Money Credit Bank. 23 (3), 519-539.

Chari, V. , Christiano, L. , Kehoe, P. , 1995. Policy analysis in business cycle models. In: Cooley, T. J. (Ed.), Frontiers of business cycle research. Princeton University Press, Princeton, NJ.

Christiano, L. , Fitzgerald, T. , 2000. Understanding the fiscal theory of the price level. Federal Reserve Bank of Cleveland Economic Review 36 (2), 1-38.

Chugh, S. , 2006. Optimal fiscal and monetary policy with sticky wages and sticky prices. Rev. Econ. Dyn. 9, 683-714.

Clarida, R. , Gali, J. , Gertler, M. , 2000. Monetary policy rules and macroeconomic stability: Evidence and some theory. Q. J. Econ. 115 (1), 147-180.

Cochrane, J. , 1998. A frictionless view of U. S. inflation. NBER Macroeconomics Annual 13, 323-384.

Cochrane, J. , 2001. Long term debt and optimal policy in the fiscal theory of the price level. Econometrica 69 (1), 69-116.

Cochrane, J. , 2005. Money as stock. J. Monet. Econ. 52, 501-528.

Cochrane, J. , 2007. Inflation determination with Taylor rules: A critical review. NBER Working Paper 13409.

Cochrane, J. , 2009. Fiscal theory and fiscal and monetary policy in the financial crisis. Mimeo.

Cogley, T. , Sbordone, A. M. , 2008. Trend inflation, indexation and inflation persistence in the new Keynesian Phillips curve. Am. Econ. Rev. 98 (5), 2101-2126.

Collard, F. , Dellas, H. , 2005. Tax distortions and the case for price stability. J. Monet. Econ. 52 (1), 249-273.

Correia, I. , Nicolini, J. , Teles, P. , 2008. Optimal fiscal and monetary policy: Equivalence results. J. Polit. Econ. 168 (1), 141-170.

Daniel, B. , 2007. The fiscal theory of the price level and initial government debt. Rev. Econ. Dyn. 10, 193-206.

Davig, T. , Leeper, E. , 2006. Fluctuating macro policies and the fiscal theory. In: Acemoglu, D. , Rogoff, K. , Woodford, M. (Eds.), NBER macroeconomics annual 2006. MIT Press, Cambridge, pp. 247-298.

Davig, T. , Leeper, E. , 2009. Monetary policy-fiscal policy and fiscal stimulus. NBER Working Paper No. 15133.

Dixit, A. , Lambertini, L. , 2003. Symbiosis of monetary and fiscal policies in a monetary union. J. Int. Econ. 60 (2), 235-247.

Dobelle, G. , Fischer, S. , 1994. How independent should a Central Bank Be? In goals, guideline, and constraints facing monetary policymakers. Federal Reserve Bank of Boston, Conference Serires No. 38.

Erceg, C. , Henderson, D. , Levin, A. , 2000. Optimal monetary policy with staggered wage and price contracts. J. Monet. Econ. 46, 281-313.

Evans, G. , Honkapohja, S. , 2001. Learning and expectations in macroeconomics. Princeton University Press, Princeton, NJ.

Friedman, M. , 1969. The optimum quantity of money. The optimum quantity of money and other essays. Aldine, Chicago, IL.

Friedman, M. , Schwartz, A. , 1963. A monetary history of the United States, 1867-1960. Princeton University Press, Princeton, NJ.

Goodfriend, M. , King, R. , 1997. The new neoclassical synthesis and the role of monetary policy. NBER Macroeconomics Annual 12, 231-283.

Goodfriend, M. , King, R. , 2001. The case for price stability. NBER Working Paper #8423.

Khan, A. , King, R. G. , Wolman, A. , 2003. Optimal monetary policy. Rev. Econ. Stud. 70, 825-860.

Kim, S. , 2003. Structural shocks and the fiscal theory of the price level in the sticky price model. Macroecon. Dyn. 7(5), 759-782.

King, M. , 1995. Commentary: Monetary policy implications of greater fiscal discipline. In: Budget deficits and debt: Issues and options. Federal Reserve Bank of Kansas City, Kansas City.

King, R. , Wolman, A. , 1999. What should the monetary authority do when prices are sticky? In: Taylor, J. (Ed.), Monetary policy rules. Chicago Press.

Kirsanova, T. , Satchi, M. , Vines, D. , Lewis, S. W. , 2007. Optimal fiscal policy rules in a monetary union. J. Money Credit Bank. 39 (7), 1759-1784.

Kocherlakota, N. , Phelan, C. , 1999. Explaining the fiscal theory of the price level. Federal Reserve Bank of Minneapolis Quarterly Review 23 (4), 14-23.

Lahiri, A. , Vegh, C. A. , 2003. Delaying the inevitable: Interest rate defense and balance of payment crises. J. Polit. Econ. 111, 404-424.

Lambertini, L. , 2006. Monetary-fiscal interactions with a conservative central bank. Scott. J. Polit. Econ. 53 (1), 90-128.

Leeper, E. , 1991. Equilibria under active and passive monetary policies. J. Monet. Econ. 27, 129-147.

Levin, A. T. , Lopez-Salido, D. , 2004. Optimal monetary policy with endogenous capital accumulation. Federal Reserve Board. Unpublished Manuscript.

Levin, A. T. , Onatski, A. , Williams, J. C. , Williams, N. , 2005. Monetary policy under uncertainty in microfounded macroeconometric models. In: Gertler, M. , Rogoff, K. (Eds.), NBER macroeconomics annual 2005. MIT Press, Cambridge, pp. 229-287.

Linnemann, L. , Schabert, A. , 2010. Debt non-neutrality, policy interactions, and macroeconomic stability. Int. Econ. Rev. 51 (2), 461-474.

Linnemann, L. , Schabert, A. , 2009. Fiscal rules and the irrelevance of the Taylor principle. Mimeo.

Liviatan, N. , 1984. Tight money and inflation. J. Monet. Econ. 13 (1), 5-15.

Loisel, O. , 2009. Bubble-free policy feedback rules. J. Econ. Theory 144 (4), 1521-1559.

Lombardo, G. , Sutherland, A. , 2004. Monetary and fiscal interactions in open economies. J. Macroecon. 26, 319-348.

Loyo, E. , 1999. Tight money paradox on the loose: A fiscalist hyperinflation. JFK School of Government, Harvard University. Mimeo.

Lubik, T. , Schorfheide, F. , 2004. Testing for indeterminacy: An application to U. S. monetary policy. Am. Econ. Rev. 94 (1), 190-216.

Lucas, R. E. , Stokey, N. L. , 1983. Optimal fiscal and monetary policy in an economy without capital. J. Monet. Econ. 12 (1), 55-93.

McCallum, B. , 1999. Issues in the design of monetary policy rules. In: Taylor, J. B. , Woodford, M. (Eds.), Handbook of macroeconomics. North-Holland, Amsterdam.

McCallum, B. , 2001. Indeterminacy, bubbles, and the fiscal theory of the price level. J. Monet. Econ. 47, 19-30.

McCallum, B. , 2003a. Multiple-solution indeterminacies in monetary policy analysis. J. Monet. Econ. 50 (5), 1153-1175.

McCallum, B. , 2003b. Is the fiscal theory of the price level learnable?. Scott. J. Polit. Econ. 50 (5), 634-649.

McCallum, B. , 2009. Inflation determination with Taylor rules: Is New-Keynesian analysis critically flawed? J. Monet. Econ. 56, 1101-1108.

McCallum, B. T. , Nelson, E. , 2005. Monetary and fiscal theories of the price level: The irreconcilable differences. Oxford Review of Economic Policy 21 (4), 565-583.

Nakajima, T. , Polemarchakis, H. , 2005. Money and prices under uncertainty. Rev. Econ. Stud. 72, 223-246.

Niepelt, D. , 2004. The fiscal myth of the price level. Q. J. Econ. 119 (1), 277-300.

Obstfeld, M. , Rogoff, K. , 1983. Speculative hyperinflations in maximizing models: Can we rule them out? J. Polit. Econ. 91(4), 675-687.

Orphanides, A., 2004. Monetary policy rules, macroeconomic stability, and inflation: A view from the trenches. J. Money Credit Bank. 36, 151-175.

Pappa, E., 2004. The unbearable tightness of being in a monetary union: Fiscal restrictions and regional stability. Mimeo.

Patinkin, D., 1965. Money, interest, and prices: An integration of monetary and value theory, second ed. Harper and Row, New York.

Perotti, R., 2004. Estimating the effects of fiscal policy in OECD countries. Mimeo.

Persson, M., Persson, T., Svensson, L. E. O., 1987. Time consistency of fiscal and monetary policy. Econometrica 55, 1419-1431.

Persson, M., Persson, T., Svensson, L. E. O., 2006. Time consistency of fiscal and monetary policy: A solution. Econometrica 74, 193-212.

Phelps, E., 1973. Inflation in the theory of public finance. Swedish Journal of Economics 75 (1), 37-54.

Pogorelec, S., 2006. Fiscal and monetary policy in the enlarged European Union. ECB Working Paper No. 655.

Rotemberg, J. J., Woodford, M., 1997. An optimization based econometric framework for the evaluation of monetary policy. NBER Macroeconomics Annual 12, 297-346.

Sargent, T., Wallace, N., 1981. Some unpleasant monetarist arithmetic. Federal Reserve Bank of Minneapolis Quarterly Review, 1-17.

Sargent, T., Wallace, N., 1975. "Rational" expectations, the optimal monetary instrument, and the optimal money supply rule. J. Polit. Econ. 83, 241-254.

Sargent, T., Wallace, N., 1973. The stability of models of money and growth with perfect foresight. Econometrica 41 (6), 1043-1048.

Sargent, T., 1986. Rational expectations and inflation. Harper and Row, New York.

Sargent, T., 1987. Dynamic macroeconomic theory. Harvard University Press, Cambridge.

Schabert, A., 2004. Interactions of monetary and fiscal policy via open market operations. Econ. J. 114, C186-C206.

Schmitt-Grohe, S., Uribe, M., 2004a. Optimal fiscal and monetary policy under sticky prices. J. Econ. Theory 114, 198-230.

Schmitt-Grohe, S., Uribe, M., 2004b. Optimal fiscal and monetary policy under imperfect competition. J. Macroecon. 26, 183-209.

Schmitt-Grohe, S., Uribe, M., 2005. Optimal fiscal and monetary policy in a medium-scale macroeconomic model. In: Gertler, M., Rogoff, K. (Eds.), NBER macroeconomics annual 2005. MIT Press, Cambridge.

Schmitt-Grohe, S., Uribe, M., 2007. Optimal simple and implementable monetary and fiscal rules. J. Monet. Econ. 54, 1702-1725.

Schmitt-Grohe, S. , Uribe, M. , 2010. The optimal rate of inflation. In: Friedman, M. , Woodford, M. (Eds.), Handbook of monetary economics. North-Holland, Amsterdam (in press).

Sims, C. , 1994. A simple model for study of the price level and the interaction of monetary and fiscal policy. J. Econ. Theory 4, 381-399.

Sims, C. , 1997. Fiscal foundations of price stability in open economies. Yale University Working Paper.

Sims, C. , 1999a. Domestic currency denominated government debt as equity in the primary surplus. Princeton University Working Paper.

Sims, C. , 1999b. The precarious fiscal foundations of EMU. De Nederlandsche Bank. DNB Staff Reports 1999, No. 34.

Sims, C. , 2008. Stepping on the rake: The role of fiscal policy in the inflation of the 1970's. Mimeo.

Siu, H. , 2004. Optimal fiscal and monetary policy with sticky prices. J. Monet. Policy 51, 576-607.

Woodford, M. , 1990. The optimum quantity of money. In: Friedman, B. M. , Hahn, F. H. (Eds.), Handbook of monetary economics. North-Holland, Amsterdam.

Woodford, M. , 1994. Monetary policy and price level determinacy in a cash-in-advance economy. J. Econ. Theory 4, 345-380.

Woodford, M. , 1995. Price level determinacy without control of a monetary aggregate. Carnegie Rochester Conference Series on Public Policy 43, 1-46.

Woodford, M. , 1996. Control of the public debt: A requirement for price stability?. In: Calvo, G. , King, M. (Eds.), The debt burden and monetary policy. Macmillan, London.

Woodford, M. , 1998. Public debt and the price level. Mimeo.

Woodford, M. , 2001. Fiscal requirements for price stability. J. Money Credit Bank. 33, 669-728.

Woodford, M. , 2003. Interest and prices: Foundations of a theory of monetary policy. Princeton University Press, Princeton, NJ.

第十八章　货币政策的政治经济学分析[①]

阿尔贝托·阿莱西纳（Alberto Alesina）[*]

安德里亚·斯特拉（Andrea Stella）[**]

[*]:哈佛大学和博科尼大学经济学研究中心

[**]:哈佛大学

目　录

---

① 我们感谢奥利维尔·布兰查德(Olivier Blanchard)、弗朗西斯科·贾瓦齐(Francesco Giavazzi)、卢卡斯·卡拉巴布尼斯(Loukas Karabarbounis)、拉尔斯·斯文森(Lars Svensson)、吉多·塔贝里尼(Guido Tabellini)、简·齐林斯基(Jan Zilinski)和路易吉·辛加莱斯(Luigi Zingales),以及 2009 年 10 月在法兰克福召开的欧洲中央银行会议的许多与会者提供的有益意见。我们特别感激的是本杰明·弗里德曼(Benjamin Friedman),他从一开始就关注这个研究项目,以及我们在欧洲中央银行会议上的报告的评议人艾伦·德拉赞(Allan Drazen),他给了我们非常有用的评论。多里安·卡洛尼(Dorian Carloni)和詹保罗·莱切(Giampaolo Lecce)这两位优秀的研究助理也为我们提供了很大的帮助,在此一并表示感谢。

　　本章摘要：在这篇综述中，我们着眼于最近这场金融危机提出的一系列新问题，批判性地回顾了讨论货币政策的政治经济学文献。我们从规则与相机抉择的权衡入手开始讨论，接着研究了正常时期和危机时期中央银行的独立性问题。然后，我们回顾了关于选举操纵政策的文献。最后，我们讨论了与货币联盟的可行性、最优性和政治可持续性相关的国际制度问题（货币联盟是指多个国家使用同一种货币的国际组织），并以对欧元经验的简要回顾结束本章。

　　JEL 分类代码：E40

　　关键词：货币政策规则；中央银行的独立性；政治周期；货币联盟；欧元

1. 引言

如果在 2008 年夏天之前写完这一章,我们就可能会得出这样一个结论:经济学家对货币政策的最优制度安排已经达成了很多共识。虽然对于业内专家来说,还有许多悬而未决的问题,但是对于大多数局外人(包括不专攻货币领域的经济学家)来说,许多问题似乎都已经尘埃落定了。[①] 假设有一篇论文在 2008 年夏天之前完稿了,那么它的结论很可能是(至少由我们来写的话肯定是这样,而且我们相信让其他经济学家来写也会是这样):

第一,货币政策最好由独立的中央银行来制定,以免受到政客和财政部的掣肘与伤害。

第二,大多数中央银行应该(也必须)遵循某种形式的钉住通货膨胀的规则(即采用通货膨胀目标制),也就是说,它们应该将通货膨胀视为何时放松或收紧货币政策的指标。有些国家的中央银行在这方面做得比其他国家的中央银行更坚决,但是通货膨胀目标制基本上已经"赢定了"。

第三,独立的中央银行锚定一个通货膨胀目标的政策导致了"大缓和"和一个既能化解通货膨胀问题又会导致温和的产出波动的解决方案。

第四,政客们有时把中央银行当作替罪羊(特别是在欧洲各国),但是近年来在实践操作中,经济合作与发展组织国家的政客们几乎没有任何影响货币政策进程的机会和空间,例如在选举前刺激经济等。尽管在 21 世纪初,在欧洲各国,指责欧洲中央银行是非常普遍的做法,当时很多人认为欧洲中央银行是欧元区一些国家因过高的利率而导致低增长的政策的罪魁祸首。

第五,欧元的经历总体上是相对积极的,但是欧洲货币还没有经历过严重衰退时期的真正考验。

然而,这场第二次世界大战以来最严重的金融危机重新引发了关于货币政策和制度的辩论。一种观点认为,问题出在 21 世纪头十年,那时货币政策偏离了正确的轨道,放弃了通货膨胀目标制的稳健原则,之所以如此,也许是因为应对政治压力的需要——不惜一切代价地避免在 21 世纪初出现经济衰退——也许是因为错误地过度恐惧通货紧缩。[②] 其他一些人则认为,通货膨胀目标制已经彻底失败了,因为它没有适当地考虑房地产和金融市场泡沫的风险。后面这种观点意味着规则必须更加灵活,以便让货币政策能够对商品和服务的价格动态之外的更广泛的变量做出反应。还有一些人则认为,通货膨胀目标制本身是好的,但是目标通货膨胀水平定得过低了,应该加以提高,以避免通货紧缩风险和货币陷阱。[③] 此外,当前这场危机也给了我们一个观察欧元区各经济体的经济行为的新机会,这些经济体在这个

---

① 见 Goodfriend(2007)关于如何达成这种共识的讨论。
② 参考 Taylor(2009)在这个方向上的有力论证。
③ 参考 Blanchard 等(2010)的研究。

非常时期使用同一种货币的结果好坏参半。

　　本章的结构安排如下。对于每一个主题，我们都先批判性地回顾这场危机发生以前的文献，然后再讨论这场金融危机重新提出了哪些新问题，以及它是如何改变我们的看法的。我们要探讨的主题包括规则与相机抉择（第 2 节）、中央银行独立性问题（第 3 节）、政治因素对货币政策的影响和政治经济周期（第 4 节）、对货币联盟的政治和经济的一般讨论（第 5 节），以及以欧元区为参照对货币联盟的讨论（第 6 节），最后一节是结论。

2.　规则还是相机抉择

　　大量文献都讨论过这个问题，所以我们没有必要在这里再作一个详细的综述。[①] 思考规则与相机抉择问题大体上有两种方式。一种是狭义上的（即特定意义上的），另一种是广义上的。狭义的解释最早是由 Kydland 和 Prescott（1977）给出的，后来又由 Barro 和 Gordon（1983a，1983b）进行了发展，它指的就是"通货膨胀偏向"。然而，关于规则与相机抉择的更广泛的讨论早就远远超出了这个特定的例子，并且将中央银行可能拥有的其他政策目标都包括进来了。这个更一般的方式也正是我们在本章中思考规则与相机抉择问题的方式。也就是说，我们关注的是，中央银行的行动是否应该事先通过规则、法律和不可改变的计划不可逆转地确定下来，或者中央银行是否应该享有事后的相机抉择和充足的回旋余地。为了表述得更具体一些，我们将利用 Barro 和 Gordon（1983a）的模型来评述关于规则与相机抉择的相关问题，然后我们再来讨论这些问题如何推广到政策的其他领域。

2.1　基本问题

　　当他们认为失业率过高（或 GDP 缺口过大，又或者 GDP 增长率过低）的时候，政客们可能有利用通货膨胀刺激经济的动机，这是因为税收或工会活动会扭曲经济活动。工会只关心那些已经有工作的工会成员，而不会在意失业的非工会成员，因此工会会使得实际工资高于市场出清的充分就业水平。然而，根据理性预期模型可知，只有人们意想不到的通货膨胀才能暂时性地增加实际经济活动。公众理解政策制定者提高通货膨胀的动机，并且会理性地预期到它，因而在均衡状态下，会存在高于目标的通货膨胀，以及处于"扭曲"水平上的产出和失业率。经济学家用这些来解释"滞胀"时期的各种现象，特别是失业和通货膨胀的趋势性增长。

　　要求政策制定者遵循预先公开宣布的某种通货膨胀路径的政策规则应该可以解决这个问题，但是怎样才能让政策制定者恪守这种规则并让它变得可信呢？ 正是由于存在着偏离规则的种种诱惑，我们才需要有某种实施机制。一种实施机制是"声誉成本"，即偏离规则会

---

① 参见 Drazen（2000）以及 Persson 和 Tabellini（2000）的研究。

导致中央银行在一日之间就失去长期积累起来的信誉,从而遭受严重的声誉损失。另一种实施机制是确立特定的制度安排,让货币当局需要付出高昂的代价才能偏离规则(或者使它不可能偏离规则)。在本章中,我们将依次研究这两种实施机制。

2.2 声誉

货币政策领域中的声誉模型是重复博弈理论的一个应用,适用于描述中央银行行长与市场预期之间的博弈。[①] 一个非常简单的(也是非常著名的)声誉模型是用来说明规则的刚性与相机抉择的好处之间的权衡的。假设产出 y_t 由下式给出:

$$y_t = \pi_t - \pi_t^e \tag{18.1}$$

其中,π_t 是通货膨胀,π_t^e 是预期通货膨胀。产出的市场水平归一化为零。社会规划者或中央银行行长(我们在这个时候还无法区分这两个角色)最小化如下所示的损失函数:

$$L = \frac{b}{2}(y_t - k)^2 + \frac{1}{2}(\pi_t)^2 \tag{18.2}$$

其中,$k>0$ 是目标产出水平,b 是一个权重,赋予产出对其目标的偏差相对于通货膨胀对其目标(即零)的偏差的权重。

产出的目标大于市场产出水平(即零)这个事实是时间不一致性问题产生的根源。政策制定者直接控制通货膨胀。[②] 保持 π_t^e 不变,通过最小化式(18.2),然后施加理性期望,就可以得到相机抉择均衡,它的解的形式如下所示(其中的上标 D 表示相机抉择)[③]:

$$\pi^D = bk \tag{18.3}$$

$$y_t^D = 0 \tag{18.4}$$

赋予损失函数中产出的权重、目标产出率 k 与市场产出率(即零)之间的差异的权重越大,通货膨胀越高。与之相反,最优规则为:

$$\pi_t^* = 0$$

$$y_t^* = 0 \tag{18.5}$$

其中,星号上标代表规则。这个规则可以带来净收益——通货膨胀更低了,而产出水平仍然维持原样。但是如果公众预期到了零通货膨胀最优规则,中央银行就需要面对通过制造意料之外的通货膨胀冲击实现短期产出增长的诱惑。成本则由如下事实决定:在某些特定的时期内,公众认为中央银行不会恪守这个规则,因此经济将会回归到次优的相机抉择均衡上。这就是通常所称的实施成本问题:在这些特定的相机抉择的时期内,效用与遵循规则的情况下相比会有一定的差距。当实施导致的这种成本高于面对的诱惑时,零通货膨胀的最

---

① 有些经济学家质疑重复博弈理论在其中一个"博弈参与人"是市场预期的情况下的适用性。关于这个技术性问题的讨论,请参阅 Drazen(2000)及其引用的参考文献。

② 对于使用这个简单模型的目的而言,这个假设并没有丧失一般性。例如,用一些通过数量方程将货币与名义收入联系起来的需求关系来让这个模型封闭,并不能为我们这里的研究目的增加任何东西。

③ 这里要求解的问题为:给定 π_t^e 的值,$\min_{\pi_t} \frac{1}{2}(\pi_t)^2 + \frac{b}{2}(\pi_t - \pi_t^e - k)^2$。其一阶条件为:$\pi_t = \frac{b}{1+b}\pi_t^e + \frac{bk}{1+b}$。

令 $\pi_t^e = E(\pi_t)$,并记住对于公众来说,$E(\varepsilon_t) = 0$,只要通过简单的代数运算就可以得出它的解。

优政策是可持续的。

一般来说，即便最优规则是不可持续的，以 $\pi^D = bk$ 为上限的一定范围内的通货膨胀率范围也是可持续的。这个范围的下限，也即最优的可持续的结果，就是均衡。[①] 实施成本相对于诱惑越大，可持续范围内的最低通货膨胀率就越低。在正式意义上，可持续的通货膨胀规则的形式如下：

$$\pi_t^* = \pi^o \tag{18.6}$$

如果公众预期中央银行会遵循这个规则，那么中央银行将会通过选择如下通货膨胀来使损失函数最小化：

$$\pi_t = \frac{b}{1+b}\pi^o + \frac{b}{1+b}k \tag{18.7}$$

偏离这个规则的诱惑是由不作弊时的效用损失与作弊时的效用损失之间的差异给出的，它又等于

$$\frac{1}{2(1+b)}(bk - \pi^o)^2 \tag{18.8}$$

与 Barro 和 Gordon(1983a)一样，我们假设该经济能够"预期"到中央银行只有在上一个时期遵守了规则的情况下才会在本期遵守规则，不然通货膨胀水平将由中央银行相机抉择决定。这样一来，实施成本就等于

$$\frac{\beta}{2}[b^2k^2 - (\pi^o)^2] \tag{18.9}$$

一个通货膨胀规则是可实施的，当且仅当"作弊"的成本高于收益——如果下式成立，则此条件为真：

$$\frac{1 - \beta(1+b)}{\beta(1+b)+1}bk \leqslant \pi^o \leqslant bk \tag{18.10}$$

从而，最优的可实施规则为：

$$\max\left\{0, \pi^o = \frac{1 - \beta(1+b)}{\beta(1+b)+1}bk\right\} \tag{18.11}$$

上式隐含着一个均衡通货膨胀，它可能高于帕累托最优的零通货膨胀率，但肯定低于相机抉择下的通货膨胀率。[②] 这里需要注意的是，当不进行贴现(即 $\beta = 1$)的情况下，零通货膨胀的最优利率是在可持续范围内的，但是当贴现率很高时则不然。此外，在对未来完全贴现(即 $\beta = 0$)的情况下，就不会存在实施成本，而且只有相机抉择的政策是可持续的。

这类文献的基本结论是，如果一家中央银行已经拥有了信誉资本(即它长期以来都遵循最优规则的名声)，同时它的贴现因子也较低，那么它将会对因自己采用次优的相机抉择均衡而遭受的声誉损失有更高的估价，这样一来，最优规则就更容易得到持续。然而，从我们

[①] 一般来说，由于某个范围内的通货膨胀水平(而不是只有某个水平的通货膨胀)都是可持续的，因此这里存在一个微妙的均衡多重性问题。不过，我们在这里不需要讨论这方面的技术问题。

[②] Drazen(2000,第四章)对时间不一致性问题进行了讨论和解释。他正确地指出，这个问题源于缺乏一种政策工具，能够使得即便是理性的人被"愚弄"也是最优的。在前面给出的例子中，如果有了这样的一整套政策工具，就可以消除使产出水平低于充分就业水平的扭曲。

下面的讨论中可以看出,在明确考虑进了某些政治动机之后(如为了在即将到来的选举中胜出),很低的贴现因子就可能变成常态而不再是例外了。[1]

同时值得注意的是,能不能利用公众的惩罚(即公众对中央银行偏离规则的反应),依赖于货币政策是可观察的假设。公众应该有能力察觉并辨识出,中央银行是在放弃一项规则,还是在应对某种意想不到的冲击(比如货币需求的变化)。Canzoneri(1985)指出,在这种情况下,基于声誉的模型意味着在实现均衡最优规则时会遇到困难。Drazen 和 Masson(1994)认为,实施紧缩的货币政策可能会降低而不是提高中央银行的可信度。这是因为政策会持续地发挥作用,当前的反通货膨胀政策可能会对未来的失业产生可怕的影响,从而使得未来对于反通货膨胀政策的承诺变得不那么可信。[2] 大量的文献分别考察了这个博弈的各个方面,例如当公众不确定政策制定者的目标函数时的情形——见 Backus 和 Driffil(1985a,1985b)、Barro(1986)等的研究。[3] 关于中央银行政策偏好的不确定性的模型似乎能够解释为什么20世纪80年代初美国的通货紧缩政策导致了经济衰退。它的主要思想是,有通货膨胀预期的公众需要一段时间才能了解新的沃尔克政策规则,以及他是否真的对通货膨胀持"强硬"的立场。换句话说,这个模型解释了为什么即便存在理性预期,通货紧缩也会对增长产生负面的实际影响。

2.3 简单规则与或有规则

对简单规则的偏离容易被发现。如果有一个规则要求每季度的通货膨胀率必须刚好为2%,那么一旦有所偏离就很容易被发现。但是这样的规则可能过于刚性了。事实上,现实世界中的通货膨胀目标制通常允许一个经济周期中有几个季度在一定范围内偏离目标。只要举一个非常简单的例子就可以说明规则的刚性与相机抉择的灵活性之间的权衡。假设产出 y_t 由下式给出:

$$y_t = \pi_t - \pi_t^e + \varepsilon_t \tag{18.12}$$

我们现在添加了 ε_t 这一项,它是一个均值为零、方差为 σ_ε^2 的独立同分布的冲击。社会规划者要最小化的是与前面给出的相同的损失函数。对产出的冲击 ε_t 以最简单的方式刻画了货币政策可能加以稳定的所有随机事件。我们暂且抽象掉冲击的持续性和多样性,以及许多其他会导致分析复杂化的因素。保持 π_t^e 不变,令式(18.2)最小化,然后施加理性预期约束(理性预期在冲击发生前就形成了,而政策制定者则需要在震荡发生后选择通货膨胀率),就可以求得相机抉择均衡。正是因为有了这样一个假设,货币政策才能发挥稳定作用。[4]

---

① 我们假设这种惩罚只能持续一个时期。如果惩罚能够持续更长的时间,那么较低的通货膨胀率将更容易执行。在这个博弈中,惩罚持续时间的长度是任意的,从而给均衡的多样性问题增加了另一个维度。

② 他们从欧洲货币联盟的经验中提炼出了关于这个机制的一些证据。例如在高失业率时期,不进行调整会被视为降低了固定汇率的可信度,而不是增强了它的可信度。

③ 关于货币政策声誉模型的扩展,请参见 Cukierman(1992)、Drazen(2000)、Persson 和 Tabellini(2000)的研究以及他们所引用的文献。考虑到已经有了这些优秀的研究,我们在这里就不再讨论声誉模型的技术方面的问题了。

④ 这个假设有一个简单但标准的理由,即存在着像 Fischer(1977)所说的那种工资合同。

解的形式如下所示①：

$$\pi_t^D = bk - \frac{b}{1+b}\varepsilon_t \tag{18.13}$$

这个相机抉择解包含了正的通货膨胀率 bk 和一个稳定项 $\frac{b}{1+b}\varepsilon_t$。因此，

$$E(\pi^D) = bk, \quad E(y_t^D) = 0, \quad \mathrm{var}(y_t^D) = \left(\frac{1}{1+b}\right)^2 \sigma_\varepsilon^2 \tag{18.14}$$

不难注意到：平均通货膨胀率高于其目标水平（即零）；平均产出则等于市场产出的水平（即零），因此低于目标 k，不过它的方差还是低于没有任何货币稳定政策时的方差。相比之下，最优规则为：

$$\pi_t^* = -\frac{b}{1+b}\varepsilon_t, \text{而且 } E(\pi_t^*) = 0, \quad E(y_t^D) = 0, \quad \mathrm{var}(y_t^D) = \left(\frac{1}{1+b}\right)^2 \sigma_\varepsilon^2 \tag{18.15}$$

这个最优规则能够将平均通货膨胀保持在其目标水平上（即零），并使得产出稳定性与相机抉择下相同。然而，这个规则没有时间一致性，因为如果市场参与者预期到了这个规则，政策制定者就有动机选择相机抉择政策 π_t^D，通过制造意想不到的通货膨胀 bk 来增加产出。但是如前所述，如果存在声誉机制，那么就可能会维持最优规则。

2.4　所有问题都解决了……吗？

关于货币政策，有一种观点是，从根本上说，人们通常所称的"有弹性的"通货膨胀目标制已经解决了最优货币政策问题了。这种规则不仅仅是钉住某个给定的通货膨胀水平的，而且还允许中央银行以更丰富的政策工具对各种各样的冲击做出反应。我们在前面描述的规则，就是这种"有弹性的"通货膨胀目标制中的一个规则的一个极其简单（而且可能是过度简化的）的说明性版本，在现实世界中，这个规则要复杂得多，并且是基于对预期通货膨胀率、利率变动情况等的预测的。

有人声称，"有弹性的"通货膨胀目标制将彻底"终结"关于货币政策的制度安排的争论。他们基于以下两个理由中的一个得出了这个结论。第一个理由是中央银行可以承诺坚持一个能够让时间不一致性问题从一开始就不存在的规则，即让中央银行不必面临偏离事先宣布的规则的诱惑。

如果诱惑不存在（在前面那个模型中，这就意味着 $k=0$），也就是说，中央银行事后没有任何动机偏离之前宣布的行动计划，那么留给货币政策的唯一问题就是尽可能细致地向市场解释清楚最优规则是什么了。因此，关于货币政策，事前与事后不会出现什么歧义，要完

---

① 要求解的问题是：在给定 π_t^e 不变的情况下，$\min\limits_{\pi_t} \frac{1}{2}(\pi_t)^2 + \frac{b}{2}(\pi_t - \pi_t^e + \varepsilon_t - k)^2$。它的一阶条件是 $\pi_t = \frac{b}{1+b}\pi_t^e + \frac{bk}{1+b} - \frac{b\varepsilon_t}{1+b}$。设 $\pi_t^e = E(\pi_\gamma)$，并记住对于公众来说，$E(\varepsilon_t) = 0$，只要通过简单的代数运算就可以得出它的解。

成的唯一工作就是找到最优规则。任何关于规则与相机抉择、中央银行独立性或最优制度安排的讨论都将变得没有意义,问题就只剩下了如何找到最优的货币反应函数。

第二个理由是,中央银行已经找到了多种可行的承诺方式。即便事后它们可能有动机偏离,它们也不会真的这样去做,因为它们认为那会导致声誉损失。那么,这到底是怎么实现的呢? 只需假设(事后)冲击 ε 是完全可观察的,这样就可以很容易地判断政策制定者到底是遵循了规则还是偏离了规则。反复的互动以及政策制定者建立起来的声誉和可信性足以维持最优政策。从长期来看(任何合理的时间长度),所有偏离最优规则的情况在均衡状态下都会消失。

2.5 也许尚未解决呢!

但是事情可能没有这么简单。假设——这种假设应该更加符合现实——对于公众来说,冲击不是直接和立即可观察的,那么公众也就无法完美地验证中央银行到底是不是遵循了规则。这也就是说,公众将无法判断通货膨胀的爆发究竟是由于偏离了规则,还是由于 ε 的某个特别"糟糕"的实现。在这种情况下,基于声誉的模型往往会崩溃。

我们不妨想象一下(从原则上说)政策可以对之做出反应的、当前和不久的将来会影响经济的各种冲击。在这些冲击中,有些是很容易观察到的,而有些则不然。当某个货币政策规则依存于中央银行对未来冲击的预期时,中央银行是否遵循了该规则就尤其难以察觉了。这样一来,政策制定者就不得不面临如下选择:要么遵循一个简单的、具有恒定预期通货膨胀的非状态依存规则(在我们给出的例子中,预期通货膨胀为零),要么采用相机抉择政策 π_t^D。或者换一种表述,如果我们假设声誉机制会因为最优规则复杂性过高和可观察性不足而崩溃,那么我们就应该考察简单规则与相机抉择之间的一个简单权衡。当且仅当满足以下条件时,相机抉择的损失 L^D 才会低于简单规则的损失 L^{SR}:

$$\sigma_\varepsilon^2 > k^2(1+b) \tag{18.16}$$

由式(18.16)很容易就可以得出:只需计算出相机抉择政策的预期成本并将之与简单规则 ($\pi^{SR}=0$)的预期成本加以比较即可。

那么,这个条件意味着什么呢? 一般来说,第一最优规则依赖于某个特定的冲击的实现,但是问题在于可能存在许多冲击。如果一个规则"过于复杂",那么公众就无法验证它(是否得到了遵循)。因此,复杂的或有规则会使得货币政策不可预测,而缺乏可预测性会带来成本——在我们这个简单的模型中,可预测性不足的成本可以用回归相机抉择均衡而导致的平均通货膨胀率的提高来刻画。参数 k 代表了相机抉择的代价,即没有制定货币政策规则时要付出的代价。对于这些成本,我们可以在更一般的意义上建模。例如将由于市场不稳定而导致的所有成本建模为关于货币政策的未来成本的"猜谜游戏"的成本。这样一来,假设第一最优规则因为依存于过多的变量而不可实施,那么第二最优规则就意味着要在相机抉择与简单规则之间做出选择,而且两者之间哪一种更可取的条件如式(18.16)所示。如果环境处于方差很大的时期,那么相机抉择所实现的局部稳定能带来的好处就会超过它的成本。换一种略有不同的说法,如果人们真的相信货币政策能够而且应该应对多种冲击,并且对它在稳定冲击方面的作用有很大的信心,那么相机抉择就是最好的行动方案。相反,如果人们认为货币政策能做到的事情相对较少,能够(而且应该)应对的冲击也很少,那么一项严格的规则就是更可取的。这些考虑似乎很好地刻画了现实世界中关于货币规则的利弊的争论的核心问题。此外,如果环境从方差 σ_ε^2 较低、相对平静的时期转入了一个更加动荡的时期,那么简单规则与相机抉择之间的优劣之势就有可能逆转。这也正是我们接下来要讨论的问题。

2.6　危机时期的规则与相机抉择

现在,我们来考虑一下正常时期和危机时期之间的区别。我们可以把危机看成这样一种情况:冲击 ε 所概括的环境变得极端负向了,也就是说,一个概率非常低、(绝对值)非常大的负向事件 ε 实现了,它可能是一场战争,或者,对我们讨论的主题更有意义的,一场重大的金融危机(不妨考虑最近发生的事件)。另一种看待危机的方式是,增大冲击的方差 σ_ε^2。在危机时期,灵活性可能是货币政策的第一需要。用我们的模型的术语来说,当产出对它的目标水平的偏离非常大(请记住,偏离目标的成本是二次的)、实施简单规则不足以弥合这种偏离时,制造意想不到的通货膨胀的诱惑就可能会无法抗御,简单规则就可能被抛弃。在这种情况下,我们应该可以预期刚性的规则在危机中将会崩溃(或者,还有另一种解释,在危机中,方差 σ_ε^2 将增大到足够大),从而可以得知,相机抉择将变得比简单规则更加可取。

然而,我们也可以考虑基于一个包含了免责条款的规则的制度安排,也就是说,确立一个可验证的简单规则,规定在发生了战争或重大危机的情况下可以不遵循这个规则。为了让免责条款真正具备可实施性,必须非常明确地作出相关规定。大规模战争的发生就是一个例子,它很容易证实。但是,如果发生了"重大"的金融危机呢?对所谓的"重大"危机应如何定义?或者说,危机和衰退到底要多严重才可以称得上"重大"?这些实施问题的性质与前面在讨论基于非完全可观察事件的实施规则时所涉及的问题相同。

那么,我们是否应该得出这样的结论:在危急时刻,应该放弃任何简单的规则,比如通货膨胀目标制?也许吧,但是以下几点需要注意。

第一,若引发了严重衰退,金融危机将会降低通货膨胀预期。在这种情况下,即便是简单的通货膨胀目标制规则,也意味着宽松的货币政策,因此没有任何必要放弃通货膨胀目标制。或者,用我们的模型来说,这意味着这样的金融危机不要求政策区制转换,式(18.16)不满足,简单规则仍然更优越。

第二,有人可能还会指出,货币政策的不确定性(即放弃已建立的可信规则)可能会增加金融市场的不确定性,使危机更加严重。用我们的模型来说,这意味着在保持 k 不变时,σ_ε^2 的增大会导致政策制定者放弃简单规则,但是放弃简单规则又会导致 k 的增大,即更一般的相机抉择成本的增大。因此,即便 σ_ε^2 增大,简单规则也仍然是可取的。

第三,金融危机可能会使一个不对称性问题更加突出,而它是大多数模型都未能刻画的。当冲击 ε 很大且为负时,放弃简单规则的动机可能要比冲击 ε 很大且为正时要强大得多。如果我们将冲击 ε 解释为金融市场上的一切动荡的代理变量,那么这种非对称性就意味着政策制定者在金融危机(即股市下跌)时可能有更强的动机出台重大干预措施,而在市场繁荣时则没有多少干预的动机(尽管那种繁荣可能只是因为泡沫)。这样一来,当然会在金融市场中造成各种各样的道德风险问题。①

第四,如果钉住特定的金融变量真的意味着使用对称性规则,即同时适用于市场的上行时期和下行时期,那么就可以用我们的"骨架模型"从两个方向上说明其合理性。其中一个方向是,即便是在金融市场中,式(18.7)中给出的最优或有规则 π^* 也应该对冲击做出反应。此外,有了声誉机制,这种规则就具有可执行性和可持续性。

最后还要注意,在本部分中,我们到目前为止一直隐含地假定金融危机是外生于货币政策的。然而,有人可能会辩称,对于 2008 年金融危机,金融政策本身也许要承担部分责任。例如,Taylor(2009)和他的一些同事就认为,美国联邦储备委员会从 2002 年开始放弃了泰勒规则,这造成了金融市场的不确定性,并使利率维持在了过低的水平上。这些都是导致危机的因素。出台这些政策的原因可能是为了避免 2000 年初的那种衰退历史重演和/或出于对通货紧缩的担忧。但是这种尝试是错误的。长期的低利率正是导致追求更高回报的过度冒险行为以及美国房地产泡沫产生的重要原因之一。

2.7 对规则与相机抉择的其他解释

前面讨论的通货膨胀偏向很好地说明了一个更普遍的问题的普遍性,即规则与相机抉择和货币政策的弹性与刚性。第一,用通货膨胀来消除公共债务的动机具有类似的含义。这个问题在发展中国家尤其普遍②,而且在 20 世纪 80 年代的欧洲高通货膨胀国家中也不乏其例(例如意大利、比利时、希腊等)。即便暂且撇开极端的恶性通货膨胀不论,通货膨胀也在许多情况下降低了政府债务的实际价值。随着最近这场金融危机的爆发,政府债务必将大幅增加,因此这个问题将会变得尤为重要,而且在这种情况下,中央银行面对的政治压力将可能特别大。对前面的讨论作一些必要的修正,就完全适用于分析政府通过通货膨胀让债务贬值的事后激励。③

第二,这一点与 2008—2009 年的金融危机尤其相关,中央银行(与财政部)可能有激励在事前宣布不救助大型金融机构的政策(以激励它们在开展业务时保持更谨慎的态度),但是在事后,中央银行又有激励通过提供流动性(甚至动用纳税人的钱)来为同样那些金融机构提供担保和救助它们。对此,与前面类似的分析仍然适用:中央银行是应该事先就制定固

---

① 在某种程度上,正负冲击之间的不对称性问题即便是在关于正常时期的"基本"模型中也存在,只是在金融不稳定的情况下,不对称性问题被放大了。

② 参见本手册第二十五章。

③ 对关于货币政策与财政政策的协调以及与之相关的各种时间不一致性问题的文献进行完整的综述已经超出了本章的范围。关于这个主题的经典研究,请参阅 Lucas 和 Stokey(1983)的研究;关于这个领域的文献综述,请参阅 Persson 和 Tabellini(2000)的研究。

定不变的"规则",将保证不进行救助的决定不可撤销地确定下来? 还是应该拥有事后进行干预的灵活性? 最近发生的一系列事件把这个问题推向了舞台中心。前面关于规则与相机抉择的讨论也适用于这种情况。从原则上说,如果"不纾困"的政策完全可信,那么就会迫使大型金融机构采取更谨慎的行动。但是这种政策的事后可信度究竟有多高呢? 正如我们已经看到的,偏离它的激励是非常巨大的。

第三,中央银行用来应对金融危机的政策应该受到多大的限制? 在最近这场金融危机中,美国联邦储备委员会的许多行动(包括资产购买)都是很不寻常以及需要对原有的法律法规进行修改的,而且经常给市场带来滞后与不确定性,并且给政策制定者造成了不少困难。很显然,这个问题也可以解释为规则与相机抉择之间的权衡。在发生了金融危机的情况下,中央银行是否应该拥有广泛的自由度来推行"不同寻常"或非正统的政策,还是说,中央银行政策应该受到不可改变的规则的约束,比如只允许中央银行购买和出售哪一类资产? 这可以看作规则与相机抉择权衡的另一个应用。我们接下来还将回过头来讨论这些问题。

3.　中央银行的独立性

货币政策应该在多大程度上远离政治? 这个问题几十年来一直是人们关注的核心问题之一。学术界、评论员、政界人士和中央银行的行长们一直都在思考中央银行的独立性的最优程度问题。这个问题不仅对经济效率有重要意义,而且对民主理论和制度设计也有着重大的影响。现在,由于最近这场金融危机,这个问题又回到了政治辩论的中心。接下来,我们先从规则与相机抉择权衡的角度来分析中央银行独立性问题。下一节我们将转而从民主理论与最近这场危机的关系的角度来分析这个问题。

3.1　规则、相机抉择和中央银行独立性

Rogoff(1985)提出了一个巧妙的解决方案,作为可以用来替代简单规则与相机抉择权衡的另一种可能更优越的权衡。假设参数 b 表示社会认同的产出对目标水平的偏离相对于通货膨胀对目标水平的偏离的相对成本,那么社会就应该指定一个"b"低于社会的中央银行。这个中央银行的行长将会是一位保守的行长,因为他或她相对于社会来说更关心通货膨胀,而不是产出。[1]

这位保守的中央银行行长要设定的相机抉择下的通货膨胀为:

$$\pi_t^D = \dot{b}k - \frac{\dot{b}}{1+\dot{b}}\varepsilon_t \tag{18.17}$$

---

[1] 这里需要注意的是,如果社会是一位要求 $k=0$ 的政策制定者,那么社会就不会以某个高于市场所生成的水平的产出为目标。这样,所有问题都将得到解决,第一最优解也将是可实施的。这个结论背后的思想是,k 实际上并不是一个偏好参数,而是未扭曲的充分就业产出水平。

因此,效用损失为:

$$L = \frac{1}{2}E\left[\left(\dot{b}k - \frac{\dot{b}}{1+\dot{b}}\varepsilon_t\right)^2 + b\left(-\frac{1}{1+\dot{b}}\varepsilon_t - k\right)^2\right] \tag{18.18}$$

通过最小化相对于 $\dot{b}$ 的 L,社会就可以最有效地对抗通货膨胀(这符合社会的利益)。Rogoff(1985)在 $0 < \dot{b} < b$ 的情况下证明了这样挑选出来的中央银行行长比社会更保守。在本章最后的附录中,我们回顾了对这个结果的推导。直觉告诉我们,选择 $\dot{b} < b$ 可以让我们在零通货膨胀规则的刚性与相机抉择的通货膨胀偏向的灵活性之间进行最优化权衡。

中央银行的独立性是一个要求,因为在事后(冲击实现之后),政策制定者(中央银行的"委托人")就会想把保守的中央银行行长免职,以便根据自己的目标函数(而不是更加保守的中央银行行长的目标函数)来选择事后的通货膨胀率。因此,只要事后不能将中央银行行长免职——也就是说,如果中央银行是独立的且能够有效地抵制政治压力的话——那么时间不一致性问题的解就可以发挥作用了。

3.2 中央银行在危机时期的独立性应更高还是更低?

假设事后人们观察到实现的冲击是非常糟糕的,也就是说,ε 是非常大的负值。在这种情况下,独立的中央银行将遵循这样一个政策:

$$\dot{\pi}_t^{CB} = \dot{b}k - \frac{\dot{b}}{1+\dot{b}}\varepsilon_t \tag{18.19}$$

而不是如下政策:

$$\pi_t^p = bk - \frac{b}{1+b}\varepsilon_t \tag{18.20}$$

其中,我们用记号 π_t^p 表示政客们对货币政策有控制权时的相机抉择政策。我们应该不难注意到,ε_t 实现的负值的绝对值越大(请注意,$\dot{b} < b$),下式表示的差距就越大:

$$\pi_t^p - \dot{\pi}_t^{CB} = k(b - \dot{b}) + \varepsilon_t\left(\frac{\dot{b}}{1+\dot{b}} - \frac{b}{1+b}\right) \tag{18.21}$$

因此,如果 ε 非常大(并且是负的),那么中央银行选择的通货膨胀率将比政策制定者会选择的要低得多。只需要进行简单的代数变换就可以证明政策制定者(政客)在事后解雇中央银行行长并选择一个更具通货膨胀性的政策的诱惑是随着 ε 的绝对值的增大而增大的。[1]很显然,在事后不需要付出任何成本就可以解雇中央银行行长的情况下,倾向保守的中央银行行长的安排将会是不可信的,只有政策制定者以"b"为参数的相机抉择政策才是具有可实施性的。

事实上,Lohmann(1992)在对罗戈夫的模型加以扩展后已经证明了,实际上最优的制度安排是令解雇中央银行行长的成本为正,但不能让这个成本无限大。这种安排类似于一个带有免责条款的规则,这也就是说,在正常时期,只要 ε 的实际实现值低于某个特定的阈值,

---

[1] 再一次,为了简单起见,尽管"故事"似乎只在一个方向上特别符合现实,但模型是对称的。

那么就允许中央银行遵循基于 $\hat{b}$ 的政策。但是在 ε 的实际实现值非常大的时候,政策制定者就会控制货币政策,如果中央银行行长不予配合,政策制定者将解雇中央银行行长。由于预期到这种事情将会发生,为了避免触发解雇程序,在 ε 的实际实现值(的绝对值)高于某个特定的阈值的时候,中央银行行长会满足政策制定者的意愿,而这个阈值是由取消中央银行独立性的成本(包括制度成本等)与不能"容纳"冲击 ε 的成本相等的条件所决定的。这种制度安排会产生一个非线性的政策规则:高于某个阈值的政策并不能反映中央银行的保守成本函数,而是反映了社会的成本函数。

因此,在这个模型中,中央银行独立性的程度随形势变化而不同:在正常时期,中央银行有独立性,但是在危机时期没有。这里需要注意的是,这还要求理性的公众完全有能力理解这种制度安排。因此,即便在这样一个转折点上,货币政策的执行也不会令人感到意外。当然,这说起来容易做起来难。在现实世界中,由谁来判断危机在什么时候达到这种程度就是一个问题。关于转折点的不确定性也会导致货币政策缺乏可预测性,而且这种情况往往发生在最需要货币政策的可观测性的时候,比如在那些相对来说比较动荡的时期,公众可能会怀疑经济和金融市场是否正在步入危机。无论如何,这个模型以一种简化的形式凸显出了一个在金融危机之后的今天的美国相当热门的问题——美国联邦储备委员会应该拥有更多还是更少的独立性?现在我们就来讨论这个问题。

3.3 独立的中央银行和规则

我们在上面给出了以一个独立和保守的中央银行作为政策规则的备选方案的理由。我们可以认为,制度安排就是由独立的中央银行行长执行的政策规则的混合物,其中两个已经在文献中得到了广泛的讨论。

3.3.1 工具独立性与目标独立性

Fischer 和 Debelle(1994)提出了一个别具一格的观点,那就是政策目标(通货膨胀的目标水平)应该由当选的政客们选择,而中央银行应该拥有选择更合适的政策工具来实现这个目标的独立性。例如,中央银行可以选择是以利率为目标,还是以信贷量和/或货币量为目标,来实现政客们所选择的目标。

事实上,这是对中央银行的独立性含义的一种"极简主义"观点。如果政客们可以随心所欲地改变政策目标和规则,那么仅靠这种"工具独立性"又如何能解决承诺问题呢?这实在不得而知。或者换句话说,至少没有人会反对这样的观点:立法机构不应该介入错综复杂的利率、贴现率以及信贷量或货币供应量的日常选择。问题在于,是否应该让政客们随心所欲地决定货币政策的方向,还是应该将这种决策委托给一个独立的机构?人们可能赞同,也可能不赞同中央银行独立性的观点。但是无论如何,以"工具独立性"为名这种"妥协"并不能调和这两种观点,从本质上说,它其实是"中央银行不应独立"(至少在最重要的那些事务上不应独立)这种观点的一个改进版。

3.3.2　契约方法

另一种"混合"方法是针对中央银行业务的"契约"方法,它是 Persson 和 Tabellini(1993)以及 Walsh(1995a)在他们的研究中提出的。在他们的模型中,假设中央银行具有与社会规划者相同的效用函数。中央银行可以独立地选择货币政策,但是社会规划者(即政策制定者或中央银行的"委托人")通过建立某种奖惩机制,引导中央银行遵循第一最优政策以及避免通货膨胀偏差问题。这些经济学家证明,在前面讨论的模型中,一个非常简单的、与通货膨胀呈线性关系的激励机制就可以实现第一最优结果。这个机制从根本上说,是使得对中央银行行长的惩罚是实际通货膨胀对第一最优水平的偏离的线性函数。[①] 在一般的理论推理的层面上,即便激励手段掌握在公共部门手中,通过契约引入激励这种想法也是很有意思而且可能是有效的。但是这种方法能否有效地应用于货币政策尚存疑问,而且在最初的一些热情消退之后,相关的讨论也就销声匿迹了。

从理论上说,设计一种契约,为实施最优政策创造正确的激励,可能是相当简单的。但是在现实世界中,很多因素都会导致复杂的可实施性问题,这与我们在前面讨论货币规则的刚性和弹性时类似。要核实一个"合同"是否被违反了看似简单,实则棘手。要在中央银行行长违反"合同"的情况下实施"惩罚"可能需要在事后付出高昂的政治代价,尤其是在经济动荡时期和金融不稳定时期。

3.4　中央银行独立性和宏观经济表现:若干证据

独立的中央银行与那些不那么独立的中央银行相比,表现如何? 通货膨胀率、失业率以及其他货币政策指标与中央银行独立性之间的相关性如何?

大量文献都试图回答这些问题。这个方向上的研究的第一步是测量中央银行独立性。早期的文献集中在通过关于中央银行的法规来评估其独立性程度。有四个特征是至关重要的。第一个特征是中央银行的管理人员的任命过程是怎样的,包括这种任命由什么人或机构负责、任命发生的频率高低、任期有多长等。中央银行的独立性越强,任命过程就越不政治化,任期也就越安全。第二个特征是政府控制中央银行的权力的大小:政府机构是否能够参与和推翻中央银行的政策决定。第三个特征是中央银行是否有明确的目标,比如说有无设定通货膨胀目标。最后一个但绝非最不重要的特征是经济上的独立性。用这些来衡量中央银行的独立性是合理的,不过有很多人基于如下两个原因提出了批评。首先,法律不可能预见所有可能发生的事件,而且即便能够预见,也不一定适用。其次,书面规则往往会被事实上的程序架空,特别是在发展中国家。因此,我们需要在法律上的独立性指标之外,进一步采用事实上的独立性指标,甚至在必要时用后者取代前者,在发展中国家尤其如此。中央银行行长的实际任职就是一个很好的例子。即便法律规定了中央银行行长的任期,但是他们的实际任期仍然可能有所不同,中央银行行长被免职的频率可以很好地反映出中央银行

[①] 在新西兰,曾经出现过一个非常受欢迎的建议(尽管实际上从未实施过):将中央银行行长的工资与预先设定的通货膨胀目标的实现程度挂钩(Walsh,1995b)。

享有的独立性程度。还可以利用调查数据来得到事实性指标,即设计好调查问卷发送给一些专家,然后利用回收的数据构建一个中央银行独立性指数。

早期的文献——例如 Bade 和 Parkin(1982)、Alesina(1988)以及 Grilli 等(1991)的研究——聚焦于经济合作与发展组织国家,结果发现,中央银行独立性与通货膨胀之间存在着反向关系(运用法律上的独立性指标)。Alesina 和 Summers(1993)的研究证实了这些结果,并证明没有证据表明中央银行独立性对实际变量(如增长率、失业率和实际利率)有什么影响。

从那时起,许多研究重新审视了这个问题。许多经济学家强调了测量中央银行独立性和选择正确的控制变量的困难。Campilloa 和 Miron(1997)提供了一些证据,证明中央银行独立性与通货膨胀呈负相关关系。他们对平均通货膨胀率与国家特征之间的关系进行了跨国回归,结果发现,经济基本面因素(如开放性、政治稳定性和最优税率等)对通货膨胀的影响比货币政策制度安排(如中央银行的独立性)大得多。Oatley(1999)采用了同样的实证策略,结果发现,当把其他控制变量也包括进来后,中央银行独立性对通货膨胀率的重要性就消失了。Brumm(2000)则指出,以往的许多研究,特别是 Campillo 和 Miron(1997)之前的研究,没有考虑到强测量误差的存在,因此得出来的结果是不稳健的。他发现通货膨胀与中央银行独立性之间存在很强的负相关关系。

正如我们前面已经强调过的,问题在于衡量中央银行独立性的法律上的指标可能并不能代表实际的中央银行独立性。Cukierman 等(1992)使用了三种衡量中央银行实际独立性的指标:中央银行行长的更替率、一个基于问卷的指数(有来自 23 个国家的专家填写了问卷),以及一个反映法律上的指数和更替率的总和的指标。他们还将这些指标与法律上的指标进行了比较,结果表明,发展中国家的差距要大于工业化国家。利用 1960 年至 1980 年的数据,他们发现,中央银行独立性对工业化国家之间的价格稳定性有统计上显著的负面影响,但是对发展中国家之间的价格稳定性则没有影响。

在"大通胀"时期结束之后,中央银行独立性的高低可能变得没有以前那么重要了,因为大多数国家的通货膨胀都趋向于更低、更稳定的水平了。通过使用中央银行独立性的法律上的指标,早期的研究发现了中央银行独立性与 20 世纪 90 年代之前的低通货膨胀之间存在着统计上显著的相关性。Crowe 和 Meade(2007)也使用了同样的方法,但是从 2000 年至 2004 年的数据中找不到任何有意义的统计关系,他们用更新后的数据重新计算了中央银行行长更替率,结果发现,它与中央银行独立性的法律上的指标之间的相关性接近于零,因此他们得出的结论是,这种更替率中必定包含了一些其他因素。Klomp 和 de Haan(2008)对关于中央银行独立性与通货膨胀之间关系的研究进行了元回归分析,结果发现,经济合作与发展组织国家的中央银行独立性和通货膨胀之间的反比关系对所使用的指标和所选择的估计期都非常敏感。他们还发现,基于跨国数据或面板数据的研究之间没有显著差异。

在国际上,这些关于中央银行独立性的(据信的)有益影响的研究结果似乎已经受到政客们和公众的关注。在 20 世纪的最后 25 年里,全球出现了一场让货币当局更加独立的运动。Crowe 和 Meade(2007)利用 Cukierman 等(1992)的数据研究了中央银行独立性的历史演化。他们使用 2003 年的数据重建了中央银行独立性指数,并将样本扩大到了包括东欧国家。然后,他们将 2003 年的指数与 Cukierman 等(1992)的指数进行了比较,结果发现,中央银行独立性有所提高。在 2003 年,有 85% 的中央银行的得分高于 0.4,而在 20 世纪 80 年代却只有 38%,平均独立性从 20 世纪 80 年代的 0.3 上升到了 2003 年的 0.6 以上。他们还将样本分成两组,发达国家一组,新兴经济体一组,结果发现,这两个组的中央银行独立性都有所提高,而且发展中国家的增幅更大。在 15 家被评为"高度独立"(独立性得分高于 0.8)的中央银行中,有 2/3 在东欧国家。

Crowe 和 Meade(2008)进一步推动了分析。他们注意到,在发展中国家,自 20 世纪 80 年代以来,上面提到的所有四个指数都实现了统计上显著的增长,但是在发达国家,只有第二个和第四个指数在统计上有显著的增长(这主要是因为这些国家的中央银行在第一个和第三个指数上原本就已经取得了很高的成绩)。然后,他们进行了回归分析,突出了中央银行独立性改革这个因素的决定性作用。改革与较低的初始中央银行独立性水平和较高的前期通货膨胀水平相关,这个结果意味着以往的反通货膨胀政策的失败导致了中央银行更高的独立性。改革也与民主程度和不那么有弹性的初始汇率制度有关。Acemoglu 等(2008)在测量中央银行独立性的时候,只考虑关于货币当局的宪法和法律上的变化这个因素——他们构造了一个简单的虚拟变量,在每一年,如果宪法或关于中央银行的法律的变化导致中央银行的独立性提高,那么该虚拟变量的值就为 1,否则为 0。结果他们发现,在后布雷顿森林体系时期(从 1972 年至 2005 年),大部分改革都发生在 20 世纪 90 年代。

3.5 因果关系

正如 Posen(1993,1995)所指出的,不管之前的研究显示的中央银行独立性与通货膨胀之间的相关性是强是弱,都有一个因果关系问题。我们真的能说更高的中央银行独立性"导致"了更低的通货膨胀吗? 还是只能说那些(出于任何原因)更喜欢低通货膨胀的国家选择将货币政策委托给独立的中央银行执行?

这个问题提得很好,因为制度通常不能从外部强加给某个国家(只有极少的例外),相反,制度只能缓慢地变化,而且它的变化是路径依赖的。[1] Posen(1993)认为,在经济合作与发展组织国家,只有当中央银行独立性反映了整个社会关于低通货膨胀率的基本共识,或者只有当更喜欢较低且稳定的通货膨胀水平甚于其他政策的群体在社会中占据了优势的时候,中央银行独立性才有可能在真正意义上"导致"通货膨胀率的下降。他指出,一个国家的金融部门的若干特点和这个国家的某些政治特征有特别重要的意义。其中一个特征是与预算赤字和通货膨胀相关的政党制度的分化程度(Grilli et al., 1991;Perotti and Kontopoulos, 1999;等等)。考虑到群体之间的冲突,这种严重分化政党制度在将货币政策委托给独立专家时可能会特别困难。顺便说一句,有人可能会说,政党制度的分化并不是一个外生变量,而是一个国家更深层次的社会经济和历史特征的结果(Aghion et al.,2004)。事实上,严重分

---

[1] 关于内生制度的问题,请参见 Aghion 等(2004)以及 Trebbi 等(2008)的更一般的讨论。

化的政党制度可能更需要一个独立的中央银行来努力抗御各种各样的会导致通货膨胀的压力，但是这样一个政治系统也可能无法实现这种制度安排。[1]

据此，波森(Posen)得出的结论是，将独立的中央银行强行移植到一个尚未准备好"接受"低通货膨胀率的国家就万事大吉了的这种观点只不过是一种错觉而已，而且这也许可以解释发展中国家和经济合作与发展组织国家的中央银行独立性的法律上的衡量指标之间晦暗不明的关系。[2]波森这个思想是很有价值的。然而，一个有高通货膨胀问题的国家也可能会利用加强中央银行的独立性来帮助自己实现控制通货膨胀的目标。在一个原来就根本不能容忍高通货膨胀的国家里，建立一个独立的中央银行可能没有什么很大的作用，但是在一个已经存在着反通货膨胀情绪(只是还不够强烈)的国家里，让中央银行朝着更加独立的方向发展可能会有很大的帮助。换句话说，在我们看来，在规范的层面上，社会规划者建议假想中的新建国家采用一个具有独立性的中央银行的制度无疑是一个好主意。然而，对于Posen(1993)的观点，最好在以下意义上加以理解：如果在这个假想的国家中，没有足够强大的政治利益群体允许这种制度安排存在，那么它就不会存在。[3]此外，一旦建立了独立的中央银行，制度惯性和对丧失制度信誉的风险的担忧就至少能够在一定程度上保护中央银行独立性免受直接的正面攻击。

3.6　独立的中央银行：民主缺陷？

在上文中，我们评述了由独立的政策当局负责货币政策这个重要的政策领域的一些潜在好处。但是还留下了两个悬而未决的问题：允许这样一个独立的官僚机构来作出重要的政策决策是不是存在民主缺陷的结果？如果时间不一致性问题是这种授权制度存在的唯一理由，那为什么只挑出货币政策来说事呢？货币政策到底有什么特别之处呢？时间不一致性问题并不是货币政策所特有的。例如，不妨考虑财政政策，它也具有动态的不一致性，更不用说外交政策等非经济领域的例子了——在外交政策中，承诺与灵活性之间的权衡也是至关重要的。

关于第一个问题，Drazen(2002)非常正确地指出，将某些政策授权给一个独立的机构决策并不涉及什么非民主性的东西，而且货币政策的独特性质足以使它成为授权决策的理想候选者。这是因为货币政策很容易被政客策略性地用于实现其短期目标，同时选民却难以察觉长期成本。德拉赞(Drazen)还指出，对于什么样的货币政策长期目标才是"正确"的这个问题，人们达成的共识可能比财政政策要多得多。

因此，在证明了为追求某些政策目标而设立独立机构的这种做法不存在任何反民主的

---

[1] 关于联邦体制与中央集权体制，波森也提出过一个类似的论点，不过可能没有那么令人信服。

[2] 经济学家已经做过不止一次尝试，希望用工具变量来解决内生性问题。Crowe 和 Meade(2008)同时采用了工具变量和有限信息最大似然策略，结果发现，中央银行独立性对通货膨胀具有统计上显著的负向影响。他们使用了两种衡量治理的指标，即将法治程度、话语权和可问责性作为工具变量。Jacome 和 Vazquez(2005)提供的基于拉丁美洲和加勒比地区国家数据的证据也支持中央银行独立性和通货膨胀之间的负相关关系，但是他们同时也发现，当使用工具变量时，这种相关关系的显著性就消失了。

[3] 关于这个问题，请参见 Acemoglu 等(2008)的讨论。

地方之后,接下来要回答的问题就是哪些政策应该授权决策以及哪些政策不应该授权决策。Alesina 和 Tabellini(2007,2008)使用规范与实证的授权模型对这个主题进行了比较正式的讨论。① 他们从规范的角度提出并回答了这样一个问题:社会是否能够通过将某些任务委托给官僚机构,使它们远离政客的直接控制而受益? 他们关注的焦点是两种类型的政策制定者之间的激励结构的不同。政客们的目标是争取连任,而要做到这一点,他们需要为大多数选民提供足够的效用。选民是理性的,他们对于可以从在任者那里获得的效用有一个最低限度的期望。相反,官僚们则有职业方面的担忧。他们尽可能地让自己表现得有足够能力胜任未来可能的就业机会。② 选民们无法区分努力和天赋,他们只能观察到作为两者的组合导致的政策结果。对于官僚和政客来说,为一项活动付出努力是有高昂的成本的。

给定这些不同的激励结构,对于社会来说,最优做法是将某些类型的活动委托给那些为职业前途担忧、非经选举产生的技术官僚,而其他活动则最好留给选举产生的政客们。对于那些无法对努力程度进行完美的监督而任务本身的技术性又决定了才能有特别重要作用的活动,授权给技术官僚会特别有益。直觉告诉我们,在监督不完美的技术问题上,关心职业前途的官僚们会急于通过提高努力程度来显示他们的能力。相反,政客们则只需要一个最低门槛就能赢得多数选票,而且由于很难区分努力和能力,他们比官僚更缺乏提高努力程度的动机。事实上,由于政客们要完成的任务具有相反的性质,它们反而会产生相反的激励。只要货币政策仍然是一项本质上偏技术性的政策任务,而且负责这项任务的人的能力相对难以判断,那么将它授权给职业官僚就肯定是一个不错的选择。而且,如果判断职业官僚的能力也是专家的一项能力,那么认为职业官僚可能更加擅长技术型任务的观念将会进一步得到强化。③ 这里需要注意的是,这个结果并不需要作出如下假设,即职业官僚在处理技术性问题上比职业政客更有能力,尽管很显然这样的假设会进一步强化上述结果。

Alesina 和 Tabellini(2007,2008)还分析了一个关于这种授权的"实证"模型。在这个模型中,政客们可以决定是否将某些任务授权给希望继续任职的官僚决策。他们得到的其中一个结论对于我们对货币政策与财政政策的讨论非常重要,那就是政客们不喜欢将再分配型政策授权给技术官僚决策。原因在于这些政策对在选民中建立一个最低限度的获胜联盟至关重要。从这个收入群体到那个收入群体、从这个地区到那个地区、从这个游说团体到那个游说团体……决定各种各样的"再分配包"及其流动不就是政治的主要内容吗? 这也正是财政政策从来没有委托给独立的机构决策的原因,尽管财政政策受时间不一致性问题的困扰不会比货币政策更轻(如果不说比货币政策更严重的话)。④ 当然,货币政策也有再分配的一面。例如,通货膨胀政策和(或多或少有一些)主动的反周期政策肯定会产生再分配效应。

---

① 他们的模型是建立在 Dewatripont 等(1999a,1999b)的模型的基础上的。关于这种授权体制的利弊的文献综述,请参见 Epstein 和 O'halloran(1999)的研究。经济学家关于授权问题的最新研究,请参阅 Besley 和 Ghatak(2005)、Maskin 和 Tirole(2001)以及 Schultz(2003)的相关文献。

② 事实上,这两种激励机制之间的区别可能并没有那么明显。政客们可能也要寻找未来的就业机会,同时官僚们也有可能想在未来从政。

③ 相关观点的论述,见 Maskin 和 Tirole(2004)以及 Epstein 和 O'halloran(1999)的论文。

④ 关于将财政政策的某些方面的决策授权给官僚机构的社会最优性,请参见 Blinder(1997)的论述,以及澳大利亚商业委员会(Business Council of Australia,1999)的类似观点。

但是货币政策产生的再分配流肯定远远不如财政政策(如提高所得税的累进率,或者对特定部门或收入群体征税或发放补贴)产生的再分配流那么清晰和直接。正是出于这些原因,比起赋予财政部独立性,政客们当然更愿意赋予中央银行独立性。

简而言之,Alesina 和 Tabellini(2007,2008)认为,即使不考虑时间不一致性问题提供的理由,货币政策也是委托给一个独立的机构决策的很好的候选者。这是一个相对技术性的任务,无论是要责备还是要赞扬,通常都不那么容易。在这项任务中,以职业为导向的官僚可能比政客有更强的动机来实现出色的业绩。这也是政客们可能愿意委托给他人的一项任务(至少在一定程度上),因为它在重新分配和组建联盟方面的影响不是那么直接和明确。此外,一个独立的中央银行偶尔还可以充当政客们的完美替罪羊:当经济状况不佳时,有机会找一个非民选官员来承担责任难道不是一件再好不过的事情吗?

3.7 由一个委员会管理的货币政策

到目前为止,即便是在分析类似于上文的中央银行的政治—经济模型时,我们也总是把中央银行视为一个正在做决策的单独的行为主体。但是在现实世界中,货币政策是由一个委员会来决策和实施的。Pollard(2004)对世界各地的中央银行进行了全面的调查,结果发现,它们中的大多数(88 个中的 79 个)都是由一个委员会来制定货币政策的。Blinder(2007)也讨论了这个全球性的趋势,并分析了为什么大多数国家更喜欢让货币政策作为一组专家共同努力的最终结果出现,而不是掌握在某一个人的手中。Blinder 和 Morgan(2008)给出了一些实验证据,证明群体的决策速度可以与个人一样快,或者(甚至)更快。委员会的其他优势还包括观点的多样性、更大和更丰富的知识基础,以及拥有一定的制衡机制。不过,由委员会来制定政策也提出了一个有意思的问题,即委员会成员之间的异质性会如何影响决策。英国中央银行(英格兰银行)的货币政策委员会由五名内部委员和四名外部委员组成,它可以作为一个很有意义的典型例子来研究。Hansen 和 McMahon(2008)发现,在一开始的时候,外部委员的投票与内部委员是一样的,但是一年之后转而投票支持更低的利率;Gerlach-Kristen(2009)也观察到了类似的现象,他发现,外部委员与内部委员经常持不同的意见,而且外部委员更喜欢更低的利率。接下来,这些经济学家试图解释为什么内外部委员之间会存在如此持续的行为差异。人们通常认为,对职业前途的担忧可能是一种解释:内部委员更感兴趣的可能是发出自己是一个坚定的反通货膨胀斗士的信号,而外部委员则可能希望在潜在的未来雇主面前树立自己作为一个注重经济增长的经济学家的形象。但是,这两篇论文的作者都拒绝了这种基于职业考虑的解释。Hansen 和 McMahon(2008)进行了一系列检验。例如,他们认为已经获得了终身职位的学者不应该有太强的动机去表明自己的竞争力,因此他们检验了学者的行为是否不同于非学者,结果发现他们并非如此。他们还检验了外部委员在不可能连任和有可能连任这两种情况下的行为差异,结果也没有发现统计上显著的差异。如果这种基于激励的解释不起作用,那么或许可以从行为主体的偏好中去寻找另一种解释,为此,Gerlach-Kristen(2009)构建了一个模型,假设"反衰退"的外部委员与内部委员有着不同的偏好。

有许多不同的框架都可以用来对委员会的货币政策决策建模。Riboni 和 Ruge-Murcia (2010)总结了其中的四类模型:共识模型(只有获得委员会的绝大多数同意才能作出决策);议程设定模型(只要获得委员会的多数同意即可作出决策,而且议程是由委员会的主席设定的);独裁者模型(委员会的主席决定利率);最后一个是简单多数模型(由中间选民决定利率)。Riboni 和 Ruge-Murcia(2010)利用来自加拿大中央银行、英格兰银行、欧洲中央银行、瑞典中央银行和美国联邦储备委员会这五家中央银行的数据,对上述四个模型进行了极大似然估计。[①] 结果他们发现,共识模型比其他几个模型更能拟合实际的政策决策过程。

3.8　中央银行的独立性与金融危机

在金融危机最严重的时刻,美国财政部长(保尔森)和美国联邦储备委员会主席(伯南克)一起出席了美国国会听证会,这无疑是一个极具象征意义的事件,它引发了人们对美国联邦储备委员会与美国财政部之间,以及它们与(作为背景的)其他金融监管机构之间的关系的疑问。美国联邦储备委员会是在美国财政部的压力下作出决策的吗? 或者相反地,美国联邦储备委员会有没有越权去动用纳税人的钱? 在美国,货币政策(授权给作为独立机构的美国联邦储备委员会决策)与财政政策(由国会和财政部控制)之间的界线是不是已经逐渐消失了? 美国联邦储备委员会在金融危机期间的行动给纳税人造成了巨大的损失这种观点确实得到了广泛的认可。美国联邦储备委员会已经作出了本质上属于财政政策的决策。[②]

但是,我们可以用两种截然相反的方式来解读这些事件。一种方式是承认在危机期间美国联邦储备委员会确实需要超越法律允许的范围去行事,例如决定购买哪些资产、如何拯救大型金融机构等。事实上,这方面的争论还在继续。美国联邦储备委员会在国会公开听证时迫切要求扩大其相机抉择权的呼吁加剧了市场的恐慌情绪。或者换句话说,为了从国会获得更多的权力,美国联邦储备委员会主席不得不采用扩大危机的夸张口气来描述形势。然而与此同时,有人则认为迟迟不能获得这种权力也可能会使情况恶化。这种观点认为,在这种严重危机的非常情况下,需要迅速采取行动,因此要让美国联邦储备委员会获得更大的独立性和行动自由度。正如我们之前所指出的,在危急时刻,判断力可能是一项特别宝贵的资产,因为在正常时期起作用的那些规则都不得不弃之不顾了(因为它们的限制性太强)。

但是另一方面,美国联邦储备委员会采取的行动确实意味着纳税人的成本,因此相反的观点也是成立的。在这个问题上,纳税人应该有发言权(通过他们的代表来行使)——"无代表、不纳税"。此外,这种观点还指出,无论是在危机发生之前,还是在危机期间,美国联邦储备委员会都已经被金融业特殊利益群体"俘获"了。在危机发生之前,过度的低利率助长了过度追求风险(和利润)的行为,而在危机期间,这种过度的风险又通过用纳税人的钱进行的救助"覆盖"掉了。

---

① 这里的"上述四个模型",原文为"these five models",应该错了,已改——译者注。
② 见 Zingales(2009)写的一篇进行了特别强烈的谴责的文章。

正是这第二种观点导致国会采取了一系列政治行动,试图限制美国联邦储备委员会的独立性,同时扩大政客们对货币政策的监督权力。这种动机在一定程度上是可以理解的。[1] 但是问题在于,一个在政治上受到更多控制的美国联邦储备委员会是不是真的会采取不同的行动,还是说只会让事情变得更糟,这些在事前都无法预知。毕竟,许多行业都确实发生过"监管俘获"的情况,而且即使在国会那个层次上也无法免疫。而且,受政治控制的美国联邦储备委员会日后更可能遇到时间不一致性问题。美国积累的巨额公共债务可能会成为通货膨胀的诱因,而独立性较弱的中央银行可能很难抗拒运用通货膨胀工具这种诱惑。让一个负债累累的政府控制印钞机从来都不是一个好主意,而且那常常是大规模通货膨胀的主要原因。

无论如何,关于美国联邦储备委员会角色的新一轮辩论提出了一个重要的政治—经济问题,即监管权力的最优配置以及货币政策与金融稳定之间的关系应该是怎样的。只是在最近这场危机之后,经济学家才开始把足够的精力转向研究这些问题,而且公平地说,共识尚未形成。

3.9 金融监管与货币政策

人们普遍认为,美国危机发生前的金融监管框架是非常不理想的。它似乎是历史上为了应对各种事件和危机而出现的多个监管机构层层堆叠在一起的结果,整个体系缺乏协调,凝聚力严重不足。[2] 这是一个亟须改革的金融监管体系。这种必要性虽然已经得到了广泛认同,但是共识也仅此而已。

有两种可能的制度安排。一种是由美国联邦储备委员会来进行金融监管;另一种是由美国联邦储备委员会控制货币政策(即利率),同时由另一个机构(或多个机构)负责对银行系统进行金融监管和审慎性控制。[3] 对于这两种不同的制度安排的优劣,必须从三个角度进行判断:民主理论的要求、"监管俘获"的可能性以及它们各自的经济效率。困难也在这里,这三个标准不可能给出同样的排名。

首先考虑中央银行同时承担制定货币政策和监管银行体系这两大任务的情形。支持这种制度安排的观点主要是一种效率论:利率水平可以通过各种渠道影响银行和其他金融机构的风险承担程度,还可以影响银行间贷款的数量。学界把这种效应定义为货币政策的"风险承担"传导渠道[4],或者换句话说,利率政策对银行资产负债表和银行决策产生影响的途径是在利率较低的时候,人们有更强的激励去冒险和缩短金融合约的期限,反之亦然。[5] 由于

---

[1] 对于这些事件,一个更具愤世嫉俗色彩的解读是,许多政客利用金融危机这个"借口",只是为了重新获得对美国联邦储备委员会的控制权,这才是他们想要的,与危机本身无关。

[2] 例如,1933 年,为了应对前几年的银行挤兑而创立了联邦存款保险公司;1934 年,美国证券交易委员会成立,目的是防止 20 世纪 20 年代的股市操纵重演;为了应对储蓄和贷款危机,储蓄机构监管局于 1989 年成立。

[3] 关于世界上哪些国家采用了哪一种监管体系的数据,见 Alesina 等(2005)的研究。

[4] 请参见 Adrian 等(2009)以及 Borio 和 Zhu(2008)的研究。

[5] 见 Shin(2009)、Adrian 等(2009)、Adrian 和 Shin(2008,2009)的研究。关于流动性、信贷和货币政策的风险承担渠道的文献综述,见 Adrian 和 Shin(2010)的研究。

要满足巴塞尔协议Ⅱ关于资本金标准的规定,周期性波动也会影响资本要求(使之变成顺周期的)。因此,只要货币政策具有反周期成分,后者就会阻断金融的脆弱性。因此,将金融监管权转移到美国联邦储备委员会手中,从效率论的角度来看是相当合理的。很多经济学家都赞同这种观点,比如 Blanchard 等(2010)以及 Feldstein(2010)。特别是后者,他给出的结论是:"虽然一个由监管者和监管者组成的委员会可以在处理宏观审慎风险方面的问题时发挥有益的作用,但是它不应该取代美国联邦储备委员会的核心作用。"①

然而,从民主理论的视角来看,有的学者可能会对这种观点感到莫名其妙(Zingales, 2009)。金融稳定目标和通货膨胀目标制下的目标都意味着要在若干目标之间进行困难的权衡。为了避免银行业危机而提供流动性可能要以放弃控制通货膨胀为代价。在金融动荡时期,许多行动都会产生复杂的再分配效应,特别是如果危机发生时,美国联邦储备委员会对于决定救助谁以及以多大力度去救助有很大的自由度的话。从民主制度设计的角度来看,让一个非经选举产生的机构(美国联邦储备委员会主席)作出这种关乎纳税人的钱的用途以及在金融机构的股东、储户、纳税人、债务人和债权人之间的再分配的决定,适当性何在?

另一种选择是把稳定通货膨胀的目标交给美国联邦储备委员会,同时成立另一个以实现金融稳定为宗旨的银行监管机构——可能还需要成立第三个机构来保护作为消费者的公众、储户和纳税人的利益。② Zingales(2009)认为,这样一个系统可以赋予每一个机构一个特定的目标,从而增加透明度,并有利于对每一个机构的绩效进行评估。在这种情况下,任何一个单一的机构都不需要在不同目标之间进行权衡,因为那是一个应该留待政治层面作出的决策。这种制度安排在民主理论中得分很高,因为它不把政治和再分配方面决定委托给非经选举产生的官员。然而问题在于,如果美国联邦储备委员会不负责监督银行系统,那么它又如何获得执行货币政策所需的信息呢?因为它显然会失去很多信息来源。而且,既然货币政策的一个主要传导渠道是通过银行的资产负债表和银行间复杂的借贷系统,那么美国联邦储备委员会的工具包会不会因为不再监管银行体系而缺少一个关键元素呢?对此目前尚无定论。

最后,对于"监管俘获"的可能性,我们又该怎么看?在 2008 年金融危机之后的学术和政策讨论中,对于这个问题的关注少之又少,似乎它变成了一个"无关紧要的问题",几乎所有人都忘记了 Stigler(1971)当年提出的警告。简而言之,"监管俘获"理论要求我们回答在哪一种制度安排下,中央银行或任何监管机构是否更有可能被它本应监管的行业(即金融业)"俘获"?答案并不明显。先验地,经济学家们倾向于将中央银行(至少在先进的民主国家)视为一个廉洁的机构,假设它只关心如何尽心尽力地为整体经济服务,这可能是因为经济学家往往主导了这些机构的领导层。此外,经济学家通常倾向于认为其他监管机构被"俘获"的可能性更高而监管能力则更弱。但是真的一定如此吗?答案是不一定。即便是在经

---

① Peek 等(1999)也认为监管者能够获得对货币政策很有用的更优越的信息。

② 这里显然不是讨论金融稳定性的适当定义的合适地方,因为那过于复杂了,请参见 Morris 和 Shin(2008)以及 Borio 和 Drehmann(2008)对这个问题的讨论。

济合作与发展组织国家里,中央银行也可能被银行业"俘获",正如之前提到的关于美国联邦储备委员会的角色的争论所表明的。批评人士认为,美国联邦储备委员会的救助政策就是它对华尔街利益过度关注的结果。从原则上说,建立一个具有足够的独立性、专业技能和薪酬水平的监管机构以尽可能地保证它不被"俘获"也不是完全不可能的。说到底,中央银行和其他监管机构哪一个更容易被"俘获"最终是一个经验问题。

人们当然可以同意 Feldstein(2010)的观点,他谨慎地写道:"在通过新立法实现根本的制度变革之前,需要进行更多的研究和分析,因为这种变革在政治上是很难逆转的。"

4. 政治经济周期

到目前为止,我们已经研究了政策制定者最大化社会福利的模型。在这些模型中,可能只有一个行为主体(中央银行),并假设在政策制定者的目标与社会福利之间没有利益冲突,而且个体之间对于何为最适当的宏观经济目标也不存在分歧。我们接下来要研究的模型则不属于这种情况,相反,它们假设政客们是自利的,而且宏观经济目标之间也存在冲突。这些模型就是通常所称的政治经济周期模型,它们又可以进一步分为两类,党派模型和机会主义周期模型。在党派模型中,两个政党在通货膨胀和失业问题上有着不同的偏好;而在机会主义周期模型中,两个政党都有唯一的目标,即赢得选举,不过它们对经济本身则没有特定的偏好。Alesina 等(1997)以及 Drazen(2000,2001,2009a,2009b)分别对政治经济周期的文献进行了全面的回顾。在这里,我们只强调了其中一些重点,并主要关注这个领域的最新研究。

4.1 党派周期

在这类模型中,不同的政党对宏观经济政策有不同的目标。Hibbs(1987)认为,在战后的美国,民主、共和两大政党对通货膨胀和失业的相对成本的强调有系统性的不同——共和党对前者的成本更加敏感,而民主党则对后者的成本更加敏感。他的研究是以实证为导向的,基于可得的菲利普斯曲线。Alesina(1987)也再次强调了当两个潜在的政策制定者没有共同的政策目标时政策不确定性的影响。这种不确定性可以产生政策周期,即便是在理性预期下,以及在工资/价格调整中具有某种形式的黏性时(比如在劳动合同模型中),也是如此。这类模型通常被称为理性党派理论,在这里我们对它作一些简要评述。再一次,我们用下式来描述经济:

$$y_t = \pi_t - \pi_t^e.$$

选举每隔一个时期就举行一次,两名候选人(一个是在位者,另一个是挑战者)分别代表一个政党角逐一个职位,并假设预期的形成是理性的。左翼政党 L 更关心经济增长,而右翼政党

R 则更关心通货膨胀,因而在我们这个简单的模型中,$b^L > b^R$。于是我们可以得到:

$$L^L = \frac{b^L}{2}(y_t - k)^2 + \frac{1}{2}(\pi_t)^2 \qquad (18.22)$$

$$L^R = \frac{b^R}{2}(y_t - k)^2 + \frac{1}{2}(\pi_t)^2 \qquad (18.23)$$

各个事件发生的时序如下。在每一个时期,先要设定预期(即工资协议)。然后进入选举阶段进行选举,最后获胜的那个政党确定通货膨胀水平。我们假设在"小年"(非选举)不进行选举。通过最小化损失函数,我们可以得出任何一个政党在选举中获胜的情况下的通货膨胀水平——作为预期通货膨胀的函数:

$$\pi^L = \frac{b^L}{1+b^L}\pi^e + \frac{b^L}{1+b^L}k \qquad (18.24)$$

$$\pi^R = \frac{b^R}{1+b^R}\pi^e + \frac{b^R}{1+b^R}k \qquad (18.25)$$

用 P 表示政党 R 赢得选举的概率,那么选举之后那一个时期的预期通货膨胀将为:

$$\pi^e = \frac{b^L(1+b^R) - P(b^L - b^R)}{1+b^R + P(b^L - b^R)}k \qquad (18.26)$$

给定对通货膨胀的预期,就能够很容易地确定紧随选举之后的那个时期的通货膨胀水平和产出水平了:

$$\pi^L = \frac{b^L(1+b^R)}{1+b^R + P(b^L - b^R)}k \qquad (18.27)$$

$$\pi^R = \frac{b^R(1+b^L)}{1+b^R + P(b^L - b^R)}k \qquad (18.28)$$

$$y^L = \frac{P(b^L - b^R)}{1+b^R + P(b^L - b^R)}k > 0 \qquad (18.29)$$

$$y^R = \frac{-(1-P)(b^L - b^R)}{1+b^R + P(b^L - b^R)}k < 0 \qquad (18.30)$$

至于不举行选举的时期,通货膨胀水平可以通过追溯法来确定,即 $\pi = b^i k$,其中,i 是对在位的政党的编号,而产出则回归为零。因此,理性党派周期只会在一个时期内导致产出偏离自然率水平,而且偏离的幅度取决于政治极化的程度。右翼政党之所以会导致经济衰退,是因为左翼政党获胜的可能性会使得通货膨胀预期居高不下;选举结果的意外程度越高,右翼政党在选举中胜出的概率 P 越低,经济衰退就越严重。这个模型的关键洞见是在人们的预期适应新的政策区制之前,选举不确定性导致的政策不确定性可能会带来真实的政策冲击。很显然,我们可以通过加入对于新一届政府的真正政策目标的缓慢学习来使这个模型的动态性进一步增强。

在这个模型最简单的版本中,选举结果的概率是被假设外生给定的。Alesina 和 Rosenthal(1995)提出了一个更一般的模型,将选举结果和党派周期两者都内生化了。这个模型假设选民对政策目标的偏好有不同的分布,此外还假设不同政党组建的政府处理经济问题的能力也有所不同。选民根据政党的能力以及政党目标与自己目标的匹配程度来决定投票给谁。对选民偏好分布的冲击会导致选举的不确定性。两位作者还分别说明了总统选举和国会选举这两个选举层面上的周期性动态,并将前面提到的党派周期与国会选举的中期周期联系起来考虑。还可以将这个模型扩展为允许政策趋同,即各个政党分别软化自己的立场以吸引中间选民。

4.2　机会主义周期

在机会主义周期模型中,政客们除了希望赢得选举和尽可能长时间地留任,没有明确的目标。两个政党的政策目标也没有差别。Nordhaus(1975)分析了这样一个经济体:通货膨胀水平是由一个面临选举的现任领导人决定的,他为了赢得选举,不惜扭曲宏观经济政策。在这个模型中,选民喜欢经济增长,不喜欢通货膨胀和失业,同时选民们对过去的经验非常不重视——相反,他们的投票决策只会受到选举之前的那一个时期的经济表现的影响。通货膨胀预期是适应性的,而不是理性的。在均衡状态中,现任政府会在选举前想方设法地刺激经济以促进增长。选民们会"奖励"那些刺激经济活动在短期爆发的在位者,却不会意识到在选举之后的时期,这种政策会导致次优的高通货膨胀。而后者则需要一场选举后的衰退才能消除。但是目光短浅且记忆短暂的选民很快就会忘记这场衰退。在这个模型中,政治经济周期是由选民的短视造成的,这表现在两个方面:一方面,他们对通货膨胀的预期是具有适应性和非理性的;另一方面,作为选民,他们严重低估了过去。当新的选举到来时,他们已经忘记了早期的经济衰退,只记得选举前的繁荣。

Nordhaus(1975)的这个模型一经问世就立即得到了广泛的传播。有人怀疑,在1972年的美国大选中,理查德·尼克松(Richard Nixon)之所以能够胜出,似乎是因为得到了美国联邦储备委员会的政策的"友情助攻",此外还因为政府在1972年夏天和秋天"寄出了大量的支票"。因此,人们常常把这作为诺德豪斯的模型的一个很好的例子。也许真的可能是理查德·尼克松的当选激发了诺德豪斯撰写这篇论文的灵感呢。但也正是在那个时期,宏观经济学内部正在发生一场"理性预期革命",不考虑理性预期的论文都被抛到了一边。因此,政治经济周期模型很快就不再流行了,至少在这个主流经济学的圈子内部是这样。

然而,Persson和Tabellini(1990)证明,即便选民的行为是理性的,政治经济周期也仍然可能会出现。在他们的模型中,政客们除了能力,在所有方面都是相同的。更有能力的政府更善于管理经济政策,并能在给定的通货膨胀水平和预期通货膨胀下实现更高的产出水平。选民们是理性的,并且都想要最大化他们的预期效用,因此他们显然希望在各候选人当中选出最有能力的那些政客。选举的时间仍然是固定的,而且同样只有两名候选人参加。在位者能够控制通货膨胀水平,并尽一切努力赢得选举。他知道要做到这一点,选民对他的能力的预期必须高于对挑战者的能力的预期。这里存在着两种类型的均衡。一是分离均衡,能力不足的那个类型的政客扭曲政策的代价太大,因此只有能力相符的那个类型的政客才能够实现一个能力不足的在位者无法达到的增长水平,这样一来,选民就能把这两种类型的政客区分开来。二是混同均衡,即能力不足的政客通过设定高通货膨胀水平达到了与能力相符的政客相同的产出水平(但是能力相符的政客不用偏离最优通货膨胀水平)。在人们通常更感兴趣的分离均衡中,能力相符的在位者会选择高于最优水平的通货膨胀率来实现高水平的产出,而不称职的在位者则会选择一个时期的最优通货膨胀率,因为他无法实现与称职的在位者相同的产出水平。选民事先不知道在位者的能力,因此在选举前的那一个时期的预期通货膨胀率必定是较高和较低的通货膨胀的平均值:通货膨胀水平将高于在位者称职时的预期水平,否则将低于预期水平。能力相符的政策制定者在选举前会促进经济扩张,然后再一次当选。在这种情况下,政治经济周期与诺德豪斯模型中的不同。只有一种类型的政客能够创造经济增长,而另一种类型的政客则只会导致经济衰退,此外,这个模型中也不存在选举后的经济衰退。在本章末尾的附录中,我们给出了这些结果的简略推导过程。该模型的优点在于它无须基于选民的不理性或短视,然而它也有缺点。由于选举周期本质上的差异与一些(计量经济学家)不可观察的变量有关,比如说政策制定者的能力(和对他们能力的预期),因此很难进行实证检验。

此外还有能力模型,它是 Rogoff(1990)以及 Rogoff 和 Sibert(1988)在政治预算周期理论的背景下引入的。这些经济学家认为,政客们可能会让财政支出偏向于那些容易观察到的干预措施(而不是长期投资),以便显示自己的能力。因此,政治预算周期是由财政政策执行能力方面的临时性信息不对称所驱动的。

4.3 政治周期与中央银行独立性

中央银行的独立性也意味着不能允许政策制定者利用(至少不能允许他们直接利用)货币政策去制造政治经济周期——无论是机会主义类型的,还是党派类型的,都不可以。[①] 沿着 Alesina 和 Gatti(1995)的思路,我们在此给出一个例子,说明在一个不同的政党有不同的政策目标的党派模型中,中央银行独立性的影响。

考虑一下我们之前在4.1中讨论过的党派模型。我们现在引入产出冲击和将货币政策授权给一个独立的中央银行决策的可能性,这样一来,该经济体可以用下式来描述:

$$y_t = \pi_t - \pi_t^e + \epsilon_t \tag{18.31}$$

其中,ϵ_t 是我们增加的一个表示不确定性的项。与前面一样,假设左翼政党比右翼政党更关心产出,即 $b^L > b^R$,并用 P 表示右翼政党赢得选举的概率。为了简单起见(同时不失一般性),我们假设每一个时期都举行选举。与前面一样,预期通货膨胀由下式给出:

$$\pi^e = \frac{b_L(1 + b^R) - P(b^L - b^R)}{1 + b^R + P(b^L - b^R)} k \tag{18.32}$$

利用预期通货膨胀,我们就可以确定在选举后的那个时期内,两个政党统治下的通货膨胀和产出水平:

---

① 然而,正如 Drazen(2005)所指出的,即便是独立的中央银行,在选举周期的不同阶段也会受到不同的压力,而且在选举之前受到的压力会更大一些。

$$\pi^L = \frac{b_L(1 + b^R)}{1 + b^R + P(b^L - b^R)}k - \frac{b^L}{1 + b^L}\epsilon_t \qquad (18.33)$$

$$\pi^R = \frac{b^R(1 + b^L)}{1 + b^R + P(b^L - b^R)}k - \frac{b^R}{1 + b^R}\epsilon_t \qquad (18.34)$$

$$y^L = \frac{P(b^L - b^R)}{1 + b^R + P(b^L - b^R)}k + \frac{1}{1 + b^L}\epsilon_t \qquad (18.35)$$

$$y^R = \frac{-(1 - P)(b^L - b^R)}{1 + b^R + P(b^L - b^R)}k + \frac{1}{1 + b^R}\epsilon_t \qquad (18.36)$$

因此,通货膨胀水平和产出水平的方差分别等于:

$$\text{var}(\pi) = \frac{(1 - P)P(b^L - b^R)^2}{[1 + b^R + P(b^L - b^R)]^2}k^2 + \left[P\left(\frac{b^R}{1 + b^R}\right)^2 + (1 - P)\left(\frac{b^L}{1 + b^L}\right)^2\right]\sigma_\epsilon$$

$$\text{var}(y) = \frac{P(1 - P)(b^L - b^R)^2}{[1 + b^R + P(b^L - b^R)]^2}k^2 + \left[\frac{P}{(1 + b^R)^2} + \frac{1 - P}{(1 + b^L)^2}\right]\sigma_\epsilon \qquad (18.37)$$

对于产出的方差的表达式,有一个直观的解释:第一项表示选举不确定性所决定的产出的变化,它随两党偏好之间的差异($b^L - b^R$)的增大而增大,而且在 P 等于 0 或 1 时就会消失;第二项则来自因 ϵ 而导致的经济的不确定性。

政客们是可以改进这个结果的——只要他们在选举前就取得了共识,任命一位独立的中央银行行长,其偏好为 $\dot{b}$ 且不能被撤职。Alesina 和 Gatti(1995)证明,在 $\dot{b}$ 的一定取值范围内,两个政党都能够通过将货币政策授权给独立的中央银行行长决策来改进自己的境况。这个结论背后的直觉是在选举不确定性问题得到解决之前,两党都有动机消除不确定性对产出波动的影响,因为它们的成本是凸的。一个独立的中央银行有两个好处,即消除通货膨胀偏向和消除政策不确定性。这里的要点是,当货币政策独立于党派周期的起起落落时,通货膨胀和产出的方差都可能减少。因此,虽然在罗戈夫的模型中,较低水平的平均通货膨胀是以较高的产出水平方差为代价才得以实现的,但是在现在这个模型中则不一定如此。通过将货币政策与党派周期隔离开来,一个独立的中央银行可以同时实现相对于中央银行不独立时更低的通货膨胀和更大的产出稳定性。这是因为政治因素导致的产出方差被消除了。

4.4 相关证据

Alesina 等(1997)使用 1947 年至 1994 年的美国数据,发现了支持党派模型的证据。我们建议读者读一下他们的著作中的文献综述,以了解 1997 年以前的相关文献。这几位经济学家报告了民主党政府与共和党政府之间在关于经济增长率、平均通货膨胀率和失业率等方面的立场的系统性差异,其模式与之前回顾的理性党派理论一致。与此相反,他们没有发现支持机会主义周期的证据:货币政策在选举年没有更大的扩张性,而且在美国,除了极少数例外(特别是 1972 年),似乎几乎都出现过在选举前对财政政策进行机会主义操纵的情况。如果使用从 1960 年到 1993 年间 18 个经济合作与发展组织国家的数据,就会发现这些结果中的大部分仍然成立。简而言之,有证据支持理性党派模型(特别是在实行两党制的那些国家)、反对机会主义模型。他们还检验了理性党派理论的一个含义,即政治周期的长短应该取决于选举结果出人意料的程度。他们以选举结果的概率为代理变量,找到了支持这个理论含义的证据。在"大缓和"时期,实行两党制的各国的两个政党在宏观经济和通货膨胀政策上的分歧已经大大减少了(至少在经济合作与发展组织国家是这样)。

关于政治经济周期的最新文献不再关注经济增长、失业和通货膨胀,而是主要关注各种财政变量。Persson 和 Tabellini(2005)的实证研究检验了大量关于不同政治制度环境对一个国家经济发展影响的理论文献。为了揭示宪法对政府行为的影响,他们对 60 个国家近 40 年的面板数据进行了分析,结果发现,即便所有国家都受到政治预算周期的影响,不同的宪法特征也会对财政政策的选择产生影响。采用比例代表制的民主政体倾向于在选举前提高福利支出,而采用多数制的民主政体则会削减福利支出。总统制民主国家会推迟不受欢迎的财政政策调整,但是似乎所有类型的民主政府都会在选举期间减税。与此相反,Brender 和 Drazen(2005,2007)则证明,政治预算周期只存在于那些"新生的民主国家"。他们认为,在拥有较长时间的民主传统的那些国家,选民会惩罚那些投机性地操纵财政政策以寻找连任的政客。他们还证明,影响政治预算周期的存在性的不是佩尔森(Persson)和塔贝里尼(Tabellini)所说的选举制度本身的性质,而是民主制度的"年龄"。[①] Gonzalez(2002)则给出了墨西哥政治经济周期的证据。她证明墨西哥政府会利用基础设施上的公共支出和现金转移支付来帮助自己赢得选举。Khemani(2004)利用印度选举的数据也发现了类似的结果。Kneebone 和 Mckenzie(2001)分析了加拿大的各级选举数据,结果发现,收入和支出都存在着机会主义政治经济周期。Block(2002)使用了从 1980 年到 1995 年 44 个撒哈拉以南非洲国家的年度数据进行研究,发现在许多关键的货币政策和财政政策变量中,都存在着为了选举而进行干预的模式,如货币增长率、利率、通货膨胀、铸币税、名义汇率变化、财政赤字、支出和政府消费等。Akhmedov 和 Zhuravskaya(2004)使用了俄罗斯 1995 年至 2003 年间的月度面板数据集,发现了机会主义预算周期的有力证据。他们发现,预算周期是很短暂的,这可能是以前的文献只能找到微弱的政治周期证据的原因。他们还发现,周期的长短与民主程度、政府透明度、媒体自由和选民意识之间存在着负相关关系。最后,他们声称,选举前的操纵似乎增加了在位者连任的机会。Shi 和 Svensson(2006)收集了 85 个国家从 1975 年到 1995 年面板数据,结果发现,平均而言,在选举年,政府赤字在 GDP 中所占的份额增加了将近一个百分点,不过这种预算周期似乎只有在发展中国家才具有统计显著性。他们在分析时控制了与财政政策相关的内生选举变量。

[①] Drazen 和 Eslava(2006)构建了一个政治经济周期模型,它与最近的经验证据相一致。

5. 货币联盟

第二次世界大战结束后的 1947 年,世界上总共只有 76 个国家,但是到今天已经有了 193 个(仅统计在联合国拥有席位的国家)。除非存在一种自然"法则",让每个国家必须拥有自己的货币,否则 1947 年时的货币种类就太少了,而今天的货币种类则太多了。[①]

我们今天拥有的货币种类到底是太多了还是太少了? 这是一个非常重要的问题。关于美元化的讨论已经很多了,特别是在南美洲,有些国家已经朝着这个方向迈出了第一步(如阿根廷、厄瓜多尔)。在欧洲,11 个国家正式采用了一种相同的货币(欧元),之后其他一些国家的加入使得使用这种货币的国家总数达到了 16 个。一些摆脱了殖民统治的国家则维持了原来的殖民者的货币(法国法郎区现在已经与欧元挂钩了)。

放弃本国货币的决定具有经济和政治上的双重影响。货币联盟有两种类型:第一种类型是一个相对较小的国家单方面采用一个大国的货币,如巴拿马采用美元,或一些前殖民地国家保留前殖民者的货币,如非洲的法国法郎区。第二种类型的货币联盟是指一些国家决定放弃自己的货币,创建一个新的共同货币,欧洲货币联盟是这种类型的货币联盟的最重要的一个例子。[②]

Mundell(1961)指出,最优货币区是两种相互抗衡的力量作用的结果。一方面,加入一个货币联盟能够促进商品、服务和金融交易,从而使本国获益。另一方面,需要权衡的是,每一个放弃自己的原有货币的国家都将失去货币政策的独立性。Mundell(1961)强调了工资弹性和劳动流动性作为影响这种权衡的关键变量的作用。更高的工资弹性和劳动流动性会使得独立的货币政策不那么有优势,从而有利于货币联盟的建立。事实上,在采用共同货币之前,欧洲各国的大部分辩论就是围绕着欧洲是否满足蒙代尔所说的工资弹性和劳动流动性的问题而展开的。

Giavazzi 和 Pagano(1986)以及 Giavazzi 和 Giovannini(1989)指出,固定汇率制作为一种承诺工具也有其优点(货币联盟正是固定汇率制的极限情况)。Alesina 和 Barro(2002)重新研究了最优货币区问题,扩展了蒙代尔的框架,并将其纳入货币政策中关于规则与相机抉择的权衡的讨论。虽然许多问题对于前述两种类型的货币联盟(一为单方面采用他国货币,二为创建一个像欧元那样的新货币)来说是共同的,但是将它们区分开来分别探析还是有益的。

5.1 单边采用他国货币

下面,我们使用 Alesina 和 Barro(2002)的模型的一个简化版本,考虑一个由两个国家组

[①] 参见 Alesina 和 Spolaore(1997)以及 Alesina 等(2000)对全世界国家数量演变的理论与实证研究的讨论。

[②] 此外,还有几个沿用了货币发行局的国家和地区的例子,如阿根廷和立陶宛等使用美元,爱沙尼亚和保加利亚先是使用德国马克,而后来则使用欧元。

成的世界——其中一个国家是大国,用上标 L 表示,另一个国家是小国,用上标 S 表示。这两个国家的人均 GDP 分别为:

$$y_t^L = \pi_t^L - \pi_t^e + \varepsilon_t^L \qquad (18.38)$$

$$y_t^S = \pi_t^S - \pi_t^e + \varepsilon_t^S \qquad (18.39)$$

其中,ε_t^L 和 ε_t^S 这两个冲击都是独立同分布的,均值均为零,且有相同的方差,(为了简单起见)其协方差等于 $\mathrm{cov}(\varepsilon_t^L, \varepsilon_t^S)$。这两个国家的政府的损失函数分别为:

$$L^i = \frac{1}{2}(\pi_t^i)^2 + \frac{b}{2}(y_t^i - k)^2, \quad i = L, S \qquad (18.40)$$

其中 $k>0$。假设国家 L 承诺遵循如下最优货币规则:

$$\pi_t^L = -\frac{b}{1+b}\varepsilon_t^L \qquad (18.41)$$

与之相反,另一个国家则未能解决好货币政策的时间不一致性问题,因此采取了相机抉择的货币政策规则:

$$\pi_t^S = bk - \frac{b}{1+b}\varepsilon_t^S \qquad (18.42)$$

现在假设小国 S 决定单方面采用大国 L 的货币,并且决定在这样做时,接受大国的通货膨胀规则 π_t^L。这个行动会带来两种后果。首先,平均通货膨胀率变为零,从而消除了通货膨胀偏差(因为大国 L 为它充当了货币锚)。其次,从小国 S 的角度来看,货币政策是对一个"错误"冲击的反应——它现在要对 ε_t^L 做出反应,而不是对 ε_t^S 做出反应了。

不难推导出,小国 S 选择采用外国货币,当且仅当

$$k^2(1+b) > 2\sigma^2 - 2\mathrm{cov}(\varepsilon_t^S, \varepsilon_t^L) \qquad (18.43)$$

在权衡时,对货币联盟不利的因素是两国冲击的低协方差。如果协方差很低,那么小国 S 将会发现自己所采用的往往是"错误的"货币政策——繁荣时扩张,衰退时紧缩。相反,有利于货币联盟的因素则是 k 的很大的值,k 是衡量 S 国平均通货膨胀的减少程度或是具有流动通货膨胀锚的价值的一个指标。S 国永远不会采用一个没有承诺可信的流动通货膨胀政策的国家的货币,不然它将无法从平均通货膨胀(的下降)中获益,并且还会输入针对"错误的"冲击的货币政策。

一般而言,单方面采用他国货币的例子通常是一个或多个小国采用某个大国的货币。在这种情况下,我们可以把上标解释为 L 表示大,S 表示小。货币联盟除了这些纯粹货币方面的影响,还可能在贸易方面产生重大的附加影响。小国可以极大地受益于与大国之间贸易流动的有利影响(稍后详细介绍)。这里需要注意的是,考虑到两个国家的相对规模,大国在通货膨胀方面或在贸易流方面完全不受这种货币联盟的影响。①

如果一个或多个中等规模的国家单方面采用美元或欧元等货币,就可能会带来复杂的政治后果。例如,读者不妨设想一下,几个拉丁美洲国家单方面地决定采用美元或者几个中

---

① 尽管我们提到了一个作为"锚国"的大国和一个作为"客国"的小国,但是从经济角度来说,国家的规模大小本身无关紧要,关键是"锚国"的货币政策。就这方面而言,瑞士可能和美国一样是一个很好的"锚国"。然而,"客国"的贸易收益却随"锚国"规模的增大而增加。

欧和东欧国家单方面地采用欧元时的情形。在这两种情况下,如果这些拉丁美洲国家和中东欧国家在某个时间点上需要一些不同的货币政策(与美国或原来的由 11 个国家组成的欧元区用来应对经济周期的货币政策不同),美国联邦储备委员会和欧洲中央银行都可能会面临强大的政治压力。

5.2　单边货币联盟与危机

货币联盟在危机期间可能会对小国和大国都造成压力。危机最明显的例子是小国中实现了一个非常"糟糕"的冲击(即相对于大国的冲击而言,ε_t^S 的值非常低)。在这种情况下,小国将需要扩张性非常强的货币政策,但是"锚国"并没有提供这种政策。对这个小国来说,更糟糕的是,"锚国"可能正在采用一种紧缩性的货币政策,以应对通货膨胀冲击。在这种情况下,短期内维持货币联盟的代价可能过于高昂。从理论分析的角度来看,这种情况与一个独立的、厌恶通货膨胀的并已经承诺致力于维持低通货膨胀政策的中央银行行长在面对负面冲击时的情况类似。在前面给出的例子中,我们认为,当中央银行在危机期间失去独立性时,就可以考虑中间性的制度安排。但是在单方面地采用了某种外国货币的情况下,这种转变是不可能的——货币联盟要么破裂,要么维持,没有中间地带。

读者应该不难注意到这种类型的货币联盟与固定汇率制的相似和不同之处。在制度的层面上,放弃固定汇率并回归弹性汇率的代价要比放弃货币联盟低得多。因此,即便是一个相对较"小"的危机也会导致固定汇率制度的崩溃。事实上,我们已经观察到了许多固定汇率制度在应对各种性质的危机时不得不回归弹性汇率制度的例子。为了让这种制度安排(以及以某个低通货膨胀国家为"锚"的承诺)更加可信,从而避免投机者对本国货币的攻击,正是一些国家更喜欢货币联盟而不是固定汇率制的原因。

但是,大国发生的危机也可能导致货币联盟的崩溃。正如我们前面已经讨论过的,"锚国"的危机(即当 ε_t^L 实现的值特别低时)可能导致货币政策规则的崩溃。在这种情况下,对于有可能决定放弃货币联盟的小国来说,大国也许就不再是一个很好的"锚"了。比如说,对于一个本身就有通货膨胀倾向的拉丁美洲国家来说,一个出现了通货膨胀倾向的美国将不再是一个有用的"锚"。

5.3　多边货币联盟

现在考虑由两个规模大致相等的国家(在下面的模型中,它们的规模完全相等)组成的一个货币联盟,它们使用一种全新的货币,并组建了一个新的中央银行。我们不妨把这两个国家分别称为"德国"(记为 G)和"意大利"(记为 I)。与前面一样,这两个国家的产出为:

$$y_t^i = \pi_t^i - \pi_t^e + \varepsilon_t^i, \quad i = G, I \tag{18.44}$$

冲击 $\varepsilon_t^i(i=G,I)$ 的均值为零,方差相同,且协方差为 $\mathrm{cov}(\varepsilon_t^G, \varepsilon_t^I)$。与前面一样,这两个国家的政府的损失函数是:

$$L^i = \frac{1}{2}(\pi_t^i)^2 + \frac{b}{2}(y_t^i - k)^2, \quad i = G, I \tag{18.45}$$

即便不存在货币联盟，"德国"也会遵循如下最优政策规则：

$$\pi_t^G = -\frac{b}{1+b}\varepsilon_t^G \tag{18.46}$$

相反，在"意大利"，货币政策遵循的是相机抉择原则：

$$\pi_t^I = bk - \frac{b}{1+b}\varepsilon_t^I \tag{18.47}$$

那么，这两个国家之间的货币联盟会是什么样子的呢？这两个国家采用了一种新货币，并创建了一个新的中央银行。这个中央银行遵循的是令整个货币联盟最优的货币政策。在这种情况下，政策 π_t^{CU} 将会是：

$$\pi_t^{CU} = -\frac{b}{1+b}(\varepsilon_t^G + \varepsilon_t^I) \tag{18.48}$$

"德国"决不会纯粹基于货币政策方面的考虑而加入这样一个联盟。因为它将不得不采取一种不以自身的经济周期为目标的货币政策，同时在承诺或可信度的层面也不会获得任何好处。这正是德国在采用欧元之前的讨论中所持的观点，当时的问题是：德国为什么要加入欧元区呢？答案必定依赖于纯粹的货币政策之外的基本因素，其中之一是对于德国的贸易利益，基于德国考虑的其他因素，从根本上说只具有政治意义。在下文中，当我们更深入地讨论欧元问题时，我们还将回过头来考虑这些因素。

而对"意大利"来说，这种权衡与单边性的货币联盟下的情况类似（实际上比单边性的货币联盟中的更有利）。与假想的"意大利"单方面地采用"德国"马克的情况相反，新的中央银行确定为目标的冲击将会是"意大利"和"德国"的冲击的平均水平。"意大利"失去了一项独立的货币政策，但是获得了一个"锚"，此外还得到了一项"新的"稳定政策，而且它不是像单边采纳他国货币那样只针对"德国"自身的冲击的。事实上，正是因为"意大利"将比"德国"获益更多，"意大利"才会愿意加入货币联盟，即便现在的货币政策更符合"德国"的需求，而不是"意大利"的需求（即更多的是对 ε_t^G 的反应，而不是对 ε_t^I 的反应）。举例来说，对于如下形式的货币政策：

$$\pi_t^{CU} = -\frac{b}{1+b}[\alpha\varepsilon_t^G + (1-\alpha)\varepsilon_t^I], \text{其中} 1 \geqslant \alpha > \frac{1}{2} \tag{18.49}$$

很容易验证，"意大利"加入货币联盟的收益是随 α 的增加而递减的：对于"意大利"，

$$\frac{\partial[E(L^I) - E(L^{CU})]}{\partial\alpha} = \frac{2b^2\alpha[\text{cov}(\varepsilon_t^I, \varepsilon_t^G) - \sigma^2]}{1+b} < 0 \tag{18.50}$$

一般而言，存在某个 $\alpha > 1/2$ 的值，使得"意大利"对于是否加入货币联盟无差异。①

这个非常简单的例子很好地说明了建立欧洲货币联盟时进行过的一些讨论。

第一，欧洲货币联盟内部的利益是分配不均的。那些需要获得一个货币锚的国家获益

---

① 基于某些特定的参数值，"意大利"可能愿意加入一个将货币政策完全授权给"德国"决策的货币联盟（当 $\alpha=1$ 时）。这也就是说，对于"意大利"来说，前面给出的单边性货币联盟的条件（即 $\alpha=1$）是有可能得到满足的。

更多。而对于"锚国"（即"德国"）来说，它之所以希望加入货币联盟，只是因为它可以从一个更大的共同市场中获益——在这个共同市场内，贸易的交易成本更小，竞争更平等，等等。

第二，在多个国家加入货币联盟之后，就需要制定一些制度规则来规定如何制定货币政策，甚至包括特定的投票规则。在有多个国家的情况下，我们可以考虑会影响对权重参数 α^i 的选择的投票规则，其中 i 表示所有成员国。Alesina 和 Grilli（1992，1993）要分析的正是这个问题。在第一篇论文中，他们分析了一个由中位数国家来决定中央银行的目标函数的模型。[①] 使用本章模型的记号，中位数国家是用目标函数的中位数 b 来定义的那些国家。出于与前面讨论的保守的中央银行行长的情况中同样的原因，货币联盟的中位数选民（即中位数国家）在为"超国家"中央银行选择目标函数时，会表现出比中位数选民的偏好还要强的通货膨胀厌恶。Alesina 和 Grilli（1993）还讨论了投票规则的结构将如何影响要不要允许更多国家加入货币联盟的动机。新的国家的加入会改变中间选民，而那些已经加入的国家则会根据自身情况认定这对自己是有利的还是不利的。无疑，这会影响允许哪一个新成员加入的根据多数原则作出的决定。[②] 投票规则的权重的这种潜在政治敏锐性正是欧洲中央银行从一开始就试图把自己塑造成一个真正意义上的"超国家"机构而不是一个由各国政府当局组成的委员会的原因。如果它当初选择的是另一种策略，那么接下来各成员国就会围绕进入欧洲中央银行目标函数的参数 α 的值，展开一场针锋相对、政治代价高昂且可能极具破坏性的争论。

第三，两个国家的冲击之间的协方差 $\mathrm{cov}(\varepsilon_t^c,\varepsilon_t^l)$ 可能会受到联盟的形成方式的影响。这里存在着两种相互抵消的效应。一方面，通过增加成员国之间的政策协调和提高市场一体化程度，货币联盟可能会增大各国的冲击之间的协方差。这将强化货币联盟的利益。另一方面，成员国之间贸易的增加可能会导致成员国不同经济部门的专业化。这将会减少成员国之间经济冲击的协方差。Frankel 和 Rose（1998）的实证研究表明，贸易一体化增强了各国经济波动的协调性。

第四，当各国的冲击大相径庭时，货币联盟将会面临压力。在我们这个例子中，当 ε_t^c 为正且绝对值很大，同时 ε_t^l 为负且绝对值很大的时候，就是如此。这种压力有些类似于前面讨论过的单边性联盟中出现的压力。不同之处在于，像欧元这样的（全新的）共同货币的形成可能意味着更高的解体成本。

5.4 货币联盟的贸易利益

货币联盟的好处不仅仅体现在宏观经济政策的稳定性和低通货膨胀水平上，还体现在贸易和金融一体化带来的收益上。Rose（2000）开创了一类至今仍然非常活跃地讨论货币联盟的贸易利益的文献。他利用联合国收集的关于 200 个国家之间的贸易情况的面板数据集，

---

① 在这个模型中，有一个对一个国家的所有公民来说都相同的目标函数，因此每个国家内部都是同质的。
② 类似的论证也适用于关于开除某个成员国的决定。目前还没有一个明确的开除成员国的程序，但是正如希腊危机所表明的那样，是否进行救助的某些决定可能也隐含了一个关于保留一个国家的成员国身份的决定。

估计了一个加入了货币联盟虚拟变量的标准重力模型,估计结果表明,各个系数在统计上都具有非常高的显著性,而且数值大得惊人。他发现货币联盟使其成员国之间的贸易增长了三倍。不过,许多人都对这些结果持怀疑态度。Persson(2001)提出了一个内生性问题:加入货币联盟的决定显然取决于与其他成员国之间的贸易关系,因此是内生性的,同时,货币联盟对双边贸易的最小二乘估计是有偏的,这种偏差可能解释了异常大的估计结果。佩尔森还证明即便是使用同一种货币的一组国家,其特征也存在着系统性的不同:货币联盟内部的国家往往更小、更穷,有共同的语言或国界,而且往往曾经被相同的殖民者统治过。

此后,许多研究都试图解决这个内生性问题,并证实了货币联盟对贸易确实有统计上显著的影响。有几位经济学家得到的估计值虽然低于 Rose(2000)的估计值,但是他们的估计是“坚实可信”的——至少在已经考虑了许多小国采用大国货币这个因素,从而使估计值“降低”了很多这个意义上。Frankel 和 Rose(2002)对一个由大量国家构成的横截面数据集进行了分析,结果发现,通过加入货币联盟或“货币局”进而放弃本国货币,可以促进贸易和收入的提高。Glick 和 Rose(2002)利用 1948 年到 1997 年间 217 个国家的面板数据集提供了一些时间序列证据。他们通过使用不同的估计技术发现,退出货币联盟会减少贸易。Rose 和 Stanley(2005)对 34 篇研究货币联盟对贸易的影响的论文进行了分析,结果发现,在标准的显著性水平上,没有影响的假设必须予以坚决拒绝。Barro 和 Tenreyro(2007)在采用了一种新的工具变量法进行计量分析后指出,在两个国家之间创建货币联盟的决定有时是由于这两个国家分别独立地决定钉住第三国的货币。他们的方法是,先估计出每个国家采用一个主要锚定国的货币的概率,然后计算出两个国家独立地钉住同一个锚定国的联合似然性,再把这些似然性作为成为货币联盟成员国的工具变量。

Alesina 和 Barro(2002)讨论了采用另一个国家货币时的权衡问题,结果发现,能够通过加入货币联盟获得最多收益的是具有这样一些特征的国家:彼此之间的贸易额最多、产出和价格波动的共变性最大、相对价格水平最稳定。Alesina 等(2002)试图通过实证研究来确定“自然”货币区:利用 Alesina 和 Barro(2002)给出的标准,他们确定了世界上哪些国家能够通过选择欧元、美元或日元作为“锚”而获益。他们发现了一个美元区,包括加拿大、墨西哥、中美洲大部分国家和南美洲部分国家(阿根廷和巴西除外);一个欧元区,包括所有西欧国家和大部分非洲国家;不过从实证研究的角度来看,似乎没有一个明确的日元区,因为日本是一个相当封闭的经济体。

6. 欧元

欧元从问世到今天,只有大约 11 年的历史。从总体上说,欧元是成功的,尽管它现在正面临着自诞生以来最严重的危机(因为希腊、葡萄牙和西班牙——也许还有意大利——的财政问题)。① 欧元并没有像那些最天真的狂热拥趸们所梦想的那样,成为一个奇迹般的"天外救星",推动欧洲实现非凡的经济增长。但是它确实比怀疑论者所预测的要成功得多。然而,事实证明,金融危机的余波对欧元区来说仍然构成了一个重大的挑战。

6.1 前危机时代的欧元

我们先来回顾一下,在开始于 2008 年夏天的这场金融危机发生之前,学界和业内人士对于欧元都说了些什么,然后再来考察一下,在这场金融危机期间,欧元的表现如何。这无疑对我们接下来的讨论非常有益。20 世纪 90 年代末,许多经济学家(尤其是美国的经济学家)对欧洲建立一个共同货币区的尝试都持怀疑态度。Obstfeld(1997)对欧元的利弊进行了细致分析之后,给出了相当消极的结论。② 支持建立欧洲货币联盟的因素包括:高通货膨胀国家的有益的锚定效应;贸易成本的下降和贸易壁垒的消除;共同市场和金融一体化的深化;以及对于那些支持欧洲一体化进行的人来说,它也是欧洲迈向政治一体化的重要一步。批评者则指出,在欧洲这样一个劳动市场充满了刚性的地区,放弃货币政策工具有欠妥当,因为这个特征意味着蒙代尔关于最优货币区的条件还未得到满足。在欧盟内部,工资缺乏弹性、劳动流动性很低,在这种情况下,各国放弃独立的货币政策可能会出问题。

对于后一点,乐观主义者的回应是(或许带着些许的"信心的飞跃"),货币联盟自然会释放出推动自由化改革的强大动力。Alesina 等(2010)研究的也正是这个问题:采用欧元是不是真的能促进结构性改革的展开——也就是说,推动产品市场的放松管制和劳动市场的自由化。结果他们发现,采用欧元确实与产品市场的结构性改革步伐的加快有关。不过,劳动市场的证据则更难解释一些。初级劳动市场的改革在欧洲各地的进展都非常缓慢,欧元似乎并没有在这个方面产生多大的推动力。③ 此外,在其中一些国家,如法国、意大利和西班牙,新的劳动合同形式已经在雇主和工人之间的临时协议的基础上被引入了。这几位经济学家还探讨了欧元是否会带来"工资节制"现象。他们在 1993 年至 1998 年欧盟成员国的数量持续上升的那个时期找到了一些相关证据,但是此后再未能找到这方面的证据。④ 因此,乐观主义者的说法至少在一定程度上可能是正确的,但是不可能是完全正确的。在经过了一段时间之后,采用欧元所带来的财政改革和节制的推动力就不复存在了。

那些最激烈的欧元批评者,特别是 Feldstein(1997)强调,欧元区各国对货币政策的不同需求必定会在成员国之间制造更多的紧张关系,最终这些成员国会减弱而不是增进欧洲的经济合作,进而加剧政治紧张。这是一种相当极端的观点。但是即便是温和的批评者——如 Alesina(1997)在其研究中指出的——也表示了对货币政策与财政政策之间的冲突的担忧。Eichengreen(2010)在回顾了这些论点后得出的结论是(在我们看来他的结论是正确

---

① 参见 Issing(2008)对欧元和欧洲中央银行的创建及其巩固过程的深入讨论。
② 也请参见该文提供的详尽的参考资料,它们几乎包括了欧元问世之前关于货币联盟的全部讨论。
③ 见 Blanchard 和 Giavazzi(2003)关于欧洲劳动市场和产品市场改革顺序的讨论。
④ Bugamelli 等(2009)从另一个角度进一步研究了这个问题,他们发现,在采用欧元之前更多地依赖竞争性贬值以恢复价格竞争力的那些国家和行业,生产率的增长相对来说更加强劲。

的),事实证明,欧元的表现更符合乐观主义者的预测,而不符合那些最悲观的悲观主义者的预测。在欧元诞生的前几年,确实存在着诸多冲突和不满。意大利等低增长国家指责欧元被困在了一个不允许货币贬值的体系当中。[①] 内部紧张关系的第二个来源与欧洲中央银行的政策有关。一些欧洲国家的领导人,尤其是来自意大利、法国和西班牙等国的领导人,极力抨击欧洲中央银行的政策,他们指责欧洲中央银行过于关注通货膨胀,而对经济增长不屑一顾——用我们的模型来说,就是 b 的值太低了。在进入21世纪后的头一个十年的前半期[②],有一种言论宣称,欧洲中央银行在想方设法地遏制欧洲的经济增长,而美国联邦储备委员会则在艾伦·格林斯潘的神奇之手的指挥下竭尽全力地促进美国的经济增长。对欧洲中央银行的这种批评在很大程度上是错误的。事实上,欧洲中央银行只是胆怯的政客无力实施结构性改革的替罪羊。对欧洲中央银行政策的详细分析超出了本章的范围,但是认为该机构应该为2008年金融危机爆发前那十年间欧洲大陆几个大国的极低的平均经济增长率负责的观点肯定是不正确的。[③] 此外,欧洲中央银行还因欧元兑美元汇率的大幅波动而受到指责:欧元兑美元汇率从2000年时的0.85一路狂升至几年后的接近1.6。然而,那些所谓的专家们(他们通常是同一类人)仍然随时准备着要批评欧洲中央银行的低欧元政策,而不是高欧元政策。

西班牙、葡萄牙、希腊和意大利等多个地中海国家的生产率增长非常缓慢,这是欧元问世的前十年中欧元区内部出现紧张关系的另一个原因,然后,随着全球金融危机的爆发,这种紧张关系也大白于天下了。实际工资的刚性和劳动流动性的缺乏使得调整极为困难,并导致了2010年从希腊开始爆发的多个国家的财政危机。西班牙因房地产行业过度膨胀而遭受重创。希腊则似乎是由一个非常落后的政府支撑着一个生产率低下的经济。至于意大利,欧元问世十年来的经济增长速度比欧洲其他国家慢得多。简而言之,欧元区国家之间的趋同性远远说不上理想。

最后,共同货币似乎确实增加了成员国之间的贸易,它也使欧洲共同市场变得更加有效了。Frankel(2009)发现,在短短七年(1999年至2006年)的时间里,贸易额增长了15%至20%:当然,与罗斯对其他货币联盟的研究中发现的巨大效应相比(见我们上面的讨论),这种影响是非常小的,但是考虑到欧元区国家在采用共同货币之前就已经高度一体化了,可见这种影响也绝不是可以忽略的。Gropp 和 Kashyap(2010)、Giovannini(2010)则讨论了欧元区金融一体化的成功与失败。

[①] 意大利经济部部长朱利奥·特雷蒙蒂(Giulio Tremonti)反复表达了对欧元在解释意大利经济衰退中的作用非常负面的看法,后来成为内政部部长的一名意大利议会成员甚至呼吁意大利退出欧元。幸运的是,市场对此毫不在意。

[②] 这里的"进入21世纪后的头一个十年的前半期",原文为"in the first part of century",似乎不准确,已改——译者注。

[③] 更多、更深入的讨论请参见 Alesina 和 Giavazzi(2010)主编的一本书,里面花了几章的篇幅描述了欧元问世最初十年的情况。

6.2 危机时期的欧元

2008年至2009年的金融危机在一开始时曾一度使得欧元在欧洲政界和各国领导人中更受欢迎。当时给外界的印象是,如果未曾加入欧洲货币联盟,意大利、希腊以及葡萄牙等高负债国家,或西班牙和爱尔兰等受房地产危机打击特别严重的国家,都将难免面临阿根廷式的货币危机和投机者的攻击。因此,金融危机发生后,意大利许多反对欧元的人都转而对欧元赞不绝口。选择不加入欧元区的欧洲国家则开始重新考虑它们的决定。Soderstrom(2008)指出,在危机刚开始时,独立的货币政策和汇率波动损害了瑞典经济。自欧洲货币联盟成立以来,直到金融危机爆发之前,瑞典克朗与欧元之间的汇率一直非常稳定——如此稳定,以至于人们可以怀疑瑞典中央银行是不是真的以国内的通货膨胀水平为目标的——但是危机爆发后的短短几个月内,瑞典克朗兑欧元就贬值将近10%。这让瑞典面临着一个非常艰难的政策选择:要么提高利率以稳定克朗对欧元的汇率,要么降低利率以避免金融问题和可能的经济衰退。

面对金融危机,丹麦、瑞典和英国这几个国家的反应截然不同,这是一个非常有意思的事实。瑞典和英国放弃了汇率稳定并降低了利率,丹麦中央银行则选择大力干预外汇市场,并为了稳定利率被迫将利率从5%提高到了5.5%——这整整比欧洲中央银行的利率高出了1.75个百分点。结果,一场关于加入欧元区的好处的辩论在丹麦重新展开了。有些人认为,丹麦应该就是否加入欧元区的问题举行一次新的全民公投,此外,甚至连不是欧盟成员国的冰岛也开始谈论起欧元的好处来了。①

中欧和东欧也出现了类似的情况。在匈牙利,几乎所有的抵押贷款都是以瑞士法郎或欧元计价的,货币贬值将导致一系列个人和银行破产,因此该国一直在稳定汇率的企图与为经济提供流动性的需要之间挣扎、权衡。到了2009年春天,国际货币基金组织建议,一些中欧和东欧国家应该考虑加入欧元区,即便它们在欧洲中央银行理事会中仍然没有席位。

在欧元区各国采用欧元之前,对欧元持怀疑态度的那些人认为,欧元不可能挺过第一次重大危机。而现在的事实恰恰相反:欧元的受欢迎程度似乎随着危机深化而增大了。为什么会这样?对欧元持怀疑态度的那些人所认为的那种紧张关系源于对货币政策的实施和不对称的经济周期冲击的分歧。这在一定程度上预示了该周期的前七至八年,不过当时经济周期波动仍然不像前面讨论的那样完全相关。然而,当2008年危机袭来时,它影响了所有人。欧洲中央银行的流动性注入政策受到了所有国家的欢迎,所有国家都觉得在某种程度上受到了欧元保护伞的"保护"。

然而,这场危机也暴露了一个正隐现在背景中的问题,而且很少有观察人士能够理解它的危险性。希腊、葡萄牙和西班牙等国家继续从海外借款,而且利率并不比德国的借款人需要支付的利率高多少。如前所述,这些存在着结构性问题的国家获得的信贷都非常便

---

① Buiter 和 Sibert(2008)认为,冰岛只是一个更普遍的现象的极端例子——它是一个拥有自己货币的小国,其银行业规模过大,本国政府无力救助。

宜——实在太便宜了。当危机袭来,这些国家的赤字飙升到了 GDP 的 10％甚至更多时,债券市场嗅到了危险,并意识到作为借款人,并非所有欧洲国家都拥有与德国相同的可信度。欧元区国家和国际货币基金组织正在组织实施一项旨在解决财政问题的重大计划。从中期来看,希腊作为欧元区成员国的未来相当可疑。一些悲观主义者认为,甚至欧元本身的未来也岌岌可危。最有可能出现的情况是,财政救助计划将为那些高负债和更脆弱的国家提供一些喘息的空间,让它们有机会"把自己的房子收拾好"。财政巩固将是未来几年的首要任务。欧元区的未来,尤其是地中海国家的未来,都有赖于此。

6.3 政治联盟与货币联盟

除了经济上的成本和收益的考量,欧洲货币联盟在许多人的眼中还是迈向欧洲政治统一的重要一步。因此,欧元的好处还包括它有助于政治一体化。

这种观点又包括两个组成部分。一是政治统一是可取的目标,二是欧元将有助于实现这个目标。这里不是详细讨论第一个部分的适当地方,但是欧洲的政治统一进程似乎已经陷入了停滞。① 而对于第二个部分,即将欧元作为统一欧洲的政治工具来使用,则有理由提出一些疑问。第一,只有一部分欧盟国家采用了欧元。因此,如果欧元是政治联盟的象征和必要条件,那么它将意味着一个非常奇怪的"欧洲合众国"——即不包括英国、瑞典和丹麦等,尽管这些国家是经济联盟不可或缺的一部分。第二,在更一般的意义上,我们可以说欧洲正在演变成若干个国家集合——这个集合中的国家共享某些政策(比如说货币政策),另一个集合中的国家则共享其他一些政策(比如说对旅行者开放边境、《申根条约》等)。欧盟最近扩大到了 27 个成员国,但是由于成员国之间存在着巨大的差异,政治一体化的程度不太可能在近期内继续加强。第三,最近深化政治关系的尝试,比如欧洲宪法的制定,只得到了欧洲公民的有限的支持。第四,每当危机袭击欧洲时,欧盟的机构似乎都只能扮演次要的角色。例如,在最近这场危机刚开始时,尽管所有国家都在谈论各国财政政策的协调,但是每个国家都独自展开了行动,并出台了很多有"以邻为壑"的迹象的政策。② 在 2008 年和 2009年,成员国之间相互感受最深的不是要加强财政政策协调,而是要确保没有人能够从其他国家扩张性的财政政策以及相关的国内债务中受益。外交政策上的分歧和作为一个整体的行动无能则表现得更加明显。欧盟在建立共同市场方面取得了一些重要进展,例如,消除了一些(但不是全部)低效的政府监管措施,并推动了一些改革,特别是商品市场上的改革。③ 这一切都很不错,但是缺乏政治联盟层面上的实质性行动。事实上,人们可能在怀疑,政治联盟是不是一定会使改革更有可能被采纳? 抑或是更不可能被采纳? 一些评论人士认为,欧盟委员会推行的一些改革措施,包括取消政府补贴、消除间接贸易壁垒等,这些改革之所以

---

① 参见 Alesina 和 Perotti(2004)对欧洲统一进程的批判性评述。Issing(2010)也指出,欧元将不得不在没有政治联盟支持的情况下生存。

② 例如爱尔兰在危机爆发时出台了会对英国银行产生不利影响的紧急银行业政策。

③ 参见 Alesina 等(2010)最近关于采用欧元对劳动市场和商品市场改革的影响的讨论。

能够取得成效,恰恰是因为这个机构相对来说是非政治性的,而且对欧洲议会的决议反应迟钝。[①] 欧盟正在越来越多地成为一个国家的集合,经济一体化和某些政策只在全体成员国中分化出来的某些小团体之间共享。以欧元为货币、以欧洲中央银行为中央银行、在政治上统一欧洲的想法已经在消退了(Issing,2008)。最近在救助债务国家的计划上出现的严重分歧凸显了欧元区成员国之间的不同观点。欧元将不得不在没有政治实体支持的情况下继续存在。

7. 结论

2008 年至 2009 年的金融危机动摇了我们对货币政策和相关的制度与机构的一些传统认识。我们曾经以为,以通货膨胀为目标的独立的中央银行能够解决问题——消除不稳定性,避免对货币政策的政治干预,并保证对宏观经济周期的有序管理。本章先综述了导致我们得出这些结论的文献,然后讨论了金融危机带来的新问题。事实上,在这个方面,本章提出的问题比提供的答案更多。公平地说,我们尚未完全理解最近这场金融危机对货币政策行为及其制度和机构的影响。或许十年后,在下一卷《货币经济学手册》出版之际,我们将能给出所有问题的解。无论如何,现在我们已经澄清了一些问题,我们接下来需要做的是着手寻找答案。

附录

1. 独立的中央银行行长

我们通过最小化相对于参数 $\hat{b}$ 的损失函数来选择独立的中央银行行长。效用损失为:

$$EL = \frac{1}{2}E\left[\left(\hat{b}k - \frac{\hat{b}}{1+\hat{b}}\varepsilon_t\right)^2 + b\left(\frac{1}{1+\hat{b}}\varepsilon_t - k\right)^2\right] \qquad (18.51)$$

在进行简单的代数变换后,我们就可以把上述函数化简为:

$$EL = \frac{1}{2}\left[k^2(\hat{b}^2 + b) + \frac{b+\hat{b}^2}{(1+\hat{b})^2}\sigma_\epsilon^2\right] \qquad (18.52)$$

通过最小化相对于 $\hat{b}$ 的损失,我们可以得到如下一阶条件:

$$F(\hat{b}) = \hat{b}k^2 + \frac{\hat{b}-b}{(1+\hat{b})^3}\sigma_\epsilon^2 = 0 \qquad (18.53)$$

很容易验证,$F(\ )$ 在我们感兴趣的系数的范围内是一个增函数,而这就意味着二阶条件可以得到满足。如果我们用 $\hat{b}^*$ 表示满足一阶条件的值,那么 $F(\hat{b}^*) = 0$。因为 $F(\ )$ 在 b 处求

---

① 关于这些问题,请参阅 Alesina 和 Perotti(2004)以及 Alesina 和 Giavazzi(2010)主编的文件中的相关论文。

值,所以 $bk^2>0$;又因为 $F( )$ 是一个增函数,所以我们可以推导出 $\dot{b}^* <b$[①],而这就意味着中央银行的选择将会比公众的选择更加"保守"。[①]

2. 危机时期中央银行的(非)独立性

经济可以用下式来表示:

$$y_t = \pi_t - \pi_t^e + \varepsilon_t \tag{18.54}$$

政府任命一位保守的中央银行行长,并承诺由他来作出货币政策决策。政府的承诺形式是设定一个成本 c,如果政府推翻中央银行行长的决定,就必须付出成本 c。这样一来,损失函数就变成了:

$$L = \frac{\dot{b}}{2}(y_t - k)^2 + \frac{1}{2}(\pi_t)^2 + \delta c \tag{18.55}$$

其中,δ 是一个虚拟变量,仅当政府解雇中央银行行长并接管货币政策时才会等于 1。在这个模型中,货币政策行动分为三个阶段。在第一个阶段,政府选择 $\dot{b}$,即中央银行行长的保守程度,以及政府违背承诺的成本 c。第二个阶段是预期的理性形成阶段。在第三个阶段,产出冲击出现,中央银行行长设定通货膨胀目标,政府决定是否要接管货币政策,最终,通货膨胀和产出实现。利用逆向归纳法对这个模型进行求解,可以证明最优契约的特点是:选择保守的中央银行行长,即 $\dot{b} <b$;违背承诺的成本为严格正但有限,即 $0<c<\infty$。在均衡状态下,如果产出冲击低于某个特定的阈值,那么中央银行行长就会选择他最喜欢的政策。正常情况下,通货膨胀水平会更低。在极端情况下,也就是当冲击超过了阈值时,中央银行行长将选择中间选民偏好的政策,这样他就不会在均衡状态下被解雇。

3. 机会主义经济周期

即便政客们的意识形态完全相同且只有能力不同,政治周期也会影响经济结果。选民们希望选出最有能力的政策制定者,而政客们则不惜通过扭曲最优政策来显示他们的能力。不妨让我们继续假设经济可以用简单的菲利普斯曲线描述,不过我们要增加一个表示能力的项,于是经济可以描述为:

$$y_t = \pi_t - \pi_t^e + \eta_t \tag{18.56}$$

其中的能力 η_t 具有如下时间结构:

$$\eta_t = \mu_{t-1} + \mu_t \tag{18.57}$$

假设能力只能取两个值:

$$\mu_t = \begin{cases} \bar{\mu}, & \text{概率为} \rho \\ \underline{\mu}, & \text{概率为} 1-\rho \end{cases}$$

使得:

$$E(\mu_t) = \rho\bar{\mu} + (1-\rho)\underline{\mu} = 0$$

投票者的效用用下式表示:

$$U = E\left\{ \sum_{t=0}^{\infty} \beta^t \left[-\frac{1}{2}(\pi_t)^2 + by_t \right] \right\}, \quad 0 < \beta < 1 \tag{18.58}$$

---

① 这里的"$\dot{b}^* <b$",原文是"$\dot{b} * < b$",可能有错,已改——译者注。

我们假设存在理性预期,并假设政策制定者直接控制通货膨胀。接下来我们集中讨论一个两阶段模型,其中选举只在第一个阶段结束时举行。这个模型要采用逆向归纳法求解。在第二个阶段,因为不举行选举,所以政策制定者没有动力去显示自己的能力。他将最大化当期的效用,因此将使得通货膨胀和产出水平分别为 $\pi_2 = \pi_2^e = b$ 以及 $\gamma_2 = \eta_2$。在位者赢得选举的预期净收益等于他获胜时的效用 U^i 与失败时的效用 U^o 之间的差值,再加上掌权给他带来的私人收益 H,即

$$W(\mu_t^i) = U_{t+1}^i - U_{t+1}^o + H \tag{18.59}$$

$$= -\frac{1}{2}b^2 + bE(\eta_2^i) - \left[-\frac{1}{2}b^2 + bE(\eta_2^o) \right] + H \tag{18.60}$$

其中,η_2^o 是竞选对手的能力,其期望等于零。化简后,我们可以得到:

$$W(\mu_t^i) = b\mu_t^i + H \tag{18.61}$$

我们还假设,即便是一个能力不足的政客,也有动机去努力争取掌权,因为那要好过在野,即 $H > b\mu$。在第一个阶段,选民无法观察到通货膨胀水平,因此他们无法了解在位者是称职的还是能力不足的。因此,这两种类型的政客都有动力通过推动经济增长来显示自己的能力。在位者将通货膨胀水平设定在预期水平之上,于是有:

$$\pi_t(\mu_t^i) = \pi_t^e + y_t - \mu_t^i - \bar{y} \tag{18.62}$$

然而,选择一个出人意料的通货膨胀水平是要付出一定成本的。这个成本可以写成在时间一致的通货膨胀水平上求得的效用与在 $\pi_t(\mu_t^i)$ 处求得的效用之间的差值:

$$C(\mu_t^i, y_t) = -\frac{1}{2}b^2 + b(\bar{y} + b - \pi_t^e + \mu_t^i)$$

$$- \left\{ -\frac{1}{2}[\pi_t(\mu_t^i)]^2 + b[\bar{y} + \pi_t(\mu_t^i) - \pi_t^e + \mu_t^i] \right\} \tag{18.63}$$

这个模型存在两种类型的均衡:分离均衡和混同均衡。

3.1 分离均衡

两种类型的政客实现的产出水平是不同的,从而选民们完全有能力将他们区分开来。当且仅当产出高于某一特定水平时(即当 $y_t \geq y_t^s$ 时),选民以 $\rho_{t+1} = 1$ 的先验概率将之归因于在位者的能力。有能力的政客可以达到这个阈值,但是能力不足的政客则不能,因此后者会选择 $\pi_t = b$,而前者会选择更高水平的通货膨胀来刺激经济。因此,预期通货膨胀将为:

$$\pi_t^e = (1 - \rho)b + \rho\pi_t(\bar{\mu}) = b + \rho \frac{y^s - \bar{\mu} - \bar{y}}{1 - \rho} \tag{18.64}$$

或者换一种表述方法:只有在称职的政客能够实现高水平的产出时,再次当选的净收益的贴现值会高于发送信号的成本。而对于能力不足的政客来说,情况则恰恰相反:

$$\beta W(\bar{\mu}) > C(y^s, \bar{\mu}) \tag{18.65}$$

$$\beta W(\mu) \leq C(y^s, \mu) \tag{18.66}$$

称职的政客将选择去实现能力不足的在位者所不愿意去实现的最低产出水平,从而 y^s[①] 将等

于使得式(18.66)等号成立的那个值。[①]

3.2 混同均衡

在混同均衡中，两种类型的在位者都实现了相同的产出水平。如果产出高于某个特定的阈值，那么选民将以 $\rho_{t+1}=1$ 的先验概率将之归因于在位者的能力。称职的在位者选择某个通货膨胀水平但不发出信号，而这就意味着：

$$y^p = b - \pi_t^e + \bar{\mu} + \bar{y} \tag{18.67}$$

能力不足的在位者不得不将通货膨胀设定在高于预期的水平上，以实现 y^p：

$$\pi_t(\mu, y^p) = y^p + \pi_t^e - \mu - \bar{y} \tag{18.68}$$

从而，预期通货膨胀将为：

$$\pi_t^e = \rho b + (1 - \rho)\pi_t(\mu, y^p) = b + \frac{1-\rho}{\rho}(y^p - \mu - \bar{y}) \tag{18.69}$$

将式(18.69)插入式(18.67)中，我们就可以得到 $y^p = \bar{y}$。因为选民无法区分这两种类型的政客，所以在位者再次当选的概率将为1/2。于是能力不足的在位者必定会发现，实现高水平的产出 $\bar{y}$ 对他是有利的，而这就意味着：

$$C(y^p, \mu) \leqslant \frac{1}{2}\beta W(\mu) \tag{18.70}$$

参考文献

Acemoglu, D., Johnson, S., Querubin, P., Robinson, J. A., 2008. When does policy reform work? The case of central bank independence. NBER Working Paper 14033.

Adrian, T., Estrella, A., Shin, H. S., 2009. Monetary cycles, financial cycles and the business cycle. Unpublished.

Adrian, T., Shin, H. S., 2008. Financial intermediaries, financial stability and monetary policy. Proceedings of the Federal Reserve Bank of Kansas City, Jackson Hole Symposium.

Adrian, T., Shin, H. S., 2009. Money liquidity and monetary policy. American Economic Review Papers and Proceedings, 600-605.

Adrian, T., Shin, H. S., 2010. Money, liquidity and monetary policy. In: Friedman, B., Woodford, M. (Eds.), Handbook of monetary economics. North-Holland, Amsterdam.

Aghion, P., Alberto, A., Trebbi, F., 2004. Endogenous political institutions. Q. J. Econ. 119 (2), 565-611.

Akhmedov, A., Zhuravskaya, E., 2004. Opportunistic political cycles: Test in a young democracy setting. Q. J. Econ. 119 (4), 1301-1338.

Alesina, A., 1987. Macroeconomic policy in a two-party system as a repeated game. Q. J. Econ. 102 (3), 651-678.

---

① 这里的"y^s"，原文是"y_s"，可能是错的，已改——译者注。

Alesina, A. , 1988. Macroeconomics and politics. NBER Macroeconomic Annual 3, 13-62.

Alesina, A. , 1997. Comment on "Europe's gamble," by Obstfeld M. in Brookings Pap. Econ. Act.

Alesina, A. , Ardagna, S. , Galasso, V. , 2010. The Euro and structural reforms. In: Alesina, A. , Giavazzi, F. (Eds.), Europe and the Euro. University of Chicago Press and NBER (in press).

Alesina, A. , Barro, R. J. , 2002. Currency unions. Q. J. Econ. 117 (2), 409-436.

Alesina, A. , Barro, R. J. , Tenreyro, S. , 2002. Optimal currency areas. NBER Macroeconomics Annual 17, 301-356.

Alesina, A. , Carrasquilla, A. , Steiner, R. , 2005. The central bank of Colombia. In: Alesina, A. (Ed.), Institutional reforms in Colombia. MIT Press, Cambridge, MA.

Alesina, A. , Gatti, R. , 1995. Independent central banks: Low inflation at no cost?. Am. Econ. Rev. 85 (2), 196-200.

Alesina, A. , Giavazzi, F. (Eds.), 2010. Europe and the euro. University of Chicago Press and NBER (in press).

Alesina, A. , Grilli, V. , 1992. The European central bank: Reshaping monetary policy in Europe. In: Canzoneri, M. , Grilli, V. , Masson, P. (Eds.), Establishing a central bank: Issues in Europe and lessons from the U. S. Cambridge University Press, Cambridge, UK.

Alesina, A. , Grilli, V. , 1993. On the feasibility of a one or multi-speed European monetary union. NBER Working Paper 4350.

Alesina, A. , Perotti, R. , 2004. The European Union: A politically incorrect view. J. Econ. Perspect. , 69-84.

Alesina, A. , Rosenthal, H. , 1995. Partisan cycles, divided governments and the economy. Cambridge University Press, Cambridge, UK.

Alesina, A. , Roubini, N. , Cohen, G. D. , 1997. Political cycles and the macroeconomy. MIT Press, Cambridge, MA.

Alesina, A. , Spolaore, E. , 1997. On the number and size of nations. Q. J. Econ. 112 (4), 1027-1056.

Alesina, A. , Spolaore, E. , Wacziarg, R. , 2000. Economic integration and political disintegration. Am. Econ. Rev. 90 (5), 1276-1296.

Alesina, A. , Summers, L. , 1993. Central bank independence and macroeconomic performance: Some comparative evidence. J. Money Credit Bank. 25, 151-162.

Alesina, A. , Tabellini, G. , 2007. Bureaucrats of politicians: Part I: Single task. Am. Econ. Rev. 97, 169-179.

Alesina, A. , Tabellini, G. , 2008. Bureaucrats or politicians? Part II: Multiple tasks. J. Public Econ. 92, 426-447.

Backus, D., Driffil, J., 1985a. Rational expectations and policy credibility following a change in regime. Rev. Econ. Stud. 52 (2), 211-221.

Backus, D., Driffil, J., 1985b. Inflation and reputation. Am. Econ. Rev. 75 (3), 530-538.

Bade, R., Parkin, M., 1982. Central bank laws and monetary policy. Unpublished Manuscript.

Barro, R. J., 1986. Reputation in a model of monetary policy with incomplete information. J. Monet. Econ. 17 (1), 3-20.

Barro, R. J., Gordon, D. B., 1983a. Rules, discretion, and reputation in a model of monetary policy. J. Monet. Econ. 12(1), 101-121.

Barro, R. J., Gordon, D. B., 1983b. A positive theory of monetary policy in a natural-rate model. J. Polit. Econ. 91 (4), 589-610.

Barro, R., Tenreyro, S., 2007. Economic effects of currency unions. Econ. Inq. 45 (1), 1-23.

Besley, T., Ghatak, M., 2005. Competition and incentives with motivated agents. Am. Econ. Rev. 95 (3), 616-636.

Blanchard, O., Dell'Ariccia, G., Mauro, P., 2010. Rethinking macroeconomic policy. IMF Working Paper.

Blanchard, O., Giavazzi, F., 2003. Macroeconomic effects of regulation and deregulation in goods and labor markets. Q. J. Econ. 118 (3), 879-907.

Blinder, A. S., 1997. Is government too political?. Foreign Aff. 76 (6), 115-126.

Blinder, A. S., 2007. Monetary policy by committee: Why and how?. Eur. J. Polit. Econ. 23, 106-112.

Blinder, A. S., Morgan, J., 2008. Leadership in groups: A monetary policy experiment. International Journal of Central Banking 4, 117-150.

Block, S., 2002. Political business cycles, democratization, and economic reform: The case of Africa. J. Dev. Econ. 67, 205-228.

Borio, C., Drehmann, M., 2008. Towards an operational survey for financial stability: Fuzzy measurement and its consequences. BIS Working Paper 284.

Borio, C., Zhu, H., 2008. Capital regulation, risk taking and monetary policy: A missing link in the transmission mechanism?. BIS Working Paper 268.

Brender, A., Drazen, A., 2005. Political budget cycles in new versus established democracies. J. Monet. Econ. 52, 1271-1295.

Brender, A., Drazen, A., 2007. Political budget cycles in new, old, and established democracies. Comp. Econ. Stud. 49.

Brumm, H. J., 2000. Inflation and central bank independence: Conventional wisdom redux.

J. Money Credit Bank. 32（4）, 807-819.

Bugamelli, M., Schivardi, F., Zizza, R., 2009. The Euro and firm restructuring. Bank of Italy. Economic Working Paper 716.

Buiter, W., Sibert, A., 2008. The Icelandic banking crisis and what to do about it. See www.cepr.org.

Business Council of Australia, 1999. Avoiding boom/bust: Macro economic reforms for a globalized economy.

Campillo, M., Miron, J. A., 1997. Why does inflation differ across countries?. In: Romer, C. D., Romer, D. H.（Eds.）, Reducing inflation: Motivation and strategy. University of Chicago Press, Chicago, IL.

Canzoneri, M. B., 1985. Monetary policy games and the role of private information. Am. Econ. Rev. 75（5）, 1056-1070.

Crowe, C., Meade, E. E., 2007. The evolution of central bank governance around the world. J. Econ. Perspect. 21, 69-90.

Crowe, C., Meade, E. E., 2008. Central bank independence and transparency: Evolution and effectiveness. IMF Working Paper.

Cukierman, A., 1992. Central bank strategy, credibility and politics. MIT Press, Cambridge, Ma.

Cukierman, A., Webb, S. B., Neyapti, B., 1992. Measuring the independence of central banks and its effect on policy outcomes. World Bank Econ. Rev. 6（3）, 353-398.

Dewatripont, M., Jewitt, I., Tirole, J., 1999a. The economics of career concerns, Part I: Comparing information structures. Rev. Econ. Stud. 66（1）, 183-198.

Dewatripont, M., Jewitt, I., Tirole, J., 1999b. The economics of career concerns, Part II: Application to missions and accountability of government agencies. Rev. Econ. Stud. 66（1）, 199-217.

Drazen, A., 2000. Political economy in macroeconomics. Princeton University Press, Princeton, NJ.

Drazen, A., 2001. The political business cycle after 25 years. NBER Macroeconomic Annual 15, 75-138.

Drazen, A., 2002. Central bank independence democracy and dollarization. Journal of Applied Economics 1, 1-17.

Drazen, A., 2005. "Lying low" during elections: Political pressure and monetary accommodation. Unpublished.

Drazen, A., 2009a. Political business cycles. The New Palgrave Dictionary of Economics（2nd edition）, London and New York: Macmillan Palgrave for Europe and the euro, the year of publication is 2010.

Drazen, A., 2009b. Political budget cycles. The New Palgrave Dictionary of Economics (2nd edition), London and New York: Macmillan Palgrave for Europe and the euro, the year of publication is 2010.

Drazen, A., Eslava, M., 2006. Pork barrel cycles. NBER Working Paper 12190.

Drazen, A., Masson, P., 1994. Credibility of policies versus credibility of policymakers. Q. J. Econ. 109(3), 735-754.

Eichengreen, B., 2010. The future of the euro. In: Alesina, A., Giavazzi, F. (Eds.), Europe and the Euro. University of Chicago Press and NBER (in press).

Epstein, D., O'Halloran, S., 1999. Delegating powers: A transaction cost politics approach to policy making under separate powers. Cambridge University Press, Cambridge, UK.

Feldstein, M., 1997. The political economy of the European economic and monetary union: Political sources of an economic liability. J. Econ. Perspect. 11 (4), 23-42.

Feldstein, M., 2010. What powers for the Federal Reserve?. J. Econ. Lit. 48 (1), 134-145.

Fischer, S., 1977. Long-term contracts, rational expectations, and the optimal money supply rule. J. Polit. Econ. 85, 191-205.

Fischer, S., Debelle, G., 1994. How independent should a central bank be?. Federal Reserve Bank of Boston, Conference Proceedings.

Frankel, J. A., 2009. The estimated effects of the Euro on trade: Why are they below historical evidence on effects of monetary unions among smaller countries?. In: Alesina, A., Giavazzi, F. (Eds.), Europe and the euro. University of Chicago Press and NBER.

Frankel, J., Rose, A., 1998. The endogeneity of the optimal currency area criteria. Econ. J. 108, 1109-1125.

Frankel, J., Rose, A., 2002. An estimate of the effect of common currencies on trade and income. Q. J. Econ. CXVII, 437-466.

Gerlach-Kristen, P., 2009. Outsiders at the Bank of England's MPC. J. Money Credit Bank. 41 (6), 1099-1115.

Giavazzi, F., Giovannini, A., 1989. Limiting exchange rate flexibility. MIT Press, Cambridge, MA.

Giavazzi, F., Pagano, M., 1986. The advantage of tying your own hand: EMS discipline and central bank credibility. Eur. Econ. Rev. 32, 1055-1075.

Giovannini, A., 2010. Why the security market in Europe is not fully integrated. In: Alesina, A., Giavazzi, F. (Eds.), Europe and the euro. University of Chicago Press and NBER (in press).

Glick, R., Rose, A., 2002. Does a currency union affect trade? The time series evidence. Eur. Econ. Rev. 46 (6), 1125-1151.

Gonzalez, M. , 2002. Do changes in democracy affect the political budget cycle? Evidence from Mexico. Rev. Dev. Econ. 6 (2), 204-224.

Goodfriend, M. , 2007. How the world achieved consensus on monetary policy. J. Econ. Perspect. 21(4), 47-68.

Grilli, V. , Masciandaro, D. , Tabellini, G. , 1991. Political and monetary institutions and public financial policies in the industrial countries. Econ. Policy 6(13), 341-392.

Gropp, R. , Kashyap, A. , 2010. A new metric for banking integration in Europe. In: Alesina, A. , Giavazzi, F. (Eds.), Europe and the euro. University of Chicago Press and NBER (in press).

Hansen, S. , McMahon, M. F. , 2008. Delayed DOVES: MPC voting behavior of externals. CEP Discussion Paper 862.

Hibbs, D. A. , 1987. The American political economy: Macroeconomics and electoral politics. Harvard University Press, Cambridge, MA.

Issing, O. , 2008. The birth of the euro. Cambridge University Press, Cambridge, UK.

Issing, O. , 2010. A Greek bail out would be a disaster for Europe. Financial Times.

Jacome, L. I. , Vazquez, F. , 2005. Any link between legal central bank independence and inflation? Evidence from Latin America and the Caribbean. IMF Working Paper.

Khemani, S. , 2004. Political cycles in a developing economy: Effect of elections in the Indian states. J. Dev. Econ. 73, 125-154.

Klomp, J. G. , de Haan, J. , 2008. Inflation and central bank independence: A meta regression analysis. Unpublished Manuscript.

Kneebone, R. D. , Mckenzie, K. J. , 2001. Electoral and partisan cycles in fiscal policy: An examination of Canadian provinces. International Tax and Public Finance 8, 753-774.

Kydland, F. , Prescott, E. , 1977. Rules rather than discretion: The inconsistency of optimal plans. J. Polit. Econ. 85, 473-490.

Lohmann, S. , 1992. Optimal commitment in monetary policy: Credibility versus flexibility. Am. Econ. Rev. 82, 273-286.

Lucas, R. , Stokey, N. L. , 1983. Optimal fiscal and monetary policy in an economy without capital. J. Monet. Econ. 12 (1), 55-93.

Maskin, E. , Tirole, J. , 2001. Markov perfect equilibrium: I. Observable actions. J. Econ. Theory 100 (2), 191-219.

Maskin, E. , Tirole, J. , 2004. The politician and the judge: Accountability in government. Am. Econ. Rev. 94 (4), 1034-1054.

Morris, S. , Shin, H. S. , 2008. Financial regulation in a system context. Brookings Pap. Econ. Act. 229-274.

Mundell, R. , 1961. A theory of optimum currency areas. Am. Econ. Rev. 51 (4),

657-665.

Nordhaus, W. D. , 1975. The political business cycle. Rev. Econ. Stud. 42 (2), 169-190.

Oatley, T. , 1999. Central bank independence and inflation: Corporatism, partisanship, and alternative indices of central bank independence. Public Choice 98, 399-413.

Obstfeld, M. , 1997. Europe's gamble. Brookings Pap. Econ. Act. 28, 241-317.

Peek, J. , Rosengreen, E. , Tootell, G. , 1999. Does the Federal Reserve possess an exploitable informational advantage?. Unpublished.

Perotti, R. , Kontopoulos, Y. , 1999. Government fragmentation and fiscal policy outcomes: Evidence from OECD countries. NBER Chapters. In: Fiscal Institutions and Fiscal Performance, 81-102.

Persson, T. , 2001. Currency unions and trade: How large is the treatment effect?. Econ. Policy 33, 433-448.

Persson, T. , Tabellini, G. , 1990. Macroeconomic policy, credibility and politics. Harwood Academic Publishers, London.

Persson, T. , Tabellini, G. , 1993. Designing institution for monetary stability. Carnegie Rochester Conference on Public Policy 39, 55-89.

Persson, T. , Tabellini, G. , 2000. Political economics: Explaining economic policy. MIT Press, Cambridge, MA.

Persson, T. , Tabellini, G. , 2005. The Economic effects of constitutions. MIT Press, Cambridge.

Pollard, 2004. Monetary policy-making around the world: Different approaches from different central banks, presentation, Federal Reserve Bank of St. Louis.

Posen, A. S. , 1993. Why central bank independence does not cause low inflation: There is no institutional fix for politics. In: O'Brien, R. (Ed.), Finance and the international economy, 7the AMEX bank review prize essays. Oxford University Press, Oxford.

Posen, A. S. , 1995. Declarations are not enough: Financial sector sources of central bank independence. In: Bernanke, B. , Rotemberg, J. (Eds.), NBER macroeconomics annual 1995. MIT Press, Cambridge, MA.

Riboni, A. , Ruge-Murcia, F. J. , 2010. Monetary policy by committee: Consensus, chairman dominance, or simple majority?. Q. J. Econ. 125, 363-416.

Rogoff, K. , 1990. Equilibrium political budget cycles. Am. Econ. Rev. 80 (1), 21-36.

Rogoff, K. , 1985. The optimal degree of commitment to an intermediate monetary target. Q. J. Econ. 100 (4), 1169-1189.

Rogoff, K. , Sibert, A. , 1988. Elections and macroeconomic policy cycles. Rev. Econ. Stud. 55 (1), 1-16.

Rose, A. , 2000. One money one market: Estimating the effect of common currencies on trade. Econ. Policy 30, 7-45.

Rose, A. K. , Stanley, T. D. , 2005. A meta-analysis of the effect of common currencies on international trade. J. Econ. Surv. 19 (3) , 347-365.

Schultz, C. , 2003. Information, polarization and delegation in democracy. Economic Policy Research Unit Working Paper 03-16.

Shi, M. , Svensson, J. , 2006. Political budget cycles: Do they differ across countries and why?. J. Public Econ. 90, 1367-1389.

Shin, H. S. , 2009. Financial intermediation and the post crisis financial system. Unpublished.

Soderstrom, U. , 2008. Re-evaluating Swedish membership in EMU: Evidence from an estimated model. CEPR Discussion Papers 7062.

Stigler, G. , 1971. The theory of economic regulation. Bell Journal of Economics, the RAND Corporation 2 (1) , 3-21.

Taylor, J. B. , 2009. The need to return to a monetary framework. Unpublished.

Trebbi, F. , Aghion, P. , Alesina, A. , 2008. Electoral rules and minority representation in U. S. cities. Q. J. Econ. 123 (1) , 325-357.

Walsh, C. , 1995a. Optimal contracts for central bankers. Am. Econ. Rev. 85, 150-176.

Walsh, C. , 1995b. Is New Zealand Reserve Bank Act of 1989 an optimal central bank contract?. J. Money Credit Bank. 27, 1179-1191.

Zingales, L. , 2009. A new regulatory framework. Forbes, March 31.

第十九章　通货膨胀预期、自适应学习与最优货币政策[①]

维托·加斯帕(Vitor Gaspar)[*]

弗兰克·施梅茨(Frank Smets)[**]

大卫·韦斯汀(David Vestin)[†]

[*]:葡萄牙中央银行

[**]:欧洲中央银行、美国经济与政策研究中心和格罗宁根大学

[†]:瑞典中央银行和欧洲中央银行

目　录

---

① 本章仅代表作者的个人观点,并不代表葡萄牙银行、欧洲中央银行或瑞典中央银行的观点。我们感谢克劳斯·亚当(Klaus Adam)、克里斯汀娜·莫尔纳(Krisztina Molnar)和迈克·伍德福德(Mike Woodford)的宝贵意见。

　　本章摘要：本章探讨了私人部门通货膨胀预期形成过程中的自适应学习对货币政策行为的含义。我们首先回顾了研究各种货币政策规则下自适应学习过程对宏观经济动态的含义的文献。然后，我们在标准的新凯恩斯主义模型中分析了最优货币政策——当中央银行最小化一个明确的损失函数，并拥有关于经济结构的完整信息的时候（包括关于生成私人部门的预期的精确机制的信息）。以最优政策为关注焦点，使得我们能够深入考察关于经济行为主体如何形成通货膨胀预期的假设的变化如何以及在多大程度上影响了最优货币政策的原则，同时还为评估简单的政策规则提供了一个基准。我们发现，偏离理性预期增大了经济不稳定的可能性，提高了锚定通货膨胀预期的重要性。我们还发现，当预期的形成与自适应学习一致时，理性预期下的简单承诺规则是具有稳健性的。

　　JEL 分类代码：E52

　　关键词：自适应学习；最优货币政策；政策规则；理性预期

1. 引言

　　锚定私人部门的中期通货膨胀预期对于在追求价格稳定的过程中有效实施货币政策的重要性，无论是在理论的层面上还是在实践的层面上都已经得到了广泛承认。例如，Trichet（2009）在最近的一次演讲中强调的"确保中期通货膨胀预期与价格稳定保持一致是绝对必要的"这种观点在经济学家与多个国家的中央银行的沟通中都可以发现。在 2007 年关于通货膨胀和通货膨胀预期的决定因素的演讲中，时任美国联邦储备委员会主席伯南克也指出："通货膨胀预期的锚定程度对通货膨胀和经济表现有一阶影响。"人们担心的是，当中期通货膨胀预期失去锚定之后，它们就会根深蒂固地扎根于实际通货膨胀或通货膨胀当中，使得重建价格稳定的代价极其高昂。这种忧虑也反映在了美国联邦储备委员会前主席沃尔克写给威廉·普尔（William Poole）的一封信中："有一个教训深深烙印在我的脑海中，永远不会磨灭：千万不要让通货膨胀扎下深根。一旦发生了这种情况，要阻止这种势头就要承受剧痛了。"①

　　在 Muth（1961）的开创性论文之后，在现代宏观经济学研究中假定理性预期或模型一致预期已经成了标准做法。例如，在一个有微观基础的新凯恩斯主义模型的背景下，Woodford（2003）系统地探讨了理性预期对最优货币政策行为的影响。然而，理性预期需要假设经济行为主体是学识渊博的（Evans and Honkapohja，2001）。这个假设显然过强了，因为普遍的模型不确定性是经济行为主体必须面对的。一个合理的替代选择是假设存在自适应学习。在这种假设下，经济行为主体只拥有关于经济的精确运行的有限知识，但是随着时间的推移，当可得数据发生变化后，他们会更新自己的信念和相关的预测规则。我们可以将自适应学习视为在结构性变化无时无地不在的环境中，对于理性预期的最低程度的偏离。这种假设

---

① 转引自 Orphanides（2005）的论文。

还能够更好地反映经济学家所处理的"现实",即经济学家通过构造和估计计量经济学模型来进行预测,并在获得新数据后重新估计对这些模型加以估计时所针对的"现实"。此外,还有一些经济学家(见本章第 2 节)发现,自适应学习模型能够重现经验观察到的通货膨胀预期的许多重要特征。

本章分析了私人部门的自适应学习对货币政策行为的含义。Woodford(2003)利用一个具有理性预期的基准新凯恩斯主义模型进行分析后指出,对于货币政策来说,排在第一位的就是对预期的管理,特别是对通货膨胀预期的管理。[①] 在本章中,我们研究了当经济行为主体使用自适应学习而不是理性预期时,这个原则是否仍然适用。在第 3 节中,我们引入了标准的新凯恩斯主义模型和一些基本的结果与符号,它们是本章的其余部分需要运用的。

我们简要地概述了货币经济学的一个还在日益变得更加重要的研究方向,那就是在各种货币政策规则下,研究宏观经济动态的自适应学习过程的含义(第 4 节)。[②] 这类文献研究的典型问题是在哪一种形式的货币政策规则下,经济在自适应学习下会收敛于理性预期均衡。它是由 Bullard 和 Mitra(2002)开创的,他们率先将 Evans 和 Honkapohja(2001)的方法应用于货币经济学。这类文献还讨论了自适应学习下的稳定性在多大程度上可以用作对理性预期均衡的选择标准。其中两篇关键论文是 Evans 和 Honkapohja(2003b,2006)撰写的,他们分析了在可以进行最小二乘学习的环境中,在相机抉择或承诺条件下的最优政策规则。埃文斯(Evans)和洪卡波亚(Honkapohja)证明,"基于基本面因素的"最优政策规则的不稳定性可以通过在政策规则中纳入私人经济行为主体的可观察的预期来解决。[③]

此外,我们还分析了当中央银行最小化一个明确的损失函数,并拥有关于经济结构的完全信息(这是理性预期下的标准假设),包括关于生成私人部门的预期的精确机制的信息时,应对冲击的最优货币政策反应及其相应的宏观经济结果。[④] 这与第 4 节综述的文献形成了鲜明的对比,那里只考虑简单的规则。对最优政策的关注有两个目标。首先,它允许我们研究关于经济行为主体如何形成他们的通货膨胀预期的假设的一个相对较小的变化会在多大程度上影响最优货币政策的原则。其次,它也可以充当分析两类简单政策规则的基准,这两类规则在有或者没有中央银行的承诺时,在理性预期下均是最优的。不过在本章中,我们的目标是研究这些政策规则对通货膨胀预期形成方式的影响的稳健性有多高。

如前所述,本章使用的框架是标准的新凯恩斯主义模型。如 Clarida 等(1999)以及 Woodford(2003)等所证明的,在这个模型中,有承诺情况的最优政策会导致历史依赖性。在具有理性预期的模型中,可信度是一个二元变量:中央银行要么有能力对未来的政策行动作

---

① 一个很自然的问题是,在一个私人部门也会去了解产出缺口的模型中,这些发现是不是稳健的。答案当然是肯定的。当模型包含了一个前瞻性的 IS 方程(见本章第 3 节)时,需求冲击就直接被利率变化所抵消了。产出缺口预期的波动也是如此。它们并不会创造出一个需要在通货膨胀和稳定产出缺口之间进行的权衡,因此可以完全被政策利率的变化所抵消。

② 见 Evans 和 Honkapohja(2008a)关于这类文献的最新综述。

③ 这些分析大部分是在标准的新凯恩斯主义双方程模型的框架内完成的。

④ 在这样做的时候,我们利用了 Svensson(2003)给出的关于工具规则与目标规则的区分。工具规则表示中央银行的政策控制工具(通常是短期利率),作为中央银行信息集中可观察变量的函数。与之相反,目标规则可以隐式地表达为一个损失函数的最小化问题的解。斯文森强调了研究最优政策和目标规则对理解现代中央银行的重要性。

出承诺,要么没有能力影响预期。通过自适应学习,私人部门根据以往的通货膨胀的变化情况形成预期。因此,私人部门对通货膨胀的预期依赖于中央银行过去的行动。认识到了这一点,在出现了一个成本推动型冲击之后,中央银行就需要面对稳定产出与锚定未来通货膨胀预期之间的跨期权衡,以及稳定当前产出和当前通货膨胀之间的标准期内权衡。

总的来说,与 Orphanides 和 Williams(2005b)以及 Woodford(2010)的观点一致,我们证明了,当政策考虑到了对理性预期的适度偏离时,应该在模型一致预期下实施货币政策的结论得到了强化。这里主要的直觉是偏离理性预期会增加经济不稳定的可能性,进而加强管理(锚定)通货膨胀预期的重要性。我们还发现,当预期的形成与自适应学习相一致时,理性预期下的简单承诺规则就是高度稳健的。事实上,就基线校准而言,在简单承诺规则下,宏观经济结果与完全最优政策下的结果惊人的相近。

本章其余部分的结构如下:第 2 节简要回顾了自 20 世纪 90 年代初期以来对一些工业化国家的私人部门通货膨胀预期的衡量方法的演变。大量文献证明,随着侧重于维持价格稳定的货币政策区制的成形,私人部门的中期通货膨胀预期的锚定已经变得稳固多了,基本上不会对短期通货膨胀消息做出太大的反应。第 3 节引入了新凯恩斯主义基本通货膨胀动态模型,本章的大部分内容中使用的就是这个模型。然后,我们给出了理性预期下的均衡特征,作为自适应学习下分析的基准。第 4 节综述了一类文献,它们研究在各种货币政策规则下,自适应学习过程对宏观经济动态的含义。第 5 节转而讨论了基线模型中自适应学习对最优货币政策的含义。最后,我们在第 6 节中提供了更多关于期望形成的替代形式的思考,并以第 7 节结束了本章。

2. 私人部门通货膨胀预期在近期的演变

在过去的 20 年里,宏观经济领域发展变化最显著的一个特征就是全世界许多国家的通货膨胀预期的稳固锚定。① 图 19.1 说明了欧元区的情况。在欧洲经济与货币联盟于 1999 年 1 月成立的前夕,欧洲各国通货膨胀与通货膨胀预期就已经开始趋同了。在那之后,通货膨胀预期就一直稳稳地"绑定"在了非常接近欧洲中央银行的通货膨胀目标的水平上——欧洲中央银行的目标是整体通货膨胀率接近但要低于 2%。此外,尽管围绕这一目标的总体通货膨胀在短期内存在一定的波动性,但是中长期通货膨胀预期一直非常稳定。

---

① 这也是《货币经济学手册(第 3A 卷)》中由 Boivin 等(2010)撰写的关于货币传导机制的变化的那一章的主要结论之一。其中一个非常突出的变化是通货膨胀预期对货币政策变化的反应更小了。

图例:
- ——— HICP通货膨胀(以消费者物价调和指数衡量的通货膨胀)
- ——— 不包括未加工食品和能源的HICP通货膨胀
- ○ 未来两年的HICP通货膨胀预期(专家预测调查,SPF)
- ● 未来五年的HICP通货膨胀预期(专家预测调查,SPF)
- ——— 价格稳定性定义的上界
- ◆ 更长期的通货膨胀预期(经济学家共识预测)

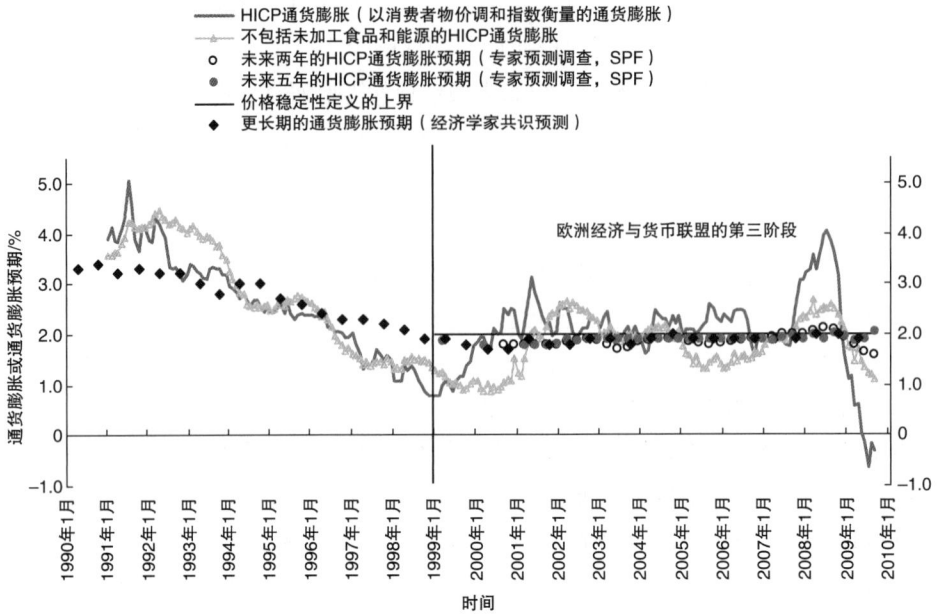

图 19.1 欧元区的通货膨胀和通货膨胀预期

而且,这也是众多工业化国家和新兴国家的一般情况。图 19.2 和图 19.3 分别绘出了由共识经济学公司提供的经济合作与发展组织的若干成员国的长期(五至十年)通货膨胀预测和一年期通货膨胀预测。

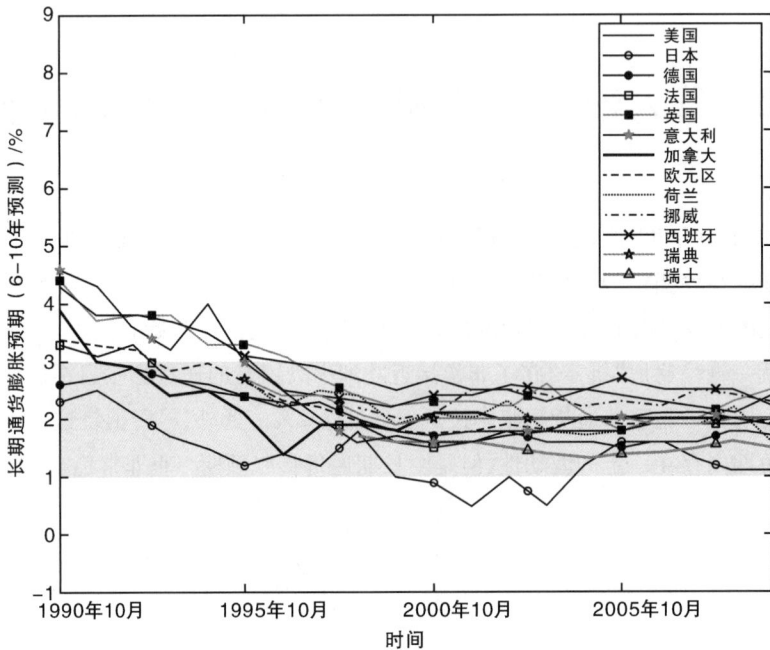

图例:
- ——— 美国
- ——○— 日本
- ——●— 德国
- ——□— 法国
- ——■— 英国
- ——★— 意大利
- ——— 加拿大
- - - - 欧元区
- ········· 荷兰
- —·—·— 挪威
- ——×— 西班牙
- ——★— 瑞典
- ——△— 瑞士

图 19.2 若干经济合作与发展组织国家的长期通货膨胀预期

资料来源:共识经济学公司。

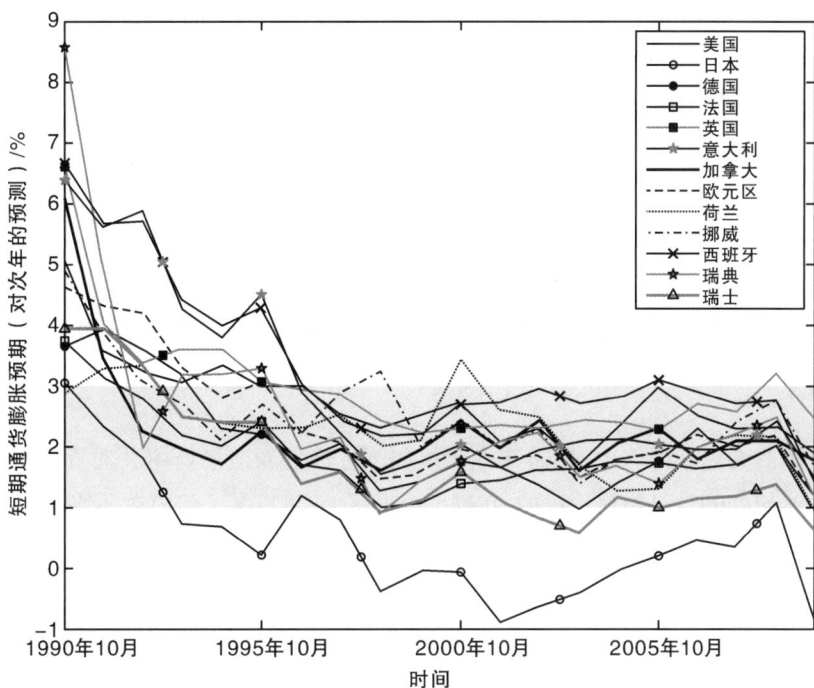

图 19.3 若干经济合作与发展组织国家对未来一年的通货膨胀预期

资料来源:共识经济学公司。

图 19.2 表明,除了日本,所有这些国家的长期通货膨胀预期都非常稳定,并一直落在 2％左右的狭窄区间内部。如图 19.3 所示,对未来一年的通货膨胀的预测的波动性虽然稍大一些,但是仍然基本保持在了 1％至 3％的区间之内,尽管在许多国家,样本的尾部包括了紧随第二次世界大战以来最严重的衰退后的那几年。

我们从这几张图中得到的直观结论已经得到了大量实证研究的证实:随着各国中央银行越来越注重实现和维持价格稳定,通货膨胀预期的锚定也变得更加稳固了。Walsh (2009)、Blinder 等(2008)对相关证据进行了总结,他们得到的结论是,无论是在实行通货膨胀目标制(inflation targeting,简写为 IT)的国家,还是没有实行通货膨胀目标制的国家,通货膨胀预期都得到了非常稳固的锚定。例如,Castelnuovo 等(2003)在 15 个工业化国家对 20 世纪 90 年代初以来的长期通货膨胀预期进行了问卷调查,他们得到的数据表明,在这些国家,除了日本,长期通货膨胀预期都得到了非常好的锚定,而且在过去的 20 年里普遍变得越来越稳定。Beechey 等(2007)完成的另一项有趣的研究则比较了欧元区和美国长期通货膨胀预期的最近演变,他们使用了来自金融市场的证据和对专业预测人士的调查问卷数据,结果证明通货膨胀预期在这两个经济体都锚定得非常好。尽管出人意料的宏观经济数据的发布似乎对美国的前瞻性通货膨胀补偿率产生了比欧元区更大的影响。

对于过去 20 年来通货膨胀预期稳定性的持续改善,一种解释是私人部门的经济行为主体调整了他们的预测模型,使之能够反映通货膨胀的较低的波动性和较高的持续性。许多研究都使用最小二乘学习模型来解释通货膨胀预期数据,这方面的例子包括 Branch(2004)、

Branch 和 Evans(2006)、Orphanides 和 Williams(2005)、Basdevant(2005)以及 Pfajfar 和 Santoro (2009)的研究。此外,Milani(2006,2007,2009)已经将最小二乘学习整合进了关于美国和欧元区的标准新凯恩斯主义模型中,以此来解释宏观经济数据的持续性的演变(Murray,2007;Slobodyan and Wouters,2009)。

3. 一个简单的理性预期下的新凯恩斯主义通货膨胀动态模型

在本章的大部分内容中,我们都将使用如下标准的新凯恩斯主义通货膨胀动态模型。正如 Woodford(2003)已经讨论过的,在理性预期下,它可以从一组内在一致的微观经济假设中推导出来:

$$\pi_t - \gamma\pi_{t-1} = \beta(E_t^* \pi_{t+1} - \gamma\pi_t) + \kappa x_t + u_t \tag{19.1}$$

其中,E_t^* 是一个预期算子,π_t 是通货膨胀,x_t 是产出缺口,u_t 是成本推动型冲击(假设该冲击是独立同分布的)。此外,β 为贴现率,κ 是包括卡尔沃价格黏性程度 α 在内的基础结构参数的函数,γ 表示由于价格按过去的通货膨胀率部分指数化而导致的通货膨胀的内在持续性程度。

此外,我们还假设,作为基准,中央银行使用以下损失函数来指导其货币政策决策:

$$L_t = (\pi_t - \gamma\pi_{t-1})^2 + \lambda x_t^2 \tag{19.2}$$

Woodford(2003)证明,在理性预期和前面给出的微观经济假设下,这个损失函数从(负)当期社会福利函数的二次逼近中推导出来,其中 $\lambda = \kappa/\theta$ 衡量的是赋予产出差距稳定性的相对权重(θ 为差异化的商品之间的替代弹性)。我们隐含地假设通货膨胀目标为零。为了简化模型,我们首先抽象掉了关于货币政策传导机制的任何明确的表达式,并假设中央银行直接控制着产出缺口。

如本章引言所述,我们考虑式(19.1)中关于通货膨胀预期形成的两个假设:理性预期和自适应学习。此外,我们假定除了预期算子,式(19.1)和式(19.2)的形式对这些假设都保持不变。[①] 在本节中,我们首先要求解的是在理性预期下,有或没有中央银行承诺时的最优政策。得到的解将作为本章其余部分中分析自适应学习的基准。

定义 $z_t = \pi_t - \gamma\pi_{t-1}$,那么就可以将式(19.1)和式(19.2)分别改写为:

$$z_t = \beta E_t z_{t+1} + \kappa x_t + u_t \tag{19.1'}$$

$$L_t = z_t^2 + \lambda x_t^2 \tag{19.2'}$$

[①] 很明显,一般来说,当从微观层面引入自适应学习而不是理性预期时,通货膨胀方程式(19.1)和福利函数式(19.2)可能有所不同(Preston,2005)。在本章中,我们遵循自适应学习文献中的一般约定,假设从理性预期转换为自适应学习后,结构关系(除预期算子外)仍然保持一致。

3.1　相机抉择下的最优政策

如果中央银行不能对自己未来的政策行动作出承诺,那么它就不能影响关于未来的通货膨胀的预期。在这种情况下,不存在内生状态变量,而且,既然冲击是独立同分布的,所以理性预期解(与标准的前瞻性模型中一致)必定具有 $E_t z_{t+1} = 0$ 这个性质。因此,我们有:

$$z_t = \kappa x_t + u_t \tag{19.1''}$$

这样一来,要求解的问题就简化为一个静态优化问题。将式(19.1″)代入式(19.2′)中,并使关于产出缺口的结果最小化,我们就可以推导出如下政策规则:

$$x_t = -\frac{\kappa}{\kappa^2 + \lambda} u_t \tag{19.3}$$

在最优相机抉择政策下,产出缺口只会对当前的成本推动型冲击做出反应。更具体地说,在对通货膨胀的正向的成本推动型冲击发生之后,货币政策收紧,产出缺口下降。响应的强度则取决于新凯恩斯主义菲利普斯曲线的斜率 κ,以及损失函数中稳定产出缺口的权重 λ。[①]

将式(19.3)代入式(19.1″)中的 x_t,就可以得到:

$$z_t = \frac{\lambda}{\kappa^2 + \lambda} u_t \tag{19.4}$$

又或者,将通货膨胀的半差分直接表示为产出缺口的函数,即

$$z_t = -\frac{\lambda}{\kappa} x_t \tag{19.5}$$

这个方程式表示的就是通常所说的在通货膨胀与产出缺口的稳定性之间的权衡(在存在成本推动型冲击的情况下)。在标准的前瞻性模型中(对应于 $\gamma = 0$),通货膨胀水平和产出缺口之间应该保持一个适当的平衡。λ 越高,通货膨胀与产出缺口(负值)所成的比例就越高,这是因为调整产出缺口的成本更高。随着 κ 的增加,通货膨胀相对于产出缺口下降。当 $\gamma > 0$ 时,最重要的是通货膨胀的拟差与产出缺口之间的平衡。如果上一个时期的通货膨胀率很高,那么当前的通货膨胀率可能也会很高。

3.2　有承诺时的最优政策

如前所述,在相机抉择下,最优货币政策只对外生的冲击做出反应,但是不存在政策行为惯性。相比之下,正如 Woodford(2003)的全面讨论中提到的那样,如果中央银行能够可信地对未来的政策行动作出承诺,那么最优政策将具有持久的"历史依赖"反应。更具体地说,Woodford(2003)证明,在可信承诺下的最优政策可以用如下方程来刻画:

---

① 式(19.3)中的反应函数与 Clarida 等(1999)推导出来的反应函数不同。他们假设损失函数是通货膨胀(而不是通货膨胀的拟差分 z_t)和产出缺口的二次函数。他们发现,在这种情况下,滞后的通货膨胀出现在了反应函数的表达式中,对应于相机抉择下的最优政策。

$$z_t = -\frac{\lambda}{\kappa}(x_t - x_{t-1}) \tag{19.6}$$

在这种情况下,产出缺口和通货膨胀的表达式可以分别改写为:

$$x_t = \partial x_{t-1} - \frac{\kappa}{\lambda}u_t \tag{19.7}$$

以及

$$z_t = \frac{\lambda(1-\partial)}{\kappa}x_{t-1} + \partial u_t \tag{19.8}$$

其中,$\partial = \left(\tau - \sqrt{\tau^2 - 4\beta}\right)/2\beta$,$\tau = 1+\beta+\kappa^2/\lambda$(Clarida et al.,1999)。

只要比较一下式(19.3)和式(19.7),就可以很明显地看出,尽管冲击是暂时性的,但是承诺下的最优货币政策仍然具有历史依赖性。之所以如此,是因为在有承诺的情况下,对未来政策行动的感知(通过它们对预期的影响)有助于稳定当前的通货膨胀。通过确保在理性预期下,通货膨胀预期的下降与正向成本推动型冲击相关联,最优政策能够设法减少冲击的影响,并将其分散在一段时间内。

3.3　最优工具规则

式(19.5)和式(19.6)分别用中央银行损失函数中的目标变量描述了相机抉择和承诺下的最优政策。为了讨论这些政策的实施,给出政策控制利率的反应函数无疑是有用的。考虑如下 IS 曲线,它在产出缺口与短期名义利率之间建立了联系:

$$x_t = -\varphi(i_t - E_t\pi_{t+1}) + E_t x_{t+1} + g_t \tag{19.9}$$

其中,i_t 表示名义短期利率,而 g_t 则表示一个随机需求冲击。这个方程可以从家庭消费欧拉方程中推导出来,其中 φ 是跨期替代弹性的一个函数。

结合 IS 曲线式(19.9)、定价方程式(19.1)和一阶最优条件式(19.6),并将私人部门的预期视为已知,那么在承诺下,基于预期的最优规则由下式给出:[①]

$$i_t = \delta_L x_{t-1} + \delta_\pi E_t^* \pi_{t+1} + \delta_x E_t^* x_{t+1} + \delta_g g_t + \delta_u u_t \tag{19.10}$$

其中的反应系数是基本参数的函数。[②] 在相机抉择政策下的最优规则的形式也是相同的,除了 $\delta_L = 0$。如前所述,在有承诺的情况下,利率对滞后产出的这种依赖性反映了关于承诺遵守规则的预期的效应的优势。

或者,最优政策也可以用一个只依赖外生冲击和滞后产出缺口的"基于基本面因素的规则"来表示,即

$$i_t = \Psi_L x_{t-1} + \Psi_g g_t + \Psi_u u_t \tag{19.11}$$

其中,参数 Ψ 仍然是由结构参数和目标函数决定的。

最后,我们还可以考虑一个著名的可选工具规则,即所谓的泰勒规则。该规则规定了利

---

① 在这个推导中,为了简单起见,我们假设没有指数化。
② 见 Evans 和 Honkapohja(2008a)的研究。

率对当前通货膨胀和产出缺口的反应,其形式如下:

$$i_t = \chi_\pi \pi_t + \chi_x x_t \qquad\qquad (19.12)$$

尽管这个规则在前面给出的新凯恩斯主义模型中不是完全最优的,但是它在各种模型中都已被证明具有很高的稳健性。[①]

4. 自适应学习下的货币政策规则与稳定性

在第 3 节中,我们假设经济中的行为主体拥有理性的(或模型一致的)预期。如引言中所言,这种假设在普遍的模型不确定性的情况下只是一种极端情形。此外,某些政策规则也可能与理性预期均衡的非确定性有关,因此可能被视为不可取的(Bernanke and Woodford,1997)。如果货币政策当局真的遵循这样的规则,经济体系的波动性可能会出人意料的高,因为行为主体无法在众多的均衡中成功地在某个特定的均衡上达成协调。相反,当均衡是确定的时,我们通常就可以假设各行为主体可以在该平衡上达成协调了。

为了解决这种协调是否能够达成这个问题,我们需要证明行为主体拥有通过学习理解所分析的模型的均衡。[②] 在 Bullard 和 Mitra(2002)以及 Evans 和 Honkapohja(2003b,2006)发表了开创性的论文之后,这个研究领域里越来越多的文献都开始假设模型中的行为主体在最初时并不拥有理性预期能力,相反,他们只能根据经济产生的数据,利用各种各样的递归学习算法——比如递归最小二乘算法——来预测。[③] 然后,这类文献采用 Evans 和 Honkapohja(1998,2001)的方法,分析在这样一个世界中,行为主体是否能够在一系列货币政策反馈规则下,通过学习理解系统的基本状态变量均衡或最小状态变量(minimum state variable,简写为 MSV)均衡。它利用预期稳定性标准来判断实时递归学习动态下的理性预期均衡是否稳定。许多经济学家建议,将这种学习下的稳定性作为均衡选择的标准和可取的货币政策的判断标准。在本节中,我们回顾了研究当经济中的行为主体像计量经济学家一样行事时各种货币政策规则(如第 3 节中提出的那些规则)的表现的文献。所谓像计量经济学家一样行事是指新的数据出现以后,这些行为主体会重新估计一个简化方程,以形成他们对通货膨胀和产出缺口的预期。Evans 和 Honkapohja(2008a)对这个领域最近的大部分研究进行了权威的评述。我们也在很大程度上遵循了他们的阐述。

4.1　新凯恩斯主义模型中的预期稳定性

在本节中,我们将使用一个由未经指数化的新凯恩斯主义菲利普斯曲线式(19.1)、前瞻

[①] 例如,参见 Taylor 和 Williams(2010)为本手册撰写的第十五章。

[②] 参见 Marcet 和 Sargent(1989)对学习模型中收敛于理性预期均衡的情况的早期分析。

[③] Evans 和 Honkapohja(2008a)将这一假设称为认知一致性原则。

性 IS 曲线式(19.9)和简单泰勒规则式(19.12)组成的一个简单的方程组(经济系统),来简要地说明确定性和预期稳定性的概念。定义向量:

$$y_t = \begin{bmatrix} x_t \\ \pi_t \end{bmatrix}, \text{以及 } v_t = \begin{bmatrix} g_t \\ u_t \end{bmatrix}$$

于是前面所说的方程组的简化形式可以写成:

$$y_t = ME_t^* y_{t+1} + Pv_t \tag{19.13}$$

其中

$$M = \frac{1}{1 + \varphi(\chi_x + \kappa\chi_\pi)} \begin{bmatrix} 1 & \varphi(1 - \beta\chi_\pi) \\ \kappa & \kappa\varphi + \beta(1 + \varphi\chi_x) \end{bmatrix},$$

以及

$$P = \frac{1}{1 + \varphi(\chi_x + \kappa\chi_\pi)} \begin{bmatrix} 1 & -\varphi\chi_\pi \\ \kappa & 1 + \varphi\chi_x \end{bmatrix}$$

4.4.1 确定性

首先考虑如下问题:在理性预期下,上述经济系统是否拥有一个唯一的稳态理性预期均衡——在这种情况下,这个模型就可以称为"确定的"。如果模型是"非确定的",相应地,存在多个稳态解,那么这些解将包括所谓的太阳黑子解,也就是说,理性预期均衡依赖于只能通过行为主体的预期去影响经济的外生随机变量。[1]

众所周知,在这种存在两个前瞻性变量的情况下,确定性的条件是矩阵 M 的两个特征值都位于单位圆内部。很容易证明,式(19.13)是确定性的条件为[2]:

$$\chi_\pi + \frac{1 - \beta}{\kappa}\chi_x > 1 \tag{19.14}$$

在确定的情况下,唯一的稳态解将取最小状态变量形式,而且仅仅是外生冲击的函数:

$$y_t = \bar{c}v_t \tag{19.15}$$

然后用待定系数法就可以很容易地证明,在序列不相关的冲击的情况下,$\bar{c}$ 将会等于 P。

4.1.2 预期稳定性

接下来,我们再来考虑自适应学习而不是理性预期下的经济系统式(19.13)。根据最小状态变量解式(19.15),假设经济行为主体认为的解的形式为:

$$y_t = a + cv_t \tag{19.16}$$

但是不知道那个 2×1 向量 a 和 2×2 矩阵 c 的具体形式(私人部门的行为主体只能自行估计)。用 Evans 和 Honkapohja(2001)的术语来说,式(19.16)就是行为主体的感知运动定律(perceived law of motion,简写为 PLM)。虽然在式(19.16)中,我们假设在理性预期均衡中截距向量为零,但是在实践中,经济行为主体还需要估计出截距以及斜率参数。我们还假设经

---

[1] 已经有很多论文检验了太阳黑子解在学习过程中是不是稳定的,例如 Evans 和 Honkapohja(2003c)以及 Evans 和 McGough(2005b)的论文。

[2] 参见 Bullard 和 Mitra(2002)的研究。

济行为主体能够观察到基本面冲击。

不难写出这个感知运动定律以及序列不相关的冲击,经济行为主体的预期就由下式给出:

$$E_t^* y_{t+1} = a$$

将这些预期插入式(19.13),再解出 y_t,我们就得到了隐含的实际运动定律(actual law of motion,简写为 ALM),它由下式给出:

$$y_t = Ma + Pv_t$$

于是,我们可以得出如下从感知运动定律到实际运动定律的映射:

$$T(a,c) = (Ma, P) \tag{19.17}$$

而且理性预期均衡 $(0, P)$ 是这个映射的不动点。

在实时学习下,事件发生的顺序如下所示。私人部门的行为主体以自己估计的感知运动定律的参数 (a_t, c_t) 进入第 t 期(这些参数是根据到第 $t-1$ 期为止的数据计算出来的)。接下来,外生冲击 v_t 发生,私人部门的经济行为主体通过自己的感知运动定律式(19.16)形成预期。然后中央银行设定利率,于是 y_t 根据式(19.13)产生。最后,在第 $t+1$ 期开始时,经济行为主体加入新的数据点,并使用最小二乘法将他们对参数的估计更新为 (a_{t+1}, c_{t+1})。然后继续重复这个过程。[①]

Evans 和 Honkapohja(2001)给出的预期稳定性原理表明,理性预期均衡在最小二乘学习下是稳定的,也就是说,(a_t, c_t) 将会收敛于理性预期均衡 $(0, P)$,如果理性预期均衡在如式(19.17)所示的 T 映射定义的微分方程下是局部渐进稳定的,即

$$\frac{\mathrm{d}}{\mathrm{d}\tau}(a, c) = T(a, c) - (a, c)$$

利用 Evans 和 Honkapohja(2001)的结果,要保证预期稳定性,我们需要矩阵 M 的特征值——由式(19.13)给出——具有小于 1 的实部。正如 Bullard 和 Mitra(2002)已经证明的,当式(19.14)得到满足时,就可以做到这一点。在具有泰勒规则的前瞻性的基本新凯恩斯主义模型中,确定性条件就已经蕴含了自适应学习下的稳定性条件(预期稳定性)。然而,这并不是一个一般性的结果:在有的时候,预期稳定性的条件比确定性的还要严格,而且在许多情况下,任何一种条件都不会蕴含另一种条件。[②]

式(19.14)是泰勒原理的一个变体。泰勒原理指出,要想稳定经济,名义利率的上升应该超过当前的通货膨胀率。[③] 在这种情况下,只要对产出缺口有足够大的反应,对通货膨胀的反应就可以略小于 1。Clarida 等(2000)认为,对于 1979 年保罗·沃尔克(Paul Volker)出任美国联邦储备委员会主席之前那个通货膨胀率很高且极不稳定的时期,可以用泰勒原理遭到了违背来解释。他们证明,根据美国联邦储备委员会估计的反应函数,在沃尔克出山之前,名义联邦基金利率对预期通货膨胀的反应小于 1 比 1。这样一来,通货膨胀预期冲击(太

---

① 这类文献中使用的学习算法通常假定数据样本会随着时间的推移而稳步扩大,由于每个样本观察值的权重是相同的,这个假定意味着从更多的观察值中得到的增益会随着时间的推移而下降。这与第 5 节中讨论的固定增益最小二乘学习形成了鲜明的对比。

② 多元线性模型的学习和预期稳定性的形式化分析见 Evans 和 Honkapohja(2001)的著作的第十章。

③ 也请参见 Svensson 和 Woodford(2010)以及 Woodford(2003)对新凯恩斯主义模型中各种政策规则下的确定性的全面分析。

阳黑子冲击)可能是自我实现的,因为它们会导致实际利率下降以及产出和通货膨胀上升。Lubik 和 Schorfheide(2004)利用全系统极大似然法对这个命题进行了实证检验。

4.1.3 扩展

Bullard 和 Mitra(2002)考察了在如式(19.12)所示的泰勒规则的不同变体下理性预期均衡的稳定性,他们发现结果对于工具规则是否依赖于滞后、当前或未来的产出和通货膨胀是相当敏感的。在所有情况下,都只有在对政策参数施加一定的限制之后,规则才会产生稳定的均衡。学习的作用就在于它扩大了稳定性所需的限制的集合,从而使得某些在理性均衡下稳定的工具规则在学习下变成了不稳定的。这些结果具有明确和直接的政策意义。具体来说,他们发现泰勒原理,即利率,在对通货膨胀反应时应该做出大于一比一的调整(在前面的方程中,这意味着 $\chi_\pi > 1$),在他们考虑的全部模型设定的范围内,这对可学性来说至关重要。或者更准确地说,他们发现当 $\chi_\pi > 1$ 且 χ_x 足够小时,结果在理性预期下是确定的,而在学习下则是稳定的。然而,当 $\chi_\pi > 1$ 且 χ_x 比较大时,系统却可能是非确定的,不过最小状态变量解在学习下是稳定的。[①] 总的来说,Bullard 和 Mitra(2002)的结果证明,即便系统在理性预期下存在唯一且稳定的均衡,政策规则的参数也必须加以适当地选择,才能确保学习下的稳定性。Bullard 和 Mitra(2002)还证明,当前通货膨胀和产出缺口的不可观测性问题可以通过使用 $E_t^* y_t$ 的"临近播报"而不是使用实际数据的方法来规避掉。确定性和预期稳定性条件都不会受到这种修正的影响。

Evans 和 Honkapohja(2003b,2006)考察的是,当货币当局根据式(19.10)和式(19.11)给出的在相机抉择和承诺下的最优政策规则来实施政策时,学习对稳定性的影响。这两篇论文都证明了只依赖于可观察的外生冲击和滞后变量的"基于基本面因素的"最优政策规则式(19.11)在学习下始终都是不稳定的,因此不太适合作为货币政策的指导方针。这两位经济学家证明,当决策者能够观察私人部门的预期并将其纳入如式(19.10)所示的利率规则时,就可以克服学习下的不稳定性问题了。这些货币政策规则的根本区别在于,它们并不假定私人部门的行为主体具有理性预期,而是"天生"会根据私人预期做出反馈,从而生成收敛于最优理性预期均衡的结果。此外还要注意的是,基于期望的规则也服从某种形式的泰勒原理——因为 $\delta_\pi > 1$。Evans 和 Honkapohja(2008a)强调的一个现实问题是,对私人部门的期望的观察并不是完美的。然而,如果私人部门的预期的测量误差很小,那么前述预期稳定性条件仍然有效。总的来说,在存在学习的情况下,对私人部门的预期的反应对于稳定性来说很重要,这确实是一个重要的结果,这一点将在第 5 节中得到验证。它为中央银行密切监测私人部门的通货膨胀预期的各种措施,并在这些预期偏离中央银行想要实现的通货膨胀目标时做出反应的做法提供了一个明确的理由。此外,顺便提一个有趣的结果,Evans 和 Honkapohja(2003)证明,弗里德曼 $k\%$ 货币增长规则总是会导致确定性和预期稳定性。然而,这种规则并没有提供一个接近于最优政策的配置。

继 Bullard 和 Mitra(2002)以及 Evans 和 Honkapohja(2003b,2005)之后,在这个领域涌现

[①] 正如 Honkapohja 和 Mitra(2004)、Carlstrom 和 Fuerst(2004)以及 Evans 和 McGough(2005b)所证明的那样,也可能存在满足预期稳定性的太阳黑子均衡。

出了一大批分析各种可选货币政策规则的论文,它们或者使用了不同的目标函数,如 Duffy
和 Xiao(2007)的研究;或者在开放经济环境下进行分析,如 Bullard 和 Schaling(2010)、Bullard
和 Singh(2008)、Llosa 和 Tuesta(2006)的研究;或者利用其他成本渠道扩展了新凯恩斯主义
模型,如 Kurozumi(2006)、Llosa 和 Tuesta(2007)的研究;或者明确地纳入了资本积累,如
Duffy 和 Xiao(2007)、Kurozumi 和 Van Zandweghe(2007)、Pfajfar 和 Santoro(2007)的研究;或
者考虑了黏性信息,如 Branch 等(2007,2009)的研究;或者在不变增益而不是在递减增益的
最小二乘学习下进行分析,如 Evans 和 Honkapohja(2008b)的研究。

4.2　恶性通货膨胀、通货紧缩与学习

　　上述讨论的文献告诉政策制定者的核心信息非常明确:当经济行为主体的知识不完美
并且他们试图从观察中学习时,至关重要的一点是,货币政策要防止通货膨胀预期成为经济
不稳定性的一个来源。前面讨论的大多数文献所考虑的都是线性模型的局部稳定性。不
过,还有不少文献提供了一些例子,说明了在可能存在多个通货膨胀均衡的非线性情况下学
习的重要性。两个典型的例子是恶性通货膨胀和螺旋式的通货紧缩。①

　　在最近的一篇重要论文中,Marcet 和 Nicolini(2003)试图解释 20 世纪 80 年代一些国家
所经历的周期性恶性通货膨胀。他们指出,只有将正统政策(削减赤字)和非正统政策(汇率
规则)结合起来,才有可能打破恶性通货膨胀的一再重演。马塞特和尼科利尼的模型是从一
个存在学习过程的标准恶性通货膨胀模型——就像 Evans 和 Honkapohja(2001)的模型那
样——中衍生出来的。在这个模型中,高通货膨胀均衡在自适应学习下是不稳定的。通过
考虑购买力平价方程和遵循汇率规则的可能性,他们将标准模型扩展到了小型开放经济的
情况。马塞特和尼科利尼指出,在理性预期的情况下,这样的模型无法解释相关的经验事
实。然而,在存在学习过程的情况下,模型模拟结果看上去非常可信,并且能够解释 Marcet
和 Nicolini(2003)所记录的所有经验事实。

　　全球金融危机将关于流动性陷阱和通货紧缩螺旋的研究带回了政策辩论的中心。Evans
等(2008)、Evans 和 Honkapohja(2009)在新凯恩斯主义模型的背景下考虑了这些问题。他们
采纳了 Benhabib 等(2001)的见解,即将名义利率的零利率下限约束考虑进来,这就意味着货
币政策规则必定是非线性的,它还意味着存在第二个均衡,即低通货膨胀均衡(通货膨胀率
可能为负)。

　　Evans 等(2008)假设存在全球性的泰勒规则以及公共支出外生的传统李嘉图式财政政
策。他们证明,高通货膨胀均衡在学习下是局部稳定的,而低通货膨胀均衡则不然。在后一
个均衡中,在学习过程下存在着出现通货紧缩螺旋的可能性。有意思的是,他们还证明在某
个低通货膨胀率阈值处,激进的货币和财政政策有可能可以排除通货紧缩螺旋。

---

① 见 Evans 和 Honkapohja(2008a)的第 7 节与第 8 节,那里对我们这一节提到的论文进行了更全面的讨论。

5. 自适应学习下的最优货币政策

在第4节中,我们讨论了大量分析在自适应学习下,各种简单的货币政策规则如何影响宏观经济均衡的稳定性和确定性的文献。在本节中,我们将分析当中央银行最小化一个明确的损失函数并拥有关于经济结构的完整信息(包括关于私人部门产生预期的精确机制的信息)时,对冲击的最优货币政策反应和相关的宏观经济结果。[①] 本节分析时所使用的基本模型仍然是如式(19.1)所示的新凯恩斯主义菲利普斯曲线。与第4节中讨论的大多数文献不同,我们在本节中假设了恒定增益(或永久)学习,这就为存在结构性变化时提供了更加稳健的学习机制。另一个不同之处是,为了简单起见,我们将不再显式地纳入IS曲线,而是假设中央银行可以直接控制产出缺口。下个部分分析了完全前瞻性的新凯恩斯主义菲利普斯曲线,并考虑了如Molnar和Santoro(2006)所述的关于通货膨胀目标的恒定增益学习。本章的5.2分析了式(19.1)中指数化的混合菲利普斯曲线,并考虑了如Gaspar等(2006a)所述的关于通货膨胀持续性的恒定增益学习。

5.1 前瞻性新凯恩斯主义模型中对通货膨胀目标的自适应学习

沿着Molnar和Santoro(2006)的基本思路,本节首先利用一个完全前瞻性的菲利普斯曲线模型分析了货币政策,在这个模型中,私人部门使用一个简单的关于平均通货膨胀水平的自适应学习机制来形成下一个时期的通货膨胀预期。在理性预期和相机抉择下,私人部门对下一个时期通货膨胀的预期将为零(或等于这个模型的非对数线性版本中的通货膨胀目标)。而在自适应学习下,我们假设私人部门会计算出过去的通货膨胀率的某个加权平均值,并预计下一个时期的通货膨胀率将与过去的平均通货膨胀率的这个加权平均值相同,更具体地说,其形式为:

$$E_t^* \pi_{t+1} \equiv a_t = a_{t-1} + \phi(\pi_{t-1} - a_{t-1}) \tag{19.18}$$

对这样一个简单模型进行分析的好处在于,由于最优政策问题是线性二次的,因此可以得到解析解。私人部门的行为主体使用恒定增益(类似于使用固定样本长度)来应对结构性变化。这个例子还能够帮助我们从直观上迅速理解下一节中要讨论的更加复杂的情况下的最优政策反应。

在这种情况下,中央银行面对的问题可以表述为:在服从条件式(19.17)和式(19.18)的前提下,找到适当的$\{\pi_t, x_t, a_{t+1}\}$,以最小化当期损失函数式(19.2)的预期贴现值。这个问题的一阶条件是:

$$2\pi_t - \lambda_{1,t} + \phi\lambda_{2,t} = 0 \tag{19.19}$$

---

① 见本章的第五个脚注。

$$2\lambda x_t + \kappa\lambda_{1,t} = 0 \tag{19.20}$$

$$E_t\big[\beta^2\lambda_{1,t+1} + \beta(1-\phi)\lambda_{2,t+1} - \lambda_{2,t}\big] = 0 \tag{19.21}$$

其中，$\lambda_{1,t}$ 和 $\lambda_{2,t}$ 分别是与式(19.17)和式(19.18)相关联的拉格朗日乘数。

将式(19.19)和式(19.20)联立，就可以得到：

$$x_t = -\frac{\kappa}{\lambda}\left(\pi_t + \frac{\phi}{2}\lambda_{2,t}\right) \tag{19.22}$$

为了简单起见，假设 $\beta=1$，那么利用式(19.20)，我们向前迭代式(19.21)，就可以解出作为未来产出缺口的函数 $\lambda_{2,t}$，即

$$\lambda_{2,t} = -2\frac{\lambda}{\kappa}E_t\sum_{i=0}^{\infty}(1-\phi)^i x_{t+1+i} \tag{19.23}$$

联立式(19.22)和式(19.23)，我们可以得到：

$$\pi_t = -\frac{\lambda}{\kappa}\Big[x_t - \phi E_t\sum_{i=0}^{\infty}(1-\phi)^i x_{t+1+i}\Big] \tag{19.24}$$

不难看出，当不存在学习时（即当 $\phi=0$ 时），我们就又回到了前面的式(19.5)给出的在相机抉择下的理性预期解。由于中央银行不能影响通货膨胀预期，因而只能在存在成本推动型冲击的情况下在稳定当前产出与稳定当前通货膨胀之间进行期内权衡。对于存在学习的情形（即当 $\phi>0$ 时），则还存在如式(19.24)中的第二项所示的跨期权衡。由于允许通过影响通货膨胀来平滑当前产出，中央银行就可以根据式(19.18)影响未来的通货膨胀预期，从而会在稳定未来的通货膨胀与稳定未来的产出缺口之间产生一种权衡。这个未来的权衡的成本由式(19.24)中的第二项给出。通过将当前的通货膨胀保持在更接近其目标的水平上，而不是通过期内权衡来实现，中央银行可以稳定未来的通货膨胀预期，并改善跨期权衡。这里值得强调的第一个重要结果是，在最优政策下，中央银行应对通货膨胀的行动应该比相机抉择下的理性预期模型所显示的行动更加激进。这与 Ferrero(2007)、Orphanides 和 Williams(2005a,2005b)的研究结果一致。最优政策的第二个重要特征是它具有时间一致性，并且在性质上类似于理性预期下的承诺解，因为最优政策是具有持续性的，且不怎么愿意容忍成本推动型冲击对通货膨胀的影响。

这个模型还可用于分析增益递减的影响。Molnar 和 Santoro(2006)证明，在发生了一个结构性的中断之后（例如通货膨胀目标的突然调低），最优政策应该在遏制通货膨胀预期方面表现得更加积极一些，因为与前期相比，经济行为主体更重视最近的通货膨胀结果。最后，Molnar 和 Santoro(2006)还研究了当私人部门的预期形成存在不确定性时结果的稳健性，并证明在学习下的最优政策对于预期形成过程的误解是稳健的。

5.2　混合新凯恩斯主义模型中对于通货膨胀持续性的自适应学习

在如式(19.1)所示的更一般的新凯恩斯主义模型中，理性预期和相机抉择最优货币政策下的通货膨胀均衡动态将遵循如式(19.24′)所示的一阶自回归过程，即

$$\pi_t = \rho\pi_{t-1} + \tilde{u}_t \tag{19.24′}$$

在这种情况下,我们假设在自适应学习下,私人部门的行为主体相信通货膨胀过程可以用这种一阶自回归过程很好地逼近。然而,由于私人部门的行为主体不知道潜在的参数的具体取值,他们只能使用恒定增益最小二乘算法递归地估计这个方程,而这种算法意味着永久学习。因此,经济行为主体需要估计的是如下简化形式的通货膨胀方程[1][2]:

$$\pi_t = c_t \pi_{t-1} + \varepsilon_t \tag{19.25}$$

经济行为主体是有限理性的,因为它们没有考虑到参数 c 在不同时间上是不同的这个事实。参数 c 刻画了估计的或感知的通货膨胀持续性。下面这个方程描述了私有部门估计的参数的递归更新过程:

$$c_t = c_{t-1} + \phi R_t^{-1} \pi_{t-1} (\pi_t - \pi_{t-1} c_{t-1}) \tag{19.26}$$

$$R_t = R_{t-1} + \phi(\pi_{t-1}^2 - R_{t-1}) \tag{19.27}$$

再一次,这里的 ϕ 还是指常数增益。需要注意的是,由于引入了学习动态,状态变量的数量增加到了四个:u_t、π_{t-1}、c_{t-1} 和 R_t,最后两个变量是预先确定的,是中央银行在时期 t 制定政策时就是已知的。[3]

关于更新过程的另一个要考虑的因素是私营部门在更新其估计和形成下一时期的通货膨胀预期时所使用的信息。我们假设行为主体在预测未来通货膨胀时利用的是当前的通货膨胀数据,但是在更新参数时则不会用到它。这也就意味着,行为主体在第 t 期时对于第 $t+1$ 期的通货膨胀的预期可以直接写成以下形式:

$$E_t^* \pi_{t+1} = c_{t-1} \pi_t \tag{19.28}$$

通常而言,在具有学习的前瞻性模型中都会存在双重同时性问题。在式(19.1)中,当前的通货膨胀部分取决于预期的未来通货膨胀。但是根据式(19.28),预期的未来通货膨胀又是只有在当前通货膨胀确定之后才能确定的。此外,在一般情况下,估计出来的参数 c 也取决于当前的通货膨胀。现有文献(至少)有三种处理这个问题的方法。第一种是让信息集滞后,即让经济行为主体在预测第 $t+1$ 期的通货膨胀时只能利用第 $t-1$ 期的通货膨胀,这也正是 Gaspar 和 Smets(2004)在他们的研究中所采用的假设。第二种更常见的方法是找到能够协调预测通货膨胀和实际通货膨胀的不动点,同时又不允许行为主体使用当前的信息去更新系数,即只需将式(19.28)代入式(19.1),便可求解通货膨胀。这种方法可以使相对于标准模型的偏差尽可能小(如果让信息集滞后,那么理性预期均衡也会改变),同时又能保证不动点问题相对简单。从直觉上说,这种方法也可以这样来说明它的合理性:重新估计一个预测模型比应用一个现有模型需要更多的时间。第三种方法是同时用当前信息来更新系数,

---

[1] 与 5.1 中所描述的内容不同,我们在这里假设私人部门知道通货膨胀目标(等于零)。虽然分析私人部门同时了解常数和通货膨胀目标的情况也是有用的,就像 Orphanides 和 Williams(2005b)所做的那样,但是要计算出结果在目前来说还不可行。

[2] 或者,我们也可以假设私人部门认为滞后产出缺口也会影响通货膨胀——就像有承诺时那样,如式(19.8)所示——然而,这意味着必须将另外三个状态变量引入一个非线性最优控制问题,要求给出这样一个模型的数值解在计算上是不可行的。因此,在本章中,我们坚持使用更简单的单变量一阶自回归模型。

[3] 这里要请读者注意,尽管经济行为主体是有限理性的,但是预测误差是接近于序列不相关的,因此很难发现系统性误差。在后面讨论的基准情况中,预测通货膨胀与实际通货膨胀之间的相关性为 0.35,预测误差的序列相关性为 0.0036。

不过这会产生一个更加复杂的不动点问题。

将式(19.28)代入新凯恩斯主义菲利普斯曲线式(19.1),我们就可以得到:

$$\pi_t = \frac{1}{1 + \beta(\gamma - c_{t-1})}(\gamma\pi_{t-1} + \kappa x_t + u_t) \tag{19.29}$$

5.2.1　最优货币政策的求解方法

我们将两种情况分开来处理。第一种情况是中央银行遵循某个简单的规则——特别是如式(19.3)和式(19.7)给出的那种规则;第二种情况是运用在损失函数式(19.7)下的完全最优政策。在第一种情况下,简单规则式(19.3)或式(19.7)、菲利普斯曲线式(19.1),再加上式(19.26)—式(19.28),就可以决定整个系统的动态变化。在第4节讨论的自适应学习文献中,标准问题是给定的均衡是不是可学习的,以及哪些政策规则会导致收敛到理性预期均衡。而在关注最优政策的情况下,我们针对的则是另一个不同的问题。假设中央银行拥有关于模型结构的完全知识,包括主体的行为符合自适应学习模型这个事实,那么最优的政策反应是什么? 经济又会有什么样的表现? 在这种情况下,中央银行的行长们非常清楚,政策行动会影响预期的形成和通货膨胀动态。为了强调我们关于中央银行知悉关于预期形成机制的一切这个假设,Gaspar 等(2006a)将这种极端情况称为“精明老练的”中央银行情形。这意味着要求解完全动态优化问题,其中与估计过程相关的参数也是状态变量。

具体来说,中央银行需要做的是,在满足式(19.29)的约束和递归参数更新方程式(19.25)和式(19.26)的前提下,求解如下这个动态规划问题[①]:

$$V(u_t, \pi_{t-1}, c_{t-1}, R_t) = \max_{x_t}\left[-\frac{(\pi_t - \gamma\pi_{t-1})^2 + \lambda x_t^2}{2} + \beta E_t V(u_{t+1}, \pi_t, c_t, R_{t+1})\right] \tag{19.30}$$

这个问题的解将最优政策刻画为模型中的状态变量和参数的函数,可以简单地写成如下形式:

$$x_t = \Psi(u_t, \pi_{t-1}, c_{t-1}, R_t) \tag{19.31}$$

由于在这种情况下,值函数对于状态变量不会是线性二次的,所以我们可以采用 Judd (1998)以及 Miranda 和 Fackler(2002)的研究中描述的配置方法来求出模型的数值解。而这又相当于使用三次样条的组合来逼近值函数,并转化为一个求根计算。关于这一数值模拟解法的更多信息,请参阅 Gaspar 等(2010)的描述。

5.2.2　基线模型的校准

为了研究自适应学习下的通货膨胀动态,我们需要给出关于模型中的关键参数的具体假设。在模型模拟中,我们以如表 19.1 所示的参数集作为基准,然后再加上关于消费替代弹性和劳动供给弹性的跨期假设,这些结构参数意味着 $\kappa = 0.019$ 和 $\lambda = 0.002$。[②] 我们对 γ 的值的选择可以让这个基准校准具有一定的通货膨胀持续性。我们令 γ 的值为 0.5,这也是在实证研究估计的新凯恩斯主义菲利普斯曲线中经常可以发现的取值,例如 Smets(2004)、Gali

---

① 值函数的定义为 $V(\cdot) = \max_{\{x_j\}}\{-\sum_j \beta^j[(\pi_j - \gamma\pi_{j-1})^2 + \lambda x_j^2]\}$,满足式(19.1),式(19.26),式(19.27)和式(19.28)},即最大化损失函数的相反数。在解释一阶条件时记住这一点非常重要。

② 在这里,我们采纳了 Woodford(2003)的思路,特别是参考了其中的第 187 页和第 214—215 页。

和 Gertler(1999)的研究。$\theta = 10$ 则对应大约 10% 的价格加成。

表 19.1　基准情况下的相关参数

变　量	β	γ	λ	θ	α	ϕ	κ	σ
参数值	0.99	0.5	0.002	10	0.66	0.02	0.019	0.004

$1-\alpha$ 衡量的是每一个时期可以最优地改变价格的企业所占的比例。我们所选择的 α 的值,使得价格的平均持续时间为三个季度,这与来自美国的实证证据相一致。恒定的增益 ϕ 则校准为 0.02。Orphanides 和 Williams(2005c)发现,需要一个介于 0.01 至 0.04 之间的 ϕ 值,才能使得基于模型得到的通货膨胀预期与专业预测者调查的结果相匹配。0.02 的 ϕ 值对应的样本平均长度大约为 25 年的情况。[①] 而在极限情况下,当增益趋于零时,政策对估计的通货膨胀持续性的影响趋于零,因此在政策问题中不起作用。

5.2.3　最优政策下的宏观经济表现与持续性

在本部分,我们将讨论自适应学习下的宏观经济表现。我们比较了分别由式(19.3)和式(19.7)给出的最优货币政策和简单政策规则在理性预期与自适应学习下的结果。表 19.2 共比较了我们的基准校准下的五个情况(两个在理性预期下,三个在自适应学习下)。在理性预期下,比较了相机抉择政策和承诺政策;在自适应学习下,我们将最优政策与在理性预期下可以是最优的相机抉择规则和承诺规则——分别由式(19.3)和式(19.7)给出——进行了比较。

表 19.2　宏观经济结果概要

指　标	理性预期		自适应学习		
	相机抉择	承　诺	相机抉择规则	承诺规则	最　优
$\text{Corr}(x_t, x_{t-1})$	0	0.66	0	0.66	0.54
$\text{Corr}(\pi_t, \pi_{t-1})$	0.50	0.24	0.56	0.34	0.34
$\text{var}(x_t)$	0.95	1	0.95	1	1.02
$\text{var}(\pi_t)$	1.85	1	2.18	1.27	1.23
$\text{var}(\pi_t - \gamma\pi_{t-1})$	1.38	1	1.49	1.14	1.11
$E(L_t)$	1.29	1	1.37	1.11	1.09

注:$\text{var}(x_t)$、$\text{var}(\pi_t - \gamma\pi_{t-1})$ 和 $E(L_t)$ 是用相对于承诺的比率来衡量的。

先对理性预期下有承诺时与相机抉择时众所周知的结果加以比较,对进一步的比较很有指导意义。对于这种情况,我们已经在上面的第 3 节中指出,承诺意味着对成本推动型冲击的长期持续的反应,即在冲击从经济中消失后仍将持续——另见 Clarida 等(1999)、Woodford(2003)的研究。如前所述,直观上看,在面对正向成本推动型冲击时,通过创造价格水平将下降的预期,最优政策能够减少冲击的直接影响,并将它分散到一段时间中去。在承诺最优政策的情况下,面对成本推动型冲击,通货膨胀预期会发挥自动稳定器的作用。这种直觉在如表 19.2 所示的结果中可以清楚地体现出来。很显然,在简单规则下(假设成本推

---

① 参见 Orphanides 和 Williams(2005c)的论述。类似地,Milani(2007)使用贝叶斯估计法得到的增益参数为 0.03。

动型冲击是独立同分布的），产出缺口是没有持续性的。相比之下，在承诺条件下，产出缺口变得非常有持续性，自相关系数达到了 0.66。通货膨胀则与产出缺口相反。通货膨胀的持续性在相机抉择下等于假设的内在持续性参数值（即 0.5）；而在承诺下则下降到了不到一半，只有 0.24。在相机抉择下，通货膨胀的方差大约高出了 85%，而通货膨胀的拟差的方差则大约高出了 37%。与此同时，产出缺口的波动性却仅仅降低了 5% 左右。产出缺口的波动性的下降说明了最优相机抉择货币政策下的稳定偏向。总的来说，在相机抉择下，损失增加了大约 28%。

与 Orphanides 和 Williams（2002）一样，对理性预期和自适应学习下的相机抉择规则与承诺规则进行比较（即对表 19.2 的第一栏和第二栏进行比较，与第三栏和第四栏进行对比），也能说明很多问题。我们这里的比较证实了 Orphanides 和 Williams（2002）的发现。很显然，产出缺口的自相关和波动性在这两种情况下都保持不变。在简单规则下，产出缺口只会对外生的成本推动型冲击和（在承诺情况下）自身的滞后做出反应。而在自适应学习条件下，通货膨胀的自相关系数分别从相机抉择下的 0.5 增加到了大约 0.56，从承诺条件下的 0.24 增加到了 0.34。由此导致的一个结果是在相机抉择下损失增加了 8 个百分点，而在承诺下则增加了 11 个百分点。从直觉上看，在自适应学习下，通货膨胀预期是放大成本推动型冲击直接影响的另一个渠道，从而有助于它们在经济中的持续传播。持续性和波动性的增加是与学习过程引发的动态交织在一起的。

最后，最优货币政策在自适应学习下（表 19.2 的最后一栏）表现如何？正如我们预料的那样，相对于在理性预期下最优的更简单的线性规则，它能够改善宏观经济表现。这里有意思的是，它和承诺情况下的结果相似。最优政策引发了产出缺口的相当大的持续性，并将通货膨胀的持续性大幅降低到了大约 0.34（与承诺规则下相同）。与之前一样，这与相对于相机抉择下的结果的通货膨胀波动性的显著下降有关。通货膨胀的方差下降了 95 个百分点，仅比理性预期下的有承诺时高 23%。通货膨胀拟差的方差也下降了大约 38 个百分点。与此同时，产出缺口的波动性则只是略高于相机抉择规则下的波动性。总的来说，当最优政策取代了简单的相机抉择规则时，预期的福利损失将显著下降大约 28 个百分点。

总而言之，自适应学习条件下的最优政策的损失与承诺和理性预期条件下的损失接近，从对表 19.2 中第二栏与最后一栏的比较中可以清楚地看出这一点。此外，在这两种情况下，产出缺口都表现出了显著的持续性，而通货膨胀的持续性则远低于相机抉择规则下的。然而，即便是在最优政策下，自适应学习仍然会使通货膨胀更具持续性，而且还会使经济比理性预期和承诺规则下更不稳定。第二个需要强调的重要结论是，产出缺口只对成本推动型冲击及其自身的滞后做出反应的简单承诺规则在自适应学习下表现得出奇的好——它的结果非常接近于完全最优政策。自适应学习下的简单承诺规则这种引人注目的表现说明，中央银行适应成本推动型冲击的能力——这取决于经济状况（如滞后通货膨胀和感知到的通货膨胀持续性）——相对于它通过对成本推动型冲击的持续反应来降低人们所感知到的通货膨胀过程的持续性的能力而言，只有二阶重要性。

图 19.4 提供了关于内生变量分布的更多的细节——估计的持续性、产出缺口、通货膨胀率、通货膨胀拟差，以及矩阵。图中分别显示了最优政策和简单规则下的结果。第一，图中

的(A)板块表明,在最优政策和简单承诺规则下,估计出来的持续性参数的平均值显著更低,且分布更集中于均值附近。值得注意的是,在最优政策下,感知到的通货膨胀参数永远不会接近于1,这与简单相机抉择规则下的情况相反。事实上,简单的相机抉择规则与私人部门的永久学习相结合有时会引发爆炸性的动态变化,即人们所感知到的通货膨胀持续性超过了1。[1] 为了绘制出长期分布,我们采纳了 Orphanides 和 Williams(2005a)的方法,假设当感知的通货膨胀参数达到1时,对该参数的更新就停止,直到其他更新使得估计的参数再次向下推,从而排除了爆炸性路径。自然,这种假设会导致低估相机抉择规则下的不稳定风险。Gaspar 等(2006b)研究了一个经济如何从在相机抉择规则控制下的爆炸性的路径开始,过渡到逐渐导致通货膨胀的锚定的最优政策。自适应学习下的最优货币政策能够成功地排除这种爆炸性的动态。

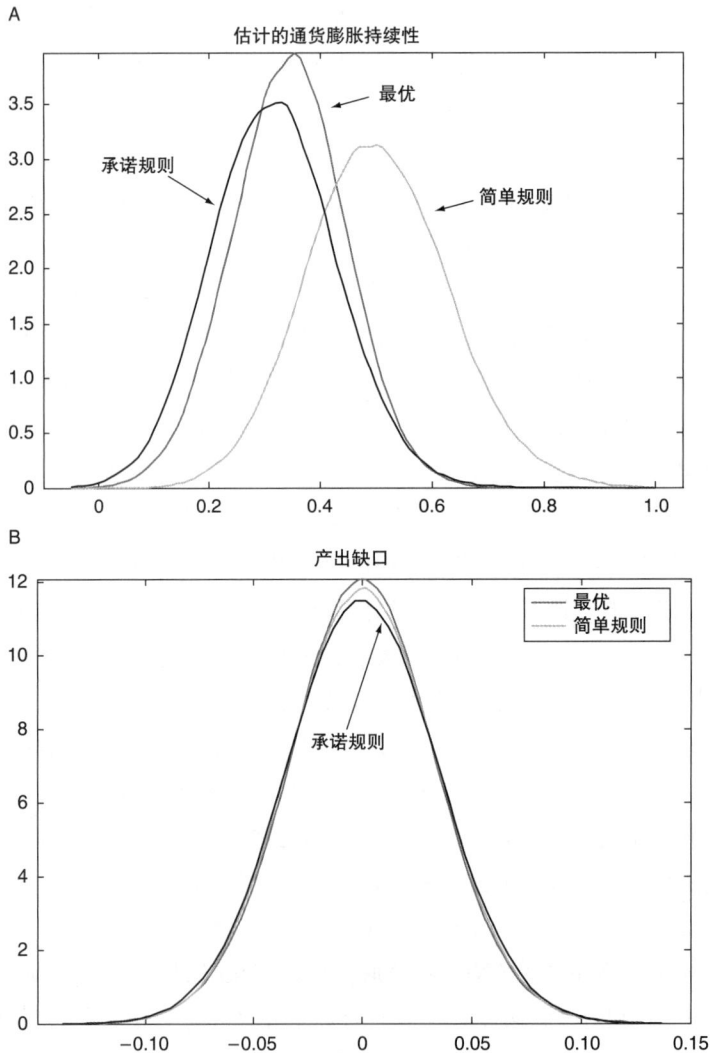

---

① 对于泰勒规则的情况,Orphanides 和 Williams(2005a)也报告了类似的结果。

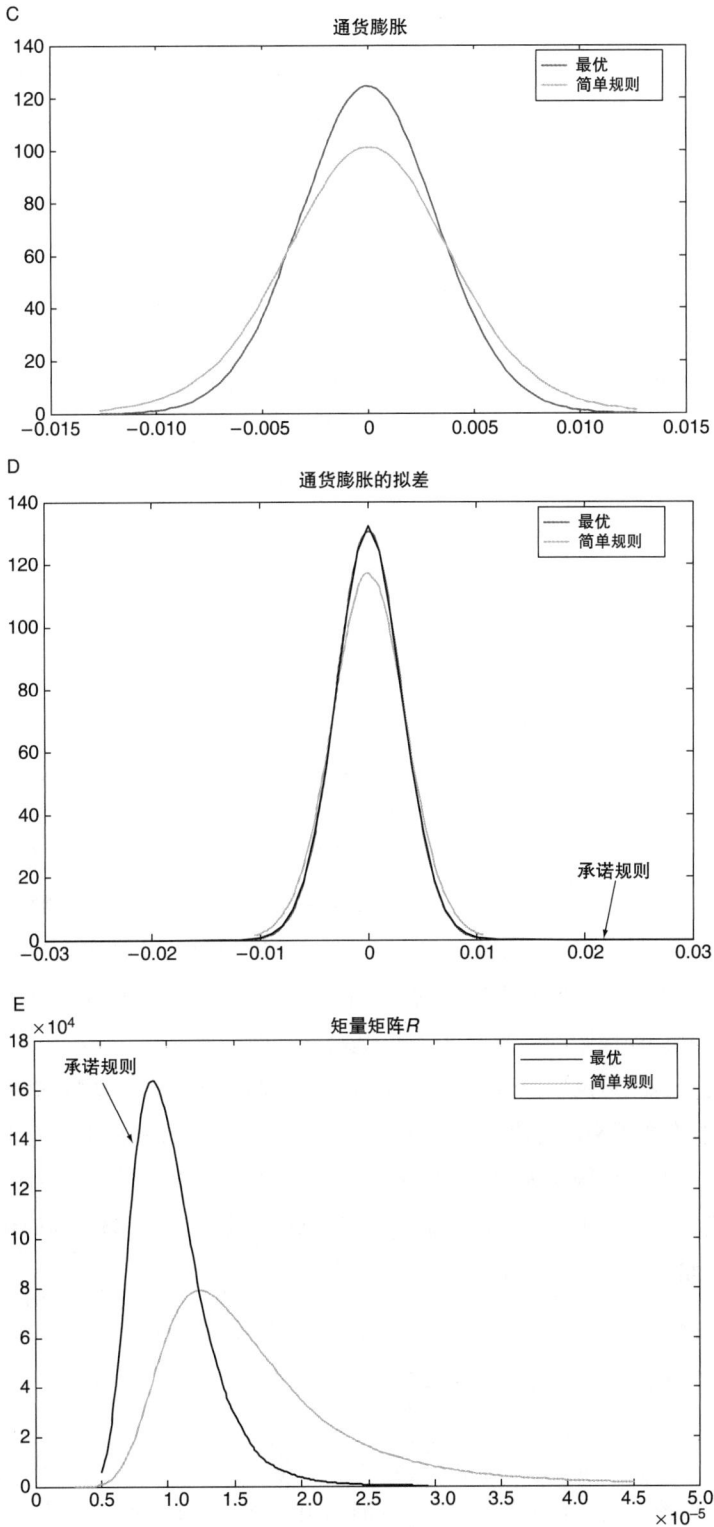

图 19.4 （A）估计的通货膨胀持续性的分布，（B）产出缺口的分布，
（C）通货膨胀的分布，（D）通货膨胀拟差的分布，（E）矩量矩阵的分布

第二,图中的(B)、(C)和(D)板块证实了表19.2中报告的结果。在最优政策和简单承诺规则下,通货膨胀的分布和通货膨胀拟差的分布——(C)板块和(D)板块——变得更加集中。同时,(D)板块中产出缺口的分布则非常相似,从而证实了两种区制下产出缺口的方差相同的结论。

第三,矩阵 R——(E)板块——的分布也向左侧移动了,而且在最优政策下分布变得更加集中,这反映了通货膨胀的方差相对于简单相机抉择规则下降的事实。

总而言之,自适应学习下的最优货币政策具有承诺下最优货币政策的一些特征。需要再一次强调的是,在这两种情况下,对成本推动型冲击的持续反应会导致产出缺口显著正自相关,进而通过稳定的通货膨胀预期导致较低的通货膨胀持续和波动性。

然而,导致这些结果的机制的细节必定有很大的不同。正如我们已经看到的,在理性预期下,承诺是通过未来政策行动对当前结果的影响而发挥作用的。而在自适应学习下,根据假设,未来政策行动的宣布是不相关的。

5.2.4 自适应学习下的最优货币政策:它是如何发挥作用的?[①]

对于最优货币政策的表示,可以先观察一下成本推动型冲击后的政策函数和平均动态脉冲响应函数的形状。如前所述,可以将最优政策描述为模型中的四个状态变量(即 u_t、π_{t-1}、c_{t-1} 和 R_t)的函数。Gaspar 等(2010)证明,式(19.31)可以隐式地表示为:

$$x_t = -\frac{\kappa\delta_t}{\kappa^2\delta_t + \lambda\chi_t^2}u_t + \frac{\kappa\gamma(\chi_t - \delta_t) + \beta\kappa\chi_t\phi R_t^{-1}E_tV_c}{\kappa^2\delta_t + \lambda\chi_t^2}\pi_{t-1} + \beta\frac{\kappa\chi_t}{\kappa^2\delta_t + \lambda\chi_t^2}E_tV_\pi \quad (19.32)$$

其中,$\delta_t = 1 - 2\beta\phi E_tV_R$,$\chi_t = 1 + \beta(\gamma - c_{t-1})$,同时,$V_c$、$V_\pi$ 和 V_R 表示值函数相对于各个下标所示的变量的偏导数。在解释式(19.32)时,有两点要记住。首先,偏导数 V_c、V_π 和 V_R 都依赖于状态向量 u_{t+1}、π_t、c_t 和 R_{t+1},而后三个状态变量则取决于冲击的历史和政策反应。其次,值函数是通过一个最大化问题来定义的。在这种情况下,值为正的偏导数意味着状态变量的增大有利于我们的准则——或者更明确地说,这有助于减少损失。

为了讨论最优政策反应函数背后的一些直觉,我们不妨考虑一些特殊情况,那应该很有用。具体地说,在接下来的讨论中,我们将假设 E_tV_R 为零,因此矩阵的变化对于值函数的预期边际影响为零。这个假设为讨论提供了一个合理的起点,至于原因,Gaspar 等(2010)已经阐述得很清楚了——如果 E_tV_R 为零,那么 $\delta_t = 1$,从而使得式(19.32)大为简化。

5.2.5 期内权衡($\pi_{t-1} = 0$)

如果滞后通货膨胀等于零,即 $\pi_{t-1} = 0$,那么最优货币政策反应式(19.24)就可以化简为一个简单的对当期成本推动型冲击的反应:

$$x_t = -\frac{\kappa}{\kappa^2 + \lambda\chi_t^2}u_t \quad (19.33)$$

这个结果是显而易见的,因为式(19.24)右侧的第二项很明显为零,此外还可以证明,对于

$\pi_{t-1} = 0, E_t V_\pi$ 也等于零。

此外,如果还有 $c_{t-1} = \gamma$,那么就有 $\chi_t^2 = \chi_t = 1$,于是式(19.33)就可以简化为如式(19.3)所示的在理性预期和相机抉择下推导出来的简单规则。或者换句话说,当滞后通货膨胀率为零,同时估计通货膨胀的持续性与内在持续性的程度相等,那么在自适应学习下,对冲击的即时最优货币政策反应与在相机抉择和理性预期下的最优反应相一致。这个发现其中蕴含的原因很直观。[①] 从式(19.26)可以很清楚地看出,当滞后通货膨胀为零时,无论当前的政策行动如何,估计的持续性参数都不会发生变化。因此,试图影响感知到的持续性参数可能不会带来任何好处。同样的直觉也可以解释为什么当恒定增益参数为零(即 $\phi=0$)时,完全最优政策下的解与式(19.3)相吻合,这意味着简单的相机抉择规则将导致完全最优政策。在这种情况下,只有产出与通货膨胀稳定之间的期内权衡起作用。然而,与理性预期下的相机抉择政策不同,自适应学习下的最优反应一般取决于感知到的通货膨胀持续性程度。例如,当估计的持续性低于内在持续性的程度,即当 $\gamma > c_{t-1}$ 时,对成本推动型冲击的即时反应将小于简单相机抉择规则下的即时反应,即 $\dfrac{\kappa}{\kappa^2 + \lambda \chi_t^2} < \dfrac{\kappa}{\kappa^2 + \lambda}$。原因也很符合直觉。如式(19.29)所示,感知到的通货膨胀持续性程度越小,给定的成本推动型冲击对通货膨胀的影响就越小(在其他条件保持不变的情况下)。因此,在平衡通货膨胀与产出缺口稳定性时,不立即对成本推动型冲击做出反应对于中央银行来说是最优的。这也就非常清晰地说明了锚定通货膨胀预期的一阶收益。相反,当感知到的通货膨胀持续性相对较高时,最优政策对成本推动型冲击的反应比在简单规则下更强。

图 19.5 很好地说明了这种反应模型。在本图中,我们展示的是在私人部门的感知(或估计)通货膨胀持续性的不同初始水平下(滞后通货膨胀的初始值则取 0),产出缺口、通货膨胀和估计持续性对于一个标准差的(正向)成本推动型冲击的平均动态响应。

图中的(A)板块证实了前面讨论的结论,即随着估计持续性的增大,产出缺口的反应(绝对值)也会增大。较强的政策应对有助于减轻通货膨胀反应,尽管如(B)板块所示,当估计的通货膨胀持续性更高时,通货膨胀也会增加更多。这个结果表明,当估计的持续性更高时,中央银行面临的权衡会更加困难。最后,从(C)板块可以很清晰地看出,估计的持续性参数逐渐调整到了它的均衡值,这低于内在持续性程度。

[①] 然而,从图 19.5 可以很清楚地看出,与简单的相机抉择规则相反,最优政策下的政策反应将会是持续性的。

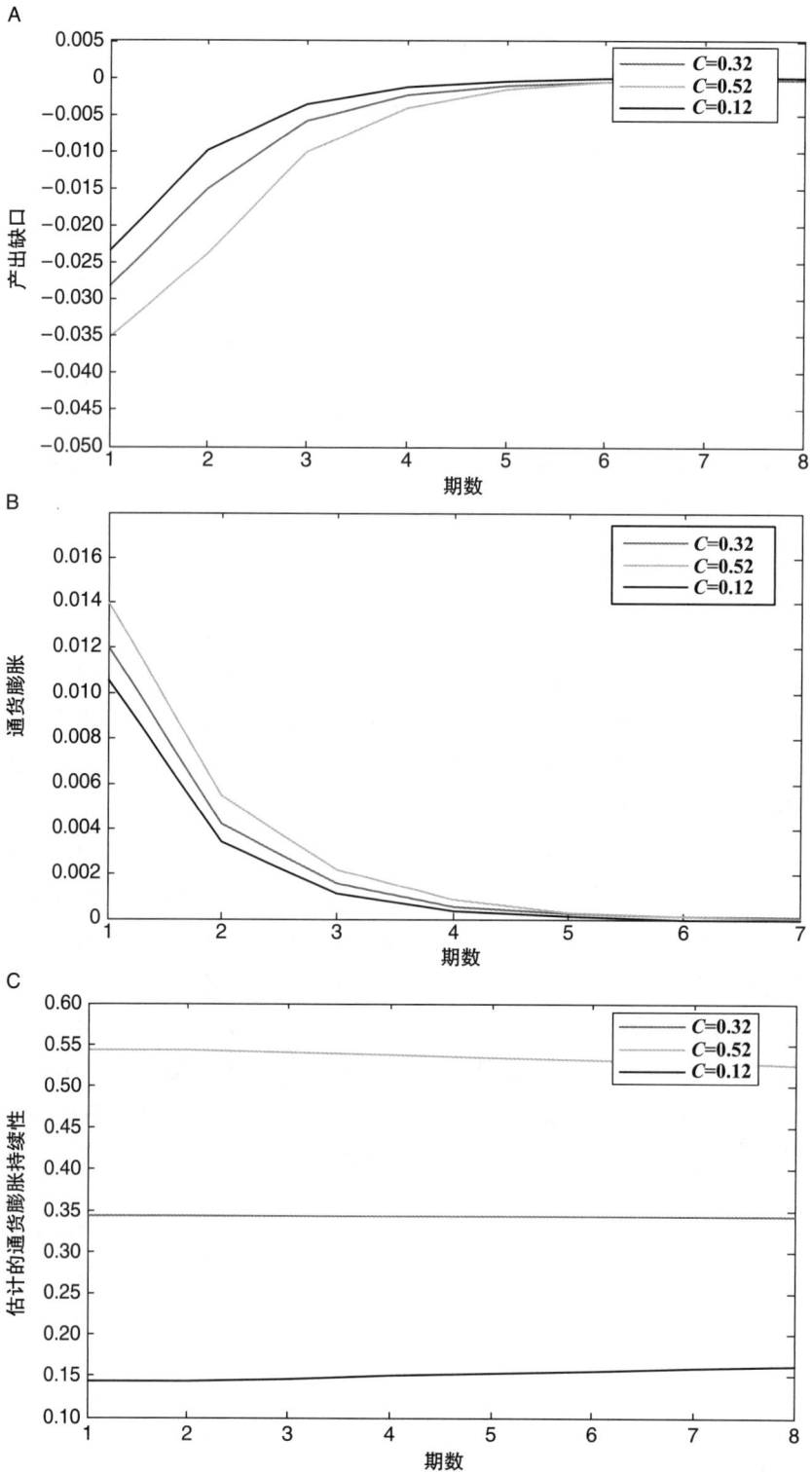

图 19.5 在一个标准差有成本推动型冲击后,产出缺口、通货膨胀和估计的通货膨胀持续性的平均动态反应:(A)产出缺口,(B)通货膨胀,(C)估计的通货膨胀持续性

5.2.6　跨期权衡（$u_t = 0$）

再回到式（19.32）上来。我们现在偏离 $\pi_{t-1} = 0$ 的假设，讨论这个方程右边的第二项，它刻画了对滞后通货膨胀的部分最优响应：

$$x_t = \cdots + \frac{\kappa\gamma(\chi_t - \delta_t) + \beta\kappa\chi_t\phi R_t^{-1}E_t V_c}{\kappa^2\delta_t + \lambda\chi_t^2}\pi_{t-1} + \cdots$$

不难注意到，当 $\gamma = c_{t-1}$ 时（仍然使用简化的假设 $\delta_t = 1$），分子中的第一项等于零。在这种情况下，由于通货膨胀的内在持续性，通货膨胀预期向过去的通货膨胀的调整刚好对应于因为它的内在持续性而做出的部分通货膨胀调整，如式（19.16）所示。考虑到给定的损失函数形式，这是一个最优结果。在没有任何进一步的冲击的情况下，通货膨胀的走势将恰好足以使通货膨胀的拟差为零。注意到，当 $\gamma > c_{t-1}$ 或 $\chi_t > 1$ 时，根据这种效应，产出缺口对过去通货膨胀的响应为正。因此，过去的通货膨胀证明了扩张性政策的合理性。乍一看，这似乎是违反直觉的。然而原因其实很清楚，当估计的通货膨胀持续性低于其内在持续性时，过去的通货膨胀未能给通货膨胀预期提供足够的输入以稳定通货膨胀拟差。为了应对这种局面，就必须随之采取扩张性政策。这个因素很重要，因为它表明在这个模型的环境中，将估计的持续性参数推得太低会带来相关的成本。

然而，还有另一点也很重要，需要在此强调：通常情况下，反应系数分子中的第二项是负的，并且会压倒第一项，从而确保产出缺口对通货膨胀的响应为负。这一项反映了中央银行所要面临的在稳定产出缺口与通过诱发预测错误来控制对通货膨胀持续性的感知程度之间的跨期权衡。在我们的模拟中，我们发现，让估计的通货膨胀持续性增大的预期边际成本（即对所有未来损失的预期贴现值的边际影响）总是为正（即 $V_c < 0$），而且比较大。从直觉上看，如前所述，更低程度的持续性感知能使未来成本推动型冲击对通货膨胀的影响小得多，而这通常可以稳定通货膨胀、通货膨胀拟差和产出缺口。因此，在最优政策下，中央银行将试图降低通货膨胀持续性的感知程度。从私人部门对式（19.26）的更新可以清楚地看出，当过去的通货膨胀为正时，可以通过设计出人意料的低通货膨胀来做到这一点，相反，当过去的通货膨胀为负时，则可以通过意想不到地降低通货紧缩程度来做到这一点。换句话说，为了将降低通货膨胀持续性的感知程度可以带来的未来好处落到实处，如果过去的通货膨胀为正，货币政策将收紧；如果过去的通货膨胀为负，货币政策将放松。总的来说，这种效应证明了针对滞后通货膨胀的制衡式反应的合理性，特别是在 $\gamma = c_{t-1}$ 的情况下以及当分子中的第一项为零时，肯定是这样。

最后，式（19.32）中的第三项也很有趣。我们已经注意到了，当 $\pi_{t-1} = 0$ 时，$E_t(V_\pi) = 0$，所以这一术语不起任何作用。现在，如果 $\pi_{t-1} > 0$，同时 $u_t = 0$，那么 $E_t(V_\pi) < 0$，这一项将会强化通货膨胀对产出缺口的负面影响。或者更明确地说，如果滞后通货膨胀为正，那么这一项将导致产出缺口为负 —— 即紧缩的货币政策 —— 即便在没有同周期冲击的情况下也是如此。这种效应将有助于稳定接近于零的通货膨胀。相反，在 $\pi_{t-1} < 0$ 同时 $u_t = 0$ 的情况下，$E_t(V_\pi) > 0$。因此，当滞后通货膨胀为负时，这一项将有助于形成正的产出缺口——即宽松的货币政策——同样，即便在没有同周期冲击的情况下也是如此。显然这种效应有助于稳定接近于零的通货膨胀。

图 19.6(A)和图 19.6(B)总结了校准模型中政策函数式(19.32)的形状的若干重要特征。图 19.6(A)绘制的是对于一个零成本推动的通货膨胀,产出缺口(在纵轴上)作为滞后通货膨胀和通货膨胀持续性感知程度的函数的图形,并假设矩量矩阵 R 等于它在 c 的某个特定实现下的平均值。这里有几个特征是值得重复指出的。第一,不管估计的通货膨胀持续性程度如何,当滞后通货膨胀和成本推动型冲击为零时,产出缺口也为零。第二,当冲击为零时,对通货膨胀和通货紧缩的反应是对称的。第三,随着估计的通货膨胀持续性的增加,产出缺口对通货膨胀(和通货紧缩)的反应也会上升。

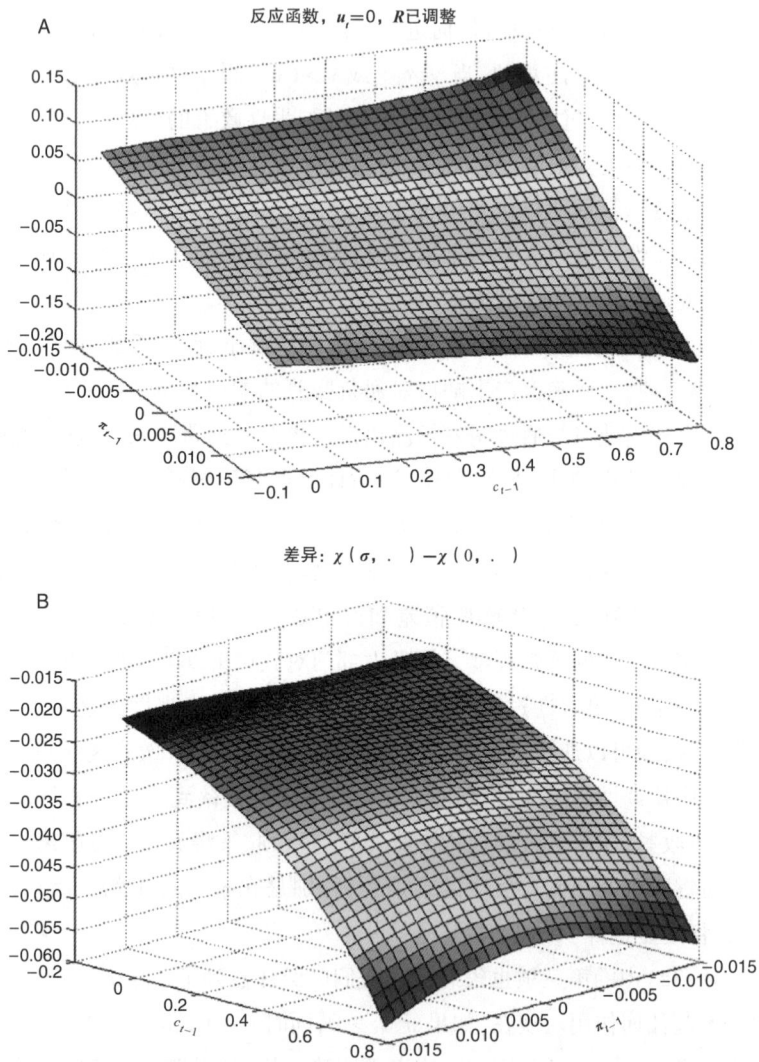

图 19.6 作为滞后通货膨胀和估计通货膨胀持续程度的政策函数的产出缺口,
(A)反应函数,$u_t=0$,R 已调整,(B)差异:$x(\sigma,.\,)-x(0,.\,)$①

---

① 这里的"σ",原文为"sigm",似乎不合适,已改——译者注。

下一个有意思的问题是,当一个正向成本推动型冲击冲击了经济时,产出缺口的反应会有何不同。这一点可以从图 19.6(B) 中看出来,它绘制的是,对于正向的一个标准差的成本推动型冲击和零成本推动型冲击,作为滞后通货膨胀和感知持续性参数的函数的产出缺口的反应的差异。从图中可以看出,反应总是负的,并且会随着估计的通货膨胀持续性程度而增加。这张图也显示了产出缺口与滞后通货膨胀的非线性相互作用——特别是当通货膨胀已经为正时,产出缺口的反应会变得更强。

5.2.7　敏感性分析

模型的结果会不会以及如何依赖于某些校准参数? 首先,我们分析了在不同的学习增益和不同程度的价格黏性下,结果是如何变化的。其次,我们研究了中央银行的损失函数中的产出缺口稳定性的权重增大会带来何种影响。

图 19.7 绘制了在价格黏性程度不同的两个经济中,在不同增益下实现的平均通货膨胀持续性的情况。一个经济的价格黏性程度为 $\alpha = 0.66$,对应于我们的基线校准;另一个经济的价格黏性程度更高一些,为 $\alpha = 0.75$。读者应该还记得,$1-\alpha$ 度量了每一个时期重新优化自己的产品的价格的企业所占的比例。其他参数的取值如表 19.1 所示。我们之所以关注感知的持续性程度,是因为它可以告诉我们,随着这些参数的变化,降低通货膨胀持续性与稳定产出缺口之间的权衡是如何变化的。

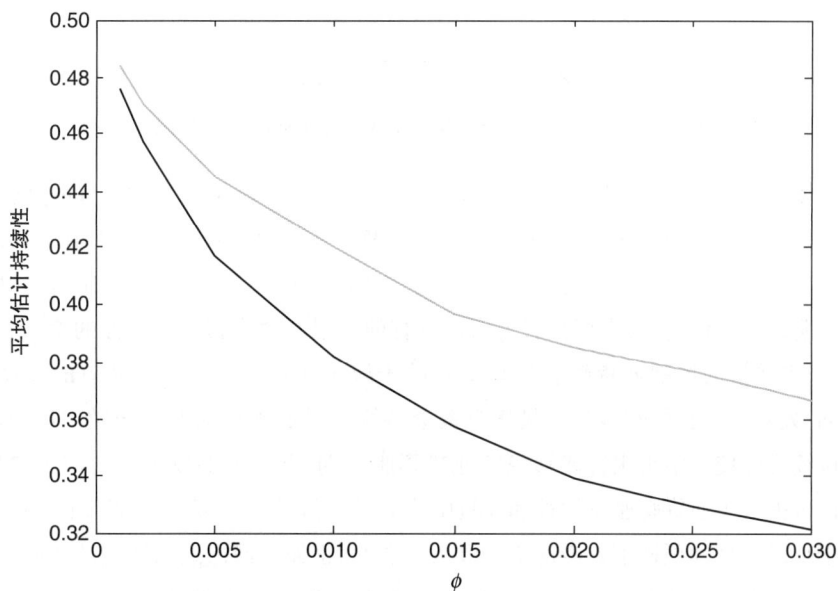

图 19.7　敏感性分析:作为增益和价格黏性程度的函数的平均估计持续性的变化

如前所述,当增益为零时,最优政策收敛于简单相机抉择规则,估计的持续性程度等于经济的内在持续性程度(在基准模拟中为 0.5)。在这种情况下,中央银行无法继续引导通货膨胀预期,由此产生的均衡结果与理性预期下的均衡结果相同。图 19.7 表明,增益的增加会导致平均感知的通货膨胀持续性程度的下降。增益越高,经济行为主体就越会更新他们的估计(作为对意外的通货膨胀的反应)。因此,货币当局可以更容易地影响感知的持续性程度,从而影响有利于较低通货膨胀持续性的取舍。图 19.7 还表明,更高的价格黏性会增加通货膨胀的持续性。这里的直觉其实很简单——价格黏性程度越高,利用产出制品的变化并通过出人意料的通货膨胀去影响通货膨胀持续性的成本就越高。

最后,我们研究了加大中央银行损失函数中产出缺口稳定性的权重的影响。图 19.8 表明,将该权重 λ 从 0.002 加大到 0.012 会使估计的通货膨胀持续性程度的分布向右平移,其均值则从 0.33 增加到 0.45。对稳定产出缺口的重视程度越高,就越难以影响私人部门对通货膨胀持续性程度的估计,从而导致更高的平均通货膨胀持续性程度。

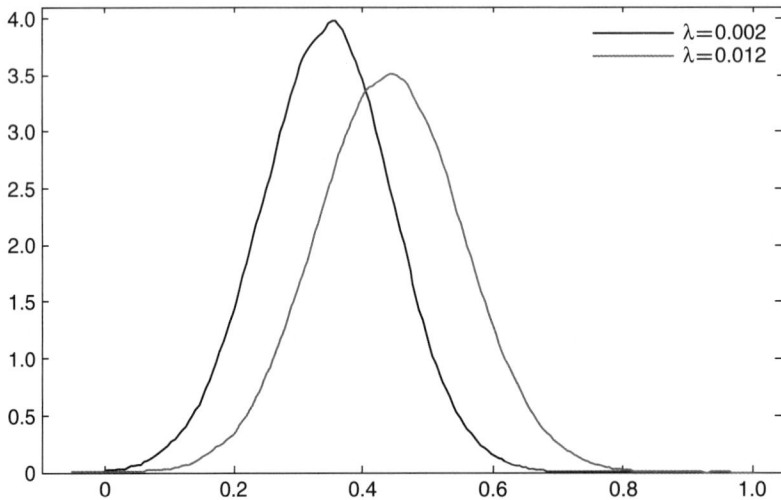

图 19.8 作为产出缺口稳定性权重的函数的估计的通货膨胀持续性的分布

从总体上看,本节的分析与欧菲尼德斯(Orphanides)和威廉姆斯(Willams)的研究有密切的相关性。例如,在 Orphanides 和 Williams(2005a)在他们的研究中证明,在采用线性反馈规则的情况下,当自适应学习取代了经济行为主体的理性预期时,通货膨胀持续性会增大。他们还证明,对通货膨胀做出更强有力的反应有助于限制通货膨胀持续性的增大,因为在这种情况下,更严格的控制通货膨胀的政策有助于减少通货膨胀和产出缺口的波动。Gaspar 等(2006a)发现,在自适应学习下,最优政策会持续地对成本推动型冲击做出反应。这种对冲击的持续反应使得中央银行能够稳定通货膨胀预期,并且能够以很小的产出缺口波动性方面的代价去减少通货膨胀持续性和通货膨胀方差。持续的政策反应和稳定的通货膨胀预期类似于承诺与理性预期下的最优货币政策。然而,正如前面已经阐述过的,两者的机制有很大的不同。在理性预期的情况下,是通过对未来的政策的预期来发挥作用的。而在自适应学习的情况下,则是通过通货膨胀持续性的降低来发挥作用的——这种降低是给定过去由冲击和政策反应决定的历史,经济主体所感知到的。不过,锚定通货膨胀预期的这两种机制并不是二分对立的。恰恰相反,中央银行影响人们对未来政策利率走向预期的能力与它在保持稳定方面的记录之间是互补的。

6. 进一步的反思

　　在给出本章的结论之前,有必要先反思一二。第一,本章的大部分分析都与关于不确定性下货币政策制定的大量文献不同,这里所说的不确定性包括中央银行要面对的数据、冲击、模型或行为主体形成预期的方式等方面的不确定性。[①] 还有一些论文研究了代表性私人经济行为主体的学习与中央银行面临的不确定性之间的相互作用。例如,Orphanides 和Williams(2005a,2007)先假设中央银行对自然利率和失业率的知识是不完的,然后说明了与私人经济行为主体的恒定增益学习的互动是如何进一步约束了中央银行的行动。特别是,它更注重对通货膨胀的相对反应,而不是对测量不完美的产出缺口的反应。Evans 和Honkapohja(2003a,2003b)则发现,在一个私人部门和中央银行都在学习的模型中,基于预期的规则仍然能够确保收敛于理性预期均衡。[②] Woodford(2010)也撰写了对这个主题很重要的一篇论文,他讨论了这样一种情况下的政策稳健性概念——政策制定者设定的货币政策使得经济行为主体的预期偏离了理性预期,但是仍然属于接近于理性预期的那种类型。与我们在本章 5.2 中得到的结果一致,Woodford(2010)发现,理性预期下的货币政策原则对于私人部门的行为主体对理性预期的这种类型的偏离是有稳健性的。

　　第二,在本章的大部分内容中,我们只是集中讨论了在形成预期的过程中,学习增益不变或学习增益递减的最小二乘学习对货币政策的影响。许多论文分析了其他不同的学习方式。例如,Branch 和 Evans(2007)以及 Brazier 等(2008)假设私人部门的行为主体可能会使用不同的预测方法,而且使用特定预测方法的经济行为主体的比例会根据相对预测性随时间变化。类似地,Arifovic 等(2007)以及 De Grauwe(2008)引入社会学习机制,即经济行为主体会复制更好的预测方法并舍弃不太成功的预测技术。Bullard 等(2008)分析了一个案例,在这个案例中,根据对外生因素的感知而得出的"专家"判断几乎变成了自我实现的。这几位经济学家阐明了应该怎样调整货币政策来防止这些接近于理性的"繁荣均衡"的出现。总的来说,引入这些私人经济行为主体可以利用的学习方式之后,增强了通过更积极地应对通货膨胀冲击来管理通货膨胀预期的理由。

　　第三,还必须讨论一下与结构性变化(包括政策区制的变化)相关的一些问题。在存在结构性变化的情况下,承认经济主体需要一定时间才能了解新环境是很自然的。更具一般意义的观察是,由于经济变化普遍而迅速,以及对经济的真实结构的了解的不完善,要对经济发展进行实时分析是非常困难的。自适应学习提供了一种显式地对与结构性变化相关的过渡动态加以建模的方法。这样做的好处是,带有自适应学习的模型能够避开作为一个二

[①] 请参阅 Hansen 和 Sargent(2010)为本手册撰写的第二十章,以及 Taylor 和 Williams(2010)为本手册撰写的第十五章中给出的参考文献。

[②] 其他相关的还有 Dennis 和 Ravenna(2008)以及 Evans 和 McGough(2007)的论文。

元变量的可信度造成的困难——那是标准的理性预期模型的典型特征(见本章第1节)。

Ferrero(2007)非常正确地指出,除了考虑均衡的确定性和预期稳定性,考虑向均衡过渡的过程的特征也很重要,特别是主体的信念趋近于理性预期的速度如何。运用前面描述的基线模型和泰勒规则的如下前瞻性版本,即

$$i_t = \gamma + \gamma_\pi E_t^* \pi_{t+1} + \gamma_x E_t^* x_{t+1} + \gamma_g g_t$$

费列罗(Ferrero)证明,通过对预期通货膨胀做出强烈反应,货币当局可以缩短过渡期,提高收敛速度。Ferrero(2007)的研究表明,在不存在通货膨胀预期偏差的情况下,快速学习提高了社会福利。而在存在预期偏差的情况下,就需要应用一些重要的限制条件了,它们说明了准确地监测通货膨胀预期在货币政策的实际执行中的重要性。

Gaspar等(2010)也研究了一个与货币政策区制之间的过渡有关的问题。具体地说,他们考虑了从通货膨胀目标制向价格水平路径稳定制的过渡。他们证明了收敛的速度取决于学习的速度。他们还发现,区制转换的事前可取性取决于学习的速度。非常缓慢的学习意味着非常缓慢的转换,而且转换的成本可能会超过从区制转换中获得的永久好处。然而,他们认为对于经验上合理的学习算法来说,区制转换在他们所考虑的各种情况下都是值得的。稍早一些,Gaspar等(2006b)也讨论过与反通货膨胀政策相关的过渡动态。他们认为,他们观察到的模式与20世纪80年代美国通货紧缩的事实相一致。

7. 结论

本章研究了当私人部门的预期通过自适应学习过程来确定时,货币政策会受到什么样的影响。与Orphanides和Williams(2005b)、Woodford(2010)的研究结论一样,我们的主要结论是,模型一致预期下的基本政策"处方"仍然成立,甚至可以得到强化,尽管有限度地偏离了理性预期。更具体地说,在预期是通过自适应学习过程形成的时候,锚定通货膨胀和通货膨胀预期的收益显著提高。自适应学习下的最优政策主要通过对成本推动型冲击的持续反应来稳定通货膨胀和通货膨胀预期。前面给出的评论解释了为什么在我们的数值例子中,简单承诺规则在自适应学习下有非常好的表现。通过持续地对成本推动型冲击做出反应,简单承诺规则能够显著降低估计通货膨胀持续性程度(相对于简单相机抉择规则)。这里值得强调的是,简单承诺规则能够非常接近完全最优政策下可能得到的结果。

在我们的模型设定下,货币政策行动同时具有期内和跨期效应。正如我们已经看到的,当估计的持续性参数较高时,货币政策对滞后通货膨胀和通货膨胀冲击的反应相对更强。在这种情况下,面对正通货膨胀的中央银行将通过制造出人意料的低通货膨胀(在通货紧缩情况下则通过制造出人意料的高通货膨胀)来压低预期的持续性。在我们的模型模拟中,当需要对期内因素与跨期因素进行权衡时,跨期的、长期的考虑将主导最优政策。跨期考虑的重要性有助于解释为什么自适应学习下的最优政策会把估计的持续性参数下推至远低于内

在通货膨胀持续性和简单规则下的均衡值的水平。通过这种方式,最优货币政策为通货膨胀和通货膨胀预期提供了一个锚,从而有助于稳定整体经济和获得更好的宏观经济结果(用社会损失函数来衡量)。我们认为,自适应学习下的最优货币政策(再一次)说明了为什么在那些以内生的通货膨胀预期为特征的环境中,稳定中期价格和锚定通货膨胀预期是关键所在。

我们还发现,即便在一个非常简单的模型的背景下,对最优政策的刻画也会变得非常复杂。因此不难想象,如果我们要描述现实世界中极端复杂的实际政策选择和无时无刻不在变化的经济状况,那会有多么困难。这方面的考虑显然限制了以规范性的方式使用我们的模型框架的机会,但是本章的结果已经充分表明,当自适应学习取代了模型一致预期时,Woodford(2003)强调过的中央银行必须进行预期管理的那些理由就会进一步凸显出来。

参考文献

Arifovic, J., Bullard, J., Kostyshyna, O., 2007. Social learning and monetary policy rules. Federal Reserve Bank of St. Louis Working Paper.

Basdevant, O., 2005. Learning processes and rational expectations: An analysis using a small macro-econometric model for New Zealand. Econ. Model. 22, 1074-1089.

Beechey, M. J., Johannsen, B. K., Levin, A., 2007. Are long-run inflation expectations anchored more firmly in the Euro area than in the United States?. CEPR Discussion Paper 6536.

Benhabib, J., Schmitt-Grohe, S., Uribe, M., 2001. The perils of Taylor rules. J. Econ. Theory 96, 40-69.

Bernanke, B., 2007. Inflation expectations and inflation forecasting. NBER Summer Institute, Cambridge.

Bernanke, B., Woodford, M., 1997. Inflation forecasts and monetary policy. J. Money Credit Bank. 24, 653-684.

Blinder, A. S., Ehrmann, M., Fratzscher, M., De Haan, J., Jansen, D. J., 2008. Central bank communications and monetary policy: A survey of theory and evidence. J. Econ. Lit. 46 (4), 910-945.

Boivin, J., Kiley, M., Mishkin, F., 2010. How has the monetary policy transmission mechanism evolved over time?. In: Friedman, B., Woodford, M. (Eds.), Handbook of monetary economics. North-Holland, Amsterdam.

Branch, W. A., 2004. The theory of rationally heterogeneous expectations: Evidence from survey data on inflation expectations. Econ. J. 114, 592-621.

Branch, W., Carlson, J., Evans, G. W., McGough, B., 2007. Adaptive learning, endogenous inattention and changes in monetary policy. University of Oregon Working Paper.

Branch, W., Carlson, J., Evans, G. W., McGough, B., 2009. Monetary policy, endogenous inattention and the volatility trade-off. Econ. J. 119, 123-157.

Branch, W., Evans, G. W., 2006. A simple recursive forecasting model. Econ. Lett. 91, 158-166.

Branch, W., Evans, G. W., 2007. Model uncertainty and endogenous volatility. Rev. Econ. Dyn. 10, 207-237.

Brazier, A., Harrison, R., King, M., Yates, T., 2008. The danger of inflating expectations of macroeconomic stability: Heuristic switching in an overlapping generations monetary model. International Journal of Central Banking 4 (2), 219-254.

Bullard, J., Mitra, K., 2002. Learning about monetary policy rules. J. Monet. Econ. 49, 1105-1129.

Bullard, J., Schaling, E., 2009. Monetary policy, indeterminacy and learnability in a two-block world economy. J. Money Credit Bank. 41 (8), 1585-1612.

Bullard, J., Singh, A., 2008. Worldwide macroeconomic stability and monetary policy rules. Monet. Econ 55 (1), S34-S47.

Bullard, J., Evans, G. W., Honkapohja, S., 2008. Monetary policy, judgment and near-rational exuberance. Am. Econ. Rev. 98 (3), 1163-1177.

Carlstrom, C. T., Fuerst, T. S., 2004. Learning and the central bank. J. Monet. Econ. 51, 327-338.

Castelnuovo, E., Nicoletti-Altimari, S., Palenzuela, D. R., 2003. Definition of price stability, range and point inflation targets: The anchoring of long-term inflation expectations. In: Issing, O. (Ed.), Background studies for the ECB's evaluation of its monetary policy strategy. European Central Bank, Frankfurt, pp. 43-90.

Clarida, R., Galí, J., Gertler, M., 1999. The science of monetary policy: A new Keynesian perspective. J. Econ. Lit. 37, 1661-1707.

Clarida, R., Gali, J., Gertler, M., 2000. Monetary policy and macroeconomic stability: Evidence and some theory. Q. J. Econ. CXV (1), 147-180.

De Grauwe, P., 2008. DSGE modeling when agents are imperfectly informed. European Central Bank Working Paper 897.

Dennis, R., Ravenna, F., 2008. Learning and optimal monetary policy. J. Econ. Dyn. Control 32 (6), 1964-1994.

Dixit, A. K., Stiglitz, J. E, 1977. Monopolistic competition and optimum product diversit. Am. Econ. Rev. 67, 297-308.

Duffy, J., Xiao, W., 2007. Investment and monetary policy: Learning and determinacy of equilibria. University of Pittsburgh Working Paper 324.

Evans, G. W., Honkapohja, S., 1998. Economic dynamics with learning: New stability results. Rev. Econ. Stud. 6, 23-44.

Evans, G. W., Honkapohja, S., 2001. Learning and expectations in macroeconomics. Princeton University Press, Princeton, NJ.

Evans, G. W., Honkapohja, S., 2003a. Adaptive learning and monetary policy design. J. Money Credit Bank. 35, 1045-1072.

Evans, G. W., Honkapohja, S., 2003b. Expectations and the stability problem for optimal monetary policies. Rev. Econ. Stud. 70, 807-824.

Evans, G. W., Honkapohja, S., 2003c. Expectational stability of stationary sunspot equilibria in a forwardlooking model. J. Econ. Dyn. Control 28, 171-181.

Evans, G. W., Honkapohja, S., 2003d. Friedman's money supply rule versus optimal interest rate policy. Scott. J. Polit. Econ. 50, 550-566.

Evans, G. W., Honkapohja, S., 2005. Policy interaction, expectations and the liquidity trap. Rev. Econ. Dyn. 8, 303-323.

Evans, G. W., Honkapohja, S., 2006. Monetary policy, expectations and commitment. Scand. J. Econ. 108, 15-38.

Evans, G. W., Honkapohja, S., 2008a. Expectations, learning and monetary policy: An overview of recent research. In: Schmidt-Hebbel, K., Walsh, C. (Eds.), Monetary policy under uncertainty and learning 2009. Central Bank of Chile, Santiago, pp. 27-76.

Evans, G. W., Honkapohja, S., 2008b. Robust learning stability with operational monetary policy rules. In: Schmidt-Hebbel, K., Walsh, C. (Eds.), Monetary policy under uncertainty and learning 2009. Central Bank of Chile, Santiago, pp. 145-170.

Evans, G. W., Honkapohja, S., 2009. Expectations, deflation traps and macroeconomic policy. Bank of Finland Research Discussion Paper 24.

Evans, G. W., McGough, B., 2005a. Monetary policy, indeterminacy and learning. J. Econ. Dyn. Control 29, 1809-1840.

Evans, G. W., McGough, B., 2005b. Stable sunspot solutions in models with predetermined variables. J. Econ. Dyn. Control 29, 601-625.

Evans, G. W., McGough, B., 2007. Optimal constrained interest-rate rules. J. Money Credit Bank. 39, 1335-1356.

Evans, G. W., Guse, E., Honkapohja, S., 2008. Liquidity traps, learning and stagnation. Eur. Econ. Rev. 52, 1438-1463.

Ferrero, G., 2007. Monetary policy, learning and the speed of convergence. J. Econ. Dyn. Control 31, 3006-3041.

Gali, J., Gertler, M., 1999. Inflation dynamics: A structural econometric analysis. J. Monet. Econ. 44 (2), 195-222.

Gaspar, V., Smets, F., 2002. Monetary policy, price stability and output gap stabilisation. International Finance 5, 193-202.

Gaspar, V., Smets, F., Vestin, D., 2006a. Adaptive learning, persistence and optimal monetary policy. J. Eur. Econ. Assoc. 4, 376-385.

Gaspar, V., Smets, F., Vestin, D., 2006b. Monetary policy over time. Macroecon. Dyn 1-23.

Gaspar, V., Smets, F., Vestin, D., 2010. Is time ripe for price level path stability? In: Siklos, P., Bohl, M., Wohar, M. (Eds.), The challenges of central banking. Cambridge University Press, Cambridge, UK.

Hansen, L., Sargent, T., 2010. Wanting robustness to misspecification. In: Friedman, B., Woodford, M. (Eds.), Handbook of monetary economics. Elsevier, Amsterdam.

Honkapohja, S., Mitra, K., 2004. Are non-fundamental equilibria learnable in models of monetary policy? J. Monet. Econ. 51, 1743-1770.

Judd, K. L., 1998. Numerical methods in economics. MIT Press, Cambridge, MA.

Kurozumi, T., 2006. Determinacy and expectational stability of equilibrium in a monetary sticky-price model with Taylor rule. J. Monet. Econ 53, 827-846.

Kurozumi, T., Van Zandweghe, W., 2007. Investment, interest rate policy and equilibrium stability. J. Econ. Dyn. Control 32 (5), 1489-1516.

Llosa, G., Tuesta, V., 2006. Determinacy and learnability of monetary policy rules in small open economies. IADB Working Paper 576.

Llosa, G., Tuesta, V., 2007. E-stability of monetary policy when the cost channel matters. Mimeo.

Lubik, T., Schorfheide, F., 2004. Testing for indeterminacy: An application to U. S. monetary policy. Am. Econ. Rev. 94 (1), 190-217.

Marcet, A., Nicolini, P., 2003. Recurrent hyperinflations and learning. Am. Econ. Rev. 93, 1476-1498.

Marcet, A., Sargent, T., 1989. Convergence of least-squares learning mechanisms in self-referential linear stochastic models. J. Econ. Theory 48, 337-368.

Milani, F., 2006. A Bayesian DSGE model with infinite-horizon learning: Do "mechanical" sources of persistence become superfluous? International Journal of Central Banking 2 (3), 87-106.

Milani, F., 2007. Expectations, learning and macroeconomic persistence. J. Monet. Econ. 54, 2065-2082.

Milani, F., 2009. Adaptive learning and macroeconometric inertia in the Euro area. J. Common Mark. Stud. 47 (3), 579-599.

Miranda, M. J., Fackler, P., 2002. Applied computational economics and finance. MIT Press, Cambridge, MA.

Molnar, K., Santoro, S., 2006. Optimal monetary policy when agents are learning. Working Paper 1.

Murray, J. , 2007. Empirical significance of learning in new Keynesian model with firm-specific capital. Mimeo.

Muth, J. , 1961. Rational expectations and the theory of price movements. Econometrica 29, 315-335.

Orphanides, A. , 2005. Comment on: The incredible Volcker disinflation. J. Monet. Econ. 52 (5), 1017-1023.

Orphanides, A. , Williams, J. C. , 2002. Robust monetary policy rules with unknown natural rates. Brookings Pap. Econ. Act. 63-118.

Orphanides, A. , Williams, J. C. , 2005a. The decline of activist stabilization policy: Natural rate misperceptions, learning and expectations. J. Econ. Dyn. Control 29, 1927-1950.

Orphanides, A. , Williams, J. C. , 2005b. The inflation-targetting debate. In: Bernanke, B. , Woodford, M. (Eds.), Imperfect knowledge, inflation expectations, and monetary policy. University of Chicago Press, Chicago.

Orphanides, A. , Williams, J. C. , 2005c. Inflation scares and forecast-based monetary policy. Rev. Econ. Dyn. 8, 498-527.

Orphanides, A. , Williams, J. C. , 2007. Robust monetary policy with imperfect knowledge. J. Monet. Econ. 54, 1406-1435.

Pfajfar, D. , Santoro, E. , 2007. Credit market distortions, asset prices and monetary policy. Mimeo.

Pfajfar, D. , Santoro, E. , 2009. Heterogeneity, learning and information stickiness in inflation expectations. University of Tilburg, Mimeo.

Preston, B. , 2005. Learning about monetary policy rules when long horizon expectations matter. International Journal of Central Banking 1 (2), 81-126.

Slobodyan, S. , Wouters, R. , 2009. Estimating a medium-scaled DSGE model with expectations based on small forecasting models. National Bank of Belgium, Mimeo.

Smets, F. , 2004. Maintaining price stability: How long is the medium term?. J. Monet. Econ. 50, 1293-1309.

Svensson, L. , 2003. What is wrong with Taylor rules? Using judgment in monetary policy through targeting rules. J. Econ. Lit. 41, 426-477.

Svensson, L. , Woodford, M. , 2005. Implementing optimal monetary policy through inflation forecast targeting. In: Bernanke, B. , Woodford, M. (Eds.), The inflation-targeting debate. University of Chicago Press, Chicago, IL.

Taylor, J. B. , Williams, J. C. , 2010. Simple and robust rules for monetary policy. In: Friedman, B. , Woodford, M. (Eds.), Handbook of monetary economics. North-Holland, Amsterdam.

Trichet, J. C. , 2009. The ECB's enhanced credit support. Keynote Address. University of

Munich.

Walsh, C. E. , 2009. Inflation targeting: What have we learned?. International Finance 12 (2), 195-233.

Woodford, M. , 2003. Interest and prices: Foundations of a theory of monetary policy. Princeton University Press, Princeton, NJ.

Woodford, M. , 2010. Robustly optimal monetary policy with near rational expectations. Am. Econ. Rev. 100 (1), 274-303.

第二十章　宏观经济学急需的稳健性[①]

拉尔斯·彼得·汉森(**Lars Peter Hansen**) [*]

托马斯· **J.** 萨金特(**Thomas J. Sargent**) [†]

* :芝加哥大学经济系,伊利诺伊州芝加哥市,l-hansen@ uchicago. edu

† :纽约大学经济系和斯坦福大学胡佛研究所,加利福尼亚州斯坦福市,ts43@ nyu. edu

目　录

---

① 作者感谢伊格纳西奥·普雷斯诺(Ignacio Presno)、罗伯特·泰特洛(Robert Tetlow)、弗朗索瓦·维尔德(François Velde)、王能(Neng Wang)和迈克尔·伍德福德(Michael Woodford)对本章初稿的极具洞察力的评论。

  本章摘要:稳健控制理论是当决策者不相信转移定律的设定或隐藏状态变量的分布,又或者对两者都不相信是用来评估决策规则的工具。对设定的这种怀疑会推动决策者去努力搜寻一个能够很好地适用于围绕着他的近似随机模型的某个模型空集φ的决策规则。我们设法在稳健控制理论与通常所称的乘数和约束偏好之间建立了联系——约束偏好以往是用来表达模糊厌恶的。检测错误概率则可以用来"训练"出数量在经验上可信的稳健性。我们还描述了这种理论在资产定价不确定性溢价和稳健的宏观经济政策设计中的应用。

  JEL 分类代码:C11,C14,D9,D81,E61,G12

  关键词:错误设定;不确定性;稳健性;期望效用模糊

1. 引言

1.1 基础

应用经济学家构建关于政策制定过程的定量动态模型所依赖的数学基础是 von Neumann 和 Morgenstern(1944)、Savage(1954)以及 Muth(1961)奠定的。这些基础为现代动态模型提供了一种内在的一致性,并引导研究者得出敏锐的经验预测。然而,当我们不得不承认所有模型都只是一种近似时,很多逻辑问题就会浮出水面,动摇整个数学基础。由于理性预期假设特别致力于为正确的模型设定创造前提,承认模型设定错误,这也就提出了关于如何扩展理性预期模型这个特别有意思的问题。[①]

任何一个模型,本质上都是一个序列上的某种概率分布。理性预期假说通过给模型强加"社团主义"来提供经验力量:被建模的人、计量经济学家和自然共享同一个模型,即都拥有结果序列上的同一个概率分布。这种"社团主义"不仅在求解理性预期模型时要用到,而且在用大数定律证明广义矩法或最大似然法估计模型参数的合理性时也要用到。强制使用一个共同的模型也就回避了以经济主体的模型为研究对象并分别加以设定的需要。这里的关键就在于,理性预期假说将主体的信念从模型的输入转化成了模型的输出。

有了"模型只是一种近似"这个思想武器,就能让更多的模型发挥作用,而不仅仅限于均衡概念所能处理的有理性预期的情形。说模型是一种近似,也就等于说它近似于另一个模型。将模型视为近似,需要以某种方式对由理性预期所强加的关于公共模型的要求进行改造。

理性预期强加的模型的一致性对宏观经济政策制定程序的设计和作用有着深远的影响,对于这个方面,Lucas(1976)、Sargent 和 Wallace(1975)的研究都是很好的例子。相对而言,很少有人研究在明确承认决策者怀有对模型设定错误的恐惧心理的环境中,这些含义将有什么变化。[②]

因此,"模型只是一种近似"这个观点是与冯·诺依曼-摩根斯坦-萨维奇的期望效用基本概念以及与它一起共同支撑起了现代动态模型的理性预期均衡概念相冲突的。从期望效用基本概念的角度来看,将模型视为一种近似将会带来三个问题。第一,在检验或评估动态模型时应该采用什么标准?第二,应该如何对私人决策者进行建模?第三,宏观经济政策制定

[①] 应用动态经济学家则欣然接受他们的模型只是易于处理的一种近似这个观点。有些时候,我们会用另一种方式来表达这个观点,即我们的模型是抽象的或理想化的。还有一些时候,我们通过只讨论关于所谓的"特征事实"的模型来传达这层含义。

[②] 请参见 Karantounias 等(2009)、Woodford(2010)、Hansen 和 Sargent(2008b,第十五章和第十六章)、Orlik 和 Presno(2009)的研究。

者应该如何去利用错误设定的模型? 本章主要讨论后两个问题。但是在解决这两个问题时,我们不得不讨论对模型的检验和评估。

我们在这一章描述的方法与 Epstein 和 Wang(1994)的研究在主要精神上相似,但是在许多细节上则有所不同。我们追随了 Epstein 和 Wang(1994)的思路,在 Gilboa 和 Schmeidler(1989)提出的具有多重先验的极小化极大理论的基础上,利用埃尔斯伯格悖论来"激发"动态情境下的决策理论。与 Epstein 和 Wang(1994)的研究不同的地方是,我们在提出我们的形式化模型时利用了最新的控制论研究成果。这种选择在特定类型的模型中导致了许多非常有意思的技术性差异——因为在这些模型中,我们的决策者倾向于作出具有稳健性的决策。尽管与 Epstein 和 Wang(1994)一样,我们也对 Keynes(1936)所说的如下一段话非常感兴趣:

> 传统的市场估值是大量无知的个体的大众心理的产物。这种估值可能会因为他们的观点的突然波动而发生剧烈的变化(尽管导致观点突然波动的只是某些不会影响未来收益的因素),因为人们没有根深蒂固的信念来坚定地支撑这种估值。

Epstein 和 Wang(1994)给出的资产价格非确定性模型可以解释凯恩斯所说的这种突然波动。而在 Hansen 和 Sargent(2008a)的研究中,我们提出了另一个用来分析观点的突然波动的模型。在我们的模型中,这种突然波动是因为代表性经济行为主体很难区分两种消费增长模型而出现的——这两种模型的主要区别在于它们对难以检测的消费增长的低频分量的含义截然不同。我们在本章的 5.5 中描述了导致信念突然改变的因素。

2. 奈特、萨维奇、埃尔斯伯格、吉尔博亚-施梅德勒和弗里德曼

《风险、不确定性和利润》一书的作者 Knight(1921)认为,追逐利润的企业家要面对的是一种无法用概率模型刻画的不确定性。[①] 奈特(Knight)对风险和不确定性进行了区分,并将"风险"这一术语专门用于描述结果可以用已知概率描述的那些活动。奈特认为,在许多投资决策中,回报的概率并不是已知的,他用"不确定性"这个术语来指称这种未知的结果。

沿着 Knight(1921)开辟的路径,Savage(1954)提出了一种表示决策的公理化方法——决策者对不同"赌局"的偏好可以用主观概率下的期望效用最大化来表示。Savage(1954)的工作扩展了稍早一些 von Neumann 和 Morgenstern(1944)的理论——他们的期望效用理论需要假设客观概率是已知的。萨维奇的公理证明了对概率进行主观分配是合理的。即便无法得知准确的概率——比如说,掷一枚公平硬币,正面和反面的概率为一半对一半——符合萨维

---

① 见 Epstein 和 Wang(1994)的讨论,他们的论文中包含了本章总结的许多思想。

奇公理的决策者的行为仍然好像他们能够主观地形成概率一样。萨维奇的公理似乎弱化了奈特对风险和不确定性的区分。

2.1　萨维奇的贡献与模型误设

萨维奇的决策理论既优雅又易于处理。此外，它还提供了一种解决令人忧心忡忡的模型设定错误问题的可行方法——将一组模型摆到桌面上来，并求其平均值。例如，对于任何一个模型，我们都可以将它视为一种概率设定：给定当前的状态 x 和一个决策或决策集合 d，世界明天处于状态 y 的条件概率为 $f(y|x,d)$。如果条件密度 f 是未知的，那么我们可以考虑将 f 替换为一个以参数 α 为索引的密度族 $f(y|x,d,\alpha)$。利用一个先验（主观）分布——比如 π——求出这些候选模型的平均值，我们就可以构建出一个"超级模型"，而且我们可以认为它是正确地设定的。这也就是说，我们可以求出：

$$f(y \mid x,d) = \int g(y \mid x,d,\alpha)\mathrm{d}\pi(\alpha)$$

这种方法就是通常所称的贝叶斯方法，它的要点是设定潜在模型族并为它们分配主观的概率分布，以此来消除模型设定错误。

用这种贝叶斯方法分析有随机系数的政策制定模型的早期例子包括 Friedman（1953）、Brainard（1967）等的研究。因此，对于系数的随机性，有了一种从主观先验分布的角度来看待的途径。同时计算统计学的最新发展保证了这种方法对分析很多类型的潜在候选模型都是可行的。

这种方法可以通过以下两个步骤将对于模型设定错误的忧虑"封装"起来：步骤一，提出一组特定的可能模型；步骤二，构造对这些模型的先验分布。下面我们要回答的问题是，这两个步骤在多大程度上能够真正完全地刻画我们所关注的模型设定错误。关于步骤一，凭直觉就可以预感到，一个错误的模型可能以某种非常模糊的形式出现，其他一些拟合得很好的模型在实际上可以支配数据，而且它可能无法轻而易举地翻译成一组可以详细列举的且能够明确表达的可选模型 $g(y|x,d,\alpha)$。关于步骤二，即便我们可以设定一组有很好的定义且容易管理的可选模型，我们也可能很难将唯一的先验分布 $\pi(\alpha)$ 分配给它们。Hansen 和 Sargent（2007）解决了这两个问题。对于步骤一，他们用一个风险敏感性算子 T^1 进行了替代，具体方法是对每一个 α，都取一个近似模型 $g(y|x,d,\alpha)$，同时每一个近似模型都有效地用一系列只指定它们在统计有多接近于条件密度 $g(y|x,d,\alpha)$ 的模型的"云"包围起来。然后，对于步骤二，他们通过第二个风险敏感性算子 T^2 再一次将给定的先验分布 $\pi(\alpha)$ 用一组统计上接近于基线 π 的先验包围起来。我们在本章的 5.4 中描述了这种方法在一个宏观经济政策问题中的应用。

2.2　萨维奇与理性预期

理性预期理论相对于 Savage（1954）的决策理论而言放弃了部分"自由"，因为理性预期理论强加了主体的主观概率与包含这些主体的经济模型所产生的概率的相等关系。假设客观概率等于主观概率分布也就排除了所有总结经济行为主体主观分布的参数,而且这样做也为以强大的交叉方程限制为特征的理性预期实证研究打开了大门。[①] 然而,由于坚持主观概率与客观概率一致,理性预期假说也使得通过利用萨维奇(Savage)对概率的贝叶斯解释来消解 Knight(1921)对风险和不确定性的区分的努力变得更加困难了。事实上,通过将客观概率和主观概率分布等同起来,也就排除了理性预期假设对模型错误设定进行独立分析的可能性。正因为它抛弃了萨维奇的个人概率论,我们就可以说理性预期假设间接地增大了奈特对风险和不确定性的区分的吸引力。对此,Epstein 和 Wang(1994)指出,埃尔斯伯格悖论应该可以促使我们重新思考理性预期模型的基础。

2.3　埃尔斯伯格悖论

Ellsberg(1961)从最初由 Knight(1921)提出的一个例子中提炼出了一个悖论,以此来表达对萨维奇的方法的疑惑。考虑如图 20.1 所示的两个瓮。已知条件是:在 A 瓮中正好有 10 个红球和 10 个黑球;在 B 瓮中也有 20 个球,不过只知道其中一些球是红色的,而另一些球是黑色的。从每个瓮中随机地抽出一个球看它是什么颜色。决策者可以免费地选择两个瓮中的任意一个,然后对抽出的球的颜色下注。如果他或她猜对了颜色,那么他或她可以得到100 万美元的奖金;如果猜错,则奖金为零。根据萨维奇的决策理论,即便不知道两种颜色的球的比例,也应该选择 B 瓮。因为决策者的概率是主观地形成的,而且他或她可以对(主观上)最可能的球的颜色下注。只要主观概率不是 50 对 50,那么在 B 瓮上下注就严格优于在A 瓮上下注。如果主观概率恰好是 50 对 50,那么决策者将是无差异的。Ellsberg(1961)认为,人们普遍对 A 瓮有严格的偏好这种情况是合理的,因为从 A 瓮中抽出红球或黑球的概率是预先知道的。他从一群顶尖经济学家那里收集到的问卷数据证明确实存在这种偏好,从而支持了他的观点。[②] 这个例子通常称为埃尔斯伯格悖论,它挑战了萨维奇公理体系的适当性。[③]

---

① 参见 Sargent(1981)的研究。

② 随后的研究人员收集了更多的证据证实了这种行为倾向。参见 Camerer(1999,表 3.2,第 57 页)以及 Harlevy(2007)的论述。

③ 与埃尔斯伯格的瓮不同,奈特在他的第二个瓮里放了 75 个红球和 25 个黑球(Knight,1921,第 219 页)。尽管奈特也对比了不同的人对他的两个瓮下的注,但是他的结论是,如果对第一个瓮采取了行动,那么决策者是在假设机会相等的情况下采取行动的。他没有探讨涉及像埃尔斯伯格所设想的那样的瓮之间的比较的决策。

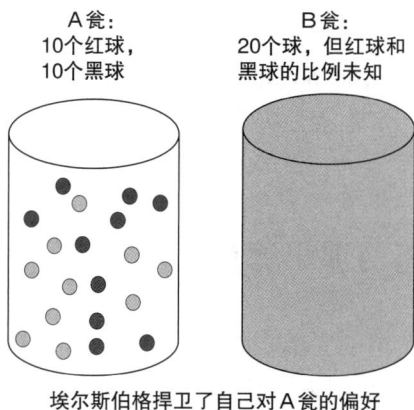

图 20.1　埃尔斯伯格的瓮

2.4　多重先验

部分受埃尔斯伯格悖论的启发,Gilboa 和 Schmeidler(1989)提出了一个较弱的公理体系,其中包含了不确定性厌恶的概念。不确定性厌恶表示的是这样一种偏好:人们更喜欢自己可以知晓概率,而不是只能基于很少的信息主观地形成概率。作为例子,不妨考虑在对你来说无差异的两个赌局之间的选择。想象一下,将已知概率的两个原始赌局混合起来,形成一个新的赌局的情形。与 von Neumann 和 Morgenstern(1944)以及 Savage(1954)不同的是,Gilboa 和 Schmeidler(1989)的公理不要求混合概率无差异。在存在不确定性厌恶的情况下,与已知概率混合只会提高决策者的福利。因此,Gilboa 和 Schmeidler(1989)只要求决策者至少弱偏好混合赌局,而不是原始的赌局。

由此产生的广义决策理论意味着存在一族先验,而且决策者利用这族先验中最坏的情况来评估未来的各种前景。分配一组信念或概率,而不是某个唯一的先验信念,可以让 Knight(1921)对风险与不确定性的区分具有可操作性。在作出了一个决策之后,通过利用 Gilboa 和 Schmeidler(1989)所描述的主观概率进行平均,支持这个决策的那族先验通常可以简化为一个唯一的先验。然而,通过这种程序发现的先验依赖于所考虑的决策,并且还是为了进行保守的评估而特别设计的决策过程的人为产物。例如,在奈特-埃尔斯伯格瓮那个例子中,对于 B 瓮,分配给红球的先验概率的范围为 0.45 至 0.55,而且分配给黑球的先验概率也是一样。在打赌球的颜色为红色时,保守地分配红球的先验概率为 0.45(同样地,在打赌球的颜色为黑色时,保守地分配黑球的先验概率为 0.45),这也就意味着对 A 瓮的偏好。因为打赌从 A 瓮中抽出的球的颜色成功的概率为 0.5。

吉尔博亚-施梅德勒公理的一个产物是一个可以形式化为两人博弈的决策理论。第一个博弈参与人致力于最大化,第二个博弈参与人则致力于最小化,对于第一个博弈参与人的每一个行动,第二个博弈参与人都会选择相关联的信念。第二个博弈参与人选择这种信念的方式对第一个博弈参与人作出与他对模型设定的怀疑相反的乐观预测的愿望可以起到平衡作用。①

正如萨维奇公理并不能告诉建模者如何在某个特定的应用中指定决策者的主观信念一样,吉尔博亚-施梅德勒公理也不能告诉建模者可能的信念族到底是什么。吉尔博亚-施梅德勒公理只是阐明了这样一个道理:理性决策可能需要多重先验以及一个以悲观方式选择信念的虚拟第二经济行为主体。对信念的限制必定只能来自外界。②

2.5 埃尔斯伯格与弗里德曼

奈特-埃尔斯伯格的瓮的例子乍看起来似乎与宏观经济学中广泛使用的动态模型相去甚远,但是宏观经济学历史上一个引人入胜的章节却集中体现在米尔顿·弗里德曼(Milton Friedman)对期望效用理论的矛盾心理上。虽然弗里德曼在他的某些论著中,比如说,Friedman 和 Savage(1948)在其研究中接受了 von Neumann 和 Morgenstern(1944)的期望效用理论,但是他们在讨论货币政策的实施时又决定不使用它。③ 相反,Friedman(1959)强调,模型错误设定正是考虑货币政策和财政政策时的一个决定性因素。在讨论货币和价格之间的关系时,弗里德曼的结论是:

> 如果货币存量与价格水平之间的联系是直接的和刚性的,或者,如果货币存量与价格水平之间的联系是间接的和可变的——只要人们已经充分理解,上面两种情况之间的区别就是不重要的——那么控制了其中一个方面也就意味着控制了另一个方面……但是这种联系既不是直接的,也不是固定的,而且也没有得到充分的理解。虽然货币存量系统性地与平均价格水平相关,但是在短期内这种关系存在很大的变化……甚至货币与价格之间的关系的这种可变性也不是决定性的,如果这种联系是同步的(尽管也是可变的),因为这会使得货币存量的变化立即影响全部经济状况和价格水平(或者只有短暂的滞后)……然而,事实上,有很多证据表明,货币存量的变化要在滞后相当长的一段时间后才会产生效果,而且这种滞后是相当多变的。

弗里德曼认为,许多研究者对货币与价格之间动态联系的错误设定应该引起激进政策支持者的关注。尽管 Friedman 和 Savage(1948)讨论过模型错误设定问题,但是他关于货币政策的专论(Friedman,1959)并不主张通过对动态模型的各种可选设定形成先验信念来回应对模型设定错误的关注。④ 他这种论证思路揭示了如下事实:在设计货币政策这类有实际目

---

① 零和博弈理论给了我们一种很自然地表达对稳健性算法的关注的方式。在 Gilboa 和 Schmeidler(1989)给出他们的公理性理由之前,统计决策理论和稳健控制理论就已经以这种方式使用零和博弈了。请参见 Blackwell 和 Girshick(1954)、Ferguson(1967)以及 Jacobson(1973)的研究。

② 当然,这就是为什么对各种限制无比渴求的宏观经济学家和计量经济学家从一开始就紧紧抓住 Muth(1961)的观点不放的原因。

③ 这与 Lucas(1976)、Sargent 和 Wallace(1975)的研究不同。

④ 然而,Friedman(1953)对宏观经济政策进行了明确的随机分析,并引入了 Brainard(1967)的研究中的分析要素。

的的应用中,不使用萨维奇的决策理论是一种偏好。

3. 对稳健性的偏好的形式化

前面描述的多重先验法提供了一种研究模型设定错误的方法。与 Epstein 和 Wang (1994)以及 Friedman(1959)一样,我们对动态环境中的决策特别感兴趣。我们从控制理论的一个分支的最新研究中得到了很多启示。倡导稳健控制理论的学者对早期的控制理论提出了挑战并决定重建控制理论,因为那种早期的理论忽略了设计政策规则时的模型逼近错误。他们怀疑他们的模型错误地设定了目标变量对控制的动态反应。为了解决这个问题,他们在他们的模型中添加了一个设定误差流程,并致力于寻找在一组这样的设定误差流程中都能很好地运行的决策规则。这种努力引导他们构建出了一个双人零和博弈模型,并形成了一种保守的分析风格,其精神与 Gilboa 和 Schmeidler(1989)高度一致。在本节中,我们来描述稳健控制理论家对现代控制理论进行的这种修正。虽然我们的讨论主要限于线性/二次高斯控制,但是我们得到的许多结果都可以直接扩展到更一般的决策环境下。例如,Hansen 等(2006)所考虑的马尔科夫扩散环境中的稳健决策问题。

3.1 用正确的模型来控制

在本节中,我们先简要地回顾一下标准控制理论——它不承认错误设定动力学。为了保证教学的简单性,我们考虑一个决策者要面对如下状态演化方程和目标方程的情况:

$$x_{t+1} = Ax_t + Bu_t + Cw_{t+1} \tag{20.1}$$

$$z_t = Hx_t + Ju_t \tag{20.2}$$

其中,x_t 是一个状态向量,u_t 是一个控制向量,而 z_t 则是一个目标向量,所属时期均为第 t 期。此外,再假设 $\{w_{t+1}\}$ 是均值为零、协方差矩阵由 I 给出的独立同分布的冲击的向量序列。利用目标向量可以定义如下偏好:

$$-\frac{1}{2} \sum_{t=0}^{\infty} \beta^t E z_t' z_t \tag{20.3}$$

其中,$0<\beta<1$ 是一个贴现因子,而 E 则为数学期望算子。决策者的目标是通过选择控制律($u_t = -Fx_t$)来使得目标函数最大化的。这个对于 u_t 的决策规则的线性形式不是一种限制,而是其最优性的一种体现。

由于具有显式的、随机的、递归的结构,因而很容易利用动态规划来解决这个控制问题。

问题 1.(递归控制)

利用动态规划方法,可以将这个无限期界控制问题化简为如下函数方程中的矩阵 Ω 的不动点问题:

$$- \frac{1}{2} x' \Omega x - \omega = \max_u \left\{ - \frac{1}{2} z'z - \frac{\beta}{2} Ex^* \Omega x^* - \beta \omega \right\} \tag{20.4}$$

要服从的约束条件为:

$$x^* = Ax + Bu + Cw^*$$

在这里,w^* 的均值为零且协方差矩阵为 I。① (这里的上标 * 表示下一个时期的值。)

一般线性二次优化问题的解有一个特殊的性质,叫作确定性等价,它断言决策规则 F 独立于波动性矩阵 C。这个"断言"的正式表述如下。

断言 2. (确定性等价原理)

对于线性二次控制问题,矩阵 Ω 和最优控制律 F 都不依赖于波动性矩阵 C。因此,最优控制律不依赖于矩阵 C。

确定性等价原理可以直接从二次目标的性质、转移定律的线性形式,以及关于冲击 w^* 独立于当前状态 x 的设定推导出来。但是稳健控制理论家们对这个原理提出了疑问,因为他们的经验是它非常容易受模型错误设定的影响。由于试图找到能很好地处理整整一类模型的控制规则,所以他们把注意力集中在了其他可选的冲击过程上。

那么,一个暂时独立的冲击过程 w_{t+1} 能代表决策者所担心的错误设定吗?控制理论家并不这么认为,因为他们担心的是动力学意义上的错误设定,即会影响目标变量对冲击及控制的脉冲响应函数的错误设定。出于这个原因,他们是用那种可以用对状态变量产生反馈的冲击过程来描述错误设定的,而这一点是独立同分布的冲击无法做到的。正如我们将会看到的,允许冲击反馈到当前和过去的状态上去就意味着确定性等价的性质的修正。

3.2 模型设定错误

为了刻画动态系统中的设定错误,假设独立同分布的冲击序列被非结构性的模型设定错误所取代了。我们不妨暂时可以先用模型逼近的误差有限的确定性序列 $\{v_t\}$ 代替随机冲击过程 $\{w_{t+1}\}$。就像在 Gilboa 和 Schmeidler(1989)那里一样,可以用一个双人零和博弈来表示对于与 v 相关的有稳健性的决策的偏好。由于我们暂时抑制了随机性,所以现在的博弈是动态的和确定性的。② 从单个行为主体的决策问题的动态规划求解公式中,我们知道,以递归的方式思考这个问题会更加容易一些。而且,用值函数可以方便地总结当前决策对未来结果的影响。

博弈 3. (稳健控制)

为了表示对稳健性的偏好,我们将单个主体的最大化问题式(20.4)用如下双人动态博弈取代:

$$- \frac{1}{2} x' \Omega x = \max_u \min_v - \frac{1}{2} z'z + \frac{\theta}{2} v'v - \frac{\beta}{2} x^{*'} \Omega x^* \tag{20.5}$$

---

① 对于这个问题,有很多种计算效率相当高的求解方法,请参见 Anderson 等(1996)的综述。
② 关于下面的稳健控制问题,一个等价且更基本的随机公式见本章的附录。

要服从的约束条件为：

$$x^* = Ax + Bu + C_v$$

其中，$\theta > 0$ 是一个衡量对稳健性的偏好的参数。再一次，我们将这个问题表述成了一个值函数中的不动点问题：$V(x) = -\dfrac{1}{2}x'\Omega x - \omega$。

不难注意到，在这里，有一个"心怀恶意"的经济行为主体进入了分析。这个经济行为主体——或者说，另一个"自我"——的意图是最小化目标，但是在这样做的时候，他会受到惩罚，这表现在加入目标函数中的 $\dfrac{\theta}{2}v'v$ 那一项上。因此，动态博弈理论是可以用来研究稳健决策的，这也正是 Basar 和 Bernhard（1995）着重强调的一点。

这个虚拟的第二个行为主体的作用是将特定于情境的悲观主义注入控制律。悲观主义是具有情境特定性和内生性的，因为它依赖于原始决策问题的细节，包括单期收益函数和状态演化方程。稳健性参数，或乘数 θ，抑制了悲观主义扭曲的幅度。越大的 θ 值，越能使悲观程度（即 v 的大小）变小。令 θ 任意大，我们就可以逼近单行为主体决策问题的确定性等价解。

3.3　错误设定的类型的刻画

在式（20.5）中，解会使得 v 为 x 的一个函数、u 为只包括 x 的函数。与双人博弈的解相关联的是 v 在最坏情况下的选择。最坏情况下模型冲击 v 对控制向量 u 和状态向量 x 的依赖性可以用来提高稳健性。这种最坏情况对应于一个特定的 $(A^\dagger, B^\dagger)$，它是获得一个稳健的规则的有效装备。如果我们将值函数不动点代入式（20.5）的右侧，并求解内角最小化问题，那么我们可以得到最坏情况的误差的公式：

$$v^\dagger = (\theta I - \beta C'\Omega C)^{-1} C'\Omega (Ax + Bu) \tag{20.6}$$

应该不难注意到，这里这个 $v^\dagger$ 同时依赖于当期的控制向量 u 和状态向量 x。因此，用来提高稳健性的错误设定模型有以下性质：

$$A^\dagger = A + C(\theta I - \beta C'\Omega C)^{-1} C'\Omega A$$
$$B^\dagger = B + C(\theta I - \beta C'\Omega C)^{-1} C'\Omega B$$

可以观察到，这里得到的扭曲的模型是特定于情境的，而且依赖于矩阵 A、B、C 和用来表示值函数的矩阵 Ω，以及稳健性参数 θ。

矩阵 Ω 通常是半正定的，这个性质使得我们可以交换极大化和极小化运算，即

$$-\frac{1}{2}x'\Omega x = \min_v \max_u -\frac{1}{2}z'z + \frac{\theta}{2}v'v - \frac{\beta}{2}x^{*'}\Omega x^* \tag{20.7}$$

我们可以得到与前面相同的值函数，即便现在选择的 u 是 v 和 x 的函数，同时 v 则是一个只依赖于 x 的函数。对于这个解，我们有：

$$u^\ddagger = -(J'J + B'\Omega B)^{-1} J'[Hx + \Omega(Ax + Cv)]$$

出现在这个替代公式中的均衡 v 给出了状态向量 x 的另一个动态演化方程。稳健控制 u 是

对一个替代演化方程(在给定 Ω 的条件下)的最优反应。具体地说——尽管有滥用记号的风险——另一个演化方程是:

$$x^* = Ax + Cv(x) + Bu$$

在零和博弈式(20.5)和式(20.7)中,v 和 u 都表示为仅关于 x 的函数,这两个博弈的均衡结果是重合的。

通过交换极小化和极大化的顺序构造出来的最坏情况模型,有的时候很难将它解释为一个可信的可选模型。再者,这种构造还依赖于从递归解到稳健控制问题的转移矩阵 Ω,因此这也就包括了一个惩罚项的贡献。为了说明这个问题,假设状态向量中有一个分量是外生的(在这里,我们用"外生"一词表达的意思是一个状态向量不受对控制向量的选择的影响)。但是在另一个可选模型下,这个分量可能不再是外生的。因此,由上述最坏情况冲击 $v(x)$ 形成的可选模型可能包括了一种很难加以解释的内生性形式。Hansen 和 Sargent (2008b)描述了通过适当地运用宏观经济学家所说的"大 K,小 k"技巧来规避这种令人讨厌的明显的内生性的方法。[1]

递归公式中极小化和极大化运算的交换的"合法"性是由通常所称的贝尔曼-艾萨克斯条件保证的。当满足这个条件时,我们就可以在"零日"的问题中交换运算顺序了。事实证明,这给了我们另一种构造最坏情况模型的途径,而且可以避免最坏情况模型的任何意料之外的内生性。此外,贝尔曼-艾萨克斯条件还是证明使用递归方法求解"零日"稳健控制问题的合理性的核心依据。对于这个问题,请参见 Fleming 和 Souganidis(1989)、Hansen 等(2006)以及 Hansen 和 Sargent(2008b)的讨论。

原先的波动性暴露矩阵 C 现在也变成了设定错误的影响矩阵。它有助于稳健控制问题的求解。尽管对于一般的控制问题,由于存在确定性等价,它不能起到这个作用。我们将 F 对 C 的依赖性总结为如下断言,它与前面给出的断言 2 形成了鲜明的对照。

断言 4.(打破确定性等价)

对于 $\theta < +\infty$,稳健控制 $u = -Fx$ 能不能作为博弈式(20.3)的解,取决于波动性矩阵 C。

在下一节中,我们将讨论为何确定性等价的崩溃会助长一种源于对模型错误设定的担心的预防性动机。虽然确定性等价基准是特殊的,但是它确实指出了在更一般的环境下普遍存在的一种力量。因此,在随机冲击的存在确实会影响不用担心模型错误设定时的决策规则的情况下,引入这种担忧通常会导致预防动机的增强。

3.4 再论吉尔博亚和施梅德勒的研究

为了将式(20.3)与 Gilboa 和 Schmeidler(1989)的公式联系起来,我们研究了一个冲击向量的分布有所改变的设定。这个设定的基本想法是,通过将基线密度乘以一个似然比(相对于标准化的多元正态),来改变冲击向量的条件分布,使之不再是一个独立于当前状态向量的多元标准正态。这里所用的似然比往往以通常的方式取决于当前和过去的信息,这就是

---

[1] 参见 Ljungqvist 和 Sargent(2004,第384页)的论述。

说,可以使得在求解各种版本的双人零和博弈(极小化的那个博弈参与人选择扭曲性的密度)时,考虑错误设定的动态的一般形式。这是一个更一般的公式,它可以容纳的模型错误设定包括了被忽略的非线性、更高阶的动态和不正确的冲击分布。因此,这种稳健性的表述称为非结构化的。[1]

对于线性二次高斯问题,只考虑冲击的条件均值和条件协方差矩阵中的变化就足够了。更多的细节详见本章附录。最坏情况协方差矩阵独立于当前状态,但是最坏情况均值则取决于当前状态。这个结论可以推广到非线性二次连续时间决策问题,前提是潜在冲击可以建模为扩散过程。这时,只要分析将状态依赖的漂移附加到作为基础的布朗运动的设定错误就足够了。请参见 Hansen 等(2006)在这方面的讨论。二次惩罚 $\frac{1}{2}v'v$ 也就变成了对应用数学文献中所称的条件相对熵的度量。它是备选条件密度与基准模型中的正常密度之间的一个差异度量。为了简便起见,我们没有限制备选密度驻留在某个预先指定的集合中,而是在目标函数中根据它们的量级直接进行惩罚。正如 Hansen 等(1999)、Hansen 等(2006)以及 Hansen 和 Sargent(2008b)所阐明的,我们可以将稳健性参数 θ 看作是贴现相对熵的"零时"约束下的拉格朗日乘子。[2]

4. 校准对稳健性的"口味"

我们的稳健决策者模型是形式化为一个双人零和动态博弈的。如果完全不受任何约束,最小化的那个博弈参与人就可能会造成严重破坏,并极大地改变决策规则。我们很容易构造出一些特殊的例子,在这些例子中,诱导出来的保守行为是如此谨小慎微,以至于会使得稳健的决策规则看起来简直愚不可及。无疑,我们可以用这些例子来进一步加深对使用最小化法而不是贝叶斯决策理论所倡导的平均法的怀疑。

以双人零和博弈形式给出的表述到底是愚蠢的还是可信的,取决于对虚拟最小化博弈参与人的选择集是如何加以约束的。一个完全不受约束的恶意博弈参与人可以制造严重的混乱,而一个受到了严格约束的博弈参与人却不能。因此,真正有意思的问题是,由于模型设定的模糊性而引起的保守主义的调整,对关于决策的实证或规范模型来说是否合理,如果是,那么这种调整的幅度应该有多大。支持这种保守主义调整的证据有一部分来自实验证据(Camerer,1995),还有一些支持证据来自对 Gilboa 和 Schmeidler(1989)的贡献的公理化处理。但是这两个来源都没有回答这个定量问题:在关于经济动态的应用研究中,应该有多大的调整幅度。在这个问题上,我们认为统计性歧视理论应该会有所帮助。

---

[1] 参见 Onatski 和 Stock(1999)的研究,他们给出了结构化不确定性下的稳健决策分析的一个例子。

[2] 参见 Hansen 和 Sargent(2001)、Hansen 等(2006)以及 Hansen 和 Sargent(2008b,第七章)的论著,这些论著讨论了用 θ 定义的"乘数"偏好,以及"约束偏好",它们都是吉尔博亚-施梅德勒公理(Gilboa and Schmeidler,1989)支持的偏好的特殊情况。

我们已经用单个自由参数 θ 参数化了对稳健性的偏好,或者也可能隐式地用相关的贴现熵 η_0 来表达这种偏好。令 M_t 表示在日期 t,一个备选模型相对于原始的"逼近"模型的似然比,那么 $\{M_t : t = 0, 1, \cdots\}$ 就是原始概率定律下的一个鞅,并且我们执行了归一化操作(即变成了 $M_0 = 1$)。于是,相对熵在"零日"的度量为:

$$E(M_t \log M_t \mid \mathcal{F}_0)$$

这是备选的概率测度下的期望对数似然比,其中的 $\mathcal{F}_0$ 是时刻 0 处的信息集。对于无限界期问题,我们发现,利用主观贴现因子 $\beta \in (0, 1)$ 构造出一个几何权重,然后再得出几何平均,是很方便的,即

$$(1 - \beta) \sum_{j=0}^{\infty} \beta^j E(M_j \log M_j \mid \mathcal{F}_0) \leq \eta_0 \tag{20.8}$$

只要直接利用分部求和法,就可以得到:

$$(1 - \beta) \sum_{j=0}^{\infty} \beta^j E(M_j \log M_j \mid \mathcal{F}_0) = \sum_{j=0}^{\infty} \beta^j E(M_j \log M_j - \log M_{j-1} \mid \mathcal{F}_0) \tag{20.9}$$

对于计算上的目的来说,使用惩罚方法并对各种备选的 θ 求解这个决策问题是有好处的。与每一个 θ 相关联,我们都可以找到一个相应的 η_0 的值。这种看似无害的计算简化对我们对偏好的设定有着很微妙的含义:在定义偏好时,你是保持固定的 θ 不变(这样做的话,你可以得到通常所称的乘数偏好),还是保持固定的 η_0 不变(这样做的话,你将会得到通常所称的约束偏好)。更多细节请参见 Hansen 等(2006)以及 Hansen 和 Sargent(2008b)的讨论。即便我们采用了偏好的乘数解释,也仍然可以按照 Petersen 等(2000)提出的方法计算出隐含的 η_0 并获得不少启发。

而为了校准的目的,我们想知道参数 θ 的哪些取值对应于合理的稳健性偏好。为了更好地思考这个问题,我们先要回顾一下:均衡的理性预期概念要求经济主体在决策中使用的模型与生成观察数据的模型完全相同。为理性预期均衡概念辩护的一个理由是,模型之间即便存在差异,也应该早就从足够多的历史数据中检测出来并消除掉了。在本节中,我们在考虑对稳健性的合理偏好时所采用的思路与此密切相关。给定状态向量的历史观察值,我们将运用最初由 Chernoff(1952)提出的贝叶斯模型检测理论。这个理论描述的是,当有更多的数据可用时如何对两个模型加以区别对待。我们还使用统计检测来限制稳健性偏好。决策者应该能够在过去的时间序列数据中注意到那些容易检测到的模型设定错误并将它们消除掉。我们建议对 θ 进行限制,使得我们只需考虑那些很难从统计的角度与近似模型区分开来的备选模型。我们这样做的目的是暂且不去研究那些更复杂的学习和控制问题。我们将在第 5 节中再来讨论稳健性与学习之间的关系。

4.1 状态的演化

给定对状态向量 x_t 的观察值的时间序列,假设我们想要确定状态向量的演化方程。令 $u = -F^\dagger x$ 表示稳健控制问题的解。对于这个时间序列,一种可能的描述是:

$$x_{t+1} = (A - BF^\dagger) x_t + C w_{t+1} \tag{20.10}$$

其中$\{w_{t+1}\}$是一个独立同分布的归一化高斯向量序列。在这种情况下,对模型设定错误的担忧就只存在于决策者的头脑中了,因为初始模型实际上已经正确地设定了。在这里,实际上是近似模型生成了数据。

最坏情况的演化方程是一个与前述双人零和博弈的解相关联的方程。通过在式(20.6)中添加一个条件平均值,就会改变w_{t+1}的分布:

$$v^{\dagger} = -K^{\dagger}x$$

其中

$$K^{\dagger} = \frac{1}{\theta}\left(I - \frac{\beta}{\theta}C'\Omega^*C\right)^{-1}C'\Omega^*(A - BF^T)$$

同时还会改变协方差矩阵CC'。其他备选的演化方程仍然是马尔科夫式的,它可以写为:

$$x_{t+1} = (A - BF^{\dagger} - CK^{\dagger})x_t + Cw^{\dagger}_{t+1} \tag{20.11}$$

其中

$$w^{\dagger}_{t+1} = k^{\dagger}x_t + w^{\dagger}_{t+1}$$

其中,$w^{\dagger}_{t+1}$是一个协方差矩阵,服从均值为零的正态分布,但是通常大于单位矩阵。这种演化将受约束的最坏情况模型当成了状态向量的实际运动定律,在稳健决策规则和决策者计划对抗的最坏情况冲击过程下求得。[①] 由于进行最小化的那个博弈参与人对v的选择并不意味着一种预测,而只是意味着一种保守的调整,因此这个演化方程不是决策者对最有可能的模型的猜测。决策者考虑的是冲击向量w_{t+1}的更一般的分布变化,但是隐含的相对熵式(20.9)并不比刚刚描述的模型中的更大。实际的错误设定可能会以一种比双人零和博弈的解更复杂的形式出现。无论如何,这两个演化方程式(20.10)和式(20.11)为我们提供了一个方便的"实验室"来校准对于稳健性的合理偏好。

4.2　经典模型检测

对数似然比经常用于统计模型的选择。为了简单起见,在这里只考虑模型之间的成对比较。设其中一个模型是用(A, B, C)和一个多元标准正态冲击过程$\{w_{t+1}\}$刻画的基本近似模型。再设另一个模型的冲击可以用$\{v_t\}$来索引,其中v_t是w_{t+1}的条件均值。基本的随机性掩盖了模型的错误设定,但是又使得我们能够形成似然函数,作为研究数据如何揭示是哪个模型产生了数据这个方面的信息量的一种手段。[②]

不妨想象我们只在有限的T个时期内观察状态向量。因此,我们可以得到观察值x_1,$x_2, \cdots, x_T$。然后构造这两个模型之间的对数似然比。因为$\{w_{t+1}\}$序列是独立且同正态分布的,所以第t期对于对数似然比的贡献为:

[①] 它是这个动态博弈的马尔可夫完美均衡的决策规则。

[②] 在这里,考虑到教学上的便利性,我们只探讨对于近似模型的一种特殊的随机偏离。正如 Anderson 等(2003)所强调的,统计检测理论会引导我们只考虑相对于基准模型或近似模型的绝对连续的模型偏离。我们在这里考虑的偏离则是绝对连续性下的偏离在离散时间下的对应物——当状态向量按照某个可能的非线性扩散模型演化时。

$$w_{t+1} \cdot \hat{v}_t - \frac{1}{2}\hat{v}_t \cdot \hat{v}_t$$

其中 $\hat{v}_t$ 是 v_t 的模型化版本。举例来说,我们可能可以得到 $\hat{v}_t = f(x_t, x_{t-1}, \cdots, x_{t-k})$。当该近似模型正确的时候,$v_t = 0$ 且对于(对数)似然函数的可预测的贡献为负:$-\frac{1}{2}\hat{v}_t \cdot \hat{v}_t$。而当备选模型正确的时候,可预测的贡献则为 $\frac{1}{2}\hat{v}_t \cdot \hat{v}_t$。因此,$\frac{1}{2}\hat{v}_t \cdot \hat{v}_t$ 这一项就是第 t 期(以当前信息为条件)对于对数似然比的贡献。当这一项足够大时,要区分模型就很容易了,但当这一项比较小的时候就很难区分了。正是这一点,促使我们将二次形式的 $\frac{1}{2}\hat{v}_t \cdot \hat{v}_t$ 作为模型错误设定的统计度量。当然,$\hat{v}_t$ 依赖于状态 v_t,所以要模拟它们也就需要模拟如式(20.11)所示的某个特定的运动定律。

前面描述的这种用 $\frac{1}{2}\hat{v}_t \cdot \hat{v}_t$ 来衡量差异的方法是隐式地以一个关于统计歧视的经典概念为基础的。在经典的统计实践中,往往会保持第一类错误(类型 I 错误)的概率不变——第一类错误是指当一个给定的零模型正确的时候却拒绝了它,举例来说,零模型可能就是基准的 $\hat{v}_t$ 模型。当我们的可用数据的数量不断增加时,第二类错误(即当零模型错误时却接受了它)的概率会随着样本容量的增大而衰减至零,特别是当样本容量以指数速度增大时。因此,对于模型筛选的基于似然的测度也就给出了第二类错误概率衰减至零的过程中的(按每个观察单位计)速率的下界。

4.3　贝叶斯模型检测

Chernoff(1952)研究过一个贝叶斯模型筛选问题。假设我们通过对每个模型赋予某个先验概率(比如 1/2)来对第一类错误和第二类错误进行平均。现在,到了时期 t,由于更多信息的出现,我们可以通过缩小第一类错误和第二类错误来改进模型筛选。对于平均值不同的高斯式模型,这会导致模型筛选率变为 $\frac{1}{8}\hat{v}_t \cdot \hat{v}_t$(单位时间内出现分类错误的对数概率的变化)。这个筛选率就是通常所称的切尔诺夫熵,尽管对切尔诺夫熵的定义要更一般化一些。当切尔诺夫熵很小时,模型是很难在统计上区分开来的。只有当切尔诺夫熵较大时,统计检测才会比较容易。缩放比例变成了 1/8 而不是 1/2 就反映了在第一类错误与第二类错误之间的权衡。第一类错误(的概率)不再保持不变了。这里需要提请读者注意的是,我们添加到控制问题中以加强稳健性的那个惩罚项就是切尔诺夫熵的缩放版本,前提是模型的设定错误被高斯随机性适当地掩盖掉了。因此,在考虑统计检测的时候,我们必须纳入一些实际的随机性——尽管在许多稳健控制理论的公式中没有包括这种随机性,但是实际上在所有宏观经济应用研究中都是存在的。

在生成独立同分布的数据的模型中,我们可以在观测指标上累积切尔诺夫熵(Chernoff,

1952），用以形成有限样本的检测错误概率界。在动态环境中，所需要的并不仅仅限于这种累积，但是切尔诺夫熵在构建概率界时仍然扮演了短期贴现率的角色。[①]

我们认为，决策者面临的模型检测问题实际上比我们刚才描述的两个统计歧视问题复杂得多。决策者关心的很可能是一系列更复杂的模型，其中许多模型都会比我们在这里考虑的模型更加难以表述和求解。然而无论如何，现在这个高度程式化的统计歧视框架至少说明有一种方法可以用来分析对稳健性的合理偏好。对于任何给定的 θ，我们都可以计算出隐含的最坏情况过程 $\{v_t^{\dagger}\}$，并且只需考虑那些使得 $\{v_t^{\dagger}\}$ 模型与 $v_t = 0$ 模型难以区分的 θ 值。从统计学的角度来看，考虑 $v_t^{\dagger}$ 的大小要比考虑作为其基础的 θ 的大小更加方便。这也就意味着，要求解一组 θ 的稳健控制问题，并探析由此而得到的 $v_t^{\dagger}$ 的稳健控制问题。事实上，Anderson 等（2003）已经证明了 $v_t^{\dagger} \cdot v_t^{\dagger}$ 与检测错误概率（的一个边界）之间存在着紧密的联系。

4.3.1　检测概率：一个实例

下面举例说明我们在实际操作中构造检测错误概率的方法。考虑两个具有相同先验概率的备选模型。模型 A 是近似模型，模型 B 是最坏情况模型（它与一个特定的正的 θ 的冲击过程的某个可选分布相关联）。考虑一个包含了关于 x_t 的 T 个观察值的固定样本。令 L_i 表示这个样本对于模型 $i(i=A,B)$ 的似然。然后，将似然比定义为：

$$\ell = \log L_A - \log L_B$$

我们可以通过在模型 i 下对 x_t 生成一个长度为 T 的模拟来得出这个对数似然比的样本值。贝叶斯检测错误概率是对两种错误的平均概率。首先，假设数据是由模型 A 生成的，并计算出：

$$p_A = 概率（错误 | A) = 频率（\ell \leqslant 0 | A)$$

接下来，再假设数据是由模型 B 生成的，并计算出：

$$p_B = 概率（错误 | B) = 频率（\ell \geqslant 0 | B)$$

因为先验对这两个模型赋予的权利是相同的，所以以检测误差的概率为：

$$p(\theta) = \frac{1}{2}(p_A + p_B)$$

我们的想法是设定一个合理的 $p(\theta)$ 的值，然后反过来，从 $p(\theta)$ 出发去找到一个合理的稳健性偏好参数 θ 的值。我们可以通过对 N 个长度为 T 的 x_t 的样本实现值的模拟，来逼近组成 $p(\theta)$ 的 p_A 和 p_B。N 要很大，例如，在下一个示例中，我们模拟了 20000 个样本。关于如何计算检测错误概率的更多细节，请参阅 Hansen 等（2002）的讨论。

现在，我们在 Ball（1999）构建的一个简单动态模型的背景下，通过例子说明如何利用检测错误概率来约束对 θ 的选择。鲍尔提出这个模型是用来研究货币政策当局在设置利率时所依据的各种备选规则的。[②]

---

① 见 Anderson 等（2003）的研究。
② Sargent（1999a）从稳健决策理论的角度对 Ball（1999）的模型进行了进一步的讨论。参见 Hansen 和 Sargent（2008b，第十六章）关于如何处理前瞻性模型中的稳健性。

鲍尔的模型是一个后顾性宏观模型,其结构方程包括:

$$y_t = -\beta r_{t-1} - \delta e_{t-1} + \varepsilon_t \tag{20.12}$$

$$\pi_t = \pi_{t-1} + \alpha y_{t-1} - \gamma(e_{t-1} - e_{t-2}) + \eta_t \tag{20.13}$$

$$e_t = \theta r_t + v_t \tag{20.14}$$

在这里,y 为实际产出的对数,r 是实际利率,e 是实际汇率的对数,π 是通货膨胀率,ε、η、v 是序列不相关且相互正交的扰动。Ball(1999)假设货币当局的目标是试图最大化$-E(\pi_t^2 + y_t^2)$。

货币当局在设定利率 r_t 时,是将它作为当前状态的函数来处理的,而 Ball(1999)已经证明,当前状态可以简化为 y_t 和 e_t。

鲍尔将式(20.12)视为开放经济的 IS 曲线,同时将式(20.13)视为开放经济的菲利普斯曲线,然后利用式(20.14)来刻画利率对汇率的影响。鲍尔将参数 γ、θ、β 和 δ 的值分别设置为 0.2、2、0.6 和 0.2。与鲍尔一样,我们将新息冲击标准差分别设置为 1、1 和 $\sqrt{2}$。

为了限定对表示稳健性偏好的参数的选择,我们计算出了检测错误概率,以便在鲍尔的模型(Ball,1999)与多个不同的 $\sigma \equiv -\theta^{-1}$ 值相关联的最坏情况模型之间进行筛选。我们在计算时,是以鲍尔的参数值作为近似模型的,并假设有 $T = 142$ 个观察值可用(这对应于鲍尔的季度模型的 35.5 年的年度数据)。图 20.2 给出这些作为 σ 的函数的检测错误概率 $p(\sigma)$。这里需要注意的是,在 $\sigma = 0$ 时检测错误概率为 0.5——本应如此,因为在这种情况下,近似模型和最坏情况模型是相同的。当 $\sigma \approx -0.085$ 时,检测错误概率会下降至 0.1。如果我们认为对稳健性的合理偏好就在于设计出在检测错误概率大于或等于 0.1 的备选模型中能够很好地发挥作用的规则,那么 $\sigma = -0.085$ 就是对该参数的取值的一个合理选择了。稍后,我们将计算出鲍尔的模型(Ball,1999)中 $\sigma = -0.085$ 时的稳健的决策规则,并将它的性能与不会表现出任何对稳健性的偏好的 $\sigma = 0$ 时的规则进行比较。

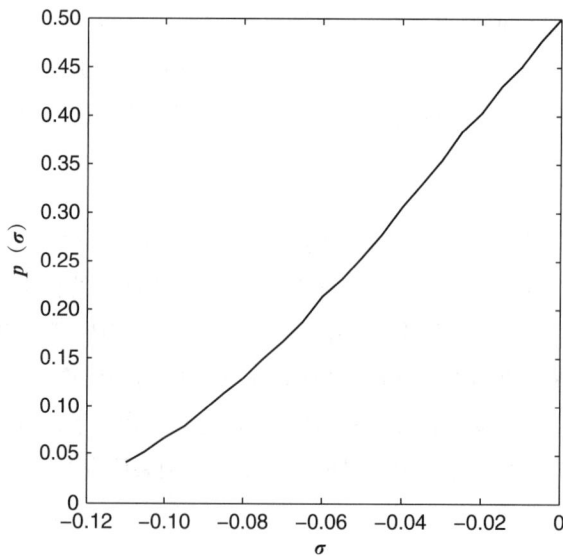

图 20.2 鲍尔的模型(Ball,1999)中的检测错误概率,作为 $\sigma = -\theta^{-1}$ 的函数

4.3.2　不足之处和发展方向

我们所用的方法对所有状态演化方程的错误设定的处理都是对称的,并且承认所有的错误设定可以被冲击向量所掩盖。我们设想的统计歧视问题假设历史数据集在整个状态向量过程上都具有公共长度。相反,我们也可以想象,对存在着不同的置信度的状态方程,不能完全用扰动 Cv_t 和二次形式的惩罚 $\theta v_t \cdot v_t$ 来刻画。例如,仿照埃尔斯伯格的双瓮赌局,我们可以想象将错误设定的形式限定为 $C\begin{bmatrix} v_t^1 \\ 0 \end{bmatrix}$ 以及相应的惩罚 $\theta v_t^1 \cdot v_t^1$。限制扰动的理由是,对模型的某些方面的置信度要比对其他方面的更大。或者,更一般地,还可以纳入不同权重的多个惩罚项。这种一般化的成本对于校准来说肯定是一个更大的负担。需要选择更多的惩罚参数,才能对一个稳健的决策者建模。

因此不难想象,前面对统计性歧视理论的利用可能会为不对模型错误设定的主动学习进行建模的决定提供一个借口,但是很多时候,这种借口是不能令人信服的。出于这个原因,我们接下来探索将学习纳入模型的各种方法。

5.　学习

前面概述的稳健控制模型允许通过一个由两阶段组成的过程完成决策。

第一,第一个阶段是初始的学习模型设定阶段。这个阶段要对数据进行研究并设定一个近似模型。在以往,这个阶段被认为是理所当然的,并且没有进行过分析。然而,在这个阶段之后,学习就停止了,尽管对模型设定存在疑问。

第二,给定第一个阶段设定的近似模型,选择一个固定的决策规则并永久使用它。虽然决策规则的设计是为了防止对模型的错误设定,但是在控制期间没有任何使用数据来减少模型的模糊性的尝试。

对这个两阶段决策过程论的辩护理由是,在第一阶段发现的近似模型与一组周边模型是很难用第一阶段的可用数据加以筛选的,但是到了第二阶段,可能会有更多的数据可用,因此可以进行模型筛选,只不过那也许是很长一段时间之后的事情了。

我们在本节中阐述了来自适应性学习文献的解决模型模糊性的方法。这些方法不需要像刚才描述的两阶段决策过程那样在时间上将学习与控制分开。相反,它们假设对模型的学习和对决策规则的调整都是不间断地连续进行的。

5.1　贝叶斯模型

对于模型不确定性的低维设定,显式贝叶斯公式可能是一个很有吸引力的替代我们的稳健公式的可选方案。我们可以把状态演化方程式(20.1)中的矩阵 A 和 B 看作是随机的,并对这种随机性指定一个先验分布。一种可能性是只需要一些初始的随机性来代表 A 和 B 虽然未知,却是固定的、不会随时间而演变的情况。在这种情况下,状态的观察值将会传递关于已实现的 A 和 B 的信息。假如控制者不能观察到 A 和 B,而只能随时间的发展对这两个矩阵进行推断,那么这个问题就是很难求出解析解的。不过,我们可以用数值方法来逼近它的解,这方面的例子请参见 Wieland(1996)以及 Cogley 等(2007)的研究。

在这里,我们将先利用 Cogley 等(2007)的模型说明处理模型不确定性的纯贝叶斯方法,然后阐述如何调整方法以便将稳健性纳入决策规则。假设决策者希望最大化如下状态变量 s_t 和控制变量 v_t 的函数:

$$E_0 \sum_{t=0}^{\infty} \beta^t r(s_t, v_t) \qquad (20.15)$$

状态向量的可观察分量和不可观察分量 s_t 与 z_t 分别根据如下运动定律演化:

$$s_{t+1} = g(s_t, v_t, z_t, \varepsilon_{t+1}) \qquad (20.16)$$

$$s_{t+1} = z_t \qquad (20.17)$$

其中,ε_{t+1} 是一个独立同分布的冲击向量,$z_t \in \{1,2\}$ 是用来索引子模型的隐藏状态变量。由于状态变量 z_t 是时不变的,所以设定式(20.16)—式(20.17)来说明两个子模型中的某一个控制了所有时期的数据。但是 z_t 对决策者来说是未知的。决策者有一个先验概率 $\mathrm{Prob}(z=1)=\pi_0$。给定历史 $s^t=[s_t, s_{t-1}, \cdots, s_0]$,决策者递归地应用贝叶斯法则进行计算:

$$\pi_{t+1} = B(\pi_t, g(s_t, v_t, z_t, \varepsilon_{t+1})) \qquad (20.18)$$

举例来说,Cogley 等(2008)将其中一个子模型设定为有菲利普斯曲线的凯恩斯主义模型,同时将另一个子模型设定为新兴古典主义模型。决策者必须在学习的同时作出决定。

因为决策者不知道 z_t,他的先验概率 π_t 就变成了刻画他尝试进行实验的动机的贝尔曼方程中的状态变量。用星号表示下一个时期的值,我们可以把这个贝尔曼方程表示为下式:

$$V(s,\pi) = \max_v \{ r(s,v) + E_z [E_{s^*,\pi^*} (\beta V(s^*, \pi^*) \mid s,v,\pi,z) \mid s,v,\pi] \} \qquad (20.19)$$

要服从的约束条件为:

$$s^* = g(s,v,z,\varepsilon^*) \qquad (20.20)$$

$$\pi^* = B(\pi, g(s,v,z,\varepsilon^*)) \qquad (20.21)$$

E_z 表示对索引子模型的隐藏状态 z 的分布进行的积分,E_{s^*,π^*} 表示对以条件 (s,v,π,z) 为条件的 (s^*,π^*) 的联合分布的积分。

5.2 带着对设定的疑虑进行实验

贝尔曼方程式(20.19)表达了决策者进行实验的动机,即他必须考虑到自己的决策会如何影响状态变量 π^* 的分量的未来值。我们在这里介绍的是 Hansen 和 Sargent(2007)以及 Cogley 等(2008)提出的如何通过调整贝叶斯学习和决策来化解对模型错误设定的担心的方法。贝尔曼方程式(20.19)引导我们考虑随机结构性模型的两种错误设定:对以条件 (s,v,π,z) 为条件的 (s^*,π^*) 的联合分布的错误设定,以及对赋予子模型 z 的概率 π 的错误设定。沿着 Hansen 和 Sargent(2007)的思路,我们下面将引入两个风险敏感性算子,它们可以帮助决策者构建出一个对这两种类型的错误设定有很高的稳健性的决策规则。虽然我们将它们称为风险敏感性算子,但实际上我们感兴趣的是它们的双重解释。在这些双重解释下,风险敏感性调整是一个根据对相对熵的惩罚来分配最坏情况的概率的最小化问题的结果。因此,我们认为这些算子是以非常谨慎的方式调整概率,从而帮助决策者设计稳健的政策的。

5.3　两个风险敏感性算子

5.3.1　T^1 算子

第一个风险敏感性算子是 T^1,它帮助决策者防范对子模型的错误设定。[①] 设 $W(s^*, \pi^*)$ 是 (s^*, π^*) 的一个可测函数。在我们这个实际应用中,W 将会是一个延续值函数。Cogley 等(2008)、Hansen 和 Sargent(2007)没有取 W 的条件期望,而是采用了如下算子:

$$T^1(W(s^*, \pi^*))(s, \pi, v, z; \theta_1) = -\theta_1 \log E_{s^*, \pi^*} \exp\left(\frac{-W(s^*, \pi^*)}{\theta_1} \right) \mid (s, \pi, v, z)$$

$$(20.22)$$

其中, E_{s^*, π^*} 表示关于 s^* 和 π^* 的条件分布的数学期望。这个算子能够生成如下问题的间接效用函数:进行最小化的经济行为主体选择 (s^*, π^*) 的条件分布的最坏情况扭曲行动,使得值函数 W 加上一个熵值惩罚的期望值最小化。这种惩罚限制了决策者所要警惕的备选模型集。该集合的大小受参数 θ_1 的约束,并随 θ_1 而递减,而 $\theta_1 = +\infty$ 则表示对稳健性的关注的缺失。这个最小化问题的解意味着 (s^*, π^*) 的贝叶斯条件分布的乘性扭曲。最坏情况扭曲与下式成正比:

$$\exp\left(\frac{-W(s^*, \pi^*)}{\theta_1} \right) \tag{20.23}$$

其中,对比例因子的选择要使得该非负随机变量的条件期望等于 1。这里需要注意的是,缩放因子和应用 T^1 算子的结果都依赖于索引子模型的状态 z(尽管 W 不依赖)。与式(20.23)成正比的一个似然比通过提高具有较低连续值的结果的权重,悲观地扭曲了 (s^*, π^*) 的条件密度。

5.3.2　T^2 算子

第二个风险敏感性算子 T^2 帮助决策者评估作为 (s, v, π, z) 的一个可测函数的连续值函数 U,它能够让决策者警惕对他自己的先验 π 的错误设定:

$$T^2(\widetilde{W}(s, \pi, v, z))(s, \pi, v; \theta_2) = -\theta_2 \log E_z \exp\left(\frac{-\widetilde{W}(s, \pi, v, z)}{\theta_2} \right) \mid (s, \pi, v) \quad (20.24)$$

这个算子能够生成如下问题的间接效用函数:恶意的经济行为主体选择一个对贝叶斯先验 π 的扭曲来最小化函数 $\widetilde{W}(s, \pi, v, z)$ 加上一个熵值惩罚的期望值。再一次,这个惩罚限

[①] 关于如何推导和解释风险敏感性算子 T,见本章附录给出的更详细的讨论。

制了决策者想要防范的可选设定集,而且这个集合的大小随参数 θ_2 而递减。对先验 π 的最坏情况的失真与下式成正比:

$$\exp\left(\frac{-\widetilde{W}(s,\pi,v,z)}{\theta_2}\right) \tag{20.25}$$

其中,对比例因子的选择要使得该非负随机变量的均值等于1。最坏情况密度扭曲了贝叶斯先验,即将较高的概率赋予延续值较低的结果。

我们的决策者直接扭曲了时期 t 上的隐藏状态的后验分布——在我们这个例子中,该隐藏变量索引了未知模型(以相对熵的惩罚为条件)。这种扭曲的来源既可能是某个初始时期的先验分布的变化,也可能是以隐藏状态或模型为条件的状态动力学中的过去的扭曲。① 我们这个例子中的决策者并没有具体说明这个错误的来源,也没有根据改变后的先验或似然按照贝叶斯法则更新所有的潜在概率分布,而是直接去探索后验分布的变化对他的目标的影响。

应用第二个风险敏感性算子,可以对 Levin 和 Williams(2003)以及 Onatski 和 Williams(2003)的研究做出回应。Levin 和 Williams(2003)探讨了多个基准模型。用 T^2 算子可以很方便地表达这些模型的不确定性,而且通过以历史数据为基础进行的对模型平均值的稳健调整,可以将对这种不确定性的关注予以落实。② 而且,与 Onatski 和 Williams(2003)的目的相一致,T^2 算子可以用来探索作为结构化不确定性的一种形式的未知参数的后果,而只用 T^1 算子是很难解决这种结构化不确定性的。③ 最后,T^2 算子的应用还提供了用于比较泰勒规则和其他简单货币政策规则的基准的一个途径。④

5.4 导出稳健的决策规则的贝尔曼方程

继 Hansen 和 Sargent(2007)的研究之后,Cogley 等(2008)通过将式(20.19)中的数学期望替换为风险敏感性算子,导出了稳健决策规则。具体地说,他们用 $(T^1)(\theta_1)$ 代替了 E_{s^*,π^*},并用 $(T^2)(\theta_2)$ 代替了 E_z。从而得到了如下贝尔曼方程:

$$V(s,\pi) = \max_v \{r(s,v) + T^2[T^1(\beta V(s^*,\pi^*)(s,v,\pi,z;\theta_1))](s,v,\pi;\theta_2)\} \tag{20.26}$$

注意,这里的参数 θ_1 和 θ_2 可以是不同的。T^1 算子探索的是状态动力学中前瞻性扭曲的影响,T^2 算子探索的则是给定当前和过去的信息时对当前隐藏状态的预测结果中的后顾性扭曲。Cogley 等(2008)证明,这两个算子的应用对于在他们构建的以存在相互竞争的关于菲利普斯曲线的概念为特点的扩展模型的背景下进行的实验,会产生非常不同的影响。⑤ 激活 T^1 算子会降低实验的价值,因为那会引入对每个模型的设定的怀疑。激活 T^2 算子则可以

---

① 状态动力学的变化意味着对状态概率的演化的错误设定。

② 相反,Levin 和 Williams(2003)没有考虑模型平均化和关于哪个模型对数据的拟合更好的学习的含义。

③ 见 Petersen 等(2000)提出的处理结构化不确定性的替代方法。

④ 参见 Taylor 和 Williams(2009)进行的关于不同货币政策规则的稳健性的比较。

⑤ 当 $\theta_1 = \theta_2$ 时,两个算子结合使用可以得出 Hansen 和 Sargent(1995a)提出的风险敏感性递推公式,它已经进行了适当的修正,以纳入隐藏状态。

提高实验的价值,因为那能减少模型之间的模糊性。因此,嵌入这两个算子当中的两种稳健性概念对实验的价值有相互抵消的影响。

5.5 信念的突然改变

Hansen 和 Sargent(2008a)用 T^1 和 T^2 这两个算子构建了一个突变模型,用来分析消费增长消息所引发的长期消费增长预期的变化的影响。由于这个模型假设了一个禀赋经济,所以它关注的重点是信念对资产价格的影响。由于对稳健性的担忧会使代表性消费者特别厌恶消费增长中持续的不确定性,所以模型不确定性的传递所造成的脆弱预期就会导致一些在通常的计量经济学分析中会被作为状态依存的高市场风险价格来衡量的结果的出现。

Hansen 和 Sargent(2008a)分析了消费增长有两个子模型的情形。设 c_t 为人均消费的对数。模型 $\iota \in \{0,1\}$ 的消费增长的持续性分量既可能大,也可能小:

$$c_{t+1} - c_t = \mu(\iota) + z_t + \sigma_1(\iota)\varepsilon_{\iota,t+1}$$
$$z_{t+1}(\iota) = \rho(\iota)z_t(\iota) + \sigma_2(\iota)\varepsilon_{2,t+1}$$

其中,$\mu(\iota)$ 是一个未知参数,其先验分布为 $\mathcal{N}(\mu_c(\iota),\sigma_c(\iota))$;$\varepsilon_t$ 是一个独立同分布的 2×1 向量过程,其分布为 $\mathcal{N}(0,1)$;$z_0(\iota)$ 是一个未知的标量,其分布为 $\mathcal{N}(\mu_x(\iota),\sigma_x(\iota))$。模型 $\iota=0$ 的 $\rho(\iota)$ 较低,会使得消费增长接近于独立同分布的;而模型 $\iota=0$ 的 $\rho(\iota)$ 接近于 1,它的 $\sigma_2(\iota)$ 的值较小,会使得消费增长具有高持续性的低条件波动性和高无条件波动性。

Bansal 和 Yaron(2004)告诉我们,用美国第二次世界大战后的数据很难区分出这两个模型。Hansen 和 Sargent(2008a)对这两个子模型赋予了 0.5 的初始先验,然后对子模型进行了校准,使得在样本的最后这两个子模型的贝叶斯后验也均为 0.5。因此,对于这两个子模型的设计是要使它们对整个样本求得的似然函数都是相同的。图 20.3 中的实线显示了以这种方式构建的模型 $\iota=1$ 的长期贝叶斯后验,读者不难注意到,尽管中途会出去"晃荡一些时间",但是它开始并结束于 0.5 处。

图 20.3 中,位置更高的虚线表示的是应用 T^2 算子产生的最坏情况概率。图中显示的最坏情况概率表明,代表性消费者对稳健性的担忧使得他的模型选择概率倾向了长期风险模型,因为相对于模型 $\iota=0$(它的消费增长的持续性较低),长期风险 $\iota=1$ 模型会对贴现效用产生相反的影响。

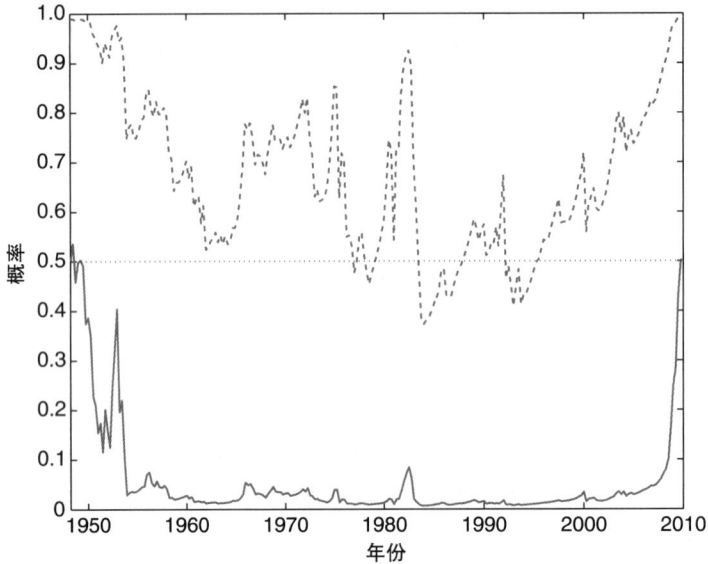

图 20.3 美国人均季度消费(非耐用品加服务)增长的长期风险模型的贝叶斯概率 $\pi_t = E_t(\iota)$,

分两种情况:$p_0 = 0.5$(下面的实线)和最坏情况概率 $\hat{p}_t$(上面的虚线)

注:我们对 θ_1 的校准给出了以 $\mu(0)$、$\mu(1)$ 和 z_t 的观察值为条件的 0.4 的检测错误概率;对 θ_2 的校准给出了分布 $c_{t+1} - c_t$ 下的检测错误概率 0.2。

谨慎的投资者在混合各个子模型时,会将概率倾向于具有较低贴现期望效用的模型。图 20.3 中特别有意思的就是这样一些反复出现的插曲,即新闻扩大了最坏情况概率与赋予长期风险模型 $\iota = 1$ 的贝叶斯概率之间的差距。这也就为 Hansen 和 Sargent(2008a)提供了一种刻画在前面引用过的凯恩斯的那段话所隐含的信念不稳定性的方法。

Hansen 和 Sargent(2008a)解释了以这两个子模型为条件的延续效用的动力学是如何有助于形成反周期的市场风险价格的。一方面,代表性消费者认为,对消费增长的不利冲击预示着永久性的坏消息,因为它提高了赋予 $\iota = 1$ 长期风险模型上的最坏情况概率 $\hat{p}_t$;另一方面,他会将消费增长受到的积极冲击解读为只是暂时性的好消息,因为它提高了赋予消费增长的持续性更低的 $\iota = 0$ 模型的概率 $1 - \hat{p}_t$。因此,代表性消费者会悲观地认为好消息只是暂时性的,而坏消息则是永久性的。

5.6 自适应模型

从原则上说,通过假设矩阵 A、B 的某个随机过程带来了一个"跟踪问题",前面各节描述的方法就可以直接应用于我们的基本线性二次模型。决策者必须对一个永远在移动的标靶进行研究,必须运用当前和过去的数据去推断矩阵 A 和 B 的随机过程。但是现在,完全设定问题变得相当困难了,因为决策者不得不确定矩阵 A 和 B 的随机演化的立场。同时,解也变得更加难以计算,因为决策者在时期 t 必须根据当前和过去的信息推断 A 和 B 的未来轨迹。

对模型设定的更高要求可能导致决策者对各种辅助假设的合理性产生怀疑(这些辅助假设本来应该能够使得决策分析更易于处理和更可信)。这样一来,也就引出了我们对解决这些跟踪问题的非贝叶斯方法的讨论。

这种对不确定性建模的方法源于讨论自适应控制和有随机系数的向量自回归的大量文献。[①] 这种思想有时也被称为被动自适应控制,因其在很多时候都能够提供稳健性来对抗来自模型错误设定的参数漂移而受到青睐。

这就是说,这是一个随机系数模型,它通过如下设定来刻画关于矩阵 A 和 B 的分量的价值的疑惑:

$$x_{t+1} = A_t x_t + B_t u_t + C w_{t+1}$$

其中,$w_{t+1} \sim \mathcal{N}(0,1)$,同时上式中的各个系数可以描述为:

$$\begin{bmatrix} \operatorname{col}(A_{t+1}) \\ \operatorname{col}(B_{t+1}) \end{bmatrix} = \begin{bmatrix} \operatorname{col}(A_t) \\ \operatorname{col}(B_t) \end{bmatrix} + \begin{bmatrix} \eta_{A,t+1} \\ \eta_{B,t+1} \end{bmatrix} \tag{20.27}$$

现在,这里的 v_{t+1} 是独立同分布的冲击的向量,有一个指定的协方差矩阵 Q,其中的 $\operatorname{col}(A)$ 则为 A 的向量化表示:

$$v_{t+1} \equiv \begin{bmatrix} w_{t+1} \\ \eta_{A,t+1} \\ \eta_{B,t+1} \end{bmatrix}$$

假设状态 x_t 是第 t 期可观察的,那么决策者就可以使用如下的跟踪算法来求解:

$$\begin{bmatrix} \operatorname{col}(\hat{A}_{t+1}) \\ \operatorname{col}(\hat{B}_{t+1}) \end{bmatrix} = \begin{bmatrix} \operatorname{col}(\hat{A}_t) \\ \operatorname{col}(\hat{B}_t) \end{bmatrix} + \gamma_t h(x_t, u_t, x_{t-1}; \operatorname{col}(\hat{A}_t), \operatorname{col}(\hat{B}_t))$$

其中,γ_t 为增益序列,同时 $h(\cdot)$ 为各样本正交条件在第 t 期的值的向量。例如,估计 A、B 的最小二乘算法会设 $\gamma_t = \dfrac{1}{t}$。如果 A、B 是时不变的,那么这将会是一个很好的算法。然而,当它们是时变的时候(即 Q 对应于 A、B 的一些分量不为零),那么就最好将 γ_t 设定为一个常数。当然,这实际上是对过去的观察结果的贴现。

问题 5.(自适应控制)

为了得到控制理论家所称的自适应控制模型——或者 Kreps(1998)所称的预期效用模型——对于每一个时期 t,在如下条件下求解不动点问题式(20.4):

$$x^* = \hat{A}_t x + \hat{B}_t u + C w^* \tag{20.28}$$

得到的解是一个控制律 $u_t = -F_t x_t$,它取决于通过贝尔曼方程式(20.4)的解得到的对于 A 和 B 的最近的估计。

自适应模型误用了贝尔曼方程式(20.4),因为这个方程原本只是设计出来在转移律中的矩阵 A 和 B 都是时不变的假设下使用的。我们的自适应控制者之所以要使用这个遭到了

---

① 见 Kreps(1998)和 Sargent(1999b)对这种方法的有关描述。对于相关的经济应用,请参见 Marce 和 Nicolini(2003)、Sargent 等(2006,2009),以及 Carboni 和 Ellison(2009)的讨论。

损毁的方法,是因为他在作出决策时,需要一个可用的程序来利用过去的数据更新信念并展望未来。他不得不表现得相当首鼠两端:在确定控制律 $u_t = -F_t x_t$ 时,他要假定 $(A, B) = (\hat{A}_t, \hat{B}_t)$ 在将来会保持固定不变;但是在每一个时期,一旦有关于状态 x_t 的新数据被披露出来,他都会更新他的估计。这种方法显然不是一个相信式(20.27)的贝叶斯主义者会采用的。它的特点是经常可以"得到原谅",因为它与贝叶斯分析甚至某些非常松散地定义的"有限理性"相比,都要简单得多。

5.7　状态预测

另一种比较容易处理的整合学习的方法是将关注重点从过渡定律转移到状态上来。假设决策者不能观察到整个状态向量,而是必须对这个向量进行推断。因为状态向量是随着时间而变化的,这样我们就得到了前述跟踪问题的另一个变体。

当一个问题可以表述关于原始状态 x_t 的观察到的片段的学习时,决策规则的构建就会变得很容易处理——无论是否考虑稳健性,都是如此。[①] 假设向量 A、B 和 C 是事先已知的,但是状态向量的某些分量则不能被观察到——相反,决策者观察到的是由 x 构建而成的向量 y:

$$y = Sx.$$

虽然 x 的某些组合可以从 y 直接推断出来,但是其他的则不能。由于状态向量过程 x 中未观察到的分量可能是序列相关的,所以 y 的历史可能有助于对当前状态进行推断。

例如,假设在一个消费—储蓄问题中,消费者面对着劳动收入的某个随机过程。这个过程也许是可直接观察的,但它是由两个无法分解开来的分量组成的:一个永久性分量和一个临时性分量。过去的劳动收入能够传递关于每一个分量的量级的信息。然而,这些过去的信息通常不能完美地揭示永久性分量和临时性分量的所有信息。

图 20.4 显示了 Hansen 等(1999)估计的禀赋过程的两个分量的脉冲响应函数。图中上面两个板块显示的是禀赋的两个正交分量的脉冲响应函数,其中一个分量(d^1)的估计类似于一个永久性分量,而另一个分量(d^2)则是临时性分量。第三个板块显示的则是总禀赋 $d_t = d_t^1 + d_t^2$ 的以单变量表示法——渥得表示法(Wold representation)——表示的脉冲响应。

[①] 关于这种想法,见 Jovanovic(1979),以及 Jovanovic 和 Nyarko(1996)给出的例子。

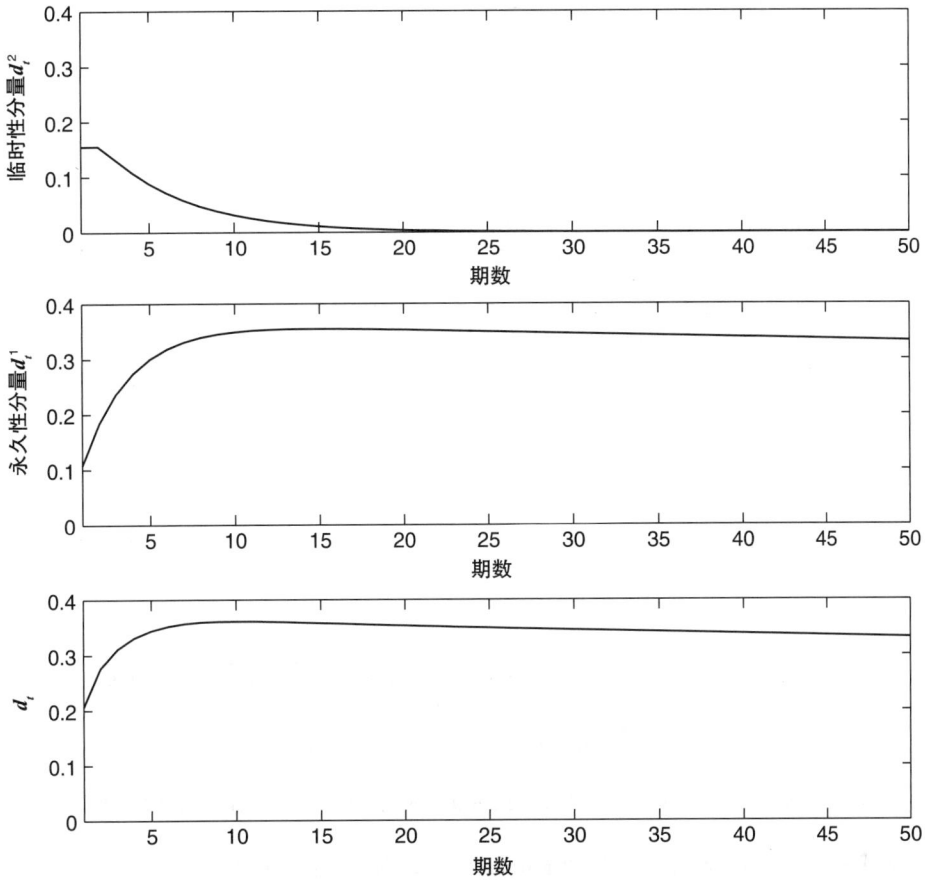

图 20.4 Hansen 等(1999)的模型中的禀赋过程的两个分量以及它们的和的脉冲响应

注:顶部的图是临时性分量 d_t^2 对 d^2 中的一个新息的脉冲响应函数;中间的图是永久性分量 d_t^1 对 d^1 中的一个新息的脉冲响应函数;底部的图是总和 $d_t = d_t^1 + d_t^2$ 对它自己的新息的脉冲响应函数。

图 20.5 绘制的是 Hansen 等(1999)的参数估计所隐含的收入的临时性分量和永久性分量。他们的模型表明,这两个分量(d_t^i)可以在事后从他们用来估计参数的消费和投资的去除趋势后的数据中恢复过来。图 20.6 绘制的是使用贝叶斯更新(卡尔曼滤波)法得到的估计 d_t^1 和 d_t^2,即假设禀赋这两个分量过程的参数是已知的,但是只有总禀赋 d_t 的历史是可以观察到的。这里不难注意到,图 20.6 显示的这些滤波估计值要比实际分量更加平滑。

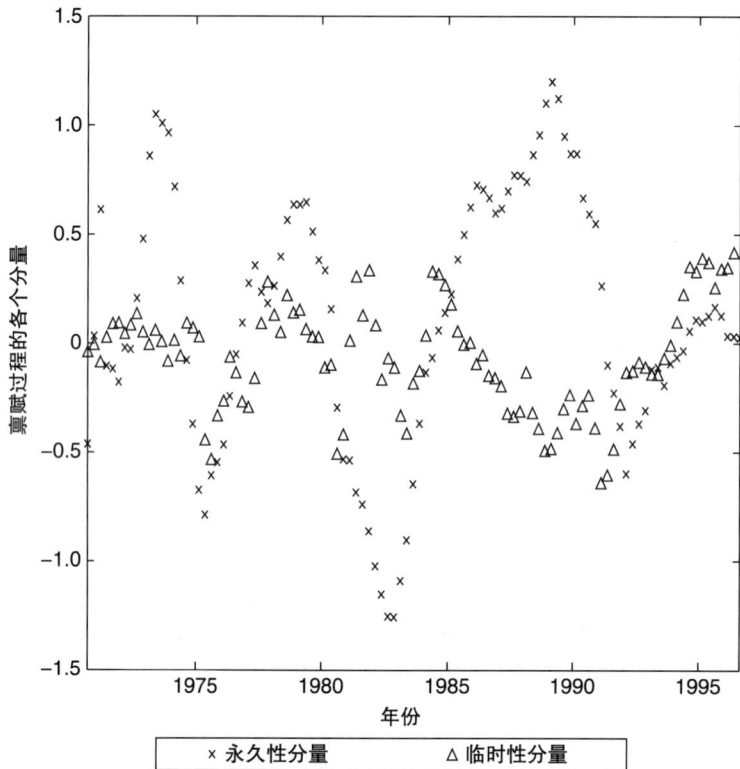

图20.5 Hansen 等(1999)的模型中的禀赋过程的永久性分量和临时性分量

又或者,可以考虑利用 Brock 和 Mirman(1972)所提倡的随机增长模型——不过稍稍有一点变化。Brock 和 Mirman(1972)研究的是在技术冲击随机演化的环境下资本的有效演化。假设技术冲击由两个分量组成。随着时间的推移,小的冲击会反复发生,而大的技术变革则很少发生。技术的变化改变了技术进步的速度。投资者可能无法将技术增长过程中反复出现的小变化与偶尔出现的大变化区分开来。①

---

① 最方便的方法是将增长率的变化建模为一个具有少数几个状态的跳跃过程。请参见 Cagetti 等(2002)的插图。用连续时间表示这个问题是最方便的。不过,马尔可夫跳跃分量会将我们推出本章研究的线性模型的领域。

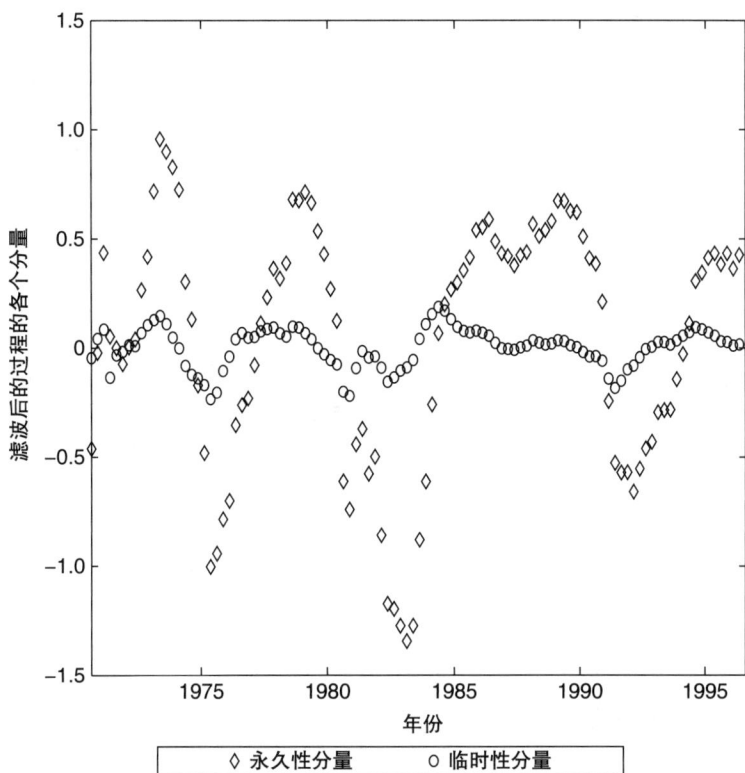

图 20.6 Hansen 等(1999)的模型中的禀赋过程的永久性分量的滤波后的估计值

　　例如,投资者不可能拥有关于 20 世纪 70 年代的生产率放缓的具体时间的完全信息。假设投资者通过观察当前和过去的生产率水平来推断技术增长率是高还是低。反复的小冲击会掩盖实际增长率。图 20.7 绘制了从第二次世界大战后的数据中提炼出来的技术过程,同时也显示了处于低增长状态的概率。从图中不难看出,虽然 20 世纪 70 年代被称为一个生产率放缓时期,但即便是贝叶斯学习者也不会对这种分类是否适用于这个时期特别有信心。在这种情况下,从历史数据中了解技术增长就可能很重要了。

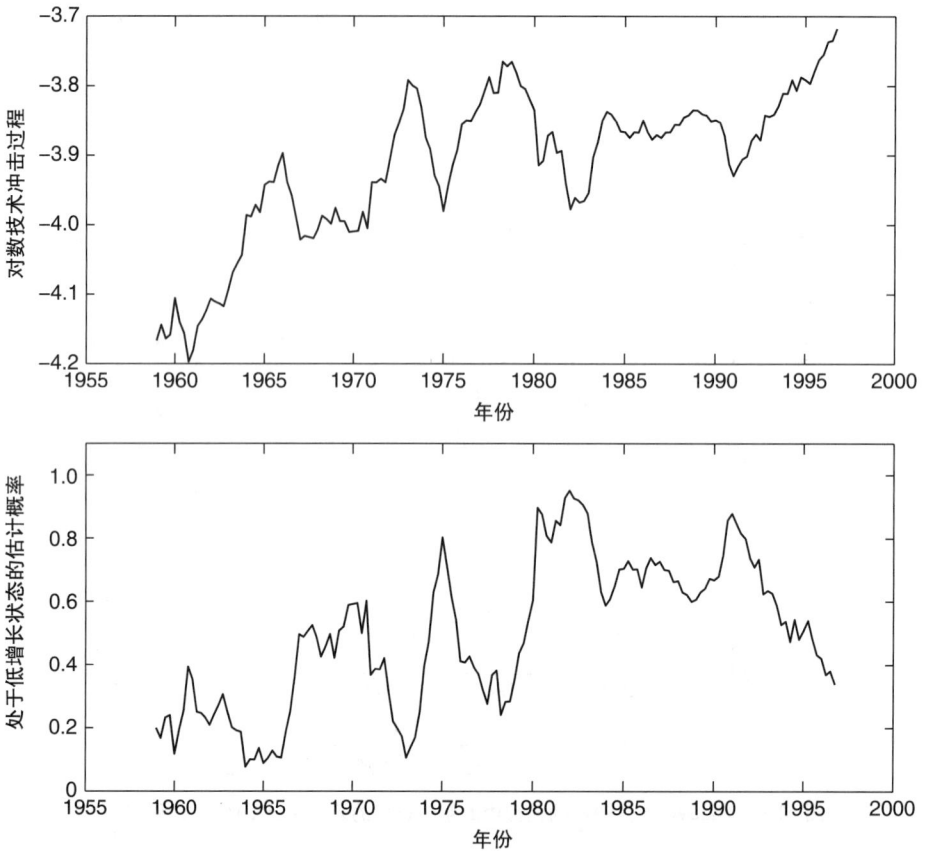

图 20.7 上面的图:索洛残差的增长率(用来测算技术增长率)。
下面的图:索洛残差增长率处于低增长状态的概率

5.8 卡尔曼滤波器

现在假设,我们可以把对稳健性的担忧暂且抛开,那么在带有隐藏状态变量的模型中,还可以采用一个直接与前面描述的控制解相对应且很优雅的解。它就是通常所称的卡尔曼滤波,给定当前和过去的信息,它能够递归地形成关于当前状态向量的贝叶斯预测。令 $\hat{X}$ 表示估计的状态。对应于稳态,估计的状态和观察到的状态按照下式演变:

$$\hat{x}^* = A\hat{x} + Bu + G_x\hat{w}^* \tag{20.29}$$

$$y^* = SA\hat{x} + SBu + G_y\hat{w}^* \tag{20.30}$$

其中,G_y 是非奇异的。虽然矩阵 A 和 B 是相同的,但冲击是不同的,反映了决策者只能获得较小的信息集的事实。G_y 的非奇异性保证了新的冲击 $\hat{W}$ 可以通过以下公式从下一时期的数据 y^* 中恢复出来:

$$\hat{w} = (G_y)^{-1}(y^* - SA\hat{x} - SBu) \tag{20.31}$$

然而,最初的 w^* 一般来说不能是从 y^* 中恢复出来的。卡尔曼滤波器能够给出一个新的信息状态,它与决策者的信息集相匹配。更具体地说,它能够生成矩阵 G_x 和 G_y。[①]

在宏观经济学家所要面对的诸多决策问题中,目标都只依赖于状态的可观察的分量,因此,我们有[②]:

$$z = H\hat{x} + Ju \tag{20.32}$$

5.9 普通滤波与控制

贝叶斯学习由于没有稳健性偏好,因而对决策问题 1 的影响不大。

问题 6.(将控制与预测结合起来)

稳态卡尔曼滤波器产生了新的状态向量、状态演化方程式(20.29)和目标方程式(20.32)。这样也就用矩阵 G_x 取代了矩阵 C,但是由于确定性等价,这对决策规则的计算没有影响。最优控制律仍然与问题 1 相同,但它是在由卡尔曼滤波器递归地生成的新的(估计的)状态 $\hat{x}$ 处求得的。

5.10 稳健滤波与控制

为了将对稳健性的偏好纳入上述决策问题,我们引入第二个行为主体,并构造一个动态递归双人博弈。我们需要考虑两个这类博弈,它们之间的区别在于第二个行为主体所采用的欺骗第一个行为主体的方式上。

我们知道,在只有终点回报的决策问题中,出于某些微妙的原因,贝叶斯-卡尔曼滤波法是稳健的,详见 Basar 和 Bernhard(1995,第七章)、Hansen 和 Sargent(2008b)所撰写的第十七章与第十八章。假设决策者在时期 t 不关心过去的回报,而只关心当前和未来的回报,并假设这个决策者在作出决策时可以得到过去的数据。使用卡尔曼滤波的贝叶斯更新仍然是使用这些过去信息的一种可以接受的方式,即便存在模型设定错误时也是如此。但是,控制理论家打破了这种信仰,他们让决策者一直持续关注初始阶段的目标——即便时间一直在推移(Basar and Bernhard,1995;Zhou et al.,1996)。在接下来的博弈中,我们让时期 t 上的决策者只关心当前和未来的目标,并以递归的视角看待偏好。这种设定提供了我们继续使用卡尔曼滤波器(即便存在模型设定错误)的理由——卡尔曼滤波器可以分别实现预测和控制,这在对应的控制理论文献中是做不到的。关于这个方面的更多细节,请参见 Hansen 和 Sargent(2008b)、Hansen 等(2002),以及 Cagetti 等(2002)的研究。

博弈 7.(稳健控制与预测,i)

为了计算出稳健控制律,我们要求解双人零和博弈 3,不过要用信息或预测的状态 $\hat{x}$ 替换初始状态 x。因为我们选择扰动的演化方程式(20.29),而不是式(20.1),所以在求解稳健控制问题时,我们要用矩阵 G_x 取代矩阵 C。由于我们之前的双人零和博弈的均衡依赖于矩

[①] 事实上,矩阵 G_x 和 G_y 都不是唯一的,但是通常所说的增益矩阵 $K = G_x(G_y)^{-1}$ 则是唯一的。

[②] 一个更一般的问题也是可以用这种方法处理的,其中 z 直接依赖于状态向量的隐藏分量。

阵 C,所以由卡尔曼滤波器产生的矩阵 G_x 改变了控制律。

尽管用矩阵 G_x 代替了矩阵 C、用预测的状态 $\hat{x}$ 代替了不可观察的状态 x,但是博弈 7 与博弈 3 的均衡仍然是一致的。[①] 估计和控制已经分离开来了,这就使得我们很容易修改之前的分析来容纳未观察到的状态。

对于博弈 7,一个可能的抱怨是,由于"忘记"了新息表示作为它的一个结果的结构——见式(20.29)和式(20.30)——最初的状态演化遭到了"降级",沦为背景。[②] 这也就是说,在求解稳健控制问题时,我们未能将初始状态向量演化过程中的直接扰动考虑进来,而只研究了预测状态演化过程中的间接扰动。博弈 3 的前提是状态 x 是可以直接观察到的。当 x 不可观察时,就会有一个信息状态 $\hat{x}$ 从过去的历史中形成,但是 x 并没有真正被观察到。博弈 7 没有考虑到这一区别。

为了构造一个考虑了上述区别的备选博弈,我们暂且先回到如下式所示的初始状态演化方程:

$$x^* = Ax + Bu + Cw^*$$

状态 x 是未知的,不过可以通过运用卡尔曼滤波器根据当前和过去的 y 值加以预测。用 $\hat{x}$ 代替 x,我们就可以得到:

$$x^* = A\hat{x} + Bu + \check{G}\check{w}^* \tag{20.33}$$

其中, $\check{w}^*$ 的协方差矩阵为单位矩阵,而且当前和过去的 y 值的 x^* 的(稳态)预测误差协方差矩阵为 $\check{G}\check{G}'$。

为了研究稳健性,我们用冲击 $\check{w}^*$ 掩饰了模型的错误设定。不难注意到, $\check{w}^*$ 的维数通常大于 $\check{w}^*$ 的维数,这就为欺骗提供了更多的空间,因为我们在演化方程式(20.33)的左边使用的是下一期的实际状态 x^*,而不是构造的信息状态 $\hat{x}^*$。这样一来,当容纳模型错误设定时,我们也就允许在未观察到的状态向量的演化中存在扰动了。

博弈 8.(稳健控制与预测,ii)

为了计算出稳健控制律,我们要求解双人零和博弈 3,只不过需要用矩阵 $\check{G}$ 代替那里的矩阵 C。

给定选中的稳健性参数 θ,对模型设定错误的担忧在博弈 8 中要比在其他的双人零和博弈中更强。在机械意义上说,这是因为:

$$\check{G}(\check{G})' \geqslant CC'$$
$$\check{G}(\check{G})' \geqslant G_x(G_x)'$$

第一个不等式所比较的是,以 y 的当前值和过去值为条件的 x^* 的协方差矩阵,与以当前状态 x 为条件的 x^* 的协方差矩阵。第二个不等式所比较的则是 x^* 的协方差矩阵与它的估计 $\hat{x}^*$ 的协方差矩阵(两者都以 y 的当前值和过去值为条件)。这两个不等式表明,与其他两个稳

[①] 虽然矩阵 G_x 不是唯一的,但是隐含的协方差矩阵 $G_x(G_x)'$ 是唯一的。稳健控制只能通过协方差矩阵 $G_x(G_x)'$ 依赖于 G_x。

[②] 这里的"式(20.29)和式(20.30)",原文为"式(20.29)和式(20.3030)",显然错了,已根据上下文修改——译者注。

健性博弈相比,在博弈 8 中隐藏模型错误设定的自由度更大了。扩大了的协方差结构使得统计检测更具挑战性。状态是不能被观察到的这个事实使得稳健性在博弈 8 中比在博弈 3 中更有效力。[①] 同时,决策者探索的是 x^* 的演化而不是信息状态 $\hat{x}^*$ 的演化这个事实则使得博弈 8 的稳健性比博弈 3 更有效力。[②]

总而言之,将控制和预测组合到一起的优雅的决策理论是可以直接加以扩展以容纳稳健性的。决策的递归性使得利用贝叶斯更新方法通过回顾当前和过去的数据来作出预测是合理的(即便存在模型设定错误问题时也是如此)。当作出了会在未来带来特定后果的决策时,稳健控制技术对决策规则的改变与状态向量完全可观察时类似。这些思想已经很好地反映在了博弈 7 和博弈 8 当中。

5.11 自适应控制与稳健控制

贝叶斯更新的稳健性与近似模型 (A,B,C) 的概念以及围绕着该模型的扰动密切相关。自适应控制问题 5 旨在取消对时不变的基准模型的承诺。虽然预测可以采用更加灵活的观点,但是为了便于处理,控制律的设计还是利用了对估计模型的承诺。因此,稳健控制和预测结合了(关于一个未知状态向量的)贝叶斯学习和稳健控制,而自适应控制则结合了对参数的灵活学习和标准控制方法。

6. 稳健性如何起作用

6.1 简单宏观经济模型的稳健性

在这里,我们运用 Ball(1999)的模型来说明通过对参数 θ 的不同设定所能获得的稳健性。对于这个模型,我们通过图 20.8 来说明当近似模型实际生成数据时,稳健的规则所能发挥的作用不是非常出色,不过,随着数据生成机制偏离近似模型,它们的性能下降的速度会变得更慢。

---

① 博弈 3 对应于对风险敏感的过滤和控制的联合的结果——请参阅 Whittle(1980)的研究。因此,当滤波本身是问题的一部分时,对风险敏感的控制与对稳健性的偏好之间的对应关系要予以修正。

② 正如 Hansen 等(2002)所强调的,在不同博弈之间保持 θ 固定不变与保持检测错误概率固定不变是不一样的。参见 Barillas 等(2009)为了说明这一点而举的一个例子——它将资产价格中的风险溢价与衡量不确定性的成本(这又与总体波动相关)联系了起来。

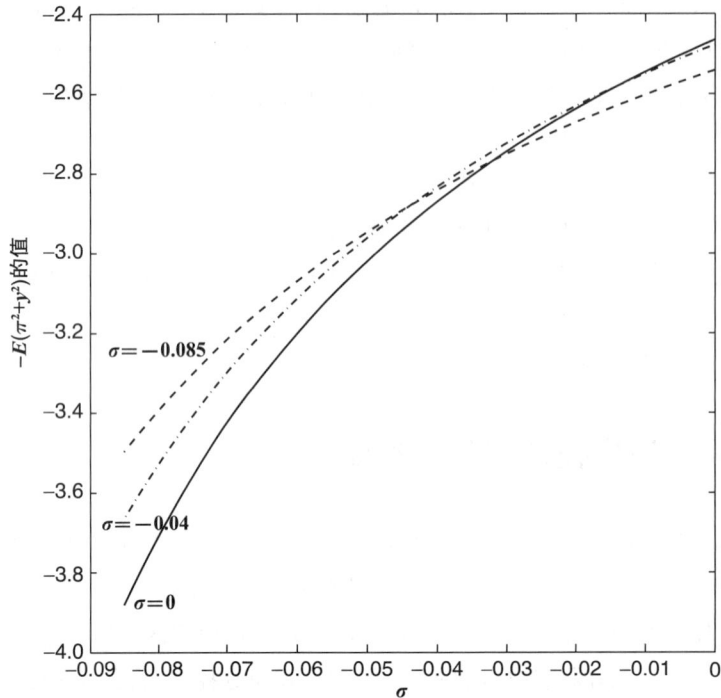

图 20.8 当数据由最坏情况模型生成(与水平轴上的 σ 值相关联)时,在三种规则下分别得到的
$-E(\pi^2+y^2)$ 的值: $\sigma=0$ 规则(实线)、$\sigma=-0.04$ 规则(点划虚线)和 $\sigma=-0.085$(短划虚线)

遵循风险敏感控制文献的传统,我们将 θ 转化为风险敏感参数 $\sigma \equiv -\theta^{-1}$。图 20.8 绘制了在最坏情况模型中,相对于坐标轴上的 σ 的值,通过三种规则得到的 $-E(\pi^2+y^2)$ 的轨迹。这些规则是在 σ 的三个值下分别得出的: $\sigma=0$、$\sigma=-0.04$ 和 $\sigma=-0.085$。请读者回想一下之前计算的检测错误概率是如何将 $\theta=-0.085$ 这个值与大约为 0.1 的检测错误概率联系到一起的。这里需要指出的是,稳健规则(使用偏好参数 $\sigma=-0.04$ 或 $\sigma=-0.085$ 计算的规则)的某些值会在存在模型设定错误时以更低的速度恶化(即它们更平坦)。

请注意,在 $\sigma=0$ 处,$\sigma=-0.085$ 处的规则比 $\sigma=0$ 处的规则或 $\sigma=-0.04$ 处的规则更差,但是当模型设定错误时,在恶化程度更小这一点上的稳健性更高。接下来,我们将转而讨论能够使得稳健规则更加稳健的各种刻画特征的方法。

6.2 响应性

研究动态经济模型的含义的一种常用方法是计算经济变量对冲击的脉冲响应。从形式上看,这些响应是一系列动态的乘数,它们显示了冲击向量 w_t 是如何改变状态向量 x_t 的当前和未来值以及明天的目标 z_t。利用这些脉冲响应序列,还可以得出关于稳健性如何改变决策过程的洞见。

6.2.1 脉冲响应

设 F 为一个候选控制律,并假设不存在模型设定错误。这样一来,状态向量 x_t 的演化路

径为:

$$x_{t+1} = (A-BF)x_t + Cw_{t+1}$$

同时,目标现在由下式给出:

$$z_t = (H-JF)x_t$$

为了计算出脉冲响应序列,我们进行一个反事实的实验:将 x_{-1} 设定为零、将 w_0 设定为任意数字向量,并把所有未来的 w_t 都设定为零。我们很容易就可以证明,由此得到的目标为:

$$z_t = (H-JF)(A-BF)^t Cw_0 \tag{20.34}$$

于是,脉冲响应序列就是如下矩阵的序列: $\mathcal{I}(F,0) = (H - JF)C, \mathcal{I}(F,1) = (H - JF)(A - BF)C, \cdots, \mathcal{I}(F, t - 1) = (H - JF)(A - BF)^{t-1}C, \cdots$

在这个反事实实验中,目标式(20.3)是由下式给出的:

$$-\frac{1}{2}(w_0)' \sum_{t=0}^{\infty} \beta^t \mathcal{I}(F, t - 1)' \mathcal{I}(F, t - 1) w_0 \tag{20.35}$$

冲击发生在所有的时期,而不仅仅发生在第 0 期,所以实际目标应该把这些冲击都考虑在内。由于假设随时间推移而发生的冲击之间是独立的,所以不同时期的冲击的贡献可以有效地加以解耦——参见 Whiteman(1986)对频谱效用的讨论。我们不难看到,在脉冲响应中纳入贴现因素后,在不存在模型设定错误的情况下,决策者的目标就是选择 F,使得矩阵序列 $\mathcal{I}(F,0), \sqrt{\beta}\mathcal{I}(F,1), \cdots, \sqrt{\beta}^t \mathcal{I}(F, t), \cdots$ 在大小上尽可能地小。因此,式(20.35)不会诱导出对脉冲响应序列的特定模式的偏好,而只会诱导出关于式(20.35)所度量的序列的总体大小的偏好。

即便我们只考虑了一个退化的冲击序列,通过对 F 的选择实现目标式(20.3)的最大化,也恰好给出了问题 1 的解。特别是,对于所有的 $w_0 \neq 0$,最优控制律不依赖于对 w_0 的选择。我们将这一点总结为如下的论断 9。

论断 9.(频域问题)

对于每一个 w_0,选择某个固定的 F 以最大化式(20.35)这个问题的解,都与问题 1 的解 $\hat{F}$ 相同。这个问题不能诱导出关于脉冲响应函数的形状的偏好,而只能诱导出关于它的大小的偏好,如式(20.35)所示。

在下个部分中,我们将会看到,对稳健性的偏好是如何诱导出关于脉冲响应函数的形状及其大小的偏好的。

6.2.2　有滤波的模型设定错误

现在考虑潜在的模型设定错误。与博弈 3 中一样,我们引入了第二个最小化的经济行为主体。在我们的反事实实验中,假设第二个经济行为主体可以选择未来的 v_t 来破坏决策规则 F 的表现。因此,在我们的假想实验中,我们考虑的是如下状态方程和目标方程:

$$x_{t+1} = Ax_t + Bu_t + Cv_t$$

$$z_t = Hx_t + Jv_t$$

在这里,我们有 $x_0 = Cw_0$。我们可以设想,以某个初始的 w_0 为条件,第二个行为主体选择了一个可能依赖于初始的 w_0 的 v_t 序列。而给定 v_t,它将通过上面推导出来的脉冲响应序列影响当前和未来的目标。

为了限制恶意经济行为主体造成的损害,我们使用稳健性乘子参数 θ 惩罚他对 v_t 序列的选择。因此,这个零和动态博弈的非递归目标为:

$$-\sum_{t=0}^{\infty} \beta^t (|z_t| - \theta |v_t|^2) \tag{20.36}$$

当稳健性参数 θ 很大时,对 v_t 序列大小的隐式约束是要求它很小,而且几乎完全不允许模型设定错误。θ 值越小,序列 v_t 的量值就越大。恶意经济行为主体会选择能够最小化式(20.36)的 v_t 序列。为了构建一个稳健的控制律,最初的决策者通过选择 F 来最大化式(20.36)。这个非递归表示的博弈,可以用傅里叶变换技术求解——Whiteman(1986)、Kasa(1999),以及 Christiano 和 Fitzgerald(1998)都使用过这种技术。正式的推导见 Hansen 和 Sargent(2008b,第八章)的论述。这个非递归博弈具有与递归博弈 3 相同的解。

在描述更多的细节之前,我们可以先非正式地描述一下恶意经济行为主体将如何行动,这很容易。它将在隐含的脉冲响应序列 $\{\sqrt{\beta} I(F,t)\}_{t=0}^{\infty}$ 中检测季节性的、周期性的或长期的模式,然后利用它有限的资源集中在这些频率上进行欺骗。因此,最小化的经济行为主体将使 v_t 在脉冲响应函数的那些频率处具有周期性分量,而最大化经济行为主体对 F 的选择则会使它自己最脆弱——根据式(20.35)。

在这里,有了傅里叶变换提供的数学工具,我们就可以通过频域的形式来描述脉冲响应函数了。[1] 应该不难想到,可以用正弦和余弦来表示设定误差 v_t 序列的分量,以研究当设定误差仅限于某些特定的频率时对目标函数的影响。由于可以在频率上搜索对目标最具破坏性的效应,使得进行最小化的那个经济行为主体能够将特定的时间模式嵌入 v_t 中。因此就有必要查看整个 v_t 序列的复合贡献,包括它的时序模式。

脉冲响应序列描述了未来目标如何对当前时期的 v_t 做出响应,而脉冲响应函数的傅里叶变换则可以量化未来目标如何对纯余弦波的 v_t 序列做出响应。当进行最小化的经济行为主体选择了一个与时序相依赖的 v_t 序列时,最大化的经济行为主体应该关注脉冲响应序列的时间模式,而不是仅考虑它的总体大小。[2] 一般来说,最小化的经济行为主体会发现某些特定的频率(例如 v_t 的给定频率的余弦波)能够最有效地利用模型的错误设定。除了使脉冲响应序列尽可能小,最大化的经济行为主体还希望能设计出一个控制律 F,部分地使(经适当贴现的)脉冲响应序列的频率灵敏度变平。这种想法导致了跨频率的权衡。稳健性参数 θ 需要平衡以下两个要求之间的紧张关系:脉冲响应在量级上应很小,同时它们对模型的错误设定也要不敏感。

6.3 关于频域的若干细节

为了更详细地研究这些想法,我们需要运用一些复数算法。回想一下,我们知道:

---

① 还有,也请参见 Brock 等(2008)的论述。

② 正是由于在近似模型中的 v_t 不存在时序依赖性,才使得最大化的行为主体对式(20.35)中的脉冲响应函数的形状不关心。

$$\exp(i\omega t) = \cos(\omega t) + i\sin(\omega t)$$

我们可以利用傅里叶变换从模型错误设定序列 $\{v_t\}$ 中提取出频率分量。定义：

$$\mathcal{FT}(v)(\omega) = \sum_{t=0}^{\infty} \beta^{t/2} v_t \exp(i\omega t), \quad \omega \in [-\pi, \pi]$$

然后我们就可以将 $\mathcal{FT}(v)(\omega)\exp(-i\omega t)$ 解释为错误规格序列的频率 ω 分量。我们这样做的理由来自如下的积分恢复（或反演）公式：

$$\beta^{t/2} v_t = \frac{1}{2\pi} \int_{-\pi}^{\pi} \mathcal{FT}(v)(\omega) \exp(-i\omega t) \mathrm{d}\omega$$

这样一来，我们就得到了关于频率分量的加性分解。将这些频率相加或取其积分，我们就可以在时域上恢复错误设定序列。此外，错误设定序列的平方量值也可以用一个积分来描述，即

$$\sum_{t=0}^{\infty} \beta^t v_t \cdot v_t = \frac{1}{2\pi} \int_{-\pi}^{\pi} |\mathcal{FT}(v)(\omega)|^2 \mathrm{d}\omega$$

因此，傅里叶变换提供了一个方便的工具包，我们可以利用它从频率分解的角度对错误设定进行正式分析。

当然，频率分量是复数的这一点似乎令人不安。然而，只要把频率 ω 处和频率 $-\omega$ 处的贡献组合起来，我们就可以得到实向量序列。频率 ω 和频率 $-\omega$ 的周期性是相同的，因此将这两个分量视为一个复合贡献是有意义的。再者，$|\mathcal{FT}(v)(\omega)| = |\mathcal{FT}(v)(-\omega)|$。

我们可以通过这个途径得出经适当贴现的目标向量序列的一种分解形式。[①] 这些计算的结果就是如下关于目标 z_t 序列的傅里叶变换的公式：

$$\mathcal{FT}(z)(\omega) = h(\omega)[w_0 + \exp(i\omega)\mathcal{FT}(v)(\omega)]$$

其中，如下的矩阵函数就是从冲击到目标 z_t 的脉冲响应序列的傅里叶变换。

$$h(\omega) = (H - JF)[I - \sqrt{\beta}(A - BF)\exp(i\omega)]^{-1}C$$

$$= \sum_{t=1}^{\infty} \beta^{t/2} \mathcal{I}(F, t) \exp(i\omega t)$$

这种变换隐式地依赖于对控制律 F 的选择。因为这种傅里叶变换描述了设定错误序列的频率分量是如何影响目标序列的相应频率的分量的。当矩阵 $h(\omega)$ 的量值相对于其他频率很大时，就说明频率 ω 处特别容易出现错误设定。

目标式（20.36）的频率表示由下式给出：

$$-\frac{1}{4\pi} \int_{-\pi}^{\pi} [|\mathcal{FT}(z)(\omega)|^2 - \theta|\mathcal{FT}(v)(\omega)|^2] \mathrm{d}\omega$$

恶意的经济行为主体选择 $\mathcal{FT}(v)(\omega)$ 来最小化这个目标。然后选择能够最小化这个目标的控制律 F。正如 Hansen 和 Sargent（2008b，第八章）已经证明的，这相当于使用基于频率的熵准则对控制律 F 进行排序：

$$熵 = -\frac{1}{2\pi} \int_{-\pi}^{\pi} \log \det [\theta I - h(\omega)' h(-\omega)] \mathrm{d}\omega \tag{20.37}$$

---

① 余弦冲击导致相同频率的余弦响应反映了模型的线性特点。而在非线性模型中，对余弦冲击的响应将更加复杂。

至于这个准则是如何诱导出了与双人博弈 3 相同的对于决策规则 F 的偏好的,请参阅 Hansen 和 Sargent(2008b)给出的解释。降低 θ 的值会导致决策者将 F_θ 设计成能够使得作为频率的函数的 trace$[h(\omega)'h(-\omega)]$ 更加平坦,即以提高其较小值为代价来降低其较大值。让 trace$[h(\omega)'h(-\omega)]$ 更平坦能够使得准则函数的实现值对冲击偏离无序列相关的基准设定的敏感性降低。

6.3.1 稳健性的极限

稳健性参数 θ 的大小是有限制的。众所周知,当 θ 太小时,前述双人零和博弈就会崩溃,因为那个虚拟的恶意经济行为主体可以造成足够大的伤害,即无论控制律 F 如何,他都能使得目标函数的值保持在 $-\infty$ 上。θ 的临界值可以通过求解下式找到:

$$\underline{\theta} = \sup_\nu \frac{1}{2\pi} \int_{-\pi}^{\pi} \mid h(\omega) \mathcal{FT}(v)(\omega) \mid^2 d\omega$$

要服从的约束条件是:

$$\frac{1}{2\pi} \int_{-\pi}^{\pi} \mid \mathcal{FT}(v)(\omega) \mid^2 d\omega = 1$$

它的上界通常不能达到,但是可以用一个分离特定频率的序列来逼近。

临界值 $\underline{\theta}$ 取决于对控制律 F 的选择。有一种(有些极端的)的稳健控制理论——通常称为 H_∞ 控制理论——要求决策者选择一个能够使得 θ 的临界值尽可能小的控制律。

6.3.2 对于滤波的计量经济学辩护

在计量经济学分析中,人们通常认为时间序列数据在用于估计之前应该进行滤波,以避免污染参数。事实上,频率分解也可以用来证明这种做法的合理性。频谱分析就是将时间序列分解为频率分量的方法。不妨考虑这个例子。假设一位计量经济学家打算估计一个正式的经济模型。然而,他怀疑该模型可能不是非常适用于解释时间序列的所有分量的运动。例如,许多宏观经济模型都不能很好地解释季节性频率。这种说法有时也适用于低频运动。正是在这个意义上,我们说相对于潜在的经济模型,数据可能受到了污染。[①]

解决这个问题的一个方法是对所有可能的污染形式赋予一个先验分布,然后通过对污染进行积分,形成一个超模型。正如我们前面已经讨论过的,这种做法可以消除对模型设定错误的担忧,但是仍然无法避免争议,那就是,它的人为痕迹实在过重了。此外,这种方法也无法与最常用的数据滤波方法接轨,而后者可以消除最有可能出现错误设定的特定频率。

一个替代选择是,我们可以引入一个虚拟的恶意经济行为主体。这个经济行为主体拥有在某些频率范围内污染时间序列数据的能力,比如说季节性频率或更低的频率,它们对应于时间序列中的长期运动。这样做可以将我们对数据受污染的怀疑形式化。这种数据污染在各种模型中都会破坏对频域方式进行的参数估计——例如,Sims(1972)总结了最小二乘回归模型中发生的这种情况,Sims(1993)以及 Hansen 和 Sargent(1993)总结了多元时间序列模型中发生的这种情况。Sims(1974)、Wallis(1974)运用频域特征证明了季节调整滤波器的

[①] 或者我们是不是应该说,相对于数据,模型被污染了?

合理性,并对滤波器的适当结构提供了指导意见。他们发现,如果怀疑某个模型在某些频率上比在其他频率上更好地得到了设定,那么通过对数据进行滤波来消除最容易被错误设定的频率以减少近似误差就是很有意义的。

为了说明这种观点,考虑一个双人零和博弈。如果计量经济学家怀疑某个模型在某些频率上比在其他频率上更好地得到了设定,那么就可以通过允许一个恶意的经济行为主体只在那些频率上进行"恶作剧"来实现这一点,就像稳健控制理论中的那个恶意的经济行为主体一样。计量经济学家需要利用的数据滤波器就是一个类似的双人博弈的解。然后,为了抑制这种"恶作剧"的影响,计量经济学家将会设计一个滤波器,在估计时消除这些频率。

这样的分析提供了一种进行季节性调整和消除趋势的方法——因为季节性调整和消除趋势两者都可以看作是去除高次频率分量的方法,目的是将实证分析集中到模型得到更好的设定频率上来。Sims(1993)以及 Hansen 和 Sargent(1993)还描述了这样一种情况,即错误设定的理性预期模型的交叉方程限制提供了更好的、用季节性调整后的数据估计的偏好和技术参数。

6.3.3 比较

将数据滤波的频域分析与稳健决策的频域分析进行比较无疑是有益的。稳健决策者通过抑制最容易受错误设定影响的频率来实现稳健规则。Sims(1993)在给出他的数据滤波分析时,对一个担心错误设定但掌握了各种逼近准则的计量经济学家的建议是,选择一种能够淡化他自己认为最容易错误设定的频率的数据滤波方案。也就是说,他要充当一位"窗户木工"的角色,即制造出一个过滤器,以最小化设定误差对他所关心的参数估计的影响。

6.4 弗里德曼:当滞后时间长且变动不居时

现在,我们再回过头来看一看弗里德曼对在宏观经济政策设计中使用错误设定的模型的担心,特别是,由于他认为货币政策影响的滞后是长期的和可变的,这种影响会更严重。稳健性的博弈论提供了对长期的和可变的滞后的担忧的一种可能的表述方法。滞后时间是由近似模型的设定决定的(我们在下面将以劳伦斯·鲍尔的模型为例来说明这一点)。滞后的可变性是用新息平均扭曲 v_t 来刻画的,它们可以任意地对状态和控制的历史做出反馈。通过表示错误设定的动态,v_t 可以在一定意义上刻画可变的滞后。事实上,在用博弈论构建的稳健规则下,决策者的行动就像他相信最坏情况下的 v_{t+1} 过程对状态的反馈取决于他所选择的决策规则 F 一样。正如我们刚刚描述过的,这种依赖性可以用频域方法来表示。原始模型的结构 (A,B,C) 和假设的控制律 F 决定了哪些频率最容易受到模型错误设定的影响。它们可能是低频率,就像弗里德曼著名的永久收入模型中的那样,也可能是经济周期频率或季节性频率。稳健控制律的设计很大一部分就是为了抑制 v_t 所引起的频率响应的影响。在稳健性下,为了削弱第二个博弈参与人的作用,原始博弈参与人会以减少脉冲响应序列在初始响应之外的重要性为目标。由此产生的控制律往往会导致这样的脉冲响应——在冲击发生时反应更大,而在尾部的反应则更加温和。我们将在下个部分通过例子来说明这一点。

6.4.1 鲍尔的模型中的稳健性

我们回过头来看一下 Ball(1999) 的模型,然后用它来说明对稳健性的担忧是怎样影响脉冲响应函数的频域表示的。我们对鲍尔的模型中的回报函数进行贴现,把政府想要最大化的目标修改为:

$$- E \sum_{t=0}^{\infty} \beta^t (\pi_t^2 + y_t^2)$$

我们推导出与稳健性参数 θ 的三个取值对应的稳健规则。在频域表示中,所用的准则可以表示为:

$$H_2 = - \int_{-\pi}^{\pi} \text{trace}[h(\omega)' h(-\omega)] \mathrm{d}\omega$$

在这里,$h(\omega)$ 是鲍尔的模型中的从冲击到目标、通货膨胀率和产出的传递函数。传递函数 h 依赖于政府对反馈规则 F_θ 的选择。此外,鲍尔还计算出了 F_∞。

图 20.9 显示的是基于 $\beta=1$ 和 $\beta=0.9$ 的稳健规则的 $\text{trace}[h(\omega)' h(-\omega)]$ 的频率分解。图 20.9 给出了政府目标函数在三个备选政策规则(在图中分别标为 $\theta=+\infty$、$\theta=10$ 和 $\theta=5$)下的频域分解。参数 θ 度量了对稳健性的关注,$\theta=+\infty$ 表示完全不关注稳健性,较低的 θ 值表示关注模型设定错误。在图 20.9 中所描述的三个传递函数所对应的规则中,鲍尔的规则 ($\theta=+\infty$) 在近似模型下是最好的,因为其曲线下的面积最小。

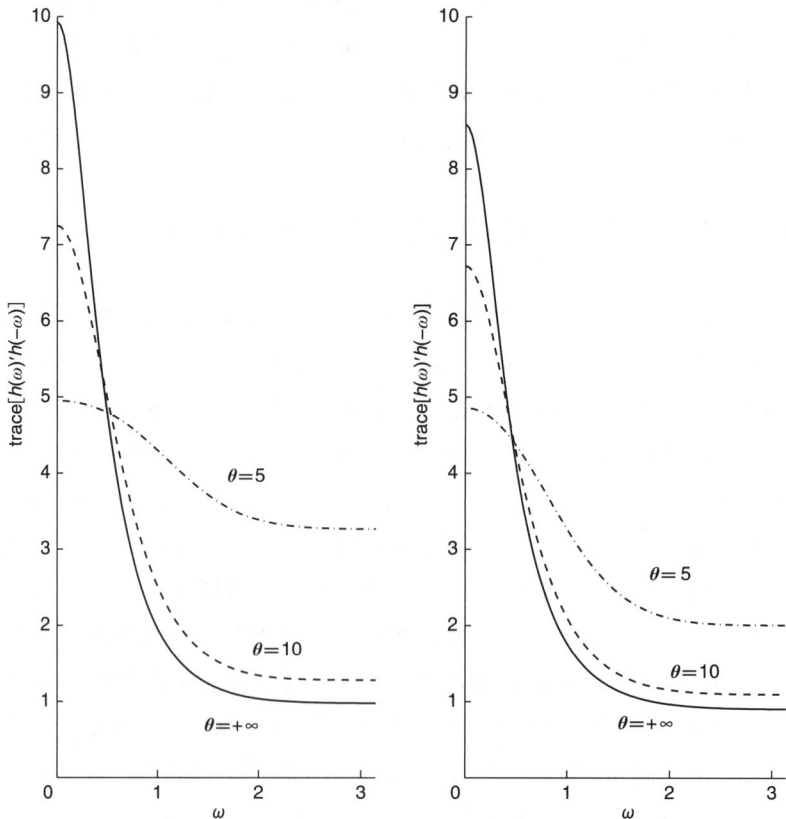

图 20.9　Ball(1999) 的模型中的目标函数在三种决策规则下的 $\text{trace}[h(\omega)' h(-\omega)]$ 的频率分解;
左图中的贴现系数 $\beta=1$,右图中的贴现系数 $\beta=0.9$

传递函数 h 给出了目标如何响应序列不相关的冲击的频域表示。图 20.9 中 $\theta = +\infty$ 的曲线所描述的频域分解 C 揭示了哪些频率最容易受到时序上的哪怕很小的模型错误设定及冲击的反馈特性影响。在鲍尔的最优反馈规则下,低频错误设定是最麻烦的,因为在这些频率上,trace$[h(\zeta)'h(\zeta)]$ 的轨迹是最高的。

我们可以通过优化熵准则式(20.37)来获得更具稳健性的规则。只要让利率对 y 和 e 都更加敏感,就可以使频率响应的 trace$[h(\omega)'h(-\omega)]$ 变得更平坦。当我们减少 θ 时,反馈规则中的 $r_t = ay_t + b\pi_t$ 中的 a 和 b 都会随之增加。[①] 对于激活对稳健的规则的偏好所得到的这种效应可以这样来解释:鲍尔的模型设定方程式(20.12)—式(20.14)中的冲击是序列不相关的;如果这些冲击实际上是高度正序列相关的,那么完全不在意稳健性的 $\theta = +\infty$ 规则会让决策者承担最大的成本。这也就意味着一个担心错误设定的决策者最担心的正是将实际上是"永久性的"或"长期的"冲击误解为临时性的(即序列不相关的)冲击。为了保护自己,决策者会对序列不相关的冲击(在近似模型下)做出反应,就好像它们是正序列相关似的。当决策者让利率对 y_t 和 π_t 都更具响应性时,这种反应就表现得很清楚了。

在如图 20.9 所示的两张图中,有一点特别有意思,那就是从 trace$[h(\omega)'h(-\omega)]$ 来看,降低贴现因子 β 也可以产生类似于降低 θ 的效应(请比较左图和右图的 $\theta = 5$ 的曲线)。Hansen 等(1999)在一个永久性收入模型中也发现了类似的模式,对此他们指出,β 和 θ 之间的抵消性的变化会使得永久性收入模型中的数量(而不是价格)保持不变。

图 20.10 显示了在稳健规则下,当 $\beta = 1$ 时,在规则 $\theta = +\infty$、$\theta = 10$ 以及 $\theta = 5$ 的情况下通货膨胀对 η_t(菲利普斯曲线中的冲击)和 ε_t(IS 曲线中的冲击)的脉冲响应函数。这两张图表明,激活稳健性偏好会导致脉冲响应更快地衰减,这与我们在突出稳健性偏好时观察到的更平坦的 trace$[h(\omega')h(-\omega)]$ 函数相一致。此外还需要注意的是,ε_t 对通货膨胀的影响随着对稳健性偏好的提高而加大。

---

① 见 Sargent(1999a)的讨论。

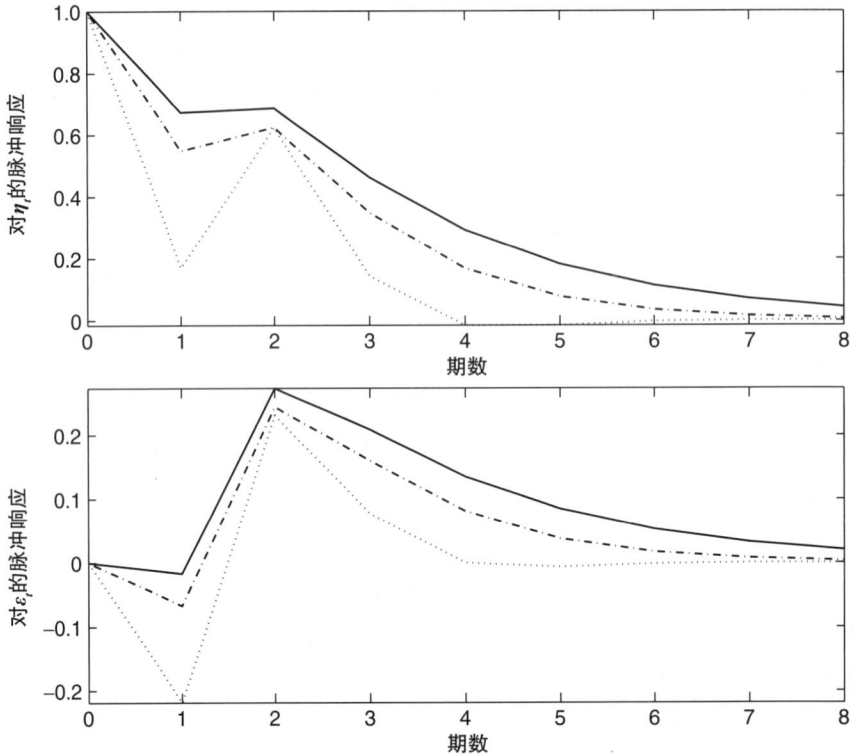

图 20.10 上图表示对于冲击 η_t,当 $\beta=1$ 时,在 θ 的三种不同取值下,通货膨胀的脉冲响应:$\theta=+\infty$ (实线)、$\theta=10$(点划虚线)、$\theta=5$(点虚线)。下图表示在相同的三个 θ 值下,通货膨胀对冲击 ε_t 的脉冲响应

6.5 预防措施

在缺乏稳健性的情况下,线性二次决策问题 1 的一个特性——或者局限性——是它会表现出确定性等价。最优决策规则不依赖于支配着冲击如何冲击状态演化的矩阵 C。这就是说,决策规则与冲击引发的波动的存在是不相适应的(即便决策实际上依赖于冲击时也是如此)。而且,即便振荡被设置为零,规则也是完全一样的,因此也就不存在预防的动机。

Friedman(1956)提出的著名的永久性收入模型——参见 Zeldes(1989)的论述——之所以受到批评,是因为它排除了储蓄的预防性动机。Leland(1968)和 Miller(1974)扩展了弗里德曼的分析,方法是将问题 1 中给出的线性二次函数移出去,使之可以容纳预防性储蓄。我们不难注意到,在决策问题 1 中,时间 t 对目标函数和价值函数的贡献都是二次的,因此其三阶导数为零。对于正确的模型设定下的一般性的决策问题,Kimball(1990)构造了一种方法,用效用函数或价值函数的三阶导数来度量这种预防动机。

正如我们已经看到的,即便是在决策问题 1 的范围之内,对稳健性的偏好也会促使 C 矩阵影响行为,因为它有一个二次价值函数,所以也就在类型正确的模型错误设定下排除了预防动机。因此,除了 Leland(1968)和 Miller(1974)所建议的方法,对模型错误设定的关注又引入了另一种预防动机。冲击方差在这个新机制中也扮演了一个角色，因为模型的错误设定必须向统计学家掩饰。Hansen 等（1999）则设法将弗里德曼的永久性收入消费模型重新解释为消费者关心错误设定的模型。在稳健性诠释下，消费者对未来的贴现率要大于在确定性等价诠释下的贴现率。不过，尽管存在这样的贴现行为，消费者仍然会进行储蓄，部分原因是他们担心自己的收入随机演化模型可能是不正确的。

在 Leland（1968）、Miller（1974）、Kimball（1990）以及其他一些人研究的模型引入了稳健性之后，这种预防的新机制仍然存在。然而，与正确的模型设定下的预防性行为相比，稳健性会使得预防措施不仅仅依赖于价值函数的三阶导数。与 Kimball（1990）提出的预防措施相对应的稳健的措施也依赖于低阶导数。这种对价值函数的低阶导数的依赖使得稳健预防概念不同于来自价值函数的非零三阶导数的早期预防概念，并且可能更加有效。

6.6　风险厌恶

市场参与者做出的很多行为，例如，在涉及资产价格和回报的时候，似乎意味着他们有极高的风险厌恶倾向，这往往令经济学家感到困扰。为了研究这种风险厌恶倾向，经济学家们通常的方法是让决策者在可以用已知概率描述的赌局之间做出选择。然后，经济学家们根据对人们在面对特定的、有明确定义的风险时会如何行事的信息或猜测，推断出合理的风险规避程度。例如，Barsky 等（1997）设计了调查问卷，分析人们参与这类赌局的意愿。另一个关于人们的风险厌恶倾向的独立信息来源于金融市场数据，它包含了人们对风险—回报的权衡。Hansen 和 Jagannathan（1991）以及 Cochrane 和 Hansen（1992）描述了利用偏好参数建模的风险厌恶倾向与金融计量经济学家衡量的风险—回报权衡之间的隐含联系。但是以这种方式从证券市场历史数据中提取的证据表明，证券市场数据所隐含的风险厌恶程度要远远大于从那些面对概率已知的假想赌局的参与者的选择中推断出来的风险厌恶程度。

对于这种差异，学者们有各种各样的反应。他们提出的其中一个问题是，把从那些假想的小型赌局中提取的风险厌恶倾向度量直接外推到大得多的赌局上是否合适？例如，有的经济学家认为，人们在面对较小的赌局时表现出来的风险厌恶倾向反而要比面对更大的赌局时的高——请参见 Epstein 和 Melino（1995）、Rabin（1999）、Segal 和 Spivak（1990）等的论述。还有一些经济学家质疑对于风险—回报权衡的实证度量，因为（例如）众所周知，平均股本回报率就是很难可靠地加以衡量的。我们在这里讨论的稳健性统计概念很容易与这样一些反应联系起来。因此，当经济行为主体认为他们对风险的概率描述可能出现了设定错误时，对稳健性的关注就开始发挥作用了。在证券市场中，对风险进行精确的量化是困难的。不过事实证明，在一定的形式意义上，对于稳健性的偏好可以重新解释为一种很高程度的风险规避（在将近似模型视为已知的情况下）。这种形式等价性在决策和价格上都有表现。稳健决策的风险厌恶诠释或风险敏感诠释最早是由 Jacobson（1973）提出的，不过他不是在我们这里使用的递归框架之内讨论这个问题的。在 Jacobson（1973）和 Whittle（1980）的基础上，Hansen 和 Sargent（1995b）构建了双人零和博弈 3，并证明了这个博弈中稳健性偏好与风险敏感性偏好之间的等价性。Anderson 等(2003)以及 Hansen 等(2006)将这种等价性结果推广到了更一般的一类双人递归零和博弈。因此,在正确设定的模型中,源于稳健性博弈的决策规则与来自风险敏感控制问题的规则是相同的。[①]

Hansen 等(1999)、Tallarini(2000)以及 Cagetti 等(2002)证明,在一类随机经济增长模型中,对稳健性的偏好的影响与对于偏好的风险敏感的调整的影响,仅凭诸如总消费和总投资此类数量的变化本身是非常难以区分的(或者是根本不可能区分开来的)。原因在于,在这些模型中,改变对稳健性的偏好对这些数量的影响就像贴现因子发生变化的影响一样。衡量稳健性偏好的参数的变化可以被贴现因子的变化所抵消,使得最终的消费和投资配置几乎不变。

然而,这种观察上的等价性结果并不适用于资产价格。对稳健性偏好和贴现因子的同样的调整——使消费和投资配置保持不变——可以显著地影响代表性经济行为主体经济中的规划者的价值函数和风险的均衡市场价格。汉森和他的合作者(Hansen et al.,1999;Hansen et al.,2002)利用这个观察结果研究了对稳健性的偏好对股权溢价的理论价值的影响。

这样,通过研究最优资源配置问题中的影子价格,得到了一个简单的、便于教学使用的资产价格模型。这些影子价格已经包含了风险—回报权衡的一个便利的分解。令 γ_t 表示这样一个因子负荷向量,它能够使得近似模型下回报的不可预测部分为 $\gamma_t \cdot w_{t+1}$。再令 r_t^f 表示无风险利率。这样一来,平均回报 μ_t 就会满足如下因子定价关系:

$$\mu_t - r_t^f = \gamma_t \cdot q_t$$

其中,q_t 是一个向量,通常称为因子风险价格。改变价格向量 q_t 也就改变了所需的平均回报。有风险厌恶投资者的经济模型隐含了一个特定的 q_t 影子价格公式,而且这个公式明确地依赖于消费者的风险偏好。许多经济模型都有这样一个含义,那就是由合理数量的风险厌恶所隐含的价格向量的量值 $|q_t|$ 太小了,无法与经验观察结果相匹配。

而引入稳健性使得我们可以在相应的连续时间模型中对 q_t 进行加性分解,这一点 Anderson 等(1999,2003)以及 Chen 和 Epstein(1998)都给出了很好的证明。一个分量是明确的风险分量,而另一个分量则是模型不确定性分量。模型的不确定性分量直接与前面描述的统计歧视问题产生的检测误差率有关。在利用这种联系进行分析后,Anderson 等(2003)认为,将观察到的 $|q_t|$ 的大约 1/3 分配给对稳健性的担忧是合理的。他们这种诠释基于如下观念:与程式化的实验室实验相比,市场实验具有根本上的高复杂性。程式化的实验只能让人们面对那些已经广为人知的风险(这些风险通常被用来校准风险厌恶程度)。面对市场的复杂性,投资者会将模型作为近似值,并做出保守的调整。这些调整显著地体现在了证券市场价格上,尽管它们往往被宏观经济总量数据所掩盖。

图 20.11 复制自 Hansen 等(2002)的论文,他们研究了三个模型中源于对稳健性的担忧的风险对市场价格的贡献:Hansen 等(1999)的基本模型以及它的两个修正版本——经济行

---

① 这种观察上的等价性适用于以这里描述的方式建模的扰动的经济。通过限制扰动的种类,以及引入差分惩罚项,或者通过构建某些带有隐藏状态的模型,都会被打破这种等价性。同样地,这个等价结果适用于给定的经济环境。我们不应该认为稳健性惩罚参数 θ 在有不同状态方程的各种环境中是固定不变的。回想一下,在我们关于校准的讨论中,我们就是利用环境的某些特定方面的性质来约束惩罚参数的大小的。

为主体不能观察到状态变量,因此必须进行滤波。这两个修正版模型分别对应于本章前面描述的两个稳健过滤博弈 7 和 8。图 20.11 显示了四期证券源于对稳健性的担忧对风险市场价格的贡献(相对于检测错误概率)。令各个模型之间的检测错误概率固定不变,会使得 θ 的值依赖于不同模型(请参阅前面关于检测错误概率如何依赖于 θ 和特定模型的讨论)。图 20.11 证实了 Anderson 等(2003)的断言:检测错误概率与风险市场价格中的对稳健性的担忧的贡献之间存在着紧密联系。这里需要注意的是,检测错误概率与稳健性对风险市场价格的贡献之间的关系并不取决于所选择的特定模型。该图还表明,对稳健性的偏好对应于检测错误概率的一个合理值会给风险的市场价格带来很大的推动作用。

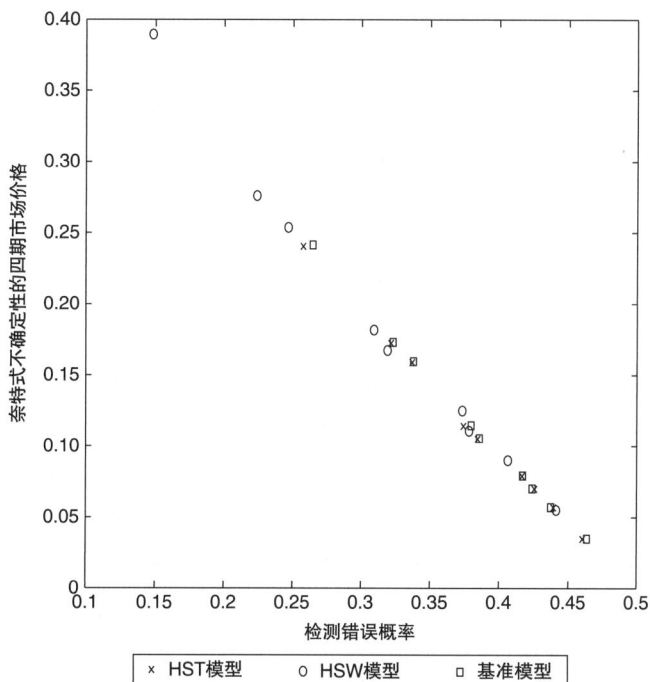

图 20.11 三个模型中奈特式不确定性的四期市场价格与检测错误概率的关系

注:在图中,HST 模型表示 Hansen 等(1999)的模型;基准模型表示汉森等的模型按照第一种稳健滤波(博弈 7)进行修正后得到的模型;HSW 模型表示汉森等的模型按照第二种稳健滤波(博弈 8)进行修正后得到的模型。

7. 结束语

本章讨论了一系列旨在阐明对模型错误设定有稳健性的决策的偏好的工作。我们关注的焦点主要是单主体决策问题。决策者根据接近于自己的近似模型的一组模型去评估决策规则,在这个过程中,决策者会利用一个双人零和博弈——将选择那个近似模型的恶意的虚拟经济行为主体作为一个工具——来实现对于这组模型的稳健性。

我们没有讨论多个经济行为主体都希望获得稳健性的情境下会出现的问题。这些问题当然值得认真关注。其中一个问题是,当多个主体都害怕模型错误设定时,适当的均衡概念是什么。我们需要一个能够取代理性预期的均衡概念。Hansen 和 Sargent（2008b,第十五章和第十六章）以及 Karantounias 等（2009）使用了的那个均衡概念似乎是理性预期的一种自然延伸,因为所有的经济行为主体都拥有相同的近似模型。不失公允地说,我们在理性预期模型中观察到的那种模型社团主义只是部分地扩展到了这种情况下:现在,经济行为主体虽然共享一个近似模型,但是不一定共享他们各种用来评估稳健性的周边模型集,也不一定共享他们用来获得稳健性的综合最坏情况模型。Anderson（2005）研究了一个纯粹的禀赋经济,这个经济中的行为主体对稳健性的关注彼此之间有所不同,然后阐明了随着时间推移财富分配是如何受到这种关注的影响的。[1] Hansen 和 Sargent（2008b,第十章）、Kasa（1999）以及 Karantounias 等（2009）则以拉姆齐问题的形式描述了政府面对竞争性私营部门时的多主体问题。

对稳健性的偏好也与著名的卢卡斯批判（Lucas,1976）有关。卢卡斯批判的核心断言是,理性预期模型使得作为冲击的随机过程和其他变量的函数的决策规则变成了对决策者来说是外生的东西。对于每一个冲击过程,理性预期理论都会分配一个不同的决策规则。卢卡斯批判之前的工作违背了这个原则。那么,这对于稳健决策理论意味着什么? 它在一定程度上肯定了卢卡斯的批判,但也在一定程度上否定了他的批判。对于给定的稳健性偏好（即给定的 $\theta<+\infty$）,每一个近似模型都会有一个不同的决策规则,这与卢卡斯批判相一致。然而,对于给定稳健性偏好和某个固定的近似模型,决策者应该对围绕着近似模型的一个模型集合使用相同的决策规则,这在表面上无疑是违背了卢卡斯批判。一般推测,决策者可以利用检测错误概率大到了足以保证无法基于可用数据将该模型集的成员与近似模型区分出来的程度为理由,来为这种违背辩护。

附录

推广

我们在这个附录描述了如何将正文中多次提及的线性二次模型设置推广到更一般的非线性、非高斯问题情形下。我们定义了相对熵,并分析了它与在正文所处理的稳健控制问题中发挥着非常重要的作用的 $v'_t v_t$ 项之间的关系。

1. 相对熵与乘数问题

假设 $V(\varepsilon)$ 是密度为 $\phi(\varepsilon)$ 的随机向量 ε 的（值）函数。设 $\theta>0$ 为标量惩罚参数。考虑一个扭曲的密度 $\hat{\phi}(\varepsilon)=m(\varepsilon)\phi(\varepsilon)$,其中 $m(\varepsilon)\geq0$ 显然是一个似然比。风险敏感性算子由间

---

[1] Anderson（2005）采用了他对偏好的设定的风险敏感性诠释,但是采用稳健性诠释也很容易。安德森研究的是一个规划者的帕累托问题:该规划者与经济行为主体共享近似模型,并且认识到经济行为主体有不同偏好。

接效用函数 TV 定义,且该间接效用函数为:

问题 10

$$\mathrm{T}V = \min_{m(\varepsilon) \geqslant 0} \int m(\varepsilon) \big[V(\varepsilon) + \theta \log m(\varepsilon) \big] \phi(\varepsilon) \mathrm{d}\varepsilon \tag{20.38}$$

要满足的约束条件为:

$$\int m(\varepsilon) \phi(\varepsilon) \mathrm{d}\varepsilon = 1 \tag{20.39}$$

在这里,$\int m(\varepsilon) \log m(\varepsilon) \phi(\varepsilon) \mathrm{d}\varepsilon = \int \log m(\varepsilon) \overset{.}{\phi}(\varepsilon) \mathrm{d}\varepsilon$,就是 $\overset{.}{\phi}$ 相对于 ϕ 的熵。$m(\varepsilon)$ 的最小化值为:

$$m(\varepsilon) = \frac{\exp(-V(\varepsilon)/\theta)}{\int \exp(-V(\tilde{\varepsilon})/\theta) \phi(\tilde{\varepsilon}) \mathrm{d}\tilde{\varepsilon}} \tag{20.40}$$

同时间接效用函数满足:

$$\mathrm{T}V = -\theta \log \int \exp(-V(\varepsilon)/\theta) \phi(\varepsilon) \mathrm{d}\varepsilon \tag{20.41}$$

2. 相对熵与高斯分布

先计算出对于 ϕ 为 $\mathcal{N}(0, I)$ 和 $\overset{.}{\phi}$ 为 $\mathcal{N}(w, \sum)$ 的情况 —— 其中的协方差矩阵 $\sum$ 是非奇异的 —— 下的相对熵是很有用的。 我们需要找到的是一个能够使得 $\int m(\varepsilon) \log m(\varepsilon) \phi(\varepsilon) \mathrm{d}\varepsilon = \int [\log \overset{.}{\phi}(\varepsilon) - \log \phi(\varepsilon)] \overset{.}{\phi}(\varepsilon) \mathrm{d}\varepsilon$ 的公式。这里的对数似然比为:

$$\log \overset{.}{\phi}(\varepsilon) - \log \phi(\varepsilon) = \frac{1}{2} \big[-(\varepsilon - w)' \sum{}^{-1} (\varepsilon - w) + \varepsilon' \varepsilon - \log(\det \sum) \big] \tag{20.42}$$

不难观察到:

$$-\int \frac{1}{2} (\varepsilon - w)' \sum{}^{-1} (\varepsilon - w) \overset{.}{\phi}(\varepsilon) \mathrm{d}\varepsilon = -\frac{1}{2} \mathrm{trace}(I)$$

应用恒等式 $\varepsilon = w + (\varepsilon - w)$,就可以得到:

$$\frac{1}{2} \varepsilon' \varepsilon = \frac{1}{2} w'w + \frac{1}{2} (\varepsilon - w)'(\varepsilon - w) + w'(\varepsilon - w)$$

在 $\overset{.}{\phi}$ 下取期望,马上就可以得到:

$$\frac{1}{2} \int \varepsilon' \varepsilon \overset{.}{\phi}(\varepsilon) \mathrm{d}\varepsilon = \frac{1}{2} w'w + \frac{1}{2} \mathrm{trace}\left(\sum\right)$$

合并各项就可得:

$$\mathrm{ent} = \int (\log \overset{.}{\phi} - \log \phi) \overset{.}{\phi} \mathrm{d}\varepsilon = -\frac{1}{2} \log(\det \sum) + \frac{1}{2} w'w + \frac{1}{2} \mathrm{trace}(\sum - I) \tag{20.43}$$

不难注意到,平均扭曲 w 和协方差 $\sum - I$ 都是单独出现的。我们将在下个部分应用式 (20.43) 来计算风险敏感性算子 **T**。

3. 一个静态估值问题

在本部分中,我们构造一个依赖于某个随机向量的值函数的稳健估计 —— 目前我们暂且假设这个随机向量不在决策者的控制范围之内。考虑一个二次值函数 $V(x) = -\frac{1}{2}x'Px - \rho$,其中的 ρ 是一个正定对称矩阵,同时 $x \sim \mathcal{N}(\bar{x}, \sum)$。为了方便起见,我们将使用 $x = \bar{x} + C\varepsilon$ 这个表示法,其中,$CC' = \sum$ 且 $\varepsilon \sim \mathcal{N}(0, I)$。在这里,$x \in \mathcal{R}^n$,$\varepsilon \in \mathcal{R}^m$,同时 C 是一个 $n \times m$ 矩阵。

我们希望将风险敏感性算子 T 应用于值函数 $V(x) = -\frac{1}{2}x'Px - \rho$,即

$$TV(\bar{x}) = -\theta\log\int\exp\left(\frac{-V(\bar{x} + C\varepsilon)}{\theta}\right)\phi(\varepsilon)\mathrm{d}\varepsilon$$

其中,根据假设 $\phi \sim \mathcal{N}(0, I)$,可知 $\phi(\varepsilon) \propto \exp\left(-\frac{1}{2}\varepsilon'\varepsilon\right)$

备注 11

要恰当地提出一个用来定义 TV 的极小化问题,我们需要让 θ 足够高,足以使得 $(I - \theta^{-1}C'PC)$ 是非奇异的。满足这个条件的 θ 的最小值称为"击穿点"。[①]

为了计算出 TV,我们需要分两个步骤进行。

步骤一。首先,我们要计算出 $\dot{\phi}(\varepsilon, \bar{x})$。回想一下,相关联的最坏情况似然比为:

$$m(\varepsilon, \bar{x}) \propto \exp\left(\frac{-V(\bar{x} + C\varepsilon)}{\theta}\right)$$

对于值函数 $V(x) = -\frac{1}{2}x'Px - \rho$,上式就变成了:

$$m(\varepsilon, \bar{x}) \propto \exp\left(\frac{\frac{1}{2}\varepsilon'C'PC\varepsilon + \varepsilon'C'P\bar{x}}{\theta}\right)$$

因此,ε 的最坏情况密度为:

$$\dot{\phi}(\varepsilon, \bar{x}) = m(\varepsilon, \bar{x})\phi(\varepsilon)$$
$$\propto \exp\left(-\frac{1}{2}\varepsilon'(I - \theta^{-1}C'PC)\varepsilon + \frac{1}{\theta}\varepsilon'(I - \theta^{-1}C'PC)(I - \theta^{-1}C'PC)^{-1}C'P\bar{x}\right)$$

从这个表达式的形式马上可以推导出,最坏情况密度 $\dot{\phi}(\varepsilon, \bar{x})$ 是高斯型的,其协方差矩阵为 $(I - \theta^{-1}C'PC)^{-1}$,而均值则为 $\theta^{-1}(I - \theta^{-1}C'PC)^{-1}C'P\bar{x} = (\theta I - C'PC)^{-1}C'\bar{x}$。

步骤二。其次,计算出 $TV(\bar{x})$。我们可以利用:

$$TV(\bar{x}) = \int V(\bar{x} + C\varepsilon)\dot{\phi}(\varepsilon)\mathrm{d}\varepsilon + \theta\int m(\varepsilon, \bar{x})\log m(\varepsilon, \bar{x})\phi(\varepsilon)\mathrm{d}\varepsilon \quad (20.44)$$

同时将 $\dot{\phi}$ 的均值和协方差矩阵代入两个高斯密度的相对熵公式(20.43)。这样一来,我们就可以得到:

---

① 参见 Hansen 和 Sargent(2008b,第八章),那里讨论了"击穿点"及其与 H_∞ 控制理论之间的关系(特别是从频域的角度来看时)。另请参见 Brock 等(2008)对利用频域公式的稳健政策设计的另一种攻击。

$$TV(\bar{x}) = -\frac{1}{2}\bar{x}'\mathcal{D}(P)\bar{x} - \rho - \frac{1}{2}\text{trace}\left[PC(I-\theta^{-1}C'PC)^{-1}C'\right]$$

$$+ \frac{\theta}{2}\text{trace}\left[(I-\theta^{-1}C'PC)^{-1}-I\right] - \frac{\theta}{2}\log\left[\det(I-\theta^{-1}C'PC)^{-1}\right] \tag{20.45}$$

其中

$$\mathcal{D}(P) = P + PC(\theta I - C'PC)^{-1}C'P \tag{20.46}$$

矩阵 $\mathcal{D}(P)$ 出现在了方程式(20.45)的第一行的右侧的二次项中,它是两个来源的贡献之和:第一,在最坏情况分布下求得的二次型 $x'Px$ 的期望值;第二,θ 乘以式(20.43)中对熵的 $\frac{1}{2}w'w$ 的贡献的部分,它源于最坏情况均值 $w=(\theta I-C'PC)^{-1}C'\bar{x}$ 对 $\bar{x}$ 的依赖性。

$-\frac{1}{2}\text{trace}\left[PC(I-\theta^{-1}CPC)^{-1}C'\right]$ 这一项则是通常源于一个二次型的对期望值的贡献,只不过也是在最坏情况方差矩阵 $(I-\theta^{-1}C'PC)^{-1}$ 下求得的。至于式(20.45)的第二行中的两项,就是 θ 乘以式(20.43)中熵的两个贡献的结果(除了 $\frac{1}{2}w'w$)。[①]

只要我们注意到,由于

$$(I-\theta^{-1}C'PC)^{-1}-I = \theta^{-1}(I-\theta^{-1}C'PC)^{-1}C'PC$$

因而

$$-\frac{1}{2}\text{trace}\left[PC(I-\theta^{-1}CPC)^{-1}C'\right] + \frac{\theta}{2}\text{trace}\left[(I-\theta^{-1}C'PC)^{-1}-I\right] = 0$$

就可以对公式(20.45)进行化简,得到的结果是:

$$TV(\bar{x}) = -\frac{1}{2}\bar{x}'\mathcal{D}(P)\bar{x} - \rho - \frac{\theta}{2}\log\left[\det(I-\theta^{-1}C'PC)^{-1}\right] \tag{20.47}$$

在二次目标、线性约束和高斯型随机变量的情况下,风险敏感性算子的值函数以及与之相关的最坏情况分布,都可以通过求解如下确定性规划问题计算出来。

问题 12

最坏情况下的均值 $v=(\theta I-C'PC)^{-1}C'P\bar{x}$ 达到:

$$\min_v\left\{-\frac{1}{2}(\bar{x}+Cv)'P(\bar{x}+Cv)+\theta\frac{v'v}{2}\right\}$$

最小化的值函数则为 $-\frac{1}{2}\bar{x}'\mathcal{D}(P)\bar{x}$,其中 $\mathcal{D}(P)$ 满足式(20.51)。

4. 一个两期估值问题

在本节中,我们描述了一个纯粹的、决策者不会影响随机结果的分布的估值问题。我们

[①] 在 $\theta=+\infty$ 这种特殊情况下(即在不关注稳健性的情况下),我们通常可以得到的结果是:

$$TV(\bar{x}) = EV(\bar{x}) = -\frac{1}{2}\bar{x}'P\bar{x} - \rho - \frac{1}{2}\text{trace}(PCC')$$

为了验证这一点,我们可以证明 $\log(\det)$ 项的极限,就是公式(20.45)的第二行中当 $\theta\to+\infty$ 时的迹那一项。为此,我们将 $\log(\det)$ 写成对应的特征值的对数之和,然后取极限(不要忘记这个公式是将迹表示为特征值之和的)。

假设了如下的演化方程：

$$y^* = Ay + C\varepsilon \tag{20.48}$$

其中，y 是状态变量的现值，y^* 则为状态变量在下一个时期的值，而且 $\varepsilon \sim \mathcal{N}(0, I)$。这里存在一个如下形式的值函数：

$$V(y^*) = -\frac{1}{2}(y^*)'Py^* - \rho$$

我们将这个值函数的风险敏感调整为：

$$TV(y) = -\theta \log\left[\int \exp\left(\frac{-V(Ay + C\varepsilon)}{\theta} \right) \pi(\varepsilon)\,\mathrm{d}\varepsilon \right]$$

$$= \int V(y^*)\hat{\pi}\,\mathrm{d}\varepsilon + \theta \int (\log\hat{\pi} - \log\pi)\hat{\pi}\,\mathrm{d}\varepsilon \tag{20.49}$$

其中 $\hat{\pi}$ 是作为一个乘数问题中的最小化问题的解而获得的。我们知道，相关的最坏情况似然比满足如下指数型扭转公式：

$$\hat{m}(\varepsilon, \gamma) \propto \exp\left(\frac{1}{2\theta}\varepsilon'C'PC\varepsilon + \frac{1}{\theta}\varepsilon'C'PAy \right)$$

因为我们已经将所有非随机项都纳入了由符号 $\propto$ 表示的比例因子中。这也解释了 $\hat{m}(\varepsilon, y)$ 对 y 的依赖关系。[①] 当 π 是一个标准的正态密度时，我们就可以推导出：

$$\pi(\varepsilon)\hat{m}(\varepsilon, \gamma) \propto \exp\left(-\frac{1}{2}\varepsilon'\left(I - \frac{1}{\theta}C'PC \right)\varepsilon + \varepsilon'\left(I - \frac{1}{\theta}C'PC \right)(\theta I - C'PC)^{-1}C'PAy \right)$$

在这里，我们所选择的比例因子能够使得右边的 ε 的函数的积分为1。很明显，右边的函数与一个协方差矩阵为 $\left(I - \frac{1}{\theta}C'PC \right)^{-1}$、均值为 $(\theta I - C'PC)^{-1}C'PAy$ 的正态密度成正比。最坏情况分布的协方差矩阵是 $\left(I - \frac{1}{\theta}C'PC \right)^{-1}$，它超过了 ε 的初始分布的协方差矩阵 I。ε 的均值的变化意味着 y^* 的扭曲条件平均值为 $[I + C(\theta I - C'PC)^{-1}C']Ay$。

应用公式(20.47)很容易可以推出，对目标函数 $-\frac{1}{2}(y^*)'P(y^*) - \rho$ 的风险敏感调整为：

$$TV(y) = -\frac{1}{2}(Ay)'\mathcal{D}(P)(Ay) - \rho$$

$$- \frac{\theta}{2}\log\left[\det\left(I - \frac{1}{\theta}C'PC \right)^{-1} \right] \tag{20.50}$$

其中算子 $\mathcal{D}(P)$ 的定义由下式给出：

$$\mathcal{D}(P) = P + PC(\theta I - C'PC)^{-1}C'P \tag{20.51}$$

评估式(20.49)或(20.50)的所有基本因素，都可以通过求解下面这个确定性问题计算出来。

问题 13

考虑如下状态向量的确定性运动定律：

---

① 这里的"符号 $\propto$"，原文为"符号 ∞"，显然有误，已改——译者注。

$$\gamma^* = A\gamma + Cw$$

在这里,我们用一个确定性的设定错误 w 取代了式(20.48)中的随机冲击 ε。因为这是一个确定性的演化方程,协方差矩阵不再发挥任何作用,但是矩阵 C 继续发挥着关键作用(对于设计一个稳健的决策规则而言)。求解如下问题:

$$\min_w \left\{ -\frac{1}{2}(Ay + Cw)'P(Ay + Cw) + \frac{\theta}{2}w'w \right\}$$

在这个确定性的问题中,我们针对选择扭曲 w 作出的惩罚,用的只是来自 w 的对相对熵式(20.43)的贡献。最小化的那个 w 为:

$$w^* = (\theta I - C'PC)^{-1}C'PAy$$

很显然,这与随机问题的最坏情况正态分布的平均扭曲相一致。最小化了的目标函数为:

$$-\frac{1}{2}(Ay)'\mathcal{D}(P)(Ay)$$

这与 Ay 的二次型对于值函数式(20.50)的稳健的随机调整的贡献相一致。相对于随机问题而言,确定性问题中少掉的只是最坏情况正态分布的扭曲协方差矩阵和调整后的值函数中的常数项。

通过求解一个确定性问题来得到一个随机问题的部分关键答案,这个思想最早起源于 Jacobson(1973)的研究,而且它也构成了线性二次高斯稳健控制理论部分重要的基础(Hansen and Sargent,2008b)。为了计算和表征线性二次模型中的决策规则,我们可以先抽象掉协方差扭曲,而集中关注平均扭曲。

在线性二次型的情况下,协方差扭曲只会通过加性的常数项 $\rho - \frac{1}{2}\log[\det(I - \theta^{-1}C'PC)^{-1}]$ 影响值函数。因此,我们可以从通过求解纯确定性问题得到的公式中推导出协方差矩阵扭曲常数调整。

参考文献

Anderson, E. , 2005. The dynamics of risk-sensitive allocations. J. Econ. Theory 125 (2), 93-150.

Anderson, E. W. , Hansen, L. P. , McGrattan, E. R. , Sargent, T. J. , 1996. Mechanics in forming and estimating dynamic linear economies. In: Amman, H. M. , Kendrick, D. A. , Rust, J. (Eds.), Handbook of computational economics. North-Holland, Amsterdam.

Anderson, E. , Hansen, L. , Sargent, T. , 2003. A quartet of semigroups for model specification, robustness, prices of risk, and model detection. J. Eur. Econ. Assoc. 1 (1), 68-123.

Anderson, E. , Hansen, L. P. , Sargent, T. , 1999. Robustness, detection and the price of risk. Mimeo.

Ball, L. , 1999. Policy rules for open economies. In: Taylor, J. (Ed.), Monetary policy rules. University of Chicago Press, Chicago, IL, pp. 127-144.

Bansal, R., Yaron, A., 2004. Risks for the long run: A potential resolution of asset pricing puzzles. J. Finance LIX (4), 1481-1509.

Barillas, F., Hansen, L. P., Sargent, T. J., 2009. Doubts or variability?. J. Econ. Theory 144 (6), 2388-2418.

Barsky, R. T., Juster, T., Kimball, M., Shapiro, M., 1997. Preference parameters and behavior heterogeneity: An experimental approach in the health and retirement survey. Q. J. Econ. 12, 537-580.

Basar, T., Bernhard, P., 1995. H1-optimal control and related minimax design problems: A dynamic game approach. Birkhauser, New York.

Blackwell, D. A., Girshick, M. A., 1954. Theory of games and statistical decisions. John Wiley and Sons, London, UK.

Brainard, W., 1967. Uncertainty and the effectiveness of policy. Am. Econ. Rev. 57, 411-425.

Brock, W. A., Mirman, L., 1972. Optimal economic growth and uncertainty: The discounted case. J. Econ. Theory 4 (3), 479-513.

Brock, W. A., Durlauf, S. N., Rondina, G., 2008. Frequency-specific effects of stabilization policies. Am. Econ. Rev. 98 (2), 241-245.

Cagetti, M., Hansen, L. P., Sargent, T. J., Williams, N., 2002. Robustness and pricing with uncertain growth. Rev. Financ. Stud. 15 (2), 363-404.

Camerer, C., 1995. Individual decision making. In: Kagel, J. H., Roth, A. (Eds.), Handbook of experimental economics. Princeton University Press, Princeton, NJ, pp. 588-673.

Camerer, C., 1999. Ambiguity-aversion and non-additive probability: Experimental evidence, models and applications. In: Luini, L. (Ed.), Uncertain decisions: Bridging theory and experiments. Kluwer Academic Publishers, Dordrecht, pp. 53-80.

Carboni, G., Ellison, M., 2009. The great inflation and the green-book. J. Monet. Econ. 56 (6), 831-841.

Chen, Z., Epstein, L., 1998. Ambiguity, risk, and asset returns in continuous time. Mimeo.

Chernoff, H., 1952. A measure of asymptotic efficiency for tests of a hypothesis based on sums of observations. Annals of Mathematical Statistics 23, 493-507.

Christiano, L. J., Fitzgerald, T. J., 1998. The business cycle: It's still a puzzle. Federal Reserve Bank of Chicago Economic Perspectives IV, 56-83.

Cochrane, J. H., Hansen, L. P., 1992. Asset pricing explorations for macroeconomics. NBER Macroeconomics Annual 7, 115-169.

Cogley, T., Colacito, R., Hansen, L. P., Sargent, T. J., 2008. Robustness and U. S.

monetary policy experimentation. J. Money Credit Bank. 40 (8), 1599-1623.

Cogley, T., Colacito, R., Sargent, T. J., 2007. Benefits from U. S. monetary policy experimentation in the days of Samuelson and Solow and Lucas. J. Money Credit Bank. 39 (s1), 67-99.

Ellsberg, D., 1961. Risk, ambiguity and the savage axioms. Q. J. Econ. 75, 643-669.

Epstein, L. G., Melino, A., 1995. A revealed preference analysis of asset pricing under recursive utility. Rev. Econo. Stud. 62, 597-618.

Epstein, L. G., Wang, T., 1994. Intertemporal asset pricing under Knightian uncertainty. Econometrica 62 (3), 283-322.

Ferguson, T. S., 1967. Mathematical statistics: A decision theoretic approach. Academic Press, New York, NY.

Fleming, W., Souganidis, P., 1989. On the existence of value functions of two-player, zero-sum stochastic differential games. Indiana University Mathematics Journal 38, 293-314.

Friedman, M., 1953. The effects of a full-employment policy on economic stability: A formal analysis. In: Friedman, M. (Ed.), Essays in positive economics. University of Chicago Press, Chicago, IL.

Friedman, M., 1956. A theory of the consumption function. Princeton University Press, Princeton, NJ.

Friedman, M., 1959. A program for monetary stability. Fordham University Press, New York.

Friedman, M., Savage, L. J., 1948. The utility analysis of choices involving risk. J. Polit. Econ. 56, 279-304.

Gilboa, I., Schmeidler, D., 1989. Max-min expected utility with non-unique prior. Journal of Mathematical Economics 18, 141-153.

Hansen, L. P., Jagannathan, R., 1991. Implications of security market data. J. Polit. Econ. 99, 225-261.

Hansen, L. P., Sargent, T. J., 1993. Seasonality and approximation errors in rational expectations models. J. Econom. 55, 21-55.

Hansen, L. P., Sargent, T. J., 1995a. Discounted linear exponential quadratic Gaussian control. IEEE Trans. Automat. Contr. 40 (5), 968-971.

Hansen, L. P., Sargent, T. J., 1995b. Discounted linear exponential quadratic Gaussian control. IEEE Trans. Automat. Contr. 40, 968-971.

Hansen, L. P., Sargent, T. J., 2001. Robust control and model uncertainty. Am. Econ. Rev. 91 (2), 60-66.

Hansen, L. P., Sargent, T. J., 2007. Recursive robust estimation and control without commitment. J. Econ. Theory 136 (1), 1-27.

Hansen, L. P., Sargent, T. J., 2008a. Fragile beliefs and the price of uncertainty. University of Chicago and New York University.

Hansen, L. P., Sargent, T. J., 2008b. Robustness. Princeton University Press, Princeton, NJ.

Hansen, L. P., Sargent, T. J., Tallarini, T., 1999. Robust permanent income and pricing. Rev. Econo. Stud. 66, 873-907.

Hansen, L. P., Sargent, T. J., Turmuhambetova, G. A., Williams, N., 2006. Robust control, min-max expected utility, and model misspecification. J. Econ. Theory 128, 45-90.

Hansen, L. P., Sargent, T. J., Wang, N. E., 2002. Robust permanent income and pricing with filtering. Macroecon. Dyn. 6(1), 40-84.

Harlevy, Y., 2007. Ellsberg revisited: An experimental study. Econometrica 75 (2), 503-536.

Jacobson, D. H., 1973. Optimal linear systems with exponential performance criteria and their relation to differential games. IEEE Trans. Automat. Contr. 18, 124-131.

Jovanovic, B., 1979. Job matching and the theory of turnover. J. Polit. Econ. 87 (5), 972-990.

Jovanovic, B., Nyarko, Y., 1996. Learning by doing and the choice of technology. Econometrica 64 (6), 1299-1310.

Karantounias, A. G., Hansen, L. P., Sargent, T. J., 2009. Managing expectations and fiscal policy. Federal Reserve Bank of Atlanta Working Paper. Lars Peter Hansen and Thomas J. Sargent.

Kasa, K., 1999. Model uncertainty, robust policies, and the value of commitment. Mimeo.

Keynes, J. M., 1936. The general theory of employment, interest, and money. Macmillan, London.

Kimball, M., 1990. Precautionary saving in the small and in the large. Econometrica 58, 53-73.

Knight, F. H., 1921. Risk, uncertainty and profit. Houghton Mifflin, Boston.

Kreps, D. M., 1998. Anticipated utility and dynamic choice. In: Jacobs, D. P., Kalai, E., Kamien, M. I. (Eds.), Frontiers of research in economic theory: The Nancy L. Schwartz Memorial Lectures, 1983-1997. Cambridge University Press, Cambridge, UK.

Leland, H., 1968. Savings and uncertainty: The precautionary demand for savings. Q. J. Econ. 82, 465-473.

Levin, A. T., Williams, J. C., 2003. Robust monetary policy with competing reference models. J. Monet. Econ. 50 (5), 945-975.

Ljungqvist, L., Sargent, T. J., 2004. Recursive macroeconomic theory, second ed. MIT Press, Cambridge, MA.

Lucas, R. E., 1976. Econometric policy evaluation: A critique. Carnegie-Rochester Conference Series on Public Policy. The Phillips Curve and Labor Markets 1, 19-46.

Marcet, A., Nicolini, J. P., 2003. Recurrent hyperinflations and learning. Am. Econ. Rev. 93 (5), 1476-1498.

Miller, B. L., 1974. Optimal consumption with a stochastic income stream. Econometrica 42, 253-266.

Muth, J. F., 1961. Rational expectations and the theory of price movements. Econometrica 29, 315-335.

Onatski, A., Stock, J. H., 1999. Robust monetary policy under model uncertainty in a small model of the U. S. economy. Mimeo.

Onatski, A., Williams, N., 2003. Modeling model uncertainty. J. Eur. Econ. Assoc. 1 (5), 1087-1122.

Orlik, A., Presno, I., 2009. On credible monetary policies with model uncertainty. New York University. Mimeo.

Petersen, I. R., James, M. R., Dupuis, P., 2000. Minimax optimal control of stochastic uncertain systems with relative entropy constraints. IEEE Trans. Automat. Contr. 45, 398-412.

Rabin, M., 1999. Risk aversion and expected-utility theory: A calibration theorem. Mimeo.

Sargent, T., Williams, N., Zha, T., 2006. Shocks and government beliefs: The rise and fall of American inflation. Am. Econ. Rev. 96 (4), 1193-1224.

Sargent, T., Williams, N., Zha, T., 2009. The conquest of South American inflation. J. Polit. Econ. 117 (2), 211-256.

Sargent, T. J., 1981. Interpreting economic time series. J. Polit. Econ. 89 (2), 213-248.

Sargent, T. J., 1999a. Comment. In: Taylor, J. (Ed.), Monetary policy rules. University of Chicago Press, Chicago, IL, pp. 144-154.

Sargent, T. J., 1999b. The conquest of American inflation. Princeton University Press, Princeton, NJ.

Sargent, T. J., Wallace, N., 1975. Rational expectations, the optimal monetary instrument, and the optimal supply of money. J. Polit. Econ. 83, 241-254.

Savage, L. J., 1954. The foundations of statistics. John Wiley and Sons, London.

Segal, U., Spivak, A., 1990. First order versus second order risk aversion. J. Econ. Theory 51, 111-125.

Sims, C. A., 1972. Approximate prior restrictions in distributed lag estimation. J. Am. Stat. Assoc. 67, 169-175.

Sims, C. A., 1974. Seasonality in regression. J. Am. Stat. Assoc. 69 (347), 618-626.

Sims, C. A., 1993. Rational expectations modeling with seasonally adjusted data. Journal of Econometrics 55, 9-19.

Tallarini, T. D. , 2000. Risk sensitive business cycles. J. Monet. Econ. 45 (3), 507-532.

Taylor, J. B. , Williams, J. C. , 2009. Simple and robust rules for monetary policy. Draft for KDME Conference.

von Neumann, J. , Morgenstern, O. , 1944. Theory of games and economic behavior. Princeton University Press, Princeton.

Wallis, K. F. , 1974. Seasonal adjustment and relations between variables. J. Am. Stat. Assoc. 69 (345), 18-31.

Whiteman, C. H. , 1986. Analytical policy design under rational expectations. Econometrica 54, 1387-1405.

Whittle, P. , 1980. Risk-sensitive optimal control. John Wiley and Sons, London.

Wieland, V. , 1996. Monetary policy, parameter uncertainty, and optimal learning. Mimeo: Board of Governors of the Federal Reserve System.

Woodford, M. , 2010. Robustly optimal monetary policy with nearrational expectations. Am. Econ. Rev. 100 (1), 274-303.

Zeldes, S. P. , 1989. Optimal consumption with stochastic income: Deviation from certainty equivalence. Q. J. Econ. 104, 275-298.

Zhou, K. , Doyle, J. C. , Glover, K. , 1996. Robust and optimal control. Prentice-Hall, Englewood Cliffs.

第六部分

货币政策实践

第二十一章 货币政策区制与经济表现：历史记录,1979—2008 年[①]

卢卡·贝纳蒂(Luca Benati) [*]

查尔斯·古德哈特(Charles Goodhart) [**]

[*] :欧洲中央银行

[**] :伦敦经济学院,金融市场小组

目　录

[①] 我们要感谢埃德·纳尔逊(Ed Nelson)、马西莫·罗斯塔尼奥(Massimo Rostagno)、赫尔穆特·施莱辛格(Helmut Schlesinger)、菲利普·特纳(Philip Turner),参加欧洲经济周期网(Euro Area Business Cycle Network,简称 EABCN) 召开的会议"危机之后:商业周期研究的新议程?"和欧洲中央银行召开的货币经济学的关键进展会议的与会者, 特别是我们的报告的评议人迈克·威肯斯(Mike Wickens)和卢克雷齐娅·赖希林(Lucrezia Reichlin),以及欧洲 中央银行的若干同事,他们提供了很好的意见。感谢纳尔逊·卡马尼奥·科斯塔-内托(Nelson Camanho Costa-Neto)、塞缪尔·图姆斯(Samuel Tombs)和布尔奇·塔格(Burç Tuğer),他们的研究助理工作非常出色。本章所表 达的观点仅代表作者本人的观点,而非欧洲中央银行执行委员会的观点。卢卡·贝纳蒂(Luca Benati)将这项研 究成果献给尼古拉(Nicola)。

本章摘要:本章是对《宏观经济学手册》1A卷中由博尔多(Bordo)和施瓦茨(Schwartz)撰写的那一章的更新,时间截至2008年。

JEL分类代码:E30,E42,E50,E58,E59,N10

关键词:货币(政策)区制;通货膨胀目标(制);金融稳定性;"大缓和";欧洲货币联盟

这是一个考验的时刻——要经历考验的,不仅有我们实现团结一致并制定明智政策的集体能力,还有我们坚持这些政策的能力……

第一,有一些人可能会说,我们作为一个国家,缺乏应对通货膨胀的纪律。我完全不同意这种观点。

第二,有一些人可能会认为,通货膨胀与能源价格高企、生产率低迷、监管不力和其他深层次因素密切相关,货币和财政政策无能为力。我同样不同意这种观点。

第三,还有一些人可能会声称,在繁荣与通货膨胀之间,我们面临着无法做出抉择的困境。但是美国和其他国家以往的历史事实早就彻底驳斥了这种观点。

——保罗·沃尔克(Paul Volcker)(1979)

简而言之,这个崭新的金融体系——尽管它有许多天才的参与者,并且它提供了丰厚的回报——未能通过市场的考验。

——保罗·沃尔克(2008)

1. 引言

本章所述的 30 年,始于一个决定性的、转折性的事件,那就是 1979 年 10 月 6 日,星期六,保罗·沃尔克召开新闻发布会,宣布采用一个全新的货币政策区制。而在这 30 年行将结束之际,出现了第二个类似的有决定意义的历史性时刻——2007 年 8 月 9 日,银行间批发市场崩溃了。如果这一章是在 2007 年 8 月 9 日之前写的,那么它无论在语气上还是内容上都会有明显的不同,而且它的基调也许会像其他许多研究一样,对货币政策分析和结果稳步改善趋势表示赞许,并称这种改进导致了连续 15 年无通货膨胀的、持续扩张的(noninflationary, consistently expansionary,简写为 NICE)宏观经济表现。[①] 此外,尽管在更早一些时候有研究者担心,维护稳定的通货膨胀会导致产出更大的波动性,但是随后那些年留下来的历史记录显示出的是产出增长和通货膨胀的波动性的"大缓和"[②],以及利率波动性的较小程度的下降(见图 21.1)。另有一番心思的政客们声称繁荣和萧条都已经宣告终结了。[③] 当时看起来似乎货币史也走到了终点(见图 21.2—图 21.4)。[④]

---

① 参见 King(2003) 的论述。

② 参见 Stock 和 Watson(2003) 的论述。

③ 例如,2004 年在布莱顿举行的一次工党会议上,英国财政大臣戈登·布朗(Gordon Brown) 声称:"英国的经济不再是繁荣与萧条交替的了。英国现在实行的利率是 40 年以来最低的。英国现在正享受着 200 年来最长的经济持续增长"(Brown,2004)。

④ 从自由民主制的所有意识形态对手消失的这个角度,Fukuyama(1989,1992) 提出了历史终结的概念。

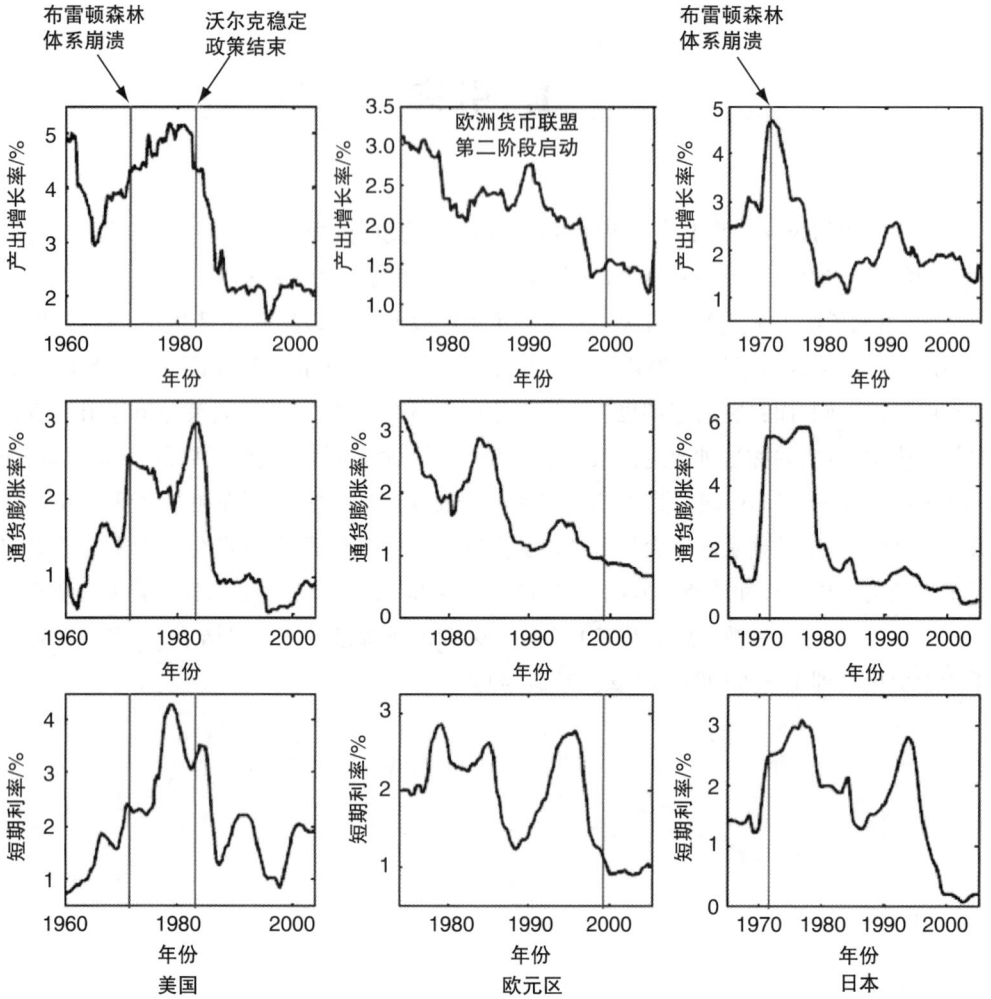

美国　　　　　　　　　　　欧元区　　　　　　　　　　　日本

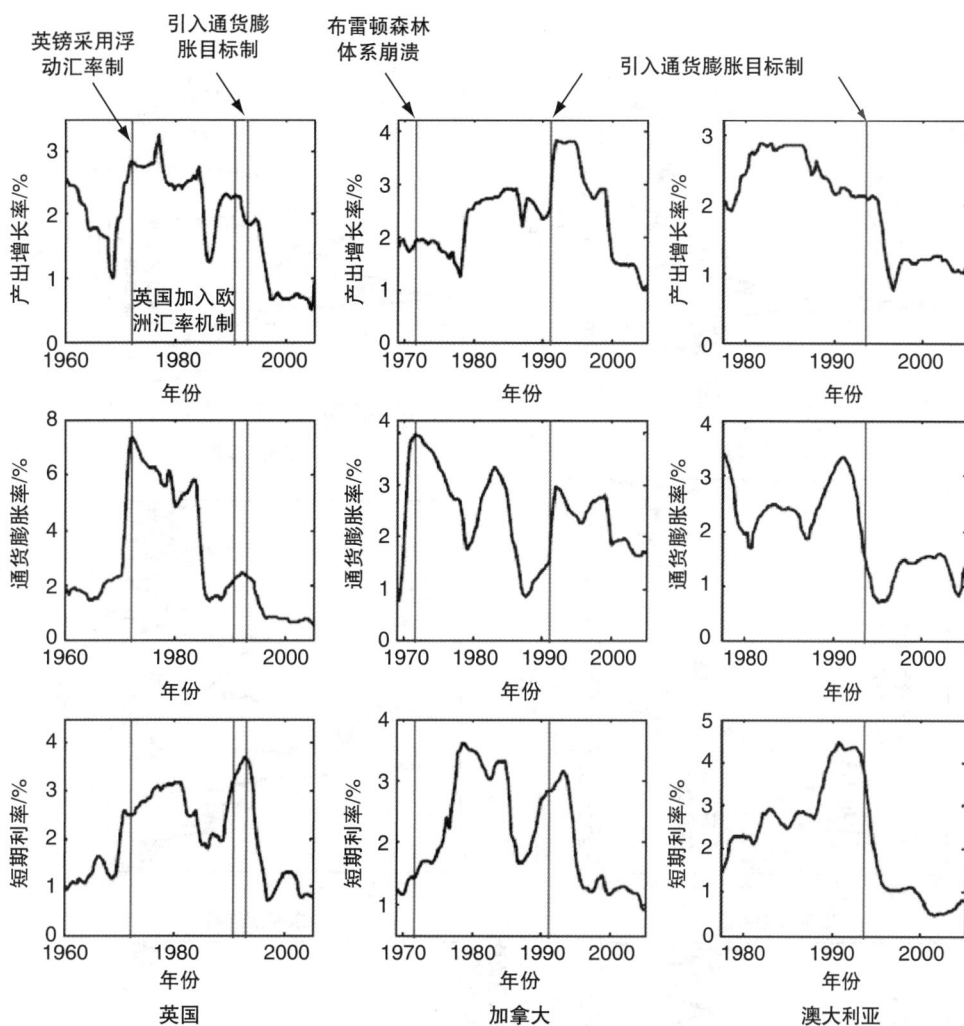

图 21. 1　部分国家与地区的产出增长率、通货膨胀率和短期利率
的滚动标准差（以八年滚动样本为中心）

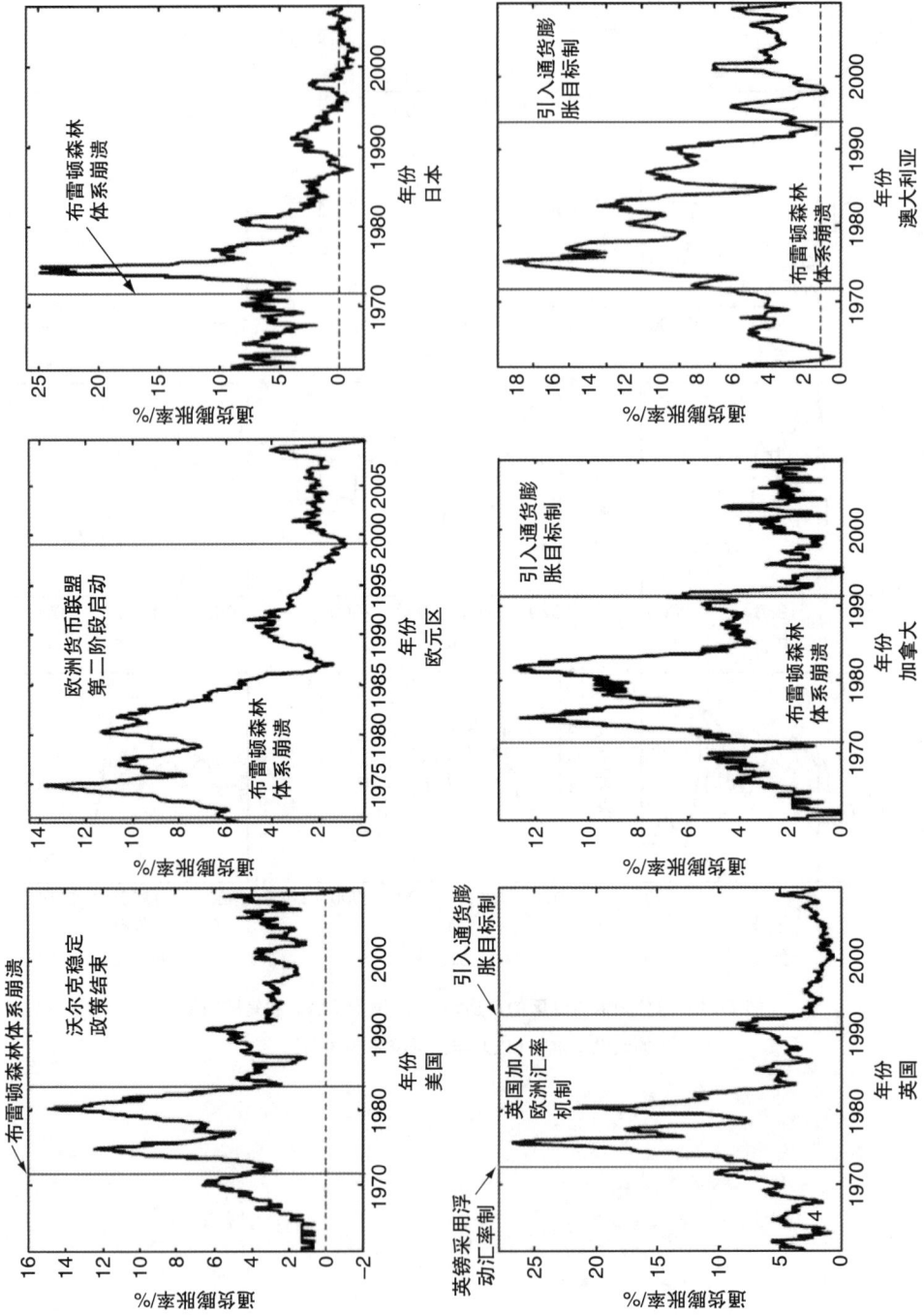

图21.2 部分国家与地区以年度CPI衡量的通货膨胀率

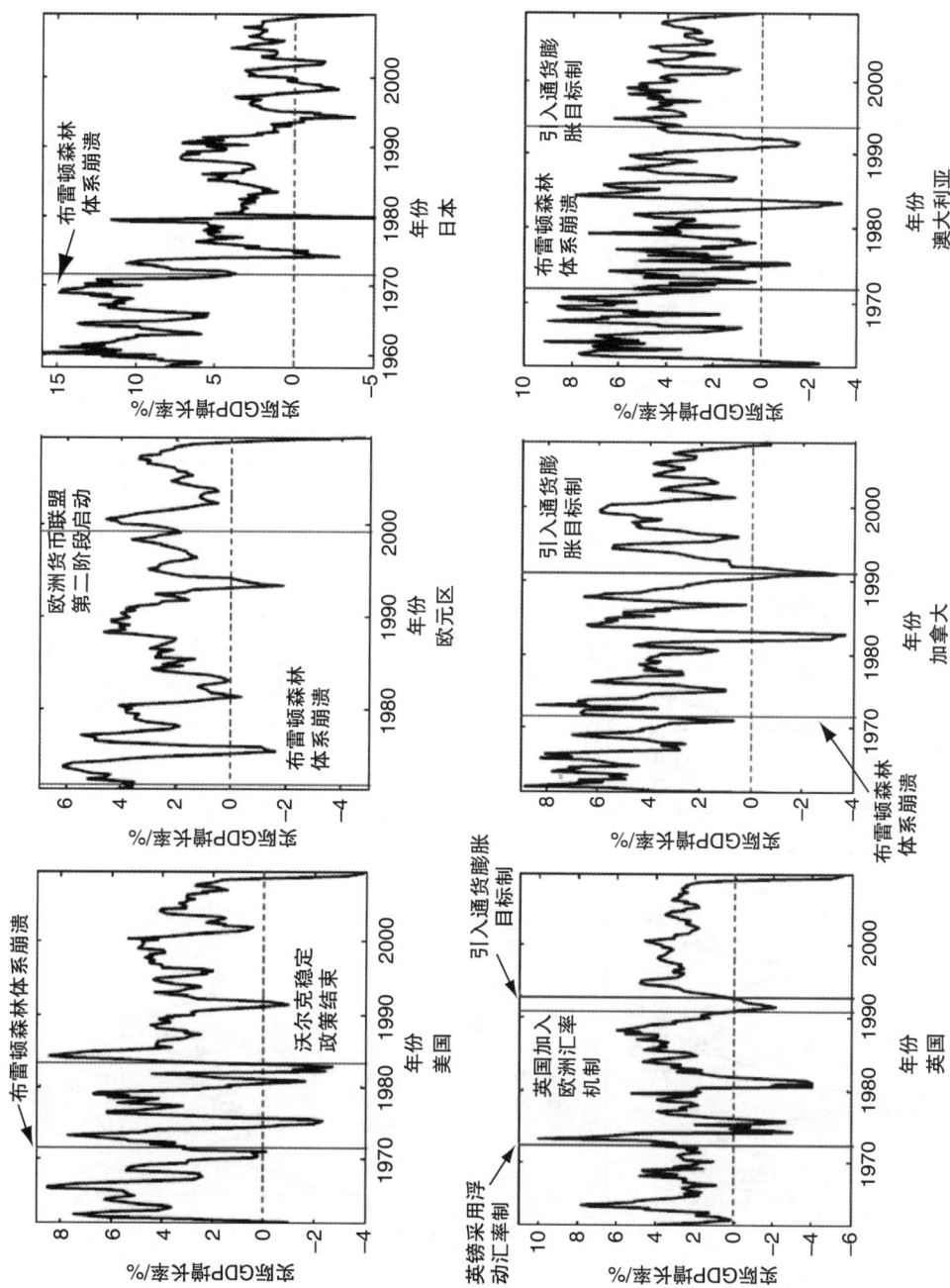

图21.3　部分国家与地区的年度实际GDP增长率

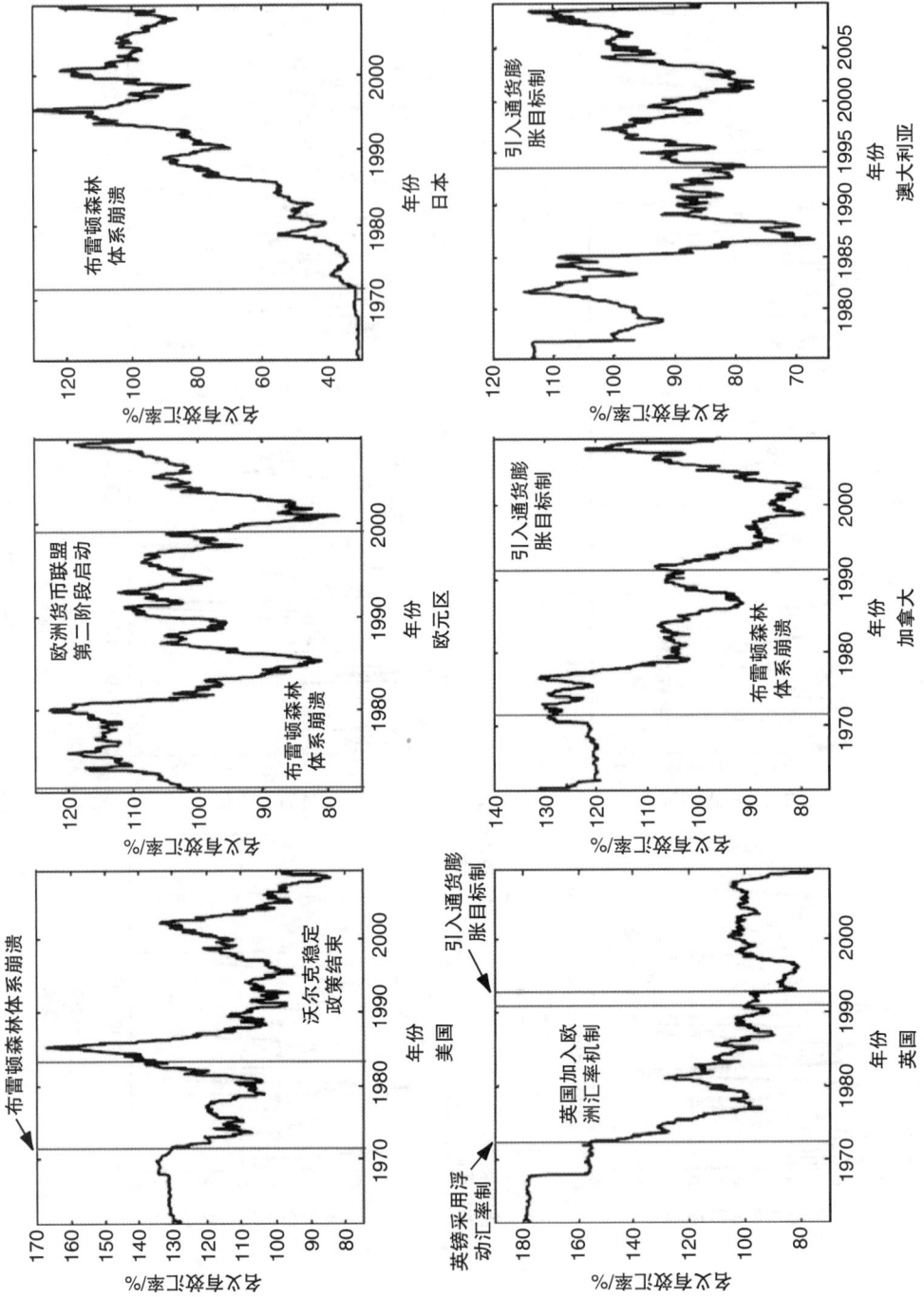

图21.4 部分国家与地区的名义有效汇率

另外,本章所涉及的内容也发生了变化。在迈克尔·博尔多(Michael Bordo)和安娜·J.施瓦茨(Anna J. Schwartz)为《宏观经济学手册》(1999)撰写的与本章相对应的那一章中,作者们几乎完全没有提到金融稳定。[①] 如果现在这一章是在 2006 年完成初稿的,那么我们十有八九只会让金融稳定在里面占据一个非常有限的位置。但是历史的发展从来不是一帆风顺的,当然,更加不可能是预先确定的。

我们认为,尽管对于 2007—2010 年金融危机的各种先决条件、起因和最初的发展过程,现在都已经可以相当清楚地加以描述了,[②]但是中央银行日益增多的非常规应对措施直到 2010 年年中时仍然处于演变当中,现在就来评估其效果还为时过早。与此同时,由于将这次金融崩溃的部分原因归咎于以往错误过多地聚焦于金融监管,现在许多人开始呼吁采用设计得更好的宏观审慎政策工具。[③] 最近的大多数政策建议,例如《保尔森报告》[④],都要求中央银行承担更大的责任、使用更多的工具,但是所有这些政策建议都还远远称不上得到了普遍落实。[⑤] 事实上,在今天,甚至连中央银行脚下站的土地本身也在移动。只有时间才能告诉我们这个过程将把我们带向何方。

要写出一部令人满意的货币政策史——哪怕只是关于一个国家的货币政策的历史——肯定需要厚厚的一本书。要在本章有限的篇幅内深入细致地描述全世界的货币政策史,那当然是不可能的。因此,我们在这里所要做的,是把重点放在那些改变了货币政策制定者所采取的方法的事件上。理论的发展与事件是相互作用的,但是本章所关注的主要是货币政策的历史,而不是货币政策思想的历史,所以我们将焦点放在事件和政策上,而不是理论上。毕竟,货币政策理论的各个方面在本手册的其余各章中得到了全面的讨论,而关于历史上到底发生了什么,却很少有人谈及。

我们的出发点是 1979 年 10 月保罗·沃尔克启动的货币(政策)区制改革。这场变革在很大程度上可以归功于理论上的发展趋势,特别是货币主义和(老)凯恩斯主义之间的斗争,但是这个理论问题在《货币经济学手册》第一卷中就已经充分讨论过了。

那一卷《货币经济学手册》没有涉及对 20 世纪 70 年代的历史经验的任何讨论,当时联邦德国所采用的务实的货币主义政策的结果似乎比美国、英国等国家奉行的更倾向于(老)凯恩斯主义的货币政策更好。本章第 2 节叙述了这个故事。

虽然以前的务实的货币主义政策的例子来自联邦德国和瑞士,但是美国的新制度中以非借入储备为基础的操作的各种技术性细节都是美国所独有的。许多其他国家,包括英国、澳大利亚、加拿大和日本等,随后也都采用了各自精心设计的务实的货币主义政策。

这个故事我们将在本章第 3 节叙述。由于大多数实施这种政策的国家的结果都非常相似——成功地降低了通货膨胀(不过以 1981 年至 1982 年间的严重经济衰退为代价),同时之前估计的货币总量与名义收入之间的计量经济关系则陷入了崩溃——所以这个故事并不难讲。

---

① 见 Bordo 和 Schwartz(1999)的论述。
② 参见 Acharya 和 Richardson(2009)的论述,特别是其中的第一章。
③ 参见 Brunnermeier 等(2009)的论述。
④ 见 Paulson(2008)的论述。
⑤ 见特纳的报告(Turner,2009)。

也正因为如此,大多数之前采用过务实的货币主义政策的国家都放弃了这种货币主义政策,而后在一段时间内,规模较小的发达国家转而将本国货币与某一个较大的国家挂钩。但是随着 1992 年至 1993 年间汇率机制(exchange rate mechanism,简写为 ERM)以失败告终,这种制度也崩塌了。

接下来的那个时期,各国纷纷采用了通货膨胀目标制。再一次,这在很大程度上也是出于对一个历史事件的反应。当时,新西兰政府给储备银行定下了一个通货膨胀目标,不过它的出发点只是给后者设立一个可以用来问责的绩效标准,那不是一个依据理论制定的解决方案(以满足建立一个更令人满意的货币区制的需要)。但是这种制度很快就变得非常流行了——无论是在理论上还是在实践中。从英国等国家的经验可以看出,在采用这种通货膨胀目标制的时候,目标仍然可以由财政部部长(英国称财政大臣)采用,同时中央银行继续保持其附庸地位。虽然通货膨胀目标制的最初采用在很大程度上可以归因于历史的偶然,但是中央银行独立性(central bank independence,简写为 CBI)的驱动力更多的是理论方面的(主要依据是时间不一致性理论),因为当时许多国家的政府天然地偏向于反对将制定货币政策的权力委托给中央银行。这个故事将在第 3 节讲述。在此之后,通货膨胀目标制的广泛采用似乎带来了长达 15 年之久的低通货膨胀和稳定增长,即从 1992 年至 2007 年的(无通货膨胀的、经济持续扩张的)美好的年代(King,2003),这个时期差不多与"大缓和"时期相一致,但并不完全重合。这些我们都将在第 4 节中叙述。

汇率机制的崩溃使得如下观念广泛地流行起来:钉住他国货币但仍然可调整的汇率制度从根本上说是非常脆弱的。这个观念的真实含义是两极分化的,真正可持续的汇率制度要么是一种自由浮动的、以可信的国内通货膨胀目标制为锚的弹性汇率制度,要么是一种绝对刚性的汇率制度。后者通常表现为货币局体制,或者更进一步,表现为货币联盟。欧洲联盟的大多数成员国遵循的是后一种路线,它们建立了欧元区,将货币政策交由欧洲中央银行的管理委员会决定。这也许是这些年来货币领域最重要、最引人注目的一个事件了,在许多其他地方都有非常详尽的记载。不过,我们还是在第 6 节中从我们的角度讨论了欧洲货币联盟留给我们的其中一些经验。

然而,日本显然未能分享这些年间的成功。这个时期通常被认为是日本"失去的十年"。为什么会这样? 我们考虑了四组试图解释这个问题的理论:第一,结构刚性;第二,糟糕的货币政策;第三,银行一直不愿放贷;第四,资产负债表问题导致银行贷款需求下降。我们将在第 5 节中讨论日本的情况。[①]

而在当前的情势下,"三十年来最惊人的货币事件"的头号竞争者显然已经变成了现在这场金融危机了,它于 2007 年 8 月爆发,并在当年 9 月至 2008 年 10 月进一步加剧。虽然在本章第 1—6 节中讨论和描述的所有主要问题都与中央银行的维持价格稳定的功能有关,但是这场金融危机处于中央银行的第二大主要功能的范围之内,那就是维持金融稳定。这种作用也许在某些中央银行那里没有得到足够的重视,这可能主要有两个方面的原因,一是在处理更早期的危机时取得过比较成功的结果(见本章第 4 节),二是出现了将金融监管责任转移到独立的专门机构的趋势。现在这种情况促使人们重新考虑中央银行在实现金融稳定

[①] 这一节主要是塞缪尔·图姆斯(Samuel Tombs)的贡献。

时可能发挥的功能和可以运用的工具。我们将在第 7 节中讨论这方面的内容,包括对银行资本和流动性的宏观审慎监管。

这场金融危机重新提出了一系列关于中央银行活动范围、功能职责和宪法地位的问题。对通货膨胀目标的追求是否应该随着中央银行的金融稳定目标而有所改变? 中央银行还可以使用哪些其他工具来实现金融稳定? 既然解决一场金融危机往往需要使用纳税人的资金——最近确实已经使用了非常多的纳税人的资金——那么中央银行参与实现金融稳定目标是不是会危及它在其他方面的独立性,例如在它的货币政策职能方面? 中央银行在预防危机和解决危机方面应该扮演什么角色(如果需要它介入的话)? 这些问题将在第 8 节中提出,但是要现在说答案已经找到显然还为时过早。

本章重点讨论那些改变了货币政策及其实施方式的事件。而这也就不可避免地意味着本章的叙述将几乎完全集中在发达国家的事件、政策和历史上。毕竟大多数发展中国家确实只是在借鉴发达国家的经验教训,例如在采用通货膨胀目标制和监管规范等方面。虽然我们必须承认,许多国家,如非洲、亚洲(除了日本)和拉丁美洲各国的经验,在本章中完全没有提及,但是读者可以阅读杰弗里·弗兰克尔(Jeffrey Frankel)为本手册撰写的第二十五章对相关事件的报道。

2. 货币目标制,1979—1982 年

2.1　沃尔克"改制"

20 世纪 70 年代,联邦德国中央银行将货币增长作为名义收入和通货膨胀的中长期驱动因素——这种政策立场既是接受了联邦德国以前发生的恶性通货膨胀带来的经验的结果,也是受到了路德维希·埃哈德(Ludwig Erhard)和赫尔穆特·施莱辛格(Helmut Schlesinger)等关键人物的思想的影响的结果——并且从 1974 年起就采用了一个具体的货币目标。这也就是说,联邦德国中央银行既没有接受基础货币控制规则,也没有采用 $k\%$ 规则,相反,它将货币的实际增长水平与目标增长水平之间的偏差作为分析的第一触发器(货币增长的目标水平根据可持续产出增长率加上可行的通货膨胀目标,再考虑对于流通速度的可能的变化趋势的假设来确定)[1],然后再将它作为对利率进行强有力的、抵消性的调整的理由。[2] 联邦德国中央银行在 20 世纪 70 年代的货币政策取得了无可置疑的成功,用 CPI 度量的通货膨胀率在 20 世纪 70 年代中期达到的峰值仅为 7.8%——相比之下,美国和英国的通货膨胀峰值分别为 12.2% 和 26.9%(见图 21.5—图 21.7)。[3]

---

[1] 参见 Bockelmann(1996)的相关文献。

[2] 参见 Beyer 等(2010)的论文以及该论文所引用的参考文献,特别是 Baltensperger(1999)、Issing(2005)以及 Neumann(1997,1999)等的论文。

[3] 英国的通货膨胀是根据零售价格指数计算的。对于英国来说,只能得到 1987 年及以后的 CPI 数据。

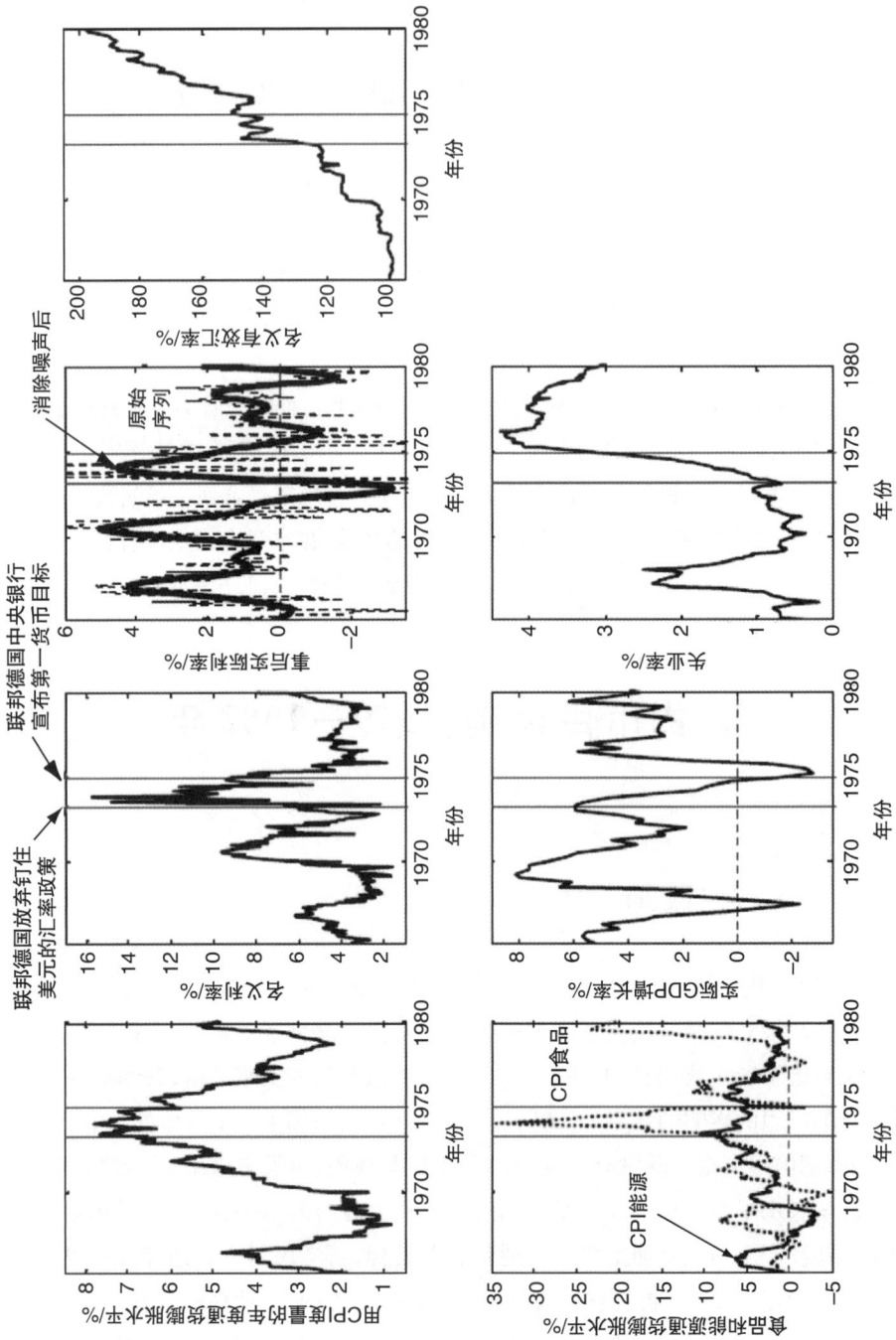

图21.5 联邦德国:1965年1月至1979年12月的若干宏观经济指标

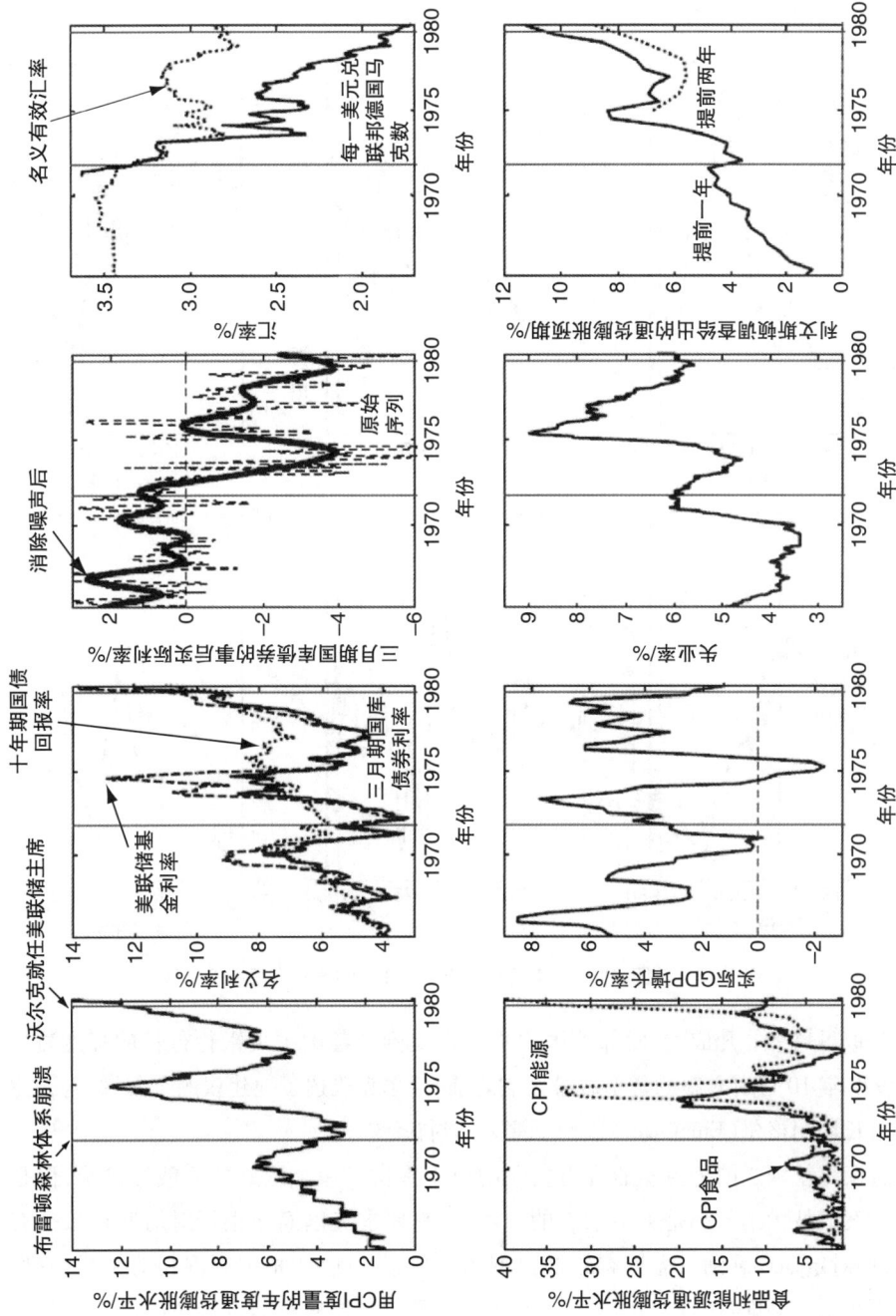

图21.6　美国：1965年1月至1979年12月的若干宏观经济指标

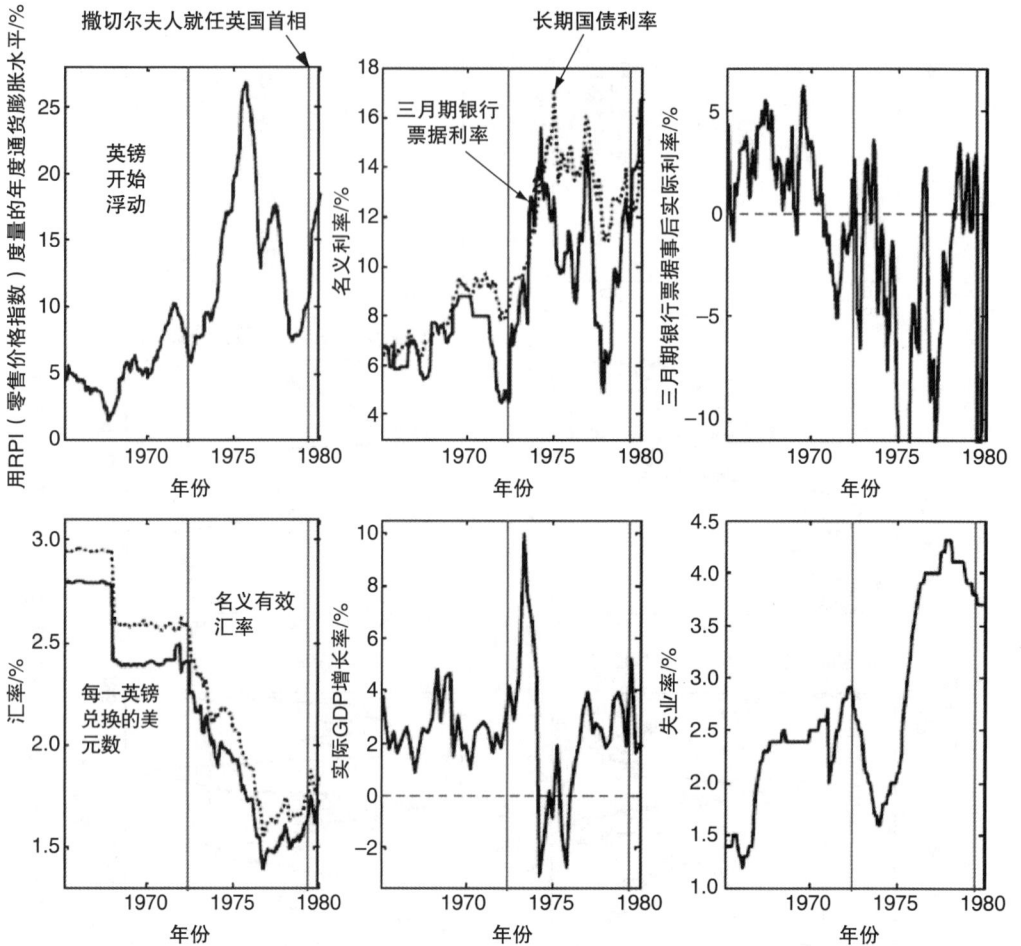

图 21.7 英国:1965 年 1 月至 1979 年 12 月的若干宏观经济指标

由于取得这个非凡成就,联邦德国中央银行受到了各国中央银行行长的高度赞赏。为此,在 1979 年 10 月引入新的货币政策区制之前,沃尔克概述了他建议的方案,并与德意志联邦银行行长埃明格尔(Emminger)进行了深入的讨论。[①]

尽管联邦德国之前为务实的货币主义的应用提供了一个很好的一般性例子,但是沃尔克的新方案的技术细节都是美国独有的。例如,它要求美国商业银行对活期存款持有现金准备金,而对定期存款则只需持有较低比例的准备金。此外,根据利率相对关系,它们通常还要持有少量超额准备金作为缓冲,以备不时之需。如果从根据可持续的产出增长率和想要实现的且可行的通货膨胀水平确定的名义收入目标入手(就像联邦德国中央银行那样),那么就可以利用货币需求函数,倒推出各种相容的货币总量的估计值,包括公众手中持有的现金数量、M1 活期存款,以及 M2 定期存款。在此基础上,再利用所需的比率和对想要维持的超额余额的估计,就可以估算出名义收入/产出按计划增长同时利率保持不变的情况下,

---

[①] 见 Volcker 和 Gyohten(1992,第 168 页)的论述。

银行希望得到的总准备金是多少。

　　银行可以通过两种途径获得它们想要的准备金。当然，首要的途径是利用美国联邦储备委员会在正常的（公开市场）操作过程中所提供的现金储备，这就是通常所称的非借入储备基础。如果这还不足以满足它们的要求（以及对超额准备金的剩余需求，这是利率相对关系的一个函数），那么一般来说，银行就不得不从贴现窗口借款了。那是它们的第二个途径。然而，在利用这个途径时，不仅贴现利率会高于联邦基金利率，而且许多相当强大的非货币因素都会阻碍银行在贴现窗口借款。因此，当借款需求增加（减少）时，市场利率会急剧上升（下降），因为银行必定会在压力下做出调整，决定是否向贴现窗口借款。

　　因此，按照设想，因果关系的链条应该是这样运行的。

　　第一，确定货币收入/通货膨胀水平对目标的偏离。

　　第二，确定货币增长对目标的偏离。

　　第三，确定（需要的）准备金与非借入准备金之间的偏差，再加上希望以初始利率借入的准备金。

　　第四，确定借入的准备金需要调整的数量。

　　第五，确定利率变化的幅度。

　　第六，利用抵消力量推动名义收入/通货膨胀水平回到目标水平。

　　更大、更重要的意义在于，这项政策完全按照计划得到了施行。尽管随后出现了经济衰退，美国政策当局还是决定急速提高利率，而且通货膨胀率也确实出现了大幅回落。[1] 沃尔克和里根都因为坚持推行原定计划而大受赞誉，尽管在最初几个季度，许多人士都持怀疑态度，而且出现了严重的经济衰退（见图 21.8）。

　　不过，上述因果序列的前几个环节中的某些技术关系未能完全按预期发挥作用，此外还受到了一些额外的外部冲击，其主要表现是，在 1980 年 3 月卡特总统下令进行直接信贷控制，随后又在当年 7 月取消了信贷控制。特别是，名义收入、利率和货币（流通速度和货币需求函数）之间的短期关系变得极其不稳定。另外，从长期利率也可以看出，对未来通货膨胀的预期下降得非常缓慢。[2] 由此而导致的结果是，利率、货币增长和产出都不得不经历一段非常"颠簸不安的行程"。

---

[1] 对利率波动的相机抉择的限制几乎从未实施过。

[2] 对此，参见 Kozicki 和 Tinsley（2005）以及 Goodfriend 和 King（2005）的相关文献。

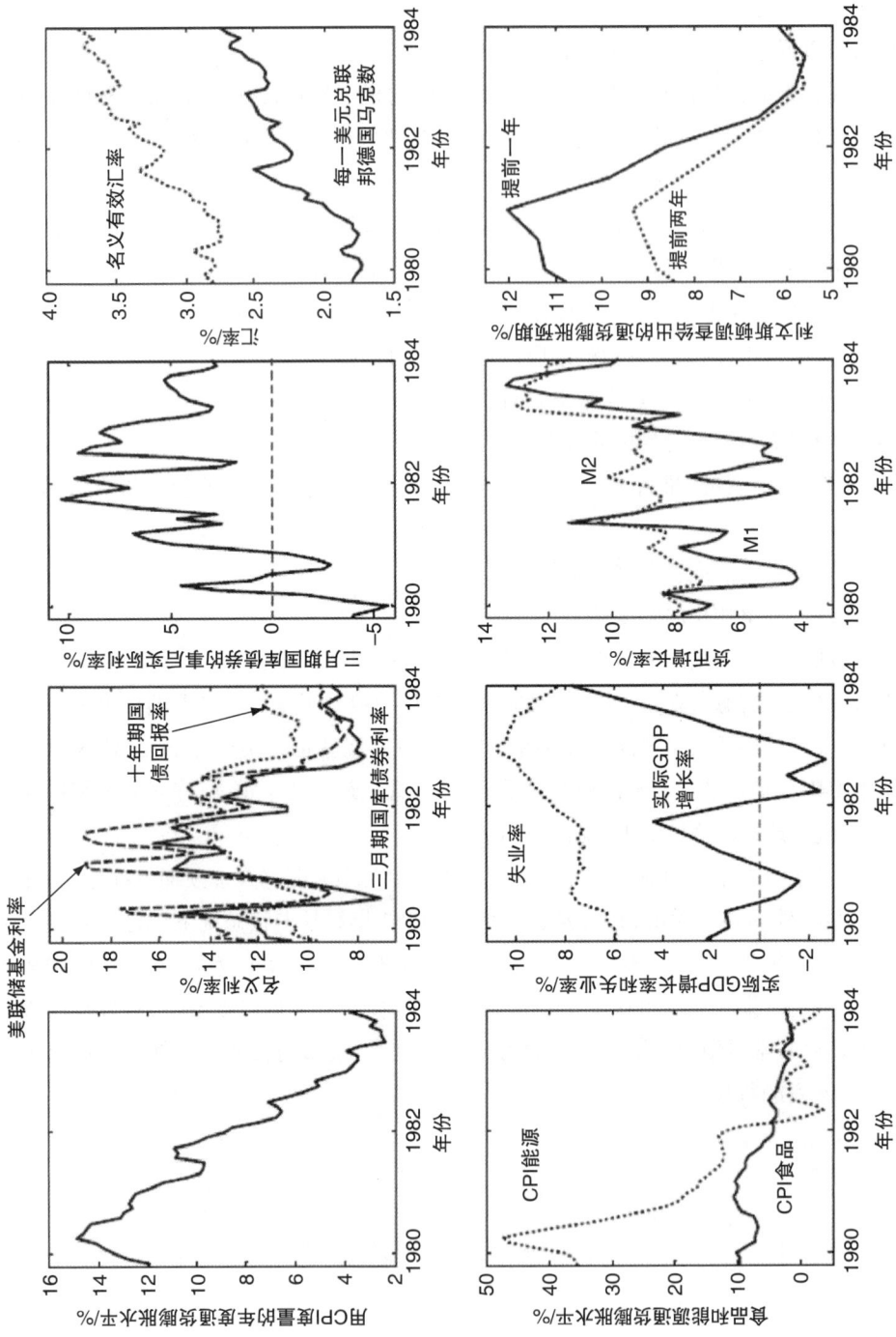

图21.8 沃尔克反通货膨胀政策:美国,1979年10月至1983年12月,若干宏观经济指标

在这段插曲出现之前的很长一段时间里,为了给联邦储备系统的会员银行提供便利,美国联邦储备委员会就已经允许它们推迟两周以满足准备金要求了(Axilrod,2009,第 50—51 页)。但是这也就意味着,调整机制(至少在其最初阶段)必须通过利率而不是货币和信贷总量的直接变化来发挥作用(货币主义者则希望通过基础货币乘数来发挥作用)。关于这些变量有如此大的波动性的原因,相关人士一直争论不休——无论是在当时还是在那之后,都没有得出确切的结论。[①]

无论如何,到了 1982 年秋天,通货膨胀率就急剧下降了,而且不仅仅限于刚刚从衰退中复苏过来的美国。在此之前,通货膨胀已经蔓延到了世界各地,特别是各初级产品生产国。而现在,当利率飙升之后,这些国家遭受了大宗商品价格狂跌和需求急剧下降的双重打击。我们考虑的这个时期中第二严重的金融危机爆发于 1982 年 8 月,当时墨西哥、阿根廷和巴西都威胁道,它们将不偿付欠发达国家银行的巨额贷款,特别是从美国各家城市中心银行借来的款项。我们稍后将对此进行详细说明。

到那个时候,回归一个更加稳固、更少波动性的政策区制的时机已经成熟了。这是通过将非借入准备金目标改为借入准备金目标实现的。从表面上看,这似乎只是一个次要的技术细节(而且造成这种表面印象可能正是政策制定者的其中一个意图),但是实际上它导致了完全不同的后果。银行对借入准备金的需求主要取决于利差,因此借入准备金目标隐含地等同于为联邦基金利率设定目标。相比之下,非借入准备金目标则会迫使利率进行调整,以平衡实际货币增长所需的准备金与通过美国联邦储备委员会的操作可以得到的准备金之间的缺口。随后不久,利率和货币增长就稳定下来了,这从联邦基金利率、十年期国债利率和 M1 增长的标准差上可以看得很清楚(见表 21.1)。

表 21.1 美国,核心宏观经济统计指标

指 标		1979 年 10 月至 1982 年 10 月	1982 年 11 月至 1985 年 11 月
联邦基金利率[a]	均值	14.2	9.2
	标准差	3.0	1.0
	变异系数	20.7	11.4

---

① Goodhart(1989)对此描述道:"货币主义者将这种失败归因于美国联邦储备委员会缺乏热情,以及各种背离了上面描述的完全准备金制度的改变。他们主张采取如下措施,即转而使用当前(储备)会计制度(于 1984 年采用),关闭贴现窗口或加大对利用贴现窗口的惩罚,以及/或者从使用非借入准备金目标转换为使用总准备金或基础货币操作目标。这些主张散见于 Poole(1982)、Friedman(1982)、Friedman(1984b)、Friedman(1984a)、Mascaro 和 Meltzer(1983)、McCallum(1985)、Rasche(1985)、Brunner 和 Meltzer(1983),以及 Rasche 和 Meltzer(1982)等的论著。美国联邦储备委员会也经常会对 M1 中发生的每一个短期波动或下跌提出特定的相关解释。请参见温宁格(Wenninger)和他的同事们从 1981 年开始的一系列研究。比如说,Radecki(1982)和 Bryant(1982)提供的计量经济学证据支持了以下观点,即货币控制的改善不能或几乎不能通过改变中央银行的操作的基础——例如转为以总储备为目标——来实现。另见 Lindsey 等(1984)以及 Tinsley 等(1982)的相关文献。还有其他一些经济学家——例如 White(1976)、Radecki(1982),以及 Cosimano 和 Jansen(1987)——认为这种波动是试图对货币系统(过于努力地)强加短期控制的一个不可避免的结果,因为对存款和贷款的需求对利率变化都存在着相当长的滞后(即工具不稳定性)。但是 Lane(1984)和 McCallum(1985)则试图反驳这种观点。"

续 表

指 标		1979 年 10 月至 1982 年 10 月	1982 年 11 月至 1985 年 11 月
十年期国债回报率[a]	均值	12.7	11.4
	标准差	1.6	1.0
	变异系数	12.4	8.6
M1 增长率[a]	均值	0.6	0.7
	标准差	0.7	0.4
	变异系数	127.5	50.7

注:资料来源为国际货币基金组织,《国际金融统计》。[a] 表示年利率(百分比)。[b] 表示逐月百分比变动(已进行季节性调整)。

2.2 对"大通胀"的其他解释

我们在本章中要讲述的故事始于 1979 年 10 月的沃尔克"改制"。不过,就它本身而言,只是对 20 世纪 70 年代的"大通胀"的一个反应。要防止"大通胀"再次发生,其中一个必要条件是先透彻了解"大通胀"是如何发生的。从总体上看,将"大通胀"归因于错误的货币政策似乎比将它归因于外生的冲击序列的不利后果更有说服力一些。[①] 这有如下一些原因。

第一,正如 Issing(2005)所强调的,在关于"大通胀"的讨论中经常被忽视的一个事实是,当时的联邦德国和瑞士都没有经历过"大通胀"(至少通货膨胀不如其他国家所感受到的那么严重),尽管在大多数时候,这些讨论所关注的主要是美国的经历。当然,这个事实很难用"坏运气"来解释。特别是,Issing(2005)强调,联邦德国中央银行能够让德国免受"大通胀"之苦一个根本原因是"……德国公众极其厌恶高通货膨胀……"。在德国,自第二次世界大战结束以来,已经演化出了一种'稳定文化'"。根据伊辛(Issing)的观点,美国和联邦德国在"大通胀"时期宏观经济表现不同的根本原因在于这两个社会对通货膨胀的态度有根本上的不同。[②]

第二,正如 Clarida 等(2000)所强调的,美国的"大通胀"始于 1965 年前后,时间上要比 20 世纪 70 年代的食品和石油价格冲击早得多,这就对那些诉诸"坏运气"的解释提出了一个根本性的逻辑方面的持续。例如,在 1973 年 10 月(即第一次石油危机发生之时),美国的 CPI 通货膨胀率就已经达到了 8.1%,这表明在石油危机爆发之前,美国经济就已经处于不稳定状态了。Levin 和 Taylor(2010)提出了一个概念上与此相关的论点,即从 20 世纪 60 年代中期开始,美国长期通货膨胀预期的渐进式脱锚就是对美国通货膨胀渐进式向上漂移的反应。图 21.9 复制自莱文和泰勒的论文(Levin and Taylor,2010),它清楚地说明了这一点。[③]

---

① 关于"大通胀"的起源的更全面的分析,见 Bordo 和 Orphanides(2010)的相关文献。
② 在讨论中央银行独立性的最终决定因素时,Posen(1995)也表达了类似的立场。
③ 如 Levin 和 Taylor(2010)在讨论中指出的,"实线描绘的是未来六年的预期通货膨胀率,它是这样计算出来的:在 Gürkaynak 等(2007)计算的名义远期利率中减去 2%的固定远期实际利率和 1%的固定期限溢价。而虚线则描绘的是 Ang 等(2008)的无套利因子模型中的五年预期通货膨胀率"。

直到 1965 年前后,美国的长期通货膨胀预期一直非常稳定,但是在那之后,从 20 世纪 60 年代的后半期就开始逐步上升,在 70 年代的前半期一度出现了暂时的下降,然后在那个十年的后半段又果断地向 10％的方向移动。通货膨胀预期从 1965 年前后开始脱锚这个事实显然与“大通胀”主要是由 20 世纪 70 年代的石油冲击所导致的这种传统观念不一致。此外,美国联邦储备委员会主席于那些年间在美国国会的讲演和声明也提供了具有决定意义的“证词”,确认美国的“大通胀”确实开始于 20 世纪 60 年代中期。

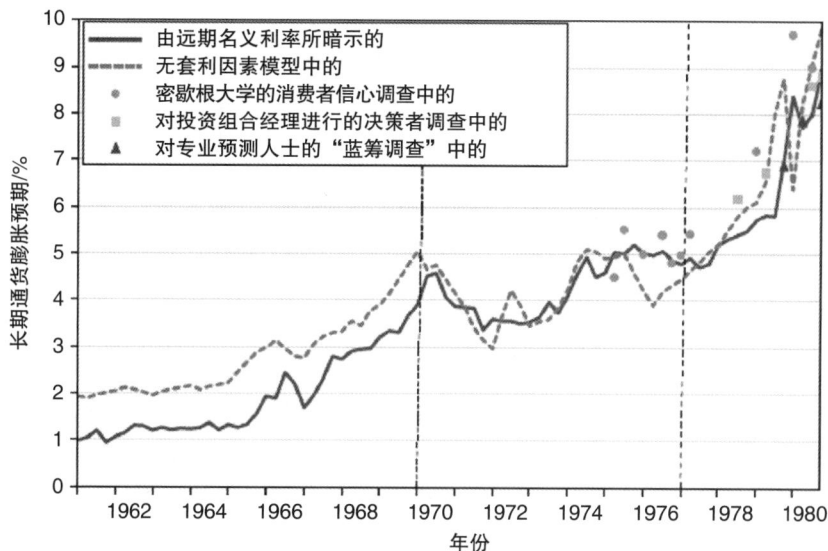

图 21.9　1961—1980 年美国长期通货膨胀预期的演变

资料来源:Levin 和 Taylor(2010)的研究。

例如,1967 年 2 月 9 日,在美国国会联合经济委员会(Joint Economic Committee,简写为 JEC)召开的听证会上,美国联邦储备委员会主席马丁(Martin)指出[1],从市场条件来看,1966 年“已经形成了典型的通货膨胀预期”[2];两年之后[3],他又声称:“1965 年年中以来,除了 1967 年初曾经短暂止步,我们的经济一直处于过热当中,人们对通货膨胀的预期越来越高……很明显,通货膨胀以及对通货膨胀的普遍预期是我们当前要面对的最严重的经济问题。”1970 年 5 月,在就任美国联邦储备委员会主席短短几个星期之后,阿瑟·伯恩斯(Arthur Burns)在美国银行家协会发表演讲时就指出:“我们现在生活在通货膨胀的环境中……在这种情况下,许多商人和消费者都认为通货膨胀不可避免,也就不足为奇了。”

第三,有一些学者已经令人信服地证明,1973 年和 1979 年出现的欧佩克油价的两度大幅上涨本身就是只有在与布雷顿森林体系崩溃相关联的全球流动性普遍扩张的条件下才有可能发生的。这种观点——在“大通胀”时期前后,它是与米尔顿·弗里德曼(Milton Friedman)、菲利普·卡根(Phillip Cagan)和罗纳德·麦金农(Ronald McKinnon)等人的名字

---

[1] 参见 Martin(1967)的论述。

[2] 参见 Martin(1969)的论述。

[3] 见 Burns(1970)的论述。

联系在一起的①——最近又得到了复兴。例如,Barsky 和 Kilian(2001)就重申了这种观点,他们认为,20 世纪 70 年代的大宗商品价格的上涨应正确地定性为市场对布雷顿森林体系崩溃所释放的全球货币力量的内生反应。

接下来,就让我们来看一看美国之外的其他国家的务实的货币主义的经验。

2.3 务实的货币主义

尽管以非借入准备金为基础来推进务实的货币主义是美国特有的一种颇有些神秘色彩的机制,但是务实的货币主义本身是一条"共同道路",当时许多其他国家都效仿联邦德国、瑞士和美国,走上了这条路,尤其是英国②、澳大利亚③、加拿大④,以及日本⑤。这些国家也拥有与美国类似的经验,那就是 1981 年至 1982 年间紧缩的货币政策和严厉的反通货膨胀政策极大地压低了通货膨胀率,但与此同时也导致了货币需求函数(流通速度)的稳定性崩溃。⑥对此,加拿大中央银行行长打趣说:"我们没有放弃货币目标,是它放弃了我们。"⑦

事实上,在 1979 年至 1982 年间,许多国家都呈现出了一个显著的共同特征,那就是以往(假定的)货币流通速度稳定性和货币需求函数都崩溃了,这在那些具有"盎格鲁-撒克逊"背景的国家中特别明显,例如澳大利亚、加拿大、英国和美国。为什么会发生这种情况?一种观点是先前的计量经济关系的设定本来就是错误的,不能指望样本内拟合同样直接适用于样本外,但是对计量经济学方法加以进一步改进之后,还是有可能重现(以前预期的)所涉关系的可预测性的。另一种观点——例如卢卡斯批判、古德哈特定律——则认为,将货币总量转化为中间目标这种政策行动本身就可能改变相关各方的行为,包括政策当局自己的行为,从而改变之前的各种结构性关系。后者的一个表现就是名义(和实际)利率变得比过去高多了,而且也更加不稳定了。此外,特定的货币区制的性质及其可能取得的成功也变得更加不确定了。在利率高度波动和不确定性加剧的背景下,银行不得不为活期存款支付利息以保护自己的市场地位,同时银行的客户们也相应地调整了自己的行为,以应对新的情况。

无论哪一种观点更可取,这种不稳定性都预示着货币目标制的终结。不过联邦德国除外,因为该国的货币目标制受这种不稳定性的影响最小⑧,与联邦德国类似的还有瑞士。因此,联邦德国中央银行继续执行将货币目标制与反通货膨胀相结合的政策——联邦德国的反通货膨胀政策可以视为泰勒规则的原型。对于联邦德国这些年的货币政策,Beyer 等(2010)给出了一个很好的描述,他们同时还提供了相关的文献目录。

---

① 参见 Friedman(1974)、Kagan(1979)和 McKinnon(1982)的相关文献,另请参见 Darby 和 Lothian(1983)的讨论。
② 见 Goodhart(1989)的论述。
③ 参见 Argy 等(1990)的论述。
④ 见 Thiessen(2001)的论述。
⑤ 见 Suzuki(1989)的论述。
⑥ 在任何一个被选中作为中间目标的总量指标中,这一点往往会被特别夸大,这个发现也正是所谓的古德哈特定律的起源。
⑦ 众议院财政金融、贸易和经济事务常设委员会,《会议记录和证据快报》,第 124 号,1983 年 3 月 28 日,第 12 页。
⑧ 有些人认为,出现这种情况的原因在于联邦德国金融体系在早期就完成了自由化,因此在这些年中创新的动力较少。

这个时期——从 1979 年到 1982 年——被大多数国家的中央银行行长称为务实的货币主义政策时期，它有如下共同特征。

特征一，相信货币增长与名义收入/通货膨胀之间关系的中期和长期可靠性。

特征二，相信流通速度（货币需求）函数有足够高的可预测性/稳定性，因此可以作为中间目标来使用。

特征三，相信利率弹性本身就能够适当地调整支出函数和货币总量。

特征四，对基础货币控制方法的强烈反对。

特征一和特征四保持下来了，特征三在当时刚刚好，但是特征二不复存在了。

那么，接下来又如何呢？

如果货币目标制有很大的不足之处，那么还能尝试其他什么东西吗？在西方世界（除联邦德国外的）另一个主要的中心国家美国，在这个问题上并没有进行过明确的战略性思考。相反，在向借入准备金目标转变这个行动的掩护下，美国出现了一种隐秘的撤退，即从货币目标制退回到 1979 年之前的政策制定过程。这个过程直接将利率决定与产出对估计均衡水平的偏离以及通货膨胀率对某个未披露的、想要实现的水平或范围的偏离联系起来。[①] 通常认为，在 20 世纪 70 年代的"大通胀"之后，这种原型式的泰勒规则下的通货膨胀系数要比 1979 年之前高一些（即高于 1），而产出偏差则要比 1979 年之前低一些。从向借入准备金目标的转变，到意识到联邦公开市场委员会（Federal Open Market Committee，简写为 FOMC）确实在设定官方短期利率（即联邦基金利率），中间经历了一个痛苦而缓慢的犹豫过程，但是从那个时候开始，联邦公开市场委员会的操作就变得透明化了，方法是公开宣布该目标值（直到 1994 年为止）。在 1982 年后的头几年里，这种缺乏清晰性的情况恰恰反映了联邦公开市场委员会本身对他们实际上到底在做些什么是颇有些困惑的。当然，考虑到如下事实，这一点或许在一定程度上是可以原谅的：货币政策措施相当成功地控制了通货膨胀，同时相对有效地应对了 1987 年 10 月 19 日的纽约证券交易所的崩盘，缓解了 1988—1990 年的繁荣和 1991—1992 年的衰退的影响。

然而，对于其他中等和较小的（发达）国家来说，确实还有另一种可供选择的策略。那就是将它们国家的货币与某个相对比较成功的中心国家（如联邦德国或美国）的货币挂钩。即便这些大国的货币区制本身也许是不太明确的，但是它们在抑制通货膨胀和稳定产出方面的实践相对而言都是成功的。对自己管理宏观经济的货币政策的能力缺乏信心的规模比较小的国家可以效仿更强大的邻国的更好的政策。

事实上，从 1985 年到 1989 年，许多国家就是这样做的。在欧洲大陆，在最初的汇率调整频率仍较高的"动荡时期"（从 1979 年到 1983 年）结束之后，[②]欧洲货币体系（European Monetary System，简写为 EMS）的汇率机制进入了一个持续了十年之久的"平静"时期，在这十年间（从 1983 年到 1992 年），许多国家都把通过钉住德国马克来维系汇率机制当成了本国的

---

① 参见 Thornton（2005）的相关文献。
② 参见 Gros 和 Thygesen（1992，第三章）的论述。

货币政策。[①] 联邦德国中央银行变成了事实上的"统治整个欧洲的银行"。[②] 尽管如前所述，联邦德国中央银行是以对联邦德国最有利为标准来设定利率的，但是参加汇率机制的其他国家也都亦步亦趋。[③] 在一开始，这样做的国家包括比利时、荷兰、卢森堡、丹麦、法国、意大利和爱尔兰，然后西班牙在 1989 年加入，英国在 1990 年加入，葡萄牙在 1992 年加入(不过，希腊加入的时间要晚得多，那是在 1998 年)。[④]

欧洲之外的国家也开始倾向于更多地以相对汇率为关注焦点，特别是相对于美元的双边汇率，但是当时还没有正式钉住美元。举例来说，加拿大中央银行在 20 世纪 80 年代后期的大部分时间里都在苦苦徘徊挣扎，它既缺乏可信度，也没有制定明确的战略。由于投资者对加拿大经济本身和政府管理经济的能力都没有太大的信心，加拿大中央银行又决心"捍卫加元"，因此每次美国利率政策发生变化，加拿大中央银行就会通过调整利率做出反应，这种政策导致加拿大利率波动性过大，反过来进一步削弱了加拿大的经济，进而使得这种反馈进一步强化。[⑤] 而且，在这个时期，通货膨胀预期也未能很好地得到锚定，因此削弱了货币政策的效力。

也正是在这个时期，在澳大利亚，M3 目标区间在 1985 年初被一个更为自由的机制取代了。澳大利亚中央银行并没有设立一个具体的目标，而是在 1985 年 5 月宣布了它将进行监测的一系列经济变量的"清单"，包括货币总量、通货膨胀水平、外部账户余额、相对于一篮子货币的汇率、资产价格和经济增长前景等。这样做的目的是作出政策决策。毫无疑问，这种方法也有它的问题。特别是，许多人批评 20 世纪 80 年代后半期澳大利亚的政策缺乏一个明确的政策观念框架，而且给中央银行留下了太多相机抉择的空间。由于货币政策缺乏一个名义上的锚，因而难以与公众有效地进行沟通："它未能区分货币政策工具、中间目标和最终目标。"[⑥]不过无论如何，澳大利亚的通货膨胀率都降低了，并且在这十年的后五年中的大部分时间都处在一个相对稳定的水平上。

此外，汇率机制也会受到一些固有问题的影响。固定汇率体系总是面临着会受到非对称冲击的风险——这种冲击只会影响其中某些成员国，但不是所有成员国，尤其是当它主要冲击中心国家的时候。例如在 1989—1990 年德国完成统一的过程中就发生了这种冲击。当然，对经济转型处理不当导致了巨大的财政赤字(对东部地区的转移支付所致)，同时东部地区还出现了建筑业泡沫，而且统一后初期通货膨胀严重。然后，在 1991—1992 年，正当欧洲汇率机制的其他几个成员国开始陷入衰退时，德国中央银行却做出了激烈的反应，大幅度地提高了利率。

---

① 参见 Giavazzi 和 Giovannini(1989)的论述。

② 参见 Marsh(1992)的论述。

③ 奥地利也一样，但它相对于俄罗斯和东欧的政治立场阻碍了它成为欧洲货币联盟的一员。

④ 详见 1998 年欧洲货币协会发布的《趋同报告》，以及 Bernholz(1999)的相关文献。

⑤ 例如，美国利率的突然上升会给加拿大元带来急剧的下行压力，从而导致进口价格上升，并引起人们对未来通货膨胀走向的担忧。由于通货膨胀预期没有一个稳固的锚，其他经济领域的价格也将面临上行压力，进而引发潜在的通货膨胀螺旋式上升。担心资金的未来价值的投资者会开始要求更高的利率。最终的结果是更高的利率、更弱的美元和更强的通货膨胀预期，这超出了加拿大国内经济状况所能保证的范围。(Thiessen,2001)

⑥ 参见 Macfarlane(1998)的论述。

钉住但又可调整的汇率制的另一个主要弱点是,它允许甚至鼓励投机。通常来说,如果要重新调整汇率,那么哪些国家将成为货币贬值或升值的候选者会是显而易见的。因此,有可能贬值的国家将不得不提高利率,使之远高于有可能升值的那些国家的利率水平;而如果它们被迫贬值,它们的利率就会被压低,尽管贬值会带来通货膨胀冲动。在这种钉住但又可调整的汇率制度下,实际利率可能会变得非常不稳定,并且会不恰当地强化经济的周期性。正是由于这些原因,艾伦·沃尔特斯(Alan Walters)将欧洲汇率机制形容为"一锅夹生饭"。在 1991 年至 1992 年间,当时德国一直让名义利率和实际利率保持上升趋势,但是有几个外围国家面临着经济衰退(如芬兰、意大利和英国),因此这些国家不得不提高利率以对抗市场对投机性货币贬值的担忧,这就是这样一种汇率体系带来的最严重的磨难的一个例子(见图21.10)。

在那些认为欧洲汇率机制/欧洲货币体系是最终走向欧洲货币和经济联盟的更宏大(政治)进程的一个可取的组成部分的国家中,所要承受的痛苦更大。在英国,尽管财政大臣奈杰尔·劳森(Nigel Lawson)认为,加入欧洲汇率机制是一个没有长期政治影响的"经济战略"(保守党内的欧元怀疑论者则对这种观点的逻辑基础提出了疑问),但是要咬紧牙关承受磨难更加困难。同时,在那个时期,意大利被普遍认为是一个缺乏宏观经济"纪律"的国家,因此更加需要偶尔进行货币贬值以恢复竞争力。

1992 年 9 月,意大利和英国不得不宣布退出欧洲汇率机制,同时西班牙货币出现了大幅贬值,危机终于爆发了。但是,欧洲汇率机制的危机并没有就此止步,相反,它的进一步发展迫使西班牙和葡萄牙倾向于继续贬值(在短短八个月内就调整了五次)。瑞典也在奋力抗争了几个回合后宣布采用浮动汇率制(瑞典中央银行在某个阶段曾经出台过超过 1000％的隔夜利率),还有法国法郎也遭受了多次沉重的投机性攻击。[①] 这场危机最终是(于 1993 年 7月)以各成员国达成的一项协议而告终的——将汇率机制的浮动幅度扩大到 15％,这样一来,汇率机制实际上就暂时被自由浮动所取代了。

但是这一挫折没有阻止那些热衷于建立更大的长期经济和货币联盟的人。它只是向人们突出地强调了一点,即在一段时间内维持钉住汇率但在一个狭窄的区间内可调整的汇率制度既不是加入货币联盟的必要前提,甚至可能也不是一个可取的前提。但是这场危机确实意味着,如果没有在适当时候加入永久性货币联盟的愿望,那么试图在维持本国货币主权和调整汇率能力的同时,将汇率与邻国货币挂钩的政策就肯定是非常脆弱的。事实证明了这一点。

---

① 参见 Marsh(2009)的论述。

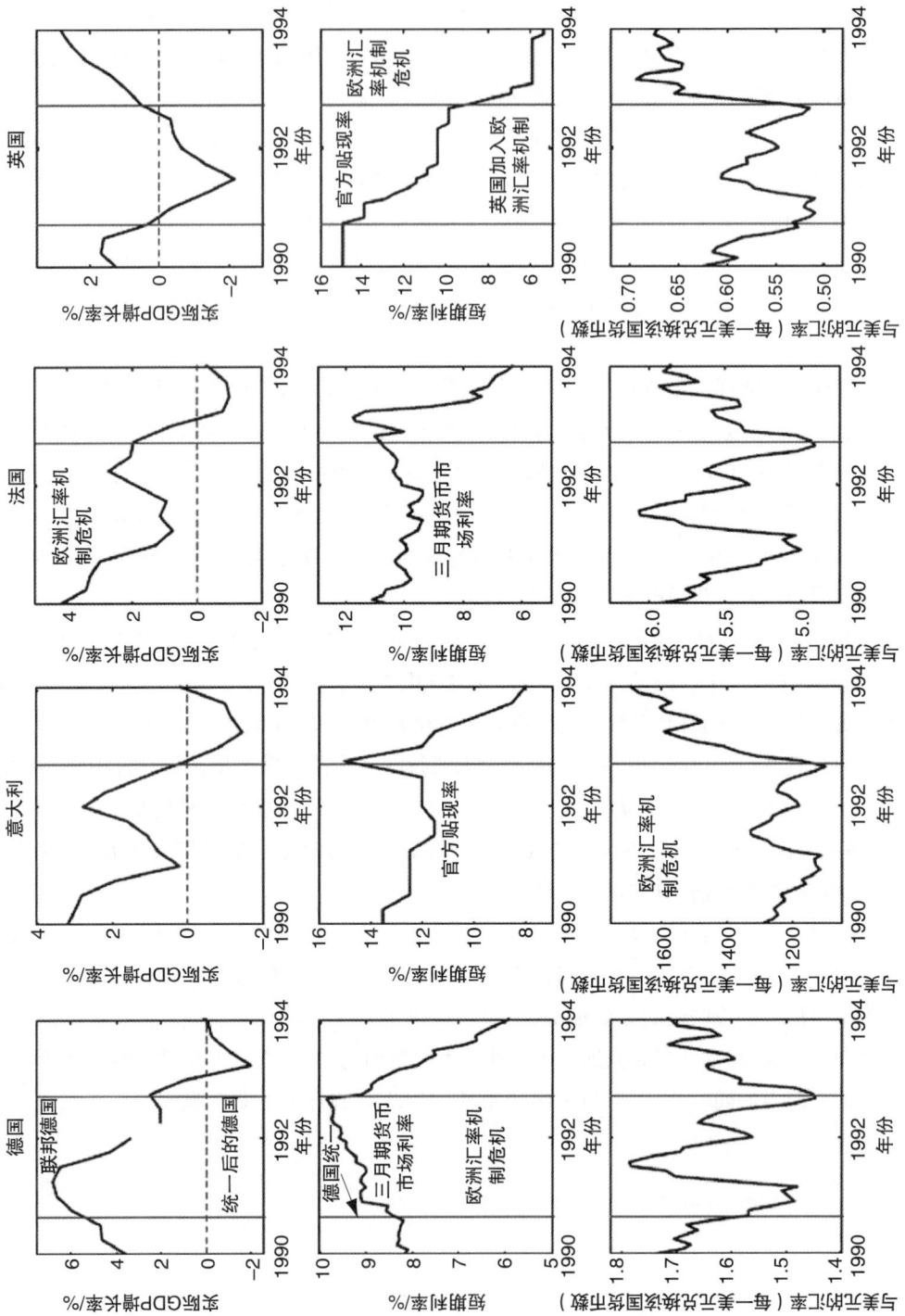

图21.10 德国、意大利、法国和英国的若干宏观经济指标，1989年第四季度—1993年第四季度

因此，除美国和德国外的大多数国家采用的是第二种货币政策策略（区制），即汇率目标制，但是结果也发现它有很大的不足之处，而且也像货币目标制一样以失败告终了。

那么下一个是什么呢？

3. 通货膨胀目标制

接下来"登台"的是通货膨胀目标制。如前所述，这种政策区制最早是在 1988—1989 年新西兰采用的。不过在刚开始时，与其说是作为对钉住汇率制的一种替代，还不如说是作为该国更广泛的公共部门治理改革的一个组成部分。在那之前，由罗伯特·马尔登（Robert Muldoon）爵士领导和主导的前（全国）政府曾经对新西兰经济的各个方面进行了全面的干预，并试图对一些企业实施微观管理，特别是对包括新西兰储备银行（Reserve Bank of New Zealand，简写为 RBNZ）在内的公共部门企业。

通货膨胀目标制的一个主要特点是政府（在一些国家中，是政府在与中央银行协商后）设定通货膨胀目标，然后要求中央银行通过改变其主要政策工具，即官方短期利率来实现该目标。用 Fischer（1994）的术语来说，这意味着中央银行只具有操作独立性，而不具有目标独立性，从而将民主合法性与操作自主性结合起来。

尽管政府可能在困难时期和选举之前在私底下试图推行扩张性的和更倾向于通货膨胀的政策（这是时间不一致性的表现），但是由于种种原因，尤其是考虑到对预期的影响，它们几乎注定只有公开宣称保守的低通货膨胀目标。因此，有了公开的通货膨胀目标，实际上也就"锁定"了政府——它必须支持中央银行维持价格稳定的努力。

加拿大银行行长约翰·克劳（John Crow）也意识到了这一点，他呼吁在加拿大采用类似的通货膨胀目标制政策。1991 年，保守党政府批准了这个建议。而为了实现这一目标，克劳采取了限制性的货币政策。这在当年的加拿大是大选中的最热门的一个论辩主题，最终导致了让·克雷蒂安（Jean Chrétien）的当选。在取得压倒性胜利后，新上台的自由党政府做局让克劳离职，但是重申了通货膨胀目标制政策架构的立场。事实上，直到今天为止，在曾经采用过通货膨胀目标制的国家中，还没有任何在后来用另一个完全不同的政策区制去代替它，尽管所使用的政策参数可能已经有了一定的变化，比如说通货膨胀指数的选择、流动的宽度等。

1992 年 9 月 16 日，英国被迫退出了欧洲汇率机制。在那一天，保守党政府"不仅失去了信誉，而且失去了一项政策"。[1] 然而事实上，在那个时候，将通货膨胀目标制作为货币政策的支柱的想法已经开始在英国流行起来了。新西兰的例子已经开始引起了广泛关注。到那时为止，新西兰的经验是成功的，通货膨胀目标制有许多显而易见的优势，特别是当它与以前的货币目标制相比时。当然，只要愿意，也可以将通货膨胀目标制描述成与货币目标制没有什么区别（有人也确实这样做了），但是它确实具有（相当大的）优势，即消除了货币需求（速度）函数中源于

---

[1] 见 Lamont（1999，第 274 页）的论述。

残差变异的扰动。货币目标与一些公众很少关心且很难理解的统计抽象概念有关,而通货膨胀目标则不仅容易理解,而且本身就是公众关注的一个直接的和即时的公共主题。

尽管拉蒙特最初是将直接的通货膨胀目标与一些相应的货币目标结合在一起的,但是后者很快就遭到了忽视并最终被放弃了。更加重要的是,当时英国政界反对赋予英格兰银行完全的操作独立性,尽管它逐渐被赋予了更公开(更独立)的角色。后来,到了 1997 年 5 月,新上台的工党政府公布的首批法案中所包括的《1998 年英格兰银行法案》终于授予了英格兰银行所需的操作独立性。

在英国这个例子中,财政部是设定通货膨胀目标的主体,而中央银行则处于附属的地位。无论如何,英国在 1997 年仍然取得了实质性进展:就像所有其他实行通货膨胀目标制的国家一样,将通货膨胀目标制与中央银行独立性结合了起来,尽管这种独立性通常只与实现通货膨胀目标的操作有关,而与中央银行所需要实现的通货膨胀目标本身无关,即这种独立性是操作层面上的,而不是目标层面上的。[1] 另外,尽管实践经验强化了这种劳动分工,但是它其实主要来源于理论,即对于时间不一致性的分析。[2] 因此,政府公开宣布将实现某个数值化的预先设定的通货膨胀目标的任务委托给本国的中央银行既是一种可信的承诺(使之不受短期政治目标的干预),也是一种保证明确由作为代理人的中央银行对它自己的行为负责的措施。它也满足了一个目标(通货膨胀)、一个工具(利率)的廷伯根原则(Tinbergen principle)——或者至少在金融危机导致利率达到了零利率下限之前确实如此。不过,那是另一个故事了,它还引起了人们对实现价格稳定和金融稳定的不同政策之间的相互作用的担忧。我们稍后在第 7 节中将会讲述这个故事。

此后,在 20 世纪 90 年代,除了美国和其他采用了(更严格的)钉住汇率制度的国家——如货币发行局,包括阿根廷、爱沙尼亚等国——几乎所有其他国家都采用了这种新的政策区制。关于这个故事以及它所依据的理论基础的进一步发展,本手册第二十二章会有更加深入的阐发,所以这里不再细述。

4. 美好的年代:1993—2006 年

1993—2006 年是一个美好的年代,尽管仅就发达国家而言,第二次世界大战后的前几十年的增长比这个时期更快,但是如果将中国和印度的快速复兴也考虑进去,那么还能不能找到世界人均产出增长速度超过了 1993—2006 年的另一个时期,这是非常值得怀疑的。在金本位制时期和两次世界大战之间的年代里,通货膨胀率平均来说要低一些。失业率虽然普遍有所下降,但是一直非常顽固地位于比从 1945 年到 1973 年那个时期更高的水平上。对于那些年来说,真正值得注意的反而是——至少从事后观察的角度来看——经济表现的稳定

---

① 参见 Fischer(1994)的论述。
② 参见 Kydland 和 Prescott(1977)的论述。

性。在大多数发达国家,大多数宏观经济变量的标准差——最突出的是通货膨胀水平和产出增长率,以及在较小程度上的名义利率(见图 21.1)——都下降到了非常低的水平。Stock 和 Watson(2003)把这种现象称为"大缓和"(更准确地说,国际意义上的"大缓和"始于 20 世纪 80 年代中期[①],为了便于叙述,我们将"大缓和"现象放在本节中讨论)。在英国,这些年间的每一个季度都实现了非常稳定的正增长,以至于戈登·布朗(Gordon Brown)曾经自豪地宣称英国已经"消灭了繁荣和萧条的周期"。[②] 在美国,随着纳斯达克/科技泡沫的破灭,从 2001 年 3 月到 2001 年 11 月曾经出现过一次轻微的衰退,但是那无疑可以说是有历史记录以来最温和的一次衰退。[③] 如果只有稳定性这个衡量标准,那么这个时期显然是历史上最好的一个时期,尽管从平均产出增长率和通货膨胀水平的角度来看,也许并不尽然(见表 21.2—表 21.5)。

表 21.2 日本、中国和美国的若干重要宏观经济统计数据

指 标		1990 年	2000 年	2004 年	2008 年
产出 (相对于美国)	日本	81.8	69.8	67.4	30.4[b]
	中国	6.3	11.7	14.6	54.6[b]
	美国	100	100	100	100
人口/千人	日本	123537.40	127034.10	127923.50	127293
	中国	1138894.55	1262474.30	1294845.58	1337410
	美国	255539.00	284153.70	295409.60	311666
人均产出[a]	日本	21703.3	23970.6	24661.3	34200[b]
	中国	1671.9	4001.8	5332.5	6000[b]
	美国	27096.9	34364.5	36098.2	47000[b]
储备/十亿美元	日本	78500	354902	833891	1009360
	中国	29586	168278	614500	1530280[c]
	美国	72258	56600	75890	66607

注:资料来源于 Heston 等(2006)的研究以及国际货币基金组织的《国际金融统计》。[a] 表示按 2000 年美元价值计算的人均实际 GDP。[b] 表示源于 2008 年的《中情局:世界概况》,根据购买力平价估算。[c] 表示的是 2007 年的数字。

表 21.3 平均通货膨胀率和实际 GDP 增长率

国 家	1950—1972 年		1973—1979 年		1980—1992 年		1993—2006 年	
	π_t	dy_t	π_t	dy_t	π_t	dy_t	π_t	dy_t
美国	2.4	4.1	8.2	3.4	5.2	2.7	2.6	3.1
英国	4.1	2.8	14.8	2.3	7.2	1.8	2.6	2.8
德国	2.1	—	5.0	2.7	3.1	3.0	1.7	1.4

[①] 对于美国而言,Kim 和 Nelson(1999)、McConnell 和 Perez-Quiros(2000)在美国 1984 年第一季度的实际 GDP 增长率的简化式模型的新息的波动性中识别出了一个结构性断点——最近一段时间波动性大幅下降。

[②] 见本章第三个脚注。

[③] 请参见这个网页提供的信息,网址是 http://www.nber.org/cycles/cyclesmain.html,那里详细介绍了美国国家经济研究局经济周期测定委员会公布的美国各经济周期扩张和收缩的日期。

续 表

国　家	1950—1972 年		1973—1979 年		1980—1992 年		1993—2006 年	
	π_t	dy_t	π_t	dy_t	π_t	dy_t	π_t	dy_t
日本	4.5	—	10.3	4.2	2.6	3.7	0.1	1.0
澳大利亚	4.6	—	11.8	2.9	7.4	2.8	2.6	3.7
瑞典	4.4	3.8	9.3	2.2	7.8	1.7	1.5	3.7

注:资料来源于国际货币基金组织的《国际金融统计》。π_t = 通货膨胀率;dy_t = 实际 GDP 增长率;图中的"—"表示整个时期的数据都不可得。

表 21.4　平均通货膨胀率和实际 GDP 增长率的标准差

国　家	1950—1972 年		1973—1979 年		1980—1992 年		1993—2006 年	
	π_t	dy_t	π_t	dy_t	π_t	dy_t	π_t	dy_t
美国	2.1	2.7	2.3	2.7	3.2	2.4	0.6	1.1
英国	2.4	1.5	5.3	2.8	4.1	2.4	0.7	0.8
德国	2.6	—	1.7	2.4	2.0	3.5	0.9	1.2
日本	4.3	—	6.5	2.9	2.0	1.6	0.8	1.7
澳大利亚	4.9	—	3.0	1.5	3.0	2.4	1.3	0.9
瑞典	3.2	1.6	1.7	2.3	3.2	1.7	1.3	1.6

注:资料来源于国际货币基金组织的《国际金融统计》。π_t = 通货膨胀率;dy_t = 实际 GDP 增长率;图中的"—"表示整个时期的数据都不可得。

表 21.5　名义利率和实际利率的均值与标准差

指　标[a]		1950—1972 年		1973—1979 年		1980—1992 年		1993—2006 年	
		π_t	dy_t	π_t	dy_t	π_t	dy_t	π_t	dy_t
均值	美国	6.2	1.9	7.8	0.4	9.0	3.6	4.0	1.4
	英国	—	—	5.5	7.9	11.7	4.3	5.3	2.6
	德国[b]	5.3	2.1	5.8	0.8	6.9	3.7	3.6	1.9
	日本	6.4	2.0	7.6	2.3	6.3	3.7	0.6	0.5
	澳大利亚	—	—	7.8	3.5	12.3	4.6	5.5	2.8
	瑞典	6.6	9.3	7.1	2.0	9.5	1.6	3.3	1.8
标准差	美国	3.3	2.0	2.5	1.6	3.4	2.0	1.7	1.6
	英国	—	—	3.1	5.1	2.1	2.4	1.0	1.0
	德国[b]	2.3	1.6	2.7	1.5	2.4	1.0	1.5	0.8
	日本	2.9	3.3	2.9	3.4	2.0	0.8	0.9	0.8
	澳大利亚	—	—	1.5	2.6	2.9	3.0	0.9	1.3
	瑞典	2.4	3.5	1.4	1.8	1.3	2.7	1.9	1.4

注:资料来源于国际货币基金组织的《国际金融统计》。[a] 表示表中的数据分别为美国的联邦基金利率,英国的隔夜银行同业拆借利率,德国和日本的活期贷款利率,澳大利亚的货币市场平均利率,瑞典的银行利率。[b] 表示表中德国在 1998 年之后的数据用的是欧元区的数据。

然而,对于负责货币政策的那些人来说,这些年似乎并不平静。各种各样的冲击反复出现,其中特别突出的包括以下一些:

· 1997—1998 年爆发的东南亚金融危机,它引发了一系列事件,高潮是俄罗斯违约和 1998 年 8 月中国香港受到投机性攻击,紧随其后的是当年 9 月,对冲基金长期资本管理公司(Long Term Capital Management,简写为 LTCM)的破产及其善后,以及美国国债市场的动荡。

· 2001 年 9 月发生的"9·11 恐怖袭击事件"。

· 1999 年至 2002 年的纳斯达克/科技泡沫及其破灭。

在这两次危机中,问题都转移到了美国金融市场,尽管在东南亚危机中,问题其实源自其他地方,同时在每一次动荡中,美国联邦储备委员会都以相当迅速的反应消解了扰动,它采用的主要方法是降低利率,重建市场的信心和稳定。美国联邦储备委员会——尤其是它的主席艾伦·格林斯潘(Alan Greenspan)还沉着冷静地处理了其他一些发生在美国的事件,特别是 1994 年债券市场的通货膨胀恐慌,以及 20 世纪 90 年代中期生产率提高带来的冲击。所有这些都保证了美国在通货膨胀水平较低的情况下能实现更快的增长。

格林斯潘比联邦公开市场委员会的大多数同事更早预料到了这一点,并且成功地制止了"先发制人地进行加息"的建议,从而巩固了他作为一个天才中央银行家的名声。

成功的光芒总是更有可能在当时的掌门人身上绽放,世界上其他许多主要国家的中央银行行长的声誉也反映了这一点。但是如此广泛的成功很难归功于某个人,因为它通常是某种适当的程序的结果。业内公认,经过 1979 年至 1992 年间的试验,一种正确的货币政策区制现在已经确立下来了。那就是(操作上)独立的中央银行应该运用它们的(主要)政策工具,即改变短期政策利率,实现中期通货膨胀目标,与此同时,允许汇率(相对)自由地浮动。虽然在表达方式上存在差异——尤其是在美国——在选择的参数上也存在差异,但是这些原则(例如像约翰·泰勒所证明的那样)在世界各国普遍地得到了遵循。

然而,通货膨胀指数所反映的主要是商品和服务的价格,很多时候往往集中在一组较窄的核心价格上。但是如前所述,动荡则主要发生在资产市场上。基于这个事实,很多人质疑所选择的通货膨胀指数或所采取的货币政策是否也应该以某种方式对资产价格做出反应。不过,这种观点遭到了各国中央银行行长的驳斥,尤其是格林斯潘的驳斥,其主要理由如下:

· 很难辨别什么时候资产价格需要加以调整。

· 针对资产价格泡沫进行干预可能会破坏实体经济发展,因此可能是在政治上不受欢迎的;做不到位又无从对泡沫产生多少实质性影响。

· 泡沫破裂后(通常)是可以清除的,而且没有太大的困难,通过足够积极地降息就可以实现。

在经历了那些年之后,最后一个论点拥有了很高的可信度。投资者和金融界业内人士都逐渐变得深信不疑:货币政策当局不仅能够,而且也会利用格林斯潘所传授的"锦囊妙计"——格氏看跌期权,保护金融市场不受严重衰退和危机的影响。美国联邦储备委员会对资产市场发展的反应是不是存在不对称性仍然是一个有争议的问题,但人们还是越来越坚信中央银行在稳定通货膨胀的同时,也有能力通过可接受的政策调整来稳定资产市场。这种信念导致风险溢价全线下跌。

因此,在 2007 年 8 月之前的普遍观点是,中央银行已经找到了成功的秘诀。它们在公众心目中的地位上升到了前所未有的高度。不过,尽管它们的行为似乎很难指摘,但是确实有理由认为,那些年来的潜在形势对它们是异乎寻常的有利的。导致这种情况的因素主要有两个。第一个因素是中国和印度加入了全球贸易体系,第二个因素是生产率的提高(这可能与信息技术的进步有关)。而且这两个因素都会起到削弱劳动(者)的讨价还价能力和提高资本回报的效果。在工资增长较疲弱、缓慢且制成品价格持续下降的情况下,维持低通货膨胀率和产出稳定增长并不是特别困难,尽管这同时也带来了收入和财富不平等的加剧(这是制约发达经济体消费的一个因素)。

如果实现宏观稳定是一件很困难的事情,那么我们应该可以从官方利率的大幅波动(以抵消任何重大冲击)中看到相关的证据。但是在实践中,无论是名义利率还是实际利率,这些年来的变化都非常有限(见表 21.5)。如果利率不需要变化太大就能维持一个稳定的结果,那么就意味着发生的冲击一定是相对温和的。但这不过是一个间接证据,它表明这个问题仍然具有很大的争议性,值得我们进一步探讨。因此,我们接下来就转而讨论如下问题:与"大缓和"联系在一起的宏观经济稳定性到底是由于好运,还是由于更好的宏观经济管理,抑或两者兼而有之?

4.1 "大缓和"时期

4.1.1 "大缓和"的主要特征

4.1.1.1 宏观经济的波动性和不确定性的演化

在此处,我们将基于 Cogley 和 Sargent(2005)、Primiceri(2005)提出的纳入了随机波动性的贝叶斯时变参数向量自回归模型来说明"大缓和"现象的两个关键特征(关于相关的模型和贝叶斯估计过程的描述,参见本章附录的第 2 节)。

在图 21.11 中,左边的第一张图显示的是在美国,向量自回归的简化式新息的协方差矩阵的行列式的对数的时变分布的中位数(在本章附录的第 2 节中,该协方差矩阵被记为 Ω_t)——我们遵循 Cogley 和 Sargent(2005)的做法,将之解释为对在每一个时间点上"击中经济系统"的总噪声的度量[1]——及其第 16 和 84 百分位的值。

---

① 反过来,科格利和萨金特遵循的则是惠特尔(Whittle,1953)的思路——参见科格利和萨金特的研究(Cogley and Sargent,2005)。

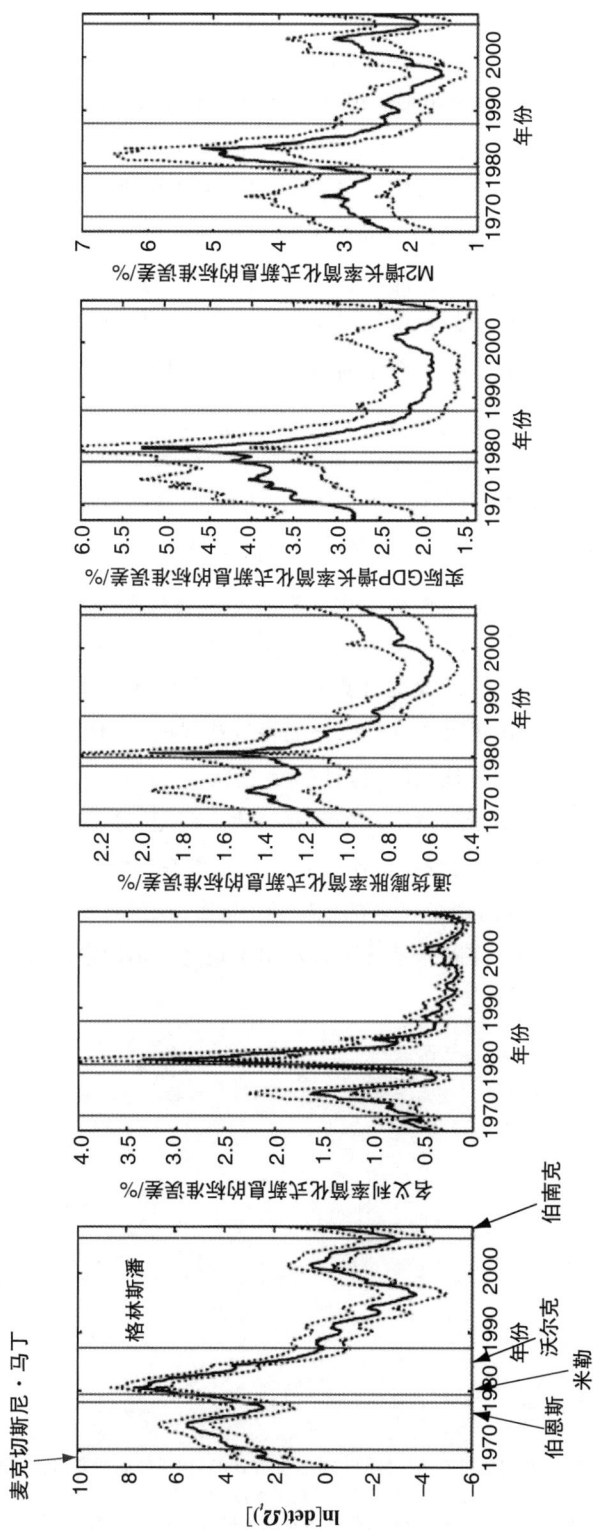

图21.11　Ω_i：$\ln|\Omega_t|$的演化，以及简化式向量自回归新息的标准误差、中位数、第16和84百分位数

据估计，$\ln|\Omega_t|$在"大通胀"时期前后显著增长，在1980年达到历史峰值；在保罗·沃尔克担任美国联邦储备委员会主席期间，以及艾伦·格林斯潘担任美国联邦储备委员会主席前半段任期内则急剧下降；然后在2000—2001年的衰退期间又有所增长（宏观经济动荡程度的这一次增加与互联网泡沫的破灭有关）；在格林斯潘担任主席的最后几年里又有所下降；最终在伯南克的主席任期内又有了增长。接下来讨论Ω_t的其他分量。图21.11的其余四张图显示了以百分点计的向量自回归残差的标准差的演变。在这四个序列中，简化式的冲击的波动性都在沃尔克反通货膨胀时期前后达到了峰值。这一点在联邦基金利率上表现得尤为明显——由于美国联邦储备委员会临时采取了以非借入准备金为目标的政策，联邦基金利率出现了大幅飙升。而且在其他三个序列中，这一点也同样是相当明显的（尽管没有第一个序列那么明显）。

图21.12通过展示美国、欧元区、日本、英国、加拿大和澳大利亚宏观经济不确定性的演化过程，说明了"大缓和"的第二个关键特征。更具体地说，该图显示了对于产出增长率和通货膨胀率的提前k期预测（$k=1,2,\cdots,12$）的分布的标准差（以百分点计）随时间的变化。提前k期预测的分布的标准差是衡量未来的预测的不确定性程度的一个简单的指标。[1] 这些预测是通过对该向量自回归模型进行未来的1000次随机模拟计算出来的。[2]

由于估计时变向量自回归所涉及的计算强度很大，现在这个计算是基于完全样本条件下的吉布斯采样器的双边输出进行的，因此，只能将这些提前k期预测值视为对可信的样本外对象的近似值——后者是通过适当的递归估计产生的。

从这几张图中可以非常清楚地得出几个观察结论。首先，对于所有国家，无论是就通货膨胀率还是就产出增长率而言，宏观经济不确定性的程度在"大通胀"时期前后在所有层面上都明显达到了顶峰，然后就出现了显著的下降。[3] 其次，在最近一个时期——其特点是与金融危机相关的深度衰退——在若干情况下显示出宏观经济不确定性有所上升。

---

① 为了让这些图更容易看清楚，我们通过Christiano和Fitzgerald（2003）提供的滤波器消除了图像中各对象的高频噪声。更具体地说，我们剔除的分量是那些振荡频率高于六个季度的分量。

② 具体地说，对于每一个季度和每一次模拟，我们首先从吉布斯采样器的那个季度产出中对当前的经济状况进行取样。然后，以时期t抽取的当前经济状态为条件，我们用向量自回归模型对未来进行模拟。

③ 这一点对于欧元区来说就不那么清晰了，原因是图中所示的样本周期开始于20世纪70年代末——因为我们需要使用前八年的数据来计算出贝叶斯先验。

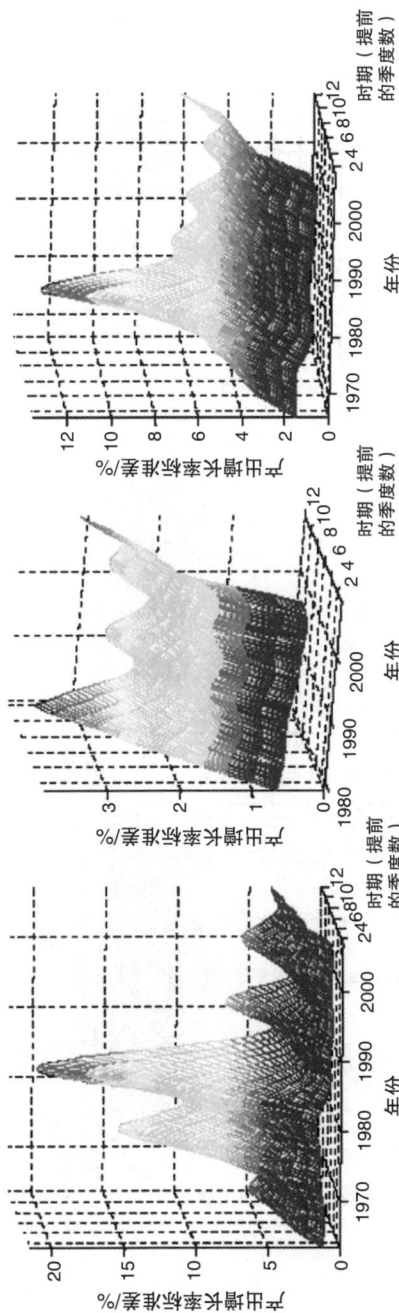

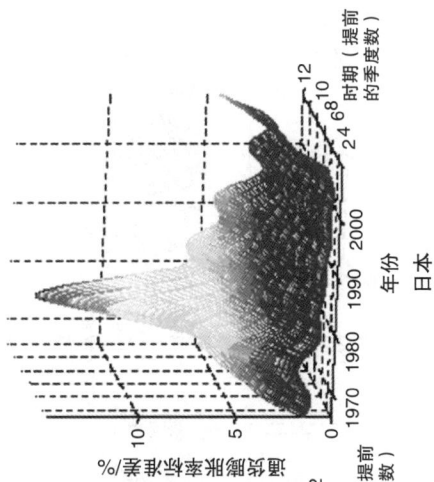

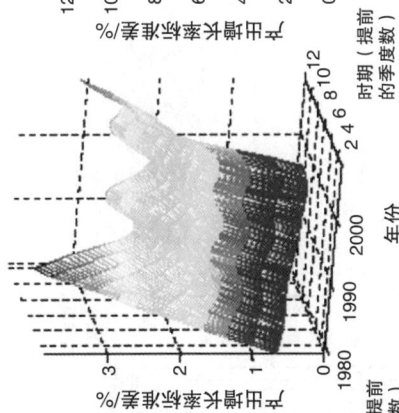

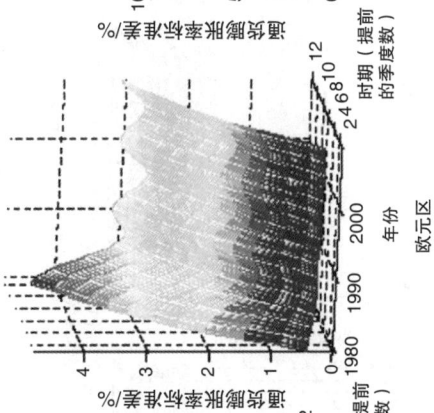

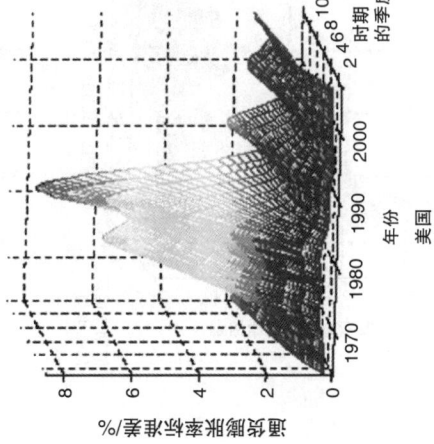

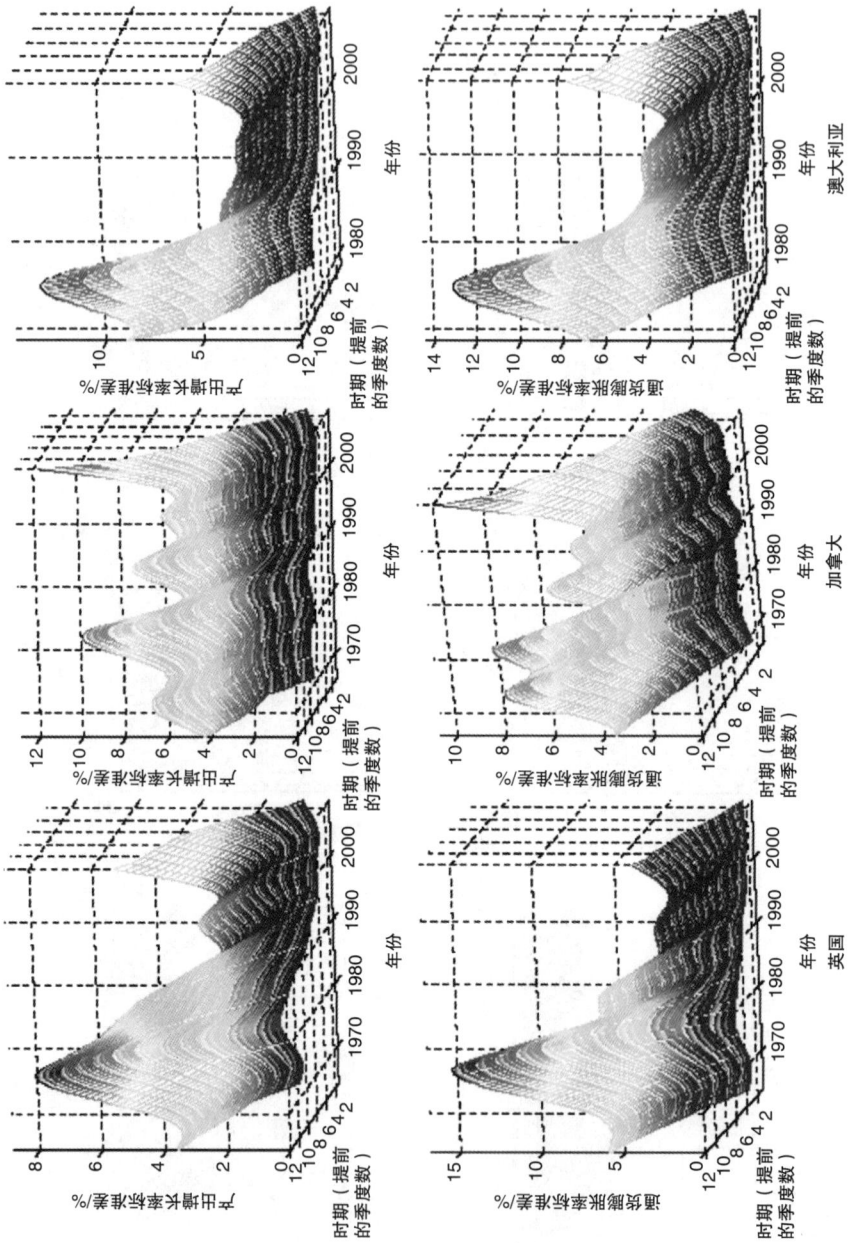

图21.12 宏观经济不确定性的演变:提前k期预测的标准差

从欧元区、英国、加拿大和澳大利亚的产出增长率,以及加拿大、澳大利亚和日本的通货膨胀率来看,这一点尤其突出。与"大缓和"有关的各个层面上的宏观经济不确定性的显著下降为金融危机爆发前的风险息差的大幅压缩提供了一个简单而有力的解释。世界经济既然已经变得如此异乎寻常的稳定了(也许是因为中央银行家们终于发现了货币政策的"魔法石"),而且宏观经济不确定性也几近消失了,那么也就难怪人们普遍认为世界变成了一个比以前更加安全的地方,这种观念的逐步扩散导致了风险溢价的全面下降。但这是一个危险的观念。

4.1.1.2 通货膨胀预期的(再)锚定

图 21.13 描绘的是未来一年、两年和十年 CPI 通货膨胀预期的演变,利用它可以说明美国"大缓和"时期的第三个关键特征。[①] 在 20 世纪 80 年代初达到 9% 至 10% 的峰值后,对未来一到两年的通货膨胀预期在随后几年急剧下降,到 80 年代末就降低到了 5% 左右。在 20 世纪 90 年代,各种期限的通货膨胀预期的步调都高度一致,这就提供了初步证据,证明经济主体认为通货膨胀相当接近于随机游走,并在那个十年的末期温和地下降至 2.5% 左右。进入新千年之后,十年期通货膨胀预期仍然显著地锚定在了 2.5% 的水平,而且在金融危机发生时,也只出现了轻微的下降(跌至 2.45%)。不过,短期的通货膨胀预期则显示出了一定的波动性。特别是,作为金融危机以及与之相关联的通货膨胀风险的表现,未来两年的通货膨胀预期逐步下降到了 2% 以下,而未来一年的通货膨胀预期更是一度下降到了 0.5%。

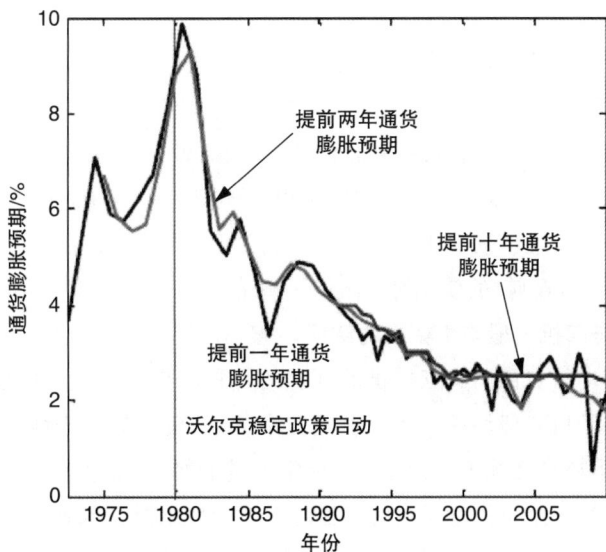

图 21.13 美国对不同时期的未来年度 CPI 通货膨胀预期

资料来源:利文斯顿调查。

[①] 通货膨胀预期数据来自利文斯顿调查。该调查目前由费城联邦储备银行进行。

4.1.2 "大缓和"的成因

4.1.2.1 基于结构向量自回归分析的研究

对"大缓和"的结构向量自回归研究——请参见 Stock 和 Watson(2002)、Primiceri(2005)、Sims 和 Zha(2006)、Gambetti 等(2006)的论述——得出了如下三类关键证据。

第一,向量自回归模型的残值的波动性在 20 世纪 80 年代前半期出现了大幅下降。

第二,对货币政策冲击的脉冲响应函数在最近一段时间内似乎与前些年并没有明显的不同。

第三,在反事实模拟中,对第二次世界大战之后的整个样本期施加了(例如)艾伦·格林斯潘式的结构性货币政策规则后,得到的宏观经济结果与实际发生的结果之间的差异仍然非常有限。

在结构向量自回归文献中,第一类证据传统上通常会被解释为最近一段时期结构性冲击的波动性下降的证据,同时第二类和第三类证据则会被解释为货币政策在促成最近一段时期的更大稳定性方面只发挥了相对次要的作用的证据。

然而,由于若干严格限于技术层面上的原因,结构向量自回归文献提供的证据比乍看起来时要弱得多。更具体地说,这些原因包括:

第一,由于残差向量自回归模型并不是 Lucas(1976)所说的结构式模型——相反,它们本质上是简化式模型——因此,从原则上讲,残差的波动性的下降(部分)可以用更好的货币政策来解释。[1]

第二,从原则上说,哪怕估计出来的对货币政策冲击的脉冲响应函数几乎不随时间的推移而变化,也仍然可以与货币政策系统性分量的重大变化相容。[2]

第三,基于估计的结构向量自回归的反事实政策的可靠性是值得置疑的,而且从未以任何方式得到过证明。相反,现有的关于这些反事实模拟的可靠性的证据让我们怀疑[3],在作为其基础的结构性宏观经济模型中(例如在动态随机一般均衡模型中),它们能不能正确地刻画货币规则(如泰勒规则)的变化对经济的影响。

4.1.2.2 动态随机一般均衡模型的结果

考虑到对结构向量自回归文献提供的证据的解释所带来的上述问题,一个很自然的反应是转而利用动态随机一般均衡模型。虽然在本节中,我们只讨论结果动态随机一般均衡文献产生的结果,但还是必须牢牢记住一个非常关键的警告,那就是,从逻辑上看,这类文献的所有结果的可靠性都严重依赖于在何种程度上正确地用模型刻画了基本的数据生成过程的关键特征。或者换句话说,因为所有的模型都只是现实的一种"漫画式临摹",而且从它们的定义本身就可以知道模型错误设定是不可能避免的,所以它们产生的结果的可靠性取决于模型错误设定的严重程度。

下面我们先简要地回顾一下相关文献,然后基于一个估计的动态随机一般均衡模型给

---

① 参见 Benati 和 Surico(2009)的论述。
② 见 Canova(2007)以及 Benati 和 Surico(2009)的论述。
③ 见 Benati 和 Surico(2009)以及 Benati(2009)的论述。

出一个简单的说明。

4.1.2.3　一个简短的文献综述

对于从"大通胀"到"大缓和"的转型，有一种解释非常有影响力。这种解释所依据的主要观念来自 Clarida 等（2000）：在 1979 年 10 月之前，美国的货币政策在对抗通货膨胀方面是如此的软弱无力，以至于经济进入了技术上通常所称的"非确定性区域"。这是一种特殊的"经济状态"，它的一个关键特征是——因为政策已经不能牢固地锚定预期了——宏观经济波动不再依赖于基本面冲击，相反，与 Goodfriend（1993）所分析的"通货膨胀恐慌"相一致，它会受到各种各样的非基本面因素的影响。此外，与确定性区制相比，这种非确定性区制的第二个关键特征是，即便不存在预期的自主波动，经济也具有更大、更全面的持续性和波动性。不过，克拉里达等人最初的研究有一个非常关键的局限性，那就是他们只估计了模型的货币政策规则，而其余的结构参数都运用了校准方法。后续的研究克服了这个局限性。Lubik 和 Schorfheide（2004）的研究重现了 1979 年 10 月之前的非确定性和 1979 年 10 月之后的确定性，尽管他们的估计模型不能让所有序列都生成可以唯一地归因于政策变化的波动性下降。Boivin 和 Giannoni（2006）基于一个更复杂的模型得出了同样的结果，他们将他们的发现总结如下："由此而得到的故事不是一个关于所有冲击或所有政策的故事，而是一个更加微妙的故事。要想解释通货膨胀和产出波动性的下降，政策规则以及冲击就必须以那种方式发生变化，这一点至关重要。"

然而，并非所有基于动态随机一般均衡模型的分析都指出了政策的重要作用。Smets 和 Wouters（2007）根据关于美国经济的一个大型估计模型得出了如下结论："……波动性下降背后最重要的驱动因素是冲击，而且这些冲击在过去一段时间里似乎更加温和了。"

然而，需要指出的是，在估计时，Smets 和 Wouters（2007）将参数空间限制在了确定性区域，因此，严格地说，他们的结果是不能直接与我们在上面讨论的结果比较的。最后，Justiniano 和 Primiceri（2008）在动态随机一般均衡模型的结构扰动的波动中引入了时变性，他们的识别结果是，投资冲击方差的减少才是美国的"大缓和"背后的关键驱动力，相比之下，所实施的货币政策的变化则只发挥了有限的作用（然而这里需要注意的是，当他们将前沃尔克时期可能存在的非确定性也考虑进去时，确实再一次识别出了被动性政策的证据）。虽然 Justiniano 和 Primiceri（2008）的模型还不够详细，没有给出关于他们识别出来的投资冲击的真正含义的适当解释，但是他们确实以金融摩擦的减少为基础，提出了一个很有启发性的解释——20 世纪 80 年代上半期，伴随着信贷扩张，企业和家庭进行借贷都更加容易了。还有一点也很重要，需要加以强调：根据这种解释，Justiniano 和 Primiceri（2008）的模型所认定的投资冲击的波动性的下降不应被视为一种"运气"（在这个词在英语中的传统含义上）。20 世纪 80 年代上半期始于美国的金融自由化在任何意义上都不能说是"运气"的结果，而是具体政策决策的结果。

最后要介绍的是到目前为止最复杂的一项分析。Fernàndez-Villaverde 等（2009）沿着 Christiano 等（2005）以及 Smets 和 Wouters（2007）的思路，估计了一个中等规模的动态随机一般均衡模型，其特征是货币政策规则的参数和结构新息的波动性中都具有时变性。他们获得的核心结果是,即便是在控制了结构性冲击的波动的时变性后,他们仍然发现了与沃尔克被任命为美国联邦储备委员会主席的时间点相一致的货币政策规则发生变化的证据,然而结构性冲击的波动性仍然相对较高,因此,从总体宏观经济波动性的角度来看,相关证据是比较含混的。另外,格林斯潘担任主席期间的特征则是美国联邦储备委员会的反通货膨胀立场和结构新息的波动性都有所下降,从而导致总体上宏观经济波动性的下降。因此 Fernàndez-Villaverde 等(2009)得出的结论是,美国最近的货币历史(已经)呈现出了三个时代的不同特征:

- ·既没有多少财富,也没有多少美德:伯恩斯和米勒时代,1970—1979 年。
- ·有美德,但财富很少:沃尔克时代,1979—1987 年。
- ·有财富,但美德很少:格林斯潘时代,1987—2006 年。

接下来,我们以一个估计的简单新凯恩斯主义模型为基础,简要地总结一下动态随机一般均衡文献给出的关键结果。

4.1.2.4 基于一个有非零趋势通货膨胀的估计的动态随机一般均衡模型的结果

在本节中,我们使用的模型是 Ascari 和 Ropele(2007)提出的模型,它是对 Clarida 等(2000)和 Woodford(2003)分析过的标准新凯恩斯主义模型的一个推广——可以容许非零趋势通货膨胀的情况,从而使得原来的标准新凯恩斯主义模型成为它的一个特例。

这个模型中的菲利普斯曲线由下式给出:

$$\Delta_t = \psi \Delta_{t+1|t} + \eta \phi_{t+1|t} + \kappa \frac{\sigma N}{1 + \sigma N} s_t + \kappa y_t + \in_{\pi,t} \tag{21.1}$$

$$\phi_t = \chi \phi_{t+1|t} + \chi(\theta - 1) \Delta_{t+1|t} \tag{21.2}$$

$$s_t = \xi \Delta_t + \alpha \bar{\pi}^{\theta(1-\epsilon)} s_{t-1} \tag{21.3}$$

其中,$\Delta_t \equiv \pi_{t-t} \varepsilon \pi_{t-1}$;$\pi_t$、$y_t$ 和 s_t 分别为通货膨胀、产出缺口和相对价格离散度对各自的非随机稳态的对数偏差;$\theta > 1$ 为将中间投入品转化为最终商品的聚合函数中的弹性参数;α 为卡尔沃参数;$\varepsilon \in [0,1]$ 为指数化程度;$\tau \in [0,1]$ 这个参数描述了指数化与过去通货膨胀而不是趋势通货膨胀挂钩的程度(当 $\tau = 1$ 时,指数化是挂钩过去通货膨胀的,而当 $\tau = 0$ 时,指数化是挂钩趋势通货膨胀的);Δ_t 和 φ_t 是辅助变量;σ_N 是劳动跨期替代弹性的倒数——根据 Ascari 和 Ropele(2007)的研究,我们将其校准为 1。此外,$\psi \equiv \beta \bar{\pi}^{1-\epsilon} + \eta(\theta - 1)$,$\chi \equiv \alpha \beta \bar{\pi}^{(\theta-1)(1-\epsilon)}$,$\xi \equiv (\bar{\pi}^{1-\epsilon} - 1)\theta \alpha \bar{\pi}^{(\theta-1)(1-\epsilon)} [1 - \alpha \bar{\pi}^{(\theta-1)(1-\epsilon)}]^{-1}$,$\eta \equiv \beta(\bar{\pi}^{1-\epsilon} - 1)[1 - \alpha \bar{\pi}^{(\theta-1)}(1 - \epsilon)]$,以及,$\kappa \equiv (1 + \sigma_N)[\alpha \bar{\pi}^{(\theta-1)(1-\epsilon)}]^{-1}[1 - \alpha \beta \bar{\pi}^{\theta(1-\epsilon)}][1 - \alpha \bar{\pi}^{(\theta-1)(1-\epsilon)}]$,其中 $\bar{\pi}$ 是以季度环比方式衡量的总趋势通货膨胀率。[1] 在接下来的讨论中,我们只考虑指数化与过去通货膨胀挂钩的情况——因此我们设 $\tau = 1$。再加上如下的跨期 IS 曲线和货币政策规则,这个模型就成了一个封闭模型。

跨期 IS 曲线为:

$$y_t = \gamma y_{t+1|t} + (1 - \gamma) y_{t-1} - \sigma^{-1}(R_t - \pi_{t+1|t}) + \varepsilon_{y,t} \tag{21.4}$$

---

[1] 需要说明的是,这也就意味着,每年 4% 的稳态通货膨胀率所映射的 $\bar{\pi}$ 的值等于 $1.04^{1/4}$(约等于 1.00985)。

货币政策规则为：

$$R_t = \rho R_{t-1} + (1-\rho)(\phi_\pi \pi_t + \phi_y y_t) + \varepsilon_{R,t} \qquad (21.5)$$

然后我们运用附录 3 中描述的贝叶斯方法估计这个模型。

表 21.6 报告了这个模型的结构参数的先验分布。与其他研究——例如 Lubik 和 Schorfheide(2004)以及 An 和 Schorfheide(2007)的研究——的思路一样，为了简单起见，假设所有参数都是先验独立的。该表报告了参数的先验密度，并刻画了它们的两个关键指标，众数和标准差。

表 21.6 新凯恩斯主义模型的结构参数的先验分布

参 数	值 域	密 度	众 数	标准差
$\theta-1$	$\mathbb{R}^+$	伽马分布	10	5
α	$[0,1)$	贝塔分布	0.588	0.02
ε	$[0,1)$	均匀分布	—	0.2887
σ	$\mathbb{R}^+$	伽马分布	2	1
δ	$[1,1]$	均匀分布	—	0.2887
σ_R^2	$\mathbb{R}^+$	逆伽马分布	0.5	5
σ_π^2	$\mathbb{R}^+$	逆伽马分布	0.5	5
σ_y^2	$\mathbb{R}^+$	逆伽马分布	0.5	5
σ_s^2	$\mathbb{R}^+$	逆伽马分布	0.1	0.1
ρ	$[0,1)$	贝塔分布	0.8	0.1
φ_π	$\mathbb{R}^+$	伽马分布	1	0.5
φ_y	$\mathbb{R}^+$	伽马分布	0.1	0.25
ρ_R	$[0,1)$	贝塔分布	0.25	0.1
ρ_y	$[0,1)$	贝塔分布	0.25	0.1

4.1.2.5 如何处理估计中可能出现的非确定性

估计中的一个重要问题是如何处理可能出现的非确定性。在一系列的论文中[1]，吉多·阿斯卡里(Guido Ascari)证明，在对标准的新凯恩斯主义模型围绕非零稳态通货膨胀率进行对数线性化时，对于给定的参数化，确定性区域的大小随趋势膨胀水平增加而"收缩"(即减少)。[2] 特别是，正如 Ascari 和 Ropele(2007)所证明的，在他们的校准条件下，很难获得对于超过 4%—6%的趋势通货膨胀值的确定性均衡。参照这个结果，在样本期的大部分时间里(首先是"大通胀"时期)，我们的样本中所有国家的通货膨胀率都超过了上述阈值，因而对整个样本进行估计时强加确定性限制是很难证明其合理性的。有鉴于此，在接下来的内容中，我们在估计式(21.1)—式(21.5)给出的模型时，考虑了一维非确定性的可能性[3]，然后再进

---

① 例如，参见 Ascari(2004)以及 Ascari 和 Ropele(2007)的论文。

② 参见 Kiley(2007)的论文。

③ 这与 Justiniano 和 Primiceri(2008)的观点一致。正如他们所强调的那样(见 8.2.1)："这就意味着我们在多维非确定性区域的边界处有效地截断了我们的先验。"

一步施加约束,即当趋势通货膨胀率低于3％时,经济处于确定性区域内。[①]

4.1.2.6 20世纪70年代经济是否处于非确定性状态?

与Lubik和Schorfheide(2004)的思想一致,我们对表21.6中报告的先验分布的校准方式是,使得零趋势通货膨胀的先验确定性概率等于50％(见表21.7的第一列)。而表21.7的第二列则体现了阿斯卡里的观点:在其他条件相同的情况下,趋势通货膨胀率的增加会导致确定性区域缩小,因此在目前这个模型的背景下,以20世纪70年代的趋势通货膨胀率的实际值为条件的确定性先验概率将严格低于50％。以英国为例(在本研究所考虑的所有国家中,它是这十年中平均通货膨胀率最高的国家),确定性的先验概率下降到了37％。

表 21.7 20世纪70年代,确定性的先验和后验概率

国家或地区	先验概率		后验概率
	当$\bar{\pi}=0$时	当$\bar{\pi}$取实际值时	
美国	0.50	0.45	0.01
欧元区	0.50	0.41	0.04
日本	0.50	0.44	0.30
英国	0.50	0.37	0
加拿大	0.50	0.43	0.87
澳大利亚	0.50	0.40	0

表21.7的最后一列报告的是,在用随机游走梅特罗波利斯算法生成的后验分布中抽到经济处于确定性下的比例。对所有国家来说,这个比例都远远低于50％,而且在大多数国家中,它都非常接近于零。在其中的两个例子中——其中之一是英国,当然这并不令人意外——实际上就等于零。

所有这一切的含义是,一旦人们认真地对待阿斯卡里的观点的实证意义,那么关于20世纪70年代经济是否处于非确定性下的争论——到目前为止,这种争论都是基于估计的、围绕着零趋势通货膨胀进行对数线性化的新凯恩斯主义模型来展开的——就可以得到一个完全不同的视角。在这种视角下,这一切的含义在于,在"大通胀"时期,经济似乎不太可能处于确定性状态。这样说的关键理由不是Clarida等(2000)提出的那个标准——也就是说,货币政策没有对(预期的)通货膨胀做出充分的反应——而在于这十年的平均通货膨胀相对较高这个事实。

4.1.2.7 解释"大缓和":是冲击,还是货币政策规则?

图21.14显示了我们的样本中六个国家和地区的泰勒规则系数的后验分布,图中的两条

[①] 在趋势通货膨胀率低于3％的情况下,经济处于确定性状态,这一约束是为了排除我们在不施加这种约束的情况下会得到的一些极不可信的估计。如果不施加任何约束,那么在少数情况下,即便在当前的低通货膨胀环境下,估计也会指向处于非确定性下的经济,而我们发现这种先验是难以置信的。这些结果源于这样一个事实——正如Lubik和Schorfheide(2004)所强调的——(非)确定性是一种系统性质,严重依赖于所有(政策或非政策)结构参数之间的相互作用,因此对数据拟合最好的特定的参数设置在这里所使用的相对简单的新凯恩斯主义模型中就可能产生这样一种不良的"副作用"。

曲线分别代表 20 世纪 70 年代和最近这些年的这两个区制/时期。除了日本,所有国家和地区的通货膨胀系数都有明显的提高;同时除了欧元区,所有国家和地区的产出缺口系数也都有所提高。最后,有三个国家(美国、英国和澳大利亚)的滞后利率系数有所增大。总体而言,经验证据为最近一个时期货币政策行为有了"明显的改进"这种传统观点提供了清晰而有力的支持。

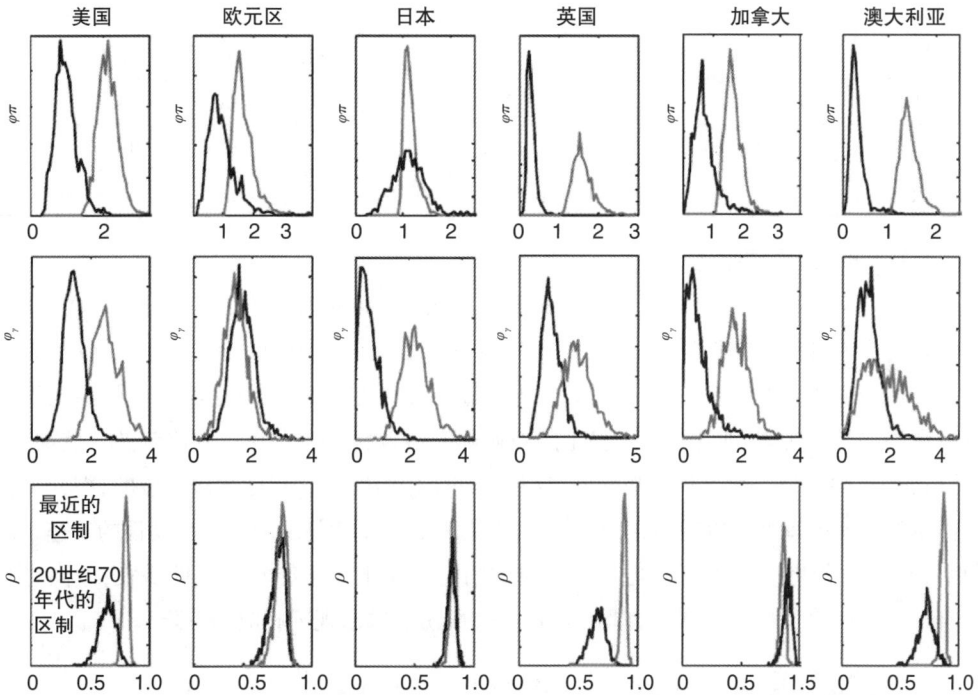

图 21.14　货币政策立场的演变:20 世纪 70 年代和最近的区制/时期的泰勒规则系数的后验分布

　　然而与此同时,表 21.8 中报告的结果也非常清楚地表明,从总体上看,结构新息的波动性下降可以解释从 20 世纪 70 年代到最近一段时期经济波动性下降的大部分原因。该表提供了这两个时期之间利率、通货膨胀率和产出缺口的标准差的实际下降比例[1],同时还给出了基于模型进行的两个反事实模拟的结果,它们分别唯一地只与以下条件有关:结构新息的波动性的下降,以及货币政策规则的变化。如表 21.8 所表明的,货币政策规则变化的影响总体上是比较温和的,因而序列的波动性的下降大部分是结构新息的波动性下降所致。

---

[1] 这里需要明确的是,-50 意味着一个特定序列在最近这个时期内的标准差是它在 20 世纪 70 年代时的一半,以此类推。

表 21.8　从 20 世纪 70 年代到最近时期的宏观经济序列标准差的实际值和反事实值的百分比变化

国家或地区	实际值			反事实值					
				只有冲击			只有政策		
	R_t	π_t	y_t	R_t	π_t	y_t	R_t	π_t	y_t
美国	-3.1	-55.2	-52.6	-12.5	-54.9	-77.3	-0.6	1.2	-8.6
欧元区	-50.1	-72.2	-6.5	-18.8	-80.7	-5.9	13.9	-6.1	14.3
日本	-1.7	-68.2	-41.2	-2.6	-46.1	-37.3	0.4	6.9	-20.6
英国	-65.0	-78.8	-67.9	-93.6	-77.8	-82.2	-6.5	-1.1	0.0
加拿大	-21.2	-34.5	-10.4	4.8	-36.8	0.1	2.6	0.0	-9.7
澳大利亚	-48.6	-64.6	-48.8	-48.7	-67.0	-45.6	3.5	0.7	-11.2

4.1.2.8　结构性变化

虽然关于"大缓和"的文献几乎一面倒地只关注"好的政策还是好的运气"这种"二分法"，但还是有几篇论文探讨了另一种可能性：发挥了关键作用的其实是与货币政策无关的经济结构的变化。乍一看，这似乎是一个再明显不过的可能性了：发达经济体的结构发生了众所周知的长期转变，即从相对不稳定的农业和制造业转向相对稳定的服务业。然而，如图 21.15 所示，除了第二次世界大战期间，这种长期变化的发生其实是非常缓慢的，因此只要进行简单的逻辑推理就可以明白，它们是无法解释图 21.11 所显示的那种波动性的快速下降的（而且在第二次世界大战期间，也只是政府部门的份额出现了突然的短期增长，而同时其他所有部门——除了农业、林业、渔业和矿业——的份额都出现了相应的下降）。

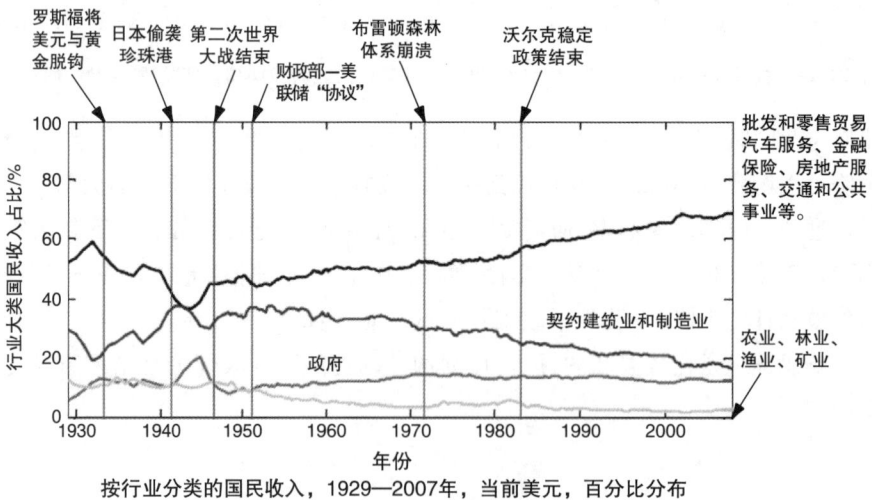

按行业分类的国民收入，1929—2007 年，当前美元，百分比分布

图 21.15　1929—2007 年美国的经济结构转型：按行业分类的国民收入

资料来源：美国商务部经济分析局，《国民收入和产品核算》，表 6.1A、B、C 和 D。

对于美国的从结构性变化维度进行的解释，最初是由 McConnell 和 Perez-Quiros（2000）提出的，其基础是 20 世纪 80 年代上半期前后库存管理已经得到了显著改善的这个观念。但

是,这种解释随后就在理论和实证层面受到了批评——尤其是后者。[①] Gali 和 Gambetti
(2009)提出了另一种解释,他们识别出了第二次世界大战后美国各个序列之间的联动模式
的变化,并强调它与纯粹的"好运"解释不相容,而与结构性变化的概念相一致。

5. 欧洲的情况及其向欧元的过渡

在 1992 年至 1993 年间,欧洲汇率机制虽然崩溃了,但是并没有导致除英国以外的各相
关国家恢复自由浮动的汇率制。恰恰相反,钉住但可调整的汇率制的脆弱性反而推动了大
多数欧洲国家加快了朝着采用单一货币的方向前进的步伐。因此,在《德洛尔报告》出台和
欧洲汇率机制崩溃之后,欧洲大部分国家(欧元区)迅速推进货币一体化,它们于 1999 年 1
月采用了单一货币——欧元——并在 2002 年 1 月成功地将新货币投入流通。这是一个独一
无二的实验,因为现在有了一个单一的(联邦)货币和货币政策,同时各成员国仍然保留对
(大多数)财政和其他政策的控制权。许多外部人士,特别是美国的观察者,都非常怀疑这种
政策和政治能力的结合是否具有足够高的可持续性[②],但是直到今天为止,事实证明这种结
合还是相当成功的。

5.1　向欧洲货币联盟过渡的趋同过程的核心特征

图 21.16 的三张图分别显示了自 1971 年第一季度以后,欧元区的年度 CPI 通货膨胀
率[③],德国、法国、意大利和西班牙的 CPI 通货膨胀率以及欧洲货币联盟 12 个成员国在各时
间点上的通货膨胀率的截面标准差。从图中可见,在布雷顿森林体系崩溃之前的几年里,通
货膨胀率曾经出现了一些不稳定的迹象,但是到 1971 年之后,通货膨胀率急剧上升,并在
1974 年第四季度——基于整个欧元区的总量数据——达到了 13.6％的峰值。遍及欧元区各
国的通货膨胀爆发,最显著的例外是德国,它的通货膨胀率在 1974 年 12 月达到的峰值仅为
7.8％。欧元区"大通胀"时期的第二个核心特征是通货膨胀率的横截面离散度急剧上升,在
20 世纪 70 年代后半期达到了超过 9％的峰值。而从 20 世纪 80 年代前半期开始,去通货膨
胀过程的特点是,每一个国家的通货膨胀率和它们的横截面离散度都出现了明显的下降。

[①] 见 Kim 等(2004)的论述。

[②] 见 Feldstein(1997a,1997b)的论述。关于他当初对欧洲货币联盟所持的怀疑态度的正确性的事后评估,请参阅
Feldstein(2009)的论述。

[③] 在欧洲货币联盟成立之前,欧元区的 CPI 通货膨胀是基于欧洲区域性模型的综合 CPI 指数计算的,见 Fagan 等
(2005)的论述。

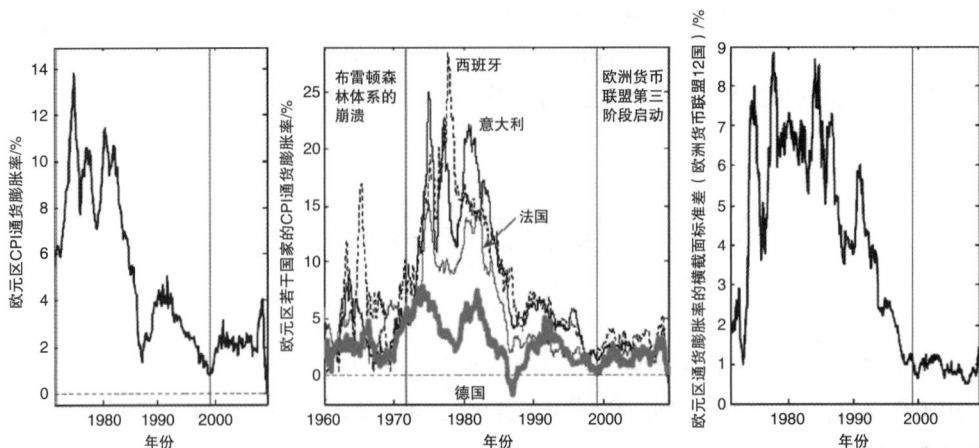

图 21.16 从"大通胀"到欧洲货币联盟:欧元区若干成员国的通货膨胀率和通货膨胀率的横截面标准差

除了斯洛文尼亚——该国直到 20 世纪 90 年代后半期,通货膨胀率都一直高于 20%,因此构成了一个很明显的异常值——这些国家的通货膨胀率的横截面标准差从 20 世纪 90 年代初期的 5%—6%,下降到了欧洲货币联盟启动时的大约 1%,并且从那以后一直在 0.6%—1.6% 之间上下震荡。[①]

关于向欧洲货币联盟过渡的趋同过程的第二个关键特征,Ehrmann 等(2007)进行了全面深入的讨论,那就是直到金融危机爆发之前,整个欧元区的债券收益率曲线一直趋于收敛和锚定化。对此,Ehrmann 等(2007)提供了两类证据。首先,无论是在欧洲货币联盟即将成立之前还是在 1999 年 1 月之后,各单个国家的债券收益率曲线之间的无条件相关性都有所增加。其次,有证据表明,债券收益率曲线对宏观经济信息公告的有条件反应的同步性也有所提高。据此,埃尔曼等人得出的结论是:"……趋同过程似乎在 1999 年货币联盟即将成立之前和之后表现得最为强烈",这也就提供了明确的"表面证据",证明了向欧洲货币联盟过渡的(趋同过程)在逐步锚定整个欧元区的收益率曲线时所发挥的根本作用。

5.2 欧洲货币联盟下欧元区的结构性变化

欧洲货币联盟的特点可以用与通货膨胀动态密切相关的两个关键的结构性变化来描述。

5.2.1 长期通货膨胀预期的锚定

Ehrmann 等(2007)讨论的第一个结构性变化是长期通货膨胀预期的锚定,更具体来说,在 1999 年 1 月之后,欧元区长期债券收益率对宏观经济信息公告几乎没有什么反应(截至今天,还没有人研究过金融危机爆发后,这种情况是否发生了变化,以及如何发生变化)。对于这种现象,最合理的一种解释是长期通货膨胀预期得到了强有力的锚定。在长期通货膨胀

[①] 不过,当斯洛文尼亚在 2007 年 1 月 1 日加入欧洲货币联盟后,包括该国和不包括该国的通货膨胀率的横截面标准差的演变就非常相似了。

预期存在完美锚定的情况下(比如说锚定在 1.9%的水平上),包含着关于短期经济动态和经济周期频率波动的有价值信息的宏观经济数据的发布仍会对收益率曲线的短期端产生明显影响。但是,这种影响会随着期限的加长而逐渐减少,在收益率曲线的非常长期的那一端会变成零。[1]

5.2.2 通货膨胀持续性的消失

欧洲货币联盟下的第二个结构性变化是通货膨胀持久性(接近于)消失。通货膨胀持续性的定义是,在受到冲击后,通货膨胀水平倾向于偏离其无条件均值,而不是迅速向均值回归。1999 年 1 月以后,通货膨胀持续性在以下两个意义上都基本消失了:第一,在严格的统计意义上,例如通过估计的通货膨胀 $AR(p)$ 模型的自回归系数之和来衡量的持续性;第二,在结构意义上,根据估计的后顾性和前瞻性新凯恩斯主义菲利普斯曲线的指数化参数来衡量[2],欧元区的通货膨胀可以视为(接近于)纯粹前瞻性的。利用通货膨胀的 $AR(p)$ 表示的自回归系数之和,Benati(2008b)估计欧元区在欧洲货币联盟之前的通货膨胀是非平稳的(基于 GDP 和消费平减指数)[3],而在欧洲货币联盟之下则变成了强烈均值回归的,其中 ρ 的点估计值分别为 0.35 和 0.10。此外,尽管他对后顾性和前瞻性新凯恩斯主义菲利普斯曲线中指数化参数的众数估计在 1970 年后的整个样本中等于 0.864,但是欧洲货币联盟下的值则仅为 0.026。[4] 正如 Benati(2008b)所讨论的,这种情况并不仅仅出现在欧洲货币联盟下,事实上,它在所有具有明确的名义锚的稳定货币区制下都是相当常见的,比如说在古典金本位制下,在最近一个时期以来的通货膨胀目标制下,以及在 2000 年 1 月之后的瑞士的"新货币政策观念"下。另外,在沃尔克稳定政策之后的美国,统计上的通货膨胀持续性和在混合的新凯恩斯主义菲利普斯曲线中显著的后顾性分量仍然明显可见——后沃尔克时期的美国缺乏明确定义的通货膨胀目标,只是以对价格稳定的一般性承诺为特征。对于这些发现,我们应该怎样加以解释呢?尽管可以给出好几种不同的解释,但是最简单、最合乎逻辑的一种解释是基于这样一个概念的:在没有明确定义和可信的通货膨胀目标的情况下,经济行为主体在形成通货膨胀预期时,几乎没有其他选择,只能参照过去的通货膨胀历史,这样一来,就在总体通货膨胀动态中自动引入了一个后顾性分量。而在以有明确定义和可信的通货膨胀目标为特征的区制下,经济行为主体不需要简单地参照过去的通货膨胀历史来形成通货膨胀预期,因为通货膨胀目标本身就大体上代表了合理的通货膨胀预测。[5] 由此导致的结果是,通货膨胀预期将从根本上与过去的通货膨胀动态脱节,因而事后的计量经济学分析将无法识别出后顾性分量。

---

[1] 另外,Gurkaynak 等(2005)证明,在美国,"作为对宏观经济数据发布中的许多意外因素的反应,长期远期利率会出现显著的变动",他们将这种现象解释为长期通货膨胀预期不完美锚定导致的结果。

[2] 请参见 Christiano 等(2005)以及 Smets 和 Wouters(2007)的论述。

[3] 在这两种情况下,ρ 的点估计值都等于 1.01。

[4] Benati(2008b)对欧元区最大的三个国家,即德国、法国和意大利的分析也得到了类似的结果。

[5] 换言之,通货膨胀目标成了通货膨胀预期的一个"聚点"。

5.3 欧洲货币联盟下欧元区宏观经济表现的比较

图21.17显示的是欧洲货币联盟启动后，欧元区、美国和其他几个国家和地区实际GDP增长与CPI通货膨胀的标准差散点图。① 如图所示，在此期间，欧元区在所有国家和地区中呈现出了最低的CPI通货膨胀波动性（尽管几乎与日本和瑞士持平）。另外，对于产出增长的波动性，虽然瑞士、英国和澳大利亚等少数几个国家和地区的标准差较小，但是绝大多数国家和地区的波动性都较大——有时还是显著的较大。

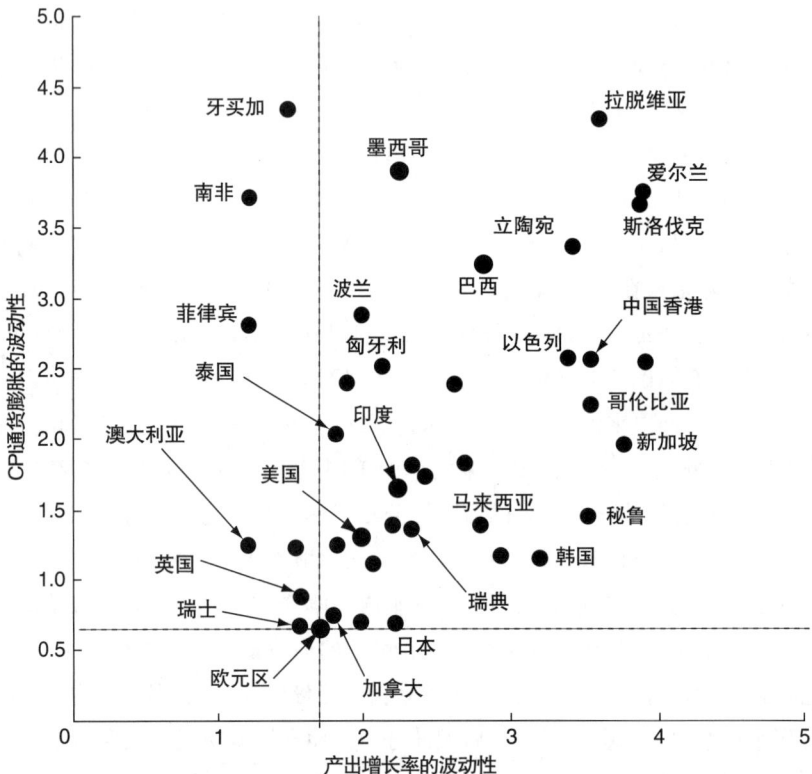

图21.17 欧洲货币联盟下的欧元区宏观经济表现与其他国家和地区的比较：
1999年1月后欧元区和若干国家和地区的年度CPI通货膨胀与年度产出增长率的标准差

---

① 我们所考虑的是国际货币基金组织的《国际金融统计》数据库中有从1999年第一季度开始的这个时期的CPI通货膨胀和实际国内生产总值增长季度序列的所有国家和地区。

6. 日本

日本经济在这个时期的经历与美国和欧洲的经历截然不同。日本的中央银行——日本银行——根本不需要与通货膨胀作斗争，日本也没有经历过健康而稳定的实际 GDP 增长。相反，日本中央银行发现，日本经济一直在一个通货紧缩的环境中运行，而且屡屡受困于实际 GDP 负增长（见图 21.18）。

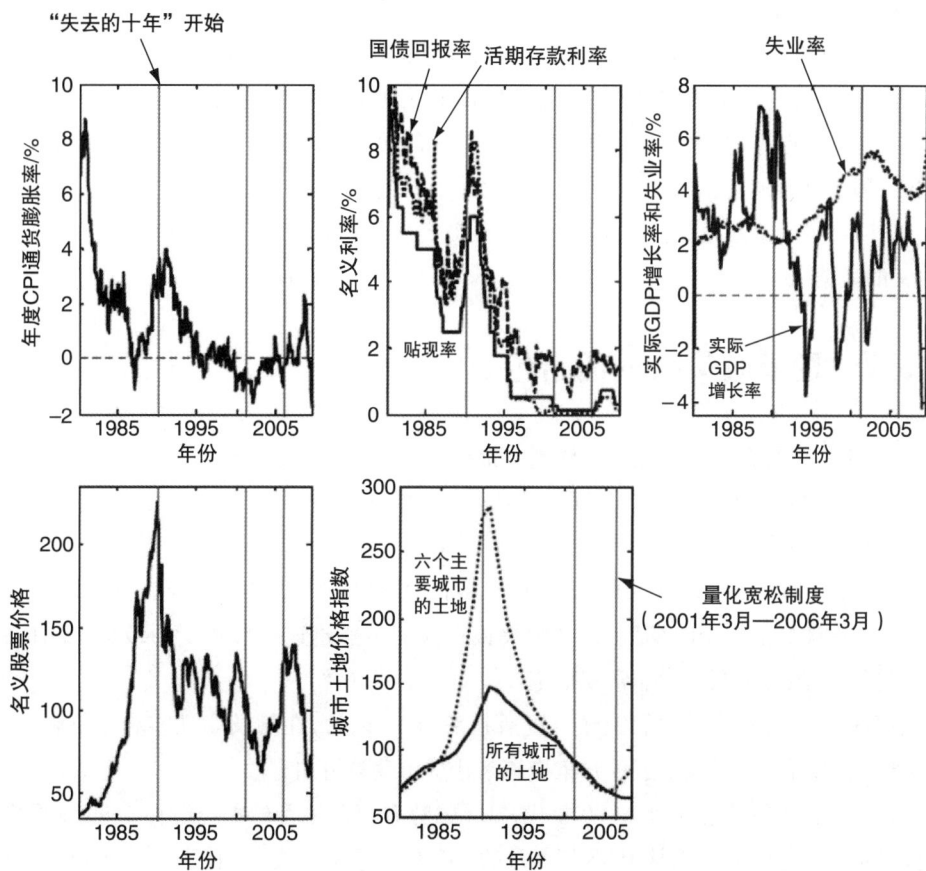

图 21.18　日本的若干宏观经济数据，1980—2009 年

为什么日本经济经历了"失去的十年"而不是"美好的十年"？货币政策在多大程度上帮助或阻碍了日本摆脱通货紧缩的道路？

对此，主要有四种理论。在这里，我们先讨论最容易忽略的一种，然后再分析其余三种。

6.1 结构与文化刚性

许多当代评论家,尤其是来自西方国家的评论家,认为日本这个时期的经济困难的根源在一系列结构性问题上,它们类似于20世纪80年代美国和英国做出了很大努力才最终消除的那些问题。特别是,艾伦·格林斯潘曾经指出,日本的破产法和日本中央银行的保守倾向使得日本无法淘汰僵尸公司。其他一些人士则认为,日本经济受到了该国社会固有的保守倾向的制约——在日本,保守受到了全社会的至高崇敬。因此,政策制定者的行动太过缓慢,到真的采取行动时又过于怯弱。

但是,认为日本经济主要受结构性问题影响的观点是不能成立的。日本拥有巨额的经常账户盈余和大量质优价廉的产品,而且一直以很少发生罢工而闻名。经济常年不得不与通货紧缩而不是高通货膨胀作斗争。同时,日本的利率也一直很低。正如Bernanke(1999)指出的:"……如果说日本经济(20世纪90年代)的缓慢增长完全是供给方面的结构性问题导致的,那么显而易见,应该出现的是通货膨胀而不是通货紧缩。"

此外,日本的财政政策是非常宽松的,事实上,政策制定者圈子内几乎没有任何坚持保守主义的证据。

6.2 货币政策扮演的角色

日本中央银行在三个层面上都受到了批评。

第一,在1987—1989年,当通货膨胀势头不断增强时,未能及时收紧货币政策,导致资产价格出现严重泡沫。

第二,在1989年至1991年间,日本中央银行明显以"刺破"股市泡沫为目标。

第三,在随后的那个时期里,日本中央银行未能足够迅速地放松货币政策,而且在触及名义零利率下限时不愿采取非常规措施。

最后这一点特别值得我们关注。概括起来,有人认为,在触及名义零利率下限时,日本中央银行本来可以选择如下五种政策措施来让货币政策更加有效。

第一,让日元贬值。20世纪90年代,日元强势升值。尽管日本经济在1999年再度陷入衰退,但是日元兑美元汇率从1998年8月的145.0日元兑1美元,上升到了1999年12月的100.2日元兑1美元。日元升值导致其国内物价下行压力进一步加大。Meltzer(1999)、McCallum(2000),以及Svensson(2001)等都认为,日本中央银行本应该通过在公开市场上大量出售日元来让日元贬值。McKinnon(1999)则指出,日本和美国应该达成协议,将日元稳定在一个较低的水平。

第二,通过货币政策融资,向家庭提供转移支付。日本中央银行本来可以采取像弗里德曼所说的那种"直升机撒钱"式的更加宽松的货币政策[1],比如通过印钞途径实现的一次性

---

① 见Bernanke(2002)的论述。

减税。

第三,非标准的公开市场操作。日本中央银行直到 2001 年才付诸实施的另一个公开市场操作是早就应该开始的非冲销式资产购买。这种操作的目的是提高特定资产的价格,以刺激消费和放贷。[1]

第四,日本中央银行应该要么设定一个价格水平目标,要么承诺未来一定会实现正通货膨胀。这样做的目的是影响预期,从而影响名义利率。[2] 然而问题是,如果没有适当的手段来实现这种目标,那么它就是不可信的。

第五,提高货币政策透明度。Krugman(1998)认为日本的货币政策的确定性太低了。政策当局本应设定一个(相对较高的)通货膨胀目标,以锚定预期并量化相关目标。

不过,日本中央银行还是为自己在 20 世纪 90 年代的行动进行了有力的辩护。首先,日本中央银行辩称,日本已经以前所未有的规模放松了货币政策。是的,用 Okina(1999)的话来说,日本中央银行确实已经采取了"史无前例的宽松货币政策"。至于日元政策,日本中央银行辩称,它并不拥有设定日元汇率的法律权力(这项权力是属于财务省的),而且日元大幅贬值必定会导致全球经济的不稳定和国际局势紧张。日本中央银行还为它的政策透明度进行了辩护,声称设定一个它不知道怎样才能实现的目标将危及自身信誉。然而,正如 Bernanke(1999)指出的:"我不认为决策者与公众进行直接和诚实的对话会损害他们的可信度。"

日本中央银行的官员们还辩称,迅速放松货币政策可能导致金融不稳定,进而可能对更广泛的经济造成不利的后果,而且可能与日本中央银行维护金融稳定的责任相悖。此外,在量化宽松方面,Ueda(2001)认为,在零利率下,注入任何数量的货币都不会影响实体经济,而只会增加银行闲置的超额准备金。

这种基于"惯性"的观点违背了传统的货币主义立场。传统的货币主义认为,货币政策是由中央银行外生地决定的,中央银行能够通过刺激货币总量的增长来增加名义产出。但是在 1992 年,M1 和 M2+CDs(大额可转让定期存单)的增长相当迅速,同时经济增长率却没有出现相应的回升(由于货币周转速度下降),这个论点似乎有点站不住脚。此外,货币乘数在其他发达国家的崩溃——例如在欧元区、英国和美国,它们的中央银行在 2009 年也采用了量化宽松政策——也强化了日本中央银行的观点。

最终,日本中央银行确实转向了其他政策措施——因为已经用尽了所有传统政策措施,但是在结束通货紧缩方面一直收效甚微。在 1999 年至 2001 年间,日本中央银行实行了零利率政策。在这种政策下,无抵押隔夜拆借利率下降到了 0.02%—0.03%。但是如此宽松的货币政策仍然无法带来经济增长或正通货膨胀率(2001 年实际产出下降了 1.0%),核心 CPI(即不包括新鲜食品和能源的 CPI)仅为-0.9%——连续第三年为负。

由于政策利率已经触及了名义利率下限,因此日本中央银行不得不通过非常规的、前所未有的政策措施去影响货币供给。结果就是日本中央银行推出的量化宽松政策,它们在

---

① 参见 Auerbach 和 Obstfeld(2005)的论述。

② 请参见 Eggertsson 和 Woodford(2003)的论述。

2001 年 3 月至 2006 年 3 月间实施。Ugai(2006)总结了日本的量化宽松政策的三大支柱。

第一,将货币市场操作的主要操作目标从无担保隔夜拆借利率调整为日本中央银行中各金融机构持有的未偿付的经常账户余额水平,以及提供足够的流动性,使得经常账户余额大大超过规定的准备金水平。

第二,承诺在 CPI(不包括易腐食品)的年增长率达到零或高于零之前,保持充足的流动性供给。不能像在零利率政策下的承诺那样,仅仅满足于含糊地声称“继续实施零利率政策,直到通货紧缩担忧消失为止”,量化宽松承诺必须直接与 CPI 的实际数字记录紧紧挂钩。Ueda(2005)认为目标在降低中短期市场利率方面是更加透明和有效的。

第三,只要日本中央银行认为有必要,就增加直接购买长期日本政府债券的数量,直到触及已发行银行票据余额的上限为止。

日本中央银行的经常账户余额目标最初是在 2001 年 3 月设定的 5 万亿日元,这高于 4 万亿日元的法定准备金水平。此后,这个目标在 2004 年 1 月被逐步上调至 30 万亿至 35 万亿日元的区间,直至量化宽松结束。这种过剩的流动性将隔夜拆借利率压低到了 0.0001％。

为了达到经常账户余额的目标水平,日本中央银行最初每月购买价值 4000 亿日元的长期政府债券。到 2002 年 10 月初,这一购买数字已经提高到了每月 1.2 万亿日元。2003 年 7 月至 2006 年 3 月,日本中央银行还购买了资产支持证券,以支持此类证券市场,同时强化货币政策的传导机制。

那么,日本的量化宽松政策在多大程度上取得了成功? 从上述三大支柱的角度来看,量化宽松政策已经实现了目标。核心 CPI 从 2005 年 11 月开始转为正值,并在 2006 年 1 月上升到了 0.5％。因此,2006 年 3 月 9 日,日本中央银行宣布,预计年度核心 CPI 增长率将保持正值。根据这个结果,日本中央银行认为自己在量化宽松政策下的承诺都已经实现,于是将货币政策的操作目标重新调整为无担保隔夜拆借利率,并继续将有效利率目标定为零。

但是,量化宽松政策在更广泛的层面的影响又有哪些呢? 首先,独立于零利率政策的量化宽松政策成功地降低了金融市场政策利率的不确定性,并压低了政府债券收益率,提高了通货膨胀预期。事实上,正如 Ugai(2006,第 15 页)所总结的那样:

> 每一项实证分析都发现,量化宽松的承诺与实际核心 CPI 的表现挂钩,这种政策降低了收益率曲线,其焦点放在了中期和短期上。而且这种效应比零利率政策下的承诺更强(后面这种承诺与未来对消除通货紧缩担忧的分析有关)。

Baba 等(2005)通过对收益率曲线的反事实模拟,评估了量化宽松对三年期、五年期和十年期债券收益率的有效性,他们运用的是一个修正的泰勒规则,且有零利率约束。他们的研究结果表明,自 2003 年以来,这个承诺使得三年期和五年期债券的收益率分别下降了 0.4％—0.5％和 0.2％。Okina 和 Shiratsuka(2004)则证明,对于零利率的持续时间的预期从零利率政策期间的六个月左右延长到了量化宽松政策期间的一年多,这反过来又有助于降低货币市场利率和银行的融资成本。Marumo(2003)以及 Bernanke 等(2004)给出的证据也表明,量化宽松政策对于一段时间内的低短期利率的承诺影响了对长期利率的预期,并降低了金融市场中其他金融资产的收益率。

其次,量化宽松通过投资组合的再平衡效应成功地提高了其他资产的价格。Kimura 和 Small(2006)估计,长期政府债券购买规模每增加 10 万亿日元,Aa 级公司的债券收益率就会降低 6—8 个基点。

最后,量化宽松政策(以及之前的零利率政策)对消除金融机构的融资担忧起到了积极作用。这一点反映在了在 2001 年量化宽松开始时,三个月的东京银行同业拆借利率减去三个月的伦敦银行同业拆借利率的息差几乎为零。这与 1997 年 11 月至 1999 年 1 月间的情况相比非常有利,当时三月期的东京银行同业拆借利率与相同期限的伦敦银行同业拆借利率之间的息差几度提高到了 300 个基点以上。

然而,在许多实证文献中,对于(独立于零利率政策的)量化宽松与价格和实体经济之间表现出来的这种一致效应,任何形式的因果关系归因都受到了质疑。例如,Kimura 等(2003)认为,2002 年量化宽松所直接导致的基础货币的增长对核心 CPI 通货膨胀水平或产出缺口都没有影响。类似地,Fujiwara(2006)发现量化宽松导致的基础货币增长与 CPI 或工业产出之间都不存在显著关系。

出现这种情况的主要原因在于,历史上原来存在的基础货币、广义货币和名义 GDP 之间的联系出现了断裂,而且表现得不可预测了,正如 2009 年美国、英国和欧元区实施量化宽松时再一次发生的那样。广义货币与 M0 的比率(广义货币乘数)从 28.5 下降到了 18.9 的低点,因为银行在放贷方面存在着问题,M0 的大幅增长并没有反映在广义货币余额中(见下一节)。货币流通速度(名义 GDP 与基础货币的比率)也急剧下降,从 1992 年的 14.6 下降到 2008 年的 7.0,减少了一半多。因此,量化宽松对总名义需求的影响减弱了。简而言之,如 Ugai(2006)所说的"……银行的金融中介功能受到了不良贷款负担和企业资产负债表调整的极大侵蚀……从而削弱了政策效果的发挥"。

而且,量化宽松也未能刺激银行放贷。从 2001 年 3 月到 2006 年 3 月,银行对私营部门的贷款每年下降大约 3%,累计下降了 16%(稍后再分析这种现象),尽管其中部分下降被对公共部门贷款的增加所抵消了。此外,与美国和英国近期发生的情况相比,量化宽松的规模也要小得多,推进时的节奏也要渐进得多。从 M3 的 2.5% 的变化幅度来看,资金的注入量相对较小。放在长达五年的时间尺度里,这种做法实在可以说是相当胆怯的。

但是,日本中央银行也许有两个理由可以反驳这些批评。首先,日本的量化宽松是一个史无前例的创举,以前没有任何可以效仿的例子。其次,如果日本中央银行没有推行量化宽松政策,那又会发生什么? 非常值得怀疑。因为评估任何这类替代政策的影响都需要构建一个不确定的反事实。

6.3　银行不愿放贷

这种观点的支持者认为,在这个时期,日本的银行普遍厌恶风险,而且过度杠杆化,背负着太多的不良贷款,不愿(或无法)扩大他们的贷款账户。银行为了减少损失、提高自己的信用评级,不断限制资金供给,从而抑制了经济增长(日本的银行的信用评级低得可怕:直到2007年5月之前,穆迪公司对日本国内的银行的评级没有任何一家高于"D"——通常认为,"B-"是可以接受的最低的银行评级)。

更加糟糕的是,对资不抵债的恐惧导致储户从国内银行取出存款,然后转存到海外,或投资于黄金等"安全资产"。这就剥夺了银行可以用来放贷的新资金。而银行自己获得的新资本则通常用于弥补资产成本和贷款减记。

更令人惊讶的是,新贷款中很大一部分都是发放给从技术上看早就已经资不抵债的原有企业的。银行这样做本质上是在打赌资产(尤其是土地)价格将来肯定会回升。因为资产价格已经从最高点跌到如此之低的水平了,所以银行认为值得等待——要么等待借款人及时恢复偿付能力,要么等待抵押品价值上升。

当然毫不奇怪,银行贷款确实在很长一段时间内出现了急剧收缩。1989年,日本净新增贷款达到了31.1万亿日元的峰值。但是到1999年,净新增贷款就转为负值了,并且一直持续到了2005年。仅在2003年,贷款余额就下降了5%。

但是这样的解释有些简单化。如果信贷供给是唯一的问题,那么我们应该可以期望会观察到如下三件事。

第一,如果来自企业的资金需求是比较强劲的,那么企业债券市场就应该会扩大。但是事实上,随着企业未偿还债务的减少,企业未偿付债券的增长率逐渐下降,到2002年就转为负增长了。

第二,如果问题真的出在日本主要银行的不良贷款比例过高上,那么应该可以观察到日本经济内部(不存在相同规模的不良贷款的)外资银行的份额不断扩大,特别是在日本的"大爆炸"式的金融改革之后(放开外资银行在日本开设分行)。但是,在后繁荣时期的大部分时间里,外国银行的市场份额实际上都在下降。

第三,如果不得不依靠银行贷款来融资的中小企业想要借款,那么这些借款人就会通过支付更高的利率来争夺有限的贷款。但是日本银行的平均贷款利率一直在持续下降,从1991年的大约8%下降到了2005年的约1.5%,息差则从1993年的154个基点下降到了2005年底的139个基点。

6.4 "资产负债表衰退"与"信贷需求"问题

对信贷供给论的上述批评可能导致的另一种解释是:私营部门对信贷的需求下降是通货紧缩的原因。

这种观点关注的重点是,家庭和企业的资产负债表上的资产价格出现了暴跌。资产价格的大幅下跌使得很多仍然在盈利的企业在技术上已经破产了,因为它们的负债的价值大大超过了资产的价值。东证股价指数从1989年的最高点到2003年的最低点,下跌超过65%。日本六个主要城市的商业用地价格从1990年的峰值到2004年的低谷,更是下跌了

87％。不断下跌的土地和股票价格使日本 1500 万亿日元（相当于 9.5 万亿英镑或 15.2 万亿美元）的财富化为乌有，这个数字等于日本整个国家的个人金融资产存量。

在正常的经济衰退中，当需求下降时，实力较弱的企业就会破产。然而，尽管国内经济衰退，日本的企业通常仍能保持盈利，其净现金流为正，部分原因是国际市场对日本产品一直存在着强劲的需求。企业在盈利，但是净资产为负。因此，公司将注意力从利润最大化转移到了债务最小化（即使利率已经处于历史最低水平了），目的是产生现金，最终使自己恢复偿付能力。

根据这种观点，日本经济之所以陷入收缩，是因为没有多少愿意借款的人（企业）。信贷需求的匮乏进一步压低了资产价格，导致家庭和企业的净值进一步下跌，这反过来又使得他们只需要更少的贷款，并推动他们加倍努力偿还债务以恢复偿付能力。

最大的结构性转变是企业部门从净投资者（企业部门作为财富创造者本应如此），转变成了净储蓄者。根据 Koo（2008）的计算结果，企业行为的这种转变所导致的需求下降大约相当于 GDP 的 22％。企业部门在 1990 年时还存在着相当于 GDP 的 12％的资金赤字（这使之成为净投资者），到 2003 年就拥有了相当于 GDP 的 10％的资金盈余。

尽管不断下降的财富和净企业储蓄对总需求造成了巨大冲击，但无论以实际值还是以名义值计算，GDP 始终高于泡沫时期的峰值。日本经济能够做到这一点有三个原因。第一，在奖金大幅削减、就业岗位流失、收入增长大幅下降之际，家庭缩减储蓄维持了支出水平。在以前，日本家庭以拥有全世界最高的储蓄率而闻名。但是在这个时期，日本总国民储蓄占 GDP 的比例从 1992 年 34.7％的峰值下降到了 2002 年 25.9％的低点。同时，从总体上看，家庭财政盈余从 1990 年相当于 GDP 的 10％减少到了 2003 年的 1％左右。第二，政府通过维持巨大的财政赤字规模来刺激经济，其峰值出现在 1998 年——接近 GDP 的 11％。公共部门债务则从 1991 年占 GDP 的 68.8％逐渐上升到了 2008 年的占 GDP 的 196.3％，这对于和平时期的七国集团国家来说是前所未有的水平。第三，当 1997 年银行业危机达到顶点时，日本政府的全面存款保险政策阻止了日本银行发生大规模挤兑。

6.5　本节小结

日本经济持续衰退的主要原因很可能是债务通货紧缩的螺旋式上升，而且政策当局未能用足够迅速、足够积极的政策措施来抵消这种趋势，这也就是说，可以通过将上文中的假说结合起来，解释日本的现象。债务通货紧缩阻碍了银行发放贷款，因此，主要针对商业银行准备金的量化宽松政策对更大层面上的货币总量几乎没有什么吸引力。

7. 金融危机期间的金融稳定性与货币政策

英国中央银行——英格兰银行——行长默文·金（Mervyn King）最喜欢的一个词语就是

"专注",而且各国中央银行在这些年中确实一直专注于实现低而稳定的通货膨胀。它们确实取得了成功,可以说非常成功,但是它们或许忘记了,金融危机往往发生在经济发展看似非常成功的时期之后,例如,美国在 20 世纪 20 年代,日本在 20 世纪 80 年代。在更早的时期,如 19 世纪,经济危机也发生在一系列伟大的创新——如运河和铁路——问世之后。成功可以孕育危机,这不是没有原因的。Minsky(1986)指出①,一个时代越成功,回报就越大,风险看上去似乎就越小。在这种情况下,任何不加入杠杆化大潮的人都会被认为是一个懦夫。1993 年到 2006 年就是这样一个"黄金时代",当其时也,沉醉不知归路者不知凡几。

风险溢价的演变为说明金融危机(及其起源)提供了一个重要证据。正如我们前面在第 4 节中提到的,在 2007—2009 年金融危机之前的"大缓和"时期,宏观经济的不确定性普遍显著降低。当然,各国在政策上也有一些失误,但是在宏观货币政策领域,这些失误相对较小。美国联邦储备委员会可能对日本中央银行的早期错误有些反应过度,对 1990—1991 年的资产价格崩溃则反应不够积极,而且从后见之明的角度来看,它在 2002—2005 年公开承诺将短期利率维持在低水平上的时间过久了,这进一步加重了它的错误。② 虽然美国联邦储备委员会的目的是影响长期利率——与 Woodford(2003)的建议类似——但是其带来了一个意外的副作用,那就是鼓励金融中介机构大规模地将短期批发贷款投资于长期证券,通常是抵押贷款支持证券。

然而,即便把所有这些因素都考虑在内,我们还是可以得到一个初步结论,即与 Minsky(1986)的结论类似,通货膨胀目标制(即便本身很成功)也根本没有能力防止,甚至在很大程度上根本无法缓解资产价格泡沫以及泡沫破裂。特别是,正如现在已经变得显而易见的那样,认为货币政策可以在泡沫破裂后有效地收拾残局的观点已经被事实充分证明是错误的。

这导致了两种类型的反应。第一类反应是应该改变通货膨胀目标制;第二类反应是根据廷伯根原则,货币当局需要配备更多的政策工具来实现这第二个目标。第一类反应涉及的范围极其广泛,包括了千差万别的反应,从将房价纳入相关通货膨胀指数、要更多地关注货币总量——类似于欧洲中央银行的第二个支柱(我们同意这一点)——这样的次要反应,到将资产价格(以某种方式)纳入中央银行的反应函数的中间立场,再到取消中央银行的操作独立性、恢复对利率的相机抉择的政治控制这样的极端反应,不一而足。特别要强调的是,在未来的通货膨胀的不确定性增强的特殊时期(如在 2009—2010 年),当通货紧缩和高通货膨胀似乎都是可能的结果的时候,我们要强烈反对最后一种极端立场。

这样一来,我们不得不寻找其他宏观审慎工具,以维持金融稳定性。这类工具确实有一些,它们通常都会涉及(随时间和国家而异的)对流动性或资本的要求或控制。

然而,在 2007 年崩盘之前,对流动性和资本的要求都没有得到有效的落实。接下来,我们将从下一节开始依次研究这两个方面的政策措施的演变历史,然后在最后一节提出一些改革建议。

---

① 请参见 Minsky(1977,1982,1992)的论述。

② 参见 Taylor(2009)的论述。

7.1　流动性

20 世纪 80 年代，巴塞尔银行监管委员会曾经试图达成一项关于流动性的协议，但是以失败而告终。这个失败在一定程度上导致了银行资产流动性的下降。大多数银行家和监管者都认同的一个一般假说是，只要银行拥有"充足"的资本，它们就总是可以进入有效的批发货币市场，利用提供资金流动性来替代资产流动性。虽然与银行资产相比，这种来自货币市场的资金都是短期的，但是这种期限错配所产生的利率和信用风险仍然可以通过证券化和利用衍生品进行对冲来解决。最后，它们还依赖于如下假设，即只要遵守《新巴塞尔协议》就可以确保有足够的资本。

然而，所有这些令人安心的假设在 2007 年夏天都宣告土崩瓦解了。抵押贷款支持证券（尤其是次级抵押贷款）的实际和预期损失，以及围绕着《新巴塞尔协议》而展开的博弈，尤其是欧洲各国银行施展的各种计谋，意味着遵守《新巴塞尔协议》的要求在许多情况下并不足以提供对未来偿付能力的完全保证。特别是，债务抵押债券的不透明导致了证券化市场因竭泽而渔而干涸，短期批发市场——例如资产支持商业票据和无担保银行间定期贷款市场——也如出一辙。所有这些导致了一场流动性危机。

而根据之前的假设，这是不可能/不应该发生的。结果当然令包括各国中央银行在内的所有相关方都大吃一惊。一个反映是，这个困境主要是商业银行自身的商业策略造成的（"好"的公共部门资产太少了；对短期批发资金和证券化的依赖则太严重了；错配太严重了等），所以对商业银行提供救助会产生道德风险。但是这场崩溃的毒性很快就变得如此之大，以至于所有的中央银行都被迫增加流动性的供给，而且将适用的期限、抵押品和机构的范围不断扩大。

7.2　资本要求

风险管理是一项非常复杂的业务，涉及许多方面。1988 年的巴塞尔银行监管委员会的《资本协议》只涉及信用风险。然后这些委员就开始谈到了市场风险，包括银行交易账簿上的利率风险、流动性风险等。然而，在他们把早期的讨论草案分发下去之后，他们很快就发现，他们评估这类风险时所用的启发式和经验法则等方法在技术上已经远远落后于大型国际银行的内部风险管理方法。这些银行一直在开发基于金融理论的内部风险管理模型，特别是风险价值（Value at Risk，简写为 VaR）模型。巴塞尔银行监管委员会认识到自己在风险建模方面的相对不足，然后在实际上采用了大型商业银行的内部建模技术，无论是对于《巴塞尔协议》（1996 年）的《市场风险修正案》，还是更重要的《新巴塞尔协议》，风险建模都是以这种技术为基础的。从某种意义上说，巴塞尔银行监管委员会在专业知识的层面早就已经被"俘获"了。

《巴塞尔协议》很快就遭到了攻击。它的风险"桶"太宽泛了。向私营企业发放的任何贷款,无论是给规模最大/最安全的公司的,还是给随时可能倒闭的初创公司的,权重都是一样的(100%)。因此,监管机构对安全贷款的监管资本要求过高,而对高风险贷款的监管资本则要求过低了。这就导致银行将安全贷款(在证券化后)出售给监管网络之外的实体,包括新兴的影子银行系统,并继续持有风险贷款。因此,本意是让银行更安全的监管反而导致银行的风险更高。答案似乎是必须更多地依赖于市场风险评估——或者由信用评级机构进行,或者由银行自己进行(这是一个更好的选择),采用基于基金会或基于高级内部评级的方法来评估风险。基本思想是,要便于监管者利用被监管者所拥有的更大的风险管理技能,事实上,《新巴塞尔协议》的起草者们对它的其中一个夸口就是它将能够使监管资本与银行为了自身利益而希望保留的经济资本更加相符。

然而,这是一种错误的策略。商业银行关心的是在正常情况下如何对自己定位。在正常情况下,即便是那些大型银行,它们也可以假定外部条件不会受到自己的行动的太大影响。如果真的出现了极端情况,政策当局无论如何都必定会做出反应。此外,商业银行并不关心自己万一破产可能导致的任何外部性。为了达到自身的目标,商业银行设计出了风险价值评估、压力测试等一系列很好的工具。但是,监管机构应该关注的东西与商业银行关注的截然不同。它们应该只关注外部效应,因为银行的债权人本来就必须适当地吸收已经内部化了的损失。监管机构本应该担心的是整个体系的力量,而不是单个银行的力量;他们应该担心的是协方差,而不是方差;他们应该担心的是交互作用的自我放大机制,而不是压力测试的结果(压力测试需要假定世界对于银行的自身反应具有不变性)。[①]

那么,为什么后来事情会变得如此糟糕? 首先,通常而言,人们有一种隐含的信念,即如果(金融)系统的所有单个组成部分(即各家银行)都能够安全地运行,那么作为一个整体的系统就受到了很好的保护,不会受到任何伤害(合成谬误)。其次,各国监管机构和巴塞尔银行监管委员会有一个共同的倾向,即在面对批评(和事件发生)时逐步修补体系,而不是去反思根本性的问题。监管者和监督者往往都是实用主义者而非理论家,他们无法从经济学家那里得到足够的帮助,尽管许多经济学家的主要模型都是从金融中介的行为和/或违约事件中抽象出来的。

无论怎么说,尽管《新巴塞尔协议》的出台缓慢而痛苦,但是在 2007 年 8 月之前,它并没有减缓信贷扩张和进一步杠杆化的周期的运行,然而在那之后,一切都突然出现了破坏性的逆转。在 2003—2006 年,违约率、波动性和风险溢价都下降到了很低的水平,同时无论是评级机构还是银行内部的评级都很高(而且还在上升)。在利润和资本的推动下,按市值计价的会计准则的应用范围继续扩大,所有的风险模型(比如说 VaR 模型)、所有的市场压力都在鼓励和催促银行与其他金融中介机构承担更大的杠杆,直到 2007 年 7 月/8 月市场触底为止。

因此,我们有必要再一次反思资本金要求的机制和应用。

---

① 参见 Brunnermeier 等(2009)的论述。

7.3 为什么没有人警告我们会发生这样一场危机？

> 所有指望贷款机构会为了自身利益而保护股东权益的人，包括我自己在内，全
> 都陷入了不可置信的震惊当中。——艾伦·格林斯潘①

2007 年 8 月 9 日，中央银行的黄金时代戛然而止。当时，批发贷款市场和银行间市场开始关闭，这导致流动性从金融体系中大量撤出，信贷风险溢价飙升。直接原因是整个美国的住房价格普遍下跌，导致次级抵押贷款拖欠率上升，以及抵押贷款支持证券估值的不确定性增加，投资者的疑虑也越来越大。2007 年 8 月 9 日，法国巴黎银行暂停了对三家有次贷风险敞口的货币市场基金的资产价值的计算，并停止了赎回。观察到流动性撤出，欧洲中央银行在一夜之间注入了 950 亿欧元，但是这个行动恰恰提醒世人，在这个领域存在着重大的问题。

2008 年，在伦敦政治经济学院新大楼落成典礼上，英国女王曾经这样问在场的一位经济学家："为什么没有人警告我们会发生这样一场危机？"虽然这是一个完全可以理解的问题（并且从提出那天开始就非常出名），但是它被误导了。危机，从它的定义本身来说，就应该是人们意料之外的。如果它是意料之中的，那么它就会被阻止，这也正是为什么（政客们喜欢的）各种各样的"早期预警系统"大多是浪费时间和金钱之举的其中一个原因。大多数真正的大型金融危机都是在一个成功的经济发展时期之后出现的（如 20 世纪 20 年代的美国、20 世纪 80 年代的日本；另外，在 19 世纪，运河和铁路等创新导致了经济扩张和过度建设，然后是危机）。对此，著名的明斯基命题说得好：稳定埋下了随后的不稳定的种子。②

此外，还有另一种假说（不过它与前述假说并不是相互排斥的）：中国进入世界市场抑制了通货膨胀，同时美国联邦储备委员会在 2002 年至 2005 年间将官方利率维持在了过低的水平上（这种政策部分可以归因于全球的"失衡"）。这种观点认为——例如 Taylor（2009）的论述——如果官方利率提高得更快，那么房地产繁荣和相关的信贷扩张就不会发展到后来那个程度，进行紧缩时也会更加安全。也许这确实是一种可能。但是给定当时美国和其他西方经济体很低且非常稳定的（核心）通货膨胀率（以及对日本式通货紧缩的担忧），要以信贷扩张、货币增长和房价上涨在未来可能带来不利影响为理由提高官方利率，（从政治上看）是非常困难的。只有拥有第二货币支柱的欧洲中央银行在 2004 年至 2005 年间朝这个方向采取了一定的措施。更何况，总是会有一些看似颇有说服力的观点声称，债务/收入比率、杠杆比率、房价、信贷扩张等都是完全可持续的。

当时占主导地位的论点是，货币当局能够也应该只有在预测到资产价格的变化将影响未来的产出和通货膨胀水平时，才对它们做出反应。如果泡沫真的破裂了，那么货币当局可以（也应该）在事发之后通过对官方短期利率进行适当的激进的反周期调整来收拾残局。再者，后一项政策似乎在 1987 年 10 月、1998 年 10 月和 2002 年 10 月都很好地发挥了作用。事

---

① 转引自 Andrews（2008）的论述。
② 请参见 Minsky（1977，1982，1986，1992）的论述。

实上,美国联邦储备委员会在保护金融体系免受金融崩溃不利影响方面的可信度——人们经常津津乐道的"格林斯潘看跌期权"——恰恰成了导致 2002 年至 2007 年金融风险低估和杠杆扩张的一个因素。

8. 结论以及对中央银行的未来的政策的含义

许多经济学家——例如 Cecchetti 等(2000)——认为通货膨胀目标制(对官方利率进行调整主要是为了使未来的通货膨胀水平与目标保持一致)过于简单了,尽管它在很多方面都很有吸引力,比如说,符合廷伯根原则,而且在美好的年代(1992—2007 年)取得了巨大的成功。与之相反,他们建议利率应该针对资产价格的波动"逆风而行"。如果这个规则的定义是"以资产价格为目标"或"试图影响资产价格",那么我们不难同意这种观点。事实上,我们在这个方向上愿意做的事情无非就是欣赏欧洲中央银行第二货币支柱的优点。从中央银行的角度来看,它具有将政策与货币总量联系起来的优点,但是货币总量与住房价格或股票价格不同,是货币政策的核心。此外,大规模的信贷和杠杆扩张很可能(可惜并不是必定)会表现在此类货币数据中,除非隐藏在影子银行系统中。Nernanke 和 Gertler(1999,2001)也不赞同货币当局应该以资产价格为目标。

现在,中央银行的作用已经变得非常引人瞩目了。如果对官方利率的调整仍然是致力于维持价格稳定这一宏观经济目标的,那么中央银行需要怎样做才能实现维持有序的金融状况的目标呢?那是维持价格稳定的先决条件。目前,大多数国家的中央银行在这个领域的权力仍然仅仅限于"布道和组织葬礼"[①],这也就是说,在金融稳定性审查中宣讲谨慎的必要性,然后在事件发生后,将那些不谨慎的金融中介机构埋葬掉。

至少在某些方面,人们已经开始寻找第二(套)政策工具了,比如说宏观审慎反周期工具,它们可能是中央银行与官方利率一起使用的、独立于官方利率之外的工具。在这个领域已经涌现出了各种各样的建议,从西班牙动态预拨备计划,到(可能是时变的)杠杆比率,再到反周期的资本要求。

当然,也有一些人反对给中央银行赋予这样一些额外权力,这些反对者主要来自美国。有人认为,只要迫使系统性金融中介机构自我保险,就可以让这种额外的权力变得不再必要,并且/或者任何此类维持金融稳定的额外工具都应归属于中央银行以外的机构。

后一种观点在一定程度上源于这样一种认识,即金融稳定问题从其本质上看比货币政策更加复杂。正如事实业已证明的那样,解决严重的金融危机往往需要注入大量的纳税人的钱。而这意味着财政部必定要在其中发挥一定作用——在正常情况下,财政部可能只能发挥次要的作用,但是在解决危机的过程中必须发挥主导作用。此外,很少会有中央银行愿意在金融体系中承担主要的微观监管角色。而这又意味着金融稳定问题最终必须由某种类

---

① 见 King(2009)的论述。

型的三方金融稳定委员会（financial stability committee，简写为 FSC）来决策。

那么很自然地，接下来的一个问题是，中央银行参与到这样一个金融稳定委员会当中去是不是会引发，以及在多大程度上会引发人们对它在货币政策领域的独立性的质疑。各国中央银行在量化信贷（美国联邦储备委员会）或货币宽松（英国中央银行）的幌子下采取的各种非常规政策措施已经将货币政策和财政政策之间必定存在的密切相互作用凸显出来了。从目前的大规模扩张性财政和货币政策组合中退出的政策可能会涉及时间、顺序和控制方面的复杂问题。在这种情况下，中央银行的独立性及其宪法角色很可能会再一次受到质疑。

欧洲中央银行和各个国家的中央银行在欧元区内部的相对角色是一个特殊的问题。在欧元区内，不存在"联邦财政部"，那么又怎样才能组织起欧元区的三方金融稳定委员会呢？另外，把金融稳定性问题留给各成员国（就像到目前为止事实上发生的那样），而让欧洲中央银行集中执行货币政策，从现在来看既不能让人安心，也不符合"共同体原则"。新组建的欧洲系统风险委员会（European Systemic Risk Board，简写为 ESRB）尚未开始工作，我们也不知道它将如何运行。

这样一来，也就凸显了一个更广泛的观点的价值：法律和政府（以及中央银行）是本国的，而金融系统却是世界的，而且几乎所有的大型金融中介机构都是跨越国界的——"活着时是国际的，但死去时是本国的"。对此，有两个明显的替代方案。一个是可以尝试将那些至关重要的法律国际化，特别是针对系统性金融中介机构的破产法，以及通过金融稳定委员会和巴塞尔银行监管委员会实施的治理和监管机制的国际化。但是美国国会会接受外国人起草的法律吗？欧洲人会接受美国最终批准的任何监管政策吗？世界上的其他国家和地区呢？如果做不到这一点（这似乎确实是最有可能的结果），另一个合乎逻辑的解决方案是将监管控制权交还给各东道国，但那会给全球金融体系造成摩擦，并且会使跨境银行在实际上变成分散在各个国家的单个银行的控股公司。由于这两个选择中没有一个是完全令人满意的，可能的结果将是充满混乱和困惑的。

就在短短几年前，中央银行的角色似乎依旧非常明确，它的宪法地位似乎仍然稳如泰山。它们应该是独立的（在公共部门内部），并使用单一的利率工具，主要目的是实现低而稳定的通货膨胀水平。如果金融动荡威胁到了宏观经济前景，中央银行可以通过明智但果断的利率调整来收拾残局。它非常成功地运行了 15 年之久。但是现在，金融危机重新引出了老问题，并提出了新问题，因为先前的确定性已经雨打风吹去了。如何回答这些问题将会成为下一卷《货币经济学手册》中类似章节的主题。

附录

1. 数据
下面给出正文中每一张图所依据的数据的详细描述。

图21.1。美国:实际 GDP 为 GDPC96 数据①,GDP 平减通货膨胀数据基于 GDPCTPI,短期利率为联邦基金利率。欧元区:所有的序列都来自欧洲中央银行的欧洲区域性模型数据库。日本:实际 GDP 和 GDP 平减指数来自经济合作与发展组织的季度国民核算数据(QNA. Q. JPN. EXPGDP. LNBARSA. 2000_S1 和 QNA. Q. JPN. EXPGDP. DNBSA. 2000_S1),短期利率是国际货币基金组织在《国际金融统计》中发布的活期货币利率,CPI 数据来自国际货币基金组织的《国际金融统计》。英国:实际 GDP 和 GDP 平减指数来自英国国家统计局;短期利率数据是国际货币基金组织的《国际金融统计》中的"政府债券收益率:短期"数据。加拿大:所有的序列都来自国际货币基金组织的《国际金融统计》,短期利率是其中的"银行利率(期末)"。澳大利亚:实际 GDP 来自澳大利亚储备银行的网站中的表 G10HIST 的 GGDPCVGDPNF(非农业 GDP),GDP 平减指数是由如表 G11HIST 所示的按当时价格计算的 GDP 与 GDP 总量指数的比率计算出来的,短期利率是银行承兑的 90 天汇票的利率,源于澳大利亚储备银行网站。

图21.2。对于美国,CPI 是 CPIAUCSL 数据。对于欧元区,CPI 数据是 1999 年 1 月之后的官方 CPI 序列,而在此之前,它是由欧洲中央银行重建的合成 CPI 序列。日本、加拿大和澳大利亚的 CPI 数据来自国际货币基金组织的《国际金融统计》。英国的 CPI 是 1987 年以后才公布的,所以这里的通货膨胀率是基于英国国家统计局的零售价格指数计算的。

图21.3。实际 GDP 序列与图 21.1 中使用的相同。

图21.4。所有的名义有效汇率序列都来自国际货币基金组织的《国际金融统计》。

图21.5。CPI 数据为来自德国中央银行网络数据库中的 USFB99 数据②,而 CPI 的食品和能源分量则来自国际清算银行的数据库。失业率是德国中央银行的 UUCY01 数据。名义有效汇率和实际 GDP 来自国际货币基金组织的《国际金融统计》。短期利率是来自国际货币基金组织的《国际金融统计》的活期利率。

图21.6。CPI 通货膨胀数据基于 CPIAUCSL。所用的利率为联邦基金利率、TB3MS 和 GS10。名义有效汇率和美元/马克汇率都来自国际货币基金组织的《国际金融统计》。CPI 的食品和能源分量分别为 CPIUFDSL 与 CPIENGSL。实际 GDP 增长率与图 21.1 中使用的序列相同。失业率是 UNRATE。通货膨胀预期来自利文斯顿调查,该调查现由费城联邦储备银行维护,相关数据可从它的网站上获取。

图21.7。零售价格指数系列与图 21.2 中使用的相同。三个月银行票据利率、长期政府债券利率、名义有效汇率和美元/英镑利率均来自国际货币基金组织的《国际金融统计》。实际 GDP 增长与图 21.3 所示的级数相同。失业率是根据申请人数计算出来的,具体数据来自英国国家统计局。

图21.8。M1 和 M2 的增长率分别基于 M1SL 与 M2SL 计算得出。所有其他序列都与图 21.6 中所用数据的来源相同。

---

① 除非另有特别说明,美国的所有首字母缩写词均参照了 FREDII 数据库,该数据库可以从圣路易斯联邦储备银行的网站获取。

② 除非另有特别说明,所有与德国相关的首字母缩略词均参照了德国中央银行网站上的数据库。

图 21.9。该图来自 Levin 和 Taylor(2010)的相关文献。

图 21.10。德国、法国和意大利的实际 GDP 数据来自国际货币基金组织的《国际金融统计》,而英国的实际 GDP 来自英国国家统计局。短期利率和对美元的汇率来自国际货币基金组织的《国际金融统计》。

图 21.11。用于估计具有随机波动率的贝叶斯时变参数向量自回归的四个序列分别是联邦基金利率和 GDPC96、GDPCTPI 与 M1SL 的年化百分比增长率(已通过在季度内取平均值转换为季度频率)。

图 21.12。用于估计带有随机波动率的贝叶斯时变参数向量自回归的四个序列如下所示。美国:这些序列与图 21.11 中描述的序列相同。欧元区:实际 GDP、GDP 平减指数和短期利率均来自欧洲区域性模型的数据库。M3 是 1999 年 1 月之后的官方序列(已通过在季度内取平均值转换为月度频率),在此之前,它是欧洲中央银行所使用的季度重建序列。日本:短期利率是国际货币基金组织的《国际金融统计》的活期货币利率。实际 GDP 和 GDP 平减指数序列来自经济合作与发展组织的季度国民核算,更具体地说,它们是根据支出法编制的序列。货币总量来自国际清算银行的 ABUB. JP. 01("货币存量 M2 + 大额可转让定期存单")。英国:短期利率是国际货币基金组织的《国际金融统计》中的三个月银行票据利率。实际 GDP 和 GDP 平减指数来自英国国家统计局,M4 是英格兰银行的 LPQAUYN。加拿大:短期利率("银行利率,期末")和 M2 货币总量均来自国际货币基金组织的《国际金融统计》。实际 GDP 和 GDP 平减指数来自经济合作与发展组织的主要经济指标数据库。相应的首字母缩写词分别是 MEI. Q. CAN. EXPGDP. DNBSA 和 MEI. Q. CAN. CMPGDP. VIXOBSA。澳大利亚:短期利率、实际 GDP 和 GDP 平减指数序列与图 21.1 的数据来源相同。M3 货币总量来自国际货币基金组织的《国际金融统计》。

图 21.13。通货膨胀预期来自利文斯顿调查,该调查目前由费城联邦储备银行维护。

图 21.14。动态随机一般均衡模型是基于短期名义利率、GDP 平减通货膨胀率和产出缺口代理变量的序列进行估计的。短期名义利率和 GDP 平减指数序列与图 21.1 的来源相同,而产出缺口代理变量是按 HP 滤波的实际 GDP 的对数计算的。实际 GDP 序列的来源与图 21.1 中所用的序列相同。

图 21.15。这些序列的数据来自美国商务部经济分析局编制的国民收入和产品账户中的表 6.1A、B、C 和 D。

图 21.16。欧元区总 CPI 通货膨胀与图 21.2 所用的序列来源相同。法国、意大利和西班牙的 CPI 通货膨胀率来自国际货币基金组织的《国际金融统计》,而德国的通货膨胀率来自德国中央银行,来源与图 21.5 相同。在本图的第三个板块中绘制的截面标准差是基于国际货币基金组织的《国际金融统计》的 CPI 通货膨胀率数据计算出来的(除了德国,德国的 CPI 数据来自德国中央银行)。

图 21.17。所有国家的 CPI 通货膨胀率和实际 GDP 增长率都来自国际货币基金组织的《国际金融统计》——除了美国、欧元区、英国、日本和澳大利亚,这几个国家和地区的数据来源与前面的图 21.2 和图 21.3 相同。

图 21.18。CPI 和城市土地价格指数来自日本中央银行的网站。名义利率、名义股价指数和失业率数据来自国际货币基金组织的《国际金融统计》。实际 GDP 数据的来源与图 21.1 相同。M2 和 M3 货币总量数据来自国际货币基金组织的《国际金融统计》。

2. 有随机波动性的时变参数向量自回归模型

2.1 模型

我们使用如下时变参数 VAR(p) 模型:

$$Y_t = B_{0,t} + B_{1,t} Y_{t-1} + \cdots + B_{p,t} Y_{t-p} + \in_t \equiv X'_t \theta_t + \in_t \qquad (21.6)$$

这里所用的记号的含义都是显而易见的。Y_t 被定义为 $Y_t \equiv [r_t, \pi_t, y_t, m_t]$,其中 r_t, π_t, y_t 和 m_t 分别为短期利率、GDP 平减通货膨胀率、实际 GDP 增长率与广义货币总量增长率(关于数据和样本周期的描述,见本附录第 1 节)。为了保证与文献中的其他论文之间的可比性[①],我们将滞后阶数设定为 $p=2$。遵循 Cogley 和 Sargent(2002,2005)以及 Primiceri(2005)的思路,我们假设这个向量自回归模型的时变参数(归集在向量 θ_t 中)的演化服从如下方程:

$$p(\theta_t \mid \theta_{t-1}, Q) = I(\theta_t) f(\theta_t \mid \theta_{t-1}, Q) \qquad (21.7)$$

其中,$I(\theta_t)$ 是一个指示函数,它表示拒绝不稳定的提取——因此加强对向量自回归的平稳性约束——$f(\theta_t | \theta_{t-1}, Q)$ 则由下式给出:

$$\theta_t = \theta_{t-1} + \eta_t \qquad (21.8)$$

其中 $\eta_t \sim N(0, Q)$。我们假设在式(21.8)中的该向量自回归的简化式新息服从正态分布,且具有时变协方差矩阵 Ω_t。根据通常的惯例,我们将之因子化为:

$$\mathrm{var}(\in_t) \equiv \Omega_t = A_t^{-1} H_t (A_t^{-1})' \qquad (21.9)$$

时变矩阵 H_t 和 A_t 则分别定义为:

$$H_t \equiv \begin{bmatrix} h_{1,t} & 0 & 0 & 0 \\ 0 & h_{2,t} & 0 & 0 \\ 0 & 0 & h_{3,t} & 0 \\ 0 & 0 & 0 & h_{4,t} \end{bmatrix}, A_t \equiv \begin{bmatrix} 1 & 0 & 0 & 0 \\ \alpha_{21,t} & 1 & 0 & 0 \\ \alpha_{31,t} & \alpha_{32,t} & 1 & 0 \\ \alpha_{41,t} & \alpha_{42,t} & \alpha_{43,t} & 1 \end{bmatrix} \qquad (21.10)$$

其中,$h_{i,t}$ 的演化服从几何随机游走:

$$\ln h_{i,t} = \ln h_{i,t-1} + v_{i,t} \qquad (21.11)$$

为了便于将来引用,我们定义 $h_t \equiv [h_{1,t}, h_{2,t}, h_{3,t}, h_{4,t}]'$。与 Primiceri(2005)一样,我们假定矩阵 A_t 有非零和非一的元素,我们用向量 $\alpha_t \equiv [\alpha_{21,t}, \alpha_{31,t}, \cdots, \alpha_{43,t}]'$ 来归集这些元素,并假设它们的演化服从无漂移的随机游走[②]:

$$\alpha_t = \alpha_{t-1} + \tau_t \qquad (21.12)$$

然后,我们假设向量 $[u'_t, \eta'_t, \tau'_t, v'_t]'$ 的分布为:

[①] 请参见 Cogley 和 Sargent(2002,2005)、Primiceri(2005),以及 Gambetti 等(2006)的相关文献。
[②] 这里的"τ_t",原文是"τ_{tt}",可能错了,已改——译者注。

$$\begin{bmatrix} u_t \\ \eta_t \\ \tau_t \\ v_t \end{bmatrix} \sim N(0,V)，其中，V = \begin{bmatrix} I_4 & 0 & 0 & 0 \\ 0 & Q & 0 & 0 \\ 0 & 0 & S & 0 \\ 0 & 0 & 0 & Z \end{bmatrix}，同时 Z = \begin{bmatrix} \sigma_1^2 & 0 & 0 & 0 \\ 0 & \sigma_2^2 & 0 & 0 \\ 0 & 0 & \sigma_3^2 & 0 \\ 0 & 0 & 0 & \alpha_4^2 \end{bmatrix}$$

$$(21.13)$$

这里的 u_t 要使得 $\epsilon_t = A_t^{-1} H_t^{\frac{1}{2}} u_t$。正如 Primiceri(2005)已经讨论过的,假设 V 有一个块对角线结构是出于两个理由:第一,简洁性,因为模型本来就已经重参数化了;第二,"因为允许不同来源的不确定性之间有一个完全通用的相关结构,将排除对新息的任何结构性解释[①]。"最后,再一次沿用 Primiceri(2005)的做法,我们采用了一个附加的简化假设,即假设 S 也有一个块对角结构,即

$$S \equiv \text{var}(\tau_t) = \begin{bmatrix} S_1 & 0_{1\times2} & 0_{1\times3} \\ 0_{2\times1} & S_2 & 0_{2\times3} \\ 0_{3\times1} & 0_{3\times2} & S_3 \end{bmatrix}$$

$$(21.14)$$

其中, $S_1 \equiv \text{var}(\tau_{21,t})$, $S_2 \equiv \text{var}([\tau_{31,t},\tau_{32,t}]')$, $S_3 \equiv \text{var}([\tau_{41,t},\tau_{32,t},\tau_{43,t}]')$。因此,这就意味着, A_t 的属于不同行的非零和非一的元素是各自独立地演化的。正如 Primiceri(2005,附录 A.2)中讨论的,这个假设极大地简化了推断,因为它允许对 A_t 的非零和非一的元素逐个方程地进行吉布斯抽样。

2.2　估计过程的细节

我们利用贝叶斯方法估计如式(21.6)—式(21.14)所示的模型。接下来的两个部分先描述我们选择的先验分布,以及我们用来模拟超参数后验分布和以数据为条件的状态的马尔可夫链蒙特卡罗算法。而第三个部分将讨论我们如何检验该马尔可夫链对遍历性分布的收敛性。这种方法与 Benati(2008a)所用的方法类似,同时结合了 Cogley 和 Sargent(2002,2005)以及 Primiceri(2005)所用的一些元素。

2.2.1　先验分布

为了简单起见,我们假设状态——θ_0、α_0 和 h_0——的初始值的先验分布都是正态分布,同时我们假设它们不仅相互之间彼此独立,而且还独立于超参数的分布。为了校准 θ_0、α_0 和 h_0 的先验分布,我们基于前八年的数据估计了一个时不变的版本式(21.6),并设置:

$$\theta_0 \sim N(\hat{\theta}_{\text{OLS}}, 4 \cdot \hat{V}(\hat{\theta}_{\text{OLS}}))$$

$$(21.15)$$

对于 α_0 和 h_0,我们按如下步骤进行。先设 $\hat{\sum}_{\text{OLS}}$ 表示估计的时不变向量自回归中的 ε_t 的协方差矩阵,再用 C 表示 $\hat{\sum}_{\text{OLS}}$ 的下三角乔里斯基因子,这也就是说 $CC' = \hat{\sum}_{\text{OLS}}$。我们再设:

$$\ln h_0 \sim N(\mu_0, 10 \times I_4)$$

$$(21.16)$$

---

① 见 Primiceri(2005,第6—7页)的论述。

其中，μ_0 是一个向量，归集了 C 的对角线上的平方元素的对数值。然后，我们将 C 的每一列除以对角线上相应的元素——我们不妨将由此而得到的这个矩阵记为 $\tilde{C}$ ——我们再设：

$$\alpha_0 \sim N(\tilde{\alpha}_0, \bar{V}(\tilde{\alpha}_0)) \tag{21.17}$$

其中，$\tilde{\alpha}_0$ 是一个向量 —— 为了便于将来引用，我们将 $\tilde{\alpha}_0$ 定义为 $\tilde{\alpha}_0 \equiv [\tilde{\alpha}_{0,11}, \tilde{\alpha}_{0,21}, \cdots, \tilde{\alpha}_{0,61}]'$ —— 归集了矩阵 $\tilde{C}^{-1}$ 中的所有非零和非一的元素（即对角线下面的元素）。再假设它的协方差矩阵 $\bar{V}(\tilde{\alpha}_0)$ 是对角线的，且每一个单个 (j,j) 元素都等于 10 乘以 $\tilde{\alpha}_0$ 中对应的第 j 个元素的绝对值。对 $\tilde{\alpha}_0$ 的协方差矩阵的这种选择显然是武断的，但是与我们的目标相符 —— 对 $\tilde{\alpha}_0$ 的每一个单个元素的方差进行缩放，以便将元素的量值考虑进来。

关于超参数，我们假定对应于三个矩阵 Q、S 和 Z 的参数之间是相互独立的——我们只是为了方便起见而采用了这个假设——同时作出以下标准假设。假设矩阵 Q 服从逆威沙特分布，即

$$Q \sim IW(\bar{Q}^{-1}, T_0) \tag{21.18}$$

其中，T_0 为先验自由度，$\bar{Q}$ 为尺度矩阵。为了使先验的影响最小化（从而使样本信息的影响最大化），我们将 T_0 设定为允许的最小值，即 θ_t 的长度加 1。对于 $\bar{Q}$，我们将它校准为 $\bar{Q} = \gamma \times \sum_{\text{OLS}}$，设置 $\gamma = 3.5 \times 10^{-4}$，这与 Cogley 和 Sargent（2005）使用的值相同。

假设 S 的三个块都服从逆威沙特分布，然后再一次将先验自由度设定为等于所允许的最小值，即分别为 2、3 和 4，从而我们有：

$$S_1 \sim IW(\bar{S}_1^{-1}, 2) \tag{21.19}$$

$$S_2 \sim IW(\bar{S}_2^{-1}, 3) \tag{21.20}$$

$$S_3 \sim IW(\bar{S}_3^{-1}, 4) \tag{21.21}$$

对于 $\bar{S}_1$、$\bar{S}_2$ 和 $\bar{S}_3$，我们根据式（21.17）中的 $\tilde{\alpha}_0$，将它们校准为 $\bar{S}_1 = 10^{-3} \times |\tilde{\alpha}_{0,11}|$、$\bar{S}_2 = 10^{-3} \times \text{diag}([|\tilde{\alpha}_{0,21}|, |\tilde{\alpha}_{0,31}|]')$，以及 $\bar{S}_3 = 10^{-3} \times \text{diag}(|\tilde{\alpha}_{0,41}|, |\tilde{\alpha}_{0,51}|, |\tilde{\alpha}_{0,61}|]')$。这样的校准与我们对 Q 的校准是一致的，因为它等价于设 $\bar{S}_1$、$\bar{S}_2$ 和 $\bar{S}_3$ 分别等于式（21.17）中 $\bar{V}(\tilde{\alpha}_0)$ 的相关对角线块的 10^{-4} 倍。最后，对于随机波动新息的方差，我们沿用了 Cogley 和 Sargent（2002，2005）的处理方法，同时我们假设 Z 的元素服从逆伽马分布，即

$$\sigma_i^2 \sim IG\left(\frac{10^{-4}}{2}, \frac{1}{2}\right) \tag{21.22}$$

2.2.2 模拟后验分布

我们将 Primiceri（2005）、Cogley 和 Sargent（2002，2005）所用的一些元素结合起来，利用下面描述的马尔可夫链蒙特卡罗算法模拟了依赖于数据的超参数和状态的后验分布。接下来，我们用 x^t 表示向量 x 到时期 t 为止的整个历史，这也就是说 $x^t \equiv [x_1', x_2', \cdots, x_t']$，其中 T 为样本长度。

（a）以 Y^T、α^T 和 H^T 为条件，提取出 θ_t 的元素，观测方程式（21.6）是线性的，其新息是高斯式的，且其协方差矩阵为已知。与 Carter 和 Kohn（2004）一样，我们可以将密度 $p(\theta^T | Y^T, \alpha^T, H^T, V)$ 因子化为：

$$p(\theta^T \mid Y^T, \alpha^T, H^T, V) = p(\theta_T \mid Y^T, \alpha^T, H^T, V) \prod_{t=1}^{T-1} p(\theta_t \mid \theta_{t+1}, Y^T, \alpha^T, H^T, V) \quad (21.23)$$

以 α^T、H^T 和 V 为条件，用标准卡尔曼滤波器能够递归地将式(21.23)右边的第一个元素确定下来，即 $p(\theta_T \mid Y^T, \alpha^T, H^T, V) = N(\theta_T, P_T)$，其中 P_T 是用卡尔曼滤波器产生的 θ_T 的精度矩阵。然后，可以运用 Kim 和 Nelson(2000)或 Cogley 和 Sargent(2005,附录 B.2.1)给出的向后递归算法来计算出上述因子分解式中的其余元素。给定 θ_T 的条件正态性，我们可以得到：

$$\theta_{t\mid t+1} = \theta_{t\mid t} + P_{t\mid t} P_{t+1\mid 1}^1 (\theta_{t+1} - \theta_t) \quad (21.24)$$

$$P_{t\mid t+1} = P_{t\mid t} - P_{t\mid t} P_{t+1\mid u}^{-1} P_{t\mid t} \quad (21.25)$$

这就给出了对于从 $T-1$ 到 1 中的每一个 t，式(21.23)中剩余的元素 $p(\theta_t \mid \theta_{t+1}, Y^T, \alpha^T, H^T, V) = N(\theta_{t\mid t+1}, P_{t\mid t+1})$。具体来说，向后递归是从在 $N(\theta_T, P_T)$ 中的一次提取开始的——称之为以 $\hat{\theta}_{T-1}$ 为条件的 $\hat{\theta}_T$——然后利用式(21.24)—式(21.25)我们就可以得到 $\theta_{T-1\mid T}$ 和 $P_{T-1\mid T}$，这样也就使得我们可以从 $N(\theta_{T-1\mid T}, P_{T-1\mid T})$ 中提取出 $\hat{\theta}_{T-1}$。重复这个过程，一直到 $t=1$。

(b)沿着 Primiceri(2005)的思路，以 Y^T、θ^T 和 H^T 为条件，提取出 α^T 的元素，步骤如下。式(21.6)可以改写为 $A_t \tilde{Y}_t \equiv A_t(YX'_t\theta_t) = A_t \varepsilon_t \equiv u_t$，其中 $\mathrm{var}(u_t) = H_t$，这也就是说：

$$\tilde{Y}_{2,t} = -\alpha_{21,t} \tilde{Y}_{1,t} + u_{2,t} \quad (21.26)$$

$$\tilde{Y}_{3,t} = -\alpha_{31,t} \tilde{Y}_{1,t} - \alpha_{32,t} \tilde{Y}_{2,t} + u_{3,t} \quad (21.27)$$

$$\tilde{Y}_{4,t} = -\alpha_{41,t} \tilde{Y}_{1,t} - \alpha_{42,t} \tilde{Y}_{2,t} - \alpha_{43,t} \tilde{Y}_{3,t} + u_{4,t} \quad (21.28)$$

再加上恒等式 $\tilde{Y}_{1,t} = u_{1,t}$，其中 $[\tilde{Y}_{1,t}, \tilde{Y}_{2,t}, \tilde{Y}_{3,t}, \tilde{Y}_{4,t}] \equiv \tilde{Y}_t$。从而基于观测方程式(21.26)—式(21.28)和转移方程式(21.12)，分别对式(21.26)、式(21.27)和式(21.28)应用上面的段落中描述的同一个算法，我们就可以提取出 α^T 的元素。S 具有块对角结构式(21.14)的假设在这个过程中是至关重要的，但是正如 Primiceri(2005,附录 D)所强调的，这个假设原则上是可以放宽的。

(c)以 Y^T、θ^T 和 α^T 为条件，提取出 H_t 的元素，正交化的新息 $u_t \equiv A_t(Y_t - X'_t\theta_t)$，其中 $\mathrm{var}(u_t) = H_t$ 是可观察的。然后，我们遵循 Cogley 和 Sargent(2002)的思路，运用 Jacquier 等(1994)的单变量算法逐个元素地对 $h_{i,t}$ 抽样。[①]

(d)以 Y^T、θ^T、H^T 和 α^T 为条件，提取出超参数。θ_t、α_t 和 $h_{i,t}$ 的新息都是可观察的，这就使得我们可以从它们各自的分布中提取出超参数——Q、S_1、S_2、S_3 和 σ_i^2 的元素。

综上所述，通过迭代上述(a)—(d)各步，运用马尔可夫链蒙特卡罗算法，可以模拟以数据为条件的状态和超参数的后验分布。在模拟中，我们先通过一个 50000 次迭代的"老化"周期收敛到遍历分布，然后我们又运行了 10000 次迭代，每到 10 次提取就抽样一次，以减少提取之间的自相关性。[②]

3. 有非零趋势通货膨胀的新凯恩斯主义模型的贝叶斯估计

我们用贝叶斯方法估计了 4.1.2.4 提出的新凯恩斯主义模型。本附录接下来的两个部

[①] 更多细节，请参见 Cogley 和 Sargent(2005,附录 B.2.5)的论述。

[②] 在这方面，我们遵循了科格利和萨金特的方法(Cogley and Sargent,2005)。然而，正如 Cogley 和 Sargent(2005)所强调的那样，这样做有一个缺点，即会增大模拟中总体平均值的方差。

分描述了先验分布和我们用来从后验中提取数据的马尔可夫链蒙特卡罗算法。

3.1　先验分布

遵循 Lubik 和 Schorfheide(2004)以及安和舍夫海德(An and Schorfheide,2007)的方法,为了简单起见,我们假设所有结构参数相互之间都是先验独立的。表21.6报告了参数的先验密度,以及表征它们的两个关键对象——众模和标准差。

3.2　运用随机游走梅特罗波利斯算法从后验中提取

我们运用模拟退火算法在数值上最大化对数后验。对数后验的定义为 $\ln L(\theta|Y)+\ln P(\theta)$,其中,$\theta$ 是归集模型结构参数的向量,$L(\theta|Y)$ 是以数据为条件的 θ 的似然,而 $P(\theta)$ 则是先验。我们使用的是 Corana 等(1987)的模拟退火算法,更多细节如贝纳蒂所述(Benati,2008b,附录 D.1)。然后,我们运用随机游走梅特罗波利斯算法从模型结构参数的后验分布中生成数据,细节如 An 和 Schorfheide(2007)所述。在实现随机游走梅特罗波利斯算法时,我们完全遵循了 An 和 Schorfheide(2007,4.1)给出的程序,唯一的不同之处是我们在校准协方差矩阵的尺度因子——下面的参数 c——时采用了 Benati(2008b,附录 D.2)所描述的方法,以便使提取被接受的比例接近(高维下的)理想比例 0.23。[①]

参考文献

Acharya, V., Richardson, M., 2009. Restoring financial stability: How to repair a failed system. John Wiley and Sons, New York.

An, S., Schorfheide, F., 2007. Bayesian analysis of DSGE models. Econom. Rev. 26 (2-4), 113-172.

Andrews, E. L., 2008. Greenspan concedes error on regulation. The New York Times, October 24, 2008.

Ang, A., Bekaert, G., Wei, M., 2008. The term structure of real rates and expected inflation. J. Finance 63 (2), 797-849.

Argy, V., Brennan, T., Stevens, G., 1990. Money targeting: The international experience. Econ. Rec. 37-62.

Ascari, G., 2004. Staggered prices and trend inflation: Some nuisances. Rev. Econ. Dyn. 7, 642-667.

Ascari, G., Ropele, T., 2007. Trend inflation, Taylor principle, and indeterminacy. University of Pavia, Mimeo.

Auerbach, A. J., Obstfeld, M., 2005. The case for open-market purchases in a liquidity trap. Am. Econ. Rev 95 (1), 110-137.

Axilrod, S. H., 2009. Inside the Fed: Monetary policy and its management, Martin through Greenspan to Bernanke. MIT Press, Cambridge, MA.

_____

① 请参见 Gelman 等(1995)的相关文献。

Baba, N., Nishioka, N., Oda, M., Shirakawa, K., Ueda, K., Ugai, H., 2005. Japan's deflation, problems in the financial system and monetary policy. Bank of Japan Monetary and Economic Studies 23 (1).

Baltensperger, E., 1999. Monetary policy under conditions of increasing integration (1979-96). In: Bundesbank, D. (Ed.), Fifty years of the Deutsche Mark. Central bank and the currency in Germany since 1948. Oxford University Press, Oxford, UK.

Barsky, R. B., Kilian, L., 2001. Do we really know that oil caused the great stagflation? A monetary alternative. NBER Macroeconomics Annual 16, 137-183.

Benati, L., 2008a. The great moderation in the United Kingdom. J. Money Credit Bank. 39 (1), 121-147.

Benati, L., 2008b. Investigating inflation persistence across monetary regimes. Q. J. Econ. 123 (3), 1005-1060.

Benati, L., 2009. Are policy counterfactuals based on structural VARs reliable?. European Central Bank, Mimeo.

Benati, L., Surico, P., 2009. VAR analysis and the great moderation. Am. Econ. Rev. 99 (4), 1636-1652.

Bernanke, B. S., 1999. Japanese monetary policy: A case of self-induced paralysis?. Presented at the ASSA Meetings, Boston.

Bernanke, B. S., 2002. Deflation: Making sure it doesn't happen here. Remarks before the National Economists Club, Washington, D. C.

Bernanke, B. S., Gertler, M., 1999. Monetary policy and asset price volatility. Paper presented at the symposium New Challenges for Monetary Policy, sponsored by the Federal Reserve Bank of Kansas City, Jackson Hole, Wyoming.

Bernanke, B. S., Gertler, M., 2001. Should central banks respond to movements in asset prices?. Am. Econ. Rev. 91 (2), 253-257.

Bernanke, B. S., Reinhart, V. R., Sack, B. P., 2004. Monetary policy alternatives at the zero bound: An empirical assessment. Brookings Pap. Econ. Act. 2, 1-78.

Bernholz, P., 1999. The Bundesbank and the process of European monetary integration. In: Bundesbank, D. (Ed.), Fifty years of the Deutschmark. Oxford University Press, Oxford, UK.

Beyer, A., Gaspar, V., Gerberding, C., Issing, O., 2010. Opting out of the great inflation: German monetary policy after the break down of Bretton Woods. In: Bordo, M. D., Orphanides, A. (Eds.), The great inflation. University of Chicago Press, Chicago, IL.

Bockelmann, H., 1996. Die Deutsche bundesbank. Frankfurt am Main, Knapp.

Boivin, J., Giannoni, M., 2006. Has monetary policy become more effective?. Rev. Econ. Stat. 88, 445-462.

Bordo, M. D., Orphanides, A., 2010. The great inflation. University of Chicago Press,

Chicago, IL.

Bordo, M., Schwartz, A. J., 1999. Monetary policy regimes and economic performance: The historical record. In: Taylor, J. B., Woodford, M. (Eds.), Handbook of macroeconomics. North-Holland, Amsterdam.

Brown, G., 2004. Speech. Labour Party Conference, Brighton, UK.

Brunner, K., Meltzer, A. H., 1983. Strategies and tactics for monetary control. Carnegie-Rochester Conference Series on Public Policy 18, 59-103.

Brunnermeier, M., Crockett, A., Goodhart, C., Hellwig, M., Persaud, A., Shin, H. S., 2009. The fundamental principles of financial regulation. Geneva Reports on the World Economy.

Bryant, R., 1982. Federal Reserve control of the money stock. J. Money Credit Bank. 14 (4), 597-625.

Burns, A. F., 1970. Inflation: The fundamental challenge to stabilisation policies. Speech. 17th Annual Monetary Conference of the American Bankers Association, Hot Springs, Virginia.

Cagan, P., 1979. Persistent inflation: Historical and policy essays. Columbia University Press, New York.

Canova, F., 2007. How much structure in empirical models?. In: Mills, T., Patterson, K. (Eds.), Palgrave handbook of economics, 2: Applied econometrics. Palgrave MacMillan, London.

Carter, C. K., Kohn, R. P., 2004. On Gibbs sampling for state space models. Biometrika 81, 541-553.

Cecchetti, S., Genberg, H., Lipsky, J., Wadwhani, S., 2000. Asset prices and central bank policy. Geneva Reports on the World Economy. International Center for Monetary and Banking Studies and Centre for Economic Policy Research.

Christiano, L., Fitzgerald, T., 2003. The Band-Pass filter. Int. Econ. Rev. 44 (2), 435-465.

Christiano, L., Eichenbaum, M., Evans, C., 2005. Nominal rigidities and the dynamic effects of a shock to monetary policy. J. Polit. Econ. 113 (1), 1-45.

Clarida, R., Gali, J., Gertler, M., 2000. Monetary policy rules and macroeconomic stability: Evidence and some theory. Q. J. Econ. CXV (1), 147-180.

Cogley, T., Sargent, T. J, 2002. Evolving post-WWII U. S. inflation dynamics. In: Bernanke, B., Rogoff, K. (Eds.), NBER macroeconomics annuals 2002. MIT Press, Cambridge.

Cogley, T., Sargent, T. J., 2005. Drifts and volatilities: Monetary policies and outcomes in the post WWII U. S. Rev. Econ. Dyn. 8, 262-302.

Corana, A., Marchesi, M., Martini, C., Ridella, S., 1987. Minimizing multimodal functions of continuous variables with the simulated annealing algorithm. ACM Transactions on

Mathematical Software 13, 262-280.

Cosimano, T., Jansen, D., 1987. The relation between money growth variability and the variability of money about target. Econ. Lett. 25, 355-358.

Darby, M. R., Lothian, J. R., 1983. Conclusions on the international transmission of inflation. In: Darby, M. R., Lothian, J. R., Gandolfi, A. E., Schwartz, A. J., Stockman, A. C. (Eds.), The international transmission of inflation. University of Chicago Press, Chicago, IL, pp. 491-524.

Eggertsson, G., Woodford, M., 2003. The zero bound on interest rates and optimal monetary policy. Brookings Pap. Econ. Act. 1, 212-219.

Ehrmann, M., Fratzscher, M., Gürkaynak, R. S., Swanson, E. T, 2007. Convergence and anchoring of yield curves in the Euro Area. ECB Working Paper No. 817, Review of Economics and Statistics(in press).

Fagan, G., Henry, J., Mestre, R., 2005. An area-wide model (AWM) for the Euro Area. Econ. Model. 22 (1), 39-59.

Feldstein, M., 1997a. EMU and international conflict. Foreign Aff. 76 (6), 60-73.

Feldstein, M., 1997b. The political economy of the European economic and monetary union: Political sources of an economic liability. J. Econ. Perspect. 11 (4), 23-42.

Feldstein, M., 2009. Reflections on Americans' views of the Euro ex ante. http://www.voxeu.org/index.php? q=node/2867.

Fernández-Villaverde, J., Guerrón-Quintana, P., Rubio-Ramírez, J. F., 2009. Fortune or virtue: Timevariant volatilities versus parameter drifting in U. S. data. University of Pennsylvania, Federal Reserve Bank of Philadelphia, and Duke University, Mimeo.

Fischer, S., 1994. Modern central banking. In: Capie, F. et al. (Ed.), The future of central banking. Cambridge University Press, Cambridge, UK.

Friedman, M., 1974. Perspective on inflation. Newsweek 73.

Friedman, M., 1982. Monetary theory: Policy and practice. J. Money Credit Bank. 14 (1), 98-118.

Friedman, M., 1984a. Lessons from the 1979-82 monetary policy experiment. Am. Econ. Rev. 74 (2), 397-400.

Friedman, M., 1984b. Monetary policy of the 1980s. In: Moore, J. (Ed.), To promote prosperity. Hoover Institution Press, Stanford, CA.

Fujiwara, I., 2006. Evaluating monetary policy when nominal interest rates are almost zero. Journal of the Japanese and International Economy 20 (3), 434-453.

Fukuyama, F., 1989. The end of history?. The National Interest 3-18.

Fukuyama, F., 1992. The end of history and the last man. Free Press, New York.

Gali, J., Gambetti, L., 2009. On the sources of the great moderation. American Economic

Journal: Macroeconomics 1 (1), 26-57.

Gambetti, L., Pappa, E., Canova, F., 2006. The structural dynamics of U. S. output and inflation: What explains the changes?. J. Money Credit Bank. 40 (2-3), 369-388.

Gelman, A., Carlin, J., Stern, H., Rubin, D., 1995. Bayesian data analysis. Chapman and Hall, New York.

Giavazzi, F., Giovannini, A., 1989. Limiting exchange rate flexibility: The European monetary system. MIT Press, Cambridge, MA.

Goodfriend, M., 1993. Interest rate policy and the inflation scare problem: 1979-1992. Federal Reserve Bank of Richmond Economic Quarterly 79 (1), 1-23.

Goodfriend, M., King, R., 2005. The incredible Volcker disinflation. J. Monet. Econ. 52, 981-1015.

Goodhart, C. A. E., 1989. The conduct of monetary policy. Econ. J. 99 (396), 293-346.

Gros, D., Thygesen, N., 1992. European monetary integration: From the European monetary system to European monetary union. St. Martin's Press, Longman Group UK Limited, and New York.

Gurkaynak, R., Sack, B., Swanson, E., 2005. The excess sensitivity of long-term interest rates: Evidence and implications for macroeconomic models. Am. Econ. Rev. 95 (1), 425-436.

Heston, A., Summers, R., Aten, B., 2006. The Penn world tables version 6. 2. Center for International Comparisons of Production, Income and Prices at the University of Pennsylvania.

Issing, O., 2005. Why did the great inflation not happen in Germany?. Federal Reserve Bank of St. Louis Review 87 (2, Part 2), 329-335.

Jacquier, E., Polson, N. G., Rossi, P., 1994. Bayesian analysis of stochastic volatility models. J. Bus. Econ. Stat. 12, 371-418.

Justiniano, A., Primiceri, G., 2008. The time-varying volatility of macroeconomic fluctuations. Am. Econ. Rev. 98 (3), 604-641.

Kiley, M. T., 2007. Is moderately-to-high inflation inherently unstable?. International Journal of Central Banking 3 (2), 173-201.

Kim, C. J., Nelson, C., 1999. Has the U. S. economy become more stable? A Bayesian approach based on a Markov-switching model of the business-cycle. Rev. Econ. Stat. 81, 608-616.

Kim, C. J., Nelson, C., 2000. State-space models with regime switching. MIT Press, Cambridge, MA.

Kim, C. J., Nelson, C., Piger, J., 2004. The less volatile U. S. economy: A Bayesian investigation of timing, breadth, and potential explanations. J. Bus. Econ. Stat. 22 (1), 80-93.

Kimura, T., Small, D. H., 2006. Quantitative monetary easing and risk in financial asset markets. The B. E. Journal of Macroeconomics 6 (1).

Kimura, T. , Kobayashi, H. , Muranaga, J. , Ugai, H. , 2003. The effect of the increase in the monetary base on Japan's economy at zero interest rates: An empirical analysis. In: Monetary Policy in a Changing Environment. 19, Bank for International Settlements Conference Series, pp. 276-312.

King, M. , 2003. Speech at the East Midlands Development Agency. Bank of England Quarterly Bulletin (Winter), 476-478.

King, M. , 2009. Speech at the Lord Mayor's Banquet at the Mansion House. London.

Koo, R. C. , 2008. The holy grail of macroeconomics: Lessons from Japans great recession. John Wiley and Sons, New York.

Kozicki, S. , Tinsley, P. A. , 2005. What do you expect? Imperfect policy credibility and tests of the expectations hypothesis. J. Monet. Econ. 52 (2), 421-447.

Krugman, P. R. , 1998. It's baaack: Japan's slump and the return of the liquidity trap. Brookings Pap. Econ. Act. 2, 137-205.

Kydland, F. E. , Prescott, E. C. , 1977. Rules rather than discretion: The inconsistency of optimal plans. J. Polit. Econ. 85 (3), 473-492.

Lamont, N. , 1999. In office. Little, Brown and Company, London.

Lane, T. , 1984. Instrument instability and short-term monetary control. J. Monet. Econ. 14, 209-224.

Levin, A. T. , Taylor, J. B. , 2010. Falling behind the curve: A positive analysis of stop-start monetary policies and the great inflation. In: Bordo, M. D. , Orphanides, A. (Eds.), The great inflation. University of Chicago Press for the National Bureau of Economic Research, Chicago, IL (in press).

Lindsey, D. , Farr, H. , Gillum, G. , Kopecky, K. , Porter, R. , 1984. Shortrun monetary control. J. Monet. Econ. 13, 87-111.

Lubik, T. , Schorfheide, F. , 2004. Testing for indeterminacy: An application to U. S. monetary policy. Am. Econ. Rev. 94 (1), 190-217.

Lucas, R. E. , 1976. Econometric policy evaluation: A critique. Carnegie-Rochester Conference Series on Public Policy 1, 19-46.

Macfarlane, I. , 1998. Australian monetary policy in the last quarter of the twentieth century. Reserve Bank of Australia Bulletin October.

Marsh, D. , 1992. The Bundesbank: The bank that rules Europe. Heinemann, London.

Marsh, D. , 2009. The Euro: The politics of the new global currency. Yale University Press, New Haven, CT.

Martin, W. M. , 1967. Statement before the Joint Economic Committee. February 9.

Martin, W. M. , 1969. Statement before the Joint Economic Committee. March 25.

Marumo, K. , Nakayama, T. , Nishioka, S. , Yoshida, T. , 2003. Extracting market expectations on the duration of the zero interest rate policy from Japan's bond prices. Bank of Japan. Financial Markets Department Working Paper Series, 03-E-2.

Mascaro, A. , Meltzer, A. H. , 1983. Long and short-term interest rates in a risky world. J. Monet. Econ. 12, 485-518.

McCallum, B. , 1985. On consequences and criticisms of monetary targeting. J. Monet. Econ. 17 (4), 570-597.

McCallum, B. , 2000. Theoretical analysis regarding a zero lower bound on nominal interest rates. J. Money Credit Bank. 32, 870-904.

McConnell, M. , Perez-Quiros, G. , 2000. Output fluctuations in the United States: What has changed since the early 1980s?. Am. Econ. Rev. 90, 1464-1476.

McKinnon, R. I. , 1982. Currency substitution and instability in the world dollar standard. Am. Econ. Rev. 72 (3), 320-333.

McKinnon, R. I. , 1999. Comments on monetary policy under zero inflation. Bank of Japan Monetary and Economic Studies 17, 183-188.

Meltzer, A. H. , 1999. Comments: What more can the bank of Japan do?. Bank of Japan Monetary and Economic Studies 17, 189-191.

Minsky, H. P. , 1977. A theory of systemic fragility. In: Altman, E. I. , Sametz, A. W. (Eds.), Financial Crises. John Wiley and Sons, New York.

Minsky, H. P. , 1982. Can "it" happen again? Essays on instability and finance. M. E. Sharpe, Inc. , New York.

Minsky, H. , 1986. Stabilizing an unstable economy. Yale University Press, New Haven.

Minsky, H. P. , 1992. The financial instability hypothesis (working paper 74). Jerome Levy Economics Institute. Annandale on Hudson, New York.

Neumann, M. , 1997. Monetary targeting in Germany. In: Kuroda, I. (Ed.), Towards more effective monetary policy, Palgrave Macmillan, London.

Neumann, M. , 1999. Monetary stability: Threat and proven response. In: Bundesbank, D. (Ed.), Fifty years of the Deutsche Mark: Central bank and currency in Germany since 1948. Oxford University Press, Oxford.

Okina, K. , 1999. Monetary policy under zero inflation: A response to criticisms and questions regarding monetary policy. Bank of Japan Monetary and Economic Studies 157-182.

Okina, K. , Shiratsuka, S. , 2004. Policy commitment and expectation formation: Japan's experience under zero interest rates. North American Journal of Economics and Finance 15 (1), 75-100.

Paulson, H. , 2008. Blueprint for a modernized financial regulatory structure. U. S. Department of the Treasury.

Poole, W. , 1982. Federal Reserve operating procedures: A survey and evaluation of the historical record since October 1979. J. Money Credit Bank. 14 (4), 576-596.

Posen, A., 1995. Declarations are not enough: Financial sector sources of central bank independence. NBER Macroeconomics Annual 10, 253-274.

Primiceri, G. E., 2005. Time varying structural vector autoregressions and monetary policy. Rev. Econ. Stud. 72, 821-852.

Radecki, L., 1982. Short-run monetary control: An analysis of some possible dangers. Federal Reserve Bank of New York Quarterly Review 7, 1-10.

Rasche, R. H., 1985. Interest rate volatility and alternative monetary control procedures. Federal Reserve Bank of San Francisco Economic Review, 46-63.

Rasche, R. H., Meltzer, A. H., 1982. Is the Federal Reserve's monetary control policy misdirected?. J. Money Credit Bank. 14 (1), 119-147.

Sims, C., Zha, T., 2006. Were there regime switches in U. S. monetary policy?. Am. Econ. Rev. 96 (1), 54-81.

Smets, F., Wouters, R., 2007. Shocks and frictions in U. S. business cycles: A Bayesian DSGE approach. Am. Econ. Rev. 97 (3), 586-606.

Stock, J., Watson, M., 2002. Has the business cycle changed and why?. In: Bernanke, B., Rogoff, K. (Eds.), NBER macroeconomics annual 2002, MIT Press, Cambridge.

Stock, J., Watson, M., 2003. Has the business cycle changed? Evidence and explanations, paper presented at the symposium 'Monetary policy and uncertainty: Adapting to a changing economy', sponsored by the Federal Reserve Bank of Kansas City, Jackson Hole, Wyoming, Augest 28-30.

Suzuki, Y., 1989. The Japanese financial system. Oxford University Press, Oxford.

Svensson, L. E., 2001. The zero bound in an open economy: A foolproof way of escaping from a liquidity trap. Bank of Japan Monetary and Economic Studies 19, 277-312.

Taylor, J. B., 2009. Getting off track. Hoover Institution Press, Stanford, CA.

Thiessen, G. G., 2001. The Thiessen lectures: Lectures delivered by Gordon G. Thiessen, Governor of the Bank of Canada, 1994 to 2001. Bank of Canada.

Thornton, D. L., 2005. When did the FOMC begin targeting the federal funds rate? What the verbatim transcripts tell us. Federal Reserve Bank of St. Louis, Working Paper 2004-015B.

Tinsley, P. A., Farr, H., Fries, G., Garrett, B., VonZurMuehlen, P., 1982. Policy robustness: Specification and simulation of a monthly money market model. J. Money Credit Bank. 14 (4), 829-856.

Turner, L., 2009. The Turner review: A regulatory response to the global banking crisis. Financial Services Authority.

Ueda, K., 2001. Japan's liquidity trap and monetary policy. Speech. Fukushima University, Fukushima City. Meeting of Japan Society of Monetary Economics.

Ueda, K. , 2005. The Bank of Japan's struggle with the zero lower bound on nominal interest rates: Exercises in expectations management. International Finance 8 (2), 329-350.

Ugai, H. , 2006. Effects of the quantitative easing policy: A survey of empirical analyses. Bank of Japan, Working Paper No. 06-E-10.

Volcker, P. A. , 1979. A time of testing. American Bankers Association, New Orleans, LA Remarks.

Volcker, P. A. , 2008. Remarks. Economic Club of New York.

Volcker, P. A. , Gyohten, T. , 1992. Changing fortunes: The world's money and the threat to American leadership. Times Books, New York, NY.

White, W. R. , 1976. The demand for money in Canada and the control of monetary aggregates. Bank of Canada. Mimeo.

Whittle, P. , 1953. The analysis of multiple stationary time series. Journal of the Royal Statistical Society, Series B (15), 125-139.

Woodford, M. , 2003. Interest and prices. Princeton University Press, Princeton, NJ.

第二十二章　通货膨胀目标制[①]

拉尔斯·E. O. 斯文森(Lars E. O. Svensson) *

* :瑞典中央银行和斯德哥尔摩大学

目　录

① 我非常感谢佩特拉·盖拉克-克里斯汀(Petra Gerlach-Kristen)、阿姆德·霍尔姆森(Amund Holmsen)、马格努斯·琼森(Magnus Jonsson)、斯蒂芬·拉斯恩(Stefan Laséen)、爱德华·纳尔逊(Edward Nelson)、阿塔纳西奥斯·欧菲尼德斯(Athanasios Orphanides)、乌尔夫·索德斯特罗姆(Ulf Söderström)、安德斯·弗雷丁(Anders Vredin)、迈克尔·伍德福德(Michael Woodford),以及参加欧洲中央银行举办的货币经济学的关键进展会议、瑞典中央银行和挪威中央银行的所有研讨会的与会者的评论。我还要感谢研究助理卡尔·安德里亚斯·克劳森(Carl Andreas Claussen)的出色工作。本章中提出的观点是我自己的,不一定代表瑞典中央银行和挪威中央银行执行董事会的其他成员或员工的观点。

本章摘要：通货膨胀目标制有多重含义。它是一种货币政策策略，其特点是公开宣布一个明确的通货膨胀数值目标；它也是一种货币政策的实施方法，即让通货膨胀预测发挥主要作用（这通常称为预报定标）；它还意味着极高的透明度和可问责性。通货膨胀目标制是 1990 年率先在新西兰引入的，在稳定通货膨胀和实体经济方面都非常成功，到 2010 年时已经被大约 25 个工业化和新兴市场经济体采用。本章讨论了通货膨胀目标制的历史、宏观经济效应、理论、实践和未来。

JEL 分类代码：E52，E58，E42，E43，E47

关键词：有弹性的通货膨胀目标制；预报定标；最优货币政策；透明度

1. 引言

通货膨胀目标制是新西兰在 1990 年引入的一种货币政策策略。它非常成功，到 2010 年已经被大约 25 个工业化和非工业化经济体采用。它有这样一些特点：第一，有一个公开宣布的明确的通货膨胀数值目标；第二，货币政策的实施要让通货膨胀预测发挥主要作用——这通常称为预报定标；第三，高透明度和可问责性（Svensson，2008）。通货膨胀目标制还与一个三位一体的制度框架密切相关，那就是：第一，稳定物价的法定使命；第二，独立性；第三，中央银行的可问责性。不过，也有少数几个例外，例如在挪威，通货膨胀目标制非常成功，但是挪威中央银行缺乏正式的独立性（尽管它们事实上的独立性可能仍然很高）。

1.1 公开宣布的通货膨胀数值目标

发达国家的通货膨胀数值目标通常设定为让消费者价格指数(CPI)或核心 CPI 的年增长率维持在 2% 上下。它可能表现为一个波动范围的形式,如新西兰规定的 1% 至 3%;也可能表现为一个点目标再辅以一定波动范围的形式,例如在加拿大,通货膨胀目标为 2% 的点目标,再加上正负 1 个百分点的范围/容忍区间;或者也可能表现为一个没有规定明确范围的点目标,比如瑞典和英国是 2%,挪威是 2.5%。这些具体形式之间的区别在实践中似乎并不太重要。即使是那些设定了目标区间的中央银行,似乎也一直只瞄准区间的中点。这个区间的边缘通常被解释为"软边缘",因为它们不会触发离散性的政策变化,而且在区间外的通货膨胀被认为与在区间内的通货膨胀没有太大的区别。新兴市场和发展中国家的通货膨胀数值目标通常会比 2% 高出若干个百分点。

在实践中,通货膨胀目标制从来都不是严格的,而是灵活的或有弹性的,因为所有采用通货膨胀目标制的中央银行("中央银行"一词在本章中是作为货币政策当局的通用名称来使用的)不仅要致力于将通货膨胀水平稳定在通货膨胀目标上下,而且还需要花很大力气来稳定实体经济,例如,以或明或暗的政策手段稳定产出缺口等衡量资源利用程度的指标(产出缺口指实际产出和潜在产出之间的差距)。因此,中央银行的目标变量除了必须包括的通货膨胀水平,还包括产出缺口等其他变量。[①] 在灵活的通货膨胀目标制下,中央银行的目标似乎可以很好地用一个标准的二次损失函数来逼近。这个损失函数由对于目标的通货膨胀缺口的平方与产出缺口的平方乘上某个权重的乘积的和组成,有时可能还要再加上某个权重乘以政策利率的变化的平方的乘积(最后这个组成部分对应于对利率平滑的偏好)。[②] 然而,对于以建立可信度为首要任务的新近采用通货膨胀目标制的中央银行而言,稳定实体经济的重要性可能不如在可信度已经确立的时候那么重要(本章下文更侧重可信度)。随着时间的推移,当通货膨胀目标制日渐成熟时,它会表现出更多的灵活性,并相对地更加重视稳定资源利用率。采用通货膨胀目标制的中央银行在灵活地设定通货膨胀目标方面也变得越来越透明。本章的 4.1 讨论了通货膨胀目标制的一些新发展。

1.2 预报定标

由于从采取货币政策行动(如改变政策利率),到对中央银行目标变量产生影响之间存在着一定的时滞,因此如果以预测为指导,那么货币政策就会更加有效。通货膨胀目标制的实施对通货膨胀和其他目标变量的预测起到了主要作用。我们可以把这种机制描述为预报

---

① 1995 年默文·金(Mervyn King)在瑞士格岑塞举行的一次会议上提交的一篇论文中首创了"通货膨胀斗士(inflation nutter)"一词,用来指称那些只关心稳定通货膨胀的中央银行,他的这篇论文后来发表了(King,1997)。在我所知的范围内,"严格的通货膨胀目标制"和"灵活的通货膨胀目标制"这两个术语最早是我在 1996 年葡萄牙中央银行举办的一次会议上报告的一篇论文中提出的,这篇论文后来也发表了(Svensson,1999b)。

② 政策利率(工具利率)指的是中央银行为执行货币政策而设定的短期名义利率。

定标,也就是说,设定政策利率(更准确地说,设定政策—利率路径),使得对目标变量的预测在该政策—利率路径的条件下"看起来很不错",在这里,"很不错"的含义是,对通货膨胀的预测将通货膨胀水平稳定在了通货膨胀目标附近,同时对资源利用状况的预测也将资源利用水平稳定在了正常水平附近。①

1.3 高透明度和可问责性

通货膨胀目标制的一个重要特点是高透明度。通常情况下,一个采用通货膨胀目标制的中央银行会定期发布货币政策报告,告知公众中央银行对通货膨胀和其他变量的预测、支持这种预测的研究的简要结论,以及作出当前决策的动机。有些采用通货膨胀目标制的中央银行还会提供关于未来可能的政策决策的很多信息,甚至包括对未来的政策决策的预测。

从中央银行自身发展的历史来看,如此之高的透明度是很罕见的。在传统上,中央银行的目标、内部讨论甚至政策决策过程都是处于相当严格的保密之下的。但是,除了希望保证中央银行家不受公众监督(包括来自政府或立法机构的监督和可能的政治压力),很难找到任何其他理由来解释这种做法。当前对透明度的强调是以这样一种理论观点为基础的:货币政策在很大程度上就是"对预期的管理"。货币政策对经济的影响主要是通过私人部门的预期实现的,而私人部门的预期又是当前的货币政策行动和声明引发的。对于大多数经济行为主体来说,未来一两个星期的政策利率水平其实是无关紧要的。重要的是对未来的政策利率的预期,这些预期会影响对经济决策和经济活动有重要影响的更长期的利率。

再者,私人部门对通货膨胀的预期还会影响当前的定价决策和未来几个季度的通货膨胀。因此,将私人部门的通货膨胀预期锚定在通货膨胀目标上是实际通货膨胀稳定的重要前提。也正因为如此,私人部门的通货膨胀预期与通货膨胀目标的接近性才会经常被人们称为通货膨胀目标制的可信度。有人认为,采用通货膨胀目标制的中央银行有时似乎对这种可信度过于痴迷了,但是这种痴迷是有充分理由的。如果中央银行成功地获得了可信度,那么控制通货膨胀的战斗就已经在很大程度上取得了胜利。高透明的、高质量的、令人信服的货币政策报告往往被认为是建立和维持可信度的必要条件。此外,更高的可信度还能够保证中央银行有更大的自由度去保持必要的灵活性并稳定实体经济。更多的讨论见Svensson(2002)的相关文献。

尽管在过去,许多国家的中央银行似乎都在想方设法保证自己不被问责,比如说故意不给出明确的目标、对讨论和决策过程严加保密等,但通货膨胀目标制是与高度的可问责性联系在一起的。高度的可问责性现在已经被公认为是通货膨胀目标制的一个普遍特点,也是推动采用通货膨胀目标制的中央银行努力实现其目标的激励措施的重要组成部分。货币政策报告给出明确政策目标、增加透明度有助于加强公众对货币政策的监督。在很多国家,采

---

① 通货膨胀目标制意味着对通货膨胀的预报也可以被视为一个中间目标,这个思想最早是 King(1994)提出的。"通货膨胀预报定标"这个术语是斯文森最早使用的(Svensson,1997),而"预报定标"这个术语则是斯文森最早引入的(Svensson,2005)。关于"预报定标"这个术语的更多讨论和分析,请参见 Woodford(2007)和 Woodford(2010a)的论述。

用通货膨胀目标制的中央银行要受到更明确的问责机制的制约。在新西兰,新西兰储备银行行长要在《政策目标协议》的约束下行动,它是中央银行行长与政府就行长职责问题达成的一个明确的协议。在英国,一旦通货膨胀水平偏离目标超过了 1 个百分点,英国财政大臣就会向英国中央银行(即英格兰银行)发出指令,要求该行发布一封公开信,解释发生的情况,并说明该行将采取何种行动来应对这种偏离。在有些国家,中央银行官员要前往议会参加公开听证会,因为议会要对货币政策进行详细审查。还有一些国家的货币政策会定期或偶尔地受到独立专家的全面审查(如在新西兰、英国、挪威和瑞典)。[①]

1.4　本章大纲

本章组织如下。第 2 节简要地讨论了通货膨胀目标制的短暂历史和到目前为止通货膨胀目标制的宏观经济效应。第 3 节给出了一个更一般的关于通货膨胀目标制和预报定标的理论。在这个理论中,对目标变量(通货膨胀水平和资源利用程度)的预测处于中心地位;要求解的政策问题是选择一个政策—利率路径,而不是选择一个政策函数来最小化预测。这一节还讨论了经济状态的不确定性的作用、传导机制的模型,以及判断在货币政策中的作用和使用。第 4 节讨论通货膨胀目标制的实践,或者更准确地说,讨论通货膨胀目标制自 1990 年在新西兰出现以来的发展过程,特别讨论了政策—利率路径发布问题。这一节还分析了瑞典中央银行和挪威中央银行这两个案例,前者以全世界最透明的中央银行而闻名,而后者虽然在比较迟的时候才采用通货膨胀目标制,但是成了明确地将最优货币政策纳入政治决策的先驱。之所以选择这两个案例,是因为我自己对它们的了解要多于对其他采用通货膨胀目标制的中央银行的了解。第 4 节还报告了关于新兴市场经济体加入通货膨胀目标制阵营需要具备的前提条件的争论和相关研究结果。最后,第 5 节讨论了通货膨胀目标制在未来可能面临的两个问题:一是转向价格水平目标制是否有利,二是通货膨胀目标制是否需要根据最近发生的金融危机和深度衰退的实际情况进行修改。

2. 通货膨胀目标制的历史及其宏观经济效应

自通货膨胀目标制在 20 世纪 90 年代初开始在新西兰、加拿大、英国和瑞典等国付诸实施以来,从通货膨胀的稳定性和实体经济的稳定性来看,通货膨胀目标制无疑取得了非常大的成功。没有任何证据表明,通货膨胀目标制对增长、生产率、就业或其他衡量经济表现的指标有害。这种成功既是绝对意义上的,同时也是相对意义上的——与其他货币政策策略,

---

[①] 关于对货币政策或其组成部分的评论,请参见:(对于新西兰)Svensson(2001)的论述;(对于英国)Kohn(2008)的论述;(对于挪威)每年出版的年刊《挪威中央银行观察》上面有很多相关文章,例如 Svensson 等(2002)的相关文献;(对于瑞典)Giavazzi 和 Mishkin(2006)的论述。Svensson(2009a)对通货膨胀目标制的评估进行了更一般的讨论,包括进行连续实时评估的可能性。

如汇率目标制或货币增长目标制相比,通货膨胀目标制更加成功。没有一个国家在采用通货膨胀目标制后放弃了它(加入欧元区的那些国家要另当别论),甚至没有任何一个国家表达过后悔之意。[1] 历史已经证明,无论是在工业化国家还是在非工业化国家,通货膨胀目标制都可以说是最灵活的、最具弹性的货币政策制度,它成功地经受住了一系列重大冲击和动荡,包括最近的金融危机和深度衰退。[2][3]

现在,通货膨胀目标制已经在中小型工业化国家中取得了无可置疑的成功,至于美国、日本和作为整体的欧元区,虽然尚未明确采用通货膨胀目标制,但是它们似乎也都在往这个方向上靠拢。对通货膨胀目标制仍然持保留意见的人士的主要担忧是,它可能过于重视稳定通货膨胀,从而可能会损害实体经济的稳定或其他可能的货币政策目标。不过,在现实世界中,通货膨胀目标制是灵活的,而不是僵硬的,同时实施通货膨胀目标制的那些国家获得经验上的成功的这些事实似乎已经足以驳倒这些不同意见了(Roger and Stone,2005)。

通货膨胀目标制的一个可能的替代方案是货币增长目标制。后者的含义是,中央银行对货币供应量的增长确定一个明确的目标。货币增长目标制曾经在若干国家试行过,但是现在已经彻底遭到了放弃,因为实践经验表明,货币增长与通货膨胀之间的关系太不稳定、太不可靠了——货币增长目标制是无法成功地将通货膨胀稳定下来的。一个例子是,尽管德国中央银行(联邦银行)官方多年以来都声称实行货币增长目标制,但是它经常为了实现通货膨胀目标而有意地错失货币增长目标,因此我们认为它的政策最好用“隐性”通货膨胀目标制来描述(Svensson,1999c,2009e)。许多中小型国家都尝试过以固定汇率的形式设定汇率目标,也就是说,在货币政策独立的同时,将汇率与某个中心国家挂钩。但是出于多种原因,包括国际资本流动增加,以及固定汇率制出现问题时很难防范投机性攻击,固定汇率制在稳定通货膨胀方面是不可行的,在实践中也从来不太成功。这导致许多这样的国家转而采用通货膨胀目标制,同时允许汇率灵活调整。

2.1 历史

新西兰是第一个引入明确的通货膨胀目标的国家。与经济合作与发展组织的大多数成

---

[1] 然而,在一些国家中确实存在着对通货膨胀目标制的某些方面的批评,而且这种批评随着时间的推移也在不断地发展,我们在讨论通货膨胀目标制的实践时,对这种批评做出了一些回应(见本章4.1)。

[2] Rose(2007)这样总结道:自20世纪90年代初以来,一个稳定的国际货币体系已经形成了。许多工业化国家和越来越多的发展中国家现在都采用了由独立透明的中央银行管理的国内通货膨胀目标。这些国家很少限制资本流动,而且允许本国汇率浮动。这些国家的货币政策的重点放在了国内,没有任何明显的国际成本。与不采用通货膨胀目标制的可比国家相比,采用通货膨胀目标制的国家的汇率波动性更低,资本流动突然停止的频率也更低。实行通货膨胀目标制的国家也并不具有与其他可比国家不同的经常账户或国际储备。这个系统不是事先计划好的,也不依赖于国际协调。中心国家、国际货币基金组织或黄金都没有在其中发挥过作用。它也是可持续的,与其他货币区制不同,没有一个国家曾经被迫放弃通货膨胀目标制。简而言之,它是与战后体系完全相反的,是布雷顿森林体系的反转。

[3] 国际货币基金组织的研究人员 de Carvalho Filho(2010)在一项研究中对实行通货膨胀目标制的国家在当前这场危机中的表现进行了初步评估。结果表明,自2008年8月以来,实行通货膨胀目标的国家进一步降低了名义政策利率,这种放松然后转化为与其他国家更大的实际利率差异。实行通货膨胀目标制的国家不太可能面临通货紧缩恐慌,而且可以观察到实际货币的大幅贬值,而这些都与市场对风险的更强感知无关。还有一些比较弱的证据表明,实行通货膨胀目标制的国家在解决失业问题上也做得更好。

员国一样,新西兰在 20 世纪 70 年代和 80 年代初期经历过一个通货膨胀率很高且波动性很大的时期。到了 20 世纪 80 年代后期,新西兰收紧了货币政策,通货膨胀水平下降了。1989年出台的《储备银行法案》确立了现在被称为通货膨胀目标制的政策框架。这个框架有以下几个关键组成部分:第一,货币政策以通货膨胀为目标;第二,中央银行的独立性;第三,中央银行的可问责性(公开政策目标并让储备银行行长负责实现该目标)。在当时,这个货币政策框架是新西兰中央政府更广泛的改革计划的一部分。如前所述,与通货膨胀目标制紧密相关的是一个三位一体的制度框架——第一,维持价格稳定性的法定责任;第二,独立性;第三,问责制。尽管也有少数几个例外,例如挪威的通货膨胀目标制非常成功,但是挪威中央银行缺乏正式的独立性。

正如 Goodhart(2010)正确地指出的:

> 1989 年的新西兰《储备银行法案》最有意思的一个方面是,它最初的主要动机与货币政策或货币理论完全无关。恰恰相反,启动改革的原因是,罗伯特·马尔登爵士(Sir Robert Muldoon)领导的前(新西兰中央)政府对经济各个方面的干预、参与和直接(微观)管理引发了强烈的不满。

因此,制定《储备银行法案》的一个重要目的就是要让新西兰储备银行能够做到"防马尔登"(Muldoon-proof)。虽然《储备银行法案》的制定得到了查尔斯·古德哈特的大力支持,但是这个开创性的法案是新西兰储备银行和财政部一大批有远见的政策制定者与公务员共同努力的结果,而不是关于"什么样的货币政策框架才是适当的"这类学术研究的产物。[①] 此外,正如 Nelson(2005)所强调的,直到 20 世纪 80 年代中期,新西兰的许多政治人物以及政治决策圈子成员仍然普遍认同关于通货膨胀的非货币观点。在《储备银行法案》出台的背后,关于政策制定的观点也发生了根本性的变化——在分析和控制通货膨胀时,已经从非货币视角转向货币视角了。

通货膨胀目标制迅速扩展到了其他发达经济体(见表 22.1)。加拿大在 1991 年采用了通货膨胀目标制。在货币危机和固定汇率制崩溃之后,英国和瑞典相继在 1992 年和 1993 年采用了通货膨胀目标制。芬兰和澳大利亚也在 1993 年采用了通货膨胀目标制。到了 2010 年,大约有 10 个工业化国家和 15 个新兴市场国家与发展中国家都采用了明确的通货膨胀目标制。[②]

---

① 关于《储备银行法案》的起源和储备银行与货币政策在新西兰 1973—2002 年的发展,Singleton 等(2006)提供了非常权威的历史叙述。Goodhart(2010)提供了关于该法案的政治经济学分析。

② Pétursson(2004b)以及 Freedman 和 ötker-Robe(2009)概述了这些国家采用通货膨胀目标制的背景/动机。另外也请参见 Freedman 和 Laxton(2009)的论述。

表 22.1 各国采用通货膨胀目标制的大致时间

国 家	采用通货膨胀目标制的时间
新西兰	1990 年第一季度
加拿大	1991 年 2 月
英国	1992 年 10 月
瑞典	1993 年 1 月
芬兰	1993 年 2 月
澳大利亚	1993 年 4 月
西班牙	1995 年 1 月
以色列	1996 年 6 月
捷克共和国	1997 年 12 月
波兰	1998 年 10 月
巴西	1999 年 6 月
智利	1999 年 9 月
哥伦比亚	1999 年 9 月
南非	2000 年 2 月
泰国	2000 年 5 月
韩国	2001 年 1 月
墨西哥	2001 年 1 月
爱尔兰	2001 年 3 月
挪威	2001 年 3 月
匈牙利	2001 年 6 月
秘鲁	2002 年 1 月
菲律宾	2002 年 1 月
危地马拉	2005 年 1 月
斯洛伐克共和国	2005 年 1 月
印度尼西亚	2005 年 7 月
罗马尼亚	2005 年 8 月
土耳其	2006 年 1 月
塞尔维亚	2006 年 9 月
加纳	2007 年 5 月

虽然在 20 世纪 90 年代转向通货膨胀目标制的主要是发达国家,但是自 1997 年以来,也有越来越多的发展中国家和新兴市场国家采用了通货膨胀目标制。到了 2010 年,采用通货膨胀目标制的国家中,新兴市场国家和发展中国家从数量上看已经占了多数。在这些国家当中,转向通货膨胀目标制是一个循序渐进的过程。在南美洲,通货膨胀目标制作为一场运动,在 20 世纪 90 年代初就启动了,但是向通货膨胀目标制的全面转型则直到 20 世纪 90 年

代末和 21 世纪初,即 1998 年金融危机之后才真正开始。在欧洲,中欧和东欧的各转型经济体在 20 世纪 90 年代末开始引入通货膨胀目标制(作为其全面经济改革的一部分);而在东亚,1997 年亚洲金融危机后,许多国家摆脱了受国际货币基金组织支持的货币目标制,从 21 世纪初开始广泛采用通货膨胀目标制。通货膨胀目标制完全有可能继续在新兴市场经济体和发展中经济体中扩展。

正如前面已经提到过的,美国、欧元区和日本尚未呈现出采用了通货膨胀目标制的所有明确特征,但是它们已经朝着这个方向走出了重要的几步,因此与明确的通货膨胀目标制的实际差异可以说已经非常小了。正如 Walsh(2009a)所指出的:

> ……即便其他中央银行没有采用通货膨胀目标制,或者现有的一些采用通货膨胀目标制的国家决定放弃这一政策,通货膨胀目标制也将会对中央银行的运作方式产生持久的影响。即便在那些不认为自己采用了通货膨胀目标制的国家的中央银行中,许多与通货膨胀目标制相关的政策创新现在也已经很常见了。其中最突出的一点就是,透明度要求已经从采用通货膨胀目标制的国家扩展到了未采用通货膨胀目标制的国家。

2.2　宏观经济效应

对通货膨胀目标制的宏观经济效应的早期实证研究为通货膨胀目标制能够改善宏观经济表现的观点提供了很大的支持——例如 Bernanke 等(1999)、Corbo 等(2001)、Neumann 和 von Hagen(2002)、Truman(2003)等的研究——但是由于可观察数据相对较少,这类研究也受到了一些限制。在接下来的讨论中,我简要地总结了一些最近的研究。

2.2.1　通货膨胀

图 22.1 与图 22.2 分别描绘了采用了通货膨胀目标制和未采用通货膨胀目标制的经济合作与发展组织国家以及一组新兴市场经济体的平均通货膨胀率。①

---

① 在图 22.1 中,所有经历过恶性通货膨胀时期的国家都已经被排除在外了。图 22.1 中采用了通货膨胀目标制的国家包括澳大利亚、加拿大、捷克共和国、匈牙利、韩国、新西兰、挪威、斯洛伐克共和国、瑞典和英国。未采用通货膨胀目标制的国家则包括奥地利、比利时、丹麦、芬兰、法国、德国、希腊、意大利、爱尔兰、日本、卢森堡、荷兰、葡萄牙、西班牙、瑞士和美国(本图不包括冰岛、墨西哥、波兰和土耳其这几个经济合作与发展组织国家)。在图 22.2 中,采用了通货膨胀目标制的国家包括智利、哥伦比亚、印度尼西亚、以色列、南非、墨西哥、菲律宾和泰国。未采用通货膨胀目标制的国家和地区则包括中国、哥斯达黎加、多米尼加共和国、厄瓜多尔、埃及、萨尔瓦多、印度、马来西亚、摩洛哥、尼日利亚、巴基斯坦、巴拿马、突尼斯、新加坡等。

图 22.1 采用了通货膨胀目标制和未采用通货膨胀目标制的经济合作与发展组织国家的年平均通货膨胀率
资料来源:EcoWin。

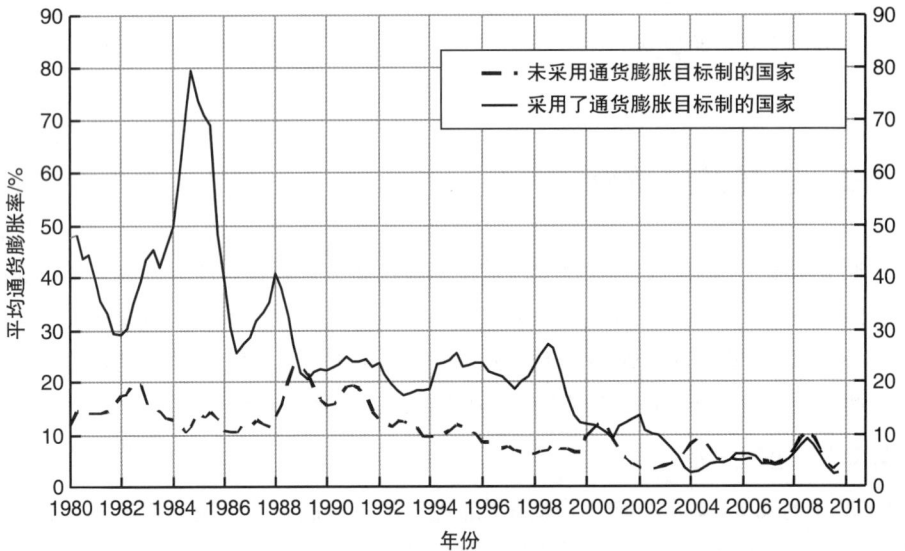

图 22.2 采用了通货膨胀目标制和未采用通货膨胀目标制的若干新兴市场经济体的年平均通货膨胀率
资料来源:EcoWin。

从图 22.1 和图 22.2 中可以很清楚地看出,各个组别的所有国家现在的通货膨胀水平都更低、更稳定了。但是在这两组国家中,采用了通货膨胀目标制的国家与未采用通货膨胀目标制的国家之间还是有所不同的。对经济合作与发展组织成员国来说,采用了通货膨胀目标制的国家与未采用通货膨胀目标制的国家的通货膨胀水平的演变情况大致相同。而就新兴市场经济体而言,采用了通货膨胀目标制的国家的通货膨胀率是从比未采用通货膨胀目标制的国家更高的水平上回落下来的。

更正式的实证分析证实了我们从图形中得到的直观印象。Ball 和 Sheridan(2005)、Lin 和 Ye(2007)以及 Angeriz 和 Arestis(2008)考虑了经济合作与发展组织国家这个群体,结果发现,通货膨胀目标制对平均通货膨胀率和通货膨胀可变性的影响并不显著。Mishkin 和 Schmidt-Hebbel(2007)在他们的样本中也发现了同样的情况。[①] Batini 和 Laxton(2007)、Gonçalves 和 Salles(2008)以及 Lin 和 Ye(2009)则分析了新兴市场经济体样本,结果发现,通货膨胀目标制对平均通货膨胀率和通货膨胀可变性都有显著的影响。[②]

正如 Gertler(2005)在讨论 Ball 和 Sheridan(2005)的研究时所指出的,在经济合作与发展组织国家样本中,许多未明确采用通货膨胀目标制的国家(如果不是全部国家的话),所采用的货币政策在实践中与正式采用了通货膨胀目标制的国家其实非常相似。因此,这种分类方案是缺乏清晰度的,这使得经济合作与发展组织国家的结果很难解释。事实上,这些结果可能意味着相反的结论,也就是说,通货膨胀目标制对经济合作与发展组织国家其实非常有效。如果在实证研究中所使用的样本同时包括了经济合作与发展组织和发展中/新兴市场经济体,那么通常会发现通货膨胀目标制对平均通货膨胀率和通货膨胀波动性的有利影响(Hyvonen,2004;Mishkin and Schmidt-Hebbel,2007;Pétursson,2004a,2009;Vega and Winkelried,2005)。

2.2.2 通货膨胀预期

关于明确的通货膨胀数值目标对通货膨胀预期的锚定和稳定作用,我们已经有了一系列相当有力的实证证据(Batini and Laxton,2007;Gürkaynak et al.,2007,2006;Johnson,2002;Levin et al.,2004;Ravenna,2008)。特别是,Gürkaynak 等(2006)比较了英国和瑞典(两个采用了通货膨胀目标制的国家)与美国(一个未采用通货膨胀目标制的国家)的每日债券收益率数据的特点。他们利用名义债券与通货膨胀指数化的债券之间的远期利率差来衡量对预期通货膨胀和长期通货膨胀风险的补偿。对于美国,他们发现前瞻性通货膨胀补偿对经济新闻的反应非常显著。对于英国,他们发现英国中央银行在 1997 年英格兰银行获得独立地位之前的敏感程度类似于美国,但是自从英国中央银行获得了独立地位以来,这种敏感性就令人惊奇地消失了。对于瑞典,他们发现在他们可以取得数据的那整个时期,远期通货膨胀补偿对经济新闻不敏感。这些发现支持了这样一种观点,即众所周知且可信的通货膨胀目标有助于锚定私人部门的长期通货膨胀预期。最近,国际货币基金组织(IMF,2008)研究了在 2007 年石油和食品价格冲击之后,哪种货币政策框架最成功地锚定了通货膨胀预期,结果发现"在新兴经济体中,在锚定预期方面,通货膨胀目标制近年来似乎比所有其他货币政策框架都更加有效"。表 22.2 报告了新兴市场经济体在未来一年、三年、五年和六至十年的预期总体通货膨胀对实际通货膨胀变化一个百分点的反应。在采用了通货膨胀目标制的新兴经济体中,未来一年、三年和五年的预期总体通货膨胀的反应为零,而未采用通货膨胀目标制的新兴经济体的反应却是正的。

[①] Fang 等(2009)分析了经济合作与发展组织国家样本,并考虑了通货膨胀目标的滞后效应。他们报告的重要证据表明,通货膨胀目标制确实能在短期内降低采用国的通货膨胀率。这种效应会在实行通货膨胀目标制的年份之后出现,并逐年减弱。

[②] 令人惊讶的是,Gonçalves 和 Salles(2008)并没有发现通货膨胀目标制对通货膨胀的波动性有显著影响。

表 22.2　新兴市场经济体中预期通货膨胀随实际通货膨胀率的变化而发生的变化

国家是否采用通货膨胀目标制	一年后	三年后	五年后	六至十年
采用了通货膨胀目标制的国家	0	0	0	0.024
未采用通货膨胀目标制的国家	0.23	0.12	0.07	0

注:数据来源于国际货币基金组织(IMF,2008,图 3.12)报告的一年、三年、五年和六至十年预期通货膨胀率——实际通货膨胀率每变化一个百分点,预期通货膨胀率会变化多少个百分点。

2.2.3　产出

怀疑通货膨胀目标制的人担心在这种区制下,对通货膨胀过于关注了,而且一味试图控制通货膨胀将会导致实体经济不稳定,并可能降低增长率(Cecchetti and Ehrmann,2002;Friedman,2002;Friedman and Kuttner,1996)。图 22.3 显示的是在经济合作与发展组织成员国和一组新兴市场经济体中,采用了通货膨胀目标制的那些国家在采用通货膨胀目标制前后的平均产出增长和波动情况。[①] 它还给出了经济合作与发展组织成员国和新兴市场经济体中未采用通货膨胀目标制的产出表现。在未采用通货膨胀目标制的国家中,经济合作与发展组织国家的“门槛年”是 1998 年,而新兴市场经济体的“门槛年”则为 2001 年。从图 22.3 中找不到任何支持通货膨胀目标制会对增长率或平均增长波动性产生不利影响这种悲观看法的证据。

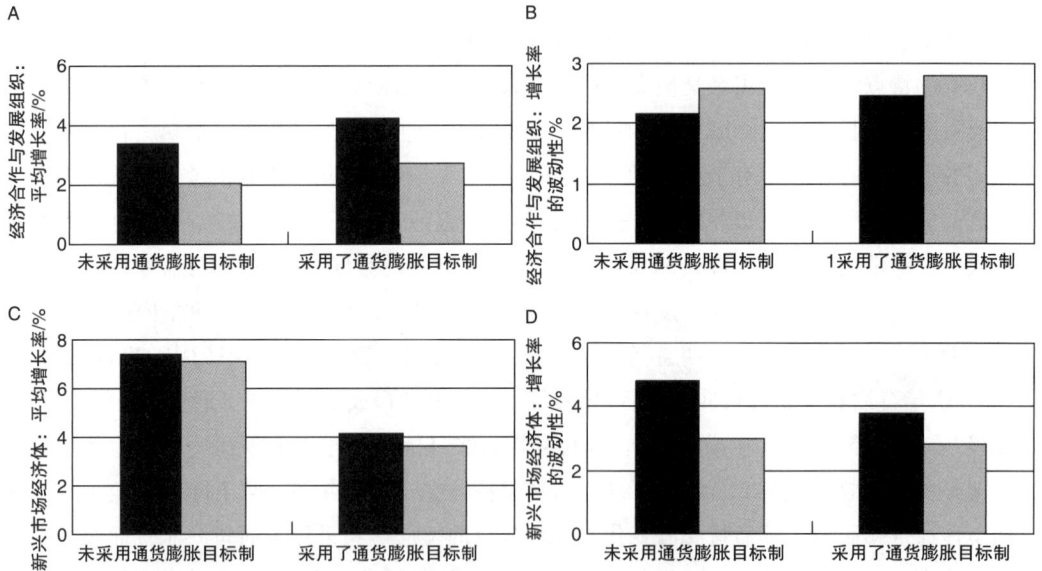

图 22.3　采用通货膨胀目标制之前(左边)和之后(右边)的产出增长率的平均值与标准差
(经济合作与发展组织国家的“门槛年”为 1998 年,新兴市场经济体的“门槛年”则为 2001 年)
资料来源:EcoWin。

正式的实证分析证实了我们从图中得到的直观印象。Ball 和 Sheridan(2005)发现,在由

---

① 国家分组与图 22.1 和图 22.2 相同(见本章第十个脚注)。

20 个经济合作与发展组织国家组成的样本中,通货膨胀目标制对平均产出增长率或产出增长率波动性没有显著的影响。[①]然而,就前面讨论过的通货膨胀结果而言,经济合作与发展组织国家的分类方案本身是缺乏清晰度的,这使得结果很难加以解释。Gonçalves 和 Carvalho(2009)的研究表明,在 30 个经济合作与发展组织国家中,采用了通货膨胀目标制的国家在抑制通货膨胀时的产出损失要小于未采用通货膨胀目标制的国家。根据他们的估计,通货膨胀率每下降一个百分点,采用了通货膨胀目标制的国家的产出损失相对于未采用通货膨胀目标制的国家,可以减少大约 7%。Batini 和 Laxton(2007)以及 Gonçalves 和 Salles(2008)则研究了新兴市场经济体样本,结果发现通货膨胀目标制确实降低了产出增长/产出缺口的波动性,不过通货膨胀目标制对经济增长率没有显著影响。

2.2.4　通货膨胀目标制的效果总结

虽然采用通货膨胀目标制和未采用通货膨胀目标制的发达经济体的宏观经济表现是相似的,但是通货膨胀目标制确实改善了发展中经济体的宏观经济表现。这里重要的是,没有证据表明通货膨胀目标制对发达国家和发展中国家的经济增长率、生产率、就业或其他衡量经济表现的指标有害。通货膨胀目标制稳定了长期通货膨胀预期。没有一个国家在采用通货膨胀目标制后放弃了它(当然,加入欧元区的那些国家另当别论),甚至没有任何一个国家曾经表达过后悔之意。事实已经证明,无论是在工业化国家还是在非工业化国家,通货膨胀目标制都是一种最灵活和最具弹性的货币政策制度,它已经成功地经受住了一系列重大冲击和动荡,包括最近的金融危机和深度衰退。[②]通货膨胀目标制的成功不仅是绝对意义上的,也是相对意义上的——它比其他货币政策策略(如汇率目标制或货币增长目标制)更加成功。

3.　理论

正如前面已经提到过的,在实践中,通货膨胀目标制从来都不是严格的,而是灵活的,因为所有实行通货膨胀目标制的国家的中央银行不仅要将通货膨胀水平稳定在通货膨胀目标附近,而且同时还要在稳定实体经济方面发挥应有的作用,即中央银行必须明确地或隐式地稳定某个衡量资源利用水平的指标——例如实际产出与潜在产出之间的产出缺口。因此,中央银行的目标变量不仅包括了通货膨胀率,还包括了产出缺口等其他变量。灵活的通货膨胀目标制下的目标似乎可以很好地用一个二次损失函数来逼近,这个损失函数由对于目标的通货膨胀缺口的平方,以及由产出缺口的平方乘上某个权重的乘积的和组成,有时可能还要再加上某个权重乘以政策利率的变化的平方的乘积(最后这个组成部分对应于对利率

[①] Fang 等(2009)发现,在经济合作与发展组织国家样本中,采用了通货膨胀目标制的国家在短期内的产出增长率较低且产出增长率波动性更高,但是这种效应在长期中就消失了。

[②] 见本章的第七个脚注。

平滑的偏好)。

由于从采取货币政策行动(如改变政策利率),到对中央银行目标变量产生影响之间存在着一定的时滞,如果以预测为指导,那么货币政策就会更加有效。因此,通货膨胀目标制的实施对通货膨胀和其他目标变量的预测起到了主要作用。我们可以把这种机制称为预报定标,也就是说,设定政策利率(更准确地说,设定政策—利率路径),使得在该政策—利率路径的条件下对目标变量的预测能够将通货膨胀水平稳定在通货膨胀目标附近,并将资源利用水平稳定在正常水平附近。

由于目标明确、透明度高、可问责性强,而且其决策过程运用了最先进的理论和经验方法以及大量的有效判断,与以前的货币政策区制相比,通货膨胀目标制为实现最优货币政策提供了更大的可能性和更强烈的动机。因此,通货膨胀目标制理论在很大程度上是一种最优政策理论,其目标函数由灵活的通货膨胀目标制的目标函数给出。

然而,在这里我要告诉读者的是,通货膨胀目标制与标准教科书中关于最优政策的论述相比,还是有一些明显的不同之处的。教科书中的最优政策问题其实是一个最优化问题,在这个最优化问题中,要让目标函数一劳永逸地在满足经济模型的条件的前提下最大化,从而得到一个最优政策函数,即将政策利率表示为经济状态的函数。教科书中的最优政策的实施也就无非是根据最优政策函数机械地设定政策利率,同时假设私人部门理解并相信政策是以这种方式设定的,并且可以利用这种方式和其他信息来形成理性预期。

这种教科书式的最优政策方法不依赖于预测。与此相反,在通货膨胀目标制中,预测却占据着核心位置。实际上,对于这种灵活的通货膨胀目标制,我们可以这样看:在每一个政策决策中,选择的不仅仅是一个政策利率,还是(不管是明确的还是隐含的,也不管是不是公开宣布的)作为一个整体的政策—利率路径,从而使得以该政策—利率路径为条件的通货膨胀预测将通货膨胀稳定在通货膨胀目标附近,对实体经济的预测将资源利用率稳定在其正常水平附近。因此,预测是政策过程中必不可少的工具,而且政策不是一劳永逸地选择某个政策函数并一成不变地遵循它;相反,要做的是在每一次政策决策中选择一个政策—利率路径。

因此,我在本节中发展的最优政策理论将强调预测的使用,而且与大多数最优政策理论相反,选择的对象不是政策函数,而是政策—利率路径。为此,我将首先讨论线性二次设定下的最优货币政策的标准模型。接着,我将强调预测的作用,并且从在备选可行预测之间的选择这个视角来重新构建最优政策问题。我将阐明如何在一条修正后泰勒曲线的帮助下得出最优政策预测和可行预测集。这条修正后的泰勒曲线是一条预测泰勒曲线,它与原始的泰勒曲线(Taylor,1979)密切相关——原始的泰勒曲线说明了稳定通货膨胀与稳定产出缺口之间的权衡。然后,我将简要讨论通常所说的各种目标规则,同时回顾一些与均衡的实现和决定有关的问题。虽然大部分讨论都是在永恒均衡且有承诺的假设下进行的(Woodford,2003,2010b),但是我也会简要地讨论相机抉择和不同承诺程度下的优化。最后,我将讨论不确定性问题和判断在货币政策中的应用。

我在上面说的这些东西并不是指所有采用了通货膨胀目标制的中央银行的政策都可以

用这个理论来很好地描述。[①] 这个理论本质上仍然是一种理想化,与标准消费理论对实际消费者行为的理想化类似。但是在我看来,这个理论已经是一个相当成熟的通货膨胀目标制理论了——尽管我认为它是关于什么样的政策可以称得上是通货膨胀目标制的潜在最佳实务的,而不完全是关于什么是通货膨胀目标制的实际最佳实务的。当然我相信实际的通货膨胀目标制随着一项又一项的创新和改进,正在朝着这个方向前进;事实上,一些采用通货膨胀目标制的中央银行已经非常接近这一点了。在第 4 节中,我将讨论通货膨胀目标制的实际操作的发展,同时还会给出一些证据证明,(例如)在挪威和瑞典,有迹象表明通货膨胀目标制与这个理论可能并不远。

由于许多人对现实世界中的通货膨胀目标制仍然存在着一些误解,所以我在这里要向读者指出并强调,现实世界中的通货膨胀目标制并不是有些人可能会想到的两样东西。[②] 首先,现实世界的通货膨胀目标制不是严格的通货膨胀目标制,也就是说,它不具有 $L_t = (\pi_t - \pi^*)^2$ 这种形式的损失函数(其中,π_t 表示第 t 期的通货膨胀率,π^* 表示通货膨胀目标)。这也就是说,通货膨胀目标制不仅仅要将通货膨胀水平稳定在通货膨胀目标附近。实践中的通货膨胀目标制始终是非常灵活的,因为它对稳定实体经济也有重要作用。其次,现实世界的通货膨胀目标制并不是指只通过政策利率对当前的通货膨胀水平做出反应——使用特定的工具规则,比如 $\pi i_t = \alpha(\pi_t - \pi^*)$,或 $i_t - i_{t-1} = \alpha(\pi_t - \pi^*)$,其中的 i_t 表示第 t 期的政策利率,而 α 是一个正的常数。通货膨胀目标制意味着政策利率远远不是只对当前的通货膨胀水平做出反应,而是要对所有影响对通货膨胀的预测和实体经济的信息做出反应。因此,关于通货膨胀目标制的理论是不可以从这样的损失函数或工具规则着手讨论的。

3.1 最优货币政策的线性二次模型

具有前瞻性经济变量的线性模型可以写成如下操作性的状态方程的形式[③]:

$$\begin{bmatrix} X_{t+1} \\ Hx_{t+1|t} \end{bmatrix} = A \begin{bmatrix} X_t \\ x_t \end{bmatrix} + Bi_t + \begin{bmatrix} C \\ 0 \end{bmatrix} \varepsilon_{t+1} \tag{22.1}$$

在这里,X_t 是表示第 t 期中的前定变量的 n_X 维向量(一期通常是指一个季度);x_t 是表示前瞻性变量的一个 n_x 维向量;i_t 的一般含义是表示(政策)工具的一个 n_i 维向量,但是在大多数情况下只有一种政策工具,即政策利率,所以 $n_i = 1$;ε_t 是一个表示均值为零、协方差矩阵为 I_{n_ε} 的独立同分布的冲击的 n_ε 维向量;A、B、C 和 H 均为适当维数的矩阵;同时,对于任意变量 y_t 的随机过程,$y_{t+\tau|t}$ 表示 $E_t y_{t+\tau}$,即对于以第 t 期中可以获得的信息为条件的第 $t+\tau$ 期的实现

[①] 尽管大多数采用通货膨胀目标制的国家的决策者可能都会同意通货膨胀目标制是关乎对某种政策—利率路径的选择,以使得最终的通货膨胀预测和实体经济"看起来很不错",但是他们可能在何为"看起来很不错"的确切标准上意见不一致。这也就是说,他们可能不同意用一个显式的二次损失函数来评估。

[②] 当我在欧洲中央银行举办的会议"货币经济学的关键进展"上报告本章的较早的版本时,有的与会者就有类似的误解。

[③] 线性模型可以通过对非线性动态随机一般均衡模型进行标准的对数线性化来导出。对于货币政策而言,变量的变化通常不会超过几个百分点,因此线性化背后的假设应该是可以得到满足的。Adolfson 等(2009)很详细地说明了瑞典中央银行的操作性的动态随机一般均衡模型 Ramses 是如何以这种形式写出来的。

值 $y_{t+\tau}$ 的理性预期。这里的前瞻性变量和政策工具均为非前定变量。[①]

这些变量可以通过与稳态值之间的差值来度量——在这种情况下,它们的无条件均值为零。或者可以令 X_t 的一个分量为 1,从而让变量具有非零的均值。矩阵 A、B、C 和 H 的元素在实际操作中通常都是用贝叶斯方法估计的,然后再假设它们的点估计值固定不变,并且在政策模拟时是已知的。这样一来,就可以满足确定性等价的条件。

式(22.1)的上块给出了 n_X 个方程,它们决定了对于给定的 X_t、x_t、i_t 和 ε_{t+1},第 $t+1$ 期的 n_X 维向量 X_{t+1}:

$$X_{t+1} = A_{11}X_t + A_{12}x_t + B_1 i_t + C\varepsilon_{t+1} \tag{22.2}$$

其中,A 和 B 是按 X_t 与 x_t 一致分块的,即

$$A \equiv \begin{bmatrix} A_{11} & A_{12} \\ A_{21} & A_{22} \end{bmatrix}, B \equiv \begin{bmatrix} B_1 \\ B_2 \end{bmatrix} \tag{22.3}$$

式(22.1)的下块则给出了对于给定的 $x_{t+1|t}$、X_t 和 i_t,决定 x_t 的 n_x 个方程:

$$x_t = A_{22}^{-1}(Hx_{t+1|t} - A_{21}X_t - B_2 i_t) \tag{22.4}$$

据此,我们不妨假设这个 $n_x \times n_x$ 的子矩阵 A_{22} 是非奇异的。特别是,矩阵 H 不一定非得是奇异的。[②][③]

为了便于说明,我们不妨以如下形式的标准的新凯恩斯主义模型为例:

$$\pi_t - \pi^* = \delta(\pi_{t+1|t} - \pi^*) + \kappa(y_t - \bar{y}_t) + u_t \tag{22.5}$$

$$y_t - \bar{y}_t = (y_{t+1|t} - \bar{y}_{t+1|t}) - \sigma(i_t - \pi_{t+1|t} - \bar{r}_t) \tag{22.6}$$

$$u_{t+1} = \rho_u u_t + \varepsilon_{u,t+1} \tag{22.7}$$

$$\bar{y}_{t+1} = \rho_y \bar{y}_t + \varepsilon_{y,t+1} \tag{22.8}$$

$$\bar{r}_{t+1} = \frac{\rho_y - 1}{\sigma}(\rho_y \bar{y}_t + \varepsilon_{y,t+1}) \tag{22.9}$$

式(22.5)就是菲利普斯曲线(总供给关系),其中的 π_t 表示通货膨胀,π^* 则表示通货膨胀目标,δ 是贴现因子,y_t 表示产出,$\bar{y}_t$ 表示潜在产出,$y_t - \bar{y}_t$ 表示产出缺口,u_t 为通常所说的成本推动型冲击。[④] 式(22.6)为总需求关系,其中的 i_t 为政策利率,$\bar{r}_t$ 为中性实际利率。式(22.7)—式(22.9)分别给出了成本推动型冲击、潜在产出和中性利率的动态变化。中性利率和潜在产出应满足:

$$\bar{r}_t = \frac{1}{\sigma}(\bar{y}_{t+1|t} - \bar{y}_t)$$

---

① 如果一个变量的提前一期预测误差是一个外生的随机过程,那么这个变量就是前定的(Klein,2000)。因此,非前定变量具有内生的提前一期预测误差。对于式(22.1),前定变量的提前一期预测误差为随机向量 $C\varepsilon_{t+1}$。

② 不失一般性,我们假设冲击 ε_t 只进入式(22.1)的上块,因为式(22.1)的下块的任何冲击都可以被重新定义为额外的前定变量并引入上块。

③ 在一个后顾性模型中——例如在 Rudebusch 和 Svensson(1999)的模型中——是没有前瞻性变量的。这也就是说,式(22.1)中将没有前瞻性变量的向量 x_t,也没有下块,从而目标变量 Y_t 的向量将只依赖于前定变量的向量 X_t 以及各工具(的向量)。

④ 我们假设不进行重新优化价格的卡尔沃式价格制定者会以通货膨胀目标为价格的指引。

由式（22.8）和式（22.9）可以推得，这个方程是成立的。前定变量的向量为 $X_t \equiv (u_t, \bar{y}_t, \bar{r}_t)'$，同时前瞻性变量的向量则为 $x_t \equiv (\pi_t, y_t)$。这个例子的特殊之处在于，所有前定变量都是外生变量，没有任何一个内生的前定变量。很容易将式（22.5）—式（22.9）重写为式（22.1）的形式，以识别出矩阵 A、B、C 和 H。

令 Y_t 为一个表示目标变量的 n_Y 维向量，用与一个 n_Y 维的目标水平向量 Y^* 之间的差距来度量。只要我们将目标水平保持为时不变的，那么这种设定就不是限制性的。如果我们想考察不同目标水平导致的后果，那么我们也可以让 Y_t 表示目标变量的绝对水平，即将式（22.10）中的所有 Y_t 全都替换为 $Y_t - Y^*$。我们假设目标变量可以写成前定变量、前瞻性变量和工具变量的一个线性函数，即

$$Y_t = D \begin{bmatrix} X_t \\ x_t \\ i_t \end{bmatrix} \equiv \begin{bmatrix} D_X & D_x & D_i \end{bmatrix} \begin{bmatrix} X_t \\ x_t \\ i_t \end{bmatrix} \tag{22.10}$$

其中，D 是一个 $n_Y \times (n_X + n_x + n_i)$ 的矩阵，并且是按与 X_t、x_t 和 i_t 一致分块的。[①]

令第 t 期的二次跨期损失函数为未来各期的预期贴现损失之和，即

$$E_t \sum_{\tau=0}^{\infty} \delta^\tau L_{t+\tau} \tag{22.11}$$

其中，$0 < \delta < 1$ 为贴现因子，L_t 为当期损失，它由下式给出：

$$L_t \equiv Y_t' \Lambda Y_t \tag{22.12}$$

这里的 Λ 是一个对称半正定矩阵，它包含了各个目标变量的权重。

在此略举一例。在无利率平滑的灵活的通货膨胀目标制下，期间损失函数可写成如下标准的二次损失函数形式：

$$L_t = (\pi_t - \pi^*)^2 + \lambda (y_t - \bar{y}_t)^2 \tag{22.13}$$

其中，π^* 表示通货膨胀目标。这是用正常水平的产出缺口来衡量资源利用程度的；在灵活的通货膨胀目标下，产出缺口稳定性的相对权重 λ 为正。在这个模型中，目标变量为通货膨胀缺口 $\pi_t - \pi^*$（通货膨胀率与通货膨胀目标之间的差距）和产出缺口 $y_t - \bar{y}_t$（产出与潜在产出之间的差距）。所以目标变量的向量满足 $Y_t \equiv (\pi_t - \pi^*, y_t - \bar{y}_t)'$。由此可知，矩阵 Λ 是一个对角矩阵，其对角线为 $(1, \lambda)$。

最优化是在假定承诺从永恒的视角看是可能的条件下进行的（我们将在本章的 3.8 中讨论相机抉择下的优化[②]）。将一阶条件与模型方程式（22.1）结合起来，可以得到一个差分方程组（Söderlind，1999；Svensson，2009c）。有好几种算法都可以用来解这个差分方程组，其中一种最早是由 Klein（2000）和 Sims（2002）开发的算法，关于克莱因算法的推导和应用的更

[①] 为了便于绘图和服务于其他目的，并为了避免不必要的单独程序编码，一种很方便的常见做法是对向量 Y_t 加以扩展，使之包含一些与目标变量或潜在目标变量无关的其他我们感兴趣的变量。这些变量在损失函数中的权重为零。

[②] 参见 Woodford（2010b）对承诺下的优化、在永恒视角下的承诺下的优化和相机抉择下的优化的详细讨论。

多细节,参见 Svensson(2005)和 Svensson(2009c)的相关文献。[1]

在优化在永恒的视角下进行且有承诺的假设下,解和跨期均衡可以用以下差分方程来描述:

$$
\begin{bmatrix} x_t \\ i_t \end{bmatrix} = F \begin{bmatrix} X_t \\ \Xi_{t-1} \end{bmatrix} \equiv \begin{bmatrix} F_x \\ F_i \end{bmatrix} \begin{bmatrix} X_t \\ \Xi_{t-1} \end{bmatrix} \tag{22.14}
$$

$$
\begin{bmatrix} X_{t+1} \\ \Xi_t \end{bmatrix} = M \begin{bmatrix} X_t \\ \Xi_{t-1} \end{bmatrix} + \begin{bmatrix} C \\ 0 \end{bmatrix} \varepsilon_{t+1} \tag{22.15}
$$

$$
Y_t = \widetilde{D} \begin{bmatrix} X_t \\ \Xi_{t-1} \end{bmatrix} \tag{22.16}
$$

这里所有的 $t \geq 0$,且 $\widetilde{D} \equiv D \begin{bmatrix} I & 0 \\ & F \end{bmatrix}$,同时 X_0 和 Ξ_{-1} 是给定的。用克莱因算法可以得出矩阵 F 和 M。式(22.14)中的子矩阵 F_i 代表最优政策函数、最优工具规则:

$$
i_t = F_i \begin{bmatrix} X_t \\ \Xi_{t-1} \end{bmatrix} \tag{22.17}
$$

矩阵 F 和 M 依赖于 A、B、H、D、Λ 以及 δ,但是独立于 C。它们独立于 C 这一点是确定性等价的表现(当模型是线性的、损失函数是二次的,同时冲击和不确定性是加性的时候,确定性等价成立)。只需要求出当前变量和未来变量的概率均值,就足以决定最优政策(以及下文 3.3 中将要讨论的最优预测)。n_x 维向量 Ξ_{t-1} 由方程式(22.20)的下块的拉格朗日乘数组成,这个块决定了对前瞻性变量的预测。[2]

我们可以不考虑最优政策下的解,相反,我们可以考虑在给定一个满足如下条件的任意的工具规则下的解,对于所有的 $t \geq 0$,有:

$$
i_t = f \begin{bmatrix} X_t \\ x_t \end{bmatrix} \equiv \begin{bmatrix} f_X & f_x \end{bmatrix} \begin{bmatrix} X_t \\ x_t \end{bmatrix} \tag{22.18}
$$

其中,$n_i \times (n_X + n_x)$ 的矩阵 $f \equiv \begin{bmatrix} f_X & f_x \end{bmatrix}$ 表示一个给定的(线性)工具规则,该矩阵是对 X_t 和 x_t 一致分块的。如果 $f_x \equiv 0$,那么这个工具规则就是一个显式工具规则;如果 $f_x \neq 0$,那么这个工具规则就是一个隐式工具规则。在后一种情况下,该工具规则实际上是一个均衡条件,这样说的含义是,第 t 期的政策利率和第 t 期的前瞻性变量是同时决定的。[3]

如果将这个工具规则与式(22.1)结合起来,那么得到的差分方程组就可以通过式(22.14)—式(22.16)的一个解来求解,只不过这里将不存在拉格朗日乘数向量 Ξ_{t-1}。在这

---

[1] 这个差分方程组也可以用 Anderson 和 Moore(1983,1985)提出的所谓的 AIM 算法来求解,它的最新形式见 Anderson(2010)的研究。克莱因算法很容易直接应用于差分方程组,而 AIM 算法则需要重写一些差分方程。在以往,AIM 算法在大型的系统中似乎要快得多,详见 Anderson(2000)的论述,他对 AIM 算法与其他算法进行了比较。但是现在,一个新出现的 Matlab 函数 ordqz 反而使得克莱因算法变得快多了。Adolfson 等(2009)在他们的论文的附录中讨论了克莱因算法与 AIM 算法之间的联系,并说明了如何重写差分方程组以适应 AIM 算法。

[2] Adolfson 等(2009)讨论了如何选择 Ξ_{t-1} 的初始值。

[3] 参见 Svensson(2003b)以及 Svensson 和 Woodford(2005)对显式与隐式的工具规则的更多讨论。

种情况下,矩阵 F 和 M 依赖于 A、B、H 以及 f,但是不依赖于 C。

对于模型式(22.1),还可以在某个给定的目标规则下求解。目标规则是目标变量预测的领先和滞后的线性组合(Giannoni and Woodford,2003;Svensson and Woodford,2005):

$$E_t \sum_{\tau=-a}^{b} g_\tau Y_{t+\tau} = 0 \tag{22.19}$$

其中,a 表示目标规则中最大的滞后变量,b 表示最大的领先变量,同时 g_τ(对于 $\tau=1,\cdots,b$)是 $n_i \times n_X$ 矩阵——式(22.19)中有多少个工具,我们就需要这个矩阵有多少行。正如 Giannoni 和 Woodford(2003,2010)所证明的,消去拉格朗日乘数后,最优的一阶条件可写成像式(22.19)那样的形式。对于目标规则,我们将在本章的3.6中进一步讨论。

那么,如何实施最优政策或具有给定工具规则的政策?对于这个问题,标准的最优货币政策理论并没有给出一个非常明确的说法。对于前面给出的分析,一种解释是中央银行只需要一劳永逸地计算出式(22.17)中的最优工具 F_i,或者在式(22.18)中选择一个给定的工具规则 f,然后发布工具规则,并公开承诺永远用它来设置政策利率。然后,私人部门相信中央银行会遵守对工具规则的承诺,将它与式(22.1)中的模型结合起来,计算出相应的理性预期均衡,并根据该均衡作出决策。由此得到的均衡将是式(22.14)—式(22.16)所描述的均衡——相对于给定的工具规则式(22.18),只不过没有拉格朗日乘数。

然而,在现实世界中,肯定没有任何一家中央银行真的会按这种方式来实施货币政策。没有一家中央银行会宣布一个固定的工具规则并承诺永远遵守它。首先,最优工具规则是依赖于一长串前定变量的(更不用说拉格朗日乘数了),而且最优工具规则往往过于复杂,难以就它进行有效的沟通。而任何一个给定的简单工具规则,比如说泰勒规则,对于中央银行来说又都过于简单和不完美了,无法坚持下去(Svensson,2003b)。

相反,在现实世界中,采用通货膨胀目标制的中央银行的做法是向公众发布当前的政策利率水平,同时给出关于未来政策利率的若干指引(甚至可能会发布完整的政策利率预测),另外,中央银行通常还会发布对通货膨胀水平和实体经济表现的预测。然后,私人部门对这些信息做出反应,得出实际的均衡结果。这也就是我接下来要模拟的货币政策及其实施过程,特别是对政策利率、通货膨胀水平和实体经济表现的预报与预测占据了中心地位。

3.2 预测模型和可行预测集

我们用 $u^t \equiv \{u_{t+\tau,t}\}_{\tau=0}^{\infty}$ 表示第 t 期对任意变量向量 u_t 的预测——预测是一个条件均值预报——其中 $u_{t+\tau,t}$ 表示以第 t 期可以得到的信息为条件的、对于该向量在第 $t+\tau$ 期的实现值的平均预报。我们在这里将 τ 称为预报 $u_{t+\tau,t}$ 的期界。在对第 t 期的预测(X^t,x^t,i^t,Y^t)中,预测模型使用了零均值独立同分布的冲击为零的猜测,即对于所有的 $\tau \geq 1$,都有 $\varepsilon_{t+\tau,t}=0$。这样一来,就可以写出,对于 $\tau \geq 0$:

$$\begin{bmatrix} X_{t+\tau+1,t} \\ Hx_{t+\tau+1,t} \end{bmatrix} = A \begin{bmatrix} X_{t+\tau,t} \\ x_{t+\tau,t} \end{bmatrix} + Bi_{t+\tau,t} \tag{22.20}$$

$$Y_{t+\tau,t} = D \begin{bmatrix} X_{t+\tau,t} \\ x_{t+\tau,t} \\ i_{t+\tau,t} \end{bmatrix} \tag{22.21}$$

其中

$$X_{tt} = X_{t|t} \tag{22.22}$$

在这里,$X_{t|t}$ 是第 t 期的前定变量以这一期开始时可以得到的信息为条件的估计值。引入这个符号是为了将中央银行只拥有关于当前经济状态的不完美信息这个现实可能性考虑进来,从而像斯文森和伍德福德的研究那样(Svensson and Woodford,2005),利用卡尔曼滤波估计当前的经济状况——我们将在 3.9.1 中进一步讨论这一点。因此,下标中的",t"和"$|t$"分别表示第 t 期开始时的预测(预报)与估计("临近预测"和"回溯预测")。给定 $X_{t|t}$ 时的可行预测集——记为 $T(X_{t|t})$——就是满足式(22.20)—式(22.22)的预测集(X^t,x^t,i^t,Y^t)。我们称 $T(X_{t|t})$ 为第 t 期内的可行预测集。它是以对矩阵 A、B、H 和 D 的估计,以及对前定变量 $X_{t|t}$ 的当前实现值的估计为条件的。

3.3 最优政策选择

第 t 期的政策问题将第 t 期的最优预测确定下来,而最优预测就是能够使得如下跨期预报损失函数最小化的预测 ($\hat{X}^t,\hat{x}^t,\hat{i}^t,\hat{Y}^t$):

$$\mathcal{L}(Y^t) = \sum_{\tau=0}^{\infty} \delta^\tau L_{t+\tau,t} \tag{22.23}$$

其中,期间预报损失 $L_{t+\tau,t}$ 通过下式设定,对于所有的 $\tau \geq 0$,有:

$$L_{t+\tau,t} = Y'_{t+\tau,t} \Lambda Y_{t+\tau,t} \tag{22.24}$$

这种最小化过程要涉及对于给定的 $X_{t|t}$ 和 $T(X_{t|t})$ 的可行预测集中的预测。[①]

对于标准的二次损失函数式(22.13),相应的期间预报损失函数为:

$$L_{t+\tau,t} = (\pi_{t+\tau,t} - \pi^*)^2 + \lambda(y_{t+\tau,t} - \bar{y}_{t+\tau,t})^2 \tag{22.25}$$

其中,$\pi_{t+\tau,t}$ 和 $y_{t+\tau,t} - \bar{y}_{t+\tau,t}$ 分别是在第 t 期作出的对第 $t+\tau$ 期的通货膨胀与产出缺口的预报。

当政府问题从预测这个角度来提出时,我们就可以允许 $0 < \delta \leq 1$ 了,因为式(22.23)中的无限和式在通常情况下对于 $\delta = 1$ 是收敛的。再一次,整个优化是在永恒的视角下完成的(Woodford,2003,2010b)。

有一个如式(22.24)所示的期间预报损失函数的跨期损失函数式(22.23)引入了对目标变量 Y_t 的预测的偏好排序。我们可以将这种偏好排序表示为如下修正的跨期损失函数:

---

① 由确定性等价定理可知,在式(22.11)中,对未来损失的期望值 $E_t \sum_{t=0}^{\infty} \delta^t Y'_{t+\tau} W Y_{t+\tau}$ 进行最小化,可以得到与通过最小化式(22.23)中的跨期预报损失函数 $\sum_{t=0}^{\infty} \delta^\tau Y'_{t+\tau,t} W Y_{t+\tau,t} = \sum_{t=0}^{\infty} \delta^\tau (E_t Y_{t+\tau})' W (E_t Y_{t+\tau})$ 所得到的相同的第 t 期的最优工具规则。由于存在预报错误 $Y_{t+\tau} - E Y_{t+\tau}$,贴现未来损失的期望值将会超出期间预报损失函数,即 $\sum_{\tau=0}^{\infty} \delta^\tau [E_t (Y_{t+\tau} - E_t Y_{t+\tau})' W (Y_{t+\tau} - E_t Y_{t+\tau})]$ 这一项,但在确定性等价下,政策对这些预报错误和这一项的影响可以忽略。

$$\mathcal{L}(Y^t) + \frac{1}{\delta}\Xi'_{t-1}H(x_{tt} - x_{t,t-1}) \equiv \sum_{\tau=0}^{\infty}\delta^{\tau}Y'_{t+\tau,t}\Lambda Y_{t+\tau,t} + \frac{1}{\delta}\Xi'_{t-1}H(x_{tt} - x_{tt-1}) \quad (22.26)$$

这里进行的修正就体现在增加了 $\frac{1}{\delta}\Xi'_{t-1}(x_{tt} - x_{t,t-1})$ 这一项。在这一项当中，Ξ_{t-1} 与前面一样是第 $t-1$ 期的最优问题的前瞻性变量的方程的拉格朗日乘数的向量。x_{tt} 是对第 t 期的前瞻性的变量的向量的预测，它满足预测模型式（22.20）和初始条件式（22.22），同时，$x_{t,t-1}$ 是第 $t-1$ 期中对第 t 期的前瞻性变量的向量的最优预测（当 $x_{t,t-1}$ 在第 t 期成为前定变量之后，使得新增加的这一项归一化，并且在 x_{tt} 与最优预测 $x_{t,t-1}$ 重合的情况下使这一项为零，但是不影响对最优政策的选择）。正如 Svensson 和 Woodford（2005）已经讨论过的，增加的这一项和对拉格朗日乘数 Ξ_{t-1} 的依赖性确保了方程式（22.26）能够最小化——无论是在相机抉择下还是在承诺下——因而在永恒的视角下，能够产生承诺下的最优政策。①

这样一来，最优政策——它导致了最优政策预测——的选择就可以转化为在第 t 期的可行预测集中选择 Y_t，以使得修正的跨期损失函数最小，即求解如下优化问题：

$$在(X^t, x^t, i^t, Y^t) \in \mathcal{T}(X_{t|t}) \text{ 的约束下，最小化} \mathcal{L}(Y^t) + \frac{1}{\delta}\Xi'_{t-1}H(x_{tt} - x_{t,t-1})$$

$$(22.27)$$

可行预测集 $\mathcal{T}(X_{t|t})$ 显然是非常大的，它包含了无穷多个不同的政策预测。将由各种可选政策—利率路径——如 Laséen 和 Svensson（2010）所描述的——产生的可选政策预测呈现出来，可以被视为一种试图把无限多的可选的可行政策预测集压缩为有限数量的备选方案，让政策制定者在其中进行选择。

在给定一个线性预测模型和一个修正二次期间损失函数的情况下，可以精确地计算出最优政策预测。通过改变修正的跨期损失函数的参数，就有可能生成可供选择的政策预测。以这种方式生成备选政策预测可以带来很大的好处，因为这些政策预测刚好处于有效边界上——对于何谓有效边界，我们将在下一节说明。然而，政策制定者可能仍然会更倾向于希望看到一些具有代表性的可选政策预测，这些可选政策预测是用与最优政策预测不同的政策—利率路径构建的。利用 Laséen 和 Svensson（2009）提出的方法来构建可供选择的预期政策—利率路径的政策预测是实现这个目标的一种方法。

正如 Svensson 和 Woodford（2005）以及 Giannoni 和 Woodford（2003）已经讨论过的，从永恒的视角来看，承诺可以通过施加如下约束来实现，而不一定要在期间损失函数中添加额外的一项：

$$x_{tt} = F_x \begin{bmatrix} X_{t|t} \\ \Xi_{t-1} \end{bmatrix} \quad (22.28)$$

令 $\mathcal{T}(X_{t|t}, \Xi_{t-1})$ 表示给定 $X_{t|t}$ 和 Ξ_{t-1} 时满足式（22.28）的可行预测集的一个子集——并称其为预测的受限可行集。这样一来，最优政策预测也就是如下问题的解：

---

① 增加的这一项与 Marcet 和 Marimon（1998）的递归鞍点法有密切的关系，具体内容见 Svensson（2009c）以及 Woodford（2010b）的论述。

$$在(X^t, x^t, i^t, Y^t) \in \mathcal{T}(X_{t|t}, \varXi_{t-1}) 的约束下,最小化\mathcal{L}(Y^t) \qquad (22.29)$$

3.4　预报泰勒曲线

最优政策预测、可行预测的受限集,以及预测的有效的受限集,都可以用一条修正的泰勒曲线——预报泰勒曲线——来说明。与包含事后结果的无条件方差——或者更准确地说,包含了泰勒所给出的标准差(Taylor,1979,图1)——的原始泰勒曲线不同,预报泰勒曲线则包含了事前的通货膨胀缺口和产出缺口的预测的贴现平方和。关于预报泰勒曲线在政策评估中的应用,见 Svensson(2009a)的相关文献。利用损失函数式(22.25),期间预报损失函数可以改写为:

$$\mathcal{L}(Y^t) = \sum_{\tau=0}^{\infty} \delta^{\tau} (\pi_{t+\tau,t} - \pi^*)^2 + \lambda \sum_{\tau=0}^{\infty} \delta^{\tau} (y_{t+\tau,t} - \bar{y}_{t+\tau,t})^2$$

我们可以将贴现后的总和 $\sum_{\tau=0}^{\infty} \delta^{\tau}(\pi_{t+\tau,t} - \pi^*)^2$ 和 $\sum_{\tau=0}^{\infty} \delta^{\tau}(y_{t+\tau,t} - \bar{y}_{t+\tau,t})^2$ 分别称为通货膨胀缺口与产出缺口的平方和(请记住,这里实际上指的是通货膨胀缺口和产出缺口的预测)。这样一来,我们就可以在通货膨胀缺口和产出缺口平方和的空间中说明可行预测的受限集 $\mathcal{T}(X_{t|t}, \varXi_{t-1})$ 。在图 22.4 中,通货膨胀缺口的平方和沿横轴绘制,而产出缺口的平方和沿纵轴绘制。在图中,位于经过点 P 的曲线以及该曲线以上的部分就给出了可行预测的有效受限集。可行预测的有效受限集,即可行预测的有效边界,则由其边界——经过点 P 的曲线——给出。

在图 22.4 中,我们还可以将跨期预报损失函数的等损失线表示为斜率为 $1/\lambda$ 的负斜率线。接近原点的等损失线对应较低的损失。最优政策预测由有效边界和等损失线之间的切点 P 给出,在可行预测的受限集中,它是可行预测的受限集中给出了最低的跨期损失的那个政策预测。

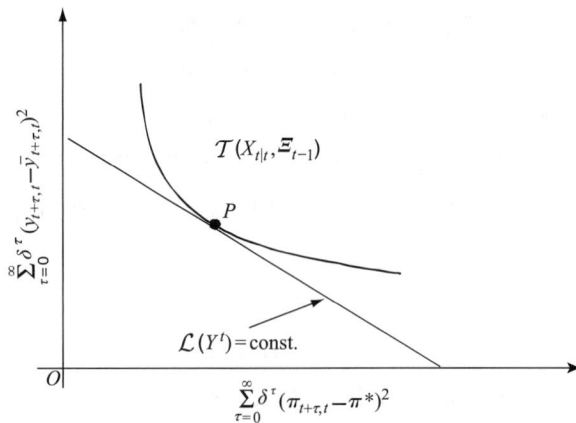

图 22.4　预报泰勒曲线

有效边界由可行预测受限集中的有效的可行预测组成。这里所说的有效是指在受限可行集中没有任何其他预测能够在不增加产出缺口平方和的情况下,得到更低的通货膨胀缺口。最优政策预测必定在有效集合中。

本章的 4.3 和 4.4 说明了这些思想在实际政策中的应用。

3.5　最优政策预测

在永恒视角下有承诺的最优化假设下,最优政策预测可以用以下差分方程来描述,对于所有的 $\tau \geqslant 0$,有:

$$\begin{bmatrix} \hat{x}_{t+\tau,t} \\ \hat{i}_{t+\tau,t} \end{bmatrix} = \begin{bmatrix} F_x \\ F_i \end{bmatrix} \begin{bmatrix} \hat{X}_{t+\tau,t} \\ \Xi_{t+\tau-1,t} \end{bmatrix} \tag{22.30}$$

$$\begin{bmatrix} \hat{X}_{t+\tau+1,t} \\ \Xi_{t+\tau,t} \end{bmatrix} = M \begin{bmatrix} \hat{X}_{t+\tau,t} \\ \Xi_{t+\tau-1,t} \end{bmatrix} \tag{22.31}$$

$$\hat{Y}_{t+\tau,t} = \widetilde{D} \begin{bmatrix} \hat{X}_{t+\tau,t} \\ \Xi_{t+\tau-1,t} \end{bmatrix} \tag{22.32}$$

其中, $\hat{X}_{tt} = X_{t|t}$ 且 $\Xi_{t-1,t} = \Xi_{t-1}$。矩阵 F、M 和 $\widetilde{D}$ 均与上文所描述的相同。

我们可以通过改变矩阵 Λ 中的权重和贴现因子 δ 来构造备选的最优预测。使用备选最优预测的优点在于所考虑的预测是有效的,因为它们能使跨期损失函数最小化。这也就是说,每一个预测都不可能在减少一个目标变量对其目标水平的未来预测偏差的贴现平方和的同时,不增加另一个目标变量对其目标水平的未来预测偏差的贴现平方和(这也就假设了正对称半正定矩阵 Λ 是对角型的)。在图 22.4 中,可行预测集的有效子集,即可行预测集的有效边界,由经过点 P 的负斜率曲线给出。将政策选择限制在有效备选方案当中有很多非常明显的优势。基于任意工具规则(或者基于对最优工具规则的任意偏差)构建的预测通常在这个意义上是无效的。这也就是说,它们对应于可行预测集内部的点,即位于图 22.4 中经过点 P 曲线的东北方向的点。

因此很明显,我们也可以为某个给定的工具规则构建预测,即

$$i_{t+\tau,t} = f \begin{bmatrix} X_{t+\tau,t} \\ x_{t+\tau,t} \end{bmatrix} \equiv \begin{bmatrix} f_X & f_x \end{bmatrix} \begin{bmatrix} X_{t+\tau,t} \\ x_{t+\tau,t} \end{bmatrix}$$

由此而得到的预测将满足式(22.30)—式(22.32)——尽管没有任何拉格朗日乘数——其中矩阵 F、M 取决于矩阵 A、B、H 和 f。然而,对于任意的工具规则,预测将不是有效的。

3.6　目标规则

正如 Svensson(2003b)以及 Svensson(2005)已经讨论过的那样,货币政策决策过程会使得当前的工具利率决策变成一个非常复杂的政策函数,它包含了大量数据和进入该过程的各种判断。我认为,将这个政策函数概括为一个简单的工具规则,比如说泰勒规则,是不会

有多大帮助的。再者,由此得到的政策函数虽然很复杂,但它仍然是简化形式的,取决于中央银行的目标、中央银行对货币政策传导机制的看法以及中央银行作出的判断。总之,它是一个复杂过程的内生的复杂结果。从这个政策函数是否随中央银行对传导机制和私人部门行为的看法而变、是否随信息数量增减和判断的调整而变这几点来看,它绝不是结构性的。尽管如此,目前的许多文献还是认为货币政策可以用一个特定的工具规则来刻画,而该规则在本质上是结构性的,不随经济模型的变化而变化。认识到政策函数是简化形式的是建立合理的货币政策理论的第一步。不过幸运的是,这种复杂的简化形式的政策函数无须明确地表示出来。在现代货币政策过程中实际上并不需要这个。

货币政策有一种更方便、更稳健的表示方法,即以目标规则的形式来表示,这一点在很多论著中都有讨论,例如 Svensson 和 Woodford(2005)以及 Svensson(2003b)的论著,还有更早一些的 Svensson(1999a)的相关文献。一个最优目标规则是最优货币政策的一阶条件,它对应于边际替代率与目标变量间边际转换率相等的标准有效条件,前者由货币政策的损失函数给出,后者由货币政策的传导机制给出。最优目标规则对模型中的任何其他东西都保持不变,包括加性判断和加性冲击的随机性。因此,它是货币政策的一个紧凑的、稳健的代表——其稳健性比最优政策函数高得多。一个简单的目标规则很可能就是一个在不同情况下都表现良好的稳健的货币政策的非常实用的表示。Giannoni 和 Woodford(2003,2010)给出了最优目标规则/目标准则的一般推导方法,然后伍德福德又进行了进一步的讨论(Woodford,2007,2010a)。[1][2]

在这个框架中,一个给定的目标规则取如下形式,对于所有的 $\tau \geqslant 0$,有:

$$\sum_{s=-a}^{b} g_s Y_{t+s+\tau,t} = 0$$

在菲利普斯曲线如式(22.5)所示、损失函数如式(22.13)所示的最简单的新凯恩斯主义模型中,最优目标规则取如下预测形式(Svensson and Woodford,2005),对于所有的 $\tau \geqslant 0$,有:

$$\pi_{t+\tau,t} - \pi^* + \frac{\lambda}{\kappa} \left[(y_{t+\tau,t} - \bar{y}_{t+\tau,t}) - (y_{t+\tau-1,t} - \bar{y}_{t+\tau-1,t}) \right] = 0 \qquad (22.33)$$

现在,最优目标规则仍然是经济学家在进行学术性的货币政策分析时常用的小模型中表示最优货币政策的一种实用方法。然而,对于许多中央银行用于构建预测的规模更大、维度更高的操作性宏观模型,最优目标规则作为最优货币政策的表示就会变得非常复杂,因而不再那么实用了。最优政策预测,即在永恒的视角下有承诺时的最优政策所对应的预测,直接用简单的数值方法就可以很容易地推导出来,而无须参照任何最优目标规则。对于实际最优货币政策,政策制定者实际上不需要知道最优目标规则或政策函数的确切形式。相反,他们只需要考虑政策过程中产生的目标变量的预测的相关图表,并选择相对于中央银行的目标来说最合适的目标变量预测和政策利率——对此,我们将在本章的4.3中详细说明。

---

[1] Walsh(2004)给出了一个目标规则与稳健控制等价的例子。

[2] 曾几何时,英国中央银行(英格兰银行)和瑞典中央银行都假设,自己的通货膨胀预报背后隐藏着一个固定利率,它的含义是一个固定利率下的通货膨胀预报如果在某一个时间段里(比如两年)超过(低于)通货膨胀目标,那么就意味着政策利率需要提高(降低)。正如本章的4.2中将会讨论的那样,这个目标规则离最优目标规则很远,现在已经被抛弃了。

3.7 货币政策的实施和均衡的决定

政策决策可以用 $(i^t, \hat{Y}^t)$ 表示，即政策利率与目标变量的最优预测。政策决策也决定了用于损失函数和第 $t+1$ 期的政策决策的拉格朗日乘数 Ξ_t。

那么，对于政策如何实施以及（理性预期）均衡如何决定，我们又应该怎么建模分析呢？中央银行会宣布（或通过某种方式传达）i^t 和 $\hat{Y}^t$（而且可能还会提供关于它的最优预测的更多细节），并设定与政策——利率路径相一致的当前政策利率，即令 $i_t = \hat{i}_u$。接下来，我们不妨假设中央银行的预测是可信的，因此私人部门也会相信。

具体地说，假设私人部门对下一个时期的前瞻性变量的预期与中央银行的预报相等，并且是理性的，同时与 $E_t x_{t+1}$ 相等。这样一来，在第 t 期的前瞻性变量 x_t 和目标变量 Y_t，如果给定 X_t 和 $E_t x_{t+1}$，就可以由式（22.4）决定；如果给定 X_t、x_t 和 i_t，就可以由式（22.10）决定。而给定 X_t 和 x_t，以及下一个时期的冲击 ε_{t+1}，那么下一期的前定变量 X_{t+1} 则可以在下一期内由式（22.2）决定。然后，给定 $X_{t+1\,|\,t+1}$ 和 $\Xi_{t,t+1} \equiv \Xi_t$，下一个时期的政策决策就决定了 i^{t+1} 和 $\hat{Y}^{t+1}$。这样也就实现了理性预期均衡。

那么这个均衡是确定的吗？正如 Svensson 和 Woodford（2005）已经讨论过的，这可能需要一个均衡之外的承诺——这种承诺既可能是明示的，也可能是隐含的。[①] 这也就是说，中央银行需要承诺，如果经济偏离了最优预测，那么中央银行就会偏离 $\hat{i}_u$。[②] 例如，如果实现的通货膨胀水平 π_t 超过了通货膨胀预测 $\hat{\pi}_u$，那么中央银行就可能会根据如下式所示的规则设定一个更高的政策利率：

$$i_t = \hat{i}_u + \varphi(\pi_t - \hat{\pi}_t)$$

其中 $\varphi > 0$。在斯文森和伍德福德讨论过的一个例子中（Svensson and Woodford，2005），$\varphi > 1$ 的泰勒原理确保了确定性。在他们那个实例中，均衡之外的承诺的另一个例子是：

$$i_t = \hat{i}_u + \varphi\left\{\pi_t - \pi^* + \frac{\lambda}{\kappa}\left[(y_t - \bar{y}_t) - (y_{t-1} - \bar{y}_{t-1})\right]\right\} \tag{22.34}$$

其中

$$\pi_t - \pi^* + \frac{\lambda}{\kappa}\left[(y_t - \bar{y}_t) - (y_{t-1} - \bar{y}_{t-1})\right] = 0$$

是最优目标规则，即在标准的、具有菲利普斯曲线式（22.5）和损失函数式（22.13）的新凯恩斯主义模型中，最优政策的一阶条件。在这里，均衡之外的承诺式（22.34）意味着任何对最优目标规则的正向偏离（过高的通货膨胀或过高的产出）都会导致更高的政策利率。一个足够高的 φ 的值（通常与 1 没有太大的区别）保证了确定性。

重要的是，在这种模型设定下，中央银行的选择对象以及传达给私人部门的信息是政

[①] 例如，在标准的新凯恩斯主义模型中，前定变量是外生的。如果中央银行通过让政策利率只对前定变量做出反应来实施政策，那么政策利率也就是外生的。这样一来，根据 Sargent 和 Wallace（1975）的证明，均衡就可能是非确定性的。

[②] 在 Svensson 和 Woodford（2005）的研究中，这些操作的精确时间是明确给出的，以避免任何同时性问题的发生。

策—利率路径,而不是政策函数 F_i(尽管最优政策—利率路径与最优政策函数之间存在一一对应的关系)。[①]

3.8 相机抉择下的最优化与相机抉择均衡

前面的讨论都是在这样一个假设下进行的:在永恒的视角下,承诺是可能的。而在相机抉择下的最优化中,中央银行需要在第 t 期中实现跨期损失函数式(22.11)最小化,同时必须把它还将在第 $t+1$ 期再次进行优化这一点考虑进去(而且这种重新优化也是私人部门意料之中的)。Oudiz 和 Sachs(1985)推导出了求解这个问题的迭代算法(不过,它不必要地假设了 $H=I$)。然后,Backus 和 Driffill(1986)、Currie 和 Levine(1993)以及 Söderlind(1999)又进一步讨论了这种算法。在这里,我们只简要地描述一下这个算法。[②]

由于损失函数是二次的,而且约束是线性的,因此它的解也将是线性的,同时最小化的跨期损失函数将是二次的。在第 $t+1$ 期,给定 X_{t+1},在式(22.1)的约束下进行重新优化,得到的是政策利率 i_{t+1}、前瞻性变量 x_{t+1},以及第 $t+1$ 期的最小化的跨期损失函数,它们满足:

$$i_{t+1} = F_{i,t+1} X_{t+1} \tag{22.35}$$

$$x_{t+1} = F_{x,t+1} X_{t+1} \tag{22.36}$$

$$E_{t+1} \sum_{\tau=0}^{\infty} \delta^{\tau} L_{t+1+\tau} = X'_{t+1} V_{t+1} X_{t+1} + w_{t+1} \tag{22.37}$$

其中,矩阵 $F_{i,t+1}$、$F_{x,t+1}$ 和 V_{t+1},以及标量 w_{t+1},都是由第 $t+1$ 期的决策问题决定的。假设这些矩阵和标量在第 t 期是已知的,那么对于第 t 期的决策问题来说,只有 $F_{x,t+1}$ 和 V_{t+1} 是重要的。

取式(22.36)的期望,并利用式(22.2),我们可以得到:

$$x_{t+1|t} = F_{x,t+1} X_{t+1|t} = F_{x,t-1}(A_{11} X_t + A_{12} x_t + B_1 i_t) \tag{22.38}$$

对方程式(22.1)的下块运用式(22.38),并对 x_t 求解,我们可以得到:

$$x_t = \bar{A}_t X_t + \bar{B}_t i_t \tag{22.39}$$

其中

$$\bar{A}_t \equiv (A_{22} - HF_{x,t+1} A_{12})^{-1}(HF_{x,t+1} A_{11} - A_{21}) \tag{22.40}$$

$$\bar{B}_t \equiv (A_{22} - HF_{x,t+1} A_{12})^{-1}(HF_{x,t+1} B_1 - B_2) \tag{22.41}$$

在这里,我们假设 $A_{22} - HF_{x,t+1} A_{12}$ 是非奇异的。然后,在式(22.1)的上块中运用式(22.39),就可以得到:

$$X_{t+1} = \tilde{A}_t X_t + \tilde{B}_t i_t + C\varepsilon_{t+1} \tag{22.42}$$

其中

[①] 最优政策—利率路径与其最优政策函数 $i_t = F_i \bar{X}_t$ 之间存在一一对应的关系。在最优政策函数中,政策工具对前定变量 $\bar{X}_t \equiv (X'_t, \bar{x}'_{t-1})'$ 做出反应,但是存在一个与最优政策相一致的隐含的工具规则的连续统(政策工具也会对前瞻性变量做出反应)。例如,隐含的工具规则 $i_t = (F_i - \varphi F_x)\bar{X}_t + \varphi x_t$ 与任何标量值 φ 的最优政策都一致,因为在均衡时,有 $x_t = F_x \bar{X}_t$。然而,确定性性质(特征值配置)当然依赖于 φ。

[②] 如果想了解该算法的更多细节,请参阅 Svensson(2009c)的相关文献。

$$\tilde{A}_t \equiv A_{11} + A_{12}\bar{A}_t \tag{22.43}$$

$$\tilde{B}_t \equiv B_1 + A_{12}\bar{B}_t \tag{22.44}$$

现在,第 t 期的优化问题就是要在方程式(22.42)的约束下最小化下式:

$$L_t + \delta E_t(X'_{t+1}V_{t+1}X_{t+1} + w_{t+1})$$

至此,这个问题已转化成了一个标准的线性二次调节器问题,它没有前瞻性变量,但是具有时变参数。它的解将会满足[①]:

$$i_t = F_{it}X_t$$

$$x_t = F_{xt}X_t$$

$$X'_t V_t X_t + w_t \equiv L_t + \delta E_t(X'_{t+1}V_{t+1}X_{t+1} + \delta w_{t+1})$$

其中 F_{xt} 和 F_{it} 必定满足:

$$F_{xt} = \bar{A}_t + \bar{B}_t F_{it} \tag{22.45}$$

式(22.40)—式(22.45)定义了一个从 $(F_{x,t+1}, V_{t+1})$ 到 (F_{xt}, V_t) 的映射,这个映射也决定了 F_{it}。因此,这个问题的解是该映射的一个不动点 (F_x, V) 以及一个相对应的 F_i。它可以通过对 (F_{xt}, V_t) 在 $t \to -\infty$ 处取极限求得。

因此,解和相机抉择均衡为,对于所有的 $t \geqslant 0$,有:

$$\begin{bmatrix} x_t \\ i_t \end{bmatrix} = \begin{bmatrix} F_x \\ F_i \end{bmatrix} X_t \equiv FX_t$$

$$X_{t+1} = (\tilde{A} + \tilde{B}F_x)X_t + C\varepsilon_{t+1} \equiv MX_t + C\varepsilon_{t+1}$$

$$Y_t = D\begin{bmatrix} I \\ F_x \\ F_i \end{bmatrix} X_t \equiv \tilde{D}X_t$$

其中 $(\tilde{A}, \tilde{B})$ 是当 $t \to -\infty$ 时 $(\tilde{A}_t, \tilde{B}_t)$ 的极限。我们不难注意到,从式(22.45)可以推出,F_x 和 F_i 将满足:

$$F_x = \bar{A} + \bar{B}F_i \tag{22.46}$$

其中,$(\bar{A}, \bar{B})$ 是当 $t \to -\infty$ 时 $(\bar{A}_t, \bar{B}_t)$ 的极限。

矩阵 F 和 M 依赖于 A、B、H、D、Λ 和 δ,但是它们独立于 C。这样也就证明了相机抉择均衡的确定性等价。

3.8.1 预测模型、可行预测集,以及最优政策预测

在相机抉择下,预测 (X^t, x^t, i^t, Y^t) 的预测模型可以写为如下形式,对于所有的 $\tau \geqslant 0$,有:

$$X_{t+\tau+1,t} = \tilde{A}X_{t+\tau,t} + \tilde{B}i_{t+\tau,t} \tag{22.47}$$

$$x_{t+\tau,t} = \bar{A}X_{t+\tau,t} + \bar{B}i_{t+\tau,t} \tag{22.48}$$

$$Y_{t+\tau,t} = D\begin{bmatrix} X_{t+\tau,t} \\ x_{t+\tau,t} \\ i_{t+\tau,t} \end{bmatrix} \tag{22.49}$$

---

① Svensson(2009c)提供了更详细的信息。

其中

$$X_{tt} = X_{t|t} \tag{22.50}$$

这样一来,给定 X_{tt} 和 $\mathcal{T}(X_{tt})$,可行预测集就是满足式(22.47)—式(22.50)的预测集。最优的政策预测是如下问题的解:

$$在(X^t, x^t, i^t, Y^t) \in \mathcal{T}(X_{tt}) 的约束下,最小化 \mathcal{L}(Y^t)$$

在这里,对相机抉择下的政策的建模是这样进行的:假设在每一个时期 $t+\tau \geq t$,私人部门在第 $t+\tau$ 期对第 $t+\tau+1$ 期的前瞻性变量和政策利率的预期 $x_{t+\tau+1|t}$ 与 $i_{t+\tau+1|t}$ 是由关于中央银行将在第 $t+\tau+1$ 期进行重新优化的信念决定的。[①] 而这就意味着,私人部门对前瞻性变量和政策利率的预期必定满足:

$$\begin{bmatrix} X_{t+\tau+1|t} \\ i_{t+\tau+1|t} \end{bmatrix} = F X_{t+\tau+1|t+\tau}$$

其中 $X_{t+\tau+1|t+\tau}$,即私人部门在第 $t+\tau$ 期对第 $t+\tau+1$ 期的前瞻性变量的预期,是由下式给出的:

$$X_{t+\tau+1|t+\tau} = \tilde{A} X_{t+\tau|t+\tau} + \tilde{B} i_{t+\tau}$$

特别地,私人部门在第 t 期对第 $t+1$ 期的前瞻性变量和政策利率的预期满足下式:

$$\begin{bmatrix} x_{t+1|t} \\ i_{t+1|t} \end{bmatrix} = F X_{t+1|t} = F(\bar{A} X_{t|t} + \bar{B} i_t) \tag{22.51}$$

因此,中央银行第 t 期对第 $t+1$ 期的前瞻性变量的预报取决于它对第 $t+1$ 期的政策利率 $i_{t+1,t}$ 的预报,所依据的是:

$$x_{t+1,t} = \bar{A} X_{t+1,t} + \bar{B} i_{t+1,t} = \bar{A}(\bar{A} X_{t|t} + \bar{B} i_t) + \bar{B} i_{t+1,t}$$

如果中央银行对它自己的政策利率的预报与它在第 $t+1$ 期中的重新优化是一致的,那么该政策利率就将满足下式:

$$i_{t+1,t} = F_i X_{t+1,t} = F_i(\bar{A} X_{t|t} + \bar{B} i_t)$$

并等于私人部门对政策利率的预期 $i_{t+1|t}$。从而在这种情况下,中央银行对前瞻性变量的预报 $x_{t+1,t}$ 将与私人部门的预期 $x_{t+1|t}$ 相等,这是因为利用式(22.46),我们可以得到:

$$x_{t+1,t} = \bar{A} X_{t+1,t} + \bar{B} i_{t+1,t} = \bar{A} X_{t+1,t} + \bar{B} F_i X_{t+1,t} = F_x X_{t+1,t} = F_x(\bar{A} X_{t|t} + \bar{B} i_t) = x_{t+1|t}$$

因此,对于相机抉择下的预测模型的设定——式(22.47)—式(22.50)——就意味着,中央银行要考虑相对于前定变量和前瞻性变量的可选政策—利率路径和相关的预测,同时也要考虑到这些预测不一定是可信的,以及可能会偏离私人部门的预期。在这里,私人部门的预期始终等于相机抉择下的最优政策预测。相比之下,承诺下的预测模型的设定——式(22.20)—式(22.22)——则意味着,中央银行对于相对于前定变量和前瞻性变量的可选政策—利率路径与相关的预测的考虑是在假设这些可选预测是可信的前提下进行的。

3.8.2 承诺的程度

承诺与相机抉择的权衡提出了一个非常有意思的问题,究竟哪一个才是对实际货币政

---

① 回想一下,私人部门的理性预期在下标"$t+\tau|t$"中是用一条竖线表示的,而中央银行的预测在下标"$t+\tau,t$"中是用一个逗号表示的。

策决策过程更符合现实的描述？答案并不明显。在一篇文章中，当时担任挪威中央银行副行长的 Bergo(2007)描述了挪威中央银行是如何在承诺下实施最优政策的，他的讨论很有启发性。到目前为止，我个人的观点是，中央银行工作人员应该向政策制定者提出与永恒的视角下有承诺时相一致的可选政策方案，并希望政策制定者将他们的选择限制在这些可选方案之内。这也是 Adolfson 等(2009)所持的基本观点。承诺和相机抉择下的结果有多大的差异取决于许多因素，而这些差异对于政策制定有多大的相关性则是一个经验问题，据我所知，直到今天仍然没有一个一劳永逸的解决方法。①

还有一个很有意思的想法是，不仅要考虑承诺和相机抉择这两个极端，还要考虑它们两者之间的一个连续体。绍姆堡和坦巴洛蒂提出了一个简单的框架，用于分析这种介于承诺和相机抉择两个极端之间的连续体中的货币政策——他们称之为准承诺下的货币政策(Schaumburg and Tambalotti，2007)。对于准承诺，可以用中央银行以某个特定的概率违反承诺来刻画。我们可以把这个概率解释为中央银行的政策缺乏可信度的衡量标准。绍姆堡和坦巴洛蒂研究了可信度边际增加的福利效应。他们利用这个简单的模型得到的主要发现是，增加承诺带来的大部分福利收益都产生于相对较低的可信度水平段上。当相机抉择下的通货膨胀偏差较小时，福利收益也较小。这也就是说，超过通货膨胀目标的平均超额通货膨胀更小。

3.9　不确定性

在本小节中，我们将讨论两种不确定性：关于不能完全观察到的经济状态的不确定性，以及关于模型和货币政策的传导机制的不确定性。

3.9.1　经济状态的不确定性

众所周知，货币政策的运行必定要面对相当大的不确定性——无论是经济状况，还是冲击经济的各种扰动的规模和性质，都是不确定的。对于预报定标来说，这会成为一个很大的问题，因为中央银行为了确定利率工具，必须构造出对于未来的通货膨胀的有条件的预测，即以可供选择的利率路径和中央银行对当前经济状态以及重要外生变量在未来的可能演变的最优估计为条件。困难在于，不同指标提供的经济发展信息往往是相互矛盾的。因此，为了取得成功，中央银行需要对不同的信息赋以不同的适当权重，并得出最有效的推断。在纯粹后顾性的(关于中央银行的目标变量和各指标的演变的)模型中，高效估计和信号提取的原则早就已经为学界所熟知了，但是在更加符合现实的情况下，即当重要的指标变量是前瞻性变量的时候，有效信号的提取将会是一个本质上复杂得多的问题。

在不存在前瞻性变量的情况下，具有二次损失函数和部分可观测的经济状态(部分信息)的线性模型可以用确定性等价来刻画。这也就是说，最优政策与经济状态完全可观测

---

① 此外，正如 Dennis(2008)已经讨论过的，永恒视角下的承诺与相机抉择的相对表现究竟如何，是一个相当有意思的问题，其答案取决于环境情况和采用的评价政策绩效的方法。关于承诺、永恒视角和判断，请参见 Woodford (2010b)的更细致的讨论。

(完全信息)时是一样的,只不过它是对状态向量的有效估计而不是对其实际值做出反应而已。此外,可分离原理也是适用的——其根据是最优政策的选择(优化问题)与对经济的当前状态的估计(估计或信号提取问题)可以视为单独的问题来分别进行处理。特别是,可观察变量是前定的,同时可观察变量中的新息(每个可观察变量的当前实现值与之前的预测值之间的差异)包含了所有的新信息。在每个时间点上,需要赋予状态向量的估计中的各可观察变量的新息的最优权重是由一个标准的卡尔曼滤波器来给出的(Chow,1973;Kalchbrenner and Tinsley,1975;LeRoy and Waud,1977)。

然而,不存在前瞻性变量的情况是非常有限的。在现实世界中,中央银行的许多重要指标变量都是前瞻性变量,它们取决于私人部门对未来经济发展状况和未来政策的预期。中央银行通常会一直关注那些具有内在前瞻性的变量,如汇率、债券利率和其他资产价格,以及私人部门对通货膨胀的预期、行业订单流、度量信心的指标等。前瞻性变量会使得估计或信号提取问题大大复杂化。因为根据定义,它们取决于私人部门对未来的内生变量,以及当前和未来的政策行动的预期。然而,这些预期反过来又取决于对当前经济状态的估计,同时这种估计又在某种程度上取决于对当前的前瞻性变量的观察。因此,在存在前瞻性变量的情况下,这种循环性会对估计问题提出相当大的挑战。Pearlman 等(1986)利用一个具有前瞻性变量和部分对称信息的线性(非优化)模型证明,解可以用卡尔曼滤波器来表示——尽管解要比纯粹后顾性的情况下复杂得多。Pearlman(1992)后来在一个优化模型中也使用了这种解法,证明了确定性等价和分离原则在具有前瞻性变量及部分对称信息的相机抉择与承诺下也都是适用的。

Svensson 和 Woodford(2003)给出了对赋予可观察变量的最优权重的更简单的推导方法,并阐明了如何通过修正更新的方程来解决前面提到的循环性问题,扩展了前人关于具有前瞻性变量的部分信息模型的研究。[1] 他们还提供了一个简单的例子,在标准的新凯恩斯主义模型中,澄清了 Orphanides(2003)提出的几个问题。欧菲尼德斯以美国20世纪70年代的实时数据为依据,认为制定货币政策时最好不要考虑关于产出缺口的不确定的数据,而应该只对当前的通货膨胀水平做出反应。Svensson 和 Woodford(2003)发现的结果与欧菲尼德斯不同,但与传统认知一致。首先,他们发现货币政策对当前产出缺口的最优估计的反应与在确定性情况下的是相同的。这也就是说,确定性等价原理仍然适用。其次,赋予有噪声的观察结果(各种指标)的最优权重——用于构建产出缺口最优估计——取决于不确定性程度。例如,当潜在产出指标中的噪声的程度较高时,该指标的最优权重就会变小。[2]

3.9.2 模型和传导机制的不确定性

除了认识到政策制定者面临着环境的不确定性,最近的研究还考虑了更广泛的不确定性形式,即使确定性等价原理不再适用的不确定性。这在理论上有重要的含义,但是在政策

---

[1] Gerali 和 Lippi(2008)提供了一个应用 Svensson 和 Woodford(2005)的算法的 Matlab 例程工具包。

[2] Svensson 和 Woodford(2004)在一个不对称信息(中央银行拥有的信息比私人部门少)的一般线性二次模型中推导出了一个最优货币政策均衡。Aoki(2006)讨论了在一个标准的新凯恩斯主义模型中的应用,该模型对中央银行的信息集有特定的假设。关于信息不对称情况的更多讨论,见 Woodford(2010b)的相关文献。

实践中,政策设计在经典的线性二次框架之外肯定会变得更加困难。

Onatski 和 Williams(2003)对模型不确定性的研究得出的一个结论是,要想取得任何进展,就必须对模型不确定性的结构明确地加以建模。根据与这个结论相一致的思路,Svensson 和 Williams(2007b)着重研究了一种非常明确但一般性仍然相当高的模型不确定性形式,好处是它仍然相当容易处理。他们使用的是通常所称的马尔可夫跳跃线性二次(Markov jump-linear-quadratic,简写为 MJLQ)模型,其中模型不确定性呈现为在不同的模式(或状态)之间跳跃的形式,且服从马尔可夫过程。使用这种方法,研究者可以超越只有加性冲击的经典线性二次世界,同时仍然能够足够接近线性二次框架(因为在线性二次框架下的分析是透彻、明晰的)。他们构建了一个可以刻画模型不确定性的扩展线性二次框架,并将最优和其他货币政策放到这个框架下来考察。这个框架所包含的模型不确定性形式包括:简单的独立同分布的模型偏差;序列相关的模型偏差;可估计的区制转换型模型;各种不同模型的更复杂的结构不确定性(例如前瞻性模型和后顾性模型);时变的中央银行判断(例如关于模型不确定性的特定模型范围之外的信息、知识、观点)等(Svensson,2005)。此外,这种方法也适用于其他包含了区制转换的线性模型,它们可能刻画了繁荣/萧条周期、生产力减速和加速、货币和/或财政政策体制的转换等区制变化。利用寻找最优政策和求解任意政策函数的算法,可以计算并绘制出目标变量和工具的一致分布预测图(扇形图)。因此,这种方法可以将确定性等价和均值预报定标——它们只适用于只有未来变量的平均值起重要作用的情形(Svensson,2005)——扩展为更一般的非确定性等价和分布预报定标,此时未来变量的整个概率分布都有着重要作用(Svensson,2003b)。

自 Aoki(1967)和 Chow(1973)的经典研究以来,马尔可夫跳跃线性二次方法的某些方面在经济学界已经逐渐变得广为人知了,他们的贡献是让线性二次框架可以容纳乘性不确定性。不难证明,我们前面讨论的那些论文的思想在适当调整后可以纳入马尔可夫跳跃线性二次框架,这表明在马尔可夫跳跃线性二次模型中,最优政策设计问题的值函数仍然是状态的二次函数,只不过现在的权重将依赖于模型设置。马尔可夫跳跃线性二次模型在控制理论文献中也得到了广泛的研究,其中一种特殊情况是不存在前瞻性变量的情况,见 Costa 和 Fragoso(1995)、Costa 等(2005)、do Val 等(1998)的论文以及这几篇论文给出的参考文献。在更晚近的研究中,Zampolli(2006)使用马尔可夫跳跃线性二次模型考察了存在与不存在资产市场泡沫的区制之间不断转换时的货币政策,不过他的模型仍然是一个没有前瞻性变量的模型。Blake 和 Zampolli(2005)对马尔可夫跳跃线性二次模型进行了扩展,从而将前瞻性变量包括了进来,尽管其一般性不如斯文森和威廉姆斯提出的框架(Svensson and Williams,2007b),而且其分析和算法仅限于可观察的模式与相机抉择均衡。

马尔可夫跳跃线性二次方法也与已经在实证研究中得到了广泛应用的马尔可夫区制转换模型密切相关。马尔可夫区制转换模型方法最初是在汉密尔顿的论著(Hamilton,1989)中引起人们的注意的,后来开创出了一条新兴的研究路线。现在,经济学家已经将这种类型的模型用于研究多种多样的经验现象了——金和纳尔逊在他们的综述(Kim and Nelson,1999)中讨论了许多新发展和技术。最近,David 和 Leeper(2007)以及 Farmer 等(2009)研究了关于货币政策的理性预期模型中马尔可夫转换的含义。这些论文关注的是在给定某个特定的政策规则的情况下,前瞻性模型中均衡的唯一性或(非)确定性的条件,并展开了争论。

相对于之前的文献,Svensson 和 Williams(2007b)提供了一个更一般的方法来求解包含前瞻性变量的马尔可夫跳跃线性二次模型中的最优政策。这种扩展是在理性预期下进行政策分析的关键,但是前瞻性变量会使得模型非递归化。然后可以应用 Marcet 和 Marimon(1998)给出的递归鞍点方法,以一种方便的递归方式来表示模型,并且推导出决定最优政策和值函数的算法。

对于更一般的情形——模式本身是无法观察到的,政策制定者只能从对它们的观察结果中推断出处于特定模式的概率——要求解就困难多了。在这种情况下,最优滤波器是非线性的,这就破坏了马尔可夫跳跃线性二次方法的可操作性。[1] 此外,就像大多数贝叶斯学习问题一样,最优政策也将包括一个试验的组成部分。因此,求解最优决策规则将会是一个更加复杂的数值计算任务。由于维数的"诅咒",只有在状态变量和模式数量较少的模型中才有可行性。面对这些困难,现有文献集中讨论了若干逼近的方法,例如线性化,或者采用自适应模型。[2]

Svensson 和 Williams(2007a)开发了在这些情况下对最优策略进行数值求解的算法。[3] 但是由于维数的"诅咒",贝叶斯最优政策(Bayesian optimal policy,简写为 BOP)仅适用于规模相对较小的模型。为了克服这些困难,Svensson 和 Williams(2007a)也考虑了自适应最优政策(adaptive optimal policy,简写为 AOP)。[4] 在这种情况下,假设政策制定者将来不会从观察中学习,每一个时期的政策制定者都以贝叶斯的方式更新当前模式的概率分布,并计算出每一个时期的最优策略。在马尔可夫跳跃线性二次模型设置下,自适应最优政策更容易计算,并且在许多时候都能提供对贝叶斯最优政策的良好近似。此外,自适应最优政策分析本身也很值得重视,因为它与宏观经济学中广泛研究的自适应学习模型密切相关,请参见 Evans 和 Honkapohja(2001)对这个领域的研究的综述。此外,自适应最优政策的模型设定还排除了试验——有些人可能认为那在政策环境中是令人反感的。

---

[1] 最优非线性滤波器现在已经是众所周知的了,它也是估计方法的一个关键组成部分(Hamilton,1989;Kim and Nelson,1999)。

[2] 在第一种情况下,由于只限于关于(次优)线性滤波器,所以保留了线性二次模型框架的可处理性,更多细节请参见 Costa 等(2005)的综述以及该文给出的参考文献。在自适应控制中,行为主体不考虑自己的决策的信息作用。关于自适应控制马尔可夫跳跃线性二次问题在经济学中的应用,请参见 do Val 等(1998)的相关文献。最近,Cogley 等(2007)研究了自适应方法如何很好地逼近最优政策。

[3] 除了经典文献(例如关于垄断者如何学习掌握自己要面对的需求曲线这样的问题的文献),Wieland(2000,2006)以及 Beck 和 Wieland(2002)还研究了与我们在这里讨论的相似但是没有前瞻性变量的背景下的贝叶斯最优政策和最优试验。Eijffinger 等(2006)在一个简单的模型中考察了被动学习和主动学习,该模型具有以总需求方程中的长期利率的形式表现出来的前瞻性元素。Ellison 和 Valla(2001)以及 Cogley 等(2007)研究了一种类似我们的研究的情况,不过其中的预期成分与卢卡斯供给曲线中的(即 $E_{t-1}\pi_t$)一样,而不是我们的前瞻性元素(比如说 $E_t\pi_{t+1}$)。Ellison(2006)分析了带有菲利普斯曲线斜率不确定性的新凯恩斯主义模型中的主动学习和被动学习。

[4] 不存在学习的最优政策、自适应最优政策和贝叶斯最优政策在相关文献中也分别被称为敌视的、被动学习的与主动学习的最优政策。

3.10 判断

在中央银行的整个货币政策决策过程中,在作出假设和预测时都要应用相当数量的判断。预测和货币政策决策不能仅仅依靠模型与简单的观测数据。所有的模型都是对经济的极度简化,同时数据也只能给出关于经济状态的非常不完善的画面。因此,在模型的使用和对它们的结果的解释这两个方面,判断性调整——根据任何特定模型范围之外的信息、知识和观点进行的调整——是现代货币政策中必不可少的组成部分。任何现有模型都是实际经济模型的近似值,而且货币政策制定者总是会觉得有必要对任何给定模型的结果做出一些判断性调整。这种判断性调整可能涉及未来的财政政策、生产率、消费、投资、国际贸易、汇率和其他风险溢价、原材料价格、私人部门预期等。

一种表示中央银行判断的方法是将中央银行对任意多维的随机偏差(加性因子)的条件均值估计加入模型方程,Reifschneider 等(1997)以及 Svensson(2005)就是这么做的。这些偏差代表了经济中变量模型之外的其他决定因素,即变量的实际值与模型预测值之间的差值。对此可以解释为模型扰动,就像在稳健控制的文献中一样。① Svensson(2005)讨论了在后顾性和前瞻性模型中考虑判断的最优货币政策。Svensson 和 Tetlow(2005)阐明了如何根据最优政策预测方法(Optimal Policy Projections,简写为 OPP)提取出中央银行的判断。这种方法在考虑了政策制定者的判断的同时,也为最优货币政策提供了建议。Svensson 和 Tetlow(2005)通过对两个绿皮书预测和美国联邦储备委员会的 FRB/US 模型的几个示例性预测,证明了最优政策预测方法的有效性。这种方法的一个较早的版本是由罗伯特·泰特洛(Robert Tetlow)开发的,当时主要考虑了美国联邦储备委员会的 FRB/US 模型的一个后顾性的变体。利用他的方法得出的预测被美国联邦储备委员会称为"政策制定者的完美预见预测"——但是这个评价多少有些误导性。这种方法的详细描述和应用实例可以在美国联邦储备委员会的蓝皮书中找到,那是在联邦公开市场委员会于 2002 年 5 月 2 日召开的会议中报告的。

本章的 4.3 中描述了另一个应用判断的例子——瑞典中央银行在 2009 年 2 月政策决策中对判断的利用。在最近这场金融危机爆发以及随后快速恶化的经济形势下,瑞典中央银行发布的预测与该银行的模型产生的预测大相径庭。

4. 实践

在本节中,我们讨论通货膨胀目标制的实践。首先,我将描述自 1990 年新西兰引入通货

---

① 例如,参见 Hansen 和 Sargent(2008)的相关文献。然而,该文献处理的是更复杂的情况,即模型扰动是内生性的,并且是由"自然"选择的,以对应最糟糕的情形。

膨胀目标制以来的一些新发展。然后,我将对政策—利率路径的发布给出一些简要的评论,并描述我所知道的两个采用了通货膨胀目标制的国家中央银行最近的做法——第一个国家是瑞典,瑞典中央银行是世界上最透明的中央银行之一;第二个国家是挪威,挪威中央银行是在政策决策中应用明确的最优货币政策的先驱。最后,我还将讨论这样一个问题:对于那些正在考虑采用通货膨胀目标制的新兴市场经济体来说,必须具备的先决条件是什么?

4.1 通货膨胀目标制的若干新发展

通货膨胀目标制最早是于1990年在新西兰引入的。[①] 由于新西兰储备银行是全世界第一个实施这种货币政策的中央银行,所以它不可能依赖其他采用通货膨胀目标制的国家的中央银行的经验。同样地,它在构造通货膨胀预测方面也非常缺乏经验。在20世纪90年代,新西兰储备银行逐渐确立了自己的信誉,并成功地将通货膨胀预期锚定在了通货膨胀目标上。此外,新西兰储备银行也积累了关于货币政策传导机制的更多经验,并增强了对于自己实现通货膨胀目标能力的信心。这些反过来又允许该银行拥有更多的自由度,进而逐步走向更加灵活的中期通货膨胀目标制。所有这些在很大程度上是一个自然的结果。在刚开始采用通货膨胀目标制时,较短的目标期限和对通货膨胀稳定性赋予较高的权重可能有助于建立最初的信誉。

最初,新西兰储备银行对传导机制只有一种非常"初级"的看法——主要强调对于以CPI衡量的通货膨胀水平的直接汇率渠道。[②] 同时,它的政策时限也相当短——只有2—4个季度——它试图在如此短的时间内达到通货膨胀目标(见新西兰储备银行于1996年10月发布的《简报》)。新西兰储备银行对传导机制的看法经历了多年的逐渐演变过程,后来它开始强调其他传导渠道,特别是总需求渠道。例如,1995年12月发布的《货币政策声明》包含了对潜在产出概念的简要的和初步的讨论(潜在产出概念在现代的传导机制理论中非常重要)。到了1997年,新西兰储备银行引入了预测和政策系统(Forecasting and Policy System,简写为FPS)(Black et al.,1997)——这个系统是基于当时加拿大银行采用的最先进的季度预测模型(Poloz et al.,1994)构建的。至此,新西兰储备银行已经形成了一个成熟的关于开放经济下的传导机制的现代观点,与当时最好的国际实践完全一致。在引入预测和决策系统之后,新西兰储备银行从1997年开始发布利率预报,这比其他任何采用了通货膨胀目标制的国家的中央银行都要早得多。

与此同时,新西兰储备银行还延长了政策时限,并对通货膨胀目标进行了更加灵活的解释。事实上,在1999年11月发布的《简报》中,新西兰储备银行表示完全赞同灵活的通货膨胀目标制:

---

① 请参见Svensson(2001)以及其他经济学家的讨论,特别是Singleton等(2006)的研究,以了解新西兰通货膨胀目标制的新发展。

② 参见Svensson(2000)以及Svensson(2001)对货币政策传导机制的各种渠道的讨论。

"总体而言,我们的结论是,要采取一种更加偏向中期的方法,要更加强调稳定产出、利率和汇率的可取性,同时仍然必须将通货膨胀目标保持在目标范围之内。"

新西兰储备银行提出的往这个方向努力的措施包括:

·"扩大通胀目标区间,从 0 至 2% 扩大为 0 至 3%……"

·"延长货币政策应对通货膨胀压力的时限,从 6 至 12 个月延长为 12 至 24 个月甚至更长。这就意味着,如果中期通货膨胀前景预测与目标一致,那么对于短期价格水平的变化,更应该直接予以接受,而不必做出政策反应。"

·"不再强调将目标区间的边界视为一个硬性和精确的门槛……"

·"在实施货币政策的时候,要从货币条件指数目标转变为现金利率工具。这种转变减少了对金融市场频繁地施加干预的必要性,从而可以带来更高的利率稳定性。"①

关于政策时限,通货膨胀目标制有时会规定某个固定的时限——例如两年——政策当局必须在这个时限之内实现通货膨胀目标。然而,正如现在几乎所有人都普遍认同的那样,在通货膨胀和实体经济的最优稳定状态下,并不存在通货膨胀要达到的固定目标或资源利用程度要达到的固定正常水平。通货膨胀的预报水平接近其目标和/或资源利用率的预报水平接近其正常水平所需的时限取决于经济的初始状态、通货膨胀对目标水平和资源利用率对正常水平的初始偏差,以及估计的对经济的冲击的性质和大小(Faust and Henderson, 2004;Giavazzi and Mishkin,2006;Smets,2003)。与这种观点相一致,许多甚至是大多数采用了通货膨胀目标制的国家的中央银行都或多或少地不再提及固定的政策时限,反而更多地

---

① 从 1997 年 6 月到 1999 年 3 月,新西兰储备银行使用通常所称的货币条件指数(monetary conditions index,简写为 MCI)作为执行货币政策的指标和工具。实际货币条件指数是将 90 天实际利率与实际汇率——以贸易加权指数(trade-weighted index,简写为 TWI)来衡量——结合起来构建的,其中汇率所占的权重为 0.5(使用名义利率和名义汇率的话,所得到的是名义货币条件指数)。构造货币条件指数的出发点是衡量货币政策的总体立场,即通常认为货币政策能够在何种程度上抵制通货膨胀或通货紧缩倾向。然而,从传导机制的复杂性(有不同的渠道、不同的滞后期和不同的效应强度)来看,像货币条件指数这样简单的总量指标显然是不可靠的。例如,利率变化和汇率变化对产出与通货膨胀的相对效应会随着渠道、时限范围以及家庭和企业对这些变化的持续程度的预期而变化。因此,没有理由相信新西兰储备银行所确定的汇率的相对权重(它定为 0.5)是稳定的。由此来看,试图估计相对权重所得到的结果可能是非常不同的和非常不确定的估计。Stevens(1998)讨论了货币条件指数的众多问题。在对 1990—2000 年新西兰的货币政策的回顾(Svensson,2001)中,我得到的一个结论是,对货币条件指数的不加批判地使用导致了 1997—1998 年亚洲金融危机期间新西兰的货币政策过于紧缩。1999 年 3 月,新西兰储备银行放弃了这种不同寻常的执行货币政策的方式,转而采用一种完全符合传统的执行方式,即设定官方现金利率(Official Cash Rate,简写为 OCR)。关于新西兰储备银行的操作性框架,以及为了实现通货膨胀目标而实施的货币政策,我的总体结论是这样的:"在新西兰储备银行使用货币条件指数来实施货币政策的那个时期(从 1997 年年中至 1999 年 3 月),新西兰的货币政策的实施与国际上的最优做法有很大的偏差。这种情况现在已经得到了纠正,目前新西兰的货币政策完全符合灵活的通货膨胀目标制的国际最优做法,即采用一个能够避免产出、利率和汇率不必要的波动的中期通货膨胀目标。我们只建议进行一些微小的改进,主要是技术性方面的改进。"

提到了中期。①

在中央银行所用的标准的关于传导机制的线性模型下,通货膨胀和资源利用的合理均衡与最优路径渐进地逼近目标和正常水平,其中包括了政策利率是可观察变量的一个估计的经验函数的情况。或者更准确地说,这类模型得出的在第 t 期对第 $t+\tau$ 期的通货膨胀水平和产出缺口的均衡预测 $\pi_{t+\tau,t} - \pi^*$ 与 $y_{t+\tau,t} - \bar{y}_{t+\tau,t}$,都取如下基本形式:

$$\pi_{t+\tau,t} - \pi^* = \sum_{j=1}^{n} a_j \mu_j^\tau, \quad 1 > |\mu_1| \geqslant |\mu_2| \geqslant \cdots$$

$$y_{t+\tau,t} - \bar{y}_{t+\tau,t} = \sum_{j=1}^{n} b_j \mu_j^\tau$$

其中,a_j 和 b_j 是由经济的初始状态决定的常数,$\mu_j(j=1,\cdots,n)$ 表示模小于1的特征值,$\tau=0$,1,$\cdots$表示预报的期界。这些式子意味着,对于某个特定的预报期界,对通货膨胀缺口和产出缺口的预报是一些以指数形式渐进地接近于零的项的线性组合。因此,对通货膨胀或产出缺口预报为零的时期是不存在的。一般来说,对产出缺口稳定性赋予较低(较高)的相对权重 λ 意味着通货膨胀缺口(产出缺口)更快(更慢)地趋向于零(Svensson,1997)。此外,对于任何一个给定的时期,通货膨胀或产出缺口的大小取决于初始的通货膨胀和产出缺口。也正是由于这个原因,在描述预报向其长期均值收敛的趋势的时候,半衰期(即缺口缩小到初始缺口一半水平的时期数)是一个比固定的某个时期更加合适的概念。②

4.2 利率路径的发布

如前所述,通货膨胀目标制的特点是具有高透明度。通常情况下,采用了通货膨胀目标制的中央银行会定期发布一份货币政策报告,告知公众中央银行对通货膨胀和其他变量的预报、支持这种预报的研究的简要结论,以及作出当前决策的动机。有些采用通货膨胀目标制的中央银行还会提供关于未来可能的政策决策的很多信息,甚至包括对未来的政策决策的预测。

事实上,对于通货膨胀目标制的进一步发展,当前一个备受争议的议题就是,如何给出关于政策—利率路径的适当假设,这是通货膨胀和其他目标变量的预报与提供关于未来的政策行动的信息的基础。从传统上看,采用了通货膨胀目标制的国家的中央银行在预报通货膨胀时通常需要以对恒定利率的假设为基础,而这种假设也就隐含了这样一种含义:一个

---

① 新西兰储备银行的政策目标协议(Reserve Bank of New Zealand,2007)指出:"政策目标应该是在中期将未来的以 CPI 度量的通货膨胀结果平均保持在1%至3%之间。"英格兰银行(Bank of England,2007)则宣称:"货币政策委员会的目标是设定利率,使得通货膨胀可以在合理的时间内恢复到目标水平,而不会造成经济的不稳定。"澳大利亚储备银行(Reserve Bank of Australia,2008)指出:"货币政策旨在实现这样一个中期目标(在中期实现每年消费价格上涨2%至3%的目标)。"挪威中央银行在其货币政策报告中指出:"挪威中央银行制定利率的目的是在中期稳定接近于目标的通货膨胀水平。"相比之下,加拿大银行(Bank of Canada,2006)还提到了一个更加具体的实现目标的时限:"目前的政策是要在6至8个季度(18至24个月)内将通货膨胀水平恢复至2%的目标。这个政策一般来说仍是合适的,不过在某些特定情况下,较短或较长的时限可能会更加适当太少一些。"瑞典中央银行通常使用"在若干年内"这种表述,但是有一些文件(希望这种情况不会持续太久)仍然使用"在两年内"这个短语。

② 半衰期 H 的一个可能的定义是,它就是方程 $|\mu_1|^H = 1/2$ 的解,其中 μ_1 是模最大的特征值,所以可以得出 $H = -\ln 2/\ln|\mu_1|$。

恒定利率通货膨胀预测如果在某个时限内(比如说两年内)超过(低于)通货膨胀目标,那么就表明需要提高(降低)政策利率(Jansson and Vredin,2003;Vickers,1998)。后来,各国中央银行越来越深切地意识到,恒定利率假设会带来一系列严重的问题。这些问题包括:这种假设往往是不符合现实的,因此必定意味着有偏的预测,而且还意味着货币政策传导机制标准模型下的爆炸性的或非确定的行为;同时,更细致的分析还表明,由于在预测过程中结合了一些不一致的输入数据(比如像资产价格这样的输入数据,其是以市场对未来利率的预期而不是恒定利率为条件的),因此会产生不一致和难以解释的预测结论(Leitemo,2003;Woodford,2005)。现在,一些国家的中央银行已经将政策利率假设调整为与市场对最近某个日期的未来利率的预期相等了,因为它们可以从收益率曲线中提取出来。这种做法减少了前面提到的问题,但是并不能彻底消除它们。例如,中央银行对适当的未来利率路径的看法可能与市场的看法不同。一些国家的中央银行已经决定开始制定和公布政策—利率路径了——举例来说,新西兰储备银行在1997年、挪威中央银行在2005年、瑞典中央银行在2007年、捷克国家银行在2008年都已经这么做了——这种方法能够解决上述所有问题,是实施通货膨胀目标制的一致性最高的方法,而且能够为私人部门提供最好的信息。现在看来,确定并公布最优政策—利率路径这种做法很可能会被其他国家的中央银行逐渐采用,尽管仅仅在几年之前这还被认为或多或少是不可能的,甚至是危险的(Svensson,2007,2009d;Woodford,2005,2007)。①

4.3 案例一:瑞典中央银行

1993年1月,瑞典中央银行宣布从1995年起将以CPI度量的通货膨胀目标定为2%,容忍区间为上下1%(2010年6月,瑞典中央银行认为这种容忍区间是不必要的,并取消了它)。1999年,瑞典中央银行获得了独立地位,并任命了一个六人执行委员会。委员会成员对自己的投票负责——每个委员都有一票,而瑞典中央银行行长则可以投下打破平局的一票。通常,瑞典中央银行每年都会举行六次货币政策会议。在每一次会议结束之后的第二天早上就必须公布政策决策和《货币政策报告》(或其更新)。自2007年2月以来,瑞典中央银行不仅要在《货币政策报告》(或其更新)中发布对通货膨胀和实体经济的预报,还要公布政策—利率路径。政策会议的会议纪要则在会议结束后大约两周公布。自2007年6月以来,会议纪要都得到了确认。自2009年4月以来,投票结果和任何异议都要在会后的第二天发布,而不仅仅是在两周后发布的会议纪要中公布。通过这些举措,瑞典中央银行已经成为全世界最透明的中央银行之一(Dincer and Eichengreen,2009;Eijffinger and Geraats,2006)。

瑞典中央银行已经公开宣布,它实施的是灵活的通货膨胀目标制,目标是将通货膨胀水平稳定在通货膨胀目标值附近,并将资源利用率稳定在正常水平附近。图22.5显示了瑞典中央银行在2009年7月的政策会议上列出的一些政策选择。(A)部分显示了三种可选的回

① Gosselin等(2008)对中央银行政策—利率路径的透明度和不透明性进行了理论分析。

购利率路径(回购利率是瑞典中央银行的政策利率),分别为基本回购利率、低回购利率和高回购利率。(C)部分显示了与这三种回购利率路径相对应的以 CPIF 度量的通货膨胀预测(CPIF 指的是纳入了与住房成本相关的固定利率的 CPI)。(D)部分显示了与这三种回购利率路径相对应的产出缺口预测。最后,(B)部分显示了在通货膨胀预测与产出缺口预测的平均平方缺口之间的权衡(两难选择)。通货膨胀预报和产出缺口预报的平均平方缺口是预报范围内各期的缺口的平方和除以预报范围内的期数之商。[①] 图 22.5 中标记了"基本"的点沿横轴和纵轴分别显示了对应基本回购利率的通货膨胀预测和产出缺口预测的平均平方缺口。而标记了"低"与"高"的点则显示了对应低回购利率和高回购利率路径的平均平方缺口。图中几乎水平的那条曲线表示等损失线,对应赋予通货膨胀水平稳定性和产出缺口稳定性相同权重的情形(即 $\lambda = 1$)。这条曲线之所以几乎成了一条水平线,是因为两个坐标轴的比例非常不同。从图中我们不难看出,高回购利率路径是受基本回购利率路径和低回购利率路径主导的。瑞典中央银行执行委员会的大多数成员都投票赞成基本回购利率这个可选方案。由于瑞典中央银行的高透明度,这次会议的会议纪要(其英文版可在瑞典中央银行的网站 www.riksbank.com 上下载)充分揭示了围绕这个政策决策展开的激烈辩论,包括关于零回购利率是否可行的争论(我在会议上投了反对票,因为我赞成的是低回购利率这个政策选项)。

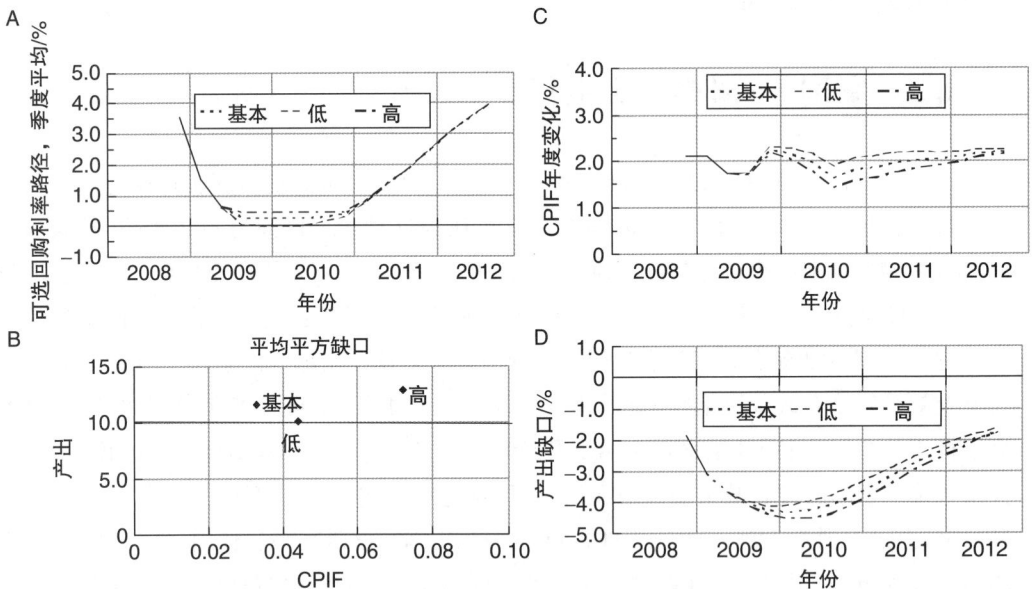

图 22.5 瑞典中央银行的政策选择,2009 年 7 月

图 22.6 显示了如何应用判断来得出与模型不同的预报的一个例子。图 22.6 中的(A)—(D)四张图分别给出了瑞典中央银行执行委员会在 2009 年 2 月举行的货币政策会议

---

① 平均平方缺口这个概念最早是 Svensson(2009a)引入的。这两个平均平方缺口于 2009 年 10 月首次出现在了瑞典中央银行的《货币政策报告》中。通货膨胀预测和产出缺口预测的平均平方缺口的计算公式分别为 $\sum_{\tau=0}^{T} (\pi_{t+\tau,t} - \pi^*)^2 / (T+1)$ 与 $\sum_{\tau=0}^{T} (y_{t+\tau,t} - \bar{y}_{t+\tau,t})^2 / (T+1)$,其中 T 为预报范围(期数)。

上发布的关于回购利率、CPIF、GDP 增长率及产出缺口的预报。图中的点划虚线绘制的是将估计出来的政策函数用于瑞典中央银行的名为 Ramses 的动态随机一般均衡模型时得到的预报——关于这个模型的具体情况,请参见 Adolfson 等(2007,2008)的说明。同时,图中的短虚线则绘制了瑞典中央银行的名为 BVAR 的贝叶斯向量自回归模型的预报。点虚线则绘制了瑞典中央银行在《货币政策报告》中给出的对四个变量的预报。考虑到当时发生了严重的金融危机,而且经济形势也在迅速恶化,瑞典中央银行将回购利率下调了 100 个基点(至 1%),这远低于上述各模型给出的回购利率路径。同时,瑞典中央银行对 GDP 增长率和产出缺口的预报则比上述各个模型的预测更加悲观。

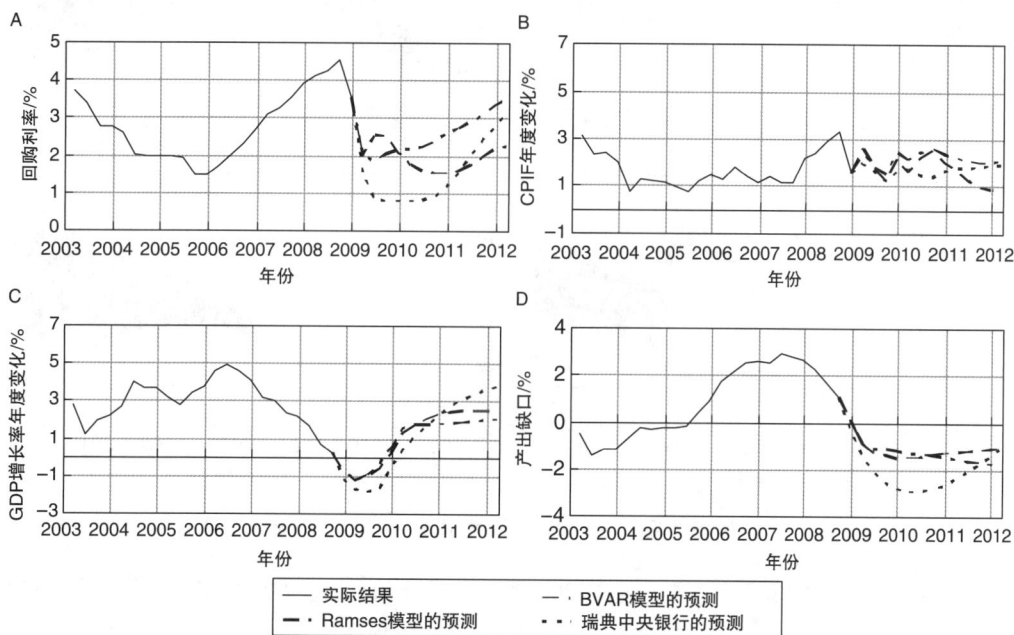

图 22.6 瑞典中央银行的判断,2009 年 2 月

4.4 案例二:挪威中央银行

2001 年 3 月,挪威中央银行宣布了将通货膨胀目标定为 2.5% 的货币政策。挪威中央银行关注的焦点是核心通货膨胀指数。它明确宣称自己采用的是灵活的通货膨胀目标制,并就灵活的通货膨胀目标制的含义给出了这样的解释:"挪威中央银行坚持灵活的通货膨胀目标制,因此重视通货膨胀的可变性以及产出和就业的可变性"(Norges Bank,2009)。据此,我们可以认为挪威中央银行试图稳定通货膨胀缺口和产出缺口,当然,这与最小化传统的跨期二次损失函数是一致的。

政策利率是由挪威中央银行执行委员会制定的,而有关政策利率的决策通常是在执行委员会每六个星期举行一次的货币政策会议上作出的。通常在每年 3 月、6 月和 10/11 月举行的三次会议上,挪威中央银行将发布《货币政策报告》,明确宣布该行要采用的工具利率路径,并公布相应的对于以 CPI 度量的通货膨胀、核心通货膨胀率、产出缺口和政策利率的预测。预报的不确定性则用概率分布(不确定性区间)来说明,如图 22.7 所描绘的挪威中央银行 2008 年 1 月的货币政策会议所示(又如,英格兰银行和瑞典中央银行也借助不确定性区间来说明不确定性)。图中的基本方案指的是概率分布的均值——通常都会假定分布是对称性的。

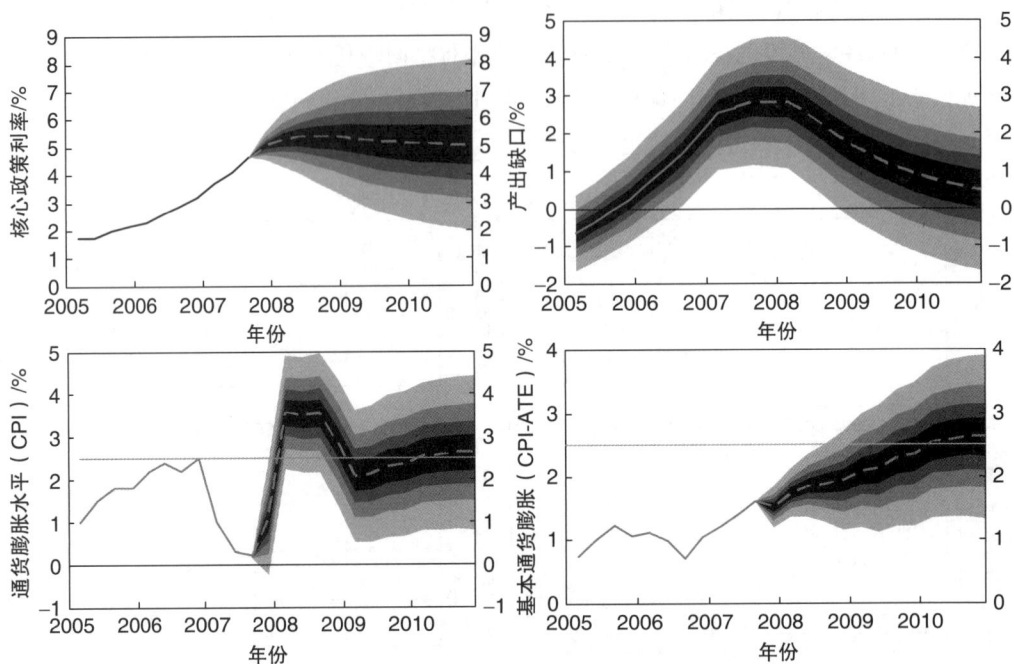

图 22.7　基本场景与不确定性区间,挪威中央银行,2008 年 1 月

在官方记录中,挪威中央银行是从 2005 年 11 月开始在《通货膨胀报告》中发布自己的政策利率预报的。然而事实上,早在 2005 年 3 月的《通货膨胀报告》中,它就公布了各种可选的政策—利率路径的图表,以及相应的对于通货膨胀水平和产出缺口的预测。图 22.8 的(A)、(C)和(D)部分重现了这些预测。另外,在图 22.8 的(B)部分,我计算并绘制出了三个备选方案所对应的平均平方缺口,图中两条斜率为负的曲线分别表示 $\lambda=1$ 和 $\lambda=0.3$ 的等损失线(后者是较陡的那条曲线)。挪威中央银行选择的是"基本"选项。事实上,挪威中央银行是唯一一家宣布在宏观经济模型中计算最优政策时会使用一个特定的 λ 的中央银行。Bergo(2007)以及 Holmsen 等(2007)的研究结果显示,$\lambda=0.3$ 时的最优政策复制了挪威中央银行发布的政策预测(采用的贴现因子为 0.99,利率平滑权重值为 0.2)。不考虑利率平滑因素,图 22.8 中的(B)部分表明,对于 $\lambda=0.3$,"基本"选项确实在边际上优于"高"选项。

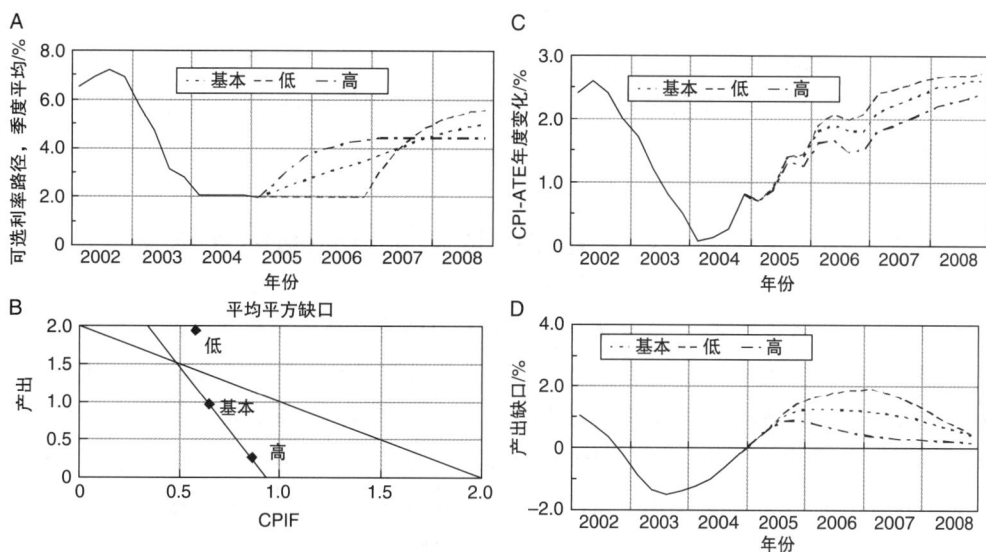

图 22.8　挪威中央银行的政策选择，2005 年 3 月

决策过程始于挪威中央银行的工作人员对承诺下的最优政策预测的计算。[①] 虽然挪威中央银行在决策过程中要将一个名为 NEMO 的中等规模的动态随机一般均衡模型（Brubakk and Sveen，2009）得出的最优政策预测作为输入，但是也对其他简单的利率规则——比如说泰勒规则——赋予了一定权重。接着还要将判断加入基于模型的预测当中。然后将这些预测交由执行委员会讨论。执行委员会可能会要求工作人员根据他们的判断做出进一步的调整。

挪威中央银行还公开发布了一套准则，用于在不同的工具—利率路径之间作出判断。前两条准则可以理解为以语言形式表示的最优条件。而其他三条准则分别规定了利率平滑、稳健性和交叉核对的标准。这套准则也发挥着作为内部讨论的议程的作用，其具体机制请参见 Holmsen 等（2007）以及 Solberg-Johansen（2008）的描述。

与许多其他国家的中央银行一样，挪威中央银行也在它的《货币政策报告》中描述了其他可能的备选方案，即说明了如果出现某种干扰，它将如何应对。在对这种方案转换的说明中，对冲击的具体设定随时间的推移而不同。这种方案转换要做到如果发生了相同类型和规模的冲击，那么替代的工具—利率路径是中央银行对它在这种情况下应该如何反应的最优估计。不过，在如下意义上，这种转换仍然是与主要方案一致的，因为它们都基于同一个指导中央银行如何应对的损失函数。

《货币政策报告》还包括对导致对工具利率的预报相较于前一份报告发生了变化的扰动的描述。这个"利率说明"可以说是一个很好的基于模型的实例，说明了如何利用对模型的不同的外生冲击来对相较于前一份报告的政策利率预报的变化进行分解。这个实例还表明了对国际和国内经济变量的评估的变化以及冲击过程的变化是如何影响政策—利率路径

[①] 挪威中央银行的工作人员通常以永恒视角下的承诺作为基本的规范基准，但是他们也会考虑其他选择，比如说准承诺，详见 Schaumburg 和 Tambalotti（2007）的论述，也请参见本章的 3.8.2。

的。因此,"利率说明"发挥了作为一种沟通承诺的工具的作用。当中央银行在承诺下做出反应时,对工具利率的预报的变化所反映的应该只是经济新闻,而不是货币政策的重新优化。有了"利率说明",公众就可以更好地进行验证:中央银行是只对消息做出反应,还是进行了重新优化。

4.5　新兴市场经济体实行通货膨胀目标制的先决条件

对于通货膨胀目标制,一个经常会听到的反对意见是——至少在巴蒂尼和拉克斯顿的观点(Batini and Laxton,2007)广为人知之前——从制度和技术要求的角度来看,通货膨胀目标制的成本过于高昂,因此不适合大多数新兴市场经济体。Eichengreen 等(1999)对这种观点进行了详细的阐述。他们认为,技术能力和中央银行自主性在大多数新兴市场经济体中都是严重缺乏的(几个随后采用了通货膨胀目标制的经济体其实也是这样)。[①] 他们所持的观点是,这些国家最好坚持原来的"常规"货币政策框架,比如说固定汇率制或货币数量增长目标制。根据国际货币基金组织(International Monetary Fund,2005,第四章)以及 Batini 和 Laxton(2007)的总结,一个国家实行通货膨胀目标制的前提条件包括:中央银行的机构独立性;在预测、建模和数据可得性方面已经有了完善的技术基础设施;一个完全取消了价格管制、对商品价格和汇率不太敏感、美元化程度很低的经济体;健全的金融体系、稳健的银行系统和发达的资本市场。

为了评估采用通货膨胀目标制的上述先决条件的作用,Batini 和 Laxton(2007)对属于新兴市场国家的 21 个采用了通货膨胀目标制的中央银行和 10 个未采用通货膨胀目标制的中央银行进行了全面调查。针对采用了通货膨胀目标制的中央银行的调查侧重于探究政策是如何制定、实施和沟通的,以及中央银行在各个方面的实际操作在采用通货膨胀目标制之前及之后发生了怎样的变化。他们将调查中回收上来的答复与独立来源的一手资料和二手资料进行了交叉核对——在许多情况下还辅以"硬"经济数据。他们得到的证据表明,在采用通货膨胀目标制之前,没有一个后来采用了通货膨胀目标制的国家具备了所有的先决条件。更重要的是,他们的证据还表明,要求新兴市场国家在采用通货膨胀目标制之前就满足一整套严格的制度、技术和经济前提条件是没有必要的。相反,通货膨胀目标制的可行性和成功似乎更多地取决于政策当局在引入通货膨胀目标制之后进行规划和推动制度变革的承诺与能力。因此,对于那些有兴趣采用通货膨胀目标制的国家来说,真正有用的政策建议必须将焦点放到中央银行在推动采用通货膨胀目标制的过程中,以及采用之后应该争取实现的各种制度和技术目标上,以帮助它们最大限度地利用通货膨胀目标制的潜在收益。

通过对巴西、智利、捷克共和国、印度尼西亚、南非和土耳其等国采用通货膨胀目标制的经验的研究,de Mello(2008)得出了这样一个结论:当这些国家采用通货膨胀目标制时,许多

---

① 其他强调这些先决条件在理论层面上有重要意义的还包括 Agenor(2000)、Schaechter 等(2000)、Carare 等(2002)、Khan(2003)的研究。2001 年 5 月的《世界经济展望》专辑也持类似的观点。也请参见 Masson 等(1997)的相关文献。对于这些先决条件的概念相关性,也可以找到一些更加中立或有更大"善意"的观点,比如 Truman(2003)、Jonas 和 Mishkin(2003)、Debelle(2001)以及 Amato 和 Gerlach(2002)的论述。

与之相关的所谓的先决条件都没有满足。然而,他也发现"这些缺陷并没有影响通货膨胀目标制的执行——当政策努力的重点就是解决这些缺陷的时候"。

以一项覆盖面很广的调查为基础,Freedman 和 ötker-Robe(2009)描述了一些国家引入与实施通货膨胀目标制的经验,然后探讨了这些国家是如何满足一些人所认为的在引入通货膨胀目标制之前必须具备的各种先决条件的。他们发现,这些国家的经验不支持在采用通货膨胀目标制之前必须满足一长串先决条件的观点,但是如下因素确实很重要,而且能够减少通货膨胀目标制框架所要面对的挑战,从而使它更具可行性:第一,价格稳定是压倒一切的货币政策目标;第二,不存在财政政策的主导地位;第三,中央银行的工具独立性;第四,国内已经对通货膨胀目标的重要性达成了广泛的共识;第五,中央银行对传导机制有一些基本的了解,且具有影响短期利率的合理能力;第六,运行顺畅的金融体系和市场。他们认为,我们或许可以把这些因素视为有利于引入成功的通货膨胀目标制的条件。具体地说,他们给出了如下的结论:

> 并不存在通往通货膨胀目标制的唯一最有效的途径。有人认为,成功实施通货膨胀目标制的所有条件必须在启动这种制度之前就完全具备,这种观点无疑是完全错误的。正如以往的经验所表明的,在许多现在相当成功的采用通货膨胀目标制的国家,有些条件一开始并不到位,但是政策当局经过一段时间的努力后达到了这些条件,因为他们能够在实践中不断学习。然而另一方面,认为所有的常规条件都可以自发地达成的观点同样也是错误的。中央银行必须启动这个过程,尽最大努力创造条件,并与政府合作,以实现这个目标(第19—20页)。

5. 未来

在本节中,我将讨论通货膨胀目标制在未来可能需要面对的两个问题:第一,转向价格水平目标制是否更有利? 第二,通货膨胀目标制是不是需要根据最近发生的金融危机和深度衰退加以修正?

5.1 价格水平目标制

未来可能会提出的一个问题是,灵活的通货膨胀目标制到最后是不是应该转变为灵活的价格水平目标制? 现行的通货膨胀目标制意味着以往发生的通货膨胀对目标的偏离不需要在未来设法加以抵消。这在价格水平引入了一个单位根,从而使得价格水平不再是趋势平稳的,也就是说,即便在剔除了确定性趋势之后,价格水平仍然是非平稳的。又或者换种说法,未来的价格水平的条件方差将会无上界地随时间期界的增多而增大。尽管如此,通货膨胀水平很低的通货膨胀目标制现在其实已经被称为以"价格稳定性"为归依的了。另一种可选的货币政策区制是价格水平目标制,它的目标是将价格稳定在某个目标水平上下。① 价格水平目标不一定是固定的,只需遵循某个确定性路径即可——比如说与2%的稳定的通货膨胀率相对应的确定性路径。将价格水平稳定在这样一个价格水平目标附近意味着价格水平将会变成趋势平稳的,即价格水平的条件方差是恒定的,独立于时间期界。与通货膨胀目标制相比,价格水平目标制的一个好处是价格水平的长期不确定性更小。另一个好处是,如果价格水平降得比可信的价格水平目标低,那么通货膨胀预期就会上升,从而压低实际利率(即便名义利率保持不变)。实际利率的降低会刺激经济,使价格水平回升到目标水平。因此,价格水平目标制本身很可能就意味着某种自动稳定机制。这一点可能是非常可取的,特别是在下面这种情况下:名义利率的零下限是有约束力的,这会导致货币当局无法进一步降低名义利率,从而使经济陷入流动性陷阱。多年以来,日本就是这种状况(同样的原因最近也导致其他一些国家陷入了深度衰退)。至于价格水平目标制是不是也会给实体经济带来什么负面影响则仍然是经济学界争论和研究的一个热点问题(Svensson,2002)。最近,一些国家的中央银行,特别是加拿大银行,对价格水平目标制产生了新的兴趣。此外,许多经济学家和机构都发表了关于这个领域的(新的和旧的)研究的综述,例如 Amano 等(2009)、Ambler(2009)、Deutsche Bundesbank(2010)以及 Kahn(2009)的相关文献。

5.2　通货膨胀目标制与金融稳定:来自金融危机的教训②

世界经济开始从金融危机以及因金融危机而导致的全球性深度经济衰退中逐渐复苏了,但是围绕如下问题的争论还没有任何止息的迹象:到底是什么导致了这场金融危机以及如何降低未来再一次发生危机的风险。一些人指责宽松的货币政策是这场危机的罪魁祸首。事实上,关于货币政策的未来及其与金融稳定的关系也一直是激烈辩论的一个主题。在本节中,我将讨论金融危机带给通货膨胀目标制的教训。我的观点是,这场危机不是货币政策造成的,而是规制和监管失败与某些特殊情况——如世界范围内的极低的实际利率,以及美国的住房政策——的结合所导致的。最后,到目前为止,我从金融危机期间及之后的货币政策实践中得出的主要结论是,灵活的通货膨胀目标制只要以正确的方式运用,同时充分利用所有与对通货膨胀水平和资源利用率的预报有关的金融因素的信息,就仍然可以成为最佳实务货币政策。但是,对各种金融因素在传导机制中所能发挥的作用,都迫切需要在理论、实证和操作等各个层面加深理解,这意味着要做更多的研究。现在,这方面的研究工作

---

① 参见 Berg 和 Jonung(1999)关于大萧条时期瑞典尝试价格水平目标制的有益经验的讨论。
② 本节的讨论是以 Svensson(2009b,2010)的研究为基础的。在这里,我要感谢汉娜·阿梅利厄斯(Hanna Armelius)、查尔斯·比恩(Charles Bean)、克拉斯·伯格(Claes Berg)、艾伦·布林德(Alan Blinder)、斯蒂芬·塞切蒂(Stephen Cecchetti)、汉斯·戴尔莫(Hans Dellmo)、查克·弗里德曼(Chuck Freedman)、查尔斯·古德哈特(Charles Goodhart)、比约恩·拉格沃尔(Björn Lagerwall)、拉尔斯·尼伯格(Lars Nyberg)、伊尔玛·罗森伯格(Irma Rosenberg)、申铉松(Hyun Shin)、弗兰克·斯梅茨(Frank Smets)和斯塔凡·维奥蒂(Staffan Viotti)对本节涉及的所有问题与我进行的讨论。

已经在经济学界和中央银行开展起来了。

我们在前几节中已经阐明了,灵活的通货膨胀目标制是指货币政策将目标定为将通货膨胀稳定在通货膨胀目标附近,并且将资源利用率稳定在正常水平附近,同时记住货币政策不能影响资源利用的长期水平。由于货币政策行动与它对通货膨胀和实体经济产生影响之间存在着时滞,所以如果依赖于对通货膨胀和实体经济的预测,灵活的通货膨胀目标制就会更有效。因此,灵活的通货膨胀目标制也可以称为预报定标制:中央银行选择某个政策—利率路径,使得对通货膨胀水平和资源利用率的预报不仅能使通货膨胀稳定在通货膨胀目标附近,而且能使资源利用稳定在正常水平附近,或者让两者之间实现合理的折中。对通货膨胀水平和实体经济表现的预报取决于中央银行对传导机制的看法、对当前经济状态的估计,以及对重要外生变量的预报。中央银行会利用所有会对人们对通货膨胀和实体经济的预报产生影响的相关信息。在我们现在给出的这个框架下,中央银行要考虑信贷增长、资产价格、失衡状况、潜在的资产价格泡沫等金融条件,只要它们对关于通货膨胀水平及资源利用率的预报有影响。通货膨胀水平和资源利用率是中央银行试图稳定的目标变量。但是各种金融条件不是目标变量。相反,它们只是指标,因为它们会向中央银行提供有关经济状况、传导机制和外部冲击的信息。金融状况对政策利率的影响仅限于它们对通货膨胀水平和资源利用率的预报的影响。

现在,根据我们从这场金融危机以及随后的衰退中获得的经验,有任何理由修正这种货币政策观点吗?下面我就来探讨这个问题。首先要回答的问题是,发生这场金融危机的原因是什么?是不是货币政策导致了危机?是否有必要采取不同的货币政策,以防止危机发生或缩小危机的规模?

5.2.1 是不是货币政策导致了金融危机?不同的货币政策是否能够预防金融危机?

许多人声称是2001年之后美国联邦储备委员会过度宽松的货币政策导致了美国的房价泡沫,而这种泡沫是必定要破灭的,这就是金融危机的主要来源。[①] 然而在我看来,这场金融危机主要是由一系列与货币政策没有什么关系的因素导致的。这些因素大多数都可以归纳为宏观经济条件、金融市场上扭曲的激励机制、金融规制和监管的失败(包括中央银行负责监管和监督的部分)、信息问题,以及一些特殊情况,包括美国以支持低收入家庭拥有住房为核心的住房政策。[②]

危机前的宏观条件包括全球范围内的极低的实际利率和严重失衡,以及对金融市场风险的长期系统性低估和非常低的风险溢价——而后者则是由贯穿了整个"大缓和"时期的长时间的非常稳定的经济增长和稳定的低通货膨胀水平所导致的。商业银行和投资银行面临着非常强的加大杠杆率的扭曲性激励,宽松的监管和监督以及缺乏适当的银行处置机制则使得这种激励成为可能。由于证券化的全面深入,也存在着另一种扭曲性激励,即在贷款发

---

① 例如,请参见 Taylor(2007)的论述。

② 参见 Bean(2009)对于与这场金融危机有关的各种因素的全面而出色的讨论,包括信贷扩张和房价泡沫、宏观经济方面的前因变量、扭曲性激励、信息问题、危机扩大和蔓延到实体经济的机制、政策反应等,他还讨论了这场危机对货币政策和更一般的经济学的教训。国际清算银行(Bank for International Settlements,2009)也对引发这场危机的可能的宏观和微观经济原因提供了很详细的描述。

放过程中减少尽职调查,并通过设立表外实体来进行监管套利——而由于各种各样的具体原因,这些实体最终仍然会有效地留在资产负债表上。另外,由于短视和不对称的报酬合同,交易员和基金经理具有承担过度风险的扭曲性动机。最终,在评估极其复杂的资产支持证券的风险时,出现了巨大的信息问题,同时相关的系统性风险却被严重低估了。所有这些原因都与货币政策没有任何关系——除了货币政策有可能促成了"大缓和"。

关于美国联邦储备委员会的货币政策在这场金融危机中的作用,有两个相关问题。首先,考虑到当时的可得信息,低利率政策是合理的吗?其次,如果当初选择了高利率货币政策,能阻止这场危机吗?第一个问题与对货币政策的评估相关。在评估货币政策时,更重要的是考虑政策制定者事前可以获得的信息,而不是政策制定者当时不知道的事后信息——关于对货币政策的事前和事后评估,见 Svensson(2009a)的相关文献。在我们关注的这个时期,从现有资料来看,当时的人们主要担心的确实是美国会不会落入日本式的通货紧缩和流动性陷阱。在那种情况下,最优货币政策无疑是扩张性非常强的货币政策。[1] 当然,从事后诸葛亮的眼光来看,通货紧缩风险可能被夸大了,但是我们无法在事前就知道这一点。因此,我认为当时采取扩张性货币政策是非常合适的。而且,即便是从事后评估的角度来说,也应该注意到,这种政策并没有导致非常高的通货膨胀率或经济过热。[2]

第二个问题与另一个层面上的评估有关:在多大程度上可以指责货币政策,断定它就是造成了这场危机的罪魁祸首?尽管从事前的角度来看,货币政策可能是合理的。美国和其他国家的信贷增长和房价涨势非常强劲。实际利率之所以一直处于低位,很大程度上是因为全球失衡,以及全球储蓄过剩和投资短缺。我认为,稍微提高利率不会有什么影响,甚至可能根本不会产生任何影响。大量实证证据表明,只有一小部分的房价上涨可以归因于货币政策。[3] 例如,Bernanke(2010)指出,最近才出现的可调利率抵押贷款占比提高不太可能显著增大房价对货币政策的敏感性。与短期利率水平相比,可获得的新的、更奇特的抵押贷款类型对首次抵押贷款支付的影响要大得多。在我看来,如果真的想阻止信贷增长和房地产繁荣,那么利率可能不得不提高到非常高的水平,从而对实体经济造成相当大的损害。这可能会使美国陷入日本式的通货紧缩,并最终陷入流动性陷阱。[4] 当然,更高的利率不会对前面提到的监管问题、扭曲的激励机制和信息问题产生影响(不过,它们也许可能以深度衰退和通货紧缩结束"大缓和")。[5]

然而,除了美国联邦储备委员会采取的实际货币政策,它所强调的愿意在资产价格大幅

[1] 参见 Svensson(2003a)对陷入流动性陷阱之前和陷入流动性陷阱中时的货币政策选择的讨论。

[2] Bernanke(2010)指出,根据联邦公开市场委员会的实时预测,美国联邦储备委员会的政策利率似乎并不过低。也请参见 Dokko 等(2009)的论述。

[3] 请参见 Del Negro 和 Otrok(2007)、Jarocinski 和 Smets(2008)、Edge 等(2008)以及 Iacoviello 和 Neri(2008)的相关研究。

[4] Assenmacher-Wesche 和 Gerlach(2009)研究了住宅房地产和股票价格、通货膨胀和经济活动水平对货币政策冲击的反应。他们收集了 17 个国家从 1986 年到 2007 年的数据,使用的是单一国家向量自回归模型和面板向量自回归模型,并根据各个国家的金融体系的特点对这些国家进行了分组。结果表明,货币政策冲击对 GDP 的影响大约是对房地产价格影响的 1/3。因此,通过提高政策利率来使房价降低 15% 将会导致 GDP 下降 5%。

[5] Kohn(2008)在经过深入分析后得出的结论是:没有足够的证据表明低利率对房价上涨有很大的促进作用、高利率对房价上涨有很大的抑制作用。

下跌后采取宽松的货币政策——如格林斯潘本人所阐述的(Greenspan,2002)——可能诱发了对未来资产价格存在一个"底部"的预期,从而促成了资产价格的繁荣。这就是通常所称的格林斯潘看跌期权(Miller et al.,2002)。因此可以说,这更多的是沟通的问题,而不是实际政策的问题。现在看来,美国联邦储备委员会不强调自己愿意在资产价格大幅下跌后"收拾后事"或许是一个更好的选择。

国际货币基金组织(IMF,2009,第三章)也研究了货币政策在导致金融危机方面的作用。它所用的样本包括了许多个国家和许多次金融危机,最终得到的结论是:

> 货币政策立场通常不是预示未来房价崩盘的很好的先行指标……在一些国家,在当前这场危机爆发前的那些年里,宽松的货币政策与房价上涨有一定的联系,但是宽松的货币政策并不是繁荣和随之而来的萧条产生的主要系统性原因。

此外,在当前这场危机爆发之前的那几年里,各国的货币政策立场与房价上升之间的总体关系在统计上并不显著,在经济上也非常微弱。货币政策的差异只能解释各国房价升值变化的 5%。[1]

那么,到目前为止,我们究竟可以从金融危机中得出什么样的关于货币政策行为的结论呢?以及我们是否有必要对灵活的通货膨胀目标制的基本框架加以修正?一个显而易见的结论是价格稳定本身不足以实现金融稳定(Carney,2003;White,2006)。好的、灵活的通货膨胀目标制本身并不能实现金融稳定——尽管可能有人曾经认为它能实现。

另一个结论是利率政策不足以实现金融稳定。我们还需要其他有针对性的政策和工具,以确保监管和监督等金融稳定工具,包括适当的银行处置机制,成为金融稳定政策的首选。在许多国家,实施这些政策工具的职责系于中央银行以外的政策当局。从一般原则的角度来说,只要金融不稳定性源于某个具体的扭曲,那么良好的监管就应该致力于在尽可能接近其根源的地方去对这些扭曲施加打击。此外,为了应对观察到的现有监管的顺周期性,可能还需要引入基于经济周期和金融指标的宏观审慎监管,以促进金融稳定。可能的宏观审慎监管包括对可变资本、保证金和股权/贷款方面的要求。正如 Bean(2009)所阐明的那样,"最好的方法可能是构建一个政策工具组合"。

5.2.2 区分货币政策与金融稳定政策

一个更具一般性的问题是,金融稳定与货币政策之间是什么关系?金融稳定是经济政策的一个重要目标。金融稳定的一个可能定义是,金融系统能够很好地履行其主要功能(完成支付、将储蓄引导到投资中,并提供风险分担机制),而不会发生导致重大社会成本出现的扰动。我认为,从概念上将金融稳定政策与货币政策区分清楚是很有帮助的。不同的经济政策和政策领域,如财政政策、劳动力市场政策、促进竞争的结构性政策等,都可以根据它们的目标、适合实现这些目标的政策工具,以及控制政策工具并负责实现政策目标的当权机构

---

[1] 当然,在欧元区各国,这种关系没有那么弱,但是由于 Bernanke(2010)解释过的那些原因,在那里这种关系可能被夸大了。也请参见 Dokko 等(2009)的讨论。

来进行区分。

作为一种货币政策,灵活的通货膨胀目标制的目标是将通货膨胀水平稳定在通货膨胀目标上下,同时将资源利用率稳定在正常水平附近。在正常情况下,这种货币政策的合适的工具是政策利率和沟通,包括公开公布的政策—利率路径和对通货膨胀水平与实体经济表现的预报。而在危机时期——正如我们在当前这场危机中已经观察到的——则会使用其他更多的非常规政策工具,如长期固定利率贷款、资产购买(量化宽松)和对外汇市场进行干预以防止货币升值等。负责货币政策的权威机构通常是中央银行。

金融稳定政策的目标是维持或促进金融稳定。在正常情况下,可用的金融稳定工具是监督、监管和发布金融稳定报告。金融稳定报告一般包括对金融状况的分析和若干领先指标,后者可以提供关于金融稳定可能面对的威胁的早期预警。而在危机时期,可以使用的工具包括最后贷款、长期浮动利率贷款(信贷政策、信贷宽松)、针对陷入困境的金融公司的特别处理机制、政府贷款担保、政府资本注入等。[1] 至于金融稳定政策的主管部门,则随国家而异。在一些国家中,承担金融稳定职责的是中央银行,而在另一些国家中则存在一个独立的金融监督机构。有的时候,这个责任也可能由不同的机构分担——以瑞典为例,金融监管局负责监督和监管,瑞典中央银行负责向有偿付能力的银行提供最后贷款并保证一个安全高效的支付系统,而国家债务局则负责银行担保事务和破产银行的清算。在危机时期,这几个机构会与财政部密切合作。

我的观点是,金融稳定政策和货币政策之间存在着非常大的区别,它们有着不同的目标、工具和主管部门。不同的国家承担稳定金融职责的机构有相当大的差异。当然,这并不意味着它们之间没有任何关系。金融稳定性会直接影响金融市场,同时金融状况也会影响货币政策的传导机制。金融市场出问题,就可能会对实体经济产生严重影响,当前这场金融危机非常充分地证明了这一点。另外,货币政策会影响资产价格和资产负债表,而资产价格和资产负债表状况会影响金融稳定。但是,金融稳定政策和货币政策在概念上是不同的,具有不同的目标和不同的适用工具,这个事实在探索货币政策能够从金融危机中汲取什么样的教训的问题时必须加以考虑。鉴于此,可知政策利率是实现金融稳定的过于迟钝的、不合适的工具,因此要求通过货币政策来实现金融稳定的目标几乎没有任何意义,尽管将这个目标赋予中央银行可能是有意义的——如果中央银行掌握着适当的监督和监管工具的话。[2]

5.2.3 关于灵活的通货膨胀目标制的结论

那么,关于灵活的通货膨胀目标制,可以得出什么具体的结论呢?最近这场金融危机的一个重要教训是,金融因素可能会对货币政策传导机制产生非常强烈而且会不断恶化的影响,从而使得标准利率政策的有效性大大降低。这个事实激发了更多讨论如何将金融因素纳入中央银行使用的传导机制的标准模型的研究。目前,在学术界和中央银行的研究人员

---

[1] Gertler 和 Kiyotaki(2010)提出了一个具有典范意义的框架,可以用来组织在当前危机背景下对信贷市场摩擦和总体经济活动的各种思考。他们利用这个框架讨论了金融中介的中断如何引发了一场影响实体经济活动的危机,并通过例子说明了中央银行和/或财政部在危机期间采取的各种针对信贷市场的干预措施是如何有助于缓解危机的。

[2] Blinder(2010)讨论过中央银行应该承担多少金融稳定政策的责任这个问题。

的努力下,这一类研究的数量正在迅速增多,其中许多已经提交给了各种机构主办的越来越多的探讨金融因素与货币政策的会议。在这个方向上,意义重大且很有挑战性的问题包括潜在产出和中性实际利率是如何受金融因素与金融扭曲的影响的(Curdia and Woodford,2009;Walsh,2009b)、金融因素对各种可选的政策—利率路径对通货膨胀水平和资源利用率预测的一般均衡效应有什么影响等。[①] 当然,即便对于金融因素在传导机制中的作用进行了更好的理论分析,良好的判断在货币政策中仍有相当大的应用空间。

另一个结论是(尽管它已经算不很新了),考虑财政因素对通货膨胀水平和资源利用率的预报的影响可能需要更长的预报期限。有几个采用了通货膨胀目标制的国家的中央银行(包括英格兰银行、挪威中央银行和瑞典中央银行)已经将它们的预报期限从以前通常的两年延长到了三年。从原则上说,没有什么可以阻止政策当局在制定通货膨胀目标时考虑超过三年的预测,但是在实践中,除了回归长期平均水平的趋势,通常不存在其他关于更长期限的通货膨胀水平的信息。

那么,对于"逆风而行"这种类型的货币政策——很多人都提倡这种货币政策,例如Borio 和 White(2003)以及 Cecchetti 等(2002)——又应该怎么看呢? 这种观点认为,中央银行应该将利率提得比从通货膨胀水平和资源利用率的角度来看合理的水平还要高一些,这样才能应对信贷的快速增长和资产价格的不断上涨。然而,很多时候我们并不清楚"逆风而行"的倡导者们的这种观点是否意味着应该把信贷增长和资产价格视为政策目标,并将它们与通货膨胀水平和资源利用率一起纳入显式或隐式的损失函数。或者,这种观点是否意味着仍然只应该将信贷增长和资产价格视为单纯的指标,它们之所以受到重视,仅仅是因为信贷增长和资产价格在更长的时期内可能会对通货膨胀与资源利用产生潜在的负面影响。在后一种情况下,"逆风而行"就只是一种在长期中提高通货膨胀稳定性和资源利用率的方式,这与灵活的通货膨胀目标制完全一致。[②]

然而,正如前面的讨论中已经指出过的,在避免信贷过度增长和资产价格暴涨方面,利率以外的工具可能反而要有效得多,因此应该把它们作为首选的政策选项。高到足以对信贷增长和资产价格产生显著影响的利率可能会对通货膨胀水平和资源利用率产生严重的负面影响,而且中央银行很可能并不拥有关于在更长的期限内会对通货膨胀水平和资源利用率产生有利影响的工具的足够信息,因此上述权衡对它来说可能并无价值,它没有动机去做

[①] Walsh(2009b)指出,当金融因素导致了扭曲时,这些扭曲通常会在货币政策的损失函数中引入相应的一些项——那是对家庭福利的二阶近似。Curdia 和 Woodford(2009)提出了一个模型,其中二阶福利近似是通货膨胀和实际产出与潜在产出之间的产出缺口的标准二次损失函数,但是潜在产出会受到金融因素的影响。在这个模型中,通货膨胀和产出缺口仍然是目标变量,无论是否考虑金融因素。模型中的中性利率,即与等于潜在产出的产出相一致的实际利率,也会受到金融因素的影响。

[②] Adrian 和 Shin(2010a,2010b)认为,在一个像 Borio 和 Zhu(2008)所描述的那样的存在冒险渠道的模型中,短期利率变动可能会对商业银行部门之外的市场金融部门的证券经纪交易商的杠杆产生相当大的影响。然而,新的监管措施可能会影响这种效应的大小,而以市场为基础的金融部门的规模可能最终会在危机后变小。在欧洲,商业银行主导着金融部门。

这样的权衡。①

特别是,如果有证据表明,房价和抵押贷款总额正在迅速上涨,而且这些情况被认定为不可持续的、很可能是泡沫,那么还有很多比政策利率更加有效的工具。在遏制可能不可持续的泡沫的发展方面,对贷款与价值比率的限制、要求对购房者现金流必须真实且必须按照实际利率水平来计算等措施都要比上调政策利率有效得多。在这方面,货币政策发挥作用的途径是中央银行通过公布政策—利率路径,提高未来政策利率的透明度,从而有助于提供有关未来利率的真实信息。

假设金融监管和监督框架存在着短期内无法补救的严重问题,因而无法获得确保金融稳定的适当的和有效的工具,在这种次优情况下,如果存在对金融稳定的威胁,那么有人可能还是会辩称,在一定程度上,政策利率确实会对金融稳定有影响,因此在选择政策—利率路径以稳定通货膨胀水平和资源利用率时应该考虑这种影响。这种考虑可能会导致更低或更高的政策—利率路径,而不是以较低的通货膨胀稳定性和资源利用效率来换取更大的金融稳定。然而,所有的证据都表明,在正常情况下,这种代价显然是非常大的,因为政策利率对于金融稳定性的影响很小,而对通货膨胀水平和资源利用率的影响明显更大,所以最优权衡仍然不会对金融稳定有什么影响。一个良好的金融稳定政策框架是确保金融稳定的必要条件。货币政策不能作为金融稳定政策的替代品来使用。

归根结底,我从最近这场金融危机总结出来的基本结论是:只要以正确的方式运用,同时充分利用所有与对任何一个时期的通货膨胀水平和资源利用率的预报相关的金融因素的信息,灵活的通货膨胀目标制就仍然是最佳实务货币政策——无论是在这场金融危机之前、期间,还是之后,都是如此。但是,对各种金融因素在传导机制中所能发挥的作用,迫切需要在理论、实证和操作等各个层面加深理解,这意味着要做更多的研究。现在,这方面的研究工作已经在经济学界和中央银行开展起来了。

这些研究的结果有可能是这样的:有人将会认为,金融因素在影响传导机制方面发挥着更大的作用,并且将之视为未来的通货膨胀水平和资源利用率的指标。如果真的是这样,那么中央银行最终必定会通过调整政策利率和政策—利率路径来更多地对这些金融指标做出反应。然而,这并不意味着金融因素和指标已经在中央银行的显式或隐式的损失函数中变成了与通货膨胀水平和资源利用率并列的独立目标。相反,这仍然只是一个如何对金融指标做出适当反应的问题——目的是通过一段时间的努力,使通货膨胀水平尽可能稳定在通货膨胀目标附近,同时使资源利用率达到正常水平。

---

① Kohn(2006)指出了中央银行采取额外行动应对可能出现的资产价格泡沫必须满足的三个条件:"第一,政策制定者必须能够以合理的信心及时识别泡沫。第二,稍微收紧的货币政策必须有非常大的概率能够有助于遏制至少部分投机活动。第三,因抑制泡沫而导致的未来经济表现的预期改善必须足够大。"然而,在另一篇论文中(Kohn,2008),经过深思熟虑后,他得出的结论是,这些条件很少能够得到满足。另请参见 Kohn(2009)的相关文献。

参考文献

Adolfson, M., Laseen, S., Lindé, J., Villani, M., 2007. Bayesian estimation of an open economy DSGE model with incomplete pass-through. J. Int. Econ. 72 (2), 481-511.

Adolfson, M., Laseen, S., Lindé, J., Villani, M., 2008. Evaluating an estimated new Keynesian small open economy model. J. Econ. Dyn. Control 32 (8), 2690-2721.

Adolfson, M., Laséen, S., Lindé, J., Svensson, L. E. O., 2009. Optimal monetary policy in an operational medium-sized DSGE model. Working Paper. www. larseosvensson. net.

Adrian, T., Shin, H. S., 2010a. Financial intermediaries and monetary economics. In: Friedman, B. M., Woodford, M. (Eds.), Handbook of monetary economics. North-Holland, Amsterdam.

Adrian, T., Shin, H. S., 2010b. Liquidity and leverage. Journal of Financial Intermediation 19 (3), 418-437.

Agenor, P. R., 2000. Monetary policy under flexible exchange rates: An introduction to inflation targeting. The World Bank Policy Research Working Paper.

Amano, R., Carter, T., Coletti, D., 2009. Next step for Canadian monetary policy. Bank of Canada Review (spring), 5-18.

Amato, J. D., Gerlach, S., 2002. Inflation targeting in emerging market and transition economies: Lessons after a decade. Eur. Econ. Rev. 46 (4-5), 781-790.

Ambler, S., 2009. Price-level targeting and stabilization policy: A review. Bank of Canada Review (spring), 19-29.

Anderson, G. S., 2000. A systematic comparison of linear rational expectations model solution algorithms. Working Paper.

Anderson, G. S., 2010. A reliable and computationally efficient algorithm for imposing the saddle point property in dynamic models. J. Econ. Dyn. Control 34 (3), 472-489.

Anderson, G. S., Moore, G., 1983. An efficient procedure for solving linear perfect foresight models. Working Paper.

Anderson, G. S., Moore, G., 1985. A linear algebraic procedure for solving linear perfect foresight models. Econ. Lett. 17 (3), 247-252.

Angeriz, A., Arestis, P., 2008. Assessing inflation targeting through intervention analysis. Oxf. Econ. Pap. 60 (2), 293-317.

Aoki, K., 2006. Optimal commitment policy under noisy information. J. Econ. Dyn. Control 30 (1), 81-109.

Aoki, M., 1967. Optimization of stochastic systems. Academic Press, New York.

Assenmacher-Wesche, K., Gerlach, S., 2009. Financial structure and the impact of monetary policy on asset price. CFS Working Paper.

Backus, D. , Driffill, J. , 1986. The consistency of optimal policy in stochastic rational expectations models. CEPR Discussion Paper.

Ball, L. , Sheridan, N. , 2005. Does inflation targeting matter?. In: Bernanke, B. S. , Woodford, M. (Eds.), The inflation-targeting debate. University of Chicago Press, Chicago, IL, pp. 249-276.

Bank for International Settlements, 2009.

Bank of Canada, 2006. Bank of Canada releases background information on renewal of the inflation-control target. Press release. www. bankofcanada. ca.

Bank of England, 2007. Monetary policy framework. www. bankofengland. co. uk.

Batini, N. , Laxton, D. , 2007. Under what conditions can inflation targeting be adopted? The experience of emerging markets. In: Mishkin, F. , Schmidt-Hebbel, K. (Eds.), Monetary policy under inflation targeting. Central Bank of Chile, pp. 467-506.

Bean, C. R. , 2009. The great moderation, the great panic and the great contraction. Annual Congress of the European Economic Association. Schumpeter Lecture. www. bankofengland. co. uk.

Beck, G. W. , Wieland, V. , 2002. Learning and control in a changing economic environment. J. Econ. Dyn. Control 26 (9-10), 1359-1377.

Berg, C. , Jonung, L. , 1999. Pioneering price level targeting: The Swedish experience 1931-1937. J. Monet. Econ. 43 (3), 525-551.

Bergo, J. , 2007. Interest rate projections in theory and practice. Speech. www. Norges-Bank. no.

Bernanke, B. S. , 2010. Monetary policy and the housing bubble. Speech. www. federalreserve. gov.

Bernanke, B. S. , Laubach, T. , Mishkin, F. S. , Posen, A. S. , 1999. Inflation targeting: Lessons from the international experience. Princeton University Press, Princeton, NJ.

Black, R. , Cassino, V. , Drew, A. , Hansen, E. , Hunt, B. , Rose, D. , et al. , 1997. The forecasting and policy system: The core model. Reserve Bank of New Zealand Research Paper.

Blake, A. P. , Zampolli, F. , 2005. Time consistent policy in Markov switching models. In: Computing in Economics and Finance. 134, Society for Computational Economics.

Blinder, A. S. , 2010. How central should the central bank be?. J. Econ. Lit. 48 (1), 123-133.

Borio, C. , White, W. R. , 2003. Whither monetary and financial stability? The implications of evolving policy regimes. In: Monetary policy and uncertainty: Adapting to a changing economy. Federal Reserve Bank of Kansas City, Jackson Hole Symposium, pp. 131-212.

Borio, C. , Zhu, H. , 2008. Capital regulation, risk-taking and monetary policy: A missing link in the transmission mechanism?. BIS Working Paper.

Brubakk, L. , Sveen, T. , 2009. NEMO, a new macro model for forecasting and monetary policy analysis. Norges Bank Economic Bulletin 80 (1), 39-47.

Carare, A. , Schaechter, A. , Stone, M. R. , Zelmer, M. , 2002. Establishing initial conditions in support of inflation targeting. IMF Working Paper.

Carney, M. , 2003. Some considerations on using monetary policy to stabilize economic activity. In: Financial stability and macroeconomic policy. Federal Reserve Bank of Kansas City, Jackson Hole Symposium, pp. 131-212.

Cecchetti, S. , Ehrmann, M. , 2002. Does inflation targeting increase output volatility? An international comparison of policymakers preferences and outcomes. In: Loayza, N. , Schmidt-Hebbel, K. (Eds.), Monetary policy: Rules and transmission mechanisms. Series on Central Banking, Analysis, and Economic Policies 4, Central Bank of Chile, pp. 247-274.

Cecchetti, S. G. , Genberg, H. , Wadhwani, S. , 2002. Asset prices in a flexible inflation targeting framework. In: Hunter, W. , Kaufman, G. , Pomerleano, M. (Eds.), Asset price bubbles: The implications for monetary, regulatory and international policies. MIT Press, Cambridge, MA, pp. 427-444.

Chow, G. C. , 1973. Effect of uncertainty on optimal control policies. Int. Econ. Rev. 14 (3), 632-645.

Cogley, T. , Colacito, R. , Sargent, T. J. , 2007. Benefits from U. S. monetary policy experimentation in the days of Samuelson and Solow and Lucas. J. Money Credit Bank. 39 (s1), 67-99.

Corbo, V. , Landerretche, O. , Schmidt-Hebbel, K. , 2001. Assessing inflation targeting after a decade of world experience. International Journal of Finance and Economics 6 (4), 343-368.

Costa, O. L. V. , Fragoso, M. D. , 1995. Discrete-time LQ-optimal control problems for infinite Markov jump parameter systems. IEEE Trans. Automat. Contr. 40 (12), 2076-2088.

Costa, O. L. V. , Fragoso, M. D. , Marques, R. P. , 2005. Discrete-time Markov jump linear systems. Springer, London, UK.

Curdia, V. , Woodford, M. , 2009. Credit frictions and optimal monetary policy. BIS Working Paper 278.

Currie, D. , Levine, P. , 1993. Rules, reputation and macroeconomic policy coordination. Cambridge University Press, Cambridge, UK.

Davig, T. , Leeper, E. , 2007. Generalizing the Taylor principle. Am. Econ. Rev. 97 (3), 607-635.

Debelle, G. , 2001. The case for inflation targeting in east Asian countries. In: Gruen, D. , Simon, J. (Eds.), Future directions for monetary policies in East Asia. Reserve Bank of Australia, pp. 65-87.

de Carvalho Filho, I. E. , 2010. Inflation targeting and the crisis: An empirical assessment.

IMF Working Paper.

Del Negro, M. , Otrok, C. , 2007. 99 Luftballons: Monetary policy and the house price boom across U. S. states. J. Monet. Econ. 54 (7), 1962-1985.

de Mello, L. (Ed.), 2008. Monetary policies and inflation targeting in emerging economies. OECD.

Dennis, R. , 2008. Timeless perspective policymaking: When is discretion superior?. Federal Reserve Bank of San Francisco Working Paper.

Deutsche Bundesbank, 2010. Price-level targeting as a monetary policy strategy. Deutsche Bundesbank Monthly Report 62 (1), 31-45.

Dincer, N. , Eichengreen, B. , 2009. Central bank transparency: Causes, consequences and updates. NBER Working Paper.

do Val, J. B. R. , Geromel, J. C. , Costa, O. L. V. , 1998. Uncoupled Riccati iterations for the linear quadratic control problem of discrete-time Markov jump linear systems. IEEE Trans. Automat. Contr. 43 (12), 1727-1733.

Dokko, J. , Doyle, B. , Kiley, M. T. , Kim, J. , Sherlund, S. , Sim, J. , et al. , 2009. Monetary policy and the house bubble. Federal Reserve Board Finance and Economics Discussion Series.

Edge, R. M. , Kiley, M. T. , Laforte, J. P. , 2008. The sources of fluctuations in residential investment: A view from a policy-oriented DSGE model of the U. S. economy. Paper presented at the American Economic Association Annual Meeting.

Eichengreen, B. , Masson, P. R. , Savastano, M. A. , Sharma, S. , 1999. Transition strategies and nominal anchors on the road to greater exchange-rate flexibility. International Economics Section, Department of Economics, Princeton University. Princeton Essays in International Economics.

Eijffinger, S. C. , Geraats, P. M. , 2006. How transparent are central banks?. Eur. J. Polit. Econ. 22 (1), 1-21.

Eijffinger, S. C. W. , Schaling, E. , Tesfaselassie, M. F. , 2006. Learning about the term structure and optimal rules for inflation targeting. CEPR Discussion Paper.

Ellison, M. , 2006. The learning cost of interest rate reversals. J. Monet. Econ. 53 (8), 1895-1907.

Ellison, M. , Valla, N. , 2001. Learning, uncertainty and central bank activism in an economy with strategic interactions. J. Monet. Econ. 48 (1), 153-171.

Evans, G. , Honkapohja, S. , 2001. Learning and expectations in macroeconomics. Princeton University Press, Princeton, NJ.

Fang, W. S. , Miller, S. M. , Lee, C. S. , 2009. Inflation targeting evaluation: Short-run costs and long-run irrelevance. Department of Economics, University of Nevada, Working Paper.

Farmer, R. E. A., Waggoner, D. F., Zha, T., 2009. Understanding Markov-switching rational expectations models. J. Econ. Theory 144 (5), 1849-1867.

Faust, J., Henderson, D. W., 2004. Is inflation targeting best-practice monetary policy?. Federal Reserve Bank of St. Louis Review 86 (4), 117-144.

Federal Reserve Board, 2002. Monetary policy alternatives. The Bluebook for the FOMC Meeting.

Freedman, C., Laxton, D., 2009. Why inflation targeting?. IMF Working Paper.

Freedman, C., Ötker-Robe, I., 2009. Country experiences with the introduction and implementation of inflation targeting. IMF Working Paper.

Friedman, B. M., 2002. The use and meaning of words in central banking: Inflation targeting, credibility and transparency. NBER Working Paper.

Friedman, B. M., Kuttner, K. N., 1996. A price target for U. S. monetary policy? Lessons from the experience with money growth targets. Brookings Pap. Econ. Act. 27 (1), 77-146.

Gerali, A., Lippi, F., 2008. Solving dynamic linear-quadratic problems with forward-looking variables and imperfect information using Matlab. Toolkit manual.

Gertler, M., 2005. Comment. In: Bernanke, B. S., Woodford, M. (Eds.), The inflation targeting debate. NBER Book Series Studies in Business Cycles. University of Chicago Press, Chicago, pp. 276-281.

Gertler, M., Kiyotaki, N., 2010. Financial intermediation and credit policy in business cycle analysis. In: Friedman, B. M., Woodford, M. (Eds.), Handbook of monetary economics. 3A, North-Holland, Amsterdam.

Giannoni, M. P., Woodford, M., 2003. Optimal interest-rate rules: I. General theory. NBER Working Paper.

Giannoni, M. P., Woodford, M., 2010. Optimal target criteria for stabilization policy. NBER Working Paper.

Giavazzi, F., Mishkin, F. S., 2006. An evaluation of Swedish monetary policy between 1995 and 2005. Report to the Swedish Parliament, Sweden's Parliament. www. riksdagen. se.

Gonçalves, C. E. S., Carvalho, A., 2009. Inflation targeting matters: Evidence from OECD economies' sacrifice ratios. J. Money Credit Bank. 41 (1), 233-243.

Gonçalves, C. E. S., Salles, J. M., 2008. Inflation targeting in emerging economies: What do the data say?. J. Dev. Econ. 85 (1-2), 312-318.

Goodhart, C. A. E., 2010. The political economy of inflation targets: New Zealand and the U. K. In: Leeson, R. (Ed.), Canadian policy debates and case studies in honour of David Laidler. Palgrave Macmillan, pp. 171-214.

Gosselin, P., Lotz, A., Wyplosz, C., 2008. The expected interest rate path: Alignment of expectations vs. creative opacity. International Journal of Central Banking 4 (3), 145-185.

Greenspan, A., 2002. Rethinking stabilization policy. Federal Reserve Bank of Kansas City, Jackson Hole Symposium Opening Remarks.

Gürkaynak, R. S., Levin, A. T., Swanson, E. T., 2006. Does inflation targeting anchor long-run inflation expectations? Evidence from long-term bond yields in the U. S., U. K., and Sweden. CEPR Discussion Paper.

Gürkaynak, R. S., Levin, A. T., Marder, A. N., Swanson, E. T., 2007. Inflation targeting and the anchoring of inflation expectations in the western hemisphere. In: Mishkin, F., Schmidt-Hebbel, K. (Eds.), Monetary policy under inflation targeting. Central banking, analysis, and economic policies 11. Central Bank of Chile, pp. 415-465.

Hamilton, J. D., 1989. A new approach to the economic analysis of nonstationary time series and the business cycle. Econometrica 57 (2), 357-384.

Hansen, L. P., Sargent, T. J., 2008. Robustness. Princeton University Press, Princeton, NJ.

Holmsen, A., Qvigstad, J. F., RØisland, Ø., 2007. Implementing and communicating optimal monetary policy. Norges Bank Staff Memo.

Holmsen, A., Qvigstad, J. F., RØisland, Ø., Solberg-Johansen, K., 2008. Communicating monetary policy intentions: The case of Norges bank. Norges Bank Working Paper.

Hyvonen, M., 2004. Inflation convergence across countries. Reserve Bank of Australia. Discussion Paper.

Iacoviello, M., Neri, S., 2008. Housing market spillovers: Evidence from an estimated DSGE model. Bank of Italy Working Paper.

International Monetary Fund, 2005. World Economic Outlook. September.

International Monetary Fund, 2008. World Economic Outlook. October.

International Monetary Fund, 2009. World Economic Outlook. October.

Jansson, P., Vredin, A., 2003. Forecast-based monetary policy: The case of Sweden. International Finance 6 (3), 349-380.

Jarocinski, M., Smets, F. R., 2008. House prices and the stance of monetary policy. Federal Reserve Bank of St. Louis Review 90 (4), 339-365.

Johnson, D. R., 2002. The effect of inflation targeting on the behavior of expected inflation: Evidence from an 11 country panel. J. Monet. Econ. 49 (8), 1521-1538.

Jonas, J., Mishkin, F. S., 2003. Inflation targeting in transition countries: Experience and prospects. NBER Working Paper.

Kahn, G. A., 2009. Beyond inflation targeting: Should central banks target the price level?. Federal Reserve Bank of Kansas Review (3), 35-64.

Kalchbrenner, J. H., Tinsley, P. A., 1975. On the use of optimal control in the design of monetary policy. Federal Reserve Board Special Studies Paper.

Khan, M. S., 2003. Current issues in the design and conduct of monetary policy. IMF Working Paper.

Kim, C. J., Nelson, C. R., 1999. State-space models with regime switching. MIT Press, Cambridge, MA.

King, M., 1994. Monetary policy in the U. K. Fisc. Stud. 15 (3), 109-128.

King, M., 1997. Changes in U. K. monetary policy: Rules and discretion in practice. J. Monet. Econ. 39 (1), 81-97.

Klein, P., 2000. Using the generalized Schur form to solve a multivariate linear rational expectations model. J. Econ. Dyn. Control 24 (10), 1405-1423.

Kohn, D. L., 2006. Monetary policy and asset prices. Speech. www. federalreserve. gov.

Kohn, D. L., 2008. Monetary policy and asset prices revisited. Speech. www. federalreserve. gov.

Kohn, D. L., 2009. Policy challenges for the Federal Reserve. Speech. www. federalreserve. gov.

Laséen, S., Svensson, L. E. O., 2010. Anticipated alternative instrument-rate paths in policy simulations. Working Paper. www. larseosvensson. net.

Leitemo, K., 2003. Targeting inflation by constant-interest-rate forecasts. J. Money Credit Bank. 35 (4), 609-626.

LeRoy, S. F., Waud, R. N., 1977. Applications of the Kalman filter in short-run monetary control. Int. Econ. Rev. 18 (1), 195-207.

Levin, A. T., Natalucci, F. M., Piger, J. M., 2004. The macroeconomic effects of inflation targeting. Federal Reserve Bank of St. Louis Review 86 (4), 51-80.

Lin, S., Ye, H., 2007. Does inflation targeting really make a difference? Evaluating the treatment effect of inflation targeting in seven industrial countries. J. Monet. Econ. 54 (8), 2521-2533.

Lin, S., Ye, H., 2009. Does inflation targeting make a difference in developing countries?. J. Dev. Econ. 89 (1), 118-123.

Marcet, A., Marimon, R., 1998. Recursive contracts. University of Pompeu Fabra Economics Working Paper.

Masson, P. R., Savastano, M. A., Sharma, S., 1997. The scope for inflation targeting in developing countries. IMF Working Paper.

Miller, M. H., Weller, P. A., Zhang, L., 2002. Moral hazard and the U. S. stock market: Analysing the Greenspan put. Econ. J. 112 (478), C171-C186.

Mishkin, F. S., Schmidt-Hebbel, K., 2007. Does inflation targeting make a difference?. In: Mishkin, F., Schmidt-Hebbel, K. (Eds.), Monetary policy under inflation targeting, central banking, analysis, and economic policies 11. Central Bank of Chile, pp. 291-372.

Nelson, E., 2005. Monetary policy neglect and the great inflation in Canada, Australia, and New Zealand. International Journal of Central Banking 1 (1), 133-179.

Neumann, M. J. M., von Hagen, J., 2002. Does inflation targeting matter?. Federal Reserve Bank of St. Louis Review 84 (4), 127-148.

Norges Bank, 2009. Monetary policy report. February.

Onatski, A., Williams, N., 2003. Modeling model uncertainty. J. Eur. Econ. Assoc. 1 (5), 1087-1122.

Orphanides, A., 2003. The quest for prosperity without inflation. J. Monet. Econ. 50 (3), 633-663.

Oudiz, G., Sachs, J., 1985. International policy coordination in dynamic macroeconomic models. In: Buiter, W. H., Marston, R. C. (Eds.), International economic policy coordination. Cambridge University Press, Cambridge.

Pearlman, J., 1992. Reputational and nonreputational policies under partial information. J. Econ. Dyn. Control 16 (2), 339-357.

Pearlman, J., Currie, D., Levine, P., 1986. Rational expectations models with partial information. Econ. Model. 3 (2), 90-105.

Poloz, S., Rose, D., Tetlow, R., 1994. The Bank of Canada's new quarterly projection model (QPM): An introduction. Bank of Canada Review, action, 23-38.

Pétursson, T. G., 2004a. The effects of inflation targeting on macroeconomic performance. Central Bank of Iceland Working Paper.

Pétursson, T. G., 2004b. Formulation of inflation targeting around the world. Central Bank of Iceland Monetary Bulletin 6 (1), 57-84.

Pétursson, T. G., 2009. Inflation control around the world: Why are some countries more successful than others?. Central Bank of Iceland Working Paper.

Ravenna, F., 2008. The impact of inflation targeting: Testing the good luck hypothesis. Working Paper.

Reifschneider, D. L., Stockton, D. J., Wilcox, D. W., 1997. Econometric models and the monetary policy process. Carnegie-Rochester Conference Series on Public Policy 47 (1), 1-37.

Reserve Bank of Australia, 2008. About monetary policy. www. rba. gov. au.

Reserve Bank of New Zealand, 1996. Briefing on the Reserve Bank of New Zealand. October.

Reserve Bank of New Zealand, 1999. Briefing on the Reserve Bank of New Zealand. November.

Reserve Bank of New Zealand, 2007. Policy Target Agreement 2007. www. rbnz. govt. nz.

Roger, S., 2009. Inflation targeting at 20: Achievements and challenges. IMF Working Paper.

Roger, S., Stone, M., 2005. On target? The international experience with achieving inflation targets. IMF Working Paper.

Rose, A. K., 2007. A stable international monetary system emerges: Inflation targeting is Bretton Woods, reversed. Journal of International Money and Finance 26 (5), 663-681.

Rudebusch, G., Svensson, L. E. O., 1999. Policy rules for inflation targeting. In: Taylor, J. B. (Ed.), Monetary policy rules. University of Chicago Press, Chicago, pp. 203-246.

Sargent, T. J., Wallace, N., 1975. Rational expectations, the optimal monetary instrument, and the optimal money supply rule. J. Polit. Econ. 83 (2), 241-254.

Schaechter, A., Stone, M. R., Zelmer, M., 2000. Adopting inflation targeting: Practical issues for emerging market countries. International Monetary Fund Occasional Paper.

Schaumburg, E., Tambalotti, A., 2007. An investigation of the gains from commitment in monetary policy. J. Monet. Econ. 54 (2), 302-324.

Sims, C. A., 2002. Solving linear rational expectations models. Comput. Econ. 20 (1-2), 1-20.

Singleton, J., Hawke, G., Grimes, A., 2006. Innovation and independence: The Reserve Bank of New Zealand. Auckland University Press, Auckland, NZ.

Smets, F., 2003. Maintaining price stability: How long is the medium term?. J. Monet. Econ. 50 (6), 1293-1309.

Söderlind, P., 1999. Solution and estimation of RE macromodels with optimal policy. Eur. Econ. Rev. 43 (4-6), 813-823.

Stevens, G. R., 1998. Pitfalls in the use of monetary conditions indexes. Reserve Bank of Australia Bulletin, (August), 34-43.

Svensson, L. E. O., 1997. Inflation forecast targeting: Implementing and monitoring inflation targets. Eur. Econ. Rev. 41 (6), 1111-1146.

Svensson, L. E. O., 1999a. Inflation targeting as a monetary policy rule. J. Monet. Econ. 43 (3), 607-654.

Svensson, L. E. O., 1999b. Inflation targeting: Some extensions. Scand. J. Econ. 101 (3), 337-361.

Svensson, L. E. O., 1999c. Monetary policy issues for the Eurosystem. Carnegie-Rochester Conferences Series on Public Policy 51 (1), 79-136.

Svensson, L. E. O., 2000. Open-economy inflation targeting. J. Int. Econ. 50 (1), 155-183.

Svensson, L. E. O., 2001. Independent review of the operation of monetary policy in New Zealand. Report to the Minister of Finance. www. larseosvensson. net.

Svensson, L. E. O., 2002. Monetary policy and real stabilization. In: Rethinking stabilization policy. Federal Reserve Bank of Kansas City, Jackson Hole Symposium, pp. 261-312.

Svensson, L. E. O., 2003a. Escaping from a liquidity trap and deflation: The foolproof way and others. J. Econ. Perspect. 17 (4), 145-166.

Svensson, L. E. O., 2003b. What is wrong with Taylor Rules? Using judgment in monetary policy through targeting rules. J. Econ. Lit. 41 (2), 426-477.

Svensson, L. E. O., 2005. Monetary policy with judgment: Forecast targeting. International Journal of Central Banking 1 (1), 1-54.

Svensson, L. E. O., 2007. Optimal inflation targeting: Further developments of inflation targeting. In: Mishkin, F., Schmidt-Hebbel, K. (Eds.), Monetary policy under inflation targeting, central banking, analysis, and economic policies 11, Central Bank of Chile, pp. 187-225.

Svensson, L. E. O., 2008. Inflation targeting. In: Durlauf, S. N., Blume, L. E. (Eds.), The new palgrave dictionary of economics. second ed. Palgrave Macmillan, London.

Svensson, L. E. O., 2009a. Evaluating monetary policy. In: Koenig, E., Leeson, R. (Eds.), From the Great Moderation to the Great Deviation: A round-trip journey based on the work of John B. Taylor. www. larseosvensson. net.

Svensson, L. E. O., 2009b. Flexible inflation targeting: Lessons from the financial crisis. Speech in Amsterdam. www. riksbank. se.

Svensson, L. E. O., 2009c. Optimization under commitment and discretion, the recursive Saddlepoint method, and targeting rules and instrument rules: Lecture notes. www. larseosvensson. net.

Svensson, L. E. O., 2009d. Transparency under flexible inflation targeting: Experiences and challenges. Sveriges Riksbank Economic Review (1), 5-44.

Svensson, L. E. O., 2009e. What have economists learned about monetary policy over the past 50 years?. In: Herrmann, H. (Ed.), Monetary policy over fifty years: Experiences and lessons. Routledge, London.

Svensson, L. E. O., 2010. Inflation targeting after the financial crisis. Speech in Mumbai. www. riksbank. se.

Svensson, L. E. O., Houg, K., Solheim, H. O., Steigum, E., 2002. An independent review of monetary policy and institutions in Norway. Norges Bank Watch. www. larseosvensson. net.

Svensson, L. E. O., Tetlow, R. J., 2005. Optimal policy projections. International Journal of Central Banking 1 (3), 177-207.

Svensson, L. E. O., Williams, N., 2007a. Bayesian and adaptive optimal policy under model uncertainty. Working Paper. www. larseosvensson. net.

Svensson, L. E. O., Williams, N., 2007b. Monetary policy with model uncertainty: Distribution forecast targeting. Working Paper. www. larseosvensson. net.

Svensson, L. E. O., Woodford, M., 2003. Indicator variables for optimal policy. J. Monet.

Econ. 50 (3), 691-720.

Svensson, L. E. O., Woodford, M., 2004. Indicator variables for optimal policy under asymmetric information. J. Econ. Dyn. Control 28 (4), 661-690.

Svensson, L. E. O., Woodford, M., 2005. Implementing optimal policy through inflation-forecast targeting. In: Bernanke, B. S., Woodford, M. (Eds.), The inflation-targeting debate. University of Chicago Press, Chicago, IL, pp. 19-83.

Taylor, J. B., 1979. Estimation and control of a macroeconomic model with rational expectations. Econometrica 47 (5), 1267-1286.

Taylor, J. B., 2007. Housing and monetary policy. In: Housing, housing finance, and monetary policy. Federal Reserve Bank of Kansas City, Jackson Hole Symposium, pp. 463-476.

Truman, E. M., 2003. Inflation targeting in the world economy. Peterson Institute for International Economics.

Vega, M., Winkelried, D., 2005. Inflation targeting and inflation behavior: A successful story?. International Journal of Central Banking 1 (3), 153-175.

Vickers, J., 1998. Inflation targeting in practice: The U. K. experience. Bank of England Quarterly Bulletin.

Walsh, C., 2004. Robustly optimal instrument rules and robust control: An equivalence result. J. Money Credit Bank. 36 (6), 1105-1113.

Walsh, C. E., 2009a. Inflation targeting: What have we learned?. International Finance 12 (2), 195-233.

Walsh, C. E., 2009b. Using monetary policy to stabilize economic activity. In: Financial stability and macroeconomic policy. Federal Reserve Bank of Kansas City, Jackson Hole Symposium.

White, W. R., 2006. Is price stability enough?. BIS Working Paper.

Wieland, V., 2000. Learning by doing and the value of optimal experimentation. J. Econ. Dyn. Control 24 (4), 501-534.

Wieland, V., 2006. Monetary policy and uncertainty about the natural unemployment rate: Brainard-style conservatism versus experimental activism. Advances in Macroeconomics 6 (1) Article 1.

Woodford, M., 2003. Interest and prices: Foundations of a theory of monetary policy. Princeton University Press, Princeton, NJ.

Woodford, M., 2005. Central bank communication and policy effectiveness. In: The Greenspan era: Lessons for the future. Federal Reserve Bank of Kansas City, Jackson Hole Symposium, pp. 399-474.

Woodford, M., 2007. The case for forecast targeting as a monetary policy strategy. J. Econ. Perspect. 21 (4), 3-24.

Woodford, M, 2010a. Forecast targeting as a monetary policy strategy: Policy rules in practice. In: Koenig, E., Leeson, R. (Eds.), From the Great Moderation to the Great Deviation: A round-trip journey based on the work of John B. Taylor. www. riksbank. se.

Woodford, M., 2010b. Optimal monetary stabilization policy. In: Friedman, B. M., Woodford, M. (Eds.), Handbook of monetary economics. North-Holland, Amsterdam.

Zampolli, F., 2006. Optimal monetary policy in a regime-switching economy: The response to abrupt shifts in exchange rate dynamics. Bank of England Working Paper.

第二十三章 若干不同货币政策区制的表现[①]

劳伦斯·鲍尔(Laurence Ball) *

* :约翰霍普金斯大学

目 录

① 我非常感谢詹姆斯·莱克(James Lake)、康纳·拉尔(Connor Larr)、徐璐(Xu Lu)和罗德里戈·塞克尔(Rodrigo Sekkel)这几个研究助理提供的帮助。我还要感谢帕特里夏·博弗斯(Patricia Bovers)、乔恩·福斯特(Jon Faust)、本杰明·弗里德曼(Benjamin Friedman)、佩特拉·杰拉茨(Petra Geraats)、卡洛斯·冈克(Carlos Gonc)、胡英耀(Yingyao Hu)、安德鲁·莱文(Andrew Levin)、拉斯·斯文森(Lars Svensson)、蒂门·沃特森(Tiemen Woutersen)和乔纳森·赖特(Jonathan Wright)给出的建议。同时感谢欧洲中央银行于2009年10月举办的货币经济学的关键进展会议的与会者,以及在特拉华大学举办的研讨会的与会者的意见。

本章摘要:本章比较了分别采用不同货币政策区制的若干经济体在过去25年中的表现。主要结论包括:第一,几乎没有证据可以证明通货膨胀目标制对发达经济体的表现有影响,但是有证据表明通货膨胀目标制对新兴经济体有一定好处;第二,欧洲货币联盟促进了欧洲各国内部的贸易和资本流动,但是各国价格水平的差异可能会影响未来的产出稳定;第三,欧洲中央银行的"货币分析"对欧洲中央银行的政策决策影响不大;第四,在发生了资本外逃现象时,实行硬钉住或硬挂钩的汇率制度的国家会经历异常严重的衰退。

JEL 分类代码:E42,E52,E58

关键词:货币政策;通货膨胀目标制;货币联盟;欧洲中央银行;硬挂钩

1. 引言

货币政策区制的选择是经济学中一个由来已久的问题。几十年来,主张实行相机抉择或"放手去做就行"的货币政策的人一直在与倡导采用对政策制定者有所约束的货币政策的人争论。后面这种货币政策区制包括米尔顿·弗里德曼(Milton Friedman)在20世纪60年代倡导的货币数量目标制,以及如今许多国家正在实行的通货膨胀目标制等。

本章对过去25年来若干发达国家和新兴经济体所采用的不同货币政策区制进行了比较。我对比了一些采用相机抉择的货币政策的国家(比如说美国)与采用通货膨胀目标制的国家。我还分析了一些放弃了本国货币政策的国家——这些国家要么加入了某个货币联盟,要么是将本国货币与某一种外币硬挂钩。最后,我还研究了一种可以称之为曾经一度相当流行的货币数量目标制的"残余"的制度:欧洲中央银行在设定利率时所使用的"货币分析(monetary analysis)"。①

在本手册中,有几章已经讨论过不同货币政策的理论依据——例如斯文森撰写的关于通货膨胀目标制的那一章。鉴于此,本章有意弱化了理论探讨,转而考察了采用不同货币政策区制的国家的实际经济表现。我关注的是各个核心宏观经济变量的表现,包括产出、通货膨胀和利率。

本章的安排如下。第2节研究了许多国家采用的两种货币政策区制:通货膨胀目标制和欧元体制(取得欧洲货币联盟的成员资格)。我关注的是发达经济体在1985年至2007年年中这个时期的经济表现(这个时期通常被称为"大缓和"时期)。简单的统计检验表明,在这个样本期内,通货膨胀目标制和欧元对经济表现(无论是好是坏)都没有显著影响。未来研究的一个重要课题是,如何评价这两种货币政策区制在最近这场金融危机中的表现。

第3节回顾了以往关于通货膨胀目标制的文献。许多论文都证实了我的发现:通货膨胀目标制在发达经济体中并没有产生重大影响。一些研究者报告了某些有益效应,但他们的证据本身是可疑的。不过,当我们转向研究新兴经济体时,情况就完全不同了:有大量证据表明,通货膨胀目标制降低了新兴经济体的平均通货膨胀,并稳定了通货膨胀和产出。然而,即便是对新兴经济体来说,通货膨胀目标制的影响也不像一些作者所说的那样毫无疑义。

第4节对讨论欧元的影响的文献进行了回顾,并加入了一些新的结果。有证据表明,欧洲货币联盟导致了欧洲内部贸易的适度增长,促成了欧洲资本市场一体化的改进。但是也有不利的一面,那就是不同国家的价格水平存在差异导致它们的竞争力发生了变化。这个问题可能会导致未来的产出不稳定。

第5节回顾了货币在欧洲中央银行的政策制定中的作用。从表面上看,欧洲中央银行的政策对"货币支柱"政策的依赖不同于大多数中央银行的做法,然而,只要回顾历史就会发现,这种差异很大程度上只是一种错觉。欧洲中央银行的政策制定虽然经常讨论货币总量的变化,但是有关的变量很少(如果有的话)影响他们对利率的设定。

最后,第6节讨论了硬挂钩汇率制,包括货币发行局和美元化。历史经验表明,这类政策是非常危险的。在大多数实行硬挂钩汇率制的经济体中,资本外逃都导致了严重的经济衰退。本章的第7节是结论。

---

① 为了保证本章的内容不会过于庞杂,我从两个方面对本章的讨论进行了限制。首先,虽然我在本章中也研究硬挂钩汇率制——比如说货币发行局和美元化——但是我刻意减少了汇率政策所占的篇幅。我没有讨论弹性汇率制、有管理的浮动汇率制和可调整的钉住汇率制的相对优缺点。本手册第二十五章将会讨论这些问题。其次,虽然我研究了发达经济体和新兴经济体,但是我没有研究世界上最贫穷的那些国家。新兴经济体包括了巴西和捷克共和国等国家,但是它们不包括大多数非洲国家。许多最贫穷的国家的货币政策都是以货币总量为目标的,尽管这种政策已经不再为富裕国家所青睐了(关于各国的货币政策的目标,见2008年国际货币基金组织的报告)。

2. 一些简单的证据

在过去的 25 年里,货币政策在两个方面实现了引人注目的发展:通货膨胀目标制的普及和欧元的诞生。我估计了在 1985 年至 2007 年年中这个经济稳定增长的时期(通常被称为"大缓和"时期),这两种货币政策区制对经济表现的影响。我研究了 20 个发达经济体,其中包括采用了通货膨胀目标制的国家、加入欧元区的国家、未采用通货膨胀目标制且未加入欧元区的国家,以及既采用了通货膨胀目标制又加入了欧元区的国家(西班牙和芬兰采用了通货膨胀目标制,然后加入了欧元区)。结果发现,这两种区制都没有实质性地改变产出、通货膨胀或长期利率的行为。

2.1 背景

在 20 世纪 90 年代初,新西兰和加拿大率先采用了通货膨胀目标制。在这种货币政策区制下,中央银行的主要目标是将通货膨胀水平保持在一个事先公开宣布的目标附近或目标范围内。这个政策很快就获得了很多国家的欢迎,到今天已经大约有 30 个国家的中央银行采用了通货膨胀目标制(IMF,2008)。

1999 年,11 个欧洲国家废除了本国货币,采用了欧元;到 2009 年,有 15 个国家使用欧元。这个货币联盟现在已经使世界上所有其他货币联盟都相形见绌了。在本章中,我把采用欧元解读为对一种特定的货币政策区制的选择:一个国家将货币政策的控制权移交欧洲中央银行,而不是选择相机抉择的货币政策或通货膨胀目标制。

我对采用通货膨胀目标制和拥有欧元区成员国身份的国家与一组采用了我称之为传统的货币政策区制的国家进行了对比。后面这一组国家包括了自 1985 年以来采用了除通货膨胀目标制或欧元以外的所有其他货币政策区制的发达经济体。其中一些国家采用的货币政策区制,如美国和日本,符合相机抉择的货币政策的经典概念。在对货币政策区制进行分类时,国际货币基金组织(IMF,2008)将美国和日本归类为"其他",并在附注中称它们"没有明确公布的名义锚,而是在实施货币政策时对多种指标进行实时监测"。

其他列入传统范畴的货币政策区制则确实涉及某种名义锚,或者至少在理论上是这样。这些区制包括德国在 20 世纪 80 年代和瑞士在 20 世纪 90 年代所采用的货币政策。它们还包括同一时代的欧洲货币体系,该体系以汇率目标区间制为特色。

在大多数情况下,传统的货币政策区制是高度灵活的。德国和瑞士的货币数量目标只是中期的"路标",政策制定者每年都有相当大的相机抉择空间来调整政策(Bernanke and Mishkin,1992)。在制定政策方面,欧洲货币体系也留给了各国中央银行很大的行动自由。一个国家可以在加入欧洲货币体系的同时采用另一种制度,例如,德国以货币数量为目标,而西班牙和芬兰以通货膨胀水平为目标。汇率波动区间也曾经调整过很多次,同时各国可以退出(如英国和意大利),也可以重新加入(如意大利)。

很多经济学家都讨论过从传统的货币政策区制转向通货膨胀目标制或欧元会产生的多种效应。例如,通货膨胀目标制的支持者认为这种政策能够锚定通货膨胀预期,从而使之更容易稳定经济(King,2005)。而对通货膨胀目标制持怀疑态度的人则认为,通货膨胀目标制是以更不稳定的产出为代价来稳定通货膨胀水平的(Kohn,2005)。支持者认为通货膨胀目标制提高了政策制定者的可问责性(Bernanke et al.,1999),而一些持怀疑态度的人则认为通货膨胀目标制降低了对中央银行的可问责性(Friedman,2004)。

许多研究欧元的经济学家都列举过这种货币政策区制的好处和代价(Lane,2006,2009)。例如,作为一种共同货币,欧元可以促进欧洲经济的一体化,促进效率和增长。另外,"一刀切"的货币政策只能对某些国家特有的冲击做出次优反应。

2.2 方法

在这里,我试图用最简单的方法来衡量通货膨胀目标制和欧元的影响。为此,我只关注经济表现的几个基本衡量指标——通货膨胀、产出和长期利率——的平均值和标准差。所用的主要方法是双重差分法。我比较了采用通货膨胀目标制或欧元的国家与没有采用这两种货币政策的国家之间的经济表现随时间的变化。在运用双重差分法时,很重要的一点是,我遵循了鲍尔和谢里丹的论文的思路(Ball and Sheridan,2005),控制了经济表现的初始水平。这种方法能够解决货币政策区制的变化的内生性所带来的问题。

Gertler(2005)和Geraats(2009)对鲍尔-谢里丹的方法提出了批评,认为它会导致对区制转换的影响的误导性的估计。在这里,我再一次提出了这种方法,同时以非形式化的方式说明了为什么它能够消除纯粹的双重差分估计中的偏差(我在本章附录的第1节中以形式化方式推导出了鲍尔-谢里丹估计法无偏的条件)。

Ball和Sheridan(2005)研究了两个时期和两种货币政策区制——通货膨胀目标制和传统的货币政策。在本章的实证研究中,我又加入了第三个区制——欧元体系——并考察了三个时期。为了先让读者有一个直观的印象,我先讨论了在两个时期/两种区制情况下估计通货膨胀目标制的影响的方法,然后说明了如何将该方法加以推广。

2.2.1 两个时期、两种区制

我们用 X 表示衡量经济表现的某种指标(比如说平均通货膨胀率)。X_{i1} 和 X_{i2} 分别表示国家 i 和第 1 个时期与第 2 个时期的 X 的水平。在第 1 个时期,所有国家都采用传统的货币政策;而到了第 2 个时期,有些国家转而采用通货膨胀目标制。

乍一看,估计通货膨胀目标制对 X 的影响的一种很自然的方法是进行双重差分回归,即

$$X_{i2}-X_{i1}=a+bI_i+\varepsilon_i \tag{23.1}$$

其中,I_i 是一个虚拟变量,如果国家 i 在第 2 个时期采用了通货膨胀目标制,那么它就等于1。系数 b 是转而采用了通货膨胀目标制的国家与没有采用通货膨胀目标制的国家之间 X 的变

化的平均差异。有人可能会认为,b 就刻画了通货膨胀目标制的影响。

然而不幸的是,虚拟变量 I 很可能与误差项 ε 相关,从而导致 b 的普通最小二乘估计存在偏差。为了看清楚这一点,不妨假设 X 指的就是平均通货膨胀。在这种情况下,ε 和 I 之间的相关性有两个可能的来源:

(A)对第 1 个时期的通货膨胀水平觉得不满,可能是一个国家在第 2 个时期采用通货膨胀目标制的原因之一。这也就是说,高水平的 X_{i1} 更有可能使得 $I_i = 1$。数据证实了这种效应:采用了通货膨胀目标制的国家的平均的 X_{i1} 明显高于不采用的国家。

(B)高水平的 X_{i1} 对 $X_{i2} - X_{i1}$ 有负面影响。这种效应是回归均值这种基本统计现象的反映:当 X_{i1} 的值很高时,有一部分是临时性因素作用的结果,因此它们也就暗示着 X_i 很可能会在第 2 个时期回落。无论一个国家是否采用通货膨胀目标制,这种效应都会存在。因此,在式(23.1)中,一个高的 X_{i1} 对误差项 ε_i 有负向的影响。

总结以上两点,X_{i1} 对 I_i 有正向的影响,而对 ε_i 则有负向的影响。因此,X_{i1} 的变化会引起 I_i 与 ε_i 之间的负相关关系,从而导致 b 的最小二乘估计出现向下的有偏性。这就是说,即便通货膨胀目标制对通货膨胀实际上没有影响,b 的估计也可能显示出负向的影响。关于这一点,喜欢通俗的直觉思辨的读者不妨考虑一下棒球平均击球率——见 Ball 和 Sheridan (2005,第 256 页)举的例子。而喜欢严谨的数学推理的读者则应该阅读本章附录的第 1 节。

Ball 和 Sheridan(2005)通过加入 X_{i1} 项来解决方程式(23.1)的问题:

$$X_{i2} - X_{i1} = a + bI_i + cX_{i1} + \varepsilon_i \tag{23.2}$$

在该模型设定中,I_i 表示的是 X_i 的变化中无法用 I_i 或 X_{i1} 解释的部分,而且 X_{i1} 的变化不会影响这一项,所以前面讨论的效应(B)不会出现。不过,X_{i1} 仍然会影响 I_i ——即效应(A)仍然存在——但是这不会再引致 I_i 和 ε_i 之间的相关性了。b 的最小二乘估计的有偏性消失了。

再一次,我在附录中的第 1 节中扩展了上述论证,并推导出了用最小二乘法得出方程式(23.2)中的 b 的无偏估计的条件。这里的直觉很简单:将 X_{i1} 加入方程中就可以控制均值回归了。现在,如果 b 是显著的,那么就意味着采用通货膨胀目标制对通货膨胀有影响,且与初始通货膨胀水平无关。

2.2.2 三个时期、三种区制

在本章的实证研究中,我比较了三种政策区制:传统政策、通货膨胀目标制和欧元。我还将数据划分为三个时间段,即 $t = 1, 2, 3$,具体如式(23.3)所示。考虑到我们观察到的货币政策发生区制转换的时间,这种设定是很自然的。为了刻画这些变化,我将式(23.2)扩展为:

$$X_{it} - X_{i,t-1} = aD_t^2 + bD_t^3 + cI_{it} + dE_{it} + eX_{i,t-1}D_t^2 + f X_{i,t-1}D_t^3 + \varepsilon_{it}, \quad t = 2, 3 \tag{23.3}$$

其中 D_t^2 和 D_t^3 分别表示第 2 个时期与第 3 个时期的虚拟变量。在这个回归中,每个国家都有两种观察结果。对于第一个观察结果,因变量是 X 从第 1 个时期到第 2 个时期的变化;对于第二个观察结果,则是从第 2 个时期到第 3 个时期的变化。

在式(22.3)的右边,我们感兴趣的变量是 I_{it} 和 E_{it},它们代表着第 $t-1$ 期到第 t 期的货币政策区制转换。如果国家 i 在第 $t-1$ 期从传统政策转换为通货膨胀目标制或欧元,那么 $I_{it} = $

1,否则 $I_{it} = 0$；如果国家 i 在第 $t-1$ 期从传统政策或通货膨胀目标制转换为欧元，那么 $E_{it} = 1$，否则 $E_{it} = 0$。

要解释这些变量，先看一看数据无疑会有很大帮助。在第 1 个时期，所有国家都实行传统的货币政策。在第 2 个时期（该时期从 20 世纪 90 年代初开始），有些国家转换成了通货膨胀目标制。在第 3 个时期（从 20 世纪 90 年代末开始），更多的国家采用了通货膨胀目标制，还有一些国家则从它们在第 2 个时期所采用的货币政策区制转换成了欧元。在整个样本中，我们观察到了三种类型的区制转换：从传统的货币政策到通货膨胀目标制、从通货膨胀目标制到欧元，以及从传统的货币政策到欧元。

如果国家 i 在 t 时期内从传统的货币政策转换成了通货膨胀目标制，那么 $I_{it} = 1$ 且 $E_{it} = 0$，同时 I 项的系数则给出了这种区制转换的影响。如果某个国家从通货膨胀目标制转换成了使用欧元，那么 $I_{it} = 0$ 且 $E_{it} = 1$，同时 E 项的系数给出了相应的影响。最后，如果一个国家从传统的货币政策转换成了使用欧元，那么就有 $I_{it} = 1$ 且 $E_{it} = 1$。因此，传统的货币政策转换为使用欧元的影响体现为 I 和 E 的系数之和。

引入虚拟变量 D_t^2 和 D_t^3 是为了让回归方程中的常数在不同的时期之间不同。类似地，纳入这两个虚拟变量与 $X_{i,t-1}$ 之间的交互作用则使得我们可以考虑不同的回归均值效应。本章附录的第 1 节讨论了对这些差异的解释。

2.3 数据

我用 20 个发达经济体的数据估计了式(23.3)，它们包括了在 1985 年时人口超过 100 万的所有经济合作与发展组织成员国。选择国家时，采用了与鲍尔和谢里丹相同的标准（Ball and Sheridan, 2005）。表 23.1 列出了三个时期这些国家的货币政策区制。在这 20 个国家中，先后出现了两波区制转换潮：7 个国家在 1990 年至 1995 年间采用了通货膨胀目标制，12 个国家在 1999 年至 2001 年间采用了通货膨胀目标制或欧元。因此，数据可以很自然地划分成三个时期——第一波区制转换之前、两波区制转换之间和第二波区制转换之后。

表 23.1　政策区制一览

国　家	第 1 个时期	区　制	第 2 个时期	区　制	第 3 个时期	区　制
澳大利亚	1985 年第一季度—1994 年第二季度	T	1994 年第四季度—1999 年第一季度	I	1999 年第二季度—2007 年第二季度	I
奥地利	1985 年第一季度—1993 年第二季度	T	1993 年第三季度—1998 年第四季度	T	1999 年第一季度—2007 年第二季度	E
比利时	1985 年第一季度—1993 年第二季度	T	1993 年第三季度—1998 年第四季度	T	1999 年第一季度—2007 年第二季度	E
加拿大	1985 年第一季度—1991 年第四季度	T	1992 年第一季度—1999 年第一季度	I	1999 年第二季度—2007 年第二季度	I
丹麦	1985 年第一季度—1993 年第二季度	T	1993 年第三季度—1999 年第一季度	T	1999 年第二季度—2007 年第二季度	T

续　表

国　家	第 1 个时期	区　制	第 2 个时期	区　制	第 3 个时期	区　制
芬兰	1985 年第一季度—1993 年第四季度	T	1994 年第一季度—1998 年第四季度	I	1999 年第一季度—2007 年第二季度	E
法国	1985 年第一季度—1993 年第二季度	T	1993 年第三季度—1998 年第四季度	T	1999 年第一季度—2007 年第二季度	E
德国	1985 年第一季度—1993 年第二季度	T	1993 年第三季度—1998 年第四季度	T	1999 年第一季度—2007 年第二季度	E
爱尔兰	1985 年第一季度—1993 年第二季度	T	1993 年第三季度—1998 年第四季度	T	1999 年第一季度—2007 年第二季度	E
意大利	1985 年第一季度—1993 年第二季度	T	1993 年第三季度—1998 年第四季度	T	1999 年第一季度—2007 年第二季度	E
日本	1985 年第一季度—1993 年第二季度	T	1993 年第三季度—1999 年第一季度	T	1999 年第二季度—2007 年第二季度	T
荷兰	1985 年第一季度—1993 年第二季度	T	1993 年第三季度—1998 年第四季度	T	1999 年第一季度—2007 年第二季度	E
新西兰	1985 年第一季度—1990 年第一季度	T	1990 年第三季度—1999 年第一季度	I	1999 年第二季度—2007 年第二季度	I
挪威	1985 年第一季度—1993 年第二季度	T	1993 年第三季度—2000 年第四季度	T	2001 年第一季度—2007 年第二季度	I
葡萄牙	1985 年第一季度—1993 年第二季度	T	1993 年第三季度—1998 年第四季度	T	1999 年第一季度—2007 年第二季度	E
西班牙	1985 年第一季度—1995 年第一季度	T	1995 年第二季度—1998 年第四季度	I	1999 年第一季度—2007 年第二季度	E
瑞典	1985 年第一季度—1994 年第四季度	T	1995 年第一季度—1999 年第一季度	I	1999 年第二季度—2007 年第二季度	I
瑞士	1985 年第一季度—1993 年第二季度	T	1993 年第三季度—1999 年第四季度	T	2000 年第一季度—2007 年第二季度	I
英国	1985 年第一季度—1992 年第三季度	T	1993 年第一季度—1999 年第一季度	I	1999 年第二季度—2007 年第二季度	I
美国	1985 年第一季度—1993 年第二季度	T	1993 年第三季度—1999 年第一季度	T	1999 年第二季度—2007 年第二季度	T

注:T=传统的货币政策,I=通货膨胀目标制,E=欧元。第 t 期的通货膨胀指的是价格从第 $t-4$ 期到第 t 期的百分比变化。

表 23.1 中给出的这些时期的精确起始日期随国家而异。不过我假设所有国家的第 1 个时期都开始于 1985 年第一季度。对于那些在 20 世纪 90 年代早期采用了通货膨胀目标制的国家,假设第 2 个时期开始于采用新政策的第一个季度。对于在 20 世纪 90 年代早期没有采用通货膨胀目标制的那些国家,则假设第 2 个时期开始于采用通货膨胀目标制的所有国家的平均开始时期(即 1993 年第三季度)。类似地,对于在 1999 年至 2001 年间发生了区制转换的国家,第 3 个时期开始于采用新政策的第一个季度,而未发生区制转换的那些国家则假设第 3 个时期的开始时期为发生了转换的所有国家的平均开始时期(即 1999 年第二季度)。

所有国家的第 3 个时期都于 2007 年 2 月结束。

我在变量 X 的六个不同版本下分别估计了式(23.3):以消费者价格度量通货膨胀、实际产出增长率和长期政府债券的名义利率的均值与标准差。通货膨胀数据来自国际货币基金组织的《国际金融统计》,产出和利率数据来自经济合作与发展组织。通货膨胀和利率数据都是季度数据,而产出数据是年度数据,这是因为并非所有国家都有准确的季度数据(在研究产出变化的特点时,只有当所有四个季度都属于我对季度的分期时,我才会在一种区制的一个时期内包含那一年)。

本章附录的第 2 节提供了有关这些数据的进一步描述。它还提供了本章讨论的回归的完整结果。

2.4 主要结果

表 23.2 总结了对关键系数的估计结果:I 和 E 对于六个衡量经济表现的指标的系数。它还显示了相应的系数之和,从而给出了从传统的货币政策转换为使用欧元的总效应。[①]

表 23.2 采用通货膨胀目标制和欧元的影响

指 标	均 值			标 准 差		
	通货膨胀	产出增长率	利 率	通货膨胀	产出增长率	利 率
I_{it} 的系数	−0.65 (0.25)	0.14 (0.49)	0.46 (0.27)	0.02 (0.23)	0.21 (0.18)	0.26 (0.13)
E_{it} 的系数	0.36 (0.34)	−0.27 (0.65)	−0.75 (0.37)	−0.42 (0.30)	0.23 (0.23)	−0.09 (0.18)
I_{it} 的系数与 E_{it} 的系数之和	−0.29 (0.33)	−0.13 (0.60)	−0.29 (0.34)	−0.41 (0.29)	0.44 (0.22)	0.17 (0.17)

2.4.1 通货膨胀目标制的影响

表 23.2 的第一行显示了从传统的货币政策转换为通货膨胀目标制的影响。这种转换只有一种影响是有益的:通货膨胀目标制使得平均通货膨胀率降低了 0.7 个百分点($t=2.6$)。要解释这一结果,只需注意到采用通货膨胀目标制的国家的平均通货膨胀率在第 2 个时期为 1.7%,在第 3 个时期则为 2.1%。我的估计显示,如果没有采用通货膨胀目标制,这两个数字将分别是 2.4% 和 2.8%。这种影响不容忽视,但也不能说是特别显著的。

点估计结果则意味着,通货膨胀目标制提高了长期名义利率的平均值和标准差。不过,这种影响只具有临界上的统计显著性,而且对此没有一个令人信服的理论解释。相反,如果通货膨胀目标制能够锚定通货膨胀预期,那么它就应该能将长期利率稳定在一个低水平上。

[①] 表 23.2 还报告了最小二乘标准误差。它没有报告可以解释异方差或某个国家在第 2 个时期和第 3 个时期的误差之间的相关性的稳健的标准误差。稳健的标准误差有一个很好的性质,即渐进性,不过在只有 40 个观察值的情况下,最小二乘标准误差可能更加准确(应用计量经济学家当中流行的"民间智慧"似乎支持对小样本使用最小二乘标准误差,但是我没能找到确切的出处)。不过,对于所有情况,我也都对我的估计结果计算出了稳健的标准误差,它们不会改变我给出的定性结论。

我倾向于将在利率上表现出来的这种情况视为一种意外。无论如何,没有任何证据表明通货膨胀目标制改善了利率或产出。

2.4.2 使用欧元的影响

对于使用欧元的影响的估计结果,如表23.2的第二行和第三行所示。第二行显示的是从采用通货膨胀目标制转换为使用欧元的效应;第三行显示的则是从传统的货币政策转换为使用欧元的效应。

这些结果再一次表明,新的货币政策区制并没有带来特别大的好处。转换为使用欧元虽然可以降低平均利率,但是这种效应只具有临界上的显著意义($t=2.0$),并且只有通货膨胀目标制—欧元的转换会有这种效应,传统的货币政策—欧元的转换则没有——尽管在事前许多人可能都会推测,第二种转换应该会产生更大的影响。传统的货币政策—欧元的转换对产出波动性也有不利的、在临界上显著的影响。

2.5 稳健性

为了保证稳健性,我采用了很多种不同的方式来对式(23.3)进行估计。

· 为了让传统的货币政策区制集有更高的同质性,我剔除掉了样本中的一些国家。在其中一个变体中,我去掉了丹麦,因为它将汇率与欧元挂钩。在另一个变体中,我剔除了所有在1999年之前就加入了欧洲货币联盟的国家(在这个变体中,我可以估计通货膨胀目标制的影响,但无法估计欧元的影响,因为只有欧洲货币联盟的成员国采用了欧元)。

· 我还改变了三个时期的起止时间,使之对所有国家都相同。具体地说,我让第2个时期和第3个时期开始于区制转换的平均时期,即1993年第三季度和1999年第二季度。让所有国家在时期的划分上保持一致也不是没有代价的——这会导致无法精确地确定各个国家的区制转换的时间。

· 最后,我还尝试过让通货膨胀目标制在短期和长期中具有不同的影响。如果人们的预期需要一段时间才能适应新的区制,那么就可能会出现这种情况。为此,我在式(23.3)中加入了第三个虚拟变量——如果一个国家在第t期和第$t-1$期都采用了通货膨胀目标制,那么这个虚拟变量就等于1。在这个模型设定中,I项的系数就是直接采用通货膨胀目标制的影响,而I项的系数与这个新的虚拟变量的系数的总和则是在第2个时期仍然采用通货膨胀目标制的影响。

我在本章附录第2节中给出了这些稳健性检验的结果。总的来说,它们表明,表23.2所示的微弱效应一般都保持不变,甚至变得更弱了。在其中一些情况下,通货膨胀目标制对平均通货膨胀的影响不再显著。

2.6 未来的研究课题:货币政策区制与金融危机

如前所述,在1985年至2007年间,我们很难发现货币政策区制转换有什么影响,当然这个结果并不奇怪。因为在这整个时期(即所谓的"大缓和"时期),各发达经济体的中央银行几乎没有受到过不利的冲击。因此,各国中央银行发现,不管有没有采用通货膨胀目标制或使用欧元,稳定产出和通货膨胀都相当容易。未来研究的一个重要课题是,分析在"大缓和"时期结束后的全球金融危机期间,各种货币政策区制的表现。

而这项研究工作的一个非常合适的起点是,探究美国联邦储备委员会和其他国家的中央银行的不同行为。在银行间拆借市场暂时冻结后,美国联邦储备委员会于 2007 年 9 月开始降息。相比之下,在 2008 年 10 月雷曼兄弟公司(Lehman Brothers)破产引发了金融市场的全面恐慌之后,欧洲中央银行和大多数采用通货膨胀目标制的国家的中央银行却一直致力于保持利率稳定。在这些保持利率稳定的采用通货膨胀目标制的国家中,就包括了英国,它的金融体系在 2007—2008 年经历了与美国一样糟糕(甚至可以说更糟糕)的困境。因此,一个有待我们回答的问题是,美国联邦储备委员会所采用的相机抉择的货币政策区制是不是它能够对金融危机做出快速的反应的部分原因。

3. 以往对通货膨胀目标制的研究

有很多文献都估计过通货膨胀目标制的影响,不过得到的结果各不相同。大部分差异都可以用所涉及的国家的特点来解释。通货膨胀目标制已经从发达经济体扩展到了新兴经济体,如巴西、南非和捷克共和国等国。表 23.3 列出了若干采用通货膨胀目标制的新兴经济体。大多数对发达经济体的研究(尽管不是全部)都证实了第 2 节的结论,即通货膨胀目标制的影响是相当微弱的。相比之下,许多研究新兴经济体的论文则报告称通货膨胀目标制有显著的好处。大多数研究人员都发现,通货膨胀目标制降低了新兴经济体的平均通货膨胀水平,一些研究人员还发现它对产出和通货膨胀稳定性也有影响。Walsh(2009)对这类文献进行了综述,他得出的结论是:通货膨胀目标制对发达经济体无关紧要,但是对新兴经济体很重要。

表 23.3 新兴经济体中采用通货膨胀目标制的国家

国 家	采用通货膨胀目标制的年份*
巴西	1999
智利	1991
哥伦比亚	2000
捷克共和国	1998
匈牙利	2001
印度尼西亚	2006
以色列	1992

续 表

国 家	采用通货膨胀目标制的年份*
墨西哥	1999
秘鲁	2003
菲律宾	2002
波兰	1999
南非	2000
韩国	1998
泰国	2000

注:*秘鲁和印度尼西亚采用通货膨胀目标制的时期来自它们的中央银行的网站,除此之外的所有其他国家采用通货膨胀目标制的时期都源于 Gonçalvez 和 Salles(2008)的相关文献。

这个结论是言之有理的。正如 Gonçalvez 和 Salles(2008)指出的那样,原因在于,发达经济体的中央银行可能拥有比新兴经济体的中央银行更高的可信度和专业技能,而且面临的冲击也更小。这些优势可能会让发达经济体的政策制定者有能力在没有明确名义锚的情况下稳定经济,而新兴经济体的政策制定者则需要通货膨胀目标制的"纪律"。

在本节中,我将批判性地评述过去关于通货膨胀目标制的研究。在选择要讨论的研究论文时,我尽力做到以客观的方式找出最有影响力的作品。为此,2010 年 1 月,我在谷歌学术(Google Scholar)网站上搜索了所有 2000 年及以后年份发表的、标题中包含了"通货膨胀目标制(inflation targeting)"或"采用通货膨胀目标制的国家(inflation targeter)"字样的论文。在这些论文中,我进一步选出了符合以下两个标准的论文:第一,它们是涉及对采用了和没有采用通货膨胀目标制的国家进行比较的实证研究;第二,每一篇论文都至少被引用了 20 次。最后,我挑选出了 14 篇论文。[1]

这些论文涉及三个广泛的主题:通货膨胀目标制对产出和通货膨胀的均值与方差的影响、对通货膨胀的冲击的持续性的影响,以及对通货膨胀预期的影响。在这里,我只给出了一个简略的文献综述,同时在本章附录的第 3 节提供了更详细的信息。不幸的是,各种各样的问题使得人们对大多数研究的结论产生了疑问。

3.1 均值和方差

许多论文都问了同一个问题:通货膨胀目标制是如何影响通货膨胀和产出的前两个矩(即均值和方差)的? 如前所述,这个问题看似简单,其实回答起来很棘手,因为通货膨胀目标制的采用本身是内生的。我们可以根据各个研究如何解决这个内生性问题来对它们分类。

---

[1] 不过,我也考虑了 Lin 和 Ye(2009)以及 Gurkaynak 等(2008)的两篇引用次数不超过 20 次的论文,因为它们有助于我们理解相同作者被引次数在 20 次以上的其他论文。我还省略了一篇引用次数超过 20 次的论文——Corbo 等(2002)的论文,这篇论文已经被 Mishkin 和 Schmidt-Hebbel(2007)的论文所取代了,因为它们有共同的合著者和相同的标题。

3.1.1 双重差分回归结果

一些早期的论文用纯粹的双重差分法来度量通货膨胀目标制的影响,即估计式(23.1)或做类似的模型。这方面包括 Cecchetti 和 Ehrmann(2000)、Hu(2003)以及 Neumann 和 von Hagen(2002)等的研究。这些论文通常都发现通货膨胀目标制降低了通货膨胀的均值和方差,但是关于产出的方差,它们的结果是不明确的。

这些论文是研究通货膨胀目标制的影响的很自然的第一步。然而,后续研究发现,由于初始条件会影响通货膨胀目标制的采用,因此对式(23.1)的估计是有偏差的。没有考虑到这个问题的研究是不可能得出可信的结果的。

3.1.2 控制初始条件

如前所述,Ball 和 Sheridan(2005)通过估计式(23.2)解决了前述内生性问题。式(23.2)是一个控制了初始经济表现的双重差分回归方程。鲍尔和谢里丹研究了发达经济体,结果发现,通货膨胀目标制除了对平均通货膨胀率有微弱影响(下降了 0.6 个百分点,其 t 统计量为 1.6),就没有其他影响了。

Gonçalvez 和 Salles(2008)用一个由 36 个新兴经济体组成的样本估计了式(23.2),结果发现通货膨胀目标制有实质性影响。转而采用这种货币政策区制会使平均通货膨胀率降低 2.5 个百分点。它还使得年度产出增长率的标准差下降了 1.4 个百分点。平均来说,采用了通货膨胀目标制之后,产出增长的标准差为 2.2 个百分点。Gonçalvez 和 Salles(2008)的结果表明,如果没有采用通货膨胀目标制,这个数字将会是 3.6 个百分点。这些结果与 Ball 和 Sheridan(2005)的研究结果相一致,因而支持了通货膨胀目标制在新兴经济体中比在发达经济体中具有更强的影响的观点。

贡萨尔维斯和萨勒斯的结果(Gonçalvez and Salles,2008)很重要,但是这些结果也引出了解释问题和稳健性问题。在 Gonçalvez 和 Salles(2008)的研究中,有五个未采用通货膨胀目标制的国家,包括阿根廷和保加利亚,在同一个样本期间的部分时间里采用了与他国货币硬挂钩的政策。正如第 6 节将会讨论到的,硬挂钩汇率会增大产出的波动性。如果未采用通货膨胀目标制的成员国只有灵活的货币政策区制,那么 Gonçalvez 和 Salles(2008)的选举结果会如何变化就不清楚了。

人们也会质疑 Gonçalvez 和 Salles(2008)关于区制转换的日期以及他们如何处理通货膨胀率很高的年份。这些问题在附录的第 3 节中讨论。需要更多的工作来检验他们结论的有效性。

3.1.3 工具变量法

如果通货膨胀目标制是内生的,那么通过工具变量来估计其影响就似乎是一种很自然的选择了。Mishkin 和 Schmidt-Hebbel(2007)对 21 个发达经济体和 13 个新兴经济体的季度数据进行分析时就采用了这种方法。在他们估计的方程中,通货膨胀取决于滞后通货膨胀和一个代表通货膨胀目标制的虚拟变量。结果发现,通货膨胀目标制对发达经济体没有显著影响,但是对新兴经济体有很大的影响:从长期来看,在新兴经济体中,通货膨胀目标制使通货膨胀率降低了 7.5 个百分点。这个估计结果相当于 Gonçalvez 和 Salles（2008）发现的影响的三倍。

然而，Mishkin 和 Schmidt-Hebbel（2007）的结果是不可信的，因为他们使用的工具变量是滞后通货膨胀目标制虚拟变量。他们之所以要使用这个工具变量，是因为他们认为通货膨胀目标制虚拟变量受到了直接影响通货膨胀的同一些变量的影响，比如中央银行的独立性和财政盈余——这些变量在他们的方程中是用误差项来刻画的。如果这些变量影响了通货膨胀目标制虚拟变量，那么它们也会影响滞后通货膨胀目标制虚拟变量。例如，对于新西兰来说，有助于解释为什么它会在 2000 年第一季度采用通货膨胀目标制的那些因素也有助于解释为什么它在 1999 年第四季度采用通货膨胀目标制。Mishkin 和 Schmidt-Hebbel（2007）的工具变量与他们方程中的误差项相关，从而导致它归于无效。

3.1.4　倾向得分匹配法

解决内生性问题的最后一种方法是倾向得分匹配法。这种方法相对比较复杂，但是基本思想很清晰：比较在其他方面都类似地采用了通货膨胀目标制的国家与没有采用的国家的经济表现。

林和叶的两篇论文就运用了这种方法（Lin and Ye，2007，2009）。与其他研究一致，他们发现通货膨胀目标制的采用在新兴经济体中很重要，但在发达经济体中并不重要。他们的估计表明，对于新兴经济体来说，通货膨胀目标制能够使平均通货膨胀率降低 3％，这与 Gonçalvez 和 Salles（2008）的估计相差不远。他们还发现，通货膨胀目标制降低了通货膨胀率的波动性。

维加和温克尔里德在他们的研究（Vega and Winkelreid，2005）中也使用了倾向得分匹配法。他们发现，通货膨胀目标制降低了发达经济体和新兴经济体的通货膨胀水平与波动性。不过在我看来，对他们给出的关于发达经济体的估计结果，有几个理由表示怀疑。不过这里涉及了一些有些晦涩难懂的问题，所以我把相关的讨论放到本章附录的第 3 节中。[①]

3.2　通货膨胀持续性

通货膨胀目标制的倡导者，如 Bernanke 等（1999），认为这种政策能够降低通货膨胀的持续性，即采用这种政策后，对通货膨胀的冲击会更快地消失。前面提到过的 Ball 和 Sheridan（2005）以及 Mishkin 和 Schmidt-Hebbel（2007）的研究都检验过这种效应。对于发达经济体，鲍尔和谢里丹发现，通货膨胀目标制对单变量通货膨胀过程的持续性没有影响。米什金（Mishkin）和施密特-赫贝尔（Schmidt-Hebbel）则发现，对于新兴经济体来说，通货膨胀目标制确实减少了油价和汇率冲击导致的通货膨胀的持续性。这些结果支持了通货膨胀目标制文献中普遍存在的对发达经济体和新兴经济体的区分。

关于通货膨胀目标制对通货膨胀持续性的影响，最著名的一篇论文可能是莱文等的研

[①] Duecker 和 Fischer（2006）也非正式地将采用通货膨胀目标制的国家与其他方面类似的未采用通货膨胀目标制的国家进行了匹配，而且像 Lin 和 Ye（2009）一样，他们也没有发现通货膨胀目标制对发达经济体有影响。

究(Levin et al. ,2004)。这篇论文的与众不同之处在于,它报告通货膨胀目标制对发达经济体有很强的影响。Levin 等(2004)先估计了通货膨胀和核心通货膨胀的季度向量自回归过程,然后计算了诸如最大自回归根等持续性度量。他们的研究结果是,从 1994 年到 2003 年,5 个采用通货膨胀目标制的国家的通货膨胀持续性明显低于 7 个未采用通货膨胀目标制的国家。

再一次,我们有不少理由怀疑莱文等得出的通货膨胀目标制对发达经济体很重要的结论。其中一个理由是样本中采用通货膨胀目标制的国家与未采用通货膨胀目标制的国家相比,经济规模更小,也更开放。这种差异——而不是对不同政策区制的选择——解释了这两组国家不同的通货膨胀持续性。我在本章附录的第 3 节讨论了这一点以及关于 Levin 等(2004)的结果的其他一些相关问题。

3.3 通货膨胀预期

下面讨论的四篇论文给出了通货膨胀目标制影响短期或长期通货膨胀预期的证据。

3.3.1 短期通货膨胀预期

Johnson(2002)研究了 11 个在 20 世纪 90 年代早期降低了通货膨胀率的发达经济体。他比较了在反通货膨胀过程开始前采用了和没有采用通货膨胀目标制的国家的表现。Johnson(2002)是用共同预测公司(Consensus Forecasts)的提前一年预测来衡量通货膨胀预期的,结果发现这个变量在采用通货膨胀目标制的国家中比在未采用通货膨胀目标制的国家中下降得更快。

这种分析本身没有明显的缺陷,但是它提出了一个难解的谜题。正如 Johnson(2002)指出的,标准的菲利普斯曲线表明,预期通货膨胀率的更快下降本应该允许那些采用通货膨胀目标制的国家在给定的产出路径上实现更大的反通货膨胀效果。或者换句话说,牺牲率(降低通货膨胀的代价)应该会下降才是。然而其他研究却发现,通货膨胀目标制并不影响牺牲率——或者至少在发达经济体中是这样,例如,见伯南克等的研究(Bernanke et al. ,1999)。

3.3.2 长期通货膨胀预期

通货膨胀目标制的支持者认为,这种货币政策能够锚定长期通货膨胀预期(Bernanke et al. ,1999;King,2005)。他们认为,一旦采用了通货膨胀目标制,即便实际通货膨胀暂时偏离了目标,通货膨胀预期也仍然会维持在目标水平上。这种效应使得政策制定者更容易稳定经济。

有三篇论文为这种效应提供了证据。第一篇是前面已经介绍过的 Levin 等(2004)的论文。除了测量实际通货膨胀的持续性,该文还考察了专业预测人士对未来三年至十年的通货膨胀的预期。对于样本中的每个国家,莱文等估计了过去的通货膨胀对预期通货膨胀的影响。就采用了通货膨胀目标制的国家而言,这个估计值接近零,但是对于未采用通货膨胀目标制的国家来说,这个估值是显著的。

Levin 等(2004)的回归似乎揭示了采用和未采用通货膨胀目标制的国家之间存在的一些差异。然而他们的模型设定和结果却有些奇怪。Levin 等(2004)的回归是基于从第 $t-1$ 年到第 t 年的预期通货膨胀的变化与第 t 年和第 $t-3$ 年的实际通货膨胀之间的差异进行的(尽管他们没有明确地以这种形式写他们的回归方程)。人们一般会预计,通货膨胀预期的变化将会在更大程度上依赖于当前的通货膨胀变化,而不是三年以来的通货膨胀变化。然而,Levin 等(2004)却发现,未采用通货膨胀目标制的国家的三年通货膨胀变化有很大的影响(更多的细节见本章附录的第 3 节)。

另外两篇关于长期预期的论文是 Gurkaynak 等(2006)以及 Gurkaynak 等(2008)撰写的。这两篇论文估计了新闻(包括经济统计数据和政策利率的公布)对通货膨胀预期的影响。作者们是以名义和指数化的政府债券的每日利率数据来衡量预期的。这两篇论文的共同发现是,新闻对美国的预期有显著影响(美国是一个未采用通货膨胀目标制的国家),但是对瑞典、加拿大和智利这三个采用通货膨胀目标制国家没有影响。他们还发现,对于也采用了通货膨胀目标制的英国来说,在 1997 年之前是有这种影响的,当时英国中央银行(英格兰银行)尚未拥有独立性,但是在 1997 年之后就没有了。据此,Gurkaynak 等(2006)得出的结论是,"众所周知的、可信的通货膨胀目标"有助于锚定预期。

这两篇论文在通货膨胀目标制文献中是比较有说服力的。不过在我看来,它们最大的一个不足之处是它们都只考察了一个未采用通货膨胀目标制的国家——美国。而在美国,债券市场可能在许多与通货膨胀目标制无关的方面都不同于其他那些规模较小的国家。此外,美国的部分数据来自指数化债券创建后的前几年,而在那几年,这种债券市场情况非常清淡,因此在那几年里,债券的收益率的价差也许不能作为通货膨胀预期的准确衡量标准。未来的研究应该将 Gurkaynak 等(2006, 2008)的分析扩展到更晚近的时期和更多的国家。

3.4 本节小结

许多研究都报告了通货膨胀目标制在新兴经济体中的有益影响,但是现有的证据仍然不是结论性的。对于发达经济体来说,大多数证据都是负面的。然而,通货膨胀目标制确实可能会影响债券市场的长期通货膨胀预期。

4. 欧元

对于那些加入了欧元区的国家,欧元究竟有何影响? 我们在前面已经看到了,在"大缓和"时期,采用欧元对产出增长率、通货膨胀或利率的水平或波动性都没有可察觉的影响(见表 23.2)。从 2008 年开始,欧元区与世界其他地区一起经历了深度衰退。在这个时期,货币联盟到底是有利还是有弊,仍然不明显。

然而,欧元并非无关紧要的。一些在欧元创建伊始时人们就预测到的影响现在已经开始显现。在这里,我回顾了两类已经得到广泛讨论的关于欧元的影响的证据:更大的经济一体化,以及"一刀切"的货币政策的成本。[1]

4.1　经济一体化

欧元的支持者们认为,共同货币促进了欧元区内的贸易和资本流动。这种效应源于更低的交易成本、更透明的价格,以及投机性攻击的风险的降低。更进一步的一体化应该能够促进竞争和提高资源配置效率,拉动经济增长(Papademos,2009)。

4.1.1　贸易:前人的研究

有很多文献都用"引力方程"估计了贸易的决定因素。在这种模型中,两个国家之间的贸易取决于它们的规模、彼此之间的距离、收入,以及两国是否使用某种共同货币等。利用这种方法,Rose(2000)得出了一个著名的结论:货币联盟能够使成员国之间的贸易增长200％。这一发现是在欧元诞生之前的小型货币联盟的数据的基础上得出来的,许多人都用它来预测加入欧盟的影响。

近年来,研究人员已经可以获得足够的数据来估计欧元的实际影响了。他们报告的影响比罗斯(Rose)当年发现的要小得多,但是仍然不可忽视。Baldwin(2006)通过调查得出的结论是,欧元使成员国之间的贸易增加了5％—10％。而Frankel(2008)的研究报告的结果则为10％—15％。

有人可能会认为,随着贸易模式对新区制越来越适应,货币联盟的影响会随着时间的推移而增强。但是根据欧元和其他货币联盟的数据,弗兰克尔(Frankel)发现,这种影响在五年左右后就会停止增强。

4.1.2　贸易:新的证据

我用一些很容易获得的新证据补充了之前的研究。如果欧元这种共同货币促进了欧元区内部的贸易,那么相对于欧元区国家和其他地区之间的贸易,欧元区内部的贸易应该会增加得更多。在图23.1中,我们利用国际货币基金组织的贸易方向统计数据集的双边贸易数据找到了这种效应。

---

[1] 2010年初,当这一章即将完稿时,希腊爆发的危机引发了关于欧元的争议。希腊发现,自己作为一个汇率硬挂钩的国家,在面对资本外逃时无法使用汇率工具来充当"减震器"(见本章第6节)。这种情况对希腊和其他欧元区国家的最终影响现在尚不清楚,但是它们可能会影响未来对货币联盟的成本和收益的评估。

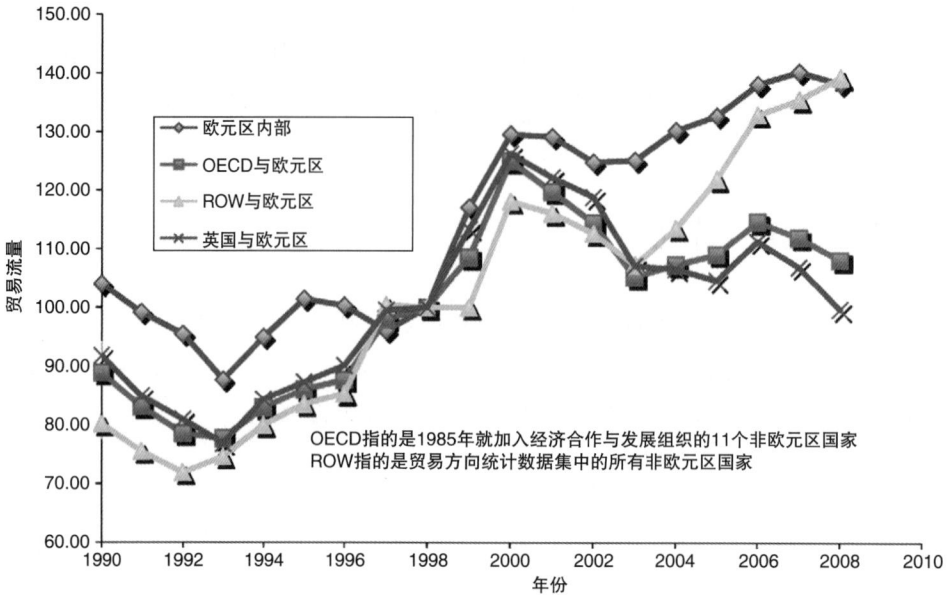

图 23.1　贸易流量,1990—2008 年(1998 年的贸易流量 = 100)

在图 23.1 中,欧元区内部的贸易是用欧元区国家之间的所有出口占欧元区总 GDP 的百分比来衡量的。欧元区与另一组国家的贸易则是用欧元区对其他国家的出口再加上从其他国家的进口的总值占欧元区总 GDP 的百分比来衡量的。在 1998 年,也就是欧元诞生的前一年,所有变量都被标准化为 100。

在图 23.1 中,有一组非欧元区国家只有一个成员,即英国,它是欧盟中最突出的不采用欧元的国家。另一组国家包括 11 个发达经济体,特别是 1985 年加入经济合作与发展组织的非欧元区国家。最后一组是贸易方向统计数据集中的所有 183 个非欧元区国家。

图 23.1 显示的证据进一步表明,欧元促进了欧元区国家之间的贸易。从 1993 年到 1998 年,后来加入欧元区的国家与其他地区的贸易增长速度高于欧元区的内部贸易。但是从欧元诞生的第一年(1999 年)开始,欧元区的内部贸易相对于与英国和其他发达经济体的贸易就有所上升了。这种分化在 2002 年后进一步加速。

到了 2008 年的时候,欧元区的内部贸易几乎比 1998 年高出了 40%。相比之下,从 1998 年到 2008 年,欧元区国家与经济合作与发展组织的非欧元区国家的贸易增长不到 10%,而欧元区国家与英国的贸易更是几乎没有变化。

这些结果表明欧元对贸易的影响要比之前的研究所报告的 5%—15% 更大。它们还表明,与 Frankel(2008)的结论相反,欧元的影响在这种共同货币创建十年后仍在增强。不过需要注意的是,我的分析没有控制贸易模式的时变性决定因素,比如收入水平和汇率波动。

当然,我们也不难注意到,欧元区国家之间的贸易增长并没有超过欧元区与贸易方向统计数据集中所有非欧元区国家的贸易增长。从 1998 年到 2008 年,欧元区的内部贸易及其与其他国家的贸易的变化几乎相同。这个事实反映了欧元区与印度和中国等新兴经济体的贸易一直在不断强劲增长(这些新兴经济体已经成为世界经济的重要组成部分,而且所占的份额越来越大）。事实上，解释欧元的影响的一个思路恰恰是，它帮助欧元区内部的贸易跟上了欧洲与新兴市场经济体之间的贸易发展的步伐。

4.1.3 资本市场

Lane（2009）分析了欧元对资本市场一体化的影响，结果发现这种影响很大。他讨论了三类证据。第一类证据是关于欧元对跨境资产持有量的影响的估计。这些估计是通过与贸易文献中类似的"重力方程"得到的。许多研究——比如说 Lane 和 Milesi-Ferretti（2007a，2007b）的研究——都发现欧元已经使得货币联盟内的跨境债券持有量翻了一番以上。同时，它也使跨境股权持有量增加了 2/3。其他研究还发现，对外国直接投资和跨境银行贷款的影响虽然较小，但依然是显著的。

第二类证据是利率的趋同趋势。除了金融危机最严重的那段时间，欧元区内不同国家的货币市场利率几乎完全相同。长期利率的跨国家差异也下降了——仅剩的差异可以用风险和流动性来解释。①

最后一类证据是关于资本市场的。Lane（2009）给出的证据虽然还有些分散，但很有启发性，它们表明欧元区内部的资本市场的一体化促进了整体金融发展。在这个方面，一个惊人的事实是，欧元区内发行的企业债券的数量在 1998 年至 2007 年间增加了两倍。Papaioannou 和 Portes（2008）也发现，从长期来看，加入欧元区会使一个国家的银行贷款增加 17％。Dvorak（2006）则利用行业数据证明，欧元的使用增加了实物投资——特别是在那些金融体系欠发达的国家里。

4.2 "一刀切"真的可行吗？

当一个国家决定采用欧元时，它也就放弃了独立的货币政策。它无法再通过调整利率来抵消该国特有的冲击。货币联盟的批评者们——例如 Feldstein（2009）——认为，政策空间的逼仄会导致更大的产出波动性。

而且，正如 Blanchard（2006，2007）所指出的，这个问题还可能会因为使用欧元的国家的价格水平的变化而加剧。当这样一个国家出现了经济繁荣时，它的通货膨胀率很可能超过欧元的平均水平。更高的价格会降低该国经济的竞争力——实际上，该国将经历一个实际货币升值的过程。竞争力的丧失最终会降低产出。

在这种情况下，恢复长期均衡将会是一个痛苦的过程。为了扭转价格水平的背离，一个经历了高通货膨胀的经济体需要将通货膨胀率暂时推至欧元平均水平以下。而这种规模的通货紧缩可能需要一场严重的经济衰退才能实现。基于这一推理，Blanchard（2006，2007）预测，随着国家价格水平的偏离和恢复，将会出现长期的螺旋式衰退。因此，他将欧元区称为一个"次优货币区"。

---

① 不过，在 Lane（2009）考察了那种时间的利率趋同的证据以后，政府债券的利率由于 2009—2010 年的希腊债务危机而出现了分化。然而，这种发展可以用违约风险而不是资本市场一体化程度降低来解释。希腊危机对资本市场的长期影响仍然有待观察。

4.2.1 产出波动的证据

那么,有没有能够证明上述效应的证据呢? Blanchard(2006,2007)认为是实际升值导致了葡萄牙和意大利的经济衰退。然而,本章第 2 节给出的证据表明,总体而言,欧元并没有导致产出波动性的增加。

我们也可以用另一种方法来研究这个问题。货币联盟意味着各个国家无法根据自己的情况"量身订制"货币政策。在某些特定年份,有些国家会经历繁荣和衰退,如果这些国家能够独立自主地制定货币政策,那么就有可能使这种波动缓和一些。如果这种现象很重要,那么货币联盟应该会使各国产出增长率呈现出更大的离散性。

但是,没有证据表明存在这种效应。图 23.2 显示了 11 个欧元区成员国(截至 2000 年,除卢森堡之外的所有采用欧元的国家)产出增长率的标准差。如果说自 1998 年以来这个标准差序列真的表现出了什么趋势的话,那也只是下降趋势而不是上升趋势。

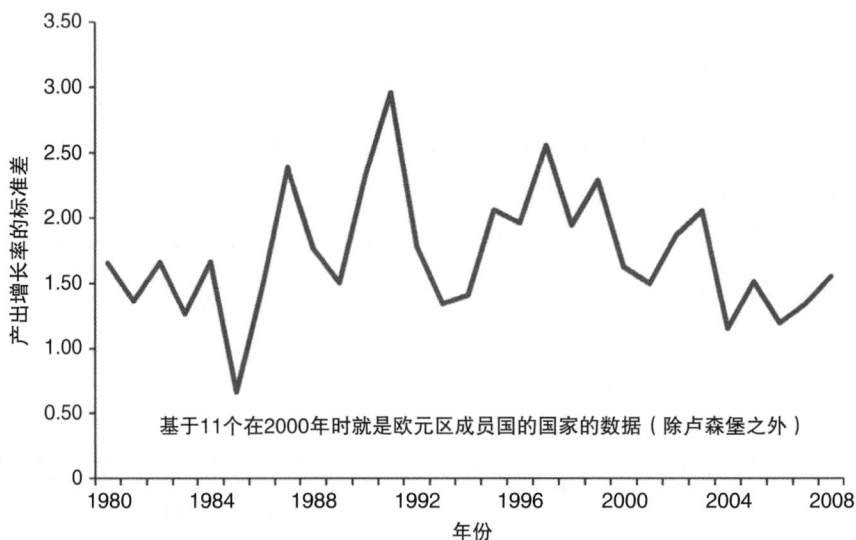

图 23.2 欧元区各成员国之间的产出增长率的标准差

4.2.2 关于价格水平的证据

另外,人们也许有理由担心未来会出现更大的产出波动性。进入欧元时代之后,各国的价格水平一度出现了显著的分化,导致它们的竞争力发生了变化,从而有可能破坏产出的稳定性。

不过,自从货币联盟成立以来,欧元区各成员国之间的通货膨胀率的离散度已经有了急剧下降。近年来,这种离散度已经与美国各地区之间的通货膨胀率离散度相差无几。而在美国,经济学家从来都没有担心过各个地区采用同一种货币会引发的螺旋式的衰退。Mongelli 和 Wyplosz(2009)将这种现象称为价格趋同。

然而,正如 Lane(2006)所指出的,相对通货膨胀率的序列相关性在欧洲各国之间要比在美国各地区之间更高。对此,一种可能的解释是,通货膨胀预期依赖于国家层面的过去的通货膨胀水平,即便在一个货币联盟中也是如此。

无论如何,更高的序列相关性意味着欧洲的通货膨胀差异所累积而成的价格水平差异要大于美国。

图 23.3 和图 23.4 说明了这一点。图 23.3 比较了 11 个主要欧元区经济体和 27 个美国大都会地区。它显示的是不同国家或大都会地区的通货膨胀率的标准差和价格水平的标准差。

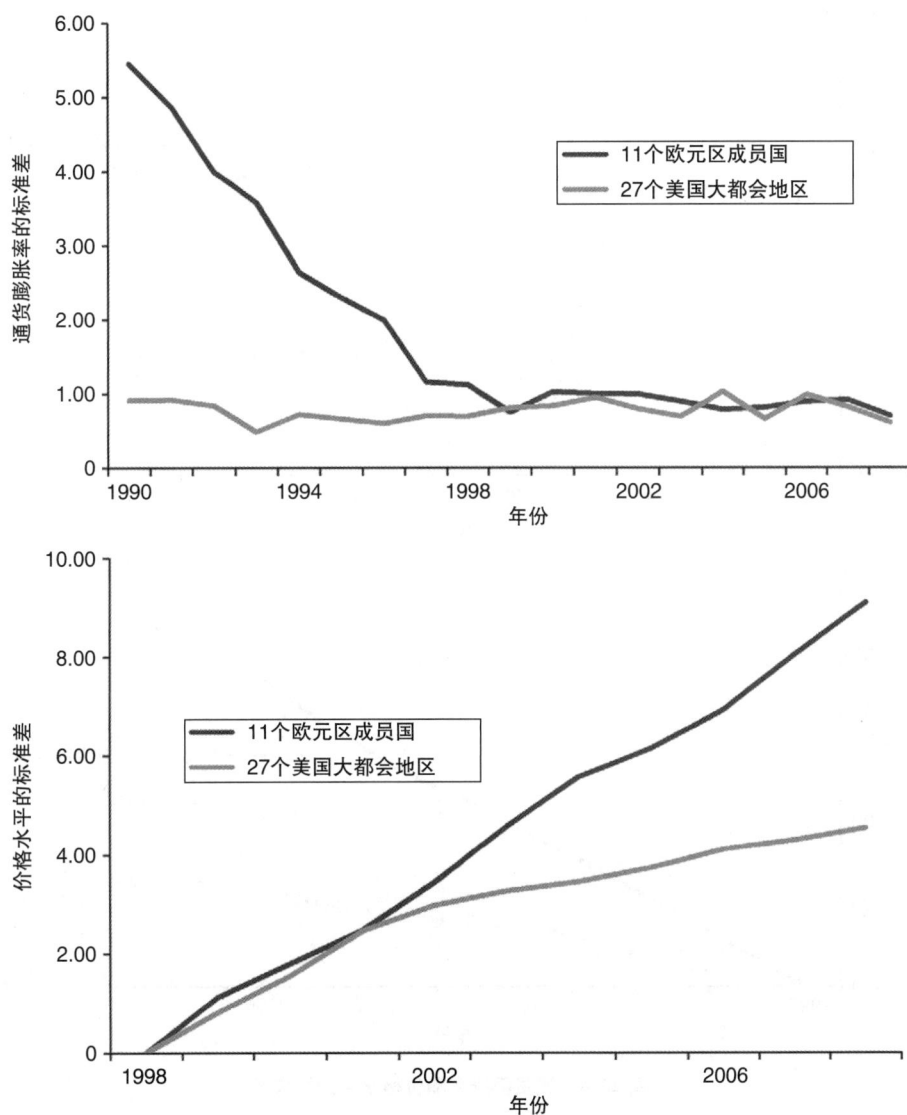

图 23.3 通货膨胀率和价格水平的标准差

所有国家和地区 1998 年的价格水平都已经标准化为 100,所以那一年的价格水平的标准差为 0。图 23.3 证实了,欧元区内部的通货膨胀率差异已经降低到了与美国相当的水平。与此同时,欧元区的价格水平离散化的速度则比美国更快。

图 23.4 比较了美国的四个主要地区和欧元区的四个最大的经济体。从图中可见,2008

年欧元区的价格水平的离散度是美国的三倍多。

欧元区的价格水平的高离散度可能部分反映了均衡实际汇率的变化。然而,这种价格水平离散度在很大程度上可能是由需求驱动的通货膨胀差异造成的。例如,对于 1999—2004 年这个时间段,莱恩发现一个国家的累计价格水平变化与累计产出增长之间的相关性达到了 0.62。这两个变量都是在爱尔兰最高、在德国最低。莱恩将价格水平和产出的变化之间的相关性称为"中期菲利普斯曲线"。

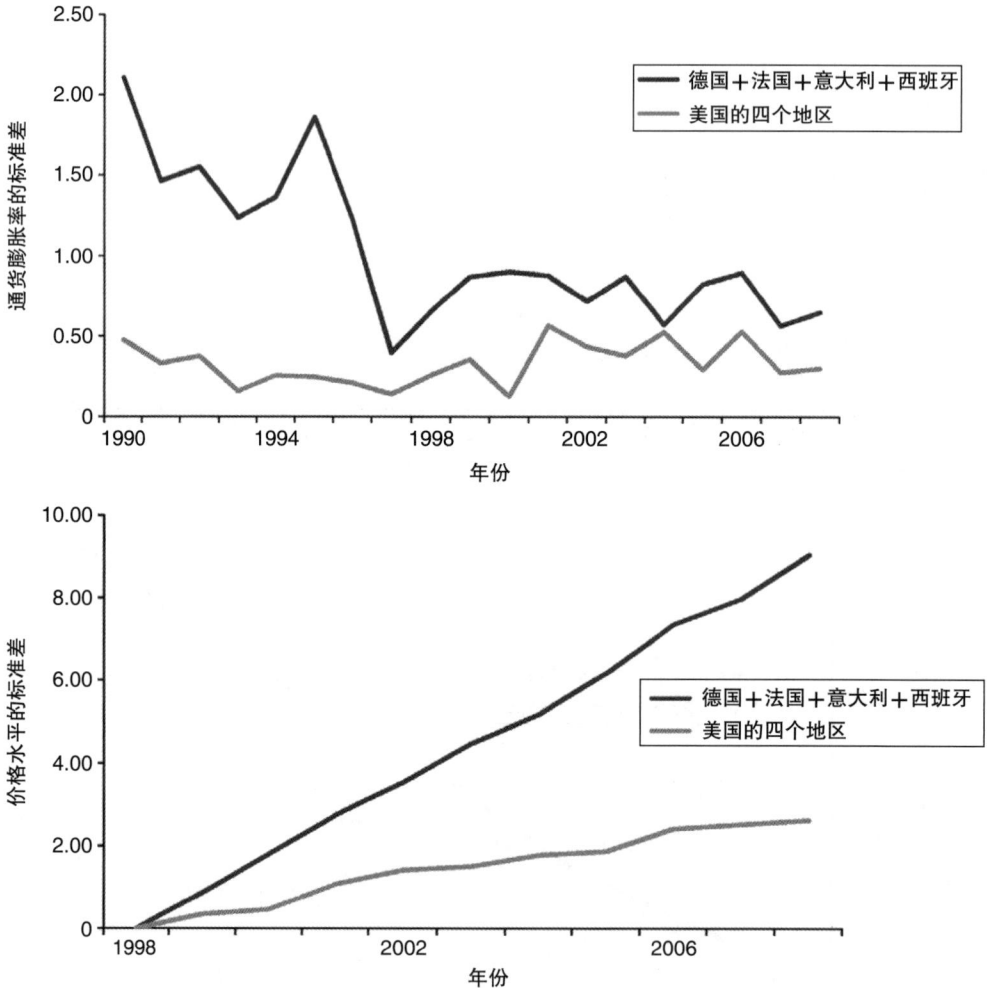

图 23.4 通货膨胀率和价格水平的标准差

截至 2008 年,欧元区的价格水平的离散化仍然在继续。这个事实表明各国的实际汇率失调正在加剧,这种趋势到最后必须加以扭转,而这个过程可能涉及布兰查德所预测的螺旋式萧条。

5. 货币总量的作用

在一代人以前,任何关于货币政策区制的讨论都会强调以货币总量为目标。这种货币政策是米尔顿·弗里德曼(Milton Friedman)在 20 世纪 60 年代开始提倡的。它的不同版本分别在 1979—1982 年美国的"货币主义实验"中,以及在 20 世纪 80—90 年代的德国和瑞士得到了采用。然而到了今天,无论是发达经济体还是新兴经济体,大多数中央银行基本上都不再关注货币总量了。他们认为,货币需求的不稳定性已经使得货币总量不再携带关于经济活动和通货膨胀的多少信息了。政策制定者在解释他们的利率决策时也极少提及货币总量的变化。

在这个方面,欧洲中央银行是一个主要的例外。欧洲中央银行一直表示货币总量在它的政策制定中发挥着重要作用。读者当然会想问一句,欧洲中央银行对货币总量的关注是如何影响政策决定和经济结果的? 答案其实平淡无奇:欧洲中央银行对货币的关注其实并不重要——尽管欧洲中央银行的政策制定者经常论及货币总量,但是这些变量几乎从未影响过他们对利率的选择。

5.1　两大支柱

欧洲中央银行的主要目标是维持价格稳定。它对价格稳定的定义是,通货膨胀率"低于且接近 2%"(European Central Bank,2010)。欧洲中央银行的执行委员会是通过调整短期利率以实现这个目标的。欧洲中央银行声称,它的利率决策的基础可以归结为两大支柱。第一个支柱是它所称的"经济分析",即欧洲中央银行根据实际经济活动和供给冲击来预测通货膨胀。这一过程类似于采用通货膨胀目标制的国家的中央银行的通货膨胀预测。第二个支柱是"货币分析",即政策制定者对货币和信贷进行评估。主要关注的是 M3 总量的增长率(大致相当于美国的 M2)。欧洲中央银行要将 M3 的增长率与 4.5% 的参考值进行比较。这些政策制定者表示,这种比较会影响他们对利率的选择,在其他条件相同的情况下,更高的M3 增长率可能导致更紧的政策。

欧洲中央银行辩称,它的"货币分析"有助于实现价格稳定,因为货币增长是中长期通货膨胀的信号。但是许多外部专家都批评欧洲中央银行的逻辑有问题,认为它应该转向纯粹的通货膨胀目标制。关于参加这场辩论的两个阵营的观点,读者可以阅读 Beyer 和 Reichlin(2008)主编的关于欧洲中央银行政策的论文集——例如,特里谢(Trichet)和伊辛(Issing)为欧洲中央银行政策进行了辩解,而伍德福德(Woodford)和乌利希(Uhlig)则提出了批评。

我考察了欧洲中央银行的两大支柱在其历史上的作用。结果发现,"经济分析"和"货币分析"通常会引导欧洲中央银行开出相同的政策"处方"。而在这两种分析相冲突的罕见情况下,"经济分析"似乎更能决定政策。因此,如果欧洲中央银行只有"经济分析"一个支柱,那么它作出的政策决定也必定与它过去作出的政策决定相差不远。

5.2 共线性问题

我在本节中的结论在很大程度上是在欧洲中央银行的《月度公报》的基础上得到的。在每期《月度公报》上都会有一篇社论,它总结了欧洲中央银行当时的"经济分析"的结果,以及基于这些结果的关于政策方向的建议。随后,该社论会用"货币分析"的结果对这种政策"处方"进行交叉检验。"货币分析"通常都只是证实了"经济分析"。

不妨以 2008 年 7 月欧洲中央银行《月度公报》刊载的社论为例,它解释了一项加息 25 个基点的政策利率决定。欧洲中央银行在总结了"经济分析"的结果后指出,"在中期内,与政策相关的价格稳定的风险仍在明显上升"。这个判断反映了对当时的通货膨胀率超过 2% 的上限以及对食品和能源价格上涨的担忧。"经济分析"表明紧缩政策是必要的。

该社论紧接着又说:"'货币分析'证实了中长期价格稳定所面临的价格上行风险。"它还指出,M3 的年度增长率超过了 10%,这个数字"放大了货币扩张的潜在路径,因为受到平坦的收益率曲线和其他临时性因素的影响"。无论如何,"货币分析"无疑"证实了货币和信贷的潜在增长仍然强劲"。也就是说,欧洲中央银行的"货币分析"指向了与"经济分析"相同的紧缩需要。

欧洲中央银行的经济学家承认,类似 2008 年 7 月的情况是很常见的。在大多数政策会议上,"货币分析"和"经济分析"都会指向相同的政策行动。Fischer 等(2008)对货币总量因素在欧洲中央银行的政策制定中的作用进行的回顾可能是迄今为止最详尽的,该文的结论是"'货币分析'与'经济分析'之间存在着非常高的共线性"。这种共线性使得货币的作用很难评估。

5.3 共线性的例外

当然,欧洲中央银行的"货币分析"和"经济分析"并不总是指向同一个方向。Fischer 等(2008)以及 Trichet(2008)认为,曾经出现过两个时段,欧洲中央银行的两个支柱发出了相互冲突的信号。不过在我看来,在这两个时段当中,第一个时段最终的政策仍然遵循了"经济分析"给出的"处方",第二个时段的两种分析给出的信号实际上没有多大区别。事实上,Fischer 等(2008)以及 Trichet(2008)也指出,在那个出现了明显的相互矛盾的信号的时段中,"经济分析"再一次占了上风。

5.3.1 第一个时段:2001—2003 年

这个时期是 Fischer 等(2008)以及 Trichet(2008)确定的欧洲中央银行的两个例外时段之一。在这个时期,欧洲中央银行放松政策,恰值产出增长率低迷之际。Fischer 等(2008)这样写道:

在从 2001 年年中到 2003 年年中这个时期,"货币分析"……指出,价格稳定没有太大的风险,但是"经济分析"认为价格存在着下行风险。总的来说,这一时期的连续降息表明,"经济分析"在解释货币政策决定方面发挥了决定性作用。

Fischer 等(2008)解释了为什么政策制定者忽视了他们的"货币分析"给出的信号。从 2001 年到 2003 年,M3 快速增长,但那只是不寻常的临时性因素的反映。在全球股市下跌和"9·11 恐怖袭击事件"之后,储蓄者纷纷转向更安全的资产。这种转变并不一定意味着通货膨胀压力。

Trichet 等(2008)对这个时段的解释与 Fischer 等(2008)不同。他认为,"潜在的货币扩张政策一直保持了下来",而且"'货币分析'对政策具有特别大的决定性影响"。在特里谢看来,货币的快速增长阻碍了欧洲中央银行降低利率的力度。但是,欧洲中央银行当时采取了很激进的宽松政策:从 2001 年 5 月到 2003 年 6 月,它七次下调了利率目标——从 4.75% 一路下调到了 2.0%。2003 年 6 月的目标是欧洲中央银行成立后的第一个十年中最低的。我们不知道如果货币增长率更低一些,2001—2003 年会发生什么。然而,我们确实有理由怀疑,年轻的欧洲中央银行急于确立自己作为通货膨胀斗士的信誉可能会将利率推低至远低于 2% 的水平。

5.3.2 第二个时段:2005 年 12 月

在那个月,欧洲中央银行将利率目标从 2% 上调至 2.25%。这次加息也是旨在逆转 2001—2003 年的宽松政策的一系列举措中的第一个。Fischer 等(2008)以及 Trichet(2008)都认为,欧洲中央银行的"货币分析"和"经济分析"在 2005 年 12 月给出了不同的信号。他们也一致认为,"货币分析"在这个时段中起到了决定性作用。

对此,特里谢是这样描述的:

2005 年 12 月,当我们首次提高政策利率时,许多评论人士认为,在经济复苏看起来仍然脆弱的背景下,我们的行动为时过早了。事实上,当时的"经济分析"发出的信号还不那么清晰和强烈。但是,2005 年货币和信贷的持续强劲扩张进一步表明中期价格稳定的风险在增加,这在我们决定从 2005 年底开始提高政策利率的决策中发挥了决定性作用……如果我们没有进行透彻的"货币分析",我们就有行动过于迟缓的危险……

Fischer 等(2008)则将"经济分析"给出的关于"不确定性程度"的信号与"货币分析"提供的"清晰的信号"进行了对比。

但是在我看来,实时政策记录并不支持这种解释。相反,这也是一个典型的共线性案例,完全不能说明"货币分析"的决定性作用。2005 年 12 月的欧洲中央银行《月度公报》刊载的社论声称,加息的决定反映了"价格稳定风险在'经济分析'中得到确认,并在与'货币分析'的交叉检验中得到证实"。在开宗明义地抛出了这个论断之后,这篇社论用整整六段的篇幅对"经济分析"的结果进行了总结,结论是:"从'经济分析'来看,价格稳定的基本场景仍然存在着上行风险。"接着又有一段文字指出,"来自'货币分析'的证据表明,在中长期,价格稳定性面临着上行风险"。这篇社论的最终结论是,"经济分析"提供的政策"处方"通过与"货币分析"的交叉检验得到了确认。

5.3.3 另一个时段:2008 年秋季

与许多国家的中央银行一样,欧洲中央银行在雷曼兄弟公司破产后的金融危机期间迅速降低了利率。至少在初期,这种宽松政策完全是由"经济分析"推动的。"货币分析"并不支持宽松政策,但是当时人们选择对它的信号视而不见。

欧洲中央银行在 10 月 8 日首次降息 0.5 个百分点,那是在政策会议的间隙。解释这个政策行动的新闻稿只包括了"经济分析",讨论的主要是产出增长下降和其他非货币因素对通货膨胀的影响。8 月,M3 的 12 个月增长率达到了 8.8%(在 10 月 8 日有可用数据的最近一个月)。M3 的增长远远超过了 4.5%的参考值,但是新闻稿有意忽略了这个事实。

在 11 月的政策会议上,欧洲中央银行执行委员会又将利率下调了 0.5 个百分点。欧洲中央银行的《月度公报》仍然用"经济分析"解释了这个政策决定:随着世界经济的下滑,"经济活动的一系列下行风险已经成为现实"。"货币分析"不支持降息。相反,"从适当的中期角度来看,截至 9 月的货币数据证实,价格稳定性面临的上行风险正在减弱,但是尚未完全消失"。9 月,M3 的 12 个月增长率为 8.6%。如果政策制定者高度重视"货币分析",他们就不太可能像当时那样大幅降息。

6. 货币硬挂钩

我在本章中要研究的最后一种货币政策区制是将本国倾向与外国货币硬挂钩的政策。在这种政策下,就像在货币联盟中一样,一个国家将放弃独立的货币政策。硬挂钩货币政策有两个基本版本:美元化和货币发行局。在第一种情况下,一个国家废除本国货币,使用外国货币。在第二种情况下,一个国家保持本国货币,但是实行对某种外币的永久性固定汇率——它要承诺不改变汇率,并保持足够多的外汇储备,以防止迫使本国货币贬值的投机性攻击。

自 1980 年以来,有九个经济体采用了硬挂钩的固定汇率制度。表 23.4 列出了这些经济体以及它们开始实行汇率硬挂钩的时间。在这样的表中,欧洲国家是与德国马克挂钩的,并在欧元创立后转而与欧元挂钩,而其他国家则选择钉住美元。时至今日,除了阿根廷,这些经济体仍然采用硬挂钩汇率制——阿根廷于 1991 年建立了货币发行局,然后又于 2002 年宣告结束。①

表 23.4　自 1980 年以来采用硬挂钩货币政策的经济体

国家或地区	采用时间	硬挂钩的类型
阿根廷*	1991 年 4 月	货币发行局
波斯尼亚和黑塞哥维那	1997 年 8 月	货币发行局
保加利亚	1997 年 7 月	货币发行局
厄瓜多尔	2000 年 1 月	美元化
萨尔瓦多	2001 年 1 月	美元化
爱沙尼亚	1992 年 6 月	货币发行局
中国香港	1983 年 10 月	货币发行局
拉脱维亚	1993 年 6 月	货币发行局
立陶宛	1994 年 4 月	货币发行局

注：*该国的固定汇率制度于 2002 年告终。

阿根廷的例子表明,没有什么能够保证这种硬挂钩的固定汇率制永远存在,即便一个国家有足够的外汇储备来维持固定汇率制,这样做的代价也可能足以让政治领导人决定选择另外的政策路线。然而,阿根廷的情况也表明,需要一系列非常极端的条件才能打破固定汇率制。在经济危机引发了严重骚乱和在短短两个月内经历了三次政府更迭之后,阿根廷的货币发行局才终于关门大吉。正如我们将会看到的,其他经济体尽管经历了严重的经济衰退,但是仍然保持了钉住美元的政策。

6.1　为什么要硬挂钩?

这些经济体采取硬挂钩汇率制主要有两个不同的原因:一是为了降低通货膨胀,二是为了加强与其他经济体的一体化。

6.1.1　控制通货膨胀

表 23.4 中有七个国家和地区(中国香港和萨尔瓦多除外)是在高通货膨胀时期(当时年通货膨胀率为三位数或更高)决定采用固定汇率制的。这些国家和地区的政策制定者试图通过将本国或本地区货币与低通货膨胀国家或地区的货币挂钩,或者干脆废除本国或本地区货币,来终结通货膨胀。这种遏制通货膨胀的方法一直很成功。作为一个例子,图 23.5 显示了在保加利亚发生的情况。当保加利亚在 1997 年决定引入货币发行局时,通货膨胀率超

---

① 在将某个国家归类为固定汇率制国家时,我通常会遵循国际货币基金组织(IMF,2008)给出的方法。唯一的例外是拉脱维亚,国际货币基金组织将该国视为"采用传统的固定汇率制度"的国家——那是一种比货币发行局更宽松的政策。但是我认为拉脱维亚是有货币发行局的,因为它的中央银行网站上说:"拉脱维亚银行的汇率政策与货币发行局类似,货币基础是由黄金和外汇储备支撑的。"许多国家在 1980 年以前就实行了固定汇率制度。大多数这样的国家都很小(例如圣马力诺和马绍尔群岛),其中最大的是巴拿马。1903 年,巴拿马把运河区让给了美国,此后就一直使用美元。

过了1000%;一年后,通货膨胀率就下降为5%。在采用硬挂钩汇率制度的六个高通货膨胀国家和地区中,通货膨胀率都在三年内下降到了20%以下;第七个国家(爱沙尼亚)则花了五年时间。而且,一旦通货膨胀率下降到了20%的水平,就能够一直保持在20%以下(阿根廷不算在内,因为它的货币发行局垮台了)。

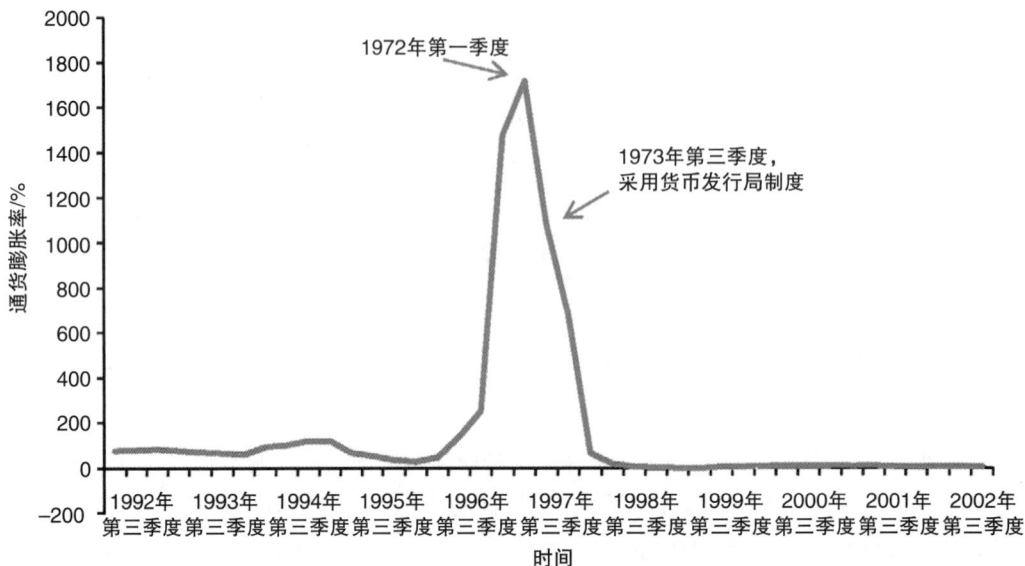

图23.5 保加利亚的通货膨胀

然而,硬挂钩汇率制度并不是遏制通货膨胀的必不可少的条件。许多国家和地区,包括大多数拉丁美洲和东欧国家,在20世纪80年代或90年代都经历了高通货膨胀。后来几乎所有这些国家和地区都解决了这个问题(到2008年的时候,津巴布韦是唯一一个通货膨胀率超过了100%的国家)。许多国家和地区采取的政策都不像硬挂钩那样激烈——它们采取的通常是临时性挂钩或灵活汇率下的货币紧缩。

因此,坚持硬挂钩汇率制的理由必定是政治上的,而不是经济上的。我们甚至可以说,如果那些国家和地区真的采用了相机抉择的货币政策,那么它们无法实现降低通货膨胀的目标。因为传统的稳定计划会遭到反对,政策制定者将被撤职或被迫改变方针。因此,要防止像阿根廷这样的历史上经历过稳定失败的国家出现倒退,就不得不实行硬挂钩的固定汇率制度——关于阿根廷的这段历史的更多信息,请参见De la Torre等(2003)的研究,他们将阿根廷的货币发行局与西班牙航海家和殖民者埃尔南·科尔特斯(Hernan Cortes)烧毁船只的决定相比拟。

6.1.2 经济一体化

中国香港和萨尔瓦多在开始实行硬挂钩固定汇率制时,通货膨胀处于相对适中的水平(中国香港大约为10%,萨尔瓦多约为3%)。它们采用这种汇率制度的动机是消除汇率波动和加强与其他经济体的一体化。每个经济体都有各自的理由重视汇率的稳定性。中国香港的对外贸易水平异乎寻常的高(进出口额均超过了GDP的100%)。而萨尔瓦多之所以实行美元化,是因为它与美国以及使用美元的巴拿马有非常大的贸易往来。此外,在整个中美洲的贸易中,通常也是以美元计价的。

虽然中国香港和萨尔瓦多采用硬挂钩汇率制是出于合理的原因,但是我们很难将它对经济一体化的影响分离开来。据我所知,迄今还没有研究试图量化两个经济体汇率硬挂钩对贸易或资本流动的影响。

6.2　资本外逃的成本

与成为货币联盟成员国一样,硬挂钩汇率制的主要缺点是无法调整本国货币政策以应对冲击。从采用硬挂钩汇率制的各个经济体的历史经验来看,有一种冲击被证明是最为棘手的,那就是资本外逃。实行硬挂钩汇率制的经济体基本上都是新兴经济体,这些经济体经常出现资本流入后突然停止的情况。在许多新兴经济体,汇率能够发挥"减震器"的作用:本国货币贬值可以减少资本外逃后的产出损失。由于少了这种"减震器",采用硬挂钩汇率制的经济体将会经历更严重的衰退。

阿根廷货币发行局危机就是一个非常典型的例子。阿根廷的资本外逃始于20世纪90年代末,原因是政府债务上升和实际升值。后者之所以会发生,是因为在整个20世纪90年代,阿根廷的通货膨胀率超过了美国(Hausmann and Velasco,2002)。结果是一场严重的衰退:从1999年到2002年,累计产出增长为−29.5%,失业率则上升到了20%。正如前面已经提到过的,严重的经济衰退又导致了频繁的政治动荡,从而打破了硬挂钩的固定汇率制。

在阿根廷的情况下,资本外逃只发生在某一个国家。而在许多情况下,资本外逃会冲击世界某个地区的所有经济体。而且在这样的一个地区里,一些国家实行了硬挂钩汇率制,而另一些则没有,这就为我们提供了一个接近于"自然实验"的机会:我们可以比较一下,采用了固定汇率制的国家与未采用固定汇率制的邻近的国家在受到了类似的冲击时的产出损失有什么不同。

基于这个思想,我分析了三个案例:1994年墨西哥债务违约后的龙舌兰酒危机,1997—1998年的东亚金融危机,还有2008年开始的世界金融危机。在最后一个案例中,我关注的是中欧和东欧的新兴市场经济体,那里的资本外逃现象最为严重。对于这三场危机中的每一场,我都考察了危机最严重年份和危机结束后的第二年各经济体产出的变化。

表23.5给出了我得到的结果。对于龙舌兰酒危机,我研究了拉丁美洲最大的六个国家和地区。这个组别中包括了一个实行硬挂钩汇率制的国家,即阿根廷,它当时正处于其货币发行局时期的中段。正如人们所预料的那样,墨西哥受到的打击最为严重,因为危机始于墨西哥。另外值得注意的是,表现第二差的是阿根廷。它是除墨西哥之外唯一经历了一年负增长的国家。

表 23.5(a)　硬挂钩汇率制与资本外逃——龙舌兰酒危机中各国或地区的产出增长率

单位:%

国家或地区	1995 年	1996 年	总　和
墨西哥	-6.167	5.153	-1.014
阿根廷	-2.845	5.527	2.681
委内瑞拉	3.952	-0.198	3.754
巴西	4.220	2.150	6.370
哥伦比亚	5.202	2.056	7.258
秘鲁	8.610	2.518	11.128

表 23.5(b)　硬挂钩汇率制与资本外逃——东亚金融危机中各国或地区的产出增长率

单位:%

国家或地区	1998 年	1999 年	总　和
中国香港	-6.026	2.556	-3.471
韩国	-6.854	9.486	2.632
新加坡	-1.377	7.202	5.826
中国台湾	4.548	5.748	10.296

表 23.5(c)　硬挂钩汇率制与资本外逃——世界金融危机中的新兴市场经济体
(国际货币基金组织预测的产出增长率)

单位:%

国家或地区	2009 年	2010 年	总　和
立陶宛	-18.500	-4.000	-22.501
拉脱维亚	-18.003	-3.971	-21.974
爱沙尼亚	-14.016	-2.573	-16.589
保加利亚	-6.500	-2.500	-9.000
罗马尼亚	-8.456	0.496	-7.960
匈牙利	-6.730	-0.876	-7.606
波兰	0.975	2.189	3.164

注:表中以黑体显示的国家和地区均采用了硬挂钩汇率制。

对于东亚金融危机,我研究了"亚洲四小龙"。坚持硬挂钩汇率制度的中国香港受到的打击最为严重,它是唯一一个在那两年里出现负增长的地区。中国香港经济严重衰退的一个征兆是通货紧缩:从 1998 年到 2004 年,中国香港的物价水平下降了大约 15%。

最后,我分析了 2009—2010 年欧洲的七个经济体(使用国际货币基金组织 2009 年秋季的产出预测)。这七个国家以前是共产主义国家,现在已经加入欧盟。它们在 2008 年之前一直是资本净流入国,但是对风险的感知导致资本注入突然停止(IMF,2009)。

在这七个欧洲国家中,有四个是采用严格的固定汇率制的国家。如表 23.5 所示,这四个国家的预测产出损失最大。其中有三个国家,即波罗的海三国,累计产出增长率低于-15%。

在所有这三个资本外逃事件中,如表 23.5 所示的非硬挂钩国家的货币都出现了贬值。与教科书告诉我们的一样,汇率确实起到了"减震器"的作用。实行刚性固定汇率的国家和地区遭受的损失更大。

6.3 本节小结

总体上看,实行硬挂钩汇率制的经济体的经济表现一直不令人满意。它们降低了通货膨胀水平,但是没有实行硬挂钩汇率制的经济体也同样实现了这个目标。同时,资本外逃导致九个汇率硬挂钩的经济体中的六个陷入了严重的经济衰退。到目前为止,唯一避开了这个陷阱的三个经济体是厄瓜多尔、萨尔瓦多、波斯尼亚和黑塞哥维那,这些经济体都位于 2008 年资本外逃相对温和的地区。

7. 结论

本章回顾了采用不同可选货币政策区制的各个经济体的经验。主要的发现已经在引言中给出了。最明显的一个教训也许是硬挂钩汇率制是危险的,阿根廷和波罗的海国家的经验生动地说明了这一点。一个值得进一步研究的课题是新兴经济体的通货膨胀目标制的影响。目前的文献表明这种货币政策区制对它们有益,但仍然不是决定性的。

本章的大部分证据来自已经于 2007 年结束的"大缓和"时期。未来几年,研究人员应该研究各种不同的货币政策区制对最近这场全球金融危机的反应。许多货币政策区制的特征可能会在这个时期显示出来,而它们在经济更稳定时往往不那么明显。

附录

1. 对区制转换的影响的评估

本附录概述了正文第 2 节的实证研究的计量经济学理论基础。我首先考虑了 Ball 和 Sheridan(2005)研究过的两个时期、两种区制的情况。我证明了用最小二乘法估计式(23.1)所能得到的是对于区制转换的影响的有偏估计,但是利用式(23.2)就可以产生无偏估计。然后我将讨论三种区制和三个时期的情况。

1.1 基本模型

假设 X_{it} 是国家 i 在时期 t 的经济表现的一个度量,它由下式决定:

$$X_{it} = bI_{it}^* + \alpha_i + \gamma_t + v_{it}, \quad t = 1, 2 \tag{23.4}$$

其中,I_{it}^* 是一个虚拟变量,如果国家 i 在时期 t 采用了通货膨胀目标制,它就等于 1。式(23.4)的右边的其他各项分别是国家效应、时间效应和国家—时间效应,且它们相互独立。这些效应刻画了除通货膨胀目标制之外的所有决定通货膨胀的因素。在第 1 个时期,I 对所有国家均为零。我们感兴趣的是如何估计出系数 b,它给出了通货膨胀目标制对经济表现的影响。

对于 $t = 2$ 和 $t = 1$,取式(23.4)的差分,可以得到:

$$\Delta X_i = a + bI_i + v_{i2} - v_{i1} \tag{23.5}$$

其中,$\Delta X_i = X_{i2} - X_{i1}$,$a = \gamma_2 - \gamma_1$,$I_i = I_{i2}^* - I_{i1}^*$。$I_i$ 是一个虚拟变量,如果国家 i 在第 2 个时期采用了通货膨胀目标制,那么它就等于 1。式(23.5)与正文中的式(23.1)相同 —— 只需令 $\varepsilon_i = v_{i2} - v_{i1}$ 即可。

接下来,我假设 I_i 依赖于经济表现的初始水平 X_{i1},即

$$I_i = u + dX_{i1} + \eta_i \tag{23.6}$$

其中,η_i 刻画的是采用通货膨胀目标制决策中的其他决定因素。我假设这个误差项独立于式(23.4)中的那三个误差。[①]

1.2 对 b 的有偏估计量

正如我在文中已经讨论过的,用最小二乘法估计式(23.1)似乎是很自然的一个选择。然而,在我给出的假设下,误差项 ε_i 等于 $v_{i2} - v_{i1}$。将式(23.4)代入式(23.6)就可以看出,I_i 依赖于 v_{i1}。因为 ε_i 和 I_i 都依赖于 v_{i1},所以它们彼此是相关的。这也意味着对式(23.1)的最小二乘估计产生的是对 b 的有偏估计。

1.3 对 b 的无偏估计量

Ball 和 Sheridan(2005)所设定的回归方程的形式为:

$$\Delta X_i = a + wI_i + cX_{i1} + \varepsilon_i \tag{23.7}$$

注意,在这里,I_i 的系数被标记为 w。令 w_o 表示 w 的最小二乘估计量。在式(23.1)中,我们没有预先判断 w 与结构参数 b 之间的关系。但是,我们可以证明 $E(w_o) = b$,所以鲍尔-谢里丹方程产生了我们感兴趣的参数 b 的无偏估计。

为了证明这个结果,我们先对式(23.7)的右侧进行"局部改组",以消去 a 和 cX_{i1} 两项:

$$\Delta X_i = wI_i' + \varepsilon_i \tag{23.8}$$

其中,I_i' 是 I_i 对一个常数和 X_{i1} 的回归的残差。从式(23.6)可以推导出:

$$I_i' = \eta_i + (u - u_o) + (d - d_o)X_{i1} \tag{23.9}$$

其中,u_o 和 d_o 分别是式(23.6)的系数的最小二乘估计。式(23.8)中 w 的最小二乘估计与式(23.7)中的估计 w_o 是一样的。接下来,我们需要证明的是,这个估计的期望值就是 b。

---

① 式(23.6)是一个线性概率模型。我猜想——但是还没有证明——我的估计量的无偏性可以扩展到 $I_i = h(X_{i1}, \eta_i)$ 的一般情况。

遵循下面概述的代理运算过程,就可以证明上述结果。将式(23.8)的最小二乘估计定义为 $[\sum (I'_i)(\Delta X_i)]/[\sum (I'_i)^2]$(求和是对 i 进行的)。如果我们将式(23.5)代入 ΔX_i,并将所得到的结果分解为三项,那么就可以得到:

$$w_o = b[\sum (I'_i I_i) / \sum (I'_i)^2]$$
$$+ [\sum (I'_i)(v_{i2} - v_{i1})]/[\sum (I'_i)^2] \qquad (23.10)$$
$$+ a[\sum (I'_i)]/[\sum (I'_i)^2]$$

在这个表达式中,第三项等于零。

为了求得前两项的期望,我选取以 I'_i 为条件的期望。第二项的条件期望为零,因为 I'_i 与各个 v' 不相关。这个结论是从以下事实推导出来的:第一,I'_i 是由 η_i 和各个观察值的 η' 决定的,而后者又决定了 $u-u_o$ 和 $d-d_o$;第二,各个 η' 与各个 v' 不相关。

再来考虑式(23.10)中的第一项。不难注意到 $\sum (I'_i I_i) = \sum (I'_i)^2 + \sum (I'_i)(I_i - I'_i)$ $= \sum (I'_i)^2$(因为回归的拟合值和残差之和为零)。将这个结果代入式(23.10)中的第一项,可以得出这一项等于 b。

结合所有这些结果,就可以推导出 w_o 以 I'_i 为条件的期望为 b。接下来就很简单了,只需对 I'_i 取期望,就可以证明无条件的期望 $E(w_o)$ 等于 b。

1.4 三个时期

在本章的实证研究中,数据涵盖了三个时期,而不只是两个时期。在这里,我简明扼要地描述一下如何将鲍尔-谢里丹的分析框架扩展到这种情况下。现在,我继续假设只有两种政策区制,即通货膨胀目标制和未采用通货膨胀目标制的传统区制。

基本模型仍然由式(23.4)给出,不同的只是现在 $t=1,2,3$。对这个方程求差分,可以得到:

$$\Delta X_{it} = a_t + bI_{it} + v_{it} - v_{i,t-1}, \quad t = 2,3 \qquad (23.11)$$

其中,$a_t = \gamma_t - \gamma_{t-1}$,$I_{it} = I^*_{it} - I^*_{i,t-1}$。$I_{it}$ 是一个虚拟变量,如果国家 i 在第 t 个时期从传统的货币政策转而采用了通货膨胀目标制,那么它就等于 1。[①]

这个模型假设政策区制——用虚拟变量 I^* 度量——会影响经济表现的水平 X。因此,货币政策区制的变化——用 I 度量——会影响经济表现 ΔX。不过,对于 ΔX 来说,I^* 的水平无关紧要。特别是,如果一个国家没有在第 2 个时期和第 3 个时期之间转换区制,那么这个国家在这两个时期是都采用传统政策,还是在这两个时期都采用通货膨胀目标制,这个问题并不重要。正如本章中已经讨论过的,如果采用通货膨胀目标制的短期影响与长期影响不同,那么这一限制无效。因此,在我的实证研究中,其中一个稳健性检验就放宽了这个限制——允许通货膨胀目标制在短期和长期中有不同的影响,方法是引入一个虚拟变量,如果某一个国家在第 t 期和第 $t-1$ 期都采用了通货膨胀目标制,那么它在第 t 期的值就等于 1。

---

① 这里的"$I_{it} = I^*_{it} - I^*_{i,t-1}$",原文为"$I_{it} = I^*_{i,t-1}$",疑有误,已改——译者注。

在有三个时期的情况下,我们可以将 ΔX_{i2} 和 ΔX_{i3} 的数据合并到一起,用来估计通货膨胀目标制的影响 b。再一次,式(23.5)的最小二乘估计是有偏的,但是可以通过在该方程中加入 $X_{i,t-1}$ 来消除偏差。我们不难证明,适当的模型设定可以使得 a_t(它刻画了经济表现的国际变化)和 $X_{i,t-1}$ 的系数在不同的时期之间都有所不同。$X_{i,t-1}$ 的系数取决于永久性和临时性冲击对 X 的相对重要性,它们可以随时间而变化。

1.5 三种区制

最后,考虑存在三种货币政策区制——传统的货币政策、通货膨胀目标制和欧元——以及三个时期的情况。在这种情况下,基本模型可以写成如下形式:

$$X_{it} = cI_{it}^* + (c+d)E_{it}^* + \alpha_i + \gamma_t + v_{it}, \quad t = 1,2,3 \tag{23.12}$$

其中,如果国家 i 在第 t 期使用欧元,那么 $E_{it}^* = 1$;同时再一次,如果国家 i 采用了通货膨胀目标制,那么 $I_{it}^* = 1$。在这个模型设定中,参数 c 给出了通货膨胀目标制相对于作为基线的传统的货币政策的效应,而参数 d 则表示欧元相对于通货膨胀目标制的效应。欧元相对于传统的货币政策的影响为 $c+d$,这一点不言而喻。

对式(23.12)求差分,我们可以得到:

$$\begin{aligned}\Delta X_{it} &= a_t + c(I_{it}^* - I_{i,t-1}^*) + (c+d)(E_{it}^* - E_{i,t-1}^*) + v_{it} - v_{i,t-1} \\ &= a_t + cI_{it} + dE_{it} + v_{it} - v_{i,t-1}\end{aligned} \tag{23.13}$$

同样地,这里 $a_t = \gamma_t - \gamma_{t-1}$(上式中的第二行根据本章对 I_{it} 和 E_{it} 的定义直接可以得出)。我们再次将 $X_{i,t-1}$ 加入上述方程中,以消除系数估计中的偏差,并允许 a_t 和 $X_{i,t-1}$ 的系数随 t 而变化。结果就得到了式(23.3),它是我的实证研究所用的主要设定。

2. 实证研究的更多细节

本章正文第2节描述的实证研究基于如表23.1所示的国家和样本时期。在季度数据中,各国采用通货膨胀目标制的时期的确定规则,与 Ball 和 Sheridan(2005)的研究相同。传统的货币政策时期结束于采用通货膨胀目标制之前的最后一个季度或更早的一个季度。如果是在一个季度的中间时间采用通货膨胀目标制的,那么该季度就既不包括在通货膨胀目标制时期内,也不包括在前通货膨胀目标制时期内。

对于所有采用欧元的国家,欧元时期都开始于1999年第一季度,欧元之前的那个时期则结束于1998年第四季度。

我使用年度数据来研究产出的特点。对于年度数据,只有当所有四个季度都属于同一种季度分期时,那一年才纳入那个区制的时期。

中心的实证结果是对于不同的经济表现的度量得到的对式(23.3)的估计。表23.2给出了关键系数,表23.6给出了完整的回归结果。

表 23.6　通货膨胀目标制和欧元的影响：完整回归结果

因变量：……的变化	平均通货膨胀	平均通货膨胀的标准差	平均增长率	增长率的标准差	平均利率	利率的标准差
D_t^2	0.77 (0.38)	2.70 (0.48)	0.71 (0.69)	0.68 (0.29)	0.39 (0.83)	0.47 (0.22)
D_t^3	−0.37 (0.49)	1.55 (0.58)	−1.73 (1.16)	−0.37 (0.41)	−3.10 (0.98)	−0.12 (0.29)
I_{it}	−0.65 (0.25)	0.02 (0.23)	0.14 (0.49)	0.21 (0.18)	0.46 (0.27)	0.26 (0.13)
E_{it}	0.36 (0.34)	−0.42 (0.30)	−0.27 (0.65)	0.23 (0.23)	−0.75 (0.37)	−0.09 (0.18)
$X_{i,t-1}(D_t^2)$	−0.80 (0.06)	−0.83 (0.10)	−0.73 (0.33)	−0.98 (0.15)	−0.71 (0.05)	−0.45 (0.12)
$X_{i,t-1}(D_t^3)$	−0.17 (0.20)	−1.29 (0.25)	−0.37 (0.19)	−0.74 (0.20)	−0.37 (0.13)	−0.93 (0.14)

表 23.7 给出了正文中提到过的稳健性检验。在大多数情况下，定性结果都不会改变。值得注意的一个结果是该表中的 D 部分，我在那里估计了通货膨胀目标制的短期影响和长期影响。对平均通货膨胀的短期影响为负且显著，但是长期影响（I 和 R 的系数的总和）是不显著的，其点估计值为正。这些结果表明，采用通货膨胀目标制的好处随时间推移而减少。

表 23.7　通货膨胀目标制和欧元的影响：稳健性检验

情　形	指　标	均　值			标准差		
		通货膨胀率	产出增长率	利　率	通货膨胀率	产出增长率	利　率
A：将丹麦从样本中剔除	I_{it} 的系数	−0.66 (0.26)	0.16 (0.51)	0.47 (0.27)	−0.04 (0.23)	0.23 (0.18)	0.27 (0.14)
	E_{it} 的系数	0.33 (0.36)	−0.38 (0.67)	−0.77 (0.39)	−0.47 (0.31)	0.25 (0.24)	−0.07 (0.19)
	I_{it} 的系数与 E_{it} 的系数之和	−0.33 (0.35)	−0.22 (0.64)	−0.30 (0.36)	−0.51 (0.30)	0.48 (0.23)	0.20 (0.17)
B：将欧洲货币联盟成员国从样本中剔除	I_{it} 的系数	−0.53 (0.46)	−0.01 (0.67)	0.65 (0.42)	0.50 (0.42)	0.36 (0.30)	0.41 (0.13)
C：令所有国家的时期划分相同	I_{it} 的系数	−0.42 (0.25)	0.13 (0.49)	0.57 (0.27)	−0.04 (0.22)	0.04 (0.15)	0.20 (0.17)
	E_{it} 的系数	0.27 (0.36)	−0.28 (0.64)	−0.82 (0.38)	−0.33 (0.28)	0.22 (0.20)	−0.05 (0.25)
	I_{it} 的系数与 E_{it} 的系数之和	−0.14 (0.33)	−0.15 (0.60)	−0.25 (0.35)	−0.37 (0.27)	0.25 (0.18)	0.14 (0.22)

续 表

情 形	指 标	均 值			标准差		
		通货膨胀率	产出增长率	利 率	通货膨胀率	产出增长率	利 率
D:允许通货膨胀目标制的短期影响与长期影响不同	I_{it} 的系数	-0.55 (0.25)	0.26 (0.50)	0.49 (0.27)	0.02 (0.24)	0.17 (0.18)	0.25 (0.13)
	R_{it} 的系数	0.74 (0.41)	0.82 (0.83)	0.51 (0.57)	0.03 (0.43)	-0.24 (0.30)	-0.09 (0.24)
	E_{it} 的系数	0.68 (0.37)	0.08 (0.74)	-0.46 (0.49)	-0.41 (0.35)	0.13 (0.26)	-0.14 (0.23)
	I_{it} 的系数与 R_{it} 的系数之和	0.19 (0.53)	1.08 (1.06)	1.00 (0.66)	0.05 (0.54)	-0.07 (0.39)	0.16 (0.29)
	I_{it} 的系数与 E_{it} 的系数之和	0.13 (0.39)	0.34 (0.76)	0.03 (0.49)	-0.39 (0.37)	0.30 (0.28)	0.12 (0.22)

注:如果国家 i 在第 $t-1$ 期和第 t 期都采用通货膨胀目标制,那么 R_{it} 的系数等于 1。[①]

表 23.7 的 B 部分中出现了一个奇怪的结果:通货膨胀目标制对利率的标准差有很强的正向影响。对此,一种可能的解释是,只有七个国家属于这个样本,而且其中的日本就是一个异常值。日本是一个未采用通货膨胀目标制的国家,它的利率波动性因零利率下限约束而大幅下降。

3. 若干早期的研究的细节

在这里,我将进一步详细介绍本章正文第 3 节综述的若干关于通货膨胀目标制的研究的细节问题。

3.1 贡萨尔维斯和萨勒斯的研究(Gonçalvez and Salles,2008)

该文的结果是可信的,但是需要进一步的研究来确证其稳健性。正如我在正文中已经讨论过的,我们想知道如果从样本中排除了实行硬挂钩汇率制的国家,情况又会发生怎样的变化。其他问题还包括:

·Gonçalvez 和 Salles(2008)并没有说明他们的样本中的那些未采用通货膨胀目标制的国家是如何选择出来的,同时哪些国家应该被归为新兴市场国家也不明显。未来的工作可能需要运用一些更具客观性的标准,例如人均收入水平。

·数据中有一个很明显的错误:将秘鲁采用通货膨胀目标制的年份列为 1994 年,而正确的年份是 2003 年。Gonçalvez 和 Salles(2008)采用了与弗拉加等的研究(Fraga et al.,2003)相似的分期方法,但是在弗拉加等的论文中明显存在打字错误。

·采用通货膨胀目标制的时期的范围是从 1991 年到 2003 年(关于秘鲁的时期已经得到了修正)。因此,采用通货膨胀目标制之前和之后的时期在不同的国家之间有很大的不同。未来的研究可能需要把数据分成三个时期,两个分界点分别是 20 世纪 90 年代早期(以色列和智利采用通货膨胀目标制),以及 2000 年前后(其他新兴经济体采用了通货膨胀目标制)。

---

① 这里的"国家 i",原文为"国家 I",疑有误,已改——译者注。

·对于每一个国家,Gonçalvez 和 Salles(2008)都剔除掉了通货膨胀率超过 50％的那些年份,而留下了其他年份。目前还不清楚对数据的这种截断对结果会有什么样的影响。

3.2 维加和温克尔里德的研究(Vega and Winkelreid,2005)

该文报告称,通货膨胀目标制在发达经济体和新兴经济体都表现出了有益的影响。Lin 和 Ye(2009)则得出了相反的研究结果,那是我质疑 Vega 和 Winkelreid(2005)的结论的一个原因。另一个原因是维加和温克尔里德的模型设定有一个特殊的性质:虽然他们允许通货膨胀目标制在发达经济体和新兴经济体中产生不同的影响,但是他们同时又假设决定采用通货膨胀目标制的方程式是相同的。人们可能会认为,这个方程式中的变量,比如财政余额,对两组国家的货币政策有不同的影响。

此外,该文的结果引出了几个相关的谜题:

·该文发现,"柔性的"通货膨胀目标制比"完全成熟的"通货膨胀目标制更能降低通货膨胀的均值和标准差,尽管后者才意味着对传统的货币政策的更大的改变。

·十个采用通货膨胀目标制的发达经济体中,总共有七年的时间实行的是"柔性的"通货膨胀目标制。通常情况下,这些经济体本应迅速从传统的货币政策转向成熟的通货膨胀目标制。然而,这篇论文仍然报告了对发达经济体的"柔性的"通货膨胀目标制的影响的精确估计结果。很多 t 统计值都接近 4。

·对于发达经济体,"柔性的"通货膨胀目标制对平均通货膨胀的影响的估计值一般为-3 个百分点左右。这些估计结果意味着,大多数实行传统的货币政策的经济体如果转而采用"柔性的"通货膨胀目标制,将会出现负通货膨胀率。

3.3 莱文等的研究(Levin et al.,2004):关于通货膨胀持续性

该文估计了五个采用通货膨胀目标制的国家和七个未采用通货膨胀目标制的国家以及未采用通货膨胀目标制的欧元区国家的单变量时间序列模型。Levin 等(2004)报告的结果是,平均而言,采用通货膨胀目标制的国家的通货膨胀持续性较低,即对通货膨胀的冲击消失得更快。

对于这篇论文的结论,我有好几个彼此相关的理由提出疑问:

·该文的结果对通货膨胀变量的选择非常敏感。采用通货膨胀目标制的国家的核心通货膨胀(不包括食品和能源的通货膨胀)的持续性要低于未采用通货膨胀目标制的国家。然而这两组国家的总通货膨胀持续性却是相似的。

·样本中采用通货膨胀目标制的国家——澳大利亚、加拿大、瑞典、新西兰和英国——平均来说,比未采用通货膨胀目标制的国家规模更小、更开放。在一些分析中,未采用通货膨胀目标制的那一组只包括了四个经济体——美国、日本、欧元区和丹麦,其中三个是世界上最大且最封闭的经济体。经济的开放性有可能会影响通货膨胀的变化,例如汇率的波动应该会在更开放的经济体中引发更大的通货膨胀变化。采用通货膨胀目标制的国家和未采用通货膨胀目标制的国家之间不同的通货膨胀完全可以用开放程度而非货币政策区制的差

异来解释。[①]

·Levin 等(2004)发现,采用通货膨胀目标制的国家的通货膨胀持续性较低,但是通货膨胀中的新息比未采用通货膨胀目标制的国家大。事实上,新息是如此之大,以至于在采用通货膨胀目标制的那些国家里,尽管通货膨胀持续性较低,但是通货膨胀的无条件方差更高。如果采用通货膨胀目标制是低持续性的原因,那么就没有理由会看到这种结果。相反,这种结果表明,采用通货膨胀目标制的国家和未采用通货膨胀目标制的国家受到的冲击是不同的。特别是,这与外部冲击对采用通货膨胀目标制的国家的影响更大的假设是一致的,因为它们更加开放。如果这些冲击造成了通货膨胀的更大的临时性变化,那么它们就可以解释通货膨胀的低持续性和高方差。

3.4 莱文等的研究(Levin et al.,2004):关于预期

Levin 等(2004)还估计了通货膨胀对预期通货膨胀的影响(后者用专业预测人士的预测来衡量)。对于一个给定的国家,他们估计了如下方程:

$$\Delta\Pi_t^q = \lambda + \beta\Delta\overline{\Pi}_t + \varepsilon_t \tag{23.14}$$

其中,Π_t^q 是第 t 年对第 $t+q$ 年的通货膨胀的预期,而 $\overline{\Pi}_t$ 则是通货膨胀的三年移动平均值,即 $\overline{\Pi}_t = (1/3)(\Pi_t + \Pi_{t-1} + \Pi_{t-2})$。式(23.14)可以重写为如下形式:

$$\Pi_t^q - \Pi_{t-1}^q = (\beta/3)(\Pi_t - \Pi_{t-3}) \tag{23.15}$$

这也就是说,Levin 等(2004)估计的是三年的通货膨胀变化对一年的预期变化的影响。为什么要作出这样一种设定,背后的基本原理尚不清楚。

对于未采用通货膨胀目标制的国家和 q 的取值在 3 到 10 之间的国家,莱文等在这篇论文中报告的 β 的估计值大约为 0.25。这样的估计结果意味着,$\Pi_t - \Pi_{t-3}$ 的一个点的变化就会导致 $\Pi_t^q - \Pi_{t-1}^q$ 的 $\frac{0.25}{3}$ 个点的变化,这无疑是一种相当惊人的巨大影响。[②]

参考文献

Baldwin, R. E., 2006. The euro's trade effects. European Central Bank, Working Paper.

Ball, L., Sheridan, N., 2005. Does inflation targeting matter?. In: Bernanke, B. S., Woodford, M. (Eds.), The inflation targeting debate, NBER studies in business cycles. Vol. 32, University of Chicago Press, Chicago, IL.

Bernanke, B. S., Laubach, T., Mishkin, F. S., Posen, A. S., 1999. Inflation targeting: Lessons from the international experience. Princeton University Press, Princeton, NJ.

Bernanke, B., Mishkin, F., 1992. Central bank behavior and the strategy of monetary

---

① Levin 等(2004)报告称,当他们把丹麦从未采用通货膨胀目标制的国家组中排除在外时,会导致采用通货膨胀目标制的国家与未采用通货膨胀目标制的国家之间的差异更大。特别是,此时总通货膨胀和核心通货膨胀的持续性在两组国家之间都有一定的不同。然而,将丹麦排除在外也放大了这两组国家在开放程度上的差异。

② 文中的"$\frac{0.25}{3}$",原文为"0.75",疑有误,已改——译者注。

policy: Observations from six industrialized countries. NBER Macroeconomics Annual 7, 183-228.

Beyer, A., Reichlin, L. (Eds.), 2008. The role of money — money and monetary policy in the twenty-first century. European Central Bank, Frankfurt.

Blanchard, O., 2006. Portugal, Italy, Spain, and Germany: The implications of a suboptimal currency area. WEL-MIT Meeting.

Blanchard, O., 2007. Adjustment within the Euro: The difficult case of Portugal. Portuguese Economic Journal 6 (1), 1-21.

Cecchetti, S. G., Ehrmann, M., 2000. Does inflation targeting increase output volatility? An international comparison of policymakers' preferences and outcomes. NBER Working Paper No. 7436.

Corbo, V., Landerretche, O., Schmidt-Hebbel, K., 2002. Does inflation targeting make a difference?. In: Loayza, N., Soto, R. (Eds.), Inflation targeting: Design, performance, challenges. Central Bank of Chile, Santiago, pp. 221-269.

De la Torre, A., Levy-Yeyati, E., Schmukler, S. L., 2003. Living and dying with hard pegs: The rise and fall of Argentina's currency board. Economía 3 (2), 43-99.

Duecker, M. J., Fischer, A. M., 2006. Do inflation targeters outperform non-targeters? Federal Reserve Bank of St. Louis Economic Review 431-450.

Dvorak, T., 2006. The impact of the Euro on investment: Sectoral evidence. In: Liebscher, K., Christl, J., Mooslechner, P., Ritzberger-Grunwald, D. (Eds.), Financial development, integration and stability: Evidence from central, eastern and southeastern Europe. Edward Elgar Publishing, Northampton, MA.

European Central Bank, Monthly Bulletin. Various issues.

European Central Bank, 2010. Home page. www. ecb. int.

Feldstein, M. S., 2009. Optimal currency areas. In: The euro at ten — lessons and challenges. European Central Bank, Frankfurt.

Fischer, B., Lenza, M., Pill, H., Reichlin, L., 2008. Money and monetary policy: The ECB experience 1999-2006. In: The role of money — money and monetary policy in the twenty-first century. European Central Bank, Frankfurt, pp. 102-175.

Fraga, A., Goldfajn, I., Minella, A. 2003. Inflation targeting in emerging market economies. NBER Working Paper 10019.

Frankel, J. A., 2008. The estimated effects of the Euro on trade: Why are they below historical effects of monetary unions among smaller countries?. NBER Working Paper No. 14542.

Friedman, B. M., 2004. Why the Federal Reserve should not adopt inflation targeting. International Finance 7 (1), 129-136.

Geraats, P., 2009. The performance of alternative monetary regimes. Discussant Report. ECB Conference on Key Developments in Monetary Economics.

Gertler, M. , 2005. Comment. In: Bernanke, B. S. , Woodford, M. (Eds.), The inflation targeting debate, NBER studies in business cycles. 32, University of Chicago Press, Chicago, IL.

Gonçalves, C. E. S. , Salles, J. M. , 2008. Inflation targeting in emerging economies: What do the data say? J. Dev. Econ. 85 (1-2), 312-318.

Gurkaynak, R. S. , Levin, A. T. , Marder, A. N. , Swanson, E. T. , 2008. Inflation targeting and the anchoring of inflation expectations in the Western Hempishere. Central Bank of Chile. Working Paper.

Gurkaynak, R. S. , Levin, A. T. , Swanson, E. T. , 2006. Does inflation targeting anchor long-run inflation expectations? Evidence from long-term bond yields in the U. S. , U. K. , and Sweden. Federal Reserve Bank of San Francisco. Working Paper.

Hausmann, R. , Velasco, A. , 2002. Hard money's soft underbelly: Understanding the Argentine crisis. Brookings Trade Forum 59-104.

Hu, Y. , 2003. Empirical investigations of inflation targeting. Working Paper. Institute for International Economics, Washington D. C.

IMF, 2008. De facto classification of exchange rate regimes and monetary policy frameworks. http://www. imf. org/external/np/mfd/er/2008/eng/0408. html.

IMF, 2009. Country and regional perspectives. World Economic Outlook 67-91.

Johnson, D. R. , 2002. The effect of inflation targeting on the behavior of expected inflation: Evidence from an 11 country panel. J. Monet. Econ. 49, 1521-1538.

King, M. , 2005. What has inflation targeting achieved?. In: Bernanke, B. S. , Woodford, M. (Eds.), The inflation targeting debate, NBER studies in business cycles. 32, University of Chicago Press, Chicago, IL.

Kohn, D. L. , 2005. Comment. In: Bernanke, B. S. , Woodford, M. (Eds.), The inflation targeting debate, NBER studies in business cycles. Vol. 32, University of Chicago Press, Chicago, IL.

Lane, P. , 2006. The real effects of European monetary union. J. Econ. Perspect. 20 (4), 47-66.

Lane, P. , 2009. EMU and financial integration. The euro at ten — lessons and challenges. European Central Bank, Frankfurt.

Lane, P. , Milesi-Ferretti, G. M, 2007a. The international equity holdings of Euro Area investors. In: Anderson, R. , di Mauro, F. (Eds.), The importance of the external dimension for the euro area: Trade, capital flows, and international macroeconomic linkages. Cambridge University Press, New York.

Lane, P. , Milesi-Ferretti, G. M. , 2007b. Capital flows to central and eastern Europe. Emerging Markets Review 8 (2), 106-123.

Levin, A. T. , Natalucci, F. M. , Piger, J. M. , 2004. The macroeconomic effects of inflation targeting. Federal Reserve Bank of St. Louis Review 86 (4), 51-80.

Lin, S., Ye, H, 2007. Does inflation targeting make a difference? Evaluating the treatment effect of inflation targeting in seven industrial countries. J. Monet. Econ. 54, 2521-2533.

Lin, S., Ye, H., 2009. Does inflation targeting make a difference in developing countries?. J. Monet. Econ. 89 (1), 118-123.

Mishkin, F., Schmidt-Hebbel, K., 2007. Does inflation targeting make a difference?. NBER Working Paper No. 12876.

Mongelli, F. P., Wyplosz, C., 2009. The Euro at ten: Unfulfilled threats and unexpected challenges. The euro at ten — lessons and challenges. European Central Bank, Frankfurt.

Neumann, M. J. M., von Hagen, J., 2002. Does inflation targeting matter?. Federal Reserve Bank of St. Louis Review 84 (4), 127-148.

Papademos, L., 2009. Opening address. The euro at ten — lessons and challenges. European Central Bank, Frankfurt.

Papaioannou, E., Portes, R., 2008. The international role of the Euro: A status report. European Economy Economic Papers No. 317.

Rose, A., 2000. One money, one market: Estimating the effect of common currencies on trade. Economic Policy 30, 9-45.

Trichet, J. C., 2008. The role of money: Money and monetary policy at the ECB. The role of money — money and monetary policy in the twenty-first century. European Central Bank, Frankfurt, pp. 331-336.

Vega, M., Winkelreid, D., 2005. Inflation targeting and inflation behavior: A successful story. International Journal of Central Banking 1 (3), 152-175.

Walsh, C. E., 2009. Inflation targeting: What have we learned?. International Finance 12 (2), 195-233.

第二十四章　货币政策的实施：中央银行如何设置利率[①]

本杰明·M.弗里德曼（Benjamin M. Friedman）[*]

肯尼斯·N.库特纳（Kenneth N. Kuttner）[**]

[*] :哈佛大学
[**] :威廉姆斯学院

目　录

[①] 我们感谢乌尔里希·宾塞尔（Ulrich Bindseil）、弗朗西斯科·帕帕迪亚（Francesco Papadia）和休·皮尔（Huw Pill）对本章早期手稿的全面评阅和非常有帮助的意见;同时感谢斯宾塞·希尔顿（Spence Hilton）、沃伦·赫伦（Warren Hrung）、达伦·罗斯（Darren Rose）和白冢重典（Shigenori Shiratsuka）帮助我们取得了作为本章基础的原始实证研究所用的数据。感谢宇志俊树（Toshiki Jinushi）和武田洋介（Yosuke Takeda）提供的对日本经验的深刻洞见,并感谢众多同事对本章所涉及的问题的有益讨论。

　　本章摘要:中央银行已经不再像传统经济学教科书中描述的那样,通过操纵银行系统准备金的供给量来设定服务于货币政策目标的短期利率了。现在,在改变利率的过程中,中央银行负债的供给通常很少发生变化,甚至完全不会发生变化。实际上,公告效应已经取代了流动性效应,成了货币政策实施的支点。本章首先阐述了货币政策实施的传统观点,并评估了(适当定义的)准备金数量与短期利率水平之间的关系。事件研究表明,对于美国、欧元区或日本而言,上述两者之间没有关系。对银行准备金需求的结构性估计结果——频率与规定的准备金维持期相对应——表明,对于美国或欧元区而言,已不存在利率弹性(不过对于日本而言还有一定弹性)。接下来的几节提出了一个关于隔夜利率设定过程的模型。这个模型包含了当前货币政策实践的几个关键特征,特别是包含了准备金平均化程序和明确或隐含的承诺(由中央银行根据政策利率与相应目标之间的差异来贷出或吸收准备金)。该模型的一个关键含义是,如果准备金需求取决于当前利率与预期未来利率之间的差异,而不是当前利率水平本身,那么中央银行就可以在不改变准备金供给的情况下改变市场出清利率。这个含义在美国的日常准备金需求和供给的结构性估计中得到了证实:预期到的未来利率会改变银行的准备金需求,同时利率目标的变化并不与准备金供给的明显变化相关。本章最后讨论了在最近这场金融危机中货币政策的实施情况,以及利率和中央银行资产负债表规模可以作为两个独立的政策工具发挥作用的条件。

　　JEL 分类代码:E52,E58,E43

　　关键词:准备金;供给;准备金需求;流动性效应;公告效应

1. 引言

　　关于中央银行的政策行动,以及关于中央银行在理想情况下应该怎样实施货币政策,过去的半个世纪里已经发展出了非常丰富的理论和实证文献,它们探讨了许多方面的问题。然而奇怪的是,这些研究很少涉及中央银行在实践中实际上是怎样做的。

　　这种巨大的反差源于如下事实,无论是在政策决策层面还是在政策执行方面,大多数中央银行所做的其实都是设定短期利率。在大多数情况下,它们之所以要这样做并非出于对某个利率水平相对于另一个利率水平的固有偏好,而是将之视为一种手段,用它去影响宏观经济活动的各个方面,如价格和通货膨胀、产出和就业,以及某些特定的货币总量。但是,通货膨胀和产出并不是中央银行可以直接控制的变量,而且存款数量也是一样(至少在我们这里所考虑的情况下是这样)。相反,中央银行通常需要通过设定短期利率,对某个或所有这些宏观经济变量施加影响。

在实践操作的层面上,中央银行实施货币政策的途径主要是设定利率,这已经是一个足够清晰的事实了,尤其是现在大多数中央银行都放弃了(或者不再那么重视)以往所用的通过设定货币增长目标来实施货币政策的方法(这种情况主要发生在20世纪80年代和90年代初,不过仍然有一些例外)。到了今天,经济学家和政策制定者在思考与讨论货币政策时,关注的核心是中央银行确定的利率与政策制定者试图实现的通货膨胀和产出等经济目标之间的直接关系(此外,即便中央银行设定了货币增长目标,他们在实现这种目标时要做的事情也主要是设定短期利率)。

中央银行的政策利率所发挥的这种关键作用同样反映在经济学家关于货币政策的论著和教学中。以往曾经无处不在的希克斯-凯恩斯IS-LM模型——它要求商品市场的总量均衡条件(即IS曲线),以及对于给定的货币供给或中央银行确定的银行准备金供给的货币市场的总量均衡条件(即LM曲线)同时得到满足——已经被取代了,经济学家今天用来进行宏观经济和货币政策分析的标准的基本模型是克拉里达-加利——格特勒的新凯恩斯主义模型,它由一条IS曲线与菲利普斯-卡尔沃定价关系方程构成。尽管与以前一样,这条IS曲线的作用是在产出与利率之间建立起联系,但是它现在还包括了对未来产出的预期。LM曲线则完全消失了,因为现在的假设是中央银行是直接在IS曲线中设定利率的。研究思路上的这些变化也反映在了关于这个主题的一些更基本、更详尽的专著上。帕廷金的经典著作名为《货币、利息和价格》(1956年出版,1965年进行了重要的修订),相比之下,伍德福德于2003年出版的专著的标题则是《利息和价格》。

将利率作为货币政策分析的原始指标——或者在模型中加入一个泰勒式的利率规则来代表中央银行在选择短期利率水平时的系统性行为——从实践操作的角度来看似乎没有什么问题。各国中央银行确实一直在作出关于短期利率的决策并付诸实施。而且,除了极少数例外情况,它们都能够在目标市场中让这些决策有效地发挥作用。即便如此,从更基本的角度来看,只限于从中央银行真的以这种方式实施货币政策这个事实出发的研究,并不能完全回答"它们是如何做到这一点的?"这个问题。无论是在今天经济学家所用的主力模型中,还是在对泰勒规则的分析中,都没有提供任何关于中央银行实际上是如何设定它们所选中的政策利率的线索,也没有涉及任何关于中央银行如何设定政策利率的值得关注的其他因素。

如果中央银行只需要维持好各种常备借贷便利工具,让商业银行和其他私人机构都能以指定的利率不受限制地进行借贷,那么这个问题在短期乃至中期内都是无关紧要的。但是这种假设明显不符合现实——不但现在不符合,从近期的经验来看也不符合。诚然,大多数中央银行确实都需要维持向私营银行放贷的常备借贷便利,有些中央银行甚至还有让私营银行可以向它们放贷的相应便利机制。然而,大部分这类工具在使用时都有明确的数量限制。而且，即便这些工具从原则上说可以是无限的，但是在实际操作上，哪怕政策决定的利率出现了大幅波动，中央银行通过这些工具进行借贷的规模通常也非常小。理论上的分析则恰恰相反，正如维克塞尔在很久以前就指出过的那样（Wicksell，1907），中央银行要想将利率保持在低于普通或正常利率的水平上（后者反过来取决于投资的盈利能力），就必须向银行系统提供越来越多的准备金，在这种情况下，它的常备借贷便利就应该提供更大的放贷量。反过来，维持高于正常利率的利率则应该会要求中央银行把银行现有准备金中更大的一部分吸收进来。但是在实际操作中，这两种情况都不会发生。

那么，中央银行是怎样设定利率的呢？对于这个过程，传统的解释是中央银行改变银行准备金的供给，或者改变其自身负债的某个组成部分——后者发生在私人银行系统以及其他可能的持有人（包括非银行公众，如果相关的中央银行负债还包括了流通中的货币的话）对这些负债的需求具有利率弹性的背景下。很明显，中央银行垄断了自身债务的供给。这里需要更多的解释的是，为什么会存在对这种债务的需求，以及为什么这种需求对利率敏感。银行持有中央银行准备金的常见原因包括：存款机构需要保持一定余额来执行作为经济支付机制的一部分的银行间转账，它们还需要一定货币来满足客户的日常需求（在像美国这样的银行系统中，库存备用现金是算作银行的准备金的一部分的），此外，在某些银行体系中（如欧元体系、日本或美国），银行还必须满足中央银行规定的直接准备金要求。只要银行至少有一定的自由裁量权来决定它为出于这些目的（任何一个或所有）而持有的准备金的数量，同时它们从准备金中获得的利息与它们可以获得的与替代资产相关的适当的风险调整收益率是不同的，那么就可以顺理成章地推导出负利率弹性了。尽管这个长期存在的现象现在已经基本上从大多数关于货币政策的专业讨论中消失了，在研究生水平的宏观经济学教学中也找不到了，但它仍然是本科生水平的货币银行学教科书中的主要内容。

在一定的抽象层面上，这种传统解释——中央银行通过改变向银行系统提供的准备金的数量来确定利率——与具有指定的固定利率的常备借贷便利的概念是同构的。因此，从最近的经验背景来看，这种解释也是有问题的，因为在现实世界中，大多数中央银行设定的利率与它们所提供的准备金的数量之间几乎没有任何可观察的关系。大量的实证文献都试图识别出一种流动性效应，即银行准备金供给的变化会引起中央银行政策利率的变化，并进一步引发其他由市场决定的短期利率的变化。一般认为，这种现象是经济政策制定过程中人们熟悉且非常重要的一个方面的基础，但是众所周知，要从经验的角度来证明这种效应是非常困难的。即便研究人员发现存在着某种显著的关系，估计出来的量值通常也很难与中央银行实际的货币政策制定相调和。

而且，最近20年来的发展又进一步使得准备金供给与利率之间的上述关系在经验的层面上更成问题了。例如，在美国，如图24.1所示，从1990年开始，一整个1991年伴随着联邦储备系统的联邦基金利率目标（银行间隔夜拆借准备金的利率）的急剧下降，银行的非借入准备金确实出现了一系列肉眼可见的增长——这种变化完全符合传统的解释。该图描绘的是从1990年11月到2007年6月（即2007—2009年金融危机爆发之前），联邦基金目标利率的变化(实线,右轴)和在该目标变化当天非借入准备金的变化(竖线,左轴)。① 因为图中显示的是准备金的变化除以目标利率的变化的结果,所以图中有些竖线向下穿过了水平轴——这意味着准备金的变化与利率变化之间存在着负相关关系——它们与基于准备金的负利率弹性的传统观点相一致。②

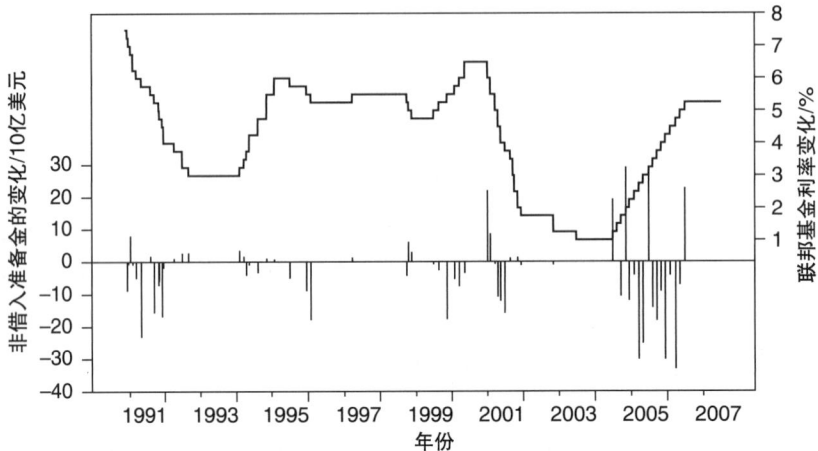

图 24.1　非借入准备金和联邦基金利率的变化(比例缩放后)

然而,一旦美国联邦储备委员会开始公开宣布它的目标联邦基金利率(这一政策变化发生在 1994 年 2 月),准备金变化与利率变化之间的关系就变得完全不一样了。

在 20 世纪 90 年代的剩余时间里,美国联邦储备委员会为实现其利率目标而增加(或减少)的银行准备金的数量随着时间的推移变得越来越少。在很多情况下,调整联邦基金利率似乎不需要或几乎不需要中央银行进行这方面的交易。在这个时期,目标联邦基金利率最大的一次变化是从 1994 年初到 1995 年初之间,从 3% 提高到了 6%。图 24.2 提供了这个时间段内非借入准备金和目标联邦基金利率的变化的"特写镜头"。很明显,两者之间的关系是无法辨别的。

---

① 美国联邦储备委员会是从 1990 年 11 月开始公布关于准备金数量的每日数据的。
② 图中显示的每一条竖线表示目标利率变化当天非借入准备金的变化(单位为 10 亿美元)除以目标利率本身的变化(以百分点计)。

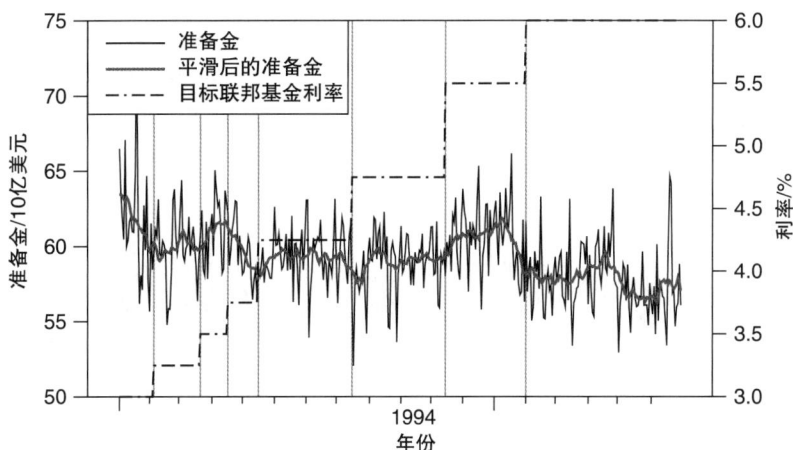

图 24.2　非借入准备金和目标联邦基金利率,1994 年至 1995 年

正如图 24.1 所表明的,自 2000 年以来,平均而言,在联邦基金利率因政策而发生变化的当天,准备金的变化在数量上明显变大了。但是在很大一部分情况下(在所有联邦基金目标利率的变化中占到了 1/4 至 1/3),准备金的变化方向都是"错误"的:一方面,如横轴上方的那些竖线所示,在很多时候,伴随着利率下降这种变化(如在 2000—2001 年货币政策宽松期间)的是准备金的减少;另一方面,伴随着利率上升这种变化(如在 2004—2006 年的货币政策紧缩时期)的有时却是准备金的增加。当然,重点并不在于流动性效应的符号有时为正而有时却为负,事实上,真正的重点是即便只从目标利率发生变化当天来看,而且哪怕只就2000 年之后的经验而言,与政策引致的联邦基金利率的变化相关联的准备金的变化也都是非常小的,以至于不可能与正常的日常准备金供给的变化区分开来,后者是抵消浮动准备金或库存余额,又或者各种通常会影响银行的准备金需求的非政策因素的变化所需要的。而且,正如图 24.3 和图 24.4 清晰地表明的,在联邦基金利率发生了重大变化的两个时期里,非借入准备金的变化与联邦基金利率的变化之间不存在任何关系。①

————————

① 其他一些研究者在使用不同的度量方法时也同样发现两者之间没有什么关系,例如,见 Thornton(2007)的研究。

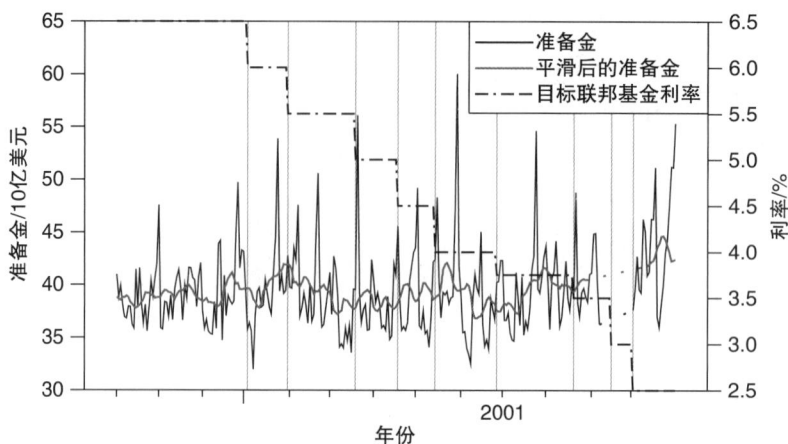

图 24.3 非借入准备金和目标联邦基金利率,2000 年至 2001 年

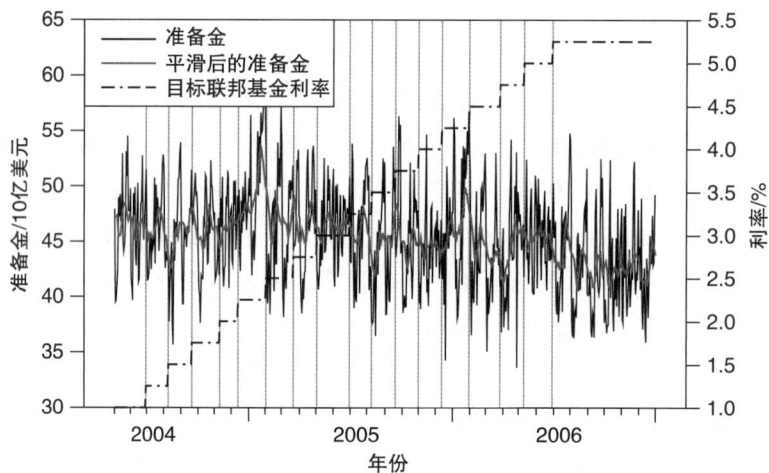

图 24.4 非借入准备金和目标联邦基金利率,2004 年至 2006 年

而且,还有一点也颇令人困惑:在中央银行重新设定了利率之后,银行的投资组合没有出现任何明显的重新配置的迹象。中央银行改变政策利率的原因通常是为了影响经济活动,但是很少有私人借款者会按照中央银行的政策利率借款(尽管这些私人借款者的行动对经济活动很重要)。因此,中央银行的目标其实是改变其他借贷利率,而证据表明这正是通常会发生的事情:政策利率的变化也导致了私人短期借贷利率的变化。但是关于中央银行政策利率的变化如何传导到其他利率的传统观点所强调的是:当准备金变得更加充足/成本更低时,银行就会增加贷款和投资;当准备金变得不那么充足/成本更高时,银行就会削减贷款和投资。在经验层面上,上述最终结果并非全无证据——当政策利率发生了变化后,其他短期市场利率通常确实会调整,而且会在正确的方向上调整——缺乏证据的是导致这种结果的机制。

本章的目的是将上述经验层面上的谜题放到过去二十年来关于中央银行如何设定利率的研究的背景下考虑,并给出一些能够更好地理解中央银行是"怎么做的"的思路,以便提供比现在研究者所用的那个过于精简的、过于专业化的主力模型更多的信息(因为它直接把政策利率视为始点),同时也比传统的、以准备金供给变化与有利率弹性的准备金需求之间的关系为核心的解释更加符合当代的货币政策实践。在接下来的第 2 节中,我们通过回顾货币政策理论的历史——我们一路追溯到了 Wicksell(1907)的研究——为我们在政策层面上的分析找到了更基本的思想之锚。第 3 节叙述了中央银行如何利用准备金供给的变化来影响市场利率的传统教科书概念,并将这种概念形式化为一个准备金隔夜市场模型,同时还综述了关于流动性效应的实证文献。第 4 节对传统模型的政策含义与美国、欧元区和日本最近的经验进行了比较分析。以往人们认为,准备金供给的变化会导致短期利率变化,但是这种关系在近期的美国、欧元区和日本都没有观察到。相反,近期出现的新证据意味着(除了日本),几乎没有迹象表明准备金需求的利率弹性为负。第 5 节描述了美国联邦储备委员会、欧洲中央银行和日本中央银行目前用来实施货币政策的基本制度框架,并给出了一个理论框架来理解这些中央银行在日常准备金市场上是如何操作的,以及银行系统又是如何做出反应的。这个理论框架的核心政策含义是,由于各银行所面对的准备金要求的结构,在任何一天中央银行都有能力在给定的市场利率下改变银行对准备金的需求。第 6 节回顾了欧元区和日本提供的关于上述关系的相关证据,同时也提供了关于美国的银行准备金需求和联邦储备系统准备金供给的日常行为的新证据。第 7 节回顾了美国联邦储备委员会、欧洲中央银行和日本中央银行在 2007—2009 年金融危机期间采取的一系列特别行动,其中有许多行动都不属于现在的常规货币政策(如设定利率)的范畴,然后讨论了美国联邦储备委员会和日本中央银行所建立的新制度框架对货币政策制定的若干含义。在这些含义中,最重要的一个是,在对于宏观经济来说有重要意义的足够长的时间期限内,中央银行是可以同时选择隔夜利率和准备金数量的,而且拥有相当高的独立性——这与传统观点相反。传统观点认为,中央银行实际上是在一条稳定的有利率弹性的准备金需求曲线上选择某个点的,因此可以使用单一的货币政策工具。第 8 节给出了一个简短的结论。

2. 维克塞尔的理论模式的基本问题

从历史上看,后来被称为货币政策的那些政策一开始主要是指一个国家的中央银行(或其他某一个被授权像中央银行一样行事的机构)确定某个利率——因此,那通常也是中央银行愿意放贷的利率。在采用了金本位制的不同具体形式的国家中,提高和降低利率主要是为了稳定本国的黄金流动,以保持本国货币的黄金兑换价值。一直到第二次世界大战结束后的几十年里,当大多数国家都不再把黄金视为一个实际的货币政策问题之后,设定利率(或者汇率)本身就成了中央银行调节经济活动的一种方式。

到了 20 世纪 70 年代,通货膨胀迅速恶化并蔓延到了大多数工业化国家,而且看上去似乎将会长期持续下去,对此,各国中央银行的反应是,越来越多地转为围绕控制货币增长来制定货币政策。因为政策制定者大多选择只关注在一年或更长时间内由存款余额和现金构成的货币总量(而不是银行准备金),所以它们所确定的货币总量增长的大小就变成了追求的目标而不是待设定的工具。家庭和企业需要存款,而银行和其他发行人提供存款的方式受中央银行的影响,但是不受中央银行的直接控制;尽管本国的货币通常是中央银行的直接负债(因此从原则上说应该受到严格控制),但是在现代,没有一家中央银行试图将定量配给货币作为其货币政策制定过程的一部分。因此,除了少数几个相互孤立的例外情形(例如美国联邦储备系统在 1979 年至 1982 年间进行的针对非借入准备金的实验),各国中央银行仍然是通过设定短期利率来执行货币政策的。

结果,事实很快证明,货币增长目标制只是昙花一现。在大多数国家,事情很快就变得非常清楚了:在对于货币政策来说有意义的时间期限内,同一个经济体内不同的货币总量显示出了迥然不同的增长率。因此,重要的是要搞清楚哪种具体的货币衡量标准提供了适当的基准,以便政策做出适当的反应,这是当时的实证文献尚未解决的(现在也仍然未能解决)。而且还有一个更根本的问题,那就是,凡是公众持有的存款的种种因素的变化也会破坏至少看起来似乎长期存在的货币需求规律。这些变化包括:新的电子技术的引入,这使得新的类存款工具(如货币市场共同基金)的出现成为可能,同时也使得家庭和企业有可能以全新的方式管理自己的资金(如企业所用的扫账账户和家庭所用的第三方信用卡);多个国家的银行管制的取消(例如在美国,取消了对消费者存款的利率限制,允许银行提供货币市场存款账户);世界金融体系的日益全球化,这使得大额存款持有人能够更容易地对自己的投资组合中持有的存款与替代工具之间进行跨越国界的转换。与此同时,将货币增长与价格或收入增长联系起来的实证关系则开始了在一个又一个国家相继瓦解的过程。这种关系在过去构成了限制货币增长就能减缓价格通货膨胀的政策观念的核心实证基础。在那时之前,多年的标准的统计分析表明,货币增长与通货膨胀或名义收入增长之间存在着相当稳定的关系(特别是稳定到足以为政策目的提供可靠依据的关系),但是从那个时候开始,这种关系就不复存在了。

由此而导致的一个结果是,大多数中央银行要么下调了货币增长目标,要么完全放弃了货币增长目标,(再一次)转向了设定利率这种制定货币政策的方式,而不再采用任何具体的中间目标。然而,由于对 20 世纪 70 年代和 80 年代初的通货膨胀记忆犹新,许多国家的政策制定者也敏锐地意识到了,这样会导致经济体的价格水平缺乏名义锚。有鉴于此,越来越多国家的中央银行采取了各种形式的通货膨胀目标制,即中央银行在内部制定货币政策的同时,将政策意图——以实际通货膨胀率与某个确定的数值目标之间的关系的形式——传达给公众。正如 Tinbergen(1952)在很久以前就指出过的,在不存在退化的情况下,有一个工具和多个目标的政策问题的解总是可以用任何一个指定目标的预期轨迹来表示。传统观点认为,货币政策总是只有一种工具可以设定:要么是短期利率,要么是中央银行的某一部分负债的数量。因此,通货膨胀目标制并不一定意味着政策制定者将经济的通货膨胀率作为货币政策的唯一目标。[①] 但是，无论是否将通货膨胀率作为中央银行唯一的目标，对于实施货币政策这个目的而言，有一点是非常重要的，那就是经济的通货膨胀率（就像货币增长速度一样，但是更进一步）远远超出了中央银行能够以任何直接方式加以合理控制的范围。在通货膨胀目标制下，与在其他政策制定框架下一样，中央银行必须通过设定某些工具（变量）的值来实施货币政策，而这些工具才是中央银行可以直接控制的。对于大多数国家的中央银行来说，包括那些采用了通货膨胀目标制的中央银行在内，这也就意味着设定短期利率。

然而，经济学家们很早之前就认识到了，固定利率会引发一些更具根本性的问题。他们的基本观点是，利率是一种相对价格。中央银行设定的名义利率是今天的货币相对于未来某个时间点的货币的价格。

这里面涉及一个有普遍意义的经济学原理。每当有"人"（这可能是政府，也可能是一家私人企业）将某个相对价格固定下来时，都有可能出现两种不同结果。如果规定相对价格的"人"只是强化了市场本身就会达到的同样的价格关系，那么固定价格就无关紧要了。然而，如果固定下来的相对价格不同于市场本身生成的价格，那么私人经济行为主体就会有很强的激励以他们本来不会选择的方式进行替代和交易。根据涉及的商品的价格弹性，以这种方式进行的替代和交易——也就是通常所称的套利——的数量可能很大，也可能很小。

当被固定的特定相对价格是利率（即持有某种资产的回报率），且固定它的实体是中央银行（即经济体中货币的提供者）时，这种论证中可能涉及的其他问题也具有宏观经济意义，即可以延伸到该经济体中生产性资本存量的数量和增长率以及绝对价格的水平与增长率。早在一个多世纪以前，Wicksell（1907）就阐述了后来被称为利率钉住的做法的潜在通货膨胀或通货紧缩后果：

> 在其他条件保持不变的情况下，如果全世界的主要银行都将利率降低，比如说比其正常水平低1％，并保持数年，那么所有商品的价格都会不断上涨，且没有任何限制；相反，如果各主要银行提高利率，比如说使之比正常水平高1％，并保持数年，那么所有价格都会不断下跌，且也没有任何限制，直到为零。[②]

考虑到近年来对提供名义锚的强调，回顾维克塞尔的这些思想特别有意思。他认为，在摆脱了金本位制的纯纸币经济中，保持价格稳定反而更不会成为一个大问题：

> 如果有朝一日，黄金的自由铸币像白银那样被禁止了，纸币本身——或者说，银行记账统一的单位——成了价值的标准，那么到那时（而且只有到了那时），保持货币的价值稳定的问题——如何将资金价格的平均水平维持在一个恒定的高度上

---

① 这一点在斯文森的论著中表达得最为明确（Svensson，1997）。而从实际操作的层面上看，King（1997）认为，很少有中央银行行长可以称得上他所说的"通货膨胀斗士"。尽管有一些中央银行（最明显的是欧洲中央银行）声称会在一种严格的"等级制度"中将通货膨胀置于其他潜在政策目标之上。但它们是否真的在以这种方式实施货币政策？这一问题的答案目前尚不清楚。

② 在这里和下面的引文中的强调标志都是原文就有的。

(它显然被视为货币科学的基本问题)——即是在理论和实践上都可以解决的。

正如维克塞尔解释的那样,他提出这个命题的目的并不是给出一个简单地将利率与通货膨胀(或通货紧缩)联系起来的机械的论断,而是要推导出一个以"资本的生产率和相对丰裕性"为核心的经济模型。换句话说,投资者应该这样预期可以从自己的资金的非货币性用途中得到的回报率:

只要利率被保持在低于正常利率的水平上(正常利率即与当时存在的实际资本边际生产率相一致的利率),那么价格的上升无论在最开始时是大是小,都永远不会停止。

维克塞尔明确表示,他所描述的这种情况完全是假想性的。从来没有人观察到过——而且他认为以后也永远不会观察到——某个经济体的价格水平会无限地上涨或下跌。然而,剩下来的问题是,是什么让这一点成为现实的。难道仅仅是因为银行永远不会让自己的利率偏离锚定在经济边际资本产出上的正常利率吗?如果它们真的这么做了呢?资本的边际产品最终会走向一致性吗?如果是这样,那么经济的资本存量以及转变之路上相应的投资流量需要发生什么变化?

Sargent 和 Wallace(1975)也在另一个不同的背景下强调了维克塞尔的主张。他们证明,在一个传统的但具有弹性价格和(在模型一致的意义上的)理性预期的短期 IS-LM 模型中,将货币政策等同于固定利率会导致不确定性。在这些条件下,前述模型将会退化为两个互不相关的子模型:一个是超定的,包括了实际产出和实际利率;另一个则是欠定的,包括了价格水平和货币存量。因此,对于外生的固定利率,价格水平是非确定性的,而且这不是中央银行所选择的错误的利率水平的结果——无论中央银行选择了什么利率水平,都是如此。给定这种完全价格弹性的假设,Wicksell(1907)所设想的价格随着时间的推移可能无限地上涨或下跌的情况就可以立即转化为非确定性了。

后来,Parkin(1978)和 McCallum(1981)证明,尽管在萨金特和华莱士所指定的条件下,如果中央银行任意地选择外生的利率水平,就会出现上述非确定性,但是如果政策制定者在选择时至少做到了在一定程度上把固定利率作为影响货币存量的一种方式,那么就不会出现这种情况。[①] 而且,对于价格水平,或者任何其他名义数量,这个结论仍然成立。即便价格水平(或其增长率)只是政策制定者寻求最大化的目标函数中的一个参数,即便它们赋予它的权重与产出或其他参数相比非常小,仅仅将价格(或通货膨胀)作为系统性的反应政策中的一个因素考虑进来,就足以打破这种非确定性。

从字面意义上看,在给定这个模型的所有不那么可信的假设(完全弹性的价格、与模型一致的预期等)都成立的前提下,这个结论似乎仍然太过牵强了。很难相信,一个经济体的价格水平是否具有确定性竟然完全取决于中央银行在实施货币政策时对通货膨胀的重视程

---

① 也请参见 McCallum(1983,1986)的研究。

度是几乎等于零还是恰好为零。但是在 Wicksell(1907)研究的背景下,当价格和工资可以随着时间的推移进行调整时,这个结论看起来是正确的:如果中央银行仅仅只是固定利率,而完全不考虑各种名义数量的变化,那么就没有什么可以阻止潜在的无限价格漂移了;相反,只要中央银行考虑相关的名义数量,并据此系统性地重新设定利率,那么这种可能性就被排除了。在维克塞尔开创的这个独到的研究思路上,仍然有待探索的一个问题是,即便不存在总体价格水平的非确定性,中央银行固定某种代表着与资本的边际产品之间的关系的相对价格的政策会如何影响资产替代并最终影响资本积累。

Taylor(1993)关于货币政策的利率规则的研究进一步澄清了上述非确定性问题,但是他还是没有考虑中央银行设定利率的行为对私人资产替代和资本积累的影响。泰勒最初证明的是,只需要一个简单的规则,它将联邦基金利率与通货膨胀及产出缺口的观测值联系起来,没有精心构建的滞后结构,只有两个武断地选择出来的作为约数的响应系数(分别定为1/2 和 1/2),就可以相当不错地复制出美国联邦储备委员会在 1987 年至 1992 年间实施的货币政策。这个发现很快激发了人们的浓厚兴趣——经济学家们想知道的是,其他中央银行或美国联邦储备委员会在其他时间段所实施的货币政策是不是也可以用类似的简单规则复制出来?[1] 它还激发了这个方向上的大量研究:在给定用来描述经济行为的各种条件下,什么样的系数值可以代表货币政策对通货膨胀和实体经济活动的运动的最佳反应?[2]

这种与维克塞尔/萨金特-华莱士非确定性问题有关的分析主要涉及对观察到的通货膨胀的反应。对于如下一般形式的泰勒规则而言,有:

$$r_t^F = a + b^\pi (\pi_t - \pi^*) + b^y (y_t - y^*) \tag{24.1}$$

其中,r^F 是中央银行设定的利率;π 和 π^* 分别是观察到的通货膨胀率与政策制定者试图实现的通货膨胀率;y 和 y^* 分别是观察到的产出与充分就业产出,问题也就落在了 b^π 的大小上了(如果 $\pi-\pi^*$ 项和 $y-y^*$ 项中都存在某种非平凡的滞后结构,那么对于这个目的而言,重要的是类似于 b^π 的系数之和)。早前,Brunner 和 Meltzer(1964)以及其他一些研究者认为,在与中央银行设定利率等价的那种类型的货币政策中,以下情况并不罕见:政策制定者混淆了名义利率与实际利率,而且这种混淆导致它们在应对通货膨胀时自以为采取了紧缩性政策,但实际上采取了宽松政策。这里的要点在于,如果通货膨胀预期是与观察到的通货膨胀一一对应地上升的(这与描述通货膨胀的时间序列过程的随机游走模型一致),那么任何低于一对一的对于名义利率的反应都只会导致更低的而不是更高的实际利率。Taylor(1996)将这个洞见进行了形式化,提出了后来被人们称为泰勒原理的如下命题:在像式(24.1)这样的利率规则中,b^π 必须大于 1,这样货币政策才能有效地对抗初发的通货膨胀。

因此,在一个通货膨胀对货币政策的反应存在滞后的模型中——例如在这样一个标准的新凯恩斯主义模型中:通货膨胀通过卡尔沃-菲利普斯关系对产出水平做出反应,而产出则通过 IS 曲线对预期的实际利率做出反应,同时如果不是这两个关系都存在滞后的话,至少有

---

[1] 在这个方面比较著名的例子包括 Judd 和 Rudebusch(1998)、Clarida 等(1998)以及 Peersman 和 Smets(1999)的论述。关于这个方面的早期研究,见 Taylor(1996)给出的总结。

[2] 请参见 Ball(1999)、Clarida 等(1999,2000)以及 Levin 等(2001)的相关文献。

一个存在滞后——泰勒原理就意味着,如果 $b^\pi<1$,那么一旦通货膨胀率超过 π^*,对它的预期就会随着时间的推移而没有任何限制地永远上升。在这种关于非确定性的价格水平的含义的动态解释下——Wicksell(1907)就持这种立场——Parkin(1978)和 McCallum(1981)的观点,即赋予通货膨胀的任何正的权重(无论它是多么的小)都足以确定价格水平,显然是不能成立的(在帕金和麦卡勒姆最初的论证中,考虑 b^π 的大小的基准是 b^y;不过在这里,基准则是一个绝对值,即 1)。然而,由于在卡尔沃-菲利普斯关系和/或 IS 关系中假定了滞后结构,所以并没有出现 Sargent 和 Wallace(1975)指出的那种直接的非确定性。

虽然维克塞尔的论证主要聚焦于对价格的含义,不过很明显,各种类似于套利的替代——用当代语言来说,持有债务工具还是持有实际资本权益,持有某种债务工具还是持有其他债务工具,持有债务还是持有通过借贷融资的股本资产等——也都处于他的理论的核心地带。他认为,如果银行收取的利率偏离了"将你的资金投资于某些工业企业……在考虑了适当的风险补偿之后的回报率",那么非银行公众就会做出相应的反应,而且正是这种反应的集合产生了他所强调的价格水平的累积变化。此外,正如维克塞尔进一步认识到的那样,由于这个资产负债替代链不可避免地涉及银行放贷,它也会耗尽或释放银行的准备金。在利率低于正常利率的情况下,公众将从银行借款,并且会(随着物价上涨)持有更多的货币余额,"因此,银行准备金将逐渐减少,而它们的负债则很可能会增加,这将迫使它们提高利率"。

那么,中央银行如何才能诱使各家银行继续将利率维持在正常水平以下呢? 在维克塞尔写作时所处的金本位的世界里,毫无疑问,银行准备金的消耗会导致它们提高利率,鉴于此,他假设利率不能,相应地,也不会保持在正常利率之下。事实上,他在一开始时就指出了,他关于这种持续偏离的后果的理论"不能被经验直接证明,因为他的假设所要求的事实从来都不会发生"。

然而,在一个由中央银行监管的法定货币体系中,中央银行补充银行准备金的能力恰恰创造了这种可能性。尽管维克塞尔没有明确得出这个结论,但是他假定银行准备金必须持续增加,这就给他的价格累积运动理论补上了最后一环。支撑价格不断上涨(只要利率保持在正常水平以下,价格就会不断上涨)的是供应给银行系统的准备金数量的相应的不断增加。因此,价格和准备金,以及公众持有的货币余额都将上升。实际上,维克塞尔在这里已经给出了菲尔普斯-弗里德曼(Phelps-Friedman)的"加速主义"论的货币(包括银行准备金)维度的解释——"加速主义"论波及的是,当货币政策将利率保持在足够低的水平上,从而推动总需求超过经济的自然产出率时,会发生什么。正如维克塞尔指出的,在他所生活的金本位世界里,这种因果序列只是一种理论可能性。但是在法定货币体系下,它可能是现实,而且有时确实已经是现实了。

然而,无论在哪种情况下,银行准备金的不断增加都是至关重要的。在维克塞尔的解释中,正是它使得利率保持在了正常水平之下,因此,引申开来,就是它使得总需求高于自然产出率(不难推测,也正是它导致货币余额不断扩大,进而使得货币和价格也同步上涨)。正如 McCallum(2001)类似地指出过的那样,任何假设中央银行设定利率的模型从本质上说都是一种货币模型,无论它是否明确将任何货币数量包括在内,因为不难推测,中央银行对自己选择的利率的控制能力其实都源于它控制自身负债数量的能力。①

根据这个推理思路可以得出关于(至少是潜在)可观察的关系的两个关键含义。首先,如果中央银行将市场利率保持在非正常水平的能力取决于它为银行系统提供增量准备金的能力,那么除非有理由认为(锚定于经济体的资本边际产品的)正常利率每一次都会随中央银行的政策利率的变化而变化——同时,除非有理由认为政策制定者所做的一切都是为了追踪那些独立产生的变化——就应该认为与中央银行利率政策的变化对应的是准备金数量的变化。至少在原则上,利率变化与准备金变化之间的这种关系应该是可以观察到的。然而,大部分情况并非如此,这个事实构成了本章后面的理论和实证分析的框架。

其次,如果中央银行设定的利率是与某种资产相关的相对价格,该资产可替代公众持有的其他资产,并至少在原则上包括了实际资本,但是中央银行通常不持有对实际资本的请求权,那么政策利率对正常水平的任何偏离所引发的累积性过程就必定会涉及银行和非银行公众进行的类似套利的资产与资产负债替代。除非资本的边际产出立即做出反应,变得与中央银行实施政策后的其他资产回报向量一致(其回报包含了中央银行设定的政策利率的资产),否则这些组合替代也应该——至少在原则上——是可观察的。这些私人部门的资产和负债的变化也同样出现在了本章的理论分析中,不过没有出现在这里讨论的实证研究中。

3. 对于"它们是怎么做到的"的传统解释

中央银行是如何设定短期利率的? 这是几代以"货币银行学"为名的教科书试图回答的主要问题。对于这个问题,传统的解释是围绕着银行准备金市场的供求均衡原则来展开的。图 24.5 是人们熟悉的,它描绘的是银行对准备金的需求(或由中央银行提供的准备金的数量)与如下利率差之间的关系:银行所持有的、通常认为是最接近准备金替代品的资产的市场利率,以及银行因为持有准备金而可以获得的利率(该利率一般假定为固定的,但是不一定为零)。准备金供给的变化会导致准备金需求沿一条通常假设为向下倾斜的需求曲线移动,从而会产生一个新的均衡——准备金数量越大(或越小),可替代准备金的资产的市场利率就越低(或越高)。

---

① McCallum(2001)还认为,如果持有货币的边际收益(它源于交易成本减少)随着实体经济活动的规模的扩大而增加,那么这个模型就是在更大程度上适当地"货币化"了的:从原则上说,IS 曲线还应该包括一个额外的项(即除了实际利率和预期的未来产出水平的项),以反映当前的货币存量与家庭和企业对未来货币存量的预期之间的差异。然而,他的实证分析证明,没有证据表明这种关系中的额外项在统计上有显著影响。Bernanke 和 Blinder (1988)曾经提出过一个模型,在这个模型中,货币政策的某种量化指标在 IS 曲线中发挥了作用,但是在他们那里,关注的重点是如何纳入与信贷市场和贷款条件相关的额外效应,而不是对存款货币的需求。

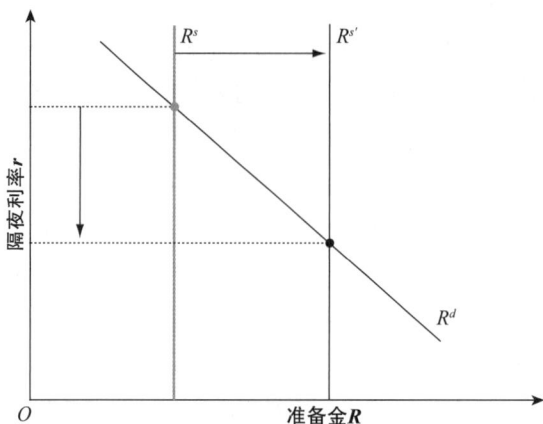

图 24.5　关于货币政策实施的"传统观点"

3.1　准备金的需求和供给，以及市场利率的决定

说到底，这种观念中有一点是非常明确的：银行持有的、存放在中央银行的准备金（在一些国家的银行体系中也以货币的形式出现）是中央银行的一种负债；中央银行垄断了自身债务的供给，因此可以在政策制定者认为合适时按其意愿改变供给。不那么明显的另一点是（在某些方面，随不同国家的银行体系的细节而异），为什么银行会将这些中央银行负债作为资产来持有，以及为什么银行对这些负债的需求会具有负的利率弹性。

关于银行准备金需求的文献给出的理由主要有如下四个。第一，在许多国家——包括美国、欧元区各个国家和日本——每一家银行都必须在中央银行至少按规定的比例持有本银行某些类别或所有类别的未偿付存款额相对应的准备金。[1] 第二，银行在支付机制中扮演的角色要求它们定期进行银行间交易，而转移存放在中央银行的准备金通常是完成这种交易的最便利的方式。在一些国家（例如加拿大），银行不需要在中央银行持有任何特定的数额或占存款特定比例的准备金，但是它们必须通过转移在中央银行持有的余额来对某些类型的交易进行结算。[2] 而在其他一些国家（如美国），银行要与中央银行签订明确的合同，规定它们将以低于市场利率持有最低准备金数量，以换取中央银行提供结算服务。第三，银行还需要能够满足客户对现金的日常需求。例如在美国，在要求银行满足准备金要求的时候，银行持有的现金也包括进了它们的准备金中，同时许多美国银行持有的现金是足以完全满

---

[1] 2010年，美国的准备金率要求为：（对于单个银行）净交易余额超过1030万美元且在4440万美元以下的为3％；净交易余额超过4440万美元的部分为10％；而无交易账户（如定期存款账户）和欧洲货币负债，则无论金额大小，准备金率均为零。在欧元体系中，所有期限少于两年的存款的准备金要求均为2％，所有长期存款的准备金要求均为零。在日本，根据金融机构类型和存款数量的不同，存款准备金率从0.05％到1.3％不等。

[2] 加拿大银行的净支付系统的债务要在每天结束时通过转移在加拿大银行持有的余额来清算。银行账户的任何缺口都必须用存放在加拿大银行的预付款来弥补，通常收取的利息高于隔夜目标利率25个基点（从2009年4月到作者撰写本章时为止，由于利率接近于零，隔夜利率一直处于目标水平）。见加拿大银行的相关文献（Bank of Canada，2009）。

足它们的准备金要求的。[①] 第四,由于中央银行出现债务违约的可能性一般来说微乎其微,所以银行可能会选择持有准备金(包括在中央银行的存款以及现金)作为名义上的无风险资产。因为其他可获得的资产在名义上也非常接近于无风险的(至少在金融市场发达的那些经济体中是这样),最后这个理由是不是真的能解释银行对准备金的大量实际需求,还取决于银行从准备金中获得的利率与其他资产的市场利率相比是否有竞争力。

在银行持有准备金的上述理由下,对于某个给定的、记入准备金余额贷方的利率(该利率可能为零,就像现金的利率一样),准备金需求相对于银行可以持有的其他资产的市场利率而言,似乎是具有弹性的:由于存款流是随机的,同时超额满足与不满足适用的准备金要求的成本是不对称的(它的形式是一个弱不等式),因此银行的最优目标是超额满足准备金要求。但是这样做的最佳边际显然取决于银行能够从这些替代资产中获得的利息与从准备金资产中获得的利息之间的差额。同样地,关于最优库存的标准模型也暗示了银行持有的用于结清银行间交易的随机流量的结算余额,以及银行持有的用来满足客户的随机现金需求的现金,都具有负的利率弹性。关于最优投资组合的标准模型同样表明,无风险资产的总需求对风险资产市场组合的预期超额收益呈负弹性,或者,在多因素模型中,对最接近可替代的无风险资产的某一类风险资产的预期超额收益呈负弹性。准备金的需求也可能具有类似的利率弹性,其大小则取决于准备金的利率与其他无风险资产的利率之间的关系。

因此,在上述任何一种或所有的理由下,银行对准备金的需求相对于市场利率都应该是有弹性的,特别是对于最接近可替代准备金的任何资产的利率。只要与标准的投资组合理论进行类比,就可以很方便地将短期利率与准备金之间的上述关系加以形式化,具体方法是构建一个需求方程组,其中每一个银行都要用三种流动资产来完成对一个给定规模为 L 的投资组合的配置:一是存放在中央银行的准备金(或持有的现金)R;二是它们在隔夜市场上出借或借入的准备金 F;三是政府证券 T。这个需求方程组可以写为:

$$\begin{pmatrix} R_t^d \\ F_t^d \\ T_t^d \end{pmatrix} = L(\alpha + Br_t + e_t)$$

$$= L\left[\begin{pmatrix} \alpha^R \\ \alpha^F \\ \alpha^T \end{pmatrix} + \begin{pmatrix} \beta^{RR} & -\beta^{RF} & -\beta^{RT} \\ -\beta^{RF} & \beta^{FF} & -\beta^{FT} \\ -\beta^{RT} & -\beta^{FT} & \beta^{TT} \end{pmatrix} \begin{pmatrix} r_t^R \\ r_t^F \\ r_t^T \end{pmatrix} + \begin{pmatrix} e_t^R \\ e_t^F \\ e_t^T \end{pmatrix} \right] \tag{24.2}$$

其中,r 代表三种资产的预期收益的向量,e 是一个表示随机扰动的向量(各个随机扰动的总和为零)。如果这三种资产中至少有两种会使持有者面临某种风险,同时如果政策制定者在这三种资产中进行选择是为了最大化一个以恒定相对风险厌恶为特征的目标,那么这种形

[①] 当银行持有的现金也被算作银行准备金的一部分时,它通常会被排除在流通中货币的标准计量之外。在美国,截至 2007 年年中,银行持有的现金总额为 520 亿美元,而它们的法定准备金则为 420 亿美元,但是由于一些银行持有的现金已经超过了法定准备金,因此在银行总共持有的 520 亿美元现金中,只有 350 亿美元现金是用来满足准备金要求的。

式的线性齐次(一次)资产需求方程组就可以用一种简单明了的方式构建出来。式中的雅可比矩阵 **B** 是风险厌恶系数和描述风险资产收益的协方差矩阵的函数。[1]

在标准的投资组合理论中,所讨论的风险很简单——就是与作为 r 的元素的各个相对应的预期收益相关的风险。在我们现在这个应用中,持有准备金的直接收益率是无风险的,因为那是在银行间市场上借出的准备金的回报(或许除了交易对手的风险);与政府债券相关的收益则不是无风险的(除非涉及的债券一天就到期)。不过,根据前面的讨论的思路,还需要考虑另一个会使得银行间市场上的放贷具有风险的因素,那就是存款流是随机的,因此任何一家银行的最低准备金要求也是随机的。因此,无论是对单个银行的需求还是对银行体系的总需求,同时持有 F 和 T 都需要承担风险。在一定意义上,这类似于一个有一种无风险资产和两种风险资产的标准资产需求方程组,它的非对角元素 $-\beta^{RF}$ 和 $-\beta^{RT}$ 意味着,在其他所有条件相同的情况下,银行间资金的市场利率或政府债券的增加(减少),都会减少(增加)对准备金的需求,产生一条向下倾斜的准备金需求曲线(作为银行间利率或政府债券收益率的函数)。[2]

在关于货币政策实施的传统观点中,对准备金支付的利率 r^R 是保持在某个固定的水平上的。[3] 只要设定 $r^R=0$,并在给定其他两个方程已知的条件下消去冗余的第三个方程(因为通常的"相加"约束),就可以在不失一般性的前提下将模型简化为:

$$R_t^d = L(\alpha^R - \beta^{RF} r_t^F - \beta^{RT} r_t^T + e_t^R) \qquad (24.3)$$

$$F_t^d = L(\alpha^F + \beta^{FF} r_t^F - \beta^{FT} r_t^T + e_t^F) \qquad (24.4)$$

如果一定规模的流动资产组合在各个银行之间的分布是固定的,那么式(24.3)和式(24.4)也代表了银行对存放在中央银行的准备金与银行间拆借准备金的总需求。当准备金供给 R 由中央银行设定,同时隔夜准备金借贷的净供给必定等于 0 时,这个由两个方程组成的系统就决定了在这两个冲击的给定值下的两个利率 r_t^F 和 r_t^T。

关于货币政策实施的传统观点的最简单的一种表述可以归结为,由中央银行提供固定数量的准备金(与图 24.5 中给出的垂直的供给曲线相一致)。给定某个固定的准备金供给水平 R^*,并假设银行间准备金贷款净供给为 F=0,那么均衡市场出清银行间利率为:

$$r_t^F = \frac{\alpha^R + e_t^R - \beta^{RT}(\beta^{FT})^{-1}(\alpha^F + e_t^F) - R^* L^{-1}}{\beta^{RF} + \beta^{RT}(\beta^{FT})^{-1}\beta^{FF}} \qquad (24.5)$$

在中央银行追求的是银行间准备金贷款的短期利率目标的情况下,它通常会根据观察到的市场利率与目标利率之间的偏差来调整准备金的数量。这种调整过程的最简单形式为:

$$R_t^s = R^* + \Theta L(r_t^F - \bar{r}^F) \qquad (24.6)$$

---

[1] 例如,请参见 Friedman 和 Roley(1987)的讨论。

[2] 与标准的投资组合理论相比,还有一个进一步的区别,那就是,还需要为政策制定者的风险厌恶目标给出某种理由。在这种情况下,最明显的理由是由于未能达到最低准备金要求而受到惩罚的可能性。

[3] 正如本章第 3 节和第 4 节的讨论将会强调的那样,这种假设不适用于像欧洲中央银行这样的中央银行,它们运行的是一个"走廊系统(corridor system)"。在这种系统下,设定 r^R 成了政策实施的核心。至少从历史上看,固定的 r^R 假设是适用于美国的,在 2008 年批准要对超额准备金支付利息之前,该利率一直固定为零。类似地,日本中央银行也直到 2008 年才开始为准备金支付利息。

其中 $\bar{r}^F$ 表示目标利率。上式中 L 的存在反映了中央银行已经意识到了若要使自己的行动产生效果,就必须根据市场规模来进行缩放调整。R^* 表示预期中能够实现 $r_t^F = \bar{r}^F$ 的准备金供给的基线水平(即不存在任何冲击时的水平),它可以表示为:

$$R^* = L\{\alpha^R - \beta^{RT}(\beta^{FT})^{-1}\alpha^F - \bar{r}^F[\beta^{RF} + \beta^{RT}(\beta^{FT})^{-1}\beta^{FF}]\} \tag{24.7}$$

这里的调整参数 Θ 的值为正,意味着准备金供给曲线是向上倾斜的,这与图 24.5 中描绘的垂直的供给曲线相反。现在,根据式(24.6),准备金供给的弹性为正,从而均衡银行间同业拆借利率为:

$$r_t^F = \frac{\Theta\bar{r}^F + \alpha^R + e_t^R - \beta^{RT}(\beta^{FT})^{-1}(\alpha^F + e_t^F) - R^*L^{-1}}{\Theta + \beta^{RF} + \beta^{RT}(\beta^{FT})^{-1}\beta^{FF}} \tag{24.8}$$

或者,等价地,如果准备金供给的基线水平 R^* 是根据式(24.7)设定的,那么就有:

$$r_t^F = \bar{r}^F + \frac{e_t^R - \beta^{RT}(\beta^{FT})^{-1}e_t^F}{\Theta + \beta^{RF} + \beta^{RT}(\beta^{FT})^{-1}\beta^{FF}} \tag{24.9}$$

因此,在其他条件相同的情况下,中央银行通过增加(减少)准备金供给(同时保持为准备金而支付的利率固定不变)能够降低(提高)均衡银行间利率的幅度就取决于银行准备金需求的利率弹性了。

与此同时,中央银行的行动也决定了政府证券市场上的利率。当准备金供给固定在 R^* 的水平上不变(表现为一条垂直线)时,政府债券的利率为:

$$r_t^T = \beta^{FF}(\beta^{FT})^{-1}\bar{r}^F + (\beta^{FT})^{-1}\alpha^F + \frac{(\beta^{FT})^{-1}(\beta^{RF} + \beta^{FF})e_t^R}{\beta^{RF} + \beta^{RT}(\beta^{FT})^{-1}\beta^{FF}} \tag{24.10}$$

反之,如果中央银行通过调整准备金供给来对观察到的银行间利率对目标利率的偏离做出反应时,如式(24.6)所示,那么政府债券的利率为:

$$r_t^T = \beta^{FF}(\beta^{FT})^{-1}\bar{r}^F + (\beta^{FT})^{-1}\alpha^F + \frac{(\beta^{FT})^{-1}[\Theta e^F + (\beta^{RF} + \beta^{FF})e_t^R]}{\Theta + \beta^{RF} + \beta^{RT}(\beta^{FT})^{-1}\beta^{FF}} \tag{24.11}$$

因此,中央银行还拥有影响国债利率的能力,方法是改变准备金供给,同时保持它要支付的准备金的利率不变。再一次,对于给定的准备金供给的变化,这种效应的大小取决于各种相关的利率弹性,包括准备金需求的利率弹性。

在银行需要满足一定准备金要求的银行体系中(如在美国、欧元区各国和日本),关于中央银行设定短期利率的能力的这种传统解释还包含了对于如下观察结果的一种似乎显而易见的可能解释,即现代央行通常能够在准备金供给几乎不发生变化甚至完全没有任何变化的情况下对利率变化施加(有时是)相当大的影响:中央银行可能不是通过增加或减少准备金来影响这些利率的变动的(见图 24.5),而是通过改变准备金要求来改变银行对准备金的需求的(见图 24.6)。在前面给出的模型中,中央银行的这种行动对应于如式(24.2)所示的需求方程组中 α^R 的增加(以及 α^F 或 α^T 的减少,或两者都减少)。

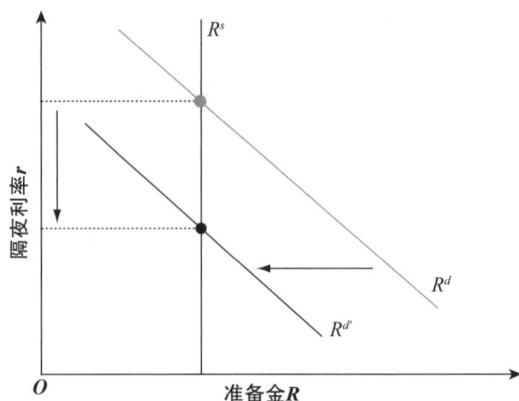

图 24.6 通过改变准备金要求来实施货币政策

然而,这种解释并不符合事实。在现实世界中,除了中国人民银行这个明显的例外,各国的中央银行通常都不会为了这个目的而调整准备金要求。[1] 恰恰相反,它们大多是出于其他原因改变准备金要求的,比如说,鼓励银行发行一种存款而不是另一种,或者在不同类型的银行机构之间重新分配持有准备金的隐性成本(这种成本是因为放弃了在其他资产上本可以赚取到的更高的利率而产生的)。[2] 事实上,当中央银行出于这些原因而改变准备金要求时,它们通常会同时增加或减少准备金的供给,而这恰恰是为了抵消不这样做时会对利率造成的影响。类似地,一些国家的中央银行通常报告的准备金数量都是经过调整的,以消除准备金要求变动的影响。[3]

正如图 24.5 所表明的,对于中央银行如何设定利率,传统的解释是围绕着它们在面对一个固定利率弹性的准备金需求表时改变准备金供给的能力来展开的。但是问题仍然存在:在通常情况下准备金供给的变动都是相对较小的,仅凭它如何改变已经存在且交易量大得多的市场资产的利率呢? 例如,与美国银行通常持有的大约 400 亿美元的准备金相比(或者与差不多 600 亿美元的准备金加上合同清算余额的总和相比),未偿还的证券回购协议通常都会超过 1 万亿美元。一年内到期的美国国债的数量以及未偿付商业票据的数量也达到了同样的规模。影响联邦基金利率的准备金供给的微小变化也会影响这里提供的所有其他短期工具的利率——事实上,这就是改变准备金供给的目的所在。

对于这个问题,传统的答案是沿着托宾和布雷纳德的思路(Tobin and Brainard, 1963)给出的:为了达到这一目的,重要的不是准备金供给变化的幅度,而是准备金需求背后的关系的紧密程度。[4] 有这样一个模型,其中银行对准备金的需求完全来自对准备金的要求,假如

[1] 在 20 世纪 60 年代和 70 年代,美国联邦储备委员会曾经积极地将准备金要求作为一种货币政策工具来使用,但是到了 20 世纪 80 年代中期,就不再用它来实现这一目的了。读者如果想了解美国联邦储备委员会的准备金要求及其在政策中的应用的详细情况和历史,请参见 Feinman(1993b)的研究。

[2] 美国将定期存款排除在准备金要求之外的历史原因在于,美国联邦储备委员会在 1979 年至 1982 年间依赖于货币增长目标,以获得对 M1 总量(包括活期存款,但不包括定期存款)的更大控制。

[3] 美国联邦储备委员会和日本中央银行都是以这种方式报告储备数量的。欧洲中央银行则没有这方面的经验,因为它从来没有改变过 2% 的准备金要求(也没有改变它所适用的存款的子集)。

[4] 这一点在 Brainard(1967)所举的货币乘数的例子中得到了更明确的说明。

要求的准备金率为 10%,但是执行不严格,而且只适用于银行负债的某个有限的子集,这样一来,与严格执行并适用于银行发行的所有负债的 1% 至 10% 的准备金率要求相比,中央银行不仅对银行的资产负债表的规模的控制更弱,而且对相关的市场利率(包括联邦基金利率和其他短期工具)的控制也更少。在另一个包括了非银行贷款机构的模型中,借款人能够用非银行贷款替代银行贷款,从而进一步削弱了中央银行对相关利率的控制力。

根据关于利率设定过程的这种观点,存在一种机制,它放大了准备金供给上的也许很小的变化的效应,使之可以决定规模可能非常大的市场上的利率;这种机制是以准备金需求与其他资产的需求及供给之间的紧密联系(或耦合)为基础的。事实上,如果式(24.2)中的 β^{RF} 和 β^{RT} 都接近于零,那么也就意味着准备金需求曲线相对于 r^F 或 r^T 几乎是垂直的,因此要让均衡隔夜利率和/或国债利率发生变化,就只需要准备金发生无限小的变化。再者,准备金的数量(它也是由准备金需求方程中的 α^R 截距决定的)则对不同市场之间的联系没有直接影响。因此,要使均衡隔夜利率的变化影响其他市场利率,只需要假设隔夜资金在银行的投资组合中可以替代其他资产,比如政府债券(在上面给出的模型中,即 $\beta^{FT} < 0$);否则,隔夜市场就会与其他资产市场有效地"解耦",中央银行的行动将不会对宏观经济产生任何影响,除非(那是不太可能发生的情况)一些私人机构在隔夜市场借款,为其支出融资。[1]

因此,对于我们来说,重要的问题是,随着时间的推移,市场制度和商业实践的变化是加强了还是削弱了银行准备金市场和其他资产市场之间的联系?如果确实是这样,那么通常是在何种程度上?在许多国家,法律和监管限制的放松,以及金融体系向由资本市场主导的方向的演化增加了非银行贷款机构(它们根本不用在中央银行持有任何准备金)在决定市场利率方面发挥更大作用的空间。在如图 24.5 所示的传统模型中,这样的变化可能会削弱市场利率和中央银行准备金供给之间的耦合关系。这类非银行机构对证券的需求(尽管不是对银行间准备金转移的需求)也是决定这些利率的供求均衡的一个组成部分,尽管中央银行的行动不会直接影响这些机构的投资组合选择。类似地,电子通信和数据处理方面的技术进步扩大了交易范围,增加了市场参与者的交易能力,有时还减少了对现金或存款的需求,而中央银行通常是针对存款规定准备金要求的。[2] 在传统模型中,这些方面的变化也都可能削弱前述耦合的紧密性,而中央银行能够利用准备金的很小变动对市场利率实施严密控制完全有赖于这种紧密的耦合。

3.2　寻找流动性效应:美国的证据

从 20 世纪 90 年代早期开始,对传统的关于中央银行如何设定利率的模型的上述疑虑推动了一系列实证研究,它们不仅试图证明准备金需求具有利率弹性,还试图找到能够证明准备金供给的系统性变化导致相关利率变动的证据——与如图 24.5 所示的关于货币政策实施

---

[1] 关于"解耦"的概念,请参见(例如)Friedman(1999)和 Goodhart(2000)的讨论,它指的是中央银行能够设定的利率与影响私人经济活动的利率之间的"解耦"。

[2] 请参见 Friedman(1999)的研究。

的传统观点相一致。起初,相关的调查研究大多数是以美国为关注焦点的,后来随着时间的推移,其他国家的经验也得到了重视。事实上,引发本章要讨论的问题的部分原因恰恰在于,无论是在美国,还是在其他地方,都很难找到准备金变化以传统模型所述方式对利率产生了影响的证据。此外,正如图 24.1 所表明的,自 20 世纪 90 年代初以来,美国的证据已经大大弱化了,用传统的时间序列方法来衡量,利率对准备金的反应近年来几乎完全消失了。由于这些原因,最近旨在理解准备金和利率之间联系的研究越来越多地转向了对日常政策实施情况的更加细致的分析,而且非常注意制度环境的变化。

利珀和戈登的研究(Leeper and Gordon, 1992)是关于流动性效应研究的关键文献之一。他们使用了分布式滞后和向量自回归模型,证明美国基础货币的外生性增加(以及在较小的程度上,以 M1 和 M2 衡量其包括存款的货币总量的外生性增加)确实与联邦基金利率随后的下降有关,这与传统观点所称的流动性效应是一致的。[①] 但他们的结果是非常脆弱的:他们发现,利率和基础货币的变动之间的负相关关系只有在把产出和价格,甚至滞后期的利率等变量排除在估计的回归方程之外时才会出现;而且,当他们试图将与基础货币增长的意外因素相关的效应分离出来时,结果要么是没有相关性,要么就是正相关性;此外,他们还发现,在他们研究的 1954—1990 年的样本中,这种关系在不同的子时期之间呈现出了很大的不同。

这些结果显然对关于货币政策实施的传统观点提出了挑战。作为对这种挑战的回应,许多实证研究者进行了进一步的尝试,试图以在实践层面上可信的证据来证明流动性效应的存在。然而,由于中央银行通常会提供市场所需的任何数量的现金,这些努力大多仍然集中在了对狭义的准备金的分析上,而不是像 Leeper 和 Gordon(1992)最初所做的那样,对基础货币(或货币总量)进行分析。[②] 在将重点转移到准备金上之后,这种努力在某种程度上似乎更加成功了。

在这个研究方向上,早期的一项突出成果是克里斯蒂亚诺和艾兴鲍姆的研究(Christiano and Eichenbaum, 1992),其后续还包括 Christiano 和 Eichenbaum(1995)以及 Christiano 等(1996a, 1996b, 1999)的研究。克里斯蒂亚诺和他的合作者利用向量自回归方法分析了美国 1965 年第三季度—1995 年第二季度的数据,结果发现,与传统观点一致,对非借入准备金的冲击会产生一种流动性效应。例如,Christiano 等(1999)报告的结果显示,对于 1 亿美元的非借入准备金的冲击,利率的响应是变动大约 40 个基点。[③] 同样重要的是,他们还证明这种流动性效应与 Leeper 和 Gordon(1992)所关注的基础货币或 M1 等更一般的总量的冲击无关。

斯特朗金采用了一种不同的实证策略(Strongin, 1995),他利用的是这样一个事实:因为在观察到的准备金的数量变化当中,有许多仅仅只是反映了中央银行对准备金需求冲

---

① 在那之前的文献关注的是利率与 M1、M2 等存款货币衡量指标之间的关系,但将这些"内部"货币总量的变动与中央银行的政策行动联系起来是不太合理的,特别是在短期内。请参见 Thornton(2001a)以及 Pagan 和 Robertson(1995)对这些早期文献的综述。

② Christiano 等(1999)提供了这一类庞大的文献的早期部分的全面综述。因此,本节给出的总结是有很高的选择性的。

③ 这个估计是从 Christiano 等(1999)的第 84 页和第 86 页的图 2 中报告的结果推断出来的。

击的反应,所以即便是非借入准备金的常规正交化变化也无法识别出正确的外生性货币政策脉冲响应。因此,他认为应该运用结构向量自回归法来分析,同时他所用的识别方案的依据是美国联邦储备委员会当时使用的针对借入准备金的操作方法——它所依赖的相关政策指标为借入和非借入准备金的组合。在将这种方法应用于 1959 年至 1991 年的美国月度数据后,斯特朗金同样发现了存在着显著的流动性效应。[1] 随后,Bernanke 和 Mihov (1998) 扩展了 Strongin (1995) 的分析,以允许美国联邦储备委员会的操作方法随时间而变化[2],结果发现,在他们首选的刚刚识别出来的针对双周数据的模型中,货币政策对联邦基金利率的影响很大且非常显著。然而,要想从准备金本身的冲击对利率的影响这个角度来解释这种反应将会变得复杂化,这是因为事实上,他们的模型中的政策冲击其实是它们的结构性向量自回归中的一系列政策指标的线性组合,包括准备金总量、非借入准备金,还有联邦基金利率等。[3]

　　然而,在 20 世纪 90 年代这一波最初的爆发之后,试图运用总量时间序列方法提供流动性效应的经验证据的尝试基本上停止了。之所以如此,一个重要的原因是各主要国家的中央银行越来越明显地放弃了以数量为基础的操作方法,转而关注明确的利率目标。[4] 美国联邦储备委员会从 1994 年 2 月开始向公众发布联邦基金利率目标,从而最终消除了它为了执行货币政策而规定特定数量的准备金的任何顽固的借口。在此之前,日本中央银行早就已经采取了宣布短期贷款利率目标的做法。虽然欧洲中央银行原则上仍然将广义货币总量目标作为其政策框架的两大支柱之一,但是自成立伊始,明确宣布的利率目标就已经成为它的货币政策的主要特征了。正如 Strongin (1995) 指出的,当中央银行将短期利率固定在某个给定的水平上时,观察到的准备金供给变化当中有一部分——可以说是很大一部分——就完全不反映任何旨在调整利率的独立变化了,相反,它们只是试图适应准备金需求的随机性变化,从而维持所选定的利率不变。[5] 因此,简单地使用以利率为因变量、以准备金为自变量的衡量指标的回归哪怕做得再好,也是有问题的。

　　与此同时,进一步的实证研究对流动性效应的存在提出了更多的疑问——至少是对以传统方法衡量的流动性效应。Pagan 和 Robertson (1995) 在多个维度上批评了用传统的向量自回归方法得到的结果的低稳健性。[6] 就本章所讨论的问题而言,他们的研究中最重要的一个结果是,发现了非借入准备金变动对联邦基金利率的影响随着时间的推移一直在减弱,而且在他们撰写论文的那个时候,在统计上就已经变得不再显著了。在他们所讨论的最具代

---

[1] 因为在斯特朗金的模型设定中,货币政策变量是非借入准备金与总准备金之间的比率,所以我们很难推断出流动性效应的大小是不是非借入准备金的美元数量的函数。Christiano 等 (1996b) 使用一种类似于斯特朗金的识别方案进行研究,只不过其中的非借入准备金是按水平而不是按比率纳入的。结果他们发现,由此得到的结果在数量上非常接近根据对非借入准备金的冲击来定义政策新息时得到的结果。

[2] 例如,请参阅 Meulendyke (1998) 关于美国联邦储备委员会多年来所采用的操作方法的说明。

[3] 另一个关于借入准备金操作方法下的流动性效应的实证研究是由 Thornton (2001a) 完成的。

[4] 正如 Meulendyke (1998) 描述的,以及 Hanes (2004) 所叙述的,这种转变在一定程度上是由在 1984 年伊利诺斯大陆公司破产后的几年里贴现窗口借款的实际消失而促成的。

[5] 有一篇更早的文献早就强调这一点了,请参见 Roosa (1956) 的相关文献。

[6] Pagan 和 Robertson (1998) 还进一步批评了关于流动性效应的向量自回归文献。他们认为,这些文献都依赖于很弱的识别假设。

表性的一个模型中,非借入准备金变化 1%(大约为 4 亿美元),估计只会对利率产生 13 个基点的影响,而且该模型是根据 1982 年至 1993 年的数据进行估计的。正如他们所指出的,从表面证据来看,这些发现表明,大多数观察到的联邦基金利率变化都不是由中央银行的任何行动造成的。

就像 Pagan 和 Robertson(1995)一样,Christiano 等(1999)根据 1984 年至 1994 年的样本报告的流动性效应在数量上比之前更小,尽管他们强调结果仍然是轻微显著的。然而,Vilasuso(1999)发现,如果将样本数据扩展至 1997 年,那么就与 Strongin(1995)或 Christiano 等(1999)的研究一样,1982 年之后的样本在向量自回归设定下无法发现任何可以证明流动性效应的证据。Carpenter 和 Demiralp(2008)使用传统的结构性向量自回归方法也发现 1989 年至 2005 年样本中不存在流动性效应。① 货币政策实践的连续变化已经产生了效果,使得流动性效应随着时间的推移明显趋于消失,这种趋势与准备金变化在美国联邦储备委员会的货币政策实施中所能起到的作用越来越小的观点是完全一致的。

部分是为了回应这些发现,Hamilton(1996,1997,1998)采用了一种不同的实证方法来研究流动性效应。他使用了每日数据,并且将以下因素考虑进来:在美国,与大多数其他系统一样,银行面临明确的最低准备金要求,但是满足这些要求的时间单位不是一天,而是更长的一段时间——在美国是两个星期,在欧元体系下和在日本则为一个月。利用从 1984 年 3 月到 1990 年 11 月的数据,Hamilton(1996)发现,在为期两个星期的准备金维持期内,银行在不同的日子中对准备金的需求存在一定的替代性,但不是完全的替代性,从而证明在每日数据中,对准备金的需求至少存在某种形式的负利率弹性。因此,这个结果至少为传统观点提供了一些经验基础——传统观点的核心正是,让准备金供给发生变化可能是中央银行实现政策利率变化的主要方式。

然后,Hamilton(1997)直接评估了 1989 年至 1991 年间的流动性效应,他利用美国联邦储备委员会对美国国债余额预测错误的计量经济学估计值——也就是说,准备金供给的这部分变化原本是美国联邦储备委员会不打算让它发生的——估计出了利率对外生的准备金变动的反应。他得到的结论是,以这种方法衡量的流动性效应相当大,但是仅限于准备金维持期的最后一天:出人意料地在最后一天减少 10 亿美元准备金供给将会导致银行新增 5.6 亿美元贴现窗口借款,同时其余 4.4 亿美元的非借入准备金短缺造成的供给缺口将会导致市场出清联邦基金利率上升 23 个基点。② 但是在维持期内的其他日子里,利率对准备金变动的反应在统计上是不显著的。

然而,即便是每 10 亿美元的准备金数量的独立的(和未曾预料到的)变化会导致联邦基金利率上升 23 个基点,这个结果也是基于一个非常特别的概念性实验得出来的,充其量只能与中央银行如何实施货币政策保持一种非常松散的对应关系:在准备金维持期的最后一天,准备金发生了一次性出人意料的变化。更合理、更有可能发生的是,为了改变联邦基金目标

① Carpenter 和 Demiralp(2008)证明,在美国联邦储备委员会持有的合同结算余额水平对联邦基金利率新息有负的反应。然而,这个结果并不直接影响流动性效应,因为它涉及的是利率冲击对准备金数量的影响,而不是相反。
② Hamilton(1997)没有对不对称性进行检验。然而,由于借入的准备金数量是有限的,他估计的影响至少在准备金供给出人意料的增加的情况下是有限的。

利率而持续地增加或提取一定数量的准备金。为了评估这种变化的影响,汉密尔顿还给出了一个说明性(当然也是假想性的)计算的结果,不过他需要假设,在为期两个星期的准备金维持期的最后一天里改变准备金,影响与在同一个维持期的14天内平均分布的准备金的变化是相同的。换句话说,为了影响利率,在最后一天增加(或提取)10亿美元准备金的影响与在14天内均匀地增加(或提取)7100万美元准备金的影响相同。

很显然,任何基于这样一个假设计算出来的对利率的影响都代表着一个上限,因为在维持期的最后一天,银行没有能力在随后的日子抵消任何计划外的准备金过剩或不足。然而即便如此,在这个假设下得到的计算结果仍然具有一定的启发性。结果表明,若要使联邦基金利率在两个星期内的平均水平出现25个基点的变动,美国联邦储备委员会将不得不在这两个星期内一直将准备金率维持在比正常情况下高出或低于11亿美元的水平上。① 从2004年中期到2006年中期,美国联邦基金目标利率上调了4个百分点(见图24.1),如果应用上述结论,那么就意味着,为了实现这一目标,美国联邦储备委员会将不得不减少差不多180亿美元的准备金,与同期美国储蓄机构持有的大约450亿美元的非借入准备金相比,这无疑是一个非常巨大的数字,而且显然与实际经验相悖。进一步说,这个计算将汉密尔顿针对维持期最后一天得到的发现应用到了两个星期内每天的平均值上,所以它的结果代表了对利率影响的上限,从而也就给出了实现任何给定的利率变化所必需的准备金变动数额的下限。随后的研究涵盖了更晚近的时期,它们得出的对流动性效应的估计甚至还要小。Hamilton(1998)利用1992年至1994年的数据得出的估计结果是,非借入准备金每10亿美元的变化只会产生7个基点的流动性效应(相比之下,利用早期的样本时为23个基点),相应地,这也就意味着要让利率发生同样幅度的变化需要更大的准备金的变化。

在一项与汉密尔顿的研究密切相关的工作中,Carpenter和Demiralp(2006a,2006b)使用了美国联邦储备委员会对准备金需求冲击的内部预测对在抵消这些冲击时的误差进行了估计。② 他们基于美国1989年至2003年的数据得出的对流动性效应的估计比汉密尔顿之前的估计要小:在Carpenter和Demiralp(2006b)的研究中,在维持期的最后一天,非借入准备金增加或减少10亿美元,只会对联邦基金利率产生3.5个基点的影响(相对于美国联邦储备委员会的目标利率来衡量)。根据这种估计结果,Carpenter和Demiralp(2006b)的发现意味着,在2004年至2006年间,要使联邦基金利率上升400个基点需要提取1140亿美元的准备金,这相当于当时所有银行持有的准备金总额的差不多三倍。

3.3　寻找流动性效应:日本和欧元体系的证据

很自然地,关于流动性效应的存在性及其强度的类似问题也出现在了其他中央银行的背景下。然而,无论是在日本还是在欧元体系下,对这个问题的研究都远远不如美国那么深

---

① Hamilton(1997)似乎对这种计算上限的方法给出了不同的解释,但是我们从利率和准备金的两周平均值的角度给出的解释在逻辑上应该是顺理成章的。

② 采用这种方法不仅简化了估计,而且能够避免 Thornton(2001b)对 Hamilton(1997)所用的方法的批评。

入。对它们,使用月度数据或季度数据的向量自回归分析法都少之又少。

在对日本的分析中,与我们在前面讨论过的对美国的分析最具可比性的是 Jinushi 等(2004)的研究,他们遵循了 Christiano 等(1996a)的方法,利用日本 1970 年至 1999 年的季度数据分析了资金流动和银行系统准备金之间的相互作用。尽管 Jinushi 等(2004)证明了日本中央银行确实倾向于容忍对准备金需求的冲击,但是他们无法检测到活期贷款利率(相对于日本中央银行的目标利率来衡量)对总准备金冲击的在统计学上显著的反应。事实上,在他们的研究结果中,正的准备金供给冲击平均来说反而增大了活期贷款利率与日本中央银行的目标利率之间的差距,尽管这种反应在 5% 的水平上没有统计学上的显著性。

与这项研究相反,Shioji(2000)则在对日本 1977 年至 1995 年的月度数据估计了一个结构性向量自回归模型后报告称,日本的基础货币与活期贷款利率超出目标利率的利率之间存在着负相关关系。但是他的结果并不能直接用来证明经典意义上的流动性效应的存在,因为他估计的是利率冲击对基础货币的影响,而不是基础货币冲击对利率的影响。尽管如此,Shioji(2000)的结果与存在一条向下倾斜的准备金需求曲线的观点是一致的,因此利率的降低(提高)将需要一个(更小的)高能货币供给。

林文夫的论文(Hayashi,2001)是第一篇试图在日本的每日数据中寻找流动性效应的文献。他使用的方法与 Hamilton(1997)设计的方法非常相似。林文夫分析了活期贷款利率对不可预测的现金变化(即日本中央银行资产负债表上的纸币的数量)和国债余额的响应。结果他发现,准备金供给冲击的影响虽然在统计上显著但是在经济上是可以忽略不计的:在为期一个月的维持期的倒数第二天,准备金余额每外生增加(减少)1000 亿日元,平均来说只会使得相对于日本中央银行的目标利率的活期贷款利率降低(提高)0.5 个基点。不过,林文夫所用的参数化方法不允许在准备金维持期的最后一天估计流动性效应,尽管那一天的流动性效应可能会更强一些。

Uesugi(2002)扩展了林文夫的研究,因为他使用了一个更宽泛的准备金冲击定义,以及一个允许对维持期最后一天的流动性效应进行估计的模型设定。上杉(Uesugi)报告了一个统计上显著的流动性效应:在为期一个月维持期的最后一天,外生的 1 千亿日元的准备金余额增加(减少)会导致活期贷款息差下降(增加)2.3 个基点。与 Hamilton(1997)一样,Uesugi(2002)也发现在维持期的前几天不存在统计学上显著的效应。尽管上杉得到的结果明显大于林文夫的估计,但是上杉的结果意味着,要让活期贷款利率变动 25 个基点,日本中央银行就必须实现 1.1 万亿日元的准备金变动,而在当时,日本所有银行的准备金的总体水平大约为 3 万亿至 4 万亿日元,至于超额准备金的规模则小得多,一般仅在 20 亿至 40 亿日元之间。[①] 因此,上杉估计出来的流动性效应太小,不足以解释日本中央银行对目标利率的控制。

尽管欧洲中央银行的历史相对较短,但是仍然至少有两项研究检验了欧元体系的日常流动性效应。与美国和日本的情况一样,这些研究都只报告称在准备金维持期的最后一天(有时是最后两天)存在些许流动性效应。

Würtz(2003)针对欧元体系下高频准备金需求数据构建了一个精细的实证模型,以便评

---

① 这些数据所对应的是 2001 年日本中央银行实施量化宽松政策之前的时期。

估流动性效应的强度。他的方法就是运行欧洲平均隔夜利率相对于欧洲中央银行的目标利率的息差对各种衡量准备金压力的指标的回归,包括银行对欧洲中央银行的存款和贷款便利的依赖程度大小、每日准备金盈余及整个维持期间的累积准备金盈余,以及各种各样的控制变量和日历虚变量。由于欧洲中央银行通常都会避免在定期的再融资操作之间进行"防御性"的公开市场操作,所以这些以准备金为中心的措施在一周内的波动似乎反映了外生性准备金供给变化,而不是中央银行的内生反应。因此,维尔茨将各种流动性度量本身作为回归变量,而不是像其他基于汉密尔顿的方法的研究中那样使用预测误差。关于流动性效应,维尔茨的主要发现是,准备金盈余的每日波动对欧洲平均隔夜利率与欧洲中央银行的目标利率之间的息差的影响非常小:每日准备金盈余 100 亿欧元(经常账户余额减去所需准备金)的变化只能导致 0.23 个基点的利率变化。

Ejerskov 等(2003)也使用类似的回归方法检验了欧元体系下的流动性效应,但与 Würtz(2003)不同,他们对欧洲中央银行在维持期的最后一周的主要再融资操作之后发生的准备金失衡的效应与最后一次主要再融资操作之前发生的准备金失衡的效应进行了更明确的区分。结果他们发现,在维持期的最后一天,10 亿美元的准备金失衡将转化为欧洲平均隔离利率与欧洲中央银行目标利率之间的息差的 4 个基点的变化;这种效应虽然在统计上是显著的,但在经济上是可以忽略不计的。[①]

所有这些研究提出了一个更一般的问题(不仅仅是对欧元体系和日本的研究,对美国的研究亦然):即便只从表面上来看,它们所衡量出来的流动性效应是否可信,以及是否符合关于中央银行设定利率的传统观点(见图 24.5)。在这些研究中,利率变量并不是如图24.5 中的纵轴所示的中央银行政策利率水平,而是该利率与中央银行目标利率之间的息差(此外,大多数国家的准备金数量也不是图中横轴所示的总准备金数量,而是该数量与中央银行如果在正确地预见到了将发生的相关冲击时可能会提供的准备金之间的差额)。实际上,在这些研究中,本应最关注的行动——如图 24.5 所示,当目标利率变化时,通过刻意为之的准备金供给的变化来改变利率——在用于得出关键推论的经验现象中却遭到了忽略。

因此,真正具备可操作性的假设是,准备金的其他变化的影响(即与让利率随着目标的改变而变化无关的准备金的变化,以及不是中央银行意图中的变化)对于被实证策略从观测数据中排除出去的那部分变化也提供了丰富的信息。然而,即便采用这样的假设,由此得出的估计在很大程度上也无法解决以下事实提出的问题:在现实世界中,很容易观察到各国的中央银行有能力通过准备金供给的微小变化影响市场利率。

---

① Bindseil 和 Seitz(2001)对更早时期的研究也得出了类似的结果。

4. 观察到的准备金与政策利率之间的关系

流动性效应的实证文献(我们在第 3 节中对它们进行了综述)使本章开始时就强调过的现象更加令人困惑。根据大多数研究人员的估计,银行准备金供给的变化对中央银行政策利率的影响极其微弱——如果确实存在这种影响的话。然而,中央银行确实都在随着时间的推移而调整政策利率,有时甚至是大幅度地调整。根据流动性效应文献,这些变化需要准备金的非常大的变化。但是正如图 24.1—图 24.4 所表明的,伴随政策利率变动而来的准备金的变化并不大,甚至往往根本就不存在。

4.1 准备金与政策利率的共变性:美国、欧元体系和日本的证据

利率变动与准备金供给变化之间缺乏某种明确的关系,这不仅仅是美国的特点,也不是美国联邦储备系统的货币政策实施中的某种特有的特点导致的结果。在欧洲和日本,两者之间也不存在明确的关系。图 24.7 显示了美国自 1994 年以来(在那一年,美国联邦储备委员会首次公开发布目标联邦基金利率)、欧元区自 1999 年欧洲中央银行成立以来,以及日本自 1992 年以来这三个地区的准备金和政策利率的变动情况。所有这些数据都截至 2007 年中期,也就是 2007—2009 年金融危机爆发前夜。[①] 在肉眼直接观察的层面上,图 24.7(A)对可能存在某种系统性的关系的暗示最为明显,它所呈现出来的美国非借入准备金(在这里绘制的是平均两周的数据)与美国联邦储备委员会的目标联邦基金利率之间的关系是,至少在某些时期两者是反向移动的,而这正是传统的准备金需求利率弹性为负的理论所隐含的。从图 24.7(A)可见,1994—1995 年、1999—2000 年和 2005—2006 年是利率上升时期,2001—2003 年是利率下降时期;但是在 1995—1996 年利率下降时,准备金的平均水平在收缩,而在 1994 年利率上升时,准备金的平均水平却在增长。此外,准备金的变动除了 20 世纪 90 年代一度呈现出下降趋势——但是这种趋势与利率的变动没有任何关系(在那个时期,由于银行引入了扫账账户,在每天结束时都会将客户的资金转移到无须缴存准备金的存款账户,因此准备金稳步减少)——每次货币政策变动所带来的准备金变化都很小。在这整个时期,准备金与利率之间的相关系数,从水平上看只有 -0.06,从变化上看也只有区区 -0.14。

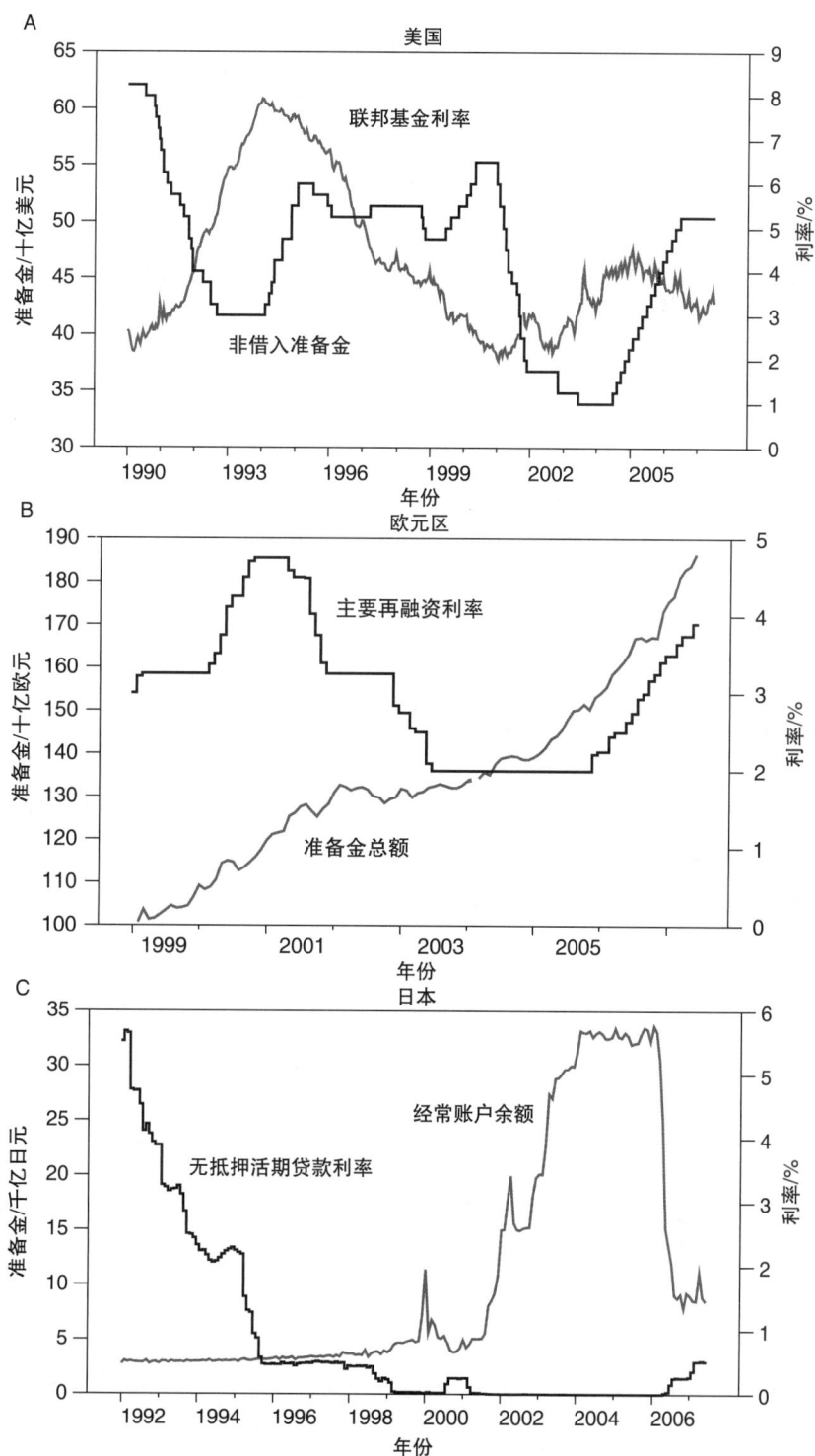

图 24.7 准备金与隔夜利率:(A)美国,(B)欧元区,(C)日本

欧元区和日本表现出来的关系更加没有规律性可言。如图 24.7(B)所示,自欧洲中央银行成立以来,欧元体系的准备金一直在或快或慢地持续增长。相比之下,欧洲中央银行的主要再融资利率却在 2000 年上升,2001 年下降,到 2002 年底和 2003 年初再次下降,然后在 2005 年底又开始再一次上升。从月度数据来看,欧元体系的准备金与利率之间的相关性在水平上为 -0.29,而在变化上则为 0.29。图 24.7(C)则表明,日本又自有一种截然不同的模式。从图中可见,日本中央银行的无担保活期贷款利率在 1992 年至 1995 年间出现了大幅下降,但是同期日本中央银行的经常账户余额几乎没有任何变化。到 1998 年,利率进一步小幅下行,同时准备金余额却只有极小的增加——不过,经常账户余额和准备金余额在 2000 年利率小幅上升时确实出现了明显萎缩。在 2001 年至 2005 年的大部分时间里,活期贷款利率一直处于零利率下限处,同期准备金余额先是大幅增加,然后又差不多回落到了该十年开始之时推断的趋势线。在日本,从月度数据来看,两者之间的相关性在水平上为 -0.44,而在变化上则为 -0.02。

图 24.8 显示了在更精确的时间尺度上,美国、欧元区和日本的准备金变动与政策利率变动之间的关系(事实上,更准确地说,本图显示的其实是不存在这种关系的情况)。在图 24.8 的每一个部分中,0 点都对应于政策利率发生变化的那个时间段,而连续的负整数和正整数则表示利率发生变化前后的时间段的数量。对于每一个国家或地区,这里使用的时间单位都对应于准备金维持期的长度:美国为两个星期,欧元体系和日本则为一个月。对于每一个国家或地区的每一个领先期或滞后期,图中都给出了超额准备金的平均变动情况(在美国和欧元体系,总准备金减去所需准备金是预先确定的,而在日本是部分预先确定的),以及相关的 90% 的置信区间;这种变动对应于指定样本内所有政策利率的变动,且已经进行了比例缩放,以表示利率上升 1 个百分点时对应的准备金的变化。

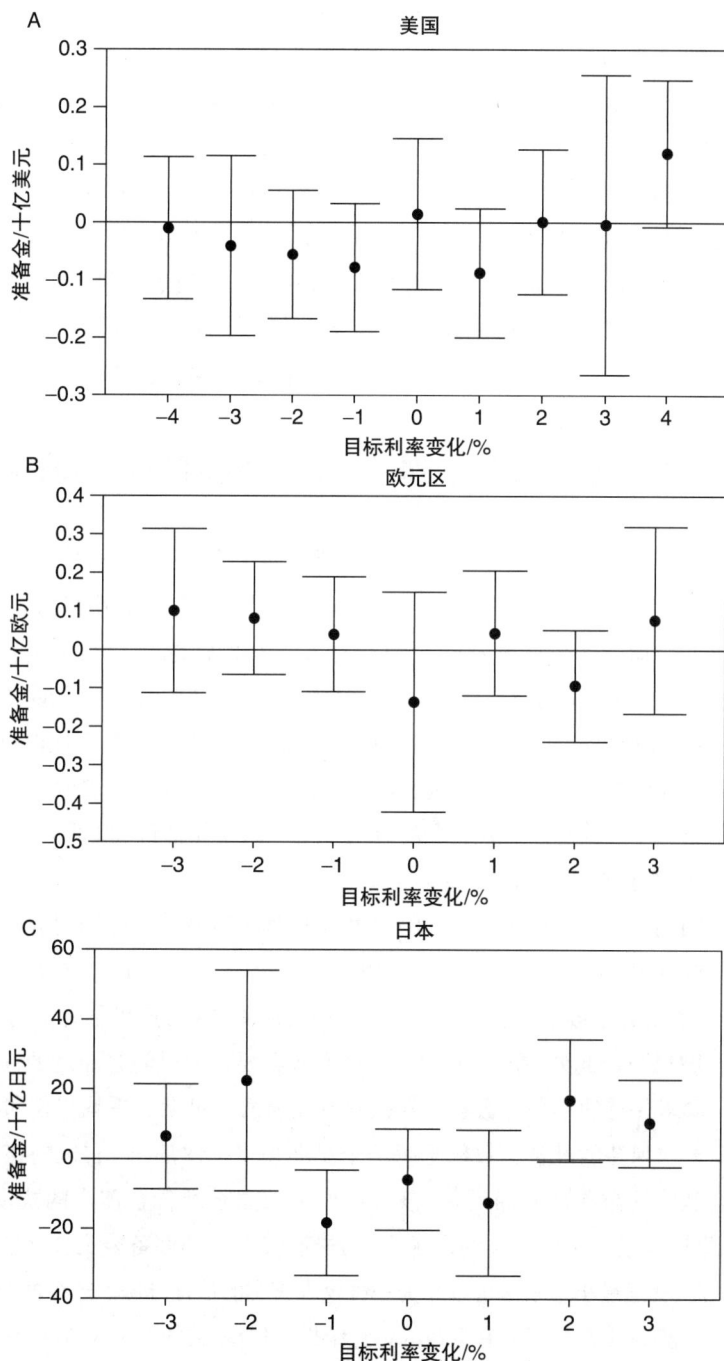

图 24.8 超额准备金对目标利率变化的反应:(A)美国,(B)欧元区,(C)日本

从图中可见,在美国和欧元体系中,没有任何证据表明在政策利率变动之前、之时或之后,超额准备金发生了系统性的变化,尽管在日本,有极少的迹象显示可能存在这种情况。对于美国,从图 24.8(A)可以看出,在目标联邦基金利率变动之前的四个为期两个星期的时间段内,平均准备金的变动都是负的,而且幅度很小(上下浮动在 0 到 1 亿美元之间)。从利

率变动的那个时间段到随后的四个双周时间段内,平均准备金的变化有时是负的,有时是正的,而且都非常小。所有九个时间段的平均变化都在90％的置信范围内。对于欧元体系,从图24.8(B)可以看出,在欧洲中央银行的主要再融资利率发生变动前的三个月,平均准备金的变动为正值(这与美国模式相反),而之后的变化则是有正有负。不过,就像美国的数据一样,所有七个时间段的平均值都非常小(大约上下浮动在 0 至 1 亿欧元之间),并且都在90％的置信范围内。最后,对于日本,从图24.8(C)可以看出,日本中央银行的目标活期贷款利率调整前后的各个月的平均值都不一致。在日本,所有的月平均值都很小(大约上下浮动在 0 至 200 亿日元之间)。只有一个时间段,即在政策利率变动前一个月出现的大约 200 亿日元的准备金负变动,统计上在90％的置信范围内不同于零,但那也是勉强可区分而已。

4.2　准备金需求的利率弹性:美国、欧洲和日本的证据

从关于中央银行如何实化货币政策的传统理论的角度来看,前面总结的两组证据构成了鲜明的对比。研究流动性效应的实证文献的研究结果大多表明,准备金供给的变化只会引起利率的微小变动。这个结果意味着银行对准备金的需求具有很高的利率弹性:如图24.5 所示,与需求表相对应的向下倾斜的经验曲线几乎是水平的。与此形成了鲜明对照的是,准备金和中央银行政策利率并没有在时间上表现出任何明显的共变性(见图24.7),同时基于单个准备金维持期的数据进行的细粒度更高的事件研究的结果表明(见图24.8),准备金供给的微小变化显然就足以引起利率的巨大变动——换句话说,相对于利率而言,准备金需求是高度无弹性的,或者说几乎是垂直的。

表24.1 显示了一个从 1990 年到 2007 年中期的样本以及这段时期内的三个子样本中估计出来的美国银行的准备金需求。① 由于扫账账户的引入以及其他与政策无关的因素的影响,要求缴存的准备金是逐渐收缩的,为了将这种效应剥离掉,这里估计的方程只关注银行超额准备金(的对数)。此外,在美国,银行达成准备金要求的时间是滞后的——为期两个星期的维持期内要求保持的准备金数额是根据银行在前两个星期的平均未偿付存款计算出来的——因此所要求保持的准备金数额是每两个星期预定一次的。② 右边的核心利率变量是目标联邦基金利率的当前值和滞后值,该目标似乎独立于准备金需求的扰动:没有理由认为,如果两个星期内银行对准备金的需求大于预期,美国联邦储备委员会就会调整目标利率作为回应。因此,普通最小二乘法可以作为一种令人满意的估计方法。这个回归还包括了因变量的两个滞后。表24.1 报告了所有系数的估计结果,以及相关的 Newey-West 标准误差。

---

① 这个样本开始于 1990 年,因为在那个时候,美国联邦储备委员会已经停止运用以借款准备金为目标的政策方法了(贴现窗口借款实际上已经减少为零了)。至于样本的结束时间之所以定为 2007 年年中,是为了规避2007—2009 年的金融危机的影响。与“千年虫”(Y2K)有关的观察值(即 1999—2000 年的观察值)以及 2001 年 9 月 11日的观察值也都略去了。

② 假设所要求的准备金是预先确定的,那么使用超额准备金作为因变量就相当于使用总准备金,同时把所要求的准备金作为回归变量包括进来,并将系数约束为1。

表 24.1　对美国的超额准备金需求的估计

回归量（自变量）	1990 年 1 月 10 日—2000 年 7 月 4 日	1990 年 1 月 10 日—1994 年 2 月 2 日	1994 年 2 月 2 日—2007 年 7 月 4 日	1998 年 8 月 12 日—2007 年 7 月 4 日
截距项	5.4×10^{-3} (2.0×10^{-2})	-1.9×10^{-1} (2.0×10^{-2})	1.4×10^{-2} (2.8×10^{-2})	2.2×10^{-2} (4.6×10^{-2})
时间趋势	$4.4 \times 10^{-4 ***}$ (7.0×10^{5})	$1.9 \times 10^{-3 **}$ (9.4×10^{4})	$5.0 \times 10^{-4 ***}$ (1.1×10^{4})	$5.3 \times 10^{-4 ***}$ (1.8×10^{4})
当期目标基金利率	-0.083 (0.075)	-0.376 (0.232)	0.011 (0.041)	0.003 (0.050)
目标基金利率，滞后一期	0.077 (0.076)	0.394 (0.240)	-0.018 (0.040)	-0.013 (0.050)
超额准备金，滞后一期	$0.81 ***$ (0.05)	$0.68 ***$ (0.05)	$0.86 ***$ (0.05)	$0.84 ***$ (0.05)
超额准备金，滞后两期	$-0.16 ***$ (0.04)	-0.10 (0.08)	$-0.19 ***$ (0.05)	$-0.17 ***$ (0.05)
基金利率系数之和	-0.006 (0.004)	0.017 (0.018)	-0.007 (0.005)	-0.009 (0.004)
基金利率系数的联合显著性，p 值	0.13	0.25	0.40	0.28
观察值个数	447	105	343	225
R^2	0.780	0.482	0.801	0.771

注：因变量是超额准备金的对数。数据是每两周一次的。括号中给出的是 Newey-West 标准误差。星号表示有统计显著性：*** 代表 1％，** 代表 5％，* 代表 10％。"千年虫"虚拟变量：回归排除了与 2001 年 9 月 11 日相关的观察值，并包括了用来代替"千年虫"的和 2003 年 8 月与 9 月的三个离群值的虚拟值。

先看单个利率项，没有一个系数的估计值显著不同于零（即便在 10％ 的水平上也是一样）。两个利率系数的和也同样是不显著的（对于所有四个样本期均如此）。只有在 1994 年 2 月之前的那个时期——美国联邦储备委员会是在那时第一次公开宣布联邦基金利率目标的——才有微弱的证据表明利率弹性在经济上是有意义的。同样，也只是在这个时期，系数的估计值（在 10％ 的水平上接近显著性）表明，联邦基金目标利率每提高 1 个百分点，银行就会减少其持有的超额准备金的 38％，但是仅限于当前维持期之内。两个星期之后，从估计的系数来看，这种变化就几乎完全逆转过来了。因此，在单一的为期两个星期的维持期之外，利率水平是无关紧要的。而且，由于这种影响仅仅在 1994 年 2 月之前的数据中才是可见的，所以最可能的解释不是银行的准备金需求的利率弹性在经济上是有意义的，而是美国联邦储备委员会正在减少准备金供给——给定预先确定的准备金要求，这种减少必定会在维持期内减少超额准备金——这可以作为一种信号，表明中央银行将在未宣布的情况下上调目标利率。一旦美国联邦储备委员会开始公开宣布其利率目标，这样的行动就没有必要了。因此，从美国的经验来看，无论是在 1994 年以前还是以后，都没有任何迹象表明准备金需求具有负的利率弹性。[①]

表 24.2 给出了对欧元体系的类似估计,这里使用了对银行准备金需求的两种不同的度量:一是超额准备金(与如表 24.1 所示的美国一样),二是超额准备金和银行在欧洲中央银行的常备存款便利下的存款的总和。银行在欧洲中央银行的这个工具中存入的资金是不计入需要满足的法定准备金要求的,但是它们会在下一个工作日自动地再一次转换为准备金,因此它们与准备金在一定意义上是相似的——它们代表了银行可以在类准备金资产与其他资产(如政府或私人发行的流动性证券)之间进行替换的另一个维度。[②] 这里所用的利率是欧洲中央银行的主要再融资利率。与欧元体系的准备金维持周期一致,所用的是月度数据(因此没有利率滞后值)。在从 1999 年中期开始的样本中,估计的方程包含了代表 2002 年头两个月的虚拟变量,因为那是欧元第一次进入流通的时候。这张表格还显示了从 2002 年 3 月开始的这两个方程的估计值。

表 24.2 对欧元区的超额准备金需求的估计

回归量(自变量)	1999 年 6 月—2000 年 7 月		2002 年 3 月—2007 年 7 月	
	准备金	存款+准备金	准备金	存款+准备金
截距项	-0.23^{***} (0.07)	-0.17^{**} (0.07)	-0.30^{***} (0.09)	-0.29^{**} (0.13)
主要再融资利率	-0.003 (0.018)	0.054^{**} (0.024)	0.035 (0.032)	0.072 (0.055)
准备金,滞后一期	0.32^{***} (0.13)	0.42^{***} (0.09)	0.39^{***} (0.09)	0.05 (0.11)
2002 年 1 月虚拟变量	0.77^{***} (0.05)	0.54^{***} (0.07)		
2002 年 2 月虚拟变量	-0.012 (0.11)	-0.45^{***} (0.08)		
观察值个数	95	95	62	62
R^2	0.334	0.327	0.195	0.067

注:准备金变量为对数值。数据是月度数据。括号中给出的是 Newey-West 标准误差。星号表示有统计显著性:*** 代表 1%,** 代表 5%,* 代表 10%。

对于超额准备金,1999 年至 2007 年的全样本的利率弹性的估计值为负,而且非常小,与零没有显著差异。对于超额准备金加上欧洲中央银行存款,全样本的估计弹性在统计上是显著的,但是是正的。对于开始使用欧元后的样本,估计弹性再一次为正,不过对于这里所用的两种准备金度量而言,估计值都非常小,而且在任何一个有说服力的水平上都远远不具

[①] 相比之下,Carpenter 和 Demiralp(2008)发现,美国银行持有的合同清算余额(以零利率持有,以补偿美国联邦储备委员会提供的支付服务)是有利率弹性的。然而,这些合约头寸的调整只会随着时间的推移而非常缓慢地进行,银行最多每个季度与美国联邦储备委员会重新谈判一次。这种渐进性也反映在了 Carpenter 和 Demiralp(2008)估计出来的脉冲响应中。因此,这个证据与中央银行如何实施利率变动的问题无关。恰恰相反,正如预期的那样,如果其目的是向美国联邦储备委员会返还一个大致固定的美元补偿金额,那么较高的市场利率就意味着在只持有较小余额的情况下也有可能实现这个目标。

[②] 此外,银行每天在营业结束前 15 分钟可以决定是否将超额准备金存入这种存款便利工具。

备统计学上的显著性。因此,全部四个方程中没有一个表明存在有显著意义的负利率弹性。

在所有三个体系中,日本是唯一一个有系统证据表明准备金需求的利率弹性为负的体系。与前面的两张表类似,表 24.3 给出了关于日本银行持有的超额准备金与日本中央银行的活期贷款利率(的对数)之间关系的估计结果。[1] 在如本表所示的三个样本周期中,估计出来的利率弹性都很大,且在 1% 的水平下与零有显著差异。对于结束于 1999 年初的那个样本期而言,日本中央银行是在 1999 年初采用了零利率政策的——估计出来的弹性表明,活期贷款利率从 5% 降低为 4%(对数减少值为 20%)会导致银行增加持有大约 7% 的超额准备金。

表 24.3 对日本的超额准备金需求的估计

回归量(自变量)	样 本			
	1992 年 1 月— 1999 年 2 月	1992 年 3 月— 2007 年 1 月	1992 年 1 月— 2007 年 6 月	2001 年 3 月— 2006 年 3 月
截距项	−1.81*** (0.41)	−1.03** (0.43)	−1.19*** (0.41)	−1.71*** (0.42)
活期贷款利率的对数值	−0.36*** (0.09)	−0.29*** (0.11)	−0.29*** (0.10)	−0.34*** (0.09)
滞后期的超额准备金	0.63*** (0.08)	0.67*** (0.12)	0.74*** (0.08)	0.65*** (0.08)
表示零利率政策的虚拟变量			0.83*** (0.32)	
表示量化宽松政策的虚拟变量			0.65** (0.28)	
表示零利率政策的虚拟变量 ×活期贷款利率的对数值			0.17* (0.09)	
观察值个数	86	97	183	183
R^2	0.710	0.909	0.965	0.968

注:因变量为超额准备金的对数值。数据是月度数据。括号中给出的是 Newey-West 标准误差。星号表示有统计显著性:*** 代表 1%,** 代表 5%,* 代表 10%。

就 1992 年至 2007 年的全样本而言,纳入还是不纳入虚拟变量,无论是在日本中央银行零利率政策之后的时期(从 1999 年 3 月到样本期结束),还是在日本中央银行采取量化宽松政策之后的时期(从 2001 年 3 月到 2006 年 3 月),结果都非常类似。图 24.9 的(C)部分绘制了全样本中日本银行的超额准备金与日本中央银行的活期贷款利率(两者均为对数值)之间的关系,图中使用了不同的记号来区分样本中五个不同时间段的观察结果:零利率政策之前时期(pre-ZIRP)、零利率政策时期(ZIRP)、目标活期贷款利率定为 0.25% 的一个短暂的时期、量化宽松政策时期(QEP)和量化宽松政策之后的时期(Post-QEP)。在图中,负弹性是显而易见的。与日本不同,正如图 24.9 的(A)和(B)部分所表明的,美国和欧元体系都不存在

---

[1] 对于日本来说,使用利率的对数是合适的,因为日本中央银行的很多实际操作,甚至早在 2007—2009 年危机之前就已经涉及非常接近于零利率的政策,包括低至 0.001%(1/10 个基点)的利率。不出所料,准备金要求在接近零利率时表现出了强烈的非线性。该样本排除了三个观察到的活期贷款利率实际上为零的观察点。

这种关系。[①]

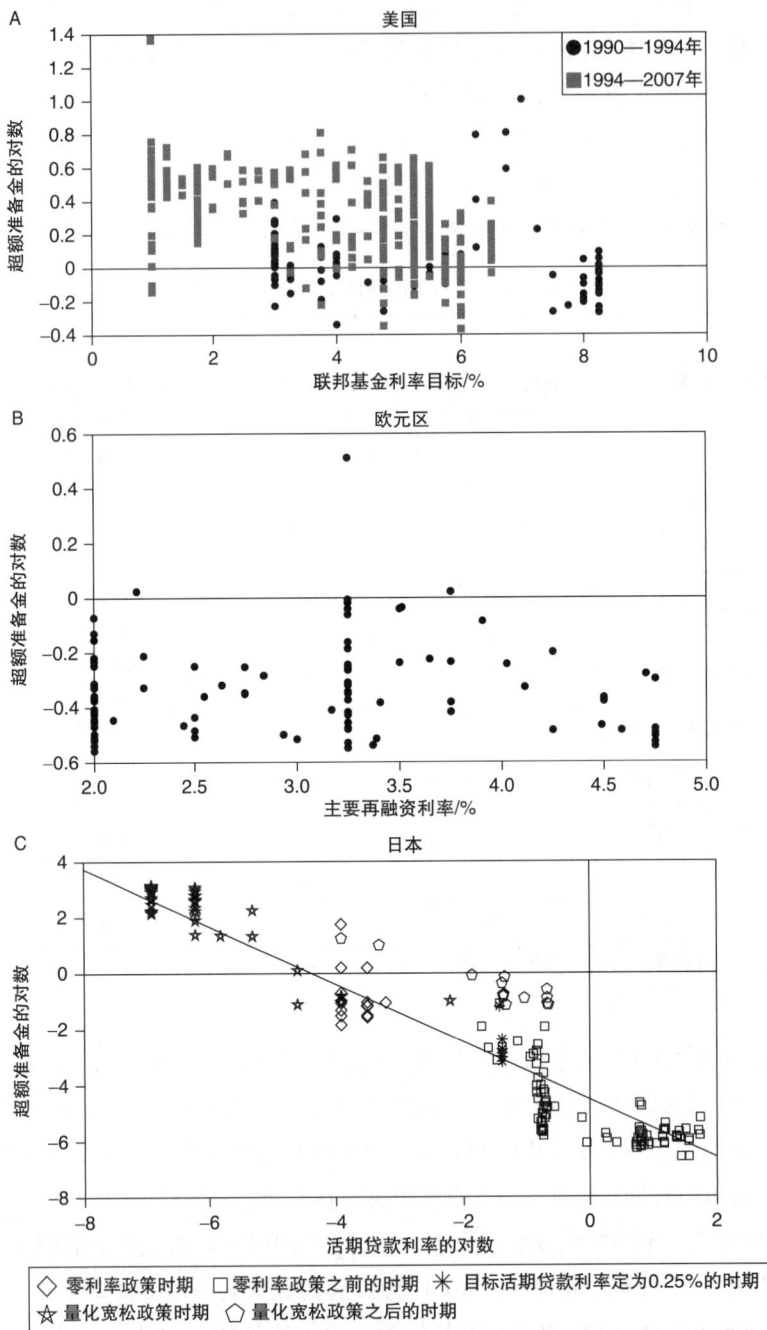

图24.9 超额准备金相对于短期利率的散点分布:(A)美国,(B)欧元区,(C)日本

[①] 日本的准备金需求与美国和欧元区之所以有如此大的不同,一个潜在原因是,与美国不同,日本中央银行不允许日本银行进行日间透支,也就是说,准备金的不足必须在当日清算结束时得到弥补(Hayashi,2001)。此外,与欧元体系不同的是,在这个时期,日本中央银行没有提供常备贷款便利工具让日本银行可以自由地借入准备金,以防止资金不足。由此产生的避免透支的需求可能会导致银行对超额准备金需求的不对称性,这也可能是引发利率弹性的一个来源。不过,研究这个相当具体的假设超出了本章的范围。

5. 那么,中央银行是如何设定利率的呢?

　　上文描述的两个关键的实证研究结果——银行对准备金的需求(在美国和欧元体系)不存在负的利率弹性,当中央银行的政策利率发生变化时准备金的供给并没有出现显著的变化(在美国、欧元体系和日本)——对如图 24.5 所示的中央银行如何设定利率的传统观点提出了重大挑战。如果准备金需求是不存在利率弹性的,那么不仅仅是单个银行,实际上整个市场本身都是银行准备金市场的价格接受者。在整个市场都是价格接受者时,人们可以认为中央银行在提供准备金时是具备完全弹性的,如图 24.10 的(A)部分;或者可以认为有一定的向上倾斜的利率弹性,如图 24.10 的(B)部分所示;但是在准备金需求没有弹性的情况下,这种差异其实并不明显。不管怎样,中央银行所做的实际上只是在垂直的需求曲线上选择了一个点。接下来马上要回答的一个最直接的问题是,中央银行如何向市场传达它到底选择了哪一个点。而进一步的问题则是,因为垂直的需求曲线意味着,准备金与其他资产之间缺乏替代性,那么银行的哪些行为会导致其他市场利率与政策利率同步变动呢?

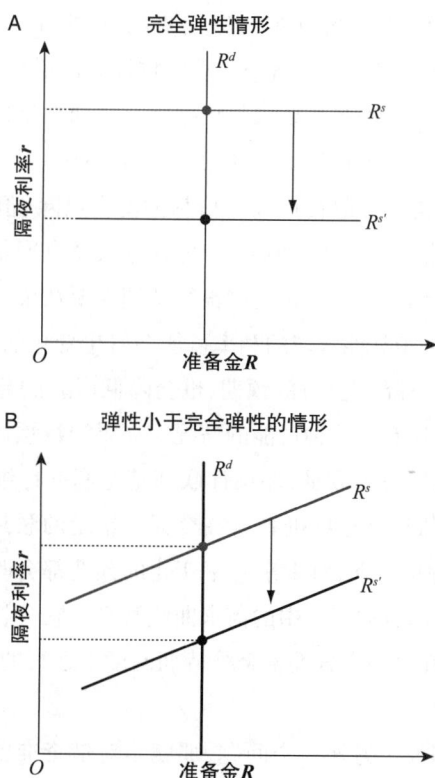

图 24.10　在准备金没有变化时供给引致的利率变化:(A)完全弹性情形,(B)弹性小于完全弹性的情形

　　与此相反,即便对准备金的需求是有利率弹性的(在日本似乎如此),中央银行要想在不

改变准备金供给的情况下(或者,准备金供给的变化的幅度比需求弹性所要求的要小)改变政策利率,就必须使需求曲线发生变化(见图 24.6)。如前所述,在这种情况下,需求曲线的变化取代了传统观点所设想的沿着需求曲线的移动。那么,关键的问题就变成了除了改变存款准备金要求(因为各国中央银行通常不会用改变存款准备金要求的方式来实现这种目标),还有什么因素会导致对准备金的需求以这种方式发生变化?

在考虑对其他资产的需求的变化时,常见的一类解释是诉诸对未来资产回报的预期。放到现在这个决策情境下看,银行在以 $X\%$ 的利率贷款和以 $Y\%$ 的利率持有国债之间的选择可能会有所不同,具体取决于该风险类别的贷款利率在可预见的未来是预期保持在 $X\%$ 的水平上还是会变化为某个不同的水平。当预期利率会很快提高(降低),银行现在会更不愿意(更愿意)延长贷款,因而也就更愿意(更不愿意)持有国债并等利率上升期结束后再贷款。因此,对于给定的当前利率"阵列",银行在其投资组合增加贷款的意愿会发生变化。

然而,将这种逻辑简单地扩展到对单日贷款的分析中是有问题的。如果在美国隔夜联邦基金市场上利率为 $X\%$,同时国债票面利率为 $Y\%$,那么对隔夜利率将会在未来的某个时候变得不同于 $X\%$ 的预期并不会直接影响银行在今天的联邦基金市场上的贷款意愿。原因在于,在未来的单日贷款与今天的单日贷款之间不存在相互替代的机会。通常的"期限结构"套利的逻辑在这里并不适用。①

然而,正如现有的部分实证研究文献已经强调过的,准备金市场的一个特征是,在许多国家的银行体系中,银行满足各自的准备金要求的核算方法恰恰在短期内创造了这种"期限结构"套利的可能性。在美国,准备金要求是根据银行在两个星期的准备金维持期内平均持有的准备金计算的。在欧元体系和日本,相应的计算周期是一个月。

除了未来某一天可能无法在隔夜市场上借款的潜在风险(但是这种风险通常很遥远),在这样的系统中,银行确实存在这样一种动机,即在今天持有准备金与在维持期内的未来某天持有准备金之间进行套利。如果一家美国银行预期需要从市场上借入准备金以满足自己的准备金要求,那么除了关于其他资产的利率可能会发生变化的预期,对于在维持期内未来某一天联邦基金利率将会下降(上升)的预期,也会降低(增加)银行今天以给定的联邦基金利率借入准备金的意愿。还有另一种可能的情况。如果银行预计它将来拥有的准备金超过了满足自己的准备金要求所需的数量,并预计联邦基金利率在维持期内的未来某一天将会变得更低(更高),那么该银行将这些准备金在今天以给定的联邦基金利率贷出去的意愿也会增加(减少)。在这两种情况下,对未来利率变化的预期都会改变今天在给定利率下的准备金需求——也就是说,使得图 24.6 中的需求曲线移动。在分析利率与准备金之间的联系的文献中,对于银行系统在这种多日准备金维持期制度下运行的那些国家,这种预期效应经常会得到强调。②

这种论证很自然地引发了另外一个问题,那就是对借贷准备金的隔夜利率的未来变化

---

① 这个讨论就像本章的大部分内容一样,是把一天视为一个单一的交易时段的。如果银行在上午就预计到了下午的利率会有所不同,那么即便是在一天之内,也存在着相当于多期替代的机会。

② 例如,见 Carpenter 和 Demiralp(2006a)的研究。

的这些预期又来自哪里？由于人们所预计的未来会变化的利率是中央银行设定的——或者至少是中央银行的目标——所以这种预期的一个直接的可能来源是中央银行的意图：这其实再明显不过了，中央银行可以通过宣布自己在未来有意提高或降低相关利率来引导预期。[①] 当然，如果中央银行确实这样做了，并且未来发生变化的时间就在当前的维持期内，那么前述预期效应就会变成公告效应：中央银行所宣布的未来政策利率的变动会导致一种套利动机，使得利率即刻跌至该目标水平，除非中央银行采取行动抵制这种变动。

然而，这里重要的是，预期效应的逻辑适用于任何对即将到来的利率变动的预期，无论它是否基于中央银行的声明，只要预期这种变化会在当前的维持期内发生即可。本章的第6节将证明，美国联邦储备委员会系统地采取行动来抵制这种趋势——不是针对基于它自己的政策声明的预期（因为美国联邦储备委员会关于利率变化的声明是立即生效的），而是针对基于市场对即将出台的货币政策决策的预期。

与此不同，在更长的时间期限内（在超过两个星期或一个月的准备金维持期内），这种预期效应（即改变当前占主导的准备金需求曲线，从而使得中央银行能够在不需要改变准备金供给的情况下调整政策利率）很可能不会起作用（哪怕它表现为公告效应的形式）。一旦准备金维持期结束，那么解释准备金需求变化的逻辑（见图24.6）将不再适用，只有通过改变准备金供给（见图24.5），中央银行才能保证利率不会回到之前的水平。正如本章第7节的讨论中将要强调的，从长期来看，对于一个给定的准备金要求结构，准备金与利率之间的联系（或者无联系）取决于存款增长的模式，而存款增长的模式又依赖于家庭和企业对不同类型的存款的需求以及提供这些存款的银行的行为，包括银行在准备金的成本居高不下时诱导客户用低准备金要求的存款替代高准备金要求的存款的努力和能力。不过，这些以存款的需求和供给为中心的问题已经远远超出了以准备金市场为关注焦点的本章的范围了。

5.1　美国、欧元体系和日本的银行准备金制度与利率制定程序

为了对短期货币政策的实施进行建模（包括对前述预期效应如何发挥作用的分析），对各国中央银行（如美国、欧元区和日本的中央银行）目前正在使用的操作规程的特点明确地加以考虑无疑是很有益的。[②] 表24.4给出了美国联邦储备委员会、欧洲中央银行和日本中央银行与本章的问题背景最相关的操作规程。

---

① 或者，中央银行可以公开宣布它对未来政策利率的预期。这正是一些国家的中央银行目前采取的做法，包括瑞典和挪威等国的中央银行。然而，通常情况下，这些对未来政策利率轨迹的预测的范围远远超出了准备金维持期，因此它们不会像本章所分析的那样改变准备金需求。

② 见 Borio（1997）对14个国家的中央银行的制度性操作框架的早期总结，它们中有许多后来被纳入了欧元体系，也请参见国际清算银行（BIS，2008）提供的最新的参考资料。Blenck 等（2001）对美国联邦储备委员会、欧洲中央银行和日本中央银行在新千年之初的做法进行了比较。Ho（2008）则对日本中央银行（以及其他亚洲国家的中央银行）进行了比较研究。Meulendyke（1998）对美国联邦储备委员会，欧洲中央银行自身（European Central Bank，2008）与 Galvenius 和 Mercier（2010）对欧洲中央银行，以及 Miyanoya（2000）对日本中央银行都有更详细的论述。自 Blenck 等（2001）的论著发表之后，在中央银行的操作规程上，最著名的变化发生在美国联邦储备委员会和日本中央银行身上，即贴现窗口操作和对银行持有的超额准备金支付利息，本章第7节将讨论这两个变化的更多细节。

表 24.4 各主要中央银行的操作规程的主要特征

类别	美国联邦储备委员会	欧洲中央银行	日本中央银行
目标利率	联邦基金利率	欧洲平均隔夜利率	无抵押活期贷款利率
准备金要求	交易账户为 0—10%,非交易账户为 0	两年以下存款为 2%,更长期的存款为 0	根据机构类型和存款量的不同,介于 0.05% 至 1.3% 之间
对准备金的定义	存放在美国联邦储备委员会的余额+库存现金	存放在欧洲中央银行的余额,存款基金排除在外	存放在日本中央银行的余额
准备金维持期	两个星期	一个月	一个月
准备金核算	滞后两个星期	滞后一个月	滞后一个月
常备便利工具	贷款便利(如 2003 年 1 月);对准备金支付利息(如 2008 年 10 月)	存款便利和贷款便利	贷款便利(如 2001 年);向准备金支付利息(如 2008 年)
公开市场操作	每日,按市场利率	每周,按主要再融资利率与市场利率之间的较高者	每日,按市场利率

第一,正如我们在本章第 3 节的讨论中已经强调过的,对于中央银行提供的准备金,银行必定有一个定期和可预测的需求。美国联邦储备委员会、欧洲中央银行和日本中央银行都规定了准备金要求。在欧洲中央银行和日本中央银行,必须通过持有存放在中央银行的准备金余额来满足这些要求。美国联邦储备委员会也允许银行通过持有库存备付金(即现金)来满足准备金要求,但是美元现金本身也是联邦储备系统的一项负债。①

第二,正如前面在解释预期效应的来源时所强调的,这几个国家和地区的中央银行规定的准备金要求适用于单个银行在一定的准备金维持期内的平均准备金持有量:美国联邦储备委员会为两周,欧洲中央银行和日本中央银行为一个月。②

第三,在每一个国家,存款准备金要求的满足都允许存在一个滞后期。在美国和欧元体系,滞后期与准备金维持期是相同的,所以相对于每个银行在当前维持期可能采取的任何行动,需要的法定准备金是预先确定的,而且作为一个整体的银行系统所需要满足的法定准备金总额也是预先确定的。而且,给定当前的信息处理工具和报告系统,所需的法定准备金也几乎在维持期一开始就是为当事银行所知的。一旦银行完成了刚刚结束的前两个星期或一个月的日常存款报告(准备这份报告通常只需要一天左右的时间),该银行和中央银行就可以提前知道在刚刚开始的这个维持期内银行需要持有多少准备金。不同的是,在日本,滞后期仅为维持期的一半,因此一个月的维持期内所需的法定准备金在一个月过了一半时间时

① 这些系统的准备金要求的各种更具体的特征对于这些中央银行如何运行的某些方面来说是很重要的,但是对本章讨论的问题则不是那么重要,例如,所要求的清算余额(随着时间的推移,这已经在银行持有的准备金总额中占据了较大比例)的作用,以及是否允许日间透支(这会影响到银行对准备金的预防性需求)。

② 根据美国联邦储备委员会(而不是欧洲中央银行或日本中央银行)的规定,银行也可以将超额准备金延续到接下来的那个维持期(但是这个规定是不对称的;银行不可以通过在下一个维持期持有更多的资金来弥补这一个维持期的赤字)。然而,这种结转的上限规模相对较小(取 50000 美元与银行总准备金要求的 4%之间较大的一个数额),因此我们在这里讨论的模型没有纳入这个因素。

就已经确定下来了（然后再过一天左右的时间就可以知悉它了）。

第四，所有这三个中央银行的制度框架现在都已经纳入了常备便利工具，以便向银行提供准备金或者从银行吸收准备金，而且数量实际上是无上限的。至于利息，要么直接收取，要么予以贷记，根据每个中央银行的政策利率目标而定。这里重要的是，在每一家中央银行，准备金存款的利率都低于中央银行的政策利率目标，同时准备金贷款的利率则高于该目标。[①] 这方面最突出的例子是欧洲中央银行。自成立以来，为了满足银行的准备金要求，欧洲中央银行一直设有边际贷款便利工具（在银行提出请求时向银行出借准备金）和边际存款便利工具（以便从银行吸收准备金，因为当银行不需要准备金时，会选择将之存入中央银行），两者均为隔夜操作。这些便利工具支付和收取的利率的浮动范围为，从欧洲中央银行主要再融资利率上下浮动1％，至欧洲中央银行主要再融资利率上下浮动50个基点。

自2008年以来，日本中央银行和美国联邦储备委员会也都设立了类似的便利工具，不过由于这两个国家的隔夜市场利率都接近于零，所以到目前为止，为银行超额准备金支付利息的机制基本上从未启用过。2001年，日本中央银行引入了补充贷款便利工具，向银行发放隔夜准备金，它取代了传统的贴现窗口，利率通常设定为高于活期贷款利率目标25个基点的水平。直到2008年，当目标活期储蓄利率在2007—2009年金融危机的背景下回到接近于零的水平时，日本中央银行才引入了它的补充贷款便利工具，根据这种机制，银行持有的所有超额准备金都被自动视为隔夜存款，从而可以获得规定的利息。[②]

2003年，美国联邦储备委员会通过引入一级信贷工具扩大了贴现窗口，适用的利率高于联邦基金目标利率1％。[③] 就像日本中央银行一样，美国联邦储备委员会从2008年开始向超额准备金支付利息，而且银行并不需要采取具体行动去存放这些超额准备金。原则上，所支付的利率要比联邦基金目标利率低0.75％，尽管从这种新工具的引入到我们撰写本章的时候，目标利率已经下降到了接近于零这个事实早就使得这种利率毫无实际意义（同样地，作为2008年的改革的一部分，美国联邦储备委员会也开始以目标联邦基金利率向法定准备金支付利息。由于每个银行的法定准备金数额是在维持期开始时就预先确定的，因此这种支付不会影响银行在维持期内对其准备金头寸的管理。从这个角度看，这只不过是给银行的一笔一次性转账）。

---

① 因此，由此产生的利率体系与新西兰储备银行早先采用的"走廊系统"有很大的区别。在"走廊系统"下，这两个利率都是根据市场利率确定的，而不是由中央银行的政策利率决定的。正如Guthrie和Wright（2000）以及Woodford（2000）在对新西兰体系的分析中所指出的，这两种利率不受中央银行直接控制这个事实导致了更深层次的非确定性。

② 日本中央银行的声明称，这种新的工具是一个"促进资金供应的临时措施"，但是一直到2010年年中，这种工具仍然在使用。支付的利率由日本中央银行自行决定。在2010年中期，利率为0.1％，与利率目标相同。

③ 请参见Meulendyke（1998）关于旧的贴现窗口的运行机制以及准备金借款在美国联邦储备委员会的操作规程中曾经扮演的角色的描述。从1984年起（即在伊利诺斯大陆银行倒闭后），美国的银行越来越不愿意从贴现窗口借钱，对此，请参见Clouse（1994）和Hanes（2004）的分析。不过，原有的贴现窗口便利工具仍然以退化的形式继续存在着。一直到2009年底，美国联邦储备委员会的借款总额为1950万美元，其中有1902.5万美元是一级信贷，这还不包括金融危机期间设立的各种特殊便利工具（以及向美国国际集团提供的特别贷款）。从原则上说，每个联邦储备银行的董事会都可以设定银行的贴现率，前提是得到联邦储备系统理事会的批准。但是在实际上，12家联邦储备银行各自的贴现率出现不同的情况极少会持续超过一天或两天。一级信贷利率总是比联邦基金目标利率高1％。

最后,尽管没有证据表明在美、欧、日这三个体系中,准备金供给的系统性变化会影响中央银行的政策利率变动,但是每一家中央银行都会定期地干预市场,以应对观察到的或预期的市场利率偏离其目标的情况。美国联邦储备委员会和日本中央银行每天都会进行一次公开市场操作,通常是在每天一开始的时候。欧洲中央银行则只每个星期进行一次公开市场操作。如果这些干预是连续的、无限制的,那么市场利率和中央银行目标之间的偏差就不会持续太久。然而在现实世界中,公开市场操作每天只进行一次,或者(在欧元体系中)每个星期只进行一次,这就意味着这种偏差确实会发生,而且它已经成了这些体系的隔夜准备金市场的一个常规特征。

此外,这样的市场干预即便进行了,其规模通常也并不是无限的。美国联邦储备委员会和日本中央银行每天早上都要决定(见图24.11)增加或减少的准备金数量。在2008年10月之前,欧洲中央银行每周一次的干预包括拍卖固定数量的准备金,以等于或高于主要再融资利率(那是欧洲中央银行的欧洲平均隔夜利率钉住的目标)的利率;如果竞拍者出价过高的话,则激活预先制定的分配机制进行分配(在欧洲中央银行于2000年采用浮动利率招标制之前,这种情况经常发生)。如图24.11所示,在最近这场金融危机爆发之前,典型的结果是出现向上的偏差,从而导致政策利率通常高于目标。相比之下,这种结果在美国和日本都没有出现过。进一步的结果是,政策利率的波动性比美国更大,特别是在每个为期一个月的准备金维持期的最后一天。然而,自2008年夏天以来,偏差就一直出现在了相反的方向上:欧洲平均隔夜利率通常低于目标。2008年10月,欧洲中央银行将它的规则改为在目标利率下无限制地进行分配(这一改变是为了应对金融危机而宣布的临时措施——见本章第7节的讨论——但是直到2010年年中,这个机制依然处于生效状态)。

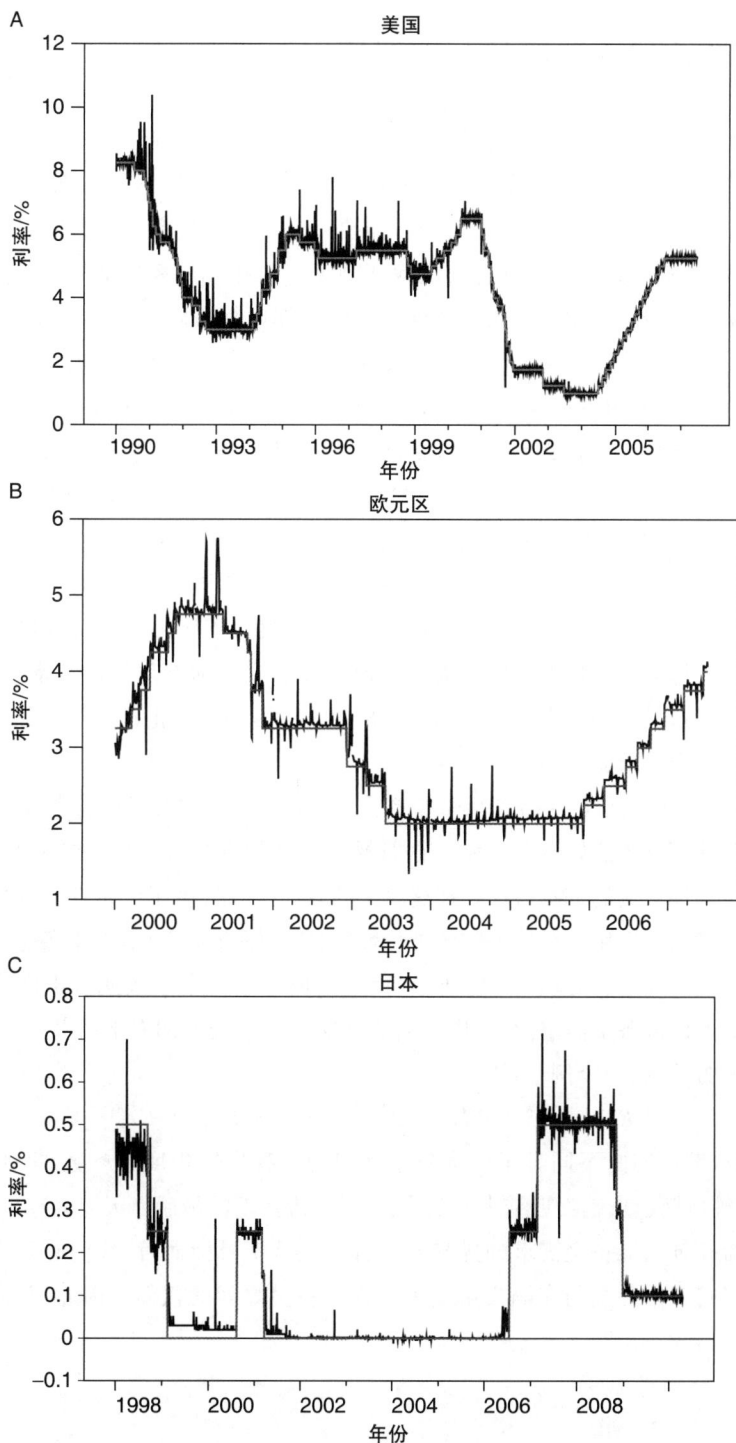

图 24.11 目标利率与市场利率:(A)美国,(B)欧元区,(C)日本

5.2 准备金管理模型与预期效应

给定上面描述的一般形式的制度安排,利润最大化的银行有激励管理好自己的日常准备金头寸,以实现整个维持期内平均所需的持有准备金的平均成本最小化,同时考虑任何与期末准备金赤字有关的潜在成本(那时银行需要以惩罚性的利率去借款),以及持有超额准备金的机会成本(那是无法获得利息的,或者只能获得比市场利率更低的利息)。因此,对于银行的决策来说,需要考虑的是,在整个准备金维持期内将平均持有多少超额准备金,以及在维持期内的某一天持有准备金与在另一天持有准备金之间应该怎么进行替代。在市场的供给方面,有一些国家的中央银行(像美国联邦储备委员会和日本中央银行在 2008 年之前所做的那样),隐含地承诺在必要时进行干预,并且确实会每天都进行干预,以便将政策利率保持在特定的未明确公布的目标区间内;另一些国家的中央银行(像欧洲中央银行在 2008 年之前所做的那样)则明确承诺以两种常备便利工具的利率提供或吸收数量不受限制的准备金,并承诺在前述范围内进行干预(这种承诺的强度要稍弱一些,因为这种干预每个星期只进行一次)。这种互动的关键含义就在于——假设银行了解中央银行的操作制度并能够预测中央银行的行为——日常准备金需求函数取决于市场利率与目标利率之间的差距,即便准备金需求对这两种利率水平本身都是无弹性的。[①] 实际上,正是这个特征使得中央银行有能力改变准备金需求曲线(见图 24.6)。

我们在第 3 节中给出的三资产供求模型为形式化上述这些关系提供了一个有用的途径。尽管这样得到的模型无法体现单个中央银行操作框架的许多复杂性和独特性,但是它确实能够刻画产生预期效应的基本特征。在这里,关键的一点是,由于法定存款准备金要求不适用于每天的数额而只适用于维持期间的平均数额,所以银行在第 t 天对准备金的需求不仅取决于对利率的当前设定,如式(24.3)所示,而且还依赖于对未借入或贷出准备金的预期利率。对于这方面的准备金需求而言,用当期的隔夜利率 r_t^F 与预期未来利率 $E_t r_{t+1}^F$ 之间的差异来表达是非常方便的,一个例子是:

$$R_t^d = L[\alpha^R - \beta^{RT} r_t^f - \beta^{RT} r_t^T - \gamma(r_t^F - E_t r_{t+1}^F) + e_t^R] \tag{24.12}$$

其中,γ 是表示维持期内不同日子的准备金之间的可替代性程度的参数。[②] 通常有理由推测,γ 会随着维持期越来越临近结束而变小,并且在维持期的最后一天变为零。

就分析维持期内准备金需求的异日间可替代性这个目标而言,我们有理由假设银行要关注的主要是持有准备金与在隔夜市场上出借准备金之间的权衡。因此,其他证券的利率

---

① 例如,请参阅 Woodford(2000)和 Bindseil(2004,2010)对这个问题的探讨。

② 如果在一个设定更加完全的模型中,γ 将反过来取决于中央银行的操作制度的结构性特点,如由中央银行的便利工具确定的"走廊"的宽度、中央银行在"走廊"内进行干预的意愿、与维持期末准备金余额不足相关的任何处罚、当日透支的可行性、目标利率与银行存贷款利率之间的息差、相关冲击的共同分布等。因为式(24.12)中的预期指的是对维持期内未来各天的平均利率的预期,所以替代参数一般来说会随着维持期内剩余天数的变化而变化。Furfine(2000)、Clouse 和 Dow(2002 年)以及 Bartolini 等(2002)都提出了详细的期内准备金需求最优化模型。

(这里以国债利率表示)在很大程度上是与这个决策无关的。[1] 这样一来,$\beta^{RT} = 0$,于是式(24.12)就可以简化为:

$$R_t^d = L[\alpha^R - \beta^{RT} r_t^F - \gamma(r_t^F - E_t r_{t+1}^F) + e_t^R] \tag{24.13}$$

式(24.13)有一个人们熟悉的性质,在极限中,即当 $\gamma \to \infty$ 时,隔夜利率 r_t^F 就会变成一个鞅:$E_t r_{t+1}^F = r_t^F$。如果在一个维持期内,银行有能力不受限制地在不同的日子之间调整准备金,以此来应对当前的隔夜利率与未来预期隔夜利率之间的预期偏差,那么它们之间的任何差异都可以通过套利而消失。

中央银行通过调整准备金供给来应对隔夜利率与相应的目标之间的预期偏差,用下面这种形式的方程来表示这种调整行为对我们的分析很有帮助:

$$R_t^s = R^* + \phi L(E_t r_{t+1}^F - \bar{r}_t^F) + L u_t^R \tag{24.14}$$

其中,$\bar{r}^F$ 仍然表示目标利率,而 $E_t r_{t+1}^F$ 则表示即将到来的那一天的预期利率。[2] 与在第3节中描述的一样,R^* 指的是准备金的基线数量,即在不存在冲击的情况下,由中央银行提供的、能够使市场出清利率 r_t^F 等于目标利率 $\bar{r}^F$ 的准备金的数量。式(24.14)还包括了一个准备金供给冲击 u_t^R,它表示影响准备金水平的各种外生因素,例如国债余额的波动等。[3]

式(24.14)中的参数 ϕ 表示中央银行会在何种程度上调整准备金供给以应对对未来隔夜利率的预期,所以这个参数从反面反映了中央银行在何种程度上愿意容许这些预期影响当前利率。[4] 如果 $\phi = 0$,那么中央银行是消极的,不会将准备金供给调整为与 R^* 不同的水平,因此也就没有努力去防止 $E_t r_{t+1}^F$ 的波动影响当前汇率。在极限情况下,即当 $\phi \to \infty$ 时,无论市场预期如何,中央银行都会增加或减少必要数量的准备金,以便将隔夜利率维持在 $\bar{r}^F$ 的水平上(供给扰动项除外)。因为中央银行试图抵消的对未来隔夜利率的预期对前隔夜利率的影响(除非 $\phi = 0$)源于银行试图在今天持有的准备金与维持期内未来某天持有准备金之间进行替代的行动,所以一个合理的假设是,γ 的值越大(它意味着银行进行这种替代行动的意愿更高)会导致中央银行对隔夜利率偏离目标的预期做出更加积极的反应。表示这一假设的最简单的形式为:

$$\phi = \lambda \gamma \tag{24.15}$$

其中 λ 表示中央银行对某个给定的 γ 值采取行动的积极程度。

令准备金供给与准备金需求相等,并用式(24.7)替代基线准备金 R^*,我们就可以得到:

$$r_t^F = \frac{\beta^{RF} + \lambda\gamma}{\beta^{RF} + \gamma}\bar{r}^F + \frac{(1-\lambda)\gamma}{\beta^{RF} + \gamma}E_t r_{t+1}^F + \frac{1}{\beta^{RF} + \gamma}(e_t^R - u_t^R) \tag{24.16}$$

---

[1] 或者,我们也可以假设,在这种调整频率下,隔夜资金和国债可视为近乎完美的替代品,因此国债利率可以归入联邦基金利率项内。不过,把这个问题的重点放在维持期内准备金的异日间可替代性这个方面似乎是一种更有吸引力的想法。

[2] 在美国和日本目前所用的操作规程下——中央银行在每一天开始时就进行公开市场操作——式(24.14)中的预期项实际上指的是中央银行所预计的那一天的利率将会是什么,而它所用的则是那一天之前的信息。因此,式(24.13)和式(24.14)的预期并不是完全一致的。虽然将式(24.14)中的预期项写成 $E_{t-1} r_t^F$ 应该会更精确一些,但是对于这里的讨论的目的而言,那样得到的模型将会变得不清晰一些。

[3] 将式(24.13)和式(24.14)结合起来得到的模型思想上大体与泰勒的模型(Taylor,2001)相同,只不过它纳入了Orphanides(2001)关于前瞻性准备金供给函数的建议。它也类似于Demiralp(2001)提出的模型。

[4] 根据市场条件调整准备金供给,对应于Disyatat(2008)所说的"政策实施反应函数"。

因此,市场出清隔夜利率是目标利率和(维持期内的)预期未来利率的凸组合,再加上一个描述准备金供给和准备金需求受到的扰动的项。γ 的值越大——也就是说,银行用某一天的准备金替代另一天的准备金的能力越大——赋予预期未来利率目标的权重就越大,因此预期效应就越强。与此不同,λ 越大——也就是说,中央银行在给定的 γ 下在市场中的干预越积极——那么预期效应就越弱,因此当前目标利率的权重相对于预期未来目标利率就越大。

式(24.16)的另一个特征是,供给冲击的系数 $1/(\beta^{RF}+\gamma)$ 说明了银行在维持期内转移准备金余额的能力是如何减弱了准备金需求和供给冲击对隔夜利率的影响的。在 $\gamma>0$ 的情况下,隔夜利率的响应将小于 $1/\beta^{RF}$ 的响应——$1/\beta^{RF}$ 的响应表示的是维持期以外的频率下的准备金需求。在维持期的后期,随着 γ 的变小,这种影响也会减少。在维持期的最后一天,即当 $\gamma=0$ 时,前瞻性准备金平均化的机会将完全消失,于是供求冲击对隔夜利率的影响就是 $1/\beta^{RF}$。这个模型的这重含义与观察到的准备金供给冲击对维持期最后一天隔夜利率有更大影响的趋势是一致的(见图24.11)。同样地,预期效应也会随着维持期的临近结束而减弱,并在最后一天消失。

式(24.16)还说明了"纯"预期(或公告)效应得以普遍存在的条件——这种效应使得中央银行可以在不改变准备金供给的情况下改变均衡隔夜利率。关键的要求是,当前隔夜利率的变化不会对准备金需求产生影响,即 $\beta^{RF}=0$。在这种情况下,银行的准备金管理决策就只涉及如何在维持期内各个日子之间分配准备金余额,而不涉及是否根据市场利率水平改变所持超额准备金的平均水平。在这个条件成立的情况下,式(24.16)表明,如果 $E_t r_{t+1}^F = \bar{r}^F$,那么在不存在冲击的情况下,市场出清利率为 $r_t^F = E_t r_{t+1}^F = \bar{r}^F$。因此,如果 $\beta^{RF}=0$,那么中央银行就完全有能力实施其目标利率,而无须改变所需的准备金供给,前提是市场参与者都相信它确实会这么做。要让隔夜利率上升到一个新的水平,中央银行只需要可信地宣布一个新的目标(以及隐含的新的准备金供给函数)。

图24.12以作为当前隔夜利率的函数的准备金需求曲线在垂直方向上的变化为例,说明了这种情况。变动的距离等于目标利率的变化——银行预计该目标利率将成为新的有效利率。即便 $\beta^{RF}=0$(从而银行在维持期内对准备金的平均需求完全无弹性),只要它们能够在维持期内某一天的准备金需求与另一天的准备金需求进行替换(即 $\gamma>0$),那么任何一天(除了最后一天)的准备金需求都是有利率弹性的。但向下倾斜的准备金需求曲线是基于银行预期在维持期内的剩余时间里占据主导地位的利率的,因此,中央银行的声明(或者其他任何事项)所带来的预期变化能够在垂直方向上改变需求曲线。与此同时,由于中央银行不会在利率变化的同一个时期改变准备金供给,如式(24.14)所示,所以垂直的供给曲线保持不变。

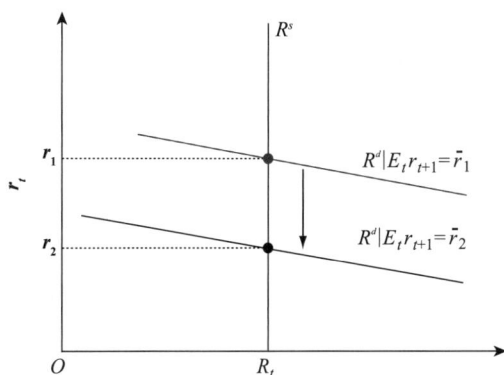

图 24.12　纯公告效应

　　同样的逻辑也适用于多日模型设置。通过前向求解式(24.16),可以将当前隔夜利率表示为整个预期未来目标利率序列的函数。因此,作为隔夜目标利率未来变化的信号,中央银行的公告将导致当前市场利率出现跳升(降),然后随着时间推移向新的目标利率收敛。

　　然而,这个逻辑并不意味着准备金是完全无关紧要的,更加不意味着中央银行可以通过任意水平的准备金供给来实现目标利率 $\bar{r}^F$。政策利率完全由目标利率决定需要满足两个条件。第一个条件是准备金的基线(或中性)供给 R^* 必须如式(24.7)所示。[①] 在维持期内,准备金的需求可能有也可能没有弹性(至少对美国来说是这样);而欧元体系的证据表明在低频处高度无弹性(请再回头看一下表 24.1 和表 24.2)。此外,在美国和欧元体系,某个维持期的作为一个整体的法定准备金是该维持期开始时就预先确定的,而日本则是在维持期过了一半时确定下来的。因此,在维持期内,准备金供给的不足或过剩可能会导致隔夜利率大幅偏离目标,而且若要对其进行限制的话,银行只能求助于中央银行的常备存贷款便利工具。

　　第二个条件是这种形式的纯公告效应要求中央银行承诺(即便只是隐式的),当出现了隔夜利率偏离目标的情况时,必须调整准备金供给加以应对,这样才能使其公开宣布的目标变得可信。从式(24.16)中也可以明显看出这一点:当 $\lambda = 0$ 时(这意味着当隔夜利率偏离了目标时,不对准备金供给进行调整),市场利率就会脱离目标利率,而且只取决于预期的未来利率。因此,在考虑了银行在维持期内的不同日子之间进行替代的能力后,用 λ 或 ϕ 的值的差异来刻画是一个很有用的方法,我们可以用它来分析欧洲中央银行和美国联邦储备委员会分别使用的"交易利率体系"与"目标利率体系"之间的本质区别。[②] 欧洲中央银行的承诺——在由它的两个常备便利工具形成的"走廊"的边界上进行干预——是明确无误的。如果银行的随机存款流使得准备金不足与准备金超额有相同的概率,那么在一些合理的条件下,即便是在不存在中央银行干预的情况下,由此得到的均衡也将会让市场利率维持在两种

[①] 正如 Borio 和 Disyatat(2009,第 3 页)所指出的:"相应的(准备金)需求是极其无利率弹性的——它实际上是一条垂直的需求曲线。无论采取何种政策制度,提供这一数额的准备金是所有中央银行货币操作的基本任务。如果不这样做,就会导致隔夜利率大幅波动。"

[②] 见 Manna 等(2001)和 Bartolini 等(2003)的有用的论述。

便利工具的利率之间的中间值附近。事实上,欧洲中央银行的实际干预确实不频繁,这意味着在这个模型的背景下,λ 的值相对较小。相比之下,虽然美国联邦储备委员会和日本中央银行的干预承诺只是隐性的,但是实际干预的发生频率更高,而且边界也要窄得多,这些都意味着更大的 λ 值。

各国中央银行在市场干预的积极程度上的这些差异也反映在了各自的系统中市场利率围绕目标波动的变动性上。从 2001 年到 2007 年中期,欧洲平均隔夜利率与欧洲中央银行的目标的日标准差为 13 个基点。相比之下,日本在 1998 年至 2007 年中期(不包括其间的零利率时期)的可比标准差则仅为 5 个基点。在美国,货币政策实施制度的演变十分明显。从宣布联邦基金目标开始到 1994 年 2 月至 1998 年 7 月引入滞后准备金核算,有效联邦基金利率围绕美国联邦储备委员会的目标的日标准差为 23 个基点。从那时(1998 年 8 月)起直到 2000 年 6 月推出财政投资计划,日标准差减少为 19 个基点。[1] 从那时(2000 年 7 月)到 2007 年 6 月这场金融危机爆发之前,日标准差仅为 8 个基点。[2]

各国中央银行在公开市场操作方面的政策的积极程度还与如下这个问题有关:构成了目标利率"走廊"的上下边界的常备便利工具可能被使用的频率有多高(在美国联邦储备委员会和日本中央银行都采用了类似欧洲中央银行一贯使用的常备便利工具的背景下,这一点就显得更加重要)。λ 的值越大,中央银行的存贷款便利工具的利率被触及的可能性就越小。在欧元区,欧洲平均隔夜利率围绕着欧洲中央银行的主要再融资利率变动在金融危机前的标准差为 13 个基点。这与在美国或日本的数字相比较大,但是与欧洲中央银行通过两种便利工具创造的"走廊"的宽度相比(在当时,"走廊"的宽度为目标上下各 1 个百分点)仍然很小。不过,如图 24.11 所示,这种波动经常涉及与目标的相当大的偏离,特别是在维持期的最后一天。日本也出现了类似的大偏离,如图 24.11 的(C)部分所示。自 2000 年年中启动财政投资计划以来,除 2001 年 9 月 11 日的恐怖袭击事件外,在美国还没有出现过类似的情况。

6. 维持期内准备金供需的经验证据

对于中央银行来说,要想在不增加或减少准备金(至少是在不用大量增加或减少准备金)的情况下影响政策利率的变化,准备金需求和准备金供给分别需要满足一个条件。首先,银行对准备金的需求必须在整个维持期的频率下都具有相对于利率很高的非弹性,也就是说,对于式(24.12)所设定的准备金需求曲线而言,β^{RF}(以及 β^{RT})必须为零,或者在这个维持期的时限内接近于零(因为银行的准备金要求是预先确定的,在维持期开始之前,这里讨

---

[1] 财政投资计划使得财政部能够更密切地监测其现金流,从而增加了美国联邦储备委员会持有的国债余额的可预测性。请参见 Garbade 等(2004)的论述。

[2] 类似地,Bindseil(2004)报告称,2001—2004 年美国的目标标准差为 5 个基点,而欧元体系的为 13 个基点。

论的就是对超额准备金的需求)。其次,中央银行必须作出令人信服的承诺(即便只是隐含的承诺),在隔夜利率偏离目标时调整准备金供给,使得有效市场利率在一定程度上接近相应目标。对于中央银行来说,在准备金供给有时会受到相当大的干扰的情况下(读者应该不难回想起对国债余额等因素的错误估计),要想能够减弱政策利率的日常波动性还有一个必要条件,准备金需求在维持期内每天都会表现出巨大的利息弹性。

那么,这些条件在实践中得到了满足吗? 本章第 4 节中给出的证据(参见表 24.1 和表 24.2)表明,银行对准备金的需求是高度非弹性的:美国的频率为每两个星期一次(这对应于美国联邦储备委员会规定的每两个星期的准备金维持期)和欧元体系的频率为每个月一次(对应于欧洲中央银行规定的为期一个月的维持期)。那么,中央银行准备金的供给情况以及银行在维持期内对准备金的需求情况具体又是怎样的呢?

6.1　维持期内准备金的需求和供给的现有证据

与第 5 节的模型一致,欧元体系中准备金需求的实证证据表明,在欧洲中央银行规定的长达一个月的维持期内,不同日子之间的准备金需求具有高度的可互替性,同时也存在着显著的前瞻性行为。正如我们在第 4 节中总结的,Ejerskov 等(2003)、Würtz(2003)以及 Angelini(2008)的这三项研究一致表明,准备金供给的短暂冲击对欧洲中央银行主要再融资利率与欧洲平均隔夜利率之间的息差几乎没有影响。这些一再重复得到的结果与日常准备金需求相对于当前和预期未来隔夜利率之间的息差具有高度弹性的假设是一致的。

这三项研究还提供了一系列更直接的证据说明当前的准备金需求在多大程度上取决于对未来的利率的预期。Würtz(2003)在他的有 43 个变量的日常准备金需求回归中,将两个月期和一个月期的欧洲平均隔夜利率之间的息差作为预期利率变化的代理变量。他的估计结果表明,预期利率变动的影响存在一定程度的不对称性——预期利率上升的影响大于预期利率下降的影响。从 Würtz(2003)的研究结果来看,对未来利率变动的预期对欧洲平均隔夜利率息差的波动只产生了温和的影响:预期利率上升的影响最高为 14 个基点,而预期利率下降的影响为 5 个基点。

Ejerskov 等(2003)在他们的每周准备金需求回归中包括了两种可选的基于市场的利率预期指标:一周和一个月的欧洲平均隔夜利率的远期利率。Ejerskov 等(2003)得到的估计结果证实了 Würtz(2003)的发现,他们估计出来的预期利率变动的影响是正的且在统计上有显著意义,尽管这些估计值也相当小,平均而言,25 个基点的预期变动只会影响 3.5 个基点的息差。

Angelini(2008)没有直接进行欧洲平均隔夜利率息差对预期利率变化的回归,而是利用 1999 年 1 月至 2001 年 1 月的每日数据估计预期利率变化对准备金需求数量的影响。再一次,他使用了基于市场的度量预期的指标。他的研究结果也支持了短期准备金需求曲线具有弹性的假说——隔夜利率预期每上升 25 个基点,将导致准备金需求平均上升大约 0.1%。

另外,在供给方面,欧洲中央银行可以使用两种机制来调整准备金规模,以应对不断变化的市场状况。[1] 第一种机制是通过欧洲中央银行正在运用的配对常备便利工具来调整,它代表了一个明确的承诺:如果市场利率偏离目标足够远,那么欧洲中央银行就会提供或吸收准备金。但是,观察到的市场利率与目标利率的偏差其实要小得多——从2001年到2007年年中,目标准差仅为13个基点,相比之下,同期欧洲平均隔夜利率的目标利率与贷款利率或存款利率之间的差异则达到了1%——这个事实表明,欧洲中央银行对市场利率发挥影响的方式对于给相关利率"走廊"设定上下边界的常备便利工具来说是超边际的。[2] 由于欧洲中央银行一贯强调"基准分配"的确定,并运用"走廊"机制来实现声誉均衡,所以大多数关于欧元体系的研究——如Papadia和Välimäki(2010)的综述中讨论过的那些研究——关注的都不是主动准备金供给对利率偏离目标的反应,而是其他问题。Würtz(2003)在他用来估计流动性冲击和预期利率变化的影响的同一个回归模型中也发现,贷款便利工具的使用频率的增加往往与欧洲平均隔夜利率和主要再融资利率之间的息差的上升有关。尽管这不是他这项研究的重点,但是从这个结果中可以很自然地推断出,至少在某种程度上,借助贷款便利工具确实可以在隔夜利率偏离目标时调整准备金供给。

欧洲中央银行用来调整准备金供给的另一个机制是改变中期再融资操作(medium-term refinancing operations,简写为MRO)的分配,这也是它的公开市场操作的主要形式。Ejerskov等(2003)报告的证据表明,欧洲中央银行确实调整了MRO的数量,以应对欧洲平均隔夜利率对该银行的主要再融资利率的预期偏差。他们使用1999年中至2002年的每周数据对中期再融资操作分配的数量关于欧洲平均隔夜利率与主要再融资利率之间的息差进行了回归,结果得到了一个正的并且在统计上显著的息差系数。他们的估计结果表明,如果息差为正的10个基点,那么欧洲中央银行将通过中期再融资操作分配增加平均2亿欧元的准备金供给。

现有关于日本的这方面的实证研究通常也涉及准备金维持期内日本银行对准备金需求的弹性以及日本中央银行的准备金供给行为。如第2节所述,Hayashi(2001)和Uesugi(2002)都发现,流动性冲击对隔夜拆款率几乎没有影响(除了维持期的最后一天),这个结果与维持期内不同日子之间的准备金的高互替性一致。然而,这两位研究者都没有明确研究过准备金需求对预期利率变化的反应。

林文夫还对日本中央银行公开市场操作的每日准备金供给函数进行了估计(Hayashi,2001),结果发现,日本中央银行确实会根据其他活期贷款利率偏离目标水平的预期系统性地改变准备金供给(林文夫是用日内数据来估计预期偏差的)。他利用1997年11月至1999年2月的每日数据估计出来的结果表明,当日本中央银行预期活期贷款利率高于(低于)目标水平时,每10个基点的预期变动就会增加(减少)3000亿日元的准备金供给。

对美国所做的一些实证研究也与这些问题有关。我们在第3节中讨论过的Hamilton(1997,1998)以及Carpenter和Demiralp(2006b)的研究表明,除了维持期的最后一天,不存在流动性效应。这个发现与维持期内不同日子的准备金需求之间的高度可互替性一致,因

---

[1] 欧洲中央银行也可以采用"微调"操作,但是它很少这样做。
[2] 再一次,请参见Woodford(2000)、Bindseil(2004,2010),以及本章第3节和第5节中提到的其他参考文献。

此日常的利率弹性(维持期的最后一天除外)也是如此。Hilton 和 Hrung(2010)以类似的方式分析了准备金失衡对每天开始时的联邦基金利率(即当天任何公开市场操作之前市场上普遍存在的利率)对目标水平的偏离的影响。与其他关于流动性效应的研究一致,他们发现,在维持期内的第一个星期,准备金失衡对每天开始时的联邦基金利率的影响很小,而且通常不显著。然而,在维持期的后期,特别是最后两天,准备金过剩和不足会导致有效利率与目标利率之间出现显著的差异。

为了更直接地评估维持期内不同日子之间准备金需求对联邦基金利率预期变化的反应,Carpenter 和 Demiralp(2006a)利用联邦基金期货的数据来衡量这种替代性所隐含的预期效应。他们发现了存在强烈的预期效应的证据,即当预期到美国联邦储备委员会的目标会在维持期内发生变化时,市场基金利率的变化会早于美国联邦储备委员会目标的预期变化。[①]具体来说,他们的研究结果表明,联邦基金利率的预期每上升 1 个百分点,在目标利率变动前一天的实际利率就会上升 46 个基点。然而,对于更加遥远的利率变化,估计出来的这种效应明显减弱;而且他们发现,对五天或更久的预期利率变化没有显著的反应。[②]

在市场供给方面,费恩曼估计了一个非常详细的"摩擦"模型(Feinman,1993b)。他这个模型将美国联邦储备委员会每日公开市场操作的数量表示为维持期内准备金失衡和当天联邦基金利率对目标的偏离的函数。[③]结果费恩曼发现,正如人们所预测的,美国联邦储备委员会要对准备金的盈余和不足,以及联邦基金利率在交易日开始时对其预期水平的偏离做出反应。[④]具体来说,他的研究结果表明,交易日开始时联邦基金利率的平均正(负)10 个基点的偏离就会触发当天的公开市场操作,导致准备金增加(减少)8100 万美元。这些结果显然与我们这里讨论的问题有一定的相关性,但是从他们在分析中使用的样本期来看(截至1990 年),这些结果似乎显得过时了。[⑤]

表 24.5 和表 24.6 给出的证据从四个具体方向扩展了现有的关于美国的准备金需求与供给的研究。第一,证明了维持期内不同日子之间银行准备金需求的高互替性;第二,估计了相对于隔夜利率的当前水平的每日准备金需求的利率弹性程度;第三,估计了中央银行对预期隔夜利率偏离目标的每日准备金供给反应;第四,确定了中央银行在目标利率变动当天或紧接着的几天里增加或减少准备金的幅度。

[①] 自从 2004 年以来,欧洲中央银行一直将其利率决策的时间安排在准备金维持期开始的那一天,因此这种形式的预期效应可能不适用于欧元体系。

[②] 还有一些证据表明,加息的预期效应强于降息。Carpenter 和 Demiralp(2006a)将这种模式归因于准备金过剩与不足的相对成本的不对称性,以及银行更喜欢在维持期初期持有更少的准备金的倾向。

[③] Feinman(1993b)模型中的"摩擦"包括允许在联邦基金利率波动中存在一个不作为区域,在这个区域内,中央银行将不进行公开市场操作。

[④] 因为费恩曼所用的 1984—1990 年的样本期在美国联邦储备委员会开始公开宣布明确的目标利率之前就结束了,所以他的论文所用的是实际利率与其预期水平之间的偏差。

[⑤] Demiralp 和 Jordá(2002)则使用更晚近的数据估计了一个类似的模型,并且同样发现了中央银行利用公开市场操作来改变目标联邦基金利率的证据。然而,由于他们所用的模型的结构过于复杂,很难得出关于各个数量的具体结论。

6.2 美国在维持期内的准备金需求

表 24.5 给出的结果是根据式(24.13)估计出来的:

$$R_t^d = L\big[\alpha^R + \beta^{RT} r_t^F - \gamma(r_t^F - E_t r_{t+1}^F) + e_t^R\big]$$

因为在我们研究的这个时期,美国的准备金的总体水平和银行持有的流动资产的规模的变化一直非常缓慢,请参见图 24.7(A),所以对于利用每日数据进行经验估计这个目的而言,将 L(银行的流动资产投资组合的总体规模,包括准备金和其他流动性工具)视为在该时期内固定不变的,然后将之纳入估计的回归系数当中无疑是合理的。然后,我们还需要对式(24.13)做出两个关键的修正,以便在这个框架内对预期和流动性效应进行估计。第一个修正是将日内利率偏离项 $r_t^F - E_t r_{t+1}^F$ 表示为当前利率对目标利率的偏离与预期未来利率对目标利率的偏离之间的差,即 $r_t^F - \bar{r}_t^F - E_t(r_{t+1}^F - \bar{r}_t^F)$。如果市场参与者认为中央银行对未来利率目标的承诺是可信的,那么未来预期利率就应该等于预期目标利率。于是这个表达式就可以写成当前偏离与目标的预期变化之间的差,即 $r_t^F - \bar{r}_t^F - E_t(\bar{r}_{t+1}^F - \bar{r}_t^F)$。

第二个修正是从需求方程中求出当前的利率偏离,从而让 $r_t^F - \bar{r}_t^F$ 变成用来从经验上估计该议程的左侧变量,即

$$r_t^F - \bar{r}_t^F = \gamma^{-1}\alpha^R - \gamma^{-1}\beta^{RF} r_t^F - E_t(\bar{r}_{t+1}^F - \bar{r}_t^F) - \gamma^{-1} R_t + \gamma^{-1} e_t^R \qquad (24.17)$$

因为利率 r_t^F 和准备金供给量 R_t 是共同决定的,因此无论以何种方式来估计回归,回归的误差项都会与回归量相关。但是我们这里采用的估计策略是——与 Hamilton(1997)的思路一致——将中央银行在预期准备金供给扰动时的"差额"作为 R_t 的工具变量(相比之下,将"差额"作为利率偏离 $r_t^F - \bar{r}_t^F$ 的工具变量则是一个糟糕的选择,除非流动性效应非常强)。因此,用 R_t 的工具变量作为自变量来估计回归是合理的。

表 24.5 给出的结果所依据的基础准备金需求方程还包含了若干进一步的补充,以便让这个高度程式化的银行准备金需求表示能够更准确地反映美国相关的制度安排。第一,估计的方程包含了一些额外的变量来刻画日历效应。由于各种原因,准备金需求往往会在维持期内的不同日子之间和所在月份内发生变化。例如,为了满足准备金要求,银行会把在周五持有的准备金也算入接下来的周六和周日持有的准备金。有的时候,在其他条件相同的情况下,银行的准备金需求在准备金维持期的最后一天会更大,尽管自 1998 年 7 月转而采用滞后准备金核算制度以来,这种影响已经大为减弱了。此外,由于采用滞后准备金核算制度能够增加银行准备金需求的可预测性,所以它也导致了准备金需求的显著减少。估计的方程还包括一些虚拟变量,以刻画这些和其他日历驱动的影响准备金需求的因素。

第二,正如先前构建的模型所强调的那样,在多日准备金维持期的设定下,银行在任何一天对准备金的需求取决于预期在未来一段时间内会高于第二天的利率。由于在美国,维持期的实际长度为两个星期,因此式(24.17)中的单项 $E_t \bar{r}_{t+1}^F - \bar{r}_t^F$ 理当视为一个扩展项,它反映了当前维持期内预期发生的任何目标利率变化。给定美国联邦储备委员会的主要货币政策决策委员会(即联邦公开市场委员会)的会议日程,以及连续几个准备金维持期的日程安

排——两者都是各家银行所知晓的——并假设目标利率变化预计只发生在联邦公开市场委员会所预先确定的日子里,那么我们就可以直接使用来自联邦基金利率期货市场的每日数据来推导出一个衡量预期利率变化的指标。[①] 与 Carpenter 和 Demiralp(2006a)采取的方法类似,在估计的方程中用于这一目的的变量是预期下一次联邦公开市场委员会的会议将确定的维持期内的平均联邦基金利率与当前目标利率之间的差,用记号 $\Delta^e \bar{r}_t^F$ 来表示。然而,正如前面的讨论所强调的,准备金维持期内不同日子持有的准备金之间的可替代性程度可能会随着维持期内的具体日子而有所不同(在其极限处,即维持期的最后一天,是不存在进行这种替代的余地的[②])。因此,估计的方程也要允许 $\Delta^e \bar{r}_t^F$ 的系数随着维持期内的天数不同而变化。

第三,影响银行在任何一天对准备金需求的一个重要因素是(这个因素在前面的讨论中被略去了),相对于法定准备金而言,银行持有的准备金的超额或不足的累积值到目前为止一直是限于维持期内的。如果银行在维持期内的前几天里所积累的准备金超过了法定要求的水平,那么无论出于什么原因,银行都能够在维持期内的其余几天保持较小的平均余额。因此,估计方程还要包括一个变量 R_{t-1}^X,以反映前些天累积下来的超额余额水平(根据定义,累积超额准备金在维持期的第一天要清零)。

第四,因为目前的准备金需求冲击 e_t^R 通常会影响到市场中的联邦基金利率,所以估计的方程中的目标利率 $\bar{r}_t^F$ 是用来替代对影响维持期内的平均准备金需求的那一项中的市场利率的。这种使用每日数据来进行估计的关注焦点是银行在维持期内不同日子之间就持有的准备金替换的能力——需求方程式(24.13)中的参数 γ——而不是 β^{RF} 所代表的整个维持期内的利率弹性。

第五,估计的方程还包括了利率偏离的滞后值 $r_t^F - \bar{r}_t^F$,这样做是为了刻画准备金维持期内没有用包括在回归中的其他解释变量来明确建模的银行日常准备金管理动态。观测到的每日偏离 $r_t^F - \bar{r}_t^F$ 的一阶序列相关系数为 0.35,同时在不考虑因变量的滞后值的情况下,估计的误差项也表现出了序列相关性。

在进行了这些进一步的修正后,要估计的方程就成了如下形式:

$$r_t^F - \bar{r}_t^F = \rho_1^d(r_{t-1}^F - \bar{r}_{t-1}^F) + \rho_2^d(r_{t-2}^F - \bar{r}_{t-2}^F) + \rho_3^d(r_{t-10}^F - \bar{r}_{t-10}^F)$$
$$+ \theta_1^d \bar{r}_t^F + \theta_2^d R_t + \theta_3^d R_{t-1}^X + \sum_{j=1}^{10} \varphi_j^d d_{jt} \Delta^e \bar{r}_t^F + \sum_{j=1}^{3} \psi_j^d c_{jt} + \tilde{e}_t^R \qquad (24.18)$$

其中,θ_1^d 对应于原来的需求方程式(24.13)中的 $\gamma^{-1}\beta^{RF}$,而 θ_2^d 则对应于 γ^{-1}。变量 $d_{jt}(j=1,\cdots,9)$ 在维持期的第 1 天到第 9 天依次取 1,否则取 0;变量 d_{10t} 在没有预定的联邦公开市场委员会会议的维持期内,变量 d_{10t} 的取值为 1。系数 φ_j^d 与维持期连续天数对应的各个 γ 负相关。c_{jt} 是上文所述的日历和滞后准备金核算虚拟变量。变换后的误差项 $\tilde{e}_t^R$ 等于式(24.13)中的

[①] 从 1994 年 2 月(那是首次正式公开宣布联邦基金目标利率的时间)到 2007 年金融危机爆发,除了 2001 年 9 月 11 日之后的立即降息,联邦公开市场委员会在预先确定日程的会议之间改变目标利率的情况只发生了四次。

[②] 正如上文第 5 节所述,允许银行将少量超额准备金从一个时期结转到下一个时期。然而,这种灵活性只在一个方向上起作用:银行不得用下一个时期的过剩准备金来弥补前一个时期的不足。

$\gamma^{-1}e_t^R$。

在估计式(24.18)时,我们面临着一个显而易见的计量经济学挑战,那就是准备金需求误差项 $\tilde{e}_t^R$ 包含了许多因素的影响,其中有一些因素是每天都可以提前获悉的,或者至少是中央银行能够以合理的精度预计的。由于中央银行的操作目标是实现既定的基金利率目标,所以它可以通过让准备金发生变化来适应这些变化,从而减轻这些冲击对有效隔夜利率的影响;因此我们有 $\mathrm{cov}(R_t e_t^R) > 0$,这会导致对 θ_2 的普通最小二乘估计出现向下的偏差。如前所述,在关于美国和日本的实证研究中(美国联邦储备委员会和日本中央银行都会积极应对准备金需求冲击)——例如,在卡彭特和德米拉尔普的研究(Carpenter and Demiralp,2006a,2006b)中——研究者们往往将外生性的准备金供给预测差错作为工具变量,代替观察到的准备金水平。

式(24.18)与 Carpenter 和 Demiralp(2006a)在评估预期效应和流动性效应时所使用的回归方程相似。不过它们还是有两个实质性的差异。第一,方程使用了准备金水平而不是预测时的"差额"(正如前面已经指出过的,"差额"是作为超额准备金水平的工具变量来使用的);第二,与前面给出的模型一样,这里纳入了联邦基金利率的水平。完成了这些修正之后,我们就可以将这个方程解释为一个结构式准备金需求方程,而不再是一个简化式方程了。估计这个方程可以消除中央银行对它关于冲击的估计的反应所导致的同时性。

表 24.5 报告了对结构式需求方程式(24.18)的两阶段最小二乘估计结果,为了便于比较分析,该表同时报告了对简化式方程的普通最小二乘估计结果(以准备金预测的"差额"为回归变量,而不是以超额准备金为回归变量)。这两个估计都使用了加权最小二乘法对 1998 年 7 月以后的结果进行调整,因为采用滞后准备金核算法导致联邦基金利率的日常波动性显著降低。在每一种情况下,所用的样本都包括了从 1994 年 1 月 26 日到 2007 年 7 月 2 日的每日数据。[1]

表 24.5　维持期内准备金需求的估计(因变量=联邦基金利率对目标的偏离,基点数)

回归变量	估计方法	
	加权最小二乘法	加权两阶段最小二乘法
滞后期的准备金核算方法虚拟变量	-1.9***	-1.4***
维持期最后一天虚拟变量	-1.1	2.8*
月末最后一天虚拟变量	10.4***	14.0***
联邦基金利率的偏离,滞后一天	0.350***	0.403***
联邦基金利率的偏离,滞后两天	-0.095***	-0.111***
联邦基金利率的偏离,滞后十天	0.111***	0.130***

---

① 感谢斯宾塞·希尔顿(Spence Hilton)、达伦·罗斯(Darren Rose)和沃伦·赫伦(Warren Hrung)为我们提供了这些数据。

续　表

回归变量		估计方法	
		加权最小二乘法	加权两阶段最小二乘法
预期基金利率变化对……的回归	维持期的第一天	0.310***	0.305***
	维持期的第二天	0.279***	0.297***
	维持期的第三天	0.122***	0.135***
	维持期的第四天	0.118***	0.134***
	维持期的第五天	−0.004	0.012
	维持期的第六天	−0.009	0.026
	维持期的第七天	0.059	0.071
	维持期的第八天	−0.010	0.010
	维持期的第九天	0.001	−0.044
当没有联邦公开市场委员会会议时的预期变化		−0.010	−0.015
目标联邦基金利率/%		−0.506*** (0.133)	−0.592*** (0.134)
准备金预测的"差额"/10 亿美元		0.056 (0.093)	0.004 (0.104)
累计超额准备金/10 亿美元		−0.750*** (0.210)	
超额准备金/10 亿美元			−0.919*** (0.287)
调整后的可决系数(R^2)		0.233	

注:每日数据,从 1994 年 1 月 26 日至 2007 年 7 月 2 日,3468 个观察值,不过千禧年和"9·11 恐怖袭击事件"时的观察值都排除在外。用于两阶段最小二乘回归的工具变量是准备金预测的"差额",另一个外生的回归变量。权重为 1998 年 7 月 20 日前后的估计残差。括号中给出的是稳健的 Newey-West 标准误差。星号表示统计显著性水平: *** 表示 1%, ** 表示 5%, * 表示 10%。这两个回归还包括了一个截距项以及表示维持期的第 2—9 天的虚拟变量。

　　这两组估计结果彼此相近,而且也都与 Carpenter 和 Demiralp(2006a)报告的结果类似。预期利率变化的前四个系数与维持期天数虚拟变量之间的相关性为正且高度显著,这就为至少在维持期初期存在预期效应的假说提供了强有力的证据。

　　从数据来看,流动性效应也是存在的,但是在定量上这种效应微乎其微。在两阶段最小二乘回归中,超额准备金项的系数为 0.92,与 Carpenter 和 Demiralp(2006a)的估计结果相当。这就意味着,在给定的任何一天,准备金每增加 10 亿美元,平均来说,只会导致当天的有效联邦基金利率提高不到 1 个基点。[①]

　　表 24.5 给出的第三个重要结果是,(目标)联邦基金利率水平项的系数接近于零,且在

---

① 在允许这种影响随维持期的日期而有所不同的回归(表中未给出)中,这种影响差不多为 3 个基点,但是在关于流动性效应的实质性的讨论的背景下,这种影响在经济上仍然是不显著的。在维持期的最后一天估计出来的效应接近 3 个基点。

统计上不显著。这个结果意味着,在维持期内,准备金需求曲线实际上是垂直的。这个发现与准备金需求方程式(24.13)的 $\beta^{RF}=0$ 相一致,正如上文已经阐明的,这一点是纯预期效应(或公告效应)足以在不改变准备金供给的情况下改变利率的必要条件。

表24.5中报告的对于模型的其他参数的估计结果并不令人惊讶。它们并没有在前面讨论过的内容上增加多少实质性的东西。滞后因变量的系数表明还存在着准备金需求方程所不能表示的进一步动态效应。平均而言,滞后准备金核算方法的引入降低了银行对准备金的需求,从而在其他条件相同的情况下降低了相对于目标利率的联邦基金利率。正如人们所预计的那样,联邦基金利率与目标利率之间的息差在准备金维持期的最后一天变得更大了,尽管这一点只出现在了两阶段回归当中。息差系统性地变得更大了,而且在月末的最后一天的增幅还要大(10或14个基点),这可能是一种"粉饰门面"效应所致。在其他条件相同的情况下,银行在维持期内已经持有的累积超额准备金会降低银行对准备金的需求,从而降低相对于目标水平的联邦基金利率,但是估计出来的这种影响非常小(每多出10亿美元的超额准备金,只会导致0.5个基点的变动)。不与联邦公开市场委员会会议挂钩的利率的隐含变化则没有这种影响。

6.3 维持期内的准备金供给

准备金的供给如何变化——更准确地说,中央银行如何应对政策利率与目标利率的预期偏离——是理解目标利率变动如何得以实现的关键。表24.6给出了一个代表美国联邦储备委员会的准备金供给的行为的经验估计方程的类似结果,它同样使用了从1994年1月26日至2007年7月2日间的每日数据。这个估计起点是方程式(24.14):

$$R_t^s = R^* + \phi L(E_t r_{t+1}^F - \bar{r}_t^F) + Lu_t^R$$

其中,ϕ 为供给反应,从式(24.15)可以推导出,供给反应可以解释为 γ 和 λ 的乘积(前者表示银行的准备金需求对于隔夜利率偏离目标水平的敏感性,后者表示因预期效应而导致的中央银行积极抵制任何汇率变动的程度)。利率水平隐含在了准备金的基准水平 R^* 中,后者在 $\beta^{RT}=0$ 时等于 $\alpha^R - \beta^{RF}\bar{r}_t^F$。

表24.6　维持期内准备金供给的估计(因变量=超额准备金,单位为10亿美元)

回归变量	估计方法		
	加权最小二乘法	加权两阶段最小二乘法	
		(a)	(b)
滞后期的准备金核算方法虚拟变量	0.312***	0.382***	0.382***
维持期最后一天虚拟变量	3.153***	3.025***	3.025***
月末最后一天虚拟变量	2.880***	2.056***	2.062***
超额准备金,滞后一天	0.552***	0.540***	0.540***
超额准备金,滞后两天	-0.087***	-0.062***	-0.063***

续 表

回归变量	估计方法		
	加权最小二乘法	加权两阶段最小二乘法	
		(a)	(b)
累计超额准备金/10亿美元	−0.408*** (0.039)	−0.381*** (0.039)	−0.382*** (0.039)
目标联邦基金利率/%	−0.015 (0.027)	−0.021 (0.027)	−0.021 (0.027)
事前目标利率变化(基点)	−0.016** (0.006)	−0.016*** (0.006)	−0.016*** (0.006)
目标利率变化(基点)	−0.022** (0.010)	0.002 (0.010)	0.004 (0.014)
滞后期的联邦基金利率偏离(基点)	0.014*** (0.005)		
预期联邦基金利率偏离(基点)		0.049*** (0.013)	0.049*** (0.013)
调整后的 R^2	0.466		
J 统计量 p 值		0.254	0.256

注:每日数据,从1994年1月26日至2007年7月2日,3468个观察值,不过千禧年和"9·11恐怖袭击事件"时的观察值都排除在外。括号中给出的是稳健的Newey-West标准误差。星号表示统计显著性水平:***表示1%,**表示5%,*表示10%。这些回归还包括了一个截距项以及表示维持期的第2—9天的虚拟变量。在(a)列中,回归时将预期联邦基金利率偏离视为外生的,而在(b)列中,则将目标利率变化进行了工具化。用于两阶段最小二乘回归的工具变量是滞后期的联邦基金利率偏离、滞后期的现货月联邦基金期货利率、滞后期的期货隐含的维持期内基金利率变动、基于期货的基金利率的意料之外的成分,以及其他外生回归变量。权重为1998年7月20日前后的估计残差。

与对准备金需求方程一样,对式(24.14)也有必要做出几个修正,使之能够适当地表示美国联邦储备系统的准备金供给行为,以便于实证估计的进行。第一,基于一些与对准备金需求方程式(24.13)的处理类似的理由,为了使用每日数据进行估计,我们将 L(银行流动资产组合的规模)假设为固定的,然后并将之纳入估计系数中,这会带来很大的便利。

第二,正如前面的讨论反复强调的,估计的方程应该考虑到中央银行做出的抵消可预测的准备金需求变化的努力。只要常规日子里和维持期内的每一天的需求情况是已知的(因此可以适应之),那么估计的方程就应该包括与估计的准备金需求方程式(24.18)中所包括的虚拟变量相当的虚拟变量。类似地,假设中央银行考虑了前几天的准备金失衡情况(从原则上来说,中央银行是可以准确地获悉这种数据的),那么估计方程就还应该包含一个表示对累积超额准备金头寸的反应的项 R_{t-1}^X。

第三,为了便于估计的进行,有一点也很重要,即必须以能够减少与准备金供给冲击相关的方差的方法来定义因变量。在任何估计的关系中,扰动项 u_t^R 必定有一些部分只是噪声,这是不可避免的。但是,准备金供给随机变化还有第二个来源,那就是与中央银行在预测影响准备金供给的自主因素(比如说国债余额)时出现的误差有关的遗漏。这些供给冲击的来源不妨碍对准备金需求方程的识别,但是它们代表了准备金供给方程中的另一个噪声来源。因此,我们最好不要对中央银行的实际准备金供给(包括由于未能预测到相关自主因素而产生的非预期部分),而要对中央银行的预期供给进行建模。所以在估计准备金供给方程时,遗漏部分是要从观察到的准备金水平中减去的(假设中央银行打算一对一地抵消这些准备金供给冲击),从而回归中的因变量将为由此而得到的调整后的准备金水平 $\tilde{R}_t^s$。

第四,对于式(24.14)中的时间下标,需要正确地加以解释,以便使得估计的方程能够准确地反映美国联邦储备委员会的准备金供给决策的时机选择。美国联邦储备委员会向市场提供准备金的程序始于对影响准备金供给的自主因素的预测,同时它还要对其他会影响准备金需求的因素进行评估,两者都是在一天的开始时进行的。接着,根据对影响准备金需求的因素的评估,美国联邦储备委员会选择自己最偏好的准备金供给水平。然后,美国联邦储备委员会进行必要的公开市场操作,以使得根据它对自主因素的预测的预期准备金供给等于想要达到的水平。对准备金的供给和需求的冲击在整天的时间里都可能会出现,并且会导致联邦基金利率偏离联邦准备金的目标。[①] 对于这一系列事件,最具一致性的假设是,美国联邦储备委员会根据当天上午(实际上是前一天)的信息来设定某一天的准备金供给水平。因此,合适的回归变量为 $E_{t-1}r_t^F - \bar{r}_t^F$,即根据前一天的可得信息所得到的当天的利率预期偏离。这个预期偏离不包括第 t 天,但是可能包括了预期效应所导致的可预测的偏离——只要 $\lambda > 0$。

第五,正如我们前面讨论的准备金需求方程中的一样,因变量的滞后值也作为回归变量纳入了估计的供给方程,目的是刻画任何没有被回归中的解释变量明确建模的准备金调整动态(在现在讨论的这种情况下,它们代表了美国联邦储备委员会的行为)。

第六,如前所述,纯预期效应(或公告效应)生效的必要条件是 $\beta^{RF}=0$。在这种情况下,不需要将准备金的变化与目标利率当天的变化相关联(但是要控制对未来目标利率变化的预期)。作为对这个假说的检验,估计的方程还包括了当天的目标利率的变化 $\Delta \bar{r}_t^F$,以及之前的目标利率的变化,后者记为 $\Delta_p \bar{r}_t^F$,定义为在维持期之前的任何一天发生的目标利率的变化。

在进行了上述修改后,就得到了如下的回归方程设定:

$$\tilde{R}_t^s = \rho_1^s \tilde{R}_{t-1}^s + \rho_2^s \tilde{R}_{t-2}^s + \theta_1^s R_{t-1}^X + \theta_2^s \Delta \bar{r}_t^F + \theta_3^s \Delta_p \bar{r}_t^F + \theta_4^s \bar{r}_t^F$$
$$+ \varphi^s (E_{t-1} r_t^F - \bar{r}_t^F) + \sum_{j=1}^{3} \psi_j^s c_{jt} + \tilde{u}_t^R \qquad (24.19)$$

其中 φ^s 对应于式(24.14)中的 $\lambda\gamma$。这是一个前瞻性的准备金供给方程设定,它是以第 t 天的利率偏离为回归变量来估计的,工具变量则包括一组能够"合理"地预测次日的息率的第 $t-1$ 天的变量:观察到的利率对目标利率的偏离、联邦基金期货市场给出的当月平均利率,以及维持期内剩余时间期货价格所隐含的平均利率。为了更好地进行比较,表24.6同时给出了一个后顾版本的准备金供给方程的结果,即在方程中将 $E_{t-1}r_t^F - \bar{r}_t^F$ 用 $r_{t-1}^F - \bar{r}_{t-1}^F$ 来替代。此外,表24.6还提供了第三种变体的结果,即将联邦基金利率的意料之外的变化作为观察到的

---

① 美国联邦储备委员会在当天更迟的时候一般很少会为了应对已实现的准备金供给或需求冲击而进行干预。

变化的工具变量来进行估计,并根据期货数据进行计算。[①]

在表 24.6 所报告的结果中,第一个重要发现是,不存在美国联邦储备委员会系统性地根据利率水平的变化来改变准备金供给的在统计上显著的趋势。目标联邦基金利率水平的估计系数始终不显著。这一发现与第 3 节中报告的关于垂直的准备金需求曲线的证据是一致的。

同样,也没有什么证据可以表明,利率目标的变化总是伴随着准备金供给数量的改变。如表 24.6 的第一栏所示,对于目标利率变化的系数的加权最小二乘后顾性回归的结果是负的(其值为 -0.022,这意味着目标利率上调 25 个基点,通常对应于 5.5 亿美元的准备金减少),且在统计学上有显著意义。但是这种效应在前瞻性回归中完全消失了——在前瞻性回归中使用的是预期利率偏离,而不是滞后偏离。前瞻性回归中估计出来的这种变化的系数非常小,而且在统计上无法与零区分,无论是将目标利率变化视为外生的(表中的第二列),还是以根据期货市场数据构造的出人意料的变化成分为工具来估计(表中的第三列),都是如此。

与此相反,有统计上显著的证据表明,美国联邦储备委员会倾向于在目标利率变动之后的几天内调整准备金供给。估计出来的系数为 0.016——对于所有模型设定,估计结果都是相同的——这个结果意味着,平均而言,在维持期内,目标联邦基金利率上调(下调)25 个基点之后,准备金供给就会在随后几天下调(上调)4 亿美元。乍一看,这个结果似乎有点令人困惑,然而,正如下面的讨论所解释的,只要细细思考一下,它其实是很容易理解的。

最重要的一点是,表 24.6 的结果表明,美国联邦储备委员会对联邦基金利率偏离目标的预期做出了强有力的反应,从而进一步证实了 Carpenter 和 Demiralp(2006a)的类似发现。相关系数一贯很大,而且具有统计上的显著性。在后顾性模型设定中,滞后期的偏离的系数的估计值为 0.014,这意味着预期的 10 个基点的正向偏离将会导致美国联邦储备委员会增加 1.4 亿美元的准备金供给。在前瞻性的规范中,反应还要强烈得多。在各个模型变体中,0.049 的估计系数意味着,正的 10 个基点的偏离将导致美国联邦储备委员会增加 4.9 亿美元的额外准备金供给。[②]

与 1994—2007 年样本期的 19 亿美元的超额准备金平均水平相比,这些估计结果似乎相当大。之所以如此,有如下三个相关的影响因素。第一,尽管平均水平较低,但是超额准备金的波动性是相当大的(见图 24.2—图 24.4)。这个样本的日标准差是 42 亿美元。与这种程度的日波动性相比,4.9 亿美元的供给变化其实并不能说太大。

第二,至少从这里报告的估计结果来看,这些相对较大的影响只涉及在维持期内对准备金供给的重新安排,这使得整个期间的平均准备金供给基本不受影响,也就是说,利率的整

[①] 如果相关的市场行为呈现出了一种预期效应,但是同时银行并没有预料到目标利率会发生变化,那么中央银行就需要改变准备金的供给——在目标利率变化的当天——而这在其他情况下是不必要的。在这种情况下,实际利率变化就可以作为对预期的一个有噪声的度量,而预期对于被估计的回归来说无疑是很重要的。对由此产生的变量误差问题的一个合理的解决方案是,将利率变化中的出人意料的成分作为观察到的变化的工具变量。

[②] 这些估计结果大大超过了费恩曼报告的估计值(Feinman,1993b)。他的全样本估计结果表明,对 10 个基点的利率偏离的反应为 8100 万美元。之所以这里的估计值更大,有两个因素可以解释。第一个因素是前瞻性的计量经济学模型设定。第二个因素是费恩曼的样本期取的是美国联邦储备委员会使用借入准备金操作规程的时期,在那种情况下,高于预期的利率会导致银行从贴现窗口增加借款。

体影响是对维持期内不同日子之间准备金分布的影响,而不是对整个维持期内的平均准备金水平的影响。这种模式在图 24.13 中清晰可见。该图是根据 1994—2007 年同样的每日数据绘制出来的,显示了各个日子间准备金围绕目标上下波动的情况,以及相关的 90%的置信区间。大概是因为银行对即将到来的变化有所预期,在目标利率上调(下调)的前几天,银行就已经在寻求持有更多(更少)的准备金了(以便用更低的成本来满足维持期的准备金需求)。因此,美国联邦储备委员会将会相应地增加(减少)准备金供给。一旦目标利率实际发生了变化,持有的准备金数量就会下降(增加)。

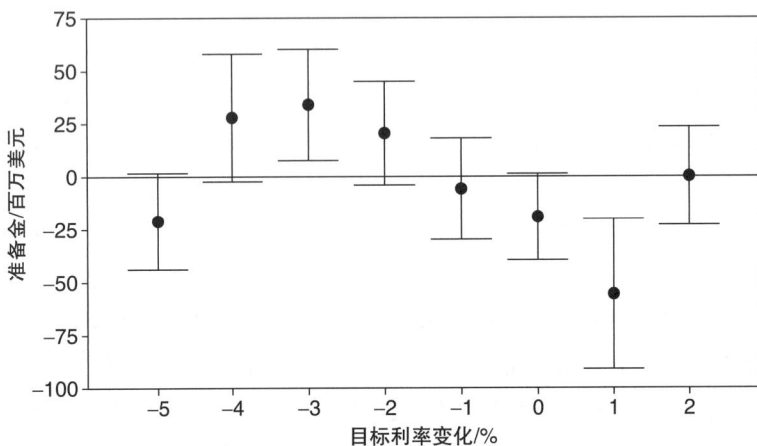

图 24.13 超额准备金对目标利率变化的反应,所用的是目标利率变化前(负数)和目标利率变化后(正数)的每日数据

第三,我们在这里估计出来的系数还代表了美国联邦储备委员会对"在其他条件不变时的实验"的反应,而对于这类"实验"的反应通常不会在数据中观察到。例如,预计未来联邦基金利率将要上升的预期会给当前利率带来上行压力,进而导致美国联邦储备委员会增加准备金供给。但是到了第二天,这种准备金的增加往往会增加累积超额准备金头寸,根据估计出来的模型(如表 24.6 所示的三个变体中的任何一个),可知其会对准备金的供给产生相反的影响。因此,观察到的围绕目标利率变动的准备金供给变化的幅度实际上很可能会比这些明面上的系数估计值所暗示的要小。事实上,正如图 24.1—图 24.4 所表明的,现实情况正是如此。

总的来说,表 24.5 和表 24.6 所报告的对于准备金供给方程和需求方程的估计结果进一步证实了,要对美国联邦储备委员会的政策利率的变动产生影响,只需要非常小的准备金的变化,甚至包括这样的情况——正如估计的供给曲线所表明的——在目标利率发生变化的日子里,准备金实际上没有任何变化。当然,模型已经很清楚地告诉我们,这个发现实际上与准备金维持期内按天考虑的水平状的准备金需求曲线是一致的。而这也就意味着,根据第 5 节给出的分析思路,在维持期内,预期效应在将政策利率移动到中央银行的新目标上的过程中发挥了重要作用。因此,毫不奇怪,在第 4 节所述的各种政策实践中,很难识别出准备金供给量与目标利率或有效市场利率之间的任何有规律性的关系。

7. 2007—2009 年危机之后的各种新可能性

2007—2009 年的金融危机和经济下滑是第二次世界大战以来最重要的经济事件之一。在许多国家，这场危机的实际经济成本——以产出的减少、失业的增加、投资的缩水以及收入和利润的损失来衡量——超过了二战之后的任何一次经济衰退。在美国，实际产出从高峰到低谷下降了 3.8％，这是战后经济萎缩的最高纪录（尽管只比 1957—1958 年那次经济衰退略高一些）。在欧元区，更是下降了 5.4％，这也是自欧洲中央银行成立以来的首次直接下降。在日本，则下降了 8.4％，也创下了战后的新纪录。这种下降几乎影响了全世界所有国家和地区。2009 年，世界贸易额下降了 12％以上。[①]

然而，最引人瞩目的仍然是金融领域。举足轻重的大型金融机构的崩溃、资产价值的下跌，以及随之而来的纸面财富的破灭、信贷流动的中断、企业经营信心的丧失和对于信贷市场工具与交易对手违约的恐惧，还有最重要的，中央银行和其他政府机构的干预，所有这一切，无论是从规模上看还是从形式上看，都是前所未有的。对于许多国家来说，这场金融危机及其后续事件是不是会导致二战以来最严重的实体经济衰退现在还很难下定论。但是有一点是确切无疑的：对于全球金融体系而言，这肯定是自 20 世纪 30 年代以来最严重的危机。

无论是在私人经济行为方面还是在公共政策方面，大规模的、极不寻常的事件往往会带来不同寻常的反应。在这一点上，2007—2009 年的金融危机自然也不例外。许多国家的政府采取了几十年来从未见过的相机抉择型反周期财政政策。政府和中央银行都采取了大规模的扮演"最后贷款人"角色的行动（不仅限于对银行，还包括对通用汽车和克莱斯勒等非金融企业）。对于本章的主题来说，更重要的是，许多国家的货币政策也走上了前所未有的道路。各国中央银行所做的很多事情实际上相当于以一种全新的方式运用了现有的权力和制度安排。然而，正如我们在本章第 4 节的讨论中已经指出过的，像美国和日本这样的国家还改变了中央银行实施货币政策的制度结构（在这两个国家，这都是通过授权中央银行为银行持有的准备金支付利息来进行的）。

怎样才能从这种极不寻常的经历中汲取适用于正常时期的教训？这一直是一个难题。也正由于这个原因，本章第 4 节和第 6 节的实证分析所依据的样本周期都不迟于危机爆发前的 2007 年年中。然而无论如何，仔细分析一下各国中央银行在危机期间采取的各种全新的行动，特别是美国和日本的货币政策所体现的新的制度安排将会以何种方式影响未来的货币政策的实施，无疑是非常有益的。

---

① 世界贸易数据来自国际货币基金组织。

7.1 金融危机及政策应对

始于 2007 年的这场金融危机的一般性的演变过程早就已经是众所周知的了，因此在这里，我们只需要以最简洁的笔触概述一下。[①] 这场危机起源于美国的住房抵押贷款市场。从 20 世纪 90 年代末开始，尤其是在 2001 年那次相对温和的美国经济衰退结束后，美国房价迅速上涨。越来越宽松的抵押贷款承销标准——更高的贷款价值比、后期还款额高于前期的支付计划，以及几乎不需要任何证明文件即可获得贷款——既是房价上涨的原因，也是房价上涨的结果：宽松的贷款条件刺激了对房屋的需求，而基础抵押品价值的上升又减轻了对借款人信誉的担忧。而且由于新发放的抵押贷款中有很大一部分都是证券化的，这又进一步削弱了发放者对它的可信性的关注。投资于这些债券或基于这些债券的衍生品的投资者要么是自己误导了自己（即与发行人类似，指望不断上涨的房价能够抵消借款人缺乏信誉的影响），要么是被评级机构误导了（评级机构既没有进行足够的调查分析，又面临着严重的利益冲突）。而且很重要的一点是，在这些投资者中，有许多不是美国人或美国实体。

与此同时，还有两个更一般的发展趋势也使得美国金融体系及其参与者更加脆弱。一种发展与金融机构有关，另一种发展则与金融工具有关。首先，银行业务和交易业务之间的区别基本上消失了，大萧条时期通过的《格拉斯-斯蒂格尔法案》在 1999 年被正式废除仅仅只是导致这种结果的其中一个原因。美国大多数大型商业银行都需要在竞争激烈的证券市场上筹集自己所需的资金，而且它们的利润也越来越依赖于交易行为，从而在实际上把自己变成了对冲基金（否则它们几乎没有任何理由将很大一部分抵押贷款支持证券份额保留在自己手中，因为它们本来是通过打包和出售这些证券来赚取佣金收入的）。与此同时，大多数已经在从事大量交易业务的大型投资银行也越来越多地利用回购协议市场为自己筹集相当于短期存款的资金。

其次，金融衍生品市场的持续发展早已超越了帮助投资者（包括金融机构）对冲自己原本已经承担的风险的范围。相反，金融衍生品市场为市场参与者承担全新的、与己无关的风险提供了越来越多的工具，使得参与者可以对这些风险的市场价格变化进行投机，或者许多工具的创设仅仅是为了产生一种新的手续费收入形式。因此，投资者所要面临的许多风险其实与经济的实际财富的任何组成部分的波动几乎没有什么关系，甚至根本没有联系。这样一来，投资者所承担的风险就越来越多地变成了对零和博弈中一方或另一方的押注。

事后回过头来看，给定这两个更基本的事态发展所造成的金融脆弱性，一个足够强大的"催化剂"就引发了一场全面的金融危机，这个结果并不令人意外。2006 年底开始的美国房价的逆转就提供了这样一个"催化剂"。到 2007 年底，全国房价就在以两位数的年率下跌了。而到了 2008 年底，全国范围内的下降速度更是接近 20%。在一些州和许多当地的住房

[①] 有许多很有用的报告提供了非常有价值的叙述和详细的支持性统计资料。例如，请参见国际货币基金组织 2009 年 10 月发布的《全球金融稳定报告》和 2009 年 10 月发布的《世界经济展望》的第三章与第四章，经济合作与发展组织 2009 年 12 月发布的《金融市场趋势报告》的第一部分，国际清算银行 2009 年 12 月发布的《季度回顾》的第二章，以及这些出版物的前面几期。各国中央银行也发布了许多很有用的报告。

市场上,降幅还要大得多(对任何一笔个别的抵押贷款来说,重要的是担保贷款的特定房屋的价值,因此,围绕给定平均下降速率的价格变化的离散度会提高违约的可能性)。特别是在次级抵押贷款市场,拖欠和违约急剧增加。随着时间的推移,丧失抵押品赎回权的情况也与日俱增。在很多地区,抵押品赎回权越来越多地丧失,显然有力地进一步压低了房价。

抵押贷款相关证券的价值损失不仅对投资者,而且对许多发行和分销这些证券的银行与其他公司也造成了损失(再一次,这是因为它们除了扮演发起人和分销商的角色,还扮演着交易者的角色)。由于资本金很少——典型的大型商业银行的杠杆比率通常为12—15比1,典型的投资银行的杠杆比率更是高达25—30比1——账面损失最大的那些机构也失去了股权投资者和债权人的信心。因此,它们的短期资金展期就成了一个很大的问题。因而实际上,那些非银行金融机构要持续面对的银行挤兑并不是存款债务的挤兑(不过,在存款保险长期不足的英国,银行确实出现了存款挤兑的现象)。由于银行间拆借市场上的息差飙升到了前所未有的高度,这个市场在很多情况下基本上停止了运行。[①] 此外,一旦金融机构失去市场对它们的信心,它们也就无法参与各种各样的辅助性交易了(它们通常可以从这种交易中赚取可观的手续费收入),因为它们带来的交易对手风险实在太高了。除了涉及政府债券的回购,回购市场也基本上停摆了(对于某些交易对手,即便是政府债券回购也不愿意参与了)。[②]

当如此之多的银行和其他贷款机构在上述某个方面或所有方面蒙受了损失之后,非金融借款人的可用信贷就变得越来越稀缺了——而且不仅仅限于住房融资。2008年8月,即雷曼兄弟公司倒闭前一个月,美国各银行的商业和工业贷款余额总计为15580亿美元[③];然而,截至2009年12月,余额则仅为13430亿美元。同一时期,来自银行和其他贷款机构的消费贷款也从25780亿美元下降到了24490亿美元。[④] 资本市场的信贷紧缩要更加严重。资产支持商业票据的流通总额从2007年7月的12080亿美元下降到2009年12月的4890亿美元。直到2008年12月,非金融机构发行的无担保商业票据仍然不定期地增加,最高达到了2060亿美元,但是到2009年12月就减少到了1080亿美元。在美国,美国企业发行的新债券的总额也从2006年的2.3万亿美元下降到了2008年的7490亿美元。

此外,资产价值的下降导致家庭和企业的实际财富都出现了非常大的损失。美国市场上已发行公司股票的市场价值从2007年夏季的26.4万亿美元下降到了2009年初的13.9万亿美元。家庭拥有的住宅房地产的价值则从2006年底的22.9万亿美元下降到了2009年初的15.7万亿美元。信贷的无法获得和财富的损失还可能是导致支出下降的原因之一。类似的模式或多或少也出现在了许多其他国家。

在整个世界的范围内,许多国家的中央银行都为了应对这些事件而采取了一系列不同寻常的行动。一开始,各国中央银行试图通过实施常规的货币政策来应对危机,尽管它们已经在采用一些非常规的实施方式了。2007年9月,美国联邦基金利率为5.25%。到了2008

---

① 参见 Taylor 和 Williams(2009)对这个时期银行间贷款市场的描述。
② 请参见 Gorton(2008)以及 Gorton 和 Metrick(2009)的相关文献。
③ 这里和下面所述的数据均来自美国联邦储备系统。
④ Adrian 和 Shin(2010)描述过这种批发性融资蒸发的现象,并将其归因于机构减少风险敞口的努力。

年 1 月，美国联邦储备委员会已经将利率降到了 3%。2008 年 10 月（在雷曼兄弟公司倒闭后），它又将利率进一步降到了 1%，并于 2008 年 12 月降至零。欧洲中央银行的法定职责几乎完全集中在价格稳定上，因此它直到 2008 年 10 月才将主要再融资利率从 4.25% 调低到了 3.75%。到 2009 年 1 月，它进一步将主要再融资利率降到了 2%。2009 年 3 月，欧洲中央银行将主要再融资利率下调至 1.5%，2009 年 4 月进一步下调至 1.25%，并于 2009 年 5 月下调至 1%。日本中央银行直到 2008 年 10 月底才开始放松货币政策，将无担保活期贷款利率从 0.5% 下调至 0.3%。2008 年 12 月，日本中央银行进一步降低利率至 0.1%。图 24.14 显示了这三家中央银行持续降低政策利率的模式（由于日本此前已经有过零利率的历史，因此图 24.14 最下面的一张图不仅涵盖了 2007—2009 年金融危机期间的情况，还涵盖了 20 世纪 90 年代中期以来的经历）。

特别是在雷曼兄弟公司破产之后，各国中央银行在采取这些行动方面的国际协调程度也提高到了前所未有的水平。2008 年 10 月，也就是雷曼兄弟公司倒闭三个星期之后，美国联邦储备委员会、欧洲中央银行、英国中央银行、瑞士中央银行、中国人民银行、加拿大银行和瑞典中央银行同时下调了政策利率。大多数主要国家的中央银行还都提前提供了预防性的货币互换额度，或扩大了原有的额度，目的是将本国中央银行的流动性供给扩展到国界线以外，用于国际上使用的货币（如美元和欧元）。

但是，各国中央银行采取的政策行动远远超出了改变利率和在外汇市场上进行买卖的范畴。在美国，非常规政策行动的最初迹象出现在 2007 年 12 月，当时联邦储备系统推出了一系列新的信贷便利工具中的第一个——定期拍卖便利工具（Term Auction Facility，简写为 TAF），目的是向需要准备金的商业银行提供更多的中央银行信贷。2008 年 3 月，美国联邦储备委员会又出台了两个新的信贷便利工具，即定期证券借贷便利工具（Term Securities Lending Facility，简写为 TSLF）和一级交易商信贷便利工具（Primary Dealer Credit Facility，简写为 PDCF），以便将中央银行提供的信贷进一步扩大到更广泛的抵押品类别，并向非银行金融机构提供信贷。同年 5 月，美国联邦储备委员会又扩大了特等证券交易基金，接受高评级的资产支持证券作为抵押品。同年 10 月，它又推出了商业票据融资便利工具（Commercial Paper Funding Facility，简写为 CPFF）和货币市场投资者融资便利工具（Money Market Investor Funding Facility），并进一步扩大了已有的新工具的适用范围。到了 2008 年 11 月，美国联邦储备委员会开始直接购买由政府支持的抵押贷款机构房利美（Fannie Mae）和房地美（Freddie Mac）发行的债券。2009 年 2 月，美国联邦储备委员会将新近创建的定期资产支持证券贷款便利工具（Term Asset-Backed Securities Loan Facility，简写为 TALF）扩大到了 1 万亿美元，并进一步扩大了合格的抵押品的范围。这些行动一直持续到了 2009 年。其中最重要的是 2009 年 3 月美国联邦储备委员会开始购买住房抵押贷款支持证券，截至 2009 年底，它持有的这类证券的总额已经达到了 9000 亿美元。

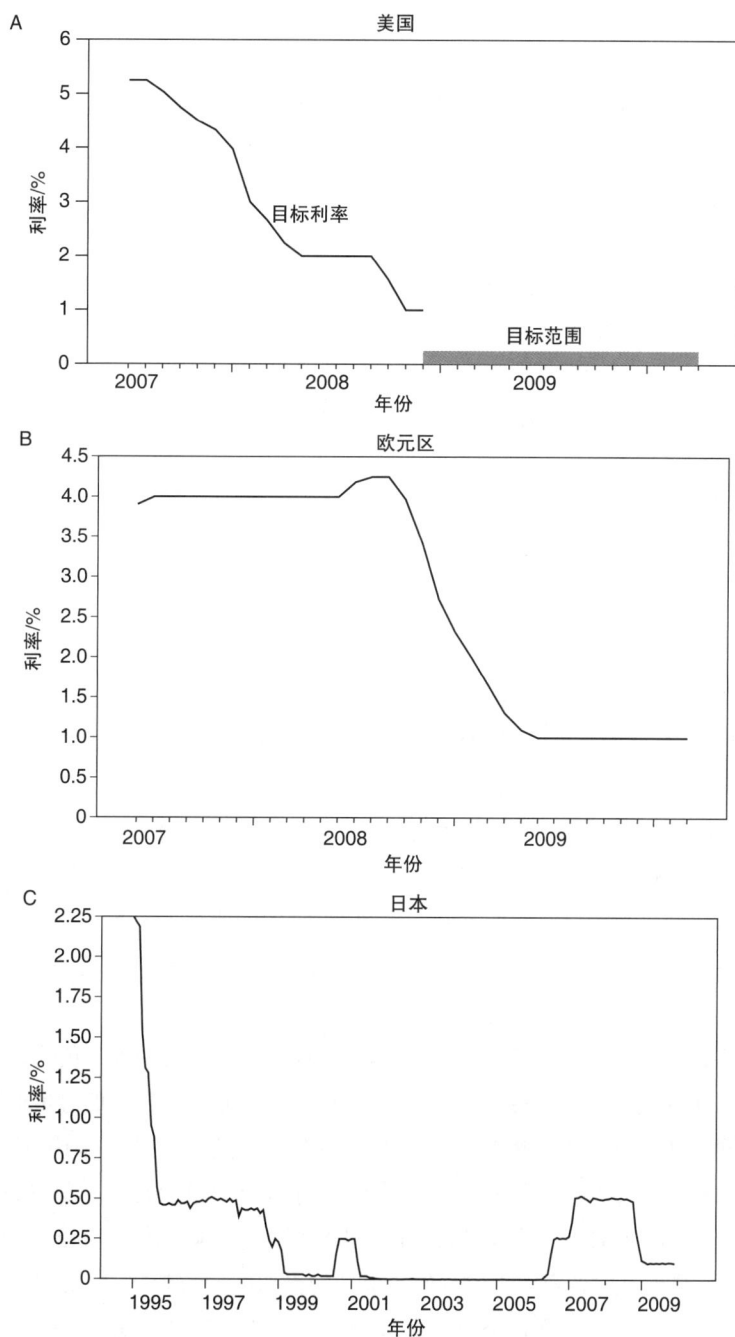

图 24.14 金融危机期间的政策利率:(A)美国,(B)欧元区,(C)日本

美国联邦储备委员会还与美国财政部和联邦存款保险公司(Federal Deposit Insurance Corporation,简写为 FDIC)一起采取了一系列作为"最后贷款人"的行动:向摩根大通银行(J. P. Morgan)提供紧急贷款,协助它接管濒临破产的投资银行贝尔斯登(Bear Stearns);允许投资银行高盛(Goldman Sachs)和摩根士丹利(Morgan Stanley)成为银行控股公司,以便获得中央银行的贴现窗口便利;将每个账户在联邦存款保险公司的存款保险上限提高到 25 万美元,

随后又进一步为所有受监管的金融机构的高级债务提供担保;对房利美和房地美进行破产接管;向主要金融机构直接注资(并改变了一级资本的定义,将财政部购买的股票也包括在内);向保险公司美国国际集团提供紧急贷款;对花旗集团和美国银行提供特别援助(包括由美国联邦储备委员会发放无追索权贷款)。尽管这些措施中有许多可能在应对金融危机中发挥了重要作用,但是它们已经不属于本章的讨论范围了。

在美国之外,遏制危机的特别行动甚至在更早的时候就开始启动了。早在 2007 年 8 月,欧洲中央银行就进行了一次特别干预,向市场注入 950 亿欧元,并宣布准备为欧元区各银行提供无限制的流动性。2008 年 9 月,欧洲中央银行完成了一项特别长期再融资操作,总额达到了 1200 亿欧元。随着危机的进一步加深,2008 年 10 月,欧洲中央银行将它的两项常备贷款便利的利率与主要再融资利率之间的利率“走廊”压缩到了 50 个基点。[①] 2009 年 5 月,欧洲中央银行宣布把它的常规货币政策操作的招标程序恢复为没有总量上限的固定利率招标体系,以便更有效地以目标主要再融资利率向银行系统提供无限制的流动性。此外,欧洲中央银行还延长了它的操作的平均期限,扩大了合格抵押品的名单,并引入了几个特别便利工具,以允许银行与新的对手方进行交易或从事某些新型交易。[②]

20 世纪 90 年代末以来,日本中央银行就一直在采取非常规的政策措施,因此到 2007—2009 年金融危机爆发时,这些措施在日本的背景下就不再显得有多么“特别”了。从 1995 年开始,日本中央银行就面临着一系列银行倒闭的困难局面,在接下来的十年时间里,它不断降息,并在 1999 年 2 月将利率降低为零。在实施这种利率政策的同时,日本中央银行还增加了证券借贷便利工具,扩大了可以进行回购的合格私人证券的范围,并实施了一项为日本企业提供资金的有限计划。在 2000 年宏观经济形势进一步恶化之后,2001 年 3 月日本中央银行开始实施量化宽松政策,然后到了 2004 年中期,它的经常账户余额已经增加至 33 万亿日元。同样,在这个量化宽松时期,日本中央银行增加了对日本政府证券的直接购买,同时还引入了对商业票据的直接购买,甚至购买了少量的公司股票。[③]

图 24.15 和图 24.16 说明了美国、欧元体系和日本中央银行的资产负债表在多大程度上反映了上面描述的这些非常规措施。图 24.15 表明,这几家中央银行的总负债都出现了急剧上升。该图同时还给出了通货和准备金的基本情况(对欧洲中央银行来说,还给出常备存款便利工具上的存款)。丝毫不出意料的是,中央银行负债的激增几乎全部来自准备金(对于欧洲中央银行来说,还有存款的增加),至于未清偿通货,则与之前的趋势相差无几。图 24.16 则显示了同一时期各家中央银行的总资产的类似的增长趋势,以及它们所持有的主要资产类别的基本情况。从资产这个角度来看,美国联邦储备委员会所采取行动的“不同寻常性”最为明显,它最初通过定期拍卖便利工具和商业票据融资便利工具等多种工具向各关键市场提供流动性,然后又开始大规模收购住房抵押贷款支持证券,实际上,它这样做等于承

---

① 欧洲中央银行在 2009 年 1 月 21 日重新确立了 100 个基点的息差,但是随后又在 2009 年 5 月 13 将其收窄至 75 个基点。

② 关于欧洲中央银行所采取的应对危机的行动,请参见 Lenza 等(2010)以及 Papadia 和 Välimäki(2010)的描述。

③ 参见 Shiratsuka(2009)对日本中央银行在量化宽松政策时期的经验的全面总结。Kuttner(2010)对日本中央银行在 1995—2006 年的非常规政策与美国联邦储备委员会在 2007—2009 年危机期间的政策进行了比较。

担了私人部门(包括银行和证券市场)当时无法继续履行的部分中介职能。不过,欧洲中央银行长期回购操作和以美元计价的(对欧元区内的实体的)贷款的扩张,以及日本中央银行的直接贷款组合(在 2006 年初几乎为零)的扩张,也都是非常明显的。

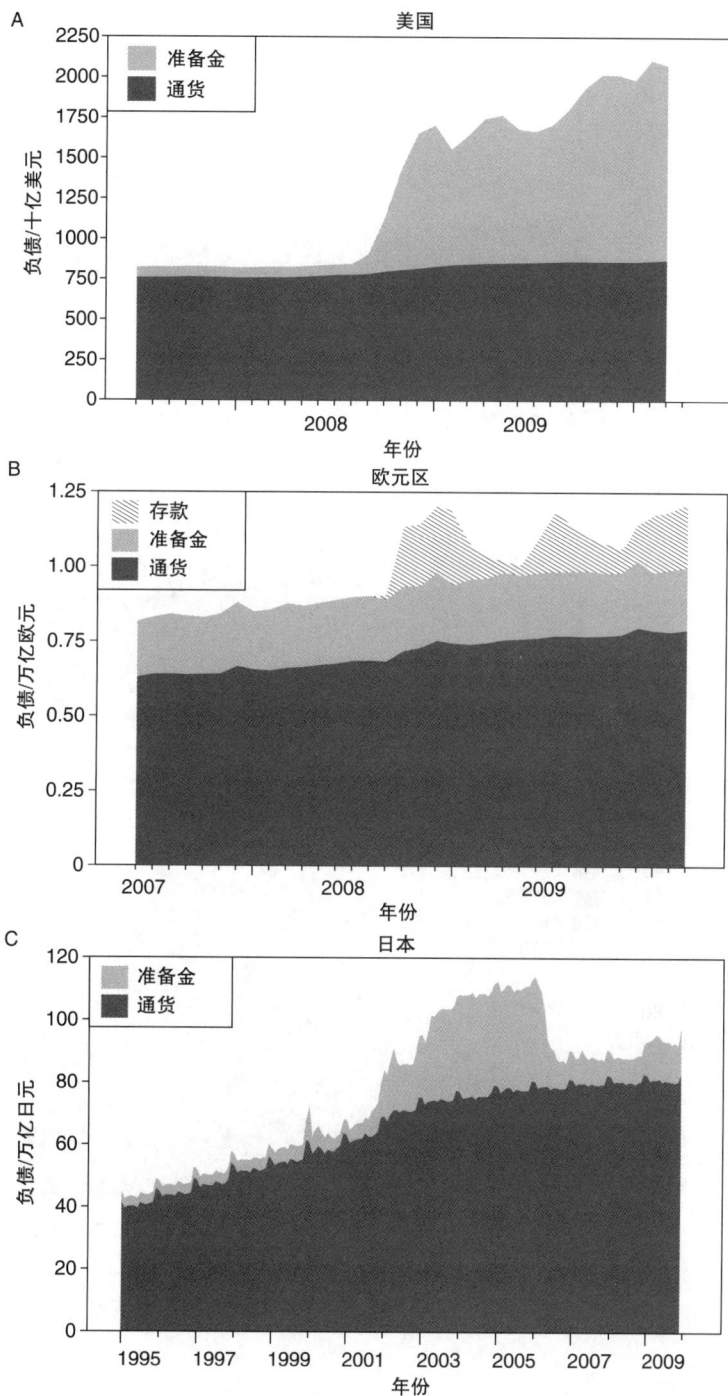

图 24.15　金融危机期间的中央银行的负债:(A)美国,(B)欧元区,(C)日本

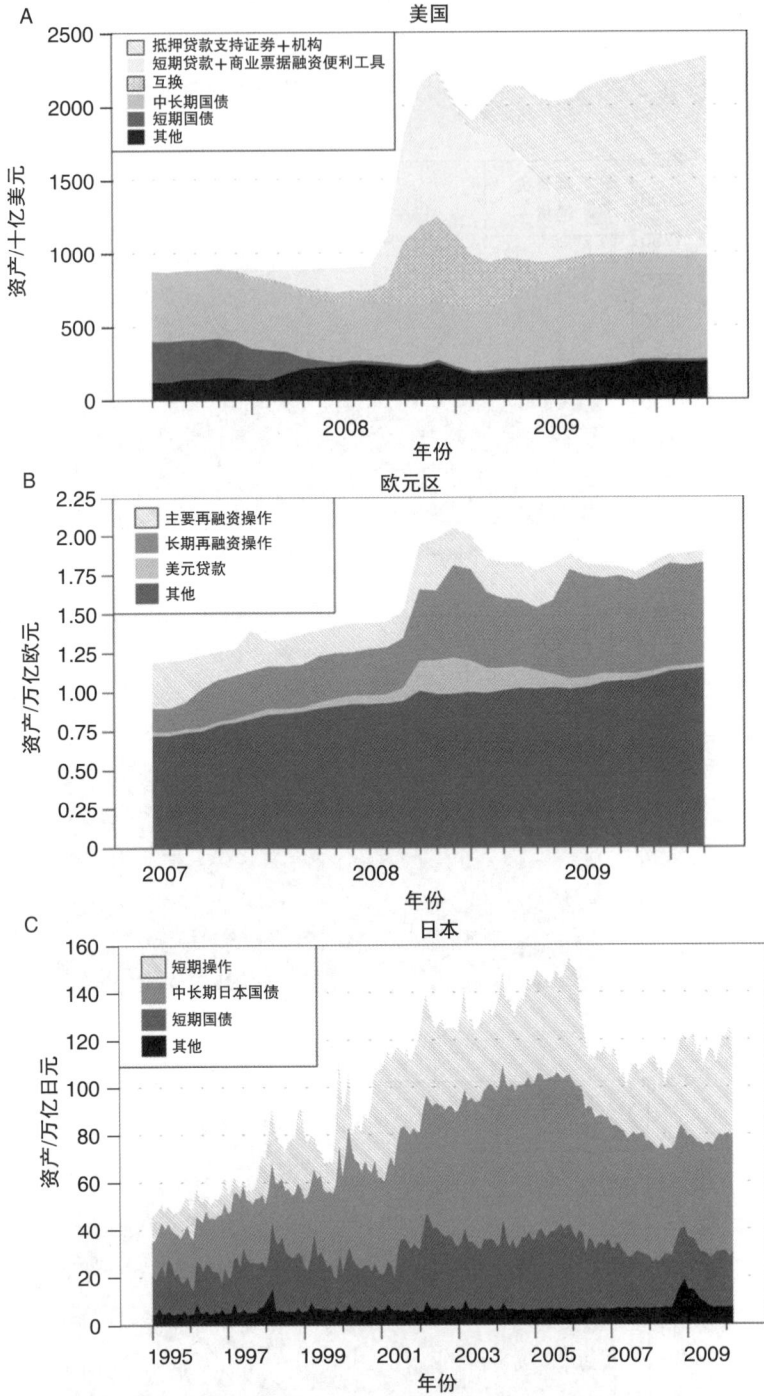

图 24.16 金融危机期间的中央银行的资产:(A)美国,(B)欧元区,(C)日本

7.2　对未来的货币政策行动的含义

综合来看,各国中央银行在应对这场金融危机的过程中所采取的如下三个方面的行动可能会为未来货币政策的实施开辟新的途径。第一,正如图 24.15 和图 24.16 表明的,在这类情况下,各国的中央银行都愿意进行规模非常大的资产负债表扩张。在上述数据所涵盖的三家中央银行中,美国联邦储备委员会在这方面的举措最为明显。直到 2007 年 12 月,美国银行业的准备金总额仍然为 430 亿美元(与往常差不多)。然而,到了 2008 年 12 月,这一数字就达到 8200 亿美元。到了 2009 年 12 月,这一数字又剧增为 11530 亿美元。当然,在这个方面,美国联邦储备委员会并不是独一无二的。从与经济体量相比的角度来看,英格兰银行的资产负债表扩张幅度甚至更大,它的总负债通常大约为英国国内生产总值的 5%,但是到了 2009 年,这一比例已经接近 17%。

第二,正如图 24.16 所表明的,在总负债大幅度增加的背景下,各国中央银行还以极不寻常的方式重新部署了资产负债表上的资产部分,包括大举扩张信贷——不仅仅限于银行,而且更广泛地扩展到经济体的私营部门。它们这样做不仅涉及关于市场风险(从持有更长期的工具的角度)的假设的改变,而且还涉及关于信用风险的假设的改变。在这一点上,美国联邦储备委员会对传统的背离最为明显,它先是持有了大量货币市场工具,如商业票据,后来又持有了规模更大的抵押贷款支持证券。

第三,在金融危机的背景下,美国联邦储备委员会和日本中央银行都效仿欧洲中央银行,建立了影响各自政策利率的双边"走廊系统"。除这两家中央银行早在 21 世纪初就已实施的准备金贷款便利工具外,它们还各自设立了一种常备便利工具,用于以与其货币政策利率目标挂钩的指定利率从银行吸收准备金。

这三个方面的行动对未来的货币政策实施有非常深远的含义。根据关于中央银行如何实施货币政策的传统观点——如图 24.5 所示——中央银行只有一种政策工具可供使用,也就是说,它只有一个选择。它要么选择设定准备金的数量,要么选择设定相关的(短期)利率。在任何一种情况下,中央银行的决定都相当于选择了它所要面对的向下倾斜的准备金需求曲线上的某个点,它代表了各银行调整其准备金和其他流动资产持有量的行为(当然,中央银行也可以在某种有限的弹性下供给准备金——这意味着实现一条向上倾斜的准备金供给曲线——但即便是在这种情况下,对于我们的讨论来说也仍然只有一个选择,那就是中央银行选择在哪一点上让准备金供给曲线与向下倾斜的准备金需求曲线相交)。传统观点认为,中央银行不能同时独立地选择利率和准备金数量。

然而,像这场金融危机这样的经济形势的一个直接含义恰恰是,一旦中央银行的政策利率下降到了零(见图 24.14 中美国和日本的图表),中央银行就可以改变准备金供给而不会对利率产生任何影响。

在这种情况下,如图 24.17 所示,图 24.5 中向下倾斜的准备金需求曲线一旦到达了横轴,很可能就会变成水平走向,而同时名义利率又不能低于零(除非决定对准备金余额征税,但是没有一家中央银行真的实施过这种政策）。[1] 只要中央银行选择的准备金数量大于或等于让准备金需求曲线在零利率处变成水平走向所需的数量，中央银行就可以供给任何数量的准备金、购买任何数量的资产，而不会对政策利率产生任何影响——它将一直保持为零。

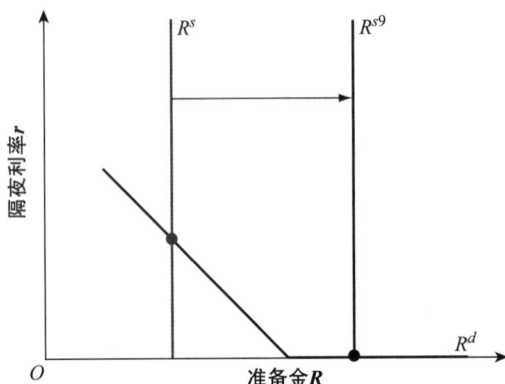

图 24.17 准备金市场上的零利率下限

那么，为什么中央银行会选择供给比零利率所需要的更多的准备金呢？要想创造更多的准备金，中央银行就必定需要拥有更多的资产。从中央银行的资产负债表中的负债的角度来看，这种数量上的差异可能并不那么重要（因为在零利率下，准备金和国债会成为接近完美的替代品，中央银行持有的是国债还是准备金可能没有什么区别），但是，从资产一侧来看，这种差异就很重要了。如果中央银行购买资产作为它为业已受损的关键非银行市场创造额外准备金的对应行动（例如美国联邦储备委员会利用商业票据融资便利工具买入商业票据），又或者中央银行以其他方式将私人部门只愿意在价格上涨、数量增加的情况下承担的信贷风险转移给中央银行（例如美国联邦储备委员会购买住房抵押贷款支持证券），那么即便政策利率没有任何变化，这些购买行为也可能有助于推动货币政策目标的实现，同时政策利率将保持在零的水平上。

不过，如图 24.17 所示的情况并没有完全违反传统的假设，即中央银行一次只有一种工具可供使用。在传统的以市场上的准备金的价格（利率）和数量为核心的框架下，中央银行仍然只有一个选择：它所能供给的准备金数量。而且，这并不意味着利率必定会随准备金数量而变动，因为利率的下限为零。然而，正如 Goodfriend（1994）、Gertler 和 Karadi（2009）、Borio 和 Disyatat（2009）、Curida 和 Woodford（2010a，2010b）以及 Ashcraft 等（2010）等所指出的，在更广泛的背景下，当中央银行在考虑为受损的市场提供流动性，或者在价格敏感的市场中承担信用风险的影响等因素时，也就是做出第二种选择了，那就是改变资产负债表的资产构成。从原则上说，无论政策利率是否为零，中央银行总是有进一步选择的余地。

因此，真正与中央银行只能在准备金市场的价格—数量框架范围内作出一个决定的假

---

[1] Keister 和 McAndrews（2009）提供的证据表明，对于美国，银行对超额准备金的需求曲线在接近零利率时确实会趋于水平。Goodfriend（2000）则在人们担忧（尽管这种担忧从未变成现实）美国联邦基金利率可能在 2001 年的经济衰退中下降为零的背景下，提出了对通货征收"持有税"的可能性的问题。

设相矛盾的是,对准备金支付利息。[1] 然而,只有当各国中央银行——包括美国联邦储备委员会、欧洲中央银行和日本中央银行——愿意放弃实现其政策利率目标的努力时,中央银行目前拥有的常设便利工具才足以达到这一目的。图 24.18 描绘了一个"走廊系统"——银行的准备金需求在中央银行的存款便利工具支付的利率上呈水平走向,同时中央银行的准备金供给在它的贷款便利工具收取的利率上也呈水平走向,而且这两个利率都与中央银行的目标利率相挂钩(根据其他方面的传统观点,这幅图抽象掉了前几节详细讨论过的一个问题,即准备金需求在每日数据上是不是对利率无弹性的)。在有效上限与有效下限之间,中央银行面临的是通常的选择,即在向下倾斜的准备金需求曲线上选择一个点。中央银行可以任意增加准备金供给,从而扩张其资产负债表,以便扩大资产购买规模,但是,如果超过了某一个临界点(图 24.18 中指定的 Q 点),政策利率就将不再等于目标利率 $\bar{r}$,而将等于对超额准备金支付的利率 r_l,后者低于目标利率一个固定的距离。因此,中央银行可以自由地任意选择准备金数量,进而可以自由地决定要购买的资产的数量,不过这是以牺牲它执行利率目标的能力为代价的。[2]

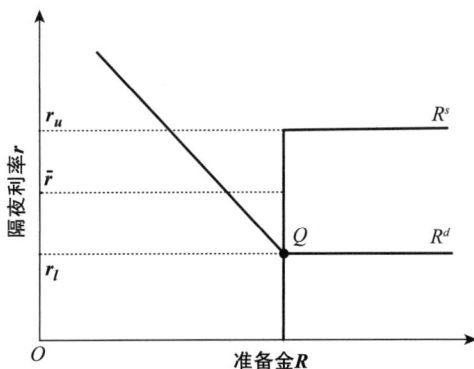

图 24.18 "走廊系统"中的量化宽松

然而,在这里重要的是,与不支付准备金利息的情况相反,由此导致的政策利率的下界不是零利率,而是对超额准备金支付的利率。[3]

或者,如果用来补偿银行的超额准备金的常备便利工具依赖于某个特定的指定利率(因而不同于美国联邦储备委员会、欧洲中央银行和日本中央银行目前安排的便利工具),那么

---

[1] 关于这些方面的分析,请参见 Goodfriend(2002)以及 Keister 等(2008)的论述。Bowman 等(2010)研究了九个国家的中央银行在这个领域的最近的经验,其中包括我们在本章中重点关注的三家中央银行,以及澳大利亚、加拿大、新西兰、挪威、瑞典和英国的中央银行。

[2] 这里给出的描述大体上代表了从 2009 年到我们撰写本章的这个时期的欧元体系的情况。在此期间,欧洲平均隔夜利率的交易价格在大多数时间里都比欧洲中央银行的存款利率(0.25%)要高出 8—9 个基点,但是远低于主要再融资利率(1%)。因此,从实际操作的目的来看,重要的是存款利率,而不是主要再融资利率(在该"走廊"的另一边,能够从欧洲中央银行的边际贷款便利工具借款的银行大多只限于那些因担心自己是否适合作为交易对手而无法在市场上轻易获得资金的银行)。请参见 Lenza 等(2010)的讨论。

[3] 在像新西兰所实施的那种"走廊系统"中,这两种常备便利工具的利率是根据隔夜准备金的市场利率而不是中央银行的目标利率来设定的,因此即便是如此有限的中央银行的选择范围的扩展也不可行。随着市场利率的下降,同时随着准备金供给量沿着向下倾斜的准备金需求曲线不断增加,对准备金支付的利率将向下移动。在这样一种制度安排下,中央银行能够在不影响利率的情况下任意增加准备金供给的唯一利率只能是零。

中央银行就能够同时选择利率和供给的准备金数量——而且或多或少可以独立地选择它们——而不必忍受它的政策利率的均衡市场水平将低于目标的结果。在这种情况下,如图24.19所示,中央银行能够通过在目标利率水平上对超额准备金加以补偿来实施目标利率。这样一来,只要准备金供给量等于或大于 Q,就会导致市场准备金利率处于相同的水平,即目标利率。在这里再一次从中央银行资产负债表的负债侧的角度来看,以这种方式实施货币政策大概不会起到什么大的效果或者根本没有任何效果:对于中央银行提供的更多的准备金,银行只是直接将它们作为超额准备金持有,因而中央银行不太可能影响创造信贷或存款的活动。相比之下,资产负债表上与之对应的是,中央银行要购买更大数量的资产,这可能有重要影响,具体则取决于中央银行对资产的选择和市场环境。

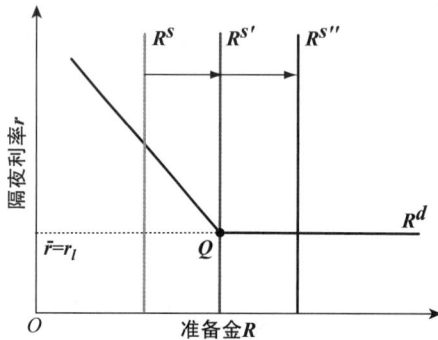

图 24.19　对准备金支付补偿时的量化宽松

7.3　理论和实证含义

在这种背景下,考虑我们在第 2 节中的讨论,一个很自然的问题是:中央银行在特定的制度安排下——对于美国和日本,是自 2008 年以来;而对于欧元体系,则是自它成立以来——所拥有的这种能力,即在不影响市场利率的前提下改变准备金供给的能力(或者,中央银行能够将对超额准备金的补偿性的利率指定为与目标利率相等,而不是低于目标利率若干个基点的能力),是不是违反了一个世纪前 Wicksell(1907)阐明的基本原则。对于这个问题,答案很简单:没有违反。

对于中央银行有能力在不改变准备金供给的同时改变利率的那些情况而言(这是本章第 3 节、第 4 节和第 6 节讨论的重点),原因主要在于制度细节和时间期限问题。正如前面的讨论已经解释的,中央银行要改变政策利率,只需要让准备金供给发生极小的变化或者根本不需要,导致这个看似突出的谜题的原因首先是在维持期内滞后的准备金核算方法和在维持期内对准备金进行均等化的结果,这些安排使得银行对准备金的需求在维持期内或更低的频率上非常缺乏弹性。但是这并不意味着中央银行可以无限期地将利率维持在任意选择的水平上,同时又不会对准备金需求产生任何影响。正如维克塞尔所解释的那样,无限期地将利率维持在正常水平以下可能会导致信贷需求的永恒增长。如果借款者使用信贷的方式也增加了名义总需求和产出,那么对存款的需求应该也会增加。只要这些额外增加的存款能满足准备金要求,银行对准备金的需求就会随之增加。维克塞尔的思想的要点是,中央银行要让市场准备金利率保持原状(不回升至正常水平)的唯一方法是,不断增加相应的供给。

图 24.7 的(B)部分很好地阐明了维克塞尔的上述观点(尽管没有考虑到利率低于正常水平这个因素)。自欧洲货币联盟成立以来,随着未偿付存款的增长,欧元体系中银行持有的准备金一直在稳步增加。如果欧洲中央银行没有提供足够的准备金来满足这种需求,市场利率就会上升(至少在短期内肯定如此),直到更高的利率水平降低了总需求和产出,进而压低了对存款的需求为止。但是事实上,美国和日本的准备金余额并没有随着时间的推移而出现这种类型的增长,如图 24.7(A)和(C)部分所示,这个事实反映了不同种类存款的需求和供给的其他方面的特点(例如美国扫账账户的引入),但是它们超出了本章所关注的货币政策实施的范围,因此也不属于准备金市场关注的重点。

与之相反的情形是,中央银行提供任意数量的准备金,同时利用准备金补偿率来防止市场利率下降。这种情形与维克塞尔原理并不完全矛盾。在某种程度上,中央银行只是通过公开市场操作提供准备金,然后通过定期存款工具来吸收它们,这些"中和的"(或"闲置的")的准备金并不属于维克塞尔的推理所覆盖的范围。中央银行是通过其准备金存款便利工具,还是通过逆转最初创造它们的公开市场操作来重新吸收它们,都无关紧要。从维克塞尔的观点来看,它们根本不属于准备金供给的一部分。实际上,正如前面的讨论所强调的,只有当中央银行对于作为其对应物的资产购买这种工具的运用方式有重要意义时,这种准备金创造才是重要的,但这种可能性并不是维克塞尔的分析的一部分。

最后,是否有证据可以表明中央银行的定向资产购买对市场利率关系,以及更一般的金融市场功能或非金融经济活动有重要影响?此类政策行动的经验直到最近才开始得到总结。事实上,2007—2009 年金融危机以及随后的经济衰退至今仍然没有得到充分的分析,还无法给出任何明确的判断,特别是关于它对非金融经济活动的影响。然而,至少有一些证据表明,美国联邦储备系统进行的大规模资产购买确实影响到了利率关系和某些在危机中瘫痪受损的市场的运行。

2008 年 10 月,在金融危机最严重的时候,美国联邦储备委员会创建了一个新的便利工具,即商业票据融资便利工具,专门用来购买新发行的商业票据。图 24.16(A)表明,它在这个便利工具下购买的资产数量的增长非常迅速。到了 2009 年初,商业票据融资便利工具就已经持有超过 3500 亿美元的商业票据了。如图 24.20 所示,在商业票据融资便利工具创建之时,金融公司发行的期限为三个月的 AA 级商业票据的利率与三个月隔夜利率掉期之间的息差就已经扩大到前所未有的水平了。[①] 在金融危机之前,这两个利率几乎完全相同,危机开始时息差扩大到了 50—100 个基点,而在雷曼兄弟公司破产后,息差更是扩大到了 250 个基点以上。

---

① Adrian 等(2010)描述了发生在商业票据市场上的一些事件和商业票据融资便利工具的创建过程。另见 Taylor 和 Williams(2009)对当时货币市场(包括银行间市场)的功能的更全面的崩溃的讨论。

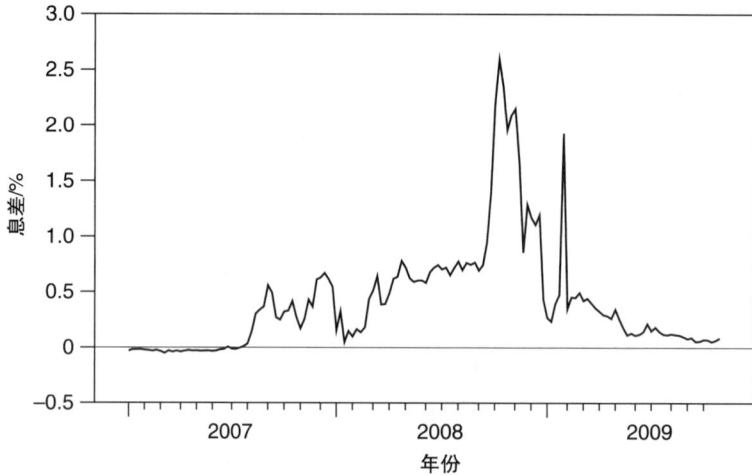

图 24.20　期限为三个月的商业票据与隔夜利率互换之间的息差

与此同时,危机期间每周的新融资规模缩水到了 500 亿美元以下,相比之下,以往夏季每周的新发行量一般都会超过 1 千亿美元。美国联邦储备委员会之所以要创建商业票据融资便利工具,主要的目的就是应对息差扩大,以及企业在商业票据市场上融资能力丧失的情况。[1] 如图 24.16(A)所示,它在该便利工具下持有的资产数量迅速增长。到 2009 年初,美国联邦储备委员会在商业票据融资便利工具下已经持有了 3500 亿美元的商业票据。随着持仓量的增加,商业票据与隔夜利率掉期之间的息差开始迅速缩小(除了 2009 年 1 月 28 日的单日飙升,那一天距商业票据融资便利工具的创建刚好三个月零一天,由于商业票据融资便利工具购买的第一批票据到期,市场对再融资的担忧推高了息差)。与此同时,商业票据市场的新发行数量也有所回升。

到目前为止,只有一些有限的实证研究试图分析这些粗略的联系,以确定息差收窄和新股发行量回升究竟在多大程度上可以归因于美国联邦储备委员会采取的行动。[2] Kacperzyk 和 Schnabl(2010)简要分析了金融危机影响商业票据市场的渠道,以及美国联邦储备委员会购买商业票据的政策行动可能发挥作用的途径,但是他们实际上并没有试图进行定量估计。Anderson 和 Gascon(2010)得出的结论是,商业票据融资便利工具下的购买量对商业票据发行量的影响很小,他们认为,等到商业票据融资便利工具下的购买量变得比较突出时,新发

---

① 美国联邦储备委员会还创建了其他一些与商业票据市场相关的新便利工具(尽管它们不直接涉及购买商业票据),具体包括一级交易商信贷便利工具(于 2008 年 3 月创建,直接向一级证券交易商,包括非银行交易商,提供信贷)、资产支持商业票据货币市场共同基金(创建于 2008 年 9 月雷曼兄弟公司倒闭后不久,目的是为存款机构提供资金,以促进私营部门购买资产支持商业票据),以及货币市场投资者融资便利工具(创建于 2008 年 10 月,为私人管理的有特定目的的实体提供资金,以便于他们购买各种货币市场工具,包括但不限于商业票据)。请参见 Hilton(2008)对美国联邦储备委员会在早期(从 2007 年年中至 2008 年年中)采取的政策行动的描述。

② 更多的理论探讨请参见 Armentier 等(2008)、Fleming 等(2009)以及 Reis(2010)的论述。还有一些论文对美国联邦储备委员会的各种便利工具进行了实证分析:对于定期拍卖便利工具,见 Adrian 等(2010)、Wu(2010)、McAndrews 等(2008)、Christiansen(2009)以及 Taylor 和 Williams(2009)的相关文献;对于定期证券借贷便利工具,见 Fleming 等(2009)、Ashcraft 等(2009)以及 Thornton(2009)的相关文献;对于长期国债和抵押贷款支持证券的购买,见 Gagnon 等(2010)的相关文献。

行的票据数量已经基本恢复了。[①] 与他们的观点相反，Adrian 等(2010)得出的结论则是，商业票据融资便利工具不仅缩小了商业票据息差，而且提高了商业票据的发行量。Motley(2010)利用一个关于商业票据市场的供需均衡估计模型得出的结果是，商业票据融资便利工具使得三个月期 AA 级金融票据与隔夜利率掉期之间的息差减少了 50 个基点，并使得三个月期 AA 级资产支持证券的息差减少了 35 个基点。另外根据莫特利(Motley)的估计，期限为一个月的金融公司债券的息差减少了 22 个基点，期限为一个月的资产支持债券的息差则减少了 14—32 个基点。

如图 24.16(A)所示，到目前为止，美国联邦储备委员会以这种方式利用资产负债表的最大目的是在定期资产支持证券贷款便利工具下购买住房抵押贷款支持证券。美国联邦储备委员会在 2008 年 3 月就创建了定期资产支持证券贷款便利工具，但是直到 2009 年 3 月才开始购买定期资产支持证券贷款便利工具下的证券。然而，一旦启动之后，这种购买就迅速增加，并一直持续到了 2010 年初。截至 2010 年中期，美国联邦储备委员会持有的住房抵押贷款支持证券已经超过了 1.1 万亿美元。

图 24.21 描绘的是美国 30 年期固定利率抵押贷款与十年期国债之间的息差的演变。[②]美国联邦储备委员会购买住房抵押贷款支持证券的动机，以及这种政策行动的影响(至少从其表面来看)，都是非常明显的。在金融危机爆发之前，这一息差一直在 140—180 个基点的区间内窄幅波动。到了 2007 年年中，这一息差开始扩大，最终在 2008 年底达到了将近 300 个基点。然后，在美国联邦储备委员会宣布了购买住房抵押贷款支持证券的计划但是尚未真的购买任何证券之前，这一息差就开始缩小了，这也是人们早就预料到的——在长期资产市场中，一旦市场参与者预期某个政策行动会影响市场的供需均衡，就会对息差变动的区间产生影响。到了 2009 年 5 月，这一息差就回到了金融危机爆发之前的 140—180 个基点的波动区间。到目前为止，对于这一系列变化还没有人进行过正式的计量经济学分析，但两者之间的联系是足够紧密的，因此，当有朝一日真的要进行这样的研究时，应该不难找到存在这种重大影响的证据，而要想推翻这种表面印象却很困难。

[①] 泰勒给出的非正式分析(Taylor,2009)也得出了类似的结论。
[②] 由于存在提前还款现象，30 年期抵押贷款的平均"寿命"与十年期国债更为相似，而不是 30 年期国债。

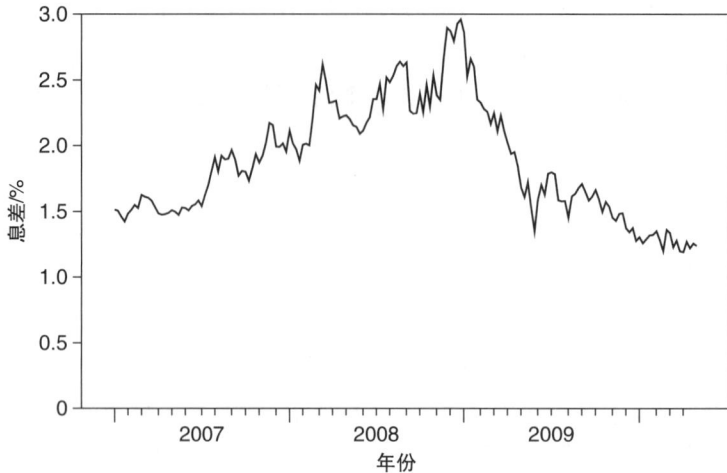

图 24.21 30 年期固定利率抵押贷款与十年期国债之间的息差的演变

相比之下,对于日本中央银行所采取的非常规政策行动对金融市场的影响,现在已经有了更广泛的实证文献。它们讨论的其中一个问题是,日本量化宽松政策时期所实施的经常账户余额扩张本身在多大程度上影响了资产回报和风险溢价。在一项相当全面的综述性研究中,Ugai(2008)认为现有的证据是不明确的。大多数研究所报告的影响要么在统计上不显著,要么在数量上非常少。[①] 在他引用的所有研究中,没有任何一个研究发现日本中央银行购买政府债券对长期利率有统计学意义上的显著影响。这个发现与 Gagnon 等(2010)针对美国进行研究得到的结果相矛盾。对于这种不同的结果,一个可能比较合理的原因是,美国联邦储备委员会的资产购买大部分是抵押支持证券,它们不是无风险的,而日本中央银行的购买则几乎完全是无风险的政府债券。因此,美国联邦储备委员会的政策比日本中央银行的政策更有可能降低风险溢价。

然而,这些实施中央银行政策的新方式究竟在多大程度上暗示了未来的政策路径,现在仍然无法预测。一个可能的结果是,未来的中央银行仍然会只把此类政策行动视为危机形势下特有的权宜之计,而不会在更正常的时期中使用。另一种可能性是,尽管中央银行可能会试图以这些方式利用自己的资产负债表,但是它们将会发现,这些行动在危机情况下是有效的,但是在其他情况下无效,于是认为在正常市场条件下它们是无用的,从而将会放弃这些努力。然而,还存在第三种可能性,那就是从这些危机引发的政策行动中汲取的教训将在更正常的时期里得到应用,从而使未来货币政策的实施呈现出一种与以往的传统不同的二维性。

[①] Oda 和 Ueda(2005)发现的一些证据表明,经常账户余额目标的变化确实可以通过暗示日本中央银行对其零利率政策承诺的时间长度这个渠道降低债券收益率。

8. 结论

中央银行现在实施货币政策的方式已经与标准经济学教科书中的描述不同了——也就是说，它们不再设定作为货币政策目标的短期利率。在传统模型中，中央银行增加或减少自身债务的供给，而对这些债务的需求则是固定的、具有利率弹性的；这种模型在逻辑上是内在连贯的，但是它们不能反映中央银行的实际政策行动。相反，如今的中央银行可以做到在控制政策利率的同时，几乎完全不改变自身负债的供给量，包括银行准备金在内。这个领域的标准教科书未能反映这种政策实践。这个事实只能说明教科书的失败，而不能说明货币政策制定者误解了教科书。

利率与银行准备金数量之间没有长期关系——比如一两年，甚至更长的时间——对这个现象的讨论超出了本章的范围（因为它关注的是货币政策实施）。一种可能的解释是，这与存款持有人对某种货币工具的偏好有关，同时也与银行在这个方面影响存款人的选择的能力有关。对于这个故事，更恰当的关注点是存款市场。

本章的重点是银行准备金市场以及中央银行日常是如何实施货币政策的。本章试图解释的主要现象——从关于货币政策如何实施的标准教科书模型的角度来看，它是一个谜——在较短的频率内，利率与准备金数量之间没有什么关系。

本章对这个现象的解释涉及当前时代中央银行如何实施货币政策决定的若干特征。其中最突出的一些特征包括：准备金的"平均化处理"，即银行不是在某一天，而是在数天甚至数个星期的时间内平均达到准备金要求的；滞后的准备金核算程序，即在某个维持期开始时就预先确定好银行在该期间的法定准备金持有量；各种常备便利工具，通过它们（某些）中央银行可以将准备金借给银行，或者为银行持有的超额准备金支付利息。这些特征可以有不同的组合，有了它们，现代中央银行就可以使得银行对准备金的每日需求具有利息弹性（因为在准备金维持期内的剩余时间里的利率预期具有利率弹性），同时较长期的需求则没有利息弹性。实际上，无论是什么导致准备金市场参与者改变了它们对未来利率的预期——中央银行宣布的利率意向只是其中一个例子——都会改变传统的、向下倾斜的准备金需求曲线。因此，中央银行可以在不改变准备金供给的情况下，对准备金实行不同的市场出清利率。或者，中央银行可以在不改变政策利率的情况下改变准备金供给，扩大或收缩自己的资产负债表。这对中央银行的实践有非常深远的影响。

本章提供的源于美国联邦储备委员会、日本中央银行和欧洲中央银行的政策行动的实证证据在很大程度上支持了这种对现代货币政策实施的解释。事件研究一致表明，在美国、欧元体系或日本，政策利率的变动与准备金供给之间没有关系。在与准备金维持期相对应的频率上对准备金需求进行结构性估计的结果也表明，没有证据可以证明美国或欧元体系下准备金需求具有利率弹性（尽管在日本，一个月的准备金需求具有利率弹性）。每日准备金需求的结构性估计结果(这里只针对美国进行了估计)则证明了未来预期隔夜利率在改变银行准备金需求方面的作用。对每日准备金供给的结构性估计结果显示(同样只针对美国进行了估计),没有证据表明准备金供给的变化与联邦基金利率水平或联邦储备系统公开宣布的联邦基金利率目标的变化有关。

最后一点,尽管现在就给出任何明确的判断还为时过早,我们在这一章中对因 2007—2009 年金融危机而引发的货币政策实施方式的变化的分析表明,各国中央银行在此期间采取的不同寻常的政策行动可能打开了通往未来的全新的政策形式的道路。最重要的一点是,中央银行有能力独立地选择政策利率水平和资产负债表规模,而且是在对于宏观经济目标来说有重要意义的足够长的时间范围内(不是仅修复利率或准备金数量,而是同时修复利率和准备金数量)。这代表着对数十年来关于中央银行的政策行动的传统思维的根本性背离。

参考文献

Adrian, T., Shin, H. S., 2010. Banking and the monetary policy transmission mechanism. In: Friedman, B. M., Woodford, M. (Eds.), Handbook of monetary economics. North-Holland, Amsterdam.

Adrian, T., Kimbrough, K., Marchioni, D., 2010. The Federal Reserve's commercial paper funding facility. Federal Reserve Bank of New York Staff Report 423.

Anderson, R. G., Gascon, C. S., 2009. The commercial paper market, the Fed, and the 2007-2009 financial crisis. Federal Reserve Bank of Saint Louis Review 91 (6), 589-612.

Angelini, P., 2008. Liquidity and announcement effects in the Euro Area. Giornale degli Economisti 67 (1), 1-20.

Armentier, O., Kreiger, S., McAndrews, J., 2008. The Federal Reserve's term auction facility. Federal Reserve Bank of New York Current Issues in Economics and Finance 14, 1-11.

Ashcraft, A., Malz, A., Rosenberg, J., 2009. The term asset-backed securities lending facility. Federal Reserve Bank of New York Working Paper.

Ashcraft, A., Gârleanu, N., Pedersen, L. H., 2010. Two monetary tools: Interest rates and haircuts. Federal Reserve Bank of New York. Unpublished Manuscript.

Ball, L., 1999. Efficient rules for monetary policy. International Finance 2, 63-83.

Bank of Canada, 2009. Annex: Framework for conducting monetary policy at low interest rates. Monetary Policy Report, 25-28.

Bank for International Settlements, 2008. Monetary policy frameworks and central bank market operations. Markets Committee Compendium.

Bartolini, L., Bertola, G., Prati, A., 2002. Day-to-day monetary policy and the volatility of the federal funds interest rate. J. Money Credit Bank. 34 (1), 137-159.

Bartolini, L. , Prati, A. , Angeloni, I. , Claessens, S. , 2003. The execution of monetary policy: A tale of two central banks. Economic Policy 18 (37), 437-467.

Bernanke, B. S. , Blinder, A. S. , 1988. Credit, money, and aggregate demand. Am. Econ. Rev. 78 (2), 435-439.

Bernanke, B. S. , Mihov, I. , 1998. Measuring monetary policy. Q. J. Econ. 113 (3), 869-902.

Bindseil, U. , 2010. Theory of monetary policy implementation. In: Mercier, M. , Papadia, F. (Eds.), The concrete euro: The implementation of monetary policy in the euro area. Oxford University Press, Oxford (in press).

Bindseil, U. , 2004. Monetary policy implementation: Theory, past and present. Oxford University Press, Oxford, UK.

Bindseil, U. , Seitz, F. , 2001. The supply and demand for Eurosystem deposits the first 18 months. European Central Bank Working Paper 44.

Blenck, D. , Hasako, H. , Hilton, S. , Masaki, K. , 2001. The main features of the monetary policy frameworks of the Bank of Japan, the Federal Reserve and the Eurosystem. Bank for International Settlements BIS Paper 9.

Borio, C. , 1997. The implementation of monetary policy in industrial countries: A survey. Bank for International Settlements Economic Paper 47.

Borio, C. , Disyatat, P. , 2009. Unconventional monetary policies: An appraisal. Bank for International Settlements Working Paper 292.

Bowman, D. , Gagnon, E. , Leahy, M. , 2010. Interest on excess reserves as a monetary policy instrument: The experience of foreign central banks. Board of Governors of the Federal Reserve System International Finance Discussion Paper 996.

Brainard, W. C. , 1967. Uncertainty and the effectiveness of policy. Am. Econ. Rev. 57 (2), 411-425.

Brunner, A. D. , Meltzer, A. , 1964. The Federal Reserve's attachment to the free reserve concept. U. S. Government Printing Office.

Congress, House Committee on Banking and Currency, Subcommittee on Domestic Finance, 88th Congress, 2nd Session.

Carpenter, S. B. , Demiralp, S. , 2006a. Anticipation of monetary policy and open market operations. International Journal of Central Banking 2 (2), 25-63.

Carpenter, S. B. , Demiralp, S. , 2006b. The liquidity effect in the federal funds market: Evidence from daily open market operations. J. Money Credit Bank. 38 (4), 901-920.

Carpenter, S. B. , Demiralp, S. , 2008. The liquidity effect in the federal funds market: Evidence at the monthly frequency. J. Money Credit Bank. 40 (1), 1-24.

Christiano, L. J. , Eichenbaum, M. , 1992. Identification and the liquidity effect of a monetary policy shock. In: Cukierman, A., Hercowitz, Z., Leiderman, L. (Eds.), Political economy, growth and business cycles. MIT Press, Cambridge, MA, pp. 335-370.

Christiano, L. J., Eichenbaum, M., 1995. Liquidity effects, monetary policy, and the business cycle. J. Money Credit Bank. 27 (4), 1113-1136.

Christiano, L. J., Eichenbaum, M., Evans, C., 1996a. The effects of monetary policy shocks: Evidence from the flow of funds. Rev. Econ. Stat. 78 (1), 16-34.

Christiano, L. J., Eichenbaum, M., Evans, C., 1996b. Identification and the effects of monetary policy shocks. In: Blejer, M., Eckstein, Z., Hercowitz, Z., Leiderman, L. (Eds.), Financial factors in economic stabilization and growth. Cambridge University Press, Cambridge, UK, pp. 36-74.

Christiano, L. J., Eichenbaum, M., Evans, C., 1999. Monetary shocks: What have we learned, and to what end?. In: Taylor, J. B., Woodford, M. (Eds.), Handbook of macroeconomics. 1A, North Holland, Amsterdam, pp. 65-148.

Christiansen, J., Lopez, J., Rudebusch, G., 2009. Do central bank liquidity facilities affect interbank lending rates?. Federal Reserve Bank of San Francisco Working Paper.

Clarida, R., Galí, J., Gertler, M., 1998. Monetary rules in practice: Some international evidence. Eur. Econ. Rev. 42, 1033-1067.

Clarida, R., Galí, J., Gertler, M., 1999. The science of monetary policy: A new Keynesian perspective. J. Econ. Lit. 37 (4), 1661-1707.

Clarida, R., Galí, J., Gertler, M., 2000. Monetary policy rules and macroeconomic stability: Evidence and some theory. Q. J. Econ. 115 (1), 147-180.

Clouse, J. A., 1994. Recent developments in discount window policy. Federal Reserve Bulletin 80,965.

Clouse, J. A., Dow, J., 2002. A computational model of banks' optimal reserve management. J. Econ. Dyn. Control 26 (11), 1787-1814.

Curida, V., Woodford, M., 2010a. The central-bank balance sheet as an instrument of monetary policy. J. Monet. Econ. (in press).

Curida, V., Woodford, M., 2010b. Credit spreads and monetary policy. J. Money Credit Bank. 42 (S1), 3-35.

Demiralp, S., 2001. Monetary policy in a changing world: Rising role of expectations and the anticipation effect. Board of Governors of the Federal Reserve System Working Paper.

Demiralp, S., Jordá, O., 2002. The announcement effect: Evidence from open market desk data. Federal Reserve Bank of New York Economic Policy Review 8 (1), 29-48.

Disyatat, P., 2008. Monetary policy implementation: Misconceptions and their consequences. Bank for International Settlements Working Paper 269.

Ejerskov, S., Moss, C. M., Stracca, L., 2003. How does the ECB allot liquidity in its weekly main refinancing operations? A look at the empirical evidence. European Central Bank Working Paper 244.

European Central Bank, 2008. The implementation of monetary policy in the euro area. General Documentation on Eurosystem Monetary Policy Instruments and Procedures.

Feinman, J., 1993a. Estimating the open market desk's daily reaction function. J. Money Credit Bank. 25 (2), 231-247.

Feinman, J., 1993b. Reserve requirements: History, current practice, and potential reform. Federal Reserve Bulletin 79, 569.

Fleming, M., Hrung, W. B., Keane, F., 2009. The term securities lending facility: Origin, design, and effects. Federal Reserve Bank of New York Current Issues in Economics and Finance 12.

Friedman, B. M., 1999. The future of monetary policy: The central bank as an army with only a signal corps?. International Finance 2 (3), 321-328.

Friedman, B. M., Roley, V. V., 1987. Aspects of investors' behavior under risk. In: Feiwel, G. R. (Ed.), Arrow and the ascent of modern economic theory. New York University Press, New York.

Furfine, C. H., 2000. Interbank payments and the daily federal funds rate. J. Monet. Econ. 46 (2), 535-553.

Gagnon, J., Raskin, M., Remache, J., Sack, B. P., 2010. Large-scale asset purchases by the Federal Reserve: Did they work?. Federal Reserve Bank of New York Staff Report 441.

Galvenius, M., Mercier, P., 2010. The story of the Eurosystem framework. In: Mercier, M., Papadia, F. (Eds.), The concrete euro: The implementation of monetary policy in the euro area. Oxford University Press, Oxford (in press).

Garbade, K. D., Partlan, J. C., Santoro, P. J., 2004. Recent innovations in treasury cash management. Federal Reserve Bank of New York Current Issues in Economics and Finance 10 (11).

Gertler, M., Karadi, P., 2009. A model of unconventional monetary policy. Manuscript. New York University, New York.

Goodfriend, M., 1994. Why we need an "accord" for Federal Reserve credit policy: A note. J. Money Credit Bank. 26 (3), 572-580.

Goodfriend, M., 2000. Overcoming the zero bound on interest rate policy. J. Money Credit Bank. 32 (4), 1007-1035.

Goodfriend, M., 2002. Interest on reserves and monetary policy. Federal Reserve Bank of New York Economic Policy Review 8 (1), 77-84.

Goodhart, C., 2000. Can central banking survive the IT revolution?. International Finance 3 (2), 189-209.

Gorton, G. B. , 2008. The panic of 2007. In: Maintaining stability in a changing financial system. Federal Reserve Bank of Kansas City, Jackson Hole Symposium.

Gorton, G. B. , Metrick, A. , 2009. Securitized banking and the run on repo. Yale ICF Working Paper.

Guthrie, G. , Wright, J. , 2000. Open mouth operations. J. Monet. Econ. 46 (2), 489-516.

Hamilton, J. D. , 1996. The daily market for Federal funds. J. Polit. Econ. 104 (1), 26-56.

Hamilton, J. D. , 1997. Measuring the liquidity effect. Am. Econ. Rev. 87 (1), 80-97.

Hamilton, J. D. , 1998. The supply and demand for Federal Reserve deposits. Carnegie-Rochester Conference Series on Public Policy 49, 1-44.

Hanes, C. , 2004. The rise of open-mouth operations and the disappearance of the borrowing function in the United States. SUNY Binghamton Unpublished Manuscript.

Hayashi, F. , 2001. Identifying a liquidity effect in the Japanese interbank market. Int. Econ. Rev. 42 (2), 287-316.

Hilton, S. , 2008. Recent developments in Federal Reserve system liquidity and reserve operations. In: Bloxham, P. , Kent, C. (Eds.), Lessons from the financial turmoil of 2007 and 2008. Reserve Bank of Australia, pp. 179-204.

Hilton, S. , Hrung, W. B. , 2010. The impact of banks' cumulative reserve position on Federal funds rate behavior. International Journal of Central Banking 6 (3), 101-118.

Ho, C. , 2008. Implementing monetary policy in the 2000s: Operating procedures in Asia and beyond. Bank for International Settlements Working Paper 253.

Jinushi, T. , Takeda, Y. , Yajima, Y. , 2004. Asset substitution in response to liquidity demand and monetary policy: Evidence from the flow of funds data in Japan. Sophia University Unpublished Manuscript.

Judd, J. P. , Rudebusch, G. D. , 1998. Taylor's rule and the Fed: 1970-1997. Federal Reserve Bank of San Francisco Economic Review, 3-16.

Kacperczyk, M. , Schnabl, P. , 2010. When safe proved risky: Commercial paper during the financial crisis of 2007-2009. J. Econ. Perspect. 24 (1), 29-50.

Keister, T. , McAndrews, J. , 2009. Why are banks holding so many excess reserves?. Federal Reserve Bank of New York Staff Report 380.

Keister, T. , Martin, A. , McAndrews, J. , 2008. Divorcing money from monetary policy. Federal Reserve Bank of New York Economic Policy Review, 41-56.

King, M. , 1997. Changes in U. K. monetary policy: Rules and discretion in practice. J. Monet. Econ. 39, 81-97.

Kuttner, K. N. , 2010. The Fed's response to the financial crisis: Pages from the BOJ playbook, or a whole new ball game?. Public Policy Review 6 (3), 407-430.

Leeper, E. M., Gordon, D. B., 1992. In search of the liquidity effect. J. Monet. Econ. 29 (3), 341-369.

Lenza, M., Pill, H., Reichlin, L., 2010. Monetary policy in exceptional times. Economic Policy 25 (62), 295-339.

Levin, A. T., Wieland, V., Williams, J. C., 2001. Robustness of simple monetary rules under model uncertainty. In: Taylor, J. B. (Ed.), Monetary policy rules. University of Chicago Press, Chicago, IL.

Manna, M., Pill, H., Quirós, G., 2001. The Eurosystem's operational framework in the context of the ECB's monetary policy strategy. International Finance 4 (1), 65-99.

McAndrews, J., Sarkar, A., Wang, Z., 2008. The effect of the term auction facility on the London interbank offered rate. Federal Reserve Bank of New York Staff Report 335.

McCallum, B. T., 1981. Price level determinacy with an interest rate policy rule and rational expectations. J. Monet. Econ. 8 (3), 319-329.

McCallum, B. T., 1983. On non-uniqueness in rational expectations models: An attempt at perspective. J. Monet. Econ. 11 (2), 139-168.

McCallum, B. T., 1986. Some issues concerning interest rate pegging, price level determinacy, and the real bills doctrine. J. Monet. Econ. 17 (1), 135-160.

McCallum, B. T., 2001. Monetary policy analysis in models without money. Federal Reserve Bank of Saint Louis Review 83, 145-160.

Meulendyke, A. M., 1998. U. S. Monetary policy and financial markets. Federal Reserve Bank of New York, New York.

Miyanoya, A., 2000. A guide to Bank of Japan's market operations. Bank of Japan Financial Markets Department Working Paper Series 00-E-3.

Motley, C., 2010. The commercial paper funding facility: Impact, efficacy, and what it tells us about the crisis in commercial paper from 2007-2009. Harvard University, Cambridge. Unpublished.

Oda, N., Ueda, K., 2005. The effects of the Bank of Japan's zero interest rate commitment and quantitative monetary easing on the yield curve: A macro-finance approach. Bank of Japan Working Paper 05-E-6.

Okina, K., Shirakawa, M., Shiratsuka, S., 2001. The asset price bubble and monetary policy: Japan's experience in the late 1980s and the lessons. Bank of Japan Monetary and Economic Studies (Special Edition), 395-450.

Orphanides, A., 2001. Commentary on "Expectations, open market operations, and changes in the federal funds rate". Federal Reserve Bank of St. Louis Review 83 (4), 49-56.

Pagan, A., Robertson, J., 1995. Resolving the liquidity effect. Federal Reserve Bank of

Saint Louis Review 77, 33-53.

Pagan, A., Robertson, J., 1998. Structural models of the liquidity effect. Rev. Econ. Stat. 80 (2), 202-217.

Papadia, F., Välimäki, T., 2010. Functioning of the Eurosystem framework since 1999. In: Mercier, M., Papadia, F. (Eds.), The concrete euro: The implementation of monetary policy in the euro area. Oxford University Press, Oxford (in press).

Parkin, M., 1978. A comparison of alternative techniques of monetary control under rational expectations. Manchester School 46, 252-287.

Patinkin, D., 1956. Money, interest and prices: an integration of monetary and value theory. Row, Peterson, Evanston IL.

Patinkin, D., 1965. Money, interest and prices: an integration of monetary and value theory, 2nd edition. Harper and Row, New York.

Peersman, G., Smets, F., 1999. The Taylor rule: A useful monetary policy benchmark for the Euro Area?. International Finance 2, 85-116.

Reis, R., 2010. Interpreting the unconventional U. S. monetary policy of 2007-09. National Bureau of Economic Research Working Paper 15662.

Roosa, R. V., 1956. Federal Reserve operations in the money and government securities markets. Federal Reserve Bank of New York.

Sargent, T. J., Wallace, N., 1975. "Rational" expectations, the optimal monetary instrument, and the optimal money supply rule. J. Polit. Econ. 83 (2), 241-254.

Shioji, E., 2000. Identifying monetary policy shocks in Japan. Journal of the Japanese and International Economies 14 (1), 22-42.

Shiratsuka, S., 2009. Size and composition of the central bank balance sheet: Revisiting Japan's experience of the quantitative easing policy. Institute for Monetary and Economic Studies Discussion Paper.

Strongin, S. H., 1995. The identification of monetary policy disturbances: Explaining the liquidity puzzle. J. Monet. Econ. 35 (3), 463-497.

Svensson, L., 1997. Inflation forecast targeting: Implementing and monitoring inflation targets. Eur. Econ. Rev. 41, 1111-1146.

Taylor, J. B., 1993. Discretion versus policy rules in practice. Carnegie-Rochester Conference Series on Public Policy 39, 195-214.

Taylor, J. B., 1996. How should monetary policy respond to shocks while maintaining long-run price stability?. In: Achieving price stability. Federal Reserve Bank of Kansas City, pp. 181-195.

Taylor, J. B., 2001. Expectations, open market operations, and changes in the federal funds rate. Federal Reserve Bank of Saint Louis Review 83 (4), 33-48.

Taylor, J. B. , 2009. Empirically evaluating economic policy in real time: Inaugural Martin Feldstein lecture. NBER Reporter.

Taylor, J. B. , Williams, J. C. , 2009. A black swan in the money market. American Economic Association Journal of Macroeconomics 1 (1), 58-83.

Thornton, D. L. , 2001a. The Federal Reserve's operating procedures, nonborrowed reserves, borrowed reserves and the liquidity effect. J. Bank Finance 25, 1717-1739.

Thornton, D. L. , 2001b. Identifying the liquidity effect at the daily frequency. Federal Reserve Bank of St. Louis Review, 59-78.

Thornton, D. L. , 2007. Open market operations and the federal funds rate. Federal Reserve Bank of St. Louis Review 89, 549-570.

Thornton, D. L. , 2009. The effect of the Fed's purchase of long-term treasuries on the yield curve. Federal Reserve Bank of Saint Louis Economic Synopses 25.

Tinbergen, J. , 1952. On the theory of economic policy. North-Holland, Amsterdam.

Tobin, J. , Brainard, W. C. , 1963. Financial intermediaries and the effectiveness of monetary controls. Am. Econ. Rev. 53 (2), 383-400.

Uesugi, I. , 2002. Measuring the liquidity effect: The case of Japan. Journal of the Japanese and International Economies 16 (3), 289-316.

Ugai, H. , 2008. Effects of the quantitative easing policy: A survey of empirical analyses. Bank of Japan Monetary and Economic Studies 25 (1), 1-47.

Vilasuso, J. , 1999. The liquidity effect and the operating procedure of the Federal Reserve. J. Macroecon. 21 (3), 443-461.

Wicksell, K. , 1907. The influence of the rate of interest on prices. Econ. J. 17 (66), 213-220.

Woodford, M. , 2000. Monetary policy in a world without money. International Finance 3 (2), 229-260.

Woodford, M. , 2003. Interest and prices. Princeton University Press, Princeton NJ.

Wu, T. , 2010. The term auction facility's effectiveness in the financial crisis of 2007-09. Federal Reserve Bank of Dallas Economic Letter 5 (4).

Würtz, F. R. , 2003. A comprehensive model on the Euro overnight rate. European Central Bank Working Paper 207.

第二十五章　新兴市场的货币政策[①]

杰弗里·弗兰克尔(Jeffrey Frankel) *

* :哈佛大学肯尼迪学院

目　录

① 作者要感谢奥利维耶·布兰查德(Olivier Blanchard)、本·弗里德曼(Ben Friedman)、奥耶博拉·奥拉比斯(Oyebola Olabisi)、埃斯瓦尔·普拉萨德(Eswar Prasad)以及 2009 年 10 月欧洲中央银行会议的与会者对本章早期手稿的评论。

本章摘要：与大多数工业化国家相比，大多数发展中国家的经济有这样一些特点：更容易受到一般性的供给冲击（特别是贸易的波动）的影响、国内财政政策和国际金融政策有更强的顺周期性、价格稳定性和国际违约风险方面的可信度更低，以及其他制度也更不完善。对于这些特征，都需要适当地加以建模。

　　纳入了货币政策的动态不一致性以及对于中央银行独立性和对名义目标的承诺的必要性的模型更适用于发展中国家。但是由于大多数发展中国家都是世界市场上的价格接受者，所以带有非贸易商品的小型开放经济模型往往比两个国家、两种商品的模型更加有用。对于发展中国家来说，货币贬值的收缩效应也会严重得多，尤其是货币错配带来的资产负债表效应。在20世纪80年代末和90年代初的稳定通货膨胀的政策努力中，汇率曾是货币政策最受青睐的名义锚。然而，在1994—2001年的货币危机之后，人们普遍转而认为，通货膨胀目标制已经取代了汇率目标制，成了更受青睐的货币制度。但是，与2007—2009年全球金融危机相关的一系列事件表明，选择消费者价格指数来充当价格指数是有相当大的局限性的。

　　新兴市场经济体对于全球金融事务的参与度的提高是它们获得众多研究者关注的主要

原因,但是这反过来也意味着,它们仍然特别容易出现信息不对称、流动性不足、违约风险高、道德风险严重和制度不完善等问题。许多针对新兴市场国家的模型都是围绕这些金融市场缺陷而构建的,而且很少有经济学家认为这种做法是不合适的。现在,随着2007—2009年全球金融危机的爆发和发展,形势发生了逆转:经济学家现在应该考虑借鉴关于新兴市场的危机的模型来理解发达国家金融市场的意外缺陷和失败。

JEL 分类代码:E,E5,F41,O16

关键词:中央银行;危机;发展中国家;新兴市场;宏观经济学;货币政策

1. 引言

30年前,经济学领域几乎根本不存在"发展中国家的宏观经济学"或"发展中国家的货币经济学"这样的研究主题①——当时只有少数几篇讨论发展中国家货币贬值的论文。② 事实上,那个时候甚至连"新兴市场"这个术语都还未出现。当然,将原本针对工业化国家构建的模型直接用于分析这些发展中国家无疑是不恰当的,因为这些模型都假设一个国家的金融部门是高度市场导向以及充分对外开放的。而事实恰恰相反,发展中国家通常都饱受金融抑制之苦,在那里,唯一的金融中介是完全没有竞争倾向的银行和政府,它们人为地保持着极低的名义利率(通常远低于通货膨胀率),并通过行政手段而不是市场力量来分配资本。③ 同时,资本流入和流出都受到了重重阻碍(特别是由于资本管制),因此资本流动主要限于外国直接投资和世界银行与其他国际金融机构的贷款。

不过,随着时间的推移,大多数发展中国家的金融部门——至少是在那些通常被称为新兴市场经济体的国家里——逐渐变得更加不受限制和对外开放了。这些国家的金融全球化始于20世纪70年代末期,当时银团银行贷款将石油出口国收到的石油美元重新输回石油进口国。1990年之后和2003年之后,发展中国家相继出现了两个资本流入的浪潮。不过,对于发展中国家的最大规模的经济研究与其说是源于资本繁荣,不如说是源于在资本繁荣之后随之出现的资本萧条:1982—1989年的国际债务危机和1995—2001年的新兴市场危机,或许还有2008—2009年的全球金融危机。

无论如何,讨论新兴市场的文献现在已经占据了国际金融和宏观经济学领域的相当大的一个比例。国际资本流动是发展中国家宏观经济学研究的核心,而所用的模型既包括了最初设计用来描述发达经济体的有效市场模型,也包括设计用来考虑违约风险、顺周期性、

---

① 显然,直到Agénor和Montiel(1999)的著作出版之后,发展中国家在这个领域才有了自己的第一本综合性的教科书。

② 讨论发展中国家的货币贬值问题的两篇开创性论文分别是Diaz-Alejandro(1963)和Cooper(1971)写的。

③ 见McKinnon(1973)和Shaw(1973)的论述。另外,King和Levine(1993)以及Levine等(2000)分别使用80个与74个国家的数据,得出国内金融发展有利于增长的结论。Rajan和Zingales(1998a)用关于分类工业部门及其对外部融资的依赖的数据支持了因果解释。

信息不对称、不完美产权和其他有缺陷的制度的更符合现实的不完美市场模型。

在 19 世纪后期,欧洲的大部分葡萄园都被一种非常小的蚜虫——葡萄根瘤蚜——破坏了。万般无奈之下,绝望的葡萄园主不得不尝试了最后一个手段:将易感的欧洲葡萄藤嫁接到了抗药的美国根茎上。一部分最纯正的法国酒商最初鄙视这种做法,认为嫁接将会损害原来的葡萄品种的精致风味。但是这种嫁接技术拯救了欧洲的葡萄园,而且没有影响葡萄酒的质量。新世界拯救了旧世界。

2007 年至 2008 年,全球金融体系都被源于美国的通常所称的有毒资产严重感染了。许多人都在问,要拯救宏观经济理论,需要进行什么样的根本性反思。部分答案可能来自那些已经被成功地应用于新兴市场并很好地拟合了发展中国家现实的模型,以及那些用来解释发展中国家内部金融市场缺陷的模型(现在这些缺陷已经出乎意料地出现在了工业化国家)。坚持最纯正的宏观经济学道路的人也许不愿意在这个方向上寻求救赎。但是他们其实不应该觉得害怕。新兴市场模型的"耐虫根茎"是可以与宏观经济学的"精致风味"相兼容的。

2. 为什么新兴市场需要不同的模型?

有人或许会认为,在抽象程度足够高的层面上,一个理论应该适用于所有情况。难道不是吗? 为什么我们需要为发展中国家提供不同的模型呢? 到底是什么让它们与众不同的? 我们在本章一开头就给出了把发展中国家视为一个集团并将之与工业化国家区分开来所依据的一般结构特征——当然,认识到发展中国家之间的异质性也很重要。

与工业化国家相比,发展中国家的制度(这几乎从其定义上就可以看出)往往更不发达,特别是中央银行的可信度较低。[①] 更低的中央银行可信度通常源于价格高度不稳定的历史,包括某些情况下的恶性通货膨胀,而恶性通货膨胀本身有时又可以归因于政府以往的行为——在缺乏完善的财政体系的情况下,政府把铸币税作为敛财的一种手段。发展中国家的另一个共同特征是缺乏竞争性的银行体系,这在一定程度上也可以归因于公共财政问题:由于存在着金融抑制和控制资本外流的政策组合,发展中国家传统上以银行为融资来源。

另一个结构性差异是,小型发展中国家的商品市场往往比欧洲或日本等国家的商品市场更容易受到国际影响。尽管这些国家的贸易壁垒和运输成本向来比富裕国家高,但是随着时间的推移,这些贸易障碍已经大为减少了。此外,与工业化国家相比,发展中国家的经济规模往往比较小,更依赖农业和矿物商品的出口。即便有些发展中国家有能力出口像服装、纺织品、鞋子和基本消费电子产品这样的标准劳动密集型产品,但是各个国家的这类商品在世界市场上往往是非常相似的替代品。因此,这些国家的经济通常足够小,我们可以把它们视为世界市场上可贸易商品的价格接受者,这样一来,小型开放经济模型就应运而

---

① 见 Easterly 等(2001)以及 Fraga 等(2003)的相关文献。

生了。

发展中国家往往比发达国家更容易出现经济动荡。① 这种高波动性不仅源于供给冲击,而且也源于需求冲击,不过供给冲击往往更大。一个原因是初级产品(农业、矿业、林业和渔业产品)在发展中国家经济中所占的份额更大。与这类产品相关的经济活动既容易受到国内极端天气事件的影响,也容易受到世界市场价格波动的影响。干旱、洪水、飓风和其他天气事件对发展中国家的国内生产总值的影响往往比对工业化国家的大得多。当飓风袭击加勒比海上的岛屿时,几乎可以摧毁全年的香蕉收成,并使整个旅游旺季变成一个泡影,而香蕉种植业和旅游业正是一些热带经济体的两大经济部门。此外,小型发展中国家的贸易条件的不稳定性也是众所周知的,特别是那些依赖于农业产品和矿产品出口的国家。在富裕的大国,贸易条件的波动性较小,而且不太可能是外生的。

发展中国家国内宏观经济和政治不稳定也会导致经济的高波动性。尽管在20世纪90年代后,大多数发展中国家的情况有了一定程度上的改善——以往20多年的预算赤字失控、货币超发和通货膨胀的长期趋势得到了控制——但是大多数发展中国家仍然实行顺周期而非逆周期的货币和财政政策。而且,收入不平等和"民粹主义政治经济学"往往才是更深层次的基本力量(Dornbusch and Edwards,1991)。

还有一个结构性差异是发展中国家违约风险的发生率更高。② 在发展中国家,即便是那些真心想遵守宏观经济纪律的政府官员,也可能不得不面临"债务不耐受"带来的困难局面:全球投资者将会要求发展中国家支付更高的利率来补偿债务不断增加的风险,尽管他们对于富裕国家则没有这种担心。对此,一种可能的解释是,发展中国家长期违约或通过通货膨胀来消除债务的历史影响了它们的声誉。③ 评级机构给出的评级在一定程度上反映了发展中国家的这种声誉损失。④

对于发展中国家金融市场的其他缺陷,有的可以追溯到不发达的制度,如产权保护不力、银行根据行政指令或"关系"来发放贷款,甚至政府腐败。⑤ 然而,随着一轮又一轮金融动荡的发生,研究者们发现,要将新兴市场的危机完全归咎于相关国家的宏观经济政策或金融结构的失败越来越难了。对此,多元均衡和传染理论的结论表明,发展中国家所经历的波动并非全都源于国内——事实上,其中有许多波动是来自外部、来自全球金融市场的。

本章下一节讨论商品市场。我们的结论是,小型开放经济模型可能是最适合用于分析中低收入国家的模型:我们可以假设发展中国家的可贸易的商品的价格在世界市场上是给

---

① Hausmann 等(2006)发现,发展中国家的实际汇率的波动性是工业化国家的3倍(但是这种差异并不是由更大的冲击所造成的)。正如 De Santis 和 Imrohoroğlu(1997)所报告的,发展中国家的股市的波动性也更高。

② Blanchard(2005)探讨了违约风险对货币政策的影响。

③ "债务不耐受"这个术语来源于 Reinhart 等(2003a)的研究。他们认为,那些在债务违约和通货膨胀方面历史表现很糟糕的国家可能必须将外债与 GDP 的比率保持在15%以下,这样才能避免发生债务危机的极端威胁,尽管这种债务水平按发达国家的标准来看是很容易管理的。在那些"债务不耐受"的国家里,预算赤字推动利率上升的趋势比发达国家更快,这个事实有助于解释为什么发展中国家的财政乘数明显更低(Ilzetzki et al.,2009)。贸易开放则是另一个原因。

④ Rigobon(2002)发现,自2000年穆迪公司(Moody's)提高了对墨西哥的评级之后,墨西哥对国际危机传染的敏感性出现了急剧下降。Eichengreen 和 Mody(2000,2004)也证实,评级和违约的历史都会反映在借款人必须支付的利率上。

⑤ 参见 La Porta 等(1997)、Johnson 等(2000),以及 Wei(2000)等的论著。

定的。这个模型的两个关键变量体现了非贸易商品的作用和贬值的收缩效应。接下来的三节讨论发展中国家的货币政策,它们分别探讨了与通货膨胀(包括各高通货膨胀时期的表现、稳定政策和中央银行独立性)、名义锚和汇率制度有关的主题。本章的最后三节重点讨论了诸多新兴市场经济体经历过的繁荣—萧条周期,每一节分别涵盖了顺周期(特别是在大宗商品出口国的情况下)、资本流动和危机等主题。

3. 商品市场、定价和贬值

正如我们在前面已经指出过的,由于发展中国家的经济规模往往会比主要工业化国家小,所以对它们更可能适合用小型开放经济模型来分析:不仅可以把它们视为进口货物的价格接受者,而且可以把它们视为出口货物的价格接受者。也就是说,可以认为它们的可贸易商品的价格通常是在世界市场上决定的。[①] 由此立即可以推知,货币贬值应该会迅速且成比例地推高可贸易商品的价格。

3.1 贸易商品、价格传递和单一价格法则

长期以来,传统的观点一直认为,在发展中国家,特别是小国,当汇率发生变化后,会迅速传递到进口价格,进而传递到总价格水平。关于这种价格传递的文献提供的证据表明,在发展中国家,汇率变化确实会比美国或其他工业化国家更加迅速地反映到进口商品价格上。这类文献是用传递系数来表示货币贬值在多大程度上导致国内销售的商品价格变得更高了(比如在第一)。[②] 从历史上看,发展中国家的汇率—价格传递确实要比工业化国家更加迅速,而且也会使价格变得更高。不过在分析时,为了简单起见,通常都假定对进口商品价格的传递是完全和瞬时的。

不过,这个假设后来似乎变得不那么有效了,尤其是在 20 世纪 90 年代新兴市场的大规模货币贬值中。总之,发展中国家的传递系数已经有所下降,尽管仍然远远高于工业化国家。[③]

在出口方面,农业产品和矿产品在许多发展中国家仍然是最重要的出口商品,但是它们

---

① 价格接受者假设需要满足三个条件:产品在国内和国外之间有内在的完全替代性、贸易壁垒很低、没有垄断能力。例如,沙特阿拉伯就不满足第三个条件,因为它在世界石油市场上所占份额很大。

② 这种高传递性尤其体现了(非官方的)美元化的发展中国家的特点,因为它们很大比例的资产和负债是以美元计价的。请参见 Reinhart 等(2003b)的研究。

③ Goldfajn 和 Werlang(2000)研究了 20 世纪 90 年代末那场货币贬值的出人意料的低传递性。Burnside 等(2003,2005)发现,价格指数之所以基本维持不变,是因为对进口商品的消费转向了更加便宜的本国替代品。Frankel 等(2005)在研究中发现,对于发展中国家来说,狭义进口商品的价格传递性确实要比工业化国家更高,但是它自 1990 年以来一直在下降。他们分析了导致这种现象的各种原因。Loayaza 和 Schmidt-Hebbel(2002)则发现,拉丁美洲的传递性也出现了下降。对于 20 世纪 80 年代传递性的这种下降的一个可能的解释是,因为各国都进入了一个价格更加稳定的环境(Choudhri and Hakura,2006)。

的价格通常是由世界市场决定的。由于它们是同质性很高的商品,所以套利活动能够使它们——例如石油、铜或咖啡——的价格在各国之间保持一致,同时,也几乎没有任何生产商拥有较大的垄断权力。但是,关于制造业产品和服务的定价情况比较复杂。一个国家的服装产品或呼叫中心可能会被客户视为另一个国家的服装产品或呼叫中心的完美替代品,也可能不会。

3.2 出口价格具有黏性的情形

大量经验证据表明,名义汇率(用外国货币的价格来定义)的上升(即本国货币的贬值)会导致实际汇率的上升。[①] 对于实际汇率的这种变化,有两种可能的处理方法。第一种方法是,可以把它解释为贸易商品——特别是不属于大宗商品的出口商品——的名义价格的黏性,但是这反过来需要对国际套利设置某种壁垒,如关税或运输成本。第二种方法是,可以把它解释为非贸易商品和服务在价格指数中发挥了重要作用的表现,因为根据定义,这些商品和服务不受国际竞争的影响。采用这两种方法的研究都取得了很多成果,因为这两种因素确实都在发挥作用。[②]

如果以本币计价的出口产品的价格具有黏性,那么传统教科书中关于贸易余额的模型就更有意义了。发展中国家的出口产品的需求往往比工业化国家具有更高的价格弹性。因此,计量经济学家可能更容易找到能够满足马歇尔-勒纳条件的例子,尽管人们必须考虑到对货币贬值数量上的反应通常存在滞后(这会导致对贸易余额的反应出现 J 型曲线模式)。[③]

3.3 非贸易商品

另一种方法是严格遵循小型开放经济假设——假设所有贸易商品的价格都由世界市场决定——同时引入第二类商品:非贸易商品和服务。用 Q 表示实际汇率,我们给出如下定义:

$$Q \equiv \frac{E\text{CPI}^*}{\text{CPI}} \qquad (25.1)$$

其中,E 为名义汇率,用每单位外国货币可兑换的本国货币单位衡量,CPI 为国内消费价格指数,而 CPI* 则为世界消费价格指数。

假设本国和国外的价格指数是可贸易商品 TG 和不可贸易商品 NTG 这两个部门的科布-

---

① 参见 Edwards(1989)、Taylor(2002)以及 Bahmani-Oskooee 等(2008)的研究。或者换一种说法,尽管有的实际汇率波动是外生的——如果汇率是固定的,就会在价格中显现出来——但也有一些不是。

② 事实上,这两种方法之间的界限并不像许多人以为的那么分明。一方面,即便是高贸易性的商品,在零售层面上也有非贸易成分,例如分销成本中包含了劳动力成本和房地产成本/零售销售成本,请参见 Burstein 等(2005)、Burstein 等(2003)的相关文献。另一方面,即便是通常被认为是不可贸易的那些商品也可以变成可贸易的,例如,如果生产率的提高使得成本降低到了运输成本水平以下,并使得出口有利可图,那么就会如此(Bergin et al.,2006;Ghironi and Melitz,2005)。这是一个很有前途的研究领域。

③ 关于发展中国家贸易弹性,有一类实证研究值得关注,它们是 Goldstein 和 Khan(1985)、Marquez(2002),以及 Bahmani-Oskooee 和 Kara(2005)的研究。

道格拉斯函数,同时为了简单起见,再假设不可贸易部门所占的权重 α 在本国和国外是相同的,即

$$Q \equiv \frac{E(P_{TG}^{*1-\alpha} P_{NTG}^{*\alpha})}{(P_{TG}^{1-\alpha} P_{NTG})^{\alpha}}$$

$$\equiv \frac{(EP_{TG}^{*}) P_{TG}^{*-\alpha} P_{NTG}^{*\alpha}}{(P_{TG}) P_{TG}^{-\alpha} P_{NTG}^{\alpha}}$$

我们不难观察到,实际汇率的变化有时还包括了对于名义汇率变化的反应。对此,有两种可能的解释:第一,贸易商品的相对价格的变动 $(EP_{TG}*)/P_{TG}$,这也就是上文所考虑的情况;第二,非贸易商品在国内的相对价格(即非贸易商品相对于贸易商品的价格)的变动。在本节中,我们主要关注后者。为此,我们假设国际套利会使得贸易商品价格保持在 $P_{TG} = EP_{TG}^{*}$ 的水平上。这样一来,实际汇率就只依赖于非贸易商品的相对价格了,即

$$Q \equiv \frac{(P_{NTG}^{*}/P_{TG}^{*})^{\alpha}}{(P_{NTG}/P_{TG})^{\alpha}} \tag{25.2}$$

这就是说,如果一个国家的非贸易商品的相对价格上升,那么这个国家的货币就会出现实际升值。[1]

非贸易商品相对价格变化的这两个不同来源使得上面这个简单的式子不仅很有用而且很有趣,特别是对于发展中国家而言。这两个来源在性质上有非常大的不同:一个来源是货币性质的,持续时间通常比较短,而另一个来源则是实际的和长期的。

我们将从后者入手展开讨论——这也就是经济学中非常有名的巴拉萨-萨缪尔森效应(Balassa,1964;Samuelson,1964)。多个长期数据样本(无论是横截面数据还是时间序列数据)都呈现出了一个极具稳健性的经验规律,那就是,当一个国家的人均收入变得更高时,它的货币的实际价值就会表现得更加强劲。由式(25.2)可知,这种实际升值反过来又是与非贸易商品的相对价格的上升联系在一起的。弹性系数的估计值大概在 0.4 左右。[2] 巴拉萨和萨缪尔森所识别出来的因果机制是,生产率的提高碰巧集中发生在了可贸易商品部门。后来,Bergin 等(2006)以及 Ghironi 和 Melitz(2005)又从理论上证明了为什么这种情况的发生不是一种巧合。即便暂且撇开因果机制不论,至少经验规律已经得到了很好的证明。[3]

尽管如此,还是有个别国家可能会远远地偏离巴拉萨-萨缪尔森的路径,尤其是在短期内。然而,在那些援引巴拉萨-萨缪尔森效应的论文中,出现了一种不幸的趋势,即试图用它来解释非贸易商品相对价格的所有变化,从而解释实际汇率的所有变化,包括短期的变化。事实上,更明智的做法是,认识到实际汇率与巴拉萨-萨缪尔森曲线之间存在着暂时性的大幅偏离,并思考是什么原因首先导致了这些偏离的出现,然后又随着时间的推移而逐渐消失。

幸运的是,我们很早之前就有了一些简单的模型,它们可以说明如何用货币因素解释实

[1] 曾经有一段时间,一些在发展中国家工作的经济学家一度坚持认为"实际汇率"这个术语的唯一正确的定义就是贸易商品相对于非贸易商品的价格(Harberger,1986)。

[2] 参见 Rogoff(1996)的研究。

[3] 参见 Kravis 和 Lipsey(1988)、De Gregorio 等(1994)以及 Choudhri 和 Khan(2005)的相关文献。

际汇率的暂时性的大幅波动。在一个实行货币挂钩制的国家,货币扩张将会导致非贸易商品价格的通货膨胀,因此在短期内本国货币的表现是实际升值。反之,货币贬值会迅速提高贸易商品的国内价格,降低非贸易商品的相对价格,并导致实际贬值。当初,研究者们用萨尔特-斯旺模型证明了这些效应,并说明了它们对外部平衡(达到预期的贸易平衡)和内部平衡(在产出和价格水平加速上升之时达到预期的平衡点)的影响。[①]

Dornbusch(1973,1980)对非贸易商品模型进行了扩展,对汇率挂钩制国家的情况进行了研究,他在这方面的研究一度与他著名的对浮动汇率制国家的超调模型一样出名。多恩布施(Dornbusch)对模型的扩展体现在,他在对国际收支的分析中,将萨尔特-斯旺模型与货币政策结合了起来。在构建模型的过程中,弹性价格假设并没有受到损害,因为非贸易商品的名义价格仍然可以自由调整。但是,在货币贬值或国内信贷收缩之后,外汇储备和货币供给将低于它们的长期均衡水平。只有在实现了国际收支顺差的情况下,外汇储备才会随时间的推移而持续流入,逐步推高整体货币供给和非贸易商品价格。从长期的角度来看,所有价格和数量(包括实际汇率)都会回归到其均衡价值——但是只有在长期中才会如此。考虑短期内由货币因素引起的非贸易商品相对价格的变动,长期内由巴拉萨-萨缪尔森效应引起的非贸易商品相对价格的变动依然是分析发展中国家实际汇率的很好的方法。

3.4　货币贬值的收缩效应

根据"分析贸易余额的凯恩斯主义方法",货币贬值对于经济似乎应该是扩张性的——这里所说的"凯恩斯主义方法"指的是如下的模型:无论是国内居民还是外国居民对国内商品的需求增加,都只会导致更高的产出,而不是更高的价格。但是事实上,在困扰发展中国家的历次货币危机中,货币贬值似乎往往与衰退而非扩张有关。

3.4.1　货币贬值的政治代价

Cooper(1971)发现,许多发展中国家的政治领导人都是在货币贬值后的一年内下台的。Frankel(2005)更新了对发展中国家的政治领导人的下台概率的估计,并证明它在统计上具有显著意义:在货币崩溃后的六个月内,发展中国家的政治领导人下台的概率差不多是其他情况下的两倍。特别是,财政部部长和中央银行行长是最容易"受伤"的两类政治领导人。在发展中国家,货币贬值在政治上非常不受欢迎,这个事实有助于解释为什么决策者往往会将货币贬值推迟到选举之后。[②]

那么,为什么货币贬值会如此不得人心呢? 人们通常认为,货币贬值对分配有不利影响。在大多数发展中国家的政治发展过程中,城市人口是最重要的,但是他们比农村人口更容易受到货币贬值(那意味着农产品的价格相对于服务出现了上涨)的相对价格效应的伤害。另一种可能的解释是,货币贬值往往会成为不受发展中国家民众欢迎的诸如国际货币基金组织的紧缩计划或其他全面改革计划的一个象征。国际货币基金组织倡导的紧缩计划

---

① 参见 Salter(1959)、Swan(1963)以及 Corden(1994)的论述。
② 参见 Stein 和 Streb(2004)的研究。

往往会导致民众骚乱。[①] 我也对货币贬值可以作为不受欢迎的国际货币基金组织紧缩计划的代理变量这个命题进行了检验,方法是将之前的计算改为以是否采用国际货币基金组织的方案为条件来进行。与不涉及国际货币基金组织计划的货币贬值相比,国际货币基金组织计划代理变量似乎并没有提高政治领导人下台的概率。[②] 有更多证据支持的是另一个假说:如果公众认为货币贬值违背了此前的公开承诺,那么财政部部长和中央银行行长就很可能要下台,但是这最多只能解释部分影响。更主要的原因似乎是货币贬值确实具有收缩性。

3.4.2　实证研究

Edwards(1986)和 Acar(2000)发现,发展中国家的货币贬值在第一年是收缩性的,但是在随后——即当出口和进口有时间对得到增强的价格竞争能力做出反应时——则会变为扩张性的(不过,在非常长的时期内,贬值通常被认为是中性的,因为价格将会做出调整,所有实际影响都会消失)。Bahmani-Oskooee 和 Miteza(2006)也发现了一些支持收缩效应的证据。而对于 1997—1998 年遭受东亚危机打击的那些国家,Upadhyaya(1999)发现贬值最多只是在长期内是中性的,而 Chou 和 Chao(2001)则发现短期内也有收缩效应。Ahmed 等(2002)发现,收缩性贬值是发展中国家的一个特性。Rajan 和 Shen(2006)发现,货币贬值只在发生了危机的情况下具有收缩作用,而且他们认为这种结果可以归因于债务构成方面的问题。

Connolly(1983)和 Kamin(1988)发现贬值没有收缩效应。Nunnenkamp 和 Schweickert(1990)在对一个由 48 个国家组成的样本进行了估计之后,也拒绝了贬值的收缩性假说,只不过制造业出口部门在贬值后的第一年除外(这与农业部门的情况相反)。有些没有发现负相关性的研究者将那些发现了负相关的研究的结果归因于其他因素的影响,比如说政府在同一时期采取的削减开支的政策等。

Calvo 和 Reinhart(2001)发现,在货币贬值后,出口根本没有增长,反而在前八个月出现了下降,这个结果证实了一个新现象。或许新兴市场危机中的企业即便从事出口业务,也会失去流动资金和贸易信贷。

3.4.3　价格传递效应

那么,货币贬值可能通过怎样一些渠道产生紧缩效应呢?通常的假说是,汇率上升的几个最重要的收缩效应都是通过相应地提高进口商品或某些大宗商品的国内价格来发挥影响的。但是事实上,汇率变化对贸易商品价格的快速传递其实正是小型开放经济模型的定义性假设,而且研究者们一直认为这个假设很好地适用于新兴市场国家。这就意味着紧缩效应可以通过以下几种渠道中的任何一种表现出来。例如,贸易商品价格的上涨可能会减少

[①] 例如,在苏丹,粮食补贴削减后发生的骚乱导致苏丹总统尼迈里(Nimeiri)在 1985 年被推翻。Edwards 和 Santaella(1993)在一项研究中报告了九个发生在货币贬值后的企图政变的案例。他们这项研究特别考察了国际货币基金组织的介入以及多个度量政治不稳定性的指标在确定 1950 年至 1971 年的货币贬值是否意味着经济上的成功时可能发挥的作用。Lora 和 Olivera(2005)则发现,选民会因为亲市场政策和通货膨胀水平的上升而惩罚总统,但是不会因为汇率政策本身而惩罚总统。关于国际货币基金组织这种类型的紧缩计划的政治后果的早期文献,请参阅 Bienen 和 Gersovitz(1985)的相关文献。

[②] 以国际货币基金组织虚拟变量为条件,对政治领导人的下台概率没有显著影响。不管有没有国际货币基金组织的计划,货币贬值后的政治领导人下台的概率均为 20% 上下(差不多是正常时期的两倍)。

工人的实际收入，从而减少对它们的实际消费。[1] 贸易商品价格的上涨还可能增加非贸易商品部门的生产者的成本，这要么是由于石油等进口生产要素的成本上升，要么是由于——如果工资与生活成本挂钩的话——劳动力成本上升。[2] Krugman 和 Taylor（1978）将关税收入的增加也列为货币贬值发挥其收缩效应的其中一个渠道。[3] 此外，贬值导致的更高的价格水平也可以通过实际余额效应（即实际货币供给的下降）来产生收缩效应。实际货币状况的紧缩通常表现为利率的提高，然后再通过需求侧或供给侧施加其紧缩效应。[4]

不过，这些机制在 20 世纪 90 年代的货币崩溃中并没有体现出来。之所以如此，是因为当时的货币贬值并没有以小型开放经济模型告诉我们的那种方式迅速传递开来，导致更高的进口商品、国内竞争性商品的价格或 CPI 水平。东亚各国在 1997—1998 年货币贬值后，甚至阿根廷在 2001 年货币贬值后，都没有出现过很高的通货膨胀。这当然是一个好消息，但是这个事实也意味着，对于如下假设——发展中国家的传递是完全的、即时的——必须进行更严格的审查。[5]

3.4.4 货币错配的资产负债表效应

在货币贬值的诸多可能的收缩效应中，资产负债表效应很可能是最重要的一个。新兴市场经济体的银行和其他企业经常会背上外币债务（哪怕它们的大部分收入是以本国货币计算的）。这种情况通常称为货币错配。当货币错配与货币的大幅贬值同时发生时，本来完全有偿付能力的企业将会很难偿还债务。它们可能不得不解雇工人、关闭工厂，甚至直接破产。现在许多模型都已经越来越重视这种脆弱的资产负债表——不仅将它视为货币贬值的主要收缩效应，还认为它是货币危机之所以发生的一个根本原因。[6]

许多实证研究都证明了资产负债表效应，特别是，它们发现外币债务加上本币贬值这种组合确实是收缩性的。Cavallo 等（2004）发现，衰退的规模与美元债务额和贬值百分比的乘积项相关。Bebczuk 等（2006）则发现，货币贬值只在 1/5 左右的发展中国家会产生收缩效应

---

[1] Diaz-Alejandro（1963）指出，总需求的减少是由于收入从消费贸易商品的（低储蓄的）城市工人转移到了农业土地的（高储蓄的）富裕的所有者那里了。Barbone 和 Rivera-Batiz（1987）还指出，外国投资者拿走了企业利润也是一个原因。

[2] 这方面的参考文献包括 Corbo（1985）关于 1981 年智利发生的事件的研究，Solimano（1986）关于工资指数化的研究，Agénor（1991）关于中间投入品的研究，以及 Hanson（1983）关于进口投入品和指数化的工资的研究。

[3] Cooper（1971）提供了货币贬值发挥收缩性作用的渠道的概要性分析。Montiel 和 Lizondo（1989）以及 Morley（1992）则给出了分析性概述。

[4] Williamson（1991）认为，波兰 1990 年的"休克疗法"是货币贬值对需求的收缩效应的一个例子。Van Wijnbergen（1986）引入了供给侧的收缩效应分析：众所周知，发展中国家的企业往往依赖于营运资本，将之作为一种生产要素，而货币贬值则减少了营运资本的可得性。

[5] Burstein 等（2005）在非贸易部门的总体价格水平中发现了这种缓慢的调整。Burstein 等（2005）将调整缓慢的原因归结为因分销成本的存在而导致的进口商品的码头价格与零售价格之间的割裂。

[6] 关于资产负债表效应和产出收缩的理论性文献还包括（但不限于）Caballero 和 Krishnamurthy（2002）、Calvo 等（2003）、Céspedes 等（2000，2003，2004）、Chang 和 Velasco（1998，2000a）、Christiano 等（2004）、Cook（2004）、Dornbusch（2002）、Jeanne 和 Zettelmeyer（2005）、Kiyotaki 和 Moore（1997）、Krugman（1999）、Mendoza（2002）以及 Schneider 和 Tornell（2004）的相关文献。

（这些国家的美元外债与 GDP 之比超过了 84％），而对其他国家而言，它是扩张性的。①

那么，债务国当初为什么会形成这种脆弱的资产负债表呢？货币错配的根源又是什么？对于这些问题，研究者提出了四种理论。

第一，"原罪说"：高收入国家的投资者不愿持有发展中国家的货币。②

第二，可调整的货币挂钩说：表面上的固定汇率制会让借款人产生一种虚假的安全感，并招致过度的未对冲的美元债务。③

第三，道德风险说：对于那些有广泛的人脉资源的本国人来说，借入美元是一个将恶劣自然状态的风险转嫁给政府的有效途径——只要政府拥有外汇储备或对外汇的其他请求权。④

第四，拖延调整说：当国际收支余额变为负值时，转向短期的、以美元计价的债务是政府保持对外国投资者的吸引力从而推迟调整的一个手段。⑤

所有这些机制，再加上不断减少的外汇储备，以及将部长级官员的信誉完全押在钉住汇率制上，都是一种有时被称为"为复苏而最后赌上一把"的策略的组成部分。然而，它们的共同之处在于，除了拖延时间这个目标可能实现，当危机真的来临时，只会让危机变得更加严重。⑥ 如果货币贬值后外汇储备接近于零，而且部长们也失去了全部个人信誉，那么恢复信心就会更加困难。此外，如果债务的构成也发生了变化——在期限上转为短期，在计价上转为美元——那么要想恢复外部平衡就可能会对私人资产负债表造成严重的破坏，无论利率的升降与汇率的升降之间的组合如何。

我们在本章第 8 节中考虑新兴市场金融危机时，还会回到这些问题上来。

---

① 利用一个由 32 个发达国家和发展中国家组成的样本，Calvo 等（2004）发现，开放（将它理解为贸易商品的大额供给）可以降低给定的经常账户赤字水平的脆弱性，因此开放不足再加上债务美元化是经济突然崩溃的一个关键的决定因素。Calvo 等（2003）以及 Cavallo 和 Frankel（2008）还强调指出，所需要的相对价格的变化越大，就可贸易商品的供给而言，经济就越封闭。

② 这句话是里卡多·豪斯曼（Ricardo Hausmann）最先说的，目的是描述这些政策制定者所处的令人沮丧的处境，他们的政策甚至在上任之前就已经被历史注定要遭受货币错配的诅咒，具体请参见 Eichengreen 和 Hausmann（1999）以及 Hausmann 和 Panizza（2003）的论述。Velasco（2001）对"原罪说"提出了疑问，他对"原罪"剥夺了政策制定者的货币政策独立性（不管汇率制度如何）的命题持怀疑态度。Goldstein 和 Turner（2004）指出了各国可以采取的能够减少货币错配的措施。

③ 然而，Hausmann 和 Panizza（2003）以及 Arteta（2005a）则没有发现支持汇率制度对这种"原罪"的影响的实证证据，有影响的唯一因素是国家规模。

④ 参见 Dooley（2000a）、Krugman（1999）以及 Wei 和 Wu（2002）的相关文献。

⑤ 换句话说，一个不存在严重的货币错配问题的国家也可能在资本流入突然停止之后、最终货币崩溃之前出现货币错配问题，例如，请参见 Frankel（2005）的论述。

⑥ 这有助于解释为什么短期外债与外汇储备之间的比率在讨论货币崩溃早期预警指标的文献中会出现得如此频繁且如此有稳健性（见本章第 9 节的进一步讨论）。

4. 通货膨胀

4.1 高通货膨胀时期

恶性通货膨胀是用达到了一定阈值的物价上涨来定义的。一种定义是,当每个月的物价上涨速度达到了 50％时,就进入了恶性通货膨胀,而另一种定义是物价每年上涨1000％。[1] 20 世纪的前两个恶性通货膨胀时期分别出现在第一次世界大战结束时和第二次世界大战结束时。而第三个恶性通货膨胀时期则出现在冷战结束时,发生地区则集中在拉丁美洲、中非和东欧。[2]

然而,在经济学界,受到更多关注的是那些虽然价格上涨速度相当快,但是还没有达到恶性通货膨胀的通货膨胀。这种高通货膨胀发生的次数非常多。正如 Fischer 等(2002)所述:

> 自 1947 年以来,恶性通货膨胀……在各市场经济国家中已经很少见了。更常见的是一些持续时间更长的通货膨胀——每年通货膨胀率往往超过 100％。基于133 个国家的样本,并以价格上涨100％为阈值来定义"非常高的通货膨胀"……我们得到了如下发现。第一,将近20％的国家都曾经经历了每年超过 100％的通货膨胀;第二,更高的通货膨胀往往更加不稳定;第三,在发生了高通货膨胀的国家,财政余额与铸币税之间存在着很强的相关性……第四,通货膨胀惯性随着平均通货膨胀率的上升而减少;第五,高通货膨胀与宏观经济表现不佳有关;第六,依赖汇率作为名义锚的高通货膨胀稳定政策是扩张性的。

Dornbusch 和 Fischer(1993)除了对恶性通货膨胀与高通货膨胀进行了区分,还对高通货膨胀时期与温和通货膨胀时期进行了区分。温和的通货膨胀与高通货膨胀之间的分界线是40％的通货膨胀率。传统的假说是,货币扩张和通货膨胀会导致更高的产出与就业(只要满足扩张比过去加速或偏离预期的前提)。但是无论如何,在高通货膨胀下,这种关系将不复存在,而价格不稳定性对经济增长的不利影响将会占据主导地位,后者可能是通过破坏价格信号在产出分配中的有效性来实现的。[3] Bruno 和 Easterly(1998)则发现,高于40％这个阈值的高通货膨胀时期往往与显著更低的实际经济增长率相关。

---

[1] 参见 Dornbusch 等(1977)以及 Sachs(1987)的论述。
[2] 参见 Dornbusch 和 Fischer(1986)的研究。
[3] 参见 Fischer(1991,1993)的研究。

那么,既然存在有害影响,为什么还会有那么多的国家选择会导致高通货膨胀的政策?铸币税或通货膨胀税是一种解释。另一种解释是,政府对于采用非通货膨胀型货币增长政策的承诺是具有动态不一致性的(没有可信度的)。

正如 Edwards(1994)所指出的,现在的建模方法已经不再从外生的货币增长速度入手了,而是着眼于利用政治经济和公共财政手段实现货币政策的内生化。例如,根据 Cukierman 等(1992)的研究,政治结构两极分化且不稳定的国家很难征税,因此它们更有可能不得不推行铸币税。Fischer(1982)发现,有些国家征收的铸币税占到了政府财政总收入的 10％。奥利维拉-坦兹效应(Olivera-Tanzi effect)的存在导致公共财政问题恶化。在税收征收滞后的那些地方,反通货膨胀政策会降低税收收入的实际价值。Catao 和 Terrones(2005)也给出了支持关于通货膨胀税的上述观点的证据:在发展中经济体中,财政赤字在经由狭义货币(通货膨胀税基)缩放后,会对通货膨胀产生显著的长期积极影响。Easterly 等(1995)发展了卡甘(Cagan)的思想,即当所需收入超过了与最大化铸币税的货币增长率相对应的收入水平时,就会出现高通货膨胀。

4.2　稳定通货膨胀的方案

在几乎所有的发展中国家,通货膨胀率在 20 世纪 90 年代都出现了大幅度下降,尽管许多国家在最终实现这个目标之前曾经有过多次不成功的尝试。高通货膨胀国家往往会让工资和其他名义变量在全国范围内指数化,而取消指数化通常是成功的稳定计划的一部分。[①]

根据 20 世纪 80 年代的货币经济学家们圈子里流行的理论模型,向一个可靠的、牢固的名义锚的转变可以从根本上改变预期,因此,在转型过程中,贸易商品和非贸易商品的所有通货膨胀都将消失,而不会造成产出损失。但这个性质是没有历史经验基础的,因为稳定通货膨胀通常是非常困难的。[②]

在货币过度增长的根源在于政府需要通过铸币税来融资的那些国家,稳定通货膨胀的努力很可能归于失败,其中一个原因是它们无法解决根本的财政问题。[③] 通货膨胀惯性则是另一种解释。Calvo 和 Vegh(1999)回顾了一系列文献,它们讨论了如何降低高通货膨胀并保持稳定,以及这种努力为什么经常以失败告终。基于汇率的稳定通货膨胀的政策努力通常会凸显通货膨胀惯性的作用。[④] 由于通货膨胀惯性的作用,在采用汇率目标制后的几年里,生产者在世界市场上会逐渐失去价格竞争力。因此,Calvo 和 Vegh(1994)发现,与通货紧缩相关的衰退效应出现在基于汇率的稳定通货膨胀计划的后期阶段。这与基于货币的稳定计划形成了鲜明的对比——后者由于采取了紧缩性的货币政策,经济衰退效应会提前显现出来。

---

① 参见 Fischer(1986,1988)的研究。
② 参见 Dornbusch(1991)的研究。
③ 参见 Cukierman(2008)以及 Burnside 等(2006)的研究。Sachs(1987)认为,玻利维亚 1985 年采取的稳定通货膨胀政策之所以具有可信度,是因为预算缺口已经缩小了。
④ 参见 Kiguel 和 Liviatan(1992)以及 Uribe(1997)的研究。

对于稳定通货膨胀的努力为何会失败的第三种解释是,政府所宣布的货币目标或钉住汇率制并不是一个完全可信的承诺,这种政策在未来可能很轻易就会改变。因此,发布规则并不能充分解决动态一致性问题。[①] 有的研究者将通货膨胀惯性和转型期间的产出损失归因于此类目标的可信度不足,因此敦促采取更具约束力的制度约束,例如,在阿根廷,美元化取代了早就归于失败的准货币局。似乎没有比完全美元化更可信的名义锚了。然而,当厄瓜多尔放弃了本国货币而选择美元时,无论是通货膨胀率还是物价水平都没有迅速与美国的水平趋同——恰恰相反,通货膨胀趋势仍然持续。

4.3 中央银行独立性

发展中国家普遍存在的两个特点是制度不完善和抗击通货膨胀的公信力较低,这些特点通常会导致关于货币政策的两种对策建议:第一,发展中国家的中央银行应该具有更高的独立性[②];第二,发展中国家的中央银行应该对一个透明的、可监测的名义目标定期作出公开承诺。我们在这一节和下一节中会分别讨论两者——独立性与目标制。

一些新兴市场国家效仿工业化国家的做法,赋予其中央银行在法律上的独立性。在拉丁美洲,这种趋势始于 20 世纪 90 年代的智利、哥伦比亚、墨西哥和委内瑞拉。[③] 韩国的中央银行也在 1998 年该国发生货币危机后获得了独立地位。许多其他发展中国家也在朝着同样的方向发展。[④]

那么,从制度上保证中央银行不受政治压力的影响真的有助于以较低的产出成本降低通货膨胀吗? Cukierman 等(1992)提出了三种衡量中央银行独立性的方法,并给出了 72 个国家的中央银行独立性指数。与货币政策区制(本章 6.4 中将讨论的)一样,仅仅关注中央银行是否具有法律上或事实上的独立性是不够的。他们给出的这三个指数分别是法律上的独立性、中央银行行长的更替率,以及一项根据研究者要求货币政策制定者填写的问卷得出的指数。这些研究者发现,在发达国家,法律上的独立地位就足够了——因为法律措施就是低通货膨胀的重要决定因素——但是在发展中国家则不然。在发展中国家,中央银行行长的更替率与通货膨胀水平之间存在着很强的相关性。这些结果意味着,中央银行独立性对所有国家都很重要,但是在发展中国家,有必要区分法律上的独立性和事实上的独立性。Haan 和 Kooi(2000)在 20 世纪 80 年代对一个由 82 个国家(包括一些通货膨胀水平非常高的国家)组成的样本的分析中发现,以行长更替率衡量,高中央银行独立性可以降低通货膨胀水平。Cukierman 等(2002)则报告称,在 20 世纪 90 年代脱离社会主义阵营的那些国家实现了中央银行独立性,而这最终有助于降低通货膨胀水平。

Crowe 和 Meade(2008)用一个更新的数据集和更广泛的国家样本检验了中央银行独立性假说,结果他们发现,中央银行独立性的提高往往发生在更民主的国家和过去通货膨胀水

[①] 动态一致性分析的创始人是 Barro 和 Gordon(1983)、Calvo(1988)以及 Kydland 和 Prescott(1977)。

[②] 见 Cukierman 等(2002)的研究。

[③] 见 Junguito 和 Vargas(1996)的研究。

[④] 见 Arnone 等(2006)的研究。

平较高的国家。他们的研究有一个时间序列维度,而不仅仅限于通常的横截面分析,并且使用工具变量估计解决了一个棘手的问题,即如果两者都是由第三个因素(低通货膨胀水平的政治优先级)所导致的话,中央银行独立性可能与低通货膨胀水平没有因果关系。他们发现,较高的中央银行独立性与较低的通货膨胀有关。Gutiérez(2003)以及 Jácome 和 Vázquez(2008)也发现拉丁美洲和加勒比国家的中央银行独立性与通货膨胀水平之间存在负的统计关系。Haan 等(2008)发现提高中央银行独立性可以降低通货膨胀的均值和方差,但是对产出增长的均值和方差没有影响。

然而,也有一些研究者对此持怀疑态度。Mas(1995)认为,如果一个国家的政治经济特点决定了无论政策如何,预算赤字都会出现,那么提高中央银行独立性将不会有任何帮助。Landström(2008)则发现中央银行独立性的影响很小。

5. 货币政策的名义目标

承诺一个名义锚这个原则本身并没有说明哪一个经济变量最适合扮演这个角色。在非随机模型中,任何名义变量都是货币目标的良好的备选对象。但是在一个随机模型中(更不用说在现实世界中了),货币当局事先公开承诺的名义变量不同,会带来非常不同的结果。[①]这个经济变量应该是货币供应量吗? 还是汇率? 抑或是 CPI 吗? 还有其他选择吗? 不同的事前选择将对实际收入等重要变量产生重大的事后影响。

在发展中国家所选择的名义目标中,通货膨胀水平、汇率和货币供应量都有很好的代表性。[②] 接下来,我们就来讨论应该选择什么变量作为名义锚。

5.1　从货币目标制向汇率目标制的转变

新兴市场国家的通货膨胀水平在 1990 年前后达到最高峰,比工业化国家出现通货膨胀顶峰的时间落后了大约十年。在 20 世纪 80 年代,许多发展中国家都试图降低通货膨胀水平,但是这些稳定通货膨胀的计划大多都以失败而告终。有些稳定计划是以正统的货币增长目标为基础的。事实上,到 1980 年底的时候,对货币主义的热情就基本上消失殆尽了,这也许是因为 M1 目标在不久前被证明即便是在最大的工业化国家也具有不切实际的局限性。而且,即便从只关心通货膨胀的那种众所周知的保守派中央银行行长的观点来看,公开承诺通常无法随后实现的目标也无助于建立可信度。联邦德国中央银行是个例外,它有足够的可信度,虽然长期以来宣布 M1 目标,然后又未能实现目标,但是对它的保守声誉、对联邦德

---

① 对于经济学界熟悉的一个观点,即事前的名义目标的选择在存在事后冲击的情况下会导致很大的不同,最好的一篇参考文献也许是 Rogoff(1985)的研究。

② 见 Mishkin 和 Savastano(2002)的研究。

国的低通货膨胀预期都没有什么影响。相比之下，发展中国家总体而言不可能享受到同样的"奢侈"待遇。

20 世纪 80 年代，许多经历过非常高的通货膨胀并且以往多次稳定通货膨胀的努力均告失败的国家最终实现了价格稳定——这一次，它们是以汇率为名义锚来制定和实施稳定计划的。[1] 这方面的例子包括智利的（事先确定并公布汇率的变化幅度的）"塔布利塔"机制、玻利维亚的汇率目标制、以色列的稳定计划、阿根廷的可兑换计划和巴西的"实际计划"（第 6 节讨论了新兴市场采用固定汇率的利与弊）。

随后，历史的画卷依次展开。

5.2 从汇率目标制向通货膨胀目标制的转变

从 1994 年 12 月开始到 2002 年 1 月结束的一系列新兴市场货币危机全都与放弃汇率目标制度转而采用更灵活的货币区制（如果不是完全浮动的汇率制的话）有关。许多国家（包括墨西哥和阿根廷）在受到投机攻击的紧急情况下，放弃了货币政策传统上珍视的汇率锚定制。少数国家在货币危机到来之前就"先发制人"地采用了浮动汇率制（如智利和哥伦比亚）。只有极少数小型国家对国际金融市场的波涛汹涌做出方向完全相反的反应：或者完全美元化了（如厄瓜多尔），或者建立了货币局（如保加利亚）。

从 1971 年以来的 40 年这个更长的时间角度来看，总的趋势是向浮动汇率制转变。[2] 但是，既然汇率不再是名义锚了，那么就必须由别的某个变量来扮演这个角色。[3]

到了 20 世纪 90 年代末，汇率目标制蒙尘、货币主义失宠、金本位更是被扫入了历史的垃圾堆，首选的名义锚的位置明显出现了空缺。通货膨胀目标制度还是一张年轻帅气的面孔，而且当时刚刚在一些较富裕的国家（新西兰、加拿大、英国和瑞典）取得了令人印象深刻的成功。于是，通货膨胀目标制乘势而入。巴西、智利、哥伦比亚和墨西哥在 1999 年从汇率目标制度转向了通货膨胀目标制[4]；捷克共和国、匈牙利和波兰也几乎同时将通货膨胀目标制纳为新宠，以色列、韩国、南非和泰国也不甘人后。2000 年，墨西哥紧随其后，接着是 2005 年的印度尼西亚和罗马尼亚，还有 2006 年的土耳其。[5]

从很多方面来看，通货膨胀目标制确实运行良好。它显然稳住了预期，并避免了通货膨胀的回归。不过在巴西，它还要面临两个严峻挑战：1999 年初，随着整个国家退出"实际计划"，货币贬值了 50%；2002 年，当一位总统候选人被认定为持反市场的、支持通货膨胀政策的立场时，货币也出现了类似的大幅贬值。[6] Gonçalves 和 Salles（2008）发现，采用通货膨胀目标制的新兴市场国家，通货膨胀率下降的幅度更大，产出增长的波动性更小。

---

[1] Atkeson 和 Kehoe（2001）认为货币目标制不可能像汇率目标制那样让公众监督中央银行的行为。
[2] 参见 Collins（1996）、Larrain 和 Velasco（2001）以及 Chang 和 Velasco（2000a）的论述。
[3] 见 Bailliu 等（2003）以及 Svensson（2000）对于这一点的强调。
[4] 参见 Loayza 和 Soto（2002）以及 Schmidt-Hebbel 和 Werner（2002）的论述。智利是在更早的一些时候就开始宣布通货膨胀目标的，但是直到 1999 年一直保持了"带篮爬行"的汇率区制。
[5] 参见 Rose（2007）的论述。
[6] 参见 Giavazzi 等（2005）的论述。

不过,有人可能会说,2007—2009 年金融危机等事件对通货膨胀目标制造成了压力,就像 1994—2001 年的事件对汇率目标制造成的压力一样。除了 CPI,还有另外三种名义变量也受到了中央银行官员的关注。第一个名义变量就是汇率,事实上它从未真正离场过,尤其是在那些规模较小的国家里。第二个名义变量是农业产品和矿产品价格,它对许多发展中国家特别重要。在 21 世纪的头十年,大宗商品价格的波动性大幅加剧,并在 2008 年达到了顶峰,从而重新引发了关于建立一种能够适应贸易条件冲击的汇率机制的必要性的讨论。第三个名义变量是股票和房地产等资产的价格,它在工业化国家的重要性尤其突出,但是并不仅仅限于这些国家。[①] 始于 2007 年年中的美国次贷危机的国际金融动荡迫使各国中央银行重新反思以往只关注通货膨胀水平而不关注资产价格的做法。

通货膨胀目标制的支持者总是无法避免一个漏洞,即他们不得不承认中央银行还应该对其他变量加以适当的关注,如汇率、资产价格和大宗商品价格,因为它们预示着未来的通货膨胀。然而通过反思,我们发现,在 20 世纪许多规模较大的经济泡沫以及随后的崩溃中,危机爆发前过于扩张性的货币政策从来没有表现为商品通货膨胀,而只是表现为资产通货膨胀。中央银行行长们往往坚持认为,解决资产价格问题不是货币政策的职责,例如,De Gregorio(2009a)强调,资产泡沫可以通过货币政策以外的工具来解决。

Fraga 等(2003)发现,采取通货膨胀目标制的新兴市场国家的中央银行未能实现目标的程度远远高于工业化国家。大多数关于通货膨胀目标制的分析更适合于大的工业化国家而不是发展中国家,这有以下几个原因。[②] 首先,这些理论模型通常不会考虑贸易条件中的外生冲击或外部账户中的困难的作用。相反,这些理论倾向于假设每个国家都不必担心为国际贸易赤字融资,这大概是因为国际资本市场运行良好,足以让任何一个工业化国家在面对外部冲击时实现平稳消费。但是对于发展中国家来说,国际资本市场往往只会加剧外部冲击。在以资本流入、货币过度高估和相关的经常账户赤字为特征的繁荣之后,往往会紧接着出现以资本流入突然停止、货币急剧贬值和衰退为特征的萧条。[③] 在没有考虑 1982 年、1994 年至 2001 年或 2008 年至 2009 年国际金融危机时的货币政策的条件下所进行的分析对于新兴市场国家的政策制定者来说是没有用处的。

资本流动容易加剧波动,特别是当波动的根源是贸易冲击时。这个观察结论又引导我们想起了发展中国家不同于工业化国家的另一个相关方面。

由于本章第 2 节中已经提到的那些原因,发展中国家的供给冲击往往更大。正如许多研

---

① 请参见 Caballero 和 Krishnamurthy(2006)、Edison 等(2000)、Aizenman 和 Jinjarak(2009)、Mendoza 和 Terrones(2008)的相关文献,它们探讨了信贷繁荣是如何导致新兴市场资产价格上扬的,这通常发生在资本流入和金融危机之前。

② 当然,我们也不要忘记许多针对新兴市场和发展中国家的通货膨胀目标制的研究,其中大多数研究都认为通货膨胀目标制对这些国家是有利的。Amato 和 Gerlach(2002)以及 Masson 等(1997)认为,通货膨胀目标制对新兴市场是有利的,但前提是要能满足某些条件,如不受财政支配。不过,Batini 和 Laxton(2006)认为,这种先决条件不是必要条件。Laxton 和 Pesenti(2003)的结论是,由于新兴市场国家(如捷克共和国)的中央银行往往只拥有较低的可信度,它们需要比富裕国家的中央银行更积极地调整利率以应对预期通货膨胀的变化。此外还包括 Debelle(2001)、De Gregorio(2009b)、Eichengreen(2005)、Goodfriend 和 Prasad(2007)、Hammond 等(2009)、Jonas 和 Mishkin(2005)、Mishkin(2000,2008)、Mishkin 和 Schmidt-Hebbel(2002)等的研究。

③ 见 Kaminsky 等(2004)、Reinhart 和 Reinhart(2009)以及 Gavin 等(1997)的论述。

究者已经证明的那样,通货膨胀目标制(狭义定义)很容易受到供给冲击的影响。[1] 在严格的通货膨胀目标制下,为了防止物价指数在面对不利的供给冲击时上涨,货币政策必须大力加以收缩——收得如此之紧,以至于名义 GDP 下跌的全部冲击都必须由实际 GDP 来承担。与此相反,最合理的目标函数本来应该告诉货币当局,应该允许部分临时性冲击以价格水平上升的形式显现出来。当然,这也正是许多通货膨胀目标制的支持者鼓吹灵活的通货膨胀目标制的原因——通常以泰勒规则的形式——它的实质是要求中央银行让通货膨胀和产出来"分担"痛苦。[2] 这也是我们选择核心 CPI 而非总体 CPI 的原因之一。

5.3 总体 CPI、核心 CPI 和名义收入目标制

在实际操作中,实行通货膨胀目标制的中央银行在应对石油和其他农产品及矿产品进口价格的大型临时性冲击时,通常都会试图将它们排除在作为目标的 CPI 的衡量范围之外。[3] 中央银行有两种方法来做到这一点。有些国家的中央银行会在事前解释说,它们今年的目标是用核心 CPI 衡量通货膨胀,这种衡量方法要将波动性很大的成分(通常是食品和能源产品的价格)排除在外。这种方法的优点在于,当供给冲击到来时(假设供给冲击主要位于农业或能源行业,如果冲击是劳工骚乱或停电导致城市经济活动中断,那么这种方法就不能发挥作用了)。不过,将核心 CPI 作为官方目标也有缺点,那就是,与简单的 CPI 指标相比,普通民众可能很难理解它,这就违背了事前公布一个便于公众监督的、具有很高的透明度和良好的可沟通性的名义目标的初衷。

另一种方法是,事前先给出用 CPI 衡量的通货膨胀目标,但是在真正面对不利的供给冲击时,事后给出解释——由于特殊情况,农业或能源价格的上涨将被排除在目标之外。从可信度的角度来看,这种策略是值得怀疑的,因为它实际上等于告诉普通民众:大家不必担心 CPI 的上涨,因为它只会提高给汽车加油和购买每周杂货的成本。无论如何,不管是采用事前就排除还是在事后再排除的方法,将消费者价格指数中因供给冲击而出现的波动性通过一番解释就大而化之的企图都会削弱货币政策当局的可信度。在那些有理由怀疑政府官员出于政治目的而操纵 CPI 的国家里,这种信誉问题会尤其严重。

一个符合理想的名义目标特征的变量是名义 GDP。名义收入目标制作为一种货币区制的一个非常有吸引力的性质是,它可以将供给冲击部分作为 P、部分作为 Y,而不必迫使中央银行放弃先前宣布的名义锚。早在 20 世纪 80 年代,名义收入目标制就受到了很多宏观经济学家的欢迎。[4] 不过,有的经济学家声称,由于名义收入的测量存在着比较长的滞后期和相当大的统计误差,它不太适用于发展中国家。但是,这些测量问题现在已经比以前少得多

---

① 例如,见 Frankel(1995)以及 Frankel 等(2008)的论述。

② 参见 Svensson(2000)的研究。

③ 例如,Devereux 等(2006)从理论上证明了在汇率传递性高的情况下,以非贸易商品价格水平为目标的优势(见本章的 3.1)。

④ 当现状是以 M1 为目标时,能够更容易地看清楚名义 GDP 目标制的优越性。如果将名义收入目标制改称为"速度调整货币目标制(Velocity-Shift-Adjusted Money targeting)",那么中央银行可能会更容易接受它。

了。此外,正如 McKibbin 和 Singh(2003)所指出的,发展中国家比工业化国家更容易受到供给冲击这一事实本身就意味着,名义收入目标制对于发展中国家来说,只能说更适用,而不能说更不适用。

然而,在任何情况下,不清楚出于何种原因,自从 20 世纪 90 年代以来,无论是富国还是穷国,都没有认真考虑过名义收入目标制。

6. 汇率区制

发展中国家许多以通货膨胀为目标的中央银行对汇率的实际重视程度都超过了它们官方愿意承认的程度。这种趋势就是著名的"浮动恐惧症候(Fear of Floating)",它最早是由 Reinhart(2000)以及 Calvo 和 Reinhart(2000,2002)提出的。[①] 当越来越繁荣的出口商品市场给这些国家的货币带来巨大的升值压力时,中央银行就会进行干预,以抑制本国货币升值。然后,当危机袭来时,这些国家的中央银行也可能会进行干预,以控制本国货币贬值。现在,各国中央银行仍然关注——而且应该关注——汇率。这个结论适用于从有管理的浮动汇率制到钉住汇率制的整个汇率区制范围。时至今日,固定汇率制仍然是许多国家,特别是小国优先考虑的一种选择。[②]

6.1　固定汇率制的优点

对于规模非常小的国家来说,完全美元化仍然不失为一个不错的选择(或者,对于欧洲国家来说,加入欧元体系亦然)。欧洲货币联盟在问世后的第一个十年里取得了巨大的成功,从而极大地激发了世界各地的发展中国家区域集团对进行类似的尝试的可能性的讨论。[③]

固定汇率除了可以作为货币政策的名义锚,还有许多其他优点。例如,固定汇率制能够降低交易成本和外汇风险,从而促进国际贸易和投资。对于那些以制度手段完全"锁定"的安排,如货币局[④]和美元化[⑤],这一点尤其突出。Rose(2000)等在过去十年中完成的一系列很有影响力的研究表明,固定汇率制,特别是发展中国家的货币联盟,显著地促进了贸易和投资。此外,固定汇率制还可以避免投机泡沫(而浮动汇率制则难免偶尔会受到投机泡沫的影响)。

---

① 在厌恶浮动汇率制的各种可能原因中,Calvo 和 Reinhart(2002)强调的是高传递性和收缩性贬值。
② 与此同时,为了应对 2007—2009 年的全球金融危机,欧洲外围的各个小国(冰岛和一些中欧国家)最近对迅速采用欧元产生了很大的兴趣。
③ Bayoumi 和 Eichengreen(1994)以及 Levy-Yeyati 和 Sturzenegger(2000)将消费者事务局(Office of Consumer Affairs,简写为 OCA)标准应用于一系列相关区域。Bayoumi 和 Eichengreen(1999)以及 Goto 和 Hamada(1994)则将它们应用于亚洲。
④ 参见 Ghosh 等(2000)、Hanke 和 Schuler(1994)以及 Williamson(1995)的论述。
⑤ 参见 Calvo(2002)以及 Schmitt-Grohe 和 Uribe(2001)的论述。

6.2 浮动汇率制的优点

当然,固定汇率制也有缺点。其中最重要的一个缺点是,如果实现了金融市场一体化,那么固定汇率制就意味着放弃货币政策独立性:各国中央银行既不能通过增加货币供给、降低利率,也不能通过货币贬值来应对因本国产品需求下降而导致的困难。

有人认为,发展中国家滥用相机抉择货币政策的频率过高了——远远高于它们为了实现教科书所述的目标而运用货币政策相机抉择权的频率。但是,固定汇率制的第二个缺点恰恰就是以失去相机抉择能力为前提的:采用固定汇率制就意味着,放弃可以通过让汇率浮动来实现的对于供给冲击(尤其是贸易冲击)的自动调节。[①] 这就是说,当出口商品的国际市场条件减弱时贬值,反之亦然。[②] 对此,Berg 等(2002)给出了很好的说明:

> 运行良好的浮动汇率制的另一个特征是,它能够对外部冲击做出适当的反应。例如,当一个国家的贸易条件变差时,该国的名义汇率走弱是有意义的,因为这有助于进行所需的相对价格调整。事实上,采用浮动汇率制的新兴市场国家确实就是以这种方式应对负面的贸易条件冲击的。在一个由过去 30 年来的发展中国家组成的大规模样本中,那些实行固定汇率制的国家在受到了负面贸易条件冲击之后,实际汇率的贬值要滞后两年,而在此期间则不得不承受实际 GDP 的大幅下降。相比之下,实行浮动汇率制的那些国家在受到冲击时名义汇率和实际汇率贬值的幅度都很大,随后还会出现一定程度的通货膨胀,但是产出损失要小得多。

除了无法利用货币政策应对冲击,刚性的汇率制度安排还有另外三个缺点。在发生银行业危机时,这些缺点可能会削弱中央银行充当“最后贷款人”的能力,阿根廷在 2001 年的经验就证明了这一点。这也意味着铸币税的损失,特别是对于一个一路走向美元化的国家来说尤其致命。对于一个没有完全美元化的国家,固定汇率制偶尔也会受到无端的投机攻击(“第二代”类型[③])。

有一些经济学家认为代价高昂的投机攻击的根源在于期限错配问题,据此他们相信汇率的波动性是有益的,因为它能够迫使借款人直面外币计价债务的风险。这里要提出一个警告,那就是,选择可调整的联系汇率制度或其他“中间类型”的汇率制度可能会导致高到危险水平的未对冲外汇借款。有人认为,浮动汇率制能够迫使借款人直面汇率风险的存在,从而减少未对冲的外汇借款。[④] 这种说法听起来就像是下面这个论点,即政府应该引入不必要的波动性,因为私人金融机构低估了风险。但是有不少模型已经证明了这种浮动汇率制的

---

① Ramcharan(2007)发现,有证据表明,在发生了自然灾害的情况下,采用浮动汇率制应对供给冲击有一定的优势。
② 根据 Edwards 和 Yeyati(2005)的研究,在采用钉住汇率制的国家中,与采用浮动汇率制的国家相比,贸易条件的冲击会被放大,而长期增长率将降低。也请参见 Broda(2004)的论述。
③ 参见 Chang 和 Velasco(1997)的研究。下一节将解释投机性攻击模型的生成。
④ 参见 Céspedes 等(2004)以及 Eichengreen(1999)的研究。

优势,即便是在存在理性预期且不确定性只由基本面因素生成的情况下,也是如此。[①]

6.3 评估各种可选的整体汇率区制

计量经济学家试图辨别哪种区制通常能为各个国家都带来最好的经济表现——固定汇率制、浮动汇率制或中间性质的汇率区制——但是结果一直不尽如人意。在这里,不妨举三个例子来说明这一点。Ghosh 等(2000)发现固定汇率制表现最好,而 Levy-Yeyati 和 Sturzenegger(2003a)则认为浮动汇率制表现最好,但是 Reinhart 和 Rogoff(2004a)发现,介于中间的有管理的浮动汇率制表现最好。为什么会出现如此明显的差异?其中一个原因是这些研究对事实上的汇率区制的分类方法有所不同(这一点将在下一节讨论)。还有一个原因是,各种备选区制的优点实际上都取决于相关国家的环境。没有任何一种单一的汇率制度适合所有国家。

下面给出最优货币区的八个标准。满足这些标准的国家才可以采用相对稳定的固定汇率制,而不是更加灵活的汇率体系。或者说,这些国家应该具有如下八个特点[②]:

第一,小规模。

第二,开放性。例如可贸易商品占 GDP 的比例就反映了这个特点。[③] 如果有了一个重要的货币伙伴国,两国之间的双边贸易、投资和其他经济活动的水平已经很高,或者在未来有望变得很高,那么这个伙伴国的存在也会有利于固定汇率制。

第三,冲击的对称性。本国的周期性波动(特别是需求冲击)与决定货币政策的那些国家(即打算让本国货币挂钩的货币的国家)的周期性波动之间要有很高的相关性。这一点很重要,因为如果一个国家要放弃实施本国的货币政策的能力,那么最好保证较大的伙伴国所选择的利率通常都会接近本国原本无论如何都将选择的利率。[④]

第四,劳动自由流动。[⑤] 在排除了针对不对称冲击的货币政策反应之后,如果工人能够从高失业国家转移到低失业国家,那么无疑将会是有益的。这也正是美国这个"货币联盟"内部各州之间的主要调整机制。

第五,汇款的反周期性。移民的汇款有如下特点:一是在许多发展中国家中,移民的汇款占到了外汇收入中的很大一部分;二是高度可变的;三是似乎是反周期的。[⑥] 移民的汇款显然会随着汇款来源国和接收国的周期性波动状况的不同而有所不同,这个特点会使得放弃以不同方式去应对冲击的这个选项看上去更容易一些。

[①] 参见 Chamon 和 Hausmann(2005)、Céspedes 等(2004)、Jeanne(2005)以及 Pathak 和 Tirole(2006)的论述。

[②] Edwards(2003a)、Edwards 和 Savastano(2000)、Frankel(2004)以及 Rogoff(2004)的研究为汇率区制的选择提供了更完整的讨论和进一步的参考文献。

[③] 经典的参考文献是 McKinnon(1963)撰写的。

[④] 参见 Mundell(1961)和 Eichengreen(1999)的论述。

[⑤] 经典的参考文献是 Mundell(1961)撰写的。

[⑥] 只有反周期性这一点需要进一步说明。Clarke 和 Wallstein(2004)以及 Yang(2008)都发现,汇款收入会因自然灾害的发生而上升。Kapur(2005)则发现,汇款收入会随着经济衰退的到来而上升。Yang 和 Choi(2007)发现,汇款收入对雨水引发的经济波动有响应。Frankel(2010a)则发现,双边汇款对汇款国—接收国在周期性条件方面的差异有反应。然而,也有一些作者未能发现证明这种反周期现象的证据。

第六,反周期的财政转移支付。在美国国内,如果某个地区发生了经济衰退,那么联邦财政系统的转移支付能够起到一定的缓冲作用。据估计,在美国,一个遭受重创的州的收入减少 1 美元,其可支配收入只减少大约 70 美分。但是在国际层面上,这种财政缓冲在很大程度上是缺失的,只有法国在非洲金融共同体中发挥的作用可能是个例外。而且,即便是在那些存在大量转移支付的地方,它们也很少是反周期性的。

第七,发达的金融体系。[1]

第八,放弃部分货币主权的政治意愿。有些国家喜欢用爱国主义的眼光看待它们的货币,就像看待它们的国旗一样。

6.4 对汇率区制的分类

现在读者应该已经很清楚了,对各个国家在实践中的汇率区制选择的分类(是固定汇率制、浮动汇率制,还是某种中间形态),与官方所声称的分类可能截然不同。许多国家声称本国实行的是浮动汇率制,但实际上往往并非如此。[2] 而那些说自己采用了固定汇率制的国家也往往不是。[3] 还有一些国家自称遵循了"带篮爬行"(Band Basket Crawl,简写为 BBC)汇率机制,但是它们也经常口是心非。[4]

经济学家做出过很多努力,试图对事实上的汇率区制进行分类。有些研究者试图推断出汇率围绕"锚"波动的弹性程度,还有一些研究者则试图推断"锚"到底是什么。[5] 纯粹的事实性研究只关注汇率和外汇储备的时间序列数据[6],而其他研究则会更多地关注其他信息,包括相关国家的言行。[7] 不太为人所知的是,对事实上的区制的不同分类之间其实并不一致。各个研究给出的实际分类之间的相关性往往像每项研究本身与国际货币基金组织给出的官方分类之间的相关性一样低。[8]

或许,完全明晰且准确的分类原本就是不可能的。阿根廷最终在 2001 年被迫放弃了货币发行局的事实凸显了一个教训:汇率制度的选择并不像以前人们认为的那样持久或深远。就与制度的关系而言,汇率区制的选择更有可能是内生的,而不是相反的。[9]

6.5 角点解假说

角点解假说是 Eichengreen(1994)最早提出的,它的含义是,世界各国正在远离——或应

---

[1] Husain 等(2005)以及 Aghion 等(2009)都发现,当国家变得更加富裕、金融体系变得更加发达之后,国家似乎会从越来越灵活的汇率制度中受益。

[2] 参见 Calvo 和 Reinhart(2002)的相关文献。

[3] 参见 Obstfeld 和 Rogoff(1995)以及 Klein 和 Marion(1997)的论述。

[4] 参见 Frankel 等(2000)以及 Frankel 和 Wei(2007)的相关文献。

[5] 参见 Frankel 和 Wei(2008)的相关文献。

[6] 其中包括 Calvo 和 Reinhart(2000,2002)、Levy-Yeyati 和 Sturzenegger(2001,2003a,2003b,2005)以及 Shambaugh(2004)的研究。

[7] 这些包括 Ghosh 等(2000,2003)以及 Reinhart 和 Rogoff(2004a)的研究。

[8] 参见 Benassy 等(2004)以及 Frankel(2004)的相关文献。

[9] 参见 Alesina 和 Wagner(2006)以及 Calvo 和 Mishkin(2003)的论述。

该远离——各种中间形态的汇率区制,转而采纳硬钉住汇率制或浮动汇率制。随着 20 世纪 90 年代末新兴市场危机的爆发,这个假说迅速变成了一个新的"传统智慧"。① 但奇怪的是,角点解假说从来没有一个稳固的理论基础②,因而不久之后就变得不再流行了。或许,它只是如下事实的又一个受害者:人们已经意识到,现实中没有任何一种汇率区制的选择是永久性的,而且投资者也很清楚这一点。③ 无论如何,在现实世界中,许多国家都继续遵循像"带篮爬行"这样的中间区制,而且似乎也没有因此而变得更糟。

7. 顺周期性

正如本章引言所指出的,将发展中国家与工业化国家区分开来的一个结构性特征就是周期性波动的幅度。这在一定程度上可以归因于如下事实:有一些因素本来应该起到调节周期的作用,但是实际上很少能够做到。恰恰相反,如果说它们真的发挥了什么作用的话,那么也只能说它们往往加剧了繁荣和萧条。这些因素包括顺周期的资本流动、顺周期的货币政策和财政政策,以及与此相关的"荷兰病"。人们当然希望能够改进政策或制度,以减少这种顺周期性。因此,这也顺理成章地成了新兴市场宏观经济学研究中最有可能取得成果的方向之一。

7.1　新兴市场资本流动的顺周期性

根据跨期优化理论,各国应在短暂的经济低迷时期内借款以维持消费和投资,并在短暂的经济回升时期内偿还债务或积累净外国资产。然而在现实世界中往往并非如此。资本流动往往是顺周期的而不是反周期的。④ 大多数解释这种现象的理论都谈到了资本市场的不完善,比如信息不对称或对抵押品的要求。然而,Aguiar 和 Gopinath(2006,2007)则证明,发展中国家经常账户的顺周期性可以用一个优化模型来解释——如果冲击的形式是生产率的永久性趋势的变化而不是临时性的对趋势的周期性偏离的话。

对资本流动的顺周期性的一种解释是,它们是顺周期财政政策的结果:当政府在繁荣时期增加支出时,赤字中有一部分是通过向国外借款来弥补的;而当政府在经济低迷时被迫削减支出时,赤字则是为了偿还经济好转时产生的一些过度债务。对于流向发展中国家的顺周期资本流动的另一种解释是,它们与石油等农业和矿产品的出口商的行为有关。接下来

① 参见 Fischer(2001)、Council on Foreign Relations(1999)以及 Meltzer(2000)的相关文献。

② 认为中等程度的汇率弹性与完美的资本流动性不一致的看法是对"不可能三角"原理的错误解读。Krugman(1991)在理论上证明,一个目标区域是可以与未揭示的利率平价完全相容的。Williamson(1996,2001)发现,新兴市场国家偏向于中间汇率机制。

③ 参见 Reinhart 和 Reinhart(2003)的研究。

④ 参见 Kaminsky 等(2004)、Reinhart 和 Reinhart(2009)、Perry(2009)、Gavin 等(1997)以及 Mendoza 和 Terrones(2008)的相关文献。

我们将先讨论顺周期财政政策,然后再讨论商品周期("荷兰病")。

7.2 需求政策的顺周期性

7.2.1 财政政策的顺周期性

许多研究都证明,与工业化国家不同,发展中国家的财政政策往往是顺周期的。[①] 大多数研究关注的是政府支出的顺周期性,因为税收收入与经济周期的相关性特别高。确定支出的顺周期性的一个重要原因恰恰就在于,政府从税收或特许权使用费中获得的收入在经济繁荣时期上升,同时政府往往无法抵御按比例——甚至超比例——增加支出的诱惑或政治压力。

7.2.2 政治商业周期

政治商业周期假说指的是,政府倾向于在选举年采取扩张性的财政政策(通常也包括扩张性的货币政策)。在这种政治商业周期背景下,财政扩张既可能采取减税的形式,也可能采取增加支出的形式,两者同样常见。政治商业周期理论最初是针对发达国家的。不过,更全面的实证研究发现,政治预算周期在发达国家和欠发达国家中都存在,但发展中国家比发达国家更容易受到政治商业周期的影响。[②]

对于这种区别,一种解释是,预算过程中的宪法分权等制度约束是抵御顺周期财政政策所必需的,而发展中国家往往更缺乏这些制度。[③] 不过,Brender 和 Drazen(2005)给出了另一种解释:在大规模的横截面数据中发现的政治预算周期往往源于那些"新生民主国家"——其中大多数都是发展中国家或转型国家——在这些国家里,由于选民缺乏选举经验,在位政府的财政操纵更容易在政治上获得成功。一旦将这些国家从更大的样本中剔除,政治财政周期就消失了。

7.2.3 货币政策的顺周期性

反周期的货币政策是很难实现的,这是因为存在着滞后和不确定性。因此,人们经常认为,货币政策的相机抉择权的优点不足以弥补其缺点,例如动态不一致导致的通货膨胀偏差(特别是对发展中国家而言)。因此,人们通常更愿意支持绑住货币政策当局手脚,并要求它们承诺一个名义上的目标。

然而,在给定对名义目标有某种程度的承诺的前提下,选择一个可能会给自动货币机制带来不必要的顺周期性的名义目标似乎会弄巧成拙。但这正是通货膨胀目标制在出现供给冲击的情况下所能发挥的作用。在贸易条件的波动很重要的时候,最好选择一个能适应贸易条件冲击的名义锚,而不能去加剧它们。

---

① 参见 Gavin 和 Perotti(1997)、Gavin 等(1997)、Lane 和 Tornell(1999)、Tornell 和 Lane(1999)、Kaminsky 等(2004)、Talvi 和 Vegh(2005)、Alesina 等(2008)、Mendoza 和 Oviedo(2006)的相关文献。

② Persson 和 Tabellini(2003)使用了 1960 年至 1998 年 60 个民主国家的数据。Shi 和 Svensson(2006)则使用了从 1975 年到 1995 年 91 个国家的数据。另请参见 Schuknecht(1996)的研究。Drazen(2001)提供了一个很好的概述。

③ 见 Saporiti 和 Streb(2003)的研究。Alesina 等(1999)也研究了财政制度。

7.3 商品与"荷兰病"

有些国家的出口商品价格波动性非常大,它们中最明显的例子是那些专门生产石油、铜或咖啡的国家,这些商品的价格在世界市场条件下周期性地经历着或翻倍或腰斩的巨幅波动。

"荷兰病"一词指的是石油或其他矿产品和农业产品的繁荣可能带来的一些令人不快的副作用。[①] 当出口商品的全球价格的强劲的(但可能是暂时性的)向上波动导致了以下情况时,"荷兰病"就发作了:本国货币实际大幅升值、支出急剧扩大(特别是政府支出的扩大,因为税收收入或特许权使用费增加了[②]),非贸易商品相对于不用于出口的贸易商品的价格上涨以及由此导致的资源从不用于出口的贸易商品部门的外流、经常账户出现赤字等。当受到不利影响的可贸易商品出现在制造业时,令人担心的一个后果就是去工业化。在实际模型中,资源在可贸易部门之间的重新配置可能是全球实际大宗商品价格上涨的必然结果。但向非贸易商品的转移是发生在宏观经济层面上的。当这种出口商品的全球价格转而下跌时,这一切就会发生非常令人痛苦的逆转,当然这正是致使这种情况成为一种"疾病"的原因,尤其是在没有充分预见到整个周期的情况下。

"荷兰病"的其他例子还包括由于发现了新矿藏或其他供给扩张所导致的商品繁荣,然后通过出口导致了巨额贸易顺差,或通过旨在开发新资源的外来投资导致了资本账户顺差。此外,这个术语还经常以类推的形式用于描述其他类型的流入,如接受转移支付(外国援助或汇款)或旨在维持稳定的资本流入。在所有情况下,结果都是本国货币的实际升值,以及资源从(非大宗)贸易商品转向非贸易商品。如果汇率是可浮动的,那么实际升值也就意味着名义升值;如果汇率是固定的,那么就会表现为通货膨胀。

为了应对这种商品周期,人们提出了各种各样的政策措施建议,其中有些已经付诸实施了。[③] 其中最重要的一个建议可能是制定制度,确保在商品价格繁荣时期获得的出口收入都会存入某个"商品储蓄基金",或许还可以辅以管理周期性波动的预算盈余的规则。[④] 其他建议还包括利用期货市场对冲大宗商品的价格波动,以及将债务与价格挂钩等。

7.4 通货膨胀目标制下对价格指数的生产导向的选择

在中央银行可能当作目标的价格指数中,CPI通常是首选。CPI确实是衡量长期通货膨胀目标的合理选择,但它可能并不是年度中期目标的最佳选择。在前面我们已经注意到了选择通货膨胀目标制的初衷其实不是为了应对供给冲击。如果供给冲击是贸易冲击,那么

[①] 见 Corden(1984)的研究。Frankel(2010c)对"荷兰病"和更普遍的自然资源诅咒进行了调查。
[②] 参见 Lane 和 Tornell(1998)的研究。
[③] 见 Sachs(2007)的研究。
[④] 见 Davis 等(2001)的论述。智利规定要根据铜价对其长期价值的偏离以及 GDP 对其潜在水平的偏离调整预算盈余,具体调整幅度由两个专家小组作出决定。

选择 CPI 作为通货膨胀目标制所关注的价格指数就会特别不合适。

通货膨胀目标制的支持者可能没有考虑过，从贸易冲击的角度来看，在 CPI 与生产导向型价格指数之间进行选择有重要的意义。一个可能的原因是，事实上，两者之间的差异对大型工业化国家来说并不像对小型发展中国家那样重要，特别是对那些出口矿物和农业产品的国家。

如果按照其字面意思严格执行 CPI 目标，对于受贸易波动影响很大的国家来说，就可能会造成不稳定。它要求在进口商品的价格在世界市场上上涨时，而不是在出口商品的价格在世界市场上上涨时，实行货币紧缩和货币升值——这正好与人们对贸易变动条件的预期反应模式相反。因此，另一种选择是将价格目标从 CPI 替换为基于生产（而不是基于消费）的价格指数，如 PPI、GDP 平减指数或出口价格指数。两者之间的重要区别在于，进口商品价格会反映在 CPI 中，但是不会反映在基于生产的价格指数中，同时出口商品则相反——它们会显示在基于生产的价格指数中，但是很少反映在 CPI 中。

对小国的贸易条件冲击有两种形式：世界市场上出口商品的名义价格（即美元价格）的波动和世界市场上进口商品名义价格的波动。下面我们依次考虑每一种冲击。

7.4.1 出口价格冲击

浮动汇率制有一个传统优点，它在大宗商品出口国上体现得尤其突出。当世界市场对它的出口商品的需求下降时，该国货币往往会贬值，从而减轻对经常账户余额和产出的不利影响。当世界对这种出口商品的需求上升时，货币往往会升值，从而减轻通货膨胀的影响。对 20 世纪 90 年代的新兴市场危机的一种可能解释是，流入出口这类商品的新兴市场国家的资本出现了顺周期下降，加剧了全球石油和消费电子产品市场状况恶化的影响，最终迫使这些国家放弃了原来的汇率目标。如果它们的货币贬值是伴随着大宗商品出口价格的下跌而自动进行的，那么同等程度的贬值所带来的痛苦就会小得多。

因此很显然，固定汇率制必然要求放弃对贸易条件冲击的自动适应。以 CPI 为目标也要求放弃对贸易冲击的自动适应。不过我们并不一定非要以它为目标。倘若采用一种以出口商品价格指数为基础的通货膨胀目标制，那么就可以实现随世界出口商品价格的上升而自动升值。

7.4.2 通货膨胀目标制对进口价格冲击的反应是否反常？

对于需要进口而不出口石油的国家来说，贸易波动的一个主要来源是世界石油价格的变化。正如我们在本章第 5 节中已经指出过的，如果中央银行家们对基于 CPI 的通货膨胀目标制的理解过于泥古不化，那么他们就有可能会通过收缩货币供给、让本币按比例升值来应对进口商品的美元价格的上涨。

给定大多数中央银行对透明度的重视程度和它们的声誉，如果它们对 CPI 的公开强调没有导致它们在应对不利供应冲击时更紧缩一点，在应对有利供应冲击时更扩张一点，那才是令人惊讶的呢。或者换句话说，如果它们觉得能够充分利用核心 CPI 理念所提供的"免责条款"，那就太令人惊讶了。但是有很多理由告诉我们事实确实如此。一项简单的统计表明，在实行通货膨胀目标制的那些国家，汇率（以本国货币的美元价格计算）与它们的一篮子进口商品在世界市场上的美元价格正相关。这个事实很能说明问题。为什么这样说？这是因为只要这些国家的中央银行是以核心 CPI 为目标的（同时只要核心 CPI 剔除的大宗商品包括所有经历了全球价格冲击的进口大宗商品——这是一个很大的限定），就不应该通过升值来应对进口商品的全球价格上涨。在浮动汇率制下，所发生的是汇率应该贬值，以应对这种不利的贸易冲击。当这些采用通货膨胀目标制的国家以货币升值作为反应时，也就表明它们的中央银行正在收紧货币政策，以减轻 CPI 的上行压力。

在拉丁美洲，每一个采用通货膨胀目标制的国家的月度数据都显示了进口石油的美元价格与其货币的美元价值之间的相关性：在 2000—2008 年这个时期，相关系数为正且大于采用通货膨胀目标制前的时期。[①] 证据支持了这样一种观点：采用通货膨胀目标制的那些国家——尤其是巴西、智利和秘鲁——往往会通过收紧货币政策和让本币升值来应对过去十年来的正的石油冲击。这似乎意味着，它们所瞄准的 CPI 实际上并没有完全排除油价冲击。

我们希望将一个比核心 CPI 更容易让公众在事先就能很好地理解的变量作为名义目标的候选变量，同时希望该变量在供给冲击方面有很强的稳健性。在应对供给冲击方面保持稳健性意味着，中央银行不再需要在两种令人不快的选择之间做出事后的选择：一种是对经济造成不必要损害的衰退，另一种是违背事先宣布的目标（那将导致令中央银行蒙羞的信誉损失）。

7.4.3　出口价格目标制

有人建议采用"挂钩出口价格制"（peg the export price，简写为 PEP），这似乎是一种非常奇特的货币政策区制。生产者价格目标制则是"挂钩出口价格制"的一个较温和的版本。根据"挂钩出口价格制"，铜生产国要将本国货币与铜挂钩，石油生产国要将本国货币与石油挂钩，咖啡生产国要将本国货币与咖啡挂钩，依此类推。[②]

那么，"挂钩出口价格制"到底是怎么运行的？在概念的层面上，我们可以想象政府持有黄金、铜或石油储备，并在必要时买卖这些商品，以保持以本国货币计算的价格不变。而在实际操作的层面上，一个更可行的方法是，每一天中央银行都宣布本国货币相对于美元的汇率，只不过它需要遵循如下规则：当天的汇率目标（美元/单位本国货币）的变动必须与纽约市场上黄金或铜或石油的价格（美元/商品）完全成比例。然后，中央银行可以通过外汇市场来进行干预，以实现当天的目标。而美元将会成为干预的工具货币——就像一个小国长期以来捍卫与一些非美元货币的挂钩时的做法一样。无论如何，所要实现的效果都是稳定以当地货币计算的商品价格，或者换一种更好的表达方式，因为这些商品价格是由世界市场决定的，这种政策所想达到的效果是稳定以商品计算的本国货币的价格。

相对于汇率目标制，支持出口价格目标制的理由可以简单地表述为：它不仅兑现了简单的汇率挂钩所承诺的最主要的一个优点（提供一个名义锚），同时也具备浮动汇率所拥有的最主要的优势之一（在本国出口商品在世界市场上的价格出现波动时实现自动调整）。载入教科书的传统理论认为，当贸易条件出现了不利变化时，最好通过货币贬值来适应这种变

---

① 参见 Frankel(2010b)的研究。
② 参见 Frankel(2003b,2005)的研究。

化。在"挂钩出口价格制"下，当出口商品的美元价格上升时，以美元计价的本国货币将会升值；当以美元计价的出口价格下跌时，以美元计价的本国货币则会贬值。这种对贸易冲击的适应正是我们所需要的。在以往的货币危机中，出口市场急剧恶化的那些国家最终往往不得不放弃其汇率目标，并进行货币贬值。与自动贬值相比，这种调整无疑要痛苦得多——无论是外汇储备损失、信誉损失还是产出损失，都要大得多。

能够自动适应贸易条件冲击是非常可取的，同时也很好地总结了出口价格目标制相对于当前最受欢迎的 CPI 目标制的主要吸引力。不妨再来考虑以下两类不利的贸易条件冲击：世界市场上出口商品的美元价格下跌，以及世界市场上进口商品的美元价格上升。在第一种情况下，人们希望本国货币对美元贬值。如前所述，在"挂钩出口价格制"下，能够自动实现这种峰值，但是在 CPI 目标制下则不能。在第二种情况下，贸易条件标准再一次表明，人们仍然会希望本国货币贬值，此时"挂钩出口价格制"和 CPI 目标制都不能实现这样一个结果。[①] 但 CPI 目标制在这种情况下的实际含义将是，中央银行收紧货币政策，使本国货币对美元升值到足以防止进口商品的本币价格上涨的程度。这种含义——通过让本国货币升值来应对不利的贸易条件冲击——无疑是有悖常理的。不难预料，这种举措将加剧贸易余额和产出的波动。

7.4.4 生产者价格指数

有一种方法可以让"挂钩出口价格制"显得更加温和一些，那就是将所有国内生产的商品（无论是否可以出口）都纳入一个广泛的指数。这种产品价格指数要优于 GDP 平减指数，原因是它可以很容易做到按月收集并公布（就像 CPI 一样）。即便是在一个收集统计数据能力非常有限的贫穷的小国里，政府工作人员也可以通过每月调查企业样本构建一个初步的产品价格指数，就像他们很容易就可以通过调查零售店样本来构建一个原始的 CPI 一样。

不过，如果将这样一个非常广泛的出口价格或产品价格指数作为名义目标，那么中央银行是不可能准确地"击中"目标的，这与以汇率或黄金的价格为目标，或者甚至以由四至五种在交易所交易的大宗农业产品或矿产品组成的一篮子价格为目标时的情况形成了鲜明的对比。相反，在这种情况下，中央银行将为出口价格目标设定一个波动区间并公之于众——而且，如果需要的话，可以设定相当宽的波动区间，就像为 CPI、货币供应量或其他名义变量设定目标时一样。如果这个指数出现了偏离目标区间的危险，那中央银行就可以利用外汇或国内证券进行公开市场操作，使之保持在既定区间之内。

---

① 这不是没有原因的。除了适应贸易条件冲击这个目标，还有抵御通货膨胀的目标，但是在进口商品价格上涨时贬值会加剧价格不稳定性。

8. 资本流动

8.1 新兴市场的开放

第二次世界大战结束之后,私人资本第一次大规模地流入发展中国家是在 20 世纪 70 年代石油价格大幅上涨之后。主要的借款者是石油进口国的政府,主要的工具则是银团银行贷款——通常的表现是,通过伦敦欧洲市场从石油输出国组织等有盈余的国家"回收石油美元"。向发展中国家的资本流动的第一个浪潮以 1982 年爆发的国际债务危机而告终。第二个浪潮则开始于 1989 年左右,结束于 1997 年的东亚危机。它的特点是证券(相比于银行贷款)发挥了更大的作用(尤其是在东亚各国),而且资本主要流向私人部门借款人。第三个浪潮大约开始于 2003 年,主要流向中国和印度等国家——它有可能已经在 2008 年的全球金融危机中结束了。

然而,资本流入的繁荣—萧条周期掩盖了发展中国家金融市场逐渐开放的长期趋势。在本章的这一节中,我们首先分析一下新兴市场国家在何种程度上真正融入了国际金融市场——也就是说,它们对国际金融体系的开放程度如何。然后我们再来考虑这种金融一体化的利弊得失。

8.1.1 推进金融一体化的举措

融入国际金融市场的程度类似于融入全球商品市场的程度,可以通过三种方式来进行量化:直接观察对一体化的障碍、基于流量进行度量,以及基于推断的使得各国的回报趋于均等的套利能力进行度量。

8.1.2 一体化的法律障碍

直到 20 世纪 80 年代,绝大多数发展中国家都存在严格的资本管制,不过后来大多数国家都放开了这种管制——至少在纸面上看是这样。许多研究者都利用了国际货币基金组织维护的法律上的二元法规数据库,或 Quinn(1997)提供的辨识度更高的版本。这些措施意味着实质性的自由化,特别是在 20 世纪 90 年代。缺点是法律上的规定可能不反映现实。一些政府不执行资本管制法规(之所以不执行可能是因为私人部门找到了绕过管制的方法,比如进出口支付中的领先和滞后),而另一些政府则只是口头上宣布自由化,但是实际上继续实行严厉的"行政指导"。

8.1.3 资本流动的数量(总额或净额)

许多研究人员更喜欢使用与资本流动数量有关的测量方法,因为它们反映了事实上的情况。有许多可能的基于数量的度量方法,它们包括经常账户规模、净资本流动、总资本流动、债务/国内生产总值比率以及国民投资率对国民储蓄率回归后得到的"储蓄—留存系数"。① 它们还包括风险池估计,如跨国消费相关性与跨国收入相关性的比较。相关的检验结果表明,在自由资本流动暂时变得平稳的情况下,如果要说发展中国家的消费波动性有什么变化的话,那么也只能说是上升了,而不是像有的人所预期的那样下降了。②

从资本流动的数量来推断资本流动的程度这种方法的一个缺点是,它们不仅反映了研究者想得到的参数,还反映了外生扰动的大小。一个实行真正资本管制的国家在外生投资很低的一年里可能会出现大量资本外流;而一个对外开放的国家在国民投资与国民储蓄大致相等的一年里则可能不会出现资本净外流。正因为如此,金融专家们往往更喜欢看价格而不是数量。

8.1.4 金融市场价格套利

如果观察到一个国家的资产价格或收益率与其他国家的价格或收益率紧密地同步波动,那么也就很好地证明了壁垒很低,套利活动可以自由进行。

有的时候,人们还可以检验一下新兴市场中某项资产的价格是否与纽约或伦敦市场上基本相同的资产的价格接近。一个例子是比较同一个公司——如墨西哥电信公司(Telmex)——在不同交易所上市的股票的价格。还有一个例子是查看美国存托凭证或全球存托凭证的价格。第三个例子是对在纽约或伦敦交易的一个国家基金的价格与该国同一篮子权益的净资产价值进行比较。③

更常见的套利检验是利率平价检验,它要对国内外债券的利率进行比较。当然,国内和国外的债券通常是以不同的货币计价的。有三种不同版本的利率平价,它们的含义有很大的区别:封闭或抛补利率平价、开放或无抛补利率平价,以及实际利率平价。

抛补息差是衡量资本管制是否有效的一个非常有用的指标,它们通过在远期市场上的对冲消除了货币因素。越来越多的新兴市场发行以本国货币计价的债券,并提供远期利率,但是许多国家还没有这样做,而且在大多数情况下,这些数据并不能追溯到很久以前。去除货币因素的一种更常见的方法是考虑主权息差,它指的是一个国家借入美元必须支付的溢价——相对于伦敦银行间同业拆借利率或美国国债利率。主权债务息差的大小在很大程度上反映了违约风险的高低,对大多数发展中国家来说,这个息差直到今天仍然是相当可观的。④ 还有一个选择是信用违约互换。1997 年以后,这种互换在较大的新兴市场上就出现得越来越多了,再一次,这意味着相当高的违约风险。⑤ 不过,有一些迹象表明,相对于基本面

① 应用于发展中国家的"费尔德斯坦-堀冈回归(Feldstein-Horioka regression)"的例子包括 Dooley 等(1987)以及 Holmes(2005)的研究。即便对国民储蓄的内生性使用工具变量,这个系数对发展中国家来说仍然高得惊人,这个结果使得我们进一步怀疑,它是否真的是衡量资本流动障碍的一种有效手段。有证据表明,预算赤字的增加与国民储蓄的减少有关,发展中国家和其他国家都是如此,见 Giavazzi 等(2000)的研究,尽管还可以有其他理论解释。
② 参见 Prasad 等(2003)以及 Levchenko(2004)的相关文献。对于这些检验的结果,最好的解释是资本流动有助于平稳消费这个命题受到了质疑,但它们不是对金融一体化程度的检验。
③ 信息不对称性可以用来刻画细分市场的特征。有一些证据表明,国内居民有时比外国居民更了解国内资产的价值,参见 Frankel 和 Schmukler(1996)以及 Kim 和 Wei(2002)的相关文献。
④ 例如,Eichengreen 和 Mody(2000,2004)估计了单次发行的息差的决定因素。
⑤ 参见 Adler 和 Song(2009)以及 Ranciere(2002)的研究。

指标,这些指标可能低估了信贷周期繁荣阶段的风险(即便是从事前的角度来看)。①

如果风险不重要,那么完美的金融一体化就意味着各国预期收益的均等化,当然这是一个非常强的假设。无抛补利率平价给出了息差等于预期折旧的条件,这比抛补利率平价条件(即套利能够使得息差等于远期贴现率的条件)更强,因为外汇风险溢价的存在就将排除这种可能性。另一种检验预期收益是否在各国之间相等的方法是,看远期贴现率是否等于预期折旧。预期收益往往是从对汇率事后变动的系统性组成部分中推断出来的。结果表明,对零假设的拒绝一致且有力(尽管对新兴市场没有对发达国家那么有力)。在金融市场上,利用这种远期利率偏差的做法非常流行,而且也被称为一种套利交易:投资者做空低利率货币,做多高利率货币。尽管货币出现对他们不利的变化的风险总是存在,但是平均来说,他们通常能够获得一定利润,特别是在这种套利交易的"平仓"操作中。②

考虑股票市场上的预期回报是对金融一体化进行量化分析的另一个途径。读者可以参考 Bekaert 和 Harvey(2003)对这类文献的综述。新兴市场的自由化表现为本地回报和全球回报之间的相关性的增强。③ 然而与此同时,相关性的增强也削弱了投资新兴市场的一个主要好处:投资组合的多样化。④

实际利率均等化是我们要考虑的第三个平价条件。实际利率在各国之间趋于相等这个命题要比无抛补利息趋于相等更强。⑤ 至于股本的实际回报趋于相等这个命题就更强了,因为即便是在同一个国家内,债券和股票一般也是无法完全融合的。⑥ 不过,对于发展中国家而言,由于主权债券息差和抛补息差往往都相当大,而且还存在着纯套利条件(在没有资本管制和交易成本的情况下),因此并不奇怪,更强的平价条件也会失败。

8.1.5　冲销和抵消

由于发展中国家之间,特别是通常称为新兴市场的那些国家之间的资本流动程度日益提高,以前只适用于工业化国家的模型现在也开始适用于这些国家了。这种模型始于传统教科书中的蒙代尔-弗莱明模型,它的目标是说明货币政策和财政政策是如何在高资本流动性条件下发挥作用的。一些货币经济学家在分析发达国家的情况的时候,认为这个模型可以略去 LM 曲线和货币供给本身,理由是货币需求是不稳定的,而且中央银行已经重新回过头去以利率作为它们的工具了。⑦ 然而,在考虑新兴市场时,这些概念往往仍然是必要的,因为它们适用于冲销和抵消的问题。

蒙代尔-弗莱明模型的一个有意思的结果是"不可能三角"原理:汇率稳定、开放的金融市场和货币政策独立性是不相容的。真的如此吗? 许多研究似乎确实证明了实行弹性汇率

---

① 参见 Eichengreen 和 Mody(2001)、Kamin 和 Von Kleist(1999)以及 Sy(2002)的论述。
② 请参见 Bansal 和 Dahlquist(2000)、Brunnermeier 等(2008)、Burnside 等(2007)、Chinn 和 Frankel(1993)、Frankel 和 Poonawala(2010)以及 Chinn 和 Ito(2006)的论述。
③ 参见 Bekaert 和 Harvey(1997)的研究。
④ 参见 Harvey(1995)、Goetzmann 和 Jorion(1999)的研究。
⑤ 即便债券市场高度一体化了,商品市场的不完全一体化也会破坏实际利率平价,参见 Dornbusch(1983)的论述。
⑥ Harberger(1980)研究了资本的总体回报,结果发现,发展中国家的资本回报并不比工业化国家的资本回报更加均等化。
⑦ 参见 Woodford(2003)以及 Friedman(2004)的论述。

制的那些国家具有更大的货币政策独立性。[①]

关于冲销和抵消的这类文献提供了一种方法,可以将以下问题参数化:资本流动性是否已经如此之高,以至于一个实行固定汇率制的国家很难或不可能追求独立于其他国家的货币政策。用于利息的参数是抵消系数,其定义为,在给定的一段时间后,国内净资产增加额(以货币计)中,通过(在总国际收支中的)资本账户赤字流出本国的部分所占的比例。我们可以把抵消系数看作上文给出的评估资本流动程度的标准的清单的另一个条目。资本流动性的这个维度对货币政策的实施的直接影响是最大的。

从计量经济学的角度来看,任何通过对资本账户或国际收支总余额与国内净资产进行回归来估计抵消系数的尝试都会受到反向因果关系的困扰。如果中央银行试图冲销外汇储备流——这个计量分析的目的就是要看一看中央银行是否有能力这样做——那么就会出现第二个方程,即国内净资产的变化取决于国际收支余额。因此,从冲销系数中找出抵消系数是非常困难的。[②] 早期的一些尝试表明,为了抵消外汇储备的外流,墨西哥等国家的中央银行在一个季度内就损失了几乎一半的国内信贷扩张,而且从长期来看损失将会更大。[③] 这与墨西哥在1994年试图冲销外汇储备外流的实际操作是一致的——在将近一年的时间里,这种操作似乎奏效了,但后来还是以比索危机而告终。

或许冲销外汇储备流入要比冲销外汇储备流出更加容易。20世纪90年代初,许多新兴市场国家的中央银行通过向国内居民出售冲销债券,成功地在一两年内做到了这一点。[④] 不过,它们很快就发现,随着时间的推移,这种做法变得越来越困难了。保持国内利率高于世界利率给中央银行造成了准财政赤字。[⑤] 因此最终它们不得不放弃了,转而允许外汇储备流入,扩大货币供给。例如,2004年之后,中国经历了一个有史以来最持久、最大规模的外汇储备积累过程。[⑥] 尽管一个受到高度监管的银行业必须承受一定的效率成本,但是它确实也有某些优势,比如有助于冲销外汇储备流。近几年来,中国成功地冲销了外汇储备的流入。[⑦] 不过到了2007—2008年,中国也不得不允许资金流入,从而推动了经济过热。

8.1.6 资本管制

即便在发达国家全面取消了资本管制之后,大多数发展中国家仍然保留了资本管制,而且许多发展中国家直到今天仍然如此。[⑧] 尽管有许多方法可以规避资本管制,但是如果你认为它们几乎没有任何效果,那就大错特错了。[⑨]

---

① 参见 Shambaugh(2004)以及 Obstfeld 等(2010)的相关文献。
② 参见 Kouri 和 Porter(1974)的论述。
③ 参见 Cumby 和 Obstfeld(1983)以及 Kamas(1986)的研究。
④ 例如哥伦比亚、韩国和印度尼西亚。参见 Calvo 等(1993,1994a,1994b,1995)、Frankel 和 Okongwu(1996)以及 Montiel(1996)的研究。
⑤ 参见 Calvo(1991)的论述。
⑥ 这主要归因于无记录的投机性投资组合资本的流入,参见 Prasad 和 Wei(2007)的研究。
⑦ 参见 Liang 等(2009)以及 Ouyang 等(2007)的论述。
⑧ Dooley(1996)分析过这个问题。Edison 和 Reinhart(2001)、Edwards(2007)以及 Larrain(2000)的分析考虑了不同国家的各种经验。
⑨ 如果贸易账户已经自由化了,那么资本管制将更难执行。出口商和进口商可以使用提前付款与延迟付款,以及多开发票和少开发票等方法规避。参见 Aizenman(2008)的研究。

资本管制有许多不同的类型。第一个明显的区分是,用于阻止资本流入的管制与用于阻止资本流出的管制之间的区分。

对流入的控制在某种程度上更有可能贯彻落实。[①] 阻止外国投资者进入比封锁所有可能的资本外流渠道更加容易。此外,对资本流出的控制往往也会阻碍资本流入,甚至可能导致资本净流出。[②]

一个著名的案例是,在 20 世纪 90 年代,智利对短期资本流入采取了惩罚措施,成功地将资本流入的期限构成转变成了通常认为更加稳定的长期期限,而且没有明显减少资本流入总额。[③] 然而,对资本流入的控制仍然有很多缺点[④],智利不久之后也取消了管制措施。不过,在 2008—2009 年的全球金融危机之后,巴西又恢复了这一政策。

对资本外流的控制在经济学界很少得到支持,但是许多发展中国家仍然在推行,特别是在发生了危机的情况下。1998 年,马来西亚为了维持汇率稳定,对资本外流实施控制,不过并没有导致当时许多经济学家所预测的灾难性结果。[⑤] Magud 和 Reinhart(2007)发现,其他国家所采取的旨在减少资本流动的管制措施并不成功。

8.2 金融开放是否提高了福利?

有很多文献都在重新评估金融一体化是否有益,尤其是对发展中国家而言。对于一个决定是否向国际资本流动开放的国家来说,最关注的问题是金融一体化是否利大于弊。这个领域比较重要的研究和综述包括 Fischer(1997)、Obstfeld(1998,2009)、Edison 等(2004)、Henry(2007)、Kose 等(2009)、Prasad 等(2003,2010)以及 Rodrik(1998)的相关文献。[⑥]

8.2.1 金融一体化的理论上的好处

从理论上说,金融自由化应该能够带来诸多好处。国际金融资产贸易的潜在收益与国际商品贸易的收益有类似之处。金融自由化的好处可以列举如下:

第一,使得发展中国家能够通过从国外借款,以比仅限于国内储蓄更低的成本获得进行投资所需的资金。

第二,平滑消费,以应对不利冲击。

第三,实现跨国资产和负债多样化配置。

第四,便于发展中国家学习和模仿外国银行与机构。

---

① 参见 Reinhart 和 Smith(1998)的论述。

② 如果国际投资者担心在某个国家的投资能不能获得回报、收回本金,那么他们就不太可能把资本投入该国,参见 Bartolini 和 Drazen(1997)的论述。

③ 参见 Edwards(1999)、De Gregorio 等(2000)以及 Agosin 和 French-Davis(1996)的相关文献。哥伦比亚对短期资本流入采取了类似的控制措施,参见 Cardenas 和 Barrera(1997)的研究。

④ Forbes(2007)发现,智利著名的对资本流入的控制提高了企业(特别是小企业)的资本成本。而对于 Reinhart 和 Smith(2002)来说,最主要的问题是能否在正确的时间取消控制。

⑤ Rodrik 和 Kaplan(2002)发现,马来西亚对资本外流实施控制的决定帮助该国渡过了亚洲危机。但是 Johnson 和 Mitton(2003)认为,马来西亚资本控制措施的主要目的是为那些在政治上受到了关照的企业提供一块遮羞布。

⑥ 对这类庞大的文献的其他较重要的贡献还包括 Eichengreen 和 Leblang(2003)、Mishkin(2007)以及 Rodrik 和 Subramanian(2009)等的研究。

第五,提高宏观政策的纪律性。

8.2.2 实践中关于金融现代化的不断增加的疑虑

在现实世界中,金融市场从来不是像教科书中的某些理论所阐述的那样一帆风顺地运行的。有三个明显的"异常现象":资本经常从穷国"上坡"流向富国,而不是从富国流向穷国;资本流动往往是顺周期的,而不是反周期的;经常发生严重的、似乎不适合教科书中的模型的债务危机。

资本"上坡"流动。收入较低的国家的资本—劳动比率通常也较低。在采用完全相同的生产技术的新古典主义模型中,资本在穷国可以获得更高的资本回报,所以在没有资本流动障碍的情况下,总体上应该是资本流入穷国。但是正如 Lucas(1990)所指出的,资本从穷国流向富国的频率似乎至少与从富国流向穷国一样高。[1]

顺周期性。如前所述,私人资本的流动往往是顺周期的,在繁荣时期大量涌入,在衰退时期迅速消失,而不会起到缓和一个国家的短期波动的作用(如出口商品价格在世界市场上的变化等)。

债务危机。在过去十年中,金融自由化往往与新兴市场发生的债务危机联系在一起。当然,一个从来不向国外借款的国家不可能发生国际债务危机。无论如何,还是有不少人担心:第一,国际投资者有时会突然对新兴市场失去热情,而且原因与基本面因素或他们当时拥有的信息的任何可识别的变化无关;第二,债务危机的蔓延有时会将基本面强劲的其他国家也拖下水;第三,由此造成的产出损失成本往往与政策制定者犯下的错误相比高得不成比例。[2] 2008—2009 年金融危机是如此严重,因而有人提出了这样一个问题:现代高度自由化的金融市场到底是福还是祸?[3] 有的时候,这些质疑还被认为构成了对支持自由市场的"华盛顿共识"的挑战。[4]

8.2.3 对金融一体化的总体收益的检验

一些实证研究得到了证明金融一体化的收益确实存在的证据。[5] 特别是,不少研究发现,开放股票市场有助于投资项目的融资。[6] 不过,也有一些研究的结果不那么乐观。[7] 金融

---

[1] 参见 Prasad 等(2007)、Alfaro 等(2008)、Reinhart 和 Rogoff(2004b)、Gourinchas 和 Jeanne(2009)、Kalemli-Ozcan 等(2009)以及 Dominguez(2009)的论述。对于这一悖论,一般的回答是,许多发展中国家的落后的制度阻碍了潜在投资者获得较低的资本/劳动力比率在理论上隐含的高预期回报。

[2] Barro(2002)估计,1997 年至 1998 年东亚的货币危机和银行业危机共同导致受影响国家的经济增长在五年内每年减少 3%。

[3] 参见 Kaminsky(2008)的论述。

[4] 参见 Estevadeordal 和 Taylor(2008)的论述。

[5] Gourinchas 和 Jeanne(2006)估计,国际金融一体化的收益大约为 1%,他们认为这很小。Hoxha 等(2009)则发现,金融一体化带来了相对较大的收益。

[6] Bekaert 和 Harvey(2002)、Chari 和 Henry(2004,2008)、Edison 和 Warnock(2003)、Henry(2000a,2000b,2003)、Bekaert 和 Harvey(2003)证明,当一个国家开放股票市场后,国内企业的资金成本会下降(因为股票价格会上升),这对它们的投资和该国的经济增长有积极的影响。Claessens 和 Rhee(1994)等的研究也为我们提供了关于股票市场开放前后的影响的证据。Henry 和 Sasson(2008)发现实际工资也会因此而受益。

[7] Edison 等(2002)以及 Prasad 和 Rajan(2008)进行的跨国回归分析表明,金融开放与发展中国家和新兴市场的更加快速的经济增长几乎没有或根本没有联系。

市场能够促进有效的风险分担并平滑消费的理论预测在许多实证研究中并没有得到证实。[①]

8.2.4 让资本流入对本国有益的若干条件

对国际资本流动的全面控诉(或单方面证实)往往容易流于过分简单化。非常多的研究都发现,金融自由化在某些特定情况下更有可能是有益的,但是在其他情况下则不然。一个反复得到强调的主题是,资本流入的总体规模不如它们发生的条件重要。

最近的一些研究还指出,如果各国的发展已经达到了一定水平(特别是在制度和法治方面),那么金融自由化对经济绩效是有利的。[②] 有的研究总结了三个明确的结论。第一,对于富裕国家,金融开放能够降低波动性[③]并提高经济增长速度[④],但是对于低收入国家,金融开放则更有可能导致市场崩溃。[⑤] 第二,资本账户自由化只有在不存在宏观经济失衡(如过度扩张性的货币和财政政策)的情况下才能促进增长。[⑥] 第三,制度(如股东保护和会计标准)决定了自由化是否能够保证金融部门的发展[⑦],进而促进长期经济增长。[⑧] 一旦衡量金融深度和制度质量的某些可以明确识别的指标达到了一定的阈值条件,金融开放的成本收益权衡就可以得到显著改善。[⑨] 另一个相关的发现是,腐败不仅会使资本流入的构成向银行体系内流动的形式倾斜(而不是采取外国直接投资的形式),还会向美元计价的形式倾斜(相对于以本国货币计价的形式而言),而且两者都与债务危机有关。[⑩] 发展中国家金融结构的不完善可能解释了这些国家的金融开放为什么没有像工业化国家那样产生更快的长期增长。这些发现的含义是,如果制度完善,同时其他基本面因素也有利,那么金融自由化是有帮助的;如果不然,则可能会造成损害。[⑪]

所有这些结果都与长期以来关于改革顺序的传统经验相一致:如果发展中国家将资本账户的开放推迟到其他制度改革之后,那么它们将会发展得更好。这里的深层逻辑是,允许资本流动对错误信号做出反应是危险的。[⑫] 资本市场的开放与经济增长之间明显的正相关关系或许可以归因于反向的因果关系——富裕国家的自由化是发达的结果,而不是因为它们发达。但是,Edison 等(2002)从他们自己的检验中得出的结论却是,事实并非如此。

---

① 参见 Kose 等(2009)的研究。
② Kose 等(2009)发现,关于金融深化程度和制度质量的某些可识别的门槛性条件一旦得到了满足,金融开放带来的好处就会越来越多且明显地压倒坏处。类似地,Aizenman 等(2008)也发现,更大的金融开放度既可能减少也可能增大产出的波动性,具体取决于金融发展水平的高低。也请参见 Bekaert 等(2009)的研究。
③ 参见 Biscarri 等(2003)的研究。Aghion 等(2004)以及 Bacchetta 和 van Wincoop(2000)从理论上证明,金融发展程度处于中间水平的国家的波动性要高于那些尚未自由化的国家。
④ 参见 Edwards(2001)以及 Klein 和 Olivei(2008)的论述。
⑤ Martin 和 Rey(2006)发现,金融全球化可能会使新兴市场金融崩溃的可能性增大。但是 Ranciere 等(2008)则发现,偶尔发生金融危机的国家平均增长速度要比金融状况稳定的国家更快。Kaminsky 和 Schmukler(2008)发现,在短期内,金融自由化伴随着更明显的繁荣—萧条周期,但是从长期来看,则会导致更稳定的市场。
⑥ Arteta 等(2003)否定了发展水平才是重要因素的说法。
⑦ 参见 Chin 和 Ito(2005)的论述。
⑧ 参见 Klein(2003)、Chin 和 Ito(2005)以及 Obstfeld(2009)的相关文献。
⑨ 参见 Kose 等(2009)的相关文献。
⑩ 参见 Wei 和 Wu(2002)的论述。
⑪ 参见 Prasad 等(2007)的论述。
⑫ Edwards(2008)的研究结果表明,如果放松资本管制先于其他改革,则会增加资本流入突然停止的可能性。在研究制度变革的次序方面,其他的重要贡献还包括 Edwards(1984)、McKinnon(1993)以及 Kaminsky 和 Schmukler(2008)的研究。

8.3 资本流入的"富矿带"

在资本大举流入新兴市场的每一波浪潮中,许多人往往都认为资本流入源于国内良好的基本面因素,如宏观经济稳定和微观经济改革。然而,大量研究表明,外部因素的影响至少与国内的基本面因素一样大。美国的低利率政策是研究者经常提起的一个主要的影响因素。[1] 这种研究很重要,因为它们的作者也往往是少数会在经济繁荣时期提出如下警告的人:如果资本流入更多是因为美国的宽松货币政策而不是国内的基本面因素,那么在下一个阶段就很可能会出现资本外流。甚至在 2008 年全球金融危机之前,很多关于套利交易的研究就已经证明,资本从低利率国家(美国、日本和瑞士)向高利率国家(冰岛、新西兰和匈牙利)的流动可能会迅速消失。早些年间,Calvo 等(1993,1994a,1994b,1996)的研究对于 1994 年墨西哥比索危机来说称得上有先见之明。[2] 后来,Reinhart 和 Reinhart(2009)进一步研究发现,自 1960 年以来,全球性因素,如美国的利率,一直是全球资本流动周期的驱动因素。这些论文还阐明了新兴市场的政策当局应该如何管理资本流入,如在货币升值、冲销式外汇干预、未冲销式干预和资本控制之间进行权衡。

9. 新兴市场危机

繁荣阶段之后往往是萧条。[3] 下面,我们先列举现有文献中关于外部危机的各种概念,然后给出一个定义。

9.1 定义:反转、停止、攻击和危机

经常账户逆转的定义是,经常账户赤字占 GDP 的特定比例在一年内减少;它通常指的是巨大的经常项目赤字消失了,甚至转化为盈余。[4] 然而,观察到的从经常账户赤字到盈余的转变可能是由于出口繁荣,这当然与大多数人心中所想的紧急情况大异其趣。因此,我们有一个更精细的逆转概念。

"突然停止"这种表达是 Dornbusch 等(1995)最早使用的。"突然停止"通常被定义为净

[1] 许多研究者——包括 Arora 和 Cerisola(2001)、Borensztein 等(2001)以及 Frankel 和 Okongwu(1996)——发现,美国利率对新兴市场利差有显著影响。

[2] 又见 Fernandez-Arias(1996)以及 Montiel 和 Reinhart(2001)的论述。另外,Eichengreen 和 Rose(2000)分析了 100 多个发展中国家 1975—1992 年的数据,结果发现,银行业危机与不利的外部条件有很强的相关性,特别是北部各国的高利率。

[3] 对于 20 世纪 90 年代的繁荣结束之后的新兴市场危机,Fischer(2004)、Kenen(2001)和 Desai(2003)等都给出了很好的描述。

[4] 参见 Edwards(2004a,2004b)以及 Milesi-Ferretti 和 Razin(1998,2000)的论述。

资本流入的出人意料的大幅减少。最早试图从理论上分析"突然停止"问题的研究者是 Calvo（1998），自那以后，出现了大量的相关理论文献。①

Calvo 等（2004）提出的判断"突然停止"的操作性标准强调，来自外国的资本流入的突然减少（金融账户恶化到了至少比样本均值低两个标准差的程度）不是某个正向冲击（贸易冲击）的结果，而是代价高昂的经济活动水平下降的结果。② 另一种将考虑范围限定在赤字不能因出口和收入下降而减少的时期的方法是增加一个标准，即要求赤字的减少必须伴随着国际储备的突然减少。

通常所称的"系统性的突然停止"是非常重要的，它威胁到了整个国际金融体系，而不仅仅是某一个国家。③ 为了将与外部的系统性事件相关联的资本账户逆转区分出来，Calvo 等（2004）将危机定义为净资本流入崩溃的时期，同时伴随着新兴市场债券息差的飙升。

投机性攻击的定义是，投机者（即押注货币贬值的市场参与者）为了换掉本国货币，对外汇需求的不连续的增长。投机性攻击的确切日期可能会晚于"突然停止"，例如，如果在资本流入减少后，某国的中央银行能够在一段时间内通过减少储备继续维持现状的话。在一个典型的模型中，投机性攻击是成功的，因为中央银行在攻击发生的同一天内就耗尽了外汇储备，并被迫按投机者预期的方式将货币贬值。但是还有一种观点则认为，不成功的投机性攻击也是存在的——当局可以通过大幅提高利率或支付外汇储备来打击投机，并最终维持住汇率平价（而在成功的投机性攻击中，当局最终被迫将货币贬值）。④ 这种货币贬值有时也被定义为货币崩溃——如果贬值幅度达到了 25％，并且至少比前几年的贬值率高出了 10％ 的话。⑤

9.1.1 历代投机性攻击模型

关于货币危机，主要理论框架是围绕投机性攻击模型构建起来的。这类文献通常可以按前后相继的几代模型来组织。在每一代模型中，开创性论文的贡献往往体现在，关于投机性攻击发生的准确日期，它们能够提供一些证据。我们也可以根据它们所考虑的根本问题是过度扩张的货币政策、多重均衡，还是与道德风险和资产负债表效应相关的结构性问题，来区分这几代模型。

第一代模型始于 Krugman（1979）以及 Flood 和 Garber（1984）的研究。⑥ 在第一代模型中，研究者假设政府启动了一个外生的快速创造货币的过程——也许是出于为预算赤字融资的需要。由此产生的国际收支赤字意味着，中央银行最终将耗尽其外汇储备，因此需要将货币贬值。但是在理性预期下，投机者能够预料到这一点，所以他们不会等到太久之后才抛

① 主要包括 Arellano 和 Mendoza（2003）、Calvo（2003）、Calvo 等（2003，2006）、Calvo 和 Reinhart（2001）、Guidotti 等（2004）、Mendoza（2002，2006）以及其他一些研究者的参考文献。
② 参见 Edwards（2004b）的研究。
③ 参见 Calvo 等（2006）的研究。
④ Guidotti 等（2004）区分了会导致经常账户逆转的"突然停止"和不会导致经常账户逆转的"突然停止"。在后一种"突然停止"下，所在国可能找到了另一种融资来源，如利用储备或得到了来自国际金融机构的特殊资金。
⑤ 参见 Frankel 和 Rose（1996）的研究。货币危机被定义为外汇市场压力的急剧增加，表现为 25％ 的货币贬值或与货币基础相称的外汇储备的损失。
⑥ Obstfeld（1986a）采用了一个优化模型。

售本币(因为那将会蒙受资本损失),并且他们也不会在赤字出现之初就攻击货币。相反,投机性攻击将发生在这样一个日子里:中央银行的金库中剩下的储备仅仅足以弥补对本国货币的需求的不连续下降——而需求的这种下降则源于汇率稳定和价格稳定的状态向汇率贬值与通货膨胀的新稳态的转变。

第二代投机性攻击模型则认为,即便基本面没有发生任何变化,也会存在多个与均衡相一致的可能结果(爆发危机或无危机)。在存在自我实现的预言的情况下,如果每个市场参与者都认为其他人会卖出本国货币,那么他们自己就会卖出本国货币。这些模型源于奥布斯特费尔德撰写的开创性的论文(Obstfeld,1986b,1996)。[①] 在第二代模型中,有一个分支关注货币政策的内生性:中央银行虽然真的不打算实行通货膨胀政策,但是可能被迫这样做,例如当工会获得了更高的工资时。[②] 还有许多第二代模型是建立在银行挤兑概念(Diamond and Dybvig,1983)和囚徒困境博弈理论(每个投机者都试图弄清楚其他人是不是会发动攻击)的基础上的。[③] 前面讨论的资产负债表效应问题也经常在第二代模型中发挥关键的作用。Morris 和 Shin(1998)对第二代模型进行了重要的修正,在模型中引入了不确定性,以便排除多重均衡。

另一类重要的投机性攻击模型既不像第一代模型那样将危机归因于货币的基本面,也不像第二代模型那样将危机归因于多重均衡。[④] 相反,它们认为罪魁祸首是金融体系的结构性缺陷,它们会导致某些与政府有密切关系的国内借款人——无论是银行还是企业——和政府打交道的行为存在着巨大的道德风险。[⑤] 在 1997 年东亚危机爆发时,这个问题又被称为"裙带资本主义"。[⑥] 政府反过来又能获得外汇储备,或许还能对出口收入征税,又或者向国际货币基金组织借款。即便政府事先明确表示国内借款者不会得到救助,那些拥有良好的人脉的人也仍然相信(这通常是正确的),一旦发生危机,他们将优先得到救助。因此他们会过度借债。投机性攻击将发生在需要政府救助的国际债务存量变得与储备供给一样大的那一天。同样地,理性的投机者不会等待太久时间,因为到那时就没有足够的外国货币可换了。这个思想可以追溯到迪亚兹-亚历杭德罗的研究(Diaz-Alejandro,1984,1985)。Dooley(2000a)那篇给出了"保险模型"的颇具先见之明的论文恰好是在东亚危机爆发之前写成

---

① 如果基本面因素(如储备)较为疲弱,那么攻击就肯定会发生。然而,如果基本面强劲,那么攻击就不会发生。多重均衡出现在第三种情况中:基本面情况处于中间水平。也请参见 Sachs 等(1996a)的研究。

② 参见 Obstfeld(1996)和 Jeanne(1997)的研究。

③ 将银行挤兑理论应用于新兴市场危机的研究者还包括 Chang 和 Velasco(1997,2000a,2000b,2001)等。金融自由化加剧了银行流动性不足这个基本面问题。在固定汇率制下,如果中央银行试图充当"最后贷款人",那么对银行的挤兑就会变成对货币的挤兑。Kaminsky 和 Reinhart(1999)讨论了银行危机和货币危机一起发生的频率。也请参见 Diamond 和 Rajan(2001)、Hausmann 和 Rojas-Suárez(1996)、Burnside 等(2004)的论述。另外,Martinez 等(2001)研究了存款保险的作用。Dages 等(2000)发现外资拥有银行并不是问题所在。Radelet 和 Sachs(1998)则认为,1997—1998 年的东亚危机本质上是一场国际版的银行挤兑。

④ 考虑博弈论方法的一个变体,出于对单个大型对冲基金可能故意制造危机的担忧,假设一个参与者比其他参与者更大,见 Corsetti 等(2002)和 Corsetti 等(2004)的论述。

⑤ "两代人"语言起源于 Eichengreen(1994)的研究。对于什么应该被指定为第三代,研究者意见不一。Krugman(1999)说,第三代应该通过资产负债表效应来识别,而不是通过银行救助本身。但对我来说,只有考虑到救助的道德风险,才有资格被指定为第三代。见 Flood 和 Marion(2001)的文献综述。

⑥ Claessens 等(2000)对东亚的家族企业进行了统计研究。Rajan 和 Zingales(1998b)研究了关系银行。

的。[1] 克鲁格曼的论文（Krugman,1998）则可能是引用得最广泛的一篇。[2]

尽管人们通常认为,在遭受投机性攻击的时候,是外国居民而不是本国居民率先将资金撤出了本国,但是在理论分析的层面上,不需要假设情况确实如此,而且经验证据似乎也不支持这一点。[3]

9.2　传染

很早以前,研究者就注意到了,当一个新兴市场国家受到了"突然停止"的打击时,其他市场很可能也会受到牵连。而且,在同一个地理区域内,这种相关性往往会大得多。[4]

对于传染的定义,目前还没有完全达成共识。新兴市场之间的某些相关性可以用常见的外部冲击来解释。[5] Masson（1999）称这些外部冲击为"季风效应（monsoonal effects）"。他还认为,最好不要用"传染"这种说法,因为这个术语意味着从一个国家传播到了另一个国家,因此他称这些为溢出效应。溢出效应可以很容易地用基本面因素来解释,包括投资关联、贸易关联和第三市场的竞争。关于从一个国家到另一个国家的传染,有一些有意思的具体渠道已经在经验上识别出来了。[6] 最后,还有一种可以称为"纯粹传染"的现象,即在金融市场不完全有效的情况下,通过投资者的行为发生的传染。信息级联就是其中一个很好的例子:投资者在应对泰国或俄罗斯的危机时,可能会修正他们对于"亚洲模式"的价值的估计,或国际货币基金组织出手提供救助的概率的估计。[7] 另一个例子是,国际金融市场的流动性不足和风险承受能力下降在类似2008年金融危机这样的危机中通常都会导致资金逃离新兴市场,以及逃离高收益公司债券和任何其他被怀疑缺乏流动性或存在风险的资产。

9.3　对新兴市场危机的管理

长期以来,发展中国家管理危机的决策有三大支柱:调整国家政策、让私人部门参与进

---

[1] 类似地,见 McKinnon 和 Pill（1997）的相关文献。

[2] 有一些研究者——例如 Corsetti 等（1999a,1999b）、Chinn 等（1999）以及 Chinn 和 Kletzer（2001）——将东亚危机归因于道德风险型的金融体系的结构性缺陷。而在 Burnside 等（2001a,2001b,2004）给出的理论分析中,政府对银行的担保为它们提供了增加外债的激励。Calvo 和 Mendoza（1996）认为,1994 年墨西哥比索危机的根源在于金融全球化、对银行系统救助的预期和自我实现的预言。

[3] 参见 Choe 等（1999,2005）以及 Frankel 和 Schmukler（1996）的论述。如果说有什么不同的话,那就是国内投资者拥有一定的信息优势。

[4] 参见 Eichengreen 等（1996）、Baig 和 Goldfajn（1999）、Bae 等（2003）、Bekaert 等（2005）、Forbes 和 Rigobon（2000,2002）、Rigobon（2003a,2003b）、Kaminsky 和 Reinhart（2000,2002）、Kaminsky（2003）、Kaminsky 和 Schmukler（1999）以及 Corsetti 等（2005）的论述。

[5] 一种常见的外部冲击的突出例子是美国利率的上升,这个因素在本章的 8.3 中已经讨论过了——也请参见 Uribe 和 Yue（2006）的论述。

[6] 例如,Glick 和 Rose（1999）、Forbes（2002）以及 Forbes 和 Chinn（2004）发现,传染会沿着贸易联系的路线移动。Kaminsky 和 Reinhart（2008）发现,当这种传染在各大洲进行时,它会通过沿途的主要金融中心扩散出去。Kaminsky 和 Schmukler（2002）发现传染还会通过评级机构进行。Borensztein 和 Gelos（2003）在新兴市场共同基金中发现了羊群效应。

[7] 这并不是说投资者是非理性的。Calvo 和 Mendoza（2000）论证了全球化"可能通过削弱个人收集昂贵信息的动机从而促进'理性'的传染"。Morck 等（2000）将新兴市场之间的相关性归因于共同的薄弱产权。

来,以及寻求让国际货币基金组织和其他多边参与机制发挥作用。

9.3.1 调整

根据传统的观念,危机意味着必须对当初让国家陷入困境的宏观经济政策进行调整。或者,用哈里·约翰逊(Harry Johnson)的话来说,这通常意味着某种支出转换政策(实际上意味着货币贬值)和支出削减政策(意味着货币和财政紧缩)的结合。

收紧货币政策通常是对"突然停止"的第一反应。在货币危机中,当务之急是改善国际收支状况。货币当局认为,提高利率可以通过两个途径实现这一目标。第一,提高国内资产对国际投资者的吸引力;第二,削减国内支出,从而改善贸易收支状况。

许多研究者都分析过所谓的"利率防御",特别是,提高利率是不是以及在什么时候更适合作为货币贬值的替代方案。[①] Furman 和 Stiglitz(1998)强调,由于会导致违约风险增大,提高利率可能只会降低本国资产对外国投资者的吸引力,而不能提高其吸引力。[②] 不过,这一点并没有改变如下基本逻辑,即如果没有一些愿意并能够弥补融资缺口的国际"天使",就需要将货币紧缩和货币贬值结合起来,这样才能恢复外部平衡。相比之下,货币贬值具有收缩的可能性,确实会干扰中央银行通过提高利率和提高汇率的最佳组合来恢复外部平衡而不会失去内部平衡的基本逻辑。[③]

9.3.2 私人部门的参与

如果一个陷入了危机的债务国想要压缩开支,同时国际货币基金组织或国际金融社会的其他机构愿意提供紧急贷款,那么就不应该仅仅将外汇用于帮助该国的债权人变现并退出。私人部门参与是 20 世纪 90 年代采用的救助要求中的一个条款,即要让私人债权人"自救",而不是"救助他们脱身"。基本想法是,将债权人同意将贷款展期作为有债务国政府和国际货币基金组织参与的一揽子救助计划的一部分,而且这样做是符合他们的共同利益的,哪怕搭便车的机会会诱使他们每个人都希望自己先脱身。在 20 世纪 80 年代,当债权人只是少数几家银行时,组织谈判比较顺利,这一过程相对容易,而当债权人是大量分散的债券持有人时,这一过程就变得非常困难。无论如何,基本问题都是相同的。

9.3.3 国际金融机构

国际金融机构(国际货币基金组织、世界银行和其他多边开发银行)、美国政府和其他大型经济体(通常以七国集团的形式)都会积极参与对金融危机的"管理"。[④]

国际货币基金组织并不是一个拥有作为"最后贷款人"的全部资格的机构,尽管有很多人认为它本当如此。[⑤] 在危机发生时,它无法提供足够的资金来发挥这种作用(即便是在那

[①] 参见 Aghion 等(2000)、Flood 和 Rose(2002)、Christiano 等(2004)、Caballero 和 Krishnamurthy(2001)、Drazen(2003)以及 Eichengreen 和 Rose(2003)的论述。

[②] 参见 Blanchard(2005)的论述。这个观察是以不完全信息和信用配给理论为基础的,见 Stiglitz 和 Weiss(1981)的研究。Lahiri 和 Vegh(2003,2007)的研究表明,在一定条件下延缓危机是可行的,但是加息超过一定程度实际上可能会加速危机的发生。

[③] 参见 Frankel(2003a)的论述。

[④] 参见 Cline(1984,1995)、De Long 和 Eichengreen(2002)以及 Frankel 和 Roubini(2003)的相关文献。

[⑤] 参见 Fischer(1999)的相关文献。

些贷款额为债务国的配额的若干倍的备受瞩目的救助计划中)。通常,国际货币基金组织只是被视为债务国家申请"良好管理认可章"的对象,即它只为债务国承诺采取的补救行动提供担保。

国际货币基金组织对提供救助附加条件的做法已经受到了严厉的批评。[1] 关于国际货币基金组织的有条件贷款的有效性,已经有了相当广泛的实证文献。[2] 较好的研究通常依赖于大型的跨国样本,因为有了这种样本才能应用标准统计技术来检验相关救助计划的有效性,从而避免试图从有限的案例研究的发现中进行归纳的困难。这些研究的总体结论似乎是,国际货币基金组织的救助计划和国际货币基金组织的附加条件总体上可能对衡量经济表现的关键指标有积极的影响。这些评估表明,国际货币基金组织的救助计划改善了经常账户余额和总体国际收支状况。[3]

国际货币基金组织的救助计划对经济增长和通货膨胀的影响则不太清晰。第一轮研究未能发现这些变量有任何改善。后续研究则表明,国际货币基金组织的救助计划可以降低通货膨胀水平。[4] 国际货币基金组织的救助计划对经济增长的影响则更为模糊。对短期增长的影响喜忧参半;一些研究发现,执行国际货币基金组织的计划能立即促进增长[5];而其他一些研究则发现了消极的短期效应。[6] 不过,着眼于更长时期的研究往往表明国际货币基金组织的计划有助于增长复苏。[7] 这也是意料之中的。加入国际货币基金组织的计划的国家通常都会调整政策,而且这种政策调整的直接影响是减少需求,但是最终可能为持续增长奠定基础。国际货币基金组织的救助计划中所包含的结构性改革也需要时间才能改善经济表现。最后,要对经济增长速度立即下降负责的通常是导致国际货币基金组织出台救助计划的危机本身,而不是国际货币基金组织的救助计划。

尽管研究者已经得出了上述学术结论,但是自20世纪90年代的新兴市场危机以来,逐渐形成了一种摆脱严格的附加条件的趋势。在某种程度上,新的观点越来越倾向于认为,如果一个国家内部的深层政治力量最终拒绝这些政策,国际货币基金组织就无法强迫该国遵循写入协议的宏观经济政策条件。[8] 因此,各国政府有必要"掌控"改革的主动权。[9] 应对这种情况的一种方法是设立或有信贷额度(Contingent Credit Line),这是一种贷款便利工具,它能够事先对政策条件进行筛选,然后无条件地确保符合条件的国家事后不受外部金融

[1] 参见 Furman 和 Stiglitz(1998)以及 Radelet 和 Sachs(1998)的相关文献。在东亚危机中,批评不仅集中在了对宏观经济条件的紧缩性上,还集中在了人们所认为的冒险进行微观经济改革的"使命蠕变(mission creep)"上,而且这种改革通常与金融危机无关。
[2] 包括 Bird 和 Rowlands(1997)、Faini 等(1991)、Joyce(1992)以及 Hutchison(2003)的研究。
[3] Haque 和 Khan(2002)提供了相关的文献综述。诚然,很多研究是在国际货币基金组织侧完成的。
[4] 参见 Conway(1994)的相关文献。另外,Dicks-Mireaux 等(2000)发现,通货膨胀会随着国际货币基金组织推出的救助计划而下降。不过只有前者的结果具有统计显著意义。
[5] 参见 Dicks-Mireaux 等(2000)的相关文献。
[6] Bordo 和 Schwartz(2000)将 1973—1998 年危机期间接受国际货币基金组织援助的国家与同一地区未接受援助的国家进行了比较,发现前者的实际经济表现(如 GDP 增长率)反而可能比后者差。
[7] 参见 Conway(1994)的研究。
[8] 根据以 Acemoglu 等(2003)、Easterly 和 Levine(2002)以及 Hall 和 Jones(1999)的研究为代表的一系列很有影响力的研究,可知制度能够排除政策的影响。Evrensel(2002)则发现,国际货币基金组织无法实施对宏观经济的附加条件。
[9] 参见 Boughton(2003)的研究。

动荡的影响。这种便利工具在 2008—2009 年金融危机期间已经以"灵活信贷额度（Flexible Credit Line）"的名义重生了，而且附加条件不算过于苛刻。这一次，大多数新兴市场国家成功避免了向国际货币基金组织借款，只有一些国家例外（尤其是那些陷入了绝望的东欧国家）。

一些批评人士担心国际金融机构、七国集团或其他主要经济体的政府的贷款计划会产生道德风险，同时债务国及其债权人则几乎完全没有采取谨慎预防措施的动机，因为他们知道自己会得到救助。有的批评家甚至声称，这种国际道德风险就是危机爆发的主要原因。他们认为，如果不存在这些公共机构的干预，国际金融体系将会运行得非常好。①

有一种简单的方法可以证明国际救助引发的道德风险不可能是导致市场失灵最主要的原因。在新古典主义模型下，资本会从富裕的高资本—劳动比率国家流向低收入的低资本—劳动比率国家（例如从美国到中国）。但是事实上，正如前面已经指出过的，资本经常反向流动。即便是在贷款繁荣期的顶峰，流入的资金也比不考虑不完美因素的新古典主义模型所预测的要少得多。② 因此，任何由国际金融机构创造的、促成了更多资本流动的道德风险激励都必定小于抑制资本流动的各种市场失灵。

9.4　国际收支失衡冲击后的政策工具和目标

为什么在国际收支恶化后的调整过程中有这么多国家出现了深度衰退？有一种观点认为，关键在于货币政策的紧缩性太强了，这也许是因为国际货币基金组织不明白提高利率会增加违约风险。③

在本节中，我们将讨论中央银行试图通过两种政策工具（汇率和利率）来达到两种目标（内部平衡和外部平衡）的问题。④ 我们对内部平衡的解释是 $Y = \bar{Y}$，其中，$Y \equiv$ 实际收入，$\bar{Y} \equiv$ 潜在产出。

我们对外部平衡的解释是，国际收支总余额 BP = 0，其中，BP = CA+KA，CA ≡ 经常账户，KA ≡ 资本账户。我们可以为 Y 和 BP 的水平选择不同的目标。

9.4.1　货币贬值为扩张性时的内部和外部平衡

现在假设 $Y = A(i) + \text{TB}$，其中，$i \equiv$ 国内利率，A 为吸收系数，它是利率的函数，且 $\dfrac{\mathrm{d}A}{\mathrm{d}i} < 0$。

为简单起见，假设贸易余额可以线性化，其形式为 TB = $xE - mY$，其中，$E \equiv$ 汇率，定义为外币的价格。

如果贸易余额是用弹性方法推导出来的（如 3.2 所述，本国在出口商品方面具有一定的垄断力量），那么 x 就与出口需求对相对价格的敏感性有关。如果贸易余额来自贸易商品/

---

① 参见 Bordo 和 Schwartz（2000）、Calomiris（1998）、Dooley 和 Verma（2003）以及 Meltzer（2000）的相关文献。但是 Lane 和 Phillips（2001）则发现，没有证据表明国家之间的息差会对国际援助的道德风险的变化做出反应。

② 参见 Blanchard（1983）的研究。

③ 如上文所讨论的，见 Furman 和 Stiglitz（1998）的研究。

④ 图表分析取自 Frankel（2003a）的研究，但代数表述是新增的。

非贸易商品模型(本国在所有贸易商品上都是价格接受者,如本章 3.3 中描述的小型开放经济模型所示),那么 x 就与贸易商品供给对相对价格的敏感性有关。简单地说,这里的敏感性指的就是根据相对于 E 的商品数量进行归一化后的弹性——如果对进口支出或贸易商品需求没有额外影响的话。

假设国际收支的资本账户是由如下形式的函数给出的:

$$\text{KA} = k(i - i^*)\text{,其中,}\frac{\mathrm{d}k}{\mathrm{d}(i - i^*)} > 0\text{,且 }i^* \equiv \text{世界利率}$$

首先,我们要推导出内部平衡关系,这需要将 Y 作为 i 和 E 的函数来求解。

$$Y = A(i) + \text{TB} \tag{25.3}$$

$$\text{TB} = xE - mY \tag{25.4}$$

将式(25.4)代入式(25.3)中,就可以得到:

$$Y = \frac{A(i) + xE}{1 + m} \tag{25.5}$$

我们想要得到的是能够实现内部平衡(即能够使得产出等于潜在产出)的 i 与 E 之间的关系: $\bar{Y} = Y \Rightarrow$

$$\bar{Y} = \frac{A(i)}{1 + m} + \frac{xE}{1 + m} \tag{25.6}$$

由此, E 的上升将改善贸易余额,进而促使 Y 提高。为了回到潜在产出水平,我们需要提高利率,如图 25.1 所示,我们将这条曲线标记为 NN。

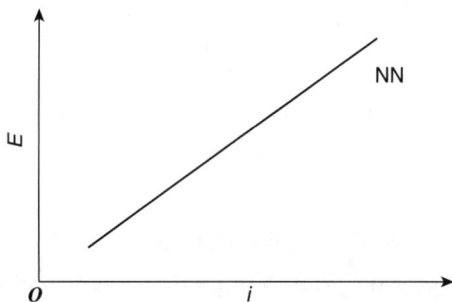

图 25.1　内部平衡曲线的斜率一般为正

对式(25.6)取微分,就可以得到 NN 曲线的斜率:

$$\left.\frac{\partial E}{\partial i}\right|_{Y=\bar{Y}} = -\frac{A_i}{x} \tag{25.7}$$

当 $A_i < 0$ 时,斜率是正的,这就是要把 NN 曲线画成向上倾斜的原因。从直觉上看,由于贬值是扩张性的,因此如果要让总产出保持在同一水平上,就必须通过收缩性地提高利率来抵消贬值的影响。

然后,我们再来推导外部平衡关系。这只需要将 BP 作为 i 和 E 的函数来求解即可。国际收支余额是贸易收支余额和资本账户余额的总和,即

$$\text{BP} = \text{TB} + \text{KA}$$

$$BP = xE - mY + k(i - i^*) \tag{25.8}$$

将式(25.5)代入式(25.8),我们就可以消去 Y,重新排列一下,就可以求出用 E 和 i 表示的 BP 了。当 BP = 0 时,就达到了外部平衡,因此我们有:

$$BP = \frac{xE}{1+m} - \frac{mA(i)}{1+m} + k(i) = 0 \tag{25.9}$$

这样我们就求出了能够实现外部平衡的 i 和 E 之间的关系。

如果 E 上升,那么利率就必须下降,这样才能恢复外部平衡。因此,因 E 上升而产生的贸易顺差将会被资本外流和进口的增加所抵消。在图 25.2 中,我们将外部平衡曲线标记为 BB。

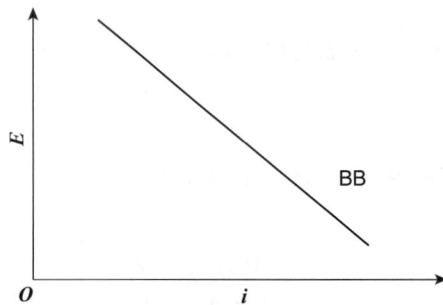

图 25.2 外部平衡曲线的斜率一般为负

为了求出这条曲线的斜率,我们对式(9)求导,得到:

$$\left. \frac{\partial E}{\partial i} \right|_{BP=0} = \frac{m}{x} A_i - \frac{1+m}{x} k_i \tag{25.10}$$

当 $A_i < 0$ 且 $k_i > 0$ 时,该曲线的斜率为负,这就是要把 BB 曲线画成向下倾斜的原因。从直觉上看,货币贬值能够改善贸易余额,如果利率提高了,那么贸易余额可以通过从国外借款来融资。

BB 曲线以下的那些点是赤字点,这些点的利率还不够高,不足以吸引必要的资本流入。现在考虑发生了一个外生的不利资本账户冲击的情况,即全球利率 i^* 上升了或 KA 出现了其他一些向下的变化(就像在投机性攻击下那样)。换句话说,这个国家现在发现自己处于国际收支赤字之中。不利资本账户冲击会让 BB 曲线向右移动(移动到 BB′处)。然后,这个国家将发现它所处的位置现在对应着国际收支赤字,因为它位于新的 BB′曲线的左边了,在 B 点上,目标是达到 B',即经济处于内部平衡和外部平衡的点。在这种情况下,政策选择是非常明确的:中央银行必须提高利率并让货币贬值。利率的提高会吸引资本流入,同时也会导致产出收缩。不过幸运的是,这个国家手头还有另一种工具——汇率。货币贬值将会改善出口,进而提高贸易余额和产出。E 和 i 的最优组合将会使经济位于前述两图的交点上,在那里满足新的外部平衡约束,而且也没有发生衰退。当然,要实现这一点,在实践中比在理论上更难,尤其是由于存在不确定性。但是,政策制定者可以通过一个重复摸索的过程来寻找实现均衡的路径。

不难注意到,即便违约风险的水平意味着 k_i 的值非常小,这里描述的基本逻辑也不会改变(见图25.3)。即便资本项目没有改善,利率的提高仍然会导致支出减少,从而提高贸易余额,进而改善国际收支状况。

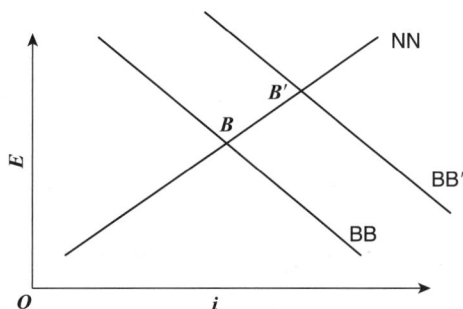

图25.3 "突然停止"将使外部平衡曲线向外移动

9.4.2 货币贬值为收缩性时的内部和外部平衡

现在假设货币贬值对国内需求有收缩效应(例如,由于美元债务的资产负债表效应,或者由于本章3.4中讨论的任何其他原因),我们有:

$$Y = A(i,E) + \text{TB}, \quad \frac{\mathrm{d}A}{\mathrm{d}i} < 0, \quad \frac{\mathrm{d}A}{\mathrm{d}E} < 0$$

对于产出,我们可以得出如下的解:

$$Y = \frac{A(i,E) + xE}{1 + m} \tag{25.11}$$

令 $Y = \bar{Y}$ 并取微分,以求得 NN 曲线的新斜率:

$$\left.\frac{\partial E}{\partial i}\right|_{Y=\bar{Y}} = -\frac{A_i}{x + A_E}$$

我们假定因货币贬值而产生的对净出口的刺激 x 在短期内的值很小(因为弹性低),这样一来,A_E 就占据了主导地位,同时贬值在整体上确实是紧缩性的——斜率是负的。

再一次,我们通过图25.4来说明,如果出现了不利的外生国际收支冲击,将会发生什么变化。现在,内部平衡和外部平衡曲线斜率都是负的。它们可能根本不会相交。在这种情况下,我们不能确定利率和汇率的走向是什么。当国际收支由于资本账户冲击而出现赤字时(如在 D 点上),货币贬值将会恢复外部平衡(通过改善贸易余额)。但是与此同时,货币贬值也会损害经济,因为它是收缩性的。此外,出口的改善可能不足以抵消经济收缩的影响,因此这个国家可能会陷入衰退。在这种情况下,我们可能无法恢复内部平衡和外部平衡(至少不能在合理水平的 E 和 i 下恢复)。而且,即便从理论上说也许可以,我们也不能说是否 E 应该大幅提高且 i 应该下降,或者相反。即便假设两条曲线会在某个地方相交,政策制定者也可能需要经过一个非常漫长的重复摸索过程才能实现它,而且到那时这些曲线可能早就再一次移动了。因此,我们得到的教训是,最好从一开始就不要"制造"出如此脆弱的资产负债表,因为它们会让政策制定者陷入如图25.4所示的艰难困境。

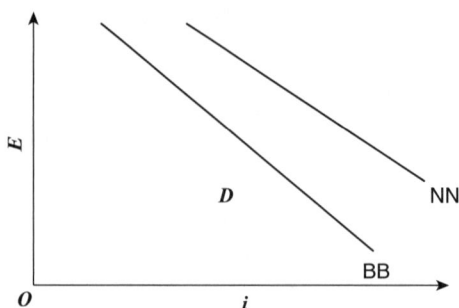

图 25.4　资产负债表效应使内部平衡曲线斜率变为负

9.5　违约，以及如何避免违约

对于一个出现了严重偿付困难的国家来说，一个选项是直接违约。然而这种行动在第二次世界大战结束以后相当罕见。最大的问题当然是"为什么会如此？"最常见的答案有两个。

9.5.1　为什么各国不选择违约？

各国之所以决定不对债务违约，第一个原因是它们不想在未来失去进入资本市场的渠道。国际投资者会惩罚违约者，方法是在未来拒绝贷款给它们，或者也可能是以严厉的、惩罚性的高利率贷款给它们。但是，这种对遥远未来的威胁是不是真的足以阻止各国通过违约来节省大量外汇呢？对它们而言，国际投资者不再放贷的威胁是可信的吗？或者说，国际投资者在未来有激励兑现这种威胁吗？Bulow 和 Rogoff（1989）给出的回答是否定的。这种威胁无法在重复博弈中维持非违约状态。[①]

另一个常见的答案是，各国担心如果违约，它们将会失去国际贸易市场。这个答案的另一种版本是，它们害怕失去贸易信贷，甚至失去进入国际支付系统的机会。即便它们用现金来购买进口货物，这些现金也可能被债权人扣押以偿还未偿付的债务。在这个方面，一篇经典的参考文献是 Eaton 和 Gersovitz（1981）撰写的。有不少有说服力的经验证据也支持了这个理论。[②] 这一点与如下证据也是一致的：维持了较高的贸易/国内生产总值比率的那些国家出现"突然停止"的次数也较少。[③] 国际投资者更不可能撤出这样的国家，因为他们知道这类国家违约的可能性较小。根据这种逻辑，更高的贸易比率相当于"提供人质"的一种形式，它能够降低国际投资者切断贷款的可能性。

对于"为什么各国不选择违约"这个问题，还有一个可能的答案是，这些国家虽然实际上已经违约了，但是并没有明示过。一些国家经常宣布，它们无法按照合同约定的时间表或条

[①] 不过，Dooley 和 Svensson（1994）则指出，债务人不可能永久性和可信地中止偿债。
[②] Rose 和 Spiegel（2004）以及 Rose（2005）发现，双边债务重组会导致相应的双边贸易损失，估计值为每年 8％，可以持续 15 年，据此他们推断，这种贸易损失会给债务人避免此类违约提供强大的动机。Rose 和 Spiegel（2008）还发现，强大的双边贸易联系与低违约概率相关。
[③] 参见 Calvo 等（2004）、Edwards（2004）以及 Cavallo 和 Frankel（2008）的论述。

款偿还债务,于是要求就还款条款展开重新谈判。当然,这通常是一个非常痛苦的过程。

9.5.2　更好地分担风险的事前措施

债务重组谈判往往旷日持久,它产生的最大成本是,债务的大量积压会抑制国内的投资和产出。如果国内企业认为自己新赚得的外汇会被拿走用于偿还过去的债务,它们就不会去努力赚取外汇。[①]

于是,希望减轻新兴市场债务危机的改革者们提出了这样一个问题:是否能够找到一种安排,让借贷双方提前商定好更有效的分担风险的方式。将债务重组的高成本降到最低,这个目标与国内破产法通常试图达到的目标大体上相同。[②] 人们提议的一个解决方案是,创建一个相当于国际破产法庭的机构——它或许可以作为国际货币基金组织下属的"债务化解"办公室。[③]

还有一个提议是在债务合约中加入集体行动条款(collective action clauses,简写为CACs),它最终被一些主要新兴市场采纳了。投资者事先在债券合同中同意,如果事态发展证明债务重组是必要的,那么债权人中的少数坚持不妥协的人将不能阻碍其他人认为是有益的解决方案。我们可以将集体行动条款视为一种实现私人部门参与的现实主义方法,同时又不会存在国际货币基金组织出面救助会带来的道德风险问题。巴里·艾兴格林(Barry Eichengreen)当年的预测似乎是准确的,他认为在发行人信誉较高的情况下,采用集体行动条款不会令投资者止步。[④] 但是总体上看,集体行动条款也未能在解决危机方面产生重大影响。

还有一个选项是事前提供抵押品,它可以让声誉和制度完善程度本来不足以维持融资的一些国家获得融资。事实上,假设新兴市场抵押品必不可少的那些模型也正是最有希望重新回到宏观经济学主流中并用于分析富裕国家的债务问题的模型。[⑤]

我们之前提到过通过股票、联邦存款保险和大宗商品指数债券等工具来融资的吸引力。所有这些都可以视为比普通债务或银行贷款更有效的风险分担安排。如果出现了"恶劣的自然状态",比如说世界对某个国家的出口商品的需求下降,那么外国投资者就会"自动"承担一些损失,从而避免与借款国进行旷日持久的谈判的需求。

9.6　早期的预警指标

现在,很多经济学家都已经学会了不再试图去直接估计现实的完整结构模型了(那似乎是一种过于宏大的雄心),相反,他们转而开始尝试一个更简单的任务——检验某些经济指标是否

---

① Krugman(1988)和 Sachs(1989)认为,20 世纪 80 年代遗留债务的效率负担已经积累得足够大了,免除债务可以改善所有方面的境况,对于债权人和债务人都一样,这个逻辑促成了后来的布雷迪计划(Brady Plan),它推动了 20 世纪 80 年代末的债务减记。一些人认为,免除负债极高的那些穷国的贷款的计划可能也会起到同样的作用。但 Henry 和 Arslanalp(2005)得出的结论是,事实并非如此。另请参见 Edwards(2003b)的相关文献。

② 参见 Friedman(2000)、Claessens 等(2003)以及 Frankel 和 Roubini(2003)的论述。

③ 参见 Sachs(1998)的论述。这种建议的一个存续期较短的版本是拟议中的主权债务重组机制。另请参见 Krueger(2003)以及 Shleifer(2003)的论述。

④ 参见 Eichengreen 和 Portes(1995)、Eichengreen(1999)以及 Eichengreen 和 Mody(2004)的研究。

⑤ 参见 Caballero 和 Krishnamurthy(2000,2001,2003,2005)以 Mendoza 和 Smith(2006)的相关文献。这类文献可以追溯到 Kiyotaki 和 Moore(1997)的研究。

有助于预测新兴市场危机将在何时、何地发生。[①] 这些研究在理论上的其中一个动机是,在更一般的层面上评估各种相互竞争的关于投机性攻击的模型(或关于危机起源的理论)。而其实际动机则往往只是试图向政策制定者提出关于可能发生的危机的预警,以帮助他们在灾难来临之前化解危险(为了实现这个目标,必须确保相关数据是实时可得的)。

正如很多研究者一再指出过的,如果这种类型的可信指标是很容易获取的,那么它们就会诱发一系列终将破坏原有关系的行为:要么是私人投资者在某个更早的日期退出这个国家,要么是政策制定者及时地纠正了失衡并避免了危机。对于那些认为找到可靠指标很容易的研究人员来说,这是一个非常有用的警告。但你当然还是得去尝试。如果可以观察到的失衡随着危机爆发的可能性的上升而逐渐恶化,那么国际货币基金组织自然会走在试图弄清这种关系的努力的最前面。如果相关的研究取得了成果,而且政策制定者的行动成功消除了危机,那无疑是我们希望看到的结局。不过,更有可能的是,国际货币基金组织将会面临这样一个两难困境:它知道当危机发生的可能性上升到了 50% 左右的时候宣布它自己的担忧可能会立即引发一场危机(而如果不宣布的话,这场危机也有可能不会发生)。无论如何,我们在发现早期预警指标方面至今未能取得太大的成功。我们没有那么幸运。

这些研究经常使用面板数据,从而将多个国家的横截面数据与时间序列数据结合起来。其中有一些研究对某些国家进行了横截面分析,以了解在某个突出的全球事件的共同冲击下,是什么决定了哪些国家遭受的影响更大,哪些国家遭受的影响更小。[②]

9.6.1 资产价格

股市和房地产市场的泡沫——或者更准确地说,极端繁荣——通常是与高收入国家联系在一起的。但是它们也会影响新兴市场国家。股市价格显然是较成功的新兴市场危机预警指标之一。[③]

9.6.1.1 外汇储备

发展中国家持有外汇储备的行为模式与发达国家有很多不同。发展中国家持有的外汇储备更多。[④] 许多研究发现,外汇储备(有时用与货币供应量的比率来表示,有时用与短期债务的比率来表示)本来是可以成为 20 世纪 90 年代新兴市场危机的一个有用的预测指标的。[⑤]

20 世纪 90 年代新兴市场危机之后,"吉多蒂规则(Guidotti rule)"取代了传统的经验法则(即发展中国家的外汇储备应至少相当于三个月的进口)。这个新的指导原则要求,发展中国家应持有足够多的外汇储备,以支付所有短期外债(或一年内到期的外债)。大多数新兴市场国家都努力大幅增加外汇储备,典型的做法是将外汇储备与短期债务的"吉多蒂比

---

① Berg 和 Pattillo(1999a,1999b)以及 Goldstein 等(2000)还评价了其他一些不同的方法。
② 关于 1994 年墨西哥比索危机的"龙舌兰效应",参见 Sachs 等(1996b)、Obstfeld 等(2009,2010)的相关文献。另请参见 Rose 和 Spiegel(2009)的研究,该研究描述了 2008 年全球金融危机。
③ Rose 和 Spiegel(2009)发现,股票价格是能够预测哪些国家在 2008 年陷入困境的唯一可靠的重要指标。
④ 这并不是因为发展中国家比发达国家浮动的可能性更小。参见 Frenkel(1974)以及 Frenkel 和 Jovanovic(1981)的研究。
⑤ 它们包括 Sachs 等(1996b)、Frankel 和 Rose(1996)、Kaminsky 等(1998)的研究。

率"从低于 1 提高到高于 1。① 这样做的动机是预防性的,即为了保证本国不受未来危机的影响,或者是为了重返国际货币基金组织②(很难说清楚这些国家到底更害怕哪个)。很多经济学家怀疑发展中国家的外汇储备水平是否过高了,因为大多数外汇储备是以收益率极低的美国国债的形式持有的。③ 中国的情况尤其突出。④ 但是,从 2008 年的全球金融危机来看,大多数持有大量外汇储备的国家的谨慎做法似乎是正确的。⑤

9.6.1.2 银行信贷

许多研究发现,国内银行信贷的快速扩张是危机的一个早期预警指标。但是,Loayza 和 Ranciere(2006)注意到,这个发现与将银行信贷作为银行中介和金融发展程度的代理变量的文献相矛盾,调和的方法似乎要从短期与长期之间的区别中去找。

9.6.1.3 资本流入的构成

一些研究者发现,在预测危机的频率和严重程度时,资本流入的构成比资本流入的总量更加重要。⑥

在大多数债务危机中,国际银行的贷款引发的问题尤其严重,这通常是因为政府救助的前景会带来严重的道德风险问题。相比之下,外国直接投资是一种比贷款风险更小的资本流入来源。⑦ 权益资本的流入的风险也较小。⑧

如本章 3.4.4 所述,货币错配的借款人——外国货币负债和本国货币收入——在本国货币被迫贬值时,会受到资产负债表效应的不利影响。⑨ 类似地,期限错配的借款人——债务期限很短,而资金所投资的国内投资项目的期限则很长——在利率被迫上调时也会蒙受损失。⑩ 有些条件会令人在危机发生时更加痛苦,但是它们并不自动意味着危机更有可能发生。⑪ 不过,大多数研究者认为,由于货币错配或期限错配,结构不佳的资产负债表会增大危机发生的可能性,而且使危机在发生时更加严重。事实上,正如我们在本章第 8 节中已经看到的,许多当代投机性攻击模型正是以资产负债表问题为基础构建的。

---

① 参见 Guidotti(2003)的论述。

② Aizenman(2009)、Aizenman 和 Lee(2007)、Aizenman 和 Marion(2003)以及 Jeanne 和 Ranciere(2009)的研究得到的结论是,新兴市场国家的外汇储备一般可以用预警模型来解释,尽管少数亚洲国家的外汇储备已经超出了这个水平。

③ 参见 Jeanne(2007)和 Smmmers(2006)的研究。Rodrik(2006)认为,使用部分外汇储备来偿还短期债务会让这些国家的经济状况变得更好。

④ 许多研究者,如 Goldstein 和 Lardy(2009),认为中国钉住美元的政策本质上是重商主义的,而 McKinnon(2004)则认为这种政策是适当的。Dooley 等(2004)指出,中国大量积累外汇储备不是为了预防,而是深思熟虑的、成功的发展战略的一部分。这一主张与 Rodrik(2008)关于货币低估能够促进增长的一般发现是一致的。

⑤ Aizenman(2009)和 Obstfeld 等(2009,2010)发现,在 2008 年的全球金融危机中,高外汇储备水平说到底是有回报的,因为那些拥有高外汇储备的国家从统计上来说更不可能陷入困境。然而 Rose 和 Spiegel(2009)发现,外汇储备的数量在 2008 年并不是一个有用的预测指标。

⑥ Calvo 等(2004)以及 Frankel 和 Rose(1996)在概率单位回归(probit regressions)中发现了资本构成有显著影响,但是经常账户赤字或债务与 GDP 的总体比率则没有显著影响。

⑦ 参见 Lipsey(2001)以及 Frankel 和 Rose(1996)的研究。

⑧ 参见 Razin 等(1998)的论述。

⑨ 参见 Baliño 等(1999)、Calvo 等(2004)、Céspedes 等(2003)的论述。Calvo 等(2003)则称之为"国内负债美元化"。

⑩ 参见 Rodrik 和 Velasco(2000)的论述。

⑪ 一些研究者认为,使危机更加严重的环境也会使危机更不可能发生,因为人们将会采取措施避免它们(Dooley,2000b)。

而且,对错配的度量也要比简单地泛泛而谈困难得多。可以用来代表货币错配的一个代理变量是金融部门的外债与货币数量的比率。[1] 另一种可选的代理变量则是衡量存款美元化程度的指标,其计算方法为金融系统中的"美元存款/总存款"。[2]

短期债务与外汇储备之间的比率一直备受关注,其中"吉多蒂阈值"(1.0)就是一个很好的例子。也许因为这个比率有效地结合了外汇储备和短期债务这两个重要的数字,所以在早期预警指标的研究中对于这个比率的强调超过了任何其他统计指标。[3]

10. 结论

时至今日,新兴市场国家的宏观经济学已经发展成了一个独树一帜的领域。对于大多数发展中国家来说,将它们与大型工业化国家区分开来的主要特点包括更容易受到一般的供给冲击——特别是贸易波动(对于大宗商品出口国尤其如此)——的影响、国际金融的顺周期性(与正统理论所述相反)、在价格稳定性和违约风险等方面的可信度较低(部分原因在于以往通过征收铸币税和违约来为赤字融资的历史)、财政政策的顺周期性(部分原因是在危机中实施紧缩),以及不完善的制度。

某些最初针对工业化国家构建的很多货币政策模型——它们纳入了货币政策的动态不一致性、对中央银行独立性的要求,以及对名义目标的承诺——由于上述信誉问题而更加适用于发展中国家。但是,由于大多数发展中国家都是世界市场上的价格接受者,带有非贸易商品的小型开放经济模型往往比两个国家、两种商品的模型更加有用。对于新兴市场国家来说,贬值的收缩效应要重要得多,尤其是货币错配带来的资产负债表效应。

新兴市场国家的汇率区制选择也不比发达国家更加清晰明确。一方面,规模小、开放程度低、金融市场不发达的国家更倾向于固定汇率制。另一方面,关于贸易条件的波动和投机性攻击的经验证据则表明,汇率应该更加灵活一些。一些国家在20世纪90年代的危机以后开始采用浮动汇率制。传统观点认为,以CPI为价格指数的通货膨胀目标制应该取代汇率,充当货币政策的理想名义目标。在这一点上(也只在这一点上),本章偏离了对文献中立地加以评述的任务,因为与2007—2009年全球危机相关的一系列问题表明了CPI在充当这个角色时的局限性。

尽管新兴市场国家对全球金融体系的参与度的扩大是它们成为许多研究的对象的主要原因,但是它们依然非常容易出现信息不对称、流动性过低、违约风险、道德风险和制度不完善等问题。许多旨在适应发展中国家的模型都是围绕着这类金融市场的不完善而构建的,

---

[1] 参见 Alesina 和 Wagner(2006)以及 Guidotti 等(2004)的相关文献。这种代理变量的缺点是,金融部门的外币负债与国内居民的外币负债是不同的。另请参见 Goldstein 和 Turner(2004)的相关文献。
[2] 根据阿尔特塔的计算(Arteta,2005a,2005b)。
[3] 这方面的例子包括 Berg 等(1999)、Frankel 和 Rose(1996)、Goldstein 等(2000)、Mulder 等(2002)、Rodrik 和 Velasco(2000)以及 Sacks(1998)的研究。

而且很少有人会认为这种做法是不合适的。2007—2009 年的全球金融危机表明,美国和其他发达国家也存在这些问题——而且其严重程度要比人们之前一般认为的高得多——既然如此,在我们考虑如何重建主流货币宏观经济学的时候,很多此前主要应用于新兴市场国家的模型现在也许可以发挥更大的作用了。

参考文献

Acar, M., 2000. Devaluation in developing countries: Expansionary or contractionary?. Journal of Economic and Social Research 2 (1), 59-83.

Acemoglu, D., Johnson, S., Robinson, J., Thaicharoen, Y., 2003. Institutional causes, macroeconomic symptoms: Volatility, crises and growth. J. Monet. Econ. 50 (1), 49-123.

Adler, M., Song, J., 2009. The behavior of emerging market sovereigns' credit default swap premiums and bond yield spreads. International Journal of Finance and Economics 15 (1), 31-58.

Agénor, P. R., 1991. Output, devaluation and the real exchange rate in developing countries. Review of World Economics. Springer, Berlin.

Agénor, P. R., Montiel, P., 1999. Development macroeconomics. Princeton University Press, Princeton, NJ.

Aghion, P., Bacchetta, P., Banerjee, A., 2000. A simple model of monetary policy and currency crises. Eur. Econ. Rev. 44 (4-6), 728-738.

Aghion, P., Bacchetta, P., Banerjee, A., 2004. Financial development and the instability of open economies. J. Monet. Econ. 51 (6), 1077-1106.

Aghion, P., Bacchetta, P., Ranciere, R., Rogoff, K., 2009. Exchange rate volatility and productivity growth: The role of financial development. J. Monet. Econ. 56 (4), 494-513.

Agosin, M., French-Davis, R., 1996. Managing capital inflows in Latin America. In: ul Haq, M., Kaul, I., Grunberg, I. (Eds.), The Tobin tax: Coping with financial volatility. Oxford University, New York, pp. 41-81.

Aguiar, M., Gopinath, G., 2006. Defaultable debt, interest rates and the current account. J. Int. Econ. 69 (1), 64-83.

Aguiar, M., Gopinath, G, 2007. Emerging market business cycles: The cycle is the trend. J. Polit. Econ. 115 (1), 69-102.

Ahmed, S., Gust, C., Kamin, S., Huntley, J., 2002. Are depreciations as contractionary as devaluations? A comparison of selected emerging and industrial economies. International Finance Discussion Papers No. 2002-737.

Aizenman, J., 2008. On the hidden links between financial and trade openness. Journal of International Money and Finance 27 (3), 372-386.

Aizenman, J., 2009. On the paradox of prudential regulations in the globalized economy:

International reserves and the crisis — a reassessment. NBER Working Paper No. 14779.

Aizenman, J., Chinn, M., Ito, H., 2008. Assessing the emerging global financial architecture: Measuring the trilemma's configurations over time. NBER Working Paper No. 14533.

Aizenman, J., Jinjarak, Y., 2009. Current account patterns and national real estate markets. J. Urban Econ. 66 (2), 75-89.

Aizenman, J., Lee, J., 2007. International reserves: Precautionary versus mercantilist views, theory and evidence. Open Economies Review 18 (2), 191-214.

Aizenman, J., Marion, N., 2003. The high demand for international reserves in the Far East: What is going on?. Journal of the Japanese and International Economies 17, 370-400.

Alesina, A., Barro, R, 2001. Dollarization. Am. Econ. Rev. 91 (2), 381-385.

Alesina, A., Campante, F., Tabellini, G., 2008. Why is fiscal policy often procyclical?. J. Eur. Econ. Assoc. 6 (5), 1006-1036.

Alesina, A., Hausmann, R., Hommes, R., Stein, E., 1999. Budget institutions and fiscal performance in Latin America. J. Dev. Econ. 59 (2), 253-273.

Alesina, A., Wagner, A., 2006. Choosing (and reneging on) exchange rate regimes. J. Eur. Econ. Assoc. 4 (4), 770-799.

Alfaro, L., Kalemli-Ozcan, S., Volosovych, V., 2008. Why doesn't capital flow from rich to poor countries? An empirical investigation. Rev. Econ. Stat. 90(2), 347-368.

Amato, J., Gerlach, S., 2002. Inflation targeting in emerging market and transition economies: Lessons after a decade. Eur. Econ. Rev. 46 (4-5), 781-790.

Arellano, C., Mendoza, E., 2003. Credit frictions and "sudden stops" in small open economies: An equilibrium business cycle framework for emerging markets crises. In: Altuǧ, S., Chadha, J., Nolan, C. (Eds.), Dynamic macroeconomic analysis: Theory and policy in general equilibrium. Cambridge University Press, Cambridge, UK, pp. 337-405.

Arnone, M., Laurens, B., Segalotto, J. F., 2006. Measures of central bank autonomy: Empirical evidence for OECD, developing, and emerging market economies. IMF Working Paper No. 06/228.

Arora, V., Cerisola, M., 2001. How does U. S. monetary policy influence sovereign spreads in emerging markets?. IMF Staff Papers 48 (3), 474-498.

Arteta, C, 2005a. Exchange rate regimes and financial dollarization: Does flexibility reduce bank currency mismatches?. Berkeley Electronic Journals in Macroeconomics, Topics in Macroeconomics 5.

Arteta, C., 2005b. Are financially dollarized countries more prone to costly crises?. Monetaria 28, 105-160.

Arteta, C., Eichengreen, B., Wyplosz, C., 2003. When does capital account liberalization help more than it hurts?. In: Helpman, E., Sadka, E. (Eds.), Economic policy in the international economy. Cambridge University Press, Cambridge, UK, pp. 177-206.

Atkeson, A., Kehoe, P., 2001. The advantage of transparent instruments of monetary policy, Staff Report 297. Federal Reserve Bank of Minnesota.

Bacchetta, P., van Wincoop, E., 2000. Liberalization, overshooting, and volatility. In: Edwards, S. (Ed.), Capital flows and the emerging economies: Theory, evidence, and controversies. University of Chicago Press, Chicago, IL, pp. 61-103.

Bae, K. H., Karolyi, G. A., Stulz, R., 2003. A new approach to measuring financial contagion. Rev. Financ. Stud. 16, 717-763.

Bahmani-Oskooee, M., Hegerty, S., Kutan, A., 2008. Do nominal devaluations lead to real devaluations? Evidence from 89 countries. International Review of Economics and Finance 17, 644-670.

Bahmani-Oskooee, M., Kara, O., 2005. Income and price elasticities of trade: Some new estimates. The International Trade Journal 19, 165-178.

Bahmani-Oskooee, M., Miteza, I., 2006. Are devaluations contractionary? Evidence from panel cointegration. Economic Issues 10, 49-64.

Baig, T., Goldfajn, I., 1999. Financial market contagion in the Asian crisis. IMF Staff Papers 46 (2), 167-195.

Bailliu, J., Lafrance, R., Perrault, J. F., 2003. Does exchange rate policy matter for growth?. International Finance 6 (3), 381-414.

Balassa, B., 1964. The purchasing power parity doctrine: A reappraisal. J. Polit. Econ. 72, 584-596.

Baliño, T., Bennett, A., Borensztein, E., 1999. Monetary policy in dollarized economies. International Monetary Fund Occasional Paper 171.

Bansal, R., Dahlquist, M., 2000. The forward premium puzzle: Different tales from developed and emerging economies. J. Int. Econ. 51, 115-144.

Barbone, L., Rivera-Batiz, F., 1987. Foreign capital and the contractionary impact of currency devaluation, with an application to Jamaica. J. Dev. Econ. 26, 1-15.

Barro, R., 2002. Economic growth in East Asia before and after the financial crisis. In: Coe, D., Kim, S. J. (Eds.), Korean crisis and recovery. International Monetary Fund, pp. 333-351.

Barro, R., Gordon, D., 1983. A positive theory of monetary policy in a natural rate model. J. Polit. Econ. 91 (4), 589-610.

Bartolini, L., Drazen, A., 1997. Capital account liberalization as a signal. Am. Econ. Rev. 87, 138-154.

Batini, N., Laxton, D., 2006. Under what conditions can inflation targeting be adopted? The experience of emerging markets. Central Bank of Chile Working Paper.

Bayoumi, T., Eichengreen, B., 1994. One money or many? Analyzing the prospects for monetary unification in various parts of the world. Princeton University Press, Princeton, NJ Studies in international finance 76.

Bayoumi, T., Eichengreen, B., 1999. Is Asia an optimum currency area? Can it become one?. In: Collignon, S., Pisani-Ferry, J., Park, Y. C. (Eds.), Exchange rate policies in emerging Asian countries. Routledge, London, UK, pp. 347-366.

Bebczuk, R., Galindo, A. J., Panizza, U., 2006. An evaluation of the contractionary devaluation hypothesis, RES Working Papers No 4486. Inter-American Development Bank, Washington.

Bekaert, G., Harvey, C., 1997. Emerging equity market volatility. Journal of Financial Economics 43 (1), 29-77.

Bekaert, G., Harvey, C., 2002. Foreign speculators and emerging equity markets. J. Finance 55 (2), 565-613.

Bekaert, G., Harvey, C., 2003. Emerging markets finance. Journal of Empirical Finance 10, 3-56.

Bekaert, G., Harvey, C., Lundblad, C., 2005. Does financial liberalization spur growth?. Journal of Financial Economics 77, 3-55.

Bekaert, G., Harvey, C., Lundblad, C., 2009. Financial openness and productivity. NBER Working Paper No. 14843.

Bekaert, G., Harvey, C., Ng, A., 2005. Market integration and contagion. The Journal of Business 78, 39-69.

Benassy-Quere, A., 1999. Exchange rate regimes and policies: An empirical analysis. In: Collignon, S., Pisani-Ferry, J., Park, Y. C. (Eds.), Exchange rate policies in emerging Asian countries. Routledge, London, UK, pp. 40-64.

Bénassy-Quéré, A., Benoît, C., 2002. The survival of intermediate exchange rate regimes.

Bénassy-Quéré, A., Coeuré, B, Mignon, V., 2006. On the identification of de facto currency pegs. Journal of the Japanese and International Economies 20, 112-127.

Berg, A., Borensztein, E., Mauro, P., 2002. An evaluation of monetary regimeoptions for Latin America. The North American Journal of Economies and Finance, Elsevier 13 (3), 213-235.

Berg, A., Borensztein, E., Milesi-Ferretti, G. M., Pattillo, C., 1999. Anticipating balance of payments crises: The role of early warning systems. International Monetary Fund Occasional Paper 186.

Berg, A., Pattillo, C., 1999a. Are currency crises predictable? A test. IMF Staff Paper.

Berg, A., Pattillo, C., 1999b. Predicting currency crises: The indicators approach and an alternative. Journal of International Money and Finance 18, 561-586.

Bergin, P., Glick, R., Taylor, A., 2006. Productivity, tradability, and the long-run price puzzle. J. Monet. Econ. 53 (8), 2041-2066.

Bienen, H., Gersovitz, M., 1985. Economic stabilization, conditionality, and political stability. Int. Organ. 39, 728-754.

Bird, G., Rowlands, D., 1997. The catalytic effects of lending by the international financial institutions. World Economy 967-991.

Biscarri, J. G., Edwards, S., de Gracia, F. P., 2003. Stock market cycles, liberalization, and volatility. Journal of International Money and Finance 22 (7), 925-955.

Blanchard, O., 1983. Debt and the current account deficit in Brazil. In: Armella, P. A., Dornbusch, R., Obstfeld, M. (Eds.), Financial policies and the world capital market: The problem of Latin American countries. University of Chicago Press, Chicago, IL, pp. 187-198.

Blanchard, O., 2005. Fiscal dominance and inflation targeting: Lessons from Brazil. In: Giavazzi, F., Goldfajn, I., Herrera, S. (Eds.), Inflation targeting, debt, and the Brazilian experience, 1999 to 2003. MIT Press, Cambridge, MA, pp. 49-80.

Bordo, M., Schwartz, A., 2000. Measuring real economic effects of bailouts: Historical perspectives on how countries in financial distress have fared with and without bailouts. Carnegie-Rochester Conference Series on Public Policy 53 (1), 81-167.

Borensztein, E., Gelos, R. G., 2003. A panic-prone pack? The behavior of emerging market mutual funds. IMF Staff Papers.

Borensztein, E., Zettelmeyer, J., Philippon, T., 2001. Monetary independence in emerging markets: Does the exchange rate regime make a difference?. IMF Working Paper. http://ssrn.com/abstract=272255.

Boughton, J., 2003. Who's in charge? Ownership and conditionality in IMF-supported programs. In: Kosack, S., Ranis, G., Vreeland, J. (Eds.), Globalisation and the nation state: The impact of the IMF and the World Bank. Routledge, London, UK.

Brender, A., Drazen, A, 2005. Political budget cycles in new versus established democracies. J. Monet. Econ. 52(7): 1271-1295.

Broda, C., 2004. Terms of trade and exchange rate regimes in developing countries. J. Int. Econ. 63 (1), 31-58.

Brunnermeier, M., Nagel, S., Pedersen, L., 2008. Carry trades and currency crashes. NBER Macroeconomics Annual 23(1), 313-347.

Bruno, M., Easterly, W., 1998. Inflation crises and long-run growth. J. Monet. Econ. 41 (1), 3-26.

Bulow, J., Rogoff, K., 1989. A constant recontracting model of sovereign debt. J. Polit. Econ. 97, 155-178.

Burnside, C., Eichenbaum, M., Rebelo, S., 2001a. Hedging and financial fragility in fixed exchange rate regimes. Eur. Econ. Rev. 45, 1151-1193.

Burnside, C., Eichenbaum, M., Rebelo, S., 2001b. Prospective deficits and the Asian currency crisis. J. Polit. Econ. 109 (6).

Burnside, C., Eichenbaum, M., Rebelo, S., 2006. Government finance in the wake of a currency crisis. J. Monet. Econ. 53 (3), 401-440.

Burnside, C., Eichenbaum, M., Rebelo, S., 2004. Government guarantees and self-fulfilling speculative attacks. J. Econ. Theory 119, 31-63.

Burnside, C., Eichenbaum, M., Rebelo, S., 2007. The returns to currency speculation in emerging markets. Am. Econ. Rev. 97 (2), 333-338.

Burstein, A., Eichenbaum, M., Rebelo, S., 2005. Why are rates of inflation so low after large devaluations?. J. Polit. Econ. 113 (4), 742-784.

Burstein, A., Neves, J., Rebelo, S., 2003. Distribution costs and real exchange rate dynamics during exchange-rate-based stabilizations. J. Monet. Econ. 50 (6), 1189-1214.

Caballero, R., Krishnamurthy, A., 2000. Emerging market crises: An asset markets perspective. MIT Department of Economics Working Paper.

Caballero, R., Krishnamurthy, A., 2001. International and domestic collateral constraints in a model of emerging market crises. J. Monet. Econ. 48 (3), 513-548.

Caballero, R., Krishnamurthy, A., 2002. A dual liquidity model for emerging markets. Am. Econ. Rev. 92 (2), 33-37.

Caballero, R., Krishnamurthy, A., 2003. Excessive dollar debt: Financial development and underinsurance. J. Finance 58 (2), 867-893.

Caballero, R., Krishnamurthy, A., 2005. Exchange rate volatility and the credit channel in emerging markets: A vertical perspective. International Journal of Central Banking.

Caballero, R., Krishnamurthy, A., 2006. Bubbles and capital flow volatility: Causes and risk management. J. Monet. Econ. 53 (1), 35-53.

Calomiris, C., 1998. The IMF's imprudent role as lender of last resort. Cato Journal 17, 275-295.

Calvo, G., 1988. Servicing the public debt: The role of expectations. Am. Econ. Rev. 78 (4), 647-661.

Calvo, G., 1991. The perils of sterilization. IMF Staff Papers 38 (4), 921-926.

Calvo, G., 1998. Capital flows and capital-market crises: The simple economics of sudden stops. Journal of Applied Economics (CEMA), 35-54.

Calvo, G., Leiderman, L., Reinhart, C., 1996. Inflows of capital to developing countries in the 1990s. Joural of Economic Perpectives 10 (2), 123-139.

Calvo, G., Vegh, C., 1999. Inflation stabilization and bop crises in in developing countries. In: Taylor, J. B., Woodford, M. (Eds.), Handbook of macroeconomics. North-Holland, Amesterdam.

Calvo, G., 2002. On dollarization. The Economics of Transition 10 (2), 393-403.

Calvo, G. , 2003. Explaining sudden stops, growth collapse, and BOP crises: The case of distortionary output taxes. IMF Staff Papers.

Calvo, G. , Izquierdo, A. , Loo-Kung, R. , 2006. Relative price volatility under sudden stops: The relevance of balance sheet effects. J. Int. Econ. 69 (1), 231-254.

Calvo, G. , Izquierdo, A. , Mejía, L. F. , 2004. On the empirics of sudden stops: The relevance of balancesheet effects. Federal Reserve Bank of San Francisco Proceedings.

Calvo, G. , Izquierdo, A. , Talvi, E. , 2003. Sudden stops, the real exchange rate, and fiscal sustainability: Argentina's lessons. In: Alexander, V. , Mélitz, J. , von Furstenberg, G. (Eds.), Monetary unions and hard pegs. Oxford University Press, Oxford, UK, pp. 150-181.

Calvo, G. , Izquierdo, A. , Talvi, E. , 2006. Phoenix miracles in emerging markets: Recovering without credit from systemic financial crises. Am. Econ. Rev. 96 (2), 405-410.

Calvo, G. , Leiderman, L. , Reinhart, C. , 1993. Capital inflows and real exchange rate appreciation in Latin America: The role of external factors. IMF Staff Papers 40 (1), 108-150.

Calvo, G. , Leiderman, L. , Reinhart, C. , 1994a. The capital inflows problem: Concepts and issues. Contemporary Economic Policy XII, 54-66.

Calvo, G. , Leiderman, L. , Reinhart, C. , 1994b. Capital inflows to Latin America: The 1970s and the 1990s. In: Bacha, E. (Ed.), Development, trade and the environment. MacMillan Press, London, UK.

Calvo, G. , Leiderman, L. , Reinhart, C. , 1996. Inflows of capital to developing countries in the 1990s: Causes and effects. J. Econ. Perspect. 10 (2), 123-139.

Calvo, G. , Mendoza, E. , 1996. Mexico's balance-of-payments crisis: A chronicle of a death foretold. J. Int. Econ. 41 (3-4), 235-264.

Calvo, G. , Mendoza, E. , 2000. Rational contagion and the globalization of securities markets. J. Int. Econ. 51 (1), 79-113.

Calvo, G. , Mishkin, F. , 2003. The mirage of exchange rate regimes for emerging market countries. J. Econ. Perspect. 17 (4), 99-118.

Calvo, G. , Reinhart, C. , 2000. Fixing for your life. In: Brookings trade forum. Brookings Institution Press, Washington, D. C.

Calvo, G. , Reinhart, C. , 2001. When capital inflows come to a sudden stop: Consequences and policy options. In: Kenen, P. , Swoboda, A. (Eds.), Key issues in reform of the international monetary system. International Monetary Fund, Washington, D. C.

Calvo, G. , Reinhart, C. , 2002. Fear of floating. Q. J. Econ. 117 (2), 379-408.

Calvo, G. , Vegh, C. , 1994. Inflation stabilization and nominal anchors. Contemporary Economic Policy XII, 35-45.

Cardenas, M. , Barrera, F. , 1997. On the effectiveness of capital controls: The experience of Colombia during the 1990s. J. Dev. Econ. 54 (1), 27-57.

Catao, L. A. V. , Terrones, M. E. , 2005. Fiscal deficits and inflation. J. Monet. Econ. 52 (3), 529-554.

Cavallo, E. , Frankel, J. , 2008. Does openness to trade make countries more vulnerable to sudden stops, or less? Using gravity to establish causality. Journal of International Money and Finance 27 (8), 1430-1452.

Cavallo, M. , Kisselev, K. , Perri, F. , Roubini, N. , 2004. Exchange rate overshooting and the costs of floating. In: Proceedings. Federal Reserve Bank of San Francisco.

Céspedes, L. F. , Chang, R. , Velasco, A. , 2003. IS-LM-BP in the Pampas. IMF Staff Papers 50, 143-156.

Céspedes, L. F. , Chang, R. , Velasco, A. , 2004. Balance sheets and exchange rate policy. Am. Econ. Rev. 94 (4), 1183-1193.

Chamon, M. , Hausmann, R. , 2005. Why do countries borrow the way they borrow?. In: Eichengreen, B. , Hausmann, R. (Eds.), Other people's money: Debt denomination and financial instability in emerging market economies. University of Chicago Press, Chicago, IL.

Chang, R. , Velasco, A. , 1997. Financial fragility and the exchange rate regime. J. Econ. Theory 92 (1), 1-34.

Chang, R. , Velasco, A. , 1998. Financial crises in emerging markets. FRBA 84 (2), 4-17. NBER Working Paper No. 6606.

Chang, R. , Velasco, A. , 2000a. Liquidity crises in emerging markets: Theory and policy. NBER Macroeconomics Annual.

Chang, R. , Velasco, A. , 2000b. Exchange-rate policy for developing countries. Am. Econ. Rev. 90 (2), 71-75.

Chang, R. , Velasco, A. , 2001. A model of financial crises in emerging markets. Q. J. Econ. 116 (2), 489-517.

Chang, R. , Velasco, A. , 2004. Monetary policy and the current denomination of debt: A tale of two equilibria. NBER Working Papers 10827.

Chari, A. , Henry, P. , 2004. Risk sharing and asset prices: Evidence. J. Finance 59 (3), 1295-1324.

Chari, A. , Henry, P. , 2008. Firm specific information and the efficiency of investment. Journal of Financial Economics 87 (3), 636-655.

Chinn, M. , Dooley, M. , Shrestha, S. , 1999. Latin America and East Asia in the context of an insurance model of currency crises. Journal of International Money and Finance 18 (4), 659-681.

Chinn, M. , Frankel, J. , 1993. Exchange rate expectations and the risk premium: Tests for a cross-section of 17 currencies. Rev. Int. Econ. 1 (2), 136-144.

Chinn, M. , Ito, H. , 2006. What matters for financial development? Capital controls, institutions, and interactions. J. Dev. Econ. 81(1), 163-192.

Chinn, M., Kletzer, K., 2001. International capital inflows, domestic financial intermediation, and financial crises under imperfect information. In: Glick, R. (Ed.), Emerging markets crises. Cambridge University Press, New York.

Choe, H., Kho, B. C., Stulz, R., 1999. Do foreign investors destabilize stock markets? The Korean experience in 1997. Journal of Financial Economics 54 (2), 227-264.

Choe, H., Kho, B. C., Stulz, R., 2005. Do domestic investors have an edge? The trading experience of foreign investors in Korea. Rev. Financ. Stud. 18 (3), 795-829.

Chou, W. L., Chao, C. C., 2001. Are currency devaluations effective? A panel unit root test. Econ. Lett. 72 (1), 19-25.

Choudhri, E., Hakura, D., 2006. Exchange rate pass-through to domestic prices: Does the inflationary environment matter?. Journal of International Money and Finance 25, 614-639.

Choudhri, E., Khan, M., 2005. Real exchange rates in developing countries: Are Balassa-Samuelson effects present?. International Monetary Fund Staff Papers 52, 387-409.

Christiano, L., Gust, C., Roldos, J., 2004. Monetary policy in a financial crisis. J. Econ. Theory 119 (1), 64-103.

Claessens, S., Djankov, S., Lang, L. H. P., 2000. The separation of ownership and control in east Asian corporations. Journal of Financial Economics 58 (1-2), 81-112.

Claessens, S., Klingebiel, D., Laeven, L., 2003. Financial restructuring in banking and corporate sector crises: What policies to pursue?. In: Dooley, M., Frankel, J. (Eds.), Managing currency crises in emerging markets. University of Chicago Press, Chicago, IL.

Claessens, S., Rhee, M. W., 1994. The effect of equity barriers on foreign investment in developing countries. In: Frankel, J. (Ed.), The internationalization of equity markets. University of Chicago Press, Chicago, IL.

Clarke, G., Wallstein, S., 2004. Do remittances protect households in developing countries against shocks? Evidence from a natural disaster in Jamaica. World Bank.

Cline, W., 1984. International debt: Systemic risk and policy response. Institute for International Economics, Washington, D. C.

Cline, W., 1995. International debt reexamined. Institute for International Economics, Washington, D. C.

Collins, S., 1996. On becoming more flexible: Exchange rate regimes in Latin America and the Caribbean. J. Dev. Econ. 51 (1), 117-138.

Connolly, M., 1983. Exchange rates, real economic activity, and the balance of payments: Evidence from the 1960s. In: Classen, E., Salin, P. (Eds.), Recent issues in the theory of flexible exchange rates. North Holland, Amsterdam.

Conway, P., 1994. IMF lending programs: Participation and impact. J. Dev. Econ. 45,

365-391.

Cook, D., 2004. Monetary policy in emerging markets: Can liability dollarization explain contractionary devaluations?. J. Monet. Econ. 51 (6), 1155-1181.

Cooper, R., 1971. Currency devaluation in developing countries. In: Essays in international finance. 86, Princeton University, Princeton, NJ.

Corbo, V., 1985. Reforms and macroeconomic adjustments in Chile during 1974-1984. World Dev. 13 (8), 893-916.

Corden, W. M., 1984. Booming sector and Dutch disease economics: Survey and consolidation. Oxford Economic Papers 359-380.

Corden, W. M., 1994. A model of balance of payments policy. In: Economic policy, exchange rates and the international monetary system. Oxford University Press, Oxford, UK.

Corsetti, G., Dasgupta, A., Morris, S., Shin, H. S., 2004. Does one Soros make a difference? A theory of currency crises with large and small traders. Rev. Econ. Stud. 71 (1), 87-113.

Corsetti, G., Pericoli, M., Sbracia, M., 2005. Some contagion, some interdependence: More pitfalls in tests of financial contagion. Journal of International Money and Finance 24 (8), 1177-1199.

Corsetti, G., Pesenti, P., Roubini, N., 1999a. What caused the Asian currency and financial crisis? Part I: A macroeconomic overview. Japan and the World Economy 11 (3), 305-373.

Corsetti, G., Pesenti, P., Roubini, N., 1999b. Paper tigers? A model of the Asian Crisis. Eur. Econ. Rev. 43 (7), 1211-1236.

Corsetti, G., Pesenti, P., Roubini, N., 2002. The role of large players in currency crises. In: Edwards, S., Frankel, J. (Eds.), Preventing currency crises in emerging markets. University of Chicago Press, Chicago, IL.

Council on Foreign Relations, 1999. Safeguarding prosperity in a global financial system: The future international financial architecture. Institute for International Economics, Washington, D. C.

Crowe, C., Meade, E., 2008. Central bank independence and transparency: Evolution and effectiveness. Eur. J. Polit. Econ. 24 (4), 763-777.

Cukierman, A., Edwards, S., Tabellini, G., 1992. Seigniorage and political instability. Am. Econ. Rev. 82 (3), 537-555.

Cukierman, A., Miller, G., Neyapti, B., 2002. Central bank reform, liberalization and inflation in transition economies — an international perspective. J. Monet. Econ. 49 (2), 237-264.

Cukierman, A., 2008. Central bank independence and monetary policymaking institutions — Past, present and future. Euro. J. Polit. Econ. 24 (4), 733-736.

Cukierman, A., Webb, S., Neyapti, B., 1992. Measuring the independence of central banks and its effect on policy outcomes. World Bank Econ. Rev. 6 (3), 353-398.

Cumby, R., Obstfeld, M., 1983. Capital mobility and the scope for sterilization. In: Armella, P. A., Dornbusch, R., Obstfeld, M. (Eds.), Financial policies and the world capital market: The problem of Latin American countries. University of Chicago Press, Chicago, IL, pp. 245-269.

Dages, G., Goldberg, L., Kinney, D., 2000. Foreign and domestic bank participation in emerging markets: Lessons from Mexico and Argentina. FRBNY Economic Policy Review, 17-36.

Davis, J., Ossowski, R., Daniel, J., Barnett, S., 2001. Stabilization and savings funds for nonrenewable resources: Experience and fiscal policy implications. International Monetary Fund, Washington, D.C. Occasional Paper.

Debelle, G., 2001. The case for inflation targeting in east Asian countries. In: Gruen, D., Simon, J. (Eds.), Future directions for monetary policies in East Asia. Reserve Bank of Australia, Sydney.

De Gregorio, J., 2009a. Inflation targeting and financial crises. Seminar on Financial Crises, Banco de la República de Colombia and the Fondo de Garantías de Instituciones Financieras de Colombia, Bogota Speech.

De Gregorio, J., 2009b. Implementation of inflation targets in emerging markets. In: Hammond, G., Kanbur, R., Prasad, E. (Eds.), Monetary policy frameworks for emerging markets. Edward Elgar Publishing, Cheltenham, UK, pp. 40-58.

De Gregorio, J., Edwards, S., Valdes, R., 2000. Controls on capital inflows: Do they work?. J. Dev. Econ. 63 (1), 59-83.

De Gregorio, J., Giovannini, A., Wolf, H., 1994. International evidence on tradables and nontradables inflation. Eur. Econ. Rev. 38 (6), 1225-1244.

De Long, B., Eichengreen, B, 2002. Between meltdown and moral hazard: The international monetary and financial policies of the Clinton administration. In: Frankel, J., Orszag, P. (Eds.), American economic policy in the 1990s. MIT Press, Cambridge, MA.

Desai, P., 2003. Financial crisis, contagion, and containment: From Asia to Argentina. Princeton University Press, Princeton, NJ.

De Santis, G., Imrohoroğlu, S., 1997. Stock returns and volatility in emerging financial markets. Journal of International Money and Finance 16 (4), 561-579.

Devereux, M., Lane, P., Xu, J., 2006. Exchange rates and monetary policy in emerging market economies. Econ. J. 116 (511), 478-506.

Diamond, D., Dybvig, P., 1983. Bank runs, deposit insurance and liquidity. J. Polit. Econ. 91, 401-419.

Diamond, D., Rajan, R., 2001. Banks, short-term debt, and financial crises: Theory, policy implications, and applications. Carnegie-Rochester Conference Series on Public Policy 54 (1), 37-71.

Diaz-Alejandro, C., 1963. A note on the impact of devaluation and the redistribution effect. J. Polit. Econ. 71 (6), 577-580.

Diaz-Alejandro, C, 1984. Latin American debt: I don't think we are in Kansas anymore. Brookings Pap. Econ. Act. (2), 335-403.

Diaz-Alejandro, C., 1985. Goodbye financial repression, hello financial crash. J. Dev. Econ. 19 (1-2), 1-24.

Dicks-Mireaux, L., Mecagni, M., Schadler, S., 2000. Evaluating the effect of IMF lending to low-income countries. J. Dev. Econ. 61, 495-526.

Dominguez, K., 2009. International reserves and underdeveloped capital markets. In: West, K., Reichlin, L. (Eds.), NBER international seminar in macroeconomics 2009. University of Chicago Press, Chicago, IL.

Dooley, M., 1996. A survey of literature on controls over international capital transactions. IMF Staff Papers 43 (4).

Dooley, M., 2000a. A model of crises in emerging markets. Econ. J. 110, 256-272.

Dooley, M., 2000b. International financial architecture and strategic default: Can financial crises be less painful?. Carnegie-Rochester Conference Series on Public Policy 53 (1), 361-377.

Dooley, M., Folkerts-Landau, D., Garber, P., 2004. An essay on the revived Bretton Woods system. International Journal of Finance and Economics 9, 307-313.

Dooley, M., Frankel, J., Mathieson, D., 1987. International capital mobility: What do saving-investment correlations tell us? International Monetary Fund. Staff Papers.

Dooley, M., Svensson, L., 1994. Policy inconsistency and external debt service. Journal of International Money and Finance 13 (3), 364-374.

Dooley, M., Verma, S., 2003. Rescue packages and output losses following crises. In: Dooley, M., Frankel, J. (Eds.), Managing currency crises in emerging markets. University of Chicago Press, Chicago, IL.

Dornbusch, R., 1973. Devaluation, money and nontraded goods. Am. Econ. Rev. 63(5), 871-880.

Dornbusch, R., 1980. Open economy macroeconomics. Basic Books, New York.

Dornbusch, R., 1983. Real interest rates, home goods, and optimal external borrowing. J. Polit. Econ. 91(1), 141-153.

Dornbusch, R., 1991. Credibility and stabilization. Q. J. Econ. 106(3), 837-850.

Dornbusch, R., 2002. A primer on emerging market crises. In: Dooley, M., Frankel, J. (Eds.), Managing currency crises in emerging markets. University of Chicago Press, Chicago, IL.

Dornbusch, R., Edwards, S, 1991. The macroeconomics of populism in Latin America.

University of Chicago Press, Chicago, IL.

Dornbusch, R., Fischer, S., 1986. Stopping hyperinflations past and present. Review of World Economics (Weltwirtschaftliches Archiv.) 122 (1), 1-47.

Dornbusch, R., Fischer, S., 1993. Moderate inflation. World Bank Econ. Rev. 7 (1), 1-44.

Dornbusch, R., Goldfajn, I., Valdes, R., 1995. Currency crises and collapses. Brookings Pap. Econ. Act. 2, 219-293.

Dornbusch, R., Sturzenegger, F., Wolf, H, 1977. Extreme inflation: Dynamics and stabilization. Brookings Pap. Econ. Act. (2), 1-84.

Dornbusch, R., Werner, A., 1994. Mexico: Stabilization, reform, and no growth. Brookings Pap. Econ. Act. (1), 253-315.

Drazen, A., 2001. The political business cycle after 25 years. In: Bernanke, B., Rogoff, K. (Eds.), NBER macroeconomics annual 2000. MIT Press, Cambridge, MA, pp. 75-117.

Drazen, A., 2003. Interest rate defense against speculative attack as a signal: A primer. In: Dooley, M., Frankel, J. (Eds.), Managing currency crises in emerging markets. University of Chicago Press, Chicago.

Easterly, W., Islam, R., Stiglitz, J., 2001. Shaken and stirred: Explaining growth volatility. In: Plesokovic, B., Stern, N. (Eds.), Annual World Bank Conference on Development Economics.

Easterly, W., Levine, R., 2002. Tropics, germs, and endowments. Carnegie-Rochester Conference Series on Public Policy NBER Working Paper No. 9106.

Easterly, W., Mauro, P., Schmidt-Hebbel, K., 1995. Money-demand and seigniorage-maximizing inflation. J. Money Credit Bank. 27, 583-603.

Eaton, J., Gersovitz, M., 1981. Debt with potential repudiation: Theoretical and empirical analysis. Rev. Econ. Stud. 48 (2), 289-309.

Edison, H., Klein, M., Ricci, L., Sloek, T., 2004. Capital account liberalization and economic performance: Survey and synthesis. IMF Staff Papers.

Edison, H., Levine, R., Klein, M., Ricci, L., Sloek, T., 2002. International financial integration and economic growth. Journal of International Money and Finance 21 (6), 749-776.

Edison, H., Luangaram, P., Miller, M., 2000. Asset bubbles, leverage, and "lifeboats": Elements of the east Asian crisis. Econ. J. 110, 3209-3234.

Edison, H., Reinhart, C., 2001. Stopping hot money. J. Dev. Econ. 66 (2), 533-553.

Edison, H., Warnock, F., 2003. A simple measure of the intensity of capital controls. Journal of Empirical Finance 10 (1-2), 81-103.

Edwards, S., 1984. The order of liberalization of the external sector in developing countries. In: Essays in international finance. 156, Princeton University Press, Princeton, NJ.

Edwards, S. , 1986. Are devaluations contractionary?. Rev. Econ. Stat. 68 (3), 501-508.

Edwards, S. , 1989. Real exchange rates, devaluation, and adjustment: Exchange rate policy in developing countries. MIT Press, Cambridge, MA.

Edwards, S. , 1994. The political economy of inflation and stabilization in developing countries. Econ. Dev. Cult. Change 42 (2), 235-266.

Edwards, S. , 1999. How effective are capital controls?. J. Econ. Perspect. 13 (4), 65-84.

Edwards, S. , 2001. Capital mobility and economic performance: Are emerging economies different?. In: Siebert, H. (Ed.), The world's new financial landscape: Challenges for economic policy. Springer, Heidelberg and New York, pp. 219-243.

Edwards, S, 2003a. Exchange rate regimes, capital flows, and crisis prevention. In: Feldstein, M. (Ed.), Economic and financial crises in emerging market economies. University of Chicago Press, Chicago, IL.

Edwards, S. , 2003b. Debt relief and fiscal sustainability. Review of World Economics 139 (1), 38-65.

Edwards, S. , 2004a. Financial openness, sudden stops and current account reversals. Am. Econ. Rev. 94 (2), 59-64.

Edwards, S. , 2004b. Thirty years of current account imbalances, current account reversals and sudden stops. IMF Staff Papers.

Edwards, S. (Ed.), 2007. Capital controls and capital flows in emerging economies: policies, practices and consequences. University of Chicago Press, Chicago, IL.

Edwards, S. , 2008. Sequencing of reforms financial globalization, and macroeconomic vulnerability. NBER Working Paper No. 14384.

Edwards, S. , Santaella, J. , 1993. Devaluation controversies in the developing countries: Lessons from the Bretton Woods era. In: Bordo, M. , Eichengreen, B. (Eds.), Retrospective on the Bretton Woods system. University of Chicago Press, Chicago, IL.

Edwards, S. , Savastano, M, 2000. Exchange rates in emerging economies: What do we know? What do we need to know?. In: Kreuger, A. (Ed.), Economic policy reform: The second stage. University of Chicago Press, Chicago, IL, pp. 453-510.

Edwards, S. , Yeyati, E. L. , 2005. Flexible exchange rates as shock absorbers. Eur. Econ. Rev. 49 (8), 2079-2105.

Eichengreen, B, 1994. International monetary arrangements for the 21st century. Brookings Institution, Washington, D. C.

Eichengreen, B. , 1999. Toward a new financial architecture: A practical Post-Asia agenda. Institute for International Economics, Washington, D. C.

Eichengreen, B, 2005. Can emerging markets float? Should they inflation target?. In: Sinclair, P. , Driver, R. , Thoenissen, C. (Eds.), Exchange rates, capital flows, and policy.

Routledge, London, UK.

Eichengreen, B., Hausmann, R., 1999. Exchange rates and financial fragility. In: New challenges for monetary policy. Federal Reserve Bank of Kansas City, Kansas City, pp. 329-368.

Eichengreen, B., Leblang, D., 2003. Capital account liberalization and growth: Was Mr. Mahatir right?. International Journal of Finance and Economics 8 (3), 205-224.

Eichengreen, B., Mody, A., 2000. Lending Booms, reserves and the sustainability of short-term debt: Inferences from the pricing of syndicated bank loans. J. Dev. Econ. 63 (1), 5-44.

Eichengreen, B., Mody, A., 2001. What explains changing spreads on emerging market debt?. In: Edwards, S. (Ed.), Capital flows and the emerging economies: Theory, evidence, and controversies. University of Chicago Press, Chicago, IL.

Eichengreen, B., Mody, A., 2004. Would collective action clauses raise borrowing costs? An update and additional results. Econ. J. 114, Policy Research Working Paper No 2363. The World Bank, Washington, D. C.

Eichengreen, B., Portes, R., 1995. Crisis? What crisis? Orderly workouts for sovereign debtors. Centre for Economic Policy Research, London, UK.

Eichengreen, B., Rose, A., 2000. Staying afloat when the wind shifts: External factors and emergingmarket banking crises. In: Calvo, G., Dornbusch, R., Obstfeld, M. (Eds.), Money, factor mobility and trade: Essays in honor of Robert Mundell. MIT Press, Cambridge, MA, pp. 171-206.

Eichengreen, B., Rose, A., 2003. Does it pay to defend against a speculative attack?. In: Frankel, J., Dooley, M. (Eds.), Managing currency crises in emerging markets. University of Chicago Press, Chicago, IL.

Eichengreen, B., Rose, A., Wyplosz, C., 1996. Contagious currency crises. Scand. J. Econ. 98 (4), 463-484.

Estevadeordal, A., Taylor, A., 2008. Is the Washington consensus dead? Growth, openness, and the great liberalization, 1970s-2000s. NBER Working Paper No. 14264.

Evrensel, A. Y., 2002. Effectiveness of IMF-supported stabilization programs in developing countries. Journal of International Money and Finance 21 (5), 565-587.

Faini, R., de Melo, J., Senhadji-Semlali, A., Stanton, J., 1991. Macro performance under adjustment lending. In: Thomas, V., Chibber, A., Dailami, M., de Melo, J. (Eds.), Restructuring economies in distress: Policy reform and the World Bank. The World Bank, Washington, D. C., pp. 222-242.

Fernandez-Arias, E., 1996. The new wave of private capital inflows: Push or pull?. J. Dev. Econ. 48 (2), 389-418.

Fischer, S, 1982. Seigniorage and the case for a national money. J. Polit. Econ. 90(2), 295-313.

Fischer, S., 1986. Indexation, inflation and economic policy. MIT Press, Cambridge, MA.

Fischer, S, 1988. Real balances, the exchange rate, and indexation: Real variables in disinflation. Q. J. Econ. 103(1),27-49.

Fischer, S, 1991. Growth, macroeconomics, and development. NBER Macroeconomics Annual 6,329-364.

Fischer, S., 1993. The role of macroeconomic factors in growth. J. Monet. Econ. 32 (3), 485-512.

Fischer, S., 1997. Capital account liberalization and the role of the IMF. Speech. Also in IMF essays from a time of crisis.

Fischer, S., 1999. On the need for an international lender of last resort. J. Econ. Perspect. 13 (4), 85-104.

Fischer, S., 2001. Exchange rate regimes: Is the bipolar view correct?. J. Econ. Perspect. 15 (2), 3-24.

Fischer, S., 2004. IMF essays from a time of crisis: The international financial system, stabilization, and development. MIT Press, Cambridge, MA.

Fischer, S., Sahay, R., Vegh, C., 2002. Modern hyper- and high inflations. Journal of Economic Literature American Economic Association 40 (3), 837-880.

Flood, R., Garber, P., 1984. Collapsing exchange-rate regimes: Some linear examples. J. Int. Econ. 17 (1-2), 1-13.

Flood, R., Marion, N, 2001. Perspectives on the recent currency crisis literature. In: Calvo, G., Dornbusch, R., Obstfeld, M. (Eds.), Money, capital mobility, and trade: Essays in honor of Robert Mundell. MIT Press, Cambridge, MA, pp. 207-249.

Flood, R., Rose, A., 2002. Uncovered interest parity in crisis. IMF Staff Papers 49 (2), 252-266.

Forbes, K., 2002. Are trade linkages important determinants of country vulnerability to crises?. In: Edwards, S., Frankel, J. (Eds.), Preventing currency crises in emerging markets. University of Chicago Press, Chicago, IL.

Forbes, K., 2007. One cost of the Chilean capital controls: Increased financial constraints for smaller firms. J. Int. Econ. 71 (2), 294-323.

Forbes, K., Chinn, M., 2004. A decomposition of global linkages in financial markets over time. Rev. Econ. Stat. 86 (3), 705-722.

Forbes, K., Rigobon, R., 2000. Contagion in Latin America: Definitions, measurement, and policy implications. Economia 1 (2), 1-46.

Forbes, K., Rigobon, R., 2002. No contagion, only interdependence: Measuring stock market comovements. J. Finance 57 (5), 2223-2261.

Fraga, A., Goldfajn, I., Minella, A., 2003. Inflation targeting in emerging market economies. In: Gertler, M., Rogoff, K. (Eds.), NBER macroeconimics annual 2003. MIT Press, Cambridge, MA.

Frankel, J., 1995. Monetary regime choices for a semi-open country. In: Edwards, S. (Ed.), Capital controls, exchange rates and monetary policy in the world economy. Cambridge University Press, Cambridge, UK, pp. 35-69.

Frankel, J., 2003a. Coping with crises in emerging markets: Adjustment versus financing. In: Das, D. (Ed.), Perspectives in global finance. Routledge, London, UK.

Frankel, J., 2003b. A proposed monetary regime for small commodity exporters: Peg the export price (PEP). International Finance 6 (1), 61-88.

Frankel, J., 2004. Experience of and lessons from exchange rate regimes in emerging economies. In: Asian Development Bank, (Ed.), Monetary and financial integration in East Asia: The way ahead. Palgrave Macmillan Press, New York, pp. 91-138.

Frankel, J., 2005. Contractionary currency crashes in developing countries. IMF Staff Papers, 149-192.

Frankel, J., 2010a. Are bilateral remittances countercyclical?. Open Econ. Rev. 22, 1-16.

Frankel, J., 2010b. A comparison of monetary anchor options including product price targeting for commodity-exporters in Latin America. NBER Working Paper No. 16362.

Frankel, J, 2010c. The natural resource curse: A survey. In: Shaffer, B. (Ed.), Export perils. University of Pennsylvania Press, Philadelphia(in press).

Frankel, J., Okongwu, C., 1996. Liberalized portfolio capital inflows in emerging markets: Sterilization, expectations, and the incompleteness of interest rate convergence. International Journal of Finance and Economics 1 (1), 1-23.

Frankel, J., Poonawala, J., 2010. The forward market in emerging currencies: Less biased than in major currencies. Journal of International Money and Finance 29(3), 585-598.

Frankel, J., Rose, A., 1996. Currency crashes in emerging markets: An empirical treatment. J. Int. Econ. 41 (3-4), 351-366.

Frankel, J., Roubini, N., 2003. The role of industrial country policies in emerging market crises. In: Feldstein, M. (Ed.), Economic and financial crises in emerging market economies. University of Chicago Press, Chicago, IL.

Frankel, J., Schmukler, S., 1996. Country fund discounts and the Mexican crisis of 1994: Did Mexican residents turn pessimistic before international investors?. Open Economies Review 7, 511-534.

Frankel, J., Wei, S.-J., 2007. Assessing China's exchange rate regime. Economics Policy 51, 575-614.

Frankel, J., Wei, S.-J., 2008. Estimation of de facto exchange rate regimes: Synthesis of the techniques for inferring flexibility and basket weights. IMF Staff Papers 55.

Frankel, J. , Parsley, D, Wei, S. -J. , 2005. Slow passthrough around the world: A new import for developing countries?. NBER Working Paper No. 11199.

Frankel, J. , Schmukler, S. , Servén, L. , 2000. Verifiability and the vanishing intermediate exchange rate regime. In: Collins, S. , Rodrik, D. (Eds.), Brookings trade forum 2000. Brookings Institution, Washington D. C.

Frankel, J. , Smit, B. , Sturzenegger, F. , 2008. South Africa: Macroeconomic challenges after a decade of success. Economics of Transition 16 (4), 639-677.

Frankel, J. , Wei, S. J, 1994. Yen bloc or dollar bloc? Exchange rate policies of the east Asian economies. In: Ito, T. , Kueger, A. (Eds.), Macroeconomic linkages: Savings, exchange rates, and capital flows. University of Chicago Press, Chicago, IL.

Frenkel, J. , 1974. The demand for international reserves by developed and less-developed countries. Economica. 41(161), 14-24.

Frenkel, J. , Jovanovic, B. , 1981. Optimal international reserves: A stochastic framework. Econ. J. 9, 507-514.

Friedman, B. , 2000. How easy should debt restructuring be?. In: Adams, C. , Litan, R. , Pomerleano, M. (Eds.), Managing financial and corporate distress: Lessons from Asia. The Brookings Institution, Washington, D. C. , pp. 21-46.

Friedman, B, 2004. The LM curve: A not-so-fond farewell. In: Thatcher, (Ed.), Macroeconomics, monetary policy, and financial stability. Bank of Canada, Ottawa.

Furman, J. , Stiglitz, J. , 1998. Economic crises: Evidence and insights from East Asia. Brookings Pap. Econ. Act. 2, 115-135.

Gavin, M. , Hausmann, R. , Perotti, R. , Talvi, E. , 1997. Managing fiscal policy in Latin America and the Caribbean: Volatility, procyclicality, and limited creditworthiness. Revista del Banco Central de Venezuela XI (1) Inter-American Development Bank.

Gavin, M. , Perotti, R. , 1997. Fiscal policy in Latin America. In: Bernanke, B. S. , Rotemberg, J. (Eds.), NBER macroeconomics annual 1997. MIT Press, Cambridge, MA, pp. 11-72.

Ghironi, F. , Melitz, M. , 2005. International trade and macroeconomic dynamics with heterogeneous firms. Q. J. Econ. 120 (3), 865-915.

Ghosh, A. , Gulde, A. M. , Wolf, H. , 2000. Currency boards: More than a quick fix?. Economic Policy 31, 270-335.

Ghosh, A. , Gulde, A. M. , Wolf, H. , 2003. Exchange rate regimes: Choices and consequences. MIT Press, Cambridge, MA.

Giavazzi, F. , Goldfajn, I. , Herrera, S. , 2005. Overview: Lessons from Brazil. In: Inflation targeting, debt, and the Brazilian experience, 1999 to 2003. MIT Press, Cambridge, MA.

Giavazzi, F. , Jappelli, T. , Pagano, M. , 2000. Searching for non-linear effects of fiscal policy: Evidence from industrial and developing countries. Eur. Econ. Rev. 44 (7), 1259-1289.

Glick, R., Rose, A., 1999. Contagion and trade: Why are currency crises regional?. Journal of International Money and Finance 18 (4), 603-617.

Goetzmann, W., Jorion, P., 1999. Re-emerging markets. Journal of Financial and Quantitative Analysis 34, 1-32.

Goldfajn, I., Werlang, S, 2000. The pass-through from depreciation to inflation: A panel study. Economics Department, PUC-Rio, Texto Para Discussao No. 424.

Goldstein, M., Kaminsky, G., Reinhart, C., 2000. Assessing financial vulnerability: An early warning system for emerging markets. Institute for International Economics, Washington D. C.

Goldstein, M., Khan, M, 1985. Income and price effects in foreign trade. In: Jones, R., Kenen, P. (Eds.), Handbook of international economics. North-Holland, Amsterdam, pp. 1041-1105.

Goldstein, M., Lardy, N., 2009. The future of China's exchange rate regime. Petersen Institute for International Economics, Washington Policy analyses in international economics. 87.

Goldstein, M., Turner, P., 2004. Controlling currency mismatches in emerging markets. Institute for International Economics, Washington D. C.

Gonçalves, C. E., Salles, J., 2008. Inflation targeting in emerging economies: What do the data say?. J. Dev. Econ. 85 (1-2), 312-318.

Goodfriend, M., Prasad, E., 2007. A framework for independent monetary policy in China. CESifo Economic Studies.

Goto, J., Hamada, K., 1994. Economic preconditions for Asian regional integration. In: Ito, T., Krueger, A. (Eds.), Macroeconomic linkages: Savings, exchange rates, and capital flows, NBER — East Asia seminar on economics. 3, University of Chicago Press, Chicago, IL, pp. 359-388.

Gourinchas, P. O., Jeanne, O, 2006. The elusive gains from international financial integration. Rev. Econ. Stud. 73 (3), 715-741.

Gourinchas, P. O., Jeanne, O., 2009. Capital flows to developing countries: The allocation puzzle. NBER Working Paper 13602.

Guidotti, P., 2003. Toward a liquidity management strategy for emerging market countries. In: Gonzalez, J. A., Corbo, V., Krueger, A., Tornell, A. (Eds.), Latin American macroeconomic reforms: The second stage. University of Chicago Press, Chicago, IL, pp. 293-326.

Guidotti, P., Sturzenegger, F., Villar, A, 2004. On the consequences of sudden stops. Economia 4 (2), 171-214.

Gutiérez, E., 2003. Inflation performance and constitutional central bank independence: Evidence from Latin America and the Caribbean. IMF Working Paper.

Haan, J., Kooi, W. J., 2000. Does central bank independence really matter? New evidence for developing countries using a new indicator. Journal of Banking and Finance 24 (4), 643-664.

Haan, J., Masciandaro, D., Quintyn, M., 2008. Does central bank independence still matter?. J. Polit. Econ. 24 (4), 717-721.

Hall, R., Jones, C., 1999. Why do some countries produce so much more output per worker than others?. Q. J. Econ. 114 (1), 83-116.

Hammond, G., Kanbur, R., Prasad, E. (Eds.), 2009. Monetary policy frameworks for emerging markets. Edward Elgar Publishing, Cheltenham, UK.

Hanke, S., Schuler, K., 1994. Currency boards for developing countries: A handbook. ICS Press, San Francisco, CA.

Hanson, J., 1983. Contractionary devaluation, substitution in production and consumption, and the role of the labor market. J. Int. Econ. 14 (1-2), 179-189.

Haque, N., Khan, M., 2002. Do IMF-supported programs work? A survey of the cross-country empirical evidence. In: Khan, M., Nsouli, S., Wong, C. H. (Eds.), Macroeconomic management: Programs and policies. IMF, pp. 38-57.

Harberger, A., 1980. Vignettes on the world capital market. Am. Econ. Rev. 70 (2), 331-337.

Harberger, A., 1986. Economic adjustment and the real exchange rate. In: Edwards, S., Ahamed, L. (Eds.), Economic adjustment and exchange rates in developing countries. University of Chicago Press, Chicago, IL, pp. 369-424.

Harvey, C., 1995. Predictable risk and returns in emerging markets. Rev. Financ. Stud. 8, 773-816.

Hausmann, R., Gavin, M., Pages-Serra, C., Stein, E, 1999. Why do countries float the way they do?. In: New initiatives to tackle international financial turmoil. Inter-American Development Bank Annual Meetings of the Board of Governors, Paris.

Hausmann, R., Panizza, U., 2003. On the determinants of original sin: An empirical investigation. Journal of International Money and Finance 22 (7), 957-990.

Hausmann, R., Panizza, U., Rigobon, R., 2006. The long-run volatility puzzle of the real exchange rate. Journal of International Money and Finance 25 (1), 93-124.

Hausmann, R., Rojas-Suárez, L. (Eds.), 1996. Banking crises in Latin America. Inter-American Development Bank, Washington, D.C.

Henry, P, 2000a. Do stock market liberalizations cause investment booms?. Journal of Financial Economics 58 (1-2), 301-334.

Henry, P., 2000b. Stock market liberalization, economic reform, and emerging market equity prices. J. Finance 55 (2), 529-564.

Henry, P., 2003. Capital account liberalization, the cost of capital, and economic growth. Am. Econ. Rev. 93 (2), 91-96.

Henry, P. , 2007. Capital account liberalization: Theory, evidence, and speculation. J. Econ. Lit. 45 (4), 887-935.

Henry, P. , Arslanalp, S. , 2005. Is debt relief efficient?. J. Finance 60 (2), 1017-1051.

Henry, P. , Sasson, D. , 2008. Capital account liberalization, real wages, and productivity. NBER Working Paper No. 13880.

Holmes, M. , 2005. What do savings-investment correlations tell us about the international capital mobility of less developed countries?. Journal of Economic Integration 20 (3), 590-603.

Hoxha, I. , Kalemli-Ozcan, S. , Vollrath, D. , 2009. How big are the gains from international financial integration. NBER Working Paper 14636.

Husain, A. , Mody, A. , Rogoff, K. , 2005. Exchange rate regime durability and performance in developing vs. advanced economies. J. Monet. Econ. 52 (1), 35-64.

Hutchison, M. , 2003. A cure worse than the disease? Currency crises and the output costs of IMF-supported stabilization programs. In: Dooley, M. , Frankel, J. (Eds.), Managing currency crises in emerging markets. University of Chicago Press, Chicago, IL, pp. 321-354.

Ilzetzki, E. , Mendoza, E. , Vegh, C. , 2009. How big are fiscal multipliers?. CEPR Policy Insight No. 39.

Ito, H. , Chinn, M. , 2007. Price-based measurement of financial globalization: A cross-country study of interest rate parity. Pacific Economic Review 12 (4), 419-444.

Jácome, L. , Vázquez, F. , 2008. Is there any link between legal central bank independence and inflation? Evidence from Latin America and the Caribbean. European J. Polit. Econ. 24 (4), 788-801.

Jeanne, O. , 1997. Are currency crises self-fulfilling: A test. J. Int. Econ. 43 (3-4), 263-286.

Jeanne, O. , 2005. Why do emerging market economies borrow in foreign currency?. In: Eichengreen, B. , Hausmann, R. (Eds.), Other people's money: Debt denomination and financial instability in emerging market economies. University of Chicago Press, Chicago, IL.

Jeanne, O. , 2007. International reserves in emerging market countries: Too much of a good thing?. Brookings Pap. Econ. Act. 1, 1-55.

Jeanne, O. , Ranciere, R. , 2009. The optimal level of international reserves for emerging market countries: A new formula and some applications. CEPR Discussion Paper.

Jeanne, O. , Zettelmeyer, J. , 2005. Original sin, balance sheet crises and the roles of international lending. In: Eichengreen, B. , Hausmann, R. (Eds.), Other people's money: Debt Denomination and financial instability in emerging market economies. University of Chicago Press, Chicago, IL.

Johnson, S. , Boone, P. , Breach, A. , Friedman, E, 2000. Corporate governance in the Asian financial crisis. Journal of Financial Economics 58, 141-186.

Johnson, S., La Porta, R., Lopez-de-Silanes, F., Shleifer, A., 2000. Tunneling. Am. Econ. Rev. 90 (2), 22-27.

Johnson, S., Mitton, T., 2003. Cronyism and capital controls: Evidence from Malaysia. Journal of Financial Economics 67 (2), 351-382.

Jonas, J., Mishkin, F, 2005. Inflation targeting in transition economies: Experience and prospects. In: Bernanke, B., Woodford, M. (Eds.), The inflation-targeting debate. University of Chicago Press, Chicago, IL.

Joyce, J., 1992. The economic characteristics of IMF program countries. Econ. Lett. 38 (2), 237-242.

Junguito, R., Vargas, H., 1996. Central bank independence and foreign exchange policies in Latin America. Banco de la Republica de Colombia, Bogota Borradores de Economia, 046.

Kalemli-Ozcan, S., Reshef, A., Sorensen, B., Yosha, O, 2009. Why does capital flow to rich states?. Rev. Econ. Stat. (in press).

Kamas, L., 1986. The balance of payments offset to monetary policy: Monetarist, portfolio-balance, and Keynesian estimates for Mexico and Venezuela. J. Money Credit Bank. 18 (4), 467-481.

Kamin, S., Von Kleist, K., 1999. The evolution and determinants of emerging markets credit spreads in the 1990s. BIS Working Paper No. 68.

Kamin, S., 1988. Devaluation, external balance, and macroeconomic performance: A look at the numbers. Studies in International Finance. Princeton University No. 62, August.

Kaminsky, G., 2008. Crises and sudden stops: Evidence from international bond and syndicated-loan markets. NBER Working Paper No. 14249.

Kaminsky, G., Lizondo, S., Reinhart, C., 1998. Leading indicators of currency crises. International Monetary Fund Staff Papers 45 (1), 1-48.

Kaminsky, G., Reinhart, C., 1999. The twin crises: Causes of banking and balance of payments problems. Am. Econ. Rev. 89 (3), 473-500.

Kaminsky, G., Reinhart, C., 2000. On crises, contagion, and confusion. J. Int. Econ. 51 (1), 145-168.

Kaminsky, G., Reinhart, C., 2002. Financial markets in times of stress. J. Dev. Econ. 69 (2), 451-470 NBER Working Paper No. 8569.

Kaminsky, G., Reinhart, C., 2008. The center and the periphery: The globalization of financial turmoil. In: Reinhart, C.M., Vegh, C.A., Velasco, A. (Eds.), Money, crises, and transition: Essays in honor of Guillermo Calvo. MIT Press, Cambridge, MA, pp. 171-216. NBER Working Paper No. 9479.

Kaminsky, G., Reinhart, C., Vegh, C., 2003. The unholy trinity of financial contagion. J. Econ. Perspect. 17 (4), 99-118.

Kaminsky, G., Reinhart, C., Vegh, C., 2004. When it rains, it pours: Procyclical capital flows and macroeconomic policies. NBER Macroeconomics Annual 19, 11-82.

Kaminsky, G., Schmukler, S., 1999. What triggers market jitters? A chronicle of the Asian crisis. Journal of International Money and Finance 18 (4), 537-560.

Kaminsky, G., Schmukler, S., 2002. Emerging market instability: Do sovereign ratings affect country risk and stock returns?. World Bank Econ. Rev. 16 (2), 171-195.

Kaminsky, G., Schmukler, S., 2008. Short-run pain, long-run gain: The effects of financial liberalization. Eur. Finan. Rev. 12, 253-292.

Kapur, D., 2005. Remittances: The new development mantra?. In: Maimbo, S. M, Ratha, D. (Eds.), Remittances development impact and future prospects. The World Bank, Washington D. C.

Kenen, P., 2001. The international financial architecture: What's new? What's missing?. Institute for International Economic, Washington, D. C.

Kiguel, M., Liviatan, N., 1992. The business cycle associated with exchange rate-based stabilizations. World Bank Econ. Rev. 6 (2), 279-305.

Kim, W., Wei, S. J., 2002. Foreign portfolio investors before and during a crisis. J. Int. Econ. 56 (1), 77-96.

King, R., Levine, R., 1993. Finance and growth: Schumpeter might be right. Q. J. Econ. 108 (3), 717-737.

Kiyotaki, N., Moore, J., 1997. Credit Cycles. J. Polit. Econ. 105 (2), 211-248.

Klein, M., 2003. Capital account openness and the varieties of growth experience. NBER Working Paper No. 9500.

Klein, M., Marion, N, 1997. Explaining the duration of exchange-rate pegs. J. Dev. Econ. 54 (2), 387-404.

Klein, M., Olivei, G., 2008. Capital account liberalization, financial development, and economic growth. Journal of International Money and Finance 27 (6), 861-875. NBER Working Paper 7384.

Kose, M. A., Prasad, E., Rogoff, K., Wei, S. J., 2009. Financial globalization: A reappraisal. IMF Staff Papers 56 (1), 8-62.

Kose, M. A., Prasad, E., Taylor, A., 2009. Threshold conditions in the process of international financial integration. NBER Working Paper No. 14916.

Kose, M. A., Prasad, E., Terrones, M., 2009. Does financial globalization promote risk sharing?. J. Dev. Econ. 89, 258-270.

Kouri, P., Porter, M., 1974. International capital flows and portfolio equilibrium. J. Polit. Econ. 82, 443-467.

Kravis, I., Lipsey, R., 1988. National price levels and the prices of tradables and nontradables. Am. Econ. Rev. 78 (2), 474-478.

Krueger, A., 2003. IMF stabilization programs. In: Feldstein, M. (Ed.), Economic and financial crises in emerging market economies. University of Chicago Press, Chicago, IL.

Krugman, P., 1979. A model of balance-of-payments crises. J. Money Credit Bank. 11 (3), 311-325.

Krugman, P., 1988. Financing versus forgiving a debt overhang. J. Dev. Econ. 29, 253-268.

Krugman, P., 1991. Target zones and exchange rate dynamics. Q. J. Econ. 106 (3), 669-682.

Krugman, P., 1998. What happened to Asia?. MIT January.

Krugman, P., 1999. Balance sheets effects, the transfer problem and financial crises. In: Isard, P., Razin, A., Rose, A. (Eds.), International finance and financial crises: Essays in honor of Robert P. Flood, Jr. Kluwer Academic Publishers, The Netherlands, pp. 31-44.

Krugman, P., Taylor, L., 1978. Contractionary effects of devaluation. J. Int. Econ. 8 (3), 445-456.

Kydland, F., Prescott, E., 1977. Rules rather than discretion: The inconsistency of optimal plans. J. Polit. Econ. 85 (3), 473.

Lahiri, A., Vegh, C., 2003. Delaying the inevitable: Interest rate defense and balance of payments crises. J. Polit. Econ. 111 (2), 404-424.

Lahiri, A., Vegh, C., 2007. Output costs, currency crises and interest rate defense of a peg. Economic Journal 117 (516), 216-239.

Landström, M., 2008. Do central bank independence reforms matter for inflation performance?. University of Gävle, Gävle, Sweden.

Lane, P., Tornell, A., 1998. Voracity and growth. NBER Working Paper No. 6498. Voracity and growth in discrete timeEconomic Letters 62 (1), 139-145.

Lane, T., Phillips, S., 2001. IMF financing and moral hazard. Finance and Development 38 (2) Revised. Does IMF financing lead to moral hazard? IMF Working Paper WP/00/168. Washington, D. C.

La Porta, R., Lopez-de-Silanes, F., Shleifer, A., Vishny, R., 1997. Legal determinants of external finance. Journal of Finance (American Finance Association) 52 (3), 1131-1150.

Larrain, F. (Ed.), 2000. Capital flows, capital controls, and currency crises: Latin America in the 1990s. University of Michigan Press, Ann Arbor, MI.

Larrain, F., Velasco, A., 2001. Exchange rate policy in emerging markets: The case for floating. Princeton University Press, Princeton NJ Studies in International Economics 224.

Laxton, D., Pesenti, P., 2003. Monetary rules for small, open, emerging economies. J. Monet. Econ. 50 (5), 1109-1146. NBER Working Paper No. 9568.

Levchenko, A., 2004. Financial liberalization and consumption volatility in developing countries. IMF Staff Papers 52 (2), 237-259.

Levine, R., Loayza, N., Beck, T., 2000. Financial intermediation and growth: Causality and causes. J. Monet. Econ. 16 (1), 31-77.

Levy-Yeyati, E., Sturzenegger, F., 2000. The Euro and Latin America: Is EMU a blueprint for Mercosur?. American Journal of Economics 110, 63-99.

Levy-Yeyati, E., Sturzenegger, F., 2001. Exchange rate regimes and economic performance. IMF Staff Papers.

Levy-Yeyati, E., Sturzenegger, F., 2003a. To float or to trail: Evidence on the impact of exchange rate regimes on growth. Am. Econ. Rev. 93 (4), 1173-1193.

Levy-Yeyati, E., Sturzenegger, F., 2003b. A de facto classification of exchange rate regimes: A methodological note. Am. Econ. Rev. 93 (4), 1173-1193.

Levy-Yeyati, E., Sturzenegger, F., 2005. Classifying exchange rate regimes: Deeds vs. words. Eur. Econ. Rev. 49 (6), 1603-1635.

Liang, P., Ouyang, A., Willett, T., 2009. The RMB debate and international influences on China's money and financial markets. In: Barth, J., Tatom, J., Yago, G. (Eds.), China's emerging financial markets: Challenges and opportunities. Springer, New York, pp. 267-299.

Lipsey, R. E., 2001. Foreign direct investors in three financial crises. NBER Working Paper No. 8084.

Loayza, N., Ranciere, R., 2006. Financial development, financial fragility, and growth. J. Money Credit Bank. 38 (4), 1051-1076.

Loayza, N., Sehmidt-Hebbel, K., 2002. Monetary policy functions and transmission mechanisms: An overview. Chapter 1 in monetary policy: Rules and transmission mechanisms. Vol. 4, Central Bank of Chile, 1-20.

Loayza, N., Soto, R., 2002. Inflation targeting: design, performance, challenges. Central Bank of Chile, Santiago.

Lora, E., Olivera, M., 2005. The electoral consequences of the washington consensus. Research Department (Inter-American Development Bank) RES Working Paper 4405.

Lucas, R., 1990. Why doesn't capital flow from rich to poor countries?. Am. Econ. Rev. 80, 92-96.

Magud, N., Reinhart, C., 2007. Capital controls: An evaluation. In: Edwards, S. (Ed.), Capital controls and capital flows in emerging economies: Policies, practices, and consequences. University of Chicago Press, Chicago, IL. NBER Working Paper 11973.

Marquez, J, 2002. Income and price effects of Asian trade. In: Estimating trade elasticities. Kluwer Academic Publishers, The Netherlands, pp. 91-102.

Martin, P., Rey, H., 2006. Globalization and emerging markets: With or without crash?.

Am. Econ. Rev. 96 (5), 1631-1651.

Martinez, P., Soledad, M., Schmukler, S., 2001. Do depositors punish banks for bad behavior? Market discipline, deposit insurance, and banking crises. J. Finance LVI (3), 1029.

Mas, I., 1995. Central bank independence: A critical view from a developing country perspective. World Dev. 23 (10), 1639-1652.

Masson, P., 2001. Exchange rate regime transitions. J. Dev. Econ. 64, 571-586.

Masson, P., 1999. Contagion: Monsoonal effects and jumps between multiple equilibria. In: Pierre-Richard, A. (Ed.), The Asian financial crisis: Cause, contagion and consequences. Cambridge University Press, Cambridge.

Masson, P., Savastano, M., Sharma, S., 1997. The scope for inflation targeting in developing countries. IMF Working Paper 97/130.

McKibbin, W., Singh, K., 2003. Issues in the choice of a monetary regime for India. Australian National University Brookings Discussion Papers in International Economics, 154.

McKinnon, R., 1963. Optimum currency areas. Am. Econ. Rev. 53, 657-665.

McKinnon, R., 1973. Money and capital in economic development. The Brookings Institution, Washington, D. C.

McKinnon, R., 1993. The order of economic liberalization: Financial control in the transition to a market economy. Johns Hopkins University Press, Baltimore, MD.

McKinnon, R., 2004. The east Asian dollar standard. China Economic Review 15 (3), 325-330.

McKinnon, R., Pill, H., 1997. Credible economic liberalizations and overborrowing. Am. Econ. Rev. 87, 189-193.

Meltzer, A., 2000. Report of the International Financial Institution Advisory Commission. Submitted to the U. S. Congress and U. S. Department of the Treasury.

Mendoza, E., 2002. Credit, prices and crashes: Business cycles with a sudden stop. In: Frankel, J., Edwards, S. (Eds.), Preventing currency crises in emerging markets. University of Chicago Press, Chicago, IL.

Mendoza, E., 2006. Lessons from the debt-deflation theory of sudden stops. NBER Working Paper No. 11966.

Mendoza, E., Oviedo,, P. M., 2006. Fiscal policy and macroeconomic uncertainty in developing countries: The tale of the tormented insurer. NBER Working Paper No. W12586.

Mendoza, E., Smith, K. A., 2006. Quantitative implications of a debt-deflation theory of sudden stops and asset prices. J. Int. Econ. 70, 82-114.

Mendoza, E., Terrones, M., 2008. An anatomy of credit booms: Evidence from macro aggregates and micro data. NBER Working Paper No. 14049.

Milesi-Ferretti, G. M., Razin, A., 1998. Sharp reductions in current account deficits: An empirical analysis. Eur. Econ. Rev. 42, 897-908.

Milesi-Ferretti, G. M., Razin, A., 2000. Current account reversals and currency crises: Empirical regularities. In: Krugman, P. (Ed.), Currency crises. University of Chicago Press, Chicago, IL.

Mishkin, F., 2000. Inflation targeting for emerging-market countries. Am. Econ. Rev. 90 (2), 105-109.

Mishkin, F., 2003. Financial policies and the prevention of financial crises in emerging market countries. In: Feldstein, M. (Ed.), Economic and financial crises in emerging market economies. University of Chicago Press, Chicago, IL.

Mishkin, F., 2008. Can inflation targeting work in emerging market countries?. In: Reinhart, C., Vegh, C., Velasco, A. (Eds.), Money, crises, and transition: Essays in honor of Guillermo Calvo, NBER Working Paper No. 10646.

Mishkin, F., 2007. Is financial globalization beneficial?. J. Money Credit Bank. 39 (2-3), 259-294 NBER Working Paper No. 11891.

Mishkin, F., Savastano, M., 2002. Monetary policy strategies for emerging market countries: Lessons from Latin America. Comp. Econ. Stud. XLIV (2), 45-83.

Mishkin, F., Schmidt-Hebbel, K., 2002. One decade of inflation targeting in the world: What do we know and what do we need to know?. In: Loayza, N., Soto, R. (Eds.), Inflation targeting: Design, performance, challenges. Central Bank of Chile, Santiago, pp. 117-219. Monetary policy strategy. MIT Press, Cambridge, MA.

Montiel, P., 1996. Managing economic policy in the face of large capital inflows: What have we learned?. In: Calvo, G., Goldstein, M. (Eds.), Private capital flows to emerging markets after the Mexican crisis. Institute for International Economics, Washington D. C.

Montiel, P., Lizondo, S., 1989. Contractionary devaluation in developing countries: An analytical overview. IMF Staff Papers.

Montiel, P., Reinhart, C., 2001. The dynamics of capital movements to emerging economies during the 1990s. In: Griffith-Jones, S., Montes, M., Nasution, A. (Eds.), Short-term capital flows and economic crises. Oxford University Press, Oxford, pp. 3-28.

Morck, R., Yeung, B., Yu, W., 2000. The information content of stock markets: Why do emerging markets have synchronous stock price movements?. Journal of Financial Economics 58 (1-2), 215-260.

Morley, S., 1992. On the effect of devaluation during stabilization programs in LDCs. Rev. Econ. Stat. 74 (1), 21-27.

Morris, S., Shin, H. S., 1998. Unique equilibrium in a model of self-fulfilling currency attacks. Am. Econ. Rev., 587-597.

Mulder, C., Perrelli, R., Rocha, M., 2002. The role of corporate, legal and macroeconomic balance sheet indicators in crisis detection and prevention. IMF Working Paper 02/59.

Mundell, R., 1961. A theory of optimum currency areas. Am. Econ. Rev. 51, 509-517.

Nunnenkamp, P., Schweickert, R., 1990. Adjustment policies and economic growth in developing countries — Is devaluation contractionary? Review of World Economics 126 (3), 474-493.

Obstfeld, M., 1986a. Speculative attack and the external constraint in a maximizing model of the balance of payments. Can. J. Econ. 19 (1), 1-22.

Obstfeld, M., 1986b. Rational and self-fulfilling balance-of-payments crises. Am. Econ. Rev. 76 (1), 72-81.

Obstfeld, M., 1996. Models of currency crises with self-fulfilling features. Eur. Econ. Rev. 90, 1037-1047.

Obstfeld, M., 1998. The global capital market: Benefactor or menace?. J. Econ. Perspect. 12 (4), 9-30.

Obstfeld, M., 2009. International finance and growth in developing countries: What have we learned?. NBER Working Paper 14691.

Obstfeld, M., Rogoff, K., 1995. The mirage of fixed exchange rates. J. Econ. Perspect. 9 (4), 73-96.

Obstfeld, M., Shambaugh, J., Taylor, A, 2005. The trilemma in history: Tradeoffs among exchange rates, monetary policies, and capital mobility. Rev. Econ. Stat. 87 (3), 423-438.

Obstfeld, M., Shambaugh, J., Taylor, A., 2009. Financial instability, reserves, and central bank swap lines in the panic of 2008. Am. Econ. Rev. 99 (2), 480-486.

Obstfeld, M., Shambaugh, J., Taylor, A, 2010. Financial stability, the trilemma, and international reserves. American Economic Journal: Macroeconomics (in press).

Ouyang, A., Rajan, R., Willett, T., 2007. China as a reserve sink: The evidence from offset and sterilization coefficients. Hong Kong Institute for Monetary Research Working Paper.

Parsley, D., Wei, S. J., 2001. Explaining the border effect: The role of exchange rate variability, shipping costs, and geography. J. Int. Econ. 55 (1), 87-106.

Pathak, P., Tirole, J., 2006. Speculative attacks and rick managenent. IDEI Working Papers 438. Institut d'Économic Industielle (IDEI), Toulouse.

Perry, G., 2009. Beyond lending: How multilateral banks can help developing countries manage volatility. Center for Global Development, Washington, D. C.

Persson, T., Tabellini, G., 2000. Political economics: Explaining economic policy. MIT Press, Cambridge, MA.

Persson, T., Tabellini, G., 2003. The economic effects of constitutions. MIT Press, Cambridge, MA.

Prasad, E. , Rajan, R. , 2008. A pragmatic approach to capital account liberalization. J. Econ. Perspect. 22 (3), 149-172.

Prasad, E. , Rajan, R. , Subramanaian, A. , 2007. Foreign capital and economic growth. Brookings Pap. Econ. Act. 1, 153-230.

Prasad, E. , Rogoff, K. , Wei, S. J. , Kose, M. A. , 2003. Effects of financial globalization on developing countries: Some empirical evidence. NBER Working Paper 10942.

Prasad, E. , Rogoff, K. , Wei, S. J. , Kose, M. A. , 2010. Financial globalization and macroeconomic policies. In: Rodrik, D. , Rosenzweig, M. (Eds.), Handbook of development economics. North-Holland, Amsterdam.

Prasad, E. , Wei, S. J. , 2007. The Chinese approach to capital inflows: Patterns and possible explanations. In: Edwards, S. (Ed.), Capital controls and capital flows in emerging economies: Policies, practices, and consequences. University of Chicago Press, Chicago, IL.

Quinn, D. , 1997. Correlates of changes in international financial regulation. American Political Science Review 91 (3), 531-551.

Radelet, S. , Sachs, J. , 1998. The east Asian financial crisis: Diagnosis, remedies, prospects. Brookings Pap. Econ. Act. 1, 1-74, 88-90.

Rajan, R. , Shen, C. H. , 2006. Why are crisis-induced devaluations contractionary? Exploring alternative hypotheses. Journal of Economic Integration 21 (3), 526-550.

Rajan, R. , Zingales, L. , 1998a. Financial dependence and growth. Am. Econ. Rev. 88 (3), 559-586.

Rajan, R. , Zingales, L. , 1998b. Which capitalism? Lessons from the east Asian crisis. Journal of Applied Corporate Finance 11 (3), 40-48.

Ramcharan, R. , 2007. Does the exchange rate regime matter for real shocks? Evidence from windstorms and earthquakes. J. Int. Econ. 73 (1), 31-47.

Ranciere, R. , 2002. Credit derivatives in emerging markets. Universitat Pompeu Fabra. Economics Working Papers No. 856.

Ranciere, R. , Tornell, A. , Westermann, F. , 2008. Systemic crises and growth. Q. J. Econ. 123 (1), 359-406.

Razin, A. , Sadka, E. , Yuen, C. W. , 1998. A pecking order of capital inflows and international tax principles. J. Int. Econ. 44, 45-68.

Reinhart, C. , 2000. The mirage of floating exchange rates. Am. Econ. Rev. 90 (2), 65-70.

Reinhart, C. , Reinhart, V. , 2003. Twin fallacies about exchange rate policy in emerging markets. Moneda y Crédito 216, 11-29. Ekonomika, Bulletin of the Malaysian Economic Association. NBER Working Paper No. 9670.

Reinhart, C. , Reinhart, V. , 2009. Capital flow bonanzas: An encompassing view of the past and present. In: Frankel, J., Pissarides, C. (Eds.), NBER international seminar in macroeconomics 2008. University of Chicago Press, Chicago, IL.

Reinhart, C., Rogoff, K., 2004a. The modern history of exchange rate arrangements: A reinterpretation. Q. J. Econ. 119 (1), 1-48.

Reinhart, C., Rogoff, K., 2004b. Serial default and the "paradox" of rich-to-poor capital flows. Am. Econ. Rev. 94 (2), 53-58.

Reinhart, C., Rogoff, K., Savastano, M., 2003a. Debt intolerance. In: Brainard, W., Perry, G. (Eds.), Brookings Papers on Economic Activity. 1, 1-74.

Reinhart, C., Rogoff, K., Savastano, M., 2003b. Addicted to dollars. NBER Working Paper No. 10015.

Reinhart, C., Smith, R. T., 1998. Too much of a good thing: The macroeconomics of taxing capital inflows. In: Glick, R. (Ed.), Management of capital flows and exchange rates: Lessons from the Pacific Rim. Cambridge University Press, Cambridge, UK.

Reinhart, C., Smith, R. T., 2002. Temporary controls on capital inflows. J. Int. Econ. 57 (2), 327-351.

Rigobon, R., 2002. The curse of non-investment grade countries. J. Dev. Econ. 69 (2), 423-449.

Rigobon, R., 2003a. Identification through heteroskedasticity. Rev. Econ. Stat. 85 (4), 777-792. Revised. Identification through heteroskedasticity: Measuring contagion between Argentinean and Mexican sovereign bonds. NBER Working Paper 7493.

Rigobon, R., 2003b. On the measurement of the international propagation of shocks: Is the transmission stable?. J. Int. Econ. 61 (2), 261-283.

Rodrik, D., 1998. Who needs capital account convertibility?. In: Fischer, S. (Ed.), Should the IMF pursue capital-account convertibility?. International Finance Section, Department of Economics, Princeton University. Essays in International Finance No. 207.

Rodrik, D., 2006. The social cost of foreign exchange reserves. International Economic Journal 20 (3), 253-266.

Rodrik, D., 2008. The real exchange rate and economic growth: Theory and evidence. Brookings Pap. Econ. Act. Fall. 365-412.

Rodrik, D., Kaplan, E, 2002. Did the Malaysian capital controls work?. In: Edwards, S., Frankel, J. (Eds.), Preventing currency crises in emerging markets. University of Chicago Press, Chicago, IL.

Rodrik, D., Subramanian, A., 2009. Why did financial globalization disappoint?. IMF Staff Papers.

Rodrik, D., Velasco, A., 2000. Short-term capital flows. Annual World Bank Conference on Development Economics 1999. The World Bank, Washington, D. C.

Rogoff, K. , 1985. The optimal degree of commitment to an intermediate monetary target. Q. J. Econ. 100, 1169-1189.

Rogoff, K. , 1996. The purchasing power parity puzzle. J. Econ. Lit. 34 (2), 647-668.

Rogoff, K. , 2004. Evolution and performance of exchange rate regimes. International Monetary Fund, Washington D. C.

Rose, A. , 2000. One money, one market: Estimating the effect of common currencies on trade. Economic Policy 15 (30), 8-45.

Rose, A. , 2005. A reason why countries pay their debts: Renegotiation and international trade. J. Dev. Econ. 77 (1), 189-206.

Rose, A. , 2007. A stable international monetary system emerges: Inflation targeting is Bretton Woods, reversed. Journal of International Money and Finance 26 (5), 663-681.

Rose, A. , Spiegel, M. , 2004. A gravity model of sovereign lending: Trade, default, and credit. IMF Staff Papers, 51. NBER Working Paper No. 9285.

Rose, A. , Spiegel, M. , 2008. International financial remoteness and macroeconomic volatility. NBER Working Paper No. 14336.

Rose, A. , Spiegel, M. , 2009. Cross-country causes and consequences of the 2008 crisis: Early warning. NBER Working Paper No. 15357.

Sachs, J. , 1987. The Bolivian hyperinflation and stabilization. Am. Econ. Rev. 77 (2), 279-283.

Sachs, J. , 1989. The debt overhang of developing countries. In: Calvo, G. , Findlay, R. , Kouri, P. , De Macedo, J. B. (Eds.), Dept, stabilization and development: Essays in memory of carlos diaz alejandro. Basil Blackwel, Oxford.

Sachs, J. , 1998. Alternative approaches to financial crises in emerging markets. In: Kahler, M. (Ed.), Capital flows and financial crises. Council on Foreign Relations, New York.

Sachs, J. , 2007. How to handle the macroeconomics of oil wealth. In: Humphreys, M. , Sachs, J. , Stiglitz, J. (Eds.), Escaping the resource curse. Columbia University Press, New York, pp. 173-193.

Sachs, J. , Tornell, A. , Velasco, A. , 1996a. The Mexican peso crisis: Sudden death or death foretold?. J. Int. Econ. 41 (3-4), 265-283.

Sachs, J. , Tornell, A. , Velasco, A. , 1996b. Financial crises in emerging markets: The lessons from 1995. Brookings Pap. Econ. Act. 27 (1), 147-216.

Salter, W. E. G. , 1959. Internal and external balance: The role of price and expenditure effects. Economic Record 35(71), 226-238.

Samuelson, P. , 1964. Theoretical notes on trade problems. Rev. Econ. Stat. 46 (2), 145-154.

Saporiti, A. , Streb, J. , 2003. Separation of powers and political budget cycles. CEMA

Working Paper: Serie Documentos de Trabajo Number 251.

Schmidt-Hebbel, K., Werner, A., 2002. Inflation targeting in Brazil, Chile, and Mexico: Performance, credibility, and the exchange rate. Central Bank of Chile Working Paper.

Schmitt-Grohe, S., Uribe, M., 2001. Stabilization policy and the costs of dollarization. J. Money Credit Bank. 33 (2), 482-509.

Schneider, M., Tornell, A., 2004. Balance sheet effects, bailout guarantees, and financial crises. Rev. Econ. Stud. 71, 883-913.

Schuknecht, L., 1996. Political business cycles in developing countries. Kyklos 49, 155-170.

Shambaugh, J., 2004. The effect of fixed exchange rates on monetary policy. Q. J. Econ. 119 (1), 301-352.

Shaw, E., 1973. Financial deepening in economic development. Oxford University Press, New York.

Shi, M., Svensson, J., 2006. Political budget cycles: Do they differ across countries and why?. J. Public Econ. 90 (8-9), 1367-1389.

Solimano, A., 1986. Contractionary devaluation in the southern cone. J. Dev. Econ. 23, 135-151.

Shleifer, A., 2003. Will the sovereign debt market survive?. Am. Econ. Rev. 93, 85-90.

Stein, E., Streb, J., 1998. Political stabilization cycles in high inflation economies. J. Dev. Econ. 56, 159-180.

Stein, E., Streb, J, 2004. Elections and the timing of devaluations. J. Int. Econ. 63 (1), 119-145.

Stiglitz, J., Weiss, A., 1981. Credit rationing in markets with imperfect information. Am. Econ. Rev. 71 (3), 393-410.

Summers, L., 2006. Reflections on global account imbalances and emerging markets reserve accumulation. Lecture. Reserve Bank of India, Mumbai.

Svensson, L., 2000. Open-economy inflation targeting. J. Int. Econ. 50 (1), 155-183.

Swan, T., 1963. Longer run problems of the balance of payments. In: Arndt, H. W., Corden, W. M. (Eds.), The Australian economy. Cheshire Press, Melbourne.

Sy, A., 2002. Emerging market bond spreads and sovereign credit ratings: Reconciling market views with economic fundamentals. Emerging Markets Review 3 (4), 380-408.

Talvi, E., Vegh, C., 2005. Tax base variability and procyclical fiscal policy in developing countries. J. Dev. Econ. 78 (1), 156-190.

Taylor, A., 2002. A century of purchasing-power parity. Rev. Econ. Stat. 84, 139-150.

Tornell, A., Lane, P., 1999. The voracity effect. Am. Econ. Rev. 89, 22-46.

Upadhyaya, K., 1999. Currency devaluation, aggregate output, and the long run: An empirical study. Econ. Lett. 64 (2), 197-202.

Uribe, M., 1997. Exchange-rate-based inflation stabilization: The initial real effects of credible plans. J. Monet. Econ. 39 (2), 197-221.

Uribe, M., Yue, V., 2006. Country spreads and emerging countries: Who drives whom?. J. Int. Econ. 69 (1), 6-36.

van Wijnbergen, S., 1986. Exchange rate management and stabilization policies in developing countries. In: Edwards, S., Ahamed, L. (Eds.), Economic adjustment and exchange rates in developing countries. University of Chicago Press, Chicago, IL, pp. 17-42.

Velasco, A., 2001. Impossible duo? Globalization and monetary independence in emerging markets. Brookings Trade Forum.

Wei, S. J., 2000. Local corruption and global capital flows. Brookings Pap. Econ. Act. (2), 303-354.

Wei, S. J., Wu, Y., 2002. Negative alchemy: Corruption, composition of capital flows, and currency crises. In: Edwards, S., Frankel, J. (Eds.), Managing currency crises in emerging markets. University of Chicago Press, Chicago, IL.

Williamson, J., 1991. The economic opening of eastern Europe. Institute for International Economics, Washington, D.C.

Williamson, J., 1995. What role for currency boards? Policy analyses in international economics. Institute for International Economics, Washington, D.C.

Williamson, J., 1996. The crawling band as an exchange rate regime: Lessons from Chile, Colombia, and Israel. Institute for International Economics, Washington, D.C.

Williamson, J., 2001. The case for a Basket, Band and Crawl (BBC) regime for east Asia. In: Gruen, D., Simon, J. (Eds.), Future directions for monetary policies in east Asia. Reserve Bank of Australia, Sydney.

Woodford, M., 2003. Interest and prices: Foundations of a theory of monetary policy. Princeton University Press, Princeton, NJ.

Yang, D., 2008. Coping with disaster: The impact of hurricanes on international financial flows, 1970-2002. The B.E. Journal of Economic Analysis and Policy 8 (1), 1-45.

Yang, D., Choi, H., 2007. Are remittances insurance? Evidence from rainfall shocks in the Philippines. World Bank Econ. Rev. 21 (2), 219-248.

Handbook of Monetary Economics, 3A-3B SET

Benjamin M. Friedman, Michael Woodford

SET ISBN: 978-0-444-53470-5

Copyright © 2011 Elsevier BV. All rights reserved.

Authorized Chinese translation published by Zhejiang University Press.

《货币经济学手册》

第 3A 卷　匡贤明　危文锋 译

　　　　　陈靖尧 校

第 3B 卷　贾拥民 译

ISBN：978-7-308-25620-9

注意

本书涉及领域的知识和实践标准在不断变化。新的研究和经验拓展我们的理解,因此须对研究方法、专业实践或医疗方法作出调整。从业者和研究人员必须始终依靠自身经验和知识来评估和使用本书中提到的所有信息、方法、化合物或本书中描述的实验。在使用这些信息或方法时,他们应注意自身和他人的安全,包括注意他们负有专业责任的当事人的安全。在法律允许的最大范围内,爱思唯尔、译文的原文作者、原文编辑及原文内容提供者均不对因产品责任、疏忽或其他人身或财产伤害及/或损失承担责任,亦不对由于使用或操作文中提到的方法、产品、说明或思想而导致的人身或财产伤害及/或损失承担责任。